MANUEL
DU LIBRAIRE

ET

DE L'AMATEUR DE LIVRES

CONTENANT

1º UN NOUVEAU DICTIONNAIRE BIBLIOGRAPHIQUE

Dans lequel sont décrits les Livres rares, précieux, singuliers, et aussi les ouvrages les plus estimés en tout genre, qui ont paru tant dans les langues anciennes que dans les principales langues modernes, depuis l'origine de l'imprimerie jusqu'à nos jours; avec l'histoire des différentes éditions qui en ont été faites; des renseignements nécessaires pour reconnaître les contrefaçons, et collationner les anciens livres. On y a joint une concordance des prix auxquels une partie de ces objets ont été portés dans les ventes publiques faites en France, en Angleterre et ailleurs, depuis près d'un siècle, ainsi que l'appréciation approximative des livres anciens qui se rencontrent fréquemment dans le commerce;

2º UNE TABLE EN FORME DE CATALOGUE RAISONNÉ

Où sont classés, selon l'ordre des matières, tous les ouvrages portés dans le Dictionnaire, et un grand nombre d'autres ouvrages utiles, mais d'un prix ordinaire, qui n'ont pas dû être placés au rang des livres ou rares ou précieux;

PAR JACQUES-CHARLES BRUNET

Chevalier de la Légion d'honneur

CINQUIÈME ÉDITION ORIGINALE ENTIÈREMENT REFONDUE ET AUGMENTÉE D'UN TIERS
PAR L'AUTEUR

TOME QUATRIÈME.

PARIS

LIBRAIRIE DE FIRMIN DIDOT FRÈRES, FILS ET Cⁱ

IMPRIMEURS DE L'INSTITUT, RUE JACOB, 56

1863

MANUEL

DU LIBRAIRE

ET

DE L'AMATEUR DE LIVRES

TOME QUATRIÈME.

NAASEFE. — RZACZYNSKI.

Paris. — Typographie de Firmin Didot frères, fils et Cᵉ, rue Jacob, 56.

NOUVEAU

DICTIONNAIRE

BIBLIOGRAPHIQUE

———

N

NAASEFE — NAGLER

NAASEFE Eliazidji. Ses Séances (en arabe). *Beirouth*, 1856, gr. in-8. 30 fr. [12221]
Cet ouvrage d'un chrétien maronite est regardé comme un des plus purs chefs-d'œuvre de la littérature arabe, comparable même aux Séances d'Hariri.

NABI Efendi. Conseils de Nabi Efendi à son fils Aboul Khair, publiés en turc avec la traduction française et des notes par M. Pavet de Courteille. *Paris, impr. impér.*, 1857, gr. in-8. iv, 100 pag. et pour le texte 68 pages. [15989]
Poëte turc du xvii° siècle, regardé comme classique.

NABUCHODONOSOR, tragi-comédie, avec le cantique des trois enfans chanté en la fournaise, par A. D. L. C. (Ant. de la Croix). *Paris*, 1561, in-8. [16286]
Pièce rare, qui vaut au moins de 60 à 80 fr.

NACHRICHTEN und Bemerkungen über den Algierischen Staat (von J.-Ad. Frhn. von Rehbinder). *Altona, Hammerich*, 1798-1800, 3 vol. in-8., avec cartes et fig. 18 à 30 fr. [28407]
Ouvrage le plus étendu que l'on eût alors sur cet Etat barbaresque. L'auteur était consul de Danemark à Alger.

NACHTGALL (*Ottomar.*). V. Luscinius.

NACHTIGALL *d. i.* aus Joh. Friedrichs des Mittlern, Herz. zu Sachsen, publicirten Schriften, vom Ursprung, Anfang und ganzem Process der Wirzburgischen und Grumbachischen Handlungen ein Kurzer Auszug. (*sans lieu d'impression*), 1567, in-8. [15514]
Sur ces poésies très-rares consultez *Lessing's Beiträge*, 1, 103-134, où elles sont réimprimées en entier; voyez aussi Ebert, 14624.

NAELDWYCK. Cronike of Hollant, etc. Voy. Cronike, t. I, col. 1887.

NAGEREL (*Jean*). Description de la Normandie. Voy. l'article Chronique de Normandie.

NAGLER (Dʳ *G.-K.*). Neues allgemeines Künstler-Lexicon, oder Nachrichten von dem Leben und den Werken der Maler, Bildhauer, Baumeister, Zeichner, etc. *München, Fleischmann*, 1835-52, 22 vol. in-8. 200 fr. [31002]
Ouvrage important.
Die Monogrammisten und diejenigen bekannten und unbekannten Künstler aller Schulen, wel-

———

che sich zur Bezeichnung ihrer Werke eines figür-
lichen Zeichens, der Initialen des Namens, der
Abbreviatur desselben, etc., bedient haben. *München, Franz,* 1857, gr. in-8. Tom. I et II, 16 thl.
— Rafael, 31052.

NAHARRO (Torres). Voy. TORRES.

NAICH. Madrigali di M. Hubert Naich ‖ a quattro e a cinque voci, tutte cose noue, et non piu viste ‖ in stampa da persona. Libro — *Il fine de Madrigali di M. Hubert Naich ‖ della Accademia de li amici ‖ stampati in Roma per Antonio Blado* (circa 1530), pet. in-4. oblong. [10194]

M. Ant. Schmid (pages 117-118) a décrit ce livre
rare d'après l'exempl. de la Biblioth. impériale de
Vienne, lequel se compose de cinq parties, savoir :
Altus, 23 ff., signat. A—F ; *Tenor*, 23 ff., signat.
G—M ; *Bassus*, 19 ff., signat. N à R ; *Cantus*,
19 ff., signat. S—Y, et *Quinta pars*, 9 ff., signat.
a, b. Le titre rapporté ci-dessus est impr. en goth.
'allemand au-dessous d'une fig. de séraphin à ailes
déployées, portant cette légende : *Exercitium-
scraficô*. La souscription et la marque de l'imprimeur (un aigle, avec les lettres A. B.) sont à la
fin de la *quinta pars*.

NAÏMA. Tarichi Naïma, *c'est-à-dire*, l'Histoire de Naïma, en turc. *Constantinople,* 1147 (1734), 2 vol. in-fol. [27897]

Cette première partie de l'histoire de l'empire otho-
man, en turc, comprend les années 1000 à 1070 de
l'hégire (1591 à 1659). Le 1er vol. a 12 ff. prélimin.
et 701 pp. ; le second 711 pp., plus 3 ff. de table, et
à la fin 16 ff. non chiffrés. Ces deux tomes sont
devenus rares, et nous les trouvons portés à
150 thl. dans la Bibliographie turque publiée par
Koehler frères à Constantinople, 1857, n° I. Cependant ils n'ont été payés que 59 fr. 75 c. à la vente
Silvestre de Sacy.

Pour former la suite des Annales othomanes, il faut
réunir à ces 2 vol. les articles suivants :

1° Tarichi Raschid, *c'est-à-dire*, Histoire de
Raschid, ann. 1071-1134 (1660-1721). *Constantinople*, 1153 (1740), 3 part. in-fol. 43 fr. de Sacy ;
48 fr. Quaterème.

2° Tarichi Tschelebisade, *c'est-à-dire*, Histoire
de Tschelebisade, années 1134-1140 (1721-27). *Constantinople*, 1153 (1740), in-fol.

3° Tarichi Sami Schakir u Subhi, *c'est-à-dire*,
Histoire de Sami Schakir et de Subhi, ann. 1143-
56 (1730-43). *Constantinople*, 1198 (1783), in-fol.
26 fr. de Sacy.

4° Tarichi Isi, *c'est-à-dire*, Histoire d'Isi, ann.
1157-1166 (1744-52). *Constantinople*, 1199 (1784),
in-fol. 29 fr. 50 c. de Sacy.

5° Tarichi Wassif, *c'est-à-dire*, Histoire de
Wassif, ann. 1166-87 (1752-73). *Constantinople*,
1219 (1805), 2 vol. in-fol. 20 fr. Quaterème.

Voy. le catal. de Kieffer, n°s 821-26, où ces cinq articles sont portés à plus de 550 fr ; voy. aussi le
catal. de M. Silvestre de Sacy, III, n°s 5009 et suiv.

Le *Tarichi Wassif* a été réimpr. à Boulaq, 1240
(1825), 2 tom. en 1 vol. in-fol. 25 fr. Quaterème.

Ch. Fraser a donné le premier vol. d'une traduction
anglaise des Annales de Naïma (an 1000 à 1026).
Lond., 1832, in-4. 18 fr. de Sacy ; 10 fr. Quater-
mère.

NAIRONUS Banensis(*Faustus*). Discursus

Naigeon (*Jacq.-A.*). Philosophie ancienne et moderne, 8330.

de saluberrima potione cahue seu cafe.
Romæ, Hercules, 1671, pet. in-12.
[7073]

Volume peu commun.

Un autre ouvrage, intitulé : *Virtù del kafe descrit.
da Rom. Magre,* in-4., a été aussi publié à *Rome,*
en 1671.

Nairon a écrit un traité *De origine, nomine ac relig.
Maronitarum,* Romæ, 1679, in-8. [21552], et il a
été l'éditeur d'un Bréviaire en chaldéen, à l'usage
des Maronites, lequel s'est imprimé à Rome, de
1666 à 1667, en 2 vol. in-fol. — Voy. OFFICIUM.

NAISSANCE tres desiree. Voy. MOLINET.

NAKIELSKI (*Sim.*). Miechovia sive promptuarium antiquitatum monasterii Miechoviensis. *Cracoviæ, Cæsarius,* 1634, in-fol. [27858]

Cette histoire est d'un certain intérêt et les exemplaires
en sont d'une grande rareté.

NALDI Naldii Florentini carmen nuptiale ad illu. Principes Ioannem atcp Hannibalem Bentivolos. (*absque nota*), in-4. de 28 ff. non chiffrés, sign. a—d, caract. rom. [12740]

Livre peu connu. — Le titre ci-dessus se lit au f. a ij,
qui est précédé d'un premier f., tout en haut duquel on trouve cet autre titre : *Nuptie domini
Hannibalis Ben- | tiuoli illus. principis filii.* Le
verso de ce premier feuillet est tout blanc. — La
relation du mariage d'Annibal Bentivoglio, poëme
en vers élégiaques, finit au f. dii recto. Vient ensuite une élégie de Naldi à Annibal, en 32 distiques,
laquelle est précédée d'une lettre de l'auteur au
même prince, datée de Florence, *Kalendis Iulii
M. cccc lxx.rvij*, et se termine au recto du 4e f. d.
par le mot *finis*. A la suite de cet opuscule il s'en
trouve un autre de 10 ff. seulement, impr. sous la
seule signat. *a*, et avec le même caractère que le
précédent ; en voici le titre : *Naldi Naldii Elegum
Carmen ad cruditissimum Petrum Medicem
Laurentii filium, et Hexametrum Carmen de
ludicro hastatorum equitum certamine ad Julianum Medicen clarissimum certaminis victo-
rem.*

La pièce élégiaque n'a que 13 distiques, mais le
poëme où est décrit le tournoi se compose d'environ 500 hexamètres. Ce morceau intéressant et fort
bien écrit finit au verso du 10e f. par le mot *finis*,
en capitales. Ces deux opuscules de Naldi paraissent avoir été impr. à Florence, vers 1488, ainsi
que le fait conjecturer la lettre datée de cette ville,
au 1er juillet 1487 (d'après l'exemplaire de la Biblioth. impériale et une note de l'abbé de Saint-
Léger).

NALSON. Voy. RUSWORTH.

NANCEL (*Pierre*). Le Théâtre sacré : Dina ou le ravissement ; Josué, ou le sac de Jérico ; Debora ou la délivrance. *Paris, Claude Morel,* 1607, pet. in-8. de 9 ff. prélim. 186 et 99 pp. [16377]

Na' Konia el Turk. Expédition des Français en
Egypte, 28379.

Naldi (*Pio*). Gemme, 4785.

Naldini (*P.*). Descrittione della città di Capo d'Istria,
26561.

Namur (*P.*). Bibliothèques de la Belgique, 31147. —
Manuel du bibliothécaire, 31162. — Bibliographie,
31798. — Catalogue de la bibliothèque de l'Athénée
roy. de Luxembourg, 31149.

Ces tragédies sacrées, en 5 actes chacune, ont été composées pour être représentées dans l'amphithéâtre romain de Doué, en Anjou. Voir, sur leur mérite, le catal. de M. de Soleinne, n° 915, où un exemplaire de ce volume rare, rel. en *mar.*, est porté à 30 fr., et un autre en *v. f.* à 29 fr. 50 c.

NANGIS (*Guillaume* de). Chronique latine, de 1113 à 1300, avec la continuation de cette chronique, de 1300 à 1368; nouvelle édition, revue sur les manuscrits, annotée et publiée par H. Géraud. *Paris, Renouard,* 1843, 2 vol. gr. in-8. 18 fr. [23340]

Le 11e vol. de la Collection des mémoires relatifs à l'histoire de France, publiée par M. Guizot, contient une traduction française de cette chronique.
— Voy. JOINVILLE.

NANI (*Bat.*). Historia della republica veneta (dal 1613 al 1671). *Venetia,* 1676-79, ovvero 1686, 2 vol. in-4. 8 à 10 fr. [25449]

Histoire estimée pour son exactitude; elle a été réimprimée à Venise, 1720, en 2 vol. in-4. qui forment les tomes VIII et IX des *Istorici delle cose veneziane.* Fr. Tallemant en a donné une traduction française dont la meilleure édition, *revue, corrigée et augmentée* (par Paulin de Masclari) est de Cologne (*Hollande*), 1682, 4 vol. in-12.

NANI (*Jac.*). Collazione di tutte le antichità che si conservano nel museo naniano. *Venet.,* 1815, in-4. [29298]

Pour la description des différentes parties du Musée Nani, voyez ASSEMANI, BIAGI, MORELLI.

NANNI (*Jo.*) Parerga. Voy. RAPHAEL.

NANNII Alemariani (*Petri*) Comœdia, quæ inscribitur Vinctus. (in fine) : *Simon Cocus et Gerardus Nicolaus, cives Oppidi Antuerpiensis commorantes... excudebant anno... millesimo quingentesimo vigesimo secundo, vigesima prima mensis Julii,* in-4. [16132]

NANQUERIUS (*Sim.*). De lubrico temporis curriculo carmen elegum, deque hominis miseria et funere Caroli VIII regis Franciæ. *Parisiis, Jehan Petit,* ou *Ant. Denidel,* ou *Rob. Gourmont,* in-4. 4 à 5 fr. [12901]

Vend. en *m. r.* 15 fr. Brienne.

M. Frère indique dans son Manuel, I, pp. 402-403, article *Dumus* (Ant.-Rob.), deux éditions de ce poëme, pet. in-4., sans lieu ni date, qui ont appartenu à l'abbé de La Rue, lequel supposait que la première avait été impr. à Caen vers 1498, et la seconde dans la même ville vers 1520. Ces deux éditions sont accompagnées d'un commentaire lat. d'Ant.-Rob. Dumus. L'édition de Paris, *ex typogr. Matth. Davidis,* 1553, in-8. de 40 pp., renferme aussi un commentaire qui doit se retrouver dans celle de Lyon, 1557, in-8.

Les éditions de *Lyon,* 1557, ou de *Paris,* 1563, in-8. ont peu de valeur, 3 à 4 fr. Il y en a une de *Constance, Coquerel,* 1621, in-8.

La Croix du Maine, article *Pierre* Pichard, cite une traduction en vers français de ce poëme, sous le titre de *La Mer du temps qui court,* impr. *au Mans, chez Gaingnot,* en 1556.

NANTEUIL (*D.-C.* de). Le comte de Rocquefeuilles, ou le docteur extravagant, comédie par le sieur D.-C. de Nanteuil. *La Haye* (à la Sphère), 1669, pet. in-12. de 50 pp.

— L'Amour sentinelle, ou le cadenas forcé, comédie, par le même. *La Haye* (à la sphère), 1669, pet. in-12 de 56 pp.

— L'Amante invisible, comédie par D.-C. de Nanteuil, comédien de leurs AA. SS. de Brunsvik et Lunebourg, etc. *Hannover, Wolfgang Schwendiman,* 1673, pet. in-12 de 58 pp. en tout. [16453]

Ces trois pièces en vers sont rares. Les deux premières ont été vendues ensemble 14 fr. en 1862, et la 3e seule 4 fr. 75 c. de Soleinne. Deux autres du même auteur sont portées sous le n° 17701 du catal. de La Vallière, par Nyon, savoir : *La Fille vice-roy,* comédie héroïque en 5 actes, et *L'Héritier imaginaire,* comédie en 3 actes, in-4. Le rédacteur du catalogue de M. de Soleinne dit que les comédies de C. de Nanteuil ont la grossièreté et la gaieté de celles de Montfleury.

NANUCCI (*Vinc.*). Manuale della letteratura del primo secolo della lingua italiana, compilato dal prof. Vincenzio Nanucci. *Firenze, tipogr. Magheri,* 1839, 3 vol. in-8. [19435]

— Voci e lezioni italiane, derivate dalla lingua provenzale, opera del prof. V. Nanucci. *Firenze, tipogr. Fel. Le Monnier,* 1840, in-8.
Les 4 vol. reliés en 2, 39 fr. Duplessis.

NAOGEORGUS (*Th.*). Regnum papisticum, 1553, pet. in-8. [13004]

Édition originale, rare, mais moins complète que la suivante; elle ne contient que 173 pp. : vend 8 fr. mar. r. Courtois, et 26 fr. Renouard.

On trouve ordinairement, réunies dans le même volume, deux petites pièces imprimées la même année, l'une intitulée : *Sylva carminum,* et l'autre, ayant pour titre : *Sylvula carminum* (sic : ces mots.) — Vend. avec ces deux pièces, 20 fr. Gaignat; 36 fr. *m. viol.* Renouard, et moins cher depuis. Le véritable nom de Naogeorgus est *Kirchmeyer.*

— Regnum papisticum : nunc postremo recognitum et auctum. (*Basileæ, Oporinus*), 1559, in-8.

Cette édition contient de plus que la précédente : *Satira in Joan. della Casa; de dissidiis componendis libri duo; Satira in catalog. hereticorum; Sylvula carminum aliquot.* Elle se compose de 343 pp., dont la dernière est, par erreur, cotée 243; plus, d'une partie de 16 ff. séparés et non chiffrés, renfermant l'errata et l'index. Vend. 30 fr. *m. r.* Detune; 15 fr. Méon; 19 fr. MacCarthy; 17 fr. Renouard. — Selon Ebert, il existe des exempl. avec un nouv. titre daté de 1619. Sous les numéros 313 et 361 du catalogue fort inexact de Paris de Meyzieu sont indiquées deux autres éditions de cette satire, l'une de *Vittemberg,* 1548; et l'autre de *Bâle,* 1579; mais toutes les deux me paraissent apocryphes. La première était reliée avec d'autres opuscules, dont l'un, sans doute, portait la date annoncée; la seconde devait être de l'édit. de 1559.

THE POPISH KINGDOME or reigne of Antichrist,

Nantes au IXe siècle, 24403.

englyshed by Barnabe Googe. *London, imprented by H. Denham*, 1570, pet. in-4. Vend. 2 liv. 17 sh. Perry; 3 liv. 3 sh. Heber.

— Satyrarum libri V priores, his sunt adjuncti de animi tranquillitate duo libelli, etc. *Basileæ, per Oporinum*, 1555, in-8. [13005]

Volume de 300 pp., non compris le f. de la fin, sur lequel est la souscription. Vend. 27 fr. La Valliere; 18 fr. Méon; 12 fr. Courtois; 20 fr. *mar. v.* Renouard.
Réimpr. dans les *Deliciæ poetarum germanorum*, IV, 997 et suiv.

— Agriculturæ sacræ libri V. *Basileæ*, 1550, pet. in-8. 3 à 4 fr. [13006]

Vend. 8 fr. 50 c. Detune; 10 fr. Mac-Carthy; 15 fr. *mar. r.* Renouard.

— Tragœdia nova Pammachius. *Vitebergæ, Joan. Luft*, 1538, in-8. de 81 ff. sign. A.—L., plus 3 ff. bl. [16144]

Petit volume rare : 8 à 12 fr. — Vendu 24 fr. Méon et Detune; 12 fr. de Soleinne.
L'édit. d'Augsbourg, par *Alex. Vueissenhorn*, 1539, in-8., est au moins aussi rare que la précédente. Cette pièce a été trad. en vers allemands, in-4., sans lieu ni date : vend. 14 fr. Heber à Paris.

— Incendia, seu Pyrgopolinices tragœdia recens nata, nephanda quorundam papistici gregis exponens facinora. *Vitebergæ, apud Georgium Rhau*, 1541, in-8. de 49 ff. non compris le titre. [16145]

Cette pièce est l'ouvrage le plus rare, peut-être, de cet auteur; vend. 24 fr. Méon; 36 fr. *m. r.* Detune; 10 fr. Courtois.
Il y a une autre édit. sous la même date et sous le même nom de ville, mais sans nom d'imprimeur; elle est en plus gros caractère et elle consiste en 56 ff. Vendu 15 fr. d'Ourches. L'édit. de *Witemb.*, 1538, in-8., citée dans la *Bibliogr. instruct.*, a été vend. 1 liv. 15 sh. Heber. — Trad. en allemand sous ce titre : *Der Mortbrandt*, sans lieu d'impression, 1541, in-8.

— Tragœdia nova Mercator, seu judicium, in qua in conspectu ponuntur apostolica et papistica doctrina. (*Basileæ*) XL (1540), [16146]

Volume de 75 ff. signat. A—K. Vend. 18 fr. Méon; 20 fr. *m. r.* Courtois; 18 fr. 50 c. de Soleinne; il y en a une autre édit. in-8. de 68 ff. signat. A—I, avec la date LX (1560). 33 fr. de Soleinne.

— Le marchant converti, tragédie nouvelle, en laquelle la vraie et fausse religion au parangon l'une de l'autre, sont au vif représentées, etc. (*Genève*), *Jean Crespin*, 1558, in-8. de 168 pp. non compris 4 ff. préliminaires.

Vendu 35 fr. quoique mal conditionné, La Valliere, en 1767; 37 fr. 50 c. *mar. r.* de Soleinne.

— Le marchant converti, tragédie excellente... seconde édition. (*Genève*) Par *Ian Crespin*, 1561, pet. in-8. de 171 pp. en tout; lettres rondes.

50 fr. 50 c. *mar. r.* de Soleinne.
Édition fort rare, et mieux imprimée que celles qui ont paru de format in-16. On y joint la pièce suivante exécutée avec les mêmes caractères, et qui ne se trouve pas plus facilement:

COMÉDIE du pape maladę et tirant à la fin... traduite du vulgaire arabic en bon Roman et intelligible par Thrasibule Phénice (attribuée à Théod. de Beze), avec privilége. (*Genève*), 1562, pet. in-8. de 72 pp.

Derrière le frontispice de cette dernière se lit un sonnet, précédé de cet avertissement :

Pour remplir ceste page vaquante, un des bons amis de nostre maistre Maillard m'a prié de mettre icy ce sonnet.
L'excuse de Maillard, absent du colloque de Poissy.

Ces deux pièces, réunies en un seul volume, ont passé de la bibliothèque de M. Marron dans celle de M. de Soleinne. Ce dernier amateur les a fait relier séparément, et, à sa vente, la seconde a été payée 73 fr., ainsi que nous l'avons déjà dit, t. II, col. 180.

— Le marchant converti, tragédie nouvelle... (*Genève*), M. D. LXI. in-16 de 175 pp., y compris le titre.

Cette édition est différente de la précédente. Parmi les pièces préliminaires se trouve un avis de Jean Crespin *aux lecteurs ou spectateurs*. A la fin (pp. 171-75) sont deux morceaux en vers; l'un intitulé : *Aux fidèles du Pays-Bas de Hainault, Flandres, etc.*, et l'autre : *Ce cantique exhorte l'église à se resiouir au seigneur*. L'imprimeur prévient le lecteur qu'il imprime ce cantique à cause de quelques pages blanches : 15 fr. Gaignat et La Valliere. — Pour la comédie du Pape malade, édit. de 1561, voy. COMÉDIE.
L'édit. de *Lyon*, Gabr. *Cartier*, 1582, in-16 de 82 ff. en ital., n'est guère moins rare que celles qui ont une date plus ancienne : 36 fr. Crozet; 34 fr. de Soleinne.

— Le même marchand converti, tragédie excellente... item suit après la comédie du pape malade, et tirant à la fin. *Pour Claude d'Augny*, 1585, 2 part. en 1 vol. in-16.

Cette édition rare est, selon toute apparence, la première dont le titre annonce ces deux pièces; la première partie n'est pas chiffrée, et elle a des signat. de a—miiii. La seconde, intitulée : *Comédie du pape malade, et tirant à la fin, où ses regrets, & complaintes sont au vif exprimées, & les entreprises et machinations qu'il fait avec Satan et ses supposts pour maintenir son siège apostolique & empescher le cours de l'Evangile, sont catheguriquement descouvertes ; traduite du vulgaire arabic en bon roman et intelligible, par Thrasibule Phenice; Pour Claude d'Augny*, 1584. Cette seconde, disons-nous, qui peut se trouver séparément, consiste en 77 pp. chiffrées. 30 fr. de Soleinne.

— LE MÊME, avec la comédie du pape malade. (*Genève*), par *Fr. Forest*, 1591, in-16.

Édition rare, et dans laquelle la comédie du Pape malade doit se trouver nécessairement. Le vol. est, en totalité, de 130 ff. signat. A—R. Le *Marchand converti* finit au 6e f. de la signat. M. Vend. 40 fr. Gaignat, 30 fr. Le Febvre; 66 fr. *m. r.* Méon; 72 fr. *m. citr.* d'Ourches, et revendu 35 fr. 50 c. de Soleinne; 50 fr. *mar. r.* Courtois; et 52 fr. en 1837.

On trouve quelquefois séparément l'une ou l'autre de ces pièces : 10 à 15 fr.

— LE MÊME. *Pour Jacques Chouet*, 1594, à *Genève*, in-16 de 4 ff. prélim. et 92 ff. de texte.

La comédie du pape malade ne fait pas toujours partie de ce volume : on la supplée par l'édition de *Jean Durant*, 1584, in-16 de 77 pp., qui est peut-être la même que celle de *Cl. d'Augny* (même date), décrite ci-dessus. Vend. ainsi 72 fr. La Valliere.

Le *Mercator* a été trad. en allemand par un ano-' nyme, *sans nom de ville*, 1541, in-8., etc.

— Hamanus, tragœdia nova, sumpta e Bibliis... autore Thoma Naogeorgo. (*Lipsiæ, Mich. Blum*), 1543, pet.·in-8. de 64 ff., signat. A—H. [16147]

Vend. 9 fr. vilain exemplaire, d'Ourches.
Cette pièce a été réimprimée dans les *Dramata sacra*, en 1547. Voy. DRAMATA.

— HIEREMIAS, tragœdia nova, ex propheta Hieremia sumpta. *Basileæ* (1551), in-8. de 108 ff., sign. A et A—O. [16148]

Vend. 6 fr. Gaignat; 10 fr. Detune; 30 fr. *mar. r.* Mac-Carthy; 17 fr. 50 c. de Soleinne.

— JUDAS Iscariotes, tragœdia nova et sacra : adjunctæ sunt duæ Sophoclis tragœ.liæ, Ajax flagellifer et Philoctetes, ab eodem autore carmine versæ. In-8. de 8 et 121 ff., y compris les errata. [16149]

En tête de ce volume fort rare est une épître dédicatoire aux magistrats et au sénat de Strasbourg, datée de Stuttgart, 1552. Vend. 27 fr. *m. r.* Lair.

NAPHSI Phileloai, autoris græci, Παράγγελματα a Jacobo Blanchono latine facta et commentariis explicata. *Lugd., apud Joan. Tornæsium*, 1553, in-16 de 62 pp. [3691]

Livret peu commun, contenant le texte grec des maximes ou préceptes de Scythen, roi de Thèbes, avec la version latine et un commentaire de Jacques Blanchon, dans lequel celui-ci cite et rapporte souvent des passages de la Bible, en hébreu. Jacques Blanchon, dans une épître *ad supremum Nemausi senatum*, placée en tête de l'ouvrage, et dans une note imprimée pp. 10 et suivantes du texte, nous apprend qu'il a tiré ces maximes de l'histoire de Scythen, écrite en grec par Naphsus Phileloaüs, et imprimée à Venise, d'après un manuscrit du Vatican. C'est avec le secours de l'édition ci-dessus que Claude Joly a donné neuf préceptes moraux de Naphsus, dans son ouvrage intitulé : *Avis chrestiens et moraux pour l'institution des enfans*, Paris, Savreux, 1675, in-12 de 387 pp. Le grec de Naphsus n'est point le grec vulgaire, mais c'est un grec barbare, plein de solécismes, et que l'imprimeur a encore défiguré. (*Extrait de deux notices mss. de l'abbé de Saint-Léger*.)

NAPIER (Lieut.-Col. *W.-F.-P.*). History of the war in the Peninsula, and in the south of France, 1807-14. *London, Boone*,1828-40, 6 vol. in-8. pl. 5 liv. [8783]

Histoire remplie d'intérêt, et qui est écrite avec plus d'impartialité qu'on n'en trouve ordinairement chez les compatriotes de l'auteur.

Dans la seconde édition du premier volume se trouve la réponse de Napier à diverses critiques qui ont été faites de son livre. L'édit. de *Paris, Hingray*, 1839, 3 vol. in-8., avec 54 pl., coûtait 54 fr. Il y en a une nouvelle, revue par l'auteur, *London*, 1851 (aussi 1853), en 6 vol. pet. in-8. 3 liv.

On a une traduction française de cet ouvrage, par M***, *revue, corrigée et accompagnée de notes par M. le comte Math. Dumas*, et continuée par A. Foltz. Paris, Treuttel et Würtz, 1828-44, 13 vol. in-8. et atlas. 65 à 75 fr.

— ENGLISH battles and sieges in the Peninsula ; second édition. *London, Murray*, 1855, in-8.

— The Conquest of Scinde, 28171.

NAPIER (*John*). Voy. NEPER.

NAPIONE (*Gianfranc.* Galeani). Dell' uso e dei pregi della linguaita liana, libri tre.

Firenze, Molini, 1813, 2 vol. in-8. 10 fr.; — le même in-12, 6 fr. [11074]

Ouvrage estimé, qui a d'abord paru à Turin, en 1791. Il a été réimprimé à *Milan*, chez *Silvestri*, 1820, en 2 vol. in-16, et de format in-24 dans la même ville, en 1824.

Autres ouvrages de Napione.

ESTRATTI ragionati di varie opere di grido. *Pisa, Capurro*, 1816, 2 vol. in-8. ou 2 vol. in-12. 10 et 6 fr.

LETTERE sui monumenti dell' architettura antica. *Pisa, Capurro*, 1820, 3 vol. in-8. ou 3 vol. in-12. 15 et 9 fr. [29352]

A la fin du 3e volume de ce recueil se trouvent des observations sur l'origine de la gravure en taille-douce. Il y a des exempl. en pap. bleu.

OPUSCOLI di letteratura e belle arti. *Pisa*, 1826, 2 vol. in-8. ou 2 vol. in-12. 10 et 6 fr. [19257]

VITE ed elogi d' illustri italiani. *Pisa*, 1818, 3 vol. in-8. ou 3 vol. in-12. 18 et 9 fr.

DELLA PATRIA di Cristoforo Colombo, dissertazione, ristampata con giunte, documenti, lettere diverse ed una dissertazione del medesimo intorno all' autore del libro De imitatione Christi. *Firenze, Molini*, 1808, in-8. 8 fr. [20942]

DEL PRIMO scopritore del continente del nuovo mondo, e dei più antichi storici che ne scrissero, ragionamento. *Firenze*, 1809, in-8. 3 fr. [20945]

Il faut joindre à cet ouvrage :

OSSERVAZIONI sul ragionamento del primo scopritore... *Firenze, Allegrini*, in-8.

Pour compléter la liste des ouvrages de ce littérateur, nous citerons encore sa traduction ital. des Tusculanes de Cicéron, *Pisa*, 1813, 2 vol. in-12.

NAPLES and the Campagna-Felice, in a series of letters. *London, Ackermann*, 1815, gr. in-8. fig. en couleur. 10 à 15 fr. [20224]

Vend. 20 fr. 50 c. Chateaugiron.

NAPOLÉON Ier. Correspondance de Napoléon Ier, publiée par ordre de l'empereur Napoléon III. *Paris, imprim. impér.*, 1858 et ann. suiv., in-4. et in-8.

Cette correspondance formera environ 15 vol., dont 9 paraissent en mai 1862. L'édit. in-4. n'est pas dans le commerce, elle a été tirée pour l'empereur ; mais la réimpression in-8., faite chez Plon, paraît en même temps que l'édition originale, et se vend 6 fr. par volume.

— ŒUVRES de Napoléon Bonaparte. *Paris, Panckoucke*, 1821-22, 6 tom. en 5 vol. in-8. avec portr. et fac-simile. 30 fr. — Pap. vél., 60 fr. [23986]

Cette collection de pièces, émanées de Napoléon et d'opuscules qui lui sont attribués, a été réimprimée avec des augmentations, des corrections et des notes historiques (par F.-L. Linder et A. Lebret), *Stuttgart et Tubingue, Cotta*, 1822 et années suiv., 6 vol. in-8. Au sujet de cette réimpression, M. Quérard a donné une note curieuse dans sa *France littéraire*, 1, 398.

CORRESPONDANCE inédite, officielle et confidentielle avec les cours étrangères, les princes, les mi-

---

Napian (le P.). Le Miral moundi, 14384.

Napier (*Mark*). Montrose and the Convenanters, etc., 27460.

Napoléon III (*Louis-Bonaparte*). Manuel de l'artillerie, 8688. — Etudes sur l'artillerie, 8693. — Ses OEuvres, 19189.

nistres et les généraux français et étrangers, en Italie, en Allemagne et en Egypte (mise en ordre et publiée par le général Beauvais). *Paris*, *Pauckoucke*, 1819-20, 7 vol. in-8. 42 fr. [23987]

Cette correspondance, à laquelle on ajoute 10 portraits, contient un bien plus grand nombre de lettres adressées à Napoléon que de lettres écrites par lui.

LETTRES authentiques de Napoléon et de Joséphine (de 1796 à 1813). *Paris*, *Firmin Didot*, 1833, 2 vol. in-8. pap. vél., avec fac-simile de 7 lettres autographes. 15 fr.

Ce recueil contient 209 lettres, dont 231 de Napoléon, 67 de Joséphine, et une de madame de Rémusat.

— Mémoires. Voy. GOURGAUD.

NAPOLÉONIUM (le). Monographie du Louvre et des Tuileries, réunis, avec une notice historique et archéologique. *Paris*, *Grimm*, 1856, gr. in-fol. de 64 pl. au trait y compris 2 pl. photographiées. [9924]

NAPOLITAINES (les), comédie françoise fort facecieuse sur le subiect d'une histoire d'un Parisien, un Espagnol, et un Italien (par François d'Amboise). *Paris*, *Abel l'Angelier*, 1584, pet. in-12 de 77 ff. [16319]

La préface de cette pièce rare est sous le nom de Thierri Timotille, gentilhomme picard, que prenait Fr. d'Amboise.

Réimpr. dans le 7e vol. de l'Ancien théâtre françois, publié par P. Jannet (voy. ANCIEN théâtre).

NARAYUN PUNDIT. Rajneeti. Voyez l'article HITOPADESA.

NARCISSO. Voy. PASSAMONTE.

NARDI fiorentino (*Jacopo*). Comedia di Amicitia (*senza data*), pet. in-4. de 12 ff. sign. *a* et *b*, à 32 lign. par page, caract. ronds. [16625]

Édition très-rare d'une pièce qui, selon Fontanini (réfuté il est vrai par Zeno, I, 385), serait la plus ancienne comédie écrite en vers italiens. Elle doit avoir été impr. dans le commencement du XVIe siècle, et probablement à Florence. Gamba l'estime de 40 à 50 fr.

Une autre édition, sans lieu ni date, pet. in-4. de 20 ff, sign. a--c2, a été vend. 32 fr. 50 c. Reina, et *non rogné*, 21 fr. Heber; 66 fr. Libri, en 1847.

— LA STESSA, nuouamente stampata et dal propio auctore ricorrecta. *Firenze*, *per Bernardo Zucchetta* (senz' anno), pet. in-8. de 24 ff. sign. *a—f* (le dernier f. est blanc).

Édition presque aussi rare, mais moins précieuse que les deux précédentes. L'imprimeur *Zucchetta* exerçait à Florence dès l'année 1512, selon Zeno (*ut supra*), qui cite de lui trois éditions dont Panzer n'a pas fait mention.

— Le Istorie della città di Firenze (dall' anno 1494 al 1531). *Lione*, *Teobaldo Ancelin*, 1582, in-4. de 4, 232 et 36 ff. [25521]

A cette édition, qui est l'originale de cet ouvrage cité par La Crusca, il faut réunir celle de *Florence*, *Sermartelli*, 1584, in-8. de 8, 390 et 9 ff. La pre-

mière contient *il catalogo de' Gonfalonieri di giustizia*, et *il discorso sopra lo stato della città di Lione* de Fr. Giuntini, qu'on ne trouve pas dans la seconde; et cette dernière renferme de plus que celle de 1582, l'*Istruzione per leggere le storie ordinatamente*.

— LE STESSE, ridotte alla lezione dei codici originali, con l'aggiunta del X. libro inedito, e con annotazioni per cura di Lelio Arbib. *Firenze*, 1838-41, 2 vol. in-8. portr.

Bonne édition dont le texte arrive à l'année 1552, et est suivi d'une table alphabétique.

— VITA di Antonio Giacomi Tebalducci Malespini. *Firenze*, *Sermartelli*, 1597, in-4. de IV ff., 77 et 7 pp. [25527]

Bon morceau de biographie; il a été réimpr. *Lucca*, *Fr. Bertini*, 1818, in-8., et *Pisa*, *Capurro*, même date et même format.

— Voy. LIVIUS.

NARDI (*Luigi*). Descrizione antiquario-architettonica dell' arco di Augusto, del ponte di Tiberio, e del tempio Malatestiano di Rimino. *Rimino*, 1813, gr. in-4., avec 17 pl. [29446]

NARDINI (*Famiano*). Roma antica, edizione quarta romana, riscontrata, ed accresciuta delle ultime scoperte, con note ed osservazioni critico-antiquarie di Ant. Nibby, e con disegni rappresentanti la facia attuale dell' antica topografia di Ant. de' Romanis. *Roma*, *de' Romanis*, 1818-20, 4 vol. gr. in-8. fig. [29418]

Cet ouvrage a été pendant longtemps le meilleur guide que l'on eût pour les antiquités de la ville de Rome, et il est encore estimé. Les deux premières édit. sont de Rome, 1666 et 1704, pet. in-4. La troisième a paru dans la même ville en 1771, en 3 vol. in-8., avec des notes et des observations de Nibby. La dernière, de 1818, est la seule que l'on recherche maintenant. Vend. 39 fr. Hurtault. Elle coûte environ 60 fr. Il en a été tiré des exempl. de format in-4. et aussi quelques-uns en pap. azuré.

NARES (the archdeacon *Robert*). A Glossary; or, a collection of words, phrases, names and allusions to customs, proverbs, etc., which have been thought to require illustration in the works of the best english authors, particularly Shakspeare and his contemporaries. *London*, *R. Triphook*, 1822, in-4. [11333]

Ouvrage bien fait et d'un grand usage pour l'intelligence des anciens écrivains anglais. 2 liv.; en pap. fin, *cuir de Russie*, 3 liv. 16 sh. Drury. — Réimpr. à *Stralsund*, 1825, in-8.

— NEW EDITION, edited by James O. Halliwell, and Th. Wright. *London*, 1859, 2 vol. in-8. 1 liv. 8 sh.

Cette édition, augmentée et fort améliorée, a fait tomber le prix de la première.

— Catalogue of harleian library, 31429.

NARES (the rev. *Edward*). Memoirs of the life and administration of William Cecil, lord Burghley, secretary of state

---

Naramowski (*A.-I.*). Res sarmaticæ, 27823.
Narbona. Bibliografia sicula, 30103 ou 30661.

Nardin (*J.-Fr.*). Le Prédicateur, 1947.
Nardus (*J.*). De Rore, 4297. — Lactis physica analysis, 7064.

in the reign of king Edward the sixth, and lord high treasurer of England in the reign of queen Elisabeth; containing an historical view of the times in which he lived, and of the many eminent and illustrious persons with whom he was connected; with extracts from his private and official correspondence and other papers, new first published from the originals. *London, Colburn*, 1828-1832. 3 vol. gr. in-4. portraits. 3 liv. [26935]

Ce livre est une de ces volumineuses compilations dont la lecture fait acheter bien cher le peu de choses neuves et curieuses qu'on peut en retirer, mais qui, cependant, doivent trouver leur place dans une grande bibliothèque. Il en a été rendu compte dans le n° CIX (avril 1832) de l'*Edinburgh review.*

NARNI (Casio ou Cassio da). Voy. CASSIO.

NARQUOISE Justine (la). Voy. UBEDA.

NARRATION sommaire de ce qui est advenu en la ville de Nantes, par ceulx que l'on a pretendu conspirateurs contre la majesté du roy nostre sire et souverain seigneur. M. D. LX. *Nantes, impr. Guéraud et C*ⁱᵉ (1860), gr. in-8. de 16 pp. [24866]

Tiré à 25 exemplaires, savoir : 2 sur VÉLIN, 8 sur pap. bleu, 15 sur pap. de Hollande. L'édition originale est fort rare.

NARRATIONS fabuleuses. V. PALÆPHATUS.

NARRATIONS joyeuses advenues de nostre temps. *Lyon*, 1557, in-16. [17339]

Vend. (avec *Epistre consolatoire de J. Boccace*) 1 liv. 8 sh. Heber.
Il existe une autre édition sous ce titre :
LES JOYEUSES narrations advenües de nostre temps. *Lyon, Rigaud*, 1572, in-16.

NARRATIVE of the insurrection which happened in the Zemeedary of Banaris in the month of august 1781 and of the transactions of the governor-general in that district, etc. (by Warren Hastings). *Calcutta, Wilkins, printed by order of the governor-general*, 1782, pet. in-fol. [28166]

Volume assez rare et fort curieux : vend. 33 fr. Langlès; 1 liv. 6 sh. mar. Sykes.

NARRATIVE of the irruption of the Kafir hordes into the eastern province of the cape of Good Hope, 1834-35, compiled from official documents and other authentic sources, by the editor of the Graham Town journal. *Graham's Town*, 1836, gr. in-8. [28432]

NARRENSCHIFF. V. BRANDT et BADIUS.

NASARRE (*Pablo*). Escuela musica, segun la practica moderna. *Zaragoça*, 1724, 2 vol. in-fol. [10163]

NASH or Nashe (*Thomas*). Anatomie of absurditie, contayning a breefe confutation of the slender imputed prayses to feminine perfection, with a short description of the severall practices of youth and soundry follies of our licentious times. *London, printed by I. Charlewood for Th. Hacket*, 1589, in-4. [15756]

Une des productions les plus caustiques de ce poëte satirique peu connu hors de l'Angleterre. Vend. 7 liv. Hibbert; 5 liv. 5 sh. Heber. Nash a composé plusieurs autres ouvrages qui sont devenus très-rares et qui se payent fort cher à Londres, ainsi qu'on peut le voir dans le Manuel de Lowndes, seconde édit., part. VI, 1651-52, et dans la 4e part. de la *Biblioth. Heber.*

NASH (Threadway). Collections for the history of Worcestershire. *Lond.*, 1781-82, 2 vol. in-fol. fig. [27333]

Ouvrage rédigé d'après des matériaux réunis par le poëte Will. Habington. En 1799 on y a ajouté un supplément de 104 pp. et en même temps de nouveaux titres, pour les deux vol., sous la même date, de 1799, et portant : *second edition, with additions.* Le prix, qui n'était originairement que de 4 liv. 4 sh., s'est élevé depuis à 6 liv. et plus. — En Gr. Pap. 13 liv. 13 sh. Willett; 11 liv. Dent.

NASH (*John*). Views and illustrations of his majesty's palace at Brighton, by John Nash, private architect to the king. *London, Ackermann*, 1828, gr. in-fol. [10014]

Volume contenant 23 grandes planches et 6 petites, color., et accompagnées des figures au trait. Tiré à 250 exempl. Prix réduit de 10 liv. 10 sh. à 5 liv. 5 sh.

— Mansions of England in the olden time, consisting of exisiting views of some of the most characteristic features of the domestic architecture of the Tudor age... published by Lean. *London*, 1839-49; gr. in-fol. [9984]

Quatre séries de 25 grandes lithographies teintées. Annoncé d'abord à 16 liv. 16 sh., et ensuite à 7 liv. 10 sh. Il y a des exemplaires dont les planches sont coloriées à l'imitation des dessins originaux, 18 liv. catal. Willis.

— Views of the interior and exterior of Windsor castle. *London*, 1843 ou 1848, gr. in-fol. 1 liv. 16 sh. avec 25 pl. coloriées.

— Views of the chapel of S. George at Windsor, 10003.

Le même artiste avait déjà donné :
ARCHITECTURE of the middle ages, 1838, gr. in-fol., 35 lithogr. 2 liv.; planches coloriées, 5 liv. 10 sh.

NASH (*Fred.*). Views of Paris. Voy. SCOTT.

NASIR ou Nassir Eddin. Voy. Eddinus et Euclides.

NASMISADE ou Nazmi Zadeh Gulscheni Chulefa (Le parterre de roses des califes, en turc). *Constantinople*, 1143 (1730), in-fol. de 130 ff. [15988]

Vend. 25 fr. 95 c. Chardin.

NASO (*Joan.*). Joannis Nasonis Siculi Panhormi de spectaculis a Panhormitanis in Aragonei regis laudem editis Barchinonia in fidem ejus recepta foeliciter incipit. (absque anni, loci ac typographi indicatione), in-8. ou pet. in-4. de 24 ff. dont le premier et dernier sont blancs; sign. a, b, c, par 8, lettres rondes. [12740]

Poëme en vers latins composé à l'occasion d'une fête qui eut lieu à Palerme en 1472 pour célébrer la soumission de la ville de Barcelone. Le premier f. imprimé, coté aij, contient une épître dédicatoire en 46 vers, précédée de ce sommaire : *Joannes Naso siculus ad D. Joannem Bonannum virum optimum et jure consultum egregium*. Le texte commence au f. aiij par le sommaire dont nous avons formé le titre ci-dessus; en voici le premier vers :

Sacra cano festosque dies : quos loeta Panhormum.

Il finit au 23e f., qui n'a que 22 lignes, par cet autre vers :

Sed veniente deo fugere incendī phoebo.

avec ces mots au-dessous : *Ad laudem dei et in patriæ ac Regis Aragonei onorem.*

Il paraît certain que cet opuscule a été imprimé à Palerme entre l'année 1472, époque de la fête, et l'année 1477, date la plus ancienne qui paraisse sur un livre imprimé dans cette ville (voir l'article suivant). Cette pièce est fort rare, car on n'en connaît bien positivement que deux exemplaires, savoir celui qu'a décrit Dibdin dans la *Bibliotheca Spenceriana*, VII, p. 77, n° 118, et celui que Jos. Mar. Mira, libraire de Palerme, a vendu 26 onces au prince de Trabia, et au sujet duquel ce libraire a écrit une dissertation intitulée : *Sull' introduzione della arte tipografica in Palermo Riflessioni*, Palermo, 1859, in-8. de 20 pp.

— Joannis Nasonis Carleonensis consuetudines felicis urbis Panormi. *Panormi, apud Andream de Wormacia*, 1477, in-4. [2984]

Ces coutumes ne sont pas moins rares que le poëme que nous venons de décrire. L'impression commencée en 1477 n'a été terminée qu'en 1478.

NASPO Bizaro. Calate fantastiche che canta Naspo Bizaro da Venezia Castellan sotto i balconi di Cate bionda Biriota, per cavarse la bizaria del cervelo e' l martello del stomego. *Venetia, Domenico Nicolino*, 1565, in-4. [15028]

Poëme singulier et original, écrit en dialecte vénitien. Le vol. est en totalité de 44 ff., y compris des gravures assez grotesques deux fois répétées. 35 fr. 50 c. en 1825.

— Naspo Bizaro, nuouamente restempato, con le zonta del lamento che fà per hauerse pentio de hauer sposao Cate Bionda Biriotta. *In Veniesia per Piero de Domenigo in contra de santo Apolinari, à la librairia de la Pigna* (senz' anno), in-4. fig. en bois.

Cette édition doit être un peu moins ancienne que la précédente, puisque, selon le catal. Libri, n° 1666, elle contient de plus le *Lamento de Naspo Bizaro*. Un exempl. en maẏ. citr. 20 fr. Nodier; 19 fr. 50 c. Libri, en 1847.

— Naspo Bizaro, con la zonta del lamento, che'l fà per haver pentio de haver sposao Cate Bionda Biriota. *Venetia, Pietro Falcon*, 1578, pet. in-12. 19 fr. 50 c. Itiva.

Réimpr. à Venise, en 1595, et dans la même ville par Aug. Righettini, 1628, in-12.

La dédicace de ce livre est signée *Caravia*, nom que les uns croient être supposé, mais que d'autres regardent comme étant véritablement celui de l'auteur. C'est effectivement avec le nom d'*Aless. Carravia* sur le titre qu'a paru l'édit. du Napso Bizaro, de *Venise et Bassano, Gio.-Ant. Remondini*, 1683, in-12, dont un exempl. *non rogné*, rel. en *m. r.*, est porté à 22 fr. dans le catal. Libri, tandis qu'une autre édition du même livre, impr. à Venise, par Ant. Remondini, sans date, in-12, *m. r.*, n'y est portée qu'à 5 fr. 50 c. — L'édit. de 1683 présente d'assez nombreuses variantes.

NASSAU (*Guillaume* Ier de), prince d'Orange. La justification du prince d'Oranges, contre les faulx blasmes que ses calomniateurs taschent à luy imposer à tort. *Imprimé au moys d'Apvril, anno* 1568 (sans lieu d'impression), pet. in-8. de 4 ff. et 136 pp. [25018]

Pièce fort rare : vend. 6 flor. 50 c. Meerman; 14 fr. 50 c. Bearzi.

— Rescript et declaration du très illustre prince d'Oranges, contenant l'occasion de la défense inévitable de son excellence contre l'horrible tyrannie du ducq d'Alba, et ses adhérens. Donné le 20 Juillet. (*sans lieu d'impression*), 1568, pet. in-4.

Cette seconde apologie n'est pas moins rare que la première.

Lettres du seigneur prince d'Oranges... à tous les subjects du Païs-Bas. 1568, pet. in-8.

Cette pièce pourrait bien être une réimpression des deux précédentes. Elle est portée dans le catal. de Van Hulthem, n° 26477, de même que celle qui a pour titre :

Advertence du prince d'Oranges aux subjects et inhabitans du Païs-Bas. 1568, pet. in-4.

Voici l'indication de plusieurs écrits français, plus ou moins rares, qui se rapportent au même prince :

Liste des moyens généraux résolus par le prince d'Orange, le conseil d'estat et les Estais-Généraux. *Anvers*, 1578, in-4.

Apologie contre les calomnies... proférées par le prince d'Oranges, ses ministres, etc., alencontre du roy. 1579, in-4. (Catal. Major, 6610.)

Lettres du prince d'Oranges, envoyées aux provinces et villes des Pays-Bas demeurées en l'union générale. 1579, in-4.

Lettre d'un Gentilhomme vray patriote a messieurs les Estats Generaux assemblez a Anvers contre le prince d'Orange et ses adherens. 1579, in-4.

Reponse a un libelle fameux publié contre le prince d'Oranges (celui du vray patriote), par Philippe de Marnix de Ste Aldegonde. *Anvers, Gilles Van den Rade*, 1579, in-4.

Remonstrances faites aux deputez des estats

généraulx le IXᵉ de Janvier 1580, pour le prince
d'Oranges. *Anvers, G. Van den Rade* (1580), in-4.

LE RENART (le prince d'Oranges, Guillaume le
Taciturne) découvert. *Mons en Hainault, chez
Rutger Velpius,* 1580, pet. in-4. de 18 ff.

LETTRE interceptée du prince d'Orange au duc
d'Alençon, etc. 1580, in-4.

HARANGUE du chancelier d'Angleterre sur la proposition baillée par la reine s'il conviendroit d'assister ouvertement le prince d'Oranges et les Estats
du Païs-Bas. 1581, in-4.

APOLOGIE, ou défense de Guillaume, Prince
d'Orange, contre le ban et édict publié par le roy
d'Espaigne, par lequel il proscript le dit Seigneur
Prince, dont apperra des calomnies et fausses accusations contenues en la dicte proscription. (*Leyden*)
Charles Sylvius, 1581, in-4.

Édition originale de cette célèbre pièce qui a été
attribuée par Grotius à Fr. de Villiers, mais que La
Marre, auteur d'une vie d'Hub. Languet, donne à
ce dernier. Elle a été réimpr. à *Delft,* en 1581,
in-4., et probablement ailleurs. Cette même année 1581, l'imprimeur Ch. Sylvius a donné deux
autres éditions de l'*Apologie,* l'une in-8., en latin,
et l'autre, in-4., en flamand. Le catal. de Van Hulthem, nᵒ 26625, indique la pièce suivante : *Première apologie pour monseigneur et les Estats
des Pays-Bas,* 1582.

L'édit contre le prince d'Orange avait été publié précédemment sous le titre suivant :

BAN et edict en forme de proscription fait par
la majesté du roi nostre sire a l'encontre de Guillaume de Nassau, prince d'Orange, comme chef et
perturbateur de l'eslat de la chrestiente; et spécial-
lement de ces Pays-Bas : par lequel chacun est au-
thorisé de l'offenser et oster de ce monde, comme
peste publique, avec pris à qui le fera et y assis-
tera. Imprimé par ordonnance et commandement
expres de sa majesté. *A Douay, par Jehan Bogard,* 1580, pet. in-8. de 30 pp.

REMONSTRANCE faict par le prince d'Orainges en
la ville d'Anvers, ce 1ᵉʳ iour de décembre a messieurs les Estats. *Imprimé l'an* 1582, pet. in-8.

BREF recueil de l'assassinat commis en la personne du prince d'Orange... par Jean Jauregui
espaignol (avec les pièces justificatives). *Anvers,
Chr. Plantin,* 1582, pet. in-4.

Plantin a aussi donné, en 1582, une édition de cette
pièce in-4., en flamand. Il en existe une du texte
français, in-8., et sous le titre suivant :

RECUEIL au vray de l'assassinat commis en la
personne du prince d'Orange, par Jean Jauregui,
Espaignol, ensemble les copies des papiers trouvés
sur l'assassinateur, les depositions des criminels,
lettres d'Annastro et du prince de Parme. *Envers,*
1532 (pour 1582), in-8. (La Valliere-Nyon, 24298.)

DISCOURS sur la blessure de monseigneur le
prince d'Orange. (*sans lieu d'impression*), 1582,
in-4.

DISCOURS sur ce qui s'est passé en la ville de
Bruges, en 1582, au sujet des assassins envoiés
contre le duc de Brabant et le prince d'Orange.
Bruges, 1582, in-8. — Voy. GLORIEUX martyre.

Nous ne devons pas oublier de citer ici le recueil publié sous le titre suivant :

ARCHIVES ou correspondance inédite de la maison d'Orange-Nassau, recueil publié avec une autorisation du roi, par M. G. Groen van Prinsterer.
— 1ʳᵉ série (1552-84), avec supplément et table par
Bodel Nyenhuis. *Leyde,* 1835-47, 10 vol. gr. in-8.,
70 fr. [25162]

— 2ᵉ série (1600-25), *Utrecht,* 1857-60, 4 vol. in-8.

Citons encore :

LA GÉNÉALOGIE des illustres comtes de Nassau.
Avec la description de toutes les victoires, lesquelles Dieu a octroiées aux seigneurs les Estats
des Provinces-Unies des Pays-Bas, sous le prince
Maurice de Nassau. *Amsterdam, J. Janssz,* 1624,
in-fol. fig.

NAST (*J.-H.*). Opuscula latina, collegit
atque edidit J.-H. Nast. *Tubingæ,
Laupp,* 1820-21, 2 vol. in-8. [19407]

Collection philologique de pièces relatives à l'histoire
et à la littérature anciennes.

NATALIBUS (*Petrus* de). Catalogus sanctorum et gestorum eorum ex diversis
voluminibus collectus. *Vicentiæ, per
Henric. de Sancto Ursio,* 1493, in-fol.
de 331 ff. à 2 col. de 59 lign. [22013]

Première édition d'un ouvrage qui a été souvent
réimprimé. La souscription est au verso du 326ᵉ f.,
1ʳᵉ col., et le registre et la marque de l'imprimeur sont au recto du f. suivant, coté s. Vend. en
mar. 19 fr. Gaignat; 14 fr. La Valliere.

— Catalogus sanctorum... (in fine) : *Venetiis, per Bartholomeum de Zanis
de Portesio impensis Luceantonii de
Giunta florentini impressum... anno*
M. CCCCC. VI, v *idus iulii,* in-fol.

Parmi les nombreuses vignettes sur bois que contient
ce volume, il y en a une qui représente un instrument de supplice semblable à la guillotine. 32 fr.
Bearzi.

C'est sur cette édit. de Venise qu'a été faite celle de
Lyon, 1508, *per Claudium daoust alias de troys,
impensis Stephani Gueynard,* in-fol.

— Le grand cathalogue des sainctz et
sainctes nouuellement translate de latin
(de Pierre des Natalles) en francoys (par
Guy Breslay). *Paris, Galliot du Pré*
(1523-24), 2 vol. in-fol. fig. sur bois.

Le premier volume renferme sept ff. préliminaires et
CCXXV ff. chiffrés. Le second, daté du 3 mars 1524,
avant Pasques, dix ff. prélimin. et CCXLI ff. chiffrés.
L'exempl. imprimé sur VÉLIN qui avait été payé
seulement 60 fr. chez le C. d'Hoym, et 100 fr. chez
de Selles, en 1761, s'est vendu 435 flor. chez Meerman.

NATALIS (*Hieronym.*). Adnotationes et
meditationes in evangelia quæ in sacro
sancto missæ sacrificio toto anno leguntur. *Antuerpiæ, Nutius,* 1594-1595,
in-fol. fig. grav. par les Wiericx, et autres.
[485]

Première édition, préférée à celles qui l'ont suivie, à
cause de la beauté des épreuves : 36 à 60 fr., avec
les deux titres, 167 fr. Borluut. Un exempl. rel. en
en *mar.* à *compart. t. r.,* unique pour sa beauté
et sa conservation, s'est vendu 651 fr. La Valliere ;
il n'avait coûté que 64 fr. à la vente du comte
d'Hoym.

Il a deux titres gravés, l'un portant : *Evangel. hist:
imagines,* avec la date de 1593 ; l'autre avec le mot
adnotationes, et la date de 1594 ; c'est à la fin du
texte que se lit la date de 1595.

On trouve quelquefois séparément les 153 fig. de cet
ouvrage avec le frontispice gravé, daté de 1593 ; ce
tirage est antérieur à celui de l'édition lorsque les
planches n'ont qu'une seule série de numéros, car
les seconds numéros ont été ajoutés pour placer les
figures dans le texte : 18 à 36 fr. Un exemplaire de
ces planches, imprimé sur *satin,* est porté à 40 liv.
dans le catal. du libraire Pickering, *Lond.,* 1834,
nᵒ 2308.

L'édition d'*Anvers,* 1595, portant *secunda editio* (et
n'ayant que le second titre gravé), et celle de 1607,
in-fol.), sont peu estimées : 15 à 20 fr.

— MEDITATIONI sopra Evangelii...... composte dal

R. P. Agostino Vivaldi respondenti alle imagini de P.-G. Natale. *Roma*, 1599, in-fol. fig.
Ce sont les 153 pl. gravées par les Wiericx, avec un texte italien, 45 fr. Riva.

NATALIS Comitum venatio. V. Comitum.

NATEY de la Fontaine (*Nicolas*). Discours de l'origine du différend et dissention d'entre les François et les Anglois, auquel est prouvée la nullité du droit prétendu en France par l'Anglois. A la fin est insérée la prise du Havre de Grace en 1563. *Paris, Guill. Nyverd* (vers 1563), pet. in-8. [23508]

Opuscule rare.

NATHAN (R. *Isaaci*). Mëier nathib (Il-. luminans vitam) seu concordantiæ biblicæ (hebraice). *Venetiis, per Danielem Bombergum*, 284 (octob. 1523), gr. in-fol. [257]

21 fr. Quatremère.

NATIVELLE (*Pierre*). Traité d'architecture. *Paris*, 1729, 2 vol. in-fol. atlant., avec 125 fig. 20 à 25 fr. [9769]

Cet ouvrage peu estimé était plus cher autrefois.

NATIVITE (de la) de monseigneur le Duc, filz premier de monseigneur le Dauphin. (à la fin) : Salet. *On les vend a Paris par Jaques Nyverd* (1543), in-8. de 4 ff. goth. avec les armes mi-parties de France et de Bretagne sur le frontispice. [13670 ou 13970]

Pièce en vers. Le nom de *Salet*, qui se lit à la fin, est probablement celui de l'auteur; mais peut-être faut-il lire *Salet* au lieu de *Salet*. (Recueil de M. de Montaiglon, I, p. 229.).

NATIVITE de notre seigneur Jesus-Christ, par personnages, avec la digne accouchee. (*sans lieu ni date*), in-8. goth. de 24 ff. sign. *a—f.* [16225]

Vend. 40 fr. mar. r. La Vall'ere. Réimprimé dans la Collection publiée chez Silvestre (voyez Collection).

NATIVITE (la) z passion iesus. (au verso du dern. f.): *Cy fine la nativité z passion iesus. | Au lõg historiee, côe on peut revir dess'.* | pet. in-8. goth. de 48 ff. signat. A.—F. [301]

Ouvrage orné d'une cinquantaine de vignettes grossièrement gravées sur bois. Au verso du dernier f. est la marque de Françoys Regnault (de Rouen). L'opuscule suivant est impr. avec les mêmes caractères et porte la même marque d'imprimeur que celui-ci, avec lequel nous l'avons trouvé relé. Ils sont tous les deux du commencement du XVIᵉ siècle.

Sensuyvent oraisons de plusieurs | saincts z sainctes qui iesuschrist aymerēt | de pensees non painctes. (au verso du dernier f.) : *Cy finissèt plusieurs devotes oraisõs | Dont les sainctz z saîtes requere devõs*. Pet. in-8. goth. de 48 ff. signat. A.—F., avec fig. sur bois.

NATOIRE. Tableaux de la chapelle des Enfans-Trouvés de Paris, peints par Ch. Natoire, gravés par Fessard. (*Paris*,

1752-57), in-fol. max. contenant 15 pl. 12 à 15 fr. [9348]

NATTER (*Laurens*). Traité de la méthode antique de graver en pierres fines, comparée avec la méthode moderne, traduit de l'anglois. *Londres*, 1754, in-fol. fig. 24 à 30 fr. [9495]

Un des meilleurs ouvrages que l'on ait sur cet art. Il est enrichi de 37 bonnes gravures, non compris le frontispice. L'édition avec le texte en anglais est de la même date.

NATTES. Bath and its environs illustrated by a series of views, from the drawings of John-Claude Nattes; with descriptions to each plate. *London, Miller*, 1806, gr. in-fol. fig. color. [27292]

Trente pl. color., avec 6 ff. prélim. pour le titre, la préface et la liste des planch., plus 56 pp. de texte: 20 à 25 fr.

—Scotia depicta, or the antiquities, castles, public buildings, noblemen and gentlemen seats, cities, etc...... of Scotland, illustrated in a series of finished etchings by James Fittler from drawings of John-Claude Nattes; with description. *London*, 1804, gr. in-fol. obl. [27402]

Ouvrage composé de 48 pl., et publié primitivement en 12 livrais. au prix de 4 liv. 4 sh. (vend. 74 fr. Suard). Il a reparu depuis sous la date de 1819, et au prix de 2 liv. 10 sh.

Le même artiste a publié à Londres, de 1809 à 1811, une suite de 40 vues coloriées de Versailles, Paris et Saint-Denis, avec un texte descriptif en français, gr. in-fol. Porté à 1 liv. 11 sh. 6 d. dans le gros catalogue de G. Bohn.

NATTIER. Galerie du Luxembourg. Voy. Rubens.

NATURÆ et scripturæ concordia. Voyez Wachter.

NATURAL (the) history of Selborne. Voy. White.

NATURAL history of the state of New-York. *Albany* (sans date, mais de 1842 à 1855), in-4., planches en grande partie coloriées. [4543]

Curieuse collection exécutée aux frais du trésor de l'Etat de New-York; il n'en a été tiré qu'un nombre d'exemplaires assez limité, en sorte qu'elle est devenue rare et que le prix en est arbitraire; elle contiendra 20 vol. environ, divisés en six classes principales. Voici ce qu'il en paraissait en 1855 :

    I. Zoology, by James E. De Kay : 1842-44; Mammalia, 38 pl.; Ornithology, 141 pl.; Reptiles and Amphibia, en 2 vol., avec 79 pl.; Mollusca, 53 pl.

    II. Botany, Flora, by J. Torrey, 1843, 2 vol., avec 158 pl.

    III. Mineralogy, by Lewis C. Beck, 1842, avec environ 500 bois et 10 pl.

    IV. Geology, by W.-W. Mather, comprenant : The Geology of first geological district, avec 156 pl.; of the second district, by Ebenezer Emmons, avec 15 pl.; of the third district, by Lardner Wanaxen, avec fig. sur bois; of the fourth district, by James Hall, avec environ 200 illustrations, cartes, vues, sections.

    V. Agriculture, by Ebenezer Emmons, 1846-49,

5 vol.: le 1er a 22 pl. et une carte ; le 2e, 26 pl. en noir et 14 color. ; le 3e est consacré à la description et à l'illustration des fruits, et en partie aux principes de l'agriculture pratique ; le 4e, 99 pl.; le 5e, 48 pl.

VI. PALEONTOLOGY, by J. Hall, 1849-52, vol. I et II, avec environ 100 pl.

Pour plus de détails, consultez *Trübner's biographical guide to American literature*, London, 1859, p. 168.

NATURE (la) et propriété des Poissons et autres monstres aquatiques qui hantent et habitent aux mers, riuieres et estangs, auec leurs pourtraicts et figures exprimez au plus pres du naturel. *Paris, pour la refue de Iean Bonfons* (sans date, vers 1560), in-16, fig. sur bois. [5860]

Ce petit livre, extrait des ouvrages de Rondelet et de P. Bellon, n'a aucune valeur en histoire naturelle ; mais comme il est rare, on l'a quelquefois payé de 10 à 15 fr., et même 51 fr. en *mar. bl.* en 1853. — Il a été réimprimé sous le titre d'*Histoire universelle des Poissons.....* *Paris, Nic. Bonfons,* 1584, in-16, fig.

NAUCLER. Memorabilium omnis ætatis et omnium gentium chronici commentarii, a Joanne Nauclero digesti in annum salutis M. D. adjecta Germanorum rebus historia de Suevorum ortu, institutis ac imperio. Complevit opus F. Nicolaus Basellius, annis XIIII. ad M. D. additis. — *Editum est hoc opus.... impensis.... Conradi Breuning, Kiliani Vetzler, et Joannis Zuyfel civium tubingensium : impressum Tubingæ, opera Thomæ Anshelmi badensis...* M. D. XVI, 2 vol. in-fol. [21288]

Édition rare. On en conserve un exemplaire imprimé sur VÉLIN dans la biblioth. publique de Nuremberg. L'ouvrage a été réimprimé avec une continuation jusqu'en 1564, par L. Surius, *Coloniæ*, 1564, 2 vol. in-fol., et depuis, avec la continuation, à Cologne en 1614 et 1675, in-fol.

NAUDÉ (*Gabriel*). Considérations politiques sur les coups d'Etat, par G. N. P. *Rome* (*Paris*), 1639, in-4. de 3 ff. et 222 pp. [3952]

On lit dans la préface de cette édition originale, qu'il n'en a été tiré que 12 exemplaires ; mais cela est inexact, et il faut croire que le nombre des exemplaires est au moins de cent, ainsi qu'on l'a dit sur le témoignage du P. Jacob. Vend 30 fr. Le Febvre ; le même prix Labédoyère ; 20 fr. Nodier ; 115 fr. Borluut.
Il est dit dans le *Patiniana*, p. III, que les *Considérations politiques* furent imprimées à Rome, en janvier 1639, in-4. de 28 ff., et, sur ce dire, M. Nodier (*Mélanges*, pp. 196 et suiv.) a supposé qu'il existait deux éditions in-4, l'une de ce livre, l'une en 28 ff., et véritablement impr. à Rome et à 12 exemplaires seulement ; l'autre en 114 ff., et impr. à Paris ; or il est évident qu'il faut lire, dans le *Patiniana,* 28 feuilles au lieu de 28 feuillets, et comme 28 feuilles in-4. donnent 112 ff., en ajoutant le titre

Nature (de la). Voyez Robinet.
Naudé (*Phil.*). Naissance et progrès du kouakérisme, 22520.

et un des ff. prélimin., on aura tout juste 114 ff. Ainsi, jusqu'à ce qu'on nous ait exhibé un exemplaire de l'édition en 28 ff., nous persisterons à croire qu'elle n'existe pas, et nous nous en tiendrons à l'opinion du P. Jacob, le contemporain et même l'ami de Naudé.

Les réimpressions faites *sur la copie de Rome* (Hollande, à la Sphère), en 1667 et 1671, pet. in-12, sont assez jolies : 3 à 5 fr. — Le même ouvrage a été réimprimé sous le titre de *Sciences des princes* (à *Strasbourg*), en 1673, in-8., et (à *Paris*) en 1752, 3 vol. in-12, avec les réflexions de L. D. M. (Louis du May); mais ces éditions n'ont qu'un prix ordinaire. Il a aussi été reproduit, sans nom d'auteur et avec quelques corrections de style, sous ce titre ;

RÉFLEXIONS sur les moyens dont les plus grands princes se sont servis pour gouverner et augmenter leurs Etats. *Leyde*, 1736, in-12.

— APOLOGIE pour les grands hommes soupçonnés de magie, avec quelques remarques. *Amsterd.*, 1712, in-12. 3 à 5 fr. [8875]

Pour la réponse de Jac. d'Autun à cette Apologie, voy. le nᵒ 8875 de notre table.

— INSTRUCTION à la France sur la vérité de l'histoire des frères de la Rose-Croix. *Paris*, 1623. — Avertissement au sujet des frères de la Rose-Croix, savoir, s'il y en a, quels ils sont ? etc.; trad. du latin, 1623, in-8. [22493]

Ces deux ouvrages assez curieux, de Gabr. Naudé, sont ordinairement réunis : 4 à 6 fr.

— Jugement de tout ce qui a été imprimé contre le cardinal Mazarin, depuis le 6 janvier jusqu'à la déclaration du premier avril 1649 (par Gabr. Naudé, *Paris*). In-4. de 718 pp. [23768]

Cet ouvrage, rempli d'érudition, est connu sous le nom de *Mascurat*, l'un des interlocuteurs que Naudé introduit dans ses dialogues : 5 à 6 fr. — Gr. Pap. 8 à 12 fr. Vend. en *m. viol. dent. l. r.* 40 fr. La Vallière; 18 fr. *mar. r.* Méon. On avait joint à ce dernier exemplaire une table formant 4 pages, dressée par l'abbé de Saint-Léger, pour l'exemplaire de la bibliothèque Sainte-Geneviève, et imprimée à son insu par les soins de Méon, lequel a omis plusieurs articles de l'original. Un semblable exemplaire a été porté à 120 fr. à la vente de Le Blond, et revendu 40 fr. Labédoyère : — un autre, 14 fr. Morel-Vindé ; 20 fr. Andry. La table, dit-on, n'a été tirée qu'à 12 exemplaires.

La première édition de ces dialogues n'ayant que 492 pp., est beaucoup moins ample que la seconde, mais on y trouve quelques passages qui n'ont pas été conservés dans cette dernière. Pour les différences qu'elles présentent, voy. Beyer, *Memoriæ librorum rariorum*, pp. 115-147. L'édition en 718 pp. est plus commune que la première.

— NEW from France; or a description of the library of cardinal Mazarine, before it was utterly ruined, sent in a letter from M. Gabr. Naudeous. *London*, 1652, in-4.

Cet opuscule de 6 pp. est rare ; mais il a été réimpr. dans le 3e vol. de l'*Harleian Miscellany.*

— Naudæana, 18533. — Epistolæ, 18778. — Avis pour dresser une bibliothèque, 31156.

— Voy. JACOB.

NAUGERIUS (*Andr.*). Opera, curantibus Jo.-Antonio et Cajetano Vulpiis fratribus. *Excudebat Jos. Cominus Vulpiorum ære* (*Patavii*), 1718, gr. in-4., avec le portr. de l'auteur. 10 à 12 fr. [18776]

Naudet (*J.*). Administration de l'empire romain, 22963.

Cette édition, qui contient les ouvrages latins et italiens de l'auteur, y compris le voyage dont nous parlerons ci - dessous, est assez belle et faite avec soin. 21 fr. Libri, en 1857. Elle a été mise sous presse en 1717; et quoique ce ne soit pas le plus ancien livre qui ait paru chez Comino, c'est au moins le premier dont il se soit occupé. On en cite des exemplaires en Gr. Pap. Ce recueil a été réimprimé à Venise, chez Remondini, en 1754, in-8., sans augmentations; mais ni l'une ni l'autre de ces éditions ne contiennent trois morceaux de poésie latine de Navagero, qui sont joints aux poésies latines de Vitius Juvenatius (*Giovinazzo*), impr. à Naples, en 1786, in-8.

— Viaggio fatto in Spagna et in Francia da Andrea Navagero : alla cesarea maesta di Carlo V. *Vinegia , Domenico Farri,* 1563, pet. in-8. [20049]

Édition devenue rare : 12 fr. 20 c. en janvier 1829; 10 sh. Hibbert; 1 liv. 6 sh. *mar. r.* Heber; 29 fr. 50 c. Reina; 15 fr. 50 c. Riva.

Le Voyage d'André Navagero, en Espagne, fait partie du recueil des documents historiques intitulé :

RELATIONS des ambassadeurs vénitiens sur les affaires de France , au XVIᵉ siècle, recueillies et traduites par M. N. Tommaseo. *Paris, impr. roy.,* 1838, 2 vol. in-4.

Les anciennes éditions des autres ouvrages de cet écrivain sont à très-bas prix.

Celle de 1530, pet. in-fol. de 43 ff., sous le titre de *Orationes duæ, carminaque nonnulla,* porte cette souscription remarquable : *Impressum Venetiis, amicorum cura quam potuit fieri diligenter, præt. Joan. Tacuini.*

NAULT (*Denys*). Histoire de l'ancienne Bibracte, à présent appellée Autun (anonyme). *Autun, La Mothe-Tort* (1688), in-12. Rare. [24562]

Vend. 16 fr. De Fontette; 8 fr. Chateaugiron.

— La Mort d'Ambrorixène vengée par celle de Jules César, assassiné par Brutus (par Nault). *Lyon,* 1688, in-12. 5 à 8 fr.

Cet ouvrage, plus romanesque qu'historique, se rapporte à l'histoire de l'ancienne Bibracte.

NAUMANN (*Johann-Andreas*). Naturgeschichte der Vögel Deutschlands , nach eigenen Erfahrungen entworfen... auf's neue herausgegeben von dessen Sohne Joh.-Friedr. Naumann. *Leipzig, Ernst Fleischer,* 1822 et ann. suiv., et *Stuttgart, Hoffmann ,* in-8. avec pl. color. en grand format. [5758]

Les 12 premières parties de cet ouvrage ont été publiées de 1822 à 1847, avec 342 pl. color. et 8 pl. noires. La 13ᵉ partie, 1847-60, a paru en 8 livraisons. Le tout ensemble coûte 800 fr. avec les fig. color., et 210 fr. avec fig. en noir.

NAUMANN (*C.-F.*). Lehrbuch der Geognosie. Mit einem paläontologischen Atlas. *Leipzig , Engelmann,* 1849-1854, 2 vol. gr. in-8. avec 70 pl. lith. gr. in-4. 92 fr. [4792]

— Geognost. Karte des K. Sachsen, 4810. — Theore-

tische Krystallographie , 4696. — Elemente der Mineralogie , 4698. — Lehrbuch der Geognosie , 4792.

NAUNTON (*Rob.*). Memoirs of Q. Elisabeth's court , by Sir Robert Naunton , with some of his posthumous works and biographical additions by James Caulfield, from manuscripts in his own hand. *London , Smeeton,* 1814, pet. in-4., avec 21 portr. 2 liv. 2 sh., in-fol. 3 liv. 13 sh. [26932]

Réimpression d'un ancien ouvrage dont il a été fait plusieurs édit. dans le XVIIᵉ siècle. (La première, in-4., de 49 pp., est de 1641.) Un exemplaire in-fol., avec une double suite des 21 portraits avant la lettre et sur satin, 16 liv. 16 sh. Catal. de Longman, 1820.

Il existe une autre édit. de ces mémoires donnée par P.-W. Dodd, *Lond.,* 1824, pet. in-8. avec 9 portraits. 12 sh. 6 d. — Gr. Pap. 1 liv. 1 sh.

NAUTONIER (*Guill.* de), sieur de Castelfranc. Mécométrie de l'eymant, c'est-à-dire la manière de mesurer les longitudes par le moyen de l'eymant par laquelle est enseigné un très certain moyen, auparavant inconnu, de trouver les longitudes géographiques de tous lieux, aussy facilement que la latitude. Davantage y est demonstré la déclinaison de la guide eymant pour tous les lieux. — Mécographie de l'eymant, c'est-à-dire la description des longitudes trouvées par les observations des déclinaisons de l'eymant. *Venes et Tolose, chez l'autheur, et chez Raimond Colomies , A. Courteneufue,* 1603-4, 2 part. en 1 vol. pet. in-fol. fig. [8052]

Catal. des bibliothèques de la marine, I, n° 1804.

Cet ouvrage, qui a été fort utile lorsqu'il parut, est aujourd'hui assez rare. On cite du même auteur un traité *De artificiosa memoria,* impr. à Castres, en 1607, in-4.

NAVAGERO. Voy. NAUGERIUS.

NAVAL atchievements. Voy. MARTIAL atchievements.

NAVARRE (poésies du roi de). Voyez THIBAULT.

NAVARRETE ou Navarette (*Fr.-Domingo Fernandez* de). Tradados historicos, politicos, ethicos y religiosos de la monarchia de China. *Madrid, empr. real,* 1676, in-fol. [28292]

Vendu 12 fr. La Serna; 17 fr. Heber; 15 fr. 50 c. Quatremère. Ouvrage intéressant, qui, cependant, a donné lieu à une critique très-vive, publiée sous le titre suivant :

REPAROS historiales apologeticos, propuestos de parte de los missioneros apostolicos del imperio de la China, representando los descvidos, que se cometen en un libro, que se ha publicado en Madrid, en grave prejuicio de aquella mission. Contiene las

---

Naudin (*Th.*). Mnémonique, 9040.
Naumann (Dᵗ *Robert*). Archiv für die zeichnenden Künste, 9508. — Manuscripti biblioth. lips., 31418.
Naumann (*M.-N.*). Medizinische Klinik, 7141.

Navailles (*Phil.* de Montault de Benac, duc de). Mémoires, 23757.
Naval Biographies, 27035.

noticias mas puntuales, y hasta aora no publicadas de la ultima persecucion contra la fê, con una breve chronologia del aquel imperio, y otras curiosidades historicas hasta el año de 1677. *Pamplona, Thomas Batzan* (sans date), pet. in-4.

Il existe un second vol. des *Tratados* ci-dessus, contenant *Controversias antiguas y modernas de la mission de la gran China;* mais il paraît que l'Inquisition en a empêché la publication. Un exemplaire des pp. 1 à 668, sans frontispice et non terminé, est décrit dans la *Biblioth. grenvil.*, p. 484.

NAVARRETE (*Martin-Fernandez* de). Disertacion historica sobre la parte que tuviéron los Españoles en las guerras de ultramar ó de las cruzadas, y como influyéron estas expediciones desde el siglo xi hasta el xv en la extension del comercio maritimo y en los progresos del arte de navegar. *Madrid, Sancha,* 1816, in-4. 10 à 15 fr. [23062]

Cette dissertation fait partie du 5ᵉ vol. des Mémoires de la *Real Academia de la historia.*

— Coleccion de viages y descubrimientos que hicieron por mar los Españoles desde fines del siglo xv, con varios documentos concernientes a la historia de la marina castellana y de los establecimientos españoles en Indias, coordinada e illustrada por Don M.-F. de Navarrete. *Madrid, impr. real,* 1825-29-37, 5 vol. in-4., avec cartes. 90 fr., et plus en Gr. Pap. [20937]

Le premier vo!ume de cette importante collection contient le journal original des voyages de Colomb, rédigé par Barth. de Las Casas; le second est entièrement rempli de curieux documents relatifs à l'histoire des mœurs à cette époque; le troisième renferme les expéditions d'Americo Vespucci, et dans les tomes IV et V sont comprises les expéditions aux Moluques (*Viage de Magallanes y de Elcano; Viages de Loaisa y de Saavedra*); le tout ou d'après des manuscrits inédits, ou réimprimé sur des éditions devenues très-rares. La traduction française des deux premiers vol. a paru sous le titre suivant :

RELATIONS des quatre voyages entrepris par Christophe Colomb pour la découverte du Nouveau-Monde, de 1492 à 1504, suivies de diverses lettres et pièces inédites...... : ouvrage traduit de l'espagnol par MM. F.-T.-A. Chalumeau de Verneuil et de La Roquette, et accompagné de notes des traducteurs et de celles de MM. Abel Rémusat, Adrien Balbi, du baron Cuvier, etc. *Paris* (*H. Labitte*), 1828, 3 vol. in-8., avec portr., cartes et facsimile. 10 fr.

— Historia de la nautica, 8849.
— Voyez COLOMB; COLECCION de documentos, et GARCILASO de la Vega.

NAVIER (M.). Rapport à M. Becquey, et mémoire sur les ponts suspendus. Seconde édition, augmentée d'une notice sur le pont des Invalides. *Paris, Carilian,* 1830, in-4. et atl. in-fol. de 17 pl. 28 fr. [8840]

M. Navier a été l'éditeur du *Traité de la construction des ponts,* par Gauthey, son oncle (voy. GAUTHEY).
— Leçons d'analyse, 7924. — Leçons sur l'application de la mécanique, 8804.

NAVIERES (*Charles* de). Les douze heures du jour artificiel, avec annotations. *Sedan, Abel Rivery,* 1595, pet. in-4. de 194 pp. [13875]

Recueil de quatrains et d'hymnes, avec de savantes notes. 1 liv. 1 sh. Libri. L'édition a été reproduite avec un nouveau titre : *Langres, Georges Lombard,* 1597; mais elle n'est commune ni sous le premier titre ni sous le second.

Ch. de Navieres était un poëte aussi médiocre que fécond, auquel l'abbé Bouillot a consacré un bon article dans le 2ᵉ vol. de sa *Biographie ardennaise.* Il a laissé en manuscrit une Henriade, poëme en trente mille vers, dont un fragment en quatre-vingt-quinze vers se trouve imprimé à la suite d'un petit poëme du même auteur, intitulé :

L'HEUREUSE entrée au ciel du feu roy Henry le Grand.... *Paris, Mettayer,* 1610, in-12 de 50 pp.

Voici un autre ouvrage de lui que nous ne devons pas oublier :

LA RENOMMÉE de Ch. de Navyere, sedanois, sur les receptions, mariage, couronnement et entrées à Sedan, à Mesiere, à Saint Denis, à Paris, du Roy et de la Royne, poème historical en 5 chants. *Paris, Mathurin Prevost,* 1571, in-8. de 8 ff. prélim. et 48 ff. chiffrés. 10 fr. Coste. [13876]

Citons encore :

LES CANTIQUES saints, mis en vers françois, partie sur chants nouveaux, et partie sur ceux d'aucuns psalmes, par Ch. de Navières. *Anvers, Christ. Plantin,* 1579, pet. in-8. de 6 et 104 pp. avec la musique imprimée.

La musique doit être de Navieres lui-même, qui était musicien.

NAVIGATION du compagnon à la bouteille. Voy. la fin de l'article RABELAIS.

NAVIGATIONE. Voy. CADAMOSTO.

NAVIGATIONES. Voyez HAKLUYT, et VESPUCCI.

NAVONE (*Gio-Domen.*) e Cipriani (*Gio.-Batt.*). Nuovo metodo per apprendere le teorie, e le pratiche dell' architettura civile sopra una nuova raccolta dei più cospicui esemplari di Roma, misurati, ed incisi, colle annotazioni dell' abb. Niccola Mari. *Roma,* 1794, in-fol. avec 55 pl. bien eseguite. [9713]

Vend. 15 fr. Hurtault.

NAYLER (G.). The Coronation of his majesty king George the fourth solemnized in the collegiate church of Saint Peter Westminster upon the nineteenth day of July 1821, published by sir George Nayler garter principal king of arms. *London, printed by Bentley,* 1824, gr. in-fol., avec 45 pl. et des vignettes en bois. [27034]

Ce livre, qui était resté inachevé à la mort de l'auteur, a été complété depuis par les soins de MM. Will. Woods et C.-G. Young. Il a paru en quatre parties, au prix de 12 liv. 12 sh., réduit depuis à 6 liv. 6 sh., et même à 4 liv. 4 sh.

— Voy. CEREMONIAL.

NEAL (*Daniel*). The History of the puritans, or protestant non-conformists; from the reformation to the death of Queen Elizabeth; with an account of their principles; their attemps for a farther reformation in the church; their sufferings, and the lives and characters of their most considerable divines. A new edition, revised, and enlarged by Joshua Toulmin. *Bath*, 1793-97, 5 vol. in-8. 5 liv. [22484]

Cette édition est regardée comme la meilleure de cet ouvrage curieux, qui a été vivement attaqué par les théologiens de l'Eglise établie. La première édition est celle de *Lond.*, 1732-38, en 4 vol. in-8. Il y en a une de 1754, en 2 vol. in-4.; avec portrait; et plusieurs autres, savoir : de *Dublin*, 1755 et 1759, 4 vol. in-8.; de *Lond.*, *Baynes*, 1822, 5 vol. in-8., et de *Londres*, *Tegg*, 1822, et aussi 1837, 3 vol. in-8. Il en existe un abrégé par Edward Parsons, *London*, 1812, 2 vol. in-8. Lowndes donne (2ᵉ édit., part. VI, 1655-56) la notice des critiques de cet ouvrage qui ont paru en Angleterre.
— The History of New-England, 28571.

NEALE (*John* Preston). Views of the seats of noblemen and gentlemen in England, Wales, Scotland and Ireland, engraved from the designs of J. P. Neale. *Lond.*, *Sherwood*, 1818-23, 6 vol. gr. in-8. [10011]

Chaque volume, composé de 72 pl. publ. en 12 cah. de 6 pl., a coûté 2 liv. 10 sh. — in-4., premières épreuves sur pap. de Chine, 5 liv. Les tom. I à V, d'une seconde série de ce recueil, se sont publiés de la même manière (en 60 cah.) à une même prix, de 1824 à 1829. L'ouvrage entier, composé de 11 vol., a été mis au rabais, en 1827, au prix de 12 liv. et 24 liv. 10 sh.

— Views of the most interesting collegiate and parochial churches in Great Britain, including screens, fonts, monuments, etc., by J.-P. Neale and John Le Keux; with historical and architectural descriptions. *Lond.*, *Sherwood*, 1824-25, 2 vol. gr. in-8. 96 pl. [10000]

Publié à 5 liv. — in-4. pap. de Chine, 10 liv., et ensuite réduit à moitié de ces prix.

— History of the abbey church of Westminster. Voy. BRAYLEY.

NEAMET Ullah. History of the Afghans, translated from the persian of Neametullah, by Bernhard Dorn. *Lond.*, *Murray*, 1829-37, in-4. part. I et II. 30 fr. [28085]

NEANDER (*Mich.*). Anthologicum græcolatinum. *Basilex*, *J. Oporinus*, 1556, pet. in-8. 3 à 6 fr. [12267]

Ce recueil renferme des *loci communes* tirés d'Hésiode, de Théognis et d'autres poëtes anciens, avec 3 livres extraits de Platon, de Xénophon, de Plu-

tarque, etc.; c'est donc à tort que plusieurs bibliographes l'ont annoncé comme une édition de l'Anthologie grecque. Le même Néander a publié à *Bâle*, *chez Oporin*, en 1557, un autre recueil in-8. intitulé *Gnomologia græco-latina*, également composé de lieux communs en vers et en prose, tirés de Stobée, etc.

— ARGONAUTICA, Thebaica, Troica, Ilias parva; poematia græca anonymi (Laur. Rhodomanni), primum edita cum argumentis a Mich. Neandro. *Lipsiæ*, 1588, in-8. 5 à 6 fr.

— OPUS aureum et scolasticum, in quo continentur Pythagoræ carmina aurea, Phocylidis, Theognidis et aliorum poemata (gr. et lat.), edita omnia studio et cura Mich. Neandri; accedunt Cointi Smyrnæi Ilii excidii libri duo; reditus Græcorum, capta Troja, liber unus, gr. et lat., editi industria et labore Laur. Rhodomanni. *Lipsiæ*, *J. Steinman*, 1577, 3 part. en 1 ou 2 vol. in-4. 12 à 15 fr. [12268]

Collection recherchée et qui se trouve difficilement. Le premier volume a 789 pp., le second, 268 pp., 8 ff. et 119 pp. Vend. 30 fr. d'Ourches; 20 fr. 50 c. Larcher.

L'édit. de *Bâle*, 1559, in-4., sous le titre de *Liber vere aureus*, n'est pas plus facile à trouver, mais elle est moins complète et moins chère que celle-ci : 6 à 10 fr.

ARISTOLOGIA pindarica græco-latina, stud. Mich. Neandri; access. sententiæ novem lyricorum poetarum, gr. et lat. *Basileæ*, *Lud. Lucius*, 1556, in-8. 3 à 5 fr. [12369]

ARISTOLOGIA euripidea græco-latina, hoc est quicquid in Euripide memorabile est; argumenta quoque singulis tragœdiis præmissa sunt, a Mich. Neandro. *Basileæ*, *Oporinus* (1559), in-4. 4 à 6 fr. [16068]

NEANDER (*Jh.-Aug.-Wilh.*). Allgemeine Geschichte der christlichen Religion und Kirche. *Hamburg*, *Perthes*, 1842-52, 11 vol. in-8. 86 fr. Pap. vélin. 115 fr. [21400]

— Vie de Jésus-Christ, 311. — Etablissement de l'Église chrétienne, 21354. — Histoire de S. Bernard, 21784.

NEARCHUS. Voyez GEOGRAPHIÆ veteris scriptores, et VINCENT.

NEBEL (*C.*), architecte. Voyage pittoresque et archéologique dans la partie la plus intéressante du Mexique. *Paris*, *Moench*, 1836, in-fol. [21069]

Annoncé en XIV cahiers de 4 pl. lithogr., au prix de 25 fr. par cahier. Un exemplaire contenant 50 pl. color. 199 fr. Louis-Philippe.

NEBEL (*F.*). Die Muskeln, Knochen und Bänder des normalen menschlichen Körpers, abgebildet und beschrieben. *Heidelberg*, *Winter*, 1847, 6 pl. lith. in-fol. Text in-8. 32 fr. [6779]

NEBRISSENSIS (*Ælius-Antonius*), grammaticus. Introductiones latine explicatæ. *Salmanticæ*, anno natali christiano M. CCCC. lxxxj *ad* xvij *K. Februarii*, pet. in-fol. goth. à 2 col. [10791]

Édition très-rare, et la plus ancienne de ce livre; c'est en même temps la première impression connue faite à *Salamanque*; elle a été commencée en 1480. La 2ᵉ édition de ce même ouvrage, imprimée aussi à *Salamanque*, 1482, *tertio idus octobris*, pet. in-fol. goth., également sans nom d'imprimeur, est augmentée de 4 ff., et la troisième édition, *Zamora*, *Anton. de Centenera*, vers 1485, in-fol.

goth. de 67 ff. à 2 col., contient aussi des augmentations.

— Ælii Anthonii Nebrissensis Grãmatica. — *Impressa per Christofolum de Cremona Anno domini. M. cccc. lxxxxi die tertio Martii*, in-4. de 65 ff. à 29 lign. par page, caract. rom. (Hain).

Réimpression de la seconde édition latine, laquelle a encore été réimprimée à Burgos, en 1493, xvi Juillet, par Frédéric de Bâle, in-4.

— Comienza la Gramatica que nuevamente hizo el maestro Antonio de Lebrixa sobre la lengua castellana... — *Acabose este tratado de Gramatica... en el año del Salvador de mil e cccc xcij. a xviij de Agosto Empreso en... Salamanca*, in-4. goth. ff. non chiffrés. [11145]

Édition très-rare, mais dont il a été fait, vers l'année 1770, une contrefaçon facile à reconnaître : Cette dernière, 20 fr. Gohier, et moins depuis.

Une édition in-fol. goth., sans lieu ni date, est décrite dans la *Biblioth. grenvil.*, p. 486.

Sur ces anciennes éditions des deux grammaires de Lebrixa, consultez Mendez, p. 235 et suiv.

— GRAMMATICA cum quarta ejus editione. *Jacques Maillet*, M. cccc. xv. in-4. gothique.

Édition publiée par Crist. Escobar, de concert avec Lebrixa, ainsi q ,'on le voit par une lettre de ce dernier, imprimée au verso du titre et datée, en latin : *Metnymna ydibus septembris M. cccc. xiiij*. Elle porte à la fin la marque de Jacques Maillet, qui imprimait à Lyon. Vend. 6 fr. Gohier. Cette grammaire latine a été fort souvent réimpr., et même hors de l'Espagne. Voici une des dernières éditions :

DE INSTITUTIONE grammatica libri quinque, expurgati a D. Petro del Campo et Lago. *Lond.*, 1827, in-12. 5 sh.

— Reglas de orthographia en la lengua castellana, compuestas por el maestro Antonio de Lebrixa. *En Alcala de Henares por Arnao Guill. de Brocario*, 1517, in-4. goth. [11154]

Vend. 2 liv. 10 sh. (avec *Dicta philosophorum ex Diogene Laertio collecta ab Ant. Nebrissense*) Heber, I, 4037.

— ELEGANCIAS romançadas por el M. Antonio de Nebrixa, para introduction de la lengua latina. *Antiquariæ, in ædibus Antonii Nebrissensis*, 1516, in-4.

Si ce livre a véritablement été imprimé à Antequera, au royaume de Grenade, ce serait le plus ancien que l'on connût impr. dans cette ville où il paraît que Lebrixa ou son fils a eu une presse.

— Ælii Antonii Nebrissensis grammatici Lexicon Latino-castellanum, et Castellano-lat. *Impressum Salmantice Anno anatalichristiano, M. cccc. xcij*, 2 part. en 1 vol. in-fol. goth. à 2 col. [10888]

La souscription rapportée ci-dessus est à la fin de la première partie, qui comprend le vocabulaire latin et espagnol. A la fin de la deuxième part. (espagnol et lat.) se lit une autre souscription, sans date, indiquant aussi le lieu de l'impression (Salamanque), mais sans nommer l'imprimeur.

— Vocabularius Antonii Nebrissensis (Dictionarium ex sermone latino in hispaniensem, et dictionarium ex hispaniensi in lat. sermonem). — *Hispali impressum per Jacobum Kröberger. Anno m. d. vj* (1506), 2 part. en 1 vol. in-fol. goth.

Édition rare, dont la date se trouve à la fin de la première partie. Un exemplaire avec le titre raccommodé et la dédicace incomplète, 78 fr. Gohier.

— Idem Dictionarium nunc demum auctum et recognitum, in quo adiecta sunt plusquam decem mille vocabula : et ex superiori edictione (sic) plusquam sexcente dictiones in veterum idioma hispanum converse. (in fine): *Hispali anno... millesimo quingentesimo decimo sexto, tertio Kalendas maias absoluta in domo Joannis Valere*, in-4.

Après la préface, et avant le texte de l'ouvrage, se trouve ce second titre : *Vocabulario di Romance in latin : hecho por... Antonio d'Nebrissa nuevamente corregido et augmentado : mas de diez mill vocablos d' los que antes solia tener*.

Ce dictionnaire a été souvent réimprimé, mais on en recherche seulement les premières éditions, comme les plus rares ; et les plus récentes, comme les plus complètes. Parmi ces dernières, il faut citer celle de *Madrid*, *Ibarra*, 1778, 2 vol. in-fol., avec des augmentations par lidephonse Lopez de Robinos.

— VOCABULARIUM Nebrissense ex Siciliensi sermone in latinâ L. Christophoro Scobarem 'sie Betluico interprete traductum. (in fine) : *Ælii Antonii Nebrissensis grãmatici Lexicon Hispanû & latinû, In Siciliensem sermonem per L. Christophorum Scobarem* (sic) *translatû. Venetiis Impressum per Bernardinû Benalium. Expensis Domini Dnici de Nesi Florêtini, & sociiy. Anno salutis Christiani .M. D. XIX. mense Iunii Die prima explicitum*, in-fol. de cxvi ff. chiffrés, impr. à 6 col.

Quoique rare et curieux, ce volume n'a été vendu que 3 fr. Reina. L'épître de Chr. Escobar, qui se trouve en tête, est datée *ex ædibus nostris Leontii pridie calendas maias : Anno .M. D. XVII*.

— Ælii Anthonii Nebrissensis Lexicon, id est dictionarium ex hispaniense in gallicum traductione eloquium. *Impressum Parisiis anno millesimo quingêtesimo, die vero quinta Julii decimo sexto*, pet. in-4. goth. avec la marque et le nom de Regnault Chaudiere au frontispice.

Livre remarquable à cause de la traduction française des mots latins.

— SANCTORUM vitæ, seu Acta, ab Antonio Nebrissensi, cum notis marginalibus edita. *Lucronii, apud Michaëlem de Eguia*, 1527, in-4. [22015]

Recueil des actes originaux des Vies des saints, avec de courtes notes de l'éditeur. C'est un livre rare, mais que d'autres recueils du même genre, plus complets que celui-ci, ont rendu à peu près inutile.

— Rerum a Fernando et Elisabe, fœlicis. regibus, gestarum decades II, necnon belli navariensis lib. II; annexa insuper Arch. Roderici chronica et historia Ostrogothorum, Hunnorum, etc., necnon Alphonsi de Carthagena genealogia regum Hispan. et episc. Gerundensis paralipomenon Hispanicæ lib. X. *Apud inclytam Granatam*, 1545, in-fol. de 86, 124 et 77 ff. chiffrés. [26032]

Volume difficile à trouver complet, parce que les différents ouvrages qu'il contient, et que nous avons indiqués dans l'intitulé ci-dessus, ont été imprimés et vend. séparément : 30 fr. Soubise; 25 fr. La Serna; 10 fr. Gohier.

— RERUM a Fernando et Elisabe gestarum decades duæ, necnon belli nauariensis libri duo, nunc secundo editi. *Apud inclytam Granatam*, 1550, pet. in-8. de 18 et 213 ff.

Édition moins complète que celle de 1545, mais pour le moins aussi rare : 6 fr. 95 c. Langlès. Salvá l'estime 1 liv. 4 sh.

— CHRONICA... Voy. PULGAR (*Hernando* de).

Voyez sur Antonius Nibrissensis, ou plutôt Antoine de Lebrija, son éloge écrit en espagnol par D. J.-B. Munoz, *Madrid*, 1796, in-8. de 56 pp. Chardon de La Rochette en a donné l'analyse dans ses Mélanges, tome II, pp. 198-221.

NECKER (*Jacques*). Ses OEuvres complètes, publiées par M. le baron de Staël, son petit-fils. *Paris, Treuttel et Würtz*, 1821, 15 vol. in-8. portr. 90 fr. — Pap. vélin, 160 fr. [19149]

Cette collection se donne à bas prix dans les ventes.

— SUR le bonheur des sots (par Necker). *Paris, Didot l'aîné*, 1782, in-18, pap. d'Annonay. [3844]

Volume tiré à petit nombre : vend. 31 fr. Bozerian ; 25 fr. Chateaugiron, et quelquefois de 6 à 12 fr.

Cet opuscule a été réimpr. dans le volume intitulé : *Opuscules philosophiques et littér.*, la plupart *posthumes et inédits*, Paris, Aubin, 1796, in-12. Recueil dont un exempl., tiré in-8., en pap. vél., a été vend. 20 fr. Chénier ; 14 fr. mar. Pixerécourt.

— Administration des Finances, 4120.

NEDER. Voy. NIDER.

NEDJEM-ED-DYN. Traduction persane des décisions erronées du grand cadhy Mohammed Nedjem-ed-dyn (titre persan). *Calcutta*, 1813, gr. in-8. [3131]

Ouvrage de jurisprudence : vend. 29 fr. 50 c. Langlès.

NEES von Esenbeck (*Christian-Gottf.*). System der Pilze und Schwämme. *Würtzburg, Stahel*, 1816-22, in-4. avec 44 pl. color. 20 thl. [3566]

— und W. Sinning. Sammlung schön-blühender Gewächse für Blumen- und Gartenfreunde, mit Beschreibung und Angabe der Kultur. *Düsseld.*, 1825-31, gr. in-fol. [4963]

Première centurie, contenant 100 pl. color., avec un texte in-4. 25 thl.

— und Aug. Weihe. Die deutschen Brombeersträuche, beschrieben und dargestellt. *Bonn, Marcus*, 1822-27, gr. in-fol. fig. 20 thl. [5507]

Cet ouvrage porte en second titre : *Rubi germanici descripti*. Il a paru en 10 cah. de 6 pl. chacun.

— und Fried. Hornschuch, und J. Sturm. Bryologia germanica, oder Beschreibung der in Deutschland und in der Schweiz wachsenden Laubmoose. *Nürnberg, Sturm und Felsecker*, 1823-31, 2 vol. in-8. fig. color. [5402]

Publié en 4 part., à 4 thl. chacune.

On a du même auteur : *Handbuch der Botanik*, Nuremb., 1820, 2 vol. in-8, 6 thl.; et *Amœnitates botanicæ bonnenses, fasc. I et II*, Bonnæ, 1823-24, in-4. fig. 6 thl. 8 gr.

NEES von Esenbeck (*Theod.-Fried.-Ludwig*). Plantæ officinales, oder Sammlung offizineller Pflanzen ; mit lithographirten Abbildungen von A. Henry, und Beschreibungen von M.-F. Weihe, J.-W. Wolter und P.-W. Funke. Fortgesetzt von Theod.-Fried.-Ludwig Nees von Esenbeck. *Düsseldorf, Arnz et Co.*, 1821-33, in-fol.

Ce recueil a été publié en 18 cahiers formant ensemble 822 pp. et 552 pl. color. qui ont coûté 92 thal. Cinq cahiers supplémentaires ont paru de 1821 à 1833, au prix de 30 thl. Le texte, sous la date de *Düsseldorf*, 1829, in-fol., s'est vendu séparément.

— GENERA plantarum floræ germanicæ, iconibus et descriptionibus illustrata : continuavit Frid-Car.-Lud. Spenner. *Bonnæ, sumptibus Henry et Cohen*, 1833, et ann. seqq., gr. in-8. [5136]

De 1833 à 1845 il a paru XXIV fascicules de cet ouvrage, contenant ensemble 480 pl. avec autant de feuillets de texte ; chaque fascicule coûtait 1 thl. Les XVI premières fascules ont été soignés par Nees von Esenbeck, mort en 1837; les fascicules XVII à XXI l'ont été par Fried.-Ch.-Leop. Spenner, et les fascicules XXI à XXIV par Etienne Endlicher; d'autres fascicules ont paru depuis; le XXXIe a été annoncé en 1860. Pour plus de détails sur ce livre et sur les autres traités de botanique des deux Nees, consultez Pritzel, pp. 209 et 210; il n'a pas dû parler de l'ouvrage suivant, qui n'appartient pas à la botanique :

HYMENOPTERORUM ichneumonibus affinium monographiæ, genera europæa et species illustrantes, scripsit C.-G. Nees ab Esenbeck. *Stuttgartiæ*, 1834, 2 vol. in-8. [6063]

NEF de sante (la). Auec le gouuernail du corps humain et la condānation des bancquetz a la louenge de diepte et sobriete et le traictie des passions de lame (par Nicolas de La Chesnaye). (à la fin) : Cy fine la nef de sante et condampnation des banquets auec le traicte des passiōs de lame imprime a paris pour Anthoine verard marchant libraire demourant a Paris. (après la marque de Verard on lit): *Ce present liure a este acheue dimprimer par le dit verard le xviie iour de ianuier mil cinq cens z sept.* (suit le privilége du roi) in-4. goth. de 98 ff. à 2 col. de 38 et 39 lignes, signatures a—qiiij. [7029 ou 16261]

Ce livre est fort rare, et il a une assez grande valeur aujourd'hui. 295 fr. de Soleinne, et un second exempl. moins beau, 171 fr. chez le même : il n'avait été vendu que 13 fr. chez La Valliere. La Bibliothèque

.. impériale. en possède un exemplaire imprimé sur VÉLIN.

Le nom de l'auteur se trouve formé par les lettres initiales des dix-huit derniers vers du prologue de la *Nef de sante*, ouvrage en prose, aussi bien que le *Gouvernail du corps humain*. La *Condamnation des banquets*, pièce en vers qui fait partie de ce même volume et lui donne du prix, est une moralité à 38 personnages. Elle a été réimprimée dans le *Recueil de farces, soties et moralités du* XVᵉ *siècle*, Paris, Delahays, 1859, in-16.

— La Nef de sante... (à la fin) : *Cy fine la nef de sante et condampnacion des banquetz... Jmprime a paris Le dix septiesme iour dauril Mil cinq cẽs z xi. Par Michel le noir libraire... demourant a la grãt rue saĩct iacques a lenseigne de la roche* (sic) *blanche couronnee*, pet. in-4. goth. de 96 ff. non chiffr. à 2 col. de 40 lign., sign. A—S, avec fig. en bois.

Édition non moins rare que la précédente. Il y a une grande planche derrière le frontispice, et au verso du dernier feuillet se voit la marque de Le Noir.— Dans l'exemplaire vend. 150 fr. Librairie De Bure, la souscription portait *la rose* blanche, et non point *la roche*.

Jehan. Janot

— La Nef de sante avec le gouuernail du corps humain et la condamnacion des bancquetz... — *imprimez a Paris par la veufue feu Jehan Trepperel et Jehan Jehannot a lenseigne de lescu de France*, pet. in-4. goth. à 2 col., fig. en bois, 90 ff. sign. A—Siij.

Cette édition, sans date, est la même que celle que jadis nous avons vaguement indiquée sous le nom seul de *Jehan Jehannot*; elle ne saurait être antérieure à l'année 1512, époque à laquelle commence à paraître le nom de la veuve Jehan Trepperel, uni à celui de Jehan Jehannot. Du Verdier en cite une

de *Paris, Phil. Le Noir*, in-4., qui doit être différente de celle de *Mich. Le Noir* ci-dessus. Il existe une autre édition, où peut-être seulement des exemplaires de celle-ci, avec cette adresse : *a paris en la rue neufue nostre dame A lenseigne sainct iehan Baptiste pres saincte Geneuiefue des ardans*, dont le verso du dernier f. est occupé par la marque de Jehan Jehannot, placée à la colonne précédente.

NEF des folles. Voy. BADIUS. — des fouls. Voy. BRANDT.

NEFVILLE ou Neufville (*François* de). Concion de joie et action de grace pour la bienvenue du roy Henry III, faicte au monastere de l'abbaye de Grandmont, en laquelle est demonstré s'il est loisible de faire la guerre a son Prince, ores qu'il soit tyran, par l'expresse parole de Dieu, exemple et doctrine des premiers chrestiens. *Limoges, Hugues Barbou*, 1574, in-8. [23539]

La Croix du Maine et Du Verdier, qui ont indiqué plusieurs ouvrages de cet abbé de Grandmont, et entre autres un *Droguier de l'ame chrestienne* (Paris, Gilles Gourbin, 1577, in-8. [1640] , livre recherché à cause de son titre), n'ont pas parlé de celui-ci, lequel est porté dans le catalogue de La Valliere-Nyon, nº 22377.

NEGRA (Pelle). Voy. PELLE.

NEGRI (*Cesare*). Nuove invenzioni di Balli con figure belissime in rame et regole di musica et intavolatura. *Milano, Bordone*, 1604, in-fol. fig. [10380]

— Le Gratie d'amore di Cesare Negri milanese detto il Trombone, opera divisa in tre trattati. *Milano, Piccaglia*, 1602, in-fol. fig. [10381]

Ces deux ouvrages sont rares et assez recherchés. Le premier a été vend. 6 fr. Reina, et 16 sh. Heber; le second est orné du portr. de l'auteur et de 58 fig. représentant des personnages des deux sexes, en riches costumes. Ces figures ont été dessinées par G. Mauro Bovera dit il Flamningho, et gravées par Leone Pallavicino. 16 fr. 50 c. 2ᵉ vente Reina, et jusqu'à 185 fr. Riva.

NEGRI (*Giul.*). Istoria degli scrittori fiorentini. *Ferrara, 1722*, in-fol. 12 à 15 fr. [30677]

Cet ouvrage passe pour manquer d'exactitude.

NEGRO. Della tragedia di M. Francesco Negro bassanese intitolata Libero arbitrio ; editione seconda, con accrescimento. *Dell' anno* 1550, in-8. de 176 ff. signat. A—Y. [16667]

Édition plus recherchée que la première de 1546, in-4., parce qu'elle est plus complète. Quoique son titre porte *editione seconda*, c'est effectivement la troisième, puisqu'il en existe une in-8. de 139 ff., y compris le titre ainsi conçu : *Tragedia di F. N. B., intitolata Libero Arbitrio*, M. D. XLVII, *sans lieu d'impression ni nom d'imprimeur*. Apostolo Zeno, *Lettere*, tome II, p. 476 (anc. édit.), croit Pierre-Paul Vergerio auteur de cette pièce. Vend. 28 fr.

Negedly (*J.*). Lehrbuch der böhmischen Sprache, 11447.

Negri (*Fr.*). Vita di Apostolo Zeno, 30756.

2

m. bl. Gaignat; 10 fr. La Valliere; 24 fr. Mac-Carthy; 47 fr. Nodier, en 1830; 35 fr. de Soleinne, et
23 fr. 50 c. Baudelocque.

— Tragédie du roy franc-arbitre, nouvellement trad. d'ital. en françois. (*Genève*),
chez Jean Crespin, M. D. LVIII, in-8.,
lettres rondes.

Édition rare et recherchée : en tête sont 4 ff. prélim.,
y compris le titre; vient ensuite le corps du livre,
pp. 17-308, et à la fin un feuillet d'errata. Vend.
33 fr. *m. bl.* Gaignat; 12 fr. La Valliere; 35 fr.
m. r. Méon; 38 fr. d'Ourches; 48 fr. *m. v.* Nodier;
27 fr. de Soleinne; 20 fr. 50 c. Baudelocque.

— La même. *Impr. à Villefranche*, 1559,
in-8. de 426 pp.

Cette édition, imprimée en grosses lettres, est encore
plus rare que la précédente : vend. 39 fr. *m. v.* Gaignat; 41 fr. Mac-Carthy; 108 fr. de Soleinne; 70 fr.
Baudelocque.

Il y a aussi une traduction latine de cette pièce, faite
par l'auteur lui-même, et impr. (à *Genève*) *apud
Jo. Crispinum*, 1559, in-8. de 275 pp. Elle est peu
recherchée : 6 à 9 fr.

— A CERTAYNE tragedy wrytten in Italian by F. N. B.
(Fr. Negro) entituled Freewyl, and translated into
englishe, by Henry Cheeke (*sans date, vers* 1589),
pet. in-4. go.h. de 211 pp., sans les pièces liminaires.

Cette traduction est fort rare : 4 liv. 15 sh. (le titre
manquant) Garrick; 5 liv. 15 sh. 6 d. Roxburghe;
12 liv. 5 sh. White Knights; 5 liv. 5 sh. Bindley.

— DE FANNI Faventini, ac dominici bassanen-is
morte, qui nuper ob Christum in Italia rom. pontificis jussu impie occisi sunt, brevis historia, Francisco Nigro bassanensi authore. M. D. L. (in fine) :
Clavennæ, pridie kalen nouėb., 1550, pet. in-8. de
15 pp., lettres rondes. [22433]

Opuscule rare : vend. 9 fr. La Valliere.

NEITSCHITZ (*Georg-Christ.* von). Sie-
benjährige Weltbeschauung durch Europa, Asia und Africa; nach dessem Tode
aus seinem Handbuche durch M. Chr.
Laegern zum Druck befördert. *Budissin, Baumann*, 1666, in-4. [19914]

Relation d'un voyage exécuté de 1630 à 1637, par
G.-Ch. von Neitschitz ou Neitzschuetz. Elle a été
réimpr. à *Budissin*, en 1673, in-4.; à *Nuremb.*, en
1674, et en 1686, à *Würtzb.*, en 1678, et enfin à
Magdebourg, en 1753, in-4., avec fig.

NELLI (*Giustiniano*), cittadino senese.
Innamoramento de due nobilissimi giovani Senesi, quali infelicemente al loro
amore diedero fine, composta per I. N.
intitolata la Cardarella. (*senz' alcuna
nota*, sec. XVI), in-8. de 32 ff. non
chiffrés, sign. A.—H. Le dernier f. est
blanc. [17464]

Édition fort rare, qui se trouve dans la bibliothèque
Trivulzi, ainsi que la suivante :

Neilson (*W.*). Irish language, 11367.
Né'aton (*A.*). Éléments de pathologie chirurgicale,
7492.
Nell (*F.-M.* von). Baphomet, 22001.
Nellerto. Voyez Llorente.
Nelli (*J.-A.*). Commedie, 16727.
Nelli (*G.-B.-C.*). Saggio di storia letteraria fioren-
tina, 30100.

— Le amorose novelle, dalle quali cias-
cuno innamorato giovene può pigliare
molti utili accorgimenti nelli casi d'a-
more. (*senza data di luogo, nè anno*),
pet. in-8. de 24 ff. non chiffrés.

Autre édition rare, imprimée dans le XVI° siècle, et
contenant les deux nouvelles ci-dessus relatives à la
ville de Sienne : vendu 1 liv. 8 sh. Pinelli; 15 flor.
Crevenna; 5 liv. 7 sh. 6 d. Borromeo, et moins depuis.

— DUE amorose novelle di Giust. Nelli. (*Livorno*),
1798, in-8.

Il y a douze exempl. de cette édition imprimés sur
pap. bleu, et sans mutilation, conformément à l'é-
dition originale que nous venons de citer; il y a
aussi un exemplaire sur VÉLIN.

NELLI (*Pietro*). V. ANDREA da Bergamo.

NELLI (*B.-C.*). Piante ed alzati dell'
insigne chiesa di S. Maria del Fiore,
metropolitana fiorentina, misurati e delineati da B.-C. Nelli. *Firenze*, 1755,
in-fol. fig. 15 à 24 fr. [9892]

NEMEITZ (*J.-C.*). Séjour de Paris, c'est-
à-dire instructions fidèles pour les voyageurs de condition, comment ils se doivent conduire... comme aussi une description suffisante de la cour de France,
du parlement, de l'université, des bibliothèques, avec une liste des plus célèbres
savants, artisans et choses remarquables
qu'on trouve dans cette grande ville.
Leide, J. Van Abcoude, 1727, 2 tom.
en 1 vol. pet. in-8. fig. [24130]

Ouvrage trad. de l'allemand sur l'édit. de 1718; il est
curieux pour l'histoire de Paris au commencement
du XVIII° siècle. 75 fr. *mar. r.* Giraud, et en *veau
br.*, 25 fr. en 1860. Le texte allemand a été réimpr.
à Strasbourg, en 1750, in-8.

NEMESIANUS (*M.-Aur.-Olymp.*). Neme-
siani et Titi Calphurnii bucolica; nuper
a situ et squallore vindicata, novisque
comment. exposita a Rob. Titio. *Florentiæ, Ph. Junta*, 1590, in-4. de 4 ff. prél.,
206 pp. et 1 f. à la fin. 6 à 7 fr. [12556]

— ECLOGÆ IV et T. Calpurnii eclogæ VII, cum notis
selectis Titii, Martelli, Vitii et Petri Burmanni integris (curante C.-A. Kütner). *Mitaviæ*, 1774, in-8.
5 à 6 fr.

A ce volume doit être joint le suivant, qui complète
le *Nemesianus :*

GRATII FALISCI Cynegeticon et M.-A. Olymplii
Nemesiani Cynegeticon, cum notis selectis Titii,
Barthii, Vlitii, Johnsonii et P. Burmanni integris.
Mitaviæ, 1775, in-8.

Ils sont l'un et l'autre peu communs en papier fort.

LES PASTORALES de Némésien et de Calpurnius,
trad. en franç. avec des remarques et un discours
sur l'églogue (par Mairault). *Bruxelles*, 1744, pet.
in-8. 3 à 4 fr.

POÉSIES de M. Aurelius-Olympius Némésien, suivies d'une idylle de J. Fracastor sur les chiens de
chasse, par M.-S. Delatour. *Paris*, an VII-1799,
in-18, et pap. vél.

Nelson (lord). Dispatches and letters, 27031.
Nelson (*J.*). St.-Mary Islington, 27253.

LA BUCOLICA di Nemesiano e di Calpurnio, volgarizzata (in versi sciolti) da Th.-Gius. Farsetti. *Venezia*, 1761, in-8. 3 à 4 fr.

— Pour les premières édit. de ce poëte, voy. CALPHURNII bucolica.

NEMESIUS episc. de natura hominis liber, (gr.) nunc primum in lucem editus et lat. conversus a Nicasio Ellebodio Casletano. *Antuerpiæ, Chr. Plantin.*, 1565, in-8. de 181 pp. 5 ff. et 142 pp. 5 à 6 fr. [3587]

Première édition du texte grec de ce traité; elle est rare, mais peu correcte. Dans quelques exemplaires se trouve après la p. 181 du texte un avis sur les fautes d'impression.

— DE NATURA hominis lib. (gr. et lat.) denuo recognitus, et mss. codicum collatione in integrum restitutus, annotationibusque insuper illustratus (cura J. Fell.). *Oxonii, e Th. sheld.*, 1671, in-8. 6 à 9 fr.

Cette édit., dont il y a des exempl. en pap. fort, entre dans l'ancienne collection *Variorum*. Vend. 18 fr. Larcher.

— IDEM, gr. et lat., denuo multo quam antea emendatius edidit et animadversiones adjecit Chr.-Frid. Matthæi. *Halæ-Magdeb.*, 1802, in-8. 10 fr.; pap. fin, 12 fr.

Bonne édition, revue d'après sept manuscrits. Ce traité a été traduit en italien, sous le titre d'*Operetta d'un autor incerto..... della natura degli animali*, par Dom. Pizzimenti (*sans lieu ni date*), in-8., et aussi en allemand, par Osterhammer, *Salzbourg*, 1819, in-8.; enfin en anglais par Geor. Wither, *London*, 1636, in-12.

NEMNICH (*Phil.-Andr.*). Allgemeines Polyglotten-Lexicon der Naturgeschichte : *c'est-à-dire*, dictionnaire universel polyglotte d'histoire naturelle. *Hambourg*, 1793-98, 6 part. en 3 vol. in-4. 24 à 30 fr. [4461]

Ce dictionnaire est en dix langues, savoir : en *latin, allemand, hollandais, danois, suédois, anglais, français, italien, espagnol,* et *portugais.*

— Lexicon nosologicum polyglotton omnium morborum. *Hamburgi*, 1800-4, in-4. [6518]

Le même auteur a publié : 1° *Comptoir-Lexicon in* 9 *Sprachen*, Hamb., 1805, in-4. — 2° *Waaren-Lexicon in* 12 *Sprachen*, Hamb., 1797-1802, 3 vol. in-8. — *Neues Waaren-Lexicon in* 12 *Sprachen*, Hamb., 1821, 3 vol. in-4. — 3° *Britische Waaren-Encyklopädie*, Hamb., 1815, in-4. — *Französ. Waaren-Encyclopädie*, ibid., 1815, in-4.

NEMORARIUS (*Jordanus*). V. JORDANUS.

NEMOURS (la duchesse de). Voy. RETZ.

NENCIA (la) da prato cioe la limacta. (*senz' alcuna data*), in-4. de 4 ff. à 2 col. de 32 lignes, caract. romains.

Nouvelle en vers, impr. vers 1500. Le premier f. ne contient que l'intitulé ci-dessus avec une vignette en bois des plus gracieuses. Le texte a 48 octaves en tout; il est fort libre. 123 fr. mar. r. Libri en 1847.

NENNA (*Jean-Bapt.*). Traicté de la noblesse, auquel il est discouru de la plus vraye et parfaite noblesse, et des qualitez requises au vray Gentil-homme; tire de l'italieu du docteur et Cheualier de Cesar Jean Bapt. Nenna (de Barri), par A. L. F. (Le Fevre de La Borderie). *Paris, Abel l'Angelier*, 1583, pet. in-8. [3871]

Le texte italien de ce traité porte pour titre :

IL NENNIO, nel quale si ragiona di nobilità di M. Giovanni Battista Nenna da Bari. *In Vinegia, Andrea Vavassore detto Guadagnino*, 1542, in-8. Il en existe une traduction anglaise par Will. Jones, *London*, 1595 (aussi 1600), in-4. Il ne faut pas confondre cet ouvrage avec le Dialogue de la noblesse de Torquato Tasso que le même Le Fevre de La Borderie a également traduit en français.—Voy. TASSO.

NENNIUS. The Historia Britonum, commonly attributed to Nennius, from a ms. lately discovered in the library of the vatican palace at Rome, edited in the 10th century by Mark the hermit, with an english version, fac simile of the original, notes and illustrations by W. Gunn. *London*, 1819, in-8. 18 sh. [56879]

Le texte lat. de cet historien avait déjà été impr. dans le 1er vol. des *Scriptores hist. britann.* de Th. Gale, et aussi sous ce titre :

NENNII Banchorensis cœnobiarchæ eulogium Britanniæ sive historia Britonum; editio nova longe prioribus correctior. *Havniæ, cura et impensis Carol. Bertrami*, 1758, pet. in-8.

Édition tirée à 50 exempl. seulement. L'ouvrage a été publié de nouveau : *Ad fidem codd. mss. recensuit Jos. Stevenson*, Lond., 1838, in-8., par la Société historique anglaise; il y en a des exemplaires en Grand Papier.

— HISTORY of the Britons translated from the text of Stevenson, by J.-A. Giles. *London, Bohn*, 1840, pet. in-8., 5 sh.

NÉOPHYTE, moine d'Athos, commentaire (en grec ancien) sur le 4e livre de la grammaire grecque de Théodore Gaza. *Buchorest*, αρξη (1768), pet. in-fol. de 1298 pp. sans la table ni l'épître dédicat. [10616]

Vend. 18 fr. (sans frontispice) Villoison.

NÉOPHYTE Ducas. Voy. dans notre premier volume, col. 1435 et 1438, article BYZANTINÆ historiæ scriptores, n° 17.

NEPER (*Jo.*), Baro Merchistonius. Mirifici logarithmorum canonis descriptio ejusque usus in utraque trigonometria, ut etiam in omni logistica mathematica, amplissimi et expeditissimi explicatio, authore ac inventore Jo. Nepero. *Edimburgi, A. Hart*, 1614, pet. in-4. [8027]

Cet ouvrage est le premier qui ait été publié sur les logarithmes; il se rencontre difficilement. Vend. 12 fr. Soubise; 20 fr. Lemonnier; 23 fr. Walckenaer; 31 fr. Libri, en 1857. L'édit. d'*Edimb.*, 1619, in-4., vend. 18 flor. Meerman, contient de plus : *Opera posthuma*.

Le même Jean Neper dévoila sa méthode de construction des logarithmes dans un autre ouvrage qu'il ne put faire paraître de son vivant, mais que Robert Neper, son fils, mit au jour sous le titre suivant :

MIRIFICI logarithmorum canonis constructio et eorum ad naturales ipsorum numeros habitudines, etc. *Edinburgi*, 1618, in-4. [8027]

Les deux ouvrages ont été réimpr. à *Lyon*, en 1620, in-4., sous le titre de *Logarithmorum canonis descriptio*, etc.

— Arithmetica logarithmica, sive logarithmorum chiliades centum, pro numeris naturali serie crescentibus ab unitate ad 100,000, una cum canone triangulorum, etc.; editio 2ª, aucta per Adr. Vlacq. *Goudæ*, 1628, in-fol. [8029]

Vend. 12 flor. Meerman; 25 fr. Delambre; 6 fr. Labey; 35 fr. Libri, en 1857.

Cet ouvrage, commencé par Neper, réformé et achevé par Henry Briggs, avait d'abord paru à *Londres*, en 1624, in-fol. 12 flor. 75 c. Meerman.

On a aussi impr. à *Goude*, en 1628, une édition du même ouvrage in-fol. en français, sous ce titre :

ARITHMÉTIQUE logarithmétique, ou la construction... inventé premièrement par Jean Neper, mais Henry Briggs les a changés selon l'intention dudit Neper. La description est traduite du latin, la première table augmentée et la seconde composée par Adrien Vlacq. *Goude, chez P. Rammascin*, 1628, in-fol.

Plus recherché en France que le texte latin.

Il est dit, dans la *Biographie universelle* (article Briggs), à l'occasion de ces tables, que l'édit. publiée par Ulacq, en 1628, n'est qu'un abrégé de celle de 1624, les logarithmes n'y ayant que dix décimales au lieu de quatorze.

— Rabdologiæ, seu numerationis per virgulas libri duo, cum appendice de multiplicationis promptuario, et libro arithmeticæ localis; authore et inventore Jo. Népero. *Edinburgi, A. Hart*, 1617, pet. in-12, fig. [8030]

Cette édition est rare et vaut de 10 à 15 fr. Vendu même 17 fr. Libri, en 1857, et 1 liv. 11 sh. *mar. r.* en 1859; mais l'ouvrage a été réimpr. à *Lyon*, 1626, in-12, et aussi à *Leyde* (*Lugd.-Batav.*, P. Rammanesius), 1628, pet. in-12, 6 à 9 fr. La traduction italienne, par M. Locatello, *Verone*, 1627, pet. in-8., a été portée à 39 fr. vente Libri, en 1857, mais elle n'a pas réellement autant de valeur.

L'auteur, nommé ici Neper, prenait aussi le nom de Napier, qu'a adopté sa famille, et sous lequel il a publié un ouvrage savant et curieux, ayant pour titre :

A PLAIN DISCOVERY of the whole revelation of St. John : set downe in two treatise by John Napier L. of Merchistoun younger : where unto is annexed, certaine oracles of sibylla, agreeing with the revelation and other places of Scripture. *Edinburgh*, 1593, in-4. réimpr. à Lond. en 1611, et à Edimbourg, en 1645, in-4.

Ce dernier a été traduit en français sous ce titre :

OUVERTURE de tous les secrets de l'Apocalypse, ou révélation de S. Jean en deux traitez, l'un recherchant et prouvant la vraye interprétation d'icelle ; l'autre appliquant au texte cette interprétation paraphrastiquement et historiquement, par Jean Napeir (c'est-à-dire Nompareil), sieur de Merchiston, mise en françois par Georges Thomson escossois ; édition troisième amplifiée d'annotations et quatre harmonies sur l'Apocalypse par le traducteur. *La Rochelle, Noel de la Croix*, 1607, in-4.

La première édition de cette traduction est celle de *La Rochelle, Jean Brenouzet*, 1602, in-4.

— JOANNIS Neper de arte logistica libri qui supersunt. *Edinburgh*, 1839, in-4.

Édition tirée à petit nombre pour les membres du Bannatyne Club; elle est accompagnée d'une introduction par Mark Napier, et ornée du portrait de J. Napier et d'une vue de Merchiston. 20 fr.

MEMOIRS of John Napier of Merchiston, his lineage, life and times; with a history of the invention of logarithms; by Mark Napier. *Edinburgh, W. Blackwood, and London, Th. Cadell*, 1834, in-4., avec 14 pl., des autographes, etc. 2 liv. 2 sh. [8026]

MÉMOIRE sur J. Napier de Merchiston, contenant sa vie et une histoire de l'invention des logarithmes, par M. Napier, extrait par M. Biot. *Paris*, 1835, in-4.

— Voy. BRIGGII et ULACQ.

NEPOS (*Cornelius*). Voy. CORNELIUS.

NEPTUNE américo-septentrional, contenant les côtes, isles, etc., de cette partie du monde, depuis le Groënland jusqu'au golfe du Mexique. (*Paris*), 1780, gr. in-fol. [19775]

Dix-huit cartes et un frontispice. Vend. 36 fr. La Serna, et beaucoup moins depuis.

NEPTUNE françois. Voy. BELLIN.—Oriental. Voy. APRÈS (d').

NERALCO. I tre ordini d'architettura, dorico, ionico e corintio, presi dalle fabriche più celebri dell'antica Roma, e posti in uso con uno nuovo esattissimo metodo. *Roma*, 1744, in-fol. fig. [9758]

Vend. 17 fr. salle Silvestre, en 1805 ; 22 fr. Hurtault.

Cet ouvrage, publié sous le nom académique de Neralco, est de Jos.-Marie Ercolani; c'est un livre exécuté avec un certain luxe, mais auquel Cicognara trouvait peu de mérite, quant au fond. Ce critique ne juge pas plus favorablement l'ouvrage du même auteur, ayant pour titre :

DESCRIZIONE del Colosseo romano, del Panteon, e del tempio Vaticano. *Roma*, 1763, in-fol., avec 15 planches.

C'est encore sous le même anagramme qu'Ercolani a fait paraître ses poésies.

— Maria, rime di Neralco P. A. *Padova, Comino*, 1725-28, 2 vol. in-8. fig. 10 à 15 fr. [14592]

Le second vol. de cette édition est devenu très-rare, parce qu'il y en a eu 200 exemplaires de perdus. L'ouvrage a été réimpr. à Rome, 1754, in-8. — On a du même poëte : *La Sulamitida, boschereccia sacra*, Roma (Bologna, Dal Volpe), 1740, in-8. Réimpr. à Rome, 1755, in-8.

NERAULT (*Simon*). La Flagice de peste, traitant des signes indicatifs de peste, des causes prouocatives d'icelle ; les moyens pour empecher ses effets et malice par voie naturelle et spirituelle ; de sa dilatation et du pouuoir qu'elle a d'infecter, compose par venerable et religieuse personne F. Simon Nerault docteur en theologie de l'ordre des freres precheurs. *Poitiers, Jacques Bouchet*, 1530, pet. in-8. goth. [7192]

Petit traité fort rare, lequel, selon La Croix du Maine, n'a que six feuilles d'impression. Il est porté, avec quatre autres ouvrages anciens sur le même sujet, dans le catal. de Baron, nº 2773 ; le tout fut donné alors pour 5 liv. 3 sols.

Un Traité de la peste et de la cure d'icelle... par Pierre André, chirurgien à Poitiers, a été impr. dans la même ville par *Nicolas l'Ogerois*, en 1563, pet. in-8. [7192]

NÉRÉE. Voy. TRIOMPHE de la Ligue.

NERI (*Ant.*). Art de la verrerie de Neri, Merret et Kunckel, auquel on a ajouté le *Sol sine veste* d'Orschcall, etc.; traduit de l'allemand par D*** (d'Holbach). *Paris*, 1752, in-4. fig. 8 à 12 fr. [10235]

L'Art de la verrerie de Neri, ouvrage qui a beaucoup vieilli, parut d'abord en italien, sous le titre suivant :

L'ARTE vetraria distinta in libri sette. *Firenze, i Giunti*, 1612, in-4. 29 fr. Riva, et quelquefois beaucoup moins.

Ce texte, que cite l'Académie de la Crusca, a été réimpr. à Florence, en 1661, in-8., et mieux encore, à Milan, chez Silvestri, 1817, in-8. La traduction latine, publiée avec les observations de Merret, *Amsterdam*, 1668, pet. in-12, fig., a aussi été réimprimée plusieurs fois.

NERLI (*Philippo* de'). Commentarii de' fatti civili occorsi nella città di Firenze dall' anno 1215 al 1537. *Augusta* (*Firenze*), 1728, in-fol. 15 à 18 fr. [25523]

Ouvrage cité avec éloge par Varchi et par Segni, dans leurs histoires de Florence : vend. 26 fr. 50 c. Boutourlin.

NERVÈZE (*A.* sieur de). Amours divers, divisées en dix histoires. *Paris, du Bray*, 1611, 3 part. pet. in-12. [17150]

Ce recueil est formé de la réunion des romans déjà publiés séparément par de Nervèze, savoir :

1° HIÉRUSALEM assiégée, où est descrite la délivrance de Sophonie et d'Olimpe, ensemble les amours d'Hermine, de Clorinde et de Tancrède, à l'imitation de Torquato Tasso. *Paris, du Breuil*, 1599 (réimpr. 1601), pet. in-12, fig.

2° LES AMOURS d'Olimpe et de Berène, faits à l'imitation de l'Arioste. *Lyon*, 1605, pet. in-12.

3° LES AMOURS de Mellifore...

4° LES AMOURS de Philandre et de Marizée. *Marseille, Pierre Symonet*, 1598, pet. in-12 de 94 pp.—Réimpr. *Paris, du Breuil*, 1599, et *Lyon*, 1603, pet. in-12.

5° LES HASARDS amoureux de Palmélie et de Lirisis. *Paris, du Breuil*, 1600, ou *Lyon, Ancelin*, 1603, in-12.

6° LES RELIGIEUSES amours de Florigène et de Méléagre ; dernière édition. *Paris, du Breuil*, 1602, pet. in-12.

7° LES CHASTES et infortunées amours du baron de l'Espine et de Lucrèce de la Prade. *Langres, Pierre Pinay*, 1598, pet. in-12. — *Paris, du Breuil*, 1598, pet. in-12.

8° LA VICTOIRE de l'amour divin, sous les amours de Polidore et de Virginie. *Paris, du Breuil*, sans date, pet. in-12.

9° LES AVENTURES de Lidior, où sont représentés ses faits d'armes et ses amours. *Lyon, Ancelin*, 1610 ou 1612, pet. in-12.

10° LES AVENTURES guerrières et amoureuses de Léandre. *Paris, du Breuil*, 1608, ou *Lyon, Ancelin*, 1612, 2 vol. pet. in-12.

Neri (*Ipp.*). Presa di Samminiato, 14905.

Neri (*Pompeo*). Osservazioni sopra il prezzo delle monete, 4141.

Nerinus (*F.*). Templum S. Bonifacii, 25597.

Néron (*Pierre*). Ordonnances, 2608.

Il serait aujourd'hui très-difficile de réunir ces dix petits romans qui, au reste, ne valent guère mieux que les poésies du même auteur.

—ESSAI poétique d'Ant. de Nervèze, première édition. *Poitiers, Fr. Lucas*, 1605, pet. in-8. 19 fr. 50 c. Fr. Michel. [13904]

Et aussi, *Paris, Cl.-Ant. du Breuil*, 1605, pet. in-12.

POÈMES spirituels. *Paris, Toussaint du Bray*, 1606, in-12.

Nervèze a encore écrit plusieurs autres ouvrages, au nombre desquels on remarque : *Le Jardin sacré de l'âme solitaire*, Paris, Ant. du Breuil (1602), pet. in-12, orné de 10 fig. de Mallery et d'un titre gravé. 35 fr. *mar.* Veinant; *Discours funèbre sur le trépas de Henri IV; Le Songe de Lucidor, ou regret sur la mort de Théophile (Henri IV)*, Paris, 1610 et 1611, 2 part. in-8., et enfin : *Histoire de la vie et trépas de Charles de Lorraine, duc de Lorraine*, Lyon, Ancelin, 1608, et aussi *Paris*, 1613, pet. in-8.

NESIUS. Johannis Nesii Florfntini (*sic*) Oraculum de novo sæculo ad Johannem Franciscum Picum Mirandulam... (à la fin) : *Impressit. Ex archetypo Ser Laurentius De Morgianis Anno salutis* M. CCCC. LXXXXVII. *octauo idus Maias. Florentiæ*, in-4. de 28 ff. à 31 lignes par page, caract. rom. [9024]

NESME (du). Miracle de la paix en France, par J. du Nesme, Pontoisien. *Lyon, Thib. Ancelin*, 1598, in-8. de 20 ff.

Vendu 20 fr. 50 c. en 1860.

NESSEL (*Daniel* de). Voy. LAMBECIUS.

NESSON (*Pierre* de). Supplicacion a nostre dame faicte par maistre pierre de Nesson. (*sans lieu ni date*), pet. in-4. goth. de 6 ff. à longues lign., au nombre de 26 sur les pp., avec 2 fig. sur bois, au premier feuillet. [13233]

Pièce de vers très-singulière et fort rare; elle est impr. avec les mêmes caractères que *Le Champion des dames*, in-fol. (voy. FRANC). Le 1er f. porte le titre ci-dessus, et l'ouvrage finit ainsi :

Et quant nous serons trespassez
Donnez nous madame Marie
la doulce perpetuelle vie
laquelle doint par sa puissance
La tres haulte diuine essence
Seul dieu rergnat (sic) en troys persönes
A tous les nessons et nessonnes
Amen.

Vend. 6 fr. 75 c. La Valliere ; 40 fr. Le Duc ; 30 fr. Librairie De Bure.

Cette pièce est réimpr. à la fin du *Compost des bergiers*, édition de Genève, non datée, mais sans les cinq derniers vers dans lesquels l'auteur se nomme. Elle est aussi, sous le titre de *Testament de Pierre de Nesson*, dans le recueil intitulé : *La Danse aux aveugles* (voy. MICHAULT). A l'article SONGE de la Pucelle, nous décrivons une édition de *La Supplicacion* (sous le titre d'*Oraison*), impr. à *Brehant-Lodeac*, en 1484, peut-être antérieure à celle qui fait l'objet de la présente notice.

Nesselmann (*G.-H.-F.*). Die Algebra der Griechen, 7878. — Wörterbuch der littauischen Sprache, 11383.—Littauische Volkslieder, 15911,—Die orientalischen Münzen... 29849.

— Vigilles des mortz en francoys. (*sans lieu ni date*), in-4. goth. de 36 ff. non chiffrés. signat. a—e, par cah. de 6 et 8 ff. à 23 ligues par page.

Cet ouvrage, de Pierre de Nesson, est tout à fait différent des deux opuscules sous le même titre dont nous parlons à l'article VIGILLES des morts. Celui-ci est sorti des presses lyonnaises vers la fin du xvᵉ siècle, et a été impr. avec les mêmes caractères que le *Livre des quatre choses* (voy. LIVRE intitul.). Sur le premier f. Job et sa femme, fig. sur bois, impr. au recto et au verso. Le texte commence au recto du 2ᵉ f. par ce sommaire : *S'ensuiuent les neuf lessons des ‖ mortz trâslatees de latin en frãcois par ‖ maistre Pierre de Nesson dont dieu ait ‖ lame.* Le recto du dernier f. est terminé par ces six vers :

Cy finray ma petite cuure
Qui mon ignorance desqueuure
En ceste neufiesme lesson
Et tous les lisans ie requier
Quil leur plaise de corriger
Leur humble disciple nesson.

Le verso est tout blanc. L'exemplaire qui a appartenu à M. Calhava, et qui est jusqu'ici le seul connu, est rel. en mar. rouge, doublé de mar., avec compartiments en arabesques, par Duru. Il a été porté à 1,400 fr. à la vente Bergeret, en 1858, et il appartient aujourd'hui à M. Double.

NESTOR. Nestoris Dionysii novariensis onomasticon. — *Opus Mediolani impressum per Leonardum Pachel et Vldericum Sinczinceler de Alemania socios. Anno Domini M. cccc. lxxxiij, pridie nonas januarias*, in-fol. de 123 ff. non chiffrés, à 53 lign. par page. [10851]

Édition rare, et qui est regardée comme la première de cet ouvrage. Au verso du premier f. se lit une pièce de 40 vers latins, adressée à Louis Sforce par l'auteur, et précédée d'un sommaire en 3 lignes (*Nestoris Dionysij Novariensis ordinis Minorum...*). Le texte commence au 2ᵉ f., et il se termine au recto du dernier par une souscription. Vend. 77 fr. m. bl. La Vallière; 4 liv. 14 sh. White Knights.

— EJUSDEM vocabularium. *Venetiis, per Guilelmum de Tridino de Montefera*, 1488, in-fol.

Vend. 15 sh. Pinelli; 11 fr. Brienne-Laire. L'édit. de *Venise*, 1496, in-fol., et les autres éditions, sont encore moins chères.

NESTOR. Russische Annalen, in ihrer slavon. Grundsprache verglichen, übers. und erkl. von A.-L. von Schlözer. *Göttingen, Dieterich*, 1802-9, 5 part. in-8.

Édition incomplète, qui ne va que jusqu'en 980. Vend. 37 fr. Langlès; 20 fr. Rémusat; 12 fr. Klaproth.

LA CHRONIQUE de Nestor, traduite en français, accompagnée de notes et d'un recueil de pièces inédites touchant les anciennes relations de la Russie avec la France, par Louis Paris. *Paris, Heideloff*, 1835, in-8. tom. I et II. [17756] Traduction faite d'après le texte russe du manuscrit de Kœnigsberg, impr. à Saint-Pétersbourg, par ordre de l'empereur, et de format in-4. : il n'en a paru que les deux premiers volumes.

Nestor (J.). Hommes illustres de la maison de Médicis, 25528.
Netscher. Les Hollandais au Brésil, 28664.

NETTO et Leheman. L'Art de tricoter, contenant toutes sortes de tricotages simples et compliqués. *Leipzig*, 1802, in-fol. obl. fig. en couleur. [10269]

Cet ouvrage a coûté 40 fr.; mais il ne conserve pas ce prix.

NEUBECK (*Val.-W.*). Die Gesundbrunnen, ein Gedicht in 4 Ges. *Leipzig, Göschen*, 1798, in-fol. fig. pap. vél. [15567]

Belle édition de ce poëme sur une fontaine d'eau minérale : 10 à 15 fr. Il y en a une seconde, *ibid.*, 1809, in-8.

NEUBRIGENSIS (*Guil.*). Chronica rerum anglicarum cum annot. Jo. Picardi, ex edit. Thom. Hearnii. *Oxonii, e Theat. sheld.*, 1719, 3 vol. in-8. [26824]

Cette chronique, dont les exempl. sont rares, fait partie de la collection des ouvrages relatifs à l'histoire d'Angleterre, publiée par Th. Hearne (voy. HEARNE). Elle avait déjà été imprimée à Anvers, *ex officina Gulielmi Silcii*, en 1567, pet. in-8. sous ce titre : *Rerum anglicarum libri quinque recens ecu e tenebris eruti et in studiosorum gratiam in lucem dati : auctore Gulielmo Neubrigensi;* ensuite à Paris, en 1610, et depuis sous cet autre titre : *Historia anglicana, sive de regno et administratione regum Angliæ, in lucem edita per Guilielmum Neubrigensem, nunc primum aucta xi capitulis hactenus desideratis et notis Joan. Picardi, Bellovaci, æque Canonici S. Victoris,* Parisiis, Joan. Petitpas, 1632, in-8.

NEUF preux (les). — *Cy fine le liure intitule le triumphe des neuf preux, ouquel sont contenus tous les fais et proesses quilz ont acheuez durant leurs vies, auec lystoire de bertran de guesclin. Et a este imprime en la ville dabbeuille par Pierre gerard, et finy le penultieme iour de may lan mil quatre cẽs quatre vingtz z sept,* in-fol. goth. à 2 col. de 34 lign. [17052]

Première édition aussi rare que précieuse : vend. 48 fr. m. bl. Gaignat; 150 fr. (avec le titre ms.) La Vallière; 11 liv. 11 sh. Heber; avec 4 ff. mss. 595 fr. Révoil, et avec 2 ff. mss. 330 fr. d'Essling. Description : 12 ff. prélimin. (signat. AA et BB) qui contiennent, 1° une pl. en bois représentant l'hommage que l'auteur fait de son livre au roi (le recto est tout blanc); 2° le prologue commençant ainsi :

(T)res noble et tres chrestien
Charles VIII. . . . .

et finissant au recto du 3ᵉ f., dont le verso est blanc; 3° la tab'e. Texte, sous les signat. a—ll, par cah. de 8 ff., à l'exception de i, n, s, hh et ll, qui n'en ont que 6, et de z, qui en a 10; les lettres r et s se trouvent employées deux fois de suite. Le portrait en pied de chacun des neuf preux, gravé sur bois, se voit au commencement de leur histoire.

Ce volume est imprimé avec les mêmes caractères que le Lancelot du Lac, édit. de 1488, et que le Tristan sorti de la presse de Jean Dupré, caractères plus petits que ceux que cet imprimeur a employés en 1483 dans le livre des Nobles malheureux, trad. de J. Boccace.

Nettelbladt. Historia litter. jurid., 31709.
Nettement (Alfr.). Vie de Marie-Thérèse de France, 23930. — Conquête d'Alger, 28412. — Littérature sous la restauration, 30067.

— Les neuf preux, nouuellement imprime
a Paris. — *Imprime a Paris par Michel
le Noir, et fut acheue le troiziesme iour
de decembre lan mil cinq cens et sept,*
in-fol. goth. fig. en bois.

Cette édition n'est pas beaucoup moins rare que la
précédente. Vend. 40 fr. David ; 10 liv. 10 sh. Roxburghe ; 19 liv. 19 sh. Heber ; 495 fr. mar. r. *doublé
de mar. v.* d'Essling ; 1000 fr. Solar. Les feuillets du
volume ne sont pas chiffrés, mais ils ont des signatures de Ai—KK iij, y compris 8 ff. prélimin. pour
le titre, le prologue et la table ; à la fin se voit la
marque de Michel Le Noir sur un feuillet séparé.

— Cronica llamada el triũpho de los nueue
p̃ciados de la fama : en la q̃l se cõtienẽ las
vidas de cada uno y los excelentes hechos
en armas y grãdes proezas q̃ cada uno
hizo en su vida. Cõ la vida del muy famoso
cauallero Beltrã de Guesclin cõdestable
q̃ fue de Francia y Duque d̃ Molinas.
nueuamente trasladada de linguage frã-
ces en nuestro vulgar castellano por el
honorable varõ Antonio Rodriguez... —
*Imprimido en la ciudad de Lixbona
por GermanGallarde, a costa de Luys
Rodrigz. librero del rey... acabose a
xxrj. de junio del año de la saluaciõ
d̃ mil quiniẽtos y treynta años* (1530),
in-fol. goth. à 2 col. fig. sur bois, 9 ff.
prélim. et cc liij ff.

Édition fort rare et d'un assez grand prix. Ebert,
n° 9066, au mot GUESCLIN, en cite une de *Lisbonne,
Gallarde,* 1510, qui pourrait bien être la même
que celle-ci, mais inexactement indiquée. Une édition de ce roman espagnol impr. à Valence , en
1532, in-fol. goth., est portée dans le catal. de
MM. Payne et Foss, Lond., 1850, n° 3399.

—Chronica llamada el triumfo de los nueue
mas preciados varones de la fama... traduzida en nuestro vulgar castellano por
Ant. Rodriguez Portugal. *Alcala de
Henares, in casa de J. Iniguez de Lequerica,* 1585, pet. in-fol. de VIII et
184 ff. à 2 col.

Cette édition renferme le Godefroy de Bouillon ; elle
a été vendue 10 fr. seulement Rætzel.

— CHRONICA llamada el triumpho de los nueue mas
preciados varones de la Fama. En la qual se cõtiene
las grandes proezas y hazañas en armas por ellos
hechas... corregida y emendada con mucha diligẽ-
cia en esta ultima impression. *Barcelona impresso
(en casa de Pedro Malo) a costa de Balthasar
Simon,* 1586, in-fol. de VI et CXXVIII ff., lettres
rondes.

On ne trouve point dans cette édition le 10e livre,
Beltran de Guesclin, qui occupe les ff. CCXXIX à
CCLIIJ dans celle de 1530. Vend. 30 fr. La Serna.

NEUFFORGE (de). Recueil élémentaire
d'architecture, contenant plusieurs études des ordres d'architecture, etc. *Paris*
(1757-1776), 8 tom. in-fol. fig. [9772]

Cet ouvrage, dont toutes les planches sont gravées
par l'auteur, a reçu d'abord les éloges des hommes
spéciaux, mais ce succès ne s'est pas soutenu. Au-

jourd'hui on ne trouve pas facilement les 8 vol.
complets : 80 à 120 fr.

NEUFGERMAIN. Les Poésies et rencontres du sieur de Neufgermain, poëte
hétéroclite de Monseigneur , frère du
roi, imprimé par commandement de
mondict seigneur. *Paris , Jacques
Jacquin,* 1630, in-4. avec un portr. à
l'eau-forte par Brebiette. — Seconde
partie du livre intitulé Poésies et rencontres... 1637 (*sans lieu d'impression*), in-4. [14002]

Les deux volumes de ce poëte *hétéroclite* se trouvent difficilement réunis. Vend. ensemble 20 fr.
Giraud , et séparés 12 et 8 fr. Viollet-Le-Duc. Voir
la *Bibliothèque poétique* de ce dernier, p. 475, où
sont rapportés des vers dont les terminaisons
réunies formaient le nom de la personne à laquelle
Neufgermain les adressait.

NEUFVILLE ou Nefville (*François* de).
Voy. NEFVILLE.

NEUMANN (*Fr.*). Populorum et regum
numi veteres anecdoti. *Vindobonæ,* 1779-
83, 2 part. en 1 vol. in-4. 15 à 18 fr.
[29704]

NEVE Y MOLINA. Reglas de orthogra-
phia, diccionario y arte del idioma
Othomi, por D. de Neve y Molina.
Mexico, 1767, pet. in-8. [11985]

50 fr. et 43 fr. deux exempl., Libri, en 1857.

NEVELET (*Is.-Nic.*). Mythologia æso-
pica. Voy. notre vol. 1, col. 86, article
ÆSOPUS.

NEVIANUS. Marci Neviani Flandri, medicinæ doctoris, de qualitatibus primis,
secundis, tertiis, iisque quas natura te-
git occultas abditasve poematium , omnibus medicinæ tyronibus vel utilissimum, editio prima ; — ejusdem de curandis morbis poematium, editio prima ;
— ejusdem in poematium suum de cu-

randis morbis corollarium de febribus agens. *Gandavi, apud Gislenum Manilium, typographum juratum, sub alba Columba*, 1573 et 1575, 3 part. in-8. [13062]

Ces trois opuscules poétiques sont à peine connus hors de la Flandre, où ils passent pour fort rares. Le premier a 20 ff., le second 33 et le troisième 15, non chiffrés. Les trois réunis ont été portés à 150 fr. à la vente Borluut, ce qui nous paraît être un prix excessif.

NEVIL (*William*). The Castell of Pleasure (ici une vignette sur bois et au-dessous) : The conueyaunce of a drem how Desyre went to the castell of pleasure, wherein was the gardyn of affeccyon inhabyted by Beaute to whome he amerously expressed his loue, vpon the whiche supplycacion rose grete stryfe dyputacion and argument betwene Pyte and Dysdayne. (à la fin) : Here endeth the castell of pleasure. *Enprynted in poules churchayrde* (sic) *at the sygne of the Trynyte, by me Hary Pepwell in the yere of our lorde* 1518, in-4. goth. de 18 ff., sign. A, B, C, avec un bois sur le titre. [15747]

Dans notre premier volume, col. 1621, article *Castell*, nous avons parlé d'une édition de ce petit poëme, impr. par W. de Worde, sans date; mais nous n'avions pas fait mention de celle-ci, qui a été payée 28 liv. 10 sh. à la vente Caldeatt, et qui est décrite dans la *Biblioth. Grenv.*, I, p. 487.

Les deux éditions, également rares, sont conformes entre elles; mais, selon la description que donne le catal. de M. Grenville, celle d'H. Pepwell aurait au recto du dernier f. *Lenuoy de Robert Copland Lymprimeur*, deux stances de sept vers français, et au verso *Ballade royalle*, stance de huit vers français, suivie de *R. Copland to thauctour*, stance de huit vers anglais, et de ces deux lignes qui sont également dans l'édition de W. de Worde : *En passant le temps sans mal pencer* ‖ *Quod Copland.*

NEVIZANUS. Clarissimi iuriscõsulti d. Jo. de Nevizanis, Silua nuptialis : in qua ex dictis modernis plurimæ quæstiones quotidie in practica occurrentes... in materia matrimonij, dotium, filiationis, adulterij, etc., enucleantur. — *Jmpressa Lugduni per Joannẽ moylin al's de Cambray*, 1524, in-4. goth. de 174 ff. à 2 col., y compris le titre et la table. 8 à 12 fr. [2776]

Cette édition et celle de *Paris, Vidoue pour Kerver*, 1521, in-8. goth., sont préférées aux différentes réimpressions qui en ont été faites à *Lyon*, 1545, 1556 et 1572, in-8., et aussi à *Venise*, en 1570 et 1573, in-8., parce que l'on prétend que le texte de ces dernières a été altéré, et que l'on y a adouci les passages contre les femmes; mais, d'un autre côté, ces dernières éditions, divisées en six livres, sont augmentées de plus de moitié.

— Voy. FORÊT nuptiale.

Neville (*R.-C.*). Saxon obseques illustrated, 27128.

NEW kunstlich Boich (Eyn)... (Nouveau livre dans lequel sont gravés 138 modèles de broderic). *Collen, P. Quentell*, 1529, in-4. [10264]

Un exemplaire de ce livre rare a été vendu 95 fr. en décembre 1861.

NEWBERY(*Thomas*). A booke in English metere of the great marchaunt man called Diues Pragmaticus, very preaty for children to rede : whereby they may better, and more readyer, rede and wryte wares and Implementes, in the world contayned... *Imprented at London in Aldgersgate strete, by Alexander Lacy, dwellyng beside the Wall, the xxv of Aprell.* 1563, in-4. signat. A et B. [15753]

Opuscule poétique si rare que l'exemplaire vendu 30 liv. Roxburghe, et qui est décrit par Dibdin dans les *Ædes althorp.*, I, pp. 172-174, passe pour être unique. Il y a sur le titre une fig. sur bois, et au recto du dernier f. un autre bois représentant une danse de morts. L'auteur a placé son nom à la fin de l'ouvrage.

NEWCASTLE. Voy. CAVENDISH.

NEWENHAM (*Th.*). Picturesque views of antiquities of Ireland, with historical description. *London, Boone*, 1826, 2 vol. in-4., pl. lithogr. par Harding. [27494]

Publié en 15 livraisons et au prix de 10 liv. 10 sh.; réduit ensuite à 3 liv. 13 sh. 6 d.

NEWSIDLER (*Melch.*). Teutsch Lautenbuch, darinnenn kunstliche Muteteu, liebl. Italianische, Frantz., Teutsche Stuck, förliche Teutsche Täntz, Passo e mezo, Saltarelle und drei Fantaseien. *Strassburg, B. Jobin*, 1574, in-fol. avec le portrait de l'auteur. [10201]

NEWTON (*Isaac*). Opera quæ extant omnia, commentariis illustrabat Samuel Horsley. *Londini, J. Nichols*, 1779-85, 5 vol. gr. in-4. [3469]

Belle édition, dont les exemplaires sont rares: vend. 121 fr. Saint-Céran; 79 fr. Gaillard; 9 liv. Hibbert; 157 fr. cuir de Russie, Labey; 12 liv. Nassau. Elle a beaucoup coûté le prix de l'article suivant :

OPUSCULA mathematica, philosophica, etc. : collegit Jo. Castillioneus. *Lausannæ*, 1744, 3 vol. in-4. fig. [7818]

— Philosophiæ naturalis principia mathematica ; editio tertia, aucta et emendata.
Londini , apud Guil. et Joh. Innys,
1726, in-4. fig. 12 à 18 fr. [7817]

Édition la plus estimée de cet ouvrage immortel :
elle a été publiée par le Dʳ Pemberton. Vend. en
Gr. Pap. *mar.* 2 liv. 12 sh.. 6 d. Roxburghe; —
en très-Gr. Pap., format in-fol. dont il n'a été
tiré que 12 exempl. réservés pour les présents de
l'auteur, 21 flor. Meerman, et plus cher en Angleterre. — Celles de *Londres*, 1687, de *Cambridge*,
1713, avec une préface par Rog. Cotes; d'*Amsterdam*, 1714 et 1723, toutes in-4., ne valent que 5
ou 6 fr. Il y en a aussi une de *Londres*, 1730, 2 vol.
in-8., *illustrata a Geo.-Pet. Domckio.*

— Philosophiæ naturalis principia mathematica, perpetuis commentariis illustrata, communi studio Th. Le Seur et
Fr. Jacquier. *Genevæ,* 1739-42 (vel
iterum 1760), 4 part. en 3 vol. in-4. fig.
40 à 60 fr.

Le professeur Calandrini, à Genève, a été l'éditeur
de cet excellent commentaire, et l'a enrichi de
notes, de citations et de démonstrations.

— PHILOSOPHIÆ naturalis principia mathematica,
cum commentariis PP. T. Le Seur et Fr. Jacquier.
Glasguæ, excudebant And. et Joan. Duncan, et
Lond., Treuttel et Würtz, 1822, 4 vol. gr. in-8.
48 à 60 fr.

Édition belle et soignée, avec les figures insérées
dans le texte. On y a réuni les préfaces de Newton
pour les éditions de 1687, 1713 et 1726, et celle de
Cotes, tirée de l'édition de 1713.

— EXCERPTA ex principiis naturalis philosophiæ Is.
Newtoni, cum annot. Le Seur et Jacquier. *Oxonii, Parker*, 1831, in-8. fig. 6 sh.

— MATHEMATICAL principles of natural philosophy,
translated by Andrew Motte, with additions by W.
Davis. *London*, 1803, or 1819, 3 vol. in-8. avec
52 pl. 1 liv. 4 sh. — New edition to which is added
Newton's system of the world, with life by Chit-
tenden. *New-York*, 1848 (aussi 1850), gr. in-8.
portr.

La première édit. de cette traduction a paru à *Londres*,
en 1729, 2 vol. in-8. Quant à la traduction, accompagnée d'un commentaire par Robert Thorp, *London*, 1777 (nouv. titre, 1802), in-4., on n'en a publié que le premier volume.

A COMMENTARY on Newton's Principia, with a
supplementary volume, designed for the use of student at the Universities, by J.-M.-F. Wright. *Lond.*,
1828, 2 vol. in-8. fig. 1 liv. 8 sh.

— PRINCIPES mathématiques de la philosophie naturelle, trad. par Mᵐᵉ du Chastelet. *Paris*, 1759,
2 vol. in-4. fig. 9 à 15 fr.

— Arithmetica universalis, cum commentariis Joh. Castillionei. *Amstelod.*, 1760,
2 vol. in-4. 12 à 18 fr. [7872]

L'édit. de Leyde, 1732, in-4., a moins de valeur que
celle-ci. — La première de toutes a été donnée par
Whiston, à Cambridge, 1707, in-8., sans le consente-
ment de l'auteur.

— UNIVERSAL Arithmetick, to which is added Dʳ Halley's method of finding the roots of æquations
arithmeticaly, translated from the latin by Raphson
and revised by Cunn. *London*, 1720 (ou 1728), in-8.

— UNIVERSAL Arithmetick, to which is added a treatise upon the measures of ratios, by James Maguire,
the whole illustrated and explained in a series
of notes by the rev. Theaker Wilder. *London*, 1769,
2 vol. in-8.

Nous avons une traduction française de l'*Arithmétique de Newton*, par N. Beaudeux. *Paris*, 1802,
2 vol in-4. fig.

— Analysis per quantitatum series, fluxio-
nes ac differentias , cum enumeratione
linearum tertii ordinis; edidit W. Jones.
Londini, 1711, gr. in-4. [7913]

— EPISTOLA J. Keill ad Joannem Bernouillum, in
qua Is. Newtonum et seipsum contra criminationes
in Actis lipsiensibus a Crusco quodam publicatas
defendit. *Londini*, 1720, in-4.

Dissertation relative au différend qui s'était élevé
entre Leibniz et Kaill, sur l'invention des fluxions.
Une lettre de Newton sur le même sujet se trouve
dans le *Commercium epistolicum Joan. Collins et
aliorum de analysi promota*, impr. pour la première fois en 1712. Voy. notre tome II , col. 157,
article COLLINS.

— ENUMERATIO linearum tertii ordinis, sequitur illustratio ejusdem tractatus, auct. Jac. Stirling. *Parisiis*, 1797, in-8. 7 fr. [7901]

Imprimé d'abord à Oxford, en 1717, in-8.

— SIR ISAAC NEWTON'S Enumeration of lines of the
third order : generation of curves shadow; organic
description of curves and construction of equations
by curves; translated from the latin, with notes
and examples, by C. R. M. Talbot. *London, H. G
Bohn*, 1860, in-8. fig.

— A Treatise of the method of fluxions
and infinite series, with its application to
the geometry of curve lines, to which
is subjoined a perpetual commentary
upon the whole work , translated from
the original latin, of Newton, by the rev.
John Colson. *London* , 1736 , in-4. fig.
6 à 8 fr., et plus en Gr. Pap. [7888]

Cette *Méthode des fluxions* a été réimprimée à *Lond.*,
1737, in-8., fig.; ensuite traduite en français (par
Buffon), *Paris*, 1740, in-4.

— Is. NEWTON Tractatus de quadratura curvarum,
cum explanationibus Dan. Melander. *Upsaliæ*,
1762, in-4.

Vend. avec l'article suivant : 9 flor. Meerman.

TWO TREATISES of the quadrature of curves, and
analysis by equation of an infinite number of terms
explained ; containing the treatises themselves
translated into english from the original of Is. Newton; with a large commentary, by John Steward.
London, 1745, in-4.

— Opticks, or a treatise of the reflexions,
refractions, inflections, and colours of
light. *London*, 1740, in-4. fig. [8409]

La première édit. de ce traité est de Londres, 1704,
in-4.

OPTICES libri III, latine redditi a Sam. Clarke,
necnon ejusdem tractatus duo de speciebus et ma-
gnitudine figurarum curvilinearum. *Londini*, 1706
vel 1719, in-4. fig. 8 à 10 fr.

L'édition de *Lausanne*, 1740, in-4. 6 à 8 fr.

Ce traité a été traduit en français par Coste, *Paris*,
1722, in-4. : 6 à 8 fr. Il y a une autre traduction
(par Marat), publiée par Beauzée, *Paris*, 1787,
2 vol. in-8. Même prix.

— LECTIONES opticæ, in scholis publicis habitæ.
Londini, 1729, in-4. fig. 6 à 9 fr. [8410]

— The Chronology of ancient kingdoms
amended to which is prefixed a short
chronicle from the first memory of
things in Europe to the conquest of
Persia by Alexander the Great. *London*,
1728, in-4. 8 à 10 fr. [21218]

Cet ouvrage a été réimprimé à Londres, en 1770,
in-4.; et aussi traduit en français (par l'abbé Gra-

net), *Paris*, 1728, in-4. 6 à 8 fr. ; ensuite réfuté par Freret, dans la *Défense de la chronologie*, Paris, 1758, in-4., publiée avec une préface par de Bougainville.

— OBSERVATIONS upon the propheties of Daniel, and the Apocalypse of St. John. *London*, 1733, in-4. Réimpr. à Dublin, en 1733, in-8., et encore depuis. Il y en a une traduction latine par Sudemann; *Amsterd.*, 1735, in-4.

— CORRESPONDANCE of sir Isaac Newton and professor Cotes... published by J. Eddleston. *Cambridge*, 1850, in-8., avec un portr. de Newton. [7819]

— FOUR letters from Is. Newton to Dr Bentley, containing some arguments in proof of Deity. *London*, 1756, in-8.

MEMOIRS of the life, writings and discoveries of Isaac Newton, drawn up from family papers by sir David Brewster. *Edinburgh*, 1855, 2 vol. pet. in-8., portr. 1 liv. 4 sh. [30913]

On trouve dans ces deux vol. quelques morceaux inédits de Newton.

Lowndes a donné dans son Manuel, 2ᵉ édit., pp. 1671-75, un catalogue des ouvrages d'Is. Newton, et des écrits qui s'y rapportent.

NIALS-SAGA. Historia Niali et filiorum, lat. reddita, cum adject. chronologia, variis textus island. lectionibus, earumque crisi, necnon glossario et indice rerum; edidit Thorkelin. *Hauniæ*, 1809, in-4. fig. 20 fr. [27717]

Vend. 32 fr. Chaumette.

NIBBY (*Ant.*). Le Mura di Roma disegnate da W. Gell, illustrate con testo e note. *Roma*, *Poggioli*, 1820, in-4. fig. 10 à 12 fr. [29425]

— VIAGGIO antiquario ne' contorni di Roma. *Roma*, *Poggioli*, 1819, 2 vol. in-8., avec 42 pl. 20 fr. [29448]

— Voy. NARDINI.

— IL MUSEO Chiaramonti aggiunto al Pio Clementino. Voyez VISCONTI.

— I Dintorni di Roma, 25585. — Il Tempio della Fortuna, 29449.

NIBELUNGEN ou Niebelungen. Das Nibelungen-Lied (und die Klage) in der Ursprache mit den Lesarten der verschiedenen Handschr. herausgegeben durch F.-H. von der Hagen. *Berlin*, 1810, in-8. [15458]

L'ouvrage dont on vient de lire le titre est un poëme écrit dans l'ancien idiome teutonique, et qui date du XIIIᵉ siècle. Plusieurs critiques allemands l'ont attribué à Wolfram d'Eschenbach, auteur du *Parcival* et du *Tyturell* (voy. ESCHENBACH); mais il n'est pas certain que ce poëte l'ait composé. La dernière partie des Nibelungen a été publiée la première dans les *Chriemhildens Rache und die Klage* de J.-J. Bodmer, *Zuric*, 1757, in-4. Plus tard l'ouvrage a paru pour la première fois, en entier, dans le 1ᵉʳ tome de *Ch.-H. Müller's Sammlung*, Berlin, 1784, in-4. (voyez MÜLLER); mais ce ne fut qu'après la publication de l'édition de 1810, ci-dessus, que cette épopée germanique obtint la haute célébrité dont elle jouit maintenant dans toute l'Europe. M. von der Hagen a donné depuis une 2ᵉ édit. du même poëme, à Breslau, en 1816, et une 3ᵉ dans la même ville, en 1820, in-8. Le titre de

cette dernière porte : *Zum Erstenmal in der ältesten Gestalt aus der St. Galler Handschrift... herausgegeben...* Ce savant a également publié :

DAS NIBELUNGEN-LIED, erneuert und erklärt. 2ᵗᵉ Ausg. *Francfurt am M.*, 1824, 2 vol. in-8.

DIE NIBELUNGEN, ihre Bedeutung für die Gegenwart und für immer. *Bresl.*, 1819, in-8.

Citons encore :

DER NIBELUNG Noth, mit der Klage, in der ältesten Gestalt mit den Abweichungen der gemeinen Leseart, herausgegeben von Karl Lachmann. *Berlin*, 1826, in-4. — 4ᵉ édition, *Berlin, Reimer*, 1859, in-8. 3 fr. 50 c.

DER NIBELUNGEN Lied, nach dem Abdruck der ältesten und reichsten. Handschrift des Freiherrn Joh. von Lassberg, herausgegeben von O.-F.-W. Schönhuth. *Tübing.*, 1834, in-18.

— **Der Nibelung Lied.** Abdruck der Handschrift des Freiherrn Joseph von Lassberg, mit Holzschnitten nach Originalzeichnungen von Eduard Bendemann und Julius Hübner. *Leipzig*, *verlegt durch die Brüder Otto und Georg Wigand*, 1840, in-4. fig. 10 thl.

— DAS NIBELUNGENLIED. Uebersetzt von Gotthard Oswald Marbach, mit Holzschnitten nach Originalzeichnungen von Ed. Bendemann und Jul. Hübner. *Leipzig, Wigand*, 1840-41, in-4. 10 thl.

— DER NIBELUNGEN Noth. Bearheitung des Textes von Dr Pfizer. *Stuttgart*, 1843, in-4. avec vignettes sur bois. d'après les dessins de Schnorr et Neureuther. 24 fr.

— DAS NIBELUNGENLIED, in der ältesten Gestalt mit den Veränderungen des gemeinen Textes; herausgeg. und mit einem Wörterbuch versehen von Adf. Holtzmann. *Stuttgart, Metzler*, 1857, in-8.

— 20 ALTE Lieder aus den Nibelungen, herausgegeben von Karl Lachmann. *Berlin*, *Decker*, 1840, gr. in-fol.

Édition de luxe, tirée à 100 exempl. seulement, pour être distribués en cadeaux. 20 thl. T.-O. Weigel, en 1858.

— DAS NIBELUNGENLIED, herausgeg. von Friedr. Zarncke. *Leipzig, G. Wigand*, 1856, in-16, 5 fr.

— DAS NIBELUNGENLIED übersetzt von Karl Simrock. 11ᵗᵉ verbess. Auflage. *Stuttgart, Cotta*, in-12. 4 fr.

— ZUM NIBELUNGENLIED und zur Klage. — Anmerkungen von K. Lachmann. *Berlin, Reimer*, 1836, gr. in-8. 2 thl.

— NIEBELUNGEN (les), ou les Bourguignons chez Attila, roi des Huns, poëme traduit de l'ancien idiome teuton par Mᵐᵉ Ch. Moreau de La Meltière (avec les notes, commentaires et éclaircissements des principaux critiques allemands ; précédé d'une préface, publié par M. Francis Riaux. *Paris, Charpentier*, 1837, 2 vol. in-8. 15 fr.

— LA FIN TRAGIQUE des Nibelons, ou les Bourguignons à la cour d'Attila, poëme traduit du thyois, ou vieux allemand, et mis en lumière par J.-L. Burdillon. *Paris, Cherbuliez*, 1852, pet. in-8. de 92 pp. en tout.

NICAISE (*Claude*). Voy. SIRÈNES (les).

NICANDER. Theriaca ; ejusdem Alexipharmaca ; interpretatio innominati authoris in Theriaca, commentarii diversorum authorum in Alexipharmaca ; expositio ponderum, mensurarum, signorum, et characterum, græce. (*Venetiis*, *in ædibus Aldi*, 1522-23), 2 tom. en 1 vol. in-4. [12394]

New-York historical society (Collections of the), 28577.

Neyen (*Aug.*). Histoire de la ville de Viaden, 25110.

Nibbe (*J.-B.*). Dialectologia, 10675.

Édition rare et très-recommandable : elle consiste en
91 ff. chiffr. (le dernier coté 92), dont 25 pour Nicandre. Le 25ᵉ (coté 19) porte la date : *Venet., mense
Nouembri* M. D. XXII ; le 26ᵉ est blanc. Le reste du
vol. renferme les scolies, à la fin desquelles se lit
la date : *mense Aprili* M. D. XXIII. Le dernier f.
porte l'ancre : vend. 29 fr. 25 c. Bosquillon ; 59 fr.
mar. bl. Chardin ; 14 flor. 25 c. Meermann ; 17 sh.
Heber ; 14 sh. Butler ; 18 fr. Costabili. — Voy. DIOS-
CORIDES.

— THERIACA ; ejusdem Alexipharmaca ; interpretatio
innominati autoris in Theriaca ; commentarii diversorum autorum in Alexipharmaca (gr.). *Coloniæ,
opera Jo. Soteris,* 1530. — Theriaca et Alexipharmaca, interprete Joh. Lonicero. *Ibid.,* 1531, 2 tom.
en 1 vol. in-4. de 2 et 103 pp., IV ff. et 109 pp.
Ces deux vol. n'ont quelque valeur que lorsqu'ils se
trouvent ainsi réunis : 8 à 12 fr. Il y a des exemplaires de la version latine dont le verso du dernier
f. contient un errata ; dans d'autres, cette même
page est restée en blanc.

— THERIACA, et Alexipharmaca, gr. et lat., interpr.
Jo. Gorræo, cum ejusdem annot. *Paris., Gul. Morelius,* 1557. — Scholia in Nicandri Theriaca, etc.,
gr. *Ibid.,* 1557, 2 tom. en 1 vol. in-4.
Belle édition, réputée correcte. La première part.
contient 4 ff., 106 pp. et 1 f. ; la seconde, un titre
et les pages 111 à 223. Les scolies ont 80 pp. Vend.
7 flor. Rover ; 26 fr. *mar. bl.* Caillard ; 9 fr. Larcher.

— ALEXIPHARMACA (gr. et lat.), Jo. Gorræo interpr.,
ejusdem interpretis in Alexipharmaca præfatio et
annotationes. *Parisiis, apud Vascosanum,* 1549,
pet. in-8. de 70 ff., et *tabula venenor.* 1 f. 3 à 6 fr.
On trouve dans les œuvres de J. Gorræus, *Paris.,*
1622, in-fol., une édition des deux poëmes grecs de
Nicandre, avec la version latine et des notes.

— ALEXIPHARMACA, gr., cum scholiis græcis et Eutecnii sophistæ paraphrasi gr. ; emendavit, animad-
versionibusque et paraphrasi lat. illustravit Jo.-Gott.
Schneider. *Halæ,* 1792, in-8. 5 fr.
Bonne édition.

— THERIACA (gr. et lat.), Petro-Jac. Steue interprete
et enarratore. *Valentiæ, J. Mey,* 1552, in-8.
Cette édition rare est, pour le texte, une réimpression
de celle de Cologne, 1530. Elle a 4 ff. prélim., 93 ff.
chiffrés, plus 1 f. pour la marque de l'imprimeur.
(Ebert, 14744.)

— THERIACA (gr.), id est de bestiarum venenis eo-
rumdemque remediis carmen (gr.), cum scholiis
græcis auctioribus, Eutecnii metaphrasi græca, editoris latina et carminum perditorum fragmentis ;
ad librorum scriptorum fidem recensuit, emendavit
et brevi annotatione illustravit J.-G. Schneider.
Lipsiæ, 1816, in-8. 10 fr.
Imprimé peu correctement.

— THERIACA et Alexipharmaca, gr., Joan. Gorræus
latinis versibus reddidit, italicis vero Ant.-Mar. Sal-
vinius ; accedunt variantes lectiones, selectæ adnotationes et græca Eutecnii sophistæ metaphrasis
nondum edita curante Ang.-Mar. Bandinio. *Florentiæ,* 1764, in-8. 3 à 5 fr.

— Pour la traduct. française, voy. GREVIN (*Jacq.*).

Dans le premier vol. du *Museum critic.* (Cantabr.,
1814) se trouve, pp. 370-445, *Nicandri Theriaca,
cum emendationibus Rich. Bentleii hactenus ineditis.*

NICANORIS περὶ Ἰλιακῆς στιγμῆς reliquiæ
emendatiores. Edidit Lud. Friedländer.
Regiomonti, Samter, 1850, in-8. 6 fr.
[12316]

NICCOLINI (*Fausto e Felice*). Voy. dans
notre Iᵉʳ vol., col. 1614, article CASE.

Niccolini. Descrizione della gran terma Puteolana,
29459.

NICCOLS (*Richard*). The cvckow. *London* (1607), in-4. de 56 pp. [15768]
Ce poëte, d'une grande élégance et doué d'imagination, a été un des ornements du règne d'Elisabeth,
mais il est bien peu connu en France. L'ouvrage
dont nous venons de donner le titre s'est plusieurs
fois vendu de 5 à 6 liv. en Angleterre, où ses autres
productions poétiques conservent également une
assez haute valeur, ainsi qu'on peut le voir dans le
Manuel de Lowndes, 2ᵉ édit., pp. 1677-78.

NICEPHORUS Callistus. Ecclesiasticæ historiæ libri XVIII, græce nunc primum
editi : adjecta est latina interpretatio
Joan. Langi a Frontone Ducæo cum
græcis collata et recognita. *Lut.-Paris.,
Cramoisy,* 1630, 2 vol. in-fol. [21355]
Seule édition du texte grec de cet ouvrage, lequel
s'arrête à l'année 610 ; vend. 15 fr. Villoison ; 12 fr.
Boulard ; 10 flor. Meerman, et en Gr. Pap., 21 fr.
chez Soubise.
L'article Fronton du Duc qui fait partie des Mémoires du P. Niceron et qui est du P. Oudin (XXXVIII,
p. 118) contient des détails curieux sur l'impression de cette édition de Nicephorus Callistus
(1630), donnée par Nic. Rigault et dédiée par lui au
card. de Richelieu.
La version latine de cette histoire par J. Langus,
imprimée pour la première fois à Bâle, en 1553,
in-fol., a été réimpr. à Anvers, à Paris et à Francfort,
avec des augmentations. C'est sur cette version qu'a
été faite la traduction française (*Histoire ecclésiastique de Nicéphore, fils de Calliste*), par Jean
Gillot, *Paris, Mich. Guillart,* 1567, in-fol., — et de
*nouveau corrigée et traduite du grec en meilleur
françois qu'auparavant, par deux docteurs en
théologie de la faculté de Paris* (Denis Hangart et
un autre], *Paris, Abel l'Angelier,* 1586, in-fol. ; volume auquel se réunit l'*Histoire ecclésiastique
tri-partie... rédigée en un brief recueil par Au-
rele Cassiodore.., de nouveau corrigée et trad.
du latin,* 1586, in-fol.

— S. Nicephori, archiepiscopi constantinopoli, Opera quæ reperiri potuerunt
omnia... post. Ang. Mai, Dion. Petavii,
Jo.-Dom. Manci, etc., curas recensita et
nunc primum in unum collecta : accedunt S. Methodii CP. patriarchæ, Gregorii Decapolitæ, Christophori Alex.
patriarchæ, Georgii nicomediensis me-
tropolitæ, Stephani diaconi, Procopii
diaconi scripta quæ supersunt ; accurante J.-P. Migne. *Parisiis, Migne,*
1860, gr. in-8. à 2 col. 11 fr.

NICEPHORUS (*Gregoras*). Voy. BYZAN-
TINA, n° 20.

NICEPHORUS Blemmidas. Epitome logica, ex quatuor mss. codd. biblioth. Aug.
jam prim. græce edita, opera et studio
J. Wegelini. *Augustæ,* 1605-7, 2 part.
in-8. [3515]
La seconde partie contient la version latine. Il en est
de même pour l'article suivant :

EPITOME physica, gr., nunc primum edidit J. We-
gelinus. *Augustæ,* 1605-6, 2 part. in-8. [4212]

— DUO COMPENDIA geographica ; nunc primum edidit F. Spohn. *Lipsiæ, Weidmann,* 1818, in-4. 3 fr.
— Pap. fin, 4 fr. 50 c. [19556]
Réimpr. à Rome, en 1819, avec *Dicæarchi fragmenta.* — Voyez DICÆARCHUS.

—Nicephori logica cum aliis aliorum operibus, Georgio Valla interprete. (au verso du dernier f.) : *Venetiis, per Simonem Papiensem dictum Beuilaquam,* 1498 *die ultimo Septembris,* in-fol. de 156 ff. à 44 ou 46 lign. par page, avec lettres initiales fleuronnées et figures de mathématiques.

Hain donne ainsi le titre de ce recueil sous le n° 11748 de son *Repertorium : Georgio Ualla Placentino : interprete* (en rouge, ensuite en noir) : *Hoc in volumine hec continentur* || *Nicephori logica* || *Georgii Valle libellus de argumentis* || *Euclidis quartus decimus elementorum* || *Hypsiclis interpretatio eiusdem libri Euclidis* || *Nicephorus de astrolabo* || *Proclus de astrolabo* || *Aristarchi samij de magnitudinibus* || *z distantiis solis z lune* || *Timeus de mundo* || *Cleonidis musica* || *Eusebij pamphili de quibusdam* || *theologicis ambiguitatibus* || *Cleomedes de mundo* || *Athenagore philosophi de resurrectione* || *Aristotelis de celo* || *Aristotelis magna ethica* || *Aristotelis ars poetica* || *Rhazes de pestilentia* || *Galenus de inequali distemperentia* || *Galenus de bono corporis habitu* || *Galenus de presagio* || *Galeni introductorium* || *Galenus de succidaneis.* || *Alexander aphrodiseus de causis febrium* || *Psellus de victu humano.*

Nous trouvons dans le catal. de Enslin de Berlin, 1823, p. 33, l'ouvrage suivant que Schoell, VII, 176, cite comme inédit :

Νικηφόρου ('Ιερομονάχου, τοῦ θεοτοκοῦ) σεῖρ' εἰς τὴν ὀκτάτευχον καὶ τὰ τῶν βασιλεῶν. *Lipsiæ, Weigel,* in-fol., tome I et II (sans date). 10 thl.

Mais il paraît que l'édition a été impr. à Venise, en 1772 et 1773. Le titre se traduit en latin par ces mots : *Catena in Octateuchum et libros regum.* (Ebert, 14754.)

NICERON (*Jean-P.*). Mémoires pour servir à l'histoire des hommes illustres dans la république des lettres (par le P. Niceron, avec quelques notices par le P. Oudin, J.-B. Michault et l'abbé Goujet). *Paris,* 1727-45, 43 tomes en 44 vol. in-12. 75 à 90 fr.; en *v. f.* 100 fr. Busche. [30533]

Cet ouvrage renferme un grand nombre de notices curieuses, et il est toujours recherché; mais les exempl. auxquels les derniers vol. manquent ont très-peu de valeur, parce qu'on les complète difficilement. C'est le tome X qui a 2 parties.

Les trois premiers volumes ont été réimpr. en 1729, et sous cette date. Le 4e l'a été en 1737, sous la date de la première édition, faite en 1728.

Ces mémoires ont été traduits en allemand par trois savants qui y ont ajouté des suppléments; le tout imprimé à Halle de 1749 à 1777, en 24 part. in-8., sous ce titre : *Nachrichten von den Begebenheiten und Schrr. berühmter Gelehrten,* übers. und mit Anmerkk. und Zusätzen begleitet.

Selon Ebert, *Dictionn. bibliogr.,* II, n° 14756, cette traduction ne donne pas toutes les notices de l'original; mais elle en contient quelques-unes de nouvelles. Les additions qu'on y a faites sont considérables. Les tom. I à XV ont été trad. par Sigism.-Jac. Baumgarten, les tom. XVI à XXII par Ebh. Rambach, et les deux derniers par Ch.-D. Jani.

NICETAS. Nicetæ Acominati Choniatæ

narratio de statuis antiquis quas Franci post captam anno 1207 Constantinopolin destruxerunt; ex codice Bodlejano emendatius edita a Fr. Wilken. *Lipsiæ, Vogel,* 1830, in-8. 1 fr. 50 c. [22993]

— Voy. BYZANTINA.

NICETAS episcop. Aquilej. Opuscula quæ supersunt duo, nunc primum conjunctim edita eidemque vindicata atque illustrata, additis aliquot deperditorum fragmentis (edidit Petr. Braida). *Utini, typis Vendramianis,* 1810, gr. in-4.

NICETAS. SS. episcoporum Nicetæ et Paulini scripta, ex vaticanis codicibus edita ab Angelo Maio. *Romæ,* 1827, in-4. [956]

NICETAS. Nicetæ Eugeniani narrationem amatoriam (de Drosilli et Chariclis amoribus), et Constantini Manassis fragmenta edidit, vertit atque notis instruxit J.-Fr. Boissonade (gr. et lat.). *Parisiis, Bobé,* 1819, 2 vol. in-12. 12 fr. [16981]

Poëme en IX livres, composé dans le XIIe siècle, et contenant 3538 vers ïambiques politiques. Le commentaire occupe tout le second volume.

AVENTURES de Dorsilla et Chariclès, par Nicetas Eugenianus, traduites du grec avec des remarques et les variantes du manuscrit de Rome, par Phil. Le Bas. *Paris, R. Merlin,* 1841, in-16.

Ce volume devait former le tome XV de la collection des romans grecs publiés par M. Merlin (voy. II, col. 149, au mot COLLECTION) ; mais l'impression n'a pas été achevée, et c'est par faveur que M. Boissonade avait obtenu en bonnes feuilles, tirées in-8., l'exemplaire incomplet qui est annoncé sous le n° 3622 de son catalogue, et qui contenait le titre, les pp. XVII-XLVII formant la *Notice sur le roman de Nicetas,* et le roman traduit avec les notes, 368 pp.

NICETAS Heracleæ metrop. Catena græcorum Patrum in Job, collectore Niceta, gr., nunc primum edita et lat. versa; opera et studio Patricii Junii: accessit ad calcem textus Jobi. *Londini, typ. regiis,* 1637, in-fol. 10 à 12 fr. [449]

La *Catena græcorum Patrum triginta, collectore Niceta,* forme le 2e vol. des *Symbolæ in Matthæum,* impr. à Toulouse, en 1646-47, in-fol.

NICHOLAS (*Harry*). Comœdia, a worke in ryme contayning an Enterlude of myndes, witnessing the mans fall from God and Christ; set forth by H. N. and by him newly perused and amended; translated out of Base-almayne into English. (*sans date, mais vers* 1574) in-16 goth. de 32 ff. signatures A—D. [16872]

Cette pièce, qui paraît avoir été imprimée hors de l'Angleterre, est fort rare. Un exemplaire réuni à dix autres écrits du même auteur a été successivement vendu 7 liv. 17 sh. 6 d. Rhodes; 6 liv. Joley. Les ouvrages de Nicholas ont été condamnés au feu et sévèrement prohibés par une proclamation royale du 13 oct., 22e année du règne d'Elisabeth. On en trouve les titres dans le *Manuel* de Lowndes, 2e édit., pp. 1678-79.

NICHOLL (*John*). An Houre-glass of Indian Newes; or, a Discourse shewing miseries and distressed calamities indured by 67 Englishmen, which were sent for a supply to the planting in Guiana, in the yeare 1605. *London*, 1607, in-8. [28673]

Opuscule rare dont il se trouve un exemplaire au British Museum.

NICHOLS (*Samuel*). Acolastus his Ater-Witt, a poem. *London*, *Baylie*, 1600, in-4. [15776]

Ce poëme est fort recherché en Angleterre, parce qu'il offre quelques passages qui se rapportent à Shakspeare : aussi le prix s'en est-il successivement élevé depuis quelques années. 1 liv. 3 sh. Stevens; 4 liv. 15 sh. Hibbert; 8 liv. 15 sh. Bindley; 8 liv. 8 sh. Bright; 10 liv. Jolley.

NICHOLS (*John*). Illustrations of the manners and expences of ancient times in England, in the 15th, 16th, and 17th centuries, deduced from the accompts of Churchwardens, and other authentic documents, collected from various parts of the kingdom; with explanatory notes. *London*, *Nichols*, 1797, in-4. [26812]

Ce volume n'a coûté que 1 liv. 1 sh., mais il s'est vendu 3 liv. 5 sh. Roxburghe; 5 liv. Dent.

— History and antiquities of the town and county of Leicester. *Lond.*, 1795-1815, 4 tom. en 8 vol. in-fol. fig. [27244]

Ouvrage le plus considérable de la collection des histoires particulières des comtés d'Angleterre. Il a coûté environ 60 liv., et plus cher en Gr. Pap. L'édition de la 1re partie du tome IV, impr. en 1807, ayant été détruite par accident, on l'a réimpr. en 1810, avec quelques additions, mais avec l'omission d'un feuillet. C'est la 2e partie du tome 1er qui est datée de 1815. L'auteur avait déjà publié :

COLLECTION towards the history and antiquities of the town and county of Leicester. *London*, 1790, in-4., dont il ne fit tirer qu'un petit nombre d'exemplaires.

— The Progresses and public processions of queen Elizabeth, among which are interspersed other solemnities, public expenditures, and remarkable events, during the reign of that illustr. princess, now first printed from original mss. of the time, etc., illustrated with histor. notes. *London*, 1788-1805, 3 vol. in-4. fig. [26933]

L'édition presque entière du troisième vol. de cet ouvrage ayant été consumée lors de l'incendie qui réduisit en cendres le magasin de l'éditeur, les exemplaires complets sont fort rares. Ils se payaient 25 liv. et plus avant la nouvelle édit. dont nous allons parler; maintenant ils se donnent pour 5 ou 6 liv. — La seconde édit., *Lond.*, 1828, 3 vol. in-4.,

Nicholls (*Geor*.). British Poor, 4080.

fig., rangée dans un ordre chronologique, renferme des additions importantes et des index fort utiles, ainsi que quelques planches qui ne sont pas dans la première. On en a supprimé plusieurs morceaux laudatifs en vers latins.

— The progresses, processions, magnificent festivities (and pageants) of king James the first, his royal consort, family and court, collected from original manuscripts, scarce pamphlets, corporation records, parochial register, etc., with notes and general index by John Nichols. *London*, *J.-B. Nichols*, 1828, 4 vol. in-4. [26942]

Cet ouvrage est le pendant du précédent. 3 liv. 3 sh. A la fin du 4e vol. se trouve une liste de 31 planches additionnelles offertes au prix de 1 liv., mais qui ne sont que le produit des anciens cuivres en la possession de Nichols.

— Biographical anecdotes of Will. Hogarth; new edition, with essays on his life and genius, catalogue of the prints, etc. *London*, 1833, pet. in-8.; avec 48 pl. 1 liv. 8 sh. — Pl. sur pap. de Chine. 2 liv. 2 sh. [9546]

Les trois premières éditions de cet ouvrage curieux ont été impr. à Londres, en 1781, 1782 et 1785, gr. in-8. sans figures. Il y en a une quatrième qui accompagne 160 planches d'après Hogarth (voy. HOGARTH).

— Literary anecdotes of the eighteenth century; comprizing biographical memoirs of Will. Bowyer, printer, and many of his learned friends; an incidental view of the progress and advancement of literature in the kingdom during the last century, etc. *London*, *Nichols son*, 1812-16, 9 tomes en 10 vol. in-8., avec portr. 180 à 200 fr. [30131]

Ouvrage beaucoup trop diffus, mais d'une grande importance pour l'histoire littéraire de la Grande-Bretagne, durant le siècle dernier; une excellente table, que l'on peut proposer comme un modèle en ce genre, remédie très-avantageusement à la mauvaise distribution de ce livre. Cette table est en 2 part. : la première pour les sept premiers vol., publiée en 1813, et la seconde pour les tomes VIII et IX, publiée en 1816. Il est fâcheux que l'impression du texte soit au-dessous du médiocre, et que les portraits qui l'accompagnent soient très-mal gravés.

Les mémoires sur Will. Bowyer, qui font le fond de ce grand ouvrage, n'étaient dans l'origine qu'une brochure in-8. de 52 pp., sous le titre suivant : *Anecdotes biographical and literary of W. Bowyer*, London, 1778; l'auteur n'en avait fait tirer qu'une cinquantaine d'exempl. pour distribuer à des amis; mais dans la suite il refit cette biographie, y ajouta des notes très-étendues, et la publia sous ce titre : *Biographical and literary anecdotes of Will. Bowyer, printer, etc.* London, 1782, in-4. La nouvelle édition qui fait l'objet du présent article est infiniment plus complète. Il faut réunir à la seconde le volume intitulé :

A COLLECTION of miscellaneous tracts, by M. Bowyer and some of his learned friends. *London*, 1785, in-4.

— Illustrations of the literary history of the eighteenth century; consisting of authentic memoirs and original letters of eminent persons. *London, Nichols son*, 1817-58, 8 vol. in-8., avec portr. 130 à 150 fr. y compris l'index général. [30132]

Suite nécessaire des *Literary Anecdotes* de John Nichols. Cet infatigable compilateur a été l'auteur ou l'éditeur d'une soixantaine d'ouvrages dont nous indiquons les plus importants. On peut en lire la liste complète dans le n° de décembre 1826 du *Gentleman's Magazine*, journal célèbre, à la rédaction duquel Nichols a longtemps présidé.

ENCYCLOPÆDIA of literary and typographical anecdotes, compiled and condensed from Nichols's literary Anecdotes, by Timperley. *London*, 1842, gr. in-8. à 2 col. 18 à 24 fr.

— Bibliotheca topographica. Voy. notre tome Ier, col. 925.

John Bowyer Nichols, fils du précédent, a publié depuis 1833 une collection intitulée *Collectanea topographica et genealogica*, London, 1834-43, 8 vol. in-8. avec un index à chaque vol. et à la fin du 8° un index des additions à Dugdale et un *Synopsis* du contenu des 8 vol. L'ouvrage a pour continuation 2 vol. in-8. publiés de 1840 à 1848 par John Gough Nichols, et qui, comme les premiers, se vendaient 1 liv. chacun.

NICHOLS (*John* Gough). Autographs of royal, noble, learned and remarkable personages, conspicuous in english history, from the reign of Richard the second to that of Charles the second ; with some illustrious foreigners ; containing many passages from important letters, engraved in fifty five plates, under the direction of Ch.-John Smith, accompanied by concise biographical memoirs, and interesting extracts from the original documents by John Gough Nichols. *London, J.-B. Nichols*, 1829, très-gr. in-4. 2 liv. 15 sh. — tinted paper and ink. 4 liv. 4 sh. [26832]

NICHOLSON (*Peter*). Architectural dictionary. *London, Barfield*, 1811-1819, 2 vol. gr. in-4. fig. 3 liv. 3 sh. et plus en Gr. Pap. [9698]

Il y a une seconde édition de ce Dictionnaire, donnée par Lomax et Gunyon. *London*, 1853, 2 vol. in-4. 4 liv. 4 sh.

— PRINCIPLES and practice of architecture ;... sixth edition revised and enlarged by Jos. Gwilt. *London, Bohn*, 1848, gr. in-8. avec 218 pl. 1 liv. 11 sh. [8087]

Ouvrage usuel dont la première édition, publiée de 1795-99, et aussi les éditions suivantes, y compris la 5° de 1841, sont en 3 vol. in-8. La sixième est complète en un seul volume.

Lowndes (p. 1688-89) donne les titres de plusieurs autres ouvrages de Peter Nicholson qui se rapportent à l'art de bâtir, et notamment celui du *Practical Builder*, London, Kelly, 3 vol. in-4. avec pl. coté 5 liv. 5 sh.

NICHOLSON (*John*). The operative mechanic and british machinist, being a practical display of the manufactories and mechanical arts of the united kingdom ;

Nicholson (*J.-B.*). The Art of bookbinding, 10273.
Nicholson (*Fr.*). Practice of drawing, 9273.

4th edition, with a supplement by G. Finden Warr. *London, Bohn*, 1853, in-8. avec 150 gr. 1 liv. 1 sh. [8087]

Traduit en français sur la seconde édit. sous le titre de *Mécanicien anglais*, Paris, Eymery, 1826, 4 vol. in-8., avec 100 pl. grav. par Lallemand.

NICODEMUS. Historia sive evangelium Nycodemi de gestis a principibus sacerdotum, de passione et resurrectione domini : quæ inventa est literis hebraicis a Theodosio magno imperatore in iherusalem in pretorio pontii pylati in codicibus publicis. (*absque nota*), pet. in-4. goth. de 16 ff. [252]

Édition rare, de la fin du XV° siècle : 4 flor. Crevenna. Panzer en cite plusieurs autres de ce livre apocryphe. La plus ancienne est un pet. in-fol. de 14 ff. à 34 lignes par page, impr. avec des caract. goth. de Gunther Zainer (à Augsbourg), sans note de lieu ni de date, et sans chiffres, récl. ni signatures. Elle commence : *Evangelium Nicodemi incipit feliciter*, et se termine au recto du 14° f. à la 32° ligne. 23 flor. Butsch.

Malgré toutes ces éditions, au nombre de six ou sept au moins, celle de Paris, *apud Vivantium Gaultherot*, 1545, in-24, intitulée : *Gesta salvatoris nostri Jesu Christi* porte sur le frontispice : *hactenus non excusa*, quoique, suivant toute apparence, ce ne soit que la reproduction du livre déjà publié sous ce titre :

GESTA salvatoris nostri Jesu Christi secundum Nicodemum, quæ invenit (Theodosius Magnus) Imperator, in Jerusalem, in prætorio Pontii Pilati, ex hebraica lingua in latinum translata, hactenus non excusa. *Antuerpiæ, typis Guillelmi Montani*, 1538, in-24 de 23 ff.

La meilleure édit. est celle qui se trouve dans le *Codex apocr. N. T.* de Fabricius, tome I, pp. 213 et suiv. et en gr. et en lat. dans l'*Auctarium* d'And. Birch. — Voyez FABRICIUS.

— Nicodemus his Gospell. *London, W. de Worde*, 1509, in-4. goth. de 23 ff. avec vignettes sur bois.

Cette édition paraît être la plus ancienne que l'on ait de cet évangile en anglais, car l'existence d'une édition de Londres, par *Julyan Notary*, 1507, in-4., n'est pas bien avérée. Lowndes cite plusieurs éditions anciennes de cet opuscule, et notamment une de Londres, 1511, in-4., qui a été successivement vendue 26 liv. 5 sh. Horne Tooke ; 22 liv. 11 sh. 6 d. White Knight ; 12 liv. 15 sh. Hibbert, et une in-4. (sans date), signat. A — F, le premier cah. par 6 et chacun des autres par 4, avec des bois, 2 liv. 3 sh. Heber ; enfin une pet. in-8. imprimée par *Jean Cousturier* (à Rouen), sans date, vend. 9 sh. Inglis.

NICOL. Catalogue of the library of the late John duke of Roxburghe, arranged by G. and W. Nicol. *London, printed by W. Bulmer*, 1812, in-8. [31571]

La bibliothèque du duc de Roxburghe, qui se composait de 9353 articles, offrait, dans la classe des anciens romans de chevalerie écrits en français, et surtout dans l'ancienne littérature anglaise, un grand nombre de livres aussi précieux que rares. Voilà pourquoi le catalogue qu'en ont donné MM. Nicol est recherché, malgré le peu de soin qu'on a apporté à sa rédaction. Les exemplaires en Gr. Pap., avec les prix de la vente et les noms des acquéreurs en marge, se payent encore 2 guinées et plus en Angleterre. Les prix qui ont été impr. à part sont très-propres à faire voir jusqu'à quel point la bibliomanie était dès lors portée en Angleterre.

Nous avons eu occasion de citer dans le courant de ce Manuel plus d'un exemple de ces prix exorbitants; et le Boccace de 1471, vendu 2260 liv. sterl. (voy. notre tome Ier, col. 994), a été particulièrement l'objet de notre étonnement. Ce prix extraordinaire a causé une telle sensation parmi les bibliophiles de Londres, que ceux-ci ont résolu de perpétuer le souvenir de ce mémorable événement, en fondant sous le nom de *Roxburghe club*, une Société dont les membres se réunissent tous les ans, le 17 juin, pour célébrer dans un banquet l'anniversaire de l'adjudication du *Decameron de Valdarfer*. Là se portent les toasts : 1° à *la cause de la bibliomanie dans le monde entier*; 2° à *l'immortelle mémoire de Christ. Valdarfer*; 3° à *Will. Caxton, premier imprimeur en Angleterre*; 4° à *Wynkyn de Worde*; 5° à *Rich. Pinson*; 6° à *Julien Notary*; 7° à *William Faques*; 8° à *la famille des Manuce*; 9° à *celle des Estienne*; 10° à *John duc de Roxburghe*. En vertu du règlement de cette Société, chaque membre à son tour est tenu de présenter à ses confrères la réimpression de quelque ancien livret, devenu très-rare : de ce nombre on n'exclut pas les ouvrages français, ainsi qu'on peut le voir dans le catalogue des édit. du Roxburghe club que nous donnons à la fin de notre dernier volume.

Comme toutes ces réimpressions sont tirées à très-petit nombre (la Société se composant de 31 membres seulement), elles nous conserveront plus d'un livre curieux, dont on ne connaissait qu'un ou deux exemplaires, sans les rendre pour cela beaucoup plus communs. '

NICOLAI (*Nic.*). Voy. NICOLAY.

NICOLAI (*Phil.*). De Anti-Christo romano perditionis filio conflictus. *Rostochii* (1609), in-8. [2108]

Ce traité a 404 pp. chiffrées suivies d'un f. impr., mais non paginé. La date que nous avons donnée est celle de la dédicace ; à la suite de cet ouvrage il doit s'en trouver un autre sous ce titre : *De duobus Anti-Christis primariis, Mahumete et pontifice romano*, Marpurgi, 1590, in-8. de 13 ff. non chiffrés, mais commençant au 4° f. de la signature Gg, et finissant à la signature Hh. Si la date de 1590 n'est pas fausse, il faut supposer que cette partie est la réimpression d'une édition plus ancienne qui aurait paru cette année-là. Malgré sa rareté, le vol. ici décrit n'a été vendu que 6 fr. 20 c. en 1841.

NICOLAI (*Jean*). L'Ante-Christ remonte en latin au pape Alexandre VII... tourné en françois par l'auteur qui est Jean Nicolai. *Amsterd.*, 1661, pet. in-8. 4 à 6 fr. [2120]

NICOLAI (*Jo.-Frid.*). Hodegeticon orientale harmonicon, quod complectitur lexicon et grammaticam linguarum hebraicæ, chaldaicæ, syriacæ, æthiopicæ et persicæ. *Ienæ*, 1670, in-4. [11484]

Vend. 9 fr. Langlès, et quelquefois plus ou moins.

NICOLAI (*Joan.*). Disquisitio de chirothecarum usu et abusu. *Giessæ-Hessorum*, 1701, pet. in-12. 4 à 6 fr. [10252]

— TRACTATUS de siglis veterum. *Lugd.-Bat.*, 1703 (nouv. titre, 1706), in-4. 5 à 6 fr. [29000]
— De calcarium usu, 9842. — De Græcorum luctu, 29140. — De Sepulchris Hebræorum, 29074. — De Synedrio Ægypt., 29084.

NICOLAI (*L.-H.* von). Vermischte Gedichte und pros. Schriften. *Berlin, Nicolai*, 1792-1810, 8 vol. in-8. 40 à 50 fr., et plus en pap. fin. [15587 ou à côté de 19301]

NICOLAI (*Nic.-Mar.*). Della basilica di S. Paolo, opera di Nic.-Mar. Nicolai, con piante e disegni incisi. *Roma, de' Romanis*, 1815, gr. in-fol., avec 18 pl. 20 à 30 fr. [25596]

Ouvrage curieux et d'une belle exécution.
— DE' BONIFICAMENTI delle terre pontine, libri IV, opera storica, critica, legale, economica, idrostatica, compilata da N.-M. Nicolaj, e corredata di ogni genere di documenti, piante topografiche, etc. *Roma, Pagliarini*, 1800, in-fol. fig. 20 fr. [25608]
— MEMORIE, leggi ed osservazioni sulle campagne e sull' annona di Roma. *Roma*, 1803, 3 vol. in-4. [25605]

NICOLAI. Voy. NICOLAUS.

NICOLAO de Piemonte. V. CARLO Magno.

NICOLAS (*August.*). Dissertation morale et juridique : savoir, si la torture est un moyen sûr de vérifier les crimes secrets. *Amsterdam*, 1682, pet. in-8. 4 à 6 fr. [2416]

La même dissertation, traduite en latin, a été impr. à *Strasbourg*, en 1697, in-8.

NICOLAS. The Siege of Carlaverock, in the XXVIII Edward I, A. D. MCCC...; with the translation, a history of the castle, and memoirs of the personages commemorated by the poet, by Nicholas Harris Nicolas. *London, J.-B. Nichols and son*, 1828, in-4. fig. 1 liv. 12 sh. [13226]

Poëme français (anglo-normand) du XIVe siècle, avec une traduction anglaise, des notes, etc. Dans quelques exemplaires, les armoiries des nobles personnages qui furent présents au siége de Karlaverock sont enluminées avec beaucoup de soin : 4 liv. 4 sh. 6 d.
M. Harris Nicolas a été l'auteur ou l'éditeur de plusieurs ouvrages relatifs à l'histoire d'Angleterre, parmi lesquels on distingue :
TESTAMENTA vetusta, being illustrations from wills, of ancient manners, customs, dresses, etc. *London*, 1826, 2 vol. gr. in-8. 2 liv. 2 sh. [31837]
HISTORY of the battle of Agincourt, and of the expedition of Henry the fifth into France : to which is added the roll of the men at arms in the english army; second edition. *London*, 1831 (ou 3° édit. revue et corrigée, 1833), in-8. 1 liv. 1 sh. [23386]

OBSERVATIONS on the state of historical literature, and on the Society of Antiquaries, and other institutions for its advancement in England; with remarks on the Record Offices, and on the proceedings of the Record commission ; with additional facts and a refutation of M. Palgrave's « Remarks in reply to this work. » *London*, 1831, in-8. 12 sh. 6 d. [30133]

PRIVY purse expenses of Elizabeth of York : wardrobe accounts of Edward the fourth. *London*, 1830, in-8.

— PRIVY purse expenses of king Henri the eighth. *Ibid.*, 1827, in-8.

Deux ouvrages dont il a été tiré 12 exemplaires en Gr. Pap.

— HISTORY of the Orders of Knighthood of the british Empire ; of the order of the Guelphs of Honover, and of the medals, crosses and clasps, confered for naval and military services. *London*, 1842, 4 vol. in-4. impérial, fig. en partie color. et divers portraits. [28771]

Quoique ce livre soit d'une belle exécution, son prix, qui étoit originairement de 14 liv. 14 sh., a été réduit à 5 liv. Dans les exemplaires nouvellement mis en vente, l'ouvrage est continué jusqu'à l'année 1847.

— HISTORY of the royal navy, from earliest times to the wars of the french revolution. *London*, 1847, 2 vol. gr. in-8. fig.

Ce qui a paru de cet ouvrage s'arrête au règne d'Henri V, année 1422.

— LITERARY remains of Jane Grey. Voy. GREY.

NICOLAUS (*Petrus*). AD. S. D. D. Clementem VII : Opus de immortalitate animorum secundū Platonem et Aristotelem. Petri Nicolai faventini philosophi ac medici. (au f. L. verso) : *Joannes Maria de Simonettis, cremonensis Fauentiæ Anno Domini* M. D. XXV. *cal. Nouembris*, in-fol. de LI ff. chiffrés, caractères rom., signatures A—N. [3605]

Cet opuscule rare est la plus ancienne production typographique des presses de Faenza que l'on connaisse. Panzer n'en a pas fait mention (Jos. Molini, *Operette*, p. 305). Le 51ᵉ f. recto contient *Exhortatio auctoris ad lectorem*, et le verso la liste des auteurs cités, et au-dessous deux épigrammes; le 52ᵉ f. est tout blanc.

NICOLAUS Damascenus. Historiarum excerpta et fragmenta quæ supersunt, gr., nunc primum separatim edidit, versionem lat. duplicem, notas integras H. Valesii aliorumque virorum doctorum et suas adjecit Jo.-Conr. Orellius. *Lipsiæ*, 1804, in-8. 8 fr. — Pap. fin, 12 fr. [31806]

Il a paru, en 1811, un vol. de supplément intitulé : NICOLAI Damasceni... supplementum, continens annotationes et emendationes D. Coray, Friderici Creuzeri, J. Schweighæuseri, etc., quibus suis adscripsit J.-C. Orellius; accedunt Theodori Metochitæ capita duo de Cyreneis, etc., in-8. 4 fr. — Pap. fin, 5 fr.

Ce supplément a été tiré en pap. vélin, et l'ouvrage en pap. de Hollande.

— NICOLAI Damasceni de plantis libri duo, Aristoteli vulgo adscripti. Ex Isaaci ben Honain versione arabica latine vertit Alfredus. Ad codd. mss. fidem

Nicolaus (*H.*). De Pane, 7047.

adito apparatu critico recensuit E.-H.-F. Meyer. *Lipsiæ, Voss,* 1841, in-8. 6 fr. [4889]

— NICOLAS de Damas, Vie de César, fragment récemment découvert et publié pour la première fois en 1845 dans la collection des *Fragmenta historicorum græcorum* donnée par Amb.-Firmin Didot. Une nouvelle édition du texte, par N. Piccolos, accompagnée d'une traduction française par M. Alfred-Firm. Didot, suivie d'observations sur tous les fragments du même auteur, a paru en 1850. *Paris*, *F. Didot*, in-8. 3 fr. — Voy. ÆLIANI historiæ et FRAGMENTA historicum.

NICOLAUS Methonensis (Methones episcopi), Refutatio institutionis theologicæ a Proclo platonico compositæ gr. ; ex codd. mss. primum edidit adnotationemque subjecit J.-Th. Voemel. *Francofurti-ad-Mœn., typ. Broenner,* 1825, in-8. 6 fr. — Pap. vél. 9 fr. [3361]

NICOLAUS Smyrnæus Artabasda Έκφρασις numerorum notationis per gestum digitorum : græca nunc primum prodeunt : item venerab. Bedæ de indigitatione et manuali loquela liber; F. Morellus recensuit, attica latine vertit et illustravit. *Lutetiæ, Morellus,* 1614, in-8. de 7, 8 et 8 pp. [3653 ou 7791]

Cet opuscule est si rare, que M. Renouard (*Catal. d'un amateur*, I, 284) a cru qu'il n'avait jamais été imprimé. Ce morceau n'a cependant pas échappé à l'attention de Maittaire (*Historia typogr. paris.*), et on le trouve sous le nº 3487 du catal. d'Askew : il a été réimprimé dans la *Catena græcorum Patrum in Marcum, edita a P. Possino*, Romæ, 1673, in-fol., pp. 449 et suivantes.

NICOLAUS I, Pont. Max. Epistolæ. *Romæ, Franc. Priscianensis,* 1542, in-fol. Rare. [18715]

NICOLAUS V, Pont. Max. Litteræ indulgentiarum pro regno Cypri. (*Moguntiæ*), 1454, feuillet in-4. obl. [3186]

On sait qu'à la sollicitation du roi de Chypre, le pape Nicolas V accorda (le 12 août 1451) des indulgences aux fidèles qui aideraient de leur bourse la cause de ce souverain, que mettait en danger la puissance toujours croissante des Turcs. Par suite de cette faveur, un certain *Paulinus Chappe*, à qui le roi de Chypre avait donné la mission de réaliser cette pieuse contribution, se rendit à Mayence pour y faire reconnaître ses pouvoirs, et il y nomma trois délégués, qu'il chargea de la perception du produit des indulgences. Or, comme à cette époque il était d'usage, dans ces sortes de négociations, de délivrer, en échange de chaque aumône un peu considérable, un acte qui indiquait le but et la raison de l'indulgence, relatait le nom du donateur, la date et le montant de son offrande, le tout revêtu des signatures des préposés à la vente, et des sceaux nécessaires pour en constater la validité, les trois délégués, avant de prendre les différentes directions qui leur avaient été assignées, durent se munir d'un certain nombre de ces lettres d'indulgences, où il ne restait plus qu'à remplir les passages restés en blanc, par les noms, les sommes et les dates. Cette fois, au lieu d'employer la plume des scribes, ces vendeurs d'indulgences profitèrent de la merveilleuse invention nouvellement divulguée à Mayence, pour faire imprimer leurs lettres. Le diplôme, dont il dut être tiré un certain nombre d'exemplaires, consiste en un simple feuillet de parchemin, format in-4. obl., imprimé d'un seul côté en grosses lettres gothiques et en petites lettres cursives, et commençant par ces mots : *Universis Christi fidelibus presentes litteras inspecturis Paulinus Chappe.*

M. Léon de Laborde, après avoir fait une étude particulière de ce précieux *incunable*, a publié un excellent travail ayant pour titre : *Débuts de l'imprimerie à Mayence et à Bamberg, ou description des lettres d'indulgences du pape Nicolas V...* Paris, Techener, 1840, gr. in-4., enrichi de fac-simile et de vignettes. Là, ce savant antiquaire, de qui nous empruntons le fond de cette note, constate l'existence de dix-huit exempl. de ces lettres d'indulgences, tous impr. sur vélin et d'un seul côté, qui se trouvent dans différentes collections, et qui appartiennent à trois éditions différentes d'un même texte.

La première de ces éditions est en 30 lignes : elle commence par ces mots : Uniuersis *Cristifidelib$ pñtes tr$s*. Elle porte cette date imprimée à la 20e ligne : *Datû   Anno dñi Mcccctiiii die vero mensis.* Dans un second tirage de cette même édition on a substitué, dans la date, le mot *quinto* aux quatre unités, sans autre changement.

La seconde édition a 32 lignes ; elle commence : Vniuersis *Cristifidelib$ pñtes litteras.* La 20e et la 21e ligne y sont ainsi terminées :

debet Jn veritatis testimonium
Anno dñi Mccccliiii die uero

La troisième édition, qui pourrait bien n'être qu'un remaniement de la deuxième, a 31 lignes : elle commence comme la précédente ; il en a été fait deux tirages. Dans les exemplaires du premier la date occupe la fin de la 20e ligne et le commencement de la 21e, comme il suit : *Anno dñi M ccccliiii ‖ die uero   Mensis.* L'exempl. qui se conserve à la Bibliothèque impériale a la date remplie à la plume par les mots : *Moguntiæ sub — ultima — decembris.* Dans les exempl. du second tirage de cette édition en 31 lignes ne différent que par la fin de la date, où à *liiii* on a substitué *lv*, également imprimé. Dans un exempl. appartenant à la Bibliothèque de Göttingue, la date *liiij* a été changée à la main en *l quinto*, l'indulgence n'ayant été accordée que le 26 janvier 1455.

Après avoir donné la description et les fac-simile de ces différents exempl., M. Léon de Laborde ajoute : « Nous avons vu, par la description qui précède, qu'on connaît aujourd'hui cinq épreuves différentes des lettres d'indulgences impr. à Mayence en 1454, et il est probable qu'on en trouvera par la suite une sixième. Mais comme il y a dans ce nombre deux tirages différents, le chiffre des éditions se réduit réellement à trois. Gutenberg imprima la première édition de trente lignes, avec la date 1454, et en fit immédiatement un second tirage, en changeant *Mccccliiii* en *Mcccct quinto.* Schœffer publia l'autre. Cette édition avait 32 lignes ; mais comme l'imprimeur s'aperçut qu'il avait laissé trop de blancs pour les noms et qualités des personnes, il procéda à un changement qui, en terme d'imprimerie, s'appelle remaniement : par suite de cette opération, la lettre d'indulgence n'eut plus que 31 lignes au lieu de 32. Ce remaniement forme la 3e édition de cette première impression, en types mobiles, portant la date. Il en fut fait un second tirage, par le changement des quatre unités de la date en un *v*. »

La note que nous venons de rapporter établit, d'une manière toute positive, l'existence des différentes éditions connues de ce précieux opuscule. Ce sont là des faits désormais acquis pour l'histoire de l'imprimerie ; mais nous n'osons pas en dire autant de la part que M. de Laborde attribue, dans ces éditions, à Gutenberg et à Schoiffer, ni de la manière dont il suppose que ce dernier a procédé au remaniement de l'édition en 32 lignes. Sans nul doute ces conjectures sont fort ingénieuses ; mais des faits positifs ne peuvent-ils pas venir les contredire d'un moment à l'autre ?

Un exemplaire d'une des deux éditions de 1455 est porté à 31 liv. 10 sh., sous le n° 6265 du catalogue

publié en 1837 par MM. Payne et Foss, libraires à Londres, et y est annoncé comme une pièce imprimée avec les gros caractères dont s'est servi Pfister, à Bamberg, pour sa Bible et pour d'autres ouvrages sortis de ses presses ; tandis que l'édition de 1454 (et aussi 1455) présente les caractères de la Bible de Mayence, sans date, mais que l'on croit être de l'an 1455.

Le baron de Reiffenberg a fait imprimer, à Bruxelles, en 1829, une notice (in-4. avec un fac-simile) sur l'exemplaire des lettres d'indulgences de l'édition en 30 lignes, sous la date de 1454, qui était alors à Louvain, et qui, nous le croyons, est le même que nous avons vu depuis chez M. Techener, qui l'a vendu à lord Spencer ; un second exemplaire de cette même édition se trouve au *British Museum.*

Dans son savant ouvrage intitulé *De l'Origine et des débuts de l'imprimerie en Europe,* Paris, J. Renouard, 1853, 2 vol. in-8., M. Aug. Bernard nous a donné (tome I, pp. 167 et suiv.) quelques nouveaux détails sur les différentes éditions de ces lettres d'indulgence, qu'il a examinées avec les yeux exercés d'un habile typographe, et à la planche V de son livre, il a reproduit les deux caractères employés dans chacune des éditions connues du précieux placard imprimé dont nous venons de parler.

NICOLAUS. Incipit antidotarium Nicolai ; — Tractatulus quid pro quo ; — Sinonima. — *Finis antidotarii Nicolai et quorumdam aliorum tractatuum impressorum Venetiis per Nic. Jenson gallicum.* M. CCCC. LXXI, in-4. de 67 ff. à 27 lign. par page. [7365]

Le premier de ces trois traités a 43 ff., le second 6 ff. et le troisième 18 ff. ; ce dernier est à 2 col.

Vend. 109 fr. m. r. La Valliere ; 29 fr. (exemplaire imparfait de 3 ff. dans le Traité *quid pro quo*) L'Héritier.

L'*Antidotarium* et les *Synonyma* ont été réimpr. à Rome, par Jean Scheurener de Bopardia, 1476, in-fol., et aussi à Naples, en 1478, in-fol. de 75 ff.

L'auteur de ces traités n'est pas, comme l'ont dit plusieurs bibliographes, Nicolas Falcucci de Florence, mais bien Nicolo ou Nicolaï, médecin de Salerne, qui a précédé d'un siècle au moins Falcucci. Celui-ci nous a laissé les *Sermones medicinales septem,* ouvrage impr. à Pavie, en 1484, in-fol. ; ensuite à Venise, en 1490-91, in-fol. Ces deux éditions, très-minutieusement décrites dans le *Repertorium* de Hain (n°s 11767-68), n'ont point de valeur.

NICOLAUS. Nicolai de preliis et occasu ducis Burgûdie histhoria (*sic*). (*absque nota*), in-4. goth. de 18 ff. non chiffrés, à 22 et 23 lignes par page. [24988]

Morceau d'histoire relatif aux guerres de Charles le Téméraire et à sa mort devant Nancy. L'auteur s'exprime ainsi dans sa préface : *Mihi igitur aliquantulum historiarum studioso placuit scribere historiam guerrarum et lituum colligatorum Alamaniæ superioris ex una, et Ducis Burgondiorum partibus ex altera quam credo philohistoricis placituram.* Le texte finit au verso du 18e f. par cette ligne :

Evcicium tñpm laudabile est.

L'ouvrage paraît être resté inconnu au P. Le Long et à ses continuateurs. Il est imprimé avec des caractères peu usités, et l'a été probablement à Strasbourg, par George Reysner, vers 1478 : tel est au moins là l'avis qu'on émet sur cette édition dans le catal. de Payne et Foss, 1830, n° 288 , où elle est portée à 10 liv. 10 sh. Il est à remarquer cependant que George Reysner imprimait à Würtzbourg (*Herbipolis*), et non point à Strasbourg.

NICOLAUS, episcopus Modrusiensis. Ora-

tio in funere Reuerendissimi do‖mini.
Dñi Petri cardinalis sañcti six‖ti habita
a Reuerēdo patre domino ‖ Nicola episcopo modrusiensi. (*au recto du dern. f.
ligne* 18) : ET SIC EST FINIS. (*absque
nota*), pet. in-4. de 10 ff. à 31 et 30 lig.
par page. [12151]

Cet opuscule a été impr. à Rome, et probablement
l'année même de la mort de ce cardinal, arrivée
le 5 janvier 1474. Hain en décrit trois autres éditions, in-4., sans date, qu'il croit avoir été également impr. à Rome, mais en caractères goth.,
savoir : deux en 6 ff. et une troisième en 8 ff. Une
de ces quatre édit. rel. en *mar. r.* 1 liv. 4 sh.
Libri, en 1859. L'édition de Padoue, 1482, *p ma-
theū cerdonis*, in-4. à 8 ff. et 32 lignes par page;
son titre donne la date de 1475 comme celle de la
récitation du discours.

NICOLAY (*Nicolas* de), sieur d'Arfeville.
Les quatre premiers livres des navigations et pérégrinations orientales........
Lyon , Guill. Rouille , 1567 (et autres
exempl. 1568), pet. in-fol. de 7 ff. et
181 pp., avec 60 pl. 30 à 40 fr. [19938]

Première édition d'un ouvrage moins recherché pour
le texte qu'à cause des figures (grav. par L. Danet),
qui passent pour donner d'une manière exacte les
costumes orientaux. La suite de ces quatre premiers livres n'a point paru. Vend. bel exempl.
v. tr. d. 50 fr. 50 c. Crozet; et des exemplaires
avec les fig. color. 40 fr. La Valliere; 58 fr. *mar.
r.* Brienne, en 1792; 59 fr. Thierry, en 1817. —
Quant à l'édition d'*Anvers*, *Silvius*, 1576, in-4.
(sous le titre de *Navigations et pérégrinations...*),
dont il y a des exempl. à la date de 1577 (vend.
19 fr. 50 c. *m. r.* L'Héritier; 20 fr. Morel; 50 fr.
mar. r. Giraud), c'est à tort qu'on a dit que les
60 gravures sur bois dont elle est ornée sont faites
d'après les dessins du Titien; ces gravures sont
une copie de celles de l'édition précédente, lesquelles reproduisent les dessins de Nicolay lui-
même, gravés par Louis Danet; elles ont été faites
en partie par Ahasverus von Landfeld ou Londer-
sel. Les mêmes planches ont servi pour une impression du texte français de ces navigations, impr.
à *Anvers*, chez *Coninx*, en 1586, sous le titre de
*Discours et histoire véritable des navigations,
pérégrinations et voyages faits en Turquie* :
10 à 15 fr.; elles ont également pour les trois
traductions du même ouvrage en allemand, en hollandais et en italien.
La traduction italienne par *Francesco Flori da
Lilla aritmetico* a été impr. à *Anvers*, *Gugl.
Silvio*, 1576 (ou 1577), in-4. de 8 ff. prélimin. dont
un bl., 325 pp. avec fig. sur bois, et 19 ff. à la fin.
18 fr. 50 c. Borluut, et à la même vente la version
hollandaise (édit. de 1577), 15 fr. 50 c.
On connaît de la version italienne une édition de
Venise, Fr. *Ziletti*, 1580, in-fol., laquelle renferme 68 pl. grav. sur cuivre, dont 8 ne se trouvent pas dans les éditions précédentes, soit du
texte français, soit de cette même traduction.
Les livres des navigations de Nicolay ont été trad. en
anglais par T. Washington, *Lond.*, *T. Dawson*,
1585, in-4., avec fig. sur bois.

— La navigation du roy d'Escosse, Jacques
cinquiesme du nom, autour de son
royaume et isles Hébrides et Orchades,
soubz la conduite d'Alexandre Lyndsay,
excellent pilote escossois; par (Nicolas)
de Nicolay, sieur d'Arfeville. Recueillie
et rédigée en forme de description hydrographique, et représentée en carte

marine, et Routier ou pilotage, pour
la cognoissance particulière de ce qui
est nécessaire et considérable à étudier
en ladicte navigation. *Paris, Gilles Beys*,
1583, in-4. de 6 ff. prélim., 37 ff. chiffrés, avec une carte. [20341]

Livre rare, curieux et fort recherché : vend. 8 liv.
mar. v. Heber; 140 fr. *mar. r.* prince d'Essling.
Il est reproduit dans la seconde édition de l'Hydro-
graphie de Georges Fournier, *Paris*, 1667, in-fol.
(voy. le n° 8493 de notre table).
Voici l'indication d'un autre ouvrage de Nicolay,
peut-être plus rare encore que le précédent :

DOUBLE d'vne lettre missive envoyée par le seigneur Nicolas Nicolai, géographe du roy, à monseigneur dv Buys, vicebaillif de Vienne : contenant le
Discours de la guerre faicte par le Roy nostre Sire,
Henry deuxiesme de ce nom, pour le recouurement
du païs de Boulongnoys, en l'an mil cinq cens quarante neuf. *Lyon*, *Guillavme Roville*, 1550, in-4.
de 11 ff. non chiffrés, sign. A—C. [23475]

— ART de naviguer, voy. MEDINA (*Pedro* de).

NICOLE (*Claude*). Recueil de diverses
pièces choisies d'Horace, d'Ovide, Catulle, Martial et Anacréon; aussi la traduction du 1er chant de l'Adonis du
chevalier Marin, par M. le président Nicole. *Jouxte la copie imprim. à Paris,
chez Charles de Sercy*, 1666, pet. in-12.
[14036]

Cette contrefaçon elsevirienne, impr. à *Bruxelles*,
chez *Fr. Foppens*, se paye de 5 à 6 fr. (vendue
même 20 fr. *mar. r.* Bérard), tandis que l'édition
originale de 1662 (sous le titre d'*OEuvres*) se
donne pour 1 fr. Toutefois, ces deux éditions sont
beaucoup moins complètes que celle de *Paris*, 1693,
en 2 vol. in-12. Il y a des exemplaires de l'édition
elsevirienne dont le titre ne porte pas de nom d'auteur.

NICOLE (*Pierre*). Les Imaginaires et les
Visionnaires, ou lettres sur l'hérésie
imaginaire, par le Sr de Damvilliers (P.
Nicole). *Liege, chez Adolphe Beyers
(Amsterdam, Dan. Elsevier)*, 1667,
2 vol. pet. in-12. [1376]

Cette jolie édition appartient à la collection des Elsevier : 10 à 15 fr.; vend. 57 fr. *mar. v. doublé de
mar. citr.* Caillard; 26 fr. *mar. bl.* Labédoyère, et
jusqu'à 105 fr. *mar. r. par Du Seuil*, grandes marges, De Bure.
Les *Essais de morale*, et autres ouvrages de Nicole,
Paris, 1741 ou 1755, 25 vol. in-12, n'ont qu'un
prix ordinaire. Cependant il existe une édition des
4 premiers vol. des Essais de Morale, *suivant la
copie imprimée à Paris, chez la veuve Charles
Savreux*, 1672, 1677 et 1678, pet. in-12, d'impression elsevirienne, qui s'est quelquefois vend.
24 fr. et plus. [1374]

— La Perpétuité de la foy de l'Église catholique touchant l'Eucharistie défendue
contre le livre du sieur Claude. *Paris,
Ch. Savreux*, 1669, 1672 et 1674, 3 vol.
in-4. 15 à 24 fr. [1272]

Un exempl. en *mar. r.* 67 fr. Quatremère.
On a d'abord attribué ces trois volumes à Antoine

Nicole (*Julien*). Histoire des évêques d'Avranches,
21442.

Arnauld, mais l'auteur de la Vie de P. Nicole affirme qu'ils sont de ce dernier, qu'Arnauld aurait seulement aidé de ses conseils.

Quoique la réimpression de cet ouvrage, *Paris*, *Hilaire Foucauld*, 1713, soit donnée comme la *seconde édition*, il en existe une de 1704, *suivant la copie*, *Paris*, *V° Ch. Savreux*, en 4 vol. in-4. Le 4e vol., qu'on y a ajouté, réunit plusieurs pièces déjà publiées séparément, savoir :

I. Réponse générale au nouveau livre de M. Claude (*Paris*, 1671, in-12).

Ce livre de Claude (*Réponse au livre de M. Arnauld*, *intitulé : La Perpetuite de la foy*) avait paru sous la date de *Quevilly*, *Lucas*.

II. La Créance de l'Eglise grecque touchant la transsubstantiation defendue contre la réponse de M. Claude, 2 parties (impr. d'abord à *Paris*, *Savreux*, 1672-75, 2 vol. in-12, sous le nom du P. P. de Paris).

III. Tradition de l'Eglise touchant l'Eucharistie, recueillie des SS. Pères, etc., par Ant. Arnauld (impr. d'abord en 1664 : voy. Arnauld).

IV. Table alphabétique des matières contenues dans les 4 vol.

Les tomes IV et V de la *Perpetuité de la foy*, faisant suite aux trois premiers volumes des éditions de Paris, et aux quatre de celle de 1704, sont d'Eusèbe Renaudot, qui les a fait paraître à *Paris*, *chez J.-B. Coignard*, en 1711 et 1713, in-4.

L'ouvrage entier a été reproduit à *Lausanne*, de 1781 à 1782, 6 tomes en 7 vol. in-4., pour faire suite à la collection des œuvres du grand Arnauld, impr. dans la même ville de 1775 à 1781.

Eusèbe Renaudot, avant de publier la suite de la Perpétuité, avait donné :

Défense de la perpétuité de la foy contre les calomnies et faussetez du livre intitulé : Monuments authentiques de la religion des Grecs... *Paris*, *Gabr. Martin*, 1709, in-8.

Ces Monuments authentiques....., ouvrage de Jean Aymon, avaient paru à *La Haye*, en 1708, in-4.

M. Migne a fait sortir de son imprimerie de Montrouge une édition de la *Perpetuité de la foy* et de ses suites, en 4 vol. gr. in-8. à 2 col.

— Perpetuité de la foy de l'Eglise catholique touchant l'Eucharistie, avec la refutation de l'escrit d'un ministre. *Paris*, *Savreux*, 1664, in-12.

Ce livre est connu sous le nom de *Petite perpétuité*, qui le distingue du grand ouvrage portant le même titre. Il est de P. Nicole, qui l'a fait paraître sous le nom d'un sieur Barthelemi. — L'édition de 1666, in-12, est déjà la quatrième ; celle de *Liège*, *J.-F. Broncart*, 1701, in-8., est la sixième. Jean Claude, le ministre réfuté dans le livre de Nicole, a répondu à ce théologien par un écrit intitulé *Reponse aux deux traitez de la perpétuité de la foy*, 1666, in-12, ou *Charenton*, *Cellier*, 1668, in-4. et in-12.

— Choix de petits traités de morale de Nicole : De la Foiblesse de l'homme ; — De la Soumission à la volonté de Dieu ; — Des diverses manières dont on tente Dieu ; — Des Moyens de conserver la paix avec les hommes ; — De la Civilité chrétienne ; édition revue et corrigée par M. Silvestre de Sacy. *Paris*, *Techener*, 1857, in-16. 6 fr. — Pap. de Hollande, 15 fr.

Jolie édition.

— Institution d'un prince, 3993.

— Voy. Pascal.

NICOLINI. Le Case ed i monumenti di Pompej designati e descritti (pubblicati da Fausto e Felice Nicolini). *Napoli*,

Gius. Dura, 1854, très-gr. in-fol. avec planches color. par Frauenfelder. [19444]

Cet ouvrage, exécuté avec luxe, se publie par livraisons de 3 pl. accompagnée d'un texte imprimé en gros caractères. Chaque livraison coûte 15 fr. 50 c. Il y en aura environ trente, qui formeront 2 vol. 24 livraisons avaient paru à la fin de 1860.

NICOLIO (*Andrea*). Storia di Rovigo. *Verona*, ovvero *Brescia*, *Sabbio*, 1582, in-4. 6 à 9 fr. [25476]

Ouvrage assez recherché, dont il faut choisir l'édition de *Brescia*, parce qu'elle a été revue par l'auteur.

NICOLS (*Guil.*). De Litteris inventis libri IV. *Lond.*, 1711, in-8. 4 à 6 fr. [13109]

NICOMACHUS Gerasenus. Arithmeticæ libri II, græce, nunc primum excusi in lucem eduntur. (*Parisiis*), *in officina Chr. Wechelii*, 1538, in-4. de 77 pp. [7789]

Rare, mais pas d'un grand prix, quoique vend. 36 fr. mar. v. Labey.

Cet opuscule a été réimpr. en 1817, voy. Theologumena, et aussi Jamblichus. Le *Manuale harmonices* de Nicomachus fait partie des *Auctores antiquæ musicæ*, édit. de Meibomius.

NICOT (*Jean*). Dictionnaire françois-latin, augmenté outre les precedentes impressions d'infinies dictions françoises, specialement des mots de marine, venerie et faulconnerie ; recuilli des observations de plusieurs hommes doctes, entre autres de M. Nicot conseiller. du roy... reduit à la forme et perfection des Dictionnaires grecs et latins. *Paris*, *Jacques du Puy*, 1573 (nouveau titre 1584), in-fol. de 3 ff. prélim. et 771 pp. (les deux dernières cotées 780 et 781).

Cette édition, la première où paraisse le nom de Nicot, n'est qu'une réimpression augmentée de celle de 1564, dont voici le titre :

Dictionnaire françois-latin, auquel les mots françois, auec la maniere d'user d'iceulx, sont tournez en latin, corrigé et augmenté par maistre Jean Thierry auec l'aide et diligence de gens scauants ; plus y a à la fin vn traicté d'aulcuns mots et maniere de parler appartenant à la venerie pris du second liure de la Philologie de monsieur Budé : aussy y a aucuns mots et maniere de parler appartenans à la fauconnerie ou volerie. *Paris*, *Jean Macé*, 1564, in-fol. de 3 ff. prélim. et 692 pp. (A la p. 681 commence la partie intitulée *Aucuns mots et maniere de parler appartenant à la venerie, rendus en latin*.)

Les deux éditions ont une même épitre dédicatoire à *George Jehan*, *conte* (sic) *palatin du rhin.....* (signée dans l'une I. D. P., et dans l'autre Jacq. Du Puy), où il est dit que l'ouvrage est celui de Rob. Estienne, avec les additions que ce savant avait laissées en manuscrit, et celles de plusieurs autres hommes doctes : voy. Estienne (*Rob.*). Dans l'édition de 1573, le libraire Du Puy se plaint qu'un autre se soit emparé de son livre, et l'ait *donné selon son premier exemplaire*, *y ajoutant sans plus ne*

.scay quels cathalogues mal ordonnez des noms d'aucunes villes; ce qui fait allusion à une édition qui venait de paraître à *Paris,* chez plusieurs libraires, en 1572, in-fol., augmentée des noms propres modernes de la géographie, conférés aux anciens, par Jean Le Frere de La Val.

Ces anciennes éditions sont devenues fort rares; mais elles ne sont utiles que pour constater les progrès successifs de l'ouvrage originairement donné par Rob. Estienne, en 1539.

— Thrésor de la langue françoyse, tant ancienne que moderne, auquel entre autres choses sont les mots propres de marine, venerie et faulconnerie, cy devant ramassez par Aimar Ranconnet, vivant conseiller et président des enquestes au parlement, revu et augmenté en ceste dernière impression de plus de la moitié par Iean Nicot, vivant conseiller du roi... avec une grammaire françoyse et latine, et le recueil des vieux proverbes de la France; ensemble le Nomenclator de Junius mis par ordre alphabetique, et creu d'une table particulière de toutes les dictions. *Paris, Dav. Douceur,* 1606, in-fol. [11003]

Ce dictionnaire, connu depuis longtemps sous le nom de Nicot, qui y a fait de grandes augmentations en mettant à profit les recherches laissées par le président Ranconnet, mort en 1559; ce dictionnaire, disons-nous, est un livre devenu indispensable pour l'étude des auteurs français antérieurs au XVII⁰ siècle; et l'édit. qui fait partie du *Thrésor* ci-dessus est celle qu'on préfère. Toutefois, la vente en fut d'abord assez lente, puisque, pour l'activer, le libraire fut obligé d'avoir recours à un charlatanisme dès lors assez en usage, en faisant imprimer un nouveau titre, sous la date de 1621, sans rien ajouter aux exemplaires. Aujourd'hui, ce *Thrésor,* devenu assez rare, se paye 60 fr. et plus. Le papier ordinaire est d'une qualité inférieure; mais il a été tiré des exemplaires sur un papier plus grand et beaucoup plus beau. Un de ces exemplaires *v. f. armes de de Thou,* 216 fr. Giraud, et 230 fr. Solar. Ce volume in-fol. contient ce qui suit : 1° 2 ff. prélim. pour le titre, l'épître dédicatoire à M. Bochart et le privilége; 2° le Dictionnaire, en 674 pp., dont la dernière, cotée 666, est suivie d'un f. portant : *de l'imprimerie de Denys Duval,* 1606, ce qui a été conservé dans les exemplaires datés de 1621; 3° Exact et très-facile acheminement à la langue françoise par Iehan Masset, mis en latin par le mesme autheur pour le soulagement des estrangers, 2 ff. prélim. et 32 pp.; 4° *Joan. Ægidii Nucerensis adagiorum Gallis vulgarium, in lepidos et emunctos latinæ linguæ traductio,* 24 pages; 5° *Nomenclator octilinguis omnium rerum propria nomina ab Ant. Junio collectus,* 2 ff. prélim., 290 pp. et un *index rerum* en 19 ff.

A peine cette édition eut-elle été mise au jour que des libraires de Rouen, de Lyon et même de Paris, eurent l'idée de faire réimprimer, de format in-4., l'ancien dictionnaire françois-latin publié chez Du Puy, en 1573, en y insérant une grande partie des additions de l'in-fol., mais sans y joindre le *Nomenclator,* qui fait partie du *Thrésor de la langue françoise.* Le succès de leur entreprise nuisit beaucoup, on peut le croire, à celle de David Douceur. Il nous reste à faire connaître ces éditions in-4., dont voici les titres :

LE GRAND DICTIONNAIRE françois-latin, augmenté en ceste édition, outre infinies dictions françoises, spécialement des mots de marine, vénerie et faulconnerie, des mots latins oubliés et impressions précédentes, de plusieurs phrases et sentences pro-

verbiales; item d'un abrégé de la prononciation et grammaire françoise..., recueilli des observations des plus hommes doctes, entre autres de M. Nicod (*sic*), et réduit à la forme et perfection des dictionnaires grecs et latins; reveu, corrigé et augmenté de nouveau en ceste dernière édition. *Rouen, Pierre l'Oyselet,* 1609, in-4. de 4 ff. prélim., 12 ff. pour le *Compendium gallicæ grammaticæ,* et 1026 pp.

Réimpr. à *Rouen, Rich. Lallemant,* 1618, et aussi *Rouen, De Beauvais,* 1625, in-4., et *Rouen, Osmont,* 1628.

LE GRAND DICTIONNAIRE françois-latin et grec, augmenté de plusieurs dictions françoises......, le tout recueilly des plus doctes personnages qui ont escrit, et entre autres de M. Nicod; en ceste dernière édition outre les mots grecs sont adioustez les accents sur chaque mot, comme il faut prononcer, et plusieurs remarques par Jaques Vaultier. *Lyon, Cl. Morillon,* 1613, in-4. de 1058 pp. et le privilége.

Vend. en *veau doré,* 37 fr. Bertin.

Dans un avis au lecteur, l'imprimeur s'exprime ainsi : « Voicy la seconde fois que je fays vivre ce Dictionnaire, quoy que l'envie ait voulu ensevelir la précédente édition sous ombre de quelque pédanterie glissée dans une autre. »

Cette autre, nous le présumons, doit être celle de *Lyon, Jean Pilehotte,* 1609, in-8., laquelle a pour titre : *Le grand dictionnaire françois-latin..... recueilli des observations de plusieurs hommes doctes de notre siècle, entre autres de M. Nicot, conseiller du roi, et de M. Guichard, maistre des requestes de son altesse... par Pierre Marquis, estudiant es lettres humaines au collège du Dauphin à Vienne.* Le P. Sautvel (Biblioth., édition de 1676, p. 612) dit qu'elle a de nombreuses augmentations données par le P. Michel Coyssard, jésuite.

L'édition de Vaultier contient, comme celle de l'Oyselet, à Rouen, un *compendium gallicæ grammatices;* elle a été réimpr. à Lyon et aussi à Genève, en 1625, in-8.

LE GRAND DICTIONNAIRE françois-latin, augmenté, outre infinies dictions françoises, de mots de marine, vénerie, faulconnerie, des mots latins oubliez es impressions précédentes, de plusieurs recherches antiques, proverbes et sentences proverbiales; avec un abrégé de la prononciation et grammaire françoises... Recueilli des observations des plus hommes doctes, entre autres de M. Nicod. *Paris, Nic. Buon,* ou *Fr. Gueffier* (impr. chez Jean Du Carroy), 1614, in-4.

Dans cette édition, qui a beaucoup de rapport avec celle de Rouen, 1609, déjà décrite, se trouve aussi l'épistre de I. D. P. au prince Palatin du Rhin qui a paru pour la première fois dans l'édit. de 1564. L'avis du libraire annonce que l'édition est plus complète que celles de Rouen et de Lyon, et est en tout conforme à la dernière de Nicot. Le *Compendium gallicæ grammatices* précède le Dictionnaire, à la suite duquel sont placés *les noms des peuples, villes, mers, montagnes et autres lieux disposez par ordre alphabétique,* et aussi l'*Essay de proverbes et manières de parler proverbiales,* en françois, avec l'interprétation latine. Le privilége en date de janvier 1609, qui suit cet essay, est. accordé à Jean Du Carroy, qui l'a cédé à Gueffiers et à d'autres libraires, pour le Dictionnaire franç. et lat. de Nicot *de nouveau augmenté par Guillaume Poille.*

L'édition de *Paris, Sébast. Chappellet,* 1618, in-4., est conforme à la précédente.

On le voit donc, au *Nomenclator* de Junius près, ces éditions de Paris, in-4., représentent assez bien, tant pour le titre que pour le contenu du volume, le *Thrésor* de 1606, in-fol.; elles sont cependant beaucoup moins chères.

NIDER, seu Nyder et Neder (*Johannes*). Præceptorium divinæ legis. — *Explicit* *preceptorium... impressũ Colonie per magistrum Johannem Koelhof de lubick* (sic), *anno Dñi* M. CCCC. *lxxij*, in-fol. goth. de 307 ff. à 2 col. de 39 lignes. [1284]

Première édition, avec date, et jusqu'à présent le plus ancien livre connu, impr. avec des signatures. Le texte commence par cet intitulé : *Incipit prologus in expositionem decalogi secundum fratrẽ Iohañem Nider...* Les signatures vont depuis Aij jusqu'à MMiiij ; mais on trouve à la fin, après la souscription, une table des matières qui occupe 28 ff. sans signat. Cette table est quelquefois placée au commencement du volume. Vend 44 fr. Brienne-Laire ; 60 fr. La Serna, et moins depuis.

— Manuale confessorum et tractatus de lepra morali. *Parisiis, per Michaelem de columbaria, Udalricum gering et Martinũ crantz, Anno... Millesimo quadringẽtesimo septuagesimo tertio, mensis martis die primo*, in-fol. goth. à 2 col. [1302]

Vend. 71 fr. *m. r.* La Valliere ; 30 fr. Mac-Carthy.

Ces deux traités ont été réimpr. à Paris par les trois mêmes imprimeurs, en 1477, *die quinta mensis aprilis*, in-4. goth. Ils ont aussi été plusieurs fois impr. séparément, avec ou sans date, antérieurement aux éditions de Paris. Nous citerons : 1° l'édition du *Manuale confessorum*, in-4. goth. de 75 ff. à 27 lignes par page, impr. avec les caractères d'Ulric Zell, à Cologne, et à laquelle on peut réunir le traité *De morali lepra*, in-4. de 102 ff. à 27 lig. par page, impr. avec les mêmes caractères d'Ulric Zell, et également sans lieu ni date, sans chiffres, réclames ni signatures ; 2° celle du *Manuale confessorum*, in-fol. goth. de 58 ff. à 31 lignes par page, sans chiffres, récl. ni signat., caract. d'Ant. Koburger, à Nuremberg, sans date, mais de 1471 à 1474. On y joint le *De morali lepra*, in-fol. goth. de 77 ff. non compris la date, mêmes caract. Les deux articles réunis, mais le second n'ayant que 76 ff., 32 fr. La Valliere.

— Johannis Nyder in expositionem præceptorum Decalogi Prologus incipit. (*in fine*) : Præceptorium Divinæ legis Fratris Iohannis Nyder desinit feliciter. *Impressum Parisiis per Martinum, Michaelem, Udalricum, Anno Domini* MCCCCLXXVII, *die ix mensis nouembris*, in-fol. demi-goth., sans chiffres, réclames.

L'édition de cet ouvrage in-fol. goth. de 329 ff. à 2 col. de 37 lignes, caractères d'Ulric Zell, sans lieu ni date, et sans chiffres ni signatures, a très-probablement précédé celle de Paris ; cependant elle a peu de valeur.

— INCIPIŨT aurei sermones totius anni de tpe et de sanctis cũ quadragesimali pluribusq; extrauagantibz sermonibus sacre pagine... Johannis N.der. (au verso du 264e f.) : *Consummatum est et perfectum in celebri spirensium urbe factore Petro Trach ciue inibi. Ann. domini Millesimo quadringentesimo septuagesimo nono tredecimia die mensis nouembris*, in-fol. goth. de 268 ff. à 2 col. de 44 lignes, y compris la table dominicale, au verso du 1er f., et les 4 derniers pour la table des Sermones de Sanctis. [1414]

Ces sermons avaient déjà été impr. par Jean Zainer, à Ulm, sans date, in-fol. de 317 pp. à 41 lignes, et même avant 1479 il en avait été fait plusieurs éditions, sans lieu d'impression ni date : 1° in-fol. goth. de 265 ff. à 2 col. de 44 lignes ; 2° in-fol. de

370 ff. à 34 lignes, attribuée à Conr. Fyner, à Esslingen ; etc.

Il existe, tant de ces quatre ouvrages de Nyder, que de plusieurs autres du même théologien, nombre d'éditions, sans date et avec date, impr. dans le XVe siècle ; mais elles n'ont que très-peu de valeur, quoique plusieurs soient sorties des presses d'Ulric Zell. — Consultez Hain, n° 11780 à 11854.

— Voy. CASSIANI collationes.

NIEBELUNGEN. Voy. Nibelungen.

NIEBUHR (*Carstens*). Flora ægyptiaco-arabica, sive descriptiones plantarum quas per Ægyptum inferiorem et Arabiam Felicem detexit Petrus Forskål. *Hauniæ*, 1775, in-4. 8 à 10 fr. [5251]

— DESCRIPTIONES animalium, avium, amphibiorum, etc., quæ in itinere orientali observavit Petrus Forskål ; post mortem auctoris edid. Carst. Niebuhr. *Hauniæ*, 1775, in-4., avec une carte. 8 à 10 fr. [5630]

— ICONES rerum naturalium quas in itinere orientali depinxi curavit Petrus Forskål ; post mortem auctoris edidit Carst. Niebuhr. *Hauniæ*, 1776, gr. in-4. 12 à 15 fr. [4538]

Recueil de 43 pl. dont il y a des exempl. tirés de format in-fol. Les trois articles ci-dessus 37 fr. de Sacy, et quelquefois moins.

— Description de l'Arabie (trad. de l'allemand par Mourier). *Copenhague*, 1773, in-4., avec 25 fig. 6 à 8 fr. [20581]

Première édition de cette traduction. Le texte original, en allemand, avait paru l'année précédente, à Copenhague, de format in-4.

— LA MÊME. *Amsterdam*, 1774, in-4. fig. 6 à 9 fr.

La réimpression faite à *Paris*, en 2 vol. in-4., est peu recherchée.

— Voyage en Arabie et en d'autres pays circonvoisins. *Amsterd.*, 1776-80, 2 vol. in-4., avec 72 et 52 fig. 15 à 20 fr. [20582]

Le texte original en allemand, Copenhague, 1774-78, 2 vol. in-4. fig., est assez rare. Il faut y joindre un troisième vol., en allemand, qui a paru à Hambourg, en 1837, sous le même titre et dans le même format que les deux premiers ; il est orné du portrait de l'auteur, à l'âge de 72 ans.

— RECUEIL de questions proposées à une Société de savans qui font le voyage de l'Arabie, par Michaëlis, avec un extrait de la description de l'Arabie. *Amsterdam*, 1774, in-4. [20583]

On réunit ordinairement ces 4 vol. in-4., qui valent de 30 à 40 fr. Vend. 100 fr. *m. r.* Bonnier.

Il y a des exemplaires en Gr. Pap. (vend. 120 fr. en 1818, et moins depuis) ; mais ils ne sont plus beaux que les autres. Il n'en est pas de même des exempl. en Gr. Pap. de Hollande, qui, d'ailleurs, sont très-rares.

Une édition du Voyage en Arabie, abrégé, avec l'extrait de la description de l'Arabie, et les observations de Forskål, *en Suisse*, 1780, 2 vol. in-8. fig. 6 à 10 fr.

Les *Questions de Michaëlis* ont d'abord paru en allemand, *Francfort*, 1762, pet. in-8. ; ensuite la traduct. française a été impr. dans la même ville en 1763, in-12 ; mais on ne trouve pas dans cette prem. édit. française, qui n'est pas tout à fait conforme à la seconde pour le style, l'extrait de la des-

Niebuhr (*Marcus* von). Geschichte Assurs und Babels... 22749.

cription. Nous avons vu un exemplaire de cette édit. in-12,'auquel on avait ajouté des figures et deux nouveaux titres, ainsi conçus : *Les Voyageurs savants et curieux, ou tablettes instructives, et guide de ceux que S. M. danoise a envoyés en Arabie, etc.*, rédigé et publié par *Michaëlis*, traduit de l'allemand, Londres, 1768, un tome en 2 vol.

NIEBUHR (*Berthold-Georg*). Römische Geschichte, dritte verm. und verb. Ausgabe. *Berlin, Reimer,* 1828-32, 3 vol. in-8., avec une table pour les deux premiers. 45 fr. [22928]

L'histoire romaine de Niebuhr, publiée pour la première fois en 1811, in-8., a fait une vive sensation dans le monde savant; mais les idées de l'auteur n'ont point été généralement adoptées, malgré ce qu'elles ont d'ingénieux et même d'assez plausible : aussi les a-t-il beaucoup modifiées dans la dernière édition, qui est, pour ainsi dire, un livre nouveau. Le premier vol. a paru pour la première fois en 1811. (L'édit. de 1828 est la 3e.) Le dernier vol. a été publié par M. Claassen, après la mort de Niebuhr. C'est sur la dernière édit. que M. B.-P.-A. de Golbéry a fait la traduction française publiée à *Strasbourg*, et à *Paris, chez Levrault,* 1830 à 1840, en 7 vol. in-8., sous le titre d'*Histoire romaine*. Le 7e vol. de cette traduction est un appendice composé de diverses dissertations critiques de Niebuhr.

Il y a une édition du texte allemand corrigé, *Berlin, Reimer,* 1853, en un seul vol. in-8. 25 fr.

Les leçons de ce savant professeur ont paru sous le titre d'*Historische und philologische Vorträge,* et forment trois sections : 1° *Römische Geschichte,* Berlin, 1846-48, 3 vol. in-8., publiés par M. Isler ; 2° *Alte Geschichte,* Berlin, 1847-51, 3 vol. in-8. (ces leçons d'histoire ancienne ont été mises au jour par Marcus Niebuhr); 3° *Alte Länder- und Völkerkunde,* 1851, in-8.; 4° *Römische Alterthümer,* 1858. Ces deux dernières sections ont été publiées par M. Isler.

Nous citerons encore les écrits suivants du même savant :

INSCRIPTIONES nubienses, commentatio. *Romæ,* 1820, gr. in-4. Vend. 9 fr. Saint-Martin. [29965]

KLEINE historische und philologische Schriften. *Bonn, Weber,* 1828, in-8.— 2te Sammlung. *Bonn,* 1843, in-8. [18371]

CARST. NIEBUHR'S Leben. *Kiel,* 1817, in-8. [30974]

LEBENSNACHRICHTEN über B.-G. Niebuhr, aus Briefen desselben und aus Erinnerungen einiger seiner nächsten Freunde. *Hambourg,* 1838-39, 3 vol. in-8. portr. 32 fr.

THE LIFE and letters of B.-G. Niebuhr; with essays, on his character and influence, by the chevalier Bunsen and professors Brandis and Loebell; second edition, with selections from Niebuhr's minor writings, edited and translated by Susannah Winkworth. *London,* 1852, 3 vol. in-8. 2 liv. 2 sh.

Le docteur Léonhard Schmitz, qui a eu part à la traduction anglaise de l'Histoire romaine de Niebuhr, en 3 vol. in-8., a traduit aussi les Leçons sur l'histoire romaine, également en 3 vol. in-8., et il a aussi donné la traduction anglaise des deux autres parties des Leçons de l'auteur allemand, sous le titre de *Lectures on ancient history, from the earliest times to the taking of Alexandria by Octavianus,* Lond., 1852, 3 vol. in-8., et de *Lectures on ancient ethnography and geography...* London, 1853, 2 vol. in-8., le tout avec des additions et des corrections.

NIEL (*P.-G.-G.*). Portraits des personnages françois les plus célèbres du xvie siècle, reproduits en fac-simile sur les originaux dessinés aux crayons de couleur par divers artistes contemporains, revus et publiés avec des notices par Niel. *Paris, A. Lenoir,* 1848-56, in-fol. [30476]

Cet ouvrage a été publié en 24 livraisons. Chaque livraison, composée de 2 portr. et de 2 notices, 10 fr.

NIEL (*Adolphe*), maréchal de France. Siége de Sébastopol : journal des opérations du génie, publié avec autorisation du Ministre de la guerre (par le maréchal Niel). *Paris, Dumaine,* 1858, in-8. avec un atlas in-fol. de 15 cartes. 60 fr. [8671]

NIELLES (les) du lustre monumental donné par l'empereur Frédéric Ier et sa femme, Béatrice de Bourgogne, vers 1156, à la cathédrale d'Aix-la-Chapelle. *Paris, Tross,* 1859, gr. in-fol. [9582]

Ce sont 16 planches tirées sur les gravures originales ou nielles du Lustre d'Aix-la-Chapelle, qui datent, dit-on, du milieu du xiie siècle. L'éditeur Tross s'en étant procuré des épreuves, les a publiées avec un titre et une préface, impr. à Lyon chez L. Perrin. 100 fr. [9582]

NIEM (*Theodoricus* de). Historiæ, qua res suo tempore durante perniciosissimo schismate inter Urbanum VI et Clementem Antipapam eorumque successores gestæ (ann. 1378-1410) exponuntur, libri IV (edidit Sim. Schardius). *Basileæ, Th. Guarinus,* 1566, in-fol. [21634]

Cette histoire a été réimpr. à *Strasb.*, en 1609, in-8. Elle avait d'abord paru, en 3 liv. seulement, *Norimbergæ,* 1532, in-fol. (sous le titre de *De Schismate...*). Une partie de ce même ouvrage, mais d'un texte différent, a été insérée dans un opuscule in-8. intitulé : *Herm. von der Hardt in discrepantiam manuscriptor. et edit. exemplis H. de Hassia et Theod. de Niem,* Helmestadiæ, 1715, in-8. Les *Vitæ pontificum* du même Niem font partie de la collection d'Eccard (*Corpus historiæ medii ævi*), I, p. 1461 et suiv.

NIEREMBERG (*Joan. Euseb.* de). Historia naturæ, maxime peregrinæ, libris XVI distinctæ. *Antuerpiæ, Balth. Moretus,* 1635, in-fol. fig. en bois. [6195]

Ce livre, sans doute, n'a pas cette exactitude rigoureuse qu'on demande aujourd'hui aux productions scientifiques, mais on y trouve des particularités importantes qui n'étaient pas encore connues alors : 10 à 12 fr.

— Honor de S. Ignacio de Loyola, en que se propone su vida y la de su discipulo S. Fr. Xavier, con las noticias de gran multitud de hijos del mismo S. Ignacio. *Madrid,* 1645-47, 4 vol. in-fol. [21896]

A ces quatre vol. doivent être réunis les deux tomes

Niecamp (*J.-L.*). Mission danoise, 28154.

Niemeyer. Principes d'éducation, 3890.
Niemeyer (*Jac.*). Carta de Brazil, 19722.

de l'ouvrage suivant, lesquels sont beaucoup plus rares que les premiers.

VARONES ilustres en santidad y letras de la compañia de Jesus, por Alonso de Andrade. *Madrid*, 1666-67, 2 vol. in-fol. [21901]

Une autre suite, par Jo. Cassani, *Madrid*, 1736, 2 vol. in-fol., est annoncée dans le catal. du libraire J. Stewart, *Lond.*, 1852, in-8., n° 914.

— L'ESPRIT du christianisme, enseignant à servir Dieu comme il veut estre servy en esprit et en vérité, tiré du latin du R. P. de Nieremberg, par Louis Videl. *Grenoble, J. Nicolas*, 1650, in-8. 20 fr. en 1861.

— L'AIMABLE Jésus, traduit de l'espagnol par J. Brignon. *Paris, Est. Michallet*, 1691, in-12.

— L'AIMABLE mère de Jésus, voy. OBEILH (le P. d').

Nous n'avons pas à nous occuper ici des nombreux ouvrages du P. J.-Eus. de Nieremberg dont Nic. Antonio a donné le catalogue dans sa *Biblioth. hispana*. Pourtant en voici un que nous croyons ne pas devoir omettre. Il a pour titre : *Diferencia de lo temporal y eterno*. L'auteur l'a traduit en lat. sous cet autre titre : *De Discrimine inter temporale et æternum*, Matriti, 1654, in-24 ; ensuite Ant.-Jul. Brignole l'a donné en italien, *Venise*, en 1656 et 1662, in-12. C'est d'après cette dernière version que le P. Fromage, jésuite, a traduit ce traité en arabe, sous un titre qui peut être rendu ainsi en français : *Balance du temps et équilibre de l'éternité*. Cette version arabe est un vol. pet. in-4. de 7 ff. et 362 pp. impr. dans le couvent de Saint-Jean-Baptiste, sur la montagne des Druses, en 1733 et 1734. Nous la citons comme la première production de l'imprimerie établie au Liban par Abdallah Zakher. Voir, sur cette imprimerie, deux notes fort curieuses dans la *Biblioth. Silvestre de Sacy*, I, n° 1378 et p. 412.

NIERSES ou Nerses Clajensis. V. PRECES.

NIERZE-SOVICZ ou Nierszesovicz (*Deodatus*). Dictionarium latino-armenicum super sacram scripturam et libros divi officii ecclesiæ armenæ, compositum per D. N. E. T. *Romæ, congreg. de propag. fide*, 1695, in-4. [11714]

25 fr. de Tersan, et quelquefois moins.

NIESIECKY(*Csp.*).Korona Polska.*Lwow*, 1728-43, 4 vol. in-fol. fig. en bois. [28948]

Ouvrage généalogique et héraldique très-important, mais à peine connu chez nous, où il est excessivement rare.

NIEUHOFF (*Jean*). Ambassade de la compagnie orientale des Provinces-Unies vers l'empereur de la Chine, faite par Pierre de Goyer, et Jacob de Keyser, le tout recueilli par J. Nieuhoff ; mise en françois par Jean Le Carpentier. *Leyde, J. de Meurs*, 1665, 2 part. en 1 vol. in-fol. fig. 10 à 15 fr. [20548]

Le texte hollandais de cette relation a été publié à Amsterdam, aussi en 1665 ; mais avant la traduction française qui en reproduit les planches.

La traduction latine faite par Georges Horne sous le titre de *Legatio batavica, etc.*, Amstelod., 1668, in-fol. fig. est moins chère encore que celle-ci. —Voy. AMBASSADES mémorables de la Compagnie des Indes vers l'empereur du Japon.

On a du même auteur un *Voyage curieux au Bré-*

sil [21095], et un *Voyage en différents lieux des Indes-Orientales, avec une description de Batavia* [20668], l'un et l'autre en hollandais, et impr. à *Amst.*, en 1682, in-fol., avec figures, en 2 parties : la première, de 6 ff. 240 pp., plus un autre f. et une carte ; la seconde, de 2 ff. 308 pp., 2 autres ff. et 2 cartes. 8 thl. *Bibliothèque américaine*, en vente chez *Brockhaus à Leipzig*, 1861.

NIEUPORT (*G.-H.*), Rituum, qui olim apud Romanos obtinuerunt, succincta explicatio : accedunt J.-Math. Gesneri prolusio atque C. Fr. Hommelii de tribunali prætoris liber singularis. *Berolini*, 1769 (aussi 1784), in-8. [29169]

Cet ouvrage, qui parut d'abord en Hollande (*Ultrajecti*, 1712), a eu un très-grand succès. Oth. Reizius y a joint un double appendice et des notes qui se trouvent dans les édit. d'Utrecht, 1734 et 1747, in-8. Le même livre a été souvent réimpr. en Allemagne ; nous en avons une trad. en franç. par l'abbé Desfontaines, sous le titre d'*Explication abrégée des coutumes et cérémonies observées chez les Romains*, Paris, 1750 ou 1770, in-12.

N'oublions pas de citer : *Christ.-Gottl. Schwarzii observationes ad Nieuporti antiquitates rom.*; Altdorfii, 1757, in-8.

NIEUW en groote Loots-Mans Zee-Spiegel, inhoudende de Zee Custen van de Noordsche, Oostersche en Westersche Schip-Vaert, vertoonende in veele nootfakelijke Zee-Kaerten, alle de Havens, Rivieren, Baeyen, Reeden, Diepten en Drooghten, etc. *Amsterdam, Jacob en Casparius Lootsman, Jacobus Antonius, Jacobus Robyn*, 1677-89, 3 vol. in-fol. [19734]

Ce grand ouvrage est important pour l'histoire des navigations du XVIIe siècle, et particulièrement pour celles de l'Amérique ; fait pour l'usage des marins dans leurs voyages, peu d'exemplaires paraissent avoir échappé à la destruction, car nulle part on n'en trouve une mention bibliographique. Il est rempli de détails curieux, de cartes, plans, tables et figures. Un exemplaire, fortement taché d'eau, et qu'on ne garantissait pas complet (en supposant qu'il dût y avoir un 4e vol.), est porté à 200 fr. dans un catal. d'A. Asher, de Berlin, publié en 1858.

NIGELLUS. Voy. VIGELLUS.

NIGER (*Petrus*). Tractatus ad Judæorum perfidiam extirpandam. *Impressus per Conrad. Fyner de Gerhussen, in Esslingen*, 1475, *die sexta Iunii*, pet. in-fol. goth. de 49 ff. dont 6 après la souscription. [1811]

Les caractères hébreux que l'on trouve au 10e f. de ce livre seraient, selon le P. Laire, les premiers dont on ait fait usage ; vend. 18 fr. Brienne-Laire ; 12 fr. Mac-Carthy. —Voyez notre article JARCHI.

Il existe de cet ouvrage une paraphrase allemande intitulée : *Der Stern Meschiah....... von Peter Sckarcz*, laquelle a paru chez le même imprimeur, en 1477, in-4. de 322 ff. à 28 lign. par page.

NIGER (*P.-Franciscus*). Grammatica. *Venetiis*. M. CCCC. LXXX, *xxii Cal. april.*,

---

Niesert (*J.*). Beiträge zur Buchdruckergeschichte Münsters, 31295.

Nieuwenhuys (*J.*). Review, 31032.
Nieuwentyt. Existence de Dieu, 1803.

in-4. de 247 ff. à 24 lign. par page.
[10794]

Vend. en *m. r.* 9 fr. La Vallière et Brienne-Laire;
10 sh. Pinelli; 35 fr. Bearzi.

Cette grammaire a été réimpr. plusieurs fois dans le
xve siècle, ainsi que le *Modus epistolandi* du
même auteur, dont la première édition est celle de
Venise, 1488, *impensis Hermäni Liechtenstem*
(sic), in-4. de 37 à 39 lign. par page.

NIGER bassaniensis. Voy. NEGRO.

NIGER (*Stephanus*). Dialogus, quo quicquid in græcarum literarum penetrali-
bus reconditum, quod ad historiæ veritatem, ad fabularum oblectamenta, ad
eruditionis famam conferre quoquo modo
possit, in communem studiosorum utilitatem summa cum diligentia congestum, in lucem propagatur : his accedunt
Philostrati heroica ab eo (Nigro) tam
ad amussim latinitati donata ut dubium
reliquerit, præstantior ne græco sit la-
tinus Philostratus. *Mediolani, in officina Minutiana,* 1517, in-fol. [18169]

« Livre excellent et très-rare, qui conserve encore
une haute réputation ; » tel est le jugement que
portait de ce recueil le Dr Parr (voir son catalogue,
p. 315). Toutefois, nous ne regardons pas ce volume
comme un objet d'un grand prix ; d'ailleurs il a été
réimpr. sous le titre suivant :
    STEPHANI NIGRI quæ quidem præstare sui nomi-
nis ac studiosis utilia noverimus monimenta, nempe.
translationes Iconum Philostrati : aureorum carminum Pythagoræ. Athenæi collectaneorum.Orationes
de optimo principe Musonii philosophi : de regiis
muneribus Isocratis orationes. Adhæc opusculorum
quæ ipse ædidit, horum versa pagellæ catalogum
recenset. *Basileæ, excudebat H. Petrus,* 1532,
in-4.

L'édit. de 1517 est dédiée à Grolier. L'exempl. en
pap. fin et rel. à compart., qui a appartenu à ce
célèbre bibliophile, se conserve dans la collection
de M. Th. Grenville, au *British Museum.*

NIGRO (*Andalus* de) genuensis. Opus
preclarissimum astrolabii compositum
a domino Andalo de Nigro genuensi fœliciter incipit. — *Explicit..... Magister
Johannes Picardus hunc librum impressit et finivit (Ferrariæ) anno domini* m° cccc° lxxv° *die viij mensis
Julii,* pet. in-fol. goth. de 19 ff. non
chiffrés, à 40 lignes par page entière.
[8364]

Première édit. : vend. en *m. r.* 224 fr. La Vallière;
34 fr. seulement Molini, en 1813; 100 fr. Costabili,
en 1858 ; 1 liv. 14 sh. Libri. Le dernier f. n'est impr.
qu'au recto.

NIGROPONTE (La Presa de). Voy. au
mot PRESA.

NIHAL CHUND. Muz Hubi Ishq, or the
Gooli Bukawulee, written in the oordoo
dialect, by moonshee Nihal Chund, a
native of Dihlee, and afterwards revised
by Meer Sher Ulee Ufsos, late bead moonshee in the hindoostanee department :
formerly published by John Borthwick
Gilchrist; second edition, revised and
corrected by T. Roebuck. *Calcutta,
Pereira,* 1815, gr. in-8. [17775]

Ce roman indien coûte 1 liv. 1 sh. Vendu 30 fr. chez
Langlès.

La première édition, *Calcutta, hindoostanee press,*
1804, est de format in-4., et a 2 ff. pour le titre et
la dédicace, VII pp. pour la préface anglaise, et
226 pp. de texte.

NIHIL, nemo, aliquid, rien, quelque chose,
tout, le moyen, si peu que rien, on, il
(par Jean Passerat et Phil. Girard).
Paris, 1597, in-8. 4 à 5 fr. [17826]

Ce petit volume ne contient que 41 ff., y compris l'intitulé général qui est en tête. Il est ordinairement
réuni à d'autres pièces, comme par exemple : *Bon-
jour du R. de B. en reponse au Nihil, Nemo, etc.,*
Paris, 1599, pet. in-8. de 6 ff. — Voyez PASSERAT.

NILSON (*Sv.*). Ornithologia suecica. *Hafniæ,* 1817-21, 2 vol. in-8. fig. color.
30 fr. [5773]

— Skandinavische Fauna. *Lond.-Gothor.,*
in-4. [5624]

Dix cah., contenant 100 pl. color., sont annoncés à
30 thl. dans le catal. de Leipzig, mars 1833. On a
du même auteur :
    PETREFICATA suecana : Pars I^a, vertebrata et mol-
lusca. *Lond.-Gothor.,* 1827, in-fol., avec 10 planches. 12 fr.

NILUS asceta (S.). Opera quædam nondum
edita (gr. et lat.), Petr. Possinus recensuit et lat. vertit. *Parisiis, Cramoisy,*
1639, in-4. 6 à 8 fr.

Dans ce volume se trouvent *Narrationes et Oratio
in Albianum,* qui ne sont pas dans l'édition suivante.

— Tractatus sive opuscula, ex codd. mss.
eruta ; Jos. Mar. Suaresius græce primum
edidit, latine vertit ac notis illustravit.
Romæ, typis Barberinis, 1673, in-fol.
[945]

Il doit y avoir à la fin de ce vol., après la p. 705, 5 ff.
non chiffr., qui contiennent des corrections.

— Epistolarum libri IV (gr. lat.), interprete
Leone Allatio : additæ sunt variæ lectiones in ejusd. Nili narrationem de cæde
monachorum ex variis codd. mss. Diatriba, quoque ejusd. Allatii de Nilis et
eorum scriptis. *Romæ, typis Barberinis,* 1668, in-fol. [944]

Ces deux vol. peu communs doivent être réunis : 30
à 45 fr., et plus en Gr. Pap.

La première édition des lettres de Nil, en grec, publiée par P. Poussine, à Paris, *typis reg.,* 1657,
in-4., est bien moins complète que celle de Rome.

— P.-N. Nili abbatis Opera quæ reperiri
potuerunt omnia, variorum curis, nempe
Leonis Allatii, Petri Possini, etc. Seor-
sim edita, nunc primum in unum col-

Nigthingale (*J.*). Portraiture of Methodism, 22488.   Nilsidman. Recherches sur le peuple finnois, 27701.

lecta et ordinata ; accurante J.-P. Migne. *Parisiis, Migne,* 1860, gr. in-8. de 764 pp. à 2 col. 11 fr.

79ᵉ tome de la Patrologie grecque.

— NILI thessalonicensis libellus de primatu romani pontificis, græce, cum versione lat. Mat. Flacci Il-lyrici. *Francofurti, David Zephelius,* 1555, in-8. [2078]

Vend. 9 fr. *m. r.* Chardin, en 1806 ; 3 fr. *m. bl.* Mac-Carthy.

Ce traité, écrit au commencement du XIVᵉ siècle, est peu favorable à la primauté du pape. Il a été réim-primé d'après un manuscrit du Vatican, avec une nouv. version lat. de Bonav. Vulcanius, qui a joint aux deux livres *De Primatu papæ,* un autre livre *De Igne purgatorio,* Lugduni Batavor., 1595, pet. in-8. — Les deux ouvrages ont été réimpr. un peu plus tard, *Hanoviæ, typis wecheliaris,* 1608, in-8., édition augmentée du livre de Barlaam *De Primatu papæ,* en grec, avec la version lat. de Jean Luyd, et des notes de Cl. Saumaise.

Il ne faut pas confondre Nilus, dit Cabasilas, arch. de Thessalonique, avec Nicolas Cabasilas, son neveu et son successeur, lequel a laissé plusieurs traités sur des matières théologiques, qui ont été impr. séparément et dans la *Bibliotheca Patrum.*

— A TREATISE conteyning a Declaration of the Popes vsurped Primacie : written in greeke aboue seuen hundred ycres since, by Nilus, archb. of Thessalo-nia ; translated by Thomas Gressop. *London,* 1560, in-8. Vendu 1 liv. 10 sh. Sotheby, en 1854.

NIPHUS (*Aug.*). De pulchro et de amore. *Lugd.-Batavor., Lopez de Haro,* 1641, pet. in-12. [17993]

— Veneres et cupidines. *Lugd.-Batavor., Lopez de Haro,* 1646, pet. in-12. [17994]

Deux volumes bien imprimés, et que l'on doit proba-blement aux Elsevier de Leyde, alliés de Lopez de Haro. Ils se trouvent quelquefois réunis en un seul tome. Vend. 13 fr. 50 c. Renouard, en 1829.

NISART (le chev. de). Voy. SATYRES sur les femmes.

NISBETT (*Alex.*). A System of heraldry, speculative and practical. *Edinburgh, and London,* 1804 (nouv. titre, 1817), 2 vol. pet. in-fol. fig. 4 liv. 4 sh. [28780]

Dernière édition de cet ouvrage estimé, qui a été impr. pour la première fois à Edimbourg, de 1722 à 1742, in-fol.

Le même auteur avait déjà mis au jour :

AN ESSAY on the ancient and modern use of ar-mories : shewing their origin, definition, and divi-sion of them into their several species, the method of composing them, etc. *Edinburgh,* 1718, in-4. Ouvrage savant et curieux.

NISIELY (*Udeno*). Proginnasmi poetici. *Firenze, Martini,* 1695-97, 5 vol. in-4. 25 à 30 fr. [14576]

L'auteur, caché sous le masque d'Udeno Nisiely, se nommait *Benedetto Fioretti.* La première édition

de ses *Proginnasmi* a paru à Florence, de 1620 à 1660, en 5 vol. in-4, mais celle de 1695, à laquelle Ant.-Mar. Salvini a eu part, est plus complète. (Con-sultez sur cette collection Gamba, 4ᵉ édition, gr in-8., nº 1926.)

NITZSCHEWITZ (*Hermannus*). Nouum beate marie virgis (*sic*) psalterium...... Voyez, dans ce même vol., la fin de l'article des *Psautiers latins adaptés à différentes liturgies.*

NIVERNOIS (*Louis-Jules* Mancini, duc de). Ses OEuvres. *Paris, de l'impr. de Didot jeune,* 1796, 8 vol. in-8. [19142]

Cette collection, peu recherchée, se donne à bas prix, même lorsqu'elle est en pap. vélin ou en Gr. Pap. fin (tiré à 25 exempl.). Vend. en Gr. Pap. vélin, dont, à ce qu'on assure, il n'y a que 4 exempl., 210 fr. (mar. par Bozérian), en 1816, et moins cher depuis.

On ajoute à ces 8 vol. les *OEuvres posthumes* du même auteur, publ. par François de Neufchâteau. *Paris,* 1807, 2 vol. in-8.

Les fables du duc de Nivernois, 2ᵉ édition, *Paris, imprim. de Didot jeune,* 1796, 2 vol. in-18. 3 à 4 fr., et plus en pap. vél. [14170]

— Voyez ROCHEFORT (la comtesse de), et CARTEROMACO.

NIZAM. Fustawa Alemgiri, a collection and precepts of mohammedan law ; compiled by sheikh Nizam, and other learned men, by command of the empe-ror Aurungzeb Alemgir. *Calcutta, edu-cation press, for the use of the Mu-dressa of Calcutta, under the autho-rity of the committee of public instruc-tion,* 1828-35, 6 vol. in-4. [3129]

Texte arabe, avec des titres anglais : tome I, 3 ff. prélim. et 768 pp. ; II, 571 pp., plus les 2 titres ; III, 759 pp., plus les deux titres, 5 ff. pour la table, et 2 ff. d'errata ; IV, 759 pp., plus les 2 titres et 5 ff. de table ; V, 697 pp., plus les deux titres et 5 ff. de table ; VI, 667 pp., plus les deux titres et 7 ff. de table.

Vendu 330 fr. de Sacy ; 150 fr. Quatremère, et, sous la date de 1835, 9 liv. sterl. catal. de la librairie de Williams et Norgate, à Londres.

FATAWE Alamgiri : a collection of opinions and precepts of Mohammedan law, compiled by Sheik Nizam, by the command of emperor Turungzeb Alemgir. 1842, 6 vol. gr. in-fol., texte persan. (Ca-talogue de Friedlander, *Berlin,* 1856, nº 195.)

Nous croyons devoir placer ici les deux ouvrages sui-vants, qui sont des commentaires des Festavi :

NOSKHII terdjemei kitab el djenâfât.... Copie de la traduction du livre des délits, contenant les Fes-tavi Alemghiri, mis en persan par le Qadhy al Qoudhât Mehemmed Nedjm eddîn Khân ; suivi du Kitâb el hhoudoud, etc. *Calcutta,* 1228 (1813), 2 vol. gr. in-8., le 1ᵉʳ de 496 pp., y compris 5 pp. d'errata, mais non compris le titre ; le 2ᵉ, de 269 pp. y compris 5 autres pages d'errata. Il y a de plus 29 pp. pour la *Risâlei ta' zîrât.* 100 fr. de Sacy, 1527.

NOUSKHII fetâvi hhammâdie... Décisions juridi-ques musulmanes, composées par Aboul-I-Feth Rokn Hosâm el Nakouri, traitant de la jurispru-dence, depuis le chapitre des ablutions jusqu'à ce-

lui des cautions. *Calcutta*, 1241 (1825), *printed
and published at the asiatic lithographic press*,
2 vol. gr. in-8., ensemble de 907 pp., plus les deux
titres et la table du tome second.

Texte arabe lithographié. 181 fr. de Sacy, n° 1528.

NIZAMI Zadé. Le Parterre des khalifes
par Nizamy Zadeh efendy. *Constantinople*, 1143 (1730), pet. in-fol. de 5 ff.
prélim. et 130 ff. de texte. [28008]

Traduction de l'arabe en turc : 31 fr. de Sacy.

NIZAMI poetæ narrationes et fabulæ, per-
sice, ex cod. mss. nunc prim. editæ, sub-
juncta versione latina et indice verbor.
(cura L. Hain). *Lipsiæ*, 1802, in-4.
14 fr., et plus en papier de Hollande.
[15973]

— Kulliat-i-Nézami; the complete works
of Nizami, in persian. (*Téhéran*, 1830).
gr. in-8. de 596 pp. à 4 col.

Édition lithographiée, portée à 2 liv. 10 sh. dans le
catal. de Quaritch, *London*, 1859, p. 126.

LEILA and Majnum, a poem, from the original
persian of Nizami, by James Atkinson. *London*,
1836, in-8. avec une gravure.

— MAKHZAN UL ASRAR, the treasury of secrets :
being the first of the five poems, or Khamsah, of
Shaikh Nizami of Ganjah. Edited from an ancient
manuscript, with various readings, and a selected
commentary, by Nathaniel Bland. *London*, 1844,
in-4.

— The Secander Nama (autrement *Iskender Nameh*) of Nizami, with a selection
from the works of the most celebrated
commentators, by Beder Ali, and Mir
Hosain Ali. *Calcutta*, *hindoostanee
press*, 1811, gr. in-4. de 638 pp. [15974]

73 fr. de Sacy ; 24 fr. 50 c. Quatremère ; 47 fr. Léon
Leclerc. Il y a une 2ᵉ édit. de 1825.

— EXPÉDITION d'Alexandre le Grand contre les Russes, extrait de l'Alexandréide ou Iskendem namè de
Nizamy, traduit en grande partie d'après l'édition
de Calcutta, par Louis Spitznagel ; traduction entièrement refondue et précédée de celle des biographies de Nizamy et de onze autres poètes persans,
d'après Devlet-Chah, Luthf-Aly Bey, et le recueil
des poètes de F.-B. Charmoy. *Saint-Pétersbourg*,
C. Hintze (sans date), in-8.

Tome I. contenant 121 pp. pour le texte persan,
303 pp. pour les préliminaires et la traduction.
18 fr. 50 c. de Sacy.

— DE EXPEDITIONE Russorum Berdaam versus, auctore imprimis Nisamio, disseruit Fr. Erdmann. *Ca-
sani, typis Universitatis cæsareis*, 1826-27 et 32,
3 vol. in-8. 19 fr. 50 c. de Sacy.

— BEHRAM-GUR und die Russische Fürstentochter von
Muhammed Nizamiu-d-din, persisch und deutsch
nachgebildet von Fr. von Erdmann. *Casan*, 1844,
in-8. 5 fr. Quatremère.

Fr. Erdmann avait déja publié :
DIE SCHÖNE vom Schlosse Mohammed Nisa-
meddin, dem Gentscher nachgebildet. *Kasan*, 1832,
in-4., avec le texte persan.

M. Sprenger a publié à Calcutta, en 1852, le texte
persan de l'*Ikbal Nameh*, qui est la 2ᵉ partie de
l'*Iskender Nameh*, ci-dessus.

NIZOLIUS (*Marius*). De veris principiis
et vera ratione philosophandi contra
pseudophilosophos libri IIII. *Parmæ*,
1553, in-4. [3448]

Édition originale d'un ouvrage assez remarquable
pour que G. Leibnitz ait cru devoir le faire réimpr.
à Francfort, par Melch. Haafmann, en 1670, in-4.,
avec une préface de sa composition. L'édit. originale a été vendue 15 fr. Libri, en 1857.

— Nizolius, sive Thesaurus ciceronianus,
omnia Ciceronis verba, omnemqş llo-
quendi atque eloquendi varietatem com-
plexus ; nunc iterum, eruditi hominis
herculeo labore atque industria, quarta
parte auctior, etc. *Venetiis, ex officina
aldina*, 1570, in-fol. de 8 et 427 ff. à
2 col., plus 1 f. pour l'ancre. [12136]

Vend. 12 fr. Lamy ; 11 sh. Butler ; 11 fr. Costabili.

Cet ouvrage, d'une grande utilité pour l'intelligence
de Cicéron, a paru d'abord sous le titre d'*Observationes in Ciceronem*, ex Prato Albuini (Brixiæ),
1535, en 2 vol. gr. in-fol. L'édit. aldine de 1570 est
bien préférable à cette première ; mais elle est elle-
même beaucoup moins complète que les deux
réimpressions qui en ont été faites dans la même
imprimerie, en 1576 et en 1591, in-fol., et qu'une
autre édition de Venise, *apud Georg. Valentinum*,
1630, in-fol., avec l'ancre aldine sur le titre. Un
bel exemplaire de l'édition de 1576, vend. 18 sh.
Butler.

— Idem, ex editione Jac. Cellarii. *Francofurti*, 1613, in-fol.

Édition peu commune et qui est préférable à toutes
les précédentes : 12 à 18 fr.

— LEXICON ciceronianum, nunc crebris locis refec-
tum et inculcatum ; accedunt phrases et formulæ
linguæ latinæ ex commentariis Stephani et Doleti,
curante J. Facciolato. *Patavii*, 1734, in-fol. 12 à
15 fr.

— IDEM. *Londini*, typis excudebat Dove, 1822, 3 vol.
in-8.

Belle réimpression, mais réimpression pure et simple
de l'édit. de Padoue, 1734. Elle a coûté 2 liv. 12 sh.
6 d., et en Gr. Pap. 3 liv. 13 sh. 6 d. On la réunit
à l'édition de Cicéron publiée à Londres par R.
Priestley, en 1819, et elle en forme les tom. XII à
XIV. Nizolius a donné une édition du *Thesaurus
linguæ latinæ* de Rob. Estienne (voy. notre 2ᵉ vol.,
col. 1070.)

NOBEL (*Jean*). Voy. LEBON.

NOBILI (*Flam.*). Trattato dell' amore humano di Flaminio Nobili, con alcuni
discorsi del medesimo sopra le più importanti quistioni in materia d'honore,
dai quali si vede come un vero cavagliero
si debba regolare nelle sue attioni. *Bologna, Pellegrino*, 1580, in-4. [3872 ou
17991]

Traduit en français par Jac. de Lavardin, sous le titre
de *Traité de l'amour humain*, Paris, Brayer, 1588,
pet. in-8.

NOBILIAIRE de Picardie, gr. in-fol.
[28854]

Ce Nobiliaire n'a pas de frontispice, mais, pour le

---

faire bien connaître, M. Joannis Guigard (*Bibliothèque héraldique*, n° 2898), lui a donné le titre suivant, qu'il a eu soin de placer entre deux parenthèses : *Recherches de la noblesse de Picardie, pour la généralité d'Amiens : contenant les généalogies des gentilshommes de cette province, et l'extrait des titres produits devant M. Bignon, intendant de cette généralité, avec les jugements rendus par lui et par son successeur, M. de Bernage, depuis 1696 jusqu'en 1716, en exécution de la déclaration du roi, le tout recueilli et publié aux frais des familles, par les soins de Nicolas de Villers, sieur de Rousseville, procureur du roi en la commission pour la recherche de la noblesse de Picardie.* Les feuilles dont se compose ce volume sont sans date et sans lieu d'impression ; on a pu supposer qu'elles avaient été imprimées à Amiens ; mais il est plus probable qu'elles l'ont été à Paris, au fur et à mesure de la vérification de chaque généalogie. Selon M. Guigard, ces généalogies doivent être au nombre de 374, et le recueil qui les renferme doit être composé de 460 feuilles séparées et non paginées, que l'on range ordinairement dans l'ordre alphabétique des noms de famille ; mais il est bien difficile de le rencontrer aussi complet, et presque tous les exemplaires qui ont passé dans les ventes étaient plus ou moins imparfaits. On en trouve qui n'ont que 427 ff. ; d'autres contiennent 453 ff., avec 2 ff. de blasons. Celui qui est porté dans le catal. Morel-Vindé (additions n° 8), et qui a été vendu 110 fr., ne contenait que 355 ff., avec un titre manuscrit ainsi conçu : *Recherches de la noblesse de Picardie, par M. Bignon*, Amiens, 1708. Un exemplaire en 451 feuillets, dont 5 refaits à la plume, et plusieurs en mauvais état, 335 fr. de Martainville ; un autre, également en 451 ff., bien conservé, mais dans lequel les écus destinés à recevoir le dessin des armoiries étaient restés en blanc, 415 fr. même vente ; un autre, encore en 451 feuillets, 605 fr. Bigant à Douai, en 1860. L'exemplaire de la Biblioth. impériale que Jos. Van Praet a décrit sous le n° 150 du 5e volume de son catalogue des livres impr. sur VÉLIN, est composé de 456 ff., y compris les doubles. Un exemplaire imprimé sur VÉLIN, et partagé en 4 vol., vend. 850 fr. Gaignat ; 1210 fr. La Vallière ; un autre exemplaire impr. sur VÉLIN, avec armoiries color., et rel. en 2 vol., présentant beaucoup de lacunes, se trouve à la Bibliothèque impériale ; presque toutes les généalogies y portent la signature autographe de Bignon.

Dans ses Recherches sur l'imprimerie et la librairie à Amiens (*Amiens*, 1861), p. 132, M. Pouy cite l'exemplaire de M. de Caumartin, comme ayant de plus que les autres une chronologie avec blasons coloriés des maïeurs et échevins d'Amiens, les blasons des familles mentionnées au Nobiliaire, et la chronologie des seigneurs et châtelains de Famechon sous Poix, gravée et blasonnée par Chevillard, vers 1720.

— Voy. CHEVILLARD, et HAUDICQUIER de Blancourt.

NOBLE (la) science des joueurs despee. (à la fin) : *Imprime en la ville danuers par moy Guillaume Vorsterman demourant a la Lycorne dor L an mil cinq cens et xxxviii*, in-4. goth. de 36 ff., avec fig. sur bois. [10304]

Livre très-rare, dont le texte et les pl. médiocres qui accompagnent ce texte sont impr. horizontalement, ce qui donne aux pages la forme oblongue. Sur le recto du premier f. se voit la marque ci-dessous, et le recto du second porte ce sommaire : *Icy commenche ung tres beau li | vret contenant la che-*

Noble de la Lauzière (*J.-F.*). Histoire d'Arles, 24811.

valeureuse science des ioueurs despee pour aprē | dre a ioner de lespee a deux mains et aultres semblables espees lesq | lz lon use a tout deux mains anecq aussi les braquemars et aultres | courts couteaux lesquelz lon use a tout une main a tout la demy lan | ce hallebardes guysarmes et tels semblables bastons a tout le poing | nart et le bouklic. Vend. 5 liv. 5 sh. White Knights ; 2 liv. 5 sh. mar. bl. Heber.

NOBLE et excellente entrée. V. ENTRÉE.

NOCCA. Flora ticinensis, seu enumeratio plantarum, quas in peregrinationibus multiplicibus plures per annos solertissime in Papiensi agro peractis observarunt et collegerunt D. Nocca et I.-B. Balbis. *Papiæ, Capelli,* 1816-21, 2 vol. in-4. fig. 20 fr. [5103]

NOCEDA (el P. *Juan* de) y el P. *Pedro* de San Lucar. Vocabulario de la lengua tagala, trabaxado por varios sugetos doctos y graves, y ultimamente añadido, corregido, y coordinado por el P. J. de Noceda, etc. *Impresso en Manila, en la imprenta de la comp. de Jesus, por D. Nic. de la Cruz Bagay,* 1754, in-fol. [11914]

Volume fort rare, contenant, outre 15 ff. prélimin., 619 pp. pour le corps de l'ouvrage, et un appendice en 190 pp. Vend. 243 fr. salle Silvestre, en mai 1826 ; 5 liv. 15 sh. 6 d. Heber ; 150 fr. Rœtzel.

Réimpr. à *Valladolid, imprenta de Higno Roldan. octubre* 1832, in-fol., édition qui a passé aux Philippines.

NOCTURNO. Opera nuova amorosa de Nocturno. — *In Venetia per M. Pietro Bergamascho.* M. D. XVII, *Adi xxvii Aprile,* pet. in-8. de 12 ff. caract. rom. [14502]

—Triomphi degli miradi Spettaculi et ricche uiuande de solenne Cõuiuio fatto da sacri Romani al magnifico Iuliano et Inuicto Laurētio de Medici con il resto creato il sommo Pontifice Leone Decimo .... composti per Nocturno Neapolitano. (in fine) : *In Bologna apresso Maestro Hieronymo di Beneditti....* M. D. XIX, pet. in-8. de 27 ff. non chiffr. et 1 f. bl., sign. AA—GG, caract. rom. [14996]

Cet opuscule renferme trois triomphes en vers : 13 fr. 50 c. de Soleinne ; 29 fr. 50 c. *mar. r.* Libri. Nocturno (ou Notturno) est un nom supposé, sous lequel on présume que se serait caché Ant. Caracciolo, qui aurait aussi pris le nom d'*Epicuro* (voy. EPICURO).

— JUDICIO sopra tutta la Italia quale è stato trouato nella citta di Roma in una pirramida sotto terra stata quaranta quatro anni cosa B. comencia del 1530, per Noturno. — FINIS (*senza nota*), in-4. de 4 ff. goth. à 2 col., avec plusieurs fig. sur bois au commencement et à la fin.

Cette pièce est en tercets. (Molini, *Opercite*, n° 283.)

·— Gioco de trionphi ingenioso che fanno quattro compagni, composto per Notturno. *Perugia, Cosomo da Verona,* 1521, in-8. [16643]

Ce volume est porté à 25 fr. 50 c. dans le catal. Libri, 1847, 2997, où il est dit qu'outre le *Triompho de Tarrochi*, pièce dialoguée, il contient une *Comedia overo tragedia* de Bartholomeo Ugoni, et une comédie du même auteur.

— Comedia nova composta per Nocturno neapolitano, libro tertio (cinque). — *Milano, per magistro Gotardo da Ponte, ad instantia Do. Io. Iacobo et fratelli de Legnano. anno* D. M. CCCC. XVIII *adi xxiii de setembre*, in-8. sign. G.—Lij. Lettres rondes.

Cette pièce, la plus ancienne que l'on connaisse de cette pièce, est probablement extraite du Recueil, sous la même date, que nous citons ci-dessous. 19 fr. de Soleinne.

— Comedia nova de Notturno napolitano Intitolata Gaudio di amore. — *Vinegia, Christoforo ditto stampone*, 1526, in-8. signat. A—Kuj.

6 fr. de Soleinne.

— COMEDIA nova.... — *In Vinegia per Marchio Sessa*, 1531. *a di xx Novimbrio*, pet. in-8., sign. A EIIII. 15 fr. m. r. Libri ; 22 fr. 50 c. de Soleinne.

Ces trois éditions sont portées dans le catal. de Soleinne, n⁰ˢ 4619-21, où l'on fait remarquer que la première renferme quatre sonnets qui ne sont pas dans les réimpressions. Au reste, l'édit. de 1518, commençant à la signature G, est, à ce qu'il paraît, un simple fragment du recueil indiqué par Haym, sous le titre suivant :

OPERE nove del Nocturno napolitano, cioè strambotti, sonetti, capitoli, episiole, tragedia, comedia, madrigali, etc. *Milano*, 1518, in-8.

Ce dernier recueil est fort rare, et la réimpression qui en a été faite à Venise, en 1544, in-8., ne l'est guère moins.

NODAL. Relacion del viaje que per orden de su magestad.... hizieron los capitanes Bartholomeo Garcia de Nodal, y Gonçalo de Nodal hermanos, al descubrimiento del estrecho nuebo di S. Vicente, y reco-

nocimjº del de Magallanes. *Madrid, por Fern. Correa de Montenegro*, 1621, in-4. [21138]

Relation curieuse, dont les exemplaires sont rares. Le volume contient en tout 92 ff., y compris les 12 ff. prélimin. et les 15 ff. de la fin. On doit y trouver une carte géographique grav. sur cuivre (et non sur bois), qui manque quelquefois. Vend. 18 fr. Courtanvaux ; 86 fr. La Serna ; seulement 10 fr. de Fleurieu ; mais 77 fr. Langlès ; 9 liv. 9 sh. Hibbert ; 4 liv. 6 sh. *mar.* Heber ; 45 thl. *Bibliothèque américaine, en vente chez Brockhaus, à Leipzig,* en 1861.

— LA MISMA relacion : lleva añadido las derrotas de la America occidental de unos puertos á otros, por Don Manuel de Echevelar. *Cadiz* (1766), pet. in-4. 10 à 15 fr.

Cette édition, peu commune en France, peut suppléer avantageusement à celle de 1621.

NODÉ (*Pierre*). Déclamation contre l'erreur exécrable des maléficiers, sorciers, enchanteurs, magiciens, devins et semblables observateurs de superstitions, lesquelz pullulent maintenant couvertement en France : à ce que recherche et punition d'iceux soit faite, sur peine de rentrer en plus grands troubles que jamais. Plus les articles et erreurs touchant ceste matiere condamnez à Paris par la faculté de théologie, avec une très chrestienne et docte préface faicte a ceste censure par M. Jehan Gerson : et les docteurs de la dicte faculté. Par Fr. Pierre Nodé, minime. *Paris, Jean du Carroy*, 1578, pet. in-8. de 8 ff. prélim., 78 pp. et 1 f. pour l'approbation [8896]

Ouvrage curieux et difficile à trouver.

NODIER (*Charles*). OEuvres. *Paris, Eugène Renduel*, 1832-34, 12 vol. in-8. 60 fr. [19185]

Ce recueil renferme des ouvrages qui, pour la plupart, avaient déjà paru séparément, avec succès, et que l'on a encore réimprimés depuis. — Voir la *France littéraire* de M. Quérard, VI, p. 427, et la *Littérature contemporaine*, qui y fait suite.

— CONTES choisis de Charles Nodier : Trilby, le Songe d'or, Baptiste Montauban, la Fée aux miettes, la Tombe de l'homme mort, etc. *Paris, Hetzel*, 1846, in-8. fig. 10 fr. [17265]

— L'Histoire du roi de Bohême et de ses sept châteaux. *Paris, Delangle frères*, 1830, in-8., pap. vél. [17265]

Cette facétie fantastique, ornée de 50 vignettes gravées sur bois par Porret, d'après les dessins de Tony Johannot, coûtait 15 fr. — Pap. de Hollande, tiré à 12 exempl., 30 fr. ; un exempl. rel. en *étoffe de soie*, 50 fr. Renouard. — Pap. de couleur, tiré à 6 exempl., 60 fr. — Pap. de Chine, tiré à 6 exemplaires, 120 fr. ; 23 fr. seulement Renouard.

— VOYAGES pittoresques de l'ancienne France. Voyez TAYLOR.

— MÉLANGES tirés d'une petite bibliothèque, ou variétés littéraires et philosophiques. *Paris, Crapelet*, 1829, in-8. 5 fr. — Gr. Pap. vél. 10 fr. [31359]

Il a été tiré sept exemplaires de ce volume en Gr. Pap. de Hollande.

Ch. Nodier, que la supériorité de son esprit, l'originalité de ses idées, la variété de ses connaissances, et surtout le mérite de son style, placent dans notre littérature au premier rang des hommes distingués de son époque, Charles Nodier, disons-nous, n'a point dédaigné de consacrer à la bibliographie quelques-uns de ses instants de loisir. Il était à peine âgé de dix-huit ans lorsqu'il fit paraître une *Bibliographie entomologique* (Paris, Moutardier, an IX-1801), in-18 de VIII et 64 pp., essai qui prouve que le jeune auteur n'était déjà étranger ni à l'histoire naturelle; ni à la bibliographie. Plus tard, il mit son nom à une *Bibliothèque sacrée*, dédiée au roi (Paris, Thoisnier-Desplaces, 1826), vol. in-8., qui ne se distingue guère des compilations du même genre que par le style des notes et par quelques aperçus ingénieux. Les *Mélanges tirés d'une petite bibliothèque* sont fort supérieurs aux deux essais que nous venons de citer, ou, pour mieux dire, c'est là un de ces livres tout à fait à part, qu'il serait absurde de vouloir juger d'après les règles sévères de la critique. En effet, il ne s'agit pas ici d'une compilation bibliographique dont l'exactitude fait tout le mérite, mais d'une production échappée à la plume facile et brillante d'un bibliophile enthousiaste, qui, à travers le prisme trompeur d'une imagination aussi vive que hardie, s'est amusé à contempler quelques-uns de ces jolis riens dont se composait la petite bibliothèque formée par lui avec délice, et que depuis il a livrée en grande partie aux chances heureuses (cette fois) d'un encan. Notre aimable bibliophile s'arrête avec complaisance aux volumes qu'il affectionne le plus, et, en excellent ami, sait y trouver des perfections qui échapperaient sans doute à tout autre qu'à lui. Nous n'examinerons pas si les observations dont il nous fait part sont exactes ou non; mais nous dirons qu'elles sont au moins fort ingénieuses, et surtout exprimées avec ce charme de style, ce bonheur d'expression qui est le cachet du beau talent de l'auteur.

— DESCRIPTION raisonnée d'une jolie collection de livres, par Charles Nodier, précédée d'une introduction par M. G. Duplessis, de la vie de Nodier par M. Francis Wey, et d'une notice bibliographique sur ses ouvrages. *Paris, Techener*, 1844, in-8.

Suite naturelle des Mélanges impr. en 1829; il en a été tiré aussi des exempl. en Grand Papier de Hollande. Ce catalogue était sous presse lorsque l'auteur mourut; et c'est M. G. Duplessis qui en a revu les dernières feuilles, en y ajoutant quelques notes. Un autre catalogue, sans notes, a été impr. également en 1844, pour annoncer la vente des livres de la jolie collection de Nodier, laquelle a produit environ 64,000 fr., quoiqu'elle ne contint que 1254 articles. La liste des prix est imprimée et se joint au catalogue. Ces prix qui, parurent alors fort élevés, seraient aujourd'hui pour la plupart dépassés de beaucoup.

L'ouvrage suivant de Ch. Nodier se rattache à la bibliographie, et a peut-être plus de mérite encore que les deux précédents :

QUESTIONS de littérature légale. Du plagiat, de la supposition d'auteurs, des supercheries qui ont rapport aux livres. Seconde édition, revue, corrigée et considérablement augmentée. *Paris, Crapelet*, 1828, in-8. 4 fr. 50 c. [30033] — Il en a été tiré des exemplaires en Gr. Pap. vélin : 16 fr.; et 12 en Gr. Pap. de Holl. : 25 fr.

— Journal de l'expédition des Portes-de-Fer, rédigé (sur les notes du duc d'Orléans) par Ch. Nodier. *Imprimerie royale*, 1844, très-gr. in-8. fig. sur pap. de Chine. [8795]

Volume tiré à petit nombre, et qui n'a pas été mis dans le commerce. Vend. 60 fr. chez le général Duvivier, en novembre 1858 ; 104 fr. Labédoyère en 1862.

N'oublions point les *Mélanges* du même auteur, *Paris*, 1820, 2 vol. in-8. [18339]

— Linguistique, 10552. — Examen des dictionnaires, 11001. — Onomatopées, 11028. — Romans, Nouvelles, Contes, Souvenirs, etc., 17265. — La Seine et ses bords, 23146.

NOE (*Bianco*). Voy. BIANCO.

NOEHDEN (*G.-H*.). A Selection of ancient greek coins, chiefly of Magna Græcia and Sicily, from the cabinet of the lord Northwick, drawn by Del Frates, and engraved by Henry Moses : the description by Dr Noehden. *London, Powett*, 1824-26, 4 part. in-4. impér. [29797]

Tiré à 250 exemplaires : 2 liv., et avec premières épreuves sur papier de Chine, 3 liv.

NOEL (*A.*). Voy. NOUVELLES fleurs du Parnasse.

NOEL (*François*), prédicateur du roy. La Politesse de la langue françoise, pour parler puremAnt (*sic*) et écrire nettemAnt. *Bruxelles*, 1663, pet. in-12. [10972]

Une note qui recommandait cet ouvrage à l'attention du lecteur, a fait porter à 17 fr. l'exempl. inscrit dans le catal. Hebbelynck, n° 825. Au reste, ce petit ouvrage n'est pas commun.

NOEL (*Fr.*). Philosophia sinica : tribus tractatibus, cognitionem primi entis, ceremonias erga defunctos, et ethicam juxta Sinarum mentem complectens. *Pragæ*, 1711, in-4. 12 à 18 fr. [3785]

Vend. 29 fr. Langlès.

— Sinensis imperii libri classici VI, nimirum adultorum schola, immutabile medium, liber sententiarum, Memcius, filialis observantia, parvulorum schola, e sinico idiomate in latinum versi. *Pragæ*, 1711, in-4. 18 à 24 fr. [3786]

Ces deux ouvrages du P. Noël se trouvent très-difficilement réunis : vend. ensemble 36 fr. Haillet de Couronne ; et le second seul, 59 fr. Langlès; 51 fr. Rémusat.

On a encore du même auteur : *Observationes mathematicæ et physicæ, in India et China factæ*, Pragæ, 1710, in-4.; et des *Opuscula poetica*, Francof, 1717, in-12.

LIVRES classiques de l'empire de la Chine, recueillis par le P. Noël (et traduits par l'abbé Pluquet). *Paris, de l'imprim. de Didot l'aîné*, 1784-86, 7 vol. in-18.

Pap. d'Annonay et Pap. vélin. 15 à 21 fr.

On réunit ordinairement ces sept volumes à la collection des moralistes. Voy. MORALISTES.

NOEL (*Franç.*). Dictionnaire de la fable, ou mythologie grecque, latine, égyptienne, etc. 4e édit. *Paris, Lenormant*, 1823, 2 vol. in-8. 15 fr. [22540]

On a donné un abrégé de cet ouvrage en 1 volume in-12.

— PHILOLOGIE française, ou dictionnaire étymologique, critique, historique, anecdotique, littéraire, contenant un choix d'archaïsmes, de néologismes, d'euphémismes, d'expressions figurées ou poétiques, de tours hardis, d'heureuses alliances de mots, de solutions grammaticales pour servir à l'histoire de la langue française, par MM. Fr. Noël et L.-J. Carpentier. *Paris, Lenormant*, 1831, 2 vol. in-8. 12 fr. [11021]

— NOUVEAU dictionnaire des origines, inventions et découvertes dans les arts, les sciences, la géographie, le commerce, l'agriculture, etc., par M. Fr. Noël et M. Carpentier ; seconde édition, augmentée par M. Puissant fils. *Paris, Janet et Cotelle*, 1834, 4 vol. in-8. 18 fr. [30224]

— Dictionnaire latin-français , 10887. — français-latin , 11038. — Leçons latines, 19395. — Leçons de littérature, 19411. — Leçons allemandes , 19456. — Leçons anglaises, 19463. — Dict. hist. des personnages célèbres, 30401. — Ephémérides, 31817.

NOEL (*A.*), peintre. Souvenirs pittoresques de la Touraine. *Paris, l'auteur, et chez Langlumé*, 1825-26, in-4. [24405]

Publié en 10 livraisons : 20 fr. — sur pap. de Chine, 30 fr. — Le même artiste a donné, en 1828, la première livraison de ses *Souvenirs pittoresques du Poitou et de l'Anjou*, in-4., ouvrage qui devait être composé de 20 cahiers de 5 pl. chacun.

NOEL DES VERGERS (*Joseph - Marin-Adolphe*). L'Etrurie et les Etrusques, ou dix ans de fouilles dans les maremmes toscanes... *Paris , Firmin Didot frères et fils*, 1862, 2 vol. gr. in-8. avec un Atlas in-fol. de 29 pl. dont plusieurs color. 75 fr. [22875 ou 29317]

La 2e et dernière partie de ce savant ouvrage paraîtra dans le courant de la présente année.

— Marc-Aurèle, 22960. — Vie de Mohammed, 28003.

NOEL nouveau de la description et forme de la messe sur le chant de hari bouriquet.(*sans nom de ville ni d'imprimeur*, 1561), in-16 de 4 ff. dont le dernier est blanc. [14311]

Pièce rare : 58 fr. *m. v.* Cailhava.

Réimprimé sous cet autre titre :

CHANSON nouvelle contenant la forme et manière de dire la messe sur le chant de Hari, hari l'asne, hari bouriquet, 1562, pet. in-8. de 4 ff.

Ces couplets ont été reproduits dans plusieurs recueils.

NOELS mâconnais, ou dialogue sur la naissance de J.-C. en patois mâconnais... *Chambéry*, 1797, in-12 de 72 pp. [14406]

Ces noëls sont attribués à Ch. Emmanuel Borjon de Scellery, ancien gouverneur de Pont-de-Vaux, lequel les aurait imprimés dans cette ville, où il avait une imprimerie particulière qui ne servait qu'à lui seul. M. Borjon est auteur de plusieurs ouvrages, également impr. à Pont-de-Vaux, sous la rubrique de *Genève* ou de *Louhans*, et que M. Siraud a fait connaître dans sa *Bibliographie de l'Ain*. De ce nombre sont les *Recherches pour servir à l'histoire de l'arquebuse de Pont-de-Vaux... par un ancien capitaine de cette compagnie* , Louhans, 1786, in-18 de 48 pp., tiré à 25 ou 30 exemplaires. Indépendamment des ouvrages de Borjon cités dans la *Bibliogr. de l'Ain*, M. Quérard (*France littéraire*, tome XI, p. 49) en fait connaître deux autres du même auteur, et il qualifie ainsi le second (*Office de la pénitence de Pont-de-Vaux*) : « Livre unique, fruit d'une longue patience, et tour de force typographique, car il est imprimé, lettre par lettre, avec de l'encre de diverses couleurs. »

NOELZ (les) nouveaux composez a l'honneur de Nostre-Seigneur J.-C. *Pont-à-Mousson, par Melchior Bernard* (*sans date*, mais vers 1600), pet. in-8. [14342]

Petit livre rare, donnant le texte primitif de ces poésies populaires, lequel a été successivement fort altéré dans les nombreuses réimpressions qui en ont été faites. 80 fr. *mar. r.* Solar, et revendu 25 fr. parce qu'il y manquait un feuillet.

NOELS nouuellement composez a lhonneur de la natiuite de nostre saulueur et redepteur Jesu-Christ, qui se chantent sur le chãt de plusieurs belles chansons. *On les vend a Lyon en la maison de Claude le Nourry dict le Prince* (vers 1520), pet. in-8. goth. [14328]

Livret de 8 ff., avec de petites gravures sur bois, en forme de bordures : on y remarque un noël en langage lyonnais rustique. Vend. 10 fr. Courtois. C'est probablement la même édition qui, annoncée dans la *Bibliotheca heber.*, I, n° 4778, comme imprimée vers 1510, y est portée à 3 liv. 17 sh.

NOELZ nouueaulx imprimez nouuellement... *On les vend a Paris en la rue Sainct Jacques a lenseigne de Sainct Martin en la maison de Jehan Oliuier*, pet. in-8. goth. de 8 ff. (cinq noëls).

Cet opuscule se trouve bien rarement ; il peut être réuni à d'autres du même genre, tels que les suivants :

NOELS nouueaulx fais par les prisonniers de la conciergerie sur les chãs des chancons (*sic*) qui sensuyuent Et premierement le chant, *Jay trop ayme vrayement ie le confesse, Amy souffrez que ie vous ayme, Ces facheux soiz*. Pet. in-8. goth. de 4 ff. à 26 lignes, contenant trois noëls.

NOELZ nouueaulx faitz soubz le titre Du plat dargent dont nauez se courousse. (à la fin) : *On les vend en la rue Sainct Jaques a lenseigne S. Martin, par Jehan Oliuier*, pet. in-8. goth. de 16 feuillets.

SESUYUET plusieurs | Beaulx noelz. nouueaulx. Composez | sur le chant de plusieurs chansons nou | uelles. Dont les noms sensuyuent. | Et premierement | Conditor | sur ce mignon qui va de nuyt. (*sans lieu ni date*), pet. in-8. goth. de 12 ff. non chiffr., sign. a—c, à 27 lignes par page.

NOELZ. Les grãs | noelz nouueaulx. Composez sur plu|sieurs chansons Tãt vieilles que nou|uelles En francoys en poiteuin Et en | Escossois. Et premierement | Conditor. (*sans lieu ni date*), pet. in-8. goth. de 24 ff. non chiffrés, sign. a—f., à 28 lign. par page.

Édition différente de celles que nous avons décrites à la col. 1706 de notre second volume.

— Les Noelz nouuellement faictz τ cõposez en lhonneur de la natiuite de iesucrist τ de sa tres digne mere. — *Finis huius operis*, pet. in-8. goth. de 16 ff., avec 3 fig. sur bois au dernier feuillet.

Ce petit volume, impr. de 1510 à 1520, renferme 17 noëls et deux hymnes. Il commence par *Conditor alme syderum*.

— Noels nouueaulx sur le chant de plusieurs belles chansons nouuelles de cette presente annee mil cinq cens L. IIII. *Sur l'imprime au Mans, 1555, par Denis Gaignot, Paris, Techener (imprimé au Mans, chez Belon, 1832), pet. in-8. de 48 pp. 7 fr.*

Réimpression à 29 exemplaires numérotés à la presse, Vend 21 fr. Pluquet, et moins depuis. L'édition originale est d'une grande rareté.

— Voyez BIBLE des noëlz; CANTIQUES; CHANSONS joyeuses de Noël; DANIEL; GRANS noëlz; LE MOIGNE.

. NOGAROLÆ (*Leonardi*) officium et missa immaculatæ conceptionis B. Mariæ Virginis, cum bulla approbationis Sixti IV. — *Romæ, impressum per... Udalricum Gallum alamanum, anno... millesimo quadringentesimo septuagesimo septimo, II kal. mai, in-4. [751]*

Volume très-rare : vend. 6 liv. 6 sh. Pinelli, sans avoir cette valeur. — Pour d'autres ouvrages du même auteur, impr. à la fin du XVᵉ siècle, consultez Hain, article NOGAROLUS, nᵒˢ 11893-96.

NOGEROLLES. Requête au langage, contenant plusieurs belles, merveilleuses et grandes receptes, seulement appropriées à l'utilité des femmes et conservation de leur cas; avec plusieurs balades couronnées, enchainées et batelées, kyrieles, couplets, rondeaux, partie en rime françoise, partie en langage tholosain : Plus une pronostication pour toujours et à jamais, en rime : le tout fait et baillé aux maîtres et mainteneurs de la gaie science de Rhétorique, au consistoire de la maison commune de Thoulouse, par maistre Pierre Nogerolles, docteur en ladite gaie science. *Imprimé à Thoulouse, par Jean Damoisel, in-4.*

Ce titre singulier nous est conservé par Du Verdier, III, p. 301, qui n'en marque pas la date : il a beaucoup de rapport avec un autre que nous avons donné à l'article LIBRE blanc.

NOGUIER (*Antoine*). L'Eridographie, contenant la description de procès, qui le nourrit, et que faut-il avoir pour l'éviter. *Tolose, Guyon Boudeville, 1552, in-4. [13754]*

Cet opuscule en vers est fort rare; il n'a été vendu que 2 fr. 45 c. chez Méon, mais il a beaucoup plus de valeur maintenant. On a du même auteur :

HISTOIRE Tholosaine, ou de la province de Languedoc, depuis son origine jusqu'en 1557. *Tholose, G. Boudeville, 1559, in-fol. [24731]*

Ouvrage peu estimé. Pour deux autres opuscules de Noguier, voir Du Verdier, I, p. 132.

NOGUIER (*Franç*.). Histoire chronologique de l'église, évesques et archevesques d'Avignon. *Avignon, Georges Bramereau, 1659 (aussi 1660), in-4. [21460]*

On a vendu 33 fr., salle Silvestre, en 1842, ce vol. qui vingt ans plus tôt n'aurait pas été payé 5 fr.

NOIR (*Jean Le*). V. NOUVELLES lumières. Voy. LENOIR.

NOIRES-TERRES (*Hyacinte des*), prémontré. Sacré bouquet de différentes fleurs d'hyacinte, ou recueil de pièces en prose, et en vers françois et latins, intéressant la piété et la reconnoissance. *Caen, Houel* (sans date, mais vers 1660), in-8. Peu commun. [14020]

NOIRMONT (Dunoyer de). Voy. MARBOT.

NOIROT (*Claude*). L'Origine des masques, mommerie, bernez, et revennez ès iours gras de Caresmeprenāt, menez sur l'asne a rebours & Chariuary, le jugement des anciens peres et philosophes sur le subiect des mascarades, le tout extraict du liure de la mommerie de Cl. Noirot; *Lengres, Jehan Chauvetet, 1609, pet. in-8. [1361 ou après 17938]*

Ouvrage singulier, rare et recherché : il est de 148 pp., non compris les 4 ff. prélim.; 24 fr. Duquesnoy; 38 fr. m. r. Mac-Carthy; 35 fr. Duriez et Bignon; 2 liv. 2 sh. mar. Heber; 48 fr. en 1839: 110 fr. 50 c. Labédoyèe, et en mar. r. par Trautz, 216 fr. Solar. L'*Origine des masques* a été réimprimée (dans le 2ᵉ vol. de la *Collection de dissertations, etc.*), avec une préface et des notes de M. Leber, qui y a joint le *Recueil de la chevauchée faicte en la ville de Lyon le 17 de novembre 1578, avec tout l'ordre tenu en icelle*, Lyon, par les trois suppôts; en tout 230 pp., dont il a été tiré séparément plusieurs exemplaires en pap. ordinaire, et deux seulement en pap. vélin.

NOISETTE (*Louis*). Le Jardin fruitier, contenant l'art du pépiniériste, l'histoire et la culture des arbres fruitiers, des ananas, melons et fraisiers, les descriptions et usages des fruits. Seconde édition, considérablement augmentée, et ornée de figures de tous les bons fruits connus, gravées sur de nouveaux dessins faits d'après nature, par Bessa. *Paris, Audot*, 1834-39, 2 vol. gr. in-8. avec pl. color. 120 fr. [6480]

Publié en 26 livraisons. La première édition, rédigée par L.-A. Gautier, a paru de 1813 à 1821, en 15 livraisons in-4.; elle est bien moins complète que la seconde.

— Manuel du jardinier, 6470.

NOLA (*Ruberto* de). Libro de Cozina cōpuesto por R. de Nola... fue sacado este tractado de lengua catalana en nuestra lengua materna e vulgar castellano. *Toledo, por Ramon de Petras*, 1525, pet. in-4. goth. de 70 ff. [10283]

Édition rare : vend. 19 sh. 6 d. Heber.

— Libro de guisados, manjares y potajes intitulado Libro de Cozina, dirigido al rey don Hernando de Napoles; com-

---

Nogaret (de). Sur les montagnes, 4619.

Noirot. Culture des forêts, 6398.

puesto por maestre Ruberto su cozinero mayor. *Imprimido en la ciudad de Logroño por Miguel de Eguia,* 1529, in-4. goth.

Ce traité de cuisine espagnole est un livre curieux qui est annoncé sous le titre ci-dessus, dans le catal. de Payne et Foss pour 1837, n° 3834. Panzer, VII, 275, en donne le titre autrement ; car, après le mot *potajes,* il ajoute : *para los reyes y grandes señores con otro tratado de algunos manjares de dolientes.*
Le même traité a été réimprimé : *Toledo, Santa Catalina,* 1544, in-4.

— Libro de cozina, de Roberto de Nola, cozinero que fue del Rey D. Fernando de Napoles. *Toledo,* 1577, in-8.

Autre édition rare : 19 sh. Heber.

NOLDIUS (*Ch.*). Concordantiæ particularum hebræo-chaldaicarum, cum annotationibus J.-G. Tympii. *Ienæ,* 1734, in-4. [261].

Bonne édition de cet ouvrage estimé, lequel est d'une grande utilité pour l'interprétation des textes sacrés. 15 à 18 fr.— La première est de Copenhague, 1679, in-4.

NOLIN (*Pierre*). Le Mirouer armorial dans lequel se voyent les armes de beaucoup de maisons nobles de ce royaume et pays étrangers avec les ornements de toutes les dignités... le tout en différents escus, escussons et cartouches... avec une manière de connoistre et faire connoistre par la gravure les métaux et les couleurs qui les composent; ouvrage non moins agréable que nécessaire aux architectes, sculpteurs, peinctres, brodeurs, graveurs et autres ouvriers et artisans, par le sieur Pierre Nolin. *Paris, en l'ille du Palais, rue du Arlay,* 1650-52, pet. in-fol. de 104 et 60 pp. [28820]

Un exemplaire en *mar. r.* 80 fr. en novembre 1856, et, annoncé sous la date de 1610, 77 fr. Solar.

NOLLI(*Giambat.*). Nuova pianta di Roma. 1748, in-fol. 10 à 12 fr. [25587].

Ce plan, toujours assez recherché, se compose de 12 feuilles, non compris le titre, ni la légende, ni les 2 plans réduits : 25 fr. 40 c. Hurtault.

NOLTE (*F.-W.*). Atlas der Hautkrankheiten, mit erläuterndem Text. Nach dem Systeme des Prof. C.-H. Fuchs. *Leyden, Hazenberg,* 1842-43, 3 part. gr. in-4. 32 pl. lith. et color. 118 fr. [7240]

Nolan (*Mich.*). Laws for the relief of the poor, 3090.
Nolan (*L.-E.*). Histoire et tactique de la cavalerie, 8628.
Nolan (*Fred.*). An Inquiry into the integrity of the greek vulgate of New Testament, 351.
Nollet (*J.-Ant.*). Expériences, 4324.
Nollet Faber (*Jules*). Histoire de N.-Ch. Oudinot, 23997. — La Lorraine militaire, 24888.
Nolli (*Car.*). Arco trajano, 29474.

NOLTENIUS (*J.-F.*). Lexicon latinæ linguæ antibarbarum quadripartitum ; editio 3ª recognita, etc., cura et studio G.- J. Wichmanni. *Berolini,* 1780, 2 vol. in-8. 15 à 20 fr. [10863]

NOMENCLATOR autorum omnium, quorum libri extant in bibliotheca academiæ lugduno-batavæ, cum epistola (P. Bertii) de ordine ejus atque usu. *Lugd.-Bat.,* 1595, in-4. [31495]

Volume plus rare que recherché.

NON le trésor, ny le trias, ni le cabinet, moins la beauté, mais plus la fleur, ou l'eslite de toutes les chansons amoureuses et airs de cour, tirés des œuvres et des mss. des plus fameux poëtes de ce temps. *Rouen, Adrien de Launay,* 1602, pet. in-12. [14285]

Volume contenant 2 ff. prélim., 416 pp. et 6 ff. de table (à la fin : *de l'imprimerie de Robert Feron*) ; c'est un recueil devenu fort rare et où se trouvent des chansons très-libres. Quoiqu'il ait été donné pour 8 fr. chez Méon, il vaut bien davantage maintenant. Le titre singulier de ce petit livre a été imaginé par le libraire, pour l'opposer à celui d'un autre recueil du même genre qui avait paru un peu avant celui-ci. — Voy. TRÉSOR des chansons.

NONES galantes (les), ou l'amour embeguiné. *La Haye, J. van Es,* 1740, pet. in-12, 5 à 8 fr. [17216]

Vend. jusqu'à 35 fr. *non rogné,* Nodier, en 1817.

NONIUS Marcellus. De proprietate sermonis, ex recensione Pomponii, auxiliante Volsco et amicis. (*Romæ, Georgius Laver de Herbipoli, circa* 1470), in-fol. de 141 ff. non chiffrés. [10776]

Cette édition, en la supposant réellement impr. en 1470, serait la première qui eût paru de ce grammairien : elle est sans chiffres, réclames ni signat., et à longues lignes, au nombre de 40 à la page. Le prem. f. contient une épître de *Manilius romanus Pomponio Leto,* en 14 lign., où il est dit que ce Manilius a revu le manuscrit qui a servi à l'impression ; le second f., imprimé seulement au verso, commence ainsi :

Pomponi' Gaspari blondo salutem, rogavit me Georgius laur de herbipoli

Le texte commence au 3ᵉ f. par cette ligne :

(S) *enivm est tedivm et odivm,*

en capitales, et il finit au 140ᵉ f. par une souscription en huit vers, dont voici le premier :

Ex scriptis rerum. ut fertur. cognoscitur omnis.

Le dernier f. présente un registre impr. sur le *verso.* Vend. 182 fr. La Vallière ; 40 flor. Crevenna ; 3 liv. 15 sh. Sykes.

— Nonius Marcellus de proprietate sermonis. (in fine) : *Finito libro laus et gloria Christo* M. CCCC. LXXI, in-fol. de 163 ff.

Noltenius (*R.-A.*). Commercium litter., 18710.
Noms des chevaliers de la Jarretière, 28772.
Nomsz (*J.*). Wilhem der I., 15644.
Nonat (*Aug.*). Maladies de l'utérus, 7618.

non chiffrés, à 36 lign. par page, lettres rondes. [10776]

Première édition avec date; elle est belle et fort rare, mais on ne sait à quel imprimeur l'attribuer. En tête du vol. (ou quelquefois à la fin) se trouve une table alphabétique des mots, impr. à 4 col. sur 12 ff.; le texte vient ensuite, commençant sans aucun intitulé, par ces mots :

(S) ENIVM EST TEDIVM ET ODIum.

La souscription rapportée dans le titre ci-dessus est impr. en 2 lignes au recto du dernier f., lequel, à ce qu'il paraît, doit être suivi d'un 164e f. tout blanc.

Vendu 142 fr. Gaignat; 221 fr. La Valliere; 9 liv. 9 sh. Pinelli.

— Compendiosa doctrina, ad filium, de proprietate sermonum. *Venetiis, industria atque impendio Nicolai Ienson,* M. CCCC. LXXVI, gr. in-4. de 191 ff. à 34 lign. par page, signat. Ai—Z. (Les 19 prem. ff. contiennent la table, et le 20e est bl.)

Vendu 17 fr. Brienne-Laire; 40 fr. *m. r.* Mac-Carthy; 23 flor. 75 c. Meerman; 2 liv. 12 sh. 6 d. Heber. La Biblioth. impériale possède un exempl. de cette édition, imprimé sur VÉLIN ; un autre exempl., également sur VÉLIN, et décoré de 52 miniatures, se trouvait à la vente de James Edwards faite à Londres, en 1815, et fut acheté 199 liv. 10 sh. pour le duc de Devonshire.

L'édition de *Venise*, 1478, in-fol. de 132 ff. chiffr., précédés de 12 ff. non chiffrés, a été vend. 36 fr. La Serna.

Le texte de cet ancien grammairien a été réimpr. plusieurs fois à la fin du XVe siècle, avec ceux de Pomponius Festus et de Terentius Varro. La plus ancienne édition qui réunisse ces trois auteurs est celle de *Parme*, 1480, *tertio Idus Decembris,* in-fol. en caract. rom., laquelle a 12 ff. non chiffr., 132 ff. et 54 ff. chiffr., 4 ff. non chiffrés, et enfin 46 ff. à 2 col. pour le Festus. Celles de *Venise*, 1483, 1490, 1498, et de *Milan*, 1500, toutes in-fol., ont peu de valeur.

— DE PROPRIETATE sermonum, jam demum innumeris locis restitutus, multis locupletatus, ope vetustissimor. codicum et industria Hadr. Junii : additus est Fulgentii Planciadæ libellus de prisco sermone, ab eodem repurgatus, *Antuerpiæ, Chr. Plantin,* 1565, in-8. 3 à 5 fr.

· Première édition critique de Nonius.

— DE PROPRIETATE sermonis, et Fulgentius Planciades de prisco sermone; accedunt doctissim. virorum notæ et variar. lectionum libellus. *Parisiis, Ægid. Beys,* 1583, in-8.

Cette édition reproduit le texte de Junius. Celle de *Paris, Chevillot,* 1586, in-8., est augmentée des notes de Denys Godefroy.

— NONII Marcelli nova editio : additus est libellus Fulgentii de prisco sermone, et notæ in Nonium et Fulgentium (cura Josiæ Merceri). *Parisiis,* 1614, in-8. 4 à 6 fr.

Édition très-estimée. Il y a des exempl. dont le titre porte : *Sedani, Perier.*

— NONIUS Marcellus de proprietate sermonis, additus est Fulgentius Planciades de prisco sermone; ex recensione et cum notis Josiæ Mercerii, ad editionem parisiensem anni 1614 quam fidelissime repræsentat; accedit notitia litteraria. *Lipsiæ, Hahn,* 1826, in-8. 6 fr.

CASP. WASE stricturæ et emendationes nonianæ, *Oxonii,* 1685, in-4. Pièce peu commune.

NONNANTÈS. L'Après-dinée des dames de la juifverie, conversation comique

(3 act. en prose), par le sieur de Nonnantès *** (ou de Nonantois). *Nantes, N. Verger*, 1722, pet. in-12 de 77 pp. sans compter ni le titre ni 2 ff. non chiffr. [16582]

Pièce d'un intérêt local, laquelle a donné lieu à une autre, sous ce titre :

LE PÉDANT devenu comique ou critique de l'Après dinée des dames de la Juifverie (3 actes en prose), 1722 (*sans nom de ville ni d'imprimeur*), in-12 de 3 ff. et 74 pp.

Voir, sur ces deux pièces rares (vend. 7 fr. et 15 fr.), le catal. de M. de Soleinne, 1723-24.

NONNUS Panopolitauus. NONNOY ΠΟΙΗΤΟΥ ΠΑΝΟΠΟΛΙΤΟΥ ΜΕΤΑΒΟΛΗ ΤΟΥ ΚΑΤΑ· ΙΩΑΝΝΗΝ ΑΓΙΟΥ ΕΥΑΓΓΕΛΙΟΥ. (Nonni Panapolitæ paraphrasis Evangelii secundum Joannem), in-4. de 51 ff., signat. *aaa—kkk*, plus un f. bl., 36 lign. à la page. [492]

Volume sans frontispice, sans pièces préliminaires et sans souscription, mais imprimé par Alde Manuce, à Venise, en 1501, ainsi que ce savant imprimeur nous l'apprend lui-même dans un avis placé sur le dernier f. de son édition des poésies de Grégoire de Nazianze, de 1504, où il s'exprime ainsi en parlant de cette paraphrase de Nonnus : *Sunt vero carminum tria millia ac septem et quadraginta : quæ circiter abhinc triennium imprimenda quidem curavimus, sed quia, propter summas occupationes nostras, non unquam ea potuimus in latinum traducere : adhuc premuntur.*

L'imprimeur avait eu, comme on le voit, l'intention de joindre au texte grec contenu dans ce fragment de volume, une version latine qui n'a point été faite, en sorte que ce texte est resté un morceau séparé qui aura, sans doute, été peu répandu, et qui, par ce défaut, est devenu rare. On peut le réunir au *Gregorii Naz. carmina* (voy. POETÆ christiani). Ajoutons qu'au verso du dern. f. se trouve une épigramme grecque en six vers, par Scipion Carteromaco. Vend. 24 fr. en 1811; 99 fr. en 1818.

Cette même édition, à laquelle on a quelquefois, mais inexactement, donné la date de 1508, est annoncée dans le catal. de la Biblioth. impériale, Théol., tome I, B. 112, comme imprimée à Rome en 1526, *studio Demetrii Ducæ cretensis;* et cela parce que l'exemplaire est relié avec les liturgies grecques de saint Jean Chrysostôme et autres, effectivement publiées à Rome, en cette même année, par Démétrius Ducas. Il était d'autant plus nécessaire de relever cette méprise, qu'elle a induit en erreur Ebert, no 14859 de son Dictionnaire, et Hoffmann, *Lexicon*, édit. de 1832, III, p. 147.

— IN EVANGELIUM S. Joannis paraphrasis græca , a Casp. Hegendorphino lat. facta (græce et latine). *Paris., Jac. Bogard,* 1541-42, pet. in-8

Cette édition parait être une réimpression de celle de Haguenau, 1527-28, in-8., dont le texte a été impr. par les soins de Phil. Melanchthon.

— IDEM PARAPHRASIS, gr. *Parisiis, Martin. Juvenis,* 1556, in-8. de 168 pp.

— METAPHRASIS evangelii secundum Joannem, versibus heroicis (gr. et lat.) cum ms. cod. Palat. collata, verbor. indice aucta, brevibus notis illustrata, rectius aliquot in locis versa opera F. Sylburgii. (*Heidelbergæ*), *Hier. Commelinus,* 1596, in-8.

Bonne édition, bien préférable aux réimpressions qui en ont été faites. 3 à 4 fr.

Citons encore l'édition de Leyde, Raphelengius, 1599,

Nonnotte (*Cl.-Fr.*). Dictionnaire, 1853.

in-8. en gr. et en lat., qui est la 2e donnée par Fr. Nansius (la première est de 1589) ; et celle de *Paris, Cramoisy*, 1623, in-8., en gr. et en lat., avec des notes de P.-N.-A. (N. Abram). Pour un texte corrigé de nouveau, voy. HEINSII (*Dan.*) Aristarchus sacer.

— Nonni Dionysiaca (græce), nunc primum in lucem edita, ex bibliotheca Jo. Sambuci pannonii, cum lectionibus et conjecturis Ger. Falkenburgii, et indice. *Antuerpiæ, Christ. Plantinus,* 1569, très-gr. in-8. [12410]

Première édition, fort belle et assez rare. Le corps du vol. est de 899 pp. précédées de 12 ff. liminaires, et suivies de 10 ff. non chiffrés. Vend. 18 fr. La Serna ; 15 fr. Clavier ; 84 fr. bel exempl. de De Thou, *m. v.* Caillard ; 75 fr. Librairie De Bure ; et le même exempl. 130 fr. Giraud ; autre 48 fr. 50 c. *m. r.* Bosquillon.
C'est par erreur que des bibliographes ont annoncé cette édition sous la date de 1505, et comme de format in-4.

— DIONYSIACA (gr.) nunc denuo in lucem edita et lat. reddita per Eilhard. Lubinum, cum lection. et conjecturis Ger. Falkenburgii. *Hanoviæ, typis Wechel.*, 1605, in-8.
Cette édition a reparu avec un nouveau frontispice, daté de 1610, et augmentée de la partie dont l'intitulé suit : *P. Cunei animadversionum liber in Nonni Dionysiaca; Dan. Heinsii dissertatio; Jos. Scaligeri conjectanea,* Lugd.-Bat., *Lud. Elsevirius,* 1610, in-8. Les 2 volumes ainsi réunis sont rares et recherchés : vend. 24 fr. Larcher ; 34 fr. Coulon, et quelquefois moins. Le premier volume seul n'a pas moitié de cette valeur.

— DIONYSIACORUM libri sex, ab octavo ad decimum tertium, græce, res bacchicas ante expeditionem indicam complectentes (gr.) ; emendavit, omnium Nonni librorum argumenta et notas mythologicas adjecit Geor.-Henr. Moser ; præfatus est Frid. Creuzer. *Heidelbergæ,*1809, in-8. 5 fr.— Pap. fin, 8 fr., et plus cher en papier vélin.
Il faut joindre à cette édit. les *Additamenta*, impr. à Ulm en 1814 (2 feuilles).

— DIONYSIACORUM libri XLVIII, suis et aliorum conjecturis emendavit et illustravit D. Frieder. Gräfe. *Lipsiæ, Vogel,* 1819 et 1826, in-8., tomes I et II.
Ces deux volumes contiennent un texte grec bien corrigé, avec de courtes notes critiques : 28 fr. — Pap. fin, 34 fr. — Pap. vél. 42 fr.

— Les Dionysiaques ou Bacchus, poëme en XLVIII chants, grec et français, précédé d'une introduction, suivi de notes et de tables et index complets, rétabli, traduit et commenté par le comte de Marcellus. *Paris, F. Didot frères,* et chez *Lacroix-Comon,* 1856, gr. in-8. 20 fr. — Supplément, 1860, gr. in-8. de 16 pp. à 2 col.

Une autre édit. en 6 vol. gr. in-32, sans le texte grec, a paru en même temps que celle-ci. 12 fr.

— DIONYSIACORUM libros XLVIII, græce, recensuit A. Hoechly. *Lipsiæ, Teubner,* 1858, 2 vol. in-12. 12 fr.

— Des Nonnos Hymnos und Nikaea. *Petersbourg (Halle, Hemmerde)*, 1813, in-4. de VIII et 49 pp.

Texte grec d'une partie du 15e livre des Dionysiaques, vers 170 et suiv., avec une traduction allemande de Fred. Gräfe.

LES DIONYSIAQUES, ou les voyages, les amours et les conquêtes de Bacchus aux Indes, trad. du grec

de Nonnus (par Boitet). *Paris*, 1625, in-8. 6 à 9 fr.
Les exempl. de cette traduction sont rares. Vend. 15 fr. *m. r.* de Couronne, et 19 fr. Courtois.

NONNOS von Panopolis, der Dichter. Ein Beitrag zur Gesch. der griech. Poesie von Ouwaroff, mit Anm. von F. Gräfe. *St-Petersb.*, 1817, in-4. de VIII et 102 pp.

NONNUS (*Theophanes*). Epitome de curatione morborum, gr. et lat., ope codd. mss. recensuit notasque adjecit Jo.-Steph. Bernard. *Gothæ,* 1794-95, 2 vol. in-8. 18 fr. — Pap. fin, 24 fr. [6582]

La première édition gr. et lat. *Strasbourg,* 1568, pet. in-8. sous ce titre : *Noni medici clarissimi de omnium particularium morborum curatione, etc., liber,* quoique rare, est à bas prix.

NONNUS (*Lud.*). Ichthyophagia , sive de piscium esu commentarius. *Antuerpiæ,* 1616, pet. in-8. 4 à 5 fr. [7049]

On a du même Nonnus : *Diæteticon, sive de re cibaria libri IV,* Antuerpiæ, 1627, pet. in-8. et une édition plus complète sous le même titre, *Antuerpiæ,* 1645 (et 1646), in-4.
— Pouvoir des souverains, 4007.

NONOSIUS Custer. Voy. CUSTER.

NOODT (*Ger.*). Opera omnia juridica, cum ejusdem vita a Joan. Barbeyracio. *Lugd.-Batav.*, 1735 seu 1760, 2 vol. in-fol. 30 à 36 fr. [2548]

Recueil estimé et très-recherché. Il a été réimpr. (*Coloniæ*) en 1763, in-fol., et aussi à *Naples*, 1786, 4 vol. in-4.

NOORT (*Oliv.* von). Voy. PRIMA pars.

NOOT (*J.* van der). Voy. VAN DER NOOT.

NORBERG. Codex Nasaræus, liber Adami appellatus, syriace transcriptus, loco vocalium, ubi vicem litterarum gutturalium præstiterint, his substitutis, latineque redditus a Matth. Norberg. *Londini-Gothor.,* 1815-16, 3 vol. in-4. [2266]

Édition donnée d'après la copie d'un manuscrit sabéen de la Biblioth. alors royale de France. L'éditeur y a joint les deux volumes suivants :
LEXIDION codicis Nasaræi, cui liber Adami nomen, edidit Matth. Norberg. *Londini-Gothor.,* 1816, in-4.
ONOMASTICON codicis Nasaræi, cui liber, etc. *Londini-Gothor.*, 1817, in-4.
M. Silvestre de Sacy a rendu un compte détaillé de cette importante publication dans le *Journal des Savants,* juin et novembre 1819. (Les 5 vol., 51 fr. Chaumette; 43 fr. Quatremère.)
CODEX syriaco-hexaplaris ambrosiano-mediolanensis, editus et lat. versus a Math. Norberg. *Londini-Gothor.*, 1787, in-4.
— Selecta opuscula, 18287.

NORDBERG (*J.-A.*). Histoire de Charles XII, roi de Suède (trad. du suédois par Charles-Gust. Warmholtz). *La Haye,* 1742 et 1748, 4 vol. in-4. 10 à 12 fr. — Gr. Pap. 18 à 24 fr. [27682]

Nopitsch (*Ch.-K.*). Literatur der Sprichwörter; 18432.

Vend. en *mar. viol.* 79 fr. La Valliere.

Le texte suédois de cette histoire a été imprimé à
Stockholm, en 1740, 2 vol. in-fol. Voltaire en
nomme l'auteur Norberg, et le *Diction.* des ano-
nymes donne la traduction à Walmoth; mais c'est
une double inexactitude.

NORDEN (*Fréd.-L.*). Voyage d'Egypte et
de Nubie (traduit du danois en françois
par Des Roches de Parthenais). *Copenhague*, 1755, 2 vol. in-fol. avec 159 pl.,
un frontispice et un portrait. [20792]

Quand cet ouvrage parut, il avait un intérêt que des
relations plus récentes et plus complètes ont beaucoup réduit; aussi, bien que l'édition originale soit
peu commune, elle se donne aujourd'hui pour
moins de 60 fr. Des exemplaires en papier de Hollande et rel. en *mar.* s'étaient vendus jadis 283 fr.
La Valliere; 259 fr. Mac-Carthy; 150 fr. *mar. r.*
Rosny.

— Le même, avec des notes et des additions
par L. Langlès. *Paris*, 1795-98, 6 part.
en 3 vol. gr. in-4., fig.

Cette édition est bien inférieure à la précédente pour
l'exécution des gravures, et c'est un désavantage
que ne saurait compenser le travail sans importance de l'éditeur : 24 à 30 fr., et en pap. vélin,
36 à 40 fr. — Deux exemplaires ont été tirés de
format pet. in-fol. Vend. 60 fr. P. Didot, en 1824;
29 fr. Librairie De Bure.

La traduction anglaise, avec les notes de Pierre Tem-
pleman, *Londres*, 1757 ou 1792, 2 vol. gr. in-fol.,
pour laquelle on a fait usage des mêmes planches
que dans l'édition de *Copenhague*, est peu recherchée en France : vend. 96 fr. d'Holbach. Il a été
fait, en 1757, une édition de cette traduction en
2.vol. in-8., sans figures.

NORDEN (*John*). Speculi Britanniæ pars :
a topographical and historical description of Cornwall. *London*, 1728, in-4.
[27133 et 27252]

On connaît quatre exemplaires de ce volume impr.
sur VÉLIN. Celui de la vente Dent a été payé 20 liv.
9 sh. 6 d. La première édition de ce Speculum a
paru en 1598. — Pour les différentes parties du
même *Speculum* et les autres ouvrages de l'auteur, consultez Lowndes, 2e édit., pag. 1697-99.

NORES (*Jaso* de). In Epistolam Q. Horatii
Flacci de arte poetica Jasonis de Nores
Cyprii ex quotidianis Tryphonis Ca-
brielii sermonibus interpretatio : ejusdem brevis et distincta summa præceptorum de arte dicendi ex tribus Ciceronis
libris de oratore collecta. *Venetiis, apud
Aldi filios*, 1553, in-8. [12510]

Commentaire estimé. 4 sh. Butler. Il s'en trouve des
exempl. dont le titre porte *apud Andream Arri-
vabenum*, au lieu d'*apud Aldi filios*.

NORICUS (*Conr.*) vulgo Tockler. Textus
arithmeticæ comunis : qui pro magis-

terio fere cunctis in gymnasiis, ordinarie
solet legi, perlucida quadam atque prius
non habita commentatione, a Conrado
Norico... summo labore et diligentia,
oritur (*Lipsiæ, Martinus Herbipolensis*), año salutis, 1503, 2 part. en 1 vol.
in-fol. [7865]

La première partie de ce volume peu commun
donne le texte à la fin duquel se trouve la marque
de l'imprimeur Martin, et la seconde partie contient le commentaire, avec un index, terminé par
ces mots : *Finis tabule*, et la date 1503.

NORIS cardinalis (*Henr.*) Opera omnia.
Veronæ, 1729-41, 5 vol. in-fol. 35 à
45 fr. [19036]

Le 5e volume de cette importante collection a été imprimé à Mantoue, en 1741, et il renferme *Istoria
delle investiture, etc.* Les *Opera theologica* de ce
savant prélat ont été réimprimés à Venise, 1769,
3 vol. in-fol., avec des notes de L. Berti.

— Annus et epochæ Syro-Macedonum, in
vetustis urbium Syriæ nummis præsertim mediceis expositæ. *Florentiæ*, 1691,
pet. in-fol. 10 à 12 fr. [29769]

Vend. 25 fr. Mionnet. — En Gr. Pap. *mar. citr.*
36 fr. Barthélemy.

L'édition de *Leipzig*, 1696, in-4., est moins chère que
celle de Florence : 5 à 6 fr. ; vend. 12 fr. *mar. bl.*
Saint-Céran.

— Cenotaphia pisana Caii et Lucii Cæsarum
dissertationibus illustrata. *Venet.*, 1681,
in-fol. fig. 6 à 9 fr. [29569]

Vend. 15 fr. *m. r.* de Cotte.

Cet ouvrage, rempli d'érudition, a été réimprimé à
Pise, 1764, en 2 vol. in-4., et dans le 3e vol. des
œuvres de l'auteur.

— Historia pelagiana, 22382.

NORMAND (*Ch.*). Nouveau parallèle des
ordres d'architecture des Grecs et des
Romains, et des auteurs modernes, dessiné et gravé au trait. *Paris, Pillet aîné*,
1819 (nouveau titre 1828), in-fol., avec
64 pl. 40 fr. [7940]

— RECUEIL varié de plans et façades, motifs pour
des maisons de ville et de campagne, des monumens et des établissemens publics et particuliers.
Paris, Carilian, Bance, etc., 1823, in-fol. 25 fr.
[9933]

Le *Guide de l'ornemaniste*, de M. Ch. Normand,
Paris, 1826, in-fol., avec 36 planches, coûte 25 fr.
[10047]

On doit au même auteur :

PARALLÈLE de diverses méthodes, ou dessin de
la perspective, d'après les auteurs anciens et modernes, 1833, 2 part. gr. in-4., avec 80 pl. 25 fr.

— Voy. LE NORMAND.

NORMANT (le) sovrt, avevgle et mvet.
Ensemble un dialogue entre Jean qui
sçait tout et Thibaut le Natier. *Paris,*

Abr. Savgrain, jouxte la copie impr. à Rouen, 1617, pet. in-8. de 16 pp. [13970]

Opuscule en vers dont il existe des exemplaires sous la date de 1623, et avec le titre ainsi modifié : *Le Normand, sourd, aveugle et muet, envoyé par Guillaume Sans-Peur, sur ce qui s'est passé à Rouen, adressé aux bons François*, et à la suite de la pièce annoncée se trouve : *Complainte lamentable sur le chant, dames d'honneur... sur le chant de viue la fleur de lys* [Frère, II, 343].

NOROFF (*Avraam*). Poutechestvïe po sviatoï zemlé. Voyage en terre sainte (de 1835); 3e édition augmentée. *St-Pétersbourg, impr. de la IIIe section de la chancellerie impériale*, 1854, 2 vol. in-12.

— Poutechestvïe po Egiptou i Noubii. Voyage en Egypte et Nubie (de 1834-35); 2e édition. *Ibid.*, 1853, 2 vol. in-12.

— Poutechestvïe k semi tzerkvam. Voyage aux sept églises mentionnées dans l'Apocalypse; 2e édition. *Ibid.*, 1854, in-12. [20575]

Ces trois ouvrages ont été réimprimés depuis dans les œuvres complètes de M. de Noroff, alors ministre de l'instruction publique en Russie.

NORRY (Miles de). Les quatre premiers livres de l'Univers de M. de Norry, auxquels est traité du nombre, ordre et gouvernement des cieux. La description tant poétique qu'astronomique des images celestes des sept planettes, etc. *Paris, Gilles Bey*, 1583, in-4. [13765]

Un exemplaire en *mar. r.* 40 fr. Librairie Potier, en 1860, à cause de la reliure.

NORTHCOTE (*James*). One hundred fables, original and selected; embellished with two hundred and eighty engravings on wood. *London, Laword*, 1828, pet. in-8. [16951]

Une seconde série de fables du même auteur renfermant également 280 vignettes sur bois, a paru à Londres, en 1833, de format pet. in-8. Les deux séries ont coûté ensemble 2 liv., mais se trouvent pour moins de 18 sh. Les exemplaires en Gr. Pap. avec vignettes sur pap. de Chine sont plus chers.

— Memoirs of Joshua Reynolds, 31003.

NORTHUMBERLAND (*Henri Algernon* Percy, earl of). The Regulations and establishment of the Household of H.-A. Percy, the fifth earl of Northumberland, at his castles of Wresill and Lekinfield, in Yorkshire, begun Anno Domini M. D. XII. *London*, 1770, in-8. de XXVI, X, et 464 pp., plus 4 pp. [26814]

Le Dr Percy, mort évêque de Dromore, a publié ce volume curieux, dont on n'a tiré qu'un petit nom-

bre d'exempl., non destinés au public, et qui, lorsqu'ils se sont présentés dans les ventes, y ont été quelquefois portés à 5, à 8 et même à 10 liv. L'ouvrage a été réimprimé à Londres, en 1827, in-8. 1 liv. 1 sh., et aussi en entier dans le 4e vol. de l'*Antiquarian repository* de Grose, 1809, in-4.

NORTHUMBERLAND. Castles of Alnwick and Warkworth, etc., from sketches by C. F. duchess of Northumberland. *Lond.*, 1823, in-4. [10022]

Recueil de vues de *the House Percy*, lithograph. d'après les dessins faits par l'épouse du noble propriétaire de cette magnifique résidence. Il en a été tiré 250 exemplaires. Il y a 39 planches.

NORTHUMBERLAND(*Rob*. Dudley, duke of). Voy. DUDLEO.

NORTHUMBRIÆ ducis in Anglia oratio quum ad supplicium productus esset. *Coloniæ, J. Gennepæus*, 1554, in-8. [26922]

Cette pièce rare a été vend. 3 liv. 15 sh. chez Heber. C'est probablement la traduction de l'opuscule anglais ayant pour titre :

THE SAYING of John, late duke of Northumberland, upon the scaffolde, at the tyme of his execution, the 22 August. *London*, 1553, in-8.

— JOANNIS Dudleii Northumbriæ nuper in Anglia ducis, jam tunc securi percutiendi, ad populum londinensem concio. *Romæ, apud Paulum Manutium*, 1570, in-4. de 4 ff. seulement.

Édition si rare qu'on n'en connaît que deux exemplaires, dont un au Vatican, et l'autre en Angleterre. Ce dernier a été vendu 15 liv. Butler.

Il existe deux traduct. italiennes de ce discours, l'une sous ce titre : *Questa e la confessione, che Giovanni duca di Northomberlando fece essendo egli sopra el palco per essere giustitiato*, in-4. de 4 ff., sans lieu ni date, mais paraissant être sortie des presses de Blado d'Asola, à Rome : vend. 4 liv. 4 sh. Butler. L'autre est celle qui se trouve dans l'ouvrage de Raviglio Rosso, intitulé : *I Successi d'Inghilterra* (voy. Rosso). Elles sont l'une et l'autre conformes au texte lat. imprimé en 1554.

NORVELL (*Robert*). The Meroure of an Christian, composed and drawn forthe of Holy Scriptures; by Robert Noruell, man of armis, during the tyme of his captiuitie at Paris, in the Bastillie, for the testimonie of Sauiour Jesus Christ. *Edinburgh, by Rob. Lekpercuik*, 1561, in-4. de 62 ff. [15753]

Opuscule en vers contenant : *Godlie ballades and other poems*. Le seul exemplaire qu'on en connût il y a quelques années a été porté à 40 liv. à la vente de Geor. Chalmers, 3e part. du catal., n° 872, où l'on a imprimé *Norwell* au lieu de *Norvell*.

NORVINS (*Jacques* Marquet, baron de Montbreton, de). Histoire de Napoléon; 3e édition, revue et augmentée par l'auteur. *Paris, Toisnier-Desplaces*, 1829, 4 vol. in-8. fig. 24 fr. [23980]

Cet ouvrage était à la 22e édition en 1854. Il y en a une de 1839, en un seul vol. gr. in-8., avec des gravures et des vignettes : 20 fr.

NOSTRADAMUS(*Michel*). Les prophéties de M. Michel Nostradamus. *Lyon, chés Macé Bonhomme*. M. D. LV. (à la fin) : *Cè present livre a esté acheué d'impri-*

mer le iiii. iour de mai M. D. LV, pet.
in-8. de 46 ff., lettres rondes. Il y a huit
ff. prélim. [9013]

Édition originale et très-rare de ces prophéties. Elle
ne contient que quatre centuries, dont les trois
premières renferment chacune 100 strophes de
4 vers de 10 syllabes, et la quatrième, 53 strophes
seulement. Vend. 7 fr. 50 c. *m. r.* La Valliere, et
serait plus chère aujourd'hui.C'est sur cette édition
qu'a été faite celle d'*Avignon*, 1556, pet. in-8.

— Les prophéties, en dix centuries, avec
141 présages tirez de ceux faicts par
Nostradamus ès années 1555 et suiv.
jusqu'en 1567, avec les prédictions admirables pour les ans courants en ce
siècle, recueillies, par Vinc. Seve. *Lyon,
Ben. Rigaud*, 1568, pet. in-8. 6 à 10 fr.

Édition beaucoup plus complète que la première. Il
en existe une autre sous la même date (1568), mais
de format in-16. Une troisième, également datée
de 1568, pet. in-8., a paru beaucoup plus tard.
Elle est fort mal imprimée, de même que celle de
Troyes, *sur la copie de Lyon*, 1568, pet. in-8.

— Les prophéties de M. Michel Nostradamus, médecin du roy Charles IX et
l'un des plus excellents astronomes qui
furent jamais. *Lyon* (sans nom d'im-
priméur), 1611, 2 part. pet. in-8. de.93
(94) et 54 ff. sans la préface.

Nous citons cette édition parce qu'après le 54e f. de
la seconde partie il se trouve 58 sixains qui ne sont
pas dans les précédentes, et qui occupent 10 ff.
non chiffrés, sous ce titre : *Prédictions admirables
pour les ans courants en ce siècle, recueillies des
mémoires de feu Michel Nostradamus, présentées
au très-grand, invincible et très-clément prince
Henry IV, vivant roy de France et de Navarre,
par Vincent Seve de Beaucaire, en Languedoc,
dès le 19 mars 1605, au chasteau de Chantilly,
maison de monseigneur le connestable de Montmorency.* Ces sixains sont reproduits dans l'édit.
de 1668 et dans d'autres.

— Les vrayes centuries et prophéties.....
avec la vie de l'auteur. *Amsterdam, J.
Jansson à Waesberge, etc.*, 1668, pet.
in-12. 24 à 36 fr.

Jolie édit., qui se joint à la collection des Elsevier :
elle a été faite sur celles d'*Avignon*, 1556, et de
Lyon, 1568 ; et probablement aussi avec le secours
de celle de *Leyde*, 1650, in-8. De très-beaux exemplaires ont été vendus 73 fr. d'Ourches ; 70 fr. Sensier ; 63 fr. Bérard ; 91 fr. Labédoyère ; 300 fr. *non
rogné*, en 1847.

On a fait une édition de ces prophéties, pet. in-12,
dont le frontispice gravé, copié sur l'édition de
Jansson, de 1668, porte : *Jouxte la copie d'Amst.,
Paris, Jean Ribou*, 1668 (aussi 1669) ; mais cette
réimpression est beaucoup moins belle que l'original, et n'a pas de prix. Il en est de même de l'édition d'*Amsterd., Daniel Winkerman*, 1667, in-12,
fort mal imprimée, et de plusieurs autres que nous
n'indiquons pas.

Il existe une traduction anglaise des Prophéties de
Nostradamus, par Théophile de Garencieres. *London*, 1672 (aussi 1685), in-fol., avec un frontispice
gravé.

— La grand' pronostication nouuelle, auec
portenteuse prediction pour lan 1557,
composee par maistre Michel Nostradamus, docteur en medecine, de Salon
de Craux en Prouence, contre ceux qui
tant de foys l'ont faict mort. *Paris,
Jacques Kerver*, 1557, pet. in-4. de
12 ff.

Morceau écrit en prose : 23 fr. vente Krœnner, en
1855. On y lit une approbation, datée de 1556, qui
permit à Jacques Kerver..... et à Jean Brotot, libraire de Lyon, de vendre et distribuer les Almanachs, Présages, etc., de Michel Nostradamus. On
sait d'ailleurs que ce médecin astrologue a écrit des
opuscules de ce genre, pour chaque année, depuis
1550 jusqu'en 1567, et qu'il est décédé le 2 juillet
1566. Plusieurs de ses almanachs, devenus si rares,
ont été impr. à Lyon, par Ant. Volant et par Benoît
Odot. Après la mort de Nostradamus, on a continué
à en publier sous son nom. En voici qui doivent
être de lui :

LA GRANT pronostication nouuelle auecques la declaration ample de MDLIX, composée par Mich. Nostradamus, auecques les figures de quatre tems sur
les climats 47, 48, 49 et 50. *Lyon, Jean Brotot*,
1558, in-8.

3 fr. 5 c. catalogue de De Selle, n° 840, où se trouve
aussi, sous le n° 841, *Pronostication nouuelle
pour MDLXII*, par le même. *Lyon*, 1561, in-8.

PROPHETIES merueilleuses, commençant ceste
presente année, et dure jusqu'à l'an de grand mortalité, que l'on dira 1568, an de bissexte, par Michel Nostradamus. *Paris, Guill. Nyverd* (sans date,
mais vers 1560), pet. in-8. de 20 ff. en prose. 49 fr.
rel. en cart. en 1860.

LES SIGNIFICATIONS de l'eclipse qui sera le
16 septembre 1559, laquelle fera sa maligne extension jusques en lan 1560, diligemment obseruée par
maistre Michel Nostradamus. *Paris, Guillaume Le
Noir* (vers 1560), pet. in-8. de 8 ff. 50 fr. en 1860.

ALMANACH pour lan M. D. LXIII, avec les présages, calculé et expliqué par M. Michel Nostradamus,
docteur en médicine, Astrophile de Salon de Craux
en Prouence. — Dedié au tres ill. Seign. et tres
excellent capitaine le S. Francoys Fabrice de Ser-
bellon. *Imprimé en Auignon, par Pierre Roux*,
in-16 de 80 ff. non chiffrés.

Petit volume rare que M. F. Bujet a amplement décrit
dans le *Bulletin du Bibliophile*, décembre 1861,
pp. 1661 à 1676. Un exemplaire rel. en *mar. ancien*, 91 fr. Renouard.

On lit à l'avant-dernière page de ce livret : *Faciebat
M. Nostradamus, Salonæ Petreæ Provinciæ, die
7 Maii 1562 pro anno 1563.* *Impressum Avenioni,
cum licentia magnificorum dominorum superiorum;* et à la dernière page une épigramme latine
sur les misères de la France. (*Bulletin du Bibliophile*, décembre 1861, p. 676.)

PROPHETIES ou revolution merueilleuse des quatre saisons de l'an, et apparition des grands et horribles signes, comettes, estoiles et tremblement de
terre qui pourront aduenir depuis l'an present jusques en lan de grande mortalité 1568, an de bissexte, par M. Nostradamus. *A Lyon, par Michel
Jove*, 1567, in-8. de 26 pp.

Le style de cet opuscule ne ressemble en rien à celui
de Nostradamus ; peut-être est-ce celui de son fils.

— RECUEIL de révélations et prophéties merveilleuses
de Ste Brigide, St Cyrille et autres saints et religieux personnages... par Nostra Damus (*sic*) le
jeune. Les augmentations de plusieurs révélations...
extraits de divers livres, par le même. *Venise,
par le seigneur de Castavino*, 1575, 2 tom. en
1 vol. pet. in-8.

Recueil en prose, et par conséquent très-différent des
Centuries de Mich. Nostradamus. L'édition de 1575
est rare (38 fr. *m. r.* Pixerécourt), mais l'ouvrage
a été réimpr. plusieurs fois à Lyon et à Troyes.

La publication des Centuries de Nostradamus a donné
naissance aux ouvrages suivants, qu'il serait bien
difficile de rencontrer aujourd'hui.

DECLARATION des abus, ignorances et seditions

de Michel Nostradamus, de Salon de Craux en Provence ; nouuellement trad. de lat. en françoys. *Imprimé en Avignon, par Pierre Roux et Jan Tramblay*, 1558, in-4. de 44 pp. [9017]

— Le Monstre d'abus. Composé premièrement en latin par maistre Iean de la dagueniere, docteur en médecine et matematicien ordinaire des landes d'anniere. Et depuis traduit et mis en nostre langue Françoyse par le More du Vergier, recteur extraordinaire de l'uniuersité de Matefflon, et protecteur des gondz de la Haioulen. Marinus Nouetus Nucensis in Nostradamum. Nondum grammaticæ calles primordia, et audes Vim cœli radio suposuisse tuo. *A Paris, pour Barbe Regnault, demourant à la rue S. Iaques, deuant les Mathurins*, 1558, pet. in-8. de 20 ff. non chiffrés.

Opuscule singulier écrit par un calviniste, qui a eu grand soin de déguiser son nom. M. Bujet a donné, dans le *Bulletin du Bibliophile*, mai 1861, pp. 241 à 268, un article fort curieux où il a cherché à établir que l'auteur de ce livret fort rare est Théodore de Beze. Il y parle aussi de la *Declaration* ci-dessus, ouvrage donné sous le nom de Laurent Vidal, nommé à la tête de l'avis au lecteur ; et en même temps d'un troisième ouvrage, dont nous allons donner le titre d'après lui :

LA PREMIERE inuectiue du seigneur Hercule le Francois contre Nostradamus, traduit du latin (par L. u. c. m.). *Lyon, Roux*, 1557, in-8.

— Excellent et moult utile opuscule, à tous necessaire qui desirent.auoir cognoissance de plusieurs exquises receptes, diuise en deux parties. La premiere traicte des diuerses façons de fardemens et senteurs pour illustrer et embellir la face : La seconde nous monstre la façon et maniere de faire confitures de plusieurs sortes, tant en miel, et vin cuict, le tout mis par chapitres, comme est fait ample mention en la table. Nouuellement composé par maistre Michel de Nostredame, docteur en medecine de la ville de Salon de Craux en Prouence, et de nouueau mis en lumiere *à Lyon, par Antoine Volant*, M. D.LV., in-16 de 228 pp. et une pour la table:

Certainement ce petit livre du célèbre Nostradamus n'est ni le moins rare ni le moins curieux de ses ouvrages.

— AUTRE édition sous le même titre. *Paris, Olivier de Harsy*, 1556, in-16. 14 fr., quoique taché, Monmerqué.

La Croix du Maine en cite une édition d'*Anvers, Plantin*, 1557 (sous le titre de *Vrai et parfait embellissement de la face, etc.*).

Il y en a une autre sous ce titre :
EXCELLENT et très util opuscule à tous nécessaire, de plusieurs exquises receptes, divisé en deux parties : la premiere nous monstre la façon de faire divers fardemens et senteurs pour illustrer la face ; la seconde pour faire confitures de diverses sortes... composé par maistre Michel Nostradamus, docteur en medecine de Salon de Craux, en Provence. *Lyon, Benoist Rigaud*, 1572, in-16 de 212 pp. et 6 ff. pour la table. 20 fr. Coste.

— L'EMBELLISSEMENT de la face et conseruation du corps en son entier. Ensemble pour faire diuers lauemens, parfums et senteurs. Auec la maniere de faire toutes sortes de confitures liquides et excellentes : adiouste la maniere de faire plusieurs sortes d'ypocras et autres vins fort exquis ; outre la maniere et propriete de faire de plusieurs sortes de vinaigre, tant de senteur qu'autres ; recueillis des œuvres de M. Mich. de Nostradamus, par messieurs les docteurs en la faculté de medecine de la ville et cité de Basle, dedié au peuple de France. *Paris, par la vefue Jean Bonfons* (s. d.), in-16 de 3 ff. prélim., 118 ff. chiffrés et 7 ff. pour la table. Lettres rondes.

La dédicace au peuple françois est datée du 6 juillet 1569.

Pour un autre ouvrage du même genre que celui-ci, voyez BASTIMENT des receptes.

— LE REMEDE tres utile contre la peste et toutes fievres pestilentielles, avec la maniere d'en guérir ; aussi la singuliere recepte de l'œuf dont usoit l'empereur Maximilian premier du nom. *Paris, Guill. Nyverd*, 1561, pet. in-8. [7195]

Ce titre est donné par Du Verdier à l'article MICHEL Nostradamus ; mais la traduction anglaise ci-dessous du même ouvrage fait supposer une édition de l'original antérieure à 1561.

— AN EXCELLENT Treatise, shewing such perillous and contagious infirmities, as shall issue 1559 and 1560, with the signes, causes, accidents and curation for the health of such as inhabit the 7, 8 and 9 climate; compiled by maister Michael Nostradamus... and translated into English, at the desire of Lawrentius Philotus Tyl. *London, by John Daye*, 1559, in-16.

Parlons maintenant d'un ouvrage de Nostradamus peu connu, que nous aurions pu placer à l'article Galien, mais qui trouvera naturellement sa place ici.

— PARAPHRASE de C. Galen (*sic*) sur l'exortation de Menodote, aux estudes des bonnes Artz, mesmement Medecine. Traduict de latin en françois, par Michel Nostradamus. *A Lyon, chez Antoine du Rosne*, 1557, pet. in-8. de 69 pp., avec une figure au frontispice et une dans le texte.

Traduction fort peu exacte de la version latine de cet opuscule de Galien ; le style du traducteur est absurde, et n'offense pas moins le sens commun que la grammaire. Les morceaux préliminaires sont : 1° un huitain sur l'*estatue de Galen*, traduit du grec ; 2° un assez longue épître en prose de Mich. Nostradamus *a tres haut, tres illustre, tres magnanime et tres heroique seigneur monseigneur le baron de la Garde, cheualier des ordres du Roy, admiral des mers du Leuant* ; 3° *Contre les ineptes translateurs a Monseigneur le commandeur de Beynes*, dixain; 4° *Cesura ad lectorem.* M. F. Bujet a donné dans le *Bulletin du Bibliophile* (1861, pp. 375 et suiv.) l'analyse de ce livre singulier et fort rare, d'après l'exemplaire appartenant à la bibliothèque Mazarine.

NOSTREDAME (*Jean* de). Les vies des plus célèbres et anciens poëtes provensaux, qui ont floury du temps des comtes de Provence, recueillis des œuvres de divers auteurs qui les ont escrites en langue provenzale, et depuis mis en langue françoyse, par Jean de Nostre-Dame, procureur en la cour du parlement de Provence. *Lyon, Alex. Marsilij*, 1575, pet. in-8. de 258 pp., 1 f. blanc, 6 ff. pour la table et 1 f. pour la marque de l'imprimeur. [30568]

Quoique trop superficiel, cet ouvrage est recherché, et les exemplaires n'en sont pas communs : 10 à 12 fr. ; vend. beaux exempl. en *mar.* 19 fr. Gaignat ; 13 fr. 50 c. Thierry ; 38 fr. Parison.

La traduction italienne par J. Giudici, pareillement imprimée à *Lyon, chez Marsilij*, en 1575, in-8.; présente plusieurs corrections et additions : 10 à 12 fr.; vend. 29 fr. 50 c., en 1859.

— LE VITE de' più celebri poeti provenzali, scritte in lingua franzese da Giov. di Nostradama e trad. da G.-M. Crescimbeni, ornate di copiose annotazioni, e accresciute di moltissimi poeti. *Roma*, 1722, in-4.

Les additions et les notes du traducteur donnent de l'importance à cette traduction, laquelle fait partie du 2e vol. de l'*Istoria della volgar poesia* de Crescimbeni, mais se trouve aussi séparément. Elle avait d'abord paru à Rome, en 1710, in-4.

NOSTRE-DAME (*César* de). Pièces héroïques et diverses poésies. *Tholose, veuve Jacq. Colomiez,* 1608, pet. in-12. [13905]

Dans ce recueil sont ordinairement réunis les ouvrages suivants du même poëte, imprimés séparément à Toulouse, savoir : RIMES spirituelles, 1607, 72 pp. précédées de 6 ff. prélimin. — LES PERLES ou les larmes de la Ste-Magdelaine, avec quelques rimes saintes, 1606, 55 pp. — DYMAS ou le bon larron, 1606, 33 pp. — LA MARIE dolente, le tableau de Narcisse, 55 pp. — LE SONGE de Scipion, poëme héroïque, 1606, 70 pp. — VERS funèbres sur la mort de Ch. Du Verdier... très excellent joueur de luth, 1607, 20 pp. Vend. 30 fr. *mar. bl.* Veinant, et 99 fr. le même, en 1860.

— L'histoire et chroniques de Provence, où passent de tems en tems et en bel ordre les anciens poëtes, personnages et familles illustres qui y ont fleury depuis 600 ans; oultre plusieurs races de France, d'Italie, Hespagne, etc., comme aussi les plus signalés combats et faits d'armes qui s'y sont passés. *Lyon, Sim. Rigaud,* 1614, in-fol. de 1092 et 63 pp. 15 à 24 fr. [24786]

Cette histoire mérite d'être conservée, surtout à cause du récit que l'auteur y fait des troubles dont il avait été le témoin.

L'ENTRÉE de la Royne en sa ville de Sallon; faicte et dédiée à M. Antoine d'Espagnet, par César de Nostredame, gentilhomme prouençal. *A Aix, par Jean Tholosan, imprimeur du Roy et de la ville*, 1602, pet. in-8. [24805]

Cet opuscule étant devenu fort rare, M. V. Boy, libraire à Marseille, en a fait faire, en 1855, une réimpression, in-12, tirée à soixante exemplaires, tous sur papier de Hollande, à laquelle il a joint deux lettres inédites de l'auteur, et la reproduction d'une autre pièce qui a pour titre : *Le Discours véritable de ce qui s'est passé au voyage de la Royne depuis son departement de Florence jusqu'à son arriuée en la ville de Marseille, auecq les magnificences faites à l'entrée de Sa Maiesté*, à Paris, pour Benoist Chalonneau et pour Silvestre Moreau, 1600, le tout occupant 83 pp., y compris les titres et l'ancien permis d'imprimer.

NOTA (*Alberto*). Commedie complete. *Torino,* 1842-43, 8 vol. in-8. 30 fr. [16743]

Auteur en grande réputation, et dont les ouvrages sont fréquemment réimprimés en Italie.

La onzième édition, *Firenze*, 1827-28, 7 vol. in-16, doit être accompagnée d'un second recueil (*seconda raccolta, corretta dell' autore*, Torino, 1836, 2 vol. in-16, lequel peut être également joint à l'édit. de *Paris, Baudry*, 1829, 5 vol. in-12, portr., *con saggio storico del prof. Salfi.*

THÉATRE d'A. Nota et du comte Giraud, ou choix des meilleures pièces de ces deux auteurs,

trad. par M. Th. Bettinger, précédé d'un précis historique sur la comédie en Italie et en France, par M. Scribe, et accompagné de remarques et commentaires sur chaque pièce, par M. Bayard. *Paris, Aimé André*, 1839, 3 vol. in-8.

NOTA delle polizze che sono uscite benefiziante nel lotto fatto in Firenze cominciato a trarre il di Gennaio 1589. *Firenze, A. Padovani,* 1589, in-4. [4127]

Opuscule curieux faisant connaître comment était organisée la loterie à Florence à la fin du XVIe siècle. 1 liv. 4 sh. Libri, en 1859.

NOTABLE discours. Voy. DIALOGO.

NOTABLE sermon (ung) contenant lexcellence et sainctete du pur et sainct vierge Joseph, espoux a la tres digne mere de Dieu la vierge honoree, compose par ung religieux de lordre des freres mineurs de lobservance, et mis en francois a la requeste de plusieurs notables personnaiges. *Rouen, Martin Morin* (sans date), in-4. goth. [1436]

Sermon du commencement du XVIe siècle. Vend. 12 fr. m. r. Mac-Carthy. Il serait plus cher aujourd'hui.

NOTARA (*Chrysantus*). Introductio in geographiam et sphæram, græce (ex edit. J.-Nic.-Alex. Maurocordati). *Parisiis,* 1716, in-fol. fig. 10 à 15 fr. [19611]

Ouvrage écrit en grec moderne.

NOTES d'un voyage fait dans le Levant, en 1816 et 1817. *Paris, imprimerie de F. Didot,* 1826, in-8. [19669]

Cet ouvrage anonyme de M. Ambr.-Firmin Didot n'a été tiré qu'à un petit nombre d'exemplaires, non destinés au commerce. La seconde partie, qui devait renfermer les notes de l'auteur sur la Grèce, n'a point paru; seulement M. de Pouqueville en a placé quelques fragments dans les deux éditions de son Voyage de la Grèce. Vend. 10 fr. 60 c. en 1830.

NOTICE sur Colard Mansion. Voy. VAN PRAET.

NOTICES et extraits des manuscrits de la Bibliothèque du roi, lus au comité établi dans l'Académie des inscriptions et belles-lettres. *Paris,* 1787-1862, 20 vol. in-4. fig. 300 à 350 fr. [31371]

Ces 20 volumes se joignent aux Mémoires de l'Académie des inscriptions (voy. ACADÉMIE).

Plusieurs des derniers volumes sont en 2 parties; le tome XV, contenant la table alphabétique des matières renfermées dans les quatorze premiers (Partie occidentale), in-4. de 652 pp., n'a paru qu'en 1861.

NOTICES sur La Bruyère et La Rochefoucauld. Voy. SUARD.

NOTITIA dignitatum imperii romani, ex

Notes and Queries, 31836.

Notice chronologique d'une centaine d'ouvrages à se procurer, 31782.

Notice descriptive de l'Angleterre, 26741.

Notices historiques sur Bourges, 24490.

nova recensione Phil. Labbe. *Paris., typ. reg.*, 1651, pet. in-12. [22969]

Jolie édition de cet important ouvrage. Elle contient un texte revu, et de plus les variantes des éditions précédentes, mais sans commentaire ni fig. Cette notice fait partie du *Corpus histor. byz.*, édition de Paris, et elle a été réimprimée dans l'édition in-fol. de la même collection, faite à Venise, en 1729. La meilleure édition est celle qui porte le titre suivant :

NOTITIA dignitatum et administrationum omnium tam civilium quam militarium in partibus orientis et occidentis. Ad codd. mss. editorumque fidem recensuit commentariisque illustravit Éd. Böcking. *Bonn, Marcus*, 1839-53, 5 parties qui se relient en 3 vol. in-8., avec un index. 42 fr.

Cette même notice a paru pour la première fois complète, sous le titre de *Notitia utraque cum orientis tum occidentis ultra Arcadii Honoriique Cæsarum tempora*, dans un vol. in-fol. publ. à Bâle, chez Froben, en 1552, par les soins de Sigis. Gelenius : volume qui renferme plusieurs autres ouvrages sur le même sujet, et est orné de fig. sur bois. Elle a ensuite été réimprimée avec un commentaire de Gui Pancirol à Venise, en 1593 et 1602, in-fol., puis avec des corrections et des additions, à Lyon, chez Hug. de La Porte, en 1608, in-fol. fig. sur bois, et enfin avec de nouvelles additions et quelques suppressions, à Genève, 1623, in-fol. fig. Ces différentes éditions ne sont point chères. Ajoutons que la *Notitia*, accompagnée du commentaire de Pancirol, fait partie du tome VII du *Thesaurus antiq. rom.* de Grævius.

NOTIZIA della vera libertà fiorentina..... con la sincera disamina e confutazione delle scritture e testi..... publicate per negare ed impugnare i sovrani diritti degli august. imperatori... sopra la città e lo stato di Firenze, etc. (*Milano*), 1724-26, 3 tom. en 2 vol. in-fol. [25544]

Cet ouvrage fut, dit-on, imprimé secrètement par ordre de l'empereur Charles VI, qui n'en fit tirer que 50 exempl., tous réservés pour la cour de Vienne ; de manière qu'il n'a pu se trouver dans le commerce que des exemplaires furtivement tirés par l'imprimeur ; malgré cela ce livre est peu recherché. L'auteur, désigné sous le seul nom de Filippi, se nommait Godefroy Philippe, baron de Spannaghel : vendu 60 fr. Floncel ; 48 fr. La Valliere ; 18 fr. 50 c. Lamy ; 8 fr. Boutourlin.

NOTIZIE letterarie ed istoriche intorno a gli uomini illustri dell' Accademia fiorentina. *Firenze*, 1700, in-4. 6 à 9 fr. [30678]

NOTRE-DAME. Voy. NOSTREDAME.

NOTT (*J.-C.*) and Geor. R. Gliddon. Types of Mankind ; or, ethnological researches, based upon the ancient monuments, paintings, sculptures, and crania of races, and upon their natural, geographical, philological, and biblical history : illustrated by selections from the inedited papers of Samuel George Morton ; and by additional contributions from Prof. L. Agassiz, W. Usher, and prof. H.-S. Patterson, by J.-C. Nott, and Geo.-R. Gliddon. Seventh edition. *Philadelphia, Lippincott, Grambo & Co*, 1855, gr. in-8. LXXVI et 738 pp., por-

trait, pl. et fig. dans le texte. 32 fr. — In-4. 45 fr. [5653]

Les deux mêmes savants ont publié l'ouvrage suivant :

INDIGENEOUS races of the Earth ; or, new chapters of ethnological Inquiry ; including monographs on special departments of philology, iconography, cranioscopy, palæontology, pathology, archæology, comparative geography, and natural history : contributed by Alfred Maury, Francis Pulszky, and J. Aitken Meigs (with communications from prof. Jos. Leidy and prof. L. Agassiz), presenting fresh investigations, documents, and materials ; by J.-C. Nott, and Geo.-R. Gliddon. *Philadelphia, J.-B. Lippincott et Co*, 1857, gr. in-8., XXIV et 656 pp., avec planches et fig. dans le texte. 35 fr. — In-4., 45 fr.

NOTTI romane (le). Voy. VERRI.

NOTTURNO. Voy. NOCTURNO.

NOUGUIER (de). Ses OEuvres burlesques. *Orange, Édouard Raban*, 1650, pet. in-8. [14234]

Vendu 26 fr. 50 c. Viollet Le Duc.

— L'Herculéide burlesque de Nouguier, ou Histoire d'Hercule le Thébain. *Orange, Édouard Raban*, 1653, in-8. [14234]

Ces deux volumes, et surtout le dernier, ne se trouvent pas facilement. Les poëmes mythologiques qu'ils renferment, loin d'être burlesques, comme le promet le titre, sont tout au plus plaisants ; mais, au jugement de M. Viollet Le Duc, purement et même assez élégamment versifiés.

NOURRY (*Nic.* Le). Apparatus ad Bibliothecam Patrum. Voy. DESPONT.

NOUVEAU dictionnaire d'histoire naturelle, appliquée aux arts, par une Société de naturalistes ; seconde édition. *Paris, Deterville*, 1816-19, 36 vol. in-8. fig.

Ce dictionnaire a entièrement effacé celui de Valmont de Bomare, et il l'a été à son tour par le *Dictionnaire des sciences naturelles* (voy. DICTIONNAIRE) : 60 à 80 fr., et un peu plus cher avec les fig. color. [4458]

La première édition, *Paris*, 1802-4, 24 vol. in-8., est mieux imprimée et a de meilleures épreuves des gravures ; mais elle est encore moins complète que celle-ci.

NOUVEAU (le) entretien des bonnes compagnies, ou le Recueil des plus belles chansons à danser et à boire, tiré des cabinets des plus braves autheurs de ce temps. — Les chants de joye des enfans de Bacchus, ou le nouveau Recueil des plus beaux airs à boire. *Paris, Jacq. Villery*, 1635 , pet. in-12 de 292 pp., 4 ff. pour la table , et la partie intitulée *Les Chants de joye.* [14290]

95 fr. mar. v. Veinant, et en *mar. r. doublé de mar. bl.* par Trautz, 600 fr. Solar.
— Voy. PARNASSE des Muses.

NOUVEAU Juvenal. Voy. PETIT (*L.*).

NOUVEAU (le) môde avec lestrif
Du pourueu et de lellectif
de lordinaire et du nomme
cest ung liure bien renomme
ensuiuant la forme auctentique
ordonnee par la pragmatique.

Ilz se vendet (sic) *a la iuifrie a lenseigne des deux Sagittaires... (Paris, Guill. Eustace)*, pet. in-8. goth. de 30 ff. fig. sur bois. [16251]

Pièce rare, représentée à Paris le 11 juin 1508. C'est une satire contre l'abrogation de la pragmatique sanction : on l'attribue soit à J. Bouchet, soit à P. Gringore. Vend. 43 fr. de Soleinne. Un exemplaire imprimé sur VÉLIN, ayant un titre refait à la plume, a été vend. 130 fr. Gaignat ; 206 fr. Mac-Carthy, et 200 fr. de Soleinne. Un autre également sur VÉLIN, 110 fr. La Valliere, pour la Bibliothèque du roi.

NOUVEAU Panurge. Voir à la fin de l'article RABELAIS.

NOUVEAU Parnasse des muses galantes. *Paris*, 1665, in-12. [13985]

Petit recueil dans lequel on remarque la *Lune amante*, le *Soleil amoureux*, etc., 100 fr. mar. citr. par Trautz, Solar, sans avoir à beaucoup près cette valeur.
— Voy. PARNASSE.

NOUVEAU recueil de chansons amoureuses de divers poëtes françois, non encore imprimées. *Paris, Didier Millot*, 1589, pet. in-8. de 40 ff. [14278]

NOUVEAU recueil de pièces. Voy. BONTEMPS.

NOUVEAU recueil de plusieurs chansons honnestes et recreatiues , tireés pour la plupart nouuellement de diuers poëtes francois et autres depuy gueres imprimees. *Paris, Nicolas Bonfons*, 1597, pet. in-12. [14281]

Ces deux recueils sont peu communs. Le second a été vendu 60 fr. mar. v. Nodier.

NOUVEAU recueil de quelques pièces curieuses, tant en prose qu'en vers. *Imprimé à Cologne* (Rouen), 1681, in-12 de 129 pp. 5 à 6 fr. [19419]

Voir, sur ce livret curieux, le *Bulletin du Bibliophile*, année 1858, pp. 1207 et suiv.

NOUVEAU recueil de voyages au nord de l'Europe et de l'Asie. *Genève*, 1785-86, 3 vol. in-4. fig. 15 à 20 fr. [19833]

Il a été fait en même temps deux éditions de ce recueil, l'une in-4. et l'autre en 6 vol. in-8. fig. Les deux derniers vol. in-4. et les quatre derniers in-8. contiennent les *Voyages de Will. Coxe au nord*. Il y a, dans l'un et l'autre format, des exemplaires en beau papier d'Annonay.

NOUVEAU recueil des épigrammatistes françois, par M. B. L. M. (Bruzen de La Martinière). *Amsterdam*, 1720, 2 vol. pet. in-8. fig. 6 à 9 fr. [14211]

Vend. rel. en *mar.* 30 fr. Thierry ; 24 fr. 50 c. Pixerécourt.

NOUVEAU recueil des plus beaux vers. Voy. RECUEIL des.

NOUVEAU Tarquin (le), comédie allégorique (par Le Bel). *Amsterdam, Jacques Desbordes*, 1732 , pet. in-8. de 76 pp. [16583]

Vaudeville assez piquant, dans lequel l'auteur a mis en action l'aventure scandaleuse du P. Girard et de la demoiselle Cadière ; les exempl. n'en sont pas communs : 11 fr. le baron d'Heiss. — Il y a aussi une édition in-12, de 48 pp., sans lieu ni date.—On réunit cette pièce au *Théâtre janséniste*, où doit aussi se trouver la pièce suivante :

EXAMEN de la cause du père Girard, jésuite, à l'occasion de l'arrêt du parlement d'Aix, avec la critique d'un ouvrage intitulé Le Nouveau Tarquin, *La Haye, Henry Prud*, 1732, in-12 de 2 ff. et 72 pp.

Dans cette critique il est dit que l'auteur du Nouveau Tarquin est le même que celui de la *Gazette ecclésiastique*. Si ce dire est sérieux, ce ne serait donc pas J.-J. Bel ou Le Bel, auquel néanmoins plusieurs bibliographes ont attribué l'ouvrage.

NOUVEAU-TESTAMENT. V. TESTAMENT.

NOUVEAU théâtre de la Grande-Bretagne, ou description exacte des palais du roy et des maisons les plus considérables des seigneurs et des gentilshommes dudit royaume, avec figures (par J. Kip). *Londres, Joseph Smith*, 1724 et 1725, 4 vol. in-fol. max. [26730]

Cet ouvrage, qui ne contient guère que des planches, est fort inférieur à ceux du même genre qui se publient maintenant ; cependant il est toujours assez recherché en Angleterre. Le premier volume avait d'abord paru à *Londres, chez David Mortier*, avec un titre anglais (précédé des mots *Britannia illustrata*) daté de 1707, et un titre français (*Nouveau théâtre*) daté de 1708 ; les autres se sont publiés successivement : on en trouve à la date de 1709, 1715 et 1716, et dans l'édition de 1724 elle-même ; le 3e volume a un titre (*Ecclesiarum Angliæ et Valliæ prospectus*) daté de 1719. Les premières éditions, contenant de meilleures épreuves des planches que la dernière, sont celles qu'on préfère, surtout lorsqu'il s'y trouve les vingt-cinq figures de plans et élévations de AUDLEYENDE, gravées en 1676, qui ont été détruites avant qu'il ait pu en être tiré de nombreuses épreuves. C'est ainsi qu'un exemplaire, daté de 1709-24, a été payé 30 liv. 9 sh. à la vente Willett, et seulement 9 sh. de moins à la vente Bekford, en

1817; qu'enfin un exemplaire daté de 1715, rel. en 6 vol., est porté à 47 liv. 5 sh. dans le catal. de Payne et Foss pour 1830, n° 1590.

L'édition de 1724, quoique augmentée de quelques planches, est beaucoup moins chère, et en France elle ne vaut pas plus de 60 à 80 fr. En voici le détail : Tome I, 80 pl., plus 6 ff. pour le titre, la préface et la description ; II, 76 pl., titre et descript., 4 ff. ; III, 66 pl., titre, descript., table, etc., 18 ff. ; IV, 85 pl., avec titre, description et table, 8 ff.

NOUVEAU théâtre d'Italie, ou description des villes, palais, églises de cette partie de la terre (dressée sur les dessins de J. Blaeu). *Amsterd.*, 1704, ou *La Haye*, 1724, 4 vol. in-fol. max. fig. [25212]

Quelques personnes recherchent encore cet ouvrage à cause des fig. qu'il contient : 50 à 60 fr. Le titre de l'édition de 1724 porte : *par Rutg. Christ. Alberts.*

— Voy. THÉÂTRE des États de Savoie.

NOUVEAU traité de diplomatique, par deux religieux bénédictins (D. Ch.-Fr. Toustain et D. Tassin). *Paris*, 1750-65, 6 vol. in-4. fig. [31186]

Ouvrage fort estimé : 130 à 150 fr. Vend. 172 fr. Hérisson ; — Gr. Pap. 200 fr. Dutheil ; 232 fr. *m. bl.* Morel-Vindé, et 313 fr. en 1840 ; 250 fr. *d. r.* non rogné, en 1841 ; 160 fr. rel. en *veau*, Solar.

NOUVEAU traité de la civilité qui se pratique en France, parmi les honnestes gens (par And. de Courtin); seconde édition, corrigée et augmentée. *Amsterdam, chez Jacques le Jeune*, 1672 ou 1679, pet. in-12. [3878]

Deux éditions à *la Sphère*, et qui paraissent être sorties des presses de Dan. Elsevier. La seconde 11 fr. Sensier. Il en existe aussi une de *Bruxelles*, 1675, pet. in-12.

NOUVEAU (le) turcq des chrestiens. *Cologne (Hollande)*, 1683, pet. in-12. 4 à 6 fr. [23837]

Vend. 9 fr. Méon.

NOUVEAU vergier florissant. Voy. JOYEUX bouquet.

NOUVEAU voyage de la flotte de France à la rade des enfers, sous la conduite de l'amiral Tourville, contenant plusieurs particularités très-remarquables sur les affaires du temps présent. *Paris, J. Duchêne (impr. en Hollande)*, 1696, pet. in-12 de 112 pp. en tout. [23865]

Satire piquante écrite à l'occasion du combat de La Hogue; les exemplaires en sont peu communs. Vend. 13 fr. Pluquet.

NOUVEAU voyage pittoresque de la France. Voy. VOYAGE.

NOUVEAUX caractères de la famille royale, des ministres d'Etat et des principales personnes de la cour de France. *Ville-Franche, chez Paul Pinceau (impr. en Hollande)*, 1703, pet. in-8. 5 à 6 fr. [23875]

Édition en gros caractères. Vend. en *mar.* 17 fr.

Chateaugiron ; 23 fr. 50 c. Pixerécourt, et 11 fr. Renouard.

Ce livre est, sous un titre peu différent, le même que celui qui est indiqué au mot CARACTÈRES. Il y a une édition de 1704, pet. in-12, en plus petits caractères que dans l'édition de 1703. Il y en a aussi une sous le titre suivant :

NOUVEAUX portraits et caractères de la famille royale, des ministres d'Etat et des principales personnes de la cour de France, qui ont été ou qui sont; avec une supputation exacte des revenus de cette couronne ; augmentés des portraits et caractères de quelques officiers de l'empire, et d'une chanson sur plusieurs personnes du temps. *Ville-franche, chez Paul Pinceau (Holl.)*, 1706, pet. in-12 de 193 pp., non compris 6 ff. prélim. 15 fr. La Valliere.

NOUVEAUX contes à rire et aventures plaisantes, ou récréations françoises. *Cologne, Roger Bontems*, 1722, 2 vol. pet. in-8. fig. 15 à 20 fr. [17352]

Vend. beaux exemplaires *mar.* 34 fr. Duquesnoy; 50 fr. Labédoyère; 32 fr. Pixerécourt; 60 fr. Ch. Nodier.

Il existe plusieurs recueils antérieurs à celui-ci, et à peu près sous le même titre, mais qui diffèrent plus ou moins entre eux, soit dans leur contenu, soit dans l'ordre des contes.

1° LES RÉCRÉATIONS françoises, ou nouveau recueil de contes à rire, pour servir de divertissement aux mélancoliques, et de joyeux entretiens dans les cours, les cercles et les ruelles. *Rouen, Ferrand*, 1665, 2 vol. in-8.

2° NOUVEAUX contes en vers et en prose, pour se divertir pendant les heures de récréations; tirés de Boccace, de d'Ouville, etc. *Paris, Loyson*, 1678, in-12;—et sous le titre de *Nouveaux contes à rire de Boccace, de d'Ouville, et autres personnes enjouées*, Paris, Loyson, 1692, in-12.

3° RÉCRÉATIONS françoises, ou recueil de contes à rire. *Utopie* (à la Sphère), 1681, in-12. Vend. 18 fr. Bignon.

4° NOUVEAUX contes à rire, ou récréation françoise. *Amsterd., Gallet*, 1699, in-8. fig.— *Cologne (Holl.)*, 1702, pet. in-8. fig. — Deux éditions assez recherchées, par rapport aux vignettes dont elles sont ornées. 9 à 12 fr. Il y en a aussi une de *Cologne, Roger Bontems*, 1719, in-12.

NOUVEAUX récits. Voy. DUROC.

NOUUEL exemplaire pour apprendre à escrire, contenant plusieurs belles sentences, extraictes des histoires anciennes, suyuant l'ordre de l'alphabet, au grand soulagement de la jeunesse, le tout mis en rime françoise (par Jo. de H.). *Anvers, par M. Guillaume Sylvius imprimeur du roy*, 1568, in-4. de 24 ff. [9052]

Opuscule imprimé presque entièrement en caractères de civilité. 40 fr. vente du marquis de C..., 27 mai 1857; 1 liv. 6 sh. Libri, en 1859.

NOUVELLE defense pour les Francoys, a lencontre de la nouuelle entreprinse des ennemys, comprenant la maniere d'euiter tous poisons, auecq les remedes a len-

---

contre diceulx, dedie au gentilhomme qui a faict reponse au secretaire allemand, son amy, sur le different de Lempereur τ du Roy treschrestien Francoys premier (par Bertrand de la Luce). *Paris, Denys Ianot* (1537), in-8. goth. de 52 ff. [23457]

Petit ouvrage fait à l'occasion de l'empoisonnement du dauphin. L'auteur est nommé dans le privilége de François Ier, en date du 4 août 1537. Vend. en *m. r.* 13 fr. 50 c. La Vallière, et plus cher depuis. — Voy. COPIE de l'arrest.

NOUVELLE instruction et remonstration de la tres excellente science du livre de compte, translate d'italian en flameng et de flameng en françois, par la veuue de feu J. Ympin Cristople. *Anvers, Copyns,* 1543, in-4. [4180]

17 fr. Libri-Carucci.

NOUVELLE méthode pour apprendre à dessiner sans maître (par Ch.-Ant. Jombert). *Paris,* 1740 ou 1755, in-4. fig. 12 à 15 fr. [9193]

NOUVELLE méthode pour apprendre la langue grecque (par Cl. Lancelot). *Paris,* 1754, in-8. [10633]

Cette édition est bien imprimée, mais ne contient rien de plus que celle de 1741 et que plusieurs autres d'une date antérieure; elle s'est vendue jusqu'à 24 fr. La réimpression qui en a été faite en 1819 en a réduit le prix à 6 ou 8 fr. La plus ancienne est de 1655.

NOUVELLE méthode pour apprendre facilement la langue latine (par Cl. Lancelot). *Paris,* 1761, in-8. [10815]

Douzième édition de cet ouvrage estimé. Elle est augmentée d'une table des mots latins cités comme exemples; elle a aussi été réimprimée en 1819, ce qui en a fait tomber le prix de 24 à environ 8 fr. Quant aux éditions anciennes (la première est de 1644), elles n'ont qu'une très-faible valeur. Ces deux ouvrages sont vulgairement connus sous le nom de *Méthodes de Port-Royal.*

NOUVELLE moralite dune pauure fille villageoise, laquelle ayma mieux auoir la teste couppee par son pere, que destre violee par son seigneur, faicte a la louange et honneur des chastes et hounestes filles. A quatre personnages. *Paris, Simon Caluarin* (sans date), pet. in-8. goth. de 16 ff., signat. *a—d.* [16264]

Édition originale, très-rare. Une copie figurée sur VÉLIN a été vend. 40 fr. Méon. — Réimpr. en 1800, par les soins de Caron (voyez CARON); ensuite vers 1832, en lithographie, et comme fac-similé de l'édition originale. Cette dernière réimpression a été tirée à 40 exemplaires, tous sur pap. de Chine.

NOUUELLES (les) admirables : lesquelles ont envoyees les patrons de gallees qui ont ete transportez du vent en plusieurs et diuers pays et ysles de la mer et principallement es parties des Yndes, et ont veu tant de diuerses nations de gens et de bestes que cest merueilles, desquelles la declaration appert en ces pñt' lettres escriptes en la cyte darielle le vi jour de may. *(au recto du dernier f.)* : Cy finent les nouelles admirables q̃ les capitaines des gallees ont veues en diuerses yles de mer vers les parties oriëtalles, pet. in-4. goth. de 6 ff. à 29 lig. par page. [17323]

Facétie dans le genre de la prétendue lettre de Prestre Jehan, et plus extravagante encore. L'exemplaire ici décrit, le seul que nous connaissions, fait partie d'un précieux recueil de 25 opuscules françois impr. à la fin du XVe siècle, lequel se conserve dans la bibliothèque publique de Nantes. Au verso du titre des *Nouvelles admirables,* se trouve une estampe sur bois qui figure dans d'autres opuscules du même recueil, tels que les *Lettres envoyées de Rome, de Naples, etc.,* comme aussi dans la pièce en vers intitulée *Louenge de la victoire du tres chrestien roi de France* (voy. LOUENGE). Les Nouvelles admirables sont réimpr. dans le 5e vol. des *Variétés historiques,* publiées par M. Ed. Fournier; elles y sont accompagnées de notes curieuses.

NOUVELLES amours de Louis-le-Grand, comédie. *Paris, chez Ant. Brunet (Hollande),* 1696, pet. in-12 de 160 pp., avec une gravure au frontispice. [16580]

Pièce en cinq actes et en prose: 15 fr. La Vallière; 27 fr. Bignon. Elle a été réimprimée sous le titre d'*Amours de Louis-le-Grand et de Mlle du Tron* (voy. AMOURS).

NOUVELLES bõnes, lesquelles sont produictes et venues d'Oriët, bien brefues entre Sophin ou Sophias nõme et le grant Turc et Soubdan. cõment le grant Turc a gaigne la ville de Damast Hierusalë Al kayr auecques plusieurs aultres villes gisantes bien pres. Et comment le grant Turc a ouy messe envirõ le sepulchre de nr̃e seignr̃ et redẽpteur Jesuscrist. *(Paris, avec la marque de Jehan Richard,* 1517), pet. in-4. goth. de 4 ff. [27898]

Opuscule rare, vend. 16 fr. *mar.* en 1841. Une autre édition de cette même pièce, *Imprime en la ville imperiale d'Anpuers, par moy Guillaume Vosterman* (vers 1517), pet. in-4. goth. de 4 ff., fig. en bois. 37 fr. *mar. r.* Cailhava.

NOUVELLES. Nouuelles certaines des isles du Peru. *Lyon, chez Francoys Juste* (1534), in-16 goth. de 8 ff.

Morceau qui paraît être tiré de la relation de Fr. Pizzaro, dont nous parlons à l'article CONQUISTA del Perú.

NOUVELLES. Nouuelles de la cite Dafricque en Barbarie, prinse par les capitaines de larmee de lempereur au Xe iour de septembre anno 1551. *Jmprime en Anuers par Syluestre de Paris, tailleur de formes,* pet. in-8. goth. de 8 pages. [28390]

Vend. 23 fr. *m. r.* en 1841.

NOUVELLES de Rome touchant lempereur. *Imprime en Anvers au Naveau, par moi Michiel de Hoochstraten, lan* M. D. XXXVI, in-4. goth. de 4 ff. 60 fr. *mar. r.* Solar. [26055]

Récit de l'entrevue de Charles-Quint et du pape Clément VII. Nous en avons déjà parlé, II, col. 1006, à l'article ENTRÉES.

NOUVELLES de la terre de prestre iehan (cy apres sensuyuent les), pet. in-4. goth. de 14 ff. non chiffrés, à longues lignes, au nombre de 25 sur les pages. [28420]

Édition de la fin du XVᵉ siècle. Au recto du 1ᵉʳ f. se lit le titre ci-dessus imprimé en deux lignes. Le texte commence de cette manière : *Prestre iehan par la grace de dieu roy sur tout les roys xpistiens mandons salut a lempereur de rome et au roy de france...;* le dernier f. est tout blanc. Vend. 6 fr. La Vallière ; 550 fr. Walckenaer, et rel. en *mar. vert* par Bauzonnet, 330 fr. Solar.

— Sensuiuent plusieurs nouuelletes | et diuercites estant entre les bestes | en la terre de Prestre Jehan. — Cy finissent les diuersites des hommes, des bestes et des ouseaulx qui sont en la terre du Prestre Jehan. *Imprime a Paris, par Jehan Treperel* (sans date), pet. in-4. goth. de 8 ff. 24 à 30 lignes par page; sur le titre la devise et la marque de Treperel.

100 fr. *mar. r.* Cailhava.

— PRESTRE JEHAN. — *Cy finissent les diuersites des hommes, des bestes et des oyseaulx q sont en la terre de prestre Jehan, imprime a paris par le petit laurens pres sainct Yves,* pet. in-4. goth. de 8 ff. à 29, 30 et même 31 lignes par page.

A la fin du texte, avant *cy finissent les diuersites,* on lit : *donné en nostre sainct palays le dernier natiuite cinq cens et vii,* ce qui est également dans les autres éditions de cet opuscule. C'est cette date qui a fait annoncer la présente édition sous l'année 1507, mais il n'est pas certain que ce soit celle de l'impression du livre.

Le texte de cette facétie, que MM. Jannet et Duplessis ont donné à la suite de leur édition de *la Nouvelle fabrique,* impr. en 1853 (voy. ALCRIPE), a été collationné et complété d'après deux édit. anciennes, savoir : celle de Treperel, en 8 ff., et l'édit. sans nom de libraire, en 14 ff. ci-dessus. Ces deux éditions diffèrent dans l'orthographe et même dans le texte. Les nouveaux éditeurs supposent que l'édit. en 14 ff. est la plus ancienne ; elle est moins complète que l'autre dans quelques menus détails, mais on y trouve un passage assez long qui a été omis dans cette dernière, et probablement aussi dans celle du Petit Laurens.

N'oublions pas de le dire, cette lettre fabuleuse se trouve dans plusieurs manuscrits de la Bibliothèque impériale, et particulièrement dans un recueil gr. in-4. du XIVᵉ siècle, décrit dans les *Manuscrits françois* de M. P. Paris, VI, pp. 383 et suiv. C'est d'après ces textes manuscrits, plus complets que les anciens imprimés, que M. Jubinal a donné cette facétie dans son édition de Rutebeuf, publiée en 1838. Depuis, M. Ferdinand Denis l'a fait réimprimer (d'après une des éditions anciennes décrites ci-dessus) dans un petit volume ayant pour titre : *Le Monde enchanté, cosmographie et histoire naturelle du moyen âge,* Paris, A. Fournier, 1843, in-32. On trouve dans le 21ᵉ vol. de l'*Histoire littér. de la France,* pp. 797 et suiv., une notice curieuse de M. P. Paris sur cette même pièce.

Sur les deux lettres apocryphes écrites au XIIᵉ et au XIIIᵉ siècle au nom de Prestre Jean, la seconde,

adressée à l'empereur Frédéric, est celle qui a été impr. à la fin du XVᵉ siècle, tant en latin qu'en françois.—Pour le texte latin, voy. l'article JOHANNES presbyter ; — pour une imitation en vers italiens, voy. DINO.

NOUVELLES d'Elisabeth, reyne d'Angleterre. *Suivant la copie impr. à Paris, chez Cl. Barbin (Amsterdam, Elzevir),* 1680, 2 part. en 1 vol. pet. in-12. [17201]

Vend. 15 fr. Mazoyer ; 12 fr. Bérard ; en *mar. vert,* 38 fr. Solar.

NOUVELLES. Nouuelles Dindie, et de la terre neufue, auecq la description comment le roy et la royne de Lanoz se sont baptisez et faictz chrestiens auecq plus de trois cens mille ames. Item la vie, mœurs et coustume de la nation du dict pays, mis en lumiere par M. Andria Mattheo, auecq une lettre a la royne de Portugal par leuesque de Goa. *Jmprime en Anvers par Jehan de Laet* (vers 1549), pet. in-8. goth. de 28 pp.

Vend. 10 fr. *m. r.* en 1841.

NOUVELLES (les) et antiques merveilles. Voy. t. II, col. 1327, FONTAINE (*Charles*).

NOUVELLES fleurs (les) du Parnasse. *Lyon, Dan. Gayet,* 1667, pet. in-12. [13986]

Ce petit recueil renferme les imitations de Catulle, de Martial, de dix dialogues de Lucien, des églogues, des stances, des ballades facétieuses et satiriques, et aussi un *Voyage de l'amour à l'île de Madagascar.* La dédicace de l'auteur à M. Lachenu est signée A. Noël.

NOUVELLES françoises en prose du XIIIᵉ siècle, publiées d'après les manuscrits, avec une introduction et des notes, par MM. L. Moland et C. D'Hericault. *Paris, P. Jannet,* 1856, in-16. [17329]

Les cinq nouvelles réunies dans ce volume sont : *Li contes du roi Coustant l'empereur. — Li amitties de Ami et Amile. — Li contes du roi Flore et de la belle Jehane. — Istoire doutre mer (la Comtesse de Ponthieu). — C'est d'Aucasin et de Nicolete,* Prose et vers, avec la musique.

NOUVELLES (les) lumières politiques pour le gouvernement de l'église, ou l'évangile nouveau du cardinal Palavicin, révélé par lui dans son histoire du concile de Trente. *Suivant la copie impr. à Paris, chez Jean Martel,* 1676, pet. in-12. [21697]

Ouvrage satirique, attribué à J. Le Noir : 3 à 6 fr. 8 fr. *m. bl.* Chardin, et quelquefois plus cher.

L'édition de *Cologne, P. Marteau,* 1687, est la même que celle de 1676, et il n'y a de réimpr. que les 12 prem. ff. Selon Barbier (*Diction. des anonymes,* nᵒˢ 6110 et 14459), il en existerait des exemplaires sous le seul titre d'*Evangile nouveau du cardinal Palavicin,* et il y aurait une autre édition sous celui de *Politique et intrigues de la cour de Rome,* Cologne, 1696, in-12. Enfin, au dire du même bibliographe, cet ouvrage aurait été plus tard rédigé en forme de dialogues, et publié, avec quelques changements, sous ce nouveau titre :

POLITIQUE charnelle de la cour de Rome, tirée de

l'histoire du concile de Trente, du cardinal Palavicin, *sur l'impr. à Rome*, 1719, in-12.—Cette nouvelle rédaction a été attribuée à Dumarsais.

NOUVELLES nouvelles (les cent). Voy.
CENT.

NOUVELLES prédictions de la destinée
des états et des empires du monde ; les
desseins du roi d'Angleterre, les intrigues
de la cour de France ; la naissance et l'é-
ducation du prince de Galles (par le duc
de Schomberg). *Londres (Holl.)*, 1688,
pet. in-12. 6 à 9 fr. [27004]

Vend. 23 fr. *non rogné*, Pixerécourt.
Avant la publication de cet ouvrage il en existait un
autre du même genre, mais tout différent de celui-
ci, sous ce titre :
    PRÉDICTIONS sur la destinée de plusieurs princes
    des estats du monde. *Anvers, les héritiers de Jean
    del Campo*, 1684, pet. in-12, avec une 2e partie en
    latin.

NOUVELLES recréatives, ou le Nouveau
Panurge. Voir la fin de l'art. RABELAIS.

NOUUELLES (les) ve‖nues à Lyon de la
reception de nos ‖ seigneurs les Dauphin
& duc ‖ Dorleans en France. Auec priuilege pour ung moys. (*sans lieu ni date*),
pet. in-4. de 4 ff. non chiffrés, sign. A.
[23456]

Pièce fort rare, terminée par un rondeau. Elle paraît
avoir été impr. à Lyon, en 1530, époque de la délivrance des enfants de France qui étaient restés en
otage à Madrid. M. Allut l'a reproduite textuellement aux pp. 228-233 de son Étude sur Champier.

NOVA canzon. (N)uoua canzon de femena
tristitia ‖ (q)va amaestrando chi te sta
audire ‖ (t)e conta parte de lor malitiæ‖.
(au verso du dernier f.): *Gabriel Petri
impressit*, Finis. in-4. de 8 ff. non
chiffrés, et sans signat. ni réclames, à
36 vers par page. [14979]

Cet opuscule n'a pas de frontispice. La première octave commence par les trois vers dont nous avons
formé le titre ci-dessus, et il doit avoir été impr.
soit à Venise, soit à Tusculanum, où Gabriel Petri
a successivement résidé de 1472 à 1480..... Vendu
80 fr. Riva.

NOVA corona Mariæ. (in fine): Absolutum est hoc opus... *Parisiis in ædibus
Joannis Argentoracensis industria
calchographie artis opificis ; inpensis
Joannis Briensis et Joannis Hon-
goti... anno a virginali partu duodecimo supra M. D. nona die martis*,
in-fol. goth. [1673]

Vendu 34 fr. Borluut.

NOVA de universis philosophia. V. PATRIZI
(*Fr.*).

NOVA Francia. Voy. ERONDELLE.

NOVA legenda Angliæ. Voy. CAPGRAVE
(*John*).

NOVARIA (*Th.* a). Voy. OBICINUS.

NOVARINI (*Luigi*). Calamità da' cuori,
cioè la vita di Giesu nel ventre di Maria.
Verona, Rossi, 1642 ou 1647, pet. in-12.
[1669]

Petit livre remarquable par la singularité du titre.
On y réunit l'ouvrage suivant du même auteur :
    PARADISO di Betelemme, cioè la vita di Giesu nel
    presepio. *Verona, Merlo*, 1646, pet. in-12.
Les écrits théologiques de Novarini sont nombreux,
mais ne jouissent d'aucune considération. Niceron
en a donné la liste dans le 40e vol. de ses Hommes
illustres.

NOVATI mediolanensis advocati (*Hieronymi*) pro serenissima D. Catharina de
Castiglia de Aragonia Angliæ regina alle-
gationes. *Romæ, Ant. Bladus* (1532),
in-4. [26908]

Cette pièce est rare et elle conserve du prix en Angleterre : 1 liv. 18 sh. *m. r.* Butler.

NOVATIANUS. Opera quæ supersunt omnia, post Jac. Pamelii recensionem ad
antiquiores editiones castigata et a multis
mendis expurgata, illustrata etiam co-
piosissimis observationibus et notis :
studio J. Jackson. *Londini, Darwy et
Browne*, 1728, in-8. 6 à 8 fr. [971]

Bonne édition qui a effacé celle d'*Oxford*, 1724, in-8.,
donnée par Edward Welchmann. L'éditeur ayant
rejeté de son texte plusieurs corrections qu'avait
proposées Sim. Crellius, sous le nom de *Lucius
Mellierius Artemonius*, dans son *Initium exacta.
Joannis* (*Lond.*, 1726, in-8.), cela donna lieu à la
publication d'un écrit intitulé : *Artemonii defensio
emendationum in Novatiano factar. contra. J.
Jackson* (Lond., 1729), in-8.

NOVE de le Isole et Terra ferma novamente
trouate in India pel el capitaneo de lar-
mata dal la cesarea maiestate. *Mediolani,
per Andream Calvum*, 1522, in-4. de
6 ff. [21062]

Courte relation du voyage de Fern. Cortez. Elle est
fort rare. Voy. CORTES (*Hernan*).

NOVELAS amorosas de los mejores ingenios de España. *Zaragoça*, 1649, et *Barcelona*, 1650, in-8. 4 à 6 fr. [17635]

Deux éditions peu correctes. Celle qui fait partie du
tome VIII des *Obras de Lope de Vega* (voy. VEGA),
est meilleure. De huit nouvelles que renferme ce
recueil, les quatre premières seulement sont de
Lope de Vega ; on ne nomme point l'auteur des
autres.

NOVELETTA di Maistro Giordano da
Pontremoli di autore anonimo scripta
nel buon secolo della lingua e non mai
fin qui stampata. *Lucca, Frienchi e
Maionechi*, 1853, in-8. de 8 ff. [17510]

Cet opuscule, dont il n'a été tiré que 20 exempl., est
une production du chevalier Francesco Zambrini,
de Faenza, qui en a trouvé le sujet dans un manuscrit du XIVe siècle.

On doit encore à la plume du chevalier Zambrini quatre nouvelles publiées sous ce titre :

NOVELETTE inedite di autore anonimo del XII secolo. *Lucca, tipografia Rochi*, 1856, in-8.

Tiré à 30 exemplaires, quelques-uns sur pap. anglais.

NOVELIST's Library (Ballantyne's), comprising the works of the best english novelists; with selection from the german, french and italian, to which are prefixed the lives of the authors, and critical notices of their writings, by a celebrated author. *Edinburgh, Ballantyne,* and *London, Hurst,* 1821-24, 10 vol. gr. in-8. 90 à 100 fr. [7715]

Collection impr. à 2 col., en petits caract., et dont chaque vol. renferme la matière de 8 ou 10 vol. ordinaires. Elle n'a pas été terminée; cependant on y remarque les romans de Fielding et de Smollett, ceux de Richardson, la traduction du Gil-Blas, du Diable boiteux et du Stev. Gonzales de notre Le Sage, etc. C'est à Walter Scott que sont dues les notices biographiques et les remarques critiques qui enrichissent ce recueil. Cette partie, tout à fait digne de cet illustre écrivain, a été traduite en français par M. Defauconpret. *Paris,* 1826, 4 part. in-12.

On a publié à Londres, en 1831, au prix de 15 liv., une collection en 50 vol. pet. in-8. intitulée : *The modern novelists, with prefatory remarks on each author.* — Voy. BRITISH novelist.

NOVELISTAS anteriores a Cervantes. *Madrid, Rivadeneyra,* 1849, 1 vol. gr. in-8. à 2 col. 15 fr.

Ce volume contient un discours préliminaire de D. Bonav. Carlos de Aribau sur la *primitiva novela española; La Celestina,* de Fernando de Rojas y Rodrigo de Cota; *Lazarillo de Tormes,* de Hurtado de Mendoza, auteur incertain, et de H. Luna; *El Patrañuelo,* de Jean de Timoneda, et *El Sobremesa y alivio de caminantes,* du même auteur; *Doce cuentos* de J. Aragonés; *Guzman de Alfarache,* de Mateo Aleman et Mateo Lujan de Sayavedra; *Clareo y Florisea,* par Alonso Nuñez de Reinoso; *Selva de aventuras,* par Jer. de Contreras; *Historia de Abenceraje y la hermosa Jarifa,* par Ant. de Villegas; *Guerras civiles de Granada,* par Ginés Perez de Hita.

NOVELISTAS posteriores a Cervantes. *Madrid, Rivadeneyra,* 1851, 2 vol. gr. in-8. à 2 col. 30 fr.

Tome I, *El Quijote,* de Avellaneda; *El Español Gerardo,* de Céspedes; *El Soldado Pindaro,* du même; *El Escudero Marcos de Obregan,* de Vincent Espinal; *Los tres Maridos burlados,* de Tirso de Molina; *El Donado hablador,* de Jeronimo de Alcalá, avec une notice biogr. de D. Cayetano Rossell. — Tome II. *Introduccion, Bosquejo historico sobre la novela española,* par D. Eust.-Fern. de Navarrete; Nouvelles : *El Curioso y sabio Alejandro,* par Alonso Jeron. de Salas Barbadillo; *El Diablo cojuelo,* par L. Velez de Guevara; *La Picara Justina,* par Fr. Lopez de Ubeda; *La Garduña de Sevilla, la Inclinacion española* et *el Disfrazado,* par Alonso de Castillo Solorzano; *Vida de Don Gregorio Guadaña,* par Ant. Enriquez Gomez ; *Vida y hechos de Estevano Gonzales; los tres Hermanos,* par Fr. Navarrete, etc.

NOVELLA antica scritta nel buon secolo della lingua. *Venezia, dalla Tipografia di Commercio,* 1832, in-8. [17430]

Opuscule publié à l'occasion d'une noce par l'archiprêtre *Giovanni della Lucia,* lequel annonce l'avoir extraite d'un ancien manuscrit en sa possession. Il en a été tiré 50 exempl. en Gr. Pap. vélin (Gamba, *Bibliografia,* p. 68).

NOVELLA, cioè copia d'un caso notabile intervenuto a un gran gentiluomo genovese, cosa molto utile ad intender e di gran piacere, ec. alli illustr.... gentiluomini di Venezia, M. Vincenzo Cancelliere da Pistoja astrologo. *Venezia* (senz' anno, sec. XVI), in-4. [17471]

Vend. 1 liv. 16 sh. Borromeo.

Cette nouvelle, très-rare de cette édit., n'est autre chose que la première nouvelle de la prem. nuit de Straparola, qui a encore été réimpr. *in Venezia ad instanza di mess. Vincenzo Cancelliere da Pistoia,* 1558, in-8. et dans les *Novelle otto, etc.,* ci-après.

NOVELLA dell Grasso Legnajuolo. Cosa molto piacevole, et ridiculosa. *Firenze,* 1566, *del mese di Gennaio;* in-4. de 6 ff., avec une grav. sur bois au frontispice. [17424]

Cette nouvelle fut composée vers 1450, et publiée pour la prem. fois dans l'édit. du Décameron de Boccace, *Firenze, Giunti,* 1516, gr. in-8. Elle a été réimpr. dans le Boccace d'Alde, 1522, et dans les *Novelle antiche,* édit. de 1572. L'édit. de Florence, 1554, in-4., la prem. publiée séparément, est rare ainsi que celle de 1566. Celle de Florence, 1576, in-4. de 6 ff. également sans nom d'imprimeur, a été vend. 3 liv. 19 sh. Hibbert, et 40 fr. *mar. r.* Libri, en 1847. Il y en a d'autres de *Florence,* 1588, 1616, 1622 et 1623, in-4.

— Novella antica del Grasso Legnajuolo, scritta in pura toscana favella, ed ora ritrovata vera istoria da D. Mar. Manni. *Fiorenza,* 1744, in-4. 8 à 10 fr.

Il y a des exempl. en Grand Papier.

— La medesima novella. *Firenze, Magheri,* 1820, in-4., avec le portrait de Grasso.

Édition donnée d'après un manuscrit de la bibliothèque Magliabecchi, par M. Dom. Moreni, qui y a joint une bonne préface de sa composition, et y a ajouté un dialogue entre le Grasso, le Brunellesco, le Donatello et autres.

⁻ Voy. DAVANZATI.

NOVELLA. La nouella della figliuola (*sic*) del mercatante che si fuggi la prima sera dal marito per nòn essere impregnata. (*senza alcuna data*), in-4. de 4 ff. à 2 col. de 32 lignes, caract. rom. [14922]

Nouvelle en stances de huit vers, impr. au commencement du XVI° siècle. On y remarque 3 jolies vignettes, dont la seconde est fort singulière. Le recto du 4° f. n'a que deux octaves, et au-dessous : *Finita è la nouella dela figliuola del mercatante.* 95 fr. *mar.* Libri, en 1847.

— Novella della figliuola del mercante. (*senza luogo ed anno*), in-4. de 4 ff. à long. lign. au nombre de 34 par page, lettres rondes. [14922]

Cette nouvelle commence par ce vers :

    Al nome si a di Christo benedicto.

NOVELLA (Incomincia la) di messer Alexandro di Siena. (*senza luogo ed anno*), in-4. de 4 ff. à 2 col. de 48 vers. caract. goth. [14922]

Nouvelle *in ottava rima*, impr. au commencement du xvie siècle (La Valliere, 3548, art. 3).

NOVELLA di Anselmo Salimbeni ed Angelica Montanini. *Venezia, Andreola,* 1813, gr. in-8. [17429]

Cette nouvelle, écrite au commencement du xve siècle, est tirée de la *Cronaca dell' anonimo sanese* insérée dans le 19e vol. des *Scrittori delle cose d'Italia* de Muratori. Le même sujet a fourni à Bernardino Ilicino, à Gentile Sermini et à Matteo Bandello, le texte d'une de leurs nouvelles. — Il a été tiré sur VÉLIN deux exempl. de cette édit., avec la dédicace, et douze en pap. vél., à la fin desquels se lit : *Uno de' 12 soli esemplari impressi in carta velina senza la dedicazione per le Nozze Sale-Mocenigo. In suo luogo leggesi la prefazione a questi soli 12 esemplari premessa da Bartolommeo Gamba.*

NOVELLA di Bussotto. Voy. tome III, col. 219, à l'article HISTORIA.

NOVELLA. La nouella di Cerbino. (*senz' alcuna data*), in-4. de 6 ff. non chiffrés à 2 col. de 36 lign. [14922]

Nouvelle *in ottava rima*, impr. probablement à Florence, à la fin du xve siècle ou au commencement du xvie. Sur le recto du prem. f. est une jolie vignette sur bois, représentant trois navires en mer. Au-dessus se lit le titre, et au-dessous sont les deux prem. octaves, commençant : *O sacre o sancte o gloriose muse.* Le verso du dern. f. contient 8 octaves et le mot *finis*. Voici le dernier vers :

Che man côdocto alporto di salute.

Cette nouvelle est du poëte qui a pris le nom d'*Altissimo*. 61 fr. *mar. r.* Libri, en 1847.

NOVELLA di Cornelia Bentivoglio ed Alfonso d'Este. *Milano, Pirotta,* 1833, in-8. [17478]

Tiré d'un manuscrit de la *Marucelliana*, et publié pour la première fois par le chevalier Pompeo Litta. Il y a six exempl. *in carta distinta*, et deux exemplaires *in carta grande d'Olanda* (Gamba, *Bibliografia*, p. 146).

NOVELLA di Dioneo e Lisetta. *Londra* (*Milano*), 1808, in-4. [17479]

Nouvelle écrite au xvie siècle, et publiée au xixe, par les soins du marquis Trivulzio.

Il en a été tiré un seul exempl. *in carta turchina*, et six en pap. commun. On en a fait une réimpression in-8., à Venise, en 1820, sous la date de 1812, au nombre de 50 exemplaires, savoir : 6 sur pap. anglais, 12 sur pap. de France, et 32 *in carta cerulea di Toscolano* (Gamba, *Bibliografia*, p. 144).

NOVELLA. La nouella di Gualtieri Marchese di Saluzzo, il quale non volendo pigliar moglie fu costretto da suoi baroni di pigliarla, & esso per non farse sugetto a donna per gran dote si delibero pigliare una poverella chiamata Griselda, figliuola d'un contadino detto Gianucciolo. (*senz' anno*), pet. in-4. de 4 ff. à 2 col. de 46 lign. en lettres rondes, avec une fig. sur bois sur le premier f. [14923]

Nouvelle en vers commençant ainsi :

eccelse diue gloriose suore.

C'est une édition du xvie siècle, formant l'article 1er

du n° 3548 du catalogue de La Valliere, en 3 volumes.

— LA STORIA di Gualtieri, marchese di Saluzzo, in-4. de 4 ff. à 2 col. avec une fig. sur bois au recto du 1er f.

Édition impr. vers 1550. 15 fr. Libri.

NOVELLA di Lionora di Bardi, ed Ippolito Buondelmonti. *Triviso, a di* VIII *Novem.*, MCCCCLXXI, pet. in-4. de 15 ff. à 24 lign. par page. [17428]

Vend. 35 flor. Crevenna ; 6 liv. 7 sh. 6 d. Borromeo ; 1 liv. 12 sh. Heber.

Cette nouvelle, très-rare, est, sinon la première de cette nouvelle, tout au moins la plus ancienne avec une date : on y reconnaît les caractères que Gerard de Lisa a employés pour son édit. de *Mercurius Trismegistus*, sous la date de 1471.

— Novella di Lionora de Barbi e Ippolito Buondalmonti. *Impresso Bononiæ per Ugo Rugerius et Dominus Bertochus,* in-4.

On cite cette édition et on en rapporte même la souscription dans la préface des *Novelle scelte* (publ. à Londres, en 1814), in-8., où l'on suppose qu'elle a été impr. en 1470. Il y en a un exempl. dans la biblioth. du duc de Marlborough, à Blenheim.

— La stessa. — *Explicit historia Hipoliti impressa Venetiis per me magistrum Iohannem scriptorem de c. Augusta. Laus deo glorioseque uirgini Marie.* M. CCCC. LXXII, in-4. de 16 ff. dont le dernier est blanc (vu par Gamba).

Voici la description d'une autre édition ancienne de cet opuscule impr. sans date, mais qui doit être à peu près de la même époque que la précédente. C'est un pet. in-4. de 12 ff. non chiffrés, à 25 lignes par page et en lettres rondes. Le texte commence au recto du 1er f., de cette manière :

(N) ELLA MAGNIFICA ET BEL
    lissima cita de firenza sono doi

Le verso du dernier f. n'a que 21 lignes, dont voici les deux dernières :

Cer : animo : paura : dolceza
            FINIS.

Comme cette nouvelle se trouve quelquefois reliée avec les deux petits opuscules de L.-B. de Albertis, *De amore* et *De amoris remedio* (datés de 1471, dans un seul vol. de première reliure, voy. ALBERTI), on a pensé qu'elle pourrait bien avoir été, non-seulement impr. dans la même année, mais encore composée par le même auteur que ces deux opuscules. — L'exemplaire impr. sur VÉLIN, relié avec les deux traités ci-dessus, qui se trouvait à la vente Mac-Carthy, était de l'édition que nous venons de décrire, et il ne portait point la date de 1471, comme le marque par erreur le catal. de cette riche bibliothèque : il a été acquis pour la Bibliothèque impériale.

En confrontant la description que donne Jos. Van Praet (IV, p. 282) de l'exemplaire sur VÉLIN de l'édition sans date, on est tenté de croire que cette édition n'est pas la même que celle (de la biblioth. de l'abbé Tommaso de Lucca, à Venise), également sans date, qui est décrite, avec peu d'exactitude, il est vrai, dans les *Memorie trevigiane*, p. 47, et qu'on dit être impr. à Florence, aussi dans l'année 1471, avec les caractères du Phalaris, traduit en italien par Fonzio. Voici, au reste, les passages de cette prétendue édition de Florence, rapportés par Federici dans l'ouvrage ci-dessus : 1° au commencement de la nouvelle : *Nella magnifica e bellissima città di Firenze sono doi Casate di antiqua nobilita, e gentilezza, l' una chiamata de Bardi, e l' altra de Bondalmonti...* ; tandis qu'on lit dans l'édition de Trévise : *Nella magnifica e bellissima citta di* Fiorenza *sono* due Chaxate *di antiqua nobilita e gentilezza;* à la fin (édit. dite de Florence) : *Che diremo adunque : dovemo noi dire male dell' amore che fu cagione di tanto bene. Certo quella persona che mai non e ponta da esso amore ne puo sapere che cosa sia malenconica; piacer, animo, dolcezza. Finis.* — Dans l'autre (de Trévise) : *Che diremo adunque de amore che fu caxone di tanto bene certo quella persona che e mai punta di amore : non puo sapere che cosa sia* malenconia, *piacere, animo, paura, dolore, e dolcezza. Finis.*

— La stessa. *Mutinæ, Mich. Volmar* (absque anno), pet. in-4. de 15 ff. à 24 lign. par page, sign. *a, b, c,* plus 1 f. blanc.

Cette édition se trouve et dans la Biblioth. royale de Dresde et chez le marquis Trivulzio, à Milan. Ce dernier exemplaire est probablement celui que décrit Molini (*Operette,* p. 118) et qu'il dit avoir vendu 20 sequins.

Les deux premières lignes du recto du premier f. de cet opuscule sont ainsi disposées :

(N) ELLA MAGNIFICA
e belissima cita de Fiorenza.

et les 23e et 24e lignes du 15e f. verso contiennent la souscription suivante :

Explicit historia Hipoliti ipressa mutine per me magistrum Michahelem Volmar

— Incomincia la historia de Hipolito e Lionora. *Finis* MCCCCLXXV. *Adi* X *April. in Triviso G. F.* (*Girardo di Flandria*), in-4. de 15 ff. chiffr., caract. romains.

Édition plus rare encore que celle de 1471 : elle est portée à 4 liv. dans la *Bibliotheca heber.,* t. I, 5144.

Cette nouvelle a été réimprimée à *Londres,* 1813, in-8., mais tirée à 50 exempl. seulement (vend. 40 fr. Chateaugiron) : elle forme aussi le commencement d'une collection des nouvelles italiennes publiées par M. S.-W. Singer. — Voy. NOVELLE scelte.

Le Bandello s'est approprié cette petite composition anonyme (voy. sa nouvelle XLVIII), en en changeant le titre, les noms propres et celui de la ville où se passe l'action. — Pour une nouvelle en vers sur le même sujet, voy. t. III, col. 221, au mot HISTORIA.

NOVELLA di Tedaldino e monna Rosa. (*senza data*) (*Venezia,* 1831), in-8. [17417]

Cette nouvelle, composée dans le XIVe siècle, roule sur le même sujet que la 17e nouvelle des *Diporti,* du Parabosco. C'est Gamba qui en a été l'éditeur. L'édition a été faite à l'instar d'un manuscrit du XVe siècle, en petit format, avec le titre TEDALDINI ET ROSE FABULA, en rouge et noir. Il en a été tiré 50 exemplaires sur pap. vél., 6 sur pap. étranger, et 2 sur VÉLIN.

NOVELLA di Torello del maestro Dino del Garbo, alla quale si aggiunge la novella stessa di Franco Sacchetti, ed altre due di questo autore, col supplimento di Vincenzo Follini. *Firenze, all' insegna di Dante,* 1827, in-8. [17419]

La *Novella di Torello* est l'ouvrage d'un anonyme du XIVe siècle. Il n'a été tiré de cette édition que quelques exempl. *da regalare,* comme disent les Italiens : un exempl. impr. sur VÉLIN, 30 fr. Boutourlin.

NOVELLA d'incerto autore del secolo XV, pubblicata per la prima volta da un codice palatino. *Firenze, all' insegna di Dante,* 1834, in-8. [17432]

M. Joseph Molini, éditeur de cette nouvelle, l'attribue à un écrivain florentin anonyme, et pense qu'elle a été composée vers 1470. Le sujet est le même que celui d'une nouvelle attribuée à Molza, publiée à Bologne, en 1547, et reproduite par Sansovino dans les 2e et 3e édit. de ses *Cento Novelle,* en 1562 et 1563, laquelle nouvelle commence par ces mots : *Una figliuola del Re di Brettagna si fugge dal padre...* Du vol. impr. en 1834, il a été tiré seulement 80 exempl. sur pap. vél. du pays, 12 sur pap. anglais à dessin ; 6 sur pap. d'Annonay de couleur, et un sur VÉLIN d'Augsbourg, avec miniature.

NOVELLA nuovamente intervenuta a Gambara, villa del Bresciano. *Brixiæ, apud Ludovicum Britannicum,* 1560, in-8. de 8 ff., y compris le frontispice. [17477]

Au commencement de cette nouvelle est une lettre de l'auteur anonyme, en date *del mese di Giugno,* 1558, et adressée à S. M. G. A.

NOVELLA piacevole di uno dottor Bolognese, il quale odiaua li ragionamenti amorosi, e con astutia fu nelli medesimi laci auolto. — *In Venetia per Girolamo Calepino* (senz' anno), in-8.

Cette nouvelle est la même que la trente-cinquième des *Porretane* de Sabadino degli Arienti (voyez SABADINO). Il en existe une autre édit. in-8. de 4 ff. en lettres ital., également impr. au XVIe siècle, sans lieu ni date, et dont le titre porte la marque de *Jacopo da Borgofranco.*

NOVELLA tratta da un codice della biblioteca capitolare di Verona. Voy. ARETINO (*Leonardo*).

NOVELLE antiche (Ciento). Voy. CENTO.

NOVELLE cento amorose. V. BISACCIONI.

NOVELLE di alcuni autori fiorentini. *Londra* (*Livorno*), 1795, pet. in-8. 3 à 5 fr.

Recueil de nouvelles de dix auteurs différents.

NOVELLE di autori senesi. *Londra* (*Livorno*), 1796-98, 2 vol. pet. in-8. 6 à 10 fr.

Ces deux recueils font partie de la collection décrite ci-dessous, au mot *Novelliero.* Il en a été tiré quatre exempl. sur pap. bleu.

NOVELLE due. *Siena, Jacopo Pocavanza,* 1826 (*Milano,* 1824), in-8. [17417]

La première de ces deux nouvelles est tirée d'un manuscrit du XVe siècle, conservé à Rome dans la biblioth. Barberine; l'autre est extraite d'un ouvrage de Louis Dolce, intitulé : *Dialogo piacevole, etc.,* Venezia, 1542, in-8. Il n'a été tiré de ce volume que 5 exempl. sur papier de couleur, fabrique française, et 1 sur VÉLIN pour la biblioth. Trivulzio.

NOVELLE due tratte del Giornale Arcadico. (*senz' alcuna data*), in-8. [17415]

Réimpr. à Milan par les soins du marquis Gio. Giacomo Trivulzio, et tiré à 14 exempl. seulement. On y a ajouté depuis une 3e nouvelle.

Ces nouvelles sont extraites du 45e vol. du *Giornale Arcadico,* ann. 1822, où on les a données comme

étant tirées d'un manuscrit du XVe siècle, ce qui
est fort douteux. Il en a été fait une autre réimpression à Trévise.

NOVELLE galanti. Voy. CASTI.

NOVELLE otto rarissime, stampate a spese
de' signori Giacomo, conte di Clambras-
sill, J. Stanley et Wogan Browne. *Londra , Giac. Edwards*, 1790, in-4.
[17399]

Ce recueil n'a été tiré qu'à 25 exemplaires, y compris
4 sur VÉLIN de mauvaise qualité. Les nouvelles
qu'il renferme sont : 1. *Lacrimosa novella di Giovanni da Udine*. (Elle a été réimpr. à Udine,
1828, in-8.) 2 et 3. *Historia di due amanti, del
Fortunato* (d'après l'édit. de 1563). 4. *La Giu-
lietta , novella di Luigi da Porto*. 5. *Opera di
gratitudine di Bern. Ilicino*. 6 et 7. *Le amorose
novelle, ecc. di Giust. Netti*. 8. *Caso notabile, da
Cancelliere*.

Vend. à Londres, 8 liv. 10 sh. Pàris; 2 liv. 12 sh. 6 d.
m. v. Hanrott; 2 liv. 5 sh. *m. r.* Heber; à Paris,
420 fr. *m. bl. reliure magnifique*, Firm. Didot,
115 fr. Renouard. Un exemplaire sur VÉLIN, 598 fr.
Mac-Carthy.

NOVELLE per far ridere le brigate, di varii
autori. *Venezia, tipogr. di Alvisopoli*,
1824, in-16, pap. vél. [17403]

Recueil de 24 nouvelles tirées de 24 auteurs anciens
et modernes. L'avis de l'éditeur est signé B. Gamba.
Il y a des exempl. de format in-8.

Gamba a aussi publié un recueil de cinq nouvelles
tragiques intitulé :

　NOVELLE per far piagnere le brigate. *Venezia,
tipogr. di Alvisopoli*, 1830, in-16. [17404]

NOVELLE piacevoli del Fortunato raccolte
per diletto, ecc. Nuovamente poste in
luce. *Parma , Seth. Viotto*, 1566, in-8.
de 8 ff. [17476]

Opuscule fort rare, contenant quatre petites nouvelles
dont la seconde fait partie de la *Moral Filosofia
del Doni*, et la quatrième est la même que la
6e nouvelle de la sixième journée du recueil de Sansovino , édit. de 1561. Il est à croire que le Fortunato ici nommé est ce Maffeo Taglietti ou Tajetti,
dit *il Fortunato*, à la requête duquel a été publiée
la *Istoria di due amanti, ecc.*, Venet., 1563. —
Voy. HISTORIA.

　NOUELLE piaceuoli... Di nuouo con diligentia
stampate, et poste in luce. *In Verona per Bastian
dalle donne et Giouanni fratelli* (senz'anno), in-8.
de 4 ff. signature A et A2, caractères ronds.

　NOUELLE piaceuoli... hora uenute in luce con
alcuni Dubbi et Enigme. — *In Venetia per Hieronimo Calepino* (senz'anno), in-8. de 8 ff. en lettres
ital., avec un frontispice historié, où se voit une
femme en costume vénitien.

Pour les différences qui caractérisent chacune de ces
trois éditions rares, consultez Gamba, *Bibliografia*,
édit. de Molini, pp. 267-68.

NOVELLE scelte rarissime, stampate a
spese di XL amatori. *Londra, presso
di R. Triphook, della stamperia di
T. Bensley*, 1814, pet. in-8. [17400]

Ce recueil contient : 1. *Novella di Lionora di Bardi,
ecc.*, 2 et 3. *Le amorose novelle di G. Nelli*; 4. *Gian-
fiore e Filomena*; 5, 6 et 7. *Novelle tre... di
Marco da Mantova* (ci-après). Il n'en a été tiré
que 50 exempl., ainsi que l'atteste l'éditeur (M. *S.-
W. Singer*) dans son avertissement : 61 fr. *m. rel.*
de Lewis, en 1837. Un exempl. impr. sur VÉLIN est
porté dans la *Biblioth. grenvil.*

NOVELLE tre , dell' ingratitudine, dell'
avarizia de' principi moderni, e dell' eloquenza. *(senza data)*, in-8. [17482]

L'abbé Morelli cite, dans le catal. de Pinelli, V,
no 3346, un exempl. de ce livre sur lequel se lisait
le nom de *Marco da Mantova*, écrit d'une main
contemporaine de cet auteur ; ce qui fait croire
que les 3 nouvelles sont de lui. Vend. 1 liv. 4 sh.
Pinelli ; 7 liv. 10 sh. Borromeo; 3 liv. 1 sh. Hanrott; 3 liv. 3 sh. Heber; 41 fr. Renouard. Chaque
nouvelle est séparée et a un frontispice et un registre particulier. La première occupe 16 ff., la
seconde 12, et la troisième 20. Sur le dern. f. est
un errata commun aux trois nouvelles. L'édit. a
paru vers 1550.

Un exempl. (sur VÉLIN) de la réimpression faite à
Londres par les soins de M. Singer (voir ci-dessus),
a été vendu 3 liv. 3 sh. Hanrott.

NOVELLIERO italiano (raccolto da Girolamo Zanetti). *Venezia, Pasquali*, 1754,
4 vol. pet. in-8. [17398]

Ce recueil est composé de nouvelles choisies des auteurs des bons siècles : 10 à 12 fr. Il y a quelques
exempl. en Gr. Pap. 3 liv. 15 sh. Borromeo, et
moins depuis.

NOVELLIERO italiano. *Londra (Livorno)*, 1791-98, 26 vol. pet. in-8. 78 à
90 fr. [17392]

C'est sous ce titre factice que l'on a annoncé dans
les catal. la collection des réimpress. des anciens
auteurs de nouvelles, en italien, publiée à *Livourne*,
par les soins de MM. Gaetano Poggiali, laquelle
contient *Bandello*, 9 vol. ; *Boccaccio*, 4 vol. ; *Eriz-
zo*, 1 vol. ; *Grazzini detto Lasca*, 2 vol. ; *Giovanni
Fiorentino*, 2 vol.; *Mori*, 1 vol. ; *Novelle di alcuni fiorentini*, 1 vol. ; *Novelle d'autori senesi*,
2 vol. ; *Parabosco*, 1 vol.; *Sacchetti*, 3 vol. Voyez
chacun de ces articles dans le présent dictionnaire.
Il y a plusieurs exempl. d'une partie de cette collection, tirés sur pap. bleu, et un seul sur VÉLIN.

Jean Silvestri, imprimeur à Milan, a publié de 1814 à
1816, une nouvelle édit. des *Novellieri*, en 26 vol.
gr. in-16, qui se vend de 40 à 50 fr. Il y en a
4 exempl. en pap. bleu. A cette réimpression est
ajouté un supplément contenant deux nouvelles
inédites de Lasca.

Il existe une édit. de la même collection, *Firenze*,
1833, 3 vol. in-8. à 2 col. — Voy. RACCOLTA et
TESORO dei Novellieri.

NOVELLUS. Opuscula Baldi Novelli de
dote et dotatis mulieribus et earum privilegiis. (à la fin) : *Impressum Mediolani per magistrum Uldericum Scin-
zenceler Anno dñi* M. CCCC. LXXXXVII,
die xxii Februarii, in-fol. goth. à 2 col.
signatures A—G et a—p. [2570]

NOVIDIUS. Ambrosii Novidii Fracci Fe-
rentinatis sacrorum fastorum libri XII,
cum romanis consuetudinibus per totum
annum, suisque causis ac stellis et nu-
minum nostrorum introductionibus.
*Ecussum Romæ apud M. Antonium
Bladum asulanum* XV calen *Junii*. M.
D. XLVII, in-4. de XVI et 170 ff., avec
fig. sur bois, caract. ital. [12741]

Novidius a écrit ses Fastes chrétiens à l'imitation des Fastes païens d'Ovide. C'est un poëme intéressant pour la connaissance de quelques usages particuliers de l'Eglise de Rome. Outre cette édit., qui est rare, il en existe une autre d'*Anvers*, *Jo. Bellerus*, 1559, pet. in-12, peu commune aussi.—Avant de donner ce grand poëme, Novidius en avait publié un beaucoup plus court, intitulé :

CONSOLATIO ad Romam in qua continentur urbis descriptio ; Natalis Pontificis; Ovatio imperatoris; Futura'ob Pacem lætitia; futurus de Thurcis triumphus , *Romæ*, *in ædibus Valerii Dorici et Aloisi ejus fratris, calendis Julii* 1538, in-8.

Plusieurs autres poëmes sur le calendrier et les fastes chrétiens sont indiqués dans le catalogue Courtois, nᵒˢ 1541 à 1246. — Il y en a un aussi d'*Aurelius Serenus* dans les *Opuscula varia* de l'auteur, *Romæ*, 1512, in-4. —.Voir l'art. SERENUS.

NOVIKOFF. Drevniaïa rossiskaïa vivliothika. Bibliothèque des antiquités russes, publiée par N. Novikoff; 2ᵉ édition. *Moscou, Société typographique*, 1788-1791, 20 vol. in-8. [vers 27759]

Recueil riche en matériaux historiques. La 1ʳᵉ édition s'est publiée de 1773 à 1775, en livraisons mensuelles, qui ne forment ensemble que 10 vol. in-8. L'Académie des sciences a fait paraître une continuation de cette Bibliothèque, 1786-1801, à *Saint-Pétersbourg*, 11 vol. in-8.

NOVISSIMA recopilacion. Voyez RECOPILACION.

NOVITATES quædam ex diversorum præstantium epistolis desumptæ : De sanctorum in regno Angliæ persecutione ac martyrii constantia ; Joannis Roffensis episcopi ac cardinalis ; Thomæ Mori quondam regii cancellarii ; Doctoris cujusdam sacræ theologiæ; nonnullorum aliorum , tum religiosorum tum secularium ; breve apostolicum ad regem Rhoman. Ferdinandum contra hanc crudelitatem ; tria epigrammata lepidissima Pasquilli; primum ad Franciscum regem Franciæ, alterum ad Carolum Rhomanorum imperatorem, tertium ad utrunque. (*absque loco*), 1536, pet. in-8. de 12 ff. seulement.

Cet opuscule est décrit dans la *Biblioth. grenvil.*, page 444, où il est dit qu'il fut probablement *privately printed*.

NOVITIUS seu dictionarium magnum latino-gallicum (a Lud. Magniez digestum). *Parisiis*, 1721 seu 1733, seu 1740, seu 1750, 2 vol. gr. in-4. [10886]

Toutes ces dates se rapportent à la même édition dont on a plusieurs fois rafraîchi le titre. Nous ferons observer que dans la plupart des exempl. de ce livre, il manque, à la fin du 2ᵉ volume, les corrections et additions placées après la page 1402, lesquelles occupent 7 ff. non chiffrés, et 16 pages chiffrées. Les exempl. complets sont les seuls qui aient conservé quelque valeur : 10 à 12 fr.

NOVUM et insigne opus | Musicum sex, quinque et quatuor vocum | cuius in Germania hactenus nihil simile | usquam est editum || Jesus Syrac. 40 ca. || Vinum et musica laetificant cor. | cum'privilegio Cæsareæ atque regiæ maiestatis ad quadriennium. (au dernier f.) : *Finit insigne et novum opus Musicum excusum* || *Noribergæ in celeberrima Germaniæ vrbe* || *arte Hyeronymi Graphei civis Noriber* || *gensis* M. D. XXXVIII. *Die Augusti*, pet. in-4. obl. [10194]

Ce volume renferme 57 motets de différents auteurs, cotés de I à LVII. Dans la partie du *Tenor* dont nous venons de donner le titre, le second f. contient le privilége; le 3ᵉ, le 4ᵉ et le recto du 5ᵉ donnent la dédicace de *Joannes Otto ciuis noribergensis* à Ferdinand, roi des Romains. Au verso du 5ᵉ f. se lit un avis *Candido Musico*, et sur le 6ᵉ f. l'index des 57 morceaux, avec les noms des compositeurs. Le registre des cah. est ainsi : *Discantus*, A—Z; *Tenor*, A—X; *Contratenor*, a—bb; *Bassus*, Aa—Xx. *Quintavox*, de 2 à 13, et *sexta vox*, 2 à 6.

Le second volume de ce recueil (*Secundus tomus novi* || *Operis mvsici.....*) a été donné par le même imprimeur, sous la date de M. D. XXXVIII. *mense Octobri*; il contient 43 motets dont l'index est au 4ᵉ f. de la partie du *Tenor*. Chaque partie de chant a des signat. particulières, savoir : *Discantus*, a—q; *Tenor*, AA—PP; *Contratenor*, aa—rr. *Quinta et sexta voces*, A—O. Le *Bassus* manque à l'exemplaire décrit. (Schmid, pp. 180-82.)

NOVUM instrumentum. Voyez N. TESTAMENTUM.

NOVUM theatrum Pedemontis. Voyez THÉATRE.

NOVUS orbis regionum ac insularum, veteribus incognitarum (collegit J. Huttich, edidit Sim. Grynæus). *Basileæ*, 1555, *apud Jo. Hervagium*, in-fol. fig. [19809]

Vend. 40 fr. 50 c. Boulard ; 18 fr. 50 c. Walckenaer.

Cette collection, généralement connue sous le nom de Grynæus, qui en fut le collecteur et en a écrit la préface, a été faite avec peu de soin : néanmoins on en recherche les exemplaires, et surtout ceux de l'édition de 1555, qui est la plus complète. La première est celle de *Bâle, Jo. Hervagius*, 1532, in-fol. de 24 ff., 584 pp., 1 f. et une carte. 20 fr. Walckenaer. Elle a été réimprim. à Paris, *apud Ant. Angerellum, impensis Jo. Parvi et Galeoti a Prato*, 1532, VIII *Cal. Nouembris*, in-fol. (9 fr. Rætzel) ; et aussi à Bâle, chez Hervagius, en 1537, in-fol. de 24 ff. et 600 pp., augmentée de la lettre de *Maximilianus Transylvanus*, qui occupe les pp. 585 à 600. Cette dernière, 28 fr. La Serna, et jusqu'à 2 liv. 19 sh. Hibbert. La carte annoncée sur le titre de l'édition de Bâle, 1532, n'est pas toujours dans les exempl. Cette carte se trouve sous la date de 1531, dans l'édition de Paris.

La même collection a été trad. en allemand par Mich. Herr, et imprimée à Strasbourg, en 1534, in-fol. de VI et 252 ff.

NOVUS orbis, id est, navigationes primæ in Americam : quibus adjunximus Gasp. Varrerii discursum de Ôrphyra regione (cura et cum præfatione Balthas. Lydii). *Roterodami, Berewout*, 1616, in-8. 6 à 9 fr.

Ce recueil renferme la partie de la collection de Grynæus qui se rapporte à l'Amérique, et de plus la

---

Novotny (*H.*). Sciagraphia, 26503.

Novus apparatus græco-lat., 10721.

dissertation de Varrerius, vulgairement nommé *Caspar Barreiros,* neveu du célèbre Jean de Barros. Cette dernière pièce avait d'abord été impr. à Coimbre, en 1561, in-4., et ensuite réimprim. avec un commentaire d'Aug. Canisius, *de locis sacræ scripturæ,* Antuerpiæ, 1600, in-8., et dans plusieurs recueils. Elle forme une partie séparée dans le recueil de 1616.

NOVUS orbis (Collection de Mich. Colin). Voy. HERRERA (*Ant.* de).

NOVUS thesaurus gemmarum. Voyez PASSERIUS.

NOVY (Lou) Para. Coumedio prouvencalou, en tres actes; per G.-B. C. (Coye). *Cracouviou,* 1743, in-8. [16592]

Pièce en vers : 25 fr. Saint-Mauris, en 1840, et quelquefois moins.

NOWELL (*Alex.*). Catechismus, sive prima institutio disciplinaque pietatis christianæ latine explicata. *Londini, Reg. Wolfius,* 1570, in-4. de 170 pp. [2025]

Première édition du grand catéchisme de l'Église anglicane (2 liv. 2 sh. Sotheby) ; elle est du 16 juin ; mais il y en a une réimpression datée du 16 juillet de la même année, et qui contient quelques additions relatives à la confirmation. Lowndes (nouv. édit., p. 1710), fait connaître différentes éditions du même catéchisme, parmi lesquelles nous remarquons celle de Londres, *apud Regin. Wolfium,* 1573, in-8. de 663 pp., non compris les prélimin., à laquelle est jointe une traduction grecque par Guil. Whittaker.

CATECHISM or first instruction and learning of christian religion, translated out of latine into englishe (by Th. Norton). *London, John Daye,* 1570, in-4. de 79 ff. en tout.

Première édition de cette traduction.

Alex. Nowell a publié deux autres catéchismes, l'un connu sous le nom de *Middle Catechism,* porte ce titre : *Christianæ pietatis prima institutio, ad vsum scholarum, latine scripta* ; Londini, 1570, in-4. — Il a été trad. en anglais par Th. Norton, *London, by John Daye,* 1572, in-12 ; l'autre : *Catechismus parvus pueris primum latine qui ediscatur proponendus in scholis,* Londini, *apud Ioh. Dayum,* 1578, in-12 ; et en anglais : *The little catechism,* London, Rich. Day, 1582, in-12. Les premières édit. de ces catéchismes sont devenues fort rares, et c'est ce qui nous a engagé à en faire mention.

NOYERS (*J.-Gilles* de). V. NUCERIENSIS.

NOZEMAN (*Cornelius*). Nederlandsche Vogelen, etc., *c'est-à-dire,* Les Oiseaux des Pays-Bas, avec leurs nids, décrits (en hollandais) par Corn. Nozeman, et continués après sa mort par Mart. Houttuyn, dessinés, gravés et color. d'après nature par Christ. Sepp et Zoon. *Amsterdam, Jan-Christ. Seep,* 1770-1829, 5 vol. gr. in-fol., avec 250 pl. color. [8753]

Ouvrage bien exécuté, et dont on trouve peu d'exemplaires complets ; les chiffres des pages du texte se suivent depuis le commencement jusqu'à la fin ; ainsi le 2e volume commence à la page 95, le 3e à la page 195, et le 4e à la page 295, jusqu'à la page 394 ; chaque volume contient 50 pl., et doit être accompagné d'une table des pl. : les cinq vol. reviennent à environ 700 fr. Le premier est quelquefois daté de 1789. Un exempl. contenant 255 pl. n'a été vendu que 160 fr. Huzard.

NUBIENSIS geographia. Voy. EDRISI.

NUCERIENSIS (*Joannes-Ægidius*). Proverbia gallicana, secundum ordinem alphabeti reposita, et ab Jo. Ægidio Nuceriensi latinis versiculis traducta. *Ex officina Jodoci Badii ascensii,* (*Parisiis*), 1519, in-4. [18453]

Vend. *mar. r. dent.* 18 fr. Méon ; 24 fr. Chardin, en 1806, et plus cher depuis.

Une autre édition de 1519 (in-8.) porte le même titre que celle-ci : on y lit (au verso du dernier f.) cette souscription finale : *Impressum Lugduni per Jacobû mareschal, anno domini Millesimo quingentesimo decimo nono, decima tertia mensis Februarii.* Ce volume a des signat. de A—E, par 8, F et G, par 6. Au verso du dernier f. se voit la marque de Jacques Marechal.

Deux éditions, également rares, des *Proverbia gallicana,* lesquels ne doivent pas être confondus avec les *Proverbia communia* de Nicolas *Bona Spes,* ou Nicolas Dupuy de Troyes, qui ne sont qu'au nombre de 474, et dont la publication a précédé celle du recueil de Gilles de Noyer. Pourtant il y a des édit. qui, sous le titre de *Proverbia communia,* reproduisent tout ou partie de ce que renferme le second recueil, et c'est pourquoi nous avons placé à la suite des éditions du dernier celles du premier, qui, en suivant l'ordre des publications, auraient dû le précéder. Nous connaissons encore les éditions suivantes du même recueil :

PROVERBIA gallica secûdum ordinem alphabeti reposita, et ab Ioanne Ægidio Nuceriensi latinis versiculis traducta. Venundantur *Trecis in ædibus Ioannis Lecoq* (absque anno), pet. in-8. de 48 ff. non chiffrés, sign. A—F.

Édition en lettres rondes, copie de celle de Paris, 1519, dont elle reproduit la préface de *Jodocus Badius Ascensius D. Nicolao Dorigny.* Comme dans cette dernière, chaque proverbe commun, en français, est accompagné de la version latine. Sur le frontispice et au verso du dernier f. se voit la marque de Jean Lecoq.

M. Duplessis (*Bibliographie parêmiol.,* p. 123), décrit une autre édition des *Proverbia gallica,* impr. à Troyes, sans date, mais sous le même titre et la même adresse de libraire que la précédente. C'est, selon lui, un très-petit in-8. de 44 ff. non chiffrés, sign. A—E, en lettres gothiques.

PROVERBIA popularia in latinam traducta poesim, colloquiis familiaribus summopere conducentia. *On les vend a Lyon, chez Françoys Juste,* 1539, pet. in-8.

Édition fort peu commune, qui, comme celle de Troyes ci-dessus, reproduit l'épître dédicatoire de Badius, datée du 18 mars 1519. Les proverbes français y sont imprimés en caractères gothiques, au-dessus de la traduction latine. 60 fr. *mar. r.* Veinant, et 100 fr. *Bulletin du Bibliophile,* 1860, p. 1755, n° 650 où se trouve une note intéressante sur les différentes édit. de ce recueil de proverbes.

PROVERBIA gallicana a Joanne Ægidio (Nuceriensi) latinis versibus traducta, correcta et aucta per H. Sussanæum. *Parisiis, ex officina Prig. Calvarini,* 1550 (et avec un nouveau titre : *Ex officina Viduæ Mauricii a Porta,*1552), pet. in-8.

Édition plus correcte que les précédentes.

Éditions des Proverbia communia.

PROUERBIA comunia nouiter aucta, recusa et emendata. Preterea de tempore quadragesimali libellus elegans. Dyalogi tres. Et alia perpulchra cū orône remissionis plenarie. Et Auli Gellii sententiis A. N. B. T. collectis. Hec incipere prostant venalia vico | ostentant pullos hic ubi signa duos. (in fine) : *Venûdàni Parisiis in vico diui Jacobi per Joannem Merausse : ad signû gallinaceorum pullorû.*

gal. des cochetz (absque anno, circa 1514), in-16 goth. de 211 ff. non chiffrés, sign. a–d. *m. bl.* 36 fr. Duplessis.

L'auteur, ou plutôt l'éditeur du recueil se nomme dans un sixain dont voici les trois prem. vers :

Si genus inquiras seu quis vocet urbis et ortum
Campanum genus est : bona spes vocor urbe tre-
[carum
Dicor ego bona spes vera est quare spes mea Jesus...

Ce morceau porte pour date :

Ex paruo Baioceñ. collegio. M. d. xiii.

Ce petit volume contient seulement 474 proverbes français, disposés par ordre alphabétique, et trad. en vers latins. Ces vers sont quelquefois semblables à ceux de Gilles de Noyers, mais plus souvent ils en diffèrent; toutefois, il est à remarquer que ce recueil renferme quelques autres poésies latines du même Gilles de Noyers.

Le titre de ce livre porte la devise et le nom de Jean Merausse.

PROUERBIA communia tam gallico ꝙ || latino sermone per ordinem Alphabeticũ uenusto || Carmine ɔtexta nouiter reuisa ꝫ emẽdata || Pre | terea de quadragesimali libellus elegans Dyalogi || tres. Et alia perpulchra cũ oratiõe remissionis ple || narie. Et auli Gelii sentẽtiæ a N. B. T. collectis, (*absque nota*) pet. in-8. de 24 ff. non chiffrés, goth. sign. A—Diiii.

Cette édition a beaucoup de conformité avec la précédente, qui est décrite à la page 121 de la *Bibliographie des proverbes*, par M. Duplessis. Même planche au frontispice, même planche au verso du dernier f. Seulement, dans le titre de celle-ci, que j'ai copié exactement, il n'y a pas de *tempore quadragesimali*, mais seulement *quadragesimali*. Ensuite, au bas du f. Diii se trouve, comme dans l'édit. de *Nicole de La Barre*, le sixain *Si genus inquiras*, sous la date 1513. Selon M. Duplessis, ce sixain ne serait pas dans l'édition sans date. Au surplus, ce sixain, où se nomme Nicolas de Bonne Espérance, se retrouve au verso du titre d'un livret intitulé *Petit compost* en francoys, impr. par Nicole de la Barre, en 1516, et qui paraît avoir été également publié par Nicolas de Bonne Espérance. (Voy. t. II, col. 207, au mot COMPOST.)

PROVERBIA communia (comme ci-dessus). *Imprimé a Paris, par M. Nicolle de la Barre, demourant en la rue des Carmes, deuant le college des Lôbars, a l'enseigne Sainct Jehan Baptiste* (sans date), pet. in-8. goth. de 24 ff.

Sur le titre, la marque de Nic. de la Barre, et au verso du dernier f., la fig. du Christ mort, au pied de la croix, comme dans le *Petit Compost*, édit. de 1516, donnée par le même imprimeur (voy. COMPOST.) Au f. D. recto, le sixain *Si genus inquiras*, mais sans la date 1513, qui est dans l'édit. de J. M. Merausse (ou Merault).

PROVERBIA cõia (ut supra). *Venundantur a Bernardo Aubry cõmorãte sub signo sancti Martini*, (*Parisiis*, circa 1520), pet. in-8. ou in-16 goth. de 24 ff.

Sur le titre, la marque et les initiales B. A. du libraire. Au f. diiii le sixain *Si genus inquiras*, et la date 1513.

PROVERBIA communia tam gallico quam latino sermone per ordinem alphabeticum venusto carmine contexta nouiter reuisa et emendata. Preterea de tempore quadragesimali libellus elegans. Dyalogi tres. Et alia perpulchra cum oratione remissionis plenarie. Et Auli Gellii sententiis a N. B. I. collectis. (*absque nota*), in-16 goth. de 24 ff.

Sur le titre se trouve une gravure sur bois représentant un écusson vide que deux anges soutiennent, et au verso du dernier se voit une *Annonciation*.

PROVERBIA communia tam gallico quam latino sermone per ordinem alphabeticum cum venusto carmine contexto noviter revisa et emendata, etc. *Venundantur Lugduni apud Claudium Nourry, alias Le Prince* (absque nota), pet. in-8. de 24 ff. caract. goth. 10 fr. (mal lavé) Cailhava.

PROVERBIA cõmunia tam gallico ꝙ latino sermone. (.... *absque loci indicatione*), M. CCCCC. XXIX, pet. in-8. goth. de 24 ff. non chiffrés, sign. A—D. Le verso du dernier f. est blanc).

Réimpression d'une des édit. ci-dessus. 25 fr. Coste.

PROVERBIA cõmunia tã gallico, latino atꝗ teuthonico sermone nouiter impssa : reuisa ac emendata de tempore Quadragesimali libellus elegãs. Et dyalogus ꝓ pulcher de spe bona cõsolête pimũ parentem Adam. *Venũdant. Gabiñ in Officina Vuygandi Koln cõmorãti ꝯpe capellã põtis Rodani.* (à la fin) : *Wuygandus Koln nuꝑ me excudebat in ꝑ clarissima ciuitate Gebeñn* (absque anno), pet. in-8. goth. de 32 ff. sign. ã—d, à 33 ligñ. par page.

Édition rare, que nous a fait connaître M. Hubault de Marseille. L'imprimeur à qui on la doit a exercé à Genève dès l'année 1523, ainsi qu'on le peut voir dans les *Etudes* de Gaulieur *sur la typographie genevoise*, pp. 81 et suiv. En 1523 il y a donné un *Indicium astronomicum per Tussanum Muyssart*, in-4. avec quelques bordures et ornements gravés sur bois. En 1527 il a fait paraître :

JOHANNIS Albertini, presbyteri Vallesiensis, ad orthodoxe fidei cultores, De ecclesiastica unione charitatiua exhortatio. (à la fin) : *Excusum Gebenn, in officina Vuygandi Koln natum ex Francia orientali*, in-4. de 13 pp. y compris le titre encadré et orné de deux sujets religieux, l'Annonciation et l'Adoration des bergers. Voy. t. 1, col. 135.

Son édition des *Proverbia communia*, qui doit être de la même époque que les deux opuscules ci-dessus, a aussi des gravures sur bois. La première, sur le titre, et la seconde, au verso, représentent la Vierge sur son trône, et un évêque agenouillé devant l'enfant Jésus. A la fin se voit le monogramme de l'imprimeur. Ce que cette édition a de plus remarquable, c'est la version allemande qui y est ajoutée.

PROVERBES communs et belles sentences pour familièrement parler latin et françois, à tout propos; composé par Jean Nucerin. *Lyon, Ben. Rigaud et Jean Saugrain*, 1558, in-16 de 127 pp. en tout. (Un exemplaire *non rogné*, 126 fr. Riva.)

On a retranché de cette édition cinquante-huit proverbes qui sont dans les *Proverbia popularia* de 1539, et probablement aussi dans les plus anciennes, mais qui blessaient la religion et la morale; on y a ajouté seulement trois proverbes nouveaux.

— AUTRE édition, *Paris, Bonfons*, sans date, in-12. — Aussi, *Paris, P. Mesnier*, 1602, in-12.

La traduction latine des proverbes communs fait partie d'un recueil publié sous ce titre :

ÆNIGMATA et griphi veterum ac recentium, cum notis Jos. Castalionis in symposium : ad hæc Pythagoræ symbola, et Jo. Ægidii Nuceriensis, adagiorum gallis vulgarium, hac editione auctorum, in lepidos latinæ linguæ versiculos introductio. *Duaci, Carolus Boscardus*, 1604, in-8.

LES PROVERBES communs, plus usitez entre le vulgaire françois, ès demifamiliers et en toutes compagnies, recueillis et traduits en vers latins, par Jean Nucerin, avec un petit jardin pour les enfans latin-françois (par J. Fontaines). *Rouen, Jean Petel*, 1612, 2 part. en 1 vol. pet. in-8.

Édition aussi complète que celle de 1539, et non moins incorrecte. Vend. cependant 31 fr. Duplessis.

NUEVA. Voy. NOVA.

NUGÆ venales, sive thesaurus ridendi et jocandi, ad gravissimos severissimosque viros, patres melancholicorum, conscriptus. 1644, 1663, 1681 seu 1689 (*absque loco*), pet. in-12. 4 à 5 fr. [17808]

Les éditions de 1710, de 1720, et de *Lond.*, 1741, ont la même valeur. Vend. bel exempl. de l'édit. de 1720, *mar. bl. dent. tab.* 15 fr. Renouard, et de celle de 1741, 20 fr. Labédoyère.

Quoique les édit. de ce petit volume se prennent indifféremment, elles ne sont pas toutes semblables :
la première ne renferme pas le *Pugna porcorum*
qui est dans celles de 1648 et de 1681 ; mais dans
cette dernière il manque la seconde partie des
Nugæ venales, laquelle commence par *Theses de
Hasione, etc.* L'édition de 1720 réunit tout ce que
contiennent les deux autres, et de plus le petit
poëme : *Canum cum cattis certamen*, qui est
aussi dans l'édition de 1689. — L'édition de XXXII
(1632), sous le titre de *Nugæ venales, sive ut cum
Plauto loquamur, ridicularia atræ bili vel me-
lancholiæ expellendæ apta...*, in-12, ne renferme
que sept pièces.

L'édition pet. in-12 dont le titre porte *Anno* 1648,
prostant apud Neminem sed tamen ubique, a
2 ff. prélimin., 252 pp. et 7 ff. pour l'index. On y
trouve ordinairement réuni :

1° PUGNA Porcorum per P. Porcium poetam,
1648, pièce de 71 pp., suivie d'une autre de 4 ff.
non chiffrés (*Senatus et consultatio sacerdotum...*).

2° STUDENTES sive comœdia de vita studiosorum autore ignoto Peerde klontio, *Atentopholi*,
in ædibus Iberiorici Nobilimi, 1547 (date supposée), de 3 ff. prélimin. et 40 ff., signat. A—D.
Cette dernière pièce, sous la même date ou sous celle
de 1662, est aussi jointe aux *Nugæ venales*, édit.
de 1663. Les deux vol. de 1662 et 1663, l'un et
l'autre en *mar.*, ont été vend. séparément 7 fr.
50 c. et 9 fr. 5 c. Courtois.

Dans l'édition de 1741, *Pugna porcorum* conserve
la date de 1721.

NUGARUM libellus. Periucundus (iuuenum quoque mirum in modum demulcens
animos) libellus, quem nugarum Maximiani immitis Alexander (in doctrinali)
intitulat. *Impressus Parisii opera exac-
tissimaque diligentia Stephani Ioan-
not et Petri le Dru artium magistrorum et vigilantissimorum* (circa 1495),
in-4. [10784]

Cette édition est sans doute fort rare, mais nous ne
la citons ici que pour rapporter la singulière manière dont les deux imprimeurs ci-dessus nommés
donnent leur adresse : *Hunc si parvo numismate
comparare cupis, venalem in vico sancti Iacobi
reperies in domo quadam ante Mathurinos sita
iuxta carnificem sanissimas (humano pro corpore) carnes vendentem.*

NUGENT (*Geor.* Grenville, lord). Some
memorial of John Hampden, his party,
and his time. *London*, 1831, 2 vol. in-8.
portr. 12 sh. [26970]

Cet ouvrage a été imprimé plusieurs fois. La 4ᵉ édit.
London, Bohn, 1860, pet. in-8. avec 12 portr., ne
coûte que 5 sh.

MÉMOIRES de John Hampden. Histoire de la politique de son temps et de celle de son parti ; par
lord Nugent ; traduits par M. H. J., précédés d'une
introduction historique par M. de Salvandy. *Paris,
Arthus Bertrand*, 1835, 2 vol. in-8.

NUHN (*Ant.*). Chirurgisch-anatomische
Tafeln. *Mannheim, Bassermann*, 1850-
1855, 3 part. gr. in-fol. avec les explications, gr. in-8. 116 fr. [6726]

NUMI ægyptiaci. Voy. ZOEGA.

NUMISMATA ærea maximi moduli, primi-
que XII Augusti ex auro, dudum Romæ
in cœnobio Cartusiæ, nunc Viennæ Austriæ in gaza cæsarea. (*absque nota*),
in-fol. [29719]

Quatre-vingt-neuf planches, gravées par Gaetano
Piccino, et un frontispice composent ce volume,
qui n'a point de texte. Ce fut le P. de Rochefort,
procureur général des Chartreux, à Rome, qui les
fit exécuter d'après la collection de médailles qu'il
avait formée, et dans l'intention de les publier.
Mais, à la mort de ce religieux, les Chartreux ven-
dirent à l'empereur Charles VI et les médailles et
les planches qui en avaient été gravées. C'est alors
qu'on tira furtivement, et sans l'autorisation de
l'empereur, quelques épreuves de ces planches,
qui furent bientôt soigneusement supprimées,
parce qu'on s'aperçut que non-seulement les inscriptions des fig. étaient remplies de fautes, mais
que plus de 200 de ces médailles étaient fausses.
Voilà la cause de la rareté de ce volume, qui,
comme on le voit, a en lui-même fort peu de mérite. L'exemplaire relié en *mar. r.*, vend. 54 fr.
chez M. de Cotte, était daté de Rome, 1727 ; c'est
probablement la même qui est porté dans le catal.
de Gros de Boze, n° 2128, sous la date de Vienne,
1750. Ces deux dates s'expliquent par ce qu'on
vient de lire ci-dessus. Ajoutons que l'exemplaire
du catalogue Cicognara, n° 2946, n'est point daté.

NUMISMATA (in) ærea selectiora maximi
moduli, e museo pisano olim corrario
animadversiones (ab Alberto Mazzoleno).
In monasterio Benedicto - Casinate,
1740-41, 4 tom., 2 vol. in-fol. fig. 24
à 30 fr. [29726]

En Gr. Pap. *m. r.* 40 fr. de Cotte ; en 3 volumes,
29 fr. 50 c. Mionnet ; 21 fr. demi-rel. Tochon.

NUMISMATA antiqua. Voy. PIMBROCKE.

NUMISMATA cimelii cæsarei regii aus-
triaci vindobonensis, quorum rariora
iconismis cætera catalogis exhibita (opera
et studio Jos. de France, Valent. du Val,
P.-Eras. Frœlich et Jos. Khell). *Vindobonæ*, 1754-55, 2 vol. gr. in-fol., avec
25 et 112 pl. 20 à 30 fr. [29737]

Vend. en *m. r.* 52 fr. Lamy ; 1 liv. 1 sh. Hibbert.

NUMISMATA quædam cujuscumque formæ et metalli musæi Honorii Arigoni.
Tarvisii, 1741-1759, 4 tom. en 1 vol.
in-fol. fig. [29729]

Vend. 1 liv. 18 sh. Pinelli ; et en *m. r.* 60 fr. d'Ennery ; 84 fr. de Cotte ; en *vél.* 37 fr. Mionnet.

Recueil de planches, au nombre de 411 en tout, sans
autre texte qu'une préface à chaque vol., et un
elenchus des figures. Il faut y joindre l'explication
donnée par Sestini, sous ce titre :

CATALOGUS numorum veterum musei Arigoniani,
castigatus a D. S. F. descriptus et dispositus secundum systema geographicum. *Berolini*, 1805, in-fol.
[27931]

NUMISMATA selectiora. Voy. VAILLANT.

NUMISMATA virorum illustrium, ex Bar-
badica gente (auctore J.-Fr. Barbadico ;
in latinum vertit F.-X. Valcavius). *Patavii, ex typogr. seminarii*, 1732, in-fol.
atl. fig. [28906]

Ouvrage magnifique. Le cardinal J.-Fr. . Barbarigo

l'a fait exécuter à ses dépens, pour mettre sous les yeux de ses neveux l'exemple de leurs illustres ancêtres. Vend. 1 liv. 3 sh. Pinelli, et avec un cahier supplémentaire, 95 fr. Millin ; 40 fr. *m. citr.* en 1825 ; en *mar. r.* avec le supplément daté de 1760 et portant le nombre des planches à 175, vend. 71 fr. Borluut, et un recueil de 123 pl. de cet ouvrage, tirées séparément : 50 fr. Morel-Vindé.

Les gravures, tant de l'ouvrage que du supplément, sont de Robert van Audernaerdt, Flamand. Le texte des notices du volume publié en 1732 a été rédigé par le P. Franç.-Xavier Valcavi, jésuite. Le supplément, imprimé en 1760, contient cinq nouvelles notices, écrites par le professeur Ange-Antoine Fabro. Plus tard le comte Spiridione Perulli a fait faire une nouvelle continuation, laquelle renferme quatre notices d'autres personnages de la même famille (savoir , de Gregorio, de Gianfrancesco, d'un autre Gregorio, sénateur, et de Pietro, aussi sénateur), écrites par l'abbé Noël Lastesio, avec des grav. par Ant. Baratti (Morelli, *Operette*, III, 80).

NUMMORUM antiquorum scriniis bodleianis reconditorum catalogus, cum commentario (Fr. Wise). *Oxonii, e Theatro sheld.*, 1750, in-fol. fig. [29752]

Vend. 19 fr. de Cotte ; 12 fr. Millin, et jusqu'à 80 fr. La Serna.

NUNC dimittis des Angloys (le). (*sans lieu ni date*), pet. in-8. goth. de 4 ff. , y compris le frontispice. [13550]

Pièce en vers, contre les Anglais, composée vers l'an 1520. Chaque couplet commence par un mot du verset *Nunc dimittis servum tuum.*

NUÑEZ (*Alvar*). Relacion y comentarios del gouernador Aluar Nuñez Cabeça de Vaca, de lo acaescido en las dos jornadas que hizo a las Indias... *Valladolid, Fr. Fernandez de Cordoua*, 1555, in-4. goth. [21132]

Livre rare, dont un exemplaire en *mar. r.* a été vend. 5 liv. 2 sh. 6 d. Hibbert, et 4 liv. 4 sh. Heber. Trois autres exemplaires ont été payés 2 liv. 10 sh., 1 liv. 12 sh. , et 16 sh. chez ce dernier, et un de ceux-là 30 fr. 50 c. Rœtzel.

Cet ouvrage est en deux parties : la première, attribuée à Nuñez lui-même, sous le titre de *Naufragios de Alvar Nuñez Cabeza de Vaca* ; la seconde, intitulée : *Commentarios de Alvar Nuñez Adelantado, y Gobernador de la Provincia del Rio de la Plata*, écrite par Pierre Fernandez, secrétaire de Nuñez, tandis que celui-ci était en prison. C'est par cette dernière partie que commence le volume.

NUÑEZ (*Hernan*). Refranes o proverbios en romance, que nuevamente colligio y glosso el commendador Hernan Nuñez, van puestos por la orden A b c. *En Salamanca, en casa de Juan de Canova*, 1555, in-fol. [18491]

Édition très-rare de ce recueil de proverbes rangés par ordre alphabétique. Vend. 50 flor. Meerman ; 55 fr. De Bure.

— Refranes, o prouerbios en romance, que nueuamente colligio y glosso, el comendador Hernan Nuñez. *Salamanca, en casa de Antonio de Lorençana*, 1578, pet. in-12 , format allongé, de XII et 491 ff. , plus la souscription sur un f. séparé.

Au feuillet 465 commence une pièce en vers intitulée : *Epicedio de Valerio Francisco Romero, en la muerte del maestro Hernan Nuñez*, laquelle se trouvait déjà dans l'édit. de 1555, où elle occupe 11 ff. à la fin du volume.

— REFRANES o Proverbios en romance, que coligio y glossò el comendador Hernan Nuñez, y la Filosofia vulgar de Juan de Mal Lara, en mil refranes glossados, que son todos los que hasta aora en Castellano andan impressos : van juntamente las quatro cartas de Blasco de Garay... *Madrid, Juan de la Cuesta*, 1619, pet. in-4. de 4 ff. prélimin. et de 399 ff. à 2 col.

M. Duplessis a cité cette édition comme la plus complète et la plus utile , ce qui a fait porter à 61 fr. son exemplaire qui était relié en *mar. rouge.* L'édition de *Lerida*, 1621, in-4., reproduit littéralement la précédente.

Nous connaissons encore les *Refranes o proverbios... revistos y enmendados*, por *Fr.-L. de Leon* ; Madrid, 1804, 4 vol. pet. in-8. Cette dernière édition renferme de nombreuses augmentations, mais, d'un autre côté, on en a retranché nombre de proverbes que les censeurs n'auraient point laissé passer.

NUÑEZ de Avendano. Voy. AVENDANO.

NUÑEZ (*Pedro*). Libro de algebra em arithmetica y geometria, compuesto por el doctor Pedro Nuñez. *En Anvers, en casa de los heredes d'Arnoldo Birckman*, 1567, in-8. [7878]

39 fr. de Bearzi.

Antonio et la *Bibl. lusit.* citent plusieurs ouvrages de P. Nuñez, écrits soit en latin, soit en espagnol, soit en portugais.

NUÑEZ de la Peña (*Juan*). Voyez PEÑA.— de Liaô, voy. LIAÔ.—de Reinoso, voyez REINOSO.

NUÑEZ y Taboada. Nuevo diccionario frances-español y español-frances, mas completo que ninguno de los publicados hasta ahora. *Madrid*, 1820, 2 vol. in-4. 40 fr. [11162]

Ce dictionnaire a été impr. plusieurs fois à Paris. La dernière édition faite dans cette ville est de 1854 , 2 vol. in-8. 24 fr.

— Grammaire espagnole, 11152.

NUNNESIUS (*Petrus-Joan.*). Grammatistica linguæ græcæ ; cui accessit libellus de mutatione linguæ græcæ in latinam. *Barcinone, Jacob Cendrat*, 1589, pet. in-8. [10630]

Cette grammaire est devenue rare, ainsi que les ouvrages suivants du même auteur :

INSTITUTIONES grammaticæ linguæ græcæ. *Barcinone, Vidua Huberti Gothardi*, 1590, pet. in-8. TIROCINIUM linguæ græcæ institutionibus grammaticis P.-J. Nunnesii collectum a Phil. Mey. *Valenciæ, Mey*, 1611, pet. in-8.

NUOVA raccolta d' autori che trattano del moto dell' acque. *Parma*, 1766-69, 8 vol. in-4. fig. 36 à 48 fr. [8121]

Ce recueil, publié par le P. Ximenès, est moins estimé qu'une autre collection du même genre impr. à Florence. — Voyez RACCOLTA.

Nuñoz y Romero (*D.-Th.*). Diccionario bibliografico-historico de España, 31772.

NURSIA (*Benedictus* de). Pulcherrimum et utilissimum opus ad sanitatis conservationem.... incipit feliciter. — *Rome in domo.... Iohan. Phil. de Lignamine.... hic libellus impss' est. Anno dñi* M. CCCC LXXV, *die* XIIII *Mensis Ianuarii...* pet. in-4. à 21 lign. par page. [7005]

Première édition, de laquelle, selon le P. Audiffredi, il y a des exemplaires où se trouve joint le traité de *P. de Appono, de venenis.* L'ouvrage de Nursia commence par une épître dédicatoire de J.-Ph. de Lignamine à Sixte IV, en 5 feuillets; après quoi se trouve une table en 2 ff.; le texte a 134 ff., suivis d'un f. séparé pour la souscription et le registre. M. Dibdin n'a compté que 131 ff. de texte dans l'exemplaire de lord Spencer. 47 fr. Libri.

L'exemplaire des deux traités ci-dessus, impr. sur VÉLIN, qui fut présenté au pape Sixte IV, se conservait, il y a quelques années, à Gênes, dans la bibliothèque de M. Durazzo, laquelle a été vendue depuis et transportée en Amérique.

—Opus de conservanda sanitate, et magistri Tadæi de Florentia de regimine sanitatis tractatus. — *Tractatus quidam de regimine sanitatis opera et industria dominici de Lapis impendio Sigismundi a Libris civis atq; liberarii bononiensis feliciter finiunt, anno* M. CCCC. LXXVII, in-4. de 140 ff. à 21 lign. par page.

Ce volume est terminé par le registre des cahiers dont la plupart portent des signatures qui vont jusqu'à la lettre M. Vend. 130 fr. Brienne-Laire, mais seulement 11 sh. Pinelli; 1 liv. 2 sh. 6 d. Hibbert. Réimprimé à Rome, en 1489 et en 1493, in-4.

NUTTAL (*Th.*). The North-America Sylva, or a description of the forest trees of the United-States, Canada and Nova Scotia, not described in the work of Fr.-A. Michaux, and containing all the forest trees discovered in Rocky Mountains, the territory of Oregon, down to the shores of the Pacific and into the confines of California as well in various parts of the United-States, by Th. Nuttal. *Philadelphia, J. Dobson*, 1842-49, 3 vol. gr. in-8. avec 122 pl. color. 6 liv. 6 sh. — en noir 4 liv. 10 sh. [5282]

— THE GENERA of North America plants, and catalogue of the species, to the year 1817. *Philadelphia*, 1818, 2 vol. pet. in-8. [5278]

Nüsslein (*F.-A.*). Lehrbuch der Æsthetik, 9133.

— A JOURNAL of travels into the Arkansa territory during the year 1819. *Philadelphia*, 1821, in-8. fig. et carte. [21012]

Description d'une importante contrée de l'Amérique du Nord.

— Ornithology of the United States, 5387.

NUYSEMENT. Voy. HESTEAU.

NYCTOLOGUES de Platon, 1784, 2 tom. en 1 vol. in-4. [18634]

Ces nyctologues ne sont point de Platon, comme le titre pourrait le faire croire; c'est un ouvrage du marquis de Saint-Simon, divisé en sept dialogues ou sept nuits. L'édition a été imprimée en Hollande, et tirée à un petit nombre d'exemplaires. Vend. 10 fr. 50 c. Labédoyère, et quelquefois de 4 à 6 fr.

NYDER. Voy. NIDER.

NYERUP (*R.*). Voy. SUHM.

NYMAN (*C.-F.*). Sylloge floræ europææ, seu plantarum vascularium Europæ indigenarum enumeratio, adjectis synonymis gravioribus et indicata singularum distributione geographica. *Oerebrox*, 1855, in-8. 22 fr. [5047]

NYMPHE remoise (la). Voy. DORAT (*Jacques*).

NYNAULD (*J.* de). De la Lycanthropie, transformation et extase des sorciers, où les astuces du diable sont mises en évidence, etc. *Paris, J. Millot*, 1615, in-8. de 110 pp. 6 à 9 fr. [8917]

Vend. 27 fr. v. f. Coste.

NYON (*J.-L.*). Catalogue de La Valliere. Voy. DE BURE.

NYST (*M.-P.-H.*). Description des coquilles et des polypiers fossiles des terrains tertiaires de la Belgique. *Bruxelles*, 1843-46, 2 parties in-4. 59 pl. 60 fr. [61519]

Nyerup (*Rasmus*). Skandinavische Mythologie, 22655. — Verzeichniss der Runensteine, 30000. — Dictionnaire des auteurs danois, 30972. — Leben von P.-F. von Suhm, 30974.

Nylander (*G.-R.*). Spelling-book, 11952. — Bullom language, 11953.

Nysten (*P.-H.*). Vers à soie, 6463. — Dictionnaire de médecine, 6529.

Nystrom (*T.-W.*). Treatise on screw propellers, 8509.

O

OAT-MEALE (*Oliver*). A Quest of enquirie by women to know whether the Tripe-wife were trimmed by Doll yea or no ; gathered by Oliver Oat-meale. *London, by L. G.* 1595, in-4. [15761]

Opuscule poétique : 10 liv. Bindley; 7 liv. 10 sh. Perry; 18 liv. 5 sh. Jolley.

OATES (*Titus*). Voy. Titus.

OBADIAS armenus, quo cum analysi vocum armenicarum grammatica et collatione versionis armenicæ cum fontibus aliisque versionibus, exhibetur primum in Germania specimen characterum armenicorum ab And. Acolutho. *Lipsiæ, typis Justini Brandini,* 1680, in-4.

Premier livre imprimé en Allemagne avec des caractères arméniens.

OBEILH (le P. d'). L'aimable mère de Jésus : traité contenant les divers motifs qui peuvent nous inspirer du respect, de la dévotion et de l'amour pour la très-sainte Vierge ; traduit de l'espagnol (du P. Eusèbe Nieremberg) par le R. P. d'Obeilh, de la Compagnie de Jésus. *Amsterdam, chez Daniel Elzevir,* 1671, pet. in-12. [1675]

Édition très-rare et assez recherchée. Il s'en trouve des exemplaires avec un titre portant : *à Amiens pour la veuve du Robert Hubant,* 1671, *avec privilége du roy.* Vend. sous ce dernier titre, 10 fr. Sensier ; 57 fr. *mar. v.* de Coislin, et avec le nom de D. Elzevir, 30 fr. Renouard, en 1829, et plus cher depuis. Le volume contient 6 ff. prélimin., y compris le titre ; 270 pp. pour le texte, impr. en très-petits caractères, plus un f. d'errata qui est suivi, dans les exemplaires au nom de la Ve Hubant, d'un autre f. sur le recto duquel est un extrait du privilége. Il y a une autre édition *Jouxte la copie à Paris, chez la Ve Hubant,* 1672.

Enfin il se trouve des exemplaires de l'édition d'*Amsterdam, Elzevir,* avec un nouveau titre portant l'indication de *seconde édition,* et pour adresse, *à Cologne, et se vend à Paris chez Thomas Joly,* avec la date 1677. Un de ces exemplaires, rel. en veau brun, a été payé 28 fr. à la vente de l'abbé Laboudrie, en mars 1854.

Pour d'autres ouvrages du P. d'Obeilh, imprimés chez les Elseviers, voyez notre catalogue de ces imprimeurs, et aussi les n°s 3741 et 3742 de notre table.

OBERLEITNER (*A.*). Fundamenta linguæ arabicæ : accedunt selectæ quædam, magnamque partem typis nondum exscriptæ sententiæ, primis legendi ac interpretandi periculis destinatæ. *Viennæ, Schmid,* 1822, in-8. de XVI et 390 pages. 12 fr. [11611]

Chrestomathia arabica una cum glossario arabico-latino huic chrestomathiæ adcommodato. *Viennæ,* 1824, 2 vol. in-8.

OBERLIN (*Jér.-Jacq.*). Essai sur le patois lorrain des environs du comté du Ban-de-la-Roche, suivi d'un glossaire patois-lorrain. *Strasbourg, Stein,* 1775, pet. in-8. [11063]

On recherche beaucoup cet ouvrage curieux, dont les exemplaires ne sont pas communs, et se payent de 8 à 12 fr.

— Orbis antiq., 28954. — Museum Schoepflini, 29305. — Diplomatica, 30180. — Vie de Gutenberg, 31197.

OBERT (*Lud.-Fr.*). Ludus poeticæ veridicus, sive dissertationes dramaticæ piæ juxta ac lepidæ. *Insulis, Nic. de Roche,* 1683, in-8. de 7 ff. prélim. et 141 pp. avec fig. de P. Hadtbrugge. [16184]

Recueil mystique dont le contenu est décrit dans le catal. de Soleinne, n° 251, où ce livre est porté à 21 fr. Le nom de l'auteur n'est pas sur le titre.

OBERTUS Barnestapolis. Voy. Barnestapolis.

OBICINUS a Novaria (*Thom.*). Thesaurus arabico-syro-latinus. *Romæ,* 1636, in-8. [11617]

Vend. 9 fr. Anquetil ; 6 fr. de Tersan.

Le même auteur avait déjà donné :

Grammatica arabica Argumia appellata, cum versione latina ac dilucida expositione. *Romæ, typogr. Congregationis de prop. fide,* 1631, pet. in-8. [11588]

A quoi on peut joindre :

Continuatio Argumiæ ejusque commentariorum arabice et latine editæ, notisque illustratæ a Christ. Schnabel. *Amstelodami, Pruys,* 1756, in-4. 10 fr. Langlès. [11589]

OBRA allaors del benauenturado lo senyor Sant (C)ristofol. (à la fin) : *Acabat de emprentar.... per pere tringer libreter en... Valēcia a iij de febrer Any de... Mil y cccc. lxxxviij.,* pet. in-4. goth. de 48 ff. non chiffrés, signat. a—f., à longues lignes. [15325]

Recueil de pièces de poésies en langue valencienne, qui ont obtenu le prix proposé pour l'éloge de S. Christophe ; il a un titre gravé, au verso duquel se voit une seconde gravure sur bois. Ce livre fort rare a été vend. jusqu'à 29 liv. 10 sh. (mal annoncé sous la date de 1498) White Knights, et seulement 5 liv. 12 sh. 6 d. Heber.

OBRECHT. Voy. l'article Missæ.

OBRES (*sic*) fetes en lahor de la seraphica santa catherina de Sena en lo sen sagrat monestier de les monges de.... Valencia per diversos trobadores narrades lo dia de Sant Miquel del ani m. d. xi (1511).

Obermayer (*J.-E.*). Baierische Münzen, 26014.

essent judges los reverent fra Balthasar
Sorio... *z* lo reverent seynor canoge Fira
y lo noble d. Francisco Fenollet. (*absque
nota*), pet. in-4. goth. de. 20 ff., avec fig.
sur bois au titre. [15321]

Cet opuscule, imprimé à Valence vers 1511, renferme
des poésies de J. Fuster, de V. Ferrandis, etc., et
enfin de P. Gomis, à qui fut décerné le prix. Vend.
80 fr. Rætzel, et non relié, 50 fr. Libri-Carucci.

O'BRIEN (*J.*). Voy. BRIEN.

O'BRIEN (*Henry*). The round Towers of
Ireland; or the Mystery of Free Man-
sory, of Sabaism, and of Budhism for
the first time unveiled : Prize essay of
the royal irish Academy enlarged. *London*, 1834, in-8. fig. [22502]

Livre devenu rare. 1 liv. 10 sh.

OBSCURORUM virorum epistolæ. Voyez
EPISTOLÆ.

OBSÈQUES des rois et reines. (Voir aussi
l'article POMPE funèbre.)

ORDONANCE ‖ faicte par messire Pierre durfe
(d'Urfé) cheualier grât escu‖yer de france ainsi
que audit grant escuyer appartient ‖ de faire pour
lenterrement du corps du bon Roy ‖ Charles huytiesme que dieu absoille. Et la dicte or‖dōnance
leue *z* auctorizee par mōseigneur de la Tri‖moille
premier chambellan *z* lieutenant du Roy a acō‖
paigner le dit corps. Et aussi par le conseil de
messe‖gneurs les châbellans *z* autres q̃l auoit
auecq̃ luy. (*sans lieu ni date*, *vers 1498*), in-4.
goth. de 12 ff., signat. a et b, à 32 lignes par page.
[vers 23422]

Cette pièce, excessivement rare, fait partie d'un recueil rel. aux armes de Jacq.-Aug. de Thou qui se
conserve à la bibliothèque de Sainte-Geneviève. Le
titre est en neuf lignes, au-dessous desquelles il y
a une petite vignette. Le mot *explicit* termine le
texte, au vèrso du dernier f.

LORDRE qui fut tenu a lobseque et funeraille de
feue tres excellente et tres debonnaire princesse
Anne par la grace de dieu royne de france duchesse
de bretaigne, tant aux eglises que au chemin depuis bloys iusques à labbaye de sainct denis en
france. (*sans lieu*, *vers 1514*), in-8. goth. de 8 ff.
[23444]

Bibliothèque impér., Catal. de l'Hist. de France, I,
p. 226, n° 44.

RÉCIT des funérailles d'Anne de Bretagne, précédées d'une complainte sur la mort de cette princesse et de sa généalogie, le tout composé par Bretaigne, son héraut d'armes; publié pour la première
fois, avec une introduction et des notes, par L.
Merlet et Max. de Gombert. *Paris*, *A. Aubry*,
1858, pet. in-8. de XXVIII et 116 pp. 5 fr. [23444]
Tiré à 400 exempl., dont 12 sur pap. de couleur,
10 sur pap. vél., 10 sur pap. de Chine et 3 sur
VÉLIN.

OBSEQUE (l') du feu roy de France Loys douziesme de ce nom. (*vers 1514*), pet. in-8. goth. de
8 ff. [23444]

Sur le titre de cet opuscule rare se voit un bois représentant les obsèques de Louis XII. Un bel exemplaire en *mar. r.* 380 fr. Veinant, en 1860, ce qui
est un prix excessif.

LORDRE qui fut tenue a lobseque et funeraille
du feu tres chrestien pere du peuple et magnanime Loys douziesme... (*sans lieu*, *vers 1514*),
in-8. goth. 8 ff. non chiffrés, fig. sur bois.

L'OBSEQUE et enterrement du Roy. (*sans lieu*,
vers 1514), in-8. de 8 ff.

Ces deux éditions sont à la Bibliothèque impér.; Catal.
de l'Histoire de France, I, p. 227, nos 53 et 54.

LORDRE qui fut tenu a lobseque et funerailles de
feue magnanime et tres excellente princesse Claude,
par la grace de Dieu royne de France et duchesse
de Bretaigne. (*vers 1525*), pet. in-8. goth. de 8 ff.,
avec fig. sur bois. [23449]

Cette petite pièce est rare, comme le sont toutes celles
du même genre qui datent d'une époque reculée :
41 fr. *mar. v.* en 1841.

DESCRIPTION de l'ordre tenu aux obsèques de
feu François de Valois, roy de France, premier de
ce nom, et de monseigneur François daulphin et
Abdenago duc d'Orléans, ses enfans, les XXI, XXII,
XXIII et XXIIII de may, l'an M.D.XLVII. *Lyon*,
Pierre de Tours (sans date), in-8. de 8 ff. [23466]
50 fr. *mar.* Coste.

Pour d'autres relations de cette pompe funèbre, voy.
à l'article DU CHATEL.

LA POMPA funebre, e le esequie del già re cris-
tianiss. di Francia Francesco I. di questo nome.
In Vinegia, *per Paolo Gherardo*, 1547, pet. in-8.

LE TREPAS, obsèques et pompe funèbre faictes
pour l'enterrement de très-hault... François fils de
France, duc d'Anjou (recueilli et rédigé par H. de
Marle). *Paris*, *Jehan Real*, 1584, pet. in-8. [23553]
30 fr. *mar. v.* catal. de L. Potier, 1860.

— LA MAGNIFIQUE et somptueuse pompe funebre
faite aux obseques et funerailles du tres grand et
tres victorieus empereur Charles cinquiesme, cele-
bree en la ville de Bruxelles, le XXIX iour du mois
de décembre M.D.LVIII, par Philippe, roy catholique d'Espaigne son fils. *A Anvers de l'imprimerie
de Christophle Plantin*, 1559, pet. in-fol. avec
17 grandes planches. [26060]

Ce livre curieux a été exécuté aux frais de Pierre
Vernois, roi d'armes de Philippe II, auquel il a
coûté plus de 2000 flor., comme on peut le voir
dans le catal. de M. Borluut de Noortdonck,
n° 3630, où est décrit et porté à 210 fr. un exemplaire de ce volume.

Voici la description que les *Annales plantiniennes*
(p. 20) donnent du même livre : Titre. Explication
des planches (3 ff.). — Trente-trois planches représentant le catafalque, le cortège des nobles, des autorités, etc. Ce sont de grandes pièces oblongues
pouvant être réunies l'une à l'autre, de manière à
former une frise immense; sur la deuxième planche
se lit cette inscription : *Amplissimo hoc apparatu
et pulchro ordine Pompa funebris Bruxellis a
Palatio ad divæ Gudulæ templum processit cum
Rex Hispaniarum Philippus Carolo V. Rom.
Imp. parenti mæstissimus justa solveret*, *J. a
Duetecom*, *Lucas Duetecum fecit*. La trente-qua-
trième planche représente les armes et porte la
date 1558. Sur d'autres planches on lit encore *H.
Cock inv.* On trouve sous le n° 3631 du catalogue
de M. Borluut l'annonce d'un recueil de 26 pl.
color. représentant les cérémonies des mêmes obsèques, et portant le titre suivant :

AMPLISSIMO hoc apparatu... (comme ci-dessus),
1558, *Joannes a Duetecum*, *Lucas Duetecum
fecit. Henricus Hondius excudit. Hagæ-Comitis*,
1619, in-fol. vendu 125 fr.

Ce dernier recueil est décrit par M. Arthus Dinaux
(*Bibliophile belge*, VII, p. 9) d'après un exempl.
composé de 37 pl. Le titre ci-dessus fait voir que
ces planches sont de l'invention de Lucas Duetecum.

OBSÈQUES (les) et grandes Pompes funebres de
l'Empereur Charles V, faictes en la ville de
Bruxelles, traduites d'italien en françoys, avec aucuns vers et epitaphes lat. à sa louange. *Lyon*,
Jean Saugrain, 1559, in-8. (Du Verdier, III, 165.)

LES GRANDES et solennelles Pompes funèbres
faictes en la ville de Bruxelles en Brabant, les
XXIX et XXX iours du mois de décembre mil cinq
cens cinquante huict pour le seruice de ...Charles
cinquiesme du nom empereur tres auguste, escriptes
aux habitans de Grenate en Espaigne; traduict de
langage espagnolz en françois. *Paris*, *veufue Nic.
Buffet*, 1559, pet. in-8. de 11 ff.

9 fr. 25 c. de Soleinne, et rel. en *mar. r. par Duru*, 170 fr. Veinant.

— POMPE funèbre de Charles III, voy. POMPE funèbre.

OBSEQUENS (*Julius*). Prodigiorum liber, nunc demum per Conr. Lycosthenem integritati suæ restitutus; Polydori Vergilii de prodigiis libri III; Jo. Camerarii de ostentis libri II. *Basileæ, Oporinus*, 1552, pet. in-8. de 10 ff., 327 pp. et 6 ff., avec fig. 4 à 6 fr. [6240]

Le texte de Julius Obsequens a paru pour la première fois à la suite de *Plinii epistolæ*, édition d'Alde, 1508, et ensuite dans plusieurs éditions des mêmes lettres, sorties des presses de Rob. Estienne; mais il est plus complet dans la présente édition, sur laquelle a été faite celle de Lyon, chez J. De Tournes, en 1553, in-8.

— JUL. OBSEQUENTIS quæ supersunt ex libro de prodigiis, cum animadversionibus Joan. Schefferi, et supplementis Conr. Lycosthenis, curante Fr. Oudendorpio. *Lugd.-Bat.*, 1720, in-8. 5 à 7 fr.

Texte revu sur les anciennes éditions. On y a joint des notes de Scaliger, de Nic. Heinsius, de Cuper, et de Burman.

— EDITIO alia, cum animadvers. J. Schefferi et Fr. Oudendorpii : acced. supplementa, curante Jo. Kappio. *Curiæ-Regnitiæ*, 1772, in-8. 3 fr.

Réimprimé avec Valerius Maximus. *Argentorati*, 1806, in-8.

— Jules Obséquent des prodiges; plus trois livres de Polydore Vergile sur la mesme matière traduits par George de La Bouthière. *Lyon, J. De Tournes*, 1555, in-8. de 8 ff., 292 pp., et 6 ff. de table, avec fig. sur bois.

Recherché à cause des fig. Vend. en *mar. viol. dent.* 15 fr. La Vallière; 12 fr. Mazoyer; 20 fr. en 1823; en *mar. olive*, par Bauzonnet, 61 fr. Solar.

— LE LIVRE des prodiges de Julius Obsequens, traduit en français, avec le texte romain et accompagné de remarques par Victor Verger. *Paris, Audin*, 1825, in-12.

— GIULIO Ossequente de' Prodigii. Polidoro Vergilio libri III, per Damiano Maraffi fatti toscani. (Giovacchino Camerario la Norica overo degl' ostenti libri II.) *Lione, Giov. di Tornes*, 1554, in-8. fig. sur bois.

L'ouvrage de Camerarius commence à la p. 253, mais il n'est pas indiqué sur le titre du volume.

OBSEQUIALE augustense. (à la fin): Explicit feliciter: *Erhàrdi ratdolt augusteñ viri solertis eximia industria: et mira imprimendi arte: qua nup venetiis : nunc Auguste excellet* (sic) *nominatissim'. Cal. februarij. Anno salutis* M. cccc. lxxxvij, in-4. goth. de 4 ff. non chiffrés et 95 chiffrés, avec des notes de musique. [743]

Erhard Ratdolt a donné une seconde édition de cet *Obsequiale* en 1489, in-4. de 82 ff. avec plain-chant noté. Hain, qui décrit ces deux éditions (nos 11925-27), décrit également (sous les nos 11928 et suiv.) un *Obsequiale Eystettense*, imprimé par Michel Reyser, en 1488, in-4. de 100 ff. — Un *Obsequiale frigense*, imprimé à Bamberg, en 1484, *impensis Henrici petzensteiner et Johannis Sensenschmidt*, in-4. de 64 ff. Un exemplaire imprimé sur VÉLIN, avec un dessin, et rel. en *mar. r.*, 11 liv. Libri, en 1859. — Un *Obsequiale ratisbonense*, impr. à Nuremberg, en 1491, in-4. en lettres de missel, avec notes de musique. — *Obsequiale salisbur-*

gense, imprimé par Geor. Suchs de Sultzpach, à Salsburg, en 1495 et 1496, in-4. de 118 ff. chiffrés, précédés d'un f. non chiffré, caractères de missel et notes de musique.

OBSERVATEUR (l') littéraire (par Marmontel et Beauvin), 1746, in-12. [18318]

Tome premier et unique d'un ouvrage périodique qui, n'ayant pas eu de succès, ne fut pas continué. Les exemplaires en sont devenus rares : 26 fr. 50 c. Heber, mais 5 fr. seulement Barbier.

OBSERVATIONES in Prosperi Aquitani chronicon integrum, ejusque 84 annorum cyclum, etc.; — in veterum PP. et pontificum epistolas paschales, etc.; — in Theonis fastos græcos priores, etc.; — in Heraclii imper. methodum et in Maximi monachi computum paschalem, etc. — Dissertationes de cyclis paschalibus diversorum, etc. (auctore Joh. van der Hagen). *Amstelodami,* 1733-36, 5 part. in-4. [21240]

22 fr. Anquetil, et quelquefois plus ou moins cher.

OBSERVATIONS astronomiques faites à l'Observatoire royal de Paris; publiées par le Bureau des longitudes. *Paris, Bachelier,* 1825 et 1838, 2 vol. in-fol. [8326]

— NOUVELLE série, ann. 1837 à 1846, *Paris, le même,* 10 vol. in-fol. Chaque volume de ces deux séries coûtait 50 fr., mais on en a donné onze pour 82 fr. à la vente d'Arago.

La suite, sous le titre d'*Annales de l'Observatoire,* est publiée par M. Le Verrier, voy. le nº 8326 de notre table.

OBSERVATIONS et détails sur la collection des grands et petits voyages (par l'abbé d'Orléans de Rothelin). 1742, pet. in-4. de 44 pp. [19814]

Édition tirée à très-petit nombre : 24 fr. d'Hangard; 12 fr. 50 c. Parison. Cet ouvrage, que celui de Camus sur le même sujet a rendu à peu près inutile, se trouve réimprimé, avec des additions, dans la Méthode pour étudier la géographie, par Lenglet Du Fresnoy, édition de 1768, tome I, pp. 324-361.

OBSERVATIONS sur les chevaux. Voyez CALLOET.

OBSERVATIONS sur l'histoire naturelle. Voy. GAUTIER; — sur l'esprit des lois. Voy. DUPIN.

OBSIDIONE (la) di Padoua ne la quale se tractano tutte le cose che sono occorse dal giorno che per el prestantissimo messere Andrea Gritti proueditore generale fu reacquistata : che fu adi 17. Luio. 1509. per insino che Maximiliano imperatore da quella si leuo. — *Impressa in*

Venetia nel M. D. X. *Adi .iii. Octobrio,*
in-4. de 20 ff. chiffrés, à 2 col. de 20
lign., caract. ronds.

Poëme en six chants et *in ottava rima,* dont l'auteur
est nommé *Cordo,* dans une lettre de L. Lampridio
à L. Balbi, placée au verso du premier feuillet. Sur
le titre se voit un bois représentant la ville de Padoue. 62 fr. *m. r.* Libri, en 1847.

Une autre édition du même poëme, *Venetia, Alex.
di Bindoni,* 1515, in-4. de 20 ff. à 2 col. avec la
même vignette sur le titre. 38 fr. 50 c. *mar.* Libri.

Pour deux autres pièces relatives à Padoue, voy. le
catal. Libri (1847), n°ˢ 1191 et 1292.

OBSOPOEUS (*Joh.*). V. SIBYLLINA oracula.

OBSOPOEUS (*Vinc.*). De Arte bibendi libri
IV; et (Mat. Delii) de arte jocandi libri IV;
accedunt artis amandi, dansandi practica, item meretricum fides, aliaque fa-
ceta. *Lugd.-Bat.*, 1648, pet. in-12 de
135 et 280 pages. [17804 ou 17925]

Volume qui paraît avoir été impr. par les Ilackes, et
qui, à cause de sa belle exécution, est digne d'être
admis dans la collection elzevirienne. Il se compose de 3 part. : la première, sous le titre ci-dessus, a 4 ff. prélim., y compris le titre, en rouge et
noir, et 135 pp.; la seconde (*Variorum auctorum
practica artis amandi et declamationes Philippi
Beroaldi*), 190 pp., y compris le titre et un f. non
chiffré; dans la troisième partie (*Antonius de Arena... ad suos compagnones, etc.*), la pagination
continue celle de la seconde jusqu'à 280, y compris
le titre.

Il y a plusieurs éditions de ces facéties qui ont toutes
quelque valeur : 4 à 6 fr. La plus ancienne est celle
de *Nuremberg,* en 1536, pet. in-4.

OBSTCHI gherbovnik dvorianskich rodof
vsérossiskiia impérii. Armorial universel
des familles nobles de l'empire de toutes
les Russies. *St-Pétersbourg, impr. du
sénat,* 1803-36, 10 vol. in-4. 150 roubles.
[28948]. Ouvrage officiel et important.

OBSTINATION. Lobstinatiö des suysses.
(*sans lieu ni date*), pet. in-8. goth. de
4 ff. [13550]

Pièce en vers de 10 et 12 syllabes, composée à l'occasion de la bataille de Marignan, c'est-à-dire vers
1515. La vignette du frontispice représente des
Suisses armés et des bourgeois. Le verso du dernier
f. est tout blanc.

OCAMPO (*Florian* de). Las quatro partes
enteras de la Cronica de España que
mando componer el rey don Alonso llamado el Sabio. Donde se contienen los
acontescimientos y hazañas mayores y
masseñaladas que suçedieron en España:
desde su primera poblacion, hasta casi
los tiempos del dicho señor rey : vista y
enmendada mucha parte de su impresion por el maestro Florian Docãpo.
*Fue impressa la p̃sente cronica. en
la... cibdad de Zamora, por Augustin de Paz y Juan Picardo... a costa*

O'Callaghan (*E.-B.*). Documentary history of the
state of New York, 28577. — Licte of editions of
Holy Scripture, 31694, et dans nos ADDITIONS.

*y espensas de Juan d̃ Spinosa merca-
der d̃ libros vezino d̃ Medina d̃ Cãpo.
acabose en nueue dias d̃l mes d̃ deziẽ-
bre. año... d̃ mill y quinientos y qua-
renta y un años* (1541), in-fol. goth. à
2 col. CCCCXXVII ff. en tout. [25977]

Édition très-rare. 7 liv. 15 sh. *mar. v. rel. par*
Lewis, Heber. Cet ouvrage a été réimprimé à
Valladolid, Seb. de Canas, 1604, in-fol. Dans le
titre que nous venons de rapporter on voit que de
Ocampo n'a été que l'éditeur de cette chronique,
laquelle ne doit pas être confondue avec celle dont
nous allons parler, ni, comme l'a fait Ebert, avec
la *Chronica del rey D. Alonso,* impr. à Valladolid,
en 1554 (voyez CHRONIQUES espagnoles).

— Los quatro libros primeros de la coronica general de España, que recopila
Florian do Campo. *Çamora, Juan Picardo,* 1544 (à la fin, 15 dec. 1543),
in-fol. goth. à 2 col.

Première édition de cette chronique. Elle est fort rare,
et quoiqu'elle soit moins complète que l'édition
de 1553 elle a une certaine valeur : 11 fr. Gohier; 3 liv. 17 sh. *mar.* Heber; 50 fr. *parch.*
2ᵉ vente Quatremère, et rel. en *mar. par Capé,*
320 fr. Solar. Il existe une seconde édit. de *Zamora,*
sans date (1545), in-4., également en quatre livres :
19 sh. Heber.

— Los cinco libros primeros de la coronica general de España. *Medina del
Campo, De Millis,* 1553, in-fol. [25980]

Bonne édition de cet ouvrage, auquel il faut joindre
l'article suivant :

CORONICA general de España (lib. XVII) que con-
tinuava Ambrosio de Morales; proseguiendo ade-
lante de los cinco libros, por el maestro Florian de
Ocampo escritos. *Alcala de Henares, Lequerico,*
1574-1577, et *Cordoua, Ramos Bejarono,* 1586,
3 vol. in-fol. Vend. 70 flor. Meerman, et 54 fr.
(sans le dernier vol.) Soubise.

A la fin du 2ᵉ tome il doit y avoir une partie séparée,
dont le frontispice particulier, daté de 1575, porte :
*Las antiguedades de las ciudades de España, che
van nombradas en la coronica etc.* Cette partie
est assez considérable pour qu'on l'ait fait relier
séparément, dans quelques exemplaires. A la fin du
3ᵉ volume doit se trouver un discours au sujet de
la descendance de S. Dominique de la maison des
Guzmans, ff. 832-350. Nous ferons observer que
Morals, en publiant sa chronique, fit publier aussi
celle de Florian de Ocampo à *Alcala de Henares,*
en 1578, édition qui peut tenir lieu de celle de 1553,
et qui même passe pour plus correcte.

— LAS MISMAS CRONICAS por Florian de Ocampo y
Ambr. de Morales. *Madrid,* 1791, 10 vol. pet. in-4.

Édition plus belle et d'un usage plus commode que
les anciennes. On y réunit les ouvrages ci-après :

1° HISTORIA de los reyes di Castilla y de Leon, etc.
Madrid, 1792, 2 vol. in-4. [vers 26127]

2° OPUSCULOS castellanos de Ambrosio de Morales, ordenados y anotados por Fr. Valeria Cifuentes,
Madrid, 1793, 3 part. in-4. [26104]

3° ORIGEN de las dignidades seglares de Castilla
y Leon, por Salazar de Mendoza, *ibid.,* 1794, in-4.,
ouvrage imprimé d'abord à *Madrid,* en 1657, in-fol.
Chaque volume de cette jolie collection in-4. coûtait 20 réaux. Voy. SANDOVAL.

Les anciens éditeurs de ces chroniques ont beaucoup
varié dans la manière d'orthographier le nom de
l'auteur : tantôt ils écrivent *Docampo,* tantôt *do
Campo* et *d'Ocampo.* La dernière édition porte *de
Ocampo,* et nous nous y sommes conformé.

OCCAM (*Guill.* de). Voy. OCKAM.

OCCO (*Adolf.*). Imperatorum romanorum numismata, a Pompeio magno ad Heraclium, ab Ad. Occone olim congesta. Augustor. iconibus, notis et additamentis jam illustr. a Fran. Mediobarbo (Mezza Barba) Birago, nunc vero a mendis expurgata, additionibus criticisque observatt. exornata, curante Phil. Argelato. *Mediolani*, 1730, in-fol. fig. [29825]

Bonne édition : 12 à 20 fr. ; vend. 30 fr. *mar. r.* de Cotte. L'ouvrage d'Occo parut d'abord à Anvers, chez Plantin, en 1579, in-4., sans fig. ; ensuite avec les notes de Mezza Barba, à Milan, 1685, in-fol. fig., édit. à bas prix. Celle d'Argelati a été reproduite sous la date de Milan, 1764.

OCCULTORUM academicorum carmina. *Brixiæ,* 1570, in-8. 5 à 6 fr. [12742]

OCELLUS Lucanus de universi natura, brevis et absoluta qualitatum elementarium enarratio, gr. *Parisiis, per Conradum Neobarium,* 1539, in-4. [3342]

Première édition, rare, sans être chère.

— DE UNIVERSI natura (gr.), textum græcum in lat. transtulit, emendavit, paraphrasi et commentar. illustravit Car.-Emman. Vizzanius. *Amstelodami, Blaeu,* 1661, in-4. 5 à 6 fr.

Édition mieux imprimée que celle de *Bologne,* 1646, in-4., d'après laquelle elle a été faite.

— DE RERUM natura, gr., recensuit, commentario perpetuo auxit et vindicare studuit A.-Frid.-Guil. Rudolphi. *Lipsiæ,* 1801, in-8. 6 fr. — Pap. fin, 8 fr.

— Ocellus Lucanus, en grec et en françois, par le M[r] d'Argens. *Berlin,* 1762, pet. in-8. 4 à 5 fr.

Vend. 13 fr. *mar. r.* By, et avec le *Timée de Locres,* édit. de 1763, les 2 vol. en *mar. r.* par Derome, 63 fr. Parison.

L'édition d'*Utrecht,* 1762, pet. in-8., a été faite page pour page sur celle de Berlin, mais en caract. un peu plus gros et sur un meilleur papier. Même prix.

Cette traduction et celle de *Timée de Locres* ont été réimprimées sans le grec, à *Paris, Bastien,* 1794, 2 part. pet. in-8. Un exemplaire de cette réimpression, tiré sur parchemin, 12 fr. Lamy.

Batteux a donné une autre traduction d'*Ocellus Lucanus,* et de *Timée de Locres,* Paris, 1768, in-8., laquelle se joint à son *Histoire des causes premières,* 1769, in-8. A.-A. Renouard a dit, dans son catalogue in-4 vol., que ces deux volumes de Batteux deviennent rares en in-8. ; pour nous, nous ne les connaissons que de ce seul format, et nous pouvons assurer qu'ils sont très-communs.

OCHINO (*Bern.*). Apologi nelli quali si scuoprano li abusi, sciocheze, superstitioni, errori, idolatrie ed impietà della sinagoga del Papa : e specialmente de suoi preti, monaci e frati. 1554, in-8. [2114]

Petit volume très-rare, contenant 60 ff., dont le dernier est coté 78, et finit par ces mots : *Fin del primo libro degli Apologi.* Vend. 114 fr. *mar. viol.* Gaignat ; 54 flor. La Valliere ; 26 flor. Crevenna ; 12 fr. Mac-Carthy.

Il y a des exemplaires sans nom de ville ni d'imprimeur, et d'autres dont le titre porte : *Geneva, Giov. Gerardo* (voir catal. de Crevenna, n° 1112). — On a de cet ouvrage une traduct. allemande faite par *Christ. Wirsung,* et imprimée en 1559, in-4. Cette

traduct. est divisée en 5 livres, quoique l'original italien n'en renferme qu'un seul.

Autres ouvrages d'Ochin.

DIALOGI sette. *Vinezia, Nicolo d'Aristotile, etc.,* 1542, in-8. de 55 ff. fig. sur bois. 6 à 8 fr. [2137]

Vend. 41 fr. La Valliere.

PREDICHE. (*Geneva,* 1543), et *Basilea,* 1562, 5 vol. in-8. [2138]

Cet ouvrage se trouve rarement complet. Vendu 37 fr. Gaignat ; 53 fr. Mac-Carthy ; 24 fr. *mar.* Chardin, en 1824.

La première édition de ces sermons, 1542-1544, 6 part. pet. in-8., est moins complète que la seconde. Vend. bel exempl. *m. r.,* avec d'autres pièces dans le même volume, 24 fr. Méon.

Les 5 vol. de sermons, et 11 autres vol. d'Ochin, la plupart rel. en *mar.,* ont été vendus ensemble 193 fr. Chardin, en 1806.

SERMONS très-utiles de B. Ochin, en françois, 1561, in-8. de 180 ff. [2138]

Vend. 7 fr. Mac-Carthy; 43 fr. 50 c. *mar. r.* Renouard; 45 fr. Veinant.

EPISTOLA alli magnifici seniori della città di Siena. *Geneva,* 1543, in-8. de 12 ff. [2139]

Ce petit ouvrage se trouve aussi dans la collection des sermons en 5 volumes.

EPISTRE de B. Ochin, adressée aux magnifiques seigneurs de Sienne, où il leur rend compte de sa doctrine : avec une autre épistre à Mutio Justinopolitano, translatée de la langue italienne. 1544, pet. in-8. de 25 ff.

RIPOSTA alle false calumnie ed impie blastemmie di fratre Ambr.-Catar. Polito. 1546, in-8. de 40 ff. [2141]

EXPOSITIONE di B. Ochino sopra la epistola di S. Paulo alli Romani. 1545, in-8. de 282 pp.

Vend. 2 flor. 5 c. Crevenna.

DIALOGO del purgatorio. (*Basileæ*), 1556, in-8. de 3 ff. prélim., 130 pp. et 4 ff. d'index. [2142]

Ouvrage assez curieux et dont les exemplaires sont rares. Vend. 37 fr. Gaignat ; 32 fr. La Valliere, et moins cher depuis.

DE PURGATORIO dialogus, latine vertit Thadæus Dunus. *Tiguri, apud Gesneros* (absque anno), in-8. de 3 ff., 115 pp. et 6 ff.

Cette traduction est moins rare et moins recherchée que l'original ; l'épître dédicatoire est datée de 1555 ; mais l'ouvrage ne doit point avoir paru avant 1556. Vend. 18 fr. *mar. r.* Gaignat ; 15 fr. Bonnier ; 6 fr. 50 c. Mac-Carthy ; 33 fr. *mar. bl.* Renouard, et avec la traduction suivante, édit. de 1563, 19 fr. Chardin.

DIALOGUE touchant le purgatoire (traduit en français). *Impr. par Ant. Cergia,* 1559, in-8. de 128 pp.

Vend. 40 fr. *mar. r.* Gaignat ; 18 fr. Duquesnoy ; 16 fr. Mac-Carthy, et 142 fr. Solar.

SYNCERÆ et veræ doctrinæ de cœna domini defensio, contra libros tres Joachimi Westphali. *Tiguri,* 1556, in-8. de 8 ff. et 203 pp. [2143]

Un des ouvrages les plus rares d'Ochin ; vend. 7 flor. *mar. bl.* Crevenna ; 6 fr. Chardin.

PREDICHE, nomate laberenti del libero, ouer servo arbitrio. *Basilea* (senz' anno), in-8. de 3 ff. et 260 pp. [2144]

Ce volume doit être joint au suivant : 6 à 9 fr. ; vend. 21 fr. *mar. r.* La Valliere ; 7 flor. *mar. bl.* Crevenna, et 15 fr. Detune ; 10 fr. 50 c. Renouard.

Il y a des exemplaires auxquels on a mis un nouveau titre, portant : *Prediche del R. Padre D. Serafino da Piagenza... Stampate in Pavia.* Vend. sous ce dernier intitulé, 7 flor. *mar. bl.* Crevenna ; et 10 fr. 50 c. De Bure.

DISPUTA di Ochino intorno alla presenza da corpo di Giesu-Christo, nel sacramento della cena. *Basi-*

lea, 1561, in-8., 3 ff. prélim., et texte, pag. 7 à 287. [2145]

Vend. 31 fr. *m. r.* La Valliere ; 14 fr. *m. bl.* Detune ; 7 fr. Mac-Carthy ; 30 fr. *mar. bl.* Renouard.

LIBER de corporis Christi præsentia in cœnæ sacramento, etc., ex italico in lat. sermonem transl. *Basileæ, Perna* (absque anno), in-8., 4 ff. prélim., texte, pag. 1 à 301, et 1 f. pour la table des sermons.

LABYRINTHI, hoc est, de libero aut servo arbitrio... disputatio. *Basileæ, P. Perna* (absque anno), in-8. de 2 ff., 261 pp. et 1 f. pour la table.

Ces deux articles, imprimés pour faire suite l'un à l'autre, ne devroient pas être séparés; ils sont la traduction des deux ouvrages précédents. Vend. 24 fr. chacun La Valliere, et en *veau*, 10 fr. 50 c. Renouard.

Le premier, 11 fr. *m. r.* Méon. — Le second, 8 fr. 65 c. Méon ; 7 fr. Mac-Carthy ; 6 fr. Chardin.

IL CATECHISMO, overo institutione christiana, in forma di dialogo. *Basilea*, 1561, pet. in-8., de 2 ff. et 313 pp. [2146]

Vend. en *m. r.* 16 fr. Gaignat ; 29 fr. La Valliere ; 8 fr. Mac-Carthy ; 5 fr. Chardin ; et un exempl. en *mar. v.* avec la signature de Mich. de Montaigne, et une note de Charron à qui Montaigne avait donné le livre, 200 fr. Renouard.

DIALOGI XXX, in duos libros divisi : de Messia, de rebus variis, tum potissimum de Trinitate. *Basileæ, P. Perna*, 1563, 2 vol. pet. in-8. de 440 et 478 pp., avec un f. d'errata. [2147]

Vend. 61 fr. Gaignat ; 76 fr. La Valliere ; 33 fr. *mar. r.* Méon ; 21 fr. d'Ourches : 11 fr. 50 c. Mac-Carthy ; 20 fr. *mar. bl.* Chateaugiron et 77 fr. Renouard.

Ce livre, devenu rare, est traduit de l'italien : on ignore si l'original a été imprimé; mais on sait que cette traduction est de Sébastien Castalion. C'est probablement par erreur que la *Bibliogr. instruct.*, n° 764, indique 518 pp. pour le 2° vol. Tous les exempl. que nous avons vus n'en ont que 478, sans compter l'errata.

Les ouvrages d'Ochin conservent peu d'intérêt, et, aujourd'hui, leur rareté fait à peu près tout leur mérite ; aussi sont-ils beaucoup moins recherchés qu'ils ne l'étaient autrefois. Les productions du même auteur que nous n'indiquons pas n'ont presque point de valeur.

OCHOA de la Salde (*Juan*). La Carolea, enchiridion, que trata de la vida y echos del emperador Carlos V , y de muchas cosas notables en ella sucedidas hasta el año de 1555 ; recopilada por Juan Ochoa. *En Lisboa, Marco Borges, etc.*, 1585 , in-fol. de 451 ff. [26047]

Cet ouvrage devait avoir un second vol., qui n'a pas été publié. Celui-ci va cependant jusqu'à l'année 1555. Vend. 19 fr. Santander. — L'auteur a trad. en espagnol la chronique de Scanderberg. — Voy. ANDRADE.

OCHSENBRUNNER. Fratris Thome Ochsenbrüner Basilien ordinis fratrum prędicatoʒ In priscorũ heroũ Stĕmata amplissimo patri Paulo de campo Fregoso tituli sancti Sixti presbytero Cardinali Genuensi dicata Prohęmiũ. (in fine): *Impressum Romę per Johannẽ Besicken & Sygismundum Mayer Anno M. cccc.*

Ochs (*Fr.*). Artis medicæ principes, 7185.
Ochs (*P.*). Stadt und Landschaft Basel, 25927.

xciiii. Die uero xvin. mensis Februarii, iu-4. de 28 ff., dont le dernier bl. sign. a—d, caract. ronds, à 27 lign. par page. Prix médiocre. [30406]

Ce vol. commence au verso du 1ᵉʳ f. par l'intitulé ci-dessus en cinq lign. Les figures sur bois dont il est orné sont des médaillons fantastiques, plusieurs fois répétés. On remarque au 4ᵉ f. une grande pl. : *Quercus capitolinus.*

OCHSENHEIMER (*Ferd.*). Die Schmetterlinge von Europa ; fortges. von F. Treitschke. *Lipsiæ, Fleischer,* 1807-30, in-8., tom. I à VIII , en 12 vol. 20 thl. [6078]

OCKAM (*Guil.*). Dialogorum libri septem adversus hereticos, et tractatus de dogmatibus Johannis Papæ XXII. — M. CCCC. LXXVI, in-fol. [1819]

Édition originale, imprimée avec les caractères de P. Cæsaris et de J. Stol, imprimeurs de Paris. C'est la seule qui puisse encore avoir quelque valeur ; les autres sont à très-bas prix.

Comme chef de la secte des nominaux, Guillaume Occam ou Ockam conserve une trop grande célébrité dans l'histoire de la philosophie scolastique, pour que nous ne citions pas ici ses principaux écrits :

1° OPUS nonaginta dierum (impr. avec les deux ouvrages ci-dessus). *Lugd., per Joannem Trechsel*, 1495, in-fol. de 10 fl. non chiffrés, 124 ff. chiffrés et 14 ff. non chiffrés.

2° QUODLIBETA septem. *Impressa Parisii arte magistri Petri Rubel*, 1487, in-4.

3° QUÆSTIONES et decisiones in IV libros sententiarum, cum centilogio theologico. *Lugduni, Jo. Trechsel*, 1495, in-fol. de 454 ff. à 2 col. 46 fr. 50 c. Quatremère.

4° TRACTATUS logicæ. *Parisiis, in vico clauso Brunelli*, 1488, in-fol. de 126 ff. à 2 col.

5° EXPOSITIO super totam artem veterem. *Bononiæ, Benedictus Hector*, 1496, in-fol. de 132 ff. à 2 col.

6° SUMMULÆ in Aristotelis physicam. *Ibid.*, 1494, in-fol. de 47 ff. à 2 col.

7° DECISIONES octo quæstionum de potestate summi pontificis. *Lugduni, Jo. Trechsel*, 1496, in-fol. de 42 ff. à 2 col.

8° CENTILOQUIUM theologicum. *Lugduni, Jo. Trechsel*, 1494, in-fol.

Pour plus de détails, consultez Hain , n° 11935 à 11953.

On attribue encore à Ockam l'ouvrage suivant, qui ne porte pas son nom :

DISPUTACIO inter clericum et milite super potestaté prelatis ecclesie atque principibus terrari commissa sub forma dialogi. (au 14ᵉ f. recto) : *Compendiũ de vita antichristi incipit feliciter.* (et au verso du dernier f.) : *Explicit compendiũ de vita antichristi sub Anno dñi* M. CCCC. LXXV, pet. in-4. goth. de 16 ff. sans chiffres ni signat. [3219]

Édition qui paraît avoir été impr. à Cologne, ainsi que celle de M. cccc. lxxviii, in-4. goth. de 16 ff. sous le même titre, et qu'une édition sans date, in-4. goth. de 16 fl. à 26 lign. par page, sans chiffres, réclames ni signat. Plusieurs autres édit. sans date ont pour titre *Dyalogus*, au lieu de *Disputacio*. On en cite une de *Deventer*, 1497, in-4., sous le nom de *Guillelmus de Gouda*, et une autre de Paris, *per Guidonem Mercatoris*, 1498, in-4., sous celui de *Guillelmus Ockam* (Hain, n° 6111 à 6121).

OCKLEY (*Simon*). The Conquest of Syria, Persia and Egypt by the Saracens ; the third edition, to which is prefixed an account of the Arabians or Saracens, of the life of Mahomet and the mahometan religion by Dr Long; with a plan of the Ca'aba or temple of Mecca, from a ms. in the Bodleian library. *Cambridge*, 1757, 2 vol. in-8. 15 à 18 fr. [28009]

Édition la meilleure de cet ouvrage estimé. Il y en a des exemplaires sous le titre d'*History of the Saracens, containing the lives of Mahomet and his immediate successors...* London, 1757. L'ouvrage a été réimpr. récemment, *London, Bohn*, 1847 (et 6e édit. 1857), pet. in-8. La première édition, sous le titre d'*History of Saracens, etc.*, a paru à Londres, 1708-18, en 2 vol. in-8. — L'*Histoire des Sarrasins et de leurs conquêtes, sous les onze premiers kalifes*, a été traduite en français (par Jault), *Paris, Nyon*, 1748, 2 vol. in-12.

— An Account of south-west Barbary : containing what is most remarkable in the territories of the king of Fez and Marocco; written by a person who had been a slave there, published by S. Ockley. *London, Bowyer*, 1713, in-8. à 9 fr. [28394]

Vend. 16 fr. 50 c. Langlès. — Traduit en français sous le titre de *Relation des Etats de Fez et de Maroc, écrite par un Anglais;* Paris, Pissot, 1726, in-12.

OCLAND (*Christ.*). Anglorum prœlia ab anno 1327 Eduardi III. primo ad annum 1558, carmine summatim perstricta : item de pacatissimo Angliæ statu, imperante Elisabetha, compendiosa narratio, autore Christophoro Oclando : duobus his poëmatibus adjectus est Alexandri Nevilli Kettus, sive de furoribus norfolciensium, Ketto duce. *Londini, Rud. Nubery*, 1582, pet. in-8. [13109]

Chacun de ces trois petits poëmes a son titre particulier, et s'est vendu séparément. Le premier avait déjà été imprimé à Londres, par *R. Neuberie*, en 1580, in-4. Le second a été réimpr. avec des augmentations, sous le titre de EIPHNAPXIA, sive *Elizabetha : de pacatissimo Angliæ statu, etc.* Londini, Christoph. Barkerus, 1582, in-4., édition à laquelle se joint *Liber secundus in quo, preter cætera, Hispanicæ classis profligatio explicatur,* Londini, Thomas Orwinus, 1589, in-4. Il existe du premier de ces deux livres (l'*Elisabetha*) une traduction en vers anglais (sous le titre d'*Elizabeth Queene*), par John Sharrock, *London, by Robert Waldegrave*, 1585, in-4. goth. tellement rare que l'exempl. vendu 6 liv. 6 sh. Heber (IV, n° 1613) a passé pour être unique. Quant au *Kettus* d'Alex. Neville, il avait déjà paru à Londres, *ex officina Henrici Bynneman*, 1575, in-4., accompagné du *Norvicus* du même auteur. Ce dernier ouvrage a été trad. en anglais par Richard Woods. *Lond.*, 1623, in-4.

O'CLERY (*Michel*). Lexicon hibernicum præsertim pro vocabulis antiquioribus et obscuris. *Lovanii*, 1643, in-8. [11368]

Dans ce dictionnaire, les mots irlandais hors d'usage sont expliqués par des mots de la langue actuelle.

Speculum vitæ, seu Desiderius. *Lovani*, 1616, in-12.

Ces deux volumes sont rares et on les recherche beaucoup en Angleterre. Le premier a été vendu 6 liv. 6 sh. Valencey; 13 liv. 5 sh. en juin 1858, et le second 5 liv. 3 sh. à la même date.

O'CONNOR (*Charles*). Rerum hibernicarum scriptores veteres. *Buckinghamiæ*

excudebat J. Seeley, veneunt apud T. Payne, Londini, 1814-25-26, 4 vol. in-4., avec pl. [27482]

Collection importante pour l'ancienne histoire d'Irlande, et qui a été rédigée avec beaucoup de soin, sous la direction du Dr Charles O'Connor. L'impression en est due à la munificence éclairée du duc de Buckingham. Porté à 25 liv. dans le catal. Payne, et vendu seulement 20 flor. Butsch.

Le premier volume en 2 part. contient *epistola nuncupatoria*, cclxxxvi pages. *Prolegomena*, pars I, clxxxiv pp. pars II. ccvii. pp. après le titre, un avis *ad lectorem*, 1 f. dédicace au marquis de Buckingham, 5 pp. plus 7 pl. — Le second vol. contient 4 ff. prél. *Annales Tigernachi*, XXXII et 317 pp. appendice, 4 pp. errata, 1 f. *Annales Inisfalenses*, 156 pp. *Annales Buelliani*, 48 pp., 1 f. d'errata, et 5 pl. — Le troisième vol. *Annales IV Magistrorum, nunc primum editi*, prélim. xxxv pp. (la dernière cotée xxv), texte, 840 pp. et 1 f. d'errata. —Le quatrième vol. *Annales ultonienses ab anno* 431 ad ann. 1131, 398 pp. *Index generalis*, 25 pp.

Il a été tiré 26 exempl. en Gr. Pap., et dans lesquels se trouvent (au 2e vol.) deux pl. color. d'après d'anciens manuscrits; ces planch. ne sont pas dans le papier ordinaire. Vend. en Gr. Pap. *mar. olive*, 28 liv. 7 sh. Hanrott.

—Bibliotheca ms. Stowensis : a descriptive catalogue of the manuscripts in the Stowe library. *Buckingham*, 1818 et 1819, 2 tom. en 3 vol. in-4. et un appendix daté de 1819. [31440]

Catalogue rédigé par le D^r Ch. O'Connor, alors bibliothécaire du duc de Buckingham et Chandos. Il en a été tiré 200 exemplaires, mais qui n'ont pas été mis dans le commerce. Vend. 14 liv. Heber : 15 liv. 15 sh. Eyton, en 1848.

La collection de manuscrits de la bibliothèque de Stow devait être vendue aux enchères, après la publication d'un nouveau catalogue rédigé par MM. Sotheby et Wilkinson, en 1 vol. in-8. dont il existe des exempl. de format pet. in-8. : mais, en 1849, elle fut acquise en totalité, au prix de 8000 liv. sterl. par le comte d'Ashburnham.

Memoirs of the life and writings of the late Charles O'Connor of Belanagare, Esq. *Dublin* (1796), in-8. [30970]

Cet ouvrage biographique et généalogique, dont il n'a paru qu'un premier volume, est fort rare. L'auteur n'en a fait tirer qu'un petit nombre d'exemplaires pour ses amis, et l'on prétend même qu'il les a soigneusement supprimés. Vend. 14 liv. *mar*. Sykes ; 5 liv. 10 sh. Hanrott.

Ch. O'Connor a fait paraître sous le titre de *Columbanus*, un ouvrage relatif à l'église catholique d'Ecosse, duquel il y a 7 n^{os} in-8. impr. à Buckingham et à Londres, de 1810 à 1816. On y réunit : 1° *An Appeal and remonstrance to his holiness pope Pius VII*, Buckingh., 1822, in-8. ; 2° *Columbanus ad Hibernos, or a seven letters..., with part. I, of an historical address...* ibid., 1810-16, in-8.

— History of Ireland, 27487.

OCTAVIANUS. Eine schöne vnd kurtzweilige Hystori von dem Keyser Octauiano. *Strassburg, Grüninger*, 1535, in-fol. de 66 ff. avec fig. sur bois. [17677]

Histoire romanesque traduite du français en allemand par Salzmann : elle fait partie du *Buch der Liebe.*
La même histoire, écrite en danois, a été impr. à Copenhague, 1662, in-8.

OCTAVIEN. The Romance of Octavian, emperor of Rome, abridged from a manuscript in the Bodleian library. *Oxford,*

printed by Collingwood and Co. 1809,
in-8. [17716]

Traduction abrégée d'un ancien roman français resté
en manuscrit. Elle a été publiée par le rév. J.-J.
Coneybeare, lequel n'en a fait tirer que 50 exemplaires. Vend. 15 sh. Bindley; 1 liv. Inglis; 1 liv.
4 sh. Boswell.

Bien antérieurement à la publication de ce livre, il en
avait paru un sous ce titre :

> Here begynneth Octavyan the Emperor of Rome.
> *London* (xvi⁶ siècle), in-4., avec un bois sur le
> titre. Un exemplaire incomplet à la fin, et dont l'im-
> pression était attribuée à Copland, est porté à
> 2 liv. 11 sh. dans la quatrième part. de la *Biblioth.*
> *heber.*

Il existe un *Octavian imperator,* ancien roman anglais en vers, impr. dans le 3⁶ vol. de la collection
de Weber, et qui est remarquable et par la singularité de ses stances, et parce qu'il offre un spécimen du dialecte de l'Hampshire, presque tel qu'il
se parle encore aujourd'hui.

OCTAVIUS (*Fr.*). Voy. Cleophilus.

O'DALY. Initium, incrementa et exitus
familiæ Geraldinorum Desmoniæ comitum, palatinorum Kyerriæ in Hybernia,
ac persecutionis hæreticorum descriptio,
ex nonnullis fragmentis collecta ac latinitate donata per fratrem Dominicum de
Rosario O'Daly. *Ulyssiponæ, ex offic.*
craesbeeckiana, 1655, in-16. [29835]

Livre très-rare, mais d'un intérêt local. Il a 41 ff.
pour le titre et les préfaces, 403 pp. de texte, et
9 ff. pour l'index. 21 liv. Bindley, en 1819; 14 liv.
Hanrott; 12 liv. Heber; 15 liv. en juin 1858.

ODAXIUS (*Typhis*). La Macharonea (*abs-*
que nota), in-4. de 10 ff. non chiffrés,
demi-goth. sans signat. [13126]

Opuscule fort rare, impr. vers la fin du xv⁶ siècle. Il
ne porte pas de titre, mais le texte est précédé d'un
quatrain (*tetrastioon*) qui commence ainsi :

> *Est auctor Tiphis, Leonicus atque Parenzus.*
> *Flora Leonicum, retinet Phrosina Tiphetum.*

Tifi Odassi (en latin *Typhus Odaxius*) est le plus
ancien poëte macaronique que l'on connaisse, ainsi
que nous l'avons déjà prouvé dans une note placée à la fin de notre notice sur le poëte Alione,
d'Asti (voy. Alione). Son poëme a dû paraître,
pour la première fois, un peu avant l'année 1490,
et on en compte plusieurs édit. presque aussi rares
les unes que les autres. Celle que nous venons de
décrire est sans titre; néanmoins on lui en donne
un dans la *Biblioth. pinelliana,* II, p. 456, pour indiquer le sujet du poëme. Ce titre factice est ainsi
conçu : *Carmen macaronicum de patavinis qui-*
busdam arte magica delusis. — Une autre édition
in-4. goth. de 12 ff. à 31 lign. par page, sign. a—c,
est également sans date et sans nom de ville ni
d'imprimeur, mais le frontispice porte *La Macha-*
ronea, avec une vignette en bois au-dessous. Sur
le verso du dernier feuillet est placé un registre
précédé des mots *Finis macharonea.* L'auteur n'y
est aussi nommé que dans le premier vers du quatrain déjà cité :

> *Est auctor tiphis conicus, atq parenzus.*

La Bibliothèque publique de Parme conserve deux
autres éditions de cet opuscule macaronique, l'une
et l'autre in-4., en caractères romains, sans nom de
ville ni d'imprimeur et sans date, mais qui peuvent avoir paru vers 1500. La première est terminée
par le dernier vers du poëme, dont nous figurons
ici les abréviations :

> *Vulcanñque facit nigra sudañ fusĩa.* Finis.

La seconde a 12 ff. non chiffrés, sign. a. b. c., et
29 lign. par page. Le recto du premier f. porte les
mots *Macharonea incipit,* avec une vignette en
bois représentant trois figures. A la fin se lit cette
phrase : *Hic finem facio hujus præclari operis quod*
vocatur Macharonea.

— La Macharonea. (in fine) : *Impressum Venetiis*
per Alexandrũ de Bindonis (absque anno), pet.
in-8. de 16 ff. non chiffrés, à 23 lign. par page.

Édition en caractères romains, qui paraît avoir été
faite sur une des précédentes, et probablement au
commencement du xvi⁶ siècle. Sur le frontispice
se voit une vignette sur bois, où est représentée la
Justice assise et ayant deux lions à ses pieds. C'est
l'édit. que Jos. Molini décrit à la p. 128 de ses *Ope-*
rette, et, qu'à tort, il dit être in-4.

— La Macharonea. — *Venetiis, Melchior Sessa*
(*absque nota*), in-8. de 16 ff. à 25 lig. par page,
lettres rondes.

Édition différente de la précédente, mais aussi rare.

Ce titre de *Macharonea* nous rappelle celui d'un petit
poëme sur le même sujet dont il n'existe, croyons-
nous, que le premier chant.

— Della discendenza e nobiltà de' Maccaroni, poema
eroico (di Francisco de Lemene). *Milano, Fer-*
rario, 1675, in-8. — Réimpr. *Firenze, Rossellini*
(*senz'* anno), in-12, et *Modena* (*senz'* anno),
in-8.

ODDE de Triors (*Claude*). Le bannissement et adieu des ministres des hugue-
notz sur le départ du pays de France,
où est contenu le piteux despart du
ministre de Castanet, faict par Claude
Odde de Triors, Dauphynois. *Lyon,*
Benoist Rigaud, 1572, pet. in-8. de
7 ff. dont le 6⁶ présente la fig. d'un lion.
[13786]

Pièce en vers, dont il est plus facile de constater la
rareté que le mérite. 60 fr. Bouvignier, en 1849, et
50 fr. m. r. Coste. La Croix du Maine en cite une
édit. de *Paris, Jean Ruelle,* 1573, in-8.

— Les joyeuses recherches de la langue
tolosaine (par Claude Odde, de Triors).
Imprimé à Tolose (1578), pet. in-8. de
46 ff. non chiffrés, y compris le titre.
[11052]

Opuscule rare, où se trouvent des étymologies curieuses et singulières des mots qui, du languedocien, ont passé dans le français vulgaire (*Mélanges*
tirés d'une grande biblioth. T., p. 237). L'auteur
n'est point nommé sur le frontispice, mais son nom
se lit à la fin du volume, dans des vers qui lui sont
adressés, et qui commencent ainsi :

> *Triors tu'fais grãd tort aux Tectosagiens.*

Réimprimé par les soins et aux frais de M. Gust. Brunet, *Paris, Techener,* 1847, pet. in-8. Tiré à petit
nombre.

— Distiques moraux. Voy. Verin.

ODDI (*Sforza* de gl'). Comedie, di nuovo
con diligentia ristampate. *Vinegia, Ses-*
sa, 1597, in-12. 3 à 4 fr. [16703]

Les trois comédies qui composent ce volume ont été
imprimées plusieurs fois séparément.

Odart (le comte). Ampélographie universelle, 6371.

Odder sive Oddur. Hist. Olai Tryggvæ filii, 27618.

ODE hystoriale de la bataille de sainct Gilfe, sur le chant du pseaume 81. Chantons gayement. *Lyon,* 1553, pet. in-8. de 4 feuillets. [13970]

Opuscule rare.

ODE sacrée. Voyez COMPLAINTE de la France.

ODERICUS (*Gasp.-Aloys.*). Dissertationes et adnotationes in aliquot ineditas veterum inscriptiones et numismata. *Romæ,* 1765, gr. in-4. fig. 10 à 12 fr. [29930]

La plus importante publication de ce savant.

— Numismata græca, 29784. — Lettre à l'abbé Marini, 29839.

ODET de Tournebu. Voy. TOURNEBU.

ODIEUVRE. Recueil des portraits des rois de France, depuis Pharamond jusqu'à Louis XV, dessinés d'après les médailles par A. Boizet et gravés par les soins de Mich. Odieuvre. *Paris,* 1738, in-4. 12 à 18 fr. [23236]

65 portraits des rois, et celui de la reine Marie Leczinska. On trouve quelquefois dans ce volume la planche représentant la pyramide dressée devant la porte du palais, en 1597, celle du massacre de la Saint-Barthélemy, et celle de l'assassinat d'Henri IV, trois morceaux qui se rapportent aux mémoires de Sully, édit. in-4., et nullement à ceux de Comines, comme le dit M. Graesse. La collection des portraits gravés par Odieuvre a été publiée sous le titre d'*Europe illustre* (voy. DREUX du Radier). Ceux de ces portraits qui se rapportent à l'histoire de France forment 2 vol. à la suite de l'histoire de France de Velly (voy. ce nom). Une partie de ces mêmes portraits se place dans les mémoires de Comines, dans ceux de Condé et dans ceux de Sully.

ODOFREDUS sive Roffredus. Lectura super codices Justiniani. *Lugduni, Martinus Husz,* 1480, 12 *aprilis,* in-fol. goth. à 2 col. de 66 à 68 lign. [2503]

Hain (n° 11905) a amplement décrit ce volume, plus rare que recherché, lequel doit contenir 68 ff. chiffrés, 2 ff. bl., 95 ff. chiffrés, 1 f. bl., 77 ff. inexactement chiffrés et 1 f. bl., 95 ff. chiffrés et un bl., 58 ff. chiffrés, 119 ff. et un bl., 58 ff. chiffrés et 2 non chiffrés, 57 ff. chiffrés et 1 non chiffré, 43 ff. chiffrés (le dernier ne l'est pas).

— TRACTATUS libellorum super utraque censura cum questionibus sabbatinis castigatus a Petro Miloti, Petro Tepe et Ioanne Pabeyrani dicto gandarre scholastico. *Impressit Dominicus Anselmus Auenionensis, Auenione altera Roma ultima kal. Marcias,* 1500, in-fol.

Cité par Panzer d'après la *Biblioth. bodl.* C'est peut-être le même livre que Maittaire (I, p. 724) cite sous le titre de *Tractatus de ordine judiciorum super jure Cæsaris et Pontificis, Auenione,* 1500.

ODONI. Discorso di Rinaldo Odoni, per

uia Peripatetica, oue si dimostra, se l'anima, secondo Aristotele, è mortale, o immortale. *In Venetia (Aldo),* 1557, in-4. de 36 ff. caract. rom. [3605]

Les exemplaires sous la date de 1560 n'ont de réimprimé que le titre et les pièces préliminaires.

ODORICO da Pordenone (il beato). Odorichus de rebus incognitis. *In Pesaro (per Girolamo Soncino),* 1513, in-4. [20468]

Relation succincte, en langue italienne ancienne (*inculta* et *rozza,* dit Apostolo Zeno), d'un voyage fait dans une grande partie de l'Asie, au commencement du XIVe siècle. Odorico en écrivit d'abord une ébauche en italien (vers l'année 1318), dont le manuscrit est conservé dans la biblioth. Riccardienne à Florence; mais en 1330 Guillaume de Solagna rédigea une autre relation plus étendue d'après les communications verbales du pieux voyageur, et l'écrivit en latin. Il existe plusieurs copies de cette dernière version, qui présentent entre elles des différences et dans le titre et dans divers passages du texte; il en a été fait aussi plusieurs traductions italiennes. Celle que contient l'édit. très-rare de 1513, ci-dessus, a été publiée par *Pontico Virunio* d'après le manuscrit que lui communiqua François Olivieri, habitant de Jesi. L'éditeur y a joint une épître dédicatoire en latin adressée à Paul Daniel de Mantoue. C'est là où on apprend que le livre a été imprimé par Jérôme Soncino, *impressoria arte primarius, et doctissimus rerum reconditarum.* Cet imprimeur célèbre exerça successivement, et même simultanément, à *Fano,* à *Pesaro,* à *Rimini* et à *Orthone,* de 1504 à 1526 : ainsi Haym est inexact quand il donne la date de 1573 à l'édition d'Odorico, impr. par notre Soncino : c'est aussi par erreur que Tiraboschi, confondant le lieu où se trouvait le manuscrit avec celui de l'impression, rapporte dans une note que ce livre a été imprimé à *Jesi.*

Dans le second vol. de la collection de *Ramusio,* se trouvent deux relations, en italien, du voyage du saint moine de Pordenone, que l'éditeur considère comme deux voyages différents, mais qui, selon Tiraboschi, qui les a comparées, se rapportent au même voyage : seulement la seconde est imparfaite et beaucoup moins étendue que la première. Celle-ci paraît être la traduction du texte latin de Guillaume de Solagna, dont les Bollandistes ont inséré dans les *Acta sanctorum (Januar.* I, pp. 986-92), des extraits relatifs aux faits religieux du saint voyageur. Cette même relation latine se trouve aussi, avec une traduction anglaise, dans le recueil des Voyages de *Hakluyt,* vol. II, part. 1. Mais la meilleure édit. que l'on ait encore donnée de ce même texte latin entier, est celle qu'a publiée Joseph Venni, d'après un manuscrit de l'an 1401, dans l'ouvrage intitulé :

ELOGIO storico delle geste del B. Odorico con la storia de' suoi viaggi asiatici illustrata, *Venezia, Zatta,* 1761, in-4., avec 2 fig.

On y trouve cependant bien des choses peu dignes de foi, mais qu'il faut peut-être attribuer au copiste du manuscrit plutôt qu'à Odorico ou à Guill. de Solagna. Déjà Basile Asquini avait donné à Udine, en 1737, *Vita e viaggi del B. Odorico da Udine,* in-8.

Ajoutons qu'une traduction française de ce même voyage, faite en 1531 par J. Le Long, existe en manuscrit à la Bibliothèque impériale de Paris. Pour plus de détails, consultez Apostolo Zeno, *Dis-*

sertaz. Voss., II, 297; Tiraboschi, *Letteratura ital.*, V, 124, édit. de Modène, 1789, in-4., et surtout *Nuova raccolta d'opuscoli scientif. e filolog.*, t. XXV, n° 9, et t. XXIX, n° 9.

OECONOMIQUES (les). Voy. DUPIN (*Cl.*).

OECUMENIUS.Commentaria in acta Apostolor. in omnes Pauli epistolas, in epistolas cathol. ; acced. Arethæ explanationes in Apocalypsin , omnia , gr. et lat., interprete Joan. Hentenio, emendatore et prælectore hujus editiouis Fed. Morello. *Luletiæ-Parisior.*, *Morellus*, 1630-31, 2 vol. in-fol. 30 à 36 fr. [955]

Le texte grec de ces commentaires a été impr. pour la première fois à Vérone, chez les frères de Sabio, en 1532, in-fol.

OEDER (*Georgius - Christ.*), Oth.-Frid. Müller et Mart. Vahl. Flora danica. *Hafniæ*, 1761 et ann. seqq., 15 vol. in-fol. [5201]

Ouvrage précieux par le nombre des planches et leur exactitude. Chaque fascicule contient 60 planches, et coûte 24 fr. avec fig. en noir, et 72 fr. avec fig. color.

OEder n'a donné que les neuf premiers fascicules formant les 3 premiers vol. Les fascicules x à xv, ou tomes IV et V, ont été publiés par Otto-Fred. Müller; les fascicules xvi à xxi, ou tomes VI et VII, par Martin Vahl ; les fasc. xxii à xxxix, par Jens Wilken Hornemann; le fasc. XL, commencé par Sal.-Th.-Nic. Drejer, a été achevé par Joachim-Fred. Schouw et Jo. Vahl. L'ouvrage se continue sous la direction de M. Fr.-M. Liebman, qui a donné les fasc. XLI et XLIV, complétant le 14e vol., et, en 1855, le fasc. XLIII commençant le 15e vol. jusqu'à la 2580e planche. Le XLIVe fasc. a paru en 1858. Un exemplaire complet est porté à 2100 fr. dans le catal. de la librairie J.-B. Baillière. — A Copenhague, on le paye 880 rxd., et avec pl. en noir, 308 rxd.

Les titres des volumes diffèrent entre eux : dans les premiers ils sont en allemand, dans les suivants en latin ; ceux des derniers vol. sont ainsi conçus : *Icones plantarum sponte nascentium in regno Daniæ et ducatibus Slesvici, Holsatiæ et Lauenburgiæ ad illustrandum opus de iisdem plantis, regio jussu exaratum Floræ danicæ nomine inscriptum. Hauniæ, typis Bianco Luno.* Le texte est en danois, en latin et en allemand.

— *Floræ danicæ* supplementum, fasciculus I, curante F.-M. Liebmann. *Hafniæ*, 1853, gr. in-fol., 60 planches avec texte. 20 rxd.; avec fig. en noir, 7 rxd.

OEFELE. Rerum boicarum scriptores nusquam antehac editi,.... ex membranis et chartis vet. collecti, descripti, ac monitis præviis indiceque instructi ab And.-Fel. OEfelio. *Augustæ-Vindelicorum*, 1763, 2 vol. in-fol. [26606]

Ces deux vol. n'ont été vendus que 15 fr. Soubise, mais ils ont coûté originairement 60 fr.

OEHLENSCHLÄGER (*Adam*). Samlede Värker. *Copenhague et Leipzig*, 1848-

1854, 40 vol. in-8. pap. vél. 150 fr. [19324]

Dernière édition des œuvres du grand poëte national du Danemark. Elle est divisée en trois sections : I. *Trogoedier*, 10 vol. [13683]; II. *Digterwärker*, *og prosaiske skrifter*, 26 vol.; III. *Erindringer*, 4 vol.

Oehlenschläger a traduit lui-même une grande partie de ses œuvres en allemand, *Breslau*, 1831-38, en 18 vol. in-16. Son autobiographie, parue en danois, a paru à Copenhague, en 1830-31, en 2 vol. in-8. Ses différents ouvrages ont souvent été imprimés séparément.

OELHAFEN de Schœllenbach (*Ch.-Christ.*). Traité des arbres, arbrisseaux et arbustes de nos forêts, traduit de l'allemand par God. Benistant. *Nuremberg*, 1775, 3 cah. en 1 vol. in-4. fig. color. [6389]

Seul volume publié de cette traduction. L'original allemand est composé de 3 vol. in-4. imprimés à *Nuremberg*, de 1773-1804, et dont le prix était de 150 fr. L'impression de ce texte fut interrompue à la mort de l'auteur, arrivée en 1785; mais l'ouvrage a été continué par J. Wolf.

OELRICHS (*Gerh.*). Thesaurus dissertationum juridicarum selectissimarum in Academiis belgicis habitarum. *Lipsiæ*, 1769-70 , 2 vol. en 4 part. in-4. 30 fr. [2566]

— Novus thesaurus dissertationum, etc. *Bremæ*, 1771-79, 3 vol. en 6 part. in-4. 36 fr.

Deux collections fort recherchées dont le contenu est indiqué dans la *Biblioth. choisie de livres de droit*, édition de 1832, n° 805. Un appendice du tome Ier du *Nov. Thesaurus* a paru en 1784.

Le même éditeur a publié :

COLLECTIO dissertationum, jus publicum spectantium, in Academiis belgicis habitarum. *Bremæ*, 1781, in-4. tome I.

COLLECTIO dissertationum historico - antiquario-juridicarum in Academiis Germaniæ habitarum. *Bremæ*, 1785, in-4.

COLLECTIO dissertationum, jus naturæ et gentium spectantium, in Academiis belgicis habitarum. *Bremæ*, 1777, in-4.

OELRICHS (*J.*). Collectio opusculorum historico-philologico-theologicorum selecti argumenti, imprimis in Germania et in Belgio separatim editorum. *Bremæ*, 1768-70, 2 part. in-4. [19406]

— J. OELRICHS Germaniæ literatæ opuscula historico-philol.-theolog. *Ibid.*, 1772-74, 2 vol. in-8.

— BELGII literati opuscula. *Ibid.*, 1774-76, 2 vol. in-8.

— DANIÆ et Sueciæ literatæ opuscula. *Ibid.*, 1774-76, in-8., tome I.

OERTELIUS (*Joan-Gottofr.*). Harmonia linguarum orientis et occidentis speciatim hungaricæ cum hebræa , ed Jo. Hlivai. *Witebergæ*, 1746, in-8. 6 à 7 fr. [11452]

6

OESTERREICH (*Math.*). Recueil de quelques dessins de plusieurs habiles maîtres, tirés du cabinet du comte de Bruhl. *Dresde*, 1752, in-fol. [9446]

Volume composé de 40 pièces et d'un frontispice. 40 à 50 fr.

OETTINGER (*Edouard-Marie*). Bibliographie biographique ou Dictionnaire des ouvrages relatifs à l'histoire de la vie publique et privée des personnages célèbres de tous les temps et de toutes les nations depuis le commencement du monde jusqu'à nos jours... *Bruxelles, J.-J. Stienon*, 1854, 2 vol. gr. in-8. de IV et 2194 colonnes. 50 fr. [31794]

La première édition de cette utile compilation, impr. à Leipzig en 1850, en un seul volume, était fort inexacte; mais celle-ci l'est beaucoup moins.
— Geschichte des dänischen Hofes, 27605. — Archives historiques, 31750.

OEUVRE (sensieult une) nouvelle contenant plusieurs materes, et premiers. Lan des sept dames.— Rondeaulx et balades damours.— La derniere eglogue de Virgile. — Une louenge dytalie de Virgile. — Une oraison de nr̄e dame ou est compris le fondement de la foy christienne. — Une balade reprenant les erreurs des rethoriciens rimeurs et baladeurs. — La premiere farse de plaute nommee amphitrion laquele comprꝭt la naissance du fort hercules, faite en rime. — Et ung sermon que fist frere oliuier maillart a bruges lan mile et cinq cens. — Et tout en la fin seront mises aulcunes corrections des faultes des impresseurs par ordre, car lacteur ne veult souffrir que lon die quil aye fait le liure ainsy quil ait impresse ches eux dont pourra corrigier son liure sil luy plaist. (*Anvers*), pet. in-4. goth. [13252]

Tel est le titre exact de ce recueil que nous regardons comme un des livres les plus curieux et les plus rares qu'il y ait dans la classe de l'ancienne poésie française. De Bure a parlé très-sommairement de ce vol. singulier dans sa *Bibliogr. instr.*, n° 2969, d'après l'exempl. qui était alors dans la bibliothèque du duc de La Valliere, et qui, après la mort de ce dernier, a été restitué à la Bibliothèque Sainte-Geneviève, d'où il avait été tiré. Ce même exempl. a depuis passé, on ne sait comment, à Bruxelles, dans le cabinet de Mlle d'Yve, et il a été porté à 350 fr. (non compris les droits) à la vente de cette demoiselle, faite en octobre 1819. M. de Soleinne, dont nous avons si souvent cité la précieuse collection d'ouvrages dramatiques français, en devint alors le possesseur : mais, après son décès, ce livre a fait retour à la bibliothèque de Sainte-Geneviève, par suite d'un arrangement amiable entre les héritiers du défunt et le ministère de l'intérieur. Donnons la description de ce précieux volume.
Il est divisé en trois parties : la première de 96 ff., signat. A—P, contient le titre ci-dessus, et *Lan des sept dames*, ouvrage singulier, divisé en 52 semaines, et dans lequel l'auteur adresse chaque jour de la semaine à l'une des sept dames un huitain particulier. A la fin de cette espèce de poëme (feuillet P5) se lit la souscription suivante :

Trois et c. v. x. escriton
Crois le bien sy aras nombre bon
Tous motz retournez promptement
Vous sarez lan incontinent

Ce qui nous donne plutôt la date de 1503 que celle de 1513, comme le dit Goujet, *Biblioth. franç.*, tome XI, p. 28 des additions; mais cette date est-elle celle de la composition, ou bien celle de l'impression du livre? c'est ce que nous ne saurions dire. La 2e partie a 108 ff. signat. *aa—tt*, et renferme les autres ouvrages mentionnés sur le titre général du livre, à l'exception du *Sermon*. Ce dernier est un opuscule de 12 ff. seulement, en 2 cahiers, sign. *aaa—bbb*; nous avons déjà eu occasion d'en parler à l'art. MAILLARD (*Olivier*). Au verso du dernier f. se voit un château fort, avec les différentes pièces qui composent les armoiries de la ville d'Anvers (voy. ci-dessous).

Cette figure est absolument la même que celle dont Gerard Leeu et plusieurs autres imprimeurs anversois ont fait usage dans des éditions sorties de leurs presses à la fin du XVe siècle et au commencement du XVIe. Cela nous prouve que le livre dont nous parlons a été imprimé à Anvers, non par Ger. Leeu, qui était mort depuis 1497, mais par son successeur, et nous sommes persuadé qu'il a dû paraître dans les premières années du XVIe siècle. Ajoutons que l'errata raisonné qui occupe 21 ff. à la fin de la 2e partie, n'est certainement pas ce qu'il y a de moins remarquable dans ce recueil ; il nous fait connaître la manière dont, à cette époque, se prononçait et s'écrivait le français à la cour des ducs de Bourgogne.

OEUVRES anonymes, théâtre et mélanges (par madame de La Haie de Riou, marquise de Montesson). *Paris, imprimerie de Didot l'aîné*, 1782-85, 8 vol. in-8. [19153]

Ce recueil n'a été tiré qu'à un très-petit nombre d'exemplaires qui ont tous été distribués en présent : vendu en *m. r.* 203 fr. Lefebvre ; 259 fr. Méon ; 340 fr. Morel-Vindé ; 190 fr. (*m. r.* mais sans table au 1er vol.) Saint-Mauris, en 1840 ; en *mar. citr.* 325 fr. de Soleinne ; en 8 vol. *mar. r.* 140 fr. Renouard ; 8 vol. en 4 tom., exempl. non rogné, 215 fr. Borluut.

Comme on trouve quelquefois cette collection incomplète dans les derniers volumes, nous allons en donner une courte description : les cinq premiers volumes (*Théâtre* 1 à 5) sont faciles à collationner au moyen de la table placée au commencement du premier : le sixième (intitulé *Œuvres chéries*, dans plusieurs exempl.), renferme l'*Amant mari*, com. en 5 actes, 141 pp. et la *Comtesse de Bar*, 84 pp., suivies d'un f. séparé, sur lequel sont les *vers ajoutés*, etc. ; le septième, impr. en 1785, contient la *Comtesse de Chaselle*, comédie, 103 pp., et *Agnès de Méranie*, tragéd., 80 pp. ; le huitième (*Mélanges*, tome Ier et unique) contient *Pauline*, roman, et *Rosamonde*, poëme en 5 chants, en tout 140 pp. Le poëme, accompagné des *Dix-huit portes* et des *Lettres de Saint-Preux*, a été impr., de format in-18, sous le titre de *Mélanges de poésies*, Paris, Didot l'aîné, 1782. Il a aussi été impr. en 2 vol. in-8. quelques exemplaires de quatre comédies de mad. de Montesson, qui font partie de son théâtre, savoir : *Marianne, la Marquise de Sainville, Robert Sciarts, et l'Heureux échange*.

OEUVRE (l') chrestienne de tous les poëtes françois : recueillie des œuvres de Marot, Ronsard, Belley, Belleau, Pybrac, Des-Portes, Saluste, Butet, Jamin, de Billy et Pontoux. *Lyon, Thibaud Ancelin* (*fin du* XVIe *siècle*), in-16 de 8 ff. prélim. et 366 pp. [13641]

Recueil du même genre que la *Muse chrestienne*, impr. à Paris, en 1582 (voy. MUSE). 10 fr. *m. v.* Coste ; 23 fr., cartonné, en janvier 1859. Il a été réimpr. à *Lyon, chez Ancelin*, en 1642, pet. in-12.

OEUVRES de M. *** contenant plusieurs fables d'Esope mises en vers. *Paris, Cl. Barbin*, 1670, in-12. [14165]

Ces Œuvres anonymes sont attribuées à Saint-Glas, abbé de Saint-Ussans. Chacune des trente-six fables qu'elles renferment est accompagnée d'une vignette à mi-page, qui n'a que fort peu de rapport au texte. Ces vignettes avaient déjà servi en partie pour les fables de la Fontaine. 17 fr. *mar. v.* Giraud. Ce volume a été reproduit à *Paris, chez Osmont*, en 1672, in-12.

OEUVRES diverses de M. M. P. T. *Provins, imprimerie de Lebeau*, 1810, gr. in-8. de 295 pp. [19158]

Ce volume renferme divers morceaux en vers et en prose, traduits ou imités de poëtes italiens. Nous le citons comme une curiosité typographique, parce qu'il a été tiré seulement à 3 exempl., ainsi que que nous l'a écrit M. Paris Dubreuil, éditeur des œuvres de Grosley, d'après le témoignage d'un imprimeur de Troyes. Les lettres initiales qui se lisent sur le frontispice désignent M. Maupertuis, propriétaire près de Bray, riche amateur de la littérature, mort depuis l'impression de son livre.

OEUVRES diverses d'un auteur de sept ans (le duc du Maine), (publiées par madame de Maintenon, en 1678), in-4. [19090]

Il n'a été tiré qu'un petit nombre d'exemplaires de ce volume, qui renferme 9 ff. prélim. suivis de 35 et 89 pp. : vend. 100 fr. Saint-Céran, en 1780 ; 55 fr. Duquesnoy ; 120 fr. d'Ourches, et le même exempl.

(annoncé comme étant celui de Racine) 132 fr. Nodier, en 1830 ; autre *m. r.* 40 fr. Bignon, et rel. en *mar. v. et doublé de mar.* 170 fr. dernière vente Nodier. Un exemplaire imprimé sur VÉLIN, et rel. en *mar. r.*, aux armes de Mortemart, 700 fr. Louis-Philippe. (Voir les *Mélanges tirés d'une petite biblioth.* de Ch. Nodier, p. 327.)

OEUVRES du sieur D***. Voy. POÉSIES diverses du sieur D.....

OEUVRES philosophiques. Voyez LA METTRIE (de).

OEXMELIN (*Alex.-Olivier*). Voy. EXQUEMELIN.

OFFELIN. Devises et emblèmes anciennes et modernes, tirées des plus célèbres auteurs, avec plusieurs autres nouvellement inventées et mises en latin, en françois, en espagnol, en italien, en anglais, en flamand et en allemand, par Henri Offelin, et données par les soins de Dan. de La Feuille. *Amsterdam*, 1693, in-4. fig. 12 à 15 fr. [18575]

Pour deux ouvrages dans le genre de celui-ci, qu'a publiés Daniel de La Feuille, voy. dans nos Additions, article LA FEUILLE (D. de).

OFFICE de la vierge Marie, à l'usage de l'Église romaine. *Paris, J. Houzé*, 1588, in-8. [vers 752]

Ces heures sont remarquables à cause des grav. de Thomas de Leu, dont elles sont ornées, et particulièrement des jolies vignettes qui décorent le calendrier. Il s'en est conservé quelques exemplaires revêtus de riches reliures à compartiments dorés. Tel était celui qui fut vendu environ 80 fr. en mai 1836, et 50 fr. en 1841. — Il existe aussi des Heures de la Vierge, *Paris, Jamet Mettayer*, 1586, in-8. impr. sur VÉLIN, vend. 39 fr. *m. r.* en 1842, et d'autres publiées chez le même libraire, 1588, in-4. Ces dernières impr. pour Henri III, ainsi que le *Bréviaire de Nostre-Dame*, également chez Jamet Mettayer, en 1587, in-8., avec des gravures en taille-douce. Voir à l'article PSALTERIUM, *les Psautiers latins adaptés à différentes liturgies.*

OFFICE de Pâques ou de la résurrection, accompagné de la notation musicale, et suivi d'hymnes et de séquences inédites ; publié pour la première fois, d'après un manuscrit du XIIe siècle de la Bibliothèque de Tours, par Victor Luzarche. *Tours, imprimerie Bouserez*, 1856, gr. in-8. de 118 pp. 6 fr. [721]

Tiré à petit nombre.

OFFICE (l') des chevaliers de l'ordre du Saint-Esprit. *Paris, imprim. roy.*, 1703, in-12. [753]

Un exempl. sur VÉLIN, 41 fr. La Vallière.

OFFICIA sanctorum, sive breviarium, juxta ritum Maronitarum, chaldaice ; edente Fausto Nærono. *Romæ, typ.*

Oexmelin (*Al.-Ol.*). Histoire des flibustiers, 26501. **Office** de l'église noté, 714. — de Pâques, 718. — de la nuit, 719.

Congr. de propag. fide, 1656-66, 2 vol. in-fol. [680]

Vendu 60 fr. Soubise.

Ebert donne à ce livre les dates de 1666 et 1667.

OFFICIA SS. Patricii, Columbæ, etc. Voy. MASSINGHAM.

OFFICIA beate marie secunduȝ vsum Romane ecclesie. *Venetijs p ioānē hāman dictū hertzog. Anno* Mccccxcxiij (1493), in-8. goth.

Jolie édition exécutée en rouge et noir, avec des encadrements en arabesques et des figures très-curieuses : celle qui est en tête des sept psaumes de la pénitence représente David pinçant de la harpe. Un exemplaire impr. sur VÉLIN (annoncé sous la date de 1498), 36 fr. Boutourlin ; un autre, sous la date ci-dessus, également impr. sur VÉLIN, ancienne reliure italienne, en *mar.*, avec de riches dorures, 11 liv. 11 sh. Libri, en 1859.

OFFICIUM B. Mariæ virginis. *Venetiis, per Nicolaum Jenson gallicum* M. CCCC. LXXIII, in-32. [752]

Édition très-rare, imprimée en rouge et noir ; elle est indiquée par *Panzer*, t. III, p. 100, d'après M. Morelli, qui l'avait eue sous les yeux. — La Biblioth. impériale possède une autre édition de cet office, impr. par Jenson, sans date, in-16 de 152 ff. non chiffrés, à 13 lign. par page, en caract. goth., avec les rubriques en rouge.

Le premier f. commence par cette ligne :

    Jncipit officiū beate ma.

et on lit au verso du dernier :

    Nicoleos Jenson galloȝ
    gloria miro.
    Ingenio ĩpressit uirginis
    officium.

Vend., exempl. impr. sur VÉLIN, 8 liv. Williams.

Il existe aussi des exemplaires impr. sur VÉLIN des éditions suivantes : (*Venet. Jenson, circa* 1474), in-16 de 163 ff. 4 fr. La Valliere. — *Venetiis, Nic. Jenson*, 1475, in-16 de 180 ff. (*Ædes althorp.*, n° 1199.) — *Venetiis, Andreas de Palthascichiis,* 1478, in-16 de 191 ff., vendu 30 fr. Brienne-Laire ; 12 fr. Mac-Carthy. — L'édition de Venise, *per Joannem Hamman,* 1492, in-24 de 150 ff., est ornée de gravures sur bois. Il se trouve également des vignettes sur bois dans plusieurs autres éditions de cet office, impr. à Venise, à la fin du XVe siècle, et dont Jos. Van Praet cite des exemplaires sur VÉLIN.

—Officium beatæ Mariæ Virginis. *Neapoli, Math. Moravus,* 1476, *xj junii,* in-16 sur VÉLIN.

C'est la plus ancienne édition de ce livre impr. à Naples, qui, d'après M. Dibdin, soit dans la collection du duc de Cassano, réunie à la bibliothèque de lord Spencer.

Une édition impr. à Naples par Math. Moravus, en 1478, le 10 novembre, in-16, sur VÉLIN, et ornée de miniatures et d'initiales en or et en couleur, est décrite par Molini (*Operctte,* 118 et 306).

— OFFICIUM beatæ Mariæ virginis secundum consuetudines Romanæ curiæ, cum calendario. *Neapoli, per Mathiam Moravum,* 1490, in-16, avec fig. sur bois. Un exemplaire impr. sur VÉLIN, et conservé dans son ancienne reliure italienne, en *mar.*, avec dorures sur les plats, 13 liv. Libri, en 1859.

***

Officinal Catalogue of the great exhibition in 1851, 10221.

— Officium beate Marie virginis tam de adventu quam de toto anno ad longum sine remissionibus, etc. *Valentiæ* (M. CCCC LXXXV. *vij Novembre*), in-4.

Un exemplaire imprimé sur VÉLIN, avec des figures richement peintes en or et en couleur, a été vendu 41 flor. Meerman, en 1824, et l'année d'après porté dans le catal. de Payne et Foss, à Londres, au prix de 31 liv. 10 sh. ; ce qui prouve qu'il avait été acheté fort au-dessous de sa valeur.

Panzer, III, p. 59, cite une édit. du même livre, *Valentiæ,* 1486, in-4., dont un exemplaire impr. sur VÉLIN est dans la biblioth. de Gœttingue.

OFFICIUM B. Mariæ virginis. *Ferrarie per magistrū Laurentium de rubeis de Ualentia. Anno doñi* 1497 *di* 15 *Julii,* in-24, goth. rouge et noir.

Petite édition rare. L'exemplaire décrit par Jos. Molini (*Operette,* p. 306), n'a pas de titre ; il contient 15 ff. prélim., dont 12 pour le calendrier. Au verso du premier on lit les mots *Beatus Beda presbyter,* au-dessous desquels se voit un bois représentant Beda assis par terre, un livre à la main, et il y a au verso du 16e un autre bois représentant la crèche ; suit l'office de la Vierge, sign. a—z et 2, par 8 ff. Sur l'avant-dernier f. se trouve la souscription impr. en rouge, et sur le dernier la marque de l'imprimeur. L'exemplaire décrit renferme de plus 12 ff., dont le premier et le dernier sont tout blancs, et les autres contiennent *Corona gloriosæ semp. Virginis Marie,* finissant par les mots : *Impressū Ferrarie p. magistrum Laurentium.* FINIS. Ce dernier opuscule est orné de sept petites vignettes sur bois.

— Officium diuine..... Virginis secundum consuetudinem Romane curie. — *Lugduni, expensis Bonini de boninis,* 1499, *die* 20 *Martii,* in-8. de 176 ff. fig. sur bois ; sur VÉLIN (acquis au prix de 52 fr. pour la Biblioth. impér.).

Autre édition, par le même imprimeur, 1500, 26 *Aug.,* in-8. de 136 ff., fig. sur bois (sur VÉLIN, à la Biblioth. impériale).

— Officium beate Marie Virginis secundum usum roman. *Venetiis, impensis Luce Antonii de Giunta,* 1501, in-8. de 188 ff.

Édition en rouge et noir, avec de jolies bordures et de grandes figures sur bois (sur VÉLIN, à la Biblioth. impériale).

Les mêmes bordures et les mêmes grandes figures ont servi dans plusieurs éditions de cet office, publiées aux frais de L.-Ant. Giunta, en 1504, 1505, etc., in-8., et également impr. sur VÉLIN.

OFFICIUM beate Marie Virginis secundum usum Romane (*sic pro* Romanæ) Ecclesiæ, cum calendario. (*sine ulla nota,* circa 1520), in-8.

Édition rare, qui a été signalée pour la première fois à l'attention des bibliophiles dans le catalogue de M. Libri, 1859, n° 1860, où un exemplaire imprimé sur VÉLIN est porté à 28 liv. sterl. Elle est imprimée avec les caractères dont Trott a fait usage à Lyon, dans les contrefaçons qu'il y a faites de plusieurs éditions aldines. Le texte du volume est orné de grandes et de petites gravures sur bois, et les pages sont entourées de bordures variées.

Pour les éditions de l'office de la Vierge, impr. à Paris, voy. la *Notice sur les Heures* à la fin de notre 5e volume.

OFFICIUM B. M. Virginis nuper reformatum, et Pii V. Pont. Max. jussu editum. *Venetiis, apud Aldum*, 1581, in-12 de 24 ff., 562 pp. et un f. pour l'index.

Édition impr. en rouge et noir, avec 45 gravures en taille-douce, par divers artistes. La planche du frontispice, représentant les quinze mystères du Rosaire en médaillon, est de *Casnare Osello*, de Citadella, autrement Gaspar des Oiseaux, lequel s'y est ainsi désigné : *Gaspar ab avibus Cittadelencis incidebat*. La fig. de l'*Annonciation*, à la page 84, porte le nom de II. Persin.

Ce petit volume est rare et assez curieux; mais s'il a été vendu 25 liv. 4 sh. chez Butler, c'est que l'exemplaire était dans sa reliure ancienne en maroquin, élégamment et richement dorée en compartiments.

OFFICIUM beatæ Mennæ virginis. Ex vetustis membraneis exemplaribus quorum ante-hac veris fuit excerptum typis mandatum, opera et industria N. B. *Impressum Mirecuriæ per Ambrosium Ambrosij Serenissimi Lotharingiæ Ducis typographum ad usum collegiatæ ecclesiæ loci de portu Suari* M. DI. XVI, in-fol. de 19 ff. chiffrés plus le titre et un feuillet blanc.

Nous citons cette liturgie, parce que c'est le plus ancien livre connu imprimé dans la ville de Mirecourt, et même le seul, croyons-nous, qu'aient produit les presses de cette ville avant le XVIIIe siècle. Elle est d'ailleurs si rare que M. Beaupré regarde comme peut-être unique l'exemplaire qui a appartenu à M. La Prevote, ancien maire de Mirecourt (*Nouvelles recherches de bibliographie lorraine*, chapitre III, p. 44-46). Chaque page du volume est entourée d'un filet et contient 43 lig. en rouge et en noir, avec notes de plain-chant. Sur le titre se voit une mauvaise gravure au burin, représentant sainte Menne à genoux. La vie de la sainte occupe plusieurs feuillets de cet opuscule. On retrouve l'imprimeur Ambroise à Epinal en 1632, où plusieurs ouvrages sortirent de sa presse. C'est lui qui a gravé sur bois les portraits fort médiocres des *rois et ducs d'Austrasie*, pour l'édition de la traduction de l'ouvrage de Nic. Clément, édit. de 1617, dont nous avons parlé, II, col. 98.

OFFICIUM puellarum. Voy. CATZ.

OFFICIUM simplex septem dierum hebdomadis, ad usum Maronitarum, chaldaice. *Romæ*, 1624, in-fol. [682]

Vend. 20 fr. Soubise.

OFFRAY de La Mettrie. Voy. LA METTRIE, et ALETHEIUS.

OGÉE (*Jean*). Dictionnaire historique et géographique de la Bretagne (rédigé par Pierre Grellier). *Nantes, Vatar fils*, 1778-80, 4 vol. in-4. [24433]

Cet ouvrage est fort estimé. 36 à 40 fr. Il en a été tiré quelques exemplaires sur papier de Hollande.

— LE MÊME. Nouvelle édition, revue et augmentée par A. Marteville et P. Varin, avec la collaboration principale de MM. Deblois, Ducrest de Villeneuve, Guépin de Nantes et le Huérou (et encore M. de Francheville pour le 2e volume). *Rennes, Melliex et Deniel*, 1843-53, 2 vol. très-gr. in-8., avec la carte de la Bretagne en 4 feuilles.

Cette édition fait connaître les changements survenus depuis la publication de la première, que, d'ailleurs, elle ne rend pas inutile; elle est de plus augmentée de notes et de *Recherches sur les origines celtiques et sur la première colonisation de la Gaule, de la Bretagne, de l'Irlande et de l'Ecosse*, par Julien Marie Le Huérou, morceau servant d'introduction et qui avait déjà paru séparément, in-4. de 37 pp. sans lieu d'impression ni date.

Avant de publier son dictionnaire, Ogée avait mis au jour un *Atlas itinéraire de Bretagne, contenant les cartes particulières de tous les grands chemins de cette province...* Paris, 1769, in-4.

OGERIIA udomaropolitæ (*Simonis*) Irene et Ares (nec non Odarum libri tres ; Ombrontherinon libri tres ; Euchon libri tres ; Sylvarum libri duodecim). *Duaci, ex officina Jo. Bogard*, 1588, pet. in-8. [13063]

Les poésies latines renfermées dans ce recueil ont été l'objet d'une note intéressante dans la *Bibliographie douaisienne*, 2e édit., pp. 37 et 38, où il est dit que les *Ombrontherinon libri* et les *Euchon libri* sont en vers rhythmés et rimés comme en français.

Le plus recherché chez nous des ouvrages latins de ce poëte médiocre est celui qui a pour titre :

LUTETIA ad cl. virum Ant. Blondellum, Cuinciorum baronem. *Duaci, ex officina J. Bogardi*, 1591, pet. in-8. 15 fr. Leber.

Les autres opuscules poétiques du même auteur, qui ont été également impr. à Douai chez Jean Bogard, et dans le même format, sont : *Cantilenarum piarum et pudicarum enneades duæ*, item *Peristera*, 1592, in-12 de 96 pp. — *Epitaphiorum liber I; Brugæ ubi autoris iter Audomaropoli Brugas et reditus inde domum describitur*, 1597. — *Nicoleocrene*, 1597. — *Cameracum et Alpes, versibus descriptæ*, 1597. — *Artesia, ubi provincia Tibulliano versu queritur de calamitate sibi a Gallis nuper illata*, etc., 1597. — *Vervinum, carmen*, 1598. — *Albertus et Isabella, panegyricus carmine expressus, accessit encomiorum liber secundus*, 1600, 45 et 38 pp. — *Charisteria*, 1600. — *Dorica castra*, 1600. — *Symbola*, 1601. — *Melon libri tres ad Philippum regem catholicum*, 1588, in-4. de 69 ff. — *Encomiorum liber I; accessit symmicticon liber I*, 1597.

OGERIUS ou Ogier (*Carolus*). Ephemerides sive iter danicum, suecicum, polonicum : accedunt Nic. Borbonii ad eumdem legatum epistolæ. *Parisiis, P. Le Petit*, 1656, in-8. [20358]

Relation bien faite et d'une grande exactitude. Comme elle est fort estimée dans le nord de l'Europe, on l'a réimprimée à Hambourg, au commencement de ce siècle.

OGERIUS (*P.-M.*). Græca et latina lingua hebraizantes, seu de græcæ et latinæ linguæ cum hebraica affinitate libellus. *Venetiis*, 1764, in-8. 4 à 6 fr. [10601]

OGIER le dannoys (trad. de vers en prose). — *Cy finist le rommant nõme ogier le dannoys... Imprime a paris pour Anthoine verard libraire demourant a paris sur le pont nostre dame* (vers 1498), in-fol. goth. de 158 ff. non chiffrés, à 43 lig. par page, sign. ai jusqu'à Diiij

---

du second alphabet, avec fig. sur bois. [17040]

Le roman d'Ogier le Danois, dont le fond est historique, a d'abord été écrit en lat., sous le titre de *Conversio Othgerii militis et Benedicti ejusdem socii* (Mss. de St-Germain-des-Prés, n° 1607), ensuite mis deux fois en vers français dans le courant du XII° et du XIII° siècle. La première de ces versions ou imitations est de Raymbert de Paris (voyez RAIMBERT); la seconde, intitulée *les Enfances d'Ogier*, a pour auteur le roi Adams ou Adenez. C'est d'après cette dernière, composée d'environ 8000 vers, qu'a été faite le roman en prose, objet de cet article (consultez l'*Histoire littéraire de la France*, XX, 688 à 701, et XXII, p. 643 et suiv.). L'édition de Verard, la première qui ait paru, est fort rare et d'un grand prix. L'exemplaire que nous avons vu (celui du prince d'Essling) n'avait pas de titre, et le premier f. y commençait par cette ligne : (*J*)*Hesus crist notre redempteur dit côme il est escript au*. Ce bel exemplaire, rel. en *mar. d. de mar.* a été vendu 1200 fr.; un autre, même reliure, mais avec quelques ff. raccommodés, 2000 fr. Solar.

Un autre, imprimé sur VÉLIN, avec 57 miniatures (mais le premier f. manquant) : 212 fr. La Vallière ; 500 fr. Mac-Carthy. Acquis pour la Biblioth. impériale.

—Ogier le dănoys duc de dannemarche qui fut lŭg des peres de france... (à la fin) : *Jmprime a paris Par le petit laurens* (sans date), in-fol. goth. de 156 ff. à 2 col. de 40 lign., sign. a—x et A—E, fig. sur bois.

Édition aussi précieuse et moins connue que celle de Verard ; elle a été vend. 36 fr. Lauraguais, en 1770, mais elle vaut bien davantage maintenant. On en conserve un bel exemplaire dans la biblioth. de l'Arsenal, où se trouve également l'édition de 1525.

— Ogier le Danoys. On les vend a Paris a lenseigne de lescu de France. (à la fin): *Imprime a Paris par la veufue feu jehan Trepperel et Jehan Jehannot* (sans date), in-4. goth. à 2 col. fig. sur bois.

La plus ancienne édition in-4. qui ait été faite de ce roman, 140 fr. Louis-Philippe; et un bel exemplaire en *mar. br.*, 320 fr. Solar.

— Sensuyt Ogier le Dannoy, duc de Dănemarche... xlj. On les vend a paris en la rue neufue nostre Dame a lenseigne de lescu de France par Nicolas Chrestien (au bas du dernier f. recto, en trois longues lignes: *Cy finist le Rommant... nouuellement imprime a Paris par Nicolas Chrestien...* et au verso l'Ecu de France), pet. in-4. goth. à 2 col., feuillets non chiffrés, signatures a—M, seconde signature, avec fig. sur bois.

72 fr. en mars 1815, et reliure anglaise en *mar. olive*, 19 sh. Hibbert et 170 fr. Giraud.

— Ogier le Dannoys duc de dañemarche : qui fut lŭg des douze pers de france, etc... On les vend a Lyon sur le Rosne, en la maison de Claude nourry dict le Prince. (à la fin) : *Imprime a Lyon sur le rosne par Claude nourry.... et fut*

acheue de imprimer le septiesme iour du moys de Nouëbre. Lan de grace Mil cccc. xxv, gr. in-4. de 116 ff. à longues lignes, sign. a—p, fig. sur bois.

Édition bien imprimée, et d'une grande rareté. On y a ajouté les sommaires des chapitres, et retouché et même un peu abrégé le texte. 780 fr. *mar. d. de mar.* De Bure. Elle porte la marque suivante :

— Sensuyt Ogier le Dannoys, duc de Dannemarche... — *Nouuellement imprime a Paris par Alain Lotrian et Denis Janot* (vers 1536), pet. in-4. goth. à 2 col., fig. sur bois, 160 ff., signat. A.—Miij, seconde signat. (xxxvij cah.).

—Le même. *Lyon, Oliv. Arnoullet*, 1556, in-4. goth. fig. en bois.

Vend. 30 fr. en mars 1829 ; 80 fr. Monmerqué.

— OGIER LE DANNOYS... *imprime a Paris, pour la veufue Jean Bonfons* (sans date), in-4. goth. à 2 col., composé de xli cah., sign. a pour les 4 ff. prélim. et A-V, 2° signat. pour le corps du volume.

6 liv. 5 sh. Heber ; 201 fr. *mar. v.* prince d'Essling.

— OGIER LE DANNOYS duc de Dannemarche, qui fut lung des douze pers de France, lequel auec le secours ɀ ayde du roy Charlemaigne chassa les payens hors de Rome ɀ remit le Pape en son siege, ɀ fut longtemps en France, puis reuint comme vous pourres lire cy apres. xli. F. a Paris, par Nicolas Bonfons, demeurant en la rue neuue nostre Dame a lenseigne Sainct Nicolas. — *Cy finist le Romant intitulé Ogier le Dannois. Nouuellement imprime a Paris par Nicolas Bonfons...*, pet. in-4. goth. de 162 ff. à 2 col., fig. sur bois, y compris 4 ff. prélim.

Vend. 9 fr. Gaignat ; 8 fr. La Vallière ; 1 liv. 13 sh. Lang ; 60 fr. salle Silvestre, en 1830 ; 90 fr. en 1841. — Il existe aussi une édition de *Paris, Nicolas Bonfons*, 1583, in-4. 92 fr. *mar. r.* Barrois.

— L'HISTOIRE d'Ogier le dannoys duc de Dannemarche, qui fut l'un des douze l'ers de France, lequel, auec l'ayde du roy Charlemagne chassa les Payens hors de Rome, et remist le Pape en son siege. Puis conquist trois terribles Geans Sarrasins en champ de bataille, c'est assauoir Brunamōt roy d'Egypte deuant Rome, Bruhier soudan de Babylonne deuant Laon, et Iustamont son frere deuāt Acre, et apres fut couronné roy d'Angleterre et roy d'Acre. Aussi conquist la cité de Ierusalem et Babylonne, et plusieurs autres vaillances fist le dict Ogier, qui en fin fut long-temps en Faerie, comme vous pourrez lire cy apres. *A Lyon, par Benoist Rigaud*, 1579, pet. in-8. de 480 pp.

Vend. 9 fr. *mar. r.* La Valliere ; 22 fr. Librairie De Bure.

Les éditions de *Rouen, Loys Costé* (sans date), in-4. et de *Troyes, Nic. Oudot*, 1606, 1610, etc., in-4., ont peu de valeur ; cependant un exemplaire de la dernière, en *mar. bl.* a été vend. 35 fr. d'Essling.

LA VIE, mœurs, gestes et faits d'Ogier le Danois, duc de Dannemarck, extraite des chartes de l'abbaye de S. Pharon de Maux, plus l'épitaphe gravé sur le tombeau du dit S. Pharon. *Paris, Pierre de Face,* 1613, in-8.

— Le premier (second et troisième) livre des visions d'Oger le Dannoys au royaulme de Fairie. *Imprime a Paris pour Ponce Roffet, dict le Faulcheur,* 1542, pet. in-8. de 48 ff., sign. a—miij. [13530]

Opuscule en vers, devenu rare.

A la suite de ce poëme, dans l'exemplaire de la Biblioth. impériale, se trouvent : *Le liure des visions fantastiques...* Paris, Ponce Roffet, 1542, pet. in-8. de 24 ff. — *le philosophe parfaict* (poëme de Fr. Habert), 24 ff., avec fig. sur bois, — et *le Temple de vertu*, petit poëme en 16 ff., de la même date et chez le même libraire (le dernier est de l'*imprimerie de Denys Janot*) ; mais ces différentes pièces en vers ne sont pas une suite obligée des visions d'Oger : néanmoins elles faisaient partie de l'exemplaire vendu 4 liv. 4 sh. Heber; et rel. en *mar. citr. d. de mar. v.* 305 fr. d'Essling. — Du Verdier, à l'article OGER, cite *les Visions,* sous la date de 1548.

OGIERO. Libro de le Bataglie del Danese (Ogiero). *Mediolani, Leonard. Pachel,* 1498, in-4. [14718]

Le recueil porté sous le n° 1122 du catal. de M. de Cotte, et dont nous avons déjà eu occasion de parler à l'article *Buovo di Antona*, contenait, entre autres objets rares, la présente édition du *Danese,* qui est fort peu connue.

— Libro del Danese (Ogiero). *Impresso in Venetia del M. cccc. xi. adi iiii. de Luio,* in-4. fig. en bois.

Ce poëme, en quarante-sept chants et en octaves, est une production très-médiocre, attribuée à Jérôme Tromba de Nocera. L'édition de 1511, sans nom d'imprimeur, est fort rare ; elle est imprim. à 2 col., en caract. ronds, sign. A.—aa par 8 ff., excepté a qui n'en a que 4. On trouve au commencement une gravure sur bois, avec le mot *Danese,* en caract. goth. (G. Melzi).

— Libro del Danese (Ogiero). *Milano, Joh.-Aug. Scinzenzeler,* 1513, in-4.

Vend. 21 fr. *mar. bl.* Gaignat.

— Libro del Danese Ugieri, opera bella e piacevole darmi e damore nouamente ristampata e corretta con la morte del gigante Mariotto la quale nelli altri non se ritrouaua. *Venetia, Bernardino di Bindoni,* 1544, in-4. à 2 col., fig. sur bois. (Biblioth. impér.)

Réimpr. sous le même titre, *Venetia, per gli heredi di Gioanne Paduano,* 1553, in-4. fig. sur bois ; et aussi à Venise, 1588, in-8.

Autre édition, sous le même titre, *Venezia, Agostino Zoppini et nepoti,* 1599, in-8. Les chants y

sont coupés d'une manière confuse, et paraissent être au nombre de 52 ; mais il n'y en a réellement que 47, comme dans l'édition de 1511. Le frontispice de l'exemplaire décrit par G. Melzi ne porte point de nom d'auteur ; en sorte qu'on ne sait trop sur quel fondement le Quadrio a ajouté au titre qu'il a donné de ce livre, les mots : *Opera bella composta da Girolamo Tromba da Nocera.* — Réimpr. encore, *Venezia, presso Gherardi Imberti,* 1611 et 1638, in-8., deux édit. où, selon le Quadrio, le poëme est réduit à quarante-six chants.

Le catalogue de la Biblioth. impér. indique une chronique d'Ogier le danois, en langue danoise, *Copenhague,* 1707, in-8.

TH. BARTHOLINI FILII Dissertatio historica de Holgero Dano qui Caroli magni tempore floruit. *Hafniæ, Matth. Goddichenius,* 1677, in-12.

OGIER (*Macé*). Description de la carte cœnomanique, contenant les villes, forests, rivieres, paroisses, etc. *Au Mans, Hier. Olivier* (1559), pet. in-8. [24393]

Selon La Croix du Maine, la carte, dont ce livre rare est la description, aurait été gravée en pl. de cuivre par Jacques Androuet du Cerceau (voyez ANDROUET), et impr. au Mans, en 1536 (peut - être 1559), par Mathieu de Vaucelles et Alex. Chouen, et encore en 1565. L'édit. d'Olivier est dans le catal. de Cl. Lancelot, n° 3878, mais sans nom d'auteur et sans date ; une autre impr. *au Mans, chez Louis Gaignot,* en 1558, in-12, sous le titre de *Topographie du diocèse et comté du Maine,* est portée dans la *Biblioth. baluziana,* n° 10271.

Voici l'indication de trois autres éditions que nous fait connaitre le catal. de Lassus (1858), n°s 712-715 :

DESCRIPTION de la charte cœnomanique, contenant les villes, foretz, rivieres, paroisses, chappelles et bénéfices, tant reguliers que seculiers estans situez au diocèse et conté du Maine. *Au Mans, par Hier. Olivier,* 1586, in-16. — *Au Mans, Fr. Olivier,* 1610, in-24. — *Au Mans, Jacq. Ysambart,* 1673, in-16.

OGILBY (*John*). The Entertainement of his most excellent majestie Charles II, in his passage throug the city of London to his coronation. *London,* 1662, in-fol. de 192 pp. avec des pl. par Hollar et autres. [26985]

Livre magnifique publié par ordre du roi. 3 liv. 5 sh. Dent ; 2 liv. 14 sh. Hibbert ; 9 liv. 9 sh. Willett ; 5 liv. 5 sh. Skegg. Avant qu'il parût, Ogilby avait déjà donné : *The Relation of his majestie's entertainement... with a description of the triumphal arches, and solemnity.* London, Roycroft, for R. Marriott, 1661, in-fol. de 40 pp.

Le même Ogilby a publié à Londres différentes compilations géographiques qui conservent encore quelque prix en Angleterre, savoir : 1° *Africa,* Lond., 1670 ; 2° *America,* 1671 ; 3° *Atlas japonensis,* 1670 ; 4° *Atlas chinensis,* 1671-73, 2 vol. ; 5° *Asia,* 1673 ; 6° *Britannia,* 1675, avec 100 pl. (le premier vol. seulement). Pour les titres et les prix de ces 7 vol. in-fol., consultez Lowndes, 2° édition, p. 1719. Pour ses traductions anglaises d'Esope, d'Homère, de Virgile et de la Bible, voy. ces noms.

OGLE (*George*). Gemmæ antiquæ cælatæ, or a collection of gems ; engraved by Cl. du Boscq. *London,* 1741, gr. in-4. fig. [29600]

O'Glloy (*M.*). Nobiliaire de Guienne et de Gascogne, 28868.

Oginski (*M.-Cl.*). Mémoires, 27852.

Vend. 12 fr. Belin: 15 fr. de Cotte, et par extraordinaire, 64 fr. *m. r.* Caillard.

Les grav. de ce livre sont des copies très-médiocres des 50 premières planches du recueil publié par Levesque de Gravelle (voy. RECUEIL de pierres gravées). La suite n'a point paru.

Lowndes, p. 1721, cite cet ouvrage sous le titre d'*Antiquities explained, or a collection of figured gems*, London, 1737, in-4., vol. I.

OHSSON (Mouradja d'). Voy. MOURADJA.

OHSSON (*Ch.* d'). Voy. MOURADJA.

OIHENART (*Arnauld* d'). Proverbes basques, recueillis par le sieur d'Oihenart, plus les poésies basques du même auteur. *Paris*, 1656, 2 part. en 1 vol. pet. in-8. [18476]

Livre rare et un des plus curieux qui aient paru sur la langue basque. La première partie de 94 pages, intitulée *Astotisac edo refranc*, contient, indépendamment d'une préface fort intéressante, 537 proverbes, suivis de leur interprétation; la seconde partie, de 76 pages, a pour titre : *O*ten. *Gastaroa Nevrlhizetan* (la jeunesse d'O. en vers basques); à la p. 68 commence un petit vocabulaire offrant l'interprétation de 117 mots qui ne sont usités que dans l'un ou l'autre des six dialectes que l'auteur reconnaît dans l'idiome basque.

Dans un appendix en 14 ff., Oihenart a donné 168 nouveaux proverbes, numérotés de 538 à 706. Ce supplément, qui est fort rare, fait partie de l'exemplaire conservé à la Biblioth. impériale. M. Michel ne l'a pas inséré dans l'édition des Proverbes basques qu'il a publiée; mais M. Gustave Brunet l'a fait réimprimer dans le vol. des Actes de l'académie de Bordeaux pour 1859, et dans sa *Notice sur les proverbes basques recueillis par Arnauld Oihenart, et sur quelques autres travaux relatifs à la langue euskarienne*, Paris, Aug. Aubry, 1859, in-8. de 28 pp.

PROVERBES basques, recueillis par Arnauld Oihenart, suivis des poésies basques du même auteur ; seconde édition, revue, corrigée, augmentée d'une traduction française des poésies et d'un appendice, et précédée d'une introduction bibliographique (par Francisque Michel). *Bordeaux, impr. de Prosper Faye*, et *Paris, P. Jannet*, 1847, pet. in-8. de LXXVI et 310 pp. 10 fr.

Le texte des proverbes d'Oihenart a été publié sans traduction aux pages 57 à 67 de l'ouvrage allemand de M. Mahn, intitulé : *Denkmäler der baskischen Sprache*, 1857, pet. in-8.

— Notitia utriusque Vasconiæ tum Ibericæ tum Aquitanicæ, quæ præter situm regiónis et alia scitu digna, Navarræ regum, Vasconiæ principum, cæterumque in iis insignium familiarum stemmata, ex probatis operibus et vetustis monumentis exhibetur, etc. ; editio secunda emendata et aucta. *Parisiis, Cramoisy*, 1656, in-4. [24789]

Un des meilleurs ouvrages que l'on ait écrits sur l'histoire de cette ancienne province : vend. 13 fr. Soubise ; 30 fr. Mac-Carthy ; 10 fr. Hérisson ; 31 fr. Pressac. Néanmoins cette prétendue *seconde édit.* est la même que la première de *Paris, Cramoisy*, 1638, dont on a réimprimé le titre et les deux derniers feuillets sous la date de 1656.

O'Halloran (*Sylv.*). History of Ireland, 27498.
O'Heguerty. Nature des biens des anciens Romains, 29187.

OISEAUX (les) en 62 planches, représentant 500 espèces et variétés, avec la nomenclature dans la plupart des langues connues. *Neuwied*, 1795, in-fol. [5740]

Cet ouvrage fait suite à celui que nous indiquons ci-après au mot QUADRUPÈDES ; il est mal exécuté, et n'a quelque valeur que lorsque les planches sont enluminées.

OISY (Enguerrand d'). Roman du meunier d'Arleux, en vers, du XIIIe siècle ; publié pour la première fois par Francisque Michel. *Paris, Silvestre, impr. de F. Didot*, 1833, gr. in-8., pap. vél., de 24 pp. [13208]

Tiré à 100 exempl. dont 10 en pap. de Hollande et 3 sur pap. de couleur.

Ce roman est ordinairement accompagné de deux autres également publiés chez Silvestre par M. Francisque Michel, d'après des manuscrits inédits, savoir:

ROMAN d'Eustache le Moine, pirate fameux du XIIIe siècle. 1834, in-8. [13204]

GAUTIER d'Aupais, le chevalier à la corbeille, fabliaux du XIIIe siècle. 1835, in-8.

Même tirage pour les trois articles.

O'KELLY de Aghrim (*Guillielmus*). Descriptio bipartita antiquissimi et inclyti regni Hiberniæ seu majoris Scotiæ, sanctorum insulæ, probatissimorum, tam veterum, quam recentiorum scriptorum authoritatibus, ac testimoniis corroborata, et a malevolorum pseudo-historicorum calumniis vindicata. Pars I. metrice potissimum exhibita, agit de Hiberniæ insula, etc. ab universo diluvio ad præsentem jam annum 1703, etc. *Viennæ-Austriæ*, 1703, in-8. [27474]

Cet ouvrage, écrit partie en vers, partie en prose, est si raréjque M. Th. Grenville n'en connaissait pas d'autre exemplaire que le sien.

On suppose que la mort de l'auteur en aura empêché la continuation. La partie publiée a été traduite en français, sous ce titre : *Essai historique sur l'Irlande, contenant l'origine de toutes les familles nobles de ce pays, et suivi de la chronologie historique de tous les rois qui ont gouverné l'Irlande, depuis les premiers temps jusqu'à l'invasion des Anglais*, Bruxelles, 1837, in-12, avec 2 cartes de l'Irlande et des tables généalogiques.

OKOLSKI (*Fr.-Sim.*) Orbis polonus, in quo antiqua Sarmatarum gentilitia, pervetustæ nobilitatis polonæ insignia, præmia et arma specificantur et relucent. *Cracoviæ, Cæsarius*, 1641, 3 vol. in-fol. fig. en bois. [27804]

Vend. 24 fr. La Valliere; 18 fr. Soubise, et plus cher autrefois.

OLAFSEN. Voy. VOYAGE en Islande.

OLANDI (*W.-H.*) Hollandiæ Gelriæque bellum. *Amstelodami* (absque anno), in-8. goth. à 30 lign. par page. [25160]

Oisellus (*J.*). Thesaurus numismatum, 29697.
Oken (*Laur.*). Allgemeine Naturgeschichte, 4485.
Okouneff. Examen, 8617.

Édition très-rare, qui paraît être du commencement du XVIᵉ siècle. 14 flor. 25 c. mar. bl. Meerman.

OLAUS Magnus. Voy. MAGNUS.

OLAVIUS (*Egerh.*). Enarrationes historicæ de Islandiæ natura et constitutione formatæ et transformatæ per eruptiones ignis, ex antiquiss. Islandorum mss. historiis, annalibus, relationibus nec non observationibus conscriptæ. *Hafniæ,* 1749, in-12. [27706]

Très-peu commun.

OLD England, a pictural Museum of regal, ecclesiastical, baronial, municipal and popular antiquities. *London, Ch. Knight,* 1845, 2 vol. gr. in-4. fig. en noir et en couleurs. [26799]

Ce livre, dont le titre rappelle celui d'un des ouvrages de Strutt (voyez ce nom), a été vendu 41 fr. Borluut.

OLDEFEELDE (*Edm.*). Voyez WYATT Digby.

OLDOINO. L'Orlando del signor Prevosto don Ercole Oldoino, dedicato a Filippo terzo Principe di Spagna, aggiunti a ciascun canto gli argomenti d'incerto autore. *Venetia, appresso Franc. de' Franceschi senese,* 1598, in-4. [14746]

Poëme de 21 chants, en stances de huit vers, où sont célébrés les premiers exploits de Roland.

OLDRADI (*Angelo* delli). Desiata pace, comedia pastorale et dilleteuole, composta per Angelo delli Oldradi. — *Romæ, Valerio Dorico et Luigi fratelli,* 1547, pet. in-8. de 12 ff. en lettres ital. [16660]

Cette pièce a été réimpr. à Sienne, en 1549, in-8., et aussi à Rome, pour Valerio Dorico, 1558, pet. in-8. de 12 ff. Un exemplaire de cette dernière édition s'est vendu 19 fr. de Soleinne, et 75 fr. Gancia, à cause de la reliure en mar. r., tandis qu'à la même vente, l'édition de 1547, non reliée, a été donnée pour 4 fr. 25 c.

— Comedia pastorale nuovamente composta per Angelo delli Oldradi intitulata: Cura d'amore. — *Roma, Valerio Dorico et Luigi fratelli,* 1549, pet. in-8. de 8 ff. semi-goth.

2 fr. catal. de Soleinne, nᵒ 4153.

Haym ne parle pas de ces deux pièces; mais il en cite une autre du même auteur sous ce titre : Il Poeta comedia, Venetia, Comin da Trino, 1549, in-8.

OLEARIUS. De fide concubinarum in sacerdotes, questio accessoria causa ioci et urbanitatis in quodlibeto Heidelbergensi determinata a magistro Paulo Oleario heidelbergen. (Authore Jacobo Wim-

Olavidès, Comte de Pilos. Triomphe de l'Évangile, 1851.

Old plays, 16854.

Oldmixon (*John*). History of England, 26871.

phelingio), in-4. de 29 ff. fig. sur bois. [17919 ou 18390]

Édition sans lieu ni date, que Panzer (IX, pp. 195-96) donne comme la première de ce livre singulier. Outre l'opuscule dont nous venons de rapporter le titre, elle renferme la pièce intitulée : De fide meretricum in suos amatores, questio..... determinata a ñgro Jacobo hartlieb Landoien, laquelle commence au recto du 13ᵉ f., par la préface de l'éditeur, Crathon d'Udenheim, datée ex Sletstatino gymnasio quarto Kalen. semptembris (sic) anno christiane salutis millesimo quingentesimo primo.
— Une autre édit., sans lieu ni date, in-4. de 26 ff., dont le dernier est blanc, avec des figures sur bois. 20 fr. Reina; 1 liv. 3 sh. Heber.

— De fide concubinarum in suos pfaffos (et de fide meretricum in suos amatores). (*absque nota*), in-4. de 32 ff. sign. a—h. fig. sur bois.

— Editio alia. (in fine): *Impressum Auguste per Johannem Froschauer.* M. CCCCC. v. in-4. sign. a—e, avec un bois au frontispice.

L'opuscule placé le premier dans les éditions précédentes est le second dans celle-ci.

Une édit. in-4. de 24 ff. sign. a—c, sans date, mais du commencement du XVIᵉ siècle, est portée à 8 thl. dans le catal. de Weigel, 1858, nᵒ 1094.

Panzer cite une autre édition, quibusdam novis additionibus denuo illustrata, Maguntie per Friedericum Hewman, in-4. de 9 ff. avec une gravure sur bois, sans date, mais de 1509 et il en existe probablement plusieurs autres. Le même bibliographe donne, dans son second index, une liste étendue des ouvrages de Wimphelingius, où nous remarquons le Directorium Concubinariorum saluberrimum.... Agrippinæ, alias Coloniæ, 1508 et 1509, in-4., deux éditions terminées par les Statuta quædam contra sacerdotes concubinarios...
— La satire De fide concubinarum a été imprimée dans plusieurs éditions des Epistolæ obscurorum virorum (voy. EPISTOLÆ), et dans d'autres recueils.

OLEARIUS (*Adam*). Voyages très-curieux faits en Moscovie, Tartarie et Perse, trad. en françois par Abraham de Wicquefort. *Amsterdam,* 1727, 2 tom. en 1 vol. in-fol. fig. [19985]

VOYAGES faits de Perse aux Indes orientales par J.-Alb. de Mandelslo, mis en ordre et publiés par Ad. Olearius, et traduits en françois par de Wicquefort. Amsterdam, 1727, 2 tomes en 1 vol. in-fol. fig.

Ces deux ouvrages, assez estimés, ne doivent pas être séparés : 20 à 30 fr.;—vend. en Gr. Pap. 51 fr. Lolliée; 75 fr. Caillard, et moins depuis. L'édit. citée a d'abord paru à Leyde, chez Vander Aa, en 1719: on y a mis de nouveaux titres, en 1727; et c'est sous cette dernière date que le livre se trouve le plus fréquemment : ce qui prouve qu'il avait eu originairement fort peu de débit. Un exempl. en Gr. Pap. non rogné, et sous la date primitive, 110 fr. salle Silvestre, en février 1830.
Le texte allemand des Voyages d'Olearius (ou OElschläger) était au jour dès l'année 1647; la meilleure édition est celle de Hambourg, 1696, in-fol. fig., qui renferme aussi la relation de Mandelslo.

OLENIX ou Ollenix du Mont-Sacré. Voy. MONTREUX (*Nic.* de).

OLESZCZYNSKI. Variétés polonaises, contenant une collection de tableaux tirés des sujets les plus mémorables des annales polonaises et des portraits des hommes les plus distingués dans la guerre, dans la vie civique, en littérature, sciences et beaux-arts. *Paris*, 1833, gr. in-4. [27853]

Recueil de 64 gravures sur cuivre. 21 fr. Borluut.

OLHAGARAY (*Pierre*). Histoire des comtés de Foix, Bearn et Navarre, diligemment recueillie tant des précédens historiens que des archives des dites maisons. *Paris, Douceur,* 1609 (aussi 1629), in-4. [24693]

Ouvrage recherché, mais devenu rare. 23 fr. (sous la date de 1609) Mac-Carthy; 56 fr. (sous celle de 1629) vente de Pins-Montbrun, à Toulouse, en 1861.

OLIM (les) ou registres des arrêts rendus par la cour du roi sous les règnes de saint Louis, Philippe le Hardi, Philippe le Bel, Louis le Hutin et Philippe le Long, publiés par M. le comte Beugnot. *Paris, Impr. royale,* 1839-48, 3 tom. en 4 vol. in-4. 48 fr.

Partie de la collection des Documents historiques. [2709]

OLIMPO de gli Alessandri da Sasso Ferrato (*Baldassare*). Opere diverse poetiche, cioe : la Parthenia, la Pegasea, l'Olimpia, l'Ardelia, nova Phenice, la Gloria d'amore, il Linguaccio, l'Aurora. *Venetia, Bern. de Bindoni,* 1538-39, 8 part. en 1 vol. in-8. [14509]

Vend. en 7 part. (sans l'*Ardelia*) 19 fr. *mar. bl.* Gaignat; 7 fr. 10 c. La Valliere.

— Libro nuovo d'amore, cioe, il Linguaggio, l'Ardelia, la Camilla, la Parthenia, e l'Olimpia, etc. *Venetia*, 1555, in-8. 6 à 9 fr.

On trouve dans cette édition *la Camilla,* qui ne fait pas partie du recueil précédent. Les ouvrages d'Olimpo ont d'abord paru séparément dans l'ordre suivant :

STRAMBOTTI d'amore : cioe mattinate et capitoli in laude duna sua amorosa nominata Olimpia. *Perusia, per Cosmo da Verona,* 1518, pet. in-8. Édition fort rare : 1 liv. 17 sh. *mar. r.* Heber.

OLIMPIA..... nuouamête corretta & ristampata. *Vinegia, Marchio Sessa,* 1532, in-8. de 44 ff., y compris la marque de l'imprimeur. 5 à 6 fr. — 24 fr. *mar. r.* Mac-Carthy.

IN LINGUACCIO. *Venetia, Fr. Bindoni et Mapheo Pasini,* 1524, pet. in-8. Vendu 15 fr. en 1825. Panzer cite une édition de *Venise,* 1523, pet. in-8.

OPERA nuoua chiamata Pegasea e non piu vista cosa molto piaceuole di stanze amorose : composte per Gio. Baldassare Olympio degli alessandri da Sasso Ferrato. *Vinegia, Fr. Bindoni e Mapheo Pasini,* 1524, pet. in-8. de 72 ff. non chiffrés, sign. A—I par huit, caract. rom. 5 à 6 fr.

OPERA nuova chiamata Pegasea, molto piacevole, in stanze amorose. *Venetia, Nicolo Zoppino,* 1525, pet. in-8. 5 à 6 fr. Vend. 1 liv. 8 sh. *mar. citr.* Heber.

SONETTI et epigrammata varia. *Venettis, Fr. Bindoni et Maph. Pasini,* 1524, pet. in-8. 5 à 6 fr.

PARTHENIA, libro nuovo di cose spirituall. *Venetia, Benedetto et Agostino Bindoni,* 1525, pet. in-8.

OPERA nuova damore chiamata Camilla. *Milano, Jo. Ang. Scinzenzeler,* 1525, in-8. sign. A—I.

CAMILLA nella quale vi sono mattinate, strambotti, capitoli, etc. *Vinegia, Gio. Padoano,* 1544, in-8.

LA GLORIA d'amore, nella quale si contengono strambotti, sonetti, capitoli, etc. *Venetia, Sessa,* 1530, pet. in-8. — Réimpr. à Venise, en 1539 et en 1544, pet. in-8.

ARDELIADE, o strambotti d'amore, revista, e ricorretta. *Venezia, Fr. Bindoni e Maf. Pasini,* 1544, ovvero 1548, pet. in-8.

Ces différents recueils de poésies sont peu estimés, mais devenus rares, ils conservent du prix aux yeux des amateurs de l'ancienne poésie italienne.

OLINA (*Gio.-Petro*). Uccelliera, ovvero discorso della natura e proprietà di diversi uccelli ed in particolare di que' che cantano, con il modo di prendergli, conoscergli, allevargli e mantenergli. *Roma, And. Fei,* 1622, in-4. fig. 10 à 12 fr. [5740]

Cet ouvrage n'est guère recherché qu'à cause des figures de Tempesta et de Villamena dont il est orné : un bel exemplaire rel. en vélin, 1 liv. 16 sh. Libri. Il y a des exemplaires de la même édition dont le titre porte : *in Bracciano, appresso Andrea Fei.* — L'édition de *Rome,* 1684, gr. in-4., quoique plus belle pour l'impression, n'est pas plus chère.

OLIPHANT (*Laurence*). Narrative of the earl of Elgin's mission to China and Japan in the years 1857, 58 and 59. *London, Blackwood,* 1860, gr. in-8. de 990 pp. 42 sh. [20763]

OLIVA (*Fern.* Perez de). Voy. PEREZ.

OLIVA (la regina). Voy. III, col. 471.

OLIVANTE. Historia del inuencible cauallero don oliuante de Laura principe de macedonia, que per sus admirable hazañas uino a ser emperador de Constantinopla : agora nueuamente sacada a luz, va derigida al rey nuestro señor. *En Barcelona por Claudio bornat a laguila fuerte,* 1564, in-fol. à 2 col., en lettres rondes. [17558]

10 ff. prélim. contenant le titre en rouge et noir, avec une belle figure sur bois, le privilège, la dédicace du libraire, le prologue, avec la planche du titre répétée, 253 ff. de texte, et au verso du dernier une souscription datée du 10 juillet 1564.

Cervantes, en parlant de ce roman dans le 6e chapitre du D. Quichotte, dit qu'il est du même auteur que le *Jardin de Flores,* c'est-à-dire d'*Antonio de Torquemada* (voy. TORQUEMADA), et il le condamne comme un extravagant et un menteur. Fort heureusement que les conservateurs de la Biblioth. impériale et de la Mazarine ont été moins rigoureux, et qu'ils ont laissé ce livre rare subsister parmi les curiosités de ce genre que possèdent les établissements confiés à leurs soins. Vend. 2 liv. 12 sh. 6 d.

Olihano (*Fr.*). Vita di S. Pietro Nolasco, 21853.

Olin (*Steph.*). Travels in Egypt, etc., 20030.

Olinger (l'abbé). Dictionnaire françois et flamand, 11259. — Dictionnaire hollandais, 11270.

Oliphant (*Laur.*). La Chine et le Japon, 28286.

Paris, en 1791 ; 4 liv. 4 sh. Heber; 5 liv. Hanrott; 110 fr. à Paris, en 1836.

OLIVEIRA (*Antonio-Gomez* de). Voyez GOMEZ.

OLIVEIRA (*Mar. Botelho* de). Musica do Parnaso, dividida em quatro choros de rimas portuguezas, castelhanas, italianas e latinas, com seu descante comico, reduzido em duas comedias. *Lisboa, Manescal,* 1705, in-4. [15383]

OLIVER (*W.*). Scenery of the Pyrenees. *London,* 1842, gr. in-fol.

Vingt-six lithographies teintées et tirées sur pap. fort. 2 liv.

— Views in the French Pyrenees (1845), gr. in-fol. [24775]

Vingt lithogr. sur papier fort, et coloriées. 3 liv. 3 sh.

OLIVERIUS (*Janus*). Pandora. *Parisiis, Les Angeliers,* 1542, in-8. [12902]

En *mar.* vend 28 fr. Nodier; 46 fr. Salmon.

Ce poëme, dont il y a une édition de *Lyon, Dolet,* 1541, in-4., et une de *Reims,* 1618, in-8. (avec *Dardani in Pandoræ oliverianæ laudem carmen*), a été traduit en vers français par Guillaume Michel dit de Tours, *Paris, Les Angeliers,* 1542, in-8. (16 fr. 50 c. Pixerécourt) et par Pierre Bouchet, *Poitiers,* 1548, in-8. Ces deux traductions sont rares, et la dernière surtout. L'auteur du poëme suppose que les femmes sont la boîte de Pandore d'où sont sortis tous les maux de ce monde.

OLIVERIUS (*Annibal*). Voyez MARMORA pisaurensia.

OLIVERO de Castilla. Voy. OLIVIER.

OLIVET (*Jos.* Thoulier d'). Voy. RECENTIORES poetæ.

OLIVETAN (*Rob.*). Voy. INSTRUCTION des enfants.

OLIVI (*Gius.*). Zoologia adriatica, ossia catalogo ragionato degli animali del golfo e delle lagune di Venezia. *Bassano,* 1792, in-4., avec 9 pl. 10 à 12 fr. [5617]

OLIVIER de La Marche. V. LA MARCHE.

OLIVIER (*Jean*). Lepigramme des enseignes des Veniciens envoyes a Sainct Denis par le roy nostre sire, compose

par F. Jean Oliuier, croniqueur du dict seigneur, touchant, translate de latin en françoys par vng familier seruiteur de la dicte Abbaye (*Paris, vers* 1509), in-4. goth. de 2 ff. avec une fig. sur bois au titre et une autre au bas de la dernière page. [13502]

Cette pièce, composée après une bataille gagnée par Louis XII sur les Vénitiens, en 1509, se compose de quatorze distiques latins, imprimés sur les marges de la traduction en vers français, au nombre de soixante-quatre.

OLIVIER de Serres. Voy. SERRES.

OLIVIER (*Jacq.*). Alphabet de l'imperfection et malice des femmes, augmenté d'un friant dessert pour les courtisans et partisans de la femme mondaine. *Paris,* 1623, ou 1636, ou 1643, pet. in-12. 4 à 6 fr. [18074]

Ouvrage singulier, dont les éditions ont à peu près le même prix : la première est de 1617; vend. en *m. r.* 6 fr. La Valliere; 11 fr. Méon. — Dans la troisième édition, *Paris, Petit-Pas,* 1619, pet. in-12, se trouve déjà l'opuscule intitulé : *Portraict racourcy d'une femme mondaine pour le friant dessert des courtizans et partizans,* de 70 pp. — Réimpr. à *Lyon, Jean Goy,* 1665, pet. in-12. 15 fr. 50 c. Coste.

— RÉPONCES aux impertinences de l'aposté capitaine Vigoureux, sur la défense des femmes. *Paris, J. Petitpas,* 1617, in-12. 3 à 5 fr. [18076]

— Voy. LA BRUYÈRE.—L'ESCALE (de).— VIGOUREUX.

OLIVIER (le P. *René*). Alphabet de Cadmus, avec deux dissertations sur la ponctuation de l'hébreu. (*Paris, Hérissant,* 1755), gr. in-4. [11501]

L'impression de cet ouvrage était presque achevée, quand elle se trouva tout à coup arrêtée, à la dernière feuille, par des différends survenus entre l'auteur et l'imprimeur Hérissant. L'affaire fut portée au Châtelet de Paris; tous les exemplaires furent saisis et détruits par les ordres de la congrégation de l'Oratoire, dont l'auteur n'avait pas obtenu la permission d'imprimer; mais le procès se continuant, M. de Milly, procureur au Châtelet, défenseur dudit P. Olivier, se trouva saisi, pour la défense de son client, de l'exemplaire d'épreuves qui lui fut fourni par l'auteur. Il le vendit depuis à M. Anisson du Perron, mort en 1794. Cet exemplaire, présenté comme *unique*, consiste en 408 pp. dont les quatre premières sont refaites à la main, à l'imitation de l'imprimé. Il fut porté à 3600 fr. en assignats, à la vente d'Anisson, le 26 décembre 1795, et ce jour-là le louis d'or se cotait à la Bourse à environ 5000 fr. Depuis, le même exemplaire a été payé 135 fr., le 20 décembre 1847, à la vente de M. N. S. Guillon (voir son catalogue, dont nous avons emprunté la note ci-dessus), et revendu ensuite 50 fr. seulement, à l'une des ventes des livres du roi Louis-Philippe.

OLIVIER (*Guill.-Ant.*). Entomologie, ou histoire naturelle des insectes. *Paris,* 1789-1808, 6 vol. gr. in-4. 363 pl. color. [5965]

Cet ouvrage, bien exécuté, a été publié en 30 livrai-

sons, qui ont coûté 24 fr. chacune aux souscripteurs; mais il se donne maintenant pour 250 ou
300 fr. environ. On a tiré un certain nombre d'exemplaires des premières livraisons sur pap. de Hollande
(dont un avec les fig. sur VÉLIN); mais Desray, éditeur des livraisons 24 à 30, n'a plus fait tirer sur ce
papier que deux exempl. de la suite. Vend. exempl.
en pap. de Hollande, rel. en 11 vol. *m. v.*, 770 fr.
Scherer.

Voici le contenu des volumes:
Tome 1er, Genres 1 à 8, formant 497 pp. et 63 pl. —
Tome II, Genres 9 à 34, 485 pp. et 63 pl.—Tome III,
Genres 35 à 65, 557 pp. et 65 pl. — Tome IV, Genres 66 à 80, 519 pp. et 72 pl. — Tome V, Genres 81
à 92, pp. 1-612 et 59 pl. — Tome VI, Genres 93 à
100, pp. 613-1104 et 41 pl. — Observez que dans
les premiers volumes, chaque genre a une pagination particulière, et que dans tout l'ouvrage les
planches ont aussi, pour chaque genre, une série
particulière de numéros. Les Genres 17, 30, 41, 44,
55, 57, 74, 75, 76, 89, 91, 92, 93, 94, 95 et 96, sont
marqués *bis*. — Lorsque les planches sont reliées
à part, en 2 vol., l'ouvrage forme 8 vol.

— Voyage dans l'empire ottoman, l'Egypte
et la Perse, par Olivier. *Paris, an* IX
(1801-1807), 3 vol. in-4. et atlas gr.
in-4. [19926]

Cet ouvrage estimé a aussi été imprimé en 6 vol. in-8.,
avec atlas in-4.; l'une ou l'autre édition, 24 à 30 fr.

OLIVIER de Castille. Cy commence le
liure de Oliuier de Castille et de Artus
Dalgarbe, son tresroyal compaignon
(translate de latin en françois par Ph.
Camus). — *Cy fine listoire Doliuier de
Castille... imprimee a Genesue lan
mil cccc. lxxxii. le iiiᵉ jour de Juing,*
pet. in-fol. goth. [17067]

Première édition, très-rare; elle contient 67 ff., sign.
A—I3.

— Oliuier de Castille. — *Cy fine lhystoire
de Oliuier de Castille........ Dieu leur
pardoient et a tous trespassez. Amen.*
In-fol. goth. fig.

Édition fort rare et d'une valeur difficile à déterminer. Le volume est en totalité de 52 ff. à 40 ou
41 lign. par page, sous les signat. AI—HIIII; il
commence par un titre séparé, ayant une estampe
au verso, et il finit au bas du dernier f. recto par la
souscription. Cette souscription ne porte ni date,
ni nom de ville ou d'imprimeur, mais il est dit dans
le prologue, que *maistre Loys Garbin cytoyẽ ⁊
imprimeur de genesue a ete solicite dimprimer
ce roman.* Les caractères sont absolument les mêmes que ceux des *Sept sages de Rome*, impr. à
Genève, en 1492.

— Oliuier de Castille et Artus dalgarbe
nouuellement imprime a Paris. XII. (au
verso du dern. f.): *Cy finist lhystoire
de oliuier de Castille... Jmprime a
paris par la veufue feu Jehan Trepperel et Jehan iehannot Jmprimeurs
Libraires iure en luniuersite de Paris
demourant en la rue neufue nostre
dame a lenseigne de lescu de France,*
in-4. goth. de 58 ff. non chiffr., à 2 col.,
signat. A—M, fig. sur bois.

___

Olivier (*Théod.*). Géométrie descriptive et applications, mémoires, 7946.

Autre édition rare: 120 r. De Bure.

L'édition de *Lyon, Oliuier Arnoullet, le xxx de
Juin* 1546, in-4. goth., est encore un livre assez
précieux (8 fr. *mar. bl.* Gaignat; 12 liv. 15 sh. Heber), ainsi que l'édit. de *Paris, Nic. Bonfons*,
1587, in-4. de 48 ff. à 2 col. Cette dernière, qui valait à peine 6 fr. il y a trente ans, a été vend. 2 liv.
4 sh. Heber.

— La historia de los nobles cavalleros Oliveros de Castilla y Artus d'Algarbe. *Burgos*, 1499, in-fol. goth. fig. sur bois.
[17534]

Nous citons cette édition précieuse d'après la simple
indication qu'en a donnée Ebert: une autre non
moins rare, celle de *Valladolid, Juan de Burgos*,
1501, in-fol. goth., est portée dans le catal. de Du
Fay, nᵒ 2393.

— La historia de los nobles caualleros Oliueros de Castilla y Artus dalgarbe. —
*Acabase la famosa historia de los
muy virtuosos ⁊ muy esforçados caualleros Oliueros de Castilla ⁊ Artus dal-
garue* (sic)... *elqual se imprimo en la
muy noble ⁊ muy leal cibdad de Seuilla, por Jacobo Cronberguer aleman.
año del señor de mil ⁊ quinientos ⁊
siete años a quarto de Junio,* in-fol.
goth. à 2 col., avec nombre de fig. sur
bois.

Ce livre, qui est fort rare, se compose de 34 ff. en
tout, sous les signat. *a—e.* On lit au haut du
frontispice les mots: *Artus. Oliueros.* (Biblioth.
impér.)

— Oliueros de Castilla: La hystoria de los
nobles caualleros Oliueros de Castilla ⁊
Artus d'Algarve. — *Fue impressa en
la... ciudad de Sevilla por Dominico
de Robertis a onze dias d̃ nouiẽbre
M. D. xliiii,* pet. in-fol. goth. de 32 ff.
chiffrés à 2 col. avec fig. sur bois.

200 fr. *mar. bl.* De Bure l'aîné.

Une édit. de *Burgos*, 1554, in-4. 126 flor. Butsch.

— LIBRO del noble y esforçado cauallero Oliuero de
Castilla, y de su ben amigo Artus de Algarue. *Alcala de Henares, en casa de Juan Gracian*, 1604,
in-4. de 55 ff.

Édition peu commune, mais d'un prix médiocre:
19 sh. Heber.

— HISTORIA de los muy nobles y valientes caballeros
Oliveros de Castilla y Artus de Algarve, y de sus
maravillosas y grandes hazañas. *Madrid* (sans
date), pet. in-8. 5 à 6 fr.

Édition du XVIIIᵉ siècle; Salvá la place sous le nom
de *Pedro de la Floresta*, qui en est l'éditeur.

— Historia de' valorosi cavallieri Olivieri
di Castiglia, e Artus d'Algarve, etc.,
tradotta dalla lingua spagnuola nella toscana per Fr. Portonari. *Venezia, presso
Franc. Portonari da Trino*, 1552, pet.
in-8.

15 sh. catalogue Payne et Foss, en 1830.

Réimpr. à Venise, *Luc. Spineda*, 1612 ou 1616, pet.
in-18 de 12 et 67 ff. (10 sh. Hibbert), et dans la
même ville, en 1622, pet. in-8.

Une traduction allemande de ce roman, suivie de celle
de *Valentin et Orson*, d'après le français, par W.
Ziely, a été imprimée à Bâle, chez Ad. Petri, 1521,

in-fol. goth. de 6 et 182 ff., avec fig. sur bois. C'est un livre très-rare, qui manque dans les *Deutschen Annalen* de Panzer, mais dont parle Ebert, n° 15104. Un exemplaire a été payé 110 flor. à la vente Butsh. On a réimprimé l'Olivier de Castille, en allemand, à *Francfort-sur-le-Mein*, chez *Weygandt Han* (de 1560 à 1570), in-8., avec des fig. sur bois. (Hain, 12010.)

L'édition de la version flamande du même roman (*Hystorie van Olyuier van Castillen*), impr. à Anvers par Henri Eckert de Homburch, sans date, est un in-4. de 57 ff. à 2 col. de 41 lign., avec fig. sur bois.

— Y^e historye of Olyuer of Castylle and the fayre Helayne. *Lond.*, *W. de Worde*, 1518, in-4. sign. *a—qiiij.*

Fort rare, et d'un grand prix en Angleterre (*Typogr. antiq.*, édit. de Dibdin, II, 508) : 6 liv. 16 sh., sans le titre, Heber.

OLIVIERI (*Bern.*). Vedute degli avanzi dei monumenti antichi delle due Sicilie. *Roma*, 1794, in-fol. obl. [29379]

Recueil de 60 pl. Vend. 40 fr. Morel-Vindé.

OLIVIERO (*Ant.-Franc.*). La Alamanna. *Venezia*, *Vincenzo Valgrisi*, 1567, 2 part. in-4. fig. [14681]

La Alamanna occupe 8 ff. prélimin., 316 et 330 pp., plus 2 ff. pour la souscription et l'errata. On doit trouver à la suite deux petits poëmes intitulés, le premier, *Carlo V in Olma*, 43 pp., et le second, *l' Origine d' Amore*, 16 pp., et de plus une pièce de vers sur la guerre d'Italie de 1557. Vend. en m. r. 45 fr. Gaignat; 30 fr. La Vallière; 35 fr. en 1824; 3 sh. Hibbert, et jusqu'à 6 liv. 8 sh. 6 d. mar. bl. Heber.

OLLENIX du Mont sacré. V. MONTREUX (*Nic.* de).

OLLIVIER (*Jules*). Essai sur l'origine et la formation des dialectes vulgaires du Dauphiné, par M. Ollivier (Jules) ; suivi d'une bibliographie raisonnée des patois de la même province, par M. Paul Colomb de Batines. *Impr. de Borel, à Valence*, 1838, in-4. [11058]

Tirage à part, à 24 exempl., dont 4 sur pap. vél., d'un morceau fort curieux qui fait partie des *Mélanges biogr. et bibliogr. relatifs à l'histoire littéraire du Dauphiné*, par MM. Colomb de Batines et Ollivier Jules, *Valence*, 1838-39, gr. in-8. fasc. I à III : 10 fr. — Sur la ville de Valence, 24862.

OLMO (*Jos.-Vicente* del). Lythologia o explicacion de las piedras y otras antiguedades, halladas en las canjas que se abrieron para los fundamentos de la capilla de N. Señor de los desemparados de Valencia. *Valencia*, 1653, in-4. [29277]

Ouvrage peu commun : vend. 38 fr. mar. r. de Lauraguais ; 9 fr. Thierry ; 8 sh. 6 d. Heber.

OLMOZ (*Andrea* de). Ars et vocabularium mexicanum. *Mexici*, 1555, in-4. [11967]

Livre d'une grande rareté, que cite la *Biblioth. mexicana* de J.-J. de Eguiara. — Antonio (*Biblioth. nova*, I, 81) indique plusieurs autres ouvrages du même auteur écrits en divers dialectes de la Nouvelle-Espagne, mais sans en marquer la date ni le format. Il est à croire que ces productions curieuses de l'imprimerie mexicaine n'auront pu échapper au double ravage des insectes et du temps.

OLYMPIODORI philosophi Alexandrini in meteora Aristotelis commentarii, Joannis grammatici Philoponi scholia in primum meteororum Aristotelis, gr. et lat., J.-B. Camotio interprete. *Venetiis, apud Aldi filios*, 1551, 2 tom. en 1 vol. in-fol. [4207]

La 1re part. contient le texte grec en 108 ff., et la 2e la version latine en 139 ff., plus 4 au commencement et 1 à-la fin : vend. 15 sh. Pinelli; 31 fr. m. r. de Cotte; 1 liv. 19 sh. Sykes.

— Olympiodori philosophi scholia in Platonis Phædonem : ex libris manu scriptis edidit Christoph.-Eberh. Fincke. *Heilbronnæ, Landherr*, 1847, in-8. 5 fr.

OLYMPO. Voy. OLIMPO.

OMBRE (l') de Nécrophore, vivant chartier de l'Hôtel-Dieu, au sieur Jouyeuse, médecin, déserteur de la peste (par Lamperière). *Rouen*, 1612, pet. in-8. [18409]

Vend. 6 fr. mar. v. Méon.

OMNIBONUS (*Leonicenus*). Voyez LEONICENUS.

O'MOLLOY. Voy. MOLLOY.

OMPHALIUS. Voyez t. I, col. 748, l'article BELLAY(*Jean* du).

OÑA (*Pedro* de). Primera parte de Arauco domado, compuesto por el licenciado Pedro de Oña, natural de Los infantes de Engol en Chile. — *Impreso en la ciudad de los Reyes (Lima) por Antonio Ricardo de Turin, primero impresor en estos reynos año de 1596*, in-4., avec le portrait de l'auteur. [15220]

Poëme en octaves, divisé en dix-neuf chants, sur le même sujet qu'avait déjà traité avec succès Ercilla de Zuniga (voyez ERCILLA). Il est peu remarquable sous le rapport littéraire, mais il offre des détails curieux sur la conquête du Chili. L'auteur, en le terminant, en promettait une seconde partie qui, à ce qu'il paraît, n'a pas été publiée. Vend. 3 liv. 15 sh. mar. Heber.

L'édition que nous venons de décrire est fort rare. Celle de *Madrid, Juan de la Cuesta*, 1605, pet. in-8., n'est pas commune non plus : vend. 50 fr. mar. Nodier; 1 liv. 10 sh. Heber, et seulement 11 fr. parchemin, Rætzel.

Antonio n'a point cité ces deux édit., mais il en a indiqué deux autres de *Madrid*, 1595, in-4., en 1608, in-8., qui pourraient bien être les mêmes que les nôtres, inexactement annoncées.

Olivieri (*Agost.* degli). Monete, etc., dei principi Doria, 25337. — Monete e medaglie degli Spinola, 25335. — Discordie e guerre civili dei Genovesi, 25337. — Fondazione di Pesaro, 25666.

Ollivier (*C.-P.*). Moelle épinière, 7291.

Oltrocchi (*Balth.*). Ecclesia mediolanensis, 21471.

Omallus d'Halloy (*J.-J.*). Géologie, 4582-84.

Omar Alkayyami. Algèbre, 7798.

— Tiemblor de Lima del año 1609. *Em
Lima por Francisco del Canto,* 1609,
pet. in-4. [15221]

Autre poëme excessivement rare : vend. 3 liv. 4 sh.
Heber. M. Ternaux (*Biblioth. américaine,* n° 230)
cite une édition de Lima, 1599; et ce qui semble
venir à l'appui de cette date, c'est le titre de *Tiemblor de Lima del año* 1599. Il est vrai qu'il cite
aussi l'édition de 1609, sous le n° 320.

ONCIEU (*Guillaume* de). Traités sur les
singularités de la mémoire. *Lyon,* 1622,
in-12. 3 à 5 fr. [3661]

O'NEILLE. Illustrations of the most interesting of the sculptured crosses of ancient Ireland, drawn to scale and litho-
graphed by H. O'Neille. *London,* 1857,
in-fol. 36 pl. avec un texte. 4 liv. 4 sh.
[9688]

ONESIMOS. Voy. ANTHYMUS.

ONGARO (*Ant.*). Alcée, pescherie ou
comédie marine ; en laquelle, soubs le
nom de pescheurs, sont représentées
plusieurs naïves passions d'amour, trad.
de l'italien d'Ant. Ongaro (par Roland
Brisset). *Paris, Pierre Mettayer,* 1596,
in-16 de 5 ff. prélim., 54 ff. chiffrés,
plus 1 pour l'errata. [16702]

Vend. 15 fr. m. r. Lair ; 24 fr. 50 c. Librairie De Bure ;
30 fr. de Soleinne ; 31 fr. Salmon.

Réimpr. à Rouen, en 1602, in-12.

Le texte italien de cette pescherie a été impr. à Venise, chez Ziletti, 1582, in-8. ; à Ferrare, chez Caraffa, 1585, in-12, et maintes fois depuis ; mais la
meilleure des éditions anciennes est celle de Ferrare, Baldini, 1614, in-4., sous ce titre : *L'Alceo,
favola pescatoria, con gl' intramezzi di Batt.
Guarini, descritti e dichiarati dall' Arsiccio*
(Ottav. *Magagni*). — L'Alceo se trouve aussi à la
suite de *l'Aminta di Tasso,* édition de Padoue,
1722, in-8. — Réimpr. à Venise, 1741, in-8.

ONGNIES (*Anne-François* de Mérode,
comte d'). Mémoires du comte d'Ongnies. (*sans indication de lieu ni de
date*), in-32 de 8 et 117 pp. [25044]

Ces mémoires ont été rédigés vers 1665. L'édition
citée est un livre fort rare que M. de Reiffemberg
a fait connaître dans le *Bulletin du Bibliophile
belge,* 3e série, pp. 217 et suiv.; mais l'ouvrage a été
réimpr. à Mons, en 1840, in-8., pour la Société des
bibliophiles de cette ville. — Pour les mémoires
du comte de Mérode, voyez le n° 25044 de notre
table méthodique.

ONGOYS (*Jean* d'). Morinien. Le promp-
tuaire de tout ce qui est advenu plus
digne de mémoire, depuis la création
du monde jusqu'à présent ; par Jean
d'Ongoys de Therouanne. *Paris, Jean
Bourdeaux,* 1579, in-16, fig. sur bois.
[21293]

Vend. 7 fr. 50 c. Chardin.
La première édition imprimée par l'auteur en 1576,
est moins complète que celle-ci :
La même compilation a paru sous le titre de

*Mémoire certain des choses plus notables passées
depuis la création du monde,* Paris, Jean Bernard,
1589 et 1590, in-16. fig. sur bois. Deux éditions également rares. La dernière, *m. bl.* 16 fr. Chardin ;
20 fr. VÉLIN, en 1860.

Du Verdier cite l'ouvrage suivant du même auteur :

RECEPTE médicale fort souveraine de l'huile
espagnole, appelée huile magistrale, et la manière
de l'appliquer particulièrement selon les plaies ou
maladies, où est déclaré qui étoit Aparice, inventeur d'icelle, et comme en grande difficulté la Catholique Maiesté en a eu la congnoissance. *Paris,*
Ve Mahier Le Roux, 1572, in-8. de 19 ff. en *mar.*
r. 39 fr. Veinant. [23523]

Selon La Monnoye, *L'huile magistrale* dont il est
parlé dans cet opuscule devenu fort rare, serait une
allégorie satirique touchant ce qui s'est passé en
France, à la Saint-Barthélemi.

Nous ne devons pas omettre un autre petit livre d'Ongoys, qui n'est pas plus commun que le précédent,
et dont voici le titre :

LES RESPONCES de bonne ou mauvaise fortune,
contre l'heur ou malheur des amans et autres solutions, par Jean d'Ongoys, morinien. *Anvers,*
Joach. Trognette, 1591, in-16 ou pet. in-8. Vend.
14 fr. m. v. en 1840, et 25 fr. Veinant.

Cette édition d'Anvers doit être la réimpression de
celle de *Lyon, Ben. Rigaud,* 1586, pet. in-12., qui
est portée sous le n° 2200 du catal. de La Vallière,
en 2 vol.

ONGUANT pour la brulure, ou secret pour
empescher les Jesuites de bruler les livres
(par Barbier d'Aucourt). *Cologne, Pierre
Marteau (Hollande),* 1669, pet. in-12.
5 à 6 fr. [14203]

Opuscule en vers, composé de 76 pp., y compris un
titre, portant la Sphère. Vend. jusqu'à 40 fr. *non
rogné,* Nodier. L'édit. de 1670, in-12, sous le titre
d'*Onguent à la brûlure, et plusieurs autres pièces,*
10 fr. 50 c. *m. r.* Bérard.

ONOSANDER. Onosandri strategeticus
sive de imperatoris institutione ; accessit
Urbicii inventum (gr. lat.) : Nic. Rigaltius primum e vetustis codd. græcis publicavit, lat. interpret. et not. illustravit.
Lut.-Parisior., Saugrain, 1599, in-4.
fig. 4 à 6 fr. [8564]

Première édition, en tête de laquelle se lit la date de
1598. Les textes occupent 19 et 160 pp., et les notes
(avec un titre séparé), 4 ff., et 96 pp.

La réimpression, *ex officina commeliniana,* 1600
(nouveau titre, 1604), in-4., augmentée d'un commentaire (*discursus*) de Janus Gruter, morceau de
4 ff., 182 pp. et 1 f., vaut de 6 à 9 fr.

— STRATEGETICUS, sive de imperat. institutione liber
(gr.), ad codd. mss. fidem expressus... et notis
criticis emendatus, cura Nic. Schwebelii. — Le général d'armée, traduit en françois par le B. de Zur-
lauben. *Norimb.* (1761-62), in-fol. fig. 8 à 12 fr., et
pap. fin, 12 à 15 fr.

On trouve dans cette édition des notes inédites de
Jos. Scaliger et d'Is. Vossius, mais celles de Rigault
n'y sont pas entières.

— Le général d'armée, en grec et en franç.
et la première élégie de Tyrtée, en grec
et en vers français (par M. Firmin Didot,
avec une préface en grec, par M. Coray).
Paris, Firmin Didot, 1822, in-8.
8 fr.

La traduction française d'Onosander, par Bl. de Vi-
genere, *Paris,* 1605, in-4., est à très-bas prix. —

On en trouve une meilleure dans les *Mémoires de Guichard* (voy. GUICHARD).

ONUS ecclesiæ. *Opus compilatum est anno 1519, sed in lucem editum, typisque D.-Jo. Weyssenburger Landshute excusum, anno* 1524, in-fol. goth. [1264]

Édition originale et la plus rare d'un ouvrage qui a été beaucoup plus recherché autrefois qu'il ne l'est maintenant : elle contient 4 ff. prélim., 70 ff. chiffrés, et à la fin un f. non chiffré. Vend. en *mar. r.* 80 fr. Gaignat ; 50 fr. La Valliere ; 36 fr. Soubise, et beaucoup moins cher depuis.

L'édition de *Cologne*, 1531, in-fol., vend. 17 fr. *mar. bl.* Gaignat ; 9 fr. 55 c. *mar. citr.*, et 5 fr. De Bure. Il y en a une autre de 1620, in-4., sans lieu d'impression. — C'est sans fondement que *l'Onus ecclesiæ* a été attribué à un certain Jean, évêque de Chiem ou Chiemée. Voir le n° 21078 du *Dictionnaire des anonymes.*

ONUS mundi. Voy. I, col. 1260 et ajoutez :

L'édition de 1485, dont nous avons fait une simple mention, est bien décrite par Hain, sous le n° 12012 de son *Repertorium.* C'est un in-4. de 60 ff. à 33 lig. par page, en caract. rom. La souscription qui se lit au verso du 67e f. est ainsi terminée : *Arteç ç diligentia ç caractere polito ç emendato Magistri Eucharii Franck in Vrbe Roma omnium Principe ç patria impressione cultissimi finiunt Anno salutis* Mcccc lxxxv *die uero prima mensis Octobris.* Les deux derniers ff. contiennent : *Oratio in laudem S. Birgitte singularis ac luculenta...*

OPERA chiamata Fiore di virtù. Voyez FIORE et FIORETTI.

OPERA intitolata Dificio de Ricette, nella quale si contengono tre utilissimi Ricettari : nel primo si tratta di molte ed diverse virtù ; nel secondo se insegna a comporre varie sorti di soavi odori ; nel terzo et ultimo si tratta di alcuni rimedi secreti medicinali necessarii in risanar li corpi humani. *Vinegia, Nicolini da Sabbio,* 1531, in-4. avec un bois sul le titre. [7678]

30 fr. Costabili.

OPERA dilettevole. Voy. DUPLAN de Carpiu (*Jean*).

OPERA et fragmenta poetarum. Voyez MAITTAIRE.

OPERA medicorum græcorum quæ extant. Voy. GALENUS.

OPERA moralissima di diversi, che contiene sonetti, capitoli, strambotti, egloghe, commedie, barzellette, ed una confessione d'amor. *Venet., Rusconi,* 1516, in-8. [14449]

Recueil rare qui faisait partie du n° 2429 des livres ital. de la *Biblioth. pinell.*, vol. IV. — C'est, nous le présumons, le même que celui que nous avons décrit (tome II, col. 1266) à l'article FIORETTO di cose nove.

OPERA nova che insegna... V. TAGLIENTE.

OPERA noua chiamata itinerario de Hierusalem, ouero dele parte orientale, di-

uiso in doi volumi. Nel primo se contengono le indulgentie : et altra cose spirituale che sono in quelli lochi santi : Nel secundo la diuersita dele cose che se trouano in quelle parte orientale, differente dale nostre occidentale. *Venetia, Fr. Bindoni,* 1524, pet. in-8. goth. avec fig. sur bois au titre. [27827]

Ce volume rare est porté sous le nom de *Suriano* dans le catalogue de la librairie Tross, 1861, n° 1402, où il est coté à 150 fr.

OPERA nova contemplativa per ogni fedel Christiano, laquale tratta dele figure del Testamento vecchio : lequale figure sono verificate nel Testamento nuovo : con le sue expositioni : Et con el detto de li propheti sopra esse figure : Sicome legendo troverete : et nota che a ciaschuna figura del Testamento nuovo trovansi dua dil Testamento vecchio : lequale sono affigurate a quelle dil nuovo, et sempre quella dil nuovo sarà posta nel meggio di quelle dua dil vecchio : Cosa bellissima da intendere a chi se dilectano de la sacra scrittura : Nuovamente stampata. (in fine) : *Opera di Giovanni Andrea Vavassore ditto Vadagnino : stampata novamente nella inclita città de Vinegia. Laus deo,* pet. in-8. de 64 ff., signat. A—H, caract. goth. Le dernier f. est blanc. [332]

Cet ouvrage, dont le titre ci-dessus indique assez la distribution, est une imitation des anciens livres d'images connus sous le nom de *Biblia pauperum* (voy. HISTORIÆ *V. et N. Testamenti*). Il se compose de 120 pl. sur bois, bien exécutées, qui sont réparties entre 40 sujets, avec quelques mots d'explication en italien. Il y a, de plus, le titre ci-dessus, et à la fin deux ff., l'un pour la souscription, et l'autre où se voit une madone assise sur un trône et couronnée par deux anges. L'époque de la publication de ce volume rare ne peut être plus ancienne que les années 1510 ou 1512, ainsi que l'a démontré M. Cicognara dans la description qu'il a donnée de son exemplaire (*Catalogo*, tome 1er, n° 1992). Vend. 2 liv. 2 sh. Hibbert ; et 1 liv. 19 sh. Hanrott, et quelquefois moins.

OPERA nova del superbo re di Sarza Rodomonte che volse signorezare Linferno, cosa bellissima nouamente stampata. M. D. XXXII. — *Stampato in Venetia per Guglielmo Fontaneto di Monfera, ad instantia de Hippolito detto il Ferrarese,* M. D. XXXII, pet. in-8. [14807]

Indépendamment d'un petit poëme sur Rodomont, en 79 stances, ce livret fort rare renferme *Li tre sacchi fatti in Italia,* en 21 stances, et où il s'agit de Gênes, de Pavie et de Rome. Une édition de Venise, 1534, in-8., est portée dans le catalogue de Nic. Rossi, p. 234.

OPERA nova della Villanella con la riposta et uno capitulo de varie oppenioni, con alquante capitoli amorosi, cose belissime. *Stampato in Venetia l'anno* 1548, pet. in-8. de 8 ff. [14911]

OPERA nova di laude. V. MONSI (*J.-L.*).

OPERA (serena) nova di recami, nella quale si ritrova varie et diverse sorte di punti in stuora, et punti a filo, etc. *Venetia, Domenico de Franceschi*, 1564, in-4. de 16 feuillets. [10263]

Cet opuscule, devenu fort rare, a été porté à 245 fr. à la vente Riva. Il est de nature à se trouver relié dans des recueils d'ouvrages du même genre.

OPERA noua di Ricette et secreti che insegna aparechiar una Mensa a uno couito. Et etià. a tagliar in tavola de ogni sorte carne et dar li cibi secondo lordine che usano li scalchi : et seguita il modo de incalmar ogni sorte frutti et a coseruar quelli con altre gentilezze. (*senza nota*), pet. in-4. de 12 ff., sign. A et B, 34 lignes par page. [10284]

Livret imprimé vers 1500.

OPERA nova dove si contiene una caccia amorosa trasmutata alla bergamasca, et altre belissime battaglie, con un biasmo della caccia d'amore, et capitoli bellissimi. (*senza luogo et anno*), in-8. de 4 ff. fig. sur bois. [15027]

Opuscule qui probablement a été impr. à Venise vers 1550. Un exempl. en *m. r.* 32 fr. 50 c., vente Libri, en 1847, où l'on a porté à 35 fr. 50 c. l'opuscule suivant :

OPERA nuova nella quale si contiene un invito de alcuni ortolani con la prisposta, et la Pastroella con transmutatione, et alcune stancie in lingua bergamasca. (*senza luogo ed anno*), in-8. de 4 ff., fig. sur bois.

OPERA noua et utile a tutti quelli che stáno in corte de Roma et in che modo ciaschuno se habia aguardare de la mala sorte composta nouamente. Li amaestramenti per li Cortesani di Roma (in ottava rima), in-4., avec une vignette sur bois. [14989]

Deux opuscules en vers, impr. sans lieu ni date, dans le courant du XVIᵉ siècle; le premier de 4 ff., sign. a; le second de 6 ff., sign. B, mais avec des caractères différents, contient des pasquinades satiriques adressées à des cardinaux. 8 sh. Libri, 1859, nᵒ 2341.

OPERA nova intitolata : il Perche. Voyez MANFREDI.

OPERA nuova piacevole et da ridere de un villano lavoratore nomato Grillo quale volse diventar medico, in rima istoriata. *Stampato in Venetia per Nicolo Zopino e Vincentio compagno nel* MCCCC XXI *a di xxxi di Zenaio*, pet. in-8. de 20 ff. non chiffrés, sign. A—CII, lettres rondes, fig. sur bois. [14911]

Édition la plus ancienne connue et peut-être aussi la plus rare de cette nouvelle *in ottava rime*. Dans l'exempl. vendu 21 fr., Libri, en 1847, il manquait un feuillet correspondant au titre :

OPERA nuoua piaceuole et da ridere de vno villano lauoratore nomato Grillo : el qual volse diventar medico : in rima hystoriata con piu státie nouamente agiote. (in fine) : *Stampato nellainclita citta di Vinegia... per Francesco·Bendoni et Mapheo Pasyni compagni : Nel anno* 1528. *del mese di*

Settembrio, pet. in-8., lettres rondes, sign. a—c, fig. sur bois. (Molini, *Operétte*, p. 167.)

— OPERA nuoua piaceuole : e da ridere de uno uillano lauoratore nomato Grillo : elquale volse diuentar medico : in rima historiata con piu stantie nouamente agionte. (nel fine si legge) : *Stampato in Vinegia per Nicolo d' Aristotile detto Zoppino nel Anno* M. D. XXXVII, pet. in-8. de 24 ff. non chiffr., signat. a—Ciiij, lettres rondes, fig. grav. sur bois.

Cette édition est rare (29 fr. *mar. r.* Duplessis), ainsi que celle de Venise, *per Matteo Pagan,* 1552, pet. in-8 (38 fr., bel exempl. en *mar. v.*, Renouard). Une autre édition, *Firenze alle scale di Badia* (XVIᵉ siècle), in-4. de 6 ff. à 2 col., 10 fr. Libri. Le poème intitulé : *Grillo, canti dieci d'Eneato Vignaiulo* (masque de Jérôme Baruffaldi), *Verona, G.-A. Timmermani,* 1739, pet in-8. avec une fig. d'après Mich.-Ange Spada, est une imitation paraphrasée de cette nouvelle qui, elle-même, a beaucoup de rapport avec notre fabliau du *Vilain mire.* Un exemplaire du poëme ci-dessus, de Baruffaldi, en très-Gr. Pap. et rel. en *mar. r.*, 14 fr. Caillard.

OPERA noua piaceuole, laquale insegna di far varie cõpositione odorifere per adornar ciascuna donna, intitulata Venusta. 1525. *Eustachius Celebrinus Utinensis,* pet. in-8. [7074]

Cet opuscule, rel. en *mar.* et réuni à un autre (sous ce titre : *Opera a chi si dilettasse de saper domander ciascheduna cosa in turchesco. con la genealogia di villani. cosa nova,* pièce du commencement du XVIᵉ siècle), a été vendu 36 fr., Renouard.

OPERA posthuma B. D. S. Voy. SPINOSA.

OPERA quale cõtiene le diece tauole de proverbj, sententie, detti, & modi di parlare, che hoggi di da tutthomo nel comun parlare d' Italia si usano : molto utili & necessarii a tutti quelli gentili spiriti, che di copioso, & ornatamẽte ragionare procaciano. (in fine) : *In Turino, per Martino Crauoto, & soi cõpagni, a la instantia de Iacobino Dolce, al's Cuni, nell anno* M. XXXV. *adi* 30 *de Auosto*, pet. in-8. de 36 ff. à 2 col. [18480]

Livre du même genre et non moins rare que celui dont nous parlons au mot PROVERBJ. Il en existe une édition sous ce titre :

OPERETTA nella quale si contengono Proverbii, sententie, detti, e modi di ragionare, che hoggi di da tutto uomo nel commune parlar d'Italia si usano. (*senza nota*), pet. in-8. de 24 ff. dont le dernier est bl. [18480]

Ce sont tous les proverbes et dictons populaires qui avaient cours en Italie au commencement du XVIᵉ siècle. L'édition paraît avoir été imprimée à Venise, et antérieurement à celle de 1535, qui a reçu desaugmentations considérables. Vend., en *mar. v.*, 20 fr. Libri ; 24 fr. Duplessis.

OPÉRATIONS de l'armée du roi dans les Pays-Bas, en 1748. *La Haye, chez J.-B. Scheurleer (Gand, P. de Goesin),* 1749, in-8. de 2 ff. prélim. et 148 pp. [8735]

« Cet ouvrage est du marquis de Puységur, alors aide-de-camp du maréchal de Saxe. Il n'en existe en tout que six exemplaires échappés au feu, auquel l'auteur les avait condamnés après l'impression, sans faire connaître ses motifs. » Extrait d'une note consignée sur une des gardes de l'exemplaire de ce livre qui a fait partie de la bibliothèque de M. Parison. — Voir aussi la *Biblioth. hulthèmiana,* IV, 26998.

OPÉRATIONS géodésiques et astronomiques pour la mesure d'un arc parallèle moyen, exécuté en Piémont et en Savoie, par une commission composée d'officiers et d'astronomes piémontais et autrichiens, en 1821, 1822 et 1823. *Milan, imprim. impér. et royale,* 1827, 2 vol. in-4., avec atlas in-fol. [8377]

Journal de la littér. étrang., 1828, pp. 70 et 71.

OPEZZINGHI (*Attilio*), vita di S. Giosafat. Voy. t. III, col. 542, article JOANNES Damascenus.

OPISSANÏE v litzach torjestva proïschodivchavo, v 1626 godon fevralia 5°, pri brakossotchétanii Gos. Tz. i V. K. Mikhaïla Féodorovitcha i Gos. Tz. Evdokiéiou Loukianovnoïou is roda Stréchenévych. — Description en figures des solennités du mariage du tzar Michel et de la tzarine Eudoxie. *Moscou, Békétoff,* 1810, in-fol. avec 65 pl. color. [27765]

Édition fac-simile d'après un manuscrit de l'époque.

OPISSANÏE koronatzii E. V. Imp. etc. Anny Ïoannovny v Moskvé, 28 Apr. 1730 godow. Description du couronnement de S. M. l'impératrice, etc. Anne Ivanovna. *Moscou, impr. du sénat,* 1730, in-fol. avec le portrait de l'impératrice et 14 autres planches. [27765]

Ouvrage devenu très-rare. Une copie exacte de ce volume, tirée à 50 exemplaires seulement, a paru à St-Pétersb., impr. de la IIᵉ section de la chancellerie impériale, 1853, in-8.

OPISSANÏE torjestvennych poriadok, etc., koronovaniia Imp. Elisabety Petrovny. Description du cérémonial de l'entrée à Moscou ainsi que du couronnement de l'impératrice Élisabeth Petrovna, l'entrée devant avoir lieu le 28 février, le couronnement le 25 avril 1742. *St-Pétersb., imprimerie de l'acad. des sciences,* 1744. in-fol. avec portrait et 49 dessins. [27788]

Réimprimé, comme le volume précédent, à 50 exemplaires, en 1854.

OPISSANÏE slavianskich roukopissei moskofskoï synodalnoï bibliotéku. Description des manuscrits slavons de la bibliothèque synodale de Moscou. *Moscou, impr. du S. Synode,* 1855, in-8. [31143]

OPITZ (*Martin*). Opera poetica, das ist geistliche vnd weltliche Poemata; vom

Autore selbst zum letzten vbersehen vnd verbessert. *Amsterd., J. Jansson,* 1645 et 1646, 3 vol. pet. in-12. 10 à 12 fr. [15520]

Cette édition, assez rare, est la huitième et la plus jolie qui ait paru des œuvres de Martin Opitz, le restaurateur de la poésie allemande; malheureusement elle n'est pas très-correcte. La dixième édition, *Breslau, Fellgiebel,* sans année (1690), 2 vol. in-8., la plus complète de toutes, est aussi la plus fautive. Il s'en trouve des exemplaires avec de nouveaux titres datés de Francfort et Leipzig, 1724. Quant à la douzième édition : *Deutsche Gedichte, von neuem übersehen, ausgebessert, mit Anmerk. erläutert von Dr. W. Triller,* Francfort-sur-le-Mein, Varrentrapp, 1746, 4 vol. gr. in-8. fig., elle est incomplète, incorrecte, altérée dans le texte, et les notes sont sans importance. La première édition de ce poëte fut pub iée à Strasbourg, en 1624, in-4., par les soins de J.-W. Zinkgref, désigné seulement par les lettres D. Z. G. J.; ensuite l'auteur en donna lui-même une meilleure, à Breslau, en 1625, in-4.

OPIZIUS. Voy. TRACTATUS varii.

OPPEL (*Gul.* de). Analysis triangulorum. *Dresdæ,* 1746, pet. in-fol. fig. [7993]

Vend. 18 fr. de Lalande; 3 fr. 80 c. Libri.

OPPENORD (*Gilles-Marie*). Son œuvre contenant diffèrens fragmens d'architecture, etc. (gravé vers 1750), très-gr. in-fol. [9918]

Recueil médiocre, composé de 120 planches.

OPPERT. Expédition scientifique en Mésopotamie, exécutée par ordre du gouvernement, de 1851 à 1854, par MM. Fulgence Fresnel, Felix Thomas et Jules Oppert, publiée sous les auspices du ministre d'État et de la maison de l'empereur, par Jules Oppert. *Paris, imprimerie impériale (Gide et Baudry),* 1857 et ann. suiv. 2 vol. in-4. et atlas in-fol. [20494 ou 28034]

Ouvrage en cours de publication mais dont, jusqu'ici, il n'a paru que le second volume du texte. Le texte doit être accompagné d'un atlas composé de 10 cartes ou plans, d'après les dessins de M. Oppert, et de 12 pl. de vues pittoresques, dessinées et gravées par M. Thomas. (En juin 1862, on n'avait encore mis au jour que 4 livraisons de ces planches.) Cet article annule celui qui se trouve déjà dans notre 2ᵉ vol., col. 1391, au mot FRESNEL.
— Grammaire assyrienne, 11562. — Grammaire sanscrite, 11751.

OPPIANUS. Oppiani de natura seu venatione piscium lib. V (græce, edente M. Musuro). *Florentiæ, in ædib. Ph. Juntæ,* 1515, in-8. de 64 ff. signatures a—h.

Première édition, très-rare, et qui passe pour fort correcte : vend. 16 flor. Crevenna; 20 flor. Hover.

— Oppiani de piscibus lib. V; ejusdem de venatione lib. IIII (gr.); Oppiani de piscibus, Laurentio Lippio interprete, lib. V.

Operette dell' ambascieria de' Moscovite, 27729.
Ople (*J.*). Lectures on paintaing, 9257.

Opoix (*Chr.*). Théorie des couleurs, 4274.—Provins, 24199.
Oppelt (*Gust.*). Histoire de la Belgique, de 1830 à 1860, 25045.

TOME IV.   7

Venetiis, in œdib. Aldi et Andreæ soceri, 1517, in-8. de 168 ff., y compris les ff. 103 et 104 tout bl. et les 2 dern. pour la souscription et l'ancre. [12389]

Édition rare et recherchée, quoique le poëme *De piscibus* y soit moins exact que dans celle de Junte; c'est d'ailleurs la première édition du poëme *De venatione :* Fr. Asolano en a été l'éditeur. Vend. 36 fr. d'Ourches; 30 fr. *m. r.* Larcher; 26 fr. Coulon; 36 fr. *mar. r.* Renouard.

— Oppiani de venatione libri IIII (græce cura Jo. Bodini). *Paris., apud Vascosanum*, 1549, in-4. de 38 ff. Belle édition.

— De Venatione libri IIII (lat.), Joan. Bodino interprete; his accessit commentarius varius et multiplex ejusdem interpretis. *Lutetiæ, apud Mich. Vascosanum*, 1555, in-4. de 4 ff. prélim. et 110 ff. chiffrés.

Cette version a été réimprimée : *Lutetiæ, apud Fed. Morellum*, 1598, in-4.

— De Piscatu libri V; de venatione libri IV (græce). *Parisiis, apud Adr. Turnebum*, 1555, in-4. de 2 ff. prélim., 207 pp. et 4 ff. 5 à 6 fr.

Belle édition rare et assez estimée : 15 fr. 30 c. *m. r.* Larcher. Il faut y joindre le volume suivant :

Oppiani de piscatu libri V, lat. Laur. Lippio interprete; de venatione lib. IV; ita conversi (ab Andr. Turnebo), ut singula verba singulis respondeant. *Parisiis, apud Gul. Morellum*, 1555, in-4. de 3 ff. et 202 pp.

Ces 2 volumes : 10 à 15 fr.; vend. 27 fr. Soubise; 30 fr. 50 c. (les 3 articles ci-dessus) A.-ac-Carthy.

— De Venatione et piscatu libri, gr., cum interpretatione lat. commentar. et indice rerum... confectis studio et opera Conr. Rittershusii. *Lugd.-Bat.*, 1597, 3 part. en 1 vol. pet. in-8. 4 à 6 fr.

Édition recommandable par rapport aux scolies qui en forment la 3ᵉ partie.

— Oppiani de venatione et de piscatione libri, cum paraphrasi græca libror. de aucupio, gr. et lat., curavit Joh.-Gottlob Schneider. *Argentorati, Kœnig*, 1776, gr. in-8. 10 à 12 fr.

Édition dont on fait beaucoup de cas; vend. 30 fr. *m. r.* Coulon; et en pap. de Holl., duquel il n'y a, dit-on, que 6 exemplaires, 80 fr. *m. bl.* Renouard, en 1804; 200 fr. d'Ourches. — On a tiré de la même édition trois exemplaires en très Gr. Pap. de Hollande, in-4. Vend. 400 fr. Larcher.

Un exemplaire du texte grec de cette même édit., imprimé sur VÉLIN, de format in-4., a été vendu 200 fr. d'Ourches.

— Poemata de venatione et piscatione, gr., cum interpretatione latina et scholiis : accedunt Eutecnii paraphrasis ἰξευτικῶν, et Marcelli Sidetæ fragmentum de piscibus, tom. I. Cynegitica ad quatuor mss. codd. fidem recensuit et suis auxit animadvers. Jacob.-Nic. Belin de Ballu. *Argentorati*, 1786, in-8.

Édition dont il n'a paru que le poëme *De venatione :* 6 fr. — in-4. Gr. Pap. de Holl., 10 à 12 fr. — On a aussi imprimé 40 pp. du texte grec du poëme *De Piscatione*, mais elles ne se trouvent jointes qu'à très-peu d'exemplaires.

— Cynegetica et halieutica (gr.), ad fidem librorum scriptorum emendavit J.-G. Schneider; accedunt versiones latinæ, metrica (D. Peiferi) et prosaica, plurima anecdota et index græcitatis. *Lipsiæ, Weigel*, 1813, in-8. 8 fr. — Pap. vél. 12 fr.

Cette édition, dont le texte a été revu de nouveau, renferme des variantes tirées de manuscrits de Venise et de Moscou, mais on n'y trouve pas les sco-

lies d'Eutecnius, et il y manque un second vol. qui aurait contenu la version des deux poëmes, des observations, et un index grec. M. Schneider était d'avis que ces deux poëmes ne sont pas du même auteur.

— De piscatu libri V, Laurentius Lippius collensis... hoc... Oppiani opus traduxit. *Gallus cognomine Bonus impressit... in Colle opido municipio florentino, anno* M. CCCC. LXXVIII, *die* XII *septembris*, pet. in-4. goth. de 64 ff. signat. a 3—h 3.

Première édition, très-rare, dont les 2 premiers ff., qui contiennent la *Vie d'Oppien*, la *Préface de Lippius*, etc., ne sont pas marqués de signatures. La souscription est imprimée au recto du 8ᵉ f. de la signat. *h*. Vend. beaux exemplaires 1000 fr. La Vallière; 662 fr. La Serna; 396 fr. *mar. bl. dent.* F. Didot; 500 fr. Mac-Carthy; 10 liv. 10 sh. Sykes; 247 fr. bel exemplaire, en janvier 1829; 100 fr. Boutourlin.

Orlandi, Maittaire et d'autres bibliographes ont fait mention d'une édition exécutée par le même imprimeur, en 1471, mais dont l'existence est au moins très-douteuse ; nous la nierions même tout à fait si un passage des *Viaggi in diverse parti della Toscana* de *Targioni*, tome VII, p. 403, ne nous apprenait point, d'après les archives même de Colle, que l'imprimeur *Maestro Bono* se présenta à la communauté des habitants de cette ville, le 20 avril 1471, pour demander l'exemption de la gabelle, promettant d'établir ses presses dans cette ville, comme il le fit en effet.

— Les quatre livres de la venerie d'Oppian (trad. en vers franç.), par Florent Chrestien. *Paris, Mamert Patisson*, 1575, in-4. de 40 ff. et 6 ff. préliminaires.

— Voy. EUTECNIUS.

— La Chasse, poëme trad. en françois par J.-Nic. Belin de Ballu, avec des remarques, suivi d'un extrait de la grande histoire des animaux d'Eldémiri, par M. (Silvestre de Sacy). *Strasbourg*, 1787, in-8. 5 fr.

— Les Halieutiques, trad. du poëme grec d'Oppien, où il traite de la pêche et des mœurs des habitants des eaux, par J.-M. Limes. *Paris*, 1817, in-8. 5 fr. — Pap. vél. 8 fr.

— Voy. ARRIEN.

— Oppiano della pesca e della caccia, tradotto (in versi sciolti), con varie annotazioni da Ant.-Mar. Salvini. *Firenze*, 1728, pet. in-8. 3 à 5 fr.

— Halieutick, of the natural fishes and fishing of the ancients, in five books; translated from the greek, with an account of Oppian's life and writings, and a catalogue of his fishes. *Oxford*, 1722, gr. in-8.

OPSOPOEUS (Jo.). V. Sibyllina Oracula.

OPTATIANUS Porphyrius. Voyez Porphyrius.

OPTATUS. Libri VII de schismate Donatistarum ad mss. codd. et vett. editiones collati et emendati, quibus accessere historia Donatistar. una cum monumentis ad eam spectantibus, nec non geographia episcopalis Africæ ; opera et studio L. Ellies du Pin. *Lutetiæ - Parisior., Pralart*, 1700, in-fol. 10 à 15 fr. [985]

Bonne édition où l'on trouve à la suite du texte les notes de tous les éditeurs d'Optat. Dans l'édition d'Anvers, 1702, in-fol., ces mêmes notes sont placées au bas des pages. Il y a aussi une édition de Wurcebourg, 1790-91, 2 vol. in-8., donnée par Fr. Oberthür.

— L'Histoire du schisme, blasphêmes, erreurs, sacrilèges, homicides, incestes, et autres impiétés des Donatiens; trad. du lat. d'Optat, par Pierre Viel. *Paris, Chesneau* ou *Morel*, 1564, in-8. — Cette traduction est devenue rare : 7 fr. 55 c. Méon.

OPTATUS Gallus. Voy. Hersent (*Car.*).

OPUS aureum. Voy. Neander.

OPUS aureum Musicæ. V. l'art. Volcyre ou Wollicus.

OPUS eximium de vera differentia regiæ potestatis et ecclesiasticæ, et quæ sit ipsa veritas ac virtus utriusque. *Londini, in ædib. Tho. Bertheleti*, 1534, pet. in-4. de 63 ff. [3221]

Ouvrage attribué par Bale à Henri VIII, roi d'Angleterre, et par Leland à Fox, évèque de Winchester. La Bibliothèque impériale en possède un exemplaire imprimé sur vélin; un exemplaire semblable a été payé 22 liv. 10 sh. à la vente Towneley.

OPUS quod Baptista salvatoris nuncupatur. Voy. Dibarrolus.

OPUS universorum fororum tam antiquorum quam novissimorum (a Jacobo rege Aragonum, anno 1285 usque ad annum 1435). *Cesaraugustæ, Georgius Cocus teuthonicus*, 1517, in-fol. goth. [2988]

Édition fort rare des anciennes lois de l'Aragon. Dans l'exemplaire vendu 117 fr. Guhier, se trouvaient réunies les pièces suivantes : *Fori editi in villa Montissoni*, 1510, 1512; — *in civitate Cesaraugustana*, 1519, 1528, — *et in villa Montissoni* 1533.
Description du volume : Un f., contenant seulement de grandes armoiries, tient lieu de frontispice; il est suivi de 5 ff. pour l'index, d'un f. blanc, puis du corps du texte jusqu'à la p. 232, commençant : *Incipiunt fori editi per dominum Jacobum regem Aragonum.* Ensuite viennent, 1° un appendice de 58 ff., qui commence par *Liber primus*, et dont le verso du 56ᵉ f. porte la souscription : *Impressum in inclyta civitate Cæsaraugustana : arte et industria... Georgii Coci teuthonici : anno... millesimo quingentesimo decimo septimo*; 2° 12 ff. sign. *a* et *b*, commençant : *Rex Ferdinandus secundus Montissoni*; 3° 7 ff. sign. A, contenant les lois publiées en 1519; 4° 22 ff. sign. A et B, commençant : *Carolus imperator et Aragoniæ rex*, et contenant les lois publiées en 1528; 5° un f. blanc suivi d'un autre f. où se voit un frontispice du même genre que le premier, et de 11 ff. sign. A et B, commençant ainsi : *Carolus imperator, etc.*, et renfermant les lois publiées en 1533.

OPUSCOLI di autori siciliani. Tom. I. *Catania*, 1758, tom. II à XX, *Palermo*, 1759-78, en tout 20 vol. in-4. [19444]

Collection de dissertations et de morceaux sur toutes les matières. Les mémoires bibliographiques de Salvad.-Mar. di Blasi, qui en font partie, ont de l'intérêt pour les bibliographes, ainsi que le catal. des livres nouveaux publ. en Sicile, que présente chaque volume. La *Nuova raccolta di opuscoli di autori siciliani*, Palermo, 1778-95, en 9 vol., est fort inférieure, sous ce rapport, au recueil précédent. Vend. en 25 vol. 25 flor. Meerman.

OPUSCOLI inediti di celebri autori toscani l' opere dei quali sono citate dal vocabolario della Crusca. *Firenze, nella stamp. di Borgo Ognissanti*, 1808-9, 3 vol. in-8. [19437]

Les deux premiers volumes se composent d'opuscules de Bened. Varchi, Lor. Giacomini, Carlo Dati, Orazio Ruce.lai et A.-M. Salvini. Le 3ᵉ contient des *Rime antiche*. Un exempl. en très-grand papier, format in-4., sous la date de 1816, est porté à 120 paoli (66 fr.) dans le catalogue de Piatti de Florence, pour 1825. Gamba indique des exempl. en pap. royal.

OPUSCOLI scientifici. *Bologna*, 1817-23, 4 vol. — Opuscoli letterarii. *Bologna*, 1818-20, 3 vol. — Nuova collezione d'opuscoli, anno 1824, scientifici, 1 vol. et letterarii, 1 vol. in-8. [19440]

Ces opuscules, choisis d'auteurs contemporains, n'ont pas été impr. séparément; il n'en a paru que ces 9 vol., portés à 68 fr. dans les *Operette* de Molini, p. 307.

OPUSCULA mythologica, ethica et physica, gr. et lat., cum notis variis (ex recensione Th. Gale). *Cantabrig.*, 1671, in-8. 5 à 6 fr. [22526]

Édition peu commune, et dans laquelle se trouve le *Traité d'optique d'Héliodore de Larisse*, qui n'est pas dans l'édit. suivante : elle est, à d'autres égards, moins complète que cette dernière.

— Eadem, gr. et lat., cum notis variorum (ex recensione Th. Gale). *Amstelod.*, 1688, in-8. 8 à 10 fr.

Bonne édition, donnée par Meibomius : 30 fr. *m. r.* F. Didot.

OPUSCULA mythologica, philosophica, historica et grammatica, ex codicibus græcis maxime palatinis, nunc primum edidit, eorumque librorum notitiam et animadversiones adjecit Frid. Creuzer. *Lipsiæ*, 1816, in-8. [19385]

Première partie des *Meletemata* de Creuzer (voyez Creuzer).

OPUSCULES. Voy. Rœderer (le comte Pierre-Louis).

OPUSCULES de divers autheurs medecins, redigez ensemble pour le proufit et utilité des chirurgiens, reveuz et corrigez de nouveau. *Lyon, Iean de Tournes*, 1552, in-16 de 539 pp. et la table. [7468]

13 fr. mar. v. Coste.

OPUSCULES, ou pensées d'une ame de foi sur la religion chrétienne, pratiquée en esprit et en vérité. 1813, tome Iᵉʳ, pet. in-4. de XII et 300 pp., plus la table, qui en remplit deux et demie. [1729]

Correspondance entre Mᵐᵉ de B...., et M. de R... sur leurs opinions religieuses, tome Iᵉʳ (*Barcelone*), 1813, pet. in-4 de 46 et 484 pp. — Suite de la correspondance entre Mᵐᵉ de B... et M. de R..., et divers petits contes moraux de Mᵐᵉ de Bourbon, tome II, 1812, pet. in-4. de 486 pp.

Ces deux ouvrages sont de Mme la duchesse de Bourbon (*Louise-Marie-Thérèse Bathilde* d'OR-LÉANS), qui les a fait imprimer à ses frais. Ils contiennent, dit M. l'abbé Lambert dans ses Mémoires de famille (1822, in-8., p. 59), des *erreurs d'un genre nouveau*. Voy. *Bibliographie de la France*, 1822, p. 46, et 1824, p. 415, et surtout 1832, p. 291, où M. Beuchot dit ne point connaître le second volume des opuscules ci-dessus, bien qu'il ait été indiqué par M. Quérard.

ORACLE (l') consulté par les puissances de la terre sur leur destinée, où l'on voit ce qui se passe aujourd'hui dans la politique d'une manière divertissante; trad. de l'italien. *Rome (Hollande)*, 1688, pet. in-12. [23841]

10 fr. 50 c. mar. r. Chateaugiron.

ORACULA sibyllina. Voyez GALLÆUS; RABEL (J.), et au mot SIBYLLINA.

ORAISON et remonstrances. Voy. LUXEMBOURG (*Jean* de).

ORAISON (l') funebre de tres haute, tres excellente et tres puissante princesse Monarchie universelle, prononcée le 25 aoust 1704 dans la chapelle du château de Versailles. *Cologne*, 1705, pet. in-12. [23876]

Pièce satirique peu commune : 6 fr. 50 c. Duquesnoy.

ORAISONS des saincts pères, patriarches, prophètes, juges et roys, des hommes et femmes illustres et aussi des apostres tant de l'Ancien que du Nouveau Testament. (*sans lieu d'impression*), 1530, in-12. [285]

Un exempl. en mar. par Capé, 50 fr., vente de M. Pins-Montbrun, à Toulouse, en 1861.

ORAISONS funèbres. Voy. BOSSUET.

ORAISONS tres deuotes a l'honneur de la tres sacree et glorieuse Vierge Marie, mere de Dieu, auec plusieurs autres deuotes chansons faictes et composees par reverend pere en Dieu Monsieur Levesque de Senlis. *Paris, en la Maison Simon de Colines* (sans date), in-8. avec fig. [13551]

Poésies composées vers le milieu du XVIe siècle et impr. en rouge et noir avec des notes de musique. Catal. Libri, 1861, n° 5109.

ORANGE (*Guill.* prince d'). Voy. NASSAU.

ORATEURS chrétiens (les), ou choix des meilleurs discours prononcés dans les églises de France depuis Louis XIV jusqu'à ce jour. *Paris, Vauquelin*, 1818-1822, 22 vol. in-8. [1444]

Collection mal faite et incomplète. Elle est divisée en trois séries, dont la seconde contient *Bourdaloue*, 9 vol., et *Massillon*, 7 vol., en sorte que ces deux orateurs occupent les trois quarts d'un recueil qui n'aurait dû être consacré qu'aux sermonnaires du second ordre.

Orateurs français, 12199.

ORATIO ad regem Maximilianum. Voyez l'article BEBELIUS, t. I, col. 727.

ORATIO de virtutibus J.-C. Voyez LIPPI (*Aur.*).

ORATIO dominica, plus centum linguis. versionibus aut characteribus reddita et expressa (edidit B. Mottus). *Londini*, 1700, pet. in-4. de 76 pp. 4 à 6 fr. [231]

Édition bien inférieure à celle de Chamberleynius. Voy. ce nom.

ORATIO dominica in CLV linguas versa, et exoticis characteribus plerumque expressa. *Parma, typis bodonianis*, M. DCCC VI, in-fol. de 248 pp., sans la dédicace ni la préface. [231]

Tous les exemplaires de cette édition magnifique ont été achetés par le prince Eugène Beauharnais, alors vice-roi d'Italie, à qui l'ouvrage est dédié. L'épître dédicatoire et la préface sont en italien, en français et en latin. Comme une grande partie des exemplaires de ce beau *specimen typographique* ont été distribués en cadeau à des savants et à des dignitaires français, il s'en trouve assez fréquemment dans les ventes, où ils ne se payent guère au delà de 60 ou 72 fr. Vend. même 44 fr. Pixerécourt; 56 fr. Renouard. Précédemment 108 fr. Suard, et beaucoup plus cher en Italie. Il a été tiré plusieurs exempl. sur papier vélin, et deux seulement sur papier vélin de France.

— Voyez MARCEL et SPECIMEN.

ORATIO dominica polyglotta, singularum linguarum characteribus expressa et delineationibus Alberti Dureri cincta, edita a Fr.-Xaver. Stoeger. *Monachii, e lithographia J.-B. Dreselly* (1838), gr. in-4. avec un front. lithogr. et un portrait d'Albert Durer. 15 à 20 fr.

Les belles bordures qui décorent ce livre en font tout le mérite, car, comme polyglotte, il a peu d'intérêt, puisqu'il ne donne que 43 langues. Quant aux bordures, ce sont des copies de celles qui décorent la marge du livre d'heures de l'empereur Maximilien, qui se conserve dans la Bibliothèque royale de Munich, et que nous avons décrit à l'article DIURNALE.

ORATIO dominica polyglotta, DCCCXV linguis et dialectis, studio et labore Aloysii Auer. *Viennæ, e typographia imper.*, 1847 et 1851, gr. in-fol.

Ce livre très-remarquable a été exécuté à l'imprimerie impériale de Vienne, sous la direction de M. Alois Auer, conseiller d'État. Les exemplaires n'ont pas été mis en vente, mais ils ont figuré aux expositions de Londres et de Paris, en 1851 et 1855. Le volume renferme: 1° des versions du Pater en six cent huit langues ou dialectes, en caractères romains, avec la traduction interlinéaire, et classés géographiquement; 2° une notice des polyglottes du même genre que celles-ci, qui avaient paru jusqu'alors; 3° deux cent huit spécimens du Pater, représentant les caractères spéciaux d'autant de langues ou dialectes imprimés en lettres mobiles; 4° un tableau des alphabets originaux du monde entier, autant que cela a pu se faire à l'aide de caractères romains équivalents; 5° la *Synopsis* du Mithridate d'Adelung; 6° des titres exécutés en couleurs, des portraits, des index, des listes bibliographiques, etc.; le tout imprimé sur très-beau papier. Un exemplaire est porté à 8 liv. 8 sh. dans le catal. de la librairie Trübner, *Lond.*, 1853, où est annoncée au même prix une *Polyglotte du Sermon sur la Montagne*, du 5ᵉ chap. de saint Matthieu, en 35 langues, impr. sur 77 feuillets gr. in-fol., à l'imprimerie impériale de Vienne, sous ce titre :

> SERMO Salvatoris nostri Jesu Christi, D. IV. in Montem (Matth. v), græce, cum versionibus XXXV, cura et studio Aloysii Auer. *Vindoboniæ, e typogr. imper.*, 1851, in-fol.

Les deux volumes, 10 liv. 10 sh. catal. de David Nutt, *Lond.*, 1857.

ORATIO oratorum Francisci regis Gallorum principibus electoribus Francofordiam e Confluensia missa., Die xviii mens. Junii Anno M.D.XIX. (in fine) : *Augustæ-Vindelicorum in Sigismundi Grimm medici et Marci Wirsung officina excusoria, anno.* M. D. XIX, *die vero xxviii mensis junii,* in-4. [23448]

ORATIONES clarorum hominum, vel honoris officiique causa ad principes, vel in funere, de virtutibus eorum habitæ. *In academia veneta*, 1559, in-4. de VIII et 170 ff. (le dernier coté 176). [12148]

Cette édit. est rare, mais le recueil qu'elle contient a été réimpr. à *Cologne*, 1560, in-8., et à *Paris*, 1577, in-12.

ORATORES græci. Orationes horum rhetorum, Æschinis, Lysiæ, Alcidamantis, Anthisthenis, Demadis, Andocidis, Isæi, Dinarchi, Antiphontis, Lycurgi, Gorgiæ, Lesbonactis, Herodis; item Æschinis et Lysiæ vitæ, græce. — Orationes infra scriptorum rhetorum, Andocidis, Isæi, etc. *Venetiis, apud Aldum et Andream socerum mense aprili* M.D.XIII, 2 part. en 1 vol. in-fol. — Isocratis orationes, Alcidamantis contra dicendi magistros, etc., gr. *Venetiis, in ædibus Aldi, etc.,* IIII *nonarum Maii* .M. D. XIII, in-fol. [12085]

Ces trois parties forment une collection précieuse dont les exemplaires complets et bien conservés sont rares et recherchés, malgré le jugement peu favorable qu'en a porté Henri Estienne. Vend. 168 fr. La Vallière; 90 flor. bel exempl. en *m. bl.* Rover; 290 fr. Mac-Carthy; 8 liv. 8 sh. *mar. r.* Dent; 150 fr. *mar. r.* Giraud; autre, 220 fr. Costabili.

La première partie contient 2 ff. non chiffr., pour le titre, la préface et la table; ensuite le texte, pp. 3 à 197, plus un f. bis. sans souscription. On a conservé dans quelques exempl. un autre f. blanc, qui est le 10ᵉ du premier cahier, et porte l'avis suivant : *Hoc folium, conglutinato libro, abscidendum, ne sit tibi inter legendum impedimento, nihil enim deest.*— La seconde partie a 163 pp., dont la dernière porte le chiffre 162. — La troisième partie, la plus rare des trois, a 272 pp. chiffrées irrégulièrement. La dernière page, mal cotée 167, doit être suivie d'un f. blanc, au verso duquel est l'ancre aldine. — Alcidamas, annoncé sur le titre de la prem. part. et sur celui de la troisième, n'est imprimé qu'une fois à la fin de l'Isocrate, et le

prem. f. de ce morceau est coté 98 par erreur, au lieu de 108. La première partie et l'Isocrate finissent également à la page 197; l'Alcidamas peut se trouver relié à la suite de l'un ou de l'autre, sans qu'il en résulte aucune défectuosité dans l'exemplaire (Renouard). — La partie de 197 ff, qui renferme l'Isocrate, se trouve quelquefois séparément (voy. ISOCRATES).

—Oratorum veterum orationes, Æschinis, Lysiæ, Andocidis, Isæi, etc. (græce, ex correct. Henr. Stephani et) cum interpretatione lat. quarundam. *Excudebat Henr. Stephanus*, 1575, in-fol. 15 à 20 fr. [12086]

Belle édition, pour laquelle les textes d'Eschine et de Lysias ont été revus sur des manuscrits : elle a 6 ff. prélim., 213, 191 et 178 pp. Vend. 30 fr. Bertrand, et jusqu'à 80 fr. bel exemplaire en *mar. r.* Caillard, et en *mar. v.* 40 fr. Giraud.

— ORATORUM Græciæ præstantissimorum, Antiphontis, Andocidis et Isæi orationes XXX, Alph. Miniato interprete, nunc primum gr. et lat. editæ. *Hanoviæ*, 1619, in-8. de 599 pp. [12087]

— ORATIONES politicæ Dinarchi, Lesbonactis, Lycurgi, Herodis, Demadis, gr. et lat. (interpretibus G. Cantero, M.-B. Ischano, etc.). *Hanoviæ*, 1619, in-8. de 8 ff. et 254 pp. [12090]

Ces deux vol., imprim. par les soins de J. Gruter, sont ordinairement réunis en un seul tome. On y réunit encore *Lysiæ orationes*, également impr. chez Wechel (mais en 1615). Les 3 part. : 9 fr. de Cotte.

— Oratorum græcorum quæ supersunt monumenta ingenii, cum commentariis integris Hier. Wollii, J. Taylori, Marklandi, aliorum et suis edidit Joan.-Jac. Reiske. *Lipsiæ, Sommer*, 1770-75, 12 vol. in-8. [12088]

Collection estimée, mais qui a été remplacée par d'autres plus complètes et mieux imprimées : l'Isocrate n'en fait pas partie; vend. 220 fr. *cuir de Russie*, Caillard, 127 fr. Quatremère, et quelquefois de 72 à 80 fr. Un bel exemplaire, pap. fort et rel. en *m. v.* 301 fr. en 1798.

Voici de quelle manière est divisé ce recueil : Tom. I et II. *Demosthenes.* — III et IV. *Æschines.* — V et VI. *Lysias.* — VII. *Isæus et Antiphon.* — VIII. *Lesbonax, Herodes, Antisthenes, Alcidamas et Gorgias.* — IX à XI. *Apparatus criticus ad Demosthenem.* — XII. *Indices operum Demosthenis.*

— Oratores attici, græce, ex recensione Immanuelis Bekkeri : accedunt indices græcitatis, opera Th. Mitchell. *Oxonii, e typogr. clarend.*, 1822-28, 10 vol. in-8. 5 liv. 15 sh. — Gr. Pap. 16 liv. 10 sh., et moins maintenant. [12089]

Cette collection contient les ouvrages suivants, qui se vendaient séparément : 1° *Antiphon, Andocides et Lysias*, 1822, 11 sh. — 2° *Isocrates*, 1822, 14 sh. — 3° *Isæus, Æschines, Lycurgus, Dinarchus, etc.*, 1823, 14 sh. — 4° *Demosthenes*, part. IV, 1823, 1 liv. 18 sh. — 5° *Indices græcitatis, quos in singulos oratores atticos confecit J.-J. Reiskius*, passim emendati et in unum corpus redacti, opera *T. Mitchell*, 2 part., 1826, 1 liv. 5 sh. — Gr. Pap. 3 liv. — 6° *Index græcitatis isocraticæ*, accedit index nominum propriorum uterque confectus, opera *T. Mitchell*, 1828, 12 sh. 6 d. — Gr. Pap. 1 liv. 10 sh.

— Oratores attici (græce), ex recensione

Imman. Bekkeri (editio nova et emendata). *Berolini* et *Lipsiæ, Reimer*, 1823-24, 5 vol. in-8. 24 à 30 fr. — Pap. fin, 40 fr. — Pap. vél. 60 fr.

Le premier volume contient *Antiphon, Andocides, Lysias*; le second, *Isocrates;* le troisième, *Isæus, Dinarchus, Lycurgus, Æschines, Demades;* le quatrième et le cinquième et dernier, *Demosthenes, Lesbonax, Herodes, Antisthenes, Alcidamas* et *Gorgias.*

— Oratorum atticorum et quos sic vocant sophistarum, quæ extant omnia, indicibus locupletissimis, varietate lectionis, scholiis græcis, continua interpretatione latina, annotationibus variorum et philologorum, illustravit G.-S. Dobson. *Lond., typis excudit J.-F. Dove*, 1827 et ann. seqq. 16 vol. in-8. Prix réduit à 3 ou 4 liv. et le pap. royal à 5 liv., et plus en pap. impérial, tiré à 40 exemplaires.

Sous le rapport de l'élégance typographique, cette édition, d'ailleurs assez peu correcte, n'est pas à comparer aux productions du même genre qui se publiaient en Angleterre quelques années plus tôt. La collection est divisée comme il suit : Tome I. *Antiphon* et *Andocides;* le texte est corrigé d'après l'autorité de deux mss. actuellement au British Museum, et celle des plus savants commentateurs et philologues. Les notes de Reiske, Gesner, Hauptmann, Palmer, Taylor, etc., sont recueillies en une seule série, et les *Lectiones andocideæ* de Sluiter ont été réunies à l'auteur grec, auquel elles se rattachent. On a placé entre le texte et les notes les variantes de Reiske. La dissertation historique de Van Spaan précède Antiphon, et l'introduction de Sluiter Andocide. A la fin se trouvent les variantes des manuscrits et les index. Les tomes II et III contiennent *Lysias* et *Isocrate*, arrangés sur le même plan que le vol. précédent, et que le Démosthène ci-après mentionné. Le tome IV est disposé de la même manière et comprend *Isée, Dinarque, Lycurgue, Demade*, et les sophistes *Lesbonax, Herodes, Antisthenes, Alcidamas* et *Gorgias.* Démosthène et Eschine occupent les tom. V à XII inclusivement, qui forment les huit premiers vol. de l'édit. de ces deux auteurs, en 10 vol., dont nous avons parlé à l'article DÉMOSTHÈNES. Les quatre derniers vol. de la collection qui nous occupe contiennent les interprétations latines : celles d'Antiphon, Andocide, Lysias et Isée sont de Reiske; celles d'Isocrate de Jer. Wolf; celles de Démosthène et d'Eschine sont de Stock et Jer. Wolf; les autres orateurs et sophistes, comme aussi les fragments nouvellement découverts d'Isée et d'Isocrate, sont de différents traducteurs.

On a extrait de cette collection, et vendu séparément, le Lysias et l'Isocrate, qui portent les titres suivants :

LYSIÆ quæ extant omnia, Taylori lectionibus lysiacis, indicibus locupletissimis, continua interpretatione lat., varietate lectionis, annotationibus variorum, H. Stephani, Contii, Scaligeri, Taylori, Marklandi, Augeri, Reiskii, Sluiteri, aliorumque et suis, illustravit G.-S. Dobson; præfiguntur adversaria nunc primum publici juris facta Petri Pauli Dobree. 2 vol. in-8.

ISOCRATIS quæ extant omnia, H. Stephani diatribis, indicibus, continua interpretatione latina varietate lectionis, annotationibus variorum, H. Wolfii, H. Stephani, Augeri, Langii, Coraïs, Facciolati, Frickii, Mori, Spohnii, Findeiseni, Bergmani, Orelli, Maii, aliorumque et suis, illustravit G.-S. Dobson; præfiguntur adversaria nunc primum publici juris facta P.-P. Dobree. 2 vol. in-8.

ORATORES attici : recensuerunt, annotationes criticas addiderunt, fragmenta collegerunt, onomasticon composuerunt Jo.-Geor. Baiterus et Herm. Sauppius. *Turici, Hoehrius*, 1839-50, 2 vol. in-4. 10 thl.

L'éditeur de ces in-4. a publié la même collection dans le format in-16, et par parties séparées.

— Oratores attici... græce, cum translatione rectificata a Carolo Mullero : Accedunt scholia, Ulpiani commentarii in Demosthenem, et index nominum et rerum absolutissimus. *Parisiis, F. Didot*, 1847-58, 2 vol. gr. in-8. Bonne édition. 30 fr.

ORATORUM romanorum fragmenta, ab Appio Cæco usque ad Aurelium Symmachum : collegit atque illustravit Henr. Meyerus; editio parisina, auctior et emendatior curis Frid. Dübner; accessit Frid. Ellendt historia eloquentiæ romanæ usque ad Cæsares primis lineis adumbrata. *Parisiis, Bourgeois-Maze*, 1837, gr. in-8. 5 fr., et plus en pap. vél. [12126]

Belle réimpression de l'édition de Zurich, 1832, in-8., mais avec des augmentations.

Une nouvelle édition du recueil d'H. Meyer, *auctior et emendatior*, a paru à Zurich, chez Orell, en 1842, in-8. 3 thl.

ORBELLIS (*Nicolaus* de) sive Dorbellus. Incipit compêdiù dignissimũ & utilissimũ consideratõnis matematice quod ad aritmetricã (*sic*) & geometriã ṣũ ea que sunt necessaria naturalibus & supnaturalibus scientiis, M. Nicolai d̃ Orbellis pvincie Turonie ordinis minorum theologi solennissimi. (in fine): *Impressum Bononie p magistrum Henricũ de Haerlem Anno domini* MCCCCLXXXV, pet. in-4. goth. à 2 col. de 35 lignes. [7799]

Le recto du premier f. de ce volume rare contient une épigramme intitulée *Petrus Almadianus Viterbiensis* ‖ *pht. cultor* ‖ *Nicolao Dor. Gallico*, et au verso, la préface.

Pour la logique et les autres écrits philosophiques du même auteur, qui ont été imprimés à la fin du XVᵉ siècle et au commencement du XVIᵉ, consultez Hain, pp. 120-141 et suiv., et Panzer, XI, page 6.

ORBIGNY (*Alcide* Dessalines d'). Voyage dans l'Amérique méridionale (le Brésil, la république orientale de l'Uruguay, la Patagonie, la république argentine, la république du Chili, la république du Pérou, la république de Bolivia), exécuté dans le cours des années 1826, 1827, 1828, 1829, 1830, 1831, 1832 et 1833. *Paris, Levrault*, 1834-47, 7 vol. gr. in-4., fig. en partie noires et en partie color., et 2 vol. in-fol. [21134]

Orazioni in lode di doge, 25460.

Ce grand ouvrage a été publié en 90 livraisons, contenant ensemble 620 feuilles de texte sur grand jésus vélin, in-4., 415 pl. du même format, et 18 cartes sur grand aigle qui forment 2 atlas. Le tout a coûté 1200 fr. La partie historique, avec 70 pl., se vend séparément 331 fr., ainsi que les autres parties du même ouvrage, dont les prix sont en proportion du nombre des planches.

L'*Homme américain* a été réimprimé en 2 vol. in-8. [5655]

— Paléontologie française. Description zoologique et géologique de tous les animaux mollusques et rayonnés fossiles de France. *Paris, Victor Masson,* 1840-54, in-8. vol. I à XIV. [5615]

Cet ouvrage n'est pas encore terminé. Il se divise en deux sections : *Terrains crétacés* et *Terrains jurassiques.* Chaque partie se vend séparément, savoir :

Terrains crétacés, formant 6 vol., avec 1018 planch., 325 fr. — *Céphalopodes,* 1 vol. de texte, avec 150 pl., 48 fr. — *Gastéropodes,* 1 vol. et 91 pl., 30 fr.—*Lamellibranches,* 1 vol. de texte et 257 pl., 80 fr. — *Brachyopodes,* 1 vol. et 111 pl., 35 fr. — *Bryozoaires,* 1 vol. et 202 pl., 65 fr.—*Echinoïdes irrégulières,* 1 vol. et 207 pl., 67 fr. — *Céphalopodes,* 1 vol. et 134 pl., 45 fr. — *Gastéropodes,* 1 vol. et 298 pl., 95 fr.

On a du même auteur :
COURS élémentaire de paléontologie et de géologie stratigraphique. *Paris,* 1849 - 52, 3 vol. in-12, avec fig. et atlas de tableaux. 15 fr. [4792]

PRODROME de paléontologie stratigraphique universelle des animaux mollusques et rayonnés. *Paris,* 1850-52, 3 vol. in-12. 24 fr. [4792]

VOYAGE dans les deux Amériques, publié sous la direction de M. Alcide d'Orbigny ; nouvelle édition augmentée. *Paris, Furne,* 1852, gr. in-8., avec 28 gravures et 2 cartes. 15 fr. [20920]

— Voy. FÉRUSSAC.

ORBIGNY (*Charles* Dessalines d'). Dictionnaire universel d'histoire naturelle, résumant et complétant tous les faits présentés par les Encyclopédies, etc., par MM. Arago, Baudement, Becquerel, Brongniart, Cordier, Decaisne, Milne-Edwards, etc., et dirigé par M. Ch. d'Orbigny. *Paris, Renard et Martinet,* 1841-49, 13 vol. gr. in-8., plus 3 vol. in-4. contenant 288 pl. 225 fig. color. 400 fr. [4460]

M. Ch. d'Orbigny a donné avec M. de Wegmann un *Dictionnaire abrégé d'histoire naturelle,* Paris, 1844, 2 vol. in-8.; et avec M. Gente, *Géologie appliquée aux arts et à l'agriculture,* Paris, 1851, in-8. fig. [4593]

ORBINI Rauseo (*Mauro*). Il Regno degli Slavi, hoggi corrottamente detti Schiavoni, dalla loro origine insino all' anno 1370. *Pesaro, Girol. Concordia,* 1601, in-fol. 10 à 15 fr. [26547]

ORBIS novus. Voy. NOVUS.

ORCAGNA. Il Tabernacolo della madonna d'orsanmichele, lavoro insigne di Andrea Orcagna, e altre sculture di eccellenti maestri lequali adornano la loggia e la chiesa predetta. *Firenze,* 1851-58, gr. in-fol. 13 pl. gravées par Lasinio. [9677]

L'impression de ce livre, commencée à Prato, a été terminée à Florence.

ORCHARDE of Syon (the), in the whiche is conteyned the revelatyons of Seynt Katheryne of Sene, with ghostly fruytes and precyous plantes for the helthe of mannes soules. *London, by Wynkyn de Worde,* 1519, in-fol. fig. sur bois. [1593]

Livre rare, dont un magnifique exemplaire impr. sur VÉLIN, avec figures enluminées, s'est successivement vendu 65 liv. 2 sh. Dent; 61 liv. 19 sh. Hibbert. — Sur papier, et avec le dernier f. refait à la plume, 6 liv. 6 d. Hibbert. — Voy. *Typogr. antiq.,* édit. de Dibdin, II, 237-44.

ORDEN que comunmente se guarda en el santo oficio de la Inquisicion, acerca del processar en las causas que en él se tratan ; conforme à la que es a proveido por las instruciones antiguas y nuevas. *Valencia,* 1736, in-4. [21683]

L'exemplaire de ce livre rare, qui fut saisi à Madrid, en 1808, dans le cabinet du grand inquisiteur, et envoyé à l'impératrice Joséphine, se trouvait dans la bibliothèque de la Malmaison à la mort de cette princesse. Il a été acquis depuis au prix de 500 fr. pour la bibliothèque du Corps Législatif. C'est un vol. de 88 ff., y compris le titre et la table ; il y a, de plus, 16 autres ff. contenant des formules et des prières L'exemplaire ici décrit est relié en velours rouge ; il contient quelques notes margin les et des endroits remplis à la plume. On y a placé en tête deux instructions ayant ensemble 12 ff. un peu plus grands que le livre. (*Le Quérard,* 1855, p. 384.)

ORDENAÇÕES do regno de Portugal (5 livros); novamente corrigido na segunda empressam. *Lisboa, J. Pedro Bonhomini,* 1514, in-fol. [3005]

Recueil rare. Nous ignorons la date de la première édition.

ORDENANSAS del libro blanc. V. LIBRE.

ORDENE (l') de chevalerie (poëme de Hues de Tabarie), avec une dissertation sur l'origine de la langue françoise, etc. (par Barbazan). *Paris,* 1759, pet. in-8. 3 fr. [13199]

Ouvrage réimprimé dans l'édition des Fabliaux donnée par Méon. — Voyez BARBAZAN.

— Voy. ORDRE of chyvalery.

ORDENES religiosas y militares representadas en estampas iluminadas, con su correspondiente explicacion. 29 livrais. in-fol. contenant 174 pl. [21720]

Porté à 400 fr. dans le catal. de Salvá, ann. 1836.

ORDINAIRE des chrestiens. — *Imprime a Rouen en l'hostel de Noel de Harsy, imprimeur.*(sans date), in-fol. goth. fig. sur bois. [1552]

Édition la plus ancienne peut-être que l'on ait de cet ouvrage. Elle se termine à la signature *t iij,* dont la dernière page n'a que 33 lignes. Dans une autre

Ordinaire (*C.-N.*). Volcans, 4623.

édition in-fol. goth. fig. sur bois, impr. à *Rouen, a lymage saît Eustace, a la requeste de Jehan richart*, en plus gros caractères que la précédente, et de la même époque environ, la dernière page a 35 lignes, et le volume se termine à la sign. s iij. Ces deux éditions n'ont été vendues que 3 fr. et 9 fr. Brienne-Laire, mais elles ont plus de valeur maintenant.

La première de ces deux éditions peut avoir paru vers 1487, c'est-à-dire à la même époque que les *Chroniques de Normandie*, impr. chez Noël de Harsy (voy. CHRONIQUES). La seconde doit être un peu moins ancienne, quoiqu'on lise dans la première partie : *en lan 1471, le 22 de may fut premièrement conforme ce present liure*, et que Colomiez, et, après lui, l'auteur d'une *Apologie pour les Protestants*, impr. à Amsterd., en 1672, aient dit que la présente édit. avait suivi de près l'époque de la composition du livre. Au reste, cette époque a précédé de deux années la date qu'on lui donne ici, puisque, dans le prologue de l'édition de Verard, 1492, il est dit : 1469, *le xxii may fut premièrement consumme ce present liure*.

Cette même date, *l'an mil quatre cens soixante et neuf le vingt deusieme iour de may*, se lit aussi dans la souscription qui est au verso du dernier f. d'une édition de l'*Ordinaire des chrestiens*, sans date, que décrit M. Frère, à la page 59 de son ouvrage sur *l'imprimerie et la librairie à Rouen*. Cette édition à longues lignes est un pet. in-fol. goth. de 147 ff. dont le dernier est blanc. Le titre n'occupe qu'une seule ligne sous laquelle est placée la marque de Le Talleur; l'L initiale est la même que celle employée dans l'une des éditions de la Chronique de Normandie, sous la date de 1487. Le recto du 2e f. commence ainsi : *par ceste table on peut trouver les matieres de ce liure.* Sur le verso du 4e f. est placée une grande fig. en bois représentant l'auteur offrant son livre aux trois ordres : *Labour, Noblesse* et *Clergé.* La souscription, imprimée, comme nous l'avons dit, au verso du f. 146, se termine de cette manière : *Imprime a Rouen deuant le prieure de saint Lo a lymage saît Eustace a la reçiste de Jehan richart libraire demourant deuant lostel du grant conseil au dit lieu de Rouen.*

M. Frère pense que ce beau livre est indubitablement sorti des presses de Martin Morin.

— Lordinaire des Crestiens. (au verso du dern. f.) : Le présent ordinaire des crestiens fut *acheue le huytiesme iour de iuillet mil quatre cens quatre-ringtz et dix pour Anthoine Verrad* (sic), *libraire demourant a Paris, sur le pont Nostre-Dame*... pet. in-4. goth.

Première édition avec date certaine.

57 fr. *mar. r.* Cailhava; 41 fr. *(h.* Giraud. Un bel exempl. rel. en *mar. r.* par Duru, 305 fr. Solar; un autre en *mar. r.* par Kœhler, 157 fr. même vente.

— Lordinaire des Crestiens. — *A lôneur et louëge de Dieu... a este acheue de imprimer a Paris ce present ordinaire des chrestiës le vi. jour doctobre lan mil cccc nonante deux pour Anthoine Verard*, in-fol. goth. de 175 ff. signat. a—y.

Édition peu connue (*Biblioth. grenvil.*, p. 506).

— LORDINAIRE des crestiens. (au verso du dern. f.) : *Jmprime a paris lan mil cccc. nonante quatre. Pour antoine verard libraire demourant a paris sur le pôt nostre dame........*, in-fol. goth. de 175 ff. non chiffrés, y compris le titre, à longues lignes, au nombre de 34 sur les pages, sign. a—yiiij, fig. en bois.

La Bibliothèque impériale possède trois exemplaires de ce livre imprimés sur VÉLIN, dont deux sont décorés de miniatures.

On cite une autre édition in-fol. goth. *impr. a Paris lan mil cccc. nonante cinq pour Anthoine verad* (sic).

— SENSUYT le grant ordinaire des chrestiens, qui enseigne a chascun bon chrestien et chrestienne la voye et le chemin de aller en Paradis.... *Imprime nouuellement a paris par Jean Treperel, en la rue Nostre-Dame a lenseigne de lescu de France* (sans date), pet. in-4. goth., fig. sur bois.

4 ff. prélim., texte à 2 col., coté de I à CXLIX (149), plus un f. pour la souscription. 24 fr. 50 c. m. r. Veinant; 46 fr. *mar. r.* Bergeret.

Réimpr. à Paris, *par la veufue feu Jehan Trepperel et Jehan Jehannot* (sans date, vers 1520), pet. in-4. goth. à 2 col. de IV et 144 ff. chiffrés, plus 1 non chiffré, fig. sur bois.

— L'ORDINAIRE des chrestiens... *Imprime a Paris* (sans date), avec la marque de Jehan Petit sur le titre, in-fol. goth. sign. A—Ziiij (50 ff. nouveau catalogue de L. Potier, 1860, n° 173).

— LORDINAIRE des crestiens, contenant cinq parties. — Cy finist lordinaire des crestiens, *nouuellemèt imprime a Roué par Jacques le forestier demeurant en la paroisse saict nicholas a limage de la fleur de lys deuât la grant eglise* (sans date), pet. in-4. goth. de 143 ff. à 2 col., avec la marque de l'imprimeur.

27 fr. catal. d'un choix de livres anciens (de M. Leprevost), décembre 1857; 3 liv. Libri, en 1859.

L'*Ordinaire des chrestiens* a été traduit en anglais, Lond., *Wynkyn de Worde*, 1502, in-4., fig. sur bois : 7 liv. Towneley;— ou *Londini, Wynkyn de Worde*, 1506, in-4. de 218 ff., avec fig. sur bois : 18 liv. 18 sh. White Knights; 11 liv. 12 sh. Hibbert; 21 liv. Kerr; 16 liv. 10 sh. Sotheby, en 1857.

ORDINAIRE du service divin selon lordre de Cyteaux. Voy. VESPRIA (*Jean* de).

ORDINARIUM, sive Baptisterium ecclesiæ et diocesis Carcassone. (Au verso du dernier f.) *Impressum fuit hoc opus ordinariū siue ‖ baptisteriū ecclesie τ diocesis carcassone ‖ de mandato venerabiliū viroπ dñoπ ca ‖ nonicoπ capituli sede vacâte eccl'ie cathe ‖ dralis carcassone. Die vɪɪ mêsis februa ‖ rii Anno dñici ɪcarnatôis.* M. CCCCC XVIJ, in-4. goth., sign. a —e par 8, f et g par 6. Impr. en rouge et noir. [vers 728]

Si ce livre a été réellement imprimé à Carcassonne, comme le fait supposer la souscription ci-dessus, c'est alors la plus ancienne production typographique de cette ville. L'exemplaire que nous décrivons, et qui est imprimé sur parchemin, provient du legs que Ch.-Maurice le Tellier, archevêque de Reims, a fait à l'abbaye de Sainte-Geneviève, et il se trouve encore dans la bibliothèque de cette ancienne communauté. Il commence au f. a—i par ces mots imprimés en rouge : *Officiū ad benedicendū aquā diebus ‖ dñicis per tutū annū*. Les notes de plain-chant y sont écrites à la plume sur des portées imprimées.

ORDINATIONES legumque collectiones pro conventu juridico mexicano. *Mexici, per Joannem Paulum Brissensem*, 1549, in-fol. [3145]

C'est à tort que ce livre rarissime a passé pour être le premier qui ait été imprimé à Mexico, en même temps que tout le Nouveau-Monde, puisqu'il existe une *Doctrina christiana*, impr. dans cette ville, en

1544. — Voy. les articles Joannes Climacus et
Pedro de Cordova.

ORDINE del ben viver. Voyez Gloria
mulierum.

ORDINE de le noze de lo illustrissimo
signor misir Constantino Sfortia. Voyez
Aparati de le noze.

ORDINE del Tosone. V. Sansovino (*Fr.*).

ORDINE della solennissima processione
fatta dal sommo Pontifice di Roma per
la felicissima nova della destruttione
della setta Ugonotana. *Roma, heredi
d' Antonio Blado, 1572*, in-4. de 2 ff.
seulement.

Pièce fort rare : 3 liv. Butler.

ORDINE, Pompe, apparati, Et Ceremonie
della : solenne intrata : di Carlo V.
imp. sempre Aug. nella citta di Roma.
(in fine): *di Roma a V. di Aprile,
M. D. XXXVI*, in-4. de 4 ff. [25603]

La réimpression de cette relation, faite à Bologne,
chez Bonardo, 1536, in-4. de 4 ff., 20 fr. Costabili.

ORDNANCE Surveys and maps.

La belle carte trigonométrique (*Trigonometrical
Surveys*) de la Grande-Bretagne et de l'Irlande,
dressée par ordre du roi d'Angleterre, a été commencée en 1784 sous la direction du général Roy,
et en 1790 le comté de Kent était complet. L'opération fut alors continuée par les capitaines Colby
et Mudge, ensuite sous la direction du lieutenant-
colonel H. James. Les cartes ainsi publiées sont de
deux dimensions différentes, savoir : sur l'échelle
d'un pouce (one inch) anglais pour un mille légal
anglais, et sur l'échelle de 6 pouces (six-inch) par
mille légal. La principale série est la carte d'Angleterre et du pays de Galles : elle formera 110 divisions (à 40 pouces sur 27), dont 95 sont complètes
et donnent tous les comtés, à l'exception de *Cumberland, Durham, Northumberland, Westmore-
land* et *Yorkshire*, actuellement en progrès. Chaque feuille (de 40 pouces sur 27) se vend. 2 sh. en
noir, 4 sh. color., et collée sur toile, 2 sh. de plus.

La carte de l'Écosse par comtés, et celle de l'Irlande,
réduites à la même échelle que les 110 divisions de
la carte d'Angleterre, à laquelle elles doivent être
réunies, se publient au même prix, mais sont encore loin d'être complètes; toutefois on travaille régulièrement à les terminer.

Le catalogue officiel de l'*Ordnance Survey Office* fait
connaître les cartes à l'échelle de 6 pouces qui ont
été publiées : 1° *Six-inch county maps*, dont il n'y
a encore que deux de complètes, savoir : *Lancashire*, en 119 feuilles, prix, 24 liv.; *Yorkshire*, en
311 ff., prix, 69 liv. 7 sh.; *Durham* doit avoir 58 ff.,
dont 20 seulement ont paru. 2° *Six-inch county
maps of Scotland*, dont 7 comtés seulement sont
achevés. 3° *Six-inch maps of Ireland*, dont les
32 comtés ont paru. Il est à remarquer que l'Irlande
seule, sur cette grande échelle, revient à 350 liv.,
et que quand la carte entière de la Grande-Bretagne
sera complète, elle coûtera environ 1000 liv. sterl.
par exemplaire. On publie aussi des *Parish maps* à
l'échelle de 25 p. par mille, et des *Town maps* à l'é-
chelle de 60 p. Parmi ces villes, Londres seule remplit 789 feuilles à 1 sh. chacune, ce qui se monte à
39 liv. 9 sh.

L'ouvrage suivant est l'exposé des opérations géodésiques qui ont précédé la publication de la carte
d'Angleterre à l'échelle d'un pouce par mille anglais
dont nous venons de parler :

An Account of the operations carried on for ac-
complishing a trigonometrical survey of England
and Wales, by Will. Mudge, Isaac Dalby and Thom.
Colby. *Lond.*, 1799-1811, 3 vol. in-4., avec un supplément au 2° volume.

Il a paru depuis une réduction de la même carte,
complétée sous le titre suivant :

Cary's improved map of England and Wales,
with a considerable portion of Scotland, planed
upon a scale of two statues miles to an inch. *London, published by G. and J. Cary*, 1832, 65 ff.
colombier, publ. en 13 livrais. 13 liv.

ORDOÑES. Viage del mundo, hecho y compuesto por Pedro Ordoñes de Cevallos.
Madrid, Luis Sanchez, 1614, in-4.
[19898]

Vend. 14 fr. L'Héritier ; 40 fr. Langlès ; 10 fr. 50 c.
Rætzel.

Il y a une édition, sous le titre d'*Historia y viage
del mundo*, et sous le nom d'Ordoñes de Zevallos,
de *Madrid*, 1691, in-4. Vend. 10 fr. Rætzel.

— Tratado de las relaciones verdaderas de
los reynos de la China, Cochinchina y
Champaa. *Jaen, Pedro de la Cuesta,
1628*, pet. in-4. [20746]

Cet ouvrage, dont Nic. Antonio n'a point parlé, est
probablement plus rare que le *Viage del mundo*
du même auteur, mais il est moins recherché.
Vend. 1 liv. 3 sh. et 1 liv. 10 sh. Heber.

ORDONNANCE et instruction selon laquelle se doibuent conduire et regler
doresnauant les changeurs ou collec-
teurs de pièces d'or et d'argent deffen-
dues, rognées, légieres ou trop vsées et
moiennant ce déclairées et reputées
pour billon, à ce commis et sermentez,
pour estre liurées es monnoyes de sa
Maiesté, est conuerties en deniers à ses
coings et armes. *En Anvers, chez Hierosme Verdussen, 1633*, in-fol. format
d'agenda. [3014 ou 4131]

Volume rare dont voici la description : 5 ff. prélim.
contenant le titre : *Ordonnance et instruction pour
les changeurs*, le titre ci-dessus, une ordonnance
relative aux monnaies, en 3 ff., un titre imprimé
au verso. On trouve ensuite 120 ff. contenant des
monnaies de chaque côté, à l'exception du premier,
sur le verso duquel on lit ce titre : *Carte ou liste*,
etc., *des monnoies*. Ces monnaies, de divers pays
de l'Europe, sont représentées sur de petites planches gravées sur bois, de la grandeur des pièces,
et placées sur les pages avec des notes en caractères d'imprimerie. Le recueil n'est pas paginé, mais
il a des signatures de A à R 2, par cahier de 8 ff., à
l'exception du cahier B, qui n'a que 4 ff. (*Monuments de l'histoire de France*, par M. Hennin,
III, p. LXXV.)

ORDONNANCE. Lordonnance et ordre du
tournoy, ioustes τ combat a pied et a
cheual... Le tresdesire τ plusque triumphant rencôtre, entreueue, assemblee, τ
visitation, des tres haultz, τ tres excellens
princes, les Roy de France, et de Angleterre. Et des Roynes leurs compaignes.
Et aultres princes et princesses. Les festins et lordre qui y a este obserue. Les
noms de ceulx qui ont iouste τ combattu,
Et de ceulx qui ont le mieulx fait. Les

ditz et deuiz des Roys ⁊ aultres personnages mis ⁊ apposez audessus des portes
du festin fait a Calaix , a lentreueue du
roy catollicque ⁊ du roy dangleterre, et
aultres choses singulieres. *cum priuilegio* (sans lieu ni date), pet. in-4. goth.
de 28 ff. à longues lignes, signat. *a—f.*
[28736]

Relation de l'entrevue de François Iᵉʳ et de Henri VIII,
. avec les armes de France au prem. f., et celles
d'Angleterre sur le dernier. On trouve au verso du
2ᵉ f. un privilége accordé à *Jean Lescaille,* imprimeur, pour un an, à compter du dernier juillet 1520,
ce qui donne la date de l'impression de ce livre curieux et rare. A la suite de cette pièce se trouve
quelquefois la *Description et ordre du camp et
festin et joustes,* in-4. de 4 ff. — Voy. MONTJOIE.

ORDONNANCES contre la peste faictes
par la court de Leschiquier et publiees
a lassise de Rouen tenue par maistre
Loys dare lieutenant general de monsieur le bailli de roue le xxvi. iour de
nouembre mil ccccxii. Auec plusieurs
autres ordonnances par la dicte court
de leschiquier. Cest assauoir ; une deffense aux belistres et maraulx. — une
deffense aux tauerniers, estuuiers et
bordeliers. — une deffense que nul ne
porte faulx visage. — une deffēse que
nul ne sonne de gros tabours parmy les
rues apres neuf heures de nuyt. — In-
iunction faicte de par la dicte court de
leschiquier a monsieur le bailli de rouen
ou son lieuteñ. de faire inquisicion des
macqueraulx et macquerelles... Et plusieurs aultres comme on peult voir cy
aprez. *Lesquelles ordonnances ont este
baillees et comandees imprimer et
vendre a mestre martin morin demourant deuant saint Lo. le xii iour de
sepembre lan mil cinq cens et traize,*
pet. in-4. de 8 ff. caract. goth. [2675]

Pièce singulière et fort rare, dont la Bibliothèque impériale conserve un exempl. impr. sur VÉLIN.
M. Frère (II, 35⁵) en a rapporté fidèlement le titre,
avec toutes ses abréviations, que nous n'avons pas
figurées ici.

ORDONNANCES (les) de l'ordre de la
Toyson d'or. Pet. in-fol. ou in-4. [28754]

Jos. Van Praet, Catal. des livres impr. sur VÉLIN de la
Biblioth. du roi (tom. V , nᵒˢ 157 et 158, et VI ,
157 bis), a décrit trois éditions différentes de ces
ordonnances, impr. chez Plantin, sans date, et dont
il existe des exemplaires sur VÉLIN. La première,
vers 1559, en beaux caract. ronds, est un pet. in-fol.
contenant 5 ff. prélim., 24 ff. de texte, et 12 autres
ff. renfermant seize chapitres additionnels. Les pages
entières y portent 26 lignes : la dernière ligne est
ainsi : *sans aucunement y contreuenir.* La seconde, de format in-4., également bien imprimée,
a paru vers 1560 : elle a 7 ff. prélim., où, après
le titre, se voient les armes des ducs de Bourgogne, celles d'Espagne et le collier de la Toison
d'or, gravés ; 52 pp. de texte, suivies des additions,
contenant 21 chapitres, pp. 53 à 83. La troisième,

Ordonnances et priviléges des foires de Lyon, 24606.

---

de l'imprimerie de Christ. Plantin, vers 1566,
in-4., n'a que 4 ff. prélimin. et 63 pp. de texte, formant 66 chapitres. Comme, jusqu'ici, les catalogues
où des exemplaires de ce livre sont portés ne les
ont pas décrits de manière à faire reconnaître à
quelle édition ils appartiennent, nous ne pouvons guère donner les prix de chacune d'elles en
particulier : ces prix varient d'ailleurs de 30 à 120 fr.,
et même l'exemplaire sur VÉLIN de M. Duriez n'a
été vend. que 19 fr. ; un exemplaire de la seconde,
impr. sur VÉLIN, 3 liv. 3 sh. Libri, en 1859.

Ebert cite une édit. des mêmes ordonnances, *Paris,
Le Noir,* 1523, in-fol., sur VÉLIN, qui aurait été
vend. 4 liv. 4 sh. White Knights, en 1819.

— Voy. CONSTITUTIONES.

ORDONNANCES de l'ordre de St-Michel.
Voy. LIVRE des statuts.

ORDONNANCES des rois de France. Voy.
LAURIÈRE (de).

ORDONNANCES (Premiers recueils d'anciennes). [2604]

LES ORDŌNĀCES royaulx des feuz roys Char-
les VII et VIII de ce nom auec celles du roy Loys XII,
auquel dieu doint bonne vie. Et plusieurs autres
ordōnances faictes puis nagueres tant pour les universitez q̃ pour les monnoyes orfeures geolliers ⁊
autres auecques le texte de la pragmatique sanxion
⁊ repertoire en chascune dicelles ordonnances....
Nouuellement imprime a Paris (sur le titre la
marque et le nom de Jehan Petit, et à la fin : *Imprimées par Gaspard Philippe*), pet. in-8. goth.,
feuillets non chiffrés, sign. A—S par huit.

Cette édition, sans date, doit être antérieure à la mort
de Louis XII, puisque le titre du volume présente
ce prince comme vivant ; elle l'est également aux
ordonnances du mois d'avril 1512, puisque la dernière ordonnance qu'elle renferme est de 1506. Cependant le texte latin de la pragmatique sanction,
qui est joint à cette édition des Ordonnances, dans
l'exemplaire de la Bibliothèque impériale (pièce
in-8. de 20 ff., en petits caract. goth., sign. A—C)
porte cette souscription finale : *Impressum parisius per Gaspardum philippe Anno domini millesimo quigentesimo decimo octaua vero die mensis februarii.*

Il y a une édition du même Recueil, y compris le
texte de la pragmatique sanction, de *Paris, Jehan
Trepperel,* sans date, pet. in-8. goth.

Une autre, plus complète, *Paris, Galliot du Pré,*
1515, in-4. goth., dont le titre porte que ce livre se
peult appeler le *Mirouer judiciaire et le Guidon
de tous les Praticiens.*

— SENSUIVENT les ordonnances et statuts royaulx
faitz par les tres crestiens roys de France. *Paris,
en la rue Neufue Nostre Dame a lēseigne de
lescu de France* (sans date), in-4., réuni aux *Nouvelles ordonnances* faictes par le roy nostre sire
Francois premier, sur le faict des eaux, forests,
chasses, gabelles, tailles et aultres ordonnances.
(*sans lieu ni date,* vers 1520), in-4.

Ce même recueil a été souvent réimprimé, avec des
augmentations successives, tant de format. in-fol.
qu'en in-8. (voir le catal. de la Biblioth. du roi,
2ᵉ vol. de la Jurisprudence, F, nᵒˢ 2610 et suiv.).

— LES MÊMES loix statutz et ordōnāces... On les
vend en la rue neufue nostre dame a lenseigne de
lescu de France. — Au recto du dernier f. : *Imprime
nouuellement a paris par la ueufue de feu Jehā
treperel demourāt en la rue neufue nostre
Dame a lescu de France.* Pet. in-4. goth. de 12 ff.
prélim., texte chiffré de I à CXCV, plus un f. non
chiffré, au verso duquel est l'ancienne marque de
Trepperel. Celle de l'écu de France est au verso du
dernier f. de table.

A cette partie sont jointes les *Nouvelles ordonnances
de François I,* édition différente de celles dont il a

été question ci-dessus, mais qui doit être plus ancienne, parce qu'après la pièce datée de 1519 ne se
trouve pas la *Bulla legationis*. C'est un in-4. goth.
de lxi ff. chiffrés, plus un f. pour l'écu de France,
au recto et au verso. Cette marque est aussi sur le
titre.

— SENSUIUENT les ordonãces *z* status royaulx faitz
par les tres crestiens Roys de france cy apres declaires auec aultres plusieurs bōnes ordōnances et
constitutions comme on pourra veoir en ce present
volume appelle le Guidon de to' praticiẽs... *On
les vend a Paris à la rue neufue nostre dame a
lenseigne de Lescu de France* (s. d.), in-4. goth.
de 10 ff. prélim. et CLXVIII ff. de texte.

Cet ouvrage n'est pas le même que le précédent; mais
le recueil des ordonnances de François Ier, qui y
est joint, reproduit les pièces des autres éditions.
Celle-ci a également lxi ff. et *l'écu de France* sur
le titre.

— LES ORDONNANCES *z* status royaulx faictz par les
tres chrestiens roys de France apres declaires auec
aultres plusieurs bonnes ordonnances et constitutions, comme on pourra veoir en ce present volume
appelle le Guidon de tous practiciens auec la tab e
alphabetique. Imprime a Paris pour Jehan Petit libraire. (au verso du 168e f.) : Cy finissent les ordonnances..., nouuellement reueues *z* corrigees oultre
les precedentes impressions *z* et ont este *acheues
et imprinees le x iour dauril M. cccc. xvij,
pour Jehan Petit...*, in-4. de clxvuj ff. chiffrés, un
f. blanc et 12 ff. pour la table, car. goth.

Ce n'est pas la même chose que le *Guydon des practiciens* (voy. GUYDON).

SENSUIUENT les constitutions et ordonnances
faictes et compilees pour le bien et utilité des Re-
gnicoles de France : par les amateurs de Justice : les
roys Charles septiesme ; Loys unziesme, les roys
Charles huitiesme, Loys douziesme, et Francoys
premier : Auec la tres utile et necessaire table alphabetique par cy deuant non veue... Gilles
Daurigni. Au recto du dernier f. : Fin du present
volume des ordōnances nouuellement reueues et
corrigees oultre les precedentes impressions *et furent acheuces dimprimer le vingt neufiesme iour
Dapuril mil cinq cẽs vingt et sept* (sans lieu d'impression), in-8. goth. de 44 ff. prélim. pour le titre
et la table, f. 1 à CCCXCIJ.

ORDONNANCES et instructions faictes par feux de
bonne mémoire les rois Charles VIIe, Louis XIe,
Charles VIIIe, Loys XIIe et Francoys premier du
nom... Paris, Galliot du Pré. (à la fin) : *Acheue de
imprimer le xxiie iour d'Auril mil cinq cens
vingt-huit*, pet. in-fol. goth. de 14 ff. prélim. et
texte, feuillets 1 à LXVI. Le titre est entouré d'une
bordure, et le verso du dernier f. porte la marque
de Galliot du Pré.

Une édit. de *Paris, Jehan Herouf*, 1528, in-fol. goth.
est à la Bibliothèque impériale.

ORDONNANCES royaulx.... (au recto du dernier
f.) : *Nouu llement imprime a Paris, par Jehan
Sauetier demourant au Mont Sainct Hilaire*
(sans date), in-fol. goth. contenant 14 ff. pour le
titre et la table, et le texte, p. 1 à CLXXVIIJ (178).

L'exemplaire que nous avons vu n'a pas de titre, mais
les dernières ordonnances qui s'y trouvent sont de
l'année 1532, qui pourrait bien être aussi celle de
l'impression du livre.

Ordonnances particulières. [2610]

ORDONNANCES (les) royaulx nouuellement publiees a Paris de par le roy Loys XIIe de ce nom.
Le xiije iour du moys de juing, Lan mil. CCCC. xcix.
in-fol. goth. de 24 ff., sign. A—D.

Édition faite à Paris, en l'année même de la publication des ordonnances qu'elle contient. Sur le fron-
tisp.ce se voit la marque d'André Bocard, que nous
reproduisons ici.

Il existe une autre édition, sans lieu ni date d'impression, sous le même titre que la précédente, mais
avec le mot *douziesme* et la date de l'ordonnance
en toutes lettres. C'est un in-4. avec
un frontispice représentant Louis XII sur son trône,
et environné de plusieurs seigneurs.

— LES ORDONNANCES royaulx nouuellement publiees
a Paris par le Roy Loys douziesme de ce nom. Le
XIII iour du moys de juing Lan mil. cccc. xcix.
(sans lieu d'impression), in-4. de 25 ff. non chiffrés, sign. a—c par 6, et d. par 7. 38 et 39 lign. à
la page. Sur le titre, une grande vignette sur bois
représentant le roi présidant son conseil.

— ORDONNANCES des rois Charles VIII et Louis XII
sur le fait de la justice. *Toulouse*, 1499, in-4. (catal. de Bigot, p. 110, nᵒ 1086).

C'est d'après cette annonce du catal. Bigot que cette
édit. est portée dans Maittaire et dans Panzer comme
impr. à Toulouse en 1499. Le même livre est mieux
indiqué dans le catalogue Lancelot, nᵒ 473, sous cet
autre titre :

ORDONNANCES de Louis XII sur le faict de la justice, etc., enregistrées au parlement de Toulouse
en 1498 et 1499, in-4., impr. à Toulouse vers 1500.

Ainsi ce livre est sans date d'impression, et il paraît
qu'il n'a pas non plus de nom d'imprimeur.

La Caille, qui est en général fort inexact quand il
parle des anciens imprimeurs, dit (p. 46) que Jean-
Jacques Colomiez a imprimé à Toulouse, avant 1500,
des *Quotlibeta juridica*, in-16. Or, le plus ancien
imprimeur du nom de Colomiez que nous connaissions se nommait Jacques et non pas Jean-Jacques,
comme l'un de ses successeurs ; nous ne connaissons de lui rien de plus ancien qu'un *Liber de sa-
cramentorum administratione*, in-4. dont la souscription porte : *Expletum est hoc ordinarium seu
baptisteriū sancte Narboñ. ecclie. Tholose impressum per I. Colomies bibliopolā eiusdem ciuitatis. Anno domini Millesimo Quingētesimo. xiv.
Die vero quinta mensis Septembris* (Van Praet,
2e catal., 1, p. 103). Quant au *Quotlibeta*, cité par
La Caille, il pourrait bien se faire que ce ne fût pas
autre chose que les *Brocardica excerpta*, impr. à
Toulouse par Jacq. Colomiez en 1534, in-16, que
nous décrivons à l'article JUSTINIANUS.

— LES ORDONNÂCES royaulx nouellement publies a Paris par le roy Loys douslesme, le XXVII⁰ du moys d'auril mil cccc et douze. (*Paris, Jehan Petit*), pet. in-8. goth. de 28 ff. non chiffrés, sign. A—D.

— LES ORDONNANCES royaulx nouuellement publiees a Paris depar le roy Loys XII de ce nõ le xx iour du moys d'auril M. D. XII. *Ont este imprimees a Angiers, pour Leon Cailler, libraire, demourant a la place Neufve*, pet. in-8. goth. de 12 ff.

Ces ordonnances sont imprimées en vertu d'un privilége en date de 1512, accordé à Jean Petit, libraire à Paris, et cédé par lui à Léon Cailler, libraire à Angers. Un exempl. en *mar. v.* 80 fr. vente Chenest, en 1854, et avec une ordonnance manuscrite de Louis XII, revêtue de la signat. autographe de ce prince, 100 fr., en 1855.

— AUTRE édition (*sans lieu ni date*), in-4. goth. 11 fr. 50 c. *mar bl.* Monmerqué.

— LES LOIX, statutz et ordõnances du royaulme de France, touchant le faict et administraciõ de la iustice mises et redigees par tittres et rubrices... auec les Ordonnances du roy Francoys premier de ce nom. = Sensuyuët les nouuelles ordõnnãces faictes par le roy nostre sire... sur le faict des eaux, forestz, chasses, gabelles, tailles, guerres et aultres bonnes Ordonnãces. (*Paris, Jehan Petit*), 2 tom. en 1 vol. in-4. goth., 16 ff. sign. a—c. prélim. pour le titre et la table, plus 2 autres ff. non chiffrés, cotés *a*, texte, f. I à CLXXXVI. Les Nouuelles ordonnances, un litre et LXI ff. chiffrés, plus un f. portant l'écu de France. Sur le prem. titre la marque de Jean Petit, et au verso l'écu de France, qui est également sur le second titre. La dernière pièce est datée du 5 sept. 1519.

Nous avons vu un exemplaire de la première partie de cette édition dont le titre porte la marque et le nom de *Pierre Viart*, en place de ceux de Jean Petit. L'écu de France est toujours au verso.

— ORDONNANCES royaulx concernant l'abréviation des procès, collationnées au Parlement l'an 1493. (*sans lieu ni date*), pet. in-8. goth. (Biblioth. impériale).

— ORDONNANCES nouuellement faictes par le Roy nostre sire, touchant labreuiation des proces, leues, publiees et enregistrees en la court de parlement le dixiesme iour de Janvier Lan Mil cinq cens XXVIII. Autres ordonances sur labreviation des ditz proces, leues et enregistrees en icelle les ditz an et iour. On les vend a Paris... en la boutique de Galliot du pre.— *Imprime a Paris... pour Galliot Du pre le xxiᵉ iour de Januier cinq cens vingthuit*, in-4. goth. de 8 ff., sign. A—B. A la fin la marque de Galliot du Pré.

Nous avons trouvé avec ces Ordonnances :

AUTRES Ordonnances nouuelles du Roy nostre sire, sur l'estat des Tresoriers et manyment des Finances. Publiees en la chambre des comptes, et au conseil de la Tour carree. *Imprimees a Paris par maistre Geofroy Tory de Bourges, libraire et imprimeur du Roy. Deuant leglise de la Magdeleine, a lenseigne du Pot casse.— Acheuees dimprimer le vingtiesme iour de Juillet* M. D. XXXII, in-4. de 6 ff. en lettres rondes. Sur le titre et à la fin, de jolies bordures, avec la marque de Tory.

— ORDONNANCES du roy nostre sire, sur l'estat des tresoriers et manyement des finances ; nouuellement publiées au conseil de la Tour carrée. (sans lieu ni date) (*Paris*, 1532), pet. in-4. goth. de 12 ff. non chiffrés, sign. A—C.

Un exempl. rel. en *mar. bl.* par Duru, est porté à 90 fr., sous le n° 499 du Bulletin de M. Techener, 1860, où se lit une note curieuse sur ces ordonnances de François Iᵉʳ.

— ORDONNÂCES Royaux sur le faict de la iustice et abbreviation des procès par tout le royaume de France, faictes par le roy nostre sire : et publiees en court de Parlement a Paris le sixiesme iour du moys de septembre lan Mil cinq cens. XXXIX. Imprime a Rouen pour Galliot dupre, M. D. XXXIX. (à la fin) : *Imprime a Rouen par Abraham Guenet*, pet. in-4. goth. de 7 ff. prélim. et XXV ff., plus un pour la souscription. [2611]

Un exempl. impr. sur VÉLIN, 23 fr. La Valliere; 36 fr. Soubise; 27 fr. Mac-Carthy.

Il y a une autre édition, sous la même date, in-4. goth. de 10 et XI ff., dont la souscription porte : *Imprimees a Paris par Denys Ianot, pour Galliot dupre, Jehan bonhomme, et Jehan Andre libraires*.

La Bibliothèque impériale conserve un exemplaire de chacune de ces éditions impr.; et aussi d'une troisième, de *Paris*, *par Jehan André*, 1539, pet. in-fol. , dont un exempl. , également sur VÉLIN, n'a été vend. que 15 fr. Mac-Carthy.

— LES MÊMES. Adiouste ung edict sur la reformation de tous officiers royaulx, plus un aultre edict sur le rachat des rentes, etc. *Lyon, Thibault Payen pres nostre dame de Confort* (vers 1540), in-fol. goth., sign. A—G.

D'autres ordonnances de François Iᵉʳ sont ordinairement jointes à celles-ci.

— ORDONNANCES... pour les Pays de Provence, etc. Voy. l'article COUTUMES, paragraphe LVI, Provence.

— ORDONNANCES royaulx sur le fait de la iustice et abreviation des procès par tout le royaume de France, faictes par le roy nostre sire, et publiées en la Court de Parlement le 6 sept. 1539. *Paris, Galiot Du Pré*, 1540, in-4.

Ces ordonnances de François Iᵉʳ ont été souvent réimprimées et en différents formats.

L'édit. de *Lyon, Thib. Payen*, 1555, in-16, 10 fr. 50 c. Coste. — Celle d'*Orléans, Eloy Gibier*, 1572, in-16, est *avec aucuns sommaires, et annotations y adjoustées par Leon Trippault, advocat.* — Les mêmes ordonnances, publiées en la Court de Parlement à Rouen, le 1ᵉʳ juillet 1540, ont été impr. dans cette même ville, sans date, in-8. goth.

— ORDONNANCES faictes par le roy nostre sire, françois premier de ce nom, sur le faict de la iustice et abreuiation des proces par tout le royaume de France, publiees par la court du Parlement a Paris, lan mil cinq cens XXXIX. Ensemble les autres ordonnances et edictz faitz par icelluy seigneur et sa court de parlement, tant sur le faict de la iustice que sur l'estat de la chose publique iusques en lan mil cinq cens quarante deux. *On les vend a Paris, en la grand salle du palais par Galiot du pre et Iehan Andre*, 1542, in-8. goth. de 16 ff. prélim., sign. a et e; texte, ff. I à CXV, et 1 f. bl.

A la suite de ce recueil se trouve un opuscule intitulé : Ordonnances nouuelles faictes sur le faict des gabelles du sel, quart et demy quart... publiees a la cour des aydes a Paris, le cinquiesme iour de may, lan mil cinq cens quarante deux. *Paris, es boutiques de Galliot du pre et Jehan Andre*, in-8. de 18 ff. non chiffrés, sign. a—e en lettres rondes, comme le titre du Recueil principal.

— ARTICLES des Inionctions, deffenses et declarations faictes z publiees en la court de Parlement, pour labreuiation de la iustice es causes venãz en la dicte court, obseruance et entretenemẽt z plus facille execution des ordonnances royaulx. — *Imprime a Paris pour Iehan Andre le xiᵉ iour de Januier mil cinq cens xxxvi*, in-4. de 12 ff. goth., sign. A et B, en *mar. r.* par Duru, 40 fr. Veinant.

— ORDONNANCES sur le faict de la iustice et abbreuiation des procez au pays de Daulphine, faictes par le roy nostre sire, daulphin de Viennois... publiees en la court de parlement de Grenoble le ixᵉ iour Dapuril, lan mil cinq cens quarante. On les vend a lyon en la rue Merciere en la maison de Romain Morin. — *Imprimees a Lyon, l'an mil cinq cens quarante deux, par Denys de Harsy*, in-8., avec les armes du Dauphin sur le titre.

Pièce rare (Biblioth. lyonnaise de M. Coste, n° 18540). Il y en a une édition de *Paris, Estienne Caveiller*, 1540, in-4.

La même ordonnance a été réimpr. à *Grenoble, chez Ant. Verdier*, 1646, in-8., sous le titre d'*Ordonnances d' Ibeville*.

— LES ORDONNANCES royaulx sur le faict des tailles, aydes z gabelles, nouuellemẽt publiees par la court des aydes. *Ils se vendent a Paris... par Galliot du pré*, cum privilegio ,du 27 Juillet 1517), in-4. goth. de 4 ff. prélim., 20 ff. de texte, plus 1 f. pour la souscript., avec la marque de Galliot du Pré au verso.

Un exemplaire impr. sur VÉLIN est décrit dans le second catal. de Van Praet.

— RECOLLECTION z accumulation des ordõnãces royaulx qui a present sont en usaige, concernãt le faict des aydes, tailles, gabelles, imposition foraine, et les francs archiers, mis sus pour le faict de guerre, tuiciõ z defence du royaulme. Ils se vendent a Paris pour Galliot du pré (1521). (au dernier f.) : *Imprime a Paris par maistre Pierre Vidoue, pour Galliot du Pre...* in-8. goth., 22 ff. prélim., sign. A–C; texte, ff. I—CLVIII, et un f. pour la souscript. et la marque de Galliot du Pré.

— LES ORDONNANCES, lettres patentes du Roy, sur le faict des mynes de France, faictes et donnees tant por le roy Charles sixiesme que autres ses successeurs, mesmes par le roy Henri troisiesme a present regnant; verifiées et émologuées par la court de Parlement et ailleurs..... *Lyon, par Ican Patrasson*, 1575, pet. in-8. de 51 ff.

Un exempl. sur VÉLIN est conservé à la Bibliothèque impér.

— ORDõNANCES sur le faict des monnoyes, estat z regle des officiers dicelles. Auec le pourtraict de toutes les especes de monnoye que le roy veult et entẽd auoir cours en son royaulme. Le tout imprime par priuilege du dit seigneur (en date du 19 mars 1540). *On les vend a Paris en lhostel de Estienne Roffet dit le faulcheur, sur le Pont Saint Michel a lenseigne de la Rose*, pet. in-8. goth. de 40 ff., sign. a—f. [2611]

Les figures des monnaies y sont fort bien gravées sur bois.

— ORDONNANCE faicte par le Roy sur le cours et pris des espèces dor et dargent que le roy a de nouueau faict a Paris, pour les pris contenus dedans la dicte ordonnance. (*Paris), imprimé par Jean Derchaltiers le viii iour de Juing mil cinq centz cinquante et quatre*, pet. in-8. goth. de 16 ff., avec les fig. des monnaies grav. sur bois. 15 fr. *mar. v.* Coste.

Cette ordonnance paraît se rattacher à celle du dernier jour de janvier 1549, sur le même objet, laquelle a été impr. à *Paris, chez J. Dallier*, sans date, in-8., avec fig. des monnaies.

— ORDONNANCES des monoyes, faictes par Monseigneur le duc de Calabre, de Lorraine et de Bar, en l'année mil cccc et unze. — *Faictes et imprimees a Sainct Nicolas du Port le xxiie iour de Ianuier, Lan de grace m cccc et unze par Nicolas Symon diacre demourant au S. N.*, in-fol., car. goth.

Placard aux armes de Lorraine, et au nom du duc Antoine, contenant une nomenclature de monnaies en or et en argent de France, de Lorraine, Metz et autres pays, dont les prix sont fixés par cet acte, et qui, chose curieuse, sont représentées par des figures sur bois : au bas se voit la marque de P. Jacobi, telle qu'elle se retrouve à la fin du *Liber Nanceidos* (voy. de BLARRORIVO), mais avec le nom de Nicolas Symon dans la banderole, au lieu de celui de Jacobi. M. Beaupré, qui a décrit cette pièce précieuse à la p. 16 des *Nouvelles recherches* (1853), a trouvé dans un registre de 1500 à 1501, conservé à Nancy, la mention d'autres *ordonnances des or et monoies*, lesquelles auraient été imprimées par Pierre Jacobi, à Saint-Nicolas, en 1501, c'est-à-dire deux années avant les *Horæ virginis Mariæ* de 1503 (voy. HORÆ).

— DÉCLARATION des pris des monnoyes tant d'or que d'argent, ayant cours es pays de Lorraine,

Barrois, Verdun et terres adiacentes : auec la reduction des pris des thalers de nouuelle fabrication et autres espèces d'or et d'argẽt n'aguères descriez, et mis en billon par l'ordre de Mõseigneur le duc de Lorraine : ensemble les pourtraicts de chacune des dites espèces tant vieux thalers que nouueaux. *A Verdun, par N. Bacquenois, imprimeur de Monseigneur N. Psaume, euesque et comte dudit Verdun*, 1566, pet. in-8. de 36 ff. non chiffrés, sign. A—E 2. (Beaupré, *Recherches*, p. 170.)

L'Opuscule suivant paraît être une suite de celui-ci :

AUTRES ORDONNANCES pour le cours d'aucunes especes d'or et d'argent (dont les portraictz et eualuations sont imprimees cy apres) que Monseigneur le Duc Nostre Souuerain Seigneur, entend et veult estre gardees & observees en ses pays, terres & seigneuries de son obeyssance, sur les peines y contenues. Publiée a Nancy le Dixhuictiesme iour de Nouembre 1566. *Imprimé à Nancy, par Nicolas Ierosme, imprimeur de mondit Seigneur*, 1566, pet. in-8. de 7 ff. non chiffrés, y compris le titre aux armes de Lorraine, sign. A2—B2. (Ibid., p. 540.)

Ces deux opuscules sont fort rares. Le second est la plus ancienne impression connue qui ait été faite à Nancy. L'imprimeur, Nic. Jerosme, avait d'abord exercé à Saint-Nicolas du Port.

— Voy. ci-dessus, col. 211,.au mot ORDONNANCE.

— ORDõNANCE du roy nostre sire sur le faict de la chasse et le pris du gybie, sur peine de dix librés tournois damẽde tãt a lachepteur cõme au vẽdeur, ainsi que plus a plain verrez dedans la dicte ordonnance. *On les vend a Paris par la veufue Jacques Nyverd, demourant en la rue de la Juyrie a lymage sainct pierre et sainct Jaques* (privilège en date du 11 janvier 1549), pet. in-8. goth. de 12 ff. dont le dernier pour la marque de Jacques Nyverd. Au 8e f. commence : *Autre ordonnãce du roy nostre sire henry, deuxiesme de ce nom. Par laquelle est deffendu a toutes personnes... de ne plus porter aucune Hacquebutes, appellez pistoletz dallemaigne, ny aussi aller armez ne couvers de armes.* On voit par le privilège, que la veuve de J. Nyverd se nommait Jacqueline Gaultier.

Vend. 79 fr. *mar. v.* Solar.

— ORDONNANCES nouuelles nagueres faictes par le roy nostre sire contre les imitateurs de la secte lutherienne et recellateurs diceulx, et aussi touchant les denonciateurs et accusateurs, publiees a Paris, le lundi premier iour de feurier mil cinq cents trente-quatre. *On les vend au palais a Paris... par Jean André*, in-8. de 4 ff. goth.

A cette ordonnance intolérante nous aimons à opposer la pièce suivante :

EDICT du roy defendant a toutes personnes de ne se contendre ne battre pour le fait de la religion, mais viure amyablement et fraternellement les ungs auec les autres sans se iniurier aucunement. *Lyon, Antoine du Rosne*, 1561, in-8. de 3 feuilles.

Cette pièce rare, et plusieurs autres sur les troubles arrivés à la même époque, pour cause de re,igion, sont portées dans la *Bibliothèque lyonnaise* de M. Coste, nos 3651 et suiv.

— ORDONNÃCES (faictes par la court de parlement), contre les liures cõtenants doctrines nouuelles z heretiques, z aussi touchant le faict et estat des libraires z imprimeurs, publiees a son trõpe par les carrefours de la ville de Paris, le samedy 1er jour de juillet l'an mil cinq cens quarante deux. *On les vend a Paris par Jacq. Ninerd et Jeh. Andre*, (1542), pet. in-8. goth. de 12 ff.

30 fr. Bignon, et en *mar. v.* 112 fr. Solar.

— ORDONNANCE du roy sur le reiglement des hosteliers, tauerniers et cabaretiers de son royaume, et pr.s des viures en chascune saison de l'annee. *Paris, Robert Estienne*, 1563, in-8. 12 fr. 50 c. Coste.

— ORDONNANCE du Roy nostre sire sur la reformation des habillements de draps d'or et de soye, auec la declaration faicte par le dict seigneur, sur la dicte ordonnance, ensemble l'arrest de la cour publié a Paris le vendredy de mai 1550. *Paris, Jean André*, 1550, pet. in-8.

Pièce de 8 ff., curieuse et rare. 12 fr. *m. r.* Coste.

En voici une autre du même genre, qui ne l'est guère moins :

DECLARATION du roy sur le faict et reformation des habits, auec la defense aux non nobles d'usurper le tiltre de noblesse, et à leurs femmes de porter l'habit de damoiselle, sur les peines y contenues. *Paris, par Fed. Morel*, 1577, in-8. de 32 pp.

— DECLARATION de l'edict du roy sur la deffence de bailler ou prendre draps de soye à crédit. *Lyon, Pierre Mérant*, 1564, in-8. de 4 ff.

— EDICT du roy, par lequel Sa Majesté deffend à tous ses subjects, de quelque sexe, âge, condition et qualité qu'ils soient, de porter ni user aucuns passemens, poincts-couppez et dentelles, sur les peines y contenues. *Aix, J. Tholosan et Est. David*, 1626, pet. in-4. de 8 pp.

— DECLARATION du roy, portant défenses de porter aucunes découpures, broderies de fil, soye, capiton, or ou argent, passemens, dentelles, poincts-coupez, entretoiles et autres enrichissemens manufacturez tant dedans que dehors le royaume, et à tous marchands lingers de trafiquer des ditz ouvrages, ny les exposer en vente : vérifié en Parlement le douzième decembre mil six cens trente-trois. *Paris, par Ant. Estienne, etc.*, 1633, pet. in-8. de 12 pp.

— REMONSTRANCE au roy, sur la reformation des habits et de l'employ des étoffes d'or, d'argent, soyes et autres... par M. D. L. G. *Paris, Jean Brunet*, 1633, pet. in-8. de 15 pp.

— CONSOLATION aux dames, sur la deffence des passemens, poincts-coupez et dentelles. *(sans date)*, pet. in-8. de 13 pp., en vers.

DECLARATION du roy portant règlement général sur la réformation des habits : vérifiée en Parlement le 9 may 1634. *Paris, Ant. Estienne, etc.*, 1634, pet. in-8. de 12 ff., plus un f. pour le privilége.

ORDONNANCES du comté de Bourgogne... *imprimees a Dole le premier mai par Pierre Mettinger*, 1490, in-4. [2652]

Cité par le P. Laire, p. 39 de sa dissertation sur l'imprimerie comtoise, comme le premier livre imprimé à Dole.

Dans une de ses lettres aux auteurs du *Journal des Savans*, contenant diverses remarques critiques sur son *Supplément à l'histoire de l'imprimerie* de Prosper Marchand, l'abbé Mercier de Saint-Léger rapporte que Pierre Mettinger, Allemand, imprima à Dole, dès l'an 1490, le dernier jour de mai, un grand in-4. ou petit in-fol. en beaux caractères goth., contenant *Les ordonnances de Louis XI pour la Franche-Comté, publiées au parlement de Salins en 1482 et 1489*. Ce même Pierre Mettinger a aussi impr. à Dijon, en 1491, ce qui prouve qu'il ne trouva pas à exercer avantageusement à Dôle, où il laissa si peu de souvenir que Jean Poyvre et Ravoillot se qualifièrent de premiers imprimeurs de cette ville, dans la préface d'un livre impr. par eux à Dôle, en 1587, sous le titre d'*Avis du Japon, des années 1583 et 1584*, in-8.

ORDONNANCES du parlement de Nantes. Voy. II, col. 366, article COUTUMES de Nantes, et ajoutez ce qui suit :

ORDONNANCES et arretz de la cour de parlement tenue à Nantes au moys de septembre lan mil cinq cens cinquante, auec les mandemens et lettres patentes du roy nostre syre, publiez et enregistrez en icelle cour. Le tout pour le faict de la justice et abbreviations des procès pour le soullagement des subjects. *On les vend a limprimerie de Thomas Mestrard a Rennes*, pet. in-8. goth., suivies d'*Or-donnances et arretz de la cour de parlement tenue a Nantes au moys de septembre lan mil cinq cens cinquante ung, publiees et enregistrees en icelle cour. On les vend à la boutique de Thomas Mestrard*, pet. in-8. en lettres rondes (catal. Cigongne, n° 150).

ORDONNANCES. Le present liure fait mention des ordōnances de la preuoste des marchans et escheuinaige de la ville de Paris. Imprime par Lordonnãce de messeigneurs de la court de parlement. ou moys de januier. Lan de grace. Mil cincq cens. (au verso du dern. f.) : *La fin et conclusiõ de ce presēt volume intitule des faiz τ ordōnances de la preuoste des marchans et echeuinaige de la ville de Paris. imprime par lordonnance que dessus*. In-fol. goth. de lxxxxii ff. chiffrés, à longues lignes. [2794]

Ouvrage curieux pour l'histoire des usages de la ville de Paris à cette époque reculée. Il est orné de grav. sur bois qui représentent divers métiers. 80 fr. Monmerqué; en *mar. bl.* 101 fr. Giraud, et 160 fr. Solar.

L'édition de Paris, *impr. par Jacq. Nyverd*, et *pour Pierre le Brodeur*, 1528, in-fol. goth. de 4 ff. prélim. et cx ff. chiffrés, avec des fig. sur bois (sign. *a–t*), est plus complète que la précédente. Le verso du dernier f. est occupé par la marque de Jacq. Nyverd. Il s'en trouve des exemplaires avec *Adicion sur ce present volume : Privilege des bourgeois de Paris*, 16 ff. non chiffrés, sign. *v. x. y.*, et aussi avec un *édit de François I*, et *l'election des echevins*, en 1548, 2 ff. sign. *z.* 200 fr. Leroux de Lincy; 235 fr. *mar. r.* par Trautz, Gancia; *en veau*, 3 liv. 8 sh. Libri, en 1859.

— ORDONNANCES royaux, sur le fait et juridiction de la preuoste des marchands, et escheuinage de la ville de Paris. *Paris*, 1582, in-4.

Quoique rare, ce livre n'a point en lui-même une grande valeur, et si l'exemplaire de la vente Bignon a été payé 69 fr., c'est à cause de la reliure ancienne en *mar. vert à compart. dorés*, dont il était revêtu.

— LES MÊMES Ordonnances... reveues de nouveau. Ensemble les priviléges concedez par les rois de France aux bourgeois de Paris, avec le catalogue des prevosts et eschevins dicelle ville, jusques à present. *Paris, Fcd. Morel*, 1608, in-fol.

Un exemplaire en *mar. v.*, aux armes de De Thou, et ayant les plats parsemés de fleurs de lis : 265 fr. De Bure.

ORDONNANCES faites pour le duché de Normandie. Voy. II, col. 379, article COUTUMES de Normandie.

ORDONNANCES générales d'amour, envoyées au seigneur baron de Myrlingues, chancelier des isles Hyeres, pour faire estroitement garder par les vasseaux du dict seigneur, en sa jurisdiction de la Pierre-au-lait. *Imprimé à Vallezergues (au Mans), par l'autorité du prince d'amour* (1564), pet. in-8. de 12 ff. [17996]

Vend. 9 fr. *m. viol.* La Valliere; 183 fr. Monmerqué.

Cette facétie est du célèbre Etienne Pasquier, qui en fait lui-même l'aveu dans la 5e lettre du second livre de ses lettres ; cependant elle n'a point été insérée dans l'édit. en 2 vol. in-fol. des œuvres de ce magistrat, où l'on trouve pourtant des *colloques d'amour*.

— Ordonnances generalles d'amour, Enuoyees au seigneur baron de Myrlingues, chancelier des Isles Hyeres, pour faire estroictement garder par les vassaux du dict seigneur, en la jurisdiction de la Pierre au laict, & aultres lieux de l'obeissance du dict seigneur. *En Anvers, par Pierre Vrbert*, 1574, pet. in-8. de 15 ff. chiffrés.

Cette édition diffère d'une autre dont le titre porte également : *en Envers*, 1574, et qui est un in-16 de 20 ff. Elle a été vend. 5 fr. 75 c. La Valliere. Les ordonnances y sont datées de 1564, à la fin, comme dans l'édition imprimée à *Vallezergues*. — Voy. JOYEUSETEZ.

Autre édition sous ce titre :

ORDONNANCES générales d'amour, envoyées au seigneur baron de Mirlingues, chevalier des isles Hyères, pour faire estroitement garder par tous les secretaires, procureurs, postulans et advocats de la Samaritaine, tant en la dicte juridiction qu'au ressort de la Pierre au laict et autres lieux en dépendant. *Paris, Jean Sara*, 1618, pet. in-8.

C'est cette dernière qui est reproduite dans les *Variétés* de M. Ed. Fournier, t. II, p. 169.

ORDONNANCES (les) et statuts faiz aux estats dernierement tenus de par tres redoubté Monseigneur le duc de Sauoye auec les autres princes en la cité de Mostier en Tharenteyse, le xv iour de septembre mil cccc. xxii. (*sans lieu ni date d'impression*), in-4. de 8 ff., dont le dernier est blanc. Sur le titre les armes de Savoie. [2971]

Un exemplaire de cette pièce rare, qui était non rogné, a été vendu 70 fr. en avril 1861.

ORDRE (l') de cheualerie. — *Cy finist lordre de cheualerie ou on peult facilement cognoistre z entendre la noblesse de cheualerie, la maniere de creer z faire les cheualiers, la signification de leurs harnoys z instrumens de guerre. Lequel liure a este nouuellement imprime a Lyon sur le rosne z acheue le xj iour de iuillet lan de grace mille cinq cens et dix pour Vincent Portunaris de Trinc libraire demourant au dict Lyon en la rue merciere.* In-fol. goth. [28723]

Cet opuscule (vend. 8 fr. La Valliere) n'a que 19 ff. signat. q —s. y compris le titre séparé ; il a été imprimé pour faire suite à un autre ouvrage, la Chronique d'Austrasie, de Symphorien Champier (voy. CHAMPIER). L'Ordre de chevalerie se trouve aussi à la suite du *Jeu des eschez*, impr. pour Verard. — Voyez JACOBUS de Cessol.

ORDRE of chyvalery (the Book of the), or knyghtode translated out of frensshe into englisshe.:. by me William Caxton. In-fol. goth.

Ce livre, qui contient 52 ff., signat. aii—giij, est sans nom d'imprimeur ni de ville, et sans date ; mais les caractères sont ceux de la Chronique de Caxton,

de 1480, et on croit qu'il a été mis au jour en 1484. C'est une des édit. les plus belles et les plus rares qui soient sorties des presses de ce premier imprimeur anglais. — Cet ouvrage n'est point, comme son titre pourrait le faire croire, une traduction du précédent, mais il est traduit de l'*Ordene de chevalerie* de Hues de Tabarie (voyez ORDENE).

ORDRE (le) des bannerets de Bretagne et leur origine, translaté sur le latin et depuis mis en rimes françoises. *Caen, Poisson*, 1827, in-4. de 5 feuilles.

Opuscule curieux que Moisant de Brieux avait déjà donné dans ses *Origines de quelques coutumes anciennes, etc.* L'édition de 1827 est due à M. G. Duplessis, qui y a joint un avertissement et un glossaire. Il n'en a été tiré que cent exemplaires. — Voyez MOISANT.

ORDRE des chevaliers de S. Jean de Jerusalem (livre de l'). Voy. STABILIMENTA.

ORDRE (l') des cocvs réformez nouuellement établis à Paris ; la cérémonie qu'ils tiennent en prenant l'habit ; les statuts de leur ordre, et vn petit abrégé de l'origine de ces peuples. *Paris, chez la Veufue du Carroy* (sans date), pet. in-8. de 16 pp., la dernière cotée 19. [18101]

39 fr. mar. v. Solar.

Facétie devenue rare, quoiqu'il en existe une autre édition sous le titre d'*Ordre de chevalerie des cocvs*, et datée de 1624. Elle est quelquefois réunie à d'autres pièces analogues au sujet. Quatre de ces pièces, en 1 vol. mar. citr. 85 fr. Solar. — Voyez AVERTISSEMENT salutaire.

ORDRE (l') du combat des deux gentilz hommes faict en la ville de Moulins accorde par le Roy nostre sire. (*sans lieu ni date*), in-4. goth. de 4 ff. non chiffr. [28736]

(Biblioth. impér., Catalogue de l'histoire de France, t. 1, p. 232, suite du n° 38.)

— L'Ordre du combat de deux gentilz hommes, faict en la ville de Moulins, accorde par le roy nostre sire, avec la triumphante reception de monseigneur le connestable de France dedans la ville du Moulins. (*sans lieu ni date*), pet. in-8. goth. de 8 ff. dont un bl.

C'est la relation du combat entre le seigneur de Sarzay et Fr. de Saint-Julian, seigneur de Denyères, qui eut lieu à Moulins, dans l'année 1537, en présence de François Ier (*Mémoires de Mart. du Bellay*, livre VIII, fin de l'année 1537). 82 fr. Caithava.

ORDRE exquis. En suyt lordre exquis triumphant et admirable tenu au sait et sacre baptesme du tres desire et appelle Monsieur le Dauphin de France lequel fust fait et celebre a amboyse a saint floretin le xxv iour de auril a neuf heures de soir. (à la fin): *Imprime a Rouen en la rue nostre dame* (sans date), in-4. goth. de 4 ff. non chiffrés à 2 col. [23449]

Cette relation du baptême du Dauphin, fils de François Ier, en 1516, est une pièce rare. (Cabinet de M. de Lignerolles.) — Voy. TRIUMPHANT baptesme.

ORDRE. Cest lordre qui a este garde a Tours (aux etats tenus en 1483), in-fol. goth. de 56 ff., à 36 et 37 lign. par page, sign. a—hiij. [23420]

Cette édition, sans lieu ni date, est probablement de l'année même dans laquelle se sont tenus les états de Tours ; elle est fort belle et les caractères, qui paraissent tout neufs, sont les mêmes que ceux du Boccace des nobles malheureux, imprimé à Paris, par Jean Dupré, en 1483. Le registre des cahiers est ainsi : a et b par 8 ; c par 4 ; d et e par 8 ; ee par 4 ; f par 4 ; g et h par 6 ; le second et le troisième feuillet de h sont marqués e2 et e3. Le recto du premier feuillet est blanc, et on lit au verso ce sommaire, en trois lignes : *Cest lordre qui a este garde a tour pour appeller deuant le roy nostre souuerain seigneur ceulx des troys estatz de ce royaume;* et au recto du dernier f. (6e du cah. h), *Collation par nous faicte auec loriginal en ceste forme | en papier signe J. Robertet. le xxiii. iour de mars. M ll | quatre cens quatre vingtz et troys auant pasques. | Ainsi signe. P. delmaye. et P. Des Moulins.* (Bibliothèque Sainte-Geneviève). 60 fr. salle Silvestre, en 1845, et serait vendu plus cher aujourd'hui.

— Cest lordre qui a este garde a tours... (*sans lieu ni date*), pet. in-4. goth. de 60 ff. à longues lign., au nombre de 34 sur les pages, sign. *a—h.*

Le texte commence aussi au verso du premier f., et se termine, au recto du dernier, par cette souscription en cinq lignes : *Pronunciata per me Johannem de rely canonicum | parisiensem. coram rege et dominis principibus pro | deputatis trium statuum regni. In ciuitate turonēsi | die iouis. xii. februarii. Anno domini Millesimo cccc. | octuagesimo tercio.* L'édition n'est pas disposée dans le même ordre que la précédente.

— Cest lordre tenu et garde en la notable et quasi divine assemblee des troys estatz representans tout le royaume de France, convoquez en la ville de Tours par le feu roy Charles VIII ; contenant la tres eloquente et fructueuse proposition faicte en la dicte assemblee par feu Me Jehan de Rely pour reformer, reprimer et abolir infiniz abuz et le desordre qui de iour en iour se commetoient en ce dict royaulme, tant en lestat seculier que ecclesiastique, et de la police sur ce ordonnee et establie par le dict seigneur... les remontrances faictes par la court au roy Loys XI, touchant la pragmaticque sanxion... Epistre exortative a nostre S. P. le Pape Leon X (par levesque de Mondrusic, ambassadeur pour le pays Corvacia) pour la recouvrance de la terre saincte. *Paris, Galliot du Pre* (privilége daté de 1518), pet. in-4. de 8 ff. prelimin. et xcii ff. chiffrés, sign. a—m.

Édition un peu moins rare que les deux précédentes ; vend. 5 fr. Méon ; 20 fr. Duriez ; 51 fr. *mar. v.* Coste ; 1 liv. 11 sh. Libri, en 1859. L'*Ordre des états de Tours* a été réimprimé à *Paris, Galliot du Pré,* 1558, in-8. de VIII et 75 ff. y compris la

marque du libraire, et à *Paris, Jean Corrozet,* ou *Fr. Julliot,* 1614, in-8.

Le *Journal des états généraux de France tenus à Tours en* 1484, rédigé en lat. par J. Masselin, a été trad. et publié pour la première fois sur le manuscrit inédit de la Biblioth. du roi, par A. Bernier, *Paris, impr. royale,* 1836, in-4., pour la Collection des documents inédits sur l'histoire de France.

ORDRE (l') des estats tenus a Bloys, l'an 1576, le 6 décembre, sous le roy de France et de Pologne Henry III. du nom (avec la harangue du roi et celle de M. de Birague). *Paris, R. b. Le Mangnier,* 1577, in-4. de 36 ff. [23539]

Cette pièce n'a de valeur que lorsqu'il s'y trouve joint une grande planche gravée sur bois, à la date de 1577, et qui a pour titre : *Le vray pourtraict de l'assemblee des Estats tenuz en la ville de Bloys au moys de decembre l'an mil cinq cens soixante et seize.* Il faut y réunir la *Harangue prononcée deuant le roy......* par *Pierre d'Espinac, archevesque, comte de Lyon,* Paris, P. L'Huillier, 1577, in-4. de 64 pp. Ces deux pièces ont été réimpr. à Troyes, sans date, in-8., la première chez la *Veufue Nicolas Luce,* et la seconde chez *Claude Garnier.*

ORDRE (l') des Francs-Maçons trahi, et le secret des mopses révélé (par l'abbé Larudan). *Amsterdam,* 1766 et aussi 1771, in-12, fig. [22505]

On joint ordinairement à ce volume le suivant :

LES FRANCS-MAÇONS écrasés, ou l'origine des francs-maçons (par le même). *Amst.,* 1745, in-12. Les 2 vol. 6 à 10 fr. Le second a été réimprimé en 1762, 1774 et 1778.

ORDRE. Lordre du sacre τ couronnement. Voy. SACRE.

ORDRE du tournoy. Voy. TOURNOY.

ORDRE (c'est l') qui a este tenu à la nouvelle et joyeuse entree. Voy. ENTRÉE.

ORDRE (l') tenu à l'obsèque. V. OBSEQUE.

O'REILLY (*Edward*). Sanas gaoidhilge sagsbhearla : an irish-english dictionary; to which is annexed a compendious irish grammar. *Dublin,* 1817 (ou 1821), in-4. 1 liv. 10 sh. — Pap. fin, 2 liv. 2 sh. [10371]

ORELLIUS. Opuscula græcorum veterum sententiosa et moralia, gr. et lat., collegit, disposuit, emendavit et illustravit Jo. Corn. Orellius. *Lipsiæ, Weidmann,* 1819-21, 2 vol. in-8. 24 fr. — Pap. collé, 38 fr., et plus en pap. vél. [12272]

Collection sur laquelle Schoell a donné des détails à la p. lxxxiij de l'introduction de son *Histoire de la littérature grecque,* tome I, édition de 1823.

Le même J.-C. Orell a publié :

CARMINA sententiosa poetarum veter. latinorum

et recentiorum quorumdam. *Lipsiæ, Fleischer*, 1822, in-8. tom. I. [12480]

—Inscriptionumlatinarum selectarum amplissima collectio ad illustrandam romanæ antiquitatis disciplinam accommodata ac magnarum collectionum supplementa complura emendationesque exhibens, cum ineditis C. Hagenbuchii suisque adnotationibus edidit J -C. Orellius: insunt lapides Helvetiæ omnes: accedunt, præter Fogginii calendaria antiqua, Hagenbuchii, Maffei, Ernestii, Reiskii, Seguierii, Steinbruchelii epistolæ aliquot epigraphicæ nunc primum editæ. *Turici, Orell*, 1828, 2 vol. in-8. — Inscriptiones helveticæ collectæ et explicatæ, a J.-C. Orellio. *Tiguri*, 1844, in-8., ensuite sous le titre de : Volumen III. Supplementa emendationesque edidit G. Henzen, 1856, in-8. Les trois vol. 40 fr. — Pap. fin, 50 fr. [29938]

ORESME (*Nicolas*). Incipit perutilis tractatus de latitudinibus formatt ꝑm reverēdũ doctorē magistrum Nicolaũ Horem (*sic*). — *Impressus ac diligenti cura emēdat' padue : ꝑ Magistrum Matheum Cerdonis de vuindischgretz Anno salutis* j. 4. 8. 2. *die vero* 2. 5. *mēsis septembris*, in-4. goth. de 11 ff. à 32 lig. par page.

Ce petit traité de Nic. Oresme a été reproduit à Padoue, par le même impr meur, en 1486, *die vero* 18 *mēsis Februarii*, in-4. de 18 ff. à 30 lig. par page, avec des fig. de mathématiques; mais cette seconde édition renferme de plus que la première : *Questiones super tractatu de latitudinibus formarum magistri johannis Horen per vener. doctorem artium, magistrum Blasium de parma de pelicanis*, morceau qui occupe les feuillets 12 (coté 8) à 18. Vendu 15 flor. Butsch.

Pour les traductions françaises faites par cet écrivain du XIVᵉ siècle, voy. ARISTOTE (Ethiques et Politique); PÉTRARQUE, Remèdes de l'une et de l'autre fortune. — TRAITÉ du commencement des monnaies.

ORFORD (lord). Voy. WALPOLE.

ORGANT, et le nouvel Organt. Voyez SAINT-JUST.

ORGIES (les) de Bacchus ou chansons à boire, contenant plusieurs beaux airs de cour et chansons bachiques, avec celles du Savoyart. *Paris , Nic. Boisset* (vers 1650), in-12 de 4 ff. et 132 pp. [14293]

Recueil curieux dans lequel se trouvent plusieurs chansons de Philippot dit *Philippe le Savoyart*, qui ont conservé une célébrité historique. — Voyez RECUEIL général des chansons.

ORGUEIL (l') de Nebucadnetzar abbatu de la main de Dieu, avec quelques applications particulières aux affaires du temps, ou sermon sur Daniel (par J.-A.

Dubourdieu). *Amsterdam, La Feuille*, 1707, pet. in-8. [23878]

Satire violente contre Louis XIV : 6 fr. 50 c. Daguesseau ; 6 fr. Méon. — Il en existe une éd.t. de *Londres, Ribotteau*, 1707, très-pet. in-4. de 36 ff. dont le premier mot du titre est ainsi : *L'Orgueuil*.

ORIBASIUS. Oribasii collectaneorum artis medicæ liber, quo totius corporis humani sectio explicatur (ex Galeni commentariis, gr.). *Parisiis , Guil. Morel.*, 1556, in-8. 4 à 6 fr. [6572]

— ANATOMICA, ex libris Galeni, gr., cum versione lat. J.-B. Rasarii, curante Gu. Dundass. *Lugd.-Bat.*, 1735, in-4. 6 à 8 fr.

—OEuvres d'Oribase, texte grec, en grande partie inédit, collationné sur les manuscrits, traduit pour la première fois en français, avec une introduction, des notes, des tables et des planches, par les docteurs Bussemacker et Daremberg. *Paris, Imprimerie nation. (et impériale) (librairie de J.-B. Baillière)*, 1851-62, 4 vol. gr. in-8., 48 fr.

— ORIBASII sardiani synopseos libri novem, quibus tota medicina in compendium redacta continetur, Joan.-Bapt. Rasario novariensi medico interprete. *Venetiis, apud Paulum Manutium*, 1554, in-8. de 216 ff. [6571]

Un exemp. en très Gr. Pap. *mar. bl.* a été payé 11 liv. chez Sykes.

— ORIBASII sardiani collectorum medicinalium libri XVII... Joan.-Bapt. Rasario interprete. *Venetiis, apud Paulum Manutium, Aldi F.* (absque anni nota), in-8. de 4 ff. et 750 pp. (la dernière cotée 252). Vend. 11 fr. 60 c. Bosquillon.

Cet ouvrage fait suite au précédent; il a été réimprimé : *Parisiis, apud Bernardum Turrisanum*, 1555, in-8.; le premier l'avait déjà été, *Lutetiæ, apud Audœnum Parvum*, 1554, in-8.

Il est dit dans la *Biogr. universelle*, tome LXIX, p. 177, que la seule édition grecque d'Oribase qui existe (publiée à Moscou en 1811, par Chr.-Fred. Mathæi), a péri presque en entier dans l'incendie de cette ville; probablement il s'agit là du vol. in-4. imprimé en 1808 et dont nous donnons le titre à l'article VETERUM medicorum opuscula.

ORICELLARIUS (*Bernardus*). De Bello italico commentarius, ex manuscr. apogr. nunc primum editus (a J. Brindley). *Londini, Bowyer*, 1724, in-4. 6 à 9 fr. [25287]

Cette histoire de la guerre d'Italie sous Charles VIII, roi de France, par un contemporain de ce monarque, est bien écrite et fort estimée. L'édition que nous indiquons a reparu en 1733, augmentée d'un *Commentarius de bello pisano* du même auteur; et les exemplaires ainsi complétés sont préférables aux autres. Il en a été tiré plusieurs en Gr. Pap. — *Oricellarius* est la traduction latine de *Rucellai*, véritable nom de l'auteur.

ORIENTAL collections consisting of original essays and dissertations, translations and miscellaneous papers, illustrating the history and antiquities, the arts,

---

Orfila (*P.*). Chimie médicale, 4426. — Médecine légale, 7398. — Toxicologie, 7409.

Orianne (*G.*). Traité des successions, 3141. — Dayacrama sanyraha, 3141. — Le Mitakchara et le Dattaca-Chandrica, 3141.

sciences and literature of Asia (collected by W. Ouseley). *London, Cadell,* 1797-1800, 3 vol. in-4. fig. [27983]

Cet ouvrage, dont chaque volume coûtait 50 fr., n'a malheureusement pas été continué. Vend. 40 fr. Langlès; 49 fr. Chaumette; et relié en 2 vol. 45 fr. Klaproth.

ORIENTAL (the) navigator (by Jos. Huddart), being a necessary companion to the complete East India pilot, in two large volumes of charts and plans. *London,* 1800 or 1801, gr. in-4. [19757]

Ce volume, ainsi que son titre l'indique, doit être joint à l'*East India pilot,* dont il est l'analyse. Voy. DALRYMPLE.
On trouve sur le dernier feuillet de cet ouvrage l'indication de huit recueils de cartes marines, sous le titre d'*East India pilot.* Le prix des huit articles réunis passe 50 liv. — Voy. PURDY.

ORIENTALIA : edentibus T.-G.-J. Juynboll, T. Roorda, H.-E. Weijers. *Amstel., Müller,* 1840, 2 vol. in-8. 40 fr. [27986]

Ce recueil renferme des mémoires de MM. Hamaker, Wützenfeld, Dozy, Meursinge, etc.

ORIENTIUS (S.). S. Orientii, Iliberitani episcopi, poetæ christiani, libellus, qui inscribitur commonitorium fidelium, denuo collatis duobus mss. codd. ex lectione Mart. Delrii et Edm. Martene editus, recognitus atque integro libro secundo auctus, et variorum notis illustratus cura Heur.-Leon. Schurzfleischii. *Witembergæ-Saxonum, Schrödterus,* 1706, in-4. [12583]

Il faut joindre à ce volume :
H.-L. SCHURZFLEISCHII Orientius supplemento auctus, sive nova e cod. ms. recensio, itemque curæ posteriores ad librum secundum Orientii. *Vinariæ,* 1716, in-4.
Cet écrivain ecclésiastique du VIe siècle a été publié pour la première fois par Mart. Delrio, à Anvers, 1600, in-12, et réimpr. à Salamanque en 1604, in-4., ensuite par les soins d'And. Rivinus, 1650, in-8., et enfin réimpr. de nouveau dans le 5e vol. du *Thesaurus anecdotor.* de Martène et Durand, et dans le 10e vol. de la *Biblioth. Patrum* d'And. Gallandi.

ORIET (*Didier*), escuyer lorrain. La Susanne. *Paris, Denys Du Val,* 1581, in-4. [13853]

Poëme en trois livres que rien ne recommande, si ce n'est peut-être sa rareté.

ORIGENES. Opera omnia (gr. et lat.), ex variis editt. et codd. recensita, latine versa atque annotationibus illustrata, cum copiosis indicibus, vita auctoris et multis dissertationibus; opera et studio Car. (et Car.-Vinc.) de La Rue. *Parisiis, Vincent,* 1733-59, 4 vol. in-fol. [871]

Bonne édition : 150 à 200 fr. — Il y a des exemplaires en Gr. Pap. et quelques-uns en très Gr. Pap.

—Eadem, ad parisiensem editionem Caroli de La Rue recusa (gr. et lat., cura Fr. Oberthur,. *Virceburgæ,* 1780-94, 15 vol. in-8. 50 à 60 fr.

Simple réimpression, mais réimpression peu élégante du texte et de la version de l'édition de Paris.

—Origenis opera omnia, gr. (ad editionem parisiens.) denuo recensuit, emendavit, castigavit Car.-H.-Ed. Lommatzsch. *Berolini, Haude,* 1836-42, in-8., tomes I à XIII.

En 1857, M. l'abbé Migne a donné une édition des Œuvres d'Origène (gr. et lat.) en 7 vol. gr. in-8. à 2 col., faite sur celle des Bénédictins. Elle forme les tomes XI à XVII de la *Patrologie grecque* du même éditeur, et se vend 75 fr.

— Fragmenta Origeniana. Octanteuchi editionis cum fragmentis evangeliorum græci palimpsesti, ex codice Leidensi folioque Petropolitano quarti vel quinti, Guelferbytano codice quinti, Sangallensi octavi fere seculi, eruit atque edidit Const. Tischendorf. *Lipsiæ, Hinrichs,* 1860, gr. in-4. de XL et 300 pp. avec 2 pl. fac-simile.

— Hexaplorum quæ supersunt (hæbr. gr. et lat.); ex mss. et ex libris editis eruit et notis illustravit B. de Montfaucon : accedunt opuscula quædam anecdota. *Parisiis, Lud. Guerin,* etc. 1713, 2 vol. in-fol. 60 à 70 fr. [870]

Vend. 57 fr. Quatremère; en Gr. Pap. 90 fr. librairie De Bure.

— HEXAPLORUM quæ supersunt, auctiora et emendatiora, gr. et lat. cum notis, edente Car.-Fr. Bahrdt. *Lipsiæ,* 1769-70, 2 vol. in-8. 12 à 15 fr.

— In S. Scripturam commentaria, quæcumque græce reperiri potuerunt. P.D. Huetius græca primus maxima ex parte edidit, varias edit. contulit, lat. interpretationes adjunxit, notis et observationibus illustravit. *Rothomagi, Berthelinus,* 1668, 2 vol. in-fol. 20 à 25 fr. [872]

Il se trouve des exemplaires avec de nouveaux titres datés de Paris, 1679. — Et une autre édit. *Coloniæ (Francfort-ad-Mœn.),* 1685, 2 vol. in-fol.

— Opera omnia (latine, ex variis antiq. interpretationibus edita, studio Jac. Merlini, cura Guil. Parvy). *Parisiis, J. Parvus, et Jod. Badius,* 1512, 4 tom. en 2 vol. in-fol.

Un exemplaire sur VÉLIN, 401 fr. La Valliere et retiré à 475 fr. Mac-Carthy; autrement ce livre est à très-bas prix. Chaque titre porte la marque de Josse Bade.

— Quæ hoc in libro continentur : Origenis in Genesim, Exodum, Leviticum, etc. homiliæ (latine), divo Hieronymo interprete. *Venetiis, in ædibus Aldi Ro. mense feb.* M. D. III, in-fol. de 182 ff. chiffrés, non compris 6 ff. prélim. [874]

Volume rare : 15 à 24 fr. Vend. 3 liv. 9 sh. bel exempl. *mar. r.* Butler.

— Contra Celsum libri VIII, ejusdem Philocalia (gr. et lat.). Guliel. Spencerus utriusque operis versionem recognovit et annotationes adjecit. *Cantabrigiæ, Field*, 1658, in-4. 8 à 12 fr. [875]

Édition plus correcte et mieux exécutée que la réimpression faite dans la même ville, en 1677, in-4. La première de toutes a été donnée par Dav. Hoeschelius à *Augsbourg*, en 1605, in-4., mais on en fait peu de cas.

— Iidem libri VIII, latine, interprete Christ. Persona; ex edit. Theodori Gazæ. *Romæ, Georg. Herolt de Bamberga*, 1481, in-fol. de 264 ff.

Vend. 12 fr. 50 c. *m. r.* La Valliere.

La Bibliothèque impér. conserve un exempl. de ce livre impr. sur VÉLIN.

Le *Traité contre Celse* a été traduit en français par *El. Bouhereau*, Amsterd., 1700, in-4. A la fin de ce vol. se trouvent des notes et des conjectures sur le texte grec, mais dans beaucoup d'exemplaires on a omis la préface, les errata et l'index des notes.

— DE ORATIONE liber (gr. lat.); ex nova collatione cum cod. ms. Holmiensi recognitus et emendatus, una cum anonymi scholiis in orationem domin., quibus subjunctæ sunt eruditi cujusd. viri notæ partim crit. partim exeget., ab editore Guil. Reading. *Londini, Tonson* et *Watts*, 1728, in-4. 5 à 6 fr.

Bonne édition, impr. aux frais de Reading. Elle est peu commune.

— COMPENDIUM historiæ philosophicæ antiquæ, sive philosophumena quæ sub Origenis nomine circumferuntur (gr. et lat) recognita passimque illustrata a J.-Chr. Wolfio: accedunt Jac. Gronovii notæ integræ. *Hamburgi*, 1706, pet. in-8. 4 à 5 fr. [3400]

— ORIGENIS Philosophumena, sive omnium hæresium refutatio, e codice parisino nunc primum edidit Em. Miller. *Oxonii, H. Parker*, 1851, in-8. 12 fr.

Plusieurs savants attribuent à S. Hippolyte cet ouvrage qui a été publié sous le nom d'Origène.

— PHILOSOPHUMENA, sive hæresium omnium confutatio, opus Origeni adscriptum, e codice parisino productum recensuit, latine vertit, notis variorum suisque instruxit, prolegomenis et indicibus auxit Patr. ciuS Cruice. *Parisiis, excusum in typographeo imperiali*. Se vend chez Firmin Didot frères, 1860, in-8. de XL et 548 pp. 10 fr.

ORIGIN of the Pindaries : preceded by historical notices on the rise of the different Mahratta states, by an officer in the service of the East-India Company. *Calcutta, D. Francis*, 1819, in-8. de 2 ff. et 184 pp. [28176]

Annoncé comme tiré à petit nombre, et n'ayant pas été mis dans le commerce. Catal. Canazar, n° 1174.

ORIGINE (de) atque primordiis gentis Francorum carmen authoris qui Caroli Calvi, cui inscriptum est, ætate vixit, nunc primum prodit cum notis historicis, etc., opera et studio R. P. Thomæ Aquinatis a sancto Joseph, carmelitæ excalceati. *Parisiis, Bertier*, 1644, in-4. [12902]

Ce poëme anonyme, écrit, à ce que l'on croit, vers 840, a été réimpr. dans les Preuves de la véritable maison de France, de du Bouchet (*Paris*, 1646,

in-fol.), dans les *Vindiciæ hispanicæ*, de Chifflet, et dans le 3e vol. du recueil de dom Bouquet. L'édit. de 1644, la première publiée, l'a été par Christophe Paturel, dit, en religion, le P. Thomas d'Aquin de Saint-Joseph.

ORIGINE (dell') de' barbari, che distrussero per tutto il mondo l'imperio di Roma, onde hebbe principio la città di Venetia, libri undici, con un cronico che serve... a saper le cose fatte da i Veneti dalla prima origine della città, fin l'anno 800 (di Nic. Zeno). *Venetia, Plinio Pietra Santa*, 1557, in-4. [25443]

Vendu 18 fr. Floncel; 10 fr. Boutourlin; 40 fr. *mar. r.* Libri, en 1857.

Réimpr. sous le titre *Dell' origine di Venetia, et antiquissime memorie dei Barbari...* Venetia, Fr. Marcolini, 1558, pet. in-8.

ORIGINE (de) Guelphorum et Gibellinorum, quibus olim Germania nunc Italia exardet, libellus eruditus, in quo ostenditur quantum hac in re clariss. scriptores Bartholus, Panormitanus, Blondus, Platina, et Georgius Merula Alexandrinus a veritate aberraverint (auctor Benevenutus de Sancto Georgio et de Blandrate comitibus). *Basileæ, apud Andream Cratandrum, mense Januario*, 1519, in-4. [25280]

Morceau historique curieux, réimpr. *Bononiæ, Hier. de Benedictis*, 1520, in-8. Cette dernière édition, non citée par Panzer, a été vend. 18 fr. en janvier 1829.

ORIGINE (de) nobilitatis. (*absque nota*), in-4. goth. de 34 ff. à 27 lign. par page, sans chiffres, récl. ni signat. [28783]

Édition imprimée avec les caractères de Arn. Therhœrnen, vers 1472. Elle commence par ces lignes tirées en rouge : *Desiderastis dñe m ‖ et amice in xpo dilcē. vt de origine nobilitatis alıͥd breuiͥ ānotarē. ver'similiͥ*, et elle se termine au verso du 34e f. par ces mots : *Expliciunt tabulæ libri huius*. C'est un livre fort rare qu'Hain a décrit sous le n° 12079, mais que M. Guigard a omis dans sa *Bibliothèque héraldique*.

ORIGINE des étrennes. Voy. SPON. — des lois, etc. Voy. GOGUET.

ORIGINE des troubles et remuement d'affaires es pays de Flandre pendant le gouvernement du duc d'Alve, etc. *Paris*, 1578, in-8. [25008]

Livre peu commun. Vend. 4 flor. 10 sh. catalogue Major, n° 0433.

ORIGINE (l') et commencement de ceste mappe-monde nouuelle papistique, et comment elle a été trouvée. (*sans lieu ni date, mais vers* 1566), in-fol. atlant. fig. [2102]

Ouvrage satirique très-rare, qui est divisé en deux parties. La 1re part. contient 12 fl. de discours imprimés d'un seul côté, et la 2e 16 ff. de grav. sur

bois. Vend. en *m. r.* 183 fr. Gaignat; 460 fr. La
Valliere. M. Gustave Brunet, de Bordeaux, a donné
dans le *Bulletin du Bibliophile* de M. Techener,
mars 1855, p. 94-96, une notice sur ce livre singulier.

— Voy. Frangidelphe.

ORIGINES (les) de quelques coutumes.
Voy. Moisant de Brieux. — de la ville
de Caen. Voy. Huet.

ORIGNY (*Pierre* d'). Le temple de Mars
tout-puissant, dédié à François deuxième
de ce nom, par Pierre d'Origny, S^r de
Ste. Marie. *Rheims, N. Bacquenois,*
1559, pet. in-8. de 64 pp. [13703]

Poëme allégorique et moral.
— Le Heravlt de la noblesse de France; dédié à
Henry, troisiesme de ce nom.... par Pierre d'Origny. *Rheims, Jean de Foigny*, 1578, in-8. [28784]
Petit ouvrage curieux et rare, montrant comment
s'acquiert la noblesse, comment on la maintient et
de quelle manière on peut la perdre.

ORIOLANO (*Gasp.* Garcia). Voy. Garcia.

ORION thebanus. Voy. Etymologicum.

ORIUOLO. Voy. Horivolo.

ORKNEYINGA saga. Voy. Jonæus.

ORLANDI (*Fr.-Pellegr.-Ant.*). Origine
e progressi della stampa, osia dell' arte
impressoria. *Bologna,* 1722, in-4. fig.
5 à 6 fr. [31205]

Ouvrage fort inexact et peu utile maintenant.

— Abecedario pittorico, nel quale sono
descritte le vite degli antichissimi pittori, scultori ed architetti, ec., accres-
ciuto da P. Guarienti. *Venezia,* 1753,
in-4. [31020]

Bonne édition : 10 à 12 fr. — Celle de *Bologne,* 1710,
et de *Naples,* 1733, sont moins chères. Il y en a
une de *Florence,* 1776 (et aussi 1788), 2 vol. in-4.,
continuée jusqu'à l'année 1775, par F. Fuga, et qui
coûtait 18 fr.; elle a pour premier titre : *Supplemento alle serie de' elogi e ritratti degli uomini
illustri in pittura, etc.* — Voyez Serie.
— Scrittori bolognesi, 30682.

ORLANDINI (*Nic.*). Historiæ societatis
Jesu pars prima, sive Ignatius. *Romæ,*
1615, seu *Antuerp.,* 1620. — Pars 2ª,
sive Lainius, auct. Fr. Sacchino. *Ibid.,*
1620. — Pars 3ª, sive Borgia, auctore
eodem Sacchino. *Romæ,* 1649. — Pars 4ª,
sive Everardus, auctore eodem. *Romæ,*
1652. — Partis 5ª tomus prior, auct.
eodem Sacchino. *Romæ,* 1661. — Partis 5ª tomus posterior, auctore Jos. Ju-
vencio. *Ibid.,* 1710. — Pars sexta, tomus I, ab ann. 1616, auct. Julio Cor-
dara. *Ibid.,* 1750, en tout 7 tom. en
6 vol. in-fol. [21875]

Histoire dont les exemplaires bien complets sont rares et encore assez recherchés. Vend. 133 fr. (bel
exemplaire) Gayot; 145 fr. La Serna, et moins
cher quelquefois. — On peut ajouter à cet ouvrage : *Imago primi sæculi societatis Jesu.* —
Voy. Imago.

ORLANDINO. Voy. Folengo.

ORLANDINUS (*Rudulfus*). Summa instrumentorum in jure civili, alias Ro-
landina Rodolphi Passagerii. (in fine) :
Expleta est hec summa que est correctissima vere per spectabilem magistrum
Ioannem Fabri Lingonensem librorum
feliciter impressorem. *Thaurini die
sexta mai* M. CCCC LXXVII. *Amen,* in-fol.
[29072]

Édition rare, ainsi que celle qui suit :
— Orlandini Rodulphini summa artis notariorum.
(in fine) : *Optime impressum... : per magistrum
Gabrielem q. P. (quondam Petri) Tarvisinum
Tusculani : assurgentis Lacus Renaci... Kalendis
Februarii.* M. CCCC. LXXX, in-fol.
Pour les autres édi ions des ouvrages d'Orlandinus,
imprimées à la fin du XVe siècle, consultez Hain,
n°s 12085 à 12098.

ORLÉANS (*Charles* d'). Poésies de Charles
d'Orléans (père de Louis XII), publiées
sur le manuscrit de la bibliothèque de
Grenoble, conféré avec ceux de Paris
et de Londres, et accompagnées d'une
preface historique, de notes et d'éclaircissements littéraires, par Aimé Champollion-Figeac. *Paris, Belin et Colomb
de Batines,* 1842, gr. in-18. 3 fr. 50 c.

Il a été tiré cent exemplaires en papier vélin, sur
format in-8, 15 fr., et quelques-uns en gr. in-8.
30 fr. *mar.* Bertin. Le supplément, formant les
pp. 451 à 504 de cette édition, n'a paru que quelques mois après le corps du volume.
Une autre édition des mêmes poésies, publiée par
M. Guichard, a paru chez Gosselin, en 1842,
gr. in-18 : 3 fr. 50 c. Ces deux éditions, bien qu'elles laissent à désirer, effacent entièrement celle
de Grenoble, 1808, in-12, donnée par P.-V. Chal-
vet, de laquelle il y a des exemplaires avec un nouveau titre, sous la date de *Paris,* 1809.
Voici le titre d'un ouvrage qui se rattache à l'auteur
de ces poëmes :
Louis et Charles, ducs d'Orléans, leur influence
sur les arts, la littérature et l'esprit de leur siècle,
d'après les documents originaux, les peintures des
manuscrits, par Aimé Champollion-Figeac. *Paris,
impr. de Crapelet,* 1841-44, 3 part. en 1 vol. in-8.
avec 48 pl.
Poems written in english by Charles the duke of
Orleans, during his captivity in England after the
battle of Azincourt. *London, from the Shakspeare
press,* 1827, in-4. de VIII et 295 pp.
Publié par M. G.-Watson Taylor, et tiré à quarante-
quatre exemplaires seulement, et en grande partie
pour les membres du *Roxburghe club.* Il y a de
plus quatre exempl. impr. sur vélin, dont un, celui de l'éditeur, a été vendu (avec un autographe
de Charles d'Orléans) 17 liv. Hanrott.

ORLÉANS (*Gaston* d'). Mémoires de feu
M. le duc d'Orléans, contenant ce qui

Origlia (*G.-G.*). Dello Studio di Napoli, 30259.
Origny (*J.* d'). Vie de Possevin, 30742.
Origny (*P.-Adam* d'). L'Égypte ancienne, 22752. —
Chronologie des rois égyptiens, 22753.

Orléans (la princesse Palatine, *Elisabeth-Charlotte
de Bavière,* duchesse d'). Correspondance, 23825.
Voy. Elisabeth.

s'est passé en France de plus considérable depuis 1608 jusqu'à l'an 1636 (rédigé par Algay de Montagnac). *La Haye, Adr. Moeljens*, 1685, pet. in-12. de 2 ff. et 272 pp. [23697]

Ouvrage différent des *Mémoires d'un favori du duc d'Orléans* (voy. t. III, col. 1604), quoique donnant le récit des mêmes événements. Il a paru d'abord à Paris, chez Barbin, en 1685, in-12, sous le titre de *Mémoires contenant ce qui s'est passé de plus considérable...* et il a été réimprimé en 1756, dans le recueil n° 23654 de notre table méthodique. L'édit. de La Haye entre dans la collection elsevirienne : 13 fr. La Valliere ; 14 fr. 50 c. *br.* Pixerécourt.

ORLÉANS (*Ferd.-Phil.-Louis-Henri*, duc d'). Voy. NODIER (*Ch.*).

ORLÉANS de Rothelin (d'). Voy. OBSERVATIONS.

ORLÉANS le P. (d'). Voy. D'ORLÉANS.

ORLERS (*Jean*). Généalogie des illustres comtes de Nassau, nouvellement imprimée, avec la description de toutes les victoires, lesquelles Dieu a octroiées aux... Etats des provinces unies, sous la conduite et gouvernement du prince Maurice de Nassau (par J. Orlers). *Leyden*, 1615, in-fol. [28921]

Ouvrage orné de portraits, de tableaux héraldiques et généalogiques, de cartes, plans, vues. Il y a une seconde édition sous la même date, une autre de 1620, et aussi une d'Amsterd. La première partie a été traduite en latin, *Lugd.-Batavor.*, 1616, in-fol. avec portr. et tableaux généalog. La seconde partie est, à ce qu'il paraît, la traduction française d'un ouvrage hollandais impr. à *Leyde*, en 1610, in-fol., sous le titre : *Beschryving ende ofbeeld. van alle die victorien...*

ORLOGE. Lorloge de Sapience nouuellement imprimee a paris. — *Explicit lorloge de Sapience imprime a paris ce diziesme iour de mars mil quatre cens quatrevings et treze par anthoine verard libraire demourant... sur le pont nostre dame*, pet. in-fol. goth. de 160 ff. à longues lign., au nombre de 34 sur les pages entières. [1518]

Ouvrage traduit du latin de Henri de Sews (ou plutôt, comme le portent plusieurs mss. franç., Jean de Sousaube ou Suabe, en latin *De Suso* ou *a Swebia*). Les 2 prem. ff. renferment le titre en 3 lign. en gros caractères, le prologue de l'éditeur et la table des chapitres. La souscription est au verso de l'avant-dernier feuillet, et le dernier feuillet ne contient que la marque de Verard. Jos. Van Praet cite six exemplaires de ce livre imprimés sur VÉLIN, dont trois appartiennent à la Bibliothèque impériale, et sont plus ou moins enrichis de miniatures. Le quatrième, provenant de la *Biblioth. harl.*, III, n° 3206, où il est annoncé sous la fausse date de 1483, a 13 miniatures : il s'est vend. 305 fr. chez Mac-Carthy, et 23 liv. 2 sh. chez Hibbert.

Orlich (*Leop.* von). Geschichte des preussischen Staates... 26671.

Orloff (*Gr.*). Peinture en Italie, 9223. — Musique en Italie, 10004. — Voyage en France, 20111. — Mémoires sur Naples, 25753.

Il est à remarquer que, dans deux exempl. sur VÉLIN de la Bibliothèque impériale, la place qu'occupent ordinairement les sommaires qui sont imprimés au commencement des chapitres est remplie par des miniatures, et que ces sommaires sont reportés sur les marges, mais en manuscrit. Pareille chose se remarque dans plusieurs autres éditions de Verard, impr. sur VÉLIN.

— LORLOGE de sapience. *Paris, Anthoyne Verard*, 1499, in-fol. goth. catal. Lang, n° 1747.

On cite encore une édition de l'*Orloge de sapience*, impr. pour Ant. Verard, sans date, in-fol. goth., et il en existe une autre sous ce titre :

SENSUYT lorloge de sapience en laquelle est contenu deux livres : le premier fait mention de la mort et passion de N.-S. J.-C. et de plusieurs belles doctrines que sapience enseigne a son disciple, et le secon livre enseigne comment ung bon chrestien se doit gouverner en ce monde pour acquerir le royaulme de Paradis, et pareillement se préserver des peines denfer. *Imprime a Paris, par Denis Janot* (vers 1530), pet. in-8. goth., avec fig. sur bois.

Une autre traduction du même livre porte le titre suivant :

DIALOGUE de la sagesse éternelle avec son disciple, trad. du latin par De Vienne. *Paris*, 1684, in-12.

Quant au texte latin de l'*Horologium æternæ sapientiæ*, Panzer n'en cite pas d'édition datée antérieure à celle de *Venise*, 1492, in-4. Cependant le catalogue de la Bibliothèque impériale, théologie, tome II, page 363, annonce : *Liber qui horologium sapientiæ intitulatur a quodam de ordine prædic.*, Parisiis, 1479, in-4., et il en existe plusieurs autres édit. moins anciennes.

DER SEUSSE. *Augsp., Ant. Sorg*, 1482, in-fol. de 103 et 146 ff., avec fig. sur bois.

Ce livre ascétique, mystique et extravagant, est, sinon l'original, au moins une traduction de l'*Horologium* ci-dessus. Cette édition allemande contient, outre la vie de H. de Sews, son livre de la Sagesse éternelle, son Discours de la vérité, le recueil de ses lettres, et un roman ascétique d'un auteur inconnu, pour titre : *Diss buch das da gedicht hat..... Amandus, genannt Seuss, begreifft in im vil guter gaistlicher leeren.....; Augsp.*, Hans Othmar, 1512, in-fol. fig. sur bois.

ORLOWSKI. Voy. COSTUME of Persia.

ORME (*Philibert* de l'). Voy. DE LORME.

ORME (*Robert*). History of the military transactions of the british nation in Indostan, from the year 1745. *London*, 1799 ou 1803, 3 vol. in-4. fig. 60 fr. [28156]

Ouvrage estimé, dont les premières édit. sont sans le nom de l'auteur. L'édit. de 1775-78-80, 3 vol. in-4., a peu de valeur aujourd'hui ; celle de 1803, avec l'article ci-après, a été vend. 4 liv. 15 sh. Hibbert, et moins cher depuis.

Le premier volume de cette histoire a paru d'abord en 1763, et on en a fait une traduction française sous le titre d'*Histoire des guerres de l'Inde*, Paris, 1765, 2 vol. in-12.

J.-W. d'Archenholz a donné, en allemand : *L'Anglais aux Indes, d'après Orme*, Leipz., 1786-88, 3 vol. pet. in-8. fig. — trad. en français (par L.-F. Koenig, revu par M. Lanteires), *Lausanne et Berne*, 1791, 3 vol. in-12. [28157]

— HISTORICAL fragments of the Mogul empire, of the Marattoes and of the english concerns in Indostan, from 1659 ; origin of the english establishment,

---

Orme (*W.*). Bibliotheca biblica, 31693.

and of the company's trad, at Broach and Surat. *London*, 1805, in-4. portr. 20 fr. [28174]

Cet ouvrage, auquel est jointe la vie de l'auteur, se réunit au précédent. La première partie avait déjà paru en 1782 (voy. HISTORICAL fragment). On cite encore du même auteur :

A GENERAL idea of the government and people of Indostan. *London*, 1811, in-4., qui fait aussi partie du volume publié en 1805. [28159]

ORME (*Edw.*). Voy. HUNTER (*John*), et WILLIAMSON.

— An Essay on transparent print, 9502

ORMEROD (*George*). History of the county palatine and city of Chester, compiled from original evidence in public offices, unpublished manuscript collections of successive Cheshire antiquaries, incorporated with a republication of King's Vale royal, and Leycester's Cheshire antiquities. *London, Lackington*, 1819, 3 vol. in-fol. fig. 26 liv. 5 sh. — Gr. Pap. 52 liv. 10 sh. [27130]

Une des bonnes histoires particulières des comtés d'Angleterre. Il en existe des exemplaires avec les eaux-fortes et les épreuves sur pap. de Chine.

ORMULUM (the). Now first edited from the original manuscript in the Bodlejan with notes and a glossary by Rob. Meadows White. *Oxford, Parker*, 1852, 2 vol. in-8., avec 4 fac-simile. 36 fr. [15707]

Ce poëme anglo-saxon contient près de 20,000 vers.

ORNATI (gli) delle pareti ed i pavimenti delle stanze dell' antica Pompei, incisi in rame. *Napoli, della stampa reale*, 1796-1808 (et 1820), 3 vol. très-gr. in-fol. [29347]

Ces gravures peuvent faire suite aux Antiquités d'Herculanum : chacun des deux premiers volumes se compose de 47 pl., précédées d'un frontispice et d'un f. de préface. Le troisième renferme seulement treize planches d'une plus grande dimension que celles des deux autres volumes. Vend. 125 fr. Hurtault.

ORNITHOLOGIA, methodice digesta, atque iconibus æneis ad vivum illuminata ornata (latine et italice, a Xav. Manetti, Laurentio Lorenzi, et Violante Vanni). *Florentiæ*, 1767-76, 5 vol. gr. in-fol. [5745]

Cet ouvrage, qui contient 600 pl. color. et passablement exécutées, est peu commun en France : 245 fr. Mirabeau (sans le 5ᵉ vol.) ; 100 fr. Huzard ; *m. r.* 19 liv. 19 sh. Hibbert.

ORNITHOLOGIE abrégée de la France, contenant les figures et la nomenclature, en un grand nombre de langues, de 134 espèces d'oiseaux. *Neuwied*, 1794, in-4., avec les fig. coloriées. 12 à 15 fr. [5740]

Ormesson (*Olivier* d'). Administration de Louis XIV, 23737.

Ornhjalm (*Cl.*). Histor. eccles. Sueonum, 21529.

ORNITOPARCHUS (*Andreas*). Musicæ activæ micrologus libris quatuor digestus. (in fine) : *Excusum est hoc opus, denuo castigatum, recognitumque, Lipsiæ, in ædibus Valentini Schumanni, mense aprili, anni undevigesimi supra sesquimillesimum* (1519), in-4. [10131]

Cet ouvrage, un des meilleurs de ce genre qui eussent encore paru au commencement du XVIᵉ siècle, a été impr. pour la première fois à *Leipz.*, en 1516, in-4. L'auteur a traduit en grec son nom allemand, Vogel Sang, et en a fait *Ornitoparchus* ou plutôt *Ornithoparchus*. Il y a une édit. de Leipzig, 1520, in-4., dont un exempl. rel. en *mar.* est porté à 2 liv. 3 sh. dans la *Biblioth. heber*.

Le *Micrologus* a été traduit en anglais par John Duland, *London*, 1609, in-fol.

OROSIUS (*Paulus*). Historiarum adversus Paganos libri VII. — *Finiunt feliciter. Per Iohannē Schuszler florentissime vrbis Auguste conciuē impressi. Anno... Mᵒ q̄dringē̄tesimo et septuagesimo p̄mo*, in-fol. goth. de 130 ff. non chiffr., à 35 lign. par page. [22689]

Première édition, et qui a été faite sur de bons manuscrits : elle commence par un *Index argumentorum*, en 7 ff. Le prologue occupe le 8ᵉ f., où se lit le sommaire : *Pauli horosij presbiteri historiōḡphi discipl'i sancti augustini .... aduersū cristiani nots q̄rulos prologus ī̄ libros septē*. La souscription rapportée dans le titre ci-dessus est placée au verso du dernier f. Vend. 70 fr. Gaignat ; 386 fr. La Valliere ; 85 flor. Crevenna ; 12 liv. 12 sh. Sykes ; 3 liv. 15 sh. *mar. v.* Hanrott ; 1 liv. 7 sh. Heber ; 41 fr. Riva.

— Historiarum libri VII, per Æneam Vulpem castigati. (*Vicentiæ, per Hermanum Levilapidem de Colonia, circa* 1475), in-fol. de 100 ff. à 39 lignes par page.

Édition sans chiffres, récl. ni signat., imprimée en caractères romains; elle ne porte pas de date, mais on sait qu'*Herman Levilapis* (Lichtenstein) a exercé de 1475 à 1480 ; vend. 16 fr. Gaignat ; 20 fr. Brienne-Laire. — On lit, en tête du vol., un avis impr. en lettres capitales, commençant ainsi : *Scias velim humanissime lector : Æneam Vulpem Vicentinum, etc.;* est à la fin (au recto du 100ᵉ f.) une souscription de 12 vers, dont voici les deux premiers, et les 7ᵉ et 8ᵉ :

> *Vt ipse titulus margine in primo docet
> Orosio nomen mihi est.
> Hermanne nomen hujus artis et decus
> Tuæque laus Coloniæ.*

Il existe une autre édition d'Orose, in-fol., de 106 ff. (à 38 lignes par page, en caract. rom.), sans lieu ni date, et sans chiffres ni récl., mais avec des signat. de *a—n*, par 8 ff., à l'exception de *n*, qui en a 10. Le premier f. est blanc. Au verso du dernier f. sont reproduits les 12 vers qui forment la souscription de l'édit. de Herman Levilapis, ci-dessus : seulement on a substitué, dans les 6ᵉ et 7ᵉ vers, *Leonarde* à *Hermanne*, et dans le 8ᵉ, *Basileæ* à *Coloniæ*, parce que ce livre a été impr. par *Leonardus Achates de Basilea*, qui exerçait à Vicence, dans le même temps qu'Herman Levilapis, et même encore après lui. Il est, sans doute, difficile de savoir bien positivement laquelle de ces deux éditions a paru la première ; mais ce qui est certain, c'est qu'elles sont différentes, bien qu'elles aient été évidemment copiées l'une sur l'autre.

L'exemplaire de cette dernière, qui s'était vendu 200 fr. chez La Vallière, a ensuite été donné pour moins de 13 flor. chez Crevenna.

Les douze mêmes vers dont il vient d'être question se retrouvent encore, avec les noms propres changés, dans trois éditions d'Orose, imprimées à Venise; la première par *Octav. Scotus*, 1483, in-fol., de 78 ff., sign. *a - n*; vend. 18 fr. m. r. La Serna; la seconde par *Casp. de P nsis*, 1499, in-fol. de 72 ff., sign. a—m, et la dernière, *per Bernardinum Venetum de Vitalibus*, 1500, in-fol. de 79 ff.

— Adversus paganos historiarum libri VII, ut et apologeticus contra Pelagium, de arbitrii libertate, ad fidem mstor., adjectis integris notis Fr. Fabricii et L. Lautii, recensuit suisque animadversionibus illustravit Sigeb. Havercampus. *Lugd.-Batav.*, 1738 (vel titulo mutato 1767), in-4. 24 à 36 fr.

Édition la mei leure que l'on ait de cet auteur : elle est peu commune et très-recherchée, malgré la réimpression faite à Montrouge, en 1856, gr. in-8 à 2 col.

— Le premier (et le second) volume d'Orose. (à la fin du second, au f. 127): *Imprime a paris ce xxj^e io^r Daoust mil quatre cês quatre vingts z onze par Anthoine rerard libraire demourat sur le pont nře dame...*, 2 part. en 1 vol. in-fol. goth. à 2 col. de 48 lign., fig. sur bois.

Ce livre n'est pas, comme on pourrait le croire, une simple traduction de Paul Orose, mais bien une compilation historique, extraite de différents auteurs, et écrite dans le XIVe siècle, puis retouchée, plus tard, par un anonyme qui l'a dédiée au roi Charles VIII. Quant à la traduction du livre des quatre vertus de Sénèque, qui fait suite à l'Orose, c'est celle que Jean Courte-Cuisse a écrite en 1403, la même qui a été réimprimée au commencement du XVIe siècle, sous le nom de Cl. Seyssel. — Voyez SÉNÈQUE.

Dans l'Orose de 1491, la première partie contient 12 ff. prélim. pour le titre, la préface du traducteur et la table des chapitres; ccxxviij ff. de texte. Ces feuillets sont chiffrés régulièrement jusqu'au 187e, après quoi on a passé au chiffre 208; le f. 206 est chiffré 188. Le second vol. a 4 ff. prélim. pour le titre et la table, vi¹¹vij (127) ff. de texte (dans cette 2e part. les chiffres sautent de 69 à 80), ensuite 44 ff. non chiffrés qui renferment le *Livre des quatre vertus*, trad. du lat. de Sénèque, et le *Livre des mots dorés des sages*, ayant à la fin une souscription particulière non datée; circonstance qui a pu faire annoncer sans date cette édition de 1491. Vend. 4 flor. Crevenna; 7 liv. 17 sh. 6 d. White Knights; 6 liv. 2 sh. 6 d. Hanrott.

Un exemplaire impr. sur VÉLIN, et dans lequel on compte 215 miniatures, se voit à la Biblioth. impériale : c'est celui qui fut présenté à Charles VIII.

— AUTRE édition, avec cette souscription à la fin : *Imprime a paris pour anthoine verad* (sic) *libraire demourant devant la rue neufve nostre dame...*, 2 tom. en 1 vol. goth. à 2 col. de 47 lign., avec fig. sur bois.

Cette édition sans date a paru vers 1503. Le premier vol. est de onze et ccxxviij ff.; le second en a quatre, VI. XX. VII (127), et 44 pour les *quatre vertus* et *les mots dorés*. Un exempl. sur VÉLIN, avec fig. enluminées, se conserve à la Bibliothèque impériale.

Une trois ème édit. de la même traduction d'Orose, avec les *quatre vertus* et les *mots dorés*, a été donnée par Verard, le 8e iour de Juing 1509, 2 tom.

en 1 vol. in-fol. goth., fig. sur bois. Vend. 12 fr. La Vallière.

— LE MÊME OROSE. (à la fin du second vol.) : *Imprime a Pa is par Michel le noir libraire...... lan mil cinq cens et xv. le cinquiesme iour de Juing*, 2 vol. pet. in-fol. goth. à 2 col. de 45 lignes.

Le premier vol. a 12 ff. prélim. et clxxxij. ff. de texte. Le second, 4 ff. prélim. et ciij ff. de texte.

L'édition imprimée à Paris par Philippe le Noir *libraire et relieur... lan mil cinq cantz et x.xvi. le xx. iour de Nouembre*, 2 vol. pet. in-fol. goth. à 2 col., reproduit page pour page et ligne pour ligne la précédente ; seulement le titre en est plus développé et porte : *Le premier volume de Oroze certain compilateur de tous les aages du monde, contenât toutes choses dignes de memoire aduenues tant es parties francoyses, ytalicques, grecques, romaines, turcquoyses, que aultres nations du monde Traictant de toutes les aduersitez et miseres q̃ sont aduenues depuis le premier aage iusques au temps present : nouuellement translate de latin en françoys Et ce vendêt par Philippe le Noir...* Vend. 14 fr. Courtois ; 18 fr. Librairie De Bure.

— The anglo-saxon version from the historian Orosius, by Alfred the Great : together with an english translation from the anglo-saxon (by Daines Barrington, with remarks by John Reinhold Forster). *London, Bowyer*, 1773, 2 part. en 1 vol. in-8. de XXXIII, 242, XII et 259 pp.

Cette traduct. vaut de 20 à 25 sh. en Angleterre.

A LIFE of Alfred the Great, translated from german of Dr. R. Pauli : to which is appended, Alfred's anglo saxon version of Orosius, with a literal english translation, and an anglo-saxon Alphabet and glossary, by B. Thorpe. *London, Bohn*, 1858, pet. in-8. 5 sh.

OROZCO (*Sebastian* de Covarrubias), capellan del Rey. Emblemas morales. *Madrid, por Luis Sanchez*, 1610, in-4. avec 300 fig. [18581]

20 fr. en avril 1861.

ORPHEUS. Orphei Argonautica, et hymni. Procli Lycii philos. hymni (græce). — *Anno ab incarnatione* M. CCCCC. *die xix septembris impressum Florentiæ, impensa Philippi Jùte bibliopole...*, in-4. [12348]

Première édition, fort belle, correcte et très-rare ; le poëme *De Lapidibus*, qui n'en fait point partie, a été publié pour la première fois en 1517 (voy. MUSÆUS). Le volume ici décrit se compose de 51 ff. partagés en 7 cahiers, dont 6 de 8 ff. et un 7e de 3 ff. seulement. Vend. 67 flor. Crevenna ; 260 fr. très-bel exempl. m. r. salle Silvestre, en 1806 ; 212 fr mar. r. d'Ourches ; 250 fr. Larcher ; 12 liv. 5 sh. Sykes ; 14 liv. 5 sh. Hibbert ; 13 liv. 5 sh. Heber ; 12 liv. 15 sh. Libri, en 1859.

— ARGONAUTICON opus græcum, cum latina incerti auctoris (Leodrisii Cribelli) interpretatione recens addita et diligentius quam hactenus emendata. *Basileæ, in ædib. And. Cratandri*, 1523, in-4. de 56 ff.

Édition rare : 5 flor. 25 c. Rover. C'est, pour le texte, une réimpression de celui de Junte, mais la version a été faite sur un bon manuscrit. On la retrouve dans le *Valerius Flaccus*, d'Alde, 1523, et dans celui de Burman, de 1724.

Oroz (*H.* de). De Apicibus juris, 2549.

— ARGONAUTICA, hymni et de lapidibus (gr. et lat.), curante And.-Chr. Eschenbachio cum ejusdem ad Argonautica notis et emendationibus : accedunt H. Stephani in omnia et Jos. Scaligeri in hymnos notæ. *Trajecti ad Rhenum, Vande Water*, 1689, pet. in-8. Texte d'H. Estienne (de 1566). 6 à 8 fr.
A cette édit., devenue peu commune, se rattachent les deux opuscules suivants :

PANDULFUS COLLENUTIUS [J. Sm. Schodel] super ArgonauticisOrphei et paribus libellis novo munere ab And.-Ch. Eschenbach editis lamberatoris gallicani taxtationes expendit. (*Norimb.*), 1690, pet. in-8. Réponse à une critique que Le Clerc avait faite de l'édition, dans sa *Bibliothèque universelle*, tome XV.

AND.-CH. ESCHENBACH Epigenes de poesi Orphica in priscas Orphicorum carminum memorias liber commentarius. *Norimb.*, 1702, in-4.

—Argonautica, hymni, libellus de lapidibus et fragmenta (gr. et lat.), cum notis H. Stephani et Eschenbachii : textum ad codd. mss. et editt. vett. recensuit, notas suas et indicem græcum adjecit Jo. Matthias Gesnerus, curante G.-Chr. Hambergero. *Lipsiæ*, 1764, in-8. 6 à 9 fr.

Texte d'H. Estienne, revu par le nouvel éditeur. Il y a des exemplaires en pap. fort, 20 fr. *mar. r.* Renouard.

— ARGONAUTICA (gr.), ex libris scriptis et conjecturis virorum doctorum suisque adjecit et emendata , interpretatus est J.-G. Schneider. *Jenæ*, 1803, in-8. 5 à 7 fr.
Cette édition renferme de bonnes notes ; il en a été tiré cinq ou six exemplaires sur pap. vélin.

— Orphica (gr.), cum notis H. Stephani, A.-Chr. Eschenbachii, J.-M. Gesneri, Th. Tyrwhitti, recensuit Godofr. Hermannus. *Lipsiæ*, 1805, in-8. 10 à 15 fr.

Édition la plus ample de ce recueil, auquel il faut réunir les Argonautiques de l'édition de Schneider, ci-dessus. Il a aussi été tiré quelques exemplaires des *Orphica*, édition de 1805, sur pap. vélin : 6 liv. White Knights ; 11 liv. 5 sh. Heber ; 36 fr. *mar. citr.* Giraud.

— DE LAPIDIBUS , poema Orpheo a quibusdam adscriptum, gr. et lat., ex edit. Jos.-Matth. Gesneri ; recensuit notasque adjecit Th. Tyrwhitt ; simul prodit auctarium dissertationis de Babrio. *Londini*, 1781, in-8. 5 à 6 fr. [12349]
— ORPHÆI et Ariphronis hymni in Æsculapium et sanitatem ; gr. lat., ex interpr. Jos. Scaligeri et Fed. Morelli. *Parisiis, Liberti*, 1615, in-4. [12350]
L'exemplaire sur VÉLIN, qui est indiqué dans le catal. de la Bibliothèque impériale, Y, 487, ne se trouve plus depuis longtemps dans ce dépôt.
Pour les traductions allemandes des ouvrages attribués à Orphée, et pour les écrits qui se rapportent à ce poëte, consultez Hoffmann.

ORSATO (*Sertorio*). I Marmi eruditi, ovvero lettere sopra alcune antiche inscrizioni, opera postuma colle annotaz. di Gio.-Ant. Orsato. *Padova, Cominus*, 1719, in-4. 5 à 6 fr. [29916]

Bon ouvrage. Un premier recueil du même auteur (sous le titre de *Li Marmi eruditi*) avait paru à *Padoue*, en 1659, in-4. ; il doit être réuni à celui-ci.

— Sertorii Ursati de notis Romanorum commentarius in quo earum interpret. quotquot reperiri potuerunt observatio-

nibus illustrantur. *Patavii*, 1672, in-fol. 12 à 15 fr. [29909]

Cet ouvrage estimé a été réimpr. plusieurs fois, et notamment dans le XI° vol. des *Antiquitates romanæ*, de Gronovius. Jean-Et. Bernard en a donné un abrégé sous ce titre :

SERTORII URSATI de notis Romanorum commentarius, sive explicatio notarum quæ frequentius in antiq. lapidibus, marmoribus et auctoribus occurrunt. *Hagæ-Comitum* (*Paris., Coustelier*), 1736, in-8. 5 à 6 fr.

— Istoria di Padova, 25416.

ORSI (*Gio. - Giuseppe*). Considerazioni sopra la maniera di ben pensare, etc. *Modena, Soliani*, 1735, 2 vol. in-4., avec le portrait du P. Bouhours et celui d'Orsi. 10 à 12 fr., et plus en Gr. Pap. [18293]

Au commencement de ce recueil se trouve la traduction ital. de l'ouvrage du P. Bouhours (*La manière de bien penser*), qui a donné lieu à celui de G.-G. Orsi et à une partie des morceaux qui l'accompagnent. Pour le contenu de ces deux volumes, consultez Gamba, 4° édition, n° 2380.

ORSI (card. *Giuseppe-Agostino*). Istoria ecclesiastica. *Roma, Pagliarini*, 1747-1763, 21 vol. in-4. [21377]

Ouvrage fort estimé en Italie, et surtout pour le style. Le 21° vol. a été achevé par Botlari, qui y a joint un éloge de l'auteur. Il faut réunir à ces 21 volumes : *Continuazione, dal secolo* VII° *della chieza al secolo* XIV° de Filippo-Ang. Becchetti, *Roma*, 1770-88, 17 vol. in-4., et *Istoria degli ultimi quattro secoli della chiesa*, Roma, 1788-97, 12 vol. in-4. (le dern. s'arrête à l'année 1587). En 49 vol. 100 fr. Quatremère.
L'ouvrage du cardinal Orsi a été aussi imprimé à Rome, de 1749-63, en 21 vol. in-12, et à Venise, chez Battaggia, de 1822-26, en 42 vol. gr. in-16, avec un frontispice gravé à chaque volume.
On a du même prélat : *Dissertazione dogmatica e morale contro l' uso materiale delle parole, etc.*, Roma, e Firenze, 1727 ovvero 1728, in-4., écrit qui a donné lieu à une polémique littéraire, au sujet de laquelle Gamba donne des détails sous le n° 2061 (ou 2382) de sa *Serie*.

ORSINI (M. l'abbé). La Vierge, ou histoire de la mère de Dieu, édition illustrée de gravures et de vignettes par Brevière, Engelmann et autres. *Paris, impr. lithogr. de Le Mercier* , 1844, 2 vol. gr. in-8. avec titre en or et en couleur. [323]

— Bible des familles, 43. — Hist. de S. Vincent de Paul, 21927.

ORTA (*Garcia* d'). Coloquios dos simples, e drogas he cousas medicinais da India, e assi dalgũas frutas achadas nella, onde se tratam algũas cousas tocantes a mediçina, pratica e outras cousas bõas, pero saber, cõpostos pello doutor Garçia Dorta (*sic*). *Goa, por Joannes de Endem, as x dias de Abril de* 1563, in-4. de 217 ff. [7384]

Orsini (*Baldass.*). Memorie de' pittori perugini, 31045.
Orsini (*Ign.*). Monete della republ. fiorentina, 25545.
— Monete de' granduchi di Toscana, 25545.

Édition rare, mais qui n'est pas, comme on l'a dit, le prem. livre impr. à Goa (voy. LEÃO). On y lit des vers laudatifs du poëte Camoens, lequel se trouvait à Goa au moment où l'on imprimait ce volume; mais ce morceau n'a pas été réimprimé dans les œuvres de l'auteur. L'édition des *Colloquios* ici décrite est portée à 3 liv. 3 sh. dans le catal. de Payne et Foss pour 1830; pourtant elle a été donnée à très-bas prix chez R. Heber.

La traduction lat. abrégée que Charles de l'Ecluse a faite de l'ouvrage d'*Orta*, a été impr. trois fois séparément à Anvers, en 1567, en 1574 et en 1579, in-8., et réunie à la traduction (par le même de l'Ecluse) des ouvrages de Christ. d'Acosta et de Nic. Monardes sur le même sujet, *Anvers*, 1593, in-8. Cette même traduction forme le 7e livre des *Exotica* de l'Ecluse. L'auteur portugais y est nommé *Garcia ab Horto*, et ce nom est changé en *Garcie du Jardin* dans la traduction française ci-dessous; d'autres le nomment Garcia del Huerto.

— HISTOIRE des drogues, espiceries et de certains medicamens simples qui naissent ès Indes et en l'Amérique, comprise en six livres, dont il y en a cinq tirés du latin de Ch. de l'Ecluse... le tout fidèlement translaté en françois et augmenté d'annotations; par Ant. Colin. *Lyon, Pillehote*, 1619, pet. in-8. fig.

ORTEGA ou l'Ortie. OEuvre tres subtile et profitable de lart et science de aristmeticque et geometrie, translate despaignol en francoys (de frere Jehan de Lortie, de lordre de Saint Dominique). *Imprimé à Lyon, par maistre Estienne Baland, lan mil cinq cens z quinze, le xxiii iour de octobre*, in-4. goth. de 4 ff. prélim. et CLXVI ff. chiffrés. [7868]

Livre rare porté sous le nom de *Lortse* dans la *Biblioth. heber.*, 1, 4276 (1 sh. 6 d.); 23 fr. Coste.

Nous ignorons la date de la première édition du texte original espagnol de cet ouvrage, car Antonio ne la donne pas; mais elle doit avoir précédé la traduction française, et aussi la version latine ci-dessous:

— SŪMA de Arithmetica: Geometria pratica utilissima: ordinata per Johanne de Ortega Spagnolo Palentino. — *Impresso in Roma per Maestro Stephano Guilleri de Lorena anno..... 1515, a di 10 de Nouebre*, in-fol. de 116 ff. chiffr., sign. A—T.

Volume non moins rare que le précédent, et qui a été vendu 61 fr. Libri, en 1857.

Nous trouvons à la p. 465 du XIe vol. des *Annales de Panzer* le titre suivant, qui doit avoir sa place ici:

SEQUITUR la quarta Opera de arithmetica et geometria facta et ordinata per Johanne de Ortega spagnolo palentino laqual fo composta in Messina in lo anno de .MDXXII. regnante lo sanctissimo Imperatore Don Carlo en Despagna Vtriusque Scilie (*sic*) Jerusalem in lo suo tercio anno in lo tempo de lo summo Pontifice papa Adriano sesto. Cum gratia et privilegio. (in fine): *Stampata in la nobili chitati di Misina per Giorgi et Petrucio Spera patre et figlio mesinesi lanno de la incarnatione del Signore* .M.D.XXII. *Adi* XXIII *di decembrio. Finis. Laus Deo.* in-fol.

Antonio, I, 750, article Joannes Ortega, cite son *Tratado sutilisimo de Arithmetica de nuevo enmendado por Juan Lagarto y antes por Gonzalo de Busto*, Granada, 1563, in-4; d'abord imprimé à Séville, chez Jean Cromberger, 1537, in-4.

ORTEGA (*Jose*). Doctrina cristiana, oraciones, confesonario, arte y vocabulario de la lengua Cora, por Jose Ortega. *Imprented por Obispo da Guadalaxara, Sr. Don Nicolas Gomez, de Cervantes*,

1729. — Vocabulario del P. Joseph de Ortega. *Mexico*, 1732, in-8., cité par Hermann Ludwig, *Literatur of American aboriginal languages*, p. 53, d'après le Mithridates d'Adelung, vol. III, part. II, p. 131-138.

ORTEGA (*Casimir* Gomez). Novarum aut rariorum plantarum orti regii botanici matritensis descriptionum decades, cum nonnullarum iconibus centuria prima. *Matriti*, 1797-1800, in-4., de 132 pp. avec XVIII pl. [5314]

Cet ouvrage n'a pas été continué: vend. 45 fr. Pappenheim. — Voy. QUER.

ORTELIUS (*Abr.*). Theatrum orbis terrarum, tabulis aliquot novis vitaque auctoris illustratum. *Antuerpiæ, J.-B. Vrintius*, 1603, gr. in-fol. [19638]

Bonne édition d'un ouvrage qui tiendra toujours une place distinguée dans l'histoire de la géographie, parce que c'est le premier recueil de cartes géographiques qui ait quelque mérite. Il faut y joindre:

THEATRI orbis terrarum parergon sive veteris geographiæ tabulæ. *Antuerpiæ, Balth. Moretus*, 1624, gr. in-fol., avec 32 planch., déjà publié à Anvers en 1577, en 1588 et en 1595, sous la date de 1588. Vend. 18 fr. Walckenaer.

Un exempl. de l'édit. de 1624, contenant 36 cartes, plus les vues de Tempé, de Daphné et de l'Escurial, par Ortelius, 28 fr. de Sacy.

La première édition du *Thesaurus orbis terrarum* d'Ortelius, publiée à Anvers, en 1570 (*apud Gid. Coppenium Diesth*), gr. in-fol., ne contenait que 53 cartes gravées par Fr. Hogenberg; mais l'ouvrage a été successivement augmenté, et porté à 67 cartes dans l'édition de 1571 avec texte flamand; à 70 cartes dans l'édition de 1573, et à 115 cartes dans l'édition de 1595. Ce même ouvrage existe, soit avec un texte français, soit avec un texte italien ou allemand. Consultez sur ces différentes éditions, *Biblioth. hulthem.*, nos 14322 et suiv. Pourtant, aucune n'est chère, et même on a donné pour 7 fr. 50 c., à la vente Walckenaer, celle qui a pour titre:

THEATRE de l'univers, contenant les cartes de tout le monde, avec une brève déclaration d'icelles, par Abr. Ortelius. *Anvers, de l'imprimerie plantinienne*, 1598, gr. in-fol., cartes color.

Une traduction anglaise du *Theatrum orbis terrarum* a été impr. à Londres en 1606, in-fol. On y a reproduit les cartes de l'édition latine d'Anvers.

— Abr. Ortelii Thesaurus geographicus recognitus et auctus. *Antuerpiæ, ex offic. plantiniana*, 1596, in-fol. [19565]

Bon dictionnaire de géographie ancienne: 15 fr. 50 c. Larcher; 14 fr. Walckenaer. — Réimpr. à Hanau, *apud G. Antonium*, 1611, in-4.; 6 fr. 25 c. Walckenaer.

La première édition, beaucoup moins complète que les autres, a paru à Anvers, en 1578, in-4., sous le titre de: *Synonymia geographica*.

— DEORUM, Dearumque capita, ex musæo Abr. Ortelii. *Antuerpiæ*, 1572. (in fine): *Antuerpiæ Philippus Gallæus excudebat ann.* 1582, pet. in-4., 4 ff. prélim. et 50 pl. 6 à 9 fr.

Édition préférable pour la beauté des épreuves aux édit. d'Anvers, 1612, et de Bruxelles, 1683, dans lesquelles cependant se trouve un texte qui n'est pas dans la première.

— Aurei seculi imago, 26340.

ORTI (*Giac.*). Voy. CARLO Magno.

ORTIGUE (*Annibal* de l'). Les Poëmes divers du sieur de Lortigue, provençal. *Paris, Jean Gosselin*, 1617, in-12. [13936]

Goujet (*Bibl. franç.*, XIV, p. 275-84) a donné de grands détails sur ce recueil où il est traité de guerre, 'd'amour, et où se trouvent des gayetés, des poincts de controverses, des hymnes, des sonnets, et autres poës:es qui sans donner une idée bien avantageuse du talent po:tique de l'auteur, sont cependant assez curieux. 40 fr. *mar. r.* Berlin.

Le Désert du sieur de Lortigue sur le mépris de la cour, Paris, Claude Marette et Cardin Besongne, 1637, pet. in-8. est un poëme en 12 livres fort peu remarquable.

Ce poëte qui a signé indifféremment de l'ortigue ou de L'Ortigue, est le père du sieur de Vaumoriere, auteur de plusieurs romans, et notamment des cinq derniers vol. du *Faramond* de La Calprenède et de l'*Histoire de la galanterie des anciens*, Paris, Pierre le Monnier, 1674, 2 vol. in-12. Mais Pierre Vaumoriere signait Dortigue ou d'Ortigue ; en sorte que, pour concilier ces différentes orthographes d'un même nom, il convient de placer cet article à l'O plutôt qu'à l'L. N'oublions pas de citer l'ouvrage suivant du même auteur :

HARANGUES sur toutes sortes de sujets, avec l'art de les composer ; troisième édition, augmentée d'une dissertation sur les Oraisons funèb.es, par l'abbé de Jarry. *Paris, Guignard et Robustel*, 1713, in-4. La première édition est de 1688, et la seconde, *augmentée de préceptes et de harangues*, de 1693, in-4. [12194]

ORTIZ (*Alonso*). Los tratados del doctor Alonso Ortiz. Tratado de la herida del rey: tratado consolatorio a la princesa de Portugal; item oracion a los reyes, en latin y en romance: item cartas y mesajeras a los reyes, una que embio la cibdad, la otra el cabildo de la yglesia di Toledo; Tratado contra la carta del protonotario de Lucena. (au verso du dernier f.): *Fue imprimido en la cibdad de Sevilla, por tres Alemanes cōpañeros en el año del señor* M. CCCC. XCIII, pet. in-fol. goth. de C ff. chiffrés, à 2 col., y compris le titre. [19262]

Volume fort rare.

ORTIZ (*Blazius*). Summi templi toletani graphica descriptio. *Toleti, Ayala*, 1549, in-8. [21490]

Livre rare, contenant CXLIX ff., sans compter 9 ff. pour la table des chapitres et celle des matières : 36 fr. *mar. bl.* Gaignat; 16 fr. La Valliere ; 12 fr. Mac-Carthy. Il a été réimpr. en 1793, à la fin du 3e vol. des *Patres Toletani.* — Voy. LORENZANA.

—Voy. MISSALE mixtum, et ITINERARIUM Adriani VI.

ORTIZ (*Francisco*). Epistolas familiares, embiadas a algunas personas particulares. contienense juntamente en este volumen algunas otras obras del mismo padre. *Alcala de Henarez, Juan de Brocar*, 1551, pet. in-fol. goth. [18899]

Réimprimé à Saragosse, 1592, in-4.

Orti (*Gir.*). Viaggi, 20102.

ORTIZ de Zuñiga (D. *Diego*). Annales ecclesiasticos y seculares de la ciudad de Sevilla, desde el año de 1246 hasta 1671. *En Madrid*, 1677, in-fol. [26232]

Ouvrage estimé : vend. 40 fr. La Serna, sans avoir toujours cette valeur. Il a été reproduit *Madrid, imprenta real*, 1786, en 5 vol. pet. in-4.

ORTIZ (Fr. *Thomas*). Arte y reglas de la lengua tagala. *Impresso en el convento de nostra señora de Loreto en el pueblo de Sampaloc (Manila)*, 1740, in-4. de 6 ff. prélim., 125 pp., la table et 1 f. d'errata. [11911]

Rare, comme le sont presque tous les ouvrages imprimés aux Philippines : 137 fr. salle Silvestre, en mai 1826; 2 liv. 19 sh. Heber; 143 fr. Rætzel. — Voy. TOTANES.

ORTIZ (*Jos.*). Bibliotheca salmantina, seu index librorum omnium qui in publica salmanticensis Academiæ bibliotheca adservantur. *Salmanticæ*, 1777, 3 vol. in-4. 18 à 30 fr. [31526]

Vend. 1 liv. 17 sh. Heber.

ORTIZ y Sanz (*Joseph*). Compendio cronologico de la historia de España desde los tiempos mas remotos hasta nuestros dias. *Madrid*, 1795-1803, 7 vol. in-8. 35 fr. [25996]

— Viage arquitectonico antiquario de España. *Madrid*, 1803, 5 vol. in-4. [25958]

ORTO (de). Voy. l'article MISSÆ.

ORTOGRAFIA de la lengua castellana, compuesta por la real Academia española. *Madrid, Joach. Ibarra*, 1770, in-8., avec 9 pl. [11157]

La 8e édit. de cet excellent ouvrage est de *Madrid*, 1815, in-8. 7 fr.

ORTOLFF von Bayrlandt. Arzneybuch. *Nuremberg, Ant. Koburger*, 1477, in-fol. de 84 ff. à 39 lign. par page, sans chiffres, récl. ni signat. [7365]

Première édition avec date de cet Antidotaire traduit du latin en allemand. Elle commence par 4 ff. pour la table des chapitres. Au verso du 4e f. se trouve la souscription indiquant le lieu de l'impression, le nom de l'imprimeur et la date ; au recto du dernier f. sept lignes avec ces mots *ein ende*. L'ouvrage a été réimprimé à Augsbourg, par Ant. Sorg, en 1479, en 1482, in-fol., et en 1488, in-4. Hain, qui décrit ces quatre éditions sous les nos 12112 à 12115 de son *Repertorium*, en décrit, sous le no 12111, une autre peut-être plus ancienne, qui n'a ni date ni nom d'imprimeur, mais qu'il attribue aux presses de Gunther Zainer, à Augsbourg. C'est un in-fol. contenant 4 ff. non chiffrés et 100 ff. chiffrés, à 35 lignes par page, avec des initiales sur bois. Au f. 97 l'auteur est nommé *Meglenberger*. Hain cite aussi une édition d'Augsbourg, par Hans Schopsser, 1490, in-4., en bas saxon.

Ortografia enciclopedica, 11104.
Ortolan (*A.*). Traité des machines à vapeur, 8508.
Ortolan (*J.-L.-E.*). Droit politique, 2400. — Expli-

ORTULUS rosarum de valle lacrimarum (autore anonymo), 1493, in-16 goth., sans chiffres ni signat., avec des grav. sur bois. [1625]

Au jugement du savant abbé de Saint-Léger, ce petit livre mystique, divisé en 18 chapitres, est plein d'excellentes maximes pour la conduite de l'âme, et il mérite d'être connu. Il a de l'onction, et il est écrit dans le style le plus simple, comme l'Imitation de Jésus-Christ. On lit à la fin cette souscription :

Ortulus Rosarum de valle lacrimarū finit feliciter
1. 4. 9. 3.
Nihil sine causa
J. B.

ce qui indique que ce volume a été imprimé à Bâle, par Jean Bergman de Olpe, lequel avait en effet cette devise. Panzer ne cite aucun ouvrage de cet imprimeur avant 1494. — Ce même livre est annoncé dans le catalogue de M. Marbré, n° 42 (Paris, 1788), sous la date de 1473, parce que le troisième chiffre de la date, qui était un 9, avait été gratté, et qu'on y avait substitué un 7.

Il y a une autre édition de l'*Ortulus rosarum de valle lachrymarum*, in-16 goth. de 24 ff. non chiffrés avec fig. sur bois, sans lieu d'impression et sans date, mais avec le nom du libraire *Claude Jaumar*, lequel exerçait à Paris en 1494 (voir Panzer, II, p. 306).

Citons encore :

— **Hortus** rosarum, 1500, *impressus est Nurnberg, Per me Wilhelm Winter, nihil sine causa*, in-16 (Panzer, IX, p. 259). — Et une autre édition : *Parisiis, pro Joanne Petit*, petit in-8. (Panzer, VIII, p. 212).

— **Hortulus** rosarum. *Duaci, J. Bogard*, 1610, in-32.

Ce petit ouvrage a été plusieurs fois traduit en français, et notamment sous ce titre : *Le Jardin des roses de la vallée des larmes, traduit du latin par J. Chenu*, Paris, de la typographie de Panckoucke, 1850, pet. in-12. Jolie édition dont il n'a été tiré que 110 exemplaires, savoir : 100 sur papier de Holl. 5 fr.; 5 sur pap. vert, 2 sur pap. lilas, 2 sur pap. de Chine et 1 sur VÉLIN. — Le même, nouvelle édit., *Paris, Jules Gay*, 1862, pet. in-12. Édition non moins jolie que la précédente, mais dont il a été tiré 250 exempl. sur pap. blanc de Hollande, 12 sur pap. de Chine et 3 sur VÉLIN. Cette traduction a été faite sur l'édit. de *Claude Jaumar*, que nous venons de décrire.

— Voy. **Hortulus** animæ.

ORTUÑEZ de Calahorra. Espejo de principe y cavalleros en el qual se cuentan los immortales hechos del cavallero del Febo y de su hermano Rosicler. *Çaragosa, Mich. de Guesca*, 1562, in-fol. goth. [17537]

Cette édition fort rare que cite Antonio, à l'article *Didacus* Ortuñez, et qui nous avait paru apocryphe, existe bien à Rome dans la bibliothèque de la *Sapienza*. D'après l'extrait du catalogue de cette bibliothèque, que nous a communiqué M. Payne, ancien libraire de Londres, dans l'exemplaire daté

de 1562, dont il est ici question, se trouvaient réunis les livres second et troisième sous la même date, mais avec frontispice et pagination séparés.

— Espejo de principes y cavalleros, en el qual en tres libros, se cuentan los immortales hechos del cavallero del Febo, y de su hermano Rosicler... por Diego Ortuñez de Calahorra. *Medina del Campo, Francesco del Canto*, 1583, in-fol. à 2 col.

Première part. du texte original du roman connu en français sous le nom du *Chevalier du Soleil* (voy. ROSSET). Le privilége de ce volume est daté du 24 avril 1580, année où parut, à Saragosse, une autre ancienne édition connue de cet ouvrage. Dans la réimpression de *Valladolid, en casa de Diego Fernandez de Cordoua*, 1586, in-fol., se trouve de plus une seconde partie sous ce titre : *Segunda parte... dividida en dos libros donde se trata de los altos hechos del emperador Trebacio y de sus caros hijos, el gran Alphebo, e inclito Rosicler... compuesto por Pedro de la Sierra*, 1585, laquelle avait déjà paru sous ce titre :

— ESPEJO de principes y cavalleros... secunda parte divida en dos livros donde se trata de los altos hechos del Emperador Trebacio. *Alcala, Juan Iñiguez de Lequerica*, 1580, in-fol. de 345 ff. Le premier livre en a 145. M. Gayangos, qui décrit cette même édition, ne lui donne que 320 ff.

La troisième partie est intitulée : *Tercera parte del Espejo... hechos de los hijos, y nietos del emperador Trebacio, por Marco Martinez de Alcala*, Alcala de Henares, 1589, in-fol. Quant à la quatrième partie, elle est attribuée à Feliciano de Silva par Antonio, qui ne marque pas la date de la première édition ; celle de 1623 porte le nom de Marcos Martinez.

Il serait bien difficile aujourd'hui de réunir ces éditions originales de l'*Espejo de principes*.

— Espejo de principes y cavalleros. en el qual, en tres libros se cuentan los immortales hechos del cavallero del Febo, y de su hermano Rosicler, hijos del grande emperador Trebacio. con las altas cavallerias, y muy estraños amores de la muy hermosa y estreniada princessa Claridiana y de otros altos principes y cavalleros... por Diego Ortuñez... *Impresso... por Juan de Lanaia y Quartanet... a costa de Juan de Bonilla mercader de libros*, 1617, 2 tom. en 1 vol. in-fol.

La première partie a 8 ff. prélimin. et 362 ff. de texte à 2 col. La seconde partie, *compuesta por Pedro la Sierra... imprimée en Çaragoça por Pedro Cabarte, a costa de Juan de Bonilla*, 1617, a 124 ff., y compris le titre.

—Espeio de principes y cavalleros. Tercera y quarta parte, por el licenciado Marcos Martinez... *En Çaragoça por P. Cabarte a costa de Juan de Bonilla*, 1623, 2 tom. en 1 vol. in-fol. de 8, 172 et 161 ff. à 2 col.

Ces deux articles, qui ne doivent pas être séparés, sont rares et fort recherchés : 16 liv. Hibbert; 132 fr. Le Couteulx. Le bel exemplaire acheté 38 liv. 17 sh. à la vente Stanley, a été revendu 21 liv. 10 sh. chez Heber.

La traduction italienne du Chevalier du Soleil, en trois parties, sous le titre de *Lo Specchio de' principi e cavalieri...* a paru à Venise, *presso gli eredi*

---

cation des Institutes, 2480. — Législation romaine, 2431. — Le Ministère public en France, 2897. — Éléments de droit pénal, 2881.

Ortolan (*Theod.*). Règles internationales, 2370.

Ortolani (*G.-E.*). Dizionario della Sicilia, 25808. — Biografia, 30503.

Orton (*James*). Proverbs illustrated.... 18453.

di Altobello Salicato, en 1601 et en 1610, 3 vol. in-8. — Pour la traduction française, voy. ROSSET.

La traduction anglaise du même roman a pour titre :

— THE MIRROUR of princely deeds and Knighthood, where in is showed the worthinesse of the knight of the Sunne, and his brother Rosicleer, with the strange love of the beautiful princess Briana and the valiant actes of other noble princes and knights, translated out of the Spanish by Margaret Tyler and R. P. *Imprented by Tho. Este, etc.*, 1585-1601, 9 part. in-4. goth.

On trouve difficilement les neuf parties réunies et bien complètes. 7 liv. 10 sh. Heber ; 7 parties seulement, 14 sh. Goldsmid, et revend. 8 liv. 4 sh. Utterson, en 1852.

Il ne faut pas confondre cet ouvrage avec le *Cavallero del Sol* dont nous parlons à l'article VILLA-LUMBRALES.

ORTUS sanitatis. Voy. HORTUS.

ORTUS vocabulorum. — Adest iste studiosissime lector opusculi finis quod non minus preceptoribus vt vocabulorum significaciones memorie commendat quam scolasticis ceterisque studiosis eas ignorantibus conducet. Olim enim vocabulorum fignificiones (*sic*) que in Catholicon Breviloquo Cornucopia aut Medulla grammatice ponuntur continet... *per... magistrum Winandum de worde prope celeberrimum monasterium quod Westmynstre appellatur, Anno...* MCCCCC. *impressum,* pet. in-fol. goth. de 266 ff. [10899]

Première édition, très-rare, d'un ouvrage qui conserve encore de l'intérêt sous le rapport de l'antiquité grammaticale. Wink. de Worde en a donné d'autres en 1508, en 1514, en 1516 et en 1518 (*Typogr. antiq.*, édit. de Dibdin, II, 88-91, et *Biblioth. grenvil.*, p. 508).

ORUS Apollo. Voy. HORUS.

ORVILLE (*Jac.-Phil.* d'). Sicula, quibus Siciliæ veteris rudera, additis antiquis tabulis, illustrantur; edidit et comment. ad numismata sicula adjecit Petr. Burmannus sec. *Amstelod.*, 1764, 2 part. en 1 vol. in-fol. fig. [29384]

Ouvrage fort estimé : 24 à 36 fr. Vend. 38 fr. *mar. citr.* Barthélemy ; 58 fr. 50 c. Mionnet.

OSANN (*Fridericus-Gottfr.*). Sylloge inscriptionum antiquarum græcarum et latinarum, quas in itineribus suis per Italiam, Galliam et Britanniam factis exscripsit partimque nunc primum edidit Frid. Osann. *Jenæ, Crœker,* et *Darmstadt, Leske,* 1834, gr. in-fol. fasciculi X. [29935]

Chaque fascicule de cet important ouvrage est illustré par 4 pl. lithogr., et a coûté de 18 à 20 fr.

— ANALECTA critica, scenicæ romanæ poesis reliquias illustrantia : insunt Plauti fragmenta ab A. Mai nuper reperta. *Berolini, Dümmler*, 1816, in-8. 6 fr. [16112]

— AUCTARIUM lexicorum græcorum, præsertim The-

sauri linguæ græcæ ab H. Stephano conditi : insunt anecdota tam græca quam latina permulta. *Darmstadt, Leske,* 1824, in-4. Ce xviij et 200 pp. 12 fr. [10711]

Ueber Sophokles Ajax, 16062. — Anecdotum romanum, 12341.

OSBECK (*Pierre*). A Voyage to China and the East Indies by Peter Osbeck, together with a voyage to Surante by Olof Toree; and an account of the chinese husbandry by capt. Ch.-Gust. Eckeberg, translated from german by J.-R. Forster, added a faunula and flora sinensis. *London*, 1771, 2 vol. in-8. fig. 12 à 18 fr. [19921]

La relation du voyage de P. Osbeck a d'abord paru en suédois, à *Stockholm,* 1757; in-8. vendue 9 fr. Courtanvaux, 14 fr. L'Héritier ; ensuite elle a été traduite en allemand par J.-G. Georgi, *Rostock,* 1765, in-8. fig.

Le *Voyage de Olof Torée à Surate, à la Chine, etc.*, et le *Précis historique de l'économie rurale des Chinois,* par *Eckeberg*, publié par *Linnæus,* lesquels font partie de la traduction anglaise, ont été traduits en français par Dominique de Blackford, et impr. à *Milan*, 1771, en 2 part. in-12. On y ajoute le *Précis de l'état actuel des colonies anglaises dans l'Amérique septentrionale, par de Blackford,* Milan, 1771, in-12.

OSIANDER. Harmoniæ evangelicæ libri IIII, in quibus evangelica historia ex quatuor evangelistis in unum est contexta... Annotationum liber unus ; authore Andrea Osiandro. *Lutetiæ, apud Rob. Stephanum,* 1545, in-16. [234]

Édition peu commune : 20 fr. m. r. Renouard.

L'*Harmonia evangelica* d'André Osiander, théologien luthérien , a paru d'abord à Bâle , chez Jean Froben, en 1537 (réimpr. dans la même ville en 1561), format in-fol. pour le grec et pour le latin. Le même texte latin seulement a été réimpr. à Anvers, *apud Matth. Crimium,*1540, in-8., avec des fig. sur bois, et également avec des figures, *Parisiis, apud Galeotum a Prato*, 1544 , in-8. (un exempl. en *mar. br.* 36 fr. Renouard); *Parisiis, Hier. de Marnef, etc.*, 1564 , in-8. fig. (49 fr. *mar. r.*, avec le signat. de Ph. Des Portes, Veinanti).

Rob. Estienne a réimpr. ces *Harmoniæ* dans l'édition du Nouveau Testament en grec, qu'il a donnée (à Genève) en 1551, en 2 vol. très-pet. in-8. à 3 col.

OSORIO (*Diego* de Santistevan). Primera, y segunda parte de las guerras de Malta, y toma de Rhodas. *Madrid, Varez de Castro,* 1599, in-8. de 8 ff. prélim., 297 ff. et 3 ff. de table. [15204]

Poème en octaves : vend. 12 sh. et 11 sh. Heber.

Osorio a été le continuateur de la *Araucana.* — Voyez ERCILLA.

Osbaldiston (*Will.-Aug.*). The british sportsman, 10416.

Osborn (*Sherard*). The Discovery of North-West passage, 20975.

Osburn (*W.*). Monumental history of Egypt, 29082.

Osgood (Mrs.). Poems, 15883.

O'Shaughnessy (*W.*). Bengal dispensatory, 7668.

Oskamp (*D.-L.*). Icones plantarum medicinalium, 5555.

Osmont (*J.-B.-L.*). Dictionnaire bibliogr., 31330.

Orville (*P.* d'). Poemata, 13064. — Critica vannus, 18246.

OSORIUS (*Hier.*). Opera omnia, Hier. Osorii nepotis diligentia in unum collecta. *Romæ, Ferrarius,* 1592, 4 vol. pet. in-fol. [19005]

Ce recueil, rare, est recherché particulièrement pour le Portugal, dont il contient l'histoire : 48 à 60 fr. ; vend. 84 fr. Soubise.

— De rebus Emmanuelis regis Lusitaniæ virtute et auspicio gestis lib. XII. *Olyssipone, Gondisalrus,* 1571, in-fol. de 480 pp. et 1 f. d'errata. [26290]

Édition originale qui est rare et recherchée : 40 fr. m. r. La Vallière ; 15 fr. v. f. Sampayo. — L'ouvrage a été réimpr. à Cologne, en 1574, en 1576 et en 1586, in-8. — et cum Jo. Matallii Metello præfatione, *Conimbricæ,* 1791, 3 vol. in-8.

— Vida e feitos do rei dom Manoel, XII livros vertidos em portuguez por Francisco Manoel do Nascimento. *Lisboa,* 1804-6, 3 vol. in-8. 15 fr.

HISTOIRE de Portugal... depuis l'an 1496 jusqu'en 1578, comprise en XX livres, dont les XII premiers sont trad. du latin de Jérosme Osorius, et les huit suivants de Lopez Castagnède, etc., mise en franç. (par Sim. Goulart). *Paris,* 1587, in-8. 8 à 12 fr.

Vend. rel. en 5 vol. m. r. La Vallière, et revend. 6 liv. 18 sh. Hibbert.

La même histoire, *Paris, G. de La Noye,* 1581, in-8. ; vend. 9 fr. Trudaine. Il y a aussi une édition sortie de l'*imprimerie de Fr. Estienne (à Saint-Gervais),* 1581, in-fol. et une traduction anglaise du texte latin, par James Gibbs, Lond., 1752, 2 vol. in-8.

— Remonstrance à madame Elizabeth d'Angleterre touchant les affaires du monde... et restablissement de l'ancienne catholique religion selon la doctrine des anciens Peres ; par Hierosme Osorius. *Lyon,* 1587, in-8. [21509]

Cette pièce est traduite du latin, et c'est probablement la même traduction que celle de Jean de Maumont, déjà impr. à *Paris,* par *Nic. Chesneau,* 1565, in-8. (voir Du Verdier, article JEAN de Maumont), et aussi à *Paris, chez Jean Poupy,* 1575, in-8.

Le texte latin a été impr. à Paris et à Louvain, en 1563, in-16, et aussi dans les œuvres de l'auteur. Il en existe une traduction ang aise par Rich. Shacklock, imprimée à Anvers par *J. Latius,* 1565, in-16.

Walter ou Gautier Haddon ayant fait paraître à Londres, en 1565, une réfutation de la lettre d'Osorius, celui-ci lui répondit dans un écrit intitulé :

IN GUALTHERUM Haddonum, de vera religione, libri III. *Olysipone,* 1567, in-4.

Réimpr.: *Dilingæ, ex offic. Sebaldi Mayer,* 1569, in-8. — Une traduction anglaise de cette dernière pièce, par John Fen, a été impr. à Louvain, *apud Jo. Foulerum,* en 1568, in-16.

— LES DEUX LIVRES de la noblesse civile du seigneur Ierome des Osres de Portugal, traduits de latin en françoys, par R. R. S. D. L. G. P. (de La Guillotière), et par luy adressez au Tres chrestien Roy Henry II. *Paris, chez Jacques Keruer,* 1549, in-8. [4019]

Le texte latin de cet ouvrage porte pour titre :

HIERONYMI Osorii lusitani de nobilitate civili libri duo; de nobilitate christiana libri tres. *Olyssiponæ, Ludov. Rodericus,* 1542, in-4.

Il a été réimprimé, ainsi que le traité *De gloria* du même auteur, à Florence, par Laur. Torrentino, en 1552, in-4.

On en a une traduction anglaise, par William Blandie, *London,* 1576, in-4.

— Obras ineditas de D. Hieronimo Osorio, publ. por Ant.-Lour. Caminha. *Lisboa,* 1818, in-8.

OSSERVAZIONI sopra alcuni medaglioni. Voy. BUONARROTI.

OSSIAN. The Poems of Ossian, in the original gaelic, etc., with notes and a supplemental essay by John Mac-Arthur. *London, Nicol,* 1807, 3 vol. gr. in-8. 30 fr. — Pap. impér. 40 à 60 fr. [15891]

On trouve dans cette édition une traduction littérale, en latin, des poésies d'Ossian, par Rob. Macfarlane, un mémoire sur l'authenticité de ces poésies, par J. Sinclair, et aussi la traduction d'un mémoire italien de Cesarotti sur le même sujet.

L'*Highland Society,* sous le patronage de laquelle a paru cette édition d'Ossian, avait déjà fait publier, au sujet de ce barde, un ouvrage spécial sous le titre suivant :

REPORT of the commitee of the Highland Society of Scotland, appointed to enquire into the nature and authenticity of the poems of Ossian, drawn up by H. Mackenzie; with a copious appendix, containing some of the principal documents on which the report is founded. *Edinburgh,* 1805, in-8. 12 fr.

Ce fut, comme on sait, James Macpherson qui, le premier, fit connaître, par une version en prose très-libre, les poésies d'Ossian. La publication de son travail (*London,* 1762-63, 2 vol. in-4.) produisit une vive sensation dans le monde littéraire, et donna naissance à plusieurs écrits pour ou contre l'authenticité des chants du barde gallois ; plus tard John Smith inséra dans ses *Gaelic antiquities* (voy. SMITH) la traduction de quelques autres poésies ossianiques, et en 1787 il fit paraître, à Edimbourg, le texte original de ces mêmes poésies, sous ce titre :

ANCIENT poems of Ossian, Orran, Ulann, etc., collected in the western Highlands and Isles, in-8.

Voici l'indication des principales éditions de l'Ossian de Macpherson :

OSSIAN'S Poems, the third edition, to which is subjoined a cri.ical dissertation on the poems of Ossian, by H. Blair. *London,* 1765, 2 vol. in-8. — Réimpr. à *Londres,* en 1773, en 1784 et en 1796, aussi en 2 vol. in-8.

THE POEMS of Ossian, containing the poetical works of James Macpherson, in prose and verse, with notes and illustrations by Malcolm Laing. *Edinburgh,* 1805, 2 vol. in-8.

THE POEMS of Ossian, transl. by Macpherson; a new edition, containing Dr Blair's three critical dissertations; and a preliminary d.scourse or review of the recent controversy relative to the authenticity of the poems. *London,* 1806, 2 vol. in-8. fig. 15 à 18 fr., et plus en Gr. Pap.

Autre édition. *Lond.,* 1807, 2 vol. gr. in-8.

La même traduction, *authenticated and explained by Hugh Campbell,* London, 1822, 2 vol. pet. in-8.

— GENUINE remains literally translated, with a preliminary dissertation by Patrick Macgregor. *London,* 1841, pet. in-8. Publié par l'Highland Society.

Pour les autres traductions anglaises de différentes parties des poésies attribuées à Ossian, voy. Lowndes (1737-38). Il donne aussi la liste des écrits qu'a fait naître la controverse relative aux poésies ossianiques.

Ossat (le cardinal d'). Lettres, 18817.

Ossdan-Henry. Analyse des eaux minérales, 4661.

Traductions en différentes langues.

OSSIAN Dathula, græce reddita : accedunt Miscellanea a Gul. Herbert. *London,* 1801, in-8.

TEMORÆ liber unus versibus expressus, auctore Roberto Macfarlane. *London,* 1769, in-4.

PHINGALEIS sive Hibernia liberata, epicum Ossiani poema a celtico sermone conversum, tribus præmissis dissertationibus et subsequentibus notis ab Alex. Macdonald. *Edinburgi,* 1820, gr. in-8.

OSSIAN, fils de Fingal, barde du IIIe siècle, poésies galliques, trad. sur l'anglais de Macpherson, par Le Tourneur. *Paris, an* VII (1799), 2 vol. in-8. fig. 6 à 8 fr., et plus en pap. vél.

Cette édition est faite sur celle de *Paris,* 1777, 2 vol. in-8. dont on a tiré des exemplaires in-4. Il y en a une plus récente, *augmentée des poëmes d'Ossian et de quelques autres bardes, traduits sur l'anglais de Smith, et précédée d'une notice sur l'état actuel de la question relative à l'authenticité des poëmes d'Ossian,* par Ginguené. *Paris, Dentu,* 1810, 2 vol. in-8. fig. 12 fr.—Pap. vél. 24 fr.

OSSIAN, barde du IIIe siècle; poëmes gaëliques, recueillis par J. Mac-Pherson, traduction revue sur la dernière édition anglaise, et précédée de recherches critiques sur Ossian et les Calédoniens. *Paris, Lavigne,* 1842, gr. in-18.

OSSIAN, barde du IIIe siècle, poésies galliques en vers français, suivi des Veillées poétiques. 5e édition , par M. Baour de Lormian. *Paris, Gayet,* 1827, in-8. fig.

La première édition de cette traduction libre est de *Paris, Didot,* 1801, gr. in-18. — La 4e de 1818, même format.

OBRAS, trad. del ingles a la prosa y verso castellano por Jos. Alonso Ortez. *Valladolid,* 1788, in-4. — Fingal y Temora, trad. en verso castellano por P. Montegnon. *Madrid,* 1801, in-8.

— OSSIAN's und Sined's Lieder, herausg. von Mich. Denis. *Wien, Degen,* 1792, 6 vol. in-4. pap. vél.

Belle édition de cette traduction estimée; elle est imprimée avec des caractères de Bodoni : 23 fr. Chateaugiron.

Il y a une autre traduction allemande des poésies ossianiques par le comte de Stollberg, *Hambourg,* 1806, 3 vol. gr. in-8. pap. vél. 30 fr. *m. citr.* Chateaugiron ; et aussi une traduction en vers allemands, par J.-G. Rhode, 2e édit., *Berlin,* 1808, 3 vol. in-8.

Citons encore la traduction hollandaise, en prose, par le baron de Harold, *Leyde,* 1794, in-8.; la version du *Fingal,* dans la même langue, par Bilderdyk, *Amsterd.,* 1805-6, 2 vol. in-8.; — la traduction suédoise, anonyme, *Upsal,* 1794, 2 part. in-8.; — la traduction danoise, par Alstrup, *Copenhague,* 1790, 2 vol. in-8.

Pour la traduction italienne, voyez CESAROTTI.

OSSINGER (*Joan.-Felix*). Bibliotheca augustiniana, historica, critica et chronologica , in qua mille quadringenti augustiniani ordinis scriptores recensentur... opus redegit Jo.-Fel. Ossinger, ordinis erem. S. Augustini. *Ingolstadii,* 1768, in-fol. [31608]

Cet ouvrage, qui primitivement coûtait 30 fr., s'est vendu 70 fr. Pressac.

OSTAL (*P.* de l'). La Navarre en deuil. *Bordeaux* ou *Orthès,* 1610, in-12. 4 à 6 fr. [23642]

Vend. 20 fr. *m. v.* Coulon.

Réimpression de l'édition d'*Orthès, Abrah. Rouyer,* 1610, in-4. de 195 pp. —Voyez LEMERCIER (*Timothée*).

Le nom de l'auteur est écrit l'*Ostal* sur le titre, et

l'*Hostal* à la fin de l'épître dédicatoire. — Réimpr. à Rouen, 1611, pet. in-8.

Le sieur de l'Hostal, vice - chancelier du roi de Navarre, est l'auteur de *L'Avant victorieux,* Orthez, Abr. Rouyer, 1610, in-8 , 4 ff. prélim. , y compris le frontispice gravé et un portrait d'Henri IV à cheval, par Gaultier, texte, pages 3 à 340, plus le privilége où le nom de l'auteur est écrit l'*Hostal.* 30 fr. *mar.* Coste, et même prix Salmon. Il avait donné, en 1604, *Le Soldat françois,* in-12, auquel furent faites plusieurs réponses. — Voir la *Biblioth. histor. de la France,* n°s 19832 et suiv.

Nous trouvons dans la *Biblioth. bultelliana,* n° 1936 , l'ouvrage suivant, dont ni La Croix du Maine ni Du Verdier n'ont fait mention :

DISCOURS philosophiques de Pierre de l'Hostal, esquels est traité de l'escence de l'ame et de la vertu morale. *Paris, Borel,* 1579, in-8.

OSTANS. La vera perfettione del disegno di varie sorti di ricami, et di cucire ogni sorte di punti a fogliami, punti tagliati, punti a fili et rimessi, punti incrociati, punti a stuora , et ogn' otra arte , che dice opera à disegni, e di nuovo aggiuntovi varie sorti di merli, de arabesque, de grotesque e mostre che al presente sono in uso et in pratica. *In Venetia, appresso Francesco di Franceschi,* 1591, in-4. obl. de 40 ff. [10265]

Volume curieux et fort rare. Il contient un titre, une dédicace à la signora Lucretia Contarini, des poésies en l'honneur de cette dame sur un 3e feuillet, 72 pl., à la fin la date de 1590. Outre les dessins de broderie, il y a des sujets mythologiques, des arabesques dont quelques-unes sont assez plaisantes.

Ces patrons, pour des ouvrages à l'aiguille, sont de Jean Ostaus ou Ostans, ainsi que le nomme Du Verdier. Ils ont été portés à 150 fr. Riva. A la même vente, on a payé 250 fr. l'opuscule suivant, qui originairement avait dû être relié avec le précédent :

PRIMA parte de' fiori , e disegni di varie sorti di ricami moderni come merli, bavari, manichetti et altri nobili lavori. *Venetia, Francesco di Franceschi,* 1591, in-4. de 16 ff.

Dans son *Trésor,* M. Graesse place cet opuscule sous le nom de CIOTTI (*Giambatista*).

Voyez nos articles FIORI, FLORINI, GIOIELLO et VECELLIO (*Ces.*).

— LE TRÉSOR des Patrons, contenant diverses sortes de broderie et lingerie pour coudre avec grande facilité, et pour ouvrer en diverses sortes et piquer avec l'éguille, pulveriser par dessus, et faire ouvrage de toutes sortes de points, etc. *Lyon, Ben. Rigaud,* 1585, in-4. [10265]

C'est le livre cité par Du Verdier à l'article *Jean Ostans.*

OSTEN (*Fr.*). Die Bauwerke in der Lombardei vom 7 bis zum 14 Jahrhundert, gezeichnet und durch historischen Text erläutert. *Darmstadt, Leske,* 1846-54, 8 cah. gr. in-fol. 48 pl. gr. au burin. [9899]

L'ouvrage a paru aussi sous le titre français de *Monuments de la Lombardie.*

OSTROMIROVO evangelie. L'Évangéliaire d'Ostromir de l'an 1056-57, publié avec le texte grec et avec des remarques grammaticales par A. Vostokoff. *St-Pétersb.,* *impr. de l'Académie des sciences,* 1843, in-4. avec fac-simile. [678]

C'est la première édition du plus ancien monument de l'écriture slavonne-ecclésiastique, avec date. L'original précieux, revêtu d'une reliure en argent massif orné de reliefs en vermeil et de pierreries, se conserve à la Bibliothèque impériale publique de St-Pétersbourg.

O'SULLEVAN (*Phil.*). Historiæ catholicæ Iberniæ compendium, a D. Philippo Osulleuano Bearro Iberno. *Ulyssipone excusum a Petro Crasbeekio,* 1621, 4 tom. en 1 vol. in-4. [21521]

Livre fort rare. Un exemplaire rel. en *mar.* a été vendu 10 liv. Hanrott; un autre en *vél.* 11 liv. Heber, et un 3e, 4 liv. 17 sh. le même; 6 liv. 10 sh. Gardner, en 1854. Ce vol. a des sign. de A—Cc4, et Dd—Nn, par 8. Les 4 prem. ff. renferment le titre, la permission d'imprimer et la dédicace : *Philippo Austriaco IIII.* Le dernier feuillet est consacré aux errata.

— EDITIO nova, edidit, notulisque ac indicibus illustravit Matthæus Kelly. *Dublini,* 1850, gr. in-8.

— Patritiana decas; sive libri decem, quibus de divi Patritij vita, purgatorio, miraculis, rebusq. gestis : de religionis ibernicæ casibus, constantia, martyribus, divis: de Anglorum lubrica fide': de Anglohæreticæ sectis, cacopræsulibus... accurate agitur, etc. Anno 1629. *Matriti, ex offic. Francisci .Martinez,* in-4., avec des signat. A—Aaa 2, par 4, et 16 ff. prélim. [22241]

Ce volume, qui a été vendu 15 liv. chez Heber et 8 liv. 2 sh. 6 d. en juin 1858, n'est pas moins rare que le précédent, mais l'un et l'autre sont des curiosités purement anglaises, et nous ne les citons que parce qu'ayant été impr. dans la Péninsule, il peut s'en rencontrer quelques exemplaires dans nos provinces méridionales.

OTFRIDI, monach. ordinis S. Benedicti, Evangeliorum liber. Evangelien buch in altfrenckischen Reimen durch Ottfrieden von Weissenburg vor 700 Jahren beschrieben. *Basileæ,* 1571, in-8. [15436]

Édition publiée par Math. Flaccus Illyricus. C'est un livre aussi curieux que rare. Vend. 21 fr. *mar. r.* de Tersan; 10 thl. catal. de Weigel, ann. 1858.

Une édition critique de cet ancien poëme francisque, composé vers l'an 870, a é.é insérée dans le *Thesaurus antiquitatum Teuton.* de Schilter, tome I. Une autre a paru sous ce titre :

KRIST, das älteste im Oitfried im IX Jahrhundert verfasste, hochdeutsche Gedicht, herausg. von Eberh.-Theoph. Graff. *Königsberg,* 1831, in-4.

— BONNER BRUCHSTÜCKE von Otfried, nebst anderen deutschen Sprachdenkmählern, herausg. durch H. Hoffmann von Fallersleben. *Bonn,* 1821, in-4. 4 fr.

— DIETRICH VON STADE spécimen lectionum antiquarum irancicar. ex Otfridi libris evangeliorum. *Stadæ,* 1708, in-4.

OTHO (*Geor.*). Palæstra linguarum orientalium, hoc est IV primorum capitum Geneseos textus originalis, et paraphrases orientales præcipuæ : omnia cum

versione latina ex bibliis polyglottis anglicanis maximam partem desumpta, cura Geor. Othonis. *Francofurti-ad-Mœnum,* 1702, pet. in-4. 8 à 10 fr. [109]

Vend. 12 fr. 60 c. Langlès.

OTHO Vænius. Voy. VÆNIUS.

OTHO (*Joan.*). Voy. BREVIS descriptio.

OTTAVE sive octostycha rhythmica italica XXXVI. (*absque nota*), in-4. de 6 ff. non chiffrés, caract. rom. [14470]

Ce petit poëme paraît avoir été composé à l'occasion d'une alliance conclue entre le pape Sixte IV, Ferdinand, roi de Naples, et les Vénitiens, en 1473, contre les Turcs. Il commence ainsi : *Al nome sia didio somno fattore ‖ perte risprende tutto l'universo.* (Fossi, *Catal. biblioth. magliab.,* II, p. 260.)

OTTEN (*Adolphe*). Esquisses africaines. *Berne,* 1838-39, in-fol. Trente planches avec un texte.

OTTEN von Passowe. Voy. OTTO.

OTTLEY (*Will.* Young). The british Gallery of pictures, selected from the most admired productions of the old masters in Great Britain : accompanied with descriptions historical and critical, by Henry Tresham and Will. Young Ottley : the executive part under the management of Peltro Will. Tomkins. *Lond., Longman,* 1818, très-gr. in-4. [9428]

Vingt-cinq planches d'une exécution soignée, et dont les cuivres ont dû être détruits. Papier ordinaire, 12 liv. 12 sh. — In-fol., épr. sur pap. de Chine, 25 liv. 4 sh. — Avec fig. peintes à l'imitation des tableaux originaux, 151 liv. 4 sh. On de ces derniers exempl., 50 liv. 8 sh. Dent. Le prix des autres est réduit aussi de plus de moitié.

— Engravings of the most noble the marquis of Stafford's collection of pictures in London, arranged according to schools and in chronological order, with remarks on each picture, by William Young Ottley and (the executive part under the management of) Peltro Will. Tomkins. *London, Longman, Hurst, etc.,* 1818, 4 vol. très-gr. in-4. [9427]

Les planches de cet ouvrage, lesquelles ne sont, pour la plupart, que de simples eaux-fortes exécutées par Finden, Fittler, Heath, etc., ont dû être détruites après le tirage d'un certain nombre d'épreuves. Le prix était originairement de 35 liv. 14 sh. — In-fol., épreuves sur pap. de Chine, 71 liv. 8 sh. — Avec fig. color., 171 liv. 14 sh.; mais, en 1827, il a été réduit à 12 liv. 12 sh. — 31 liv. 10 sh. et 52 liv. 10 sh., et à moins encore. Voici le nombre des pièces de chaque vol. : Tome I. *Plans de la galerie de Stafford,* 13 pl. Première classe, *ancienne école d'Italie,* pl. 1 à 25, comprenant 45 sujets.—Tome II. *Suite de l'école d'Italie,* pl. 1 à 31, comprenant 66 sujets. — Tome III. *Ecoles allemande, flamande et hollandaise,* pl. 1 à 36. — Tome IV. *Suite des écoles allemande, etc.,*

Ott (*Aug.*). Hegel et la philosophie allemande, 3325.
Otter (*Jean*). Voyage en Turquie, 20479.

pl. 37 à 59. *Ecole espagnole*, 1 pl. *Ecole française*, 2 pl. *Ecole anglaise*, 8 pl.

— THE ITALIAN school of design ; being a series of fac-similes of original drawings by the most eminent painters and sculptors of Italy : with biographical notices and observations on their works. *London, Taylor and Hessey*, 1823, super-royal in-fol. [9449]

Publié d'abord en 2 parties, contenant 84 planch., au prix de 12 liv. 12 sh.—Pap. colomb.. 18 liv. 18 sh. — *proofs*, 25 liv. 4 sh., et réduit depuis à 4 liv. et à 8 liv. Une troisième partie, contenant 41 pl., et qui complète l'ouvrage, a paru depuis : 7 liv. 17 sh. 6 d.; 95 fr. Thibaudeau, en 1858. — *proofs*, 10 liv. 10 sh.

—SERIES of engravings after the paintings and sculptures of the most eminent masters of the early florentine school, with notices. *London* , 1826 , gr. in-fol. composé de 50 et quelquefois 56 pl. sur pap. de Chine. 2 liv. 2 sh.; in-fol., épreuves avant la lettre, 4 liv. 4 sh.

Cette suite, n'ayant pas été terminée, n'a pas ordinairement de titre général.

— COLLECTION of 100 fac-similes of scarce and curious prints, by the early masters of the italian, german, and flemish schools. *London*, 1826, in-4. impérial. 120 fr. [9449]

Le nombre des planches de cette collection, qui n'était d'abord que de 100, a été porté depuis à 129. Il y a des exemplaires qui ont en double 12 planches de nielles sur argent.

— An Inquiry into the origin and early history of engraving, upon copper and in wood ; with an account of engravers and their works, from the invention of chalcography by Maso Finiguerra to the time of Marc Antonio Raimondi. *London, J. and Arthur Arch*, 1816, 2 vol. gr. in-4. fig. [9507]

Livre remarquable par l'exactitude des gravures qui le décorent. Le prix était de 8 liv. 8 sh., et en Gr. Pap., avec les premières épreuves des pl. sur pap. de Chine (tiré à 60 exempl.), 18 liv. 18 sh. ; mais il est maintenant réduit de près de moitié.

L'ouvrage est divisé en neuf chapitres, dont les trois premiers sont consacrés à l'histoire de la gravure sur bois. Après avoir donné quelques éclaircissements sur les procédés particuliers à la pratique de ce genre de gravure, l'auteur passe à l'origine de cet art, et cherche à prouver qu'il était depuis longtemps en usage en Chine lorsqu'il fut introduit en Europe, sans doute par les Vénitiens, seul peuple de l'Europe qui fût alors en relation de commerce avec les Chinois. Pour établir la solidité des prétentions des Italiens à cet égard, M. Ottley s'arrête d'abord à la description que donne Papillon (*Traité de la gravure en bois*, tome I, p. 82), d'une suite de gravures sur bois représentant les principales actions d'Alexandre le Grand, laquelle suite aurait été exécutée à Ravenne, sous le pontificat d'Honorius IV (vers l'an 1285), par Alexandre Albéric Cunio et Isabelle sa sœur, âgés seulement de seize ans, l'un et l'autre; et comme, le récit de Papillon une fois reconnu exact, ces gravures seraient en effet les plus anciennes connues dont on pût fixer la date, notre auteur cherche à démontrer, contre l'opinion bien prononcée d'Heinecken, que ce récit ne contient rien dont on puisse prouver la fausseté, et qu'au contraire plusieurs de ses circonstances sont confirmées par les faits qu'il rapporte. d'après des historiens dignes de foi. Il s'appuie même d'un auxiliaire puissant, M. Zani, qui, dans ses *Materiali per servire alla storia... dell' incisione in rame e in legno*, se constitue le défenseur de Papillon. Cependant, malgré cette autorité respectable, M. Ottley établit bien mieux, selon nous, la possibilité du fait rapporté avec tant

de bonhomie par Papillon, qu'il n'en démontre l'existence réelle. Aussi, jusqu'à ce que le monument dont il s'agit ait été produit et soumis à l'examen des juges éclairés, il nous semble qu'il pourra difficilement être admis comme une preuve de l'usage de la gravure sur bois avant la fin du XIIIᵉ siècle.

Les recherches de M. Ottley le conduisent naturellement à parler des cartes à jouer, qui, selon plusieurs auteurs, auraient donné lieu à l'invention de la gravure sur bois; il admet la mention qui est faite de ces cartes dans le *Trattato del governo della famiglia* de *Sandro di Pipozzo*, ouvrage écrit vers 1299; et, malgré l'ancienneté qu'il donne par ce moyen à cette sorte de jeu, il pense que l'usage de la gravure pour les images de saints a précédé l'application de cet art aux cartes à jouer; mais il ne s'arrête pas à la question de savoir quel est le peuple qui, le premier, a connu ces dernières. Ici le décret du gouvernement de *Venise*, daté de 1444, qui prohibe dans ses Etats l'introduction des gravures et des cartes fabriquées hors d'Italie, sert à notre auteur pour étayer son système en faveur des Italiens. Toutefois, aussi peu favorisé à cet égard que ceux qui ont traité le même sujet avant lui, M. Ottley ne peut pas produire de monuments authentiques de la gravure sur bois plus anciens que l'année 1423; c'est-à-dire que le *St-Christophe* et le sujet de l'*Annonciation*, qui , de la chartreuse de Buxheim, ont passé chez lord Spencer. Ces deux estampes lui paraissent avoir été exécutées en Italie; et, après avoir examiné attentivement les inscriptions gravées qui s'y trouvent, il est d'avis que l'art de graver les caractères avec des planches de bois n'a été inventé ni par Gutenberg, ni par Fust, ni par Coster.

M. Ottley passe ensuite en revue les différents livres à images gravées sur bois, qui ont été exécutés dans le XVᵉ siècle. Les plus anciens, comme aussi les moins défectueux, selon lui, sont 1° la *Biblia pauperum*; 2° l'*Historia, seu providentia virginis Mariæ ex Cantico canticorum*; 3° le *Speculum humanæ salvationis*; trois productions qui attirent toute son attention, et entre lesquelles il trouve assez de conformité pour juger qu'elles doivent être l'ouvrage des mêmes artistes. Rien ne s'oppose, selon lui, à ce qu'on puisse fixer à 1420 la date approximative du premier de ces trois monuments. Quant au *Speculum humanæ Salvationis*, notre auteur en fait l'objet d'une dissertation très-étendue et fort curieuse, dans laquelle, après avoir comparé deux éditions latines et deux édit. hollandaises de ce livre, il établit de la manière suivante l'ordre de leur publication :

La première serait celle qui, jusqu'ici, a été appelée la seconde édition latine ;

La seconde, celle qu'on regardait comme la seconde en hollandais;

La troisième, celle que l'on jugeait être la première édition latine;

La quatrième, enfin, celle que Meerman nomme la première édition hollandaise.

C'est dans la troisième de ces édit. que se trouvent vingt feuillets dont le texte est impr. avec des planches de bois. Dans les trois autres, le texte est entièrement en caractères mobiles. La plus ancienne de ces éditions a pu être mise au jour vers 1440, et certainement elle est antérieure à 1472. Cette partie du travail de M. Ottley est celle qui se lie le plus particulièrement à la bibliographie; et les fac-similé dont il l'a enrichie lui donnent un grand prix à nos yeux.

Il était difficile de traiter un pareil sujet sans parler des prétentions de la ville de Harlem à l'invention de la typographie; aussi M. Ottley a-t-il analysé avec beaucoup de soin et le récit de *Junius* et les observations de ses adversaires : il paraît même que la longue discussion à laquelle il s'est livré à l'égard du *Speculum* avait pour objet de prouver que ce précieux monument, n'ayant aucune conformité avec les livres du même genre imprimés, soit en Allemagne, soit dans la Flandre, ne peut avoir été exécuté qu'en Hollande, d'où il s'ensuivrait que les prétentions en faveur de Laurent Coster, bien loin d'être chimériques, restent dans toute leur force ; c'est ainsi que, dans un plaidoyer écrit avec autant de chaleur que de clarté, l'auteur s'est attaché à défendre une opinion dont plusieurs bibliographes modernes estimés semblaient avoir démontré d'avance la fausseté. Toutefois ses efforts ne resteront pas sans quelque succès à l'égard de plusieurs points accessoires de la discussion; mais, dénuée comme elle l'est de preuves positives, il est impossible que sa dissertation puisse terminer la contestation depuis si longtemps élevée entre Harlem et Mayence : car, dans ces sortes de discussions, aucun raisonnement, quelque spécieux qu'il puisse être, ne suppléera jamais victorieusement à des monuments authentiques.

En traitant de l'origine de la gravure en taille-douce, dans les chapitres IV et V de son grand ouvrage, M. Ottley ne s'est pas montré moins favorable aux Italiens que dans son histoire de la gravure sur bois; mais cette fois son opinion nous paraît être beaucoup mieux fondée. Il admet que ce fut *Maso Finiguerra*, orfévre de Florence, qui, vers 1445, découvrit par hasard ce nouvel art, en tirant sur du papier l'empreinte d'un ouvrage d'orfévrerie du genre qu'on nomme *niello ;* et il démontre fort bien, selon nous, que l'estampe précieuse de l'*Ascension de la Vierge*, de la Bibliothèque impériale de Paris, est l'épreuve d'une patène d'argent qui se conserve dans l'église de St-Jean, à Florence, et qui fut gravée par Finiguerra, vers 1452. A l'égard de Vasari, s'il n'a fixé qu'à l'année 1460 l'usage de la gravure en taille-douce par notre artiste, c'est, ajoute M. Ottley, qu'il entendait probablement ne parler que des estampes qui ont été faites exprès pour être publiées, et non point des simples épreuves de *niello*.

Pour appuyer ce raisonnement, notre auteur combat d'une manière très-vive le sentiment contraire exprimé par M. Bartsch, dans le 13ᵉ vol. de son *Peintre-graveur*. Ce dernier, tout en admettant l'existence d'une gravure de Finiguerra, exécutée vers 1452, et quoiqu'il ne puisse pas produire d'estampe allemande avec date plus ancienne que 1466, prétend que l'orfévre italien, négligeant sa découverte, ne chercha pas à en tirer parti, et qu'ainsi ce ne fut pas lui qui fit connaître aux Allemands la gravure en taille-douce ; d'où il conclut que les artistes de sa nation doivent au moins partager avec les Italiens l'honneur de l'invention d'un art qu'ils ont d'ailleurs les premiers rendu public, en produisant des estampes proprement dites. La réponse que notre auteur oppose à ce faible raisonnement nous paraît victorieuse, et c'est une des parties les mieux traitées de ses recherches sur la gravure. Les quatre derniers chapitres de cet ouvrage présentent des détails fort curieux sur les anciens graveurs italiens, depuis Finiguerra jusqu'à Marc-Antoine, et sur les anciens maîtres allemands, jusques et y compris Albert Dürer ; l'auteur y a joint le catalogue des estampes de chaque artiste dont il parle ; mais, il faut bien le reconnaître, dans cette partie de son travail, il s'est beaucoup aidé du *Peintre-graveur de M. Bartsch*. Une table analytique, très-ample et fort commode, termine le second volume, sur lequel nous n'avons pas cru devoir nous étendre davantage.

En résumé, l'ouvrage de M. Ottley n'ajoute presque rien aux connaissances déjà acquises sur l'histoire de la gravure, mais il présente d'une manière très-lumineuse les opinions des différents écrivains qui l'ont précédé dans la même carrière, et sous ce rapport il ne peut qu'être fort agréable aux nombreux amateurs des arts.

— NOTICE of engravers , and their works, being the commencement of a new dictionary, which it is not intended to continue, containing some account of upward of three hundred masters, with more

complete catalogues of several of the more eminent than have yet appeared, and numerous original notices of the performance of other artists hitherto little know. *London*, 1831, in-8. Tome I. 12 sh. — Roy. in-8. 18 sh.

— OBSERVATIONS on a manuscript in the British Museum, believed to be of the second or third century, containing Cicero's translation of the astronomical poem by Aratus, accompanied by drawings of the constellations : with a preliminary dissertation in proof of the use of minuscule writing by the ancient Romans ; and a corrected edition of the poem itself, including ten lines not heretofore known. *London*, 1835, in-4.

OTTO (*Ever.*). Thesaurus juris romani, continens rariora meliorum interpretum opuscula , in quibus jus roman. emendatur, explicatur et illustratur ; editio secunda, auctior et emend. *Traj.-ad-Rhen.*, 1733-35, 5 vol. in-fol. 50 à 60 fr., et plus en Gr. Pap. [2561]

Collection de quatre-vingt-dix-sept opuscules de différents auteurs, avec une préface de l'éditeur. La première édition est de Leyde, 1725, 4 vol. in-fol. On y réunit le 5ᵉ vol. publié à Utrecht, en 1735.
— De Diis vialibus, 22579. — De Tutela viarum publicar., 28992. — De Ædilibus, 29203.

OTTO (Dʳ *Adr.-Guil.*). Monstrorum sexcentorum descriptio anatomica : accedunt CL imagines XXX tabulis inscriptæ. *Vratislaviæ*, *Hirt*, 1841, gr. in-fol. pap. vél. 120 fr. [6747]

Ce beau vol. a été aussi publié sous le titre de *Museum anatomico-pathologicum vratislaviense.*

OTTO Frisingensis. Historiarum libri VIII, et de gestis Friderici I. Ænobarbi libri II. Radevici libri II (de eodem Friderico) prioribus additi (cura Joan. Cuspiniani). *Argentorati*, *Math. Schurerius*, 1515, in-fol. [26413]

Édition rare, et la première de ces histoires : on y a suivi un manuscrit de Vienne. — L'édi.ion de *Bâle*, *Perna*, 1569, in-fol., a été procurée par Pierre Pithou, qui a fait usage de plusieurs manuscrits, et qui y a joint *Guntheri poetæ Ligurinus, seu de gestis Friderici libri X.*

OTTO ou Otten von Passowe. Diss buch ist genant die vier und tzwenzig alten, oder der guldin tron gesetzet von bruder Otten von passowe. (*Sans nom d'imprimeur et sans date*), pet. in-fol. de 162 ff., avec 26 grav. sur bois.

Cet ouvrage ascétique est un livre fort rare, qui a été publié à Bamberg, vers 1470, par Séb. Pfister, fils d'Albrecht; il est décrit par J.-H. Jaeck, dans sa *Beschreibung der öffentlichen Bibliothek zu Bamberg*, 1835, 3ᵉ partie, Introduction, et, d'après lui, par M. Falkenstein, *Geschichte der Buchdruckerkunst*, p. 141.

— Diss buch is genant die vier vnd czweinczig Altē od'd guldin tron... *Augspurg*, *Ant. Sorg*, 1480, in-fol. fig. sur bois. [1618]

Cette édition est la plus ancienne de ce livre qui.

Otto (*Fr.*). Russian literature, 30143.
Otto (*G.-F.*). Lexicon, 30806.

9

ait paru avec une date. Selon Hain, elle a 5 ff. préliminaires et 209 ff. chiffrés, mais Ebert lui donne 260 ff. Ces deux bibliographes décrivent plusieurs autres édit. du même livre, savoir : une édition sans date, in-fol. de 152 ff. à 38 ou 39 lignes par page; une autre d'*Augsbourg*, Ant. *Sorg*, 1483, in-fol. de 5 et 196 ff. à 34 lignes par page, et plusieurs autres d'une date postérieure. Ils citent aussi une traduction hollandaise, impr. à Utrecht, en 1480, et réimpr. à Harlem, en 1484 ; à Zwoll, en 1485 ; à Delft, en 1488, et encore à Utrecht, en 1489 : ce sont cinq éditions de format in-fol., avec figures sur bois. M. Holtrop a donné, dans ses *Monuments typogr. des Pays-Bas*, les fac-simile de trois planches sur bois tirées de l'édit. hollandaise d'Utrecht, 1480 (ci-dessus), dont l'imprimeur n'est pas nommé.

OTTO (*Joannes*). Voy. Novum et insigne Opus.

OTTONAJO (*Giov.-Batt.-Araldo* dell'). Canzoni, ovvero mascherate carnascialesche. *Firenze, Torrentino*, 1560, in-8. de 104 pp. 12 à 18 fr. [15007]

Ces *Canzoni* avaient d'abord été publiées en 1559 dans le recueil intitulé *Tutti i triomfi, ecc.*, dont ils occupaient les pp. 298-397; mais, après les avoir fait supprimer de ce recueil, le frère de l'auteur les fit réimprimer avec des augmentations. Cette seconde édition peut servir à compléter les exemplaires des *Triomfi, mascherate, ecc.*, qui se trouvent imparfaits (voyez Tutti i triomfi, etc.). Il en a été tiré plusieurs exempl. sur Gr. Pap.

— Commedia della ingratitudine. *Ad instanza di maestro Francèsco di Gio. Benvenuto*, 1526, in-8. [16639]

Comédie en vers de différents mètres. Outre cette édition, qui est rare, il en existe une sans date et une autre de Florence, Giunti, 1559, pet. in-8. Cette dernière en *v. f. tr. d.* 10 fr. de Soleinne.

OTWAY(*Th.*). Works (plays), with notes, critical and explanatory, and a life of the author, by Th. Thornton. *London*, 1813, 3 vol. pet. in-8. fig. 18 à 24 fr., et plus en Gr. Pap. [16890]

Dernière édition et la meilleure des œuvres de ce poëte. Celles de *Londres*, 1757, 3 vol. in-12; 1768, 2 vol. in-12, et 1812, 2 vol. in-8., n'ont qu'un prix ordinaire.

OUDART (*Paul*). Cours d'histoire naturelle , contenant les principales espèces du règne animal, classées méthodiquement, et lithographiées par M. Oudart. *Paris, Engelmann*, 1825, in-4. [5572]

Collection de 120 pl. color. qui s'est publiée en 12 livrais. : vend. 50 fr. en 1831 ; 40 fr. Nicolle.

— Galerie des oiseaux. Voy. Vieillot. .

OUDIN (*Cesar*). Refranes, ò proverbios castellanos traduzidos en lengua francesa por Cesar Oudin. *Paris, Marc Orry*, 1609, pet. in-8. [18497]

Seconde édition d'un recueil qui a eu du succès; elle est aussi complète que celle de *Paris, P. Billaine*, 1624, in-8., et que celle de *Paris, Nic. et Jean De*

La Coste, 1659, pet. in-12; on trouve dans toutes les trois cinquante quatrains de A.-G. Fajardo (voy. ce nom), et qui ne sont pas dans l'édition de *Bruxelles, Roger Velpius et Hubert Antoine*, 1612, pet. in-12, à laquelle sont ajoutées les *Cartas* de Blasco de Garay. Ce qui se trouve également dans l'édition de *Lyon, P. Rigaud*, 1614, pet. in-12, dans celle de *Bruxelles*, 1634, et dans celle de *Bruxelles, Fr. Foppens*, 1702, pet. in-12.

L'exemplaire de l'édit. de 1612, qui a été vendu 19 fr. Duplessis, contenait une seconde partie intitulée :

Dialogos... Dialogues fort plaisans, escrits en langue espagnole, et traduits en françois, avec des annotations par César Oudin. *Bruxelles*, et les mêmes libraires, 1611. .

OUDIN (*César-François*). Voyez Préfontaine.

OUDIN (*Louis*) de Gournay. La legende de Saint-Hyldevert, evesque de Meaux en Brie. *Rouen, par Jean Crevel (sans date)*, pet. in-8. [13965]

Légende rimée, citée par Du Verdier, qui en rapporte les quatre derniers vers. L'auteur étant mort vers 1520, cette publication est posthume.

OUDIN (*Antoine*). Curiositez françoises, pour supplément aux dictionnaires, ou recueil de plusieurs belles proprietez, avec une infinité de proverbes et quolibets, pour l'explication de toutes sortes de livres. *Paris, Ant. de Sommaville*, 1640, pet. in-8. de 4 ff. et 616 pp. [11003]

Ouvrage assez curieux. 19 fr. 50 c. *v. f.* Nodier; 13 fr. *v. br.* Solar. Il a été réimpr. pour le même Sommaville (*Rouen et Paris*), en 1656, pet. in-8. 19 fr. *v. tr. d.* Coste.

OUDIN(*Casim.*). Commentarius de scriptoribus ecclesiæ antiquis illorumque scriptis tam impressis quam mss. , ad annum 1460. *Lipsiæ, Weidmann*, 1722, 3 vol. in-fol. [31698]

Vend. 39 fr. Boulard; 19 fr. Daunou; 25 fr. 50 c. en 1840, et plus cher depuis.

OUDRY (*J.-B.*). Rébus, ou logographe, dédiée à S. A. R. Madame Ja duchesse de Berry. *Ce vend à Paris chet* (sic) *l'auteur sur le Pont Nostre dame* (avant 1716), in-12, obl. [9488]

Ce livre singulier se compose de 46 morceaux en travers, savoir : un frontispice, une dédicace, 4 ff. de texte et 40 ff. de rébus ou logographes. Il est amplement décrit dans le *Peintre-graveur françois*, II, pp. 193 et suivantes. J.-B. Oudry a aussi gravé une grande estampe, contenant plusieurs encadrements de rébus, avec des numéros, au nombre de 67, et la date 1716. C'est un jeu de rébus qui se joue avec deux dés, comme le jeu de l'oie.

OUËKAKI. Yo-san-fi-Rok : l'art d'élever les vers à soie au Japon , par Ouëkaki-Morikouni, annoté par Matthieu Bonafous, avec cinquante planches gravées d'après les dessins originaux; ouvrage traduit du texte japonais par le docteur J. Hoffmann. *Paris, Vᵉ Bouchard-Huzard*, 1848, in-4. 20 fr. [6462]

Oudegherst (d'). Chroniques de Flandre, 25078.
Oudlette. Environs de Paris, 24180.
Oudin (J.). Archéologie religieuse , 30009.

OULTREMAN ou Outreman. V. OUTRE-MAN.

OUMANTZ (*A.*). Poïezdka na Sinaï. Voyage au Sinaï, avec quelques notices sur l'Égypte et la Terre sainte. *Saint-Pétersb., impr. de la IIIe section de la chancellerie impériale* , 1850 , in-8. avec 3 cartes et 10 dessins. Prix : 4 roubles. [20575]

OUPNEK'HAT (id est secretum tegendum) opus continens antiquam et arcanam, seu theolog. et philos. doctrinam, e iv sacris Indorum libris. Rak beid, Djedjr beid. Sam beid, Athrban beid, excerptam ; ad verbum e persico idiomate, samskreticis vocabulis intermixtò, in latinum conversum ; dissertationibus et annotationibus difficiliora explanantibus illustratum ; studio et opera A.-H. Anquetil Duperron. *Argentorati, Levrault,* 1801-2, 2 vol. in-4. 20 à 25 fr. [2250]

— LA RELIGION des Indoux, selon les Vedah, ou analyse de l'Oupnek'hat d'Anquetil du Perron, par Lanjuinais. *Paris,* 1823, in-8. de 107 pp.

OUSELEY (*W.*). Epitome of the ancient history of Persia , extracted and translated from the Jehan-ara, a persian manuscript , and accompanied by the original persian. *London ,* 1799, in-8. fig. 10 fr. [28076]

— PERSIAN miscellanies, or essay to facilitate the reading of persian manuscripts, with specimens engraved, and notes. *London,* 1795, in-4. fig. [11661]
16 fr. Langlès ; 6 fr. 25 c. Quatremère.

— Voy. ORIENTAL collection.

— The Bakhtyar Nameh , or history of prince Bakhtyar , and the ten viziers, a series of persian tales , from a manuscript in the collection of Will. Ouseley. *London,* 1801, gr. in-8. [17773]

Dans ce volume le texte persan est joint à la traduction. Vend. 19 fr. Langlès ; 5 fr. 50 c. Quatremère.
— BAKHTTAR Names , ou le favori de la fortune, conte traduit du persan par Lescalier. *Paris,* 1805, in-8.

—The oriental geography. V. EBN HAUKAL.

— TRAVELS in various countries of the East , more particularly Persia ; a work wherein the author has described, as far as his own observations extended, the state of those countries in 1810-1812, and has endeavoured to illustrate many subjects of antiquarian research , history, geography, philology and miscellaneous literature , with extracts from rare and valuable oriental manuscripts, by Will.

Ouen (*S.*). Vie de S. Éloy, 22162.
Oughtred (*Guil.*). Clavis mathematica ; et Opuscula mathematica, 7810.
Oulibichetf (*Alex.*). Nouvelle biographie de Mozart, 31119. — Beethoven, 31120.
Ours de Madajors (*J.-P.* des). Gaule narbonaise, 24720.
Ouseley (*W.* Gore). Views in South America, 28674.

Ouseley, *Brecknock and London, Rodwell,* 1819-21 and 23, 3 vol. gr. in-4. fig. et atlas in-fol. [20487]

Le prix de cet ouvrage estimé était de 9 liv. 9 sh. Vend. 130 fr. Langlès ; 85 fr. Klaproth, et beaucoup moins depuis.

— OBSERVATIONS on some medals and gems bearing inscriptions in the Pahlavi, or ancient persick character, by W. Ouseley. *London, Wilson,* 1801, in-4. 10 sh. [20890]
— Catalogue of mss. in orient. languages, 31445.
— NOTICES of persian poets, with critical and explanatory remarks ; with memoir of the author by James Reynolds. *London* (*oriental translation fund*), 1846, in-8.

OUSPENSKI (Gavriil). Opit povestvovaniia o drevnostiach rousskich. Essai sur les antiquités russes. *Charkoff, impr. de l'Université,* 1818, in-8. [vers 27759]

Ce livre, dont la 1re édition avait paru en 1811, est encore , malgré ses imperfections, le seul manuel général qui existe pour l'archéologie russe.

OUSTILLEMENT au Villain. Voy. MA-NIÈRES de Vilains.

OUTLINE engravings of the Woburn Abbey marbles. Voy. BEDFORD Marbles.

OUTREMAN (*H.* d'). Histoire de la ville et comté de Valenciennes, par Henry d'Outreman, illustrée et augmentée par le P. Pierre d'Outreman. *Douay, Marc Wyon,* 1639, in-fol. fig. 24 à 30 fr. [24938]

OUTREMAN (*Petr.* d'). Constantinopolis belgica, sive de rebus gestis a Balduino et Henrico imperatt. constantinopp., ortu Valentionibus Belgis libri V. quibus accessit de excidio Græcorum liber singularis. *Tornaci,* 1643, in-4. 8 à 12 fr. [22990]

Ouvrage tiré en grande partie de Villehardouin (voy. ce nom). Les exemplaires en sont peu communs.
— LA VIE du vénérable Pierre L'Hermite, aucteur de la première croisade et conqueste de Jérusalem, père et fondateur de l'abbaye de Neuf-Moustier et de la maison des Hermites, avec un brief recueil des croisades suivantes, qui contient un abbrégé de l'histoire de Jérusalem jusqu'à la perte finale de ce royaume. *Valenciennes,* 1632, pet. in-8. [22251]

Édition peu commune, dont un exemplaire en *v.* aux armes des De Thou a été vendu 120 fr. Solar, ce qui est vingt fois le prix ordinaire de ce livre, qui a été réimpr. à *Paris, chez Boulanger,* 1645, in-12.
— Personnages signalés de la Compagnie de Jésus, 21899.

OUVAROFF (comte *Alexéï*). Izslédovaniia o drevnostiach ioujenoï Rossii. Recherches sur les antiquités de la Russie méridionale et des côtes de la Mer Noire. *St-Pétersbourg, impr. des pa-*

Outhier. Voyage au Nord, 20359.
Outramus (*G.*). De Sacrificiis, 22606.
Outzen. Friesische Sprache, 11252.
Ouvaroff (le comte *Serge*). Études, 18344.

piers d'Etat, 1851-56, 2 cahiers in-fol. [27797 ou 29280]

Un atlas de belles planches gr. in-fol. accompagne cet ouvrage qui n'est pas encore terminé. Les premiers cahiers coûtent 17 roubles.
Le même ouvrage avec un texte français, *Paris, Didron,* 1855, in-fol., avec 34 pl. d'après les dessins de M. Webel, peintre de l'Académie impériale de Saint-Pétersbourg. La 2ᵉ part. du texte, pp. 133 à 168, en 1860.
Voir t. I, col. 321, ANTIQUITÉS du Bosphore cimmérien.
— Mystères d'Eleusis, 22584.

OUVILLE (*Antoine* le Metel Sʳ d'). Théâtre, contenant 10 pièces. *Paris,* 1638-50, in-4. [16437]

18 fr. Pompadour; 24 fr. Méon; 29 fr. de Soleinne. Ces dix pièces ont pour titre : Les Trahisons d'Arbiran, tragédie, *Paris, Augustin Courbé,* 1638. — L'Esprit folet, comédie en 5 actes, *Ibid.,* 1642. — Les Fausses véritez, comédie, *Ibid.,* 1643. — L'Absent chez soy, comédie, *Ibid.,* 1644. — La Dame suivante, comédie, *Ibid.,* 1645. — Jodelet astrologue, comédie, *Ibid., Cardin Besongne,* 1646. — Les Morts vivants, tragi-comédie, *Ibid.,* 1646 (la pièce la plus rare de ces pièces). — La Coiffeuse à la mode, comédie, *Ibid., Toussaint Quinet,* 1647. — Aymer sans savoir qui, comédie, *Ibid., Cardin Besongne,* 1647. — Les Soupçons sur les apparences, héroïco-comédie, *Ibid., Toussaint Quinet,* 1650.

— Les contes aux heures perdues, ou le recueil de tous les bons mots, réparties, équivoques, brocards, simplicités, naïvetés, gasconades et autres contes facétieux non encore imprimés. *Paris, Toussaint Quinet,* 1644, 2 vol. in-8. [17348]

Rare et recherché : 27 fr. Méon; 141 fr. v. f. tr. d. Veinant.
Ces contes ont été réimprimés à *Amsterdam,* 1732, 2 vol. in-12. 10 à 12 fr., et sous le titre d'*Elite des contes du sieur d'Ouville,* Rouen, Cabut, 1680, ou La Haye, 1703, 2 vol. pet. in-12.

— Voy. NOUVEAUX contes à rire.

OVALLE (*Alonso* de). Historica relacion del reyno de Chile, y de las missiones, y ministerios que exercita en el la compañia de Iesus. *Roma, Fr. Cavalli,* 1646, pet. in-fol. fig. sur bois. [28694]

Ouvrage recherché, mais assez rare. Entre les pages 322 et 323 de ce volume doivent se trouver vingt-trois portraits, précédés de deux titres : 1° *Gubernatores,* 10 portraits ; 2° *Duces,* 13 portraits. Vend. 30 fr. *cuir de Russie,* Rœtzel; 14 flor. Meerman; 1 liv. 2 sh. *mar.* Heber; 59 fr. en 1857; 50 fr. en 1859; 40 fr. 4ᵉ vente Quatremère.
Dans le texte italien de cette relation, également impr. à Rome, en 1646, pet. in-fol. ou gr. in-4. fig., l'auteur est nommé *Alonso d'Ovaglie.* Ce texte a été vend. 2 fr. seulement Santander, mais jusqu'à 33 fr. Fleurieu; 39 fr. Libri, en 1857.

OVERBECK (*Fred.*). Les saints évangiles, par Overbeck, 40 gravures sur acier, avec un texte en allemand et en français. *Düsseldorf,* 1853, in-fol. obl. épreuves sur pap. de Chine. 120 fr.

OVERBECK (*Jean*). Die Bildwerke zum thebischen und troischen Heldenkreis. *Braunschweig, Schwetschke,* 1853, gr. in-8. 33 pl. lithogr. 32 fr. [29515]

— POMPEJI in seinen Gebäuden, Alterthümern und Kunstwerken, für Kunst- und Alterthumsfreunde dargestellt. Mit einer Ansicht und einem Plane von Pompéji, 2 chromo-lithogr. Blättern und gegen 300 Holzschnitten. *Leipzig, Engelmann,* 1856, gr. in-8. 22 fr. [29344]
— GESCHICHTE der griechischen Plastik, für Künstler und Kunstfreunde. *Leipzig, Hinrichs,* 1857, 2 vol. gr. in-8. en 32 livr. avec pl. et illustrations. 24 fr. [29238]

OVERBEKE (*Bonav.* ab). Reliquiæ antiquæ urbis Romæ, quarum singulas ad vivum delineavit, dimensus est, descripsit, atque in æs incidit Bonav. ab Overbeke, opus posthumum editum a Mich. ab Overbeke. *Amstelodami,* 1708, 3 part. in-fol. max. 36 à 45 fr. [29403]

Ouvrage estimé pour l'exactitude des dessins, au nombre de 150.
— LES RESTES de l'ancienne Rome, mesurés, dessinés sur les lieux. *Amsterdam,* 1709, 3 part. gr. in-fol. 30 à 36 fr.
Mêmes planches que dans le texte latin ci-dessus.
Vend. 62 fr. de Cotte.
L'édition de *La Haye,* 1763, 3 tom. en 1 vol. in-fol. vaut quelque chose de moins, parce que les épeuves n'en sont pas belles : 24 à 30 fr.
— STAMPE degli avanzi dell' antica Roma, rinnovate ed accresciute da Giacomo Amiconi. *Londra,* 1739, in-fol.
Simples copies des planches précédentes. On y réunit le texte traduit en italien et augmenté de notes par P. Rolli, *London, Changuion,* 1739, gr. in-8.
Vend. 18 fr. d'Heiss; 20 fr. de Tersan.

OVERBURY (*Th.*). A Wife now the widdow of sir Overburye, being a most exquisiste and singular poem of the choice of a wife; whereunto are added many witty characters, and conceited newes, written by himself and other learned Gentlemen his friends. *London, for Lawrence Lisle,* 1614, in-4. de 64 ff. non chiffrés, avec le portrait de sir Overburye, par Simon Pass. [15773]

Seconde édition d'un poëme qui a eu beaucoup de succès. 4 liv. Heber. La première, également publiée par le même libraire, en 1614, in-12, ne renferme pas les *witty character,* ajoutés à la seconde. Lowndes indique les nombreuses éditions de ce poëme, et il fait remarquer que la sixième, *London,* 1616, pet. in-8, renferme des passages qui ne se trouvent dans aucune autre, et que la neuvième, *London,* 1616, pet. in-8. de 292 pp. avec portrait, est augmentée de nouvelles *Newes and Characters.* Il cite aussi un opuscule rare du même auteur, ayant pour titre : *The just Downefall of ambition, adultary, murder :* à la fin duquel sont ajoutés : *Weston's and Mrs Turner's last teares shed for the murder of sir Thomas Overbury poysoned in the tower; who, for the fact, suffered execution at Tiburne, the 14 November last,* 1615 (in-4. de 15 ff. avec un bois sur le titre). 1 liv. 3 sh. Reed; 5 liv. Skegg; sous la date de 1616, 2 liv. 6 sh. Hibbert; 2 liv. 12 sh. 6 d. Saunders.
— MISCELLANEOUS works, verses and prose, of Th. Overbury, with notes and a biographical account of the author, by E.-F. Rimbault. *London,* 1856, pet. in-8. portr. 6 sh. [19331]
L'édition de ce recueil, *London,* 1756, in-12, était déjà la dixième.

Overman (*Fred.*). The Manufacture of iron, 10227.

OVIDIUS Naso (*Publius*). Opera, hoc est epistolarum liber; Sappho; amorum lib. III; de arte amandi lib. III; de remedio amoris lib.; metamorphoseos lib.; Ibis; fastorum lib. VI; de tristibus lib. V; de Ponto lib. IV; de Pulice; de Philomena; de medicamine faciei; carmen de nuce. — *Huius opera omnia medea excepta & triumpho Cæsaris : et libello illo pontica lingua cōposito : quæ incuria tempoƺ perierunt : Balthesar Azoguidus Ciuis Bononiensis... primus in sua ciuitate artis impressoriæ īuentor & sūma necessitudine mihi cōiunctissimus ad utilitatē humani generis impressit :* M. CCCC. LXXI. In-fol. à 39 lign. par page. [12512]

Cette édition et celle de Rome, 1471, sont regardées comme les deux premières de ce poëte; mais il est difficile de dire laquelle des deux a précédé l'autre : toutefois celle de Bologne est d'autant plus précieuse, que c'est le premier livre imprimé dans cette ville. Aucun exempl. complet n'a encore, que je sache, été mis en vente dans ces derniers temps.

Au commencement de ce livre sont trois ff. qui renferment l'épître de *Franciscus Puteolanus* au card. de Mantoue (Franç. de Gonzague), et la vie d'Ovide par le même Fr. Puteolanus, terminée par la souscription : *Huius opera omnia*, etc., en 7 lignes, non compris la date. On trouve au recto du 4e f. la table du contenu du volume.

Nous ferons observer que, dans cette édition, la plupart des ouvrages d'Ovide forment des parties séparées qui ne sont pas toujours reliées dans le même ordre. Voici la description des parties que contient l'exemplaire de la Bibliothèque impériale :

Les *Métamorphoses* commençant par les six vers : *Orba parente suo*, etc., 155 ff., dont le verso du dernier est blanc. — L'*Ibis*, 9 ff. dont le dernier finit au recto. — Les *Fastes*, 64 ff. finissant par les mots LAVS DEO. — Les *Tristes*, le *de Ponto, de Pulice, de Philomena, de medicamine faciei, de Nuce*, 94 ff. — *De arte amandi* et *De remedio amoris*, 41 ff. — *Amores*, 32 ff. Il y manque les *Heroides*, avec l'*Epistola Sapphonis*, partie qui est de 48 ff. dans la seconde édition de Bologne (1480).

Selon Dibdin, *Bibliomania*, p. 425, il y aurait eu autrefois à Padoue, dans la maison du chapitre, un exemplaire de cette première édition d'Ovide, imprimé sur VÉLIN; cependant nous avons de très-fortes raisons pour douter de l'existence d'un pareil exemplaire.

On a remarqué que, dans cette première édition de Bologne, comme dans celle de 1480, le *De Medicamine faciei* est imprimé immédiatement après la *Philomena*, sans aucun intitulé, et que le *De Nuce* qui termine le second volume porte le titre qui appartient au *De Medicamine*.

— Ovidii opera. *Romæ, Sweynheym et Pannartz*, 1471, 2 vol. in-fol. à 38 lign. par page, sans chiffres, récl. ni signat.

Édition dont il est très-difficile de trouver les deux volumes réunis. Le premier tome, composé de 177 ff. en tout, ne contient que les *Métamorphoses;* il commence par un f. séparé, au recto duquel se lit l'épître dédicatoire de l'évêque d'Aleria, ayant cette souscription : *Romæ quinto decimo Kal. augu.* M. CCCC. LXXI, *etc.*, et au-dessous les six vers : *Orba parente suo*, etc. Le volume est terminé par la souscription de huit vers : *Aspicis illustris lector*, etc. Le second tome ne porte point de date, mais il doit avoir été impr. vers 1472; en voici le contenu : *Amorum lib. III,* commençant

ainsi : *P. Ovidii Nasonis de sine titulo libellus ad Cupidinem elegia....* ff. 1-35. *De arte amandi*, et *Pulex*, ff. 36-67. — *De remedio amoris*, ff. 68-78. — *Consolatio ad Liviam,* et *Epistolæ heroides,* ff. 79-132. — *Nux, Medicata facies, Ibis,* ff. 133-145. — *Tristium libri V ; de Ponto libri IV ; Sapho,* ff. 146-241. — *Fastorum libri VI,* ff. 242-308. Cette dernière partie, qui est quelquefois reliée séparément, finit au verso, de cette manière :

Finis. VI. *Librorum Fastorum Ouidii Ad Ti. Cesarem Germanicum Aug.*

Vend. 259 fr. (imparfait de plusieurs ff.) Gaignat; 73 liv. 10 sh. (double de lord Spencer), en 1821; 8 liv. 8 sh. (le premier vol.) Askew; le 2e volume, sans les Fastes, 200 flor. Crevenna ; 500 fr. Brienne-Laire. — J. Van Praet nous apprend que la bibliothèque publique de Douai possède la partie de cette édition qui contient les Métamorphoses, impr. sur VÉLIN.

— Ovidii opera omnia, Medea excepta, etc., quæ incuria temporum perierunt. *Jacobus Rubeus natione gallicus (Venetiis)... impressit* M. CCCC. LXXIIII, in-fol.

Un bel exemplaire, partagé en 2 vol., a été vend. 30 liv. 19 sh. Pinelli ; un autre, 235 flor. Meerman; 11 liv. Hibbert ; 8 liv. 8 sh. 6 d. (avec quelques ff. raccommodés) Heber.

Cette édition est fort belle, et ne se trouve guère plus facilement que la précédente ; en voici la description :

Les *Métamorphoses* commencent au recto du 1er f. ; le titre du livre et une partie du premier vers du texte y sont imprimés en lettres capitales; ce poëme est terminé au verso du 141e f. par les six vers : *Orba parente suo*, etc. Les *Epistolæ* viennent ensuite, et occupent depuis le 142e f. recto jusqu'au 186e recto, y compris l'*Epistola Saphonis;* l'*Ars amandi* commence au verso du 186e f., et se termine au verso du 213e par ces deux lignes :

P. OVIDII NASONIS DE ARTE AMANDI LIBRI EXPLICIUNT.

Les *Elegiæ (Amores)*, suivies du *Remedium amoris,* du *De medicamine faciei,* et de *Nux*, remplissent 42 ff. ; les *Fasti* ont 58 ff. ; l'*Epistola consolatoria,* 6 ; les *Tristia*, 40 ; le *De Ponto*, 38 ; le *Pulex,* 2 ; l'*Ibis*, 8 ff. Ce dernier opuscule est suivi d'une vie du poëte, en trois pages, à laquelle est jointe la souscription : *Hujus opera omnia, etc.;* sur le recto du f. suiv., qui termine le volume, se lit une table du contenu, avec 12 vers intitulés : *Calphurnii carmen ad lectorem.* Un exemplaire de cette même édition (dont les pages entières ont 43 lignes), auquel il manquait l'*Ibis*, la vie du poëte et le dernier f., est annoncé dans le catal. La Vallière, n° 2481, comme sans date, et imprimé avec les caractères de Nic. Jenson. Il a été vendu 380 fr. Le volume de la même édition, qui contient les Métamorphoses et autres poëmes, a été payé 7 liv. 10 sh. Pinelli. — Voy. *Bibliotheca spencer.*, II, p. 205.

— Ovidii opera. — *Impressum Parmæ, ductu & īpensis mei Stephani Coralli lugdunensis,* M.CCCC.LXXVII. *die primo Iullii* (sic), in-fol.

Vend. bel exempl., 17 liv. 17 sh. Pinelli, et moins cher depuis.

Cette édition est ordinairement reliée en 3 vol. ; la première partie, composée de 187 ff. à 38 ou 39 lignes par page, renferme les *Métamorphoses;* elle commence par 5 ff. prélimin., contenant la table et un abrégé de la vie d'Ovide, par Domitius Calderinus; les signatures commencent au 4e f. du texte, et continuent depuis A jusqu'à Y, par cahiers de 8 ff., à l'exception de S et V, qui en ont 10, et d'Y, qui n'a que 7 ff. imprimés. La souscription se lit au verso du dernier. La 2ᵉ partie (de 139 ff.) commence par les épîtres, et comprend les cahiers AA—RR, de 8 ff. chacun, à l'exception de GG et OO, qui n'en ont que 6 ; il y a un double cahier GG, qui contient 8 ff.

La 3ᵉ partie (de 165 ff.) commence par les *Fastes*, et comprend les cahiers A—V, de 8 ff. chacun, à l'exception de A et B, qui ont 10 ff., et de V, qui a 9 ff., au bas du dernier desquels (verso) se lit le mot FINIS.

— Ovidii opera. *Mediolani, Zarot*, 1477, in-fol., caract. rom., sans chiffres ni récl., 42 lign. par page.

Sous le rapport de la rareté, cette édition ne le cède guère à aucune des précédentes (1471, 1474) ; c'est ce qui nous engage à en donner ici la description, d'après l'exempl. de la Biblioth. impériale, lequel est divisé en trois volumes.

Tome I. *Métamorphoses*, 6 ff. prélim., dont le premier, imprimé seulement au verso, contient une épître de *Bonus Accursius* à *Sicchus Simoneta*, et les autres renferment une vie d'Ovide, comme l'édition de Lavagnia, de 1475, sur laquelle il paraît que celle-ci est faite. Le texte commence au 7ᵉ f. sign. *aj*, et se termine au verso du 181ᵉ f., qui est le 11ᵉ du cahier S, par la souscription : *Anno domini M. cccc. L xxvii iij idus septēbris...* | *.... Mediolani impressit Antonius Zarotus Parmēsis artifex* | *eximius.*

Tome II. *Heroidum libri*, 44 ff. sign. *a—e. De arte amandi*, 26 ff. sign. *f—g—h. Amores, De remedio amoris*, et *De nuce*, 44 ff. sign. li—n.

Tome III. *Tristium libri*, et *De Ponto*, 92 ff. sign. Aj jusqu'au 5ᵉ f. du cah. K. *Fasti*, 60 ff. sign. L—Q; ensuite *Consolatio ad Liviam*, 6 ff. sous la sign. i.

Panzer, II, p. 94, n° 581, rapporte le titre d'une édition d'Ovide, in-fol., sans date, à la fin de laquelle se lit cette souscription : *P. Ovidii Nasonis opera omnia, diligenter emendata, Antonius Zarotus Parmensis, ad utilitatem iuuenum, nec non et posterorum impressit.* Or, ce n'est pas une édition différente de celle de 1477, mais seulement il existe des exemplaires du 3ᵉ vol. dans lequel on a mis, à la fin du poëme intitulé *Philomena*, un carton qui ne reproduit pas la souscription datée que nous avons rapportée. Il paraît que ce carton a été imprimé pour réparer l'omission du mot *nocte*, dans la 8ᵉ ligne. Un exemplaire de ce volume, avec le feuillet primitif et le carton, 6 liv. Libri, en 1859.

— Ovidii opera. — *Opus impressum Bononiæ p̄ me Baldaserem* (sic) *de Azzoguidis ciuē bononiensem, anno incarnationis.* M. CCCCLXXX, in-fol.

Cette seconde édition d'Ovide donnée par *Azzoguidi* est peut-être plus rare que la première, sans être cependant aussi précieuse ; elle a également 39 lignes par page, mais les caractères en sont plus petits, et elle se distingue d'ailleurs par des signatures placées à la marge latérale, au niveau de la dernière ligne des feuillets. On y trouve *Consolatio ad Liviam*, morceau qui manque dans l'édition de 1471. Ebert a donné, sous le n° 15343 de son Dictionnaire, la description la plus complète que l'on eût encore de ce livre peu connu ; mais comme elle est insuffisante pour faire reconnaître au premier coup d'œil les parties séparées qui peuvent tomber sous la main des curieux, nous allons la placer ici une plus détaillée, dans l'ordre de l'exemplaire de la Bibliothèque impériale, où il manque les Métamorphoses, pour lesquelles nous suivons l'exemplaire de Dresde et celui de M. Th. Grenville.

L'ouvrage se relie en 2 ou en 3 vol., et contient :

1° Les *Epistolæ heroides*, commençant par cette ligne :

ANC TVA PENELO *pe*

48 ff., sign. *a—d* par 10, *e* par 8. Le dernier f. ne renferme qu'un seul vers et le mot *finis*.

2° *Amorum libri tres*, commence par :

VI MODO *nasonis fuera*

32 ff. sign *f. g. h.* par 10 et par 12.

3° *De arte amandi et de remedio amoris*, commence :

IQ VIS *in hoc artem*

41 ff. sign. *i. k. l. m.*

4° *De tristibus libri V ; de Ponto, de pulice, de Philomena, de medicamine faciei libellus, de nuce.* Première ligne :

ARVE NEC INVID *eo*

94 ff. sign. *n—y.* Le dernier cahier n'a que 4 ff.

5° *Fastorum libri, liber in Ibin, et consolatio ad Liviam.* Première ligne :

EMPORA CUM *causis*

80 ff. sign. *rr. ss. tt.* par 10, *uu* par 8, *xx* et *yy* par 10, *zz* par 6, *ʃʃ* par 10 et *zz* (répété) par 6. On lit au recto du dernier f. après 14 vers :

PUBLII OVIDII NASONIS POETÆ
CONSOLATORIÆ EPISTOLÆ
FINIS

6° *Metamorphoses.* Première ligne : *orba parente suo quiqᵘ̄ᵍ volumina cernis*, 156 ff. sign. AJ—O par 10 et Q par 6, finissant par la souscription et la date rapportée à la fin du titre ci-dessus. Cette partie tient lieu des cah. *aa—qq*, dont les cah. *rr—zz* de la partie précédente semblent supposer l'existence. Il est à présumer que les quatre feuillets préliminaires de l'édition de 1471 auront été réimpr. pour celle-ci. Cependant il ne s'en trouve de trace nulle part.

—Opera — *ab Hermano Levilapide (alias Lichtenstein). Vicentiæ, impressa* M. CCCCLXXX, *pridie idus Aug.*, 2 vol. in-fol. à 48 lign. par page.

Édition peu commune et assez recherchée : 200 fr. mar. r. La Valliere ; 3 liv. 12 sh. Pinelli ; 82 fr. F. Didot ; 123 fr. d'Ourches ; 7 liv. Hibbert. Le vol. qui renferme les Métamorphoses est de 166 ff. en tout, signat. A—V. y compris une préface de Bonus Accursius, et la vie d'Ovide, qui contiennent 5 ff. sign. ζ. Au verso du dernier f. de ce volume se trouve la souscription que nous avons rapportée ci-dessus. Le tome second a 247 ff. sign. a—hh 4, avec la souscription particulière que voici : *Finis omnium librorū P. Ovidii qui extant. eosᵍ accuratissime emendatos a Barnaba Celsano vicetino īpressit Hermanus coloniēsis Lichtenstein Vicentiæ* M. CCCC LXXX *sex id. maii.*

Ajoutons que Hain, n° 12149, décrit le second vol. d'une édition d'Ovide, in-fol. de 248 ff. à 47 lignes par page, à la fin de laquelle se retrouve la souscription ci-dessus, avec quelques changements, et notamment à la fin, qui est ainsi conçue : *Impressit Hermannus Lichtenstein Coloniēsis Venetiis. Anno salutis* M. CCCC. LXXXIIII. XI *calēdas octobres : Focliciter.*

— Opera. *Venetiis, per Bernardinum de Novaria*, 1486, in-fol. à 52 lign. par page.

Vend. 3 liv. 3 sh. Pinelli ; 41 fr. mar. r. Brienne-Laire : un très-bel exemplaire rel. en mar. à compart., 25 liv. 4 sh. Dent, et 16 liv. 16 sh. Heber. Le tome I, contenant les Métamorphoses, daté du 13 janv. 1486, a 146 ff. signat. A—S, dont les 8 premiers renferment une épître de Bonus Accursius, une vie d'Ovide et le sommaire des Métamorphoses. Le dernier f. est blanc. Le second volume, sous la date du 27 novembre 1486, donne les autres ouvrages du poëte, en 228 ff. sign. *a—z. ʃ*, et aa—ee le premier f. du cah. *a* et le premier du cah. *i* sont blancs.

Les autres éditions des œuvres d'Ovide impr. dans le xvᵉ siècle, que nous n'avons pas encore citées, sont au nombre de cinq :

1° (*Venetiis*) *impensa et opera Lucantonii (Giuntæ) Florentini a Matheo Capcasa*... M.CCCC. LXXXVIIII *pridie calendas Januarias*, in-fol. de 126 et 198 ff. à 59 lign. par page. Vend. 50 fr. La Valliere. Maittaire la date de 1488. Elle est disposée dans le même ordre que l'édition de Vicence, 1480.

2° *Venetiis, per Lazar. de Salviano*, 1492, *calendis april.*, in-fol. Vend. 1 liv. 5 sh. Pinelli. La partie des Métamorphoses est du 3 mars.

3° *Venetiis, per Christophorum de Pensis*, 1493, in-fol.

4° *Venetiis, per Joannem de Tridino*, 1496, in-fol.

5° *Venetiis, per Christoph. de Pensis de Mandello*, 1498, *kal. decembris*, in-fol. à 62 lign. par page, 25 fr. 95 c. La Valliere.

— Opera. *Venetiis, in ædibus Aldi*, 1502-1503, 3 vol. in-8.

Édition très-difficile à trouver complète et en bon état. Le contenu de chaque volume est indiqué tout au long sur les frontispices. Vend. 150 fr. bel exemplaire *m. r. doubl. de m.*, mais avec un vol. de l'édition de 1515, La Serna, et revendu 172 fr. Larcher ; 150 fr. *vél.*, avec un volume plus court que les autres, Jourdan ; 73 fr. (exemplaire médiocre) Duriez ; 500 fr. *mar. marbré* (exempl. de Thou, mais ayant les *Libri amatorii* de 1533), le même ; autre exemplaire, 7 liv. Sykes ; 2 liv. 3 sh. Heber ; 10 liv. 10 sh. Renouard, à Londres, et 4 liv. 4 sh. Butler. Le 3ᵉ vol. seul, exemplaire bien conservé, 60 fr. Delatour. — Je possède les tomes II et III, exempl. de Grolier, rel. en *mar. bl.*, et je désire fort pouvoir me procurer le premier volume (les *Métamorphoses*) dans la même reliure (et non autrement). En attendant M. Techener m'a procuré un très-bel exemplaire de ce volume (édit. de 1515), en *mar. bl.* comme les deux autres, et provenant de M. Laurin, dont il porte d'un côté de la couverture la devise VIRTUS IN ARDVO, et de l'autre l'inscription : M. LAVRINI ET AMICORVM.

Chez lord Spencer se conserve l'exemplaire de ces trois volumes, imprimé sur VÉLIN, qui a été payé 63 liv. à la vente de Paris. Un exempl. du 3ᵉ vol. également sur VÉLIN, est vendu successivement 325 flor. Meerman ; 38 liv. Williams ; 37 liv. 19 sh. Hibbert.

Description des trois volumes : Le premier (qui est le second dans les autres éditions) porte la date d'octobre M.D.II. Il a en tout 268 ff. non chiffrés, savoir : 63 prélimin. 1 bl. 203 ff. pour le texte des *Métamorphoses*, et 1 f. pour la souscript. et l'ancre. Le second (*Libri amatorii*), aussi sous la date de M.D.II, est le plus rare des trois. Il contient 202 ff., dont un (le 120ᵉ) est blanc. Le troisième volume est de févr. M.D.III. Il a 85 ff. pour les *Fastes*, un f. bl., plus 118 ff. pour les *Tristes* et les épîtres de Ponto.

— Ovidii opera. (*Lugduni*, circa 1503), 3 vol. pet. in-8.

Première contrefaçon lyonnaise de l'Ovide d'Alde, de 1502. Elle est beaucoup plus rare que l'originale qu'elle reproduit page pour page, à l'exception des pièces liminaires du vol. des Métamorphoses. Ce volume, que nous plaçons le premier, et dont le titre porte seulement *Ovidii metamorphoseon libri XV*, a 204 ff. non chiffrés, 1 f. blanc et 20 ff. contenant l'*errata*, la vie d'Ovide et l'*Index fabularum*; il y manque les 44 autres ff. de l'édition aldine. Le second vol. a 202 ff. non chiffrés (le f. 120 ou *qq* 8 est blanc) ; on y a omis au verso du titre l'épître d'Alde à *Marino Sanuto*, et au f. ii 5 recto la place d'un passage grec de Suidas a été

laissée en blanc. Le 3ᵉ vol. contient 88 ff. pour les *Fastes*, dont les trois derniers ff. sont blancs, 118 ff. pour les *Tristes* et les épîtres *de Ponto ;* il se distingue facilement de l'édition aldine, parce qu'on y a omis les deux souscriptions de l'imprimeur : l'épître à Sanuto s'y trouve. Cette description, que nous empruntons d'Ebert, n° 15348, n'a pas été donnée par M. Renouard.

Il existe une seconde contrefaçon lyonnaise de l'édition aldine, également en 3 vol. pet. in-8., sans lieu ni date, mais avec les feuillets chiffrés ; c'est aussi un livre fort rare, et d'un prix élevé. Ajoutons qu'à la vente de la collection aldine de M. Renouard, faite à Londres en 1828, le 2ᵉ vol. de l'édition non chiffrée a été payé 9 liv. 9 sh., et le 3ᵉ vol. de l'édition chiffrée, 10 liv. 5 sh. (et 20 fr. en 1854) ; ce qui, toutefois, ne peut être allégué que comme un cas exceptionnel.

— Opera, ex recens. et cum annotat. Andr. Navageri. *Venetiis, in ædibus Aldi*, 1515-16, 3 vol. in-8.

Cette seconde édition aldine, aussi rare à peu près que la première et presque du même prix (7 liv. 7 sh. Renouard, à Londres ; en *mar.* 2 liv. Butler), lui est préférable pour le texte, lequel a été revu avec beaucoup de soin par l'éditeur, André Navagero, auteur des annotations qui, dans les pièces liminaires du vol. des Métamorphoses, sont substituées à l'*index græcitatis* de l'édit. de 1502. Il a été tiré sur VÉLIN un ou même plusieurs exempl. de ces trois vol., dont voici la description : Tome I, *Héroïdes, etc.*, 15 ff. non chiffrés et 1 bl. blanc ; 172 ff. chiffrés et 10 non chiffrés. — II, *Métamorphoses*, 47 ff. non chiffrés, 1 f. blanc et 204 ff. chiffrés. — III, 22 ff. prélim. dont 1 bl., 227 ff. chiffrés, plus 1 f. pour le registre, la souscription et l'ancre. Sur les 227 ff. cinq sont bl. en exemples ; ce sont les ff. 86, 87, 88, 151 et 152. Un bel exempl. du volume contenant les Métamorphoses, 31 fr. Costabili.

— Ovidii opera. *Florentiæ, hæredes Phil. Juntæ*, 1519-22-25, 3 vol. in-8.

Il est aussi très-difficile de réunir ces 3 volumes. En voici la description : I, *Libri amatorii* (Héroïdes, etc., 1519), 8 ff. prélim et 176 ff. de texte ; II, *Metamorphoseos libri* (1522), 40 ff. prélim., 208 ff. et l'index ; III, *Fasti, Tristes, etc.* (1525), 226 ff. et 20 ff.

Les Héroïdes et les Amours ont été réimpr. en 1528 (vend. exempl. *non rogné*, 72 fr. en 1825 ; 3 liv. 15 sh. Williams); mais nous ne connaissons d'autre édition des Métamorphoses, sortie des presses des Junte, que celle de 1522, dont un bel exempl. en *mar.* a été vend. 10 flor. Crevenna ; 9 flor. 25 c. Meerman ; 3 liv. 3 sh. Hibbert. Ces imprimeurs ont fait paraître une partie des exemplaires du premier vol. de cette édition (les Héroïdes, etc.) avec le nom d'*Alde* et la date de 1515, mais sans préface ; vendu ainsi 24 fr. en 1811. Un exemplaire de ce même volume, impr. sur VÉLIN, se conservait dernièrement chez M. Standish, amateur anglais. — M. Renouard a parlé, dans son catalogue (tome II, p. 270), d'une édition du 3ᵉ volume, *Fasti, etc.*, sous la date de 1519, mais il ne l'a pas citée dans ses Annales, et Bandini n'en a rien dit.

— Ovidii Nasonis (libri) Fastorum, Tristium, de Ponto, in Ibim, ad Juliam. — *In ædib. Alex. de Paganinis, die vm mensis majas* (pour *maii*), MDXXI,in-32 de 34 et CLXX ff. — Metamorphoseon lib. XV. — *In ædib. Alex. de Paganinis, die xxiiii mens. maii*, in-32.

Deux volumes fort rares que décrit M. Lechi, p. 108. Le second a 170 ff. chiffrés, 6 ff. pour l'index, plus les cah. sign. AA. BB. CC. par 4, et DD. par 2, con-

· tenant *annotationes in omnia Ovidii opera, index fabularum*, *etc.* Nous ignorons si les Héroïdes d'Ovide ont été impr. dans le même format.

— Metamorphoseon liber, cum Raph. Regii enarrationibus. *Tusculani, apud Benacum, in ædibus Alex. Paganini,* 1526, in-4. de 8 et ccɪ ff. plus un feuillet blanc; fig. sur bois fort médiocres.

Il faut joindre à ce volume les trois suivants, exécutés par le même imprimeur et dans la même année :

FASTORUM lib. VI, cum comment. Constantini et Marsi, in-4. (aussi 1527).

TRISTIUM lib. V, de Ponto lib. IV, et opuscula, cum comment. Merulæ, in-4.

LIBER de arte amandi, et de remedio amoris cum comment. Barth. Merulæ, etc., in-4. de LVI ff.

Et enfin un 4e vol.

EPISTOLÆ HEROIDES, cum commentariis diversorum eruditorum, 1525 (aussi 1533), in-4.

Ce qui forme l'Ovide complet, impr. en caractères singuliers, avec le commentaire autour du texte. Il est très-difficile de réunir les 5 vol. : 100 fr. Renouard; le 1er, 14 fr. *mar. r.* La Valliere, et le 3e, 5 flor. Crevenna.

— Ovidii opera. *Parisiis, Sim. Colinæus,* 1529, 3 vol. pet. in-8. 15 à 18 fr.

Belle édition, dont on trouve bien rarement réunis les trois volumes, qui ont paru séparément et avec des titres particuliers : 1 liv. 1 sh. Askew. De Colines a réimpr. le 1er et le 3e vol. en 1536, et celui des Métamorphoses en 1537. On peut joindre à cette édition: *Erasmi Rot. comment. in Nucem Ovidii et duos hymnos Prudentii;* Parisiis, Sim. Colinæus, 1526 ou 1533, pet. in-8.

Les éditions d'Ovide que Séb. Gryphius a données à Lyon, en 1536-39, en 1540 et en 1554, en 3 vol. in-8., ou en 1546, 3 vol. in-16. sont faites sur celles de Sim. De Colines, qui a réimprimé de nouveau ce poëte, en 1541, en 3 vol. in-16. Cette dernière édition, 30 fr. *mar. r.* Renouard.

— Opera. *Venetiis, in ædibus hæredum Aldi, etc.,* 1533-34, 3 vol. in-8.

Copie de l'édition de 1515-16, mais moins belle et moins rare que cette dernière. Le 1er vol., *Métamorphoses,* a 32 ff. prélim., 204 ff. chiffrés et 1 f. blanc. Le 2e, *Héroïdes, etc.,* 11 ff. prélim., 1 f. bl. et 180 ff. dont le 112e est blanc. Le 3e, *Fasti, etc.,* 21 ff. prélim. et 3 ff. blancs, 227 ff. chiffrés, dont 5 blancs, comme dans l'édition de 1516; enfin un autre f. bl. et 4 ff. contenant des variantes, avec la souscription à la fin.

Vend. 1 liv. 6 sh. Pinelli; 60 fr. *mar. r.* d'Hangard; 32 fl. Meerman. Ce dernier exemplaire a été revendu 2 liv. 2 sh. Butler, annoncé comme imparfait, parce qu'il y manquait *trois feuillets blancs* dans le second volume : ce qui nous fait voir qu'en Angleterre on regarde comme incomplet un livre où il manque des feuillets blancs. Sans doute il est bon de savoir qu'un ou plusieurs feuillets blancs dépendent d'un cahier, d'abord pour être certain qu'il ne manque rien, et ensuite parce qu'ordinairement un feuillet imprimé tient au feuillet blanc, et que si celui-ci manque, il est à craindre que celui-là ne manque aussi; mais nous ne croyons pas que l'absence de ces feuillets blancs rende un livre véritablement incomplet, si, du reste, les feuillets imprimés qui correspondent aux ff. blancs ne manquent pas.

L'exemplaire en Gr. Pap. vendu 61 flor. Crevenna, aurait plus de valeur maintenant. — Le tome 1er de cette édition, exemplaire *non rogné,* 15 flor. Crevenna.

Un fait assez curieux, c'est que l'exemplaire de cet Ovide, en 3 vol. impr. sur VÉLIN, qui se trouvait dans la bibliothèque de Nic. Heinsius, n'a été porté

qu'à 30 flor. 5 c. lors de la vente de ce savant, en 1682.

— Opera (cum argumentis et notulis Guid. Morilloni, Lact. Placidi, etc.). *Antuerpiæ, Chr. Plantinus,* 1561, 3 vol. in-16.

Édition jolie et assez rare, mais dont on ne recherche guère que les exempl. parfaitement conservés : 9 à 12 fr.; vend. 80 fr. bel exempl. *t. r. m. v.* riche dorure à petits fers sur les plats, de Cotte ; 3 liv. 3 sh. Heber.

— Opera, Dan. Heinsius textum recensuit: acced. breves notæ ex collatione codd. Jos. Scaligeri et Jani Gruteri. *Lugd.-Batavor., ex offic. elzeviriana,* 1629, 3 vol. in-16.

Bonne édition pour la collection des *Elsevier;* elle n'est pas fort belle, mais les exemplaires bien conservés en sont peu communs : 24 à 36 fr.; vend. 55 fr. *mar. r.* exemplaire du C. d'Hoym, Le Blond ; 129 fr. *m. v. d. de m. r.* F. Didot; 60 fr. Mac-Carthy ; 66 fr. *m. bl.* Bérard ; 130 fr. *m. r.* grandes marges, De Bure.

— Operum editio nova, accurante Nic. Heinsio. *Amstelod., typis Lud. Elzevirii,* 1652, 3 vol. in-24.

Première édition du texte d'Ovide revu par Nic. Heinsius ; elle est médiocrement imprimée, mais pas très-commune : vend. 16 fr. Mac-Carthy ; 14 fr. *mar. v.* Sensier, et 12 fr. Giraud. — Réimpr. *typis Dan. Elzevirii,* 1664 et 1676, 3 vol. in-24, deux édit. d'une exécution médiocre. L'édition imprimée à Amsterdam, par J. et D. Elsevier, de 1658 à 1662, en 3 vol. pet. in-12, présente un texte revu de nouveau par Nic. Heinsius, et sous ce rapport elle est préférable à celle de 1629 ; on la paye cependant moins cher, et même quand les notes du savant éditeur y sont jointes : 18 à 24 fr. Ces notes, qui sont fort étendues, peuvent être placées à la fin de chaque vol. du texte, ou former trois volumes séparés. Le titre gravé, qui doit se trouver au commencement du premier volume du texte, porte *Amstelodami, ex officina elzeviriana,* 1662; mais le titre impr. du même volume est daté de 1658. Le second volume des notes est de 1659, et le troisième de 1661. Vend. 41 fr. *m. r.* Courtois; 76 fr. rel. en 6 vol. *mar. r.* Desjobert, et jusqu'à 175 fr. Duriez ; 60 fr. bel exempl. en *vélin,* en 1826, et seulement 15 fr. Renouard.

— OVIDII Opera, ex recensione Nic. Heinsii, cum notis var. ; accurante Corn. Schrevelio. *Lugd.-Batavor.,* 1661 et 1662, 3 vol. in-8. fig.

La moins bonne des quatre éditions de l'Ovide *Variorum,* mais qui a néanmoins l'avantage de contenir les premières épreuves des figures pour les Métamorphoses : 12 à 18 fr.; vend. en *m. r.* 52 fl. en 1809, et 80 fr. Courtois.

— Opera, cum integris Nic. Heinsii, lectissimisque varior. notis, studio Borch. Cnippingii. *Lugd.-Batav., Hackius,* 1670, 3 vol. in-8. fig. 18 à 27 fr.

Cette édit. est belle, et les notes en plus nombreuses et mieux choisies que dans la précédente.

Les réimpressions faites en 1683 et en 1702, la dernière surtout, sont moins estimées : 15 à 25 fr. Celle-ci a cependant été vend. 60 fr. *vél.* Caillard ; 82 fr. *m. d. de mar.* F. Didot ; 170 fr. *mar.* De Bure, et 15 liv. 15 sh. à Londres, en 1835.

— Opera, interpretatione et notis illustravit Dan. Crispinus, ad usum Delphini. *Lugduni, apud Anissonios,* 1689, 4 vol. in-4. 30 à 36 fr.

Cette édition a été plus recherchée qu'elle ne l'est maintenant; vend. 112 fr. *m. r.* Lolliée. Les réimpressions faites à *Venise*, 1731 et 1779, en 4 vol. in-4., sont à très-bas prix.

On a réimpr. en Angleterre différentes parties de l'édition de l'Ovide *ad usum*, savoir : 1° *Epistolarum heroidum liber*, Londini, Bonwick, 1702, in-8., et aussi en 1714, 1722, 1727, 1734, 1743, 1761, 1783, 1788 et en 1813, in-8. — 2° *Metamorphoseon libri XV*, Londini, 1708, in-8., et aussi en 1719, 30, 37, 44, 51, 63, 65, 78, 85, et en 1813, in-8. — L'édition d'Oxford, *Theat. sheld.*, 1696, in-8., a été donnée par J. Freind, qui y a ajouté quelques notes. — 3° *Fastorum libri VI*, *recensuit et interpretationem emendavit A. Tooke*, Londini, 1720, in-8. — 4° *De tristibus libri V*, Cantabrigiæ, Haye, 1703 ou 1705, in-8. Réimpr. à Londres, 1719, 1750 et 79, in-8.

— OPERA, P. Burmannus ad fidem vett. exemplarium castigavit. *Amstelod., apud Wetstenios*, 1713, 3 vol. pet. in-12. 6 à 10 fr.

Texte revu par Burmann, et impr. correctement. Il y a des exempl. dont les titres portent : *Traj.-Batavor., van den Water*, 1713 et 1714. — Dans l'édition du même texte, faite à *Amsterd., chez Waesberge*, 1725, en 3 vol. in-12, sans la participation de Burmann, on a mis mal à propos sur les titres *accurante N. Heinsio*.

— OPERA, cum indice (edidit Mich. Maittaire). *Londini, Tonson*, 1715, 3 vol. in-12.

Édition estimée : 10 à 12 fr. ; vend. en Gr. Pap. *non rogné*, 60 fr. Delatour; en *mar. r.* 101 fr. Mac-Carthy; en *mar. r.* aux armes du prince Eugène de Savoie, 145 fr. Giraud; 160 fr. Solar.

— Opera omnia, cum integris Jac. Micylli, Herc. Ciofani et D. Heinsii notis et N. Heinsii curis secundis, et aliorum in singulas partes partim integris partim excerptis adnotationibus, cura et studio Pet. Burmanni, qui et suas notas adjecit. *Amstelodami, Janssonio-Waesbergii*, 1727, 4 vol. in-4.

Édition la plus complète pour l'ensemble des notes, et, sans contredit, une des plus belles que l'on ait d'Ovide : malheureusement l'impression n'en est pas fort correcte : 50 à 60 fr.; vend. 127 fr. *non rogné*, Clavier; et en Gr. Pap. 251 fr. *mar. r.* de Cotte; 400 fr. *mar. bl.* F. Didot; 528 fr. *mar. r.* Mac-Carthy; 130 flor. *vél.* Meerman; 270 fr. *mar. r.* Labédoyère.

Il faut joindre à ce livre la préface qui a été publ. postérieurement sous ce titre : *Petri Burmanni præfatio ad Ovidii editionem majorem... nunc primum edita*.

— OPERA. *Londini, Brindley*, 1745, 5 vol. in-18. 10 à 12 fr.

— OPERA, ex recens. D. Heinsii, cum ejusd. notis integris, ut et indice copiosiss. Joh. Fischeri ; præfatus est J.-A. Ernesti. *Lipsiæ*, 1758 (nouv. titre, 1773), 4 tom. en 2 vol. in-8. 10 à 12 fr.

Édition fort mal impr., mais qui est assez bonne.

— OPERA, *Parisiis, Barbou*, 1762, 3 vol. in-12. 10 à 12 fr., et plus en pap. fin.

La réimpression faite en 1793 n'est pas belle.

— OPERA, e recens. P. Burmanni, curavit indicesque rerum et verborum adjecit Ch.-G. Mitscherlich. *Gœttingæ*, 1796-98, 2 vol. in-8. 6 à 8 fr.

— OPERA. *Parmæ et Mediolani, per Aloys. Mussi*, 1806-8, 6 vol. in-fol.

Belle édition, tirée à 103 exemplaires numérotés : elle se donne à très-bas prix. A la fin du 6e vol. se trouve la vie d'Ovide, par Masson. Un exempl., avec fig. ajoutées, 79 fr. Renouard.

— P OVIDIUS Naso, ex editione P. Burmanni (recensuit J. Caray). *Londini, Rodwell et Martin*, 1815, 3 vol. in-18. 10 à 12 fr.

Jolie édition de la collection du Régent.

— OVIDIUS Naso, ex recensione heinsioburmanniana, cum selectis veterum ac recentiorum notis quibus suas addidit Johan.-Aug. Amar. *Parisiis, colligebat N.-E. Lemaire*, 1820-24, 9 vol. en 10 tom. in-8.

Le cinquième volume de cette édition contient : *Metamorphoseon libri XV, grœce versi a Maximo Planude, et nunc primum editi a J.-F. Boissonade*, 1822; publication de quelque intérêt pour les hellénistes, mais déplacée dans une collection d'auteurs latins. Il en a été tiré deux exempl. sur VÉLIN. Le 9e vol., renfermant les index, est en 2 parties.

— OVIDII Opera omnia, ex editione burmanniana, cum notis et interpretatione in usum Delphini, notis variorum, notitia litteraria, recensu editionum et codd. et indice locupletissimo. *Londini, Valpy*, 1821, 9 vol. in-8. portr. par Cooper.

Ce sont les n°s 27 à 35 de la Collection *ad usum Delphini*, dédiée au Régent d'Angleterre.

— OPERA, recognovit et argumentis distinxit J.-A. Amar. *Paris., Lefevre* (typis *J. Didot*), 1822, 5 vol. in-32, pap. vél., portr. 10 fr., et plus en Gr. Pap.

— OVIDII Opera quæ extant omnia, ex recensione P. Burmanni et Gottl.-Erdm. Gierigii cum notis variorum. *Augustæ-Taurinorum, Jos. Pomba*, 1823, 8 vol. in-8.

Partie d'une collection de classiques latins publiée chez Pomba, à Turin.

— OVIDII Opera, e textu Burmanni ; cum notis Bentleii hactenus ineditis, necnon Harlesii, Gierigii, Burmanni, Lemairii et aliorum selectissimis. *Oxonii, impensis Talboys, etc.*, 1826, 5 vol. in-8.

Édition assez belle et que l'on dit correcte : 30 à 40 fr., et plus en Gr. Pap. Il en a été tiré douze exempl. en grand pap. fort.

Ouvrages d'Ovide imprimés séparément.

— Ovidii metamorphoseos lib. XV. (*absque nota*), in-fol. [12513]

Ancienne et précieuse édition, imprim. en lettres rondes, sans chiffres, récl. ni signal. ; elle est composée de 195 ff., ayant 31 lig. sur les pages entières. Les caractères ressemblent beaucoup à ceux du Propertius et Tibullus de 1472 (voy. PROPERTIUS); néanmoins, un véritable connaisseur, Rich. Heber (voir son catal., VI, n° 154), avait cru y reconnaître la même frappe que dans ceux d'une édit. de Dante, impr. par Frédéric de Vérone, en 1472 (voy. DANTE).

Le vol. ici décrit commence par le texte d'Ovide, de cette manière :

(*I*) *N nouafert aīus...*

Au recto du dernier f., après le 27e vers de la page, se lit la souscription suivante, impr. en lettres capitales :

Publii Nasonis Ovidii Peligni poetae clarissimi liber vltimus Metamorfoseos foeliciter explicit.

(*Biblioth. spencer.*, tome II, p. 204.)

Vend. 17 liv. 10 sh. White Knights, et un exempl., avec deux pages restées en blanc, 6 liv. 2 sh. 6 d. Heber. Dans l'exempl. de la Bibliothèque impériale le 1er feuillet manque.

— Libri metamorphoseos. In-fol.

Édition en lettres rondes, sans indication de lieu n de date, et sans chiffres, récl. ni signat. ; elle commence par les six vers :

Orba parente suo, etc.,

dont les cinq premiers sont disposés en 10 lign., à cause de l'espace que doit occuper la première grande lettre. Les pages entières contiennent

39 lign., et la dernière n'en a que 28, terminées par le mot *Finis.* L'impression paraît être italienne et antérieure à l'année 1475. Vend. 600 fr. (bel exemplaire) Brienne-Laire.

Panzer, III, p. 92, indique, d'après *Denis*, une édition des *Métamorphoses*, impr. *Venetiis, per Jacobum (Rubeum) natione gallicum* M. CCCC. LXXII, in-fol.

—Metamorphoseon libri XV, curante Bono Accursio pisano. — *Mediolani, impressum per magistrum Philippum de Lavagnia, mediolanensem, die 5 junii* M CCCC LXXV, in-fol.

Vend. 3 liv. 13 sh. Pinelli; 85 fr. en 1825.

Le corps du texte de ce vol. est de 180 ff., et au recto du dernier se lit la souscription rapportée ci-dessus. Il y a de plus 6 ff. prélim. contenant l'épître de *Bonus Accursius*, impr. au verso du premier, et la vie d'Ovide; après quoi se trouve un 7ᵉ f. blanc au recto, mais dont le verso présente les six vers : *Orbe parente suo*, et la table des fables du premier livre. Il y a 40 vers par page complète.

—Metamorphoses. (*Lovanii, Joh. de Westphalia,* circa 1475), in-fol. goth.

Édition fort rare, imprimée avec des caractères semblables à ceux que Jean de Westphalie a employés dans le *Repertorium Johannis Milis* donné par lui en 1475, et dont le fac-simile se voit au nᵒ 1 de la planche VIII des *Orig. typogr.* de Meerman. Elle a été faite d'après celle de Rome de 1471, et elle reproduit (au recto du 1ᵉʳ f., sign. a. 2.) l'épître de l'évêque d'Aleria déjà citée par nous. D'où y remarque des signat. de *a—z* par cah. de 8 ff. ; *z* à 6 ff.; ensuite vient *aa*, également de 6 ff., au recto du dernier desquels le poëme se termine par le mot *Finis.* Les pages complètes portent 36 lign. (*Biblioth. impériale*). Pour plus de détails, consultez la *Biblioth. spencer.*, II, p. 208.

—Idem opus. *Ferrariæ (August. Carnerius)*, 1476, in-fol., à 39 vers par page.

Cette édition, très-rare, commence, comme celle de *Bologne*, 1471, par 3 ff. contenant l'épître dédicatoire de *Fr. Puteolanus* au cardinal *Gonzague*, et la vie d'Ovide par le même (suivie de la date Mᵒ CCCCᵒ LXXVIᵒ). Le verso du 3ᵉ f. est blanc. Le texte, précédé des six vers :

Orba parente suo quicūq;...

commence au recto du 4ᵉ feuillet.

Le volume a des réclames placées au verso du dernier f. de chaque cahier, au milieu de la marge du fond, conformément à l'usage de l'imprimeur Carnerius. On lit, à la fin, la souscription de 8 vers, commençant ainsi :

Finibus ausonię motus, etc.

Les cahiers ne contiennent pas un nombre égal de ff. : le premier en a 10, non compris les 3 ff. qui précèdent le texte ; il y a ensuite 13 cah. de 8 ff. chacun, puis 5 cahiers de 6 ff. chacun, un cah. de 8 ff., enfin un cah. de 4 ff., ce qui forme en tout 159 ff., si le détail que nous venons de donner, d'après la *Biblioth. spencer.* (VII, p. 80), est exact.

— Metamorphoses ; fastorum libri ; consolatio ad Liviam ; in Ibim ; de medicamine faciei, et de nuce; de Philomena. (*absque nota*), 2 part. en 1 vol. in-fol. goth. à 2 col. de 43 lignes.

Aucun bibliographe, que je sache, n'avait fait mention de cette édition précieuse (imprimée avec les caractères employés à Rostock, en 1476, dans un Lactance in-fol.). La Biblioth. impériale s'en est procuré un bel exemplaire.

La première partie, composée de 71 ff., n'a ni chiffres, ni récl., ni signat. Elle commence de cette manière :

Liber primus Metamorphoseos. Publij Ovidii Nasonis. Incipit.

et se termine, au recto du 71ᵉ f., par les six vers : *Orba parète suo...* Il y a ensuite un f. bl. — La seconde partie est de 38 ff. seulement, avec des signat. de *a—e*; elle comprend *Fastorum libri; in Ibim; de medicamine faciei; de nuce*, et de *Philomena.* Ce dernier morceau se termine, à la 13ᵉ ligne de la 2ᵉ col. du verso du 38ᵉ f., par les mots FINIS DE PHILOMENA (*sic* pour *Philomela*, qui a prévalu). Il reste à savoir si les autres ouvrages d'Ovide ont été imprimés de la même manière.

— Metamorphoseon libri XV, cum præmissa epistola Domitii Calderini. *Impress. Parmæ (per Steph. Corallum* M. CCCC LXXVIIII), in-fol. de 202 ff., à 36 lign. par page.

Les cahiers ont des signatures de *a—x*, par 8 ff. ; *x* en a 6; *y*, 8; *z* et *ɉ*, 6; ꝑ, 5, au verso du dernier desquels se lit la souscription. C'est le volume des Métamorphoses de l'édition d'Ovide, de Parme, 1477, in-fol., et non celui que M. Amati, qui a été vendu 50 flor. chez Crevenna. Cette dernière est sans nom d'imprimeur.

— Metamorphoseon libri XV. *Impressum Parmæ opera et impensa Andreæ Portiliæ.* M.CCCCLXXX. *idibus maiis........,* in-fol.

188 ff. (le premier et le dernier sont bl.) à 40 lignes par page, avec des signat. de a2—ɉ3. Les f. 2 à 6 renferment TABULÆ FABULARUM, et la vie d'Ovide par *Domit. Calderinus.*

— Editio alia. (in fine): *Anno salutis* M. CCCC. *octuagesimo, intra kalēdas februarias Publii Nasonis Ovidii Metamorphoseos liber impressus est Pinerolii diligēter emēdatus arte Jacobi de Rubeis natione galici,* pet. in-fol.

Édition rare, commençant sans pièces préliminaires, par le texte de l'auteur ; elle a des signat. de A—X; par cah. de 8 ff., à l'exception de A, qui n'en a que 6; de B et X, qui en ont 10 chacun, à 36 lignes par page. Selon le professeur Gazzera, que cite M. Amati, il existerait une édition des *Héroides*, également impr. à Pignerol, en 1480.

Plusieurs éditions des Métamorphoses, avec des commentaires, impr. à la fin du XVᵉ siècle, sont rapportées par Hain, nᵒˢ 12169 à 12177, mais elles ne peuvent figurer parmi les livres précieux.

— Metamorphoses Ovidii, argumentis quidem soluta oratione, enarrationibus autem et allegoriis elegiaco versu accuratissime expositæ, summaque diligentia ac studio illustratæ, per M. Joan. Sprengium, unacum artificiosis picturis præcipuas historias apte repræsentantibus. *Paris., apud Hieron. de Marnef,* 1570, in-16 de VIII et 178 ff., plus la table.

Cette petite édition présente 178 vignettes sur bois assez nettes, les mêmes que Marnef avait déjà données en 1566, avec une explication en franç. 10 fr. mar. bl. Chardin. Ces vignettes se retrouvent dans une édition de 1583, in-16, qui se vendait chez de Marnef.

— METAMORPHOSEON libri XV. *Dublinii, ex offic. Georg. Grieson,* 1729, 2 vol. in-4.

Un exempl. en Gr. Pap. m. citr. 80 fr. Mac-Carthy.

— Metamorphoseos lib. XV, recensuit, varietate lectionis notisque instruxit G.-E. Gierig ; editio tertia emendata et aucta cura J.-C. Jahn. *Lipsiæ, Schwickert*, 1817-21, 2 vol. in-8. 10 à 12 fr.

L'édition de Leipzig, 1804-7, 2 vol. in-8., est moins chère. Il faut réunir à l'une et à l'autre l'article suivant :

FASTORUM libri VI, recensuit notisque instruxit G.-E. Gierig. *Lipsiæ, Schwickert*, 1812, in-8. — Index rerum et verborum in Ovidii fastis occurrentium ad editionem Gierigii accommodatus. *Ibid.*, 1814, in-8. Les 2 vol. 10 à 15 fr.

— Liber epistolarum. *In Monteregali*, 1473, in-4. de 64 ff. [12515]

Cette édition se trouve ordinairement reliée à la suite du Juvénal sorti des mêmes presses (voy. III, col. 626, article JUVENALIS satiræ).

— Heroidum liber. *Per Johannem Glim* (absque loco et anno), in-fol.

Édition sans chiffres, récl. ni signat. et sans registre, consistant en cinq cah. de cinq feuilles chacun, à 29, 30 et même 31 lignes par page, en caractères ronds. Le premier et le dernier feuillet sont blancs.

Le texte commence avec le second feuillet par les deux lignes suivantes, impr. en capitales : •

INCIPIVNT : EPISTOLE : OVIDII
ANC.   TVA   PE

Il se termine par les six premiers distiques de la réponse de *Cidippa* à *Acontius*; après quoi, sans aucune apparence de lacune, se trouve cette souscription :

Laus Deo et Virgini Mariæ Gloriosissimæ Johannes Glim :

Ce livre précieux, et jusqu'alors inconnu, a été l'objet d'un mémoire spécial de M. Constant Gazzera, inséré dans le 29e vol. des *Memorie della reale Accademia di Torino*, classe des sciences morales, histor., etc., pp. 56-69, mémoire dans lequel l'auteur se propose de prouver que cette édition des Héroïdes est non-seulement antérieure à celle qui a paru à *Monteregale* en 1473, mais que c'est encore le premier essai des presses établies en Piémont par Glim. — Voy. notre article BOETIUS.

— Heroidum liber, et de obitu Drusi Neronis ad Liviam Augustam matrem consolatoria. *Mediolani, per Jacobum de Marliano die quinto martii*, MCCCCLXXVIII, in-fol.

Ce volume a 66 ff. signat. *a—h.* et 31 lignes par page.

— Epistolarum libri ; de pulice , Philomena ; de remedio amoris ; de medicamine faciei ; de nuce (*absque nota*), pet. in-fol.

Édition en caractères romains (semblables à ceux qu'on employait à Milan vers 1478), sans chiffres ni récl., mais avec des signat. de *a—h*, et consistant en 67 ff. à 38 lignes par page. Elle commence ainsi :

PVBLII OVIDII NASONIS EPISTOLA
RVM HEROIDVM LIBER PRIMVS.

Et finit par ces deux lignes :

PVBLII. OVIDII. NASONIS. DE
NVCE. LIBELLVS. EXPLICIT.

(Bibliothèque impériale.)

— Heroides, de pulice, de Philomela , in Ibin , de rustico (*absque nota*), in-fol.

Cette édition, qui a l'apparence d'une production italienne de l'an 1480 environ, consiste en 66 ff. à

35 lignes par page, en caractères romains, sans chiffres, réclames ni signatures. Les deux premières lignes du 1er f. recto sont ainsi :

PVBLII. OVIDII : NASONIS. EPISTOLA
RVM. HEROIDVM. LIBER PRIMVS.

Le *De rustico* finit à la 36e ligne du 66e f. verso par le mot *Finis*. (Ebert, n° 15382, d'après l'exemplaire de la bibliothèque de Dresde.) Il paraît que l'édition décrite dans la *Bibl. spencer.*, VII, n° 276, où on l'attribue à Philippe de Lavagna (à Milan), vers 1474-76, est la même que celle-ci ; la seule différence qu'il y ait entre la description qu'en donne le bibliographe anglais et celle d'Ebert, c'est que, d'après ce dernier, le volume n'aurait point de réclames, et que, selon le premier, il existerait des réclames au verso du dernier feuillet de chaque cahier, comme cela s'est pratiqué dans les anciennes éditions de Ferrare. Au reste, il est bien certain que ce n'est point une partie de l'édit. de Milan, Zarot, 1477, ainsi que paraissait le croire le bibliothécaire de Dresde.

Hain décrit, sous le n° 12186 de son *Repertorium*, une édit. des *Heroides* et du *Liber de nuce* (sans lieu ni date), in-4. goth. de 56 ff. à 34 lignes par page, sans chiffr., réclames ni signat.

— Epistole Heroides, cum commentariis Antonii Volsci et Hubertini clerici crescentinatis (præcedunt epistolæ Ant. Volsci et Huberti). — (*in fine*): *Hæc interpretatio epistolarum Ovidii.... edita est in loco Casalis Sancti Evaxii anno salutis humane* M. CCCC. LXXXI. *Octavo idus septembris... Impressit Gulielmus de Canepa nova , de campanilibus de Sancto Salvatore , impensa prædicti Hubertini, venerabilisque sacerdotis presbyteri Stephani de Ulmo*, pet. in-fol. ou in-4.

Première édition de ces deux commentaires, et en même temps le seul livre connu imprimé à *Casale S. Evasi*, dans le XVe siècle. C'est un vol. fort rare, au sujet duquel Panzer, I, 271, donne quelques détails, d'après Sassi.

Un assez grand nombre d'éditions des Héroïdes, avec comment., mais sans valeur pécuniaire, ont paru à la fin du XVe siècle (Hain, n°s 12193 à 12214).

— Epistolæ heroidum novissime recognitæ aptissimisque figuris excultæ, commentariis Volsco, Ubertino Crescentinate et Ascanio, etc. *Venetiis , Bernardus de Tridino*, 1516, in-4.

Cette édition, imprimée en caractères fort menus, contient un copieux commentaire qui environne le texte à chaque page ; elle se compose de CXXXVIII ff. chiffrés, dont l'avant-dernier est mal coté CXXXIII, et le dernier CXXXVI (Molini, *Operette*, p. 308). C'est d'après cette édition qu'a été faite celles de *Tusculanum*, 1525 et 1533, qui forme le 5e vol. de l'Ovide impr. *in œdibus Alex. Paganini* (voy. ci-dessus).

L'édit. de Venise, *apud Joan. Gryphium*, 1581, in-4., avec les commentaires de Ubertinus et de Janus Parrhasius n'a ordinairement qu'un prix très-médiocre, quoiqu'un exempl. en *mar. aux armes de de Thou*, ait été vendu 70 fr. Giraud.

— HEROIDES, de arte amandi, de remedio amoris, etc. , cum J.-B. Egnatii observationibus. *Paris.*, *Hieron. de Marnef*, 1574, in-16, fig.

Volume peu commun, orné de gravures sur bois dans le genre du Petit Bernard , vendu 27 fr. (annoncé sans date) en 1829, sans avoir cette valeur.

— HEROIDUM epistolæ P. Ovidii ; et Auli Sabini re-

sponsiones, cum Guidonis Morillonii argumentis ac
scholiis; his accesserunt Jo.-Bapt. Egnatii observationes. *Venetiis, ex Bibliotheca aldina*, 1583, pet.
in-8. de 221 pp. et 1 f. bl.

Édition peu commune, ainsi que celle de 1588, pet.
in-8. de 224 pp. et 8 pp. de table, avec cette souscription : *Venetiis, ex typogr. Joannis Garræi.*
Cette dernière édition a été augmentée de notes
par Jac. Rossetti.

Vend. chacune 9 sh. Butler.

— HEROIDES et A. Sabini epistolæ, e Burmanni
maxime recensione editæ cura D. Jac. van Lennep,
qui et suas animadversiones subjecit; editio secunda priore auctior et emendatior. *Amstelodami,
Hengst*, 1812, in-12, 6 à 8 fr.

Ce livre, que recommande le nom de l'éditeur, est
un modèle de ce que pourrait être une bonne édition critique d'Ovide. Il avait d'abord paru en 1809.

— Fastorum libri VI. *Mediolani, Ant.
Zarothus, 1477, die primo aprilis,*
pet. in-fol. de 73 ff., sign. a—i. [12516]

Ce volume n'est pas, comme la date nous l'avait fait
conjecturer, une partie séparée de l'Ovide entier
impr. par Zarot, en 1477; on n'y compte que 35 lignes par page, au lieu de 42 qui sont dans l'édition
complète.

—Publii Ovidii Nasonis fastorum libri XII
quorum sex posteriores a Cl. Barth. Mo-
risoti , divion. substituti sunt. *Divioni,
Guy.-An. Guyot,* 1649, in-4.

Les six livres ajoutés par Morisot à ceux que nous
avons d'Ovide n'ont eu que fort peu de succès, et
cependant nous avons cru devoir les indiquer ici
aux personnes qui ne les connaîtraient pas.

— Tristium libri V, ex edit. J.-J. Oberlini.
Argentorati, 1778, in-8. 4 fr.

Édition estimée.

— De arte amandi libri ; de remedio amoris liber. — *Impressus in Augusta per
Gintherū Zainer ex Reutlingen pro-
genitum, anno dñi* M° CCCC° LXXI°, *xv
kal. februari,* pet. in-fol. goth. [12515]

Vendu 44 fr. m. *bl.* Gaignat; 14 liv. double de lord
Spencer, et 13 liv. 10 sh. Hibbert.

Édition la plus ancienne avec date qui ait paru séparément de ces deux poëmes, mais postérieure cependant aux deux éditions des œuvres d'Ovide,
impr. dans la même année, puisqu'elle est du mois
de février, et qu'alors l'année commençait à Pâques. Cet opuscule a 57 ff. à 28 lign. par page, sans
chiffres, récl. ni signat. Il commence au recto du
1er f. par cette ligne : *Publij ouidij nasonis sulmonensis de.— L'Ars amandi* se termine au 42e f.
verso ; le *De remedio amoris* commence au recto
du f. suivant par cette autre ligne : *Publij ouidij
nasonis sulmonen.,* et finit au verso du 57e f.

— Ouidii Nasonis de arte amandi libri tres.
— ejusdem de remedio amoris libri duo,
pet. in-4.

Édition sans indication de lieu, de date, ni d'imprimeur, mais exécutée avec des caractères qui ont
beaucoup de rapport avec ceux de Conrad Winters
de Homburg, imprimeur à Cologne. Comme ce livre est de la plus grande rareté, nous allons en
donner la description.

Le premier poëme commence de cette manière :

Ouidii Nasonis Sulmonensis de
arte amandi liber primus incipit ;

il se termine au verso du 49e f., qui n'a que 14
vers, par ces deux lignes :

Ouidii Nasonis Sulmonensis poete
de arte amandi Explicit.

Le second poëme occupe 18 ff., et chaque page entière renferme 24 lignes, comme dans le premier.
On lit au commencement :

Ouidii Nasonis Sulmonensis poete de
remedio amoris liber p̄m͞ Incipit.

et à la fin du 18e f. recto :

Ouidii Nasonis Sulmonēsis poete
de remedio amoris Explicit.

Le volume se termine par 3 ff. qui contiennent une
pièce de vers intitulée :

Dictamē ordinat̄ū p f̄rem Arnoldū Buerick.

Vendu 205 fr. *mar. r.* d'Ourches.

Il est question dans le catal. de lord Spencer, tome II,
p. 202, d'une édition qui, au premier coup d'œil,
paraît être la même que celle-ci, mais qui, selon
Dibdin , diffère par le commencement du *Remedium amoris.* C'est probablement celle que Hain,
n° 12215, attribue à Ulric Zell et qui a également
67 ff. à 24 lign. par page.

— Ouidii Nasonis Sulmonēsis poete de
nūcio sagaci liber incipit. — *Ouidii
Nasonis Sulmonensis poete de nūcio
sagaci liber Explicit,* pet. in-4.

Cet opuscule de 7 ff., dont chaque page entière porte
23 ou 24 lignes, a été imprimé vers 1467 par Ulric
Zell. Il peut être regardé comme fort rare. Vendu
120 fr. d'Ourches.

—Ouidii Nasonis Sulmonensis poete |Triū
puellarum liber incipit. — *Ouidii Na-
sonis Sulmonensis poete | Trium puel-
larum liber explicit,* in-4.

Autre opuscule de 7 ff., non moins rare que le précédent, et sorti des mêmes presses. On en trouve
la description dans la *Biblioth. spencer.,* tome II,
p. 203.

—Ouidii opuscula(*absque nota*), in-4. goth.

Ce petit volume porte le titre suivant dans une bor-
dure grossièrement gravée sur bois. *Ouidii Naso-|
nis Sulmo- | nēsis poete liber | De tribus puellis |
Ouidius de sagaci nuncio | Ouidius de pulice |
Pamphilus de amore | Ouidius de nummo | Oui-
dius de cuculo | Ouidius de ventre | Ep'la ama-
toria metrice ꝓscripta.* L'édition est impr. avec un
petit caractère gothique qui ressemble à celui du
Martial décrit sous le n° 315 de la *Biblioth. spencer.,* tom. II, p. 176. Les trois premiers opuscules
d'Ovide indiqués dans le titre ci-dessus, avec l'ouvrage de Pamphilus, occupent 16 ff. non compris le
frontispice. Le reste manque à l'exempl. décrit dans
la *Biblioth. spencer.,* II, p. 213.

Une édit. in-4. du même recueil, contenant 24 ff. à
34 lign. par page, impr. en caract. goth. et également sans lieu d'impression, ni nom d'imprimeur,
ni date, est décrite dans le *Repertorium* de Hain,
n° 12255. De son côté Panzer, IX, 113, n° 77, en
cite une sous la date de 1513.

— Ovidii nasonis Pelignensis erotica et
amatoria opuscula, de amoribus, arte
et modo Amandi , et qua ratione quis
amoris compos fieri debeat, nunc primum ex vetustis membranis et mss.
codd. deprompta et in lucem edita, diversa ab iis, quæ vulgo inter ejus opera
leguntur et cum aliis quibusdam ejusdem argumenti libellis. *Francof., typis
Wolfgangi Richter,* 1610, pet. in-8. de
215 pp.

Recueil curieux et devenu rare, qui réunit plusieurs morceaux érotiques, en vers latins composés dans le moyen âge, ainsi que le poëme *De Vetula* du pseudo-Ovide. Melchior Goldast en a été l'éditeur. Vendu 12 fr. *m. r.* Courtois. — Consultez Fabricius, *Biblioth. lat.*, édit. d'Ernesti, I, 467.

— Publii Ovidii Nasionis (*sic*) liber de vetula. — *Publii Ovidii Nasonis Pelignensis liber de vetula finit*, in-8. ou pet. in-4.

Ouvrage en vers hexamètres, faussement attribué à Ovide dont il n'est pas digne. Le volume, qui paraît de l'an 1470 environ, est sans souscription d'imprimeur, et ne porte ni chiffres, ni réclames, ni signatures ; il est impr. en beaux caractères ronds. Le nombre des feuillets est de 42, et celui des lignes de chaque page entière de 28 ; cependant la dern. page ne porte que 12 lignes et la souscription finale rapportée ci-dessus (Fossi, *Catalog. biblioth. magliab.*, II, 366). Un exemplaire en *m. r.* 139 fr. Libri en 1847.

— Ovidii Nasonis de vetula libri III, cum Leonis protonotarii sacri palacii bizantei sub Vatachio principe præfatione. (in fine libri tertii) : *Impressus et correctus summa cum diligentia per me Iohannem Koelhoff de Lubeck Colonie ciuem Anno natiuitatis dominice millesimo quadringentesimo septuagesimo nono* (1479), in-fol. goth. à 30 lign. par page.

Édit. rare de ce poëme faussement attribué à Ovide. L'exemplaire de la Biblioth. impériale commence au feuillet *aij*, et n'a pas de titre. Il consiste en 45 ff. sous les signat. *a—f.* Hain n'indique que 29 ff.

Traductions françaises.

ŒUVRES complètes d'Ovide, traduites en français (par Banier, Bayeux, Kervillars, etc.); publiées par Poncelin. *Paris, an VII* (1799), 7 vol. in-8. et aussi tirés in-4. fig.

Édition mal imprimée, et qui est à très-bas prix ; elle a remplacé la traduct. des œuvres d'Ovide, par de Martignac, avec des remarques et le texte lat. *Lyon*, 1697, 9 vol. in-12.

— ŒUVRES d'Ovide, précédées de la vie historique d'Ovide. *Édition royale*, 1750, 2 vol. pet. in-8.

Édition imprimée à La Haye, chez Neaulme, pour Frédéric II, roi de Prusse, qui, dit-on, n'en aurait fait tirer que 12 exempl.: quoiqu'elle porte le titre d'*OEuvres d'Ovide*, on n'y trouve ni les Héroïdes, ni les Métamorphoses. Quelques personnes attribuent à Frédéric lui-même les traductions réunies dans ces deux volumes, mais nous ne croyons pas qu'il en soit l'auteur ; ce monarque aura tout simplement fait usage des traductions déjà existantes (par exemple de celles du P. de Kervillars) comme il l'a fait pour son *édition royale* de l'Horace de Sanadon, donnée en 1747 (voy. III, col. 329).

— ŒUVRES d'Ovide, trad. en vers français par Ange-Fr. Fariau de Saint-Ange, avec des remarques et le texte, savoir : les Métamorphoses, cinquième édition, *Paris, Michaud*, 1823, 4 vol. in-12. — Les Fastes, troisième édition, 1822, 2 vol. in-12. — L'Art d'aimer, 1823, 1 vol. in-12. — Le Remède d'amour, suivi de l'Héroïde de Sapho et Faon, des regrets sur la mort de Tibulle, et d'un choix de quelques élégies d'Ovide, 1823, 1 vol. in-12.

A ces huit volumes se joignent les deux articles suivants :

LES HÉROÏDES, trad. par de Boisgelin. *Paris, Michaud*, 1824, in-12.

LES AMOURS et élégie de nuce, trad. par M. Pirault-des-Chaumes. *Paris, Michaud*, 1825, in-12.

C'est jusqu'ici la seule traduction d'Ovide, en vers français, à peu près complète, que nous ayons ; quoique faible, elle se fait lire avec quelque agrément. Le libraire y a ajouté : *Les poésies diverses de Fariau de Saint-Ange, précédées d'une notice sur sa vie, nouvelle édition*, 1823, in-12. Les 11 vol. coûtaient 33 fr.

— Ovide, traduction nouvelle (en prose, avec le texte en regard). *Paris, Panckoucke*, 1831-36, 10 vol. in-8. 60 fr., et plus en pap. vél.

Voici l'indication des ouvrages contenus dans chacun de ces 10 vol., et les noms des traducteurs : Tome I, *Héroïdes*, par M. Chappuyzi ; — II, *Consolation à Livia Augusta, Halieutiques, Le Noyer, Amours*, par M. J. Mangeart ; — III, *Art d'aimer, Remède d'amour, Cosmétiques*, par M. Héguin de Guerle — IV, V, VI, *Métamorphoses*, par M. Gros; — VII et VIII, *Fastes*, par Th. Burette ; — IX, *Tristes*, par M. Vernardé ; — X, *Pontiques et Ibis*, par M. Caresme.

— OVIDE : œuvres complètes, avec la traduction en français, publiées sous la direction de M. Nisard. *Paris, Dubochet*, 1838, gr. in-8. 15 fr.

Les Héroïdes et les Amours sont traduits par M. Théophile Baudement ; l'Art d'aimer, le Remède d'amour, et les Cosmétiques, par M. Ch. Nisard ; les Halicutiques, par M. Baudement ; les Métamorphoses, par MM. L. Puget, Th. Guiard, Chevriau et Fouquier ; les Fastes, par M. Fleutelot ; les Tristes, les Pontiques, Consolation à Livie, et le Noyer, par M. Ch. Nisard.

— Cy commence Ouide de Salmoüen son liure jntitule Metamorphose, Contenãt XV liures particuliers, moralisie par maistre thomas Waleys...., translate τ compile par Colard mansion. — *Fait τ imprime en la noble ville de Bruges en flandres, par Colart Mansion citoïen de jcelle, ou Mois de May lan de grace M quatre cens . iiij . xx et iiij* (1484), gr. in-fol. goth. à 2 col. de 33 lign.

Ce volume, bien imprimé et orné de (17 grandes et 14 petites) gravures en bois, commence par l'intitulé ci-dessus, qui accompagne une grande vignette. Les 46 premiers ff. contiennent la préface (probhème), la table, un second et un troisième prohème ; le texte commence au verso du 46ᵉ f. et finit au verso du 386ᵉ par la souscription : *Fait et imprime, etc.*, laquelle, dans une partie des exemplaires, est accompagnée du monogramme de l'imprimeur (déjà reproduit tome I, col. 1035 de ce Manuel). Nous avons vu un exemplaire qui n'avait que 39 ff. prélim. suivis de 3 ff. blancs. Vend. 55 fr. La Vallière; 38 liv. 17 sh. Hibbert, et serait peut-être payé de 1500 à 2000 fr. aujourd'hui.

L'original latin de l'ouvrage de Thomas Walleys ou Valois, composé vers le milieu du XIVᵉ siècle, a été impr. à Paris, chez Josse Badius, l'an 1509, in-4., sous le titre de *Metamorphosis Ovidiana moraliter... explanata*, et réimpr. dans la même ville, chez Fr. Regnault, en 1515, et chez Th. Laisné, en 1521, in-8.

— La Bible des poetes, metamorphoze. — *Cy finist la bible des poetes de metamorphoze imprime a paris ce premier iour de mars mil quatre cens quatre vings et treze par anthoine verard... gr. in-fol. goth. à 2 col. de 47 lign. fig. sur bois, 24 et clxxxiiij ff.*

Ce livre est la traduction de l'ouvrage de Thomas Walleys, faite par Colard Mansion, et qui avait déjà été impr. par lui, en 1484, in-fol. On y a supprimé le nom du traducteur et changé une partie du prologue. La Biblioth. impériale possède deux exempl. de cette édition de 1493, impr. sur VÉLIN et enrichis de miniatures.

— La même Bible des poetes. — *Cy finist la bible des poetes De metamorphoze* (sans lieu ni date), in-fol. goth. à 2 col. de 43 lign. fig. sur bois.

Volume composé de 18 ff. prélimin. et de ccj ff. de texte, au verso du dernier desquels commence la table des chapitres qui occupe les 5 ff. suivants. L'édition est impr. avec les petits caract. dont on a fait usage pour Verard, et elle a probablement été vendue par ce libraire. Un exempl. sur VÉLIN, avec fig. color., se conserve à l'Arsenal.

— La même Bible des poetes. — *Cy fine ce present liure intitule Ovide metamorphose, translate de latin en francois et nouellement imprime a Paris pour Anthoine Verard....* (sans date), pet. in-fol. goth. fig. sur bois.

Cette édition, qui paraît être différente des deux précédentes, a été vendue 92 fr. en 1824; 20 fr. de Nugent. Une autre de *Paris, Jehan Petit*, sans date, in-fol. goth. fig. sur bois, est dans le catal. Lang, n° 1749. Celle de *Paris, Phil. le Noir*, 1523, in-fol. goth. fig. sur bois, 3 fr. La Valliere; 12 fr. 50 c. Laire; 15 sh. Hibbert; 45 fr. Libri en 1857; 3 liv. 5 sh. en 1859. Celle de *Paris, Phil. le Noir*, 1531, in-fol. goth., a encore quelque valeur.

— Le grand Olympe des histoires poetiques du prince de poesie Ovide Naso en sa metamorphose... traduit de latin en francois. — *On les vend a Lyon, en la boutique de Romain Morin...* (à la fin de la tierce partie): *Jmprime... a Lyon par... Denys de Harsy lan de grace* 1532, 3 part. en 1 vol. in-8. de LXXXVIII, XCVJ et CXVIJ ff., avec fig. sur bois.

La plus ancienne édition du *Grand Olympe* en ce format : 10 fr. 50 c. Leduc ; 1 liv. 3 sh. Hibbert.
— LE GRAND Olympe... œuure authentique et de haute artifice, plaine de honneste recreation. Traduyct du latin en francoys, ε imprime nouellement. 1537. On les vêd a Paris... en la boutiq de Pierre Sergent. (au verso du dernier f.) : *Cy fine du quinzieme ε dernier liure du grand Olympe... imprime... a Paris par Estienne Caueiller.... lan de grace* M. D. XXXVII, 3 part. pet. in-8. goth., avec fig. sur bois (1re part.xcii ff., 2e part. ciiii ff., 3e part. cxx ff. et 4 ff. de table).
Un exemplaire partagé en 3 vol. et rel. en *mar. r.* : vendu 17 fr. La Valliere ; 49 fr., même condition, Trudaine.
—AUTRE édit. (même titre que ci-dessus). M. D. XXXIX. On les vend a Paris par Arnoul Langelier. (à la fin) : *Imprime nouuellement a Paris par Jehan Real... lan de grace* M. D. XXXVIII, 3 part. in-8. goth. fig. en bois. Dans quelques exemplaires le titre porte le nom du libraire *Viuant Gantherot* (pour Gautherot), et le verso du dernier f. la marque que nous donnons à la seconde col. de cette page.
— LES XV LIVRES de la Metamorphose d'Ouide, contenant l'Olympe des histoires poetiques, traduictz en francoys, le tout figuré de nouuelles figures et hystoires. *Imprimé a Paris par Denys Ianot*, 1539, in-16, fig. sur bois. 80 fr. Bertin ; et 58 fr. Solar.

Édition en lettres rondes.
Cette traduction a encore été réimpr. à Paris, 1543, pet. in-8., 50 fr. *vélin*, Solar ; et enfin sous le titre de *Quinze livres de la Metamorphose d'Ovide... reveus, corrigés et augmentés de plusieurs figures oultres les précédentes impressions*, Rouen, 1601, in-16.

— Trois premiers livres de la Métamorphose d'Ovide, traduictz en vers françois, le premier et le second par Clément Marot, le tiers par Barthélemy Aneau, mythologisez par allegories historialles, naturelles et morales... illustrés de figures et images convenables ; avec une préparation de voie à la lecture et intelligence des poëtes fabuleux. *Lyon, Guil. Rouille.* (à la fin) : *Imprimé par Macé Bonhomme à Lyon*, 1556, pet. in-8. de 22 ff. et 266 pp.

Ce volume est orné de gravures sur bois, et chaque page est entourée de bordures historiées, ce qui lui donne du prix, bien que ces fig. soient inférieures à celles de l'édit. des Métamorphoses qu'a donnée Jean de Tournes en 1557 (voy. ci-dessous). 39 fr. *mar. r.* Nodier ; 11 fr. en *veau*, Coste ; en *mar. r.* par Duru, 135 fr. Solar. Le premier livre de la traduction de Marot a été imprimé séparément à *Lyon, chez Gryphius*, sans date (vers 1533), in-8. goth. de 26 ff., y compris le titre, qui est en lettres rondes ; et réimpr. à *Lyon, Fr. Juste,*1534, in-16 goth. Nous ignorons si le second a paru séparément, mais ils sont l'un et l'autre dans presque toutes les éditions des œuvres du poëte de Cahors.

— Les 15 livres de la métamorphose interprétée en rimes françoises par Fr. Habert. *Paris, Marnef*, 1582, 1 tom. en 3 vol. in-16, fig.

Vend. 9 fr. *mar. v.* Méon, et serait plus cher aujourd'hui.
Quoiqu'elle ne soit pas bonne, cette version a eu beaucoup de succès dans sa nouveauté. Elle parut d'abord à *Paris, chez Est. Groulleau*, en 1557, pet. in-8., et on l'a souvent réimpr. depuis. Nous citerons les édit. de *Paris, Jérôme de Marnef*, 1573, 1574, 1580 et 1587, in-16, avec fig. sur bois. Cette dernière 12 sh. *mar.* Hibbert ; 15 fr. *v. br.* Libri, en 1857.

— Les histoires des poëtes, comprises au

grand Olympe, et en ensuyvant la metamorphose d'Ovide et autres additions
et histoires poétiques propres pour la
poésie par Christofle Deffrans, seigneur
de la Jalouziere et de la Chasloniere.
Niort, Thomas Porteau, 1595, in-4.

Traduction en vers, très-paraphrasée : ce qui la distingue, c'est que l'auteur l'a mise en état d'être
chantée en y adaptant des notes de musique (Bibliothèque impériale, Y, 1170).

La traduction des Métamorphoses d'Ovide en vers
français par Raymond et Ch. de Massac, père et
fils, et publiée par ce dernier à *Paris, chez Fr.
Pomerey,* en 1617, pet. in-8., avait été commencée
antérieurement à celle de Deffrans, aussi la versification en est-elle plus surannée.

On a vu longtemps figurer dans les bibliothèques la
traduction des Métamorphoses d'Ovide en prose
française, par Nic. Renouard : toutefois, elle ne
mérite d'être citée qu'à cause des figures dont elle
est ornée. Il y en a au moins trois éditions in-fol.
faites à Paris : la première pour la *Ve Abel l'Angelier,* 1619; la seconde, pour *P. Billaine,* 1637,
et la troisième pour *Aug. Courbé,* 1651. Il s'en
trouve quelquefois de beaux exempl. en Gr. Pap.
et rel. en *maroquin.* La même traduction a été
aussi impr. plusieurs fois in-8., avec le *Jugement
de Pâris,* et autres ouvrages du traducteur. Un
exemplaire de l'édit. de *Pâris, Ve Abel l'Angelier,* 1617, 2 vol. in-8., avec des fig. gravées par
Jaspar Isaac, qui aurait été trop payé à 40 fr., est
porté à 130 fr. dans le catal. Bertin.

Citons encore une autre traduction française du
même poëme, également ornée de gravures, celle
de Pierre du Ryer, *Paris,* 1660, in-fol., à laquelle
est joint le *Jugement de Paris,* par N. Renouard;
elle a été réimpr. à *Bruxelles, chez Fr. Foppens,*
en 1677, et aussi à *Amsterdam, chez Blaeu,* en
1702, in-fol., et plusieurs fois en 3 vol. in-12.

N'oublions pas d'indiquer la traduction des Métamorphoses en vers français par Th. Corneille, *Paris, Gûin,* 1677, et aussi *Paris, David,* ou *Emery,*
1700, 3 vol. in-12, avec fig. Le traducteur en avait
publié les quatre premiers livres dès l'année 1669;
en 1670 il donna, sous le titre de *Pièces choisies
d'Ovide,* une traduction en vers des *Héroïdes,* en
un vol. in-12.

**— Les Métamorphoses, en latin, trad. en
françois, avec des remarques et des explications historiques, par l'abbé Banier.
Amsterdam, Wetstein, 1732, 2 tom.
gr. in-fol. fig. de B. Picart et autres.**

Belle édition, recherchée à cause des gravures dont
elle est ornée : 40 à 50 fr.; demi-rel. *non rogné,*
59 fr. Renouard; et en *mar.,* 80 à 120 fr., et même
202 fr. de Labédoyère, en 1862. Il y a quelques
exemplaires en très-Gr. Pap., d'autant plus précieux qu'ils contiennent des fig. de premier tirage.
Vend. 630 fr. de Boisset; 800 fr. Gouttard ; 700 fr.
mar. bl. d'Ourches, et moins depuis.

Il faut voir si les trois grandes planches imprimées
séparément, qui doivent se trouver page 264, n'ont
pas été retirées de l'exemplaire.

Cette édition a été imprimée en même temps de trois
manières, savoir : avec la traduction française ci-dessus ; — avec la traduct. anglaise anonyme de J. Dryden, Jos. Addison, W. Congreve, Nic. Rowe, John
Gay, etc., 2 vol. in-fol. : 30 à 40 fr. Vend. en très
Gr. Pap. 410 fr. Mac-Carthy ; — avec la traduction
hollandaise par Is. Versburg, aussi en 2 vol. in-fol.,
30 à 40 fr. Vend. en très Gr. Pap. 660 fr. salle Silvestre, en 1806; 600 fr. *mar. r.* Gaillard, et 170 fr.
seulement en 1831. L'édition avec la version hollandaise contient, dit-on, les premières épreuves.

— Les mêmes Métamorphoses, en latin et

en françois, de la même traduction, avec
des fig. gravées par les soins de Le Mire
et Basan. *Paris, Leclerc, etc.,* 1767-71,
4 vol. in-4., avec 141 pl. 48 à 60 fr., et
rel. en *mar.* de 120 à 200 fr.

Il se trouve quelques exempl. dont les figures sont
avant la lettre, et ce qui en double le prix. Il y a
12 exempl. avec le texte tiré sur pap. de Hollande. Vend. 200 fr. *v. éc.* Saint-Céran; 410 fr.
m. r. Renouard; 200 fr. *m. r.* De Burc, et avec la
suite des *eaux-fortes,* et plusieurs planches doubles ajoutées, 1150 fr. de Labédoyère, en 1862.

Ce livre est assez commun, parce qu'il en a été fait
deux éditions sous la même date. La seconde édit.
est bien inférieure à la première par la beauté du
papier et des épreuves des vignettes et culs-de-
lampe ; de plus, elle ne renferme ordinairement
que des gravures usées; il est facile de la reconnaître, parce que la page 215 du tome III y est cotée 209, et que le titre du tome IV y est daté de
1770 au lieu de 1771.

Les mêmes gravures, dont on a supprimé les bordures, ont servi à deux édit. des *Métamorphoses
d'Ovide,* publiées par *Desray,* libraire, en 1807 et
1808; l'une de ces éditions, en 2 vol. gr. in-8.,
contient la traduction de Banier, sans le texte : 15 à
18 fr. — vend. 20 à 24 fr.; l'autre, en 4 vol.
gr. in-8, est une réimpression de la traduction de
Desaintange (sic) ; nous en parlons ci-après.

On a payé 1730 fr., à la dernière vente Renouard,
un recueil de 136 dessins originaux, par Fr. Boucher, Eisen, Monnet, Moreau le Jeune, etc., d'après
lesquels ont été exécutées un même nombre de
gravures pour l'édit. de 1767, in-4. Ce recueil, formant 2 vol. in-fol., réunissait à ces dessins les vignettes, fleurons et culs-de-lampe gr. par Choffard
pour le même ouvrage, trente-six gravures d'a-
près Moreau pour les *Lettres à Émilie sur la mythologie,* épreuves avant la lettre.

Dans le nombre des éditions de la traduction des
Métamorphoses, par Banier, on distingue encore
celle de *Paris,* 1738, 2 vol. in-4. fig. 10 à 12 fr., et
celle d'*Amsterdam,* 1732, 3 vol. in-12, fig. d'après
B. Picart.

**— Les MÉTAMORPHOSES, trad. par J.-G. Dubois
Fontanelle, édition augmentée de notes, avec le
texte latin, un dictionnaire mythologique et des
notes, par F.-G. Desfontaines. *Paris,* 1802, 4 vol.
in-8. fig. 8 à 10 fr. — Pap. vél. 15 fr.**

La même traduction avait d'abord paru en 1767,
2 vol. gr. in-8. fig.

**— Traduction en vers des Métamorphoses
d'Ovide, par F. De Saintange. *Paris,
Desray,* 1808, 4 vol. gr. in-8. fig. 24 fr.
— Pap. jésus vél., 36 fr.**

Édition ornée des 140 fig. gravées sous la direction
de Le Mire et Basan. — Il s'en trouve des exemplaires en pap. commun, sans figures.

La première édition complète de cette traduction est
de *Paris,* 1800, 2 vol. in-8. fig. (le traducteur y est
nommé *Desaintange*). Il y en a des exempl. en
pap. vélin.

On a faussement attribué à Malfilâtre une traduct. en
prose des *Métamorphoses,* publiée à *Paris,* en
1799, 3 vol. in-8.

**— Les Métamorphoses d'Ovide, traduction
nouvelle, avec le texte latin, suivie de
l'explication des fables et de notes, par
G.-T. Villenave. *Paris, Gay, imprimerie de P. Didot l'aîné,* 1806-22, 4 vol.
gr. in-8. fig.**

Cette édition s'est publiée en 24 livraisons, aux prix
suivants, pour chaque livrais. : pap. ordin. 8 fr. ;
— Pap. vél. 16 fr. ;—in-4. 16 fr. ; gr. in-4. pap. vél.
28 fr. ; — in-4. pap. jésus vél. 32 fr. ; — *idem,*

avec les eaux-fortes, 40 fr., prix qui sont réduits maintenant à moins du sixième. On a annoncé deux exemplaires imprimés sur VÉLIN. Un troisième devait être accompagné des dessins originaux, par Lebarbier, Monsiau et Moreau.

Une seconde édition de cette traduction, accompagnée du texte, mais sans figures, a été impr. en 1825, en 4 vol. in-12.

— LES AMOURS mythologiques, trad. des Métamorphoses d'Ovide, par de Pongerville; troisième édition, revue et considérablement augmentée. *Paris, Dondey-Dupré*, 1827, gr. in-18, avec une pl. d'après Devéria. Pap. vél., 4 fr. 50 c.

— LE PROCES d'Aiax et d'Ulisse pour les armes d'Achilles, contenu au treziesme liure de la Metamorphose d'Ouide, translaté en langue françoise par M. Jacques Collin, Abbé de Saint Ambroise. Premise la description des dictes armes, translatée du grec Homere en françois. Et à la fin du proces aulcunes elegantes epistres par le dict M. I. Collin. *A Lyon, par Pierre de Tours*, 1547, pet. in-8. de 32 ff., avec quelques fig. sur bois.

Traduction en vers de 10 syllabes. Un exempl. en *mar. r.* par Trautz, est porté à 90 fr. dans le catal. de M. de Lacarelle, *Paris, Potier*, 1859.

—La metamorphose d'Ovide figurée (texte en vers françois). *Lyon, par Ian de Tournes*, 1557, pet. in-8. sign. a—m III, plus un f. pour la marque de l'imprimeur.

Volume de 90 ff., y compris 2 ff. prélim. pour le frontispice et la dédicace. Le corps du volume contient 176 fig. gravées sur bois et tirées des deux côtés des feuillets, avec un huitain impr. en italiques, au-dessous de chaque planche. Cette jolie suite de vignettes est généralement attribuée à Bernard Salomon dit *le Petit-Bernard* : 15 fr. *mar. r.* La Valliere; 13 fr. 60 c. Duriez; 37 fr. 50 c. Pixerécourt; 49 fr. *mar. r.* Coste.

L'édition de ces planches, *Lyon, Jean de Tournes*, 1564, in-8. de 91 ff., signat. a—miij, avec 178 vignettes et des bordures, n'est pas inférieure à la première, parce que les planches en bois supportent un nombreux tirage sans s'affaiblir : 6 fr. Mac-Carthy; 10 fr. Coulon ; 19 fr. en 1839 ; 36 fr. Veinant. Les mêmes planches, ou du moins des planches copiées sur celles-ci, ont servi à une édition de *Paris, De Marnef*, 1566, in-16. Vend. 15 sh. 6 d. *mar.* Hibbert; 19 fr. Nodier. — Voy. ci-dessus.

De Tournes a fait usage des planches originales dans le volume dont voici le titre :

LA VITA et Metamorphoseo d'Ovidio, figurato et abbreviato in forma d'epigrammi da Gabr. Symeoni. *Lione, Giov. di Tornes*, 1559, pet. in-8., avec bordures et figures gr. sur bois.

On doit trouver dans ce livre 245 pp., plus la table et un f. bl., ensuite *Apologia generale di M. Gabriello Simeoni*... 16 ff. et *La natura et effetti della luna*, 8 ff., deux opuscules annoncés sur le titre du livre. Les exemplaires bien conservés sont fort recherchés. 58 fr. *m. bl.* Coste.

Les De Tournes ont donné une nouvelle édition de ce livre, à Lyon, en 1584, avec les mêmes planches qu'ils avaient déjà fait paraître en 1557, en 1564 et en 1583, avec un texte français. Un exemplaire de cette édit. de 1584, rel. en *mar. v.* par Trautz, 125 fr. Solar. Quoique les bordures qui encadrent les pages de ces différentes édit. soient d'un style assez érotique, De Tournes les a employées dans l'édition des Psaumes mis en vers par Marot et Théodore de Beze, qu'il a donnée en 1557.

EXCELLENTE figuren...... (Excellentes figures tirées des XV livres des Métamorphoses d'Ovide, avec leur explication, en flamand, par Guill. Borluyt de Gand). *Lions, Jan van Tournes*, 1557, in-8.

Ce sont encore les figures de Bernard Salomon qui donnent du prix à ce livre assez rare. Vend. 5 flor.

Crevenna ; 100 flor. Borluut, et un exemplaire sans titre, 25 fr., même vente.

— L'Ovide en belle humeur de M. d'Assoucy. *Suivant la copie impr. à Paris*, 1651, pet. in-12 de 94 pp., y compris le titre.

D'Assoucy trouve sans doute moins de lecteurs aujourd'hui que du temps de Boileau; néanmoins nous ne devions pas omettre son Ovide, car la jolie édition que nous citons est sortie des presses des Elsevier de Leyde. C'est un des livres les moins importants, il est vrai, mais aussi un des plus rares que nous aient laissés ces imprimeurs célèbres : 45 fr. Desjobert; 105 fr. en 1829; 52 fr. en 1839 ; 140 fr., à Gand, en 1851 ; 62 fr. *mar. bl.* Veinant.

L'*Ovide en belle humeur* (premier livre) a d'abord été impr. à Paris, vers 1650, in-4.; puis réimpr. dans la même ville, en 1653, *enrichy de toutes ses figures burlesques*, in-4., et *augmenté de l'enlèvement de Proserpine et du jugement de Paris*, en 1659, en 1664, pet. in-12. — Autre édition, *Lyon, Cl. de la Roche*, 1658, in-12, 5 à 6 fr., et rel. en *mar. bl.* par Trautz, 38 fr. Solar.

Un autre ouvrage du même genre, et qui n'eut pas alors moins de succès que celui-ci, a pour titre : *Ovide bouffon, ou les Métamorphoses en vers burlesques, par L. Richer*, Paris, Quinet, 1649-52, in-4. Les cinq prem. livres. — Réimpr. à *Paris, Loyson*, en 1662 et en 1665, in-12. 3 à 5 fr. L'édition de 1662 a été vendue jusqu'à 22 fr. *mar. r.* Nodier, en 1830 ; 16 fr. 50 c., en *veau*, Veinant.

— J. Posthii tetrasticha (lat.-germ.) in Ovidii Metamorph. libros XV, quibus accesserunt Virgilii Solis figuræ elegantiss. et jam primum in lucem editæ. *Francof., G. Corvinus*, 1563 (aussi 1568), in-4. oblong.

Ce sont 356 figures sur bois, avec un riche entourage. 41 fr. 2e vente Quatremère.

Voici encore deux suites de figures pour le même ouvrage:

METAMORPHOSEON sive transformationum Ovidianarum libri quindecim, æneis formis ab Ant. Tempesta incisi, a et Petro de Jode in lucem editi. *Wilh. Janssonius excudebat Amstelodami* (circa 1640), in-4. obl. 150 pl. gr. à l'eau-forte.

Un exemplaire en *mar. olive*, avec des quatrains français écrits à la main à l'époque de la publication de ces planches, 81 fr. Solar.

LES MÉTAMORPHOSES d'Ovide, en 150 planches dessinées et gravées à l'eau-forte par W. Baur, et précédées d'une épître dédicatoire, en allemand, laquelle est datée de Vienne (*Viennæ-Austriæ*), 1641. — Les mêmes pièces, réduites par Melchior Kyssel, avec un titre allemand, daté d'Augsbourg, 1681. Ces deux suites, collées l'une à côté de l'autre, sur des cartouches grav. gr. in-fol., ont été vend. 49 fr. Lamy. La seconde suite (50 pl. et le titre), 25 fr. 50 c. Renouard.

— Métamorphoses d'Ovide en rondeaux (par Isaac Benserade). *Paris, imprimerie royale*, 1676, gr. in-4.

Édition recherchée uniquement à cause des grav. de Le Clerc, F. Chauveau et J. Le Pautre, dont elle est ornée. 12 à 20 fr.

L'édition d'*Amsterd., Pierre Mortier*, 1697, pet. in-8., pour laquelle le graveur Van Hagen a copié les figures de l'édition de Paris, a encore quelque valeur. Vend. 18 fr. 50 c. *m. v.* en 1813, et 43 fr. 50 c. *mar. bl.* Labédoyère, et même reliure, 65 fr. Nodier ; 20 fr. *mar. r.* Solar. Pourtant elle est moins précieuse que celle d'*Amsterd., Abr. Wolfgang*, 1679, in-12, fig., et qui a été vend. 15 fr. *m. r.*

Bérard ; 12 fr. 50 c. vél. Renouard ; 22 fr. Borluut.
Il y en a une autre, *Jouxte la copie impr. à l'impr.
roy.* (à la Sphère), 1677, pet. in-12, sans autres fig.
qu'un titre gravé et que l'on attribue également aux
Elsevier : 4 fr. Bérard ; 17 fr. Pixerécourt ; 15 fr. Giraud.

— Voy. PASSÆUS.

— Les xxj. epistres douide translatees de
latin en francoys : par reuerend pere en
dieu monseignͬ leuesque dāgoulesme
(Octavien de Saint-Gelais). — *Jmprime
a Paris par Michel le noir demourant
sur le pont saīct michel a lenseigne
saīct Jehan leuangeliste. Lan Mil cinq
cens Le vingt ₹ neufuiesme iour doctobre,* in-4. goth., feuillets non chiffrés,
fig. sur bois.

Cette édition, jusqu'ici presque inconnue, se conserve
dans la bibliothèque ducale, à Parme. Nous en devons la description à l'obligeance de M. Ange Pezzana, savant bibliothécaire de cet établissement
littéraire. Le premier f. porte au recto le titre ci-
dessus, imprimé en 4 lign., avec la marque de
l'imprimeur, et au verso une grav. sur bois. Le second f. contient un prologue servant de dédicace,
où le traducteur appelle cet ouvrage *le premier
labeur de sa plume.* Au 3ᵉ f. commence la traduction impr. en caract. goth., avec le texte latin imprimé en caract. ronds sur les marges extérieures.
La table de ce livre occupe le recto de l'avant-dernier f., dont le verso présente la souscription de
l'imprimeur, et une gravure en bois représentant
trois personnages à une table, avec le mot *Ovidius*
au-dessous de la figure placée au milieu. Au recto
du dernier f. est imprimée la marque de Michel
Le Noir, en grande dimension (déjà reproduite dans
notre tome I, col. 1857).

— Les xxj epistres douide translatees de
latin en francoys par reuerend pere en
dieu mōseigneur leuesque dangoulesme
(Octavien de Saint-Gelais). — *imprime
a Paris pour Anthoine verard mar-
chāt libraire demourant... en la rue
sainct iaques pres petit pont...* (vers
1502), pet. in-4. goth. de 129 ff. à
36 lign. par page, avec fig. sur bois.

Édition presque aussi rare que la précédente. La Bibliothèque impériale en conserve deux exempl.
imprimés sur VÉLIN.

— Les vingt une epistres douide translatees de latin en francois par Octauien
de Saint-Gelais. *Paris, Jean Trepperel*
(le 6 mars 1505), in-4. goth. fig.

Vend., avec *Ovide de arte amandi*, en français, impr.
à *Genève*, et deux autres pièces du même genre,
59 fr. Regnault-Bretel ; 4 liv. 4 sh. Heber ; en *vél.*,
armes de Bourbon Condé, 5 liv. Libri, en 1859.

— SENSUYT les xxi espistres douide : trāslatees dͬ latī
en francois p̄ reuerend pere en dieu maistre Octo-
uiͤ de salt gelaix euesq̄ dāgoulesm̄. XXIII. (au verso
du dern. f.) : *Cy finist le liure des epistres de
Ouide nouuellement imprime a Paris le .xx. iour
de feubrier lan mil cinq cens xxv,* pet. in-4. goth.
de 118 ff. non chiffrés, avec fig. sur bois.

Édition avec un titre en rouge et noir, et le texte en
marge. Celle de *Paris, par la veufue feu Jehan
Treperel* (et quelquefois avec le nom de *Jehan
Jeannot)... a lèseigne de lescu de Frāce,* sans
date, in-4. goth., aussi avec un titre en rouge et
noir, est du même genre que la précédente, et con-

tient également 118 ff. Vend. en *m. citr.* 14 fr. 50 c.
Thierry ; 31 fr. Leduc ; 4 liv. 4 sh. Heber ; 92 fr.
mar. bl. Solar. Nous en avons vu une autre de Paris, *acheuee dimprimer le 23 feurier 1525,* pet.
in-4. goth. de 114 ff. sign. a—ziii, avec le texte latin
en marge et des fig. sur bois.

Nous citerons encore les éditions suivantes :

— *Lyon, Oliuier Arnoullet,* 1522, le XIX de Auril,
in-4. goth. 11 fr. Revoil.

— *Paris, en la boutique de Galliot du Pre* (impr.
par *Pierre Vidoue),* 1528, pet. in-8. de CLIJ ff. lettres rondes avec vignettes sur bois : 20 à 30 fr.
Vend. 44 fr. 50 c. Revoil. L'exempl. qui, réuni aux
Contrepistres d'Ovide, de Mich. d'Amboise, 1541,
et relié en *mar. bl.,* s'était vend. 9 fr. 10 c. seulement chez Méon, a été revend. 39 fr. en décembre
1814, ensuite 73 fr. 5 c. Coulon ; 47 fr. 50 c. en 1839.

— *Lyon, J. Besson,* pet. in-4. goth. fig. sur bois. 7 fr.
imparfait, Chardin.

— Nouuellement revues et corrigées. *Paris, Guil. de
Bossozel,* 1534, pet. in-8. fig. sur bois de CXXXV ff.,
plus 16 ff. pour les quatre épitres ajoutées.

— Nouvellement revues et corrigées outre les précédentes impressions. (*sans nom de lieu ni d'imprimeur*), 1538, pet. in-8., avec une petite grav. sur
bois à la tête de chaque épître.

— *Paris, par Denys Janot, imprimeur,* 1541, pet.
in-8. de 182 ff. chiffrés, et un pour la table, avec
fig. sur bois à chaque épître.

— Les mêmes, plus quatre epistres d'Ovide nouuelle-
ment faictes et composees oultre les premieres par
Mᵉ André de la Vigne. *On les vend a Paris, par
Guillaume le Bret,* 1544, in-16. En *mar. r.* par
Trautz, 62 fr. Veinant.

— *A Rouen, par Nic. Leroux, pour P. Regnault,*
libraire à *Paris,* 1544, pet. in-8. 47 fr. *mar. bl.*
Veinant.

— *Paris, Nic. du Chemin,* 1546, in-16 de 183 ff.

Dans ces quatre dernières éditions il se trouve de plus
que dans les autres quatre épîtres sous le nom d'O-
vide composées en vers par André de La Vigne.

Octavien de Saint-Gelais a aussi donné un petit volume intitulé : *Recueil des epistres douide translate en francoys o vray ligne pour ligne faisant
mention des cinq loyales amoureuses qui fai-
soient complaintes et douloureuses lamentations.*
(à la fin) : *Cy finist lappel des trois dames contre
la belle Sans Sy,* in-4. de 16 ff. à 2 col., caract.
goth. (en vers). 2 liv. 19 sh. Heber.

— Les vingt-un epistres d'Ovide : les dix
premieres . sont traduites par Charles
Fontaine, le reste est par lui revu et
augmenté de préfaces ; les amours de
Mars et de Venus, le ravissement de
Proserpine, imitation d'Homère et d'O-
vide (trad. par Joach. du Bellay). *Lyon,
Jean de Tournes,* 1556, in-16 de 459 pp.
y compris la table et l'errata, avec fig.
en bois.

Toutes ces traductions sont en vers : celles des onze
épîtres qui n'appartiennent pas à Fontaine sont
d'Oct. de Saint-Gelais, à l'exception de la 17ᵉ et de
la 18ᵉ, du seigneur de Saint-Romat. Le même recueil a été réimpr. chez *J. de Tournes,* en 1573,
in-16 de 446 pp. et 1 f. pour la marque du libraire.
10 fr. 50 c. Coulon ; 19 fr. 50 c. *mar. bl.* Coste ;
20 fr. cartonné, Veinant ; et à *Paris, Hier., de
Marnef,* 1571, et en 1580, in-16, fig. sur bois. Les
dix épîtres trad. par Ch. Fontaine avaient déjà
paru à *Lyon par Eustace Barricat pour Philibert Rollet* (et *J. Temporal),* 1552, in-16, avec *la
reponse à icelles epistres, par Mich. d'Amboise
dit l'Esclave fortuné* (39 fr. *mar. r.* Salmon). Ces
réponses ne sont ici qu'au nombre de dix, mais il
en existe quinze qui ont paru ensemble sous le titre
suivant :

Les Contrepistres d'Ovide, nouvellement inventées et composées par Michel d'Amboyse... seigneur de Chevillon, où sont contenues plusieurs choses récréatives et dignes de lire. *Paris, Denys Janot*, 1541, pet. in-8 de 120 ff., avec fig. sur bois. 90 fr. *m. citr.* Labédoyère, et quelquefois beaucoup moins. — Réimpr. à *Paris, chez Pierre Sergent*, ou *Maurice de la Porte*, 1546, in-16 de 111 ff. sans vignettes.

— Commentaires sur les Épîtres d'Ovide, avec la traduction en vers franç. des mêmes épîtres, par Cl.-Gasp. Bachet de Méziriac; édit. augmentée de quelques ouvrages du même auteur (publiés par de Sallengre). *La Haye*, 1716, 2 vol. pet. in-8.

Ouvrage estimé beaucoup plus pour le savant commentaire qu'il renferme que pour la traduction en vers français de huit épîtres d'Ovide qui en fait le fond. Il avait d'abord paru à *Bourg-en-Bresse, chez Jean Tainturier*, en 1626, 2 tom. en 1 vol. in-8., mais l'édit. de Sallengre est préférable; c'est cependant un livre de peu de valeur, même lorsqu'il est en Gr. Pap.

— Les Héroïdes d'Ovide, traduites en vers français (par Jean-de-Dieu-Raymond de Boisgelin de Cucé). *Philadelphie (Paris, Pierres)*, 1786, 1 tom. en 2 vol. gr. in-8. pap. vél.

Cette belle édition, tirée à très-petit nombre pour l'auteur et ses amis, renferme le texte latin. Les Fastes y occupent 419 pp. précédées d'un *Discours préliminaire*, en 70 pp. (plus une pièce de 80 vers, pp. 71 à 74), et suivies de *Céix et Alcyonne*, extrait des Métamorphoses d'Ovide, trad. en prose avec le texte lat., pp. 420 à 449. Il doit se trouver ensuite un feuillet d'*errata*, qui n'est pas dans l'exemplaire en papier ordinaire de la Bibliothèque impériale, lequel nous paraît être ce qu'en terme d'imprimerie on appelle de *mise en train*. Vend. en pap. vél. 15 fr. 50 c. Pixérécourt; 16 fr. Salmon, et plus cher autrefois. Il avait déjà été donné sous le même titre, et avec la date de 1784, une édition de cette traduction, sans le texte latin, en 1 vol. pet. in-8., impr. sur beau pap. vél. azuré, contenant xci pp. pour le discours préliminaire, et 267 pp. pour la traduction, y compris celle de *Céix et Alcyonne*, qui commence à la page 245, plus 1 f. pour l'errata. Cette édition, sortie aussi des presses de Pierres, n'a également été tirée qu'à un très-petit nombre d'exemplaires. 21 fr. 50 c. *mar. viol.* fig. ajoutées, Labédoyère; 12 fr. Pixérécourt; 15 fr. Salmon. J'en ai indiqué une autre, dans le Manuel (3e édit., tome II, p. 607) sous le titre d'*Héroïdes du galant Ovide*, Philadelphie, 1784, in-8. de 368 pp. pap. vél. avec le texte lat., dont un exemplaire a été vend. 46 fr. salle Silvestre en 1805; mais quoique cet exemplaire m'ait passé sous les yeux dans le temps, je n'oserais pas affirmer aujourd'hui l'exactitude de mon indication, car l'exemplaire daté de 1784 que je possède n'a point de texte latin, et le mot *galant* ne se lit pas sur le titre. Néanmoins, si ce vol. a réellement 368 pp., comme je l'ai dit, ce doit être une édition différente des deux que je viens de décrire. Au reste, cette traduction, qui suit de très-près le texte latin (3972 vers latins y sont rendus par 3976 vers français), n'est pas sans mérite, et on l'a choisie pour faire suite à celle que Desaintange a donnée des autres parties d'Ovide. —Voyez ci-dessus.

— Les Élégies d'Ovide pendant son exil, trad. en franç., avec des remarques crit. et hist. (par le P. J.-M. de Kervillars), avec le latin. *Paris*, 1723-26, 2 vol. in-12.

Ces 2 vol., qui ont été réimpr. en 1738, contiennent les *Tristes* et les *Lettres écrites du Pont; on* y ajoute un 3e vol. impr. en 1756, contenant des *Fables choisies des Fastes d'Ovide*, par le même traducteur.

— Traduction des Fastes avec des notes et des recherches de critique, d'histoire, etc., par Bayeux. *Paris*, 1783, 4 vol. in-8. fig. 10 à 12 fr.; tirée in-4. 15 à 18 fr.

— Les Fastes, trad. en vers, avec des remarques, par F. Desaintange, avec le texte lat. *Paris*, 1804, 2 vol. in-8. 10 fr., et plus cher en Gr. Pap. vél.

— Ouide de arte amandi translate de latin en francoys. — *Cy finist Ouide de L art daymer auecqs les sept arts liberaulx, nouuellement imprime a Genesue*, pet. in-4. goth. de 42 ff. à 2 col. sign. a—k.

Traduction abrégée, en vers de 8 syllabes, avec le texte en marge: vend., avec deux autres pièces, 13 fr. m. r. La Valliere; et seulé, en *mar. v., riche dorure*, 91 fr. Gancia, et 75 fr. Solar.

Dans cette édit. de Genève le titre porte le chiffre x cah., que l'on a mal interprété par la date 1490 ou 1510. Au verso du dern. feuillet du cah. 9 commence le poëme intitulé *La chief damour*.

Une autre édition du même livre impr. à *Genève*, sans date, in-8. goth., a été vend. 3 fr. chez Mac-Carthy, et 2 liv. 15 sh. chez Heber.

— Ovide de l'art d'aymer, translaté de latin en françois; avec plusieurs autres petitz œuvres dont le contenu est à la page suyvante; le tout mieux que par cy-deuant reueu et corrigé. *En Anvers, chez Gerard Spelman*, anno 1556, in-16 de 116 ff. non chiffrés, sign. a—p.iv.

Ce volume, devenu rare, est la réimpression d'un semblable recueil impr. à *Paris, chez Estienne Groulleau*, en 1548, pet. in-8. selon Du Verdier, qui en attribue mal à propos toutes les pièces à Albin des Avenelles. Il faut distinguer dans ce recueil deux parties différentes. La première, contenant l'*Art d'aimer*, la. *Clef d'amour* et les *Sept arts libéraux d'amour*, en vers de 8 syllabes, avait d'abord été impr. à *Genève*, sans date, in-4. Ces trois pièces, anonymes, mais qui appartiennent bien à un même auteur, sont, au jugement de La Monnoye (note sur Du Verdier, I, 39), une mauvaise imitation (très-abrégée) des trois livres d'Ovide *De Arte amandi*. Dans la seconde de ces pièces intitulée *La chief d'amour*, ou *La clef d'amour* selon les dernières éditions, se trouve vers la fin la date du 25 octobre 1509 exprimée en quatre vers. C'est donc bien à tort que dans une note manuscrite, le président Bouhier, cité par Barbier (*Dict. des anonymes*, no 13500), attribue cette traduction de l'Art d'aimer à Raoul de Beauvais, poëte du XIIe siècle, qui, selon Galland, *Acad. des inscript.*, II, 730, serait l'auteur du Roman de Perceval, et aurait aussi mis en roman l'Art d'aimer d'Ovide. La seconde partie est en entier d'Albin des Avenelles, nommé au commencement du *Remède d'amour*, opuscule en vers de 10 syllabes publié a-bord séparément vers 1505 (voy. I, col. 70).

Toutes les pièces de ce recueil, et un *Discours fait à l'honneur de l'amour chaste pudique, au mepris de l'impudique*, font partie de l'édit. de *Paris, Nic. Bonfons* (vers 1580), in-16. Vend., en *mar. bl.*, 1 liv. 11 sh. Libri, en 1859.

— Ovide du remede damours, translate nouuellement de latin en francoys, auec lexplication des fables côsonantes au texte. imprime a Paris. — *Imprime a Paris le quatriesme iour de feurier. Lan mil cinq cens et neuf pour Anthoine verard...* pet. in-fol. goth. de 117 ff. à 39 lign. par page, avec trois fig. sur bois.

Traduction anonyme en vers. 100 fr. *mar. r.* De Bure. L'exempl. sur VÉLIN, avec 3 miniatures, vend. 196 fr. Gaignat; 200 fr. La Valliere; 325 fr. Mac-Carthy, est maintenant à la Bibliothèque impériale, où il s'en trouvait déjà une autre du même genre.

. — Les Livres d'Ovide de l'art d'aimer et des remèdes d'amour, à quoi sont ajoutez les poëmes de
l'art d'embellir le visage, du noyèr, des poissons,
de la puce, et du langage des bêtes et des oiseaux
(autrement la Philomèle), le tout rendu fort honnête (en lat., en franç., avec des notes par Mich.
de Marolles, abbé de Villeloin). *Paris, Lamy*, 1660,
in-12.

Ce livre rare a été payé 30 fr. à une des ventes de
Ch. Nodier, et seulement 6 fr. en 1839. L'exemplaire
du comte d'Hoym n'avait été vendu que 5 fr. 5 c.
chez Méon.

Il est sans doute singulier qu'un ecclésiastique ait employé son temps à traduire les poëmes les plus érotiques, pour ne pas dire les plus obscènes, d'Ovide;
mais honni soit qui mal y pense, car, pour s'excu-
ser, le bon Marolles a grand soin de nous dire dans
ses remarques *qu'il n'a pas pris de plaisir à le
faire, et qu'il souhaite qu'on n'en prenne pas en
lisant sa traduction.* Or, sur ce point-là, il faut
convenir qu'il a été servi à souhait, tant pour ce
volume que pour les autres ouvrages du même
poëte qu'il a mis en français; et notez qu'il les a
tous traduits, à l'exception des Métamorphoses,
dont il n'a donné qu'une partie.

— Œuvres galantes et amoureuses d'Ovide. *Amsterdam*, 1770, 2 vol. in-12.

*Traductions italiennes, espagnoles, allemandes
et anglaises.*

— Ovidii Opera, cum appositis italico carmine interpretationibus, ac notis. *Mediolani*, 1789-94, 9 vol. in-8.

Ces 9 volumes, parmi lesquels les *Fastes* ne sont pas
compris, font partie du nouveau *Corpus poetarum
latinorum, cum appositis italico carmine interpretationibus*, impr. à *Milan*, et qui, d'après les
annonces, devait former 50 vol. ; mais qui, nous le
croyons, n'a pas été terminé.

— Ovidio metamorphoseos uulgare (in
prosa tradotto da Giovanni de' Bonsignori di città di Castello). — *Stampato
in Venetia per Zoane rosso uercellese
ad instantia del... Lucantonio Zonta
fiorentino.* M. CCCC. LXXXXVII. *Adi x
del mese de aprile*, in-fol. à 2 col. fig.
sur bois.

Première édition de cette traduction composée vers
1370, et que La Crusca n'a citée que d'après des manuscrits. Le volume a 4 ff. prélimin. et CXLI ff.
chiffrés, avec des sign. de a—s. On remarque à plusieurs des gravures les lettres i a, qui probablement sont le monogramme du graveur. Vend.
36 fr. 95 c. Brienne-Laire ; 1 liv. 11 sh. Hibbert.

L'édition de Venise, *per Christ. de Pensa ad instantia di miser Lucantonio Zonta*, 1501, *adi vij de
marzo*, in-fol., avec les mêmes figures, 12 fr.
La Valliere. Les autres réimpressions ont peu de
valeur.

La traduction des Métamorphoses *in ottava rima*,
par Nic. Agostini, Venise, *Nic. di Aristotele detto
Zoppino*, 1533, in-4. à 2 col. fig. sur bois, a été effacée par celle d'Aguillara, mais sa rareté lui conserve quelque prix, ainsi qu'à l'édition dont le titre
suit :

Di Ovidio le metamorphosi... tradotte del latino
in volgar verso, con le sue allegorie, significationi
et dichiarazioni delle fauole in prosa. Aggiontoui
nuouamente la sua tauola... Et di nuouo corretto :
composto per Nicolo de gli Augustini, *ristampato...
ad instantia, et spese di Federico Toresano in Venetia*, 1547, in-4. de 167 ff., dont les deux derniers
non chiffrés, avec des fig. sur bois.

Édition assez rare, qui appartient à la collection al-

dine : 7 liv. 10 sh. Renouard, à Londres, et quelquefois beaucoup moins.

— Le Metamorfosi ridotte da Gio.-And.
dell' Anguillara in ottava rima : con le
annotationi di Gius. Horologgi et gli argomenti et postille di Fr. Turchi. *Venet.,
Bern. Giunti*, 1584, pet. in-4. de VIII ff.
et 547 pp., fig. de Giacomo Franco.

La plus recherchée des anciennes éditions de cette
traduct., devenue classique en Italie : elle vaut de
12 à 18 fr., et un exempl. en *m. r.* a même été
vendu 35 fr. St-Martin ; 1 liv. 15 sh. Hibbert ; en
vél., 1 liv. Libri. Mais il est à remarquer que
Giunti a fait deux éditions de ce livre sous la date
de 1584, et avec les mêmes figures. La première est
celle dont la dernière page est cotée 547; dans la
seconde, dont les notes sont en plus petits caractères que dans l'autre, et où sont ajoutées plusieurs
notes marginales, le chiffre de la dernière page est
539, et en outre l'épître dédicatoire commence par
les deux mots *Si come*, qui ne sont pas dans la première édition.

On a payé 57 fr., à la vente de M. Ch. Giraud, en 1855,
un exemplaire de l'édit. de Venise, *Francesco de
Franceschi Sanese*, 1571, in-4. fig. sur bois, dans
son ancienne rel. en *mar. olive*, avec ornements à
froid, parmi lesquels figuraient des marguerites.
Un des feuillets de la garde portait cette note :
*Acheté xlv s. de la bibliotheque de feu la royne
Marg.te, duchesse de Valois, au 1er decembre
1616.*

L'édition de *Venise*, 1592, qui, suivant Haym, contient de nouvelles notes et d'autres gravures, a encore quelque valeur ; toutefois elle n'est pas plus
correcte que la précédente.

Cette traduction a été très-fréquemment réimpr. en
Italie, et parmi ces réimpressions, dit Jos. Molini
(p. 308 de ses *Operette*) , nous aimons à en noter
quelques-unes de Venise, fort remarquables par la
netteté de l'impression et par les caractères, qui,
sous le rapport de la finesse, ne le cèdent pas à
ceux de Pickering, et qu'on peut lire sans se fati-
guer la vue. Telles sont les éditions de *Deuchino*,
1587, pet. in-8. à 2 col. en caract. rom. ; — de
Zaltieri, même format, en caratères ital. ; — de
Guerigli, 1614, in-24, en caract. rom. ; — de *Misserini*, 1624, in-24, en caract. ital., etc. Les meilleures
édit. modernes sont celles de *Milan*, 1805, 3 vol.
in-8., de la collect. des classiques italiens ; — de
Milan, *soc. de' classici*, 1827, 6 vol. in-32, portr. ;
— de *Florence*, 1827, in-16, etc.

. Il existe une édition des trois premiers livres des Métamorphoses de l'Anguillara, impr. à *Paris, chez
André Wechel*, en 1554, in-4. de 50 ff., dont les
deux derniers sont cotés 47 et 48. Ebert (n° 15509),
qui l'a décrite sous la date de 1555, la regardait
comme la première de cette traduction , celles de
1553 et 1554, citées par Paitoni, ne lui paraissant
pas bien avérées.

— Le metamorfosi recate in altrettanti versi
italiani da Giuseppe Solari. *Genova*,
1814, 3 vol. in-8. 10 fr.

Ce qui distingue cette traduction , c'est qu'elle a le
même nombre de vers que l'original.

On estime assez la traduct. des *Métamorphoses*, en
vers ital., par Cl. Blondi, *Parma, Bodoni*, 1806,
2 vol. pet. in-8., ou *Venezia*, 1807, 2 vol. in-8.

— Transformationi. Voy. Dolce.

— Le Pistole di Ovidio tradotte in prosa.
(*Napoli, Sixt. Riessinger*), pet. in-4.

Édition fort rare, qui se compose de 82 ff. à 30 et
31 lign. par page, sans chiffres, récl. ni signat.,
avec 20 grav. sur bois. On lit dans le prologue :
Accio che tu intendi e sappi aptamente larte e la

· *scienca di ǫsto libro sappi che ouidio el fece....*,
et à la fin de l'ouvrage : *Qui finisse illibro delle
pistole che fecie ouidio nasone traslatate di gra-
matricha i̇ uolgare fiorentino* AMEN *Sixtus Riessinger.* La même souscript., avec la marque de
l'imprimeur, accompagnée des lettres S. R. D. A.
(*Sixtus Riessinger de Argentina*), est aussi dans
une édition in-4. de 82 ff. à 31 lign., décrite par
· Fossi, II, p. 268. Cette traduction anonyme est citée par La Crusca, d'après un manuscrit. Quelques
personnes l'attribuent à *Alberto della Pagnina*,
d'autres à *Filippo Ceffi*.
Poggiali, dans sa *Serie*, décrit une autre ancienne
édition in-4. de cette traduction, imprimée en caract. rom., sans chiffres, récl. ni signat., mais avec
un registre à la fin donnant le premier mot des
feuillets, au nombre de 84, le premier desquels est
tout blanc. Le sommaire suivant se lit au commencement du 2ᵉ f. : *Incomincia il prologo sopra le-
pistole donidio nasone di compagna, il quale fu
sottilissimo e ottimo poeta;* et l'on trouve, vers le
milieu de l'avant-dernier f., la même souscription
que dans l'édition de Riessinger, mais autrement
orthographiée et sans nom d'imprimeur. Les caract.
paraissent être très-anciens et appartenir à un imprimeur vénitien. Les figures en bois qui sont placées à chaque épître dénotent l'enfance de l'art à
l'époque où elles furent exécutées. C'est cette même
édition qui est décrite dans la *Biblioth. pinell.*,
IV, n° 2542.
Une réimpression de la même traduction a été faite à
Florence, chez *Angelo Garinci*, en 1819, in-8., par
les soins de l'abbé L. Rigoli, et il en a été tiré
des exempl. sur Gr. Pap. et sur pap. bleu. Il faut
y joindre *Due errata corrige* que Vincent Monti
a fait paraître à Milan, en 1820.

— Epistole volgarizzate. (au recto du dernier f.) : *Finiscone le epistole del famosissimo autore Ovidio in rima per
vulgare, impresse ne la cita de Bressa,
per pre Baptista de Farfengo, del
anno* MCCCCLXXXIX, *a di 2 de octobrio*,
· pet. in-4. à 2 col. de cinq octaves chacune, sans chiffres ni récl., signat. de
a—e par 4 et f. par 5, avec la marque de
l'imprimeur après la souscription.

Édition en lettres rondes. Le titre et les initiales de
la première page sont imprimés en rouge. (Lechi,
tipogr. bresc., pp. 44-45.)

— El libro dele Epistole di Ovidio in rima
volgare p messere Dominico da monti-
celli toschano : *Impresse per D. pre
Baptista de Farfengo, nella cita Bressa
del anno. M. ccccLxxxxi, die v. de Nouembrio*, pet. in-4. goth. à 2 col., sign.
a—f.

Un exemplaire de cette édition rare (rel. en *cuir de
Russie*) a été vendu 80 fr. à Paris, en 1825.
Cette traduction est de l'an 1367. On en connait des
éditions de *Venise, Sessa*, 1502 et 1508, in-4., et
aussi de *Milan, Zanotto da Castelliono*, 1515, in-4.
— EPISTOLE d'Ouidio in latino in lingua toscana
tradotta et nuouamente con somma diligentia corrette. *In Vcnegia*, 1537, pet. in-8. de 75 ff. avec
jolies fig. sur bois.
Traduction en prose par Carlo Giovanni dont le nom,
· selon Haym, se trouve dans une première édition
de Venise, chez Vitali, 1532.
Les Epitres d'Ovide ont été traduites avec succès, en
vers italiens, par Remigio, *Venezia, Giolito*, 1555
et 1578, ou 1581, etc., in-12, et cette traduction a
été réimprimée à *Paris*, 1762, gr. in-8. fig. : 3 à
5 fr. (Il y a des exemplaires de cette dernière édi-

tion tirés in-4., avec les grav. impr. en rouge), et
aussi à *Pise, Capuro*, 1818, in-8.
On a également en italien : 1° *I Fasti di Ovidio,
colla costruzione del testo, volgarizzati, ed illustrati con note da Gius.-Ant. Gallerone*, Vercelli,
· 1787, 3 vol. in-8. — 2° *Lettere scritte del Ponto,
tradotte con note da G.-A. Gallerone, col testo
interlineare*, Torino, 1786, 2 vol. in-8. — 3° *Delle
poesie malinconiche di Ovidio lib. V. commentati
da B. Clodio*, Venez., 1774, ovvero 1806, 5 vol.
in-12.

— Incomincia il libro nomato Ovidio de
· arte amandi poeta clarissimo. (*senza
data*), pet. in-4. à 23 lig. par page, sans
chiffres, récl. ni signat.

Édition fort ancienne, et probablement la première
de cette traduction, *in terza rima*, des deux premiers livres de l'*Ars amandi :* elle commence par
le titre ci-dessus en lettres capitales. Selon Morelli,
qui l'a décrite dans la *Biblioth. pinell.*, IV, n° 2070
(où elle est portée à 1 liv. 5 sh.), les caractères
sont les mêmes que ceux que *Florentius de Argentina* a employés pour l'impression de cinq ouvrages qui se trouvent dans le même catalogue :
le premier sous la date de 1472; II, n° 3724.
Une autre ancienne édition in-4. de cette traduct.,
également sans date, et sans chiffres, récl. ni signatures, se compose de 59 ff., à 23 lignes par page :
elle commence au 1ᵉʳ f. recto, par ces mots :
*Opera. Del. Clarissimo. Poeta Ovidio. De Arte
Amandi*, et se termine par le mot : *Finis.* (Ebert,
15504.)
Les éditions suivantes méritent encore d'être citées :
Milan, Pachel et Scinzenzeler, 1481, in-4., catal.
Capponi.
— *Florent. Ant. Venetus*, MCCCCLXXXVIII. v *Idus
Augusti*, in-4. de 51 ff. non chiffrés, signat. a—g.
Vend. 6 fr. La Valliere. Elle est datée de 1489 dans
le catal. Crevenna, n° 3954, et de 1498 dans celui
de Floncel, où elle est portée à 12 fr. 40 c.
— *Milan, Filippo di Mantegazi*, 1494, in-4. Vend.
· 1 liv. 1 sh. Pinelli.
— *In Brescia per Bernardinum de Missintis de
Papia, die* XIII. *Zugno*, MCCCC. CLIX (probable-
ment pour XCIX), in-4.
— IL CLARISSIMO poeta Ovidio de Arte amandi.
Libro primo comenza : Amor que per dolzezza.
(*Casale Monferrato, Gasp. Cantonus*), in-4.
Édition fort rare, qui a été imprimée à la fin du
XVᵉ siècle. On lit à la fin une souscription en dix
vers latins, dont voici un fragment :

*Quem lector legis hoc arte Nasonis amandi
Impressos Libros urbe Casalis habes*

*Vercellis ortus sacer Augustinus, et una
Cantonus pressum Gaspar obiuit opus.*

— OVIDIO de arte amandi, volgare historiado. *Venetia, Franc. Tacuino*, 1516, in-8.
Volume orné de cinq gravures sur bois d'une belle
exécution : 60 fr. Costabili. — Le même imprimeur en a donné une autre édit., in-8., en 1522,
a di xxvi di Julio.
— OVIDIO di Remedi d'amore due libri ridotti in
ottava rima da M. Angelo Ingegneri. *Avignone,
Pietro Rosso*, 1576, in-4.
A la fin de ce poëme se trouve un *Capitolo alle amorose donne*, par le traducteur. 22 fr. Costabili ;
19 sh. exempl. portant les armes de Foscarini ;
19 sh. Libri, en 1859.
▪ — AMORI ovidiani, traduzione anacreontica de Federico Cavriani, ediz. 2ª. *Crisopoli, Bodoni*, 1804,
3 vol. in-8. : 10 à 12 fr., et plus cher en Gr. Pap.
La première édit. de cette traduction est en 3 vol.
in-12, sous la date de *Sulmona*, 1794.

— Libro del Metamorphoseos y fabulas del
excelēte poeta y philosofo Ouidio noble

cauallero Patricio romano : traduzido de latin en romance. (*absque nota*), pet. in-4. goth.

On lit, au commencement de cette édition, quatre stances, dont les lettres initiales, prises dans un ordre rétrograde, donnent les noms du traducteur : *Jorje de Bustamante natural de Syll(i)os.* (Catal. Salvá, n° 3639, où l'exemplaire est porté à 5 liv. 5 sh. 6 d.) Cette même traduction a été réimpr. à *Madrid*, 1622, pet. in-8.

— Las transformaciones : traducidas del verso latino, en tercetos, y octauas rimas, por el licenciado Pedro Sanchez de Viana, en lengua vulgar castellana. — Anotaciones sobre los quinze libros de las transformaciones de Ovidio, con la mithologia de las fabulas, y otras cosas. *Valladolid, Diego Fernandez*, 1589, 2 vol. pet. in-4. fig. sur bois. 2 liv. Salvá.

— METAMORPHOSES traduzidos en verso suelto y octaua rima por el doctor Ant. Perez Sigler. *Burgos*, 1609, pet. in-12.

Il existe une traduction peu fidèle des œuvres d'Ovide, en castillan, par Diego Suarez de Figueroa, *Madrid*, 1727-38, 12 vol. pet. in-4., dont les premiers tomes ont été plusieurs fois réimprimés.

— Lo libro de les transformacions del poeta Ovidi. — *Acaben los quinze libres de transformacions del poeta Ovidi : e los quinze libres de allegories, e morals exposicions sobre ells : estampats en Barcelona per Pere Miquel Benaventura... any* 1494, *a* 24 *de abril,* in-fol. goth. à 2 col.

Traduction en dialecte catalan par François Alegre. Vendu 10 liv. 15 sh. Heber.

Ce livre, d'une grande rareté, se compose de 249 ff., y compris 6 de tables qui précèdent l'ouvrage, signat. *a* à *E*, par cahiers de 8 ff. chacun, excepté *r* et *E* qui n'en ont que 6. Le feuillet contenant la dédicace à Jeanne d'Aragon a été supprimé lors de la publication de l'ouvrage, et remplacé par un autre f. On a vendu dernièrement un exemplaire présentant les deux textes de cette dédicace, ainsi que les deux textes du f. 6, dans lequel le traducteur a fait quelques corrections et changements.

Il y a dans cette édition beaucoup d'erreurs typographiques dans les chiffres (romains) indiquant la pagination : *xxxi, xxxii, xxxiii, xxxiv, xxxvi* et *xlvii* sont doubles, le *l* porte *li;* le *ti, xli;* le *lix, lx;* le *lxxiii* manque; le *cxxvi* est double; le *cxxviii* manque; le *cxxx* est coté *cxxi;* le *cxxxv* manque; *cxlii* à *cli* manquent; le *clxx* manque; *clxxix* est double ; *clxxx, clxxxii* manquent ; *clxxxiii* est double; *cxciii, cxcxix, ccii* manquent; *ccxxix, ccxxxvii,* doubles; *ccxxxix, ccxl* à *cclix* manquent; *cclvi* et *cclviii,* doubles ; *cclix,* manque; le *cclxiv* est coté *cclxvi;* le *cclxv* est coté *cclxiv;* enfin, le dernier feuillet est coté *cclxvii,* au lieu de *cclxix.* Au surplus, l'exemplaire annoncé était complet; les signatures s'y suivent sans interruption ; il n'y avait pas de lacune dans le texte. (Extrait d'un catalogue du libraire Tross.)

— Ovid's Works, complete, literally translated into english prose, with copious notes by H.-T. Riley. *London, Bohn,* 1852-59, 3 vol. pet. in-8. 15 sh. Chaque volume a paru séparément.

— Ouyde his booke of Metamorphose translated by William Caxton. Printed from a Ms. in the Pepysian collection (n° 2124) at Cambridge, containing the last five booke of the Metamorphoses in prose. *London*, 1819, in-4.

Édition offerte par George Hibbert au *Roxburghe club* dont il était membre. 4 liv. 8 sh. Boswell; 6 liv. 10 sh. Dent, et rel. en *mar.* par Haydey 12 liv. Crawford.

— XV BOOKES of the Metamorphosis translated out of latin into english meeter by Arthur Golding, gentleman. *London, Willyam Seres*, 1567, in-4. goth. de 200 ff. non compris la dédicace et la préface.

Cette traduction a eu du succès, car on l'a plusieurs fois réimprimée à la fin du XVIe siècle et au commencement du XVIIe. L'édition de 1567, vend. 2 liv. 3 sh. Sykes, est la première qui réunisse les 15 livres. Le traducteur en avait déjà publié les quatre premiers séparément à Londres, en 1565, in-4. 2 liv. 19 sh. Heber; 1 liv. 13 sh. Caldecotte. Lowndes, p. 1745, cite des éditions des quinze livres, de 1575, 1584, 1587, 1593, 1603 et 1612.

— METAMORPHOSES, translated by the most eminent hands (savoir : Dryden, Addison, Congreve, Nic. Rowe, Gay, Ambr. Phillips, etc.). *London*, 1717, in-fol. fig. Réimpr. plusieurs fois en 2 vol. in-12. (Pour l'édit. de 1732, voy. ci-dessus, col. 285.)

— THE FABLE of Ovid treting of Narcissus, translated out of latin into englysh Mytre, with a moral therevnto, very, pleasante to rede. *Imprynted by Thomas Hackette*, 1560, in-4. goth. Traduction attribuée à Thomas Howell. 3 liv. 8 sh. Heber.

— HEROYCALL epistles, in english verse, by George Tuberuile, gent., with Aulus Sabinus's answeres to certain of the same. *London, by Henry Denham*, 1567, pet. in-8. de 162 ff., non compris la préface. 1 liv. 19 sh. Heber.

Réimpr. à Londres, par *H.* Denham, en 1569, in-16, et par *Simon Stafford*, 1600, in-12.

— EPISTLES translated by several hands, *London*, 1680, in-8. fig. Réimprimé plusieurs fois de format in-12, soit séparément, soit avec les Métamorphoses ou avec les Amours et l'Art d'aimer.

— FASTI translated in english prose by Isaac Butt. *Dublin*, 1838, et aussi 1844, in-12.

— THE FLORES of Ovide de arte amandi, with they englysshe afore them, and two aphabete tables *London, in ædibus Wynandi de Worde*, 1513 in-4. On a payé 21 liv. 10 sh., à la vente de Geor Chalmers, ce volume rare qui était resté inconnu Herbert et à Dibdin.

— ART of love, together with the Remedy of love, by several Hands. *London*, 1709, in-8. Réimprimé plusieurs fois.

— ART of love, Remedy of love, and Amours. *London*, 1804, in-12 et pet. in-8. fig. Réimpr. en 1813, et plusieurs fois avec les Métamorphoses.

— De Tristibus, the first three Bookes, translated into English by Thom. Churchyard. *London, by Th. Marsh*, 1580, in-4. goth.

On prétend qu'il n'y a de ce livre qu'un seul exemplaire complet, celui de lord Spencer, d'après lequel ce grand bibliophile a donné la réimpression qu'il a présentée au *Roxburghe Club*, en 1816, et dont il a fait tirer un exemplaire sur VÉLIN. Le titre et le premier feuillet manquaient à l'édit. de 1580. Vend. 2 liv. 15 sh. Heber. La réimpression a été payée 4 liv. 1 sh. Boswell ; 2 liv. 10 sh. Dent.

— ALL OVID's Elegies : 3 Bookes, by C. M. (Christ. Marlow); Epigrams (48) by J. D. (John Davis). *At Middleburgh* (s. d., mais 1598), in-16 de 48 ff., titre compris, signatures A—F.

Ce livre a été livré aux flammes par ordre de l'archevêque de Cantorbery et de l'évêque de Londres, en date du 1er juin 1599 ; mais il en a été fait au moins trois éditions différentes, au sujet desquelles Lowndes, pp. 1747-48, donne des détails qu'il ne faut pas négliger. Des exemplaires de ces anciennes éditions ont été vendus à Londres depuis 1 liv. jusqu'à 8 liv. Maitland a fait tirer 25 exemplaires d'une réimpression de cette traduction, que d'ailleurs Pickering a reproduite dans son édition des œuvres de Marlowe (voy. ce nom). Pour les autres traductions anglaises des différents poëmes d'Ovide consultez Lowndes, pp. 1744-48.

-- Ovid's Werke, berichtiget, übers. und erklärt von Heinr. Lindemann. *Leipzig, Engelmann,* 1856-1861, pet. in-8. tome I à V, 5 thl.

OVIEDO y Valdes (*Gonçalo* Fernandez de). De la natural hystoria de las Indias. *Se imprimio a costas del autor... Por industria de maestre Remõ de petras : en la cidad de Toledo,* M. D. *xxvi,* in-fol. goth. de 54 ff. [4542]

Édition très-rare : 19 fr. L'Héritier ; 12 fr. (imparfait) Rætzel, 80 flor. Butsch.

— La historia general y natural de las Indias, islas y terra ferma del mar oceano. *Sevilla (Jo. Cromberger),* 1535, in-fol. goth. de cxciii ff. avec des fig. grossièrement gravées sur bois. [28840]

Ouvrage précieux, parce que l'auteur a séjourné longtemps en Amérique. Il en a été composé 50 livres, mais cette édition et la suivante ne renferment que les 21 premiers.

— La Hystoria general de las Indias agora nuevamente impressa, corregida y emendada. y con la conquista del Peru. *Salamanca, por Juan de Junta,* 1547, in-fol. goth. à 2 col. fig. sur bois.

Seconde édition, augmentée de la Conquête du Pérou par Fr. de Xerez, qui forme une 2e part. de xxiij ff., avec un titre particulier, portant : *Verdadera relacion de la conquista del Peru y provincia del Cuzco, llamada la Nueva Castilla, conquistada por Francisco Pizarro, embiada a su majestad por Francisco de Xerez...* L'ouvrage principal a 4 ff. prélimin. et cxcii (192) ff. chiffrés. Ce volume rare a été vend. 37 fr. Santander ; 45 fr. mar. v. Rætzel ; 3 liv. 5 sh. Heber ; et avec le 20e livre de la 2e partie (annoncé sous la date de 1550), 4 liv. 6 sh. mar. r. même vente.

— Libro XX de la segunda parte de la general historia de las Indias... que trata del estrecho de Magellanes. *Valladolid, por Fr. Fernandez de Cordova,* 1557, in-fol. de lxiiii ff. chiffrés.

Seul livre publié de cette seconde partie, dont on a discontinué l'impression à la mort de l'auteur : c'est un morceau rare, qui se trouve quelquefois réuni au volume précédent, lequel, ainsi complété, a pu être annoncé comme imprimé à Valladolid, en 1557.

— Historia general y natural de las Indias, islas y tierra firme del Mar Oceano, publicada por la real Academia de la historia, cotejada con el codice original, enriquecida con las enmiendas y adiciones del autor, é illustrada con la vida y el juicio de las obras del mismo, por D. Jose Ancador de los Rios por Fernandez Oviedo. *Madrid,* 1851-1855, 3 tom. en 4 vol. gr. in-4. fig. 100 fr.

Il existe, dans plusieurs bibliothèques, des copies mss. des livres 29 à 50, inédits, dont l'original se

conservait dans les archives du couvent de Montserrat, à Madrid ; mais on ne sait ce que sont devenus les livres 21 à 28, qui peut-être se trouvaient chez l'imprimeur à la mort d'Oviedo, et auront été égarés, ou même détruits. — L'édition de l'ouvrage entier, que promettait le marquis de Truxillo, n'a point paru, quoiqu'elle soit citée, sous la date de 1783, dans la *Biographie universelle* de Michaud, art. OVIEDO.

— Histoire naturelle et générale des Indes, isles et terres fermes de la grande mer Océane, trad. du castillan en franç. (par Jean Poleur). *Paris, Vascosan,* 1556, in-fol.

Traduction des dix premiers livres seulement : 12 fr. L'Héritier ; 18 fr. Librairie De Bure. Pour une traduction italienne intitulée : *Libro secondo delle Indie occidentale,* voy. I, col. 294, article ANGLERIUS.

— Libro del muy esforçado cavallero Don Claribalte. Voy. CLARIBALTE.

OVIEDO y Baños (D. J. de). Historia de la conquista y poblacion de Venezuela. *Madrid,* 1723, pet. in-fol. [28710]

1 liv. 4 sh. Salvá ; 46 fr. Rætzel.

OWEN (J.). Epigrammatum Joan. Owen... libri tres... editio ultima, prioribus emendatior. *Deix Aug. Vocont. ex offic. Joh. Rodolphi Fabri Phil. profess. sumptibus eiusdem,* 1613, in-8. [13110]

Cette édition, imprimée à Die en Dauphiné, est en deux parties : la première contient les trois livres annoncés sur le titre ci-dessus, et la seconde a un titre particulier, portant : *Epigrammatum Joannis Owen... liber singularis, editio ultima.* Ensemble 71 et 36 ff. non chiffrés, signés A—Kiij et A—Eiij. Il y a des exemplaires dont le premier titre est daté de 1614 ; ils sont du reste entièrement conformes aux autres, et de la même édition, laquelle n'a point de valeur, mais mérite d'être citée comme un livre peu connu, et parce que M. Cotton n'a pas placé Die dans son *Typographical Gazetteer.*

La première édition de ces épigrammes est de Londres, 1606, in-16.

— Epigrammatum editio postrema. *Lugd.-Batav., ex offic. Elzevir.,* 1628, in-24. de 280 pp. 3 à 4 fr.

Édition moins belle, mais plus rare que celle de 1647. Un exemplaire *non rogné,* 49 fr. en 1825, et seulement 5 fr. Chalabre.

— Epigrammatum Joannis Oweni editio postrema, correctissima et posthumis quibusdam adaucta. *Amsterodami, apud Lud. Elzevirium,* 1647, in-18 ou in-24.

Jolie édition en très-petits caractères ; elle se compose de 212 pp. de texte, précédées d'un titre gravé et du portrait d'Owen. Trois éditions différentes d'Owen, sous la même date de 1647 et de 212 pp. chacune, sont portées dans le catal. Riva , nos 880, 881 et 882. Celle que M. Potier, rédacteur de ce catalogue, regarde comme la première, et dont un exemplaire *non rogné* a été vendu 20 fr., n'a pas, comme les deux autres, en tête de la première page, le fleuron où l'on remarque un X dans un triangle. La seconde a ce fleuron, et de plus, à la page 204, un cul-de-lampe qui ne se trouve plus dans celle qu'il qualifie de *troisième.* Dans cette

---

Ovilo y Ottero (*Man.*). Manuel de los escritores españoles, 30770.

Ovington (*J.*). Voyages à Surate, 20008.

dernière, le portrait paraît avoir été retouché, sinon refait; ce qui n'a pas empêché qu'un exempl.
non rogné ait été vendu 29 fr. Riva. La seconde
édit., exempl. grand de marges, 5 fr. chez le même.
L'édition d'*Amsterdam, apud Elzevirium*, 1679, pet.
in-12, en plus gros caractères que celle de 1647,
n'est point belle, mais elle contient de plus que les
deux précédentes : *Alberti Ines acroamatum epi-
grammaticorum castis verecundisque salibus.*
— AUDOENI (vel Oweni) Epigrammata ; editio prioribus auctior, cura Ant.-Aug. Renouard. *Paris,
typis P. Didot*, 1794, 2 vol. gr. in-18. Pap. vél.
5 fr. — Gr. Pap. 10 fr.
Édition plus complète et mieux soignée que les précédentes. Il y en a une douzaine d'exempl. Gr.
Pap. format in-12, quatre sur VÉLIN, et quatre en
très-Gr. Pap. format in-8.
La première édition de ces épigrammes a paru à
Londres, en 1606, in-16. Voici le titre de la dernière de toutes :
JOANNIS Oweni libellus epigrammatum ad Frid.
Ulricum, ducem Brunsvic. et Luneburg.; accedunt
Pauli Flemmingii carmina aliquot inedita : ex autographis edidit Fr.-Adolph. Ebert. *Lipsiæ, Stei-
nacker*, 1824, in-8.
Les *Epigrammes d'Owen* ont été traduites en vers
français (par And. Le Brun), *Bruxelles*, 1709, pet.
in-12; et sous le titre de *Pensées ingénieuses*,
1710, in-12. Nous citerons encore : *Epigrammes
choisies d'Owen, trad. en vers français par de
Kérivalant, auxquelles on a joint diverses imitations... publiées par M. de Labouisse*, Lyon,
1819, in-18.
— JOHN OWEN's latine Epigrams englished by Th.
Hervey. *London*, 1677 (aussi 1678), in-12.

OWEN (*Charles*). Essay towards a natural
history of serpents. *London*, 1742, in-4.
fig. 15 sh. [5842]

OWEN (*Sam.*). The Thames. Voy. COOKE
(*W.-B.*).

OWEN (*William*). Dictionary of the welsh
language, explained in english; with
numerous illustrations, from the literary
remains, and from the living speech of
the Cymry. *London*, 1793-94 (ou nouv.
titre 1803), 2 vol. gr. in-8. 2 liv. 2 sh.
— Gr. Pap. in-4. 3 liv. 3 sh. [11355]
Le premier volume de cet estimable Dictionnaire,
qui contient environ 100,000 mots, a été publié en
1793, et le second en 1794; mais on a mis à tous
les deux un nouveau titre sous la date de 1803.
L'ouvrage est précédé d'une grammaire galloise.—
Voyez MYVYRIAN (the). Le titre de ce livre est, à
la date près, le même qu'on lit dans la 2e édit. de
Lowndes, p. 2007, à l'article W. O. Pughe, où il est
daté de Denbigh, 1832. Nous avons lieu de croire
que les deux noms n'en sont qu'un seul.

OWEN (*Richard*). Odontography, or a
treatise on the comparative anatomy of
the teeth : their physiological relations,
mode of developmentand microscopic
structure in the vertebrate animals. *London*, 1840-45, 2 vol. gr. in-8. [6771]
Ouvrage accompagné de 168 pl. 100 fr. ; — in-4., 200 fr.

Owen (*J.*). Epistle of S. Paul, 514. — Works, 1975.
Owen (*R.*). Tables of latitudes, etc., 19761.
Owen (*W.-F.*). Coast of Africa, 19771. — Voyages, 20028.
Owen (*H.*). Hist. of Shrewsbury, 27288.
Owen (*Dav.-Dale*). Geological survey... 4617.

— Catalogue of physiological series of
comparative anatomy in the museum
of the college of Surgeons. *London*,
1833-40, 5 vol. in-4. 7 liv. 17 sh. 6 d.
[6671 ou 6730]
— CATALOGUE of the osteological series of comparative and human anatomy. *London*, 1853, 2 part.
in-4. 1 liv. 11 sh. 6 d.
— CATALOGUE of the palæontological series of fossil
remains. *London*, 1856, 3 part. in-4. 1 liv. 10 sh.
— Fossil Reptilia, 4810. — British fossil Mammalia, etc.,
5685 ; Palæontology, 5685. — Lectures on comparative anatomy and physiology of animals, 5581. —
Skeleton of a gigantic sloth, 5685. — The Zoology
of the voyage of the Beagle, 5641. — Palæontology
of extinct animals, 5682.

OVYN Loverien (*Jacques*). Thobie, tragi-
comédie, nouvelle tirée de la S. Bible.
Rouen, Raph. Du Petit-Val, 1606, in-12.
[16373]
Le privilége de cette pièce étant à la date du 4 novembre 1597, il fait supposer une édit. antérieure à
celle-ci. 4 fr. de Soleinne.

OXLEY (*John*). Journal of two expeditions
(behind the Blue mountains, and) into
the interior of New South Wales, under-
taken by order of the british government in the years 1817-18. *London,
Murray*, 1820, in-4. de 408 pp., avec
cartes et vues. [21175]
Ouvrage assez intéressant : il a coûté 2 liv. 2 sh. ;
mais on le trouve aujourd'hui pour 12 ou 15 sh.

OYA (*Sebast.* ab). Thermæ Diocletiani
descriptæ, delineatæ et in æs incisæ ab
Hieron. Coccio et in lucem editæ sumptibus Ant. Perrenotti episc. *Antuerpiæ*,
1558, gr. in-fol. [29467]
Ouvrage très-rare : vend. 525 fr. (exempl. accompagné de plusieurs pl. y relatives) Mariette. Un exemplaire dont toutes les pièces, collées sur toile à la
suite les unes des autres, formaient un rouleau de
12m,50 de long, a été vendu 530 fr. de Cotte.

OYANGUREN (*Melchor*). Arte de la len-
gua japona, segun el arte de Nebrixa.
Mexico, 1738, in-4. [11851]
Vend. 1 liv. 14 sh. Heber.

OZANAM (*Jac.*). Récréations mathématiques et physiques ; nouvelle édition,
totalement refondue par M. de C. (Montucla de Chanla). *Paris*, 1778 ou 1790,
4 vol. in-8. fig. 20 à 24 fr. [7850]
Les anciennes édit. sont beaucoup moins chères.
— Méthode de lever les plans, 8003. — Arpentage, 8004.

Ozanam (*Ant.-Fréd.*). Les Poëtes franciscains en
Italie, 14439. — La Civilisation chrétienne chez les
Francs, 23334. — Les Germains avant le christianisme, 26348. — Deux chanceliers d'Angleterre,
27048. — Documents pour l'histoire littéraire de
l'Italie, 30079. — Dante et la philosophie catholique, 30272. — Des Ecoles et de l'instruction publique en Italie, 30253.
Ozaneaux (*J.-G.*). Dictionnaire français-grec,
10727. — Les Romains, 22941. — Histoire de
France, 23269.

OZANNE l'aîné. Nouvelles vues perspectives des ports de France, dessinées par Ozanne, et gravées par Le Gouaz. (*Paris*, sans date), in-fol. obl. [23150]

Ce volume contient 81 planches assez bien grav., plus une carte. Vend. 50 fr. salle Silvestre, en 1810, et quelquefois de 18 à 24 fr. Lorsque les planches sont pliées, elles forment un in-4.

En 1810 on a publié, par livraisons de 6 pl., un recueil intitulé : *Vues des principaux ports et rades du royaume de France et de ses colonies,* dessinées par *Ozanne et gravées par Le Gouaz, avec un texte descriptif, par N. Ponce,* pet. in-fol. Prix de chaque livraison, 10 fr. Vraisemblablement ce sont les mêmes planches que celles du recueil précédent.

— MARINE militaire, ou recueil des différents vaisseaux qui servent à la guerre. In-4. de 50 pl. 6 à 10 fr. [8477]

Ozeray (*J.-Fr.*). Histoire des Carnuts, 24274. — Duché de Bouillon, 25111.

P

PA. P... Voy. PETAVIUS (*Paulus*).

PABLO (de San Nicolas). Antiguedades ecclesiásticas de España, en los quatro primeros siglos de la Iglesia. *Madrid, Ariztia,* 1725, in-fol. [21487]

19 fr. quoique taché d'eau, 2ᵉ catal. Quatremère.

PACATUS. Latini Pacati Drepanii panegyricus, cum notis variorum, curante Jo. Arntzenio, qui suas adnot. adjecit. *Amstelodami, Schouten,* 1753, in-4. 5 à 6 fr. [12143]

Ce morceau se trouve dans différentes éditions des *Panegyrici veteres.* Nous en avons deux traductions françaises, l'une par Flor. Chrétien, *Paris, Pierre Chevalier,* 1609, in-8.; l'autre par Andry, *Paris,* 1687, in-12.

PACEE. Orayson en la louenge de la paix faicte entre le tres victorieux roy Dangleterre et tres chrestien roy de France, par le traicte de mariage du daulphin de France, et Marie, fille aisnee Dangleterre; composee et prononcee par messire Richard Pacee, a Londres dedans leglise Saint-Pol, translatee nouuellement de latin en francoys. (*sans lieu ni date*), in-4. goth. de 4 ff., en petits caractères, avec les armes de France. [12186]

Cette pièce, devenue fort rare, a été imprimée vers 1518, à l'occasion d'un projet de mariage qui fut arrêté alors pour le premier Dauphin, fils de François Iᵉʳ, et la princesse Marie, fille de Henri VIII, mais qui ne put avoir lieu. Elle est portée à 50 fr. (exemplaire rel. en *mar.*) dans le premier volume du Bulletin du Bibliophile, nᵒ 2524, où on l'annonce mal comme imprimée de 1495 à 1500. Elle serait plus chère aujourd'hui.

Un exemplaire de cette *Orayson* faisant partie d'un recueil de cinq pièces relatives au même projet de mariage (voy. II, col. 993, article ENTRÉE, et aux mots ORDONNANCE et ORDRE), est porté à 50 fr. dans le catalogue de Mac-Carthy, nᵒ 4548, et depuis a été vendu 700 fr. chez le prince d'Essling, après avoir été rel. en *mar. r.* Dans ce même recueil se trouvait l'opuscule intitulé :

LE LIVRE et oraison à la louange du mariage de M. le Dauphin des Gaulles Francoys avec Marie, fille du roy Dangleterre. (*sans lieu ni date*), in-4. goth. de 6 ff.

Le texte latin de l'*Orayson* (*Oratio Richardi Pacei in pace nuperrime composita et fœdere percusso inter invictiss. Angliæ regem et Francorum regem christianiss. in æde divi Pauli Londini habita*) a été impr. deux fois à *Londres,* par Richard Pinson, en 1518, in-4., en lettres rondes, savoir : *idibus novembris,* et *nonis decembris;* il l'a été aussi à Paris, cette même année, et de format pet. in-4. de 8 ff., sign. A—B, avec cette adresse : *Venit in œdibus Joan. Gormontii.* Nous allons placer ici le titre d'un autre opuscule qui peut faire suite au précédent, et qui est plus rare encore :

CUTHEBERTI TONSTALLI in laudem matrimonii oratio habita in sponsalibus Mariæ, potentiss. regis Angliæ Henrici octavi filiæ et Francisci christianiss. Francorum regis primogeniti. *Impressa Londini, anno* MDXVIII, *nonis nouembris, per Richardum Pynson,* in-4.

Pour une pièce en vers composée à l'occasion de ce mariage projeté, voy. ÉPISTRE de Madame la Daulphine, et aussi RINCE.

On a de R. Pacee une dissertation intitulée :

DE FRUCTU qui ex doctrina percipitur liber *Basileæ, per Joan. Frobenium,* 1517, in-4.

PACETTUS (*Diego*). Voy. EMMANUEL.

PACHECO (*Fr.*). Arte de la pintura, su antiguedad y grandezas. *Sevilla,* 1649, in-4. 15 à 20 fr. [9239]

Estimé et rare.

PACHECO de Narvaez (*Luis*). Historia exemplar de las dos constantes mugeres españolas. *Madrid, imprenta del reyno,* 1635, pet. in-4. — Réimpr. à Séville, 1744, pet. in-4. [17612]

Inconnu à Nic. Antonio, qui cite plusieurs autres ouvrages de l'auteur, et entre autres le suivant :

LIBRO de las grandezas de la espada, en que se declaran muchos secretos del que compuso el comendador Geronimo de Carrança. *Madrid, here-*

P. (*C.*). Dictionnaire russe, franç., allem. et angl., 11422.

Pacca (le card.). Œuvres, 1213.

Pacchi (*Dom.*). Ricerche sulla provincia della Garfagnana, 25347.

deres de *J. Iniguez de Lequerica*, 1600, pet. in-4. fig. sur bois. [10307]

PACHECO Bobadilla (*Diego Lopez*), Marques de Villena, duque de Escalona. Viage por tierra y por mar. Aplausos y festijos a su venida por Virrey desta Nueva España, etc. *Mexico*, 1641, in-4. de 92 ff. [28604]

Ce livre rare a été vend. 8 sh. Heber ; 16 fr. et 11 fr. Rætzel. — Antonio en fait mention à l'article *Matthias de Bocanegra*, sous la date de 1640.

Voici le titre d'une pièce en vers (par octaves), relative au même événement :

    RELACIÒN de la feliz entrada en Mexico del marques de Villena, el 28 de agosto de 1640, y las fiestas de toro, cañas y alcancias, por D. Maria Estrada de Medinilla. *Mexico*, 1640, in-4. (Ternaux, *Biblioth. améric.*, n° 605.)

PACHO (M. *R.-J.*). Relation d'un voyage dans la Marmarique, la Cyrénaïque et les oasis d'Audjelah et de Maradèh, accompagnée de cartes géogr. et de planches représentant les monuments de ces contrées. *Paris, Firm. Didot*, 1827-29, gr. in-4. et atlas in-fol. contenant 100 pl. [20790]

Ouvrage sur lequel l'Académie des inscriptions et belles-lettres a fait un rapport très-avantageux. Il a été publié en 14 livraisons, dont 4 pour le texte, et 10 pour les planches. Prix des 2 vol., 146 fr. — Pap. vélin, fig. sur pap. de Chine, 280 fr., et beaucoup moins dans les ventes.

PACHYMERES (*Georgius*). Georgii Diaconi primarii judicis, atque scriniorum custodis Pachymerii epitome logices Aristotelis (gr. et lat. , cura Edwardi Bernardi). *Oxonii , H. Hale*, 1666, in-8. de 221 pp. et 4 ff. [3509]

Volume peu commun. Lowndes le cite sous la date de 1668, et Ebert sous un titre tout différent.

L'*Epitome logicæ Aristotelis*, de Pachymère, a paru pour la première fois, en grec, *Paris, Vascosan*, 1548, pet. in-8. Le même imprimeur en avait déjà donné la version lat. par J.-B. Rasarius, en 1547, in-8. (voy. GEORGIUS Diaconus). Quant au texte grec du *Compendiosum philosophiæ syntagma* du même auteur, il a été publié sous le nom de *Gregorius aneponymus* (voy. ce nom), en 1600 ; mais alors la version latine par Ph. Bechius avait déjà paru, avec d'autres ouvrages du même genre, à Bâle, 1560, in-fol.

— Voy. BYZANTINA , n° 18, et ajoutez :

    MAURICII Davidis animadversiones in chronologicas observationes P. Possini ad Pachymerem. *Divione*, 1679, in-4. de 79 pp.

Opuscule curieux, qui avait été soumis à l'examen de Du Cange et de Thoynard, ainsi que le prouve une lettre autographe de La Monnoye, adressée à ce dernier.

PACHYMERIS (*G.*) Declamationes XIII quarum XII ineditæ. Hieroclis et Philagrii grammaticorum Φιλόγελως longe maximam partem ineditus curante Jo.-Fr. Boissonade, sumptus in editionem erogante N. Yémeniz. *Parisiis, Leleux et Dumont*, 1848, in-8. de 343 pp. 6 fr. [12123]

PACIANUS. Opera quæ extant. Obras de Paciano, obispo de Barcelona, traducidas e ilustradas por Vicente Noguera Ramon. *Valencia , Montfort*, 1780, in-4. 10 à 15 fr. [1048]

Belle édition d'un écrivain ecclésiastique de la fin du quatrième siècle, dont le texte latin (*Parænesis ad pœnitentiam, altera de baptismo, epistolæ, etc.*) a été imprimé pour la première fois à Paris, chez Ch. Gaillard, en 1538, in-4., par les soins de J. Tilius.

PACIAUDI (*Paul.-Mar.*). Monumenta peloponesiaca , commentariis explicata. *Romæ*, 1761 , 2 vol. gr. in-4. fig. 18 à 24 fr. [29274]

Excellent ouvrage : 37 fr. Villoison.

— MEMORIE de' gran-maestri del militar ordine Gerosolomitano, dal P. Pacciaudi. *Parma, reale stamp.*, 1780, 3 vol. in-4. fig. 24 fr. [21987]

Le P. Pacciaudi a publié plusieurs dissertations sur différents points d'histoire et d'antiquités, qui ont été presque toutes impr. à Rome, et de format in-4. Voici celles qui sont portées dans notre catalogue :

— De libris eroticis antiquorum, 16969. — De Cultu S. Johannis, 22331. — De Athletis Græcorum, 29146.

PACICHELLI. Memorie, e memorie nuove de' viaggi per l'Europa christiana, scritte a diversi in occasione de' suoi ministeri, dall' Abate Giov. - Battista Pacichelli. *Napoli , Parino*, 1685-90, 6 tom. en 5 vol. in-12. 20 à 25 fr. [20057]

Curieux pour l'histoire littéraire de l'Allemagne, de la France et de l'Angleterre à cette époque, et particulièrement pour la description du royaume de Naples. Vend. rel. en mar. r. riche dorure, 8 liv. 8 sh. Hanrott.

— Il regno di Napoli in prospettiva, 25703.

PACIFICATORES orbis christiani. Voyez VAN HULLE.

PACIFICUS Maximus. Voy. MAXIMUS.

PACIOLUS (*Lucas*). Voy. BORGO.

PADDOCK (*Judah*). A narrative of the shipwreck of the Oswego on the coast of South Barbary, and of the sufferings of the master and the crew while in bondage among the Arabs. *London, Longman*, 1818, in-4. 1 liv. [20848]

PADER (*Hilaire*). La Peinture parlante. *Tolose, Arnaud Colomiez*, 1653, in-4. [14128]

Opuscule en vers dont l'auteur a fait paraître chez le même libraire, en 1657, une seconde édition, comprenant un *Dialogue en vers entre un père et son fils*. Les deux éditions ont un frontispice gravé représentant Minerve tenant de ses deux mains un grand livre, sur le plan duquel, dans la seconde édition, sont ajoutés ces mots : *La Peinture parlante du Sr Pader, Tolosain* (Robert-Dumesnil, *Peintre-graveur*, VIII, p. 261). On trouve quelquefois, à la suite de ce poème, deux écrits en prose du même auteur, savoir :

Pacini (*Eugène*). La Marine, 8465.
Pacinotti (*Luigi*). Fisica technologica, 4238.
Pacôme (frère). Abbaye de la Trappe, 21793.

1° *Songe énigmatique sur la peinture universelle,* Tolose, A. Colomiez, 1658, in-4.; 2° *Plan, ou dessin idéal, pour le tableau du déluge qui doit être représenté dans la chapelle des Pénitens noirs de Toulouse.*
— Voy. LOMAZZO.

PADILLA (*Juan* de). El laberinto del duque de Cadiz don Rodrigo ponce de leon. — *Aqui se acaban las ciento y cincuenta coplas... impresas en seuilla en el año de mill e quatrocientos e nouenta y tres* (1493) : (*por Meinardo Ungut e Lanzalao Polono*), in-4. goth. de 17 ff. à 2 col. [15099]

Pièce fort rare, décrite par Panzer, I, 464, d'après Denis.

— Retablo dla vida de christo fecho en metro por un deuoto frayle de la Cartuxa. 1529. — *Acabose la presente obra... en... Alcala de henares a ocho dias ở nouiẽbre. año ở mil τ q̃niẽtos y xxix,* in-fol. goth. à 2 col. fig. sur bois, 76 ff. en tout, y compris le titre, la table et l'argument. [15100]

Poëme en octaves, ou *coplas de arte mayor*, composé en 1500, par Juan de Padilla. Cette édition est à la Bibliothèque impériale. Nic. Antonio en cite une autre de Séville, par *Juan de Varela*, 1518, in-fol., et tome II, p. 751, une seconde, même ville, par *Juan de Varela*, 1530, in-fol., à laquelle on peut ajouter celle de *Alcala de Henares*, 1605, in-fol. (1 liv. 5 sh. Heber). Ce bibliographe attribue au même chartreux un poëme également *en coplas de arte mayor*, intitulé : *Los doce triunfos de los doce apostoles.* Ce dernier, achevé en 1518, a été imprimé à Séville, par *Juan de Varela*, en 1521, in-fol. La Serna en cite une édition de 1529.

PADILLA (*Pedro*). Romancero en el qual se contienen algunos successos que en la jornada de Flandres los Españoles hizieron, con otras historias y poesias differentes. *Madrid, Fr. Sanchez,* 1583, pet. in-8. de 347 ff., sans la préface ni la table. [15176]

Volume assez rare : 1 liv. 12 sh. *mar. v.* Hanrott.

— Thesoro de varias poesias, compuesto por Pedro de Padilla. *Madrid, Fr. Sanchez,* 1580, in-4. de VIII et 482 ff. [15174]

Vend. en *mar. r.* 4 liv. Hanrott.

Nic. Antonio cite une édition de *Madrid, Querino Gerardo*, 1575, in-4.

— Thesoro de varias poesias, compuesto por Pedro Padilla. *Madrid, por Querino Gerardo*, 1587, *a costa de Blas de Robles librero*, 1587, pet. in-8. 8 ff. prélim., 468 ff. chiffr., 8 ff. de table.

Vend. en *mar. v.* 2 liv. 15 sh. Hanrott; 4 liv. 1 sh. Heber.

— JARDIN espiritual compuesto por F. Pedro de Padilla, de la orden de nuestra señora del carmen. *Madrid, en casa de Querino Gerardo Flamenco,* 1585, in-4.

Ce Cancionero n'est pas moins rare que les autres recueils poétiques du même auteur.

— EGLOGAS pastoriles de Pedro de Padilla, y juntamente con ellas algunos sonetos del mismo auctor. *Sevilla, Andrea Pescioni,* 1582, in-4. de IV et 246 ff. [15175]

Cette date est exacte; or si celle de 1581, que donne Antonio, l'est aussi, il existe deux édit. de ces églogues.

On a plusieurs autres ouvrages de ce poëte fécond. — Voy. CORTE-REAL.

PADIOLEAU (*Albert*). De l'Antiquité, fondation, splendeur, ruyne et état présent de la ville de Jérusalem; où est incidemment traitée cette antiene dificulté, qui estoit Melchisedec, par noble homme Albert Padioleau, sieur de Launay. *Nantes, Hilaire Mauclerc,* 1635, pet. in-4. [28027]

Ouvrage qui, au jugement de M. Ap. Briquet (*Bulletin du Bibliophile,*\1857, pp. 407-8), offre beaucoup d'intérêt.

PÆANTIUS. Voy EUTROPIUS.

PÆANTIUS Benedictus. V. BENEDICTUS.

PAESI novamente ritrovati. V. VESPUCCI.

PÆSTI quod Posidoniam etiam dixere rudera, cum dissertationibus lat. et ital. (P.-Ant. Paoli). *Romæ,* 1784, in-fol. max. [29575]

Ouvrage orné de 65 pl. grav. par Volpato, Bartolozzi et autres; il est plus exact que celui de Major, sur le même sujet (voy. MAJOR), mais il laisse encore à désirer aux architectes : vend. 33 fr. *bas.* Mérigot; 46 fr. Hurtault.

PÆTI (*Lucæ*) de mensuris et ponderibus romanis et græcis, cum his quæ hodie Romæ sunt collatis, lib. V; ejusdem variarum lectionum lib. I. *Venetiis, Aldus,* 1573, pet. in-fol. de 48 ff. dont 1 blanc. [29055]

Vend. 30 fr. Renouard, en 1805, mais beaucoup moins cher ordinairement. Il y a des exemplaires en Gr. Pap. Après la 56e page sont 4 ff. contenant des fig. grav. sur bois, lesquelles tiennent la place de 16 pp. Dans quelques exemplaires, le feuillet bl. est remplacé ou précédé par 2 ff. d'index.

Il existe une édition in-4. du même ouvrage, imprimée aussi chez les Alde, en 1573, et tout à fait différente de la précédente; elle a 8 ff. prélim, et 127 pp. chiffrées, y compris les pl. qui occupent les pp. 89 à 96.

PAGAN (*Diego* Ramirez). Floresta de varia poesia. *Valencia, Juan de Navarra,* 1562, in-8. [15134]

Recueil rare, cité par Nic. Antonio.

PAGAN (*François-Jean-Bat.* de). Relation historique et géographique de la grande rivière des Amazones dans l'Amérique, par M. le comte de Pagan... avec la carte d'icelle rivière. *Paris, Cardin Besongne,* 1656, pet. in-8. [28707]

Ce volume est recherché, à cause de la carte qui s'y

Padley (*J.-S.*). Ancient edifices of Lincolnshire, 10005.

Padula (*F.*). Su i solidi caricati verticalmente, 8104.

trouve. 10 fr. Veinant (sous la date de 1655), et quelquefois plus. Il en existe une traduction anglaise par Will. Hamilton, *London, for John Stankey*, 1661, in-8., avec la carte, et une dédicace à Charles II.

PAGANELLUS. Bartholomei [Paganelli] Prignani mutinensis ad Prosp. Capharellum Romanum Asculanum Episcopum Bononiæ legatum de vita quieta libellus. — *Impressum Rhegii p Albertum de . Mazalibus Anno M. cccc. lxxxvii. xi kal. septembr.* , in-4. de 16 ff. non chiffrés, caract. ronds. [12743]

Le premier et le dernier feuillet de cet opuscule en vers sont tout blancs ; le 2e contient une préface en prose.

— Ejusdem ad Joannem Boiardum Scandiani Caselgrandisque comitem Elegiarum libri tres. — *Impressum Mutinæ p me Dominicū Rochuciolum Anno salutis. M. cccclxxxviiij* (1489) *die vii octobris,* in-4. , caract. goth., feuillets non chiffrés. [12744]

Cette édition a des sign. de *a* jusqu'à *f*, lesquelles, excepté aux deux premiers feuillets, ne sont pas placées au-dessous, mais au bout de la dernière ligne. Le livre commence par un avis de l'éditeur, qu'on sait être Prosper Farusius de Reggio, le même qui avait déjà présidé à l'impression de l'ouvrage précédent.

— Bartholomæi Paganelli Prignani Mutinensis ad Alphonsum Diui Herculis Estensis filium de Imperio Cupidinis libri tres. *Mutinæ per me Dominicum Rocuciolum opusculum hoc impressum fuit anno* M. CCCC. LXXXXII. x. *Calendas Junias*... in-4. de 52 ff., sign. *a—g*, caract. ronds.

Le premier feuillet, dont le recto est tout blanc, présente au verso huit distiques de l'auteur à son livre. C'est dans le 3e livre de ce poëme que Prignanus reconnaît Jean Fust pour l'inventeur de l'imprimerie par ce distique du 8e f. verso de la signature F.

*Hic Maguntino reverentia magna Joanni est
Qui dedit impressis dogmata codicibus.*

On trouve quelquefois ces trois ouvrages réunis en un seul volume. C'est ainsi que sont les exemplaires de la Biblioth. impér. et de la Mazarine.

PAGEAU (*Margarit*). Ses premières œuvres poétiques. *Paris, J. Hamart*, 1600, in-12. [16350]

Dans ce recueil se trouvent deux tragédies en 5 actes et en vers ; l'une intitulée *Bisathie* (qui n'est pas très-mauvaise pour le -temps) et l'autre *Monime.* 7 fr. 50 c. de Soleinne.

PAGI (*Ant.*). Critica Baronii. V. BARONII Annales.

PAGNINI (*J.-Fr.*). Voy. DECIMA.

PAGNINUS (*Sanctes*). Thesaurus linguæ sanctæ , seu lexicon hebraicum auctum et recognitum a Jo. Mercero. *Lugduni*, 1577, seu *Genevæ*, 1614, in-fol. 9 à 15 fr. [11530]

La première édition, *Lugd.*, *Seb. Gryphius*, 1529, in-fol., est recherchée de préférence aux deux dernières, qui sont mauvaises et corrompues en plusieurs endroits. On a un abrégé de ce Thesaurus, impr. à Anvers, en 1572, en 1609, en 1614, et plusieurs fois depuis, de format in-4.

— Sancti Pagnini Isagogæ pars prima & pars secunda. *Avenioni per Ioannem de Channey*, 1525, 2 vol. in-4. [10625]

Cette édition est rare, et à chaque volume le verso du dernier feuillet porte la marque de Jehan de Channey, faite à l'imitation de celle des Alde (voy. notre t. II, col. 1610) ; cette circonstance donne quelque prix à ce livre, et le fait placer à la suite de la collection aldine. Le titre est ainsi conçu : *Habes, candide lector, duos tomos, Isagogæ ad linguam græcam capessendam septem continentes libros, quibus et lexicon annexum est ordine alphabetico secundum declinationes, et conjugationes (ut index tibi ostendet) quo lucidius copiosiusve nullum extitit antehac. Hos edidit reverendus pater sacræ theologiæ professor et concionator apostolicus frater Sanctes Pagninus.* Vend. 2 liv. 6 sh. Heber, et en *mar.* 5 liv. 5 sh. le même ; et seulement 5 fr. 55 c. Boutourlin.

Voici le titre d'un petit livre beaucoup plus rare encore que les deux in-4. dont il est l'abrégé :

ENCHIRIDION ad capessendam linguam græcam, editum a reverendo patre magistro Sancte Pagnino... græcas literas Avenioni profitente. Habes, candide lector, in hoc enchiridio græcas institutiones, salutationem angelicam, orationem dominicam ; beatus vir ; septem pœnitentiales psalmos. Carmina nonnulla Phocylidis et Pythagoræ et centum adagia græce et latine. *Impressum Avenioni* (absque anno), in-12 (*Bibliotheca grenvil.*, 517).

— Historia Josephi, 290 ; — Venesia, 31259.

Les autres ouvrages de ce savant hébraïsant sont peu recherchés maintenant.

PAIN. British Palladio, or the builder's general assistant, demonstrating in the most easy and practical method all the principal rules of architecture. *London*, 1797, in-fol. fig. 26 fr. Hurtault. [9782]

PAINE. Voy. PAYNE.

PAINTER (*Will.*). The Palace of pleasure, beautified, adorned, and well furnished with pleasant histories and excellent nouels... chosen and selected out of divers good and commendable authors :

from the edition printed by Th. Marsh, 1575, edited by Jos. Haslewood. *London, for R. Triphook,* 1813, 2 vol. in-4. [17711]

Belle réimpression d'une collection singulière et qui était devenue fort rare; il en a été tiré 250 exemplaires : 100 à 120 fr., et de plus 7 exempl. sur VÉLIN, qui ont coûté 70 liv. chacun. Vend. 18 liv. Hibbert; 19 liv. Hanrott.

La première édition, *London, H. Denham for Richard Tottell,* 1566-67, 2 vol. pet. in-4., est un livre qu'il est difficile de trouver complet et en bonne condition. Le 1er vol. contient, indépendamment du titre, 14 ff. prél., texte coté de 1 à 345, plus un f. pour la souscription; le 2e vol., le titre et 9 ff. prél., texte 1 à 426, et 2 ff. avec la souscription; en *mar.* 18 liv. 7 sh. 6 d. Goldsmith; 23 liv. 10 sh. Heber. Il y a du 1er vol. une seconde édition, *London, Marshe,* 1569, pet. in-4., contenant un titre, 11 ff. prélim., texte 1 à 264; aussi une 3e édit. augmentée de sept nouvelles, *London, T. Marshe,* 1575, pet. in-4., ayant un titre, 9 ff. prél., texte 1 à 279, 3 ff. pour *Recapitulation, etc.* La 2e édit. du second vol., *London, T. Marshe* (sans date, mais vers 1580), pet. in-4., contenant un titre, 6 ff. prélim., texte 1 à 360, et 4 ff. pour *Summaria, etc.* Un exemplaire, composé du 1er vol. de 1575 et du 2e de 1567, a été vendu 28 liv. 17 sh. Garrick, et 23 liv. Jollay; un autre, ayant le 1er vol. de 1566 et le 2e sans date, 29 liv. 10 sh. Gardner, en 1854.

PAITONI (*J.-M.*). Biblioteca degli autori antichi greci e latini volgarizzati. *Venezia,* 1766-67, 5 vol. in-4. 25 à 30 fr. [31642]

Ouvrage estimé pour son exactitude, et bien supérieur à celui d'Argelati sur le même sujet. — Voy. ARGELATI. Il y a des exemplaires dont le tome premier est daté de 1774 : vendu 36 fr. d'Ourches.

PAIX. Voy. TRAICTÉ.

PAJOL (*Charles-Pierre-Victor,* comte). Armée russe. 1856, gr. in-fol. [8675 ou 9657]

Cet ouvrage, dédié à l'empereur de Russie, a été entièrement exécuté par M. le comte Pajol, officier français (aujourd'hui colonel), chargé d'une mission dans toute la Russie et en Pologne, qui l'a occupé pendant seize mois. Ce beau volume est divisé en deux parties : la première, de 56 planches, où sont représentés tous les uniformes de l'armée. Les cinq premières planches sont les portraits de l'empereur Nicolas et de ses quatre fils. Les planches 13, 15, 22, 25, 31, 35, 40, 48, 50 et 51 ont été refaites dans des poses différentes. La seconde partie consiste en 25 tableaux réunis en 22 feuilles, comprenant les différentes organisations des corps d'armée, les dessins et peintures des décorations, drapeaux, pavillons, avec les couleurs distinctives de chaque grade; chaque régiment d'infanterie, de cavalerie, d'artillerie, du génie, etc., de l'empire. Ces planches, imprimées par Godard, Aug. Bry et Lemercier, en 1856, se vendaient 125 fr.; mais comme l'édition est épuisée et qu'il en reste peu d'exemplaires en France, on les paye aujourd'hui 200 fr. et plus. (Note communiquée.)

PALACIO (*Juan Lopez,* alias de Rubio de). Tratado del esfuerzo belico heroico; nueva edicion con notas y observaciones por el P. Fr. Francisco Morales. *Madrid,*

Sancha, 1793, gr. in-4. frontisp. gravé et vignettes. [8580]

Réimpression d'un ouvrage remarquable par la beauté du style. L'auteur l'a écrit pour l'instruction de son fils aîné, Gonzalve-Perez de Rivero. La première édition a pour titre :

TRACTATO del esfuerço bellico heroyco compuesto por el doctor Palacios Ruvios. (à la fin) : *En Salamanca,* 25 *Nov.* 1524, *a expenses de Gaspar de Rossiñolis,* pet. in-fol. goth., titre gravé sur bois, et texte f. III à xlviij, dont le 44e est tout blanc.

PALADIN of England. Voy. dans nos additions, article COLET, se référant à notre 2e vol., col. 129.

PALÆOLOGUS (*Manuel.-Aug.*). In Theodorum fratrem despotam Peloponnesi, oratio, gr. et lat. *Parisiis,* 1647, in-fol. [22996]

Volume peu commun : 10 à 12 fr.

PALÆPHATUS, De incredibilibus (græce). Cornelius Tollius in latinum sermonem vertit, et notis illustravit. *Amstælod., apud L. Elzevirium,* 1649, pet. in-12. [22527]

Jolie édition, assez recherchée : 6 à 10 fr.; vend. 17 fr. *mar. r.* Caillard.

Le texte grec de Palæphatus a été impr. pour la première fois par Alde, en 1505, avec l'Esope (voyez ÆSOPUS).

— Idem liber, gr.; sextum edidit, emendavit, indicemque verborum copiosissimum adjecit Jo.-Frid. Fischerus. *Lipsiæ,* 1789, in-8. 6 fr. — Pap. fin, 8 fr.

Les cinq premières éditions de cet ouvrage, données par le même Fischer, sont moins estimées que celle-ci.

— Libellus Palæphati græci authoris quo aliquot veteres fabulæ, unde tractæ sint, narrantur, studiosis hominibus apprime utilis. — *Impressum Viennæ-Pannoniæ opera Hieronymi Vietoris et Joannis Singrenii calcographorum, impensis vero Leonardi et Lucæ Alantsee fratrum bibliopolarum... anno* MDXIIII, in-4. sign. a—e, caract. rom.

Un exemplaire imprimé sur VÉLIN, mais dont le feuillet de titre manquait, 39 fr. Costabili; 3 liv. 3 sh. Libri, en 1859. Cette version lat. du fragment de Palæphate avait déjà été impr. à Crémone, par Jérôme Soncino, en 1511, in-4.

TRAITÉ de Palæphate touchant les choses incroyables; trad. du grec, avec des notes par Ch.-G. P. D. B. (Ch.-God. Polier de Bottens). *Lausanne,* 1771, in-12.

Nous avons une ancienne traduction française de Palæphate, par Guil. Gueroult, sous ce titre : *Le premier livre des narrations fabuleuses, avec les discours de la vérité et l'histoire d'icelle, traduict par Guil. Gueroult, auquel nous avons adjousté aucunes œuvres poétiques du traducteur,* Lyon, Rob. Granjon, 1558, pet. in-4. de 4 ff. prélim. et 110 ff., le dernier coté CIX; elle est imprimée en caractères de civilité : 10 sh. Hanrott, et même prix Heber; 45 fr. *mar. r.* Coste.

PALÆSTRA neapolitana. Voy. Ignarra.

PALAFOX Y MENDOZA (*Juan* de). Virtudes del Indio. (*absque nota*), pet. in-4. [28500]

« Palafox fut un second Las Casas en exposant au gouvernement espagnol la malheureuse condition des Américains, et en en demandant l'amélioration. Son zèle et son humanité se montrèrent surtout dans cet exposé adressé au roi, où il a fait ressortir avec beaucoup d'habileté le bon naturel des natifs. Voilà pourquoi l'ouvrage a reçu le titre de *Virtudes del Indio* : mais comme de tout temps *veritas odium parit*, il a été nécessaire de le faire imprimer secrètement (vers 1650), sans aucun titre, et sans indication de lieu ni de date. N'ayant point été réimprimé depuis lors, ce livre est devenu un des plus rares de ceux qui ont rapport à l'Amérique. » (Catalogue de Salvá, n° 3653, où un exemplaire de ce petit volume est estimé 7 liv.)

Les différents ouvrages de Palafox, non compris le précédent, ont été impr. à *Madrid*, 1659 et 1668, en 8 vol. in-fol.

PALAIDOR. Festin Nuptial. Voy. I, col. 96, l'article Esope en belle humeur.

PALAIS des curieux, où l'algèbre et le sort donnent la décision des questions les plus douteuses, et où les songes et les visions nocturnes sont expliqués selon la doctrine des anciens par le s^r W. D. L. C. (Wulson de la Colombière). *Paris*, 1646, pet. in-8. [8934]

Cet ouvrage a été réimprimé maintes et maintes fois, tant sous le titre ci-dessus que sous celui de *Palais de la Fortune....* Paris, Loyson, 1671, ou Lyon, la Roche, 1672, in-12 ; de *Palais des curieux de la Fortune et de l'Amour*, Paris, Quinet, 1688, in-12, et de *Palais des curieux de l'Amour et de la Fortune*, Paris, Nic. Legras, 1695, in-12. (Pour le développement de ces différents titres, voir le *Dict. des anonymes* de Barbier, n°s 13720-22 et 23.) Au reste, aucune de ces édit. n'est chère, quoiqu'un exemplaire de la dernière, *mar. citr.*, ait été vendu 10 fr. By ; 18 fr. Labédoyère. Le livre intitulé : *Les nouveaux oracles divertissans*, Paris, Gabr. Quinet, et se vend à Bruxelles, *sans date*, in-12, paraît avoir beaucoup de rapport avec le précédent.

Il existe, sous le titre de *Palais des curieux*, un ouvrage de Beroalde de Verville, impr. à Paris, en 1612, in-12, mais qui n'a aucune analogie avec celui-ci. — Voy. I, col. 808, article Beroalde de Verville.

PALAIS, maisons, etc. Voy. Percier.

PALAMA. Sanctiss. ac sapientiss. Gregorii Palamæ archiepiscopi Thessalonices, per fictionem personarum orationes due indiciales mentis corpus accusantis, et corporis contra se defendentis ; itemque judicum sententia. ex bibliotheca regia (gr. et lat.). *Ex Adr. Turnebi typographi regis officina,* 1553, in-4. [2722]

Opuscule peu commun. La partie grecque occupe 44 pp., y compris le titre, et la version latine, 52 pp. On lit à la fin : *Parisiis excudebat Guilielmus Morelius*, M. D. LIII. *non. octobris*.

PALAMEDES pallicta comedia. Voy. Arduenne.

Palairet (*Elias*). Thesaurus ellipsium, 10869.

PALANUS (l'histoire de), comte de Lyon, mise en lumière, jouxte le manuscrit de la bibliothèque de l'Arsenal, par Alfred de Terrebasse. *Lyon, L. Perrin*, 1833, in-8. de 14 pp. et XLVIII ff. , avec un double titre goth. lithogr. 9 fr. [16996]

Tiré à 120 exemplaires numérotés, dont un sur VÉLIN, un sur pap. de Chine, 3 pap. azuré, 4 pap. fort de Hollande.

L'éditeur pense que cette histoire a été traduite du latin de Valentinus Barruchius par Guil. Rameze. C'est à la même source qu'a été puisée la sixième *histoire tragique* trad. du Bandel par Boaistuau ; et, chose remarquable, l'*Histoire de la comtesse de Savoie*, jolie nouvelle publiée par Mad. de Fontaine, n'est guère que l'ouvrage de Boaistuau, remis en français du XVIIIe siècle.

PALATINO. Libro di Giovanbattista Palatino, cittadino romano, nel quel s'insegna a scrivere ogni sorte di lettera antica et moderna, di qualqunque natione, con le sue regole et misure, et essempi, et con un breve discorso de le cifre. *Roma, per Ant. Blado,* 1545, pet. in-4. fig. [9048]

Édition revue et augmentée par l'auteur. 21 fr. Riva. La première est de Rome, *Blado*, 1540, in-4. (15 fr. Hérisson) ; celle de Rome, 1544, in-4., en *mar. br.* 51 fr. Solar. — L'ouvrage a été réimpr. par le même *Blado*, en 1547, in-4. de 62 ff. non chiffrés, sign. A—II. Au bas d'un certain nombre de pages de cette édition on lit : *Palatinus Romæ scribebat apud Peregrinum*, 1540 et aussi 1545 ; d'autres éditions ont paru en 1548, en 1550 et en 1553, in-4. Cette dernière, 30 fr. Libri, en 1857, et celle de 1550, en *cuir de Russie*, 39 fr. Solar. A ces six éditions on en vit bientôt succéder une septième, *Roma, Antonmaria Guidotto e Duodecimo Viotto*, 1556, et enfin une 8e, *Roma, per Valerio Dorico*, 1561, l'une et l'autre in-4., avec le portrait de l'auteur gravé sur bois au frontispice. Capponi avait un exemplaire de l'édit. de 1556, imp. sur pap. bleu.

Le livre de Palatino, aujourd'hui hors d'usage, n'est plus recherché que comme un objet de curiosité ; on peut même dire qu'il avait déjà vieilli aussitôt que J.-Fr. Cresci eut publié, en 1560, son *Perfetto scrittore*, dans lequel, aux formes carrées ou anguleuses qu'avait alors l'écriture cursive, il substitua la forme arrondie. Ce fut ce qui détermina l'auteur à refaire son ouvrage sous le secours de César Moreggio, et à le redonner tout à fait changé, sous le titre de :

Compendio del gran volume del ben scrivere tutte le sorti di lettere e caratteri... *Roma*, 1566, in-4. fig. 12 fr. Reina ; 45 fr. *mar. r.*, *non rogné*, Veinant ; un autre, rel. en *vél.*, 1 liv. 13 sh. Libri.

Cet abrégé a été réimpr. *in Venetia, M. Sessa*, en 1578 et en 1588, in-4.

Le *Perfetto scrittore* de Cresci, *Roma* (1570), 2 part. in-4. obl. avec fig. en partie sur cuivre, en partie sur bois, a été vendu 8 flor. 75 c. Meerman.

PALATIUS. Fasti ducales ab Anafesto I, ad Silvestrum Valerium Venetorum ducem, cum eorum iconibus insignibus, numismatibus publicis et privatis ære sculptis, inscriptionibus ex aula M. Con-

Palaprat (*J.*). Œuvres, 16487.

Palassou. Histoire naturelle des Pyrénées, 4492. — Minéralogie, 4720.

silii, ac sepulchralibus : adjectæ sunt adnotationes ad vitam cujusque principis, rerum quæ omissæ fuerant, studio Joan. Palatii. *Venetiis, Hier. Albrizzi,* 1696, in-4. [25459]

Volume orné de 110 portr. 19 fr. Libri. Il avæt été précédé d'un autre ouvrage du même genre, intitulé :

DUCALIS regiæ lararium , sive reipublicæ principum omnium icones et elogia Leonis Matinæ. *Venetiis et Patavii,* 1659, in-fol. contenant 103 portr.

PALAVICINI (*Bapt.* Marchio). Historia flendæ crucis et funeris domini nostri Jesu Christi, cum nonnullis aliis carminibus. *Parmæ,* 1477, in-4. de 18 ff. non chiffrés, à 24 lign. par page. [12745]

Édition rare, à la fin de laquelle se lit cette souscription :

Imprescere fratres opus hoc cartusie parme Quibus Augustinus genue tunc prefuit ortus. M. CCCC. LXXVII. DECEMBRIS.

(*Biblioth. spencer.,* VII, p. 97.)

Réimprimé : *Brixiæ per presbyterum Baptistam de Farfengo,* 1493, in-4. L'édition de Trévise, *xxi febr.* M. CCCC. XCIIII, in-4., avec les caractères de Gerard de Lisa contient les mêmes pièces que celles de 1477, et rien de plus ; mais Hain, n° 12279, cite une édit. du même poëme, sans lieu d'impression et sans date, qui, d'après le titre qu'il en donne, aurait une préface de André Misbeck Francus, et contiendrait en outre : *Recommendationis animæ in extremis elegia; Lact. Firm. de dominica Pass. Cæc. Cypr. de ligno crucis; Io. Pic. Mir. deprecatoria ad Deum elegia; Epistola Pitati Galli de nece Domini ad Claudium imperatorem missa; De statura et lineamentis I. C.; Quædam ex Iosepho de Iesu Christo.* 30 fr. bel exemplaire Riva ; 60 fr. Borluut.

PALAZZI. Aquila inter Lilia , sub qua Francorum Cæsarum a Carolo magno usque ad Conradum, imper. occidentis x elogiis, numismatibus, insignibus, etc.; facta exarantur; auctore Joan. Palatio. *Venetiis, Jac. Hertz,* 1671 , in-fol. [26404]

Premier vol. de la *Monarchia imperii orientalis* de J. Palazzi, ouvrage qui ne se recommande guère que par les ornements dont il est enrichi. L'*Aquila inter Lilia* se rapporte à l'histoire de France, et par conséquent a sa place marquée dans nos grandes bibliothèques. Les autres vol. de la collection, qui continuent l'histoire jusqu'à Léopold , sont intitulés :

AQUILA saxonica. *Venet.,* 1673. — AQUILA franca. *Ibid.,* 1679. — AQUILA bavarica. *Ibid.,* 1679. — AQUILA sueva et aquila vaga. *Ibid.,* 1679. — AQUILA austriaca, *Ibid.,* 1679, 2 part. Ces huit vol. se relient en quatre, et on y ajoute :

AQUILA romana, 1679, en italien. Cette collection est rarement complète, mais elle n'est pas chère.

PALEARIUS (*Aönius*). Opera ; recensuit et dissertationem de vita, fatis et meritis Palearii præmisit F.-And. Hallbauer. *Jenæ, Buch,* 1728, in-8. 5 à 6 fr. [13008]

Édition la plus complète des écrits de cet excellent latiniste du XVI⁰ siècle. Elle est par conséquent préférable à celle d'*Amsterd., Wetstenius,* 1696, in-8., donnée par Grævius et dont il y a des exemplaires en Gr. Pap. Le poëme de Palearius : *De animorum immortalitate libri tres,* publié pour

la prem. fois à Lyon, chez Séb. Gryphius, 1536, pet. in-8., a été souvent réimpr., soit séparément, soit avec d'autres ouvrages de l'auteur, soit enfin à la suite du poëme de Lucrèce.

PALERCÉE. Babylone, ou la ruine de la grande cite, & du regne tyrannique de la grande Paillarde Babylonienne, par L. Palercée... *Imprime nouuellement,* 1563, pet. in-8. de 30 pp., en lettres rondes. [13760]

Cette pièce, en vers de 12 syllabes, est différente de celle que nous avons indiquée sous le titre de *Complainte et chanson de la grande Paillarde Babyloniene.* On y trouve à la fin un sonnet sur la mort de Guyse, etc. L'exemplaire, vend. 18 fr. 05 c. chez La Valliere, renfermait une autre pièce intitulée :

DEUX CHANSONS spirituelles, l'une du siècle d'or avenu, tant désiré ; l'autre de l'assistance que Dieu a faite à son Eglise : avec quelques dizains et huitains chrestiens. Par les Protestants de l'euangile.... a la louange de monseigneur Loys de Bourbon, prince de Côde. *Lyon,* 1562, in-8. de 8 ff.

PALERNE foresien (*Jean*). Pérégrinations, où il est traicté de plusieurs singularités et antiquités, remarquées ès provinces d'Egypte, Arabie déserte et pierreuse, Terre-Sainte, Syrie, Natolie, Grèce et plusieurs isles, tant de la mer méditerranée qu'archipelague, auec la manière de viure des Mores et Turcs... plus est adiouté un petit dictionnaire en langage françois, italien, grec vulgaire, turc, moresque ou arabe, et esclauón, nécessaire à ceux qui désirent faire le voyage. *Lyon, Jean Pillehotte,* 1606, pet. in-12. [19940]

Cette relation est devenue rare. Vend. 16 fr. en 1830, et quelquefois plus cher. Il s'en trouve des exemplaires avec un nouveau titre daté de 1626. Vend. en *v. f. tr. d.* 66 fr. Erdeven, en 1859.

PALEY (*Will.*). Works, with additional sermons, etc., and a corrected account of the life and writings of the author by Edm. Paley. *London, Baldwin,* 1825, 7 vol. in-8. portr. [2011]

Une des meilleures édit. des œuvres de ce célèbre et habile défenseur de la religion chrétienne. Il y en a une de 1830, également en 7 vol. in-8., et une d'*Oxford,* 1838, complète, en 4 vol. in-8. 1 liv. 10 sh.; une de *Lond.,* 1846, en 5 vol. in-8. ; enfin, plusieurs en un seul volume in-8. — Les différents ouvrages qui composent ce recueil ont été très-souvent impr. ensemble ou séparément. Nous citerons particulièrement *Natural theology,* dont l'édition d'*Oxford, Vincent,* 1826, 3 vol. in-8., avec les trois de James Paxton et la *Botanical theology* par J. Shute Duncan, est ornée de 36 gravures qui se vendaient séparément.

—Théologie naturelle, 1800. — Vérité de l'histoire de saint Paul, 1801. — Principes de philosophie, 3760.

PALFYN (*Jean*). Description anatomique des parties de la femme qui servent à la génération, avec un traité des moustres, de leurs causes, etc. (trad. du latin de Fortun. Liceti). *Leyde*, 1708, pet. in-4. fig. 6 à 8 fr. [6822]

PALGRAVE (*Francis*). Rise and progress of the english commonwealth (anglo-saxon period), containing the anglo-saxon policy, and the institutions arising out of laws and usages which prevailed before the conquest. *London, Murray*, 1832, 2 part. in-4. 2 liv. [26881]

Il n'a paru de cet ouvrage que ces deux parties, lesquelles étant devenues rares, se payent maintenant 4 liv., après avoir été données jadis pour moins d'une livre. Le premier traité contient : *General relations of Mædiæval Europe, the Carlovingian Empire.* — *The Danish expeditions in Gauls, and the etablishment of Rollo ;* le second, *The three first dukes of Normandy ; the Carlovingiens supplanted by the Capets.*

On a encore de M. Fr. Palgrave :

HISTORY of the Anglo-Saxons. *London, Murray*, 1831, pet. in-12 de XXXIX et 391 pp., avec cartes et vignettes ; et aussi sous le titre de : New history of the Anglo-Saxons, *London, J.-W. Parker*, 1835, in-12.

HISTOIRE des Anglo-Saxons, trad. de l'anglais par Alex. Licquet. *Rouen, Frère*, 1836, in-8. 7 fr. 50 c.

THE HISTORY of Normandy and of England. *London, J.-W. Parker*, 1851-57, in-8., tom. I et II, 2 liv. 2 sh. [24301]

PALINGENIUS (*Marcellus*). Zodiacus vitæ, id est de hominis vita, studio ac moribus optime instituendis libri XII. *Roterodami*, 1722, pet. in-8. [12746]

Bonne édition : 4 à 5 fr. Il y a des exemplaires en Gr. Pap. qui sont peu communs : 12 à 15 fr. ; vend. 48 fr. m. bl. Méon ; 57 fr. *non rogné*, d'Ourches.

Il existe plusieurs autres éditions de ce poëme, mais elles n'ont que très-peu de valeur. La première, et peut-être aussi la plus rare de toutes, est, selon Prosper Marchand (tome 1, p. 195), de *Venise, Bernardino Vitale*, sans date (vers 1531), in-8.

On sait que les lettres initiales des 29 premiers vers du premier livre de ce poëme forment le nom de l'auteur : *Marcellus Palingenius Stellatus.* Cependant plusieurs bibliographes voient dans ces mots l'anagramme de Pier Angelo Manzoli, qui, selon eux, serait le véritable auteur du *Zodiacus ;* mais leur opinion n'est pas appuyée de preuves incontestables.

LE ZODIAQUE de la vie, trad. du poëme latin de M. Palingène, par de La Monnerie. *La Haye*, 1731, 2 tom. en 1 vol. in-12, ou *avec l'indication de Londres*, 1733.

Il a paru une imitation de ce poëme en vers français, sous le titre suivant : *Le Zodiaque poétique*, ou *la philosophie de la vie humaine, de M. de Rivière*, 1619, in-8.

— THE ZODIAKE of life written by the Godly and zelous poet Marcellus Palingenius Stellatus, wherein are conteyned twelue bookes disclosing the haynous crymes and wicked vices of our corrupt nature : and plainly declaring the pleasaunt and perfit pathway vnto eternal life, besides a number of digressions both pleasaunt and profitable, newly translated into englis verse by Barnabee Googe. *London, by Henry Denham*, for Rafe Newberye, 1565, in-16 goth., 12 ff. prélimin., et texte, signat. A—Y et aa—yy4, par huit.

Cette traduction paraît avoir eu du succès, car elle a été réimpr. à Londres, en 1576 et 1588, in-4., et ces trois éditions conservent encore une certaine

valeur en Angleterre, ainsi que le prouvent les prix rapportés par Lowndes (part. VII, p. 1766). B. Googe avait d'abord fait paraître les premiers livres de sa traduction, à Londres, en 1560, in-16 ; il en avait donné six dans l'édit. 1561, in-16 goth.

PALINODZ, Chantz royaulx, Ballades, Rôdeaulx, et epigrammes a lhonneur de limmaculee côception de la toute belle mere de dieu Marie (patrone des Normäs) presentez au puy a Rouë composez par scientifiques personnaiges desclairez par la table cy dedans contenue. imprime a Paris. *Ils se vêdent a Paris a lenseigne de lelephant (chez Fr. Regnault), a Rouen deuant Saint-Martin a la rue du grâd pont et a Caen a froide rue a lenseigne sainct Pierre* (vers 1525), pet. in-8. [13255]

Recueil curieux et fort rare, composé de 100 ff. chiffrés, y compris le titre, où se voit une image de la Vierge. Il est divisé en deux parties : la première, imprimée en caractères goth., contient des poésies françaises, commençant au fol. IIII et finissant au recto du f. lxxvj, dont le verso est blanc ; la seconde comprend des poésies lat. imprimées en lettres rondes, et se termine par le mot *finis* (suivi de cette ligne : *Imprimebat Petrus Vidoueus*) sur le recto du fol. c,(cent), lequel porte, au verso, une figure de la Vierge différente de celle du frontispice. Voici la liste des poëtes qui ont contribué à ce recueil, et dont les noms se trouvent dans la table qui occupe le 3e f. :

Andry de la Vigne, Guillaume Cretin, Jehan Marot, Nicolle Rauenier, Nicolle Lescarre, Pierre Apuril, Nicolle Osmont, Jacques le Lieur, Jehan Asyne, Guillaume Colûbe, Richard bonne annee, Nicolle Aubert, Pierre le Lieur, N. Turbot, Jacques du Parc, Innocent Tourmente, Pierre le Chevallier, Crygnon de Dieppe, Guygnart appoticaire, Picot, Guillaume Roger, Clement Marot, Jacques Fillaster, Busquet, Tasserie, F. Guillaume Alexis, Nicolle le Vestu, Nicolle du Puys, Guillaume Thibault, Vivian le Charpëtier, Nicole de Nerual, Arnoul Chaperon, Jehan Bertrand. Ce livre n'a été vendu que 12 fr. La Valliere, mais un exemplaire rel. en *mar. r.*, et dont beaucoup de feuillets avaient été habilement lavés et raccommodés, 300 fr. Nodier ; revendu 446 fr. Lechevalier, en 1857. Le nôtre, qui est beaucoup plus beau, nous a coûté davantage.

Dibdin a parlé de ce recueil dans le premier vol. de son *Bibliographical Tour*, p. 125, où il en a même fait imprimer deux pièces. — Voyez APPROBATION. — Pour un autre recueil de Palinodz, voy. BOCAGE (*A.*).

PALISOT de Beauvois (*Ambr.-Mar.-Franc.-Jos.*). Essai d'une nouvelle agrostographie, ou nouveaux genres des graminées. *Paris*, 1812, in-8. et in-4., avec 25 pl. [5426]

Un exempl. in-4. Gr. Pap. vél., 27 fr. Duriez.

—La Flore d'Oware et de Benin, en Afrique. *Paris*, 1804-7, 2 vol. in-fol., avec 120 pl. en couleur. [5255]

Publié en 20 livrais., dont la dernière, donnée en 1820, ne complète pas l'ouvrage. Les exempl. avec pl. color. ont coûté 480 fr. ; vend. 150 fr. Pappenheim ; 218 fr. de Jussieu.

— Insectes recueillis en Afrique et en Amérique, dans les royaumes d'Oware et de Benin, à Saint-Domingue, etc., pendant les années 1786-97. *Paris,* 1805, in-fol. fig. color. [6012]

Ce magnifique ouvrage devait former une trentaine de livraisons : il n'en a paru que 15, y compris celle qu'a publiée, en 1821, M. Audinet-Serville. Le tout ensemble renferme 75 pl. Vend. 130 fr. en 1839, et moins depuis.

PALISSOT (*Charles*). Ses OEuvres. *Paris, imprim. de Didot jeune,* 1788, 4 vol. gr. in-8. fig. 10 à 12 fr. — Pap. vél. 15 à 18 fr. [19161]

Édition préférée à celle de *Liége*, 1777, en 7 vol. in-8. Il y en a une dernière plus complète, *Paris, L. Collin,* 1809, 6 vol. in-8., dont on a tiré des exemplaires sur papier vélin.

— La Dunciade, 14158. — Mémoires, 30556.

PALISSY (*Bern.* de). Recepte véritable, par laquelle tous les hommes de France pourront apprendre à multiplier et augmenter leurs thrésors : Item ceux qui n'ont iamais eu cognoissance des lettres, pourront apprendre vne philosophie nécessaire à tous les habitants de la terre : Item en ce liure est contenu le dessin d'vn iardin autant delectable et d'vtile inuention, qu'il en fut onques veu. Item le dessein et ordonnance d'une ville de forteresse, la plus imprenable qu'homme ouyt iamais parler ; composé par maistre Bernard Palissy, ouurier de terre, et inuenteur des rustiques figulines du Roy, et de monseigneur le duc de Montmorancy, pair et connestable de France, demeurant en la ville de Xaintes. *A la Rochelle, de l'imprimerie de Barthelemy Berton,* 1563 (aussi 1564), pet. in-4.

Le titre porte a marque ci-dessous :

Édition originale, rare et recherchée, ainsi que l'ouvrage suivant du même auteur :

Discours admirables de la nature des eaux et fontaines, tant naturelles qu'artificielles, des métaux, des sels et salines, des pierres, des terres, du feu et des émaux, avec plusieurs autres excellents secrets des choses naturelles : plus un traité de la marne, fort utile et nécessaire à ceux qui se mellent de l'agriculture ; le tout dressé par dialogues, ès quels sont introduits la théorie et la pratique. *Paris, Martin le jeune, a l'enseigne du Serpent,* 1580, pet. in-8. [4654]

Ces deux ouvrages ont été réimprimés ensemble sous ce titre : *Le Moyen de devenir riche.....* Paris, Robert Fouet, 1636, 2 tom. en 1 vol. in-8., mais avec des altérations et des mutilations sensibles dans le texte. L'*Epître dédicatoire au peuple françois* placée au commencement du premier volume n'est pas de Palissy. Un exemplaire en *m. r.,* par Derome, 155 fr. Solar ; un autre, 103 fr. vente Rigny, en 1861, et 30 fr. vente Tross, en 1861, quoique jadis ce livre se soit souvent donné pour moins de 12 fr.

— Ses œuvres, avec des notes de Faujas de Saint-Fond et Gobet. *Paris,* 1777, in-4. 15 à 18 fr. [6303]

Outre les deux ouvrages précédents, cette bonne édition contient encore un petit traité intitulé : *Déclaration des abus et ignorance des médecins...,* publié pour la première fois à La Rochelle, en 1557, pet. in-8., sous le masque de Pierre Braillier, et la rubrique de Lyon ; il est pourtant douteux que ce dernier traité soit véritablement de Palissy (voyez notre article Benancio).

L'épître dédicatoire à Franklin a été supprimée et ne se trouve que dans peu d'exemplaires, où elle est accompagnée du portrait de ce célèbre Américain, dessiné par Cochin et gravé par Saint-Aubin.

L'édition des *OEuvres complètes de Bernard Palissy,* conforme aux textes originaux imprimés du vivant de l'auteur, avec des notes et une notice historique par Paul-Ant. Cap, *Paris, Dubochet et Cte,* 1844, gr. in-18, est exacte, et reproduit aussi la *Déclaration des abus.*

PALLADINO (*Jacq.*). Voy. Theramo.

PALLADIO (*Andrea*). I quattro libri dell' l'architettura. *Venet., Domenico de' Franceschi,* 1570, in-fol. fig. sur bois. [9745]

Édition originale. Chaque livre a une pagination particulière et un titre séparé ; le premier livre est de 67 pp. ; le deuxième de 78 pp., avec un f. blanc ; le troisième de 46 pp., avec un f., et le quatrième de 128 pp., avec 3 ff. non chiffrés. Vend. 52 fr. Hurtault ; 25 fr. Reina. Il a été fait une réimpression moderne, sous la date de 1575, mais qu'il est facile de reconnaître, parce qu'elle n'a nullement l'aspect d'une édition du xvie siècle.

Avant de réunir ainsi en un seul vol. les quatre livres de son ouvrage, Palladio en avait formé deux traités, avec des titres séparés. Le premier : *I due primi libri dell' Antichità, al serenissimo Duca di Savoja, con privileg,* 1570, presso Domenico de' Franceschi, in-fol., fig. ; et l'autre : *I due libri dell' architettura,* 1570, in-fol., et chez le même libraire. A en juger d'après le titre du premier ouvrage, et par les dessins inédits de Palladio qui se sont trouvés depuis, il paraît que l'auteur avait eu d'abord l'intention de donner une suite à ses antiquités, et de faire ainsi un grand ouvrage sur cette matière, lequel aurait été indépendant de son architecture : il a, depuis, changé de plan, ainsi que le prouve l'édition de l'architecture en quatre livres. Les exemplaires des deux premiers livres des antiquités sont très-rares, et ceux des deux livres de l'architecture le sont encore plus. On peut consul-

Palladio degli Olivi (*G.-F.*). Hist. del Friuli, 25478.

ter à ce sujet le catàlogue de Cicognara, n°ˢ 592 et 593.

Les éditions de cette architecture, *Venise, Carampelo,* 1581 (23 fr. Reina) et 1616, in-fol., sont des réimpressions de la première, avec les mêmes planches, mais moins bien imprimées.

—Architecture, in english, ital. and french, with notes and observat. by Inigo Jones, revised, designed and published by J. Leoni. *London,* 1715, 5 tom. en 2 vol. in-fol. fig. 20 à 24 fr.

— Architecture de Palladio, avec des notes de Inigo Jones, le tout revu, dessiné et mis au jour par J. Leoni, trad. de l'ital. (par Nic. du Bois). *La Haye,* 1726, 2 vol. gr. in-fol. fig.

Édition bien exécutée, mais qui a été effacée par celle de *Vicence,* qui en a fait tomber le prix : 36 à 48 fr. ; vend. cependant 94 fr. Hurtault.

Il y a des exemplaires en très Gr. Pap.

L'ancienne traduction française de Palladio, *Paris,* 1650, in-fol. fig., se vend de 10 à 15 fr.

— Architecture, en ital. et en franç., avec des remarques. *Venise, Pasinelli,* 1740-48, 5 tom. en 8 vol. in-fol. fig. 50 à 60 fr.

Vend. 135 fr. *m. r.* salle Silvestre, en 1798.

ARCHITECTURE de Palladio, où il est traité des cinq ordres, de la manière de bien bâtir, etc. (rédigée par Jombert). *Paris,* 1764, gr. in-8. fig. 7 fr. Second vol. de la Biblioth. portative d'architecture.

— Les Bâtimens et les dessins d'André Palladio, recueillis et illustrés par Octave Bertotti Scamozzi, en italien et en françois. *Vicence,* 1776-83, 4 vol. gr. in-fol. fig. [9864]

Cette édition est la plus belle et la meilleure que l'on ait de cet excellent ouvrage ; il faut y joindre le volume des *Thermes des Romains,* indiqué ci-après : 90 à 120 fr. les 4 vol. ; vend., avec le 5ᵉ vol., 180 fr. Hubert ; 130 fr. *br.* d'Ourches.

La réimpression faite à *Vicence,* en 1786, 4 vol. gr. in-fol., est moins estimée, parce que les épreuves des gravures y sont faibles : 60 à 72 fr. les 4 vol.
— Il y a des exempl. de cette dernière avec le texte français.

La petite édition de *Vicence,* 1797, 5 vol. in-4. fig., y compris les *Thermes des Romains,* se vend de 24 à 36 fr. Il y en a une autre de Gènes, 1842-48, en 5 vol. pet. in-fol. avec 200 pl.

— TRATTATO di architettura, diviso in quattro libri, con 250 tavole in rame. *Livorno,* 1828, in-fol. Publié par cahiers.

— OEuvres complètes d'André Palladio ; nouvelle édition, contenant les quatre livres, avec les planch. du grand ouvrage d'Octave Scamozzi et le traité des termes ; le tout rectifié et complété d'après des notes et des documens fournis par les premiers architectes de l'École française. Par Chapuy, Al. Corréard et Alb. Lenoir. *Paris, Mathias,* 1825-42, pet. in-fol.

Publié en 42 livrais., au prix de 6 fr. chacune ; ensuite l'ouvrage complet a été annoncé à 60 fr.

— Los IV libros de arquitectura de A. Palladio, traducidos y ilustrados por J. Ortiz y Sanz. *Madrid,* 1797, gr. in-fol., avec 96 pl., tome Iᵉʳ.

TOME IV.

Il n'a paru que ce vol., lequel renferme seulement les deux premiers livres de Palladio.

— Fabriche antiche disegnate da Andrea Palladio, e date in luce da Riccardo conte de Burlington. *Londra,* 1730, in-fol. fig. [29401]

Édition rare, parce qu'elle n'a été tirée qu'à un petit nombre d'exemplaires ; toutefois elle a beaucoup perdu de son importance depuis l'édition dont le titre suit. Elle contient un frontispice gravé, ayant en regard un avis pareillement gravé, et suivi de 24 pl., dont 17 sur feuilles entières et 7 sur demi-feuilles.

— LES THERMES des Romains, dessinés par A. Palladio, et publiés de nouveau avec quelques observations, par Octave Bertotti Scamozzi, d'après l'exemplaire du lord Burlington. *Vicence,* 1785, gr. in-fol. fig.

Ce volume se joint aux deux éditions du Palladio de Scamozzi, dont nous avons parlé ci-dessus : 30 à 36 fr. — Voyez CAMERON.

— LES ANTIQUITEZ et merveilles de la ville de Rome, remarquées et recueillies de divers autheurs antiques et modernes par André Paladio, où est aussi traicté de ses églises, chapelles et monastères, avec déclaration des reliques et corps saincts qui y sont ; plus l'ordre et suite des papes depuis S. Pierre jusqu'à N. S. P. Paul V ; le tout traduit d'italien en françois, par Pompée de Launay. *Arras, Rob. Maudhuy,* 1612, 2 part. en 1 vol. in-8.

— LES BATIMENS inédits d'André Palladio, avec les remarques de l'architecte N. N. et avec la traduct. ital. *Venise,* 1760, 2 part. en 1 vol. gr. in-fol., avec 33 et 28 pl. 20 à 24 fr.

PALLADIUS. De febribus synopsis, gr. et lat., cum notis Jo. - Steph. Bernard ; acced. glossæ chemicæ, et excerpta ex poetis chemicis. *Lugduni-Batavorum,* 1745, in-8. 3 à 5 fr. [6581]

PALLADIUS de gentibus Indiæ et Bragmanibus, gr. et lat. ; S. Ambrosius de moribus Brachmanorum ; Anonymus de Bragmanibus, gr. et lat. Quorum priorem et postremum nunc primum in lucem protulit Edoardus Bissæus. *Londini, Roycroft,* 1665 (seu *titulo renovato* 1668), in-4. 6 à 9 fr. [28088]

Un exemplaire, sous la date de 1668, et tiré de format in-fol., vendu 18 fr. Mac-Carthy.

PALLADIUS. Palladii episcopi Helenopolitani dialogus de vita S. Joannis Chrysostomi : accedunt homilia S. Joannis Chrysostomi in laudem Diodori, Tarsensis episcopi ; acta Tarachi, Probi et Andronici ; passio Bonifatii Romani ; Evagrius de octo cogitationibus ; Nilus de octo vitiis : omnia nunc primum græco-latina edita, cura et studio Emerici Bigotii. *Lutetiæ-Parisior., Ed. Martinus,* 1680, in-4. [936]

En publiant ce recueil, Émeric Bigot voulait y faire entrer une ancienne version latine de l'*Epistola ad Cæsarium Monachum* attribuée à S. Jean Chry-

---

11

sostôme, mais le censeur le contraignit de supprimer cette pièce qu'il ne jugeait pas authentique.
Cependant il existe quelques exemplaires de ce volume où elle est conservée; il en existe aussi qui
ont un nouveau titre à l'adresse de Rollin et à la
date de 1738.

L'*Epistola ad Cæsarium* a ensuite été publiée à Londres, 1686, in-4.;— par Jacq. Basnage, *Rotterdam*,
1687, pet. in-8.;— *Paris, Muguet*, 1689, in-4., avec
des notes du P. Hardouin, lequel a donné de plus
la *Défense de la lettre de S. Chrysostôme à Ce-
saire*, Paris, 1690, in-4.

— PALLADII divi Evagrii discipuli Lausiaca quæ dicitur Historia et Theodoreti episcopi Cyri religiosa
historia Gentiano Herveto interprete. *Parisiis,
apud Bern. Turrisanum in Aldina Bibliotheca*,
1555, pet. in-4.

Ce volume s'annexe à la collection aldine, et c'est ce
qui lui donne quelque prix; en *mar. viol.*, par C.
Smith, 2 liv. 2 sh. Libri, et quelquefois beaucoup
moins.

**PALLADIUS. Domici Palladii Sorani Epi-
grammatum libelli. Libellus Elegiarum.
Genethliacon urbis Romæ.** *Venetiis per
Jo.-Baptistam de Sessa mediolanensem .MCCCC. XCVIII. die .XVI. mensis
Maii*, in-4. de 40 ff. non chiffrés, sign.
a—i, caractères ronds. [12747]

Le frontispice porte le chiffre de l'imprimeur, les lettres B. A. S. dans un cercle surmonté d'une double
croix, sur un fond noir; au verso se lit une lettre
sans date de Palladius à M. Antoine Sabellicus. La
souscription de l'imprimeur est au feuillet I, après
quoi il y a trois autres feuillets contenant plusieurs
pièces à la louange du poëte, deux pages d'errata,
et enfin au verso du dernier feuillet, coté Iiij, on
voit la marque de Sessa, c'est-à-dire un chat em-
portant une souris. — Ces poésies, qui ont quelque
mérite, ont été réimpr. à Paris, par Thielman Kerver, pour Jean Petit, sans date, mais vers 1500, pet.
in-4. (Catal. Courtois, n° 1332.)

Le catalogue de la Bibliothèque impériale, Y, n° 976,
annonce *Libellus elegiarum Domici Palladii
Sorani*, in-4., sans indication de lieu ni de date;
mais ce n'est qu'un fragment de l'édition de Venise, ci-dessus, consistant en 6 ff. sign. g.

— DOMICI PALLADII Sorani Epigrammaton libelli;
Libellus elegiarum. Genethliacon urbis Romæ. In
locutelium. In te convertas oculos : qui despicis
omnes. *Venales inveniuntur in vico Sancti Jacobi, in insigno leonis argentei* (absque nota),
in-4. Sur le titre, la marque de Jehan Petit, et à
la fin celle de Thielman Kerver.

PALLADIUS (*Blossius*). Coryciana; sive
varior. carmina in laudem Jani Corycii
collecta a Palladio, cum protreptico Ma-
riangeli Accursii. *Romæ, apud Lud.
Vicentinum et Lautitium Perusinum*,
1524, in-4. [12625]

Les exempl. de ces poésies sont peu communs : 10 à
15 fr.

Dans l'exempl. des *Coryciana* qui se trouvait à la vente
Soubise, faite à Paris, en 1789, et qui avait appartenu à Jean Grolier, trésorier de France sous François Ier, le titre, les cinq premières lignes de la dédicace, ainsi que les cinq premières lignes du *Pro-
trepticus* de Mariangelus Accursius *ad Coryclum*,
étaient impr. en or. Notez que ce précieux volume,
porté sous le n° 4878 du catal. Soubise, n'a été
vendu que 15 fr. 10 c. avec d'autres poésies latines
qui, seules, valaient davantage. La bibliothèque de
Saint-Germain-des-Prés en possédait un semblable.

PALLADIUS-Rutilius-Taurus-Æmilianus.

Les treize livres des choses rustiques,
trad. de latin en françois par Jean Dar-
ces. *Paris, Mich. Vascosan*, 1553, in-8.
3 à 5 fr. [6297]

Il y a des exempl. de cette même édition, datés de
1554.

— L'ÉCONOMIE rurale de Palladius Rutilius Taurus
Æmilianus, traduction nouvelle, par Cabaret-Dupaty. *Paris, Panckoucke*, 1844, in-8.

— **Trattato di agricoltura.** *Verona, Ra-
manzini*, 1810, in-4.

Cette traduction estimée, et que cite le Vocabulaire
de La Crusca, d'après des manuscrits, a été publiée
par les soins de Paul Zanotti. Il y a des exempl. en
Gr. Pap. vél.

— Voy. SCRIPTORES rei rusticæ.

PALLAS (*P.-S.*). Flora rossica. *Petropoli,
e typ. imper.*, 1784-88, 2 part. en
1 vol. gr. in-fol. de VIII et 194 pp. avec
101 fig. color. [5206]

Premier et seul volume d'un ouvrage qui devait contenir 500 ou 600 pl. Il est d'une exécution magnifique. Vend. 149 fr. *m. r.* L'Héritier ; 100 fr. d'Ourches, et 45 fr. de Jussieu. Il n'a été gravé que
quelques pl. de la 3e partie.

Le texte de ce vol. a été imprimé en 2 part. in-8.,
Francfort, 1789.

— **Illustrationes plantarum imperfecte vel
nondum cognitarum, cum centuria iconum.** *Lipsiæ*, 1803-6, in-fol. [5030]

Il n'a paru de cet ouvrage que quatre fascicules, lesquels forment ensemble 59 pl. color., et ont coûté
de 120 à 140 fr.

— **Species astragalorum descriptæ, et iconibus color. illustratæ, a P.-S. Pallas.**
Lipsiæ, 1800, in-fol. fig. [5496]

Il paraissait en 1804 treize fascicules de ce bel ouvrage, avec 99 pl. qui ne sont numérotées que jusqu'à 91. 200 fr.

— **Spicilegia zoologica, quibus novæ animalium species iconibus, descript. atque
commentariis illustrantur: fasciculi XIV.**
Berolini, 1767-80, 2 vol. in-4., cum
58 tab. [5601]

Vend. 34 fr. Patu de Mello; 20 fr. Reina. Il y a des
exemplaires avec pl. color.

On trouve quelquefois les 10 premiers fascicules sous
un titre collectif, daté de 1774, et avec l'indication
de tome I.

Les *Spicilegia* sont une nouvelle édition fort augmentée (mais aussi avec des suppressions) des *Miscellanea zoologica* du même auteur, *Hagæ-Comitum*, 1766 seu 1778, in-4. (avec 14 fig.), dont les
deux dates se rapportent à une seule édition. Il y
en a une de *Berlin*, 1778, avec le texte en allemand.

— NOVÆ SPECIES quadrupedum e glirium ordine,
cum illustrationibus variis complurium ex hoc ordine animalium. *Erlangæ*, 1778, in-4., avec 27 pl.
20 à 25 fr. [5692]

Les exempl. datés de 1784, et dont le titre porte *editio secunda*, sont semblables aux autres; seulement les fig. en sont ordinairement coloriées.

— **Zoographia rosso-asiatica.** *Petropoli*,
1811-31, 3 vol. in-4. 40 fr. [5629]

Ouvrage posthume peu répandu en France ; c'est
probablement le même que M. Eyriès cite dans la

Biogr. univers., sous le titre de *Fauna asiatico-rossica*, 1811. Le 1er vol. a xxii et 572 pp. Le 2e, vii et 374. Le 3e, vii, et 428 pp., plus cxxv pp. pour l'*Index nominum*.

— Icones ad zoographiam rosso-asiaticam, fasciculi I—VI. (*Petropoli*, absque anno), in-4., 37 pl. gravées. 48 fr.

— Icones insectorum, præsertim Rossiæ Sibiriæque peculiarium, quæ collegit et descriptionibus illustravit P.-S. Pallas. *Erlangæ*, 1781, in-4., fig. color. [6005]

Vend. 30 fr. Blondel, et moins depuis.

La suite de cet ouvrage était sous presse en 1806. Nous n'en avons vu que 96 pp. et 6 planches.

— Elenchus zoophytorum. *Hagæ-Comitum*, 1766, in-8. 3 à 5 fr. [6179]

Cet ouvrage a été traduit en allemand par Ch.-F. Wilkens, avec des additions et des notes par Hermstædt, *Nuremb.*, 1784, 2 part. in-8. fig.

— Linguarum totius orbis vocabularia. Voy. Linguarum... vocabularia.

— Voyages dans plusieurs provinces de l'empire de Russie et dans l'Asie septentrionale, traduits de l'allemand, par Gauthier de la Peyronie. *Paris*, 1788-93, 5 vol. in-4. et atlas in-fol. 24 à 30 fr. [20393]

Vend. en pap. vél, *m. r. tab.* 122 fr. Renouard, en 1805, et beaucoup moins cher depuis. Il faut voir si la grande carte de Russie, en 2 feuilles, se trouve dans l'atlas. — L'édit. revue en enrichie de notes, par MM. Lamarck et Langlès, *Paris*, an ii (1794), 8 vol. in-8. et atlas in-fol. pap. ordinaire et pap. vél., a le même prix que l'in-4.

L'édition originale, en allemand, *Saint-Pétersbourg*, 1771-76, 3 vol. in-4., avec 54 pl. et 3 cartes, a coûté 40 fr. Il y a des exempl. avec planches coloriées.

Il est bon de joindre aux deux éditions de la traduction franç. du premier voyage de Pallas, l'ouvrage du même auteur, intitulé :

Tableau physique et topographique de la Tauride, tiré du *Journal* d'un voyage fait en 1794. *Saint-Pétersbourg*, 1795, in-4. 59 pp. [20394]

Dans la réimpression faite à *Paris, chez Gide, an vi* (1798), ce tableau est suivi d'*Observations sur la formation des montagnes et les changements arrivés à notre globe*, par Pallas, trad. de l'allemand, et déjà impr. à Paris, en 1779 en 1782, in-12. Selon Barbier, le Tableau aurait été rédigé par MM. E. Montréal et H. de Chateaugiron, d'après les mémoires de M. Charette de Colinière.

— Voyages entrepris dans les gouvernements méridionaux de l'empire de Russie, dans les années 1793 et 94, traduits de l'allemand par MM. Delaboulaye et Tonnelier. *Paris*, 1805, 2 vol. in-4. et atlas in-fol. de 55 pl. 24 à 30 fr., et plus en pap. vél. [20395]

Les mêmes, *Paris*, 1811, 4 vol. in-8. et atlas in-4., 16 à 20 fr., et plus en pap. vél.

Une autre traduction de cette relation, en 2 vol. in-4. et atlas in-fol., avait déjà paru à *Leipzig*, de 1799 à 1801. Il y en a des exemplaires en pap. vél., avec fig. coloriées.

Le texte allemand, *Bemerkungen auf einer Reise...* a été impr. à Leipzig, 1799-1801, 2 vol. in-4., fig. color. Il se vendait 44 thl. — Pap. vél., 59 thl.

— Sammlungen historischer Nachrichten über die Mongolischen Völkerschaften. *Saint-Pétersbourg*, 1776-1801, 2 part. in-4., avec fig. [28250]

Le prix de cet ouvrage est réduit à 4 thl.; vend. 34 fr. Langlès; 35 fr. Rémusat.

— Neue Nordische Beiträge......, *c'est-à-dire*, Nouveaux documents pour servir à la géographie physique, à l'ethnographie, à l'histoire naturelle et à l'économie domestique des pays et des peuples du Nord (en allemand). *Saint-Pétersbourg*, 1781-83 et 1793-96, 7 vol. pet. in-8. fig. [27732]

Nous plaçons sous le nom de Pallas cet important recueil qui contient un certain nombre de morceaux curieux de ce savant naturaliste. Eyriès en a donné les titres dans la *Biographie universelle*, première édition, XXXII, pp. 445 et suiv. — Vend. 42 fr. Langlès; 15 fr. Klaproth.

— Formation des montagnes, 4571.

PALLAS armata. The gentlemans armorie: wherein the right and genuine use of the rapier and of the sword as well against the right handed as against the left handed man is displayed; and now set forth and first published for the common good by the author (G. A.). *London, by J. D. for John Williams*, 1639, in-12, de 15 ff. prélim. et 96 pp. de texte, fig. sur bois. [10299]

Petit volume rare. 1 liv. 6 sh. 6 d. Heber; 1 liv. 5 sh. Bindley.

PALLAVICINI (*Stefano-Bened.*). Opere. *Venezia*, 1744, 4 vol. in-8. 10 à 12 fr. [19222]

Vend. 22 fr. *m. r.* Renouard, en 1805.

PALLAVICINO (*Bened.*). Canto di Benedetto Pallavicino. Il quinto libro de madrigale a cinque voci. *Venetia, appresso G. Vincenti*, 1597, 5 part. en 1 vol. in-4. [10194 ou 14996]

Ce cinquième livre, qui en fait supposer quatre autres plus anciens, a été vend. 40 fr. Riva.

PALLAVICINO (Card. *Sforza*). Istoria del concilio di Trento. *Roma, Angelo Bernabò*, 1656-57, 2 vol. in-fol. 15 à 18 fr. [21696]

Édition originale et la plus belle de cet ouvrage estimé, où est réfuté celui de Paolo Sarpi sur le même sujet. On prétend que l'auteur a fait réimprimer un certain nombre de feuilles de la fin du second volume de cette première édition pour en faire disparaître des passages qu'il avait cru devoir changer. Les exemplaires conservés dans le premier état sont extrêmement rares.

La seconde édition, *ritoccata dall'autore*, Roma, per Biago Diversin, e Felice Cesaretti, 1664, 3 vol. in-4., est un peu plus chère que la première. C'est d'après un exemplaire corrigé de la main de l'auteur, qu'a été faite, à *Faenza*, de 1792 à 1797, l'édition en 6 vol. gr. in-4., augmentée de notes du P. Fr.-Ant. Zaccaria, et de la vie de l'auteur, écrite par le P. Irénée Affò. On cite aussi une édition de Milan, 1745, 3 vol. in-4., et une autre de Rome, 1833, en 4 vol. in-4.

L'ouvrage a été traduit en latin sous le titre de :

Vera concilii tridentini historia, ex ital. latine reddita a Jo.-Bat. Giattino. *Antuerpiæ*,1670, 3 vol. in-4. 15 à 18 fr.

Traduction recherchée, et qui a été réimprimée à Augsbourg, en 1717 et en 1775, 3 tom. en 1 vol. in-fol.

L'Histoire du concile de Trente, par le P. Sforza Pallavicini, a été trad. pour la première fois en français sur l'original italien, publié de nouveau à

Rome par la Propagande en 1833, et impr. à *Montrouge, chez l'abbé Migne*, 1844, 3 vol. gr. in-8. 18 fr.

Il existe une édition de l'*Istoria del concilio di Trento* de Pallavicino, *separata dalla parte contenziosa, e ridotta in più breve forma*, Roma, Gius. Corvo, 1666, in-fol., aussi chère en Italie que l'édition complète de 1664. Bien qu'elle ait été donnée sous le nom de J.-P. Catalani, on est persuadé que Pallavicino lui-même en a rédigé le texte. Ce même abrégé a été réimprimé à Milan, chez Silvestri, 1831, en 6 vol. in-16.

— DELLA VITA di Alessandro VII, libri cinque, opera inedita. *Prato, Giachetti*, 1839, 2 vol. in-8. 12 fr. [21659]

Pour les autres ouvrages du cardinal Pallavicino, consultez la *Serie* de Gamba, 4ᵉ édit., nᵒˢ 2035-39.

PALLAVICINO (*Ferrante*). Opere scelte. *Villa-Franca (Genève)*, 1660 ; *Villa-Franca (Hollande)*, 1666, ovvero 1673, 2 vol. pet. in-12. [19215]

Les exempl. de ce recueil, où se trouve *La Retorica delle putane*, pièce de 124 pp., valent de 12 à 18 fr.; mais ce qu'il y a de singulier, c'est qu'on a quelquefois vendu séparément cette dernière pièce (édition de 1671) 30 fr. et plus ; le *Divortio celeste*, de 1666, jusqu'à 15 ou 18 fr. Dans notre Catalogue des Elsevier, nous donnons la description du recueil de Pallavicino.

On a du même auteur un autre recueil, contenant les œuvres permises, *Venise*, 1655, 4 vol. pet. in-12.

— L'Anima, divisa in sei vigilie. *Colonia, L. Feiraldo*, 1675, pet. in-12. [18429]

Seule édition complète de cet ouvrage mordant. La collection ci-dessus n'en renferme que les deux premières parties. L'exemplaire décrit par Ebert à 116, 82, 159, 160, 171 et 117 pp.

— Voy. DIVORCE celeste. — RETTORICA delle putane.

— Voy. PALAVICINI.

PALLEGOIX (*Bapt.*). Grammatica linguæ Thaï. *Bangkok*, 1850, in-4. [11837]

Imprimé à Siam.

— Dictionarium linguæ Thaï, sive Siamiensis, interpretationibus latina, gallica et anglica illustratum ; auctore D. J.-B. Pallegoix. *Parisiis, typogr. imper. (Franck)*, 1854, gr. in-4. 80 fr. [11837]

— DESCRIPTION du royaume de Taï, ou Siam... Annales de Taï et précis histor. de la mission, par Mgr Pallegoix, évêque de Mallus.... *Paris, au profit de la mission de Siam*, 1854, 2 vol. gr. in-18, avec cartes et grav. 10 fr. [21575]

PALLIOT (*C.*). Les ceremonies observées à la solemnisation de la paix, en l'église nostre Dame de Paris, le 21 juin 1598 : plus quelques sonets d'esiouissance sur le retour de la mesme paix en France par C. Palliot, parisien. *Paris, imprimerie de D. Benet*, 1598, pet. in-8. [23631]

Autre édition sous le titre de : *Ample et vraye description des ceremonies observées...* Lyon, Iaq. Rousseau, 1598, pet. in-8. de 24 pp.

Un exemplaire de cette réimpression, avec *Les pompes et ceremonies faites à l'acte solemnel auquel le Roy jura publiquement la paix en la presence des deputez d'Espagne*, Lyon, Guichard Iullieron, 1598, in-8. de 14 pp. (les 2 pièces, en 1 vol. rel. en *mar. bl.*), a été vendu 40 fr. Veinant.

PALLIOT (*Pierre*). Le Parlement de Bourgogne, son origine, son établissement, ses progrès, avec les noms, surnoms, qualités, armes et blasons des présidents, chevaliers, advocats, etc., qui y ont été jusqu'à présent. *Dijon, Palliot*, 1649, in-fol. blasons. [24531]

40 fr. 50 c. Sebastiani ; 44 fr. de Martainville, et quelquefois moins.

L'édition de Dijon, *A. de Foy*, sous la date de 1735, 2 vol. in-fol., est augmentée d'une continuation, depuis l'année 1649 jusqu'à 1733, par F. Petitot (impr. séparément en 1735).

Il faut y joindre l'*Histoire du Parlement de Bourgogne, complétant les ouvrages de Palliot et de Petitot, et renfermant l'état du Parlement depuis son établissement...* par A. S. (Sauvage des Marches), *Chalon-sur-Saône, Dejussieu*, 1851, pet. in-fol., avec armes et blasons gravés par M. Dardelet, tiré à 250 exemplaires.

— Maison d'Arnauzé, 28866. — Comtes de Chamilly, 28867. — Science des armoiries, voy. GELIOT.

PALMA virtutum. Questa e una opereta la quale si chiama : Palma virtutum, zioe triumpho de virtude... — *Deo gratias, amen. opus Nic. Jenson gallici*, M. CCCC. LXXI, in-4. de 31 ff. [1739]

Ce volume, très-rare, peut faire suite au *Decor puellarum* et aux autres opuscules du même genre, impr. pareillement par Jenson. Il a été réimprimé à Venise, *per Thomam de Aexandria* (sic) *Anno* MCCCCLXXXI *die* VIII *Calen. Aug.*, in-4.

PALMARIUS (*Julianus*). De vino et pomaceo libri duo. *Parisiis*, 1588, in-8. 3 à 5 fr. [7057]

— Traité du vin et du sidre (*sic*), par Julien de Paulmier. *Caen, P. Le Chandelier*, 1589, in-8. de 4 ff. prélim. et 87 pp. 15 à 18 fr.

Rare et recherché : vendu 24 fr. Pluquet ; 29 fr. Crozet ; 27 fr. Coste.

Cette traduction est de Jacq. de Chaygnes, qui y fit d'importantes additions. M. Frère en cite une édition de *Caen, Adam Cavelier*, 1607, pet. in-8.

— Traité de la nature et curation des playes de pistolle, harquebouse, et autres bastons a feu ; ensemble les remedes des conbustions et bruslures externes et superficielles ; par Julien Le Paulmier, doct. medec. *Caen, P. Phillippe*, 1569, pet. in-4. [vers 7577]

Opuscule fort rare, dont on cite une édit. de *Paris, Nyverd*, in-8., sous la même date.

— JUL. PALMARII de morbis contagiosis libri VII. *Parisiis, Duval*, 1578, in-4. [7192]

Cet ouvrage, dans lequel l'auteur traite de la maladie vénérienne, de l'éléphantiasis, de l'hydrophobie

---

Pallet (*Fél.*). Histoire du Berry, 24485.

Pallu (*Mart.*). Sermons, 1459.
Palma (*N.*). Storia, 25784.

et de la peste, a eu du succès et est encore assez recherché. On l'a réimpr. à *Francfort*, en 1601, in-8., et aussi à *La Haye*, en 1664, in-8. — La traduction française des livres VI et VII a paru sous ce titre :

BRIEF discours de la préservation et curation de la peste, par Julien Le Paulmier, trad. par Jacq. Chaignes, *Caen, Pierre Le Chandelier*, 1589, pet. in-8. de 29 pp.

PALMENDOS. The honorable, pleasant and rare conceited historie of Palmendos, sonne to... prince Palmerin d'Oliva : translated out of french by A.(nt.) M.(unday). *London, by J. C (harlewood) for Sim. Watersonne*, 1589, pet. in-4. goth. de 99 ff. [17718]

Tiré du roman intitulé Primaleon de Grèce (voyez PRIMALEON). On a mis dans cette traduction *Palmendos* au lieu de *Palendos.* Voyez, sur ce livre, *Brydges's British bibliographer*, I, pp. 225-235. Il y a une autre édition, Lond., 1663, in-4.

PALMER (*Sam.*). History of printing from the first invention. *London*, 1732, in-4. 5 à 6 fr. [31175]

Cet ouvrage, sans autorité, a été publié après la mort de Palmer, par les soins de Georg. Psalmanazaar.

PALMERII (*Jac.*) Græciæ antiquæ descriptio. *Lugd.-Batav.*, 1678, in-4. 5 à 6 fr. [22819]

L'auteur nommé ici Palmerius était fils de Julien Le Paulmier ci-dessus, qui avait latinisé son nom en *Palmarius* : nous plaçons ses *Exercitationes* sous le n° 18213 de notre table méthodique.

PALMERIN de Oliva. *Salamanca*, 22 *Decembre* 1511, in-fol. goth. à 2 col. [17529]

Cette édition est peu connue ; mais, selon M. de Gayangos, il s'en conserve un exemplaire à la Bibliothèque impér. de Vienne.

— Palmerin de Oliva, y sus grandes hechos. *Sevilla, por Juan Varela*, 1525, in-fol. goth.

Édition très-rare : 7 liv. mar. v. Heber.

— Palmerin de Oliva. Aqui comiença el libro del famoso cauallero Palmerin de Oliua que por el mundo grandes fechos en armas fizo : sin saber cuyo hijo fuesse : mas la su gran bondad le fizo alcançar grande honrra e venir en grande alteza despues de auer passado grandes trabajos e afanes. — *Imprimido en Uenetia por Gregorio de Gregoriis. a. xxiij del mes de Nouiembre.* M. D. XXVI, in-fol. de cxxvij ff. à 2 col., caract. goth.

Édition belle et rare faite sur la précédente. Le feuillet du frontispice manquant dans l'exempl. que nous avons eu sous les yeux, le titre ci-dessus a été pris au f. 11.

— Libro del famoso cauallero Palmerin de Oliua e de sus grandes hechos. — *Fue corregido y enmendado este libro... por juan matheo da villa españolo : y estampado por juã paduan : y Uenturin de Rufinelli, en Uenecia.* MD XXXIIII (1534) *et en el mes de agosto*, pet. in-8. goth.

Édition rare. L'exemplaire rel. en *mar. r.* par Rog. Payne, qui a été porté à 10 liv. 10 sh. à la vente Stanley, n'a plus été qu'à 4 liv. 2 sh. chez Hibbert, et à 2 liv. 1 sh. chez Hanrott. Un autre, 32 fr. à Paris, en 1824, et 13 liv. Utterson. Cette même édition est annoncée, par erreur, sous la date de 1533, dans le Catal. de Salvá, n° 3657, où il est dit : « Cette édition est probablement la seconde de *Palmerin de Oliva*, si Brunet a commis une erreur dans son Manuel du Libraire, en en cotant une de Venise, 1526, par *Gregorio de Gregoriis*, et la confondant avec celle dont parle Nic. Antonio, laquelle a été imprimée par le même *Gregorio de Gregoriis*, en 1576. » Or, c'est bien Antonio qui s'est trompé, comme cela lui est souvent arrivé, et non pas nous. L'édition de 1526 est à la Biblioth. impériale ; et d'ailleurs M. Salvá devait savoir que *Gregorio de Gregoriis* n'imprimait plus en 1576.

— Palmerin de Oliva. — *Aqui haze fin la hystoria del principe Palmerin de Oliva... Fue impressa en... Sevilla en la enprenta de Juano Cronberger que dios pardone. año del señor* 1540, in-fol. goth.

Édition non moins rare que les précédentes. Elle est portée à 42 liv. dans le catal. de Payne et Foss, 1830, n° 1881. Une autre édition de *Séville, Jac. Cromberger*, 28 jun. 1547, in-fol. goth. de 159 ff. à 2 col., est décrite par Ebert, 15705, qui en cite également une de *Medina del Campo*, 1562, in-fol. Nous en trouvons aussi une de *Tolède*, 1555, in-fol., sous le n° 665 d'un catalogue impr. à Hambourg, en 1816 (elle a été vend. 4 liv. 19 sh. mar. r. Hanrott) ; enfin une édition de *Tolède, en casa de Pedro Lopez de Haro*, 1580, in-fol. goth. de 184 ff., est dans la *Biblioth. grenvil.*, p. 520.

— Le premier livre de Palmerin d'Olive, fils du roi Florendos de Macedone & de la belle Griane, fille de Remicius empereur de Constantinople, histoire plaisante de singuliere recreacion : traduite iadis par un auteur incertain de Castillan en francoys, lourd et inusité, sans art ou disposicion quelconque, maintenant reueuë et mise en son entier selon nostre vulgaire par Iean Maugin. *Paris, de l'imprimerie de Ieanne de Marnef, vefue de Denis Ianot*, 1546, in-fol. de 8 ff. prélim., CCLXXV ff. chiffrés, plus un autre f. portant la marque de Jeanne de Marnef.

Édition en lettres rondes, aussi complète et plus rare que celle qui suit. Vend. 18 fr. 50 c. La Valliere. Elle a plus de valeur maintenant.

— L'histoire de Palmerin d'Oliue filz du roy Florendos de Macedone et de la belle Griane... mis en lumiere et en son entier, selon nostre vulgaire par Ian Maugin : reuue et emendé par le même auteur. *Paris, pour Jean Longis,* 1553 (et à la fin) : *impr. a Paris par Estienne Groulleau pour luy, Jean Longis et Vincent Sertenas,* in-fol. de VI et CCLXXV ff., avec des fig. sur bois, lettres rondes.

Vend. 20 fr. en 1841; 300 fr. rel. en *mar. r.* aux armes du comte de Toulouse, Louis-Philippe ; 100 fr. *v. f. tr. d.* Giraud.

L'auteur incertain cité dans le titre de ces deux éditions doit être Jean de Voyer, vicomte de Paulmy, seigneur d'Argenson, à qui La Croix du Maine attribue une traduction de Palmerin d'Olive. L'ouvrage est divisé en CXXXIX chapitres.

— L'HISTOIRE de Palmerin d'Olive, trad. jadis par un auteur incertain de Castillan en francoys, mise en lumiere par Jean Maugin. *Anvers, Waesberghe,* 1572, pet. in-4. de 8 et 233 ff., fig. sur bois.

Réimpression de l'édition précédente : elle a été vend. 27 fr. Mazoyer ; 15 fr. en 1841 ; 12 fr. d'Essling ; 19 sh. Libri.

— LA MÊME histoire de Palmerin d'Olive. *Paris, Galiot du Pré,* 1573, in-8.

Edition recherchée et rare.

— LA MÊME. *Lyon, Arnoullet,* 1576, pet. in-12.

Vend. 21 fr. Duquesnoy.

— LA MÊME. *Lyon, Ben. Rigaud,* 1593, 1 tome en 2 vol. in-16 de VIII ff. prélim., 1360 pp. et 10 ff. de table.

Vend. 22 fr. en 1830 ; 76 fr. *mar. r.* d'Essling.

— L'HISTOIRE de Palmerin d'Olive, fils du roy Florendos de Macedone, et de la belle Griane, fille de Remicius empereur de Constantinople. Discours plaisant et de singuliere recreation, continué par l'Histoire de Primaleon de Grece. *Lyon, Pierre Rigaud,* 1619, 2 tom. in-16.

Edition moins recherchée que la précédente. Le prem. vol. contient 8 ff. prélim., texte, pp. 1-668 ; le second tome, sans titre, les pp. 669-1360, suivies de 10 ff. pour la table.

— Historia del valorosissimo caval. Palmerino d'Oliva ; di nuovo tradotto nell' idioma italiano. *Venetia, Michele Tramezzino,* 1552, in-8. de VIII et 312 ff.

Cette traduction, divisée en 121 chapitres, est de Mambrino Roseo ; elle a été imprimée d'abord à Venise, en 1544, et ensuite réimprimée (avec le second livre) dans la même ville, par *Tramezzino,* en 1558; par *Dom. Farri,* en 1573 ; *sans nom d'imprimeur,* en 1581 ; par *P. Marinelli,* en 1585 ; par *Sim. Cornetti,* en 1592 ; par *Marc-Ant. Bombelli,* en 1597, et aussi par *Lucio Spineda,* en 1606, en 1611 et en 1620, toujours de format pet. in-8. Le second livre a paru séparément sous le titre suivant : *Il secondo libro di Palmerino di Oliva imperadore di Constantinopoli, novamente ritrovato nelle historie greche, & trad. nella lingua italiana,* Venezia, Tramezzino, 1560, in-8. de 12 ff. prélim. (dont un blanc), et 243 ff.

M. Melzi, dans sa *Bibliografia dei romanzi,* pp. 343 et suiv., divise en six parties la suite des traductions italiennes de l'Histoire de Palmerin d'Olive et des continuations de ce roman, qu'il range ainsi : 1° Palmerino d'Oliva. — 2° Primaleone. — 3° Platir. — 4° Polendo (voy. POLINDO). — 5° Palmerino d'Inghilterra. — 6° Flortir.

— Palmerin d'Oliva, part. I et II, tourned into english by A(nthony) M(unday). *London, B. Alsop and T. Fawcett,* 1637, pet. in-4. goth. 1 liv. 12 sh. Inglis ; 4 liv. 4 sh. Nassau ; 10 liv. 15 sh. Utterson.

Cette traduction a été d'abord impr. à Londres, by John Charlewood, 1588, pet. in-4. goth., et même, selon Lowndes, *by Thomas Creed,* dès 1586, in-4.

Nous citerons encore une traduction flamande ou hollandaise du Palmerin d'Olive, *Arnhem, Jan Janszen,* 1613, in-4. fig. sur bois.

PALMERIN de Inglaterra (libro del muy esforçado cauallero), hijo del rey dõ Duardos : y de sus grandes proezas : y de Floriano del desierto su hermano : con algunas del principe Florendos hijo de Primaleon. Impresso año M. D. *xlviij.* (à la fin) : M. d. *xlvij.* — Libro segundo... en el qual se prosiguen y han fin los muy dulces amores que tuuo con la Ynfanta Polinarda, dando çima a muchas auenturas, y ganando immortal fama con sus grãdes fechos. Y de Floriano del desierto su hermano, con algunas del principe Florendos hijo de Primaleon. — *Toledo, en casa de Fernando de santa Cathalina... acabose a xvj. del mes de Julio. de M. D. xlviij,* 2 vol. pet. in-fol. goth. [17332]

Édition de la plus grande rareté, et dont on a longtemps ignoré l'existence. Quoique dans le prologue de chaque partie de l'ouvrage Miguel Ferrer dise : *Este mi pequeño fruto, este mi trabajc,* il n'en est que l'éditeur. L'auteur se nomme dans un acrostiche que présentent des stances placées au commencement du premier volume, et dont voici l'interprétation : *Luis Hurtado autor al lector da salud.* Ainsi le texte espagnol est l'original de ce roman, que Cervantes a faussement attribué à un roi de Portugal, et que l'éditeur de la réimpression du texte portugais, faite en 1786, donne à Francisco de Moraes, qui n'en est que le traducteur.

Un exempl. dans lequel plusieurs feuillets manquent et d'autres sont déchirés, est porté à 14 liv. dans le catal. de Salvá, n° 3656, où l'on trouve des renseignements curieux sur cette édition précieuse d'un des meilleurs romans de chevalerie qui existent, d'un roman enfin que Cervantès met à côté d'Amadis de Gaule, et excepte, ainsi que ce dernier, de la proscription dont il frappe tous les autres. Vend., avec les 3e, 4e, 5e et 6e parties, en portugais (voyez ci-dessous), 14 liv. Heber.

— Le premier (et le second) livre du preux, vaillant et tres victorieux chevalier Palmerin d'Angleterre, filz du roy dom Edoard auquel seront recitees ses grandes proësses : et semblablement la cheualeureuse bonté de Florian du desert, son frere, auec celle du prince Florendos, filz de Primaleon... traduit du castillan en françois par maistre Jaques Vincent, du Crest Arnauld en Dauphiné. *Lyon, Thilbauld Payen,* 1553, 2 part. en 1 vol. in-fol. de 4 ff. prélim. et 300 pp. dans la 1re part., et de 4 ff. et 254 pp. dans la seconde. [17064]

La première partie de cette édition a été impr. en 1552. Vend. 2 liv. 5 sh. Heber ; 90 fr. *m. citr.* en mars 1815 ; 84 fr. *v. f.* Cailhava ; 100 fr. *mar. r.* d'Essling ; 170 fr. *mar. r.* par Bauzonnet, Giraud ; 350 fr. *mar. r.* aux armes du comte de Toulouse, Louis-Philippe.

Dans sa notice sur Franç. de Moraes, l'éditeur de la

traduction portugaise, impr. en 1786, cite cette traduction française sans faire attention que le titre la présente comme traduite du castillan, et qu'étant de 1552, elle ne peut point avoir été faite sur la version portugaise, impr. pour la première fois en 1567 : il ne paraît pas même se douter qu'il existe un texte castillan de ce roman.

— Histoire du preux, vaillant et tres victo-rieux chevalier Palmerin d'Angleterre, fils du roy dom Edoard, contenant plu-sieurs faits d'armes et amours, et les etranges aduentures par luy mises a fin : ensemble les proësses admirables des Princes Florian du desert, son frere, et Florendos fils de Primaleon. Premiere partie, traduite du castillan en françois et reueuë et corrigee mieux qu'aupara-uant. *A Paris, par Jean d'Ongoys, imprimeur...* M. D. LXXIIII, 2 part. pet. in-8.

Édition rare et fort recherchée : 28 fr. Méon ; 2 liv. 11 sh. *m. r.* Heber ; 72 fr. St-Mauris, en 1840.
La première partie contient 8 ff. prélimin., et texte ff. 1-340 ; le tome II, 6 ff. prélimin., et texte ff. 1-280, Le titre de cette 2e partie est à l'adresse de *Robert Magnier, rue neufue nostre dame...* Il y en a aussi avec le nom de *Jean de Ruelle.*

— Palmerino d'Inghilterra figliuol del re don Duardo nel quale si raccontano molte prodezze, ec. *Venezia, Michele Portonaris da Trino,* 1553 ovvero 1555, 3 vol. pet. in-8.

Cette traduct. est de Mambrino Roseo. Le second vo-lume, daté de 1554, contient : *Molte prodezze di Floriano del deserto, fratello del Palmerino, con alcuni gloriosi fatti del principe Florendo figliuolo di Primaleone.* Le 3e renferme : *Le valo-rose imprese di Primaleone secondo, etc.* Nous ne croyons pas qu'il ait paru avant l'année 1558. Les trois volumes ont été réimprimés à Venise, chez le même *Portonaris,* en 1567 ; chez *Giacomo Bendolo,* en 1584 ; et chez *Lucio Spineda,* en 1609, pet. in-8. En outre, M. Melzi en cite des édi-tions de 1559, 1560 et 1600.

— Chronica de Palmeirim de Inglaterra, parte I. e II. *Evora, en casa de André de Burgos,* 1567, in-fol. goth.

Édition fort rare de ce texte portugais. L'éditeur de celle de 1786 en indique une autre dont le caract. tient le milieu entre le gothique et le romain, et qui, selon lui, aurait été imprimée hors du Por-tugal. Il n'en donne pas la date.
A ces deux premières parties, qui sont de François de Moraes, ou plutôt traduites par lui, il faut join-dre les quatre autres dont voici les titres :
TERCEIRA y quarta parte, por Diego Fernandez de Lisboa. *Lisboa, Borges,* 1587, in-fol.
— TERCERA (e quarta) parte da Chronica de Palmei-rim de Inglaterra nel qual se tratam as grandes cavallarias de seu filho o Principe Dom Duardos segundo et dos mais Principes e cavalleiros que nã Ilha deleytosa se criaraõ. Composto por Diego Fernandez vezinho de Lisboa. *Impresso em Lis-boa, por Jorge Rodriguez,* 1604, in-fol.
Ces deux parties sont imprimées en caractères ro-mains. La troisième a 179 ff., non compris le titre et un f. contenant le prologue et le privilége pour les deux parties. La quatrième est de 83 ff., mais n'a pas de titre. Les quatre derniers ff. sont en plus petits caractères que le corps de l'ouvrage.
Une édition de Lisbonne, sans date, en 2 vol. in-fol.,

est portée dans la *Biblioth. heber.,* VII, n° 4569, sous ce titre : *Dom Duardos de Bertanha.*
— QUINTA et SEXTA parte de Palmeirim de Ingla-terra ; Chronica do famoso Principe Dom Clarisol de Bretanha, na qual se côntão suas grandes caval-larias et dos principes Lindamor, Carifebo et Be-liandro de Grecia, filhos de Vasperaldo Laudi-mante, et Primaliaõ et de outros muitos principes et cavalleiros de seu tempo. Composta por Bal-thesar Gonçalvez Lobato. *Lisboa, por Jorge Ro-drigues,* 1602, in-fol., caract. rom.
Ces 5e et 6e parties sont plus rares encore que les premières. La 5e contient 2 ff. prélimin. et 142 ff. ; la 6e a 98 ff., y compris le titre qui tient au texte et se termine ainsi : *Acabouse a Chronica do muyto esforçado cavalleiro Dom Clarisol de Bretanha neto de Palmeirim de Inglaterra, que e a quinta et sexta parte, a os tres dias de No-vembro na era de 1602 annos; foy ipressa esta sexta parte, em casa de Antonio Alvarez.*
— CHRONICA do famoso e muito esforçado cavalleiro Palmerin de Inglaterra, filho del rei D. Duardes, por Fr. de Moraes. *Lisboa,* 1592, in-fol.
Édition conforme à celle de 1567, à quelques diffé-rences près dans l'orthographe des mots. Elle ne contient aussi que deux livres.
— CHRONICA de Palmerim de Inglaterra, primeira e segunda parte, por Fr. de Moraes, a que se ajun-taõ as mais obras do mesmo autor. *Lisboa, Sim. Thaddeo Fereira,* 1786, 3 vol. pet. in-4.
Cette édition reproduit celle de 1592. 21 fr. Quatre-mère.
— PALMERIN d'Angleterre, chronique portugaise, par Fr. Moraes, trad. par M. Eugène de Monglave. *Paris, Eug. Renduel,* 1829, 4 vol. in-12.
Imitation abrégée de l'ouvrage portugais.

— The History of Prince Palmerin of En-gland, translated by A. M. (Anthony Munday). *London,* 1602-9, 3 part. in-4.

Vend. 2 liv. Steevens.
Le volume qui formait la troisième partie de cet exemplaire a pour titre : *The third and last part of Palmerin of England*; autrement, *Palmerin d'Oliva,* London, 1602. Elle a été vend. séparé-ment 5 liv. Inglis ; 2 liv. 3 sh. Heber. On en cite une édit. de 1640.
— THE no lesse rare, then excellent and stately his-tory of Palmerin of England and prince Florian du Desart his brother, translated by A. M. *Lond.,* 1639, 2 part. in 1 vol. in-4. goth.
Vend. jusqu'à 13 liv. 2 sh. 6 d. Goldsmid ; 4 liv. 9 sh. Jadis, et seulement 2 liv. 9 sh. *mar. v.* Hibbert ; ensuite 12 liv. Utterson.
Réimprimé à Londres, en 1664 et en 1691, in-4.
Il y a une édit. de la 2e part., sous la date de 1616.
Rob. Southey fait observer que Munday n'a traduit que le commencement de ce roman, abandonnant le reste à des gens moins propres que lui à le faire, en sorte qu'au moins les trois quarts de ce livre ont été traduits par des hommes qui ne con-naissaient ni le français, ni l'anglais, ni l'histoire qu'ils traduisaient.
— PALMERIN of England, translated from the por-tuguese of Fr. de Moraes, by Rob. Southey. *Lond., Longman,* 1807, 4 vol. in-12. 1 liv.

PALMERINI (*Nic.*). Opere d'intaglio del cav. Raff. Morghen, raccolte ed illustrate da Nic. Palmerini; terza edizione con aggiunte. *Firenze, Nic. Pagni,* 1824, in-8. portr. 5 fr. [9533]

Il y a des exemplaires en pap. bleu.

PALMIERI (*Mattheo*), cittadino fioren-tino. Libro della vita civile. *Firenze,*

Palmieri (*Nic.*). Storia siciliana, 25854.

, *heredi di Phil. di Giunta*, 1529, *alli v
di settembre*, pet. in-8. [3856]

Édition rare. Le texte, précédé de 4 ff., commence au
f. coté 9 et finit au 125° ; il est suivi de 2 autres ff.
· pour la souscription et la marque de l'imprimeur ;
entre ces deux derniers ff. il s'en trouve un tout
blanc. Ebert, n° 15728, décrit une autre édit. in-8.,
sans lieu ni date, qu'il attribue aux Juntes de Florence, et qui est peut-être antérieure à 1529. Elle
n'a que 99 ff. et 1 bl., signat. A—N.

Nous citerons *La vie civile, en quatre livres*, trad.
de l'italien par Claude Deroziers, *Paris*, *Jean
Longis*, 1557, pet. in-8., d'après Du Verdier.

PALMIRENO (*Lorenço*). El estudioso Cor-
tesano. Agora en esta impression añadido el Proverbiador o Cartapacio. *Alcala de Henares, Juan Iñiguez de
Lequerica*, 1587, pet. in-8. de 8 ff. prél.
· et de 151 ff. chiffrés. [18496]

Au jugement de M. G. Duplessis, ce petit volume est
bien plus curieux que son titre ne peut le faire
soupçonner (vend. 14 fr. Duplessis). La première
édition, moins complète que celle-ci, est de *Valence*, 1573 ; avant de la donner, l'auteur avait publié, sous le titre d'*El estudioso de la Aldea*, Valence, 1568, in-8., un ouvrage du même genre à
· l'usage des personnes qui habitent la campagne.
Ce savant philologue a écrit, soit en latin, soit en
espagnol, plusieurs ouvrages sur la grammaire et
· la rhétorique. Antonio en donne les titres.

PALMSTRUCH (*J.-W.*). Svensk Botanik,
utgifven af J.-W. Palmstruch och C.-W.
Venus. *Stockholm, tryckt hos C. De-
lén*, etc. 1802 (2° édit. du 1er vol. 1815)
· à 1838, 11 vol. gr. in-8. [5196]

Cette Flore suédoise, entreprise par décision de l'Académie royale de Stockholm, n'a pas été continuée.
Elle se compose de 11 vol. publiés en 129 cahiers,
et contient en tout 774 pl. coloriées et un texte
suédois, écrit, pour les tom. I à IV, par Quensel ;
pour les tom. 5 à 7 et partie du 8°, par O. Swartz ;
pour la fin du 8° et partie du 9°, par Billberg ; pour
la fin du 9°, le 10° et les cah. 121 à 123 du 11°, par
GöranWahlenberg, et, enfin, pour les cah. 124 à 129
par Pehr Fredrik Wahlberg ; les pl. ont été peintes
sous la direction successive des chevaliers Venus
et Palmstruch et des professeurs Swartz, Acharius,
Wahlberg, Agrelius et Laestadius (*Pritzel*, 11827).

PALOMINO de Castro, y Velasco (*Ant.*).
Voy. VELASCO.

PALONIUS. Marcellus Palonius Patricius
romanus, de Clade Ravennate a Gallis
accepta anno Christi M. D. XII, libri II.
Romæ, 1513, in-4. [12747]

Petit poëme historique. Pour un opuscule en vers
italiens relatif à la même action, voyez II, col. 1191,
au mot FATTO.

PALOU. Relacion historica de la vida y
apostolicas tareas del P. Fray Junipero
Serra, y de los misiones que fundo en
California septentrional, y nuevos establecimientos de Monterey ; escrita por
Franc. Palou. *Mexico, Felipe de Zuñiga*, 1787, in-4. de 14 ff. prélimin. et
344 pp. [21598]

Palombi (*G.*). Il Medoro coronato, 14754.

Relation intéressante. On y trouve un portrait du
P. Serra et une carte de la Californie. Les exemplaires en sont peu répandus dans nos contrées.

PALSGRAVE. Lesclarcissement de la langue francoyse, compose par Maistre Jehan Palsgrave, angloys natyf de Londres,
et gradue de Paris *anno uerbi incar-
nati* M. D. XXX. — *Thus endeth this
booke called* Lesclarcissement de la
langue francoyse... *the imprintyng fynysshed by Johan Haukyns, the xviij
daye of july, the yere of oure lorde
god*, M. CCCCC *and* XXX, in-fol. goth.
[10934]

Cette grammaire française, écrite en anglais, est
fort rare, et c'est probablement la plus ancienne
qui existe. Elle est divisée en trois parties, dont
la première traite de la prononciation et occupe
les feuillets 1 à xxiiij, sign. A. La seconde, qui
commence immédiatement après, a pour objet les
neuf parties du discours, et s'étend depuis le f. xxxj
jusqu'à LIX, après quoi se voit la devise de Pynson
sur un feuillet séparé (les feuillets XXV à XXX
n'existent pas). La troisième partie est beaucoup
plus étendue que les deux autres, puisqu'elle renferme les ff. 1 à cccc LXXIII inclusivement. L'auteur y revient avec de grands détails sur les mêmes objets que dans la seconde, et il y donne des
tables alphabétiques des substantifs, des adjectifs
et des verbes. Indépendamment de ces trois parties, le volume doit renfermer trois cahiers de
pièces liminaires, sous les signatures A de 6 ff.,
B de 4, C de 8 dont 1 blanc. Il y en a un exemplaire à la biblioth. Mazarine, à Paris. Vend. 30 liv.
19 sh. Hibbert ; 25 liv. Heber ; et un second exempl.,
13 liv. 13 sh. même vente ; 17 liv. Bright. W. Beloe,
Anecdotes of literature, VI, pp. 344-49, a donné
une notice intéressante de ce livre rare, qui n'est
pas moins précieux pour les Français que pour les
Anglais. Voyez aussi, à ce sujet, les *Typographical
antiquities*, édition de M. Dibdin, tome III, p. 364,
et surtout l'introduction de l'édition suivante :

—L'Eclaircissement de la langue française
par Jean Palsgrave, suivi de la Grammaire de Giles du Guez, publié pour la
première fois en France, par F. Genin.
Paris, imprimerie nation., 1852, in-4.
de 38, XLVIII et 1136 pp. 24 fr.

Bonne édition, avec une introduction, une table des
règles et des mots pour la grammaire de Palsgrave,
et un fac-simile du titre de l'édition originale de
cette grammaire, et de la grande marque qui est à
la fin.

L'auteur que F. Genin nomme du Guez est le même
auquel les Anglais donnent le nom de Dewes, et
qui, d'après deux acrostiches imprimés dans son
livre, devrait être nommé Giles du Wés, alias de
Vadis, ou, selon Dibdin (*Typogr. antiq.*, III,
·p. 68), Giles Deuwes.

Voyez Du Wés.

Jean Palsgrave est auteur d'un autre ouvrage élémentaire également rare, qui a pour titre :

THE COMEDYE of Acolastus, translated into oure
englysshe tongue, after suche maner as chylderne
are taught in the grammer schole, fyrst worde for
worde, as the latyne lyeth. *London*, 1540, in-4.
sign. *a—bb*, par quatre. Vend. 4 liv. 6 sh. 6 d.
Farmer ; 10 liv. 15 sh. Hibbert ; 19 liv. 19 sh.
Jolley, en 1844.

Maittaire, et, d'après lui, Panzer ont cité cette édit.
sous l'année 1529, parce qu'ils ont pris la date de
la composition de l'ouvrage pour celle de l'impression de la traduction anglaise. L'original de cette

pièce a été écrit en vers latins sous le titre de *Aco-lastus, de filio prodigo comœdia*, par Guil. le Foulon dit *Gnapheus* (voy. GNAPHEUS).

PALUDANI (*Joan.*). Dictionarium rerum maxime vulgarium, in communem pue-rorum usum, ex optimis quibusdam au-toribus conjestum, cum flandrica et gal-lica interpretatione. *Gandavi, excude-bat Jodocus Lambertus typoglyphus,* 1544, pet. in-4. de 44 ff. à 2 col. [10895]

Ce petit dictionnaire est si rare que l'exemplaire porté à 205 fr., sous le n° 1139 du Catal. de Borluut de Noortdonck, y est annoncé comme le seul connu; il est d'ailleurs d'un certain intérêt pour la linguistique flamande.

PALUZIE y Cantalozella (D. *Estevan*). Paleografia española. *Barcelona, auto-grafia del autor*, 1846, gr. in-fol. 50 fr. [30217]

Cet ouvrage contient la substance des meilleurs ou-vrages espagnols qui se rapportent à la paléogra-phie espagnole ancienne et moderne, comme, par exemple, ceux de Velasquez, de Rodriguez, Este-ban de Terreros, de Merino.

PAMELIE (*Jacq.*). Excellent et tres utile traicté de ne recevoir diverses religions en aucune monarchie, province, prin-cipauté, republique, ville et citez, faict latin par Jacques Pamelie, docteur theo-logien, et rendu françois par Benoist Du Troncy, controleur du domaine du roy. *Lyon, Jean Pillehotte*, 1592, pet. in-8. [3953]

Peu commun.

PAMIATNIKI diplomatitcheskich sno-cheni drevnei Rossii s derjavomi inos-trannymi. Documents des relations di-plomatiques de l'ancienne Russie avec les puissances étrangères. *St-Pétersb., impr. de la IIᵉ section de la chancel-lerie impériale* (sans date), 4 vol. in-8. [27759]

Ces quatre volumes concernent particulièrement les relations de la Russie avec l'Autriche.

PAMIATNIKI isdannye vrémennoïou ko-missiéïou dlia razbora drevnich aktof, etc. Documents publiés par le comité spécial institué temporairement auprès du gouverneur général de Kief pour la recherche des vieilles chartres, etc. *Kief, impr. de l'université*, 1845-52, 3 vol. in-8. [27759]

Ces documents se rapportent à la petite Russie et la Lithuanie.

PAMMELIA. Musicks Miscellanie; or mixed varietie of pleasant Roundelayes and delightful catches of 3, 4, 5, 6, 7,

Palteau. Ruches de bois, 6439.

Pambour (*F.-M.* Guyonneau de). Machines loco-motives, 8118.

Pamellus (*J.*). Liturgia, 684.

8, 9, 10 parts. *London*, 1606, en 1 vol. in-4. [vers 10197]

Lowndes, part. VII, p. 1769, cite cette collection comme la première de ce genre, et en rapporte le prix de 5 liv. 5 sh. obtenu à une vente faite par Sotheby, en 1825. Il en indique la suite sous ce titre : *Deuteromelia, or the second part of Mu-sicks melodie, or melodious musicke of pleasant*, London, 1609, et il renvoie au mot DEUTEROME-LIA, sous lequel il a dit que cette seconde partie était très-inférieure à la première.

PAMPHYLUS. Pamphyli liber de amore inter Pamphylum et Galateam. (*sine loci, anni et typogr. indicatione*), in-4. [12748]

Édition du XVᵉ siècle, sans chiffres, signatures, ni réclames, caract. romains : vend. 9 fr. Gaignat; 17 sh. Pinelli.

Il y a une édition de Rome, *per Eucharium Silber, alias Franck*, 1487, in-4. de 12 ff.

— Panphylus (*sic*) de amore (*absque nota*), pet. in-4. de 16 ff. à 32 lign. par page, caract. goth., sans chiff., récl. ni sign.

Autre édit. du XVᵉ siècle qui paraît être sortie des presses d'Etienne Plannck, à Rome. Le titre ci-des-sus forme la première ligne de la première page, la 9ᵉ et la dernière ligne du 16ᵉ f. verso est ainsi : *Explicit amorem per tractus Pamphyli codex*. Nous pouvons encore citer une édition du même poëme, in-4. de 12 ff., avec signatures, mais sans nom de lieu ni date, fig. en bois sur le titre.

— Pamphilus de amore cum commento fa-miliari, noviter impressus. *Parisiis per magistrum Petrum le Dru pro Claudio Jaumar librario jurato... Anno* 1499, IVⁿ *die mensis Aprilis ante Pascha*, in-4. goth. de 38 ff. non chiffrés, signat. a–f.

Dans cette édition, avec commentaire, le poëme est divisé en cinq actes et par scènes. Au verso du frontispice on lit une lettre sans date d'Antoine Barellus, libraire, à Jean Prot, où ce marchand ex-plique le motif qu'il a eu de faire imprimer ce pe-tit volume, lequel (dans l'exempl. décrit) ne porte cependant pas son nom. Nous supposons que ce Barellus est le même que N. de Barra, lequel, se-lon Lottin, a exercé à Paris, de 1510 à 1516, mais qui, d'après la date de l'édition ci-dessus, serait plus ancien de dix ans, au moins. Sa lettre est reproduite au verso du frontispice de l'édition du *Pamphilus* impr. à Paris, par J. Regnault, en 1515, pet. in-4. Le commentaire de Jean Prost fait aussi partie de l'édition de *Rouen, Guillaume Gaulmier pour Jacques Forestier*, sans date, in-4. goth. de 30 ff. — Voy. OVIDII erotica.

Maittaire et, d'après lui, Panzer (III, p. 161, n° 484) citent une édit. du *Pamphilus*, imprimée à la suite de *Franci Nigri... carminum libellus*, et accom-pagnée de *Philelphi fabulæ factæ Venetiis ex-pensis M. C.* 1480, in-4. De plus, Panzer décrit séparément les Fables de Philelphe, de cette même édit., sous le n° 472 de l'article Venise. Ce dernier opuscule serait, selon lui, un pet. in-4. de 24 ff. en caract. goth., sans chiffres, récl. ni signat. Le même Panzer paraît croire que ce *Pamphilus* ou Sasso est le même que *Pamphilus* SAXUS, que nous indiquons ci-après (voyez SAXUS); mais ce doit être plutôt Pamphilus Maurilianus, poëte mort vers 1300. — Pour la trad. française, voy. LIVRE d'amour. — Pour une comédie italienne sur le même sujet, voy. DAMIANI.

— Del divino poeta Pamphilo Sasso disperato contro l'amore. *Brixiæ, impressum per Bernard. de Mesintis de Papia,* die xiii zugno. M. CCCC. c I IX (1499), in-4. goth. de 6 ff.

PANANTI (*Filippo*). A geographical and histor. narrative of a residence in Algiers, comprising an account of the regency, biographical sketches of the Dey and his ministers, anecdotes of the late war, observations on the relations of the Barbary states with the christian powers, and the necessity and importance of their complete subjugation, by signor Pananti, with notes and illustrations by Edw. Blaquière. *London, Colburn,* 1818, in-4. fig. color. et cartes. [20835]

Ouvrage de circonstance, vend. 40 fr. *cuir de Russie,* Langlès, et beaucoup moins depuis. L'original ital. a pour titre : *Avventure e osservazioni di Fil. Pananti sopra le coste di Barberia,* Firenze, Ciardetti, 1817, 2 part. in-8. 9 fr. Il a été réimpr. à *Milan,* 1817, 3 vol. in-12, avec une carte.

PANCHIANO. Voy. CATTUFFIO.

PANCI (*Jani*). Icones plantarum medicinalium, cum explicationibus (latinis et german.), juxta Linnæi systema. *Nurembergæ,* 1784-90, 6 vol. in-8. fig. color. [5540]

Ce recueil contient 600 planches assez médiocrement coloriées. Il est à très-bas prix.

PANCIERA ou Panziera (*Ugo*). Voyez PANTIERA.

PANCIROLLUS (*Guido*). Rerum memorabilium, jam olim deperditarum et recens inventarum; libri II, italice conscripti, nunc latinitate donati, et notis illustr. per Henr. Salmuth. *Ambergæ,* 1599-1602, ou 1612, 2 vol. in-8. 6 à 9 fr. [30227]

Quoique cet ouvrage ait longtemps joui d'une certaine réputation, on doit peu compter sur l'exactitude des faits qui y sont rapportés; telle est au moins l'opinion qu'émet, à ce sujet, l'auteur de *l'Origine des lois, des sciences et des arts.* Les éditions de *Francfort,* 1630 ou 1646, 2 tom. en 1 vol. in-4., ont à peu près la même valeur : Vend. (l'édition de 1646) en *mar. viol.* 15 fr. Duquesnoy.

Il y a une traduction française de ce livre, par P. de La Noue, *Lyon, Roussin,* 1617, pet. in-12. 4 à 6 fr.

L'ouvrage du même auteur, intitulé : *Notitia utraque dignitatum, cum orientis tum occidentis, etc.,* Venetiis, 1602, seu Lugduni, 1608, in-fol. est à très-bas prix ; il a été réimprimé dans la collection des Antiquités romaines de Grævius.

— DE CLARIS legum interpretibus libri IV : acced. J. Fichardi vitæ recentiorum jurisconsultorum, etc., cura Ch.-G. Hoffmanni. *Lipsiæ, Gleditsch,* 1721, in-4. [30540]

Recueil fort intéressant.

Le *Thesaurus variar. lectionum utriusque juris* de Pancirolle, impr. d'abord à Venise, 1611, in-fol., et à Lyon, 1617, in-4. [2550], a été réimpr. en 1739 dans le 2e vol. du recueil intitulé : *Jurisprudentia romana et attica.* — Voy. HEINECCIUS.

PANCKOUCKE. Voy. DICTIONNAIRE des proverbes.

PANCRATIUS. Fratris Pancratii, Eremitæ, carminum libri duo. Ægloga una : Musices opusculum. *Impressum Venetiis per Bernardinum Venetum de Vitalibus* (circa 1508), in-8. de 28 ff., sign. a—g, petits caract. goth. [12749]

Cet opuscule rare n'est pas indiqué par Panzer. Le petit traité sur la musique, qui en occupe les neuf dernières pages, est un abrégé de l'ouvrage de Boëce sur le même sujet.

PANCRAZI (*Giuseppe-Maria*). Antichità siciliane spiegate. *Napoli,* 1751-1752, 2 part. in-fol. fig. [29385]

Cet ouvrage n'est pas terminé ; mais ce qui a paru est bon à consulter, quoique les planches en soient des plus médiocres : 30 fr. Millin ; 19 fr. Boulard.

PANDECTÆ. Voy. JUSTINIANUS.

PANDER (*C.-H.*), und E. d'Alton. Vergleichende Osteologie. *Bonn, Weber,* 1821-31, in-fol. avec 103 pl. 99 thl. 4 gr. et ensuite beaucoup moins. [6763]

Ostéologie comparée, divisée en 2 parties. La première, en 12 sections, comprend : 1° *Riesenfaulthier,* 1821, avec 7 pl. ; 2° *Pachydermata,* 1821, avec 12 pl. ; 3° *Raubthiere,* 1822, avec 8 pl. ; 4° *Wiederkäuer,* 1823, avec 8 pl. ; 5° et 6° *Nagethiere,* 1823-24, 2 cah., avec 18 pl. ; 7° *Vierhänder,* 1824, avec 8 planch. ; 8° *Zahnlose Thiere,* 1825, avec 8 pl. ; 9° *Robben und Lamantine,* 1826, avec 7 pl. ; 10° *Cetaceen,* 1827, avec 6 pl. ; 11°*Beutelthiere,* 1828, avec 7 pl. ; 12° *Chiropteren und Insectivoren,* 1831, avec 7 pl. Il n'a paru que la première section de la seconde partie : *Straussartige Vögel,* 1827, avec 7 pl.

— Geognosie des russisch. Reiches, 4615.

PANDOLFINI (*Agnolo*). Trattato del governo della famiglia da Pandolfini, colla vita del medesimo scritta da Vespas. da Besticci. *Firenze, Tortini e Franchi,* 1734, in-4. [3857]

Bonne édit. de cet excellent traité : 5 à 6 fr. Il y en a une autre publiée avec les notes et observations d'Ant. Fortunato Stella, *Milano, dalla stamperia reale,* 1811, in-18, dont on a tiré un exempl. sur VÉLIN, et quelques-uns sur Gr. Pap. format in-8.

PANDOLFO Codonese. V. COLLENUTIUS.

ΠΑΝΔΩΡΑ (Νέα), σύγγραμμα περιοδικόν ἐκδιδόμενον δὶς τοῦ Μηνος. Συντάκται : Α. Ρ. Ραγκάϐης, Κ. Παπαρρηγοπουλὸς, Ν. Δραγούμης. Ἀθήνησι, τύποις Σπυριδώνος Παυλίδου, in-4.

Cette nouvelle Pandore, publiée par Pangali, Dragonisi, etc., est une revue qui a commencé au 1er avril 1850, et qui se continue, à raison de deux cahiers par mois, ce qui forme un volume chaque année; et 10e vol. a paru de 1860 à 1861.

PANEGYRE des Angevins, pour estreines de l'an 1613, à monseigneur Du Bois

Dauphin (Urbain de Laval). *Angers,*
Anth. Hernault, pet. in-8. [24408]

Cet opuscule de 66 pp. n'est pas commun ; 14 fr.
Crozet. Le Long l'indique comme étant de format
in-4. On n'en connaît pas l'auteur.

PANEGYRIC des damoyselles de Paris.
Voy. II, col. 882, art. DU MOULIN (*Ant.*).

PANEGYRICI veteres : Julii Agricolæ vita
per Corn. Tacitum composita : Petronii
arbitri satyrici fragmenta quæ extant.
(*absque nota*), pet. in-4. de 170 ff. à
30 lign. par page, sign. *a—y.* [12140]

Édition en beaux caractères ronds, les mêmes qu'a
employés Zarot dans son édit. de *La Sforziade,* de
1490 ; elle passe pour avoir été imprimée à Milan,
vers 1482, et c'est la première des *Panegyrici*
veteres ; car celle de 1476 est supposée, aussi bien
que celle de 1477, que Maittaire indique à tort,
d'après un exemplaire non daté, lequel se trouvait
relié avec le Dictys de Crète de 1477 (voy. DICTYS).
Le premier f. de celle-ci est blanc ; le second commence ainsi, au recto :

FRANCISCVS PVTEOLANVS REVERENDO
D. JACOBO ANTIQVARIO DUCALI SECRETA|RIO SALVTEM

Le 3e f. verso renferme *tabula eorum : quæ in*
hoc volumine continetur ; sur le 4e f. recto commence : *C. Plinii secundi novocomensis panegy-*
ricus Trajano Augusto dictus ; au verso du f. *s* 4
(le 138e), la Vie d'Agricola, et au recto du f. *u* 2
(le 152e), les fragments de Pétrone, lesquels se
terminent au verso du dernier f. (*y* 4), qui ne porte
que 18 lignes, par le mot Τέλος. 1 liv. 9 sh. Libri,
en 1859. L'exempl. impr. sur VÉLIN, cité par Sassi,
est décrit par M. Van Praet, *Catal. de la Biblioth.*
du roi, IV, p. 37, nº 46, qui, ne comptant pas le
1er f. blanc, indique seulement 169 ff. Dans un
exemplaire payé 22 th. 14 gr. à la vente d'A. Ernesti
et qui est aujourd'hui chez lord Spencer, la date de
M. CCCC. LXXVI a été ajoutée après coup, au-dessous
du mot Τέλος.

Parlons encore d'une autre édition in-4., sans lieu
ni date, que nous avons jadis donnée pour une impression faite à Milan, vers 1480, et qui semble,
au contraire, être une production de *Bernardi-*
nus de Choris, à Venise, vers 1490. Elle a 112 ff.
chiffrés, à 31 lignes par page (et 1 f. bl.), avec des
récl. et des signat. de A—EEII : c'est, à ce qu'il
paraît, une réimpression de la précédente ; mais
sans la préface de Puteolanus, et sans la Vie d'Agricola ni les fragments de Pétrone, que le même imprimeur a donnés séparément en 1499 (voy. PE-
TRONIUS). Ebert rapporte, sous le nº 15744, le titre
entier de cette édition des *Panegyrici veteres.*

— Panegyrici variorum autorum et declamationes nonnullæ perquam eruditæ,
hactenus nunc impressæ (cura J. Cuspiniani). *Impressa sunt hæc Viennæ-*
Pannoniæ opera Hier. Philouallis et
Joan. Singrenii, impensis Jo. Metzgher
Bibliopolæ, anno M. D. XIII, in-4. de
168 ff. non chiffrés, signatures aa—E.

Texte revu sur d'anciens manuscrits.

Deux autres édit. anciennes des XII *Panegyrici*
veteres méritent encore d'être citées : 1° celle
d'Anvers, *ex officina plantiniana*, 1599, in-8.,
revue et enrichie de notes par J. Livinejus ; 2° celle
de *Paris, Le Beau,* 1643 (nouv. titre, *Paris,*
Piget, 1655), 2 vol. in-12, donnée par Cl. Dupuis
(Puteanus), qui y a réuni deux autres panégyristes
(*Ausonius* et *Ennodius*), et les notes de divers
savants.

— PANEGYRICI veteres latini, cum interpretat. et
notis Jacq. de La Baune, ad usum Delphini. *Pari-*
siis, 1676, in-4. 6 à 8 fr.

— PANEGYRICI veteres, recensuit, ac notis Schwarzii
et aliorum illustravit Wolfg. Jeager. *Norimb.,*
1778, 2 vol. in-8. 8 à 9 fr.

Bonne édition, à laquelle il faut joindre un *Appen-*
dix observationum, qui a paru en 1790.

— Panegyrici veteres, cum notis et animadversionibus virorum eruditorum
maximam partem integris, quibusdam
selectis : suas addidit Henr.-Joan. Arnt-
zenius. *Traj.-ad-Rhenum, Wild et Al-*
ther, 1790-1797, 2 vol. gr. in-4. 20 à
24 fr. — Pap. de Holl., 30 à 40 fr.

Édition estimée à cause du grand nombre de notes
qu'elle réunit ; un exempl. en Gr. Pap. rel. en
m. bl. a été vend. 120 fr. Caillard. — Il y a
12 exempl. en très Gr. Pap. qui sont beaucoup
plus chers : vend. 241 fr. *m. r.* Caillard.

— PANEGYRICI veteres, ex editionibus Chr.-G.
Schwarzii et Arntzeniorum, cum notis et interpretatione in usum Delphini, variis lectt., notis varior.
et indice locupletiss. *Lond., Valpy,* 1828, 4 part.
en 5 vol. in-8.

Formant la fin du nº 119, les nos 120 à 123, et partie
du nº 124 de la Collection de Valpy.

J.-L.-M. Coupé, traducteur de Sénèque le tragique, a
donné, en 1802, une traduction franç. des *Panegy-*
rici veteres, sous le titre de *Spicilège de littérature*
ancienne et moderne, tom. I et II, in-8.

— PANEGYRICÆ orationes veterum oratorum, notis
ac numismatibus illustravit, ac italicam interpretationem adjecit Laur. Patarol, edit. 2a ab auctore
castigata et aucta. *Venetiis,* 1719, in-8., avec 6 pl.
4 à 5 fr.

· La première édition est de 1708.

PANÉGYRIQUE de l'École des femmes,
ou conversation comique sur les œuvres
de M. de Molière (par de Nonantes).
Paris, Ch. de Sercy, ou *Nic. Pépingué,*
1664, pet. in-12 de 4 ff. et 97 pp.
[16453]

Malgré son titre de *Panégyrique*, cette pièce, sans
nom d'auteur, est une critique de Molière ; les
exemplaires n'en sont pas communs : 6 à 9 fr., et
jusqu'à 29 fr. 50 c. *mar. r.* St-Mauris, en 1840, et
avec Zélinde, édit. d'*Amsterdam, Raph. Smith,*
1664, 20 fr. de Soleinne.

Cet opuscule a été précédé ou peut-être suivi de
deux autres critiques de l'École des femmes, l'une
du sieur de Visé (et de Villiers), sous ce titre :

ZÉLINDE, ou la véritable critique de l'École des
femmes et la critique de la critique. *Paris, Guill.*
de Luynes ou *Cl. Barbin,* 1663, in-12. 29 fr .
mar. r. Bertin.

L'autre intitulée : *Le portrait du peintre, ou la*
contre critique de l'École des femmes, Paris, J.
Coignard ou Ch. de Sercy, 1663. Cette dernière
est de Boursault, et se trouve dans les œuvres de
ce poète.

Voici le titre d'un autre ouvrage plus favorable à
notre grand comique :

LA GUERRE comique, ou défense de l'École des
femmes du sieur de Molière et de sa critique, par
le sieur P. de La Croix. *Paris, P. Bienfait*, 1664,
in-12 de 6 ff. et 96 pp. 21 fr. de Soleinne ; 31 fr.
50 c. *mar. r.* Giraud.

Panel (le P. *A.-X.*). Médaillier de Lebret, 29714. —
Médaille d'Alexandre, 29873. — De Coloniæ Tarra-
conæ nummo, 29876. — De Nummis... 29877. —
De Cistophoris, 29878.

PANHORMITA. Voy. **PANORMITA.**

PANIGAROLA. La quaresima del reverendissimo Monsignor Francesco Panigarola, vescouo d'Asti. *Bergamo, Comin Ventura,* 1605, in-4. de 48 ff. non chiffr., lettres italiques. [14970]

Suite de 46 sonnets sur les principaux faits de la vie de J.-C., ornés de charmantes vignettes gravées sur bois, en général d'après les compositions d'Albert Dürer. Volume très-rare, même en Italie. L'abbé Zani cite une édition de 1606, sous le même titre, mais il paraît n'avoir pas connu celle-ci. (G. Duplessis.)

PANINI. Soutra Vitri, aphorismes grammaticaux de Pânini, en sanscrit. *Serampore,* in-8. de plus de 1250 pp. [11740]

Vend. 50 fr. Langlès.
Annoncé sous le titre de *The grammatical sûtras, or aphorisms of Pânini,* Calcutta, 1809, 2 vol. in-8. dans le catalogue de H.-H. Wilson, 1851, nº 925, où il est dit que c'est la seule édition légitime de ce grand ouvrage grammatical.

— Sidhanta Kaumoudi, commentaire sur la grammaire de Pânini, en sanscrit. *Calcutta,* in-fol. allongé.

Vend. 60 fr. Langlès. Il se trouve aussi dans le catal. Langlès, nº 998, une édition du *Sidhanta Kaumoudi,* Calcutta, 1812, gr. in-4., vend. 50 fr. L'auteur de l'ouvrage est nommé *Bhattojee Deekshita* dans le *Journal de la Littérature étrangère,* 1821, p. 119.

— Pânini's acht Bücher grammatischer Regeln. Herausgegeben und erläutert von Dr Otto Böhtlingk. *Bonn, König,* 1839-40, 2 vol. in-8.

Le premier volume contient *Pânini Sûtra's mit indischen Scholien;* le second, *Enleitung, Commentar, erklärender Index der grammatischen Kunstausdrücke, alphabet. Verzeichniss der Sûtra's, Ganapâtha.* Les 2 vol. coûtent 40 fr.
— PANINI: his place in sanscrit literature. An Investigation of some literary and chronological question which may be settled by a study of his work, by Theodor Goldstücker. *Berlin, Asher,* and *Edinburgh,* 1861, in-4. de XVI et 268 pp. 15 fr. [11740]

PANIZZI (*Antonio*). Osservazioni sul commento analitico della Divina commedia, pubblicato dal sig. G. Rossetti, tradotte dall' inglese, con la risposta del sig. Rossetti corredata di note in replica. *Firenze,* 1832, in-4. [14625]

Le seul exemplaire de ce livre qui ait été imprimé sur VÉLIN se trouve dans la biblioth. léguée par M. Th. Grenville, ainsi qu'un exemplaire, également sur VÉLIN, des *Bibliographical notices of some early editions of the Orlando Innamorato and Furioso,* du même A. Panizzi, *London,* 1831, in-8., morceau qui fait partie de l'édition des deux poëmes du Bojardo et de l'Ariosto, donnée par ce professeur. Il ne faut pas croire que, comme on le dit dans la *Biblioth. grenv.,* p. 34, M. le comte Melzi et moi ayons copié la notice des anciennes éditions de l'Arioste, donnée par M. Panizzi; car, remarquons-le bien, l'ouvrage de M. Melzi est de 1829, tandis que la notice dont il s'agit n'a paru qu'en 1831; et, quant à moi, je n'avais pas même encore vu cette notice lorsque j'ai publié mes Nouvelles

Recherches. Certes je suis trop soigneux de citer les sources où je puise, pour qu'on soit fondé à m'accuser de plagiat.

— Chi era Francesco da Bologna. *Londra, nelle case di Carlo Whittingham,* 1858, pet. in-8. [31262]

Dans cette dissertation, adressée à S. A. R. Henri d'Orléans duc d'Aumale, M. Panizzi, bibliothécaire bien connu du Musée britannique, établit d'une manière évidente que François de Bologne est le même que François Raibolini dit *il Francia,* contemporain et compatriote de Léonard de Vinci, de Raphael et de Michel-Ange, et que cet illustre Bolonais fut à la fois grand peintre, habile ciseleur, grand modeleur, grand nielliste, et, enfin, a été sans égal dans l'art de graver des caractères d'imprimerie. C'est lui qui a gravé ceux dont a fait usage Alde l'ancien, et, en particulier, les jolies lettres cursives qui ont paru pour la première fois dans le Virgile publié en 1501 par ce célèbre imprimeur. On lui doit aussi les caractères, à peu près semblables à ceux du Virgile, avec lesquels Jérôme Soncino a impr., à Fano, en 1503, un Pétrarque, in-8., qui n'est ni moins beau ni moins rare que celui d'Alde. Plus tard, il exerça lui-même la typographie à Bologne, et produisit dans cette ville, dans le courant de l'année 1516, le Pétrarque, l'*Arcadia* de Sannazar, les *Asolani* de Bembo, le *Corbaccio* de Boccace, et, quelques jours seulement avant sa mort, les *Epistolæ ad familiares* de Cicéron. Ces cinq éditions, de format in-32, en caractères cursifs très-menus, mais fort nets, faites à l'instar de celles qu'a données, dans le même format, Alex. Paganino, sont devenues fort rares, et surtout la dernière. L'opuscule de M. Panizzi est un véritable bijou typographique dont il n'a été tiré que 250 exemplaires, et qui n'a pas été mis dans le commerce. On y remarque des fac-simile du Pétrarque de 1503, de celui de Fr. de Bologne, de 1516, et des caractères hébreux et latins employés par Alde dans l'opuscule intitulé : *Introductio utilissima hebraice discere cupientibus.*

PANNONIUS [de Cisinge]. Jani Pannonii Quinquecles. Episcopi Epigrammata antea non impressa. (in fine): *Impressum Cracoviæ per Hieronymum Vietorem. Anno partus virginis* 1518 *mense Augusto,* in-4. [13119]

Cette édition indiquée par Panzer, d'après l'abbé Morelli, doit être fort rare, puisqu'elle n'est pas comprise dans la notice qu'a donnée le dernier éditeur de Janus Pannonius (en 1784) sur les éditions de ce poëte, qu'il a consultées et qui sont au nombre de treize, en commençant par celle de Vienne, 1512, in-4., et finissant à celle de Bude, 1754. Nous pouvons encore ajouter à cette liste une édition de Padoue, 1559, in-8., sans nom d'imprimeur, mais dont le fleuron est une Minerve, avec les mots : *Oliva Minervæ.* Elle est à la biblioth. Mazarine, nº 21236. Au reste, ces anciennes éditions, toutes rares qu'elles puissent être, conservent peu d'intérêt depuis la publication de l'article suivant :

PANNONII (*Jani*) Poëmata. *Trajecti-ad-Rhen.,* 1784, 2 vol. in-8. 7 à 9 fr. — Gr. Pap., 12 à 15 fr.
Édition donnée par le comte Simon Teleki.

PANOFKA (*Théodore*). Recherches sur les véritables noms des vases grecs et sur leurs différens usages, d'après les auteurs et les monumens anciens. *Paris, De Bure frères,* 1830, in-fol. de 64 pp. et 9 pl. 22 fr. [29618]

Ce livre peut servir d'introduction à l'ouvrage suivant du même auteur :

Musée Blacas, monuments grecs, étrusques et romains, tome I, vases peints. *Paris, De Bure,* 1830, gr. in-fol. avec 32 pl. en noir et en couleur. 47 fr. Raoul Rochette.

— Antiques du cabinet du comte de Pourtalès-Gorgier, décrits par Théodore Panofka. *Paris, impr. de F. Didot,* 1834, in-fol., avec 41 pl. [29304]

50 fr. (avec la Lampe de S. Michel, par Mlle de Beauveau) Raoul Rochette.

— Terracotten des königl. Museums zu Berlin. *Berlin, Reimer,* 1841-42, 8 cah. gr. in-4. 54 pl. 80 fr. [29567]

Autres ouvrages du même savant dans l'ordre de leur publication.

Ueber verlegene Mythen, mit Bezug auf Antiken des königl. Museums. *Berlin,* 1840, in-4. avec 5 pl. 10 fr. [29567]

Von dem Einfluss der Gottheiten auf die Ortsnamen. *Berlin,* 1842-43, 2 vol. in-4. 6 pl.

Bilder des antiken Lebens. *Berlin,* 1843, 4 cah. gr. in-4. 20 pl. 14 fr.

Griechen und Griechinnen nach Antiken skizzirt. Mit 56 bildlichen Darstellungen. *Berlin,* 1844, gr. in-4.

Asklepios und die Asklepiaden. Mit 21 Bildwerken auf 8 Erläuterungstafeln. *Berlin,* 1846, in-4. 12 fr.

Von den Namen der Vasenbildner in Beziehung zu ihren bildlichen Darstellungen. *Berlin,* 1849, in-4. fig. 17 fr.

Ueber merkwürdige Marmorwerke des königl. Museums zu Berlin. *Berlin,* 1857, in-4. 5 fr.

Die griechischen Eigennamen mit kalos im Zusammenhang mit dem Bilderschmuck auf bemalten Gefässen. *Berlin,* 1850, in-4. fig.

Die griechischen Trinkhörner und ihre Verzierungen ans Licht gestellt. *Berlin,* 1851, in-4. fig.

Parodieen und Karikaturen auf Werken der klassischen Kunst. *Berlin,* 1851, in-4. fig. 6 fr.

Gemmen mit Inschriften in den königl. Museen zu Berlin, Haag, Kopenhagen, London, Paris, Petersburg und Wien. *Berlin,* 1852, in-4. fig. 16 fr.

PANNONI (*Bartholomæi*) Comœdia Gryllus, et ejusdem inter Vigilantiam et Torporem dialogus. Dicatur Georgio Marchioni Brandenburgensi, etc. (absque nota, sed *Viennæ apud Singrenium circa* 1520), in-4. [16133]

PANORMITA (*Antonius* Beccatellus). Alfonsi regis dictorum ac factorum libri quatuor. *Pisis, per Gregorium de Gente, anno* 1485, *calen. Febr.,* in-4. [26183]

Cette édition, que cite Maittaire, est fort rare, mais l'ouvrage a été plusieurs fois réimprimé depuis. Jean Santes en a publié une nouvelle rédaction sous le titre de :

Speculum boni principis Alphonsus rex Aragoniæ; hoc est dicta et facta Alphonsi..... primum IV libris confuse descripta ab Antonió Panormita : sed nunc in certos titulos et canones..... digesta. *Amstelod., apud Ludov. Elzevir.,* 1646, pet. in-12.

— Libro de los dichos y hechos del rey

Don Alonso aora nuevamente traduzido (de latin en español por Juan de Molina). *Valencio, Juan Joffre, a xxxi de Mayo* MD.XXVII, in-4. goth. de 70 ff. chiffrés.

Antonio n'a point connu cette édition (vend. 1 liv. 6 sh. Heber, et 150 fr. Quatremère), mais il en a cité deux autres : 1° *Burgos, Juan de Junta,* 1530, in-4.; 2° *Çaragoça, Agostino Millan,* 1553.

— Antonii Panormitæ Hermaphroditus : primus in Germania edidit et apophoreta adjecit Fr.-Car. Forbergius. *Coburgi, Meusel,* 1824, in-8. 6 fr. [12750]

Édition augmentée de notes et de variantes tirées d'un ancien manuscrit de la bibliothèque du duc de Cobourg. « Quelque scandaleuses que soient ces épigrammes, plus scandaleux encore est leur nouveau commentateur. » (Catal. Haffner, n° 6269.) — Voy. Quinque illustrium poetarum lusus.

— Panormitæ epistolæ familiares et campanæ. Pet. in-fol. [18726]

Ancienne édition qui, à ce que l'on croit, a été imprimée à *Naples, par Sixt. Riessinger,* vers 1478. Elle est en petits caractères romains, sans chiffres, récl. ni signat., et elle contient 81 ff. à 33, 34 et 35 lign. par page. Au commencement du 1er f. se lit l'inscription suivante, imprimée en lettres majuscules : *Antonius Panhormitæ in librum familiarium prologus ad Franciscum Arcelium Sororium suum.*

Vend. 45 fr. Molini, et (rel. avec *Philelphi ad Marcellum consolatio,* Romæ, 1475) 3 liv. 8 sh. Pinelli.

— Antonii Bononiæ Beccatelli, cognomento Panhormitæ, epistolarum lib. V; orationes duæ; carmina. *Venetiis, Barth. Cusanus,* 1553, in-4.

Ce volume ne se trouve que difficilement : vendu 12 flor. Crevenna.
La meilleure édition des lettres du Panormitain est celle de Naples, 1746, in-fol.
Il se trouvait dans la biblioth. Mac-Carthy : *Jani Vitalis Panormitani in divas archangelos hymni* (Romæ, 1516), in-8., impr. sur vélin; vend. 20 fr.

PANORMITANUS. Quottidiana ac aurea concilia reverendi domini Nicolai de Tudeschis de Sicilia abbatis monacensis. — *Expliciunt... (Ferrariæ) per me autej magistrū Andream de Francia litteris eneis impicta īditaqj die xxij. Februarij anno dñi M. cccc. lxxv,* in-fol. de 134 ff. à 2 col. de 61 lignes. caract. demi-goth. (en 16 cah.).

Édition fort rare, décrite par Antonelli, pp. 22-25. En tête du volume se trouve une table alphabétique composée *per Ludovicum bologninum de Bononia... M.cccc.lxxiiij. die .x. mensis octobris.*

Il existe une autre édition *per magistros Petrum de Aráceyo e Joannē de torcano litteris eneis impicta īditaqj die ix Madii. anno dñi M°. cccc°. lxxv. ī predicta ciuitate ferrarie,* gr. in-fol. à 2 col. demi-goth. 1 liv. Libri, en 1859.

— Panormitani in II decretales pars prima. (*Venetiis*), *per Vindelinum spirensem,* 1472, in-fol.

— In II decretales pars secunda. (*Venet.*), *Vindel. de Spira,* 1471, in-fol.

— In II decretales pars tertia. (*Venetiis*), *Vindel. de Spira,* 1472, in-fol. [3177]

Ces trois volumes se trouvent rarement réunis; mais

leur ancienneté fait tout leur mérite : lès deux volumes de 1472, joints au *Commentarius in I V et V
libr. decretalium*, Venetiis, Joh. de Colonia, etc.
(*absque anno*), ont été vendus 73 fr. *mar.* Mac-
Carthy.

On a imprimé à la même époque, et depuis, un grand
nombre d'éditions, tant du commentaire entier de
cet auteur sur les décrétales, que des parties séparées du même commentaire (Hain, 12308 et suiv.);
mais aucune n'est chère ni recherchée.

— Practica de modo procedendi in iudi-
ciis. *Impr. per Ioannem de Westphalia... in uniuersitate louaniensi resi-
dentem non fluuiali calamo, sed arte
quadam caracterizandi modernis-
sima Anno* MCCCC LXXV *die* XXV *maii*,
in-fol. goth. [2509]

C'est la plus ancienne édition avec date que l'on ait
de ce traité, si souvent réimprimé depuis.

PANSA (*Paolo*). Opera peregria e tersa
del facondissimo Pansa : ne la quale chel
amare sia licito : in qual modo amar si
debba : (si conclude) : *Papiæ, auspiciis Bernardini Garaldi saturnalibus*
CCCCCX *quarto nonas Martii*, in-4. goth.
feuillets non chiffrés, sign. a—g par 8
et h par 4. [17991]

Églogue en prose dont Jos. Molini (*Operette*, p. 309)
donne la description suivante : Au-dessous du titre,
qui est en gros caractères gothiques, et disposé en
forme de cône renversé, se lit un avis, *Al candido
lector, il pagano Baldassaro Parthenopeo*, dans
lequel il est dit que l'auteur, né dans la Ligurie, a
fait plusieurs autres ouvrages, tant en prose qu'en
vers, en italien et en latin. Au recto du 2ᵉ f., encadré dans des ornements gravés sur bois, est une
dédicace : *Divæ Fulviæ Philigeniæ virguncula-
rum quotquot vivunt et quotquot vixerunt venus-
tissimæ et honestiss. hoc opusculum quantulum
cunq. est Paulus Pansa dono dicabat.* Au recto
du f. suivant, sign. a 3, commence l'ouvrage, précédé de ce sommaire : *Egloga intitulata phylige-
nia interlocutori saturnio pastore e sylvano dio
de gli boschi.* La date est au recto du dernier f. et
l'errata au verso.

Voici le titre d'un ouvrage posthume du même auteur, plus connu que celui que nous venons de
décrire :

VITA del gran pontefice Innocenzio quarto, scritta
gia da Paolo Pansa, genovese, e da T. Costo corretta e migliorata così di stile, come di lingua, ar-
ricchita di postille e di sommario, e data in luce,
ove s'ha notizia di molte cose notabili accadute nel
tempo del suo ponteficato, compresani anche la
vita di papa Adriano V, suo nipote, co' nomi de'
pontefici, e cardinali stati nella Liguria, e de ves-
covi ed arcivescovi della città di Genova. *Napoli,
G. Cartino*, 1601, in-4.

PANSA (*Guglielmo*). Historia nuova della
guerra di Tunigi di Barberia, in cui si
contiene la nauigatione da Genoua in
Africa con la descrittione de molte isole
che si ritrouano nel viaggio et il numero delle naui et galee et parimente
del' essercito christiano molte deleteuole
da leggere. *Millano, per Maestro Vicenzo da Medda*, 1535, pet. in-8.

Relation de l'expédition de Tunis, sous le règne de
Charles-Quint : c'est un morceau encore plus rare
que les ouvrages sur le même sujet, qui sont indiqués sous les nᵒˢ 26058 à 26060 de notre table.

PANTAGRUEL. Voy. RABELAIS.

PANTALEON (*Henricus*). Prosopographiæ
heroum atque illustrium virorum totius
Germaniæ partes I—III. *Basileæ, Bry-
linger*, 1565-66, 3 part. in-fol. [26393]

Ouvrage assez recherché, tant à cause des portraits
gravés sur bois qui le décorent, que pour les détails
curieux sur des hommes contemporains de l'auteur que renferme le 3ᵉ vol. La traduction allemande, faite par l'auteur lui-même, et imprimée à
Bâle, de 1571 à 1578, en 3 part. in-fol., est beaucoup
plus complète que le texte latin.

— Omnium regum Francorum a Pharamundo usque ad Carolum nonum vitæ
breviter complexæ atque certis epigram-
matibus illustratæ, auctore H. Pantaleone, poeta laureato. *Basileæ*, 1574,
pet. in-fol. de 84 ff. avec les portr. des
rois, gr. sur bois. [23236]

Un exempl. en *mar. v. dent.* par Duru, a été vendu
150 fr. Solar; mais en condition ordinaire ce livre
ne vaut pas plus de 20 ou 25 fr.

PANTCHA ou Pantscha Tantra. Voyez
PANTSCHATANTRUM.

PANTHALEONIS de Confluentia summa
lacticiniorum (sive tractatus varii de
butyro, de caseorum variorum gentium
differentia ac facultate). — M. CCCC
LXXVII, *die VIII Julii, per me M. Johannem fabri gallicum (Thaurini),
impressa,* pet. in-fol. [7066]

Opuscule rare et curieux : 20 fr. *non relié*, 2ᵉ vente
Reina.

On a du même médecin un *Pilullarium* imprimé à
Pavie, *per Jacobum de Burgofranchu*, en 1508,
in-fol., et avec l'ouvrage précédent à Lyon, 1528,
in-8.

PANTHEA actio, in qua Linus et Bellus
legati cum Apolline, Baccho, Sileno,
Marte ac Musis; et per Virgilium Zava-
risium enumeratio poëtarum oratorum-
que Veronentium. *Veronæ, per Ant.
Cavalchabovem et J.-Ant. Novelli*,
1484, in-4. [12750]

Ce petit volume commence par une épître : *Comitii
Juliarii, veronensis, in pantheam actionem ad
Ausonium Venerium, patricium venetum* (Bibl.
impér., Y, 1623).

PANTHEON de la fortune. Voy. HERVEY.

PANTHEON (le) des héros de l'Angleterre.

Ce livre est le plus grand qu'on ait jamais imprimé.
Chaque page a quatre toises de haut sur une largeur
de deux toises, et les caractères ont six pouces de
haut. Il a été exécuté à Londres par une presse à
vapeur, et en substituant au noir d'imprimerie un
vernis d'or. On n'a tiré que *cent exemplaires* de
cet ouvrage gigantesque.

Pansa (*Fr.*). Amalfi, 25777.

Pansch (*Ch.*). De Ethicis nicomacheis, 3676.
Panseron (*A.*). Traité de l'harmonie, etc., 10183.

Cette note, extraite de la *Gazette de Vienne*, a été reproduite en français dans plusieurs journaux parisiens, et notamment dans le n° 28 de la *Chronique de la Bibliographie de la France*, 13 juillet 1861. Malheureusement on a négligé de spécifier l'espèce de toise et de pouce dont il s'agit, et d'en donner la valeur métrique.

PANTHEUS. Annotationes Ioannis Antonii Panthei Veronensis ex trium dierum confabulationibus de Thermis Galdarianis quæ in agro sunt Veronensi, etc. (*absque nota*), in-fol. [4670]

Ce livre contient des dialogues sur les bains de Caldiero et différentes choses relatives à Vérone. Comme l'édition ne porte ni date ni nom de ville, et qu'à la dédicace d'Alessandro Benedetti a Paolo Trevisano l'imprimeur a mis *Venetiis*, M. D. D., les bibliographes qui ont parlé de ce livre l'ont annoncé sous différentes dates imaginaires, ou se sont contentés de dire qu'il avait paru vers 1500; mais le savant abbé Morelli a prouvé deux choses : 1° qu'il était de 1505, parce que Paolo Trevisano y est qualifié de *Proveditore di Salo* (dans la dédicace), et qu'effectivement ce voyageur a exercé cette fonction en 1505; 2° qu'il a été imprimé à Venise, par Antonio Moreto, suivant les indices que donne de ce fait l'épître dédicatoire déjà citée. Voyez à ce sujet les *Operette di Morelli*, tome II, pp. 31 et suivantes.

PANTHEUS (*Joan.-Aug.*). Voarchadumia contra alchimiam, ars distincta ab archimia et sophia. *Venetiis, Joan. Tacuinus de Tridino*, 1530, in-4. fig. [8951]

Le titre de cet opuscule est imprimé en jaune, en vert et en rouge, et l'encadrement en noir : 23 fr. Libri, en 1857.
On a du même auteur : *Ars transmutationis metallicæ*, impr. à Venise, par J. Tacuini, en 1519, in-4.

PANTHOT (*Jean-B.*). Traité des dragons et des escarboucles. *Lyon*, 1691, pet. in-12. 3 à 4 fr. [4788]

PANTIERA ou Panciera et Panziera da Prato (*Ugo*). Trattati. — finito el libro di Vgho Pätiera praste loyco de lordine de Frati minori di San Frācesco el quale ce agiūto più che a unaltro che sistampo : Adi VIIII di Giugno M. CCCC. LXXXXII. Et tale tractatello che comencia. A suoi in Christo dilectisimi : al capitolo Quarto decimo. Et anchora ce agiunto più altre cosi che non sono in quello primo. *Impresso in Firenze Ad xv di decembre* M. CCCC. LXXXII. *Per ser Lorenzo de Morgiani, et Giovanni da Maganza*. In-4. avec une fig. sur bois au frontispice. [1582]

Ouvrage écrit avec pureté, quoiqu'il ait été composé en Tartarie, où l'auteur se trouvait en 1312, occupé à la conversion des gentils. L'édition que nous citons a des signat. de a—i. Le dernier f. du cah. i est blanc, après quoi se trouvent 2 ff. sans signat., contenant une table des matières. La souscription rapportée ci-dessus est sur la dernière page du texte. Gamba (*Serie*, édit. de 1839, n° 1130) la dit fort rare, et l'estime de 100 à 120 livres. Cependant un exempl. rel. en *mar. r.* par Capé, n'a été vendu que 1 liv. 12 sh. en 1859. Il paraît que l'édition datée du xv décembre 1492 avait d'abord paru à la date du 9 juin de la même année, et qu'on l'a reproduite quelques mois plus tard avec des addi-

tions. — Gamba en cite une autre édition sous ce titre :
OPERA nuovamente venuta in luce del venerando padre frade Ugo Panciera dell' ordine di san Francesco : la quale tratta della vita attiva e contemplativa : e diversi altri trattati devotissimi del beato frate Iacopone, del modo di ben viver secondo la cristiana religione. *In Venezia, per Nicolò Brenta de Varena* (senz' anno) (sec. XV) , in-4.
— OPERE spirituale devotissima del reverendo padre Ugo Panziera dell' ordine de' frati minori. — *Stampata in..... Genoa, per Antonio Bellon nell', anno* MDXXXV. *a di xxx de Settembre*, in-8.
Voir sur cette édition et sur l'ouvrage qu'elle reproduit, la *Bibliotheca* de Fontanini, avec les notes de Zeno, édit. de 1753, II, p. 464.

PANTOJA (*Diego* de). Relacion de la entrada de algunos Padres de la cõpañia de Jesus en la China, y particulares sucessos que tuuieron, y de cosas muy notables que vieron en el mismo reyno. *Sevilla*, 1605, pet. in-8. [21576]

Cette relation, datée de Péking, du 9 mars 1602, est fort rare : Salvá l'estime 3 liv.

PANTSCHATANTRUM sive quinquepartitum Indorum morale : textum sanscritum ex codd. mss. edidit, adnotationesque criticas adjecit Joan.-Godofr.-Ludov. Kosegarten. *Bonnæ*, 1848, pet. in-4. de XII et 268 pp. 27 fr. [3781]

— IDEM, Pars II. Textum sanscritum ornatiorem tenens. *Greiswald*, 1859, in-4. de 64 pp. Partie première, 6 fr.
— PANTCHA Tantra Katha, stories translated into the tamul language, by Tandaviga Mudaliyar. *Madras*, 1826, in-fol.; — ou *Calcutta*, 1828, in-fol. (Graesse.)
Pour la traduction française, voy. I, col. 938, à l'article BIDPAY.
— PANTSCHATANTRA. Fünf Bücher indischer Fabeln, Märchen und Erzählungen ; aus dem Sanskrit übersetzt mit Einleitung und Anmerkungen von Theodor Benfey. *Leipzig*, Brockhaus, 1859, 2 vol. in-8.

PANVINIUS (*Onuphrius*). De ludis circensibus libri II , de triumphis liber unus, cum notis Joan. Argoli, etc. *Patavii*, 1681, in-fol. fig. 6 à 9 fr. [29034]

Cette édition contient des notes de Joach. Maderus sur le livre des triomphes, qui ne sont pas dans celle de *Padoue*, 1642, in-fol. fig.: vend. 12 fr. m. r. de Cotte. L'ouvrage a été réimprimé dans le t. XI du *Thesaurus antiquitatum romanarum* de Grævius.

— Amplissimi, ornatissimique triumphi, ex antiquiss. lapidum , nummorum monumentis, etc., descriptio. *Romæ*, 1618, in-fol. obl. fig. 12 à 15 fr. [29223]

Vend. 31 fr. 50 c. de Cotte. — Les autres ouvrages de cet auteur sont à très-bas prix. — Voy. BOISSARD.

PANZER (*Geor.-Wolfg.*). Annales typographici ab artis inventæ origine ad annum 1536, post Maittairii, Denisii, aliorumque curas in ordinem redacti et aucti. *Norimbergæ, Eberhardus Zeh*, 1793-1803, 11 vol. in-4. [31208]

Cet ouvrage est le plus complet que nous ayons pour le premier siècle de la typographie ; cependant il ne remplace pas entièrement les *Annales* de Maittaire, et il laisse encore beaucoup à désirer, surtout par rapport aux éditions de 1501 à 1536, dont il ne contient pas la moitié : 120 à 150 fr. Il y a des exemplaires en pap. fin ; vend. 215 fr. *v. f.* Librairie De Bure, et trois ou quatre en papier fort.

Le même auteur a donné plusieurs autres ouvrages sur l'histoire de l'imprimerie, mais ils sont écrits en allemand. Nous en rapporterons ici les titres en français :

DESCRIPTION des plus anciennes Bibles allemandes, impr. dans le XVe siècle, conservées dans la bibliothèque de Nuremberg, 1777, in-4.

HISTOIRES des Bibles imprimées à Nuremberg, depuis l'invention de l'imprimerie. *Nuremberg*, 1778, in-4.

DESCRIPTION des anciennes éditions de la Bible impr. à Augsbourg. *Nuremberg*, 1780, in-4.

ESSAI d'une histoire des traductions allemandes de la Bible à l'usage des catholiques romains. *Nuremberg*, 1781, in-4.

IDÉE d'une histoire complète des traductions allemandes de la Bible à l'usage des Luthériens, de 1517 à 1781. *Nuremberg*, 1783 ou 1791, in-8.

HISTOIRE de l'imprimerie dans les premiers temps, à Nuremberg, jusqu'en 1500. *Nuremberg*, 1789, in-4.

ANNALES de l'ancienne littérature allemande, ou annonce et description des livres allemands, imprimés depuis l'invention de l'imprimerie jusqu'en 1520. *Nuremberg*, 1788, in-4. Continuation de 1521 à 1526, *Nuremberg*, 1802 ; en tout 3 tom. en 2 vol. in-4. 24 à 30 fr. [31213]

— Ulrich von Hutten, 30816.

PANZER (*G.-W.-F.*). Faunæ insectorum germanicæ initia. *Nurembergæ, Felsecker*, 1792-1810, in-16. [5986]

Cette histoire des insectes a paru en 109 petits cah. ou portefeuilles, contenant chacun 24 planches coloriées, avec autant de feuillets d'explication en latin et en allemand. Chaque cahier a coûté à peu près 3 fr.

En 1813, on a ajouté à cet ouvrage : *Index entomologicus, sistens omnes insector. species in fauna insector. Germaniæ*, Pars Ia, *Norimb.*, pet. in-8. Il a paru depuis (en 1823) un 110e cah. de 24 pl., lequel a été suivi d'une continuation par G.-A.-W.-Henr. Schæffer. Le 190e cahier a été mis au jour (à Augsbourg) en 1856. Chaque cah. de 24 planches coûte 3 fr. 50 c.—Voy. GERMAR, et SCHÆFFER Icones insectorum.

PAOLI (*P.-Ant.*). Voy. ANTICHITA di Pozzuoli, et au mot PÆSTI.

PAOLINI (*Stef.*). Dittionario georgiano e italiano ; con l'ajuto del P. Nicef. Irbachi. *Roma, congr. de propag. fide*, 1629, in-4. [11728]

Vendu 24 fr. de Tersan ; 6 fr. Langlès.

PAOLINI (*Rob.*). Memorie su i monumenti di antichità e di belli arti, ch' esistono in Miseno, in Baoli, in Baja, in Cuma, in Pozzuoli, in Napoli, in Ercolano, ec. *Napoli*, 1812, in-4., et atlas de 10 pl. in-fol. [25704]

Cet ouvrage, publié par M. Nicolas, est une espèce de guide des étrangers, que l'auteur conduit depuis le cap Misène jusqu'à Pestum.

PAOLINO di S. Bartolomeo. V. PAULINUS.

PAOLUCCIO. Voy. PAULUCCIO.

PAPA (*Guido*). Voy. GUIDO Papa.

PAPIAS. Vocabularium. *Impressum Mediolani, per Dominicum de Vespolate, anno Domini* M. CCCC. LXXVI, in-fol. à 2 col. de 51 lign. sign. A—aa. [10849]

Première édit., rare. Vend. 32 fr. Brienne-Laire. On doit trouver au verso du premier f. quelques vers intitulés : *Boninus Mombritius lectori sal. D. P.* Ensuite vient la préface, commençant par ces mots : *Papias filius salutem D.* La souscription : *Impressum Mediolani.....* est placée au recto du 1)e f., selon la *Biblioth. spencer.*, n° 574.

Les édit. postérieures à celle-ci ont peu de valeur.

PAPIERS d'État (Archives et). Voyez TEULET (*Alex.*).

PAPILLON (*J.-M.*). Traité historique et pratique de la gravure en bois. *Paris, Simon*, 1766, 3 tomes en 2 vol. in-8. fig. 15 à 18 fr. [9497]

On recherche beaucoup cet ouvrage, quoique la.partie historique en soit très-médiocre. — Trente ans avant la publication de ce traité, l'auteur avait fait imprimer un opuscule intitulé :

HISTOIRE de la gravure en bois et des graveurs fameux, tant anciens que modernes, qui l'ont pratiquée. (*Paris*, 1736), in-12.

Ce morceau (anonyme) de peu d'importance n'a pas été mis dans le commerce. Papillon l'a en partie refondu dans les premiers chapitres de son second ouvrage.

PAPILLON (*Almanque*). Victoire et triomphe d'argent. Voy. FONTAINE (*Charles*) ; — le nouvel amour. Voyez GUEVARA, HEROET, LEONIQUE. .

PAPILLON Ser de Lasphrise. Voy. LASPHRISE.

PAPIMANIE (la) de France, avec une copie de certaine bulle papale, qui semble préjudiciable à la couronne de France. (*sans lieu d'impression*), 1567, in-8. de 16 ff. [2099]

Vend. 15 fr. m. r. La Valliere ; 39 fr. Veinant, en 1860.

PAPIN (*Nicolas*). Raisonnements philosophiques touchant la salure, flux et re-

Panzer (*Fred.*). Beitrag zur deutschen Mythologie, 22654.
Paoli. Algebra, 7882.
Paoli (*A.*). Religione dei Gentili, 22610.
Paoli (*P.-A.*). Lettera sull' origine dell' architettura, 9690. — Dell' Origine ed istituto del Ordine di S. Giovan Battista gerosolimitano, 21984.
Paoli-Chagny. Politique de l'Europe, 23094.

Paolucci (*Gius.*). Arte di contrapunto, 10168.
Papadia (*B.*). Galatina, 25795.
Papadopoulo Vretos (*André*). La Bulgarie, 28318. — Catalogue des livres grecs, 31636.
Papebrochii Annales antuerpienses, 25065.
Papencordt (*F.*). Vandalische Herrschaft in Afrika, 28343.
Papers on subjects connected with the engineers, 8847.
Papi (*Lazzaro*). Rivoluzione francese, 23953. — Lettere sull' Indie orientali, 28120.
Papiers d'État du cardinal de Granvelle, 25035.
Papillon (*Phil.*). Biblioth. de Bourgogne, 30566.
Papillon de La Ferté. Extrait, 31030.

flux de la mer, et l'origine des sources tant des fleuves que des fontaines, auquel est adjousté un traicté de la lumière de la mer, composé par le même autheur. *Blois, de la Saugère,* 1647, pet. in-8. [4248]

Livre peu commun : 13 fr. 50 c. et 8 fr., deux exemplaires, Arago.

Ce médecin, qui était l'oncle du célèbre Denis Papin, a écrit plusieurs autres ouvrages, où sont·émises des idées originales.

1° Nic. Papinii de aurium ceruminum usu, novis experimentis invento, prolusio medica. *Salmurii, Lesnerius,* 1648, pet. in-8.

2° De Pulvere sympatico dissertatio. *Lutetiæ, Piget,* 1650, pet. in-8. Isaac Cattier ayant combattu cette dissertation dans un discours impr. à Paris, en 1650, in-8., Nic. Papin répliqua par un écrit intitulé : *La Poudre de sympathie défendue contre les objections d'Is. Cattier,* 1651, in-8., ce qui amena la *Réponse d'Is. Cattier à Nic. Papin touchant la poudre de sympathie,* Paris, Martin, 1651, pet. in-8.

C'est probablement au même sujet que se rapporte la *Réponse* à l'écrit de Nic. Papin, par les médecins d'Alençon. *Alençon,* 1650, pet. in-8.

3° Considérations sur le traité de Descartes des passions de l'âme. *Paris, Piget,* 1652, pet. in-8. [3794]

4° Cordis diastola adversus Harveianam innovationem defensa. *Alenconii,* 1653, in-8.

PAPIN (*Denys*). Recueil de diverses pièces touchant quelques nouvelles machines et autres sujets philosophiques. *A Cassell* (sic) *pour Jacob Estienne, libraire, chez la vefve de Jean-George Hunter imprimeur,* 1695, in-12 de 164 pp., plus 12 pp. pour le titre, la dédicace et la table, fig. 8 à 12 fr. [8109]

—La Manière d'amollir les os, et de faire cuire toutes sortes de viandes en peu de temps et à peu de frais, avec une·description de la machine dont il faut se servir à cet effet... *Paris,* 1682, ou *Amst.,* 1688, pet. in-12. [8110]

L'édit. de 1682, 21 fr. Arago, et en *mar. vert ;* 29 fr. Solar.

Ce traité curieux se trouve aussi dans le recueil précédent, lequel a été traduit sous le titre suivant :

Fasciculus dissertationum de novis quibusdam machinis atque aliis argumentis philosophicis. *Marburgii-Cattorum,* 1695, pet. in-8. de 64 pp. avec une planche. 10 à 12 fr., et jusqu'à 37 fr. Libri, en 1857.

Avant de faire paraître, en France, son traité sur la *manière d'amollir les os,* Papin l'avait déjà publié en anglais sous ce titre :

A new Digester, or Engine for softaing hones, containing the description of its make and use in cookery, voyages and sea, confectionary, making of drinks, chymistry, and dying... *London,* 1681, in-4.

Nous trouvons dans la correspondance autographe de Nic. Thoynard, que nous conservons, plusieurs lettres d'Isaac Papin, ministre protestant converti par Bossuet (voir le n° 1835 de notre table), et qui, nous le croyons, était le fils de Nic. Papin ; ces lettres, en date de 1691 et 1695, sont relatives à des essais faits par leur auteur pour perfectionner la machine inventée par Denis Papin, son cousin

germain, et contiennent d'assez mauvais dessins des nouvelles machines. C'est là un fait que nous regrettons de n'avoir pas communiqué à Fr. Arago, lorsqu'il s'occupait de l'objet auquel il se rapporte.

Nous citerons encore de Denys Papin :

Manière pour lever l'eau par la force du feu. *Cassel,* 1707, pet. in-8. fig. [8111], et, en latin, sous le titre d'*Ars nova ad aquam ignis adminiculo efficacissime elevandam,* Francof.-ad-Mœn. 1717, pet. in-8.

PAPINI (*Giov.-Ant.*). Voyez à la fin de l'article Burchiello.

PAPON (*Jean*). Rapport des deux princes d'éloquence grecque et latine, Demosthènes et Ciceron à la traduction d'aucunes leurs philippicques par M. Jean Papon, avec le jugement fait par Plutarque de Demosthènes. *Lyon, Maurice Roy et Loys Pesnot,* 1554, in-8. [12005]

On doit à Jean Papon la rédaction d'un *Recueil d'arrêts des cours souveraines de France,* en 24 livres, imprimé plusieurs fois à *Lyon, chez Jean de Tournes,* in-fol. et in-8. de 1558 à 1569 ; ensuite réimpr. à Paris et à Genève, in-4. et in-8. Il a écrit aussi *Les trois Notaires* (savoir le Notaire proprement dit, le Greffier et le Secretaire), *Lyon, Jean de Tournes,* 1575-78, in-fol., et enfin :

In Burbonicas consuetudines commentaria. *Lugduni, Joannes Tornœsius,* 1550, in-fol.

PAPON (*Louis*). OEuvres du chanoine Loys Papon, seigneur de Marcilly, poëte forésien du xvi° siècle, imprimées pour la première fois sur les manuscrits originaux, et précédées d'une notice sur la vie et les œuvres de Loys Papon par Guy de La Grye. *Lyon, Louis Perrin, imprimeur,* 1857, in-8. de lj et 97 pp. avec figures; plus *Pastorelle sur la victoire obtenue contre les Allemands Reytres Lãsquenets Souysses et Francois rebelle a Dieu et au Roy tres chrestien, l'an* 1587. a Montbrison representee le vint-septiesme iour de Feurier, 1588, in-8. xix pp. prélim., contenant 6 fig. dans le texte, ensuite 167 pp. suivies de 2 fac-simile, l'un grec et l'autre français. [13852]

—Supplément aux œuvres du chanoine Loyz Papon... précédé d'une notice sur cette nouvelle publication par Guy de la Grye. *Lyon, impr. de Perrin,* 1860, in-8. de xv et 35 pp., ix pp. et 36 pp. et 34 vignettes, papier vergé teinté.

Belle édition de ces deux volumes, imprimée par les soins et aux frais de M. Yémeniz, qui n'en a fait tirer qu'un très-petit nombre d'exemplaires pour les distribuer en présents.

L. Papon était le second des trois fils de Jean Papon, dont l'article précède celui-ci.

PAPON (*J.-P.*). Histoire générale de Provence. *Paris,* 1778-86, 4 vol. in-4. fig. 36 à 42 fr. [24790]

Vend. 47 fr. m. r. Heber.

—De la Peste, 7199.—Voyage de Provence, 20137.

Pappa do Poulo, Choix, 15921.

PAPPAFAVA (*J.-R.*). Dissertazione della genealogia delle famiglie germane della casa de Carrara. *Padova,* 1771, in-fol. fig. [28911]

Cette dissertation, tirée à petit nombre d'exempl., n'a pas·été mise dans le commerce. Vend. 23 fr. Villoison.

PAPPUS. Pappi alexandrini mathematicæ collectiones, a Fed. Commandino in latinum conversæ et commentar. illustratæ. *Pisauri, apud Hier. Coradium,* 1588, in-fol. de 3 ff. prélim. et 334 ff. chiffr., fig. sur bois. [7785]

Volume peu commun. Vend. 12 fr. Soubise; 20 fr. Labey. Il y a des exemplaires dont le titre porte : *Venetiis, Fr. de Franciscis,* 1589. 20 fr. Libri, en 1857.

— Eædem, in hac nostra editione ab innumeris mendis et præcipue græco contextu vindicatæ (cura C. Manolessii). *Bononiæ, de Ducciis,* 1660 (in fine : 1658), in-fol. de 5 ff., 490 pp., et 1 f. fig. sur bois.

Vend. 19 fr. Delambre; 20 fr. Labey; 31 fr. Libri.
— PAPPI Alexandrini collectiones mathematicæ : nunc primum græce edidit Herm. Joseph. Eisenmann, libri quinti pars altera. *Parisiis, typis J. Didot,* 1824, in-fol. de 64 pp.

Fragment dont on n'avait pas encore publié le texte grec.

PAPWORTH (*John*). Select views of London; with historical and descriptive sketches of some of the most interesting of its public buildings, compiled and arranged by John B. Papworth. *London, Ackermann,* 1816, très-gr. in-8., avec 76 pl. en couleur. [27100]

Vend. 53 fr. salle Silvestre, en 1826; 64 fr. Chateaugiron, et moins depuis.
— Rural residences, 9814. — Hunts on ornamental gardening, 9815.

PAPYRI (select) in the hieratic characteres from the collections in British Museum, with prefatory remarks (by Edw. Hawkins). *London,* 1841-44, 3 part. in-fol. [30205]

Cent soixante feuilles exécutées en lithographie, par M. H. Neterclift, et impr. en couleur sous la surveillance de M. S. Birch.

PAQUELIN (*Guillaume*), Beaunois. Apologème pour le grand Homère, contre la reprehension du divin Platon, sur aucuns passages d'iceluy. *Lyon, Charles Pesnot,* 1577, in-4. [12340]

Ce livre est devenu rare, et, comme on peut le voir dans le 4e vol. de la *Bibliothèque françoise* de Goujet, ce n'est pas là son seul mérite.

PAQUOT (*J.-Noël*). Mémoires pour servir

à l'histoire littéraire des Pays-Bas, de la principauté de Liége, et de quelques contrées voisines. *Louvain,* 1763-70, 3 vol. in-fol. 30 à 36 fr. [30851]

Cet ouvrage, rédigé sur le modèle des Mémoires du P. Niceron, se distingue par des détails intéressants et d'une certaine exactitude; aussi regrette-t-on beaucoup qu'il ne soit pas terminé. Il y a une édition en 18 vol. pet. in-8., publiée en même temps que l'in-fol.

PARABILIUM medicamentorum Scriptores. Voy. SCRIPTORES.

PARABOLA de seminatore, ex Evangelio Matthæi, in LXXII europæas linguas ac dialectos versa, et romanis characteribus expressa. *Londini* (*W.-H. Billing*), 1857, in-8. de 84 feuillets détachés.

Édition tirée à 249 exemplaires, plus un seul in-4. en papier très-épais, avec une bordure en encre rouge pour chaque page.

PARABOSCO (*Girolamo*). Rime. *Venezia, Giolito,* 1547, in-8. 6 à 9 fr. [14534]

— Comedie di Girolamo Parabosco, di nuovo ricorette e ristempate. *Vinegia, Gabr. Giolito de' Ferrari,* 1560, pet. in-8. ou in-12. [16676]

Réunion de six comédies en 5 actes et en prose, déjà publiées séparément, 9 sh. Heber; 40 fr. *rel. en vél.* (sans la *Fantesca,* mais avec la *Calandra* de Bibiena, édit. de 1562) de Soleinne.
Ces six pièces sont : 1. *La Notte,* Venetia, Tomaso Botietta, 1546, pet. in-8. de 56 ff.; réimpr. en 1560, 1568 et en 1586.—2. *Il Viluppo,* Vinegia, 1547, pet. in-8. de 56 ff., y compris la marque de Giolito; réimpr. en 1560 et 1568. — 3. *I Contenti,* Vinegia, 1549, in-8., sign. A—F...; réimpr. en 1560 et en 1586. — 4. *La Fantesca,* ibid., 1557; réimpr. en 1597, pet. in-12 de 59 ff. — 5. *L'Hermaphrodito,* ibid., 1549 et 1560.— 6. *Il Pellegrino,* ibid., 1560 et 1586. On y ajoute deux autres comédies du même auteur, savoir : *Il Marinaio,* ibid., 1550 et 1560, et *Il Ladro,* ibid., 1555, même format. Cette dernière est plus rare que les autres.
On cite encore *la Progne, tragedia,* de Parabosco. *Venez., Comin da Trino,* 1548, pet. in-8. de 32 ff., dont un exempl. en *v. f. tr. d.* a été vendu 11 fr. de Soleinne. Il existe sous ce même titre une tragédie impr. à Florence, par les Giunti, en 1561, in-8., sous le nom de *Lodovico Domenichi,* qui n'a fait que traduire en italien une pièce composée en vers latins par *Greg. Corraro.*

— I Diporti, ovvero novelle. *Venet., Giov. Griffio* (senz' anno), in-8. [17465]

Cette édition, imprimée vers 1550, est la plus rare de ces nouvelles. Elle vaut 30 fr., et plus en Italie. Vend. 3 liv. 18 sh. Borromeo. — On doit y trouver 8 ff. prélim. dont un bl., 240 pp. chiffr., 1 f. contenant au recto des corrections, et au verso la marque de l'imprimeur; à la fin un f. bl.

— Gli stessi, nuovamente ristampati e diligentissimamente revisti. *Venezia, Gio. Griffio,* 1552, in-8. fig. en bois. 113 ff. chiffrés et un bl.

Édition plus correcte que la précédente, mais où l'on n'a pas réimprimé la table des *questioni* et des *rime* : 2 liv. 19 sh. Borromeo.

L'édition de Venise, *Domenico Giglio*, 1558, in-8. de 115 ff. chiffr. et 1 blanc, est inférieure à celle de 1552, dont elle est la réimpression : 12 à 18 fr. Vend. 1 liv. 6 sh. Pinelli. Il y en a une autre de 1558, in-8., sans nom d'imprimeur, mais portant la marque de *Bartolommeo l'Imperatore*. Gamba avait pensé que c'était la même que la précédente, avec un autre frontispice, mais G. Melzi a reconnu qu'elle en était tout à fait distincte. Peut-être Gamba aura-t-il vu un exemplaire où l'on avait substitué un frontispice à l'autre ?

Les réimpressions de *Venise*, 1564, 1586, ou de *Vicence*, 1598, in-8., sont beaucoup moins chères ; cette dernière surtout est étrangement mutilée : 4 à 6 fr.

— Gli stessi. *Londra* (*Livorno*), 1798, in-8. 5 à 6 fr.

Cette édition, donnée par Gaet. Poggiali, est fort bonne, et on y a joint une notice sur la vie de l'auteur. Il y en a quatre exemplaires sur pap. bleu : 2 liv. 5 sh. Borromeo.

— Lettere amorose. *Milano, per Gio. Antonio degli Antonii*, 1558, pet. in-8. [18873]

Cette édition réunit les quatre livres des lettres de Parabosco, lesquelles renferment quatre nouvelles qui étaient déjà dans l'édition des *Diporti*, impr. en 1552, et que G. Poggiali a fait entrer dans la sienne (voy. ci-dessus). Ces quatre livres avaient été publiés séparément, à Venise, in-8., savoir : le premier en 1546, 1547, 1553 et 1556 ; le 2e en 1548, 1552 et 1556 ; le 3e en 1553 et 1555 ; le 4e en 1554 et 1555. Les éditions originales présentent entre elles des différences que Gamba a eu soin d'indiquer, dans sa *Bibliografia delle novelle ital.*, édition de Florence, p. 286.

— I quattro libri delle lettere amorose, con l'aggiunta di alcune altre di diversi, novamente ristampate e ricorrette per Thomaso Porcacchi. *Venezia, Gabr. Giolito*, 1561, in-12.

Édition assez belle, ainsi que celle de 1569, par les frères *Giolito*, aussi in-12. Les autres réimpressions conservent peu de valeur.

— LETTRES amoureuses de Girolam Parabosque, avec quelques autres ajoutées de nouveau à la fin : trad. d'italien en franç. par Hubert-Philippe de Villiers. *Anvers, Christ. Plantin*, 1556, in-12.

Réimpression de l'édition de Lyon, *Ch. Pesnot*, 1555, in-4. Il y en a une autre, *Paris, Galiot Corrozet* (fin du xvie siècle), in-16, de 218 et 6 ff.

PARACELSUS Bombast ab Hohenheim (*Aureolus - Phil. - Theophr.*). Opera medico - chemico - chirurgica. *Genevæ*, 1658, 3 tom. en 2 vol. in-fol. [6617]

Vend. 45 fr. Baron ; 36 fr. Hallé, et quelquefois moins.

Les ouvrages allemands (*Bücher und Schriften*) de Paracelse, mis au jour par J. Huser, ont été impr. à Bâle, de 1589 à 1590, en 11 vol. in-4., et aussi à Strasbourg, 1603 ou 1616-18, en 2 vol. in-fol.

— LA GRANDE chirurgie de Phil. Aorco, le Théophraste Paracelse, traduite en françois sur le latin de Jacquin d'Alhem, par Cl. Dariot. *Lyon*, 1593, in-4

La version latine d'Alhem, sur laquelle fut faite cette traduction française, a été impr. à Strasbourg, en 1573, in-fol.

— PROGNOSTICATIO eximii doctoris Theophrasti Paracelsi, anno 1536 conscripta, xxxii figuris æneis expressa. [n-4. [9012]

Vend. 9 fr. *mar. r.* Gaignat ; 10 fr. en 1805 ; 33 fr. Borluut.

— EXPOSITIO vera harum imaginum olim Nurenbergæ repertarum, ex fundatissimo veræ magiæ vaticinio deducta per D. Doctorem Theophr. Paracelsum. Anno 1570, pet. in-8. fig. sur bois. [2098]

Petit volume rare, composé de 48 ff., y compris la figure séparée qui doit se trouver à la fin. C'est une satire contre la cour de Rome. Vend. 20 fr. *m. v.* La Vallière ; 10 fr. *mar. r.* Detune ; 65 fr. Mac-Carthy ; 90 fr. 50 c. en 1843.

— Abrégé de la doctrine de Paracelse, 8992.

PARADIN (*Claude*). Devises héroïques. *Lyon, Ian de Tournes, et Guill. Gazeau*, 1557, in-8. de 261 pp., avec 180 grav. sur bois. [18593]

Belle édition. 24 à 36 fr. ; 80 fr. *mar. bl.* par Bauzonnet, Fr. Michel, et *mar. r.* par Trautz, 95 fr. Solar.

— LES DEVISES héroiques de M. Claude Paradin, du seigneur Symeon et autres auctheurs. *Anvers, de l'imprimerie de Christophe Plantin*, 1561, in-16 de 176 ff. en lettres ital. avec un grand nombre de fig. sur bois.

Cette édition reproduit l'épître dédicatoire, en date du 15 janvier 1556, qui est dans l'édit. de 1557 cidessus. Plantin a donné, en 1567, une autre édition du même recueil ; il l'a publiée aussi avec un texte latin, et cette version, jointe à celle des Emblèmes de Symeoni, a été réimpr. *Lugd.-Batav., ex officina plantin.*, 1600, in-16, fig. sur bois.

— DEVISES heroiques par Claude Paradin et du seigneur Gabriel Syméon. *Douay, de l'imprimerie de Estienne Lagache*, 1563, in-16 de 176 ff. chiffrés, avec fig. sur bois.

Ce petit volume rare réunit, comme le précédent, les Devises de Paradin, déjà impr. à Lyon, en 1557, celle de Simeoni, d'après l'édit. de Lyon, 1559 (voy. SIMEONI). La Croix du Maine cite une édit. de ces deux ouvrages impr. à *Anvers, par Guillaume Sylvius*, sous la date de 1563 : peut-être est-ce la même que celle de Douai, avec un autre titre. Il est à remarquer que le nom de l'imprimeur Estienne Lagache ne se trouve pas dans la *Bibliographie douaisienne*, où il n'est pas fait mention de cette édit. des Devises de Paradin. Cela prouve que si cet imprimeur est venu à Douai, il n'y a pas fait un long séjour.

— DEVISES héroiques et emblèmes de Cl. Paradin, revues et augmentées de moitié, par François d'Amboise. *Paris, Rolet Boutonné*, 1621, in-8. fig.

Les figures de cette édition sont des tailles-douces, ainsi que le frontispice gravé. Le titre, imprimé, est daté de 1622. A la suite des *Devises héroïques*, se trouve :

1° DISCOURS ou traicté des devises, pris et compilé des cahiers de feu Fr. d'Amboise, par Adrien d'Amboise, son fils, 1620, de 4 ff. et 178 pp.

2° DEVISE royale, par Adr. d'Amboise, 1621, en 66 pp.

Dans le privilége de l'édition de Paris, 1614, in-8., que son titre annonce aussi comme *revue et augmentée de moitié*, il est dit que les additions sont du sieur *Dancry, conseiller et maître des requêtes ordinaire de l'Hostel*. Les *Devises héroïques* ont été traduites en anglais par P. S. *London, Will. Kearney*, 1591, in-8.

— Quadrins histor. de la Bible. Voyez QUADRINS.

— Alliances généalogiques des rois et princes de Gaule, par Cl. Paradin. *Lyon, Jean. de Tournes*, 1561, in-fol. avec des blasons. [28840]

Ce beau volume a 4 ff. prélim., 1021 pp., dont la dernière est cotée 1201, plus 1 f. pour le privilége. Il n'est pas fort cher. Il y en a une seconde édition revuè et augmentée en plusieurs endroits, et en laquelle (selon le titre) ont été adjoustés les blasons ou escartelages des armoiries, *Genève*, 1606 ou (3e édit.) 1636, in-fol.

PARADIN (*Jean*). Voy. Parradin.

PARADIN de Cuyseaulx (*Guill.*). Histoire de nostre temps (depuis l'avenement de François I jusqu'en 1558). *Lyon, J. de Tournes* ou *Guil. Gazeau*, 1558, in-16 de 24 ff. prélim. et 909 pp. 6 à 9 fr. [23467]

Vend. 16 fr. *mar. r.* Thierry; 36 fr. Labédoyère, et 33 fr. en *v. f.* Gancia.

Cette histoire contemporaine n'est point sans mérite; l'auteur l'écrivit d'abord en latin et la publia sous le titre de *Memoriæ nostræ libri quatuor*, à Lyon, chez J. de Tournes, en 1548, in-fol., puis il la donna en françois sous celui d'*Histoire de notre temps, faite en latin par maistre Guillaume Paradin, et par lui mise en françois*, Lyon, J. de Tournes, 1550, in-fol. Cette traduction fut ensuite réimpr. à Lyon, chez le même, en 1552, in-16, puis à *Paris*, Fr. Regnault, 1555, in-16, et de nouveau en 1556, in-16, avec une continuation jusqu'en 1554.

Avant que parût l'édition de 1558 ci-dessus, l'auteur avait mis au jour : *Continuation de l'histoire de nostre temps, jusqu'à l'an mil cinq cent cinquante six*, Lyon, Guillaume Roville, in-fol., pour compléter l'édit. de 1550.

La même continuation a été réimpr. à *Paris, pour Michel Sonnius* et *Guil. de La Noue*, en 1575, in-8. de 8 fl. prélim., 367 pp. plus la table.

L'édition de l'*Histoire de notre temps*, Paris, Ruelle, 1568, in-12, est continuée jusqu'en 1567.

L'opuscule suivant de Guil. Paradin : *De rebus in Belgia gestis ad Philippü Gayanum* (Epistola). *Apud viduam Viuantium Gautherot* (Parisiis), 1544, in-16 de 16 ff., signat. A et B, ne doit pas être commun.

— Discours des guerres de l'an 1542 et 1543, entre le roy et l'empereur, par Guil. Paradin, trad. du latin par P: H. G. (Philibert Hegemon Guide). *Paris*, 1544, pet. in-8.

— De antiquo statu Burgundiæ liber. *Lugduni, Steph. Doletus*, 1542, in-4. [24518]

Réimpr. à Bâle, sans date, mais vers 1555, in-8., avec d'autres traités historiques indiqués dans le catal. de La Valliere par Nyon, VI, n° 23778.

— Annales de Bourgogne (de l'an 1378 à 1482). *Lyon, Ant. Gryphius*, 1566, in-fol. [24523]

— Mémoires de l'histoire de Lyon. *Lyon, Ant. Gryphius*, 1573, in-fol. [24587]

On trouve quelquefois joint à cet ouvrage les *Priviléges de la ville de Lyon*, par Claude de Ruby, *Ibid.*, 1574.

— Chronique de Savoye. *Lyon, J. de Tournes*, 1552, in-4. [25303]

Vendu 40 fr. Revoil, et quelquefois moins.

Il y a une seconde édition augmentée, avec les figures de toutes les alliances de mariages qui se sont faits en la maison de Savoye, depuis le commencement jusqu'à l'heure présente, *Lyon, de Tournes*, 1561, in-fol. fig. (30 fr. Tochon d'Annecy, et 51 fr. *mar.* exempl. de de Thou), et une troisième sous ce titre : *Chronique de Savoye, extraite pour la plupart de Guill. Paradin, 3e édition, enrichie et augmentée en diuers endroits, et continuée jusqu'à la paix de 1601*, Lyon, de Tournes, ou

Genève, 1602, in-fol. Avec 150 blasons gravés sur bois et intercalés dans le texte.

Quoique ces différents ouvrages historiques de G. Paradin ne jouissent pas d'une grande considération, ils ont acquis quelque valeur dans ces derniers temps.

— Angliæ descriptionis compendium. *Parisiis, Viv. Gaultherot*, 1545, pet. in-8. [26725]

Ce livre conserve du prix en Angleterre. Vend. 1 liv. 7 sh. Bindley.

— Afflictæ Britannicæ religionis et rursus restitutæ exegema. *Lugd., Joan. Tornæsius*, 1555, pet. in-8.

— Le Blason des danses, où se voyent les malheurs et ruines venant des danses dont jamais homme ne revint plus sage ni femme plus pudique. *Beaujeu, Justinian et Phil. Garils*, 1556, in-8. [1355]

Opuscule le plus rare de tous ceux qui traitent du même sujet.

L'édition de *Beaujeu*, chez les mêmes libraires, 1566, pet. in-8., dont l'existence a été révoquée en doute, est bien réelle: elle a 3 ff. et 87 pp., et l'exempl. porté dans le catal. de Soleinne, V, n° 593, a été vendu 30 fr.

Réimpr. d'après l'édition de 1556 (*Paris, Techener, de l'imprimerie de F. Didot*, 1830), in-16 tiré à 76 exempl., savoir : 60 en pap. de Holl., 12 fr.; 10 en pap. véh, 24 fr.; 6 en pap. de Chine, 25 fr. — Un sur VÉLIN. — Voy. JOYEUSETEZ.

— De Concorde publique (par Guillaume Paradin). *A Beau-Jeu, pour Justinian et Philippe Garils*, 1565, in-8. de 68 pp. et 2 ff. 8 fr. non rel. en 1861.

PARADISE of dainty devises. Voy. England's Helicon.

PARADOSSI, cioè sententie fuori del comun parere, nouellamente venute in luce, opera non men dotta, che piacevole ; in due parti separata. *Lione, per Gioanni Pullon da Trino*, 1543, gr. in-8., sign. *a—o*, feuillets non chiffr., lettres rondes. 12 à 18 fr. [17961]

Édition originale de ces paradoxes singuliers et curieux dont Ch. Estienne n'a reproduit qu'une partie dans la traduction libre qu'il en a donnée (voyez ci-dessous), et où il a volontairement omis les passages les plus licencieux et les plus impies. L'auteur ne s'est pas nommé sur le titre, mais dans un avertissement impr. en italiques (au dernier feuillet) et signé *Paolo Mascranico*, il est dit que l'ouvrage est de M. O. L. M. *detto per sopranome il Tranq.*, c'est-à-dire *Messer Ortensio Landi Milanese, il Tranquillo :* ce que confirment les deux mots *Suisnetroh Tabedul* (impr. à la fin du dernier paradoxe), lesquels, lus à rebours, donnent *Hortensius ludebat*. 39 fr. 50 c. *mar. r.* Libri.

Les *Paradossi* ont été réimprim. à Venise, en 1543, deux fois en 1544, pet. in-8. Ces trois éditions, qui ont chacune 106 ff. chiffrés et 2 ff. de table, ne portent pas de nom d'imprimeur, mais la vignette du frontispice présente un arbre frappé de la foudre, avec deux vers analogues à cet emblème. A l'édition de Venise de 1545 (qui n'a que 86 ff. et 2 pour la table et l'avis au lecteur) se trouve quel-

Paradis de Raymondis (*J.-Z.*). Traité de morale, 3840.

Paradisi (*Ag.*). Poesie, 14612.

quefois réunie une pièce sans date, intitulée *Confutatione del libro de' paradossi nuovamente composta in tre orationi distinte*, laquelle est d'Ortensio Landi lui-même, comme le prouve Apostolo Zeno sur Fontanini, tome II, p. 113. Cette réfutation a été publiée séparément, vers 1545. — L'édit. des *Paradossi*, de Lyon, per *Jaccobo de Millis*, 1550 (à la fin : *Stampato in Lione, per Giovanni Pullone da Trino*), in-16, non corrigée, est rare. 1 liv. 3 sh. Libri, en 1859. — Celle de Venise, *Andrea Arrivabene*, 1563, pet. in-8., n'a que 87 ff., dont un de table. — Celle des *Paradossi*, impr. à Bergame, chez Comin Ventura, en 1594, in-4., est réduite à 17 articles et purgée des impiétés répandues dans les premières : elle n'a donc que fort peu de valeur.

—**Paradoxes, ce sont propos contre la commune opinion, debatus en forme de declamations foreses : pour exerciter les ieunes aduocats en causes difficiles.** *Paris, par Charles Estienne*, 1553, pet. in-8. de 158 pp. en tout. Jolis petits caract. italiques.

Vend. en *m. r.* 10 fr. La Valliere; 15 fr. d'Hangard; 49 fr. *mar.* Fr. Michel ; avec le *Paradoxe* sur le plaid, *même date*, et rel. en *mar. citr.* par Trautz, 65 fr. Veinant, en 1860.

Cet ouvrage parait avoir eu beaucoup de succès, car Ch. Estienne en fit deux éditions dans le courant de la même année, et une troisième en 1554. La seconde édition, conforme à la première pour les caractères et le nombre des pages, en diffère un peu dans le titre, où l'on a remplacé le mot *advocats* par le mot *esprits*, et où l'on a ajouté : *Reueuz et corrigez pour la seconde fois*; ce qui se lit également sur le titre de l'édition de 1554, pet. in-8., laquelle nous a paru en tout semblable à la seconde : 22 fr. *mar. r.* Bignon; 16 sh. Heber; 16 fr. Monmerqué.

Ces paradoxes, au nombre de 25, et dont l'éditeur n'indique pas la source, ne sont pas de l'invention de Charles Estienne; il est facile d'y reconnaître une imitation et presque une traduction de la plus grande partie des trente *Paradossi* d'Ortensio Landi (voy. ci-dessus). Le traducteur a publié, en 1554, un opuscule intitulé : *Paradoxe que le plaider est chose très-utile et necessaire à la vie des hommes*. C'est un petit in-8. de 16 ff. non chiffrés, impr. en assez gros caractères romains, et qui se trouve quelquefois relié avec le précédent, quoiqu'il n'ait pas été puisé à la même source. Vend. séparément 23 fr. 50 c. Veinant. Nous regardons la première édition de 1553 comme l'édition originale de la traduction de Charles Estienne; néanmoins, d'après le témoignage de Zeno, dans sa note sur Fontanini, tome II, p. 114, une traduction française des *Paradossi* aurait déjà existé en 1544: ajoutons que le recueil de Charles Estienne a été réimprimé plusieurs fois depuis 1554, et sous des titres assez différents du premier, pour qu'on ait pu croire qu'ils indiquaient tout autre ouvrage. Voici la notice exacte de ces réimpressions déguisées.

1° XXV PARADOXES ou sentences, débattues et élégamment déduites contre la commune opinion, traité non moins plein de doctrine que de récréation pour toutes gens. *Lyon, par Jean Temporal*, 1554. (à la fin) : *Impr. à Lyon, chez Barth. Frein*, in-16 de 230 pp. et 8 ff. de table.

Jolie réimpression en lettres rondes d'une des deux éditions de 1553, ci-dessus ; on y remarque de charmants fleurons sur bois. 10 fr. 50 c. Baudelocque.

Réimpr. sous le même titre, avec les mots *reueu et augmente* ; *à Lyon, chez Thibauld Payen*, 1555, in-16 de 248 pp. et 20 ff. pour la table et le prologue ; —et aussi à *Lyon, par Jean Temporal*, 1559, in-16 de 233 pp. et 9 ff. pour la table. On lit au verso du dernier f. : *A Lyon, par Nicolas Parri-*

neau, 1561. Ces deux dernières éditions contiennent chacune vingt-six paradoxes.

Une édition de *Paris*, 1561, in-16, en *m. citr.*, a été vendue 11 sh. Hanrott.

Une autre édition des mêmes Paradoxes, *Poitiers, J. de Marnef*, 1553, pet. in-8. (avec le *Paradoxe que le plaider, etc.*). 10 fr. 50 c. salle Silvestre, en 1842 et 19 fr. Pressac.

2° PARADOXES, autrement Propos contraires à l'opinion de la plupart des hommes ; livre non moins profitable que facetieux. *Rouen, Nic. Lescuyer*, 1583, in-16.

Vend. 8 sh. *mar. r.* Hanrott; 20 fr. Veinant.

Vingt-six paradoxes y compris le *Playder*, plus un 27ᵉ intitulé la *Louange de la Folie*.—Voy. PAZZIA.

Une autre édition, *Paris, Nic. Bonfons*, 1583, pet. in-12, est dans le catal. de Courtois, n° 2698, mais elle a été mal annoncée sous la date de 1553 dans le catal. de Chénier, n° 688.

À ces différentes éditions des *Paradoxes* déjà citées, nous ajouterons celles de *Rouen*, 1554, de *Paris*, 1557, de *Lyon*, 1576, in-16, ou pet. in-12, indiquées toutes les trois dans le catal. de Bigot, n° 6267 à 6269, mais que nous n'avons pas vues.

3° LES DÉCLAMATIONS PARADOXES, où sont contenues plusieurs questions débattues contre l'opinion du vulgaire : traité utile et récréatif propre a esveiller la subtilité des esprits de ce temps. Reueu et enrichi d'annotations fort sommaires par Jean du Val auccerrois (*sic*). *Paris, Jean Micard*, ou *du Breuil*, 1603 (et aussi 1604), in-12 de 313 pp. non compris la table.

Réimpression des 26 paradoxes de Ch. Estienne, y compris celui du *Plaider*. L'éditeur a remplacé l'avertissement primitif par un nouvel avant - propos où il dit que les notes sommaires ajoutées en marges sont de son frère. Jean Du Val, nommé sur le titre de cette édition, n'est donc point l'auteur du recueil, comme le donne à entendre Barbier dans son *Dict. des anonymes*, n° 13773, où, confondant la présente édition avec celle de 1554, il dit mal à propos que le nom de notre Du Val se lit sur plusieurs exemplaires de cette dernière; Barbier aura été induit en erreur par le catalogue de La Valliere-Nyon, dont le n° 7874 indique effectivement l'édit. de 1554 sous le nom de Jean Du Val, bien que ce nom ne se trouve pas sur le titre de l'exemplaire annoncé, le même que nous avons vérifié à la bibliothèque de l'Arsenal.

4° PARADOXES ou les opinions renuersées de la plus part des hommes; livre non moins profitable que facetieux; par le Docteur incognu. *Paris, Jacques Caillové*, 1638, in-12 de 4 ff. prélimin. et 424 pp. chiffrées, gros caract. romains.

Dans cette édition, le style de Ch. Estienne a été rajeuni, et on a ajouté aux 26 paradoxes déjà publiés un 27ᵉ paradoxe : *De la Folie*, et un autre : *Des Interlocuteurs*.

Aucune de ces éditions ne contient les cinq paradoxes italiens que Ch. Estienne n'a pas imités, savoir : le onzième, *Non esser cosa detestabile ne odiosa la moglie dishonesta*; le 27ᵉ sur Boccace, le 28ᵉ et le 29ᵉ sur Aristote, et le 30ᵉ et dernier sur Cicéron.

Il est singulier que Nyon, ayant à placer dans le catalogue de La Valliere, rédigé par lui, les *Paradossi* italiens, et les éditions de la traduction de Ch. Estienne, en ait fait trois articles différents sous les n° 7874 et 7875, 11655 et 11805 à 11809.

—PARADOXAS o sentencias, traduzidas de ytaliano en castellano. *Medina del Campo*, 1552, in-8. (catal. de d'Estrée, n° 11539).

PARADOXE contre les lettres. *Lyon, par Iean de Tournes*, 1545; pet. in-8. de 31 pp., lettres italiques. [18110]

Opuscule rare où l'auteur, déguisé sous le nom d'Opsimathes, a traité en plaisantant un sujet que deux cents ans plus tard J.-J. Rousseau devait traiter sérieusement et d'une manière si brillante. Il n'a rien de commun, si ce n'est pour le fond des idées, avec le troisième paradoxe (*pour l'ignorance*) du livre de Charles Estienne, décrit ci-dessus à l'article PARADOSSI.

PARADOXE (le) sur ce que nul labeur sans récompense, oultre l'opinion du vulgaire. *Paris, en l'imprimerie de Louis Grandin, pres Saint Estienne du Mont, a l'enseigne du Coq*, 1543, pet. in-8. [13552]

Pièce en vers, dont un exemplaire est porté dans le catalogue Cigongne, n° 697.

ΠΑΡΑΔΟΞΟΓΡΑΦΟΙ. Scriptores rerum mirabilium græci : insunt (Aristotelis) mirabiles auscultationes, Antigoni, Apollonii, Phlegontis historiæ mirabiles ; Mich. Pselli lectiones mirabiles, reliquorum ejusdem generis scriptorum deperditorum fragmenta : accedunt Phlegontis, Macrobii et Olympiadum reliquiæ, et anonymi tractatus de mulieribus, etc., edidit Aut. Westermann. *Brunswigæ, G. Westermann,* 1839, in-8. 1 thl. 12 gr. [6235]

PARÆNETICORUM veter. Pars I. Voyez GOLDAST.

PARAGON de joyeuses inventions. Voyez PETIT traité, et au mot THRESOR.

PARALDUS (*Guillelmus*), episc. Lugdunensis. Incipit summa de virtutibus Wilhelmi episcopi Lugdunensis... (à la 2e part.) : Incipit sūma viciorum seu tractatus moralis... *Impressa diligentissimeꝫ correcta per me Henricuꝫ quentell Coloñ incolā. Anno dñi* M. CCCC. LXXIX. *expleta,* 2 vol. in-fol. goth. à 2 col., le premier de 427 ff. à 34 lign. par page, le second de 306 ff. à 38 lign., y compris 7 ff. prélim. au 1er vol. et 10 ff. au 2e. [1334]

Il existe plusieurs édit. de cette somme, impr. sans date, et peut-être antérieures à celle-ci (Hain, 12383-86), et d'autres d'une date postérieure (*Ibid.*, 12388-92), mais aucune n'a une grande valeur. L'auteur y est nommé tantôt *Vilhelmus* ou *Wilhelmus episcopus Lugdunensis*, tantôt *Guillelmus parisiensis*, ou *Guillelmus Peraldus*, et même *Peraudus*.

PARALIPOMENA cum commentario, hebraice. *Neapoli,* 247 (1487), pet. in-fol. [400]

— Voy. JOB.

PARALIPOMENA grammatic. institutionum. Voy. STEPHANUS (*H.*).

PARALLÈLE de l'architecture. Voyez CHAMBRAY.

Parallèle des religions. Voyez Brunet.
Paramelle (l'abbé). L'Art de découvrir les sources, 8147.

PARAMO (*Ludovicus* a). De origine et progressu officii sanctæ Inquisitionis libri tres. *Matriti, ex typogr. regia,* 1598, in-fol. [21676]

Vend. en *m. r.* 6 fr. Mac-Carthy, et jusqu'à 36 fr. Boulard.

PARANGON de chansons contenant plusieurs nouuelles et delectables chansons que oncques ne furent imprimees au singulier prouffit et delectation des musiciens. *Imprime a Lyon par Jacques Moderne,* in-4. obl. de 32 ff. signat. A—H. [14259]

Premier livre d'un recueil qui, pour être complet, doit en contenir dix. Le titre que nous venons de donner est celui d'une édition sans date, mais il en existe une datée de 1538, et aussi une seconde du troisième livre. On cite encore une autre édition du 2e livre contenant XXXI chansons, *Réimprimé et recorrigee a Lyon par Jacques Moderne dict grant Jacques pres nostre Dame de Confort*, 1540, aussi en 32 ff. signat. A—H. — Le tiers livre, contenant XXVI chansons, porte la même adresse que ci-dessus, mais sous la date de 1538. Il a 32 ff. sign. A—H. Il y en a une édit. de 1543. — Le quart livre, contenant XXXII chansons, a deux et trois parties, sous la même adresse, et porte la date de 1538 ou celle de 1539, et a aussi 32 ff. — Le cinquième livre, contenant XXVIII chansons, est sous la même adresse, mais sans date ; il a également 32 ff. — Le sixième livre, sous la date de 1540, contient XX chansons, en 32 ff. — Le septième livre, sous la même date, en renferme XXVII, en 32 ff. — Le huitième livre, sous la date de 1541, contient XXX chansons, en 33 ff. — Le neuvième livre, sous la même date, a XXXI chansons, en 32 ff.

Un bel exemplaire de ces neuf livres réunis en un seul volume nous a été communiqué par M. Tross, libraire. L'exemplaire du même recueil que possède la Biblioth. royale de Munich contient de plus un Xe livre sous la date de 1543. Cette collection se trouve bien rarement complète.

PARANGON (le) de nouvelles honnestes et delectables à ceux qui désirent veoir et ouyr choses nouvelles et récréatives, soubz umbre et couleur de joyeuseté, utiles et profitables à ung chascun vray amateur de bons propos et placians (*sic*) passe-temps. *Imprimé à Lyon, par Denys de Harsy pour Romain Morin,* 1531, in-8. fig. [17330]

Vend. 25 fr. Méon ; 20 fr. Le Duc. L'exempl. payé 18 liv. chez Stanley a été revend. 2 liv. 10 sh. Hanrott ; un autre, 45 fr. Crozet. Il serait plus cher aujourd'hui.

Ce recueil renferme 47 nouvelles tirées de Boccace et d'autres auteurs, et de plus les *Paroles joyeuses et dicts memorables des nobles et saiges hommes anciens, redigez par le gracieulx et honeste poete messire Francoys Petrarcque, etc.* L'édition est imprimée en lettres rondes, ornée de jolies gravures sur bois, et se compose de 80 ff. chiffrés ; on ne la trouve que très-difficilement. — Un exemplaire sous la date de 1532, et auquel étaient aussi jointes *Les paroles joyeuses... Lyon,* 1532, a été vend. 7 liv. 7 sh. Heber.

Il y a une autre édition de ces nouvelles, avec cette souscript. : *On les vend à Lyon, dans la maison de Francois Just,* 1533, in-12, d'un format allongé. Elle est en mauvais caract. goth., et les gravures sur bois en sont très-grossièrement exécutées. Les 47 nouvelles y occupent 80 ff. C'est, au reste, un livret fort rare, et dont un somptueux exemplaire rel. en *mar. rouge doublé de mar. v. riche dorure*, par Trautz-Bauzonnet, a été payé 1105 fr. à la vente Solar.

PARCIEUX. Voy. DEPARCIEUX.

PARDESSUS (*J.-M.*). Collection de lois maritimes antérieures au XVIIIᵉ siècle. *Paris (de l'impr. roy.), chez Treuttel et Würtz*, 1828-31-34-37-45, 6 vol. in-4. 120 fr. [2952]

Collection importante. Daunou a rendu compte du premier volume dans le *Journal des Savants*, années 1829 et 1830.

— Loi salique, ou recueil contenant les anciennes rédactions de cette loi et le texte connu sous le nom de *Lex emendata*, avec des notes et des dissertations, par M. Pardessus. *Paris, impr. royale*, 1843, in-4. 15 fr. [2000]

— Table des ordonnances des rois de France. Voy. Laurière (de).

— Essai sur l'organisation judiciaire, 2590. — Traité des servitudes, 2852. — Cours de droit commercial, 2875.

PARDIES (*Ignace-Gaston*). Discours de la connoissance des bêtes. *Paris, Mabre-Cramoisy*, 1672, in-12. [3621]

Cet ouvrage, timide réfutation du système de Descartes, a eu du succès, et a été réimpr. à *Paris*, en 1678, et à *Amsterdam, chez Pierre de Coup*, 1724, in-12. Cette dernière édition, 9 fr., *non rogné*, Riva. C'est le P. Pardies qui a publié la *Lettre d'un philosophe à un cartésien de ses amis*, Paris, 1672, in-12, écrite par le P. Rochon, jésuite. On a du même P. Pardies :

Dissertatio de motu et natura cometarum, *Burdigalæ, Du Coq*, 1665, in-8.

Discours du mouvement local, *Paris*, 1670 et aussi 1673, in-12.

Élémens de géométrie. *Paris, Mabre-Cramoisy*, 1671 (réimpr. en 1678 et 1696), in-12, fig.

Deux machines propres à faire les cadrans avec une grande facilité, décrites et expliquées. *Paris, Mabre-Cramoisy*, 1687, in-12, fig., tiré de l'*Horologium thaumanticum duplex*, ouvrage du même auteur, impr. à Paris, en 1662, in-4.

La Statique, ou la science des forces mouvantes. *Paris, Mabre-Cramoisy*, 1673 et aussi 1688, in-12, fig.

On a réuni les ouvrages français ci-dessus de ce savant jésuite sous le titre d'*OEuvres du R. P. Ignace-Gaston Pardies...* Lyon, 1725, in-12 [7811], et ceux de ses traités qui appartiennent aux sciences mathématiques ont été trad. en latin sous le titre d'*Opera mathematica*, 1701, in-8.

PARDO di Figueroa (*Benito*). Analysis of the transfiguration. Voy. Raphael.

PARÉ (*Ambroise*). La methode de traicter les playes, faictes par harquebutes et aultres batons a feu... par Ambroise Paré, maistre barbier, chirurgien a Paris, 1545, pet. in-8. fig. sur bois. [7576]

Première édition de cet ouvrage qui a fondé la réputation de l'auteur. La seconde porte le titre suivant :

La Manière de traicter les playes faictes tāt par

hacquebutes que par fleche : et les accidentz d'icelles, cōme fractures et caries d'os, gangrene et mortification ; auec les pourtraictz des instrumentz necessaires pour leur curation. Et la methode de curer les combustions principalement faictes par la pouldre a canon. le tout cōpose par Ambroise Paré, maistre Barbier Chirurgien a Paris. *A Paris, par la vefue Iean de Brie*, ou *Arnoul l'Angelier*. (à la fin : *Imprimé par la vefue Iean de Brie Lan mil cinq cens cinquante deux, le dixième iour de mars*), pet. in-8. fig. sur bois.

Un exemplaire imprimé sur VÉLIN, avec un frontispice colorié et portant le chiffre d'Henri II joint à celui de Diane de Poitiers, reliure ancienne à la Grolier, 525 fr. (annoncé sous la date de 1554), catal. de M. M., *Paris, Techener*, nº 633, acheté pour M. Yéméniz.

— La Methode curative des playes et fracture de la teste humaine ; avec les portraits des instrumens necessaires pour la curation d'icelles, par Ambroise Paré. *Paris, de l'imprimerie de J. Le Royer*, 1561, pet. in-8. de 276 ff. portr. et fig. sur bois. 31 fr. Giraud, et 60 fr. Solar.

— Deux livres de chirurgie : 1. De la generation de l'homme et maniere d'extraire les enfans hors du ventre de la mere... 2. Des monstres tant terrestres que marins, avec leurs portraits, etc., par le même. *Paris, A. Wechel*, 1573, pet. in-8. fig. sur bois. 43 fr. mar. r. Giraud, et 70 fr. Solar *en veau ; 42 fr. Veinant.*

Paré avait déjà donné cinq livres de chirurgie : 1. des bandages ; 2. des fractures ; 3. des luxations, avec une apologie touchant les harquebousades ; 4. des morsures et piqueures ; 5. des gouttes. *Paris, A. Wechel*, 1572, in-8., et antérieurement un *Traité de la peste, petite-vérole et rougeole*, Paris, 1568, in-8. de 275 ff.

— Briefve collection de l'administration anatomique ; avec la maniere de conjoindre les os, et d'extraire les enfans tant mors que vivans du ventre de la mere lorsque la nature de soy ne peult venir a son effect. *Paris, Guill. Cavellat*, 1550, pet. in-8.

— Discours, a scavoir, de la mumie, des venins, de la licorne et de la peste, par Ambroise Paré. *Paris, Gabriel Buon*, 1582, in-4. fig. sur bois.

Rare de cette édition, à laquelle il faut réunir les deux opuscules suivants :

Reponse au Discours d'Ambroise Paré, touchant l'usage de la Lycorne, veue et approuvée par Grangier, doyen de l'Escolle de médecine. *Paris, Abrah. Damiel*, 1583, pet. in-8.

Replique d'Ambr. Paré à la reponse faicte contre son Discours de la Licorne. *Paris, Gabr. Buon*, 1584, pet. in-4.

— OEuvres d'Ambroise Paré corrigées et augmentées ; 7ᵉ édition. *Paris*, 1614, in-fol. fig. 15 à 20 fr. [7471]

Recueil estimé, et dont chaque édition in-fol. a la même valeur à peu près. Elles ne sont cependant pas toutes semblables, car les premières contiennent un *Traité des fièvres* qui n'est pas dans celle-ci, laquelle, à son tour, renferme l'*Apologie et traité contenant les voyages faits en divers lieux*, que l'on ne trouve pas dans les premières. La 8ᵉ édit., *Paris, Buon*, 1628, in-fol. de 1320 pp., non compris les feuillets prélimin. et la table, est divisée en 30 livres, dont l'avant-dernier est l'*Apologie et traité contenant les voyages faits en divers lieux* ; et le dernier le *Traité des fièvres*, en 2 part., plus ample que dans les prem. éditions. Celle de *Paris, Gabr. Buon*, 1579, in-fol. avec fig., qui est la seconde, ne contient que 27 livres, et nous présumons que l'édition de 1585, donnée encore du vivant de l'auteur, n'est pas plus complète, non plus que celle de Lyon, 1588, in-fol. Les éditions de 1633, 1652, 1664 et 1695, imprimées dans cette dernière ville, reproduisent la huitième de 1628. — Les mêmes œuvres traduites en latin par

Jacq. Guillemot, ont été impr. à Paris, par Jacq. Du Puy, en 1582, in-fol., et réimpr. à Francfort, en 1594, et depuis dans le même format.

Gui Patin dit dans une de ses lettres, la ccv⁰ de l'édit. in-8., tome I⁰ʳ, p. 449 : « L'auteur de son livre (la Chirurgie de Paré) a été un savant médecin de Paris, nommé maître Jean Haultin (Altinus), qui mourut ici un de nos anciens l'an 1615. » C'est probablement sur l'autorité de Patin, son ami, que Nic. de Bourbon a dit à peu près la même chose dans le *Borboniana*, ainsi que le rapporte La Monnoye dans sa note sur l'article Ambroise Paré, de La Croix du Maine. Or, malgré le témoignage d'un médecin aussi instruit de l'histoire littéraire de la médecine de son temps que l'était Gui Patin, on peut douter de l'exactitude de son dire. Peut-être ce Jean Haultin, dont nous ne connaissons d'ailleurs aucun ouvrage imprimé, a-t-il été l'éditeur ou le réviseur des édit. données depuis la mort de l'auteur (1590).

— OEuvres complètes d'Ambroise Paré, revues et collationnées sur toutes les éditions, avec les variantes; ornées de 217 pl. et du portrait de l'auteur; accompagnées de notes historiques et critiques, et précédées d'une introduction sur l'origine et les progrès de la chirurgie en Occident, du vi⁰ au xvi⁰ siècle, et sur la vie et les ouvrages d'Ambroise Paré, par J.-F. Malgaigne. *Paris, J.-B. Baillière,* 1840, 3 vol. gr. in-8. fig. 36 fr.

Excellente édition, qui doit effacer toutes les précédentes.

— THE WORKS of that famous chirurgeon Ambrose Parey, translated out latin and compared with the french by Th. Johnson. *London,* 1634, in-fol.

PAREDES (*Ign.*). Promptuario manuale mexicano por el P. Iguacio de Paredes de la compañia de Jesus. *En Mexico, en la imprenta de la bibliotheca mexicana,* 1759, pet. in-4.

Recueil en langue mexicaine, composé de 46 pp. prélimin., de 380 pp. chiffrées en caract. arabes, et de 188 pp. cotées en chiffres romains; les pp. LXXIII à XC se trouvent doubles et avec de notables différences. 40 fr. 4⁰ vente Quatremère.

Le P. Paredes a donné une édition de la grammaire mexicaine du P. Carochi (voy. ce nom).

PAREJA (*Fr.*). Cathecismo, y examen para los que comulgan, en lengua castellana, y timuguana... Aora en esta II. impression corregido, y enmēdado, y algo necessario añadido (por el padre Fr. Francisco Pareja, religioso de la orden de N. Seraphico P. S. Francisco, y padre de la provincia de Santa-Elena de la Florida...). *En Mexico, en la imprenta de Juan Ruyz,* 1627, in-8. de 3 ff. prélimin., 292 ff. chiffrés et 1 non chiffré, avec 2 vignettes et 2 fig. gr. sur bois, impr. dans le texte. [1406]

Vend. 9 flor. 58 c. Meerman; 2 liv. 10 sh. Heber.

PAREMENT des dames. Voy. LA MARCHE (*Olivier* de).

PARENT (*Anne*). De la Nature et propriété des animaux (quelques oiseaux), livre traduit du grec en latin, et en vers françois, par Anne Parent, aagé de xiiij ans, dédié à Henri IV. *Paris, Est. Preuosteau,* 1600, pet. in-8.

Ce volume peu commun est en trois parties : la première, de 44 pp., contient la traduction française, précédée d'une épître au roi; la 2⁰, de 18 pp., la version latine; la 3⁰, le texte grec en 18 pp., plus un f. d'errata. Le texte, que le titre présente comme l'ouvrage d'un anonyme, consiste en treize pièces sur un grand nombre d'oiseaux, pièces qui sont presque toutes de Philé (voyez PHILES). A l'âge de douze ans, Anne Parent avait déjà donné une traduct. des Oracles des Mages.— Voy. ZOROASTRE.

PARENTE (*Zoanne-Maria*). Dialogo (in terza rima) in commendatione delle donzelle Modeneze : a lo illustre signor de S. Severino. *Stampato in Modena, por Domenico Rochozola, Mille* CCCC LXXXIII, *a di 4 augosto,* in-4. [14937]

Édition rare, citée par Le Quadrio et par Tiraboschi.

PARENTI (*Ch.* de). Au nom de la tres saincte Trinite... Sensuyt ung petit traicte ou sont contenues aulcunes instructions de oraisons tres salutaires a tout chrestien et chrestienne, compose par frere Charles de Parenti, dict Bournisiam, prebstre hermite, demourant en Bourgongne. *On les vend a Paris en la rue sainct Jacques par Vincent Gautherot,* 1539, pet. in-8. goth. [1439]

21 fr. en avril 1861.

PARENTI (*Alcide*). La Luce della rivelazione, collezione di opere concernenti i fatti e i personaggi più cospicui del Testamento vecchio e nuovo; edizione seconda. *Firenze, tipografia galileiana,* 1855, 3 vol. in-4. fig. 150 fr. [285]

Seconde édition de cet ouvrage. Le premier volume, de VIII et 614 pp., contient *le Donne della Biblia;* le second, de VIII et 552 pp., *la Dottrina del Cristo;* le troisième, de VIII et 583 pp., *il Cristo, gli Apostoli, i Profeti, e le sante Donne.*

PARENTINIS (*Benedictus* de). Voyez PIENTINIS.

PARERGA historica. (*Dantisci,* 1782), in-4. de 612 pp. sans la préface. [22712]

Ouvrage imprimé à un petit nombre d'exempl. pour l'auteur (M. Uphagen, sénateur de Dantzick). Il est divisé en trois parties, savoir : 1⁰ *Salomon, seu chronologia ab orbe condito ad captivitatem Babylonis;* 2⁰ *Zoroaster, sive origines variæ antiquorum populorum usque ad Cyrum illustratæ;* 3⁰ *Odinus, sive præcedentis ad X sœculum continuatio.* Ce n'est pas un livre cher : de 5 à 10 fr. ventes De Bure.

PAREUS (*Ph.*). Lexicon plautinum; in quo, velut thesauro, antiquæ linguæ romanæ elegantiæ in Plauto extantes expli-

---

cantur. *Hanoveræ,* 1634, in-8. 4 à 6 fr.
[16101]

—LEXICON criticum, seu thesaurus latinæ linguæ. *Norimbergæ, Endter,* 1645, in-8. — Lexici crit. mantissa. *Ibid.,* 1646, in-8. [10860]

PAREUS (*Dan.*). Mellificum atticum, in quo flosculi, ex omnium poetarum græcorum viridissimis pratis descripti, in locos communes ordine distribuuntur, gr. et lat. *Francofurti-ad-Mœnum,* 1627, in-4. 6 à 9 fr. [12303]

Vend. 12 fr. Dutheil.

PARFAICT (*François et Claude*), frères. Histoire du Théâtre françois, depuis son origine jusqu'à présent, avec la vie des plus célèbres poëtes dramatiques, un catalogue exact de leurs pièces et des notes historiques et critiques (anonyme). *Paris, P.-G. Le Mercier,* 1745-49, 15 vol. in-12. [16188]

Ouvrage curieux et qui, depuis quelque temps, a acquis une certaine valeur. Il s'arrête à l'année 1721. Les deux premiers vol. ont été réimprimés en Hollande, et achetés par le libraire de Paris pour remplacer la 1re édition, dont les exemplaires étaient épuisés. 53 fr. Walckenaer ; 77 fr. *v. f. tr. d,* Giraud ; 85 fr. Solar ; 141 fr. *m. r.* de Soleinne.

PARFAICT (le) macquereau suivant la cour, contenant une histoire nouvellement passée a la foire Saint Germain, entre un grand et l'une des plus notables et renommées courtisannes de Paris. 1622, pet. in-8. de 16 pp. [13971]

Opuscule en vers, dont le style répond parfaitement au titre. 56 fr. *mar.* Nodier. Ce morceau faisait partie d'un recueil de douze pièces du même genre, qui est décrit sous le nº 4287 du catal. des livres précieux du duc de La Vallière, recueil vend. 40 fr., et depuis 160 fr. Pixerécourt.

PARFECTION (la) des filles religieuses sur lexemplaire de lymage nostre dame avec la vie et miracles de ma dame saincte Clare. *Paris, Guillaume Eustace* (sans date), pet. in-8. goth. fig. en bois. [1740]

Ouvrage singulier dont plusieurs chapitres sont consacrés à chaque partie du corps de la vierge. La vie et les miracles de sainte Clare occupent une soixantaine de pages à la fin du volume. 100 fr. *mar. bl.,* nouv. catalogue de livres à vendre chez L. Potier, en 1860.

PARFUMEUR françois (le) qui enseigne les manières de tirer les odeurs des fleurs... avec le secret de purger le tabac en poudre et de le parfumer. *Amsterdam, chez Paul Marret* (sans date, mais du XVIIe siècle), pet. in-12. [4444]

Ce petit volume, qui n'a aucune importance réelle, a été vendu 2 liv. 2 sh. Libri, en 1859, parce qu'on l'a annoncé comme un rival en rareté du *Pastissier françois,* impr. par les Elsevier, en 1655. (Voy. PASTISSIER.) Ce doit être la réimpression du *Parfumeur françois,* impr. à Paris, en 1650, in-8., ouvrage qui a été reproduit depuis, à *Paris, chez*

Parfait maçon, 22503.

Aug. Brunet, en 1693, in-8., comme étant l'œuvre de Simon Barbe, parfumeur, et de nouveau sous le titre de *Parfumeur royal,* Paris, Aug. Brunet, 1699, in-12.

PARINI (*Giuseppe*). Opere. *Milano,* 1801-1804, 6 vol. in-8. 24 à 36 fr. [19240]

Cette édition a été donnée par Fr. Reina, qui y a joint une vie de l'auteur. Il y a des exempl. en Gr. Pap., et de plus cinq exempl. gr. in-fol., avec des bordures autour des pages. Un exemplaire des *Poemetti* de Parini, in-8., tiré à part. sur VÉLIN, 47 fr. Reina.

OPERE in prose e in versi, pubblicate per cura di Franc. Reina. *Milano, tipogr. dei class. ital.,* 1825, 2 vol. in-8. portr. 10 à 12 fr.

Choix fait avec goût. — Les *poesie* et *prose* de Parini ont aussi été impr. à *Milan, Silvestri,* 1821, en 2 vol. in-16.

—Poesie. *Firenze, Ciardetti,* 1823, in-8. 5 fr., et plus en Gr. Pap. vélin.

—Mattino, Meriggio, Vespro e Notte, poemetti. *Londra,* 1804, in-12 ou in-8.

Un exempl. impr. sur VÉLIN, 1 liv. 13 sh. Hibbert.— Traduit en français sous ce titre : *Les quatre parties du jour à la ville* (par l'abbé Desprades), Paris, 1777, in-12.

— Il Giorno. *Milano, Mussi,* 1811, in-fol. pap. vél. [14860]

Édition de luxe, tirée à 150 exemplaires, et qui se vendait 40 fr. Il y en a aussi une de *Padoue,* 1821, in-4., pap. vél., tirée à 138 exemplaires, au prix de 20 fr. chacun.

— Odi dell' abate Parini già divolgate. *Parma, nel regal Palazzo (Bodoni),* 1791, in-12.

Il a été tiré sur VÉLIN 3 exemplaires de ce volume.

PARIS (*Matth.*). Historia major (Angliæ), juxta exemplar Londinense 1640 verbatim recusa, et cum Rogeri Wendoveri, W. Rishangeri, autorisque majori minorique historiis chronicisque mss. collata. Huic edit. accesserunt duorum sofarum Merciorum regum et XXIII abbatum S. Albani vitæ, una cum libro additamentorum, per eumdem autorem. Editore W. Wats, qui ex variantes lectiones, adversaria, vocumque barbar. glossarium adjecit. *Londini, Mearne,* 1684 (seu titulo mutato), *ibid., Swalle,* 1686, in-fol. portr. [26841]

Math. Paris, écrivain d'une faible autorité, commence son histoire à l'année 1067, et la conduit en 1259, après quoi Rishanguer la continue jusqu'en 1273. L'édition de 1684, la dernière publiée, est réputée la meilleure, et elle vaut de 2 à 3 liv. sterl. en Angleterre. La première, de Lond., *apud Reginaldum Wolfium,* 1570 (1571), in-fol., est moins chère. Elle a été réimprimée à Zurich (*Tiguri*), en 1589 et en 1602, in-fol. L'édition de Londres, *Rich. Hodgkinson,* 1640, in-fol., donnée par W. Wats, se paye à peu près le même prix que celle de 1684, mais les exemplaires en Gr. Pap. sont plus chers : 10 liv. 10 sh. Willett ; 7 liv. 10 sh. Sykes.

Parieu (*Mar.-Louis-Pierre-Félix* Esquirou de). Traité des impôts, 4122.

Paris, Versailles, etc., 23910.

L'édition de *Paris*, *Pélé*, 1644, in-fol., en est une réimpression : 24 à 36 fr., et plus en Gr. Pap.

— MATTHEW Paris's english Chronicles, containing the english history from the dicent of the Saxons to A. D. (now ascribed to Roger of Wendover) and from 1235 to 1273, the portion written by Matthew Paris. Translated by J.-A. Giles, with a general index. *London, Bohn*, 1849-54, 5 vol. pet. in-8. 32 fr.

— GRANDE chronique de Mathieu Paris, traduite en français par A. Huillard-Bréholles, accompagnée de notes, et précédée d'une introduction, par M. le duc de Luynes. *Paris, Paulin*, 1840-41, 9 vol. in-8.

PARIS (*Paulin*). Les Manuscrits françois de la Biblioth. du roi, leur histoire et celle des textes allemands, anglois, hollandois, italiens, espagnols, de la même collection. *Paris, Techener*, 1836-48, in-8., tom. I à VII, 63 fr. — Gr. Pap. vél. 126 fr. [31372]

Ce n'est pas ici un simple catalogue où l'on se soit borné à l'indication sommaire du contenu de chaque manuscrit, mais c'est un recueil de notices intéressantes et remplies de citations curieuses; l'auteur est un des principaux collaborateurs de la continuation de l'Histoire littéraire de la France.

PARIS (*Louis*). Toiles peintes et tapisseries de la ville de Reims, ou la mise en scène du théâtre des confrères de la Passion, planches dessinées et gravées par C. Leberthais; étude des mystères et explications historiques par Louis Paris. *Paris, Hippol. Bruslart*, 1843, 2 vol. in-4. et un atlas in-fol., contenant 32 pl. [16209]

29 fr. Busche, et un exemplaire avec les planches color.,145 fr. Borluut.

PARIS (*E.*). Essai sur la construction navale des peuples extra-européens, ou collection de navires et pirogues construits par les habitants de l'Asie et de la Malaisie, du Grand-Océan et de l'Amérique, mesurés et dessinés par M. Paris. *Paris, Arth. Bertrand*, 1843, gr. in-fol. avec 130 pl. [8478]

Cet ouvrage coûtait 200 fr.

— Dictionnaire de marine, 8452. — Catéchisme du marin et du mécanicien à vapeur, 8508. — Traité de l'hélice-propulseur, 8509.

PARIS. Histoire du tres uaillant cheualier paris et de la belle vienne, fille du daulphin. — *Cy finist... emprientee en Anvers par moy Gherard Leeu, lan mil CCCC. Lxxxvii, le xve jour du mois de may,* pet. in-fol. goth. à 2 col. fig. sur bois. [17092]

Première édit., composée de 39 ff. signat. A2—G2, y compris le frontispice. Vend. 74 fr. *m. bl.* La Valliere. Elle se vendrait dix ou même vingt fois plus cher aujourd'hui.

Ce roman est trad. du provençal en français par Pierre de la Sippade.

— Paris et Vienne. — Cy finist lystoire du vaillant et noble cheualier Paris et de la belle vienne fille du daulphin de Viẽnoys imprime *a Paris en la rue de la herpe a lenseigne du pilie vert par Denis meslier imprimeur.* In-4. goth. de 41 ff. à 36 lign. par page : sur le titre une figure sur bois représentant un seigneur et une dame, et au verso la même figure répétée.

Cette édition doit avoir paru vers 1500; elle a été vend. 9 liv. sterl., Heber.

— Paris et la belle Uienne. — *Cy finist lhystoire du tresuaillãt cheualier Paris et de la belle Uienne fille du daulphin de viennoys. lesquelz pour loyaument aymer souffrirent moult dauersitez* (sic) *auant quilz peussent iouyr de leurs amours. Imprimee a Lyõ sur le rosne pres nostre dame de confort par Claude Nourry alias le prince. le xxvi iour de Auril. Lan M. ccccc z xx,* in-4. goth. de 40 ff. à longues lignes, avec de petites gravures sur bois.

L'exemplaire de La Valliere n'a été vendu que 8 fr., parce qu'il était gâté; 150 fr. *mar bl.* Bertin.

— Paris et Vienne. Jmprime nouuellement a Paris, viij, on les vent a Paris en la rue neufue Nostre Dame a lenseigne de lescu de France. (au recto du dern. f. : *Cy finist... Jmprime a paris p Jehan trepperel marchãt imprimeur et libraire demourãt en la rue nostre dame a lescu de France*), in-4. goth. à 2 col. de 32 ff. non chiffrés, signat. A—h, fig. sur bois.

Cette édition doit être du second J. Trepperel, et postérieure à 1525. 10 liv. Heber; 279 fr. *mar. ol.* Giraud.

— PARIS et Vienne, imprime nouuellement a Paris. (à la fin) : *On les vend a Paris en la rue Neufue Nostre Dame, a l'enseigne de l'escu de France,* par Alain Lotrian (vers 1530), in-4. goth. à 2 col. fig. sur bois. En *mar. r.* par Capé, 255 fr. Solar.

— PARIS et la belle Vieñe. (à la fin) : Cy finist lhystoire du tresuaillant cheualier Paris, et de la belle Vienne... *Imprime a Lyon par Jacques Moderne dict Grand Jacques, pres Nostre-Dame de Confort* (s. d.), pet. in-4. goth. de 44 ff. non chiffrés, à 32 lig. par page, sign. a—l.

Cette édition, peu connue, paraît être une copie de celle de Lyon, 1520, dont elle reproduit une partie de la souscription. Plusieurs vignettes gravées sur bois se trouvent impr. avec le texte et le verso du dernier f. porte une grande planche du même genre. Un exempl. en *mar. r.* doublé de *mar. bl.* 349 fr. Cailhava.

— SENSUYT lhistoyre du noble et vaillant chevalier Paris, et la belle Vienne... *Jmprime nouuellement a Lyon, par François et Benoist Chaussard freres, pres nostre dame de Confort,* M. D. liiij, pet. in-4. goth. de 44 feuillets, fig. sur bois. 141 fr. *mar. olive,* d'Essling.

L'édition de *Paris, pour Jehan Bonfons (sans date),* in-4. goth. à 2 col. fig. sur bois, 5 liv. 10 sh. Heber; 150 fr. *mar. v.* d'Essling; 7 liv. 7 sh. Utterson.

Il y en a une autre de *Paris, Sim. Calvarin,* sans date, in-4. goth. à 2 col., peut-être un peu plus ancienne que celle de J. Bonfons.

— LA MÊME histoire du chevalier Paris, etc. *Lyon, Ben. Rigaud,* 1596, in-8. de 126 pp., lettres rondes, avec fig. sur bois.

Vend. 10 fr. *mar. r.* La Vallière.

—Histoire du chevalier Pâris et de la belle Vienne, fille du dauphin de Viennois. *Lyon, impr. de L. Perrin, et Paris, Crozet,* 1835, in-8. pap. vél. 9 fr.

Édition donnée par M. Alfred de Terrebasse, d'après le texte d'un manuscrit de la Bibliothèque de Louis XII, à Blois, plus complet que les imprimés. Il n'en a été tiré que 120 exemplaires, et trois sur VÉLIN ; un de ces derniers, 79 fr. Cailhava, et un exempl. en or fin, 54 fr. même vente.

—La historia de li nobilissimi amanti Paris et Viena. *Tarviso, per Maistro Michiel Manzolo de Parma*, 1482, *adi xxvii de Marzo,* in-4.

Il est probable que ce roman italien est tiré de la même source que le précédent. Cette édition est très-rare, et si l'exemplaire de Crevenna n'a été vendu que 6 fr., c'est que, probablement, il était incomplet ; celui du duc de Roxburghe a été payé 38 liv. 17 sh. à *Londres,* en 1812.

— Comincia la elegante et bella historia de li nobilissimi Paris et Viena. — Finisse la historia de li nobile amanti Paris et Viena. *Jmpressa a Venetia, anno* M. CCCC. LXXXVI, in-4., sign. a ij à hij.

Un exempl. rel. en *mar. v.,* avec un opuscule (*Lettere a varie persone*), impr. à Florence, *per Jacobum Clericum...* 1488, in-4. de 4 ff., 300 fr., Catal. de la librairie Potier, 1855, n° 2546.

— Inamoramento de Paris e Viena. — Finisse la hystoria de gli nobili amanti Paris et Viena. *Impressa in Venetia per Joanne da Tridino*, nel anno... MCCCCLXXXXII. *a di xviii de agosto,* in-4., sign. A—E par 8.

Vend. en *mar. r.* 1 liv. 11 sh. Heber.

Panzer, tome VIII, page 369, cite une édition in-4. de cet ouvrage dont la souscription finale porte *impressum Venetiis, per Joannem de Tridino del anno* 1504, *adi ultimo de Aprile.*

Une autre édition, sous le titre d'*Inamoramento de Paris et Viena,* Venetia, *Piero di Quarengii da Bergamo,* 1511, in-4. goth. fig. vend. 10 flor. Crevenna ; 3 liv. 10 sh. Hibbert ; 1 liv. 16 sh. et 2 liv. 10 sh. Heber.

L'édition de Venise *per Ioanne Thacuino da Trino del anno M. ccccxii,* adi ix Febraro, in-4. à 2 col., lettres rondes, avec fig. sur bois, était chez M. Melzi.

Celle de Milan, *Andr. de Brachis., etc.,* 1515, in-4. de 40 ff. a été vend. 9 fr. La Vallière ; 5 flor. Crevenna ; 19 sh. Heber.

— Paris e Vienna, *Stampato in uenetia per Marchio Sessa : et Pietro de Rauani compagni* Del M. CCCCC. XIX. adi x Otubrio, in-4. (Molini, Operette, p. 162).

Nous citerons encore l'édition de Venise, 1534, in-4. ; celle de Venise, par *Francesco Bindoni* et *Mapheo Pasini,* 1545, in-8., sous le titre d'*Inamoramento delli nobilissimi amanti Paris et Vienna, corretto,* vend. 1 liv. 9 sh. Libri, en 1859 ; celle de Milan, *Heredes de Vincente de Medda,* 1547, in-8. sous le même titre, et aussi les édit. de Venise, *Agostino Bindoni,* 1549, in-8. de Venise, 1578, 1622, de Trévise, 1655, etc.

C'est d'après ce roman qu'*Angelo Albani di Orvieto* a écrit son poëme en octaves ital., intitulé : *Innamoramento di doi fidelissimi amanti,* Roma, presso Lodov. Grignani, 1626, in-12. Un autre poëte, *Mario Teluccini,* surnommé *il Bernia,* a aussi traité le même sujet en octaves ital., et son ouvrage a été impr. *in Geneva , appresso Ant.*

Bellone, 1571, in-4., et ensuite à Venise, 1577, in-8.

— Historia del noble cauallero Paris τ de la muy hermosa donzella Viana. *Burgos, Alonso del Melgar,* 1524, in-4. de 24 ff. (*Bulletin du Bibliophile,* 1861, p. 280).

— De historie van deme vromen ridder paris ende vä der Schone vienna des dolfijns dochter. (au verso de l'avant-dernier feuillet) : *Dyt boeck is voelmaket vñ geprent in de vormarde coopstad vä Antwerpē bi my Gerrard leeu. Int iar uns heren.* M. CCCC. *unde lxxxviij,* in-fol. de 36 ff. à 2 col. caract. goth. fig. sur bois.

Édition fort rare : vend. 57 fr. Servet ; la planche qui se voit au recto du frontispice est répétée au verso. Le verso de l'avant-dernier feuillet n'a qu'une seule colonne ; le dernier feuillet est blanc au recto, et porte au verso les armes d'Anvers. Hain (12421) donne à ce livre la date de M. CCCC. en LXXXVII. *op den* XIX *dach van meyde.* — Voy. ci-dessus, col. 164.

Une édition de la même version flamande, in-4. goth. de 56 feuillets, sign. aij—k, avec 3 gravures sur bois, et dont la souscription sans date porte : *Gheprent Tantwerpen buten die Camerpoert bi mi Gouderdt back. Int Vogelhuys,* a été vendue 3 liv. 3 sh. Heber (VIII, 1840), mais quatre feuillets d'une ancienne édit. anglaise étaient joints à l'exemplaire.

—Thystory of the noble and ryght valyaunt knyght Parys and of the fayr Vyene, etc., translated out of frensshe in to englysshe by William Caxton of Westmestre. — *Explicit per Caxton,* 1485, in-fol. goth. à 2 col., sign. a—e.

Extrêmement rare et d'un très-haut prix.

— Voy. Pinus (*Joan.*).

PARIS la duchesse. Voy. Roman de.

PARIS (*J.-Ayrton*). Memoirs of the life of sir Humphry Davy. *London, Colburn,* 1830, in-4. 3 liv. 3 sh. [30955]

Malgré l'intérêt qui se rattache au nom de ce grand chimiste, il est douteux que sa biographie, portée à un prix aussi excessif, ait trouvé beaucoup d'acquéreurs. L'ouvrage a été réimpr. en 2 vol. in-8.

PARISETUS. Junioris Ludovici... Pariseti regiensis ad Varium Tolomæum fratrem Theopoeiæ lib. VI. *Venetiis, apud Aldi filios,* 1550-51, in-8. [12751]

Vend. 5 sh. Pinelli.

PARIVAL (*Jean* de). Les Délices de la Hollande avec un traité du gouvernement, et un abrégé de ce qui s'est passé de plus mémorable jusques à l'an de grace

---

Pariset (*E.*). Fièvre jaune, 7208-9. — Éloges, 7422.
Parish (*W.*). Buenos Ayres... 28700.
Parisot (*A.*). Traité d'équitation, 10368.
Parisot (*Seb.-Ant.*). Calcul conjectural, 8056.

1660; ouvrage revu, corrigé, changé et fort augmenté par Jean de Parival. *Leyde, Ch.-Gestecoren,* ou chez *Pierre Didier,* 1660, pet. in-12. [25135]

Cette édition elsevirienne et celle de 1662, sous le même titre, sont les deux plus jolies que l'on ait de ce livre; mais l'ouvrage a reçu des augmentations successives dans celles d'*Amsterdam, J. de Ravestin,* 1669; d'*Amsterd., Jean Bouman,* 1678, et d'*Amsterd., Abr. Wolfgang,* 1685, etc. Cette dernière est continuée jusqu'en 1680; la première partie y est en 36 chap. et la seconde en 27 : on doit donc la préférer à celle de 1669, que recommande M. Bérard, et qui cependant n'est ni la plus belle ni la plus complète. Au reste, aucune de ces éditions n'a une grande valeur (3 à 6 fr.); celle de La Haye, 1710, 2 vol. in-12, augmentée par Derivat, n'en a pas davantage.

— Dialogues françois selon le langage du temps par J. de Parival; 6e édit. augmentée de l'École pour rire (par J. Sr de Dampierre). *Leyde, Arnould Doudé,* 1678, pet. in-12, avec un frontispice gravé. 10 à 12 fr. [18629]

Un exemplaire en *mar. bl.* par Bauzonnet, 45 fr. Veinant.

L'*Ecole pour rire* contient 48 pp. et a un titre particulier; ce morceau avait déjà été impr. séparément sous le titre ci-dessous :

L'ECOLE POUR RIRE, ou la manière d'apprendre le françois en riant, par le moyen de certaines histoires choisies, plaisantes et récréatives... par J.-S. D. D. *Francfort,* 1670, pet. in-12 de 88 pp., avec une dédicace, un avis au lecteur, et des vers à la louange de l'auteur, morceaux que ne reproduit pas l'édit. de 1678. Il y a une lacune dans la pagination de 48 à 59.—Voy. HISTOIRES facétieuses.

— Louvain, 25059.

PARIZOT (*Jean Patrocle*). La Foy dévoilée par la raison, dans la connoissance de Dieu, etc. *Paris,* 1681, in-8. [2270]

Cet ouvrage a été supprimé : 4 à 6 fr.

PARK (*Th.*). Voy. HELICONIA.

PARK (*Mungo*). Travels in the interior districts of Africa; performed in the years 1795-6-7, and during a subsequent mission in 1805; with major Rennell's memoir on the geography of Africa; a new edition. *London, Murray,* 1816, 2 vol. in-4., cartes et fig. 24 à 30 fr. [20856]

La première édition de cette très-intéressante relation a paru à Londres, en 1797, gr. in-4. fig., et a été réimpr. plusieurs fois. L'édit. que nous indiquons, ainsi que celle de *Lond., Murray,* 1817, 2 vol. in-8., avec vignettes sur bois (15 à 18 fr.), renferme le journal qui s'est publié séparément sous le titre suivant :

THE JOURNAL of a mission to the interior of Africa, in the year 1805, by Mungo Park; together with other documents, official and private, relating to the same mission; to which is prefixed an account of the life of M. Park. *London, Murray,* 1815, gr. in-4., avec cartes. 12 à 15 fr.

Cette dernière relation a été aussi impr. en 1 vol. in-8. pour faire suite à la première, donnée à *Londres,* en 1800, ou 1805, in-8. fig.

— VOYAGE dans l'intérieur de l'Afrique, fait en 1795-99; trad. de l'angl. par J. Castéra. *Paris, an* VIII (1799), 2 vol. in-8. fig. 12 à 15 fr.; pap. vél. 20 fr.

Les exemplaires de cette traduction sont devenus assez rares; il y en a quelques-uns en Gr. Pap. vél. vend. 50 fr. en mars 1829, et le même prix en 1832. Il existe une autre traduction de cette relation par J.-B. Duvoisin (mort évêque de Nantes). *Hambourg et Brunswick,* 1799, 2 vol. in-8.

— SECOND VOYAGE de Mungo-Park dans l'intérieur de l'Afrique, pendant l'année 1805, trad. de l'anglais, avec des additions tirées de la narration du voyage de Robert Adams en Afrique, en 1810. *Paris, Dentu,* 1820, in-8., fig. 6 fr.

PARKER (*Math.*). De antiquitate britannicæ ecclesiæ et privilegiis ecclesiæ cantuariensis, cum archiepiscopis ejusdem LXX. *Londini, Jo. Day,* 1572, in-fol. [21502]

Cet ouvrage ne porte point de nom d'auteur, et quoique nous le plaçions ici sous celui de Math. Parker, célèbre prélat, qui passe pour l'avoir composé, on sait que le Dr George Ackworth, et Thomas Josselyn, secrétaire de cet archevêque, y ont eu beaucoup de part. On prétend qu'il n'a été tiré de cette édition qu'une cinquantaine d'exemplaires, tout au plus, et sur ce nombre même plusieurs nous sont parvenus incomplets. Dans quelques exemplaires se trouvent, de plus que dans les autres, trois feuillets impr. après la mort de l'auteur, et qui renferment la vie de saint Augustin, celle du cardinal Pole et celle de l'archevêque Parker. Vend. 43 liv. 3 sh. Bindley en 1819; 33 liv. 12 sh. (avec les 3 ff., mais sans le rare portrait de Parker, gravé par Hogenberg, et sans les armes de l'archevêque) Sykes; 40 liv. rel. en *mar. bl.* par Lewis, et avec le portrait, Dent.

Dans l'exemplaire de ce vol. qui a appartenu à la reine Elisabeth, et qui se conserve aujourd'hui au Musée britannique, les deux frontispices et le feuillet contenant les armes de Parker sont impr. sur VÉLIN. Lowndes (2e édit., pp. 1776 et 77), en donnant la description de ce vol. précieux, a fait remarquer les différences que présentent les autres exemplaires. Consultez, à ce sujet, *Catalogue of books privately printed, by J. Martin,* p. 1 et suiv.; *Biblioth. heber.,* t. VI, 2837; et *Biblioth. grenvill.,* p. 523.

L'ouvrage a été réimpr. à Hanover, en 1605, in-fol., et aussi à Londres, en 1729, in-fol., par les soins de Sam. Drake. Cette dernière édition est ornée du portr. de Parker par Vertue, et il y a des exemplaires en Gr. Pap.; mais elle se donne à bas prix.

— A Defence of priestes marriages, stablysshed by the imperiall lawes of the realme of Englande, agaynst a civilian, namyng hyrselfe Thomas Martin doctour of the civile lawes. *London, by Richarde Jugge* (vers 1554), in-4. goth. contenant 6 ff. prélimin., dédicace à Philippe et Marie, et texte pp. 1 à 359; plus un

---

index en 4 ff. qui manque souvent. 3 liv.
6 sh. Bindley; 4 liv. 10 sh. Sykes.

Il y a de cette Défense une édition de Londres, *by
J. Kingston*, in-4., également sans date, portée à
9 liv. 9 sh. à la vente Bindley, et revendue 7 liv.
Hibbert.
— THE LIFE off the 70 Anchibishopp off Canterbury
presentlye sittinge englished and to be added to the
by lately sett forth in latin. This number of seventy
is so a compleat a number as it is great pitie ther
shold be one more : but that as Augustin was the
first, so Mathew might be the last. *Imprinted*, 1574,
in-16, goth. sign. A—F3.
Ce petit livre est une traduction anglaise attribuée à
John Josselin d'un morceau qui se trouve dans
quelques exemplaires de l'édit. des *Antiquitates
Britannicæ ecclesiæ*, impr. en 1574, mais qui n'a
pas été reproduit dans celle de 1605. On doit y
trouver un tableau plié qui est *a table englished
out off that legend of Canterbury tales intitled
in latin : De Antiquitate...* Vendu avec la table,
4 liv. 7 sh., Williams; 3 liv. 16 sh. Horner ;5 liv.
7 sh. 6 d. Lascombe; *sans la table*, 1 liv. 1 sh.
Bliss; 19 sh. Heber.

PARKER (*Martin*). The Nightingale war-
bling forth her owne disaster : of the
Rape of Philomena, newly written in
english verse. *London*, 1632, pet. in-8.
de 44 pp.

Paraphrase d'un morceau du 6e livre des Métamorphoses d'Ovide. L'édition originale en est fort rare,
et a été payée 12 liv. 12 sh. 6 d. à la vente Midgley;
mais, en 1828, il en a été fait, sous l'ancienne date,
une réimpression aux frais d'Amos Strettell, in-12.
Pour d'autres ouvrages de Martin Packer qui sont
peu communs, consultez Lowndes, 2e édition,
part. VII, p. 1776.

PARKER (*T.*). A short account of the first
rise and progress of printing; with a
compleat list of the first books that were
printed. *London, printed for T. Parker, Jun. in Jewin Street (no date)*,
in-64 de 123 pp. [31184]

Cet ouvrage, rempli de renseignements inexacts, est
fort peu de chose en lui-même; mais comme singularité typographique, l'exiguïté du format le rend
assez remarquable. Ses pages n'ont pas plus de
2 pouces anglais de hauteur sur 1 pouce de largeur. La date de 1763 a été ajoutée à la plume sur
l'exemplaire qui appartenait à M. Douce, célèbre
antiquaire anglais mort en 1834, et qui a légué sa
superbe bibliothèque, partie à la Bodléienne, partie
au Musée britannique. Malgré sa rareté, ce petit
vol. n'a été payé que 17 sh. à la vente Baker. Voyez
Below's *Anecdotes*, tome II, p. 359, et *Lowndes* au
mot *Printing*.

PARKER Society's Publications. *Edinburgh*, 1841-55, 55 vol. in-8. et in-12.

Ces 55 vol. sont tout ce qu'a publié la Société Parker;
ils contiennent les meilleurs ouvrages des Pères et
anciens écrivains de l'Église réformée, et d'autres
écrivains du XVIe siècle, y compris des traductions de
réformateurs étrangers, et des ouvrages manuscrits
restés inédits. La collection est portée à 6 liv. 6 sh.
dans le catalogue de Willis et Sotheran, 1862,
10376.

PARKHURST (*John.*). Ludicra, sive epigrammata juvenilia. *Londini, apud
Joh. Dayum*, 1573, pet. in-4. [13111]

Parkes (*Sam.*). Musical Memoirs, 10095.

Vend. 1 liv. 18 sh. Sykes; 1 liv. 13 sh. Hibbert; 16 sh.
Caldecott.
On cite du même auteur *Epigrammata seria*, Lond.,
1560.

PARKHURST. Hebrew and english lexicon, whitout points. *London*, 1792, gr.
in-4. 20 à 24 fr. — Le même, 1811,
1823, or 1830, in-8. [10729]

— Greek and english lexicon to the New
Testament. *London*, 1794, gr. in-4.
[10548]

Seconde édition de cet ouvrage estimé; il y en a plusieurs éditions in-8., avec des corrections et des
augmentations. La dernière, donnée par H.-T. Rose
et le D. Major, *London*, 1845, in-8., coûtait
1 liv. 1 sh.

PARKINSON (*John*). Paradisus terrestris,
a garden of all sorts of pleasant flowers
which our english aire well permitt to
be nouried up. *London*, 1629 or 1656,
in-fol. fig. [4899]

— Theatrum botanicum, or an universal
and compleat herball of a large extent.
London, 1640, in-fol. fig. 10 à 12 fr.
[4900]

Vend. 18 fr. L'Héritier ; 13 fr. de Jussieu.
Ces deux ouvrages étaient assez recherchés autrefois,
mais ils le sont peu aujourd'hui.

PARKINSON (*Sidney*). Journal of a voyage
to the South Seas, to which is now added an appendix containing an account
of the voyages of commodore Byron,
capt. Wallis, Cook, etc. *London*, 1784,
gr. in-4., with 29 pl. 12 à 15 fr. [19859]

La première édition de ce voyage, *Londres*, 1773,
gr. in-4., avec 27 pl., est moins chère. Cette relation a été traduite en français par Henry, *Paris*,
1797, 2 vol. in-8. ou 1 vol. in-4. fig.

PARKINSON (*James*). Organic remains
of a former world : an examination of
the mineralized remains of the vege-
tables and animals of the antediluvian
world, generally termed extraneous fos-
sils. *Lond.*, 1804-11 (nouv. titre 1820),
3 vol. gr. in-4. fig. color. 80 à 100 fr.
[4796]

Cet ouvrage donne la représentation et la description de différentes pétrifications tirées du règne végétal et du règne animal; il est orné de 55 pl. color.:
le prix qui, originairement, était de 8 liv. a été
beaucoup réduit depuis la réimpression *fac-simile*
qui a été faite de l'ouvrage à Londres, en 1833, pour
le libraire Nattali. Les planches comprises dans ces
3 vol. ont été reproduites avec d'autres dans un
Atlas dont nous avons parlé à l'article MANTELL.

On a du même auteur :

OUTLINES of oryctology, an introduction of the
study of fossil organic remains. *London*, 1830,
in-8. fig. [4792]

PARLATORIO delle monache. *Nella stamparia di Pasquino*, 1650, pet. in-12 de 67 pp. [21724]

Cette édition, dont le titre porte l'écu de France, a été attribuée aux Elsevier. Vend. 37 fr. Nodier, en 1827, sans valoir plus de 10 à 12 fr. L'exemplaire, vendu 13 fr. 95 c. Bérard, se trouvait relié à la suite d'un autre opuscule intitulé :

LA GIUSTA statera de' porporati, dove s' intende la vita, la nascita..., de ciascun cardinale hoggi vivente. *Geneva* (Hollande), 1650.

PARLIAMENTARY history and debates. Voy. HANSARD, et au mot JOURNALS, et pour de plus amples détails, consultez le Manuel de Lowndes , 2ᵉ édition, pp. 1781-86.

PARMENTIER *(Jean)*. Description novvelle des merveilles de ce mõde, et de la dignite de lhomme, composee en rithme francoyse en maniere de exhortation, par Ian parmentier, faisant sa derniere nauigation, avec Raoul son frere, en lisle Taprobane, aultrement dicte Samatra *(sic)*. Jtem vn champ royal specialement cõpose par maniere de paraphrase sur loraison dominicale. Jtem plusieurs chãps royaulx faictz par le dit Jan Parmentier, soubz termes astronomiques ᴚ geographiques ᴚ maritimes a lhonneur de la tres heureuse vierge Marie mere de Dieu. Jtem Moralite tres elegante composee par le susdit Ian parmentier, a dix personnaiges, a lhonneur de lassumption de la vierge Marie. Deploration sur la mort desditz Parmentiers composee par Pierre Crignon compaignon desditz Parmentiers en la dicte nauigation. (au verso du dernier f.): *Jmprime a paris en la rue de Sorbonne. Le septiesme iour de Januier. Lan de grace Mil D. xxxi*, pet. in-4. goth. de 48 ff. non chiffrés, sign. a—liiij, à 18 lign. par page. [13384]

Livre très-rare, au commencement duquel se lit un prologue fort curieux, où il est dit que *Jan Parmentier est le premier frãcoys qui a entrepris a estre pillotte pour mener nauires a la terre amerique : quõ dict le bresil. Et semblablement le premier francoys qui a descouuert les Indes : iusques a lisle de Taprobane ᴚ sy mort ne leust peuenu... il eust este iusques aux moluques...* On ajoute plus loin : *Cestoit une perle en rhetorique francoyse et en bonnes inventions.*

La moralité qui commence au feuillet *i*, et qui en occupe 12, porte le titre suivant : *Moralite tres excellente, a lhonneur de la glorieuse assump-*

tion nostre Dame, a dix personnages..... Composee par Jan Parmẽtier, bourgeois de la ville de Dieppe. Et iouee audit lieu, le iour du pny de la dicte assumption. Lan de grace mil cinq cens vingt ᴚ sept... Au bas du verso du dern. f. se voit la figure que nous avons donnée tome III, col. 177.

Parfait, *Histoire du théâtre franç.*, III, page 134, cite cette même pièce sous la date de 1536, d'après l'exemplaire de la Bibliothèque impér.; il est certain, cependant, que cet exemplaire est de 1531. Cette moralité a été réimprimée, en 1839, dans la Collection publiée par M. Silvestre (voyez COLLECTION).

— JOURNAL du voyage de Jean Parmentier de Dieppe, à l'île de Sumatra, en l'an 1529. *Paris, imprim. de Pinard*, 1832, in-8. de 72 pp. en tout. [19798]

Tirage fait à part, et à 20 exempl. seulement, d'un morceau curieux qui occupe les pp. 241 à 312 d'un ouvrage de M. Estancelin, ayant pour titre : *Recherches sur les voyages et découvertes des navigateurs Normands en Afrique, dans les Indes orientales et en Amérique.....* Paris, impr. de A. Pinard, 1832, in-8. de XII et 364 pp.

Le *Journal de J. Parmentier* est publié là, pour la première fois, d'après un manuscrit du temps même de l'expédition, appartenant à M. Théodore Tarbé de Sens, et que l'éditeur regarde comme autographe.

PARNASO classico italiano contenente Dante , Petrarca , Poliziano , Ariosto e Tasso. *Firenze, dalla libreria all' insegna di Pallade*, 1821, 4 part. en 1 vol. gr. in-8. avec portr. [14446]

Édition à 2 col. assez bien impr. et sur papier vél.; elle coûtait 40 fr. Une autre édition des cinq mêmes poëtes, en un seul vol. in-4., a paru à *Padoue*, en 1827, in-4., au prix de 30 fr.—Voy. QUATRO poeti (I).

PARNASO español , coleccion de poesias escogidas de los mas celebres poetas castellanos. *Madrid , Ibarra* , 1768-78 , 9 vol. pet. in-8. portr. [15054]

Collection estimée : 45 à 54 fr. Elle a été publiée par J.-Jos. Lopez de Sedano, qui l'a enrichie de notices biographiques sur chacun des auteurs dont il donne des extraits plus ou moins bien choisis.

PARNASO italiano antico. *Venezia , Andreola* , 1820-21 , 16 vol. in-16. 32 fr. [14441]

Ce recueil contient les poésies lyriques des poëtes du premier et du second siècle, savoir : *Il Pataflo di Brunetto Latini ; le Poesie di Dante; i Documenti d' amore di Fr. Barberino ; il Ditta mondo di Fazio degli Uberti ; l'Acerba di Cecco d'Ascoli ; le Rime del Petrarca, e la Teseide del Boccaccio ;* le tout avec des notes.

PARNASO italiano. Poeti italiani nell' età media, ossia scelta e saggi di poesie dai tempi del Boccaccio al cadere del secolo XVIII per cura di Terenzo Mamiani. *Parigi, Baudry*, 1848, gr. in-8. 15 fr. [14446]

PARNASO italiano. Poeti italiani contemporanei maggiori e minori, preceduti da un discorso preliminare intorno a Gius. Parini e il suo secolo, scritto da Cesare Cantu, e seguiti da un saggio di rime di poetesse italiane antiche e moderne scelte da A. Ronna. *Paris, Baudry*, 1843 (et aussi 1847), gr. in-8., 15 fr. [14446]

— Voy. PARNASSO.

PARNASO lusitano, ou Poesias selectas dos auctores portuguezes antigos e modernos, ilustrados com notas : precedido de una historia abreviada da lingua e poesia portugueza. *Paris, Aillaud (imprimerie de F. Didot)*, 1826-27, 5 vol. gr. in-18, pap. vél. 25 fr. [15341]

Raynouard a rendu un compte avantageux de ce bon recueil dans le *Journal des Savants*, année 1829.

PARNASSE (le) des muses, ou recueil des plus belles chansons à danser. Le concert des enfans de Bacchus, assemblés avec ses bacchantes, pour raisonner au son des pots et des verres les plus beaux airs et chansons à sa louange. *Paris, Ch. Hulpeau*, 1627, 2 tom. en 1 vol. pet. in-12. [14289]

Recueil de chansons, en partie libres, dont l'éditeur est nommé Ch. Hulpeau dans le privilége. Il a eu une grande vogue dans son temps, et il est encore fort recherché. L'édit. de 1627 doit être complétée par les secondes parties du *Parnasse* et du *Concert des enfants de Bacchus*, édit. de 1628 ci-dessous, et dont voici le titre :

LE SECOND volume du Parnasse des muses..... auquel est adiousté le second volume du Concert des enfans de Bacchus, nouvellement mis en lumière. 60 fr. *mar. bl.* Nodier ; et 80 fr. Baudelocque.

On doit y joindre aussi :

Les Airs du berger amoureux ou la troisième partie du Parnasse, 1627 (Catal. Monmerqué, 1180).

La seconde édition du même recueil, *Paris, Ch. Hulpeau*, 1628, in-12, est en 4 parties, savoir : 2 pour le *Parnasse* et autant pour le *Concert*. Elle a quatre titres séparés.

La troisième édition, publiée chez le même libraire, en 1630, a un frontispice gravé, et le titre imprimé y annonce une 5e partie qui ne s'est pas trouvée dans l'exempl. vu par nous, lequel contenait : 1re partie, 1 front. gravé, 192 pp. et la table en 4 ff. Second tome, 158 pp. et 4 ff. de table. *Concert des enfans de Bacchus*, 87 pp. et 2 ff. de table ; second tome du Concert, augmenté nouvellement au premier volume, 36 pp., 1 f. de table et 1 f. bl. Un exempl. en *m. r.* par Bauzonnet, 225 fr., Bulletin de Techener, 1853, n° 1237.

— Le Parnasse des muses ou chansons à danser et à boire. *Paris, Ch. Hulpeau*, 1633, pet, in-12.

Second recueil des plus belles chansons à danser, pour faire suite à une édition antérieure du premier recueil. En voici la description : Titre de l'ouvrage (comme ci-dessus), un frontispice gravé portant ce titre dans son cadre : *Le Parnasse des muses, ou recueil des plus belles chansons à danser, auquel est adiousté le Concert des enfans de Bacchus ; Aux dames*, 1 f. ; table des chansons à danser, 6 ff. ; texte 528 pp. contenant 459 chansons : suit le *Concert des enfans de Bacchus*, composé ainsi : titre 1 f. ; *Aux Enfans de Bacchus*, 1 f. ; *Ode à la louange de tous les cabarets de Paris*, et 100 chansons, en 142 pp. L'exemplaire dont on nous a donné la description s'arrête à la 142e pp., mais rien ne prouve que ce soit la dernière.

M. le marquis de Gaillon a donné, dans le Bulletin du Bibliophile, 1860, p. 1179, une notice curieuse de ce recueil de chansons.

PARNASSE (le) des Muses, ou Recueil des plus belles chansons à danser, re-cherché dans le cabinet des plus excellents poëtes de ce temps, dernière édition. — Le concert des enfans de Bacchuz assemblez... pour raisonner au son des pots et des verres... *Paris, Ch. Sevestre*, 1633, 4 part. en 1 vol. pet. in-12.

Malgré la conformité dans les titres et dans la date de ces deux recueils du *Parnasse des Muses*, celui qu'a donné le libraire Sevestre est très-différent du précédent ; il contient bien moins de chansons, car la première partie des chansons à danser n'en a que 143 ; le Concert, 44, indépendamment de l'*Ode à la louange des cabarets* ; la 2e part. des chansons à danser ne contient que 140 chansons, et la 2e part. du *Concert*, 29 chansons. Voici la description de ce volume : 1re partie, 186 pp., y compris le frontispice gravé et le titre imprimé ; *Concert*, 68 pp. ; 2e tome du *Parnasse*, 164 pp., plus 10 ff. de table pour les 3 premières part. — 2e tome du *Concert*, 2 ff. prélimin. et 36 pp., y compris la table de cette dernière partie.

Les 4 part., sous la date de 1635 et rel. en 1 vol. *mar. r. doublé de mar. bl.* par Trautz, 616 fr. Solar.

— Le nouveau Parnasse des muses... et le Nouveau concert des enfans de Bacchus. *Paris, Nic. et Jean de La Coste*, 1634, 4 part. en 2 vol. pet. in-12.

Ce recueil renferme en grande partie les mêmes pièces que le précédent, et la préface est la même. Le Nouveau Parnasse en 2 part. contient 270 et 48 pp. La 3e partie, intitulée *Chansons récréatives*, a 48 pp., et le *Concert*, 54 pp. Il y a de plus 7 ff. non chiffrés consacrés à la table des quatre parties. A la tête du volume se trouve un frontispice gravé différent de celui des autres éditions, et portant l'adresse de *Ch. Sevestre, libraire*.

Citons encore une autre édition du Parnasse des muses, sous le titre suivant :

LE BANQUET des muses, ou recueil des plus belles chansons à danser de ce temps, auquel est adiousté le Concert des enfans de Bacchus, avec plusieurs chansons amoureuses. *Rouen, Ferrand*, 1630, in-12.

Et un autre recueil ayant pour titre :

LES CHANTS de joyes des enfans de Bacchus, ou le nouveau recueil des plus beaux airs à boire (36 chansons). *Paris, J. Guignard*, 1634, ou *Jacq. Villery*, 1635, in-12. [14290]

A ce dernier recueil se trouvent quelquefois réunis

LES DOUX ENTRETIENS de bonnes compagnies, ou recueil des plus beaux airs à danser. Le tout composé depuis trois mois par les plus rares et excellens esprits de ce temps. *Paris, J. Guignard*, 1634, pet. in-12.

LE NOUVEL entretien des bonnes compagnies ou le recueil des plus belles chansons à danser et à boire ; tiré du cabinet des plus braves autheurs. *Paris, J. Villery*, 1635, in-12.

Ces deux recueils sont devenus assez rares.

Le second a été vendu 27 fr. 50 c. Viollet Le Duc ; mais on y avait réuni les *Chants de joie* (ci-dessus), qui contiennent 146 chansons, dont quelques-unes en patois poitevin.

LE PARNASSE des muses... auquel est adiouté le Concert des enfans de Bacchus ; dédié à leur rouge trogne. *Rouen, J. Boullay*, 1631, 4 part. en 1 vol. pet. in-12.

L'exemplaire vendu 15 fr. 50 c. Viollet Le Duc n'était pas complet.

PARNASSE (le nouveau) des muses galantes, ou les divertissemens de la poésie françoise. *Paris, Estienne Loyson*, 1665, in-12.

Ce recueil renferme six idylles du sieur de Rampalle qui, dit-on, ne se trouvent que là. 11 fr. Duplessis, et en *mar. citr.* par Trautz, 100 fr. Solar.

PARNASSE des poëtes françois modernes. Voy. CORROZET.

PARNASSE (le) des plus excellens poëtes de ce temps. *Paris, Matth. Guillemot,* 1607, 2 vol. pet. in-12 d'environ 800 pp. chacun.

Ce recueil est à peu près du double plus complet que les *Muses françoises ratiées,* publiées par le même libraire en 1600 (voy. D'ESPINELLE); néanmoins, comme le premier recueil renferme nombre de pièces qui n'ont pas été réimprimées dans le second, il est convenable de les avoir tous les deux. On doit trouver à la fin du second vol. du dernier, après la table, 18 ff. contenant un choix de poésies de M. Brun.

Le libraire Math. Guillemot a donné, en 1609, le *Nouveau Parnasse,* et (selon le catal. de la Vallière, par Nyon, 13450), en 1618, 2 vol. formant les tomes 3 et 4 du Recueil précédent.

PARNASSE des plus excellens poëtes de ce temps. *Lyon, Barthélemy,* 1618, pet. in-12. de 8 ff. prélim. et 402 ff. chiffrés, non compris la table. Il y a un titre gravé.

PARNASSE (le) des poëtes satyriques, ou recueil des vers gaillards et satyriques de notre temps (recueil attribué à Théophile Viaud). 1623 ou 1625, pet. in-8. [14235]

La première de ces éditions est fort rare : l'une et l'autre ont de la valeur.

La seconde, vol. de 280 pp. (vend. 25 fr. Nodier), a pour titre : *Le Parnasse satyrique, ou dernier recueil des vers piquans et gaillards de nostre temps, par le sieur Théophile* (1625). Un exempl. en *mar. r.,* 44 fr. Monmerqué; un autre en *vélin,* et dont le titre ne porte pas le mot *dernier* avant *Recueil,* 25 fr. 50 c. Nodier; en *mar. r.* par Trautz, 105 fr. Gancia.

L'édition de 1627, in-12, vend. 29 fr. Nodier; 50 fr. *mar. r.* Walckenaer, porte aussi le nom de Théophile que n'avait pas l'édit. de 1623, à l'occasion de laquelle fut rendu l'arrêt dont nous donnons ici le titre :

ARRÊT de la cour de parlement, par lequel le sieur Théophile, Berthelot, et autres sont déclarés criminels de lèze-majesté, pour avoir composé et fait imprimer contre l'honneur de Dieu, son église et honnesteté publique; avec deffenses à toutes personnes d'avoir ny tenir aucuns exemplaires du livre intitulé le *Parnasse satyrique,* ni autres œuvres dudit Théophile, sur peine d'estre declarez fauteurs et adherans dudit crime, et punis comme les accusez. *Paris, C.-Antoine Vitray,* 1623, in-8.

Cet arrêt est du 19 août 1623.

Dans une notice sur Théophile, par M. A. Bazin (*Revue de Paris* du 17 novembre 1839, p. 177), nous trouvons l'indication d'une édition du *Parnasse des poëtes satyriques,* sans nom d'auteur et sans lieu d'impression, sous la date de 1622, volume de 208 pp.; et aussi une *Quintessence satyrique,* autre recueil du même genre que le Parnasse, qui contient 270 pp. toutes remplies de morceaux gaillards : on n'en donne pas la date, mais on dit qu'il parut presque aussitôt que le premier. [14226]

— **Le Parnasse satyrique du sieur Théophile, reveu et corrigé par un autheur moderne.** *A Conas, lan mil six cens trop tost,* pet. in-12 de 288 pp.

Édition fort rare mais d'une exécution très-médiocre. Elle paraît avoir été imprimée à Rouen vers le milieu

du XVIIe siècle. Les pièces n'y sont pas toujours rangées dans le même ordre que dans l'édit. de 1660, et même les deux éditions diffèrent dans la dernière pièce.

— **Le même Parnasse satyrique du sieur Théophile. 1660, pet. in-12.**

Cette jolie édition, en lettres rondes, est la plus recherchée; cependant elle est incorrecte : vend. 44 fr. *mar. r.* en 1813 ; 49 fr. en 1818, et un exemplaire portant 130 millim. de hauteur, 150 fr. en 1824; revendu 70 fr. 50 c. Pixerécourt; un autre en *mar. r.* 140 fr. Borluut; 122 fr. Gancia.

Le volume a 321 pp., y compris le titre, sur lequel est un grand fleuron assez bizarre.

L'édition de 1668, pet. in-12, dont le titre porte une sphère, est imprimée, ligne pour ligne et page pour page, sur la précédente, mais elle est moins belle : la page 185 y est cotée 105. On la paye de 15 à 24 fr. dans les ventes.

Il y a aussi une édition de 1672 (sans lieu d'impression), pet. in-12 de 320 pp., titre compris, laquelle est une copie, ligne pour ligne, et on peut ajouter faute pour faute, de l'édition de 1660, jusqu'à la page 319; mais cette page contient en plus quatre vers qui, dans l'édition de 1660, commencent la page 320, ce qui a permis de faire entrer dans la page 320 de la réimpression l'épigramme qui forme la page 321 de la première édition attribuée aux Elsevier. Du reste le fleuron du titre n'est pas le même, et l'exécution typographique est moins belle. (Note communiquée par M. Poirier.)

Ce que nous venons de dire de l'édition de 1672 peut s'appliquer à une édition de 1677, pet. in-12 de 320 pp., et également sans lieu d'impression.

— **Le Nouveau Parnasse satyrique, contenant divers madrigals (*sic*) et épigrammes galants et facétieux, par le Sr Théophile.** *Calais, chez Pasquin,* 1684, pet. in-12.

Ce petit volume, divisé en 2 parties, n'est pas, comme on pourrait le croire, une réimpression du *Parnasse satyrique* ci-dessus, mais c'est un recueil du même genre, où l'on a conservé une partie des morceaux les plus piquants du premier, en y ajoutant de nouvelles pièces. En tête du livre sont 6 ff. prélimin. contenant, outre le titre, un *Avis au lecteur,* en prose et en vers, sur le pouvoir de l'amour, et une table des madrigaux de la première partie, au nombre de 92. Le texte occupe en tout 117 pp., y compris le titre de la seconde part., placé à la page 51, et ainsi conçu : *Le Nouveau Parnasse satyrique, seconde partie, contenant toutes sortes de galanteries amoureuses et facétieuses, par le Sr Théophile.* L'édition est mal imprimée, et sur mauvais papier; elle paraît avoir été mise au jour en Allemagne et non pas en France. C'est un livre fort rare.

PARNASSE occitanien (le), ou choix de poésies originales des troubadours, tirées des manuscrits nationaux. *Toulouse, Benichet cadet,* 1819, in-8. [13150]

Cette collection ne contient que le texte original, sans traduction, sans commentaire et sans notes; mais les pièces des divers troubadours sont précédées d'une notice sur leur personne et sur leurs ouvrages, écrite en langue provençale, par M. de Rochegude, qui a publié en même temps l'ouvrage suivant :

ESSAI d'un vocabulaire occitanien, pour servir à l'intelligence des poésies des troubadours. *Toulouse, Benichet cadet,* 1819, in-8.

Les 2 vol. se vendent 15 fr., et plus en pap. vélin. Raynouard en a rendu compte dans le *Journal des Savans,* 1820, pp. 291 et suivantes.

PARNASSO de' poeti d'ogni nazione, ebrea,

greca , latina , ec., trasportati in lingua italiana dai migliori nostri poeti. *Venez.*, 1793-1803, 41 vol. pet. in-8. [14435]

Cette collection devait être continuée.

PARNASSO italiano , ovvero raccolta de’ poeti classici italiani. *Venez.*, 1784-1802, 56 vol. pet. in-8. 120 à 150 fr. [14434]

Collection assez bien impr., et ornée de vignettes. Voici le contenu de chaque vol. : Tomes 1 et 2, *Petrarca*. — 3, 4 et 5, *Dante*. — 6, *Lirici antichi*. — 7, 8 et 9, *Pulci*, *Il Morgante*. — 10, *Poemetti antichi*. — 11 à 15, *Orlando innamorato*. — 16, *Egloghe boschereccie*. — 17, *Teatro antico*. — 18 à 22, *Orlando furioso*. — 23, *Didascalici del secolo* XV. — 24, *Favole teatr. del sec.* XVI. — 25, *Marittimi, e pedanteschi del secolo* XVI. — 26, *Canzonieri del sec.* XVI. — 27, *Satirici e burleschi del sec.* XVI. — 28 et 29, *Gerusalemme del Tasso*. — 30, *Poesie liriche del sec.* XVI. — 31, *Lirici misti del sec.* XVI. — 32, *Lirici veneziani del sec.* XVI. — 33, *Rusticali dei tre primi secoli*. —34, *Secchia rapita*. — 35, *Il Pastor fido*. — 36, *Teatro pastorale*. — 37, *Il Malmantile racquistato*. — 38 et 39, *Conquista di Granata, di Gir. Graziani*. — 40, *Ditirambici e satirici del sec.* XVII. — 41, *Lirici misti del secolo* XVII. — 42, *Canzonieri del secolo* XVII. — 43 à 45, *Ricciardetto*. — 46, *Drammi scelti di Apostolo Zeno*. —47, *Drammi scelti di Metastasio*. — 48, *Poemi georgici del sec.* XVIII. — 49, *Poemetti e sciolti del sec.* XVIII. — 50, *Teatrali del sec.* XVIII. — 51, *Lirica del Frugoni e de’ Bolognesi*. — 52, *Anacreontici e burleschi del secolo* XVIII. — 53, *Lirici filosofi e morali del secolo* XVIII. — 54, *Drammati sacri del secolo* XVIII. — 55 et 56, *Bertoldo Bertoldino*.

M. Mac-Carthy avait plusieurs volumes de cette collection imprimés sur VÉLIN. Nous ignorons si le tout a été tiré de cette manière.

PARNASSUS Societatis Jesu, hoc est, poemata (epica sive heroica) patrum (XXI) societatis, quæ in Belgia, Gallia, Germania, Hispania, Italia, Polonia, etc., vel hactenus excusa sunt, vel recens elucubrata nunc primum evulgantur. *Francofurti, Joan.-God. Schonwetterus*, 1654, 2 part. en 1 vol. in-4. de 6 ff. prélim., 825 et 592 pp. [12595]

Recueil rare en France, et qui offre une réunion précieuse. On lit à la fin : *Finis classis I*, pars II, ce qui prouve qu’il devait être continué. Vend. 85 fr. Courtois, et revendu 6 sh. seulement, Heber; et 15 fr. à Lyon, en 1849.

PARNASSUS (England’s), or the choycest flowers of our modern poets..... where unto are annexed other various discourses... by Rob. Allot. *London*, 1600, pet. in-8. [15764]

Recueil très-rare : yend. 21 liv. Roxburghe; 1 liv. 19 sh. Heber. Il a été réimpr. dans l’*Heliconia* publié par M. Park (voy. HELICONIA), ce qui en a fait tomber le prix.

PARNY (*Évariste*). Ses OEuvres. *Paris, Debray, de l’impr. de P: Didot*, 1808, 5 vol. gr. in-18. 25 fr. — Pap. vél. 50 à 60 fr. [14082]

La Guerre des dieux forme le 5e volume de cette collection; elle avait d’abord paru en l’an VII, in-12, et l’on recherche encore cette première édition, parce que celles qui l’ont suivie ont éprouvé des suppressions considérables dans ce que ce poëme scandaleux avait de plus impie et de plus obscène.

— ŒUVRES choisies augmentées de variantes, de texte et de notes. *Paris, Lefèvre (imprimerie de J. Didot)*, 1827, gr. in-8. portr. 6 fr.

Belle édition, dont il y a des exemplaires en pap. jésus vélin.

— ŒUVRES choisies, publiées d’après l’exemplaire corrigé et mis en ordre par l’auteur. *Paris, Ambr. Dupont*, 1827, 2 vol. gr. in-18. portr. et vignettes. 6 fr.

On réunit à cette édition :

POÉSIES INÉDITES de Parny, précédées d’une notice sur sa vie et ses ouvrages par M. P.-F. Tissot. *Paris, A. Dupont*, 1827, in-18. 3 fr.

Il a été publié à *Paris*, en 1826, plusieurs éditions des *OEuvres choisies de Parny*, en différents formats. Aucune de ces éditions ne comprend la *Guerre des dieux*, qu’on ne pouvait pas impr. à cette époque-là, mais qui a été reproduite avec profusion dans les édit. des œuvres de l’auteur publiées depuis 1830.

— ŒUVRES de Parny, élégies et poésies diverses, édition annotée par M. A.-J. Pons, avec une préface de M. Sainte-Beuve. *Paris, Garnier frères*, 1862, gr. in-18. 3 fr. 50 c.

ΠΑΡΟΙΜΊΑΙ ἔμμετροι. Proverbiales Græcorum versus. Jos. Scaliger pridem collegit, composuit, digessit. *Lutetiæ, Fed: Morellus*, 1594, pet. in-8. de 15, 20 et 32 pp. [18441]

PAROEMIOGRAPHI græci quorum pars nunc primum ex codicibus mss. vulgatur. Edidit T. Gaisford. *Oxonii, Parker*, 1836, in-8. 10 sh. [18434]

Pour une autre collection de proverbes grecs, voyez ADAGIA, et CORPUS PAROEMIOGRAPHORUM.

PAROLE devote de l’anima inamorata in misser Jesu. (*Venet.*), *Nic. Jenson 8 id. april.* 1471, in-4. de 10 ff. à 22 lignes par page. [1667]

Cet opuscule est une des productions les plus rares des presses de Jenson. — Voy. GLORIA mulierum.

PAROLETTI. Description historique de la basilique de Superga, située sur la colline près Turin, ornée de vignettes et de neuf planches contenant les plans, etc., de cet édifice, avec des notes sur l’histoire naturelle de ladite colline, par Modeste Paroletti. *Turin, Reycend*, 1808, in-fol. 15 à 18 fr. [25312]

Vend. en pap. vél., 37 fr. Hurtault.

PARR (*Samuel*). Works : with memoirs of his life and writings, and a selection from his correspondence, by John Johnstone. *London, Longman*, 1828, 8 vol. in-8. portraits. 2 liv. 2 sh., et plus en Gr. Pap. [19371]

Ce recueil renferme des ouvrages de théologie, de politique et de philologie. On peut y joindre les deux articles suivants :

MEMOIRS and correspondence of Samuel Parr, with biographical notices and anecdotes of many of his friends, pupils and contemporaries, by the rev. Will. Field. *London, Colburn*, 1828, 2 vol. in-8. portr, 12 à 15 fr.

.   PARRIANA : or notices of the rev. Sam. Parr, collected and in part written by E.-H. Barker. *London , Colburn*, 1828-29, 2 vol. in-8. 10 à 12 fr. [18557]

Nous citerons encore :

    BIBLIOTHECA PARRIANA, a catalogue of the library of the late Dr Sam. Parr, with notes. *London*, 1827, in-8., avec le portrait de Parr. 10 à 12 fr., et plus en Gr. Pap. H.-G. Bohn, qui a été l'éditeur de ce catalogue, rapporte, à la p. 1782 de son édition du Manuel de Lowndes, que six exemplaires de ce catalogue conservent intacts plusieurs feuillets qui ont été cartonnés.

PARRA (*D.-Ant.*). Descripcion de diferentes piezas de historia natural, las mas del ramo maritimo. *Havana , 1787*, in-4., avec 73 pl. color. [5887]

Ouvrage rare en France.

PARRADIN (*Jean*). Micropædie (contenant le dialogue de la mort et du pèlerin, . cent quadrains trad. du latin de Faustus Andrelinus, etc.). *Lyon, Jean de Tournes*, 1546, in-8. [13658]

Vend. 18 fr. *mar. bl. dent.* Lair, et 47 fr. 50 c. Pixerécourt; 70 fr. *mar. r.* Cailhava.

Il y a une seconde édition de *Paris, Est. Groulleau*, 1547, in-16, vend. 6 fr. *mar. v.* Lair, et plus cher depuis.

PARROCEL. Différentes attitudes de la cavalerie et de l'infanterie, dessinées et partie grav. (à l'eau-forte) par Parrocel. Gr. in-4. [8629]

Nous avons vu un exempl. de ce recueil composé de 139 pl.

PARROT (*Henry*). Epigrams (160). *London*, 1608, in-4. de 64 pp. [15773]

Selon Lowndes, qui, à la p. 1788 de la nouv. édition de son *Manuel*, décrit plusieurs autres productions de ce poëte, celle-ci a été payée 12 liv. à la vente Bright. En voici un autre qui n'a pas moins de valeur :

    THE MASTIVE, or young Whelpe of the Old'-Dogge. Epigrams and satyrs by H. P. *London* (1615), in-4. de ·66 pp. 25 liv. 10 sh. Bindley; 11 liv. 11 sh. Perry; 10 liv. Jolley; 13 liv. 5 sh. Bright.

Les initiales H. P. ont fait attribuer ces épigrammes à Parot ; mais comme elles font partie de la *Minerva britannica* d'Henry Peacham (voy. ce nom). il est très-probable qu'elles sont de ce dernier.

PARRY (*Will.*). Travels of Ant. Sherley. Voy. SHERLEY.

PARRY (capt. *Will.-Edw.*). A Voyage for the discovery of a north-west passage from the Atlantic to the Pacific, performed by the ships Hecla and Griper, in the years 1819 and 1820. *Lond., Murray*, 1821, in-4. fig. [20965]

Ce volume contient 310 pp. et *Appendix on the chronometers, magnetic observations*, p. 1 à clxxx,

plus des cartes et des planches. Il a coûté 3 liv. 13 sh. 6 d. On y ajoute un supplément à l'Appendice contenant des notices zoologiques et de botanique, *London*, 1824, pages lxxxi à cccx ; 2° *North Georgia Gazette and Winter Chronicle*, journal édité par le capit. *Sabine, du 1er Novembre* 1819 *au* 20 *Mars* 1820, London, 1821, in-4. de 132 pp. Dans quelques exemplaires de ce premier voyage et du second, se trouve une double suite des gravures sur papier de Chine.

— JOURNAL of a second voyage for the discovery of a north-west passage from the Atlantic to the Pacific, performed in the years 1821, 22 and 23. *Lond., Murray*, 1824, in-4. de 571 pp., avec 13 cartes, etc., et 26 fig. grav. par Finden. 24 à 30 fr.

    APPENDIX to capt. Parry's second voyage : containing the natural history. *Lond., Murray*,1825, in-4. de 432 pp. 12 à 15 fr.

— JOURNAL of a third voyage for the discovery of a north-west passage... performed in the years 1824 and 1825. *Lond., Murray*, 1826, in-4. de XXVIII et 186 pp., et un appendix de 151 pp., fig. et cartes. 20 à 25 fr.

— NARRATIVE of·an attempt to reach the North Pole in boats fitted for the purpose and attached to ship Hecla, in 1827. *Lond., Murray*, 1828, in-4. de XXII et 229 pp., avec cartes et fig. 20 à 25 fr.

Ces six tomes, réunis en 5 vol., se payent de 8 à 10 liv. en Angleterre. — Voy. Ross.

Il y a un abrégé des quatre voyages de Parry, *Lond., Murray*, 1829, 6 pocket vol. qui coûte 1 liv. 4 sh.

Le premier voyage de ce célèbre navigateur a été trad. en français par l'auteur de *Quinze jours à Londres* (Defauconpret), *Paris, Gide fils*, 1822, in-8. fig. Un extrait du second se trouve dans l'ouvrage intitulé :

    HISTOIRE de deux voyages entrepris par ordre du gouvernement anglais ; l'un par terre, dirigé par le capit. Franklin, l'autre par mer, sous les ordres du capit. Parry... trad. de l'anglais. *Paris, Gide*, 1824, in-8., avec une carte des régions polaires. 5 fr.

PARSON (*Rob.*). Voy. PERSECUTIONE (de).

PARSONS (*Abraham*). Travels in Asia and Africa , including a journey from Scanderoon to Aleppo , and over the desert to Bagdad and Bussora ; a voyage from Bussora to Bombay, and along the western coast of India ; a voyage from Bombay to Mocha and Suez, in the Red sea, and a journey from Suez to Cairo and Rosetta, in Egypt. *London,* 1808, in-4. 12 à 15 fr. [20018]

PARSONS (*Philip*). The Monuments and painted glass of upwards of one hundred churches; chiefly in the eastern part of Kent, with an appendix, containing tree churches in other county ; to which is added a small collection of detached epitaphs, with a few notes on the whole. *Canterbury* , 1794 , in-4. de VIII et 549 pp. (les chiffres 424 à 428 sont passés) avec 4 pp. pour errata et l'index. 2 liv. [9282]

PARTAGE (le) du lion de la fable vérifié

par le roi très chrestien dans celui de la monarchie d'Espagne. *Cologne, 1700, in-12.* [23871]

Indépendamment de cette édition in-12, à la fin de laquelle l'auteur promettait une 2ᵉ partie, il en existe une autre, *Cologne (à la Sphère), 1700,* pet. in-8. de 112 pp.

Ce pamphlet politique contre les prétentions de la France sur la succession de Charles II, est si rare, que pendant longtemps nous n'en avons connu que la première part. : vend. 15 fr. *mar. r.* en 1805. Il en existe pourtant une seconde sous ce titre :

LE PARTAGE du lion de la fable, vérifié par le roy très chrétien dans l'intrusion du duc d'Anjou à la couronne d'Espagne, et la justice du droit de l'empereur et de sa maison à cette couronne. Seconde partie. *Cologne (Hollande, à la Sphère),* 1701, pet. in-8. ou in-12 de 271 pp.

Vend. complet et rel. en *mar.* 3 liv. 12 sh. Hanrott.

Les deux parties ont été réimpr. sous les mêmes titres et les mêmes dates ; mais, dans cette réimpression, moins belle que l'original, la page 112 et dernière de la première partie ne porte que 17 lignes au lieu de 19, et la seconde n'a que 262 pp. et point de table des matières. Un autre ouvrage, ou plutôt une nouvelle rédaction de celui-ci, a pour titre :

DÉFENSE du droit de la maison d'Autriche à la succession d'Espagne et la vérification du partage du lion de la fable, dans les conséquences de l'intrusion du duc d'Anjou, avec la réfutation des libelles répandus dans le public en faveur de cette intrusion. *Cologne, Pierre Marteau* (Hollande), 1703, in-12 de 454 pp. (*Moniteur de la librairie,* 1842, nᵒ 12.)

Il paraît que le *Partage du Lion* est la traduction d'un ouvrage italien de l'abbé Francesco Tucci de Lucques, publié sous le titre de *Spartimento, etc.,* et sous la rubrique de *Colonia,* 1701, en 2 part. in-4. (Melzi, *Dizionario di opere anonime,* tome III, au mot SPARTIMENTO).

PARTENIO Etiro. Voy. ARETINO (*Pietro*).

PARTENOPEX de Blois. Voyez PARTONOPEUS.

PARTHENIUS. Parthenii nicæensis de amatoriis affectionibus liber (gr. et lat.), Jano Cornario Zuiccaviensi interprete. *Basileæ, in officina frobeniana,* 1531, in-8. [16972]

Première édition : vend. 12 fr. Gouttard ; 18 fr. Soubise ; mais ordinairement de 4 à 6 fr. Elle a 76 pp., 22 ff. pour le texte grec, et un dernier feuillet pour la marque de l'imprimeur.

—.Idem liber, gr., emendatus stud. Lucæ Le Grand, in lucem editus cura Chr.-Gott. Heyne. *Gœttingæ,* 1798, in-8.

Bonne édition : 3 fr. Vend. en *pap. fin , mar. r.* 10 fr. Caillard.

— Les affections de l'amour de Parthenius, ancien auteur grec, joinctes les narrations d'amour de Plutarque, mises en francoys par Jehan Fournier. *Lyon, Macé Bonhomme,* 1555, in-8. de 117 pages. 6 à 9 fr.

L'édition de *Paris, Vincent Sertenas,* pet. in-8. de 46 ff., et 1 f. à la fin pour l'errata, ne porte ordinairement ni le nom du traducteur, ni la date, laquelle se trouve seulement dans le privilége. Il en existe cependant des exempl. avec le nom de Fornier (*sic*) et la date de 1555.

La même traduction a été réimpr. à *Rouen, chez Ra-*

phael du Petit-Val, 1597, pet. in-12 de 70 pp. et 1 f. pour la dédicace en 8 vers. Elle a encore été reproduite sous ce titre : *Affections de divers amans, etc.* (Paris, Coustelier), 1743, pet. in-8. dont il y a des exempl. en pap. de Hollande. Ces derniers, 3 à 5 fr.

PARTHENIUS Giannettasius (*Nic.*). Voy. GIANNETTASII.

PARTHEY (*G.*). Vocabularium coptico-latinum et latino-copticum e Peyroni et Tattami lexicis concinnavit : Accedunt elenchus episcopatuum Ægypti, index Ægypti geographicus coptico-latinus, index Ægypti geographicus latino-copticus, vocabula ægyptia a scriptoribus græcis explicata, vocabula Ægyptia a scriptoribus latinis explicata. *Berolini, Nicolai,* 1844, in-8. 24 fr. [11938]

PARTICULARITEZ remarquées de tout ce qui s'est faict et passé en la mort de MM. de Cinq-Mars et de Thou : à Lyon, ce 12ᵉ de septembre 1642. (*sans indication de lieu*), 1642, pet. in-8. de 46 pp. [23722]

Édition originale et rare d'une relation qui a été réimprimée dans des recueils.

PARTICULARITEZ de la chasse royale faite par S. M. le jour de Saint-Hubert et de Saint-Eustache, patrons des chasseurs. *Paris, Alexandre Lesselin,* 1649, in-4. [10435[

Cet opuscule, de 12 ff., a été payé 39 fr. à la seconde vente Veinant.

PARTIDAS (las siete). Voy. SIETE.

PARTONOPEUS de Blois, publié pour la première fois d'après le manuscrit de l'Arsenal, avec trois fac-simile, par G.-A. Crapelet. *Paris, imprim. de Crapelet,* 1834, 2 vol. très-gr. in-8. pap. vél. 30 fr., et plus cher en Gr. Pap. de Hollande. [13203]

G.-A. Crapelet est l'auteur de la préface et a donné des soins à l'édition ; mais c'est C.-M. Robert qui a préparé la copie du texte et écrit l'*Examen critique* du poëme, morceau de lxiv pp., placé dans le prem. vol. Ce poëme, composé vers le milieu du XIIIᵉ siècle, est plus connu sous le titre de *Partenopeus* que sous celui de *Partonopeus,* qui se lit dans le mss. suivi par M. Robert. Legrand d'Aussy en a donné une traduction en prose, dans le 4ᵉ volume de ses fabliaux (voy. LEGRAND), et plus tard M. de Roquefort en a fait connaître le texte primitif, par des extraits insérés dans les Notices des mss. de la Biblioth. du roi, IX, 2ᵉ part., pp. 1-84, extraits (ou Mémoire) dont il a été tiré à part quelques exempl., sous la date de 1811.

— Libro del esforçado caüallero conde Partinuples que fue emperador de Constantinopla. — *Fue imprimida la presente istoria en la muy noble villa de Alcala de Henares por maestre Arnao Guillen de Brocar, e acabose a xvij dias del mes de noviembre del año de mil y quinientos y treze años* (1513), pet. in-4. goth. de 44 ff. non chiffrés, sign. A—F. [17539]

Un exempl. relié en *mar. v.*, mais très-rogné, 145 fr. De Bure.

Cette traduction espagnole, en prose, a probablement été faite d'après la version catalane de ce roman, également en prose, dont Antonio, *Bibliotheca nova*, II, 333, 2e col., cite une édit. de Tarragone, 1488, in-8., que nous regardons comme fort douteuse, puisque Mendez n'en parle pas. Mais le poëme français annoncé ci-dessus est, selon toute apparence, antérieur au roman, soit catalan, soit espagnol, et en a fourni le sujet.

— Libro del muy noble y esforçado cauallero el conde Partinuples. E de las grandes aučturas que passo : por alcançar el Ymperio de Costantinopla. — *Acabose el presente libro... en... Toledo, por Miguel đ Eguia impressor... a quinze dias del mes Junio. Año đ mil z qnientos z .xxvj. años*, in-4. goth. de 48 ff. sign. a—f.

Édition rare qui se trouve à la Biblioth. Mazarine, ainsi que celle de 1547 ci-dessous.

— Libro del esforçado cauallero cõde Partinuples que fue emperador de Cõstantinopla. — *Fue impresso en... Burgos. en casa de Juã de Jũta. acabose a xvj dias đl mes đ Marco Año de mil y quinientos y xlvij* (1547) *años*, in-4. goth. de 42 ff. sign. a—lij.

180 fr. *mar. r.* Libri, en 1847, et 15 liv. 10 sh., en 1859.

Ebert cite une édition d'Alcala, in-4., sous cette même date de 1547.

— LA HYSTORIA del buen cauallero Partinuples conde Castillo de Bles, que despues fue emperador de Constantinopla. *Sevilla, en casa de Domenico de Robertis*, 1548, pet. in-4. goth.

Réimprimé à Valladolid, en 1623, et à Séville, en 1643, in-4.

— ASSI commensa la general historia del esforsat cavaller Partinobles, compte de Bles : y apres fonch emperador de Constantinopla. novament traduhida de hengua castellana, en la nostra catalana. *Barcelona, Rafel Figuero* (sans date), pet. in-8.

Édition rare, portée à 2 liv. 2 sh. dans le catalogue Salvá. Une autre, *Gerona, Jos. Bro*, pet. in-8. de 168 pp., également sans date, mais du commencement du XVIIIe siècle, 5 fr. 50 c. Gohier ; 2 liv. Libri (annoncé inexactement *comme inconnu à Brunet*). A en juger par le titre ci-dessus, cette nouvelle version catalane est faite d'après le castillan, et par conséquent doit différer de l'ancienne dont nous venons de parler. Citons encore : *Historia del muy noble y esforzado cavallero el conde Partinuples emperador de Constantinopla*, Madrid, 1756, in-fol. placé sous le nom de *Gaspar Aldana*, dans le catal. Payne et Foss pour 1830, no 1215.

— En lystig og skiön historie paa rim og könning Persenober oc Drolning Constantianobis lystig at höre og läse, nu nyligen overseet og corrigeeret rettere en hue vaar för prentel i Kiöbenhaven of Laurents Benedicht, 1572, in-8.

Seconde édition de cette version en vers danois, faite dans le XVe siècle, d'après un poëme allemand : la

première est de 1560. Le poëme allemand dont nous venons de parler a été composé, à ce que l'on croit, vers le milieu du XIIIe siècle, d'après l'ouvrage français, sous le titre de *Partinopier und Meliure*. Il s'en trouve deux fragments dans *Muller's Sammlung altdeutscher Gedichte*, B. III, pp. XII-XIV, et dans *Bodmer's Sammlung krit. Schriften*, St. VII, pp. 36-48.

PARTRIDGE (*John*). The Hystorie of the two famous notable princes of the world, Astianax and Polixena, and the worthie Hystorie of the most noble and valiant knight Plasidas, gathered in english verse. *London, by Henry Denham*, 1566, in-16 goth. [15755]

— THE MOST famous and worthie Historie of the worthy lady Pandauola, daughter of the mighty Paynim, the great Turke. *London, by Thomas Purfoote*, 1566, in-8., sign. A - K2.

Deux volumes rares : le premier, 15 liv. Reed.

PARUTA (*Paolo*). Discorsi politici nei quali si considerano diversi fatti illustri e memorabili di principi, e di repubbliche antiche e moderne, divise in due libri : aggiuntovi nel fine un suo soliloquio, nel quale l'auttore fa un breve essame di tutto il corso della sua vita. *Venetia, Dom. Nicolini*, 1599, in-4. de 22 ff. dont 2 bl. 636 pp. et 21 pp. pour le soliloquio. 6 à 9 fr. [3950]

Cet ouvrage a été réimpr. à Bologne, chez les héritiers Giov. Rossi, en 1601, in-4. et, en dernier lieu, à Sienne, chez *Porri*, 1827, en 2 vol. in-8. Il avait été précédé d'un autre écrit du même auteur, sous ce titre :

DELLA PERFETTIONE della vita politica, libri tre. *Venetia, Dom. Nicolini*, 1579, in-fol.

Réimpr. par le même Nicolini, en 1586, in-24, et avec des notes en marges et des tables, en 1599, in-4.

— PERFECTION de la vie politique, traduite en françois par Franç. Gilbert de La Brosse. *Paris, Henri Thiery*, 1582, in-4.

Selon M. Quérard (*Supercheries*, IV, p. 620), c'est l'ouvrage de Paruta (et non Paouta) qui aurait fourni au sieur de Villars La Faye le fond de l'ouvrage qu'il a publié sous ce titre :

PRÉCEPTES d'Estat, tirés des histoires anciennes et modernes, par lesquelles il est enseigné des moyens propices et utiles pour rendre un Estat ordonné et policé au temps de la guerre et de la paix ; et comme l'obéissance seule des subjects, à leur roy, se peut conserver inviolable, le tout reduit par chapitre en deux livres. *Paris, Pierre-Louys Feburier*, 1611 (pas 1511), pet. in-8. de 8 pp. prélim., 101 et 55 pp., plus 6 ff. pour la table. Hayn fait remarquer que Montesquieu a fait usage des *Discorsi* de Paruta pour son livre sur la *Décadence de l'empire romain*.

PARUTA (*Filip.*). La Sicilia descritta con medaglie. *Palermo*, 1612, in-fol. fig. [25813]

Cette édition, dont il n'a paru que la prem. part., est devenue rare, mais elle n'a pas de valeur dans le commerce. Elle ne renferme point d'explication, non plus que l'édit. de *Rome*, 1649, in-fol., faite avec les mêmes planches, auxquelles sont

Partouneaux (*T.* de). Conquête de la Lombardie, 25269.

ajoutées environ 400 médailles par Léonard Agostini. On a fait usage des cuivres de Paruta et d'Agostini dans une édition peu estimée du même ouvrage, publiée à *Lyon, en* 1697, en 1 vol. in-fol., sous ce titre : *La Sicilia di Fil. Paruta descritta con medaglie... hora in miglior ordine disposita da Marco Maier, etc.* Toutes ces éditions ont été entièrement effacées par celle qu'a donnée en latin Sig. Havercamp (*Leyde,* 1723), et qui forme les tom. VI, VII et VIII du *Thesaurus antiquitatum Siciliæ,* de Grævius : vend. séparément 49 fr. 58 c. Mionnet. — Voyez GRÆVIUS, à la fin de l'article.

PARVENU (le), légende composée de la nature, du présent, passé et avenir, avec évidence pure et simple de tout ce qui sert à former l'esprit ; où verra-t-on (*sic*) que cil qui a l'intelect dur sera confondu par son ignorance, tout ainsi comme le docte aura pouvoir de s'endoctriner d'iceux misteres (*sic*) ALPHA ET OMEGA. *Imprime vers la fin de la trente-huitième année de l'auteur, en Philopotamie,* in-12.

Ce fragment d'un ouvrage imprimé par son auteur, à l'aide d'une petite presse portative, ne consiste qu'en 22 pages chiffrées, non compris le feuillet du frontispice, au verso duquel est une épitre dédicatoire de 19 lig. Le seul exemplaire connu de ce singulier opuscule, composé dans le genre du Moyen de parvenir, appartient à M. Hubaud de Marseille. Il porte cette note manuscrite : « Il n'y a jamais eu que ceci d'imprimé, et c'est le seul fragment qui existe de l'ouvrage, la planche ayant été rompue, et le reste du manuscrit brûlé par l'auteur, qui craignait d'être surpris en l'imprimant lui-même. » Cette autre note, écrite de la main de M. le M. de M., se lit sur un f. blanc en regard du frontispice : « Ouvrage d'une excessive rareté, exemplaire de M. le duc de La Vallière, acheté 25 fr. à Paris, à l'amiable, chez M. De Bure, libraire, en may 1784. »

PARVI ou Petit (*Guillaume*). Viat de salut, ou est conprins lexposition du Symbole, des dix commandemens, du Pater et de Laue Maria : instruction pour soy confesser, auec des Oraisons et plusieurs autres deuotes chansons. *Paris, Oliuier Maillard,* 1538, in-8. goth. [1561]

Cet ouvrage a été imprimé plusieurs fois. L'auteur des *Mélanges tirés d'une grande bibliothèque* (IX, p. 64) en cite une édition imprimée à *Longeville, devant Bar-le-Duc,* en 1527, in-8. goth., par ordre d'Hector d'Ailly, évêque de Toul, qui promet quarante jours d'indulgence aux fidèles qui le liront ; mais c'est à tort que l'ouvrage est attribué à ce prélat, dans le catal. de Picard, n° 70, où l'édition de Longeville est datée de 1537. L'existence d'une imprimerie fonctionnant à *Longeville-devant-Bar-le-Duc* dès l'année 1506, a été révélée à M. Beaupré par un ancien compte de Jehan Gerlet d'Amance consigné dans un vieux registre, et qui contient ce passage : « *A Messire Martin Mourot, prebstre demeurant à Longeville, la somme de 4 florins d'or, pour avoir imprimé cent douze transcripts et vidimus de la Bulle de Lacticiniis ; dont il y en a dix en parchemin et le surplus en papier.* Par mandement du roy (René II), donné à Bar le XVIIIe iour d'octobre mil Ve et six. » (Beaupré, *Nouvelles recherches,* 1853, p. 27-28.)

Une édition du Viat de salut, impr. en 1532, in-8., est portée dans le Catal. Sepher. Du Verdier, à l'article *Viat de salut,* en indique une de *Lyon, Oliuier Arnoullet,* 1539, in-8., et à l'article *Guillaume Parvi,* une de *Paris, Jean Real,* 1540, in-8. Celle

de 1538, dont nous avons donné le titre, est ordinairement reliée avec un autre ouvrage du même auteur, intitulé :

LA FORMATION de lhomme et son excellence, et ce quil doit accomplir pour auoir Paradis, avec plusieurs bonnes doctrines et enseignemens chrestiens. *Paris, Ol. Maillard,* 1538, in-8.

Il existe de ce dernier ouvrage une édition de *Paris, Galliot du Pré,* 1538, in-8., et une autre de *Paris, Jean Petit et Arnould l'Angelier,* 1540, in-8.

PARVUS. Nicolai Parvi bellesanensis, Sylvæ, Arion, Gornais, Barbaromachia, cum aliquot hymnis. *Væneunt in offic. Joannis Gormontii (Parisiis,* 1522), in-4., sign. A—S, caract. ronds. [12903]

Panzer n'a point cité ce livre, qui n'a d'autre date que celle de la dédicace de la première sylve, 3° *kalend. julias,* 1522. La seconde sylve, à la louange de la ville de Gournay, est ce que ce recueil renferme de plus curieux.

PAS (*Crisp.* de). Voy. ABUS (les) du mariage, et ci-après PASSÆUS.

PAS (le) d'armes de la bergère, maintenu au tournoi de Tarascon (par Louis de Beauveau, un des tenants), publié d'après le manuscrit de la Biblioth. du roi, avec un précis de la chevalerie et des tournois, et la relation du carrousel exécuté à Saumur, en présence de S. A. R. Madame, duchesse de Berry, le 20 juin 1828 ; par G-A. Crapelet. *Paris, imprimerie de Crapelet,* 1828, in-8. pap. jésus vélin. [28731]

Cinquième vol. de la *Collection des anciens monuments de la langue française,* publ. par Crapelet (voy. ce nom). Il est orné du fac-similé du manuscrit et d'une miniature : 10 à 15 fr. — 12 exempl. pap. de Holl., qui se vendaient 24 fr. — Gr. Pap. vél., avec miniature peinte sur VÉLIN, 27 fr.—Réimprimé à Paris, chez Crapelet, en 1835, et dans le même format. Le Pas d'armes de la Bergère est du roi René et fait partie du 2e vol. de ses œuvres (voy. RENÉ).

PAS des armes de l'arc triumphal. Voy. la col. 994 de notre second volume.

PAS (le) des armes de Sandricourt, in-fol. goth. fig. [28732]

Petit ouvrage composé de 11 ff. seulement, sous les signat. A et B. On lit au verso du titre : *Ce sont les armes qui ont ete faictes au chasteau de Sandricourt pres Pontoise le seizieme iour de septembre mil quatre cens quatre vingtz et treize, lesquels ont ete par moi Orleans herault de monseigneur le duc d'Orleans veues... et rediges et mises par escript.* L'impression paraît être à peu près de la même date.

Un exempl. impr. sur VÉLIN : 100 fr. La Vallière ; retiré à 81 fr., et offert à 150 fr. Mac-Carthy.

PASCAL. Liber de morbo composito vulgo gallico appellato, autore (Joanne Pascale) suessano. *Neapoli excudebat Joan.-Ant. de Careto Papiensis,* 1534, *nono Decembris,* in-4. de 32 ff. [7268]

Pièce peu connue.

Pascal (l'abbé *J.-B.-E.*). Gabalum christianum, 21457.

PASCAL (*Blaise*). Ses OEuvres complètes; nouvelle édition. *Paris (imprimerie de Crapelet), Lefèvre*, 1819, 5 vol. in-8. portr. et fig. 30 à 35 fr. [19075]

Bonne édition, à laquelle est joint l'*Essai sur les meilleurs ouvrages écrits en prose dans la langue françoise*, par *N. François* (de *Neufchâteau*). Les exemplaires en Gr. Pap. vél. sont rares et assez recherchés : 100 à 120 fr. Vend. 151 fr. m. *bl.* Labédoyère ; 350 fr. (avec une lettre autographe de Pascal) en 1827. — L'édit. de *La Haye* (Paris), 1779, 5 vol. in-8., portr. et fig., donnée par l'abbé Bossut, conserve encore quelque valeur.

— Lettres escrites à un provincial par un de ses amis (et lettres aux reverends pères jésuites sur la morale et la politique de ces pères ; sans nom d'auteur, et *sans lieu d'impression ni date*), in-4. [1375]

Première édition du livre si célèbre sous le titre de *Lettres provinciales*. Elle se compose de dix-huit lettres publiées par feuilles séparées, depuis le 23 janvier 1656 jusqu'au 24 mars 1657, et auxquelles on a ajouté, dans quelques exemplaires, trois autres pièces, savoir : *Advis de MM. les curez de Paris...* (par Ant. Arnauld et Pierre Nicole) ; *Requeste de MM. les curez de Rouen... Table et extraict des plus dangereuses propositions de la morale de plusieurs nouveaux casuistes.* Vend. 20 fr. A. Martin ; 50 fr. Parison, et en *mar. r.* 81 fr. Bertin ; 170 fr. Giraud, avec des lettres doubles ; 70 fr. Renouard.

Il a été fait plusieurs réimpressions de ces mêmes lettres dans le format in-4.

La plupart des éditions des *Provinciales*, et surtout les dernières, renferment, outre les 18 lettres dont nous avons parlé, le fragment d'une 19e lettre adressée au P. Anat ; une autre lettre au P. Anat, datée du 15 janvier 1657, et attribuée à Nicole ; enfin une 20e lettre (d'un avocat au parlement, que l'on croit être Le Maistre, frère de Le Maistre de Sacy), en date du 1er juin 1657.

L'écrit du P. Anat qui a donné lieu à la 18e lettre a pour titre :

LA BONNE foy des jansénistes en la citation des auteurs reconnuë dans les lettres au Provincial, par le P. F. Anat. *Paris, Florentin Lambert*, 1656, in-4. Il doit être réuni aux pièces in-4. indiquées ci-dessus.

Dans une lettre de Guy Patin, en date du 13 juillet (tome II, page 326, lettre CCCXI de l'édit. in-8.), on lit l'anecdote suivante, relative à la première édition des Provinciales : « Le libraire nommé Desprez, et l'imprimeur nommé Langlois l'aîné, qui imprimoient ces lettres pour le Port-Royal, ont été découverts et sont prisonniers à la Bastille. Les Loyolistes, *hominum genus nequissimum*, se vantent qu'ils les feront envoyer aux galères : c'est un compagnon imprimeur qui les a découverts, pour quelque argent qu'il a eu de la société. » Heureusement pour les deux libraires, ces menaces sont restées sans effet, et peut-être même n'ont-elles jamais été faites.

— Les Provinciales, ou lettres escrites par Louis de Montalte à un provincial de ses amis et aux RR. PP. Jésuites : sur le sujet de la morale, et de la politique de ces Pères. *Cologne, Pierre de La Vallée* (D. *Elsevier*), 1657, pet. in-12. 18 à 28 fr.

Jolie édition, dont les beaux exempl. sont rares et recherchés. Vend. 20 fr. *mar. r.* La Valliere ; 30 fr. m. v. d. *de m. citr. dent.* de Cotte ; 76 fr. 50 c. Pixérécourt ; 49 fr. *mar. r. dent.* F. Didot ; 36 fr. *mar. bl.* Sensier ; 70 fr. *mar. v.* par Derome, De Bure ; 65 fr. *mar. r.* Giraud ; 44 fr. (135 millim., et en vél.) Le Chevalier, en 1857.

Il y a une réimpression faite sous la même date ; mais on reconnaît l'édition originale aux mots *Moines mendians* qui sont au haut de la 3e page ; il y a *religieux mendians* dans la réimpression. Cette dernière ne vaut que de 4 à 6 fr. Elle devrait cependant être préférée à la première, parce qu'elle a été faite d'après les dernières corrections de l'auteur. Elle n'a que 396 et (*Advis des curez*) 108 pages, au lieu de 398 et 111 pages.

Les éditions de *Cologne, Nic. Schoute*, 1666 et 1669, pet. in-12, peuvent aussi se joindre à la collection des Elsevier.

C'est également à ces imprimeurs qu'est due l'édit. pet. in-8. publiée sous le titre suivant :

LES PROVINCIALES, ou lettres escrites par Louis de Montalte à un de ses amis, et aux RR. PP. Jésuites ; avec la théologie morale des dits Pères et nouveaux casuistes : représentée par leur politique et par leur livre, divisée en cinq parties. *Cologne, chez Nic. Schoute*, 1659, volume contenant 7 ff. prélim., y compris le titre, 320, 328 et 494 pp. Les deux dernières parties se trouvent quelquefois sans les Provinciales, et sous ce titre :

LA THÉOLOGIE morale des Jésuites et nouveaux casuistes, représentée par leur pratique et par leurs livres, condamnée ini et il y a déjà longtemps par plusieurs censeurs, décrets d'universitez et arrests de cours souveraines ; nouvellement combattue par les curez de France et censurée par un grand nombre de prélats et par des facultez de théologie catholique ; divisée en cinq parties.

— Les Provinciales... avec les notes de Guillaume Wendrock (Nicole), traduites en françois sur la Ve édition de 1679 (par Françoise-Marguerite de Joncoux). Nouvelle édition augmentée de la vie de l'auteur (écrite par Madame Perrier sa sœur). *Cologne, Nic. Schoutten* (en France), 1700, 2 vol. in-12.

Il a été fait plusieurs éditions sous cette même date, et particulièrement une en 3 vol. in-12, augmentée d'une lettre de Polémarque à Eusèbe, et d'une lettre d'un théologien à Polémarque.

— Les Provinciales, trad. en latin par Guil. Wendrock (P. Nicole), en espagnol par Gratien Cordero, et en italien par Cosimo Brunetti. *Cologne, Balthazar Winfelt*, 1684, in-8. 9 à 12 fr.

Vend. 26 fr. *mar. citr.* La Valliere ; 49 fr. *m. bl. d. de m. citr.* (exemplaire du C. d'Hoym), en 1809 ; 35 fr. *mar. bl.* Renouard.

La première édition de la traduction latine des Provinciales, avec les notes de Nicole, sous le nom de Will. Wendrock, *Coloniæ, apud Nic. Schouten*, 1658, pet. in-8., a, nous le croyons, été impr. chez les Elsevier d'Amsterdam. Celle de 1665, sous la même indication de ville et de libraire, est aussi un pet. in-8. de 40 ff. non chiffrés et de 646 pp., également sortie des presses elseviriennes. C'est celle qu'on rencontre ordinairement ; le titre l'indique comme *editio quarta*. La cinquième édition est de 1679, et la sixième, sous la rubrique *Coloniæ, Nic. Schouten*, 1700, 2 vol. in-12. Pourtant Nicole, dans son *Histoire des provinciales*, placée parmi les pièces préliminaires de sa traduction, dit que l'édition de 1660 est la cinquième. C'est à celle de 1658 que se rapporte la réponse dont le titre suit :

BERNARDI Stubrockii (Honorati Fabri) soc. Jesus,

notæ in notas Will. Windrockii ad Montalti litteras
in disquisitiones Pauli Irenæi. *Coloniæ, Joan.
Busæus*, 1659, pet. in-8.

La traduction de Nicole a eu, comme l'original, les
honneurs du bûcher, ainsi que le prouve la pièce
suivante :

    ARRÊT DU CONSEIL du 23 sept. 1660, portant
qu'un livre intitulé : *Lud. Montalti litteræ provinciales*, sera lacéré et brûlé, ensemble la sentence
du lieutenant civil donnée en conséquence du dit
arrêt, et le procès-verbal de l'exécution, avec le
jugement des prélats et docteurs qui ont examiné
ce livre. *Paris, imprimerie du roy*, 1660, in-4.

L'édit. du texte français, *Amst.*, *J.-Fr. Bernard*,
1734 et 1735, 3 vol. pet. in-8., et celle de *Cologne,
P. de La Vallée*, 1739, 4 vol. pet. in-8., avec les
notes de Wendrock (Nicole), sont bonnes ; mais
elles n'ont qu'un prix ordinaire, ainsi que la jolie
édition de 1741, en 4 vol. pet. in-12.

— LES MÊMES Provinciales (en français). *Paris, Renouard*, 1803 et 1815, 2 vol. in-18 et in-12.

Jolies éditions. Il y a de la première un exempl.
sur VÉLIN : 54 fr. Renouard. La seconde est stéréotype et plus correcte que l'autre ; on y a
joint les condamnations prononcées contre l'ouvrage.

— LES MÊMES. *Paris, Didot l'aîné*, 1816, 2 vol.
in-8. pap. fin, 6 fr. — Pap. vél., 10 à 15 fr.

On a inséré dans cette belle édition l'*Essai sur les
meilleurs ouvrages écrits en prose dans la langue françoise, et particulièrement sur les Provinciales*, morceau aussi curieux que bien écrit,
de François de Neufchâteau).

— Lettres écrites à un provincial ; précédées d'un essai sur les Provinciales et sur
le style de Pascal (par François de Neufchâteau). — Les Pensées de Bl. Pascal,
suivies d'une nouvelle table analytique.
Paris, Lefèvre (*imprim. de J. Didot*),
1826, 2 vol. in-8. pap. caval. vél., avec
un portr. 10 à 15 fr. — Très Gr. Pap.
vél., 36 à 42 fr.

Belle édition, qui fait partie de la collection des classiques français publiée par Lefèvre. Ce libraire
avait déjà donné, en 1819, une édition des *Lettres
provinciales* et des *Pensées*, en 2 vol. in-8., qu'il
a encore fait réimpr. chez Crapelet, en 1822, in-8.,
en en retranchant l'*Essai sur les meilleurs ouvrages écrits en prose dans la langue française*,
dont il a conservé seulement ce qui concerne Pascal. Parmi les éditions modernes des deux mêmes
ouvrages, nous citerons ici celle de *Paris*, 1829,
sous le titre d'*Œuvres de Pascal*, avec une notice
par M. Népom. Lemercier, 2 vol. in-8. 6 fr. et
plus en Gr. Pap. — *Paris, Lefèvre* (*impr. de
J. Didot*), 1823 et 1824, 4 vol. gr. in-32, pap. vél.
— *Paris, De Bure* (*imprim. de F. Didot*), 1824,
4 vol. gr. in-32, pap. vél., portr. 10 fr. — Enfin
les *Lettres écrites à un provincial...* précédées
d'une notice sur Pascal, considéré comme écrivain
et comme moraliste, par M. Villemain, *Paris,
Émler*, 1827 (réimpr. en 1829), in-8.

— LES PROVINCIALES... publiées sur la dernière
édition revue par Pascal, avec les variantes des
éditions précédentes, et leur réfutation consistant
en introductions et nombreuses notes historiques,
littéraires, philosophiques et théologiques ; par
M. l'abbé Maynard. *Paris, F. Didot*, 1851, 2 vol.
in-8. 12 fr.

Une traduction anglaise des Provinciales a été imprimée à Londres, par J. G. pour Royston, en 1657,
pet. in-12, avec un frontispice gravé par Vaughan ;
ou seconde édit. augmentée, 1658, in-12, avec un
frontispice contenant les portraits de Loyola, de
Lessus, de Molina et d'Escobar. Réimprimé plusieurs fois, et notamment avec une vie de Pascal,

par W. A. (William Andrews), *London*, 1744, 2 vol.
in-8., avec les portraits d'Arnauld et Pascal, par
Vertue. — Autre édit. à laquelle est ajouté *a View
of the history of the Jesuits, and bull for the revival of the order*, London, 1816, in-8. ; les lettres
19 et 20 n'en font pas partie.

Il existe une autre traduction anglaise des mêmes
lettres, par le Dr Th.-Mc Crie, avec une introduction et des notes, à *Edinburgh*, 1847, 1848 et 1851,
in-12. Trois éditions qui ont été suivies d'une autre
éditée par O.-W. Wight, contenant une Vie de
Pascal tirée de la *North British Review*, et un critical Essay, traduit du français de M. Villemain.
New-York, 1859, pet. in-8. portr.

— RESPONSES aux Lettres provinciales, publiées
par les secrétaires du Port-Royal, contre les PP. de
la compagnie de Jésus sur le sujet de la morale
des dits Pères (par les PP. Nouet et Annat). *Liégee
Math. Horius*, 1657, pet. in-12.

On a réuni dans ce recueil diverses réponses aux
15 premières lettres déjà impr. séparément de format in-4., en y ajoutant les réponses aux lettres
16 et 17, et les réponses d'un théologien aux propositions de quelques curez de Rouen ; le tout a été
réimpr. en 1658 et en 1659, in-12, avec le même
nom de libraire.

Il est certain que Pascal et son ami Nicole, en isolant
ou en dénaturant certains passages des casuistes
jésuites, ont eux-mêmes *escobardé* plus d'une
fois.

Citons encore :

    ENTRETIENS de Cléandre et d'Eudoxe, ou Réponse
aux lettres provinciales (par le P. Gabr. Daniel).
Cologne, P. Marteau, 1692, aussi 1694, in-12.

    APOLOGIE des Lettres provinciales contre la der-
nière réponse des PP. Jésuites intitulée Entretiens
de Cléandre et d'Eudoxe (par D. Matthieu Petit-
Didier, bénédictin de S. Vanne). *Rouen, se vend à
Delft chez Van Rhyn*, 1697-98, 2 vol. in-12.

— Pensées de M. Pascal sur la religion et
sur quelques autres sujets, qui ont esté
trouvées après sa mort parmy ses papiers. *Paris, Guillaume Desprez*, 1670,
in-12 de 40 ff. prélim. non chiffrés,
334 pp. et 10 ff. pour la table.

Cette édition passe pour être la première de ces Pensées, parce que le privilège placé au verso du 39e f.
prélimin. porte : « Achevé d'imprimer pour la première fois le 2 janvier 1670. » Des exempl. en mar.
50 fr. Bertin ; 40 fr. Giraud ; 30 fr. Duplessis ; mar.
olive par Capé, 120 fr. Gancia ; mar. r. par Duru,
140 fr. Solar. — Cependant on a annoncé dernièrement un exemplaire sous la date de 1669. (Nous ne
l'avons pas vu.)·

La seconde édition, sous le même titre et la même
date (de 1670), est un vol. in-12 composé de 36 ff.
prélimin., 365 pp. et 10 ff. pour la table. 10 fr.
50 c. Duplessis ; 35 fr. mar. r. Solar.

— Pensées de M. Pascal sur la religion et
sur quelques autres sujets, qui ont été
trouvées après sa mort parmy ses papiers. *Amsterdam, Abraham Wolfganck, suivant la copie imprimée à
Paris*, 1672, pet. in-12 de 48 pp. prél.,
256 pp. de texte, et 19 pp. non chiffrées
pour la table. 15 à 24 fr. [1763]

C'est une question de savoir si cette édition, qui porte
le nom de Wolfganck, a été impr. par les Elsevier ;
toutefois elle est fort jolie, et elle doit trouver sa
place dans une collection elsevirienne. Le même
volume, qui est assez rare, contient ordinairement
et les *Pensées*, et l'ouvrage intitulé :

    DISCOURS sur les Pensées de Pascal, où l'on
essaye de faire voir quel était son dessein ; avec un

autre discours sur es preuves des livres de Moyse. *Amsterdam, Abraham Wolfganck, suivant la copie impr. à Paris*, 1673, pet. in-12 de 4 et 119 pp. (d'après l'édition de Paris, 1672).

La réimpression de ces deux parties, faite pour le même Wolfganck, sous la date de 1677, contient le même nombre de pages que la précédente ; seulement elle est un peu moins belle : 10 à 15 fr. Vend. 30 fr. mar. viol. Motteley; 38 fr. *mar. v.* Gancia. — Nous pouvons en dire autant d'une autre édition dont voici le titre :

PENSÉES de M. Pascal sur la religion (comme ci-dessus) ; nouvelle édition, augmentée de plusieurs pensées du même auteur. *Suivant la copie imprimée à Paris*, 1679, pet. in-12 de 24 ff. prél., 256 pp. et 12 ff. pour la table, et après la p. 382 un f. pour l'approbation, 10 à 12 fr. Cette édit. de 1679 paraît avoir été impr. à Bruxelles, chez Fricx, d'après celle de Paris, 1678. En *mar. r.* par Lortic, 50 fr. Gancia.

Quant aux deux éditions d'*Amsterdam*, *Wolfgang* (ou *Wolfganck*), et *Mortier*, 1684 et 1688, pet. in-12, inférieures à celles de 1672 et 1677, sous le rapport typographique, elles sont augmentées de la vie de Pascal, écrite par Mme Perrier, sa sœur. Cette vie se trouve quelquefois séparément sous ce titre :

LA VIE de M. Pascal, escrite par madame Perrier, sa sœur, femme de M. Perrier, conseiller de la cour des aydes de Clermont. *Amsterdam, Abraham Wofgang*, 1684, pet. in-12.

— Pensées de M. Pascal... nouvelle édition, augmentée de plusieurs pensées du même auteur. *Paris, Guill. Desprez*, 1678, in-12.

Indépendamment des nouvelles pensées qu'indique son titre, cette édition contient de plus que les précédentes faites à Paris, l'opuscule de Pascal intitulé : *Qu'il y a des démonstrations d'une autre espèce et aussi certaines que celles de la géométrie*, et de plus les deux discours de Filleau de La Chaise qui avaient déjà paru séparément sous le titre suivant :

DISCOURS sur les Pensées du sieur Pascal, où l'on essaie de faire voir quel estoit son dessein, avec un autre discours sur les preuves des livres de Moyse (par Filleau de La Chaise, sous le masque de Dubois de la cour). *Paris, Guil. Desprez*, 1672, in-12.

Un exemplaire des deux part. en *mar. v.*, 30 fr. Giraud ; en *mar. v.* par Niedrée, 53 fr. Solar ; ordinairement 6 à 9 fr.

L'édition des *Pensées de Pascal* (publiée par Condorcet, avec des notes de Voltaire), *Lond.*, 1776 et 1778, in-8, n'a qu'un prix ordinaire. M. Renouard fait remarquer avec raison, dans son catalogue, qu'*elle a été frauduleusement mutilée de moitié, pour le soutien d'un système, dont les éditeurs auraient bien voulu faire de Pascal un apôtre.*

— LES MÊMES Pensées. *Paris, Renouard*, 1803 et 1812, 2 vol. in-18 et in-12. Prix ordinaire.

Jolies éditions. Il y a un exempl. de la première sur VÉLIN. 99 fr., avec le dessin d'un portrait, Renouard. La dernière contient une addition importante, prise sur le manuscrit original de Pascal, et une table de concordance des anciennes éditions avec les nouvelles.

— LES MÊMES. *Paris, P. Didot l'aîné*, 1817, 2 vol. in-8. Même prix que les Lettres.

— PENSÉES, fragments et lettres de Bl. Pascal, publiés pour la première fois conformément aux manuscrits originaux en grande partie inédits, par M. Prosper Faugère. *Paris, Andrieux*, 1844, 2 vol. in-8. 15 fr.

— PENSÉES choisies de Bl. Pascal, publiées sur les manuscrits originaux, par Prosper Faugère. *Paris, Delalain*, 1848, in-12.

— PENSÉES de Pascal, publiées dans leur texte authentique (précédées de la vie de Pascal, par Mme Périer), avec un supplément et une étude littéraire, par Ernest Havet. *Paris, Dezobry et Magdeleine*, 1852, in-8. 7 fr. 50 c.

— DES PENSÉES de Pascal, par M. Victor Cousin, nouvelle édition. *Paris, Ladrange et Didier*, 1844, in-8.

Cet ouvrage a paru pour la première fois en 1842 ; il a donc précédé la publication des deux éditions des Pensées dont nous venons de parler, et qui ont chacune le mérite d'avoir amélioré l'ancien texte.

— PENSÉES de Pascal : édition *Variorum*, d'après le texte du manuscrit autographe, contenant les lettres et opuscules, l'histoire des éditions des Pensées, la Vie de Pascal, par sa sœur, des notes choisies et inédites, et un index complet par Ch. Louandre. *Paris, Charpentier*, 1861, gr. in-18. 3 fr. 50 c.

— ABRÉGÉ de la Vie de Jésus-Christ, par Bl. Pascal, publié par M. Prosper Faugère, avec le testament de Pascal. *Paris, Andrieux*, 1846, in-8. de 80 pp. en tout, plus un fac-simile.

Citons encore :

PENSÉES de Pascal, rétablies suivant le plan de l'auteur, par M. Frantin. *Dijon, Victor Lagier*, 1835, in-8.

Travail estimable, mais qui a été effacé par ceux qui ont paru depuis.

— BLASII PASCHALIS, scriptoris inter Gallos acutissimi profundissimique, de veritate religionis, opus posthumum, redditum latine, interprete P.-A. U. J. (Phil.-Adamo Ulrich). *Wirceburgi, Jo.-Jacob.-Christ. Kleyer*, 1741, pet. in-12.

Il existe plusieurs traductions anglaises des Pensées de Pascal, savoir : par J. Walker, *London*, 1688, in-8. ; — par Basil Kennet, *London*, 1704, in-8., plusieurs fois réimpr. ; — par Edw. Craig, 1825 aussi 1828, in-12; — par Th. Adam, et éditée par E. Bickersten, *London*, 1833 et aussi 1847, in-12 ; — par G. Pearce, *London*, 1850, pet. in-8. Cette dernière forme le second vol. d'une édition de la traduction des œuvres choisies de Pascal, par le même traducteur (*London*, 1849-50), en 3 vol. pet. in-8., dont le premier contient les Provinciales, et le troisième : *Miscellaneous writings, consisting of Letters, Essays, Conversations, etc.* Chaque vol., 8 sh. 6 d.

Écrits de Pascal sur la physique et les mathématiques.

NOUVELLES Expériences touchant le vuide faites dans des tuyaux avec diverses liqueurs, par Blaise Pascal. *Paris, Margat*, 1647, pet. in-8.

TRAITEZ de l'équilibre des liqueurs et de la pesanteur de la masse de l'air. *Paris, Guil. Desprez*, 1663, in-12, fig.

Première édit. de ce traité : 13 fr. Libri. La seconde a paru chez le même libraire, en 1664, in-12, fig. C. Bourgoing a fait de cet ouvrage une critique qui a pour titre :

LA VÉRITÉ du vide contre le vide de la vérité, où l'on découvre la véritable cause des effets qui jusqu'ici ont été attribués à l'horreur du vide. *Paris*, 1664, in-8. 13 fr. Libri, en 1857.

DISCOURS du vuide sur les expériences de monsieur Paschal, et le traicté de M. Pierius, auquel sont rendues les raisons des mouvements des eaux, de la génération du feu et des tonnerres, de la violence et des effets de la poudre à canon, etc., par Pierre Guiffart. *Rouen, Jacq. Besongne*, 1647 (aussi 1648), in-8. de 17 ff. prélim. et 266 pp. avec fig.

LETTRE de A. Dettonville (Blaise Pascal) contenant quelques-unes de ses inventions de géométrie, savoir la résolution de tous les problèmes touchant la roulette qu'il avait proposez publiquement au mois de juin 1658 ; l'égalité entre les lignes courbes de toutes sortes de roulettes, et des lignes elliptiques. L'égalité des spirale et parabolique, démontrée à la manière des anciens. La dimension d'un solide formé par le moyen d'une spirale autour d'un cône. La dimension et le centre de gravité de triangles cylindriques. La dimension et le centre de gravité de l'escalier. Un traité des trilignes et de leurs onglets. Un traité des sinus et des arcs de cercle. Un traité des solides circulaires. *Paris, Guillaume Desprez,* 1659, in-4.

Indépendamment du titre ci-dessus, ce recueil en a un autre ainsi conçu :

LETTRE de A. Dettonville à monsieur de Carcavy, en luy envoyant une méthode générale pour trouver les centres de gravité de toutes sortes de grandeurs. Un traité des trilignes et de leurs onglets. Un traité des sinus du quart de cercle. Un traité des arcs de cercle. Un traité des solides circulaires. Et enfin un traité général de la roulette, contenant la solution de tous les problèmes touchant la roulette qu'il avoit proposez publiquement au mois de juin 1658. *A Paris M.DC.LVIII.*
Suit un f. intitulé : *Lettre de monsieur de Carcavy à monsieur Dettonville* (datée de Paris, 10 décembre 1658), après lequel on doit trouver : 1° la *Méthode générale,* pp. 1-26. — 2° *Traité des trilignes,* pp. 1-25. — 3° *Propriétés des sommes simples triangulaires et pyramidales,* pp. 1-8.— 4° *Traité des sinus du quart de cercle,* pp. 1-24. — 5° *Petit traité des solides circulaires,* pp. 1-7. — 6° *Traité général de la roulette,* pp. 1-10. — 7° *Lettre de A. Dettonville à monsieur Huyghens de Zuylichem, en luy envoyant la dimension des lignes de toutes sortes de roulettes, lesquelles il monstre estre égales à des lignes elliptiques.* Paris, M.DC.LIX, partie de 7 pp. sans le titre. — 8° *Lettre de A. Dettonville à monsieur de Sluze, chanoine de la cathédrale de Liége, en luy envoyant la dimension et le centre de gravité de l'escalier. La dimension et le centre de gravité des triangles cylindriques. La dimension d'un solide formé par le moyen d'une spirale autour d'un cône.* Paris, M.DC.LVIII, part. de 8 pp. sans le titre. — 9° *Lettre de A. Dettonville à monsieur A. D. D. S. en luy envoyant la démonstration à la manière des anciens de l'égalité des lignes spirale et parabolique.* Paris, M.DC.LVIII, partie de 16 pp., sans le titre. Il y a à la fin 4 fig. pliées.
Tel était l'exemplaire qui faisait partie du n° 1801 du catal. de La Vallière, en 3 vol. Il a été vendu 20 fr. avec le *Traité du triangle arithmétique;* un autre, sans ce traité, 39 fr. Monmerqué; 47 fr. Giraud; 41 fr. Solar.

TRAITÉ du triangle arithmétique, avec quelques autres petits traitez sur la même matière, par M. Pascal. *Paris, Guillaume Desprez,* 1665, in-4.
Ce petit volume renferme 2 ff. prélimin., une figure pliée, le texte du premier traité, pp. 1 à 11; *Divers usages du triangle arithmétique,* 8 pp.; autre *Usage des triangles,* 16 pp.; *Traité des ordres numériques,* 48 pp. 45 fr. Libri, en 1857.

Voici deux ouvrages tirés en partie des écrits de Pascal :

L'HOMME charnel et spirituel, avec la prière pour demander à Dieu le bon usage des maladies; tiré des écrits de Blaise Pascal. *Chaalons, Seneuze* (1669), in-32. (Catal. de Barré, Paris, 1743, n° 860.)
DE L'ÉDUCATION d'un prince, par Chanteresne, avec trois discours de Blaise Pascal. *Paris, Vᵉ Savreux,* 1670, in-12.
Cette édit. de 1670 est portée dans l'ancien catal. de la Biblioth. du roi, D., 7093, et sous la date de 1671, dans le catal. de La Vallière, par Nyon, 2941.

Ecrits sur Pascal et sa famille.

PASCAL, sa vie et son caractère, ses écrits et son génie, par M. l'abbé Maynard. *Paris, Dezobry,* 1850, 2 vol. in-8. 10 fr.
GÉNIE et écrits de Pascal, trad. de l'*Edinburg*

Review (janvier 1847), par M. Pr. Faugère. *Paris, Aug. Vaton,* 1847, in-8. de 80 pp. en tout.
H. Reuchlin, auteur d'une histoire de Port-Royal, en allemand, impr. à Stuttgart. 1839-40, en 2 vol. in-8., a écrit dans la même langue une vie et un examen des ouvrages de Pascal; *Stuttgart,* 1840, in-8.

L'AMULETTE de Pascal, pour servir à l'histoire des hallucinations, par F. Lelut. *Paris, J.-B. Baillière,* 1848, in-8. de près de 400 pp. 6 fr.

JACQUELINE Pascal : premières études sur les femmes illustres de la société du XVIIᵉ siècle, par Victor Cousin; troisième édition. *Paris, Didier,* 1856, in-8., avec un fac-simile de l'écriture de Jacqueline. 7 fr.
La première édit. a paru en 1844, in-8. et in-12.

LETTRES, opuscules et mémoires de madame Périer et Jacqueline, sœur de Pascal, de Marguerite Perrier, sa nièce, publiés sur les manuscrits originaux par M. Prosper Faugère. *Paris, Aug. Vaton,* 1845, in-8. 7 fr. 50 c.

PASCAL (*Françoise*). Agathonphile martyr, tragi-comédie, par D. Françoise Pascal, fille lyonnoise; première édition. *Lyon, Clément Petit,* 1655, in-8. de 4 ff. et 78 pp. [16445]
La première des cinq pièces composées par cette demoiselle, lesquelles sont toutes devenues rares. Celle-ci, qui est dédiée à messieurs les prévôts des marchands et échevins de la ville de Lyon, a été vendue 21 fr. 50 c. mar. de Soleinne, et 26 fr. Solar.

Voici le titre des quatre autres :

1° L'ENDYMION, tragi-comédie, dédiée à mademoiselle de Villeroy. *Lyon, Cl. Petit,* 1657, in-8.
2° SÉSOSTRIS, tragi-comédie. *Lyon, Ant. Offray,* 1661, pet. in-12 de 6 ff., 81 pp. et 1 f. non chiffré. Dédié à madame la marquise de La Baume.
Vend. 26 fr. 50 c. de Soleinne (voir les nᵒˢ 1284 et 1285 du catal. de cet amateur, où l'on a donné un échantillon du style poétique de Françoise Pascal).
3° LE VIEILLARD amoureux ou l'heureuse feinte, pièce comique (en un acte), dédiée à M. Grollier. *Lyon, Ant. Offray,* 1661, in-12.
4° L'AMOUREUX extravagant, en un acte. *Lyon, Sim. Matheret,* 1657, in-8.
Le recueil des œuvres de Mˡˡᵉ Pascal, porté dans le catal. de La Vallière, n° 17590, et qui se conserve à l'Arsenal, contient de plus :
L'AMOUREUSE vaine et ridicule, autre pièce comique en un acte, datée de 1657, et diverses poésies.

PASCHA (*Jean*). La peregrination spirituelle vers la terre saincte, còe en Ierusalem, Bethlehem, au Iordan, etc., composee eu langue thyoise de Jean Pascha, docteur en theologie, et nouvellemēt translatee par Nic. de Leuze dit de Fraxinis. *Louain, Iean Bogard,* 1566, in-4. [1620]
Ce livre est tout simplement un traité de mysticité, et non pas un itinéraire : L'auteur l'a écrit en flamand, sous le titre suivant : *Een devote maniere om gheesteylyck pelgrimagie te trecken tot den heylighen lande, etc.,* Louvain, Jer. Welle, 1563, aussi 1576, in-8. (vend. 28 fr. Libri, en 1857), ou Gand, Vander Meeren, 1612, in-8. Paquot, qui indique (V, p. 23) ces deux éditions du texte, n'a pas connu la traduction française ci-dessus. L'édition de 1576 est placée comme un itinéraire dans la *Biblioth. des Voyages* de Boucher de la Richarderie, IV, p. 404, où l'on a imprimé *langue toscane,* au lieu de *langue thyoise.*

PASCHALI. V. BIBLIOTHECA smithiana.

PASCHALIUS (*Petrus*). Adversus Joannis Maulii parricidas actio, in senatu veneto recitata ; ejusdem Gallia, per prosopopœiam inducta; ad venetam remp. oratio de legibus, Romæ habita, cum juris insignia caperet ; epistolæ in italica peregrinatione exaratæ. *Venetiis, Aldi filii*, 1548, in-8. de 164 pp., et 2 ff. pour l'errata et l'ancre. [12163]

Ce volume assez rare passe pour avoir été imprimé par Jean Gryphius de Venise, dont le nom se trouve au frontispice de certains exemplaires, au lieu de l'ancre et du nom d'Alde, tandis que dans d'autres exemplaires on lit : *Lugduni, apud Seb. Gryphium.* Vend. (avec le nom des Alde) 2 liv. 5 sh. Butler.

— L'Oraison de M. Pierre Paschal, prononcée au senat de Venise contre les meurtriers de l'archidiacre de Mauléon, traduite du latin en françois par le protonotaire Durban (Pierre de Mauléon) : France par prosopopée à la république de Venise, par le même (Paschal). *Paris, Michel Vascosan*, 1549, in-8. de 52 ff. non chiffrés, sign. A—F, lettres italiques.

Cette traduction est plus rare que le texte latin.

— Henrici II. Galliarum regis elogium, cum eivs verissime expressa effigie, Petro Paschalio autore. Eivsdem Henrici tvmvlvs, autore eodem. *Lvtetiæ-Parisior., apvd Michaelem Vascosanvm*, 1560, in-fol. [23475]

Outre les 16 ff. qui contiennent ce qu'indique le titre ci-dessus, y compris le portrait d'Henri II, gravé en taille-douce, et l'effigie de son tombeau gravée sur bois, ce volume renferme la traduction italienne de l'*Elogium*, par Ant. Caracciolo, évêque de Troyes, 16 pp. ; la traduct. française du même discours, par Lancelot de Carle, évêque de Riez, 14 pages et le privilége; enfin une version espagnole de la même pièce par Garci Silves, 13 pages. Ainsi complet, ce livre conserve encore quelque prix, principalement à cause du portrait et de la gravure sur bois; mais il est de toute fausseté qu'il n'en ait été tiré que cinq exempl., comme on n'a pas craint de l'écrire sur un exemplaire provenant de l'avocat Beaucousin (n° 566 de son catalogue), et dont on demandait seulement 1000 fr. Celui de J.-A. de Thou s'est donné pour 7 fr. 95 c. à la vente Soubise, en 1789; un autre, rel. à compart. dorés, 30 fr. Mac-Carthy. — Le même ouvrage a été imprimé par Vascosan, en 1560, in-8., en latin, en français et en italien. La traduction française a aussi paru à Lyon, en 1560, in-8.

PASCHAL (*Charles*). Harangue sur la mort de tres vertueuse princesse Marguerite de Valois, fille de François premier, qui fut espouse de tres illustre prince Emanuel Philibert, duc de Savoye; traduite du latin en françois, par Gabr. Chappuys. *Paris, Poupy*, 1574, in-8. de 31 pp. [12188]

L'Oraison funèbre de la même princesse, par Arnaud Sorbin, a été impr. à *Paris, chez Chaudiere*, en 1575, in-8.

A la même époque a paru :

L'OMBRE et le tombeau de Marguerite de France, composé en latin, par R. d'Er... et traduit par Endi. *Thurin, d'Almeyda*, 1574, in-12.

Mélange de prose françoise et de vers latins et françois, cité par le P. Lelong, n° 25507.

— Coronæ, opus X libris distinctum, quibus res omnis coronaria e priscorum eruta et collecta monumentis continetur. *Lugd.-Batav.*, 1671, *vel, titulo renovato*, 1681, in-8. 4 à 6 fr. [28990]

Bonne édition. Vend. 14 fr. m. bl. Maucune.

Ch. Pascal est auteur du *Legatus*, imprimé d'abord à Rouen, en 1598, in-8., ensuite à Paris, *in officina plantiniana, Hadr. Périer*, 1613, in-4., et à *Amsterd., Lud. Elz.*, 1645, pet. in-12. [4012]

On lui doit aussi : *Caroli Paschalii christianarum Præcum libri duo*, Cadomi, ex typogr. Jacobi Le Bas, 1592, pet. in-8., dont un exempl. en *mar. r.* aux armes de de Thou, a été vendu 50 fr. Solar, ce qui est dix fois le prix d'un exemplaire ordinaire.

— FABRICII Pibrachii vita, scriptore Car. Paschalio. *Parisiis, apud Rob. Columbellum, etc., in Aldina bibliotheca*, 1584, pet. in-8., avec l'ancre aldine sur le titre.

Un exemplaire imprimé sur VÉLIN et dans une ancienne reliure en *mar. citr.* avec dorure à la Grolier, 265 fr. à Paris, en 1856; 30 liv. 10 sh. Libri, en 1859.

PASCOLI (*Lione*). Vite de' pittori, scultori, ed architetti perugini. *Roma*, 1732, in-4. 8 à 10 fr. [31016]

On a du même auteur : *Vite de' pittori, scultori, ed architetti moderni*, Roma, 1730-36, 2 vol. in-4. Ouvrage estimé. 18 à 24 fr. [31007]

PASETTI (*Ant.-Mar.*). Proverbi notabili, sentenze gravi, documenti morali, et detti singolari et arguti di diversi autori antichi e moderni, raccolti et accommodati in rime. *Ferrara, Vittorio Baldini*, 1610, pet. in-8. de 586 pp. [14961]

Cet ouvrage est une espèce de poëme moral dans lequel l'auteur a fait entrer la plus grande partie des proverbes vulgaires usités en Italie (Duplessis, n° 417). 26 fr. 50 c. *mar. olive*, Libri.

PASI (*Barth.* di). Qui commencia la utilissima opera chiamata taripha la qual tracta de ogni sorte di pexi e misure correspondenti per tuto il mondo fatta e composta per lo excelente e eximio Micer Bartholomeo di Paxei da Venetia. *Stampado in Venetia per Albertin di Lisona*, 1503, pet. in-4., lettres rondes.

Catalogue du baron Georges de Steugel. *Paris, Tross*, 1861, n° 312, d'après un exemplaire commençant au f. A2 par le sommaire formant le titre ci-dessus.

— Tariffa de pesie e mesure correspondenti dal Levante al Ponĕte : da una terra a laltra : e a tutte le parte del mondo : con la noticia delle robe che se trazeno da uno paese per laltro. nuo-

Paschius (*G.*). De novis inventis, 30228.
Pashley (*Rob.*). Travels in Crete, 20434.

uamente cŏ diligentia ristampata. (au
recto du dernier f.) : *Stampato in Venetia per Alexãdro di Bindoni, adi
9 octobrio* 1521, pet. in-8. à 2 col. contenant 218 ff. chiffrés, titre compris,
plus 8 ff. pour ,la table, sous la signat.
EE. [4180]

Livre curieux et assez rare. L'auteur n'est pas nommé
sur le titre, mais il l'est deux fois au commencement
du livre. 19 fr. Riva.
— LA STESSA Tariffa... *Vinegia, P. di Nicolini da
Sabbio*, 1540, pet. in-8. à 2 col.
— TARIFFA... Vinegia, P. Gherardo. (à la fin : *Comin
da Trino*), 1557, pet. in-8.

PASINI (*Jos.*). Codices manuscripti, etc.
biblioth. regii taurinensis athenæi.......
recensuerunt Jos. Pasinus, Ant. Riva-
tella et Fr. Berta. *Taurini, typogr.
reg.*, 1749, 2 vol. in-fol. 15 à 20 fr.
[31386]

Vend. 33 fr. Reina.

PASINO (*Aurelio* de). Discours sur plusieurs poincts de l'architecture de guerre,
concernant les fortifications tant anciennes que modernes ; ensemble le
moyen de bastir et fortifier une place
de laquelle les murailles ne pourront
aucunement estre endommagées, par
M. Aurelio de Pasino Ferrarois, architecte de monseigneur le duc de Bouillon. *Anvers, de l'imprim. de Christ.
Plantin*, 1579, in-4. de 95 pp. avec fig.
en bois, intercalées dans le texte, et 9 pl.
sur cuivre dont 7 à la fin. [8642]

PASOR (*Georg.*). Grammatica græca-sacra
Novi Testamenti, in tres libros distributa.
Groningæ-Frisiorum, Joan. Collenius,
1655, pet. in-8. de 12 et 787 pp. 5 à 6 fr.
[10642]

Cet ouvrage, publié par Math. Pasor après la mort
de son père, est devenu rare et peut encore être
utile. Dans notre catalogue des Elsevier, nous parlons du *Manuale græcar. vocum Novi Testamenti* du même auteur. [588]

PASQUALINO (*Mich.*). Vocabolario siciliano etimologico italiano e latino. *Palermo*, 1785-95, 5 vol. in-4. [11138]

Selon Ebert, n° 15914, l'auteur de cet ouvrage peu
connu en France a fait de profondes et heureuses
recherches sur les étymologies.

PASQUIER le Moine. Voyage et conquête
du duché de Milan. Voy. COURONNE-
MENT.

PASQUIER (*Estienne*). Ses OEuvres.., et
les lettres de Nic. Pasquier fils d'Estienne. *Amsterdam (Trévoux)*, 1723,
2 vol. in-fol. 20 à 30 fr. — Gr. Pap.,
36 à 40 fr. [19061]

Vend. en Gr. Pap. 61 fr. le duc de Plaisance, en 1824.
Cette collection contient les Recherches de la France,
les Plaidoyers, les Lettres, les Poésies lat. et françaises, et les autres ouvrages d'Est. Pasquier déjà
publiés séparément, à l'exception du *Catéchisme
des Jésuites*, des *Ordonnances générales d'A-
mour* (Voy. ORDONNANCES) et de quelques autres
opuscules dont il sera parlé ci-dessous.

— Le Monophile, par Estienne Pasquier
Parisien. *Paris, Jean Longis*, 1554,
pet. in-8. [17991]

Opuscule en prose, dans lequel se trouvent quelques
vers. Cette première édition est fort rare : 25 fr.
v. f. Baudelocque. Mais l'ouvrage a été réimpr. à
Paris, Est. Groulleau, 1555, pet. in-8. (53 fr.
mar. r. Solar) ; ensuite dans le recueil dont il sera
parlé ci-dessous, et, depuis, dans celui de 1610 ; il
l'a été aussi sous ce titre :
— LE MONOPHILE, avec quelques autres œuvres
d'amour, par Est. Pasquier. *Paris, Vincent Normant et Jeanne Bruneau*, 1567, pet. in-8. de
167 pp. avec un privilége concédé à Vincent Sertenas.
— LE MONOPHILE, avecq' quelques autres œuvres
d'amour, par E. Pasquier, reveu et augmenté de
plusieurs sonets, élégies et chansons. *Paris, Abel
L'Angelier*, 1578, in-16. 19 fr. 50 c. *mar. bl.* Ch.
Giraud.

— Recueil de rymes et proses de. E. P.
Paris, Vincent Sertenas, 1555, in-8.
[13908]

Une partie des pièces contenues dans ce volume rare
manque dans la grande édition des œuvres de l'auteur. 6 fr. 50 c. Viollet Le Duc, et quelquefois beaucoup plus cher.

— La Jeunesse d'Estienne Pasquier et sa
suite. *Paris, Jean Petit-Pas*, 1610, pet.
in-8. de 8 ff. prélim. et 799 pp.

10 fr. Monmerqué ; en *mar. r.*, 42 fr. de Soleinne ;
20 fr. Baudelocque ; 8 fr. Viollet Le Duc.
Ce recueil commence par une épître préliminaire
sous le nom d'André Duchesne. Il renferme, indépendamment de la plus grande partie de ce que
contient le précédent, la *Suite de la Jeunesse, La
Puce*, ou jeux poétiques composez sur la puce aux
grands jours de Potier, en 1579 (voy. PUCE), et
aussi *La Main*, ou œuvres poétiques faites sur la
main d'Est. Pasquier, partie qui avait déjà été
impr. séparément à *Paris, chez M. Gandouleau*,
1584, in-4., pièce vend. 12 fr. Monmerqué.
Les *Jeux poétiques*, qui occupent dans ce volume les
pages 331 à 562, ont un titre particulier, et on les
trouve quelquefois séparément en deux parties,
dont la seconde est terminée par les *colloques
d'amour* et les *lettres amoureuses*, pp. 245 à 328.
Le *Monophile* et les poésies ci-dessus ont été réimpr.
en 1619 dans un volume qui forme la suite des
2 vol. de lettres, sous la même date.

— Stephani Paschasii (sive Pasquierii), ju-
risconsulti, Epigrammatum libri VII,
Iconum libri II, et Tumulorum liber.
Parisiis, apud Laur. Sonnium, 1618,
in-16. [12903]

Édition la plus complète que l'on ait des poésies latines d'Est. Pasquier. Celle de Paris, *apud Ægid.
Beysium*, 1586, pet. in-8., ne contient qu'un seul
livre des *Icones*, six des *Epigrammata*, et un livre
des épitaphes. Il n'y en a pas davantage dans l'édition des OEuvres de l'auteur, en 2 vol. in-fol. La
première édit. des six livres d'épigrammes latines
a été publiée à Paris, *apud Petrum L'Huillier*,
en 1582, pet. in-8.

Éditions des Recherches de la France.

DES RECHERCHES de la France, livre premier;
plus un Pourparler du prince ; le tout par Estienne
Pasquier, advocat en la cour de parlement de Paris.
Paris, pour Jean Longis et Robert le Manguier,
1560, pet. in-8. de 101 ff. Il s'en trouve des exempl.
avec le nom du libraire Vincent Sertenas. [23307]
En *mar. r.* 34 fr. 50 c. Ch. Giraud.
La plus ancienne édition du second livre des *Recherches* que nous ayons vue est celle de *Paris, Cl. Sen-
neton,* 1565, in-4., vendue 10 fr. Monmerqué.
Le premier livre a été réimpr. à *Paris, Sim. Calvarin,* 1567, in-16, et le second à *Orléans, P.
Trepperel,* 1567, in-16. Les deux ensemble, à
Paris, chez L'Huillier, 1569, pet. in-8., et, dans la
même année, à *Paris, chez Sim. Calvarin,* in-16,
puis à *Paris, chez Cl. Micard,* en 1571 et aussi
1572, in-16. On a encore les deux mêmes livres,
plus un Pourparler du prince et quelques dialogues, *Paris, Gilles Robinot,* 1581, pet. in-12, où
figure pour la première fois le *Pourparler de la
loi.*

— LES RECHERCHES de la France, revues et augmentées de quatre livres. *Paris, chez Mettayer
et L'Huillier,* 1596.

L'édition de *Paris, Laur. Sonnius,* 1611, in-4., la
dernière donnée du vivant de l'auteur, est augmentée d'un septième livre et de plusieurs chapitres
dans ceux qui avaient déjà été publiés; elle est
d'ailleurs plus correcte que celles qui l'ont suivie.
Celle de *Paris, Sonnius,* 1617, in-4., dont l'existence est révoquée en doute par M. Feugère, a été
vendue 5 fr. 75 c. Monmerqué.
Après l'édit. de 1617 vient celle de *Paris, Jean Petit-
Pas* (aussi *Laur. Sonnius*), 1621, in-fol. *augmentée
de trois livres, outre plusieurs chapitres entrelacés en chacun des autres livres, tirés de sa
bibliothèque* (celle de Pasquier). Elle est divisée
en dix livres, mais le dixième livre a été réuni au
cinquième dans l'édit. de 1665, qui, par ce motif,
n'en présente plus que neuf. C'est sur celle de
1621 qu'ont été faites celles de *Paris, Olivier De
Varennes,* 1633, et de *Paris, Ménard,* 1643,
in-fol.
L'édition impr. à *Orléans, pour Guil. De Luyne,*
en 1665, in-fol., loin d'être meilleure que les précédentes, est, au contraire, plus fautive, et on y a
maladroitement rajeuni le style de Pasquier. Ce
fut après la publication de l'édit. de 1621 que parut
l'ouvrage anonyme de P. Garasse, ayant pour titre :

LES RECHERCHES des recherches et autres œuvres d'Est. Pasquier, pour la défense de nos roys,
contre les outrages, calomnies, et autres imperti-
nances dudit auteur. *Paris, Chapelet,* 1622, in-8.
de 985 pp.
Non content d'avoir déchiré l'auteur des *Recherches*
dans ce premier écrit, Garasse continua ses atta-
ques dans sa *Doctrine curieuse,* imprimée en
1623, in-4., et dans son *Apologie,* 1624, in-12.
Pour répondre à ces injurieuses critiques, les enfants d'Étienne Pasquier, Nicolas, sieur de Minne,
et Guy, sieur de Bussy, empruntèrent la plume
d'Antoine Remy, avocat au parlement de Paris, et
avec le secours ils publièrent le livre intitulé :

DÉFENSE pour Estienne Pasquier... contre les
impostures et calomnies de F. Garasse. *Paris,*
1624, in-8. de 945 pp.
Énorme satire, à laquelle, trois ans plus tard, on mit
un nouveau titre portant : *Anti-Garasse, divisé
en cinq livres :* I, *le Bouffon;* II, *l'Imposteur;*
III, *le Pédant;* IV, *l'Injurieux;* V, *l'Impie.* Voici
le jugement qui est porté de ces deux ouvrages
dans le tome III des Mémoires de d'Artigny : « Ce
sont de vrais dictionnaires d'injures, où l'érudition
brille quelquefois, mais noyée, pour ainsi dire,
dans des flots de bile et d'invectives. »

— Les lettres d'Estienne Pasquier. *Paris,
Abel L'Angelier,* 1586, in-4. [18816]

Première édition de ces lettres : elle est divisée en dix
livres. Il y en a vingt-deux dans la collection des
œuvres de l'auteur.
Cette édit. de 1586, in-4., a été donnée pour 2 fr. à la
vente Monmerqué, mais un exempl. en *mar. r.*
avec un portr. gravé par Th. de Leu est porté à
79 fr. dans le catalogue de Ch. Giraud, et à 60 fr.
dans celui de Solar.
Les autres édit. du même recueil de lettres en dix livres, sont celles d'*Avignon , Brumereau,* 1590;
Lyon, J. Veyrat, 1597, in-16 (en *mar. bl.,* 16 fr.
Solar) : *Arras , Gilles Bauduyn* (imprimé chez
Guil. de La Rivière), 1598, et *Lyon, Frellon,* ou
Huguetan, toutes de format in-16.
L'édition de *Paris, Jean Petit-Pas,* ou *Laur. Sonnius,* 1619, contenant vingt-deux livres, est en
3 vol. in-8. ; le troisième se compose du Monophile
et des poésies dont nous avons parlé ci-dessus.
Les lettres de Nicolas Pasquier, qui sont jointes aux
Œuvres de son père, dans l'édit., en 2 vol. in-fol.,
avaient déjà été publiées séparément en 1623, in-8.

— ŒEuvres choisies d'Est. Pasquier, accompagnées de notes et d'une étude sur
sa vie et ses ouvrages par Léon Feugère.
Paris, Firmin Didot, 1849, 2 vol. gr.
in-18. 8 fr.

M. Feugère n'a donné qu'un extrait des Recherches
sur la France et des Lettres de Pasquier, mais les
notices curieuses dont il les a fait précéder feront
rechercher ces deux volumes non-seulement par les
personnes qui n'ont pas l'édition in-fol., mais encore par celles qui la possèdent.

*Ouvrages d'Étienne Pasquier qui ne sont pas
dans le recueil de ses œuvres.*

EXHORTATION aux princes et seigneurs du conseil privé du roy, pour obvier aux séditions qui
semblent nous menacer pour le faict de la religion.
1561 (*sans nom de ville*), pet. in-8. de 27 ff. [vers
23504].
Cet opuscule est d'Est. Pasquier, qui s'y est désigné
à la fin de cette manière : *S. P. P. faciebat.* Il en
avait déjà paru des éditions subreptices, car il est
dit sur le titre de celle-ci que cette *Exhortation*
est tirée de la vraie minute de l'auteur, laquelle a
été falsifiée et corrompue par toutes les autres impressions, ce qui est confirmé dans la préface. Cette
Exhortation n'a pas été réimpr. dans les œuvres
de l'auteur, mais on l'a insérée comme pièce anonyme et sans la préface dans le 6e vol. des *Mémoires de Condé,* in-4. Il en existe une édition sous
ce titre :
EXHORTATION et remontrance aux princes du
sang, et seigneurs du prive conseil du roy, pour
obvier aux seditions qui occultement semblent menacer les fideles pour le faict de la religion : œuure
concluant en prose est expedient et necessaire pour la
gloire de Dieu , illustration du royaume , et repos
public, auoir en France vne eglise pour les fideles.
(*s. L*), 1561, pet. in-8. (Biblioth. impér.).
Et une traduction latine sous cet autre titre:
Ad regis Galliæ consiliarios exhortatio..., 1561,
pet. in-8.

CONGRATVLATION au roy sur sa victoire et heureux succes contre l'estranger, par E. Pasquier. *Paris, Abel L'Angelier,* 1588, pet. in-8. de 64 pp.
[23562]
Cet opuscule en prose n'est pas dans les œuvres de
l'auteur, où se trouve cependant, à la tête de ses
poésies diverses, sa *Congratulation au roy Charles IX sur l'édit de pacification* du 11 août 1570,
morceau impr. d'abord séparément de format in-4.
L'événement qui a inspiré à Pasquier l'écrit en prose
dont nous venons de donner le titre, avait déjà été
célébré par un anonyme, dans une pièce ayant pour
titre :

CONGRATULATION à la France sur les victoires obtenues par le roy contre les estrangers, et son heureux retour en sa bonne ville de Paris le 23 Decembre... *Paris, P. Chevillot*, 1587, pet. in-8. = *et prins sur la copie à Paris, Lyon, B. Rigaud*, 1588, pet. in-8. (Biblioth. impér.).

LE CATÉCHISME des Jésuites, ou examen de leur doctrine (par Estienne Pasquier). *Villefranche, Guillaume Garnier*, 1602, pet. in-8. de 358 ff. plus la table. [1374]

On a prétendu que ce livre avait été imprimé à La Rochelle, mais nous croyons qu'il est sorti d'une presse parisienne, comme peut-être aussi la réponse suivante, dont le titre fait allusion au nom de l'auteur du Catéchisme.

LA CHASSE du renard Pasquin, decouvert et pris en sa tannerie du libelle diffamatoire faux marqué le Catéchisme des Jésuites par le sieur Foelix de La Grace (Louis Richeome). *Villefranche, Le Pelletier*, 1603, pet. in-8.

Réimpr. à *Arras, chez R. Maudhuy*, 1603, in-12.

— LE CATÉCHISME des Jésuites, ou le Mystère d'iniquité dévoilé par ses supposts, par l'examen de leur doctrine, etc. *Villefranche* (Hollande), 1677, pet. in-12. 11 fr. 50 c. *non rogné*, Renouard.

⏤ L'INTERPRÉTATION des Instituts de Justinien, avec la conférence de chaque paragraphe aux ordonnances royaux, arrêts du parlement et coutumes générales de la France; ouvrage inédit de Est. Pasquier, publié par M. le duc Pasquier, avec une introduction et des notes de M. Ch. Giraud. *Paris, Durand*, 1847, in-4. de 809 pp., plus l'avant-propos et l'introduction, formant ensemble CVIII pp. 12 fr. [2409]

Il ne faut pas confondre Est. Pasquier, auteur des ouvrages ci-dessus, avec Est. Pasquier, recteur des écoles de Louhans, qui a traduit en français divers opuscules de Plutarque, lesquels ont été impr. à Lyon, en 1546, comme on le peut voir à notre article PLUTARQUE, ci-après.

On a de Nicolas Pasquier, fils d'Estienne, le jurisconsulte, indépendamment de ses Lettres, *Le Gentilhomme*, par Nic. Pasquier, conseiller du Roy, *Paris, Jean Petitpas*, 1611, in-8.

Un exempl. rel. en *mar. r.* avec la pièce suivante, 41 fr. Solar.

     EXHORTATION au peuple sur la concorde générale de la France. *Paris, Jean Petitpas*, 1611, in-8.

     ŒUVRES meslees de Nic. Pasquier. *Paris, L. Sonnius*, 1619, in-8.

PASQUIL (le) de la cour, compose nouuellement par maistre Pierre de Cognieres resuscité, jadis aduocat en la cour de Parlement a Paris : auec la generation du desolateur Antechrist filz du Diable : plus un echo, sur la vie abominable dudit Antechrist et de ses supposts. *A Paris*, 1561, pet. in-8. [13971]

Opuscule de 4 ff. en vers, auquel est quelquefois jointe la pièce suivante :
     CANTIQUE spirituel et consolatif à monseigneur le prince de Condé, avec l'Echo, sur l'adieu du card. de Lor.: Plus la declination des Papes, contrepronostication à celle de Nostradamus. *Imprime a Reims* (Lyon), M. D. LXI, pet. in-8. [13939] Autre pamphlet en vers.

PASQUIL (le) du rencoutre des cocus à Fontaine-bleau. (*Paris*), 1623, pet. in-8. de 16 ff. [13970]

Opuscule en vers, devenu fort rare. 141 fr. Nodier. Nous n'avons pas eu occasion de vérifier si c'est la même pièce que *le Rencontre des cocus*, impr. en 1609.

Le titre de Pasquil nous rappelle les deux pièces suivantes, également en vers : 1º *Le Pasquil picard coyonesque*, 1616 ; 2º *Pasquil ou coq-à lasne de M. Guillaume pour balleier les ordures de ce temps*, 1616. — Voyez BAILLEVX.

PASQUILLE (la) d'Allemagne, auquel l'histoire de l'Évangile, de nouveau retourné en lumière, et la cause de la guerre présente sont touchées, aucuns princes sont admonestés de leur condition et office, aucuns aussi sont peints au vif, par aucunes belles sentences tirées de la Bible, 1546, in-4. (*Bibliogr. instr.* de De Bure, jurisprud., nº 649). [1871]

PASQUILLORUM tomi duo, quorum primo versibus ac rhythmis, altero soluta oratione conscripta quamplurima continentur, ad exhilarandum confirmandumque, hoc perturbatissimo rerum statu, pii lectoris animum, apprime conducentia (collect. Cœlio Secundo Curione). *Eleutheropoli* (*Basileæ*), 1544, 2 tom. en 1 vol. pet. in-8. [18391]

Recueil satirique peu commun, sans être, à beaucoup près, aussi rare que plusieurs bibliographes l'ont prétendu, d'après D. Heinsius; nous en avons vu jusqu'à 3 exempl. chez un même amateur : 24 à 36 fr. ; vend. 144 fr. m. v. dent. tab. Méon ; 113 fr. Mac-Carthy ; 40 fr. m. r. Chateaugiron ; 15 fr. 50 c. Le Prevost, en 1857, et 20 fr. Quatremère.

Le volume contient, outre 8 ff. prélimin., 637 pp. de texte ; mais il est à remarquer que, par une faute de pagination, on a passé une centaine dans l'ordre des chiffres, de manière que la page 200 est cotée 100, et que cette erreur suit jusqu'à la p. 637, dont le chiffre est 537.

PASQUILLUS ecstaticus, Pasquillus captivus, dialogus; Probus; Sphortia, etc., omnia auctiora et emendatiora (edente Cœlio Secundo Curione). In-8. 5 à 6 fr. [18392]

Vend. 11 fr. mar. bl. Saint-Céran ; 9 fr. mar. bl. Caillard.

Première édition, assez rare. C'est un volume de 210 pp., du même caractère, et sans doute sorti des mêmes presses que les *Pasquillorum tomi duo*, auxquels il doit être annexé, à cause de quelques pièces qu'il contient de plus que ce dernier recueil.

— Idem Pasquillus ecstaticus, non ille prior, sed totus plane alter, auctus et expolitus; Pasquillus captivus, etc. *Genevæ*, 1544, in-8.

Rien de plus variable que les prix de ces sortes de livres. Celui-ci, que l'on donne maintenant pour 5 francs au plus, a été vendu jusqu'à 36 fr. bel exemplaire rel. en *mar. à comp*. Lauraguais. — L'édit. de *Genève*, 1667, pet. in-12, à laquelle on a ajouté un traité intitulé *Pasquillus theologaster*, est assez commune : 3 à 4 fr.

— Pasquino in estasi, nuovo, e molto più pieno ch' el primo, insieme co'l viagio de l' inferno, etc. (autore Cœlio Secundo Curione). *Roma, nella botega di Pasquino*, in-8. de 293 pp. [18394]

Cette traduction est rare aussi : vend. 16 fr. La Vallière, et quelquefois moins.

— Les visions de Pasquille, le jugement d'iceluy, ou Pasquille prisonnier, avec le dialogue de Probus. 1547, pet. in-8. de 344 pp., y compris 4 ff. prélim. 10 à 12 fr. [18395]

Vend. 16 fr. La Valliere; 30 fr. *v. f. tr. d.* Libri, en 1857; 23 fr. *mar. r.* Veinant.

Cet ouvrage ne paraît pas être la traduct. littérale du précédent; à la fin se lit la devise: *Assez tost si assez bien.*

PASQUILLUS. *Romæ, Jer. Mazochius*, 1510, in-4. de 28 ff.

Première et très-rare édition des Pasquinades; elle contient des satires latines et des pasquinades italiennes. Nous en donnons le titre (peut-être inexactement) d'après le catal. Libri, n° 2562, où un exemplaire incomplet de 2 ff. dans la sign. a. est porté à 32 fr.

PASQUILLUS. Carmina apposita Pasquillo, M D XII, in-4. [13009]

Pasquille fort rare, terminé par les vers suivants:

*Je suis Pasquin le malheureux
Destre tombe es mains dangloys.
Jay maisse mieulx estre foireux
Et tomber: en main de franczoys.*

Le frontispice porte une vignette en bois surmontée du titre ci-dessus: 14 sh. *Biblioth. heber.*, IX, 2232. 38 fr. 2e catal. Quatremère.

CARMINA ad statuam Pasquini in figuram Martis præsenti anno M. D. XII conversi (*Romæ*), in-4. avec fig. sur bois au frontispice. 21 fr. 2e vente Quatremère.

Seconde édition sous la même date que ci-dessus, mais avec un titre différent.

CARMINA apposita Pasquillo anno 1513, in-4. avec une grav. sur bois au titre. 30 fr. *m. r.* Libri.

CARMINA apposita anno 1515, in-4. fig. sur bois. 45 fr. *m. v.* Libri.

CARMINA apposita Pasquillo anno 1526, in-4., avec une grande fig. sur bois au titre. 73 fr. *m. v.* Libri, n° 2566.

Citons encore:

VERSI posti a Pasquillo nel anno M. D. XIII. — Versi posti a Pasquino nel anno M. D. XIIII, in-4. fig.

Deux pièces de 4 ff. chacune, en lettres rondes, avec une figure sur bois au titre; elles sont portées dans le catal. de La Valliere, 3549, art. 10. La première pièce seule, 40 fr. *m. r.* Libri.

PASQUILLUS. — *In Ægypto minori excusum (Romæ)*, 1520, pet. in-8. [13010]

Autre pièce rare, ornée d'un frontispice gravé sur bois. *Biblioth. heber.*, VI, n° 2516. On trouve, sous le n° 1318 de la première partie du même catalogue, l'indication de la pièce suivante:

CARMINA apposita ad Pasquillum anno 1522. *Romæ, Mazochius*, 1522, in-8., avec une curieuse vignette en bois au frontispice.

PASQUILLUS Merus. Gravissima protestationis querela, appellatioq inflicti grauaminis Pasquillo Mero germano facta: qui per amicabiles quosdam conuentus & accessus, sub præmeditatis & subdolis aduocatorum transactionibus, fraudulentisq renunciatione, & transportatione. De ipsius bus, in feudalibus suis a patre relictis aruis mirum in modum circumuentus & frustratus est. *Anno* M. D. LXI, in-8. de 44 ff. en italiq. [13011]

L'auteur, qui prend ici le nom de *Pasquillus Merus Germanus*, est Conrart Etienne de Achtevelt. Voici d'autres ouvrages sortis de sa plume:

TRIUMPHUS Caroli quinti Augusti et invicti Cæsaris per Carmen Caroleium descriptus: cui calamitosum & monstrosum illud bellum, a suis membris in suum proprium imperii caput habitum, adjectum est a Pasquillo Mero Germano apostolico poeta. Anno M. D. LXI, in-8. de 96 ff. en italiques.

CHRONICON, seu commentarium quoddam historicū a Pasquillo Mero Germano, apostolico poëta, in principis fauorem, patriæq suæ amorem contextum, de multis bellorum calamitatibus, quas quondam Geldriæ populus, a Carolo duce suo vernaculo, sine liberis e uiuis excedente, perpessus est: De Guillelmi ducis Cliuensis, per eiusdem Geldriaci ducatus populi suffragia, electione, & inductione, eiusq renunciatione, & transportatione. De ipsius deniq Caroli quinti inuicti & Augusti Cæsaris, in Geldriacum regnum, & eius hæredum assumptione, & inductione. *Anno* M. D. LXII, in-8. de 120 ff. en italiq.

DEFENSIO umbræ Lutheri contra Sycophantam et Hypocritam quendam contumeliis & coūiciis demortuum hominem incessantem, ob simplicem & mordacem ueritatis orationem, quam in hypocriteam illam religionem &c. fucatam sanctimoniam aliquoties expressit. Anno M. D. LXI, in-8. de 8 ff. en italiques.

DE MIRIFICA Dei virtute, et immensis eius operibus spiritualibusq quibusdam canticis & dauidicis psalmis paraphrastico carmine uersis, per Pasquillum Merum Germanum. Anno 1561, in-8. de 44 ff. en italiques.

DE SPURCO, fœdoque ac turpi amore, libellus plane utilis studiosis adolescentibus: in Musarum castris adhuc hærentibus a Pasquillo Mero Germano conscriptus, et in tres tomos reductus. *Anno* M. D. LII, in-8. de 48 ff. lettr. rondes et ital.

LIBELLUS haud inconcinne de fallaci et lubrico muliercularū statu compositus a Pasquillo Mero Germano, & in usum, commoduuq adolescentum, & funiorum hominum nondum sub iugo et timone matrimonii ligatorum accommodatus, & in quatuor tomos digestus. *Anno* M. D. LXII, in-8. de 52 ff. en italiques.

Ces sept pièces sont en vers, et paraissent être toutes sorties de la même imprimerie; prises séparément, elles ne valent pas plus de 2 à 3 fr. chacune, mais réunies en un seul volume, elles ont été vendues 31 fr. Gaignat; 30 fr. La Valliere. Ce même volume a été quelquefois annoncé sous le titre supposé de *Pasquillorum tomus tertius.*

PASQUIN ressuscité ou dialogue entre Pasquin et Marforio, trad. de l'italien. *Villefranche, P. Marteau (Hollande)*, 1670, pet. in-12. [23082]

Vend. 12 fr. Renouard.

— ENTRETIENS curieux de Pasquin et Marforio sur l'état présent de la chrétienté, publiés au Capitole de Rome, en 1681, traduits du latin et augmentés. (*Hollande*), 1684, pet. in-12. [23083]

Il avait déjà paru en Hollande une édition de ces dialogues, en latin et en français, sous le titre de *Pasquini et Marphorii curiosæ interlocutiones.....* 1683, pet. in-12, dont un joli exemplaire rel. en *mar.*, s'est vendu 12 fr. Nodier. — A cette dernière pièce s'en trouve quelquefois réunie une autre sous ce titre:

VATICINIA satyrica super deplorato orbis christiani statu, decantata ad columnam Marphorii. *Antuerpiæ*, 1684.

Nous citerons encore:

PASQUIN et Marforio, médecins des mœurs, comédie (3 actes en prose), 1697, (*sans nom de ville ni d'imprim.*), in-12 de 70 pp. [16488]

Cette pièce, vend. 5 fr. de Soleinne, est attribuée à

Dufresny, en société avec Brugières de Barante. Elle n'est pas dans le théâtre de Dufresny.

ENTRETIENS de Marphorio et de Pasquin sur le testament de Charles II, roy d'Espagne. *Cologne, P. Marteau,* 1700, pet. in-12, fig.

PASQUINO. Voy. CARO.

PASSÆUS (*Crisp.*). Liber genesis æreis formis a Crisp. Passæo expressis versibusque tam latinis quam germanicis ornatus, etc., per Guilielmum Salsmannum. *Arnhemii, Janssonius,* 1616, in-4. [361]

Cinquante-neuf gravures et celle du titre. Il y a une autre édition, *Clevie,* 1629, in-4., vend. 1 liv. 5 sh. Heber.

— Hortus floridus in quo rariorum florum et minus vulgarium florum icones ad vivam veramque formam accuratissime delineatæ et secundum quatuor anni tempora divisæ exhibentur, incredibili labore ac diligentia Crispini Passæi junioris delineatæ ac suum in ordine redactæ. *Arnhemii, apud Janssonium,* 1614 (aussi 1617), pet. in-fol. obl. [4951]

Ouvrage divisé en deux parties : la première contient le Printemps, 41 pl. ; — l'Eté, 19 pl. ; — l'Automne, 27 pl. ; l'Hiver, 12 pl., avec le texte impr. au verso des planches. La seconde partie renferme 120 fig. en 61 pl., sans texte. Vend. 12 fr. 50 c. L'Héritier, et quelquefois moins.

Il y a une édit. d'*Utrecht,* 1615, in-fol. obl., texte anglais, à laquelle on a ajouté les pl. 42—54 , pour le Printemps.

On a payé 70 fr., à la vente de Jussieu, un exemplaire portant le titre français ci-dessous :

JARDIN de fleurs, contenant en soy les plus rares et les plus excellentes fleurs que pour le présent les amateurs d'icelles tiennent en grande estime et dignité. Divisé selon les quatre saisons de l'an, par Crispin de Pas. *Arnheim, chez Janson,* 1614, pet. in-fol. obl.

Pritzel décrit, sous le n° 7797 de son *Thesaurus,* un recueil in-4. obl. de 48 ff., avec un titre commençant par ces mots : *Cognoscite lilia agri quomodo crescant...* et portant : *formulis Crispiani Passæi et Joannis Waldnelii,* sans date. Ce recueil se compose de fig. de plantes gravées sur cuivre, n° 1 à 99, avec les noms en latin, franç., angl. et allemand. La première est *Chamæniolon,* la dernière *Quercus.*

— La prima parte della luce del dipingere, e disegnare, nella quale si vede esser messa in luce diligentemente da Crispino del Passo, col molte belle stampe; in lingua italiana, olandese, francese, e tedesca. *Amsterdam,* 1643 (ou 1663), in-fol. [9189]

Cet ouvrage se compose de cinq parties , dont la deuxième et la troisième sont datées de 1644, et les autres ne portent point de date. Il a en tout 204 pl., tant sur cuivre que sur bois, avec une table des pl. à la fin. En voici la division : *Première partie,* 30 pl. chiffrées, plus six autres. *Seconde partie,* 25 fig. académiques et 11 pl. de perspective (non portées dans la table). *Troisième partie,* 2 pl. de proportions (non portées dans la table), et 18 de femmes nues. *Quatrième partie,* 47 fig. vêtues. *Cinquième partie,* 47 pl. de quadrupèdes, 6 de poissons et insectes, et 12 d'oiseaux (Cicognara, Catalogo, n° 343). — Ebert cite une édit. d'*Amsterd., Blaeu* (1624), in-fol, qui est préférable pour les épreuves, mais que nous ne croyons pas aussi complète que celle-ci.

— Speculum heroicum Homeri. Voyez HILLAIRE.

— Compendium operum virgilianorum, etc. Miroer des œuvres de l'excellent poëte Virgile, taillé en rame par Crispin de Pas, avec les argumens de chaque livre en lat. et en franç. *Ultrajecti-Batavorum, ex offic. Herm. Borcuoli, et prostant apud Joan. Jansonium Arnhemiæ,* 1612, in-4. 10 à 15 fr. [12502]

Vend. 24 fr. *mar. r.* La Vallière; 19 fr. Soubise ; 40 fr. Borluut.

Description : 3 ff. prélim., y compris le frontispice, offrant le portrait de Virgile ; 9 pl. pour les Eglogues et les Géorgiques. L'Enéide, 12 ff. prélim., dont le premier est une pl. titre, portant : *Speculum Æneidis Virgilianæ... ex officina chalcographica Crispini Passæi, etc.,* et le second reproduit le même portrait que ci-dessus; ensuite 13 pl. et 9 ff. contenant : *Ad Venerem votum Virgilii, etc.,* en tout 36 ff. Au bas de chaque pl. sont des vers latins et leur traduction en vers français, sur 2 col.

— Metamorphoseon ovidiarum typi aliquot artificiosissime delineati, ac in gratiam studiosæ juventutis editi per Crisp. Passæum. 1602, seu *Coloniæ,* 1607, in-4. obl. [12513]

128 pièces de cette jolie suite ont été vendues 31 fr. m. r. La Vallière.

— Academia, sive speculum vitæ scholasticæ. *Traj.-Batav., ex officina Crisp. Passæi,* 1612, in-4. obl. fig. [18589]

Vend. 4 fr. 50 c. Méon ; 14 fr. Courtois.

— Voy. MIROIR des escoliers, et aussi ABUS du mariage. — TRONUS cupiditus.

— Regiæ anglicanæ pictura et historica declaratio. *Coloniæ, apud Crispianum Passæum,* 1604, in-4.

Ce volume rare contient les portraits de la reine Elisabeth, de Jacques Ier, d'Anne, sa femme, et du prince de Galles, leur fils, plus un beau frontispice par Simon de Pass, avec une histoire généalogique soit en hollandais, soit en allemand.

— Effigies regum ac principum, eorum scilicet, quorum vis ac potentia in re nautica seu marina præ cæteris spectabilis est..... summa diligentia et artificio depictæ et tabellis æneis incisæ a Crispiano Passæo. Adjectis in singulas hexastichis Matthiæ Quadi chalcographi. (*absque loci et anni indicatione*), in-4. obl.

Livre curieux, mais fort peu connu, contenant un titre gravé; *Initium Artis navigandi ejusque præcipui autores et actores impræsens usque sæculum,* 6 ff. ; portr. gravés par de Pass, avec des vers analogues à chacun d'eux, 18 ff., plus 4 ff. où sont représentés des vaisseaux, et une carte du monde, feuillet double. Les portraits sont ceux de Clément VIII, Philippe II, Henri IV de France, Elisabeth d'Angleterre, Jacques VI, Christian IV, Sigismond III, Mahomet II, le doge Ciconia, Maurice de Nassau, André Doria, Christophe Colomb, Améric Vespuce, Ferdinand Magellan, Fr. Pizarre, R. Laudonnière, Fr. Drake, Th. Candish (*Biblioth. grenvil.,* p. 527).

—Officina arcularia... Boutique menuserie Crispus Passeum juni. *Amstelodami, in officina Crispini Passei impressum,* 1651, in-fol.

Le titre est donné ainsi sous le n° 199, dans un catalogue de livres anciens, rares, précieux, vend. à Paris, en mars 1859. L'ouvrage, qui est fort peu connu, était relié avec deux autres, et le tout ensemble s'est vendu 140 fr.

PASSAGES (les) de oultre mer du noble Godefroy de Bouillon qui fut roy de Hierusalem ; du bon roy sainct Loys et plusieurs vertueux princes qui se sont croises pour augmenter et soutenir la foy crestienne ; avec autres nobles faits des roys dEspaigne et de Hongrie, contre les ennemis de notre foy catholique. On les vend en la rue sainct Jacques a lenseigne de lelephant devant les Mathurins (*à Paris, chez François Regnault*), gr. in-8. goth. sign. a—v5, non compris le premier cahier de 8 ff. pour le titre, la table et les alphabets sarrasin et grec. [23049]

On attribue cet ouvrage à *Seb. Mamerot* (ci-dessous), qui l'aurait terminé en 1474. Le récit des faits postérieurs à cette date est d'un autre auteur ; le texte commence par ces mots : *Entendez roys et princes,* et il finit par ceux-ci, *et fut ce fait en lan mil cccc. IIII XX et XII.* Cette dernière date est celle du fait victorieux du roi d'Espagne rapporté à cet endroit, et non celle de l'impression du livre, comme l'ont dit quelques bibliographes. Vend. 6 fr. 85 c. Méon ; 79 fr. en juin 1819 ; 40 fr. Langlès ; 90 fr. m. r. Crozet ; 195 fr. Nodier ; 360 fr. mar. v. d'Essling ; 100 fr. mar. r. avec 1 f. restauré, Giraud ; 130 fr. Bergeret ; 150 fr. Solar.

— Les passaiges doutremer faitz par les francoys. Nouuellement imprime. (à la fin): Cy finist les passaiges d'oultremer faitz par les francoys, auecques plusieurs additions recueillies de plusieurs operations dudict voyage, et faictz darmes faictz par les ditz francoys et aultres seigneurs ayans eu la devotion de deffendre la diete Terre saincte, *nouuellement imprime a Paris, le vingtseptiesme iour de novembre, lan mil cinq cens et dix-huyt, par Michel Lenoir libraire... demourant en la rue sainct Jacques a lenseigne de la rose blanche couronnee,* pet. in-fol. goth. à 2 col.

Autre édition de l'ouvrage de Mamerot, avec des changements notables et diverses additions, particulièrement une *Compendieuse description de la terre de promission.*
Le volume contient 6 ff. prélim., y compris le titre ; cc xxxvij ff. de texte, plus un feuillet séparé au verso duquel se voit la marque de l'imprimeur. Derrière le titre se lit le privilége de François Ier, donné à *Rouen,* le 7 août 1517. Vendu 101 fr. 50 c. Regnauld-Bretel ; 195 fr. mar. d. de mar. Caillhava ; 150 fr. mar. olive, d'Essling.

PASSAMONTE. Libro di battaglia chiamato Passamonte novaměte tradutto di prosa in rima. — *Stampato in Venetia, pel Melchion*(sic) *Sessa nel M.* CCCCCVI. *Adi vij de Nouembrio,* in-4. à 2 col. de 40 lign. sign. A—L, caract. ronds, fig. sur bois. [14775]

Édition très-rare, conservée dans la bibliothèque du marquis Trivulzio. Au titre se voit une gravure sur bois qui représente un guerrier, et au-dessous un écu portant les initiales P. M. Le poëme commence au second feuillet signé Ar., et finit au verso de l'avant-dernier f., 2e col., par une octave dont le quatrième vers donne le nom du poëte (*Zanandrea Narcisso*) à qui sont dus et le *Passamonte* et le *Fortunato* qui y fait suite (voy. FORTUNATO).

Nous avons dit précédemment que ce poëme romanesque était écrit en dialecte vénitien ; cela n'est pas exact : il s'y est seulement glissé quelques mots de ce dialecte par la faute de l'imprimeur (*M. Melzi*).

—Libro di bataglia chiamato Passamonte ; nuovamente traduttto di prosa in rima, historiato. *Venetia, Melchion*(sic)*Sessa,* 1514, *a di* 20 *de mazo,* in-4. à 2 col. fig. sur bois.

Autre édition rare ; elle a 84 ff. (le dernier est blanc), sign. A—L. 153 fr. mar. v. (mais raccommodé dans les marges) Libri.

PASSAVANT (*John - David*). Rafael von Urbino und sein Vater Giovanni Santi. *Leipzig,* 1839-58 , 3 vol. in-8. et atlas in-fol. 84 fr. — Gr. Pap. fig. sur pap. de Chine, 140 fr. [31053]

— RAPHAEL d'Urbin et son père Giovanni Santi, avec le catalogue complet de leurs œuvres, par J.-D. Passavant, édition française, refaite, corrigée et considérablement augmentée par l'auteur, sur la traduction de M. Jules Lunteschiötz, revue et annotée par M. Paul Lacroix. *Paris, Jules Renouard,* 1860, 2 vol. gr. in-8. avec un portrait. 20 fr.

— LE PEINTRE-GRAVEUR, par J.-D. Passavant, contenant l'histoire de la gravure sur bois, sur métal et au burin, jusque vers la fin du XVIe siècle ; l'histoire du nielle avec complément de la partie descriptive de l'Essai sur les nielles de Duchesne aîné, et un catalogue supplémentaire aux estampes du XVe et du XVIe siècle du Peintre-Graveur d'Adam Bartsch. *Leipzig, R. Weigel,* 1860-62, in-8. [9523]

Cet ouvrage formera 6 volumes ou parties. Les trois premiers ont paru et coûtent 3 thl. chacun. L'auteur est mort le 12 août 1861.

— DIE GALLERIE von München. Voy. II, col. 1525, art. GEMÄLDE-SAMMLUNG.

PASSAVANT (*Ben.*). Voy. BEZE (*Théod.* de), et au mot PASSEVANT.

PASSAVANTI (*Jacopo*). Lo specchio della vera penitentia. — *Impresso in Firenze adi xii di Marzo* M. CCCC. LXXXXV, in-4. de 148 ff. signat. *a*—*t.* 33 lignes par page, avec une gravure sur bois. [1317]

Édition originale de cet ouvrage écrit vers le milieu du XIVe siècle et qui est cité par La Crusca : elle est précieuse pour la leçon qu'elle présente. 43 fr.

Passaglia (*Car.*). Virginis immaculata conceptio, 1218.

Passarellus (*Caj.*). Bellum lusitanum, 26310.

Boutourlin. Ce livre a été réimprimé à Florence, *Sermatelli*, en 1580 et en 1585, in-12, la première fois par les soins de Fr. Diacetto, évêque de Fiesole, la seconde par ceux de Léonard Salviati. C'est Alex. Segni qui a donné l'édit. de Florence, Vangelisti, in-12 (avec une préface datée du 26 mars 1681) ; celle de Naples (sous la rubrique de Florence), 1723, in-8., est due aux soins de *Lorenzo Ciccarelli* (caché sous le nom de *Cellenio Zacclori*); mais la meilleure édit. est celle de Florence, *Tartini e Franchi*, 1725, in-4., avec le portrait, laquelle a été donnée par Ant.-Marc. Bisconi, qui y a fait impr. pour la première fois *Il Parlamento tra Scipione e Annibale tratto da Tito-Livio, e volgarizzato dal Passavanti*. C'est d'après cette dernière qu'ont été faites celles de *Vérone, Romanzini*, 1798, in-4. : de *Milan*, 1808, 2 vol. in-8. ; de *Bologne*, 1820, 3 vol. pet. in-8. ; de *Florence, Ciardetti*, 1821, 2 vol. in-8. pap. vél. avec portr. ; et enfin celle de *Milan, Silvestri*, 1825, in-16, portr.

PASSE - PARTOUT des Ponts-Bretons. Voy. Ponts-Bretons.

PASSERAT (*Joan.*). Kalendæ januariæ et varia quædam poematia. *Lutetiæ, apud viduam Mamerti Patissonii*, 1603 (seu *Paris., Abel Angelerius*, seu *Cl. Morellus*, 1606). — Recueil des œuvres poétiques de J. Passerat, augmenté de plus de la moitié. *Paris, Abel l'Angelier* ou *Cl. Morel*, 1606, 2 tom. en 1 vol. in-8. 10 à 12 fr. [13898]

Ces deux recueils sont recherchés, et ils ont de la valeur lorsqu'ils se trouvent réunis : vend. 24 fr. *mar. r.* en 1813 ; 43 fr. *mar. citr.* en 1814, et 35 fr. Labédoyère. Chacune de ces deux parties renferme une épreuve du portrait de Passerat gravé par Th. de Leu.

L'édition des *Kalendæ januariæ*, Lutetiæ, Mamert Patisson, 1597, in-4., à laquelle se trouve ordinairement joint le premier livre des poésies du même auteur, n'a qu'un prix très-médiocre. On a aussi :

LE PREMIER LIVRE des poëmes de Jean Passerat, reveus et augmentez par l'auteur en ceste édition. *Paris, la veuve de Mamert Patisson*, 1602, in-8., — et *De Cœcitate oratio, Lutetiæ, apud Mamertum Patissonium*, 1597, in-8. Les trois pièces, en vélin, 27 fr. Solar.

— De literarum inter se cognatione ac permutatione liber. *Parisiis, D. Douceur*, 1606, in-8. [10535]

Cet ouvrage est estimé et se trouve difficilement : 5 à 8 fr.

— Orationes et præfationes. *Parisiis, D. Douceur*, 1606, in-8. 3 à 5 fr. [12173]

Ce recueil a été réimpr. à *Francfort*, 1622, pet.in-12, et à *Paris*, 1637, in-8. On trouve quelquefois, avec l'édition de 1606, un opuscule de 15 ff. intitulé : *Jo. Passeratii præfatiuncula in disputationem de ridiculis, quæ est apud Ciceronem in lib. secundo de oratore*, Lutetiæ, Patisson, 1595.

Opuscules de J. Passerat.

CHANT d'allegresse pour l'entrée de tres chrestien, tres hault, tres puissant, tres excellent, tres magnanime et tres vertueux prince Charles IX de ce nom, roi de France, en sa ville de Troie, par Jean Passerat, troien, à Messieurs de la dite ville. *Paris, Gabr. Buon*, 1564, in-4. de 8 ff.

Cette pièce, sur le titre de laquelle Charles IX est si pompeusement qualifié, n'a pas été reproduite,

que je sache, dans le recueil des Œuvres poétiques de l'auteur, impr. en 1606.

L'ADIEU à Phœbus et aux Muses, avec une rime à Bacchus, par J. P. T. (Jean Passerat troyen), *Paris, Benoist Prevost*, 1559, in-4. C'est le morceau impr. p. 91 et suiv., du Recueil de 1606, sous ce titre : *Contre Phœbus et les Muses*.

L'HYMNE de la pais faicte en l'an M. V. LXII, qui se trouve à la p. 109 dudit recueil, avait d'abord paru séparément, avec le commentaire de M. A. *Paris, Gabr. Buon*, 1563, in-4. 14 fr. Leprevost, en 1857.

NIHIL, Henrico Memmio pro xeniis, per Joan. Passeratium carmen, huic subjungitur aliud gallicum, cui titulus quelque chose, par Phil. Girard Vandomois. *Paris, Est. Prevosteau*, 1587 (aussi 1588), in-4.

RIEN à H. de Mesme pour estrenne , trad. par Phil. Girard. *Paris, Est. Prevosteau* (sans date), in-8.

RIEN... quelque chose à M. Guillon, sieur des Essars; tout au Tout puissant. *Lyon, Ben. Rigaud*, (sans date), pet. in-8.

ESTRENES Nihil, Nemo, quelque chose, tout, le moyen , si peu que rien, on, il (par Passerat et Phil. Girard). *Caen et Paris, Ve Lebas*, 1596, pet. in-8. 21 fr. *mar. r.* Veinant.

Il y a aussi une édit. du même recueil. *Paris, Est. Prevosteau*, 1597, pet. in-8.

Les pièces qui le composent avaient déjà été impr. séparément, savoir :

TOUT, au tout-puissant. *Paris, Guil. Auvray*, 1587, pet. in-8. Réimpr. avec les Rien, etc.

LA POLIMÉTRIE, ou le moyen contre tout, quelque choze et rien, par F. M. D. L. G. Auverg. *Paris, Math. Guillemot*, 1588, pet. in-8.

— Voy. NIHIL.

— COMMENTARIUS in Catullum, etc. Voy. CATULLUS.

Il ne faut pas confondre avec Jean Passerat, comme cela est arrivé quelquefois, un François Passerat, dont on a, sous le titre d'*Œuvres dédiées à Son Altesse électorale de Bavière*, La Haye, Henri Van Balderen, 1695, un vol. in-12 [16480], contenant une tragédie, deux comédies, une pastora e, un ballet, une nouvelle galante, en prose, et quelques poésies.

PASSERI. Vita et miracula sanctissimi patris Benedicti , ad instantiam monachorum congregationis ejusdem S. Benedicti, Hispaniarum , æneis typis delineata. *Romæ*, 1596, in-fol. [21740]

Cinquante p'anches, non compris le titre, dessinées et grav. par Bern. Passeri. 24 fr. Riva.

PASSERII (*Joan.-Bapt.*) Picturæ Etruscorum in vasculis, nunc primum in unum collectæ, explicationibus et dissertat. illustratæ. *Romæ, Zempel*, 1767-75, 3 vol. gr. in-fol. avec 300 planch. color. [29621]

Cet ouvrage avait une assez haute valeur autrefois : vend. 108 fr. La Vallière ; en *m. r.* 100 fr. Hurtault, mais, ayant été effacé par d'autres livres du même genre récemment publiés, il ne conserve pas un prix élevé 57 fr. Raoul Rochette; 44 fr. Quatremère), et il n'a presque point de valeur lorsque les fig. ne sont pas coloriées.—Voy. RACCOLTA di pitture.

— Lucernæ fictiles musei J.-B. Passerii illustratæ. *Pisauri* , 1739-51, 3 vol. in-fol. fig. 30 à 36 fr. [29643]

Passeri (*Nic.*). Metodo di studiare la pittura, ecc., 9230.

Vend. en *mar. r.* 72 fr. Barthélemy ; 49 fr. Hurtault ;
38 fr. De Bure. — Les exemplaires dont le 3e vol.
manque perdent presque toute leur valeur.

Voici l'indication d'un morceau qui paraît se rattacher à ce grand ouvrage :

GLOSSÆ marginales (Annib. Olivieri) ad musei
Passerii lucernas, collectæ ann. 1739, colle riflessioni di P. Tombi. *Pesaro, Gavelli,* 1740, in-4.

— Novus thesaurus gemmarum veter. ex
insignioribus dactyliothecis selectarum,
cum explicatione. *Romæ,* 1781-83, 3 vol.
in-fol. fig. [29580]

Ouvrage anonyme, peu estimé : vend. 29 fr. Mérigot ; 33 fr. David ; 40 fr. Dutheil.

Chaque volume renferme 100 planch. d'une petite
dimension, mais agrandies par des cartouches. En
1797, ils ont été reproduits sous de nouv. titres,
accompagnés d'un 4e tome renfermant également
100 pl., et que l'on peut réunir à l'édition de 1781.
Les 4 vol. 50 fr. 50 c. Visconti, et le même prix,
Boutourlin.

— Linguæ Oscæ specimen singulare musei
seminarii Nolani ; cum annotationibus
Jo.-B. Passerii. *Romæ,* 1774, in-fol.
[10597]

Opuscule peu commun : vend. 31 fr. 50 c. Chaumette, sans avoir cette valeur.

— Vitæ de' pittori, 31004-31005. — Thesaurus gemmarum astriferarum. Voy. GORIUS. — Etruriæ paralipomena. Voy. DEMPSTERI.

PASSERINUS. Aloisii Passerini Brixiani
Jureconsulti, Historia lepida de quibusdam ebriis Mercatoribus latine scripta,
cum præfatiuncula quadam ; qua se ab
hujusmodi scribendis rebus apud cen-
sorem suum Achillem Uoltam jurisconsultum et patricium Bononiensem excu-
sat. — *Lepidissimã hanc historiam
Presbyter Baptista Forfengus Brixia-
nus Artis impressoriæ solertissimus
artifex quam emendatissimã facien-
dam curavit. Brixiæ.* M. CCCC. XCV.
die XX *Februarii,* in-4. de 4 ff. seulement, dont un bl. [16995]

Pièce très-rare, décrite par Bart. Gamba, dans sa *Bibliografia delle novelle,* p. 138. Il en existe une
autre édition pet. in-4. goth., sans nom d'imprimeur, mais datée de Rome, 1493, et avec un frontispice gravé sur bois, des plus singuliers. (Catal.
Leber, n° 2591.)

PASSE TEMPS (le) de tout homme. Voy.
ALEXIS (*Guill.*).

PASSETEMPS. Le Passetĕps et le songe
du triste. Ilz se vendent à Paris soubz la
seconde porte du Palais en la maison de
Jehã longis... (au recto du dernier f.) :
*Cy fine ce present liure nouuellemēt
imprime a paris pour Jehan longis :
Et fut acheue dimprimer le xxie iour*

Passerini (*Luigi*). Marietta de' Ricci, 17390. — Famiglia Corsini, 28910. — Famiglia Passerini,
28910.

Passero (*Giulio*). Giornale, 25728.

Passeroni (*G.-C.*). Il Cicerone, 14913.

*de feurier mil cinq cens trente auant
pasques.* Pet. in-8. goth. de 90 ff., sign.
A—M. [13551]

Édition rare de cet ouvrage en vers. Le privilège est
daté du 20 février 1529. On trouve une édition de
ce même vol., *Paris, Jean Longis,* 1529, in-8.
goth. : vend. 7 fr. La Vallière ; et De Bure, dans sa
Bibliogr. instruct., en cite une, *Paris, Jehannot,*
sans date, in-8. goth.

— Le Passe temps et songe du Triste. (à
la fin) : *Jmprime a Lyon, par Claude
Veycellier, demourant en la rue Merciere a lenseigne sainct Jehan Baptiste*
(vers 1530), pet. in-8. de 67 ff. non
chiffrés, sign. A—R (le dernier cahier
n'a que 3 ff.).

Non moins rare que les éditions précédentes : 8 liv.
8 sh. Heber ; 65 fr. *mar. r.* Coste ; 136 fr. Solar.

Au verso du dernier feuillet, au-dessous de la souscription, se lisent les quatre vers suivants, qui se
trouvent également dans une édition de *Lyon,* chez
Antoyne Blanchard, sans date, que possède M. Yé-
menitz.

*Lan de trois croix cinq croissant ung trepier,
Vindrēt despaigne nos seigneurs filz de France
Et a Bayonne de iuillet le premier
De leur ostage fut faicte deliurance.*

PASSE-TEMPS honnestes. V. HONNESTES.

PASSE-TEMPS joyeux, composé en rymes
françoises pour réjouir les mélancholiques, auquel est déclaré plusieurs épîtres du Coq à l'Asne, et de l'Asne au Coq ;
avec ballades, dizains, huitains et autres
joyeusetés, avec une description poétique de la Fontaine d'Amours. *Paris,
Nic. Bonfons* (sans date), in-16. [13644]

Petit volume rare : vend. 8 fr. *mar. v.* Gaignat, et
qui vaut davantage. — Voyez AMOUREUX passe-
temps.

PASSE-TEMPS (le) royal de Versailles,
ou les amours secrettes de madame de
Maintenon. *Cologne,* 1695, in-12. 6 à
9 fr. [17289]

Il y a deux éditions sous la même date, et celle des
deux qui paraît être la seconde est en plus gros caractères que l'autre. Sur le titre d'une 3e édition
datée de *Cologne,* 1704, sont ajoutés les mots : *sur
de nouveaux mémoires.* Cette dernière est un pet.
in-12 de 94 pp., y compris la gravure (il y en a
quelquefois deux) et le titre.

— LE MÊME passe-temps......, reveu et augmenté de
plusieurs particularités. *Cologne, Pierre Marteau,* 1706, pet. in-12 de 117 ff., non compris la
gravure qui est devant le frontispice.

Cette édition n'est pas belle, mais on y trouve de plus
que dans les précédentes : *Plainte des dames de la
cour de France au roy,* en vers, commençant à
la p. 107, et qui est aussi dans l'édition de *Cologne, P. Marteau,* 1712, pet. in-12 de 118 pp. :
vend. 17 fr. 50 c. *mar. r.* Bignon. Ce livre avait
déjà paru sous différents titres. — Voyez AMOURS
de Mme de Maintenon.

Le *Passe-temps royal,* où les amours de Mlle de Fontange, est un autre libelle dont il a été question à
l'article AMOURS des dames.

PASSEVENT parisien respondant a Pasquin Rommain, de la vie de ceux qui
sont allez demourer a Geneue et se disent

viure selon la reformation de l'Euangile,
au pays iadis de Sauoye et maintenant
soubz les Princes de Berne, et seigneurs
de Geneue, faict en forme de dialogue.
(*sans lieu d'impression*), 1556, in-16
de 48 ff. en lettres rondes. [1835]

Un exempl. en *mar. r.*, avec des notes de B. de La
   Monnoye, 25 fr. de Soleinne.
· Autre édition, *Paris*, G. Guillard, 1556, in-16 de
   64 ff. dont 12 non chiffrés, vend. en *mar. r.* 58 fr.
   en 1860.
L'édition de *Lyon*, 1556, in-16, porte le nom de
   maistre Antoine Cathalan; celle de *Tolose, Henry
   Maréchal*, 1556, annoncée dans le catal. de Lauraguais, est de format pet. in-8.
Ce dialogue satirique, tout rempli d'invectives contre
   Calvin et ses sectateurs, a été attribué par Du Verdier, d'après l'édition de Lyon, à Ant. Cathalan ou
   Catalan, cordelier albigeois, auquel Calvin a répondu
   dans sa *Reformation* (voy. CALVIN et CATHALAN);
   il serait, au contraire, d'Artus Désiré, d'après un
   passage de la comédie du Pape malade, dans lequel,
   après avoir nommé Desiré, l'auteur s'exprime
   ainsi :

   Ce grand poete et fort savant
   Qui a fait ce beau Passavant.

Un exemplaire de l'édit de Lyon, 1556, in-16, en *mar.*
   puce, 38 fr. Bergeret.
— Voy. DOUBLE des lettres envoyées à Passevent.

PASSIO Christi.—*Passionis Christi unum*
   ex quatuor evangelistis textum (studio
   Ringmanni Philesii) Joannes Knoblou-
   chus imprimebat Argentorati (absque
   anno), pet. in-fol. [375]

Ce volume contient 26 ff., avec autant de belles gravures en bois, de la grandeur des pages, et marquées V. G. Sur le dernier f. se lit une épître de
   Ringmannus Philesius, où il dit qu'il a traduit cet
   ouvrage de l'allemand; et effectivement il existe
   deux éditions de ces planches avec un texte allemand, impr. à Strasbourg, en 1507 et 1509. L'édit.
   de 1507, 52 fr. Borluut; la seconde, 45 fr. en 1843.
   Une autre édition, sous la date de 1513, est décrite
   ci-après, col. 423.
Le même ouvrage a paru sous cet autre titre :
   PASSIO DOMINI nostri Jesu Christi, ex evangelistarum textu quam accuratissime deprompta, additis sanctissimis exquisitissimisque figuris. (in fine) :
   Joannes Knoblouchus imprimebat Argentorati,
   anno M. D. VIII, in-fol. de 30 ff., avec 25 planches.
Toutefois on ne trouve dans cette édit. ni l'avant-
   dernière planche de la précédente, ni l'épître de
   Philesius, non plus que les vers de l'étrarque, dont
   elle était accompagnée : vend. 10 fr. La Valliere,
   et, rel. en *mar. r.* par Trauss, 122 fr. Solar.
Il est dit dans le catal. de Jos. Paelinck (Bruxelles,
   1860), n° 83, au sujet de l'édition de 1507 ci-dessus : « Le monogramme V. G. est celui du maitre
   Urse Graf. » (Voir Bartsch, VII, pp. 456-66, qui ne
   fait pas mention de l'édit. de 1507.) Ce n'est donc
   pas V. Gemberlein ou Gamberlein, comme nous
   l'avions dit d'après Christ.

PASSIO Dñi ñri Jhu xpi. *Florentiæ, apud*
   sanctum Jacobum de Ripoli (absque
   anno), in-4.

· Édition qui, d'après un journal du monastère de Ripoli, aurait été achevée le 8 avril 1483. Elle contient, sous un titre latin, un petit poëme italien en
   octaves, resté anonyme, et que Gamba regardait
   comme *un tessuto di versi di abbietto stile.* C'est
   un livre fort rare, dont un exemplaire est porté à
   400 paoli dans le catalogue des éditions du XVᵉ siè·

cle, de la *Societa bibliografica Toscana* (1858),
n° 217, où se trouve une longue lettre sur l'ouvrage, lequel a été imprimé deux fois, il y a quelques années, d'après des manuscrits et sous des
titres différents :
1° ISTORIA di la passione e morte di Gesù Cristo.
   Firenze, Magheri, 1822. in-8., édition donnée par
   Dom. Moreni, qui attribuait l'ouvrage à Nicolo Ci-
   cerchia.
2° LA PASSIONE di Cristo N. S., poema in ottava
   rima, a miglior lezione ridotto dal marchese di Mon-
   tontrone. *Napoli, stamp. Franc.*, 1827, in-8.

PASSIO domini J.-C. Voy. CRANACH.

PASSIO D. N. Jesu-Christi. V. ALARDUS,
   et ajoutez :

Volume de 80 ff. non chiffrés, orné de 62 gravures,
   dont un exemplaire rel. en *mar. v.* par Niedrée,
   qui pouvait être estimé de 50 à 60 fr., a été vendu
   250 fr. Solar.

PASSIO gloriosi martyris beati patris fratris Andree de Spoleto ordinis minorū
   regularis obseruãtie p catholice fidei veritate passi in Affrica ciuitate Fez. anno
   dñi M. D. xxxij. (in fine) : *Impressum*
   Tholose expensis honesti viri Johannis
   barril mercatoris Tholose. laus deo,
   pet. in-4. de 4 ff., caract. goth. [22099]

HYTOIRE et lettres du glorieux z bienheure frere
   Andre de Spolete de lordre des freres mineurs de la
   reguliere observance. Lequel a souffert martyre en
   la cite e Fez en affricque. Lan .M. D. xxxij et le
   IX de janvier. Cõme a enuoyé par expres message
   le hault et trespuissant roy de Portugal et algarbe
   au chapitre general des d̃ freres mineurs celebre
   en la illustre et magnifique cite de Tholose en lan
   que dessus en la solénite de la pêthecoste. Est cõ-
   tenu aussi la teneur de aultres certaines lettres de
   la miraculeuse cõuersion et augmétation de la foy
   catholicq̃ au pays de Huketan aultrement dict terre
   neufue, ou bien neufue hespaignes. (à la fin) :

   Imprime fut cestuy petit propos,
   A la requeste du marchant Jehan Barril,
   Par celluy la qui ne quiert que repos,
   Au vin se preune la bonte du Barril.

A *Tholose* mil cinq cens. *xxxij*, pet. in-4. de
   6 ff., en caract. goth., avec une figure sur bois au
   titre.
Traduction de la pièce précédente. Les deux ont été
   vend. 12 fr. 50 c. Librairie De Bure.

PASSIO septem fratrum filiorum sanctæ
   Fœlicitatis. Translatio sancti Alexandri.
   Passio sancti Theodori martyris. *Edidit*
   ad laudem hunc Ottimpurra libel-
   lum... Martyr Alexander et Theodore
   tuam, anno 1511, pet. in-4. goth. de
   30 ff., signat. A—D.

Opuscule imprimé dans le couvent d'Ottobeuren, en
   Bavière, en gothique d'une forme singulière. On y
   a fait usage de caractères grecs. 35 fr. catalogue de
   la librairie Tross, 1860, n° 1594.

PASSIO sive historia XI miliũ ẏginũ.
   (*absque nota*), in-4. goth. de 30 ff. à
   33 lign. par page. [22079]

Édition de la fin du XVᵉ siècle, avec une figure sur
   bois au recto du prem. f., et une autre au verso
   du dernier, sur lequel on lit : *Historia vndecim.*
   miliũ virginũ Fi | nit felicit. | Scã Vrsula cũ so-
   dalib' tuis orate p nob.
Dans notre second volume, col. 1021, nous avons

décrit·une édition de cette légende, sous le titre d'*Epistola ad virgines Christi*. En voici une autre , qui porte à peu près le même titre :

EPISTOLA ad virgines christi vniuersas super hystoria mililium (sic) virginum. (in fine) : Passo autem sunt anno domini ducentesimo trigesimo octavo. *Explicit Passio undecim millium virginum. Sub anno domini* M. CCCC. LXXXX, *in die Vrbani,* in-4. goth. de 33 ff., y compris *Miraculum quoddam de sancta vrsula cuidam heremite nomine Iohanni reuelatum in Anglia.* — Voy. EPISTOLA.

Hain, n° 4743, en cite une de 1482, in-4., sous le titre *Historia de Undecim millibus virginum*, et sous le n° 4744, il rapporte le titre suivant :

HISTORIA undecim millium virginum breuiori atque faciliori modo pulcherrime collecta. (in fine) : *Excusum fuit hoc opus Coloniæ per Iohannem Koelhoff de Lubeck, anno* 1484, in-4.

Réimprimé plusieurs fois à Cologne, avec ou sans date, au commencement du XVIe siècle. — Voyez SEVIN (P.), et le n° 22082 de notre table.

PASSIŌ unsers Herrn Jesu Christi. *Nürnberg, Val. Geyssler,* 1572, in-8., avec 50 grav. sur bois de Virg. Solis. [379]

— Der text der Passion, oder liden Christi. *Straszburg, Mathis Hupfuff,* 1513, pet. in-fol. -

Il y a dans ce volume 26 gravures sur bois, de la grandeur des pages, avec le monogramme d'Urse Graf. 70 fr. Bearzi, n° 1501. Un livre analogue à celui-ci est porté, sous le n° 1592 du même catalogue, sous le titre suivant :

DAS IST die Passion. *Strasbourg, J. Grieninger,* 1514, pet. in-fol. avec 21 gravures sur bois. L'ouvrage est en forme de Procès, comme le Belial.

PASSION (la) de nostre saulueur et redempteur ihesucrist. moult piteuse moralisee figuree et hystoriee par auctoritez et exemples. laquelle il souffrit pour humain lignaige. (au verso du dern. f.) : *Cy finist la passion de nostre seigneur ihesucrit. Imprime lan de grace mil. cccc. lxxxx. le xvi d aoust,* in-fol. goth. de 89 ff. non chiffrés à longues lignes, au nombre de 35 sur la page, signat. *a—oiiij,* avec fig. sur bois, assez bonnes pour le temps. [316]

Ouvrage en prose, qui n'a nul rapport avec le mystère dramatique intitulé *La Passion de Jesus Christ,* et qui diffère aussi de la Passion de Jésus-Christ, morceau qui, ordinairement, est placé entre la vie de seconde personne de la Trinité et la dèstruction de Jérusalem, dans le recueil dont plusieurs éditions sont décrites ci-dessus de J.-C. Le titre ci-dessus est au bas d'une grav. en bois entourée d'une bordure. Ce livre rare n'a été vendu que 12 fr. Brienne-Laire, mais il vaut davantage.

Nous avons vu un exemplaire de ce livre qui paraît être de l'édition ci-dessus ; il n'a pas de titre, et il finit au 3e f. du cahier *n.* Les cah. *a* jusqu'à *m* sont de 8 ff. chacun, ce qui ferait 96 ff.; plus 3 pour le cah. *n,* qui est incomplet. Le recto du dernier f. de cet exemplaire porte une vignette en bois représentant l'ensevelissement de J.-C. pour les saintes femmes. Au recto du f. au il y a une vignette sur bois représentant Caïphe, Pilate et Anne. Au-dessous sont 17 lignes dont huit pour le sommaire suivant, rendu ici ligne pour ligne :

Cy cōmence lystoire de la passiō nostre seigneur ihūcrist ‖ le benoit filz de dieu et de la glorieuse

vierge marie le saul ‖ ueur du mōde Laq̃lle il souffrit regnāt thiberien lēpereur de ‖ rōme nōme Cesar En lan. xvuj. de son regne du tēps du roy ‖ herode qui f̃it mourir sainct iehā baptiste soubz la seignou- ‖ rie des prestres des iuifs Joseph anne et cayphe En la .vuj. ‖ Kalande dauril Laquelle a laide de dieu et de la glorieuse ‖ vierge marie ie pense ainsi a suyr et poursuyr. ‖

Le texte commence par cette ligne : (s) *Elon la sentence du philosophe aristote en son*

Ce qui caractérise cette édition, ce sont des grandes lettres initiales au simple trait, sans ornements, comme dans le *Nouveau Testament* in-fol. à longues lignes, édit. de Lyon.

PASSION de Jesus-Christ. A lonneur de nostre seigneur ihesucrist a ete translatee de latin en francoys la benoite passion et resurrection par le bō maistre Gamaliel τ Nichodem' sō nepueu τ le bon cheualier ioseph dabarimathie disciple de iesu crist laquelle sēsuyt. — *Cy finist sa mort et passion. et aussi la resurrectiō de nostre seigneur ihesucrist. Imprimee a Paris par Jehan Treperel... le dernier iour de may Lan mil quatre cens quatre vingtz et xvij,* in-4. goth. de 58 ff. fig. en bois.

Réimprimé à la suite de la Vie de Jésus-Christ. édit. de 1501, 1510, etc. — Voy. VIE de J.-C.

Ce doit être le même ouvrage dont nous avons déjà cité (article MORT et passion) une édit. de 1492.

— La Passion de ñre seigneur Ihesucrist moralisee et figuree et historiee par auctoritez, exemples et questions. (à la fin) : *Imprimee a Lyon le vi iour de ianuier lan* M.CCCC.XCIX, in-4. goth., fig. sur bois.

Vend. 31 fr. 50 c. premier catalogue De Bure, et en mar., 98 fr. Bergeret.

PASSION (mystère de la). Voy. MYSTÈRE.

PASSION trobada (la). Voy. SAN PEDRO (Diego).

PASSION (der teütsch). Hienach volget ein löblicher Passion nach dem text der vier ewangelisten, mit dem auszlegung der heyligen lerer Bernardi, Anszhelmi, Augustini, Jeronimi, Ambrosii. —*Geruckt und volendet ist diser löblich Passio. in der keyserlichen stat Augspurg. von Anthonio Sorg am samstag nechst nach Othmari. da man zälet nach cristi geburt tausent vierhundert achtzig iar* (1480), in-4. de 109 ff. non chiffrés, à 21 ou 22 lign. par page. [283]

Ce livre rare est remarquable à cause des figures sur bois dont il est orné. Ant. Sorg l'a réimpr. en 1482, in-4. de 111 ff. non chiffrés, en 1483, in-4., également de 111 ff., en 1486, en 1490 et en 1491, pet. in-8., toujours avec des figures sur bois. On en cite aussi deux éditions faites à Augsbourg, par Jean Schönsperger, l'une en 1483, in-4. de 148 ff. non chiffrés ; l'autre en 1498, pet. in-8. de 166 ff., avec fig. sur bois (Hain, n° 12441-48).

PASSION unsers Herrn Jesu Christi. *Augs-*

burg, J. Bämler, 1475, fig. sur bois. [375]

Cité par Ebert.

PASSIONAL Christi uund(*sic*) Antichristi. 1521, pét. in-4. de 14 ff. [375]

Recueil de 27 fig. gravées sur bois, dont la première porte le monogramme F. B. et la date de 1521. Un exempl. en *mar. r.* par Trautz est porté à 130 fr. sous le n° 6739 du catal. de J. Techener, publ. en 1858. Une autre édit. faite sous la même date (*Wittemberg, J. Grünenberg*), se reconnait en ce que le chiffre 1521 se trouve dans la bordure. 70 fr., et une autre fois, 80 fr., en mai 1860.

Selon Nagler, III, 185, ces figures ont été dessinées par Lucas Cranach, et Luther les a fait graver sur bois.

PASSIONALE Christi. *Lyon, Jacques Arnollet,* 1490.

La Caille, p. 42, indique ce livre, que citent d'après lui Maittaire et Panzer. Il en aura probablement eu connaissance par l'*Historia bibliothecæ reipublicæ Norimbergensis*, de Jean Soubert, 1643, in-12, où il est annoncé à la p. 143. Toutefois, Panzer, qui résidait à Nuremberg, dit, dans ses *Annales typogr.*, I, p. 440, n° 8, ne l'avoir pas encore vu. Il est fort douteux, d'ailleurs, que Jacques Arnollet ait jamais imprimé à Genève ; mais, ce qui est plus certain, c'est qu'il a donné à Lyon, en 1405, une Vie de Jésus-Christ, in-fol. avec fig. sur bois, dont nous parlerons à l'article VIE DE J.-C.

PASSIONE (de). Tractatus carminibus elegantissime conscriptus de Passione Domini. *Moguntiæ,* 1481, in-4.

Hain, IV, n° 12450.

PASSIONE (la) del nostro signore Jesu Cristo. (*senza nota di luogo, anno e stampatore*), in-4., fig. sur bois.[14626]

Opuscule en vers très-rare, que l'on a attribué à Boccace. L'édition est du XVᵉ siècle. Vend. bel exempl. rel. en *mar.* 6 liv. 6 sh. Hibbert.

A l'article PULCI (*Bern.*) nous citons un autre poëme sous le même titre.

PASSIONE di Christo historiata in rima. Voy. DATI (*Jul.*).

PASSIONE di nostro signore. (à la fin) : *Finita la passione del ñro. Signor giesuxp̃o* (senza nota), in-4., sign. a—e, à quatre octaves par page, lettres rondes.

Poëme différent de celui de Bernard Pulci : l'édition décrite commence sans titre et de cette manière :

*Increata maesta didio
o infinita eterna potenza.*

— Incomincia la amare et acerbissima passione del nostro Signore et redemptore Iesu christo uero figliuolo del omnipotente iddio. (à la fin) : AMEN (*senza nota*), pet. in-4.

Autre édition du poëme précédent, que Jos. Molini (*Operette*, p. 186) attribue au P. Acquettini. Le texte y commence de ce vers :

O Increata maesta didio.

PASSIONE o vero legenda de sancta Orsola con undici millia vergine. — *Stampato in Modena per Antonio Roccociolo* (senza anno), in-4. de 4 ff. à 2 col. de quatre octaves.

Opuscule en vers impr. vers la fin du XVᵉ siècle.

Il y a sur le 1ᵉʳ f. une vignette sur bois au-dessus du texte (Molini, *Operette*, 117).

— Voy. ci-dessus, col. 422, article PASSIO.

PASSIONEI (*Bened.*). Iscrizioni antiche, con annotazioni. *Luca,* 1763, in-fol. fig. [29929]

Vend. 10 fr. de Cotte ; 18 fr. Villoison.

PASSOW (*Fr.*). Handwörterbuch der griechischen Sprache, begründet von Frz. Passow. Neu bearbeitet und zeitgemäss umgestaltet von Val.-Chr.-Fr. Rost, Frdr. Palm, Otto Kreussler, Karl Keil und Ferd. Peter. *Leipzig, Vogel,* 1847-56, 2 vol. gr. in-8. 46 fr. [10728]

Cinquième édition d'un ouvrage d'un usage général en Allemagne, où il a remplacé le Diction. grec de Schneider, dont il n'était originairement qu'un abrégé. La première édition de *Leipzig, Vogel,* 1819-24, 2 vol. pet. in-4., est beaucoup moins complète que celle-ci. — Voyez HEDERICUS.

PASTARINO. Instructione sopra la universal peste et frenetico morbo d' amore, a gli innamorati giovani bolognesi. *Bologna, Rossi,* 1584, in-4. de 21 pp. [17991]

Opuscule rare, dont les pages sont entourées d'un encadrement.

PASTISSIER françois (le) où est enseigné la manière de faire toute sorte de pastisserie très-utile à toutes sortes de personnes ; ensemble le moyen d'aprester toutes sortes d'œufs pour les jours maigres et autres en plus de soixante façons. *Amsterdam, chez Louis et Daniel Elsevier,* 1655, pet. in-12 de VI ff. et 252 pp., y compris un frontisp. gravé et le titre imprimé. [10294]

Quelle est, me demande-t-on quelquefois, l'édition elsevirienne la plus précieuse ? est-ce le Virgile de 1636, le César de 1635, l'Imitation sans date ; ou bien plutôt ne serait-ce pas la Sagesse de Charron, de 1646, ou le Comines de 1648 ? Non, suis-je obligé de répondre ; toutes ces jolies éditions doivent céder le pas à un petit bouquin, assez mal imprimé, qui a pour titre *Le Pastissier françois,* et dont presque tous les exemplaires ont dû nécessairement périr sous la main onctueuse des honnêtes artisans qui en ont fait usage. Il ne peut donc exister de collection elsevirienne complète sans ce merveilleux volume, et il faut se le procurer à tout prix. C'est ainsi que pensent MM.*** qui ont donné 101 fr. pour l'exemplaire vendu en 1819 ; 210 fr. pour celui de M. Bignon ; 221 fr., en 1839, pour celui de M. de Pixerécourt ; 325 fr. d'un exempl. vendu à Paris, en avril 1847, et 280 fr. de celui de la vente Riva. Cependant ces messieurs ne donneraient peut-être pas 50 centimes de l'édit. originale du même ouvrage, *Paris, Jean Gaillard,* 1653, in-8., dont un exemplaire en *mar. r.* a pourtant été payé 49 fr. à la vente Hope, en 1855.

Autre question, non moins importante à résoudre que celle qui vient de nous occuper : Existe-t-il un

Passy (*Ant.-Ferd.*). Description géologique du département de la Seine-Inférieure, 4603. — Leçons d'économie politique, 4065.

Pasta (*Ant.*). Traité des pertes de sang... 7616.

Cuisinier françois, également impr. par les Elsevier, et qui puisse devenir le digne pendant du
fameux *Pastissier ?* Hélas! c'est à quoi je ne sau-
rais répondre affirmativement, car si les presses
elseviriennes ont jamais produit un pareil trésor,
il n'en reste plus de trace. Tout ce que, faute de
mieux, je puis recommander aux amateurs de ces
sortes de curiosités *hétéroclites,* c'est le *Cuisinier
françois par de La Varenne,* imprimé à La Haye,
en 1656, de format pet. in-12, et dont un exemplaire réuni au Pastissier de 1655, ne fut vendu
que 4 fr. chez Picard, en 1780 !!!. (Voyez LAVA-
RENNE.) Ajoutons que le *Pastissier,* édit. de 1655,
n'est porté qu'à 12 s. de Hollande, dans le catal.
officinal de Daniel Elsevier, de 1675, et qu'un
exempl. en *mar. r.* a été donné pour 5 fr. 60 c. à
la vente de Brienne, en 1797.

Une troisième édition du *Pastissier françois,* entièrement conforme à celle de 1655, a été imprimée à
Troyes, chez Nicolas Oudot, en 1662, in-12, à
Lyon, chez Jacques Carniès, 1663, pet. in-12, et
de nouveau, réimpr. à Paris, en 1657, in-8., et à
Lyon, à la suite du *Cuisinier françois,* dans un
volume qui a pour titre : *L'Ecole des ragoûts, ou
le chef-d'œuvre du Cuisinier, du Pâtissier et du
Confiturier,* à Lyon, chez Jacques Carniès, 1688,
in-12.

PASTOR *(Juan).* Farsa de Lucrecia : tragicomedia de la castidad de Lucrecia.
(sans nom de ville et sans date), in-4.
goth. [16761]

— Auto nuevo del nascimiento de Cristo,
nuostro seño. *Sevilla,* 1528 (in-4. goth.).

Deux pièces fort rares que cite Moratin, dans son
Catalogue des pièces antérieures à Lope de Vega.
Antonio n'en fait pas mention.

PASTOR (D. *Mig.-Perez).* Disertacion
sobre el dios endovellico y noticia de
otras deidades gentilicas de España antigua. *Madrid, Ibarra,* 1760, pet. in-4.
de 107 pp. 5 à 6 fr. [22654 ou 25970]

Vend. 16 fr. Langlès.

PASTORET(*Emman.-Claude-Jos.-Pier.,*
marquis de). Histoire de la législation.
Paris, imprim. roy. (chez *Treuttel et
Würtz),* 1817-37, in-8. tomes I à XI.
74 fr. [2319]

Le 11e vol. de ce savant ouvrage en termine la première partie : la seconde devait contenir l'histoire
de la législation romaine; mais l'auteur ne l'a pas
écrite.
— Moyse, 293. — Zoroastre, etc., 2230. — Lois pé-
nales, 2414.

Les tributs offerts à l'Académie de Marseille, et le
*Discours en vers sur l'union de la magistrature,
la philosophie et les lettres, suivis d'une lettre
à M. de Lacretelle, sur le danger de l'éloquence
dans l'administration de la justice,* deux ouvrages de la jeunesse de Pastoret, ont été impr.
chez Didot l'aîné, format in-18, le premier, en
1782, et le second, en 1783. Il n'en a été tiré qu'un
petit nombre d'exemplaires, et pourtant celui de
Renouard, quoiqu'il fût rel. en *mar. bl.,* n'a été
vendu que 5 fr.

PASTOURADE gascove sur la mort d'An-

ric Quart. *Tolose, Boude,* 1611, in-8.
[14376]

Nous n'avons pas pu voir cette pièce qui est dans le
catalogue de La Vallière par Nyon, n° 18252 ; mais
nous en avons eu sous les yeux une autre en 5 actes et en vers, intitulée : *Pastorelle pour le bout
de l'an, de Henry-le-Grand...* par E. G. T. *Paris,
Cl. Percheron,* 1611, in-8. de 27 pp.

PASTRENGICUS *(Guillelmus).* De origine rerum libellus in quo agitur de
scripturis virorum illustrium, de funda-
toribus urbium, etc., e tenebris eductus
in lucem a Mich.-Ang. Blondo. *Venetiis, per Nicolaum de Bascarinis,*
1547, pet. in-8. de 132 ff. [31812]

Cet ouvrage, composé dans le XIVe siècle, peut être
regardé comme le premier essai qu'on ait donné
d'un dictionnaire historique et géographique ; sans
être exempt d'erreurs, il prouve au moins l'érudition prodigieuse de l'auteur, et il présente plusieurs notices qu'on ne trouve pas ailleurs. Ce volume rare n'est que la seconde partie du dictionnaire qui existe en 2 vol. in-fol. manuscr., dans la
biblioth. de Saint-Jean et Saint-Paul, à Venise. 30 fr.
mar. v. Riva.

PASTURAL *(Jos.).* Poësies auvergnates.
Riom, P. Thomas, 1733, in-8. [14366]

PASTYME of people : the Cronycles of
dyvers realmys and most specyally of
the realm of england breuely cõpylyd
and empryntyd in Chepesyde at the
sygne of the mearemayd next to pollys
gate. (*London, by John. Rastell,* 1529),
in-fol. goth., avec fig. sur bois, 68 ff.,
signatures A—Gj. [26846]

Livre très-rare, dont on ne connaît que trois exemplaires complets dans toute l'Angleterre. Celui de
James West fut acheté 19 liv. pour le roi George III,
en 1773, et il vaut bien davantage aujourd'hui,
puisque un exempl. dans lequel manquaient 9 ff.,
a été vend. 43 liv. 1 sh. Towneley. T.-F. Dibdin a
donné à Londres, en 1811, une édition in-4. de
cette chronique, avec des grav. sur bois, et dont il
a été tiré des exempl. sur pap. fort, et un seul sur
VÉLIN.

PATACHICH *(Adamus).* Augusta quinque
Carolorum historia, etc., publice defen-
deret ex prælectionibus R. P. Francisci
Delfin. Ad. Patachich , *Viennæ-Austriæ, typis Mariæ-Theresæ Voigrin-
viduæ ,* 1735, in-fol. [26120]

Volume qualifié de *très-rare,* dans les *Monuments
de l'histoire de France,* de M. Hennin, II, p. lxxvij.

PATAROL *(Laur.).* Opera omnia quorum
pleraque nunc primum in lucem prodeunt. *Venetiis, Pasquali,* 1743, 2 vol.
in-4. fig. 15 à 24 fr. [19039]

Collection riche en bons mémoires. Le poëme lat. sur
les vers à soie (*Bombicum libri tres*), qui en fait
partie, serait, de l'avis de quelques critiques, très-
supérieur à celui de Vida sur le même sujet.

PATAVIN *(Jules-César).* Invention nou-

Pastor *(L.-M.).* La Ciencia de la contribucion, 4116.
Pastorale parisiense, 726.
Pastorni. — Voy. Walmesley.

Pasumot *(Fr.).* Voyage physique dans les Pyrénées,
20129. — Mémoires, 23116.

uelle et asseurée d'une pratique générale
d'Arithmétique de Jules-César Patauin,
autrement dit d'Alemand, laquelle sert
partout le monde pour acheter, vendre et
trafiquer toutes sortes de marchandises...
Et aussi pour rédiger les petites monoyes
en grosses, et les grosses en petites...
auec les plus notables foires de plusieurs
pays. *Imprimé à Strasbourg, par Antoni Bertram,* 1619, pet. in-8., format
d'agenda. [7870]

En *mar. r.* 37 fr. Veinant.

PATE enlevade (la), pouëme coumique (en
5 chants), coumpousa per un Troubadou
quéi revengu exprè de l'autre mounde,
per célébra l'histoire que fai lou sujé
d'aquels pouëme. (*sans lieu ni date*),
in-12 de 4 ff. et 39 pp. [14400]

Ouvrage composé à l'imitation de la *Secchia rapita*
du Tassoni. L'auteur était contemporain de ce
poëte, car il raconte dans sa préface un entretien
qu'ils ont eu ensemble; et d'après cela *la Pate
enlevade* doit être une production du commencement du XVIIe siècle.

PATENOSTRE (la) des verollez. Auec leur
complaincte contre les medecins. (*sans
lieu ni date*), pet. in-8. de 4 ff., en caract.
goth., avec 3 vign. sur bois. [13552]

Pièce fort rare, de la première moitié du XVe siècle.

En 1847, M. Veinant en a donné une réimpression,
avec une seule fig., et tirée à 62 exempl., dont un,
sur VÉLIN, a été payé 21 fr. à la vente de l'éditeur;
depuis, M. de Montaiglon a inséré cette même
pièce dans le 1er vol. de son Recueil.

PATERCULUS (*P. Velleius*). Historiæ romanæ duo volumina, per Beatum Rhe-
nanum ab interitu utcunque vindicata.
— *Basileæ, in ædibus Jo. Frobenii,
mense novembri,* 1520, in-fol. [22883]

Première édition, rare, mais qui n'est pas entière :
vend. 36 flor. Crevenna; 2 liv. 15 sh. Sykes; 22 fr.
Riva; 15 flor. 30 kr. Butsch; 2 liv. Libri en 1859;
elle est bien loin d'avoir la même valeur en France.

Ce volume, imprimé en beaux caractères romains, a
6 ff. prélim., 70 pp. chiffrées, 1 f. pour la souscription, plus un cahier de 6 ff., sign. G, contenant des variantes, précédées d'un avis de Joan.
Albertus Burerius, et suivies de la marque de
l'imprimeur.

— Velleius Paterculus. *Avenione,* Ant.
Bonhomme, 1532, in-fol.

Cette édit. ne se trouve plus; elle n'est pas même à
la Bibliothèque impériale de Paris. Cependant, d'a-
près les variantes que Schegkius en a tirées, l'existence n'en saurait être révoquée en doute.

—Historiæ, ab Aldo Manutio Pauli F. emendatæ et scholiis illustr. *Venetiis,* 1571,
ex ædibus manutianis, in-8. 5 à 6 fr.

— Historiæ romanæ libri II, curante Jac.
Schegkio. *Francof.-ad-Mœnum,* J.
Wechel, 1589, in-12.

Édition rare, et la première qui reproduise le texte
de celle de 1520. L'éditeur y a fait usage de la précédente d'Avignon.

— Eædem historiæ, cum notis Gerardi
Vossii. *Lugduni-Batavorum, ex officina elzeviriana,* 1639, pet. in-12. 5 à
6 fr.

Vend. 9 fr. *m. r.* de Boissy; 20 fr. Mac-Carthy;
15 fr. Desjobert.

Les éditions *ex officina elzeviriana,* de Leyde, 1654,
et d'*Amst.,* 1664, pet. in-12, sont des réimpressions
de celle de 1639, faites page pour page, mais moins
belles.

— HISTORIÆ romanæ, interpretatione et notis illustravit Rob. Riguez, in usum Delphini. *Parisiis,*
1675, in-4. 4 à 6 fr.

— QUÆ SUPERSUNT, Nic. Heinsius Dan. F. recensuit
et castigationum libellum addidit. *Amstelodami,
ex officina elzeviriana,* 1678, pet. in-12. 3 à 4 fr.;
55 fr. *mar. v. non rogné,* Riva.

Édition préférable, à cause des notes, aux trois précédentes de 1639, 1654 et 1664.

— V. PATERCULI quæ supersunt, cum variis lectionibus optimarum editionum, doctorum virorum
conjecturis et castigationibus : præmittuntur II.
Dodwelli annales velleiani. *Oxonii, e Theatro
sheld.,* 1693, in-8. 3 à 5 fr.

Cette édition, attribuée à H. Hudson, est une des
meilleures que l'on eût alors de cet historien. La
réimpression, qui est sortie des mêmes presses, en
1711, in-8., ne renferme pas les *Annales velleiani ;* mais, selon Lowndes, on y a ajouté 44 pp.
de notes supplémentaires. Elle n'est chère qu'en
Gr. Pap. Vend. tel et rel. en *mar.* 1 liv. 2 sh.
Heath ; 1 liv. 7 sh. Williams.

— EÆDEM, cum indice (edente Mich. Maittaire). *Londini, Tonson,* 1713, in-12. 2 à 3 fr. — Gr. Pap., 10
à 12 fr.

— EÆDEM, cum integris scholiis, notis, variis lectio-
nibus et animadvers. doctor. virorum, curante
P. Burmanno. *Lugd.-Batav.,* 1719, in-8. 5 à 6 fr.
Édition moins ample que la suivante.

— VEL. PATERCULI Historia romana, cum notis variorum, curante P. Burmanno. *Lugd.-Batav.,*
1744, in-8.

L'édition de *Rotterd.,* 1756, est la même que celle-ci,
dont on a changé le titre : 9 à 12 fr.; 25 fr. *cuir
de Russie,* Caillard.

— HISTORIA romana. *Parisiis, Barbou,* 1777. —
Flori epitome rerum roman. lib. IV. *Ibid.,* 1776,
2 tom. en 1 vol. in-12. 3 à 4 fr.

L'édition de *Paris,* 1746, ou avec un nouveau titre
daté de 1754, in-12, même prix. — Pap. de Holl.,
5 à 6 fr.

— EADEM, cum notis variorum, curante Dav. Ruhnkenio. *Lugd.-Batav.,* 1779, 2 vol. gr. in-8.

Très-bonne édition : 10 à 12 fr.

— QUÆ SUPERSUNT ex historiæ romanæ libris duobus, recensere et comment. perpet. illustrare cœpit M.-D. Jani, continuavit J.-C.-H. Krause. *Lipsiæ,* 1800, in-8. 10 fr; —Pap. fin, 12 fr.

— QUÆ EXTANT opera, ex recensione D. Ruhnkenii.
Augustæ-Taurinorum, Pomba, 1821, 2 vol. in-8.
Édit. de la collection des classiques impr. à Turin.

— HISTORIA romana, ex edit. J.-Chr.-H. Krausii, cum
notis et interpretatione in usum Delphini, variis
lectt., notis varior., recensu editionum et indicibus locupletiss. accurate recensita. *Londini, Valpy,*
1822, in-8.

Formant la fin du n° 35 et le commencement du
n° 36 de la collection de Valpy.

— CAIUS Velleius Paterculus, qualem omni parte illustratum publicavit D. Ruhnkenius, cui selectas
variorum interpretum notas, Krausii excursus
cum duobus locupletissimis indicibus et novis
adnotationibus subjunxit N.-E. Lemaire. *Parisiis,
Lemaire,* 1822, in-8.

— QUÆ SUPERSUNT, cum integris animadversionibus
doctor., curante D. Ruhnkenio : denuo edidit multisque accessionibus locupletavit C.-H. Frotscher,

Lipsiæ, 1830-40, 2 vol. in-8. 15 à 18 fr., et plus en pap. fin.

— QUÆ SUPERSUNT ex historiæ romanæ libris duobus. Ad editionis principis, collati a Burerio codicis Murbacensis, apographique Amerbachiani fidem, et ex doctorum hominum conjecturis recensuit indicibusque instruxit Frid. Kritzius. *Lipsiæ*, 1840 (editio secunda, 1848), in-8. 9 à 10 fr.

— ABRÉGÉ de l'histoire grecque et romaine, traduit du latin, avec des notes par l'abbé Paul. *Paris*, 1770 ou 1785, in-12. 3 fr.

Il y a des exemplaires de l'édition de 1770, tirés en Gr. Pap.

— HISTOIRE romaine, traduite par M. Després (avec le texte en regard). *Paris, Panckoucke*, 1828, in-8.

La première édition de cette traduction a paru chez le même libraire en 1825, gr. in-32.

Velleius Paterculus a été traduit en allemand par F. Jacobs, *Leipzig*, 1793; par Strombeck, *Braunschweig*, 1826, et par Götte, *Stuttgart*, 1833.

PATER NOSTER (le) des Angloys. (*sans lieu ni date*), pet. in-8. goth. de 4 ff. à 23 lign. par page. [13552]

Opuscule en vers écrit avant le milieu du XVIe siècle. Recueil de M. de Montaiglon, t. I, p. 125.

PATER NOSTER (le) des Flamans, Henouyers z Brebansõs. (*sans lieu ni date*), pet. in-8. goth. de 4 ff. à 25 lign. par page. [13552]

Pièce en vers de huit syllabes, impr. de 1520-25. Elle fait partie du nᵒ 3071 du catal. La Valliere, en 3 vol. où se trouve aussi une autre pièce en vers de 8 syllabes, intitulée : *Lame maria des espaignolz*, pet. in-8. goth. de 4 ff.

PATERSON (*W.*). Narrative of four journeys into the country of the Hottentots and Caffraria in 1777-79. *London*, 1789, or 1790, gr. in-4. avec 17 pl. 10 à 12 fr. [20905]

— QUATRE voyages chez les Hottentots et chez les Cafres, de 1777-79, trad. de l'anglais (par de La Borde). *Paris, Didot l'aîné*, 1790, gr. in-8. 5 à 6 fr. Vend. en papier fin, *m. r.* 19 fr. 50 c. Renouard, en 1805.

Il a été tiré sur VÉLIN un exempl. de ce volume.

Castéra a inséré, à la suite du voyage de Bruce, une traduct. de celui de Paterson. — Voy. BRUCE.

PATERSON (*Sam.*). Bibliotheca croftsiana; catalogue of the curious and distinguished library of Th. Crofts. *London*, 1783, in-8. 5 à 6 fr. [31565]

Catalogue curieux et peu commun: vend. 18 fr. (avec les prix imprimés) La Serna. Il y a des exempl. en Gr. Pap.

Comme les catalogues publiés par Paterson sont en général beaucoup mieux rédigés que la plupart des autres catalogues de livres à vendre, en Angleterre, nous allons en citer deux qui sont dus à ses soins.

  BIBLIOTHECA westiana, catalogue of the curious and truly valuable library of James West. *Lond.*, 1773, in-8.

  BIBLIOTHECA beauclerkiana, a catalogue of the library of Topham Beauclerk, *London*, 1781, 2 part. en 1 vol. in-8. — Il y a des exemplaires en Gr. Pap.

PATHELIN le grant et le petit. (au verso du dernier f.) : *Explicit maistre pierre pathelin | Imprime a paris au saumõ*

deuãt le | palais par germaĩ beneaut ĩprimeur | le xxᵐᵉ iour de decembre | lan mille iiii c iiii xx et dix (1490), pet. in-4. goth. fig. sur bois. [16273]

Édition très-rare, consistant en 41 ff. sign. a—f, 29 lign. à la page. C'est la plus ancienne, avec une date, qui ait paru de cette célèbre farce.

— Maistre Pierre Pathelin. — *Explicit*, pet. in-4. goth. fig.

Édition non moins rare que la précédente. Elle consiste en 41 ff. signat. a—fIII, y compris le f. d'intitulé, sur lequel est la marque de *Pierre Levet*, imprimeur qui exerçait à Paris dès l'année 1485, et dont on a un Villon de 1489, avec la même marque (nous la donnons à l'article VILLON). L'exemplaire du Patelin, pour mar. r., qui n'avait coûté que 40 fr. à M. de Soleinne, a été acheté 401 fr. à la vente de cet amateur pour la Bibliothèque impériale.

En supposant que cette édition impr. par Levet soit de 1489, comme le Villon, elle aurait précédé celle de 1490; mais il est fort douteux qu'elle soit plus ancienne que l'édition lyonnaise ci-dessous.

— Maistre Pierre Pathelin. (*sans lieu ni date*), pet. in-4. goth. de 44 ff. non chiffrés, à longues lignes, au nombre de 26 sur les pages entières.

Édition imprimée avec les mêmes caractères que le *Livre des Saints Anges*, donné à Lyon, le 20 mai 1486, par Guil. Le Roy, le plus ancien imprimeur de cette ville. Elle a des signatures de a—f par 8, excepté *e* qui n'a que 4 ff. Le texte y est meilleur et plus correct que celui des éditions de Paris que nous venons de décrire, aussi feu Génin s'en est-il servi utilement pour améliorer le sien. Le seul exemplaire que l'on connaisse de ce livre rare, et qui a été vendu successivement 122 fr. chez M. de Soleinne, et seulement 22 fr. chez M. Baudelocque, s'est trouvé incomplet : il y manquait le 8e, le 37e et les deux derniers feuillets. M. Coppinger, à qui cet exemplaire appartenait, a fait remplir cette lacune par des feuillets refaits à la main avec la plus grande habileté, mais d'après une autre édition, en sorte qu'il reste toujours à savoir si celle-ci avait à la fin une souscription datée.

— Maistre Pierre pathelin. (à la fin) : *Cy finēt maistre pierre pathelin | Imprime a paris par Iehan || Trepperel demourant sus le || pont nostre dame. A lymaige sainct laurens.* (sans date), pet. in-4. goth., signat. A par 8, B et C par 6, d par 8, e par 6, f. par 8, avec fig. sur bois.

Édition à longues lignes, contenant 42 ff., y compris le titre, lequel porte la marque donnée tome II, col. 265. Le recto du dernier f. est occupé par une gravure sur bois. A en juger par l'adresse de l'imprimeur, cette édition ne peut être postérieure à l'année 1499.

— Maistre Pierre Pachelin (*sic*, *dans l'exemplaire que nous avons eu sous les yeux*). (au recto du dernier f.) : *Cy finist la farce de maistre pierre pathelin imprimee a paris par Pierre le Caron imprimeur demourãt a paris a lenseigne de la rose en la rue de la juifrie ou a la grant porte du palais.* (sans date), in-4. goth. ff. non chiffrés, 32 lignes sur les plus longues pages, fig. sur bois.

Cette édition de la fin du XVe siècle, a des signat. de *a—e* par six et *f* par huit. Le titre porte la marque de l'imprimeur (déjà reproduite dans le tome Ier, col. 967). Les fig. sont en partie les mêmes que celles d'un Villon, in-4., sans date, sorti des presses de Le Caron, et auquel était réuni l'exempl. du Pathelin vend. 29 liv. *Biblioth. heber.*, IX, 3139, acheté pour M. de Soleinne et revendu seulement 500 fr. à sa vente, parce que dans le Pathelin se trouvait, avant les deux derniers feuillets, quatre feuillets réimprimés ou provenant d'une autre édition. Toutefois ces deux éditions, après avoir été reliées séparément en maroquin, ont été payées, la première (le Pathelin), 600 fr.; la seconde, 461 fr. chez A. Bertin, et revendues 1700 fr. et 700 fr., Solar. Selon F. Génin, cette édition de Le Caron est une des plus défectueuses qu'il ait consultées; elle est remplie de fautes typographiques telles que mots passés, lettres oubliées, vers inachevés ou même entièrement omis. L'imprimeur parait avoir voulu reproduire le texte de Germain Beneau, qui lui-même copiait (mais plus fidèlement) celui de Pierre Levet.

— Maistre pierre Pathelin et son iargon. (à la fin) : *Jmprime a paris p Jehan heruf demourant en la rue neuue n̄edame a lymage saint Nycolas*, in-4. goth. de 34 ff. à 34 lign. par page, sign. a—f, avec fig. sur bois. (*Bibliothèque de l'Arsenal.*)

Édition du commencement du XVIe siècle.

— Maistre pierre | Pathelin et son | iargon. (au verso du 33e f.) : *Cy fine maistre pierre pathelin.* | *Jmprime a Paris par Jehan treperel | demourant a la rue sainct iacques pres | sainct yues a lymaige saint laurens*, pet. in-4. goth. de 33 ou 34 ff. non chiffrés, sign. A—E par 8 et F par 4, 36 lign. par page avec fig. sur bois au recto et au verso du titre et dans le texte.

Cette édition doit être beaucoup moins ancienne que celle qui donne l'adresse de Treperel *sur le pont nostre dame*. La Bibliothèque impériale en possède un exemplaire dans lequel manque le 1er f. du cah. F, et probablement aussi le 4e qui, nous le supposons, doit porter la marque de Treperel.

— Maistre Pierre Pathelin. — *Imprime a Paris, par Jehan trepperel. Demourāt en la rue neufue nostre dame, a lenseigne de lescu de France* (sans date), pet. in-8. goth. de 44 ff., y compris le titre et le dernier f., qui porte chacun 2 fig.; au recto et au verso.

Vend. 190 fr. de Soleinne (1er supplément du Catalogue).

— Maistre Pierre Pathelin. — Le testamēt pathelin a quatre personnages cestassauoir Pathelin, Lapothicaire. Guillemette, Messir iehā cure. (*sans lieu ni date*), pet. in-8. goth. à 28 et 29 lign. par page.

Deux pièces sorties de la même presse. Le Pathelin a 36 ff. non chiffrés, signat. a—e, avec une grav. sur bois au titre. Le testament consiste en 16 ff., y compris le titre où se voit une gravure sur bois. Au recto du dernier f. est une autre figure sur bois,

et au verso la marque de *Guillaume Nyverd* (que nous avons donnée t. II, col. 1707), imprimeur à Paris, au commencement du XVIe siècle. L'exemplaire rel. en *m. r.*, qui n'a été vendu que 6 fr. La Vallière, se payerait 200 fr., et peut-être plus maintenant.

Une autre édition (sans date), pet. in-8. goth. de 36 et 16 ff., mais sans la marque de Guillaume Nyverd, et d'ailleurs moins ancienne que celle-ci, est portée à 172 fr., sous le n° 665 du catalogue de M. de Soleinne. L'exemplaire contenait *Le Grant Testamēt maistre frāçois Villon et le petit, son codicille, Auec le iargon et ses balades*, part. de 48 ff., avec cette souscription : *Cy finist le testament, codicille... imprime a Paris a la rue neufue nostre Dame a lenseigne de lescu de France.* C'est, nous le croyons, le même qui a été depuis rel. en *mar. r.* par Trautz-Bauzonnet, et revendu 1010 fr. Solar.

— Maistre Pierre Pathelin. — *On' le vend en la rue neuue Nostre dame a lenseigne saint Jehan Baptiste*, in-8. goth. de 36 ff. signat. *a—e*.

— Le même maître Pierre Pathelin, restitué à son naturel (avec le grand blason, etc.). *Paris, Galliot du Pré*, 1532, in-16 de 124 ff., sign. A ɪ—Q ɪɪɪ, lettres rondes.

L'exemplaire, vendu seulement 6 fr. La Vallière, n'a que 60 ff., et ne renferme point le grand blason. Un exemplaire annoté par Beauchamps, 99 fr. de Soleinne; un autre avec le *Grant blason des faulses amours et le Loyer de folles amours*, et rel. en *mar. r. doublé de mar. vert*, 830 fr. Solar, pour la Bibliothèque impériale.

Une autre édition, sous la date de 1532, *Paris, Bonnemere*, pet. in-8., est conforme à la suivante, de 1533, pour les signatures, quoiqu'elle soit d'ailleurs différente. L'une et l'autre reproduisent le texte de Galliot du Pré.

— Le même Pathelin. Le grand blason des faulses amours. Le loyer des folles amours. *Paris, Bonnemere*, 1533, in-16 de 124 ff. signat. *a—q*, lettres rondes (60 ff. pour le Pathelin, 43 pour le Blason et 21 pour le Loyer).

Vend. 12 fr. La Vallière; 14 fr. Lair; 160 fr. de Soleinne; 88 fr. Monmerqué.

Cette édition, et celle de *Lyon, Arnoulet*, 1538, in-16. de 83 ff. sign. *a—l*, ne sont pas communes, et elles ont une assez grande valeur lorsqu'elles se trouvent bien conservées.

— Maistre Pierre Pathelin reduict en son naturel. Auec les figures. Reueu et corrige oultre les precedentes impressions. Imprime nouuellemēt par Denys Ianot imprimeur et libraire demourant a Paris. *On les vend en la rue neufue Nostre Dame a lenseigne Sainct Jehan.....* (chez Denis Janot, sans date), in-16, fig. sur bois, lettres rondes, mais titre en partie gothique, sign. A—L par 8, excepté L qui n'a que 4 ff., en tout 84 ff., non chiffrés.

A la suite du Pathelin se trouve *Le Testamēt maistre Pierre Pathelin remys en son naturel, Comprenant le faict de sa maladie et de sa mort : auec les figures : nouuellement imprime.* Cette dernière pièce occupe les 2 derniers ff. de la lettre H, et les cahiers I, K et L, en tout 22 ff. sur les 84 ci-dessus.

— Maistre pierre Pathelin. (à la fin) : *Imprime nouuellement a paris a lenseigne saint Nicolas* (sans date), pet. in-8. goth. de 36 ff. à 27 lign. par page, signat. A—E.

Dans le même volume se trouvent les deux pièces suivantes, impr. avec les mêmes caractères :

LE NOUUEAU Pathelí a troys personnaiges. Cest assauoir, Pathelin, le Pelletier, Et le Prebstre. *On les vend a Paris en la rue neufue Nostre dame a lenseigne sainct Nicolas,* 24 ff. sign. A—C. Au verso du dernier f. se voit la même vignette en bois qui est sur le titre de l'édition de G. Nyverd, et qui représente Pathelin au lit.

LE TESTAMÈT Pathelin a Quatre persoñaiges. Cest assauoir Pathelin, Guillemette : Lapoticaire. Et messire Jehan le cure. *On les vend a Paris* (comme ci-dessus), 16 ff. sign. A—B, avec une vignette au titre, et à la fin, Pathelin au lit.

Ces trois pièces sont à l'Arsenal. La première se trouvait séparément chez La Vallière (catal. en trois volumes). C'est, nous le croyons, Guil. Nyverd, qui, le premier, a imprimé le *Testament Pathelin,* et le *Nouveau Pathelin.*

— Le même, de nouveau reveu et mis en son entier ; avecque le blason et loyer des faulses et foles amours. *Paris,* 1546, *de l'imprimerie de Jeanne de Marnef, demeurant en la rue Neufue Nostre Dame a l'enseigne saint Jean Baptiste,* in-12.

Édition citée par Maittaire, *Index,* II, 122. Nous avons fait mention d'une autre, sans date, qui se vendait à la même adresse que celle-ci.

— Maistre Pierre Pathelin, le nouveau Pathelin, le testament de Pathelin. *Paris, pour Jehan Bonfons, a lenseigne de Saint-Nicolas,* pet. in-8. goth. de 80 ff. sign. *a—k.*

Vend. 15 fr. Delaleu ; 155 fr. mar. bl. de Soleinne.

— Le même, de nouveau mis en son naturel, avec le blason et le loyer des faulses et folles amours. *Paris, veuve de Jean Bonfons* (sans date), pet. in-8. lettres rondes, signat. a—liiij.

Un exemplaire ayant quelques notes mss. de Bern. de La Monnoye, a été vend. 51 fr. Morel-Vindé, et en mar. 150 fr. de Soleinne, et 219 fr. Baudelocque.

— Le même et à peu près sous le même titre. *Rouen, R. et J. du Gord,* 1553, in-16, lettres rondes, sign. a—l.

Jolie édition.

— Le même, sous le même titre que l'édit. de la Vᵉ Bonfons (ci-dessus). *Paris, par Estienne Groulleau* (sans date), in-16 de 110 ff., lettres rondes, sign. *a—oiiij,* avec des vignettes sur bois.

190 fr. mar. r. de Soleinne (catal., 1ᵉʳ supplément). Il y a des exemplaires datés de 1561.

— LE MÈME, sous le même titre. *Paris, Groulleau,* 1564, pet. in-12.

— LE MÈME, sous le même titre. *Rouen, Bonaventure Belis,* 1573, in-16.

Jolie édition.

— LE MÈME, *Rouen, Nic. Lescuyer,* 1581, in-16 (catal. de Lauragais, nº 314).

— LE MÊME, de nouveau reveu et mis en son naturel, avec le blason et loyer des fausses et folles amours. *Rouen, Veufue de Rob. Mallard,* s. d. in-16.

Un exemplaire, *très-rogné et fatigué,* 18 fr. Le Prevost, en 1857, et 14 sh. Libri.

— La vie de maistre Pierre Pathelin, ensemble son testament, le tout par personnages. *A Rouen* (sans nom de libraire et sans date), très-petit in-8. carré, de 43 ff. chiffrés, lettres rondes à 27 lign. par page.

Cette édition, qui, nous le croyons, n'avait pas encore été signalée, est portée à 110 fr. dans le second cah. des Archives du Bibliophile de M. Claudin (1858), nº 174. Là, après l'avoir décrite, on ajoute qu'elle est très-bien imprimée et qu'il paraît qu'elle a été faite par Nic. Lescuyer ou par Thomas Mallard, de Rouen, vers 1570 ou 1580. Il y a une grande gravure sur bois au bas du titre et une petite au bas du verso du dernier feuillet.

— La même Pathelin, de nouveau reveu et mis en son naturel, avec le blason et loyer des fauces et folles amours. *Paris, P. Menier,* 1614, in-16.

— La comédie des tromperies, finesses et subtilitez de maistre Pierre Patelin.... imprimé sur la copie de l'an 1560. *Rouen, Jacq. Caillouë,* 1656, in-12 de 120 pp.

A la tête de cette édition (p. 3-24) se lit un avant-propos tiré des *Recherches de la France,* de Pasquier, chap. 59. Vend. en *mar. r.* 31 fr. de Soleinne ; 10 fr. Baudelocque ; 70 fr. Veinant, et 80 fr. Solar.

— LA FARCE de maître Pierre Pathelin, avec son testament. *Paris, Coustelier.* 1723, pet. in-8. 3 à 5 fr.

Il y a des exemplaires imprimés sur VÉLIN.

Édition faite sur un exemplaire de celle de la veuve de J. Bonfons, sans date, in-8., corrigé arbitrairement de la main de Bern. de La Monnoye. Le texte n'est pas conforme à celui des premières éditions.

— LA FARCE de maistre Pierre Pathelin, avec son testament à quatre personnages ; nouvelle édition. *Paris, Durand,* 1762, pet. in-8. de 158 pp.

Cette édition n'est pas une simple réimpression de celle de 1723 ; on y ajouté de nouvelles notes et une autre préface.

— LA MÈME farce (sans le Testament), précédée d'un Recueil de monuments de l'ancienne langue française, depuis son origine jusqu'en 1500, avec une introduction, par M. Geoffroy-Chateau. *Paris, Amyot,* 1853, in-12, de cxx et 104 pp.

Texte de l'édition de 1762, tiré à 500 exempl., dont 200 en pap. de Hollande et 300 en pap. vél., plus deux sur peau VÉLIN.

— Maistre Pierre Patelin, texte revu sur les manuscrits et les plus anciennes éditions, avec une introduction et des notes par F. Génin. *Paris, Chamerot (imprimerie de L. Martinet),* 1854, gr. in-8. de 370 pp. plus 2 ff. pour le titre et 1 f. pour la table des matières. Il y a dans le volume quelques fig. sur bois impr. avec le texte.

Édition la plus belle et la meilleure que l'on ait de cette excellente farce. Il n'en a été tiré que 200 exemplaires, au prix de 20 fr. chacun. Après la dédicace, en vers, se trouve un morceau intitulé

Patelin et la vieille comédie, suivi d'un avis au lecteur ; le texte, avec les variantes au bas, occupe les pp. 113 à 225, les notes et la Bibliographie de Patelin, les pp. 227 à 358, et l'index les pp. 359 à 370.

Le nouvel éditeur fixe à l'année 1460 la date de la composition de cette farce, dont, par conséquent, Pierre Blanchet, né en 1459, ne saurait être l'auteur, comme, depuis près d'un siècle, la plupart des bibliographes l'ont répété sans examen, d'après une simple conjecture émise par Beauchamps (*Recherches du théâtre,* édit. in-8., tome Ier, p. 288). Après avoir prouvé que ni Villon ni Blanchet ne sont les auteurs du Patelin, Génin attribue la composition de cette pièce à Antoine de La Sale, écrivain bien connu, auquel on doit le charmant roman intitulé le *Petit Jehan de Saintré,* les *Quinze joies du mariage,* et quelques nouvelles du recueil composé pour Louis XI. Ce n'est là, il est vrai, qu'une simple conjecture, fondée sur l'analogie du style du Patelin avec celui des ouvrages d'Ant. de La Sale.

— MAISTRE Pierre Pathelin, suivi du Nouveau Pathelin et du Testament Pathelin, farce du XVe siècle ; nouvelle édition, avec des notices et des notes par P.-L. Jacob, bibliophile. *Paris, Ad. Delahays,* 1859, in-16 et in-18, et aussi dans le Recueil de Farces impr. pour le même libraire (voy. RECUEIL de farces).

— Comœdia nova quæ veterator īscribitur, alias Pathelinus, ex peculiari lingua in romanū traducta eloquium (per Alex. Connibertum). *Parisiis, Guil. Eusche* (*sic,* pour *Eustache*), 1512, in-16, goth. de 47 ff. sign. *A—Fiiij.*

Un exempl. impr. sur VÉLIN, vend. 15 fr. Gaignat; 21 fr. La Vallière ; 80 fr. Mac-Carthy ; 71 fr. 50 c. de Soleinne.

— COMEDIA noua que veterator īscribiī alias Pathelinus ex peculiari līgua in romanū traducta eloquium. (*absque nota*), pet. in-8. goth. de 43 ff. sign. a—f.

Un bel exempl. rel. en *m. r.* par Bauzonnet, 56 fr. de Soleinne. Il avait été payé 3 fr. dans sa première reliure.

— IDEM Patelinus. *Paris., Sim. Colinæus,* 1543, in-8. de 28 ff. et le titre.

6 fr. La Vallière ; 7 fr. 60 c. *m. r.* Chateaugiron ; 35 et 25 fr. de Soleinne.

—Le Nouveau Patelain (*sic*), 1748 (*Paris*), in-12 de 12 et 50 pp. et frontisp. gravé.

Édition publiée par Sim. Gueulette, lequel, dans sa préface, attribue à Villon cette pièce. Elle n'est pourtant pas de ce poète ; mais l'idée en est prise du second chapitre de ses *Repues franches.*

PATIENCE de Griselidis. Voyez l'article MIROIR des femmes vertueuses, et à la fin de l'article PÉTRARQUE.

PATIENCE de Job, histoire extraicte de la Bible, en laquelle est demonstree la grand patience de ce saint personnage, etc., mistere represente par quarante et neuf personnages. *Paris, Sim. Caluarin* (vers 1540), in-4. goth. de 46 ff. à 2 col., sign. a—l. [16212]

Édition très-rare : vend. 100 fr. *m. r.* La Vallière ; 60 fr. *vél.* David ; 250 fr. de Soleinne.

—La patience de Job selon lhystoire de la Bible , coment il perdit tous ses biens par guerre et par fortune, etc... et est a

quarante et neuf personnaiges... — *Imprime a Lyon par Jehan Lambañy... le xx de nouembre mil. ccccc. xxix,* pet. in-4. goth.

Cette édition n'est pas moins rare que la précédente : elle n'a que 42 ff. à 2 col. sign. a—f, titre compris.

— La même patience de Job. *Lyon, Jean Didier* (sans date), in-16 de 224 pp., lettres rondes.

Vend., beaux exempl. en *m. r.,* 80 fr. Gaignat ; 40 fr. La Vallière, et serait plus cher aujourd'hui.

— La même. *Paris, Nic. Bonfons,* 1579, in-16 de 112 ff. sign. a—oiii.

Édition recherchée : vend. 45 fr. *mar. r.* Méon ; 122 fr. de Soleinne.

— La même. *Rouen, Rom. Beauvais,* in-4. de 44 ff. à 2 col., lettres rondes.

Vend. 41 fr. Gaignat ; 22 fr. La Vallière ; 34 fr. le B. d'Heiss ; 56 fr. 35 c. en 1816 ; 72 fr. de Soleinne.

— La même. *Lyon, P. Marniolles,* 1612, in-16 de 224 pp.

— La même. *Troyes, Nic. Oudot,* 1621, in-4. de 40 ff. à 2 col.

Vend. 18 fr. La Vallière.

—La Patience de Job, selon l'histoire de la bible comme il perdit tous ses biens par guerre, et par fortune, et la grand pauurete qu'il eust. Et comme tout luy fut rendu par la grace de Dieu. X. F (feuilles). *A Troyes, chez Nicolas Oudot, demeurant en la ruë notre dame, au chapon d'or couronné* (sans date), in-4. de 36 ff. non chiffrés, sign. A—I, à 2 col., lettres rondes.

Un bel exemplaire, 91 fr. de Soleinne.

PATIN (*Gui*). Ses Lettres ; nouvelle édition augmentée de lettres inédites, précédée d'une notice biographique, accompagnée de remarques scientifiques , historiques, philosophiques et littéraires, par J.-H. Reveillé-Parise, avec un portrait et le fac-simile de l'écriture de Gui-Patin. *Paris, J.-B. Baillière,* 1846, 3 vol. in-8. 21 fr. [18824]

Dernière édition d'une correspondance non moins curieuse pour l'histoire littéraire et pour celle de la médecine, que pour la connaissance des mœurs et usages du milieu du XVIIe siècle. Malheureusement, cette édition, quoique préférable aux anciennes, n'ayant pas été faite avec assez de soins, en laisse désirer une meilleure. Les anciennes éditions ont paru sous le titre de *Lettres choisies,* Cologne, 1692, ou La Haye, 1707, 3 vol. in-12, et de nouveau, *Rotterdam,* 1725, 5 vol. in-12, édit. dont les tomes IV et V complètent les deux précé-

Patin. Traité des tourbes combustibles, 4700.
Patin (*M.*). Études sur les tragiques grecs, 16043.— Mélanges, 18344.
Patin de la Mairie (*N.-R.*). Sur les possessions des sires normands de Gournay, 24353.

dentes. On a aussi : *Nouvelles lettres de Guy Patin* (publiées par Mahudel), *Amsterdam*, 1718, 2 vol. in-12.

PATIN (*Charles*). Histoire des médailles, ou introduction à la connoissance de cette science. *Amsterdam*, 1695, in-12, fig. 3 à 4 fr. [29662]

Les différentes éditions de cet ouvrage ont à peu près le même prix. — Il y en a une in-12 dont le titre porte : *De l'impression d'Elzevier, et se vend à Paris*, 1667.

— Familiæ romanæ in antiquis numismatibus, ab urbe condita ad tempora Augusti, ex biblioth. Fulvii Ursini, cum adjunctis Ant. Augustini ; C. Patin restituit, recognovit, auxit. *Parisiis*, 1663, in-fol. fig. 6 à 9 fr. [29804]

Vend. en Gr. Pap. *m. r.* 18 fr. 50 c. Lamy.
Il y a des exemplaires qui finissent à la page 424; d'autres renferment de plus une table et des errata sous les pp. 425 à 429, et offrent quelques différences dans les pièces préliminaires.

— IMPERATORUM romanorum numismata, ex ære mediæ et minimæ formæ, descripta. *Argentinæ, S. Pauli*, 1671, in-fol. fig. 8 à 12 fr. [29816]
Vend. 19 fr. *mar. r.* de Cotte.
— EDITIO altera. *Amstelodami, Gallet*, 1696, in-fol. 10 fr.
— THESAURUS numismatum e museo Car. Patini. *Sumptibus auctoris*, 1672, in-4. fig. 5 à 6 fr. Vend. 10 fr. de Cotte. [29810]
— THESAURUS numismatum antiquorum et recentiorum a Petro Mauroceno reipublicæ (venetæ) legatus (auct. Car. Patino). *Venetiis*, 1683, in-4. fig. 3 à 5 fr. [29811]
Vend. 16 fr. *mar. r.* de Cotte.
— Judicium Paridis, 29867. — Lycæum patavinum, 30256.

PATINA (*Car.-Cath.*). Tabellæ selectæ et explicatæ. *Patav., typis Seminarii*, 1691, in-fol. 12 à 15 fr. [9391]
Recueil de 42 estampes d'une exécution médiocre.

PATISSIER (le) de Madrigal en Espagne, estimé estre dom Carlos fils du roy Philippe. *Poitiers, par Jean Blanchet*, 1596, pet. in-8. de 8 ff. [26073]
Pièce singulière et rare.
Une édition de *Lyon*, 1596, in-8., sous le titre d'*Histoire du patissier...* est portée dans le catal. de Falconet, 16872. Il en existe une autre sous ce dernier titre : *Paris, Jean Leblanc*, 1596, pet. in-8. C'est celle que M. Ed. Fournier a reproduite dans ses Variétés, II, p. 27.

PATISSIER françois. Voy. PASTISSIER.

PATOUSA sive Patusa (*Joannes*). Encyclopædia philologica, græce. *Venetiis, Nic. Zarus*, 1710, 4 vol. in-8. [18147]
Recueil de morceaux d'anciens auteurs grecs, qui jusqu'alors n'avaient pas été réunis. On l'a réimprimé : *Venetiis, Pitteri*, 1741, 2 vol. in-8., et *Venetiis*, 1758, 4 vol. in-8.

PATRES APOSTOLICI. S. Clementis romani., S. Ignatii, S. Polycarpi patrum apostolicorum, quæ supersunt; accedunt S. Ignatii et S. Polycarpi martyria, ad fidem cod. recensuit, annotationibus variorum et suis illustravit, indicibus instruxit Gul. Jacobson. *Oxonii*, 1840 et aussi 1847, 2 vol. in-8. 25 fr. [846]

— PATRUM Apostolicorum opera. Textum ad fidem codd. et græcorum et latinorum, ineditorum copia insignium, adhibitis præstantissimis editionibus, recens. atque emend., notis illust., versione latina passim correcta, prolegomenis, indicibus instruxit Alb.-Rd.-Mx. Dressel (Romæ). Accedit Hermæ pastor ex fragmentis græcis Lipsiensibus, instituta quæstione de vero ejus textus fonte auctore Const. Tischendorf. *Lipsiæ, Heinrichs*, 1857, in-8., 12 fr.
— Voy. COTELERIUS ; — Patres toletani. Voy. LORENZANA.

PATRIARCHI (*Gasp.*). Vocabolario veneziano e padovano co' termini e modi corrispondenti. *Padova*, 1821, in-4. 12 fr. [11120]
Imprimé d'abord à Padoue, en 1775 et en 1796, in-4.

PATRICIO de la Escosura. V. ESCOSURA.

PATRICIUS. Francisci Patricii senensis pontificis caietani de institutione reipublicæ libri novem, historiarum sententiarumque varietate referti, hactenus nunquam impressi cum Joannis Savignei annotationibus margineis... Venales prostant in ædibus Galeoti a prato. (in fine) : *Parrhisiis impress. opera Petri Vidoue, impensis vero Galioti a Prato... ad decimam calendas Decembris, anno... Millesimo quingentesimo decimo octavo*, in-fol. [3930]
Cette première édition a quelquefois été confondue avec la seconde, qui a paru seize mois plus tard.

— Frãcisci Patricii senensis pontificis caietani Enneas de regno, et regis institutione, opus... hactenus nunquam impressum, cum Ioannis Sauignei scholiis Iomographicis... Venales prostant in ædibus... Galioti a prato... (à la fin) : *Parrhisiis impress. opera... Petri Vidoue impensis vero Galioti a Prato... sexto decimo calendas maias anni domini millesimi quingentesimi vndeuicesimi* (1519) *ad romanum calculum*, in-fol. 26 ff. prél. et texte f. 1 à CCCCLIII.
Cette édition n'est pas chère ; pourtant un exemplaire impr. sur VÉLIN a été acquis au prix de 300 fr., chez Mac-Carthy, en 1817, pour la Bibliothèque impériale. L'ouvrage de François Patrice a été réimprimé sous le titre de *de Institutione reipublicæ libri IX, à Paris, par P. Vidoue, pour Galiot du Pré et Jean Petit*, en 1534, in-fol., et aussi à Paris, *apud Joan. Charronum*, 1567, in-8., et *apud Ægidium Gorbinum*, en 1569 et en 1585, in-8. Nous pouvons encore citer comme fort belle et très-rare, l'édit. de Torgau (*Torgæ*), *typis principalibus*, 1599, in-fol., sortie de l'imprim. particulière du duc Frédéric-Guillaume, mais qui n'est pas entière.

Paton (*B.-X.*). Historia de la ciudad de Iaen, 26229.
Paton (*Fr.*). Coutumes de Lille, 2663.
Patouillet. Pélagianisme, 22383.

— 'Liure tres fructueux et utile a toute personne, de linstitution et administration de la chose publique, compose en latin par Fr. Patrice de Senes, et translate en françois. (à la fin) : *Cy finist le tres fructueux et vtille liure de Francoys patrice de linstitutiõ et administratiõ de la chose publicque. Nouuellement... translate de latin en francoys et imprime a Paris le dernier iour Dauril Mil cinq Cens et vingt par maistre Pierre Vidoue Imprimeur pour Galliot Du Pre Marchand libraire,* in-fol. goth. de 6 ff. prélim., y compris le titre, texte f. i à cci, plus la marque de Galliot Du Pré sur un f. séparé.

Un exemplaire en *v. f.* 3 liv. 19 sh. Libri, en 1859, et quelquefois moins ; un autre sur VÉLIN se conserve à la Biblioth. impériale. L'édition de la même traduction, *Paris, Fr. Regnault,* 1532, in-fol. goth., est portée dans le catal. de La Valliere, par Nyon, I, n° 2415. — Pour un extrait du même ouvrage, voy. AUBIGNY (*Gille d*').

— DE DISCORSI del rev. Francesco Patritij sanese vescovo Gaietiano, sopra alle cose appartenenti ad una città libera, e famiglia nobile, tradotti in lingua toscana di Giouanni Fabrini... libri noue. *In Vinegia, nell' anno* 1545, *in casa de' figliuoli di Aldo,* pet. in-8. de 278 ff., plus 4 à la fin. 19 fr. 95 c. Chardin ; et 3 sh, 6 d. Butler.

PATRICIUS roman. (*Lud.*). V. VARTEMA.

PATRICIUS. S. Patricio qui Hibernos ad fidem Christi convertit, adscripta opuscula, quorum aliqua nunc primum ex antiquis. mss. codicibus in lucem emissa sunt, reliqua recognita : omnia notis illustrata, opera et studio Jac. Waræi. *Londini, Johannes Crook,* 1656, in-8. [1056]

Ce volume n'est pas commun, et il se paye une guinée et plus en Angleterre ; mais les ouvrages qu'il renferme se trouvent dans *Gallandi Bibliotheca Patrum,* X, pp. 159-182, et séparément sous ce titre : *Synodi, canones, opuscula et fragmenta scriptorum quæ supersunt ; scholiis illustrata a J.-L. Villaneuva,* Dublini, 1835, in-8. — A l'art. *Patrick,* Lowndes (nouv. édit., p. 1800), donne la liste des ouvrages qui sont relatifs à ce saint patron de l'Irlande. — Voyez PURGATOIRE.

PATRICK (*Symon*), bishop of Ely. Critical Commentary and paraphrase on the Old and New Testament and the Apocrypha, by Patrick, Lowth, Arnald, Whitby, and Lowman; corrected and edited by the rev. J.-R. Pitman. *London, R. Priestley,* 1822, 6 vol. in-4. [433]

Ces commentaires sur l'A. et le N. Testam. sont regardés comme les meilleurs qui aient été écrits en anglais. Les livres historiques et poétiques de l'A. Testament sont de Sym. Patrick, les Prophètes de W. Lowth, les Apocryphes d'Arnald, le N. Testament de Whitby et Lowman. L'édition en 6 vol. in-4. a coûté 12 liv. 12 sh., et plus en pap. fort, sur lequel on n'a tiré que 25 exempl. ; mais elle ne conserve pas ce prix élevé. Il y en a une de *Lond.,* 1853, en 4 vol. in-8., impr. avec le texte entier, 3 liv. 3 sh. Avant ces deux dernières éditions, les anciennes, en 6 vol. in-fol., en gros caractères, se payaient 14 liv. et plus, y compris les

Apocryphes d'Arnald, formant un 7° vol. La première édit. date de la fin du XVIIe siècle. Le Manuel de Lowndes et la *Cyclopædia bibliographica* de M. J. Darling donnent le catalogue des nombreux écrits de Sym. Patrick. La dernière édit. de ses œuvres est celle d'*Oxford, J.-H. Parker,* 1859, 9 vol. in-8.

PATRICK (*Sam.*). Voy. CLAVIS homerica.

PATRIN (*Eug.-Melch.-L.*). Relation d'un voyage aux monts d'Altaice, en Sibérie. *Saint-Pétersbourg,* 1783, in-8. [20772]

Volume rare en France : 6 à 8 fr.

PATRIS (*Pierre*). La Misericorde de Dieu sur la conduite d'un pecheur penitent : avec quelques autres pièces chrestiennes, le tout composé et mis en lumière par luy mesme, en reparation du passé. *Blois, chez Jules Hotot,* 1660, in-4. [14025]

L'auteur de ce recueil, devenu assez rare, avait composé dans sa jeunesse plusieurs pièces galantes, et quelques-unes même assez licencieuses ; mais, s'étant converti, il les mit au feu, ce qui, d'après l'éloge qu'en a fait Huet, dans ses *Origines de Caen,* est fort à regretter. Cependant, plusieurs de ses chansons et quelques-unes de ses poésies sont réunies dans le 4e vol. du Recueil publié par Barbin ; et dans un *Recueil d'inscriptions et de vers sur la Pucelle d'Orléans,* 1628, in-4., se trouvent *La France à la Pucelle,* et autres pièces sur le même sujet, signés *P. Patris, gentilhomme de Caen.* Quant au volume in-4. dont nous avons donné le titre, il n'est guère remarquable que par les sentiments chrétiens qui y sont exprimés avec conviction.

PATRIZI (*Franc.*). Discutionum peripateticarum tomi IV, quibus Aristotelicæ philosophiæ universa historia atque dogmata cum veterum placitis collata declarantur. *Basilex, Perna,* 1581, in-fol. portr. de l'auteur. [3387]

Ouvrage contre Aristote et sa philosophie : il est plus rare que recherché.

— FR. PATRITII nova de universis philosophia. — Zoroaster et ejus cccxx oracula... latine reddita ; Hermetis trismegisti libelli integri xx et fragmenta ; Asclepii ejus discipuli libri III, gr. et lat. ; mystica Ægyptiorum et Chaldeorum a Platone voce tradita... *Ferrariæ, apud Benedictum Mammarellum,* 1591, 2 tom. en 1 vol. in-fol. [3434]

Ouvrage savant et curieux, lequel se compose de diverses parties dont chacune a son titre particulier. Les exemplaires en sont rares. — L'édition de *Venise, Mcieltus,* 1593, in-fol., ne l'est guère moins que celle de 1591. Vend. 23 flor. 25 c. Meerman ; 31 fr. 50 c. Labey.

— PARALLELI militari, ne' quali si fa paragone delle milizie antiche con le moderne. *Venise,* 1594-95, 2 tom. en 1 vol. in-fol. fig. 6 à 12 fr. [8546]

— DELLA POETICA di Fr. Patrici la deca istoriale e la deca disputata. *Ferrara, Baldini,* 1586, 2 tom. en 1 vol. in-4. 6 à 9 fr. [14428]

PATRONS de Lingerie. Voy. FLEUR des patrons; LIVRE des patrons; TRÉSOR des patrons.

Patritius (*Fr.-X.*). Machabei, 475.
Patru (*Oliv.*). Œuvres, 2747.

PATRUM apostolicorum martyria, edente Guil. Jacobso. *Oxonii*, 1822, 2 vol. in-8. 24 fr. [22030]

— Patrum apostolicorum Opera. Voyez PATRES apostolici.

PATTE (*Pierre*). Mémoires sur les objets les plus importants de l'architecture. *Paris*, 1769, gr. in-4. fig. 10 à 15 fr. [9784]

— Monuments érigés en France, à la gloire de Louis XV. *Paris*, 1765, gr. in-fol. fig. 15 à 20 fr. [9946]

— Architecture théâtrale, 9788.

PATTEN (*W.*). The expedition into Scotlande of the most woorthely fortunate prince Edward, Duke of Somerset...... vncle vnto our... lord the kinges maiestie Edward the VI... set out by way of Diarie by W. Patten, etc. *Imprinted (London) by Printer to his moost royall maiestie* (*Rich. Grafton*). M. D. XLVIII, in-16, goth. de 34 et 120 ff., avec des sign. de A—D et A—P, et 3 cartes. [27424]

Petit livre très-rare, vendu 10 liv. 5 sh. Gough; 21 liv. Roxburghe; 23 liv. 10 sh. Grafton, voyez Dibdin, *Typogr. antiq.*, III, 458. L'ouvrage a été en partie inséré dans la chronique d'Hollinshed, et il est réimprimé en entier dans les *Fragments of scotish history*, Edinburgh, 1798, in-4. — Un autre livre, peut-être plus rare encore que le précédent, est celui qui a pour titre :
THE LATE expedition into Scotland, by the earl of Herfford, in 1544, *printed by Wolfe*, pet. in-8. Voyez *Biblioth. harl.*, I, n° 8369.
Les deux articles réunis ont été payés jusqu'à 58 liv. à la vente Constable, et le second seul s'est vendu 16 liv. 16 sh. Woodhull; 31 liv. 10 sh. Roxburghe. Notez que le même livre avait été donné pour 18 sh. 6 d. à la vente West.
Si l'on consulte sur ces deux articles le *Library Companion* de M. Dibdin, pp. 265 et 66 de la première édition, il ne faut pas négliger la correction qui se trouve à la page 834 du même ouvrage.

PAUL of Aleppo. Voy. MACARIUS.

PAULAVICHIO (*Juan*). Libero del Rado Stizoxo (dopo il canto ottavo ed il lamento di Margherita, ec., leggesi). — *Stampato in Venetia per maistro Bernardino de Vitali Venetian*. M. D. XXXIII, in-4. à 2 col. sign. A—L. — Libero de le vendette che fese i fioli de Rado Stizoxo. (*senza luogo, etc.*), in-4. à 2 col. sign. A—M, fig. sur bois. [15031]

Le premier de ces deux poëmes est en VIII chants; le second, qui lui sert de suite, en a XII. L'un et l'autre sont écrits dans le dialecte italianisé des Dalmates et des Sclavons; sur le titre du premier

poëme se voit un privilége en vers, et une gravure sur bois, laquelle représente un personnage (peut-être l'auteur) couronné et jouant du violon. Le feuillet placé après la souscription contient des vers *latino-italiani* à la louange de *Juan Paulavich* : ensuite vient le second poëme, avec fig. en bois au frontispice, et une à chacun des six premiers chants. Le dernier feuillet est tout blanc. (Melzi, 295-97.)

Dans la *Bibliotheca heber.*, VII, 4774 (où ce livre est porté à 4 liv. 2 sh.), se trouvent des détails fort curieux sur Juan ou Junnan Paulavich et sur son ouvrage. On y apprend que l'auteur, après avoir étudié à Padoue, et être resté à Raguse jusqu'à l'âge de 34 ans, est venu à Paris, que son poëme est traduit en français, et qu'il l'a écrit à Florence. Le langage de ce poëme n'est pourtant ni florentin ni padouan, mais il présente un mélange de ces dialectes avec un sclavon italianisé et même du français, le tout sans aucune règle quelconque, et sans une constante uniformité dans le jargon factice dont nous parlons; les cinq premiers chants par exemple, sont dans un dialecte tout à fait distinct de celui que l'auteur a employé dans les autres, car il ressemble au patois parlé dans les montagnes de Brescia et de Bergame.

PAULE (*Marc*). Voy. MARCO POLO.

PAULET. Traité des champignons. *Paris*, *impr. royale*, 1790 ou (avec de nouveaux titres) 1793, 2 vol. gr. in-4. [5361]

Il faut réunir à cet ouvrage estimé un volume pet. in-fol., composé de 217 pl. color. et du portr. de l'auteur. Ces planches ont été publiées en 42 livr., dont les 12 dernières, formant ensemble 55 pl., n'ont paru qu'en mars 1835. Le tout réuni, 240 fr.; chaque livr. 6 fr.

— RECHERCHES sur les maladies épizootiques, avec les moyens d'y remédier dans tous les cas. *Paris*, 1775, 2 vol. in-8. [7715]

PAULI (*J.*). Schimpf vñ Ernst heisset das buch mit namē. *Strassburg, Grüninger*, 1522, in-fol. de 124 pp. et 6 ff. de table.

Édition décrite par Ebert, 15996, mais omise par Panzer. La préface est datée de 1519. L'ouvrage, resté anonyme dans la première édition, a été réimprimé à *Augsbourg*, en 1536, in-fol. de 99 ff., avec fig. sur bois, et plusieurs fois depuis. Il en a paru une 2ᵉ partie contenant : *Reinicken Fucks*, Francf., 1544 (ou nouveau titre 1545), in-fol. de 4 et 115 ff., laquelle est fort rare. Voyez notre article RENART.

PAULI (*Sebastiano*). Codice diplomatico del S. militare ordine gierosolimitano, con alcune notizie storiche... ed altre osservazioni. *Lucca*, 1733-37, 2 vol. in-fol. fig. 20 à 30 fr. [21984]

— Voy. PAULUS.

PAULINA de recta paschæ celebratione. Voy. PAULUS Germanus de Middelburgo.

PAULINUS aquileiensis patriarcha (S.). Opera, notis ac dissertat. illustrata a Jo.-Fr. Madrisio. *Venetiis*, 1737, in-fol. 15 à 20 fr. [1092]

PAULINUS Nolanus (S.). Pon. Paulini

Episcopi Nolan... epistolæ et poemata luculenta. *Vænundantur (Parisiis) ab Ioanne Paruo et Iodoco Badio ascensio* (1516), in-8. de 4 et cccxii ff.

Première édition, incomplète et peu exacte. Un exemplaire impr. sur VÉLIN, partagé en 4 volumes, 139 fr. Mac-Carthy.

— S. Meropii Pontii Anicii Paulini opera, secundum ordinem temporum nunc primum disposita et ad mss. codd. atque editt. antiquiores emendata et aucta, nec non variorum notis illustrata (cura Jo.-B. Le Brun des Marettes). *Paris., Couterot,* 1685, 2 tom. en 1 vol. in-4. 8 à 12 fr.

Pour cette édition, fort supérieure à celle de 1516, l'éditeur s'est servi utilement du *Paulinus illustratus* de P. Fr. Chifflet, bon morceau impr. à Dijon en 1662, in-4.

— Opera (ut supra), nunc primum quatuor integris poematibus, quæ ex Ambros. bibliotheca pridem eruta modo secundis curis recognovit L.-Ant. Muratorius, auctiora demum atque absoluta. *Veronæ, typis Romanzini,* 1736, in-fol. 15 à 20 fr. [1004]

Bonne réimpression de l'édition précédente, à laquelle sont a'outés quatre poèmes attribués à S. Paulin et que Muratori avait déjà publiés dans le 1er vol. de ses *Anecdota,* et de plus les dissertations du même Muratori sur les poésies de S. Paulin. Un autre texte de trois des nouveaux poèmes fait partie de l'*Anecdotorum fasciculus* de Mingarelli, *Romæ,* 1756 (voy. MINGARELLI).

Une traduction italienne des ouvrages de S. Paulin, précédée de sa vie dans la même langue par G.-St. Remondini, se trouve dans le 2e vol. de la *Nolana ecclesiastica storia* de ce dernier, *Napoli,* 1751, in-fol.

— Ses Lettres, trad. en français, 1005.

PAULINUS *(Fabius).* Centum fabulæ ex antiquis scriptoribus acceptæ, et græcis latinisque tetrastichis senariis explicatæ a Fabio Paulino, utinensi; Gabriæ græci fabulæ, Musæ Leander et Hero; Galeomyomachia incerti; Sibyllæ vaticinium de judicio Christi, Batrachomyomachia Homeri: omnia latinis versibus ab eodem Paulino e græco conversa. *Venetiis, hæredes Fr. Ziletti,* 1587, pet. in-12. [16942]

Ce recueil est orné de jolies figures sur bois : 16 fr. Riva.

PAULINUS Petrocorius *(Bened.).* Poemata, et alia quædam sacræ antiquitatis fragmenta, cum Fr. Jureti commentariis, Casp. Barthii animadversionibus, J.-F. Gronovii notis et necessariis indicibus edita a Ch. Daumio. *Lipsiæ, Lanckisch,* 1686, in-8. [13012]

Cette édit. avait déjà paru sous un titre plus étendu, *Lipsiæ, Fuhrmann,* 1681; mais ayant passé entre les mains d'un autre libraire, le frontispice en fut changé (Ebert; 16015).

— ŒUVRES de Paulin de Périgueux, suivies du poème de Fortunat sur la vie de saint Martin, trad.

pour la première fois en français par E.-F. Corpet. *Paris, Panckoucke,* 1851, in-8.

PAULINUS a Sancto Bartholomæo *(Fr.).* Sidharubam, seu grammatica samscrdamica, cui accedit dissertatio historico-critica in linguam samscrdamicam. *Romæ, ex typ. Congreg. de propag. fide,* 1790, in-4. 8 à 10 fr. [11741]

Autres ouvrages du P. Paulin.

SYSTEMA brahmanicum liturgicum, mythologicum et civile, ex monumentis indicis musæi Borgiani, dissertationibus hist. et criticis illustr. *Romæ,* 1791, in-4. fig. 6 à 9 fr. [2253]

MUSÆI Borgiani codices manuscripti avenses, peguani, siamici, etc., animadversionibus illustrati, accedunt monumenta et cosmogonia, indico-thibetana. *Romæ,* 1793, in-4. fig. [31404]

INDIA orientalis christiana. *Romæ,* 1794, in-4. fig. 8 fr. [21559]

DE VETERIBUS Indis, dissertatio. *Romæ,* 1795, in-4. [28088]

VIAGGIO alle Indie orientali. *Roma,* 1796, in-4. fig. 10 fr. Villoison. [20683]

La traduction française de ce voyage, par M. (Marches), avec des observations par Anquetil du Perron, J.-R. Forster et Silvestre de Sacy, *Paris,* 1808, 3 vol. in-8. et atlas, in-4. 16 fr.

DE ANTIQUITATE et affinitate linguæ zendicæ, samscrdamicæ et germanicæ dissertatio. *Patavii,* 1798, in-4. [11736]

DE LATINI sermonis origine et cum orientalibus linguis connexione dissertatio fratris Paulini a S. Bartholomæo. *Romæ, Fulgoni,* 1802, in-4. [10767]

VYACARANA, seu locupletissima samscrdamicæ linguæ institutio. *Romæ,* 1804, in-4. 15 à 18 fr. [11741]

Ces différents ouvrages du P. Paulin étant recherchés, ont quelquefois été payés assez cher dans les ventes; cependant, à l'exception du dernier, ils ne coûtaient pas, à Rome, plus de 4 à 7 fr. chacun.

— Adagia malabarica, 18523.

PAULLINUS *(Christ.-Fr.).* Cynographia curiosa, seu canis descriptio, et mantissa curiosa ejusdem argumenti complect. Joh. Caii libellum de canibus britannicis et J.-M. Meibomii epistolam de ΚΥΝΟΦΟΡΑ. *Norimb.,* 1685, in-4. fig. 4 à 6 fr. [5706]

On a encore du même auteur différents traités spéciaux, relatifs à la zoologie et à la botanique.

— De Asino, 5695. — Lagographia, 5716. — Talpa, 5725. — Syntagma, 26376.

PAULLUS *(Sim.).* Danske urtebog... Icones Floræ danicæ, cum explicationibus. *Hafniæ,* 1647, in-4. fig. sur bois. [5200]

Volume rare : 54 fr. Baron, et 4 fr. seulement de Jussieu. L'édition de 1648, in-4., en danois : 2 fr. seulement, L'Héritier.

PAULMIER. Voy. PALMARIUS.

PAULMY (le marq. de). Voy. MÉLANGES.

— Choix de petits romans, 17012.

Paulmier *(Adr.).* Dictionnaire français-arabe, 11625.

Paulmier *(L.-P.).* Instruction des sourds et muets, 3659.

PAULO (*Marco*). Voy. MARCO PAULO.

PAULO (*Carolus* [Vialart] a sancto). Geographia sacra, cum notis LucæHolstenii, et X tab. geograph. *Amstel.*, 1703. — Geographia sacra ex Veteri et Novo Testamento desumpta in tab. IV concinnata, etc., a Nic. Sanson, cum notis Clerici. *Amstel.*, 1704. — Eusebii cæsariensis onomasticon urbium et locorum S. Scripturæ. Brocardi Monachi descriptio terræ sanctæ. *Amstel.*, 1707, 3 tom. en 2 vol. in-fol. [19589]

Ouvrage estimé: 15 à 20 fr.; vendu 25 fr. La Serna; 22 fr. Labey.

La première édition de la *Geographia sacra*, du P. Vialart, *Lutetiæ-Parisior.*, 1641, in-fol. avec cartes, a été vend. 22 fr. 50 Walckenaer, mais elle est moins chère ordinairement.

Il faut y joindre :

LUCÆ HOLSTENII annotationes in Geographiam sacram Caroli a S. Paulo. *Romæ*, 1666, in-12. — Réimpr. à *Paris*, 1666, pet. in-8.

PAULUCCIO ou Paoluccio et Pauluzio. Continuatione di Orlando furioso, con la morte di Ruggiero : auttore il nobile Sigismondo Pauluccio Philogenio, caualliero e conte Palatino. — *Vinegia, per Gioann' Ant. e Piëtro fratelli, di Nicolini da Sabio, ad instantia di M. Nicolo d'Aristotile detto Zoppino, ne l'anno*... M. D. XLIII, in-4. de 243 ff. à 2 col. signat. A—Z et AA—HH, plus un f. blanc à la fin. [14743]

Poëme en 63 chants. On n'en connaît que cette édition, devenue rare. Le texte est précédé de deux épîtres dédicatoires à Fr. Gonzague, marquis de Monferrat et duc de Mantoue, la première de l'auteur, et la seconde de P. Arétin. Vend. 11 fr. Floncel; 1 liv. 12 sh. Pinelli; 2 liv. 11 sh. Hibbert; 39 fr. à Paris, en janvier 1829.

Un exempl. en Gr. Pap. se trouvé dans la biblioth. du marquis Trivulzio, à Milan.

— Le notte d'Aphrica di Sigismondo Pauluzio Philogenio, cavaliero e conte palatino. *In Messina, per Petruzo Spira*, 1535 et 1536, 2 part. pet. in-4. [14680]

Ce poëme est plus rare que le précédent, et, chose remarquable, la seconde partie est en lettres gothiques, tandis que la première est en caractères romains : vendu, exemplaire en mauvais état, 16 fr. en 1817; 1 liv. 7 sh. Heber.

Le premier volume a 4 ff. prélim., dont la première page porte de grandes armoiries (peut-être celles de la duchesse d'Urbin), avec deux distiques, commençant : *Præpetibus postquam*.... Le verso présente, dans une gravure sur bois, un homme qui cherche à gravir un rocher. Le second feuillet donne le titre en forme de dédicace à la duchesse d'Urbin. Le texte est sous les signat. A—M. Le second livre a des signatures de aa—dd, et à la fin la date 1536, 13 *Januarii*.

PAULUS (*Julius*). Receptarum sententia-

Paulsen (*Christ.*). Samlede mindreskrifter, 19324.
Paulus (*H.-E.-G.*). Kritischer Commentar über das N. T. 504. — Sammlung der merkwürd. Reisen, 19830.

rum, ad filium, libri V. In eosdem Jac. Cujacii interpretationes. *Parisiis, Andr. Wechelus*, 1558, in-4. 5 à 6 fr. [2455]

Vend. 8 flor. 40 c. Meerman.

Les Sentences de Paul ont paru pour la première fois avec les Instituts de Gaius, à Paris, en 1525 (voyez GAIOS); elles ont été réimpr. à la suite de *Bactriologos Juris*, à Lyon, en 1559 (voy. BACTRIOLOGOS), et mieux dans *Jurisprudentia antejustinianea* de Schultingius (voyez ce nom). Nous en citerons encore trois éditions séparées, savoir :

JULII PAULI receptarum sententiarum libri V, emendati et aucti, *Biturigis, Bonav. Thorimus*, 1595, pet. in-12, vol. dans lequel se trouve ordinairement réuni *Epitome juris civilis, opusculum antiqui ac ignoti scriptoris*, également impr. à Bourges, en 1595. Jul. Paulus a été réimprimé à Orléans, en 1599, et les deux ouvrages réunis, l'ont été *in officina plantiniana*, 1599, pet. in-12.

SENTENTIARUM receptarum libri V ex breviario Alariciano; edidit, cum edit. princ. contulit, indicem editionum omnium corporis juris civilis adjecit Gust. Hugo. *Berolini, Mylius*, 1815, in-8. 3 fr.

JULII PAULI receptarum sententiarum libri quinque, cum interpretatione Visigothorum; recognovit, annotatione indicibusque instruxit Ludov. Arndts, adjecit scripturæ varietatem ex codd. mss. Gust. Haenelius. *Bonnæ, impensis Adolphi Marci*, 1833, in-12.

Les variantes annoncées sur ce titre ont paru séparément en 1834.

PAULUS Ægineta. Voy ÆGINETA.—Æmilius. Voy. ÆMILIUS.

PAULUS alexandrinus. Rudimenta in doctrinam de prædictis natalitiis. Ex H. Ranzovii biblioth. primum gr. et lat. edita et nunc denuo correcta. Acced. ejusdem H. Ranzovii horoscopographia. *Wittembergæ, Lehmann*, 1588, in-4. [9005]

La première édition est de *Wittemb.*, 1586, in-8., sous le titre d'*Introductio in doctrinam*...

PAULUS apostolus. XIII epistolarum Pauli codex græcus, cum versione lat. veteri, vulgo antehieronymiana, olim Boernerianus, nunc bibliothecæ elect. Dresdensis, transcriptus et editus a Christ.-Frid. Matthæi : accedit ex eodem codice fragmentum S. Marci. *Misenæ, Erbstein*, 1791 (nouv. titre, 1796), in-4. fig. 15 fr. [230]

Indépendamment de 425 exempl. de ce livre en pap. ordinaire, il en a été tiré 50 en pap. vél.: 30 fr., et 25 en Gr. Pap. vélin : 42 fr.

— Codex Claromontanus, sive epistolæ Pauli omnes græce et latine. Ex cod. parisiensi celeberrimo nomine Claromontani plerumque dictus, sexti ut videtur post Christum sæc. nunc primum edidit Const. Tischendorf. *Lipsiæ*, 1852, gr. in-4., avec 2 planch. lith. 80 fr.

— S. Pauli epistolæ XIV, cum commentariis Jacobi Fabri stapulensis. *Paris., ex offic. Henr. Stephani*, 1515, in-fol. [495]

Un exempl. sur VÉLIN, 120 fr. La Vallière; 181 fr. Mac-Carthy.

H. Estienne avait déjà donné, en 1512, une édit. de ce livre, dont il y a aussi des exemplaires imprimés sur VÉLIN.

— Epistola Pauli ad Galatas ; item sex primaria capita christianæ religionis, arabice. Quibus ad finem adjunctum est compendium grammatices arabicæ, authore Rutghero Spey Bopardiano, cum lat. interpretatione. *Heidelbergæ, Mylius,* 1583, in-4. [230]

Vend. 12 flor. Crevenna, et beaucoup moins depuis. Ce volume n'est pas, comme on l'a prétendu, le premier livre arabe impr. en Allemagne. — Voyez CHRISTMANN.

— Ulphilæ gothica versio epistolæ D. Pauli ad Corinthios secundæ, quam ex Ambrosianæ bibliothecæ palimpsestis depromptam cum interpretatione, adnotationibus et glossario edidit C.-Octavius Castilloneus. *Mediol., typ. reg.,* 1829, in-4. 9 fr.

— GOTHICÆ versionis epistolarum divi Pauli ad Thessalonicenses secundæ ad Thimotheum ad Titum ad Philemonem quæ supersunt, ex Ambrosianæ bibliothecæ palimpsestis deprompta, cum adnotationibus edidit Car.-Octav. Castillonæus. *Mediolani,* 1839, in-4. 12 fr.

— Les epistres Sainct Pol, glosees et translatees de latin en francois (par ung docteur en theologie de lordre de Mgr S. Augustin). *Paris, pour Anthoine Verard... deuant la rue neufue nostre dame,* in-fol. goth. de 119 ff. fig. sur bois.

Vend. 38 fr. mar. bl. Morel-Vindé.

La Biblioth. impériale conserve un exemplaire de ce livre imprimé sur VÉLIN.

Il y a des exemplaires qui (comme celui qui fut vendu 2 liv. chez Heber) ont une page de plus que les autres, sur le verso du dernier f., et dont la souscription, datée du xviie jour de ianvier mil cinq cens et sept, fait mention d'un privilége du roi pour trois années.

Du Verdier cite cette traduction d'après une édition de *Paris, Mich. Le Noir,* 1521.

— LES EPISTRES de S. Paul, traduites en françois et glosees par un docteur en theologie (Claude Guilliaud). *Paris, Abel l'Angelier,* 1544 (aussi 1555), pet. in-8.

PAULUS. Hieronymi Pavli Barcinonensis ad R. D. Rodericum Epm Portuen. Cardinalem Valentinũ... de Fluminibus et Môtibus Hispaniæ libellus. accedunt : I. De priscis Hispaniæ episcopatibus et eorum terminis; II. Excerpta ex Itinerario Antonini Pii et Theodosii de Hispaniis; III. Excerpta a Provinciali antiquo Eccl. Rom. de episcopatibus Hispaniæ. (*absque nota*), pet. in-4. [25947]

Opuscule de 20 ff., imprimé sans chiffres, réclames ni signat., avec les beaux caract. ronds d'Euchar. Silber, à Rome, vers la fin du xve siècle. Au verso du dernier f., après le mot FINIS, on lit : *Supra in lttera. S | SINGILIS. fl. est nauigabilis Hastigin urbe | alluit in Bethyca.* Ce morceau curieux a été

réimprimé dans l'*Hispania illustrata* et ailleurs, ainsi que l'article suivant du même auteur :

LIBELLUS inscriptus Barcinona ad Paulum Pompilium. *Impressum Barcinoni ad preces Joannis Peyro Regii Locum-tenentis protonotarii per Petrum Michaelem.* M CCCC LXXXXI, in-4.

Ni Antonio ni Mendez n'ont connu cette édition rare, qui est portée à 1 liv. 6 sh. dans la *Biblioth. heber.,* I, 5236.

PAULUS (Warnefridus) diaconus. Historiæ miscellæ a Paulo Aquilejensi diacono primum collectæ, post etiam a Landulpho Sagaci auctæ productæque ad imperium Leonis III, id est annum Chr. 806, libri XXIV. *Basileæ, Perna,* 1569, in-8. [22906 ou 23002]

Édition publiée par P. Pithou. L'ouvrage avait paru dès l'année 1471, à la suite d'*Eutropius* (voyez ce nom), et il a été souvent réimprimé, soit avec Eutrope, soit avec les *Scriptores histor. Augustæ.* Nous citerons encore une édit. que H. Canisius a donnée à Ingolstadt, en 1603, in-8., en ajoutant, toutefois, que le meilleur texte de Paul diacre, qui ait encore été publié, est celui qui fait partie des *Scriptores rerum italic.* de Muratori, tome I, part. I et II, ce qui doit s'entendre aussi de l'ouvrage suivant :

DE ORIGINE et gestis rerum Longobardorum libri VI ad mss. veterum codd. fidem editi. *Lugd.-Batav.,* 1595, in-8.

Maittaire, et d'après lui Panzer, ont cité une édit. de ce dernier ouvrage qui aurait été impr. à Lyon, en 1495, in-8.—Il y en a une autre de *Paris, J. Petit et Badius Asc.,* 1514, in-fol. — Celle de 1595 a été donnée par F. Lindenbrog; elle se trouve quelquefois réunie au Jornandès de Vulcanius, édition de 1597 (voy. JORNANDES). Cette même histoire est réunie à l'*Historia Gothorum* de Grotius, édition de 1655, in-8.

— HISTOIRE de Paul diacre d'Aquilée, où est amplement traité de l'origine des Lombards, de leurs faicts et de plusieurs autres singulieres remarques selon l'occurrence, traduite de latin en françois, par J.-F. Foubert, avec un supplément tiré de l'histoire de France. *Paris, Du Breuil,* 1603, pet. in-8.

— STORIA de' fatti de' Longobardi, trad. e illustrata con note di Quirico Viviani. *Udine,* 1826, 2 vol. in-16.

On avait déjà une traduction italienne de cette histoire par L. Domenichi, *Venise, Giolito,* 1548 (aussi 1558), in-8. de 99 ff. et 5 pour la table.

PAULUS. Pauli Silentiarii carmen in thermas Pythias et aquarum miracula, gr. et lat., editum, ex emendat. et interpr. Fed. Morelli. *Lutetiæ, Fed. Morellus,* 1598, in-4. [12414]

Pièce peu commune de cette édition, mais réimpr. dans les *Analecta* de Brunck, et dans d'autres recueils : 3 à 5 fr.

PAULUS II. Regule cãcellarie sãctissimi nostri doñ nõri dõni Pauli diuina povidẽtia pape sẽdi. (*absque anni et loci indicatione*), pet. in-4. de 34 ff. à 32 lign. par page pleine, sans chiffres, réclames ni signatures. [3211]

Les *Regulæ cancellariæ* de Paul II ont précédé de plusieurs années celles de Sixte IV, son successeur, mais ne contiennent pas de taxes comme ces dernières. On y trouve des bulles datées de 1464 à 1468. A la fin de ce recueil, la bulle *contra symoniacas* est terminée ainsi : *datum Rome Anno incarnationis dominice M. cccc. lxviii nono Calen.*

Decenb. Pontificatus nostri anno primo publi-
cata die xxviii.

Cette édition, dont le feu prince Michel Galitzin, ambassadeur de la cour de Russie auprès de la reine
d'Espagne, nous a très-obligeamment communiqué
un bel exemplaire, est probablement la plus ancienne qui ait paru de ces bulles : elle est imprimée avec des petits caractères romains, semblables
à ceux dont s'est servi Ulric Han à Rome, en 1468,
dans son édition de *Cicero de Oratore*, sous cette
date, et peut être à peu près aussi ancienne. Les
pontuseaux verticaux de ce petit volume sont plutôt ceux d'un in-8. que d'un in-4.

Haine, qui a décrit sommairement l'édition ci-dessus, sous son n° 12487, en décrit plusieurs autres,
savoir :

1° In-4. de 24 ff. à 35 lig. par page, aussi en caract-
tères romains, et également sans lieu ni date, et
sans chiffres, récl. ni signat. ;

2° In-4. en caract. goth. grossiers et inégaux, qui
porte la date douteuse de 1496 ;

3° In-4., sans lieu ni date, et sans chiffres, récl. ni
signat. *Per Sixtum Russinger ;*

4° Une autre, in-4. goth., qui réunit aux règles données par Paul II celles de Sixte IV, avec l'*explicit*
de 1476 ; les caractères sont ceux de Jean Wien-
ner, à Augsbourg. Un exempl. réuni à la *Karo-*
lina super libertate spiritualium personarum
et ecclesiarum immunitate, mêmes caract., 30 fr.
mar. bl. Mac-Carthy.

PAULUS III. Bulla S. D. N. Pauli proui-
dentia Pape III. Citatoria regis Angliæ
et sequaciū. eius sub pena excōis. et
priuationis Regni cū omnium aliorū
bonoū. et nonnulis aliis grauioribus cen-
suris et penis. *Datū Romæ apud sanc-*
tum Marcum anno incarnationis Dñi-
cæ Millesimo quingentesimo trigesimo
quinto tertio kl. septembris. In-4. de
8 ff., sign. A et B, lettres ital. [26909]

Édition originale de cette bulle contre Henri VIII.

PAULUS de S. Maria. Incipit dialogus qui
vocatur Scrutiniū scripturar., etc. *Ro-*
mæ, per Vdalricum Gallum (circa
1470), gr. in-4. [408]

Première édition, composée de 288 ff. à longues lignes, au nombre de 34 sur les pages. Au recto du
dernier se lit le souscript. ordinaire d'Udalricus
Gallus : *Anser Tarpeii custos...* Vend. 59 fr. Gaignat : 100 fr. La Valliere, et moins depuis.

— Idem dialogus. — *Per me Johannem*
Schalluz....... Mantue, impressus sub
annis... M. CCCC. LXXV..., in-fol. goth.
de 150, 90 et 20 ff., dont un blanc.

Ce volume a des signat. de *a—r* et A—N du second
alphabet, y compris les deux cahiers qui contiennent
le *Tractatulus multum utilis ad convincendum*
Judeos de errore suo.

Vend. 60 fr. mar. bl. La Valliere (sans les deux
derniers cah.), et 3 fr. seulement Mac-Carthy.

Les bibliographes décrivent trois éditions de cet ouvrage, in-fol., impr. en Allemagne, savoir : deux,
sans date, consistant, l'une et l'autre, en 215 ff.,
caractères de *J. Mentelin*, 39 lignes à la page, mais
ayant des différences dans les abréviations : vend.
(l'une de ces éditions) 50 fr. La Valliere ; 11 fr.
Brienne-Laire. La troisième, imprimée à *Mayence*,
par *P. Schoyffer*, en 1478, in-fol. goth. de 216 ff. ;
vend. 12 fr. Gaignat ; 30 fr. *mar. r.* La Valliere.

PAULUS germanus de Middelburgo. Paulina de recta Paschæ celebratione : et

de die passionis domini nostri Jesu
Christi. (in fine secundæ partis) : *Im-*
pressum Forosempronii per spectabi-
lem virum Octavianum petrutium fo-
rosemproniensem impressoriæ artis
peritissimum Anno Domini. M.D.XIII,
die octava julii, cum priuilegio.....
2 tom. en 1 vol. in-fol., feuillets non
chiffrés. [21245]

Ce livre a perdu beaucoup de son intérêt comme ouvrage savant, mais il en conservera toujours sous
le rapport typographique, à cause de la beauté de
l'impression, et aussi à cause des bordures et des
vignettes sur bois dont il est orné. C'est, d'ailleurs,
la principale production de l'imprimerie établie à
Fossombrone par Ottaviano Petrucci, à qui l'on
doit l'invention d'une méthode nouvelle alors d'imprimer la musique (voy. MOTETTI). La première
partie de ce beau volume a des signat. de a—s par
8 et t par 10 ; la seconde jusqu'à GGIIIJ, suivi
d'un dernier f. au verso duquel se lit la souscription, accompagnée de la marque de l'imprimeur.
Au verso du titre, qui est impr. en capitales, est le
privilége accordé par Léon X.

L'exempl. en *mar. bl.* qui avait été payé 139 fr. à la
vente Gaignat, n'a été vendu que 45 fr. à celle de
Mac-Carthy ; un autre en *mar. r.* avec les noms
du pape Clément XI, 1 liv. 10 sh. Libri, en 1859.

— PARABOLA Christi de correctione calendarii.
Romæ, 1511, in-4. Probablement cet opuscule est
plus rare que le grand ouvrage ci-dessus. 25 fr.
Libri.

— Ad illustrissimos ac humanissimos prī-
cipes magnanimū ‖ vrbini ducem dūm
Guiduno vbaldū ac sapientissimū dūm
oc‖tavianū & Ubaldinis comitem Mar-
catelli dños colendis‖simos Pauli de Middelburgo prognosticū anni M. quadrīgē‖
tesimi octuagesimi sexti (*absque nota*),
goth. de 8 ff. à longues lignes , au
nombre de 35 sur les pages entières,
sans signat.

Cet opuscule, fort rare, est décrit dans le Bibliophile
belge, 2e série, vol. IV, p. 213, où l'on en attribue
l'impression à Jean de Westphalie, auquel est due
celle de l'*Epistola apologetica magistri Pauli de*
Middelburgo ad doctores Lovanienses de Paschate
recte observando. Opus impressum in alma uni-
versitate Lovaniensi per me Johannem de West-
falia, in-4.

Cette *Apologia* doit être de l'an 1487, environ, car
Pierre de Rivo y a répondu en 1488 (voy. RIVO).

— Pauli de Middelbourg Pronostica ad viginti annos duratura. — Editum per
Paulū de Middelburgo... phisicū , in
alma uniuersitate Louaniensi... *Impres-*
sum per me Johannem de Westphalia,
anno salutis MCCCC LXXXIIII pridie kalendas septembris. Pet. in-4. goth. de
24 ff. non chiffrés, sign. a, b, c (le premier et le dernier f. sont blancs).

Édition décrite par M. R. Chalon, de Mons, dans le
Bulletin de Techener, 2e série, p. 249. Après la
souscription se voit le portrait de l'imprimeur. Ce
n'est pas la même édit. que celle que décrit, sous la
même date, Hain, au n° 11146, et qui n'a que 21 ff.
à 21 lig. par page.

Il existe de cet opuscule une édit. sans lieu ni date,
pet. in-4. goth., sign. A—B, à 34 lig. par page, et
une autre, également in-4. goth., avec cette sous-

cription : *Impressum per me Iohannem Koelhoff de Lubeck, anno domini* M CCCC LXXXIV, *in
profesto conceptionis Marie.*

L'ouvrage suivant doit avoir paru avant celui-ci.

INVECTIVA Magistri Pauli de Myddelburgo in su-
persticiosum quædam astrologū ? sortilegum. vna
·quoq3 et decē venustas vel astronomicas questiones
? sui uiginti anno pronostici olim... editi... expli-
cationem continens, in-4. goth. de 14 ff. à 41 lig.
par page.

Paul de Middelbourg avait déjà donné : 1° *Giudizio
dell' anno mille quatrocento ottanta*, in-4., sans
lieu ni date, dont le texte est en latin ; 2° *Effectus
stellarum pro anno christi* 1481, in-4. goth. de
8 ff. à 48 lig. par page, sans lieu d'impression ;
3° *In judicium anni* 1482, in-4. goth. de 10 ff. à
31 lig. par page ; 4° *Pronosticatio pro anno* 1483,
in-4. goth.; 5° *Prognosticon ad Maximilianum
augustum ;* réimprimé sous le titre de *Practica de
pravis constellationibus ad Maximilianum*, in-4.
Il a donné depuis :

— PROTONOTARIOMATRIX. (au recto du dernier f.) :
Finit prothonotariomatrix editū Urbini ‖ anno salutis. M. CCCClXXXIIII. secundo Kalen‖das martias
per Paulū de *middelburgo zelandie...* in-4. goth. de
24 ff. à 29 et 30 lig. par page (impr. par Jean de Westphalie, à Louvain). Au verso du 1er f., dont le
recto est blanc : *Paulus de middelburgo ‖ lectori
salutem,* et au recto du 3e f. : *Antiprothonotarti
categoria ? criminatio ‖ Hic sicophanta insignis
calumniator inuid' ; astro‖logie principia penit'
ignorans , etc.*

— DE NUMERO Atomorum totius universi in detesta-
tionem usurariæ pravitatis et augmentum Montis
pietatis lucubratio. *Romæ*, 1518, in-4. [4090]

Opuscule dans lequel l'auteur donne des calculs curieux sur les résultats possibles du prêt à intérêts,
et où il préconise le *Mont-de-Piété,* nouvellement
établi à Rome.

— PROGNOSTICUM R. P. D. Pauli de Middelburgo,
episcopi forosemproniensis, ostendens Anno M. D.
XXIIII. nullum, neque universale, neque provin-
ciale diluuium futurum, S. domino nostro Clemen-
ti Pape VII dicatum... *Ex Forosempronii Kalendis septembris Anno* M. D. XXIII. in-4. [9024]

Cet opuscule est regardé comme la dernière production de Petrucci à Fossombrone. Il a été réimpr. à
Augsbourg, *idibus januarii* 1524, in-4., avec une
dédicace d'Ottmarius Luscinius au célèbre Raymond
Fugger, de cette ville. On en a aussi imprimé une
traduction italienne et une traduction allemande.

PAULUS venetus. Logicæ institutiones. 1472, in-4. de 115 ff. non chiffr. [3517]

— Editio altera. (in fine): *Anno...* M.CCCC.
LXXIIII, *die vero decima quarta mensis Decembris Mediolani impressum,*
in-4. goth. de 78 ff. non chiffrés.

Deux éditions très-rares : la première n'est pas citée
par Hain, qui en indique plusieurs autres, sans
date, ou d'une date postérieure à celles-ci.

— LOGICA magna Pauli Ueneti. — *Impressu3 Uenetiis per Albertinum Uercellensem expensis dñi
Octaniani Scoti de ciuis fratru3...* 1499, die 26
Octobris, 2 tom. en 1 vol. in-fol. goth. de 200 ff.
à 2 col. de 71 ou 72 lig.

— Sūmule naturaliū maḡri Pauli veneti
ordīs heremitarū sancti augustini phy-
· sicoū liber incipit. (au recto du 161e f.
2e col.): Explicit ultima pars sūme naturalium...... *Impressa Mediolani ꝑ
Christofoū Ualdarfer Ratisponensem.
Anno domini.* M. CCCC. LXX vi. *Die* XVII
mensis Iulii. (et au recto du dernier f.
2e col.): *Et sic est finis... Die* xvij. *Iulii*

1476, in-fol. de 166 ff. à 2 col. de 55 et-
56 lig. caract. goth. avec des signatures
au bas des marges inférieures. [4203]

Vendu 600 fr. de Bearzi, n° 848, sans avoir à beaucoup près cette valeur.

Il existe une autre édition de ce commentaire sur les
livres *Naturalium* d'Aristote, également de 1476, et
peut-être antérieure de plusieurs mois à celle de
Valdarfer. C'est un in-fol. de 222 ff. à 2 col. de
51 lig. en caract. goth., avec signat. Le texte y
commence au recto du f. a2 de cette manière :
(p)*Lurimo ‖ rū astri | ctus pcibus : quoru3 |,
ꝑde mee ītroductio ‖. etc.* Au verso du 155 f.,
2e col., où finit la cinquième partie de l'ouvrage,
se lit une première souscription datée : *Anno dñi*
M.CCCC.lXXVI. La 6e part. commence au recto du
156e f. sign. q. et il finit au verso du 214e f. col. 2e,
par cette autre souscription : *Explicit sexta ?
vltima pars sūme natu ‖ ralīa... et pprio originali... Veneliis impressionē habuit ipensis Iohānis de Colonia sociiq3 eius Iohānis māthen de
Gherretzem. Anno .M.CCCC.lxxvj.* Sur le f. 215
recto se trouve le registre. Il est suivi de la table
qui occupe les ff. 216 à 222 recto, et se termine
par le mot *Finis.* 45 fr. Costabili.

PAULUS de Venetiis. Nova lyra choralis, alias manuale, in quo, præter modum recitandi horas diurnas ac nocturnas, habentur etiam in cantu omnia quæ per- tinent tum ad vesperas tum ad laudes, desumpta omni solertia ex antiquis ma- nuscriptis chori S. Francisci Venetiarum a P. Paulo de Venetiis. *Venetiis* (1655), in-fol. en rouge et noir avec plain-chant. [10194]

Un exemplaire, ayant des feuillets raccommodés,
15 fr. Gaspari.

PAULUZIO (*Sigism.*). Voy. PAOLUCCIO.

PAUSANIAS (descriptio Græciæ), græce (ex recens. M. Musuri). *Venetiis, in ædib. Aldi et Andreæ soc.,* 1516, in-fol. [22786]

Première édition rare; elle contient, outre 282 pp.
de texte, 2 ff. prélim., et 1 f. à la fin pour la souscription et l'ancre. Vend. 53 fr. m. r. La Vallière ;
96 fr. Soubise; 150 fr. bel exempl, mar. v. tab.
L'Héritier ; 100 fr. d'Ourches ; 140 fr. Larcher ;
2 liv. 12 sh. 6 d. Butler. — Un exempl. annoncé
en Gr. Pap., 240 fr. Mac-Carthy; 10 liv. 10 sh.
Sykes ; 2 liv. 10 sh. Libri, en 1859.

Faite sur un mauvais manuscrit, cette édition est
d'ailleurs exécutée avec négligence , comme la
plupart des anciennes éditions grecques des Alde ;
il y manque même quelques passages qui sont dans
tous les manuscrits, et ces lacunes ne peuvent être
attribuées qu'à la précipitation des imprimeurs
(*Clavier*).

— Descriptio Græciæ, gr. et lat. *Francof.,*
1583, in-fol. 10 à 15 fr.

Cette édition, belle et très-correcte, est due aux soins
de Fréd. Sylburge, qui a fait usage des notes manuscrites de Guillaume Xylander et de Joach. Camerarius, et y a joint ses propres observations. La
version latine est celle de Romulus Amasæus , la
même que les différents éditeurs de Pausanias ont
adoptée, et qui a été imprimée séparément, d'a-
bord à Florence, chez Torrentino, en 1551, in-fol.
de 432 pp. et 39 ff. pour l'index, ensuite à Bâle, en
1557; aussi à Francfort, en 1624 et en 1670, in-8.
Clavier la regardait comme moins fidèle que celle
de Loescher, impr. à Bâle, chez Oporin, en 1550,
in-fol.

L'édition gr. et lat. impr. à Hanau, en 1613, in-fol., faite sur celle de Sylburge, est encore assez bonne : 9 à 12 fr. Vend. 18 fr. Soubise.

—Pausanias, gr., cum lat. Romuli Amasæi interpretatione, accessere Gul. Xylandri et Frid. Sylburgii annotationes, ac novæ notæ Joach. Kuhnii. *Lipsiæ*, 1696, in-fol.

Édition estimée : 25 à 36 fr. Vend. 72 fr. (exempl. non rogné) Caillard.

Il y a quelques exemplaires de ce livre tirés sur un papier plus grand et un peu plus fort que le pap. ordinaire ; mais ils sont très-rares et ne valent pas moins de 60 à 80 fr.
— GRÆCIÆ descriptio, gr., recens., emendavit et explanavit Jo.-Frider. Facius ; accessit Rom. Amasæi interpretatio lat. *Lipsiæ*, 1794-97, 4 vol. in-8. 24 fr. — Pap. fin, 30 fr.

Édition assez belle, et l'une des meilleures que l'on eût alors de cet auteur.
— GRÆCIÆ descriptio, gr., edente Schæfer. *Lipsiæ*, 1818, 3 vol. in-18. 6 fr. — Pap. fin, 12 fr.
— PAUSANIÆ Græciæ descriptio : edidit, græca emendavit, latinam Amasæi interpretationem castigatam adjunxit et animadversiones atque indices adjecit Car.-Godofr. Siebelis. *Lipsiæ, Weidmann et Reimer*, 1822-28, 5 vol. in-8. 50 fr.

Outre le texte, la traduction latine et les commentaires, cette édition contient les variantes de Bekker, celles de Clavier, et de plus six index. Il y'a des exempl. en pap. fin et en pap. vél.
— DE SITU Græciæ libri X, gr., recognovit Imm. Beckerus. *Berolini, Reimer*, 1826, 2 vol. in-8. Edition critique. 3 thl. 18 gr.

— Pausaniæ descriptio Græciæ, ad codd. mss. et editionum fidem recensuerunt, apparatu critico, interpretatione latina et indicibus instruxerunt Jo.-Henr.-Chr. Schubart et Chr. Walz. *Lipsiæ, Hahn*, 1838-39, 3 vol. in-8. 10 thl.

— Pausaniæ descriptio Græciæ : recognovit et præfatus est Lud. Dindorfius, gr. et lat., cum indice locupletissimo. *Parisiis , F. Didot*, 1846, gr. in-8. 15 fr.

—Pausaniam historicum Domitius Calderinus e græco traduxit : Atticæ descriptio. Auctores vetustissimi nuper in lucem editi . Mirsilius Lesbius de origine Italiæ ; Porcius Cato de originibus ; Archilochus de temporibus ; Metasthenes Persa de judicio temporum et annalium Persarum ; Philo de temporibus ; Xenophon de æquivocis ; Sempronius de chorographia Italiæ ; Fabius Pictor de aureo sæculo ; Antonini Itinerarium ; Berosius Babylonicus : dignitate chaldæus de temporibus, cui titulus est Defloratio berosi chaldaica ; de antiquit. Italiæ ; Manethonis supplementum pro Beroso ; Decretum Desyderii regis Italiæ. (in fine) : *hos vetustissimos auctores nuper repertos Impressit Bernardinus Venetus Anno a natali Christiano* M. II. D. (1498), in-4.

Recueil peu commun, bien décrit dans le premier catalogue de Crevenna, V, p. 99. On a quelquefois annoncé le Pausanias séparément, mais il fait partie intégrante du volume.

— Pausanias, ou voyage historique de la Grèce, trad. en franç. par Nic. Gedoyn. *Paris*, 1731, 1 vol. in-4. fig. 10 à 12 fr., et plus en Gr. Pap.

Traduction peu recherchée maintenant. Il y en a une édition d'*Amsterdam*, 1733, 4 vol. in-12. fig. assez jolie, et qui se vendait autrefois de 20 à 30 fr.
— Celle de *Paris*, 1797, 4 vol. in-8. fig., est mal imprimée.

— Description de la Grèce de Pausanias, traduction nouvelle, avec le texte grec collationné sur les mss. de la Bibliothèque du roi, par Et. Clavier. *Paris, Eberhart et Bobée*, 1814-23, 7 vol. in-8., avec le portrait de Clavier. 36 à 45 fr., et plus en Gr. Pap. vél.

Cette édition se recommande, et par le texte qui, quoique pas aussi correctement imprimé qu'on pourrait le désirer, présente cependant de bonnes leçons, et par la traduction, supérieure à celle de Gedoyn, sans être tout à fait exempte de reproches. L'auteur étant mort après la publication de son second volume, la suite de sa traduct., qui devait être publiée par MM. Courier et Coray, l'a été par M. Lerambert, depuis attaché à la bibliothèque du Louvre. Nous tenons de celui-ci que les épreuves ont été revues, pour le texte grec, par le Dr Coray, lequel y a fourni quelques notes, et pour la traduction par M. Daunou. Le 7e volume est un supplément qui renferme les notes de Clavier et se relie avec le sixième.

— Viaggio istorico della Grecia, trad. dal greco in ital. *Roma*, 1792-93, 5 tom. in-4.

Traduct. peu commune en France. Celle d'Alfonso Bonacciuoli, *Mantoue*, 1597, in-4., est rare, mais à bas prix.
— DESCRIZIONE della Grezia, nuovamente del testo greco trad. da Ant. Nibby. *Roma, Poggioli*, 1817-18, 4 vol. in-8., avec une carte : 24 fr.

On a publié séparément : *Ant. Nibby Saggio di osservazioni critiche, geografiche, antiquarie, sopra Pausanias ;* Roma, 1817, in-8. de 45 pp.
— LA GRECIA descritta : volgarizzamento con note al testo, ed illustrazioni filologiche, antiquarie e critiche di Sebast. Ciampi. *Milano*, 1826-30, 4 vol. in-8. et in-4. fig.

Partie de la *Collana greca* publiée à Milan. Il devait y avoir un 5e volume.
— THE DESCRIPTION of Greece, translated from the greek, with notes (by Th. Taylor). *London*, 1793, 3 vol. gr. in-8. 27 fr.

La Description de la Grèce a été traduite en allemand, par J.-Eust. Goldhagen, *Berlin*, 1765-66, 2 vol. in-8. — Seconde édition, *ibid.*, 1798-99, 4 part. en 2 vol. in-8. et depuis par E. Wiedasch, *München*, 1826-33, 5 vol. gr. in-4. Les 4 premiers livres par C.-G. Siebelis, *Stuttgart*, 1827-29, in-12.

PAUTE (le). Voy. LE PAUTE.

PAUTRE (le). Voy. LE PAUTRE.

PAVARI (de). Escurie de De Pavari, ve-

Pauthier (*J.-P.-G.*). Sinico-Ægyptiaca, 11857. Pour les autres écrits de M. Pauthier, voy. la nouvelle Biographie générale, tome XXXIX, col. 418.
Pauvret. Harmonie de la religion... 1782.
Pauw (*Corn.* de). Notæ in Pindarum, 12368.
Pauw (*Cornelile* de). Œuvres philosophiques, 22710. — Recherches sur les Égyptiens, 22760. — sur les Grecs, 22838. — sur les Américains, 28465.

nitien (en italien et en françois). *Lyon, Jean de Tournes,* 1581, in-fol. de 53 pp. avec fig. sur bois. [10325]

Ouvrage curieux, mais dont les exemplaires sont rares.

PAVIE (*Remond* de Beccarie, de), baron de Fourquevaux.Voy. INSTRUCTIONS sur le fait de la guerre.

PAVILLON (le sieur). Voy. COUILLARD.

PAVILLON (*Nicolas*). Discours sur l'histoire des Polonois et l'election du duc d'Anjou; avec une epitre au roi de Pologne sur sa bienvenue a Paris; par Nicolas Pavillon, parisien. *Paris,* 1573, in-8. [27837]

Cet ouvrage, cité dans une note ajoutée à l'article Nicolas Pavillon de La Croix du Maine (édition in-4., t. II, p. 177), nous paraît être le même que celui qui est porté dans le catal. de La Vallière, par Nyon, n° 25957 :
— DISCOURS sur l'histoire des Polognois, lequel on peut cognoistre l'origine... les coutumes des habitans du royaume, et comme du commencement ils esleurent seigneurs, ducz et roys, qui par interruption d'années les ont gouvernez jusque à present, que Monseigneur Henry de France, duc d'Anjou, en a este esleu Roy (sans nom d'auteur). *Paris, Guillaume de Nyverd,* 1573, pet. in-8., et aussi, *Lyon, Benoist Rigaud,* 1573, pet. in-8.

PAVON (*Jos.*). Voy. RUIZ.

PAXTON (*Joseph*). Magazine of botany, and register of flowering plants. *London, Orr and Smith,* 1834-49, 16 vol. in-8. [4958]

Cette collection, qui renferme 700 pl. color., a coûté 29 liv.; mais on la trouve pour moins de la moitié de ce prix.
—FLOWER Garden, by Jos. Paxton and Dr J. Lindley. *London,* 1850-53, 3 vol. gr. in-8. fig. color., 4 liv. 19 sh. [4970]
—HORTICULTURAL register, by Jos. Paxton and G. Harrison. *London,* 1831-36, 5 vol. in-8. pl. color. [6475]

PAYEN (le Dr. *J.-Fr.*).Voy. tome III, à la fin de l'article MONTAIGNE (*Mich.*).

PAYKULL (*Gust.* de). Fauna suecica: insecta. *Upsaliæ,* 1798-1800, 3 vol. in-8. 30 fr. [6002]

Cet ouvrage n'a pas été continué.
—Monographia Staphylionorum, 6044 ;—Caraborum, 6045.

PAYNE ou Paine (*Jo.*). Plans, elevations and sections of noblemen and gentle-

men's houses, etc. *London,* 1767-83, 2 vol. in-fol. 3 à 4 liv. [9987]

Recueil de 175 pl., dont plusieurs sont doubles : 99 fr. Renouard, en 1805 ; et un seul volume contenant 75 pl., 27 fr. 60 c. Lamy.

PAYNE (*John-Thomas*) and Henry Foss. Bibliotheca grenvilliana; or bibliographical notices of rare and curious books, forming part of the library of the right hon. Thomas Grenville. *Lond., printed by W. Nicol,* 1842-48, 3 vol. gr. in-8. [31584]

Cette admirable collection est aujourd'hui une des principales richesses du *British Museum*. M. Th. Grenville, qui, pour la former, n'avait pas'dépensé moins de 54000 liv. sterl., l'a léguée à la nation anglaise, en compensation des sinécures dont il avait joui pendant nombre d'années. Cette bibliothèque ne contenait guère qu'environ 20000 volumes, ce qui, en Angleterre, n'a rien d'extraordinaire; mais elle est extrêmement remarquable par le choix exquis des livres qui la composent. On y a rassemblé une collection des premières et des meilleures éditions des classiques grecs et latins ; les poëmes et romans espagnols et italiens les plus rares, et notamment une suite peut-être unique des anciennes éditions de l'Arioste; nombre de livres imprimés sur VÉLIN, d'une haute importance; une précieuse réunion des relations de voyages des premiers navigateurs et des autres voyageurs, soit du moyen âge, soit des XVe, XVIe et XVIIe siècles; enfin, presque tout ce qui a été écrit de plus curieux sur l'histoire d'Angleterre et surtout sur celle d'Irlande, et cela indépendamment d'un grand nombre de curiosités, qui appartiennent à l'ancienne littérature anglaise. Le catalogue est par ordre alphabétique, soit des noms d'auteurs, soit des mots principaux des titres; les notes sont presque toutes de M. Grenville lui-même. Nous pourrions peut-être y relever une certaine quantité de ces fautes qui se glissent si facilement dans les ouvrages de ce genre (principalement dans l'indication des formats), mais nous aimons mieux féliciter les rédacteurs de ces trois beaux volumes du soin qu'ils ont pris de rendre en général les titres des livres avec une exactitude à laquelle les libraires anglais ne nous avaient pas accoutumés, ce qui est un véritable progrès. L'édition de ce catalogue n'a été tirée qu'à 150 exemplaires en pap. royal (prix 4 liv. 14 sh.), et à 30 exempl. en Gr. Pap. impérial, dont 12 seulement ont été mis en vente, et au prix de 15 liv. 15 sh. chacun.

PAYNE'S Book of art, with the celebrated galleries of Munich being a selection of subjects engraved after picture by old and modern masters with descriptive text together with a history of art. *London,* sans date, 3 vol. in-4. [9290]

PAYOT de Linière. Voy. LINIÈRE.

PAYVA d'Andrada (*Diego*). Defensio tridentinæ fidei catholicæ ,et integerrimæ adversus hæreticorum calumnias et præsertim Kemnitii. *Olyssipone,* 1578, in-4.

Vend. 4 fr. m. citr. Mac-Carthy.
Édition rare, mais peu recherchée : celle d'*Ingolstadt,* 1580, in-8., est encore moins chère.

— Orthodoxæ explicationes de religionis

---

christianæ capitibus, adversus hæreticos. *Venetiis*, 1564, in-8.

Vend. 5 fr. *m. r.* Mac-Carthy.

PAZ (*Augustin* du). Histoire généalogique de plusieurs maisons illustres de Bretagne, enrichie des armes et blasons d'icelles, de diverses fondations d'Abbayes et prieurez, avec l'histoire chronologique des évêques de tous les diocèses de Bretagne, et une infinité de recherches. *Paris, Buon,* 1619 (aussi 1620), in-fol. [28862]

Vend. 27 fr. Daguesseau; 18 fr. Soubise, et serait plus cher aujourd'hui.

Dans la table de sa *Bibliothèque héraldique*, M. Guigard place sous le nom d'Augustin du Paz l'ouvrage suivant dont il donne le titre sous le n° 4274 de son livre :

GÉNÉALOGIE de la maison de Molac, dressée par V. P. A. Du Paez... sur les tiltres de la dite maison, cartulaires d'abbaye et de couvents, histoires de Bretagne. Généalogie de la maison de la Chappelle, dressée par le mesme autheur sur mesmes preuves. Généalogie de la maison de Rosmadac (par le même). *Rennes, Charles Yvon,* 1627, in-4.

PAZZI (*Ant.*). Vite dei pittori. Voyez GORI, Museum florentinum.

PAZZIA (la). *Stampata in India pastinaca, per messer non mi biasimate, etc.,* pet. in-8. [17960]

Facétie imprimée en Italie, dans le XVIe siècle, et attribuée à Ascanio Persio : 15 fr. *m. r.* Librairie De Bure. Il y a une autre édition, également impr. en Italie, et en lettres italiques, sous le titre suivant :

LA PAZZIA. M. DXLI. Pet. in-8. de 24 ff. [dont le dernier est blanc, avec une vignette sur bois au frontispice.

On a une traduction française de cet opuscule sous ce titre :

LOUANGES de la folie, traicté fort plaisant en forme de paradoxe, traduict d'italien en francois, par feu messire Iehan du Thier. *Paris, pour Hartman Barbe,* 1566, aussi *Poictiers, chez les de Marnef et Bouchets frères,* même date, pet. in-8. L'édit. de Paris, en *mar.* par Duru, 30 fr. Gancia. — Autre édition, *Lyon, Ben. Rigaud,* 1567, pet. in-8. de 38 ff. 25 fr. *mar. v.* Coste.

Cette traduction forme la 27e pièce du recueil de *Paradoxes,* impr. à Rouen, en 1583 et depuis (voy. ci-dessus, col. 362.)

Une note ajoutée à la p. 333 du tome XXIII de la *Biographie universelle* (1re édit.), article Landi, porte que la *Pazzia* est de cet auteur, et qu'on l'a trouvée rel. avec ses *Paradossi,* édit. de 1544 (voy. PARADOSSI).

PEACHAM (*Henry*). Graphice, or the most auncient and excellent art of drawing with the pen, and limning in water colours. *London,* 1606, in-4.

2 liv. 2 sh. Reed; 1 liv. 10 sh. Heber.

— Minerva britannica, or a Garden of heroical devises, furnished and adorned with emblemes and impresas of sundry natures, newly devised, moralized and published by Henry Peacham. *London, by W. Dight,* 1612, in-4. fig. sur bois. [15768 ou 18613]

Ouvrage recherché dans lequel se trouvent des épigrammes qu'on a quelquefois attribuées à Henry Parrot (voy. PARROT). 2 liv. Hibbert; 4 liv. Bindley; 4 liv. 18 sh. Heber; 5 liv. 12 sh. 6 d. Crawford.

— Thalia's Banquet : furnished with an hundred and odde dishes of newly denished Epigrammes. *London,* 1620, pet. in-8. [15768]

Au rapport de Lowndes, p. 1809 de la 2e édition, ce volume rare a été payé 28 liv. 10 sh. à la vente Lloyd.

— THE COMPLEAT Gentleman, to which is added the Gentleman's Exercise. The third impression, much enlarged, especially in art of blazonry by a very good hand (Th. Blount). *London,* 1661, in-4. titre gravé.

Les premières édit. du *Compleat Gentleman* sont de Londres, 1622 et 1634, et celles du *Gentleman's Exercise,* de 1634 et 1639, in-4. Ni les unes ni les autres ne sont chères.

Pour les autres ouvrages de H. Peacham, consultez le *Manual* de Lowndes.

PEACHAMUS ou Peccamps (*Johan.*). Voy. JOHANNÈS, archiepiscopus cantuariensis.

PEARSON (*William*). An Introduction to practical astronomy, containing tables recently computed for faciliting the reduction of celestical observations. *London,* 1824-29, 2 vol. gr. in-4. avec 31 pl. [8242]

Production scientifique très-estimée, et qu'aujourd'hui on paye de 7 à 8 liv. en Angleterre; elle n'a été vend. que 92 fr. Busche.

PEARSON (*Th.*). Voy. IGNATIUS.

PEARSON (*John*), bishop of Chester. Voy. aux articles HESYCHIUS et IGNATIUS.

— An Exposition of Credo, et Minor theological Works, 1966.

PEAU de bœuf (la), ou remède universel pour faire une bonne femme d'une mauvaise, comédie dédiée aux maris intéressés, divisée en deux parties, dont la première représente la femme dans toute sa méchanceté, et maîtresse de la maison; et la seconde, le mari par un juste retour pleinement vengé et maître absolu de sa femme. *Valenciennes, Gabr.-Fr. Henry,* 1710, pet. in-8. de 123 pp. [16484]

Programme très-détaillé d'une pièce en six actes, accompagné de plusieurs morceaux de poésie flamande. C'est un volume difficile à trouver, et que son titre singulier fait rechercher. L'abbé de Saint-Léger en a donné une notice dans l'*Année littér.,* 1775, tome VIII, pp. 320 et suiv. Vend. 8 fr. Baron; 4 fr. Méon; 7 fr. 20 c. Duquesnoy ; et jusqu'à 75 fr. *mar.* A. Martin ; 33 fr. de Soleinne. Il existe un autre programme du même genre que celui-ci, et peut-être encore plus rare. En voici le titre :

LA MÉTAMORPHOSE inutile des femmes extrava-

gantes, comédie divisée en deux parties : la première représente le changement de la laideur en
beauté; la seconde, le changement de la beauté en
laideur; toutes les deux montrent par divers inci-
dens, que, quelque chose qui puisse arriver, le
changement du corps n'en apporte aucun dans
l'esprit. *Valenciennes, Gabr.-Fr. Henry*, 1709,
pet. in-8. de 43 pp. en six actes.

La Peau de bœuf et plusieurs autres programmes,
impr. à Valenciennes et à Lille, réunis sous le titre
de *Théâtre de l'électeur de Cologne*, en 2 vol.
pet. in-8., se conservent dans la Bibliothèque de
l'Arsenal (Catal. de La Valliere, Nyon, n° 17849).
Les différentes pièces qui coinposent ce recueil
sont : outre la Peau de bœuf, *La Conquête du
pays de Cocagne échouée*, en 3 actes. Valenciennes,
1711, de 80 pp. — *Le Pauvre riche*, Valenciennes,
1714, de 64 pp., avec une petite pièce en 8 ff.; 8 fr.
25 c. de Soleinne. — *La Perfidie punie par elle-
même*, tragi-comédie, Lille, de 44 pp., y compris
Feste guerrière en l'honneur de Mars. — *Basilique de Bernagasse*, en six actes, divisée en deux
parties, dont la première représente la prompte
élévation de ceux que la fortune favorise, et la
seconde la chute précipitée de la plupart de ceux
qu'elle élève. Lille, *Fievet*, 1708, de 73 pp. —
Tout ce qui reluit n'est pas or, en 3 actes, Valenciennes, 1713, de 77 pp.; 14 fr. de Soleinne. On
trouve, sous·le n° 1662 du catalogue de ce dernier,
un autre programme en 5 actes intitulé :

LE TROMPEUR, ou la défiance trompée, tragi-
comédie. *Lille, Ig. Fievet et L. Danel*, sans date,
in-8. de 28 pp. et 1 f. non chiffré. Vendu 10 fr. Il
est impr. avec les mêmes caractères que la *Peau
de bœuf*.

Le même catalogue, n° 4756-59, nous fait connaître
trois opéras italiens, avec traduction française,
impr. à Valenciennes en 1710 et 1711. Le dernier
sous ce titre :

ABELLE, oratorio (avec la trad. française en regard). *Valenziena, Gabr.-Fr. Henry*, 1711, in-8.
de 69 pp. impr. avec les caractères employés pour le
Théâtre de l'Electeur de Cologne, dont nous
venons de parler.

PECHON de Ruby, gentilhomme breton.

Vies des Marcelots, Gueuz et Boëmiens,
contenant leur façon de viure, subtilitez
et gergon, mis en lumiere par Pechon de
Ruby; plus a esté aiousté un dictionnaire
en langage blesquin, avec l'explication
en vulgaire. *Lyon, Jean Jullieron*, 1596,
pet. in-8. de 39 pp. [17828]

La plus ancienne édition connue de ce livre singulier.
Indépendamment de celles dont nous allons parler
plus bas, il y en a encore une de *Paris*, 1612, et
une autre de 1618, pet. in-8., portées toutes les
deux dans le catalogue de La Valliere, en 3 vol.,
n° 3913, articles 65 et 66. L'ouvrage a été réimprimé dans le 8° vol. de la collection de Techener
(voy. JOYEUSETEZ), et aussi dans le 8° vol. des
Variétés publiées par M. Ed. Fournier. Pechon
de Ruby est évidemment un nom supposé.

— LA VIE genereuse des Mattois, Gueux, Boëmiens
et Cagoux, contenant leurs façons de vivre, subti-
lités et gergon, avec un dictionnaire en langage

Peber (*Pablo* de). Histoire financière de l'empire
britannique, 27060.

Pecchia. Storia di Napoli, 25733.

Pecchio (*Jos.*). Histoire de l'économie politique en
Italie, 4036.

Pecci (*G.-A.*). Memorie di Siena, 25568. — La città
diletta di Maria, 25569.

Pechlinus (*J.-N.*). De Habitu Æthiopum, 5656. —
Observationes medicæ, 7420.

---

blesquin... avec l'explication vulgaire mieux qui
n'a esté aux precedentes impressions. *Paris, P.
Ménier*, 1622, pet. in-8. de 31 pp. chiffrées.

Vend. 34 fr. La Valliere.

Réimpr. à *Troyes, Nic. Oudot*, 1627, in-12, et plusieurs fois depuis.

PECK (*Francis*). Desiderata curiosa, or a

collection of divers scarce and curious
pieces relating chiefly to matters of english history; a new edition greatly corrected, with some memoirs of the life
and writings of M. Peck (by Th. Evans).
London, 1779, 2 vol. in-4. fig. 1 liv.
10 sh. à 2 liv., et plus en Gr. Pap. [26838]

La première édition de cette collection, *London*,
1732-35, 2 vol. in-fol., conserve à peu près le même
prix que celle-ci.

— MEMOIRS of·the life and actions of Cromwell as
delivered in three panegyrics of him written in
latin, with an english version of each : the whole
illustrated with large historical preface; many
similar passages from the Paradise lost and other
works of John Milton; and notes from the best
historians : to all which is added a collection of
diverse curious historical pieces relating to Cromwell and a great number of other remarkable
persons. *London*, 1740, in-4., avec 4 portraits.
1 liv., et plus en Gr. Pap. [26975]

— NEW Memoirs of the life and poetical works of
John Milton : illustrated with prefaces and notes.
London, 1740, in-4., avec le portrait de Milton.
15 à 18 sh. [30902]

— ACADEMIA tertia anglicana, or the antiquarian
annals of Stanford in Lincoln, Rutland and Nor-
thampton Shires. *London*, 1727, in-fol. fig. 2 liv.,
et plus en Gr. Pap. [27081]

— ANTIQUITIES, 27248.

PECKHAM (sir *George*). A trve reporte

of the late discoueries, and possessions,
taken in the right of the crowne of
Englande, of the New-found Landes :
by that valiaunt and worthye gentleman, sir Humfrey Gilbert, knight :
wherein is also breefly sette downe her
highnesse law full tytle therevnto, and
the great and manifolde commodities,
that is likely to grow thereby, to the
whole realme in generall, and to the
aduenturers in particular : together with
the easines and shortnes of the voyage.
*London, by I. C. (Iohn Charlewood),
for Iohn Hinde*, 1583, in-4. [20728]

Cet ouvrage n'est pas moins rare que celui de Hun-
frey Gilbert, auquel il se rapporte (voir II, col.
1591). Il s'y trouve une dédicace à Fr. Walsingham,
par G. P. (George Peckham), suivie de vers composés par Fr. Drake, J. Hawkins, Martin Frobisher,
et autres, ensuite : *A supplementary volume*, et la
table du contenu. Le rapport occupe 25 ff., et, dans
l'exemplaire de M. Th. Grenville, il est suivi des
*Articles of assurannce betweene the Assignees of
sir H. Gilbert and the Adventurers*. Ce volume a
été payé 5 liv. 8 sh. à la vente de G. Chalmers.

PÉCLET (*E.*). Traité de la chaleur consi-
dérée dans ses applications. 3e édition,

Peck (*W.*). The Isle of Axholm, 27251. — History
of Bawtry, 27357.

refondue et accompagnée de 674 figures dans le texte. *Paris, V. Masson*, 1860-1861, 3 vol. in-8. 42 fr. [4284]

— Physique, 4230. — Éclairage, 4275. — Chauffage, 4284. — Matière tinctoriale, 4451.

PECORONE. Voy. GIOVANNI fiorentino.

PEDANTIUS, comœdia, olim Cantabrig. acta in coll. Trin., nunquam antehac typis evulgata. *Londini, excudebat W. S. impensis Rob. Mytbourn*, 1631, pet. in-12. [16177]

Cette pièce a été attribuée soit à Th. Beard, qui a été le maître d'école d'Oliv. Cromwell, soit à M. Wingfield, et même dans le catal. Soleinne à un J. Burdens dont Lowndes n'a pas fait mention. C'est un petit volume de 167 pp., non compris 2 ff. prélim. pour le titre et la liste des personnages, derrière laquelle sont deux petites vignettes en taille-douce représentant *Dromodotus* et *Pedantius*. 15 fr. 50 c. Soleinne, et de 10 sh. à 1 liv. 1 sh. à Londres.

PEDO albinovanus. Pedonis albinovani elegiæ tres et fragmenta, cum notis varior. et Th. Goralli [Joan. Clerici]. *Amstelod.*, 1703. = P. Cornelii Severi Ætna, accessit P. Bembi Ætna. *Ibid.*, 1703, 2 tom. en 1 vol. pet. in-8. 5 à 8 fr. [12524]

La même édition a reparu avec un nouveau titre, daté de 1715.

PEDRO de Alcala. Arte para ligeramēte saber la lēgua araviga. = Vocabulista aravigo en letra castellana. (in fine): *Fue interptada esta obra y vocabulista de romance en aravigo en la grande y muy nonbrada cibdad de granada por fray Pedro de Alcala muy idigno frayle de la orden dl gl'ioso dotor san Jeronimo... en el año del señor d mill y quiniētos y un años. fue impressa y acabada por Juan Varela de Salamāca impressor en la dicha cibdad d granada. A cinco dias del mes de hebrero de mill z quiniētos z cinco años* (1505), 2 tom. en 1 vol. in-4. goth. [11582]

Livre fort rare, surtout quand il est complet. La première partie, renfermant la grammaire, a des signatures de *a* jusqu'à *f*, par cah. de 8 ff., y compris le frontispice avec les armes de l'archevêque de Grenade, et au verso une fig. sur bois, le prologue et le texte, signat. aij jusqu'au 6e f. du cah. L, seconde signature. La souscription est au recto de l'avant-dernier feuillet, au verso duquel commencent les nombres en romance et en arabe. Ces nombres finissent au recto du dernier f., et au verso de ce même f. se voient les armes de la ville de Grenade. Le vocabulaire seul a été vend. jusqu'à 500 fr. (Catalogue B. D. G.) en mai 1824; 99 fr. de Sacy; 75 fr. Quatremère, et avec la grammaire, dans laquelle il manquait un feuillet, 138 fr. en mai 1826.

PEDRO (*Hieronimo*) de Cordova, primero

fundador de la orden de los Predicadores en las yslas del mar Oceano. Doctrina xp̄iana para instruccion y informaciō de los Indios, por manera de hystoria. *La qual fue empressa en Mexico por Mandado del... Don Juan Cumarraga primer obispo desta ciudad, y a su costa. Año* 1544, in-4. [1400]

Livre d'une grande rareté (7 liv. 10 sh. Heber). Salvá en rapporte le titre à la p. 56 de la 2e part. de son catalogue, mais il est mieux décrit dans la *Biblioth. heber.*, VII, n° 4780. La souscription finale en est ainsi conçue : *Al hōra y gloria de nuestro señor Jesu Christo y de su bendita madre a qui se acaba la presente doctrina que los padres de la orden de sancto Domingo en principio nombrados ordenaron para el catechismo y instrucion de los Indios, assi como va por modo de hystoria ; para que mas facilmente puedan comprehender, entender o retener en la memoria las cosas de nuestra sancta fe, etc. Impressa en la grand y mas leal ciudad de Mexico, en casa de Juan Cromberger, que sancta gloria aya a costa del dicho señor Obispo. Acabose de imprimir Año de MDXLIV, etc.* — Cet opuscule, comme on le voit, a été imprimé sous l'autorité et aux frais de l'archevêque de Mexico, et il porte bien certainement, au commencement et à la fin, la date de 1544 ; d'ailleurs la souscription rapportée ci-dessus ne laisse aucun doute sur le lieu de l'impression (pour une autre édit. mexicaine sous la même date, voy. ÇUMARRAGA Juan). C'est donc jusqu'ici une des plus anciennes productions des presses mexicaines avec une date certaine que l'on puisse citer, puisque la date de la *Escala del Paradiso*, de saint Jean Climaque (voy. l'article JOANNES Climacus) n'est pas bien authentique. Autre chose remarquable : le nom de *Juan Cromberger*, qui se lit dans la souscript. de la *Doctrina christiana*, est accompagné des mots *que sancta gloria aya*, et cela prouve que cet imprimeur célèbre était déjà mort. C'est ce que nous voyons aussi dans plusieurs livres imprimés à Séville, *en las casas* du même *Juan Cromberger*, avant, durant et après l'année 1544; comme, par exemple, dans le 9e livre de l'Amadis de Gaule, de 1542, où le nom de Cromberger est suivi de q̃ dios perdone, et dans l'Onzeno de Amadis, édition de 1546, où la formule *que sancta gloria aya* accompagne ce même nom. Or si ce Juan Cromberger de Séville a véritablement formé un établissement à Mexico, ce doit avoir été antérieurement à l'année 1542, puisqu'alors il avait déjà cessé de vivre; et ce qui se sera imprimé depuis dans sa maison de Mexico, comme dans celle de Séville, l'aura été pour le compte de ses héritiers. C'est un fait sur lequel nous nous arrêtons, parce que Cotton (*Typogr. Gazetteer*), dans son article *Mexico*, où il ne cite d'ailleurs aucun livre impr. dans cette ville avant 1549, n'en a pas fait mention. — Voyez RIKEL.

PEDRO de Portugal. Coplas fechas por el muy illustre señor Dõ Pedro de Portogal : en las quales hay mil versos con sus glosas contenientes del menosprecio : e contempto de las cosas fermosas del mundo : e demostrando la su vana e feble beldad... *Acabáse las coplas fechas por el muy illustre señor infante dõ Pedro de portogal. D. Gracias.* (sin año ni lugar de impresion), in-fol. goth. de 34 ff. non chiffrés. [15345]

Édition qui paraît avoir été imprimée à Lisbonne, avant la fin du xve siècle. Dans l'exempl. décrit

Pecori (*L.*). Storia della terra di S. Gimignano, 25552.

Pecquet. Lois forestières, 2614.

Pederoba (*Mar.* da). Prediche, 1504.

par Mendez, p. 137, se trouvait un feuillet séparé, impr. avec les mêmes caractères et sur le même papier que ces *Coplas*, et qui renfermait la *Glosa famosissima sobre las coplas de Don Jorge Manrique*. — Les poésies de l'infant Don Pedro font partie du Cancionero de Rezende.

Hain, nº 12543, indique très-sommairement, et sans en marquer le format, deux éditions des *Coplas* de D. Pedro, à la fin desquelles on lirait : *Impressas seis annos depois que em Basiéla fôra achada a famosa arte de imprimissão*. — *impressas nove annos depois de inventada a famosa arte da imprimissão.*

PEDRO conde de Barcelos. Voy. LAVAÑA.

PEDRUSI (*Paolo*). I Cesari in oro (in argento, in medaglioni, in metallo grande, in metallo mezzano e picolo), raccolti nel Farnese museo, e pubblicati colle loro congrue interpretazioni. *Parma*, 1694 à 1727, 10 vol. in-fol. fig. [29817]

Collection peu estimée dont les deux derniers volumes ont été rédigés par le P. Piovene : 50 à 60 fr. Vend. 100 fr. *m. r.* de Cotte.

PEELE (*George*). Dramatic works; now first collected, with some account of his writings and notes, by the rev. Alex. Dyce. *London, Pickering*, 1828, 2 vol. pet. in-8. [16881]

Il a été tiré douze exempl. en Gr. Pap. — Réimpr. en 1829, 2 vol. pet. in-8., avec un 3e vol. ajouté en janvier 1830 : 1 liv. 1 sh.

G. Peele, contemporain de Shakspeare, a composé différents ouvrages en vers et plusieurs pièces de théâtre, dont les éditions originales, aujourd'hui très-rares et d'un grand prix, sont indiquées dans le Manuel de Lowndes, nouvelle édition pp. 1814-16, En voici une que Milton parait avoir eue sous les yeux lorsqu'il composa son Comus (voy. MILTON).

— THE OLD WIVES TALE, a pleasaunt conceited comedie, played by the queenes majesties players. *London, impr. by John Danter*, 1595, in-4. Vend. 12 liv. Steevens, et jusqu'à 33 liv. 10 sh. Heber.

Citons encore, à cause de son prix :

THE ARAYGNEMENT of Paris, a pastorall, presented before the Queenes MAIESTIE by the children of her Chappell. *London, by Henrie Marsh*, 1584, in-4., signat. A—E par 4.

Pièce publiée sans nom d'auteur. 15 liv. 4 sh. 6 d. Inglis's old plays ; 26 liv. 10 sh. 6 d. bel exemplaire Heber.

PEERSON (*Martin*). Basses, mottects or grave chamber mvsique. *London*, 1630, in-4.

Recueil de vingt-cinq morceaux. 1 liv. 19 sh. Perry.

— PRIVATE musicke, or the first booke of ayres and dialogues, contayning songs of 4, 5 and 6 parts of several sorts, and being verse and chorus, is fit for voyces and viols. *London*, 1620, in-4.

PEGGE (*Samuel*). Curialia, or an historical account of some branches of the royal household, etc. *London*, 1791, in-4. [26814]

Peel (*Rob.*). Speeches, 12220.
Peerlkamp (*P. Hofm.*). Vitæ aliquot Batavorum, 30853.
Peet (*Jos.*). Grammar of the malayalin language, 11893.

Ce livre ne contient ordinairement que trois parties, dont la 1re a paru en 1782, la 2e en 1784, et la 3e en 1791, avec un titre général. Mais J. Nichols, ayant acheté les manuscrits de l'auteur, fit imprimer, en 1806, une 4e et une 5e partie, dont malheureusement presque tous les exemplaires furent détruits, ce qui a rendu fort rares ceux qui sont complets et les a fait porter à 5 liv. 5 sh. On peut réunir à ce volume *Curialia Miscellanea, or Anecdotes of old times: regal, noble, gentilitial and miscellaneous*, London, 1818, in-8.

— Anecdotes·of the english language, 11341.

Un autre Samuel Pegge, père du précédent, a écrit un certain nombre d'ouvrages qui tiennent directement ou indirectement à l'histoire d'Angleterre (Lowndes, nouv. édit., p. 1818, et *Biblioth. grenv.*, III, p. 352), et parmi lesquels nous remarquons celui dont voici le titre :

THE FORM of Cury, a roll of ancient english cookery compiled about A. D. 1390 by the master cooks of king Richard II (edited from Mr. Brander's manuscripts, with notes and glossary). *London*, 1780, in-8., avec un portr. gravé par Basire, — ou seconde édition, 1791.

PEIGNÉ-DELACOURT. Recherches sur le lieu de la bataille d'Attila, en 451. *Paris, Claye*, 1859, in-4. orné d'une carte et de planches chromo-lithogr. rehaussées d'or. Tiré à petit nombre. 25 fr. [23120]

— La Chasse à la haie, 10444.

PEIGNOT (*Gabriel*). Dictionnaire de bibliologie. *Vesoul et Paris*, 1802-4, 3 vol. in-8. [31123]

Gabr. Peignot, écrivain facile et d'une érudition variée, a publié avec succès un assez grand nombre d'ouvrages, qui, pour la plupart, se rapportent à l'histoire littéraire. De toutes les productions bibliographiques de l'auteur, le *Dictionnaire de bibliologie* est peut-être celle dont le plan est le mieux conçu ; mais malheureusement les détails, qui laissaient déjà beaucoup à désirer il y a soixante ans, sont aujourd'hui tout à fait arriérés. Cependant nous les voyons journellement reproduits par des écrivains dont l'érudition bibliographique est empruntée aux compilations de Peignot. Heureusement que M. Gustave Brunet nous a donné, en 1860, un ouvrage beaucoup meilleur, dans le 5e vol. gr. in-8. du *Dictionnaire de bibliologie catholique*, imprimé au Petit-Montrouge, chez M. l'abbé Migne ; Voy. ce nom.

ESSAI de curiosité bibliographique. *Vesoul et Paris*, 1804, in-8.; impr. à 300 exempl. en pap. vél., dont quelques-uns en pap. superfin. Plusieurs ont un supplément de 18 pp. 11 fr. Solar. [31354]

Les *Variétés, notices et raretés bibliographiques* du même auteur, Dijon et Paris, 1822, in-8., également tirées à 300 exempl., plus 2 sur pap. bleu, font suite au précédent *Essai*. L'édition des deux ouvrages est depuis longtemps épuisée, ainsi que celle de l'article suivant :

DICTIONNAIRE critique, littéraire et bibliographique des principaux livres condamnés au feu, supprimés ou censurés ; précédé d'un discours sur ces sortes d'ouvrages. *Vesoul et Paris*, 1806, 2 vol. in-8.; se paie jusqu'à 24 fr. dans les ventes. — Il en a été tiré 8 exemplaires en pap. vélin, 2 en pap. rose (30 fr. Solar), et 2 en pap. bleu.

RÉPERTOIRE de bibliographies spéciales, curieuses et instructives, contenant des notices raisonnées, 1º des ouvrages imprimés à petit nombre d'exemplaires ; 2º des livres dont on a tiré des exemplaires sur papier de couleur ; 3º des livres dont le texte est gravé ; 4º des livres qui ont paru sous le nom d'Ana..... *Besançon et Paris*, 1810, in-8. 6 à 8 fr. [31354]

Les deux premières parties de ce Répertoire reproduisent, avec des augmentations, un ouvrage du même auteur imprimé en 1808 et tiré à 100 exemplaires seulement, sous le titre de *Bibliographie curieuse*, gr. in-8., pap. vélin. 10 fr. 50 c. Solar.

RÉPERTOIRE bibliographique universel, contenant la notice raisonnée des bibliographies spéciales publiées jusqu'à ce jour, et d'un grand nombre d'autres ouvrages de bibliographie. *Paris, Renouard*, 1812, in-8. [31797]

A.-A. Renouard a été l'éditeur de cet ouvrage et en a revu et corrigé une partie des articles : 7 fr. 50 c. — Il y a quatre exemplaires en Gr. Pap. vél. et deux en Gr. Pap. de Hollande.

G. Peignot, qui avait déjà donné, à Vesoul, en l'an IX (1801), un *Manuel bibliographique*, in-8., très-imparfait, a fait paraître depuis, sous le titre de Manuel du bibliophile, *Dijon, Lagier*, 1823, 2 vol. in-8., un ouvrage beaucoup meilleur et qui est une nouvelle édition fort augmentée de son *Traité du choix des livres* (Dijon, 1817), in-8. Il y a des exemplaires du second ouvrage en pap. ordinaire, en pap. fin, en pap. vélin, et trois exempl. en pap. rose. [31339]

ESSAI sur l'histoire du parchemin et du vélin, *Paris, Renouard*, 1812, in-8. 6 à 9 fr. [30169]
Édition tirée à 250 exemplaires, plus quatre en Gr. Pap. vél. et deux sur VÉLIN.

RECHERCHES historiques et littéraires sur les danses des morts et sur l'origine des cartes à jouer, ouvrage orné de cinq lithographies et de vignettes. *Dijon, Victor Lagier*, 1826, in-8. pap. vél. 15 à 18 fr.—Tiré à petit nombre. [31804]
Un des ouvrages les plus curieux de l'auteur : 25 fr. Solar.
Les productions bibliographiques de G. Peignot, quoi-qu'elles soient un peu trop superficielles, sont en général bien rédigées et se font lire avec intérêt; il est seulement à regretter que l'auteur n'ait presque jamais eu sous les yeux les livres dont il parle, et qu'il n'ait pas été plus sévère dans le choix de ses matériaux. Au reste, toujours modeste dans ses écrits, toujours rempli d'indulgence pour ceux des autres, cet estimable homme de lettres a dû rencontrer plus d'amis que de censeurs; et d'ailleurs, il est juste de le reconnaître, ses ouvrages ont beaucoup servi à populariser la bibliographie.

AMUSEMENS philologiques, ou variétés en tous genres; seconde édition, revue, corrigée et augmentée, par G. P. Philomneste. *Dijon, Victor Lagier*, 1824, in-8. 6 fr.—Pap. fin, 7 fr. [18340]
Cet ouvrage, qui répond parfaitement à son titre, a eu beaucoup de succès. La première édition a été imprimée à *Besançon*, en 1808; mais la seconde est meilleure sous tous les rapports. Il en a été tiré 20 exempl. sur Gr. Pap. vél. — Une 3e édition, augmentée, a paru à Dijon, en 1842.
Voici deux ouvrages du même auteur, qui sont une suite naturelle des Amusemens philologiques :

LE LIVRE des singularités. *Dijon, Victor Lagier*, 1841, in-8. 6 fr.—Pap. fin, 7 fr. [18341]
PREDICATORIANA, ou révélations singulières et amusantes sur les prédicateurs. *Ibid.*, 1841, in-8. 6 et 7 fr. [18549]

Autres ouvrages de Gabriel Peignot.

DE LA MAISON royale de France, ou précis généalogique sur la famille de Bourbon et sur ses illustres aïeux, depuis saint Arnoul, en 596... *Dijon, Noellat*, 1815, in-8. de LXIV et 432 pp., avec 7 pl.—
Précis chronologique du règne de Louis XVIII, en 1814, 1815 et 1816. *Dijon et Paris*, 1816, in-8. Ces deux ouvrages ont été réunis sous le titre d'*Abrégé de l'histoire de France*..... 1819; après la p. 432 du premier se trouve un *Précis chronologique des événements survenus, tant en France que dans les différents Etats de l'Europe, depuis 1814 jusqu'en 1819, avec pagination particulière*, VI et 116 pp. [24017]

PRÉCIS historique, généalogique et littéraire de la maison d'Orléans, par un membre de l'université. *Paris, Crapelet*, 1830, in-8., avec portrait. — Il a été tiré de ce volume 50 exempl. en pap. jésus vélin, avec le portrait avant la lettre sur papier de Chine. [24022]

DOCUMENS authentiques et détails curieux sur les dépenses de Louis XIV, en bâtimens et châteaux royaux (particulièrement Versailles); en gratifications et pensions accordées aux savans, gens de lettres et artistes....., d'après un manuscrit récemment découvert à Dijon... le tout accompagné de notes historiques, etc. *Paris, Renouard*, 1827, in-8. portr. Tiré à 300 exempl., dont 25 sur pap. vél. [23748]

DU LUXE de Cléopâtre dans ses festins, extrait lu à l'académie de Dijon. *Dijon, de l'imprimerie de Frantin*, 1828, in-8. de 23 pp. Tiré à 75 exempl. 17 fr. Solar.

CHOIX de testamens anciens et modernes, remarquables par leur importance, leur singularité ou leur bizarrerie, avec des détails historiques et des notes. *Dijon, Lagier, et Paris, Renouard*, 1829, 2 vol. in-8. 10 à 12 fr. Il y a 20 exemplaires en papier vélin. [31838]

RECHERCHES historiques sur la personne de Jésus-Christ et sur celle de Marie, etc., avec des notes philologiques, des tableaux synoptiques, par un ancien bibliothécaire (G. Peignot). *Dijon, Lagier*, 1829, in-8. de XXIII et 275 pp. [311]

DE L'ANCIENNE bibliothèque des ducs de Bourgogne de la dernière race. *Paris, J. Renouard*, 1830, in-8. de XXX et 60 pp. Tiré à 93 exempl., 10 sur pap. vél. et 2 sur pap. rose. — Ou sous le titre de *Catalogue...*, seconde édition, revue et augmentée du Catalogue de la bibliothèque des Dominicains de Dijon, rédigé en 1307. *Dijon, Victor Lagier*, 1841, in-8. 4 fr. [31368]

ESSAI historique sur la liberté d'écrire chez les anciens et au moyen âge; sur la liberté de la presse... *Paris, Crapelet*, 1832, in-8. 5 fr. [30034]

HISTOIRE morale, civile, politique et littéraire du Charivari, depuis son origine, vers le XIVe siècle, par le docteur Calybariat, de Saint-Flour, suivi du complément de l'histoire des charivaris, jusqu'en l'an de grâce 1833, par Eloi-Christophe Bassinet... (le tout par Gabr. Peignot). *Paris, impr. de Crapelet*, 1833, in-8. [17959]

ESSAI historique et archéologique sur la reliure des livres et sur l'état de la librairie chez les anciens. *Dijon*, 1834, in-8. de 84 pp. Tiré à 200 exemplaires. 3 fr.; — en Gr. Pap. 14 fr. 50 c. Solar.

HISTOIRE de la fondation des hôpitaux du Saint-Esprit de Rome et de Dijon, représentée en vingt-deux sujets gravés d'après les miniatures d'un manuscrit de la biblioth. de l'hôpital de la Charité, à Dijon, accompagnée d'une description et d'un précis chronologique. *Dijon, imprimerie de Douillier*, 1838, in-4., avec 22 grav. au trait. Tiré à 100 exemplaires. [24546]
Plusieurs dissertations du même auteur qui se rapportent à la ville de Dijon, sont indiquées sous le n° 24545 de notre table méthodique.
Les deux recueils suivants sont de Gabr. Peignot, quoi-qu'il les ait désavoués :

OPUSCULES philosophiques du frère Jérome, mises (sic) au jour par son cousin Gabriel P. *Paris, de l'imprimerie de Mercier*, an IV (1796), in-18. de vj et 143 pp., avec une gravure (prose et vers).

BAGATELLES poétiques et dramatiques, première partie, contenant les opuscules en vers, par G. P. B. D. L. H. S. (G. Peignot, bibliothécaire de la Haute-Saône). *Paris, Villiers, et Vesoul, Lepagnez*, an IX (1801), 2 part. in-8. de XI et 72 pp.; 2e part. 2 ff. prélim., 48 et 51 pp.
Le premier a été vendu 20 fr. et le second 30 fr. (v. f. tr. d.) de Soleinne; 15 fr. Solar, et 19 fr. en 1860. La 1re partie avait d'abord paru séparément sous le titre d'*Opuscule en vers*.

LA CRÉATION et le Paradis perdu, pot-pourri, par un Bourguignon. *Bagdad* (*Vesoul, de l'imprimerie de Babellier*, vers 1807), in-12 de 20 pp.

Opuscule facétieux devenu rare, parce que l'auteur en a supprimé avec soin les exemplaires. 24 fr. Solar; 13 fr. 50 c. en 1860.

Pour plus de détails sur les écrits de G. Peignot, il faut consulter la *Notice des ouvrages de bibliologie, d'histoire, de philologie, d'antiquités et de littérature, tant imprimés que manuscrits de Gabriel P****, Paris, Crapelet, 1830, in-8., opuscule dont l'auteur n'a fait tirer qu'un petit nombre d'exemplaires.

Un catalogue plus complet des ouvrages du même écrivain a été donné depuis sa mort par M. P. Deschamps, dans une très-bonne monographie qui a pour titre :

NOTICE biographique et bibliographique sur Gabriel Peignot, par P. D. *Paris, Techener*, 1857, gr. in-8. de 60 pp. Tiré à 125 exemplaires, dont 15 sur Gr. Pap. vél., 3 sur papier chamois et 2 sur papier vert. — Contenant 96 articles.

Plusieurs des ouvrages portés dans ce catalogue, n'ayant été tirés qu'à un petit nombre, sont devenus rares et se payent dans les ventes fort au-dessus de leur prix primitif et de leur véritable valeur.

— Hivers rigoureux, 4297. — Lettres, 18853.

On doit à M. P. Milsand une nouvelle notice bibliographique sur les ouvrages de Peignot ; elle est par ordre alphabétique.

— Voyez MAILLARD (*Olivier*), et au mot TABLEAU.

PEIL (*Joan.*). Tabula processum seu ordinem ultimi judicii divini et criminalis exhibens, cum brevi demonstratione... quibus figuræ tabulam illustrantes suo quæque loco inseruntur. *Cliviæ*, 1625, pet. in-4. [2008]

Livre singulier où se trouvent un tableau en forme d'arbre généalogique et onze gravures sur cuivre qui se rapportent aux différentes sections de ce tableau, lesquelles sont expliquées par un texte écrit par un protestant. Un exemplaire rel. en *mar. bl.* est porté à 65 fr. sous le n° 53 du Bulletin du bibliophile, p. 1102 de la 15e série, où l'on fait bien connaître l'ouvrage.

PEINTURES des vases antiques de la collection de S. Exc. M. le chevalier Hamilton (avec des explications en italien et en français, par Franç. Fontani et autres). *Florence, société chalcographique*, 1800-1803, 4 vol. gr. in-fol. fig. [29625]

Cette édition est une copie de celle de Tischbein, imprimée en 1791 (voy. TISCHBEIN); on en a retranché le discours préliminaire du chevalier Hamilton, mais on y a ajouté les explications du quatrième volume qui n'existent pas dans la première édition. Le texte des trois autres volumes est tiré de celui d'Italinski. Le prix était de 220 fr. (106 fr. Boutourlin ; 180 fr. Raoul Rochette), et avec fig. color., de 560 fr.

PEJACHEVICH (*Fr.-X.*). Historia Serviæ, sive colloquia XIII de statu et religione Serviæ ab exordio ad finem; sive a sec. VIIe ad XVe : Opus posthumum. *Colocæ, sumptibus Math. Fran. Kenticza*, 1799, in-fol. fig. [27924]

Peu commun en France.

Peirce (*Benj.*). Mechanics, 8079.
Peirouse (Picot de La). Voyez Lapeyrouse.
Peisse (*L.*). La médecine et les médecins, 6499.

PELAGIUS. Alvari Pelagii [Paes] de planctu ecclesiæ libri duo. — *Per honorabilē virum Joãnez Zainer de Rutlingen pcreatum vrbe Ulm ɔmorantem........ anno Dñi millesimo q̃dringētesimo septuagesimo quarto...*, 2 part. en 1 vol. in-fol. à 2 col. [3193]

Première édition, très-belle et assez recherchée. Le vol. contient en tout (selon *Panzer*) 406 ff., y compris l'index de 7 ff. placé au commencement, et la table alphabétique en 8 ff., placée à la fin. M. Dibdin a compté dans l'exemplaire de lord Spencer qu'il a décrit (*Ædes althorp.*, n° 1204) 118 ff. pour la 1re part. et 271 pour la 2e, ce qui, avec les 15 ff. pour la table et l'index, formerait 414 ff. De son côté, M. Van Praet a trouvé 410 ff. dans l'exemplaire de La Valliere. Vend. 221 fr. Gaignat; 120 fr. La Valliere; 38 fr. de Servais ; 80 fr. *mar. r.* MacCarthy, et 3 liv. 5 sh. Heber; 69 fr. Costabili.

Les éditions de *Lyon*, 1517, et de *Venise*, 1560, in-fol., sont à très-bas prix.

PELAGONII veterinaria, ex richardiano codice exscripta et a mendis expurgata ab Jos. Sarchianio, nunc primum edita cura C. Cionii : accedit Sarchianii versio italica. *Florentiæ, Pezzati*, 1826, in-8. de 288 pp. 6 à 7 fr. [7690]

Cette publication a donné lieu à un Mémoire du docteur Girolamo Molin, sous le titre suivant :

LA VETERINARIA di Pelagonio, pubblicata in Firenze nel 1826......... *Padova*, 1828, gr. in-8. de 54 pp.

PELBARTUS. Pomerium sermonum de beata virgine vel Stellarium Corone beate virginis; per religiosum... fratrem Pelbartum de Themeswar ordinis minorum de observantia : diligentissime complexum. (in fine) : *Impressum Lugduni per... Ioannem cleyn...* (absque anno), in-4. goth. [1421]

Cette édition lyonnaise, de la fin du XVe siècle, est rare, ainsi que toutes celles du même ouvrage et des autres sermons latins du même prédicateur, imprimés avec ou sans date avant l'année 1536 , et qui sont décrits, soit dans le Manuel de Lowndes, nos 12548 à 12566, soit dans la table formant le XIe volume des *Annales* de Panzer, pages 23-24 et 589-90.

PELEGRIN. Tropheo del oro, donde el oro muestra su poder mayor que el del sol , y de la tierra, con alegaciones de todas las tres partes pretendientes haviendo cada una de ellas contado su valor, compuesto por Blasco Pelegrin. *Zaragoça, en la officina de Domingo de Portonariis*, 1579, in-4. de 2 ff. et 138 pp. [15158]

Poëme peu commun.

PELEGRIN ou Pelerin (*Jean*). V. VIATOR.

PELERIN de Vermandois. V. CHAPELET de virginité.

PÈLERINAGE (le) de Colombelle et Volontairette. Voy. BOLSWERT. — de la vie humaine ; et de l'ame. Voy. GUILEVILLE (*Guill.* de).

PELET (*Jean-Jacques-Germain*, baron). Mémoires militaires relatifs à la succession d'Espagne sous Louis XIV, extraits de la correspondance de la cour et des généraux, rédigés au dépôt de la guerre, de 1763 à 1788, sous la direction du lieutenant général de Vault, mort en 1790. Publiés avec le concours du ministre de la guerre par le ministre de l'instruction publique. Avec une introduction par le général Pelet. *Paris*, 1836-1862, in-4., vol. I à XI, et un atlas. [26090]

Ce grand ouvrage fait partie de la collection des *Documents historiques* publiée aux frais de l'Etat ; nous la plaçons ici sous le nom du général Pelet qui a écrit l'introduction et surveillé l'impression jusqu'au tome X. C'est sous la direction de ce général qu'a été gravée la grande *carte de France*, dont nous avons parlé, t. I, col. 1603.
— Introduction aux campagnes de l'empereur Napoléon, de 1805 à 1809, et mémoires sur la guerre de 1809, n° 8767.

PELETIER ou Pelletier du Mans (*Jacq.*). OEuvres poétiques. *Paris, Mich. Vascosan*, 1547, in-8. de 104 ff. [13779]

Recueil différent des *OEuvres poétiques* du même auteur, impr. en 1581 (voir ci-après) : vend. 19 sh. Heber ; 50 fr. mar. v. Nodier ; 47 fr. mar. bl. Giraud ; 106 fr. Solar, et 120 fr. Gancia.—Michel Vascosan avait déjà publié, en 1545, l'*Art poétique d'Horace*, trad. en vers par Jacq. Peletier, in-8.

— L'amour des amours, vers lyriques (contenant 96 sonnets, etc.). *Lyon, J. de Tournes*, 1555, in-8. de 153 pp. [13780]

30 fr. *mar. v.* Coste.

— La Savoye, poëme. *Anecy, Jacq. Bertrand*, 1572, pet. in-8. Rare.

Ce poëme a été réimprimé dernièrement en Savoie.

— Evvres poétiques, intituléez louanges, auec quelques autres écriz du même encore non publiez. *Paris, Rob. Coulombel, à l'enseigne de l'Alde*, 1581, in-4. [13781]

50 fr. mar. bl. Nodier ; 130 fr. ancienne rel. en vélin, Gancia.
Nous citerons encore du même auteur :
— L'ALGEBRE départie en deus livres. *A Lion, par Ian de Tournes*, 1554, pet. in-8. de 8 ff. prélim. et 238 pp. chiffrées jusqu'à 229. [7878]
Vend. 32 fr. Coste, et quelquefois moins.
— DIALOGUE de l'orthografe et prononciation françoëse, departi en deux livres. *Poitiers, Jean et Enguilbert Marnef*, 1550, pet. in-8., vend. 11 sh. Heber ; 22 fr. salle Silvestre, en 1842 ; 60 fr. mar. Solar ; 65 fr. Gancia.— Réimprimé, *Lyon, Jean de Tournes*, 1555, pet. in-8. de IV et 136 ff. [10984]
— L'ART POÉTIQUE départi en deus livres, avec les opuscules de l'auteur. *Lyon, Jean de Tournes et Guil. Gazeau*, 1555, in-8. de 118 pp. et un f. pour la marque de l'imprimeur. [13159]
50 fr. mar. r. Nodier, et revendu 65 fr. Solar ; autre exemplaire, 29 fr. v. br. Viollet Le Duc ; 20 fr. Coste.

Pelet de la Lozère (le comte). Précis de l'histoire des Etats-Unis, 28527.

PELEUS (*Julien*). Epithalame du grand Henry IIII, roy de France, et de Marie de Medicis : Plus quatre opuscules poétiques du même auteur. *Paris, Leon Cavellat*, 1601, pet. in-8. [13903]

La *Biblioth. franç.* de Goujet, t. XIV, p. 340, donne les titres des différents opuscules réunis dans ce recueil ; ce sont des morceaux sans aucun mérite poétique, mais qui ont un certain intérêt historique. Trois de ces opuscules avaient déjà été impr. à *Paris, par Denys Binet*, 1600, in-12.
L'avocat Peleus est auteur de plusieurs ouvrages historiques tout à fait oubliés. On en trouve la liste dans Moreri, article *Peleus*, et au même nom dans la table de la *Bibliothèque de la France*, du P. Lelong. Ses ouvrages de jurisprudence ont eu du succès dans le temps ; on les a réunis en un vol. in-fol. sous le titre d'*OEuvres* ; *Paris, Pierre Billaine*, 1631 ou 1638. [2761]
Voici deux opuscules du même avocat que leur sujet rend piquants.

QUÆSTIO nobilissima de solutione matrimonii ex causa frigoris, publice tractata et judicata. — QUÆSTIO singularis de solutione matrimonii ob defectum tesiium non apparentium, in senatu tractata et judicata. *Parisiis, Cl. Morellus*, 1602, in-8. [3204]

PELLAS (*Sauv.-And.*). Dictionnaire provençal et françois. *Avignon*, 1723, in-4. 8 à 10 fr. [11048]

PELLASSY de l'Ousle (*J.*). Histoire du palais de Compiègne ; Chroniques des séjours des souverains dans ce palais, écrite d'après les ordres de l'Empereur. *Paris, imprimerie impériale (se vend chez Jules Fontaine)*, in-fol. de 375 pp. [24180]

Ce beau volume a figuré avantageusement à l'exposition de Londres de 1862. Il est enrichi de 77 illustrations (planches, cartes, plans et culs-de-lampes), dus au talent de MM. Viollet Le Duc, A. et L. Guillemot, Jules Hée, Ribault, Lemaître, Fity, Leclerc, etc. Une partie des planches a été gravée d'après les épreuves photographiques exécutées par M. Léon Marganté. Les exemplaires mis dans le commerce se vendent 120 fr.

PELLE NEGRA. Operetta volgare di messer Jacobo Philippo Pelle Negra, Troiano, alla serenissima regina di Pollonia donna Bona Sforcesca di Aragona. *Stampata nella inclita citta di Venetia, per Nicolo Zopino e Vicentio Compagno*, 1524, pet. in-8. [14519]

Opuscule poétique fort peu connu. 53 fr. salle Silvestre, en avril 1859.

PELLENC (*César*). Les Plaisirs de la vie. *Aix, Jean Roize*, 1654, pet. in-8. de 8 ff. prélim. et 155 pp. [14149]

L'auteur de ces poésies y célèbre les plaisirs de la table. Son recueil se trouve difficilement. 25 fr. catal. de L. Potier, 1860, n° 1328.

Pelhaut (*Emile*). Catalogue de la bibliothèque de Nantes, 31854.

Pellat (*C.-A.*). Principes des Romains sur la propriété, 2497.

Pellegrini. Stampa di Venezia, 31260.

PELLEPRAT (le P. *Pierre*). Relation des missions de la Comp. de Jésus dans les Isles et dans la terre-ferme de l'Amérique méridionale; avec une introduction à la langue des Galibis, sauvages de la terre-ferme de l'Amérique. *Paris, Seb. Cramoisy*, 1655, pet. in-8. [21591]

Ce volume se trouve difficilement; on le recherche à cause de l'introduction à la langue des Galibis qu'il renferme. Cette dernière partie se rencontre quelquefois séparément : vend. 18 fr. Klaproth ; 14 fr. 50 c. Walckenaer; 42 fr. Erdeven.

PELLERIN (*Jos.*). Recueil de médailles des rois, qui n'ont pas encore été publiées (par Jos. Pellerin). *Paris*, 1762, in-4. fig. [29716]

Ce volume doit être réuni aux suivants :

RECUEIL de médailles de peuples et de villes. *Paris*, 1763, 3 vol. in-4. fig. [29717]

MÉLANGES de diverses médailles, pour servir de supplément aux recueils des médailles de rois et de villes. *Paris*, 1765, 2 vol. in-4. fig. [29718]

SUPPLÉMENS (4) aux six volumes de recueils des médailles de rois, de villes, etc. *Paris*, 1765-66, 2 vol. in-4. fig. [29719]

LETTRES (2) de l'auteur des recueils de médailles de rois, etc. *Paris*, 1770, in-4. fig. [29720]

ADDITIONS aux neuf volumes de recueils de médailles, etc. (par le même). *Paris*, 1778, in-4.

Ouvrage très-estimé, dont les 10 tomes sont ordinairement reliés en 9 vol. Comme depuis quelques années il s'en est répandu un certain nombre d'exemplaires dans le commerce, le prix, qui était jadis de 120 à 140 fr., est tombé à la moitié.

On peut ajouter à cette collection : *Observations sur quelques médailles du cabinet de Pellerin, par l'abbé Le Blond*, Paris, 1771, in-4. fig., ou *seconde édition, augmentée; suivie de remarques de Pellerin sur l'ouvrage d'Eckhel*, 1823, in-4. fig.

PELLETIER (D. *L.* Le). Dictionnaire de la langue bretonne. *Paris*, 1752, in-fol. [11209]

Publié par D. Ch. Taillandier, qui est l'auteur de la préface : 24 à 30 fr.: vend. 33 fr. Millin, et en Gr. Pap. 50 fr. *mar r.* Caillard.

PELLETIER (Dom *Ambroise*). Nobiliaire, ou armorial général de la Lorraine et du Barrois, en forme de dictionnaire. *Nancy, Thomas*, 1758, in-fol. Rare. [28874]

Tome premier, contenant les anoblis, où se trouvent les armes gravées et environnées de très-beaux cartouches et mises à côté de chacun des articles qui les concernent ; le second est resté en manuscrit. Vend. 24 fr. de Fontette, 116 fr. de Martainville.

PELLICER (*Gabr.*). Santa Maria Magdalena. — *Per Joan Jofre acabada. Valentia* M. D. v (1505), in-4. fig. sur bois. [vers 15107]

Cet ouvrage espagnol, que nous croyons écrit en vers, est dans le catal. de Crofts, nº 4592. Antonio n'a point connu l'auteur, mais il cite, volume II, p. 332, un

poëme anonyme intitulé : *Vida y conversion de la gloriosa Magdalena*, en octaves, lequel commence par ce vers :

Damas las que os preciais de tan hermosas.

Ce dernier ouvrage a été réimpr. dans le *Thesoro de divina poesia*, publié par Estevan de Villalobos, à *Tolède, Pedro Rodriguez*, 1587, in-8., et (réimpr. à) Séville, 1604, in-8. Il existe une édition du même *Thesoro* sous ce titre :

THESORO de divina poesia, recopilado por Estevan de Villalobos, y satiras morales de Alvaro Gomez. *Lisboa, Jorge Rodriguez*, 1598, in-8.

PELLICER de Ossan y Tovar (*Jos.*). Poblacion y lengua primitiva de España. *Valencia, Macè*, 1672, in-4. [25965]

Antonio, qui a donné un catalogue des nombreux ouvrages du très-fécond Jos. Pellicer, n'a pas indiqué celui-ci, qui n'a paru qu'après la publication de la *Bibliotheca formada de los libros y obras publicadas de D. Joseph Pellizer de Ossan y Tobar... con appendice de muchas que no estan impresas, y el catalogo de los escritores que hablan de ellas o contra ellas dentro, y fuera de España;* Valencia, Hier. de Villagrassa, 1671, in-8.

Les trois ouvrages suivants du même auteur méritent d'être cités :

MISSION evangelica al reyno de Congo, por la serafica religion de los Capuchinos. *Madrid*, 1649, pet. in-4. 14 fr. 2ᵉ catal. Quatremère.

APARATO a la monarchia antigua de las Españas, en los tres tiempos del mondo, el Adelon, el mithico, y el historico; primera parte. *Valencia, Macè*, 1673, in-4. [25967]

Vend. 6 flor. Meerman.

ANALES de la monarchia de España, despues de su perdida. *Madrid*, 1681, in-fol. [26006]

Publié après la mort de l'auteur par M. Pellicer. Vend. 7 flor. 25 c. Meerman.

PELLICOT (*Jean*). Traité de l'église de Dieu contre les Calvinistes et autres qui se sont séparés et divisés d'icelle pour faire secte à part, dédié à Monseigneur le comte de Carces. On les vend à Aix en la boutique de Thomas Maillou, libraire. (au verso du dernier f.) : *Imprime à Aix en Prouence par Pierre Roux, au deuant de la grant église S. Sauueur*, 1575, in-8. de 24 ff. non chiffrés et 85 pp. [1837]

Cet opuscule est regardé comme le premier livre imprimé à Aix en Provence, car ceux qui s'y sont vendus avant 1575 avaient été imprimés ailleurs. Pierre Roux est probablement le même qui a produit à Avignon, en 1557, les *Statuts et coutumes de Provence*, in-4. (voy. la col. 387 de notre tome II).

PELLINI (*Pompeo*). Historia di Perugia. *Venetia*, 1664, 2 vol. in-4. 10 à 12 fr. [25688]

Vend. 20 fr. Floncel.

Il existe un 3ᵉ vol. de cet ouvrage, mais les exemplaires en ont été supprimés avec tant de soin qu'ils ne se trouvent presque jamais.

PELLISSON ou Pélisson Fontanier (*Paul*). Relation contenant l'histoire de l'Académie françoise (anonyme). *Paris, P. Le Petit*, 1653, in-8. [30287]

Première édition de cet excellent morceau d'histoire littéraire; elle est rare et assez recherchée. 30 fr. *v. f. tr. d.* Bertin. Il en a été tiré des exemplaires en grand papier.

— LA MÊME relation, seconde édition. *Jouxte la copie imprimée à Paris, chez Aug. Courbé*, 1671, pet. in-12.

Jolie édition imprimée en Hollande et qui se place dans la collection des Elseviers.

L'ouvrage a été réimprimé sous le même titre, *Paris, L. Billaine* ou *P. Petit* ou *Jolly*, 1672, in-12, édition augmentée de plusieurs morceaux de l'auteur et du catalogue des académiciens reçus depuis 1652 jusqu'en 1671. — Et sous le titre d'*Histoire de l'Académie françoise*, Paris, Coignard, 1700, in-12.

HISTOIRE de l'Académie françoise, par M. Pellisson, avec des remarques et des additions, et une continuation, depuis 1652 jusqu'en 1700; par l'abbé d'Olivet. *Paris, J.-B. Coignard fils*, 1729, 2 tomes en 1 vol. in-4.

Réimprimé à *Paris*, en 1730, 2 vol. in-12, et enfin *troisième édition, revue et augmentée*, Paris, J.-B. Coignard, 1743, 2 vol. in-12. Édition qui était la meilleure avant celle qui a paru, *avec introduction, éclaircissements et notes*, par Ch.-L. Livet, *à Paris, chez Didier*, 1858, 2 vol. in-8. 12 fr.

Nous indiquons dans notre table méthod. les autres ouvrages de Pellisson, savoir : La Défense de Fouquet, 2746. — OEuvres, 19082. — Hist. de Louis XIV, 23730. Lettres, 23731. — Voy. LA SUZE.

PELLOQUIN (*Nicolas*). Comus. Voyez PUTEANUS (*Erycius*).

PELLOS (*Fr.*). Sen segue de la arte de arithmetica, et semblâtment de ieumetria dich' ho nominatz cõpendiõ de lo abaco (compilada es la opera per Fr. Pellos). — *Impresso in Thaurino lo present cõpendiõ de abaco per meistro Nicolo benedeti he meistro Jacobino luigo de sancto germano. Nel anno 1492 ad Di 28 de septembrio*, pet. in-4. goth. de 80 ff. chiffr. sign. a—k, avec fig. [7863]

Ce livre, écrit dans le dialecte de Nice, n'est indiqué ni par Panzer, ni par Hain. Il s'en trouvait un exemplaire à la première vente Reina, faite à Paris, en 1834, lequel, après avoir été vendu 20 fr., a été revendu 4 fr. seulement, parce qu'il y manquait 4 ff.; un autre, non relié, 70 fr. Libri-Carucci.

PELLOUTIER (*Sim.*). Histoire des Celtes; nouvelle édit., revue et augmentée d'un 4e livre de l'auteur, par P. de Chiniac. *Paris*, 1770-71, 2 vol. in-4. ou 8 vol. in-12. 20 à 24 fr. [23164]

Il y a des exemplaires de Pin-12 en papier de Hollande.

PELOUZE (*Théoph.-Jules*) et E. Fremy. Traité de chimie générale, comprenant les applications de cette science à l'analyse chimique, à l'industrie, à l'agriculture et à l'histoire naturelle; deuxième édition. *Paris, V. Masson*, 1853-56, 6 vol. gr. in-8. et atlas in-4. de 53 pl. 48 fr. [4401]

La 3e édition, entièrement refondue, 1860 et ann. suiv., est aussi en 6 vol.: les trois premiers pour la chimie organique, et les autres pour la chimie inorganique. Elle a de nombreuses figures intercalées dans le texte.

Les mêmes auteurs ont aussi donné :

NOTIONS générales de chimie. *Paris, V. Masson*, 1853, avec un atlas de 24 pl. in-8. en couleur, 22 fr. 50 c.

— Thermomètres, 4329. — Éclairage au gaz, 4427. — Art du maître de forges, 4762. — Secrets des arts et métiers, 10218.

PEMBROCHIÆ (*Th.* comes). Numismata antiqua in tres partes divisa, collegit olim et æri incidi vivens curavit Tho. Pembrochiæ comes. (*Lond.*), 1746, 2 vol. gr. in-4. fig. [29751]

Ouvrage peu commun et fort recherché : 40 à 50 fr. Vend. en *m. citr.* 44 fr. de Cotte; et en Gr. Pap. 51 fr. Chardin, en 1806; 120 fr. Mionnet; 186 fr. *mar.* Mac-Carthy, et 185 fr. Tochon d'Anney; 11 liv. 11 sh. Dent.

Quoique le titre indique seulement 3 part., l'ouvrage en contient 4. La première a 38 planch.; la seconde 98; la troisième, 129, et la quatrième, intitulée : *Nummi anglici et scotici*, 41; il y a de plus un titre particulier à chaque partie, et au commencement du 1er vol. un index en anglais, rédigé par Jos. Ames, lequel index a été impr. pour faire des présents, et ne se trouve pas dans tous les exemplaires. Le papier ordinaire est gr. in-4. et le Gr. Pap. est aussi haut qu'un in-fol.

PEMBROKE (*William*, earl of). Poems written by the right honorable William earl of Pembroke, lord Steward of his Majesties Houshold; where many of which are answered by way of repartee, by sir Benjamin Ruddier, knight; with several distinct poems written by them occasionally, and apart. *London, by Matthew Inman, sold by James Magnes*, 1660, in-12.

Poésies composées à la louange de Christine, comtesse douairière de Devonshire, et publiées, sur sa demande, par le fils du Dr Donne. On les a payées plusieurs fois de 2 à 4 liv. à Londres; les exemplaires *pap. fin*, destinés à des présents, sont plus chers.

Une réimpression de ce petit vol., avec une préface par Egerton Brydges, et tirée à 100 exempl., a paru à Londres, en 1817.

PEÑA (*Lazare*). Histoire des embelissements auec la methode pour guerir les maladies du cuir, de l'inuention de L. P. D. L. en la F. de M. *Paris, J. Berjon*, 1616, in-8. 6 à 9 fr. [7074]

L'auteur de cet ouvrage curieux n'est désigné que par ses initiales sur le titre de son livre, mais son nom et ses qualités se trouvent en toutes lettres à la fin de l'épître dédicatoire. Vendu, en *mar. r.*, 30 fr. Duplessis.

Peltier (*Jean-Gabr.*). Actes des apôtres, 23959.
Peltier (*Jean-Ch.-Athanase*). Météorologie, 4296.
Pemberton Hodgson (*Christ.*). Pyrenaica, 24696.
Pembroke (*H.* of). Military equitation, 10356.
Peña (*N.* Felin de la). Anales de Cataluña, 26106.

Pellizzari (*Fr.*). Manuale regularium, 3256.

PEÑA (D. *Juan* Nuñez de la). Conquista, y antiguedad de las islas de la Gran Canaria, y su descripcion, con muchas aduertencias de sus priuilegios; conquistatores, pobladores, y otras particularidades en la muy poderosa isla de Thenerife. *Madrid, Imprenta real, por Florian Anisson,* 1676, in-4. 10 à 15 fr. [28445]

Vend. 20 fr. Rætzel.

PEÑA (*Antonio* de la). Derrotero de la expedicion de la provincia de los Texas. *Mexico,* 1722, in-fol. [28618]

Vend. 27 fr. Rætzel.

PENDAGLIA (*Angelo*), Ferrarese. La bellissima novella del conte de Villanova gentilomo genoese. (*senza data,* sec. XVI), in-8. de 8 ff., sign. A et B, avec une vignette sur bois au frontisp. [17466]

Opuscule fort rare et peu connu. Gamba, 152.

PENDAGLIA (*Bart.*). Quattro canti del signor Bart. Pendaglia. *Ferrara, V. Panizza,* 1563, in-4. fig. sur bois. [14889]

L'auteur de ce poëme y donne la généalogie de sa famille, et fait mention de ses amis. 20 fr. Riva.

PENDNAMEH. Voy. FERID-EDDIN.

PENHALLOW (*Samuel*). The History of the war of New England with the Eastern Indian natives; or a narrative of their continued perfidy and cruelty. *Boston, U. S.,* 1726, in-12 de 4 ff. prélim., 134 pp. et advertissement, 1 f. [28573]

A cause de sa rareté ce petit volume a été payé 8 liv. 15 sh. Puttick, en mars 1861. Cependant il avait déjà été réimprimé avec une notice et des notes, à *Cincinnati,* en 1859, in-4.

PENIA (*Henricus*) ad reueren. Car. de Saulis de gestis Sophi côtra turcas. — Finis (*absque nota*), in-4. de 6 ff. car. ronds, signat. A. AII. AIII. [28077]

Édition originale d'une lettre datée : *Die* VI *Nouembri* M. D. XIIII, *ex Constantinopoli.* Elle a été reproduite dans un recueil impr. à Bâle, en 1515. — Voy. DAMIANUS (Janus) ; voyez aussi COPIE d'une lettre.

PENICHER (*L.*). Traité des embaumemens selon les anciens et les modernes. *Paris,* 1699, in-12. 4 à 6 fr. [28988]

Vend. 10 fr. Béclard.

PÉNITENCE (la) d'amour, en laquelle sont plusieurs persuasions et réponces trèsvtilles et prouffitables pour la récréation des esperitz qui veullent tascher a honneste conuersation avec les dames, et les occasions que les dames doibuent fuyr de complaire par trop aux pourchatz des hommes, et importunites qui leur sont faictes soubz couleur de seruice, dont elles se trouuent trompees, ou infames de leur honneur. R. B. (par René Bertaut, sieur de la Grise). M. D. XXXVII, in-16, fig. [17998]

Petit volume fort rare, au sujet duquel on peut lire la notice que Mercier de Saint-Léger a fait insérer dans le *Magasin encycl.,* 4e année, tome II, p. 99. Vend. 30 fr. m. *bl.* Méon ; 70 fr. en 1814, 1 liv. 3 sh. Hibbert. Il est imprimé en lettres rondes, et il consiste en 103 ff., signatures *a — nIII,* y compris le frontispice. On y voit d'assez bonnes gravures sur bois. Selon Du Verdier, ce livre est sorti des presses lyonnaises.

Pour un ouvrage espagnol sous le même titre, voy. VEBRA (*P.* de).

PENNACHI. Perugina, comedia noua de Augustino de gli Pennachi, cum gratia. — *Vinegia, Christoforo ditto Stampone,* 1526, pet. in-8. de 28 ff., signat. A—Gij. [16644]

Pièce dans laquelle la décence est peu ménagée. Un exemplaire en *mar. r.,* annoncé sous la date de 1529, 56 fr. de Soleinne.

PENNANT (*Thomas*). British Zoology. Class I, quadrupeds; class II, birds : published under the inspection of the Cymmrodorian Society (by Pennant). *London,* 1766, gr. in-fol. [5621]

Ce volume doit renfermer 162 pp. de texte, un index, 107 pl., et de plus un supplément de 25 nouvelles pl., avec les explications, mais qui manque dans la plupart des exemplaires. Quoique cette édition soit beaucoup moins complète que celle en 4 vol. in-4, les curieux la préfèrent à cette dernière, parce qu'elle est exécutée avec beaucoup plus de luxe. Vend. en *mar. r.* (sans le supplément), 148 fr. La Vallière, 9 liv. 9 sh. Dent ; 5 liv. 18 sh. Hibbert ; 30 fr. Huzard.

— ZOOLOGIA britannica CXXXII fig. æneis et color. ornata, lat. donavit Chr.-Th. de Murr (en latin et en allemand). *Augsbourg,* 1771-76, gr. in-fol.

Vend. 120 fr. Saint-Céran, et beaucoup moins depuis.

Cette traduction est faite sur la 2e édit. anglaise de *Londres,* 1768, 2 vol. gr. in-8. fig. avec 50 pl., plus complète que la première. On devait y ajouter par la suite les augmentations tirées de la 3e édition de 1770, en 4 vol. in-8.

— BRITISH Zoology, illustrated by plates and brief explanations. *Warrington and London,* 1776-77, 4 vol. in-4. fig.

Vend. 110 fr. m. *citr.* d'Hangard, et moins depuis. Quatrième édit., plus complète que la précédente. Il y a 113 pl. dans les deux premiers volumes, 73 dans le 3e, et 93 dans le 4e. — L'ouvrage a été impr. aussi en 4 vol. in-8. 40 à 50 fr. — La dernière édition est de *Londres,* 1812, 4 vol. in-8. avec 66, 48, 84 et 85 pl. 25 fr. Huzard.

— ARTIC Zoology (by Pennant). *London,* 1784-87 ou 1792, 3 vol. in-4., avec 25 pl., y compris le supplément. 24 à 30 fr., et plus en Gr. Pap. [5031]

Traduit en franç. sous ce titre : Le *Nord du globe,* Paris, 1789, 2 vol. in-8.

— INDIAN Zoology (by Pennant) ; second edition.

Peñalosa (*B.* de). Cinco excelencias del Español, 26106.

Penalver (*J.*). Diccionario de la lengua castellana, 11160.

Penhouel (*Arm.-Louis-Bon.* Mandet, comte de). Monuments armoricains, et autres ouvrages sur la Bretagne, 24441. — Lettres sur l'histoire ancienne de Lyon, 24599.

Peun (*W.*). Select Works, 2050. — Quakers, 22522.

London, 1790, pet. in-4., avec 16 pl. color. 10 à 12 fr. [5632]

Ouvrage d'une exécution très-médiocre. L'introduction est de Forster (voy. FORSTER). — La première édition, *Lond.*, 1769, in-fol., 1re part., n'a que 12 pl.

— SYNOPSIS of quadrupeds. *London*, 1771, in-8. de 382 pp. et 31 pl.

— HISTORY of quadrupeds ; the third edition. *London*, 1793, 2 vol. in-4. de 306 et 324 pp., avec 109 pl. selon Lowndes, 24 à 36 fr., et plus en Gr. Pap. [5670]

La première édition, *Lond.*, 1781, 2 vol. in-4., est moins complète.

— GENERA of birds. 1781, in-4. de 68 et xxv pp., avec 16 pl. [5733]

— INDEXES to Buffon Ornithology and the planches enluminées systematically disposed. *London*, 1786, in-4. frontispice, VIII et 122 pp. 1 liv. 1 sh.

— The Journey from Chester to London. *London*, 1782 ou 1786, in-4. avec 26 pl. 12 à 15 fr. [20326]

Il existe quelques exempl. en Gr. Pap., avec des marges enrichies d'ornements peints. — L'ouvrage a été réimpr. avec des notes, *Lond.*, 1811, in-8., avec 6 pl., 7 sh., et plus en Gr. Pap.

— JOURNEY from London to Dover and the isle of Wight. *Lond.*, 1801, 2 vol. gr. in-4. fig. avec 27 pl. et 2 cartes. 30 à 36 fr., et plus en Gr. Pap. [20325]

— TOUR from Downing to Alston Moor. *London*, 1801, gr. in-4. avec 27 pl. 12 à 15 fr., et plus en Gr. Pap. [20327]

— TOUR from Alston Moor to Harrowgate and Brimham Crags. *Lond.*, 1804, in-4. avec 9 pl. 10 à 12 fr. [20328]

— TOUR in Scotland, in the year 1769 (by Th. Pennant). *Chester and Warrington*, 1774, ou 4e édition, *London*, 1776, in-4. fig.

La première édition, *Chester*, 1771, in-8., et celle de 1774, se complètent par les *Additions* et l'appendice imprimé en 1774, in-8.

— TOUR in Scotland in the year 1772, and voyage to the Hebrides (by Pennant). *Chester and Warrington*, 1774-75, ou 2e édition, *Lond.*, 1776, 2 vol. in-4. avec 91 pl. [20343]

Ces deux ouvrages se trouvent ordinairement réunis : vend. 50 fr. Suard ; 106 fr. Morel-Vindé, et seulement 24 fr. Iluzard. — Gr. Pap. 5 liv. 5 sh. Sykes.

Les 3 vol. ont été réimpr. à *Londres*, 1790, dans le même format. — Voyez CORDINER.

— THE HISTORY of the Parishes of Whiteford and Holywell. *London*, 1796, gr. in-4. avec 22 pl. et 2 frontispices. 10 fr., et plus en Gr. Pap. [27379]

— ACCOUNT of London, 4th edition, illustrated with Smith's views. *London*, 1805, in-4. fig. 10 à 12 fr. [27096]

Il y a des exemplaires en Gr. Pap., format in-fol., ornés d'un certain nombre de planches ajoutées.

On réunit à cette édition : 1° *A copious Index to Pennant's London, arranged in strict alphabetical order*, by Thomas Down, London, 1814, in-4., et in-fol. de 66 pp.; 2° *An hundred and twenty views and portraits to illustrate the fourth edition of Pennant's Account of London;* London, 1815, in-4.

Les trois premières éditions ont paru à Londres, en 1790, 1791 et 1793, in-4., avec des augmentations successives. La 5e édit., de 1813, est in-8.

— ANTIQUARIAN and picturesque tour in Wales (by Th. Pennant). *Lond.*, 1778 or 1784, 2 vol. gr. in-4. fig. 24 à 30 fr. [20336]

Moyse Griffith, l'ami de Pennant, et qui a gravé une partie de ses planches, a donné, en 1781, comme supplément à cet ouvrage, 10 pl. additionnelles avec 4 ff. de description.

Réimprimé en 1810 et en 1821, 3 vol. in-8. avec 44 pl. : 20 à 24 fr.

— THE JOURNEY to Snowdon (by Th. Pennant). *London*, 1781, in-4. de 183 pp., frontispice gravé et 12 pl. [20339]

La réimpression de ce volume forme la première partie du second vol. de l'ouvrage précédent.

— OUTLINES of the globe, being view of Hindoostan, India extra Gangem, the Malayan isles, New-Holland, etc. *Lond.*, 1798 - 1800, 4 vol. in-4. fig. 36 à 40 fr., et plus en Gr. Pap. [27968]

Cet ouvrage n'est point terminé : 95 fr. Langlès.

— OF THE Patagonians. Formed from the relation of father Falkener, a Jesuit, who had resided among them thirty - eight years; and from the different voyages who had met with this tall race. *Printed by the friendship of George Allan, Esq., at his private press, at Darlington*, 1788, in-4. [28336]

Cette édition n'a été tirée qu'à 40 exemplaires, mais l'ouvrage a été réimprimé dans l'appendice de la biographie de Pennant ci-dessous. — Voyez aussi FALKENER.

La presse de George Allan a produit deux autres opuscules du même auteur, savoir : *Miscellanies*, in-4. de 28 pp., et *Catalogue of my works*, in-4. de 4 pp.

— THE LITERARY life of the late Th. Pennant, by himself with an appendix of his miscellaneous writings. *London*, 1793, in-4. portr. 6 à 9 fr. [30937]

Les ouvrages de Th. Pennant, dont les prix étaient originairement assez élevés, ont peu de valeur maintenant, car une collection en 23 vol. in-4. n'est portée qu'à 8 liv. 8 sh. dans le catal. de Willis, libraire de Londres, en 1857.

PENROSE (*F.-C.*). Principles of the athenian architecture, and the optical refinements exhibited in the construction of the ancient buildings at Athens, from a Survey. *London, Murray,* in-fol. [29368]

Ouvrage publié sous la direction de la *Dilettanti Society ;* il est orné de 40 pl. 5 liv. 5 sh.

PENSÉES morales de Louis XIV, depuis la ruine de Dieppe. *Cologne, P. Marteau,* 1695, pet. in-12 de 250 pp. 4 à 6 fr. [23861]

Vend. 8 fr. 50 c. La Valliere et Labédoyère.

ΠΕΝΤΑΛΟΓΙΑ, sive tragœdiarum græcarum delectus. Voy. TRAGŒDIARUM delectus.

PENTATEUCHUS hebraicus cum punctis et cum paraphrasi chaldaica et comment. rabbi Salomonis Jarchi. *Bononiæ, impress. per Abraham. Ben Chaiim pisaurensem, impens. Jos.-Chaiim Ben Aaron argentoratensis, feria VI, die V mensis Adar primi, anno conditi orbis V. CCXLII.* (*Christi* 1482), in-fol. de 219 ff. [392]

Première édition, très - rare. Un exempl. sur VÉLIN, 125 flor. Crevenna ; 420 fr. Mac-Carthy (il en existe 5 ou 6 autres); sur papier, avec 4 ff. plus courts que les autres, 100 fr. Reina.

— Pentateuchus sine punctis, cum chaldaica Onkelosi paraphrasi et commentario R. Salomonis Jarchi. *Iscar, seu Soræ*, 1490, pet. in-fol. de 264 ff.

Vend. 90 fr. Reina.

Livre plus rare encore que le précédent, et dont il
existe deux exempl. impr. sur VÉLIN. J.-B. de Rossi
(*Ann.*, p. 73), qui nous fait connaître cette édition,
en cite une autre également précieuse, in-4. à 2 col.
de 27 lign., sans lieu ni date, mais qu'il croit aussi
imprimée à *Sora*, de 1490 à 1495. Il s'en était procuré un exemplaire sur VÉLIN, imparfait à la fin.

— Pentateuchus, Cantici, Ruth, Joshua,
Lamentationes, Ecclesiasticus, Esther,
cum commentario R. Salomonis Jarchi,
hebraice. *Neapoli, per impressores
Soncinates, anno* CCLI (1491), pet.
in-fol. de 269 ff.

Édition très-rare, dont on connaît quatre exemplaires
imprimés sur VÉLIN, en comptant celui qui est
marqué 31 liv. 10 sh. sur le catalogue du libraire
Evans, de Londres, pour 1802. A la fin du Pentateuque on lit :

> *Interroganti cujus sit hoc opus*
> *Respondete illi : Filii Soncini disposuerunt me*
> *Urbi Neapolis anno 251 adscribatur.*
> *Erudiat eam Deus, et Regem ejus in lætitia.*

— Pentateuchus hebraicus, cum chaldaica
Onkelosi paraphrasi et commentario
rabbi Salomonis Jarchi. *Ulyssipone,
per Zachæum filium rabbi Eliezer,
mense av. ann. min. supp.* 251 (1491),
2 vol. pet. in-fol. ou gr. in-4. de 215 et
240 ff.

Autre édition fort rare. Un exemplaire sur VÉLIN,
190 flor. Crevenna ; 250 fr. Mac-Carthy.

Un exempl. de la première édition de ce commentaire, impr. séparément, sans date et sans indication de lieu, mais avant 1487, gr. in-4. : 62 flor.
Crevenna.

— Pentateuchus hebraicus cum punctis,
cum V Megilloth, videlicet canticum
canticorum, etc., necnon cum Haphtaroth, seu sectionibus propheticis.
*Brixiæ, per Gersonem filium rabbi
Mosis Soncinatem, lunæ die* XXIIII
mensis Schebat anno m. s. 252 (1492),
pet. in-4. [102]

Un exempl. de cette édition rare, imprimé sur VÉLIN,
154 flor. Crevenna ; 29 liv. 8 sh. Williams.

Il existe une autre édition de Bresse, 1493, in-8. ou
pet. in-4., dont J.-B. de Rossi avait un exemplaire
sur VÉLIN.

— Pentateuchus hebr. cum Haphtaroth et
V Megilloth. (*Ulyssipone, circa* 1494),
in-fol. de 190 ff. à 2 col. de 27 lign.

Un exempl. sur VÉLIN se conserve à la Bibliothèque
impériale de Paris.

— Pentateuchus, cum Targum, Haphtaroth, Megilloth ac varior. commentariis.
— *Absolutum universum opus (per
Dav. et Sam. filios Nachmias) mense
nisan anno orbis conditi* 5265 (*Christi*
1505), *in urbe magna Constantinopolis,* pet. in-fol. ou gr. in-4.

Édition extraordinairement rare, et que l'on regarde
comme la première qui ait été imprimée à Constantinople. Il y en a une seconde donnée dans la
même ville, en 1522, gr. in-4.

— PENTATEUCHUS cum targ. et commentar. R. Salomonis Jarchi et Mosis Nachmanidis hebraice. *Thes-*

salonicæ 281 minor. supput. Christ. M D X X, *per
Jehudam ben Ghedaliæ ac filios ejus,* in-fol. (Panzer, VIII, p. 704).

— · Pentateuchus cum quinque Megilloth
et commentario Sal. Jarchi. *Pragæ, per
filios Gersonis Sacerdotis et quidem
per Marcum Sacerdotem et Salomo-
nem Sacerdotem,* 15 *kislev.* 5291 (1531),
in-fol.

L'exempl. impr. sur VÉLIN, de la Bibliothèque royale
de Dresde, est annoncé par Ebert, n° 2227b, sous le
titre de *Thorab et Haphtorah...*

— Pentateuchus, hebraice, cum Targum
et commentariis R. Salomonis Jarchi,
paraphrasi Jarchi, paraphrasi arabica
R. Saadiæ Gaonis, et versione persica
R. Jacob, F. Joseph Tavos. *Constantinopoli, in domo Eliezer. Berab Gerson Soncinatis, ann.* 5306 (*Christi*
1546), pet. in-fol.

Vend. 11 liv. Williams.

— Idem, hebraice, cum Targum et commentar. Sal. Jarchi; edita est ad latus
dextrum versio hispanica; ad lævum,
versio barbaro-græca. *Constantinopoli,
in domo Eliezer. Berab Gerson, ann.*
5307 (*Christi* 1547), in-fol.

Deux éditions polyglottes très - rares que possède
notre Bibliothèque impériale, A, 243 et 244. Les
différents textes y sont imprimés en caractères hébraïques.

— PENTATEUCHUS, hebraice. *Venetiis, Giustiniani,*
5307 (1547), in-4. de 162 ff. à 2 col.

Jolie édition du Pentateuque, avec des explications
tirées des commentateurs rabbiniques. 30 fr. 50 c.
de Sacy.

— Pentateuchus hebr. cum V Megilloth
et Haphtaroth. *Venetiis,* 1551, in-4. à
2 col. de 30 lign.

L'exemplaire impr. sur VÉLIN, conservé à la Bibliothèque impériale, et que décrit J. Van Praet, est en
2 parties, la 1re de 104 ff. et la 2e de 86 ; il ne
contient que le texte hébreu ; ce texte est accompagné de la version latine dans l'édition de Venise,
ex officina justinianea, 311 (1551), in-4., dont un
exempl. en *mar. bl.*, et contenant 377 ff., est porté
à 25 fr. dans le 3e catal. Quatremère.

— PENTATEUCHUS hebraicus et chaldaicus, cum V Megilloth et Haphtaroth. *Sabionettæ, apud Tobiam
Foa, anno m. s.* 317 (1557), in-12.

Un exempl. sur VÉLIN, 59 flor. Crevenna ; 14 liv.
Williams; 4 liv. 19 sh. Libri, en 1859. — Un exem-
plaire sur VÉLIN d'une autre édition de *Sabionetta*,
1558, in-12, 10 liv. 10 sh. catal. Payne, pour 1830.
Pour d'autres édit. du Pentateuque hebr., impr. sur
VÉLIN, consultez les deux catalogues de J. Van
Praet.

— PENTATEUCHUS hebraicus et chaldaicus, cum quinque Megilloth, commentario Sal. Jarchi, etc.
Amstel., Sal. Proops, 4486 (1726), in-4. 10 à 15 fr.

Réimpr. dans la même ville en 4512 (1752), in-4.

— PENTATEUCHUS hebr., cum tribus targumim, commentariis rabbin. et quinque Megilloth. *Francof.-
ad-Viadr.*, 1746, 5 vol. in-4.

— PENTATEUCHUS hebræo-samaritanus, charactere
hebræo-chaldaico, editus cura et studio Benj. Blay-
ney. *Oxonii, typogr. clarend.*, 1790, in-8. 6 sh.
Gr. Pap. 9 sh.

Texte de Walton, auquel ont été adaptées différentes
leçons de Kennicott.

— Pentateuchus, hebraice et græce, recognovit et digessit, varias lectiones notasque criticas subjunxit, argumentis historico-criticis illustravit, et cum annotationibus perpetuis edidit C.-A. Schumann. *Lipsiæ*, 1829, in-8.

Le premier volume, contenant la Genèse, 4 thl. — Pap. vél. 6 thl. La suite était annoncée sous presse.

— LE PENTATEUQUE, ou les cinq livres de Moïse, traduction nouvelle avec le texte hébreu, etc., par L. Wogue. *Metz, Mayer*, 1860, in-8. de LV-537 pp. (tome I, *Genèse*).

— Pentateuchus, syriace : ex polyglottis angl. summa fide edidit G.-Gu. Kirsch. *Hofæ* (*et Lipsiæ, Böhme*), 1787, in-4. 8 à 12 fr.

— Quinque libri Moysis (Pentateuchus) in lingua ægyptiaca, ex mss. vaticano, parisiensi et bodleiano descripsit ac latine vertit Dav. Wilkins. *Londini, Guill. Bowyer*, 1731, in-4. [106]

Ce volume, tiré à 200 exempl. seulement, au prix de 2 liv. 2 sh. chacun, est devenu rare : 100 fr. Chaumette ; 128 fr. de Sacy : il avait été donné pour 25 fr. chez Barthélemy, en 1800.

— Pentateuchi nova versio græca, ex unico S. Marci biblioth. codice veneto nunc primum edidit atque recensuit Chr.-Frid. Ammon. *Erlangæ*, 1790-93, 3 vol. in-8. 12 à 18 fr. [108]

— PENTATEUCHI versio græca vulgaris. 1801, 2 vol. in-4. Vend. 24 fr. Clavier.

— Pentateuchus Mosis, arabice. *Lugduni-Batavor., typogr. erpen.*, 1622, in-4.

Vend. 11 fr. 50 c. Langlès ; 5 fr. Quatremère.

SPECIMEN ineditæ versionis arabico-samaritanæ Pentateuchi, e cod. mss. bibliothecæ barberinæ edidit et animadversiones adjecit And.-Ch. Hwied. *Romæ*, 1780, in-4.

— The Pentateuch, translated by William Tindal. *Emprented at Malborow in the land of Hesse by me Hans Luft, in the yere of our Lorde,* M CCCCC XXX, *the xvij daye of Januarii*, in-16.

Cette version est fort estimée, et c'est la première publication qui ait été faite d'aucune partie de l'Ancien Testament, en anglais. L'édition citée est si rare qu'on ne connaît d'exemplaire complet que celui de la collection de Th. Grenville, conservée au British Museum, et qui, selon la description donnée à la page 1827 de la nouvelle édition du Manuel de Lowndes, contient 1° un titre ainsi conçu : *The fyrst boke of Moses called Genesis* (dans une bordure gr. sur bois dont on a fait usage pour les trois autres livres) ; puis au verso de ce titre : *W. T. to the reader*, occupant 7 pp. et ensuite un prologue en 8 pp. ; 2° le premier livre f. I-lxxvi ; 3° une table en 7 pp. sur la dernière desquelles se lit la souscription ci-dessus ; 4° *Exodus*, ff. I à lxxvi, y compris le titre qui est précédé d'un prologue en 8 ff. ; 5° *Leviticus*, ff. i—lii, titre non compris, prologue, 8 ff. ; 6° *Numbers*, ff. I—lxvij, non compris le titre, et table, 10 ff. ; 7° *Deuteronomy*, ff. I à lxiii, non un prologue en 4 ff. A la fin du volume est une explication de quelques mots hébreux. La Genèse et les Nombres sont impr. en gothique allemande, et leurs pages portent généralement 31 lig. chacune. Il est presque certain que ces deux parties furent publiées avant les autres. Ces dernières sont en caractère romain, excepté la lettre W. Elles ont 28 lig. à la page et

quelques notes marginales ; il n'y a de vignettes sur bois qu'à l'Exode.

Un exemplaire de cette précieuse édition, auquel il manquait 12 feuillets, fut porté à 35 liv. M. Grenville, après en avoir fait l'acquisition, la compléta au moyen de 9 ff. tirés d'un autre exempl., et de 3 feuillets faits à la plume par Harris. Il s'en défit ensuite après s'en être procuré un autre *complet*, qui avait appartenu à M. Wilkinson. Il est à remarquer que ce même exemplaire réformé a été revendu 159 liv. chez Gardner, en juillet 1854. Un autre, également incomplet, a été payé 159 liv. chez l'évêque Daly, en juin 1858.

Une autre édition de la même version, *newly corrected and emended by* W. T. MDXXXIIII, in-12, a été payée 121 liv. à la vente de lord Aston, faite par Evans, en juillet 1845. Il en existe une de Londres, *by John Day and William Seres*, 1544, et une *imprinted at London by John Daye*, 1551, in-12, dont un exemplaire fut vend. 136 liv. 10 sh. Utterson, en 1857, quoiqu'il fût défectueux, et eût le dernier f. en fac-simile.

— Pentateuchus lingua galo-scotica, cura comitis Buchaniæ. *Dun-Eidin (Edimbourg), Smellie, 1783*, in-8. (Ebert, 16159).

— Le Pentateuque, trad. en persan par Th. Robinson. *Calcutta,* 1828, in-4. de 3 ff. et 389 pp.

Avec encadrement et gloses marginales. Caractères Neskhy. 36 fr. de Sacy.

— The Pentateuch, translated into the sungskrit language, from the original greek, by the missionaries in Serampore. *Serampore*, 1808, in-4. 32 fr. Langlès.

— Le Pentateuque, en hindou. *Serampore*, 1812, in-8. 27 fr. 5 c. Langlès.

On cite dans le catal. Marsden le Pentateuque en bengali, par W. Carey. *Serampore*, 1801, in-8. — Voy. l'article BIBLIA.

PENTHAIRE de l'esclave fortuné. Voyez AMBOISE (*Michel* d').

ΠΕΝΘΟΣ θανάτȣ, ζωῆς ματαιον, καὶ πρὸς θν ἐπιστροφή. — *Venetiis, per Stephanum de Sabio sumptu et requisitione D. Petri Cunadi MDXXIV, mense Martio*, in-4. [12432]

Poëme en grec moderne, dont Maittaire rapporte le titre dans son *Index*, II, p. 427.

PEPAGOMENUS (*Demetrius*). Voy. DEMETRIUS.

PEPANUS Chius (*Demetrius*). Opera omnia, græco-vulg. et lat., cum notis Bern. Stephanopuli et præfatione Chr. Amadutii. *Romæ*, 1781, 2 vol. in-4. 20 à 30 fr. [961]

PEPYS (*S.*). Memoirs of Samuel Pepys, esq., secretary to the admiralty, comprising his diary from 1659 to 1669, deciphered by the rev. John Smith from the original short-hand ms. in the pe-

---

Penther (*J.-F.*). Anleitung zur bürgerlichen Baukunst, 9709.

Peppe (*Gugl.*). Memorie, 5753.

pysian library, and a selection from his private correspondence : edited by Richard, lord Braybrooke. *London , Colburn*, 1825, 2 vol. gr. in-4. fig. 40 à 50 fr. [26998]

Il a été tiré 12 exempl. sur pap. fort, et 3 de format in-fol. Une analyse de cet ouvrage curieux se trouve dans le *Quarterly review*, n° 66, mars 1826. La seconde édition, *Lond., Colburn*,1828, 5 vol. in-8., coûte 2 liv. 5 sh. .La troisième, avec des additions et des corrections, *Lond., Colburn*, 1848-49, en 5 vol. pet. in-8., 1 liv. 10 sh. La quatrième, *with considerable additions, the notes contained in the former appendix introduced beneath the text*, London, Colburn,1853, 4 vol. in-8., a eu pour éditeur lord Braybrooke, et elle contient des additions communiquées par M. Holmes, P. Cunningham, etc. 1 liv. 10 sh. Citons encore la 5ᵉ édit., *London*, 1854, 4 vol. pet. in-8., et la 6ᵉ édit., *London , Bohn*, 1858, 4 vol. pet. in-8., avec 31 portr. — T H E L I F E, journals, and correspondence of Samuel Pepys... including a narrative of his voyage to Tangier, deciphered from the shorthand mss. in the bodleian library, by the rev. John Smith, now first published from the originals. *London*, 1841, 2 vol. in-8. 18 sh.

PERAC (*Étienne* du). Voy. Du PERAC.

PERALDUS (*Guil.*). Voy. PARALDUS.

PERALTA Barnuevo. Historia de España vindicada, en que se haze su mas exacta descripcion la de sus excelencias, y antiguas riquezas: se prueba su poblacion, lengua y reyes verdaderos primitivos. *Lima*, 1730, pet. in-fol. [26000]

Porté à 2 liv. 2 sh. dans le catal. Salvá.

PERALTA (*Pedro* de). Lima fundada, o conquista del Perú , poema heroico en que se decanta toda la historia del descubrimiento y sugecion de sus provincias por D. Francisco Pizarro ; y se contine la serie de los reyes, la historia de los virreyes — y arzobispos, que ha tenido; y la memoria de los santos y varones illustres, que la ciudad y reyno han producido. *Lima , Fr. Sobrino*, 1732, 2 vol. in-4. [15296]

Vend. 19 sh. Heber ; 15 fr. Libri, en 1857.

PERALTA (Suarez de). Voy. SUAREZ.

PERARD (*Estienne*). Recueil de plusieurs pièces curieuses servant à l'histoire de Bourgogne, choisy parmy les titres les plus anciens de la chambre des comptes de Dijon , des abbayes et autres églises des archives des villes et communautez de la province; pour justifier l'origine des familles les plus illustres, et pour instruire des anciennes loix, coustumes et priviléges des villes de la Bourgogne. *Paris , Cl. Cramoisy*, 1664 , in-fol. [24528]

Vend. 22 fr. 50 c. bibliophile Jacob.

Péques (l'abbé). Volcan de Santorin, 4645.
Pequignot (l'abbé). Légendaire autunois, 22067.

PERAU (l'abbé *Gabriel-Louis* Calabre). Description histor. de l'église royale des invalides , avec les plans , coupes , etc. (108 planches), dessinés et gravés par Cochin. *Paris*, 1756, in-fol. 12 à 18 fr. [24156]

Avant la publication de cet ouvrage, il en avait déjà paru plusieurs sur le même sujet, savoir :

DESCRIPTION génér. de l'hôt. roy. des invalides... avec les plans, etc., par L. J. D. B. (le Jeune de Boullencourt, ou plutôt, selon Barbier, par le sieur de La Porte, commissaire des invalides). *Paris, Gabr. Martin*, 1683, gr. in-fol., avec 19 ou 21 pl. (voy. CABINET du roi).

DESCRIPTION de l'église des invalides (par J.-Fr. Félibien des Avaux). *Paris*, 1702 ou 1706, gr. in-fol. fig. — ou 1702, 1 vol. in-12, fig.

HISTOIRE de l'hôtel roy. des invalides, par J.-Jos. Granet, enrichie d'estampes dess. et grav. par Cochin. *Paris*, 1736, in-fol., avec 103 pl.

Contenant les premières épreuves des planches qui ont reparu dans le volume impr. en 1756.

— Vie de Jér. Bignon, 30599.

— Voy. DAUVIGNY.

PERAUT (*F.*). Noëls des bergers auvergnats. *Clermont*, 1652, in-8. [14365]

Catalogue Falconet, 11700.

PERBONUS , vulgairement Perbuono. Oviliarum opus Hieronymi Perboni marchionis Incisæ ac Oviliarum domini in libros XXVI divisum. *Mediolani , excusum est a Vicentio Medda, sumptu ipsius auctoris et Jo.-Ant. Lignani*, 1533, 2 tom. en 1 vol. in-fol. de 866 pp. [18978]

Cet ouvrage a été composé à *Ovilio*, près d'Alexandrie, et c'est ce qui explique son titre *Oviliarum opus*. Le premier volume contient la réfutation des principes de Luther en 26 livres, et le second tome les lettres écrites par l'auteur à ses amis. L'exempl. en *mar. bl.* qui n'avait été payé que 15 fr. à la vente Gaignat, est porté à 140 fr. dans un des cahiers du *Bulletin du Bibliophile*, où se trouve une note curieuse sur ce livre dans lequel on a compté 5857 proverbes.

PERCEFOREST. La treselegante , delicieuse, melliflue et tresplaisante hystoire du tresnoble et victorieux et excellentissime roy Perceforest, roy de la Grande-Bretagne. (à la fin de la 6ᵐᵉ partie) : *Imprime a Paris par Nicolas Cousteau pour Galiot du pre... et fut acheue le xxviij iour du moy de may lan mil cinq cens xxviij*, 6 tom. en 3 vol. pet. in-fol. goth. [17075]

Édition la plus recherchée de ce long roman. Elle ne valait guère que trois ou quatre louis autrefois; mais elle est beaucoup plus chère aujourd'hui, parce que les exemplaires en sont rares : vend. 30 liv. Roxburghe ; 370 fr. *m. bl.* A. Martin ; 10 liv. Sykes, même prix Hanrott ; 405 fr. d'Essling ; en *veau à compart.* dans le genre de Grolier, 1260 fr. Louis-Philippe. L'exemplaire imprimé sur VÉLIN, avec miniatures, vend. 1100 fr. Gaignat, 1601 fr. La Valliere, a passé de chez le dernier duc de Penthièvre chez le duc d'Orléans, et ensuite chez le roi Louis-Philippe, à la vente duquel il a été acheté 11000 fr. pour M. le duc d'Aumale.

Voici la description de ce livre :

Tome I, 6 ff. prél. contenant le titre, le privilége, la table des chap. et une grande fig. sur bois, texte ff. i—clxiiij (effectivement 159 ff. à cause des erreurs de chiffres). — Tome II, 4 ff. prél. contenant le titre, le privilége, la table des chap. et une grande fig. sur bois, texte ff. 1 — C. liiij (le 153ᵉ est passé).—Tome III, 2 ff. pour le titre et la table des chap., texte ff. 1—C lix, plus 1 f. portant la marque du libraire. — Tom. IV, 2 ff. pour le titre et la table des chap., texte ff. 1—C lix (effectivement 149 ff., parce qu'il y a lacune de 90 à 99). — Tome V, 2 ff. prél. comme ci-dessus, texte ff. 1—C xiij, plus 1 f. où se voit la marque du libraire. — Tome VI, 4 ff. prél. contenant le titre, le privilége, la table des chap. et une grande fig. sur bois, texte ff. 1—C xxviij (effectivement 126 ff., parce que les chiffres 89 et 90 sont passés). A la fin la souscription de l'imprimeur, avec la marque du libraire.

L'édit. de *Paris, Gilles Gourmont*, 1531-32, 6 tom. en 3 vol. pet. in-fol. goth., est moins belle, mais presque aussi rare que la précédente. 9 liv. 9 sh. Hibbert; 13 liv. 15 sh. *m. bl.* Heber, et 450 fr. en 1840; 280 fr. *mar. citr.* d'Essling; 375 fr. *v. f.* Giraud, et 440 fr. Bergeret. Il y a des exempl. de cette dernière avec le nom. de *Phil. Le Noir*, ou avec celui de *Francoys Regnault*. Nous en avons vu un dont le second vol. porte *imprime par Jacques Nyuerd mil cinq cens xxxiii, Egidius Gormontius*, et le 6ᵉ, à la fin, *acheue dimprimer* le 18 décembre 1532, et au verso du même dernier feuillet la marque de Fr. Regnault ou bien celle de Phil. Le Noir. Vend. tel 245 fr. en mars 1829. Dans cette édit. le premier vol. n'a que 4 ff. prélim.; le second, 3 ff. prélim. et CLII ff.; le sixième, 2 ff. prélim., texte ff. 1-CXIIII (pour CXXIIII). Le reste est comme dans l'édit. de Galiot Du Pré. Il se trouve quelquefois des exemplaires composés de volumes des deux éditions; ce mélange en diminue le prix.

—La dilettevole historia del valorosiss. Parsaforesto re della gran Brettagna; con i gran fatti del valente Gadiffero re di Scotia... nuouamente translatato di francese in lingua italiana. *Vinegia, per Michele Tramezzino*, 1558, 6 part. in-8.

Cette traduction n'est guère moins rare en France que l'original. En voici la description :

Libro I, 8 ff. prél. et 296 ff. chiffrés. — II, sans frontispice, 3 ff. pour la table, 240 ff. — III, sans frontispice, 250 ff. et la table.—IV, la table en 6 ff. ; 527 ff. de texte, plus 1 f. bl. — V, 192 ff. et la table. — VI, la table et 405 ff., au verso du dernier desquels se lit la souscription suivie d'un f. bl. Les six parties en 4 vol. exempl. de De Thou, 3 liv. 3 sh., et un autre 3 liv. Heber.

PERCEVAL le Galloys. Tresplaisante et Recreatiue Hystoire du Trespreulx et vaillant Cheuallier Perceval le galloys jadis cheuallier de la Table ronde. Leql acheua les aduêtures du saïct Graal. auec aulchuns faictz belliqueulx du noble cheualier Gauuaï Et aultres Cheualliers estãs au temps du noble Roy Arthus, non au parauant Imprime. Avec priuilege. On les vend au Pallais à Paris, En la boutique de Jehan Lōgis. Jehan sainct denis, et Galliot du pre, marchands libraires... (à la 2ᵉ col. du dernier feuillet) : *Fin du Romant et Hystoire du preux et vaillant Cheuallier* (comme ci-dessus). *Le tout nouuellement imprime a Paris, pour hōnestes personnes Jehan Sainct denis et Jehan Longis, marchans libraires demeurans au dict lieu. Et fut acheue de imprimer le premier iour de Septembre. Lan mil cinq cens trente*, pet. in-fol. goth. [17019]

Le texte de ce volume a ccxx ff. chiffrés, précédés de huit autres ff., savoir : un titre en rouge et noir, dans une bordure grav. sur bois; le privilége daté du 29 mars 1529 ; la table des chapitres; une grande fig. sur bois qui représente Perceval le gallois à cheval; *Elucidatiō de lhystoire du Graal*, et la fig. de Perceval répétée. Le privilége relate la demande des libraires *a ce quil leur fust permis imprimer ung ancien liure intitule lhystoire de perceval le gallois.. faict en ryme ɀ langaige non usite lesquelz ilz auoient faict traduyre de ryme en prose ɀ langaige moderne pour imprimer...* Il en est donc de ce roman en prose, comme d'une partie des autres romans de chevalerie, impr. tant à la fin du xvᵉ siècle qu'au commencement du xviᵉ, lesquels ne sont que des traductions plus ou moins paraphrasées de poëmes écrits deux ou trois cents ans plus tôt, et dont ils ne sauraient tenir lieu. Cependant le Perceval de 1530 est rare, et d'autant plus recherché qu'il n'y en a pas d'autre édition. L'*Elucidation du graal*, morceau de 4 ff. sign. AA., qui doit faire partie des pièces liminaires, n'est pas dans tous les exemplaires. Vend. en *mar.* 49 fr. Gaignat ; 61 fr. La Valliere ; 48 fr. Méon; 16 liv. 16 sh. Lang; 22 liv. 10 sh., et 35 liv. 10 sh. Heber; 328 fr. en 1837; 316 fr. en 1841; 580 et 655 fr. d'Essling ; 650 fr. *v. f.* Rebillot, en 1856, et 900 fr. Solar.

PERCHE. Il libro del Perchè, colla pastorella del cavalier Marino, e la novella dell' angelo Gabriello. *Pelusio*, M. M. M. D. XIV (1757), pet. in-8. ou in-16 de 91 pp. [15018]

Le *Libro del Perchè* est une imitation en vers d'une partie de *La Cazzaria*, ouvrage fort licencieux d'Ant. Vignale de' Buonagiunta (voyez CAZZARIA) ; mais je ne le crois pas antérieur au xviiiᵉ siècle, non plus que la *Novella dell' angelo Gabriello*, morceau du même genre. C'est G. Conti qui a fait imprimer à Paris (chez Grangé) ce recueil plus que gaillard, dont la date énigmatique s'explique facilement en ne prenant que la moitié de la valeur des chiffres : ce qui donne 1757. Je ne sache pas qu'il y en ait d'édition plus ancienne. Celle de 1757 se trouve quelquefois reliée avec les *Dubbii amorosi* de l'Arétin, impr. à la même époque (voyez ARETINO). Vend. les 2 part. réunies, 10 fr. Chateaugiron. Il y en a une autre de format pet. in-12 de 120 pp., sans le titre qui porte pour date : *Nullibi et ubique nel XVIII secolo*. Vend. 11 fr. *mar.* Nodier, en 1830. M. Hubaut, de Marseille, qui s'est beaucoup occupé de ces sortes de poésies italiennes, et qui en a parlé assez longuement dans une dissertation curieuse qu'il a publiée en 1854, a supposé que l'édit. de *Pelusio*, 1614, in-12, portée dans le cat. Floncel, 3535, et vendue seulement 4 fr. 30 c., était différente de l'édition qui fait l'objet de cet article, et plus ancienne. Suivant la description qu'il en donne, sous toute réserve, d'après une note presque inintelligible de l'abbé Rive, elle aurait 118 pp., dont la première porterait 28 lig. et les autres, qui seraient entières, 29, tandis que l'édition en 91 pp. a 30 et même jusqu'à 31 lig. sur les pages qui sont entières. Le même savant critique dit, au sujet de l'édition pet. in-12 en 120 pp., qu'elle est augmentée, sur les précédentes, de la *Menbrianeide*, par G.-Ant.-Conti, composée de sonnets et d'épigrammes satiriques et obscènes contre le libraire florentin Molini, qu'il désigne sous son anagramme *Limoni*, accompagné de l'épithète *Membriano*. Cette pièce comprend les pp. 103 à 115 du volume, et est suivie de trois *Dubbii con soluzione,* formant les pages 116-118. Le tout terminé par un f. non chiffré, dont le recto offre un petit errata de trois lignes. De plus, à la fin de la *Novella,* après les mots *come fine al giorno d' oggi si vede,* on lit ceux-ci : *essendo fra essi passato in principio che ciò sia il loro Quinto elemento,* qui pourraient bien être une addition de l'éditeur. — N'oublions pas de dire que le *Parapilla* de Borde est une imitation libre de la *Novella* ci-dessus indiquée.

— Il Libro del Perchè, la pastorella del Marino, la Novella dell' angelo Gabriello, e la Puttana errante di P. Aretino. *Peking, regnante Kien-Long, nel* XVIII *secolo,* pet. in-8. [14451]

Édition imprimée à Londres, en 1784, pour le compte de G. Molini, libraire à Paris. Il en a été tiré 200 exemplaires : 6 à 9 fr., et une douzaine sur VÉLIN, vend. 90 fr. Chardin ; 48 fr. Chateaugiron ; 150 fr., avec une miniat. au frontispice, Le Blond, et 100 fr. Labédoyère.

PERCHE (le). Voy. MANFREDI (*Gerol.*).

PERCIER (*Ch.*). Palais, maisons et autres édifices modernes, dessinés à Rome, publiés à Paris (par Percier, Fontaine et Bernier). *Paris, an* VI (1798), ou nouv. édit., 1830, gr. in-fol., ornée de 100 pl. au trait. [9861]

Ouvrage estimé pour la correction des dessins et l'exactitude de la gravure : pap. ordin., 48 fr. ; — Papier vélin, 80 fr. ; — Papier de Hollande, 120 fr. ; — lavé et colorié, 384 fr., et moins cher maintenant.

Les mêmes artistes ont publié aussi :

CHOIX des plus célèbres maisons de plaisance de Rome et de ses environs, mesurées et dessinées par Ch. Percier et Fontaine. *Paris, Didot l'aîné,* 1809-13, gr. in-fol., contenant 65 pl. : 100 fr. ; — Pap. vélin, 200 fr. Très-bel ouvrage.

RECUEIL de décorations intérieures, concernant tout ce qui a rapport à l'ameublement... composé par C. Percier et P.-F.-L. Fontaine. *Paris, les auteurs,* 1812 (texte réimprimé en 1827), in-fol. 48 fr. — Pap. de Hollande, 108 fr. — avec pl. color., 360 fr. [10054]

Publié en 12 livraisons de 6 pl.

RÉSIDENCES de souverains. Parallèle entre plusieurs résidences de souverains de France, d'Allemagne, de Suède, de Russie, d'Espagne et d'Italie, par les mêmes. *Paris, chez les auteurs* (imprim. *de J. Didot aîné*), 1833, in-fol. et atlas in-fol. de 38 pl., y compris le titre. 30 fr. [9924]

Percier et Fontaine ont aussi publié la *Description des cérémonies et fêtes qui ont eu lieu pour le couronnement de Napoléon,* Paris, 1807, gr. in-fol. fig. au trait, et les *Cérémonies du mariage du même,* 1810, in-fol. fig. au trait [23989] ; deux ouvrages qui, après s'être vendus assez cher, il y a quelques années, sont aujourd'hui à bas prix. Pour une édition beaucoup plus belle des cérémonies du même sacre, voyez SACRE.

PERCIVAL (*Robert*). An Account of the island of Ceylon, to which is added the journal of an embassy to the court of Candy. *London, Baldwin,* 1803, in-4. fig. 10 à 12 fr. [20706]

Cet ouvrage a été réimpr. en 1805, avec un appen-

dice, et auss traduit en français par P.-F. Henry, sous le titre de *Voyage à l'île de Ceylan,* Paris, Dentu, 1804, 2 vol. in-8. fig.

— ACCOUNT of the cape of Good Hope. *London, Baldwin,* 1804, in-4. fig. 10 à 12 fr. [20904]

P.-F. Henry a aussi traduit cet ouvrage en français sous le titre de *Voyage au cap de Bonne-Espérance,* Paris, Dentu, 1806, in-8.

PERCIVAL(*John*). V. ANDERSON(*James*).

PERCIVALL (*William*). Hippopathology, or a series of systematic treatises on the disorders and lameness of the horse, with their most approved methods; second edition, revised and enlarged. *London,* 1849-58, 4 vol. in-8. fig. 4 liv. 5 sh. 6 d. [7738]

Chaque volume de cet ouvrage s'est vendu séparément, savoir : tome I, *On inflammation,* 1855. — II, part. I, *Diseases of the chest and air-passages,* 1853 ; II, part. II, *Diseases of the digestive organs,* 1855. III. *Disorders of the Horse,* 1858. IV, part. I, *Lameness,* 1849; IV, part. II, 1852. On a encore de ce savant vétérinaire : *Lectures on the veterinary art,* London, 1823-26, 3 vol. in-8., que l'ouvrage ci-dessus du même auteur n'a pas entièrement effacé, puisqu'il est encore coté à 5 liv. 5 sh. — *Anatomy of the horse; new edition,* 1858, in-8., 1 liv. — *Lectures on horse,* 1859, 10 sh. [7732]

PERCIVALLO (*Joan.-Bapt.*). Roccha d'amore expugnata da le catissime gentildonne perusine. *Stampata in Perosia, per Baldassare de Francesco Cartolaro,* 1526, pet. in-8. [14941]

Biblioth. grenvil., p. 534.

PERCY (*Th.*). Reliques of ancient english poetry, consisting of old heroic ballads, songs and other pieces of our earlier poets. *London,* 1812, 3 vol. in-8. fig. 18 à 24 fr. [15715]

Cinquième édition de cet excellent recueil (qui a été imprimé de nouveau en 1830, en 1844 et en 1857, même nombre de volumes) ; on y a joint un morceau intitulé : *Essay on the ancient english minstrels,* lequel a aussi été tiré à part. Les premières éditions sont de 1765, 1767, 1775 et 1794, chacune en 3 vol. pet. in-8.

— The Hermit of Warkworth. *Alnwick and London,* 1807, gr. in-8. [15853]

Belle édition, ornée de jolies grav. sur bois : 12 fr. Réimprimé, en 1841, pet. in-8., fig. 6 sh. La 1re édition est de Londres, 1771, in-4.

PERCY Society's Publications, comprising an extraordinary collection of early and rare specimens of english poetry, etc., edited by eminent literary men. *London,* 1840, etc., 94 part. pet. in-8.

Tel est le titre sous lequel cette collection est portée dans le catal. de Willis et Sotheran, *London,* 1857, n° 4369, où elle est cotée au prix de 10 liv. 10 sh. Un autre exemplaire, relié en 30 vol. et annoncé comme très-rare, 17 liv. 17 sh., sous le n° 10508 du catalogue des mêmes libraires, pour 1862.

Percheron (*A.*). Bibliographie entomologique, 31723.
Percival (*Th.*). Essays medical, 7435.

Percy (*Bp.*), F. Maden and H. Nicolas. The Household books of Edward IV, Elisabeth of York, etc., 20829.

Les différents opuscules qui composent ce recueil ont été tirés à un nombre assez limité, et n'ont pas été mis en vente.

PERDONNET (*Auguste*) et Camille Polonceau. Portefeuille de l'ingénieur des chemins de fer, contenant tous les détails de construction du matériel de ces voies de communication, les cotes et les prix de revient. *Paris, Mathias,* 1842-49, 3 vol. in-8. et atlas in-fol. de 170 pl. 160 fr. [8814]

— APPENDICE au Portefeuille de l'ingénieur. *Paris,* 1850, in-fol., livr. 1 et 2, contenant 24 pl. 30 fr.
— NOUVEAU Portefeuille de l'ingénieur. *Paris, Lacroix et Baudry,* 1858 et ann. suiv., in-fol. 12 livraisons à 15 fr. chacune.
— Traité des chemins de fer, 3814.

PEREFIXE (*Hardouin* de Beaumont de). Histoire du roy Henry le Grand. *Amsterdam, L. et Dan. Elzevier,* 1661, pet. in-12. [23598]

La première édition de cette histoire estimée est celle de *Paris, Edme Martin,* 1661 (réimpr., avec des augmentations, en 1662), in-4.; mais, quoique belle et plus correcte que la réimpression elsevirienne, on ne la recherche point, tandis que celle-ci se paye de 12 à 30 fr., selon la beauté des exemplaires, et s'est vendue même jusqu'à 60 fr. *mar. bl.* très-bel exempl. F. Didot; 46 fr. Labédoyère.
Celle de 1664, imprimée par Dan. Elzevier, renferme de plus : *Recueil de quelques belles actions et paroles mémorables de Henry le Grand,* qui finissent à la page 566, et un poëme de l'abbé Cassagne, intitulé *Henry le Grand,* lequel contient 10 ff. non chiffr. : 15 à 24 fr.; vend. bel exempl. *m. r.* 44 fr. Chénier ; 56 fr. Mac-Carthy; 60 fr. Sensier; en vél. (134 millim.), 69 fr. Renouard.
Il existe une contrefaçon de l'édition de 1661 (et il y en a une autre sous la date de 1662), mais elle est facile à reconnaître, parce qu'elle est mal imprimée et d'un plus grand format que l'édit. originale : celle-ci a 522 pp. ; la réimpression n'en a que 514. — Il y a aussi une édition d'*Amst., Michiels,* 1662, in-12, assez jolie, dont le titre gravé porte 1661 : 5 à 6 fr.
L'édition d'*Amsterd., D. Elzevier,* 1678, pet. in-12, avec un frontispice gravé, daté de 1679, est presque aussi belle que celle de 1664, sur laquelle elle a été faite : vend. 11 fr. salle Silvestre, en 1810, et un exempl. *non rogné,* 80 fr. Sensier et Labédoyère.

— La même histoire. *Paris, Renouard,* 1816, in-8., avec portrait, 5 fr. — Pap. vél. 8 fr.

Édition bien imprimée et fort correcte ; ce dernier avantage doit la faire préférer pour l'usage aux petites édit. des Elsevier, lesquelles fourmillent de fautes. Un exempl. en Gr. Pap., avec plusieurs gravures ajoutées, 37 fr. Renouard.
— HISTOIRE du roi Henri le Grand... enrichie d'une notice sur Henri IV, par M. Andrieux. *Paris, Ledoux,* 1822, in-8. portr. 5 fr.
Les exemplaires sur Gr. Pap. vél. coûtaient 21 fr. Il s'en trouve d'ornés de portraits et de vignettes analogues au sujet, et dont le prix dépend entièrement de la nature de ces illustrations.

PEREGRINACION de la vida del hombre. Voyez CAVALLERO del Sol.

Perego (*Gael.*). Favole, 14921.

PEREGRINAGGIO di tre giovani. Voyez ARMENO (*Chr.*).

PEREGRINATIONES. Infrascripte sunt peregrinationes totius terre sancte que a modernis peregrinis visitantur. Et est sciendum quod in illis locis in quibus est signum CI. ibi est plenaria absolutio scilicet a pœna et culpa. In aliis vero locis in quibus non est signum... sunt septem annorum et septem quadragenarum de indulgentia Predicte autem indulgentie concesse fuerunt a sancto Sylvestro papa : ad preces sancti magni Constantini imperatoris et sancte Helene matris eius. (in fine) : *Expliciunt peregrinationes terre sancte :. Venetiis impresse per Baptistam de Sessa mediolanensem* MCCCCXCI, *mensis maii,* in-8. caractères rom. [20532]

Itinéraire à l'usage des pèlerins (Panzer, IX, p. 292).

PEREGRINATIONES civitatis sancte Jerusalem, et totius terre sancte, cum peregrinationibus totius urbis Rome : item decem nationes totius cristianitatis. cum prophetia cristianissimi regis francorum. —*Expliciunt indulgentie et peregrinationes hierusalem et locorum circa... impresse alma in urbis andegaueñ universitate per Johannem de la tour..... anno dñi milesimo.q̄dringēťesimo nonagesimo tertio* (1493), pet. in-8. goth. de 40 ff., sign. *a—e.* [20532]

Ce petit livre est fort rare, mais il a peu d'intérêt maintenant, car il ne renferme que quelques extraits faits pour l'usage des pèlerins. L'exemplaire, vend. seulement 3 fr. 95 c. chez Courtanvaux, est maintenant à la Bibliothèque impériale ; un autre, 32 fr. Crozet.

PEREGRINATIONES totius terre sancte que a modernis peregrinis pvisitant. (in fine): *Finiunt Jndulgēťie : τ peregrinationes terre sācte hierusalē : τ locoτ circa. Venetiis impresse.* (circa 1520), pet. in-8. de 24 ff. non chiffrés, caract. goth. [20533]

Ouvrage du même genre que le précédent. Il est impr. en rouge et noir : 8 fr. Heber.

PEREGRINATIONUM collectio. Voy. BRY (*J. et Th.*).

PEREGRINI (*Lælii*) oratio in obitum Torq. Tasso. *Romæ, apud Gugl. Facciotum,* 1597, in-4. [12171]

Vend. 9 fr. Reina.

Cet opuscule étant devenu fort rare, sir Egerton Brydges le fit réimprimer à Genève (*Aureliæ-Allobrogum, typis A. Lador*), en 1822, in-4. de 28 pp. pour les membres du Roxburghe-Club.

PEREGRINO. Voyez CAVICEO.

PEREGRINUS (Frater). Fratris Peregrini sacre theologie p̄fessoris celeberrimi sermones notabiles et cōpendiosi.... (in

fine) : *Hic finem cõprehendũt feliciter
Anno dñi* 2c *lxxxxj* (1481) *xij kal.
nouembris,* in-fol. goth. de 161 ff. à 2
col. de 40 lig. [1418]

Cette édition, la plus ancienne avec date que l'on
connaisse de ces sermons, est décrite par Hain,
ainsi que plusieurs autres, sans date ou d'une date
plus récente. Voir les n°ˢ 12580 et suiv. de son
Repertorium.

PEREGRINUS. Petri Peregrini maricur-
tensis de magnete, seu rota perpetui
motus libellus. *Ausburgi in Suevis*,
1558, in-4. fig. [4311]

Annoncé comme important et rare. Porté 100 fr. Catal. de Kraenner, Paris, Tross, 1855.

PEREGRINUS. Historia principum langobardorum, Camillus Peregrinus recensuit atque carptim illustravit; notis
dissertationibusque auxit Fr.-Mar. Pra-
tillus. *Neapoli, Jo. de Simone*, 1749-54,
5 vol. in-4. [25719]

Vend. 30 fr. Boulard, et plus cher depuis.

Collection fort estimée et qui est beaucoup plus
complète dans cette édition que dans celle qu'a
donnée Cam. Pellegrino lui-même sous le titre
d'*Historia principum langobardorum, quæ continet aliquot opuscula de rebus Langobardorum
beneventanæ olim provinciæ, quæ modo regnum
fere est neapolitanum*, Napoli, 1643, en 1 vol. in-4.,
lequel a été suivi, en 1644 , d'une première partie
du second livre, contenant : *Dissertatio de institutione et civibus, et descriptio ducatus Beneventani*, morceau que Burmann et Muratori ont
fait entrer dans leurs collections d'historiens
d'Italie.

PEREIRA (*Gometius*). Antoniana Margarita, opus nempe physicis, medicis ac
theologis non minus utile quam necessarium. *Methymnæ-Campi, in officina
Guill. de Myllis*, 1554, in-fol. de 16 ff.
prélim. dont 9 pour l'index, et 832 col.
[3446]

On joint à cet ouvrage les deux articles suivants :

1° OBJECTIONES Mich. a Palacios adversus nonnulla ex multiplicibus paradoxis Antonianæ Mar-
garitæ, et apologia eorumdem. *Methymnæ-Campi*,
1555, in-fol. Pièce de 18 ff. seulement.

2° NOVA veraque medicina, experimentis et evi-
dentibus rationibus comprobata. *Methymnæ-
Duelli, Franciscus a Canto*, 1558, in-fol. de 4 ff.
prélim. et 916 col. [3448]

Ces deux volumes, assez rares, et qui se trouvent ordinairement vendus ensemble, étaient fort recherchés
jadis; ils ont même été payés de 150 à 400 fr. chez
Gaignat, La Valliere, etc.; mais depuis ils semblent avoir perdu la plus grande partie de leur
valeur. Vend. 48 fr. Soubise; 39 fr. m. r. Patu de
Mello; 42 fr. Mac-Carthy, et quelquefois moins
encore.

La réimpression qui a été faite de ces deux ouvrages,
à *Madrid*, 1749, est elle-même à très-bas prix.

Pereira (Dʳ). Materia medica and Therapeutica,
7379.
Pereira Bayam (*J.*). Chronicas de Pedro I, 26278.
Pereira de Figueiredo (*Ant.*). Concilios, 794. — Res
lusitanæ, 26314.
Pereira da Sylva (*J.-M.*). Os Naroes illustres do
Brazil, 28665. — Plutarco Brasileiro, 30524.

—Endecalogo contra Antoniana Margarita.
Medinæ-Campi, 1556, in-8.

Pièce beaucoup plus rare que l'ouvrage précédent,
auquel elle a rapport.

PEREIRA Baiaõ (*José*). Voyez MENEZES
(*Man.* de).

PERELLE (*Gabriel*) père, et Nicolas et
Adam Perelle, ses fils. Recueil de vues
de monuments de Paris, des principales
résidences royales et des principaux
châteaux de France, dessinés et gravés
par les Perelle. [9565 ou 9920]

Un recueil en 3 vol. in-fol. max., contenant 415 pl.
montées sur grand papier fort , a été vend. 245 fr.
Borluut. Les planches qui le composaient étaient
en grande partie les mêmes que celles qu'on a
réunies sous le titre de *Délices de Paris* et de
Délices de Versailles (voy. DÉLICES). — On rencontre quelquefois un recueil des plus belles vues
des maisons, châteaux et jardins de France, *Paris,
N. Langlois et J. Mariette*, 530 pièces, in-fol.
oblong, et aussi :

VUES des belles maisons de France (gravées par les
Perelle). *Paris, Nic. Langlois*, in-fol. obl. 220 pl.
toutes anciennes épreuves et dont un grand nombre avant la lettre.

Ce recueil, porté à 300 fr. sous le n° 696 du nouveau
catalogue de L. Potier, 1860 , était ainsi composé :
Paris, 58 pl.; *Versailles*, 37 pl.; *Chantilly*, 61 pl.;
Divers châteaux de France, 45 pl.; *Vues d'Italie*, 19 pl.

PERELLO (*Marc*). L'antichità di Scili,
anticamente chiamata Casmena, seconda
colonia siracusana. *Messina*, 1640, in-4.
[25857]

La traduction latine de cet ouvrage, par Sig. Havercamp, fait partie du tome X du *Thesaurus antiquitatum italic*.

PÉRÈS (de Saint-). Voy. VRAI trésor.

PERESIO (*Gian-Cammillo*). Il Maggio
romanesco, overo il palio conquistato.
poema epicogiocoso nel linguaggio del
volgo di Roma. *Ferrara, Bernardino
Pomatelli*, 1688, pet. in-8. [15032]

Un exempl. en *mar. r.*, par Bauzonnet, 59 fr. Libri ;
un autre en *vél.* 10 fr. même vente, et 24 fr. en 1859.

PEREYRA ou Pereira Brandão (*Luys*).
Elegiada, poema heroico. *Lisb., Manoel
de Lyra*, 1588, pet. in-8. [15357]

Édition très-rare. L'ouvrage a été réimprimé sous
le titre de *Jornada da Africa, poema*, Lisbon,
1785, pet. in-8.

PEREYRA (*Antonio* Pinto). Historia da
India no tempo em que o governou o
visorey dom Luiz da Atayde. *Coimbra,
Nic. Carvalho*, 1616, 2 part. en 1 vol.
in-fol. [27959]

Ouvrage relatif à la première vice-royauté de D.
Louis, de 1566 à 1571. Vend. 2 liv. 7 sh., annoncé
comme très-rare, Heber.

PEREZ (*Miguel*). Vida y excellentias de

Perennès (*Fr.*). Dictionnaire de bibliographie catholique, 31688.

nostra señora y de sus milagros, en vulgar
catalano. *Barcellona,* 1495, in-4. [302]

Ce titre, que donne Maittaire, est celui de la traduction castillane de l'ouvrage, impr. plus tard (selon
Antonio, *Biblioth. vetus,* II, 338) à Séville, par
Jean Cromberger, en 1531, in-fol. Le texte catalan
porte pour titre : *Verger de la Verge Maria,* s'il
faut s'en rapporter à Ximenès (*Bibliotheca val.,*
p. 52, col. 1), qui, au reste, est fort inexact sur la
date des édit. de ce livre, puisqu'il donne les
chiffres 1451 et 1463 : ainsi l'on ne sait rien de
bien certain sur l'édit. de 1495. Toutefois celle du
Verger de la Verge Maria, impr. à Barcelone
par Pau Campins, 1732, in-8., avec des notes de
Théod. Thomas, est annoncée comme la quatrième
de cet ouvrage, et à ce sujet voyez Mendez, pp. 40
et suivantes.

PEREZ (*Juan*). Breve tratado de doctrina,
utile para todo cristiano (dispuesta, al
parezer, por el Dr Juan Perez, año de
1560). *Ahora fielmente reimpreso. Año
de* 1852, in-8. de 20 et 354 pp., plus
Notas y apéndize, 24 pp. 10 sh. [1891]

Réimpression d'un écrit calviniste, faite à Londres
aux dépens de M.-B.-B. Wiffen, bibliothécaire du
duc de Bedford, et tirée à un petit nombre d'exemplaires destinés particulièrement aux bibliothèques
de l'Amérique, ainsi que les trois ouvrages suivants du même réformateur :

EPISTOLA consolatoria por Juan Perez, reforma-
dor en el siglo XVI : 1560. Segunda vez impresa,
pajina por pajina del orijinal con una noticia previa
sobre su autor, en español y en ingles Año de 1848,
in-8. 18 sh.

— IMAGEN del Antecristo i carta a Don Felipe II,
1558. Ahora fielmente reimpresas. Año de 1849,
in-16 de 47, 16, 26 et 172 pp. 4 sh. 6 d.

Les éditions originales des trois ouvrages ci-dessus
sont fort rares, ainsi que celles des deux écrits ci-
dessous :

— DOS INFORMAZIONES : una dirijida al Emperado Carlos V, i otra, a los Estados del Imperio; obra, al parezer, de Frazisco de Enzinas. = Prezede una supli-
cazion a D. Felipe II, obra, al parezer, del Dr Juan
Perez, 1559. Ahora fielmente reimpresa, i seguidas
de varios apéndizes. *Año de* 1857, in-8. de 326 pp.,
57, 29, 76 et 153 pp. pour les *Apendizes.* 14 sh.

PEREZ (*Ant.*). Pentateuchum fidei, sive
volumina V; de ecclesia; de conciliis;
de Scriptura sacra; de traditionibus sacris; de romano pontifice. *Matriti, vidua Ildephonsi Martin,* 1620 ou 1621,
5 part. en 1 vol. in-fol. [1262]

Cet ouvrage, que la suppression qui en a été faite a
rendu rare, se payait autrefois de 36 à 60 fr., mais
il a moins de valeur maintenant : 25 fr. en deux
vol. *mar. r.* Mac-Carthy. En voici la description :
tome I, 3 ff. prélimin., texte ff. 1-71; tome II, sans
titre, ff. 1-52; tome III, ff. 1-102; tome IV, ff. 1-36;
tome V, ff. 1-66, ensuite 39 ff. non chiffrés contenant plusieurs index.

PEREZ de Vargas. Voy. VARGAS.

PEREZ. Las Obras y relaciones de D. Ant.
Perez, secretario de estado, que fue del
rey de España, Phelippe II. *Geneva,*
1631 ou 1644, in-8. 5 à 8 fr. [26072]

Vend. rel. en 3 vol. 11 fr. Gaignat.

Perez (*Greg.*). La Iglesia y obispo de Pampelona,
21488.
Perez (*Vizcaino*). Derecho de España, 2991.

Les *Relaciones de Ant. Perez* ont été imprimées à
Paris, 1598, in-4. (9 fr. 60 c. Clavier), et en 1624 :
réimpr. en 1675, in-8. La plus ancienne édition est
un in-4. sans date, sous ce titre :

PEDAÇOS de historia, o relaciones, assy llamadas
por sus auctores los Pelegrinos. La primera relacion contiene el discurso de las prisiones, y aventuras de Antonio Perez, a quel secretario del rey
Phelippe II, desde su primera prision, hasta su
lalida de los reynos de España. Otra relacion de lo
sucedido en Çaragoça de Aragon a 24 de septiem-
bre, 1592, por la libertad de Ant. Perez, y de sus
fueros y justicia, etc. Leon. (*Biblioth. grenvil.,*
p. 534).

PEREZ (*Luis*). Voy. MANRIQUE (*Jeorge*).

PEREZ (el licenciado *Pedro* Ariaz). Primavera y flor de los mejores romances y
satiras que se han cantado en la corte,
añadidas de diversas poesias, por Pedro
Arias Perez. *Madrid, Alonzo Martin,*
1621, in-12. [15084]

Première partie, renfermant 160 romances. Cette
collection a été réimprimée avec une seconde partie
de 121 romances, à *Madrid* et à *Séville,* 1626
(aussi 1627), in-12 allongé, de VIII et 144 ff., et à
Madrid, en 1659, in-12 : cette dernière 1 liv. 5 sh.
(5 ff. manquant) Heber. Il existe une édit. du même
recueil, *Madrid, Juan de la Cuesta,* 1623, pet.
in-8., et une autre de *Lisbonne, Math. Pinheiro,*
1626, pet. in-8. (vend. 2 liv. 10 sh. Hanrott; 1 liv.
5 sh. Heber); mais nous ne saurions dire si elles
renferment les deux parties. Toutefois l'exemplaire
de l'édition de 1623 que nous avons vu avait 8 ff.
prélimin. et 120 ff. de texte, sur le dernier desquels se trouvait une réclame qui semblait indiquer une seconde partie.

— PRIMAVERA y flor de los mejores romances y satiras; que nuevamente han salido en la corte;
recogidos por el licenciado P.-P. Arias. *Valencia,*
1628, in-12 (titres, priviléges, 2 ff.; table, 3 ff. et
107 ff. ou 214 pages cotées).

Porté à 80 fr. dans le LVIII° catal. d'Asher de Berlin,
n° 2921.

Le recueil suivant est probablement le même que
celui d'Arias Perez, mais il ne porte pas ce nom :

PRIMAVERA y flor : meiores romances, y satiras
que han salido aora nueuamente en esta corte,
recogidos de varios poetas, y añadidos otros en esta
ultima impresion. *Barcelona, Lorenço Deu,*
1626, pet. in-8. de 4 et 96 ff.

PEREZ Bocanegra. Ritual formulario para
administrar a los naturales de este reyno
los santos sacramentos del baptismo,
penitencia, matrimonio, etc. *Lima,*
1631, in-4.

En castillan et en péruvien : 39 fr. Chaumette.

PEREZ de Culla (*Vicente*). Expulsion de
los Moriscos, rebeldes de la Sierra, y
muela de Cortes, por Simon Zapata,
poema. *Valencia,* 1635, in-4. [15261]

Vend. 10 fr. 50 c. Rætzel; 1 liv. 15 sh. *m. v.* Heber.

PEREZ de Guzman (*Fern.*). Voy. GUZ-
MAN. — de Hita. Voy. HITA.

PEREZ de Herrera (*Christoval*). Proverbios morales, y consejos christianos; y
enigmas filosoficas, naturales y morales
con sus comentos. *Madrid, Sanchez,*
1618, pet. in-4. fig. sur bois. [3740]

Vend. 9 fr. La Serna. — Réimpr. à *Madrid* (1733), pet. in-4. fig. sur bois.

PEREZ de Oliva (maestro *Fernan*). Obras (con algunas de Ambrosio Morales sobrino suyo).*Cordova, por Gabr. Ramos, Bejarano*, 1586, pet. in-4. [16775]

Il y a des exemplaires datés de 1585, et avec quelques différences dans les quatre premiers feuillets. Les uns et les autres sont devenus également rares.

On remarque dans les œuvres d'Oliva, indépendamment de ses poésies et de l'*Amphitrion*, comédie, deux tragédies : *La Venganza de Agamemnon*, et *Hecuba triste*, qui, au jugement de D. Augustin de Montiano y Luyando (*Discurso sobre las tragedias españolas*), sont non-seulement les plus anciennes écrites en espagnol, mais encore si régulières, qu'on peut en toute sûreté les qualifier d'excellentes.

— Obras poeticas del maestro Oliva. *Madrid*, 1787, 2 vol. in-8.

PEREZ de Ribas (el P. *Andres*). V. RIBAS.

PEREZ (*André*). Voy. UBEDA (*Fr.*).

PEREZ y Lopez. Teatro de la legislacion universal de España e Indias, por orden cronologico de sus cuerpos, y decisiones recopiladas : y alfabetico de sus titulos y principales materias. *Madrid*, 1791-98, 28 vol. pet. in-4. [2996]

Ouvrage devenu rare, même en Espagne : 500 fr. dans un Catalogue de Salvá.

PEREZ de Montalvan. V. MONTALVAN.

PEREZ de Villa-Amil. Voyez ESCOSURA (*Patr.* de la).

PEREZIUS (*Ant.*). Institutiones imperiales erotematibus distinctæ. *Amstelodami, Elzevir.*, 1647, 1652, 1657 et 1669, in-12. 3 à 5 fr. [2474]

— COMMENTARIUS in XXV disgestorum libros. *Amstelodami, Elzevir.*, 1669, in-4. 7 à 9 fr. [2494]

— PRÆLECTIONES in XII libros codicis Justiniani. *Amstel., Elzevir.*, 1653, in-fol. 15 à 20 fr. [2505]

— EDITIO alia. *Amstel., Elzevir.*, 1671, 2 vol. in-4. 15 à 18 fr.

L'édition de *Genève*, 1707, 2 vol. in-4. 10 à 12 fr. — Il y a une édition de ces deux ouvrages, *Venetiis*, 1738, 3 vol. in-fol.

PERFECTION (la) des femmes, avec l'imperfection de ceux qui les méprisent, par H. D. M. Provençal. *Paris; Julien Jacquin et Nic. Alexandre*, 1625, in-8 de 4 ff. et 62 pp. [18074]

Réponse à l'*Alphabet* de J. Olivier (voy. ce nom), moins commune que l'ouvrage qu'elle réfute, parce qu'elle n'a pas été réimprimée.

PERFECTION. La parfection (*sic*) des filles religieuses sur lexeplaire de lymage Nostre Dame, auec la vie τ miracles de madame saincte Clare. — Cy fine la uie τ miracle de saincte Clare.... *imprimee a Paris pour Guillaume Eustace* (sans date, vers 1510) gr. in-8. goth. fig. sur bois, feuillets non chiffrés, mais avec signature. [1740]

Nous n'avons pas compté les feuillets de ce volume ; mais, selon le 2e catal. Bignon, n° 227, ils seraient

au nombre de 215, y compris les feuillets prélimin. pour le titre et la table du premier ouvrage, et aussi la table qui suit la souscription finale.

PERFETTO cavaliere (il), opera corredata di 77 stampe nere e miniate rappresentanti le diverse specie dei cavalli ; colla storia naturale del cavallo, scritta da Buffon, e la scuola di cavallerizza di de la Gueriniere, etc. *Milano, Sanzogno*, 1826, in-4. 30 fr. [10366]

Compilation rédigée par Ant. Locatelli, et publiée en 12 livraisons.

PERGAMO (il). V. MAIANO (*Benedetto* di).

PERGER (*Bernardus*). Grammatica nova. (au recto du dernier f.) : Artis grammatice introductorium in octo partes orationis : in constructiones : in epistolas conficiendas : fere ex Nicolai Peroti grammatici eruditissimi traditionibus : a magistro Perger translatum studiosissime finit feliciter. Una cum tractatulo... Prosodie et arti metrorum subseruienti. *Impressum per Albertum Kunne in Memmingen Anno...* M. CCCC. 1484 (*sic*), in-4. goth. de 88 ff. [10786]

Vend. 16 sh. Libri, en 1859.

Cette grammaire latine a été fort en usage à la fin du XVe siècle et au commencement du XVIe, il en a été fait, à cette même époque, de nombreuses édit. qu'indiquent Panzer et Hain. La plus ancienne avec date qui soit citée, est celle de Passau, *per Nicolaum Stahel et Benedictum socios*, 1482, in-4., mais elle avait été précédée d'éditions non datées.

PERGOLESI. Ornaments in the etruscan and grotesque styles. *London, Taylor*, 1814, gr. in-fol. fig. 5 liv. 5 sh. [10049]

Nous trouvons sous le n° 2226 du gros catal. de Bohn : *Pergolesi's ornaments in the arabesque style*, 1777, imper. in-fol. 66 pl. 1 liv. 16 sh.

PERI (*Giro.-Domen.*). Fiesole distrutta. *Firenze, Zanobi Pignoni*. 1619, in-4. [14678]

Ce poème est orné du portrait de l'auteur et d'un joli frontispice gravé par Callot. 15 fr. Riva. Il en existe une édition faite à Florence, *nella stamperia di Zanobi Pignoni*, 1621, in-4., avec les mêmes planches, et qui n'a été vendue que 7 fr. 50 c. Boutourlin.

On a du même auteur un autre poème intitulé *La Rotta navale*, Siena, 1642, in-4., *Biblioth. pinell.*, IV, 1989, où le nom de l'auteur est écrit par erreur *Pieri*.

PERI ou Perri (*Jac.*). Voy. RINUCCI.

PERIANDER. Sentences selectes de Periander, Publian, Seneque et Isocrate, tournées en poësie françoise (au-dessous du latin), par J. D. S. M. *Paris, Vincent Sertenas*, ou *Jean Longis*, 1561, in-8.

PERIANDER (*Ægid.*). Noctuæ speculum, omnes res memorabiles variasque et admirabile Tyli Saxonici machinationes complectens : plane novo more nunc primum ex germanico latino idiomate ligato donatum. *Francofurti-ad-Mœnum*, 1567, pet. in-8. fig. [13065]

Vend. 10 fr. Méon; 14 fr. Courtois; 30 fr. en 1843; 28 fr. Borluut.

Traduction en vers élégiaques de la vie de *Tiel Ulles-piegle* (voy. ULIESPIEGEL). Il existe une autre tra-duction du même roman en vers ïambes, sous le titre suivant :

     ULULARUM speculum, alias triumphus humanæ stultitiæ, vel Tylus Saxo, latinitate donatus ab Joanne Nemio. *Ultrajecti*, 1558 et (*absque loco*) 1563, in-8. de 38 ff.

Giles Periander (peut-être Gilles Overman, ainsi que le présumait Van Hulthem, n° 23460 de son cata-logue) a été l'éditeur de plusieurs recueils de vers latins, et entre autres de celui que nous allons dé-crire. Barbier (*Anonymes lat.*, n° 21017) a con-fondu ce poëte du XVI° siècle avec l'auteur de la dissertation ci-dessous (intitulée *Papaver*), lequel a vécu dans le XVIII°.

— GERMANIA Ægidii Periandri, in qua doctissimo-rum virorum elogia et judicia continentur, ex di-versissimorum nostri temporis poetarum monu-mentis accurate congesta. Quibus addita sunt in singulos authores et viros doctos ejusdem Judicia et encomia. *Francofurti-ad-Mœn.*, per Petr. Fa-bricium, impensis Sigism. Feyrabend, 1567, in-8. de 842 pp., sans les pièces liminaires ni la table. [12616]

Periander a rassemblé dans cette compilation tout ce qu'il a trouvé chez les poëtes sur environ 500 hom-mes plus ou moins illustres (les jurisconsultes et les médecins exceptés) qu'avait alors produits l'Al-lemagne. Ce recueil n'est pas moins rare que les *Horti tres amoris*, donnés par le même éditeur en 1567, mais il est moins recherché. —Voy. HORTI tres.

— NOBILITAS moguntinæ diœcesis, metropolitanæque. ecclesiæ capitularis, uno libello complexa quantum fieri potuit, accurato carmine elegiaco, veros he-roes eorum laudes complectens : accessit libellus de nobilitate canonicorum quæ capitularis non est. *Moguntiæ*, 1568, pet. in-8. de 96 pp., avec 44 pl. sur bois.

Cet ouvrage a été reproduit dans le tome III des *Scriptores rerum maguntinarum*, mais sans les belles planches qui font rechercher l'édit. de 1568.

PERIANDER (*Mich.-Freder.*) [Lochne-rus]. Papaver ex omni antiquitate eru-tum gemmis, statuis et marmoribus æri incisis illustratum. *Noribergæ*, 1718, in-4. fig. [5474]

Volume peu commun : 5 à 6 fr.

PERICLES, prince of Tyre. Voy. dans le supplément, l'article GOWER.

PERIER. Science médicale. Voy. EXPLO-RATION.

PERIERS(*Bonav.* des). Voy. DESPERIERS.

PERILLOS (*Fr.*). Ispositione delli dodeci travagli di Hercole. *Romæ, apud Balt. de Cartulariis*, 1544, pet. in-8. [14691]

Ce livre, que nous croyons fort rare, est placé dans le catal. de Crofts, n° 3481, parmi les poëmes.

PERINGSKIOLD (*Joan.*). Monumento-rum sueo-gothic. liber primus, Uplandiæ partem primariam continens, justa de-lineatione, brevique commentario illus-tratus, suec. et lat. *Stockholmiæ, Ola-vus Enæus*, 1710, pet. in-fol. [27642]

Vend. 36 fr. La Valliere; 32 fr. de Cotte; 21 fr. 50 c. Chaumette; 61 fr. Gr. Pap. *mar. v. dent.* Caillard.

— Wilkina Saga, sive historia Wilkinen-sium, Theodorici veronensis, ac Niflun-gorum; continens regum atque heroum quorumdam gothicorum res gestas, ex mss. codicibus linguæ veteris scanda-nicæ in hodiernam suecicam, atque lat. translata, opera Joan. Peringskiold. *Stockholmiæ*, 1715, in-fol. [27539]

Ce volume rare contient la célèbre histoire des Ni-belungen.

Vend. 35 fr. La Valliere; 51 fr. Rætzel; 58 fr. Chau-mette.

Les Wilkina et Niflunga Saga, où Dietr. von Bern et les Niebelungen, trad. en allemand par F.-H. von der Hagen, font partie du recueil intitulé : *Nor-dische Heldenromane*, Breslau, Max, 1814 - 1828, 5 vol. pet. in-8, 32 fr.

— Monumenta ullerakerensia, cum Upsa-lia nova illustrata, suecice et lat. *Stock-holmiæ, Joh. Hornn*, 1719, in-fol. fig. 24 à 30 fr.

Seconde partie des *Monumenta* imprimés en 1710 (ci-dessus).

— HISTORIÆ regum septentr. Voy. SNORRO STUR-LONIDES.

PERINI (*C.* et *A.* fratelli). Flora del-l'Italia settentrionale e del Tirolo meri-dionale representata colla fisiotipia. *Trente*, 1854-56, in-fol., cah. I à XXIV, contenant 240 pl. 90 fr. [5098]

PERIONIUS (*Joach.*). Dialogorum de lin-guæ gallicæ origine, eiusque cum græca cognatione, libri IV. *Paris., apud Se-bast. Nivellium*, 1555 (et aussi 1574), in-8. 4 à 6 fr. [10920]

Le titre porte cette marque :

PERISAULUS Faustinus. V. FAUSTINUS.

PERISSIN (*J.*). Tableau touchant les guerres, massacres, etc. V. TORTOREL (*Jean*).

PERITSOL seu Farissol (*Abrah.*). Itinera
mundi, sic dicta, nempe cosmographia,
hebraice; latina versione donavit et notas passim adjecit Th. Hyde; calce exponitur Turcarum lithurgia, peregrinatio meccana; ægrotorum visitatio, cir-
cumcisio, etc. *Oxonii, impensis Henrici Bonwick,* 1690-91, 2 tom. en 1 vol.
in-4. 8 à 10 fr. [19598]

Vend. 19 fr. 50 c. Anquetil.

Ce traité a été publié d'abord en hébreu seulement à
Venise, en 1587, mais la meilleure édition est celle
qui renferme la version latine et les notes de Hyde;
elle se trouve réimprimée dans le tome 1er du *Syntagma dissertationum* de ce savant.

PERIZONIUS (*Jac.*). Origines babylonicæ
et ægyptiacæ, cum præfatione nova,
necnon quibusdam additionibus, edente
Car.-Andr. Dukero. *Traj.-ad-Rhenum,*
1736, 2 vol. pet. in-8. [22747]

Édition la plus complète de cet ouvrage estimé : 6 à
10 fr. Gr. Pap.; vend. 23 fr. *m. r.* Loiliée; 40 fr.
m. r. Caillard.—Celle de 1711 ne vaut que 3 ou 4 fr.,
et quelque chose de plus en Gr. Pap.

PERKIN. A profitable booke of maistre
John Perkin... treating of the lawes of
England. Apud Richardum Totell. —
*Jmprinted at London... by Richarde
Tottle* (sic), pet. in-8. goth. de 20 ff.
prélim. dont un bl., texte coté de 1 à
168. [3050]

La première édition de cet ouvrage, écrit en françois-
normand, est de 1527. Il y en a une de Londres,
1827, in-8., avec des notes de J. Greening.
L'ouvrage suivant est écrit dans le même dialecte :
LA SOMME appelle Miroir des justices vel speculum justiciariorum factum per Andream Horne.
*London, printed for Matthem Walbancke and
Rich. Best,* 1642, pet. in-8. goth. de 311 pp., non
compris 2 ff. prélim. en français.

PERLEONE (il). Compendio di sonecti et
altre rime di varie texture, intitulato lo
Perleone recolte tra le opere antiche e
moderne del humile discipolo e imita-
tore devotissimo de vulgari poeti Giuliano Perleonio dicto Rustico romano...
(au dernier f. recto, en capitales): *Fine
con la divina gratia: del canzoniere
dicto il perleone: del rustico romano:
impresso in la Citta di Napoli per
Aiolfo de Cantono da Milano, adi x
de Martio* M. CCCC. LXXXXII. *anno
Chritsi* (sic), in-4., lettres rondes.
[14473]

Volume rare, contenant, outre CCXLV ff. chiffrés,
18 ff. de pièces prélim. Vend. 28 fr. Gaignat; 60 fr.
mar. bl. La Vallière.

PERLES d'élite, recueillies de l'infini tre-

sor des cent cinquante Pseaumes de
David. Traduit d'italien en françois, par
l'auteur. (*Genève, à l'enseigne de
l'épée), par Jean de Laon,* 1577, in-8.
de 8 ff. et 144 pp. [14638]

En vers alexandrins.

L'auteur de ces vers est François Perrot, le même
probablement que celui à qui on attribue l'*Aviso
piacevole dato alla bella Italia* (voy. AVISO). Il a
donné d'abord ses Psaumes en italien, sous ce titre :
PERLE elette di Francesco Perotto, cavate da
quel tesoro infinito di CL. Salmi di David, in ottava rima, divise in tre parti, et nove canti (*Geneva), per Giovanni de Laon,* 1576, in-8.

PERLIN (*Estienne*). Description des
royaulmes d'Angleterre et d'Escosse.
Paris, Fr. Terpeau, 1558, pet. in-8.
[26736]

Livre devenu fort rare, qui s'est vendu 5 liv. 15 sh.
6 d. Bindley; 1 liv. 19 sh. *mar.* Bright, et quelquefois moins. Il en a été fait une nouvelle édition,
à laquelle est jointe l'*Histoire de l'entrée de
la reine mère dans la Grande-Bretagne,* par de
La Serre, *London,* 1775, in-4. fig., avec des notes
et une préface de Rich. Gough. 12 sh. (voy. LA
SERRE).

PERMISSION (le Cte de). Voyez BLUET
d'Arberes.

PERMISSION (la) aux servantes de coucher avec leurs maistres. Ensemble de
l'arrest de la part de leurs maitresses.
(*sans lieu ni date*), pet. in-8. de 8 pp.

L'opuscule suivant est la contre-partie de celui-ci, et
doit y être réuni :
LE CONSEIL tenu en une assemblée faite par les
dames et bourgeoises de Paris. Ensemble ce qui
s'est passé. (*sans lieu ni date*), pet. in-8.
Ces deux pièces, qui datent peut-être des années
1620 à 1630, ont été réimpr. avec des notes dans les
Variétés de M. Ed. Fournier, II, page 237, et V,
p. 299. — En voici une troisième du même genre,
et non moins rare que les deux précédentes :
ARREST de querelle des serviteurs de la ville de
Paris, contre leurs maistres (en la cour d'amour).
(*sans lieu ni date*), pet. in-8. de 16 pp.

PERNOT. Le vieux Paris, reproduction
des monuments qui n'existent plus dans
la capitale, d'après les dessins de F.-A.
Pernot, lithogr. par Nouveau et Asse-
lineau, avec texte explicatif. *Paris,
Jeanne,* 1838-39, in-fol., contenant
80 pl. et une carte. [24148]

19 fr. Busche.

PEROCHEGUI. Origen de la nation bas-
congada, y de su lengua, de que han
dimanado las monarquias española y
francia, y la republica de Venecia, que
existen al presente. *Pamplona,* 1760,
pet. in-8. 8 à 12 fr. [26146]

M. Ch.-Guill. de Humboldt regardait cet ouvrage
comme tout à fait insignifiant.

Pernetti (*Jaques*). Les Lyonnois dignes de mémoire,
30484.

Pernetty (*A.-Jos.*). L'Homme moral, 6994.—Voyage
aux iles Malouines, 21136.

Perkins (*J.-C.*). Law of marine insurance, 29620.

PÉRON (*Fr.*). Voyage de découvertes aux terres australes, pendant les années 1800-1804, rédigé en partie par Péron et continué par L. Freycinet (Historique). *Paris, de l'imprim. impériale*, 1807, et *imprimerie royale*, 1816, 2 vol. gr. in-4. de texte et 2 atlas, l'un de 44 pl., l'autre de 14. 30 à 45 fr. [21164]

Ouvrage intéressant, et dont les planches sont parfaitement exécutées. La partie de la relation de ce voyage qui renferme la navigation et la géographie a été publiée par L. de Freycinet (voy. FREYCINET).

—VOYAGES de découvertes... Seconde édition, revue, corrigée et augmentée par M. Louis de Freycinet. *Paris, A. Bertrand*, 1824, 4 vol. in-8. et atlas gr. in-4. 30 à 40 fr., et plus en pap. vélin.

L'atlas de cette édition est augmenté de 25 pl. qui se vendaient séparément 18 fr.

PERONDINUS Pratensis (*Petrus*). Magni Tamerlanis Scytharum imperatoris vita. *Florentiæ, Torrentinus*, 1553, in-8. [28264]

Opuscule de 54 pp. chiffrées, devenu rare. Vend. 15 fr. *mar. bl.* Lauraguais.—Réimpr. *Ex typog. forsteriano*, 1597, pet. in-8.

PEROTTUS. Nicolai Perotti pont. sipontini ad Pyrrhum Perottum nepotem ex fratre suauissimum rudimenta grammatices.— *Conradus Suueynhyem : Arnoldus Pannartzque magistri, Rome impresserunt... M. CCCC. LXXIII, die uero XIX mensis Martii*, pet. in-fol. [10786]

Édition très-rare, regardée comme la première de cet ouvrage; vend. 50 fr. Gaignat, et susceptible d'une beaucoup plus haute valeur.

Une ancienne édition in-4., sans lieu ni date, sans chiffres, réclames ni signatures, ayant 32 lignes à la page, en caractères romains, a été vend. 1 liv. 1 sh. Pinelli.

Hain cite plusieurs autres édit. de cette grammaire, également sans lieu ni date, mais qui ont peu de valeur.

— Editio alia. — *In alma urbe Roma... per magistrum Arnoldum Pannartz... anno M. CCCC. LXXIIII, die vero secunda mensis decembris*, gr. in-4.

Volume de 111 ff., y compris le f. de registre qui est à la fin : 200 fr. La Serna; 31 fr. (piqué de vers) F. Didot; 20 fr. Chardin, et 15 fr. Boutourlin.

— Rudimenta grammatices. — *Romæ, in domo nobilis viri Joannis Philippi de Lignamine... hic libellus impressus est anno Dñi M. CCCC. LXXV, die vicesima nona mensis maii*, pet. in-fol. de 171 ff.

— Ad Pirrum Perottum nepotem ex fratre suavissimum rudimenta grammatices incipiunt. — *Regule grammaticales..... Neapoli, impresse per Mathiam Morauum, etc.* (circa 1475), in-4.

Ce volume consiste en 109 ff., à 32 lignes par page, sans chiffres, récl. ni signat. La souscription, pla-

cée au recto du dernier f., occupe quatre lignes, au-dessous desquelles se trouve le registre. Vend. 6 liv. 6 sh. Sykes.

— Rudimenta grammatices. — *Rome, quoq3 impresse per me Vuendelinum de Vuilla... duodecimo kal. octobrias, anno salutis millesimo quadringentesimo septuagesimo quinto*, in-fol. de 102 ff., y compris la préface.

Vend. 21 fr. Gaignat; 11 fr. 50 c. Boutourlin.

Dans cette même année 1475, il a paru deux autres éditions de l'ouvrage de Perotti : l'une, *In studio Patavino, per Albertum de Stendalia.... die xvii mensis Iunii*, in-fol. (selon la *Biblioth. spencer.*, n° 575, elle aurait été impr. à *Naples*, et elle se composerait de 111 ff., dont le dernier pour le registre); l'autre, *Venetiis, per Gabrielem Petri de Tarvisio*, pet. in-fol.

L'année 1476 a vu produire au moins six éditions de la Grammaire de Perotti : 1° de Naples, *per Sixtum Riessinger, decimo sexto Cal. Februarias*, in-fol.; 2° de Rome, *per Arnoldum Pannartz die vicesima quinta mensis Febr.*, in-fol.; 3° à Rome, *a Iohanne Raynaldi, una cum Paulo Leenen*, in-4., avec un registre; 4° à Trévise, *Gerardus de Flandria impressit*, in-4., avec registre; 5° *per M. Marcũ de Comitibus Venetum, necnon Gerardum Alexandrinũ, decimo sexto Cal. Februarias*, in-fol. de 111 ff. à 36 lignes par page; 6° *per Gabrielem Petri de Tarvisio, tertio nonas Augusti*, in-fol. de 110 ff. à 36 lignes.

En 1477, nous remarquons l'édit. de Paris, *in intersignio follis viridis quinta die mensis decembris*, in-fol. goth. de 126 ff., avec registre; vend. 48 fr. *m. r.* La Valliere. Les mêmes presses parisiennes du *souflet verd* ont reproduit cette Grammaire en 1479, *die septima mensis martii*, in-fol.; mais ni cette édition, ni, en général, celles du même livre qui ont paru en grand nombre dans les vingt ou vingt-cinq dernières années du XVe siècle, et que décrivent Panzer et Hain, n'ont beaucoup de valeur.

— Nicolai Perotti ad Pirrum Perottum nepotem....... Rudimenta grammatices Incipiunt. — *Neapoli impressi p Magistrum Franciscũ florentinum. Anno salutis millesimo quadringentesimo septuagesimo nono* (1479). *Die octava mensis Marcii*, in-4. de 206 ff., à 26 lign. par page, sans chiffres, récl. ni signat., caract. ronds.

Édition peu connue : vend. 13 fr. Boutourlin.

Celle de Venise, *Gabr. Petri tarvisianus, M. CCCC. LXXVIII. Quinto idvs aprilis*, in-4. de 111 ff. à 37 lign. par page, lettres rondes, sans chiffres ni réclames, mais avec des signat., a été vend. 34 fr. La Valliere.

— Regulæ grammaticales. *Mediolani, Ant. Zarotus*, 1485, *die xxvi mensis augusti*, in-fol.

Cette édition n'est point rapportée par Panzer (et non plus par Hain), qui cite cependant celles de 1478, 1480 et 1483, impr. à Milan. C'est par ce motif, sans doute, que l'exemplaire (de 1485) qui se trouvait à la vente commencée à Paris, le 7 mars 1825, y a été porté à 108 fr.

— REGULÆ. *Florentiæ, Junta*, 1514, in-4. — Editio altera. *Florentiæ, Junta*, 1524, in-4.

Deux éditions rares portées dans le catalogue de M. Boutourlin (Belles-lettres, n°s 826 et 827), mais omises par Bandini et par Renouard.

— GRAMMATICA Nicolai Perotti, cum textu Jodoci Badii Ascensii. *Londini, W. de Worde*, 1512, in-4. Vend. 4 liv. White-Knight.

Peron (le capit.). Mémoires sur ses voyages, 19997.

— GRAMMATICA Nicolai Perotti cuȝ textu Jodoci Badii Ascēsii et cuȝ eiusdem expositione suis locis cum solitis additamentis inserta. Nec non cuȝ ipsius Badii textu regiminis et expositione de nuovo super additis. Et octo principiis grammaticalibus. (in fine) : *Explicit feliciter impressum Lemovicensem, per magistrum Richardum de la Nouaille. Anno dñi millesimo quingentesimo* XXII. *die vero* XVIII *mensis Februarii*, pet. in-4. goth. de CIX ff. chiffrés, y compris le titre. Il y a de plus 3 ff. pour la table.

Ce livre doit être une réimpression du même texte de Badius, déjà imprimé à Lyon, *per Claudium nourry* MDVIII *die* XXIV *Octobris*, in-4., et peut-être plus anciennement encore. Nous la citons ici, d'après la description, accompagnée de la marque de l'imprimeur qu'en a donnée M. Claudin dans ses *Archives du Bibliophile*, 1858, pp. 143 - 144. Il est sans doute fort rare, mais ce n'est pas le premier qui soit sorti des presses de Limoges, car, dès l'année 1495, Jean Berton avait donné dans cette ville le *Breviarium Lemovicense*, en 1505 le *Missale Lemovicense*, et en 1512 le *Breviarium Bituricense*. Ajoutons qu'un *Paul Berton*, probablement fils de Jean, exerçait la typographie à Limoges en 1527. Panzer, qui a fait mention des deux Berton, n'a pas connu Richard de la Nouaille.

Voir sur les premiers imprimeurs de Limoges l'*Essai de Bibliographie limousine, par Pierre Poyet*, Limoges, 1862 , gr. in-8. où est décrit (pp. 11 à 13) un *Missale ad usum lemovicensis ecclesie*, impr. à Paris, par Jean du Pré, en 1483, in-fol. dont nous parlerons dans nos additions au mot *Missale*.

— Nicolai Perotti Jacobo Schioppo Veron. Liber de metris et epistola de generibus metrorum, quibus Horatius Flaccus et Severinus Boetius usi sunt. 1471, in-4. de 36 ff. à 26 lig. par page, sans chiffr., récl. ni signat. [12445]

Opuscule fort rare, imprimé avec les mêmes caractères que l'Ovide de Bologne, portant la même date, et par conséquent un des premiers essais des presses d'Azoguidi. Au verso du premier f. est une table (*Tabula omnium rubricarum que sunt in hoc volumine.....*), et par les suivans les mots BO-NONIÆ FACTUM. Le f. suivant commence de cette manière :

(N) IHIL *a te iocundius nobis pro*

Voici l'extrait de la conclusion imprimée en huit lignes au verso du dernier f. :

(H) *ec sũt mi frater : que de Horatii flacci ac seuerini Boetii metris ad te scripsi.....*
LAVS DEO
M CCCCLXXI

Un exemplaire relié avec *Guarinus de diphtongis*, 1474, in-4., n'est porté qu'à 1 liv. 15 sh. sous le n° 2584 du catal. d'Askew ; mais l'opuscule de Perotti, seul, s'est vendu 15 liv. 15 sh. Heber.

—Cornucopiæ, sive linguæ latinæ commentarii (per Nic. Perottum). *Venetiis, in ædibus Aldi, mense Iulio* MID (1499), in-fol. [10831]

Livre fort rare, qui doit renfermer 30 ff. prélim. cotés au bas en chiffres arabes, et qui contiennent un titre très - détaillé, la préface d'Alde *Lectori*, l'index, l'errata, deux préfaces de L. Odaxius et de Pyrrho Perotti, avec une courte notice sur Martial. Il y a ensuite 624 pages de texte. Vendu 66 fr. La Serna ; 125 fr. Chardin ; 8 liv. Butler.

La plus ancienne édition connue des *Cornucopiæ* est celle de Venise, par Paganino de Paganinis, 1489, in-fol. de 18 et 355 ff., en caractères romains. Plusieurs autres ont été faites avant celle d'Alde, et dans ce nombre nous remarquons l'édition impr. à Paris par Gering et son second associé Berthold

Rembolt, en 1494, in-fol., dans laquelle on trouve des passages en caractères grecs, les premiers qu'on ait employés à Paris. L'alphabet de cette langue, avec la valeur de ses lettres en latin, est impr. au verso du premier feuillet. Pour une édit. de Paris, du 23 avril 1496, par les deux mêmes imprimeurs, voir le catal. de La Vallière, en 3 vol., n° 2203.

— CORNUCOPIÆ, sive linguæ latinæ commentarii, etc., M. Terentii Varronis de lingua latina libri VI, etc. *Venetiis, in ædibus Aldi et Andreæ soceri* , 1513, in-fol.

Volume de 718 pp. ou 1436 colonnes , précédées de 79 ff. liminaires, et suivies d'un feuillet où se trouve l'ancre aldine. Il est sorti des presses d'Alde deux éditions bien distinctes de cet ouvrage, qui portent l'une et l'autre la date de 1513 à la fin du volume. Voici comment on peut distinguer la véritable édition de 1513 de celle de 1517 : dans la première se lit à la fin de l'ouvrage de Perotti, colonne 1054, la date de septembre 1513, et à la fin du volume, col. 1436, la date de novembre 1513 ; au contraire, dans la seconde, copiée sur la précédente, mais qui lui est inférieure pour la correction, la col. 1054 est par erreur cotée 1064 , et on y lit la date de mai 1517, quoique celle de novembre 1513 soit aussi à la fin du volume (A.-A. Renouard, *Annales des Alde*, 3e édit., p. 63) : vend. 2 liv. 5 sh. (édition de 1517, bel exemplaire) Pinelli ; 11 flor. Crevenna, et quelquefois moins.

— CORNUCOPIÆ, sive linguæ latinæ commentarii diligentissime recogniti atqȝ archetypo emendati,...... *Thusculani apud Benacum, in ædibus Alex. Paganini, mense aprili*, 1522, pet. in-4.

Édition faite avec une espèce de petit italique, dont plusieurs lettres approchent du romain. Elle doit renfermer 2 ff. prélim., 48 ff. contenant l'*Index dictionum......* ensuite le texte, dont les colonnes sont numérotées de 1 à 1268. 12 fr. La Vallière ; 22 fr. Courtois.

— CORNUCOPIÆ latinæ, etc., accedunt castigationes, ex veterum codicum fide, Michaelis Bentini opera. *Venetiis, in ædibus Aldi, etc.*, 1526-27, in-fol. 10 à 15 fr.

On trouve dans cette édition , de plus que dans la précédente de 1513, 14 ff. non chiffrés, qui contiennent les observations de Mich. Bentinus sur les grammairiens latins formant la 2e partie de ce recueil.

— Commentariolus in C. Plinii Secundi Proemium cum observationibus Cornelii Vitellii in eundem commentariolum. *(absque nota)*, in-fol. de 10 ff. à 53 lig., caractères romains.

Cette lettre, écrite et imprimée à Venise vers l'année 1470, commence de cette manière : NICOLAUS pERottus pōtifex sypōtinus : FRAncisco GVArnerio SALUTEM, et se termine par le mot FINIS. C'est un opuscule curieux dans lequel se trouve un passage remarquable sur l'origine de l'imprimerie. Voir sur cette pièce le catal. Libri, de 1859, où un exemplaire est porté à 3 liv.

PERPETUITÉ de la foi. Voyez NICOLE (*Pierre*).

PERPINIANI (*Pet.-Joan.*) Opera omnia (ex edit. P. Lazerii). *Romæ, Palearini*, 1749, 4 vol. pet. in-8. [19004]

Vend. 18 fr. Villoison.

Le 4e volume a pour titre : *Petri Lazerii de vita et scriptis Perpiniani diatriba*.

PERRACHE (le capit. *Jacq.*). La vanité du jeu, la misérable condition, et fin damnable de ceux qui le suyvent, et les moyens de s'en retirer, poème tres excellent, et nécessaire à ceux qui font profession de la guerre, volontiers addonnez à ceste malheureuse escole berlandiere. *Paris, Mathieu Guillemot,* 1587, pet. in-8. de 8 et 24 ff. 8 à 12 fr. [10477]

Cet opuscule, en prose et en vers, avait déjà paru sous le titre de *Triomphe du Berlan, où sont déduits plusieurs des tromperies du jeu, et par le repentir sont montrés les moyens d'éviter le péché,* et sous la date de *Paris, Guillemot,* 1585. Il n'y a de changé que le frontispice. Vend. 12 fr. en 1806.

PERRAULT (*Claude*). Mémoires pour servir à l'histoire naturelle des animaux (avec la suite). *Paris, imprim. roy.,* 1671-1676, 2 tom. en 1 vol. in-fol. max., avec 15 et 14 pl. [5595]

Cet ouvrage fait suite à la collection d'estampes du *Cabinet du roi;* mais, malgré les gravures qui le décorent, il est aujourd'hui à très-bas prix. 10 à 15 fr. : vendu en *m. r. dent.* 79 fr. Trudaine, et 18 fr. d'Ourches.
Les exemplaires où la suite ne se trouve pas perdent toute leur valeur.
L'édition de *Paris, imprim. roy.,* 1676, in-fol. max. qui renferme la suite, a la même valeur à peu près que la précédente. Le titre y porte le nom de l'auteur, ce qui n'est pas dans la première édition.
La nouvelle édition de cet ouvrage, impr. à *Paris,* en 1688, est augmentée de 4 nouvelles planches, mais il n'en a paru que 124 pp. de texte; elle devait être continuée, et on avait gravé à cet effet 7 autres planches qui n'ont point été publiées; il y en avait un exempl. dans la bibliothèque de M. J.-B. Huzard. C'est cette même édit. non terminée, qui se trouvait en nombre d'exempl. à la vente d'Anisson, où elle fut achetée par le libraire Lamy, qui la fit paraître sous un nouveau titre daté de 1700, avec 12 planches seulement, et 118 pp. de texte. Ajoutons que le même ouvrage forme le tome III, 1re, 2e et 3e part. de la tête des *Mémoires de l'Académie des sciences,* in-4., édition de *Paris* ou édition de *Hollande,* et que ces trois volumes se trouvent quelquefois sous différentes dates, avec des titres particuliers qui en font un livre complet ; on y ajoute les *Mémoires sur les plantes,* par Dodart, impr. de la même manière.
—Ordonnance des cinq espèces de colonnes, 4359.

PERRAULT (*Charles*). Histoire et contes du temps passé avec des moralitez (anonyme). *Paris, Claude Barbin,* 1697, pet. in-12 de 270 pp. et 1 f. pour le privilége. [17318]

Édition originale des contes de Perrault, ouvrage qui n'a été bien apprécié que de nos jours, mais qui restera le meilleur titre littéraire de l'auteur. Il y a vis-à-vis du titre une planche intitulée : *Contes de ma mère loye,* et il se trouve une petite vignette à chaque conte. Celui de *Peau d'ane,* en prose, qui n'est pas de Perrault, ne fait pas partie de ce recueil. 112 fr. *mar. bl.* Nodier ; en *v. br.* aux armes de Condé, 301 fr. Walckenaer; en *mar. r. doublé de mar.* par Trautz, mais avec titre *photographié,* 195 fr. Bertin, et 610 fr. Solar, et même reliure, mais annoncé comme le plus bel exemplaire connu, 1000 fr. même vente.

— Contes de ma mère Loye. Histoires ou contes du temps passé, avec des moralitez, par le fils de M. Perraut, de l'Académie françoise. *Suivant la copie à Paris,* 1697, pet. in-12 avec 8 viguettes.

Contrefaçon de l'édition précédente, et tout aussi rare. Elle a 176 pp. de texte précédées de 4 ff. contenant le frontispice gravé, le titre imprimé et l'épître dédicatoire (catalogue de M. Rostan, Paris, François, 1860, no 1387).
L'édition de *Paris, chez la Ve Barbin,* 1707, in-12, est une réimpression de la première de 1697, page pour page, avec le même frontispice et les mêmes vignettes à mi-page. 110 fr. Walckenaer.
L'édition de *Paris, Nic. Gosselin,* 1724, in-12, 10 fr. même vente.

— Histoire ou contes du temps passé, avec des moralités par M. Charles Perrault; nouvelle édition augmentée d'une nouvelle. *La Haye (Paris, Coustellier),* 1742, in-12, fig. à mi-page.

41 fr. *mar. bl.* Nodier; 52 fr. *v. f.* De Bure; 32 fr. Gancia.
L'*Adroite princesse,* ajoutée à cette édition, est de mademoiselle L'Heritier de Villaudon, et fait partie des œuvres mêlées de cette demoiselle, *Paris, Guignard,* 1696, in-12 (voy. L'HERITIER).

— Contes de ma mère l'Oye, en françois et en angl. *La Haye, J. Neaulme,* 1745, in-12. fig. grav. par Fokke. 6 à 9 fr.

Vend. en *m. r.* 24 fr. La Valliere; 15 fr. d'Hangard.

— Contes des fées; Griselidis, Peau d'âne, et les Souhaits ridicules. *Paris, Lamy,* 1781, 2 tom. en 1 vol. in-12, fig. : 5 fr.

Cette édition donne, comme celle de 1742, l'*Adroite princesse,* et elle contient de plus *Peau d'ane,* en prose et en vers, *Griselidis* et les *Souhaits ridicules.* Les exemplaires en papier ordinaire ne sont guère plus communs que les exemplaires en papier de Hollande ; mais ces derniers sont fort recherchés. Vend. 72 fr. (rel. en *m. r.* par Derome) Labédoyère, et avec les vignettes tirées à part de différentes couleurs, 40 fr. *mar. r.* Thierry ; 110 fr. Nodier ; en *v. f. tr. d.* 45 fr. Du Roure ; jusqu'à 400 fr. *mar. r. dent.* De Bure, et 661 fr. Solar ; 275 fr. *br. en carton,* avec six dessins d'Huber, vente Renouard. Il est à remarquer qu'en 1810, ce libraire ne vendait que 12 fr. les exemplaires de ce livre en pap. de Hollande qu'il avait en nombre. Il en a été tiré plusieurs exemplaires sur VÉLIN, vend. rel. en 3 vol. 89 fr. Chardin, et avec les dessins originaux, 27 liv. Paris.

— CONTES de Perrault, précédés d'une Notice par M. Paul L., et d'une dissertation sur les contes de fées par M. Walckenaer. *Paris, Mame,* 1836, in-8. fig. sur bois.

— ŒUvres choisies, avec les mémoires de l'auteur, et des recherches sur les contes des fées, par M. Collin de Plancy. *Paris, Dondey-Dupré,* 1826, in-8. portr.

Il y a des exemplaires en pap. vél., avec le portr. sur pap. de Chine.
L'édit. des *Contes du temps passé, Paris. Curmer,* 1840, gr. in-8., est illustrée par MM. Pauquet, Marvy, Jeanthon, etc.
— CONTES des fées; par Perrault, Mme d'Aulnoy, Hamilton, et Mme Leprince de Beaumont. Nouvelle édit., illustrée de nombreuses vignettes dans le texte, et de dix grands bois hors texte. *Paris, Garnier frères,* 1860, in-8. de 532 pp.

— Les Contes de Perrault, dessins par Gustave Doré ; préface par P.-J. Stahl (Hetzel). *Paris, Firmin Didot frères et fils,* 1862, in-fol. de 62 pp. et 40 gravures. 60 fr.

Édition fort bien exécutée.

Un article de M. F. Génin, inséré dans l'*Illustration* du 1er mars 1856, nous apprend que Perrault a tiré du *Pentamerone* de *J.-B. Basile* (voy. ce nom) plusieurs de ses contes, notamment *Cendrillon*, la *Belle au bois dormant*, l'*Adroite princesse*, le *Chat botté*.

— MÉMOIRES, contes et autres œuvres, de Ch. Perrault, précédés d'une notice sur l'auteur par P.-L. Jacob, bibliophile, et d'une dissertation sur les contes des fées par M. le baron Walckenaer. *Paris, Gosselin*, 1842, gr. in-18.

— La Marquise de Salusse, ou la patience de Griselidis, nouvelle (anonyme). *Paris, J.-B. Coignard*, 1691, in-12.

Première édition de ce petit poëme. 39 fr. *mar. r.* Giraud. Réimprimé en 1694, en même temps que le *Peau d'âne* en vers du même auteur.

Le *Saint-Paulin* de Ch. Perrault, *Paris, J.-B. Coignard*, 1686, in-8., et son *Adam, ou la création de l'homme, sa chute et sa réparation*, Paris, J.-B. Coignard, 1697, pet. in-8. avec fig. de Coypel, sont fort peu recherchés.

— Le Cabinet des beaux-arts, ou recueil d'estampes grav. d'après les tableaux d'un plafond, où les beaux-arts sont représentés, avec l'explication en prose et en vers. (*Paris*), 1690, in-4. obl. 6 à 9 fr. [9380]

— COURSES de têtes et de bagues, et labyrinthe de Versailles. Voy. COURSES.

— Les Hommes illustres qui ont paru en France pendant ce siècle, avec leurs portraits au naturel. *Paris*, 1696-1700, 2 tomes en 1 vol. gr. in-fol. [30471 ou 30477]

Comme c'est surtout à cause des portraits qui le décorent qu'on recherche cet ouvrage, il faut avoir soin de choisir les exemplaires de premier tirage et en pap. fort, au sujet desquels nous allons entrer dans quelques détails. Lorsque ce livre fut prêt à paraître, le censeur n'approuvant pas les vies et portraits d'*Arnauld* et de *Pascal* qui s'y trouvaient, pp. 15 et 16, 65 et 66, on fut obligé de les supprimer, et de mettre en place, pour remplir la lacune, les vies et portraits de *Thomassin* et de *Du Cange*. Quelques amateurs, cependant, se procurèrent les deux portraits supprimés, et les ajoutèrent à leurs exemplaires. Par la suite, le même empêchement ne subsistant plus, le libraire, propriétaire de l'édition, retira des exemplaires restants les vies et portraits de *Thomassin* et de *Du Cange*, et remit à leur place *Arnauld* et *Pascal*. On doit donc regarder comme de premier tirage les exemplaires où les vies d'*Arnauld* et *Pascal* ne sont pas, mais où l'on a mis seulement leurs portraits à la fin des volumes. Un exemplaire plus précieux encore serait celui qui, étant de premier tirage, contiendrait, outre les vies et portraits de *Thomassin* et *Du Cange*, ceux d'*Arnauld* et *Pascal;* de manière à ce que les pages 15 et 16, 65 et 66 du tome I, ainsi que les pl. 8 et 33, se trouvassent doubles.

Le premier tirage vaut de 100 à 150 fr. : vend. en m. r. 120 fr. La Vallière; 149 fr. Labédoyère; 300 fr. *mar. r.* Bertin; 335 fr. *mar. r.* Borluut; 259 fr. (exemplaire du Dauphin, fils de Louis XIV, mais sans les deux portraits d'Arnauld et Pascal, et ayant un volume plus haut que l'autre) Busche; le même exempl., avec les deux portr. ajoutés, 315 fr. Solar. Le second tirage ne se paye pas plus de 40 à 50 fr. Quant à l'édition publiée à *Paris*, en 1805, avec les mêmes planches, elle ne conserve que fort peu de valeur. Le texte de cet ouvrage a été imprimé plusieurs fois en 1 vol. in-12.

Les Hommes illustres de Perrault se composent de cent notices imprimées et d'autant de portraits. Il y a, de plus, au premier volume, un frontispice gravé par Gérard Edelinck, où se voit la statue équestre de Louis XIV. Après le titre imprimé et la préface, on trouve le portrait de Charles Perrault, également gravé par Gérard Edelinck. Dans le nombre des portraits, 47 seulement sont de ce célèbre graveur; la plupart des autres, particulièrement dans le premier volume, ont été gravés par Jacques Lubin; quelques-uns, et ce ne sont pas les moins bons, sont de P. Van Schuppen : quatre sont de A. Duflos, et un seul (celui de P. Lalement) est de Rob. Nanteuil, sous la date de 1678. Il avait été fait pour décorer le recueil nécrologique publié par le P. Tetelet, sous ce titre :

RELIGIOSISSIMI doctrinaque et eloquentia clarissimi viri Petri Lalemantii... memoria, disertis (sic) per amicos, etc. *Paris., Gilles Blaizot*, 1679, in-4.

Dans le premier état, la bordure ovale de la planche portait ces mots en lettres capitales : *Petrus Lalemant prior Sanctæ Genovefæ ejusdemque ecclesiæ et universitatis parisiensis cancellarius.* Plus tard, afin d'adapter cette planche au recueil de Ch. Perrault, la bordure fut garnie d'un écusson tombant jusqu'au bas de l'estampe, et l'inscription latine ci-dessus supprimée et remplacée par celle-ci : *Le R. P. Pierre Lalemant, chancelier de l'université de Paris.*

Les deux portraits de Du Cange et de Thomassin portent à 104 le nombre des planches dont se composent les deux volumes.

Plusieurs portraits gravés par Gér. Edelinck existent dans un état différent de celui qu'ils présentent dans le livre : ce sont les planches suivantes que nous indiquons dans l'ordre que leur a donné M. Robert Dumesnil (voir son *Peintre-graveur*, tome VII, article GÉRARD EDELINCK).

Frontispice. Statue équestre du roi. Avant l'écriture sur le piédestal du roi : *Les hommes illustres.*

Ant. Arnauld, avant l'adresse à *Paris, chez la Ve de F. Chereau.* Au lieu du portr. gr. par G. Edelinck, on trouve le plus souvent celui qu'a gravé *Louis Simonneau.*

Jacq. Blanchard, avec le mot *se* placé avant *ipse pinxit.* Ce monosyllabe a été supprimé, mais on en trouve encore la trace sur la planche.

P. Mignard, avant toute lettre.

Nanteuil, avant la lettre, ou avec *Nanteuil se ipse delin.*, au lieu de *Nanteuil se ipsů delineavit*, qui caractérise le 3e état de la planche.

Perrault (Claude), avec un médaillon emblématique, au bas de la bordure, sur laquelle on lit : *Claude Perrault, de l'Académie R. des sciences, médecin de la faculté de Paris*, et avec quatre vers (*Il n'est point de secret...*). Sur la face du socle de support, dans le second état de la pl., le médaillon emblématique a été remplacé par un écusson d'armes; les noms et qualités du personnage ont été enlevés de la bordure, et aux quatre vers français on a substitué ces mots : *Claude Perrault de l'Académie royale des sciences.*

Pontchartrain (Paul Phelypeaux), avec les armoiries simplement ébauchées, ou avec les armoiries finies, mais avec les mots : *Paul Phelypeaux de Pontchartrain secrétaire d'Estat*, qui, dans les épreuves ordinaires, sont remplacés par ceux-ci : *Paul Phelipaux seigneur de Pontchartrain secrétaire d'Estat.* Les anciens exemplaires ont le portrait de Pontchartrain dans le second état.

Quinault, avec les armoiries simplement ébauchées.

Racine (Jean), avec la particule *de* avant le nom Racine : le *de* a été supprimé.

Rigault (Nic.), avec un médaillon emblématique auquel a été substitué, depuis, un cartouche armorié.

Le marquis de Seignelay, avec les armoiries consistant en une couleuvre dans un ovale simple, et l'inscription : *Jean Baptiste de Seignelay mi-*

nistre et secrétaire d'Estat. Dans le second état les armoiries sont couronnées et entourées des colliers des ordres de Saint-Michel et du Saint-Esprit, et dans l'inscription le nom de *Colbert* et la qualification de *marquis* ont été ajoutés avant *Scignelay.*

Pour les *Parallèles* de Ch. Perrault, voy. le n° 18296 de notre table ; pour ses Mémoires, 23797 ; pour ses Œuvres de physique et de mécanique, 4359.

PERREAU (*Fr.*). Demonologie, ou traitté des Demons et sorciers, de leur puissance et impuissance, par Fr. Perreau : ensemble l'Anti-Démon de Mascon, ou histoire véritable de ce qu'un démon a fait et dit, il y a quelques années, en la maison du dit sieur Perreau, à Mascon. *Genève, Pierre Aubert,* 1653, pet. in-8. 5 à 6 fr. [8891]

19 fr. *v. f. tr. d.* Coste.

— L'ANTI-DÉMON, nouvelle édition, comprenant une étude comparative de la richesse réelle et de la richesse de convention, par le comte Perrault de Jotemps.. avec préface, notes, contes en vers et biographie par Ph. L. (Philippe Leduc). *Bourg en Bresse, Milliet-Bottier,* 1852, in-12.

PERREAUX (*P.*). Traité élémentaire d'arithmétique à l'usage des Indiens. *Pondichéry,* 1838, gr. in-4. [7877]

La première partie de ce volume est en tamoul et en français, et la seconde en français seulement.

PERRET. Exercitatio alphabetica nova et utilissima, variis expressa linguis et characteribus, raris ornamentis, umbris et recessibus, picturæ, architecturæque speciosa, nunquam antea edita, Clementis Perreti Bruxellani, nondum 18 annum egressi industria. *Antuerpiæ, Plantin.,* 1569, in-fol. obl. avec 35 pl. [9053]

Exemples d'écriture et d'ornements gravés sur cuivre par Corn. de Hooghe. 40 fr. en 36 pl. en avril 1859, et en 33 pl. seulement, 64 fr. Leber.

PERRET (*Estienne*). XXV fables des animaux, vray miroir exemplaire, par lequel toute personne raisonnable pourra voir... la conformité et vraye similitude de la personne ignorante aux animaux bestes brutes. *Anvers, Christophle Plantin,* 1578, in-fol. de 26 ff. [16944]

Volume orné de gravures assez belles : 12 à 18 fr.

PERRET (*Jacques*), gentilhomme savoysien. Des Fortifications et artifices d'architecture et de perspective. (*Paris, Th. de Leu,* 1601), in-fol. de 16 ff. de texte, signat. A—L et fig. Celle du titre représente le siége de Paris. [8643]

Ce livre, sans utilité pratique, est encore recherché de quelques personnes, à cause de ses planches qui sont de Thomas de Leu. Il y en a une édition sous

le titre de *Livre des fortifications...* Francfort, 1602, in-fol. Peut-être est-ce la même que celle de Paris, avec un nouveau frontispice.

PERRET (*Louis*). Les Catacombes de Rome : Architecture, peintures murales, inscriptions, figures et symboles des pierres sépulcrales, vers gravés sur fond d'or, lampes, vases, etc., des cimetières des premiers chrestiens. *Paris, Gide et Baudry,* 1852-56, 6 vol. gr. in-fol. fig. [22321]

Ce bel ouvrage a été publié par ordre du gouvernement, sous la direction d'une commission composée de MM. Ampère, Ingres, Mérimée, Vitet. Il renferme 325 pl. et a paru en 66 livr., dont la dernière, publiée à la fin de 1856, contient le titre et les pp. 32 à 222 et dernière du texte. Il a coûté 1300 fr. Vendu 480 fr. Rebillot.

PERRI. Voy. PERI.

PERRIER (*Franç.*). Icones et segmenta nobilium signorum et statuarum quæ Romæ extant, delineata atque in ære incisa anno 1638. (*Romæ*), in-fol. 12 à 18 fr. [29547]

Ce recueil se compose d'une dédicace gravée, sans date, de 100 pl. et de 2 ff. d'index ; il en a été fait plusieurs tirages. M. Robert Dumesnil (dans son *Peintre-graveur*, VI, p. 177) a même décrit cinq états de la planche du frontispice, contenant la dédicace de Perrier : 1° marge blanche et sans inscription au-dessous du millésime M. D. C. XXXVIII ; 2° avec les mots *Romæ superiorum permissis, etc.,* au bas du millésime, et à la marge l'adresse de *Joannes de Rubeis* (1653) ; 3° avec l'adresse : *à Paris, chez la veufue de defunt Perrier, etc. ;* 4° avec une autre inscript. sur une lame soudée au-dessous de la marge ; 5° avec l'adresse : *à Paris, chez la veuve de F. Chereau..*

Malgré leur peu d'exactitude, les planches de Perrier ont eu du succès, et on les a regravées sous ce titre : *Signorum et statuarum symbola Perreriana eleganti coelo denuo exculpta a Pet. Schenckio,* Amstel., Schenck, 1702, in-fol. Plus tard, Corn. Van Daalen les a copiées sous le titre de *Kunstkabinet...* Gravenhage, 1737, in-fol. — ou avec un texte allemand, par Jos. Ernst, *Wien*, 1797, in-fol.

— Icones et segmenta illustrium e marmore tabularum quæ Romæ adhuc extant, a Fr. Perrier delineata, incisa, et ad antiquam formam lapideis exemplaribus passim collapsis restituta. *Romæ,* 1645, in-fol. obl. 10 à 15 fr.

51 pl. en travers, y compris le frontispice ; ou 54 pl., y compris les n°s 48, 49 et 50 répétés. Les premières épreuves n'ont pas de date ; celles qui portent l'adresse de la *veuve Perrier* doivent être moins anciennes que 1645, puisque Perrier vécut jusqu'en 1650. Il se trouve des exempl. dans lesquels on a ajouté l'adresse de De Poilly ou celle de la Vᵉ Chereau.

Il ne faut pas confondre ce recueil de bas-reliefs avec les statues qui forment l'article précédent.

PERRIERE (La). Voy. LAPERRIERE.

PERRIN (*Jean-Paul*). Histoire des Vaudois (recueillie des anciens auteurs). *Genève*, 1568, pet. in-8. [22395]

Cette édition est portée à 2 liv. 12 sh. dans la 3e part. du catal. Hanrott. — Il en existe une autre de *Genève, pour Pierre et Jacques Chouet*, 1619, pet. in-8. de 16 ff. prélim. et 248 pp.

— Histoire des chrestiens albigeois, contenant les longues guerres, persécutions qu'ils ont souffert(sic) à cause de la doctrine de l'Evangile. *Genève, Matthieu Berjon*, 1618, pet. in-8. de 4 ff. et 333 pp. [22396]

Ces deux ouvrages de Perrin, impr. en 1619 et 1618, doivent être réunis, car la table des chapitres, qui fait partie des pièces préliminaires du premier, est commune au second. Ce dernier renferme des extraits de la doctrine des Vaudois en leur propre dialecte, avec la version franç. à côté : 19 fr. 50 c. bibliophile Jacob; 23 fr. Crozet, et moins cher autrefois.

PERRIN (*François*), autumois. Pourtraict de la vie humaine, où naïvement est depeinte la corruption, la misere et le bien souverain de l'homme, en trois centuries de sonnets; avec les antiquités de plusieurs cités memorables, nommément d'Autun... *Paris, Guillaume Chaudiere*, 1574, pet. in-8. [13851]

39 fr. *mar. v.* Hebbelynck ; 69 fr. Solar.

— Histoire tragique de Sennacherib, roy des Assyriens. *Paris, Abel L'Angelier*, 1599, pet. in-8. [13851]

Poëme en 8 parties. 86 fr. *mar. r.* Veinant, et sans avoir cette valeur.

— Cent et quatre quatraines de quatrins contenantz plusieurs belles sentences et enseignemens, extraits des livres anciens et approuvez : les dictes quatraines divisées en quatre quarterons, par François Perrin. *Lyon, Benoist Rigaud*, 1587, pet. in-8. [13851]

Livre peu commun. Vend. en *mar. v.* 79 fr. Saint-Mauris et quelquefois moins cher. Dans le catal. de La Vallière, par Nyon, 11, n° 14409, il s'en trouve un exempl. auquel est joint un opuscule du même auteur et sous la même date, intitulé : *Petites prières à l'imitation de celles dont on use ordinairement en l'église catholique.*

—Les mêmes, sous ce titre :

Trois centuries de sonnets : contenant le vray pourtrait de la vie humaine... *Paris, Guillaume Chaudiere*, 1588, in-8. 24 fr. *m. viol.* Nodier.

—Sichem ravisseur, tragédie (en cinq actes et en vers, mêlée de chœurs, odes et chansons). *Paris, Guillaume Chaudiere*, 1589, in-12. [16334]

Réimpr. à *Rouen, Raph. du Petit-Val*, 1606, in-12 de 70 pp. et 1 f. non chiffré. 30 fr. de Soleinne.

Cette pièce est insérée dans le recueil intitulé : *Diverses tragédies saintes*, 1606, pet. in-12.

— Les escoliers, comédie (en cinq actes et en vers). *Paris, Guill. Chaudiere*, 1589, in-12. [16335]

Pièce aussi rare que la première édition du Sichem.

PERRIN (*P.*). Ses OEuvres de poésie. *Paris, Est. Loyson*, 1661, in-12. [14034]

27 fr. *mar. r.* Busche.

Ce poëte, à qui l'on doit l'établissement du théâtre de l'Opéra en France, est l'auteur d'*Alcidor*, pastorale mise en musique par Cambert. Cette pièce, la première de ce genre qui ait été représentée chez nous, a été impr. à Paris, en 1659, in-4. Elle fait partie du volume ci-dessus, lequel contient, de plus, les *Jeux de poésie* et des airs de cour à boire. Nous supposons que le recueil ci-dessous est le même que celui-ci, sous un nouveau titre :

Nouvelles poésies héroïques, gaillardes et amoureuses; ensemble un nouveau recueil des plus beaux airs de cour à chanter, à dancer et à boire, par Perrin. *Paris, Loyson*, 1662, pet. in-12. Vend. 16 fr. 50 c. Chateaugiron; 15 fr. 50 c. *mar.* Ch. Giraud.

Pierre Perrin, versificateur assez facile, avait déjà fait paraître, soit séparément, soit réunies, une partie des pièces qui composent le recueil de 1661 : ce fut d'abord :

Divers insectes, *Paris, Jean Duval*, 1645, in-12, reproduit sous ce titre :
Recueil de poésies de M. P., contenant les jeux de poésie ou les insectes, etc. *Paris, Henault*, 1655, in-12, auquel doit être jointe *La Chartreuse ou la sainte solitude*; troisième édition. *Paris, Rob. Denain*, 1655, in-12.
Il a traduit l'Enéide de Virgile en vers français, savoir : les six premiers livres, *Paris, chez P. Moreau*, 1648, et les autres chez *Est. Loyson*, 1658, in-4. Le tout réimpr. sous ce titre :
L'Enéide de Virgile fidèlement traduite en vers héroïques, enrichie de figures en taille-douce, par M. P. Perrin, conseiller du roy ; seconde édition. *Paris, Est. Loyson*, 1661, 2 tom. en 1 vol. in-12.

PERRIN du Lac (*F.-M.*). Description générale du département de l'Isère. *Grenoble*, 1806, 2 vol. in-8. [24850]

L'inexactitude de cet ouvrage ayant été constatée par un rapport fait au conseil général de l'Isère, après l'ensemble des bonnes feuilles qu'avait présentées l'auteur, le livre ne fut pas terminé, et ce qui en avait été imprimé fut détruit, à l'exception de trois ou quatre exemplaires. C'est ce qu'a constaté une note de J.-J. Champollion-Figeac, qui s'est trouvée jointe à l'exemplaire qui a été payé 35 fr. dans une vente faite en avril 1861, par M. L. Potier.

— Voyage, 21031.

PERRINET du Pin. Voy. Conqueste de la Grèce.

PERRING (*J.-E.*). The Pyramids of Gizeh. Voy. Vyse (*Howard*).

PERRINI parisini (*Ægidii*) de morte dialogus nunc ab oblivione seu potius morte vindicatus. *Romæ, ex typogr. Antonii Zanetti*, 1597, in-4. de 14 ff., dont 2 bl. [3835]

Livret très-rare, dans lequel se trouve une préface d'Alde Manuce le jeune, dont un passage a donné à l'abbé Amoretti le moyen de déterminer l'époque précise de la naissance d'Alde l'ancien. Vend. 1 liv. 10 sh. *m. v.* Butler.

PERRISSIN (*Jacq.*). Voy. Tortorel.

PERROCHEL. Le Jardin de la noblesse

17

françoise, dans lequel se peut cueillir leur manière de vestement.＝Le Théâtre de France, contenant la diversité des habits, selon la qualité des personnes. *Paris, Estienne*, 1629, in-4. [9619]

Recueil de figures gravées par Bosse, Briot, etc., vend. 15 fr. Méon, et qui serait beaucoup plus cher aujourd'hui.

PERRON. Voy. ANASTASE de Marcoussi.

PERRONET. Description des projets et de la construction des ponts de Neuilly, de Mantes, d'Orléans et autres; des projets du canal de Bourgogne, etc. *Paris, imprim. roy.*, 1782-89, 3 tom. en 2 vol. in-fol. max., fig., y compris le supplément. [8838]

Ouvrage très-estimé et fort bien exécuté : 80 à 100 fr. Le supplément coûte séparément 36 fr. — L'édition de 1788, in-4. et atlas in-fol., contient les additions dont on a formé le supplém. pour la grande édition : elle coûtait neuve 90 fr.
— Sur les grandes arches, 8837.

PERROQUET, prêtre. La Vie et le martyre du docteur illuminé le bienheureux Raymond Lulle, avec une apologie de sa sainteté et de ses œuvres, contre le mensonge, l'envie et la médisance. *Vendosme, Sébastien Hyp*, 1667, pet. in-8. 6 à 9 fr. [22257]

Livre curieux et peu commun. J. Marie de Vernon en a écrit un autre sur le même sujet, *Paris*, 1668, in-12.

PERROST ou Pierre de Saint-Clost. Voy. RENART.

PERROT (*Paul*), sieur de La Sale. Tableaux sacrez qui sont toutes les histoires du Vieil Testament representees et exposees selon leur sens en poesie françoise. *Francfort de limpression de Iean Feyrabendt aux depends de Theodore de Bry*, 1594, in-8. de 229 pp. et la table, avec fig. sur bois. [13867]

Vend. en m. bl. 14 fr. 50 c. Librairie De Bure; 17 fr. en 1843; 76 fr. mar. v. Borluut. On a du même auteur :
L'EXERCICE spirituel, en vers et en prose, contenant plusieurs méditations et tableaux mystiques sur la considération des mystères de N. S. J. C., és histoires du Vieil Testament. *Saumur, Portau*, 1606, in-8.
LE TRÉSOR de Salomon, tiré de ses proverbes et de son ecclésiastique, réduits en quatrains et sonnets, en françois et en hollandois. *Rotterd., Waesberghe*, 1594, in-12.
LES PROVERBES de Salomon et l'ecclesiaste, mis en rime françoise par Paul Perrot, sieur de La Sale, P. et notez en plusieurs lieux par luy-mesme. *Paris, Cl. de Monstr'œil*, 1595, in-12. ·

LA GIGANTOMACHIE, ou combat de tous les arts et sciences, avec la louange de l'asne. *Midelbourg*, 1593, pet. in-8. Vend. 1 liv. Heber.
Ce dernier ouvrage existe sous le titre suivant :
CONTR'EMPIRE (le) des sciences et le mystère des asnes. P. P. P. P. Avec un paysage poëtic sur autres divers subjects, par le même autheur. *Lyon, de l'impression de François Aubry, à l'enseigne de l'Asne bardé*, 1599, in-16 de 4 ff. prélimin. et 132 ff. chiffrés. [13944] 7 fr. 50 c. m. r. Coste.

PERROT (*Franc.*). Voy. AVISO piacevole et PERLES d'élite.

PERROT (*M.-A.*). Collection historique des ordres de chevalerie civils et militaires, existant chez les différents peuples du monde; suivie d'un tableau chronologique de tous les ordres éteints. *Paris, Aimé André*, 1819, in-4. avec 40 pl. color. 24 à 30 fr., et plus en pap. vél. [28751]

Il faut joindre à cet ouvrage un supplément, par M. Fayolle, impr. en 1846, et contenant les ordres créés depuis 1820.

PERRY (*Henry*). Egluryn Phraethineb; a welsh grammar. *London, J. Danter*, 1595, in-4. de 10 ff. prélim., 103 pp. et 2 ff. de supplément. [11351]

Cette grammaire est si rare, que l'exemplaire de R. Heber, quoiqu'une portion du 10e f. y manquât, a été vend. 9 liv. 5 sh. En voici le titre tel qu'il est donné dans la *Biblioth. grenvill.*, p. 535 : *Egluryn Phraethinebsebh, Dosparth ar Retoreg, un o*er *saith gelbhydhyd, yn dysculhuniaith y madrodh a*ei *pherthynassau*, Printiedig gann Joan Danter yn Lhundain, 1595.

PERRY (*Charles*). View of the Levant, particularly of Constantinople, Syria, Egypt and Greece. *Lond.*, 1743, in-fol. 10 à 15 fr. [27872]

Vend. 20 fr. Langlès.

PERRY (*George*). Conchology, or natural history of the shells, containing a new arrangement of the genera and species, illustrated by coloured engravings, executed from natural specimens, and including the latest discoveries. *London, Miller*, 1811, gr. in-fol. [6120]

Ouvrage bien imprimé et orné de 61 pl. représentant près de 400 coquilles; comme il n'est plus au courant de la science, son prix, qui était de 16 guinées, est réduit de plus de moitié : vend. en mar. 106 fr. en 1839; 1 liv. 14 sh. catal. de Willis.

PERRY (*M.-C.*). Narrative of the expedition of an American squadron to the China seas and Japan, performed in the years 1852-1854, under the command of M. C. Perry. *Washington*, 1856-57, 3 vol. in-4. avec cartes, planches et illustrations. 200 fr. [20762]

Édition officielle exécutée aux frais de l'État. Une première relation de cette expédition, rédigée en anglais par Fr.-L. Hawks, a été publiée à New-York, en 1856, in-8. de 700 pp.

PERSECUTIONE (de) anglicana libellus; quo explicantur afflictiones, calamitates, cruciatus, et acerbissima martyria, quæ Angli catholici nunc ob fidem patiuntur. quæ omnia in hac postrema editione æneis typis ad vivum expressa sunt. *Romæ, ex typographia Georgii Ferrarii*, 1582, pet. in-8. [21508]

Cette lettre, écrite au nom du collége anglais de Rome, est de Rob. Parsons, célèbre jésuite anglais, auteur de divers écrits en faveur des catholiques persécutés en Angleterre, sous le règne d'Elisabeth. L'édition ci-dessus a été payée 26 fr., à Paris, en 1859; 1 liv. 3 sh. Libri, et jusqu'à 6 liv. 16 sh. 6 d. chez Bindley, où une autre édition de la même pièce, *Paris*, 1582, in-8., s'est vend. 2 liv. 3 sh. Selon Sotwel, il y en a aussi une édition de Bologne, *apud Jo.-Bapt. Algazarium*, 1581, pet. in-8., et une autre d'Ingoldstadt, *apud Wolfgangum Ederum*, 1582, in-8. L'ouvrage a d'ailleurs été réimpr. dans un livre intitulé *Consecratio ecclesiæ catholicæ in Anglia*, Aug.-Trev., 1583, in-8., et 1594, in-4.

Il existe une traduction française de cette lettre, plus rare encore que le texte latin, et qui porte le titre suivant :

EPISTRE de la persecution meue en Angleterre contre l'eglise chrestienne catholique et apostolique, et fideles mébres d'icelle, où sont declarez les tres grandes afflictions, miseres et calamitez, les tourmens tres cruels, et martyres admirables, que les fideles chrestiens anglois y souffrent pour leur foi et religion (trad. du lat. par Matthieu de Launay). *Paris*, *Thomas Brumen*, 1582, pet. in-8.

C'est d'après cette traduction qu'a été faite la version anglaise qui a paru sous ce titre :

AN EPISTLE of the persecution of catholickes in England, translated out of Frenche into Englishe and conferred with the latyne copie, by G. T. to which there is added an epistle by the translator to the... lords of his majesties preeuie councell touchynge the same matter. *Douay in Artois* (1582), in-16, sign. A—M4.

— ELIZABETHÆ Angliæ reginæ hæresin calvinianam propugnantis, sævissimum in catholicos sui regni edictum, quod in alios quoque reipublicæ christianæ principes, contumelias continet,..... cum responsione ad singula capita.....é per Andream Philopatrum. *Lugduni, apud Jo. Didier*, 1592, pet. in-8. [21508] 18 fr. en 1859. A la même vente on a payé 19 fr. une autre édit. sous ce titre :

ELISABETHÆ reginæ in catholicos edictum. *Augustæ*, 1592, pet. in-8.

Cet ouvrage est du jésuite Rob. Parsons, caché sous le nom de Philopater. L'auteur en a traduit une partie en anglais, sous ce titre :

AN ADVERTISSEMENT written to a secretarie of my L. Treasurers of Ingland, by an Inglishe Intelligencer as he passed trough Germanie towardes Italie. *Anno* 1592, in-12. — Voir *Biblioth. grenvill.*, p. 525.

Enfin, ajoutons ici l'indication d'un autre ouvrage fort rare, sur les persécutions éprouvées à la même époque par les catholiques :

HISTORIA aliquot nostri sæculi martyrum cum pia, tum lectu jucunda, nunc denuo typis excusa *Burgis apud Philippum Juntam*, 1583, in-8. (*Biblioth. harl.*, 1, p. 412).

PERSEPOLIS illustrata : or, an account of the ancient and royal palace of Persepolis in Persia, destroyed by Alexander the Great, with particular remarks concerning that palace and an account of the ancient authors, wo have wrote thereupon. *London, Harding*, 1739, in-fol. [29357]

Un titre imprimé, 8 ff. de texte gravé, et 18 pl. : vend. 1 liv. 2 sh. Combe.

PERSIAN (the) reader, or select extracts from various persian writers. *Calcutta, Society's press*, 1825, 3 vol. in-8. [19478]

Les trois volumes de ce recueil peuvent facilement être reliés en un seul d'environ 600 pages.

PERSIANO. Voy. FRANCESCO de Fiorenza.

PERSIO (*Ascanio*). Discorso intorno alla conformità della lingua italiana con le più nobili antiche lingue, principalmente con la greca. *Bologna, Giov. Rosso*, 1592, in-8. 5 à 6 fr. [11072]

Il y a une édit. de cet ouvrage, de Venise, *Gio.-Bat. Ciotti*, sous la même date.

— LA CORONA d'Arrigo III, Re di Francia e di Polona (in verso volgare heroico). *Venetia*, 1574, pet. in-4 [14996]

Cet opuscule est impr. avec les caractères des Alde, et son titre reproduit la vignette sur bois (Rome et la Louve) dont Alde le jeune a fait usage. 19 liv. *mar. r.* Libri, en 1859.

— Voy. PAZZIA.

PERSIUS (*Aurelius*). Satiræ. In-4. [12534]

Édition fort ancienne et imprimée avec les mêmes caractères que le Juvénal d'*Udalricus Gallus*, sans date (indiqué ci-devant, tome III, col. 624), auquel il est quelquefois réuni. Cet opuscule, qui n'a ni chiffres, ni récl., ni signat., contient en tout 14 ff., dont les pages entières ont 25 lign. ; il commence de cette manière :

FLACCI PERSII VOLTERANI SATYRARUM PRIMA FOELICITER INCIPIT.

Après la dernière sàtire est le mot FINIS.

— Persii Lucillii Auli Flacci poete satirarū liber feliciter incipit. In-fol.

Édition ancienne, contenant 12 ff. de 30 lignes à la page, caract. attribués à Martin Flach, de Strasbourg. Le vers *Explicit ignotus per totum Persius orbem*, qui termine la souscription de ce volume, ne peut, comme l'ont dit quelques bibliographes, la faire regarder comme la première édition de Perse, car ce vers se trouve également dans d'anciens manuscrits, et il a été répété dans une édition du même poëte, faite à Cracovie, en 1510. Vend. 23 fr. *m. v.* Brienne-Laire ; 60 fr. La Serna ; 2 liv. 1 sh. *m. r.* Heber ; 2 liv. 10 sh. *mar. v.* Libri en 1859.

— Persii satiræ. In-fol.

Édition ancienne et peu connue. Le caractère est un gothique d'une forme singulière, et il y a entre les lignes plus d'espace qu'on n'a coutume d'en mettre. Le volume, qui n'est en tout que de 17 ff., sans chiffres, signat. ni récl., commence immédiatement par cet intitulé : *Auli persii flacci in satyrarum librum prologus constans metroiambico trimetro*, et à la fin on lit : *A. P. F. Satyrorū pri-*

Persan (*P.-N.-Cas.*). Sur Dôle, 24583.

Persico (*G.-B.*). Descrizione di Verona, 25425.
Persil (*J.-C.*). Régime hypothécaire, 2867.

cipis liber *feliciter finit*, et ensuite ces quatre
vers :

Excepit claros andegauense poetas
Ut studium! Persi, tu cito sculptus ades
Gallorum egregias sic sculptus perge per urbes
Ut possit spacium cernere glosa suum.

et plus bas :

Philippinus italus poeta
Lauro insignitus.

Ces vers prouvent que l'édition a été exécutée à Angers, ville où on imprimait dès 1476. — Voy. CICE-
RONIS rhetorica, ci-devant, tome II, col. 31.

— Auli Persii Flacci satyrarum liber. —
Impressus Salutiis, arte et impensis
Martini de La Valle, correctusqȝ ac
emendat' diligēti op̄a egregii Mͬi Jo-
hanis Gauterii rectoris scholariuȝ sa-
luciēsiũ, anno dn̄i M CCCC LXXXI, *die*
X *februarii,* pet. in-fol. goth. de 12 ff.,
sign. *a* et *b.*

Cette édition, qui est la seule que nous sachions avec
certitude avoir été imprimée à *Saluce*, dans le XVᵉ siècle, est appréciée à 6 liv. 6 sh. dans le catal. d'Edwards de Londres, pour 1796 ; les pages entières
ont 35 lignes, et les satires sont suivies d'une épître
de saint Bernard sur 2 ff. L'imprimeur, Martin de
La Valle, a aussi exercé à Pavie, en 1488 (Panzer, II,
p. 254). Les caractères goth. dont il a fait usage
dans son édition de Perse ressemblent beaucoup à
ceux d'une édition de Boèce, impr. à Pignerolles,
en 1479. La Serna-Santander n'a pas mis Saluce au
nombre des villes dans lesquelles l'art typographique fut exercé avant l'an 1500 ; cependant il est
très-possible qu'indépendamment du Perse que
nous venons de décrire on puisse encore compter,
comme production d'une presse établie à Saluce, le
vol. in-4. intitulé :

FACINI Tiberge in Alexandrum interpretatio ex
Prisciano ad illustrem Ludouicum Marchionem Sa-
lutiarum ; — et qui porte cette souscription : *Impressum per Johannem Fabri millesimo quadringentesimo settuagesimo nono die ultima
Julii.*

Jean Fabri, qui a exercé à Turin de 1474 à 1478,
et ensuite de 1480 à 1491, se sera absenté de cette
ville en 1479, pour aller former à Saluce un établissement qui n'aura pas eu de durée. Toutefois,
Panzer a cru devoir placer cette édit. de 1479 dans
son article TAURINI.

— Persii satiræ. (*absque nota*), pet. in-fol.
de 9 ff. à 36 lign. par page.

Édition du XVᵉ siècle, imprimée en caract. rom., à
l'exception de deux initiales qui ont la forme gothique, comme dans un Justin, également sans lieu
ni date, et dont les pages portent aussi 36 lignes.
Audiffredi, qui l'a décrite dans son *Catal. edit. romanar.*, p. 414, était porté à l'attribuer à une
presse romaine. Les satires paraissent y être au
nombre de sept, parce que le prologue y est intitulé *Satyra prima.*

Dans notre 3ᵉ volume, col. 626, article *Juvenalis*, nous
avons parlé d'une édition de Perse, en 11 ff., impr.
dans la maison de Sorbonne, à Paris, avec les caractères de Gering, morceau qui se trouve joint au
Juvénal sorti des mêmes presses, dans l'exemplaire
conservé au collège de la Magdelaine, à Oxford.
L'exemplaire du même Perse qui est décrit dans la
Biblioth. grenvil., p. 536, n'a point les quatre vers
qui, dans celui d'Oxford, se lisent au verso du dernier f., après les mots *finit fœliciter*, et qui auront
probablement été ajoutés pendant le tirage.

— Aulus Flaccus Persius, cum glosis Sci-
pionis Ferrarii Georgii filii de monte

ferrato. (*absque nota*), in-4. de 102 ff.
chiffrés, mais sans signat. ni récl.

Édition de la fin du XVᵉ siècle, en caractère rond,
avec quelques passages en gothique (5 fr. 25 c.
Boutourlin). On lit à la fin, en caract. demi-goth. :

Cum Gratia ᴛ Priuilegio Ob Jnuētio
nem.Ordinem.Modum.Jndustri-
am, Tabulā. Postillas. ᴛ Quot-
tationes Auctoritatū.

Le f. 2 contient une épître de *Franciscus Rossetus
veronensis, studioso adolescenti Scipioni veneto
Georgii monteferrato ;* et c'est en confondant
l'auteur de cette épître avec celui du commentaire,
que le rédacteur du catalogue de Boutourlin, impr.
à Florence (nᵒ 754), a donné à Rossetus ledit commentaire, qui est de Scipion de Monteferrato.

L'imprimeur de ce Perse est le même que celui des
Panegyrici veteres, décrits ci-dessus (col. 341).
Selon Passow (édit. de Juvénal, *Leipzig*, 1809), le
commentateur Ferrarius fait preuve d'une sûreté
de critique bien rare, et il annonce un esprit bien
plus exercé dans la connaissance de l'antiquité
classique que Fontius et Britannicus.

—Satyræ, cum commentario Barth. Fontii.
Venetiis (absque typographi nomine),
1480, in-fol. de 28 ff. avec des signat.

Première édition avec ce commentaire, lequel avait
déjà paru séparément, en 1477, in-4. (voy. FON-
TIUS), et a été réimprimé, avec le texte de Perse,
en 1481 (*Vicentiæ, Henr. Librarius*), in-fol. de
28 ff., et plusieurs fois depuis à Venise, avant la fin
du XVᵉ siècle.

— Satyræ, cum commentariis Joan. Britannici. *Brixiæ, Gabr. Tarvisinus et Paulus filius,* 1481, 13 nov., in-fol.

Le commentaire qui paraît dans cette édition pour la
première fois, a été réimprimé à Bresse, en 1486
et 1500, et aussi à la suite de celui de Fontius,
dans plusieurs éditions de Perse, faites soit à Venise, soit à Lyon, de 1490 à 1500, ainsi qu'on peut
le voir dans les tables de Panzer ; mais comme aucune de ces éditions n'a d'importance ni de valeur,
nous croyons tout à fait inutile de nous y arrêter ;
seulement nous constaterons ici, comme un fait
remarquable, qu'à cette même époque aucun poëte
latin n'a été plus souvent réimprimé que Perse,
ce qui prouve qu'on en faisait alors un grand usage
dans les classes, tant en Italie qu'en France et en
Allemagne.

— Persii familiare commentum, cum Joan.
Britannici interpretatione. — *Lugduni
opera ac diligentia Nicolai Lupi, hoc
est, teutonico vocabulo Vvolf. Anno*
M. CCCC. XCIX *ad* VI *calendas februarias,* gr. in-4. de 72 ff. chiffrés, caract.
goth.

Cette édition, augmentée d'une préface de Jodocus
Badius, n'est guère recherchée que des amateurs
de livres impr. à Lyon : 9 fr. 50 c. *m. r.* Coste.
On en peut dire autant de l'édition de Lyon,
M.CCCC.XCVIII, *die xxix mensis Iutii,* in-fol. avec
le même commentaire.

— Auli Perscii (*sic*) Flacci Poete Satyrici
opusculum elegantissimum : magna cura
ᴛ diligentia recognitum : atque ex archetypo probo : ac sincero excusum. (*absque nota, sed Cracoviæ, circa* 1510),
pet. in-4. de 16 ff., sign. *a* et *b,* caract.
gothique.

Cette édition, qui est fort rare et presque inconnue,

se conserve dans la Bibliothèque royale de Dresde. Au verso du titre se lit : *Ad pubem Cracouiēsem magistri pauli Crosnēsis Ruteni carmen phalecum endecasyllabum.* Le texte suit immédiatement sans aucune note, jusqu'au recto du 15e f., après quoi l'on trouve une pièce de vers latins, du même Paulus, intitulée : *Exhortatio ad virtutem amplectendam* (Ebert, 16262).

— Satyræ, cum commentariis Ælii Ant. Nebrissensis. *Compluti*, 1526, in-4.

Une des éditions les plus rares de ce poëte. Elle a été réimprimée *Lucronti, apud Mich. de Eguia*, 1529, in-8.

Rob. Estienne a reproduit le commentaire d'Ant. de Lebrissa à la suite de son édition de Perse, 1527, pet. in-8., dont le texte porte à la fin : *v. non. Maii*, et les notes ont cette autre date : *Quinto calendas Junii.* Ce même commentaire se trouvait déjà réuni à d'autres dans l'édition de Perse publiée à Paris, en 1523, in-fol., par Badius Ascensius.

— PERSII satyræ, cum scholiis Joh. Murmellii. *Coloniæ, per Eucharium Cervicornum*, 1528, in-8.

Vend. 16 sh., annoncée *editio rarissima*, Heber.

Une autre édition de Perse, avec les mêmes scolies, avait déjà été imprimée à Cologne, chez Quentell, en 1517, in-4.

— PERSII satyrarum liber, paraphrasi illustratus a Fed. Ceruto. *Veronæ, Discipulus*, 1597, pet. in-8.

Cette édition rare est portée dans le catalogue de la Bibliothèque impériale, Y, 1235 ; elle ne peut donc pas avoir été inconnue à tous les éditeurs de Perse, comme on le dit dans la *Biblioth. heber.*, VI, n° 2661, où elle est marquée 1 liv. 7 sh.

— PERSII enucleatus, sive commentarius exactissimus et maxime perspicuus in Persium..., studio Dav. Wedderburni. *Amstelod., apud Dan. Elzevirium*, 1664, pet. in-12. 6 à 9 fr.

Vend. 9 fr. 60 c. *m. r.* Gouttard ; 17 fr. Larcher, et broché, 40 fr. F. Didot ; 60 fr. Bérard.

— PERSII Satyræ, cum notis varior. et Is. Casauboni. *Lugd.-Batav.*, 1695, in-4.

Cette édition, que l'on trouve quelquefois séparément, est ordinairement jointe au Juvénal d'Henninius, édition de 1685, avec un nouveau titre daté de 1695. Ce n'est d'ailleurs qu'une simple réimpression de l'édit. de *Londres, Flescher*, 1647, in-8., laquelle a pour titre : *A. Persii satirarum liber. Is. Casaubonus recensuit et commentario libero illustravit ; tertia editio, auctior et emendatior ex ipsius auctoris codice, cura et opera Merici Casauboni : acced. et vocabulorum græcorum interpretatio.*

— SATYRÆ, una cum variis lectionibus codicis Ebneriani ; edidit G.-F. Sebaldus, tabulisque æneis incidit J.-M. Schmidius. *Norimbergæ*, 1765, in-4. 5 fr.

Impression médiocre et peu correcte.

— SATIRÆ, ad codices parisinos recensitæ, lectionum varietate et commentario perpetuo illustratæ a N.-L. Achaintre ; accedunt C. Lucilii Suessani Auruncani satirarum fragmenta, necnon Sulpiciæ Caleni uxoris satira. *Paris., Firm. Didot*, 1812, 4 à in-8. ; 4 fr. — Pap. vél. 8 fr.

Cette édition, qui est aussi bonne que bien imprimée, doit se joindre au Juvénal donné par le même éditeur ; il y a de l'un et de l'autre quelques exemplaires en Gr. Pap. vél.

— SATIRÆ, recensuit et commentarium criticum atque exegeticum addidit D. Fr. Plum. *Hauniæ, Schuhbothe*, 1827, in-8.

Édition critique dont le commentaire est fort étendu. Elle revient à 18 fr.

— SATIRÆ, cum ejus vita, vetere scholiaste, et Is. Casauboni notis... editio novissima, aucta et emendata ex ipsius auctoris codice ; cura et opera Merici Casauboni, Isaaci filii, typis repetendum cur.

et recent. interpretum observationibus selectis auxit Fred. Dübner. *Lipsiæ, Wöller*, 1833, in-18. 2 thl.

— SATIRÆ, cum scholiis antiquis. Edidit Otto Jahn. *Lipsiæ, Breitkopf et Hærtel*, 1843, in-8. 3 thl.

— Les satyres de Perse, translatees de latin en rithme francoise. *Paris, Jacques Gazeau*, 1544, pet. in-8.

Traduction en vers de 10 syllabes dédiée à Jean-Jacques de Mesme, lieutenant civil au Châtelet de Paris, par un anonyme qui avait pour devise: *Moyen ou trop.* Cet anonyme, que La Croix du Maine nomme *Abel Foulon* (voyez ce nom), était, on le voit trop par sa version du satirique latin, un fort mauvais poëte : il est donc peu à regretter que son livre soit devenu presque introuvable.

Guillaume Durand, conseiller du roy à Senlis, est l'auteur d'une autre traduction, ou plutôt d'une paraphrase fort médiocre des Satires de Perse en vers de dix syllabes ; il y a joint le texte latin et des notes dans la même langue. Cette traduction a été imprimée à *Paris, chez Denys Dupré*, en 1575, et de nouveau après la mort du traducteur, en 1586, pet. in-8. (27 fr. *mar. bl.* Veinant). Les notes ne sont pas sans mérite, et on en peut dire autant de celles qui accompagnent les *Satyres de Perse, traduites en vers françois par Nicolas Le Sueur, salisien*, Paris, Vallet, 1603, in-12, également avec le texte latin.

— SATYRES de Perse, traduction nouvelle, avec le texte latin et des notes, par l'abbé Le Monnier. *Paris*, 1771, in-8. 3 à 4 fr., et plus en pap. de Hollande.

Diderot a revu cette traduction sur les épreuves de l'imprimeur et y a fait des corrections. Elle n'en est pas beaucoup meilleure pour cela. — Celle de J.-Rod. Sinner, *Berne*, 1765, pet. in-8., n'est pas estimée.

— LES MÊMES, trad. en françois, avec des remarques par Nic.-Jos. Sélis. *Paris*, 1776, pet. in-8.

Une des meilleures traductions de Perse : 3 à 4 fr., et plus en pap. de Hollande.

On trouve quelquefois à la suite de ce volume : *La petite guerre, ou lettre de l'abbé Le Monnier à Sélis, avec la réponse de Sélis*, 1777, in-8. de 66 pp. — *Dissertation sur Perse, par Sélis*, 1783, in-8.

La même traduction, revue et augmentée de notes et observations par N.-L. Achaintre, a été réimprimée, *Paris, Dalibon*, 1822, in-8. portr. 3 fr. — en Gr. Pap. vél., portr. sur pap. de Chine, 8 fr. Un exempl. unique, tiré très-Gr. in-8. sur pap. de Chine fort, auquel était joint le dessin du portrait de Perse par Devéria, avec l'eau-forte et une épreuve d'artiste du même portrait, 82 fr. 5 c. Nodier, en 1827.

Une édition de Perse, avec les traductions et les notes réunies de Le Monnier et Sélis, a été impr. à *Paris*, chez *Delatain*, 1817, in-12.

L.-V. Raoul, à qui l'on doit une traduction de Juvénal, en vers français, a traduit Perse de la même manière, *Meaux*, 1812 (et nouv. édition, *Tournay*, 1818), in-8.

SATIRES de Perse, suivies d'un fragment de Turnus et de la satire de Sulpicia ; traduction nouvelle par A. Perreau (avec le texte latin). *Paris, Panckoucke*, 1832, in-8. 7 fr.

SATIRES de Perse et de Sulpice, traduites en vers françois par le marquis de La Rochefoucauld-Liancourt ; 2e édit. *Paris*, 1858, in-8., texte en regard.

SATIRE di Persio, trad. in verso toscano da Ant.-Mar. Salvini. *Firenze*, 1726, in-8. 3 à 4 fr.

SATIRE di A. Persio Flac., tradotte da V. Monti. *Milano*, 1803, in-4.

— Persii satyræ, with Th. Brewster translation. *Londini, typis Bulmer*, 1790, pet. in-4 de 112 pp.

Cette édition, imprimée par les soins de M. Rich.

Heber, alors fort jeune, est la première production des presses du célèbre Bulmer; elle n'a été ni complétée, ni rendue publique, et c'est aujourd'hui une curiosité typographique. La traduction anglaise de Th. Brewster, qui est en vers, passe pour être exacte, facile et élégante. Elle a d'abord paru avec le texte et des notes, *Lond.*, 1741, in-4.; on l'a réimpr. à *Lond.*, 1751, in-12, et à la suite du Juvénal de Knox, *Lond.*, 1784, in-8., etc.

THE SATIRES of Persius, translated in verse by Drummond. *London*, 1799 or 1803, in-8.

THE SATIRES of Persius, translated into english verse by W. Gifford, with notes and illustrations. *London*, 1821, in-8. 10 sh. 6 d.

Se joint au Juvénal du même traducteur :

AULUS PERSIUS Flaccus, von Franz Passow, I^r Theil : Text und Uebersetzung; über das Leben und die Schriften des Persius; Anmerkungen zur ersten Satire. *Leipzig, Fleischer*, 1809, in-8. 9 fr.

Nouvelle récension du texte d'après des mss. et d'anciennes éditions. La suite des notes n'a pas paru. N'oublions ni la traduction allemande de Perse, par J.-Jac.-Chr. Donner, *Stuttgart*, 1821, in-8., ni celle de M. W.-E. Weber, *Bonn*, 1834, in-12; ni enfin celle de Teuffel, *Stuttgart*, 1844, in-8.

— Voy. JUVENALIS.

PERSOON (*Ch.-H.*). Icones pictæ specierum rariorum fungorum in synopsi methodica descriptarum. *Parisiis, Treuttel et Würtz*, 1803-1806, in-4., fasc. I-IV, avec XXXIX pl. color. [5362]

Non terminé, et par conséquent à bas prix. Pritzel n'en indique que 24 pl.

— MYCOLOGIA europæa, seu completa omnium fungorum in variis Europeæ regionibus deteciorum enumeratio, methodo naturali disposita; descriptione succincta, synonymia selecta et observationibus criticis additis elaborata a *C.-H. Persoon. Erlangæ, Palm*, 1822-25-28-33, 3 vol. in-8. avec fig. color. 45 fr. [5370]

Contenant les deux premières sections et la 1re partie d'une troisième section; la suite n'a pas paru.

— Synopsis plantarum, seu enchiridium botanicum. *Tubingæ, Cotta*, 1805-7, 2 vol. in-16 de 547 et 657 pp.; avec fig. 20 fr. [4881]

— Champignons comestibles, 5367.

PERSPECTIVE (la) pratique, nécessaire à tous peintres, graveurs, etc. (par le P. Jean du Breuil). *Paris*, 1642-48, 3 vol. in-4. fig. [8425]

Ouvrage estimé, dont il n'y a qu'une seule édition, quoique tous les exemplaires ne portent pas la même date : 24 à 36 fr.; et plus en Gr. Pap.

PERTUSIER (*Charles*). Promenades pittoresques dans Constantinople et sur les rives du Bosphore, suivies d'une notice sur la Dalmatie. *Paris, Nicolle*, 1815, 3 vol. in-8. [20422]

On réunit à ces trois vol. un atlas contenant 25 pl. gravées par Piringer, d'après les dessins de Pérault, 1817, gr. in-fol., avec 28 pp. de texte, lequel se vendait 180 fr. et sur pap. vél. fig. avant la lettre 360 fr., mais se donne aujourd'hui pour moins du quart de ces prix.

— Fortifications, 8655. — La Bosnie, 27914.

PERTY (*Max*.). Zur Kenntniss kleinster Lebensformen nach Bau, Funktionen, Systematik, mit Specialverzeichniss der in der Schweiz beobachteten... *Bern, Jent und Reinert*, 1852, gr. in-4., 17 pl. litochrom. 52 fr. [6863]

PERTZ (*G.-H.*). Voy. la col. 1876 de notre 3e vol., article MONUMENTA Germaniæ.

— Das Leben des Ministers von Stein, 26680.

PERUCCI (*Francesco*). Pompe funebri di tutte le nazioni del mondo, raccolte dalle storie sagre e profane. *Verona, Rossi*, 1639, in-fol. de 6 et 97 pp., fig. impr. dans le texte. 8 à 12 fr. [21332]

PERUSCHI (*Gio.-Batt.*). Informatione del regno e stato del gran rè di Mogor, della sua persona, qualità, et costumi, e delli buoni segni, et congietture alla nostra conversione alla nostra sancta fede. *Roma, per Luigi Zanetti*, 1597, pet. in-8.

Texte original de cette relation dont M. Ternaux cite une édition de *Brescia*, sous la même date. Il en existe une traduction latine impr. à Mayence, en 1598, in-8., et aussi une traduction française sous ce titre :

ADVIS moderne du grand royaume de Mogor, situé entre la Tartarie, l'Inde et la Perse; de la personne, qualité et manière de vivre du roi et du prince son fils. *Paris*, 1598, pet. in-8.

PERUSSIS (*Louis* de). Discours des guerres de la comté de Venayscin, et de la Prouence : ensemble quelques incidentz.... par le seigneur Loys de Perussis, escuyer de Caumont. *Imprimé en Avignon, par Pierre Roux*, 1563, pet. in-4. de 112 pp. sans les pièces liminaires, et sans la table en 8 pp. [24832]

Ce discours ou journal s'étend du 27 décembre 1561 au 15 septembre 1562. Il est précédé de deux épîtres dédicatoires, l'une en italien et adressée à Fr. Fabrice de Sarbellon, l'autre en français, *A très illustres, généreuses, vertueuses et bien disantes dames Mesdames et Damoiselles d'Avignon, etc.* 27 fr. 50 c. Giraud.

LE SECOND DISCOURS des guerres de la comté de Venayscin, et quelques observations de nostre saincte mère église, avec autres incidentz... *Avignon, par P. Roux*, 1564, in-4. de 6 pp. prélim., 176 pp. et 8 pp. pour la table.

Les événements arrivés depuis le 27 septembre 1562 jusqu'au 7 février 1564 sont l'objet de ce second discours, lequel est encore plus rare que le premier. L'auteur en a écrit un troisième qui s'étend du 22 février 1564 à l'année 1581, mais qui est resté en manuscrit. On en trouve un extrait dans le premier vol. du *Recueil de pièces fugitives*, publié par le marquis d'Aubais (Paris, 1759).

Persoz (*J.*). Chimie moléculaire, 4406. — Impression des tissus, 10256.

Perthes (*Clément-Theod.*). Fried. Perthes Leben, 30848.

Perthès. Cartes de Cracovie, de Lublin, etc., 19702.

Perthes (de). Guide de l'histoire, 19497. — Naufrages, 19804.

Perthes (*J.* de). Histoire et théorie du paysage, 9206.

Perthuis de Laillevaut (*Léon*, baron de). Aménagement des bois, 6392. — Architecture rurale, 9808.

Perticari (*Guil.*). Opere, 19253.

— Discours des guerres advenues en Provence et comté d'Avignon, entre les Catholiques et ceulx qui se disent Huguenaux, l'an 1562, par le seigneur de Perusiis (*sic*). *Anvers, Ant. Tilens*, 1565, pet. in-8. de 96 ff. en tout, y compris la table.

Réimpression du premier discours; nous ignorons si le second a été également réimpr. M. Belgier de Pierregrosse a donné, en 1839, dans le *Messager de Vaucluse*, impr. à Avignon (n°ˢ 249, 254 et 258), une bonne notice sur Louis de Perussis, laquelle a été tirée à part, et forme 16 pp. in-12.

PERVIGILIUM Veneris, ex edit. P. Pithœi, cum not. var. accessit Ausonii Cupido cruci adfixus, cum notis (edidit Joan. Clericus). *Hagæ-Comitum*, 1712, in-8. 3 à 5 fr. [12552]

INCERTI AUCTORIS Pervigilium Veneris commentario perpetuo illustratum et varietate lectionum instructum a E.-C.-F. Schulz. *Gœttingæ*, 1822, in-4. de 53 pp.

Dissertation académique. La meilleure édition du texte de ce petit poëme est celle qui fait partie des *Poetæ latini minores* de Wernsdorf, III, 1466 et suiv. Cette pièce a été trad. par le président Bouhier, *Paris*, 1728, pet. in-12, voy. PÉTRONE; — par Moutonnet, voy. art. ANACRÉON, tome I, col. 254; par Fr. Noël, voy. CATULLE, même tome, col. 1683, etc.

PESCARA. Pianto della marchesa di Pescara sopra la passione di Christo. Oratione della medesima sopra l'Ave Maria. Sermone di M. Benedetto Varchi recitato alla croce il Venerdi santo. Meditatione d'un divotiss. huomo sopra la passione di Christo. — *Nella magnifica città di Bologna, per Antonio Manutio*, 1557, in-8. de 53 pp. et 1 f. bl. [1668]

Édition rare : 2 liv. 2 sh. Butler. Celle de Venise, *Aldo*, 1556, in-8. de 28 ff., n'est pas plus commune, et l'on en peut dire autant de la réimpression sortie des presses aldines à Venise, en 1561, in-8. de 24 ff. Vend. 1 liv. 14 sh. Butler.

PESCATORE (*Giovambattista*). La morte di Ruggiero, continuata alla materia de l'Ariosto, con ogni riuscimento di tutte le imprese generose da lui proposte et non fornite... (*Venegia*) *a san Luca, al signo de la cognitione*, 1548. (in fine): *per Comin da Trino*, in-4. de 209 ff. chiffrés à 2 col., avec fig. sur bois, plus 1 f. pour le registre et la souscription, lettres ital. [14789]

Poëme en 40 chants, dédié à Troilo Cerro da San Genesi, gouverneur de Ravenne, par une épitre en date du 20 oct. 1547. Vend. 17 sh. Pinelli ; 30 fr. Blondel. Une édit. de Venise, 1546, in-8., est portée dans un catal. de Molini, de l'année 1807.

— La morte di Ruggiero... *Venegia, a San Luca* (*per Comin de Trino*), 1549, pet. in-8. de 180 ff. chiffrés à 2 col., fig. sur bois.

Cette édition, impr. en caractères romains, a été vend.

Peruzzi (*A.*). Storia d'Ancona, 25601.

3 liv. 15 sh. (*mar. rel.* par R. Payne), Heber. M. Melzi n'en a pas parlé, mais il en a cité une autre in-4. sous la même date et du même imprimeur, laquelle a été portée à 5 liv. 12 sh. à la vente White Knights, sans avoir toute cette valeur. Celle de Venise, per *Paulo Gherardo*, 1549, gr. in-8., vendue 2 liv. 1 sh. Libri, est peut-être l'une des deux dont nous venons de faire mention.

— La stessa. *Venegia, Comin da Trino*, 1550 e 1551, in-4. fig. sur bois, lettres ital.

Deux éditions qui, comme celle de 1548, renferment chacune 209 ff. chiffrés et 1 non chiffré. 16 fr. Molini; 1 liv. 4 sh. (édit. de 1551), Hibbert.

— Morte di Ruggiero, continuata alla materia de l' Ariosto, aggiuntovi molti belissimi successi, che a l' alto apparecchio di quel divino poeta seguir debbono, con le allegorie ad ogni canto... *A San Luca* — al signo del diamante. M.D.LVII. (*in Vinegia, per Comin da Trino*), in-8. de 190 ff. chiffrés de 5 à 190, plus 2 à la fin, à 2 col., fig. sur bois.

Édition impr. en petits caractères romains. La dédicace des premières éditions y est remplacée par une épitre adressée à Henri II, roi de France, et le poëme y est divisé en 41 chants. Le dernier feuillet non chiffré contient, au recto, un sonnet, et au verso, l'errata et la souscription. Vend. 17 fr. Floncel ; 20 fr. La Vallière.

Le trop fécond Gabr. Chappuis a trad. ce poëme en français sous le titre suivant :

LA SUITE de Roland furieux, contenant la mort de Roger fleur des paladins de France, et tous les grands succès, hautes et généreuses entreprises proposées et non fournies par le divin Arioste, *Lyon, Michel*, 1583, in-8.

— Vendetta di Ruggiero, continuata alla materia dell' Ariosto, con le allegorie ad ogni canto. — *In Vinegia, per Comin da Trino*, 1556 ovvero 1557, in-4. de 141 ff. à 2 col. [14790]

Poëme en 25 chants ; vend. 17 fr. Floncel ; 18 fr. La Vallière ; 1 liv. 4 sh. Hibbert.

Il y a des exemplaires dont le titre porte *in Vinegia per Paulo Gerardo*; d'autres ont pour adresse *Al segno del diamante*, et quelquefois la date de 1557; mais c'est toujours la même édition, laquelle a 3 ff. prél. contenant le titre impr. dans un cartouche gravé sur bois, suivi de la dédicace de l'auteur à Alphonse d'Este, datée de Ravenne, le 4 juillet 1556, et de deux sonnets. Le texte est chiffré de 4 à 140, ensuite vient un feuillet pour la souscription.

PESCETTI (*Orlando*). Proverbj italiani, raccolti e ridotti a certi capi e luoghi communi per ordine d' alfabeto. *Venetia, Lucio Spineda*, 1603, pet. in-12. 6 à 9 fr. [18487]

Édition revue et augmentée par l'auteur, et pour ce motif préférable aux éditions antérieures qui sont de 1598 et 1602. L'ouvrage a été réimpr. à Venise, en 1611, 1618, 1622, 1629, etc.; à Trevise, 1639, in-12, 11 sh. *mar. br.* Libri ; et aussi à Turin, en 1682, in-12.

On trouve ordinairement à la suite de ce livre un petit recueil de bons mots publié sous ce titre :

PROVERBI italiani e latini, per uso de fanciulli che imparan grammatica, raccolti... da Orlando Pescetti.

Les deux recueils, édit. de 1611, en 1 vol. 24 fr. 50 c. Duplessis.

PESCHIER (*A.*). Voy. Mozin.

PESENTI (*Paolo*). Pellegrinaggio di Gierusalemme. *Bergamo, per Comin Ventura*, 1615, in-4. [20554]

Biblioth. grenvill., p. 537.

PESENTI (*Martno*). Il primo libro delle correnti alla francese per sonar nel clavicembalo et altri stromenti, di Martno Pesenti. *Venetia, Aless. Vincenti*, 1635, in-fol.

28 fr. G. Gaspari.

PESTE du genre humain. Voyez Julien l'apostat.

PETAGNA (*Vinc.*). Specimen insectorum ulterioris Calabriæ; editio nova. *Lipsiæ*, 1808, in-4. avec 38 planches color. 20 à 24 fr. [5978]

L'édition de *Francfort*, 1787, in-4. est moins complète que celle-ci.
On a du même auteur des *Institutiones entomologicæ*, 1792, 2 vol. in-8., *Institutiones botanicæ*, Napoli, 1785, 5 vol. in-8.

PETANTIUS. De itineribus in Turciam libellus, Felice Petantio cancellario Segniæ autore. — *Imprimebat Viennæ Austriæ Joannes Singrenius chalcographus, anno sal.* M. D. XXII. *pridie calendas Julii*, in-4. [20406]

Cet ouvrage, devenu fort rare, est précédé d'une épître dédicatoire de Jean Cuspinian à Ferdinand Ier. Ce Cuspinian est auteur d'une pièce in-4., sans date, sous ce titre :
Oratio protreptica Joannis Cuspiniani ad Sacri Ro. Imp. Principes et proceres, ut bellum suscipiant contra Turcam, cum descriptione conflictus, nuper in Hungaria facti, quo periit rex Hungariæ Ludovicus. Et qua via Turcus Solomet ad Budam usque pervenerit ex Albagræca. (in fine): *Excusum Viennæ Austriæ per Joannem Singrenium.*
La mort du roi Louis a eu lieu en 1526.

PETAVIUS (*Paulus*). Pa. P. Antiquariæ supellectilis portiuncula, et veterum nummorum gnorisma. *Parisiis*, 1610. = De Nithardo Caroli Magni nepote ac tota ejusdem Nithardi prosapia, breve syntagma, e P. P(etavii) otio. *Parisiis*, 1613, 3 part. en 1 vol. in-4. de 23, 26 ff. et 19 pp., avec fig. [23312]

Il a été tiré sur vélin plusieurs exemplaires de ces trois parties, de format in-fol. 8 liv. 8 sh. Askew; 150 fr. La Valliere; 170 fr. Marc-Carthy. La 1re partie se trouve reproduite à la suite du traité de Cuper *De Elephantis, etc.* (voy. Cuperus).

PETAVIUS (*Dionysius*). Opus de theologicis dogmatibus, auctius in hac nova editione libro de tridentini concilii in-terpretatione, libris II dissertationum ecclesiast., etc., et notulis Theoph. Alethini (Jo. Clerici). *Amstelod., Gallet*, 1700, 6 tom. en 3 vol. in-fol. [1156]

Bonne édition de cet ouvrage estimé, 40 à 45 fr. — Celle de *Paris*, 1644, 5 vol. in-fol. a moins de valeur. — Il y en a une autre de Venise, 1745, en 3 vol. in-fol.; et enfin une de Venise, 1757, 7 vol. pet. in-fol., qui est augmentée de notes et de dissertations du P. Zacharia et de divers théologiens. Le premier vol. gr. in-4. d'une nouvelle édition revue et augmentée par les soins de C. Passaglia et de C. Schrader a paru à Rome, en 1857.

—Opus de doctrina temporum, cum præfatione et dissertatione de 70 hebdomadibus J. Harduini. *Antuerpiæ (Amstelodami), Huguetan fratres*, 1705, 3 vol. in-fol. [21206]

Bonne édition, dans laquelle on a employé les corrections et les notes laissées par le P. Petau. Au 3e vol., qui renferme l'*Uranologium*, sont ajoutés différents morceaux du même savant, qui ne sont pas dans l'édition de 1630 : 30 à 45 fr. et plus en Gr. Pap.
L'édition de *Paris*, 1627, 2 vol. in-fol., à laquelle on joint l'*Uranologium*, édition de 1630, est moins chère ; car c'est sans fondement que quelques personnes la préfèrent à celle d'*Anvers*.
La réimpression de *Vérone*, 1734-36, 3 vol. in-fol., est à très-bas prix.
— Uranologion, sive systema variorum autorum qui de sphæra ac sideribus græce commentati sunt, Gemini, Achillis Tatii, Hipparchi, etc., gr. et lat., cura Dion. Petavii. *Lutetiæ-Parisiorum*, 1630, in-fol. 6 à 10 fr. [8207]
Rationarium temporum, ad nostra usque tempora continuatum. *Lugd.-Batav.*, 1724 vel 1745, 3 tom. en 1 vol. in-8. 6 à 9 fr. [21207]

PETERBOROUGH (*Henri* comte de). Voy. Halstead.

PETERMANN (*Aug.*). An Account of the progress of the expedition to the central Africa, performed by order of Her Maj. foreign Office under MM. Richardson, Barth, Overweg and Vogel, in the years 1850, 51, 52 and 53; consisting of maps and illustrations, with descriptive notes, etc. *London*, 1854, gr. in-fol., 3 cartes lith. et color. 40 fr. [20867]

PETERS (*W.-C.-H.*). Naturwissenschaftliche Reise nach Mossambique, auf Befehl S. M. des Königs Friedrich Wilhelm IV in den Jahren 1842-48 ausgeführt. Zoologie, I. (Theil) Säugethiere. *Berlin, Reimer*, 1852, gr. in-4., avec 46 pl. dont 35 color. 112 fr.; — en Gr. Pap. 168 fr. [5630 ou 20920]
— The language of Mosambique, 11957.

PETHACHIA. Tour du monde, ou voyages du Rabbin Pethachia, dans le XIIe siècle; publié en hébreu et en franç., par M.-E. Carmoly. *Paris, impr. roy.*, 1831, in-8. de 122 pp. [19836]

Pesche (*J.-R.*). Dictionnaire du département de la Sarthe, 24395.
Peschiera (*IL.*). Dizionario parmegiano, 11123.
Pesselier (*Ch.-Et.*). OEuvres, 16508.
Pessina de Czechorod (*Th.-Jo.*). Mars moravicus, 26494.
Pestalozzi (*J.-H.*). Sämmtl. Schriften, 19304.

Petersen (*Niels-Matthieu*). Historiske Fortaeltinger, oni Islændernes Foërd, 27709.
Peterffy (*C.*). Concilia Hungariæ, 798.

PÉTIGNY (*J.* de). Histoire archéológique du Vendômois, dessins, plans et monuments par M. Launay. *Vendôme, Henrion*, 1849, in-4., 40 pl. [24290]

— Epoque mérovingienne, 23334.

PETIT (*Guill.*). Voy. PARVI.

PETIT (*Jean*). Voy. PROCESSION.

PETIT (*P.*). L'horloge de la passion de N. S. J. C. roulant sur 24 heures ; avec la plaisante chanson du Fr. P. Petit, plus les 15 effusions du sang de N. S. J. C. et la vie de Sainte Marguerite, avec son oraison pour les femmes grosses. *Paris, Pierre Corbault*, 1596, in-16. [1657]

En prose et en vers : vend. 9 fr. *mar: bl.* Gaignat.

PETIT (*Sam.*). Leges atticæ, gr. et lat., cum observat. P. Wesselingii et varior. *Lugd.-Batavor.*, 1742, in-fol. 18 à 21 fr. [2418]

Cette édition, que l'on préfère à la première (de *Paris*, 1635, in-fol.), forme le 3e vol. de la collection intitulée : *Jurisprudentia romana et attica.* — Voy. HEINECCIUS.

— Miscellanea, Observationes et Eclogæ, 18203-18205.

PETIT (*Pet.*). Dissertatio de Amazonibus. *Amstelod.*, 1687, pet. in-8. fig. 3 à 5 fr. [22768]

— TRAITÉ historique sur les Amazones, où l'on prouve par les médailles, etc., qu'elles ont existé ; trad. du latin de P. Petit. *Leyde*, 1718, in-12, fig. 3 à 4 fr.

— Selecta poemata, 12905.

PETIT (*Louis*). Discours satyriques et moraux ou satyres générales. *Paris, Ve Blageard, ou Rouen, Lallemant*, 1686, in-12. [14206]

Ce livre a reparu sous le titre suivant :

LE NOUVEAU Juvénal satyrique, pour la réformation des mœurs et des abus de notre siècle. Dédié à M. le duc d'Orléans. *Utrecht, Ant. Schouten*, 1716, pet. in-12, fig. sur bois. 10 à 12 fr. [14206]

L'éditeur de ce petit volume, peu commun, a signé sa dédicace au duc d'Orléans, Ant. Ch.

Un exempl. en *mar. r.* 35 fr. de Coislin.

On a quelquefois confondu L. Petit avec Claude Le Petit, auteur du *Paris ridicule* (voy. LE PETIT).

— LA MUSE normande de Louis Petit, en patois normand, 1658. Publiée, d'après un manuscrit, par Alph. Chassant. *Rouen, Le Brument*, 1853, in-12 de 60 pp. Tiré à 250 exempl. 2 fr. — 60 sur carré vergé, in-8, 4 fr.

— Voyez FERRAND.

PETIT. Architectural studies in France. *London, printed by C. Whittingham*, 1854, gr. in-8. 1 liv. 8 sh. [9935]

Volume contenant environ 200 pl. gravées d'après les dessins de l'auteur et ceux de De Lamotte.

— Remarks on the church architecture. *London*, 1841, 2 vol. in-8. avec fig. imitant des dessins à la plume. [9852]

PETIT (*Victor*). Châteaux de la vallée de la Loire des XVe, XVIe et XVIIe siècles. *Paris, Ch. Boivin*, 1860, in-fol. 200 fr. [24433]

Ouvrage composé de 100 pl., avec un texte historique et descriptif. Il a été publié en 25 livraisons. Prix de chacune, 7 fr.; — sur pap. de Chine et teintées, 10 fr.

— Habitations champêtres, parcs et jardins des environs de Paris, 9801. — Architecture pittoresque, 9848. — Châteaux de France, 9924.

PETIT-BOIS (du). Chant pastoral (ou la Dorée), à François de la Trimouille, seigneur de l'Isle de Noirmontiers, par le sieur du Petit-Bois, poiteuin. *Poictiers, par les Bouchetz frères*, 1576, in-4., signat. A—D par 4. [13823]

Opuscule en vers. Biblioth. impér., Y, 4664.

PETIT (le) chien de l'Evangile, abboyant contre les erreurs de Luther et Calvin par les religieux de N. D. de la Mercy, redemption des captifs du couvent de Tolon... *A Tolon, par Claude du Tour, imprimeur du roy et de la ville*, 1673, pet. in-8. [1833]

Édition peu commune décrite par M. Bory, qui, dans ses *Origines de l'imprimerie à Marseille*, p. 153, a donné une notice sur l'imprimerie à Toulon au XVIIe siècle. Le plus ancien livre impr. dans cette ville est selon lui :

LE BONHEUR du diocèse de Tholon (*sic*) en l'erection de la confrerie des Agonisans... *A Tholon, de l'imprimerie de Benoist Collomb*, 1650, pet. in-12.

Le petit chien de l'Evangile a été réimprimé à *Marseille, chez Ch. Brebion*, 1675, pet. in-8. 6 à 9 fr. Vend. en *mar. r.* 22 fr. Libri, en 1857.

PETIT compost. Voyez à la fin de l'article COMPOST.

PETIT(le) œuvre d'amour et gaige d'amitié, contenant plusieurs dits amoureux traduits du grec ou latin en rime françoise, et sur la fin est décrite en prose l'histoire de Titus et Gisippus. *Paris, Jean-Barbe d'Orge*, 1537, in-8.

Cité par Du Verdier, édit. in-4, tome Ier, p. 190. — Voy. BANDELLUS.

PETIT-RADEL (*Louis-Ch.-Fr.*). Les Monumens antiques du Musée Napoléon, dessinés et gravés par Th. Piroli, avec une explication. *Paris, F. et P. Piranesi, an XII* (1804-6), 4 vol. in-4., fig. au nombre de 318. [29300]

Petis de La Croix. Mille et un jours, 17768. — Histoire de Genghizcan, 28257. — de Tamerlan, 28263.
Petit (*Phil.*). Histoire de Bouchain, 24942.
Petit (le P.). Vie du duc de Montausier, 23800.
Petit (*J.-L.*). Maladies chirurgicales, 7480. — Maladies des os, 7516.

Petit (*L.*). Histoire des villes d'Elbeuf, Caudebec, etc., 24321.
Petit (*P.-F.-N.-A.*). Droit de chasse, 2936.
Petit-Radel (*Ph.*). Érotopsie, 12261. — Voyage, 20179.

Cet ouvrage remarquable, par la fidélité et la pureté des dessins, a paru en 32 livrais. de 10 pl. chacune, au prix de 6 fr. par livrais. en papier ordinaire, et de 12 fr. en papier vél.; mais on peut se le procurer fort au-dessous de ces prix-là.

— Recherches sur les bibliothèques, 21143. — Monuments cyclopéens, 29315.

— Voyez FASTES.

PETIT-THOUARS (du). Voy. DU PETIT-THOUARS.

PETIT traicte appelle larmeure de pacience. Voy. TRAITÉ.

PETIT traicte contenant la Fleur de toutes joyeusetez en epistres, ballades et rondeaux fort recreatifz, joyeux et nouueaux. *Paris, par Anthoine Bonnemere pour Vincent Sertenas*, 1535, in-16, lettres rondes. [13634]

Cette édition, fort rare, a été vendue jusqu'à 5 liv. 2 sh. 6 d. Heber, IX, nº 1206 (exempl. piqué de vers, et annoncé sous le titre de *La Fleur de toutes joyeusetes*).

— Petit traicte contenant en soy la Fleur de toutes joyeusetez en epistres, ballades et rondeaux, fort recreatif, ioyeux et nouueaulx. — *Imprime a Paris par Ant. Bonnemere, pour Vincent Sertenas*, 1540, in-16.

Volume rare, impr. en lettres rondes et composé de 87 ff., y compris le titre; on y trouve quelques gravures sur bois : vend. 46 fr. *mar. r.* en 1814; 4 liv. 14 sh. 6 d. *m. r.* Heber.

Il y a une autre édition de ce recueil, *Paris, par Anthoine Bonnemere pour Vincent Sertenas*, 1538, in-16, également en lettres rondes et avec de petites gravures sur bois; elle a 88 ff., signatures A—Liiij, y compris le titre. L'une et l'autre sont des réimpressions du recueil intitulé : *La Fleur de toutes joyeusetez, etc.* On y a fait quelques augmentations et changé l'ordre des pièces.

De Buré, en donnant, sous le nº 3065 de sa Bibliographie, le titre de l'édition de 1538, y a ajouté *par le sieur Luc*, mots qui ne s'y trouvent pas : c'est sans doute à cause du quatrain placé au verso du f. aij, au bas de la page, lequel commence ainsi :

    Amy Deusseulx Luc si t'envoye
    ce petit livre...

Toutefois, ce Luc peut bien avoir été l'éditeur de ce joli recueil de pièces de différents poëtes, et y avoir seulement contribué par quelques morceaux de sa composition. Le même recueil, augmenté d'un livre d'épigrammes, tirées de Marot, St-Gelais et autres, a été réimpr. de nouveau sous le titre de *Recueil de tout soulas* (voy. RECUEIL). Ajoutons que ce Luc dont nous venons de parler est probablement le même que *Charles de Luc*, poëte nommé par Ant. du Saix (dans l'épître dédicatoire à François Iᵉʳ, à la tête de *La touche naive*, trad. de Plutarque) parmi ceux auxquels il cède la gloire d'écrire mieux que lui.

Les deux ouvrages dont les titres suivent sont, sinon le même que celui-ci, au moins du même genre :

    LE TRESOR des joyeuses inventions du paragon de poesies, contenant epistres, ballades, rondeaux, dizains, huictains, epitaphes, et plusieurs lettres amoureuses fort recreatives. *Paris, Vᵉ Jean Bonfons* (sans date), in-16, fig. sur bois. (Catal. de La Valliere, en 6 vol., nº 13457)

    TRESOR des joyeuses inventions, enrichy de plusieurs sonnets et autres poésies pour resjouir les esprits mélancoliques. *Rouen, Abr. Cousturier*, 1599, pet. in-12 de 96 pp.

Un exemplaire médiocre, 42 fr. Busche.

    LE PARAGON de joyeuses inventions de plusieurs poëtes de nostre temps; ensemble la conviction de la chaste et fidelle femme mariée. *Rouen, Robert Dugort* (sans date), in-16, fig. sur bois.

PETIT traicte contenant la deploration de toutes les prinses de Rome, depuis sa fondation jusqua la derniere prinse des Espagnols qui a este plus cruelle que toutes autres (par Jacq. Godard). *Paris, J. Longis*, 1528, in-8. goth. [13553]

Vend. 12 fr. *m. r.* La Valliere.—L'auteur est nommé à la fin de cet ouvrage en vers. Sa devise était : *Rien sans art.*

PETIT traité d'Arnalte et Lucenda. Voy. SAN PEDRO.

PETIT traite de l'exemplaire et utile police pour les pauvres de la ville & fauxbourgs de Rouen, introduite par la court de Parlement du dit lieu; avec une singuliere exhortation a tous estats de faire aumosne. *Rouen, M. le Megissier* (1584), pet. in-8. de 24 ff. [4080]

Opuscule peu commun. Il nous en rappelle un autre qui a pour titre :

    POLICE generale du bureau des pauvres valides, hospital general de la ville de Rouen. *Rouen, Laurens Maurry*, 1667, in-4. de 2 ff. prélim. et 92 pp. plus édit du roy... 1681, 16 pp.; — aussi *Rouen, J.-B. Machuel*, 1701, in-4. de 2 ff. prélimin. et 117 pp.

PETIT traicte enseignant que est ce que uraye noblesse. Auec auctorité de Diogenes, de Seneque, de Boece, et Ouide. *Nouuellemēt imprime a Grenoble* (de 1530-40), pet. in-8. de 8 ff. en lettres rondes. [13554]

Pièce en vers.

PETITE bibliothèque des théâtres (publiée par Th. Le Prince et Baudrais). *Paris, 1784-89, 80 vol. in-18.* [16412]

Collection assez bien imprimée, mais qui se donne à bas prix, même en papier vélin, dont il y a peu d'exemplaires complets. Un de ces derniers relié en *v. f.* a cependant été vendu 300 fr. en 1813; mais un autre *br. en carton* a été donné pour 30 fr. à la vente Renouard. Les *Etrennes de Polymnie*, 5 vol., font partie de ces 80 volumes.

L'éditeur, après avoir changé la distribution des vol. de ce recueil, le fit reparaître en 1791, sous le titre de *Chefs-d'œuvre dramatiques*, en 100 vol. in-18; mais cette seconde collection ne contient guère que 70 vol. de la première. On a donné depuis une suite en 11 volumes.

PETITE instruction. Voy. INSTRUCTION.

PETITE (la) varlope, en vers burlesques, augmentée d'une chanson nouvelle, sur le tour de France. *Chalons, chez Ant. Lespinasse* (fin du XVIIᵉ siècle), in-16 de 64 pp., la dernière cotée 63. [14249]

Petit livre singulier et assez rare. Au verso du titre se

Petite Encyclopédie poétique, 13986.

trouvent ces mots : *Avec approbation et permission des compagnons du devoir*, et plus bas les insignes maçoniques. 103 fr. *mar. v.* Nodier ; 44 fr. Solar.— Nous avons vu une édition impr. à *Chalon-sur-Saône*, chès *Claude de Saint*, 1755, in-16 de 64 pp. (la dernière cotée 48). Vend. 18 fr. en mai 1843 ; 14 fr. 50 c. Coste.

PETITOT (*Jean*). Les Émaux de Petitot du Musée impérial du Louvre. Portraits de personnages historiques et de femmes célèbres du siècle de Louis XIV, gravés au burin par M. Ceroni, accompagnés d'études littéraires, historiques et biographiques par divers bons écrivains contemporains. *Paris, Blaisot, libraire-éditeur*, 1861, in-4. [9439]

Soixante portraits, avec une étude historique sur chacun d'eux, le tout en 60 livraisons, au prix de 1 fr. 50 c. par livraison ; — avant la lettre, sur pap. blanc, 2 fr. 50 c. ; — sur pap. de Chine, 3 fr.

PETITOT (*Claude-Bernard*). Voy. COLLECTION de mémoires; RÉPERTOIRE.

PETITS fatras dung apprentif. V. Du SAIX.

PETITY (*Jean-Raym.* de). Bibliothèque des artistes et des amateurs, ou tablettes analytiques et méthodiques sur les sciences et les beaux-arts (avec un mémoire sur les langues orientales, par Roux Deshautesrayes). *Paris*, 1766, 3 vol. in-4. fig. 12 à 18 fr. [31852]

Il y a des exemplaires datés de 1767, avec un titre différent, ainsi conçu : *Encyclopédie élémentaire.*

PETIVER (*Jac.*). Gazophylacii naturæ et artis decades. *Lond.*, 1702, in-fol. [6209]

Cet ouvrage a d'abord paru de 1702 à 1706, en 5 décades, contenant 50 pl. in-fol., avec 96 pp. in-8. de texte, y compris le *Catalogue of all the things figured in the 5 decades, or first vol. of the Gazophylacium.* Ce catal. a été réimpr. (en lat.) en 4 pp. in-fol., *Londres*, 1709. On a ensuite publié 5 autres décades, contenant les pl. 51 - 100, avec 12 pp. in-fol., de texte, et un catalogue des 5 décades du 2e vol. en 4 pages in-fol., sous la date de 1711. Il est très-difficile de trouver ce vol. ainsi complet : c'est le principal ouvrage de l'auteur.

— Herbarii britannici Raji catalogus cum iconibus. Catalogue of M. Ray's english herbal, illustrated with figures, on which are engraven their names to each, etc. *Lond.* (1713), in-fol. 50 pl. et 4 ff. de discours gravé.

— English herbal continu'd with the fourth leaved flowers. (*Lond.*, 1715), in-fol. pl. 51 à 72.

On joint quelquefois à ces deux ouvrages les autres traités que Petiver a composés sur l'histoire naturelle : ce qui forme alors une collection rare et assez précieuse. Voici l'indication des principaux opuscules qu'elle contient : *Aquatilium animalium Amboinæ, etc.*, icones et nomina, 1713, in-fol. 20 pl. et 4 pages de texte. — *Pterigraphia americana icones continens plusquam 400 filicum variar. specierum*, in-fol. 20 pl. et 3 ff. de discours gravé. — *Hortus peruvianus medicinalis, or the South-sea herbal*, 1715, in-fol. 5 pl. et 2 ff. de discours imprimé. — *Plantarum Italiæ marinarum et graminum icones et nomina*, Londini, 1715, in-fol. 5 pl. et 1 f. de discours.

La collection reliée en 7 vol. a été vendue 240 fr. de Limare ; 161 fr. Lamy, et moins depuis.

— Opera, historiam naturalem spectantia, or Gazophylacium, etc. *London, Millar*, 1764, or 1767, 2 vol. in-fol. fig. [6210]

Cette édition renferme, indépendamment des sept parties de la précédente, augmentées de plusieurs planches, différentes autres pièces. Au verso du titre se trouve la table du contenu des 2 vol. in-fol. et d'un 3e vol. in-8. Il y a 180 pl. dans le premier volume, et 126 dans le second. 50 à 60 fr. Le vol. in-8. réunit deux parties, savoir : *Musei Petiveriani centuriæ* I à X, *Rariora naturæ continens*, Londini, 1695 - 1703, 95 pp. avec 2 pl., et *Gazophylacii naturæ et artis, decades* I à V, 1702-06, 96 pp. avec 2 pl. Les trois vol. 130 fr. *cuir de Russie*, Berlin ; 3 liv. 18 sh. *mar.* Hibbert, et avec les pl. color. Crevenna, et moins depuis. — dont les exemplaires ont coûté 500 fr., 114 flor. Crevenna, et moins depuis.

PETRA (*Hermannus* de). Sermones L. super orationem dominicam. — *Pressum aldenardi y me Arnoldum cesaris meosque sodales dominice incarnationis supra* M.m CCCC.m año LXXXo...... in-fol. de 135 ff. goth. à 2 col. de 40 lig. [1418]

Premier livre impr. à Audenarde ou Oudenarde. Le corps du volume a des signatures, mais les 7 prem. ff. qui contiennent la table des sermons n'en ont point. Vend. 1 liv. 12 sh. Heber ; 157 fr. Borluut.

PETRAGLIA (*Fr.*). Tabulæ anatomicæ ex archetypis Petri Berretini expressæ et in æs incisæ; recensuit perpetuasque explicationes adjecit Fr. Petraglia. *Romæ*, 1788 et 89, in-fol. max. cum 27 tab. 12 à 18 fr. et plus cher avec fig. color. [6751]

Les planches de Berretini avaient déjà été publiées à Rome, en 1741, avec un texte de Caietano Petrioli, in-fol.

PETRARCA (*Francesco*).

Canzoniere.

PETRARCA. Sonetti, Canzoni et Trionphi. (*Venetiis*), *Vindelinus* (de *Spira*), 1470, gr. in-4. [14458]

Première édition de ce poëte. Elle est précieuse à cause de sa rareté; mais le texte en est corrompu dans plusieurs passages et fourmille de fautes typographiques. Il y a en tout 180 ff. imprimés en caractères ronds, sans chiffres, réclames ni signatures, à longues lignes, au nombre de 30 sur les pages entières. Les 7 prem. ff. renferment la table des sonnets et des *canzoni*. Au 8e f. recto commencent les Sonnets, par cette ligne, en capitales : (*v*)*oi chascoltate inri.* Les Triomphes commencent au recto du 144e f. par cette autre ligne, également en capitales (*n*) *el tempo che rinnova.* Au recto du dernier feuillet se lit la souscription : FINIS. M. CCCCLXX, suivie des six vers : *Que fuerat multis quoddam......*

Vend. 1330 fr. La Vallière ; 27 liv. 6 sh. Pinelli ; 664 fr. (en 179 ff.) Brienne-Laire ; 473 fr. imparfait dans la table, Crevenna ; avec le même défaut, 31 liv. 10 sh. Singer ; avec le dernier f. du texte refait à la plume, et 2 ff. de table réimpr. 18 liv. 15 sh. Heber. — L'exemplaire de M. Th. Grenville a 182 ff., parce qu'il y en a 2 tout blancs, savoir : le 8e et le 45e. Van Praet (second catal., II, no 177)

cite cinq exemplaires de cette édition impr. sur
VÉLIN.

Il doit se trouver dans la Biblioth. ambrosienne, à
Milan, une édition de Pétrarque (supposée être
sans date), que Volpi (catal. de l'édition de 1732)
regardait comme la première de ce poëte, mais que,
maintenant, on sait être un exempl. incomplet de
l'édition d'Achates, de 1474. Tel était aussi l'exemplaire porté dans la *Biblioth. pinel.*, IV, 2351.
Nous doutons de l'existence d'une édition de Pétrarque qui aurait été impr. par Sweynheym et
Pannartz, en 1470, selon Fr. Philelphe (*Epistolæ*,
Venet.,1502, in-fol., lib. XXXIII, epist. v, feuillet 229
verso). Il n'en est pas question dans le catalogue des
productions de ces deux imprimeurs jusqu'au
20 mars 1472, qui fait partie de l'épitre de Jean,
évêque d'Aleria, à Sixte IV, et qui se trouve au
commencement du 5e vol. de la Bible lat., avec la
glose de De Lyra, impr. à Rome, en 1472.

— Triumphi, Canzone e Sonetti. *Roma
(Georg. Laver),* 1471, *adi* x *di luglio,*
in-4.

Seconde édition de Pétrarque, plus rare encore que
la première de 1470, et qui a l'avantage de contenir une beaucoup meilleure leçon du texte. C'est
un volume de 197 ff., sans chiffr., récl. ni signat.,
caractères ronds, à 27 lignes par page entière. Les
Triomphes occupent 40 ff., dont le premier commence au recto de cette manière :

(N)EL TEMPO *ch' rinoua imie sospiri*

ensuite se trouvent 5 ff. qui renferment une vie du
poëte, suivie d'un catal. de ses ouvrages, et terminée ainsi :

Expliciunt triumphi & vite (sic) *Petrarce.*

Cette partie est accompagnée d'un f. blanc, et suivie
des *Canzone & Sonetti*. lesquels occupent 152 ff. y
compris une courte notice sur Laure, écrite par
Pétrarque lui-même sur un manuscrit de Virgile ;
le tout est terminé par les vers bien connus *Valle
locus clausa...*, à la suite desquels se lit cette souscription :

*Qui finisce le canzone & sonecti delpe-
trarcha poeta excellëtissio. facte ī Roma
Nel tëpo del sanctissimo in xp̄o patre &
Signor nr̄o .S. Paulo. p ladiuina p̄uidëtia
papa .ii. & delsuo p̄õtificato āno septimo.
Nelli anni del nr̄o signor yh̄'o xp̄o. M.
CCCC. Lxxi adi x diluglio.*

Nous ne trouvons pas d'adjudication de cette édit. précieuse ; mais on en connaît cinq exempl. : 1o à Paris, Biblioth. impér.; 2o dans la collection de
M. Marsand, au Louvre; 3o à Sainte-Geneviève;
4o Bibliothèque royale de Naples; 5o chez lord
Spencer. Dans plusieurs exemplaires, la partie de
45 ff., qui renferme les Triomphes et la vie de Pétrarque, termine le volume.

— Francisci Petrarcæ laureati poetæ... rerum uulgarium fragmenta (Sonetti, Canzoni et Trionfi). *In urbe patavina, Martinus de septem arboribus Prutenus,*
1472, *die* vi *novembris,* pet. in-fol.

Cette édition, faite sur le manuscrit autographe de
Pétrarque, est presque aussi rare que la précédente, et les caractères en sont plus beaux. —
188 ff. (et non point 196 comme il est dit dans la
Bibliotheca spencer.), sans chiffres, récl. ni signat., à longues lignes, au nombre de 30 sur les
pages entières. 8 ff. pour la table commençant : *A
piedi colli dela bella uesta a Ca. iii.*, et terminés
par la notice sur Laure. Les Sonnets commencent
au 9e f. et finissent au recto du 146e ; ensuite viennent les Triomphes, ff. 147 à 183. La première page
de cette partie, ainsi que la première page des Sonnets, est entièrement imprimée en capitales, et

porte 26 lign. Au verso du 183e f. (ou 37e des
Triomphes) se lit, en 4 lign. et en capitales : *Fran-
cisci Petrarcae | poetae excellentis | simi trium-
phi | expliciunt*. Les 4 ff. qui suivent renferment
la vie de Pétrarque, en italien (dont la prem. ligne
est ainsi : FRANCESCO PE), terminée par deux sonnets à sa louange. Le recto du 188e et dernier f. est
occupé par la souscription suivante, disposée en
18 lignes.

*Francisci petrarcæ laureati poetæ | necnon se-
cretarii apostolici | benemeriti. Rerum | uulgariū
fragmē | ta ex originali | libro extracta | In urbe
pa | tauina li | ber abso | lutus est | fœlici | ter |
BAR. de Valde. patauus. F. F. | Martinus de sep-
tem arboribus Prutenus. | M. CCCC. LXXII | DIE VI.
NO | VEN | BIRS* (sic).

Dans l'exemplaire que décrit la *Biblioth. spencer.*,
IV, no 827, et dans plusieurs autres, au recto du
9e f., le premier sonnet *Voi chascoltate* est entièrement impr. en lettr. capitales, et occupe 30 lign.
sans aucun intitulé ; mais on a remarqué d'autres
exemplaires dont la même page commence par un
intitulé en 3 lignes et demie, impr. en lettres capit.
et où le sonnet est en caractère minuscule. — Vendu
560 fr. m. bl. Gaignat, et 436 fr. Lauraguais (revendu 13 liv. 5 sh. Heber); 290 flor. Crevenna;
435 fr. Mac-Carthy. Exemplaires plus ou moins
beaux. Un exemplaire impr. sur VÉLIN, mais ayant
plusieurs feuillets refaits à la plume, 2700 fr. Libri Carucci.

— Sonetti, Canzone e Triumphi. *Romæ,
in domo Ioh. Phil. de Lignamine,* 1473,
xx die mensis maii, pet. in-fol.

Sans nul doute cette édition est plus rare encore que
celle de 1471, dont elle paraît être une copie. Le
seul exemplaire cité est celui que décrit la *Bibliogr. instruct.*, no 3345. Il a été vendu seulement 4 liv. 6 sh. chez M. Paris, en 1790, parce qu'il
était imparfait dans les prem. feuillets. On le conservait dernièrement dans la bibliothèque du marquis de Bute, à Luton-Hoo, Bedfordshire (*Répert.
bibliogr.*, 240). — 197 ff., caractères romains,
sans chiffres, réclames, ni signatures. Les *Sonetti
et Canzone* occupent 151 ff. ; les Triomphes, 40 ff. ;
la vie de Pétrarque et autres pièces, 6 ff. Au bas
du dernier se lit la souscription suivante :

FINIS
*Multus eras p̄mū Petrarche : plurimus es nūc :
Hec tu Messani dona Iohannis habes.*

*Sedente Sixto .iiii. Pont. Max. Anno Christi
M . CCCC. Lxxiij. Impressus est hic libellus
Rome in domo Nobilis uiri Iohānis Philippi de
lignami. Messan̄. eiusdē .S. D. N. familiaris
anno eius secundo .xx. die mensis Maii.*

Selon De Bure, cette édition renferme de plus que les
précédentes (de 1470, 1472, et que celles de Venise
et de Milan, 1473), une pièce de 21 vers *in laude
della pudicitia,* placée à la fin du triomphe *Della
castita.*

— Sonetti, Canzoni e triomphi. *Venetiis
(per Jenson),* 1473, pet. in-fol.

Belle édition en caractères ronds, sans chiffres, récl.
ni signat. 30 lign. à la page. Elle est composée de
187 ff. en tout; les 7 premiers feuillets contiennent
une table qui commence sans intitulé par ce vers
du 8e sonnet :

A pie di colli dela bella uesta a Ca. ii.

On trouve ensuite un feuillet blanc, puis les sonnets, dont les deux premiers vers sont imprimés
en capitales, et forment 4 lign. (la première est
ainsi : *oi chascoltate in*). Les Triomphes finissent
au verso du 182e feuillet, par cette souscription,
impr. en capitales :

*Francisci Petrarcæ poetæ | excellentissimi
Triumphus | sextus et vltimus de | eternitate
expliciunt* (sic, dans notre exemplaire).

M. CCCC. LXXIII. *Nicolao Mar | cello principe regnante im|pressvm fvit hoc opus | foeliciter in Venetiis | :.Finis :.*

Le volume est terminé par 5 ff. qui contiennent *Memorabilia quædā de laura*, et la vie de Pétrarque, dont voici les derniers mots : *explicivnt Trivmphi et | vita Petrarce.*
Vendu 251 fr. Gaignat ; 250 fr. La Vallière ; 184 fr. salle Silvestre, en 1809 ; 65 fr. *piqué de vers*, d'Ourches ; 392 fr. bel exempl. Boutourlin ; 5 liv. 7 sh. 6 d. Heber ; 150 fr. Riva ; en *cuir de Russie*, et très-grand de marges, 27 liv. Libri, en 1859, et revendu 825 fr. Solar.
Un exemplaire sur VÉLIN, 1800 fr. Brienne, et 3000 fr. Mac-Carthy ; 80 liv. 17 sh. Hibbert.

— Sonetti, Canzoni e Trionfi. (*Milano*), *Ant. Zarot*, 1473, gr. in-fol.

Belle édition, beaucoup plus rare que celle de Jenson, sous la même date : elle ne contient ni la table ni la vie de Pétrarque. Le volume a 130 ff. caract. rom., sans chiffres, récl. ni signat., à 40 lign. sur les pages entières. Il commence sans intitulé par le premier vers des Sonnets. La souscription est au recto du dernier feuillet, après le dernier vers des Triomphes, et ainsi disposée :

.M. CCCCLXXIII.
Impressum p Antonium zarotū parmēsem.

— Sonetti, Canzoni e Trionfi. *Per Leonardum Achatem*, 1474, in-fol.

Édition l'une des plus rares de ce poëte, et dont on n'avait pas de description étendue avant celle qui se trouve dans la *Bibliotheca spenceriana*, t. IV, pp. 139-41.
Le volume est sans chiffres, réclames ni signatures, et les pages entières portent 32 lignes ; il commence par une table qui, avec le précis sur Laure, occupe 7 ff. ; le premier sonnet imprimé entièrement en capitales, à l'exception des deux derniers mots de la 10ᵉ ligne (*chi sono*) qui sont en bas de casse, commence au recto du 8ᵉ f. ; et cette partie occupe depuis ce f. jusqu'au verso du 135ᵉ. Les Triomphes viennent ensuite et se terminent au verso du 170ᵉ f. Enfin l'on trouve quatre autres feuillets où se lisent une vie de Pétrarque ; puis deux sonnets, et au verso du dernier de ces 4 ff. la souscription suivante :

Francisci Petrarche laureati poete necnon secretarii apostolici benemeriti. Rerum uulgariū fragmēta ex originali libro ex tracta.
Vrbs Basilea mihi nomē ē leōardus achates : Anno christi humanati .M .cccc.lxxiiii.
Venet. Duce. Nicol. Marcel.

Les bibliographes qui ont parlé de cette édition l'ont fait chacun d'une manière différente, quoique pour le fond ils se soient à peu près copiés les uns les autres, à l'exception de Maittaire et du catal. Capponi, qui peuvent être regardés comme autorités premières. De Bure, *Bibliogr. instr.*, a suivi Maittaire, qui est très-court sur cet article ; et c'est ce qu'il pouvait faire de mieux, n'ayant pas le livre complet sous les yeux. Haym s'en est tenu au catalogue Capponi, mais il a ajouté au titre qu'il a donné ces mots : *Con l'esposizione di Bernardo Glicino*, ce que Panzer a copié dans ses *Annales typogr.*, t. III, p. 507, quoique l'édition dont il s'agit n'ait point l'exposition de Glicino ou Illicino. Le même Panzer, sachant que Glicino n'a fait de commentaire que sur les Triomphes, s'est imaginé que le volume qui fait l'objet de cet article renfermait seulement cette partie des poésies de Pétrarque, et c'est pour cela que dans sa table il l'a placé parmi les éditions séparées des *Trionfi*.
Dans son Dictionnaire bibliogr. choisi du XVᵉ siècle,

Santander a suivi Panzer, en substituant le mot *triomphi* au mot *canzoniere* qu'a employé celui-ci, et en ajoutant en note. « Première édition avec le commentaire de Bern. Glicino. » Comme nous n'avions pas pu nous procurer cette édition de Pétrarque lorsque nous donnâmes les deux premières éditions du Manuel du libraire, il était difficile que nous évitassions les fautes dans lesquelles étaient tombés nos prédécesseurs ; et malheureusement nous nous sommes laissé entraîner par l'autorité de Panzer qui, comme on le voit, s'était cette fois complétement mépris. La *Bibliotheca spenceriana* nous a mis à même de faire connaître plus particulièrement ce livre précieux, et de rectifier les bibliographes qui en ont parlé ; mais ce catalogue lui-même ne nous tire pas du doute que nous éprouvons sur le lieu où *Léonard Achates* a imprimé ce Pétrarque. Selon le catal. Capponi, Haym et la *Bibliotheca spenceriana*, ce serait à *Bâle*. Maittaire, copié par De Bure, indique *Venise*, Panzer incline pour *Vicence*, et enfin Santander balance entre cette dernière ville et *Saint-Ursino*, bourg de l'État vénitien, proche de Vicence. Cette dernière opinion nous paraît être la plus vraisemblable, et voici pourquoi. Il est évident que ceux qui, de même que Dibdin, ont regardé Bâle comme la ville où imprimait Léonard Achates, ont pris le lieu de naissance de cet imprimeur pour celui de sa résidence : cela n'a pas besoin d'autre démonstration. Quant à Maittaire, qui place à Venise notre imprimeur, il a pour lui la même autorité que tous ceux qui ont cité comme imprimée dans la même ville une édition de Virgile, de 1472 et une autre de 1473, toutes deux avec le nom de Léonard Achates, et cette autorité n'a d'autre base que la dernière ligne de la souscription ainsi conçue dans le Virgile de 1472 :

Venet. Duce. Nicol. Trono

et qui, dans le Virgile de 1473, comme dans le Pétrarque de 1474, porte :

Venet. Duce. Nicol. Marcel.

Mais ces souscriptions prouvent-elles bien que les éditions dont il s'agit aient été imprimées à *Venise*? Ne retrouve-t-on pas la dernière à la fin d'un livre intitulé : *Vite de sancti Padri*, impr. par le même Léon. Achates, avec le nom de *Sancto Urso*, comme lieu d'impression (Panzer, t. III, p. 506) ? N'est-il pas certain que le même imprimeur a donné une édition du *Ditta mundi* à Vicence, en 1474 (voir dans notre t. II, col. 1198-99, l'article FAZIO de Gli Uberti), et qu'il a même continué à exercer dans la même ville au moins jusqu'en 1491? Or, d'après cela, comment prouver qu'il ait d'abord été établi à Venise? Il n'y a pas une seule de ses éditions qui en fasse mention, tandis qu'au contraire on en trouve plusieurs avec les noms de *Saint-Ursino* ou de *Vicence*. D'ailleurs les mots *Venet. Duce, etc.*, peuvent aussi bien avoir été employés à Vicence qu'à Venise, puisque cette dernière ville faisait partie de l'État vénitien. En définitive, il est très-douteux qu'Achates ait jamais impr. à Venise, et, au contraire, il reste démontré qu'il a habité Saint-Ursino, Padoue et Vicence.

— Sonetti e Trionfi, très-pet. in-fol.

Édition sans lieu ni date et sans nom d'imprimeur ; les pages entières portent 30 lign. et n'ont ni chiffres ni réclames, ni signatures. Les caractères sont grossiers, mal formés, et tiennent plus du romain que du gothique. L'exemplaire décrit par la *Bibliotheca spenceriana*, tome IV, p. 141, n'a point de table, qui peut-être doit-il y en avoir une, comme dans les éditions précédentes. Celle-ci commence par le premier sonnet, dont les deux premiers vers, imprimés en lettres capitales, forment quatre lignes disposées ainsi :

V. OI. CHASCOLTATE. 'IN
RIME SPARSE IL SONO
DI QUEI SOSPIRI ON
DIO NVTRIVA IL CORE

La partie des sonnets se termine au verso du 137e f. de cette manière :

FRANCISCI PETRARCAE
POETAE. EXCELLEN
TISS : CARMINVM
AMORVM
.FINIS :

Les Triomphes viennent après et ont aussi les deux premiers vers : *nel tempo che, etc.*, impr. en capitales et disposés en quatre lignes ; à la fin des Triomphes, au recto du 172e f., sont ces deux mots :

DEO. GRATIAS.

On trouve ensuite le précis sur la vie de Laure par Pétrarque, des vers sur la retraite de Vaucluse, et une courte biographie du poëte, en 7 pp.; le volume se termine au verso du 176e et dernier feuillet par ces deux lignes :

EXPLICIVNT TRIUMPHI ET
VITA PETRARCE

Une ancienne édition de Pétrarque, non datée, et peut-être la même que la précédente, a été très-minutieusement décrite dans une dissertation curieuse de M. Dominique de Rossetti, publiée sous ce titre :

EDIZIONE singolarissima del canzoniere del Petrarca, descritta ed illustrata dall' avvocato Domenico de Rossetti, *Trieste, dalla tipografia Mareningh*, 1826, in-8. de 56 pp., avec le fac-similé d'une page de 29 lign. de l'édit. décrite. Il y a quelques exemplaires de format in-4.

M. Rossetti croit que son édit. a été faite sur celle de Jenson de 1473, qu'elle est de format in-8., et il en donne la dimension exacte. Il en possède deux exempl., tous les deux imparfaits, mais offrant quelques différences entre eux, de même qu'avec un 3e exempl. appartenant au comte Gaetano Melzi. L'édition de M. Rossetti paraît différer de celle de lord Spencer, en ce que les pages sont irrégulières dans le nombre des lignes : ainsi dans les 86 premières pages, celles qui portent seulement 28 et 29 lign. sont en aussi grand nombre que celles de 30 lign., et il y en a même de 31 lign. Les quatre prem. pages entières de la vie n'ont que 29 lignes chacune ; la 5e en a 31, la suivante 30, et la dernière seulement 27. Dans l'exemplaire de lord Spencer les *Triomfi* occupent les ff. 138 à 172, ce qui fait 34 ff.; ils en ont 36 dans un de ceux de M. Rossetti. Le vol. du noble lord a 176 ff. en tout ; M. R. juge que le sien en aurait 177 s'il était complet. Nous ne nous étendons pas sur les autres différences que fait remarquer notre auteur, qui reconnaît lui-même, que l'édit. est incorrecte, mal imprimée, et que la grande rareté de ce livre en fait à peu près tout le mérite.

— Sonetti, Canzone e Triomphi. (*absque nota*), in-fol.

Édition imprimée avec les mêmes caractères que l'ouvrage italien intitulé : *Atila flagellum dei*, sorti des presses de *Phil. de Petro*, à Venise, en 1477, in-4. (voyez LIBRO di Atila). Les pages entières portent 39 lignes, et le volume a des signatures de aj à siiij, non compris la table : cette table, qui commence au verso du prem. f., en a cinq, y compris la notice sur Laure. Le texte des sonnets commence au recto du 6e f. sign. aj, par cette ligne : OI CHASCOLTA, et se termine au verso du f. ovj. Suivent immédiatement les *Triomfi*, depuis le f. pj jusqu'au f. siiij, au revers duquel ils finissent par ces mots en capitales : *Francisci Petralgæ* (sic) | *poetæ excellentis | simi triumphi | explicivnt*. Chaque cahier de signat. a 8 ff. à l'exception de *c.*, *n.* et *o.* qui en ont six, et d'*r.* qui en a dix ; *s.* n'en a que quatre dans l'exempl. décrit, mais comme le 4e est marqué iiij., le rédacteur de la *Biblioth. spencer.*, vol. VII, p. 86, de qui nous empruntons cette notice, pense qu'il en faut peut-être quatre autres qui contiendraient une vie de Pétrarque.

C'est à tort que cette édition a été attribuée à un imprimeur napolitain par Giustiniani, cité par Panzer, t. IV, p. 384.

— Sonetti e Canzone, col commento di Fr. Filelfo. *Bononiæ*, 1476, in-fol.

Édition peu connue, imprimée avec les caractères d'Azzoguidi, comme celle des *Triomfi* publiée à Bologne, en 1475 (col. 558, ci-dessous). M. Marsand a donné le fac-simile des caractères de ces deux précieux vol. dans sa *Biblioteca petrarch.* Celui-ci a 136 ff. sans chiffres ni signatures, 41 lign. sur les pages entières. Une lettre latine intitulée : *Nicolaus Thomasoleus Lupho numaio. S. P. D.*, occupe le recto du premier f., au verso duquel est le registre du vol., avec cette souscription : *Impressum Bononiæ anno Dñi M. CCCC. LXXVI. ad instantiam et petitionem Sigismundi de libris* (en capitales). Le texte se termine par le sonnet : *Fiamma dal ciel*, suivi du commentaire.

— Sonetti, Canzoni e trionfi, col commento di Ant. da Tempo. (*Venet.*), Gaspar de Siliprandis, 1477, 2 part. in-4.

Édition précieuse et par sa grande rareté et parce qu'elle présente plusieurs bonnes leçons différentes de celles des autres éditions du XVe siècle. Le commentaire forme une partie séparée qui est quelquefois reliée avec le texte. — *Première partie*, 187 ff. (et non 179), sans signat. apparentes, savoir : la table, 7 ff., le registre impr. au verso du 8e f.; le texte des sonnets, 137 ff., commençant : *Sonetto Primo d. F. P.*, et finissant par cette souscription : *Francisci Petrarcæ, poetæ excellentissimi Rex uulgarium fragmēta finiūt impēsa Gasparis de Siliprandis de Mantua Inuctu Dominici eius filii. LAVS DEO. M. cccc. Lxxvii;* les Triomphes, 37 ff., ensuite la notice de Pétrarque sur Laure, sa vie, etc., en 9 pp., à la fin de la dernière desquelles on lit : *Qui finisseno li Soneti. Cãzone. & Triūphi del auctore p̃dicto Messer Frãcesco petrarcha.* (L'exemplaire de lord Spencer n'a ni la table, ni le registre, et celui de la collection de M. Marsand n'a pas la table.) — *Seconde partie*, commentaire, 68 ff. avec des signat. jusqu'à i iiij, 30 lign. par page entière ; elle commence de cette manière : *Incomincia la vita et il comēto supra li sonetti Canzone et triumphi del excelētissimo poeta misser Frãcesco Petrarcha..... composto et compilato p... Antonio da tēpo.....* Au verso du dernier f. est une lettre de Siliprando à Fred. de Gonzaga, terminée par la date : *Venetiis. VIII. maii. M. CCCC. LXXVII.* — Consultez sur ces deux volumes, Ang. Pezzana, *Notizie bibliografiche a due rarissime edizioni del sec.* XV ; Parma, Bodoni, 1808, in-8. — Trad. en français par M.-C. B***. *Gênes*, 1809, in-8.

— Sonetti, canzone e triomfi. *Neapoli, Arnoldus de Bruxella*, 1477, pet. in-fol.

Édition extrêmement rare : nous n'en connaissons d'autre exemplaire que celui décrit dans la *Biblioth. spencer.*, vol. VII, n° 280, et où il manque sept ff. Elle a 178 ff., sans chiffres, récl. ni sign., à 30 lign. par page. La partie des sonnets finit au verso du 136e f. par une souscription en sept lignes : *Finis libri Francisci Petrarchæ fiorentini poete laureati : quem composuit ob amorem Laure. impressi Neapoli;* souscription suivie de la notice sur Laure, en un f. — Les Triomphes finissent au revers du 173e f., avec cette souscription : *Finiunt triumphi Francisci Petrarche Poete Laureati impressi Neapoli Anno. M CCCC LXXVII. Die tertia mensis Appriilis Per Arnoldum de Bruxella.* Il y a ensuite 4 ff. pour la vie de Pétrarque, et un 5e f. pour le registre du volume.

— Triumfi, col commento di Bernardo (Glicino) da Sena. *Venetia, Theodoro de Reynsburch, etc.,* 1478, *a di vi de*

Febraro. = Sonetti et Canzone, col commento del Philelpho. *Venet., Theod. de Reynsburch, etc.*, 1478, *adi xxx marzo*, 2 part. in-fol.

Il est difficile de trouver ces deux parties réunies. Elles sont imprimées en caractères demi-goth., sans chiffres ni récl., avec signat. Il y a 51 lignes sur les pages entières.

La partie des Triomphes a 195 ff. commençant par *a 2*, ce qui fait supposer un f. blanc (selon M. Van Praet, ou 196 selon M. Marsand), et l'autre partie, 90 ff. La première commence par une épître de *Glicino* (a)*D illustrissimum Mutine Ducem...*, et finit par un registre des cahiers, en 4 colonnes, suivi de la souscription : *Finisse il cômêto deti triumphi del Petrarca... impesso nella inclita citta da Uenexia p Theodoy de Reynsburch et Reynaldû de Noutmagio compagni. nelli anni del signore.* M. cccc. lxxviij. *a di vi del mese del Febraro.* — La seconde partie se termine également par un registre des cahiers, suivi d'une souscript., commençant par *Finisse il cômento de li Sonetti et Canzone del Petrarca*, et finissant comme la précédente, excepté la date du mois qui est ici. *xxx marzo.* — Vend. rel. en 2 vol. m. r. 108 fr. Gaignat ; 155 fr. de Boisset ; en un vol., 1 liv. 18 sh. Pinelli ; 125 fr. Riva ; 92 fr. Gancia.

Un exemplaire de la 1ʳᵉ partie, imprimé sur VÉLIN, doit se trouver à Venise, dans la Bibliothèque de Saint-Marc.

L'édition des deux mêmes parties, avec les mêmes commentaires : *Venexia per Leonardum Wild. de Ratisbona nelli anni del signore* M. cccc. LXXXI, in-fol., sans chiffres ni récl., mais avec signat., en caractères demi-gothiques assez grossiers, est incorrecte et altérée dans le texte. La première partie a 76 ff. signat. A—K ; elle commence par *Prohemio del... Francesco Philelpho al... principe Philippo Maria Angelo duce de Milano...* La seconde se termine par la souscription datée comme ci-dessus, suivie du registre imprimé au recto du dernier feuillet, 37 fr. Bearzi.

Parmi les autres éditions du même poëte, impr. à la fin du XVᵉ siècle, nous en citerons plusieurs dont les exemplaires bien conservés ont encore de la valeur :

1° *Venetiis, per magistrum Philippum Venetum... Finis.* MCCCCLXXXII *die xviii augusti*, in-fol. Elle a peu de mérite sous le rapport de la correction du texte, mais elle est impr. avec des caractères ronds semblables à ceux de Barthélemy de Crémone, ou même en partie à ceux de Jenson, et on pourrait la juger plus ancienne que sa date, si le f. de souscription qui doit se trouver à la fin du volume manquait. La table des sonnets et *canzoni* occupe les dix premières pages et une partie de la onzième.

2° TRIONFI col comento di Bernardo da monte Alano (Glicino) da Sena. Sonetti e *Canzoni* coi comenti di Fr. Philelpho. *Venet., Piero Cremonesco dicto Veronese*, 1484, 2 part. in-fol. caract. demi-goth. La souscript. de la première partie est datée *a di vltimo de Mazo*, et celle de la seconde, *a di .18. del meso de augusto.* Cette dernière, dans laquelle l'imprimeur est nommé *Piero Cremonesco dicto Veroneso*, est accompagnée des armes de Vérone imprim. en rouge. Vendu 39 fr. 95 c. La Vallière ; 40 fr. bel exemplaire Boutourlin.

3° INCOMINCIANO li sonetti cõ canzoni... cõ la interpretatione dello eximio... Fr. Philelpho. — *Impressi in Venesia per Pelegrino di Pasquali et Domenico Bertocho bolognesi. Anno Domini* M. cccc. LXXXVI. *a di vi di Zugno*, in-fol., caractères ronds, avec signat. de A—O. A ce vol. on doit être joint un second contenant les *Triumphi*, avec le commentaire de Bernardo da Monte Illicino da Siena, donné par les deux mêmes imprimeurs, en 1488, et qui a 152 ff. Dans ce dern. on remarque à chaque triomphe une gravure sur bois analogue au sujet. Les deux parties, 39 fr. Libri.

4" Une autre édition des deux mêmes parties, qui, à la distribution des matières et aux gravures placées au commencement des Triomphes, paraît avoir été faite sur la précédente, a été donnée à Venise, en 1488, in-fol., *per Bernardino da Novara.* Le titre porte seulement les mots : *Triumphi del Petrarcha.* La souscript. des Triomphes est datée *a di xviij aprile*, et celle du *Canzoniere : a di. xii Zugno.* Le texte y est imprimé plus correctement, et les caractères sont plus beaux que dans la première. 210 fr. bel exemplaire, avec fig. et initiales peintes, Libri, en 1857.

5° Autres éditions des *Sonetti et Canzone*, avec les commentaires de Philelphe, et les *Trionfi*, avec les comment. de Glicino, *Venetia, Piero Veronese*, 1490, *a di .xxii. de aprilo*, in-fol. Elle a été corrigée par Jérôme Centone de Padoue. On la recherche à cause de son texte, dont quelques leçons ont reçu l'approbation de plusieurs littérateurs italiens modernes ; cependant elle n'est pas fort correcte. Ce sont les Triomphes qui commencent le volume ; ils sont ornés de gravures sur bois. — L'exempl. porté sous le n° 3585 du catal. de La Vallière était incomplet. Il aurait dû avoir 7 ff. prélim., contenant une table et la dédicace sur les Triomphes ; texte, fol. 1—128. (On lit au recto du dernier : *Finit Petrarca nup sũma diligẽtia venerãdo. p. ordis minoy mag̃ro gabriele bruno ueneto terre sãclæ mistro emēdatus año dñi* 1491 (sic) *die* 10 *maii*) ; ensuite les Sonnets, etc., précédés de la table et de la préface de Fr. Philelphe : 102 ff. chiffrés.

6° Le même imprimeur a donné une réimpression des deux parties précédentes, à Venise, 1492, in-fol., caract. ronds, fig. sur bois. Les Triomphes y ont été corrigés par Gabriel Bruno, et sont datés : *dic xii Januarii.* La seconde part., corrigée par Jérôme Centone, est datée : *a di. primo. de Aprile.*

7° Autre édition avec les mêmes commentaires : *Venetia, per Joanne di Co de Ca da Parma, nel* M. cccc. LXXXIII. *adi. xxviij de marzo*, in-fol., caract. ronds, fig. sur bois. M. Marsand ne fait pas l'éloge de cette édition, dans laquelle il a trouvé beaucoup de fautes, qu'il attribue plutôt aux deux correcteurs Gabr. Bruno et Jér. Centone qu'à l'imprimeur, celui-ci ayant apporté à son ouvrage les soins qui dépendaient de lui. La première part. est datée de 1492.

8° Autre édition, avec les mêmes commentaires et celui de Girolamo Squarciafico : *Milano, per magistro Ulderico Scinzenzeler, nel anno del signore* M. cccc. LXXXXIV. *adi xxvi di marzo*, 2 part. in-fol., caract. ronds, fig. sur bois aux Triomphes. Quoique, sous le rapport du texte, cette édition passe pour être supérieure à la plupart des autres édit. faites dans le XVᵉ siècle, il faut la lire avec précaution, parce qu'il s'y rencontre des corrections arbitraires. — Les Triomphes contiennent 128 ff., précédés d'une table des matières et d'un prologue, formant 7 ff. La souscription est datée : 1494, *die* 10 *Februarii.* La seconde partie a 102 ff., précédés d'une nouvelle table et d'un nouveau prologue en un seul f. A la fin de quelques exemplaires seulement se trouve, sur un f. non chiffré, un avis au lecteur, qui porte pour titre : *Presbiter Franciscus Tantius Corniger lectori salutem*, dans lequel on rend compte des soins infinis que l'on a pris pour rendre cette édition correcte, et du secours qu'on a reçu pour cela *del magnifico cavaliere messer Gasparo Vesconte.*

9° La collection de M. Marsand renferme une autre édition de Pétrarque de la même année, *Venetia, per Piero de Zohane di Quarẽgi bergamasco. Nel* MCCCCLXXXXIIII, 2 part. in-fol. Les *Sonetti* et *Canzone* ont des commentaires de Philelphe, et en partie d'Antonio da Tempo et de Girolamo Alessandrino ; les *Triomphes*, ceux de Bern. de Licino (ou Glicino). La première partie conserve la date de 1492, *die xii Januarii.* C'est une des éditions les plus incorrectes qui aient paru de ce poëte, au XVᵉ siècle ; et le texte y est tellement corrompu, qu'on peut la qualifier d'*editio pessima*.

10° Autre édition, avec les comment. de Glicino et de Philelphe : *Milano, per Antonio Zaroto Parmense, nel* MCCCCLXXXXIIII. *a di primo di Augusto*, in-fol., caract. ronds, fig. sur bois aux Triomphes. Deux parties distinctes, qui ont chacune leur pagination, leurs signatures, leur table et leur prologue. Les Triomphes ne portent point de date. L'imprimeur, jaloux de rendre son édit. préférable à celle que Scinzenzeler avait publiée à Milan, quelques mois avant celle-ci, en a soigné la correction.

Quant à l'édition avec les mêmes commentaires, *Venetiis, per Bartholomæum de Zanis de Portesio*, 1497, *die xi Julius* et *a di 30 Agosto*, 2 part. in-fol. (vendu 49 fr. Riva ; 18 fr. Gancia) ; elle n'a de mérite, ni sous le rapport typographique, ni sous le rapport littéraire. On en peut dire autant des éditions de 1500 et 1508, in-fol., données par le même imprimeur, et de celle de 1515, *per Augustino de Zani de Portese*, in-fol.

— Le cose volgari di Messer Francesco Petrarcha. — *Impresso in Vinegia nelle case d' Aldo Romano, nel anno* MDI (1501), *del mese di Luglio*, pet. in-8.

Première édition de Pétrarque sortie des presses des Alde, et premier livre italien imprimé avec leur caract. italique. Ce qui, indépendamment de sa rareté, lui conservera toujours du prix, c'est qu'elle a été donnée par Pierre Bembo, d'après un manuscrit autographe de Pétrarque, et que l'éditeur ainsi que l'imprimeur ont apporté tout leur soin pour la rendre entièrement conforme à l'original. — Description : 180 ff. non chiffrés, sign. de a–z, y compris le titre, le f. de souscription et un f. bl. à la fin ; il y a de plus un cahier sign. A, de 8 ff., dont 7 pour la table et le 8ᵉ bl. ; un autre cah. de 6 ff., sign. B, dont 4 contiennent un long avis d'Alde relatif à cette édit., avec un errata ; les deux autres sont blancs. Ce dernier cahier ayant pour objet de réfuter les critiques faites de cette édition, n'aura été publié qu'après le livre, et doit manquer dans une partie des exempl. Vend. 56 fr. en 1825 ; 100 fr. bel exempl. décoré de lettres en or, en 1811 ; 6 liv. 16 sh. 6 d. Hanrott ; 2 liv. 2 sh. Butler ; 60 fr. Libri, et ancienne rel. vénitienne en *mar.*, 5 liv., vente du même, en 1859 ; 101 fr. Bearzi ; 255 fr. (167 millim. de hauteur), Costabili.

Il se conserve encore huit ou dix exemplaires de ce Pétrarque, impr. sur VÉLIN ; un d'eux a été vendu 51 liv. Pâris, à Londres. Un autre exemplaire, conservé dans son ancienne rel. en *mar. r. à compart.*, et provenant du marquis Terzi de Bergame, a été vendu 3350 fr. (plus 5 p. 100) à Paris, en mars 1861, quoiqu'il fût un peu court de marges. On y trouvait dans la souscription après *Pietro Bembo*, le passage suivant qui paraît avoir été supprimé pendant le tirage : *Nobile venetiano ɋ dallui, doue bisogno, è stato riueduto et raccognosciuto*.

Nous ferons remarquer que dans un certain nombre d'exemplaires des anciennes éditions des poésies de Pétrarque, les trois sonnets contre la cour de Rome se trouvaient effacés ou même déchirés, ce qui est facile à vérifier, en consultant la table alphabétique des premiers vers de chaque sonnet, qui est dans toutes les éditions de ce poëte. Les trois sonnets suspects commencent ainsi :

Fiamma dal ciel su le tue treccie piova
L' avara Babilonia ha colmo 'l sacco
Fontana di dolore, albergo d' ira.

— Le cose vvlgari. Pet. in-8.

Deux éditions en lettres ital., sans lieu ni date, faites à Lyon, au commencement du XVIᵉ siècle. La première n'est pas chiffrée : vend. 26 fr. *mar. r.* d'Ourches. La seconde a 179 ff. chiffrés, y compris

le titre ; ensuite 7 ff. non chiffrés, contenant une table alphabétique. Il est à remarquer que les 64 premiers ff. sont cotés en chiffres romains, et les autres en chiffres arabes. Vend. 3 liv. 10 sh. Renouard, à Londres ; 1 liv. 13 sh., exempl. de De Thou, Butler. Il s'en conserve un exemplaire sur VÉLIN chez M. le comte Melzi, à Milan.

— Le cose volgari. *Impresso in Fano Cæsaris per Hieronimo Soncino, nel* M. D. III. *adi vii de Luglio*, pet. in-8.

Édition fort rare, imprimée avec les caractères cursifs grav. par Fr. de Bologne, caractères dont les Alde ont fait un si fréquent usage. A la fin du volume doit se trouver la table des poésies, suivies des *Emendanda*, puis un f. bl., un sonnet intitulé : *Io. Ant. Taurelli Fanen. carmen*, et une lettre adressée *ad illustriss. et excellentiss. Principem Cæs. Borgiam*, dans laquelle l'imprimeur accuse injustement Alde de s'être attribué les caract. ital. de François de Bologne. Cette lettre, qui manque dans plusieurs exemplaires, est suivie d'un avis de *Hieronymo Soncino a gli lectori*. Vend. 40 fr. Clavier ; 14 liv. 14 sh. *m. citr.* Heber ; 115 fr. *mar. bl.* Renouard.

— Petrarcha con doi cõmenti sopra li Sonetti e Canzone. El primo del ingeniosissimo misser Francesco Philelpho. Laltro del sapientissimo misser Antonio da Tempo : novamente addito. ac etiam con lo cõmento del. eximio misser Nicolo Peranzone : overo Riccio Marchesiano sopra li Triũphi : cõ infinite nove acute et excellẽte expositione. MCCCCC. III. *adi vintisei de septembrio... stampado in Venesia per Albertino da Lissona Vercellese*. 2 part. en 1 vol. in-fol. caract. ronds, gravures sur bois au titre et aux Triomphes.

Cette édition, dit M. Marsand, a été faite avec beaucoup plus de soin que toutes les autres, avec commentaire, qui ont paru dans le même siècle. — Celle de Milan, *per Joanne Angelo Scinzenzeler*, 1507, in-fol., porte le même titre que la précédente ; et, pour les caract. et pour le papier, elle l'emporte sur celle que Henri Scinzenzeler, frère de Jean-Ange, a donnée dans la même ville, en 1494 (voyez ci-dessus) ; pourtant ce dernier s'est trop écarté de la leçon adoptée par son frère. C'est sur l'édition de 1507 qu'a été faite celle de Milan, 1512, in-fol., par le même imprimeur ; mais elle est moins correcte. — Une autre édition, qui porte le même titre que la précédente de 1503, in-fol., est celle de Venise, *per Gregorium de Gregoriis, sumptibus... Bernardini de Tridino, año* M. D. VIII. *die x Novembris*, in-4., caract. ronds. Elle est rare, mais elle ne mérite d'être remarquée, ni pour le commentaire, ni pour la leçon du texte.

— Le cose volgari. — *Firenze, a petitione di Philippo di Giũta Cartolaio, nel anno mille* .D. IIII. *a di x de Marzio*, pet. in-8. lettres ital.

Édition non moins rare et tout aussi précieuse que la première d'Alde. Elle a 179 ff. et 1 f. bl., plus 7 ff. de table et un autre f. bl. Au verso du titre est un avis souscrit de *Fr.-Alph. Flor.*, ou l'on assure que, dans cette édition, sont : *Sanate tutte le piaghe del Poeta*, et quoique cela ne doive pas être pris à la lettre, il est certain qu'on a apporté beaucoup de soin à l'impression de ce livre. Vend. 100 fr. Mac-Carthy.

— Le cose volgari. — *Firenze, a petitione*

di Philippo di Giunta fiorentino , nel anno mille D. X. *a di xvij. di Agosto,* pet. in-8., lettres ital.

Édition belle et rare, faite sur celle d'Alde, de 1501. Elle est moins correcte que cette dernière, quoique l'éditeur se vante de l'avoir surpassée : 184 ff. en 23 cahiers de signat. de 8 ff., plus un autre cahier contenant 7 ff. pour la table et 1 feuillet blanc. 6 sh. 6 d. Butler.

— Le opere volgari. — *Venetia , per Lazaro Soardo nel* M. D. XI. *del mese di novembrio,* in-12.

Édition assez rare, d'un caract. singulier, et avec des cadres autour des pages. Elle a été faite avec quelque soin. Les sonnets 48 et 49, qui s'y trouvent, sont également dans la précédente : 2 liv. 7 sh. Hibbert ; 28 fr. 50 c. *mar. v.* Saint-Mauris, en 1840.

• — Li Sonetti , Canzone, e Triumphi del Petrarcha, con li soi commenti non senza grandissima evigilantia e summa diligentia corepti e in la loro primaria integrita e origine restituti noviter in littera cursiva studiossimamente impressi. — *In Venegia impressi nel anno* M. D. XIII. *del mese di Maggio per opera di meser Bernardino Stagnino,* 2 part. en 1 vol. in-4., fig. sur bois aux Triomphes.

Cette édition, avec les commentaires de Philelphe et de Glicino, a été faite sur un manuscrit autographe du poële, et les leçons en sont presque entièrement conformes à celles de la célèbre édition de Padoue, de l'an 1472. L'impression en est correcte : 1 liv. 7 sh. *mar.* Heber. — La réimpression donnée par le même imprimeur, en 1519, *del mese di Zugno,* 2 part. gr. in-4., lettres ital., est peu recommandable. La prem. part. a été impr. par Gregorio de Gregoriis, *del mese di maggio* 1519.

— Il Petrarca. — *In Vinegia , nelle case d' Aldo Romano , nel anno* M. D. XIIII *del mese di Agosto,* pet. in-8.

Seconde édit. aldine, non moins recommandable que les quatre autres qu'ont produites les mêmes presses, en 1501-21-33-46. On y a rétabli le capitolo *Nel cor pien d' amarissima* du *Trionfo della fama,* qui manque dans celle de 1501. — Il y a 184 ff. chiffr., dont le 143e et le 184e sont bl. (la souscription est au 183e), plus 24 ff. non chiffr. (quelquefois 16 seulement). Vend. 1 liv. 13 sh. Butler. Un bel exemplaire dans sa *première reliure en mar. br.,* 75 fr. Riva.

On connaît sept exempl. de cette édit. de 1514, imprimés sur VÉLIN ; celui de la collection de Renouard a été vendu 68 liv. 15 sh. 6 d., à Londres, en 1828, et revendu 73 liv. Hanrott.

— Opere di Fr. Petrarca. (*senza luogo*), 1514, in-8.

Un exemplaire impr. sur VÉLIN, avec des peintures attribuées à Julio Clovio, est indiqué dans la *Bibliotheca parisina,* n° 328, où se lit la note suivante du propriétaire : « Exempl. sans prix, avec grand nombre de miniatures charmantes. Il passait pour constant à Florence, où je l'ai acheté, qu'il avait été imprimé à part, probablement pour quelqu'un des Médicis, et sur les corrections de l'édition de 1514 ; car les fautes ne s'y trouvent pas, et il ne m'a pas été possible d'en découvrir une seule. » Il a été acquis au prix de 116 liv. 11 sh. par lord Spencer, pour en faire cadeau à la duchesse de Devonshire, sa sœur ; un autre avec plusieurs ff. restaurés, 680 fr. Libri.

—Canzoniere e triomphi. — *In Florentia, per Philippo di Giunta, nel* M. D. XV. *di aprile,* pet. in-8.

Belle édition, plus correcte et peut-être plus rare que les deux autres du même poëte antérieurement sorties des presses juntines. Il y a aux Triomphes plusieurs gravures sur bois assez remarquables. Le volume a 193 ff., y compris le titre et la préface. Au verso du dernier commence la table, qui occupe les 7 ff. suivants. — Un exemplaire imprimé sur VÉLIN, mais dont 3 ff. ont été refaits à la plume, 2 liv. 16 sh. Pinelli ; 67 fr. Mac-Carthy, acquis pour la Bibliothèque impér. Un autre exempl., auquel il manquait 3 pp. au commencement des *Triumphi,* 9 liv. Heber.

— Il Petrarca. — *Impresso in Vinegia, nelle case d' Alessandro Paganino, nel mese di Aprile dell' anno* M. D. XV, in-32.

Édition rare, la première de ce poëte en aussi petit format. 19 sh. Libri, en 1859. Dans le catalogue qui fait partie du Pétrarque de Comino, édition de 1732, on en cite un exemplaire imprimé sur VÉLIN, que possédait alors Apostolo Zeno. — Le même imprimeur, Alex. Paganino, a donné également, en 1515, une édition du traité de Pétrarque *De remediis utriusque fortunæ,* de format in-32.

— Il Petrarca. (à la fin) : *P. Alex. Pag.* (*anini*) *Benacenses. F. Bena. V. V.* (absque nota), pet. in-8. fig. sur bois.

Édition imprimée de 1515 à 1520, avec de jolis caractères ital. semblables à ceux des Alde, et copiée, à quelques légères différences près, sur l'édition de 1514. Elle a 178 ff. chiffrés, plus le supplément ordinaire et la table non chiffrés. Il existe un Dante, sans date, avec la même souscription.

— Il Petrarca. — *In Milano, in casa de Alexandro Minutiano , del mese de febr.* 1516, pet. in-8.

Cette édition, qui est de quelque rareté, a été faite à l'imitation de celle d'Alde de 1514, tant pour la forme des caractères que pour la distribution des matières ; mais elle est bien moins correcte.

— Canzonier et || Triomphi || di mes||ser || Francesco Pe||trarcha. — FINIS || PETRARCHA || *stampato in Bologna Per il Discret* || *to huomo Maestro Francesco* || *da Bologna nel Anno del* || *Signore.* M. D. XVI. || *Adi* XX. *de set* || *embre,* in-32.

Jolie édition impr. avec des petits caractères cursifs et des lettres capitales romaines, gravés par François de Bologne, et plus nets que ceux des petits vol. publiés par Alexandre Paganino dans le même format. Les *Triumphi* occupent CLX ff. Le premier contient le titre et, au verso, une lettre de François de Bologne au lecteur. La souscription ci-dessus est au recto du CLXe, dont le verso est blanc. Viennent ensuite les *Triomphi,* qui finissent au f. coté CLII au verso duquel se lit : *El correttore non si extendo oltrali* || *Triôphi : parêdo in l'infrascritte i* || *uêtioê esser atribuito alo* || *poe*||*ta* || *alcuni scritti che nõ têgo* || *no il suo legiadro stile.* M. A. Panizzi, dans un charmant opuscule sur Fr. de Bologne (voy. PANIZZI), a donné une bonne description de ce livre rare et un fac-simile exact d'une de ses pages. Marsand ne le connaissait pas.

— Le cose volgari. — *In Ancona, per Bernardino Guerralda Vercellese nel anno* M. D. XX. *del mese Settembrio, e cor-*

retto secondo la copia d. messer Aldo Romano, in-12.

Copie correcte de l'édition de 1514 ; elle est rare, et les gravures sur bois qui sont placées aux Triomphes ont quelque mérite : celle du *Trionfo d'amore* porte les initiales C. S.

— Il Petrarca. *Vinegia, nelle case d' Aldo, ed' Andrea Asolano, nel' anno* M.D.XXI. *del mese di Giulio,* pet. in-8.

Vend. 10 sh. 6 d. Pinelli; 4 liv. 4 sh. *m. v.* Hibbert; 30 fr. *m. v.* Saint-Mauris, en 1840; 1 liv. 13 sh. Butler; 25 fr. Bearzi, et un bel exempl., rel. en *mar. et doublé de mar.* par Lewis, 99 fr. Renouard; en *mar. r.* 59 fr. Gancia.

Édition aussi rare et non moins bonne que celle de 1514, sortie des mêmes presses. Elle renferme également 184 ff. chiffr. (les 143ᵉ et 144ᵉ sont bl.), avec 24 non chiffrés, dont le 16ᵉ est blanc. La préface, qui commence ainsi : *Tralle molte humane passioni,* n'est ni celle des deux précédentes éditions aldines, ni celle des édit. de 1533 et 1546. Un exemplaire en Gr. Pap., en partie blanc et en partie bleu, se conserve dans la collection du marquis Trivulzio, à Milan.

— Il Petrarca. *(absque anno),* pet. in-8.

Contrefaçon de l'édit. aldine de 1521. On la croit faite à Venise, par *Gregorio de Gregoriis.* Elle a 183 ff. chiffrés, dont le 143ᵉ est blanc, plus 22 ff. non chiffrés à la fin. Vend. 1 liv. 13 sh. Heber; 1 liv. 8 sh. Butler. Deux exemplaires impr. sur VÉLIN se conservent, l'un à la Bibliothèque impériale, à Paris, l'autre à Vienne.

— Il Petrarca. — *In Tusculano, appresso il Laco Benacēse, per Alessandro Paganino di Paganini Brixiano* .MDXXI. *adi primo Giugno,* in-32.

Édition rare. 2 ff. prélimin. contiennent le titre, avec la lettre de l'imprimeur à *Isabella de Gonzaga.* Le texte, y compris la table et les poésies supplémentaires qui la suivent, a 161 ff. en tout, lesquels sont numérotés en chiffres romains, à la marge inférieure des pages, à côté des signat. Le caract. est d'une forme singulière, qui tient de l'italique et du gothique. 49 fr. *mar. olive* Renouard.

— *Canzoniere e triomphi.* — *Venezia, per Nicolò Zopino e Vincentio compagno.* M CCCCC XXI. *adi. iiii. di Decembrio,* in-8.

Édition faite avec quelque soin, à l'instar de celles des Junte, et avec un caractère qui ressemble beaucoup au leur.

— Petrarca, con doi commenti, ec. (comme à l'édition de 1513). *Venetia, per Bernardinum Stagninum alias de Ferrariis, 1522, adi 28 Martii,* 2 part. en 1 vol. pet. in-4, caract. demi-goth., de CXIX ff. chiffrés, 10 ff. non chiffrés, et CXL ff. chiffrés.

Vend. 8 fr. Floncel ; 9 fr. La Valliere.

Ebert, nº 16398ᵇ, fait remarquer que, dans tous les exemplaires de cette édition, le cah. I, ou ff. 65 et suiv. des sonnets, est en plus petit pap. que les autres, et que, dans l'exemplaire du bibliolh. de Dresde, la souscription placée au f. 119 recto de la première partie porte : *Stampadi in Tridino,* au lieu de *Stampadi in Venetia.*

— Il Petrarca. — *In Fiorenza, p̄ li heredi di Filippo di Giunta, l' anno* M.D.XXII.

del mese di Luglio, pet. in-8. de 180 ff. chiffrés, et 24 non chiffrés.

Quatrième édition de ce poëte, sortie des presses florentines des Junte ; elle est moins rare que les trois autres, mais elle leur est bien préférable pour le choix des leçons et la correction du texte. Les gravures sont celles de l'édition de 1515. Les 24 ff. qui terminent le volume renferment la table, les poésies attribuées à Pétrarque, un long avis de Bernard Junte et un errata. 7 sh. 6 d. Pinelli.

— Petrarca. — *Impresso in Vinegia, nelle case de Gregorio de Gregoriis, nel' anno* M. D. XXIII. *del mese di Marzo,* pet. in-12 de 2 ff. prélimin., CXCII ff. chiffrés, et 7 ff. pour la table, qui commence au verso du 192ᵉ.

Un exempl. impr. sur VÉLIN, mais avec le titre refait à la plume, 4 liv. 4 sh. Pinelli ; 81 fr. Mac-Carthy. Le même imprimeur a donné une autre édition de Pétrarque, à Venise, 1526, *Del mese di Gennaio,* pet. in-8., lettres ital., laquelle est une réimpression exacte de l'Aldine de 1514.

— Li Sonetti, Canzoni e Triomphi. — *Vinegia, per Melchiore Sessa,* 1526, in-8., lettres italiques.

Une des édit. les plus rares et les plus correctes de ce poëte, faites au XVIᵉ siècle. Celle de Venise, *per Nicolo d'Aristotile detto Zoppino,* 1526, in-8., lettres ital., est fort rare aussi. On y trouve les mêmes gravures en bois de *Zanandrea,* que Zoppino avait déjà employées dans l'édit. des Triomphes qu'il a donnée en 1524, et dont nous parlerons ci-après. Zoppino a imprimé une autre édition de ce poëte, Venise, 1530, in-8., lettres ital. (elle est belle, correcte et rare), et il en a donné une troisième en 1536, *del mese di luglio,* in-12, également en italique. Enfin c'est au même Zoppino que M. Marsand (p. 46) attribue une édition de Pétrarque, in-12, lettres ital., avec fig., portant la date de 1538 sur le frontispice, sans nom de ville ni d'imprimeur. Cette dernière n'est ni belle ni correcte, mais la rareté n'en peut être contestée.

— Il Petrarcha, con l' espositione d' Alessandro Vellutello e con più utili cose in diversi luoghi di quella novissimamente da lui aggiunte. *Vinegia, Bernardino de Vidali,* 1532, in-8., lettres ital.

Troisième édition, et l'une des meilleures de ce commentaire estimé. Vend. *mar. doublé de mar.* 24 fr. Mac-Carthy. — Un exempl. en pap. bleu, *mar. citr.,* 50 fr. Chardin.

La première édit., *Vinegia, per Giovanni-Antonio e fratelli da Sabio, del mese d' Agosto,* 1525, in-4., est rare. 12 à 18 fr. — Un bel exempl. dans son ancienne rel., en *mar. à compart.,* dans le genre de Grolier, 225 fr. 50 c. Riva, et avec une reliure également ornée, et portant le nom d'*Antonio Bon,* 8 liv. Libri. L'édition de Venise, *Bernardino de Vidali... del mese di Febraro,* 1528, in-4., est une réimpression de la précédente améliorée dans la correction : 12 fr. *m. v.* Caillard; 36 fr. *mar. r.* première rel. Bearzi.

Nous citerons encore les édit. suivantes, copiées, non sans quelques différences, sur celle de 1532, savoir :

1º *Vinegia, per Bartolomeo Zanetti,* 1538, in-4., belle et correcte (un exempl. dans son ancienne rel. en *mar. doré,* et ayant sur les plats un *pot cassé,* devise de Geofroy Tory, 5 liv. 6 sh. Libri, en 1859). — 2º *Vinegia, Gabr. Giolito,* 1540, in-4. — 3º *Vinegia, per Comin da Trino,* 1541, in-8., caract. ronds. — 4º *Vinegia, per Giovann' Antonio de Nicolini da Sabio,* 1541, in-8., d'après l'édition de 1538. Un exemplaire sur pap. bleu, et rel. en *mar.* par Bauzonnet, 60 fr. Libri.

— Il Petrarca, col commento di M. Sebastiano Fausto da Longiano, con rimario e epiteti in ordine d'alphabeto. *Vinegia... per Francesco di Alessandro Bindoni e Mapheo Pasini,* 1532, in-8., lettr. ital.

On ne fait aucun cas de ce commentaire, mais quant au texte, il a beaucoup de prix, car, au jugement de M. Marsand, c'est un des plus corrects qui aient été publiés au xvie siècle. Le vol. a 303 pp., non compris les pièces liminaires, lesquelles renferment le titre, la dédicace à Guido Rangone, la vie du poëte, et celle de Laure, une lettre latine de Benvenuto da Imola, *l'ordine del Canzoniere,* le *rimario,* les *epiteti,* la table, et enfin un avis au lecteur, suivi de l'errata. 15 fr. Riva.

— Il Petrarca, col commento di M.‹Sylvano da Venaphro, dove son da quattrocento luochi dichiarati diversamente dagli altri spositori, nel libro col vero segno notati. — *Nella città de Napole, per Antonio Jovino e Matthio Canzer,* 1533, *nel mese de Marzo,* in-4.

Édition rare, la seule de ce commentaire curieux par les singulières interprétations qu'il présente. Elle est incorrectement imprimée, mais le texte est sain dans ses leçons, qui ne peuvent avoir été tirées que de quelque bon manuscrit. 10 sh. 6 d. Pinelli.

— Il Petrarca. *Aldus,* 1533. (in fine): *Impresso in Vinegia, nelle case delli eredi d'Aldo, etc.,* pet. in-8.

Cette édition, dédiée par Paul Manuce à Jean Boniface, marquis d'Oria, a 183 ff. chiffrés et 1 blanc, ensuite 44 ff. non chiffrés, au nombre desquels sont 2 ff. bl. Vend. 60 fr. Chardin; 29 fr. *mar.* Coulon; 1 liv. 3 sh. Butler; 24 fr. Bearzi; 31 fr. Costabili; 33 fr. Gancia.
Deux exempl. imprimés sur VÉLIN, l'un au British Museum, l'autre chez lord Spencer.

— Il Petrarcha, colla spositione di Giovanni Andrea Gesualdo. *Vinegia, per Giovann' Antonio di Nicolini et fratelli da Sabio,* 1533, *del mese di luglio,* in-4. lettres ital.

Première édition de ce commentaire estimé : elle est belle et a été faite avec soin. Un exemplaire en papier bleu n'a pourtant été vendu que 9 fr. chez Mac-Carthy.

— Il Petrarcha, nuovamente conferito con essemplari antichi scritti al tempo' ch' egli era in vita, e con somma diligenza corretto... aggiuntavi la spositione de' luoghi difficili del Petrarcha, et le regole degli accenti. *In Vinegia per Vettor. q. Piero Ravano, della Serena et compagni,* 1535, in-8. lettres italiques.

Correcte, et de plus très-rare. Les gravures sur bois qui se voient aux Triomphes sont copiées sur l'édition de Zoppino de l'an 1526. 35 fr. ancienne rel. en *mar. r.* Riva.

— Il Petrarca, con la sua vita novamente aggiunta. 1537. (nel fine) : *In Vinegia nelle case di Pietro di Nicolini da Sabbio, alle spese pero del N. M. Andrea Arrivabene,* 1537, in-32.

Précieuse à cause de sa rareté, et parce qu'elle est faite avec soin. Le caractère est un italique demi-gothique. Un exemplaire en pap. bleu fait partie de la collection formée par le professeur Marsand, et conservée dans la bibliothèque du Louvre.

— Il Petrarca, con le osservationi di Francesco Alunno. *Venetia, Francesco Marcolini da Forli,* 1539, 2 part. en 1 vol. in-8., lettres italiques.

Le premier volume renferme le texte, dont les vers sont pour la première fois numérotés de 5 en 5. Les observations, qui forment le second volume, ne sont qu'un index alphabétique des mots employés par Pétrarque. Le texte de cette édition a été réimpr., *Vinegia, Paulo Gherardo,* 1550, in-8., et le commentaire séparément, avec de grandes augmentations, même date et même nom de libraire, in-8. de 1050 pp., avec le nom de *Comin da Trino* dans la souscription finale. A la fin, 3 ff. séparés contenant une lettre d'Alunno, et l'errata. Cette dernière pièce manque dans la plupart des exemplaires.

— Sonetti, Canzoni, e Triomphi, con la spositione di Bernardino Daniello da Lucca. *Vinegia, per Giovanniantonio de Nicolini da Sabio,* 1541, in-4., lettres ital.

Texte très-pur, impression correcte. Selon plusieurs savants critiques italiens, le véritable auteur du commentaire serait Gabriel Trifone. L'édition de 1549, in-4., *per Pietro et Gioanmaria fratelli di Nicolini da Sabio,* est plus belle et tout aussi soignée que la précédente : vend. 18 fr. d'Ourches.

— Il Petrarca. *Lione, Giovan di Tournes,* 1545, in-16.

Jolie édition, la première de ce poëte qu'ait donnée J. de Tournes. Quoique peu correcte, elle est assez recherchée, et rarement on en rencontre de beaux exemplaires : 8 à 12 fr.; vend. jusqu'à 31 fr. Clavier.
— La réimpression par le même de Tournes, 1547, in-16, a 8 ff. prélimin., 397 pp. de texte et 8 ff. pour la table des pièces. Vend. 15 fr. *mar. r.* Mac-Carthy. — Le même imprimeur lyonnais a reproduit Pétrarque, en 1550, in-16, avec une certaine élégance typographique, mais peu de correction.

— Il Petrarca. *Venetia, nelle case de' figlivoli d'Aldo,* 1546, in-8. de 176 ff. chiffr. et 18 non chiffrés.

Cinquième et dernière édit. de Pétrarque impr. par les Alde. Elle est assez belle et passe pour très-correcte : vend. 12 fr. F. Didot; 25 fr. *m. r.* Morel-Vindé; 2 liv. 12 sh. *mar. citr.* Hibbert; 20 fr. *mar. r.* Coulon; même prix Giraud.

— Il Petrarcha, di nuovo riveduto e corretto. Aggiuntevi breviss. dichiarationi de luoghi difficili del Sansovino accomodate allo stile e alla lingua. *Vinegia, gli heredi di Pietro Ravano,* 1546, in-8., lettres italiques. Faite avec soin.

— Il Petrarca, con l'espositione d'Alessandro Vellutello di novo ristampato con le figure a i triomphi, e con più cose utili in varii luoghi aggiunte. *Vinegia, Gabriel Giolito,* 1547, in-4.

Réimpression très-soignée, et qui, pour la correction du texte, est peut-être la meilleure des nombreuses édit. de ce commentaire. Gabriel Giolito avait déjà donné le Pétrarque de Vellutello, en 1540, in-4. (un exempl. en *mar. citr.* armes du

C. d'Hoym, 36 fr. F. Didot), et deux fois dans le même format, en 1545. La première de ces deux éditions de la même année, porte au frontispice la date de 1545, et à la fin 1543 : 20 fr. *mar. r.* Riva. La seconde, plus belle et plus correcte, a la souscription finale datée 1545. Un exemplaire dans une ancienne reliure ornée, 1 liv. 11 sh. Heber. Le même Giolito a réimpr. ce commentaire en 1550 (25 fr. *mar. v.* Giraud), 1552, 1558 et en 1560 : cette dernière édition, qui porte la date de 1558, à la fin, est beaucoup meilleure que la précédente de 1558, et elle est aussi précieuse que celle de 1547 (27 fr. *mar. à compart.* Trudaine; 34 fr. *mar. r.* Thierry). Sans nous arrêter à toutes les autres éditions du même commentaire qui ont été faites à Venise par différents imprimeurs, dans les formats in-4. et in-8., et qui sont généralement inférieures à celles de Giolito, nous nous bornerons à citer l'édition de Venise, *per Dominico Giglio*, 1552, in-8., réimpression belle et très-soignée de celle de 1547 (elle a de jolies gravures sur bois); vend. 8 fr. *mar. bl.* Chardin, et un exemplaire impr. sur pap. bleu, relié en *mar. v.* 79 fr. le même; et enfin celle de Venise, *Vincenzo Valgrisi*, 1560, in-4., faite avec beaucoup de soin, et remarquable pour la bonne disposition typographique des notes marginales. — Celle de Venise, *Bevilacqua*, 1563, in-4. fig.; vend. 1 liv. 2 sh. Hibbert.

— Il Petrarca, corretto da Lodovico Dolce, etalla sua integrità ridotto. *Vineg., Gabr. Giolito de Ferrari*, 1547, pet. in-12 de 195 ff. chiffrés, et 8 ff. pour la table et la souscription, lettres ital., avec quelques fig. sur bois. 6 à 9 fr.

Cette jolie édition du texte de Pétrarque est la première (en ce format) et l'une des meilleures qu'ait données Giolito; aussi les beaux exempl. en sont-ils fort recherchés : vend. 10 fr. *mar. citr.* La Valliere; 37 fr. *m. v.* Curée. Un exemplaire imprimé sur pap. bleu fait partie de la collection du marquis Trivulzio.
Voici l'indication des autres éditions, en petits formats, qu'a fait paraître le même libraire : 1548, presque aussi jolie que celle de 1547. — 1550, avec la date de 1551 à la fin. — 1553, in-16, avec les *avertimenti di Giul. Camillo, et indici del Dolce*, belle et correcte. — 1554, bonne réimpression de la précédente; un exemplaire sur pap. bleu, 15 fr. Mac-Carthy; 31 fr. Librairie De Bure. — 1557 et 1558, autres bonnes réimpressions. — 1559, pet. in-8., une des meilleures. 12 fr. Molini. — 1560, pet. in-12; deux éditions différentes, sous la même date, et également bonnes. Il y en a une 3e de 1560, mais du texte seulement.

— Sonetti, Canzoni et Capitoli, aggiunte nel fine alcun' altre cose sue et d'altri... *Venetia, al segno de la speranza*, 1548, in-24, caract. ronds.

Édition jolie, soignée et devenue rare; on y a réimprimé l'avis au lecteur sur les pièces attribuées à Pétrarque, qui se trouve dans l'édition aldine de 1514.

—Le rime del Petrarcha, tanto più corrette, quanto più ultime di tutte stampate : con alcune annotationi intorno la correttione d'alcuni luoghi loro già corrotti. *Vinegia, Vincenzo Valgrisi*, 1549, in-16, lettres ital. 6 à 9 fr.

Ant. Campano, à qui l'on doit cette édition, belle et assez rare, a corrigé plusieurs leçons de l'aldine de 1501, qu'il a jugées être corrompues, mais il l'a fait arbitrairement et maladroitement, en sorte qu'il faut n'user de son texte qu'avec beaucoup de

circonspection. Vend. en *mar. r.* 18 fr. Mac-Carthy; 11 fr. Chateaugiron.

—Le stesse, con nuove e brevi dichiarationi (d'Ant. Brucioli). *Lyone, Rovillio,* 1550 overo 1551, in-16. 6 à 9 fr.

L'édition de 1550, *mar. bl.* 12 fr. Clavier; l'édit. de 1551, *mar. r.* par Capé, 29 fr. Gancia. Guill. Roville a donné une 3e édition de ce poëte, à Lyon, en 1564, in-16. 30 fr. *mar. v.* même vente.

— Le stesse, con la spositione di Giov.-Andr. Gesualdo. *Venet., Gabr. Giolito,* 1553, 2 tom. en 1 vol. in-4.

Édition belle et soignée; c'est une des plus estimées qui existent de ce commentaire. Vend. beaux exemplaires en *mar.* 19 fr. Davoust; 24 fr. La Valliere. — Celle de Venise, *Dom. Giglio,* 1553, gr. in-4., est belle aussi; vend. beaux exemplaires, 1 liv. 19 sh. Hibbert; 33 fr. 60 c. *mar. bl.* en 1829. Un exemplaire imprimé sur pap. bleu fait partie de la collection de Marsand. — Citons encore l'édition de Venise, *Jacomo Vidali,* 1574, in-4. (avec la marque de l'*Accademia veneta* sur le titre); et celle de Venise, *Alessandro Griffio,* 1581 (et à la fin, 1582, dans quelques exemplaires), avec la même marque. Dans cette dernière il manque les trois sonnets contre la cour de Rome, et aussi un 4e sonnet : l'*Avara Babilonia*..... C'est d'ailleurs une copie exacte de l'édition de 1574. Elle a été vendue 1 liv. 11 sh. 6 d. *mar. r.* Butler.

— Il Petrarca nuovamente corretto, da Girol. Ruscelli, con alcune annotationi, ed un pieno vocabolario del medesimo... et con uno utilissimo rimario di M. Lanfranco, ec. *Venetia, per Plinio Pietrasanta,* 1554, gr. in-8., lettres italiques.

Belle édition, fort utile pour l'étude de la langue et de la poésie italiennes.

— Il Petrarca, di nuovo ristampato e diligentemente corretto. *Venegia, Vincenzo Valgrizi,* 1558, in-12, lettres italiques.

Édition faite avec soin et qui présente un bon texte. Elle est devenue tellement rare, que M. Marsand n'en connaissait point d'autre exemplaire que le sien. La réimpression donnée par Valgrise, en 1559, avec le même caractère et dans le même format, est également belle et presque aussi rare.
— IL PETRARCHA con dichiarationi non più stampate insieme con alcune belle annotazioni tratte dalle doctissime prose di Mons. Bembo, con le tavole delle desinenze de sonetti e canzoni e la tavola di tutte le rime de i sonetti et canzoni del Petrarca ridotte coi versi interi sotto le cinque lettere vocali. *Venetia, appresso Domenico Nicolini,* 1572 (aussi 1573), 2 part. en 1 vol. in-12.
Édition non citée par Marsand dans sa *Biblioteca petrarch.* Elle est ornée du portrait de Pétrarque et de celui de Laure. La *Tavola de tutte le rime* y occupe 226 pp.

— Il Petrarca, riveduto, et corretto, et di bellissime figure ornato. *Vinegia, Gio. Griphio,* 1573, in-12, lettres ital.

Quoique les bibliographes ne l'aient pas citée, cette édition n'est ni moins belle ni moins soignée que plusieurs de celles dont ils font une honorable mention; mais il y manque les trois sonnets qui font allusion à la cour de Rome; et c'est, nous le croyons, la première où on les ait supprimés.

— Il Petrarca, con nuove spositioni....... insieme alcune molto utili e belle annotationi d'intorno alle regole della lingua toscana; e una conserva di tutte le sue rime... *Lyone,.Gulielmo Rovillio,* 1574, 2 part. en 1 vol. in-16.

Cette jolie édition est citée dans le Vocabulaire de La Crusca, ce qui lui donne du prix. Elle a été faite sous la direction d'*Alfonso Cambi Importuni,* mais celui-ci a été mal secondé par l'imprimeur, sous le rapport de la correction; et lorsqu'on remarque les fautes graves qui se rencontrent tant dans le texte que dans les chiffres des pages et ceux des sonnets, on est surpris que les académiciens de Florence aient donné à un pareil livre la préférence sur les éditions beaucoup plus correctes et bien plus pures que nous ont laissées les Alde, les Junte et Giolito. Toutefois, celle-ci est fort recherchée, et l'on en trouve difficilement de beaux exemplaires. Le volume contient 24 ff. prélimin., texte pp. 19-558 (pour 588), *Tavola delle desinenze, ec.,* 25 ff. *Tavola di tutte le rime...,* 294 pp., plus 5 ff. pour la table des mots dans l'ordre des cinq voyelles : vend. 10 fr. *mar. r.* La Valliere; 14 fr. *v. f.* d'Ourches; 1 liv. 12 sh. Heber; 19 fr. Coste.

— Il Petrarca. *Venetia, Domenico Nicolino,* 1575, in-24., lettres italiques.

Édition soignée, en caractères très-nets, quoique fort menus. Celle de Venise, *Pietro Decuchino,* 1580, in-32, a le même avantage. Pour l'édition de Venise, 1581, voyez à la 23e ligne de la colonne précédente.

— Le rime del Petrarca brevemente sposte per Lodovico Castelvetro. *Basilea, Pietro de Sedabonis,* 1582, in-4. 10 à 12 fr.

Première édition de ce commentaire fort estimé. Le texte est celui de l'édition d'Alde, 1514, mais imprimé très-incorrectement : 8 ff. prélim., y compris le titre, au verso duquel est un privilége du roi de France. Prem. part. 447 pp., 2e et 3e part. 380 pp., y compris 2 pp. et demie d'errata : vend. 2 liv. 5 sh. exempl. de De Thou, Hibbert; 1 liv. 1 sh. *mar.,* le même, et 1 liv. 18 sh. Heber.

On peut joindre à ce volume l'article suivant, qui renferme de nouveaux commentaires sur quelques passages de Pétrarque :

OPERE varie critiche di Lod. Castelvetro, non più stampate, colla vita dell' autore scritta da L.-A. Muratori. *Lione, Pietro Foppens,* 1737, in-4.

— Il Petrarca di nuovo ristampato, et di bellissime figure intagliate in rame adornato, e diligentemente corretto. *Venetia, Girolamo Porro,* 1600, in-32, lettres italiques.

Jolie édition faite sur celle de Zaltieri, 1592, dont elle reproduit la date à la fin. Elle est rare, et on la recherche surtout par rapport aux figures : il y manque les trois sonnets, ainsi que dans la plupart de celles de la fin du xvie siècle et du xviie siècle. Il se trouve néanmoins des exemplaires où ces trois sonnets sont imprimés au dernier f. du livre correspondant au dernier quinterno du cahier P. Les autres édit. de même format, faites à *Venise,* par *Giov. Alberti,* en 1605 et 1609, par *Nic. Misserini,* en 1609, 1610 et 1624, par *Gio.-Mar. Misserini,* en 1638, par *li Guerigli,* en 1651, qui ne sont guère que des copies les unes des autres, conservent peu de valeur.

— Le Rime di Petrarca riscontrate coi testi a penna della libreria Estense, e coi fragmenti dell' originale d' esso poeta. S' aggiungono le considerazioni rivedute e ampliate d' Aless. Tassoni, le annotazioni di Girolamo Muzio, e le osserva-

zioni di Lod.-Ant. Muratori. *Modena, Bart. Soliani,* 1711, gr. in-4.

Première édit. critique de ce poëte (13 fr. Floncel et Molini) ; elle est toujours recherchée, quoique les trois sonnets ne s'y trouvent pas. Les réimpressions, avec les trois sonnets, Venise, 1727, 1741 et 1759, in-4., sont moins belles et moins correctes. Nous parlerons plus bas de celle de 1821. — Les *Considerazioni d' Aless. Tassoni* avaient d'abord été publiées séparément à Modène, en 1609, in-8.

— Le Rime di Petrarca, riscontrate con ottimi esemplari stampati, e con uno antichissimo testo a penna. *Padova, Gius. Comino,* 1722, in-8. 6 à 8 fr.

Ce sont les frères Volpi qui ont donné cette édition estimée ; elle est belle et correcte, et elle a été citée par les académiciens de La Crusca.

—Le stesse. *Padova, Gius. Comino,* 1732, in-8., avec un portr. de Pétrarque.

Édition encore plus soignée que la précédente, et à laquelle sont ajoutés plusieurs sonnets inédits et des variantes. Le catalogue des éditions du poëte y est fort augmenté. Un exempl. en Gr. Pap. vend. 1 liv. 11 sh. Pinelli; un autre en pap. bleu, 1 liv. 5 sh. le même. Celui de Randon de Boisset, quoique rel. en *mar. r.,* n'a été vendu que 10 fr. 95 c.

— Le stesse rime, coi migliori esemplari diligentemente riscontrate e corrette. *Bergamo, Lancelotti,* 1746, in-8. 3 à 5 fr.

Cette édition correcte a été donnée par P.-Ant. Serassi, d'après le texte de 1732. Dans la réimpression également soignée qui en a été faite à Bergame, 1752, in-12, est ajouté un sonnet de l'abbé Carminati, à la louange du poëte.

— Le stesse rime, riscontrate e corrette sopra ottimi testi a penna, coll' aggiunta delle varie lezioni, e d' una nuova vita dell' autore (per l'abate Luigi Bandini). *Firenze,* 1748, in-8.

L'Académie de La Crusca cite plusieurs fois cette édition ; mais M. Marsand reproche à l'éditeur de n'avoir été ni assez circonspect ni assez judicieux en adoptant dans son texte les variantes des manuscrits qu'il a collationnés.

— Il Petrarca, con note date la prima volta in luce ad utilità de' giovani, che amano la poesia. *Feltre, Foglietta,* 1753, in-4.

Il a été fait dans la même ville, en 1753, une autre édition de ce poëte, en 2 vol. in-16, avec les mêmes notes, qui sont du chanoine Pagello : elles ne sont belles ni l'une ni l'autre, mais l'édit. in-4. est la moins commune.

— Le Rime di Petrarca brevemente esposte per Lod. Castelvetro; edizione corretta, illustrata, ed accresciuta (da Cristoforo Zapata de Cisneros). *Venezia, Ant. Zatta,* 1756, 2 vol. gr. in-4. fig. 15 à 20 fr.

Cette édition était la plus belle et l'une des meilleures que l'on eût alors de ce poëte : elle coûtait 24 fr.; vend. 43 fr. Clavier. — Il y a des exempl. en Gr. Pap. fin, vend. 75 fr. *mar. r.* de Boisset; 72 fr. Baroud; et aussi en très Gr. Pap. de format petit in-fol., qui coûtaient 36 fr., et qui sont devenus fort rares : 11 liv. Stanley.
Voici l'indication de quelques éditions ordinaires, qui ont été faites avec soin : 1° *Parigi, Prault,* 1768,

2 vol. pet. in-12. 5 à 6 fr. (Réimpression assez correcte du texte de 1732, et préférable à celle de 1789.) — 2° *Londra e Livorno*, *Masi*, 1778, 2 vol. in-12. — 3° *Venezia, Ant. Zatta*, 1784, 2 vol. in-12, fig. (Partie du *Parnaso italiano*, en 56 volumes, publié sous la direction de l'abbé Rubbi, de 1784-1791.)

— Il Petrarca, con narrazione del suo coronamento di Sennuccio del Bene ; vita del poeta, ed annotazioni. *Londra, a spese di Gio. Polidori*, 1796, 2 vol. in-12.

Une des plus belles et des meilleures éditions de ce poëte, faites hors de l'Italie. Les notes sont tirées de l'édition de Naples, 1788, 2 vol. in-12.

— Le Rime di Petrarca, tratte da' migliori esemplari con illustrazioni inedite di Lodovico Beccadelli. *Verona, Giuliari*, 1799, 2 vol. in-8. 6 fr.

Cette édit. a été donnée par le savant abbé Morelli, qui l'a enrichie d'une docte préface ; mais l'impression n'est ni belle ni correcte.

— Le stesse. *Parma, nel regal Palazzo*, 1799, *co' tipi Bodoniani*, 2 vol. gr. in-fol.

Vend. 54 fr. (avec les portraits de Pétrarque et de Laure gravés par Morghen) Boutourlin.

Édition magnifique, mais dont le mérite littéraire ne répond pas à la beauté typographique. Le marquis J.-Jacq. Dionisi, qui en est l'éditeur, rend compte dans une longue épître préliminaire des soins qu'il a pris pour améliorer son texte ; toutefois il n'a pas été heureux dans ses corrections.

— Le stesse. *Parma, co' tipi Bodoniani*, 1799, 2 vol. in-8.

Jolie édition faite sur la précédente, mais imprimée plus correctement. On n'y a pas reproduit l'épître préliminaire. 10 à 12 fr. Il y a quelques exemplaires en papier fort, et deux en VÉLIN, dont un reste imparfait.

— Le stesse, illustrate con note del P. Francesco Soave. *Milano, Soc. tipogr.*, 1805, 2 vol. in-8. portrait.

Cette édition fait partie de la grande collection des classiques italiens ; elle laisse à désirer pour la correction, de même que la réimpression qui en a été faite en 1820, sous la première date.

— Le stesse. *Pisa, della tipografia della Soc. letter.*, 1805, 2 vol. gr. in-fol.

Cette édition, aussi belle que celle de Bodoni, est due aux soins du professeur Jean Rosini, qui y a joint une vie de Pétrarque de sa composition. Elle a été tirée à 250 exemplaires, qui sont ornés d'un beau portrait gravé par Morghen. On la payait 100 fr. et en pap. vél. 240 fr., mais elle se donne maintenant à très-bas prix (26 fr. Renouard). — Il en a été tiré un exemplaire sur VÉLIN.

— Le stesse. *Roma, Vinc. Poggioli*, 1806, 2 vol. gr. in-8. 8 fr.

Très-peu remarquable pour la partie typographique, cette édition se recommande sous le rapport littéraire, et elle est enrichie d'un choix de notes des meilleurs commentateurs.

— LE RIME, riscontrate e corrette sopra i migliori esemplari : s' aggiungono le varie lezioni, le dichiarazioni necessarie, ed una nuova vita dell' autore, da C.-L. Fernow. *Jena, Fed. Frommann*, 1806, 2 vol. in-12.

Ce livre, dit A. Marsand, n'est point une simple réimpression, une édition faite sur le modèle d'une autre ; mais c'est une édition nouvelle, originale,

et qui, pour le mérite littéraire et la correction typographique, l'emporte sur toutes celles qui n'ont pas été imprimées en Italie..

— RIME di Petrarca, passo, passo riscontrate, con lunga e scrupulosa cura, su i testi delle più approvate edizione, e da ogni tipografico neo terse ed emendate, da G.-B. Boschini. *Londra, dai torchi di Vogel e Schulze*, 1809, 2 vol. in-18.

Jolie, mais peu correcte. Un exempl. impr. sur VÉLIN est porté dans la *Biblioth. grenvil.*, p. 539.

— LE STESSE, illustrate di note da varj comentatori scelte ed abbreviate da Romualdo Zotti. *Londra, dai torchi di Gugl. Bulmer*, 1811, 3 vol. in-12, pap. vél. portr. 12 à 15 fr.

Édition recommandable par la variété et l'importance des notices littéraires qui s'y trouvent réunies : le même éditeur a fait imprimer de cette manière : le Dante, 1808, 4 vol. ; le Tasse, 2 vol. ; Métastase, 6 vol., et plusieurs autres poëtes italiens ; ce qui forme une collection assez bien exécutée, sans avoir rien d'extraordinaire, et dont chaque volume coûtait cependant de 10 à 12 sh.

— RIME, co' migliori esemplari diligentemente riscontrate e corrette. *Roma de' Romanis*, 1813, in-18, portr.

Édition correcte et assez jolie. 3 fr. 50 c. — Pap. vél. 5 fr. Van Praet en cite trois exemplaires impr. sur VÉLIN. Il a aussi été tiré sur VÉLIN un exemplaire de l'édit. de Padoue, *Crescini*, 1819, 3 vol. in-16, donnée par Ant. Meneghelli (Collect. Marsand).

— Le Rime. *Padova, nella tipografia del seminario*, 1819-20, 2 vol. gr. in-4.

Belle édition donnée, avec des soins infinis, par Antoine Marsand, professeur de l'Université de Padoue. C'est la meilleure, peut-être, que l'on ait de Pétrarque, et celle que suivent les imprimeurs jaloux de reproduire un bon texte : on y remarque un charmant portrait de Laure, gravé par Raphaël Morghen, d'après une peinture de Simon Memmi ; un portrait du poëte, gravé par Mauro Gandolfi, d'après une ancienne peinture attribuée au Guariento ; un fac-simile de la note si connue relative à Laure, écrite par Pétrarque lui-même sur un Virgile manuscrit ; et enfin plusieurs gravures à l'*acquerello*. Les pièces préliminaires du premier vol. occupent LV pp., et à la fin du second est placée une *Biblioteca petrarchesca*, pp. 291 à 427 (voyez MARSAND). Un carton pour remplacer le feuillet 5 du second vol. où s'était glissée une faute typographique a été distribué en 1824, avec un avis particulier de l'éditeur à cet égard. L'édition a été tirée à 450 exemplaires, tous en pap. vél., au prix de 150 fr. (vend. 81 fr., 60 fr. et 49 fr. Librairie De Bure ; 24 fr. Boutourlin ; 29 fr. De Bure l'aîné). Il y a de plus 20 exempl. en pap. impér., un seul en pap. impér. *bleu turquin*, et 12 exemplaires de format in-fol. dont presque tout le blanc des marges est reporté au bas et sur le côté droit des pages. Un de ces derniers, 10 liv. Sykes ; 225 fr. 50 c. *m. v.* Labédoyère. Enfin un seul exempl. de cette excellente édition a été tiré sur VÉLIN, et il est enrichi de miniatures et de dessins originaux.

— LE RIME di Petrarca, pubblicate da A. Buttura. *Parigi, Lefèvre*, 1820, 3 vol. in-32, pap. vél. 6 fr.

Partie de la *Biblioteca poetica portatile italiana scelta*, du même éditeur, imprimée chez Didot l'aîné. Il y a du Gr. Pap.

— LE STESSE. *Livorno, Masi*, 1820, 2 vol. in-8. portr. 8 fr.

Imprimé avec des caractères de notre Firm. Didot. Texte de l'édition de 1732. La vie du poëte, les arguments et les variantes de trois éditions sont empruntés de Marsand. Il y a des exemplaires en papier vél. 12 fr.

— LE STESSE, corrette sovra i testi migliori : si aggiungono le considerazioni rivedute e ampliate di Alessandro Tassoni, le annotazioni di Girol.

Muzio, et le osservaz. di Lod.-Ant. Muratori. *Roma, de Romanis*, 1821, 2 vol. in-8. portr. 12 fr., et plus en pap. vél.

Texte de l'édition de Modène, de 1711, conféré avec celui de Marsand.

— LE STESSE, col comento di G. Biagioli. *Parigi, Dondey-Dupré*, 1821, 2 vol. in-8.

G. Biagioli a publié dans son commentaire des notes que le célèbre Alfieri avait écrites sur les marges d'une édition de Pétrarque. On réunit à ces deux volumes l'article suivant :

RIME di Michelagnolo Buonarroti il vecchio, col comento di G. Biagioli. *Parigi, Dondey-Dupré*, 1821, in-8. Les 3 volumes se vendaient ensemble 42 fr., mais ils se donnent pour 18 ou 24 fr.

— LE RIME, con tavole in rame ed illustrazioni. *Firenze, tipografia dei fratelli Ciardetti*, 1821, 2 vol. in-8., avec 9 fig.

Bonne réimpression de l'édition d'Ant. Marsand : 18 fr., et plus en pap. vél. En 1822, les mêmes imprimeurs en ont donné une autre, en 4 vol. in-16, avec les mêmes fig. réduites : 8 fr.

— LE STESSE. *Londra, G. Pickering*, 1822, in-48, portr. 6 sh.

Il y a six exemplaires sur VÉLIN.

— LE STESSE, con brevi annotazioni. *Firenze, Giuseppe Molini*, 1822, in-24, portr. 4 fr. — Gr. Pap., 8 fr.

Jolie édition du texte d'Ant. Marsand, avec les petites remarques de Seb. Pagello, tirées de l'édition de Feltre, de 1753. Les exemplaires en Gr. Pap. sont de deux sortes : en papier vélin d'Annonay et en pap. vél. d'Angleterre. Il y a aussi du pap. bleu, du pap. nankin, et enfin un exemplaire imprimé sur VÉLIN qui fait partie de la collection Marsand.

— LE STESSE, giusta l' edizione del prof. Marsand, col comento di G. Biagioli. *Milano, Silvestri*, 1823, 2 vol. gr. in-16, portr. 6 fr.

Les exempl. in-8. pap. vél., 15 fr. — très Gr. Pap. vél. de Hollande azuré, 40 fr.

— LE STESSE. *Milano, Nic. Bettoni*, 1824, 2 vol. in-8. 12 fr.

Édition belle et correcte, faite d'après celle d'A. Marsand. Il y en a soixante exemplaires en pap. vél. L'édition de 1825, en 2 vol. in-16, donnée également à Milan, par Bettoni, reproduit le texte de l'in-8. de 1824.

— LE MEDESIME, con note. *Torino, per Alliana e Paravia*, 1825, in-8. 5 fr.

L'éditeur de ce volume, M. Louis Cibrario, ne s'est écarté du texte de Marsand que dans trois passages (consultez à cet égard la *Bibliot. petrarchesca* de ce dernier, pages 138 et suiv.). Les notes sont les mêmes que celles de la jolie édition donnée à Florence par Molini, en 1822. Il y en a trente exemplaires en pap. vélin.

— RIME. *Milano, dalla società tipografica de' classici italiani*, 1826, 2 part. in-46, portr. 5 fr.

Texte d'A. Marsand. On y a joint un index facilitant la vérification des citations qui se rapportent à des éditions disposées dans un autre ordre que celle-ci. Il y a du pap. vélin.

— LE MEDESIME, colla interpretazione del conte Giacomo Leopardi. *Milano, Stella e figli*, 1826, in-18. de 972 pp. 6 fr.

29e vol. de la *Biblioteca amena ed istruttiva per le donne gentili*. Il en a été tiré 24 exemplaires sur pap. supérieurs, et de différentes couleurs.

— RIME, col comento del Tassoni, del Muratori e di altri. *Padova, coi tipi della Minerva*, 1826-27, 2 vol. in-8.

Bonne édition variorum donnée par les soins de M. Carrer. Le premier vol. est en 2 parties, et à la fin du second se trouve le *Rimario*. Il y a des exempl. tirés de format gr. in-4. sur pap. vélin.

Cette même édition a paru avec de nouveaux titres ainsi conçus :

RIME, colle note letterali e critiche di Castel-

vetro, Tassoni, Muratori, Alfieri, Biagioli, Leopardi ed altri, raccolte, ordinate ed accresciute da Luigi Carrer. *Padova, co' tipi della Minerva*, 1837.

— LE MEDESIME, secondo la lezione del professor Ant. Marsand. *Padova, coi tipi della Minerva*, 1829, 2 vol. in-24, avec le *Rimario*. 7 fr.

Il y a des exemplaires en Gr. Pap. vélin.

L'édition de Florence, *Bassigli, Borghi e comp.*, 1829, in-8., avec de courtes notes de G. B. (Giuseppe Borghi), mérite encore d'être citée.

— LE RIME di Petrarca : le stanze e l' Orfeo del Poliziano, con note di diversi ; per diligenza et studio di Antonio Buttura. *Parigi, Baudry (tipogr. di Giulio Didot)*, 1830, 2 vol. in-8. portr. 12 fr.

— PETRARCA, con note letterali e critiche di Castelvetro, Tassoni, Muratori, Alfieri, Ginguené, etc., scelte, compilate ed accresciute da Carlo Albertini di Verona. *Firenze, Leonardo Ciardetti*, 1832, 2 vol. in-8. en pap. vél. 36 fr.

Belle édition, faite d'après les meilleurs textes, et renfermant ce qu'on a écrit de plus important sur ces poésies et sur leur auteur ; elle est ornée des portraits de Pétrarque et de Laure, et d'autres fig. copiées sur celles de l'édition du professeur Marsand. A la fin de chaque vol. se trouve un *Indice delle lezioni Marsand state rifutate dal nuovo editore.*

— RIME, colle note del Castelvetro, Tassoni, Muratori, Alfieri, Biagioli, Leopardi ed altri, raccolte da L. Carrer. *Padova*, 1837, 2 vol. in-8. 12 fr.

—Canzone di Fr. Petrarca a laude di Nostra Signora ; con alcune sposizioni e considerazioni del professore D. Ant. Marsand. *Parigi, da' torchi di Firmino Didot*, 1841, très-gr. in-4.

Magnifique édit., ornée du portrait de Pétrarque gravé par Bernardi. Il n'en a été tiré que 100 exemplaires, plus un sur VÉLIN, pour la princesse Marie-Françoise-Elisabeth, vice-reine du royaume Lombardo-Vénitien, à laquelle ce commentaire est dédié. Ce même commentaire a été réimprimé en Italie, en 1841.

— (I)ncomincia el libro chiamato trionphi d' amore facto : e composto per lo excellentissimo : e summo poeta miser Francesco Petrarcha da Fiorenza ; per amor di madona Laura, etc... (*Parmæ, Andreas Portilia*) *pridie nonas martii* M. CCCC. LXXIII, in-4.

Première édition avec les commentaires attribués à Fr. Philelphe. Elle a 122 ff. (comptés par nous), à 28 lignes par page, sans chiffres, réclames ni signat., caract. ronds. Au verso du dernier f. se lit une souscription en 8 vers, commençant :

Quæ condam totum lector...

et terminée par la date *Pridie nonas...*Vend. 500 fr. La Vallière ; 155 flor. Crevenna.

— Gli trionphi del Petrarcha, con la expositione di Bernardo Glicino. *Bononix*, 1475, *die xxvii mensis aprilis*, in-fol.

Première édition avec le commentaire de Bern. Glicino ou Illicino (dont le vrai nom est Lapini). 244 ff., caract. rom. d'Azzoguidi, sans chiffres, récl. ni signat., 47 lignes dans les pages entières. Le livre commence par une lettre dédicatoire du commentateur (*A)D. illustrissimum Mutinæ ducem divum Borsium estensem.* Le texte et le commentaire finissent au feuillet 240 verso (selon la *Bibliot. petrarchesca*, p. 10) par cette souscription : *Bononiæ, impressum* M. CCCC. LXXV. *Die xxvii. mensis aprilis* (en 2 lignes et en capitales). Il y a ensuite 3 ff. pour la table (et le registre), dont voici le commencement : *Questa sera la tavola delitriumphi e suo comento...* et enfin un f. blanc. — Vend. 80 fr. *mar. bl.* Gaignat ; 88 fr. La Vallière; 1 liv. 8 sh. Pinelli ; 180 fr. bel exempl. en *mar. r.* Libri, en 1847.

— Francisci Petrarchæ poetæ clarissimi Triumphorum sex. (in line): *Impressus Lucæ liber est hic : primus ubi artem De Civitali Bartholomeus init. Anno* MCCCC LXXVII. *die* XXII. *Maii,* in-fol.

Cette édit., citée dans le catalogue qui fait partie du Pétrarque de Comino, 1732, in-8., serait le premier livre imprimé à Lucques. On n'en connaît pas un seul exemplaire maintenant.

—Triomfi. (in fine): *Magister : Iohannes : Petri : de Magontia : Scripsit : Hoc : Opus : Die :* XXII : *Februarii,* in-4.

Édition sans lieu ni date d'année, et sans chiffres, récl. ni signat., à 24 lign. par page. Elle commence par l'intitulé suivant, en capitales :

Domini Francisci Petrarcæ Florentini : Poetæ Clarissimi Triumphus amoris incipit

Le verso du dernier f. contient les 7 derniers vers, au-dessous desquels se lit la souscription finale ci-dessus, imprimée en trois lignes. Vend. (exempl. imparfait) *mar. r.* 72 fr. de Boisset. Il avait d'abord été vendu 240 fr. comme complet. On a de ce Pierre de Mayence une édition du *Philocolo* (voyez BOCCACIO), datée de Florence, 1472, que l'on juge postérieure de plusieurs années à sa date; mais qui, ainsi que la présente édition des Triomphes, doit être probablement antérieure à l'année 1480, bien que le nom de cet imprimeur ne paraisse plus avant l'année 1490.

—Triumphorum sex liber. *Florentiæ* (absque typogr. nomine), 1480, 18 *nov.,* in-4.

34 ff., à 33 lign. par page, sans chiffres, récl. ni signat., commençant comme l'édition précédente.

— Trionpho dello amore di messer Francesco Petrarcha excellentissimo poeta fiorentino comincia cap. primo. In-4.

Édition sans lieu ni date, et sans chiffres, ni récl., mais avec signat.; elle contient 41 ff. à longues lignés, au nombre de 27 sur les pages entières. Les caractères sont les mêmes que ceux dont s'est servi *Plato de Benedictis* dans l'opuscule intitulé : *Angeli Politiani Silva,* impr. par lui à Bologne, en 1492, in-4. On lit au recto du prem. f. le sommaire suivant, en capitales, qui précède le texte : *Triompho dello amore di mes | ser Francesco Petrarcha ex | cellentissimo poeta floren | tino comincio | Cap. primo,* et à la fin du dernier : *Fine de Triumphi del clarissimo | poeta Francesco petrarcha.* Il se conserve six exemplaires de ce livre impr. sur VÉLIN. Celui que possède actuellement la Bibliothèque impériale a été successivement vendu 48 fr. La Vallière ; 350 fr. Mac-Carthy ; un autre, 365 fr. Libri. Les exemplaires sur papier ne se trouvent plus.

— Triomphi di messer Francesco Petrarcha istoriati, con le postille, e con la sua vita in prosa vulgare, novamente stampati. — *Impressi in Venetia, per Nicolo ditto Zopino e Vicenzo compagno nel* 1500. *.xxi. de Marzo,* pet. in-8., sign. A—F par 8.

Cette édition, ornée des vignettes sur bois de *Zoan Andrea Veneziano,* paraît avoir échappé aux recherches du professeur Marsand : elle est décrite dans la *Biblioth. grenvil.,* p. 539. — Voy. POGGIO.

—Triomphi di misser Fr. Petrarcha istoriati, con le postille, e con la sua vita in prosa vulgare novamente corretti. — *In Venetia, p Nicolo ditto Zopino e Vicēzo cōpagni. nel* M. D., xxiiii *de Luio* (et non 1524), in-8.

Édition précieuse à cause des gravures sur bois de *Zoan Andrea Veneziano* dont elle est ornée, et qui sont marquées des lettres z. a. Dans la *Bibliot. pctrarchesca* de M. Marsand se trouve, à la pl. IV, le fac-simile d'une de ces gravures, lesquelles ont été reproduites dant l'édition de Pétrarque de 1526, par le même Zopino.

— Li triomphi di messer Fr. Petrarcha con la sua vita, etc. *Firenze, Bn. Zucchetta,* 28 *aug.* 1515, in-8. fig. sur bois.

Édition rare, même en Italie, mais peu correcte. Les gravures ne sont pas mauvaises (Ebert, n° 16392).

— Il Petrarca spirituale da Hieronimo Maripetro, frate minoritano. *Venetia, Fr. Marcolini,* 1536, in-4., portr. et fig. sur bois. [14459]

Dans cet ouvrage, connu sous le nom de Pétrarque retourné, on a adapté les vers du poëte à la spiritualité : 12 à 15 fr. Un bel exemplaire, revêtu d'une ancienne reliure italienne, en *mar. rouge,* à compart. 140 fr. Riva.
L'édition de Venise, 1545, in-8., contient quelques augmentations peu importantes. Dans celle de Venise, 1567, in-8., et dans les éditions suivantes de Venise, 1575, 1581 et 1587, *heredi di Aless. Griffio,* in-8., le nom de l'auteur est écrit : *Malipiero.* Cette dernière est la plus correcte de toutes.

Traductions des poésies italiennes.

— Les Triumphes messire francoys petracque (*sic*). Translatez de langaige tuscan en frācois nouuellement imprimez a Paris Lan mil ciuq cens et quatorze le XXIIII° iour de may. Amor vincit mundum. Le triumphe damour. Pudicitia vincit amorem. Le triumphe de Chastete. Mors vincit pudicitiam. Le triumphe de la mort. Fama vincit mortem. Le triumphe de renommee. Tempus vincit famam. Le triumphe du temps. Eternitas seu diuinitas omnia vincit. Le triumphe de diuinite. (au verso du dernier f., 2° col.) : *Cy finissent les triumphes de messire frācois petrarche* (sic)*... nouuellement redigees de son langaige vulgaire tuscan en nostre diserte langue francoise Jmprime a paris pour berthelemy rerard marchant libraire demourant... a lenseigne sainct Jehan leuangeliste deuant la rue neufue nostre dame....* In-fol. goth. à 2 col. fig. sur bois.

Édition rare qui se compose de lxvj et xciiij ff. chiffrés, y compris le titre. On y remarque des gravures sur bois assez singulières. Nous ferons observer que Lottin (*Catalogue des libraires de Paris*) ne fait point mention de Barthélemy Verard. Dans le catal. du château d'Anet, 1723, George de La Forge est nommé comme auteur de cette ancienne traduction des six Triomphes.

— Les mêmes triomphes. *Paris, Hemon le Febure, le 9 juin* 1519, pet. in-fol. goth. de ccxxx ff. chiffrés.

Un exempl. sur VÉLIN, avec 17 miniatures, *mar. bl.*, 153 fr. Gaignat ; 160 fr. La Valliere ; 319 fr. Mac-Carthy ; 600 fr. Duriez.

Il y a à la Bibliothèque impériale un exemplaire sur VÉLIN, de cette même édition, qui porte le nom de *Jehan de la Garde*, au lieu de celui d'*Hemon le Febure*.

M. Yéméniz possède une autre édition de ce livre, donnée par Hemon le feure (*sic*), *le 20 août* 1520, in-fol. de 174 ff. dont le dernier blanc, également avec fig. sur bois.

— Le Triumphe de messire Francoys Petrarcque translate de ytalien en francoys. On les veut a Paris par Jehan Petit libraire... demourant en la grant rue sainct Jacques à lenseigne de la fleur de lys dor. (à la fin) : *Imprime a Paris par Philippe le, Noir libraire et relieur... demourant en la grant rue sainct Jacques a lenseigne de la Rose blanche couronnee* (sans date), in-fol. goth. fig. sur bois.

Un exemplaire avec plusieurs ff. piqués des vers, et un f. déchiré, 50 fr. Borluut.

— Les triumphes excellës et tres magnifiques du tres elegăt poete messire Frăcoys Petrarcque, traduyctz de lăgaige italien en langue frăcoyse, et nouuellemêt imprimez. On les vend a Lyŏ en la boutique de Romain Morin, 1531. (à la fin) : *Imprimez nouuellemêt a Lyon par Denys de Harsy...* pet. in-8. de ccviii ff. chiffrés, lettres rondes, avec fig. sur bois.

Même traduction que la précédente, avec des fig. sur bois réduites. L'exemplaire en *mar. r.* vend. seulement 8 fr. chez le duc de La Valliere, et 45 fr. Méon, a été payé 100 fr. 50 c. salle Silvestre, en juillet 1833, 70 fr. Pixerécourt ; autre en *mar. r.* par Bauzonnet, 115 fr. Coste ; et 352 fr. Veinant.

— Les triŭphes de Petrarque traduictes de lăgue tuscane en rhime francoyse par le baron d'Opede (Jean Meynier). *Paris, les Angeliers*, 1538, pet. in-8. de 8 et 108 ff. avec fig. sur bois.

On recherche cette traduction beaucoup moins à cause de son mérite, qui est à peu près nul, que pour sa rareté ; elle avait très-peu de valeur jadis : 6 à 9 fr. ; mais les gravures sur bois dont elle est ornée lui donnent maintenant du prix aux yeux des amateurs de ces sortes d'ornements.

— Les triumphes Petrarcque (*sic*). — *Cy finissent les Triumphes de messire Francoys Petrarcque, nouuellement redigez de son lăgaige vulgaire tuscan en nostre diserte langue francoyse,*

et imprimez nouuellement a Paris. Denis Janot, 1538, pet. in-8. de 208 ff., lettres italiques, avec des grav. sur bois.

Traduction en prose. 31 fr. *mar. bl.* Morel-Vindé ; 39 fr. *mar. v.* Motteley. — La même, sous la date de 1539, 15 fr. *mar. r.* Mac-Carthy ; en *mar. r.* dent., par Trautz, 142 fr. Solar.

— Les triumphes de Petrarque : Amour vainq le monde, 1545. *Paris, de l'imprimerie de Jeanne de Marnef,* in-16, fig. sur bois, au trait.

En *mar.* 80 fr. Bearzi.

— Les triumphes Pétrarque. Le triumphe d'amour ; le triumphe de chasteté, le triumphe de la mort, le triumphe de renommée, le triumphe du tems ; le triumphe de divinité. Amour vainq le monde. *Paris, Est. Groulleau,* 1554, in-16, fig. sur bois.

Vend. 1 liv. 5 sh. Heber ; 120 fr. *mar. r.* par Trautz, Veinant, et en *m. citr.*, même prix, en 1859.

— Toutes les œuvres vulgaires de Francoys Pétrarque, contenans quatre livres de Md·, Laure d'Avignon, sa maîtresse, jadis par luy composez en langage thuscan, et mis en françoys par Vasquin Philieul de Carpentras, docteur es droictz ; avec briefs sommaires. *En Avignon, de l'imprimerie de Barthelemy Bonhomme,* 1555, in-8.

Traduction en vers, assez littérale, mais sans élégance : elle est divisée en quatre parties qui chacune un frontispice particulier. L'édition a été faite avec soin, en beaux caractères et sur bon papier. Vend. 9 fr. By ; 21 fr. Clavier ; 1 liv. 19 sh. Heber ; 59 fr. *mar. v.* Gancia.

Vasquin Philieul avait déjà publié partie de cette traduction sous ce titre :

> LAURE D'AVIGNON au nom et adveu de Catherine de Médicis, royne de France, extraict du poëte florentin François Pétrarque, et mis en françoys, *Paris, imprimerie de Jacq. Gazeau,* 1548, pet. in-8. de 119 ff. caract. italiques.

— Essais de Hierosme d'Avost de Laval sur les sonnets du divin Pétrarque, avec quelques poésies de son invention. *Paris, Abel l'Angelier,* 1584, 2 tom. en 1 vol. pet. in-8.

La seconde partie de ce livre porte pour titre : *Poésies de Hierosme d'Avost, en faveur de plusieurs illustres et nobles personnes,* 1583.

Les deux parties vend. 69 fr. *mar. r.* Nodier ; 30 fr. en *veau marbre,* Veinant.

— Les triumphes de Pétrarque, mis en vers françois, par forme de dialogues, avec autres mélanges de diverses inventions, par J. Ruyr. *Troyes, Cl. Garnier,* 1588, in-8.

Selon Goujet, cette traduction n'est nullement littérale, mais la versification en est moins mauvaise que celle de la précédente.

— Le Pétrarque en rime françoise, avec ses commentaires, trad. par Phil. de Maldeghem, seigneur de Leyschot. *Bruxelles, Rutger Velpius,* 1600, in-8.

Cette traduction n'est pas bonne ; néanmoins elle a été réimpr. à *Douay*, chez Fr. Fabry, 1606, in-8. : 6 fr. La Valliere ; 13 fr. Thierry, et en *mar. r.* 36 fr.

— LES ŒUVRES amoureuses de Pétrarque, trad. en françois, avec l'italien à côté , par Placide Catanusi. *Paris, Est. Loyson*, 1669, in-12.

Quoique incomplète et infidèle, cette traduction en prose a eu du succès, car elle a été réimpr. à Paris, en 1671 et en 1709, in-12.

— LE GÉNIE de Pétrarque, ou imitation en vers fran- çois de ses plus belles poésies ; précédée de la vie de cet homme célèbre (par l'abbé Roman). *Parme et Paris, Bastien*, 1778, in-8.

Ce volume a reparu avec un nouveau titre portant : *Vie de François Pétrarque... suivie d'une imi- tation...* Vaucluse et Paris, Cussac, 1786, in-8.

On a une édition de cette *Vie de Pétrarque*, sans les imitations, mais augmentée de la *Lettre adressée à la postérité par ce poëte célèbre* (par Fr. Tissot), Avignon, Vº Séguin, an XIII (1804), in-12.

— CHOIX de poésies de Pétrarque, traduites de l'ita- lien par M. Lévesque ; nouv. édition. *Paris , Har- douin*, 1786, 2 vol. in-18.

La première édition de cette traduction en prose a paru à Paris, en 1774.

— POÉSIES de Pétrarque, trad. en vers français ; suivies de deux poëmes, par M. Léonce de Saint- Genjès. *Paris, Delaunay*, 1816, 2 vol. in-12, avec 2 portr., 6 fr.

— SONNETS, canzones, ballades et sextines de Pé- trarque, traduits en vers par le comte de Montes- quiou. *Paris, Leroy, etc.*, 1842-43, 3 vol. in-8.

— POÉSIES de Pétrarque, traduites en vers par Camille Esmenard de Mazet. *Paris, Comptoir des imprimeurs*, 1848, in-8. Déjà imprimées, *Paris, Vº Charles Béchet*, 1830, in-12.

Pour la traduction d'une partie des poésies de Pé- trarque, par de Sade, voy. MÉMOIRES pour la vie...

— **Francisco Petrarcha con los seyes triun- fos, de Toscana sacados en Castellano (por Ant. de Obregon) con el comento (de Bern. Illicino), que sobre ellos se hizo.** *Logroño, por Arnao Guillen de Brocar acabose lune a vaynte dias del mese de Deziembro anno mil et quin- jentos y doze* (1512), in-fol. goth. de 164 ff. plus 5 feuillets pour la table, avec fig. sur bois.

Très-rare.

— TRIUMPHOS. Translacion de toscano en castel- lano : fecho por Antonio de Obregon. *Sevilla , Juan Varela*, 30 aosto, 1526, pet. in-fol. goth.

Salvá estime cette édition 4 liv. — Une autre de *Séville*, 1532, in-fol. fig. sur bois, 1 liv. 10 sh. Heber. — Et de *Valladolid*, 1541, in-fol. 1 liv. 1 sh. le même.

— LOS TRIUMPHOS, ahora nueuamente traduzidos en la lengua castellana, en la medida, y numero de versos, que tienen en el toscano, y con nueua glosa (por Hernando de Hozes). *Medina del Campo, in casa de Guillermo de Millis*, 1554 et 1555, pet. in-4.

Les deux dates se rapportent à une seule édition. 36 fr. bel exempl. en *v. f. tr. d.*, Gancia. L'ouvrage a été réimpr. sous le même titre : *Salamanca, J. Perier*, 1581, in-4.

— DE LOS SONETOS , canciones, mandriales y sex- tinas del gran poeta Francisco Petrarca, traduzidos de toscano por Salomon usque lusitano, parte primera. *En Venecia, Nic. Bevilaqua*, 1567, in-4.

Il n'a été publié que cette première partie, laquelle est devenue rare.

— LOS SONETOS, y canciones del poeta Fr. Petrarca, que traduçia Henrique Garces de lengua thoscana en castellana. *Madrid, Droy*, 1591, pet. in-4.

Édition originale et rare de cette traduction espa- gnole. Vend. 100 fr. La Serna ; 1 liv. 9 sh. Heber.

— **The Tryumphes of Fraunces Petrarcke, translated out of Italian into English by Herye Parker knyght, lorde Morley.** *Lon- don, by John Cawood* (no date), pet. in-4. goth. de 52 ff. sign. A—N par 4, avec majuscules gravées sur bois.

Volume fort rare. En *mar.* par C. Lewis, 20 liv. Heber.

— THE TRIUMPHS of love, chastitie, death ; transla- ted out of Petrarch, by Mrs Anna Hume. *Edin- burgh*, 1644, in-12. 7 liv. Bindley.

— THE TRIUMPHS of Petrarch, translated into english verse , with an introduction and notes, by Henry Boyd. *London*, 1807, in-12.

— TRANSLATIONS , from the italian (Petrarch's son- nets, with the italian on the opposite page) , by Barbarina (Wilmot), lady Dacre. *London, Whit- tingham*, 1836, gr. in-8. *Privately printed*, 3 liv. 3 sh., en mars 1854.

— THE SONNETS, triumphs , and other poems of Pe- trarch, now first completely translated into english verse by various hands ; with a life of the poet by Th. Campbell. *London, Bohn*, 1859, pet. in-8. avec vignettes. 5 sh.

Divers ouvrages italiens.

— **Rime di Fr. Petrarcha estratte da un suo originale : il trattato delle virtù morali di Roberto re di Gerusalemme : il Teso- retto di ser Brunetto Latini, con quattro canzoni di Bendo Bonichi da Siena.** *Roma, Grignani*, 1642, in-fol.

Recueil rare de cette édition. La partie des poésies de Pétrarque qu'elle contient a été impr. d'après le manuscrit original qui se conserve au Vatican. — Réimpr. à Turin en 1750, in-8.

— **Le. vite. de. pontefici. et. imperatori ro- mani. composte. da messer. Francesco Petrarca. — *Impressum. Florentiæ. apud Sanctum. Jacobum. de Ripoli. anno. domini* M.CCCC.LXX.VIII. in-fol. de 104 ff. (Hain n'en compte que 101), signat. a—r. [21604]**

Vend. 60 fr. *mar. bl.* Gaignat ; 24 fr. *mar. r.* impar- fait d'un feuillet, La Valliere, 39 fr. en 1820 ; 27 fr. Boutourlin.

— **Incomincia il libro degli huomini fa- mosi compillato per lo inclito poeta miser Francisco Petrarca... cominciando a Ro- mulo primo re di Roma. — *Istud xre Felix impressit. fuit Innocens Ziletus adiutor sociusqz rure Polliano Verona ad lapidem iacente quartum* M:C:C:C:C: LXXVI: *kl. octobris*, in-fol. [30386]**

Édition originale : vend. 70 fr. *m. r.* Gaignat ; 3 liv. Pinelli ; 48 fr. Brienne-Lairé. Le volume commence par un feuillet de table des hommes illustres, inti- tulé *Repertorio*, au verso duquel se lit la souscrip- tion de 7 vers dont voici un fragment :

Illustres opere hoc uiros perire .... *istud œre Felix Impressit. fuit Innocens Ziletus.*

On trouve ensuite 3 ff. qui renferment des vers, puis le texte commençant par l'intitulé : *Inco- mincia il libro, etc.* Ce texte a 236 ff. à 40 lignes par page, avec des signatures Cɪɪ—Zɪɪɪɪɪ (les deux premiers cahiers sans signat.). Le dernier f. est ainsi terminé :

Soli : Deo : honor : et : gloria.

On remarque au commencement de chaque vie un cartouche ou bordure historiée, dont le milieu, resté en blanc, était destiné à recevoir le portr. du personnage qui est l'objet de la notice. Pétrarque avait écrit cet ouvrage en latin ; Donortus de Albansanis l'a traduit en italien.

— Le vite degli hvomini illvstri di M. Fr. Petrarcha. *Vineggia, Greg. de Gregorii*, 1527, in-8. de 384 ff.

Bonne édition.

Ouvrages latins.

— Librorum Fr. Petrarchæ Basileæ impressorum annotatio (opera). *Basileæ, per Joh. de Amerbach*, 1496, in-fol. de 388 ff., selon Hain. [18941]

Ce recueil, publié par Séb. Brandt, ne renferme que des ouvrages latins. Le premier (*Ecogæ*) occupe 22 ff., signat. A—C. Les autres sont également impr. sous des signat. particulières. A la fin, après la souscription, se trouve une table intitulée *Principalium sententiarum collectarum summaria annotatio*, 21 ff., dont 1 bl.

Quoique ce vol. ait été vend. rel. en *mar.* 36 fr. Goignat ; 25 fr. La Valliere, et même 53 fr. Mac-Carthy, il se donne ordinairement à très-bas prix, ainsi que les édit. du même recueil, faites à Venise, *per Sim. de Luere*, 1501, 2 part. en 1 vol. in-fol. — Ou dans la même ville, *per Sim. Papiensem dictum Bevilaqua*, 1503, in-fol. Cette dernière édition renferme une partie séparée de 30 ff. intitulée : *Bucolicum carmen in duodecim eclogas distinctum, cum commento Benvenuti Imolensis, Venet. per Marcum Horigono, 7 jul.* ᴍ. ᴄᴄᴄᴄ xvɪ (*sic*). Cette date est fautive, et doit plutôt être 1496 que 1516, comme on la trouve dans la *Biblioth. pinell.*, III, p. 325, et dans Panzer, VIII, 436 ; car il fallait nécessairement que cette partie fût déjà impr. en 1503, pour qu'on ait pu la faire entrer dans un vol. publié pendant cette même année.

.— Opera quæ extant omnia : adjecimus ejusdem authoris, quæ hetrusco sermone scripsit carmina sive rhythmos. Hæc quidem omnia nunc iterum a mendis repurgata atque genuinæ integritati restituta et in tomos quatuor distincta. *Basileæ, per Henr. Petri*, 1554, *m. Martii*, 4 part. en 1 vol. in-fol. de 14 ff. prélim., 1375 pp. chiffr., et 43 ff. non chiffrés.

Cette édition, publiée par les soins de J. Hérold, est, quant aux ouvrages latins, une réimpression de celle de Venise, 1501, par *Sim. de Luere*, 2 tom. en un 1 vol. in-fol. goth. Quoique plus belle que cette dernière sous le rapport typographique, elle présente dans le texte latin des fautes grossières qui proviennent de l'imprimeur, et beaucoup de passages corrompus, ainsi que l'a reconnu le professeur Meneghelli ; et il est à croire que la partie italienne y est encore moins correcte.

L'édition de Bâle, *per Sebast. Henric. Petri* ᴄɪƆ. ɪɔ. xxcɪ (1581), in-fol. de 14 ff. prélimin., 1131 et 117 pp. (pour la partie lat.) et 207 pp. (pour les ouvrages ital.), n'est qu'une réimpression fort médiocre de la précédente, et moins correcte encore. On compte dans l'une et dans l'autre 198 lettres de Pétrarque, mais il y en a 253 dans le recueil intitulé : *Fr. Petrarcæ epistolarum familiarium*

libri XIV... opus non paucis mendis repurgatum et multis epistolis auctum ex vetusto codice bibliothecæ J. Chalasii; (Genevæ) apud Sam. Crispinum, 1601, in-8. de 16 ff. et 683 pp. [18718] ; et le manuscrit n° 868 de la Biblioth. publique de Cambray en renferme 96 de plus que ce dernier recueil, ainsi qu'on peut le voir dans le n° 1 des *Archives histor. et littér. de la France*, impr. à Valenciennes, en 1829, in-8.

Varie opere filosofiche di Fr. Petrarca, per la prima volta ridotte in volgare favella. *Milano, Silvestri*, 1824, gr. in-16. 3 fr.

Se joint à l'édition des poésies italiennes de Pétrarque publiée chez le même libraire, en 1823, en 2 vol. gr. in-16.

— Liber Domini Francisci petrarche panormi | tani oratoris celeberrimi de vita solitaria. (in fine) : *Domini Francisci petrarche... liber de vita solitaria feliciter explicit.* (absque nota), pet. in-4., caract. goth., sous la signat. a.

Quoique imprimé sous le nom de Pétrarque, qui est effectivement auteur d'un autre traité portant le même titre, ce petit ouvrage est de *Lombardo dalla Seta*, écrivain mort en 1390. L'édition citée n'a que 6 ff., dont le premier contient seulement le titre ci-dessus en 2 lignes. Les pages entières portent 22 lignes. La dernière n'en a que 21, y compris les trois lignes qui forment la souscription finale. L'impression paraît appartenir aux presses lyonnaises de Pierre Maréchal et Barnabé Chaussard, vers 1490. C'est ainsi qu'en a jugé M. l'abbé Costanzo Gazzera dans un mémoire spécial intitulé : *Osservazioni bibliografiche letterarie intorno ad un' operetta falsamente ascritta al Petrarca;* Torino, dalla stamp. reale, in-4. de 56 pp. Ce mémoire de M. Gazzera, où se font remarquer des détails curieux sur les éditions imprimées à Lyon, a été en grande partie reproduit en français dans les *Lettres lyonnaises*, publiées par M. Breghot du Lut, *Lyon, Barret*, 1826, in-8.

— Capitula in librum Francisci Petrarchæ de vita solitaria incipiunt. In-fol. [3822]

Ancienne édit. sans indications ; elle n'a ni chiffres, ni signat., ni récl., et elle est imprimée à longues lignes, au nombre de 34 à la page, avec des caract. ronds, parmi lesquels figure la lettre R, d'une forme singulière, qui a été attribuée à Mentelin. Le volume a 89 ff. en tout. Vend. 71 fr. *m. r.* La Valliere ; 35 fr. (indiqué comme une édition de *Venise*) de Servais.

— Tratado del clarissimo orador y poeta Fr. Petrarca, que trata de la excellencia de la vida solitaria, donde se tratan muy altas y excelentes doctrinas, y vida de muchos santos que amaron la soledad. *Medina del Campo, por Guillermo de Millis*, 1553, in-8. goth.

Un exempl. en *mar. r.* 40 fr. Gancia.

— Secretum Fr. Petrarchæ de florecia poetæ laureati de contemptu mundi incipit fœliciter. In-fol. de 53 ff. à 34 lig. par page. [3823]

Cette édition présente les mêmes caractères et la même justification de pages que le *Liber de vita solitaria*, ci-dessus. L'un et l'autre paraissent avoir été exécutés vers 1472. Vend. 68 fr. *m. r.* La Valliere, et 8 fr. Chardin ; les deux ouvrages en 1 vol., 1 liv. 12 sh. Pinelli.

Le *Secretum* a été réimprimé. — *In mercuriali opido antwerpiēsi per Gerardū lecu Anno dūi.*

M. CCCC. LXXXIX, in-4. goth. de 42 ff. ; et aussi *In mercuriali oppido Deventriæ, per Joh. de Breda*, 1498, in-4. de 41 ff.

— EL SECRETO di Francesco Petrarca in prosa vulgare. *Siena, per Simone de Nicolo*, 1517, in-4.

Traduction du dialogue ci-dessus par Fr. Orlandini de Sienne.

— SECRETO. De Francesco Petrarcha in dialoghi di latino in vulgar et in lingua toscha tradocto nouamente (da Francesco Orlandino Senese) cum exactissima diligentia stampato et correcto. — *In Venetia, per Nicolo Zopino et Vicentio compagno nel anno M. D. XX. adi ix de Marzo*, pet in-4.

— Fr. Petrarchæ opus divinum de remediis utriusque fortunæ. *Cremonæ, per Bern. de Misintis papiensem ac Cæsarem parmensem*, 1492, in-fol. de 164 ff. à 43 ou 44 lign. par page. [3824]

Cet ouvrage diffère absolument de celui que nous avons indiqué aux mots LIBER *de remediis*, et qui a Adrien Le Chartreux pour auteur : 26 fr. *m. r.* Gaignat; 51 fr. Mac-Carthy.

La première édition de ce traité est un in-fol. de 187 ff. à 39 lignes par page, sans chiffr., récl. ni signat., laquelle ne porte ni lieu d'impression, ni date, ni nom d'imprimeur, mais a été exécutée avec les caractères goth. de H. Eggesteyn de Strasbourg, vers 1475. Les deux premiers ff. renferment une table. Le prologue commence au recto du 3ᵉ f.; le premier livre au verso du 5ᵉ f., et le second au recto du 59ᵉ f. L'ouvrage est terminé, au recto du dernier f., par ces mots : *Laus deo, Pax utuis : Requies eterna defunctis.* Vend. 30 fr. Brienne-Laire. Hain compte 191 ff., dont 4 bl. — Nous citerons une édition de ce traité, faite à Venise par Alex. Paganino, en 1515, in-32, et une autre de *Rotterdam*, 1649, pet. in-12.

Ce même ouvrage a été trad. en italien par Marçø Remigio. *Vinegia, Giolito*, 1549, in-8. 4 à 6 fr.

— Messire Francois Petracque (*sic*) des remedes de lune et lautre Fortune, prospere et aduerse, nouuellement Jmprime a Paris. Il se vend... en la boutique de Galiot du pre Libraire. (au verso du dernier f., 2ᵉ col.) : *Cy finist le liure de Francois petracque... Imprime a Paris pour Galliot du pre... et fut acheue le .xvᵒ. iour de mars mil cinq cens vingt trois avant Pasque*, in-fol. goth. de 6 et clxxiiii ff. à 2 col. , avec fig. sur bois.

Dans le prologue adressé à Charles, duc de Vendosme, l'éditeur s'exprime ainsi : *...De cestuy liure vous fais present lequel a autrefois este traduit de Latin en Francois par Nicole Oresme chanoine de la Sainte Chapelle de Paris a la requeste du feu Roy Charles le quint Et depuis peu de temps recouuert faict corriger et imprimer par moy Galliot du pre...*

L'édition de *Paris, Denys Janot*, 1534, in-fol. goth. avec fig. sur bois, a 6 et clxxiii ff. à 2 col. Il en existe plusieurs autres, mais aucune d'elles n'a beaucoup de valeur.

— LE SAGE résolu contre la fortune et contre la mort, ou le Pétrarque mis en françois par de Grenaille. *Paris, Besongne*, 1667, 2 vol. in-12.

Sixième édition de cette traduction, qui a paru pour la première fois de 1650 à 1660, et qui a encore été réimpr. à *Bruxelles, chez Foppens*, en 1660, 2 vol. pet. in-12, sous ce titre : *Le Sage résolu contre la bonne et mauvaise fortune*, et en 1678, sous le titre d'*Entretiens de Pétrarque.*

— DE LOS REMEDIOS contra prospera y adversa fortuna, traducido por Francisco de Madrid. *Sevilla, Juan Varela de Salamanca*, 1516, petit in-fol. goth.

Réimprimé à Saragosse, chez *George Coci*, 1518, pet. in-fol. goth., et depuis.

— NOVA philotheca Petrarchiana, continens aliquot CXXIV artificiosas figuras, quæ in Francisci Petrarchi libro, qui solamen in bona et prospera fortuna intitulatur, ligneis figuris inveniuntur, nunc æneis figuris ab E. de Kiesero sculptore in lucem editæ sunt. *Franckfurt am Mayn*, 1620, in-4. obl.

Suite de 124 pl., plus le portrait de Pétrarque, gravées par Eberh. Kieser, avec une double interprétation en latin et en allemand. 70 fr. Borluut.

Une autre édition est annoncée dans un catalogue de Tross, sous le titre suivant :

FRANCISCI Petrarchæ Trosts Piegels (*sic*) kuenstliche Figuren. *Eberhard Kieser, Francof. excudit*, 1614, in-4. obl. ayant 1 f. gravé, 2 ff. de texte et 116 ff. de pl. au lieu de 124.

— Poemata omnia recens quam emendatissime edita : nempe , bucolicorum eglogæ XII ; Africæ, hoc est, de rebus in Africa gestis sive de bellis Punicis lib. IX; epistolarum libri III. *Basileæ (Oporinus)*, 1541, pet. in-8. de 583 pp. [12753]

Recueil publié par Albanus Torinus : il a été réimprimé à Bâle, en 1558, pet. in-8. 7 fr. *mar. r.* Courtois.

— Poemata minora quæ extant omnia, nunc primum ad trutinam revocata ac recensita. *Mediolani*, 1830-31, 2 vol. in-8.

— Poesie minori sul testo latino ora corretto, volgarizzate da poeti viventi o da poco defunti, illustrate da Dom. Rossetti. *Milano, societ. tipograf.*, 1829-31-34, 3 vol. in-12. 12 fr. — in-8. pap. fin, 20 fr. ; pap. collé, 16 fr.

— Septem psalmi penitentiales, et psalmi novem confessionales. (*Venetiis*) *per Albertum Stendal de Saxonia, anno Domini* M. CCCC. LXXIII, pet. in-8. goth. de 12 ff., à 22 et 23 lign. par page. — Très-rare.

— FRANCISCI PETRARCHE septe3 psalmi penitentiales quos super miseriis propriis dictauit incipiunt feliciter.—*Expleti sunt feliciter per magistrum Sixtum Reissinger. Anno domini. M.cccc.lxxvj*, pet. in-8.

Opuscule de 19 ff. imprimés à 20 lign. par page, plus 3 ff. blancs, très-rare. Lord Spencer en possède un exemplaire impr. sur VÉLIN (*Ædes althorp.*, II , nᵒ 1312); un autre, 280 fr. Libri, en 1847.

— Francissi (*sic*) Petrarchæ carmen in lavdem (div.) Hieronymi Hieronymus de. monacho captivo. Idem de Paolo, primo eremita Hilario. de Maria Magdalena Basilios magnos. de vita solitaria. (in fine): *Impressum... Fani per Hieronymum Soncinum die* XXIII *julii* MDIIII. in-12 de 28 ff. signat. a—g. lettres rondes. (Molini, *Operette*, pp. 137 et 312.)

— Viri preclarissimi... Francisci Petrarche bucolicum carmen incipit. — *Explicitū*

est feliciter imp̄ssū colonie p̄ me Ar-
noldū Ter Hoernē anno Dn̄i 1473...
in-fol. de 30 ff. [12754]

Édition rare, dont le titre et la souscription, suivie
de l'écusson de l'imprimeur, sont en rouge. C'est
par erreur que la *Biblioth. grenvil.* (p. 540) lui
donne 143 ff. Vend. 25 fr. de Servais; 60 fr. m. r.
en 1824. Il y en a une autre, *Daventriæ,* 1499, in-4.
de 37 ff.

— BUCOLICUM carmen in duodecim eclogas distinctum cum comento Beneventi Imolensis viri clarissimi. *Venetiis, per me marcum Horigono de Venetia,* 1516, in-fol.

Édition qualifiée d'extrêmement rare dans le catal.
Libri, de 1859, nᵒ 3008; ce qui a fait porter l'exem-
plaire à 2 liv. 12 sh. Panzer cite, d'après le catal.
Rossi, une édition du même commentaire de Venise,
1496, in-fol. Il en cite aussi une de ces églogues, *cum
Badii explanatione,* imprimée à Paris, pour Jean
Petit, par André Bocard, *ad vi Id. April.* M.D.II,
in-4.

— L'Africa di Petrarca, in ottava rima
tradotta da Fabio Maretti, col testo latino.
Venet., Dom. Farri, 1570, pet. in-4.

1 liv. 6 sh. *mar. r.* Hibbert.

— Francisci Pet. (*sic*) epistole familiares.
(au verso du dernier f.) : *Impresso in
Vrbe Venetiarum operi per Iohannem
& Gregorium de Gregoriis fratres felix imponitur finis... anno Millesimo*
cccc. lxxxxii, in-4. de 6 ff. prélim. non
chiffrés, 117 ff. chiffrés et 1 f. non
chiffré.

— Epistola dn̄i Francisci Petrarche laureati poete ad dn̄m Iohēm florentinū poetam de historia Griselidis mulieris maxime cōstantie et patiētie... Pet. in-4. goth.
de 11 ff. [16990]

Ancienne édition imprimée à longues lignes, au nombre de 27 sur les pages entières. Elle est sortie des
presses d'*Ulric Zel,* vers 1470. Vend. (avec *Eneæ
Sylvii de duobus amantibus, etc., opusculum,* qui
paraît avoir été impr. en même temps) 126 fr. La
Valliere; et séparément 41 fr. Brienne-Laire; 20 fr.
d'Ourches; 1 liv. 13 sh. Heber; 10 fr. 50 cent. Boutourlin.

— Incipit. epistola. Francisci. Petrarchæ.
de. insigni. obedientia. et. fide. uxoria.
Griseldis. in. Waltherum. — *Ulme impress. per Johan. Zeiner de Reutlingen
anno Domini* I. 4. Λ. 3 (1473), in-fol.

Opuscule de 10 ff., à 28, 29 et même 30 lignes par
page. Vend. 24 fr. La Valliere; 20 fr. Brienne-Laire;
2 liv. 16 sh. bel exempl. Libri, en 1859.

— Epistola domini. Frācisci Petrarche
lau | reati poete. ad dominū Johannem.
Floré | tinum. poetam. de Historia. Gri-
selidis mu | lieris maxime ɔstantie et
patiētie in pre | conium omnium lauda-
bilium mulierum. Pet. in-4. de 13 ff. à
26 lign. par page.

Édition en petits caract. gothiques dans le genre de
ceux d'Arnold de Therocrnen. Elle est sans chiffres,
récl. ni signat., et paraît fort ancienne (vers 1470-
1472). La dernière page n'a que 23 lign., y compris
les cinq dernières qui répètent le titre ci-dessus,
avec les mots : *finit feliciter.*

Voici encore deux éditions du même ouvrage, l'une
in-4. de 6 ff. à 37 lign. par page, sous la signat. *a,*
finit au recto du 6ᵉ f. par *Explicit epistola dn̄i
francisci petrarche...* (en 3 lignes), et doit être
postérieure à 1480; l'autre : *Venalis apud Petrū
Gaudoul e regione diui Hylarii, ad signum sancti
Cyrici* (Parisiis), in-4. de 16 ff. signat. A—D, contient de plus que les précédentes une épître intitulée : *Claudius peronne⁹ Viennensis Petro Danesio Parrhisiensi. S.*

—La patience de Griselidis.—*Cy finist la
Patience de Griselidis, imprimee par
Robin Foucquet et Jehan Cres a Bre-
hant Lodeac (en Bretagne)... le xviiiᵉ
jour de juanvier lan mil iiiiᶜ quatre
vings et quatre,* in-4. [16991]

Opuscule de 14 ff., signat. a—Biii; le premier f. est
blanc, et le second commence par une préface en
forme d'intitulé, dont voici les premiers mots : *A
lexemplaire des femmes mariees et de toutes autres.....* C'est une traduction de la lettre ci-dessus.

— Cy commence le hystoire et pacience de
Griselidis.—*Cy finist Griselidis,* in-4.
goth. de 22 ff. à 24 lig. par page.

Édition exécutée avec les caractères de *P. Schenck,*
imprimeur à Vienne en Dauphiné. Elle consiste
en 3 cahiers, savoir : *a* par 8, *b* par 6, et *c* par 8.
Le dernier f. est tout blanc. Cest un morceau non
moins rare que le précédent. Vend. 37 fr. Brienne-
Laire.

— SINGULIER et proufitable exemple pour toutes
femmes mariees qui veulleut (*sic*) faire leur deuoir
en mariage enuers dieu et leurs marys et auoir
louenge du mōde lystoire de dame grisilidis jadis
marquise de Saluces. (au verso du dern. f.): *Cy
finit hystoire τ pacience de noble dame grisilidis.*
(sans lieu ni date), pet. in-fol. goth., ou gr. in-4.
de 13 ff. à longues lignes, au nombre dé 34 sur les
pages entières, signat. a et b.

Édition imprimée à Lyon, vers 1500, et ornée de gravures sur bois assez singulières. Vend. 154 fr. Revoil; 395 fr. *mar. bl.* Giraud.

— La Patience. Griselidis, marbuise (*sic*)
de saluces. (au recto du dern. f. en 3 lig.):
*Cy finist la pasiense Griselidys mar-
quise de Saluces imprimee a Paris par
Jehan Trepperel libraire demourant
a la rue sait Jacques pres saint Yves
a lenseigne Sainct Laurens.* (sans
date), in-4. de 11 ff. à longues lignes,
avec fig. sur bois.

Cette édition doit avoir paru entre l'année 1499, époque où, après la chute du pont Notre-Dame, Trepperel alla habiter auprès de Saint-Yves, et l'année
1504, durant laquelle nous le trouvons rue Notre-
Dame. Vend. 13 fr. La Valliere.

— La patience griselidis marquise de Saluces. (à la fin): *Imprime nouuellement
a Paris en la rue neufue nostre dame
a lēseigne de lescu de France* (sans
date), in-4. de 10 ff. signat. a et b, à
longues lign., caract. goth., fig. sur bois.

200 fr. *mar.* d'Essling, et revendu 100 fr. en 1848.

— La grande et merueilleuse patience de
Grisilidis, fille dun pauure homme
appelle Janicolle, du pays de Saluces. —
*Cy finist lhystoire de Griselidis. Im-
prime a Lyon par Claude Nourry,*

alias le Prince, le xv iour de Juillet. Lan M.CCCC.XXV, in-4. goth. de 12 ff. à longues lign., fig. sur bois.

Même traduction que dans l'édition de Trepperel, mais avec quelques changements. Vend. 6 fr. *mar. bl.* La Valliere, mais vaut beaucoup plus.

— La grande z mer‖ueilleuse patiĕce ‖ de Gresilidis fille dung pouure homme ap‖ pelle janicolle du pays de saluces. (au recto du dernier f.) : *Cy finit lhystoire de Giselidis Jmprime a* ‖ *Lyon par Pierre de saincte Lucie dit le prince.* (sans date), in-4. goth. de 12 ff. non chiffrés, à longues lign., sign. a—c, fig. sur bois. Le verso du dernier f. est blanc.

Édition qui paraît être une copie de celle de 1525. Un exemplaire à toutes marges et presque entièrement non rogné, 250 fr. nouveau catal. de L. Potier, 1860, n° 1841, et revendu 350 fr. Solar.

— Histoire mémorable & délectable à lire à toutes personnes en laquelle est contenue la patience de Gryselydis, femme du marquis de Saluces, ensemble l'obéissance que doivent avoir les femmes envers leurs maris. *Paris, Noël le Coq* (vers 1575), pet. in-8.

Un bel exemplaire *mar. r.* 30 fr. Nodier ; 34 fr. Pixerécourt.
Pour un ouvrage imité de celui-ci, voy. le *Dictionn. des anonymes* de M. Barbier, n° 7114. Voyez aussi MYSTERE de Griselidis, et aux mots MIROIR, HISTOIRE plaisatne et NOVELLA.

— Hie endet sich die epistel Franzisci Petrarche, us latin zeteuscht gemacht von einer tugentreichen frowen geheissen Griseldis, etc. *Augspurg, Gunth. Zainer,* 1471, in-fol. de 9 ff.

Édition précieuse portée dans l'ancien catalogue de la Biblioth. du roi, Y2, n° 64. Elle est indiquée par Ebert, n° 16467, qui cite aussi les éditions suivantes de cette traduction allemande de l'histoire de Griselidis : 1° *Augsp., J. Bämler,* 1472, in-fol. de 10 ff.; — 2° sans lieu ni date (*Ulm, Zainer;* vers 1473), in-fol. de 12 ff., avec fig. sur bois ; — 3° sans nom de ville (*Strasbourg*), 1478, in-fol. de 12 ff., avec fig. sur bois ; — 4° sans lieu ni date (*Augspurg, Ant. Sorg,* vers 1480), in-fol. de 10 ff., avec fig. sur bois : 19 sh. Heber.

— Francisci Petrarchæ poetæ laureati rerum memorandarum Libri (et epistola de studiorum suorum successibus ad posteritatem). = Liber Baymo de christianarum rerum memoria. In-4. goth. de 221 ff. à 29 lign. par page.

Vend. 50 fr. Mac-Carthy.— Édition du xvᵉ siècle, sans chiffres ni réclames, mais avec des signat., caract. d'Arnold Therhoernen de Cologne. Le prem. traité finit à la 16ᵉ ligne du 170ᵉ f. verso, et le second au verso du f. 217, après quoi sont 3 ff. pour la table.

Quelques ouvrages anciens relatifs à Pétrarque.

I SONETTI, le canzoni, e i triomphi di M. Laura in risposta di M. Francesco Petrarcha per le sue rime in vita, e dopo la morte di lei ; pervenuti alle mani di Stephano Colonna, non per l'adietro dati in luce. *Vinegia, Comin da Trino,* 1552, in-8. [14461]

L'auteur de ces poésies, publiées sous le nom de Laure, est Est. Colonna lui-même. 12 à 15 fr.; et un exemplaire en *mar. bl.* par Niedrée, 60 fr. Solar.

I DETTI... ridotti alla buona lezione, e da molti errori purgati. *Venezia, Pietro Bassaglia,* 1740, in-8.

TROFEO della vittoria sacra, ottenuta dalla christ. lega contra Turchi nell' anno 1571. Rizzato da i più dotti spiriti dc' nostri tempi nelle più famose lingue d' Italia; con diverse rime raccolte, e tutte insieme disposte da Luigi Groto cieco di Hadria. *Venetia, Sigism. Bordogna, etc.,* 1572, in-8.

Ce livre est très-rare et a aussi quelque importance, tant pour les poésies des bons auteurs qu'il contient, que pour les gravures dont il est orné. (*Biblioth. petrarch.,* p. 228.) 50 fr. *mar. r.* Libri.

FRANCISCI Petrarce poete clarissimi vita feliciter incipit. (*absque nota*), in-4. [30703]

Opuscule de 18 pp., sans lieu ni date, ni nom d'imprimeur, et sans chiffr., récl. ni signat. Chaque page complète porte 25 lignes en caractères ronds, attribués à P. Maufer de Padoue; M. Marsand en donne le fac-simile au n° 14 de la planche IV de sa *Biblioteca petrarch.* Cet opuscule anonyme est de Sicco Polentone, et il est si rare que longtemps on l'a cru inédit.

DISCORSO sopra il tempo dello innamoramento del Petrarca, con la sposizione del sonetto : già fiammeggiava l'amorosa stella, per Francesco Giuntini, fiorentino. *Lione,* 1567, pet. in-8.

A cet opuscule doit être jointe la pièce suivante, non moins rare que celle-ci :

LETTERA del dubioso accademico al Fr. Giuntini, con la risposta del Giuntino. (*senz' anno*), in-8. (*Biblioth. crofts.,* n° 3507).

EXEMPLUM privilegii Laureæ Apolinaris Francisci Petrarchæ, qua insignis poeta Romæ, in Capitolio, An. M. CCC. XLI. v. id. Apr. honorifice donatus est Legisse Iuvabit. *Venetiis, x cal. sept.* 1531, *cum privilegio ad quinquen.,* in-4. de 4 ff. 25 fr. Costabili.

IL SOLENNE TRIONFO fatto in Roma, quando Fr. Petrarcha fu laureato e coronato poeta, in Campidoglio, ritratto fedelmente dall' antico. *Stampato in Padova, per Giacopo Fabriano,* 1549, in-8.

Livret fort rare, selon M. Marsand, *Biblioteca petrarch.,* p. 227. Vend. 10 sh. Heber.

Il y a une édition sous ce titre : *Epistola di Sennuccio Del Bene della incoronazione di Francesco Petrarca, fatta in Roma l'anno* 1341. Fiorenza, Gian-Franc. Torriani, 1553, in-8. Haym en indique une de *Florence,* pel *Marescotti,* 1474, in-4., et encore une autre sous le titre de : *Coronazione di Francesco Petrarca,* etc. Perugia, pel Bresciano, 1579, in-8. Il ajoute : *Se ne dice autore Girolamo Mercatelli, canonico di Padova.* Plusieurs pièces italiennes de Sennuccio de Bene ont été insérées dans des recueils de poésie, ou avec celles de Pétrarque.

LE CORONEMENT de messire François Petrarque poete florentin, faict a Rome, enuoyé par messire Sennucce del Bene, au magnifique Cam Della Scala, seigneur de Verone. Nouuellement traduit de Toscan en françois. *Paris, Gabriel Buon,* 1565, in-4. de 10 ff. dont le dernier est tout blanc.

Dédié à Françoys del Bene, gentilhomme ordinaire de la chambre du roy, par L.-Baptiste de Barlemont.

Citons encore :

ESSAY on Petrarch, by Ugo Foscolo. *London,* 1821, in-4.

Tiré à 16 exemplaires seulement (*Biblioth. grenvil.,* p. 252).

Voir les nᵒˢ 30706 et suiv. de notre table.

PETRA-SANTA (*Silvester*). De Symbolis heroicis libri IX. *Antwerpiæ, Balt. Moretus,* 1634, in-4. [18576]

290 pl. y compris le frontispice dess. par Rubens et grav. par Th. Gale (catal. Cicognara, 1932).

— Tesseræ gentilitiæ, ex legibus fecialium descriptæ. *Romæ, typis hæred. Fr. Corbelletti*, 1638, in-fol. fig. [28801]

Ouvrage rare et d'une certaine importance héraldique. 35 fr. Solar.

TESSERÆ... insigniorum centuriis, originibus et antiquitatibus auctæ, ex bibliotheca Ægidii Galenii. *Coloniæ-Agrippinæ*, 1651, in-fol.

PETREMAND (*Thierry*) de Besançon. Paraphrase de l'admirable histoire de la saincte heroyne Judith. *Lyon, Ben. Rigaud*, 1578, in-8. [13806]

PETRETTINI. Papiri greco-egizj, ed altri greci monumenti dell' Imp. R. Museo di Corte, tradotti ed illustrati da Giov. Petrettini corcirese. *Vienna*, 1826, gr. in-4. de XII et 76 pp., avec 3 fac-simile. Pap. vél. [30203]

PETRI ab Hartenfelss (*Georg.-Christ.*) elephantographia curiosa, seu descriptio,... multis selectis observationibus referta. *Erfordiæ*, 1715, in-4. fig. [4711]

On a fait reparaître cette même édition avec un nouveau titre daté de *Leipzig*, 1723, et on y a ajouté en même temps, *Oratio panegyrica de elephantis*, et *Justi Lipsii epistola de eodem argumento*, deux pièces qui forment ensemble 20 pp. suivies d'un *Index*. Ces additions peuvent faire regarder les exemplaires de 1723 comme une nouvelle édition préférable à la première : 8 à 10 fr.

PETRI. Voy. PETRUS.

PETRIE (*G.*). Ecclesiastical Architecture of Ireland, anterior to the Anglo-Norman invasion. *London*, 1845, gr. in-8. fig. 1 liv. 4 sh. [10023]

PETRONI (*Stefano Egidio*). Dante, Ariosto, e Tasso : epitome della lor vita ed analisi dei loro principali poemi ; seconda edizione. *Londra*, 1816, in-8. pap. vél. [30702]

Petroni est auteur d'un assez grand nombre d'ouvrages, particulièrement de la *Napoleoneide*, impr. à Naples, 1809, in-4. fig. Il a donné, avec Davenport, un Dictionnaire italien-français-anglais, anglais-italien-français et franç.-italien-anglais, 3e édition, *London*, 1828, 2 vol. in-8.

PETRONIUS Arbiter (*Titus*). Petronii Arbitri satyrici fragmenta quæ extant. — *Impressum Venetiis per Bernardinum Venetum de Vitalibus. Anno domini M. CCCC. XCIX die XXIII mensis Iulii*, in-4. de 20 ff. (dont la dern. est blanc), à 30 lign. par page, caractères romains, sign. *a–e*. [18385]

Première édition de Pétrone qui ait paru séparément. Tout incomplet et remplie de lacunes qu'elle est, elle mérite encore d'être consultée : vend. 60 fr. La Valliere; 54 flor. Crevenna; 2 liv. 6 sh. Libri, en 1859.

Des fragments de Pétrone avaient déjà paru antérieurement à ceux-ci, à la suite d'une édition des

Panegyrici veteres, imprimée, à ce que l'on croit, à Milan, avant l'année 1490 (voyez PANEGYRICI).

Panzer, III, p. 463, fait mention d'un exemplaire du Pétrone de 1499, au commencement duquel se trouvait une partie de 25 ff., sign. A—F, intitulée : *Dion Chrysostomus Prusensis philosophus ad Ilienses : Ilii captiuitatem non fuisse aperte demonstrat Fr. Filelfus e græco traduxit;* mais rien ne prouve que les deux opuscules, loin que sortis des mêmes presses, doivent être nécessairement réunis : vend. ainsi 1 liv. 16 sh. Heber.

— Petronius arbiter poeta satyricus. *Lipsiæ, Jac. Thanner*, 1500, in-4. de 10 ff. à 39 lign. par page, sign. *a* et *b*.

Cet opuscule renferme seulement le poème *De Bello civili*, et paraît n'être qu'une simple réimpression d'une partie de l'édition de Venise, 1499.

— Petronii arbitri poetæ insignis atq preclari satyra non minus festiua & elegans, q̃ studiosæ iuuentuti frugifera ac utilis, nuper exactissime in lucem edita. (*Viennæ-Austriæ*), *J. Singrenius, nonis Aug.*, 1517, in-4. de 8 ff., sign. A et B.

Édition peu connue, et qui, d'après un avis de l'imprimeur, aurait été faite sur un ancien manuscrit. Il ne paraît pas qu'on ait encore fait usage des variantes qu'elle présente. Ebert, de qui nous empruntons cette notice, a donné dans son Dictionnaire des détails étendus et curieux sur les différentes édit. de Pétrone antérieures à la seconde édition de P. Burmann, laquelle a rendu en grande partie inutiles toutes celles qui ont précédé.

— SATYRICON : adjecta sunt veterum quorundam poetarum carmina non dissimilis argumenti, ex quibus nonnulla emendatius, alia nunc primum eduntur; cum notis doctorum virorum. *Lutetiæ, apud Mammertum Patissonium*, 1587, in-12.

Édition préférable à celle que le même imprimeur a donnée en 1577, dans le format in-16 ou pet. in-12. Elles n'ont l'une et l'autre qu'un prix médiocre, quoiqu'un des exemplaires de chacune d'elles, rel. en maroquin par Bozerian et par Thouvenin, ait été vendu 10 fr. Renouard.

— SATYRICON, ejusdem fragmenta, illustrata hac nova editione J. Bourdelotii notis criticis et glossario petroniano, edente Di. S. S. *Lugduni-Batavorum, apud Iustum Livium*, 1645, pet. in-12 de 6 ff. prél. et 251 pp. 5 à 6 fr.

Jolie édition, tout à fait dans le genre des Elsevier qui, d'ailleurs, n'ont pas imprimé cet auteur.

— Satyricon ; accedunt diversor. poetarum lusus in Priapum, etc., omnia commentariis, et notis doctorum virorum illustrata, concinnante Mich. Hadrianide. *Amstelodami, J. Blaeu*, 1669, in-8. = Integrum Petronii fragmentum, ex antiq. codice traguriensi Romæ exscriptum (a J. Lucio) cum apologia Marini Statilii [St. Gradii]. *Amstelodami*, 1671, in-8.

Édition belle, assez correcte, et dont on recherche les exempl. complets, lesquels doivent contenir 1° 18 ff. prélimin., y compris le frontispice gravé par Romyn de Hooghe et le titre impr., 558 pp. de texte et 21 ff. d'*Index;* 2° *Priapeia*, etc., partie de 168 pp.; 3° *Fragmentum*, une apologia, editio secunda, quod ad apologiam auctior et curatior, 4 ff. prélimin., plus 72 et 32 pp. La première édition de ces fragments est datée de 1670, et n'a que 70 et 31 pp.; la seconde est donc préférable. 5 à 7 fr. sans le fragment; 10 à 12 fr. avec le fragment; vend. en *mar. r.* 36 fr. La Valliere; 48 fr. *mar. r.* doublé de *mar.* exempl. du C. d'Hoym, Lolliée; autre, même rel., 106 fr. en 1838, et 180 fr. Giraud.

Petri. Électorat de Saxe, 19688. — Carte des environs de Dresde, 19689. — Cours de l'Elbe, 19690.

— PETRONII Satyricon, cui accedunt divers. poetarum lusus in Priapum, etc., cum notis Bourdelotii,
et glossario petroniano (edente Adr. Valesio). *Parisiis, Audinet*, 1677, in-12. 2 à 3 fr.

Édition très-commune, et qui reproduit les notes de
Bourdelot, non pas d'après l'édit. originale de Pa-
ris, 1618, in-12, mais d'après celle d'*Amsterd.*,
1663, pet. in-12, où ces notes sont interpolées.
Vend. exempl. rel. en *mar. viol.* aux armes du
C. d'Hoym, 25 fr. La Valliere, et jusqu'à 100 fr.
Labédoyère.

— SATYRICON, J. Boschius notas adjecit; Sulpitiæ satyricon, Priapeia sive diversor. poetarum in Priapum lusus. *Amstelod., apud Gaesbequium*, 1677,
2 tom. en 1 vol. in-24.

Jolie édition, assez recherchée : 4 à 6 fr. ; vend. 10 fr.
mar. viol. de Cotte ; 24 fr. (rel. en 2 vol. *m. r.*)
Méon ; 19 fr. (exempl. *non rogné*) Saint-Martin. —
La seconde partie de ce vol. manque quelquefois ;
elle doit contenir *Priapeia*, 62 pp. ; *Boschii notæ*,
68 pp. et 4 pp. de table.

— SATYRICON, cum notis variorum, accessit fragmentum tragurianum, etc. *Amstel.*, 1700, 2 vol.
in-24. 4 à 6 fr.

Édition plus jolie que correcte : vend. 36 fr. très-bel
exempl. *m. viol. doublé de m. citr.* Saint-Martin.

— SATYRICON, quæ supersunt, cum integris doctorum viror. commentariis et notis... curante Petro
Burmanno. *Traj.-ad-Rhen., van de Water*, 1709,
2 tomes en 1 vol. pet. in-4. 6 à 9 fr., et plus en
Gr. Pap.

— SATYRICON, quæ supersunt, cum integris doctorum viror. commentariis, et notis Nic. Heinsii et
Guil. Goesii antea ineditis ; quibus additæ Dupey-
ratii et auctiores Bourdelotii ac Reinesii notæ. Adjiciuntur Jani Dousæ præcidanea, Jos.-Ant. Gonsali de
Salas commenta, variæ dissertationes et præfationes,
curante P. Burmanno, cujus accedunt curæ secundæ. Editio altera. *Amstelodami, Waesberg*, 1743,
2 vol. in-4. 24 à 36 fr.

Édition beaucoup plus complète que la précédente,
et celle qu'on recherche le plus. Elle a été mise au
jour par Gaspard Burmann, fils de Pierre ; mais
J.-J. Reiske, qui en a corrigé les épreuves, y a fait
un grand nombre de changements que l'éditeur n'a
pas approuvés et dont il s'est plaint dans sa préface. Vend. en Gr. Pap. *mar.* 100 fr. de Cotte ;
120 fr. F. Didot, et quelquefois beaucoup moins.

— SATYRICON, ex recens. P. Burmanni, passim re-
ficta, cum supplem. nodotianis et fragmentis petronianis, notas et indicem addidit Conr.-Gotl.
Anton. *Lipsiæ*, 1781, in-8.

On peut ajouter à ce volume : *Priapeia, cum notis
varior.*, impr. à *Leipzig*, dans la même année 1781.
Les deux vol., 8 à 10 fr., et plus cher en pap. fin.

— SATYRICON et fragmenta (curavit comes de Re-
wiczky). *Berolini, Unger*, 1785, pet. in-8. 3 à 4 fr.

Texte de l'édition précédente, mais sans le supplé-
ment de Nodot. Vend. en Gr. Pap. vél. 15 fr. *m. r.*
F. Didot ; 7 fr. Chateaugiron, et 11 fr. *mar. r.*
Renouard.

— SATYRICON, cum petronianis fragmentis et glossario. *Parisiis, Renouard*, 1797, 2 vol. in-18. Pap.
vél. 4 fr. — Pap. de Holl. 6 fr. — Gr. Pap. vél. 8 fr.

Il y a trois exemplaires sur VÉLIN, un desquels a été
vendu 49 fr. Renouard.

— Titi Petronii Satyricon. (*absque nota*),
in-12.

Édition préparée par Lallemant, pour faire suite à la
collection de Barbou. Elle n'a point été terminée,
et il ne s'est conservé que fort peu d'exemplaires
de la partie que nous annonçons. Vend. 36 fr. (Catalogue de Capperonnier, 1821, n° 634).

— T. Petronii Satyricon quotquot hodie
supersunt fragmenta, ad duorum optimæ
notæ mss. codicum, necnon ipsiusmet
tragutiani libri fidem, recensita, in-8.

Ce volume est le tome II, continué jusqu'à la p. 320,
d'une édition de Pétrone (impr. à Paris, chez Baudouin, de 1796-1800), que La Porte du Theil était
au moment de faire paraître, lorsque, sur les observations du baron de Sainte-Croix, son collègue
à l'Académie des. inscriptions et belles-lettres, et
par respect pour les mœurs, il brûla le manuscrit
et détruisit ce qui était déjà imprimé, à l'exception
de quelques exemplaires en Gr. Pap. du fragment
ci-dessus, qui échappèrent à cette rigoureuse suppression. Cette partie contient le texte latin, qui se
termine à la page 192, et est suivi d'*observations
relatives à la partie du premier volume intitulée : Introduction ou sommaire de tout ce qui,
dans les fragmens aujourd'hui subsistans de
l'ouvrage de Pétrone, se trouve précéder, ou doit
être censé avoir précédé le récit des aventures
d'Encolpe*, jusqu'à la page 320. Vend. 80 fr. Chateaugiron, et seulement 20 fr. Andry ; 30 fr. pap.
vél. de Sacy.

Du Theil, dans une lettre à Millin, impr. dans le *Magasin encyclop.* (ive année, vol. IV, pp. 494-514),
a donné lui-même des détails sur cette édition
dont, à cette époque (1798), le premier vol. était
déjà imprimé en entier, et le second jusqu'à la
page 80 seulement. Le premier vol. contenait
1° un *Discours préliminaire* fort étendu ; 2° l'*Introduction ou sommaire* (ci-dessus) ; 3° une version française accompagnée du texte latin, de la
partie qui concerne les Aventures d'Encolpe, proprement dites. Le 2e vol. devait renfermer, 1° le
texte latin de tout ce qui est attribué à Pétrone ;
2° des notes philologiques au nombre de plus
de 160 ; 3° les remarques du président Bouhier sur
le poëme de la guerre civile.

— Pétrone latin et françois, traduction
entière avec plusieurs remarques et additions (par Nodot); nouvelle édition,
augmentée de la contre-critique de
Pétrone. (*Hollande*), 1709, 2 vol. pet.
in-8. fig. 6 fr.

Édition la meilleure de cette traduction qui avait
d'abord paru sous ce titre : *Traduction entière
de Pétrone*, etc., *Cologne* (Paris), *Grothe*, 1694,
2 vol. pet. in-8. fig. ; et encore, *Cologne, Marteau*, 1694, 2 vol. in-12, fig. (moins belle que l'autre édition sous la même date). Les figures de
cette dernière, qui sont de J.-V. Arvele, se trouvent aussi dans une édition de la traduction française de Nodot (sans texte latin), publiée également
en 1694, sous ce titre piquant : *Les galanteries et
les débauches de l'empereur Néron et de ses
favoris, par Pétrone ; avec des remarques curieuses et une table* ; Cologne, Marteau, 2 part. en
1 vol. in-12 ; édition probablement imprimée en
Hollande.

Une autre édition du *Pétrone, latin et françois*, a
paru sans indication de lieu d'impression, en 1698,
2 vol. in-12, en petit et en Gr. Pap., et de nouveau
en 1713, en 2 vol. pet. in-8. fig. ; à *Amsterdam*,
1756, en 2 vol. in-12, fig., et enfin sans la contre-
critique, *Paris , Gide*, an vii (1799), 2 vol. in-8.
figures.

SATIRE de Pétrone, chevalier romain, traduite
par le C. D. (Durand), *Paris, Bertrandet*, an xi
(1803), 2 vol. in-8. 6 fr., et plus en pap. vél.

Ni cette traduction ni celle de Du Jardin, sous le
nom de Boispréaux, *La Haye, Neaulme*, ou *Londres, Nourse* (Paris), 1742, 2 vol. in-12 (sans le
texte), ne sont fort estimées.

LE SATYRICON de T. Pétrone, traduction nouvelle
par C.-H. D. G..., avec les imitations en vers et les
recherches sceptiques sur le satyricon et sur son
auteur, de J. N. M. de Guerle. *Paris, Panckoucke*,
1835, 2 vol. in-8. 14 fr.

— Matrona Ephesia. Voy. CHARLETON.

POËME de Pétrone sur la guerre civile entre

César et Pompée, avec deux épîtres d'Ovide, et le Pervigilium Veneris, trad. en vers françois, avec des remarques, etc. (par le Pr. J. Bouhier). *Amsterdam*, 1737, in-4. 3 à 5 fr. — Le même, *Paris*, 1738, in-12.

J.-Nic.-Marie de Guerle a aussi donné une trad. de ce premier poëme, en vers français, suivie de recherches sur Pétrone, *Paris*, 1798, in-8.; sous le rapport poétique, elle est préférable à celle du Pr. Bouhier.

FRAGMENTUM Petronii ex bibliothecæ S. Galli antiquissimo ms. excerptum, nunc primum in lucem editum : gallice vertit ac notis perpetuis illustravit Lallemandus S. Theologiæ doctor. (*absque loco, sed Basileæ, Schoell*), 1800, pet. in-8. de 75 pp.

Ce fragment n'est qu'un pastiche ; mais l'auteur, caché sous le nom de Lallemand (J. Marchena, espagnol), y a limité avec tant de perfection l'esprit et la manière de Pétrone, que plusieurs savants, et, entre autres, un des rédacteurs de la *Gazette d'Iéna*, s'y trompèrent. Cette petite anecdote donne quelque prix à cet opuscule, devenu d'ailleurs peu commun : voilà pourquoi, sans doute, il s'en est vendu un exempl. 25 fr., salle Silvestre, en juillet 1838, et en pap. vél. 19 fr. Renouard. Encouragé par ce premier succès, M. Marchena fit impr. chez Firm. Didot (en 1806) un prétendu fragment de Catulle, in-8., de sa composition, mais qui, cette fois, ne trompa personne. Voyez, sur ces deux pièces, le *Répert. de Schoell*, pp. 184 et 239.

PETRONIUS (*Alex.-T.*). De victu Romanorum et de sanitate tuenda libri V. *Romæ, in ædibus populi rom.*, 1581, in-fol. 8 à 10 fr. [29178]

Traité curieux : vend. 18 fr. m. citr. Saint-Céran ; 10 sh. Butler.

PETRUCCI (*Ludov.*). Farrago raccolta d'alcune rime, italiane e latine. *Oxonii*, 1613, in-4. [14573]

Ce recueil contient des vers adressés à la reine Élisabeth, au roi Jacques, etc. 1 liv. 3 sh. Bright.

— APOLOGIA contra calumniatores suos, etc. *Londini*, 1619, in-4. avec le portr. de l'auteur et des vignettes. 1 liv. 14 sh. même vente.

PETRVCIVS (*Fredericus*) de Senis. Disputationes, quæstiones et concilia, per titulos Decretalium. *Romæ p Magistrū Adam Rot. Meten. dioē. clericū Anno salutis* M.CCCC.LXXII, *xxv Iunii*, in-fol. de 240 ff. à 2 col. de 50 lign., caract. demi-goth. sans chiffres ni signatures.

Édition que sa date nous fait citer. Celles d'une date postérieure n'ont aucune valeur.

PETRUS de Alcala. Voy. PEDRO.

PETRUS bergomensis. V. BERGOMENSIS.

PETRUS blesensis. Epistolæ.(*absquenota, sed Bruxellæ, fratres vitæ communis, circa* 1480), in-fol. goth. de 207 ff. à 2 col. de 40 lign., sans chiffr., signat. ni récl. [1132]

Édition rare, la première de ces lettres, et que n'a pas connue le P. de Gussanville, à qui nous devons l'édition des œuvres de ce saint personnage, publiée à Paris, en 1667, in-fol. Elle renferme 107 lettres, ou qui sont tout à fait inconnues, ou qui se trouvent autrement dans le recueil des œuvres de l'auteur. Les 8 prem. ff. contiennent la table, ensuite vient le texte dont voici la première ligne : *Incipiūt epistole magistri petri*. A la 2e col. du dernier f. recto se lit la souscription suivante : *Ex-*

pliciūt epistole Magistri petri blesensis bathoniensis archidyaconi. —Vend. 3 liv. 3 sh. et 1 liv. 10 sh. chez Heber ; 51 fr. Borluut.

— Petri Blesensis, Barthonensis in Anglia archidiaconi, Opera omnia, nunc primum in Anglia, ope Codd. Mss. edidit J.-A. Giles. *Oxonii, Parker*, 1847, 4 vol. in-8.

Cette édition a coûté 40 fr., mais on la trouve pour la moitié de ce prix.

PETRUS (de Monte) brixiensis. Petri episcopi brisiensis repertorium utriusque juris. (in fine partis tertiæ): *Laus et gloriaimortali Deo... Repertoriumutriusque juris... Bononieque hac mira arte impressum año dñi* M.CCCC.LXV. *die* VIII. *novembris*, 3 part. in-fol. max. [2437]

Édition très-rare, mais dont la date est évidemment fausse. Il est probable que l'imprimeur a oublié un X dans la souscription, et qu'il devait y avoir LXXV. On est d'ailleurs certain qu'il a paru une édition de cet ouvrage à *Bologne*, avant l'année 1480, car l'édit. faite à Lyon, *per Nicolaum Philippi de Benszheim et Marcum Reinhardi de Argentina socios*, à la date du 15 avril 1480, porte : *Juxta exemplar quondam Bononic impressum.* L'édition lyonnaise est en 3 part. in-fol. goth. de 209, 216 et 236 ff. Il en existe trois autres plus anciennes : 1º de Rome, *apud sanctum Marcum*, 1476, 5 février, 2 vol. in-fol. de 394 et 398 ff., à 2 col. de 65 lignes, en caractères romains, à l'exception des lettres initiales, qui sont gothiques ; 2º de Nuremberg, par André Frisner et Jean Sensenschmid, 1476, le 7 octobre, 2 vol. in-fol. goth. de 370 et 378 ff. à 2 col. ; 3º de Padoue, par Jean Herbort, 1480, 15 novembre, in-fol. en 2 vol. de 370 et 378 ff. goth. à 2 col. (Hain, 11586-11590).

PETRUS cellensis. Opera omnia, collecta in unum ex libris tum editis tum mss. cura et studio unius e S. Mauri congr. monachi benedictini (Ambr. Janvier, cum præfatione J. Mabillon). *Parisiis, Billaine*, 1671, in-4. [1133]

Le P. Sirmond avait déjà publié à Paris, en 1613, les lettres de ce saint personnage, en 1 vol. in-8.

PETRUS Chrysologus. Opera omnia, cum observationibus et indice rerum Dominici Mitæ : accessere præterea in hac nostra editione S. Valeriani Cemeliensis homiliæ quotquot extant. *Venetiis, Savioli*, 1742, in-fol. 15 à 18 fr. [1074]

Réimpression, quant au texte de Pierre Chrysologue, de l'édition de Bologne, Nic. du Solié, 1643, in-4. Les sermons de ce pieux écrivain ont été publiés pour la première fois par P. Agapitus, à Bologne, *ex typograph. Jos. Bapt. Phaelli*, 1534, in-4. Une partie des ouvrages a été impr. à la suite de ceux de S. Léon le Grand, de l'édition de J. Ulimmer, *Paris*, 1614 ou 1618, in-fol.

— Sermones : accedunt sermones ex D. Augustino, etc., cum notis et variis lectt. editoris Seb. Pauli a S. Maria. *Venetiis*, 1750, in-fol. — ou *Augustæ-Vindelicorum*, 1758, in-fol.

Texte revu par des manuscrits.

PETRUS Comestor. Voy. COMESTOR ; — de Crescentiis. Voy. CRESCENTIUS ; — Damianus. Voy. DAMIANUS.

PETRUS hispanus (Joannes papa XXI).
Summa Experimentorum, sive Thesaurus pauperum magistri Petri Yspani. (au verso du dernier f.) : Practica medicine que Thesaurus pauperum nuncupatur... compilatusque ex diuersis medicine doctoribus Auicenna, videlicet, Galineo, Dioscoride, pluribus aliis medicine expertis autoribus, cum additionibus Petri de tusciano ac Bernardi de gordonio, *studiose correctus exaratus Antwerpie per me Theodoricum Martini. Anno domini* 1476, *die* 22 *Mai,* in-fol. goth. à 2 col. non chiffrées, mais avec signat. [7101]

L'exemplaire vendu 60 fr. La Serna, et plusieurs autres portent la souscription datée de 1476, et d'après cela on pourrait supposer que Théod. Martens d'Alost avait effectivement introduit l'imprimerie à Anvers; mais dans son catalogue des livres impr. au XVe siècle, qui sont dans la biblioth. roy. de La Haye, 1856, in-8., préface, p. XII, M. J.-W. Holtrop a prouvé que cette supposition n'était pas fondée, et qu'au lieu de 1476 il faut lire 1497, ainsi que le porte la souscription d'un exemplaire de cette même édition du *Thesaurus pauperum* qui est conservé dans la bibliothèque de l'Université de Liége. Pour expliquer cette différence de dates, M. Holtrop admet que dans le cours de l'impression les caractères des dernières lignes se seront dérangés, et qu'en les remettant en place on aura retourné et posé le chiffre 9 après le chiffre 7. A quoi il faut ajouter que les caractères de ce livre ne sont pas ceux dont Théod. Martens s'est servi en 1476.

— THESAURUS. Pauperum. Qui incomincia il libro chiamato Tesoro de Poveri compilato et facto per maestro Piero Spano. *Venecia, per Gioani Ragazo & Gioani Maria Compagni,* 1494, pet. in-4. 19 sh. Libri.

Cette traduction a été réimprimée plusieurs fois, et d'abord à Venise, par Aloise de Vaseri, 1500, pet. in-4. de 60 ff. non chiffrés, sign. a—g.

PETRUS lombardus. Voy. LOMBARDUS.

PETRUS-MARTYR Anglerius. Voy. ANGLERIUS. — padubanensis. Voy. ABANO.

PETRUS, monachus. Historia Albigensium et belli sacri inter eos, anno 1209 suscepti, duce et principe Simone a Monteforti, auctore Petro, coenobii Vallis Sarnensis... monacho, cruciatæ hujus militiæ teste oculato, nunc primum edita (a Nic. Camusat). *Trecis, Griffard,* 1615, pet. in-8. [22392]

Ce morceau historique a été réimprimé dans les diverses collections des historiens de France, et dans le 7e volume de la *Biblioth. cisterciens.* (voy. TISSIER). Avant que le texte latin fût mis au jour, il en avait paru une traduction sous le titre suivant :

HISTOIRE des Albigeois et gestes de noble Simon de Montfort, descrite par Pierre des Valées Sernay, randue de latin en françois par Arnaud Sorbin. *Tolose, Colomiès frères,* 1568. (à la fin : 1569), pet. in-4.

Édition plus rare que la réimpression in-8. 201 fr. bel exemplaire rel. en *mar. r.* par Trautz, Veinant, en 1860.

— HISTOIRE des Albigeois et gestes de noble Simon de Montfort, descrite par F. Pierre de Vallée Sernay, moine de Cisteaux, et rendue de latin en

françois par Arnaud Sorbin. *Paris, Guil. Chaudiere,* 1569, pet. in-8. de 10, 190 et 8 ff. [22392]

Vend. 10 fr. 50 c. Hérisson, et jusqu'à 95 fr. *mar. vert* par Trautz, Veinant, en 1861. — A la fin de ce volume doit se trouver le poëme suivant du traducteur :

ALLEGRESSE de la France pour l'heureuse victoire obtenue entre Cognac et Chasteauneuf, le 13 mars 1569, contre les rebelles calvinistes. *Paris,* 1569, en 8 ff. non compris dans la description ci-dessus.

L'Histoire des Albigeois est annnoncée sous le titre suivant, dans le catal. de La Valliere par Nyon, n° 21637 :

HISTOIRE de la ligue sainte, faicte à la conduite de Simon de Montfort, contre les hérétiques albigeois, de laquelle a réussi la paix et l'amplitude du royaume de France, soubs les rois Philippe-Auguste et S. Loys; le tout escrit par Pierre des Vallées Sernay, de l'ordre de Cisteaux, en 1198 , et mis en françois par Arnauld Sorbin. *Paris, Guill. Chaudiere,* 1569, pet. in-8.

Réimpr. *Paris, Guill. Chaudiere,* 1585, pet. in-8.

A l'histoire des Albigeois se rapporte l'ouvrage suivant de Sorbin, qui a paru également en 1569, et dans le même format :

CONCILES de Tholose, Besiers et Narbonne : ensemble les ordonnances du comte Raymond contre les Albigeois, et l'instrument d'accord entre ledit Raymond et Saint Loys : arrests et statuts pour l'entretien d'iceluy, et pour l'extirpation de l'heresie, rendu de latin en françois. *Paris, Guill. Chaudiere,* 1569, pet. in-8. de 6 et 34 ff.

PETRUS ravennas, alias de Tomasiis. Foenix dñi Petri raueñatis memoriæ magistri. — *Bernardinus de Choris...... impressit venetias* (sic) *die* X *Januarii* M. CCCC. XCI, in-4. de 16 ff. [9032]

Opuscule devenu rare. On y trouve des traits singuliers et incroyables de la prodigieuse mémoire de l'auteur. — Réimprimé à Erfurt, per *Wolfgangum Schenck,* en 1500, in-4. de 10 ff.

PETRUS Siculus. Historia de vana et stolida Manichæorum heresi, ex ms. codice Bibliothecæ vaticanæ, græce, cum latina versione edita per Matth. Raderum. *Ingolstadiæ, ex typogr. Adami Sartorii,* 1604, pet. in-4. [22377]

La version latine de Raderus se trouve réimprimée dans le 16e volume de la *Bibliotheca maxima Patrum,* publiée à Lyon.

PETRUS von Suchen. Voy. LUDOLPHUS.

PETRUS de Vineis. Epistolarum libri VI; novam hanc editionem adjectis variantib. lectt. curavit J. Rudolf. Iselin : access. Sim. Schardii hypomnema de fide, amicitia et observantia pontif. romanor. erga imperatores germanicos. *Basileæ, Christ,* 1740, 2 vol. in-8. [26413]

Cette édition est jusqu'ici la meilleure que l'on ait de ces lettres si intéressantes pour l'histoire de l'Europe au XIIIe siècle; mais elle laisse beaucoup à désirer; d'ailleurs, elle n'est guère qu'une réimpression de celle de 1566, dont voici le titre :

PETRI DE VINEIS... epistolarum libri VI, in quibus res gestæ, memoria dignissimæ, historica fide describuntur. *Basileæ, Paulus Quecus,* 1566, in-8. 30 fr. *m. r.* Giraud.

Sim. Schardius, qui en fut l'éditeur, y a joint une *Hypomnema de fide, observantia et benevolentia Pontif. roman. erga imperatores germanicos,*

qui en fait la suite. Les deux parties ont été réimprimées à Amberg, en 1609, in-8., augmentées d'un glossaire. On avait d'abord publié les trente-deux premières lettres du recueil sous ce titre :
QUERIMONIA Friderici II. imperatoris qua se a Romano Pontifice et cardinalibus immerito persecutum et imperio deiectum esse ostendit, a doctissimo viro D. Petro de Vineis ejusdem cancellario. Anno MCCXXX conscripta. *Haganoæ, per Joannem*, MDXXIX, pet. in-8.

PETTIE (*George*). A Petite Pallace of Pettie his pleasure : contaynyng many pretie hytories by him set foorth in comely colours, and most delightfully discoursed. *London, by R. W. (Reginald Wolfe* ou *Richard Watkins)*, in-4. goth. de 116 ff. sign. A—H FF. par 4. [157]
Édition rare de poésies qui sont encore recherchées en Angleterre. Elle doit être de l'année 1576, date du permis d'imprimer : 8 liv. 5 sh. Jolly. Ce livre a été réimpr. plusieurs fois à Londres, dans le même format : 1° par *James Roberts*, 1598, vend. 6 liv. 5 sh. Garrick; 3 liv. 11 sh. Heber; 2° par *G. Eld*, 1608 : 3 liv. 11 sh. Sykes; 7 liv. 15 sh. Bliss, et 1 liv. 18 sh. Heber; 3° en 1613, 5 liv. 18 sh. Gordonstoun; 4 liv. 12 sh. Bright; 1 liv. 10 sh. Heber.

PETTIGREW (*Th.-Jos.*). Bibliotheca sussexiana : a descriptive catalogue, accompanied by historical and biographical notices of the manuscripts and printed books contained in the library of his royal highness the duke of Sussex. *London, Longman, etc.*, 1827, 2 vol. en 3 part. imper. in-8. avec 20 facsimile, 2 liv. 2 sh., et beaucoup plus cher en très-Gr. Pap. [21584]
Catalogue de la partie des livres de cette bibliothèque qui se rapporte à l'Ecriture sainte, savoir : dans le vol. Ier, première partie, près de 300 mss., dans la deuxième partie, les éditions des Polyglottes et des textes hébreux, grecs et latins au nombre de 499, et le second volume les versions en différentes langues. On a publié plus tard : *The Auction Catalogue of the library of the duke of Sussex*, London, Evans, 1844-45, 5 part. in-8.
— Egyptian mummies, 29088.—Medical portrait Gallery, 30545.

PETTY (sir *William*). Hibernia delineata, quoad hactenus licuit perfectissima. (*Londini*, 1685), in-fol., 36 cartes avec un frontisp. et un portrait de Petty par Edwin Sandys. [27475]
Rare et recherché : 9 liv. Heber; 7 liv. 10 sh. Horner, et sans le portrait, 3 liv. 3 sh. Bindley.
— HISTORY of the Survey in Irland commonly called the Down Survey. A. D. 1665-66. Edited from the original Mss. *Dublin (Irish archæological Society)*, 1851, pet. in-4.
Les autres ouvrages de cet auteur sont indiqués dans le Manuel de Lowndes, nouv. édit., pp. 1844-45.

PEUCER (*Gaspard*). Les devins ou commentaire des principales sortes de devination : distingué en quinze liures esquels les ruses et impostures de Satan sont decouuertes, solidement refutées et separées d'auec les sainctes propheties et d'auec les predictions naturelles : ecrit en latin par Gaspar Peucer, tres docte philosophe, mathematicien et medecin de nostre temps : nouuellement tourné en François par S. G. S. (Simon Goulard, Senlisien). *Lyon, Barth. Honorati*, 1584, in-4. 12 à 15 fr. [9008]
De tous les ouvrages de ce savant fécond, c'est celui-ci qui a eu le plus de succès. Le texte latin a pour titre : *Commentarius de præcipuis divinationum generibus*. On en compte au moins sept éditions depuis celle de Wittemberg, 1553, jusqu'à celle de Francfort, 1607, in-8. ; plusieurs sont de format in-4.
Nous avons sous les yeux une édit. de la traduction française, in-4. sous le même titre que l'édit. de Lyon, mais ayant pour adresse, *en Anvers, par Hedvdrick Connix*, 1584; elle a 6 ff. prélim., 653 pp. de texte, plus un indice des choses plus remarquables commençant au verso de cette dernière page, et finissant au recto du 3e f. du cah. *Qqq* par un errata occupant quatre colonnes, suivie d'un f. tout blanc. Niceron soupçonnait que c'était la même que celle de Lyon, avec un autre frontispice.

PEUPLES (les) de la Russie, ou description des mœurs, usages et coutumes des diverses nations de l'empire de Russie (par le comte Charles de Rechberg, texte revu par M. Depping), accompagnée de figures coloriées. *Paris, imprimerie de Colas (Treuttel et Würtz)*, 1812, 2 vol. in-fol. [22753]
Chaque volume de cet ouvrage est orné de 48 pl., et a coûté 600 fr.; — avec les figures entièrement coloriées à la main et en couleurs fines, 1200 fr.; mais ces prix sont tellement réduits que l'exemplaire de Depping a été donné pour 94 fr.
Le catalogue J.-A. Stargart, *Berlin*, 1860, annonçait comme devant être publié dans quelques mois :
LES PEUPLES de la Russie. Aperçu ethnographique et statistique de l'empire russe. 61 grandes planches color. 1 carte ethnogr. et 200 pp. gr. in-fol. richement relié. Et ajoutait : « Un des plus magnifiques ouvrages qui existent ». 150 thl.

PEURBACH. Voy. PURBACH.

PEUTINGER (*Conrad.*). Romanæ vetustatis fragmenta, in Augusta-Vindelicorum et ejus diœcesi. — *Anno* M. D. V.... *Erhardus Ratdolt augustensis impressit*, in-fol. de 7 ff. [30002]
Première édition de ce précieux fragment, et l'un des plus anciens livres d'antiquité que l'on ait publiés. L'exemplaire imprimé sur VÉLIN, avec un titre en or sur le recto du 2e f., qui est porté dans la *Biblioth. harl.*, a été acheté 65 fr. chez Mac-Carthy, pour la Bibliothèque impériale.
Il a paru une seconde édition du même fragment à Mayence, en 1520, à la suite des *Collectanea* d'Huttichius (voy. HUTTICHIUS), et plus tard une troisième sous ce titre :
INSCRIPTIONES antiquæ Augustæ-Vindelicorum, duplo auctiores quam antea editæ, et in tres partes tributæ, cum notis Marci Vesleri Matthæi F. Aug.-Vind. — *Venetiis, apud Aldum*, CIƆ. IƆ. XC. (1590), in-4. de 42 ff., un f. d'*addenda* et un de catalogue.
— SERMONES convivales Conradi Peutingeri : de mirandis Germaniæ antiquitatibus. — *Joannes Prüss*

Peucer (*M.-D.*). Lexicon vocum synonym., 10719.

Peuchet (*Jacq.*). Lois sur la police, 2793; — Statistique de la France, 23151.

in œdibus Thiergarten Argentinœ imprimebat. Mathias Schurer recognovit (1506), in-4. [26338]
Cet opuscule a été réimprimé à *Strasb.*, en 1530, in-4.; à *Iena*, en 1684, in-8., et avec *C. Peutingeri de inclinatione imperii fragmentum, et XIV epistolœ anecdotœ : recudi fecit atque edidit G.-W. Zapf*, Aug.-Vindel., Bürglen, 1789, in-8.
— QUORUNDUM jurisscientia illustratorum judicium. *Viennœ, Victor*, 1529, in-4. de 8 ff.
Cette pièce était presque inconnue lorsqu'elle a été réimprimée dans le *Neuer litterar.* Anzeiger, 1807, p. 791 (Ebert, n° 16553).

— Fragmenta tabulæ antiquæ, in quis aliquot per Rom. provincias itinera. Ex Peutingerorum bibliotheca. Edente, et explicante Marco Velsero Matthei F. Aug.-Vind. *Venetiis*, 1591, *apud Aldum*, in-4. [19564]

Opuscule de 60 pp., avec 2 ff. contenant un index, un court errata, suivi d'un catalogue, et de plus 2 cartes géographiques gravées sur bois. C'est la première édition de cet ouvrage si précieux pour la géographie ancienne, mais elle n'en présente que quelques fragments.

— Peutingeriana tabula itineraria, quæ in Augusta bibliotheca Vindobonensi nunc servatur, accurate exscripta a Fran. Christ. de Scheyb. *Vindobonæ, Trattner*, 1753, gr. in-fol. 30 à 36 fr.

Belle édition, enrichie de 12 planches qui reproduisent pour la première fois l'original dans sa véritable dimension. Le prix était de 18 thl. (65 fr.)
— TABULA itineraria militaris romana antiqua theodosiana et peutingeriana nuncupata, quam... manu sua in æs incidit et primus in Italia edidit Joh.-Domin. Podocatharius Christianopulus. *Æsi in Picenis, typis Vincentii Cherubini*, 1809, in-fol. de 36 et 68 pp., avec 12 cartes en travers.
Cette édition contient une copie fidèle des cartes de la précédente, mais le texte de Scheyb y a été remplacé par un nouveau travail de l'éditeur; elle se trouve difficilement en France : 18 fr. Reina.
— TABULA itineraria peutingeriana primum æri incisa et edita a Franc.-Christoph. de Scheyb, 1753; denuo cum codice collecta, emendata et nova Conr. Manerti introductione instructa. *Lipsiæ, Hahn*, 1824, in-fol. avec 12 pl. 36 fr.

— Orbis antiquus. Voy. KATANCSICH.

PEVERONE di Cuneo (*Gianfrancesco*). Due facili trattati, il primo d'Arithmetica, l'altro di geometria. *Lione, Giov. de Tornes*, 1558, in-4. fig. [7800]

47 fr. Libri, en 1857, et *mar. br.* 1 liv. 11 sh. en 1859.
Réimprimé à Lyon, chez de Tournes, en 1581, in-4., fig. 21 fr., quoique taché, Libri-Carucci.

PEYRAT (du). Voy. DU PEYRAT.

PEYRE (*Mar.-Jos.*). OEuvres d'architecture. *Paris*, 1765, in-fol. fig. [9930]
Il a paru, en 1795, une nouvelle édition de cet ouvrage : 18 fr.; le supplément, pour compléter la première, coûtait 6 fr.

PEYRE (*A.-F.*). OEuvres d'architecture. *Paris, F. Didot*, 1818-1820, in-fol., avec 81 pl. [9931]

Publié en 4 cah. au prix de 15 fr. chacun : vend. complet 20 fr. Hurtault.

PEYRERE (la). Voy. LA PEYRERE.

PEYRILHE. Voy. DUJARDIN.

PEYRON (*Amedeus*). Notitia librorum manu typisve descriptorum, qui, donante abbate Thoma Valpergo Calusio, illati sunt in bibliothecam regii Taurinensis athenæi, bibliographica et critica descriptione illustravit, anecdota passim inseruit A.Peyron. *Lipsiæ, Weigel*, 1822, in-4. 9 fr. — Pap. vél. 15 fr. [31506]
— PAPYRI græci Taurinensis Musei ægyptii, editi atque illustrati ab Amedeo Peyron. *Taurini*, 1826 et 1827, in-4. de 180 et 80 pp., fig. 12 fr. [30204]
Les *Papyri* de la collection Drovetti sont au nombre de treize; le volume ici décrit renferme le texte et la version lat. des deux premiers. A.-J. Letronne en a donné l'analyse dans le *Journal des Savans*, octobre 1827 et février 1828.
— PAPIRI greco-egizi di Zoide, dell' imperiale reg. Museo di Vienna, illustrati da Amedeo Peyron. *Torino*, 1828, in-4. de 43 pp. fig. [30205]
Les deux opuscules précédents et celui-ci sont extraits des tom. XXXI, XXXII et XXXIII des Mémoires de l'Académie de Turin.
— PAPIRI greci del Museo britannico di Londra e della Biblioteca vaticana, tradotti ed illustrati da A. Peyron, 1841, in-4. [30205]
Extrait du 3ᵉ volume de la 2ᵉ série des Mémoires de l'Académie de Turin.

— Lexicon linguæ copticæ, studio Amedei Peyron. *Taurini, typogr. regia*, 1835, gr. in-4. de 497 pp. 25 fr. [11937]
— GRAMMATICA linguæ copticæ : accedunt additamenta ad lexicon copticum. *Taurini*, 1841, in-8. 9 fr. [11935]
— Origine dei dialetti greci, 10673. — Antica e nova Grecia, 27932.

PEYSSONNEL (*Charles* de). Observations historiques et géographiques sur les peuples barbares qui ont habité les bords du Danube et du Pont-Euxin. *Paris*, 1765, in-4. 8 à 12 fr. [26499]
— Commerce de la mer Noire, 4127. — Voyage dans les régences de Tunis et d'Alger, 20836.

PEZ (*Bernardus*). Thesaurus anecdotorum novissimus, sive veter. monumentorum, præcipue ecclesiasticor., ex Germanicis potissimum adornata collectio novissima. *Augustæ-Vindelicor.*, 1721-29, 14 tom. en 5 vol. in-fol. [827]
Cette collection n'est pas fort estimée; mais comme on la trouve difficilement, elle conserve quelque valeur : 70 à 80 fr.; vend. même 115 fr. en 1840.
— Le 5ᵉ vol. en 2 part. contient *Codex diplomatico-historico epistolaris*, sous la date de 1729. Il est compté pour le 6ᵉ vol. lorsque la collection renferme l'ouvrage intitulé : *Magni Gerhohi commentarius aureus in Psalmos et Cantica ferialia, opera et studio Bern. Pez*, 1728, lequel tient lieu du 5ᵉ volume.

Le même éditeur a publié un autre recueil intitulé : *Bibliotheca ascetica antiquo-nova*, Ratisbonnæ, 1723-33, 10 vol. in-8.

PEZ (*Hieron. et Bern.*). Scriptores rerum austriacarum veteres ac genuini. *Lipsiæ,* 1721-25, et *Ratisbonæ*, 1745, 3 vol. in-fol. 30 à 36 fr. [26464]

PEZAY (Masson de). Histoires des campagnes du maréchal de Maillebois en Italie, pendant les années 1745 et 46. *Paris, imprimerie royale,* 1775, 3 vol. in-4. et atlas in-fol. [8731]

Ouvrage recherché, et dont les exemplaires sont rares : il se vendait 200 fr. et plus pendant nos dernières guerres en Italie, mais il est moins cher aujourd'hui.
On trouve quelquefois l'atlas séparément : 40 à 50 fr.; le texte a peu de valeur.

PEZRON (*Paul*). Histoire évangélique, confirmée par la judaïque et la romaine. *Paris,* 1696, 2 vol. in-12. [243]

Assez estimé : 6 à 9 fr.

— Antiquités de la nation et de la langue des Celtes. *Paris,* 1703, in-12. [23163]

Ouvrage systématique, mais recherché et peu commun : 8 à 10 fr.; vend. 19 fr. 50 c. *m. viol. tab.* Renouard, en 1805.
Pour l'*Antiquité des temps* par le même auteur, voyez les n°s 21214-16 de notre table.

PEZZI. La vigna del Signore, nella quale si dichiarano i sanctissimi sacramenti et si descrivono il paradiso, il limbo, il purgatorio e l' inferno : del R. D. Lorenzo Pezzi da Cologna; con le figure in rame del Vecchio e del Nouo Testamento. *Venetia, Girolamo Porro,* 1589, in-4. de 127 pp., lettres romaines. [1395]

Opuscule catéchétique, bien imprimé et orné d'un frontispice, du portrait de l'auteur et de 17 pl. gravées par Porro. Il est peu commun en France. Vend. 50 fr. en avril 1845; 28 fr. Riva.

PFEFFEL (*Jo.-And.*). Voy. SCHEUCHZER.

PFEFFEL (*Christian-Fred.*). Abrégé chronologique de l'histoire et du droit public d'Allemagne. *Paris, Delalain,* 1776, 2 vol. in-4. 15 à 18 fr. [26386]

Troisième édition fort améliorée d'un ouvrage qui, malgré l'injuste critique qu'en a faite Grimm dans sa Correspondance, continue d'être recherché. — Un exempl. en pap. de Hollande, vend. 50 fr. Caillard, et 60 fr. *mar. r.* Labédoyère. — L'édition de Paris, 1777, en 2 vol. pet. in-8., est également bonne.
— Droits du Pape sur Avignon, 24829.

PFEFFEL (*T.-C.*). Fables et poésies choisies de Pfeffel, trad. de l'allemand par M. Paul Lehr. *Strasbourg, Silbermann et Derivaux* (et *Paris, L. De Bure*), 1840, gr. in-8. 15 fr. [15576]

Edition de luxe, avec encadrements en couleur, cinq titres en or et en couleur, cinq gravures sur bois, initiales et autres ornements.
La 4e édition du texte allemand des poésies de ce poëte alsacien a été impr. à Tubingue, de 1803 à 1810, en 10 vol. pet. in-8.

PFEIFFER (*A.-F.*). Ueber Bücherhandschriften überhaupt. *Erlangen, Palm,* 1810, in-8. 1 thl. [30195]

Ebert recommande cet ouvrage comme le meilleur qui, avec celui de Mannert, ait paru en Allemagne sur la diplomatique. Le petit traité de Cr. Mannert a pour titre : *Miscellanea meist diplomatischen Inhalts,* Nüremberg, Schneider, 1795, in-8. fig. [30194]

PFEIFFER (*Karl*). Systematische Anordnung und Beschreibung deutscher Land- und Wasserschnecken, mit besonderer Rücksicht auf die bisher in Hessen gefundenen Arten. *Berlin, Schüppel,* 1822, *und Weimar, Ind.-Compt.,* 1825 et 1828, 3 part. in-4. pl. color. [6135]

Chaque partie de cet ouvrage est ornée de 8 pl. color. La prem. coûtait 7 thl. 12 gr. La deuxième, qui porte ce nouveau titre : *Naturgeschichte deutscher Land- und Süsswasser-Mollusken,* 6 thl., ainsi que la troisième partie, à la fin de laquelle se trouve une nomenclature de tous les mollusques d'Allemagne décrits par l'auteur, au nombre de près de 200 espèces.

PFEIFFER (*Ludov.*). Monographia Heliceorum viventium, sistens descriptiones systematicas et criticas omnium hujus familiæ generum et specierum hodie cognitarum. *Leipzig, Brockhaus,* 1847-48-59, 4 vol. in-8. 80 fr. [6184]

— MONOGRAPHIA Pneumonoporum viventium, sistens descriptiones systematicas et criticas omnium hujus ordinis generum et specierum hodie cognitarum, accedente fossilium enumeratione. *Casselis, Fischer,* 1852, in-8. 14 fr. [6135]

— NOVITATES conchologicæ. Abhildung und Beschreibung neuer Conchylien. *Cassel, Fischer,* 1854-59, in-4., livr. 1 à XI avec 33 pl. lith. color. (Texte allemand et français.) Chaque livr. 5 fr.

— Voy. PHILIPPI (*R.-A.*).

— MONOGRAPHIA Auriculaceorum viventium, sistens descriptiones systematicas et criticas omnium hujus familiæ generum et specierum hodie cognitarum, nec non fossilium enumerationem : Accedente Proserpinaceorum nec non generis Truncatellæ historia. *Casselis, Fischer,* 1856, in-8. 8 fr.

PFINTZING (*Melch.*). V. TEWRDANNCHT.

PFISTER (*J.-C.*). Histoire d'Allemagne, depuis les temps les plus reculés jusqu'à nos jours, d'après les sources; traduit de l'allemand par M. Paquis. *Paris, Beauvais,* 1835-38, 11 vol. in-8. 36 fr. [26391]

Le texte allemand a paru à Hambourg, de 1829 à 1835.

PFNOR (*R.*). Recueil d'estampes relatives à l'ornementation des appartements aux

---

XVIᵉ, XVIIᵉ et XVIIIᵉ siècles, publiées sous la direction et avec un texte expli- catif par M.-H. Destailleur, et gravées en fac-simile par Rodolphe Pfnor, Carresse et Riester, d'après les compositions de Ducerceau, Lepautre, Daniel Marot, Bérain, Meissonnier, etc. *Paris, Rapilly*, 1858 et années suiv., in-fol. [10051]

En 12 livr. de 6 pl.; chaque livr. 6 fr. Le texte n'a pas encore paru (juillet 1862), mais nous en avons vu 16 feuilles. Il doit aussi être publié à part dans le format in-8., et sous un titre particulier.

, — Monographie du château de Fontainebleau, dessinée et gravée par Rodolphe Pfnor, accompagnée d'un texte historique et descriptif par Champollion-Figeac. *Paris, A. Morel*, in-fol. 1859.

L'ouvrage se composera de 75 liv. in-fol. contenant chacune 2 planches gravées. 51 liv. sont en vente. Prix de chacune, 4 fr.

— MONOGRAPHIE du château de Heidelberg, par Rodolphe Pfnor, accompagnée d'un texte historique et descriptif par Daniel Ramée. *Paris, A. Morel*, 1858-59, in-fol. 24 pl. 50 fr. [9964]

PHÆDRUS. Phædri Aug. liberti fabularum æsopiarum lib. V; nunc primum in lucem editi (a Petr. Pithœo). *Excudebat Augustobonæ-Tricassium Joan. Odotius*, 1596, pet. in-12 de 70 pp. en tout. 24 à 36 fr. [12523]

Première édition, assez rare et fort recherchée : vend. 51 fr. Mercier de Saint-Léger, et jusqu'à 130 fr. (très-bel exempl. *rel. en mar. à compart. par Lewis*) Chateaugiron.

Dans l'exempl. de ce livre que nous avons sous les yeux, le texte finit au milieu de la p. 67, où commencent des variantes (*Vetustiss. codicis scriptura*) qui occupent encore les p. 68 et 69 non chiffr. Le verso de cette dern. page contient un extrait du *Privilége du Roy*, accordé pour six ans à Pierre Pithou, et cédé par celui-ci à Jean Oudot, imprimeur ; mais il paraît que ces variantes ne se trouvent pas dans tous les exemplaires. Les mots *nunc primum in lucem editi*, qui ne conviennent qu'à l'édit. de 1596, se lisent aussi sur le titre d'une édition de *Paris, Cramoisy*, 1629, in-16.

— Fabularum æsopiar. libri V, nuper a P. Pithœo primum editi, et jam emendati atque illustrati a Cunrado Rittershusio : accessere in easdem fabulas spicilegium Casp. Schòppii, et alia quae plurima. *Lugd.-Batavor., ex officina plantiniana (Raphelengii)*, 1598, pet. in-8. de 191 et 55 pp. et 8 ff.

Édition tout aussi rare que la précédente, mais beaucoup moins chère. La 2ᵉ partie, qui contient *Symposii ænigmata* et *Gabriæ fabulæ*, n'est pas dans tous les exemplaires. En 1610, on a fait reparaître cette édition sous un nouveau titre, et avec l'addition des notes de J. Meursius.

— Fabularum æsopiarum libri V. Nic. Rigaltius recensuit et notis illustravit. *Lu-*

Phædri epicurei, de natura Deorum fragmentum, 3550.

tetiæ, *Ambr. Drouart,* 1599, pet. in-12. 3 à 4 fr.

Un exemplaire en *mar. r.* aux armes de J.-A. de Thou, à qui l'édition est dédiée, et qui paraissait être en gr. pap., a été vendu 18 fr. Villoison, et ensuite 150 fr. Renouard. La même édit. sous la date de 1600, et rel. en *mar. r.*, s'est donnée pour 4 fr. 25 c. à la vente Parison.

— FABULARUM æsopiarum libri V (cum notis Nic. Rigaltii). *Oliva Roberti Stephani (Parisiis)*, 1617, in-4.

Jolie édition contenant les variantes du manuscrit de Reims, qui a péri dans un incendie en 1774; elle est exécutée en noir et rouge : 5 à 6 fr.

— EÆDEM Fabulæ, notis perpet. illustratæ, et cum integris alior. observat. in lucem editæ a Joan. Laurentio. *Amstelodami, Waesberge*, 1667, in-8.

Cette édition, peu correcte, n'est recherchée que par rapport aux fig. dont elle est ornée. Il faut voir si la planche libre de la page 276 n'est pas gâtée; car il est certain que dans plusieurs exemplaires cette planche se trouve ou tachée d'encre ou grattée. 6 à 10 fr. Vend. 26 fr. *m. bl.* d'Ourches; 40 fr. *mar. r. tab.* F. Didot, et 46 fr. Labédoyère. 99 fr. 50 c. *mar. r.* par Boyet, De Bure.

— FÆDEM, interpretat. et notis illustravit Petrus Danetius, in usum Delphini. *Parisiis, Leonard,* 1675 seu *Barbou*, 1726, in-4. 3 à 5 fr.

Peu estimé.

— FABULARUM æsopiar. libri V, cum integris commentariis Marq. Gudii, Conr. Rittershusii, N. Rigaltii, N. Heinsii, J. Schefferi, J.-L. Praschii et excerptis aliorum ; curante Petro Burmanno. *Amstelod., Wetsten.*, 1698, in-8. 4 à 6 fr.

La meilleure édition de Phèdre qui eût paru jusqu'alors. Les notes, qui ont une pagination particulière manquent, dans une partie des exemplaires. — Ce vol. a été réimpr. à La Haye, chez Scheurleer, en 1718 , in-8., et cette réimpression a reparu en 1728, avec un nouv. titre portant pour adresse *Lugd.-Batav., Luchtmans.*

— Fabularum æsopiar. libri V, notis illustravit in usum principis Nassavii D. Hoogstratanus : accedunt duo indices. *Amstelodami, Halma*, 1701, in-4. fig.

Edition fort soignée sous le rapport de la métrique, et contenant un bon choix de notes; mais ce qui la recommande particulièrement, ce sont les belles gravures, au nombre de 18 (non compris le frontispice et le portrait), dont elle est ornée : 15 fr. ; — Gr. Pap. 24 à 40 fr.; 65 fr. *m. bl.* Caillard ; 63 fr. *mar. r.* Labédoyère ; 54 fr. *v. f.* Hebbelynck.

— FABULÆ, cum Avieni fabulis (edente Mich. Maittaire). *Londini, Tonson*, 1713, in-12. 2 à 3 fr. ; — Gr. Pap. 9 à 12 fr.

— FABULÆ, cum novo comment. Pet. Burmanni (et epistola critica Fr. Hare in Bentleium). *Leydæ*, *Luchtmans*, 1727, in-4.

Edition fort estimée, surtout à cause de la préface critique contre Bentley : 6 à 10 fr.; vend. en Gr. Pap. *mar. citr.*; 30 fr. Caillard ; 42 fr. *m. r.* Jourdan ; 110 fr. Mac-Carthy.

Le Phèdre de Rich. Bentley a été imprimé à la suite du Térence, *Cantabrigiæ*, 1726, in-4. et réimpr. à *Amsterd.*, 1727, même format (voy. TERENTIUS); il a donné lieu à une lettre critique contre l'éditeur, *Londini, Tonson*, 1726, in-4. de 150 pp. Cette lettre curieuse a été réimprimée en 93 pp. à la suite du Phèdre dans l'édition de 1727, ci-dessus, et cette réimpression a paru aussi séparément.

— PHÆDRI Fabulæ et Pub. Syri Sententiæ. *Parisiis, e typogr. reg.*, 1729, in-24. 3 à 4 fr. ; — Gr. Pap. 4 à 6 fr.

Cette jolie édit., exécutée en très-petits caract., est ordinairement jointe à l'*Horace* du même format, également sorti des presses royales.

On a tiré quelques exempl. du Phèdre sur VÉLIN :
vend. 131 fr. Gouttard ; 100 flor. Crevenna ; 96 fr.
Méon ; 162 fr. Mac-Carthy.

Il y a sous la même date une réimpression un peu
moins bien imprimée, et c'est cette réimpression
qui a été tirée en Gr. Pap.

— PHÆDRI Fabulæ, cum notis variorum curante
P. Burmanno, *Lugduni-Batav., Luchtmans*, 1745,
in-8. 8 à 10 fr.

Réimpression de l'édition de 1718, in-8., mais avec
l'index de l'édition de 1727, in-4.

— FABULÆ. Ad mss. codd. et optimam quamque
editionem emendavit Steph.-Anl. Philippe (accedunt Fl. Aviani Fabulæ, et L.-An. Senecæ ac P. Syri
Sententiæ). *Parisiis (Simon), sumpt. J.-A. Grangé*,
1748, in-12, fig. 2 à 3 fr., et plus en pap. de Hollande.

La seconde partie contenant *Avianus, etc.*, sous la
date de 1747, n'est pas dans tous les exempl. Il s'en
trouve avec un titre à l'adresse de *Barbou*, et sous
la date de 1754.

L'édition de Phèdre, *Parisiis, Coustelier*, 1742,
in-12, fig., impr. par Quillau, donnée par l'abbé Le
Mascrier, est assez belle, mais moins correcte que
la précédente. Il en a été tiré des exempl. en pap.
de Hollande.

— EÆDEM. *Londini, Brindley*, 1750, in-18. 2 fr.

— EÆDEM, ex recensione P. Burmanni. *Glasguæ,
Foulis*, 1751, in-8. 2 à 3 fr.

— EÆDEM, ex recens. Cuningamii ; acced. P. Syri et
aliorum veter. Sententiæ. *Edinburgi, Hamilton et
Balfour*, 1757, pet. in-8.

Assez belle édition, réputée sans faute typographique :
3 à 5 fr.; vend. 15 fr. Gr. Pap. *m. r.* Belin ; 22 fr.
F. Didot.

— FABULÆ, L.-Annæi Senecæ ac Publii Syri Sententiæ.
Aureliæ, Couret de Villeneuve, 1773, in-24. 3 fr.

— FABULÆ, cum notis variorum, curante Pet. Burmanno. *Lugd.-Batav.*, 1778, in-8. 8 à 10 fr.

Simple réimpression de l'édition de 1745.

— FABULÆ, cum notis et supplementis Gabr. Brotier :
accesserunt parallelæ J. de La Fontaine. *Parisiis,
Barbou*, 1783, in-12.

Bonne édit. : 4 à 5 fr. — Pap. fin d'Annonay, 5 à 7 fr.

— Fabulæ, recognovit, varietatem lectionis et commentarium perpetuum adjecit
J.-G.-S. Schwabe, accedunt Romuli
fabularum æsopiarum lib. IV. *Bruns-
wigiæ*, 1806, 2 vol. in-8. fig. 12 fr. ; —
Pap. fin, 16 fr. — Pap. vél. 24 à 36 fr.

Très-bonne édition qui a entièrement effacé celle de
Halle, 1779-81, 3 part. en 1 vol. in-8., donnée par
le même savant éditeur.

— PHÆDRI Fabulæ veteres, ex recensione Fred.-Henr.
Bothe : accesserunt Fabulæ novæ, ædente J.-A.
Amar. *Parisiis, Lefèvre*, 1821, gr. in-32, pap. vél.
2 fr., et plus en Gr. Pap.

— PHÆDRI, Aviani, aliorumque veterum Fabulæ ;
Syri Sententiæ; Catonis Disticha moralia et Symposii
Ænigmata. *Londini, Rodwel et Martin*, 1823, gr.
in-18, pap. vél. 3 fr.

De la collection du Régent.

— PHÆDRI Fabulæ æsopicæ, ex editione J.-G.-S.
Schwabii, cum notis et interpretatione in usum
Delphini, variis lectt. notis varior. et indice locupletiss. accurate recensita. *Londini, Valpy*, 1822,
2 vol. in-8.

Nᵒˢ 38 et 39 de la collection de Valpy.

— Fabularum æsopiarum libri quinque.
*Parisiis, excudebat Julius Didot natu
major*, 1823, gr. in-fol. pap. vél.

Édition de luxe, tirée à 125 exempl. seulement et qui
se vendait 100 fr. Un exempl. sur pap. de Chine
n'a été payé que 15 fr. salle Silvestre, en 1829. Il

en existe un autre sur VÉLIN, lequel a été présenté
à M. Chabrol de Volvic, alors préfet de la Seine, à
qui le livre est dédié. Il est offert pour 500 fr., catalogue Ballieu, avril 1862.

— FABULARUM æsop. libri V quales omni parte illus-
tratos publicavit Jo.-Gottlob.-Sam. Schwabe : accedunt Romuli Fabularum æsopiarum libri quatuor,
quibus novas Phædri fabellas cum notis variorum
et suis subjunxit Joan.-Bapt. Gail. *Parisiis, Lemaire (typis J. Didot)*, 1826, 2 vol. in-8. 10 fr.

— FABULARUM æsop. libros quatuor, ex codice olim
pithœano, deinde peleteriano, nunc in bibliotheca
Lud. Lepeletier de Rosanbo, marchionis, etc., contextu codicis nunc primum integre in lucem pro-
lato, adjectaque varietate lectionis e codice re-
mensi, incendio consumpto, a D. Vincentio olim
enotata, cum prolegomenis, annotatione, indice
edidit Julius Berger de Xivrey. *Parisiis, F. Didot*,
1830, gr. in-8. pap. vél. 15 fr.

Belle édition tirée à 200 exempl. seulement. La préface est écrite en français et occupe 86 pp.

— FABULÆ æsopiæ. Prima editio critica cum integra
varietate codd. pithœani, remensis, danielini, pe-
rottini et editionis principis, reliqua vero selecta :
accedunt Cæsaris Germanici Aratea ex fide codd.
basil., hern., einsiedl., freiberg., ed. venetæ 1488
emendata et suppleta : Pervigilium Veneris ad
codd. Salmas. et Pith. exactum ab Jo.-Gasp. Orellio ; editio 2ᵃ aucta Phædri fabulis novis ab Ang.
Maio redintegratis et P. Syri sententiis xxx Turici
repertis. *Turici, typis Orellii* (1831), 1832, in-8.
6 fr.

— Les Fables de Phèdre, trad. en franç.,
avec le texte à côté (de la traduction de
MM. de Port-Royal, retouchée par Camus, prote). *Paris, Didot l'aîné*, 1806,
2 vol. in-18, avec 110 grav. 6 à 8 fr. ; —
Pap. vél. 10 à 12 fr. — Avant la lettre,
15 à 18 fr.

Les figures de cette édition ne sont pas belles. Au
nombre des meilleures traductions françaises de
Phèdre est celle de Lallemant, imprimée plusieurs
fois de format in-12 et in-18.

FABLES complètes de Phèdre, traduites par Auguste de Saint-Cricq, avec le texte en regard. *Paris, Egron*, 1822, in-8. pap. vél.

Tiré à 60 exemplaires, qui n'ont point été mis dans le
commerce. (*Bibliogr. de la France*, 1822, nᵒ 4801.)

— TRADUCTION et examen critique des Fables de
Phèdre comparées avec celles de La Fontaine, par
M. Beuzelin père, ouvrage revu et continué par
M. l'abbé Beuzelin. *Paris, Belin-Mandar*, 1826,
in-8. 7 fr.

— Traduction nouvelle, par M. Ern. Panckoucke.
Paris, Panckoucke, 1834, in-8., avec un fac-simile du ms. de Reims.

Pour différentes traductions anonymes de ces fables,
consultez le *Dictionnaire des anonymes* de A.-A.
Barbier, nᵒˢ 6565-73.

— FABULARUM liber novus, e ms. codice perottino
regiæ bibliothecæ nunc primum edidit J.-A. Cassit-
tus. *Neapoli*, 1808, in-8. de 23 pp., sans l'épître ni
l'index.

Première édition des 32 fables attribuées à Phèdre,
extraites du manuscrit de Perotti ; elle n'a été tirée
qu'à 50 exempl. Cassitto a donné une seconde,
en 1809, dont il a fait tirer 100 exemplaires, et une
troisième à *Naples*, en 1811, in-8. Cette dernière
est augmentée d'une traduction en vers italiens, et
d'une *mantissa ;* le tout forme 274 pp.

— CODEX PEROTTINUS ms. duas et triginta Phædri
fabulas jam notas, totidem novas, sex et triginta
Aviani vulgatas, et ipsius Perotti carmina inedita
continens ; digestus et editus a Cataldo Jannellio,
qui variantes etiam lectiones adposuit ; tum defi-
cientes ac corruptas tentavit. *Neapoli*, 1809, *ex regia typogr.*, in-8.

Cette édition, quoique datée de 1809, ne parut qu'en 1811; elle fut mieux reçue que celles de Cassitto; l'éditeur y a placé ses conjectures dans les notes.

Dans une seconde édition intitulée *Phædri Fabulæ, etc.*, Neapoli, 1811, typ. Dominici Sangiacomo, in-8., précédée d'une dissertation sur Phèdre, et accompagnée d'un nouveau commentaire, Jannelli a fait passer ses conjectures dans le texte. On peut joindre à ces deux éditions les dissertations du même savant sur le *Codex perottinus*, également imprimées à *Naples*, en 1811, in-8., de 330 pp.

Pendant l'année 1812, il a paru en même temps trois éditions de ces fables à *Paris*, 1° chez *Ant.-Aug. Renouard*, in-12 de 42 pp.; 2° chez *H. Nicolle*, avec les anciennes fables et des notes choisies parmi celles des deux éditeurs de Naples, par les soins de M. Chambry, in-8.; 3° de *l'imprim. de P. Didot*, avec les traductions en vers italiens par M. Petroni, et en prose française par M. Biagioli, précédées d'une préface de Guinguené, in-8. Les savants se sont prononcés contre l'authenticité de ces fables. Voyez à ce sujet l'*Examen des nouvelles fables de Phèdre* (par M. Adry), Paris, 1812, in-12.

PHÆMON. Phæmonis veteris philosophi Cynosophion, seu de cura canum liber, gr. et lat., ante hunc diem nusquam alibi excusus, interprete Andrea Aurifabro et cum ejusdem annotationibus. *Vitebergæ, Joh. Lufft*, 1545, in-8. [7719]

Volume rare : vend. 1 liv. Askew, et quelquefois beaucoup moins.

— PHÆMONIS seu potius Demetrii Pepagomeni liber de cura canum singularis e quatuor mss. collatus, rectius versus et notis ac variis lectt... mactus a quatuor viris, Rudberto a Moshaim, And. Aurifabro, Nic. Rigaltio atque And. Rivino. *Lipsiæ*, 1654, pet. in-4. de 4 ff. et 36 pp.

Cette édition est presque aussi rare que celle de 1545. Le texte de cet ouvrage est imprimé sous le nom de Phæmon dans les *Scriptores rei accipitrariæ*, édit. de Rigault (voy. SCRIPTORES); et sans nom d'auteur, avec Gratius Faliscus, édit. de Th. Johnson (voy. GRATIUS).

PHAETON, bergerie tragique des guerres et tumultes civiles, à monseigneur l'illustrissime évêque Saluiati. *Lyon, Antoine de Harsy*, 1574, in-8. ou pet. in-4. de 46 pp. et 8 ff. prélimin. 44 fr. *mar.* de Soleinne. [16302]

Cette pièce rare est de Jean-Baptiste Bellaud, provençal, de qui l'on a aussi :

HYMNE de la Victoire de Monsieur, frère du roy, obtenue entre Jarnac et Chasteauneuf. *Lyon, Ben. Rigaud*, 1569, in-8.

PHALARIS. Phalaridis, Apollonii, Bruti epistolæ (græce, cura Bartholomæi Justinopolitani. *cum privilegio*). *Ex ædibus Bartholomæi Justinopolitani, Gabrielis Brasichellensis, Joannis Bissoli & Benedicti Mangii carpensium (Venetiis)*, M. IID (1498), *xiiii cal. Iulias*, in-4. [18655]

Première édition, très-rare, qui se trouve quelquefois jointe aux Fables d'Esope, imprim. en même temps; elle consiste en 58 ff., à 29 lign. par page, sous les signat. αα—θθ; elle commence, sans titre, par l'épître de B. Justinopolitana à P. Contarenus. Les exempl. qui ne vont que jusqu'au 4° f. de la signature εε ne sont pas complets; il y manque les let-

tres d'Apollonius et de Brutus. Les caract. sont les mêmes que ceux du Suidas de Milan, 1499. Vend., sans l'Esope, 177 fr. Brienne-Laire; 49 flor. Rover; 96 fr. Mac-Carthy; 60 fr. Librairie De Bure, et avec l'Esope, sous la même date, 200 fr. Libri.

Il semblerait, d'après un passage de l'épître dédicatoire, rapporté par Laire, dans l'*Index librorum*, tome II, p. 241, que cette édition devait être accompagnée d'une version latine; cependant on ne la trouve dans aucun exemplaire. — Le texte de ces épistolaires a été réimprimé par Alde l'ancien, dans son recueil publié en 1499 (voyez EPISTOLÆ græcæ).

— Phalaridis epistolæ doctissimæ, gr. ac lat., Tho. Naogeorgo interprete. *Basileæ, Jo. Oporinus*, 1558, in-8. de 253 pp. et 1 f. [18663]

Vend. 6 fr. Soubise, et *non rogné*, 41 fr. en 1829.

— EPISTOLÆ, græce, ex mss. recensuit, versione, annotationibus, vita insuper authoris donavit Car. Boyle. *Oxonii, e Theatro sheld.*, 1695, in-8. 5 à 6 fr.

Texte revu sur des manuscrits, mais sans critique.

Vend. en Gr. Pap. *mar.* 25 fr. Belin; 57 fr. Caillard; 1 liv. 9 sh. Williams. — L'édit. d'Oxford, *e typ. Clarend.*, 1718, in-8., est une simple réimpression de la précédente : 5 à 6 fr.; vend. en Gr. Pap. 72 fr. *mar.* F. Didot; 35 fr. Mac-Carthy; 1 liv. 3 sh. Dent; 1 liv. 18 sh. Williams.

C'est à l'occasion de l'édition de Phalaris, donnée par Boyle, que R. Bentley écrivit sa célèbre dissertation qui parut pour la première fois en 1697, à la suite de la 2° édition de *W. Wotton's reflections upon ancient and modern learning*, London, in-8., et fut, depuis, souvent réimpr. séparément (voyez BENTLEY). La dissertation de Bentley a donné lieu à une polémique qui ne produisit pas moins de douze écrits, dont on trouvera les titres dans le Dictionnaire d'Ebert, n° 16646.

— Epistolæ, gr. quas lat. fecit, et interpositis C. Boyle notis, comment. illustravit Jo.-Dan. a Lennep, mortuo Lennepio finem operi imposuit, etc., L.-C. Valckenaer. = Rich. Bentleii dissertatio de Phalaridis et alior. epistolis et de fabulis Æsopi, necnon ejusdem responsio qua dissertationem de epist. Phalaridis vindicat a censura C. Boyle, omnia ex angl. in lat. convertit J.-D. a Lennep. *Groningæ, Bol*, 1777, 2 tom. en 1 vol. in-4.

Bonne édition : 20 à 24 fr. Les exempl. en pap. fort sont rares. Vend. 3 liv. 10 sh. Drury.

— PHALARIDIS epistolæ, latinas fecit et, interpositis Car. Boyle notis, commentario illustravit J.-D. a Lennep; mortuo Lennepio, finem operi imposuit, præfationem et adnotationes quasdam præfixit L.-C. Valckenaer : editio altera, textu passim reficto correctior, notisque additis auctior. Curavit G.-H. Schæfer. *Lipsiæ, Fleischer*, 1823, in-8. 9 fr.

Réimpression de l'édition de 1777, in-4., mais sans la dissertation de Bentley, qui avait été précédemment imprimée à part.

— Phalaridis epistolæ, per Franciscum Aretinum (Accolti de Arezzo) in lat. translatæ. *(absque nota)*, pet. in-4. de 46 ff. à 29 lign. par page, lettres rondes, sans chiffres, récl. ni signat.

Édition la plus ancienne que l'on connaisse de cette traduction, et qui doit avoir paru à Rome, vers 1470. Le caractère du texte est celui dont Ulric Gallus a fait usage dans les éditions faites par lui avant la fin de 1470, et où il a placé les vers : *Anser Tarpeii custos.* Le caractère employé pour les noms des personnages auxquels sont adressées les épîtres, est le même que les lettres de somme des *Meditationes Joan. de Turrecremata*, de 1467. Le premier f. verso renferme une épître (en 16 lig.) de l'éditeur Campanus au cardinal François Piccolomini *(Quæris quod genus epistolarum, etc.)* ; le second commence ainsi, au recto :

> *Francisci Aretini in Phalaridis Tyranni Agrigentini Epistolas.......*

et après le mot *Proæmium*, formant la 4e ligne, il y a :

> ELLEM MALATESTA NOUEL
> *le Princeps Illustris : tantam mihi*

Voici la dernière ligne du dernier f. recto :

> *Aretinum Translate feliciter Expliciunt.*
> (Bibliothèque impériale.)

On a une autre édition de Phalaris imprimée par Ulric Gallus, également sans nom de ville, d'imprimeur, et sans date ; c'est un gr. in-4. de 36 ff., à 32 lignes par page, avec les mêmes caractères que la précédente : le texte commence au recto du 1er f. par cette ligne :

> *ELLEM Malatesta Nouelle Prïceps il-*

Il finit au verso du 33e f., par celle-ci :

> *liciter Expliciunt.*

Une table, occupant 3 ff., termine le volume. (Bibliothèque impér.)

L'édit. décrite dans les *Ædes althorp.*, II, n° 1215, et annoncée in-fol. de 40 ff., est évidemment la même que celle-ci. M. Dibdin aura donné au texte 37 ff., au lieu de 33 ; elle doit être de l'an 1473, au plus tard.

Voici l'indication de plusieurs autres éditions de la même version, impr. avant 1480, sans nom de ville ni d'imprimeur, et sans date, lesquelles sont rares et assez précieuses :

1° Gr. in-8. de 51 ff., à 27 lignes par page, sans chiffres, récl. ni signat. Edition imprimée en caract. ronds, les mêmes que ceux de *Bartholi de Saxoferrato lectura in Codicem*, de Naples, 1471, par Sixtus Riessinger. Les trois prem. ff., quelquefois placés à la fin, renferment la table des épîtres, sur 2 col. ; le 4e, recto, commence ainsi :

> ELLEM *Malatesta Nouel-*
> *le Princeps illustris : tãtam*

Le verso du dernier f. du texte n'a que 25 lign. ; les trois dernières contiennent la souscription : *Phalaridis Tyrãni Agrigentini , etc.*, disposée comme dans la première édition d'Ulric Gallus, ci-dessus, avec le mot *Explitiunt*, au lieu d'*Expliciunt.* Vend. 122 fr. *mar. bl.* F. Didot (acheté pour la Biblioth. impér.) ; 1 liv. 13 sh. Heber. Un exemplaire dans lequel, à ce qu'il paraît, les 3 ff. de table manquaient , et qui était annoncé comme imprimé par Ulric Han, a été vendu 67 fr. Gaignat ; 270 fr. La Valliere. On trouve dans la *Biblioth. spencer.*, II, p. 234, un fac-simile des neuf premières lignes du texte.

Une autre édition , sans date, in-4., en caractères demi-goth., plus gros que dans la précédente, et avec le nom de l'imprimeur, est imparfaitement décrite dans le 7e volume de la *Biblioth. spencer.*, p. 89. En voici les deux prem. lignes :

> UEM MALATESTA
> *nouelle Princeps illustris tã-*

La souscription finale est en quatre lignes , et suivie des deux mots *Sixtus riessinger*, en gros gothique.

2° In-4. de 49 ff. à 25 lign. par page, sans chiffr., récl. ni signat., impr. vers 1472, en beaux caractères ronds, imprimeur inconnu. Elle commence par ces trois lignes en capitales :

Francisci Arhetini in Phalaridis tyranni agrigentini epistolas proœmium.

et se termine au verso du dernier f. par ce vers :

> *Nunc Phalaris doctum protulit ecce caput.*

Vend. seulement 6 fr. Brienne-Laire.

3° Pet. in-4. de 41 ff. à 30 lignes par page , sans chiffres , récl. ni signat., impr. avec les caract. ronds que Jean Gensberg a employés à Rome, en 1474, dans le commentaire de Calderin sur Martial. Première ligne :

> *Francisci Aretini in phalaridis tirãni*

Dernière ligne (41e f. verso) :

> *tinũ translate. Feliciter absoluta sunt :*

Vend. 61 fr. La Valliere.

4° Pet. in-4. de 53 ff. à 27 lignes par page , sans chiffres, récl., ni signat. , beaux caract. ronds, attribués par Audiffredi à Bartholomé Guldenbech, à Rome, vers 1475, mais plus semblables au *Sacramentale napolitanum*, impr. à Naples, en 1475. Première ligne :

> *Frãcisci Aretini ĩ phalaridis Tirãni Agri-*

Dernière ligne (53e f. recto) :

> *translate feliciter Expliciunt.*

5° Pet. in-4. de 38 ff. à 31 lignes par page, sans chiffres, récl. ni signatures , en belles lettres de somme semblables à celles qu'Etienne Plannck employait à Rome, en 1479. Il commence au recto par ces deux lignes :

> *Francisci Arhetini Phalaridis tiranni Agrigentini epistolas proœmium*

et il finit au verso par ce distique, suivi du registre :

> *Qui modo notus erat nulli : penitusq; latebat.*
> *Nunc Phalaris doctum protulit ecce caput.*

Hain, qui a indiqué assez vaguement la plupart des éditions ci-dessus, en a décrit deux exactement deux autres sous les n°s 12878 et 12879 de son *Repertorium.* L'une, de 26 ff., à 40 lignes par page, caract. rom., sans chiffr., avec signat. L'autre, de 33 ff., à 31 et 32 lignes par page, caract. goth. d'Et. Plannck, à Rome. Il est inutile de nous arrêter, soit à ces deux dern. édit., soit à d'autres peut-être postérieures à celle-ci, et qui n'ont pas de valeur.

— **Phalaridis epistolæ, per Franciscum Aretinum lat. redditæ.** *Tarvisii, Girardus de Lisa*, 1471, pet. in-4. ou in-8. de 62 ff. à 24 lign. par page.

Cette édition, la première avec une date, est impr. en beaux caract. ronds , sans chiffres, récl. ni signatures ; elle commence par cet intitulé, en 4 lign. et en capitales : *Ihesus : Francisci Arhetini in Phalaridis tyranni Agrigentini epistolas prohemium.* On trouve au recto du dern. f. une souscription de quatre vers terminée ainsi :

> *. . . . . . . prĩus nãq; ære girardus*
> *Taruisii hoc rarum lisa notauit opus*
> M. CCCC. LXXI
> TARVISII
> FINIS.

Les mots *Qui modo notus erat nulli ,* qui sont au commencement de ces quatre vers, ont fait croire à plusieurs personnes que l'édition de Trévise était la première des lettres de Phalaris, mais ces mêmes mots se retrouvent dans deux éditions sans date, postérieures à celle-ci, et il est à présumer qu'ils ont été tirés de quelque manuscrit de l'imprimeur Gerard aura suivi. Vend. 20 fr. (très-rogné) MacCarthy ; 61 fr. exempl. médiocre, salle Silvestre, en 1825, et 2 liv. Drury; 2 liv. 2 sh. Libri. Un exemplaire imprimé sur VÉLIN a été acquis par la Bibliothèque impériale.

— Eædem epistolæ. 1471, pet. in-4. de 51 ff. en caractères ronds, sans chiffr., récl. ni signat.

Édition sans nom de ville ni d'imprimeur, mais exécutée avec des caractères qui, selon Panzer, IX, p. 308, ressemblent beaucoup à ceux de Vindelin de Spire. Elle commence au recto du premier f. par ces mots : (F)*Rancisci Aretini in Phalaridis Tiranni Agrigentini Epistole ad ill. prin. Malatestam nouellum de Malatestis proemium cum rubricis.* Ces rubriques (tables) suivent immédiatement, et se terminent au f. 3 verso par le mot *Finis.* Au f. 4 recto commence le *proœmium*, de cette manière :

Ellem Malatesta Novelle Princeps Illustris: tantam mihi...

Enfin au verso du f. 51 se lit la souscription (P)*Halaris Tyranni...* impr. en trois lignes, et suivie de la date MCCCCLXXI. Deo gratias.

— Epistolæ, e græco in latinum translatæ a Franc. (Accolti d' Arezzo) Aretino. = M. Bruti epistolæ a Mithridate collectæ et e gr. in lat. versæ per Raimitium. = Cratis Cynici epistolæ, e gr. in lat. traductæ per Athanasium Constantinopolit. (*Parisiis*), per *Michaelem (Friburger)*, *Martinum (Crantz) et Ulricum (Gering)*, pet. in-4. de 82 ff. à 23 lignes par page.

Édition presque aussi rare que la précédente : 31 fr. La Valliere; 36 fr. Daguesseau ; 18 flor. Crevenna ; 36 fr. en 1824 ; 106 fr. *mar. v.* Riva; 5 liv. Libri, en 1859. Elle est imprimée avec les caractères dont les trois Allemands, qui ont introduit la typographie à Paris, se sont servis dans leur édition de *Gasparini Pergamensis epistolæ*, en 1470. Le premier f. commence par cette ligne :

Francisci Aretini! phalaridis agrigentini.

Les épîtres de Phalaris, y compris la préface du traducteur, occupent 56 ff. ; celles de Brutus, 17 ff., y compris la préface; celles de Cratès le cynique, 9 ff. seulement, et sont terminées au verso du dernier par les 8 vers : *Plura licet summæ dederis...* à la louange de *Mich.* Friburger et de ses associés, vers que précède le sommaire suivant :

Erhardi Vuindsberg Epigrãma ad germanos librarios egregios, michaelem, martinum atȝ udalricum

Les lettres de Cratès le cynique sont au nombre de quinze. J.-F. Boissonade en a retrouvé le texte grec dans le manuscrit 483 de la Bibliothèque impér., ainsi que celui de neuf autres lettres grecques qui portent le même nom et dont on n'avait point de connaissance. Ces vingt-quatre lettres, accompagnées d'une traduct. française et de savantes remarques, ont été imprimées dans le 11ᵉ volume des *Notices et extraits des manuscrits...* publ. en 1827. Le savant helléniste à qui l'on en doit la publication n'hésite point à les déclarer supposées.

— Phalaridis epistolæ, ab eodem Francisco Aretino lat. redditæ. — *Brixiæ, Thoma Ferrando auctore, kalendis septembris*, in-4.

Cette édition est regardée comme un des premiers livres imprimés à *Brescia*, ville dans laquelle l'art typographique était exercé dès 1473. Le volume a 55 ff. et 24 lignes par pages entières; les trois premiers ff. contiennent la préface : *Francisci Aretini... ad Malatestam...* On lit au verso du dern. f. la souscription : *Finis, Brixiæ Thoma Ferrando...* — Vend. 14 sh. Heber; 150 fr. de Bearzi. — Voy. *Biblioth. spencer.*, tome II, p. 232.

— Phalaridis epistolæ. — *Per magistrũ Johannẽ Koelhof Colonie impressa...* in-fol. goth. de 16 ff. à 32 et 33 lignes par page, sans chiffres, récl. ni signat.

Édition antérieure à l'année 1472, époque à laquelle Koelhof a commencé à faire usage des signatures. 15 fr. Brienne-Laire. Hain ne donne que 12 ff. à cet opuscule.

— Phalaridis epistolæ, lat. redditæ. — *In sancto Ursio uincẽ. district.* | *Johannes de reno Impressit* | *Anno Domini* | M.CCCC.LXXV, | *finis*, pet. in-4. à 26 lig. par page.

Ce volume est imprimé en petits caractères ronds ; il a 50 ff. en tout, y compris la préface de Fr. Arétin, qui occupe les trois premiers. — Vend. 25 fr. Gaignat; 2 liv. 2 sh. Pinelli ; 24 fr. *m. r.* Brienne-Laire ; 1 liv. 18 sh. Drury.

— Eædem epistolæ. — *Fœliciter absolute sunt* A. M. CCCC. LXXV, pet. in-4. de 55 ff. à 27 lignes par page, sans chiffres, récl. ni signat.

Édition imprimée avec les caractères ronds de Jean Reynard, imprimeur à Rome : 4 liv. Askew; 101 fr. La Valliere ; 1 liv. 11 sh. Pinelli.

— Eædem epistolæ. — *Nobili in urbe Messana, Per Henricũ alding (circa* 1475), in-4., caract. ronds.

Petit volume de 43 ff. à 29 lignes par page, sans chiffres, récl. ni signat. La souscription est au recto du dern. f., au verso duquel se trouve le registre. Vend. 30 fr. Brienne-Laire ; 36 fr. Trudaine.

— Eædem. — *Opus impssum papie p Francischuȝ de sancto petro Anno dñi Mᵒ ccccᵒ Lxxviiijᵒ. die xxi Agusti* (sic), pet. in-fol. de 34 ff. non chiffr., à 33 lign. par page, lettres rondes.

Ni Panzer, ni Hain n'ont connu cette édition, qui est à la bibliothèque Sainte-Geneviève, à Paris.

— Eædem. — *Hoc opusculum in alma universitate Oxonie a natali Christiano ducentesima et nonagesima septima olimpiade* (1485), *fœliciter impressum est (per Theodorum Rood et Th. Hunter)*, pet. in-4.

Une des éditions les plus rares de cette version de Phalaris. Elle a 88 ff., à 22 lign. par page, avec des signat. de a—m. par 8, excepté e, g, i et m qui sont par 6. Le prem. f., dont le recto est blanc, contient sur le verso : *Carmeliani Brixiensis Poetæ ad lectorem Carmen;* la souscription se lit au recto du dernier f. Vend. 85 liv. 1 sh. Willett.

Un exemplaire sur VÉLIN, de l'édition sans date, imprimée à Florence, par *Ant. Venitianus* (vers 1490), in-4., avec des signat. de a—ciȝ, a été vend. 5 liv. 17 sh. Askew.

— Les Epistres de Phalaris (trad. par Cl. Gruget) et d'Isocrate (trad. par Loys de Matha); avec le Manuel d'Epictete (suivi de sentences des philosophes de Grèce trad. par Ant. du Moulin), le tout trad. de grec en francoys. *Anvers, Christ. Plantin,* 1558, pet. in-12.

La traduction de Phalaris, par Gruget, avait d'abord

été imprimée à Paris, chez Jean Longis, en 1550, pet. in-8.

— LETTRES de Phalaris, tyran d'Agrigente, traduction nouvelle par Benaben. *Angers, an XI* (1803), in-8.

Une autre traduction française de ces lettres par Th. Beauvais, a été impr. à *Paris*, 1797, in-12.

— Epistole di Falaride tradotte dal latino di Fr. Accolti Aretino in volgare da Bartol. Fonzio fiorentino. 1471, in-4.

Vend. 28 fr. Gaignat; 36 fr. *mar. r.* Libri.

Cette édit., imprimée en beaux caractères ronds, contient 64 ff. (dont 1 bl.), à 25 lign. par page; le premier f. renferme la préface, laquelle porte cet intitulé en capitales : *Proemio di Bartolomeo Fontio a Francesco Barocini nella traductione de le epistole de Phalari;* on lit au bas du dernier f. recto la souscription suivante, aussi en capitales : *Phalaris epistolarvm opvs nobilissimvm a Barthio Fontio Florenteno a latino in vvlgarem sermonem tradvctvm feliciter finit.* M. CCCC. LXXI.

— Epistole di Phalari, tradotte in italiano dal frate Andrea Ferabos karmelitano. (*senza loco ed anno*), in-4. de 63 ff. sans chiffres, récl. ni signat.

Édition qui, selon M. Libri, a dû paraître à Naples peu de temps après 1471; elle est dédiée à Ant. Centelli, marchese de Cutrone. 59 fr. *m. r.* en 1847.

Un exemplaire de l'édition de *Florence, Fr. Bonaccorsi*, 1488, in-4., sign. *a—g,* imprimé sur VÉLIN, se conserve dans la biblioth. du comte Spencer.

PHALESIUS (*Petrus*). Hortus musarum, in quo tanquam flosculi quidam selectissimorum carminum collecti sunt ex optimis quibusque auctoribus : Et primo ordine continentur automatæ, quæ Fantasiæ dicuntur; deinde cantica quatuor vocum; post carmina graviora quæ mutetta appellantur; eaque quatuor, quinque et sex vocum; Demum addita sunt carmina longe elegantissima duabus testudinibus canenda, hactenus nunquam impressa, collectore Petro Phalesio. *Lovanii, apud Phalesium...* 1552 (pet. in-4. obl.). [10194 ou 12590]

P. Phalèse a donné, en 1553, une suite de ce recueil sous le titre suivant :

HORTI MUSARUM secunda pars, continens selectissima quædam et jucundissima carmina testudine simul et voce humana vel alterius instrumenti musici adminiculo modulanda, jam recens collecta et impressa.

MUSICA divina a IV, V, VI et VII voci di XIX autori illustri, raccolta da P. Phalesio. *Anversa*, 1623, 5 pàrt. in-4. obl. 86 fr. Libri, en 1857.

Pour d'autres recueils du même genre qu'a imprimés P. Phalèse, voy. CARMINUM.... liber; — CITHARA (nova); — CLEMENS non Papa; — FLORES cantionum; — THEATRUM musicum.

PHANODEMI, Demonis, Clitodemi atque Istri fragmenta, græce, collegerunt et illustr. C.-G. Lenz et C.-G. Siebelis. *Lipsiæ, Schwickert,* 1812, in-8. 2 fr. 50 c. [19382]

Edition critique.

Pharmacopœa universalis, 7663.

PHAVORINUS(*Varinus*).Magnum ac perutile dictionarium, quod quidem Varinus Phavorinus Camers Nucerinus episcopus ex multis variisque auctoribus in ordinem alphabeti collegit, gr. *Romæ, per Zachariam Calliergi,* 1523, in-fol. [10699]

Première édition d'un ouvrage qui fut fort utile lorsqu'il parut, mais que d'autres lexiques plus complets ont éclipsé. La présente édition a des signatures de A—YYY, y compris le frontispice. On en trouve difficilement de beaux exempl. : vend. 69 fr. (en 2 vol. rel. en *peau de truie*) Gouttard; 80 fr. Larcher; 64 fr. 55 c. Bosquillon; 72 fr. en 1824, et beaucoup moins cher depuis.

— DICTIONARIUM magnum illud ac perutile multis variisque ex auctoribus collectum, totius linguæ græcæ commentarius. *Basileæ , R. Chimerinus* (*Winter*), 1538, in-fol. de 4 ff. préliminaires, 1900 pp. et 105 ff. non chiffrés pour l'index.

On doit au savant J. Camerarius cette édition du lexique de Phavorinus, laquelle est encore recherchée à cause des augmentations, et surtout de l'index : 12 à 20 fr.; vend. 32 fr. Bosquillon; 49 fr. *cuir de Russie,* en 1826.

— MAGNUM dictionarium, seu Thesaurus universæ linguæ græcæ, nova hac editione per Ant. Bortoli diligentissime castigatus et copia dictionum auctus. *Venetiis, Bortoli,* αφιβ (1712), in-fol., avec un portrait.

Cette édition a reçu des augmentations, mais le grand index de la précédente y a été remplacé par un autre qui n'occupe que 8 ff.; cependant elle est encore assez recherchée, et ne se trouve pas facilement : 20 à 24 fr.; vend. 4 liv. 10 sh. *cuir de Russie,* Hibbert; 18 sh. seulement Heber.

— IDEM, editio secunda , auctior et emendatior, per Nic. Glycum. *Venet.*, 1801, in-fol. 24 fr.

PHEBUS des deduiz de la chasse des bestes sauuaiges et des oyseaux de proye (par Gaston Phœbus, comte de Foix). — *Cy fine le liure de phebus... imprime pour Anthoine Verard libraire marchant demourant a Paris deuant la rue neufue nostre dame...* (vers 1507), pet. in-fol. goth. de 134 ff. non chiffrés à 2 col. de 42 lign., signat. a—z, fig. sur bois. [10401]

Première édit. de ce livre curieux qui renferme, outre le traité de Gaston Phœbus, en prose, un poëme sur la chasse à l'oiseau et sur la vénerie par Gaces de la Bigne, commençant au recto du 58e f. Au verso du titre se voit une figure sur bois, et au bas commence une pièce de 49 vers adressée à un prince par Verard. Vend. 10 fr. La Valliere; 160 fr. Coulon, et annoncé sous la date de 1497, 5 liv. 7 sh. 6 d. Heber; 302 fr. Huzard; et probablement serait beaucoup plus cher aujourd'hui.

Un exemplaire impr. sur VÉLIN se conserve dans la Bibliothèque royale de Copenhague.

— Le même. — *Cy fine le liure de phebus... imprime a Paris par Jehan treperel... Rue neufue nostre dame* (après 1505), pet. in-fol. goth. de 118 ff., signat. a—v.

Vend. 190 fr. Huzard; 1605 fr. *mar. r.* Chesnet, en 1853; 595 fr. *mar. v.* Veinant; 1250 fr. Solar.

L'édition de *Paris, Ph. le Noir,* pet. in-4. goth. de 64 ff., sign. a—n, sous le titre de *Miroyre de Phebus, des deduictz de la chasse aux Bestes sauuaiges Et des oyseaulx de proye Auec lart de*

*Fauconerie z la cure des bestes et oyseaulx a
cela propice,* a encore de la valeur : vend. 25 fr.
Lamy; 78 fr. Huzard; rel. en *mar. bl.* par Duru,
12 liv. 12 sh. Libri, en 1859 ; autre en *mar. v.* par
Trautz, 220 fr. Solar.

On trouve dans le troisième vol. des *Mémoires sur
l'ancienne chevalerie* de Sainte-Palaye, une longue
analyse du poëme de Gaces de la Vigne ; et dernièrement le texte même de la partie du même poëme
qui se rapporte à la vénerie a été donné par M. le
duc d'Aumale dans un curieux travail intitulé :
*Notes et documents relatifs à Jean, roi de
France,* travail communiqué à la Société des Bibliophiles de Londres et impr. dans le recueil
de la *Philobiblon Society,* vol. II. *London,* 1855-56.
Voir sur ces documents le Bulletin du Bibliophile,
12e série, juin 1856, et 13e série, mars 1857. Ce
dernier article reproduit la partie du poëme qu'a
donnée M. le duc d'Aumale, d'après deux manuscrits qui sont dans sa riche bibliothèque.

— LA CHASSE de Gaston Phœbus, comte de Foix,
envoyée par lui à Philippe de France, duc de
Bourgogne, collationnée sur un manuscrit ayant
appartenu à Jean Ier de Foix; avec des notes et la
vie de Gaston Phœbus, par Joseph Lavallée. *Paris, rue Vivienne,* 37, 1854, gr. in-8. 12 fr.

Edition publiée aux frais et par les soins de M. Léon
Bertrand, directeur du Journal des Chasseurs. La
vie de Gaston Phœbus y occupe LII pp.

PHERECRATIS et Eupolidis fragmenta (gr.); collegit et adnotationes adjecit Mart. Runkelius. *Lipsiæ, Weidmann,* 1829, in-8. de IV et 224 pp. [16074]

Fragments de deux poètes comiques : 5 fr. 50 c. —
Pap. fin, 7 fr. 50 c. A la fin du volume se trouve
un supplément à l'édition des fragments de Cratinus
que le même éditeur a publiée en 1827. — Voyez
CRATINUS.

PHERECYDIS historiarum fragmenta, gr., e variis scriptoribus collegit, commentationem de Pherecyde utroque præmisit, denique fragmenta Acusilai et indices adjecit F.-G. Sturz; editio secunda. *Geræ,* 1798, in-8. 3 fr. [22790]

— Pherecydis fragmenta, græce, e variis scriptoribus collegit, emendavit, illustravit... Frid.-Guil. Sturz, editio altera, aucta et emendata. *Lipsiæ, Cnobloch,* 1824, in-8. de XXVI et 246 pp. 5 fr.

PHILADELPHE (*Eusèbe*). Le réveille-matin des François et de leurs voisins, composé par Eusèbe Philadelphe, cosmopolite, en forme de dialogue. *Edimb. (Genève), de l'impr. de Jacques James,* 1574, 2 part. en 1 vol. pet. in-8. de 19 ff. prélim., 159 et 192 pp. 15 à 20 fr. [23531]

29 fr. *mar. r.* Coste.

Plusieurs bibliographes, et notamment Placcius et
Prosper Marchand, croient que cet ouvrage est de
Nic. Barnaud ou Bernaud. La première des deux
parties dont ce livre se compose avait déjà été
impr. séparément sous le titre suivant :

DIALOGUE auquel sont traitées plusieurs choses
advenues aux Luthériens et Huguenots de la
France; ensemble certains points et avis nécessaires
d'estre sceuz et suiviz. *Basle,* 1573. (à la fin :
*achevé d'imprimer le 12e jour du 6e mois après
la journée de la trahison*), pet. in-8. de 2 ff. et
164 pp.

Cette pièce seule et annoncée comme *inconnue au
P. Lelong* (qui cependant en a parlé sous le n° 5842),
a été vend. 70 fr. *mar. r.* Caillhava ; et depuis 40 fr.
Coste, et 44 fr. Veinant, tandis que les deux parties
réunies et également rel. en *mar. r.* n'ont été
payées que 29 fr. à la vente Coste.

Il n'est pas dit sur le titre de ce dialogue que l'ouvrage
soit trad. du latin, cependant ce n'est effectivement
qu'une traduction du livre intitulé :

DIALOGUS quo multa exponuntur quæ Lutheranis
et Hugonotis Gallis acciderunt; nonnulla item
scitu digna et salutaria consilia adjecta sunt. *Oragniæ,
excudebat Adamus de Monte,* 1573, pet.
in-8. de 4 ff. prélim., 170 pp. et 2 ff. pour l'index.
10 fr. *mar. r.* Mac-Carthy.

Une nouvelle édition de ce même dialogue latin accompagnée
d'un second dialogue, fut ensuite publiée
sous ce titre :

DIALOGI ab Eusebio Philadelpho, cosmopolita, in
Gallorum et cæterarum nationum gratiam compositi,
quorum primus ab ipso authore recognitus et
auctus; alter vero in lucem nunc primum editus
fuit. *Edimburgi, Jac. Jamæus,* 1574, pet. in-8.

Dans la même année parut la traduction française des
deux dialogues, décrite au commencement de cet
article, traduction à laquelle il est bon de réunir la
réponse suivante qu'y fit le parti catholique :

LE VRAY RESVEILLE-MATIN pour la deffense de la
majesté de Charles IX, par Ant. Sorbin. (*sans nom
de ville*), 1574, pet. in-8. [23532]

Ce volume se compose de quatre livres : les trois premiers
dédiés à *l'âme du feu roy Charles IX,* et
le quatrième dédié à Henri III. Les deux dédicaces
sont datées de Lyon, le jour de la Toussaint
1574. L'ouvrage a été reproduit sous cet autre
titre :

LE VRAY RESVEILLE-MATIN des calvinistes et
publicains françois, où est amplement discouru de
l'auctorité des princes et du devoir des subjets envers
iceux. *Paris, Chaudière,* 1576, pet. in-8.

Il est à remarquer que dans les exemplaires qui portent
le nouveau titre, le IVe livre conserve l'ancien
titre daté de 1574.

Avant de terminer cet article, nous dirons que M. E.
Weller, de Zurich, a donné, dans le *Serapeum,*
1858 (pp. 31-32, 46-48, 58-64, 78-80), une notice
curieuse sur les écrits qui se rapportent à la nuit
sanglante de la Saint-Barthélemy.

PHILADELPHUS. Analecta sacra nova et mira, de rebus catholicorum in Hibernia, pro fide et religione gestis, divisa in tres partes. Collectore et relatore T.-N. Philadelpho. *Coloniæ, apud Steph. Rolinum,* 1617-19, 2 vol. pet. in-8. [21524]

L'auteur caché sous le nom de Philadelphus, est
David Rooth, évêque d'Ossory. Le recueil qu'il a
publié sous le titre ci-dessus est un livre rare et
fort recherché en Angleterre : il s'en est vendu un
exemplaire 10 liv. 10 sh. chez Gordon, en 1816, et
un autre en *mar.* 13 liv. 5 sh. Hanrott; 7 liv. 7 sh.
Heber. Le premier volume est en 2 part. Les pages
y sont chiffr. jusqu'à 581, y compris le titre, ainsi
que l'*Elenchus sectionum,* l'*Index rerum* et les
errata, formant 13 ff. non chiffrés. Les pp. 317 et
318, qui sont blanches, se trouvent entre la fin de
la 1re partie et l'*Additamentum* à cette partie, lequel
a un titre séparé et occupe les pp. 319 à 467.
Cet *Additamentum* n'est pas dans la première
édition des *Analecta.* La 2e partie, avec son titre
particulier, commence à la page 467 de ce volume. La 3e partie, *Coloniæ,* 1619, est intitulée :
*De processu martyrii quorumdam fidei pugilium
in Hibernia pro complemento sacrorum analectorum.* Ce titre est suivi d'un avis au lecteur,
d'une préface et d'autres pièces liminaires, occupant

ensemble 37 ff. non chiffrés. Le texte a 315 pp. suivies de 5 autres pages pour l'index. La prem. édition de la première partie, *Colon.*, 1616, pet. in-8. n'a que 245 pp., et est impr. en plus petits caractères que celle de 1617 (Lowndes, 1re édit., pp. 1580, 2e col.).

Il faut réunir à ces *Analecta* la réponse qui y a été faite sous le titre suivant :

REGIMINIS anglicani in Hibernia defensio, adversus Analecten, libri tres : autore Tho. Ryvio J.-C. regis advocato. *Londini, pro Joan. Bartlet*, 1624, in-4. de 68, 64 et 82 pp., non compris 4 ff. prél., pour le titre, la dédicace, l'avis au lecteur et l'errata. Volume très-rare, vend. 4 liv. 4 sh. Bindley ; 6 liv. 10 sh. Gordonston.

PHILALETHES. The History of Ceylon, from the earliest period to the year 1815, with characteristic details of the religion, laws and manners of the people, and a collection of their moral maxims and ancient proverbs, by Philalethes, A. M. Oxon.; to which is subjoined Robert Knox's historical relation of Island, etc. *London, Jos. Mawman*, 1817, 2 tom. en 1 vol. in-4., fig. 20 à 24 fr. [28211]

Vend. 50 fr. *cuir de Russie*, Langlès.
L'auteur, qui a pris ici le nom de Philalethes est, selon les uns, Rob. Fellowes, et, selon d'autres, Stephen Weston (voyez WESTON). La seconde partie de l'ouvrage renferme un extrait de la relation de Knox, dont nous avons parlé au mot KNOX.

PHILANDRE. Le premier livre de la belle et plaisante histoire de Philandre surnommé le gentilhomme, prince de Marseille : Et de Passerose, fille du roy de Naples. *A Lyon, par Iean de Tournes*, 1544, pet. in-8. de 219 pp. en italique, plus 1 f. sur lequel se voit un fleuron. [17091]

Ouvrage dédié à Henri, dauphin de France, par l'auteur qui signe *Jean des Goutes*, et qui, dans des vers adressés au même prince, et placés avant la dédicace, promet trois livres, quoiqu'il n'en donne qu'un seul dans ce volume. L'exemplaire vendu seulement 10 fr. 5 c. chez La Valliere, était taché d'eau. Il serait beaucoup plus cher aujourd'hui.

PHILARET (Mitropolit Moskofski) Zapiski, roukovodst vouïoustchie k osnovatelnomou razoumeniiou Knighi Bytiia. Notices servant à faire bien comprendre le livre de la Génèse, avec une version russe de ce livre. *St-Pétersb., impr. de l'Académie de médecine*, 1819, 3 vol. in-8. [1862]

La première édition de cet ouvrage a paru en 1816. On a du même auteur :

SLOVA I RETCHI. Discours et sermons. *Moscou, Gothier*, 1848, 2 vol. in-8. avec le portrait chromolithographique de l'auteur.
La première édition est de 1844-45.

PHILARET (Episkop Rigski) Istoria rousskoï tzerkvi. Histoire de l'église russe. *Moscou et Riga*, 1847-48, 5 vol. in-12. [21555]

Les 4 premiers volumes ont été réimprimés ; *Moscou et Charkof*, 1847-48, in-12. L'auteur est actuellement archevêque de Charkof.

PHILARGYRII emendationes in Menandrum. Voy. MENANDER.

PHILASTRIUS (*S.*). V. VETERUM Brixiæ episcoporum Opera.

PHILE (*Manuel*). De animalium proprietate carmina iambica ab Arsenio edita, græce. *Venetiis, Stephanus de Sabio*, 1533, in-8. de IV et 38 ff. non chiffrés, signat. a—Eiiii. [12423]

Première édition, devenue rare. Les 4 ff. prélim. renferment le titre tout grec et l'épître d'*Arsenius Moncmbasiæ archiepiscopus Regi Carolo*, en grec et en latin.

Dans l'édition de *Leipzig, And. Schneider*, 1574, in-4. (de 189 pp. et 1 f.) qui renferme la version lat. en vers de G. Bersmann, le texte a été corrigé arbitrairement par J. Camerarius. C'est d'après cette même édition qu'a été faite celle de 1596, *e typographeo Hier. Commelini*, in-8. de 159 pp., moins belle que l'in-4.

— PHILE de animalium proprietate, gr., ex prima edit. Arsenii et libro oxoniensi restitutus a Joan.-Corn. de Pauw, cum ejusdem animadvers. et versione lat. Gregor. Bersmanni. *Traj.-ad-Rhen., Stouw*, 1730, pet. in-4. 8 à 10 fr.

En Gr. Pap. 23 fr. Renouard ; 35 fr. *m. r.* Caillard.
Pour une traduction française de plusieurs morceaux de Phile, voy. PARENT.

— CARMINA græca... omnia in unum, excepto poemate de animalibus, collecta, emendata, lat. interpretata et annotationibus illustrata : accedit ignoti poetæ antiquioris carmen in S. Theodorum, gr. et lat., cura Gott. Wernsdorfii. *Lips., Breitkopf*, 1768, in-8. 6 fr., et plus en pap. fin. [12424]

— Manuelis Philæ Carmina : ex codicibus escurialensibus, florentinis, parisiens. et vaticanis nunc primum edidit E. Miller. *Parisiis, typographia imper.* (chez Franck), 1855-57, 2 vol. in-8. 18 fr.

PHILELEUTHERI lipsiensis emendationes in Menandrum. Voyez MENANDRI reliquiæ.

PHILELEUTHERUS helveticus (Zimmermann). De miraculis quæ Pythagoræ, Apollonio thyanensi, Francisco assisio, Dominico et Ignatio Loyolæ tribuuntur libellus. *Edimburgi*, 1755 (seu 1772), in-8. [8855]

Ouvrage singulier, et assez recherché : 4 à 6 fr. L'édition nous paraît avoir été imprimée en Suisse.
— Celle de *Douai*, 1734, in-8., même prix.

PHILELPHUS. Franc. Philelphi ad Jacobum Ant. Marcellum, patricium venetum et equitem auratum, de obitu Valerii filii consolatio. *Impress. Romæ kal. januarii*, M. CCCC. LXXV, gr. in-4. de 51 ff. signat. a—g. [12951]

Première édition, 48 fr. *m. bl.* Gaignat.
Il y a aussi une édition de *Milan*, 1476, in-4., non moins rare que celle de Rome.

— Orationes et nonnulla alia opuscula (consolatio ad Jac.-Ant. Marcellum; rhetorica Aristotelis et Plutarchi apophthegmata in lat. conversa; epistola de legibus; epistola consolatoria ad Petr.

Justinum; instructione del ben vivere;
introductorium Galeni lat. traductum a
G. Valla), in-4. de 224 ff. à 38 lign. par
page, sign. A—K et a—q. [18956]

Édition sans lieu ni date, mais impr. avec les caractères de Pachel et Scinzenzeler, à Milan, et en 1481,
selon la date que porte l'épître de Philelphe à Sforce
qui se lit à la tête du volume. Vend. 26 fr. *m. r.*
Courtois. — Une autre édit. in-4. du même recueil,
un peu moins ancienne, mais également sans lieu
ni date, a pour titre: *Orationes Fr. Philelphi
cum quibusdam aliis ejusdem operibus;* elle est
moins complète que la précédente; on y compte
182 ff., avec des signat. de *e—z,* et à 40 lign. par
page.

Il a été fait plusieurs réimpressions de ces discours,
savoir: à *Venise,* en 1482, 1491, 1492; à *Brescia,*
en 1488, etc.; dans toutes se retrouve la dédicace
datée de Milan, 1481, mais elles n'ont que fort peu
de valeur.

— Fabulæ. — *Expliciunt fabulæ clarissimi poetæ Philelphi factæ Venetiis
expensis M. C.,* 1480, in-4. goth. de
24 ff. à 30 lign. par page. [16940]

Première édition de ces fables, et la seule même, à
ce que nous croyons, qui ait été imprimée dans le
XVᵉ siècle: vend. 3 liv. (le dernier f. manquant)
Heber.

— Odæ Francisci Philelphi. *Impressit hoc
opus (Brixiæ) Angelus Britannicus,
die iiii julii M. cccc. lxxxxvij,* in-4. de
94 ff. non chiffr., dont 3 de prélimin.
[12557]

Vend. 33 fr. *m. bl.* La Valliere; 39 fr. en 1818.

La prétendue édition de *Brescia, Misintha,* 1496,
in-4., annoncée dans le catalogue de Pâris de Meyzieu, où elle est marquée 75 fr., n'est autre que
celle-ci, laquelle se trouvait rel. avec *Theophili
Brixiani carmina,* impr. en 1496.

— Francisci Philelfi satyrarum hecatosti-
chon prima decas (decades X). — *Impressæ Mediolani... per Christophorum Valdarpher... Anno... millesimo
quadringentesimo septuagesimo sexto,*
pet. in-fol. de 149 ff. non chiffrés, à
35 lign. par page. [12558]

Première édition, très-rare et fort recherchée: vend.
200 fr. Gaignat; 56 fr. salle Silvestre, en 1809;
140 fr. Mac-Carthy; 80 fr. *m. bl.* (un f. encadré)
Chardin; 8 liv. 8 sh. (très-bel exempl.) Heber;
290 fr. de Chalabre (exemplaire acheté 33 liv. à une
des ventes Renouard, à Londres, en 1830); 41 fr.
(*rogné*) Curée.

Le volume commence par ce sommaire, en 2 lignes
impr. en capitales: *Francisci Philelfi satyrarum
' hecatosticon prima decas.* On trouve au verso de
l'avant-dernier f. la souscription relative à la composition de l'ouvrage, datée de M. cccc. XLVIII. Le
dernier f. contient au recto 14 vers de *Calliphinus
Bernardinus,* en l'honneur de Philelphe; la souscription: *Impressæ Mediolani, etc.,* et au verso le
registre des feuilles.

— Satyrarum (decades X). *Venetiis, per Bernardinum vercellensem, jussu Andreæ Torresani de
Asula,* 1502, in-4.

Vend. 13 fr. St-Céran; 90 fr. Mac-Carthy; 104 fr.
Courtois; 14 fr. 50 c. Curée.

— Satyræ centum, distinctæ decem decadibus catho-
licis passim refertæ sententiis: præmissa authoris
vita... ab Egid. Perrino Campano; marginariisque
annotat. ab eodem super additis. *Parisiis, Rob. et*

Joan. Gourmont, 1508, 18 *kal. octobris,* in-4. de
212 ff. non chiffrés.

Vend. bel exempl. *m. r. l. r.* 26 fr. La Valliere.

La vie de Philelphe, annoncée sur le titre de cette
édition, ne se trouve pas dans les exemplaires:
peut-être n'a-t-elle pas été imprimée, ou bien a-t-elle
été supprimée; quoi qu'il en soit, le volume commence par la signat. *b,* et il a deux séries de signatures, l'une de b—&, et l'autre de A—Q.

Au commencement de la 6ᵉ décade des satires de Philelphe se trouve un petit poëme *De liberorum educatione,* consistant en une centaine de vers adressés par l'auteur à son fils Marius; il existe, sous le
même titre, un ouvrage en prose de Maffeo Vegio,
qu'on a confondu avec les vers de Philelphe, et que
l'on a même imprimé plusieurs fois sous le nom de
ce poëte. — Voy. Vegius.

— Mediolanense convivium I et II. (*absque nota*), in-4. caract. rom. [18108]

Édition imprimée à Milan, vers 1498; elle se compose
de 96 ff. non chiffrés, à 28 lignes par page, sous les
signat. A. et a—m. Le premier cah. contient 3 ff.
d'errata, un 4ᵉ f. pour une épître dont voici la
première ligne: *Jo. Franciscus Marlianus Francisco Philelfo sal. d. Pl.* (pièce datée *ex Ticino
cal. sextil.* 1477). Le recto du 5ᵉ f. commence par
cette autre ligne: *Leonardus iustinianus Francisco philelfo suo salutē* (daté *ex Venetiis 5 cal.
Jan.* 1443). L'ouvrage même commence au 7ᵉ f.
recto de cette manière: VM *gravioribus in arti-
bus at.* et il finit au recto du f. 96 par le mot Finis.
Vend. 1 liv. 19 sh. Hibbert; 25 fr. *mar. r.* Libri.

Il y a des exemplaires dans lesquels les trois ff. d'errata sont placés à la fin. Les signatures sont irrégulières et se trouvent tantôt au bas des pages, et
tantôt à la marge latérale.

Réimpr. sous le titre de *Conviviorum libri duo, de
multarum ortu et incremento disciplinarum
plane aurei.* — *Spiris Conradus Histius imprimebat anno* 1508, in-4.

— Dell' immortalita dell' anima in modo
di dialogo di Francesco Filelfo. *In Cosenza per Ottaviano Salamonio de
Manfredonia,* 1478, in-4. [3608]

Opuscule rare, que citent plusieurs bibliographes,
mais que nous n'avons pas vu. C'est une des premières productions typographiques de la ville de
Cosenza, avantage qu'il partage avec un petit poëme
italien que nous avons décrit, II, col. 527, article
Dati (*Gregorio*).

— La vita del sanctissimo Ioanni Battista.
(in terza rima).—*Impressum Mediolani
per magistrum Philippum Mantega-
tium dictum Cassanum opera et impensa Petri Iustini Philelphi die VIII
mensis Martii* M. ID. XCIV (et dans
quelques exemplaires: M. cccc. clxxxxiiii
[*sic*] pour 1494), in-4. de 38 ff., sign. a—e.
[14639]

Fort rare.

— Philelphi epistolarum liber primus (libri
XVI), in-fol. de 245 ff., y compris le
183ᵉ qui est tout blanc. [18728]

Première édition sans chiffres ni signatures, mais
avec des réclames à chaque feuillet; impr. vers
1472, à longues lignes, au nombre de 37 sur les
pages entières, caractères de Vindelin de Spire. Le
premier f. commence par un sommaire en capitales; le verso du dernier, où finit une lettre datée
de Milan, *idus martias* .M. cccc. LXI, ne contient
que 33 lignes et le mot *Finis.* Vend. 200 fr. La Val-

liere; 48 fr. en 1809; 90 fr. en 1811 ; 75 fr. Chardin; 6 liv. 6 sh. Heber.

Il y a plusieurs autres édit. de ces lettres, impr., sans
indication, de 1475 à 1480 (voir Hain, nᵒˢ 12627-53) ;
elles n'ont qu'un prix médiocre.

—Epistolarum familiarium libri XXXVII,
ex ejus exemplari transumpti. *Venetiis,
Gregorius de Gregoriis*, 1502, in-fol.
de 12 ff. prélimin. et 266 ff. chiffrés.

Bonne édition, bien plus complète que les précédentes : vend. 1 liv. 11 sh. 6 d. Pinelli ; 41 flor. Crevenna; 20 fr. *mar. r.* Mac-Carthy, et *mar. à compart.* (exemplaire de Grolier) 10 liv. Dent; 7 liv.
2 sh. 6 d. Hibbert.

L'édition donnée par le même imprimeur, à *Venise*,
1500, in-fol., est également bonne, parce qu'elle
contient aussi 37 livr. ; mais les édit. antérieures
n'en renferment que 16, et par conséquent ne peuvent être recherchées qu'à cause de leur ancienneté. La première, avec date, est de Brescia (*Brixiæ*),
1485, in-fol. de 155 ff. Quant aux éditions postérieures à 1502, quoique complètes, elles ont fort
peu de valeur.

PHILELPHUS. Joannis-Marii Philelphi,
epistolarium, seu de arte conficiendi
epistolas opus. (*absque loci et anni indicatione*), in-4. [18691].

Édition imprimée avec les beaux caract. d'Ulric Gering, vers 1482. Les feuillets n'en sont pas chiffrés,
mais ils portent des signatures de *aij* jusqu'à *z*, et
de A jusqu'à G du second alphabet. Les pages pleines
ont 28 lignes. En tête de l'ouvrage est une lettre de
Louis Mondellus à Octavien Ubaldino, avec cette
date : *Parisii* (sic) *Kl. Maii* 1481 (en toutes lettres), suivie de la réponse d'Ubaldino, en date
d'Urbin, *tertio nonas julii* 1481. Cette dernière
lettre, qui, ainsi que la première, se trouve dans
d'autres éditions du même livre, a fait annoncer à
plusieurs bibliographes cités par Panzer, une édit.
d'Urbin, 1481, in-4., qui n'existe peut-être pas. Deux
vers latins, qui sont à la fin de l'ouvrage, prouvent
que Mondellus en est l'éditeur, et sa lettre dont
nous avons parlé ci-dessus étant souscrite de Paris,
il ne reste nul doute que ce ne soit à Paris qu'ait
été imprimé pour la première fois cet *Epistolarium*. La plus ancienne édition avec date certaine
est celle de *Milan*, par Léonard Pachel et Ulrich
Scinzenzeller, 1484, *tertio calendas maias*, in-4. Il
en existe beaucoup d'autres imprimées postérieurement à cette date, mais elles n'ont point de valeur.

— VITA Dantis Aligherii, edita et illustrata a Dom.
Moreni. *Florentiæ, ex typogr. Magheriana*,
1828, in-8. [30696]

PHILEMON. Lexicon technologicum (gr.)
e bibliotheca parisiensi typis evulgatum
a Car. Burneio. *Londini, Payne*, 1812,
in-8. 12 fr. [10695]

Il a été tiré douze exempl. de format in-4., au prix de
6 liv. 6 sh. chacun (1 liv. 10 sh. seulement Drury).
Ce lexique n'avait pas encore été impr. séparément,
mais il fait partie de celui de PHAVORINUS (voy.
ci-dessus), et il se trouve à la suite de l'Apollonius
publié par Villoison.

— Philemonis grammatici quæ supersunt
(græce) ; vulgatis et emendatiora et auctiora edidit Frid. Osann : accedunt anecdota nonnulla græca. *Berolini, Dümmler*, 1821, in-8. de xxxiij et 346 pp. 9 fr.

Édition préférable à la précédente.

PHILEMON. Voy. MENANDER.

PHILERMO. Voy. FREGOSO.

PHILESBIAN. Libro primero del muy
noble e esforçado cauallero don Philesbian de Candaria: hijo del noble rey dõ
Felinis de vngria τ de la Reyna Florisena:
el qual libro cuenta todas las hazañas y
auenturas que acabo el rey Felinis su
padre. M. D. xlii, in-fol. goth. à 2 col.
[17550]

Roman peu connu, et dont nous ignorons même le
lieu d'impression, parce que l'exemplaire que
nous avons vu était incomplet dans les derniers
feuillets. Le titre est impr. au-dessous d'une gravure sur bois qui forme le frontispice. Le livre a des
signat. de *a—oiii*, y compris la table des chapitres
qui le termine. Vend. (3 ff. manquant) 5 liv. 7 sh.
6 d. Heber.

PHILESII Vosgesigenæ (*Matth.* Ring-
mann) Grammatica figurata; octo partes
orationis secundum Donati editionem
et regulam Remigii ita imaginibus expressæ, ut pueri jucundo chartarum
ludo faciliora grammaticæ præludia discere et exercere queant. *Deodate (St.-
Dié),per Gaultherum Lud*, 1509, in-4.
fig. sur bois. [10801]

Volume fort rare et véritablement curieux : c'est après
le *Chartiludium logicæ* de Murner (voyez ce nom)
le plus ancien livre fait dans le but d'instruire les
enfants en les amusant, par des images gravées.
Après une dédicace de l'imprimeur Gauth. Lud à
Hugues des Hazards, évêque de Metz, se trouve
une préface qui commence ainsi : *Excellentiss.
viro Gualthero Lud canonico Deodatensi Philelphus Vosgesigena Sal.* A la fin de la grammaire
sont huit vers latins dont voici les derniers :

*Est locus in Vogeso iam notus ubique per orbem
  A, Deodate, tuo nomine nomen habens!
Hic Gualtherus Lud necnon Philesius ipse
  Presserunt miris hec elementa typis.*

Ils sont suivis de la date *Anno Domini* M. D. IX.
Kalen. Junii, et de deux lignes en grec : Ἐπιτο-
μὴ τῶν ὀκτὼ τῦ λόγϗ μέρων, etc. Pour plus de
détails consultez Panzer, IX, p. 454, et le *Magazin
encyclop.*, 5ᵉ ann., V, 311-33.

— Voy. PASSIONIS christi textum.

PHILETÆ Coi, Hermesianactis, Colophonii atque Phanoclis reliquiæ: disposuit,
emendavit, illustravit Nic. Bachius, accedunt Dan. Lennepii et Dav. Ruhnkenii
observationes integræ. *Halis-Saxonum,
Gebauer*, 1829, in-8. de XVI et 270 pp.
7 fr. [12284]

On avait déjà un opuscule intitulé :

PHILETÆ COI fragmenta quæ reperiuntur, collegit et notis illustravit C.-Ph. Kayser. *Gottingæ,
Barmeier*, 1793, pet. in-8. 1 fr. 25 c.

PHILETHICUS. Martini Philethici exposi-
tiones variarum (sic) Ciceronis epistolarum (*absque nota*), pet. in-4. de 176 ff.
sans chiffres, récl. ni signat. [18678]

Selon le P. Audiffredi, cette édition a été impr. à
Rome, avec les plus anciens caractères de Euch.
Storg, vers 1480. Elle commence par une épître de
l'auteur *ad Jo. Columnam cardinalem*, et finit
par deux épigrammes *in corruptores latinitatis ;*

après quoi se trouve le registre des cahiers. La place que devaient occuper les mots grecs est restée en blanc.

PHILIASTRE (*Evonyme*). Voy. GESNER (*Conr.*).

PHILIBERT de Vienne. Voy. DEVIENNE.

PHILICINUS (*Petrus* Campson , latine). Comœdia tragica quæ inscribitur Magdalena evangelica. *Antuerpiæ, Jo. Steelsius,* 1546, pet. in-8. de 36 ff. [16151]

— DIALOGUS de Isaacci immolatione (item carmen Levini Brechtani quo Christus in cruce peccatorem ad pœnitentiam invitat). *Antuerp., Steelsius,* 1546, pet. in-8.

Ces deux ouvrages sont dans le catal. de Courtois , nos 2075 et 2087. Pacquot cite le premier sous la date de 1544 , et le second sous celle de 1543. Il indique aussi, du même auteur, *Tragœdia Esther,* Antuerpiæ, 1564, in-12.

PHILIDOR (*François-André* Danican dit). Analyse du jeu des échecs. *Londres,* 1777, in-8. [10489]

Belle édition de cet ouvrage recherché : on doit y trouver le portrait de Philidor, gravé par Bartolozzi. 6 à 9 fr., et plus en Gr. Pap.

Dans la nouvelle édition, *Paris, Kœnig,* 1803, gr. in-18, l'éditeur (M. de Montigni) a refondu le supplément et a fait usage de la notation déjà adoptée par lui dans le *Stratagème*, mais il a fait subir quelques retranchements au texte original de Philidor. 4 fr.

PHILIEUL (*Vasquin*), de Carpentras. Le ieu des eschecz. *Paris, Phil. Danfrie et Rob. Breton,* 1559, in-4. allongé, caract. de civilité. [12813]

Imitation du poëme de VIDA (voy. ce nom). Réimprimé à 115 exemplaires, *Paris, J. Gay,* 1862, pet. in-12. 2 fr. 50 c.

PHILIP (*John*). Researches in south Africa. *London, Duncan,* 1828, 2 vol. in-8., avec une carte et autres pl. 1 liv. 1 sh. [28436]

Publié par la *Missionary Society* de Londres.

PHILIPPE d'Angoumois (Frère), capucin, Elans amoureux et saints entretiens d'une âme dévote, tirez des cantiques, très utile à une âme qui desire aimer parfaitement Dieu et s'unir à lui. *Paris, Ve Buon,* 1629, pet. in-12. [1046]

14 fr. 50 c. Veinant, en 1855.

— LES TRIOMPHES de l'amour de Dieu en la conversion d'Harmogene. *Paris, Buon,* 1625, in-4. de 1256 pp. avec 23 pl. d'après Crisp. de Pas.

— LE NOVICIAT d'Hermogène, très-utile pour les pères, maitres et novices de tous les ordres qui sont en l'Église, etc. *Paris,* 1633, in-4. de 1032 pp., avec frontispice gravé.

— LES ROYALES et divines amours de Jésus et de l'âme. *Paris,* 1631, in-8.

Ces quatre ouvrages sont peu communs.

PHILIPPE de Madien. Voy. CONQUESTE.

PHILIPPE le Savoyart. Voy. ORGIES.

PHILIPPES (*Pierre*). V. ROSSIGNOLS (les).

PHILIPPES duc de Cleves, comte de la Marche , et seigneur de Ravestain. Instruction de toutes manieres de guerroyer, tant par terre que par mer, et des choses y servantes, rédigées par escrit par Philippes... *Paris, Guil. Morel,* 1558, in-8. 15 à 20 fr. [8582]

Du Verdier cite cet ouvrage sous la date de 1580, mais celle de 1558 est exacte ; la même Instruction a été réimprimée à Anvers en 1563, sous le nom de Georges Vivien (voy. VIVIEN). Il en existe une traduction flamande impr. à *Anvers, par Philippe Nuyts,* 1579, pet. in-8. vend. 35 fr. Borluut.

— DISCOURS militaire du seigneur de Ravestain à son prince, contenant divers enseignemens pour bien reigler une armée, asseoir un camp, etc., répartir les logis, assiéger place, et autres particularitez concernant cest estat, le tout mis en ordre et divisé en vingt-huict discours, par L. L. M. *Arras, Rob. Maudhuy,* 1596, pet. in-8. de 4 ff. et 52 ff. chiffrés 9 fr. Veinant.

PHILIPPI (de Barberii) Opuscula. — *Impssum Ro. An. dñi.* M CCCC. LXXXI... *die prima mensis Decembris,* pet. in-4. [18955]

Volume curieux et rare, contenant 82 ff. (26 lignes par page entière), impr. en petits caract. ronds, différents de ceux dont Ph. de Lignamine, éditeur de ce recueil, et qui en est probablement aussi l'imprimeur, s'était servi jusqu'alors. Il s'y trouve 29 figures grossièrement gravées sur bois, où sont représentés les XII Prophètes, les XII Sibylles, Proba Falconia, le Christ, saint Jean-Baptiste, la Vierge, et Platon. On en voit des fac-simile dans la *Biblioth. spencer.,* III, 174. Une préface de Philippe de Lignamine, adressée au pape Sixte IV, occupe les deux premiers ff. ; le 3e commence par les deux mots : *Voluminaria magna,* en lettres capitales. Au recto du dern. se trouvent le registre des cahiers et la souscription. Ce recueil contient neuf opuscules : 1° *Discordantiæ nonnullæ inter SS. Hieronymum et Augustinum;* 2° *Duodecim Sibyllarum vaticinia;* 3° *Carmen Probæ Falconiæ, etc.* ; le 9e et dernier est le *Donatus Theologus.* — Vend. seulement 9 fr. 35 c. chez Crevenna , mais jusqu'à 140 fr. *mar. vert,* Solar. — Un exemplaire imprimé sur VÉLIN, avec les fig. color., se conserve dans la bibliothèque du Vatican.

Fr. Dibdin, *Biblioth. spencer.,* VII, p. 19, décrit un exemplaire dans lequel il manque la préface de Lignamine, et où, au lieu de 29 pl., il ne s'en trouve que 13, différentes même de celles de l'exemplaire décrit ci-dessus. Il ne paraît pas y avoir de variantes dans le texte, si ce n'est pour les abréviations : du reste la souscription et le registre sont les mêmes.

— Tractatus. solemnis. et. vtilis editus per religiosum uirū magistrū Philippū Syculū ordinis predicatorum..... in quo infrascripta perpulchre compilauit. In primis discordātias, etc. (*absque nota*), pet. in-4. de 66 ff. à 28 lign. par page.

Ce volume, qui contient les mêmes pièces que le recueil précédent, à l'exception de la préface, est imprimé en petits caractères romains. Selon le P. Audiffredi (*Edit. rom.*, p. 353), les presses romaines du xvᵉ siècle n'ont rien produit de plus beau, de plus élégant et de mieux orné que ce petit livre. Les planches en bois qui le décorent ne sont qu'au nombre de 13 (les xii Sibylles et Proba Falconia), mais fort supérieures à celles de l'édition ci-dessus, ainsi qu'on peut s'en convaincre en comparant les fac-simile que présente le 3ᵉ volume de la *Biblioth. spencer.*, pp. 174, 175 et 176. Au recto du dern. feuillet, au milieu d'un registre des cah. à 2 col., on remarque la devise de l'imprimeur, portée par un personnage dont la tête est entourée des lettres *S. R. D. A.* Or, selon Laire (*Index libr.*, I, p. 469), ces lettres désigneraient *Sixtus Riessinger de Argentina*, lequel a donné, en 1478, une édit. du *Philocolo* de Boccace, portant au dernier feuillet la même figure et les mêmes lettres que dans le volume ci-dessus. — Vend. 27 flor. Crevenna, et seulement 10 fr. Brienne-Laire; 15 et 18 sh. Libri.

Ant. Mongitor, *Bibliotheca sicula*, tome II, p. 218, cite un autre ouvrage de Philippus de Barberiis, intitulé : *Virorum illustrium chronica*, 1475, in-4., sans lieu d'impression et sans nom d'imprimeur, mais que le P. Laire (p. 226), suppose avoir été impr. à Rome par Jean de Lignamine, chose sur laquelle le P. Audiffredi (*Editiones rom.*, p. 195) exprime du doute.

PHILIPPI (*Jac.*). Voy. REFORMATORIUM.

PHILIPPI (*François*), ministre de l'église françoise de Francfort. La Défense des églises estrangieres de Francfort en Allemagne (par Fr. Philippi). 1562 (*sans lieu d'impression*), pet. in-8. de 14 et 138 pp., plus 4 ff. bl. [22440]

Ce livre, peu commun, a été vendu 53 fr. en juin 1860.

PHILIPPI (*Rud.-Amandus*). Enumeratio molluscorum Siciliæ, cum viventium, tum in tellure tertiaria fossilium, quæ in itinere suo observavit R.-A. Philippi. *Berolini*, 1836, et *Halæ-Saxon.*, 1845, 2 vol. in-4. avec 12 et 7 pl. 50 fr. — Pl. color. 70 fr. [6133]

Le second volume contient : *Addenda et emendanda, nec non comparatio faunæ recentis Siciliæ cum faunis aliarum terrarum et cum fauna periodi tertiariæ.*

—Abbildungen und Beschreibungen neuer oder wenig gekannter Conchylien, herausgegeben unter Mithülfe von A. v. d. Busch, Koch, Pfeiffer und Troschel. *Cassel, Fischer*, 1842-51, 3 vol. in-4. 144 pl. color. 180 fr. [6127]

— HANDBUCH der Conchyliologie und Malacozoologie. *Halle, Anton*, 1853, in-8. 16 fr.

— REISE durch die Wüste Atacama, auf Befehl der chilenischen Regierung im Sommer 1853-54 unternommen und beschrieben. *Halle, Anton*, 1860, gr. in-4., avec un atlas in-fol. obl. contenant 27 lithogr. dont 7 color. 10 thl. [21131]

PHILIPPIN (*Hélie*). Traité pour ôter la crainte de la mort, et la faire désirer à l'homme fidèle. *Impr. nouvellement*, 1583. = Briève et claire déclaration de la résurrection des morts. *Impr. nouvellement*, 1583, in-24. [1732]

TOME IV.

Un exempl. sur VÉLIN, 16 liv. 19 sous La Vallicre, et non 164 liv. 19 sh., comme le marque Cailleau; 32 fr. Mac-Carthy.

Du Verdier cite une édit. du second traité, impr. à *Neufchatel en Suisse*, par *Jean de Laon*, 1575, in-16.

PHILIPPIQUES contre les bulles et autres pratiques de la faction d'Espagne, par F. D. C. *Tours, J. Mettayer*, 1592, in-8. [23616]

Ces Philippiques sont généralement attribuées à François de Clary; cependant, dans le catal. de La Vallicre, par Nyon, n° 22467, on les donne à Ant. Arnaud, avocat, qui a écrit sur le même sujet l'*Anti-Espagnol* (voy. ARNAUD). Les Philippiques doivent être au nombre de quatre. Les deux premières, imprimées en 1592, ont 2 ff. prélim., 170 ff. de texte, et 1 f. d'errata; 4 ff. prélim. et 181 ff. de texte. 11 fr. 50 c. Monmerqué; 14 fr. mar. r. Coste. Les deux autres n'ont paru qu'en 1611, sous la rubrique de Tours, et sans nom de libraire. Les quatre réunies n'ont été vend. que 9 fr. Monmerqué.

La pièce intitulée *Les lauriers du roy contre les foudres pratiquées par l'Espagnol*, Tours, J. Mettayer, 1590, pet. in-8., est annoncée sous le nom du même de Clary dans le catal. de Secousse, n° 2592.

PHILIPPO. Vita del nostro signore Giesu Christo. — *Finita lauita del nostro Signore | giesu christo compilata per Pacino | di Philippo dapistoia bidello dello | studio di Pisa.* (senz'alcuna data), in-4. de 12 ff. non chiffr. à 2 col., caract. rom., à 33 lign. par page, sign. a et b. [14626]

Poème en tercets, impr. à la fin du xvᵉ siècle. Au frontispice se trouve une jolie gravure sur bois représentant la crèche.

PHILIPPO Mantouano. Formicon, comedia di Publio Philippo Mantouano, con somma diligenza corretta, et nuouamente stampata. M. D. XXX. (al fine) : *Stampato in Vinegia per Nicolo d' Aristotile detto Zoppino.* M. D. XXX, pet. in-8. de 20 ff., avec une fig. sur bois au frontispice et au verso du dernier feuillet; impr. en lettres italiques.

Cette pièce est rare, mais non pas d'un grand prix : 3 fr. de Soleinne. L'édition ici décrite n'est point pas être la plus ancienne; Haym en cite une in-4. du même imprimeur et sous la même date. Il y en a une autre de Venise, *Marchio Sessa*, 1534, pet. in-8. [16632]

PHILIPPS (*J.-Thomas*). Dissertationes historico-philosophicæ IV de atheismo, sive historia atheismi, de papatu, etc. *Londini*, 1735, in-8. 4 à 6 fr. [2287]

L'édition de 1716 a moins de valeur.

PHILIPPS (*John*). Mexico illustrated in 26 lithographic plats, from original drawings by John Philipps and A. Rider,

Philips (*J.*). Poems, 15807.
Philipps (*Wil.*). Laws of inasurance, 2962.
Philipps (*Const.-Jos.*). Voyage to North Pole, 20960.
Philipps (*Geor.*). Droit ecclésiastique, 3158.

with description in english and spanish. *London, Atchley*, 1848, gr. in-fol. [28602]

Ce volume a coûté 4 liv. 4 sh., et avec fig. color. 8 liv. 8 sh.; aujourd'hui il est moins cher.

PHILIPPUS de Leyden. De reipublice cura et sorte principantis a reuerendissima universitate et felici collegio doctorum et scolarium studii Aurelianensis missus illustri et potenti ducti *(sic)* vilhelmo de bauaria tunc hollandie et zelandie Comiti vicesimo secundo, eius nominis quinto postmodum ad hannonie comitatum promoto Clarissimi Eruditissimique viri domini philippi de Leyden Insignis Achademie parriseorum pontificii iuris interpretis ac eiusdem illustrissimi principis viri consularis nec non vigilantissimi traiectensis ecclesie presulis domini Arnoldi de hœrn vicarii Tractatus. Eiusdem de formis et semitis reipublice utilius et facilius gubernande. De modo et regula Rei familiaris facilius gubernande bernardus. *Venundantur Leydis in ædibus Johannis Seuerini qui eos selectissimis characteribus impressit septembris anno domini* 1516, in-fol. goth. à 2 col., grandes initiales. [3932]

Le volume renferme 2 ff. non chiffrés (titre, préface et table), imprimés en rouge et noir, avec une gravure sur bois; 80 ff. chiffrés, et 4 ff. non chiffrés; au verso du dernier se trouve un portrait qu'on croit être celui de Charles V. Le titre que Panzer a donné de ce livre étant tronqué, nous avons cru devoir le rapporter ici en entier, d'après le catal. de Tross, 1861, n° VII, article 1357, où l'édition est portée à 100 fr. L'ouvrage a été réimpr. à Amsterdam, en 1702.

PHILIPPUS bergomensis (*Jac.*). Voyez BERGOMENSIS.

PHILIPPUS carmelita. Itinerarium orientale Philippi a SSma Trinitate Carmelitæ discalceati ab ipso conscriptum : in quo varii successus Itineris, plures orientis regiones, earum montes, maria et flumina, series principum, qui in eis dominati sunt, incolæ tam christiani, quam infideles populi... describuntur. *Lugduni, sumptibus Ant. Jullieron,* 1649, in-8. 6 à 9 fr. [20474]

Ces ouvrages estimés ont été traduits en franç. (par. Fr.-Pierre de Saint-André), *Lyon*, 1652 ou 1669, in-8. 6 à 8 fr. — Il y en a aussi une traduction ital., imprimée à *Rome*, chez *Alonceni*, en 1666, in-8., et à *Venise*, en 1667, en 1670 et en 1676, in-12. Le nom séculier de ce religieux était *Esprit Julien*.

PHILIPPUS cyprus. Chronicon ecclesiæ græcæ, gr. et lat. a Nicolao Blancardo : accedit Christophori Angeli enchiridion de statu hodiernorum Græcorum, gr. et lat., ex versione Georgii Felhavii. *Franequeræ, Gyselaer,* 1679, in-4. 8 à 12 fr. [21539]

PHILIPPUS de Pergamo, Speculum regiminis. Voy. CATO moralizatus.

PHILLIP (*Arthur*). Voyage to Botany-Bey, with an account of.the establishment of the colonies of Port-Jackson and Norfolk island. *London*, 1789, gr. in-4. avec 55 pl. 12 à 15 fr., et plus avec pl. color. [21155]

Ce voyage a été réimpr. à *Londres*, 1790, gr. in-8.; il y en a une traduction française (par Millin), *Paris*, 1791, in-8.

PHILLIP (*Will*). The Description of a voyage made by certaine ships of Holland into the east Indies, with their aduentures and successe: together with a description of the countries, townes, and inhabitants of the same, who set forth on the second of Aprill 1595, and returned, on the 14 of August, 1597; translated out of Dutch into English by W. Phillip. *London, by John Wolfe,* 1598, in-4. goth. [20733]

Traduction de la relation de Gerad de Veer. L'édition de 1598 que nous citons d'après la *Biblioth. grenv.* p. 545, est encore plus remarquable que celle de 1609, dont il sera fait mention à l'article VERA.

PHILLIPS (*Morgan*). A defense of the title of the Queen Dowager of France, Queen of Schotland, etc., by Morgan Phillips. *Liége, Gauthier Morberius,* 1571, in-4. [27436]

Cette pièce rare est annoncée dans le *Bibliophile belge*, IX, p. 124, d'après l'indication de H. Helbig, libraire de Liége, qui en a possédé un exemplaire. C'est, à ce qu'il paraît, la première partie d'un ouvrage de J. Lesley, sous le même date, dont nous avons donné le titre, tome III, col. 1012.

PHILLIPS (*John*). The life and death of sir Phillips Sideney, late lord gouernour of Flushing : his funerals solemnized in Paules churche were he lyeth interred, with the whole order of the mournfull shewes, as they marched thorowe the citie of London, on Thursday the 16 of February 1587. *London, by Robert Walde-graue,* 1587, in-4. [26936]

Opuscule de 8 ff. en caractères gothiques, dont un exemplaire, regardé alors comme unique, a été vendu 9 liv. Heber. Voici deux autres opuscules du même auteur qui ne sont pas moins rares :

— A friendly Larum, or faythfull Warnynge to the true harted subiectes of England, discoueryng the actes and malicious myndes of those obstinate and rebellious Papists that hope (as they term it) to haue theyr Golden Day. *London by William How for Richard Johnes* (no date), in-16, sign. A-D par 8. Pièce en vers. 15 liv. 10 sh. Bright.

— A RARE and strange historicall nouell of Cleomenes and Sophonisba, surnamed Juliet. *London, by Hugh Jackson,* 1577, in-16.

PHILLIPS (*Edward*). Theatrum poetarum; or, compleat collection of the poets. *London*, 1675, in-12. [15807]

Cet ouvrage est de l'aîné des neveux du célèbre Milton, et l'on suppose que ce poëte y a eu part. Ce n'est cependant pas un livre cher, à moins qu'il ne soit en Grand Papier, comme les exemplaires vend. 1 liv. 13 sh. Dent; 2 liv. 4 sh. Utterson. Sir Egerton Brydges en a fait imprimer à Genève, en 1824, une édit. in-8. tirée à 100 exemplaires seulement. Deux autres édit. ont paru en 1828 et en 1856.

— THE MYSTERIES of love and eloquence, or the arts of wooing and complementing; as they are managed in the spring Garden Hide Park... *London*, 1658, in-12. avec une préface et une épître dédicatoire signées E. P. 1 liv. 8 sh. Heber. — La troisième édition, 1685, in-8. avec un frontispice gravé, 13 sh. Perry; 1 liv. 11 sh. 6 d. Jolley.

PHILLIPS (*John*). The english Fortune-Tellers : containing several necessary questions resolved by the ablest antient philosophers, and modern astrologers, gathered from their writings and manuscripts by J. P., student in astrology. *London*, 1703, in-4. de 158 pp. avec un frontisp. gr. sur bois. [8934]

Ouvrage en vers et en prose, orné de vignettes sur bois : 3 liv. 3 sh. Inglis; 2 liv. 10 sh. Heber. L'auteur désigné par les lettres J. P. est John Philippe, frère du précédent. Ces deux neveux de Milton ont publié d'autres ouvrages dont Lowndes donne la liste, aux pp. 1853-1854 de la dernière édition de son *Manual*. — Voy. à la fin de notre article MILTON.

PHILLIPS (*J.*). General history of inland navigation; foreign and domestic : containing a complete account of the canals already executed in England; a new edition. *London*, 1795, in-4. fig. 18 à 24 fr. [4188]

Il existe une édition de Londres, 1809, in-8., où l'ouvrage est abrégé et augmenté. M. J. Cordier en a donné une traduction française. *Paris*, F. *Didot*, 1819, in-8., à laquelle, en 1820, on a joint un 2ᵉ volume consacré à la navigation intérieure des Etats-Unis de l'Amérique septentrionale, et traduit de A. Gallatin, sur le texte anglais, imprimé à Philadelphie, en 1808, in-8. [4189]

PHILLIPS (*John*). Illustrations of the geology of Yorkshire, or a description of the strata and organic remains of the Yorkshire coast. *York, the author*, 1829-36, 2 vol. in-4., avec 49 pl. 3 liv. 3 sh. [4614]

PHILLIPS (sir *Thomas*). Institutiones clericorum in comitatu Wiltoniæ, ab anno 1297, ad annum 1810, vol. I. *Salisbury*, 1821-22, vol. II, *typis Medio-Montanis*, 1824-25; 2 vol. in-fol.

— Visitatio heraldica comitatus Wiltoniæ A. D. 1623. *Typis Medio-Montanis*, 1828, in-fol. de 258 pp. non chiffr.

Ces deux ouvrages n'ont été tirés qu'à un petit nom

bre d'exemplaires, comme tous ceux que l'éditeur a fait imprimer *privately* à Middle Hill, Worcestershire. Sir Phillips est, comme on le sait, grand collecteur d'anciens manuscrits et de documents historiques, ainsi que l'ont fait connaître, il y a déjà longtemps, les deux publications suivantes : 1° *Catalogus librorum manuscriptorum in bibliotheca D. Thomæ Phillipps, A. D.*, 1837; *typis Medio-Montanis*, in-fol. de 132 pp. — *Catalogue of the printed books at Middle-Hill*, 1828, in-fol. de 51 pp. tiré à 6 exemplaires; mais depuis lors la précieuse collection de sir Phillipps s'est considérablement accrue, et ses publications sont devenues si nombreuses, qu'après en avoir fait connaître une partie dans son Manuel, p. 1856-58, le nouvel éditeur de Lowndes dit que la presse de Middle-Hill a produit deux fois plus d'éditions qu'il n'en a indiqué, et qu'il espère pouvoir en donner la liste complète dans son Appendice.

PHILO. Philonis Judæi (opera). In libros Mosis, de mundi opificio, historicos, de legibus. Ejusdem libri singulares, græce. *Parisiis, Adr. Turnebus, typis regiis*, 1552, in-fol. [840]

Première édition, très-belle, mais incomplète. Elle est peu recherchée en France : 10 fr. seulement de Cotte; les étrangers en font beaucoup plus de cas.

Après cette édition viennent. : 1° celle de Genève (*Coloniæ-Allobrogum*), 1613, in-fol. en gr. et lat., donnée par Sigism. Galenius; 2° celle de Paris, 1640, in-fol., aussi en gr. et lat., avec des augmentations, et dont il y a du Gr. Pap. (elle a été réimprimée à Francfort, en 1691, in-fol.), mais ces deux éditions ont été effacées par celle de Mangey.

— Opera quæ reperiri potuerunt omnia (gr. et lat.) : textum cum mss. contulit, quamplurima etiam e codd. vaticano, mediceo et bodlejano, scriptoribus item vetustis, nec non catenis græcis ineditis, adjecit, interpretationemque emendavit, universa notis et observationibus illustravit Th. Mangey. *Londini, Bowyer*, 1742, 2 vol. in-fol.

Cette édition, pour laquelle celle de Paris, 1640, a servi de base, est belle, peu commune et fort recherchée; mais elle laisse à désirer sous le rapport de la correction du texte. Vend. 111 fr. *v. f.* Clavier et revendue 260 fr. Parison; autrement 150 à 180 fr. Très Gr. Pap. vend. en *m. r. dent.* 192 fr. La Vallière; 160 fr. *cuir de Russie*, F. Didot; 9 liv. 9 sh. Heath; 240 fr. (magnifique exempl.) Mac-Carthy.

— EADEM, gr. et lat., ad editionem Th. Mangey, collatis aliquot mss., edenda curavit Aug.-Frid. Pfeiffer. *Erlangæ*, 1785-92, 5 vol. in-8. 20 fr. et plus en pap. fort.

Cette édition n'est pas complète; elle ne contient que le 1ᵉʳ volume et 80 pp. du tome II de celle de Mangey.

— OPERA omnia, græce. *Lipsiæ*, 1828-30, 8 vol. pet. in-8. 6 th. 8 gr. — Pap. fin, 8 thl.

Edition fort médiocre, quant à la partie typographique, mais plus complète que celle de Mangey. Elle fait partie de la *Bibliotheca sacra Patrum ecclesiæ græcorum*. Le libraire Tauchnitz a donné à Leipzig, de 1851 à 1852, une édition stéréotype du même texte, en 5 vol. in-16, 11 fr.; Pap. vél. 15 fr.

CHRESTOMATHIA philoniana, sive loci illustres ex Philone alex. descripti et cum animadversionibus editi a J.-Ch.-Dahl. *Hamburgi*, 1800, 2 vol. in-8. 15 fr. [841]

— Philo judæus de virtute ejusque partibus, invenit et interpretatus est Ang. Maius : præponitur dissertatio cum descriptione librorum aliquot incognitorum Philonis, cumque partibus nonnullis chronici inediti Eusebii Pamphili et aliorum operum notitia e codicibus ar*meniacis* petita. *Mediolani, typis regiis*, 1816, in-8.

A cet opuscule de Philon Ang. Mai en a ajouté un autre de Porphyre, qui a pour titre : *Porphyrii philos. ad Marcellam : accedit ejusdem Porphyrii poeticum fragmentum*. Ces deux ouvrages, 8 fr.; — in-4., 12 fr.

— De Cophini festo et de colendis parentibus cum brevi scripto de Jona : editore ac interprete Angelo Maio. *Mediolani, regiis typis*, 1818, in-4.

Un autre fragment est réuni à celui-ci et porte le titre suivant : *Virgilii Maronis interpretes veteres Asper Cornutus, Haterianus Longus, Nisus Probus, Scaurus Sulpitius et anonymus* (publié par le même éditeur). — Un exempl. des deux pièces imprimé sur VÉLIN, 61 fr. Reina.

— Sermones tres hactenus inediti, I et II de providentia, et III de animalibus, ex armena versione antiquissima ab ipso originali textu græco ad verbum stricte exequuta, nunc primum in latinum fideliter translati per J.-B. Aucher (armen. et lat.). *Venetiis, typis Cœnobii Armenorum, in insula S. Lazari*, 1822, gr. in-4. 8 fr., et plus en Gr. Pap. vél.

L'article suivant se réunit à celui-ci :

PHILONIS Judæi paralipomena armena, videlicet quatuor in Genesin, libri duo in Exodum, sermo unus de Sampsone, alter de Jona, tertius de tribus angelis Abrahamo apparentibus; opera hactenus inedita, ex armena versione antiquissima ab ipso originali textu græco ad verbum stricte exequuta sæculo v, nunc primum in latinum fideliter translata a J.-B. Aucher. *Venetiis, typis Cœnobii Armenorum*, 1826, in-4. 10 fr.

Les deux parties, 10 fr. seulement Saint-Martin.

— LES ŒUVRES de Philon juif... contenant l'interprétation de plusieurs divins et sacrez mystères, et l'instruction d'un chacun en toutes bonnes et sainctes mœurs, translatée de grec en françois par P. Bellier ; revues, corrigées et augmentées de trois livres, traduits sur l'original grec, par Fed. Morel. *Paris, Ch. Cappellain*, 1612, in-8. de plus de 1300 pp. 6 à 9 fr.

Cette traduction est encore recherchée.

La première édition, moins complète que celle-ci, est de *Paris, Ch. Roger*, 1588, in-8. Il y en a une troisième, revue et corrigée de nouveau, et augmentée d'un second tome, par Fed. Morel. *Paris, Bessin*, 1619, pet. in-8. qui peut se diviser en 2 vol. comme l'édition de 1612.

— LE LIVRE de Philon de la vie contemplative, ou de la vertu de ceux qui s'appliquent à la prière, traduit sur l'original grec, avec des observations où l'on fait voir que les Thérapeutes dont il parle étoient chrestiens (par le P. Bernard de Montfaucon). *Paris, L. Guérin*, 1709, in-12, 3 fr. [343]

— THE WORKS of Philo Judæus, the contemporary of Josephus, translated from the greek, by C. D. Yonge. *London, Bohn*, 1854-55, 4 vol. pet. in-8. 1 liv.

PHILO byzantius. De septem mundi miraculis opusculum, gr., cum notis Leonis Allatii, et ejusdem ac Dionysii Salvagnii Boessii versione latina edidit notasque suas nonnullas addidit L. Teucherus. *Lipsiæ*, 1811, in-8. [31808]

La première édition de cet opuscule a été donnée par Léon Allaci, à Rome, en 1640, in-8.; on la trouve difficilement. J.-C. Orell en a publié une nouvelle en gr. et en lat., *Leipzig*, 1816, in-8., sous le titre suivant :

PHILONIS byzantini libellus de septem orbis spectaculis, gr., cum versione lat. duplici (Allatii et Boessii), textum recognovit, notas, fragmenta Collinici sophistæ et Adriani Tyrii, atque indicem græcitatis adjecit J.-C. Orellius. 6 fr. — Pap. fin, 8 fr. — Pap. vél. 12 fr.

PHILO, episcopus Carpasii. Enarratio in canticum canticorum, gr. ; edid. M.-Ang. Giacomelli. *Romæ*, 1772, in-4. 6 à 8 fr. [935]

— Voy. EPIPHANIUS.

PHILOBIBLON. Voy. BURI (*Rich*. de).

PHILOCHORI athen. librorum fragmenta a C.-G. Lenzio collecta, digessit et animadversionibus, tum ejusdem Lanzii, tum suis illustrata edidit C.-G. Siebelis : accedunt Androtionis Atthidos reliquiæ, gr. *Lipsiæ, Schwickert*, 1811, in-8. 4 fr., et plus en pap. fort. [18933]

PHILODEMI rhetorica, ex herculanensi papyro lithogr. Oxonii excusa restituit, latine vertit, dissertatione de græca eloquentia et rhetorica... auxit E. Gros. *Paris., excudebat F. Didot*, 1840, gr. in-8. 10 fr. [12023]

— Voy. HERCULANENSIUM volumina.

PHILODOXIOS fabula. Voyez LEPIDI comici.....

PHILOGAME. Le premier et le second livre du Philogame, ou amy des nopces, par François Tillier, tourangeois et quelques poésies latines et françoises, adressées audit sieur. *Paris, Bichon*, 1586, in-16. [18089]

Il y a une première édition de *Paris, J. Poupy*, 1578, in-16, vend. 10 fr. 50 c. Salmon.

PHILOGENIA comœdia. Voy. UGOLINUS.

ΦΙΛΟΚΑΛΙΑ τῶν ἱερῶν, etc., id est : PHILOCALIA sacrorum vigilantium, collecta, ex sanctis patribus nunc primum edita, græce. *Venetiis*, 1782, in-fol. [833]

Ce recueil, dans lequel on trouve plusieurs opuscules inédits des SS. Pères et autres écrivains ecclésiastiques, a été imprimé aux frais de Jean Maurocordato de Smyrne; la presque totalité des exemplaires a été envoyée en Grèce, et à peine quelques-uns sont-ils restés en Italie. Vend. 5 liv. 5 sh. Pinelli.

Le recueil rassemblé par les soins de *Paulus Evergetinus*, et imprimé aux frais du même Maurocordato, à Venise, en 1783, sous le titre de SS. PATRUM ΣΥΝΑΓΩΓΗ, n'est pas plus commun que le précédent, parce que l'édition a été pareillement envoyée en Grèce.

PHILOLOGIO. Epistole capituli de Philologio ad Gratilla. *Venetia, per Marchio Sessa*, 1506, in-4. [16631]

A' la fin de la courte préface du pseudo-*Philologio* on lit : *Tragœdia composta per M. N. D.*, c'est-à-dire, selon Apost. Zeno, *Messer Nicolo Delfino.*

PHILOMELE (la) seraphique, divisée en deux parties : en la première elle chante les devots et ardans soupirs de l'âme pénitente, qui s'achemine à la vraye perfection, en la seconde la Christiade, spécialement les mystères de la passion ; la mariade avec les mystères du Rosaire, et les cantiques de plusieurs saincts, en forme d'oraison et de méditation sur les airs les plus nouveaux choisis des principaux auteurs de ce temps (par frère Jean l'Evangeliste, d'Arras, capucin), avec le dessus et le bas. *Tournay, de l'imprimerie d'Adrien Quinqué,* 1632, 2 tom. en 1 vol. in-8. avec la musique imprimée. [14347]

La première partie a, indépendamment du titre impr., un frontispice gravé, 64 ff. prélim. non chiffrés, 276 pp. et 6 ff. de table ; la seconde partie, 386 pp. et 7 ff. de table. Un poëme intitulé *Miroir de Lorraine*, occupe 100 pp. des liminaires de la seconde partie.

La seconde édition de la Philomele, *reueüe, changée et augmentée de plusieurs airs et cantiques*, par frère Ian l'Evangeliste, d'Arras, prédicateur capucin, à *Tourney de l'imprim. d'Adrien Quinqué,* 1640, pet. in-8., est divisée en quatre parties, 1° 16 ff. lim. et 268 pp. plus 3 ff. de table, 2° 172 pp. et 2 ff. ; 3° 159 pp. et 5 de table ; 4° 207 pp. et 7 ff. On n'y retrouve ni le frontispice gravé ni le *Miroir de Lorraine*. Ce poëme, en l'honneur de la maison de Lorraine, est remplacé par une épître, des anagrammes, un avis au lecteur et des pièces laudatives. 15 fr. *mar.* La Valliere ; 16 fr. Monmerqué, et quelquefois plus.

PHILON (*Fr.*). Les OEuvres de maistre François Philon, docteur ez droicts et aduocat en Parlement. *Agen, Jean Gayon,* 1640, in-12 de 8 ff. non chiffr., 472 pp. et 8 ff. [14003]

Ce volume très-peu commun contient une traduction de l'Enéide de Virgile en vers, et quelques autres morceaux du traducteur. M. Gust. Brunet en a parlé dans le *Bibliophile belge*, VII, p. 6, où il cite deux passages de ce mauvais poëte.

PHILONE. Josias, tragedie de M. Philone, traduite de l'Italien en François, vray miroir des choses advenues de nostre temps. *A Geneve, de l'imprimerie de François Perrin,* 1566, in-8. de 100 pages chiffrées. [16323]

Cette pièce est, très-probablement, de Louis Desmasures qui l'aurait donnée sous le nom de Philon ainsi que l'*Adonias* ci-dessous. 30 fr. de Soleinne.

L'édit. de *Genève, Fr. Perrin,* 1556, in-4., que cite Du Verdier, pourrait bien être la même que celle-ci.

— Josias, tragédie, vrai miroir des choses advenues de notre temps (en 5 actes et en vers). (*Genève*), *imprimé par Gabr. Cartier, pour Claude d'Augy,* 1583, pet. in-8. de 104 pp. [16323]

Pièce rare. Vend. 17 fr. *mar. r.* Gaignat ; 32 fr. Pixerécourt, et avec l'Adonias, 41 fr. de Soleinne.

— Adonias, tragedie de M. Philone, vray miroir ou tableau et patron de l'estat des choses presentes et que nous pour-

rons voir bien tost cy-après, qui servira comme de mémoire pour nostre temps, ou plustost de leçon et exhortation à bien esperer, car le bras du Seigneur n'est point accourcy. *Lausanne, Jean Chiquelle*, 1586, in-8. de 38 ff. [16324]

Pièce écrite en faveur des calvinistes. 18 fr. *mar.* de Soleinne.

PHILOPATER. Voy. **Persecutione** (de).

PHILOPONUS (*Honorius*). Nova typis transacta navigatio. Novi Orbis Indiæ occidentalis admodum reverendissimorum Pp. ac Ff. Domini Bvellii Cataloni abbatis montis Serrati, et in universam Americam.... legati : Sociorumq. Monachorum ex ordine S. Benedicti... dimissi per Papam Alexandrum VI. Anno Christi 1492 nunc primum e variis scriptoribus in unum collecta et figuris ornata. Authore Dom. Honorio Philopono. (*absque loco*), 1621, in-fol. [20937]

Ce volume, véritablement curieux, et qui n'est pas commun, se compose de 104 pp. de texte, précédées de 6 ff. limin., y compris le frontispice gravé ; il a de plus 18 pl. chiffrées. Vend. 38 fr. Soubise ; 30 fr. (bel exemplaire) Librairie De Bure. On trouve des exemplaires de cette même édition qui différent des autres dans les pièces liminaires, réimpr. avec quelques changements, et augmentées d'un 7° f. contenant une pl. gravée. Ces mêmes exempl. ont encore de plus (à la fin) une grande et belle planche datée de 1622 et représentant Christophe Colomb monté sur un navire, et quatre petits sujets en médaillon. Ainsi complet, 110 fr. De Bure l'aîné ; 80 fr. en 1857.

PHILOPONUS. V. Joannes grammaticus.

PHILOSINENSIS. Voy. Medhurst.

PHILOSOMIA de glihuoï facta p Aldrobaldio philosopho dignissimo. (à la dernière octave) : *Finita Lopera di Aldobraldino | philosopho ch̃ tãto almõdo scripse | traducta per Baptista caracino | diprosa ĩ rima.....* (senz' alcuna data), in-4. de 4 ff. à 2 col. de 32 lign., caract. romains.

Opuscule en stances de huit vers, impr. vers 1500 : au recto du 1er f., le titre ci-dessus et une très-belle gravure sur bois. Le verso du 4e f. est tout blanc ; 69 fr. *mar. r.* Libri. — Voy. Aldebrandin.

PHILOSOPHICAL Transactions. Voyez Transactions.

PHILOSOPHIE des lettres qui auroit pu tout sauver, et misosophie voltairienne qui n'a pu que tout perdre (par Capmartin de Chaupy). *Paris,* 1790, 2 vol. in-8. [18114]

L'auteur de cet ouvrage n'en fit tirer qu'un petit nombre d'exemplaires qu'il ne destinait pas au commerce ; mais, après sa mort, ces exemplaires furent assez répandus dans le public pour n'être pas très-rares aujourd'hui. Vend. 10 fr. Chateaugiron.

PHILOSOPHIE (la) naturelle. Voyez Enchiridion physicæ.

PHILOSOPHIE opératrice où se voyent les diverses inclinations et affections des esprits, et les différentes études, et occupations des actions humaines, exposées par figures artificielles. *Francfort, J. de Zetter*, 1624, pet. in-4. obl., 97 pl. et un titre gravé. [18575]

Les planches de ce livre sont expliquées par des vers en latin, en allemand et en français. 17 fr. Bearzi. Le titre latin porte *Philosophia practica....*

PHILOSOPHORUM græcorum veterum, præsertim qui ante Platonem floruerunt, reliquiæ, gr., recensuit et illustravit Sim. Karsten. *Bruxellis et Amstelod.*, 1830-38, in-8. 30 fr. [3334]

Tome Ier, en 3 part., contenant : *Xenophanis Colophonii, Parmenidis Eleatæ et Empedoclis carminum reliquiæ.*

PHILOSTRATI. Philostratorum quæ supersunt omnia, accessere Apollonii tyanensis epistolæ, Eusebii liber adversus Hieroclem, Callistrati description. statuarum, græce et latine ; omnia recensuit, notis perpet. illustravit, versionem totam fere novam fecit Gottfrid. Olearius. *Lipsiæ, Fritch*, 1709, in-fol. 12 à 18 fr. — Pap. fin, 20 à 25 fr. [18931]

Vend. en Gr. Pap. fort, 48 fr. Belin ; 97 fr. *cuir de Russie*, Scherer ; 55 fr. vél. Librairie De Bure.
L'édition gr. et lat., *Paris*, 1608, in-fol., quoique vend. en Gr. Pap. 40 fr. Soubise, à cause de la beauté de l'exempl., est à très-bas prix : 6 à 9 fr.

— Icones Philostrati ; Philostrati junioris icones ; ejusdem heroica ; descriptiones Callistrati ; vitæ sophistarum, gr. *Florentiæ, sumptu Ph. Juntæ*, 1517, in-fol. de 54 ff.

Édition rare, sans être bien chère ; elle se trouve quelquefois jointe au Lucien de Florence de 1496. — Voyez LUCIANUS. Il en a été vendu un très-bel exemplaire *mar. v.*, annoncé en Gr. Pap., mais qui était en papier ordinaire, 231 fr. Mac-Carthy.

— Philostrati imagines, heroica, vitæ sophistarum, Philostrati jun. imagines, descriptiones Callistrati, gr. *Venetiis, in offic. Lucæ-Ant. Juntæ*, 1535, in-8. de 368 pp. et 6 ff. de table.

Cette édition peut servir de 3e vol. au Lucien, en 2 vol., sorti également des presses juntines, en 1535. Une autre édition du Philostrate, sous le même titre que celle-ci, mais sans nom d'imprimeur ni date, a été impr. à Venise, vers 1540, pet. in-8., avec la marque de Sessa (un chat).

— Philostratorum imagines et Callistrati statuæ : recensuit et commentarium adjecit Fred. Iacobs : observationes archæologici præsertim argumenti addidit Fredericus-Theophil. Welcker. *Lips., Dick*, 1825, in-8. de 760 pp. 15 à 18 fr.

Vend. en pap. vél., 23 fr. de Nugent.

— Flavii Philostrati quæ supersunt, Philostrati junioris Imagines, Callistrati Descriptiones græce edidit C.-L. Kayser.

Turici, Orell, 1844-46, 2 part. en 1 vol. in-4. 36 fr.

Annoncé de nouveau à Zurich, chez Meyer et Zeller, 1853, in-4.

— Philostratorum et Callistrati Opera recognovit Ant. Westermann. Eunapii Vitæ sophistarum iterum edidit ; Himerii sophistæ Declamationes accurate excusso codice optimo et unico XXII declamationum emendavit Fr. Dübner. *Parisiis, F. Didot*, 1849, gr. in-8. 15 fr.

— Les images ou tableaux de platte peinture des deux Philostrates et les statues, mis en françois par Blaise de Vigenère, enrichis d'annotations, revus sur l'original et représentés en taille-douce, avec des épigrammes sur chacun d'iceux par Thomas d'Embry. *Paris, Cl. Cramoisy*, 1609 (aussi *Ve Abel L'Angelier*, 1614 ou 1615), in-fol.

La première édition de cette traduction peu estimée est de *Paris, Nic. Chesneau*, 1578, 2 vol. in-4. ; mais les éditions in-fol. ont l'avantage d'être décorées de 58 grandes planches gravées par Jaspar Isac, Léon. Gaultier, et Thomas de Leeu, ce qui leur donne quelque prix. 15 à 18 fr. et plus en Gr. Pap. L'édit. de 1609, qui contient les premières épreuves des gravures, est préférable à celles de 1614, de 1629, et de 1637, in-fol.
— LE PITTURE dei Filostrati, e le statue di Callistrato volgarizzate da F. Mercurj, con le varianti de' mss. vaticani. *Roma, de' Romanis*, 1828, 2 part. in-8. 8 fr.

— Heroica, ad fidem codd. mss. IX recensuit, græce, scholia græca, adnotationesque suas addidit J.-Fr. Boissonade. *Parisiis, typis J.-J. Delance*, 1806, in-8. 6 fr. — Pap. vél. 10 fr. [22530]

Cette édition a été favorablement reçue des savants.

— Philostrati libri de gymnastica quæ supersunt (græce). Nunc primum edidit et interpretatus est Dr C.-L. Kayser : accedunt Marci Eugenici imagines et epistolæ nondum editæ. *Heidelbergæ, Mohr*, 1840, in-8. 4 à 5 fr. [10298]

— PHILOSTRATE, sur la gymnastique. Ouvrage (grec) découvert, corrigé, traduit en français, et publié pour la première fois, par Minoïde Mynas. *Paris, Hector Bossange*, 1858, in-8. de XXXII et 144 pp. 6 fr. [10298]

— Flavii Philostrati Vitæ sophistarum, gr., textum ex codd. romanis, florentinis, etc., recensuit, epitomam romanam et parisinam ineditas adjecit, commentarium et indices concinnavit Car.-Ludov. Kayser : insertæ sunt notæ ineditæ Is. Casauboni, Bentleii, Huetii, Salmasii, Jacobsii, Th. Heysii ; editæ Valesii, Olearii, Jacobsii, A. Jahnii : accedit libellus Galeni ΠΕΡΙ ΑΡΙΣΤΗΣ ΔΙΔΑΣΚΑΛΙΑΣ ex codice florentino emendatus. *Heidelbergæ*, 1838, in-8. de XL et 416 pp. 8 fr. [30438]

— Philostrati Epistolæ (gr.), quas ad codices recensuit et notis Oleárii suisque instruxit J.-F. Boissonade. *Parisiis et Lipsiæ, Brockhaus,* 1842, in-8.

— LETTRES de Philostrate mises de grec en françois, avec des annotations et des remarques, par Louis de Caseneuve. *Tournon, Geoffroy Linocier,* 1620, in-4.

— Philostrati de vita Apollonii tyanei libri octo (græce) : iidem libri latini, interpr. Alemano Rinuccio ; Eusebius contra Hieroclem (gr.) ; idem lat. interpr. Zenobio Acciolo. *Venetiis, apud Aldum,* 1501 et 1502-4, in-fol. [30426]

Édition plus rare que recherchée. La partie grecque contient, outre le titre, 64 ff., sur le dernier desquels on lit la date *mense Martio* MDI, ensuite se trouve un f. bl. ; le latin consiste en 73 ff., précédés de 8 pp. liminaires, y compris une préface datée de 1504. Il y a à la fin du vol. un f., au verso duquel est l'ancre aldine. Vend. 42 fr. *mar. bl.* Chardin ; 1 liv. 4 sh. Butler ; un superbe exemplaire *maroquin antiqué,* provenant de Grolier, 255 fr. Mac-Carthy ; 21 liv. 10 sh. Hibbert ; un autre en *mar. r.* aux armes de de Thou, 276 fr. Renouard. — Il y a des exempl. en pap. fort.

— Philostratus de vita Apollonii tyanei scriptor luculentus a Philippo Beroaldo castigatus. (*absque nota*), pet. in-8. de 206 ff. non chiffr., sign. a—C.

Édition imprimée avec les mêmes caract. italiques que les contrefaçons aldines sorties des presses lyonnaises : elle renferme la version lat. d'Alamannus Rinuccius, réimpr. non sur l'édition d'Alde de 1501-4, mais d'après l'une des deux éditions de Phil. Beroalde, de Bologne, 1501 et 1505, in-fol., dont elle reproduit même la préface. Vend. 12 sh. *mar.* Butler. Renouard indique six exemplaires de ce volume imprimés sur VÉLIN. Il en a été vendu un 200 flor. Meerman ; 13 liv. Butler, et un autre, provenant du prince Galitzin, 760 fr., à Paris, en mars 1825 ; un troisième, 16 liv. 5 sh. 6 d., à Londres, en 1828, et 23 liv. 12 sh. 6 d. Hanrott.
— LE PREMIER LIVRE de Philostrate, contenant la vie, les dits et merveilles du grand philosophe Apollonius tyaneus, mis en françoys. *Lyon, François Juste,* 1537, in-16. (Du Verdier, III, 219.)
— VIE d'Apollonius de Thyane, par Philostrate, avec les commentaires (tirés des papiers de Herbert de Cherbury) donnés en anglois par Ch. Blount (trad. de l'angl. par de Castilhon). *Berlin,* 1774, ou *Amsterdam,* 1779, 4 vol. pet. in-8. 10 à 12 fr.

— Apollonius de Tyane, sa vie, ses voyages, ses prodiges, par Philostrate, et ses lettres. Ouvrage traduit du grec, avec introduction, notes et éclaircissements, par A. Chassang. *Paris, Didier et Cie,* 1862, in-8 de XVI et 496 pp.

— THE LIFE of Apollonius of Tyana, from the greek of Philostratus, with notes and illustrations by Edw Berwick. *London,* 1809, in-8.
L'HISTOIRE d'Apollonius de Tyane convaincue de fausseté et d'imposture. *Paris, P. Giffart,* 1705, in-12 de 22 et 175 pp.
Cet ouvrage anonyme est de L. Elie Du Pin, bien que le privilége nomme le sieur de Clerval comme en étant l'auteur. On peut joindre à ce livre la traduction française, par le président Cousin, du *Discours d'Eusèbe de Césarée, touchant les miracles attribués par les Payens à Apollonius de Tyane. Paris,* Guil. de Luynes, 1684, pet. in-12.
Les articles suivants trouvent naturellement leur place ici :

G.-JOS. BEKKER Specimen variarum lectionum et observationum in Philostrati vitæ Apollonii librum primum : accedunt scholiasta gr. mss. ad VII libros priores et Fr. Creuzeri annotationes. *Heidelbergæ, Oswald,* 1818, in-8. 4 fr.

H. ARENTII HAMAKERI lectiones philostrateæ, fasc. I. *Lugd.-Batav., Herding,* 1816, in-8. 6 fr.

PHILOTÉE. Les Poésies chrestienes de Philotée. *Rennes, chez la Ve Coupard* (sans date, mais vers 1630), pet. in-8. [13998]

Peu commun, mais sans importance.

PHILOTEO. La notabile e famosa historia del felice innamoramento del Delphino di Francia e di Angelica Loria nobile Siciliana, tradotta della lingua normanna da M. Giulio Philoteo di Amadeo Siciliano. *Venezia, per Michele Tramezzino,* 1562, 3 vol. petit in-8. [17374]

Édition rare d'un roman peu connu en France. Le premier tome, contenant les deux premiers livres, se compose de 16 ff. prélim., et de 442 ff. chiffrés. Le troisième livre a 8 ff. prélim. et 304 ff. chiffrés ; le quatrième, 8 ff. prélim. et 286 ff. chiffrés. — L'ouvrage a été réimpr. à Venise, chez Spineda, 1609, en 4 vol. pet. in-8. Vendu 2 liv. 5 sh. *mar. v.* Heber.

PHILOTUS, a verie excellent and delectable comedie intitled Philotus. *Edinburgh, R. Charteries,* 1603, in-4. [16883]

Cette pièce anonyme a été réimpr. à *Édimbourg,* en 1612, in-4., et dans la même ville, en 1835, in-4., pour le Bannatyne Club, par les soins de J.-W. Mackenzie.

PHILOXENI Glossaria. Voy. CYRILLUS.

PHILOXENI, Timothei Telestis dithyramboghphorum reliquiæ. De eorum vita et arte commentatus est, carminum fragmenta collegit et explicuit Geo. Bippart. *Lipsiæ, Winter,* 1843, in-8. 2 fr. 50 c. [12285]

PHILOXENO. Sylve de Marcello Philoxeno travisino clarissimo. Capitoli juvenili ; strambotti senili ; sonetti senili, capitoli senili : disperate, satyre.— *Impresso in Venetia, p Nicolo Brēta. A di. v. agosto. M. D. VII,* pet. in-8., signat. a—z. [14499]

Titre en rouge, texte en caract. romains, feuillets non chiffrés. Dans l'exemplaire de M. Libri (catal. de 1862), après le cahier z il s'en trouvait trois autres, formant ensemble 20 ff. dont le dernier est blanc.

Haym et Panzer nomment ce poëte Filoxeno, mais l'édition rare que nous venons de décrire porte bien *Philoxeno,* de même que celle de Venise, Marco Sessa, 1516, pet. in-8. Vend. 8 sh. *mar.* Heber.

PHIPPS (*John*). Guide to the commerce of Bengal, containing a view of the shipping, and external commerce of Bengal : in three parts.... with a copious appendix comprehending various details and statements, relative to the shipping and commerce of countries connected with british

India and China. *Calcutta*, 1823, in-4. [28196]

Vend. 51 fr. 50 c. Langlès. — Voir notre tome II, col. 1809, au mot GUIDE.

PHLEGON. Phlegontis Tralliani quæ extant opuscula de mirabilibus, **gr. et lat.**, ex recensione Joan. Meursii. *Lugd.-Bat.*, *Is. Elzevir.*, 1620, in-4. 6 à 9 fr. [6238]

— Voy. ANTIGONI Carystii...

— OPUSCULA, gr. et lat., ex recensione J. Meursii, edidit Joan.-Georg.-Frid. Franzius. *Halæ-Magd.*, 1775, in-8.

— OPUSCULA, gr. et lat., edidit Franzius ; editio secunda, emendata et Frid.-Jacobi Bastii observationibus aucta. *Halæ, Hendel*, 1822, in-8. 3 fr.

PHOCYLIDES. Poema elegantissimum, præcepta vitæ degendæ continens (gr., cum interpretatione lat. Martini Cromeri). *Cracoviæ, per Hier. Viet*, 1536, in-4. [12360]

Édition à la fin de laquelle sont ajoutées quelques épigrammes de Mart. Cromer (Panzer, VI, 480). Les vers de Phocylide ont paru pour la première fois dans un recueil impr. par Alde Manuce, en 1494. Voy. LASCARIS.

— PHOCYLIDIS Carmina, græce et latine, cum selectis adnotationibus aliquot doctor. virorum : recensuit, interpretationem lat. emendavit notasque suas adjecit Joan.-Adam. Schier. *Lipsiæ*, 1751, in-8. 4 à 5 fr.

Bonne édition.

— LES PRÉCEPTES de Phocylide, traduits du grec, avec des remarques. *Paris, Barrois l'aîné*, 1782, in-18.

Cette traduction est celle du Duché de Vancy, laquelle fut impr. pour la première fois à Paris, en 1698, in-12, et réimpr. à Bruxelles, en 1699, in-12 ; mais on a retranché de l'édit. de 1782, les *Pensées et peintures critiques de ce siècle*, par le traducteur.

Il a été tiré de cette dernière six exempl. sur VÉLIN ou plutôt sur parchemin. 18 fr. Lamy ; 24 fr. *mar. r.* Chateaugiron.

PHOEBONIUS (*Mutius*). Historiæ Marsorum libri tres una cum eorumdem episcoporum catalogo a Didaco Petra, illustrati et aucti. *Neapoli, Monachus*, 1678, in-4. de 8 ff., 280 pp. plus 44 pp. pour le catalogue, 4 ff. pour l'index et une carte topographique. [25780]

Livre peu commun, dont l'auteur, qui se nommait Feboni, a grécisé son nom. L'ouvrage a été reproduit dans le *Thesaurus antiquit. Italiæ*, IX, part. 4.

PHOENIX (the), Nest built up with the most rare and refined workes of noblemen woorthy Knights, R. S. gallant gentlemen, masters of arts and braue schollers; full of varietie, excellent invention and singular delight; never before this time published. Set foorth by R. S. *London, imprinted by John Jackson*, 1593, in-4. [15762]

Un bel exemplaire de ce volume rare, rel. en *mar. bl.*, est porté à 31 liv. 10 sh. dans la *Biblioth. heber.*, IV, n° 2446, où se trouve une note curieuse sur ladite collection.

PHORTIUS (*Leonardus*). Voy. FORTIUS.

PHOTIUS. Photii Lexicon, e codice galeano descripsit Rich. Porson. *Cantabrigiæ* et *Londini, Mawman, excudit Valpy*, 1822, 2 part. in-8. 12 à 15 fr., et plus en Gr. Pap. [10694]

Édition donnée par feu Pierre-Paul Dobree, qui, dans sa préface, avoue que le texte présente des leçons bonnes et mauvaises. Cet éditeur s'est abstenu de donner une nouvelle dissertation sur Photius, et s'est contenté de renvoyer à celle que le Dr Blomfield, depuis évêque de Londres, a fait insérer dans le n° XLII de l'*Edinburgh Review*.

Le Lexique de Photius a été réimpr. à Leipzig, chez Hartmann, 1824, en 2 vol. in-4., d'après l'édit. de Londres, mais avec quelques corrections. 12 fr. G. Herman avait déjà donné une édition du même Lexique à la suite de celui de *Zonaras* (voy. ce nom).

N'oublions pas de citer ici :

N. SCHOW Specimen novæ editionis Lexici Photii ex apographo reiskiano in regia biblioth. hauniensi, cum Lr. Ancheri suisque adnotationibus. *Hauniæ, Schubothe*, 1817, in-8. 6 fr.

— Photii Myriobiblon, sive bibliotheca librorum, quos legit et censuit Photius; gr. edidit D. Hoeschelius et notis illustravit; latine vero reddidit et scholiis auxit And. Schottus. Opus.... hac ultima editione recognitum locisque aliquot suæ integritati restitutum. *Rothomagi, Berthelin*, 1653, in-fol. [31322]

Édition la plus recherchée de cet ouvrage important : 20 à 30 fr. ; l'éditeur anonyme qui a signé la préface des lettres Th. M. a suivi l'édition de *Genève*, 1611, en y ajoutant quelques notes marginales ; mais malheureusement il a si peu soigné la correction du texte qu'on y trouve presque à chaque page les fautes les plus grossières (voyez à ce sujet les *Mélanges de Chardon de la Rochette*, tome 1er, page 3). Ebert, n° 16777, fait remarquer que l'exemplaire de la Bibliothèque royale de Dresde n'a pas la préface signée Th. M., mais qu'il s'y trouve seulement un avis de l'imprimeur au lecteur.

Les exempl. en Gr. Pap. sont rares : 60 à 72 fr. ; vendu même jusqu'à 200 fr. Larcher ; 5 liv. 5 sh. *m. bl.* Dent.

La première édition de la Bibliothèque de Photius a été publiée en grec seulement par Dav. Hoeschelius, *Augsbourg*, 1601, in-fol., beaux caractères; cinq ans après, Andr. Schott en donna dans la même ville une version latine accompagnée de notes ; ensuite le tout fut réimprimé à *Genève*, 1611 (nouv. titres, 1612 et 1613), chez *P. Étienne*, in-fol.

— Bibliotheca, gr., ex recensione Immanuelis Bekkeri. *Berolini, Reimer*, 1824, in-4. de IV et 581 pp. 15 fr.

Édition impr. à 2 col., avec les variantes de 4 mss. placées au bas des pages. Le pap. ordinaire est fort mauvais, mais il y a des exemplaires en pap. collé, 25 fr., et d'autres en pap. vél.

— Epistolæ, græce, per Ric. Montacutium lat. redditæ et notis illustratæ. *Londini, Daniel*, 1651, in-fol. 10 à 15 fr. [18674]

— PHOTII, constantinopolitani patriarchæ, Opera omnia in classes quinque distributa; exegetica, dogmatica, parænetica, historica, canonica; curis variorum ; jam antea luce donata, partim nunc primum edita; accurante et denuo recognoscente J.-P. Migne. *Parisiis, Migne*, 1860-61, 4 vol. gr. in-8. à 2 col. : 42 fr. Vol. CI à CIV de la Patrologie grecque.

PHRANTZÆ (*Georgii*) Chronicon, græce, nunc primum edidit Fr.-Chr. Alter. *Viennæ*, 1796, in-fol. fig. 24 fr. [22968]

Cette édition du texte grec de Phrantzes, publiée pour la première fois, peut être jointe au corps des historiens du Bas-Empire, connu sous le nom de *Byzantine* (voy. tome 1er, col. 1435 et suiv.).

PHRATRIIS (de). Voy. IGNARRA.

PHRYNICHUS. Eclogæ nominum et verborum atticorum, græce. *Romæ, Zach. Calliergi*, 1517, pet. in-8. [10713]

Première édit. de cet ouvrage, imprimée séparément. 2 flor. 10 c. Crevenna. Elle est ordinairement reliée avec Thomas Magister (voy. THOMAS).

— ECLOGÆ nominum et verborum atticorum, græce, cum versione latina P.-J. Nunnesii, notisque variorum, cura Joan.-Corn. de Pauw. *Trajecti-ad-Rhen., Evelt*, 1739, in-4. 8 à 10 fr.

Cette édition est bonne, mais moins que celle qui suit :

IDEM OPUS, cum notis Pet.-J. Nunnesii, D. Hoeschelii, Jos. Scaligeri et Corn. de Pauw partim integris partim contractis edidit, explicuit Ch.-A. Lobeck. *Lipsiæ, Weidmann*, 1820, in-8. 10 fr.—Pap. collé, 12 fr. — Pap. vél., 20 fr.

PHURNUTUS[sive *Annæus* Cornutus]. De natura deorum gentilium commentarius, e græco in latinum conversus per Cr. Clauserum : Palæphati poeticar. fabular. explicationes, Ph. Phasianino interprete : adjecti quoque sunt iidem græci : Item Juliani Aurelii libri III de cognominibus deorum gentilium. *Basileæ (Oporinus*, 1543), in-8. [22571]

Volume peu commun, renfermant 8 ff. prélim., dont le dernier blanc, 338 pp. pour le texte lat. 23 ff. de table, et 126 pp. pour le grec. Le texte grec a paru pour la prem. fois dans l'édit. d'Esope, donnée par Alde en 1505; il se trouve aussi avec la version lat. de Clauser, dans les *Opuscula mythologica* de Gale. Villoison a laissé un travail sur Phurnutus, auteur au sujet duquel on peut consulter les Mélanges de Chardon de la Rochette, t. III, pp. 55 et suiv.

— L. Ann. Cornutus de natura deorum, ex schediis Jo.-Bapt. Casp. d'Ansse de Villoison, recensuit commentariisque instruxit Fred. Osannus : adjecta est ejusd. de Villoison de theologia physica stoicorum dissertatio. *Göttingæ, Dieterich*, 1844, in-8. 10 fr.

PHYLARCHI historiarum fragmenta, gr., collegit J.-Friedr. Lucht. *Lipsiæ, Lauffer*, 1836, in-8. 3 fr. [22813]

PHYLOGINE. Voy. BOIARDO.

PHYSICI et medici græci minores. Congessit, ad fidem codd. mss. præsertim eorum, quos Beatus Diezius contulerat, veter. edit. partim emendavit, partim nunc prima vice edidit, commentariis criticis indicibusque tam rerum quam verborum instruxit Jul.-Lud. Ideler.

Berolini, Reimer, 1841-42, 2 vol. in-8. 20 fr. [4194]

PHYSIOGNOMICAL portraits of one hundred distinguished characters, from undoubted originals. *London*, 1824, 2 vol. in-8. [9600]

Choix de portraits assez médiocrement gravés, et publiés en dix parties, avec un texte. Vend. 56 fr. salle Silvestre, en 1833, et moins depuis. Les titres gravés sont datés de 1822 et 1823. A la tête du premier vol. est placé le portrait du roi d'Angleterre George IV, dédié à S. M. par Edv. Walmsley, que nous croyons être l'auteur de l'ouvrage. Les exemplaires en Gr. Pap. gr. in-4., avec prem. épreuves sur pap. de Chine, coûtaient vingt guinées. Vend. 295 fr. Chateaugiron, et seulement 75 fr. en 1833.

PHYSIOGNOMONIÆ Scriptores. Voyez SCRIPTORES.

PHYSIOPHILUS. Specimen monachologiæ, methodo linnæana, tabulis tribus æn. illustratum a Joanne Physiophilo. *Augustæ-Vindelicorum*, 1783, in-4. fig. 5 à 6 fr. [17812]

Ouvrage singulier, qui a été composé par trois savants d'Allemagne, d'après le conseil d'Ignace de Born. Vend. 9 fr. L'Héritier.

Barbier (*Dictionn. des anonymes*, tome III, p. 570) indique deux autres éditions de ce singulier ouvrage. En voici le titre :

JOANNIS Physiophili opuscula : continent. monachologiam, accusationem Physiophili, defensionem Physiophili, anatomiam monachi; collegit, edidit et præfatus est P. Aloysius Martius. *Augustæ-Vindelicorum*, 1784, in-4.

Ces éditions, qui sont plus complètes que celle de 1783, ont toutes deux 117 pp.; mais l'une n'a que 3 pl., et l'autre en a 6. Il y en a une troisième sous le même titre et la même date; elle est de format in-8. L'ouvrage a été traduit sous le titre suivant :

ESSAI sur l'histoire naturelle de quelques espèces de moines, décrites à la manière de Linné, trad. du latin par J. d'Antimoine (Broussonet). *Monachopolis*, 1784 et 1786, in-8. 4 à 6 fr.

Réimprimé en 1790, avec quelques changements, sous le titre d'*Histoire naturelle des moines, écrite d'après la méthode de Buffon*. Il y en a des exemplaires avec un nouveau titre, daté de 1798.

Cette satire a été trad. en anglais, *London*, 1783, in-8., et réimpr. à *Edimbourg*, en 1852, in-8., avec 18 pl. et des notes additionnelles, par A. Arnst.

Citons encore :

PHILANTROPII Specimen antimonachologiæ methodo linnæana exaratum. *Augustæ-Vindelicorum*, 1783, in-4.

PIACENZA (*Guilelmo* da). Voy. SALICETO (*G.* de).

PIALE (*Stefano*). Sopra alcuni monumenti di Roma antica, dissertazioni. *Roma, Puccinelli*, 1832-34, in-4. fig. [29420]

Recueil de vingt et une dissertations détachées (chacune avec son frontispice), donnant la description artistique et archéologique d'un des monuments de l'ancienne Rome. Ce recueil, que décrit J. Molini

Placenza (*Fr.*). L'Egeo redivivo, 27928.

Placesius (*P.*). Chronica gestorum in Europa singularium, 27842.

dans ses *Operette,* pourrait bien être le même qui se trouve indiqué dans le catal. de M. Barthes, sous ce titre :

RACCOLTA di venti-quatro argomenti letta nelle adunanze diverse della Pontifica Accademia di Roma, da Piale. *Roma,* 1832, in-4. fig.

PIANELLO (*Jean-Bapt.*). Portrait de Jésus-Christ, fait par luy-même, âgé de trente-deux ans, et envoyé à Abagare, roi d'Edesse : Histoire et dissertation. *Lyon, Marcellin Gautherin,* 1691, pet. in-12, portr., 3 à 5 fr. [314]

En *mar. r.* 29 fr. Veinant.

PIANTO di Nigroponte. Voyez PRESA di Nigroponte.

PIAZZETTA (*Gio.-Batista*). Studj di pittura, intagliati da Marco Pitteri, pubblicati a spese di Gio.-Battista Albrizzi. *Venezia,* 1760, in-fol. obl. [9250]

48 pl., dont 24 sont de Bartolozzi (Cicognara, n° 345).

PIAZZETTA (*Jo.-Bapt.*). Icones ad vivum expressæ, et 15 tabulis a Joanne Cattini collectæ ac ære incisæ. *Venet., Pasquali,* 1763, gr. in-fol. [9464]

Vend. 1 liv. 8 sh. Pinelli.

PIAZZI (*Giuseppe*). Della Specola astronomica de' regj studj di Palermo, lib. cinque. *Palermo, reale stamp.,* 1792-94, 2 vol. in-fol. [8328]

On joint à cet ouvrage les deux articles suivants :

PRÆCIPUARUM stellarum inerrantium positiones mediæ, ineunte seculo XIX, ex observ. habitis in specula Panormita, ab anno 1792 ad ann. 1802 (a Jos. Piazzi). *Panormæ, typ. reg.,* 1803, in-fol. [8307] — Vend. 15 fr. Delambre.

DEL REALE osservatorio di Palermo, libro sesto (di G. Piazzi). *Palermo,* octobre 1806, in-fol.

Les six livres réunis n'ont été vend. que 30 fr. chez Delambre, tandis que les cinq premiers avaient été payés 94 fr. Méchain ; 120 fr. de Lalande.

— LEZIONI elementari di astronomia. *Palermo, stamp. reale,* 1817, 2 vol. pet. in-4. fig. 20 fr. [8242]

— Orologio italiano, 8392.

PIBRAC (*Guy* du Faur, seigneur de). Les Quatrains du seigneur de Pibrac. = De la maniere civile de se comporter pour entrer en mariage avec une demoiselle (par le même), *Amst., Vander Haghen,* in-8., caract. dits de civilité. [12818]

Cette édition, dont un exempl. rel. en *mar. r.* a été vendu 18 fr. La Vallierc, et 26 fr. S.-Céran, n'est qu'un fragment qui commence à la signature G, p. 49, et finit à la page 69. Elle contient 126 quatrains : ce qui la rend précieuse, c'est l'opuscule sur le mariage qui y est joint, et qui n'a que 3 ff., savoir : un titre impr. en caract. de civilité ; un second titre impr. en capit. rom., et le texte composé de 6 quatrains, dont le premier commence par ces mots : *Pour pratiquer l'honneteté.* Selon une note

Pianzola (*Bern.*). Dizionario, grammatiché e dialoghi, 10751.

Platti (*G.*). Storia de' romani pontifici, 21611.

Piazza (*Car.-Bart.*). Necrologia, 22315.

du catalogue de La Valliere (en 3 vol.), n° 3169, l'exemplaire décrit serait le seul qui nous soit resté.

Goujet et d'autres bibliographes disent que la première édition de ces célèbres quatrains (d'abord au nombre de 50) a paru à Paris, en 1574, in-4., probablement chez Fréd. Morel, qui effectivement en a donné la continuation en 1575, in-4., et les deux parties ensemble en 1583, in-4. Nous n'avons pas vu l'édition in-4. de 1574, mais nous allons en décrire une autre sous ce titre :

CINQUANTE quatrains, contenant préceptes et enseignements utiles pour la vie de l'homme, composés à l'imitation de Phocylides, d'Epicharmus et autres anciens poëtes grecs ; par le S. de Pyb. (sic), *Lyon, par Iean de Tournes,* 1574, in-8. de 13 pp. en tout.

Outre les 50 quatrains, cette édition renferme deux sonnets du même auteur, l'un intitulé : *Lucresse romaine;* l'autre : *Porcie femme de Brutus.* Un exemplaire impr. sur pap. bleu se trouvait chez La Vallière.

— Les quatrains du sieur de Pybrac...., avec les plaisirs de la vie rustique, par N. R. P. *Lyon, par Benoist Rigaud,* 1584, pet. in-8. de 72 pp. 21 fr. *mar. bl.* Coste.

Réimprimé par le même Rigaud, 1597, in-8. de 71 pp. 19 fr. *mar.* Coste.

— LES QUATRAINS du seigneur de Pybrac... avec les plaisirs de la vie rustique, extraicts d'un plus long poëme composé par le dict sieur de Pybrac. *Tours, Sébast. Moullin,* 1592, pet. in-12. 10 fr. Huzard.

Nous n'avons pas le dessein de donner ici la liste des nombreuses éditions de ces quatrains, mais nous croyons devoir en citer plusieurs qui méritent d'être distinguées : 1° celle de *Paris, Brayer,* 1583, in-12, qui contient *Les plaisirs du gentilhomme champêtre, et autres poëmes, par N. R. P.* (Nic. Rapin); *Les plaisirs de la vie rustique,* extraits d'un plus long poëme de Pibrac; *Les plaisirs de la vie rustique, poëme,* par Cl. Binet; — 2° celle de *Paris, de Meaux,* 1612, in-8., qui contient le poëme de Pibrac, celui de N. Rapin, et en outre les quatrains du président Faure, ceux de Raoul Parent, et de Mathieu. Recueil souvent réimprimé, et en dernier lieu à *Paris, Loyson,* 1667, in-8., avec fig.

Les vers de Pibrac sur *la vie rustique* ont d'abord été imprimés séparément à Paris vers 1573, in-4. de 12 ff. en lettres italiques, sans frontispice. Au verso du premier feuillet, dont le recto est resté blanc, se lit un sonnet adressé à M. de Ronsard. Le texte commence ainsi au 2e f. :

Pibrac, ie te salüe, &
Toy Boccone saincte

Le dernier f. est tout blanc. On peut supposer que cette édition a été impr. pour les amis de l'auteur, et n'a pas été mise alors dans le commerce. Nous en donnons la description d'après l'exemplaire de J.-A. de Thou. L'ouvrage a été réimpr. d'abord sous ce titre :

LES PLAISIRS de la vie rustique, composé par le Sr de Pib(rac) auec trois sonnets du dit sieur. *Lyon, Jean de Tournes,* 1574, in-4. de 20 ff., lettres ital. Un exemplaire en Gr. Pap. 18 fr. Huzard ; et en *mar. r.* 50 fr. Coste. — Ensuite Fréd. Morel a reproduit ces mêmes vers sur la vie rustique, de format in-4., à Paris, en 1584 ; ils se retrouvent avec une traduction latine de Séb. Rouillard, dans un volume intitulé :

SEB. ROLLIARDI agrocharis, sive de ruris gratia et vitæ rusticæ laudibus..... adjecta sunt et quædam ejusdem Rolliardi musurgia. *Parisiis, P. Labelus,* 1598, in-8., en *mar. r.* 29 fr. Le Prevost.

LA BELLE vieillesse, ou les anciens quatrains des

sieurs de Pibrac, du Faur et Matthieu... nouvelle édition, augmentée de remarques... par l'auteur des remarques sur M. de Larochefoucault (l'abbé de La Roche). *Paris, Quillau,* 1747, in-12.

Citons encore l'édition des Quatrains de Pibrac, avec une double version en vers grecs et lat., par Flor. Chrestien, impr. à Paris, chez Fréd. Morel, 1584, in-4.

— Traduction d'une epistre latine d'un excellent personnage de ce royaume (Guy du Faur Sr de Pibrac) faite par forme de discours sur aucunes choses depuis peu de temps advenues en France. *Paris, Fréd. Morel,* 1573, in-4. [23527]

Cette épître renferme une narration apologétique du massacre de la Saint-Barthélemy. Vend. 25 fr. Mac-Carthy. L'original latin a paru sous ce titre : *Ornatissimi cujusdam viri de rebus gallicis ad Stanislaum Elvidium epistola,* Lutetiæ, Fed. Morellus, 1573, in-8. 15 fr. *mar. v.* Monmerqué; et réimpr. *Lyon, Rigaud,* 1573, in-8. de 19 ff. 9 fr. Coste.

Une édition in-4., sous la date de 1573, renferme une réponse latine, sous le nom d'Elvidius, et que l'on croit être de Joachim Camerarius. Cette réponse a aussi été traduite en français.

RESPONSE à un epistre commenceant : *Seigneur Elvide,* où est traicté des massacres faits en France en l'an 1572; par Pierre Burin. *Basle, Martin Cousin,* 1574, in-8.

Autre réfutation de l'épître de Pibrac.

— Harengue publique de bien-venue au roy Henry de Valois, roy eleu des Polonnes, prononcee par Stanislaus Carncovien, evesque de Vladislavie; avec la response à la dite harengue, par le sieur de Pibrac. *Paris, Mich. de Vascosan,* 1574, in-8. [27837]

Le texte latin de ces deux harangues a paru également à Paris, chez Mich. Vascosan et chez Fréd. Morel, en 1574, in-4., ainsi que la pièce suivante :

L'ORAISON du seigneur Jean de Zamoscie au roy eleu de Pologne, Henry, duc d'Anjou, trad. de latin en françois par Loys Regius, in-4.

PICARD (*Jehan*). Les trois mirouers du monde; composez par frere Jehan Picard, de l'ordre des freres mineurs, veuz et corrigez par Fr.-Cl. de Campis. *Paris, Jehan Longis* (1530), pet. in-8. goth. [1558]

Vend. 10 fr. Duriez; et même prix en mars 1829.

PICARD (*Math.* Le). Voy. FOUET.

PICARD (*Phil.* Le). Voy. ALCRIPE.

PICARD (*L.-B.*). Ses OEuvres. *Paris, Barba* (imprim. de F. Didot), 1821-23, 10 vol. in-8. avec portr. 50 fr. — Pap. vél. portr. avant la lettre, 100 fr. [16535]

Les six premiers volumes sont la réimpression de la première édition du théâtre; le 7e renferme sept pièces composées depuis; le 8e, diverses pièces non représentées ni imprimées; les 9e et 10e, Eugène et Guillaume. On peut ajouter à cette collection le volume qui a paru sous le titre suivant :

THÉATRE républicain posthume et inédit de L.-B. Picard. *Paris, Barba,* 1832, in-8., contenant six pièces aussi mauvaises les unes que les autres, et tout à fait indignes de l'auteur. On a encore de Picard quelques comédies et plusieurs romans, impr. séparément [17255]. Ils ne sont pas compris dans le recueil ci-dessus.

PICARDET (*Anne*). Odes spirituelles sur l'air des chansons de ce temps. *Paris, Seb. Huré,* 1619, in-12. [14344]

39 fr. Veinant, et quelquefois beaucoup moins.

Il y a une édit. du même recueil, revue et augmentée. *Lyon, Ve Morillon,* 1623, pet. in-8.

PICARDUS Toutrerianus (*Joannes*). De prisca Celtopædia libri V, quibus admiranda priscorum Gallorum doctrina et eruditio ostenditur, nec non litteras prius in Gallia fuisse quam vel in Græcia vel in Italia; simulque Græcos nedum Latinos scientiam a priscis Gallis (quos vel ab ipso Noachi tempore græce philosophatos constat) habuisse. *Parisiis, Mat. David,* 1556, pet. in-4. [23161]

Ouvrage paradoxal, mais où l'auteur déploie son érudition par rapport aux langues et aux étymologies. On en trouve l'analyse dans la *Biblioth. de la France,* édition de Fontette, I, 3797. Vend. 7 flor. 25 c. Meerman; 13 fr. Coste.

PICART (*Bernard*). Recueil des lions des sinez d'après nature par divers maîtres, et gravez par Bernard Picart. *Amsterd.,* 1729, in-4. obl. 26 pièces, avec 6 pp. de texte. 6 à 10 fr. [9575]

— Impostures innocentes, ou recueil d'estampes gravées dans le goût de différens maîtres célèbres des trois écoles, avec l'éloge de B. Picart, et le catalogue de ses ouvrages. *Amsterdam,* 1734, pet. in-fol. [9576]

Recueil de 79 pl., le portr. compris : 37 fr. Borluut 53 fr. Thibaudeau. — Il y a des exempl. en Gr. Pap.

— Voy. CÉRÉMONIES religieuses.

PICART (*Fr.* Le). Voy. LE PICART.

PICAULT (*Pierre*). Traité des Parlemens ou estats généraux. *Cologne, P. Marteau (Hollande),* 1679, pet. in-12 de 167 pp. 3 à 5 fr. [24057]

Traité peu commun, qui se place dans la collection des Elseviers. Vend. en *m. r.* 8 fr. Méon.

PICCHA (*Gregorius*). Oratio ad Sixtum V. Pont. Max. aliosque christianos principes et respubl. pro britannico belle indicendo. *Romæ, ex typogr. Vincentii Accolti,* 1588, in-4. de 13 ff. [12170]

Opuscule rare, et qui, en Angleterre, a une certaine valeur : 1 liv. 1 sh. Heber.

PICCINO (*Gaetano*). V. NUMISMATA ærea.

PICCOLOMINI. Voy. ÆNEAS Sylvius.

·Picamilh (*Ch.*). Statistique des Basses-Pyrénées, 24699.
Picard (*Jean*). Nivellement, 8014.

Picault (*Ch.*). Révolutions de Perse, 28081.
Picciotti (*A.*). L'Antotrofia, 6487.

PICCOLOMINI (*Jacobi* Ammanati), cardinalis Papiensis, Epistolæ et commentarii. — *Impressum Mediolani apud Alex.Minutianum...* M D VI. *die xxviii. Martii*, in-fol. [18731]

Vend. en *mar. r.* 1 liv. 3 sh. Heber; 16. flor. 25 c. Meerman.

Dans ses commentaires, le cardinal Piccolomini a continué ceux du pape Pie II, depuis le 18 juin 1464 jusqu'au 6 décembre 1469. L'édition de 1506 est revêtue d'un privilége de Louis XII, alors duc de Milan. On trouve des exempl. avec un nouveau titre annonçant : *multa alia scitu dignissima, quæ hactenus in aliis primo impressis desiderabantur*, et sous la date M. D. XXII. *mensis Martii Die* IIII., mais où il n'y a de changé que les deux premiers ff. (et le dernier) qui présentent un nouveau titre, avec une épître de Minutiano à Etienne de Poncher, évèque de Paris, subtituée à celle de J. Piccolomini au cardinal d'Amboise. Une seconde édition de ce recueil a paru à la suite des *Commentarii* de Pie II (Æneas Silvius), à Francfort, en 1614, in-fol. — Voyez Zeno, *Dissertazioni vossiane*, II, page 93.

PICCOLOMINI(*Alessandro*).Cento sonetti con una lettera sui pregi della poesia. *Roma, Vinc. Valgrisi*, 1549, in-4., sign. A—I. [14979]

L'auteur de ce recueil devenu fort rare a laissé des comédies qui le sont moins, parce qu'elles ont été souvent réimprimées. Elles ont pour titre :

1° L'AMOR costante, comedia del signore Stordito intronato, composta per la venuta dell' imperatore in Siena, l'anno XXXVI. Nella qual comedia intervengono varii abbatimenti di diverse sorte d'armi et interciatti, ogni cosa in tempi e misure di morescha, cosa non manco nuova che bella. (*senza luogo ed anno*), pet. in-8. de 78 ff. chiffrés y compris les préliminaires. [16675]

Cette édition est peut-être la première de cette comédie dont l'épître dédicatoire porte la date du 15 novembre 1540. Les personnages s'expriment en divers dialectes italiens, et en espagnol. Vend. 6 fr. 50 c. de Soleinne.

L'*Amor costante*, que M. Libri compare pour le cynisme aux dialogues de l'Aretin, est cependant d'Alessandro Piccolomini, devenu depuis archevêque. Ce poëte est auteur de plusieurs autres pièces réimprimées, ainsi que celle-ci, dans le Recueil des *Intronati de Sienne* (voy. INTRONATI), dans un autre recueil de comédies impr. à Venise en 1554, et séparément à Venise en 1550, in-8.; en 1559, in-12; en 1586, en 1595 et en 1601, in-8.

L'édition de l'*Amor costante*, de Venise, *Augustino Bindoni*, 1550, in-8. de 8 ff. prélim. dont un bl., et 78 ff. chiffrés, est, à peu de choses près, la réimpression ligne pour ligne de la précédente. L'exempl. en *mar. citr.* qui avait été donné pour 6 fr., vente de Soleinne, s'est vendu 38 fr. 50 c. Libri.

2° ALESSANDRO, comedia. *Venetia*, 1550, in-8. Réimpr. à Venise, chez *Altobello Salicato*, 1569, in-12 de 60 ff. 5 fr. 25 c. de Soleinne.

— Institution morale d'Alexandre Piccolomini, traduite du Tuscan, par Pierre de Larivey. *Paris, Abel L'Angelier*, 1581, pet. in-4. [3856]

Réimpr. pour le même libraire à Paris en 1585.
Le texte italien de ce gros livre a paru d'abord sous ce titre : *Della Institutione del sig. Aless. Piccolomini, di tutta la vita, dell' huomo nato nobile,*

Piccolomini (el conte *E.-S.-V.*). Grammatica della lingua otomi, 11981.

e in città libera libri X. Venetia, Scoto, 1542, in-4., et aussi *Venet.*, 1545, in-8. L'auteur, après l'avoir revu et augmenté, le publia sous cet autre titre : *Della Institutione morale di Aless. Piccolomini, libri XII...* Venetia, Fr. Ziletti, 1561 (aussi 1575 et 1582) in-4.

— DIALOGO della bella creanza delle donne. Voyez DIALOGO.

PICCOLOMINI (*Ascanio*). Le sue rime, fatte nella primavera dell' età sua, salvo tutte le spirituali, e alcune poche lugubri, e le' imprese del medesimo: *Siena, per Luca Bonetti*, 1594, in-4. [14561]

L'imprimeur Bonetti, dans son épître dédicatoire, atteste qu'il n'a tiré que 25 exempl. de cette édit. (voyez *Catalogo della libreria Capponi*, p. 299); mais il a donné également en 1594 une autre édition de ces poésies augmentée de différentes pièces placées en divers endroits dans le courant du volume.
La réimpression in-8. faite par le même imprimeur, en 1598, est assez commune, et ne contient pas les *Imprese*.

PICCOLPASSI. Les troys libvres de l'art du potier, esquels se traicte non seulement de la practique, mais briefvement de tous les secretz de ceste chouse qui iouxte mes huy a estée tousiours tenue celée du cavalier Cyprian Piccolpassi Durantoys (1147). Translatée de l'italien en langue francoyse par maistre Claudius Popelyn, parisien. *Paris, Librairie internationale,* 1861, in-4. de XII et 91 pp. avec 39 pl. 25 fr. [10246]

Les planches de ce volume sont, au dire de l'éditeur, la reproduction de celles d'une édition originale de 1560 que nous n'avons pas eu occasion de voir.

— I tre libri dell' Arte del Vasajo, nei quali si tratta non solo la pratica, ma brevemente tutti i secreti di essa cosa che persino al di d'oggi è stata sempre tenuta ascolta del cav. Cipriano Piccolpassi Durantino. *Roma*, 1857, in-fol. de 56 pp. avec 35 pl.

PICHERELLI (*Petri*). Opuscula theologica quæ reperiri potuerunt, partim antea, partim nunc primum edita (per Andr. Rivetum). *Lugd.-Batav., ex officina elzevir.*, 1629, pet. in-12. [1953]

Nous ne pouvons nous dispenser d'indiquer ici ce vol. qu'on a présenté dans plusieurs catalogues comme un des plus rares de la collection elsevirienne, ce qui, toutefois, n'est nullement exact. Il s'est vendu jusqu'à 34 fr. chez Ch. Nodier, mais on l'a donné pour 2 fr., et même pour 1 fr. 55 c. aux ventes Duriez et Sensier.

PICHOT (*Amédée*). Vues pittoresques de l'Ecosse, dessinées d'après nature par M. A. Pernot, accompagnées d'un texte explicatif par M. Pichot. *Paris, Gosselin*, 1826-1828, pet. in-fol. pap. vél., avec 60 pl. lithogr. [20345]

Pichardo (*Estevan*). Diccionario provincial, 11160.
Piccolos (*Nic.*). Supplément à l'Anthologie grecque, 12290.
Pichler (*Karl*). Werke, 19318.

Publié en 12 livrais. : 160 fr. — Épreuves sur pap. de Chine, 220 fr. — Pap. colombier vél. satiné, avec les épreuves sur pap. teinté, rehaussé de blanc, 305 fr. (prix qu'il faut réduire des cinq sixièmes). Un exemplaire unique sur papier de Chine, avec des épreuves de choix retouchées à la main, et avec les dessins de M. Pernot, a été annoncé au prix de 6000 fr. Les lithographies sont de MM. Bonington, Joly et Villeneuve.

— VOYAGE histor. et littér. en Angleterre et en Ecosse. *Paris, Ladvocat*, 1825, 3 vol. in-8. fig. 15 fr.

— Dernier roi d'Arles, 24812. — L'Irlande et le pays de Galles, 27479.

PICHOU (le sieur). Les Folies de Cardenio, tragi-comédie. *Paris, Fr. Targa*, 1633, pet. in-8. de 4 ff. et 146 pp. — L'Infidele confidente, tragi-comédie. *Ibid.*, 1631, pet. in-8. de 8 ff. et 119 pp. La Filis de Scire, comédie pastorale, tirée de l'italien, 1631, pet. in-8 de 24 ff. 139 pp. et 2 ff. non chiffrés. [16418]

Ces trois pièces forment le Théâtre de Pichou (vendu 6 fr. Méon; 15 fr. 50 c. de Soleinne). Il existe de la première une édit. de 1630. La troisième est une traduction de Bonarelli; un médecin de Grenoble, nommé Isnardi, y a joint une préface curieuse sur le traducteur, mort assassiné à l'âge de 35 ans, et sur ses ouvrages.

PICITONE (*Angelo* da). Fior angelico di Musica... nel quale si contengono alcune bellissime dispute contra quelli che dicono la Musica non esser scienzia. *Vinegia, per Agostino Bindoni*, 1547, in-4., avec musique notée. [10144]

Le P. Angelo, franciscain, était un organiste célèbre; son ouvrage, souvent cité par le P. Martini, est devenu rare, et il mérite d'être conservé : 25 fr. Gaspari, en 1862.

PICONIO (*Bernardus* a). Expositio triplex in J.-C. evangelia. *Lutetiæ-Parisiorum*, 1726, in-fol. 15 à 20 fr. [488]

— Epistolarum S. Pauli expositio triplex. *Parisiis*, 1703, in-fol. 18 à 24 fr. [498]

Ouvrage très-estimé, qui a été réimprimé à Lyon, chez Rusand, 1824, en 6 vol. in-12, et à *Besançon et Paris*, 1860, 3 vol. in-12. Il y en a un abrégé. en français, sous le titre d'*Explication des épîtres de S. Paul... par le P. Bernardin de Picquiny*, Paris, 1707 ou 1714 et 1820, 4 vol. in-12, 12 fr.; et *Besançon*, 1830, 2 vol. in-8.

PICOT de la Peirouse. Voy. LA PEIROUSE.

PICOU (*Hugues* de). Le Déluge universel, tragédie, où est compris un abrégé de la théologie naturelle. *Paris, Martin Hauteville*, 1643, pet. in-8 de 4 ff. prélim. et 99 pp. 12 à 18 fr. [16428]

Pièce peu commune : 22 fr. de Soleinne.

PICRADAM. Como Picradam sognando

uede Lumbar ‖ dia in Italia in forma dun giardino ĩ una ‖ gran campagna. Et le cita di Lumbardia ‖ ĩ forma di donne seder in quel giardino ‖ Tra quali Mantua el priega che gli dechi ‖ ari questo horlogio : mostrando lei ĩ forma dun specchio. (*sans lieu ni date*), in-4.

Ce volume, dont la bibliothèque Palatine de Florence conserve un bel exemplaire, était resté totalement inconnu aux bibliographes. M. Colomb de Batines, qui nous l'a fait connaître, le regardait comme antérieur à 1475, et peut-être même à 1470. Il est imprimé en caractères ronds, sans chiffres, récl. ni signat. (à 23 lig. à la page), et il se compose de quatre cahiers; le premier de 6 ff. dont le premier est blanc, le second de 12, le troisième de 10 et le quatrième de 12 feuillets.

PICTA poesis. *Lugduni, Bonhomme*, 1552, pet. in-8.

10 sh. Heber; 1 liv. 7 sh. bel exempl. Hibbert.

Cet ouvrage de Barth. Aneau est recherché à cause des jolies gravures sur bois dont il est orné; il y en a une édition de *Lyon, Matthieu Bonhomme*, 1556, in-16, fig., qui contient des augmentations, et une autre de *Lyon*, 1564, in-16, également avec fig. sur bois. A l'article ANEAU nous avons parlé de la traduct. française, qui a pour titre : *Imagination poétique*.

PICTET (*Bénédict*), pasteur de Genève. Dissertation sur les temples, leur dédicace, et plusieurs choses qu'on y voit. *Genève*, 1716, in-12. [8786 ou 22322]

Livre intéressant et qui se trouve difficilement. 40 fr. Bergeret, sans avoir cette valeur.

PICTET (*Franc.-Jules*). Recherches pour servir à l'histoire et à l'anatomie des phryganides. *Genève*, 1834, in-4., avec 20 pl. color. 40 fr. [6060]

— Notices sur les animaux nouveaux ou peu connus du musée de Genève, par F.-J. Pictet et Ch. Pictet, 1re série : Mammifères. *Genève*, 1841-44, quatre livr. in-4. fig. 20 fr. [6543]

— HISTOIRE naturelle, générale et particulière des insectes névroptères. Première monographie, famille des Perlides. *Genève*, 1841, in-8. de XXIV et 248 pp. avec 53 pl. color. 66 fr. — Deuxième monographie, famille des Ephémérides. *Genève*, 1843, in-8. en 10 livr. de 5 pl. 60 fr. [6060]

— DESCRIPTION des mollusques fossiles qui se trouvent dans les grès verts des environs de Genève, par Pictet et W. Roux. *Genève*, 1847-53, in-4., avec 51 pl. 60 fr. [6150]

Publié en 4 sections : Céphalopodes, Gastéropodes, Acéphales orthoconques, Acéphales pleuroconques.

— TRAITE de Paléontologie, ou histoire naturelle des animaux fossiles considérés dans leurs rapports zoologiques et géologiques ; 2e édition, revue, corrigée et considérablement augmentée. *Genève*

---

et Paris, J.-B. Baillière, 1853-57, 4 vol. in-8., avec un atlas in-4. 80 fr. [5684]

La 1re édition, sous le titre de : *Traité élémentaire*, a été impr. à Genève, 1845-46, en 4 vol. in-8. avec 73 pl.

— Matériaux pour la Paléontologie suisse, ou Recueil de monographies des fossiles du terrain crétacé des environs de Sainte-Croix, par F.-J. Pictet et G. Campiche. *Genève*, 1854-60, 2 vol. in-4., savoir : 1re série, en 11 livraisons avec 61 pl.; 2e série en 12 livr. avec 66 pl. Les 2 séries, 190 fr. [4802]

La première série se compose de 4 monographies qui se vendaient séparément, savoir : *Description des fossiles du terrain aptier*, par Pictet et Renevier ; *Mémoires sur les animaux vertébrés trouvés dans le terrain sidérolithique du canton de Vaud*, par Pictet, Gaudin et de La Harpe; *Description d'une Emyde nouvelle du terrain jurassique supérieur des environs de Saint-Claude*, par Pictet et Humbert; *Monographie des Chélouiens de la molasse suisse*, par les mêmes. Nous n'avons pas la notice de la 2e série.
— DESCRIPTION des fossiles du terrain néocomien des Voirons, par F.-J. Pictet et P. de Loriol. *Genève*, 1859, in-4. avec pl. lithogr. 50 fr.
— Poissons fossiles du Liban, 5854.

PICTORIUS (*Georg.*). Sermonum convivalium libri X, non solum rei medicæ studiosis, sed et omnibus historica, poetica, sales, jocos, facetias, et sermonis nitorem petentibus, multum utiles. *Basileæ, Henric. Petrus*, 1559, pet. in-8. [17927]

Vend. en *mar.* 6 fr. 35 c. Méon ; 6 fr. 20 c. Courtois.
Il y a du même recueil une édition de Bâle, 1571, pet. in-8., dont le titre, très-détaillé, est donné dans le Catal. de la Biblioth. du roi, Y², n° 1283. Le poëme de *Serenus Samonicus de morborum cura* en fait partie.

— Les sept dialogues de Pictorius, traictans de la maniere de contre-garder la santé par le moyen des six choses que les medecins appellent non naturelles; ausquelles est adiousté un autant utile que delectable dialogue de Plutarque intitulé de l'Industrie des animaux tant de l'eau que de la terre, le tout fait françois par Arnault Pasquet de la Rochefoucauld. *Paris, Gilles Gourbin*, 1557, pet. in-8.

6 fr. 25 c. Huzard.

PICTORIUS (*L.* Bigus). Voyez BIGI.

PICTORUM aliquot effigies. Voy. LAMPSONIUS.

PICTURESQUE (a) representation of the manners, customs and amusements of the Russians; with an accurate explanation of each plate in english and french (by A. Atkinson and J. Walker). *Lond.*,

Pictorial book of british ballades, 15723.

Boydell, 1803-5 (nouveau titre, 1812), 3 part. gr. in-fol. [27252]

Cet ouvrage contient 100 pl. color.; en outre il doit se trouver au 1er volume un portrait de Catherine II, par Bartolozzi; au 2e volume un portrait de l'empereur Alexandre; au 3e celui d'Elisabeth : 75 à 100 fr.

— Voyez ATKINSON.

PICTURESQUE views of the principal seats of the nobility and gentry, in England and Wales. *London, Harrison*, (1786-88), in-4. obl. 30 à 40 fr. [10009]

Ce recueil, qui renferme 100 pl., avec autant de feuillets d'explication, et une table alphabétique, n'est pas aussi beau que celui de Watts (voy. ce nom), auquel il fait suite; mais il est peu commun en France. Vendu 126 fr. *m. r.* Chateaugiron.

PICUS MIRANDULÆ (*Joannes*). Cōmentationes Ioannis Pici Mirandulæ in hoc volumine cōtentæ : quibus anteponitur vita p Ioannē Frāciscū illustris principis Galeotti Pici filiū conscripta; Heptaplus de opere sex dierum geneseos; apologia tredecim quæstionum; tractatus de ente et uno cum objectionibus quibusdam et responsionibus; oratio quædam elegantissima; epistolæ plures; deprecatoria ad deum elegiaco carmine; testimonia ejus vitæ et doctrinæ. — *Diligenter impressit Benedictus Hectoris, Bononiæ...*

M cccc lxxxx vi. die vero xx Martii, in-fol. [18659]

En *mar. r.* ancien 52 fr. Mauger, en 1862.

— Disputationes Joannis Pici Mirandulæ adversus astrologiã divinatricem, quibus penitus subnervata corruit. *Bononiæ*, etc. MCCCCLXXXXV *die uero xvi Julii*, in-fol.

Ces deux volumes, qui doivent être réunis, se trouvent difficilement complets, mais ils ne sont pas chers : 10 fr. La Vallière. Le premier vol. doit contenir 12 ff. prél. sous la sign. *a* ; 166 ff. (dont le dern. est bl.) sign. A—E et AA—YY, et après la souscription une partie de 58 ff., sign. *aa—kk*, renfermant *Apologia tredecim quæst.* Le second vol. a 142 ff. sous les sign. *aa*, *a—m* et A—L, et après la souscription 2 ff. qui renferment les errata pour les deux vol., avec un privilége en date du VII juillet 1496. Tel est le contenu de l'exemplaire de la biblioth. de Dresde, décrit par Ebert, n° 16800.
Van Praet (2e Catalogue, I, n. 504), en indiquant l'exempl. impr. sur VÉLIN, qui se conserve à Blenheim, donne 276 ff. au premier volume. Ces 2 vol. ont été réimprimés sous la même date, mais avec quelques différences qu'on a fait remarquer dans le 2e catalogue de Crevenna, n° 5392.
Sans nous arrêter à l'édit. de Venise, 1498, in-fol., et à plusieurs autres réimpressions du même recueil qui n'ont point de valeur, indiquons seulement celles de Bâle, 1557 (17 fr. 50 c. de Sacy), 1572 et 1601, en 2 vol. in-fol. sous ce titre :
OPERA omnia J. Pici, item J.-Fr. Pici Opera omnia, nunc primum summa fide et accuratione postliminio restituta ac in corpus unum redacta. *Basileæ, Henric. Petri.*
L'édit. de 1601, qui est autrement classée que celle de 1572, ne renferme point, comme cette première, le traité de Reuchlin *De Arte cabalistica*, mais les œuvres de J.-Fr. Pic y sont augmentées de

l'*Oratio de reformandis moribus;* en sorte que c'est la plus complète. 12 à 20 fr.

— Heptaplus.... de septiformi sex dierum geneseos enarratione ad Laurentium Medicem. *(absque nota)*, in-fol. de 57 ff. non chiffrés, à 29 lign. par page, sign. a—g. [445]

Édition imprimée en beaux caractères ronds, par les soins de Robert Salviati, et probablement à Florence avant l'année 1496, ainsi que l'a dit J. Van Praet (2e Catal., I, n° 108), en parlant de l'exemplaire imprimé sur VÉLIN, qui se conserve dans la bibliothèque Corsini, à Rome. Le Dr Dibdin (*Biblioth. spenc.*, VII, n. 136), au contraire, pense que ce volume est sorti des presses de Moravus, à Naples, vers 1480.
Vend 14 sh. Hibbert.
Pour la traduction française de l'Heptaple, par Nic. Lefèvre de la Boderie, voy. GEORGIUS Venetus.

— Jo. Pici Mirandulæ Elegia deprecatoria ad Deum; Ant. Mureti elegiacum votum ad. SS. crucem, cum Fed. Morelli græca paraphrasi metrica, etc. *Parisiis, Morellus*, 1620, in-4. de 6 ff. [12759]

Un exemplaire impr. sur VÉLIN, est indiqué dans la *Biblioth. harleiana*, t. I, n° 3585.

—Conseil Pourfitable contre les ennuys et tribulations du monde, par Jehan Picus. (*Paris, J. Treperel*), pet. in-4. de 6 ff. caract. goth.

Au verso du titre se lit une préface de Rob. Gaguin, traducteur de cet opuscule, datée des mathurins de Paris : *Le xix. iour dauril es feries de pasques mil. cccc. iiii. xviij* (pour 1498), et à la fin la date de la lettre : *escript de ferrare le xv iour de may Mil. cccc. iiii. vingts et vii.* Le titre est sans lieu d'impression, mais on y voit la marque de Jean Treperel.

— Jehan Pic Mirandula conte de Concorde, mande et desire salut a Fr. son nepueu. *(sans lieu ni date)*, pet. in-8. goth.

Opuscule de 7 ff. Vend. 19 fr. salle Silvestre, en mai 1824.
— Epistolæ, 18730. — Les douze règles. Voy. CORAS.

PICUS Mirandulæ (*Joan. - Franciscus*). De morte Christi et propria cogitanda libri tres; ejusdem de studio divinæ et humanæ philosophiæ libri duo. — *Impressum Bononiæ per Benedictum Hectoreum*, 1496, *die 20 mensis Iulii*, in-4. de 72 ff. non chiffrés, caract. rom. [1225]

L'exemplaire imprimé sur VÉLIN, vend. 23 fr. Gaignat, 103 fr. Mac-Carthy, appartient à la Bibliothèque impériale.

—Liber de providentia Dei contra philosophastros. *Anno a partu virginis* MDVIII. no. *Novemb. In suburbio Novi...librum hunc de providentia dei... Benedictus Dulcibellus Manguis carpensis excripsit, stamneis usus calamis, etc.*, in-fol. [3557]

Benoît Dulcibelle, dont la presse a produit ce livre devenu fort rare, était une espèce d'imprimeur forain. Nous le trouvons à Carpi en 1506.
L'édition de 1508 a été vendue 18 fr. Morel-Vindé; 31 fr. en 1824; 1 liv. 7 sh. Heber.

Le traité *De providentia Dei* ne se trouve pas dans la collection des œuvres de Pic de la Mirandole.

— Liber de imaginatione. *Venetiis, apud Aldum, mense aprili*. M. DI, in-4. [3645]

Un des volumes rares de la collection des Alde; il contient 39 ff. non chiffrés, impr. en beaux caractères ronds, plus 1 f. blanc à la fin. Les 4 premiers feuillets renferment le titre, une préface d'Alde à Alberto Pio, et une autre préface de l'auteur à l'empereur Maximilien; mais ils ne sont pas indiqués dans le registre imprimé à la fin du volume, et par conséquent ils pourraient manquer sans qu'on s'en aperçût. Vend. (exempl. médiocre) 100 fr. en 1817; 2 liv. 16 sh. Butler; autre, 141 fr. Riva; 81 fr. Costabili; 39 fr. Solar; 5 liv. 19 sh. mar. r. par Capé, Libri.
Les autres éditions de ce traité n'ont aucune valeur.
Nous avons en français :
TRAITÉ de l'imagination, tiré du latin de Pic de la Mirandole, par J.-A. D. B. (Jean-Ant. de Baïf), *Paris, André Wechel*, 1557, in-8.; aussi *Paris*, 1577, in-16.

— Joannis Francisci Pici Mirandulæ domini et concordiæ comitis Liber de variis calamitatum causis nostrorum temporum ad Leonem X. Pont. Max. (in fine) : *Hŭc librŭ exscripsit stãneis oharacterib' ĩ oppido Mirãdulæ joãnes mazochius bũdenius.., anno a virginis partu* M. D. XIX. *v idus Augusti*, in-4. de 34 ff., signat. A—H. [1333]

Ce livret a précédé d'une année l'ouvrage suivant, du même auteur, que l'on a mal à propos cité comme le seul sorti de la presse établie à Mirandole par ce savant et infortuné prince. 1 liv. 15 sh. Libri, en 1859.
M. Calori Casij, de Modène, regardant l'opuscule de 1519 ci-dessus comme tout à fait inconnu, bien qu'il eût été déjà décrit dans notre 4e édit., III, p. 738, en a fait faire une réimpression fac-simile, gr. in-8. de 76 pp., tirée à 100 exemplaires, et dont le titre impr. en lettres capitales, porte : *Nunc primum prodidit ex incognita Mirandulana editione ann.* MDXIX *brevem Pici notitiam adiectam Ferdinandus Catorius Cæsius; Mutinæ apud Antonium et Angelum Cappelli*, 1860.
— EXAMEN vanitatis doctrinæ gentium et veritatis christianæ disciplinæ distinctum in libros sex. *Impressit Mirandulæ Joannes Maciochius Bundenius*, 1520, in-fol. [1813]
— LIBRO detto Strega o delle illusioni del Demonio, del signore Giouanfrancesco Pico dalla Mirãdola.— *In Bologna p maestro Geronimo de Beneditti da Bologna, Dell anno* M. D. XXIII *de mese de Aprile*, in-4. (Molini, *Operette*, p. 201, n° 367).
— Jo.-Francisci Pici ad Petrum Bembum de imitatione libellus. — *Venetiis, per Joan.-Ant. ejusque fratres de Sabio*, 1530, in-4. [12058]

— Here is conteyned the lyfe of Johan Picus erle of Myrandula a grete lorde of Italy an excellent connynge man in all sciences, and verteous of lyuynge. With dyuers epystles and other werkes of the sayd Johan Picus full of grete science vertue and wysedome, whose lyfe and werkes bene worthy and dygne to be redde and often to be had in memorye. *Enprynted at London in the Fletestrete at the sygne of the Sonne by me Wynkyn de Worde* (no date), in-4. goth. de 40 ff., sign. A—G4.

Cette traduction est de Thomas Morus; elle a été insérée dans ses œuvres impr. en 1557. L'édition de Wynkyn de Worde est fort rare. 12 liv. Ilibbert; 21 liv. Dent. Il y en a une autre *imprynted by John Rastell*, in-4. 7 liv. 10 sh. Chalmers.

—Vita Hieronymi Savonarolæ, 22270, ou mieux 30719.

PIDOUX. La fleur de toute cuysine, contenant la maniere d'habiller toutes viandes tant chair que poisson, etc., compose par plusieurs cuysiniers, revue et corrigee par Pierre Pidoux. *Paris, Alain Lotrian*, 1543, in-16, caract. goth. [10285]

Petit livre rare.

PIDOUX (*Charles*), seigneur du Chaillou. La vie de saincte Radegonde, jadis reine de France et fondatrice du royal monastère de Sainte-Croix de Poitiers. *Poitiers, Mesnier*, 1621, in-12 de 684 pp. [23344]

Ouvrage d'un anonyme. Pidoux, qui en fut l'éditeur, en a composé l'avant-propos et une partie des notes. A la fin du volume se trouvent quelques pièces originales jusqu'alors inédites. Il y a une nouvelle édition augmentée et suivie de l'histoire de sainte Macrine, par Grégoire de Nysse; *Niort, Pathouot*, 1843, in-12.

Une plus ancienne vie de cette reine, publiée avant celle-ci, se trouve avec l'histoire de Clotaire premier, par Jean Bouchet (voy. ce nom). Une autre a paru sous ce titre : *Panegyrique de sainte Radegonde, autrefois reine de France et de Thuringe.... avec une paraphrase en vers des litanies à cette sainte princesse, par Vinc. Barthellemy, seigneur de Lespinay-Sainte-Radegonde ; Paris, Fosset*, 1586, in-8.

L'ouvrage suivant trouve naturellement sa place ici :

LA PREUVE historique des litanies de la grande reine de France, sainte Radegonde, contenant par abrégé les actions miraculeuses de sa vie, tirées des historiens françois, par messire Jean Filleau. *Poitiers, A. Mounin*, 1643, in-4.

PIDOUX (*Jean*). Des fontaines de Pougues en Nyvernois, de leur vertu, faculté et manière d'en user; discours qui peut servir aux fontaines de Spa et autres acides de mesme goust, ensemble un advertissement sur les bains chauds de Bourbon-Archambault. *Paris, Nic. Nivelle*, 1584, pet. in-8. [4668]

Cet ouvrage ne porte point de nom d'auteur, mais c'est, nous croyons, le même que celui qui a été réimprimé sous le titre suivant :

VERTU et usage des fontaines de Pougues en Nyvernois, et administration de la douche, par Jean Pidoux; discours qui peut servir aux fontaines de Spa et autres de pareil goust. *Poictiers, Blanchet*, 1597, pet. in-4.

Ce dernier a reparu avec des augmentations sous cet autre titre :

LA VERTU et usage..... par J. Pidoux, avec Histoire et observations de la guérison des maladies, faite par l'usage de l'eau médicinale des dites fontaines, par Ant. du Fouilloux. *Nevers, P. Roussin*, 1598, pet. in-8.

Ant. du Fouilloux avait déjà écrit sur le même sujet l'opuscule suivant :

DISCOURS de l'origine des fontaines; ensemble

quelques observations de la guérison de plusieurs maladies grandes et difficiles, par l'usage des fontaines de Pougues. *Nevers, P. Roussin*, 1592, pet. in-8. (Le Long); et revu et augmenté par Pidoux, *Nevers, Roussin*, 1595, pet. in-8. (catal. de Danty d'Isnard, n° 265). — Le Discours de J. Pidoux a été réimpr. à Nevers, en 1608, et celui de du Fouilloux, dans la même ville, en 1603 et en 1628, pet. in-8.

Parmi les écrits auxquels les fontaines de Pougues donnèrent naissance, à la même époque, nous citerons : 1° Les *Pugæ* de Raym. de Massac, impr. à Paris, chez Morel, en 1599, et réimpr. à Paris, chez Du Bray, en 1605, in-8., avec la traduction en vers français faite par Ch. de Massac, fils de l'auteur; 2° L'HYDRE feminine combatue par la nymphe Pougoise, ou traité des femmes guéries par les eaux de Pougues, par Augustin Courrade; avec les Questions problématiques touchant les eaux de Pougues. *Nevers, J. Millot*, 1634, pet. in-8.

PIÈCES choisies (Recueil de Sercy). Voy. Poésies choisies.

PIÈCES échappées au feu, ou recueil de diverses pièces en prose et en vers; savoir : Polichinelle demandant une place à l'Académie (attribué à Malezieu); remarques sur l'Angleterre, faites en 1713 (attribuées à Dubois de Saint-Gelais); Histoire de Léonice et de Mendosa, par M. de S.*** (des lettres, des contes et des poésies diverses : le tout recueilli par de Sallengre). *Plaisance (Hollande)*, 1717, pet. in-8. 5 à 8 fr. [19422]

Vend. 12 fr. mar. r. Méon; 9 fr. 50 c. Pixerécourt; 19 fr. Nodier.

Ce recueil a été reproduit sous le titre de *Recueil de pièces sérieuses, comiques et burlesques*, 1721, mais sans les deux préfaces, et sans la première pièce (*Polichinelle*). *Les trois justaucorps*, conte qui faisait partie de l'exemplaire porté dans le catal. Pixerécourt, n'appartiennent pas à ce livre.

PIÈCES fugitives. Voy. MENARD.

PIEDAD (el doctor *Francisco* de la). Teatro jesuitico, apologetico discurso, con saludables y seguras dotrinas, necessarias a los principes y señores de la tierra. *Coimbra, G. Cendrat*, 1654, in-4. [3275]

Satire violente contre les jésuites; elle est très-rare, et conserve encore quelque valeur : 97 fr. Soubise; 61 fr. Mac-Carthy; 18 flor. Meerman; 3 liv. Hanrott, et avec les feuillets raccommodés, 12 fr. 50 c. Librairie De Bure. Elle a été vendue jadis jusqu'à 800 fr. chez de Préfond et chez Gaignat. Le volume commence par 4 ff. prélimin., le titre compris; le texte est divisé en 2 part., dont la 1re finit à la page 176, et la 2e contient les pp. 177 à 424.

Cet ouvrage, dont l'auteur est pseudonyme, a été attribué à Ildefonse de S. Thomas, dominicain, et ensuite évêque de Malaga; mais ce prélat l'a formellement désavoué dans un écrit intitulé *Querimonia catholica*, impr. à *Madrid*, 1686, in-12, et qu'il est bon de réunir au *Teatro jesuitico* (voy. ILDEFONSI querimonia). — Il y a une traduct. hollandaise du *Teatro jesuitico*, impr. à *Amsterdam*, en 1683, in-8.

PIEDRABUENA (*Antolinez* de). Universi-

Pidanzat de Mairobert. L'Observateur, 23909.

Pièces fugitives, 18306.
Pièces historiques sur la peste de Marseille, 7200.

dad de Amor y escuela de el interes : ver-
dades soñadas o sueño verdadero, al pe-
dir de las mugeres. *Zaragoça, Pedro
Lanaia,* 1642 et 1645, 2 part. en 1 vol.
pet. in-8. [17614]

Deux éditions différentes. Il y en a une 3e dont le
titre porte : *Van añadidas tres fabulas burlescas.
La que me pide me despide*, Paris, 1661, pet.
in-12, et une autre qui, comme celle de 1642, renferme une seconde partie : *escriviala el bachiller
Gaston Daliso de Orozco, a las Damas de buen
arte y de mejor, garabato ; Zaragoza,* 1664, pet.
in-8.

Antonio, II, p. 340, 2e col., dit de cet ouvrage : *face-
tissimus et ingeniosus libellus*, et il ajoute : *nisi
fallor, hujus auctor fuit Benedictus Ruiz Domi-
nicanus.*

— L'ESCOLE de l'intérêt et l'université d'amour,
songes véritables, ou vérités songées ; galanterie
morale, traduite de l'espagnol par C. Le Petit. *Paris, Nic. Pepingué* (ou *Guignard*), 1662, in-12.

PIEDRAHITA (*Lucas Fernandez* de).
Historia general de las conquistas del
nuevo reyno de Granada. *Amberes,
Verdussen* (sans date), pet. in-fol.
[28712]

Ce premier volume, le seul qui ait paru de cet ouvrage important, s'arrête à l'année 1563 ; Salvá
pense qu'il a été impr. à *Madrid*, vers 1688. Vend.
2 liv. 5 sh. Heber ; 80 fr. Rœtzel ; 26 fr. 50 c. (piqué de vers), 2e catal. Quatremère ; 29 fr. en 1857.

PIELLEUS. Guillermi Piellei Turonensis,
de Anglorum ex Galliis fuga et Hyspa-
norum ex Navarra expulsione opus sane
tersissimum et ingeniosum. *Parrhysiis,
apud Anthonium Bonnemere,* 1512, *ad
tertium nonas februarias,* in-4. de 26 ff.
non chiffr., caract. ronds. [12906]

L'auteur, dans sa dédicace à Thomas du Prat, dit
qu'il a composé ce poëme en moins de quarante
jours : ce qui n'a rien de surprenant.

PIENTINIS (de). Benedictus de pentinis
Liber de expositione veli declaratione
Misse. (in fine) : *Dei amore fecit imprimi
sub anno Dñi Millesimo quadringentesimo septuagesimo octavo die sexta decima Iunii (Cæsar.-Augustæ, per Mat-
theum Flandrix),* in-fol. de 6 ff. prél.,
xciii ff. chiff., et 1 f. non chiffr. portant
la souscription, à 2 col. [655]

Édition fort rare, décrite par Mendez, pp. 125 et suivantes.

L'auteur a été nommé *Bernardo Parentino* par plusieurs bibliographes ; mais, dans le sommaire placé
au commencement de l'ouvrage (p. 1 du texte), il
se nomme lui-même *f ater Benedictus de pentinis,* abréviation de *Picntinis* (de *Pienza* en Etrurie ; pourtant, à la fin du texte de l'édit. de 1487,
ci-dessous, il est bien nommé *Benedictus de Parentinis.* — Cette dernière, dont la souscription
finale porte : *anno dominire nalinitatis* M. CCCC.
lxxxvij, *pridie vero kalendas nonembris,* est un
in-fol. goth. de 95 ff. à 2 col. 22 fr. Borluut.

PIERACCINI. Collection de costumes des
diverses provinces du grand-duché de

Toscane (du duché de Gênes et du Tyrol),
lithographiés d'après des dessins de François Pieraccini de Florence. *Publiée par
P. Marino, à Paris* (1826), gr. in-4.
[9632]

Ouvrage divisé en trois parties, contenant 50 pl. pour
la Toscane, 40 pl. pour le duché de Gênes, et 40 pl.
de costumes tyroliens ; le tout colorié.

— La Piazza del gran Duca di Firenze,
co' suoi monumenti disegnati da Francesco Pieraccini, incisi da Gio Paolo
Lasinio... e dichiarati da Melchior Misserini. *Firenze, L. Bardi,* 1830, gr.
in-fol. [9893]

PIERCHAM (*Morien*). Voyez tome Ier,
col. 1775, article CHAMPIER.

PIERI (*Paolino*). Cronica delle cose d'Italia dall' ann. 1080 al ann. 1305. *Roma,
Monaldini,* 1755, gr. in-4. [25274]

Cette chronique, écrite au commencement du XIVe siècle, se rapporte particulièrement à l'histoire de la
république de Florence, et elle a peu d'importance.
C'est d'après un manuscrit qu'Ant.-Phil. Adami l'a
publiée.

PIERIUS Valerianus (*Joan.*). Voy. VALE-
RIANUS.

PIERRE de Corbiac. Son Trésor en vers
provençaux, écrit au XIIIe siècle, publié
en entier pour la première fois, avec
une introduction et des extraits du Bréviaire d'Amours de Matfre ou Meuter
Ermengau' de Beziers, de l'Image du
monde de Gautier de Metz et du Trésor
de Brunetto Latini, par Dn Sachs. *Brandenburg,* 1859, in-4. 34 pp. [13154]

Opuscule intéressant pour l'histoire de la poésie provençale, et parce qu'il fait connaître une petite
Encyclopédie écrite au XIIIe siècle, sous le titre de
Trésor. C'est à tort que dans le catal. Libri, 1861,
n° 6029 il est donné comme étant une publication
privée.

PIERRE de Lille. La source et origine de
tous les nobles rois de France, auec aucuns gestes et faits dignes de memoire,
compile par Pierre de Lille anachorete.
(*sans lieu ni date*), in-8. goth. de 10 ff.
[24000]

L'ouvrage s'arrête à l'année 1521.

PIERRE de Luxembourg. Cy commence le
liure intitule la dyete de salut | fait par
monseigneur saint pierre de Lucem-
bourg | exortant une sienne seur a despri-
semèt du monde | et des choses mondaines

pour plus facilement | paruenir au royaul-
me de paradis. (au verso du 41ᵉ et der-
nier f.) : *Cy finist le liure monseigneur |
saint pierre de Lucembourg lequel | il
enuoya a sa seur pour la retraire | et
oster des estatz mondains,* in-4. goth.
de 42 ff. non chiffrés, sign. a—ſiii,
23 lignes par page. [1549]

Livre qui paraît avoir été exécuté de 1480 à 1490, et
avec des caractères où les consonnes sont jointes
aux voyelles. Un exemplaire en *mar. r.*, mais auquel le premier f. manquait, 35 fr. Monmerqué.

— Le liure intitule la dyete de salut fait par
monseigneur sainct pierre de Lucēbourg
exortant une sienne seur a deprisement
du monde et des choses mondaines pour
plus facileũt paruenir au royaulme de
paradis. *(sans lieu ni date),* in-4. goth.
de 34 ff. à 29 lign. par page, sans chiffr.
ni récl., mais avec des signat. de *a—f.*

Édition impr. à Paris, à la fin du XVᵉ siècle. Elle est
annoncée sous la date de 1487, dans le catal. de La
Valliere par Nyon, n° 1113, parce que l'exemplaire
(qui commence au f. aij par le sommaire ci-dessus)
se trouve être relié à la suite d'un opuscule de
Jean Pic de Mirandole, écrit effectivement en 1487
(voy. PICUS[1]), mais elle est moins ancienne que l'é-
dition précédente.
— Le LIURE de monseigneur sainct Pierre de Lucembourg, lequel il enuoya a une sienne sœur pour
la retraire des etats mondains....... et est intitule
la Diete de Salut. *Paris, Guichard Soquand,* sans
date (vers 1520), pet. in-8. goth.
Vend. 8 fr. 30 c. *mar. r.* Lair ; 14 fr. 50 c. Pixerécourt ; 30 fr. Crozet.
Du Verdier, à l'article d'*Antoine Dufour,* évêque de
Marseille, mort en 1509, cite : *La Diete de Salut,
contenant cinquante méditations sur la passion
de nostre sauveur Jesus Christ, etc.,* Paris, Guillaume Guillard, 1557, in-16, ouvrage qui paraît
être différent du précédent.

— Le Voyage spirituel du pelerin de
saincte mere eglise romaine, Monseigneur sainct Pierre de Lucembourg iadis
illustrissime cardinal, autheur : auquel
est inseree une epistre liminaire, decou-
vrant aucunes fallaces et fausseté des
heresiarques, et vers la fin du dict
voyage est comprinse la vie du glorieux
sainct Pierre de Lucembourg. *Avignon,
Imbert Parmentier,* 1562, pet. in-8.
[1549]

Cette traduction est de Pierre de Sure, célestin à Avignon, qui y a ajouté une longue épître en prose, et
plusieurs pièces en vers. Il en existe une plus ancienne sous ce titre : *Le Chemin de penitence, lequel chemin a trois journées de long,* in-4. imprimé à la suite du *Livre de Clergie* (voy. LIVRE).

PIERRE de Prouence (par Bernard de Tre-
vies). (à la fin) : *Cy fine le liure et listoire
de Pierre filz du conte de Prouence et
de la belle Maguelone fille du roy de
Naples. Deo Gratias.* In-fol. goth. à
2 col. de 27 lignes chacune. [17098]

Les caractères de cette édition sont les mêmes que
ceux du *Nouveau Testament,* à 2 col., sorti des
presses de Barth. Buyer, à Lyon. Le livre doit renfermer 1° 4 ff. prélim., savoir : un f. bl. ; un autre

pour le titre, et 2 pour la table ; 2° le texte en 48 ff.,
sign. a—fiiii. Vendu 880 fr. d'Essling. Il s'en trouve
un exempl. imparfait dans la bibliothèque de Lyon.

— Pierre de Prouence. *Lyon, Guill. le
roy* (sans date), pet. in-fol. goth. fig. sur
bois.

Cette édition précieuse est une des plus anciennes que
l'on connaisse de ce roman célèbre. Elle se compose
de 35 ff. non chiffrés, impr. à longues lignes, au
nombre de 36 et 37 sur les pages entières, avec des
signatures de *a - eiij.* Le prem. feuillet porte sur le
recto les mots *La belle Maguelonne,* et au verso
une gravure en bois au-dessus de laquelle est l'intitulé suivant : *cy commence listoyre du vaillant
cheualier pierre filz du conte de prouence et de
la belle maguelōne fille du roy de naples.* Sur le
2ᵉ f., signé *a ɀ,* commence le texte, précédé du
petit sommaire : *Au nom de nostre seigneur ihesus christ.....* On lit au recto du dernier f. la souscription suivante : *Cy finist le liure et listoyre de
pierre filz du comte de prouence et de la belle
maguelōne fille du roy de naples. Imprime a
lyon par maistre Guillaume le roy.* Vend. 22 liv.
1 sh. Roxburghe.

— Le même roman. (au verso du dern. f.) :
—*Cy finist le liure et listoyre de pierre
filz du conte de prouence et de la belle
maguelonne fille du roy de naples Imprime a Lyon par maistre guillaume
le roy,* pet. in-fol. goth. ff. non chiffr. à
32 lign. par page, fig. en bois, sign. a—e.

Impr. à longues lignes, en grosses lettr. de somme,
avec des figures sur bois au simple trait, et des
espaces en blanc pour les lettres tourneures. L'édition diffère de la précédente par le nombre des
feuillets, qui doit être de 37 (ou même de 38 y compris le dern. feuillet tout blanc), s'il existe un titre
comme ci-dessus. L'exemplaire porté sous le n°
4121 du catal. de La Valliere commence au f. aij,
par cette ligne : (*A*) *U nom de nostre seigneur
iehesucrit cy commē....* La souscription, qui dans
l'édition précédente est au recto du dernier f., se
trouve au verso dans celle-ci, et avec des différences
dans l'orthographe du mot *conte* et du nom de
Maguelonne. Elle est suivie d'une gravure. Il
manque dans le même exemplaire le f. Ci, comme
on l'a fait remarquer dans le catal. cité. Ebert lisant
Ci au lieu de Ci, en conclut bien à tort que le livre
doit avoir 101 ff. (voy. son n° 12792). Vend. 28 liv.
Heber ; 500 fr. *mar. r.* d'Essling.

Il est possible que cette édition soit plus ancienne
que la précédente, mais certainement elles sont
l'une et l'autre antérieures à celle de 1490.

— Au nom de nostre | seigneur jhūcrist |
cy commence listoi | re du vaillant cheua-
lier | pierres filz du conte de | prouence et
de la belle | maguelonne fille du roy | de
Naples ordonne en ce | stuy langage a
lonneur | de dieu de la vierge ma|rie et de
mō seigneur saīct | pierre de maguelonne|
du quel lesditz pierre et|maguelonne ont
este pre | miers fōdateurs Et fut | mis en
cestui lā| gage lan mil ccccliii en la ma-
niere qui sensuit. (au verso du dern. f.) :
*Cy finist le liure et lys | toyre de pierre
filz du cō | te de prouēce et de la bel |
le maguelonne fille du | roy de Naples.
Deo gracias.* (sans date), in-fol. goth. de
41 ff. à 2 col. de 30 lignes.

Cette édition fort rare est imprimée avec les caractères dont s'est servi Barth. Buyer, à Lyon, vers 1478. Elle a des signat. de A — E. par cahiers de 8 ff., excepté E, qui en a 9. On n'y trouve pas de titre particulier. L'exemplaire décrit dans la *Biblioth. hebcr.*, IX, n° 2503, et vend. 26 liv., avait été acheté 10 liv. 10 sh. chez Lang.

—Cy commence listoyre du vaillant cheualier Pierre de Prouence et de la belle Maguelonne fille du roy de Naples. (à la fin): *Cy finist le liure du noble filz du conte de prouence..... Et fut acheue le mardi vi. iour de ianuier. Lan mil quatre cens quatre vintz et dix*, pet. in-4. goth. de 35 ff. à longues lignes, au nombre de 32 par page, sign. *a—e*, avec fig. sur bois.

Première édit. de ce livre avec une date certaine. Le bel exempl. acheté 20 fr. à la vente Gaignat se conserve aujourd'hui dans la bibliothèque de l'Arsenal. La gravure sur bois qui se voit au recto et au verso du prem. feuillet, est répétée au verso du dernier.

— Histoire du vaillant cheualier Pierre de Prouence, et de la belle Maguelonne, fille du roi de Naples. *Paris, Jehan Trepperel*, 1492, in-4. goth. fig.

Autre édition rare : 36 fr. *m. bl.* La Valliere. Elle se compose de 37 ff. imprimés à longues lignes. Le prem. feuillet servant de titre porte seulement : *La belle Maguelõne*, avec la marque de Trepperel. Le texte commence au recto du 2ᵉ f., après le préambule : *Au nom de nostre seigneur ihesuscrist...* et il se termine au verso du dernier par cette souscription : *Cy finist le liure et lystoire de Pierre filz du conte de prouence, et de la belle maguelonne, fille du roy de Naples. Imprime a paris, par Jehan Triperel (sic) libraire et marchant demourant sur le pont nostre dame a lymaige saïct Laurens. Le xv iour de may Mil cccc. qua·rc (vingt) et douze.*

Jean Trepperel, que nous voyons paraître pour la première fois en 1491, le 22 février, *sur le pont nostre dame a lymaige saïct Laurens* (voy. DESTRUCTION de Jérusalem), a demeuré plus tard (sans doute après la chute de ce pont arrivée en 1499) *Rue saint Jacques*, près S. *Yves*, à la même enseigne S. Laurens, et ensuite *Rue nostre dame a lenseigne de lescu de France*. On peut juger, d'après cela, de l'époque approximative de la publication de celles de ses éditions qui ne sont pas datées.

— Le même roman. (*sans lieu ni date*), in-4. goth. à 26 lign. par page.

Édition du commencement du xvıᵉ siècle, composée de 54 ff., signat. a—guj. Le premier f. ne contient que ces mots en forme de titre : *La belle Maguelonne;* mais le second f. commence par un sommaire ainsi conçu : *Au nom de nostre seigneur Jesucrist. Cy commence lystoire du vaillant chevalier pierre filz du conte de prouence, z de la belle maguelonne... comme en cestuy lengaige... et fut mis en cestuy lengaige lan mil cccc liii en la maniere que sensuyt.* On remarque sur un f. séparé à la fin du vol., la même grande gravure qui est au verso du titre.

Dans l'exemplaire de cette édition qui appartient à la Biblioth. impér., se trouve un opuscule de 12 ff. intitulé *Prestre Jehan*, à la fin duquel est cette souscription : *Donne en nostre saint palaix lan de nostre natiuite cinq cens et sept.* Ce petit livre, dont les caractères diffèrent un peu de ceux du roman auquel il est joint, pourrait bien être une des trois éditions que nous avons décrites à la col. 119 du présent vol., article NOUVELLES.

— La belle maguelonne. — *Cy finist le liure et listoyre de pierre filz du côte de prouence et de la belle maguelonne fille du roy de Naples.* (sans lieu ni date), pet. in-4. de 54 ff. non chiffr., à 26 lign. par page, sign. A—G, le cah. f n'a que 6 ff.

Les caract. de ce livre sont ceux des plus anciennes éditions lyonnaises. 20 fr. Gaignat; 14 fr. La Valliere, et vaut au moins 300 fr. aujourd'hui.

— La belle maguelonne. (au dernier f. recto): *Cy finist le liure et lystoire de Pierre filz du conte de prouée : z & la belle Maguelõne, fille du roy & Naples,* pet. in-4. goth. de 32 ff. non chiffrés, à longues lignes, avec fig. sur bois.

La marque de J. Le Forestier (déjà reproduite dans notre tome II, col. 1132), qui se voit au verso du dernier f. de cette édition, prouve qu'elle a été imprimée à Rouen. Le sommaire rapporté ci-dessus précède le texte.

— Cy commance lhystoire | des deulx vrays z parfaictz | amãs cestassauoir Pierre | de prouence z la belle Ma|guelonne fille du Roy de | Naples. (au verso du dernier f.) : *Cy finist le liure... Jmprime en Auignon par maistre Jehan de Channey. L'an Mil cinq cens vingt et quatre Le xvj Dauril,* pet. in-8. goth. de 46 ff. non chiffrés.

Édition de la plus grande rareté. Le titre porte une vignette sur bois, et la dernière page l'ancre aldine (voyez notre tome II, col. 1616).

— Listoire du noble et vaillant cheualier Pierre de prouuence (*sic*). Et aussi de la belle Maguelonne fille du roy de naples. (au recto du dernier f.) : *Cy fine lystoire de Pierre filz du conte de prouence. Et de la belle Maguelonne, fille du roy* || *de Naples.* (sans lieu ni date), pet. in-4. goth. de 48 ff. non chiffr., à longues lign., au nombre de 31 ou 32 sur les pages pleines, avec fig. sur bois, sign. A—G.

Dans cette édition le texte est précédé d'un sommaire qui commence ainsi : *Apres lascension de nostre seign* *iesuscrist,* et non pas par *Au nom de nostre seigneur iesuschrist,* comme cela se lit dans d'autres plus anciennes.

— La belle Maguelonne (avec l'histoire de Pierre de Provence). *Imprime a Rouen, par Richard Goupil pour Michel Angier, libraire de l'université de Caen, pour Jean Mace a Rennes, et pour Richard Mace, demourant a Rouen.* (sans date), pet. in-4. goth. de 24 ff. sign. A—D.

Édition impr. vers 1530. Il y a sur le titre une vignette représentant un homme et une femme, et au verso du dernier f. se voit la marque de M. Angier. 6 liv. 16 s. 6 d. Heber; 220 fr. *mar. v.* Bertin.

— La même histoire. *Paris, Veufue de Jean Bonfons* (sans date), in-4. goth.

Un exempl. en *mar. v.* 250 fr. Petit catal. de M. T. (Paris, Potier), n° 424.

— L'histoire de Pierre de Provence et de la belle Maguelonne. *Anvers, Jan de Waesberghe,* 1560, in-4. de 22 ff. y compris un f. pour la marque de l'imprimeur.

Édition à 2 col. en lettres rondes. 130 fr. *m. r.* Bertin.

— Histoire de Pierre de Prouence et de la belle Maguelone. — *Nouuellement impr. a Paris par Nicolas Bonfons* (sans date), pet. in-4. goth. de 24 ff. à 2 col., sign. A—E.

Cette édition, qui est postérieure à l'année 1560, ne valait pas plus de 5 à 6 fr. autrefois ; elle a cependant été payée jusqu'à 315 fr. à la vente Revoil, et en *mar. bl.* 14 liv. Libri, en 1859.

— Histoire du noble et vaillant chevalier Pierre de Provence, autrement dict le chevalier des Clefs, et de la belle Maguelonne. *Paris, Nicolas Bonfons* (s. d.), in-4. à 2 col., lettres rondes. 100 fr. *mar. v.* d'Essling.

— La même. *Paris, par Nicolas et Pierre Bonfons* (s. d.), pet. in-4. de 47 pp. dont la dernière est cotée 48, lettres rondes : 104 fr. *mar. r.* Nodier.

— LA PLAISANTE histoire du noble et vaillant chevalier Pierre de Provence, et de la belle Maguelonne... Nouvellement mise en Flamen et François ensemble. *Rotterdam, Jan van Waesberghe,* 1624, in-4. fig. sur bo.s.

Impr. à 2 col., la première pour la traduction, et la seconde pour le texte français retouché.

18 sh. Heber; 43 fr. *cuir de Russie,* d'Essling.

Le texte français a été réimpr. à *Lyon, Didier,* 1625, in-8., aussi à *Lyon, Claude Chastellard,* en 1630, in-8.; et dans les différentes édit. de la Bibliothèque bleue, impr. à Troyes, à Paris, etc. M. Silvestre l'a aussi reproduit dans sa jolie collection d'anciens ouvrages français (voyez COLLECTION).

— HISTOIRE des amours de Pierre de Provence et de la belle Magdelone, en grec vulgaire, 1562, in-4. Catal. des Jésuites de la maison professe, n° 5017, fonds de Huet. L'exemplaire a dû passer à la Bibliothèque alors royale.

— La hystoria de la linda Magalona hija del rey de Napoles; y del muy esforçado cauallero Pierres de Prouença hijo del conde de Prouëca, y de las fortunas y trabajos que passaron. — *Fue impressa esta hystoria.... en Toledo, a doze dias del mes de octubre de mill z quinientos z veynte z seys años* (1526), in-4. goth. de 30 ff. dont le dernier est tout blanc, sign. a—d.

Édition rare, ainsi que celle de *Sevilla, Juan Cromberger,* 1533, in-4. goth. que cite M. de Gayangos; et que celle de *Sevilla, de Robertis,* 1542, in-4. goth.

— Libro de la linda Magalona, hija del rey de Napoles, y del muy esforçado cavallero Pierres de Prouença, y de las fortunas y trabajos que passaron. *Çaragoça, en la imprenta de Jusepe de Altaraque,* 1602, pet. in-4. de 28 ff.

Antonio cite de ce roman l'édition de *Baeça,* 1628, et il attribue l'ouvrage à Pierre Camus, qui a été seulement le traducteur ou le réviseur du texte français.

— La historia del cavaller Pierres de Proveça fill del conte de Provença, y de la gentil Magalona filla del rey de Napoles, traduyda de llengua castellana en la llengua catalana, por Honorat Comalda. *Barcelona, Seb. de Cormellas,* 1650, in-4.

— Die schön Magelona.... durch Magister Veiten Warbeck auss Frantzösischer Sprach inn Teutsche verdolmetscht, mit einem sendbrieff G. Spalatini. *Frankf.-am-Mein, Gulfferich,* 1549, in-4. de 50 ff., avec fig. sur bois.

Traduction rare. Il y en a une du même roman en danois (*den skione Magelona*), Copenhague, 1662, in-8., et une autre en polonais (*Historya o Magielonie krolewnie Neapolitanskey*), Cracovie, 1701, in-8.

PIERRE de Saint-Louis. Voy. LOUIS.

PIERRE le Grand : ses statuts de l'Eglise russe. Voy. KARPINSKI.

PIERRE le Mangeur. Voy. COMESTOR.

PIERRE LOYS, evesque de Rieux. Oeure et oraison sur chascun mot du credo in deum et douze articles de la foy. Par Reuerend pere en dieu messire Pierreloys (en un seul mot)... (au 23e f. verso) : *In chalcographia Ioduci Badii octavo kal. Nouëb. Anno dñi* Mdxvi (1516), pet. in-8. de 27 ff. [12907]

L'ouvrage de l'évêque de Rieux est en vers latins ; il se termine au 23e f. verso, après quoi se trouve l'approbation de l'Université de Paris, datée du 29 juillet 1495, date qui suppose une édition plus ancienne que celle-ci, laquelle est terminée par la publication des lettres d'indulgence du pape Léon X. — Un exemplaire impr. sur VÉLIN, 60 fr. MacCarthy ; autrement cet opuscule a peu de valeur.

PIERRE Martyre Vermilio. V. VERMILIO.

PIETRASANTA. Voy. SERRADIFALCO.

PIERRE (La). Voy. LAPIERRE.

PIERS ou Pierce Ploughman ou Plouhman. Visio Willi de Petro Plouhman, item visiones ejusdem de Dowel, Dobet et Dobest, or the vision of William concerning Piers Plouhman, and the visions of the same concerning the origin, progress and per°ection of the christian life; together with an introductory discourse, a perpetual commentary, annotations, and a glossary, by Thomas Dunham Whitaker. *London,* 1813. —

Pierce the Ploughman's Creed, 1814, 2 tom. en 1 vol. in-4. [15738]

Édition en lettres gothiques, tirée à 200 exempl. seulement; elle coûtait originairement 8 liv. 8 sh., mais on la trouve pour 2 ou 3 liv. Ce poëme est une critique des mœurs du temps, et principalement de celles des ecclésiastiques. On l'attribue généralement à Robert Langland, qui l'aurait écrit vers le milieu du xive siècle. Les anciennes éditions de cette vision sont rares et fort recherchées en Angleterre. La première de toutes est celle de 1550, *now fyrst imprinted by Roberte Crowley*, in-4. de 2 et 117 ff., dont on connaît deux exempl. impr. sur VÉLIN. Il y a une seconde édition (*nowe the seconde time imprinted*) sous la même date.

PIERS PLOUGHMAN's vision and creede, from a ms. in Trinity college, Cambridge, edited with notes and a glossary, by T. Wright. *London, Pickering*, 1842, 2 vol. pet. in-8.

Depuis la publication de cette édition M. Wright en a donné une nouvelle, avec des additions aux notes et au glossaire. *London, J. Russel Smith*, 1856, 2 vol. pet. in-8. 10 sh.

PIETERS (*Charles*). Annales de l'imprimerie elsevirienne, ou histoire de la famille des Elsevier et de ses éditions. *Gand, Annoot-Braeckman*, 1851, gr. in-8 de lvi et 420 pp. Sur la dernière page on lit: *Achevé en décembre* 1852. [31253]

Tiré à 550 exempl., plus 50 en Gr. Pap. jésus, et un seul sur PEAU-VÉLIN.

Ouvrage le meilleur que nous ayons sur la biographie et la bibliographie de cette famille de célèbres imprimeurs. L'auteur y a fait usage du travail inédit du P. Adry sur le même sujet, travail dont il possède le manuscrit, et qu'il cite fort souvent. Ses descriptions méritent d'autant plus de confiance qu'il les a presque toujours données d'après ses propres exemplaires.

— Les mêmes; seconde édition, revue et augmentée. *Gand,* même éditeur, 1858, gr. in-8. de lxxij et 502 pp., plus un f. d'errata, suivi lui-même de 26 pages d'additions et corrections qui n'ont paru qu'en mai 1860. 15 fr., et plus cher en très-grand papier.

Des corrections et additions assez nombreuses placées à part dans la première édition, et qui rendaient les recherches difficiles, ont été mises à leur place dans celle-ci, qui a d'ailleurs reçu d'autres additions et améliorations importantes.

M. Pieters avait fait précéder ces Annales par son *Analyse des matériaux les plus utiles pour de futures annales de l'imprimerie des Elsevier*, gr. in-8. impr. à 50 exempl. à Gand en 1843.

PIETRASZEWSKI. Numi Mohammedani; pars I^r, Mamluk, Mavid., Mervan. *Berolini, Duncker*, 1843, in-4. [29845]

Le seul vol. publié, 18 fr.

— Abrégé de la grammaire zend, 11642.

Piersonius (*Jo.*). Verisimilium libri II, 18253.
Pierus Salutatus (*L. Colutius*). Epistolæ, 18719.
Pietro (*Ign.* di). Solmona, 25789.
Pietro (*D.* de). Voyage en Égypte, 20797.
Pietro (*F.-Em.* di). Aigues-Mortes, 24759.
·Piette (*L.*). Fabrication du papier, 10251. — Colorisation des pâtes de papier, 10251.

PIEUSE (la) alouette, avec son tirelire; le petit cors et la plume de notre alouette sont chansons spirituelles, qui toutes luy font prendre le vol, et aspirer aux choses celestes et eternelles (par le P. Ant. de la Cauchie ou de la Chaussée). *Valenciennes, de l'imprimerie de Jean Vervliet*, 1619-21, 2 vol. pet. in-8. [14345]

Les cantiques réunis dans ces deux vol. sont, comme l'annonce le titre, en partie recueillis de divers auteurs, en partie aussi composés de nouveau; *la plus part sur les airs mondains et plus communs qui servent aussi de vois à notre Alouette, pour chanter les louanges du commun créateur.* Une partie de ces airs sont de Guedron et de Jean Bettigny, maître des *primtiers* de la cathédrale de Tournay. C'est ce dernier qui a mis en musique les vers du 5e jour de la première semaine de Du Bartas, commençant ainsi :

La gentille alouette, avec son tirelire,
Tire l'ire à l'iré, et tirlirant tire.

Ces vers, qu'on trouve en tête du premier volume de la *Pieuse alouette*, auront probablement suggéré à de La Cauchie le titre de son ouvrage.

Vend. 9 fr. le B. d'Heiss; 17 fr. 50 c. Mommerqué. — Il y a une autre édition de *Valenciennes*, 1638, pet. in-8.

Le premier volume de l'édit. de 1619 a 24 ff. liminaires, 400 pp. chiffrées, et 16 ff. de musique et de table, non chiffrés. La seconde partie contient 24 ff. limin., 414 pp. chiffrées, et 9 ff. de table. Le troisième volume, que l'auteur promet à la fin du second, n'a jamais paru. M. Arth. Dinaux a donné dans le *Bibliophile belge* (1856, p. 345) une bonne notice sur la *Pieuse alouette*, sur les *Rossignols spirituels*, et sur la *Philomèle séraphique*.

PIFFERI. Monicometro instromento di misurar con la vista stando fermo, di Francisco Pifferi. *Siena, Bonetti*, 1595, in-4. [8047]

Deux exemplaires de ce livre peu connu sont portés dans le catalogue de M. Libri, 1827, n°s 1542 et 1543. Le premier s'est vendu 47 fr.; le second 20 fr.; un troisième aurait peut-être été donné pour 10 fr.

PIGAFETTA (*Ant.*). Primo viaggio intorno al globo terracqueo, ossia ragguaglio della navigazione alle Indie orientali, per la via d'occidente, fatta sulla squadra del capit. Magaglianes negli anni 1519-1522. *Milano*, 1800, in-4. 10 à 12 fr. [19837]

C'est au Dr Amoretti que l'on doit cette édition. Jansen a publié une traduction française de la même relation, *Paris*, 1801, in-8.

— Le voyage et nauigation, faict par les Espaignolz es isles de Mollucques (de 1519 à 1522); Des isles quilz ont trouue au dict voyage, des roys dicelles, de leur gouuernement ç maniere de viure, auec plusieurs aultres choses. *On les rend a Paris en la maison de Simon de Co-*

·Pleyre (*Al.*). Théâtre, 16534.
Piferrer (*Fr.*). Nobiliario de España, 28916.
Pifferi (*P.*). Viaggio antiquario, 29447.

lines, libraire...... demourāt en la rue
Sainct Jehan de Baulvais, a lenseigne
du soleil dor, pet. in-8. goth.

Tel est le titre exact de ce petit volume, beaucoup
plus rare qu'intéressant. Le nom de Pigafetta n'y
est point, mais il se lit au commencement de l'ouvrage, lequel se compose de 76 ff. y compris le
frontispice. On trouve de plus, à la fin, 4 ff. impr.
en caractères ronds, et renfermant *Aucuns mots*
des peuples de lisle de Bresil, et la table.

Ce livre n'est qu'un extrait fait par Ant. Fabre, parisien, d'après le manuscrit ital. qu'Amoretti a publié
en entier. C'est ce même extrait qui a ensuite été
traduit en italien, impr. séparément (voy. VIAGGIO),
et inséré depuis par Ramusio dans sa collection.
Voici le sommaire qui se lit au 2e f. en tête de
l'ouvrage, et que l'on a quelquefois donné pour
le titre : *Le voyage z navigation aux isles de*
Mollucque descrit et faict de noble homme An-
thoine Pigaphetta Vincétin, cheualier de Rhodes,
presentee à Philippe de Villiers lisle adam grant
maistre de Rhodes commēse le dirt voyage lan
1519, *et de retour* 1521, *le* 8e *iour de septembre.*
Vend. 14 fr. 50 c. La Vallière; 30 fr. Eyriès, et
serait plus cher aujourd'hui.

PIGAFETTA (*Filippo*). Relatione del
reame di Congo e delle circonvicine con-
trade, tratta dalli scritti et ragionamenti
di Odoardo Lopez, portoghese, da Filip.
Pigafetta. *Roma, appresso Bartolomeo*
Grassi (1591), in-4. avec deux grandes
cartes. [20892]

Relation estimée. Vendu 18 fr. en janvier 1829; 32 fr.
vél. en 1859.

La traduction latine de cet ouvrage rare est insérée
dans la prem. partie de la collection des petits
voyages des de Bry. — La traduction anglaise, par
Abr. Hartwell, a été impr. à Lond., *J. Wolfe,*
1597, in-4. avec les 2 cartes, 47 fr. Walckenaer, en
mar.; 2 liv. 5 sh. Inglish.

— Relatione dell' assidio di Parigi, col
disegno di quella città e de' luoghi cir-
convicini. *Roma, B. Grassi,* 1591, pet.
in-4. [23617]

Relation curieuse : vend. 3 flor. 75 c. Meerman ; 2 liv.
2 sh. *mar.* Heber. Le P. Le Long en cite une édition de *Rome* et *Bologne,* 1591, in-8.

—Discorso sopra l' ordinanza dell' Armata
catholica. *Roma,* 1588, in-4.

Opuscule rare, rélatif à l'*Armada* espagnole.

PIGAFETTA (*Marc-Ant.*). Itinerario (o
viaggio da Vienna a Constantinopoli,
l' anno 1567). *Londra, appresso Giov.*
Vuolfio Inghilese, 1585, *all' illustriss.*
sign. Edw. Seymer, conte d'Hertford,
pet. in-4. de 4 ff. prélimin., 141 pp. et
1 f. à la fin. [20047]

Volume peu commun : 60 fr. Catal. de L. Potier, 1860.

PIGAGE(*Nicolas* de). La Galerie électorale
de Dusseldorff, ou catalogue raisonné et
figuré de ses tableaux. *Bâle, Chrét. de*
Mechel, 1778, 2 vol. in-fol. obl. [9410]

Le premier volume de cet ouvrage contient les planches rep ésentant 365 sujets, gravés avec beaucoup
de délicatesse : 40 à 60 fr., et plus quand l'exempl.
est en *maroquin.*

PIGAL. Proverbes. Voy. ARAGO.

PIGAULT-LEBRUN. OEuvres complètes.
Paris, Barba (imprimerie de F. Didot),
1822-24, 21 vol. in-8., portrait, y compris le *Citateur.* 50 à 60 fr. [17258]

Pour compléter les œuvres de ce romancier, il faut
joindre aux 21 vol. ci-dessus son *Histoire de*
France, en 8 vol. in-8., et son *Voyage dans le*
midi de la France, en 1 vol. in-8.
— Théâtre, 16561.

PIGENAT ou Pighenat (*J.*). Voy. AVEU-
GLEMENT des politiques; PROSA cleri
parisiensis.

PIGNA (*Giov.-Bat.*). Historia de' principi
di Este. Primo volume, nel quale si contengono congiuntamente le cose principali dalla revolutione del romano imperio, insino al 1476. *Ferrara,* 1570,
in-fol. [25638]

Vend. 15 fr. Soubise; 46 fr. Boutourlin.

Il n'a paru que ce seul vol., lequel a été réimpr.
Venezia, Valgrisi, 1572, in-4. (en Gr. Pap. 56 fr.
Libri, en 1857), et trad. en latin par J. Baro, *Fer-*
rare, 1585, in-fol.

—Jo.-Baptistæ Pignæ carminum libri IV.
Cœlii Calcagnini carminum libri III. Ludovici Areosti carminum libri II. *Venet.,*
ex officina erasmiana Vincentii Val-
grisii, 1553, in-8. de 312 pp., et 8 ff. pour
la table et l'errata. [6759]

Ce recueil se recommande surtout par le nom du
célèbre Lod. Ariosto, auteur des poésies qui le terminent. 20 fr. Riva ; en *mar. r.* estampé 1 liv.
10 sh. Libri. On a encore de Pigna :

1 ROMANZI, al s. donno Luigi da Este, vescovo di
Ferrara, divisi in tre libri ; ne quali della poesia e
della vita dell' Ariosto con nuovo modo si tratta.
In Venegia, appresso Vinc. Valgrisi, 1554, in-4.

PIGNEAUX. Dictionarium anamitico-lati-
num et latino-anamiticum , primitus
inceptum a R.-P.-J. Pigneaux, episcopo
Adranensi, dein absolutum et editum a
J.-L. Taberd... *Fredericnagori, vulgo*
Serampore, ex typis J. Marshman,
1838, 2 vol. in-4. de XLVI-722-128, et
lXXXVIII-708 et 135 pp. [11844]

Ce dictionnaire cochinchinois coûtait 100 fr.; 49 fr.
mar. Quatremère.

PIGNORIUS (*Laur.*). Characteres ægyptii,
hoc est sacrorum, quibus Ægyptii utun-
tur, simulachrorum accurata delineatio
et explicatio, etc., omnia in æs incisa per
Jo.-Th. et Jo.-Isr. de Bry. *Francofurti,*
Beckerus, 1608, in-4. fig.

Seconde édition de la table isiaque : 5 à 6 fr. La première a été impr. à *Venise,* 1605, in-4. fig., sous ce
titre : *Vetustissimæ tabulæ æneæ sacris Ægyptio-*
rum simulacris cælatæ explicatio...

Piganiol de La Force (*J.-A.*). Description de la
France , 23137. — Description de Paris, Versail-
les, etc., 24133.
Pigeau (*Eust.-Nic.*). La Procédure civile, 2860. —
Introduction à la procédure, 12861.

— MENSA isiaca, qua sacrorum apud Ægyptios ratio et simulacra, subjectis tabulis æneis simul exhibentur et explicantur. *Amst.*, 1670. — Ejusdem auctoris magnæ deum matris Idææ et Attidis initia, etc. *Ibid.*, 1669, 2 tom. en 1 vol. in-4. fig. 8 à 10 fr. [29085]

Cette édition est la troisième et la meilleure de cet ouvrage curieux; elle renferme une figure de la table isiaque, gravée par Enea Vico, laquelle n'est pas dans les deux précédentes.

— Le Origini di Padova, 25413. — De Servis, 28989.

PIGNOTTI (*Lorenzo*). Poesie. *Firenze, Molini*, 1820, gr. in-24. [14609]

Jolie édition, divisée en deux part. La première contient les *Favole*, et la seconde les *Poemetti* et *Poesie varie* : 5 fr. — Gr. Pap. 10 fr. Il a été tiré des exempl. sur des papiers de différentes qualités. Ce recueil se réimprime fréquemment. Il y en a une édit. de Florence et de Pise, 1812-13, en 6 vol. in-8.; une autre de Florence, *Marchini*, 1833, 4 vol. in-8. fig.

— Favole e novelle. *Parigi*, 1784, in-12. 2 fr.; — Pap. de Holl. 4 fr. [14920]

Il y a plusieurs exemplaires imprimés sur VÉLIN : 60 fr. Mac-Carthy. L'édition originale de ces fables a paru à Pise, en 1782, in-8.

— Storia della Toscana. *Firenze, Ciardetti*, 1824, 6 vol. in-8. 30 fr., et plus en Gr. Pap. [25510]

Troisième édition de cet ouvrage estimé. C'est la seule qui reproduise intégralement les passages altérés à la censure dans l'édition de Pise, 1813-14, en 9 vol. in-8. Ces passages, au nombre de treize, se trouvaient dans les tom. II, III, V et VII de ladite édition, et ils n'ont été conservés que dans un bien petit nombre d'exemplaires. Le plus remarquable de ces passages est à la page 136 du vol. VII. C'est une note latine, en 15 lig., en caract. romains, contenant le récit, d'après Burchard, d'un festin scandaleux qui eut lieu à Rome dans le palais apostolique, et auquel assistèrent le pape Alexandre VI, le duc de Valentinois et Lucrèce Borgia; dans les exemplaires mutilés cette note se trouve modifiée et imprimée entièrement en italique. Les éditions de Pise, 1815, en 11 vol. in-16, et de Livourne, 1820, en 5 vol. n-8. sont également expurgées (Molini, *Operette*). L'Histoire de Florence de Pignotti va jusqu'en 1537; elle sert d'introduction à celle de Galluzzi (voy. ce nom), qui va de 1537 à 1737 ; il faut réunir à ces deux histoires :

STORIA civile della Toscana dal 1737 al 1848, corredata di copiosi ed importanti documenti, d'Ant Zobi. *Firenze*, 1850-52, 5 gros vol. in-8. 50 fr.

PIGONATI. Voy. STATO presente.

PIGUERRE (Milles). Voy. LAPOPELINIÈRE.

PII secundi bulla retractationum, etc. Voy. ÆNEAS Silvius.

PIKERYNG. A newe Enterlude of vice, conteyninge the historie of Horestes, with the cruell reuengment of his father's death, upon his one naturell (*sic*) mother, by John Pikeryng. *Imprinted at London in Fletestrete, at the signe

of the Falcon, by Wylliam Gryffith, and are to be solde at his shope in S. Dunstan's Churchyard, anno* 1567, in-4. goth. de 20 ff. [16872]

Pièce rare et très-peu connue. Lowndes, p. 1865.

PILADE (Buccardus). Voy. PYLADE.

PILET de La Mesnardière. Voy. ce dernier nom.

PILKINGTON (*James*). Voy. BURNYNGE of Paules Church dans nos additions.

PILKINGTON (*Math.*). Dictionary of painters, containing collection of the most distinguished artists, who have flourished in art of painting; a new edition, with considerable alterations, additions, an appendix, and index, by Henry Fuseli. *London*, 1805, ou 1810, in-4. 20 à 30 fr., et plus en Gr. Pap. [31021]

La première édition de ce dictionnaire a paru à Londres, en 1770, in-4. Il y en a une revue par Watkins, 1824, 2 vol. in-8., et une autre revue et corrigée par Davenport, *Lond.*, 1829, 2 vol. in-8.; ou 1852, en un seul vol. in-8.

— Voy. WALPOLE.

PILLADIUS. Laurentii Pilladii, canonici ecclesiæ Sancti Deodati, Rusticiados libri sex, in quibus illustrissimi principis Antonii Lotharingiæ, Barri, et Gueldriæ ducis, gloriosissima de seditiosis Alsatiæ rusticis victoria copiose describitur. *Metis, ex offic. Joannis Palier*, 1548, pet. in-4. de 106 ff. non chiff., sign. A 2—Cc 3; à la fin 3 ff. contenant deux errata ; il y a des exempl. qui n'ont qu'un f. d'errata. [12908]

Édition très-rare. Vend. jusqu'à 73 fr. m. r. Courtois, et le même exemplaire, dont le bas du titre était trop rogné, 1 liv. 13 sh. Heber, et 77 fr. en mai 1860. L'ouvrage a été réimpr. dans la Bibliothèque de Lorraine de D. Calmet, où il occupe 84 colonnes à la fin du livre.

Une traduction française de ce poëme fait partie du volume intitulé :

AMUSEMENTS consistant en la guerre d'Antoine, duc de Lorraine, contre les Rustauds; histoire de la Sibylle de Marcal; dialogue sur les faveurs de l'amour, et diverses pièces de poésie, par Fr.-Xav. Brayé. *Nancy, Ant. Lescurre*, 1735, in-8.

PILLEMENT (*Jean*). Son OEuvre composé de 200 pièces, dont une partie gravée par lui-même à l'eau-forte; les autres par Canot, Ravenet, Masson, etc. *Paris*, 1767, in-fol. [9350]

Vend. 76 fr. La Valliere.

PILLER (*Math.*) et Lud. Mitterpacher. Iter per Poseganam Slavoniæ provinciam, mensibus junio et julio 1782 susceptum. *Budæ*, 1783, in-4., avec 16 fig. 10 à 15 fr. [20297]

PILLI (*Nic.*). Raccolta di rime antiche. *Roma, Ant. Blado* (1559), in-8. 24 à 30 fr. [14454]

Ce volume, devenu rare, renferme les poésies de *Cino da Pistoia*, contenant 2 ff. prélim., 44 ff. de texte et un privilége; les poésies de *Montemagno*, consistant en 4 ff. prélimin. et en 16 ff. de texte. Vend. 3 liv. 14 sh. Hibbert.

— Voy. Cino et Montemagno.

PILLOUST. Le Cercueil des amants où est naïfvement depeint le triomphe cruel de l'amour, par N. P. B. *Paris, Jean de Brdeaux* (sans date), pet. in-12 de 7 ff. prélim., 117 ff. chiffrés, et 2 ff. non chiffrés. Frontispice gravé. [17151]

L'auteur de ce livre peu connu et qui ne mérite guère de l'être, est nommé dans le privilége du roi en date de 1611, qui lui fut accordé. Au jugement de M. P. L., il ne savait pas ce que c'était qu'écrire en prose ou en vers, et son roman cache, sous un titre qui promet beaucoup, un incroyable et laborieux entassement de sottises : ce n'est donc qu'à cause de sa rareté que ce mauvais ouvrage est porté à 30 fr. dans le *Bulletin* de M. Techener, 1860, p. 1143.

PILOT (*Jo.*). Gallicæ linguæ institutio, latino sermone conscripta, per Joannem Pilotum barrensem, nunc vero locupletata. *Parisiis, apud A. Wechelum, seu Steph. Groulleau*, 1561, pet in-8. de 268 pp. et 2 ff. à la fin. [10942]

20 fr. Ch. Giraud.

Cette grammaire, aujourd'hui peu connue, paraît avoir eu beaucoup de succès. L'édition de 1561 n'est pas la plus ancienne, car elle a un privilége en date de 1557, et même une édition de *Paris, Groulleau*, 1550, in-8., est indiquée dans le catal. de Lancelot, n° 4772. Une autre d'Anvers, *ex officina Gulielmi Siluij*, 1561, in-8. fig. (15 fr. Gancia). Elle a été réimprimée, à Paris, *apud Jacobum Kerver*, 1563, in-8.; à Louvain en 1563, in-8.; à Douay, chez Jean Bogard, en 1575, in-16; à Paris, chez Kerver, 1581, in-8. de 8 et 216 pp.; — aussi à Douay, chez Baltazar Bellère, 1622, in-12. Elle était destinée aux étrangers qui desiraient apprendre la langue française.

PILOTE de l'onde vive, ou le secret du flux et reflux de la mer (par Math. Eyquem de Martineau). *Paris*, 1678, in-12. [8988]

Volume peu commun : 3 à 4 fr.; vend. 7 fr. m. citr. Nodier. C'est un ouvrage de philosophie occulte. Il

y en a une seconde édition, *augmentée de deu traités nouveaux sur la philosophie naturelle*, Paris, 1689, in-12.

M. Hubaud, de Marseille, possède un exemplaire de l'édition de 1678 qui n'est pas anonyme; on lit sur le frontispice par *Mathurin Eyquem, S. de Martineau, bourdelois*. Sur le coin intérieur du frontispice du même exemplaire est un paraphe précédé des chiffres 1183, l'un et l'autre à la plume, ce qui est expliqué par la note suivante, imprimée au bas de la dernière page chiffrée 221 : *Les exemplaires sont cottez et paraphez par l'auteur pour éviter l'altération et la fraude.*

PILOTY. Voy. Strixner.

PILPAY. Voy. Bidpaï, Hitôpadêsa, et Lockman.

PILVELIN. V. Messagère (la) d'Amour.

PIMENTA (*Diego* Bernardes). Voyez Bernardes.

PIMENTEL (*Manoel*). Arte de navegar, e roteiro das viagens, e costas maritimas de Guinea, Angola, Brasil, etc. *Lisboa*, 1699, 1712 ou 1746, aussi 1762, in-fol. [8494]

Cet ouvrage a été longtemps utile, et il s'est vendu de 24 à 36 fr., mais il est moins cher aujourd'hui. L'édit. de 1699, 19 fr. 50 c. Walckenaer.

PIN (du). Voy. Dupin.

PINA (Ruy de). Chronicas dos reyes D. Sancho I, D. Affonso II, D. Sancho II, D. Affonso III, D. Diniz. *Lisboa*, 1727-29, 5 part. en 1 vol. in-fol. [26277]

— Chronica del rey Affonso IV. *Lisboa*, 1653, in-fol. [26277]

Ces deux ouvrages sont posthumes, l'auteur étant mort en 1519. L'Académie de Lisbonne les cite comme classiques.

PINACOTECA del palazzo di Milano. Voy. Gironi; — di Verona. Voy. Rosaspina; — mariana. Voy. Stockmann.

PINÆUS (*Sever.*). De virginitatis notis, graviditate et partu : L. Bonaciolus de conformatione fœtus, etc. *Lugd.-Bat.*, 1640, pet. in-12, fig. [6917]

Recueil curieux dont il y a plusieur éditions d'un prix égal : 3 à 5 fr.

PINARD (*Jean*). Discours joyeux en facon de sermon faict auec notable industrie par deffunt maistre Jean Pinard, lors qu'il viuoit trottier semiprebendé en l'Eglise de S. Estienne d'Aucerre, sur les climats et finages des Vignes dudict lieu. Plus y est adiousté de nouueau le Monologue du bon Vigneron sortant de sa Vigne et retournant le soir en sa maison

---

Pillet (*J.*). Histoire de Gerberoy, 24221.

Pillet-Will. Canaux, 4190.

Pillieux (*J.-N.*). Beaugency, 24285.

Pillon (*Alex.*). Synonymes grecs, 10729.

Pillon et Neyrimond. Conseil souverain d'Alsace, 24914.

Pilote de St-Domingue (par Chastenet de Puységur), 19777.

Pimenta (*N.*). Lettre écrite de Goa, 28151.

Pimenta de Aguiar. Teatro, 16813.

Pina (le marq. de). Leçons de numismatique romaine, 29801.

Pina e Mello (*Fr.* de). Rimas, etc., 15388-90.

Pina Leitão (*Ant.-Osorio* de). Alfonsiada, 15422.

(par Louis de Charmoy). Reueu, corrigé et augmenté. *Aucerre, Pierre Vatard,* 1607, pet. in-8 de 48 pp. [17837]

Opuscule curieux et rare dont il y a une réimpression faite à Paris, chez Crapelet, en 1851, pet. in-8., tirée à 62 exemplaires, dont deux sur VÉLIN. Un de ces derniers 69 fr. Veinant.

PINARD. Chronologie historique militaire, contenant l'histoire de la création de toutes les charges, dignités et grades militaires supérieurs, de toutes les personnes qui les ont possédés depuis leur création jusqu'à présent, etc., tirée sur les originaux ; avec des notes critiques des auteurs qui ont travaillé à l'histoire de France. *Paris, Cl.-J.-B. Hérissant,* 1760-78, 8 vol. in-4. [24089]

Ouvrage important pour l'histoire militaire de la France et pour celle des familles nobles. A la mort de l'auteur, le 8ᵉ volume (qui ne devait pas être le dernier) n'était pas terminé, mais on l'a complété au moyen d'une simple table chronologique des brigadiers. Les 8 vol. se trouvent difficilement réunis, et se payent jusqu'à 500 fr. Les sept premiers 140 fr. Louis-Philippe. Il y a des exempl. en Gr. Pap.
Le premier et unique volume d'une nouvelle édition a paru sous le titre suivant :

MÉMORIAL de la noblesse. Chronologie militaire de France, depuis les premiers temps de la monarchie, par M. Pinard; revue et continuée jusqu'à nos jours (1758-1850), par M. P. Christian (Pitois). *Paris, au bureau des Annales militaires,* 1851, gr. in-8.

PINCIANO (*Alonzo-Lopez*). Voy. LOPEZ.

PINCIUS (*Janus* Pyrrhus). De vitis pontificum tridentinorum libri XII : accedunt de gestis ducum tridentinorum, de Gallorum Senonum adventu in Italia, de appellatione et transitu Alpium, de confinibus Italiæ libri duo. *Mantuæ,* 1546, in-fol. [26495]

Cette histoire, qui s'étend jusqu'à l'année 1539, est rare. Il en existe une traduct. italienne, sous le titre d'*Annali ovvero chroniche di Trento,* impr. à Trente, chez Zanetti, 1648, in-fol.

PINCTOR. Voy. PINTOR.

PINDAR (*Peter*) [John Wolcott]. Works. *London,* 1812, 5 vol. in-8. 20 à 30 fr. [15858]

Ces poésies ont été réimprimées plusieurs fois.

PINDARUS. Pindari Olympia, Pythia, Nemea, Isthmia ; Callimachi hymni qui inveniuntur ; Dionysius de situ orbis; Licophronis Alexandra, obscurum poema (græce). *Venetiis, in ædibus Aldi et Andreæ Asulani, mense Januario,* M. D. XIII, pet. in-8. [12366]

Première édition, très-recherchée : elle est composée de 374 pp. et d'un f. bl., précédés de 8 ff. liminaires : 24 à 36 fr. bel exempl. beaux exemplaires 100 fr. *mar. v.* de Cotte ; 50 fr. Larcher ; 1 liv. 15 sh. Butler; 42 fr. Courbonne ; 1 liv. 16 sh. *ancienne re-*

liure *en mar. v.* Libri en 1859 ; *non rogné,* 2 liv. 19 sh. Heber ; 160 fr. bel exempl. *mar. r.* à la reliure de Henri II, d'Ourches, et 800 fr. Duriez. Un exemplaire sur VÉLIN, 901 fr. Soubise. Il est à remarquer que dans cette édition les signatures des cahiers sont en chiffres et non pas en lettres.

— Olympia, Nemea, Pythia, etc., gr. cum scholiis græcis. *Impressi Romæ, per Zachariam Calliergi cretensem, permissu, etc.* (13 *Aug.* 1515), pet. in-4.

Édition également rare et recherchée : 20 à 30 fr. Vend. 104 fr. bel exempl. *m. r.* de Cotte ; 67 fr. *m. r. dent.* F. Didot ; 50 fr. Mac-Carthy ; 34 fr. 50 c. Coulon ; 14 fr. Giraud.

Ce volume se compose de 240 ff. divisés en 31 cah., sous les signat. α—ξ et A—P; le 6ᵉ f. du cah. ι (iota), et le 10ᵉ du cah. Θ sont tout blancs.

Il est reconnu que pour les *Olympiques,* les *Néméennes* et les *Isthmiques,* la leçon qu'a adoptée Calliergi est préférable à celle qu'a suivie Alde, et qu'au contraire ce dernier donne un meilleur texte des *Pythiques* que l'éditeur de Rome, ce qui rend nécessaire de réunir les deux éditions ; la dernière a d'ailleurs pour elle l'avantage des scolies.

— OLYMPIA, Pythia, etc., græce (ex recensione Ceporini, edidit Huldr. Zuinglius). *Basileæ, And. Cratander,* 1526, in-8. de VI ff., 312 pp. et 4 ff.

On fait cas de cette édition, qui est regardée comme très-correcte ; cependant, elle est à bas prix, ainsi que la réimpression qui a paru à *Bâle,* en 1556.

— OLYMPIA, etc., gr., cum schol. gr. *Francofurti, P. Brubacchius,* 1542, pet. in-4. de 370 et 7 ff. 5 à 8 fr.

Vend. 12 fr. Soubise.

Copie de l'édition de Calliergi, enrichie de quelques variantes tirées de l'édition d'Alde. L'errata qui doit se trouver à la fin n'est pas dans tous les exemplaires.

— OLYMPIA, etc., græce. *Parisiis, apud G. Morelium,* 1558, in-4.

Belle édition, faite d'après celle de Francfort, et revue par un savant éditeur. Tous les exempl. de ce livre que nous avons vus présentaient deux lacunes que nous croyons devoir faire remarquer en donnant la description du volume. Il y a 2 ff. prél. dont le titre fait partie; *Olympia,* pp. 1 à 80 ; lacune jusqu'à la page 88, où commencent les Pythiques, qui finissent à la page 200. Les odes néméennes commencent à la page 193 (recto de la signature O. Les pages 193 à 200 sont répétées), et finissent à la page 258 (verso du 5ᵉ f. du cah. S.). Immédiatement après suivent les Isthmiennes, pp. 547 (recto du f. L) à 586. La lacune laissée entre les pp. 258 à 547 devait sans doute être remplie par des scolies ou des notes qui n'ont pas été imprimées, ou du moins que nous n'avons jamais vues : 6 à 12 fr.

— Pindari Olympia, etc.; cæterorum octo lyricorum carmina... omnia, gr. et lat. *Excudebat Henr. Stephanus,* 1560, 2 tom. en 1 vol. in-24. 6 à 10 fr.

Selon Ebert, n° 16855, la bibliothèque ducale de Carlsruhe possède un exemplaire de la 2ᵉ part. de cette édition impr. sur VÉLIN.

— EADEM collectio, gr. et lat., editio 2ᵃ, multis versibus ad calcem adjunctis locupletata. *Excudebat Henr. Stephanus,* 1566, 2 tom. en 1 vol. in-24. 6 à 10 fr.

Vend. 30 fr. *m. viol.* Mac-Carthy.

Cette collection a encore été réimprimée par H. Estienne, en 1586, in-24 : 5 à 6 fr. Vend. 16 fr. *m. bl.* en 1813. Paul Estienne en a aussi donné trois éditions, en 1600, 1612 et 1626, même format ; mais de toutes ces éditions on ne recherche que les deux premières. Néanmoins la troisième contient de plus

---

Pinchinat (*B.*). Dictionnaire sur l'origine de l'idolatrie, etc., 22369.

que les autres quelques notes tirées d'un manuscrit de Casaubon.

— OLYMPIA, etc. ; cæterorum octo lyricorum carmina nonnulla etiam aliorum; omnia gr. et lat., Pindari interpretatio nova est, eaque ad verbum : cæteri partim ad verbum, partim carmine sunt redditi, gr. et lat. *Antuerpiæ, Christ. Plantinus,* 1567, 2 tom. 1 vol. in-16 de 270 pp. (y compris le titre) et 196 pp. plus 2 ff.

Cette édition, réputée très-correcte, est plus rare que celles d'Estienne, dont elle est une copie : 10 à 12 fr. ; vend. bel exempl. *m. r. doubl. de m. l. r.* 26 fr. La Valliere, et 36 fr. Saint-Céran; 24 fr. *m. bl.* Caillard.

— OLYMPIA, Pythia, Nemea et Isthmia, græce. *Parisiis, apud Stephanum Prevosteau,* 1586, in-8.

Quoique le titre de cette édit. annonce les quatre parties des Odes de Pindare, l'exemplaire vu par Maittaire (*Index,* II, 146) ne contient que les Olympiques. Un exemplaire complet, si toutefois il en existe, serait un livre assez précieux.

— OLYMPIA, etc., gr. adjuncta est interpretatio latina ad verbum, cum indd. necessariis. (*Genevæ*) *Oliva Pauli Stephani,* 1599, in-4. de VIII ff. 487 pp. et 2 ff. Édition correcte : 5 à 9 fr.

— PINDARI, plusquam sexcentis in locis emaculati, Olympia, Pythia, etc., illustrati versione nova fideli, rationis metricæ indicatione certa, dispositione textus genuina, commentario sufficiente : cum fragmentis aliquot diligenter collectis, indice locuplete, discursu duplici. Opera Erasmi Schmidii. (*Wittebergæ*), sumpt. *Zach. Schureri,* 1616, in-4.

Cette édition a pour base le texte de celle de Bâle, 1526, revu sur des mss. et sur les anciennes éditions ; mais le nouveau travail de l'éditeur a été de l'importance sous le rapport de la critique. 3 ff., puis 23 pp. prélim. et d'errata, 331 pp. (*Olympia* et *Pythia*) ; 4 ff. prélim. et 395 pp. (*Nemea*), 4 ff. prélim. et 267 pp. (*Isthmia*). Vend. 6 flor. Rover ; 1 liv. Heber. Le Dr Dibdin indique des exemplaires en Gr. Pap.

— OLYMPIA, etc. (gr. et lat.) Joh. Benedictus ad metri rationem..., totum authorem innumeris mendis repurgavit: metaphrasi recognita, latina paraphrasi addita, etc., arduum ejusdem sensum explanavit. Editio purissima cum indice locupletissimo. *Salmurii, typis Petri Piedadi,* 1620, in-4. de 8 ff., 756 pp., 1 f. d'errata et 27 ff. d'indice.

Le texte est celui de l'édition de Schmid, avec quelques corrections, mais la version lat. est refaite et accompagnée d'un bon commentaire : 8 à 12 fr. Vend. jusqu'à 40 fr. Larcher, et 16 sh. Heber.

— OLYMPIA, Pythia, Nemea, Isthmia, gr. : eædem latino carmine redditæ per Nic. Sudorium. *Parisiis, sumptibus C. Morelli, typographi regii,* 1623, 2 tom. en 1 vol. pet. in-8.

Les exemplaires complets et bien conservés ont quelque valeur.

— Opera, gr. cum. lat. versione carmine lyrico per Nic. Sudorium (accedunt scholia gr., notæ, etc., cura Rich. West et Rob. Welsted). *Oxonii, e Theat. sheld.,* 1697, pet. in-fol., avec un portrait et à la fin des *errata* sur le recto du dern. f.

Comme cette édition a été effacée par d'autres plus récentes et meilleures, on la recherche peu maintenant; le prix en est tombé de 60 fr. à 12 ou 15 fr. (43 fr. *mar. r.* Parison). Les exemplaires en Gr. Pap. sont rares. Vend. 401 fr. Barthélemy ; 700 fr. *mar. r.* Caillard ; 880 fr. très-bel exempl. *mar. r.* F. Didot ; 21 liv. Sykes ; 24 liv. 10 sh. Drury ; 400 fr. Labédoyère et seulement 119 fr. *mar. v.* Giraud.

West avait eu recours à Guill. Lloyd pour améliorer la table chronologique qu'il voulait insérer dans son édition de Pindare ; mais, le travail de ce savant n'étant pas prêt en 1697, il se contenta de placer dans son Pindare l'ancienne *Chronologica series*

Olympionicarum, en 8 ff. sign. d–n des pièces liminaires. Plus tard parut séparément l'ouvrage beaucoup plus étendu de Lloyd, sous le titre suivant :

SERIES chronologica Olympiadum, Pythiadum, Isthmiadum, Nemeadum, quibus veteres Græci tempora sua metiebantur; per Gul. Lloyd. *Oxon.,* 1700, in-fol.

Morceau qui se joint à l'article ci-dessus, mais qui est fort rare en Gr. Pap.

— OPERA, gr. et lat. *Glasguæ, Foulis,* 1744, pet. in-8, 6 à 8 fr.

Cette édition est plus correcte que celle de 1770, sortie des mêmes presses.

— OPERA, gr., ex editione oxoniensi. *Glasguæ, Foulis,* 1754-58, 4 vol. in-32. 12 à 15 fr.

Vend. 24 fr. *mar. v.* Renouard en 1805.

Un exemplaire des Olympiques impr. sur *taffetas blanc*, et rel. en *mar.* 48 fr. Camus de Limare ; 33 fr. Mac-Carthy. Il y a aussi des exemplaires imprimés sur VÉLIN.

— OPERA, gr. et lat. (ad editionem oxoniensem edidit W. Bowyer). *Lond., Bowyer,* 1755, pet. in-8. 5 à 6 fr.

Édition correcte.

— Carmina, cum lectionis varietate et adnotationibus iterum curavit Chr.-G. Heyne, additis interpretat. lat. et G. Hermanni commentatione de metris Pindari, etc. *Gottingæ,* 1798-99, 3 tom. en 5 vol. in-8. 25 à 30 fr.

Lorsque cette édition parut elle était la meilleure que nous eussions de cet auteur. Il y a des exemplaires en papier fort, 140 fr. *mar. bl.* Caillard ; 113 fr. *m. r.* Dutheil, et en *mar. bl.* 57 fr. Renouard.

La première édit. du Pindare de Heyne a été impr. à Göttingue, en 1773-74, 2 tom. en 1 vol. pet. in-4. ; on y a joint les *Additamenta ad lectionis varietatem*, pièce publiée en 1792 ; il se trouve de plus dans quelques exemplaires un morceau intitulé : *Carminum pindaricorum fragmenta*, publié par J.-G. Schneider, à Strasbourg, en 1776, pet. in-4., et qui a été réimpr. dans le 3e vol. de l'édit. de 1798. Il y a des exempl. de l'édition de 1773 en pap. fort et quelques-uns en pap. de Hollande. Un de ces derniers, 80 fr. *mar. r.* Larcher.

L'édit. de *Leipzig*, 1792-95, 2 vol. in-8., publiée par Ch.-D. Beck, n'étant point achevée, n'a que peu de valeur. Il y a des exemplaires datés de 1811.

— CARMINA et fragmenta, gr. et lat., cum lectionis varietate et annotationibus Chr.-Gottl. Heyne, accedunt indices copiosissimi. *Oxonii, typis N. Bliss,* 1807, 3 tom. en 2 vol. in-8. 10 à 15 fr.

Réimpression belle, mais médiocrement correcte du texte de Heyne ; il y en a des exemplaires en Gr. Pap.

— EADEM, græce, ex edit. Heyne. *Oxonii, Bliss,* 1808, 2 tom. en 1 vol. in-32. 3 à 4 fr.

— EADEM, græce, edente Schæfer. *Lipsiæ,* 1810, in-18, 2 fr.

— OLYMPIA, Pythia, Nemea, Isthmia (gr.), translata carminibus et illustrata a Jo. Costa. *Patavii, typis Seminarii,* 1808, 3 tom. en 1 vol. in-4. 12 à 15 fr.

La version latine de J. Coste est un ouvrage d'un mérite reconnu.

— Pindari Opera quæ supersunt, textum in genuina metra restituit et recensuit ; annotationes crit., scholia integra, commentaria perpet. et indicem adjecit Aug. Boeckhius. *Lipsiæ, Weigel,* 1811-21, 2 tomes en 3 vol. in-4.

Une des bonnes éditions de ce grand poëte lyrique. La première partie du tome 1er, publiée en 1811, renferme le texte grec, et la seconde (en 1814) *De metris Pindari libri tres*, et à la fin *Tabula græcæ musices modis explicandis inservtens*. Le tome II, 1re part. (1819), contient les scolies grecques, et le tome II, 2e part. formant le 3e vol., la version lat., un commentaire perpétuel, les fragments et les *Indices*. Les 3 vol. ont coûté 26 thl. 8 gr. (environ 108 fr.), et en pap. vél. 36 thl. (150 fr.) ; ils sont de moitié moins chers maintenant.

— PINDARI Carmina juxta exemplar heynianum, quibus accesserunt notæ heynianæ; paraphrasis benedictina ; et lexicon pindaricum, ex integro Dammii opere etymologico excerptum, et justa serie dispositum ; digessit et edidit Henri Huntingford. *Londini, Cadell*, 1814, in-8. 12 à 15 fr.
Le *Lexicon pindaricum* se vendait séparément.

— PINDARUS, gr., cum versione latina et notis a Chr.-Gotl. Heyne. *Oxonii, Bliss*, 1815, in-8.
Réimpression commune.

— EADEM Carmina, gr. et lat., cum lectionis varietate et annotationibus C.-G. Heyne; nova editio, correcta, et ex schedis heynianis aucta, et cum indicibus a R. Fiorillo confectis. *Lipsiæ*, 1817-18, 3 vol. in-8. 30 fr. — Pap. fin, 40 fr., et plus en pap. vél.
Bonne réimpression de l'édition de 1798.

— ODI di Pindaro, tradotte ed illustrate da Ant. Mezzanotte, col testo greco e versione in prosa e in versi. *Pisa, Capurro*, 1819-20, 4 vol. gr. in-8. portr. et médailles, pap. vél. 20 à 24 fr.

— CARMINA, gr. cum lectionis varietate et notis, recensuit Ch.-W. Ahlwardt. *Lipsiæ, Hahn*, 1820, in-8. 4 fr.

— PINDARI Carmina, cum lectionis varietate et annotationibus : accedunt interpretatio latina emendatior, scholia, et fragmenta ; necnon Godofredi Hermanni dissertationes pindaricæ, et indices tres ; a Chr.-Gotl. Heyne : nova editio correcta et ex schedis heynianis aucta. *Londini, sumptibus Whitaker (typis Bliss)*, 1824, 3 vol. in-8.
Édition médiocre. 15 à 20 fr.

— PINDARUS, græce, curante Jo.-Fr. Boissonade. *Parisiis, Lefèvre (typis J. Didot)*, 1825, gr. in-32, pap. vél. 3 fr. ; — Gr. Pap. jésus vél. 6 fr.

— Pindari Carmina quæ supersunt cum deperditorum fragmentis selectis, ex recens. Boeckhii, commentariis perpetuis illustravit Lud. Dissenius. *Gothæ, Hennings*, 1830, 2 vol. in-8. 12 fr. — Pap. fin, 16 fr., et plus en pap. vél.

Le premier vol. contient le texte avec des notes critiques, et deux cartes géographiques dressées par C.-O. Müller ; le second, le commentaire. C'est une des parties de la *Bibliotheca græca... in usum scholarum*, publiée par les soins de Fréd. Jacobs et Val.-Chr.-Fr. Rost, depuis 1826.

— EDITIO II, aucta et emendata cur. F.-G. Scheidewin. *Gothæ*, 1845-50, in-8. (tome Ier, 1re et 2e part.).

— Pindari Carmina ad fidem textus boeckhiani, notas quasdem anglicis scriptas adjecit G.-G. Cooksley; editio secunda. *Etonæ*, 1850-51, 2 vol. in-8. 1 liv. 8 sh.

— LECTIONES pindaricæ, edidit C.-L. Kayser. *Heidelbergæ, Mohr*, 1840, in-8. 2 fr.

— APPARATUS pindarici supplementum, ex codicibus vratislaviensibus edidit Car.-Ern.-Chr. Schneider. *Vratislaviæ, Aderholtz*, 1844, in-4. 4 fr.

— PINDARICA scripsit et edidit A. de Jongh. *Traj.-ad-Rhenum, Kemmink*, 1845, in-8.

— Olympia et Pythia, græce. *Parisiis, ex officina Christ. Wechel.*, 1535, in-8.
Édition rare, vend. (avec deux autres ouvrages) 16 sh. Askew, n° 3428.

— Duodena Pindari carmina græco-latina ; textum metricis versionibus adjecit Fr.-A. Deuber ; editio altera, imitationibus adaucta. *Heidelbergæ, Mohr*, 1820, in-8.

— DILUCIDATIONUM pindaricarum vol. I et II (in Olympia et Pythia) scripsit Theoph.-Luc.-Frid. Tafel. *Berolini*, 1824-27, 2 vol. in-8. 15 fr., et plus en pap. fin.

Traductions.

— Opera omnia, latino carmine reddita, per Nic. Sudorium. *Lutetiæ-Parisior.*, Morellus, 1575 seu 1582, in-8. 3 à 5 fr.

— Les Olympioniques, Pythoniques, Néméoniques, Isthméoniques de Pindare, trad. du grec, avec quelques petites notes, par Fr. Marin. *Paris*, 1617, in-8. 5 fr. Méon.

Voici l'indication de quelques autres traductions françaises de Pindare :

PINDAR thébain, traduction du grec en françois, mêlée de vers et de prose, par Pierre de Lagausie, *Paris*, 1626, pet. n-8. fig.
Traduction très-mauvaise, mais dont les exempl. sont rares : vend. 10 fr. 50 c. en 1813.

LES OLYMPIQUES (par de Sozzi). *Paris*, 1754, in-12.

LES ODES pythiques, par Chabanon. *Paris*, 1772, in-8. 3 fr.

NOUVELLE traduction de quelques odes, avec une analyse et des notes. *Paris*, 1776, in-12.

ESSAI sur Pindare, par Vauvilliers. *Paris*, 1772, in-12.

TRADUCTION poétique des odes les plus remarquables de Pindare, avec des analyses raisonnées et des notes historiques et grammaticales, précédée d'un discours sur ce poëte et sur la vraie manière de le traduire, par Jean-Franç. Vauvilliers ; nouvelle édition, considérablement augmentée. *Paris, Firm. Didot*, 1859, in-8.

LES ODES, traduct. complète par Gin. *Paris*, 1801, 2 part. in-8.

TRADUCTION complète des Odes de Pindare, en regard du texte grec; avec des notes à la fin de chaque ode, par R. Tourlet. *Paris, Agasse*, 1818, 2 vol. in-8.

ODES de Pindare, trad. en français, avec des notes, par A. Muzac. *Paris, Igonette*, 1823, in-12.

ÉTUDES lyriques sur Pindare, ou traduction en vers français de toutes les Pythiques, etc., par Vincent. *Paris, F. Didot*, 1825, in-18. 3 fr.

— ŒUVRES complètes de Pindare, avec le texte en regard, par Alex. Perrault-Maynand, augmentées d'une traduction latine suivant mot à mot le texte. *Lyon*, 1837-53, 3 vol. gr. in-8. Réannoncé au prix de 12 fr. 50 c.

PINDARE, traduction complète : Olympiques, Pythiques, Néméennes, Isthmiques, fragmens, avec discours préliminaire, arguments et notes, par Colin (Faustin). *Strasbourg*, 1841, in-8.

LES ŒUVRES de Pindare, texte grec revu par M. Fix, avec la traduction en regard et des notes, et un choix de fragments, par M. Sommer. *Paris, Hachette*, 1846-1847, 5 part. in-12 y compris l'introduction.

TRADUCTION complète de Pindare, par C. Poyard. *Paris, impr. impér.*, 1853, in-8.
Traduction couronnée, en 1851, par l'Académie française, qui a accordé une médaille à celle dont le titre suit :

ŒUVRES complètes de Pindare, traduites en vers,

accompagnées de la vie du poëte, de prolégomènes
et de notes ; par Alph. Fresse-Montval. *Paris, chez
l'auteur*, 1854, in-8. 8 fr.

ESSAI sur le génie de Pindare et sur la poésie lyrique dans ses rapports avec la vie morale et religieuse des peuples, par M. Villemain. *Paris, F. Didot frères et fils*, 1859, in-8. Ce volume sera suivi
de la traduction des hymnes de Pindare par M. Villemain, accompagnéé du texte grec.

— Ode di Pindaro, tradotte in parafrasi,
ed in rima toscana da Aless. Adimari, con
osservazioni, ecc. *Pisa*, 1631, in-4. fig.
6 à 7 fr.

On estime plus les observations d'Adimari sur Pindare que sa traduction : vendu cependant 15 fr.
Molini.

— I Vincitori olimpici (ed altre poesie) di
Pindaro, tradotti in italiane canzoni, ed
illustrati con postille da Giambatt. Gautier : con l'aggiunta del testo greco.
Roma, 1762-68, 4 vol. gr. in-8. fig.
20 à 30 fr.

— LE ODI di Pindaro, traduzione di Giuseppe
Borghi. *Firenze, Pezzati*, 1824, gr. in-8.
Cette traduction a eu du succès, ainsi que le prouvent
les réimpressions qui en ont été faites à *Milan*,
1825, en 2 vol. in-24, et à *Florence*, 1827, 2 vol.
in-32. — Il a été tiré 30 exempl. de l'édit. de 1824
sur papier vélin.

— Obras traducidas de el griego en verso
castellano, por D. Joseph y D. Bernabe
Canga Argüelles. *Madrid, Sancha*, 1798,
pet. in-4. 5 à 6 fr.

OBRAS poeticas de Pindaro, en metro castellano,
con el texto griego, por Patricio de Berguizas. *Madrid*, 1798, in-8.

— Werke, Urschrift, Uebersetzung in den
Pindarischen Versmassen und Erläuterungen von Fried. Thiersch. *Leipz.*,
G. Fleischer, 1820, 2 vol. in-8. 5 thl.
12 gr.

Le texte grec est joint à la traduction.

— WERKE, in die Versmasse des Originals übersetzt
von Joh. Tycho Mommsen. *Leipzig, Fleischer*,
1846, in-4. 10 fr.

— WERKE, griechisch, mit metrischer Uebersetzung
und prüfenden und erklärenden Anmerkungen von
J.-A. Hartung. *Leipzig, W. Engelmann*, 1855-56,
4 vol. in-8. 3 thl. 15 ngr.

— OLYMPISCHE Oden, in ihrem Sylbenmasse übers.
und mit einer kurzen Biographie dieses Dichters,
nebst Bemerkungen über die Werke desselben (von
E.-H. Bothe). *Berlin*, 1808, 2 vol. in-8.

— Odes of Pindar, with several other pieces
in prose and verse, translat. from the
greek, by Gilb. West. *Lond.*, 1753, 2 vol.
in-8. 10 à 12 fr.

Traduction estimée, dont la 1re édit. parut in-4., à
Londres, en 1749, et la 3e au même lieu, en 1766,
3 vol. in-12. Dans l'édition de *Londres*, 1810, in-4.,
on a inséré la traduction (par Lee) des odes que
West n'a pas données.

— A TRANSLATION of all the pythian, nemean and
isthmian odes of Pindar, except those odes which
have been translated by Gilb. West; by J. Banister.
London, 1791, in 8.

— ODES, translated in prose, with notes and dissertation on the olympic games, by West, with notes
by Laurent. *Oxford*, 1824, 2 part. in-8.

— ODES, translated with notes, by Abraham Moore.
London, 1822-31, 2 vol. gr. in-8. 2 liv. 2 sh.

Une des meilleures traductions anglaises de Pindare.
Elle a été reproduite en 1852 à la suite de celle de
Dawson W. Turner, voyez ci-après.

— ODES in english verse, by H.-F. Cary. *London*,
1833, in-12.

— THE EPINICIA or triumphal odes of Pindar, together with a fragment of his lost compositions,
revised and explained by John-Will. Donaldson.
Cambridge, 1841, in-8. 15 sh.

— Odes literally translated into english
prose by Dawson W. Turner, to which
is adjoined the metrical version of
Abraham Moore. *London, Bohn*, 1852,
pet. in-8. 5 sh.

— Voy. INCERTI auctoris epitome Iliados. — PIN-
DARICUM lexicon. Voy. PORTI lexicon. — Aristolo-
gia pindarica. Voy. NEANDER. — Notæ in Pindarum.
Voy. n° 12368.

PINDEMONTE (*Ippolito*). Prose e poesie
campestri, con aggiunta d'una dissertazione su i giardini inglesi e sul merito
in ciò dell' Italia. *Verona, Menardi*,
1817, in-8. 4 fr. [14933]

Cette édit. est peut-être la douzième de ce recueil, et
elle a l'avantage d'avoir été faite sous les yeux de
l'auteur, de même que celles des autres ouvrages
de ce poëte, qui ont été imprimées à *Vérone*. Il en
a été tiré des exemplaires in-4. — Réimpr. à *Vérone*, 1823, in-8. 3 fr. — Pap. azuré, 5 fr. ; et à
Milan, Silvestri, 1826, gr. in-16, portr. (avec les
Canzoni pastorali), 3 fr.

Voici l'indication de divers ouvrages de Pindemonte :

SAGGIO di poesie campestri. *Parma*, *stamp.
reale (Bodoni)*, 1788, in-16.
Un exempl. impr. sur VÉLIN, 40 fr. Mac-Carthy.

EPISTOLE in versi. *Verona*, *Menardi*, 1817,
in-8. 2 fr. 50 c. — et in-4.
Septième édit. Il y en a une de *Plaisance*, in-fol. pap.
vélin.

SERMONI. *Verona, Soc. tipogr.*, 1819, in-8.
2 fr. 50 c. — et in-4.
Réimpr. avec d'autres ouvrages du même auteur,
Milano, Silvestri, 1826, gr. in-16, portr. 3 fr.

ARMINIO, tragedia con tre discorsi. *Verona, Menardi*, 1819, in-8. 4 fr. — et tiré in-4.
Réimpr. à Pise et à Milan, en 1824, in-16 et in-32.

ELOGI di letterati. *Verona, Libanti*, 1823-26,
2 vol. in-8., dont il y a des exempl. en papier vélin.
[30663]

PINDEMONTE (*Giovanni*). Componi-
menti teatrali, con un discorso sul teatro
italiano. *Milano, Silvestri*, 1827, 2 vol.
in-16. portr. 6 fr. [16735]

Imprimé d'abord à Milan, 1804, 4 vol. in-8.

PINDER. Speculum passionis domini nostri Iesu Christi... (in fine) : *Speculum de
passione domini nostri Jesu christi
cum textu quatuor euägelistarū... cum
figuris pulcris et magistralibus & ora-
tiöibus deuotis : non minus & de duo-*

Pinder (*M.*). Die antiken Münzen des königl. Museums, 29746. — Ueber die kaiserl. Silbermedail-
lons der römischen Provinz. Asia, 29825. — Die
Münzen Justinians, 29827.

*decim admirādis fructibus ligni vite:
& stupendis misteriis sanctissime crucis per doctorem Vdalricũ Pinder
cõuexũ: & in ciuitate impiali Nurem-
bergen. bene visum & impressum finit
feliciter anno* .... M. CCCCC. vii. *Die
vero xxx mensis Augusti,* in-fol. de
90 ff. chiffrés, et un titre. [374]

Édition à 2 col., en caract. ronds. Elle est divisée en
3 part., et ornée de 40 grandes et belles pl. gravées
sur bois, et de 37 petites. Celle qui se trouve au
verso du 73ᵉ f. porte la marque de Hans Schaufelein. Vend. 15 fr. La Valliere, mais jusqu'à 123 fr.
bel exempl. *v f.* en avril 1843; revendu 60 fr. Baudelocque; autres, 77 fr. Quatremère; 131 fr. *m. r.*
en 1855; 310 fr. Paelinck, à Bruxelles, en 1860;
152 fr. Solar.
Les quarante grandes planches de Schaufelein et une
partie des petites se retrouvent dans le volume
ayant pour titre :
SPECULUM passionis Domini nostri Jesu Christi,
cum textu quatuor evangelistarum. *Norembergæ,*
per *Feder. Peypus,* 1519, in-fol. goth de 78 ff. à
2 col.
60 fr. de Bearzi; 62 fr. salle Silvestre, en novembre
1857; 40 fr. Quatremère.
— SPECULUM intellectuale. Voy. SPECULUM.

PINE (*Jean*). La Procession et les cérémonies qui s'observèrent le 17 juin 1725,
à l'installation des chevaliers de l'ordre
du Bain, en anglais et en franç. *Lond.,
J. Pine,* 1730, in-fol. fig. [28773]

Ouvrage orné de 20 pl., dont les figures sont des portraits : vend. en *mar. r.* 37 fr. La Valliere; 2 liv.
10 sh. Wilett. Quelques exemplaires renferment
une pl. supplémentaire gravée en 1732 (*the arms
of the four Knights companions of the Bath*).

— The Tapestry hangings of the House of
Lords, representing the several engagements between the english and spanish
fleets, in 1588 : to which are added, ten
charts of the sea coasts of England, and
a general one of England, Scotland, etc.,
also an historical account of each days
action. *London,* 1739, gr. in-fol. [9442]

Ce livre curieux, publié par les soins de P. Morant,
contient 24 pp., indépendamment d'un frontispice
gravé, de la dédicace au roi et de la liste des souscripteurs : il a de plus une carte générale, dix
cartes en cinq pl., et dix gravures, où sont représentés les différents engagements. On l'a payé de
2 à 5 liv. dans les ventes faites à Londres depuis
cinquante ans.

PINEDA (*F.-Juan* de). Libro del Passo hon-
roso defendido por el excelente cavallero
Suero de Quiñones, compilado de un libro
antiguo de mano. *Salamanca, en casa
de Cornelio Bonardo,* 1588, pet. in-8.
de IV et 142 ff [26028]

Ouvrage curieux, où l'on retrouve les usages et le
langage espagnols du commencement du XVᵉ siècle. Il est fort rare de cette édition : vend. 36 fr.
m. r. Nodier; 2 liv. Libri, et 50 fr. Pressac; mais
il a été réimpr. à la suite de la chronique de
D. Alvaro de Luna, en 1784. Voyez la col 1883 de
notre 1ᵉʳ volume, article CHRONIQUES espagnoles.

Pineda (*Jo.* de). In Job, 449.

PINEDO y Salazar (*Julian* de). Historia
de la insigne orden del Toyson de Oro.
Madrid, 1787, 3 vol. in-fol. [28758]

Vend. 45 fr. 50 c. Sampayo.

PINELLE (*Loys*), docteur en theologie,
euesque de Meaux. Les quinze fontaines
vitales, composees... pour les deuotes
sanctimoniales recluses de lordre de
Fonteurault. *Paris, Sim. Vostre* (sans
date), pet. in-8. goth. de 20 ff., sign.
a—c. [1632]

Bibliothèque impériale, D, 5690.

PINELLI (*Bartolomeo*). Raccolta di cento
costumi antichi cavati dai monumenti e
incisi all' acqua forte. *Roma* (1809),
in-fol. obl. 52 pl. 27 fr. [28976]

— Nuova raccolta di 50 costumi pittores-
chi incisi all' acqua forte. *Roma,* 1816,
in-fol. obl. 27 fr.

Ces costumes sont pour la plupart romains, et d'une
exactitude parfaite.
RACCOLTA di costumi degl' ordini religiosi. *Roma,* 1828, in-4. 60 pl. color.

— L'Eneide di Virgilio tradotta da Clemente Bondi, inventata, e incisa al-
l'acqua forte da Bartol. Pinelli. *Roma,*
1811, in-fol. obl. 50 fr. [9562]

Les 50 planch. du Virgile sont une des meilleures
productions de Pinelli, aussi grand dessinateur
qu'habile graveur, de qui nous avons encore :
ISTORIA greca (1821), in-4. obl. 100 planches
avec leur description en italien, en grec et en français.
ISTORIA romana incisa all' acqua forte, l' anno
1818 e 1819. *Roma, Giov. Scudellari,* gr. in-fol.
obl. 101 pl. 100 fr. — Reproduit à Venise (1821),
in-4. obl., avec des explications en allemand et en
français.
IL CARNAVALE di Roma. *Roma, Bourlié,* 1820,
in-fol. 20 pl. 20 fr.
INVENZIONI sul poema di Dante Alighieri. *Roma,
Pinelli,* 1825-26, gr. in-fol. obl. 120 fr.
Sous le rapport de l'invention et de la correction des
dessins ces compositions ne le cèdent en rien à
celles du célèbre Flaxman. Il y a 65 pl. pour l'Enfer,
42 pour le Purgatoire, et 34 pour le Paradis, plus
trois frontispices.
TASSO figurato. *Roma,* 1826-27, in-fol. obl. 72 pl.
72 fr.
L'ORLANDO furioso di L. Ariosto, inventato ed
inciso all' acqua forte. *Roma,* 1828, 100 planch. et
le frontispice. 100 fr.
AVVENTURE di Telemaco. *Roma,* 1828, in-fol.
obl. 100 pl. à l'eau-forte. 100 fr.

PINELO (D. *Ant.* de Leon). Epitome de la
bibliotheca oriental y occidental, nautica
y geografica; añadido, y enmendado en
que se contienen los escritores de las
Indias orient. y occident. y reinos conve-
cinos... por mano del marques de Torre-
Nueva. *Madrid,* 1737-38, 3 part. in-fol.
30 à 40 fr., et plus en Gr. Pap. [27947
ou mieux 31784]

Pinel (*Ph.*). Nosographie, 7097. — Médecine clinique,
7140. — Aliénation mentale, 7312.

Vend. 40 fr. Sampayo; 39 fr. en novembre 1857; 37 fr. 50 c. Quatremère.

La première édition de cet ouvrage, imprimée à Madrid, en 1629, ne forme qu'un seul volume in-4.; celle de 1737, publiée par André Gons. de Barcia, renferme de nombreuses augmentations; mais malheureusement les titres des livres y sont tous exprimés en espagnol et avec peu d'exactitude; et l'on a remarqué que plusieurs articles, par exemple celui de Las Casas, y étaient moins développés que dans l'édition originale.

PINETON de Chambrun (*Pierre*). La Théodorée. *Basle*, 1583, in-4. [13838]

Poëme relatif à l'alchimie (*Catal. La Valliere par Nyon*, IV, n° 14570).

PINI (*Pet.-Matt.*) Compendium instar indicis in Hippocratis opera. *Venet.*, 1597, in-fol. [6538]

Cet index peut servir à toutes les éditions d'Hippocrate; les exempl. n'en sont pas communs : 12 à 15 fr.; vend. 28 fr. m. r. Patu de Mello; 17 fr. mar. citr. Hallé.

PINI (*Hermenegildus*). De venarum metallicarum excoctione. *Vindobonæ*, 1785, 2 tom. en 1 vol. in-4. fig. 10 à 12 fr. [10227]

Cet ouvrage a eu du succès, mais il a beaucoup vieilli. La première édition est de 1779-80, 2 vol. in-4.

PINKERTON (*John*). Ancient scotish poems, published from the mss. collections of R. Maitland, etc., comprising pieces written from about 1420 till 1586; with notes and a glossary (by J. Pinkerton). *London*, 1786, 2 vol. pet. in-8. 15 à 18 fr. [15888]

L'éditeur de ce recueil avait déjà publié : *Scotish tragic ballads*, 1781, 1 vol. [15886] — *Select scotish ballads*, 1783, 2 vol. pet. in-8. [15887]; et il a donné depuis : *Scotish poems, reprinted from scarce editions*, London, 1792, 3 vol. pet. in-8. 27 fr. [15889]

— A general Collection of the best and most interesting voyages and travels, in all parts of the world, by John Pinkerton. *London*, 1808-14, 17 vol. gr. in-4. fig. [16827]

La collection de voyages publiée par Pinkerton se divise ainsi : *Europe*, 6 vol. — *Asie*, 4 vol. — *Iles d'Asie*, 1 vol. — *Amérique méridionale*, 2 vol. — *Amérique septentrionale*, 1 vol. — *Afrique*, 2 vol. — Supplément, *containing retrospect of the origin, progress of discovery by sea and land, in ancient, modern, and most recent times; catalogue of books of voyages and travels; general index*. 1 vol. L'ouvrage entier, orné de 197 planches, coûte de 6 à 8 liv. sterl. Il renferme des extraits des meilleures relations écrites dans toutes les langues de l'Europe, depuis le moyen âge jusqu'à présent; il y a même plusieurs relations insérées en entier.

La Géographie moderne, du même Pinkerton, publiée en anglais, Lond., 1802, 3 vol. gr. in-4. et réimpr. en 1807 et en 1811, en 2 vol. in-4., est un ouvrage

très-médiocre, dont il existe une traduction française par M. C.-A. Walckenaer, *Paris*, *Dentu*, 1804, 6 vol. in-8. et atlas in-4. On fait plus de cas de l'abrégé de ce même ouvrage par Pinkerton lui-même, et successivement augmenté par MM. Walckenaer et Eyriès, etc. La dernière édit. est celle de *Paris*, *Dentu*, 1827, 2 vol. in-8. [19618]

Pinkerton a publié à Londres, en 1810, un atlas moderne gr. in-fol., composé de 60 cartes, et qui a coûté 20 guinées, mais qui se donne maintenant à bas prix.

— Vitæ antiquæ sanctorum qui habitaverunt in ea parte Britanniæ nunc vocata Scotia, vel in ejus insulis : quasdam edidit ex mss. quasdam collegit J. Pinkerton, qui et variantes lectiones et notas pauculas adjecit. *Londini*, *Nichols*, 1789, in-8., avec une carte. [22076]

Tiré à 100 exemplaires seulement : 2 liv. 5 sh. Sykes; 3 liv. 15 sh. mar. olive, Williams; 1 liv. 17 sh. Hibbert.

— THE MEDALLIC history of England to the revolution (by John Pinkerton), with forty plates. *London*, *Edwards*, 1790, gr. in-4. 20 à 30 fr. [27078]

Ouvrage intéressant. Vend. en mar. bl. 60 fr. Renouard, en 1805; 53 fr. Millin. Un exemplaire imprimé sur VÉLIN, 202 fr. Mac-Carthy.

— AN ENQUIRY into the history of Scotland, preceding the reign of Malcolm III, or the year 1056 : including the authentic history of that period. *Edinburgh*, 1814, 2 vol. in-8. 15 à 18 fr. [27419]

Troisième édition de cet ouvrage assez estimé : 1 liv. 16 sh. La première est de 1789, et la seconde de 1794. On y a réuni la dissertation de l'auteur, *On the origin and progress of the Scythians or Goths*, publiée d'abord séparément à Londres, en 1787, in-8., et plus tard en français, sous le titre de *Recherches sur l'origine et les divers étab. issements des Scythes ou Goths... ouvrage trad. sur l'original anglais par J. Pinkerton* (ou plutôt M. Miel), *avec des augmentations et des corrections faites par l'auteur*; Paris, Dentu, 1804, in-8., avec une carte. [23000]

Autres ouvrages de Pinkerton.

ICONOGRAPHIA scotica : or portraits of illustrious persons of Scotland. *London*, 1794-97, 4 part. en 1 vol. gr. in-8. 15 à 18 fr. [30967]

Il y a des exemplaires de cet ouvrage en Gr. Pap. de format in-4., avec les figures de premières épreuves : vendu tel, 18 sh. Heber, et avec les doubles épreuves sur papier de Chine, 7 liv. Beckford.

THE SCOTISH Gallery, or portraits of eminent persons of Scotland; many of them after pictures by the celebrated Jameson, at Taymouth, and other places, with brief account of the characters represented, and an introduction on the rise and progress of painting in Scotland. *Lond.*, *Harding*, 1799, gr. in-8. 20 à 24 fr. [30968]

Un exemplaire en Gr. Pap. de format in-4., 2 liv. 8 sh. Sykes; avec les premières épreuves (*proofs*), 4 liv. Roxburghe, et moins depuis.

AN ESSAY on medals, or introduction to the knowledge of ancient and modern coins and medals; especially those of Greece, Rome and Britain. *London*, 1789, 2 vol. gr. in-8. fig. 10 à 15 fr. [29679]

Réimpr. à *Londres*, 1808, 2 vol. in-8. 15 fr.

— Petralogy, 4769.

PINO(*G.-B.*). Il triumpho di Carlo quinto, a cavallieri et alle done Napoletani. — *Stampato in Napoli per Giovanni Stultzbach... adi otto di settembre, nel l'anno* MDXXXVI, in-4. [14679]

Quoique le titre de ce livre ne porte pas de nom d'auteur, l'ouvrage est mis sous le nom de PINO (*Giovan Battista*) dans le catalogue de Payne et Foss, 1830, n° 3437, où il est offert au prix de 3 liv. 3 sh.

PINO da Cagli (*Bernardino*). La Sbratta, comedia, recitata in Roma. *Roma, Vinc. Lucrino,* 1552, pet. in-8. [16675]

Cette pièce offre des passages assez graveleux : 23 fr. . *mar. r.* Libri. Elle a été réimpr. à Venise, chez Fr. Rampazetto, en 1563 et en 1566, in-12 ou pet. in-8.

On a du même auteur cinq autres comédies en prose, savoir :

Gli ingiusti Sdegni, Roma, 1553, in-8., réimpr. plusieurs fois à Venise, et aussi à *Pesaro,* en 1557, in-8.

L'Eunia, ragionamenti pastorali, Roma, Dorico, 1553, pet. in-8. selon Haym. Le titre de l'édition de Venise, Paolo Meietti, 1582, in-8., porte : *Novamente ritrovati tra gli antichi giovanili componimenti di messer Bernardino Pino.*

Gli Affetti, ragionamenti famigliari, Vinegia, Jacomo Simbeni, 1569, pet. in-8.

L'Evagria, Venezia, eredi Sessa, 1584, in-12 (d'après Haym).

I falsi sospetti, Venezia, Sessa, 1588, et aussi 1597, in-12 (d'après le même).

PINSON ou Pinsson de La Martinière (*Jean*). De la Connestablie et maréchaussée de France, ou recueil des ordonnances, édits, déclarations sur le pouvoir des connétables et maréchaux de France, en la justice royale exercée par lieutenans en la table de marbre du Palais. *Paris, Roccolet,* 1661, in-fol. 15 à 18 fr. [24065]

Vend. 30 fr. de Martainville.

— Estat général des officiers et commensaux de la maison du Roy, de la Reyne et de M. le duc d'Anjou... ensemble l'ordre et règlement qui doit estre observé en la maison de S. M. (par J. Pinson de La Martinière). *Paris, Marin le Ché,* 1653, in-8.

Cet état donne des renseignements curieux qu'on ne trouve pas ailleurs. Il y en a un second sous le titre d'*Estat général des officiers, domestiques et commençaux de la Maison du Roy ..* Paris, 1657, in-8. Tous les deux sont rares et recherchés.

PINTO de Morales ou Moraes (*Jorge*). Maravillas del Parnaso y flor de los mejores romances recopilados de graves autores. *Barcelona,* 1640, pet. in-8. [15085]

Ce recueil renferme 69 romances peu connues, de Gongora et Quevedo. Vend. 9 fr. Reina. Il y a une première édition de *Lisbonne,* 1637.

PINTO(*Fernaõ-Mendes*). Peregrinação... em que da conta de muytas y muyto estranhas cousas que uio et ouuio no reyno de China, no da Tartaria, no do Sornau, etc., et em outros muytos reynos et senhorios das partes orientaes. *Em Lisboa, Pedro Craesbeeck,* 1614, pet. in-fol. de 2 ff. prélimin., 303 ff. chiffr. et 4 ff. non chiffr. [20473]

Première édition de cette curieuse relation ; elle est rare, et c'est celle que cite l'Académie de Lisbonne. Vend. 32 fr. *m. r.* La Vallière ; 19 sh. Heber. — Celle de Lisb., *Craesbeeck,* 1678, in-fol., est un peu moins chère ; mais l'édition de *Lisboa oriental,* 1725, in-fol., est augmentée de l'*Itinerario de Ant. Tenreyo, que da India veyo por terra a esto reyno de Portugal a* 1529, et de la *Conquista do reyno de Pegu feita en* 1601 (voy. ABREU). Vend. 21 flor. Meerman. — Cet *Itinerario* se trouve aussi dans l'édition de *Lisb.,* 1762, in-fol. Vend. 30 fr. Langlès, et quelquefois moins cher. L'ouvrage de Pinto a été réimpr. à *Lisb.,* 1833, 2 vol. pet. in-4., et en 1829, en 4 vol. in-12.

La traduction espagnole de la même relation par Fr. de Herrera Maldonado, *Madrid por Th. Junti,* 1620, in-fol., a eu beaucoup de succès : 11 fr. Rodriguez ; 18 sh. Heber. On l'a réimpr. à *Madrid,* 1627, in-fol., et à *Valence, Garriz* ou *Bernardo Noguez,* 1645, et à *Madrid,* 1664, in-fol.

— Voyages adventureux de Fern. Mendez-Pinto, trad. de portuguais, par Bernard Figuier. *Paris, Mathurin Henault,* 1628, ou *Paris, Cottinet,* 1645, in-4.

Volume recherché et peu commun : 10 à 15 fr., et jusqu'à 21 fr. Langlès. Il en a été fait une réimpression, *Paris,* 1830, 3 vol. in-8.

Il existe une traduction anglaise de cette relation, par H. C. (Henry Cogan), *London,* 1663, au 3° édit. 1692, in-fol.

PINTO Correa (*Gasp.*). Commentarii in Publ. Virgilium Maronem. *Ulyssipone,* 1726, 3 vol. in-4. [12494]

Ce commentaire, publié pour la première fois à Lisbonne, de 1640 à 1653, a eu plusieurs édit. Celle de 1726 s'est vend. 23 fr. Librairie De Bure. — On cite du même savant jésuite un commentaire sur Horace, impr. à Coimbre, en 1655, in-4.

PINTOR (*Petrus*). Tractatus de morbo foedo τ occulto his tēporibus affligente. sdm veram doctrinã doctorum antiquo℞ aluhumata nominato editus per Petrũ pinctor... *Rome impressus per Euchariũ Silber die nova mensis Augusti. Anno.....* M. d. (1500), in-4. goth. de 44 ff. [7262]

L'auteur, en dédiant au pape Alexandre VI ce traité sur la maladie vénérienne, fait, avec une simplicité remarquable, des vœux pour que Sa Sainteté soit préservée de ce vilain mal. L'ouvrage est si rare qu'Astruc ne l'a point connu ; mais cette rareté n'est pas son seul mérite, car, selon le docteur Cottunio, qui en a parlé dans son *Syntagma de sedibus variolarum* (Neap., 1769, in-8.), c'est un traité excellent pour la méthode curative, et où l'on recommande l'usage du mercure comme le seul

---

Pino (*Maur.*). Grammatica piemontese, 11130.
Pintius (*J.-A.*). De Nummis ravennatibus, 25053.

Pinto (*Is.* de). Sur le Luxe, 4105. — Circulation, 4115.

bon remède. L'ouvrage commence au verso du
prem. f. par ces mots : (c'um vnûquodq; in-
dividuû... Ce médecin espagnol a un court article
dans la *Biblioth. hisp. nova* d'Antonio, où l'on ne
cite de lui que l'ouvrage suivant :

PETRI Pintoris Artium et medicinæ magistri
Aggregator sententiarum doctorum omnium de
præservatione curationeque pestilentiæ. — *Romæ,
impressus per... Eucharium Silber. Anno salutis*
MCCCCIC. *Die. xx. mensis Februarii*, in-fol.
goth., avec une épître dédicatoire de l'auteur à
Alexandre VI.

PINUS (*Joannes*). Allobrogicæ narrationis
libellus. (in fine) : *Allobrogicæ narrationis liber per Joannem Pinum tolo-
sanum... Venetiis editus, finit : per
Alexandrum de Bindonis,*1516,12 *Cal.
Dec.*, in-4. [17092]

C'est le roman de Paris et de la belle Vienne, mis en
latin (voy. PARIS). Il y a une édition de ce texte,
Parrhisiis, Jod. Badius, seu Joan. Parvus,
même date et même format, laquelle se trouve à la
suite de *Divi Rochi Narbonensis vita*, ouvrage
sorti de la même plume.

— Divæ Catherinæ senensis, simul et clarissimi viri Philippi Beroaldi bononiensis vita per Ioannem Pinum gallum To-
losanum. — *Bononiæ, per Benedictum
Hectoreum, anno domini Millesimo
quingentesimo quinto* (1505) *et die
xxii septembris,* in-4. de 102 ff. [22129]

Vend. 9 fr. mar. r. La Valliere.

Jean de Pins, évêque de Rieux, auteur de ces deux
vies, est, je crois, le même que le précédent. Du
Verdier, qui en fait un autre personnage, cite de
lui un traité *De Vita aulica*, imprimé à *Toulouse
par Jacques Colomiez*, in-4., dont il ne donne
pas la date.

Il existe des *Mémoires pour servir à l'éloge historique de Jean de Pins, avec un recueil de plusieurs de ses lettres* (par le P. Etienne-Léonard
Charron, jésuite), *Avignon* (*Toulouse*), 1748, in-12.

PIO (*J.-B.*). Voy. PIUS.

PIRANESI (*Jo.-Bapt.-Franç.* et *Ch.-
Franç.*). Collection d'ouvrages sur les
antiquités et l'architecture, gravés par
eux, savoir :

LE ANTICHITÀ romane. *Roma*, 1756, 4 vol. in-fol.
max. [29407]

Ces 4 volumes, composés de 224 pl. sans texte, forment les tom. 1–IV de la nouvelle collection des
œuvres de J.-B. et Fr. Piranesi : vend. 66 fr. (anc.
édition, avec 218 pl. et le texte) Trudaine.

Les 4 planches des frontispices de ce bel ouvrage furent d'abord dédiées à milord Charlemont; mais des
raisons particulières engagèrent bientôt Piranesi à
supprimer ce nom; aussi les exemplaires où il se

Piobert (*Guil.*). Artillerie, 8686. — Sur les Poudres
de guerre, 8708.
Piola (*G.*). Meccanica molecolare, 8081.
Piolin (le R. P. *Paul*). Introduction du christia-
nisme dans les Gaules, 21413.
Piorry (*P.-A.*). Traité de médecine pratique, 7123.
— Diagnostic et séméiologie, 7155.
Piossens (*Ch.* de). Mémoires de la régence, 23885.
Piot (*Eug.*). Cabinet de l'amateur et de l'antiquaire,
10076.
Piozzi (*Linch*). British synonymy, 11323.

trouve sont-ils rares (voy. *Bibliotheca firmiana,*IV.
p. 161, et *Lettere di giustificazione a milord
Charlemont...* Roma, 1757, in-4.).

SUPPLÉMENT aux antiquités romaines, qui contient
le recueil des anciens temples les mieux conservés,
par Fr. Piranesi, gr. in-fol. [29408]

Sixième volume de la collection; il est divisé en deux
parties et contient 51 pl.

— MONUMENTI degli Scipioni. 1785, gr. in-fol. de
26 pp. et 6 pl. [29431]

Cinquième volume de la collection.

DE ROMANORUM magnificentia et architectura.
Romæ, 1761, in-fol. max. [29409]

Septième volume contenant (212 pp. de texte) 38
planches, 2 frontispices, le portr. de Clément XIII,
un supplément de 3 planches, avec un frontispice
gravé : vend. 46 fr. Trudaine.

DIFFÉRENS ouvrages d'architecture étrusque,
grecque et romaine, en 27 pl. — Diverses compositions de prisons, en 16 pl. — Anciens arcs de
triomphe, ponts, et leurs inscriptions, etc., 32 pl.
= Trophées d'Auguste, et autres fragments d'architecture épars dans Rome; en 15 pl.; in-fol.
[29353] (Tome VIII.)

LE ROVINE del castello dell' acqua Giulia, situato
in Roma presso S.-Eusebio. *Roma*, 1765, in-fol.
max. (24 pp. de texte et) 20 pl. [29439] = Lapides
capitolini, sive fasti consulares triumphalesque
Romanorum, ab urbe condita usque ab Tiberium
Cæsarem. *Romæ*, 1762, in-fol. (62 pp. de texte et)
12 pl. = Antichità di Cora, in-fol. max. (15 pp. de
texte et) 14 pl.

Ces trois articles forment le tome IX.

CAMPUS martius antiquæ urbis. *Romæ*, 1762,
in-fol. max. [29428]

54 pl. y compris les petites (avec la description en
latin et en italien) : vend. 30 fr. Trudaine.

Les planch. 6 à 10 ne se trouvent dans aucun des
anciens exemplaires. (Tome X.)

ANTICHITÀ d'Albano e di Castel-Gandolfo, 1764,
in-fol. max. 55 pl. (avec la description). (Tome XI.)

VASI, candelabri, cippi, sarcofagi, tripodi, lucerne
ed ornamenti antichi. *Roma*, 1778, 2 vol. in-fol.
max. 114 pl. ou 127 pl. dans les nouv. exemplaires.
[29259] (Tomes XII et XIII.)

Une des parties les plus recherchées de la collection :
vend. 207 fr. Bélanger, en 1818, et moins depuis.
Une édit. réduite de la *Raccolta di Vasi, etc.*, de
Piranesi, a été publiée à Milan, 1825, en 112 pl. in-4.
gravées au trait.

COLONNA trajana. *Roma*, 1770, gr. in-fol. 21 pl.
(avec l'explication). [29482] (Tome XIV.)

On place dans ce même volume la *Colonne colcide de
l'empereur Marc-Aurèle Antonin*, en 7 pl., avec
l'explication; on y place aussi la *Colonne de l'apo-
théose d'Antonin le Pieux.*

RUINES extérieures et intérieures de trois temples
grecs à Pestum, dans le royaume de Naples. 21 pl.
gr. in-fol. [29377] (Tome XV.)

VEDUTE di Roma. 2 vol. in-fol. max. 137 pl.
[25588] (Tomes XVI et XVII.)

L'un des plus beaux ouvrages de la collection.

CHOIX des meilleures statues antiques. Gr. in-fol.
de 41 ff. [29549] (Tome XVIII.)

THEATRO d'Ercolano. *Roma*, 1783, gr. in-fol. de
10 pl. [29331] (Tome XIX.)

DIFFÉRENTES manières d'orner les cheminées et
toutes les parties des bâtiments. *Rome*, 1769, in-fol.
max. 69 pièces. [10052] (Tome XX.) Vend. 50 fr.
Bélanger.

VARIÆ tabulæ celeberrimorum pictorum, ære
incisæ. In-fol. 28 pl., avec le frontispice, ou sous
le titre de Recueil des dessins d'après Guerchin,
gravés par Bartolozzi et autres artistes, 48 pl.
(Tome XXI.)

SCHOLA italica picturæ. *Romæ*, 1773, gr. in-fol.
40 feuilles (Tome XXII.) Voyez HAMILTON.

DIVERSES gravures. Gr. in-fol. (Tome XXIII.)

LES AMOURS et triomphes de la *Villa Lante*, peints par Jules Romain, dess. et grav. par Piroli, 16 pl.

= Les planètes et les signes du zodiaque de la *Sala Borgia*, peints par Raphaël, dessinés et grav. par Piroli, 12 pl. (Tome XXIV.)

CABINET de Jules II, par Raphaël, 14 pl. = Les Peintures de la Farnésine, par Raphaël, 18 pl. (Tome XXV.)

PEINTURES de la villa Altoviti, par Giorgio Vasari, en 13 pl. (Tome XXVI.)

Ces 26 volumes, que nous avons annoncés sous leur première date, forment la collection complète des ouvrages du fonds des frères Piranesi, de l'édition de 1800, telle qu'elle se trouve décrite dans leur catalogue, où elle est marquée 1916 fr.

Comme cette nouvelle édition est sans texte, et que les planches d'une partie des volumes sont usées, elle conserve à peine dans les ventes le tiers de son prix primitif. Vend. 660 fr. 23 vol. en 1812; 860 fr. en 1816, et moins depuis. On recherche davantage les anciens exemplaires avec le texte, quoiqu'ils ne se trouvent guère qu'en 15 ou 18 volumes, et que les parties qui les composent ne renferment pas toutes les planches de la nouv. édition. Vend. en 18 vol. *br.* 976 fr. Brienne, en 1792; 1000 fr. (17 tom. en 16 vol. *m. r.*) salle Silvestre, en 1798, en 17 vol. reliés en *peau de truie, par Derome;* 2300 fr. le prince d'Essling.

Tous les volumes se sont vendus séparément; par ce moyen il a été facile de compléter les anciens exemplaires.

— Antiquités de la Grande-Grèce, aujourd'hui royaume de Naples, gravées par Fr. Piranesi, d'après les dessins et les observations de J.-B. Piranesi, rédigées et expliquées par Ant.-Jos. Guattani. (Antiquités de Pompeïa, tom. I et II.) *Paris*, 1804. — (Usages). *Paris*, 1807 (tome I), en tout 3 vol. in-fol. sur grand aigle ouvert. 150 à 200 fr. [29372]

Cet ouvrage peut être annexé à la collection précédente. Les 2 premiers volumes contiennent 72 pl. y compris le frontispice gravé, et le 3e 33 pl.; le texte n'a pas été publié. Il existe un 4e vol. intitulé : *Vues de Pompeïa; armures et autres objets d'antiquités trouvés dans cette ville,* comprenant 66 pl. en tout, selon le catal. publié en juin 1819, où les 30 vol. sont portés à 2700 fr.

PIRCKHEIMER (*Bilibaldus*). Opera politica, historica, philologica et epistolica, adjectis opusculis Pirckheimeri auspicio concinnatis : omnia nunc primum edita, collecta, recensita ac digesta a Melch. Goldasto. *Francofurti, Bringer*, 1610, in-fol. [18979]

Cette collection renferme plusieurs bons ouvrages et elle conserve quelque prix en Allemagne. On remarque dans ce livre un portrait de l'auteur d'après Alb. Durer, et 3 autres pl. dont fait partie la grande gravure du Triomphe de Maximilien, morceau qui ne se trouve plus dans les exempl. sous un nouveau titre daté de Francf., 1665. L'*Encomium podagræ* de Pirckheimer fait partie de plusieurs recueils (voyez au mot ADMIRANDA). On en a une traduction anglaise sous ce titre :

THE PRAISE of the gout, or the gout's apologie, a paradox both pleasant and profitable; englished by Will. Est. *London*, 1617, in-4.

PIROGOFF (*N.*). Anatomie du choléra-

morbus. *Saint-Pétersbourg*, 1849, in-fol. contenant 16 pl. color. avec un texte explicatif. [6750]

PIROLI. Raccolta di studj come elementi del disegno tratti dall'antico, da Raffaello, e Michelangelo, con aggiunta di alcune tavole anatomiche, da Tommaso Piroli. *Roma*, 1801, in-fol. 39 pl. bien gravées. [9195]

— Gli edificj antichi di Roma, ricercati nelle loro piante, e restituiti alla pristina magnificenza secondo Palladio, Desgodetz, ed altri più recenti, coll' aggiunta di qualche moderna fabbrica. *Roma*, in-4. [27419]

82 planches assez bonnes, quoiqu'elles soient en petite dimension.

— Antiquités d'Herculanum gravées par Th. Piroli, avec une explication, publiées par F. et P. Piranesi. *Paris, an* XII (1804-1806), 6 vol. gr. in-4. 48 à 60 fr., et plus en pap. vél. [29330]

Cet ouvrage, publié en 25 livrais., a d'abord paru sous le titre de *Antichità di Ercolano, coppiate da Tom. Piroli*, Roma, 1789-1807, 6 vol. in-4.

— Voyez PETIT-RADEL.

PIRON (*Alexis*). Ses OEuvres complètes publiées par Rigoley de Juvigny. *Paris, Lambert*, 1776, 7 vol. in-8. 20 à 30 fr. [16514 ou 19108]

Les exemplaires en pap. de Hollande sont plus chers : 50 à 60 fr.; vend. en *mar.* 120 fr. d'Hangard ; 140 fr. Labédoyère.

On ajoute quelquefois à cette édition un 8e vol. contenant des *Poésies diverses* (libres), *Neufchâtel*, 1775, ou *Londres*, 1787, in-8.; mais ces poésies ne sont pas toutes de Piron.

L'édition de *Neufchâtel*, aussi en 7 vol. in-8., est à bas prix, ainsi que celle de *Paris*, en 9 vol. pet. in-12.

On a des œuvres choisies de ce poëte, *Paris, Haut-Cœur (impr. de Crapelet)*, 1823, 2 vol. in-8., portr. et fac-simile, 6 à 8 fr., et plus en Gr. Pap. vél.

— LE BATIMENT de Saint-Sulpice, ode (par Piron). *Paris, Coustelier*, 1744. — Le Temple de mémoire, poëme allégorique (par le même). *Ibid.*, 1744. — Les Deux tonneaux, poëme allégorique (du même). *Ibid.*, 1744, in-8. [14190]

Un exemplaire de ces trois pièces, imprimé sur VÉLIN, 40 fr. La Valliere; 50 fr. Chardin.

— VOYAGE de Piron à Beaune, publié pour la première fois séparément et avec toutes les pièces accessoires, accompagné de dates historiques. *Dijon, Brugnot et Lagier*, 1831, in-8. de 52 pp.

Ce voyage n'est pas compris dans l'édition des *OEuvres complètes de Piron*, mais il fait partie du *Recueil amusant de petits voyages, etc.*; il est reproduit ici, revu et corrigé sur trois manuscrits. Un autre éditeur, Gabriel Peignot, a fait réimprimer en même temps, à Dijon, sur un manuscrit conservé dans le pays, mais à 20 exempl. seulement, le *Compliment des dames poissardes de Paris au roi*, en 1744, qui n'avait encore été publié que dans les *Mélanges de la Société des bibliophiles de Paris*, en 1826 (voy. MÉLANGES).

Pirhling (*Ern.*). Jus canonicum, 3181.

TOME IV.

Piron (*Aimé*). Noëls, 14400.

22

— ŒUVRES inédites de Piron; prose et vers, accompagnées de lettres également inédites adressées à Piron par Mlles Quinault et de Bar, publiées sur les manuscrits autographes originaux, avec une introduction et des notes par Honoré Bonhomme. *Paris, Poulet-Malassis,* 1859, in-8., avec trois fac-simile.

On a publié à Lyon, en 1860, des *Lettres de Piron à M. Moret, secrétaire de l'Académie de Dijon;* elles sont au nombre de treize, dont cinq avaient déjà paru dans le volume ci-dessus.

— Tales of the cordelier metamorphosed, as narrated in a manuscript from the Borromeo collection, and in cordelier Cheval of M. Piron, with translations. *London, printed in the Shakspeare press, by Will. Bulmer and W. Nicol,* 1821, pet. in-4. de 54 pp. avec onze esquisses par Rob. Cruickshank. 2 liv. 2 sh.

Édition tirée à 64 exemplaires seulement, aux frais de George Hibbert.

PIRRHUS (*Rocchus*). Sicilia sacra disquisitionibus et notitiis illustrata; editio tertia emendata et continuatione aucta cura Ant. Mongitoris: accesser. additiones et notitiæ abbatiar. ord. S. Benedicti, Cisterciensium, etc., auctore Vito Mar. Amico. *Panormi (Venet., Coleti),* 1733, 2 vol. in-fol. [21485]

Édition la plus complète, mais moins correcte que celle de *Catane,* 1633-47, 3 vol. dont le premier a été réimprimé avec des augmentations en 1644. Réimpr. dans le *Thesaurus antiq. sicil.,* tom. X, vol. 2 et 3. Les additions fournies par Amico ont paru à part sous le titre de *Siciliæ sacræ libri quarti integra pars secunda,* Cataniæ, 1733. Les 3 vol., édit. de 1733, 40 fr. en 1840; 73 fr. Libri, en 1857. — Il y a des exemplaires en Gr. Pap.

— NOTITIA capellæ S. Petri palatii Panormitani. *Panormi,* 1716, in-fol. 21 fr. Libri.

— CHRONOLOGIA regum Siciliæ et ecclesiarum Siciliæ notitiæ. *Panormi, per P. Coppulam,* 1643, in-fol. 28 fr. Libri.

PISA. Battuta della musica dichiarata da Don Agostino Pisa. *Romæ, B. Zannetti,* 1611, in-4. [10157]

40 fr. G. Gaspari, en 1862.

PISADOR (*Diego*). Libro de musica de Vihuela. *Salamanca,* 1552, in-fol., avec des planches de musique. [10206]

Volume rare, renfermant des *Villanescas* et *Canciones* à trois et à quatre parties. Il a été vend. seulement 10 sh. 6 d. Heber.

PISAN (*Christine* de). Voy. CHRISTIENNE.

PISANELLI (*Baldassare*). Trattato della natura de' cibi e del bere, nel quale non solo tutte le virtù, et i vitii di quelli minutamente si palesano, ma anco i rimedj per correggere i loro difetti copiosamente s'insegnano. *Venetia,* 1586, pet. in-4. [7039]

Ce traité a eu du succès; il a même été réimpr. à Bergame, en 1587, à Trévise, en 1602, et à Venise, en 1619, etc., in-8.; aussi à la suite des *Regole de la sanità e natura de' cibi* de Ugo Benzo, à Turin, en 1618, in-8. On en a une traduction française par A.-P.-D., sous le titre de *Traicté de la*

nature des viandes et du boire, avec leurs vertus, vices, remèdes, etc. Arras, Gilles Bauduyn, 1596, pet. in-12, vend. 14 fr. 50 c. en 1841.

PISANUS (*Joannes*). Perspectiva Joannis Pisani anglici viri religiosi, vulgo communis appellata, rationes visus in radiationibus ac lineis visualibus, atque speculares formas, imagines ideasque visivas, nec non reverberationes, refractiones linearum physicalium ad unquam usque declarans, in florentissimo gymnasio Liptzensi emendata atque in figuris quam diligentissime rectificata. (in fine): Explicit Perspectiva Pisani communis dicta. *Impressa arte et solertia Baccalarii Martini herbipolensis anno domini millesimo quingentesimo quarto, septimo ydus mensis Augusti finitum,* in-fol. [8421]

Cet ouvrage est le même que celui qui avait déjà été imprimé à Milan en 1480, sous le nom de *Johannes archiepiscopus cantariensis* (voy. la col. 531 de notre 3e volume).

PISAURO (*Venturino*). Voy. VENTURINO.

PISIDAS (*Georgius*). Opus sex dierum seu mundi opificium, poema; ejusd. senarii de vanitate vitæ: omnia nunc primum græce in lucem edita, et latinis versibus ejusdem generis expressa, per Fed. Morellum Federici F. *Lutetiæ, apud Morellum,* 1584 (*in fine* 1585), in-4. de 8 et 88 ff. [12415]

Prem. édition: 5 à 6 fr.; vend. en Gr. Pap. 17 fr. d'Hangard; 40 fr. Caillard; 29 fr. Larcher. Réimpr. chez H. Commelin, en 1596, in-8. et dans plusieurs recueils.

— Voyez BYZANTINA, n° 34.

PISIS (*Bart.* de). Voy. LIBER conformitatum.

PISIS (*Barthol.* de). V. BARTHOLOMÆUS.

PISIS (*Rainerius* de). Pantheologia, ex edit. et cum præfat. fratris Jac. Florentini.— *Anno... millesimo quadringētesimo septuagesimo tertio sexto idus aprilis finita... p industriosos impssoriæ artis magistros Joh'em Sensenchmid de egra et Henricũ kefer de Magũtia Nurmberge vrbis ciues, etc.,* 3 part. gr. in-fol. fig. [1153]

Première édition, très-rare, en tête de laquelle se trouvent 30 ff. qui renferment trois tables. Vend. en 3 vol. *m. r.* 115 fr. Brienne-Laire, et moins depuis. M. de Mac-Carthy en avait un exemplaire sur VÉLIN, relié en 6 vol. Il a été retiré à 810 fr. et offert depuis à 1200 fr.

Le même imprimeur a donné plusieurs éditions in-fol. de cet ouvrage; mais elles sont à bas prix. Celle de 1474, 4 tom. en 2 vol. *m. r. dent.* n'a point trouvé d'acquéreur pour 100 fr. à la vente de Mac-Carthy; et celle de 1477, 4 vol. m. dent. ne s'est payée que 81 fr. à la même vente.

PISMA rousskich gossoudarei. Lettres des souverains russes et d'autres membres de la famille régnante. *Moscou, imprimerie de l'université*, 1848, in-4. Vol. Ier et unique. [27759]

PISO (*Ch.*). Observationes. Voy. Le Pois (*Ch.*).

PISON (*Guil.*). De Indiæ utriusque re naturali et medica libri XIV. *Lugd.-Bat., apud Elzevirios*, 1658, in-fol. fig. 10 à 15 fr. [4540]

Vendu 25 fr. *mar. r.* Camus de Limare.

— Historia naturalis Brasiliæ (auct. Guil. Pisone et Georgio maregravo de Liebstat), edente Jo. de Laet. *Lugd.-Batav.*, 1648, in-fol. fig. 20 à 30 fr., et plus en Gr. Pap. [4548]

Vend. avec fig. color. 32 fr. Mérigot; 44 fr. Librairie De Bure.
Cet ouvrage se joint au précédent.

PISON (*Nic.*). De cognoscendis et curandis præcipue internis humani corporis morbis libri tres, et de febribus liber unus, cum præfatione Herm. Boerhaave. *Lugd.-Batav.*, 1736, 2 vol. in-4. [7082]

Ouvrage estimé: 20 à 25 fr. Il a été réimprimé à *Leipzig*, 1766, 2 vol. in-8. 12 fr.

PISTOFILO (*Bonav.*). Il Torneo. *Bologna, Ferrone*, 1626 et 1627, in-4. fig. de Coroliano. 8 à 10 fr. [10302]

Vend. 15 fr. Reina. On a du même auteur :
OPLOMACHIA, o sia del maneggio, e dell' uso dell'armi. *Siena, Gori*, 1621, in-4. fig. [10302]
22 fr. en 1859.

PISTOJA (*Antonio* de). Voy. ANTONIO.

PISTOLE parlante (la). Voy. LOUIS d'or.

PISTOLESI. Il Vaticano descritto ed illustrato da Erasmo Pistolesi, con disegni a contorni diretti dal pittore Camillo Guerra. *Roma, tipograf. della società editrice*, 1829 e ann. seg., 8 vol. in-fol. pap. vél. [9877]

Description la plus étendue et la plus exacte que l'on ait donnée de la basilique et des palais du Vatican, ainsi que des sculptures et des peintures qui en font partie; elle a été publ. en 86 livrais., qui contiennent 800 pl. au trait. Prix 8 fr. par livrais.

— Museo Borbonico, descritto ed illustrato da E. Pistolesi. *Roma*, 1838, 12 vol. gr. in-8., avec 800 pl. au trait. 120 fr.

PISTORIS (*Simon*). Positio de malo franco. *Lipsiæ, per Marcum Brandt*, 1498, in-4. goth. [7259]

Traité rare, auquel il faut joindre les deux opuscules dont les titres suivent:

DECLARATIO defensiua cuiusdā positionis de malo franco nuper per doctorem Symonem pistoris disputate. — *Datum Lyptzk anno M. quingentesimo die-mensis Ianuarij tercio*, in-4.

OPUS JOHANIS MEINARDI ferrarien. phisici mirandulani ad Martianū Mellerstadt... de errorib' Symonis pistoris de lypczk, circa morbū gallicum. (au verso du 8e f., ligne 20) : *Vale ex mirandula*, M. D., in-4. goth. de 8 ff. à 38 lign. par page, avec des notes marginales, sans lieu ni date.

PISTORIUS (*Joan*). Rerum germanicarum scriptores aliquot insignes, qui historiam Germanorum medii ævi per annales litteris consignarunt, primum collectore J. Pistorio in lucem producti, nunc denuo recogniti, adjectis notis et indice copiosissimo, curante Burc.-Gotth. Struvio. *Ratisbonæ*, 1726, 3 vol. in-fol. [26358]

Vend. 30 fr. Soubise; 84 fr. salle Silvestre, en 1842.
Cette collection fut d'abord publiée à *Francfort*, 1583-84, en 2 vol. in-fol., et on y joignit un 3e vol., en 1607; une nouvelle édition des deux premiers volumes fut ensuite donnée à Hanau, en 1613, et une autre du 3e vol., à *Francfort*, en 1653. Il existe des exempl. de ce dernier sous le titre suivant: *Rerum familiarumque belgicarum chronicon magnum*, Francof.-ad-Mœn., 1654.

— Polonicæ historiæ corpus, hoc est polonicar. rerum latini scriptores, quotquot extant, ex biblioth. Joan. Pistorii. *Basileæ*, 1582, 3 tom. en 1 vol. in-fol. [27809]

Vend. 18 fr. Soubise; 31 fr. La Serna.
— Ars cabalistica, 8855. — Res belgicæ, 24965

PISTRUCCI (*Filippo*). Iconologia, ovvero immagini di tutte le cose principali, a cui l'umano talento ha finto un corpo, senza che in realtà lo abbiano, da Fil. Pistrucci, colla traduz. francese di Sergent Marceau. *Milano, Tosi*, 1819-21, 2 vol. in-4., avec 240 pl. pap. vél. [9178]

Ouvrage médiocre sous tous les rapports, publié en 30 livrais. ; 30 fr., et plus cher avec les pl. color.

— Fatti dell' istoria romana da Romolo fino ad Augusto. *Milano, Sonzogno*, 1815, in-4. obl.

Soixante-treize sujets dessinés et gravés par Pistrucci. Chaque sujet est accompagné d'un sonnet composé par un auteur différent, et d'une explication en vers blancs par Pistrucci lui-même. Le prix du recueil était de 34 fr. (Molini, *Operette*.)

PITEUSE (la) desolation du monastère des cordeliers de Maulx mis a feu et brusle. *(sans lieu ni date)*, pet. in-8. goth. de 4 ff. [13554]

Pièce en vers, qui paraît avoir été composée vers 1525; elle commence par deux rondeaux, et elle finit par le mot *Finis*, précédé des trois mots *Vertus en cueur*, qui sont ou la devise, ou peut-être même l'anagramme de l'auteur. Réimprimé dans le Recueil de M. de Montaiglon, I, p. 147.

PITEUX (le) remuement des moines,

Piso (*H.*). Methodus medendi, 7081.

Pistoy (de) et Ch. Duverdy. Prises maritimes, 2964.

prêtres et nonains de Lion, par lequel est découverte leur honte et la juste punition de Dieu sur la vermine papale, avec une épistre au lecteur fidèle : et le département des paroisses : plus un cantique d'action de graces au seigneur pour l'heureuse délivrance de son église ; par E. P. C. 1562, in-8. de 22 pp. chiffrées et 3 ff. prélim., lettres rondes. [13971]

Pièce rare : vend. en m. r. 37 fr. La Valliere. Pour un autre pamphlet du même auteur anonyme, voy. DISCOURS de la vermine.

PITHOEORUM (*Petr*. et *Fr*.) Observationes ad codicem et novellas Justiniani. *Parisiis, ex typ. reg.*, 1689, in-fol. 15 à 20 fr. [2506]

Vend. en Gr. Pap. 24 fr. Abrial.

— Voyez PERVIGILIUM veneris.

PITHOEUS (*Petr*.). Opera sacra, juridica, historica, miscellanea, collecta et edita studio Caroli Labbæi. *Paris., ex officina nivelliana, apud Seb. Cramoisy*, 1609, in-4. 6 à 9 fr. [19012]

— Mémoires des comtes de Champagne (par P. Pithou), 24495.

PITHOU (*François*). Lettres d'un François sur certain discours faict n'agueres pour la préséance du roy d'Hespagne, ensemble un traicté de la grandeur, droicts, préeminences et prerogatives des roys et du royaume de France. (*sans lieu d'impression*), 1587, in-8. de 112 ff. [24007]

Ces deux opuscules sont anonymes ; ils ont été réimpr. à Paris, chez Mamert Patisson, en 1594, in-8., le second sous le titre d'*Extrait du traitté de la grandeur*.

A la p. 377 du premier vol. de la *Bibliotheca thuana* se trouve le titre suivant :

TROIS traittez de François Pithou, 1° Pour la préséance du roy d'Espagne ; 2° De la grandeur, droits et préeminences des roys et du royaume de France ; 3° D'aucuns droits du roy Philippe ès estats qu'il tient à present, 1599, in-8.

— Codex canonum, 3164. — Corpus juris canon., 3176. — Libertés de l'Eglise gallic., 3240.

PITISCUS (*Barth*.). Trigonometriæ, sive de dimensione triangulorum problemata varia. *Augustæ-Vindelicor.*, 1600, in-4. [7990]

Vend. 20 fr. 50 c. Labey.

— Thesaurus mathemat. Voy. RHETICUS.

PITISCUS (*Sam*.). Lexicon antiquitatum romanarum. *Leovardiæ*, 1713, 2 vol. in-fol. fig. [9156]

Bonne édition, préférée à celle de *La Haye*, 1737, en 3 vol. : 24 à 36 fr. — Gr. Pap. 36 à 40 fr. — Voyez GRÆVIUS.

— DICTIONNAIRE des antiquités romaines, trad. et

abrégé du grand dictionn. de Pitiscus (par l'abbé Barral). *Paris*, 1766, 2 vol. in-8. 6 à 8 fr. [9157]

— Lexicon latino-belgicum, a variis mendis purgatum, cura A.-H. Westerhovii, editio 4ª. *Roterod.*, 1771, 2 vol. in-4. [10896]

Ouvrage estimé : 20 à 24 fr.

PITON (*Fréd*.). Strasbourg illustré, ou Panorama pittoresque de Strasbourg et de ses environs. *Strasbourg, et à Paris, chez Dumoulin*, 1855, 2 vol. in-4. avec 80 pl. 60 fr. [24918]

PITROU (*Rob*.). Recueil de différens projets d'architecture, de charpente, etc., concernant la construction des ponts, rédigé par Tardif. *Paris*, 1756, in-fol. max. 35 pl. 20 à 30 fr. [8832]

PITSEUS (*Joan*.). Relationum historicarum de rebus anglicis tomus primus, quatuor partes complectens. *Paris., R. Thierry* et *Séb. Cramoisy*, 1619, in-4. [30872]

Cet ouvrage, publié par Guill. Bishop, après la mort de l'auteur, n'a pas été continué ; cependant, comme il renferme un catalogue des écrivains angl., dans lequel sont mentionnés nombre d'auteurs catholiques dont Bayle n'a pas parlé, il est encore recherché en Angleterre, et s'y paye environ 1 liv. On le cite sous ce titre : *De illustribus Angliæ scriptoribus* (consultez Niceron, XV, p. 201).

PITTON de Tournefort. V. TOURNEFORT.

PITTONI (*J.-B*). Imprese. Voy. DOLCE (*Lod*.), à la fin de l'article.

PITTURE antiche di Ercolano. Voyez ANTICHITÀ.

PITTURE del salone imperiale del palazzo di Firenze, ecc.; opere di varj celebri pittori fiorentini, in tavole XXVI. *Firenze*, 1751, in-fol. max. 36 à 45 fr. [9400]

Vend. 100 fr. mar. r. La Valliere.
L'édition de *Florence*, 1766, est moins chère : 30 à 36 fr.

PITTURE fiorentine del rinascimento. (*senz' anno*), gr. in-fol. obl. contenant 31 pl. [9291]

55 fr. Raoul Rochette.

PIU (le) insigni pitture parmensi indicate agli amatori delle belle arti. *Parma, dalla tipografia bodoniana*, 1809, gr. in-fol. et aussi gr. in-4., avec 60 pl. [9392]

Il y a deux éditions de ce livre sous la même date ; la première, tirée à 60 exemplaires seulement, contient 52 ff., non compris les pl. ; la seconde, faite en 1810, a 9 ff. de plus, parce que la préface italienne y occupe 16 pp. au lieu de 11, et la française 14 au lieu de 10. On en a tiré 150 exemplaires. Le texte est de l'auteur de la vie de Bodoni, M. de Lama (voyez Lama).

Vend. 30 fr. et 20 fr. 50 c. Boutourlin.

Il paraît qu'après la mort de l'imprimeur, sa veuve fit changer la préface de ce livre, qu'elle dédia, le 7 mai 1816, à sa nouvelle souveraine, l'archiduchesse Marie-Louise.

PIUS secundus. Voy. Æneas Silvius.

- PIUS. Annotationes linguæ latinæ : græcæque conditæ per Jo.-Bapt. Pium bononiensem. *Bononiæ, apud J.-Ant. Platonicum*, 1505, in-fol. [18163]

Vend. 30 fr. m. v. exempl. de Grolier, La Vallière.

— Joannes Baptista Pius bononiensis Udalrico Lapicio Croato austrensi S. Tactica Pii de Re Militari. (in fine) : *Impressum Bononiæ per Joan. Ant. Platonidem Benedictorum... Anno* M. D. (1500), IV mensis novembris, in-4. [8579]

PIUS V. Apostolicarum Pii quinti Pont. Max. epistolarum libri quinque, nunc primum in lucem editi, opera et cura Franc. Goubau. *Antuerpiæ, ex officina plantiniana Balthasaris Moreti*, 1640, in-4. [21652]

Recueil de documents précieux pour l'histoire du pontificat de Pie V. Il est peu commun.

— Pii V Extensio, ampliatio, nova concessio et confirmatio privilegiorum in S. Ordines et congregationes claustrales pro canonicis regularibus ord. S. Augustini cong. Domini Salvatoris. *Romæ, apud hæredes A. Bladii*, 1567, in-4.

Un exemplaire imprimé sur VÉLIN, accompagné de la confirmation desdits privilèges, par le cardinal Orsini, en manuscrit. 2 liv. 16 sh. Libri, en 1859.

PIZARRO (*Fr.*). Voyez Conquista.

PIZARRO y Orellana (D. *Franc.*). Varones illustres del nuevo mundo, descubriadores, conquistadores, y pacificadores de las Indias occidentales. *Madrid, por Diego Diaz de la Carrera*, 1639, pet. in-fol. [28496]

Vend. 15 fr. Rætzel ; 25 fr. en novembre 1857.

PIZININO (la vita di). Voy. Lamento de Cosin.

PIZOLANTI (M. *Car.-Filib.*). Memorie istoriche dell' antica città di Gela nella Sicilia, opera postuma. *Palermo*, 1753, in-fol. [25858]

Vend. 28 fr. de Cotte ; 20 fr. Millin ; 22 fr. et 18 fr. (deux exempl.) Libri, en 1857.

PLACCIUS (*Vinc.*). Theatrum anonymorum et pseudonymorum, cum præfat. Jo.-Alb. Fabricii. *Hamburgi*, 1708, 2 tom. en 1 vol. in-fol. [31594]

Joh.-Christ. Mylii Bibliotheca anonymorum et pseudonymorum detectorum, ad supplendum et continuandum Vinc. Placii Theatrum, etc. *Hamburgi*, 1740, in-fol. [31595]

Ces deux articles ne doivent pas être séparés, le second étant le supplément du premier : 18 à 24 fr. les 2 vol. ; et le premier ouvrage séparément, 6 à 8 fr. Le supplément a été en même temps impr. de format in-fol. et en 2 vol. in-8.

L'ouvrage d'Ant.-Alex. Barbier, sur le même sujet, a beaucoup diminué l'intérêt de celui de Placcius.

PLACE (La). Voyez La Place.

PLACENTIUS (*Joannes*). Clericus eques ; Lucianus aulicus carmine phaleucio conscriptus, fabula omnium festivissima in conviviis exhibenda, authore Evangelista Placentio, Trudonense poëta. *Antuerpiæ, Simon Cocus*, 1535, pet. in-8. de 16 ff.

La seconde de ces deux pièces est une petite comédie burlesque du même auteur que le *Pugna porcorum* donné sous le nom de P. *Porcius* (voy. ce nom). J. Placentius avait déjà publié :

Catalogus omnium antistitum Tungarum, Trajectensium, ac Lodiorum, et rerum domi, bellique gestarum compendium. *Antuerpiæ*, 1529, in-8., morceau que Boxhorn a inséré dans son *De Leodiensi republica auctores præcipui*, pp. 209-436.

Et aussi :

Susanna, per Placentium Evangelista lusa ; Eusebii Candidi elegia... ; item ode sapphica ejusdem. (*Antuerpiæ, apud Michael. Hillenium*), 1534, pet. in-8. de 20 ff. 5 fr. 25 c. de Soleinne.

PLACET (le P. *Fr.*). La Corruption du grand et du petit monde, où il est montré que toutes les créatures qui composent l'univers sont corrompues par le péché d'Adam ; que le soleil a perdu sept fois plus de lumière qu'il n'en possède, etc. ; 3e édition. *Paris, Ve Alliot*, 1668, in-12. [1234]

Ouvrage singulier, publié d'abord sous un titre un peu différent, à *Rouen, L. Maurry*, 1666, in-12 de 6 ff. et 366 pp. 4 à 6 fr.

PLACIDE. Voy. Cueur de philosophie.

PLACITUS (*Sextus*). Voyez Parabilium medicamentorum Scriptores antiqui, et au mot Sextus.

PLAIDOYE sur la principauté des sots. Voyez Prince des sots.

PLAIDOYER sur le caqvet dvne femme ; apporte tout nouuellement de Grece en

France. *Paris, par Federic Morel,* 1594, pet. in-8. de 16 pp. [12119]

Traduction d'un opuscule de Libanius que Morel avait déjà publié en grec et en latin, sous le titre suivant : *Anonymi de mulieris loquacitate, nunc primum prodit, interprete Fed. Morellio,* 1593, pet. in-8. La version française est probablement du même auteur que la version latine. On en cite une édition de 1593, et il y en a une autre sous le titre de *Plaidoyer sur l'estrange et admirable cacquet......* Lyon, Ben. Rigaud, 1595, pet. in-8. de 16 pp.

C'est bien à tort que quelques bibliophiles ont fait entrer ce Plaidoyer, devenu rare, dans le Recueil des Caquets de l'accouchée (voyez RECUEIL).

PLAIDOYERS (deux) d'entre M. Procès, appelant....., d'une part ; et honorable homme M. de Bon-Accord, inthymé, d'autre : par lesquels il appert de l'utilité de Procès, et aussi de la misère d'iceluy ; traicté de gentille et singuliere invention. *Paris, Chesneau,* 1570, pet. in-8. de 28 ff. [17943]

Vend. 5 fr. 50 c. La Valliere.

PLAINTE (la) du commun : a lencontre des Tauerniers, Boulangers, τ la desesperance des usuriers. *A Paris, Par Guillaume Nyuerd, imprimeur,* pet. in-8. goth. de 4 ff., avec une gravure sur bois au-titre. [13555]

En vers de 10 syllabes. Réimpr. dans le second vol. du Recueil de M. de Montaiglon.

PLAINTES des protestans, cruellement opprimés dans le royaume de France. *(sans lieu ni date),* in-8. [22459]

Déclamations énergiques contre Louis XIV, à l'occasion des persécutions suscitées aux protestants.

— Autre édition, *Cologne, Pierre Marteau,* 1686, pet. in-12. 36 fr. *mar. r.* Nodier.

Cet ouvrage est de Jean Claude, ministre protestant, sous le nom duquel il a été réimprimé, avec date de *Cologne,* 1713, in-8. Dans cette dernière édition se trouve une préface de Jacques Basnage, contenant des *réflexions sur la durée de la persécution, et sur l'état présent des réformés en France,* morceau plus long que l'ouvrage même, et qui rend l'édit. de 1713 préférable à la prem.ère. C'est à celle de 1686 que se rapporte l'article suivant :

RÉPONSE aux plaintes des Protestans touchant la prétendue persécution de France, ou l'on expose le sentiment de Calvin, et de tous les célèbres ministres sur les peines dues aux hérétiques, par D. Denys de Sainte-Marthe. *Paris, Arnoul Seneuse,* 1688, in-12.

Il est à remarquer que, sur la demande de Louis XIV et au grand scandale du peuple anglais, Jacques II fit brûler l'édition de 1686, à Londres, sur la place de la Bourse.

Il existe une autre *Réponse aux plaintes des Protestans, contre les moyens qu'on employe en France pour les réunir à l'Eglise ; où l'on réfute les calomnies du livre intitulé :* La Politique du Clergé de France, et d'autres libelles, par le sieur Dav.-Aug. Brueys, *Paris, Seb. Mabre-Cramoisy,* 1686, in-12.

Plaidoyers. Voyez Loyseau.

La *Politique du Clergé de France* est un ouvrage de Pierre Jurieu, qui, dans l'édit. de *La Haye, Barent-Beeck,* 1682, in-12, est augmenté d'une lettre de J. Spon au P. de La Chaise. On y joint, comme suite, *Les derniers efforts de l'innocence affligée ; troisième édit. augmentée de la Muse lugubre, élégie sur le triste et pitoyable estat de l'Eglise reformée du Poictou,* 1682, in-12.

La lettre de Spon avait déjà été impr. séparément, et Ant. Arnauld y avait opposé ses Remarques, *Anvers, P. Lefevre,* 1681, in-12.

La Politique du Clergé a donné naissance aux ouvrages suivants :

LE CONVERTISSEUR sans Dragons, ou réponse au livre de la Politique du Clergé... *Rotterd., Acher,* 1688, in-12.

APOLOGIE pour les catholiques, contre les calomnies d'un livre intitulé la Politique du Clergé de France (par A. Arnauld). *Liège, Ve Bronkart,* 1681 et 1682, 2 vol. in-12.

L'ESPRIT de M. Arnauld, tiré de sa conduite et des écrits de luy et de ses disciples, particulièrement de l'Apologie pour les Catholiques (par P. Jurieu). *Deventer, Jean Colombius,* 1684, 2 vol. in-12.

PLAISANT boute-hors d'oysiveté. Voy. BOUTE-HORS.

PLAISANT contract de mariage passé nouuellement a Aubertvilliers, le 25 de feurier mil trois cens trente trois, entre Nicolas Grand-Iean et Guillemette Ventruë. Ensuite le festin du dit mariage appreste à la plaine de Long-Boyau, le 3 mars ensuiuant, auec l'inuentaire des biens de feu Taupin Ventru. *Paris, veufue du Carroy, rue des Carmes* (vers 1627), pet. in-8 de 16 pp. [17854]

33 fr. m. r. Nodier.

PLAISANT (le) deuis du pet, auec la vertu, propriete et signification diceluy, quautrefois un noble champion auroit fait a sa dame Valentine, malade de la colique venteuse, et comment par le pet on peut prognostiquer plusieurs bonnes auentures.... *Paris, Buffet* (vers 1540), pet. in-8. goth. fig. sur bois. [17888]

Pièce de 16 ff. seulement. Il faut bien que nous la mettions au rang des livres précieux, puisqu'elle a été vendue 50 fr. Mac-Carthy, et 39 fr. Le Duc.

PLAISANT devis des suppots de la coquille. Voy. l'article RECUEIL faict au vray.

PLAISANT (le) discours et advertissement aux nouuelles mariées pour se bien et proprement comporter la première nuict de leurs nopces ; recité à un balet par un jeune homme lyonnois le jour du jeudy gras dernier. *Lyon,* 1606, pet. in-8. de 8 feuillets. [18022]

Vend. 41 fr. *mar. r.* Nodier.

Cette facétie, qui avait déjà été réimpr. parmi les pièces supplémentaires de la collection de Caron, publiées par M. de Montaran (voy. l'article CARON), et aussi (*Paris, impr. de Pinard,* 1836), in-12 de 16 pp., 60 exempl. dont 10 seulement de format in-8., l'a été de nouveau à *Strasbourg, le jour du mardi gras,* 1851, in-8. Edition tirée à 99 exempl., dont 75 sur colombier vélin anglais, 5 sur pap. de

Hollande, 15 sur du papier de différentes couleurs, et 4 sur VÉLIN. Un de ces derniers, rel. en *mar. r.*, 58 fr. Solar.

Pour une édit. de Rouen, voy. DISCOURS ioyeux.

PLAISANT et faceties discours des animaux, auec vne histoire aduenue puis n'aguerres en la ville de Florence, traduit de tuscan en francois. *Lyon, Gabr. Cotier,* 1556, in-16. [17962]

C'est probablement une traduction des *Sermoni funebri.* Voy. SERMONI.

PLAISANT galimatias d'un Gascon et d'un Provençal, nommez Jacques Chagrin et Ruffin Allegret. *Paris, chez Pierre Ramier,* 1619, pet. in-8. [17836]

Ces dialogues plaisants étaient à peine connus avant que M. Ed. Fournier les eût fait réimprimer, avec des notes, dans le 2e vol. de ses *Variétés*, dont ils occupent les pp. 275 à 300.

PLAISANT iardin (le) des receptes ou sont plantez diuers arbrisseaux et odorantes fleurs du creu de philosophie naturelle, cultiuez par Medecins tres experts : ensemble la Medecine maistre Grimache contenant plusieurs receptes (en vers). *Paris, P. Sergent* (vers 1540), pet. in-8. [7676 ou 13556]

Livret rare et remarquable par son titre singulier. Du Verdier en cite une édition de *Lyon, J. de Tournes,* 1546, in-16.
La Médecine de Grimache fait partie de divers recueils, et elle a été réimprimée dans la collection des Joyeusetez, publiée chez Téchener. Voyez MÉDECIN.

— **Le plaisant iardin des receptes, ou sont plantes diuers arbrisseaux et odorantes fleurs, du creu de philosophie naturelle, cultiue par medecins tres expers en phisique speculatiue.... traduict de langue italique en francoys par maistre Guillery de Passebreue.** *Lyon, Fr. et Ben. Chaussard frères,* 1556, pet. in-8. goth. de 32 ff. non chiffrés, sign. a—d.

Vend. 11 fr. Bignon.
— LE PLAISANT Jardin des receptes, où l'on apprend à n'auoir iamais pauureté et pour n'auoir point faute d'argent, pour n'auoir iamais faim ny soif, pour n'auoir iamais chaud ny froid..., pour garder que les poux et les puces ne vous mordent, et autres gentilles receptes fort plaisantes et faciles. *Paris, Jean Martin, rue de la vieille bouclerie, à l'escu de Bretagne,* 1626, pet. in-8.
La Medecine de maistre Grimache fait aussi partie de cette édition. Un exemplaire en *mar. bl.* 37 fr. 50 c. Baudelocque (il avait été acheté 15 fr.), et 39 fr. Veinant; un autre en *mar. bl.* par Duru, 70 fr. seconde vente Veinant.

PLAISANT jeu des echecz. Voy. tome II, col. 481, article DAMIANO **portugese.**

PLAISANT (le) jeu du dodechedron de fortune. Voy. MEUN (*Jean* de).

PLAISANT quaquet et resjuyssance des femmes pour ce que leurs maris n'yvrongnent plus en taverne. *Rouen, Loys Costé, libraire, rue Escuyere, aux*

trois ††† (croix)' *couronnées.* (*sans date*), pet. in-8. de 8 ff. [13971]

Cette pièce en vers paraît avoir été composée à Rouen vers 1556. Il doit en exister une édition faite à la même époque. Celle-ci est de la fin du XVIe siècle. M. de Montaiglon l'a reproduite dans le 6e vol. de son Recueil, en y joignant les variantes du texte donné dans la collection des Joyeusetés publiée chez Techener (voy. JOYEUSETÉS).

PLAISANT (le) vergier d'honneur contenant plusieurs prouerbes et dicts moraux avec histoire. *Paris, Jean Ruelle,* 1553, in-24. [18456]

Ce petit livre est probablement une réimpression du Jardin d'honneur, impr. en 1545 et 1548 (voy. JARDIN). Il est porté à 1 fr. 35 c. seulement dans le catal. de Bern. de Rieux, no 1994.

PLAISANTE (la) et amoureuse histoire du cheualier dore et de la pucelle surnommee cueur dacier.—*Cy fine la tres ioyeuse, et plaisante...... histoire des faictz, gestes, triumphes et prouesses du noble et vaillant le gentil cheuallier dore et de la gente pucelle la belle Neronnes surnomee Cueur dacier nouuellement imprimee* M. D. XLII, pet. in-8. de 91 ff. sign. a.—miii, lettres rondes, fig. sur bois. [17080]

Un exemplaire avec le premier f. du cah. M. refait à la plume, vend. 9 fr. La Valliere; et complet, 40 fr. 50 c. Revoil; 3 liv. 9 sh. Heber; 355 fr. *mar. r.* Caithava; 400 fr. Bertin.

L'édition de *Lyon, Benoist Rigaud,* 1570, in-16 (vend. 39 fr. Bignon), porte à la fin : *Imprimé à Lyon, par François Durelle*; les feuillets n'en sont pas chiffrés, mais ils ont des signatures depuis *a* jusqu'à *y* par cahiers de 8 ff., avec des fig. sur bois. Celle de *Lyon*, par le même *Rigaud,* 1577, in-16, même titre et même souscription finale que ci-dessus, a 176 ff. chiffrés, lettres rondes, fig. sur bois.

Il est dit au sujet de ce roman, dans les *Mélanges tirés d'une grande bibliothèque,* E, p. 132 : « La première édition est sans date, mais sûrement impr. entre 1480 et 1490. » Nous n'avons pas pu nous la procurer, non plus que celle de 1503, in-4, goth., citée dans la *Bibliogr. instructive,* no 2996, et que celle de *Paris, Bonfons,* in-4., qui est portée dans l'ancien catalogue de la Biblioth du roi, Y², no197. Au reste, l'*Histoire du Chevalier doré,* telle que la donnent les édit. de 1542 et 1570, n'est qu'un épisode du grand roman de Perceforest. L'éditeur du petit volume, afin de déguiser son plagiat, a substitué au nom de Perceforest celui du roi Peleon. (Hubaud, *Notice d'un manuscrit appartenant à la Bibliothèque de Marseille,* p. 93.)

PLAISANTE pronostication faite par un astrologue de Chambery, auec la moquerie sauoyarde. *A Chambery, com* (sic) *licentia dei superiori,* 1603, pet. in-8. de 8 pp. [14416]

Opuscule en vers patois (Biblioth. impér., Y, 4800).

PLAISANTES ruses et cabales de trois bourgeoises de Paris, nouvellement découvertes ; ensemble tout ce qui s'est passé à ce sujet. M. DC. XXVII (sans lieu d'impression), pet. in-8 de 16 pp.

Cette pièce en prose, que M. Éd. Fournier a fait réimprimer dans le 7e vol. de ses *Variétés*, paraît

avoir beaucoup de rapports avec celle que nous décrivons sous le titre de *Voyage raccourci de trois
bourgeoises* (voy. VOYAGE), et même il serait possible que ce fût la première partie de cette dernière
sous un autre titre.

PLAISIRS (les) de l'amour, ou recueil de
. contes, histoires et poëmes galans de
La Fontaine, Dorat, Gresset, etc. *Chez
Apollon, au Mont-Parnasse (Paris)*,
1782, 3 tom. en 1 vol. pet. in-8. fig.
5 à 6 fr. [14177]

Vend. 15 fr. mar. r. dent. By.

PLAISIRS (les) de la poésie galante, gail-
larde et amoureuse. *(sans lieu ni date,
mais vers la fin du* XVIIe *siècle)*, pet.
in-12, titre gravé. [14228]

Ce livre a été imprimé clandestinement, et, à ce qu'il
paraît, avec fort peu de soin; la pagination en est
très-fautive, en sorte que le volume, qui paraît
avoir 303 pp., n'en a effectivement que 264. Les
huit premières ne sont pas chiffrées, et peuvent bien
avoir été ajoutées au volume après son impression.
Le titre, placé en tête de la page 9 (cotée 1), et qui
devait être celui du livre, porte : *Nouvelles poésies
et prose galante.* (Bulletin du Bibliophile, 1858,
page 1249, n° 568, 30 fr.)

PLAISIRS (les) de l'isle enchantée; courses de bague; collation ornée de machines, comédie melée de danse et de
musique : ballet du palais d'Alcine ;
feu d'artifice ; et autres festes galantes et
magnifiques, faites par le roy à Versailles, le VII may 1664, et continuées plusieurs autres jours. *Paris, impr. roy.,*
1673, gr. in-fol. avec 9 pl. d'Isr. Silvestre. [10389]

Le texte des *Plaisirs de l'isle enchantée* avait déjà
été imprimé avec *la Princesse d'Elide,* comédie
·de Molière, qui en fait partie, à *Paris, Rob. Ballard,* 1665, in-8.; vol. qui entre dans la collection
des éditions originales des pièces de Molière (voy.
ce nom) ; mais l'édition in-fol. a l'avantage de renfermer de belles figures, et de pouvoir être reliée
avec les autres relations de fêtes de Versailles imprimées dans le même format, savoir :

LES DIVERTISSEMENS de Versaille donnez par le
roy à toute sa cour au retour de la conqueste de la
Franche conté en l'année 1674 (par Félibien). *Paris,
impr. roy.,* 1676, avec pl. de Chauveau et Le
Pautre.

RELATION de la fête de Versaille, du 18 Juillet
1678 (par Félibien). *Ibid.,* 1679, in-fol. avec pl.
grav. par Le Pautre.

Les 3 pièces réunies: 26 fr. de Soleinne ; les deux
prem. en *m. r.* 50 fr. Monmerqué. — La troisième
seule, 15 fr. Monmerqué. Nous en avons déjà parlé
à l'article CABINET du roi. — Voy. aussi COURSES
de testes et de bagues.

PLAN de la Justice de Dieu. Voy. ALLUT.

PLAN de Paris. Voyez BRETEZ.

PLANA (*Jean*). Théorie du mouvement
de la lune. *Turin, de l'imprim. royale,*
1832, 3 vol. in-4. Annoncé à 175 fr.
[8299]

PLANCHER (*Urb.*). Voyez HISTOIRE
générale de Bourgogne.

PLANCHES (des). Voy. DES PLANCHES.

PLANCIADES. Voyez FULGENTIUS.

PLANETEN buch. (*sans lieu ni date*),
in-4. [15489]

Édition xylographique composée de six feuillets imprimés des deux côtés, à l'exception du premier f.
dont le recto est blanc, et du verso du dernier également blanc. Chaque page contient dans sa partie
supérieure douze vers allemands rimés, et au-dessous une grande figure sur bois. Comme le texte de ce
petit poëme roule sur les diverses planètes et leur influence, chaque planète y a, pour sa part, deux pages
et deux figures. La première planète est Saturne, et
les vers qui s'y rattachent commencent ainsi :

    *Saturnus ain stern bin ich genant,
    Der höchst planet gar wol bekant.*

L'exemplaire porté à 39 liv. sous le n° 2807 du catal.
Libri (1859) est annoncé comme unique et d'une
édition inconnue à tous les bibliographes, et probablement plus ancienne que celle qu'a fait connaître M. Falkenstein (*Geschichte der Buchdruckerkunst*, pp. 55 et suiv.). Cette dernière, sur la
4e page de laquelle se lit la date M CCCC LXVIIJ, est
précédée d'un calendrier de Johan von Kunsperk
(Joannes Regiomontanus). Le texte des deux éditions diffère d'une manière sensible, ainsi qu'on le
peut voir par la citation que nous allons faire des
deux premiers vers de la pièce qui se rapporte au
soleil dans les deux éditions.

    Édition du Dr Falkenstein:

    *Die Sonne man mich nennen sol
    Der myttelst planet byn ich wol*

    Édition de M. Libri:

    *Die Sunne man mich haissen sol
    Der mittelst planet bin ich wol.*

PLANS des hôpitaux et hospices civils de
la ville de Paris, levés par ordre du conseil général d'administration de ces établissemens. *Paris*, 1820, gr. in-4. [4086]

Ouvrage impr. pour le service de l'administration, et
qui n'a point été mis dans le commerce. Vend. 60 fr.
Hurtault; 49 fr. 50 c. en 1825, et beaucoup moins
cher depuis.

PLANS, élévations et coupes des bâtimens
de l'Acad. des sciences de Saint-Pétersbourg, avec les explications en russe,
allemand, françois et latin. *Saint-Pétersbourg,* 1741, in-fol. fig. 10 à 15 fr.
[10026]

PLANTAGENET (Beauchamp). A Descrip-

---

tion of the province of New-Albion and a direction for adventurer, with a small stock to get two for one, and good land-freely, and for gentlemen and servants, labourers and artificers for live plenti-fully. (*sans lieu d'impression*), 1650, in-4. [28571]

Opuscule rare, contenant un titre au verso duquel sont 3 écussons grav. sur bois, une épître en 6 pp., texte, pp. 1 à 52. Vendu 10 liv. 10 sh. Foster, en 1857; 17 liv. 17 sh. Puttick, en 1861. Il est porté sous le nom de Plantagenet dans le nouv. Manuel de Lowndes, p. 1876; mais l'édit. de 1648, in-4., est indiquée sans nom d'auteur dans la *Bibliothèque américaine* de M. Ternaux, n° 672.

PLANTARUM, arborum, fruticum et herbarum effigies, cum sex linguar. nomenclaturis. *Francof., heredes Cl. Egenolphi*, 1562, in-4. de 391 pp., avec fig. sur bois. [4927]

La première édition, plus belle pour les planches, mais moins complète que celle-ci, a paru sous le titre suivant :
HERBARUM, arborum, fruticum, frumentor. ac leguminum, etc., imagines (lat. et germ.). *Francof., Egenolph.*, 1546, in-4. de 8 et 265 ff.
Nous avons parlé, au mot ICONES, d'un autre recueil d'anciennes planch. de botanique grav. sur bois, et publié par Taberna-Montanus.

PLANTAVIT de La Pause (*Jo.* de). Planta vitis, seu thesaurus synonimicus hebraico-chaldaico-rabbinicus, in quo omnes totius hebr. linguæ voces explicantur. *Lodoviæ*, 1644, in-fol. 8 à 12 fr. [579]

On a du même auteur : *Florilegium biblicum*, et *Florilegium rabbinicum*, 1641-45, 2 vol. in-fol., peu recherchés. Cependant (en *mar. r.*), le premier, 22 fr. Quatremère; le second, 33 fr. même vente.

PLANTE-AMOUR (le chevalier). L'Art de connoître les femmes, avec une dissertation sur l'adultère. *La Haye, Jaques van den Kuboom*, 1730, pet. in-8. [18086]

Vend. 6 fr. Méon; 14 fr. *cuir de Russie*, Bignon.
Cet ouvrage, dont l'auteur, caché sous le nom supposé de Plante-Amour, se nommait Fr. Bruys, a été réimpr. à *Amst.*, 1749, in-8. — et à *Paris, Delaunay*, 1820, in-12.

PLANUDES. Voyez ANTHOLOGIA.

PLAT (Le). Voy. Le PLAT.

PLATEA (*Fr.* de). Opus restitutionum usurarum et excommunicationum. (*Venetiis*), *Bartholom. cremonensis*, 1472, in-4. de 224 ff. [1364]

Première édition : vend. 48 fr. *m. r.* La Vallière; 1 liv. 16 sh. Pinelli. — Celle de *Cologne, Jean Colhoff*, 1474, in-fol. goth. de 173 ff., signat. a—q; 80 fr. La Vallière, et beaucoup moins cher depuis. — Les autres éditions sont à très-bas prix, sans en excepter même celle de *Venise, Leonhardus de*

Basilea, 1473, in-fol. Cependant un exemplaire de celle de *Paris*, 1476, in-fol. rel. en *mar. r.* a été vendu 50 fr. Solar.

PLATIN (*Cl.*). Voyez DEBAT de l'homme; et GIGLAN.

PLATINA [*Barthol.* Sacchi]. Opusculum de obsoniis ac honesta voluptate. *Impressum Venetiis* (*labore et diligentia Laurentii presbyteri de Aquilà: necnon Sibyllini Umbri*), *duce inclyto Petro Mocenino, idibus juniis*, M. CCCC. LXXV, pet. in-fol. à 32 lign. par page. [7028]

Première édition avec date; vend. 120 fr. Brienne; 2 liv. 16 sh. Pinelli; 63 fr. L'Héritier; 45 fr. en 1822; 50 fr. Bearzi; 1 liv. 15 sh. Libri.
Ce volume a en totalité 94 ff. non chiffrés, dont les 4 prem. renferment la table, à la fin de laquelle se lit la souscription, dont nous avons formé l'intitulé de cet article; le dernier f. est blanc. Un exemplaire de cette même édition, auquel il manquait les 4 premiers ff. (annoncé comme d'une édit. sans date, impr. à *Rome*, vers 1473) a été vendu 120 fr. La Vallière. Nous ferons observer que, dans quelques exemplaires, la souscription n'a point les mots : *labore et diligentia Laurentii*, etc., qui donnent les noms des deux imprimeurs.

— Platine de honesta voluptate ad ampliss. ac doctiss. D. B. Roverellam S. Clementis presbiterum cardinalem lib. incipit (*absque anno et loco*), pet. in-4.

Édition en lettres rondes, sans chiffres, récl. ni signat. Elle est portée dans le 4° vol. du catal. de M. Leber, art. 96, où on la présente comme la première de cet ouvrage, toutefois sans la décrire, et en se bornant à un renvoi à Panzer, II, p. 554. Celui-ci dit qu'elle est en caractères romains inégaux ; que c'est, sans nul doute, une édition romaine, et peut-être la première de ce traité; il n'en parle d'ailleurs que d'après Audiffredi, Supplément, p. 48.

— Platyne de honesta voluptate τ valetudine, ad amplissimũ ac doctissimum D. B. Rouerellam, S. Clemētis presbiterum cardinalem, liber primus. (*in fine*): *Impressum in civitate Austrie* (*Civitàdi-Friuli*) : *impensis et expensis Gerardi de Flandria... nono calendas novembris* M° cccc° lxxx°, pet. in-4. goth., sans chiffres, recl. ni signat.

Édition très-rare : vend. 144 fr. Brienne-Laire; 27 fr. La Serna; 51 fr. Bearzi; 54 fr. (piqué de vers) Borluut. L'exemplaire de M. Th. Grenville et celui de la bibliothèque de Dresde contiennent 89 ff. de texte (nous n'en avons compté que 88) et 4 pour la table des chapitres et le registre.

— Idem libellus de honesta voluptate ac valetudine. *Bononiæ, per Jo.-Ant. Platonidem*, 1499, in-4. de 95 ff.

Vend. 14 fr. *mar. r.* La Vallière.
Nous pouvons encore citer l'édition de Venise, *Bernardus Venetus*, 1498, in-4. 17 fr. 50 c. Monmerqué.

— Platine en francoys tresutile τ necessaire pour le corps humain qui traicte de hõneste volupte et de toutes viandes et

---

Plantet (*L.*) et L. Jeannez. Monnaies du comté de Bourgogne, 24528.
Plantinus (*J.-B.*). Helvetia, 25892.

Plath (*J.-H.*). Geschichte des östlisch. Asiens, 27982.
Platine (La). Voyez Morin.

choses que lõme menge, quelles vertus
ont et en quoy nuysent ou prouffitèt au
corps humain, et cõment se doyuent ap-
prester ou appareiller, et de faire a
chascune dicelles viandes soit chair ou
poisson sa propre saulce, z des proprie-
tes z vertus que ont les dites viandes. Et
du lieu et place cõuenable a lõme pour
abiter, et de plusieurs aultres gentiles-
ses par quoy lomme se peult maintenir
en prosperite et sante sans auoir grãt
indigèce dauoir aultre medecin sil est
homme de rayson. (au recto du dernier
f., 2ᵉ colonne) : *Cy finist Platine leĝl a
este trãslate de latin en frãcoys z
augmẽte copieusemẽt de plusieurs docteurs, principalemẽt p messire Desdier
xpol prieur de saĩt Maurice pres
mõtpelier. Et imprime a Lyon par
Francoys fradin pres nostre dame de
cõfort. Lan mil cinq cens z cinq. Et le
dixhuitiesme iour Dauril,* pet. in-fol.
goth. de 4 ff. prélim. pour le titre et la
table, et cii ff. chiffrés, à 2 col. sign.
a—riiii.

Édition rare, la plus ancienne de cette traduction.
60 fr. Cailhava; 80 fr. mar. bl. d. de mar. citr.
Coste.

— Autre édition, sous le même titre, avec
cette souscription à la fin : *Cy finist
Platine..... Jmprime a paris p Michel
le noir...... Lan mil cinq cens z neuf
le .xviii iour de septembre,* in-4. goth.
de 4 et clxxxvj ff., avec sign. de a—z et
A—G.

— Platine de hõneste volupte..... (a la fin) :
*imprime nouuellement a Lyon par
Antoine du Ry, lan mil cinq cens vingt
et huit, le* iv *iour de juing,* pet. in-4.
goth.

101 fr. mar. r. Hope.
Selon Du Verdier, cette traduction de *messire Desdier* a été réimprimée à Lyon, par *Balthasar Arnoullet,* in-8., ensuite corrigée et mise en un peu
meilleur langage, par Barthélemy Aneau, *Paris* et
Lyon, 1548, in-16. Elle a aussi été réimpr. sous ce
titre :
DE L'HONNESTE volupte livre necessaire a la vie
humaine pour observer bonne sante. compose en
latin par Platine : et apres translate en francoys par
messire Desdier Christol a Montpellier. *Paris,
Pierre Sergent,* 1539, pet. in-8. lettres rondes, ou
au nom du libraire *Fil. Guibert,* même date. 15 fr.
Monmerqué ; 25 fr. mar. bl. Veinant.
Il y a une édition sous cet autre titre : *Les livres de
Baptiste Platine de l'honnéte volupté...* Paris,
Jean Ruellé, 1567, pet. in-8., et une autre de *Lyon,
Ben. Rigaud (imprim. de Fr. Durellé),* 1571, in-16
de 667 pp. Vend. 4 fr. Chardin; et 9 fr. mar. v.
Morel de Vindé ; 19 fr. Cailhava ; et encore *Lyon,
P. Rigaud,* 1602, in-16. — Celle de *Paris,* 1588,
pet. in-8., porte le titre de *Grand cuisinier de B.
Platine* (Falconet, 5586). — Enfin Ebert, 17021,
cite : *Le livre de l'honnete volupté et santé, premierement composé en latin par Platine et apres
translaté en franç. par Messe de Foyer,* sans
lieu ni date, in-fol. Nous soupçonnons que ce *Messe*

de Foyer n'est autre que notre *Messire Desdier*
dont le nom aura été mal écrit.

— De la honesta voluptate et valetudine
(et di li obsonnii). *Venet.* (senza nome
di tipogr.), 15 dec. 1487, pet. in-4. goth.
de 4 et 74 ff. sigu. *a—i.*

Première édition de cette traduction : 12 fr. 50 c. en
mars 1825 ; 1 liv. 1 sh. Libri. A la fin se trouvent
*duo capitula di Buzulati peverati e di Buzulati
di farina pure bianchi,* lesquels sont aussi dans
l'édit. de Venise, 1494, pet. in-4. en caractères romains.

— Platinæ historici liber de vita Christi ac
pontificum omnium qui hactenus du-
centi et viginti duo fuere. (*Venetiis*),
impensa Johannis de Colonia Agripi-
nensi ejusque socii Johannis Mäthen
de Gheretzem, etc., 1479, in-fol. de
240 ff. non chiffrés, signat. a—ff. [21603]

Première édition : vend. beaux exemplaires reliés en
mar. 109 fr. Gaignat ; 72 fr. La Vallière ; 40 fr.
Saint-Céran ; 31 fr. Boutourlin ; 40 fr. *mar. r.*
Libri, en 1857.
L'édition de *Nuremberg,* 1481, in-fol. de 128 ff. à
2 col., est à très-bas prix : 30 fr. *mar. bl.* Mac-
Carthy. — Celle de *J. Vercellensis (Tarvisii),*
10 Febr. 1485, in-fol. de 135 ff., n'est pas plus
chère.
Les vies des papes de Platine sont écrites avec élégance, et elles renferment certaines particularités
assez remarquables ; aussi ont-elles eu une grande
vogue pendant près de deux siècles, et en compte-
t-on un grand nombre d'éditions. Les principales
sont, indépendamment des trois que nous venons
de citer :
1° Celle de Venise, *Ph. Pincius,* 1504, in-fol. , la
première qui contienne les opuscules de Platine,
et où l'on donne à la papesse Jeanne le nom de
Jean VIII.
2° Celle de Cologne, *Euchar. Cervicornus,* 1529,
in-fol. Réimpression bonne et correcte de l'édit.
de Venise, 1518, où l'on trouve les écrits suivants
de Platine : *De falso et vero bono dialogi III ;
Contra amores I ; De optimo cive II ; Panegyricus in Bessarionem ; Oratio ad Paulum II.* Ces
petits écrits ont été réimpr. à Paris, pour J. Petit
(*Parvus*), 1530, en 1 vol. in-8., et le même libraire
a également publié, en 1530, les *Vitæ pontificum*
de Platine, et son traité *De honesta voluptate, de
ratione victus, etc.,* en 2 vol. in-8.
3° L'édition de Cologne, *Cholinus,* 1574, in-fol.,
augmentée des annotations et de la continuation
d'Onuphrius Panvinius (jusqu'à Grégoire XIII).
C'est, à ce qu'il paraît, la première où, dans la vie
de saint Anaclet (*Cletus*), on ait changé le passage
uxorem habuit in Bithynia, en *uxorem non habens.* Elle a été reproduite à Cologne, en 1593,
1600, 1611 et 1626, in-4., avec des fig. sur bois.
L'édition de 1626 est très-incorrecte.
4° OPUS de vitis ac gestis summorum pontificum ad
Sixtum IV deductum : accessit præter Platinæ vitam brevis quidem romanorum pontificum, conciliorum et imperatorum catalogus. (*absque loco*),
1645 vel 1664, pet. in-12.
Deux édit. assez jolies, faites en Hollande, d'après
le texte de celles de 1479 et 1529. Elles ne contiennent point les petits écrits de l'auteur. L'édition de 1645 est portée dans le catal. de Dan. Elsevier, impr. en 1674 : ce qui lui donne quelque
importance auprès des bibliophiles : elle a 25 ff. prél.
en 794 pp. de texte.

— Les genealogies, faitz et gestes des
sainctz Peres Papes, Empereurs, & Roys
de Frãce : contenant les heresies, scis

mes, & concilles, guerres, & aultres choses dignes de memoire aduenues... durant le regne dung chascun diceux ; compose en latin par..... Jehan Platine, et nouuellement translatees de latin en Francoys, en lan Mil cinq cens & dix neuf. Ils se vendent a Paris... pour Galliot du Pre. (au verso du dern. f.) : *Ci finissent les faitz.... Et furēt acheuez de imprimer en ceste ville de Paris. M. cccc. & xix. Par maistre Pierre Vidoue pour... Galliot du Pre...* in-fol. de 12 ff. prélimin. et cclxvii ff. chiffr., lettres rondes, portraits gravés sur bois.

Quoiqu'elle soit rare, cette édition n'a pas une très-grande valeur. La Bibliothèque impériale en possède un exempl. impr. sur VÉLIN et enrichi de 228 portraits peints en miniature dans les lettres initiales, et qui a été successivement vend. 550 fr. La Valliere; 18 liv. 15 sh. Pàris, et 701 fr. Mac-Carthy.

Les VIES, faictz et gestes des sainctz peres, papes, empereurs, roys de France... par Baptiste Platine, et depuis tournees en Francoys. *Paris*, *Fr. Regnault*, *pour Jean Real*, 1540, pet. in-8. 10 à 12 fr.

21 fr. mar. bl.; 21 fr. Veinant.

— Les MÊMES vies, faictz et gestes des sainctz peres, papes, etc., ensemble les heresies... *On les vend a Paris, par Pierre Sergent (imprimé par Jehan Real)*, 1544, pet. in-8., lettres rondes, fig. sur bois. 6 à 10 fr.

Cette traduction anonyme est continuée jusqu'au pape Léon X, dans l'édition de 1519, et jusqu'à Paul III dans celle de *Paris*, *Est. Gaultherot*, ou *J. Real*, 1551, in-8. — On fait peu de cas de la traduction de L. Coulon, *Paris*, 1651, in-4., laquelle comprend la continuation par Panvini, Cicarella, Ciaconius et autres, jusqu'à Innocent X.

— Bartholomæi Platinæ dialogus de flosculis quibusdam linguæ latinæ ad Lælium. (*absque nota*), in-4., avec des signat. de a—g. [10790]

Édition de la fin du XVe siècle, impr. en caractères romains. Il y en a une autre du même dialogue, impr. à Milan par Ant. Zarot, *opera et impensa Joannis Legnani, anno MCCCC. LXXXI. die xviii. Augusti*, in-4., aussi en caract. rom., et dans laquelle se trouve de plus : *Dialogus ad Lodovicum Agnellum, diligentissime castigatum per Petr.-August. Philelphum.*

— Historia urbis Mantuæ et familiæ Gonzagæ, in lib. sex divisa, et a P. Lambecio edita, cum annotat. *Vindobonæ*, 1675, in-4. [25408]

Ce volume peu commun a valu de 30 à 40 fr. autrefois, mais il est beaucoup moins cher aujourd'hui. — L'ouvrage se trouve réimprimé dans les *Scriptores ital.* de Muratori, XX, pp. 609-862.

PLATIR. La cronica del muy valiente y esforcado cauallero Platir hijo del inuencible enpador Primaleon en que recuenta las suas grandes probezas e cauallerias y de los amores que tuuo con la esclareida princesa Florida. *Valladolid, Maestro Nicolas*, 1533, in-fol. goth. de 199 ff. fig. sur bois. [17530]

Ouvrage dédié à D. Pedro Alvarez Osorio et à Doña Maria Pimentel de Astorga. (Bibliothèque du collége de la *Sapienza* à Rome.)

— Historia del' invitto cavaliero Platir figliuolo dell' imperatore Primaleone dove si veggono i suoi chiari e generosi gesti, e gli alti suoi amori con la bella Florinda figliuola del bon Re de Lacedemonia, parte prima. *Venetia, Mich. Tramezzino*, 1558, pet. in-8. de 12 et 310 ff.

La première édition, de Venise, *Tramezzino*, 1548, in-8., a le même nombre de ff., plus 1 f. à la fin pour la marque de l'imprimeur. Le même vol. a été réimpr. à Venise, *per Alvise e Dom. Giglio*, 1559, in-8. Vend., avec le 2e vol. de 1560, exemplaire de De Thou, 19 sh. Heber.

— La seconda parte et aggiunta novamente ritrovata al libro di Platir..... tradotta nella lingua italiana dagli annali antichi di Grecia (da Mambrino Roseo). *Venetia, Mich. Tramezzino*, 1560, pet. in-8. de 12 et 328 ff.

L'édition des deux part. de ce roman, *nuovamente da molti errori corretta e ristampata*, Venezia, Comin da Trino da Monferrato, 1564, pet. in-8., s'est vend. 15 fr. 5 c. en janvier 1829. Les deux part. ont été réimpr. à Venise, en 1573, en 1582, en 1598, et aussi par *Lucio Spineda*, 1611, 2 vol. pet. in-8.

Le roman de Platir forme la 3e partie de la série italienne de Palmerin. Voy. ce nom.

PLATO. Omnia Platonis opera (græce). *Venetiis, in ædibus Aldi et And. Soceri, mense septembri*, M. D. XIII, in-fol. [3348]

Première édition de ce philosophe, et l'une des plus importantes productions des presses aldines : elle est due aux soins réunis de Marco Musuro et d'Alde. Les exemplaires n'en sont pas très-rares, mais, comme on les recherche beaucoup, ils ont une assez grande valeur, surtout lorsqu'ils sont grands de marges et bien conservés. Vend. en mar. 119 fr. Gaignat; 425 fr. (très-bel exempl.) F. Didot; 249 fr. Larcher; 132 fr. 2e catal. Quatremère; 17 liv. 6 sh. 6.d. (anc. rel. avec des ornements) Dent, et 16 liv. Heber. Ce dernier amateur avait réuni jusqu'à huit exempl. de ce livre. Les deux plus beaux, après celui qui provenait de Dent, ont été payés 13 et 14 liv. Un exemplaire *non rogné* et revêtu d'une riche reliure en *mar.* par John Clarke, s'est vendu jusqu'à 50 liv. Williams. Les exemplaires inférieurs sont donnés pour 100 ou 120 fr., et quelquefois pour moins encore.

On connaît deux exemplaires de ce livre précieux imprimés sur VÉLIN, dont l'un fut acheté 55 liv. chez Askew par le Dr Hunter, qui le légua au Museum de Glascow; et l'autre, où manquent 9 ff. dans la vie de Platon, appartient à la bibliothèque de Westminster-Abbey.

Ce volume est divisé en deux parties, la première de 502 pp., et la seconde de 439 pp. et 1 f. bl., le tout précédé de 15 ff. liminaires et d'un 16e f. tout blanc.

Il se trouvait dans la bibliothèque du prince Lebrun, duc de Plaisance, vendue à Paris en novembre 1824 (voir le n° 156 de son catalogue), un exemplaire de la première partie de cette édition aldine de Platon, rel. en veau brun, et dont le frontispice portait le nom et la devise grecque de Fr. Rabelais : *Francisci Rabelesi medici* σπουδαιοτάτου καὶ τῶν αὐτοῦ φίλων χριστιανῶν (*et ejus amicorum chris-*

tianorum), bien certainement de sa propre main. Ce fragment précieux fut adjugé pour 83 fr. à M. Renouard, qui en détacha le frontispice et l'adapta à un exemplaire des deux parties de la même édit. rel. en vieux maroquin, qu'il possédait, et où se trouvaient, sur onze feuillets, des notules manuscrites d'une ancienne écriture qui n'était pas celle de Rabelais. C'est ainsi que la première partie rel. en *veau br.*, annoncée dans le catalogue de M. Lebrun, est devenue, sous le n° 284 de celui de M. Renouard, un exempl. complet (sauf le dernier f.), rel. en *vieux maroquin*, et qui, au moyen d'une note adroitement conçue, a pu être porté à 550 fr.

— Omnia opera, cum commentariis Procli in Timæum et Politica, græce (edente Sim. Grynæo et Jo. Oporino). *Basileæ, apud J. Valderum,* 1534, in-fol.

Cette édition, quoique assez bonne et bien imprimée, est à très-bas prix. Il en a paru une réimpression à *Bâle,* 1556, in-fol., avec des corrections de M. Hopper, et des variantes recueillies par Arnoldus Arlenius.

— Opera omnia, gr. et lat., ex nova Joan. Serrani interpretatione, perpetuis ejusdem notis illustrata : H. Stephani de quorumdam locorum interpretatione judicium, et multorum contextus græci emendatio. *Excudebat Henr. Stephanus,* 1578, 3 vol. in-fol.

Belle édition, plus recherchée pour son texte et pour les notes de H. Estienne, que pour la version latine de Serranus, dont on fait peu de cas. Les exemplaires n'en sont pas rares, mais ils se rencontrent difficilement bien conservés. On doit y trouver trois épîtres dédicatoires : la première à la *reine Elisabeth,* la seconde à *Jacques VI d'Ecosse,* et la troisième à la *république de Berne* : 50 à 60 fr. Vend. 150 fr. *m. r.* de Boissy ; 381 fr. *m. dent.* Mac-Carthy, revend. 200 fr. en 1838; autre, 7 liv. *mar.* Drury; 133 fr. 50 c. *mar. r.* Coulon; 90 fr. Giraud.

Les exempl. en Gr. Pap. sont très-rares; ils se reconnaissent plutôt à la beauté du papier qu'à sa grandeur; car le plus grand que j'aie vu n'avait que 395 à 400 millim. de hauteur, ce qui n'excède guère la mesure d'un bel exemplaire en papier ordinaire. Vend. 700 fr. Gouttard; 801 fr. *m. bl.* Caillard; 27 liv. 16 sh. 6 d. Talleyrand; 34 liv. 15 sh. (exempl. de dédicace à Jacques VI d'Ecosse) Dent, et seulement 122 fr. Quatremère. *Description :* Tome I. 18 ff. prélim. non chiffrés et 542 pp. — Tome II. 4 ff. prélim. et 992 pp., dont les deux premières sont en blanc. — Tome III. 4 ff. prélim., 416 pp. *Annotationes,* pp. 1 à 79, index, pp. 80 à 139, avec un registre sur la 139ᵉ page.

— Opera omnia, gr. et lat., Marsilio Ficino interprete. *Francofurti,* 1602, in-fol. de 36 pp. prélim., 1355 pp. et 14 ff. d'index.

On recherche assez cette édition, qui renferme la version très-estimée de Ficin; mais il est difficile d'en rencontrer des exemplaires bien conservés : 20 à 40 fr. Vend. 52 fr. *m. v.* Barthélemy. L'édition de *Lyon,* 1590, in-fol., contenant la même version, a encore de la valeur, parce qu'on la regarde comme plus correcte que celle de 1602 : 32 fr. Larcher ; 27 fr. Bosquillon, et moins depuis.

— Quæ extant, gr., ad edit. Henr. Stephani accurate expressa, cum M. Ficini interpretatione ; accedit varietas lectionis. *Biponti,* 1781-88, 12 vol. in-8.

Édition assez bonne, mais que de plus récentes ont,

sinon entièrement effacée, du moins fort surpassée. Elle a été publiée par F.-Ch. Exter et J.-Val. Embser; les notices littéraires sont dues à G.-Ch. Croll, et les variantes à Ch.-W. Mitscherlich. 36 à 48 fr. — Il y a des exempl. en Gr. Pap. d'Annonay dont le prix est plus élevé.

— Platonis Dialogi, gr. et lat. (ex versione Mars. Ficini); ex recensione Imm. Bekkeri. *Berolini, Reimer,* 1816-18, 3 tom. en 8 vol. in-8.

A ces 8 vol. doit être joint l'article suivant :

IMM. BEKKERI in Platonem a se editum commentaria : accedunt scholia. *Berolini,* 1823, 2 vol. in-8. 12 fr. ; — Pap. collé, 15 fr. ; — Pap. vél. 24 fr. Les prix des 10 vol. sont réduits à 8 thl. (30 fr.) ; — Pap. bl., 10 thl. ; — Pap. collé, 11 thl. — Les scolies ont été réimpr. *Lond., Priestley,* 1825, in-8. 6 sh.

— Quæ extant opera (gr.) : accedunt Platonis quæ feruntur scripta. ad optim. librorum fidem recensuit, in linguam latinam convertit, adnotationibus explanavit, indicesque rerum ac verborum accuratiss. adjecit Frieder. Astius. *Lipsiæ, Weidmann,* 1819-32, 11 vol. in-8.

Les 9 prem. vol. de cette bonne édition renferment le texte grec et la version latine, et les tomes X et XI les *annotationes,* part. 1 et 2. Prix des 11 vol., pap. d'impression, 40 fr.; — Pap. blanc, 50 fr. ; — Pap. collé, 60 fr., et plus en pap. vél. Le *Lexicon platonicum,* par M. Aste, *Lips., Weidmann,* 1834-38, 3 vol. in-8., doit être joint à ces 11 vol. Il se vend séparément 30 fr.

— Quæ supersunt opera ; gr., textum ad fidem codd. Florent., Paris., Vindob., aliorumque recognovit et perpetua annotatione illustravit Godofr.-G. Stallbaum. *Lipsiæ, Weigel,* 1821-25, 10 vol. pet. in-8. en 21 sections, 90 fr.

Édition de la *Bibliotheca classica scriptorum prosaicorum græcorum,* publiée chez Weigel. Elle est d'une exécution typograph. très-médiocre, mais elle renferme l'opuscule intitulé : *Ex Procli scholiis in Cratylum excerpta, e codd. edidit J.-F. Boissonade, Lips.,* 1820. Les parties qui la composent se vendent séparément et se réimpriment successivement. Le tome X (*leges et epitom.*). *Gothæ, Hennings,* 1859, en 3 part. ensemble de CCLXXXIV et 1355 pp., coûtait seul 12 thl. Une autre édit. du texte grec de Platon, de format in-8., mieux exécutée que la précédente, fait partie de la *Bibliotheca græca,* qui se publie à Gotha, chez Hennings, depuis l'année 1826, par les soins de Fréd. Jacobs et de Val.-Chr.-Fr. Rost. Il en a paru 3 vol. (le prem. en 2 sect., le second et le troisième en 2 sect. chacun), de 1827-36. Les exemplaires sont en pap. ordin., en pap. collé, et en pap. vél.

— PLATONIS scripta græca omnia, ad codices manuscriptos recensuit variasque inde lectiones enotavit Imman. Bekker ; annotationibus integris Stephani, Heindorfii, Heusdii, Wyttenbachii, Lindavii, Boeckhiique; adjiciuntur modo non integræ Serrani, Cornarii, Thompsoni, Fischeri, Gottleberi, Astii, Butmanni et Stallbaum, necnon ex commentariis aliorum curiose excerpta (versio latina, scholia, et Timæi lexicon). *Londini, excudebat Valpy sumptibus Ric. Priestley,* 1826, 11 vol. in-8. portrait.

Belle édition, qui réunit en grande partie ce que toutes les précédentes renferment de meilleur, tant en notes qu'en scolies et en variantes : 80 à 90 fr., et plus cher en Gr. Pap. La version latine occupe les deux derniers volumes.

— OPERA, gr., recensuit et adnotatione critica instruxit Car.-Ern.-Chr. Schneider. *Lipsiæ, Teubner*, 1831-33, in-8. tom. I à III. 4 thl. ; — Pap. angl., 6 thl. ; — Pap. de Holl., 10 th.

— PLATONIS Opera quæ feruntur omnia (græce) ; recognoverunt Jo. Georgius Baiterus, Jo. Caspar Orellius, Aug. Guilielmus Winckelmannus : accedunt integra varietas lectionis stephanianæ, bekkerianæ, stallbaumianæ, scholia et nominum index. *Turici, impensis Meyeri et Zelleri*, 1839 (1842), in-4. de VIII et 1076 pp. 20 à 24 fr.

Édition très-correcte, dont les marges donnent la concordance de la pagination de l'édition d'Estienne, de celle de Lyon, 1590, et de celle de Bekker. Le même texte, sans les variantes ni l'*Onomasticon* (mais avec quelques morceaux de critique lat. ajoutés), a été imprimé en même temps (1839-41) en 21 part., pet. in-8. ou gr. in-16, qui se réunissent en 4 vol. 5 thl., et se vendent aussi séparément.

— PLATONIS Opera ex recensione C.-E.-Ch. Schneideri, gr. et lat., cum scholiis et indicibus. *Paris., F. Didot*, 1846, 2 vol. gr. in-8. 30 fr.

— PLATONIS Opera omnia uno volumine comprehensa ad fidem optimorum librorum denuo recognovit et una cum scholiis græcis emendatius edidit Godof. Stallbaumius. *Lipsiæ, Tauchnitz*, 1850, in-4. de XV et 728 pp. à 2 col. 15 fr.

Le même texte est aussi publié en 8 vol, in-16.

— Platonis Opera, latine, interprete Marsilio Ficino. *Impressum Florentie per Laurentium uenetum* (absque anno), 2 part. en 1 vol. in-fol. goth.

Vincent Follini (*Catal. biblioth. Magliabech.*, III, p. xxiij) nous apprend que cette édition a été commencée en 1483 dans le monastère de St-Jacques de Ripoli, à Florence, et achevée depuis dans la même ville, avec des caractères semblables aux premiers, par Laurent de Venise, qui a mis son nom à la fin du commentaire de Ficin sur le *Convivium*. C'est un livre impr. très-incorrectement, mais cependant assez recherché, parce que les exemplaires complets ne se trouvent que difficilement. En voici la description d'après Ebert, n° 17124. Le volume contient en tout 460 ff. à 2 col. de 46 lign., que nous diviserons en 5 parties : 1° 8 ff. prél. (le 8° est blanc) ; au verso du 1er se lit un *Prohemium M. Ficini in libros Platonis*; 2° 103 ff. (le dern. est blanc) sous les sign. a—z, ℨ, ? et 4; la première ligne porte : *Marsilii argumentum in Hipparchum*; 3° 28 ff. contenant : *Commentarius M. Ficini in Convivium Platonis de amore*, sign. a—d; 4° 307 ff., sign. diii (marquée *ci*)—ss, contenant : *Convivium de amore*, et autres ouvrages de Platon ; 5° 14 ff. sign. p., renfermant *Emendationes errorum librarii*. Il est à remarquer que les sommaires des colonnes sont en goth. dans les part. 2 et 3, tandis qu'ils sont en romain dans la 4° part. Vend. 1 liv. 15 sh. (exemplaire où manquaient les 14 dern. ff.) Heber; 10 fr. 50 c. Boutourlin. Hain, n° 13062, décrit tout différemment ce livre, qu'il divise ainsi : 8 ff. prél. dont 1 blanc. *Hipparchus, etc.*, ff. 9 à 210 (110 selon Ebert), le 211 blanc. *Timeus*, ff. 212 à 235. *Compendium Marsilii Ficini in Timeum*, ff. 236 à 253. — Partie 2°. *Commentarium Marsilii Ficini in Conuiuium*, 28 ff., avec la souscription de l'imprimeur, ensuite *Platonis Convivium, etc.*, ff. 29 à 173, le 174° f. blanc. *De Legibus, etc.*, ff. 175 à 294 (au verso du 294° f.: *Epistolæ Platonis finis; Impressum Florentie per Laurentiū Uenetū*). Enfin *emendationes*, ff. 295 à 309 ; ce qui formerait 562 ff. en tout. Un exemplaire qui, selon l'annonce du catalogue, n'aurait que 239 ff., 81 fr. Costabili.

— Platonis Opera omnia, latine, ex vers. Marsilii Ficini. *Venetiis, per Bern. de Choris de Cremona et Simon. de Luero*,

1491, in-fol. de 4 et 444 ff. à 2 col. de 62 lign.

Édition rare de cette version ; elle a été revue par Marco Musuro. Vend. 60 fr. Brienne-Laire ; 126 fr. La Serna, et quelquefois beaucoup moins.

— OPERA omnia, latine, a Marsilio Ficino translata, a Sim. Grynæo emendata ; acced. Platonis Axiochus, etc. *Lugduni, apud Joan. Tornæsium*, 1550, 5 vol. in-16.

Jolie édition assez recherchée : 10 à 15 fr. ; 66 fr. *m. citr. l. r.* F. Didot. On y réunit *N. Liburnii Gnomologia Platonis*, Lugd., 1555, in-16. Les éditions in-fol. de cette traduction, faites à Bâle et à Lyon, de 1532 à 1581, n'ont point de valeur.

— PLATONIS opera, per Janum Cornarium lat. lingua conscripta ; ejusdem Cornarii eclogæ X, additis Ficini argumentis et commentariis. *Basileæ, ex typogr. Froben.*, 1561, in-fol.

Cette version est rare et assez recherchée. 10 à 12 fr. Vend. 1 liv. 12 sh. *rel. par Lewis*, Heber.

— ŒEuvres de Platon, trad. par Victor Cousin. *Paris, Bossange frères, et Rey et Gravier (impr. de F. Didot)*, 1822-40, 13 vol. in-8. 65 fr.

Il a été tiré 25 exemplaires en Gr. Pap. vél. ; prix de chaque volume, 23 fr.

— LES ŒEUVRES de Platon (dix dialogues), trad. avec des remarques par André Dacier. *Paris*, 1701, 2 vol. in-12. 4 à 5 fr.

Les éditions de *Paris*, 1699, et d'*Amsterdam*, 1700 ou 1744, 2 vol. in-12, ont la même valeur.

— DIALOGUES de Platon, par le traducteur de la République (Grou). *Amsterdam*, 1770, 2 vol. in-12. 5 à 6 fr.

Les différentes traductions de Platon par le P. Grou (voy. ci-dessous la République et les Lois), font partie de la Bibliothèque des anciens philosophes. — Voy. DACIER.

— Opere, tradotte da Dardi Bembo, cogli argomenti e note del Serano. *Venezia*, 1742-43, 3 vol. in-4. 12 à 18 fr.

L'édition de *Venise*, 1601, 5 vol. pet. in-12. 8 à 10 fr.

— Opere di Platone nuovamente tradotte da Ruggiero Bonghi. *Milano, Colombo*, 1858, in-8.

En cours de publication. Chaque vol. coûte 7 fr.

— Werke, aus dem griech. übersetzt von F. Schleiermacher, neue Aufl. *Berlin, Reimer*, 1817-28, 3 tom. en 6 vol. in-8. 30 fr.; — Pap. fin, 45 fr. et plus en pap. vél.

— SÄMMTLICHE Werke, übersetzt von Hieron. Müller, mit Einleitungen begleitet von Karl Steinhart. *Leipzig, Brockhaus*, 1850-59, in-8., vol. I—VII. 23 thl.

— The Works of Plato, or the fifty-five dialogues and the twelve epistles, translated from the greek ; nine of the dialogues by Floyer Sydenham, and the remainder by Th. Taylor: with notes, etc. *London, Evans*, 1804, 5 vol. gr. in-4. 80 à 100 fr.

— WORKS, a new and literal version, chiefly from the text of Stallbaum, by H. Carey, H. Davis, and Geo. Burges. *London, Bohn*, 1848-59, 6 vol. pet. in-8. 1 liv. 10 sh.

Plusieurs dialogues réunis.

— Minos, sive de lege; de legibus seu de legum latione libri XII, appendix legum vel philosophus, græce (ex edit. Rutgeri Rescii). *Lovanii, Rutgerus Rescius,* 1531, in-4. sign. A—M𝚒𝚒𝚒.

Les éditions de Rescius sont estimées des savants et ne se trouvent pas facilement : vend. 5 flor. Rover.

On indique aussi une édition du Cratyle, et une de deux dialogues de Platon, le *Criton* et l'*Apologie de Socrate*, imprimée en grec, à *Louvain*, par *Rescius*, en 1523 et en 1529, in-4.

— Septem selecti dialogi, græce, juxta editionem Serrani. *Dublinii, e typogr. Academiæ,* 1738, in-8. 5 à 6 fr.

Édition estimée; le Gr. Pap. est très-rare et a été vendu 210 fr. Mac-Carthy, mais seulement 1 liv. 11 sh. 6 d. Williams.

— Dialogi V (Amatores, Euthyphro, Apologia Socratis, Crito, Phædo) gr. et lat. recensuit notisque illustr. Nath. Forster. *Oxonii, e typ. clarend.,* 1745, gr. in-8.

La meilleure édition de ce recueil : 10 à 12 fr.; vend. 30 fr. *br.* salle Silvestre, en 1809; et en très Gr. Pap., dont les exemplaires sont fort rares, 187 fr. *m. bl.* F. Didot; 241 fr. très-bel exempl. *mar. r.* d'Ourches; 2 liv. 16 sh. *m. v.* Drury; 18 fr. 50 c. Renouard.

— Dialogi V, gr. et lat. a Nath. Forster. *Oxonii, e typ. clarend.,* 1752, gr. in-8.

Réimpression peu correcte du volume précédent : 6 à 9 fr.; en très Gr. Pap. vend. 24 fr. *v. mar.* Caillard ; 30 fr. Mac-Carthy ; 34 fr. *m. r.* Coulon.

Les réimpressions d'*Oxford,* 1765, 1772 et 1800, in-8., sont plus estimées : 8 à 10 fr.

— Platonis dialogi III (Alcibiades uterque et Hipparchus), quibus præfiguntur Olympiodori vita Platonis, etc., gr. et lat., opera et studio Guil. Etwall. *Oxonii, e typ. clarend.,* 1771, in-8. 6 à 9 fr.

Vend. en Gr. Pap. 54 fr. *m. r.* d'Ourches; 36 fr. Mac-Carthy; 29 fr. 50 c. Quatremère; 1 liv. 11 sh. *mar. bl.* Williams; 19 fr. Coulon.

ALCIBIADES I et II, gr. et lat., cum annotationibus; edente Car. Nurnberger. *Lipsiæ,* 1796, in-8. 3 fr., et plus en pap. fort.

DIALOGI III (Sophista, Politicus et Parmenides), gr., recensuit Jo.-Frid. Fischer. *Lipsiæ,* 1774, in-8. 3 fr.

DIALOGI II, Philebus et Symposium, gr., animadvers. crit. illustrati a J.-F. Fischero. *Lipsiæ,* 1776, in-8. 3 fr.

DIALOGI II, Cratylus et Theætetus, gr., cum animadversionibus critic. J.-F. Fischeri. *Lipsiæ,* 1770, in-8. 3 fr., et plus en pap. fort.

DIALOGI IV : Euthyphro, Apologia Socratis, Crito, Phædon, gr., tertium recensuit Joh.-Frid. Fischer. *Lipsiæ,* 1783, in-8. 6 fr. — Pap. fin, 9 fr.

Édition beaucoup plus ample que les précédentes de 1760 et 1770.

Il faut joindre à ces 4 volumes de Platon, publiés par Fischer, l'ouvrage intitulé :

J𝚊𝚗𝚒 C𝚘𝚛𝚗𝚊𝚛𝚒𝚒 Eclogæ in Dialogos Platonis, edente J.-Fr. Fischer, *Lipsiæ,* 1771, in-8.

—Platonis Dialogi IV, Minos, Crito, Alcibiades uterque, gr., cum annotatione

---

critica et exegetica, curavit Phil. Buttmannus. *Berolini, Mylius,* 1830, in-8. 5 fr.

Cinquième édition d'un volume dont la première édition, donnée par les soins de J.-Eric. Biester, a paru à Berlin, en 1780 (réimpr. en 1790), in-8. La 3ᵉ de 1811 et la 4ᵉ de 1822, in-8., sont dues aux soins de Ph. Buttmann.

— Dialogi selecti, græce; annotatione perpetua illustravit Lud.-Frid. Heindorf. *Berolini,* 1802-10, 4 vol. in-8.

Cette collection, très-estimée, contient 12 dialogues : 30 fr. — Pap. fin, 36 fr., et plus en pap. de Hollande.

Le 1ᵉʳ volume renferme *Lysis, Charmides, Hippias major, Phædrus;* le 2ᵉ, *Gorgias, Theætetus;* le 3ᵉ, *Cratylus, Parmenides, Euthydemus;* le 4ᵉ, *Phædo, Sophistes, Protagoras.*

Le premier volume de ces dialogues a été réimpr. à Berlin, en 1828; et le second, en 1829.

— Euthydemus et Gorgias, gr. et lat., vertit notasque adjecit M.-Jos. Routh. *Oxonii,* 1784, in-8. 6 à 8 fr.

En Gr. Pap. 48 fr. *mar. r.* Caillard ; 75 fr. *m. bl.* F. Didot; 15 fr. *v. m.* Larcher.

— De rebus divinis dialogi selecti, gr. et lat., in commodas sectiones dispertiti (ed. Jo. North). *Cantabrigiæ, Hayes,* 1683, in-8. 5 à 6 fr.

Seconde édit. augmentée : la première est de Cambridge, 1673.

Dialogues et traités séparés.

A𝚙𝚘𝚕𝚘𝚐𝚒𝚊 Socratis, gr. *Paris., apud Ægidium Gormontium,* 1539, in-4.

A𝚙𝚘𝚕𝚘𝚐𝚒𝚊 Socratis per Leonardvm aretinvm traducta, etc. (*absque loci et anni indicatione*), in-4. de 68 ff. de 27 lign., en caract. romains, sans chiffres, récl. ni signat.

Édition impr. vers 1472 ou 1475. A la fin se trouve la traduction du Gorgias, précédée par un argument en 15 lignes, et terminée ainsi : *nam est nullius digna Calides :* ‖ FINIS.

L'A𝚙𝚘𝚕𝚘𝚐𝚒𝚎 de Socrate, trad. en françoys par Fr. Hotman. *Lyon, Seb. Gryphius,* 1549, pet. in-8.

C𝚛𝚊𝚝𝚢𝚕𝚞𝚜, græce. *Lutet.-Paris., apud Ægidium Gormontium, mense maio,* 1527, in-8.

C𝚛𝚒𝚝𝚘, sive de eo quod agendum, gr. *Paris., apud Vascosanum,* 1551, in-4.

Le même imprimeur a donné l'*Alcibiades primus* de Platon, en grec, 1551, in-4.

C𝚛𝚒𝚝𝚘𝚗 ou de ce que l'on doit faire, trad. du grec en françois, par le commandement du Roy, par Pierre Du Val, evesque de Sées. *Paris, Michel Vascosan,* 1547, in-4.

Réimprimé, *Paris, Vascosan,* 1557, pet. in-8., et, avec un commentaire de Jean Le Masle, et la vie de Platon, en vers, par ledit Le Masle, *Paris, Jean Poupy,* 1582, in-4.

G𝚘𝚛𝚐𝚒𝚊𝚜, gr. et lat., recensuit, emendavit, explicavit indicemque adjecit Chr.-Godofr. Findeisenius. *Gothæ, Ettinger,* 1796, in-8. 6 fr.

G𝚘𝚛𝚐𝚒𝚊𝚜, dialogue de Platon, trad. du grec et commenté par Fr. Thurot. *Paris, imprim. roy.,* 1834, in-8.

Réimprimé avec le texte grec, *Paris, L. Hachette,* 1840, in-8.

P𝚕𝚊𝚝𝚘𝚗𝚒𝚜 M𝚒𝚗𝚘𝚜, vel de lege, gr. et lat., Mars. Ficino interprete. *Paris., apud Guil. Morelium,* 1558, in-4. [2330]

Maittaire indique plusieurs autres ouvrages de Platon, en gr., impr. par les Morel.

— A. BOECKH in Platonis, qui vulgo fertur, Minoem ejusdemque libros priores de legibus. *Halæ, Hemmerde,* 1806, in-8. 4 fr.

PLATONIS Leges et Epinomis, gr., ad optimorum librorum fidem emendavit, perpetua adnotatione illustravit et indices rerum ac verborum adjecit Frid. Astius. *Lipsiæ, Weidmann,* 1814, 2 vol. in-8. 12 fr. ; — Pap. fin, 16 fr., et plus en pap. vél.

LES LOIS (et Epinomis), trad. du grec par le traducteur de la République (J. Grou). *Amst.,* 1769, 2 vol. in-12. 5 à 6 fr. ; — Gr. Pap. 8 à 12 fr.

Ces deux volumes se réunissent aux Dialogues, trad. par le même (voir ci-dessus). Les 4 vol. Gr. Pap., 15 à 30 fr.

PARMENIDES, sive de ideis et uno rerum omnium principio dialogus, gr. et lat., stud. Joh.-Gul. Thomson. *Oxonii, e Theat. sheld.,* 1728, gr. in-8. 5 à 6 fr.

Vend. en très Gr. Pap. 24 fr. Caillard; 51 fr. *mar. v.* F. Didot, et moins depuis.

— PARMENIDES cum quatuor libris Prolegomenorum et commentario perpetuo. Accedunt Procli in Parmenidem commentarii nunc emend. editi, cura Godofr. Stalbaumi. *Lipsiæ, Woeller,* 1848, in-8.

LE PARMÉNIDE, dialogue de Platon, traduit et expliqué par J.-A. Schwalbe. *Paris, Brockhaus,* 1841, in-8.

PHÆDO, sive dialogus de animæ immortalitate, gr. et lat., versionem Mars. Ficini emendavit et commentationes philos. adjecit Joan. - Henricus Winkler. *Lipsiæ, Fritsch,* 1744, in-8. 4 à 5 fr., et plus en pap. fin.

PHÆDO, gr., explanatus et emendatus prolegomenis et annotatione Danielis Wyttenbachii. *Lugduni-Batavorum,* 1810, in-8. 8 fr., et plus en Gr. Pap.

PHÆDO, explanatus et emendatus prolegomenis et annotatione Dan. Wyttenbachii : accesserunt supplementa Wyttenbachii, notatio critica editoris germani et scholia græca. *Lipsiæ, Hartmann,* 1825, in-8.

Une édition du même dialogue, extraite de la collection des œuvres de Platon, en 11 vol., a paru à *Londres,* chez *Priestley,* 1825, in-8. 9 sh.

N'oublions pas d'indiquer l'édition de ce dialogue, en grec, impr. à *Paris,* chez *Turnèbe,* en 1553, in-4.

LE PHEDON de Platon... le dixieme livre de la republique... deux passages du même auteur de l'âme divine et humaine, l'un du Phedre et du Gorgias..... trad. par L. Leroy. *Paris, Seb. Nivelle,* 1553, in-4. — Réimprimé avec la République, etc., en 1600 (voir ci-dessous).

LE PREMIER, second et dixieme livre de Justice, ou de la Republique de Platon : plus Sermon de Theodoret, evesque de Chrysopoli, de la Providence et Justice divine, trad. en françois par L. Le Roy. *Paris, Sebast. Nivelle,* 1555, in-4.

PHÆDRUS, græce, recensuit, Hermiæ scholiis e codd. monac. XI, suisque commentariis illustravit D.-F. Astius. *Lipsiæ, Schwickert,* 1810, in-8. 6 fr., et plus en pap. fin.

Édition mal imprimée, mais dans laquelle le long commentaire d'Hermias est publié pour la première fois. Le savant éditeur, en donnant en 1814 une édition de la République de Platon, y a joint des *Additamenta* pour le *Phædrus;* il avait publié en 1809 le *Symposium* et l'*Alcibiades primus,* in-8.

PHILEBUS (gr.), recensuit, prolegomenis et commentariis illustravit Godofr. Stallbaum : accesserunt Olympiodori scholia in Philebum, nunc primum edita. *Lips., Hinrichs,* 1821, in-8.

Il a paru une autre édition de ce volume : *Aucta appendice critica, qua potior lectionis varietas ex codd. mss. nuper enotata recensetur et locorum quorundam difficiliorum interpretatio proponitur.* Lipsiæ, Hinrichs, 1826, in-8. 6 fr. — Pap. fin, 8 fr.

DE REPUBLICA, vel de justo, gr. et lat., Mars. Ficino interprete. *Parisiis, apud Jacobum Bogardum,* 1544, in-4. 4 à 5 fr. [3917]

Autres opuscules de Platon, impr. à Paris, chez Bogard, de format in-4. : *Apologia Socratis,* gr. 1544. — *De legibus, seu legum liber primus,* gr., 1547, 19 ff. — *Epistolæ,* gr. et lat., 1544.

DE REPUBLICA, sive de justo, libri X, gr. et lat., versionem emendavit notasque adjecit Edm. Massey. *Cantabrigiæ, typis acad.,* 1713, 2 tom. en 1 vol. in-8. 6 à 8 fr.

Le travail de l'éditeur rend recommandable cette édition, qui, malheureusement, est imprimée peu correctement.

DE REPUBLICA, gr. et lat., cum animadversionibus crit. et exegeticis multis, etc., edidit J.-J. Stutzman. *Erlangæ,* 1805 (nouv. titre, 1818), in-8. 6 fr.

POLITICA, seu de Republica libri X (gr.) : recensuit atque explanavit F. Astius : accedunt additamenta ad commentarium in Platonis Phædrum. *Lipsiæ, Schwickert,* 1814, in-8. — Editio secunda, *Jenæ, Cröker,* 1820, in-8. 9 fr.

DE REPUBLICA (gr.), recensuit et commentariis crit. illustravit Imm. Bekkerus; cum annotat. H. Stephani, Astii, etc. *Londini, Priestley,* 1825, in-8. 6 à 9 fr.

LA RÉPUBLIQUE de Platon,... traduicte du grec en françois, et enrichie de commentaires par L. Le Roy... le tout revu et conféré avec l'original grec, par Fed. Morel. *Paris, C. Morel,* 1600, in-fol. — Voy. l'article ARISTOTELES.

LA RÉPUBLIQUE, traduite par La Pilonniere. *Londres,* 1726, in-4. 4 à 6 fr.

LA RÉPUBLIQUE, trad. du grec (par J. Grou). *Amsterd.,* 1763, 2 vol. in-12. 5 à 7 fr.

Les éditions de Paris sont moins chères.

LA REPUBLICA, tradotta nella lingua toscana da Pamph. Fiorimbene da Fossembrone. *Vinegia, Giolito de Ferrari,* 1554, in-8. 3 à 4 fr.

CONVIVIUM, sive de amore, dialogus moralis, græce. *Salamanticæ excudebat Andreas a Portonariis, primus ab academia condita græcarum literarum typographus,* 1553, in-4.

Volume rare que cite Maittaire, *Index,* II, 152.

SYMPOSIUM (græce), ad optimorum librorum fidem edidit, atque interjectis D. Wyttenbachii animadversionibus, adnotatione instruxit P.-A. Reynder. *Groningæ, Römeling,* 1825, in-8. 5 fr.

CONVIVIUM, ad fidem codd. manuscript. recensuit, comment. cum philolog. tum philosophicis illustravit; lectionis variet. duorum codicum a se collat. integram addidit L.-J. Ruckert. *Lips., Hartman,* 1829, in-8. 1 thl. 16 gr. — Pap. fin, 3 thl.

SYMPOSIUM, recensuit, emendavit, illustravit Alex. Hommel. *Lipsiæ, Fleischer,* 1834, in-8. 5 à 6 fr.

LE SYMPOSE de Platon, trad. par L. Le Roy, dit Regius, avec plusieurs passages mis en vers françois par J. du Bellay. *Paris, Sertenas,* 1559, in-4. 6 à 9 fr. [3357]

L'édit. de 1581, in-4., a été vend. 16 fr. Villoison. A la suite de cette traduction se trouve un discours français dans lequel le traducteur donne de curieux renseignements sur ses études et sur ses écrits.

THÉAGES, ou de la sapience, dialogue de Platon, mis en vers françois par Pierre Trédéhan (on y a joint *Ad Macutum Pomponium Jacobi Vintimilii carmen,* avec la traduction en vers françois). *Lyon, Ch. Pesnot,* 1564, in-4.

TIMÆUS, gr. *Parisiis, apud Christ. Wechel,* 1532, in-4.

Chr. Wechel a imprimé dans le même format différents opuscules de Platon, en grec, savoir : *Convivium,* 1543. — *Axiochus,* 1548, avec la version latine. — *Politicus,* 1548. — *Hipparchus, Amatores et Theages,* 1549. — *Epistolæ,* 1548, 66 pp.

Le *Timæus* et l'*Axiochus* ont aussi été imprimés en

grec à Paris, *apud Joan.-Ludov. Tiletanum*, 1542, in-4.; le *Timœus* ainsi que le *Theages*, chez Guill. Morel, 1541, in-4.

Ex PLATONIS Timæo particula, gr., Ciceronis libro de universitate respondens : qui duo libri inter se conjuncti et respondentes nunc primum opera Jo. Perionii proferuntur in lucem. *Paris., Sim. Colinœus et Tiletanus*, 1540, in-4.

CHALCIDII luculenta Timæi Platonis traductio, et ejusdem argutissima explanatio per (August. Justinianum) nebiensem episcopum in lucem editæ. *Parisiis, in officina Badii Ascensii*, 1520, in-fol. de lxx ff. chiffr. et 1 non chiffré.

Un exemplaire de ce livre, impr. sur VÉLIN, 331 fr. Mac-Carthy.

LE TIMÉE de Platon, auec notes ; trois oraisons de Demosthenesdittes Olynthiaques (et quatre Philippiques) ; trois liures d'Isocrate, le premier à Demonique, le second à Nicocles, le troisieme intitulé Nicocles ou le Symmachique ; deux livres de Xenophon, le premier de la Cyropédie, et les louanges d'Agesilas, le tout translate de grec en françois par Loys Le Roy dit Regius. *Paris, de l'imprimerie de Michel Vascosan, le xxx iour de Ianuier* 1552, in-4. 10 à 15 fr. [3358]

Ce volume se trouve plus ou moins complet, et il renferme quelquefois plusieurs traductions autres que celles qu'énonce le titre ci-dessus, et dans ce nombre : le *Phaidon de Platon*, le *liure d'Hippocrate de l'aër, des eaus et differences des lieux, et parties du monde ; Theophraste des vents, et un abregé de cosmographie*. La date de 1552 est celle du Timée. La louange d'Agesilas porte celle du dernier iour d'octobre 1551.

Les *Études sur le Timée de Platon*, par Th.-Henri Martin (*Paris, Ladrange*, 1841), 2 vol. in-8., contiennent le texte grec de ce traité, avec la traduction en regard. [3359]

— SIMONIS Socratici, ut videtur, dialogi quatuor, de lege, de lucri cupidine, de justo ac de virtute : additi sunt incerti auctoris dialogi Eryxias et Axiochus : græca recensuit et præfationem crit. præmisit A. Boeckh. *Heidelbergæ, Mohr*, 1810, in-8.

A. Boeckh attribue à Simon le socratique, dans cette édition, des dialogues qui jusque-là ont toujours été imprimés sous le nom de Platon ou sous celui d'Eschine le socratique (voyez ÆSCHINES). Voir, à ce sujet, une notice de M. Letronne, *Journal des Savans*, 1820, pp. 673-83.

AXIOCHUS, sive dialogus de morte, gr. recensuit, notis illustravit indicemque verborum, cum Hier. Wolfii versione latina adjecit J.-Fr. Fischerus. *Lipsiæ*, 1758, in-8. 3 à 4 fr.

Ce dialogue a été attribué à Platon, mais il a aussi été impr. (à la suite du Jamblicus, latin. d'Alde, 1497, et dans d'autres recueils) sous le nom de Xénocrate ; on le trouve encore impr. avec les dialogues d'Eschine (voy. ÆSCHINIS Dialogi).

DEUX dialogues de Platon, l'un intitulé Axiochus, qui est des misères de la vie humaine, de l'immortalité de l'âme, etc. ; et l'autre Hypparchus, qui est de la convoitise de l'homme touchant la lucrative, traduictz par Est. Dolet. *Lyon, Dolet*, 1544, in-16.

Cette traduction a été le prétexte de la condamnation de Dolet ; elle est réunie au second Enfer de Dolet dans les trois éditions de Lyon et de Troyes, que nous avons décrites dans notre second volume, col. 798. Nous n'avons pas vu l'édition impr. à part, qui est citée ici.

DU CONTEMPNEMENT de la mort. Le liure nommé l'Axiochus de Platon du contempnement de la mort en forme de Dyalogue et sont les introduitz Socrate, Clinias et Antiochus. *Imprime nouuellement a Paris par Denys Janot*, pet. in-8., lettres rondes, 12 ff. seulement.

— Platonis, Thucydidis et Demosthenis funebres orationes, græce. *Venet., apud Aldi filios*, 1549, in-8. de 48 ff. Rare.

MENEXENUS, et Periclis Thucydidei oratio funebris, græce, edente J.-Chr. Gottleber. *Lipsiæ*, 1782, in-8., pap. commun et pap. fort.

— Voyez THUCYDIDES.

DIAGRAMME de la création du monde de Platon, découvert et expliqué en grec ancien et en français, par C. Minoïde Mynas. *Paris*, 1848, in-8. 76 pp. en tout, et 7 pl.

Première partie, la seule publiée. Il en a été tiré quelques exemplaires en papier de Hollande.

— Platonis epistolæ, latine, Leonardo Aretino interprete. Pet. in-4. [18661]

Édition très-rare, dont on trouve une description dans le 2e catalogue de Crevenna ; elle est sans aucune indication, mais les caractères sont les mêmes que ceux qui ont servi à l'impression de la Rhétorique de Fichet, exécutée à Paris par Ulric Gering et ses associés, vers 1470. Le vol. est en tout de 52 ff. imprimés à longues lignes (23 à la page), sans chiffr., récl. ni signat. Il commence par une épître dédicatoire du traducteur : *Ad prudentem et magnificum virum Cosmã de Medicis....* Le verso du dern. f. porte 14 lignes, au-dessous desquelles on lit :

FINIS

Discite rectores, diuinitus, ore platonis,
  Quid nos qd ciues reddat in urbe bonos.

PLATONIS Gnomologia græco-latina ; per locos communes digesta (a Nic. Liburnio veneto). *Lugd., Tornæsius*, 1555, 1560, seu 1582, in-16, seu *Colon.-Allobr.*, 1613, in-16. 3 à 4 fr. [3353]

PENSÉES de Platon sur la religion, la morale et la politique, recueillies et trad. par M. J.-V. Le Clerc. Seconde édition, augmentée d'une histoire abrégée du Platonisme, et de notes sur le texte. *Paris, A. Delalain*, 1824, in-8. 7 fr. 50 c. [3355]

CHRESTOMATHIA platoniana, gr. et lat., edid. Fred.-Ch. Muller. *Turici*, 1756, in-8. 5 à 6 fr. [3354]

Il y a des exempl. en Gr. Pap. : 21 fr. Larcher.

INDEX græcitatis platonicæ ; accedunt indices historici et geographici, confecit Th. Mitchell. *Oxonii, typ. clarend.*, 1832, 2 vol. in-8. 1 liv. 5 sh.

LECTIONES platonicæ e membranis bodleianis eruit Th. Gaisford : accedunt R. Porsoni annotata in Pausaniam. *Oxonii, typ. clarend.*, 1820, in-8. 6 sh. 6 d.

— SCHOLIA in Platonem. Voy. RUHNKENIUS. — Lexicon platonicum. Voy. TIMÆUS. — Initia. Voy. HEUSDE (Van). — Nyctologues de Platon. Voy. NYCTOLOGUES.

MUNK (*Ed.*). Die natürliche Ordnung der Platonischen Schriften. *Berlin, Dümmler*, 1857, in-8. 12 fr. [3373]

PLATONISME (le) dévoilé, ou essai touchant le verbe platonicien (par Souverain). *Cologne*, 1700, pet. in-8. 3 à 4 fr. [2273]

PLATON (Mitropolit Moskofski). Sotchineniia. OEuvres. *Moscou, impr. du sénat, etc.*, 1779-1806, 20 vol. in-8. [1862]

Ces œuvres contiennent des homélies, l'enseignement orthodoxe ou abrégé de la théologie chrétienne, le catéchisme, etc.

Platner (*Ern.*). Quæstiones, 7396.
Platner (*Ed.*). Der Prozess und Klagen bei den Attikern, 29144.
Platt (*Th. Pell*). Catalogue of the ethiopic biblical manuscripts, 31376.
Platts (*J.*). New self-interpreting Testament, 509.

PLATUS. Platini Plati Carmina seu libellus de Carcere. (in fine): *Impressum Mediolani sexto idus Januarias* M CCCC LXXXIV, in-4., caractères rom. [12760]

Ce recueil contient les poésies que l'auteur a composées en prison. Il commence par une épître : *Ad magnificum Thomam Thebaldum Bononiensem equitem auratum.* — Saxius a indiqué une édition de ces poésies, *Milan, Zarot*, 1483, in-4. Il en existe deux autres de format pet. in-4., imprimées en caract. romains, sans lieu ni date, mais de la fin du xvᵉ siècle : l'une de 12 ff., à 28 lign. par page; l'autre de 10 ff. seulement, à 34 lignes par page.

— Platini Plati, mediolanensis Patricii, Epigrammatum et Elegiarum libri duo. *Mediolani apud Alexandrum (Minutianum) pridie kal. septembris* M.D.II, in-4., avec sign. de *a* jusqu'à *q*, caract. ronds. [12761]

Sur le f. qui sert de frontispice se voit l'écu de France gravé sur bois, lequel est placé au-dessous de deux pièces de vers latins, dont la première, intitulée : *Platinus ubi sit vænalis,* finit ainsi :

Me Conagus habet bibliopola probus.

Plusieurs pièces de ce recueil sont adressées à Charles VIII, roi de France, et à Louis XII, son successeur. Selon Saxius, *Histor. litter. Mediol.,* ces poésies ont été réimprim., *Mediolani, apud Goth. Pontium,* 1508, in-4.

PLAUTUS (*M. Accius*). Viginti comœdiæ; linguæ latinæ deliciæ, magna ex parte emendatæ per Georgium Alexandrinum (Merulam). *Impressæ fuere opera et impendio Ioannis de Colonia atq3 Vindelini de Spira Venetiis,* M. CCCC. LXXII, in-fol. [16100]

Première édition, très-rare : vend. 396 fr. bel exempl. *mar. bl.* Gaignat; 463 fr., avec le premier f. ms., La Valliere ; 36 liv. Pinelli; 900 fr. *mar. bl.* F. Didot; 370 fr. Mac-Carthy; 20 liv. 10 sh. Sykes; 191 fr. Boutourlin; 6 liv. 2 sh. piqué de vers et taché, Heber.

Un exempl. sur VÉLIN est conservé à la Bibliothèque impériale.

Le volume a 243 ff. (à 41 lign. par page), dont les trois premiers contiennent l'épître intitulée : *Reverendissimo in Christo patri et domino Jacobo Zeno Pontifici Patavino Georgius Alexandrinus salutem plurimā dicit,* la vie de Plaute et la liste de ses comédies. Le 4ᵉ f. est blanc, et le texte commence au 5ᵉ f. par l'argument de l'Amphitryon.

On a remarqué, dans tous les exemplaires de cette édition, que la 3ᵉ page des *Persæ* est la même chose que la 8ᵉ page du *Stichus*, où le même passage est réimprimé au recto d'un f. dont le verso est blanc.

— Comœdiæ, ex recensione Georgii Alexandrini (Merulæ). *Impressæ fuere opera et impendio Pauli de Ferraria, atq3 Dionysii de Bononia Tarvisii,* M. CCCC. LXXXII, *die xxi iunii, etc.,* in-fol., lettres rondes.

Édition assez précieuse, et qui paraît être une copie de la précédente; elle a 240 ff. non chiffr. (à 41 lign. par page), y compris trois ff. prélim. qui renferment les mêmes pièces que dans l'édit. de 1472; la souscription est au verso de l'avant-dernier f., et le dernier contient le registre des réclames des cahiers.

sign. *b*—E. Vend. 6 liv. 6 sh. Askew ; 209 fr. *m. r.* La Valliere, et moins cher depuis.

— Eædem, olim emendatæ per Georg. Merulam, nunc recognitæ per Eusebium Scutarium. *Impressæ fuere in officina... Vlderici Scinzēzeler....... Mediolani, anno* M. CCCC. LXXXX, etc., in-fol. de 236 ff., sign. a—D.

Autre édition peu commune, qui doit encore avoir quelque valeur. Le registre des signatures est imprimé au verso du dernier f. Le premier est tout blanc.

— Plautus. *Venetiis* (absque typographi nomine), 1495, 23 *Nov.,* in-4.

Réimpression de l'édition de 1490 : elle a 250 ff., avec des sign. de A—F. Le titre porte le seul mot *Plautus.* A la fin se trouve, comme dans la précédente, la lettre de Scutarius à Merula. Vend. 11 sh. Pinelli.

— Plautinæ viginti comœdiæ emendatissimæ, cum..... interpretatione..... Petri Vallæ Placentini ac Bernardi Saraceni veneti. *Impressum Venetiis, per Simonem papiensem dictum Bevilaqua.....* M. CD. XCIX, *etc.,* 2 part. en 1 vol. in-fol.

Vend. en *mar. r.* 34 fr. La Valliere.

La première partie, contenant un titre particulier et le commentaire de Valla, a 92 ff. sign. *a—m,* avec cette souscription à la fin : *Impressum Venetiis ære et impensa eruditi viri ẞ. Firmani :* on trouve ensuite *Saraceni emendationes,* 6 ff., sous la sign. aa, puis le texte de Plaute, avec le commentaire de Saracenus, 252 ff., sign. A—F. La souscription, placée au recto de l'avant-dern. f., est suivie du registre et des *emendanda.* Hain ne compte que 346 ff. en tout. — Il est fort douteux que l'édition de 1498, indiquée par Panzer, existe réellement.

— Comœdiæ VIII. (*absque nota*), pet. in-fol. de 94 ff., à 36 lign. par page. (*Biblioth. impér.*)

Édition des huit premières comédies de Plaute, imprimée en lettres rondes, sans chiffr. ni récl., mais avec signatures, vers 1480. Le premier f. commence par cette ligne : *Plauti comici clariss. Amphitryo,* et le dernier (verso), qui n'a que 9 lign., finit par celle-ci : *Plaudite, Valete. tumbos exurgite : atq extollite.* (Van Praet, *Catalogue des livres impr. sur vélin,* édition in-fol., p. 418.)

— Plauti comœdiæ, studio et diligentia Sebast. Ducii et Georgii Galbiati editæ. (*absque nota*), in-fol., sign. *a—H.*

Cette édition, qui paraît appartenir à la fin du xvᵉ siècle, réunit les corrections et les interprétations d'Hermolaus, de Merula, de Politien et de Beroalde ; mais il est dit dans la souscription qui se lit au verso du f. Hiij : *Nunc vero nuper studio et diligentia Sebastiani Ducii et Georgii Galbiati pristinā quasi imaginem ipse Plautus resumpsit;* ce qui m'a autorisé à annoncer l'ouvrage sous le titre ci-dessus, titre qu'Ebert a eu tort de trouver inexact. On remarque, à la fin de ce volume, une figure sur bois représentant le jeu grec nommé *Cottabus,* avec une courte explication, laquelle, ainsi que la gravure, est reproduite dans la *Biblioth. spencer.,* II, p. 250, où ce livre est décrit. Le 234ᵉ et dernier f., dont le verso est bl., contient le registre des cahiers.

— Plauti comœdiæ XX , ex emendationi-

23

bus atque commentariis Bernardi Saraceni, Joan. Petri Vallæ, etc. *Venetiis,
per Lazarum Soardum*, 1511, in-fol.

Réimpression augmentée de l'édit. de 1499 ci-dessus :
elle est décorée d'un grand nombre de figures sur
bois signées B. Un bel exempl. a été vendu jusqu'à
166 fr. Bearzi, et un autre 21 fr. seulement Riva.

Nous pouvons encore citer les éditions suivantes de
Plaute : 1° Recognitus per Ph. Beroaldum, *Bononiæ*, 1500, 3 *cal. Dec.*; — 2° cum interpretatione
J.-B. Pii, *Mediol.*, *Uld. Scinzenzeler*, 1500, 18 *Jan.*;
— 3° cum Pyladæ Buccardi commentario, *Brixiæ*,
Jac. Britannicus, 1506, 2 *Dec.*; — 4° cum Pyladæ
Brixiani lucubrationibus, Thadæi Ugoleti et Gra-
paldi scholiis, *Parmæ*, *Oct. Saladius et Fr. Ugo-
letus*, 1510. 7. *id. Mart.*; mais ces quatre éditions
in-fol., ainsi que celle de Venise, Sessa, 1518, sont,
malgré leur mérite, des livres sans valeur dans le
commerce. Pourquoi faut-il que nous en disions
autant de l'édition de Paris, *Rob. Stephanus*, 1530,
in-fol., que devrait recommander le nom de son
éditeur ?

— Plavtvs poeta comicus. (in fine) : *Ioannes Gruninger Argentin. imprimebat.
Anno* M. D. VIII.... *octauo die Aprilis
Argentine*, pet. in-8., signat. A—Mm,
ff. non chiffrés.

Édition en petits caractères demi-goth. tirant sur l'i-
talique, avec les capitales en romain. Il y a une fig.
sur bois à chaque comédie. Les pièces prélim. comprises dans le premier cah. sont une longue épître
de *Jo. Adolphus Mulingus Joanni Dynchin*; la
vie de Plaute par Geor. Alexandrinus (Merula), et
la table des pièces. Le texte est celui de Merula,
corrigé par Scutarius. Vend. 16 sh. Heber.

— M. Plaute comici classici comediæ lu-
culentissimæ ac facetissimæ, accuratissime nuper recognitæ a disertissimo
viro Symone charptario ac pene infini-
tissimis mendis tam : nuncq antea iis
alpes impressæ. Cum ejusdem familiaribus : in unamcquonq fabulam, argumentis nominumq uthimologiis. iaz
apud parrhisios ipsius Charpentarii cura
in luentem editæ sunt : duasq in partes
distinctæ. (*Parisiis*) *Veneūt apd Dio-
nisyū Roce sub diui Martini signo*
(*absque anno*), 2 vol. pet. in-8.

Édition sans chiffres ni réclames, mais avec signat.
Le titre est en rouge et noir, et porte une fleur de
lis rouge. Les caractères sont un italique assez
rude et peu élégant, avec des majuscules d'une
forme singulière, et quelques grandes capitales. Le
livre se vendait chez Denis Roce, dont l'emblème se
voit sur le frontispice et à la fin des deux volumes ;
mais il a été imprimé par Guillaume Le Rouge,
ainsi que nous l'apprend on avis de Denis Roce au
lecteur, qui se trouve à la fin du second volume, et
où il s'exprime ainsi : ... *Nunc vero nuper ejusdem (Sym. Charpenterii) industria et diligentia
nostrisq inpensis easdem plautinas comœdias
italico charactere imprimi apud Guillelmum le
rouge nos persuasit*, etc.

Maintenant, cette édition, fort peu commune et
qui, selon nous, peut bien faire le pendant du Lucain impr. en 1512 par le même le Rouge, est-elle
postérieure à celle de 1513, comme le croyait Qui-
nini (*De litter. Brix.*, I, 42 et seq.)? Cela est
douteux, surtout si on prend en considération les
mots *nunquam antea iis alpes impressæ*, qui sont
rapportés ci-dessus.

— Comedie XX. Varroniane, ex antiquis

recentioribusq; exemplaribus invicem
collatis diligentissime emendate. —
*Anno..... decimo tertio supra mille et
quingētos pridie nonas apriles*, in-8.
de 336 ff. (le dernier tout blanc), sign.
A—T, lettres italiques.

Cette édition, publiée à Lyon d'après la révision de
Symon Charpentier, parisien, présente, indépendamment des arguments de chaque pièce, un texte plus
exact sous le rapport du mètre que les précédentes
éditions. Plusieurs fragments y paraissent pour la
première fois, et entre autres, à la fin de l'*Aulularia*, un morceau de 28 vers commençant par
Quid hic quondam pervicus addit, mais qui n'est
pas bien authentique. Comme curiosité typographique, ce même livre se recommande et par sa rareté et parce qu'il appartient à cette suite d'impressions lyonnaises qui s'annexe à la collection aldine.
Le titre de Plaute est tiré en rouge et porte une
fleur de lis ; ce qui a fait attribuer mal à propos
l'édition aux Junte de Florence.

— Comœdiæ XX, acri judicio Nic. Angelii
diligentissime excusæ. *Florentiæ, ex
officina Ph. de Giunta*, 1514, gr. in-8.

Volume de 368 ff. non compris 8 ff. préliminaires :
1 liv. 5 sh. *mar. r.* Heber ; un bel exempl. en
mar. bl. 80 fr. Renouard.

Un exemplaire sur VÉLIN se conserve au British Museum.

— Eædem. *Florentiæ, per heredes Ph.
Juntæ*, 1522, in-8. de 388 et 8 ff. 8 à
10 fr.

— Ex Plauti comœdiis XX, quarum carmina magna ex parte in mensum suum
restitua sunt. *Venetiis, in æd. Aldi et
Andr. Asulani*, 1522, pet. in-4. de
284 ff. plus 14 ff. prélimin.

Cette édition n'est ni fort rare ni fort estimée ; cependant on la recherche assez : 15 à 20 fr. Vend. 231 fr.
(exempl. rel. en *mar. citr. à compart.* et de la
plus grande beauté) de Cotte, et 123 fr. Firm. Didot ; 55 fr. *mar. viol.* Larcher, et 30 fr. Giraud.

— COMOEDIÆ omnes. *Florentiæ, hæredes Bern.
Juntæ*, 1554, in-8. 5 à 8 fr.

Vend. 28 fr. *m. bl.* (exempl. du C. d'Hoym) d'Ourches.

— EÆDEM, ex recensione Joach. Camerarii, opera
Jo Sambuci ; cum observationibus variorum. *Antuerpiæ, Chr. Plantinus*, 1566, pet. in-12.

Jolie édition. Les exemplaires, grands de marge et
bien conservés, ont quelque valeur : 12 fr. *mar. r.*
de Cotte ; 12 fr. *mar.* Courtois, et quelquefois plus.

— EÆDEM, opera Dion. Lambini emendatæ. *Lutetiæ, Joan. Macæus*, 1576, 1579, 1587 ou 1588,
in-fol.

Cette édition, dont on a renouvelé trois fois le frontispice, est peu recherchée ; mais il en existe des
exemplaires en Gr. Pap. qui sont rares et assez précieux. Vend. en *m. r.* 100 fr. La Valliere ; 48 fr. de
Cotte ; 76 fr. *m. r.* Caillard, et (l'exemplaire de de
Thou) 15 liv. Sykes, un autre en *veau, tr. d.,* 45 fr.
Quatremère.

— Comœdiæ, ex recognitione Jani Gruteri
qui bona fide contulit cum mss. Palatinis : Accedunt commentarii Frid.
Taubmanni, item indices rerum et verborum. *Wittebergæ, apud Zach. Schu-
rerum*, 1621, in-4. de 26 ff. prélim.,
1557 pp. de texte et 62 ff. de table.
6 à 9 fr.

Troisième édition du Plaute de Taubman, moins bonne à certains égards que la seconde; car, si le texte en est amélioré, il est moins correctement imprimé. On a d'ailleurs retranché de cette réimpression la préface de Taubman, et l'éditeur a trop souvent introduit dans le commentaire ses violentes sorties contre Pareus, son antagoniste. La seconde édition, donnée par le même imprimeur, en 1612, un an avant la mort de Taubman, est un in-4. de 20 ff. préliminaires, 1320 pp., 62 ff. de table, et où doivent se trouver 53 ff. contenant le *Reliquarium* ou supplément aux notes. Elle est plus complète et meilleure sous tous les rapports que la première, *Wittebergæ*, 1605, in-4., dont Ebert, n° 17189, indique un exempl. en très Gr. Pap. formant 2 vol. in-fol., lequel se conserve dans la biblioth. de Dresde. Ajoutons que le commentaire de Taubman a mérité et obtenu l'approbation des savants.

— Comoediæ, accuratissime editæ. *Amstel., typis Lud. Elzevirii*, 1652, in-24.

On annexe cette édit. à la collection des Elsevier : 4 à 6 fr.; vend. 90 fr. *broché*, F. Didot; 38 fr. Labédoyère.

Il existe deux éditions sous cette date, et avec. le même titre gravé. La première, qui est la plus belle, a en tête du texte, page 3, une vignette; la seconde n'en a pas.

— **Comœdiæ XX et fragmenta; interpretatione et notis illustr. Jacob. Operarius, in usum Delphini.** *Paris., Frid. Leonard,* 1679, 2 vol. in-4.

Cette édition n'est pas une des plus communes de la collection *ad usum : 24 à 30 fr.; vend. 65 fr. Larcher.

— Comoediæ, accedit commentarius ex variorum notis et observat.; ex recens. Johan.-Fred. Gronovii. *Amstel.*, 1684, 2 part. en 1 vol. in-8.

Bonne édition pour l'ancienne collection *Variorum :* 10 à 12 fr.; vend. 53 fr. *mar. r.* F. Didot; *non rogné,* 80 fr. 50 c. Chateaugiron, et seulement 14 fr. Renouard.

A défaut de cette édition on prend celle de *Leyde,* 1669, in-8. 4 à 6 fr.

On peut réunir à l'une et à l'autre :
Jo.-Frid. Gronovii lectiones plautinæ, quibus non tantum fabulæ plautinæ, et terentianæ; verum etiam Cæsar, Cicero, Livius, Virgilius, etc., illustrantur. *Amstelod.,* 1740, in-8. 5 à 6 fr.

— Comoediæ XX, ad editionem Frid. Taubmanni, studio fratrum Vulpiorum. *Patavii, Jos. Cominus,* 1725, in-8. 4 à 6 fr.

— Eædem, ex editione Vulpiorum. *Patavii, Ang. Cominus,* 1764, 2 vol. in-8. 4 à 6 fr.

Ces deux éditions sont estimées. La première est la plus rare et la plus recherchée; mais il y a de plus dans la seconde le *Querolus,* comédie ancienne dont nous parlons ci-après au mot QUEROLUS.

— Eædem, quæ supersunt. *Parisiis, J. Barbou,* 1759, 3 vol. in-12. 10 à 12 fr.

Une des plus jolies édit. de la collection de Barbou. — Il y a des exemplaires en pap. de Hollande.

— Eædem, cum notis var. et cum præfatione J.-Aug. Ernesti. *Lipsiæ,* 1760, 2 vol. in-8. 10 à 12 fr.

— Eædem. *Glasguæ, Foulis,* 1763, 3 vol. pet. in-8. 6 à 9 fr. — Pap. fin, 10 à 12 fr.

— Eædem. *Biponti,* 1788, 3 vol. in-8. 9 fr. — Pap. fin, 12 fr.

Cette édition, soignée par Brunck, mérite d'être distinguée des autres éditions des classiques latins imprimées aux *Deux-Ponts.*

— Quæ supersunt comœdiæ ac deperditarum fragmenta, ad optimor. exemplarium fidem recensita atque proœmio, argumentis et indice rerum instructa a Benj. F. Schmieder. Ejusd. commentarius perpetuus in Plauti comœdias. *Gœttingæ, Dietrich,* 1804-5, 2 vol. in-8. 12 fr. — Pap. fin, 15 fr., et plus en pap. vél.

Le second volume contient un choix de notes extrait des meilleurs commentateurs.

— Comoediæ, edidit F.-H. Bothe. *Berolini,* 1809-11, 4 vol. in-8. 20 à 24 fr.

Édition estimée, dont le 4e vol. contient les notes.

— Comoediæ quæ extant, ex recensione F.-H. Bothe. *Augustæ-Taurin., Pomba.* 1822, 5 vol. in-8.

— Comoediæ superstites viginti, sedula recensione accuratæ. *Londini, Rodwell et Martin,* 1823, 3 vol. gr. in-18. 10 à 12 fr.

Édition de la collection du Régent.

— Comoediæ, ex editione J.-Fr. Gronovii, cum notis et interpretatione in usum Delphini, variis lectt., notis varior. et indice locupletiss. *Londini, Valpy,* 1829, 5 vol. in-8.

Formant la fin du n° 125 et les n°s 126 à 129 de la collection de Valpy.

— Comoediæ, cum selectis variorum notis et novis commentariis : curante J. Naudet. *Parisiis, Lemaire* (typ. F. Didot), 1830-32, 4 vol. in-8., dont le dernier renferme l'index. 18 à 24 fr. C'est une des meilleures parties de la collection de Lemaire.

— Comoediæ ad præstantium librorum fidem recensuit, versus ordinavit, difficiliora interpretatus est Car. Henr. Weise; editio secunda multis in partibus locupletata. *Quedlinburgi, Basse,* 1847-48, 2 vol. in-8. 18 fr. — Pap. vél., 24 fr.

La première édit., aussi en 2 vol. in-8., a paru dans la même ville, en 1837 et 1838.

— Comoediæ, ex recensione et cum apparatu critico Frid. Ritschelii : accedunt prolegomena de rationibus criticis, grammaticis, prosodiacis metricis emendationis Plautinæ. *Bonnæ, Kœnig,* 1848-54, 3 vol. in-8., tom. 1 à III, en 2 part. chacun. 10 thl.

Travail fort estimé, mais qui malheureusement n'est pas terminé.

— **Plauti fragmenta inedita. Item ad P. Terentium commentationes et picturæ ineditæ, inventore Angelo Maio.** *Mediolani, typ. reg.,* 1815, in-8. et in-4., pap. vél., avec 2 pl.

Ces fragments de Plaute ont été découverts dans la Bibliothèque Ambrosienne, par M. Mai, qui en fait graver une copie exacte; ils paraissent appartenir à la *Vidularia,* comédie perdue de Plaute. Le volume a été réimprimé sous le titre suivant :
Analecta critica scenicæ romanæ poesis reliquias illustrantia; edidit D.-F. Osann : insunt Plauti fragmenta. *Berolini,* 1816, in-8. 5 fr.

— **Digna Plauti dicta, ex comœdiis viginti a Bono Accursio collecta in unum compendium** (*absque nota*), in-4.

Ce livre, peu connu, contient un abrégé des vingt comédies de Plaute; il a été imprimé vers 1475, en caractères romains, sans indication de lieu ni de date, avec des signatures de A – E et de A – II, par cah. de 8 ff. Le volume commence par 2 ff. dont la prem. page pour le registre, et les trois pages suivantes pour la préface de Bonus Accursius; il est terminé au verso du ff. Hii (voy. *Biblioth. spencer.,* tome II, p. 247).

— **Théâtre de Plaute, traduction nouvelle, accompagnée de notes par J. Naudet, et du texte latin.** *Paris, Panckoucke,* 1831-37, 9 vol. in-8. 63 fr.

— **La même traduction, 2e édition.** *Paris, Lefèvre,* 1845, 4 vol. in-18 jésus, 12 fr.

Avant que cette traduction parût, on plaçait, faute de mieux, dans les bibliothèques, celle de H.-P. Limiers, *Amsterdam,* 1719, 10 vol. in-12, fig., qui contient le texte latin et des remarques : ce qu'elle renferme de meilleur, c'est la traduction des trois

pièces suivantes: *L'Heureux naufrage*, l'*Amphi-tryon* et l'*Epidicus*, par Mᴵˡᵉ Lefebvre (depuis Mᵐᵉ Dacier), déjà publiées séparément à *Paris*, en 1683 et en 1695 (aussi à Lyon, 1696), en 3 vol. in-12. Le même recueil renferme la traduction des *Captifs*, par Coste, d'après l'édition d'*Amsterdam*, 1716, pet. in-8. — On ne fait aucun cas de la traduction du même poëte comique par Gueudeville (*Leyde*, 1719), en 10 vol. in-12, sans texte; et celle de J.-B. Levée, en 8 vol. in-8. (voyez THÉATRE des Latins), n'est guère plus estimée. Une autre traduction de Plaute, celle de M. A. François, imprimée en 1844, fait partie de la collection des auteurs latins dont M. Nisard a été l'éditeur.
— LE BRAVE, voyez BAIF.

— Comedia asinaria de Plauto, traducta de latin in vulgar, representata adi xj febraro del 1514. *In Venetia, nel monasterio de Sancto Stephano*, pet. in-4.

Édition en caractères rom., avec des signat. de a—I, par cah. de 4 ff. à 32 lignes par page; 6 fr. de Soleinne.
L'*Asinaria* a été réimpr. à Venise, chez *Nic. di Aristotile detto Zoppino*, 1530, in-8., et publiée en même temps que la traduction ital. des pièces suivantes de Plaute, savoir: 1° *Il Penolo* (selon Haym, cette pièce aurait déjà été impr. à Venise, en 1520 et 1526); 2° l'*Amphitriona*, trad. par Pandolfo Colonnutio; 3° *Mustellaria*, trad. par Geronimo Berardo; 4° la *Cassina*, trad. par le même; 5° *Menechmi*. Les six pièces réunies en 1 vol. *mar. r.* 26 fr. de Soleinne.

— Comedie di Plauto, volgarizzate da Nic.-Eug. Argelio, col testo lat. *Napoli*, 1783, 10 vol. in-8. 40 fr.

— EL LIBRO del Birria. Voy. BRUNELLESCHI.

— Plautus, in Trimetern übersetzt von K. Mor. Rapp. *Stuttgart, Metzler*, 1838-53, 17 vol. in-16, à 1 fr. 25 c. le volume.

— The Comedies of Plautus, translated into familiar blank verse (by Bonnel Thornton, George Colman and Rich. Warner). *London*, 1769-74, 5 vol. in-8. 20 à 30 fr.

Traduction estimée, et à laquelle sont jointes des notes extraites des meilleurs commentateurs. Les deux premiers vol. avaient d'abord paru en 1767, mais l'édition de 1769 présente des améliorations.
THE COMEDIES of Plautus literally translated into english prose, by H.-T. Riley. *London, Bohn*, 1852, 2 vol. pet. in-8. 10 sh.

PLAW. Rural architecture : or designs from the simple cottage to the decorated villa, including some which have been executed by J. Plaw, etched and shaded in aqua tinta. *London, Taylor*, 1802, gr. in-4. avec 60 pl. 15 à 20 fr. [9808]

On a du même auteur : *Ferme ornée : or rural improvements*, et *Sketches for country-houses*, deux ouvrages impr. à Lond., en 1795 et en 1800, gr. in-4., et qui sont encore moins chers que le précédent.

PLAYFAIR (*Will.*). British family an-

tiquity, illustrative of the origin and progress of rank, honours, and personal merit of the nobility of the united kingdom; accompanied with an elegant set of chronological charts. *London*, 1809-12, 9 vol. gr. in-4. 120 à 150 fr. [28927]

Ouvrage d'un intérêt local. Vend. (en très Gr. Pap. blasons color. *mar. r.*) 400 fr. le duc de Feltre.

PLAYS (Old). Voy. SELECT collection.

PLEDUNO (*Auffray*). Voy. AUFFRAY et ajoutez à ce nom PLEDUNO.

PLÉE (*F.*). Types de chaque famille et des principaux genres des plantes qui croissent spontanément en France, exposition détaillée et complète de leurs caractères et de l'embryologie. *Paris, chez l'auteur*, et *J.-B. Baillière*, 1844 et ann. suiv., in-4., fig. color. [5058]

Cet ouvrage sera composé de 150 livr. comprenant chacune 1 pl. color.; il en paraissait 144 en 1861; prix : 1 fr. 25 c. par livraison. M. F. Plée, l'auteur, avait déjà aidé A. Plée, son père, pour la publication de ses *Herborisations artificielles aux environs de Paris* (18 herborisations), 1811-1815, in-8., contenant 20 pl. color. 20 fr.

PLEHN. Lesbiacorum liber; composuit Sev. Lucianus Plehn : accessit tabula geographica æri incisa, quæ Lesbii insulæ exhibet figuram. *Berolini, Nicolai*, 1826, in-8. de 218 pp., avec la carte. 4 fr. [22867]

PLENARIUM (das) oder Ewangely buoch. *Basel* (*Petri von Langendorff*), 1514, in-fol.

Ce livre contient trois grandes figures sur bois de H. Schaufelein, et beaucoup de petits bois d'Urse Graf. 44 fr. 2ᵉ catal. Quatremère.

PLENCK (*Jos.-Jac.*). Icones plantarum medicinalium secundum systema Linnæi digestarum (lat. et germ.). *Viennæ*, 1788-1812, 8 vol. in-fol., avec 758 fig. color. [5542]

Les planches qui composent ce recueil avaient déjà été employées pour les ouvrages de Jacquin; mais au moyen de l'enluminure, on ne peut guère s'apercevoir qu'elles sont usées. Chacun des sept premiers volumes renferme 100 pl., et le 8ᵉ, donné après la mort de Plenck par Jos.-Laur. Kerndl, 58 pl. seulement, avec la table. L'ouvrage coûtait près de 1800 fr. Vend. 620 fr. Pappenheim.
— Bromatologia, 7045. — Toxicologia, 7408.

PLÉTHON. Traité des lois, ou recueil de fragments, en partie inédits, de cet ouvrage, texte revu sur les manuscrits, précédé d'une notice, par C. Alexandre; traduction par A. Pellissier. *Paris, F. Didot frères*, 1858, in-8. 9 fr. [2330]

PLETHONIS Libellus de fato. Voy. GE-
MISTIUS Pletho.

PLEURS et soupirs lamentables de Mme de
Guyse sur la mort de M. le duc de Guyse.
Paris, François Lejeune (1589), in-8.
de 16 pp., portrait du duc. [23580]

Les trois pièces suivantes peuvent être réunies à
celle-ci :

1° ORAISON funèbre sur la mort de M. le duc de
Guyse, 1589, in-8. de 16 pp. avec le portrait.

2° REGRETS de Madame de Nemours sur la mort
de MM. de Guyse. (*Paris*), *Hubert Velu*, 1589,
in-8. de 16 pp. Sur le dernier f. le portrait du card.
de Guyse.

3° SOUPIRS lamentables de la France sur le trépas
de M. le duc de Guyse, in-8. de 3 ff. en vers.

PLINIUS secundus (*Caius*). Naturalis historiæ libri XXXVII. *Venetiis, Joannes
de Spira*, 1469, gr. in-fol. [4467]

Édition en beaux caract. ronds, sans chiffr., récl. ni
signatures, et sans initiales ni sommaires, à longues
lignes, au nombre de 50 sur les pages du texte. Ce
volume se compose de 355 ff. en tout, dont les 18
premiers renferment une vie abrégée de Pline
(*Plinius Secundus novocomensis...*), la préface de
l'auteur et la table des chapitres, impr. sur 2 col.
de 52 lignes chacune. Le recto du 19° f. commence ainsi : *Vndum et hoc qvod nomine* (en
capitales). Au verso du dernier f. se trouve la souscription en six vers (*Quem modo tam rarum
cupiens......*), et la date de M. CCCC. LXVIIII. Les
passages grecs sont, ou restés en blanc, ou imprimés
en caract. rom. Cette première édition de Pline est
certainement une des belles productions typographiques des presses vénitiennes, et, quoiqu'elle n'ait
pas été faite d'après un manuscrit très-correct,
elle peut encore être consultée avec quelque fruit :
toutefois il s'en est conservé un certain nombre
d'exemplaires, et on ne peut pas la considérer
comme un livre d'une très-grande rareté. Vend.
1700 fr. v. br. La Vallière, et 1551 fr. F. Didot ;
3000 fr. mar. bl. de Limare, et le même exempl.
31 liv. 10 sh. seulement, Heber ; un autre en mar. r.
1822 fr. Larcher, et 35 liv. 14 sh. Sykes.

Il existe deux exempl. de ce beau volume impr. sur
VÉLIN, l'un à Paris, dans la Bibliothèque impériale,
l'autre dans la Biblioth. impér., à Vienne.

— Editio alia, ex recensione Joan.-Andr.
episcopi Aleriensis. *Romæ, in domo Petri et Francisci de Maximis, per Conr.
Suueynheym et Arnoldum Pannartz,*
1470, gr. in-fol.

Édition plus rare, peut-être, mais un peu moins belle
que la précédente. On y compte 575 ff., dont 21
pour les préliminaires, non compris le premier ni
le dernier, qui sont en blanc. Les pages portent
46 lignes. Le prem. f. impr. contient l'épître intitulée : *Johannis Andree Episcopi Alerieñ. ad
pontificem summum Paulum II. venetum Epistola.* Il y a au recto du dern. f. une longue souscription terminée ainsi : *Impressum Rome in domo
Petri et Francisci de Maximis iuxta campū
flore presidētibus magistris Cōrado Suueynheym
et Arnoldo Panaratz* (sic). *Anno domini natalis
M. CCCC. LXX, etc.*

Vend. 244 fr. La Vallière ; 14 liv. Sykes ; 9 liv. 5 sh.
Heber ; 127 fr. Boutourlin.

Un exempl. précieux impr. sur VÉLIN, provenant
du couvent des Jacobins de Vérone, est maintenant
conservé dans le riche cabinet de lord Spencer.

—————

Pleuvri (l'abbé). Histoire du Havre, 24350.

La Bibliothèque impériale de Paris en possède un
semblable.

— HISTORIA naturalis (cum epistola dedicatoria Joan.
Andreæ). *Venetiis, per Nic. Jenson*, 1472, in-fol.

Cette troisième édition ou un peu moins rare que les
deux précédentes, mais elle est fort belle. Comme
la première elle se compose de 355 ff. (à 50 lign.
par page), dont les deux premiers contiennent des
Testimonia. On lit à la fin du dernier livre de
Pline une souscription impr. en capitales, commençant ainsi : *Caii Plynii secundi naturalis historiæ
libri triqesimi septimi et vltimi finis...* Cette
souscription est suivie de l'épître de Jean André à
Paul II, laquelle finit sur le dernier feuillet imprimé.
Il y a ensuite un 356° f. tout blanc.

Vend. 420 fr. Soubise ; 260 flor. exempl. décoré de
lettres initiales peintes, Rover ; 240 fr. d'Ourches ;
10 liv. (très-beau) Heber, et un exemplaire inférieur, 4 liv. 6 sh. le même ; 100 fr. Boutourlin ;
135 fr. mouillé, Bearzi ; avec initiales peintes, 220 fr.
Riva ; 20 liv. 10 sh. Libri, en 1859 ; 205 fr. avec
plusieurs feuillets raccommodés, Costabili. La Bibliothèque impériale possède un exemplaire de ce
livre sur VÉLIN ; on en connaît cinq ou six autres.
Celui de M. Marc-Carthy avait un f. sur papier. Il a
été retiré à 705 fr., offert depuis à 1100 fr., et ensuite vendu 72 liv. 9 sh. Sykes.

— Historia naturalis. *Romæ, per Conrad.
Suueynheym et Arnold. Pannartz,*
1473, in-fol. à 46 lign. par page.

Sous le rapport de la rareté, cette édition ne le cède
guère aux trois précédentes, toutefois elle est moins
recherchée : 272 fr. Brienne-Laire ; 120 fr. L'Héritier ; retiré à 132 fr., et offert à 200 fr. Mac-
Carthy ; 160 fr. Costabili ; vend 11 liv. Drury ;
17 liv. (exempl. enrichi de notes de la main d'Ange
Politien) Heber.

Le volume est composé de 400 ff. (selon Jos. Van
Praet, ou de 397, selon Fossi) ; le premier commence
par l'intitulé suivant, imprimé en lettres capitales :
*C. Plynii secundi naturalis historiæ liber primus
de his quæ singulis libris continentur incipit
fœliciter.* A la fin se trouve la souscription : *Aspicis
illustris, etc.*, avec la date.

— Historia naturalis, ex emendatione
Phil. Beroaldi. *Parmæ, Steph. Coral-
lus*, 1476, gr. in-fol.

Volume de 356 ff. dont 19 de prélim. ; il commence
par l'épître de Pline le jeune à Marcus, et il finit
par l'épître de Phil. Beroaldus à Nic. Raucaldus. La
souscription qui termine le texte de Pline (au verso
du 4° f., avant la fin) est ainsi conçue :

*Caii Plynii secundi naturalis historiæ libri
tricesimi septimi et vltimi finis. Impressi Parmæ
ductu et inpensis mei Stephani Coralli lugdunensis M. CCCC. LXXVI, etc.*

L'édition a été faite sur celle de 1472.

Vend. 150 fr. Brienne-Laire ; 48 fr. L'Héritier ; 55 flor.
Rover ; retiré à 101 fr. et offert à 120 fr. Mac-Carthy ; 22 fr. 50 c., exemplaire médiocre, Boutourlin.

— Eadem. *Tarvisii, ductu et impensis
Michaelis Manzoli Parmensis,* 1479,
in-fol. de 358 ff. non chiffr., sign. a—N.

Les deux prem. ff. renferment : *Pro C. Plinio Secundo apologia*, et *carmen, ex illustrium operum
argumentis.*

Vend. 12 flor. Crevenna ; 65 fr. Bearzi ; 49 fr.
Costabili.

— Eadem. *Parmæ, Andreas Portilia,*
1481, *octavo idus julii*, in-fol. de 268 ff.
non chiffr., y compris le premier et le
dernier qui sont blancs.

Vend. 36 fr. La Valliere ; 30 fr. Costabili.

Une autre édition de Pline imprimée par le même imprimeur et datée du 13 février 1480, in-fol. de 285 ff. non chiffrés (le prem. tout blanc), est à la Bibliothèque impériale.

— Historia naturalis. *Venetiis, opera et impensa Rainaldi de Nouimagio,* 1483, in-fol. de 355 ff.

Vend. 30 fr. *m. r.* La Valliere.

Dans le catal. de Bigot, p. 30, n° 1225, est indiquée une édit. de Venise, 1486, in-fol., impr. sur VÉLIN, mais cette date doit être inexacte, car on ne connaît point d'édition de Pline faite en 1486. Les autres éditions de ce grand naturaliste, impr. à la fin du XVᵉ siècle, sont celles de Venise, 1487 et 1491, de Brescia, 1496 (nouv. date 1498), de Venise, 1496, 1497 et 1499, toutes in-fol. et d'un prix très-médiocre.

— Historiæ naturalis libri, ab. Alex. Benedicto emendatiores redditi. *Lugduni,* 1510, 2 vol. in-8.

Cette édition rare est sortie des mêmes presses qui ont contrefait plusieurs édit des Alde ; et ce motif la fait rechercher par quelques amateurs, comme faisant suite à la collection de ces imprimeurs célèbres ; ce n'est d'ailleurs qu'une réimpression de l'édition de Venise, 1507, in-fol.

— Iidem libri, e castigationibus Hermolai Barbari, quam emendatissime editi : additus est... index Joannis Camertis Minoritani. — *Sumptibus ornatiss. virorum Ioannis Kobergii ac Lucæ Alantsee. Impressum Hagenoæ opera industriaꝗ Thomæ Anshelmi Badensis... Anno* M. D. XVIII, etc., 2 tom. en 1 vol. in-fol.

Edition peu précieuse en elle-même, mais dont un exemplaire imprimé sur VÉLIN, provenant du cabinet de M. Ayala, se trouve à la Bibliothèque impériale. Un autre, également sur VÉLIN, 1700 fr. Bearzi.

L'*index* de J. Camertes, qui fait le principal mérite de l'édition de 1518, avait d'abord été imprimé séparément : *Viennæ-Pannoniæ, per Hieronymum Vietorem, Joannemque Singrenium artis socios,* M. CCCCC. XIIII, 2 tom. en 1 vol. in-4.

— Plinii naturalis historia, post omnes editiones, pluribus in locis feliciter nunc restituta auxilio veterum codicum et doctorum omnium diligentia ; accessit index (edente Danesio). *Parisiis, apud Joan. Parvum,* 1532, in-fol.

Cette édition a été citée avec éloge par Ernesti (*Biblioth. lat.*) et par Rezzonico (*Disquisitiones plinianæ*) ; elle n'a cependant que peu de valeur dans le commerce, malgré sa rareté.

— Eadem. *Venetiis, per hæred. Aldi et Andreæ Asulani,* 1535 et 1536, 3 vol. in-8.

On trouve difficilement de beaux exemplaires de cette édition à laquelle se joint l'*index* intitulé :

    INDEX in C. Plinii nat. hist. libros locupletior quam qui hactenus impressi sunt, etc. — *Venetiis, Aldus,* 1538, in-8. de 251 ff. non chiffrés, et 1 f. blanc.

Les exemplaires qui n'ont pas cet *index* perdent moitié de leur valeur.

On conserve à Florence, dans la bibliothèque Maglia-

bechi, un exemplaire des trois volumes du texte en Gr. Pap. Un semblable, mais avec 2 ff. du prem. volume en papier ordinaire : 200 flor. Meerman.

Le premier volume de Pline, daté de 1536, contient 48 ff. prélim. et 308 ff. de texte, cotés jusqu'à 314 (les chiffres 154, 156, 158, 161, 163 et 165 sont oubliés). Le second volume daté de 1535 a 303 ff., et l'ancre sur un f. blanc. Le troisième volume consiste en 295 ff., suivis d'un dernier f. sur lequel sont le registre des trois volumes et la souscription. Vend. (les 4 vol.) 57 fr. *mar. r.* Mérigot ; 5 liv. 7 sh. 6 d. Sykes ; 3 liv. 10 sh. Heber ; 3 liv. 13 sh. Butler ; 36 fr. *mar. r.* Riva.

Il y a des exemplaires des trois volumes avec la date de 1540 ; mais ils sont bien de l'édition de 1535 et 1536. Vend. en *m. v.* 4 liv. 4 sh. Heber.

— Plinii secundi historiæ mundi libri. *Basileæ, ex officina frobeniana,* 1545, in-fol.

Cette édition ne conserve presque aucune valeur dans le commerce, et nous n'en parlons ici que pour citer un exemplaire revêtu d'une magnifique rel. anc. en veau à compart., dans le genre Grolier, exécutée pour Louys de Sainte-Maure, marquis de Neste, mort le 9 septembre 1572 ; exemplaire qui, à cause de la richesse de ses ornements et de sa belle conservation, a été payé 2500 fr. à la vente Solar.

— HISTORIÆ naturalis libri triginta septem, a Paulo Manutio multis in locis emendati. Castigationes Sigismundi Gelenii. Index plenissimus. *Venetiis, apud P. Manutium,* 1559, in-fol. 12 à 18 fr.

— HISTORIA naturalis. *Lugduni, heredes Jac. Junctæ,* 1561, 4 vol. pet. in-12.

Édition assez jolie, et dont les exemplaires bien conservés ont quelque valeur : vend. 24 fr. Soubise ; 20 fr. *mar. r.* Trudaine. Elle a été donnée par And. Morguæsius.

— Eadem (edente Joan. de Laet). *Lugd.-Batav., ex offic. elzeviriana,* 1635, 3 vol. pet. in-12.

Très-jolie édition : 24 à 40 fr.; vend. 60 fr. *m. r. l. r.* La Valliere ; 69 fr. Giraud, et un très-bel exemplaire (rel. en *vél.* et haut de 132 millim.) ; 250 fr. Delatour, et depuis 128 fr. (s'étant trouvé taché) de Chalabre.

— Eadem, cum notis var., recensuit Joan.-Fred. Gronovius. *Lugd.-Batav., apud Hackios,* 1669, 3 vol. in-8.

Belle édition, et l'une des moins communes de la collection des anciens *Variorum :* 20 à 30 fr. Vend. 4 liv. 4 sh. *m. v.* en 1835.

— Eadem ; interpretatione et notis illustravit Joan. Harduinus, in usum Delphini. *Parisiis, apud Fr. Muguet,* 1685, 5 vol. in-4.

Cette édit. de Pline est un des meilleurs ouvrages de la collection *ad usum,* et même on la préfère généralement à la suivante, qui contient cependant des augmentations : 40 à 50 fr.

— EADEM, interpretat. et notis illustravit Joan. Harduinus ; editio altera emendatior et auctior. *Parisiis, Coustelier,* 1723, 3 vol. in-fol. fig.

Cette édition est commune, son format en rend l'usage incommode : 24 à 36 fr., et en Gr. Pap. dont les exemplaires ne sont pas bien rares, vend. 140 fr. Soubise; 181 fr. *m. bl.* de Cotte; 201 fr. (même exempl.). Labédoyère ; 120 fr. Naigeon ; 63 fr. *mar. r.* Giraud, et quelquefois moins.

Un exemplaire impr. sur *parchemin* a été vendu 42 liv. Askew et 1190 fr. La Valliere ; retiré à 900 fr., et offert à 1200 fr. Mac-Carthy.

Il y a une réimpression faite à *Bâle,* en 1741, sous

l'indication de *Paris*, pareillement en 3 vol. in-fol. On en fait peu de cas.

Lisez au sujet de l'édition de Paris :

LETTRES d'un professeur de l'Université de Paris (Crévier), sur le Pline du P. Hardouin, *Paris*, 1725, in-12.

— EADEM, accedit chrestomathia indicibus aliquot copiosiss. exposita, curante J.-P. Miller. *Berolini*, 1766, 5 vol. in-12. 12 à 15 fr.

Dans cette édition, les *index* occupent les 4e et 5e tomes.

— LIBRI XXXVII, quos recensuit et notis illustravit Gabr. Brotier. *Parisiis, Barbou*, 1779, 6 vol. in-12.

Cette édition, exécutée avec soin, est fort estimée : 30 à 36 fr., et plus en pap. fin.

— EADEM historia, cum interpretat. et notis integris Joan. Harduini et variorum, ex recensione Joh.-Georg.-Frid. Franzii. *Lipsiæ*, 1778-91, 10 vol. in-8. 25 à 40 fr.

Quoique cette édition renferme un ample commentaire, elle n'est guère estimée en France, parce qu'elle est faite avec peu de goût. Il y a un petit nombre d'exemplaires tirés sur papier fin, et ils sont d'autant plus recherchés, que le papier ordinaire est très-vilain.

— HISTORIÆ naturalis libri XXXVII, ex editione Gabr. Brotier, cum notis et interpretatione in usum Delphini, variis lectt., notis varior. et indice locupletiss. *Londini, Valpy*, 1826, 14 vol. in-8.

Collection de Valpy, fin du n° 87, et n°s 88 à 98.

— HISTORIÆ naturalis libri XXXVII, cum selectis commentariis Joan. Harduini ac recentiorum interpretum novisque annotationibus. *Parisiis, Lemaire (typis F. Didot, etc.)*, 1827-31, 10 vol. en 13 tom. in-8.

Divisé en six parties, savoir : 1° *Cosmologia, curante C. Alexandre*, tom. 1 ; 2° *Geographia, curante F. Ansart*, tom. II, 1re et 2e part.; 3° *Zoologia, curante Ansart*, tom. III et IV ; 4° *Res herbaria, curante L. Desfontaines*, tom. V, VI et VII, 1re et 2e part.; 5° *Materia medica, curante Ajasson de Grandsagne*, tom. VIII ; 6° *Mineralogia*, tom. IX. Le tome X, en 2 part., contient les *Indices, curante Ang. Pihan Delaforest* (la 2e part. a été publiée en août 1833).

— HISTORIÆ naturalis libri XXXVII, cum indicibus rerum locupletissimis ad optimor. librorum fidem emendatissime editi, curante Car.-Herm. Weisio. *Lipsiæ, Car. Tauchnitz*, 1841, in-4. 18 fr.

Édition stéréotype, complète, en un seul volume.

— Plinii Secundi naturalis historiæ libri XXXVII, recensuit et commentariis criticis indicibusque instruxit Julius Sillig. *Hamburgi et Gothæ, Perthes*, 1851-57, 8 vol. in-8. 90 à 100 fr.

Cette édition, publiée sous les auspices de l'Académie de Berlin et de la Société des naturalistes et médecins allemands, se recommande par les soins apportés à la correction du texte et par les notes qui l'accompagnent. Le 7e vol. en 2 part. contient un index étendu.

Traductions.

— Histoire naturelle de Pline, traduite en franç. (par Poinsinet de Sivry), avec le texte latin accompagné de notes (par Guettard et autres). *Paris*, 1771-82, 12 vol. in-4.

Traduction très-médiocre : 30 à 40 fr. Celle de Dupinet, *Lyon*, 1562, ou *Paris*, 1608, 2 vol. in-fol., sans être méprisable, n'a point conservé de valeur.

— HISTOIRE naturelle de Pline, traduction nouvelle, par M. Ajasson de Grandsagne, annotée par MM. Beu-

dant, Brongniart, G. Cuvier, Daunou, etc. *Paris, Panckoucke*, 1829-33, 20 vol. in-8. 100 fr.

Il ne nous est nullement démontré que, abstraction faite des notes, cette traduction soit fort supérieure à celle de Poinsinet de Sivry.

— HISTOIRE naturelle de Pline, avec la traduction française par M. E. Littré. *Paris, Firm. Didot frères*, 1855, 2 vol. gr. in-8. 30 fr.

Bonne traduction qui fait partie de la collection des auteurs latins, publiée sous la direction de M. D. Nisard.

— Historia naturale di C. Plinio secondo, tradocta di lingua latina in fiorentina per Christophoro Landino, etc. — *Opus Nicolai Jansonis gallici impressum anno salutis* M. CCCC. LXXVI. *Venetiis*, in-fol. de 413 ff. non chiffrés, plus 2 ff. (le 1er et le 60e) blancs.

Cette édition magnifique est la première de la traduction italienne de Pline, par Landino, puisque celle de *Rome*, 1473, que citent plusieurs bibliographes, est supposée : vend. 72 fr. *m. r.* La Valliere ; 75 fr. d'Ourches ; 40 fr. seulement (exempl. taché) L'Héritier ; 2 liv. 5 sh. Hibbert ; un très-bel exempl. 10 liv. 10 sh. Pinelli ; 120 fr. Boutourlin.

Un exemplaire imprimé sur VÉLIN, avec les lettres initiales peintes : 790 fr. Gaignat ; 780 fr. La Valliere ; retiré à 605 fr., et offert à 900 fr. Mac-Carthy.

Hain, n° 13105, rapporte les variantes que lui a fait reconnaître la collation de deux exempl. différents de ce livre, ce qui fait supposer deux tirages de certaines feuilles.

Cette traduction a été réimprimée plusieurs fois, mais on fait peu de cas de ces réimpressions, à l'exception de celle de *Venise, Giolito*, 1543, in-4., corrigée par Ant. Brucioli, le même qui fit imprimer à *Venise*, en 1548, sa propre traduction italienne de Pline.

— Historia naturale di C. Plinio secondo, tradotta per Lodovico Domenichi. *Vinegia, Gabr. Giolito*, 1561, ovvero 1562, in-4. 10 à 12 fr.

Les deux dates se rapportent à une seule édition.

— Historia natural, traduzida por Geronymo de Huerta, con escolios, y anotaciones. *Madrid*, 1624 et 1629, 2 vol. in-fol.

Vend. 63 fr. 50 c. La Serna ; 43 fr. Rodriguez.

— Naturgeschichte, übersetzt von J. Dan. Denso. *Rostock*, 1764-65, 2 vol. in-4.

On réunit à ces 2 vol. *Plinisches Wörterbuch*, Rostock, 1766, in-8.

— Pliny's Natural History, a translation on the basis of Philemon Holland, with critical and explanatory notes, edited by Couch, J. Herschell, Dr. Aldis, etc. *Wernerian club*, 1847-50, gr. in-8., vol. I à III ; la suite n'a pas paru.

La traduction du Dr Holland, qui a servi de base à celle-ci, est un in-fol. en deux parties, impr. à Londres en 1601, et réimpr. en 1634.

— Natural History, translated with copious notes and illustrations by Dr. Bostock and H.-T. Riley, with a general index. *London, Bohn*, 1855-57, 6 vol. pet. in-8. 1 liv. 10 sh.

Parties séparées.

— Historiæ naturalis liber nonus de aquatilium natura; recensuit....... ampliss. commentariis instruxit Laur.-Theod. Gronovius. *Lugd. - Batavor.*, 1778, in-8. 3 à 5 fr.

— C. Plinii S. Historiæ naturalis ad Titum imperatorem præfatio; ex mss. et veteri editione recensuit et notis illustravit D. Durandus. *Londini, apud Guil. Innys*, 1728, pet. in-8.

Pièce devenue rare; la préface de Pline n'y occupait, primitivement, que 12 pp. en lettres italiques; mais l'auteur y ajouta par la suite, comme variantes, la même préface conforme aux imprimés, et remplissant 12 autres pp. en lettres rondes; il y joignit aussi la traduction française de cette préface, avec des éclaircissements suivis de remarques sur quelques endroits d'Horace, pp. 73-136, datés du 19 septembre 1734. Nous avons vu un exemplaire ainsi complété, dont le frontispice était daté de 1738, au moyen d'un X ajouté à la plume; il se trouvait relié avec les Académiques de Cicéron, trad. par le même Durand, édition de 1740.

Nous avons vu aussi un exemplaire de la même préface contenant 4 ff. prélim., 12 pp. chiffrées, 69 pp. chiffrées et 3 pp. non chiffrées, en tout 92 pp. y compris les prélimin. C'est à la suite de la partie de 69 et 3 pp. que se placent les pp. 73 à 136.

— Histoire naturelle de l'or et de l'argent, extraite de Pline, livre XXXIII (trad. par D. Durand). *Londres, Guill. Bowyer*, 1729, in-fol. 10 à 12 fr. [4742]

— Histoire de la peinture ancienne, extraite de Pline, livre XXXV (traduite par D. Durand). *Londres, G. Bowyer*, 1725, in-fol. 12 à 15 fr. [29486]

Ces deux volumes sont estimés et peu communs.

— TRANSLATION de la langue latine en françoise des VII et VIII livres de C. Plinius secundus, faite par Loys Meigret, lyonnois. *Paris, Denis Janot et Jehan Longis*, 1543, pet. in-8., lettres rondes, avec un privilége dans lequel Denis Janot est qualifié d'imprimeur du roi pour la langue françoise.

Dans son avant-propos le traducteur parle beaucoup de l'orthographe nouvellement introduite par lui.

— LE SECOND livre de Caius Plinius secundus, sur l'histoire des œuvres de nature, traduict de langue latine en francoise par Loys Meigret. *Paris, And. Wechel*, 1552, pet. in-8.

— SOMMAIRE des singularitez de Pline, extrait des seize premiers livres de sa naturelle histoire. *Paris, Rich. Breton*, 1559, pet. in-8. de 50 ff., caractères cursifs. 8 fr. 50 c. Veinant; 10 fr. Bergeret.

Ces extraits de Pline ont été trad. par Pierre de Changy et publiés pour la première fois par Blaise de Changy, son fils, à *Lyon, chez Jean de Tournes*, en 1551, in-16. — Voy. CHANGY.

— TRADUCTION des XXXIV, XXXV et XXXVIᵉ livres de Pline, avec des notes par Et. Falconet (2ᵉ édition). *La Haye*, 1773, 2 vol. in-8. 9 à 10 fr.

— HISTOIRE des animaux, traduct. nouvelle par P.-C.-B. Guéroult. *Paris*, 1802, 3 vol. in-8. [5585]

Guéroult avait déjà publié, en 1785, la traduction de *Morceaux extraits de l'histoire naturelle de Pline*, in-8., réimpr. à Paris, en 1809 et en 1824, 2 vol. in-8., avec le texte latin : 10 fr.

— Voy. BARBARI castigationes. — SOLINUS. — REZZONICO.

PLINIUS junior. Caii Plinii Secundi Panegyricus, liber Trajano dictus, cum annotationibus Dom. Baudii et variorum. *Lugd.-Bat.*, 1675, in-8. 4 à 6 fr. [12142]

Vend. 41 fr. *m. r.* (exempl. du C. d'Hoym) Firm. Didot, et 131 fr. en 1838.

Pour la première édition de ce discours, voyez PANEGYRICI veteres.

— PANEGYRICUS, cum notis Jacobi de La Baune, ad usum Delphini : huic editioni adduntur quædam notæ selectiores variorum (curavit Th. Parsell) *Lond.*, 1716, in-8.

Rare en Grand Papier.

— PANEGYRICUS, cum notis vel integris, vel selectis, curante Joan. Arntzenio, qui et suas adnotationes adjecit. *Amstelodami*, 1738, in-4. 10 à 12 fr.

— Panegyricus, recensuit, numis illustravit, variorum plurimisque suis commentariis instruxit Ch.-Gottl. Schwarz. *Norimbergæ*, 1746, in-4. fig. 12 à 15 fr.

Édition la meilleure de cet ouvrage. Vend. en pap. fort, dont les exempl. sont rares, 24 fr. Villoison.

— Panegyricus Cæsari imperatori Nervæ Trajano Augusto dictus. *Bresciæ, Nicolò Bettoni*, 1805, in-4.

Il a été tiré sur VÉLIN cinq exemplaires de cette édition. Celui de l'empereur Napoléon, à qui le livre est dédié, se conserve dans la bibliothèque du château de Fontainebleau.

— PANEGYRIQUE de Pline à Trajan, en latin et en françois, avec des remarques historiques, critiques et morales, par le comte Coardi de Quart. *Turin*, 1724, in-fol. Peu commun.

— PANEGYRIQUE de Trajan, par Pline le jeune, traduit par de Sacy. *Paris, Barbou*, 1772, pet. in-12, 3 fr.

— Caii Plinii secundi Novicomensis oratoris facundissimi epistolarum liber primus (libri VIII). — M. CCCC. LXXI, gr. in-4. [18684]

Première édition. Vend. 173 fr. Gaignat; 802 fr. La Valliere; 265 flor. Crevenna; 21 liv. Grafton; 560 fr. Mac-Carthy; 200 fr. de Chalabre; 250 fr. *mar. r.* Giraud; et 26 liv. Libri, en 1859.

Ce volume, dont les caractères paraissent être ceux de *Christ. Valdarfer*, imprimeur à Venise, consiste en 122 ff. dont un blanc vers le milieu. Le premier contient *Epistola Ludovici Carbonis ad Borsium...* La souscription est au verso du dernier f. Le premier feuillet manque souvent. Vend. 200 fr. sans ce feuillet, F. Didot; 1 liv. 13 sh. Heber.

— C. Plinii secundi veronensis oratoris clarissimi et consularis liber primus epistolarum fœliciter incipit (libri IX). (*Romæ, per Jo. Schurener de Bopardia, circa* 1474), in-4. de 141 ff. non chiffrés.

Édition fort rare, à la fin de laquelle se lit cette souscription :

Cai. Plinii Secundi Nepotis
Epistolarum Liber explicit;
Finis. Laus Deo.

Dans un exemplaire de cette même édition qui, du temps du P. Audiffredi, se conservait dans la Biblioth. angélique, à Rome, une main contemporaine avait ajouté à la souscription rapportée ci-dessus (après le mot *Deo*) :

1. 4. 7. IIII°
Sedente Xysto. pon. max.
eius anno Tertio , : Kl.
Juntis. ROME : IN HOSPITIO
SANCTIS DE PIRETO : *if :*

Nous avons eu sous les yeux un exemplaire de cette
édition romaine auquel était jointe une dédicace
imprimée commençant ainsi :

Vasino Bambrio Innocentis pont. max. ministro
a cubiculo || *Pomponius Lætus.*

Cet exemplaire contenait des corrections de la main
de Pomp. Letus, corrections qui, dans l'exemplaire
conservé au Vatican, paraissent avoir été faites en
partie pendant le cours de l'impression ; en quoi
cet exemplaire diffère d'un autre où ces corrections
ne sont pas, et qui, par conséquent, doit être d'un
tirage plus ancien.

— Epistolarum lib. IX. (ex recognitione
Juniani Maii Parthenopei). *Neapoli,*
Math. Moravus, 1476, pet. in-fol. de
108 ff. à 30 lign. par page.

Belle édition, non moins rare que la précédente ; elle
commence par un f. imprimé seulement au verso,
contenant une épître dédicatoire de Jun. Maius ;
60 fr. *mar. r.* Paris de Meyzieu ; 71 flor. Crevenna ;
8 liv. 8 sh. Sykes ; revendu 6 liv. Libri en 1859.

— Epistolæ. — *Anno domini* M. CCCC.
LXXVIII. *quarto kal. Martias... Im-*
pressum est hoc opus per Philippum
Lauagniam Mediolani, in-4. de 91 ff.
à 33 lignes par page, sign. a—m, caract.
rom.

Les autres éditions de ces lettres, impr. à la fin du
xvᵉ siècle, n'ont pas de valeur.

— Epistolarum libri X, in quibus multæ
habentur epistolæ non ante impressæ ;
panegyricus Trajano dictus ; de viris illustribus in re militari, etc. Suetonii de
claris grammaticis et rhetoribus. Julii
Obsequentis prodigiorum liber. *Vene-*
tiis, in ædibus Aldi et Andreæ Asulani
soceri, 1508 vel 1518, in-8.

Deux éditions presque également rares ; la première
contient 12 ff. non chiffrés, dont un bl. et 525 pp.
chiffrées, avec l'ancre sur un f. bl. : vend. 19 fr.
50 c. *mar. r.* Larcher ; 2 liv. 18 sh. Heber ; 2 liv.
5 sh. Butler ; 18 fr. *m. r.* Coulon.
La seconde est, pour la préface et le texte, une copie
de la première , et renferme 28 ff. prélim. dont
2 bl., 525 pp. chiffrées et l'ancre à part. Vend. 24 fr.
m. r. Chardin ; 1 liv. 14 sh. Heber, et l'exempl. du
card. de Granvelle, *mar. olive,* 9 liv. 9 sh. Heber.
Des exempl. ordinaires sont quelquefois donnés
pour moins de 10 fr.
Un exemplaire de l'édit. de 1508, en *mar. v.* avec le
nom et la devise de Grolier, 825 fr. Coste.

— Epistolæ, Panegyricus, etc. *Parisiis,*
in ædib. Ægidii Gormontii et Hemo-
nis Le Febure, 1511, in-8.

Copie de l'édition aldine de 1508 ; vend. 11 sh. *m. r.*
Butler.
— EPISTOLARUM libri X, Panegyricus, etc. — *Lug-*
duni excusum... in ædibus Antonii Blanchardi
Lemouicensis, sumptu... Vincentij de Portona-
riis, de Tridino, de Monteferrato, anno millesimo
quingentesimo XXVII, in-8.
Autre copie d'une des éditions aldines : elle est fort
incorrecte : 9 sh. *m. r.* (mais sans le f. de souscription) Butler. — Les ouvrages imprimés aux

frais de *Vincentius de Portonariis* portent souvent
la marque suivante :

— EPISTOLÆ ; panegyricus Trajano dictus : de viris
illustribus ; Suetonii de claris grammaticis et rhetor.
Julii Obsequentis prodigiorum lib., etc. *Florentiæ,*
Phil. Junta, 1515, in-8. de 264 ff. chiffrés irrégulièrement. 4 à 6 fr.
— EPISTOLARUM libri X ; ejusdem Panegyricus ; de
viris illustribus ; Suetonii de claris grammaticis,
etc. *Paris., Rob. Stephanus,* 1529, pet. in-8.
Un exempl. en *mar. r. d. de mar.* par Boyet, 61 fr.
Giraud ; autrement de 3 à 5 fr.
— EPISTOLARUM lib. X, et Panegyricus Trajano dictus. *Lugduni-Batav. , Elsevirii,* 1640, pet. in-12.
6 à 9 fr.
Jolie édition. Vend. 17 fr. bel exempl. de Cotte ;
mar. r. 24 fr. Giraud, et rel. en *mar. r.* avec dorure au pointillé par Le Gascon, 125 fr. Renouard.
Il y a deux réimpressions elseviriennes, *Lugd.-Bat.,*
1653, et *Amstel.,* 1659, pet. in-12, qui sont moins
belles.
— IIDEM lib. X, cum notis varior., accurante Joan.
Veenhusio. *Lugd.-Batavor., ex offic. hackiana,*
1669, in-8.
Bonne édition : 5 à 7 fr. ; 30 fr. *m. r.* Le Blond ; 53 fr.
m. r. doubl. de *m.* F. Didot, et 102 fr. en 1838 ; un
autre *mar. r. à compart.,* 75 fr. 50 c. Bignon.
— EPISTOLÆ et Panegyricus, cum variis lectionibus
et annotationibus (edente Th. Hearne). *Oxonii, e*
Theat. sheld., 1703, in-8. 3 à 4 fr.
— EÆDEM Epistolæ (edente Mich. Maittaire). *Lon-*
dini , Tonson, 1722, in-12. 3 à 4 fr. ; — Gr. Pap.
10 à 12 fr.
— EÆDEM, cum notis varior. , ex recensione et cum
animadvers. Gotll. Cortii et Paul.-Dan. Longolii.
Amstelæd., 1734, in-4.
Bonne édition : 10 à 12 fr. Vend. 28 fr. *m. r.* dent.
F. Didot.
— EPISTOLARUM libri X et Panegyricus, ex recensione
Cortii , Longolii et T. Hearne. *Glasguæ , Foulis,*
1751, pet. in-4. 5 à 6 fr.
Vend. 20 fr. *m. r.* Mac-Carthy.
— EDITIO alia. *Glasguæ, Foulis,* 1751, 2 tom. en
3 vol. pet. in-12. 6 à 9 fr.
— EPISTOLÆ et Panegyricus, opera Joan.-Nic. Lalle-
mand. *Parisiis, Barbou,* 1769, in-12. 3 à 4 fr.
— EPISTOLARUM lib. X et Panegyricus, cum annota-
tionibus perpetuis Jos.-Mat. Gesneri. *Lipsiæ,* 1770,
in-8. 5 à 6 fr.
— PLINII Epistolarum lib. X (edente H. Homer). *Lon-*
dini, Ritchie, 1790, pet. in-8. pap. vél. 3 à 5 fr.
Édition belle et correcte : vend. 16 fr. *mar. bl.* Cail-

lard et 7 fr. Quatremère. M. Renouard en annonce un exempl. en Gr. Pap. dans son catalogue.

— Epistolæ; recensuit et notis illustravit G.-E. Glerig. *Lipsiæ*, 1800, 2 vol. in-8. 12 fr., et plus en pap. fort.

Cette édition critique est une des meilleures que l'on ait données de cet auteur; il faut y joindre le *Panegyricus* publié en 1796 par le même éditeur, qui a aussi fait impr. les deux ouvrages de Pline le jeune, à *Leipzig*, 1805, en 2 vol. in-8., avec des prolégomènes, une clef et de courtes notes.

— Epistolæ et Panegyricus, ex recensione, et cum adnotationibus J.-M. Gesneri, quibus J.-M. Heusingeri, J.-Chr.-Th. Ernesti suasque notas addidit G.-H. Schæfer. *Lipsiæ*, 1805, in-8. 8 fr. — Pap. fin, 12 fr. Bonne édition.

— Epistolarum libri; ad fidem maxime codicis pragensis, collatis ceteris libris scriptis editisque, recensuit, præfatione, vita auctoris, notis criticis instruxit Fr.-N. Titze. *Pragæ*, *Krauss*, 1828, in-8. 6 fr.

— Epistolarum libri X et Panegyricus. *Londini*, *Rodwell*, 1821, gr. in-18. 3 à 4 fr.

De la collection du Régent.

— Epistolarum libri X et panegyricus; ad optimor. exemplarium fidem recognovit, et passim emendavit J.-A. Amar. *Paris*, *Lefèvre (typis J. Didot)*, 1822, 2 vol. gr. in-32, pap. vél. 3 fr.

— Epistolarum libri decem et Panegyricus, cum varietate lectionum ac integris adnotationibus editionis schæferianæ, quibus suas addidit N.-E. Lemaire. *Parisiis*, *Lemaire (typis F. Didot)*, 1822-1823, 2 vol. in-8. 8 à 10 fr.

— Epistolarum libri X et Panegyricus, cum notis variorum. *Augustæ-Taurin.*, *Pomba*, 1822, 2 vol. in-8.

—Lettres de Pline le jeune; et son Panégyrique de Trajan, trad. par Louis de Sacy ; nouvelle édition, revue et corrigée par Jules Pierrot (avec le texte lat.). *Paris*, *Panckoucke*, 1826 (réimpr. en 1833), 3 vol. in-8. 21 fr.

L'édition de *Paris*, *Barbou*, 1773, 2 vol. pet. in-12, est assez jolie. Il y en a une autre avec le Panégyrique de Trajan et le texte latin, *Paris*, *Barbou*, 1808, 3 vol. in-12 : 9 fr., et plus en pap. fin.

La première édit. de cette traduction (*Lettres et Panégyrique*) est celle de *Paris*, *Ve de Cl. Barbin*, 1700 et 1702, 3 vol. in-12, sans texte latin.

— Werke, übersetzt von C.-F.-A. Schott. *Stuttgart*, 1827-38, 15 vol. in-12.

— The Letters of Pliny the consul, with occasional remarks by Will. Melmoth ; second edit. corrected. *London*, 1747, 2 vol. in-8.

Traduction fort estimée et dont il existe douze ou quinze éditions, depuis la première de 1746, en 2 vol. in-8., jusqu'à celle de 1810, en 2 vol. in-12. — La traduct. angl. du même ouvrage, avec une dissertation sur la vie de Pline et des remarques par le comte John Orrery, *London*, 1751, 2 vol. in-4., ou 1752, 2 vol. in-8., n'est pas non plus sans mérite.

— C. Plinii secundi nouocomensis liber illustrium virorum incipit. — Incipit liber Sexti Ruffi consularis de historia romana ad Valentinianum I. Augustum. (in fine) : *Sexti Ruffi : viri consularis Valentiniano Augusto de historia : Ro : libellus finit. Sextus Ruesinger*, in-4. [30405]

Édition imprimée sans chiffres, signat. ni récl., à *Naples*, vers 1472; les pages entières ont 33 lignes : vend. (sans le f. d'intitulé, et avec une préface ms.

de la main d'Angelus Tiphernas) 80 fr. Brienne-Laire.

Les exempl. où manque le premier f. commencent par ces deux lignes du texte, en capitales :

(P) *roca : rex : albano*
      rvm. amvlium et

Sans ce feuillet, 1 liv. 9 sh. Libri, en 1859.

— Caj Plinii secundi oratoris nouocomensis Liber illustrium Viroᵣ. (in fine) : *Venetiis impressum* M. CCCC. LXXVII. *nonis ivnii. (per Jacobum Andream Catharum)*, pet. in-4. de 25 ff. non chiffr., à 25 lign. par page ; plus un f. blanc.

Cette édition, imprimée en beaux caract. ronds, est la première de ce petit ouvrage avec une date, mais elle n'est ni fort rare, ni fort précieuse : vend. 22 fr. Brienne-Laire, et seulement 5 sh. Hibbert.

Le *Liber illustrium virorum*, publié d'abord sous le nom de Pline le jeune, et ensuite sous celui de Suétone, est plus généralement attribué à Aurelius Victor, dans les œuvres duquel on l'a toujours placé depuis l'année 1579 (voy. Victor).

— C. Plinii. secundi. junioris. liber illustrium virorũ incipit. — *Impressum. Florentiæ apud. sanctum Jacobum. de Ripoli.* M. CCCC. LXX. VIII, in-4. de 32 ff. non chiffrés, sign. *a—d*.

Belle édition : vend. 60 fr. La Valliere; 20 fr. *mar. r.* en 1839 ; 18 sh. Libri.

— Sex. Aur. Victor de viris illustribus. —*Brixiæ*, *Th. Ferrando auctore*, pet. in-4. de 28 ff. sans chiffres, signatures ni réclames.

Édition très-rare, citée par M. Lechi, d'après les abbés Morelli et Moro Boni : elle doit être de l'année 1473, au plus tard.

— C. Plinii II. oratoris veronensis de viris illustribus feliciter liber incipit. In-4. de 29 ff. à 25 lign. par page.

Édition rare, impr. sans chiffres, récl. ni signat., à *Rome*, vers 1475, avec les caractères de *Georges Sachsel* et *Barthelemy Golsch*. Le volume commence par une épître intitulée : (A)*ngelus Tiphernas Alexandro Justino.*

Il y a une autre édition in-4. du même temps, à peu près, que la précédente, et qui commence aussi par l'épître d'Angelus Tiphernas ; elle a 30 ff., et seulement 22 lignes par page : vend. 29 fr. d'Ourches, en 1812.

— Plinius primus de preclare gestis Romanorum. — *Explicit Plinius de preclare gestis virorum illustrium Romanorum*, in-4.

Autre édition ancienne, imprimée sans chiffres, récl. ni signat., avec les caract. de Nic. Jenson , vers 1475 ; le volume, composé de 34 ff. en tout, dont chaque page a 24 lignes, commence par 2 ff. de table : vend. 102 fr. La Valliere ; 21 fr. de Servais, et quelquefois moins.

Le catalogue de lord Spencer, tome Ier, p. 271, contient la description d'une ancienne édition de ce petit ouvrage (in-4. de 36 ff.), qui commence par une épître de *Petrus Melleus* à Pet. Posterula, dans laquelle Suétone est nommé comme étant l'auteur du livre. Le même catalogue, tome II, p. 387, donne la description d'une édition de cet ouvrage, in-4., sans lieu ni date, mais imprimée à *Milan*, vers 1480. Cette dernière a 32 ff., avec

24 lign. par page entière; les 3 premiers ff. contiennent une épître dédicatoire de P. Melleus à P. Posterula et une table; le texte commence par cet intitulé, en capitales : *Suetonius Tranquillus de preclare gestis Romanorum.*

— Les Hommes illustres de Pline le jeune, traduction nouvelle par Savin. *Paris, 1776,* in-12.

— C. Plinio de li homini illustri in lingua senese traducto et breuemente commentato. Opera del Conc. *In Sena, Symeone cartolaro,* 1506, pet. in-4. de 104 ff. non chiffrés, sign. A—N.

Édition imprimée en caractères romains. Le titre ci-dessus y est en lettres capitales, et disposé en forme de triangle renversé. Le vrai nom du traducteur est Pietro Ranconi, comme on le voit dans plusieurs endroits des pièces préliminaires. (Jos. Molini, *Operette,* p. 314.)

— Varie descrittione di ville di C. Plinio secondo tradotte nella lingua volgare da Aldo Manucci. *Roma per il Santi compag.,* M. D. XXCIIX (1588), in-12.

Volume rare, contenant une épître dédicatoire de Marc-Ant. Abagaro, où il est dit que cette traduction a été faite *per compiacerne l'illustre signore Paleotto.* 1 liv. 10 sh. Libri, en 1859.

PLINIUS Valerianus. Medicina Plinii. *Romæ, Steph. Guilliretus, cal. Jul. 1509,* in-fol. de 125 ff. signat. A—x. [6591]

Première édition de ce traité, dont Th. Pighinuccius a été l'éditeur. L'ouvrage est réimprimé dans les *Medici antiqui lat.,* édition d'Alde, 1547, et dans plusieurs autres recueils. Il existe une dissertation de Just.-Gothofr. Günzius : *De auctore operis de re medica, vulgo Plinio Valeriano adscripti,* Lipsiæ, 1736, in-4.

PLIS DE RAYNONVILLE (*Mat.*). Les Triomphes des vertus remportés sur les vices. *Paris,* 1633, in-8. [3813]

Cet ouvrage est attribué à J.-P. Camus, évêque de Belley, dans le catal. du médecin Baron, n° 493, où il est porté à 12 fr., parce qu'on avait joint à l'exemplaire l'arrêt qui supprime ce livre, et fait défense, *sous peine de la vie,* d'en vendre aucun exemplaire. Nous ne concevons guère aujourd'hui qu'un ouvrage d'un pieux évêque ait pu être si sévèrement prohibé. Toutefois, nous devons le faire remarquer, le P. Niceron (vol. XXXVI), qui a donné le catal. des ouvrages de J.-P. Camus, n'a fait aucune mention des *Triomphes des vertus;* seulement, sous le n° 164 dudit catal., il a rapporté le titre suivant : *Notes sur un livre intitulé : la Défense de la vertu, extraites des plus amples animadversions,* par P. L. R. P. *Paris,* 1643, in-8. de 456 pp., en ajoutant : Cet ouvrage est de M. Camus, quoique les lettres initiales marquées dans le titre semblent dire le contraire. — Voy. CAMUS.

PLOCHHOY van Zierck-zee. Kort en klaer ontwerp ‖ dienende tot ‖ Een onderling Accoort, ‖ om ‖ den arbeyd, onrust en moeye ‖ lijckheyt, van Alderley-handwercx ‖ luyden te verlichten ‖ ‖ door ‖ Een onderlinge Compagnie ofte ‖ Volckplanting (onder de protectie vande H : Mo : ‖ Heeren Staten Generael der vereenigde Neder-lan ‖ den; en byson-

der onder het gunstig gesag van de ‖ Achtbare Magistraten der Stad Amstelre ‖ dam)...... Steunende op de voor-rechten van hare Acht ‖ baerheden (als hier na volgt) tot dien eynde verleent ‖ t' Samen gestelt ‖ Door Pieter Cornelisz ‖ Plockhoy van Zierck-zee, voor hem selven en andere ‖ Lief-hebberrs van Nieu-neder-land. *t' Amsterdam gedruckt by Otto Barentsz. Smient. Anno 1662,* in-4. de 8 ff. en goth. et en romain.

Cet opuscule en hollandais est une invitation à toute personne de prendre un intérêt dans la colonie fondée par Plockhoy, sur la rivière du Sud, dans la Nouvelle Néerlande, et dans le but d'y faire l'essai d'une communauté basée sur des principes socialistes. Cette colonie, dit-on, a réellement existé, mais seulement quelques années, car en 1664 elle fut détruite par les Anglais. L'exemplaire de cette pièce curieuse, qui est décrit sous le n° 314 de la *Bibliothèque américaine* de F.-A. Brockhaus à *Leipzig,* 1861, y est annoncé *comme le seul connu,* et porté à 100 thl.

PLOCHIRUS. Poematium dramaticum, musarum et fortunæ querimoniam continens (græcis senariis); e græcis Plochiri Michaelis, latine eodem versuum genere expressum a Fed. Morello; accesserunt epigrammata quædam e græcis conversa, ab eodem interprete. *Lutetiæ-Parisior., apud Fed. Morellum,* 1593 (nouveau titre, 1598), in-8. de 16 pp. en tout. [12419]

Cette pièce a d'abord paru dans le volume intitulé :
D. JOHANNIS CHRYSOSTOMI homiliæ duæ versæ quidem primum nunc et per excusionem editæ, una cum dramate lepido nec aspernabili Plochiri Michaelis, Godofrido Tilmanno interprete. *Paris., apud Sebast. Nivellium,* 1554, in-12.

Maittaire l'a insérée dans ses *Miscellanea Græcorum carmina.* — Voyez MISCELLANEA.

PLOICHE (Du). Voy. DU PLOICHE dans nos additions.

PLOOS van Amstel. Collection d'imitations de dessins d'après les principaux maîtres hollandais et flamands, commencée par Cornelis Ploos van Amstel, continuée et portée au nombre de cent morceaux, avec des renseignements historiques et détaillés sur ces maîtres et sur leurs ouvrages, par C. Josi. *Londres, C. Josi,* 1821, in-fol. [9484]

Selon le *Rudolph Weigel's Kunstcatalog,* n° 13, p. 16, il n'aurait été tiré que cent exemplaires de ce recueil dont le prix de souscription était de 40 guinées. Cependant, l'exempl. appartenant à M. Thibaudeau n'a été vendu que 126 fr. en 1856. Le catalogue des dessins, estampes, tableaux, émaux, etc., de Cornelis Ploos, *Amsterd.,* 1800, 2 vol. in-8., est assez recherché.

PLOT (*Rob.*). Natural history of Oxfordshire. *Oxford,* 1705, in-fol., avec une carte et 16 pl. [4522]

Seconde édit., corrigée et augmentée : 30 à 40 fr. La première, de 1677, in-fol., avec le même nombre de planches, est moins chère; vend. cependant en Gr. Pap. 4 liv. 18 sh. Dent.

—Natural history of Staffordshire. *Oxford, at the theater,* 1686, in-fol., avec 37 pl. [4524]

Vend. 24 fr. La Serna; 22 fr. 50 c. de Jussieu.

Ces deux ouvrages valent de 2 à 3 liv. chacun en Angleterre, et même le double quand ils sont en Gr. Pap. : il faut que dans le second se trouve un f. contenant : *Armes omitted.*

PLOTINUS. Plotini platonici operum omnium philos. libri LIV, nunc primum græce editi, cum latina Mars. Ficini interpretatione et commentatione. *Basileæ,* 1580, in-fol. [3401]

Première édition, assez rare, mais incorrecte : on n'en recherche que les exemplaires bien conservés; vend. 24 fr. Soubise; 21 fr. Clavier. Quelques exemplaires ont un nouveau titre daté de 1615, et 6 ff. réimprimés.

— Plotini Opera omnia, Porphyrii liber de vita Plotini, cum Marsilii Ficini commentariis et ejusdem interpretatione castigata. Annotationem in unum librum Plotini et in Porphyrium addidit Daniel Wyttenbach; apparatum criticum disposuit, indices concinnavit G.-H. Moser : Ad fidem codicum mss. et in novæ recensionis modum græca latinaque emendavit, indices explevit, prolegomena, introductiones, annotationes explicandis rebus ac verbis, itemque Nicephori Nathanaelis antitheticum adversus Plotinum et dialogum gr. scriptoris anonymi ineditum de anima adjecit Fridericus Creuzer. *Oxonii, e typographeo academico,* 1835, 3 vol. in-4. 3 liv.

— Plotini Enneades cum Marsilii Ficini interpretatione castigata, iterum ediderunt Frid. Creuser et Geor. Henr. Moser; primum accedunt Porphyrii et Procli Institutiones et Prisciani philosophi Solutiones ex codice sangermanensi, edidit et annotatione critica instruxit Fr. Dübner. *Parisiis, F. Didot,* 1855, gr. in-8. 15 fr.

— LES ENNÉADES de Plotin, traduites pour la première fois en français, accompagnées de sommaires, de notes et d'éclaircissements, et précédées de la vie de Plotin, et des Principes de la théorie des intelligences de Porphyre, par M. N. Bouillet. *Paris, L. Hachette,* 1857-61, 3 vol. in-8. 22 fr. 50 c.

— Plotini liber de pulchritudine, gr. et lat. Ad codicum fidem emendavit, annotationem perpetuam, interjectis Dan. Wyttenbachii notis, epistolamque ad eundem ac præparationem, cum ad hunc librum tum ad reliquos ceter. adjecit Fred. Creuzer : accedunt anecdota gr.; Procli Disputatio de unitate et pulchritudine ; Nicephori Nathanaelis Antitheticus adversum Plotinum de anima, itemque lectiones plotinicæ. *Heidel-*

bergæ, 1814, in-8. 16 fr. — Pap fin, 20 fr. [3402]

— Opera omnia, e græco in latin. translata a Marsilio Ficino. — *Impressit.....* *Antonius Miscominus Florentiæ anno* M. CCCC. LXXXXII, gr. in-fol. de 442 ff. non chiffrés, sign. A—UUv.

Édition fort belle, et la première de cette version latine; on doit trouver à la fin 2 ff. séparés qui renferment *Emendatio in Plotinum :* vend. 36 fr. La Valliere; 27 fr. Brienne; 70 fr. (bel exempl. avec lettres initiales et ornements peints) Pinelli; 26 fr. d'Ourches; 18 fr. Costabili.

Le premier f. a i, porte ce titre, en capitales et en huit lignes : *In hoc volumine continentur libri Plotini LIIII. cum commentariis Marsilii Ficini Florentini ad Magnanimum Laurentium Medicem.* Mais il y a des exemplaires où ce feuillet est tout blanc.

Un exemplaire imprimé sur VÉLIN est annoncé dans le catalogue du duc de Cassano Serra; un autre se trouvait chez Mac-Carthy, et a été acquis au prix de 1020 fr. pour la Bibliothèque du roi.

— FIVE BOOKS of Plotinus, viz. on felicity, on the nature and origin of evil, on Providence; on nature, contemplation, and the one ; and on the descent of the soul; translated from the greek, with an introduction by Th. Taylor. *London,* 1794, in-8.

— SELECT WORKS of Plotin, with extracts from the treatise of Synesius on Providence, translated, with an introduction containing the substance of Porphyry's life of Plotinus, by Th. Taylor, *London,* 1817, in-8.

— ON SUICIDE, with the scholia of Olympiodorus on the Phædo of Plato, respecting suicide, and notes from Porphyry and others, translated by Th. Taylor. *London,* 1834, in-8.

PLOUCQUET (*G.-G.*). Litteratura medica digesta, sive repertorium medicinæ practicæ, chirurgicæ atque rei obstetriciæ. *Tubingæ,* 1808-1809, 4 vol. gr. in-4. = Continuatio et supplementum primum. *Tubingæ,* 1814, in-4. [31733]

Seconde édition de cet ouvrage utile, mais déjà fort arriéré, 60 fr.; elle est d'un usage plus commode que la première, publiée également à *Tubingue,* de 1793 à 1803, sous le titre d'*Initia bibliothecæ medico-practicæ et chirurgicæ, etc.,* en 12 vol. pet. in-4., y compris les suppléments.

PLOWMAN ou Ploughman. Voy. PIERS Ploughman.

PLUKENET (*Leon*). Phytographia, sive stirpium illustrium et minus cognitarum icones. *Londini,* 1691-96, 3 vol. pet. in-fol. 328 pl. numérotées. = Almagestum botanicum. *Londini,* 1696, pet. in-fol. = Almagesti botanici mantissa. *Lond.,* 1700, pet. in-fol. pl. 329-350. = Amaltheum botanicum. *Lond.,* 1705, pet. in-fol. pl. 351-454. [4931]

Ces quatre articles réunis forment la collection des œuvres du Plukenet, laquelle a été jadis très-estimée : 50 à 60 fr., et plus cher autrefois.

Dans une partie des exemplaires de cette première édition, un frontispice imprimé, daté de 1720, est ajouté au 1er volume.

— Opera botanica. *Londini,* 1769, 6 tom. en 4 vol. gr. in-4. fig.

La première édition de cet ouvrage a l'avantage de contenir les premières épreuves des gravures ; mais les botanistes préfèrent celle-ci à cause des tables qui y sont ajoutées. Vend. 55 fr. Pappenheim. On peut y joindre :

INDEX linneanus in Leonardi Plukenetii opera botanica, etc. ; edidit P.-Petr. Giseke. *Hamburgi,* 1779, in-fol. de x et 46 pp. ou in-4. de x et 39 pp.

PLUMIER (*Ch.*). Description des plantes de l'Amérique. *Paris, de l'imprimerie royale,* 1693 (aussi 1713), in-fol. fig. [5261]

Ce volume contient 108 pl., dont les 50 premières sont aussi dans le Traité des fougères : 15 à 18 fr.; 20 fr. de Jussieu, et plus cher avec les fig. color.

— NOVA plantarum americanarum genera. *Parisiis,* 1703, in-4., avec 40 pl. 4 à 6 fr. [5262]

— Plantarum americanarum fasciculi decem, continentes plantas, quas olim Car. Plumierius detexit in insulis Antillis, etc., edidit Jo. Burmannus. *Amst.,* 1755-60, in-fol. avec 262 pl. 24 à 30 fr. [5263]

Vend. 53 fr. Patu de Mello ; 37 fr. de Jussieu.

— Filicetum americanum, seu filicum, polypodiorum, adiantorum, etc., in America nascentium icones. *Parisiis, e typ. reg.,* 1703, gr. in-fol. [5264]

Ce ne sont que des pl. au nombre de 222, avec un frontispice en latin : 20 à 30 fr.

Les planches 165 à 222 sont les mêmes que les nos 51 à 108 de la *Description* impr. en 1693 (voir ci-dessus).

— Traité des fougères de l'Amérique. *Paris, imprim. roy.,* 1705, gr. in-fol. [5265]

On ne trouve ordinairement dans cette édition que 172 pl., avec le texte explicatif ; cependant quelques exemplaires contiennent les 222 pl. de l'édition précédente.

Ce volume est plus rare que celui des Plantes de l'Amérique, auquel il est ordinairement joint : 24 à 30 fr. Vend. 85 fr. (avec l'édition latine) L'Héritier ; 40 fr. avec les Plantes de l'Amérique, Librairie De Bure.

— L'Art de tourner, ou de faire en perfection toutes sortes d'ouvrages de tour. *Paris,* 1749, in-fol. avec 80 pl. 20 à 30 fr. [10244]

L'édition de *Lyon,* 1701, est moins estimée, parce qu'elle ne contient que 10 parties au lieu de 12.

PLUQUET (*Fr.-Anne*). Mémoires pour servir à l'histoire des égaremens de l'esprit humain, par rapport à la religion chrétienne, ou dictionnaire des hérésies. *Paris,* 1762 ou 1764, 2 vol. pet. in-8. 8 à 10 fr., et plus cher en Gr. Pap. [22370]

Excellent ouvrage. Il y en a une contrefaçon dont le titre porte : *Paris,* 1776, et une nouvelle édition augmentée de plusieurs articles, *Besançon,* 1817-18, 2 vol. in-8., laquelle n'est pas aussi belle que celle de Paris.

— Fatalisme, 3555. — Sur le luxe, 4104.

PLUQUET (*Fréd.*). Pièces pour servir à l'histoire des mœurs et des usages du Bessin dans le moyen âge, recueillies et publiées par Frédé. Pluquet. *Caen, Chalopin,* 1823, gr. in-8. pap. vél. [24372]

Opuscule de 57 pp. tiré à 50 exempl. seulement, 30 fr. Langlès, et avec deux miniatures, même prix, vente de l'auteur. F. Pluquet a publié à Caen, chez Chalopin, en 1829, un *Essai historique sur la ville de Bayeux et son arrondissement,* in-8., rempli de recherches curieuses, et auquel il se proposait de joindre une seconde partie. Ce même éditeur, à qui l'on doit la publication du *Roman du Rou* (voyez WACE), a aussi laissé un ouvrage intitulé :

CONTES populaires, préjugés, patois, proverbes, noms de lieux, de l'arrondissement de Bayeux, recueillis et publiés par F. Pluquet ; 2e édit. *Rouen, Frère,* 1834, in-8. 3 fr. — Il en a été tiré des exempl. en Gr. Pap. vél., avec les fig. sur pap. de Chine. La 1re édition est de 1825.

— Vie de Rob. Wace, 30576.

PLUSIEURS belles chansons. Voy. CHANSONS.

PLUSIEURS demandes. Voy. DEMANDES.

PLUSIEURS traictez, par aucuns nouueaulx poetes du differēt de Marot, Sagon, et la Hueterie. auec le dieu gard du dict Marot, dont le contenu est de l'autre coste de ce feuillet. (*sans lieu d'impression*), 1537, in-16 de 144 ff. non chiffrés, par cah. de 8 ff., sign. a—s. [13407]

Jolie édition en lettres rondes, avec quelques fig. sur bois. On y a réuni, en un seul corps, seize pièces qui avaient déjà été publiées séparément. L'*adieu envoyé aux dames de court au moys d'octobre* 1537, placé à la fin, n'est pas porté dans la table, où se trouve indiqué *Rescript à Sagon*, morceau oublié dans la table de l'édit. de 1539.

Cette édition de 1537 est fort rare, et il en a été vendu un exemplaire rel. en *mar. r.* 4 liv. 14 sh. 6 d. Heber ; 271 fr. Bourdillon.

L'édition de 1538, in-16, feuillets non chiffrés, porte le même titre que la précédente, et paraît en être une copie : vend. 12 fr. *m. v.* La Vallière ; elle a plus de valeur maintenant.

Les pièces comprises dans ce recueil, à l'exception de la seconde et de la dernière, ont été réimpr. dans les deux éditions des œuvres de Marot données par Lenglet Du Fresnoy (voy. MAROT).

— Plusieurs traictez par aucuns nouueaulx poetes du different de Marot, Sagon et la Hueterie, auec le dieu gard du dict Marot. Epistre composée par Marot de la venue du roy et de Lempereur. Dont le contenu est de l'austre costé de ce feuillet. *Paris,* 1539, pet. in-16 ou in-18 de 147 ff. chiffrés, lettres rondes.

Vend. joli exempl. *mar. v.* 14 fr. Méon ; 80 fr. en

Plus (le) secret mystère de la maçonnerie, 22504.

1814 ; 60 fr. Coulon ; 55 fr. en 1839; 85 fr. Crozet, et beaucoup moins cher anciennement.

Cette édition renferme 17 pièces, dont les deux dernières ne font pas partie de celles de 1537 et 1538, ci-dessus. En voici le détail : 1° *Le coup d'essai ;* 2° *Le dieu gard de Marot ;* 3° *Le vallet de Marot ;* 4° *La grande genealogie de Frippelippes par un jeune poete champestre ;* 5° *Responce à Marot dit Frippelippes ;* 6° *Le rabais du caquet de Frippelippes et de Marot ;* 7° *Remonstrances a Marot Sagon et la Hueterie ;* 8° *Epistre aux mesmes ;* 9° *Les disciples et amis de Marot contre Sagon et la Hueterie ;* 10° *Apologie du grand abbé des Cornardz ;* 11° *Epistre contre Sagon et les siens ;* 12° *Les treves de Marot et de Sagon jusqu'à la fleur des febves ;* 13° *Response a l'abbé des Cornardz de Rouen ;* 14° *Le different de Marot et de Sagon ;* 15° *L'adieu envoye aux dames de court au moys d'octobre* 1537 ; 16° *Une epistre composée par Marot de la venue du roy et de l'empereur a Nice ;* 17° *Epistres de Sagon des quatre raisons.*

La plupart des morceaux en vers imprimés dans ce petit volume avaient déjà paru séparément à Paris et à Lyon, de format pet. in-8., en lettres rondes ; et on rencontre quelquefois des recueils de ces édit. originales, plus ou moins complets les uns que les autres : celui qui est porté sous le n° 3042 du catal. de La Valliere, en 3 vol., renfermait les pièces suivantes, impr. à *Lyon par Pierre de Saincte Lucie dit le Prince :*

Les disciples et amis de Marot contre Sagon, etc., 38 ff. — *Le vallet de Marot contre Sagon ; Frippelippes, Sagouin,* 7 ff. — *La grande genealogie de Frippelippes, composec par ung poete châpestre,* 8 ff. — *Responce a Marot dict Frippelippes,* etc., *a son maistre Clement Mitouart le gris. Rat pelle. Le Lart, Mus cavet ire au lart, quando videt Mitouart,* 7 ff. Le rébus qui se lit sur le titre de cette dernière pièce a trait à une gravure qu'on n'a pas copiée dans cette édition, mais qui est dans une autre de 1537, et dans le recueil in-16.

Un autre recueil pet. in-8., beaucoup plus complet que celui de La Valliere, est décrit sous le n° 563 du catalogue de Ch. Nodier (1844), où il est porté à 300 fr. Il contenait les pièces suivantes : 1° *Le coup d'essay de Francoys de Sagon, secretaire de l'abbé de Sainct Eburoul, contenant la responce a deux epistres de Clement Marot, retiré a Ferrare, l'une adressante au roy tres chrestien, l'autre a deux damoyselles seurs, avec une responce a celuy qui a escrit que l'imprimeur de ce present liure auoit beaucoup perdu a l'impression dicetuy : Les semblables sont a vendre a Paris a l'enseigne du Pot cassé,* 28 feuillets ; 2° *Deffence de Sagon contre Clement Marot : On les vend au Mont Sainct Hylaire,* 20 ff. 1re partie ; 3° *Elegies de Francoys de Sagon,* 2e partie ; 4° *Pour les disciples de Marot, le page de Sagon parle a eux,* 3e partie, 36 ff. (au dernier feuillet une gravure sur bois et au titre de chaque pièce un bois); 5° *Le valet de Marot contre Sagon,* Paris, 1537, 8 ff. ; 6° *Le rabais du caquet de Frippelippes et de Marot dict Ratpele adictione auec le commentaire, faict par Mathieu de Boutigni, page de maistre Francoys de Sagon, secretaire de l'abbé de Sainct Eburoul,* 20 ff.; 7° *La grande genealogie de Frippelippes, composec par ung jeune poete champestre, adressant le tout à Francoys Sagon : On les vend au Mont Sainct Hylaire, au Phœnix,* 8 ff. avec un bois sur le titre ; 8° *Les disciples et amys de Marot, La Hueterie et leurs adherents, à Paris, près le college de Reims,* 29 ff. avec un bois sur le titre ; 9° *Epistre a Marot, a Sagon et a la Hueterie : On la vend au Mont Sainct Hylaire,* 8 ff.; 9° *Remonstrance a Sagon, a la Hueterie et au poete champestre, par maistre Daluce Locet* (Claude Colet), Pamanchoys : *On la vend au Mont Sainct Hylaire,* 8 ff.; 11° *La prognostication des prognostications, non*

seulement *de ceste presente année,* MDXXXVII, *mais aussi des *aultres a venir, voire de toutes celles qui sont passées , composées par maistre Sarcomoros, natif de Tartarie, et secretaire du tres illustre et tres puissant roy de Cathay, serf de vertus* (par Bonaventure Desperriers) : *On les vend à Paris en la rue Sainct Jacques, en la boutique de Jehan Morin,* 1537, 8 ff., avec un bois sur le titre; 12° *Appologie faicte par le grant abbé des Conardz sur les inuectives Sagon, Marot, La Hueterie, pages, valetz, braquetz,* etc.: *On les vend deuant le college de Reims,* 4 ff. avec un bois sur le titre ; 13° *Responce a l'abbé des Conardz de Rouen : On les vend en la rue Sainct Jacques par Jehan Morin,* 1537, 4 ff. avec un bois sur le titre; 14° *Contre Sagon et les siens , epistre nouuelle faicte par ung amy de Clement Marot : On les vend deuant le college de Reims,* 4 ff.; 15° *Epistre responsiue au rabais de Sagon , ensemble une autre epistre faicte par les deux amyz de Clement Marot : On les vent a Paris au Mont Sainct Hylaire,* 8 ff.; 16° *De Marot et Sagon les treues, donnez jusqu'à la fleur des febues, par l'auctorité de l'abbé des conardz, le secretaire des conardz,* 8 ff. avec un bois sur le titre; 17° *Epistre à Marot , par François de Sagon, pour luy montrer que Frippelippes auoit faict sotte comparaison des quatre raisons du dict Sagon à quatre oysons,* 16 ff. avec un bois sur le titre ; 18° *Le Frotte groing du sagoyn, auec scholies exposantz lärtifice,* etc.: *On les vend a Paris en la rue S. Jacques, a l'enseigne des trois Brochetz,* 1537, 4 ff. avec un bois sur le titre et un autre au verso du quatrième feuillet ; 19° *Replique par les amys de lauctheur de la remonstrance faicte à Sagon, contre celuy qui se dict amy de l'imprimeur du coup d'essay, ensemble Response a Nicolas Denisot qui blasma Marot en vers enragez à la fin du Rabais,* 8 feuillets dont un blanc.

On trouve quelquefois chacune de ces pièces séparément, et à des prix encore assez élevés.

Voici encore deux autres pièces analogues au différend de Marot avec Sagon, qui sont dans le recueil Y, 4503, de la Biblioth. impériale :

Response à Charles Huet, dit Hueterie, qui feit du mytouart le grys, pet. in-8., par C. de La Fontaine. — *Rescript à Francoys Sagon et au jeune poete champestre, facteur de la genealogie de Frippelippes ; avec ung rondeau faict par Clement Marot du dit jeune poete,* 1537, pet. in-8. Cette pièce se trouve dans le recueil in-16 de 1537.

PLUTARCHUS chæron. Plutarchi opuscula LXXXXII (sive moralia opera), græce. Venetiis, in æd. Aldi et Andr. Asulani, mense Martio, M. D. IX, pet. in-fol. ou gr. in-4. [3393]

Première édition, assez rare, et qui représente, avec leurs lacunes et leurs fautes, les anciens manuscrits que l'éditeur a suivis ; elle contient 1050 pp. chiffrées, précédées de 8 ff. (point 16) non chiffrés, et suivies de l'ancre, sur un f. bl. ; vend. 61 fr. bel exempl., d'Ourches ; 45 fr. Coulon ; 100 fr. mar. bl. Larcher; 6 liv. 18 sh. Heber; 2 liv. 8 sh. Butler; 40 fr. Bearzi ; 80 fr. Costabili.

Un exemplaire en *mar. r.,* mais *non rogné,* et avec 6 ff. restaurés, 380 fr. Libri.

Il y a à la Bibliothèque impériale un exemplaire impr. sur VÉLIN.

— Quæ vocantur parallela, hoc est, vitæ illustrium virorum, græci nominis ac latini, ex recognitione Fr. Asulani, gr. Venet., in æd. Aldi et Andreæ soceri, mense augusto, M. D. XIX, in-fol.

Volume de 345 ff. chiffrés, précédés de 4 ff. prélimi=

naires, dont un blanc, et suivis d'un dern. f. pour la souscription et l'ancre.

Ces deux articles doivent être joints l'un à l'autre, mais on les trouve difficilement réunis. Vend. (exemplaire piqué de vers) 70 fr. La Vallière, et 75 fr. Chardin; 111 fr., en vél., Riva; le dernier volume séparément : 36 à 45 fr.; vend. 2 liv. 10 sh. bel exempl., Heber; 2 liv. 14 sh. Butler.

On croit généralement qu'il a été imprimé deux éditions de ce volume, sous la même date, et, selon M. Renouard, celle qu'on peut regarder comme la première paraît faite d'après celle de Ph. Junte, de 1517. La seconde présente des leçons différentes et un texte plus épuré. Cette dernière a été la base des réimpressions ultérieures, soit de Bâle, 1533, soit d'Henri Estienne, etc.

— Opera, scilicet : parallela, gr. 3 vol. pet. in-8. — Opera moralia quæ extant, gr. 3 vol. pet. in-8. — Vitæ parallelæ, interprete Herm. Cruserio, 3 vol. pet. in-8. — Opuscula varia moralia, ex diversor. interpretationibus, cum annot. H. Stephani. *Excudebat Henr. Stephanus,* 1572, 2 vol. pet. in-8. — Vitarum comparatarum appendix. 1 vol. : en tout 13 vol. pet. in-8. [18929]

Édition non moins remarquable par sa belle exécution que par son exactitude; les exemplaires, ainsi complets, qui se trouvent bien conservés, sont recherchés : 50 à 60 fr.; vend. bel exempl. en *mar. viol. doublé de mar. citr. dent. l. r.* 195 fr. La Vallière; 240 fr. *mar. bl.* Larcher; 86 fr. *v. f. tr. d.* Quatremère. Les exempl. dans lesquels le vol. d'appendice, qui renferme les notes d'Henri Estienne, ne se trouve pas, sont beaucoup moins chers.

Le premier volume du texte porte un titre général ainsi conçu : *Plutarchi chæronensis quæ extant opera, cum latina interpretatione, ex vetustis codicibus plurima nunc primum emendata sunt, ut ex H. Stephani annotationibus intelliges : quibus et suam quorumdam libellorum interpretationem adjunxit. Æmilii Probi de vita excellentium imperatorum liber.* Les 6 vol. du texte grec, en Gr. Pap., ont été vendus séparément 172 fr. de Cotte. Il paraît que les sept autres volumes n'existent pas de ce format.

— Plutarchi Opera quæ extant omnia, gr., cum latina interpretatione Cruserii et Xylandri, et doctorum virorum notis, et libellis variantium lectionum, etc.; accedit nunc primum Plutarchi vita a Jo. Rualdo collecta digestaque. *Lutetiæ-Parisiorum, typis regiis,* 1624, 2 vol. in-fol.

Belle édition, assez recherchée, quoiqu'elle ne soit pas très-correcte : ce n'est guère qu'une réimpression de celle de Francfort, 1620; seulement Ruauld y a ajouté une longue vie de Plutarque, etc. : 30 à 40 fr.; vend 81 fr. *m.* Boissy; en Gr. Pap., dont les exempl. sont rares, 270 fr. bel exempl. *l. r. peau de truie,* rel. par Derome, Gouttard; 261 fr. Caillard; 200 fr. *vél.* La Vallière; 100 fr. *mar. bl.* Renouard.

Les exemplaires de ces 2 vol. diffèrent dans les frontispices, lesquels portent, tantôt *apud Antonium Stephanum typographum regium, etc.,* tantôt, *typis regiis, apud societatem græcarum editionum.* Le catal. Baudewyns, n° 4891, cite même un exempl. dont le titre du premier vol. porte : *Lugd.-Batavor., Elzevier,* 1655. Après le titre du 1er vol. doit se trouver une grande planche allégorique représentant Louis XIII à cheval, et après le titre du 2e volume, un beau portrait du chancelier Nic. Bru-

lart de Sillery. A la fin du 2e vol., entre les notes, en 84 pp., et l'index, se trouvent les *Variæ lectiones,* pp. 13 à 80. Les pages 1 à 12 n'existent pas. Les *Variæ lectiones* des *vitæ parallelæ,* pp. 95 à 114, se placent dans le 1er vol., entre la p. 1076 et l'index.

On fait encore cas des édit. de Francfort, 1599 ou 1620, 2 vol. in-fol.; quelques savants préfèrent même cette dernière à l'édition de Paris : 24 à 30 fr. On y trouve le traité de Plutarque, *De fluviorum, etc., nominibus,* d'après l'édition de Maussac, traité qui n'est pas dans celle de 1599, dont un exempl. en Gr. Pap. *mar. r.,* aux armes de De Thou, avec quelques notes de la main de cet historien, s'est vendu 56 fr. Soubise, et 335 fr. Parison.

— Quæ supersunt omnia, gr. et lat., principibus ex editionibus castigavit, virorumque doctorum suisque annotationibus instruxit Jo.-Jac. Reiske. *Lipsiæ,* 1774-82, 12 vol. in-8.

Édition la meilleure que l'on ait jusqu'ici des œuvres complètes de Plutarque, en grec et en latin, avec des notes; toutefois elle laisse encore beaucoup à désirer. Elle a été mise au rabais à moins de 100 fr., mais avant elle se vendait 150 fr. et plus.

— Eadem, græce, cum adnotat. variorum, adjectaque lectionis diversitate, opera J.-G. Hutten. *Tubingæ,* 1791-1805, 14 vol. in-8.

Cette édition du texte grec, faite en grande partie d'après celle de Reiske, n'est ni belle, ni fort correcte, sans être cependant aussi mauvaise que quelques critiques l'ont prétendu : 50 à 70 fr.

— Plutarchi Scripta moralia, gr. et lat. edidit Fr. Dübner. *Paris, F. Didot,* 1841, 2 vol. gr. in-8. 30 fr. — Vitæ, secundum codices parisinos, recognovit Theod. Dockner, gr. et lat. *Parisiis, F. Didot,* 1847-48, 2 vol. gr. in-8. 30 fr.

PLUTARCHI fragmenta et spuria, cum codicibus contulit et emendavit Fr. Dübner, cum novo indice nominum et rerum in omnia opera Plutarchi, 1855, gr. in-8. 10 fr.

Ce volume complète l'édition de Plutarque imprimée chez F. Didot.

OEuvres mêlées.

— Moralia, id est Opera, exceptis vitis, reliqua, græca emendavit, notationem emendationum et latinam Xylandri interpretationem castigatam subjunxit, animadversiones explicandis rebus ac verbis, item indices copiosos adjecit Dan. Wyttenbach. *Oxonii, e typ. clarend.,* 1795-1830, 8 tom. en 9 vol. gr. in-4.

Les cinq premiers tomes (en six volumes) de cette belle édition contiennent ce qui se trouve dans celle d'H. Estienne, avec de courtes observations. Le 6e vol. et le 7e, 1re part., publiés en 1810 et 1821, renferment les *Animadversiones in Plutarchi Moralia,* excellent travail resté malheureusement incomplet à la mort de l'auteur. Le 8e vol., daté de 1830, est un *Index græcitatis.* Les 8 vol. ont coûté 19 liv. 13 sh. 6 d.; le dernier seul, 4 liv.; mais ces prix, trop élevés, ont été réduits à 7 liv. 4 sh. On peut réunir à ces 8 vol. les *Vitæ parallelæ,* édition de Bryan, en 5 vol. in-4. Voyez ci-dessous.

— Moralia, gr. et lat., cum animadvers. Dan. Wyttenbach. *Oxonii, e typ. cla-*

rend., 1795-1830, 14 vol. in-8., plus un vol. d'index. 2 liv. 18 sh.

Les exempl. en Gr. Pap. sont plus chers, 5 liv. 5 sh.

On a réimprimé à Leipzig, en 1796-99, le premier volume de Plutarque de Wyttenbach, en 2 part. in-8., et en 1820, 1821 et 1834, ses *Animadversiones* en 3 vol. in-8.

L'*Index græcitatis in Plutarchi opera moralia* a aussi été réimprimé à Leipzig, en 1835, en 2 part. in-8. 3 thl.

— Varia scripta, quæ moralia vulgo vocantur, gr., ex recens. Wyttenbachii. *Lips., Tauchnitz,* 1820, 6 vol. in-16. 12 fr. — Pap. fin. 20 fr.

Édition stéréotype, qui se joint aux *Vitæ parallelæ* publ. par le même libraire, 1812-18, en 9 vol. in-16.

Hommes illustres.

— Plutarchi vitæ parallelæ Romanorum et Græcorum XLIX, græce. *Florentiæ, in ædibus Phil. Juntæ,* 1517, *die* 27 *Aug.,* in-fol. de 354 ff. et un f. pour la marque de l'imprimeur. [30402]

Première édition, assez peu correcte : vend. 48 fr. La Valliere; 3 liv. 12 sh. bel exempl. Pinelli ; 82 fr. *mar. bl.* Larcher ; en *mar. r.,* armes de Colbert, mais avec le titre raccommodé, 100 fr. Solar, et quelquefois de 24 à 36 fr.

Dans la *Biblioth. grenvil.,* p. 557, un exempl. en Gr. Pap. est annoncé comme un livre extrêmement rare. Il s'y trouve dans la vie de Sylla, après le seul feuillet qu'indique la table du contenu, 9 ff. non chiffrés, ou qui manquent quelquefois, ou qui, dans d'autres exemplaires, sont reportés à la fin du volume.

— Eædem, græce. *Basileæ, Bebelius,* 1533, in-fol. 6 à 10 fr.

Cette édition, quoique réputée correcte, est peu recherchée, et celle de *Bâle,* 1560, in-fol., ne l'est pas davantage.

— Vitæ parallelæ cum singulis aliquot, gr. et lat., adduntur variantes lectiones ex mss. codd. veteres et novæ, doctorum viror. notæ et emendationes, et indices accuratissimi. Recensuit Aug. Bryanus. *Londini, Tonson et Watts,* 1729, 5 vol. gr. in-4.

Belle édition, qui représente le texte de l'édition de Paris, 1624, sans améliorations sensibles, les variantes de cette même édition, avec celles d'un manuscrit de la biblioth. de Saint-Germain et de cinq manuscrits de la Bodléienne, et enfin les notes de l'éditeur, et pour les tom. IV et V celle de Moyse du Soul (Solanus), qui a terminé l'ouvrage après la mort de Bryan. Le premier volume est le seul qui porte la date de 1729, les autres sont de 1723 et 1724. On joint à ces 5 vol. les *Apophthegmata,* édition de Londres, 1741, gr. in-4. 60 à 72 fr. les 6 vol., et 12 fr. de moins sans le 6e. Vend. (les 6 vol. *m. r.*) 154 fr. Larcher; 100 fr. *mar. citr.* Mac-Carthy.

— Plutarchi vitarum parallelarum delectus, gr. et lat., cum variantibus lectionibus et doctorum virorum notis. *Dublinii,* 1761, 3 vol. in-8.

Vend. en Gr. Pap. *non rogné,* 120 fr. Mac-Carthy; autrement cette édition a peu de valeur.

— Vitæ parallelæ, græce, edente D. Coray. *Parisiis, Eberhart,* 1809-15, 6 vol. in-8. fig.

Très-bonne édition, devenue rare : 60 à 72 fr. Il y a des exempl. en Gr. Pap. Vend. 200 fr. Clavier, et en *cuir de Russie,* 150 fr. Quatremère.

— VITÆ parallelæ, græce, edente G.-H. Schæfer. *Lipsiæ,* 1812-18, 9 vol. in-18. 12 fr. — Pap. fin, 20 fr.

Réimpr. à *Leipzig, Weigel,* 1820-21, 9 vol. pet. in-8. 15 fr. Edition de la *Bibliotheca classica,* — aussi *Leipzig, Teubner,* 1825-30, 6 vol. in-12. 15 fr.; — Pap. fin, 24 fr.

— VITÆ parallelæ, græce, ex recensione Car. Sintenis. *Lipsiæ, Köhler,* 1839-46, 4 vol. in-8. 40 fr.

— Plutarchi vitæ parallelæ, a diversis interpretibus latinæ factæ, a J.-A. Campano collectæ et editæ (*Romæ*), *Udalricus Gallus* (circa 1470), 2 vol. gr. in-fol. de 45 lign. à la page, sans chiffr., récl. ni signat.

Prem. édition de cette traduction : elle est très-bien exécutée et fort rare : vend. 873 fr. La Vallière; 275 flor. *m. r.* Crevenna ; 21 liv. Pinelli ; 16 liv. 5 sh. Sykes.

Le premier vol. contient 308 ff. en tout, dont les deux premiers renferment, outre l'épître (commençant ainsi : *Campanus Francisco Piccolominio Cardinali Senensi meo salutem*), la table des hommes illustres terminée par la souscription ordinaire d'Udalricus Gallus : *Anser Tarpeii custos Jouis, etc.* Ce volume finit à la 21e ligne du dernier f. recto par les mots : *fastigium evasisse.* Observez que les 164e, 248e et 284e. sont tout blancs. Le deuxième volume, composé de 304 ff., commence par cette ligne impr. en capitales : *Cum per multa sint litterarum;* il est terminé à la 26e ligne du dernier feuillet recto par ces mots : *Ac sanctissimeq reservavit.* Les 142e, 186e, 224e, 264e et 284e ff. sont tout blancs.

Cette description est celle de l'exemplaire de la Biblioth. impér. ; mais il est à remarquer que plusieurs autres exemplaires n'ont que 293 ou 294 ff. dans le premier volume.

— Plutarchi historiographi græci liber de viris clarissimis : e greco sermone in latinum diversis plurimorum interpretationibus virorum illustrium translatus, collectus a Jo. Campano. 2 vol. in-fol.

Cette édition, qui doit avoir été faite, vers 1472, sur la précédente, est impr. sans chiffr., récl. ni signat., à longues lign., au nombre de 49 sur les pages entières. Les caract., parmi lesquels on distingue la lettre capitale R d'une forme singulière, sont du même genre que ceux qu'on attribue, sans beaucoup de certitude, à J. Mentelin. Le 1er volume est de 274 ff. et commence par l'épître dédicatoire de Campanus ; le 2e vol., de 238 ff., commence par une épître du traducteur, et finit à la 22e ligne du dernier f. recto par ces mots : *Post Caroli mortem diligentissime ac Sanctissimeq reservavit.* Vend. 360 fr. La Valliere; 250 fr. en 1823 ; 14 liv. 13 sh. 6 d. Sykes; 3 liv. 1 sh. Heber, et 613 fr. en 1839; avec initiales en or et en couleur, 390 fr. Costabili.

— Eædem vitæ. *Romæ, Sweynheym et Pannartz,* 1473, in-fol.

Livre indiqué par le P. Audiffredi dans le *Catal. editionum romanarum,* p. 130. Nous n'en connaissons aucun exemplaire.

— Vitæ. — *Per Nicolaum Jenson gallicum Venetiis ĩpressæ* M. CCCC. LXXVIII, 2 vol. in-fol.

Édition en beaux caract. ronds, avec des signat. dont le registre se trouve à la fin de chaque vol. Il y a en tout 233 et 226 ff. à 50 lign. par page. Vend. 60 fr. Gaignat; 150 fr. La Vallière; 12 liv. 6 sh. (bel exempl.) Pinelli; 58 fr. *v. f.* F. Didot.

Il a été tiré sur VÉLIN plusieurs exempl. de cette belle édition. Le premier vol. imprimé de cette manière: 360 fr. Mac-Carthy.

— VITÆ comparatæ, H. Causerio interprete. *Lugduni*, 1566, 3 vol. pet. in-12.

On a payé 21 liv., à la vente Libri, en 1859, un exemplaire de ce livre accompagné du *Thesaurus Plutarchi, autore Fr. Le Tort*, Parisiis, 1577, 2 tom. en 1 vol. et revêtu d'une ancienne reliure française en maroquin, avec des marguerites et d'autres fleurs empreintes en or sur les plats, ce qui a fait supposer qu'il avait appartenu à la reine Marguerite, femme d'Henri IV. En condition ordinaire ces quatre volumes ne vaudraient pas 8 fr.

———

— Demosthenis et Ciceronis Vitæ parallelæ, gr., a Plutarcho; græca recensuit, latine reddidit, notis illustravit Phil. Barton. *Oxonii, e typogr. clarend.*, 1744, in-8. 5 à 6 fr.

Vend. en Gr. Pap. 60 fr. *mar. r.* F. Didot; 1 liv. 10 sh. *mar. r.* Sykes.

— Alcibiades; textum e codd. paris. recognovit et perpetua annotatione instruxit J.-C.-F. Baehr. *Heidelbergæ, Groos*, 1822, in-8. 4 fr. — Pap. fin, 5 fr.

— Plutarchi Vitæ Æmilii Pauli et Timoleontis; verba scriptoris ad librorum antiquorum fidem recognovit, varietatem lectionis, commentarios et tabulas chronologicas adjecit J.-C. Held. *Solisbaci, Seidel*, 1832, in-8. 6 à 7 fr.

Traductions des Œuvres mêlées et des Hommes illustres, en langues vulgaires.

— Les Vies des hommes illustres comparées l'une auec l'autre par Plutarque de Chæronée, translatees premierement de grec en françois par Jacques Amyot lors abbé de Bellozane, et depuis en ceste troisième édition reueuës et corrigées en infinis passages par le traducteur..... *Paris, par Vascosan, imprimeur du roy*, 1567, 6 vol. pet. in-8. = Les œuvres morales et meslees de Plutarque, translatees de grec en françois par Jacques Amyot... reueues et corrigees en ceste seconde édition en plusieurs passages par le traducteur. *Paris, par Vascosan*, 1574, 7 vol. pet. in-8.

Très-belle édition, dont les exemplaires bien conservés sont toujours recherchés des curieux. On y ajoute ordinairement le volume suivant:

DÉCADE contenant les vies des empereurs Trajanus, Adrianus, etc., extraites de plusieurs auteurs, et mises en françois par Ant. Allègre (d'après l'espagnol d'Ant. de Guevara). *Paris, Vascosan*, 1567, in-8.; seconde édition. La première de 1556, in-4., est plus belle.

On doit trouver dans le tome VI des Vies des hommes illustres, une partie de 150 pp. qui contient les

Vies d'Annibal et de Scipion l'Africain, trad. par Ch. l'Écluse. Les exemplaires où cette partie manque perdent beaucoup de leur prix.

Les 13 vol. en v. f. 109 fr. Parison, et un fort bel exempl. rel. en *mar. r.*, ancienne reliure attribuée à du Seuil, les 14 vol. en *mar. viol. l. r.* 384 fr. d'Ourches; 816 fr. en 1861; en *mar. r. rel. par Chameau*, 361 fr. Nodier; 430 fr. Solar; en *mar. r. par Derome*, mais trop rogné, 855 fr. De Bure; en *mar. r.* exempl. médiocre, 249 fr. Giraud, et 470 fr. en mai 1857; en *vélin*, première reliure, 540 fr. Renouard.

L'exemplaire en *mar. viol.* aux *armes* du comte d'Hoym, que la grandeur de ses marges a fait regarder comme étant en Gr. Pap., a été acquis au prix de 363 fr. à la vente du cardinal de Brienne en 1792 pour la Bibliothèque du roi.

La première édition de la traduction française des Vies des hommes illustres de Plutarque, par Amyot, *Paris, de l'impr. de Mich. Vascosan*, 1559, gr. in-fol. de 8 ff. prélim., 734 ff. chiffrés et 26 ff. non chiffrés; est un livre magnifique dont il y a des exempl. en Gr. Pap., mais il n'est pas cher. L'exemplaire imprimé sur VÉLIN que possède la Biblioth. impér., a été acquis pour 1000 fr. à la vente Mac-Carthy. Il s'était vendu 900 fr. chez La Vallière.

— Les mêmes Vies des hommes illustres et œuvres morales de Plutarque de la même traduction. *Paris, Vascosan*, 1565-72, 4 tom. en 2 vol. in-fol. 24 à 40 fr.

Seconde édition des Vies des hommes illustres et la première des Œuvres morales et meslees (la troisième est de 1575). Quoiqu'ils soient fort beaux, ces grands volumes conservent très-peu de valeur, à moins qu'une ancienne et belle reliure en maroquin ne les recommande aux bibliophiles. L'exemplaire en 4 vol. très Gr. Pap. rel. en *mar. bl.*, qui avait appartenu au comte d'Hoym, se trouvait, en 1853, chez M. Techener, libraire, qui en demandait 1400 fr.

Les autres éditions in-fol. sont de Paris, *J. Macé, impr. de Fred. Morel*, 1581 et 1582; — de *Paris, Cl. Morel*, 1618-19, sous le titre d'*Œuvres:.. en deux tomes, reueues, corrigees et augmentees en ceste presente edition, suiuant son exemplaire* (celui d'Amyot), copie d'une édition un peu plus ancienne; la dernière qui ait paru dans ce grand format est celle de *Paris, Robinot*, 1645, en 4 vol.

Un exemplaire des *Œuvres morales et meslees traduites de grec en françois par maistre Jaques Amiot*, Paris, 1587, in-fol., magnifique volume rel. en maroquin olive, et ayant sur les plats des fleurs de lis et les armes royales d'Angleterre, est porté à 21 liv. sous le n° 2079 du catal. Libri, 1859, où il est dit que ce livre avait appartenu à Jacques Ier, roi d'Angleterre.

Il existe plusieurs éditions de cette traduction, en 4 vol. in-8. qui méritent le nom d'*éditions compactes*, tout aussi bien que plusieurs de celles que l'on fait aujourd'hui: elles valent de 15 à 20 fr. lorsqu'elles se trouvent bien conservées. Les plus belles sont celles d'*Anvers*, 1564 et 1577, en très-petits caractères, et de *Paris, Jac. Dupuys*, 1578.

— LES ŒUVRES de Plutarque, traduites par Amyot. *Paris, Bastien*, 1784, 18 vol. in-8. 36 à 42 fr.

Il y a quelques exemplaires in-8. en pap. de Hollande, et des exemplaires tirés de format in-4. en pap. ordinaire, en pap. de Hollande et en pap. vél.; mais ils sont peu recherchés.

— Les mêmes œuvres, trad. en franç. par Jac. Amyot, avec des notes et des observat. par Gabr. Brotier et Vauvilliers. *Paris, Cussac*, 1783-87, 22 vol. in-8. fig.

Édition impr. avec beaucoup de soin. Il en a été tiré des exemplaires sur différents pap.: 1° en pap. ordinaire, 60 à 70 fr.; et 15 à 18 fr. de plus avec les tom. XXIII à XXV de l'édition suivante. — 2° en Gr. Pap. de Hollande, 120 à 200 fr., en supposant l'exemplaire bien relié. De beaux exemplaires rel. en *mar.* ont été vendus autrefois 600 fr., et plus avec 67 portraits dessinés à l'encre de la Chine. — 3° in-4. pap. fin, 120 à 150 fr. — 4° in-4. pap. vél., tiré à 12 exemplaires seulement; vend. 800 fr. *m. r. belle reliure,* Scherer; jusqu'à 1200 fr. *m. bl. dent.* rel. angl., en 1816, et le même exempl. 350 fr. Labédoyère.

Nous ferons observer, au sujet du tirage in-4. de cette édition, que dans plusieurs exemplaires les feuilles *SS* du tome II et *Iii* du tome XIV sont mal imposées.

L'édition faite sur la précédente, *Paris, Cussac,* 1801-6, 25 vol. in-8. fig., est inférieure pour le papier et l'impression, mais elle est augmentée de notes de Clavier, d'une table, et ornée de 131 médaillons gravés sur bois. Elle est d'un prix médiocre, même en pap. vél., ou en Gr. l'ap. vél. — Celle de *Paris, Janet et Cotelle,* 1818-20, 25 vol. in-8., avec deux portr., quoique sortie des presses de P. Didot l'aîné, n'a rien de remarquable. 50 à 70 fr., et plus en pap. vél.

Les éditions des hommes illustres de Plutarque, trad. d'Amyot, *Paris*, 1810-12, 16 vol. in-12, ou *Paris, Dupont*, 1825-26, 12 vol. in-8., n'ont qu'un prix fort médiocre.

— Les Vies des hommes illustres de Plutarque, trad. en françois, par l'abbé Tallemant. *Bruxelles, chez Fr. Foppens,* 1667-81, 9 vol. pet. in-12.

Mauvaise traduction, dont nous ne devons cependant pas oublier de citer la présente édition que les bibliomanes réunissent à la collection des Elsevier, 78 fr. *mar. r.* salle Silvestre, en 1825; 91 fr. *mar. r.* Sensier; 60 fr. Bignon; 290 fr. *mar.* de Coislin. On conçoit que la reliure est pour beaucoup dans ces prix.

M. Pieters (*Annales elsevir.,* 2e édit., p. 480) décrit exactement ces 9 vol. dont le dernier a un faux titre portant: *Tables géographiques pour les Vies des hommes illustres de Plutarque dressées par le R. P. Lubin...*

— L'ÉLITE des vies des hommes illustres de Plutarque, même traducteur, même libraire et même date de 1667, pet. in-12. 10 fr. *mar. r.* Bérard.

— Les Vies des hommes illustres, trad. en franç., avec des remarques par A. Dacier; avec les vies omises par Plutarque, trad. de l'anglois de Th. Rowe par Fr. Bellanger. *Paris,* 1721-34, 9 vol. in-4. 20 à 25 fr., et plus en Gr. Pap.

Vend. en très Gr. Pap., pet. in-fol. *m. r.* 145 fr. Barthélemy; 100 fr. Clos.

Les exemplaires sans le 9e volume perdent un tiers de leur valeur. Ce 9e volume a aussi tiré en grand, mais non pas en très-grand papier.

André Dacier avait déjà fait paraître à *Paris, chez Barbin*, en 1694, un premier vol. in-4. de sa traduction des Vies des hommes illustres de Plutarque; mais il n'en donna pas alors la suite (*Biblioth. Butelliana*, n° 8394).

— Autre édition. *Amsterdam*, 1724-34, 10 vol. in-12, fig.

Cette édit. et celle d'*Amsterdam*, 1735, même nombre de volumes, sont assez recherchées, quand elles se trouvent bien conditionnées: 20 à 30 fr. — Celles de *Paris* ou de *Lyon*, en 12 ou en 14 vol. in-12, avec ou sans portraits, n'ont aussi qu'un prix ordinaire.

Citons encore: les mêmes Vies, trad. par Dacier, édition augmentée des Vies d'Auguste et de Titus, par Delaroche, *Paris, Duprat - Duverger*, 1811, 15 vol. in-18., avec 63 médaillons gravés par Delvaux. 18 fr. — in-12, 30 fr., et plus en pap. vél. .

— OEuvres morales, traduites en franç. par Domin. Ricard. *Paris,* 1783-94, 17 vol. in-12. 34 fr. — Les Vies des hommes illustres, traduites par Ricard. *Paris, an* VII (1798). — 1803, 13 vol. in-12. 24 fr.

Traduction nécessaire à ceux qui ne goûtent pas le vieux français d'Amyot.

— Les Vies des hommes illustres de Plutarque, trad. du grec par D. Ricard, ornées de cartes et de portr. d'après les bustes et les médaillons antiques. *Paris, Dubois* ou *Duboys*, 1830, 15 tom. en 28 vol. gr. in-4. pap. vél., plus 1 vol. de table.

Cet ouvrage, d'un luxe aussi dispendieux que mal entendu, a commencé à paraître en 1827, quoique le titre du tome Ier soit daté de 1830. Chaque vol. se compose de 5 ou 6 livr. qui ont été publiées sans aucun ordre. 41 livraisons paraissaient en 1842. Le prix de chaque livraison était en raison du nombre de planches qu'elles renferment. Les souscripteurs avaient déjà payé 9000 fr. à l'époque ci-dessus, et il restait encore à paraître douze vies qu'on estimait devoir coûter 4000 fr. environ. On le conçoit facilement, un livre de ce genre n'est pas de nature à conserver un prix aussi exorbitant: aussi un exemplaire composé de 16 tom. en 27 vol. et ayant de chaque planche trois épreuves différentes (*contre-épreuve, épreuve avant la lettre et eaux-fortes*) a-t-il été offert pour 900 fr. dans le *Bulletin du bouquiniste*, 1857, p. 107.

— Les Vies des hommes illustres, trad. du grec, par E. Ricard. *Paris, Brière* (*impr. de F. Didot*), 1827, gr. in-8. pap. vél. 12 fr.

Édition bien impr. Il en a paru plusieurs autres en 1 seul vol. in-8. Il y en a aussi de *Paris*, 1829 et 1830, en 10 vol. in-8. — 10 vol. gr. in-12. — 16 vol. in-18.

— LES VIES de huit excellens et renommez personnages grecz et romains, mises en parangon lune de l'autre: translatées par le commandement du tres chrestien roy François premier de ce nom par feu reverend pere en Dieu messire George de Selve, evesque de la Vaur (aidé de P. Danès). *Lyon, par Jean de Tournes*, 1548, in-16. 6 à 9 fr.

— EPITOME, ou abrégé des vies des LIV notables et excellens personnages, tant Grecs que Romains, mis au parangon l'une de l'autre, extrait du grec de Plutarque (par Ph. des Avenelles). *Paris, Ph. . Danfrie et Richard Breton*, 1558, in-8., tome Ier, le seul publié.

Édition imprimée en caractères de civilité. Vend. 13 fr. Méon; 44 fr. Mounerqué; 25 fr. Veinant; et en *mar. r.* par Trautz, 52 fr., seconde vente du même.

— LE TRESOR des vies de Plutarque, contenant les beaux dicts et faicts... des empereurs, roys, ambassadeurs... auec quelques vers singuliers, chansons, oracles et epitaphes... en l'honneur d'iceux. *Anvers, G. Salvius*, 1567, pet. in-8. 10 fr. Veinant.

— LE THRESOR des vies de Plutarque, & sentences notables, réponses, apophthegmes, etc., recueillis et extraits des vies de Plutarque. *Lyon, P. Rigaud*, 1611, pet. in-12.

Petit volume assez rare.

— La prima parte delle vite de Plutarcho, traducte de latino in vulgare, in Aquila, per Baptista Alexandro Jaconello de Riete. *Aquila*, 1482, *per Adam de Rotuuil*, in-fol.

Première édition de cette version; elle ne contient que 26 vies, et il n'y a guère que la rareté des exemplaires qui puisse la rendre recommandable : 120 fr. bel exemplaire *mar. cit*r. *l. r.* La Valliere; 18 sh. Pinelli.

Cette même première partie a été réimpr. à *Venise*, chez *Rusconi*, 1518, in-4.; et avec la 2e part. trad. par Guil. Bordone, *Venise, d'Aristotile*, 1522, 2 vol. in-4. — Et de nouveau, *Venise, Bindoni*, 1529 ou 1537, 2 vol. in-8.

— Vite degli huomini illustri greci et romani, tradotte per Lodov. Domenichi ed altri, confrontate co' testi greci per Lion. Ghini. *Vinegia, Giolito*, 1566, 2 vol. in-4.

Cette édition, dont il y a des exemplaires datés de 1567 et 1568, est celle qui fait partie de la *Collana istorica*, 10 à 15 fr.; vend. 37 fr. *m. r.* de Boisset.

Il y a aussi une édition de *Venise, Giolito*, 1555 ou 1560, 2 vol. in-4., qui, selon Haym (édit. de 1771, p. 9), est plus belle que la précédente; vend. 11 fr. Mac-Carthy.

On peut ajouter à cette traduction :

GIOJE istoriche : aggiunta alla prima e seconda parte delle vite di Plutarco da Orazio Toscanella. *Venezia*, 1566 ou 1567, 2 vol. in-4.

— Le Vite di Plutarco, volgarizzate da Girol. Pompei. *Verona*, 1773, 5 vol. in-4. 20 à 25 fr.

On fait beaucoup de cas de cette traduction.— Réimpr. à *Vérone*, 1799, 10 vol. in-8. 30 fr.

— LE VITE degli uomini illustri, volgarizzate da Girolamo Pompei, con note di più celebri letterati, riunite per la prima volta. *Milano, Sonzogno*, 1824-25, 6 vol. in-8. fig.

La meilleure édition de cette excellente traduction, 40 fr.— in-4. Pap. vél., 60 fr. Cet ouvrage, classique en Italie, y est fréquemment réimpr. Aux éditions que nous en avons déjà citées, nous pouvons ajouter celles de *Livourne*, 1811, 7 vol. in-8.; de *Milan, Silvestri*, 1816-17, 10 vol. in-16; de *Padoue*, 1816-17, 13 vol. in-8., ou 1822, 10 vol. in-12; d'*Udine*, 1823, 17 vol. in-12; de *Rome*, 1824, 12 vol. in-12; de *Crémone*, même date, 12 vol. in-12; de *Florence, Passigli*, 1833, en un seul vol. in-8. de 919 pp. à 2 col. avec vignettes gravées, et surtout celle de *Florence, Piatti*, 1822-25, 7 vol. in-8., portr., qui se joint à l'article suivant :

Opuscoli morali e varie opere di Plutarco, volgarizzate da Marcello Adriani il giovine, supplite da Sebastiano Ciampi. *Firenze, Piatti*, 1819-20, 6 vol. in-8. 30 fr.

Les 13 volumes se vendent ensemble 70 fr., et en Gr. Pap. 100 fr.

— Opuscoli morali, nuovamente confrontati col testo, ed illustrati con note da Francesco Ambrosoli. *Milano*, 1827, in-8. fig. (les trois prem. vol. paraissaient en 1828).

— Las vidas de Plutarco, traducidas de latin en romance por el coronista Alfonso de Palencia. *Sevilla, Paulo de Colonia*, etc., 1491, 2 vol. in-fol. goth.

Édition rare et qu'on recherche en Espagne. Hain l'a minutieusement décrite sous le n° 13132 de son *Repertorium*.

Citons encore les Vies des hommes illustres de Plu-

tarque, trad. en espagnol par Jean Castro de Salinas, *Argentina*, 1561, ou *Colonia y Anveres*, 1562, in-fol. — Les Œuvres morales, trad. dans la même langue par Diego Gracian, *Alcala*, 1548, ou *Salamanca*, 1571, in-fol. Ce Diego Gracian avait d'abord donné la traduction des Apophthegmes, *Alcala, Mich. de Eguia*, 1533, in-4.

— Vergleichende Lebensbeschreibungen, übersetzt aus dem griech. von J.-F.-Sal. Kaltwasser. *Magdeb., Keil*, 1799-1806, 10 vol. in-8. 25 fr.

— MORALISCHE Abhandlungen, übersetzt von J.-F.-Sal. Kaltwasser. *Frankf.-am-Main, Hermann*, 1783-1808, 9 vol. in-8. 20 fr.

— WERKE, übersetzt von J.-G. Klaiber und Chr. Bäher. *Stuttgart, Metzler*, 1827 et ann. suiv. in-16. Il a paru au moins 32 vol. à 60 c. chacun.

— Plutarch's Lives, translated (by several hands) with notes, to which is prefixed the life of Plutarch, written by Dryden. *London*, 1758, 6 vol. in-8. 30 à 36 fr.

Traduction médiocre, dont il a été fait néanmoins nombre d'éditions in-8. et in-12, depuis 1683 jusqu'en 1774. Celle de 1758, revue par Samuel Dyer, est regardée comme la meilleure. On peut y joindre l'article suivant, qui a aussi été réimprimé plusieurs fois :

PLUTARCH'S Morals, translated by several hands, *London*, 1718, 5 vol. in-8.

— LIVES, translated with notes and a new life of Plutarchus by John and Will. Langhorne. *London*, 1770 ou 1778, 6 vol. gr. in-8. 24 à 30 fr.

Cette traduction a été réimpr. plusieurs fois, soit en 6 vol. in-8., soit en 8 vol. in-12. Il y en a une édit. de 1812, en 3 vol. gr. in-8. à 2 col., et aussi une de *Lond., Bohn*, 1853, en 2 vol. pet. in-8. Plusieurs édit. de cette même traduction ont été revues par le rév. F. Wrangham. La 4e édit. qu'ait donnée cet ecclésiastique est de Londres, 1826, en 6 vol. in-8. publiés à 2 liv. 14 sh.

— Vies des hommes illustres, traduites en arménien par le P.-E. Thomadjan. *Venise, typogr. arménienne*, 1833-34, 6 vol. in-16 avec de jolies gravures. 40 fr.

Traités particuliers de Plutarque, avec leurs traductions.

PLUTARCHI chaeronei, de virtute & vitio. Eiusdem, de fortuna. Eiusdem, quemadmodum oporteat adolescentem poemata audire (graece, edente Hieron. Aleandro. Mo tensi]. — *Lutetiae Parisior., in aedibus Ægidii Gormontii*, M. D. IX. *pridie cal. Maii*, in-4. de 50 ff. [3805]

Édition rare : 12 à 15 fr. — Vend. 1 liv. 3 sh. *m. bl.* Heber; 15 fr. Bearzi.

OPUSCULES (cinq) de Plutarche, trad. par Est. Pasquier. *Lyon, Jean de Tournes*, 1546, pet. in-8.

Du Verdier a donné des extraits de ce volume rare (4 fr. 60 c. Heber). Le traducteur n'est point le célèbre avocat général auteur des *Recherches*, mais son homonyme, Est. Pasquier, recteur des écoles de Louhans.

DE INSTITUTIONE liberorum, graece. *Parisiis; excudebat Christ. Wechelus*, 1547, in-4. de 24 pp. [3883]

Le même traité a été réimpr. en grec, *apud Guil. Morel*, 1561, et apud *Wechelum*, 1566, in-4; — en grec et en latin, *apud Joannem Benenatum*, 1577, in-4.

Il existe un certain nombre d'autres opuscules de Plutarque imprimés à Paris, tant chez Wechel que chez Morel, Turnèbe et Vascosan, mais l'énumération de ces éditions ne saurait trouver place ici.

DE LIBERORUM educatione commentarius, cum interpretatione latina et adnotationibus Ch.-A. Heumanni ; editionem curavit et observationes addidit J.-F. Heusingerus, *Lipsiæ*, 1749, in-8. 3 à 4 fr.

Bonne édition.

DE LIBERIS educandis liber, accedunt ejusdem et Marcelli Sidetæ fragmenta , gr.; recensuit J.-G. Schneider. *Argentor.*, 1775, in-8. 3 à 4 fr.

Edition également estimée.

PLUTARCUS de liberis educãdis e greco traductus . per Gnarinum (*sic*) veronensem greca latinaᵭ facundia eruditissimum et clarissimũm virum ad angelũ Corneliũ ciuem florentini (*sic*). Et primo ipsius Gnarini phemium incipit feliciter. (*absque nota*), in-4.

Opuscule de 16 ff. non chiffr., sans signat. ni récl., à 27 lign. par page, caract. goth. un peu plus petit que celui d'Ulric Zell de Hanau, vers 1470. Le titre est impr. en rouge. On lit au verso du dern. f., après la 23e ligne :

> *Explicit Plutarcus de*
> *liberis educandis.*

PLUTARCHUS de ingenuis educandis , Guarino Veronense interprete. *Mantuæ*, 1459, pet. in-4. de 18 ff. à 27 lignes par page, sans chiffres, récl., ni signat., caractères romains d'un imprimeur inconnu.

Cette édition, que nous n'avons trouvée indiquée nulle part, a été offerte à la Bibliothèque royale en juin 1834, et à cette époque nous avons eu l'occasion de l'examiner attentivement. La date de 1459 qu'elle porte est bien plus vraisemblablement celle du manuscrit qui a servi de copie à l'imprimeur que celle de l'impression du livre, à moins que l'on ne suppose un X d'oublié, et qu'on ne lise LXVIIII au lieu de LVIIII.

Ce petit traité commence au recto du premier f., par les trois lignes suivantes, en capitales :

> *Francisci Plvtarchi. de in*
> *genvis.edvcaudis.incipit. lege*
> *foeliciter*

A ce sommaire, où figure si singulièrement le mot *Francisci*, succède l'épître du traducteur à Angelus Cornelius, citoyen de Florence :

> (*M*) *Aiores. nostros Angele mi su*
> *auissimc...*

La souscription en capitales, qui se lit au verso du dern. f., est ainsi conçue :

> *explicit. foeliciter. amen. deo.*
> *gratias et gloriosissime virgi-*
> *ni. matri. svc. mantve* VIIII. IV
> NII. I CCCC. LVIIII.

L'I est là pour M.

La place des lettres initiales est laissée en blanc. Il nous paraît certain que cette édition a précédé celle de 1472; peut-être même est-elle plus ancienne que celle d'Ulric Zell.

PLUTARCHUS de liberis educandis : Hieronymus de officiis liberorum erga parentes : Basilii Magni de legendis Gentilium libris oratio. *Parmæ, Andreas Portilia*, 1472, in-4. de 40 ff. dont le dern. est blanc. Lettres rondes, 26 lign. par page.

Cette édition, très-rare, est le plus ancien livre connu qui ait été impr. à Parme. Des trois traités qu'elle renferme, le premier n'a que 22 ff. y compris la préface commençant par ces trois lignes, en capitales :

> *Gvarini veronensis*
> *in Plvtarcvm de liberis*
> *edvcandis praefatio*

le second occupe les ff. 23 et 24, et le troisième le restant du volume. On lit à la fin la date : *Nono Calendas Octobres. M. cccc. lxxii.* Cette date

est précédée de quatre vers dont voici les deux derniers :

> *Hoc nã ĩprᵉ ssit opus uobis Portilia Parmæ*
> *Andreas : multus cui datur artis honos.*

Ce livre précieux a été l'objet d'une dissertation particulière de M. Angelo Pezzana, imprimée à Parme, en 1808, gr. in-8.

QUOMODO juveni audienda sint poemata : Basilii M. oratio de legendis Græcorum libris, gr. et lat., ed. Jo. Pottero. *Oxonii, e Theat. sheld.*, 1694, in-8. 5 à 6 fr. [12223]

L'édition de *Glascow, Foulis*, 1753, in-8., faite sur celle-ci : 2 à 3 fr.

PLUTARCHI commentarius quomodo adolescens poetas audire debeat, gr. et lat., secundis curis recensitus, emendatus et animadversionibus illustratus a J.-T. Krebsio. *Lipsiæ*, 1799, in-8. 3 fr.

Edition peu estimée : celle de *Leipzig*, 1746, in-8., l'est moins encore.

PROBLEMATA, latine reddita a Joh.-Petro Lucensi, ex recognitione Calphurnii. (*Venetiis, circa* 1477), in-4. Vend. 1 liv. 2 sh. Pinelli.

Édition imprimée sans chiffres ni réclames, mais avec signatures; chaque page a 25 lignes. On lit à la fin ce qui suit :

> *Calphurnius Brixiensis ad Dominicum*
> *Siliprandum Mantuanum. Disticon primum.*
> *Quos radi optabas lima, Siliprande, libellos*
> *Imprime : nil posset iungere docta manus.*

Il a passé sous nos yeux une autre édition ancienne du même livre, pet. in-4. de 66 ff., signat. a—h5, imprim. en caract. romains, sans lieu ni date, ayant 23 ou 24 lignes à la page, et finissant par le distique de *Calphurnius*, suivi de 5 lignes de prose qui contiennent un avis intitulé *Idem ad lectorem.* Vend. sans le prem. f. 16 sh. Pinelli.

PLUTARCHI de virtute morali libellus græcus. Ejusdem libelli translatio per illustris. Andream Matth. Aquivivium Hadrianorum ducem. Commentarium ipsius ducis in ejusdem libelli translationem in libros quatuor divisum : Index totius operis : qui sigillatim materias in unoquoque libro contentas ostendit. *Neapoli, ex officina Antonii de Fritziis corinaldini civisque Neap. summo ingenio artificis.* Anno M. D. XXVI, *junio mense*, in-fol.

Un exempl. impr. sur VÉLIN, mais dans lequel manquaient plusieurs feuillets du commentaire : 10 liv. 5 sh. Sykes.

DE VIRTUTE morum, gr. et lat., interprete Carolo Valgulio. *Parisiis, apud Guil. Morelium*, 1555 (ad calcem : *Parisiis*, MDLVII, *excudebat Guil. Morelius*), in-4.

Réimprimé en grec seulement, *Parisiis, apud Joan. Benenatum*, 1570, in-4.

PLUTHARQUE de Cherone, grec, traistant entierement du gouuernement en mariage, trad. de grec en latin, et de latin en vulgaire françois, par Jehan Lode, de Nantes. *Paris, Den. Janot*, 1535 et 1536, in-16 ou pet. in-8. Vend. 8 fr. *mar. r.* By, et 30 fr. *mar. bl.*, en 1841.

Il y a une édition de *Paris, Jeanne de Marnef, Vᵉ de Denis Janot*, 1545, in-16.

DE LA CURE familiere, avec aucuns préceptes de mariage extraicts de Plutarque, aussi un dialogue de la dignité des femmes, trad. des dialogues de Speron, italien. *Lyon, J. de Tournes*, 1546, in-16.

Cette traduction, dont l'auteur ne s'est pas nommé, a été réimpr. à *Paris, pour Arnoul l'Angelier*, 1548, in-16. On y a réuni le *Doctrinal du pere de famille à son enfant*, par Simphorien Champier.

PRECEPTES nuptiaux de Plutarque.... nouuellement traduictz et faicts en rithme françoyse, par Jacques de la Tapie, d'Aurillac, dédiés à très illustre princesse la Royne Daulphine. *Paris, imprimerie de Richard Breton*, 1559, pet. in-8. de 5 ff. prélim. et 32 ff. chiffrés. Caractères de civilité. Vendu (avec l'Union des sentences, même date et mêmes caractères), 51 fr. *mar. r.* Veinant.

DE L'AMOUR et de ses effects, pour les dames d'honneur, extraicts de Plutarque, translatez par son interprete françois, et non encore inserez dans ses œuvres. *Paris, Federic Morel,* 1595, in-8.

DE PLACITIS philosophorum libri V (gr.), ad aldinam editionem codicemque vetustiss. ms. emendati ; addita est Guil. Budæi interpretatio lat. *Paris., apud Jacob. Bogardum,* 1544, in-4.

Imprimé d'abord à Bâle, chez Jean Hervagius, 1531, in-4.

PLUTARCHUS de placitis philosophorum, gr. et lat., cum notis et dissert. Ed. Corsini. *Florentiæ,* 1750, gr. in-4. 6 à 9 fr. [3394]

DE PHYSICIS philosophorum decretis lib. V, emendatiores edidit, et lection. varietatem adjecit Ch.-Dan. Beckius, græce. *Lipsiæ,* 1787, pet. in-8. 3 fr. [3395]

Peu commun en pap. fin.

LIBER de sera numinis vindicta, gr. et lat., edente Dan. Wyttenbach. *Lugd.-Batav.,* 1772, in-8. 6 à 7 fr. [3396]

DE DISCRIMINE amici et adulatoris, gr. edidit Ch.-Aug. Krigel. *Lipsiæ,* 1775, in-8. 2 fr. [3689]

Il y a des exemplaires en pap. fort.

LA TOUCHE naïfve, pour esprouver lamy et le flateur, inuentée par Plutarque, taillée par Erasme, et mise en language françois, par noble homme frere Antoine du Saix, auec l'art de soy ayder, et par bon moyen faire son proffict de ses ennemys. *Paris, Simon de Colines,* 1537, in-4.

A la suite de ces deux traités de Plutarque se trouvent quelquefois les *Petits fatras* de Du Saix (voy. DU SAIX). Il en est de même pour les deux autres éditions de la même traduction, l'une de 1537 (*Paris, Denis Ianot*), pet. in-8, de 55 ff., sign. A—II, fig. sur bois. Vend. 19 fr. Bignon. L'autre de *Paris, Vᵉ de Denis Ianot,* 1545, in-16, lettres rondes. Un bel exempl. de cette dernière, *m. r.,* 11 fr. Méon ; un autre (avec les *Petitz fatraz*), 30 fr. *mar. r.* Bignon.

Une édition de la *Touche naïve,* Lyon, Olivier Arnoullet (sans date), in-4. goth., est portée dans le premier catalogue de La Valliere (1767), n° 1426 ; et le même catalogue donne, sous le n° 1425, le titre suivant, qui n'est ni dans La Croix du Maine, ni dans Du Verdier :

LE LIVRE de Plutarque, qui traicte de la maniere de discerner ung vrai amy dauec ung flateur, translate de grec en francoys, par Franç. Sauvaige. *Paris, Ioes Galloys,* 1520, in-4. goth.

TRAITÉ sur la manière de discerner un flatteur d'avec un ami ; et le banquet des sept sages, avec une version françoise et des notes (par M. de La Porte du Theil). *Paris, imprim. roy.,* 1772, in-8. 4 à 6 fr.

PLUTARCHI libellus perquam elegans, de non irascendo ; ejusdem de curiositate, gr. et lat., Des. Erasmo interprete. *Venetiis, per Nic. Zopinum de Aristotile de Ferraria,* 1526, pet. in-8.

Imprimé d'abord à Bâle, chez Froben, 1525, in-8.

DIALOGUS de cohibenda ira, græce. *Lovanii, ex officina Rutgeri Rescii sumptibus ejusdem ac Bartholomæi Gravii, ibid. Novemb.,* 1531, in-8.

LIBELLUS de utilitate ex inimicis excipienda, græce. *Lovanii, ex officina Rutgeri Rescii..... venundantur apud Bartholomæum Gravium, prid. Cal. Octob.,* 1531, in-8.

A ces deux traités de Plutarque il s'en trouve ordinairement joint un troisième, également en grec, imprimé chez le même Rescius, à la date *duodecimo kalend. Decemb.,* mais sans année ; il a pour titre : *De tranquillitate et securitate animi.*

DEUX opuscules de Plutarque, l'un de ne se courroucer, et l'autre de curiosité, ensemble un autre opuscule du même Plutarque, auquel il est disputé, a sçavoir si les maladies de l'ame tourmentent plus

que celles du corps, trad. en françois par Pierre de Saint-Julien. *Lyon, Iean de Tournes,* 1546, pet. in-8.

Le catal. d'Aug. Veinant, 1860, n° 115, donne à ce livre ce premier titre : *Instruction de reprimer courroux et les moyens d'éviter ire,* par P. de St-Julien. L'exemplaire rel. en *mar. br.* a été vendu 42 fr.

Du Verdier cite une édition de cette même traduction, de *Paris, par Jacques Bogard,* 1546, in-16.

POLITICA, græce. *Paris., F. Didot,* 1824, in-8. de 181 et 185 pp. 8 fr. [3923]

Ce volume est le 6ᵉ des *Appendices* de la Biblioth. grecque publiée par le Dʳ Coray.

POLITIQUE de Plutarche, c'est à dire Ciuiles institutiõs & enseignemẽs pour biẽ Regir la Chose Pu. Iadis cõposees en Grec par Plutarche, Et depuis trãslatees de Grec en Latin, par le Seigñr Nicole Sagũdin. Et a present de Lãgues Grecque ⁊ Latine en Langaige francois, par Maistre Geofroy Tory de Bourges. Dediees par le dict Autheur a Lēpereur Traian. Et par le Trãslateur en Langaige francois A tres ilustre ⁊ plain de bon espoir en toute heureuse vertu, son Seigneur, Francois de Vallois. Imprime en Paris a Lēseigne du Pot Casse, Par Maistre Geofroy Tory de Bourges, Marchant Libraire Et Imprimeur du Roy. (Au verso du dernier feuillet) : *Ce present liure fut acheue d'imprimer le Samedy xv. iour de Iuin* M. D. XXXII. *Par Maistre Geofroy Tory, de Bourges. Marchãt, Libraire, ⁊ Imprimeur du Roy, Demorãt à Paris, deuant Lesglise de la Magdeleine, A Lenseigne du Pôt Casse* ,pet. in-8. de 67 ff. chiffrés, non compris 8 ff. prélim., lettres rondes.

Ce volume est plus rare que la plupart de ceux qu'a produits Geofroy Tory ; il n'a pourtant été vendu que 9 fr. Courtois, mais il serait beaucoup plus cher aujourd'hui. Une édition de *Paris, Sim. de Colines,* 1530, est citée dans la *Biogr. univers.* (ancienne édit.), vol. XLVI, p. 301.

Cette traduction a été réimprimée sous ce titre :

POLITIQUES ou civiles institutions pour bien regir la chose publique, iadis composees en grec par Plutarche, et despuys translatees en francoys par maistre Geofroy Tory, et dediees à.... Francoys de Valloys, Daulphin de France. Disputation de Phavorin philosophe nouuellement y a esté adioustée. Item chapitre demonstrant combien sont destatz de la chose publ. *On les vend a Lyon en la rue merciere, a la boutique de Guillaume Boulle, libraire à la fleur de lys d'or,* 1534, in-16 goth. de 8 ff. prélim. et 104 ff. de texte.

M. Aug. Bernard, qui paraît n'avoir pas connu l'édition de ce livre impr. par Tory en 1532, dit à tort que celle de 1534 est en caractères de civilité.

PLUTARCHUS de superstitione, et Demosthenis oratio funebris in laudem Atheniensium, etc., gr. et lat., cum notis varior. recensuit Christ.-Frid. Matthæi. *Mosquæ,* 1778, in-8. 12 fr. 50 c. Villoison.

PLUTARCHUS de vitiosa verecundia, et fragmenta quædam, gr. et lat., recensuit Christ.-Frider. Matthæi. *Mosquæ,* 1777, in-8. 12 fr. Villoison.

CONVIVIUM septem sapientium. *Parisiis, ex officina typogr. Mich. Vascosan,* 1547, in-4.

CONVIVIUM septem sapientum, gr. et lat., et de superstitione, lat., Gulielmo Planco interprete. *Lugduni, apud Sebast. Gryphium,* 1552, pet. in-8.

Édition que cite Maittaire dans son Index.

APOPHTHEGMATA regum et imperatorum, ac laconica, gr. *Lovanii, apud Theodoricum Martinum alostensem,* MDXXI, in-4. [18441]

Édition rare : 6 fr. Caillard.

APOPHTHEGMATA, græce. *Paris., ex officina Gerardi Morrhii Campensis, apud collegium Sorbonæ,* 1530, pet. in-8.

Édition à laquelle on réunit l'article suivant :

APOPHTHEGMATA, Raphaele Regio interprete. *Pa-*

risiis, ex officina Lud. Blaublomii Gandavi, impensis Sim. Colinæi, 1530, pet. in-8.

APOPHTHEGMATA græca regum et ducum, philosophorum, aliorumque quoruindam; ex Plutarcho et Diogene Laertio, cum lat. interpretatione. *Excud. H. Stephanus*, 1568, pet. in-12. 4 à 6 fr.

Vend. 16 fr. m. bl. tab. dent. Renouard en 1805.

APOPHTHEGMATA regum, imperatorum, etc., gr. et lat. (edidit Mich. Maittaire). *Lond.*, 1741, gr. in-4. 8 à 10 fr. [18444]

On réunit ce volume aux Hommes illustres de Plutarque, édition de Bryan.

APOPHTHEGMATA gr. et lat., recensuit Steph. Pemberton. *Oxonii, e typ. clarend.*, 1768, in-8. 6 à 7 fr.

Édition à la fois belle et correcte ; les exemplaires en Gr. Pap. se trouvent difficilement. Vend. 47 fr. Dutheil, et quelquefois moins.

APOPHTHEGMATA, per Franc. Philelphum e græco in lat. translatu. *Venetiis, per Vindelinum de Spira*, 1471, in-4. de 77 ff. à 82 lign. par page.

Première édition, à la fin de laquelle on lit cette souscription :

M. CCCC. LXXI.
*Impressum formis iustoqụ nitore coruscans
Hoc Vindelinus condidit artis opus.*

Vend. 40 fr. Gaignat; 46 flor. Crevenna; 40 fr. m. r. Mac-Carthy ; 36 fr. m. r. Chardin ; 13 liv. 13 sh. m. bl. Sykes.

APOPHTHEGMATA regum atque imperatorum, et apophthegmata laconica, a Franc. Philelpho latine reddita. (absque nota), in-4.

Édition sans chiffres, récl. ni signat., impr. avec les mêmes caract. ronds que la première édit. d'Horace, sans lieu ni date, et qu'un Florus et un Lucain dont nous avons parlé. Le volume est divisé en deux part. : la première, de 51 ff., commence par la préface du traducteur, adressée à Philippus Maria Angelus (Visconti), et se termine au verso du dern. f. par le mot *Finis*, suivi des quatre vers *Reddita tot latio......* La seconde partie a 50 ff., commence par une autre préface du traducteur, adressée au pape Nicolas V, laquelle occupe trois pages et demie. La dernière ligne du volume est ainsi conçue : *Plutarchi Apophthegmatū laconicoụ liber finit.* Ce livre n'a été vendu que 11 sh. chez Pinelli, mais il vaut davantage.

DICTERIÆ (sive apophthegmata), latine. In-fol. caract. goth.

Édition ancienne, sans lieu ni date, mais impr. vers 1473 avec les caract. de Ketelaer et Gerard de Leempt, premiers imprimeurs à Utrecht. Le volume consiste en 40 ff. à 31 lignes par page, et n'a ni chiffres, ni récl., ni signat. ; au verso du 1er f. est une table, au-dessous de laquelle se lit l'avis : *Est autem sciendū*, etc. Il y a à la fin ces deux lignes :

Dicterie plutarchi cheroneñ ad traianum cesarem seu | addiciones ad valeriū maximū. Feliciter expliciunt.

Voy. *Biblioth. spencer.*, tome II, p. 278.

L'exemplaire décrit par Hain, n° 13138, renferme, comme le précédent, 10 autres ff. contenant : *Fr. Petrarche de vera sapientia dyalogus.* Vend. 77 fr. Borluut.

— LES APOPHTHEGMES ou bons mots des anciens, tirés de Plutarque, de Diogène Laerce, d'Elien, etc., trad. par Perrot d'Ablancourt. *Amsterdam*, 1730, in-12. 3 à 4 fr.

Du Verdier (*Biblioth. franç.*, in-4., I, 684) cite *le Trésor des morales de Plutarque par François Le Tort*, Paris, Jean Poupy, 1578, in-8.

LIBELLUS de fluviorum et montium nominibus, gr. et lat., Vibius Sequester de fluminibus, etc., Psellus de lapidibus, edente Ph.-Jac. Maussaco. *Tolosæ, typis viduæ I. Colomerii*, 1615, in-8. [19757]

Édition peu commune : 3 à 4 fr. Il y a des exempl.

avec un nouveau titre général (*apud Dom. Bosc*), daté de M. DC. XIIX (1618), et annonçant un traité *De microcosmo* de Jo. Pistorius, lequel traité n'est pas dans tous les exemplaires, non plus que l'épître dédicatoire.

PLUTARCHI liber de Iside et Osiride, græce et anglice : græca recensuit, emendavit, commentaria auxit, versionem angl. adjecit Sam. Squire ; accesserunt Xylandri, Baxteri, Bentleii, Marklandi conjecturæ et emendationes. *Cantabrigiæ, typis acad.*, 1744, gr. in-8. 5 à 6 fr. [22623]

Vend. en Gr. Pap. fort, 18 fr. d'Hangard ; 24 fr. F. Didot.

Ueber Isis und Osiris, nach neuverglichenen Handschriften mit Uebersetzung und Erläuterungen herausgeg. von Gust. Parthey. *Berlin, Nicolai*, 1850, in-8. 8 fr.

PLUTARCHI de musica, edidit Ricardus Volkmann. *Lipsiæ, Teubner*, 1857, in-8. de XXIV et 171 pp. 4 fr.

— DIALOGUE sur la musique. Voyez BURETTE.

EX PLUTARCHI operibus excerpta quæ ad artes spectant, gr., collegit, in capita digessit, interpretatione lat. et annotatione instruxit J.-F. Facius. *Lipsiæ et Coburgi*, 1805, pet. in-8. 4 fr., et plus cher en pap. fin.

PLUVINEL. Maneige royal, où l'on peut remarquer le défaut et la perfection du chevalier en tous les exercices de cet art... fait et pratiqué en l'instruction du roy, par Anthoine Pluvinel, son écuyer principal.... (publié par J.-D. Peyrol) ; le tout gravé et représenté en grandes figures en taille-douce, par Crispian de Pas. *Paris, en la boutique de l'Angelier, chez Claude Cramoisy* (1623), gr. in-fol. obl. [10331]

Vend. 26 fr. La Valliere ; 40 fr. Huzard, et un autre exemplaire sans le titre imprimé, 66 fr. même vente.

Édition originale dont le texte est à 2 colonnes ; elle est ornée de 63 grandes planches, d'un frontispice gravé, portant ces mots : *le Maneige royal de M. de Pluvinel,... embelly de plusieurs excellentes figures faictes au naturel et gravées en taille-douce par Crispin de Pas le jeune : le tout reveu et corrigé par l'autheur lui-même. Imprimé a Paris, au dépense* (sic) *de Crispin de Pas le vieux, à Utrecht*, 1623 ; du portrait de Louis XIII et de celui de Pluvinel. Le titre impr. manque quelquefois. On trouve ordinairement sur une partie des planches de ce livre le nom des personnages qui y sont représentés ; cependant il existe des épreuves avant la lettre. Nous ferons observer que cette édition, publiée par J.-D. Peyrol, après la mort de Pluvinel, a été tronquée d'une manière très-blâmable par l'éditeur ; cela n'empêche pas qu'elle ne soit très-recherchée pour ses gravures.

— Le même livre.... *Imprimé à Paris aux frais de Crispian de Pas, et se vend chez Guillaume le Noir*, 1624, in-fol.

Cette édition, imprimée à longues lignes et avec les planches pliées, est moins chère que la précédente ; le dernier I de la date y a été ajouté avec la plume. 49 fr. 50 c. Huzard.

— Le même ouvrage.... imprimé pour la

seconde fois et mis en allemand. *A la*
ville de Brunsvic au dépens de Gotfried
Müller (1626), in-fol.

Les planches de cette édition sont de mauvaises copies
de celles des précédentes. 30 fr. 50 c. et 34 fr. deux
exemplaires Huzard.

— Instruction du roy en l'exercice de
monter à cheval, par Antoine de Pluvinel..... (ouvrage publié après la mort de
l'auteur, par René de Menou). Le tout
enrichy de grandes figures en taille-
douce... desseignees et gravees par Crispian de Pas le jeune. *Paris, Michel Ni-*
velle, 1625, in-fol. 40 à 50 fr. [10332]

Cette édition est, à bien dire, la première de cet
ouvrage, puisqu'elle est la première qui ait été
faite conformément au manuscrit de l'auteur. On
y a inséré aussi les planches originales de Crispian
de Pas, avec le frontispice et les deux portraits qui
ont été gravés pour le *Manège royal*. On y trouve
de plus le portrait de Roger de Bellegarde, grand
écuyer, et celui de René Menou. Le titre imprimé
manque assez souvent. Vend. 60 fr. Morel-Vindé ;
70 fr. Huzard. On a tiré des exempl. en Gr. Pap.
fort. Vend. en *mar.* 80 fr. Gaignat ; 69 fr. de Limare ; 62 fr. Patu de Mello ; 95 fr. Thierry ; 4 liv.
7 sh. en 1835.

C'est mal à propos que plusieurs bibliographes, pour
relever le mérite de cette édition, ont dit qu'elle
contenait les premières épreuves des gravures,
puisque les planches avaient déjà été employées
dans le *Manège royal*. Ces planches sont au nombre de 57, plus le frontispice et quatre portraits.
On a payé 300 fr., à la vente Huzard, un bel exempl.
rel. en *mar. vert* par *Padeloup*, ayant en double
le portrait de Louis XIII, celui de Pluvinel, et un
grand nombre d'autres planches, la plupart *avant*
la lettre, et extraits de l'édit. de 1623, ce qui portait à 126 le nombre total des figures.

L'édition de *Paris, Pierre Rocolet*, 1617, gr. in-fol.,
avec un frontispice gravé, daté de 1629, est moins
chère, 40 fr. Huzard, et en *mar. v.* 83 fr. même
vente. Nous en avons vu deux exemplaires dans
lesquels les pièces préliminaires n'étaient pas rangées dans le même ordre. — Il y a aussi une édition
d'*Amsterdam*, 1666, in-fol., très-inférieure à l'originale.

— Le même ouvrage (avec une traduction
allemande). *Paris, Macé Ruette* ou *Rob.*
Marchand, 1629, gr. in-fol. fig.

27 fr. Huzard, et en *mar. r.* 120 fr. Louis-Philippe.

— Le même ouvrage (avec la traduction
allemande). *Franckfurt-am-Mayn,*
bey Erasmo Kempffern, 1628, pet.
in-fol.

Les figures qui se trouvent dans cette édition ont été
copiées sur celles de Crispian de Pas par Matthieu
Mérian, et elles ne sont pas moins belles que les
originaux (29 fr. Huzard). On les a fait servir à
une autre édit. franç. et allemande, *Franckfurt-*
am-Mayn, in Verlegung Matthæi Merians seel.
Erben, 1670, in-fol., dans laquelle se trouve ajouté :
Traité de l'instruction du cavalier pour le rendre
capable de dresser et emboucher toutes sortes de
chevaux... par du Breüil Pompée, en français et
en allemand (ouvrage qui a été impr. séparément,
à *Paris*, 1666, et à *Arnhem*, 1669, in-8.). L'édition
d'*Amsterdam, Jean Schipper*, 1666, in-fol. fig.
29 fr. Huzard.

L'Exercice de monter à cheval, ensemble le Manège
royal de Pluvinel et (René Menou) de Charnizay,
a été imprimé à *Paris*, 1660, 2 tom. en 1 vol. in-8.

fig. ; ou sous le titre de l'*Ecuyer françois*, Paris,
1671, in-12, fig. ; enfin l'*Instruction du Roi, ou*
l'exercice de monter à cheval, a été encore imprimé à *Paris*, 1640, in-8. ; et l'on a donné, en
1660, dans la même ville, une édition in-8. du
Manège royal séparé.

POÇA (*Andres* de). De la antigua lengua,
poblaciones, y comarcas de las Españas, en que de paso se tocan algunas
cosas de la Cantabria. *Bilbao, por Ma-*
thias Mares, 1587, in 4. [25963]

Volume rare et recherché, mais qui n'est pas, comme
on l'a dit quelquefois, le premier où il soit question
de la langue basque.—Voy. D'ECHEPARE (*Bernard*).

Vendu en *m. r.* 12 fr. Gaignat ; 10 fr. La Vallière ;
17 flor. 25 c. Meerman ; 17 sh. Hanrott.

POCOCK (*Will.-F.*). Architectural designs
for rustic cottages, picturesque dwel-
lings, villas, etc., with appropriate scenery, plans and descriptions : to which
are prefixed some critical observations
on their style and character, etc. *Lond.,*
J. Taylor, 1807, gr. in-4., avec 33 pl.
en aqua-tinta. 20 à 24 fr. [9813]

Vendu 50 fr. Hurtault.

POCOCKE (*Edr.*). The theological Works,
containing his Porta Mosis and english
commentary on Hosea, Joel, Micah and
Malachi : to which is prefixed an account of his life and writings... with a
general index to the commentary by Leo.
Twells. *London*, 1740, 2 vol. in-fol.
[1980]

Les œuvres de ce savant orientaliste sont fort estimées : 36 à 48 fr.

POCOCKE (*Richard*). Description of the
East, and some other countries. *Lon-*
don, 1743-45, 2 tom. en 3 vol. gr. in-fol.,
avec 76 et 103 pl. [19956]

Ouvrage intéressant et fort recherché. 80 à 90 fr. —
Vend. 166 fr. Mac-Carthy ; 140 fr. Langlès ; 85 fr.
Léon Leclerc.

— VOYAGE de Pococke en Orient, dans l'Égypte,
l'Arabie, la Palestine, la Syrie, la Grèce, la Thrace,
etc., trad. de l'angl. (par La Flotte). *Paris*, 1772-73,
7 vol. in-12. 15 à 20 fr.

Cette traduction n'est nullement estimée, et elle ne
peut tenir lieu de l'édition anglaise, puisqu'elle ne
renferme aucune gravure.

— Rich. Pococke et Jerem. Milles inscriptionum antiquarum græcar. et latin. liber, ac numismatum Ptolemeorum, etc.,
in Ægypto cusorum, e scriniis britannicis catalogus. (*Londini*), 1752, in-fol.
[29926]

Vend. 16 fr. Villoison ; 19 fr. Millin ; 13 fr. Langlès.

PODESTA (*Jo.-Bapt.*). Cursus grammaticus linguarum orientalium, arabicæ
scilicet, persicæ et turcicæ. *Viennæ-*
Austriæ, 1691-1703, 3 vol. in-4. 48 à
60 fr. [11577]

Pococke (*Rob.*). History of Gravesend, 27220.

Ouvrage qui se trouve très-difficilement avec le 3e vol. Le 1er est sans date, et a paru vers 1686 : le 2e porte l'année 1691, et renferme plus de 1000 pages en tout : 70 fr. Langlès.

PODIO presbyteri (*Guillelmi* de) Commentariorum musices ad... Alphonsum de Aragonia episcopum Dertrusensem incipit prologus. — *Finit opus præclarum dictum ars musicorum per Reverendum Guillelmum de Podio... prælectum, necnon correctum et impressum in inclita urbe Valentina, impensis... Jacobi de Villa per... Petrum Hagenbach et Leonardum Hutum Alemanos. Anno... M CCCC XCV. die undecima mensis aprilis,* pet. in-fol. [10117]

Un des livres les plus rares que nous ayons sur la musique : 1 liv. 6 sh. Heber.

POEMA, la muger feliz. Voy. ALMEYDA.

POEMAS epicos. *Madrid, Rivadeneyra,* 1851, 2 vol. gr. in-8. à 2 col. 30 fr.

Tome I. Avertissement de l'éditeur, D. Cayetano Rosell ; *La Araucana; el Bernardo; la Cristiada, la Historia del Monserrate, la Mosquea.* — Tome II, *Prólogo* et catalogo de poemas castellanos heroicos : *La Austriada,* de Juan Rufo ; *Vida y muerte del patriarca San José,* de José de Valdivielso ; *La creacion del mundo* d'Alonso de Acevedo ; *Nápoles recuperada,* de Francisco de Borja ; *Arauco domado,* de Pedro de Oña ; *Endimion,* de Marcelo Diaz de Callecerrada ; *La Raquel,* de L. de Ulloa y Pereira ; *El Deucalion,* d'Alonso Verdugo de Castella ; *La Agresion británica,* de J. Maria Mauri ; *Las Navas de Cortés destruidas,* de Nic.-Fern. de Moratin ; *La Inocencia perdida,* d'Alberto Lista y Aragon ; *La Inocencia perdida,* de Felix José Reinoso.

POEMATA didascalica, nunc primum vel edita, vel collecta (a Fr. Oudin). *Parisiis, le Mercier,* 1749, 3 vol. in-12. 9 à 10 fr. [12608]

Collection faite avec soin, et qui est recherchée ; l'abbé d'Olivet en a dirigé l'impression. Il en a paru une nouv. édition, *Paris, Delalain,* 1813, 3 vol. in-12. 15 fr., dont le 3e vol., entièrement composé de poëmes qui ne sont pas dans l'édition précédente, s'est vendu séparément.

POEMATA moralia. Voy. AUCTORES octo.

POEMATA selecta Italorum. Voy. SELECTA. — Anglorum. Voy. POPHAM.— septem illustrium virorum. Voy. SEPTEM. — trium fratrum belgarum. Voy. GRUDIUS.

POEMATIA aliquot insignia illustrium poetarum recentiorum hactenus a nullis ferme cognita aut visa. *Basileæ, per Robertum Winter,* 1544, pet. in-8. ou in-16, caract. italiques, feuillets non chiffrés. [12590]

Recueil peu commun ; 5 fr. Courtois. Niceron en attribue la publication à Gilbert Cousin, et à l'article de ce savant (vol. XXIV), il donne le catalogue des pièces

Poe (*Edgar Allan*). Works, 15882.
Poellnitz. Voy. Pollnitz.

contenues dans ce volume dont il cite une autre édit. de Bâle, 1557, in-16.

POEMATUM (de) cantu et viribus rythmi (auth. Is. Vossio). *Oxonii, e Theat. sheldon.,* 1673, in-8. 4 à 6 fr. [12249]

POEMETTI ed altre versioni metriche italiane di diversi autori. *Parigi, Renouard,* 1801, in-12 avec une gravure. [14452]

Ce petit recueil est imprimé en caractères remarquables par leur petitesse et leur netteté. Il en a été tiré cinq exemplaires en papier rose et quatre sur VÉLIN. Voici le détail de ce qu'il contient : *Ero e Leandro di G. Pompei ; Ero e Leandro di Nic. Viviani ; Nozze di Teti e Peleo ; Tirteo di Lamberti ; Inno di Cleante di Pompei ; Elegia di Gray,* trad. da G. Torelli.

POEMI scritti parte in lingua italiana volgare e parte latina de diversi nobili ingegni de la patria del Friuli in lode de la sacra real fabrica de la Escuriale raccolti da Giovanni de Strasolo. *Udine, G.-B. Natolino,* 1592, in-4. 1 liv. Libri en 1859.

POEPPIG (*Edouard*). Reise in Chili, Peru und auf dem Amazonenstrome während der Jahre 1827-32. *Leipzig, Friedr. Fleischer,* 1835-36, 2 vol. in-4. et atlas gr. in-fol. contenant 16 pl. 50 fr. [21131]

— Nova genera et species plantarum, quas in regno Chilensi, Peruviano et in terra Amazonica annis 1827-32 legit et cum Steph. Endlicher descripsit, iconibusque illustravit E. Pöppig. *Lipsiæ, Hofmeister,* 1835-45, 3 vol. pet. in-fol. [5295]

Chaque volume de ce bel ouvrage renferme 100 pl. ou dix décades. Il coûtait 20 thl., et avec fig. color. 40 thl.

POESIE di Fuoco di diversi autori. *In Lucerna,* 1651, in-12 ou pet. in-8. [15014]

Recueil composé des pièces suivantes : 1° *La Puttana errante di Maf. Ven. ;* 2" *La Zaffetta di Maf. Ven. ;* 3° *La Cazzaria* (en vers) del *C. M. ;* 4° *Persuasiva efficace per coloro che schifane la delicatezza del tordo ;* 5° *Terzetta dell' abbati supra uno che avea presa panocchia ;* 6° *Ode di Gio Battista Bem* (sic) *sopra una signora che si dilettava esser bien chiavata ;* 7° *Lamento d'Elene Ballarina, ditta l'Errante,* ode di Nic. *Pont.* (sic). M. Hubaud, de Marseille, en nous donnant la description de ce volume très-rare, nous dit qu'il est fort mal imprimé et rempli de fautes. Il n'en a pas moins été vendu un exemplaire en *mar. r.* 15 liv. 15 sh. Stanley ; en *mar. bl.* 6 liv. 8 sh. 6 d. Hibbert ; 4 liv. 4 sh. Hanrott ; et en *mar. r.* mais avec le f. 89 contenant les 8 dernières lignes de la Cazzaria, en fac-simile, 2 liv. 11 sh. Libri, en 1859. Selon De Bure (*Bibliographie instr.*

Poems, ballads and rare tracts, relating to the county of Norfolk, 15723.
Poerner. Teinture, 4449.
Poesie d' autori toscani, 14908.
Poesie italiane inedite, 14443.

n° 3955), ce volume doit avoir deux titres, le premier portant *Poesie de fuoco*, et le second *La Puttana errante*, avec le nom et le portrait supposé de *Maffeo Veniero arcivescovo*.

POESIE d'alcuni antichi rimatori toscani. *Roma, Bened. Francesi*, 1774, gr. in-8. [14438]

Poésies inédites de Guido Cavalcanti, Cino da Pistoia, Piero dalle Vigne, etc., publiées par Pierre Ant. Serassi, d'après un manuscrit en sa possession. Elles font ordinairement partie du troisième volume des *Anecdota litteraria* (voy. ANECDOTA) ; mais il en a été aussi fait un tirage à part, et, même il en existe trois exemplaires en très Gr. Pap. bleu (*carta cerulea*) qui approchent du format in-4. (Gamba).

POESIE drammatiche e rusticali, scelte ed illustrate da Giulio Ferrario. *Milano, Fusi*, 1812, 2 vol. in-8. fig. 12 fr., et plus en pap. vél. [16613]

POESIE lombarde inedite del secolo XIII, pubbl. da B. Biondelli. *Milano*, 1855, in-8. [14440]

Tiré à 150 exemplaires seulement. 20 fr.

POESIE pastorali e rusticali, raccolte ed illustrate con note dal dott. Giulio Ferrario. *Milano, Soc. de' class. ital.*, 1808, gr. in-8. 6 fr. 50 c., et plus en pap. vél. [14927]

Ce recueil de poésies de divers auteurs des XVᵉ, XVIᵉ et XVIIᵉ siècles est orné du portrait de Laur. de Médicis et de celui de Fr. Baldovini. Les notes en ont été revues par Louis Lamberti.

POÉSIE de l'alliance perpétuelle entre deux nobles et chrétiennes villes franches, Berne et Genève, faite l'an M. D. LVIII. Item une comédie du monde malade et mal pensé, récitée au renouvellement des dites alliances à Genève le deuxième jour de may M. D. LXVIII. — M. D. LXVIII, in-8. de 31 ff., signat. *a. b. c. d.* [16290]

Cette pièce, excessivement rare, est attribuée à Jacq. Bienvenu, dans la *Biographie universelle* ; l'exemplaire que feu M. de Soleinne nous avait communiqué a été payé 50 fr. à sa vente.

POÉSIE facecieuse extraitte des oevvres des plus fameux poëtes de notre siècle. *Lyon, par Benoist Rigaud*, 1559, in-16 de 80 pp. [13640]

Petit vol. rare, bien impr. en lettres rondes. C'est la réimpression d'un recueil déjà impr. deux fois à Paris et une fois à Lyon ; voy. RECUEIL de vraye poésie.

POESIES choisies de messieurs Corneille, Benserade, de Scudery, Boisrobert, la Menardière, Sarrasin, Desmarets, Bertaud, de Montreuil, Cotin, Maleville, Vauvert, Petit, Maucroy et plusieurs autres celebres auteurs de ce temps ; quatrième édition, reueüe, corrigée. *Paris, Ch. de Sercy*, 1653 (aussi 1657) et ann. suiv. 5 vol. pet. in-12 [13985]

Poésies béarnoises, 14391.

Le recueil publié par Ch. de Sercy est recherché parce qu'il renferme un certain nombre de pièces composées par des poëtes dont les œuvres n'ont pas été recueillies ; le libraire de Sercy en a fait paraître et réimprimer les volumes successivement ; le 5ᵉ est de 1660. Les 5 vol. de 1653, etc. 25 fr. Walckenaer, — édition de 1658, 5 vol. pet. in-12, *mar. vert*, 129 fr. Ch. Giraud ; 355 fr. *non rogné*, *mar. r. Trautz-Bauzonnet*, dans une vente faite par M. Techener, en 1854.

En 1655 le premier volume était déjà à sa quatrième édition : vendu, avec le second sous la même date, 36 fr. Duplessis. Les titres de l'édit. de 1660-66 également en 5 vol. portent *imprimés à Rouen et se vendent à Paris, chez Ch. de Sercy*.

Il existe aussi un *Nouveau Recueil des plus belles poésies*, contenant le Triomphe d'Aminte, la Belle invisible, la Belle mandiante (*sic*), l'Occasion perdue, le Pedont parasite, le Portrait de Voiture, et autres pièces curieuses. *Paris, Vᵉ Guillaume Loyson*, 1654, in-12. En un seul volume, 15 fr. Duplessis. Le recueil est indiqué en 5 vol. dans le catal. La Valliere par Nyon, n° 13486.

POÉSIES des XVᵉ et XVIᵉ siècles publiées d'après des éditions gothiques et des manuscrits. *Paris, Silvestre (imprim. de Crapelet)*, 1832, gr. in-8. caract. goth. 60 fr. [13254]

Recueil tiré à 100 exemplaires ; les cinquante premiers sur un papier d'une qualité supérieure aux autres. — Il existe 4 exempl. des articles 2 et 3 imprimés sur VÉLIN.

Les quinze pièces qui composent ce vol. ont été publiées séparément, de 1830 à 1832, et elles portent les titres suivants : 1. Lart et science de rhetorique... par Henry de Croy.—2. Le Casteau damours. —3. Le debat de liuer et de leste, aueccques lestat present de lhomme...—4. Le debat du vieil et du ieune.—5. Sermon nouueau..... auquel est contenu tous les maulx que lhomme a en mariage.—6. Le caquet des bonnes chamberieres...—7. Sermon ioyeulx de monsieur Sainct Haren...—8. La reformation sur les dames de Paris....—9. Deploration de Robin.—10. Le songe dore de la pucelle.—11. La complainte de la grosse cloche de Troyes.—12. Les souhaiz du monde.—13. La farce du meunyer de qui le deable emporte lame en enffer.—14. Moralite de laueugle et du boiteux.—15. La Farce de la pippee. Ces trois dernières pièces étaient inédites.

POÉSIES diverses du sieur D***. 1718 (*sans indication de lieu*), in-12 de 182 pp. et 8 pour la table. [14049]

Avant la table se trouvent 12 pp. renfermant des contes libres, avec cette signature : *Par Messieurs B. L. G. D. G.* Or comme ces mêmes contes font partie du *Recueil de poésies diverses* (Paris), 1763, in-8., que l'on sait être de Bouret, lieutenant général de Gisors, père du fermier général, Barbier attribue le recueil entier au même Bouret.

Selon le Catal. de La Valliere-Nyon, 13317, ces Poésies seraient la même chose que les Œuvres diverses du sieur D***. *Paris* (Hollande), 1713, pet. in-8., dont un exempl. en pap. fort, portant le nom de *M. de Blainville*, a été vendu 12 fr. Mac-Carthy.

Il y a une seconde édition des Œuvres diverses du Sᵉ D*** augmentée de Rome, Paris et Madrid ridicule, avec des remarques historiques, et un recueil de poésies choisies, par M. de B***. *Amsterdam* (ou plutôt *Rouen*), *Frisch et Bohn*, 1714, 2 vol. in-8.

POÉSIES diverses extraites de mon portefeuille (par M. Ch.-Louis d'Estampes). *Paris*, 1811, 2 vol. in-8. [14081]

Recueil imprimé aux frais de l'auteur et pour faire

des présents. La première partie contient des imitations des odes d'Anacréon, en vers libres. Un exemplaire en pap. vél. *m. r.* 75 fr. Dutheil. L'ouvrage s'est quelquefois donné à très-bas prix.

POÉSIES diverses, patoises (de Rouergue) et françoises. *En Rouergue,* 1774, in-8. [14393]

Vend. 7 fr. 95 c. *mar.* Chateaugiron.

POÉSIES du roi de Navarre. V. THIBAULT.

POÉSIES facétieuses, par les beaux esprits de ce temps. (*Hollande*), 1668, pet. in-12 de 93 pp. [14228]

Recueil de poésies licencieuses et satiriques dont on attribue l'impression à Dan. Elsevier, parce que la vignette à la tête de buffle figure au commencement du volume. C'est un livre rare qui s'est vend. 53 fr. rel. en *mar.* Bérard ; 19 fr. Labédoyère ; 64 fr., en 1862. Il y en a une édit. de 1672.

POÉSIES gaillardes, galantes et amoureuses de ce temps. *Imprimé cette année (sans lieu ni date),* in-12, en *mar. r.,* par Duru, 36 fr. Veinant.

Ce livre est une nouvelle édition (augmentée de quatre pièces) du recueil intitulé : *Les poésies facétieuses,* ci-dessus.

POÉSIES nouvelles. Voy. CANTENAC.

POÉSIES provençales des XVIᵉ et XVIIᵉ siècles, publiées d'après les éditions originales et les manuscrits (par M. Anselme Mortreueil, avocat). *Marseille, imprim. des hoirs Feissart aîné et Demouchy,* 1843, 3 vol. in-8. [14393]

Le premier volume de ce recueil contient une réimpression du *Jardin des muses provençales,* édit. de 1628 (voy. BRUEYS).

POÉSIES satyriques du dix-huitième siècle. *Londres (Paris),* 1782, 2 vol. in-18. [14208]

Les exemplaires de ce recueil, dans lesquels se trouvent les pages 225-28 de la seconde partie, sont recherchés, et ne se rencontrent pas facilement : vend. 11 fr. 50 c. By.

POÉSIES sur la constitution Unigenitus, recueillies par le chevalier de G. *Villefranche, Philarète Belhumeur* (noms supposés), 1724, 2 vol. in-8. fig. 10 à 12 fr. [14207]

Un exemplaire en *mar. r.* par Derome, 86 fr. Saint-Mauris.

POESIS philosophica. Voyez ESTIENNE (*Henri*).

POETÆ bucolici et didactici : Theocritus, Bion, Moschus, recognovit et præfatione critica instruxit C.-Fr. Ameis. — Nicander, Oppianus, Marcellus Sideta de Piscibus, Poeta de herbis, recognovit F.-S. Lehrs ; præfatus est K. Lehrs ; Phile iambi de proprietate animalium, ex codicibus emendavit F.-S. Lehrs et Fr. Dübner, gr. et lat. cum scholiis et

indice. *Parisiis, Firmin Didot,* 1846, gr. in-8. 15 fr. [12273]

SCHOLIA in Theocritum, auctiora edidit et annotatione critica instruxit Fr. Dübner : Scholia et paraphrases in Nicandrum et Oppianum, partim nunc edidit, partim collatis mss. emendavit, annotatione critica instruxit et indices confecit U. Cats Bussemaker. *Parisiis, F. Didot,* 1849, gr. in-8. 15 fr.

— Voy. BUCOLICORUM auctores, ECLOGÆ et THEOCRITUS.

POETÆ christiani : Prudentii poetæ Opera (Prosperi Aquitanici epigrammata ; cantica Joannis Damasceni in Theogoniam, etc., gr. et lat.). *Venetiis, apud Aldum,* 1501, 2 tom. en 1 vol. in-4. 18 à 30 fr. [12575]

Premier volume de la collection des anciens poëtes chrétiens. Voici l'abrégé de la description que Renouard en a donnée : Il y a au commencement 8 ff. contenant le titre, les pièces prélim. et un registre des signat. et réclames ; ensuite vient *Prudence,* occupant les cahiers ff- yy, de 8 ff. chacun, à l'exception de hh et yy qui en ont 10. On doit trouver ensuite *Prosperi Aquitanici epigrammata,* cahiers hh, ii et kk, formant 22 ff., dont le dernier est blanc. Enfin le volume est terminé par les *Cantiques de Jean Damascène, de Cosme,* et autres opuscules en grec et en latin. Le grec (ayant ordinairement le latin en regard) occupe 3 cahiers de 8 ff. et un cah. de 6 ff.; le latin est contenu dans les 4 cah. a, b, c, d, qui forment seuls 34 ff.

A ce premier recueil doit être joint l'article suivant :

SEDULII mirabilium divinorum libri IV, etc.; Juvenci de evangelica historia libri IV; Aratoris historiæ Apostolorum libri II; Probæ Falconiæ cento ex Vergilio : Homerocentra, gr. et lat.; Opusculum ad Annuntiationem Virginis, gr. et lat. *Venetiis, apud Aldum,* MDI. mense januario. in-4.

Ce second volume contient 8 ff. prélim., dont le titre et la préface d'Alde, ainsi datée : *Ven., mense Junio* M. DII, font partie; le texte de *Sedulius* et celui de *Juvencus,* le premier, sous les signatures a–d, en 28 ff., le second, sous les lettres e–k, en 50 ff.; viennent ensuite *Arator, Proba Falconia,* et autres pièces annoncées sur le titre, jusqu'à la *Vie de saint Martin;* le tout contenu dans les 8 cahiers aa—hh, de chacun 8 ff., hors ce et hh qui n'en ont que 6; les *Vies de saint Martin et de saint Nicolas,* qui viennent après, occupent 10 cah. cotés A—K, et forment 72 ff.; les *Homerocentra,* avec l'opuscule grec et latin sur l'*Annonciation,* qui occupe le milieu de chaque cahier (ainsi que cela est expliqué plus au long dans les *Annales des Alde,* de M. Renouard, 3ᵉ édit., p. 24), termine le volume par 36 ff. (sign. αα—εε), dont le dernier est blanc, et par cinq cahiers latins cotés aaaa—eeee, en 40 ff. Ces cahiers sont disposés de façon que le grec est en face du latin ; néanmoins on les trouve aussi quelquefois séparés les uns des autres.

Ces deux volumes réunis et complets, ainsi que nous les avons décrits, forment une condition précieuse : vend. 70 flor. Crevenna ; 2 liv. 5 sh. Pinelli ; 80 fr. Bosquilton ; 87 fr. *cuir de Russie* Solar. On y joint, comme 3ᵉ vol., les poésies de s. Grégoire de Nazianze, impr. par Alde, en 1504 (voyez GREGORIUS nazianzenus). Les 3 volumes, avec le Nonnus, bel exempl., ont été vend. 299 fr. d'Ourches ; en 4 vol. *mar. r.* 11 liv. 5 sh. en 1835 ; 8 liv. 8 sh. Hanrott ; 12 liv. 12 sh. Butler.

POETARUM veterum ecclesiasticorum opera christiana et operum fragmenta ; thesaurus ecclesiæ, collectus et commentario expositus studio Geor. Fabricii. *Basileæ, Oporinus,* 1564, in-4. 6 à 9 fr. [12576]

POETÆ christiani : Prudentius, Dracon-

. **Poesios** Biterouèsos, 14368.

tius, Juvencus et Sedulius, edente Arevalo. *Romæ*, 1788-94, 5 vol. in-4.

Cette collection, dont nous avons déjà indiqué chaque
auteur à son nom, coûtait 80 fr. On y ajoute un
6ᵉ vol. contenant :
HYMNODIA hispanica ad cantus, latinitatis me-
trique leges revocata et aucta; præmittitur dissertatio de hymnis ecclesiasticis eorumque correctione,
atque optima constitutione; accedunt appendix de
festo conversionis Gothorum instituendo; Breviarii
Quignoniani fata, etc.

— Poetæ ecclesiastici latini. *Cameraci,
A.-F. Hurez,* 1821-26, 4 vol. in-12. 12 fr.

Ces quatre vol. renferment : *Prudentius; Fortunatianus Chivius; Tertullianus, Cyprianus, Juvencus, etc.; Sedulius, Belisarius, Liberius,
Prosper, Arator, Lactantius* et *Dracontius.* Il en
a été tiré trente exemplaires en pap. vélin : 24 fr.,
et un seul sur VÉLIN.

POETÆ ex Academia gallica. Voy. RE-
CENTIORES poetæ.

POETÆ græci principes heroici carminis
et alii nonnulli (græce, studio Henr.
Stephani). 1566, *excudebat Henricus
Stephanus, illustris viri Huldrichi
Fuggeri typographus,* in-fol. [12262]

Ce recueil est d'une grande importance, parce qu'il
présente de bons textes revus par Henri Estienne,
et qu'il est fort bien imprimé; cependant on le
recherche peu maintenant : 24 à 36 fr.; vend. beaux
exemplaires *mar. r.* 150 fr. Larcher; 75 fr.
Quatremère; et en *mar. vert,* riches compart.,
provenant de la biblioth. de De Thou, 121 fr. F.
Didot; et 641 fr. Pari-on; en Gr. Pap., qui est très-
rare, 674 fr. Le Pelletier de Saint-Fargeau; 845 fr.
(*mar. r.*) exemplaire de De Thou (ayant 383 millim.
de hauteur sur 239 millim. de largeur) de Cotte, et
1000 fr. Caillard; 723 fr. 2 vol. *mar. r.* F. Didot.

Ce volume contient le titre et la préface, 20 pp.; la
vie d'Homère, etc., LXXII pp.; le texte, 781 pp.;
Stephani notæ, LVII pp.; autre partie de texte,
489 pp. : on le trouve difficilement en bon état.

POETÆ græci veteres carminis heroici
scriptores, qui extant omnes; item tra-
gici, comici, lyrici, epigrammatarii, additis fragmentis, etc., gr. et lat., cura
et recensione Jac. Lectii. *Coloniæ-Al-
lobr.,* 1606-14, 2 vol. in-fol. [12263]

Collection moins bien exécutée et moins recherchée
encore que la précédente; on en trouve rarement de
beaux exemplaires: 40 à 60 fr.; vend. 96 fr. Larcher.

POETÆ latini minores, sive Gratii Falisci
Cynegeticon, M. Aurelii Nemesiani Cynegeticon, et ejusdem eglogæ IV ; T. Calpurnii Siculi eglogæ VII; Claudii Rutilii
Numatiani Iter ; Q. Serenus Samonicus
de Medicina ; Vindicianus, sive Marcellus
de Medicina; Q. Rhemnius Fannius Pa-
læmon de ponderibus et mensuris ; et
Sulpiciæ Satyræ ; cum integris doctorum
virorum notis et quorumdam excerptis,
curante P. Burmanno qui et suas adjecit
adnotationes. *Leydæ,* 1731, 2 vol. in-4.
[12467]

Collection estimée à cause des notes savantes qu'elle

Poetæ græci christiani, 12304.

renferme; on y trouve deux poëtes (*Serenus Samonicus* et *Vindicianus*) qui ne sont pas dans le
recueil de Wernsdorf : 24 à 36 fr.; il y a des
exempl. en Gr. Pap.; vend. 81 fr. *mar. r.* de
Cotte; 61 fr. *vél.* Lamy; 69 fr. *m. bl.* Caillard ;
4 liv. 8 sh. *m. r.* Dent.

POETÆ latini minores, ex editione P. Burmanni fideliter expressi. *Glasguæ, Foulis,* 1752, pet. in-8.

Jolie édition, qui ne renferme que le texte de la précédente, sans les notes : 4 à 6 fr.

POETÆ latini minores, Jo.-Chr. Wernsdorf curavit. *Altenburgi,* 1780-98,
6 tom. en 10 vol. pet. in-8. 24 à 30 fr.,
et plus en pap. fin.

Ce recueil n'est point, comme on pourrait le croire,
une réimpression de celui de Burmann, puisque
non-seulement il renferme presque tous les poëtes
publiés par ce savant hollandais, mais qu'il contient
encore un grand nombre d'autres poëtes dont on
ne sera peut-être pas fâché de trouver ici la liste
exacte, suivant l'ordre des volumes :

TOME I. *Carmina de venat. aucup. et piscatu.* Ex
libro Nemesiani de aucupio fragmenta, aliorumque
de venatione aucupio et piscatu carmina. — M.
Aur. Olympii Nemesiani laudes Herculis halieutica, etc. — D. M. Ausonii Mosella et ejusdem de
Ostreis epistola.

TOME II. *Bucolica et idyllia.* T. Calpurnii eglogæ XI.
— Citerii Sidonii Syracusani epigramma de tribus
pastoribus. — Severi Sancti carmen bucolicum. —
Vespæ judicium Coci et Pistoris. — Bedæ Venerabilis
Confl.ctus veris et hiemis. — A. Septimii Sereni
Moretum, et ejusdem fragmenta. — Incerti Copa.
— Ausonii Cupido cruci affixus. — C. Cassii Par-
mensis Orpheus. — Idyllia figurata, Ara-pythia ;
Syrinx ; Organon.

TOME III. *Satyrici minores, elegiæ et lyrica variorum.* Valerii Catonis Diræ. — T. Petronii Arbitri de Mutatione reipublicæ romanæ; ejusdem in
avaritiam, luxum et vanitatem.—Turni fragmentum
satyræ in Neronem. — Eucheriæ Indignatio vel
carmen invectivum. — Cl. Marii Victoris de per-
versis suæ ætatis moribus. — Elegia forte Virgilii
ad M. Val. Messalam. — Albinovani in obitum
Mæcenatis; ejusdem de Mæcenate moribundo. —
Asinii Cornelii Galli elegia et epigrammata tria. —
Incerti, de Mœvio qui bello civili fratrem ignarus
interfecit; item de eodem.— Epitaphium M. Luccei.
— Epitaphium Claudiæ Homonœæ. — Æm. Magni
Arborii ad Nympham nimis cultam. — Incerti
elegia de spe. — Sulpicii Servasti junioris de cupi-
ditate. Ejusdem, de vetustate.— Incerti elegia de
fortunæ vicissitudine. — Pentadii elegiarum et
epigrammatum libellus. — Firm. Lactantii carmen
de Phœnice. — Vestitii Spurianæ odarum IV fragmenta. — P. Papinii Statii carmina lyrica ad Septimum Serenum et Maximum Junium. — Cœlii
Firmiani Symposii de fortuna. Ejusdem, de livore.
— Rufini Pasiphaæ fabula. — Palladii allegoria
Orphei. — Incerti, ad Lydiam. — Ausonii, ad
Servum. — Pentadii, de Vita beata. — Focæ grammatici, de historia. — Prosperi Tyronis exhortatio
ad conjugem. — Sindini, de ætate. — Incerti, de
Arzugitino poeta. — Item, in Alexandrum Mag.—
Pervigilium Veneris.

TOME IV. *Carmina heroica.* Lucii Junioris Ætna. —
Corn. Severi de Morte Ciceronis. — C. Pedonis
Albinovani de Navigatione Germanici. — Saleii
Bassi carmen ad Calpurnium Pisonem. — T. Pe-
tronii carmina minora. — Taurini Votum fortunæ
prænestinæ solutum. — Incerti votum ad Oceanum.
— Reposiani (vel Nepotiani) concubitus Martis et
Veneris. — Incerti Verba Achillis, cum tubam
Diomedis audiisset. — Incerti Epistola Didonis ad
Æneam. — Patricii Epithalamium Auspicii et
Aëllæ. — Incerti Epithalamium Laurentii et Mariæ

— Licentii carmen ad Augustinum præceptorem.
— Incerti Epitome Iliados Homeri. — T. Petronii Troia halosis.

TOME V. *Carmina geographica.* Hildeberti de urbis Romæ ruina. — Prisciani Periegesis e Dionysio ; ejusdem Epitome Phænomenon. — Incerti de duodecim ventis. — Incerti epigr. de tabula orbis terrarum. — Rufi Festi Avieni Descriptio orbis terræ ; ejusdem Ora maritima ; ejusdem quatuor minora carmina. — Ausonii Ordo nobilium urbium. — Aliorum de urbibus et insulis carmina. — P. Ter. Varronis carminum geographicorum fragmenta.

TOME VI. *Carmina de re hortensi et villatica ; item amatoria et ludicra.* Columella de Cultu hortorum. — Palladius de Insitionibus. — Vomanus de Laudibus hortuli. — Ausonii Rosæ. — Epigr. V de rosis. — Aliorum carmina minora de hortorum et ruris amœnitate. — Maximiani Etrusci elegiarum liber. — Ofilii Sergiani elegia de Pulice. — Albi Ovidii Juventini elegia de Philomela. — Julii Sperati Laus Philomelæ. — Cœlii Symposii Ænigmata. — Ausonii Griphus.

POETÆ latini minores : Gratii et Nemesiani Cynegetica, T. Calpurnii Siculi Eclogæ, Q. Ennii, Severi Sancti, Bedæ, Septimi Sereni, Ausonii, Cassii Parmensis, Optatiani, Porphyrii et aliorum carmina quæ notis veteribus ac novis illustravit N.-E. Lemaire. *Parisiis, Lemaire, (typis F. Didot),* 1824-26, 8 vol. in-8., y compris l'index.

Édition faite en grande partie d'après celle de Wernsdorf, mais beaucoup mieux imprimée et sur meilleur papier ; cependant elle ne peut pas entièrement tenir lieu de cette dernière.

POETÆ latini veteres ad fidem optimarum editionum expressi. *Florentiæ, Molini,* 1829, in-8. 15 à 20 fr.

Volume de près de 1550 pp., imprimé avec soin, et contenant les principaux poëtes latins, depuis Plaute et Lucrèce, jusqu'à Claudien et Némésien, y compris Plaute, Térence et Sénèque le Tragique, trois poëtes qui ne sont pas dans les éditions de Londres et de Francfort. Il a été tiré de celle-ci 12 exempl. sur Gr. Pap. anglais, format pet. in-4. — Voy. CORPUS poetarum.

POETÆ latini rei venaticæ scriptores et bucolici antiqui, cum notis diversorum auctorum ; quibus accedunt Ger. Kempheri observationes in tres priores Calphurnii eclogas. *Lugduni-Batav.,* 1728, 2 part. en 1 vol. in-4. 10 à 12 fr. [12473]

Collection estimée, qui a eu pour éditeurs Bruce et Havercamp. Il y a des exempl. en Gr. Pap. devenus assez rares : vend. 48 fr. *mar. r.* de Cotte ; 51 fr. *m. bl.* Caillard ; 91 fr. Mac-Carthy.

— Voyez VENATICI.

POETÆ lyrici græci. Recensuit Theod. Bergk. *Lipsiæ, Reichenbach fratres,* 1843, in-8. 18 fr. [12275]

Une nouvelle édition de ce recueil a paru à Leipzig, en 1852, in-8. 21 fr.

POETÆ minores græci, cum observat. Radulphi Wintertoni in Hesiodum, gr. et lat. *Cantabrigiæ,* 1652, pet. in-8. [12279]

Cette édition, faite sur celle de Cambridge, 1635, passe pour l'une des belles productions des presses de

cette ville : 6 à 10 fr. ; vend. 60 fr. *mar. r. dent. tab.* F. Didot.

— *Editio altera. Cantabrigiæ,* 1684, pet. in-8.

Quoique moins belle que la précédente, cette édition est celle que l'on choisit pour l'ancienne collection *Variorum :* 10 à 12 fr. ; vend. 16 fr. Caillard ; 30 fr. *cuir de Russie,* F. Didot.

Les éditions de 1661, 1699, 1712 et 1739 sont moins estimées : 6 à 9 fr.

POETÆ minores græci, præcipua lectionis varietate et indicibus instruxit Th. Gaisford. *Oxonii, typogr. clarend.,* 1814-1821, 4 vol. in-8. [12280]

Collection fort estimée. Les deux premiers vol. renferment les textes ; le 3e contient les *Scholia in Hesiodum,* et le 4e les *Scholia in Theocritum,* 60 fr. — Il a été tiré 50 exempl. en Gr. Pap., qui sont aujourd'hui rares et très-recherchés : vend. 9 liv. Drury ; 11 liv. 10 sh. *mar. bl.* Williams ; 10 liv. 10 sh. Hibbert.

— Poetæ minores græci, præcipua lectionis varietate et indicibus instruxit Th. Gaisford ; editio nova F.-V. Reizii annotatione in Hesiodum, plurium poetarum fragmentis aliisque accessionibus aucta. *Lipsiæ, Kühen,* 1823, 5 vol. in-8. 40 fr.

POETÆ minores : Sabinus Calpurnius. Gratius Faliscus, Nemesianus, Valerius Cato, Vestritius Spurinna, Lupercus Servatus, Arborius, Pentadius, Eucheria, Pervigilium Veneris ; traduction nouvelle ; par M. Cabaret-Dupaty. *Paris, Panckoucke,* 1842, in-8, 7 fr.

Premier volume d'une seconde série de la *Biblioth. latine-française,* dont il a paru 31 vol. — Voy. la col. 933 de notre 1er vol., article BIBLIOTHÈQUE.

POETÆ rusticantis (Deslandes) litteratum otium ; tertia editio. *Londini (Parisiis),* 1752, pet. in-8. 3 fr. [12909]

POETÆ satyrici. Voyez BOXHORNIUS.

POETÆ scenici græci, accedunt perditarum fabularum fragmenta : recognovit et præfatus est Guil. Dindorlius. *Lipsiæ, Weidmann,* 1830, gr. in-8. de XXXII, 766 et 162 pp. [16037]

Édition à deux col., assez bien exécutée ; 20 fr.

POETÆ scenici Græcorum (græce), recensuit et annot. siglisque metricis in margine scriptis instruxit Fr.-Henr. Bothe. *Lipsiæ, Hahn,* 1825-31, 10 vol. in-8.

Publié dans l'ordre suivant : Euripide, 1825-26, 2 vol. — Sophocle, 1826-28, 2 vol. — Aristophane, etc., 1828-30, 4 vol. — Æschyle, 1831, 2 vol. Chaque auteur porte un titre particulier et se vend séparément, à raison de 5 à 6 fr. le volume.

POETÆ scenici Latinorum, collatis codd. mss. aliisque spectatæ fidei libris, recensuit F.-H. Bothe. (Plautus, Terentius, Seneca et fragmenta). *Halbersta-*

dii, *Vogler*, 1820-23, 5 vol. in-8. 25 fr. [16098]

POETÆ tres egregii nunc primum in lucem editi : Gratii de venatione lib. 1; P. Ovidii Nasonis halieuticon liber acephalus; M.-Aur.-Olympii Nemesiani cynegeticon lib. I ; ejusd. carmen bucolicum ; T. Calphurnii bucolica ; Adriani card. venatio. *Venetiis*, *in ædibus hæredum Aldi Manutii*, *etc.*, 1534, in-8. [12471]

Petit volume recherché et peu commun ; il contient 6 ff. prélimin. et 47 ff. chiffrés, dont le 11ᵉ ne se trouve pas, à cause d'une erreur de chiffres : 12 à 20 fr. ; vend. 30 fr. Soubise ; 35 fr. bel exemplaire, Lamy. Un exemplaire imprimé sur VÉLIN, 16 liv. 5 sh. Pinelli ; et il est à remarquer qu'un exemplaire semblable n'est porté qu'à 2 flor. 15 sh. de Hollande, dans le catal. de Dan. Heinsius, p. 90, nº 253.

Il y a une assez belle édition du même recueil, *apud Seb. Gryphium*, *Lugduni*, 1537, pet. in-8. —Voyez aussi VENATICI poetæ.

POETÆ tres elegantissimi : Mich. Marullus, Hieron. Angerianus, Joan. Secundus. *Parisiis*, 1582, in-16. 3 à 4 fr. [12592]

POETARUM ecclesiasticorum opera. Voy. POETÆ christiani.

POETARUM italorum selecta. V. SELECTA.

POETARUM latinorum Hostii, Lævii, C. Licinii Calvi, C. Helvii Cinnæ, C. Valgii Rufi, Domitii Marsi, aliorumque vitæ et carminum reliquiæ : scripsit, collegit et edidit Augustus Weichert. *Lips.*, *Teubner*, 1830, in-8. 6 fr. [12469]

POETARUM scenicorum græcorum, Æschyli, Sophoclis, Euripidis et Aristophanis fabulæ superstites et perditarum fragmenta, gr., ex recognitione Guil. Dindorfii ; editio secunda, correctior. *Oxonii*, *Parker*, 1851, in-4. 25 fr.

POETARUM tragicorum græcorum fragmenta edidit Fred.-Guil. Wagner. *Wratislaviæ*, *Trewendt et Granier*, 1844-48-52, 3 vol. in-8. 24 fr.

POETAS liricos de los siglos XVI y XVII. *Madrid*, *Rivadeneyra*, 1854-56, 2 vol. gr. in-8. à 2 col. 30 fr. [15059]

POETAS. Laureados poetas valencianos : doze comedias famosas de quatro poetas naturales de la insigne y coronada ciudad de Valencia. *Valencia*, *Aur. Mey*, 1608, in-4. [16782]

NORTE de la poesia española illustrado del sol de doze comedias (que forman segunda parte) de laureados poetas valencianos ; de doze escogidas loas, y otras rimas a varios sugetos. *Valencia*, *en la impresion de Felipe Mey*, 1616, in-4.

Ces deux volumes, qui se trouvent rarement réunis, renferment des pièces du chanoine Tarrega, d'Alig. Beneyto, de Guillen de Castro, de Gaspar de Aguilar, de Ricardo del Turia (D. Pedro Rejaule), etc. Il y a une vignette sur bois à chaque pièce. Vend. ensemble 1 liv. 11 sh. Heber.

La première partie a été réimpr. à *Barcelone*, en 1609, in-4. et à *Madrid*, 1614, in-4.

POËTES champenois antérieurs au XVIᵉ siècle, publiés par Prosper Tarbé. *Reims*, *impr. de Regnier*, 1850 *et ann. suiv.*, 18 vol. pet. in-8. [13182]

Cette collection se composera de 24 vol. dont :

Coquillart, 2 vol. — Machot, 1 vol. — Eustache Deschamps, 2 vol. — Les Œuvres de Philippe de Vitry, 1 vol. — Le Roman du chevalier de la Charette, par Chrestien de Troyes et Godefroy de Laigny, 1 vol. — Le Roman de Girard de Viane, par Bertrand de Bar-sur-Aube, 1 vol. — Les Chansonniers de Champagne aux XIIᵉ et XIIIᵉ siècles, 1 vol. — Le Roman d'Aubery le Bourgoing, 1 vol. — Chansons de Thibault IV, comte de Champagne et de Brie, roi de Navarre, 1 vol. — Tournoiement de l'Ante-Christ, par Huon de Mery, etc., 1 vol. — Proverbes champenois avant le XVIᵉ siècle, 1 vol. — Le Roman du Renard contrefait, par Leclerc de Troyes, fragments, 1 vol. — Recherches sur l'histoire du langage et des patois de Champagne, par P. Tarbé, 1851, 2 vol. — Poésies d'Agnès de Navarre-Champagne, dame de Foix, publiées pour la première fois, avec introduction et glossaire, en 1856, 1 vol. — Les Quatre fils Aymon, 1 vol., etc.

Chaque vol. se vendait 8 fr., et sur papier de couleur, 30 fr.

POËTES françois (les) depuis le XIIᵉ siècle jusqu'à Malherbe, avec une notice historique et littéraire sur chaque poëte (par M. Auguis). *Paris*, *Crapelet*, 1824, 6 vol. in-8. 24 fr. [13166]

Collection mal faite, mais bien imprimée ; on en a tiré 50 exemplaires en grand raisin vélin : 40 à 50 fr., 4 seulement sur jésus vélin : 60 fr. Labédoyère ; 85 fr. Crapelet.

POËTES (les) français, recueil des chefs-d'œuvre de la poésie française depuis les origines jusqu'à nos jours, avec une notice littéraire sur chaque poëte (par divers auteurs), précédés d'une introduction par M. Sainte-Beuve ; publié sous la direction de M. Eugène Crepet. *Paris*, *Gide*, et aussi *L. Hachette*, 1861-1862, 4 vol. in-8. 30 fr. — Pap. vergé collé. 60 fr. [13170]

POETI del primo secolo della lingua italiana. *Firenze* (senza nome di stampatore), 1816, 2 vol. in-8. 10 fr. [14439]

Ces volumes, les premiers d'un recueil qui n'a pas été continué, renferment des morceaux de 228 auteurs, depuis l'année 1197 jusqu'en 1300.

POETOU (*Guill.* de). La grande Liesse en plvs grand labevr de Gvillavme de Poetov Bethvnois, dédié aux... seigneur Stephano Gentilli, et Joanni Grimaldi : pour estreines qu'il leur souhaite très heureuses.: plus son Hymne de la Marchandise, consacrée tant à tous illustres senateurs et magistrats, comme à tous nobles personnages exerçant le gentil train de marchandise... *En Anvers*,

Guillaume Sylvius, 1565, 2 part. en 1 vol. pet. in-8.

Volume peu commun. La prem. partie, contenant des odes et des sonnets, a 80 ff.; la seconde (Hymne de la marchandise), 24 ff. 26 fr. *mar.* Nodier; 21 fr. Baudelocque. Du Verdier cite une édition de la *Grande liesse,* sous la date de 1561; et il y a à la Bibliothèque impér. une édition de l'*Hymne de la marchandise,* Anvers, Guill. Silvius, 1569, in-12. [13764]

SUITE du labeur en liesse de Guillaume de Poetou, dédié à monsieur Jan Vander Noot eschevin de la flourissante Anvers..... *Anvers, de l'imprimerie d'Æg. Diest,* 1566, in-4. de 65 ff.

Cette suite est encore plus rare que la *Grande liesse* ci-dessus. Voir. sur ce poëte, le Bibliophile belge, tome VII, pp. 74-76, et le Bulletin du Bibliophile de M. Techener, 1859, p. 793.

— Cantique pour la victoire des Chrestiens contre les Turcs, devant l'isle de Malte, en MDLXV. et suite du Labeur en liesse. *Anvers, de l'imprimerie d'Æg. Diest,* 1566, in-4. de 16 pp.

Opuscule rare, qu'on chercherait inutilement dans Du Verdier et dans Paquot.

POETRIARUM octo fragmenta. Voyez WOLFIUS.

POETS (the) of Great Britain, complete from Chaucer to Churchill. *Edinburgh, John Bell,* 1777-82, 109 vol. in-18. fig. [15725]

Jolie collection, dont chaque volume relié a coûté 5 fr.; elle contient les auteurs suivants : Chaucer, 14 vol. — Spencer, 8 vol. — Donne, 3 vol. — Waller, 2 vol. — Milton, 4 vol. — Butler, 3 vol. — Derham, 1 vol. — Cowley, 4 vol. — Dryden, 3 vol. — Roscommon, 1 vol. — Cunningham, 1 vol. — King, 2 vol. — Prior, 3 vol. — Lansdown, 1 vol. — Pomfret, 1 vol. — Swift, 4 vol. — Congreve, 1 vol. — Addison, 1 vol. — Rowe, 1 vol. — Watts, 7 vol. — J. Philips and Smith, 1 vol. — Parnell, 2 vol. — Garth, 1 vol. — Hughes, 1 vol. — Fenton, 1 vol. — Tickell, 1 vol. — Somerville, 2 vol. — Pope, 4 vol. — Gay, 3 vol. — Broome, 1 vol. — Young, 4 vol. — Savage, 2 vol. — Pitt, 1 vol. — Thompson, 2 vol. — A. Philips, 1 vol. — Dyer, 1 vol. — Gilb. West, 1 vol. — Littleton, 1 vol. — Hammond and Collins, 1 vol. — Moore, 1 vol. — Shenstone, 2 vol. — Mallet, 1 vol. — Armstrong, 1 vol. — Guay and R. West, 1 vol. — Akenside, 2 vol. — Buckingham, 1 vol. — Churchill, 3 vol.

La nouvelle édition du Manuel de Lowndes donne, pp. 1894-1902, aux mots *Poems, Poets, Poetical, Poetry,* un ample catalogue des différentes collections de poëtes anglais, anciennes et nouvelles, plus ou moins volumineuses. — Voir nos articles ANDERSON, BRITISH poets, et JOHNSON.

POEY de Luc en Bearn (*Bern.* du). Odes du Gave, fleuve du Bearn, du fleuve de Garonne, avec les tristes chants à sa Caranite. *Tolose, par Guyon Boudeuille,* 1551, in-8. de 56 pp. [13678]

Quoique, dans le catalogue de La Valliere-Nyon, n° 16202, ces poésies soient placées parmi les poëmes en patois, l'ouvrage est en français vulgaire. Nous citerons encore le recueil suivant du même auteur : POÉSIES en diverses langues sur la naissance de Henri de Bourbon, fils d'Antoine de Bourbon, duc

de Vendosme, comte d'Armaignac, et Jeanne d'Albret... *Tolose, par Jacques Colomiez,* 1554, in-8. [13679]

Ces deux recueils sont devenus fort rares.

La Croix du Maine et Du Verdier nomment cet auteur *Bernard de Poymonclar,* et c'est ainsi que son nom est donné sur le titre de sa traduction de Grison (voy. GRISON).

POEY d'Avant (*Faustin*). Monnaies féodales de France. *Fontenay-le-Comte, et Paris, Rollin,* 1858-62, in-4. fig. vol. I à III de XII-368 pp. et 51 pl.; 422 pp. et 50 pl.; 475 pp. et 62 pl. 108 fr. [24107]

— DESCRIPTION des monnaies seigneuriales françaises, composant le cabinet de M. F. Poey d'Avant. Essai de classification, par le même. *Fontenay-Vendée, et Paris, Rollin,* 1853, in-4. avec 26 pl. 15 fr. — Prix des monnaies de la vente Poey-d'Avant, in-4. 2 fr.

POGGI. La Cangenia, tragicomedia di Betrami Poggi, all' illustriss. signore il S. don Francesco de' Medici, principe di Fiorenza e di Siena. *Fiorenza, i Giunti,* 1561, pet. in-8. de 70 pp.

30 fr. *mar. bl.* par Duru, Gancia.

POGGIALI (*Cristof.*). Memorie storiche di Piacenza. *Piacenza,* 1757-66, 12 vol. in-4. [25355]

Vend. 2 liv. 2 sh. Pinelli.

— Memorie per la storia letteraria di Piacenza. *Piacenza,* 1789, 2 vol. in-4. [30098]

Vend. 10 fr. 50 c. Reina.

POGGIALI (*Gaetano*). Serie de' testi di lingua stampati che si citano nel vocabolario della Crusca, etc. *Livorno, Masi,* 1813, 2 vol. in-8. 10 fr. [31659]

Catalogue curieux, où se trouvent insérés plusieurs morceaux ital. en vers et en prose jusqu'alors inédits. Il en a été tiré des exemplaires en Gr. Pap. 1 liv. 10 sh. Hibbert. On a aussi tiré à part 40 exemplaires des *Rime d' autori citati nel Vocabolario ora per la prima volta pubblicate da G. Poggiali.*

POGGIO. Franci Poggii [Bracciolini] florentini historiæ convivales disceptativæ, orationes, invectivæ, epistolæ, descriptiones quædam et facetiarum liber. *Argentinæ, Joan. Knoblouchus,* 1510, pet. in-fol. [18942]

Première édition de ce recueil : 18 fr. Bonnier; 1 liv. 3 sh. Heber. Le même imprimeur en a donné une seconde, en 1511, pet. in-fol., et une troisième plus complète, en 1513, pet. in-fol. 8 flor. 25 c. Meerman. Elles sont toutes trois devenues assez rares. Maittaire en cite une de Lyon, 1497, in-4., et Freytag une de Paris, 1511, in-4., mais nous ne les avons pas vues. L'édition de *Bâle,* 1538, in-fol., sous le

Poggendorff (*J.-C.*). Biographisch-literarisches Handwörterbuch zur Geschichte der exacten Wissenschaften, 30541. — Annalen der Physik, à l'article Journaux, dans notre 6e vol.

Poggiale (*A.-B.*). Analyse chimique, 4423.

Poey d'Avant (l'abbé). Troubles en Béarn, 24697.

titre d'*Opera*, est à très-bas prix, quoiqu'elle contienne des augmentations.

— Poggii florĕtini oratoris clarissimi facetiarum liber incipit feliciter. (*absque nota*). In-4. [17794]

Édition regardée comme la première de cet ouvrage, si souvent réimprimé depuis. Elle est exécutée sans chiffres, récl. ni signat., avec les mêmes caract. que les Homélies de saint Jean Chrysostôme, impr. dans le monastère de Saint-Eusèbe, à *Rome*, en 1470. Les pages entières ont 23 lignes. Le volume, composé de 109 ff. en tout, commence par 7 ff. séparés (dont le premier a pour premiers mots : *E abbate septimi*), contenant la table des facéties; il est terminé au recto du dern. f., après la neuvième ligne, par cette souscription en trois lignes : *Poggii Florĕtini Secretarii Apostolici Facetiarum liber absolutus est feliciter* ::

100 fr. (sans les 7 ff. de table) La Valliere; 3 liv. 18 sh. Heber.

Il ne faut pas confondre cette édition avec celle qui est décrite dans la *Bibliogr. instruct.*, n° 3589, et dont un exempl. en *mar. r.* a été vendu 73 fr. Gaignat. Cette dernière est une petit in-4. impr. avec des caract. semblables à ceux d'Ulric Han. Elle est aussi sans lieu d'impression, sans date et sans chiffres, réclames ni signatures. Elle commence également par une table en 7 ff., dont le recto du premier est blanc, mais le texte n'y occupe que 93 ff., au verso du dernier desquels se trouve une souscription conçue comme celle de l'édition précédente, et impr. en 2 lignes seulement, ainsi que l'a fait remarquer le P. Audiffredi (*Catalogus edition. romanar.*, p. 410).

L'épître intitulée (*G*)*lorioso et felici militi Raymundo dño Castri Ambrosii. Bernardus in senium deductus salutĕ, etc.*, qui se trouvait jointe à l'exemplaire de Gaignat, est un opuscule séparé, qui n'appartient point à cette édition du Pogge.

Hain décrit, sous le n° 13182, une autre édition de ces facéties, sans lieu ni date, in-4. goth. de 109 ff. à 24 lignes par page, laquelle commence ainsi :

(*I*) *Ncipit liber Facetiarum Poggy Florentini* | *Secretary Apostolici* | (*M*) *Ultos futuros esse arbitror : qui* | et se termine comme la précédente; elle n'a ni chiffres, ni récl., ni signat.

— Poggii florentini oratoris clarissimi facetiarum liber incipit feliciter. Pet. in-fol. de 76 ff. à 30 lign. par page.

Édition sans chiffres, récl., ni signat., imprimée vers 1470, avec des caractères semblables à ceux de Vindelin de Spire; elle commence par une table qui occupe 5 ff., et elle finit par la même souscription que celle de l'édition précédente.

Cette édition, indiquée par Panzer, tome IV, p. 178, est, nous le supposons, celle qui a été vendue 70 fr. *mar. r.* Gaignat; 6 liv. 16 sh. 6 d. Hibbert, 2 liv. 19 sh. Heber, et 2 liv. 16 sh. Libri, en 1859.

— Pogii facetiarum libri IV. *Expliciunt facecie Pogii florĕtini viri eloquĕtissimi impresse ferrarie die ̃qnto augusti*, M. CCCC. LXXI, pet. in-4. de 66 ff. à 25 lign. par page.

Première édition avec date; elle doit être sortie des presses d'Andreas Gallus, à qui on attribue également le Martial publié à Ferrare un mois avant le présent volume, lequel commence, sans aucun intitulé, par cette ligne de l'ouvrage :

(*M*) *Vltos futuros esse arbitror*.

Pour plus de détails, voir : *Ricerche bibliogr. sulle edizioni ferraresi del secolo* XV, *da Giuseppe Antonelli*, Ferrara, 1830, in-4.

Vend. 2 liv. 18 sh. Crofts, en 1783, et serait beaucoup plus cher aujourd'hui.

— Liber faceciarum. (*absque nota, sed Norimbergæ, Antonius Koburger, circa* 1472), in-fol. de 45 ff. à 33 lign. par page.

Autre édition rare, sans chiffres, récl., ni signat.; elle commence au recto du prem. f. par un intitulé en deux lignes, et finit à la 7e ligne du dern. f. recto (*Biblioth. spencer.*, VII, n° 144). Un bel exempl., 110 fr. Renouard; 89 fr. Salmon; 4 liv. Libri.

— Faceciarum liber. (*absque nota, sed Norimb., Fred. Creussner ante* 1475), pet. in-fol. goth. de 62 ff. à 33 lign. par page.

Édition imprimée sans chiffres, récl. ni signat. Le premier f. est blanc, et les ff. 2 à 6 renferment une table dont voici la première ligne :

E amicorum paucitate faceccia charta vij.

L'ouvrage commence, avec le 7e f., par cette autre ligne :

Poggy florentini oratoris eloquentissimi ac secre- [*tarij* apo-

et il se termine au recto du 62e f. avec la souscription : *Poggii florĕtini secretarij apl'ici faceciaȳ liber explicit felicit'.*

La même souscription est au verso du 61e f. (impr.) dans l'édition donnée par Creussner, en 1475.

— Facetiarum liber. (*Norimbergæ*), *hoc opus exiguum sculpsit Fridericus Creusner sua fabrili arte. Anno ab incarnatione.* M. CCCC. *Septuagesimo quinto*, in-fol. goth.

Édition très-rare; elle consiste en 61 ff., et les cinq premiers contiennent une table qui commence par ces mots : *Amicorum dei paucitate* (sic, pro *Amicorum de paucitate*) *facetia charta VIII.* — Vend. 10 liv. 10 sh. Sykes; 1 liv. 16 sh. Heber.

— Facetiarum liber. Facetiæ morales Laurentii Vallensis, alias Æsopus græcus per dictum Laurentium Vallam translatus, et Francisci Petrarche, de salibus virorum illustrium ac facetiis.— *Expliciunt facetie Francisci Petrarche impresse Parisius*, in-4.

'Édition imprimée avec les caractères de Pierre de Cæsaris, vers 1477 ou 78, et qui doit être celle qu'indique la *Biblioth. Thott*, p. 201; elle consiste en 118 ff. et commence par 9 ff. de table; les pages entières ont 25 lignes. Vend. en *mar. r.* 16 fr. Gaignat; 48 fr. Brienne-Laire; 100 fr. Courtois.

— Facetiarum liber.— *Ml'i* (*Mediolani*) *impssum per magistrũ Christoforum ualdarfer*... *Anno domini* MCCCCLxxvii. *die. x. februarii*, in-4. de 80 ff. non chiffr. à 28 ou 29 lign. par page, caract. rom.

Vend. 2 liv. Pinelli.

— Pogii florĕtini oratoris clarissimi facetiarum liber incipit feliciter. Pet. in-4. goth. de 31 lign. à la page.

Cette édition, qui paraît avoir été impr. à Paris avant 1480, est sans chiffres, récl. ni signat.; elle consiste en 72 ff. en tout, y compris 6 ff. de table et un f. bl., placés au commencement. On lit au bas du dern. f. recto :

Pogii florentini secretarii apostolici
Facetiar. liber finit feliciter.

Vend. 31 fr. La Vallière; 1 liv. Heber.

Parlons encore d'une autre édition, sans lieu ni date, in-4, de 71 ff., ayant 26 lignes à la page, et commençant par 8 ff. de table : cette édition impr. en caract. goth. vers 1480, a été vend. 24 fr. *mar.* La Vallière; 12 fr. Brienne-Laire.

Avant de passer aux éditions postérieures à l'année 1480, nous devons faire mention de deux autres éditions anciennes des *Facetiæ*, sans lieu ni date, qui se trouvent dans la *Bibliothec. heber.*, VI, nᵒˢ 2820, 3062 et 3063.

1ᵒ In-4. demi-goth., sign. *a—h* par 8, et finissant au recto du 7ᵉ f. du cahier *h*; il s'y trouve des passages qui ont été omis dans d'autres. Un exemplaire en *mar. bl.*, 5 liv. Heber; 1 liv. 18 sh. Libri.

2ᵒ Poggii Florentini oratoris clarissimi confabulationum seu faceciarum liber (circa 1475), in-fol. de 63 f., dont 3 pour la table; rel. en *mar.* 2 liv.

Une autre édition, sans lieu ni date, pet. in-fol. de 37 ff. à 33 lignes par page, est décrite dans la Chronique de l'abbé Rive, où ce bibliographe suppose que c'est la même que Maittaire a citée comme imprimée à Milan, en 1472.

Enfin, selon le *Repertorium bibliographicum* de Clarke, p. 392, une édition de Louvain, 1475, in-4., se serait trouvée dans la Biblioth. de Mich. Wodhull, mort en 1816; et d'autres bibliographes ont parlé d'une édition in-4., sans lieu ni date, impr. par Jean de Westphalie.

— Poggii facetiarum liber. *Mediolani, per Leonard. Pachel et Vldericum Scinzinzeller*, 1481, *xiiii kal. Nouembris*, in-4. de 80 ff.

Vend. 70 fr. à Paris, en 1822; 1 liv. 12 sh. *mar. r.* Heber; 169 fr. *mar. r.* Libri.

— Pogii florentini oratoris clarissimi | facetiarum liber incipit feliciter. (in fine) : *Pogy florentini secretary apostolici facetiarum | liber absolutus feliciter finit per me magistrum Io | annem de bophardia Anno.* M. CCCC. VII (*sic*); in-4. de 51 ff. à 36 et 37 lign. par page.

Cette édition, décrite par Hain, nᵒ 13197, est en petits caract. rom., à l'exception des pp. 47 à 50, qui sont en goth. Comme elle n'a ni chiffr., ni récl., ni signat., elle doit être antérieure à 1480. D'ailleurs, l'imprimeur nommé ici *Joannes de Bophardia*, et qui probablement est le même que *Joannes Schurener de Bopardia*, a imprimé à Rome, de 1474 à 1478.

— Facetiarum liber. *impressus Antwerpie*, 1487, pet. in-4.

Vend. 15 fr. 20 c. Picard, en 1780.

— Facecie poggii (*absque nota*), in-4. goth. de 83 ff. à 31 et (quelquefois) 33 lign. par page, sign. *a—l*.

Le prem. f. de ce volume porte le titre ci-dessus. Le second commence par cette ligne :

Poggii florentini oratoris eloquentissimi

L'ouvrage finit au recto de 77ᵉ f., et les ff. 78 à 83 renferment une table (Ebert, 17574).

Cette description paraît se rapporter en partie avec celle que donne Panzer (I, 394) d'une édition du Pogge, in-4. de 75 ff. à 31 lign. par page, impr. sans lieu ni date, mais avec les caract. de Reyser, à Eichstett, vers 1480.

— Facetiarum liber. *Venetiis* (*absque*

typogr. nomine), 10 *apr.* 1487, in-4. de 52 ff. (le prem. et le dern. bl.), signatures a—g.

— Pogij florentini oratoris clarissimi facetiarum (*absque loci et typogr. nomine sed Venet.*), 15 oct. 1488, in-4. de 66 ff. à 30 lign. par page, sign. *a—i.*

Il est à remarquer que l'édition du 15 oct. 1498, in-4., quoique différente de celle-ci, s'y rapporte cependant, tant pour le nombre des ff. que pour celui des lign. de chaque page. Cette dernière, 31 fr. Clavier; 1 liv. 5 sh. Hibbert; même prix Heber.

Nous citerons encore une édition de *Bâle, N. K.* (*Nicolaus Kesler*), *quarta decima mensis Martii M. cccc lxxxviij*, in-4. goth. de 68 ff. non chiffr., dont le dernier tout blanc, sign. *a—i*.

— Pogij florentini oratoris clarissimi facetiarum (*sic*). Pet. in-4. de 58 ff. à 32 lign. par page, lettres rondes.

Édition sans lieu ni date : au verso du dernier f. se voit la marque de Mich. Le Noir, libraire à Paris, de 1492 à 1520. Vend. 17 fr. La Vallière.

Les autres éditions de ces contes, impr. sans lieu ni date, à la fin du XVᵉ siècle, ont trop peu de valeur pour mériter une place dans cette liste déjà si longue de celles qui ont paru vers la même époque. Parmi les éditions de cet ouvrage qu'a produites le XVIᵉ siècle, celle de *Cracovie*, 1592, in-8., vend. 9 sh. chez Hibbert, est certainement une des moins communes dans nos contrées.

— Poggii florentini facetiarum libellus unicus, notulis imitatores indicantibus et nonnullis sive latinis sive gallicis imitationibus illustratus (a Fr.-Jos. Noel). *Trajecti-ad-Rhenum, B. Wild et J. Altheer*, 1797, 2 vol. in-24. 6 à 8 fr.

Édition dont ni la correction ni l'impression n'ont été soignées. Il y a des exemplaires en pap. de Hollande. 15 fr. Labédoyère. — Plusieurs portent un nouveau titre sous la rubrique de *Mileti, Londini*, et la date de 1798.

— Les faceties de Pogge florentin (trad. en françois), in-4. goth. de 46 ff.

Ancienne édition, impr. sans chiffres ni récl.

Il est vraisemblable que cette traduction est celle que La Croix du Maine attribue à Julien (Macho), des Augustins de Lyon, et qui avait déjà été impr. à Lyon, en 1484, à la suite de l'*Esope* (voy. ÆSOPUS).

SEnsuyuent les facecies de Poge : translatees de latin en froncois qui traictét de plusieurs nouuelles choses morales. *Paris, pour Jehan Trepperel* (sans date), pet. in-fol. goth. de 58 ff. à 2 col., sign. A—M, avec fig. sur bois.

Le titre de cette édition fort rare porte le chiffre XII qui indique le nombre des cahiers de signat. (Ebert, nᵒ 17589, d'après M. D. Hain de Munich).

— Sen suyuent les faceties de Poge translatees de latin en francoys qui traicte de plusieurs nouuelles choses morales. —*Nouuellement imprimees a Paris par la veufue Jehan Trepperel... a lenseigne de lescu de France*, pet. in-4. goth. fig. sur bois.

Édition à 2 colonnes, contenant 58 ff., signat. a—miiij, y compris le titre et le f. de souscription. Vend. 19 fr. en 1818; 4 liv. 10 sh. Heber.

— Les facécies de Poge, translatées de la-

tin en françoys. *Paris, Jean Bonfons,*
1549, in-4.

— Les comptes facetieux et joyeuses recreations du Poge Florentin, augmentez
de plusieurs choses. *(Paris), par Nico-*
las Bonfons (vers 1575), in-16 de 108 ff.
chiffrés et 4 ff. de table.

Vend. 6 fr. La Valliere, et plus cher depuis.
Cette traduction, qui ne donne que 80 contes, paraît
être la même que la précédente (de 1549) ; elle avait
aussi été impr. à Lyon, en 1558, in-16.
Nous citerons encore les édit. de *Lyon*, *Pellet*, 1600,
in-16, vend. 17 fr. Lambert. — *Rouen*, *J. du Gor*,
1602, in-16. Vend. 12 fr. *mar. r.* Lauraguais. —
Paris, Cousturier, 1605, in-16.

— Les contes de Pogge florentin, avec des
réflexions. *Amsterdam, J.-Fréd. Ber-*
nard, 1712, in-12. 8 à 12 fr.

Vend. en *mar. r. dent.* 21 fr. Morel-Vindé, et jusqu'à
81 fr. Solar.
On a reproduit dans cette édition l'ancienne traduction dont nous venons de parler, laquelle n'est ni
complète ni fidèle. Les réflexions qui y sont jointes
ont été attribuées à Dav. Durand, mais, selon Barbier (*Anonymes*, nº 15569), elles seraient de J. Fréd.
Bernard.

— Facetie de Poggio fiorentino traducte
de latino in vulgare onatissimo (*sic*). —
Finis : qui finisse le facetie di Poggio
fiorentino traducte de latino in vul-
gare ornatissimo, in-4., sign. *a—e.*

C'est ainsi que commence et finit cette édit. rare. imprimée à la fin du XVᵉ siècle, en caractères romains,
et qui consiste en 34 ff., avec des signat., non compris le premier f. ni le dernier, qui sont tout bl.
Vend. 4 liv. 5 sh. Hibbert.

— Facetie traducte de latino in vulgare.
(*senz' anno*), in-4., caract. demi-goth.,
sign. *a—f* par quatre.

Édition sans lieu ni date, impr. vers 1480 ou 1493.
Vend. 4 liv. 4 sh. Hibbert.

— Facecie de pogio florentino traducte de
latino in vulgare ornàtissimo. *(senza*
data), pet. in-4. goth. de 48 ff. non
chiffrés, et sans signatures, 30 lign. par
page.

Édition imprimée en Italie vers la fin du XVᵉ siècle.

— Facetie de Pogio florentino. *Venetiis, per*
Ottinum de Papia, 1500, *die* XIII *no-*
vemb., in-4. de 42 ff. à longues lignes,
caract. ronds.

Belle édition de cette version italienne. 230 fr. *m. r.*
Libri. Une édition du Pogge, sous la même date et
par le même imprimeur, est portée parmi les livres
latins dans la *Bibl. Pinell.*, 11, 326. Peut-être Otti-
nus de Papia a-t-il impr. en même temps le texte
latin et la version italienne.

— Facetie. *Venetia, Cesare Arrivabene,*
1519, in-8. de 48 ff. chiffrés.

Le frontispice porte une gravure sur bois avec cette
devise : *Dio te la mandi bona.*

— Facetie nuovamente stampate e con
somma diligentia corrette et historiate.
Stampata in Vinegia, per Melchiore
Sessa, 1527, pet. in-8. de 44 ff.

— *Venetia, Fr. Bindoni et Maph. Pasini,*
1531, in-8. de 48 ff.

Vend. 11 sh. 6 d. Hibbert; 26 fr. *mar. r.* Libri.

— Le medesime, historiate. *Vinegia, Fr.*
Bindoni et Maph. Pasini, 1547, in-8.
fig. 6 à 9 fr.

Vend. 19 sh. *mar.* Hibbert.
Citons encore l'édition de Venise, *Bindoni*, 1553, pet.
in-8. de 48 ff., avec fig. sur bois.

— Historiæ de varietate fortunæ libri quatuor, nunc primum editi et notis illustr.
a Dom. Georgio ; accedunt ejusd. Poggii
epistolæ LVII, quæ nunquam antea prodierant : omnia a Joan. Oliva vulgata.
Lutet.-Parisior., Coustellier, 1723,
in-4. 5 à 6 fr. [3824]

— Poggii Florentini liber in epistolas de
infelicitate principum feliciter incipit.
(à la fin) : *Poggii Florentini de infelici-*
tate principum explicit feliciter, in-4.

Édition du XVᵉ siècle, sans indication de ville ni
d'imprimeur, et sans date. Maittaire en cite une de
Paris, per Petrum Cæsaris et socium, 1474,
in-4., qui nous paraît douteuse.

— De nobilitate. (à la fin) : Poggii de nobilitate Liber explicit. *Antwerpie impres-*
sus per me Gherardum Leeu, anno
dñi MCCCC. lxxxix, *Martii die xviij,*
in-4. goth. de 14 ff. avec initiales fleuronnées, et à la fin une vignette sur bois.
[28782]

— CAROLI Poggii de nobilitate liber disceptatorius,
et Leonardi Chiensis de vera nobilitate contra Poggium tractatus apologeticus ; cum eorum vita et
annotationibus abbatis Mich. Justiniani Abellini.
(*absque loco*), *Camillus Cavallus*, 1657, in-4.
Dans cette édition on donne au Pogge le nom de
Charles, qu'il n'a pas dans celle de 1489 ci-dessus,
et qu'il ne portait pas.

— Epistola Poggii de morte Hieronymi
Pragensis ad leonardum aretinum. Historia de Sigismunda vnica Tancredi filia
et Guiscardo adolescente quem vnice
adamavit ab Aretino exquisitissimo oratore e greco in latinum traducta. (*absque*
nota), in-4. de 8 ff. à 33 lign. par page.
[30719]

Des deux opuscules réunis dans ce petit volume, le
premier finit au recto du 4ᵉ f., lign. 12 et 13, par
ces mots : *Vale ni iocundissime leonarde Cos-*
tancie tertio Kl'as iunii quo die Hieronimus pe-
nas luit, ce qui est la date de la lettre et non pas
celle de l'impression, et la seconde pièce suit immédiatement la première sur la même page, et finit au verso du 8ᵉ f. Hain (nº 13211) cite une autre
édition de ces deux mêmes pièces, in-4. goth. de 9 ff.
à 34 lign. par page, avec la même date. On trouve
la traduction française de la lettre ci-dessus de
Pogge, à la page 241 du *Poggiana* (déjà cité).

— Modus epistolandi editus et compilatus
per Poggium civem florentinum, in-4.
[18689]

Opuscule de 6 ff. imprimé vers 1475, à longues lignes,
au nombre de 29 sur les pages entières ; vend. 45
et 50 fr. (2 exempl. rel. en carton) La Valliere.

— Poggii Epistolæ, editas collegit et emendavit, plerasque e codicibus eruit, ordine chronologico disposuit notisque illustravit eques Thomas de Tonellis. *Florentiæ, typis L. Marchini*, 1832, in-8. tome J[er] (la suite n'a pas paru). [18724]

— Poggii Bracciolini Florentini dialogus, an seni sit uxor ducenda, circa an. 1435 conscriptus, nunc primum typis mandatus et publici juris factus, edente Gulielmo Shepherd. *Liverpooliæ, typis Geo. F. Harris*, 1807, gr. in-8. de 30 pp. [18088]
Tiré à un très-petit nombre d'exemplaires et pour être distribués en présents. — Réimpr. à Florence, *typis Macherianis*, 1823, gr. in-8. Will. Shepherd, à qui l'on doit la publication de cet opuscule, est auteur d'une vie du Poggo. — Voy. SHEPHERD.

— Historia fiorentina di messer Poggio tradotta di lingua latina in lingua toscana da Jacopo suo figliulo. — *Impresso a Vinegia, per.... Iacopo de Rossi....*, 1476, in-fol. de 125 ff. non chiffr., dont 2 prél., selon Van Praet (Hain n'indique que 115 ff.). [25504]

Première édition : vend. beaux exemplaires en *m. r.* 60 fr. Gaignat; 54 fr. La Valliere; 30 fr. *mar. r.* Mac-Carthy, et 2 liv. Libri.
Un exempl. imprimé sur VÉLIN se conserve dans la bibliothèque de l'Académie à Florence.
Ce volume se trouve quelquefois avec l'histoire de Florence de Léonard Arétin (voy. ARETINUS). Il a été réimprimé à Florence, par Bartolomeo p. (Pio), 1492, in-fol.

— ISTORIA di Poggio, tradotta di latino in volgare da Jacopo suo figliuolo, riveduta e corretta nuovamente per Francesco Serdonati, con l' ajuto d' un testo latino a penna, e sommarij ad ogni libri. *Fiorenza, Filip. Giunti*, 1598, in-4. 8 à 10 fr.

Bonne édition de cette histoire, dont le texte latin n'a paru que beaucoup plus tard, sous le titre suivant :
HISTORIA florentina, nunc prim. in lucem edita, notisque illustrata a Jo.-Bapt. Recanato. *Venetiis*, 1715, in-4. fig. 5 à 6 fr.
Réimpr. dans le 20ᵉ vol. du grand recueil in-fol. de Muratori. — Un abrégé de cette même histoire, en français, se trouve à la suite du *Poggiana* (par Lenfant). *Amsterd.*, 1720, 2 vol. in-8. [18530], ouvrage qui a donné lieu aux deux écrits intitulés :
REMARQUES (de B. de La Monnoye) sur le Poggiana. *Paris*, 1722, in-12.
OSSERVAZIONI critiche ed apolog. sopra il libro del sign. Jac. Lenfant, intitolato Poggiana, fatto da Giov.-Batt. Recanati. *Venet.*, 1723, in-4.

POGGII (*Johanis*) florentini contra fratrem Hieronymum (Savonarolam) heresiarcham libellus et processus. (*absque loco et anno*), in-4. de 28 ff. avec une fig. sur bois sur le premier.

37 fr. 2ᵉ vente Quatremère. — Voir notre article SAVONAROLA.

POGGIO (*Jacopo*). Commento sopra il triompho della fama de Petrarcha. (*senza data*), in-4. de 63 ff. à 38 lign. par page. [14460]

Édition décrite dans la *Biblioth. spencer.*, t. VII, nᵒ 145; elle est sans chiffr., récl. ni signat., et probablement plus ancienne que celle de 1485, ci-dessous.

— Comento di Iacopo di Poggio sopra il triompho della fama di..... Francescho Petrarcha...... (à la fin) : *Impresso in Firenze per ser Francesco Bonaccorsi...*

*Nel anno . MCCCCLXXXV . adi . xxiiii. di gennaio, in-4. de 125 ff. (dont le premier tout blanc), à 25 lign. par page, sign. a – qiii.

Vend. 10 sh. Hibbert; 51 fr. bel exempl. *mar. r.* Boutourlin.

— Opus morale (in fine) : Et sic habes... opus editū per nobilem virum Iacobum pogium diligēter q₃ Bononiæ impressum per Ioānem Antoniū platonidem Benedictorum Bibliopolam.... MCCCCC. die vero xxviii Marcii... in-4. caract. rom. [1529]

Ouvrage de spiritualité, écrit partie en latin, partie en ancien dialecte italien. Le premier f., contenant une dédicace à Camilla Bentivola, religieuse de Sainte-Claire, manquait dans l'exempl. vendu seulement 4 fr. chez le duc de La Valliere. et dans un autre exemplaire vendu 80 fr. Costabili, à cause d'une initiale peinte en or et en couleur D'après le titre qu'en donne le catal. de La Valliere, nᵒ 1383, l'ouvrage est en quatre livres, dont les deux premiers traitent de l'âme et de son salut; le troisième, *de virtute et prudentia*; et le quatrième, *de una utile et conveniente oratione.*

POGIANUS (*Julius*). Epistolæ et orationes ab Ant.-Mar. Grationo collectæ et ab Hieron. Lagomarsinio notis illustratæ. *Romæ*, 1756-62, 4 vol. in-4. [19000]

Écrivain du XVIᵉ siècle, distingué par l'élégance et la pureté de sa latinité. 15 à 20 fr.

POGODINE. Rousski istoritcheski sbornik. Recueil historique publié par la société d'histoire et d'antiquités russes sous la direction du professeur Pogodine. *Moscou, impr. de l'université*, 1837-1844, 7 vol. in-8. [27759]

— Izslédovaniia, zamétchaniia i lektzii o rousskoï istorii. Recherches, remarques et leçons sur l'histoire russe. Vol. I-IV, VI et VII. *Moscou, impr. de l'université*, 1845-1856, in-8. [27758]

POGONOLOGIE (la), ou discours facétieux des barbes, auquel est traictée l'origine, substance, différence, propriété, louange, et vitupere des barbes (par R. D. P.). *Rennes, Pierre Bretel*, 1589, pet. in-8. de 8 et 114 ff. 15 à 20 fr. [17945]

Livre rare, et, ce qui est mieux, spirituel. Vend. 2 liv. 3 sh. *mar. citr.* Heber; 34 fr. 50 c. Monmerqué.
Les lettres initiales du nom de l'auteur désignent *Rosnivinen de Piré*, de qui on a une histoire particulière de la Ligue en Bretagne, formant les tom. III et IV de l'*Histoire des ducs de Bretagne*, publiée par l'abbé Desfontaines, à Paris, en 1739, en 6 vol. in-12. Cependant le nom de Regnaul d'Orléans se trouve dans les majuscules d'un quatrain placé dans les pièces liminaires du volume, ainsi que dans la devise anagrammatique (*Sans dol tu regneras*) qu'on lit sur le titre.
POGONOLOGIA, or, a philosophical and historical essay on beards, translated from the french. *Exter*, 1786, in-8. C'est, nous le supposons, la traduction des *Mémoires pour servir à l'histoire de la barbe*

de l'homme (par *D. Cangé*); Liége, 1774, in-8. [17947]

POHL (*Joh.-Ehrenfried*). Plantarum Brasiliæ icones et descriptiones hactenus ineditæ. *Vindobonæ, Wallishauser,* 1827-1831, gr. in-fol. [5301]

Il paraissait, en 1832, 2 vol. avec 200 pl. en huit fascicules. Chaque fascicule, composé de 25 pl. et d'un texte, coûte environ 20 fr., avec les fig. color. 100 fr., et Gr. Pap. fig. color. 125 fr.

— Reise im Innern von Brasilien. Auf allerhöchsten Befehl S. M. des Kaisers von Oesterreich, Franz des Ersten, in den Jahren 1817-21 unternommen und herausgegeben von Joh.-Emm. Pohl. *Wien,* 1832-37, 2 vol. gr. in-4., avec cartes et fig. 22 et 28 thl. [21101]

Le second volume a paru après la mort de l'auteur.

POI (*Ser.*). Voy. ALLEGRI.

POICTEVIN (*Jan*). Pseaumes de David. Voy. vol. III, col. 1463, article MAROT, et ajoutez un exemplaire d'une édition de *Poictiers, Nic. Peletier,* 1550, in-8. a été payé 27 fr. 50 c., en 1860.

POILLE (*Jacques*). Les OEuvres de Jacques Poille, sieur de Saint-Gratien, divisées en IX livres. Rome, VII livres; la Grèce, I livre; les barbares, les grands roys, les grands seigneurs, les hérésiarques, I livre; l'Icare françois, II. *Paris, Th. Blaise,* 1623, in-8. [13934]

Ce volume contient 919 sonnets. L'Icare françois est le maréchal de Biron. 29 fr. en *mar. v.* Solar.

POINCTS et articles des charges proposées contre Guillaume de Hornes, seigneur de Heze, avecque la sentence criminelle et capitale sur icelle rendue. *Mons, Ruger Velpius,* 1580, pet. in-8. [25028]

Pièce rare, portée à 10 flor. dans le catal. Major, n° 6626. Elle n'est pas dans celui de Van Hulthem.

POIRET (*J.-L.*). Plantes de l'Europe. Voyez BUFFON.

POIRIER (*Hélie*). Les Soupirs salutaires. *Amsterdam, Blaeu,* 1646, pet. in-12. Lettres italiques. 4 à 6 fr. [14020]

Vend. 12 fr. *mar. viol.* Méon; en *v. f.* par Duru 29 fr.; *mar. bl.* par Trautz, 64 fr. Veinant; *mar. v.* par Duru, 37 fr. Solar.

Pohlman (*J.-G.*). The Chess rendered familiar, 10494.
Poignant (*A.*). Conquête de la Normandie par Philippe-Auguste, 24315.
Poilleux (*Ant.*). Le Duché de Valois, 24208.
Poinsinet (*Ant.-Al.-H.*). Théâtre, 16553.
Poinsinet de Sivry (*L.*). Théâtre, 16527. — Recherches sur les médailles, 29688.
Poinsot (*Louis*). Statique, 8091. — Rotation des corps, 8099.
Poiret (*P.*). De Eruditione, 18117-18.
Poiret (le P.). OEconomie divine, 1917.
Poiret (*J.-L.-M.*). Voyage en Barbarie, 20826.
Poirson (*A.*). Histoire du règne de Henri IV, 23599.

POIS (*Ant.* Le). Voyez LE POIS.

POISLE (Me *J.*). Voyez LÉGENDE.

POISSENOT (*Bénigne*). L'esté, contenant trois journées, où sont déduites plusieurs histoires et propos récréatifs tenus par trois escoliers, avec un traicté paradoxal, fait en dialogue, auquel est montré qu'il vaut mieux estre en adversité qu'en prosperité. *Paris, Cl. Micard,* 1583, in-16. [17338]

Vendu 5 fr. Méon; 8 fr. Morel-Vindé; 10 fr. 60 c. A. Martin, et plus cher depuis.

— Nouvelles histoires tragiques de Bénigne Poissenot, ensemble une lettre à un amy, contenant la description d'une merueille, appelée la Froidière, reueue par l'autheur en la Franche confirmatif de l'authorite des anciens. *Paris, Guill. Bichon,* 1586, in-16. 10 à 15 fr. [17338]

POISSON (*Rob.*). Alphabet nouveau de la vrée et pure ortografe franseze et modèle sur icelui en forme de dixionere, dédiée au roi de Franse Henri IV, par Rob. Poisson, équier au vile de Valonnes en Normandie. *Paris, Jacq. Planchon ou Perier,* 1619, pet. in-8. [10985]

Ouvrage peu commun, mais sans importance réelle.

POISSON (*Denis-Sim.*). Traité de mécanique; 2e édit. considérablement augmentée. *Paris, Bachelier,* 1833, 2 vol. in-8. 18 fr. [8076]

— Nouvelle théorie de l'action capillaire. *Paris, Bachelier,* 1831, in-4. 15 fr. [8123]

Autres ouvrages de cet illustre mathématicien :
THÉORIE mathématique de la chaleur. *Paris, Bachelier,* 1835, in-4. 25 fr. [4283]
RECHERCHES sur la probabilité des jugements en matière criminelle et en matière civile, précédées des règles générales du calcul des probabilités. *Paris, Bachelier,* 1837, in-4. 25 fr. [8068]
— Mouvements des projectiles dans l'air, 8713. — Sur les surfaces élastiques, 8104.

POISSY (colloque de). Voy. AMPLE Discours.

POITEAU (*A.*) et P. Turpin. Flore parisienne, contenant la description des plantes qui croissent dans les environs de Paris. *Paris, Schoell,* 1808, gr. in-4. de 40 pp. et 45 pl. [5082]

Ouvrage non terminé : il n'en a paru que sept livraisons. Prix de chacune, in-4. 9 fr.; — in-fol. jésus vél. fig. color. 25 fr. — gr. colombier vél. fig. color. 48 fr., et fort peu de chose maintenant.

Poirson-Prugneaux. Encyclopédie du jeu de dames, 10503.
Poisson (*R.*). OEuvres, 16466.
Poisson (*Phil.*). OEuvres, 16494.
Poissonnier-Desperrières. Fièvres de St-Domingue, 7347. — Maladies des gens de mer, 7353.

— Pomologie française, recueil des plus
beaux fruits cultivés en France, ouvrage
orné de gravures coloriées avec un
texte explicatif et usuel, par A. Poiteau.
Paris et Strasbourg, 1838-48, 4 vol.
pet. in-fol. publié en 250 livraisons.

—Voy. DUHAMEL du Monceau.

POLDO d'Albenas (*Jean*). Discours historial de l'antique cité de Nisme, en la
Gaule narbonoise. *Lyon, G. Rouille,
1560*, in-fol. [24749]

Ouvrage curieux : vend. 18 fr. Lamy.

POLE (*Reginald*). Voy. POLUS.

POLEMO. Polemonis, Himerii et aliorum
quorumdam declamationes, nunc primum editæ, græce. *Excudebat Henr.
Stephanus, 1567*, in-4. de 2 ff. et 91 pp.
5 à 6 fr. [12109]

Il.y a aussi une édition des discours de Polémon, gr.
et lat., donnée par le P. Poussines, à Toulouse,
apud A. Colomerium, 1637, in-8.

— Polemonis laudationes II funebres, gr.,
cum paraphrasi lat. P. Possini, ejusdemque et H. Stephani notis ; accedunt Lesbonactis declamationes II, gr. et lat.,
cum animadvers. Guil. Canteri et J.-J.
Reiskii ; recognovit, suasque adnotationes adjecit J.-C. Orellius. *Lipsiæ,
1819*, in-8. 6 fr.

POLEMONIS Periegetæ fragmenta ; collegit, digessit, notis auxit L. Preller :
accedunt de Polemonis vita et scriptis
et de historia atque arte periegetarum
commentationes. *Lipsiæ, Engelmann,
1838*, in-8. de XIII et 199 pp. 1 thl.
[19541]

POLENDO. Voy. POLINDO.

POLENTONUS. Sicconis Polentoni vita
sancti Antonii de Padua confessoris, ad
Modestum filium. — M. CCCC. LXXVI.
die XI *mensis Junii finem habuit feliciter*. B. V. C. P. F. F. (*Bartholom.
Valdezochius civis patavus fieri fecit*),
in-4. [22105]

Édition fort rare : vend. 66 fr. *mar. r.* Gaignat ;
82 fr. Mac-Carthy ; 120 fr. Riva.

C'est par erreur qu'Hain (n° 13213) a décrit une édi-

tion de cette vie impr. à Bologne, en 1476, et qu'il
confond avec son n° 7436.

L'ouvrage ci-dessus de Sicco Polentone a été réimprimé avec les *Sermones in Psalmos* de S. Antoine de Padoue, à Bologne, en 1757. Voy. le
n° 1430 de notre table.

— Catinia da Como.... — *Finis. Laus
deo La Catinia di Sicco Polenton a
Jacomo badover zentil homo paduano
et uinitiano iscripta zoe ititulata qui
finisse* (suivent neuf vers ital.) *In Trento
post tenebras spero lucem :* S. M. P.
Z. C. L. S : ZL : M. CCCC. LXXXII : *die :*
XXVIII. *Marcii*, in-4. à 26 lign. par
page, sign. A—D, par quatre. [16622]

Première comédie en prose italienne qui ait été imprimée. *Sicco*, ou *Siccone Polentone*, la composa
en prose latine (sous le titre de *Ludus ebriosorum*),
vers le milieu du XVᵉ siècle, et elle fut depuis mise
en prose italienne par un anonyme, qu'on croit
être *Modesto Polentone*, fils de Sicco. Cette pièce,
à cinq personnages et sans division ni de scène ni
d'acte, est fort rare. Consultez à son sujet *Apostolo
Zeno*, sur Fontanini, I, p. 358, et surtout les *Ricerche sulle origini*, d'Amati, V, p. 527. M. Amati
explique ainsi les lettres initiales qui sont placées
avant la date ci-dessus : *Segnò, o sigillò Messer
Prè Zuan Linardo Curato Longo stampatore*,
en ajoutant que les deux dernières lettres Z. L.
sont ou bien le titre du bénéfice de Longo, ou bien
son chiffre.

— Francisci Petrarce vita poete cla||rissimi
vita feliciter incipit. (*absque nota*), in-4.
[30703]

Opuscule de 9 ff., imprimé de 1475 à 1480. Le sommaire qui lui sert de titre est en lettres capitales,
ainsi que le mot *Finis*, formant la 17ᵉ et dernière
ligne du verso du 9ᵉ feuillet. Pour plus de détails,
voy. ci-dessus, col. 572.

POLENUS (*Joan.*). Utriusque Thesauri
antiquitatum romanarum græcarumque
nova supplementa. *Venetiis, 1737*, 5 vol.
in-fol. [28959]

Cet ouvrage, dont les exempl. sont peu communs,
doit être joint aux Antiquités grecques et rom.
de Grævius et Gronovius : 100 à 120 fr., et plus en
Gr. Pap.

— EXERCITATIONES vitruvianæ, seu commentarius
criticus de Vitruvii Architectura. *Venetiis, 1739*,
in-4. fig. 6 à 8 fr. [9726]

— DISSERTAZIONE sopra al tempio di Diana di Efeso.
Roma, 1742, in-4. 5 à 6 fr. [29361]

— Voy. GALLIÆ antiquitates, et MEMORIE storiche.

° POLI (*J.*). Sonets et epigrammes de Jean
Poli I. C. Liegois ; puis deux discours
latins ; l'un de la precellence du roiaume
de France, avec une deploration de son
miserable estat du jour d'hui, l'autre sur
l'excellence de la cité du Liege, ensemble une exhortation aux princes chrestiens, pour la guerre contre les Infidels.
A Liége, chez Chr. Ouwerx, MDXCII,
in-4. de 28 ff. non chiffrés. [13880]

Opuscule presque inconnu (*Bibliophile belge*, 2ᵉ série,
II, p. 263, où, après avoir écrit *Poli* dans le titre,
on écrit Polit dans la note).

Poitevin (*Prosp.*). Petits poëtes français, 13987. —
Grammaire de la langue française, 10959. — Dic-
tionnaire, 11019.
Poitevin-Peitavi (*M.*). Jeux floraux, 30306.
Poitou (*Eug.*). Du Roman et du théâtre, 18344.
Poivre. Œuvres, 20928.
Polack (*J.-S.*). New Zeeland, 21199.
Polain. Histoire de l'ancien pays de Liége, 25120.
Polcastro (*G.-P.*). Padova, 25414.
Pole (*Will.*). Description of the county of Devon,
27152.
Pole (*W.*). The cornish pumping engine, 8140.

Poli (*R.*). Il Viaggiatore in Grigenti, 25356.

POLI (*Xaverius*). Testacea utriusque Siciliæ eorumque historia et anatome. *Parmæ,·e reg. typogr.* (*Bodoni*), 1791 et ann. seqq., 3 vol. in-fol. max. fig. [6132]

Les exemplaires de ces trois beaux volumes ont coûté environ 500 fr., et avec les pl. color. et les doubles fig. au trait, environ 1200 fr.; vend. 300 fr. salle Silvestre en 1830. Le tome troisième et dernier de l'ouvrage, publié par les soins de M. *Stephano delle Chiaje*, en 1826 et 1827, se compose de 2 part. La première partie contient 3 ff. prélimin. pour le titre et la dédicace; *Vita Poli; præfatio; ordo tertius*, 44 pp.; *Index articulorum, spiegazione succincta delle tavole, etc.*, 48 pp.; portrait de Poli, et 10 pl. cotées XL-XLIX. La seconde contient un titre: *Ordo tertius, pars altera*, pp. 3 à 56; les pl. L à LVII.

POLI. Voy. POLUS.

POLICIANA (Tragedia), en laqual se tractan los muy desdichados amores de Policiano τ Philomena, executados por industria de la diabolica vieja Claudina, madre de Parmeno, ε maestra de Celestina. *Toledo, Diego Lopez, 20. nov.* 1547, pet. in-4. goth. de 90 ff. chiffrés, avec fig. sur bois. [16763]

Pièce rare.

POLIFILA, comedia piacevole e nuova. *Firenza, appresso i Giunti,* 1556, in-8. [16661]

Cette pièce a été attribuée à J.-B. Gelli; mais peut-être, dit Haym, est-elle de Benedetto Busina à qui elle est dédiée.

POLIGNAC (*Melchior* de). Anti-Lucretius, sive de Deo et natura (stud. Car. de Rothelin editus). *Parisiis,* 1747, 2 vol. gr. in-8. 6 à 8 fr. [12910]

La traduction franc. par de Bougainville, *Paris,* 1749, 2 vol. gr. in-8., n'est pas plus chère; le texte et la traduction ont aussi été imprimés en 2 vol. pet. in-12 chacun. — Une autre traduct. en vers français, par Jeanty-Laurans, a paru à *Auch,* en 1813, in-8.
On fait cas de la traduction de ce poëme, en vers italiens, par Fr.-Mar. Ricci. *Verona,* 1767, 3 vol. in-4., avec le texte latin.

POLIGRAPHE humble conseiller (le). Voy. THOMAS illyrique.

POLIMANTES. Voy. THÉATRE d'histoire.

POLINDO. Historia del invencible cavallero don Polindo hijo del rey Paciano, rey de Numidia, y de las maravillosas hazañas y estrañas aventuras que andando por el mundo acabo por sus amores de la princessa Belisia, fija del rey Naupilo, rey de Macedonia. — *Fue impressa la presente historia en la... ciudad de Toledo a diez de auril,* 1526, in-fol. goth. [17544]

Potier (Mme de). Mythologie, 22665.
Pollmont (*C*.). La Belgique depuis 1830, 25045. — La Noblesse belge, 28893.

Livre très-rare, vend. 37 liv. 10 sh. White Knights, et 12 liv. Heber; 180 fr., et ensuite revendu 80 fr. Louis-Philippe. Il n'avait été porté qu'à 10 fr. 50 c. (réuni à un autre vol. non moins précieux), chez du Fay, en 1725.

— Historia delle gloriose imprese di Polendo figliuolo di Palmerino d'Oliva, et di Pompide figliuolo di don Duardo re d'Inghilterra, trad. del spagnuolo in lingua italiana, per M. Pietro Lauro. *Venet., Giglio fratelli,* 1566, in-8. de VIII et 252 ff.

Cette traduction a été réimprimée à Venise en 1609, in-8.; elle forme la 4e partie de la série italienne de Palmerin d'Olive.

POLIPHILO. Hypnerotomachia, ubi humana omnia non nisi somnium esse docet, atque obiter plurima scitu sane quam digna commemorat (opus a Francisco Columna compositum, et a Leon. Crasso veronensi editum). — *Venetiis, mense decembri* M. ID. *in ædibus Aldi Manutii,* in-fol. fig. [17380]

Ouvrage très-singulier, et qui, bien que sous un titre. latin, est écrit en un italien macaronique, mêlé de grec et même d'hébreu. Cette première édition, dont les exemplaires bien conservés sont rares, est ornée de gravures en bois fort bien exécutées; et ce n'est pas là, sans doute, ce qu'elle a de moins remarquable. Les dessins sont attribués à Giovanni Bellino.
Le volume se compose de 234 ff., du nombre desquels sont 4 ff. prélim. dont le titre fait partie; le corps de l'ouvrage, précédé d'un titre particulier, est compris sous les signat. a—z et A—F. On trouve sur l'avant-dernier f. une souscription datée de *Trévise,* 1467, qui se rapporte à l'époque de la composition de l'ouvrage; le dernier f. contient l'errata et la souscription de l'imprimeur, avec la date M. I. D. Il faut voir si la figure représentant un sacrifice à Priape, placée au sixième f. du cah. m., n'est pas grattée ou même déchirée; il faut aussi examiner attentivement les ff. CIII et CIIII, car il se trouve des exemplaires où cette feuille est mal imposée, et a deux pages doubles et deux pages de moins. Ce livre vaut environ 200 fr. quand il est en bon état; et même, en Angleterre, il en a été vendu de très-beaux exemplaires rel. en mar. jusqu'à 17 liv. 15 sh. Hibbert, et 21 liv. Sykes; 255 fr. Barrois; 226 fr. *cuir de Russie* Riva; 300 fr. Costabili; 390 fr. *mar. v.* Solar; tandis que d'autres exemplaires, moins beaux, ont été donnés pour 2 liv. 11 sh., 3 liv. 3 sh. et 3 liv. 19 sh. chez Heber; 4 liv. 6 sh. Butler. On connaît trois exemplaires de ce beau volume impr. sur VÉLIN : vend. 315 fr. La Vallière; 27 liv. 7 sh. Pinelli, et avec le dernier f. réimpr., 900 fr. Mac-Carthy; 82 liv. 19 sh. Hibbert; 120 liv. Butler.

— Hypnerotomachia di Poliphilo. *Vinegia, in casa de' figliuoli di Aldo,* 1545, in-fol. fig. de 234 ff. non chiffrés.

Cette édition, quoique moins précieuse que la précédente, est encore assez recherchée; elle contient les mêmes gravures; vend. 4 liv. 10 sh. m. r. Sykes; 1 liv. 16 sh. Butler; 65 fr. Costabili.

— Hypnerotomachie, ou discours du songe de Poliphile, déduisant comme mieux le combat a l'occasion de Polia, traduit de l'italien, et mis en lumiere par J. Martin. *Paris, pour Jacq. Kerver,* 1546 ou 1554, in-fol. fig.

Ce livre est plutôt un extrait ou une imitation du Poliphile italien, qu'une véritable traduction ; aussi n'est-il recherché que pour ses jolies gravures en bois (d'après des dessins plus corrects que les anciens, et qui ont été attribués, soit à J. Goujon, soit à J. Cousin). Parmi ces planches, celle de la page 69 est souvent mutilée : 50 à 70 fr. et jusqu'à 190 fr. bel exempl. en *mar. br.* Solar. l'édit. de 1554, en vél., 76 fr. 2ᵉ catalogue Quatremère. Jean Martin ne fut que l'éditeur de ce livre, mais il n'a point nommé le traducteur, qui était chevalier de Malte. Selon M. Cicognara, *Catalogo*, n° 615, ce serait le cardinal de Lenoncour. Une troisième édition du même ouvrage a paru chez *Kerver*, en 1561, in-fol. fig., augmentée d'un avertissement de Jacq. Gohory. Un bel exemplaire de cette édition *mar. v. dent.* a été vendu 50 fr. La Valliere ; 4 liv. 18 sh. Heber ; un autre en *v. f. tr. d.* 76 fr. Veinant ; 85 fr. Busche. Quant à l'édition retouchée par Beroalde de Verville, et publiée sous le titre de *Tableau des riches inventions, couvert du voile des feintes amoureuses qui sont représentées dans le Songe de Poliphile*, Paris, 1600, gr. in-4. fig., ou avec un frontispice daté de 1657, elle n'a point de valeur, surtout lorsque la figure de la page 68, qui représente le sacrifice à Priape, est gâtée ; vendu cependant 16 fr. *v. br.* Salmon, et bel exempl. *m. r.* 26 fr. Molini, en 1813.

— SONGE de Poliphile, traduct. libre de l'italien, par J.-G. Le Grand. *Paris (Leblanc), de l'imprimerie de Didot l'aîné*, 1804, 2 vol. gr. in-18, pap. vél. 8 à 12 fr.

Un exemplaire impr. sur VÉLIN, 101 fr. P. Didot, en 1824.

— LA MÊME traduction. *Parme, de l'imprim. de Bodoni*, 1811, 2 vol. gr. in-4.

Belle édition, dont il y a 200 exemplaires en papier royal, et 100 en papier vélin.

— POLYPHILI Hypnerotomachia : the strife of loue in a dreame, by R. D. *London, for Simon Waterson*, 1592, in-4. de 104 ff. fig. sur bois.

Vendu, *rel. en mar.*, 3 liv. 4 sh. Sykes ; 6 liv. 8 sh. 6 d. et 4 liv. 6 sh. Heber.

POLISMAN. Historia del valoroso cavallier Polisman nella quale, oltre alla sua origine, vita et imprese, si contengono anco diversi avvenimenti di viaggi, tornei, marittagi, battaglie da mare, et da terra, et infiniti generosi fatti, de altri nobilissimi cavallieri nuovamente tradotta di lingua spagnuola in italiana da Giovanni Mirandoleni. *Venetia, Christ. Zanetti*, 1573, in-8. de VIII et 279 ff. [17536]

Vend. 9 sh. 6 d. Heber ; et l'édition de Venise, *Spineda*, 1612, in-8. 6 sh. 6 d. et 4 sh. 6 d. le même.

Nous nommons ici le traducteur *Mirandoleni*, comme le fait M. Melzi, mais d'autres écrivent *Miranda*.

POLITI (*Lanzilocto*). La Sconficta di Monte aperto. *Siena, per Symione di Nicholo cartolaio*, 1502, in-4. [14666]

Ouvrage rare, écrit en vers et en prose, et qui contient des ballades composées au XIIIᵉ siècle, à l'occasion de la bataille de Montaperti (3 liv. 9 sh. Libri, 1859). On en cite une édit. de 1506.

POLITI (*Ant.*). Cronica della città di Reggio. *Messina*, 1617, pet. in-4. [25804]

Vend. 25 fr. Reina.

Polissoniana, 18548.

Giustiniani, qui cite cet ouvrage sous le nom de *Silvestro Polito* et sous la date de 1618, dit qu'il est rare, mais de peu d'importance.

POLITIANUS (*Angelus-Ambroginus*). Silva : cui titulus Nutritia. *Bononiæ, per Platonem, impressorem accuratissimum*, 1491, *decimo kal. Julias.* = Silva : cui titulus Manto. *Bononiæ*, 1492. = Silva : cui titulus Rusticus. *Ibid.*, 1492. = Silva : cui titulus Ambra. *Ibid.*, 1492. = Prælectio : cui titulus Panepistemon. *Impressit Ant. Miscominus, Florentiæ*, 1491. = Prælectio in priora Aristotelis analytica. *Ibid.*, 1492, 6 part. en 1 vol. in-4. [12762]

Ces six opuscules de Politien, qu'il est très-difficile de rassembler, ont été vendus ensemble 50 fr. Renouard, en 1805.

Les trois pièces intitulées : *Manto, Rusticus, Ambra*, ont d'abord été imprimées à *Florence*, de format in-4. : la première, en 1482 ; la seconde, en 1483, et la troisième, en 1485 ; mais ces édit., quoique rares, ne sont pas chères. La première édition de la *Nutritia* est celle de Florence, *Ant. Miscominus, vu Cal. Junias*, 1491, in-4.

— Angeli Politiani miscellaneorum centuriæ primæ ad Laurentium Medicem præfatio. — *Impressit ex archetypo Antonius Miscominus....... Florentiæ, anno salutis* M. CCCC. LXXXIX, *decimo tertio kalendas octob.*, pet. in-fol. de 94 ff. en tout.

Belle édition, plus rare, mais moins complète que la suivante ; on y trouve l'hymne de Callimaque : Εἰς λοῦτρα τῆς Παλλάδος, en grec, et les vers des Sibylles, imprimés pour la première fois. Vend. 15 fr. Lauraguais ; 1 liv. 1 sh. Pinelli, et quelquefois de 10 à 12 fr. Au verso du f. a si le lit le sommaire dont nous avons formé le titre ci-dessus ; et sur le recto du dernier f., le registre des cahiers. L'exempl. décrit dans la *Biblioth. spencer.*, III, p. 465, renferme de plus que les autres deux ff. prélimin. qui contiennent des *Emendationes*, commençant au verso du prem., et occupant 7 lign. au recto du second.

— Omnia opera, et alia quædam lectu digna. *Venetiis, in ædibus Aldi romani, mense Iulio* M. IID (1498), in-fol. [18958]

Édition composée de 452 ff. non chiffrés, y compris le titre et un f. pour l'index. On doit trouver à la fin, après la souscript., 2 ff. séparés, contenant le registre et une pièce de vers : le dernier f. du cahier K est tout blanc : 20 à 30 fr. un très-bel exempl. dont les lettres initiales étaient peintes en or et en coul. : 5 liv. 10 sh. Askew ; 8 liv. 8 sh. Pinelli. Un autre en *mar. r.* 80 fr. Mac-Carthy ; 5 liv. 5 sh. Drury ; 1 liv. 15 sh. Heber ; 30 fr. Costabili ; 75 fr. *mar. v.* Solar ; 3 liv. 5 sh. Libri, en 1859.

— POLITIANI opera. Sebast. *Gryphius excudebat Lugduni*, 1528 (aussi 1533), 2 tom. en 1 vol. in-8. auxquels il faut joindre : *Tertius tomus, Prælectiones, orationes et epigrammata complectens.* Ibid., 1533, in-8.

L'édition la plus complète de ce polygraphe est celle de Bâle, *Episcopius*, 1553, in-fol., la seule où se trouve la *Conjuration des Pazzi ;* cependant elle est à bas prix. L'édition de Florence, *opera et impensa Leonardi de Arigis de Gesoriaco*, 1499, in-fol. de 208 ff., est peut-être plus rare que celle d'Alde, sur laquelle elle a été faite ; mais comme elle ne se rattache point à une collection, et que d'ailleurs on n'y trouve ni la traduction latine d'Hérodien, ni le *Liber miscellancorum*, qui sont dans la première, elle est peu recherchée : vend. cependant 17 sh. *mar.* Heber.

— Pactianæ conjurationis commentariolum. (in fine) : *anno* M. CCCC. LXXVIII, pet. in-4. de 10 ff., dont le dernier est blanc (27 lign. par page). [25540]

Opuscule très-rare, imprimé probablement à *Florence.* Hain en décrit une autre édit. ancienne, in-4. goth. de 6 ff. non chiffrés, à 37 lignes par page. — L'édition de *Naples*, 1769, in-4. fig., publiée par J. Adimari, avec de nombreux éclaircissements : 5 à 6 fr. — Il y en a aussi une de Pise, 1799, in-8.

— Stanze de messer Angelo Politiano, facte per la giostra de Giuliano fratello del magnifico Lorenzo de' Medici, etc. — (in fine) : *Qua finischono le stanze con la festa di Orpheo et altre gentileze stampate curiosamente a Bologna per Platone delli Benedicti.... del anno M. cccc. lxxxxiiii, etc.,* pet. in-4. de 42 ff. non chiffr., signat. A—F. [14936]

Édition très-rare, en *mar. v.* par Capé, 10 liv. 15 sh. Libri.

— Stanze di messer Angelo Politiano, cominciate per la giostra del magnificho Giuliano di Piero de Medici. — (in fine) : *La sopra scripta opera dal lo auctore non fu finita,* pet. in-4. de 42 ff., sign. a—f.

Probablement cette édition aura été imprimée à *Florence,* vers la fin du xve siècle. La *Favola d'Orfeo* en fait aussi partie.
Un exemplaire dont le titre porte *Cose vulgare del Politiano,* et qui n'a que 38 ff. sign. A—E, est porté à 33 fr. 50 c. sous le n° 830 du catal. Libri (1847), où il est dit que cet exemplaire doit être de l'édition sans date décrite ci-dessus, et qu'il paraît incomplet à la fin.

— Stanze di messer Angelo Politiano, cominciate per la Giostra del magnifico Giuliano di Piero de Medici (e favola di Orpheo). *Stampata in Firenze per Bernardo Zucchetta a petitione di Francesco di Jacopo Vocato el conte,* in-8. frontispice gravé sur bois.

Édition impr. vers 1500, vend. 3 liv. 6 sh., Libri, en 1859.

— Cose vulgari del celeberrimo meser Angelo Politiano novamente impresse. (*in fine*) : Finiscono le stanze della giostra di Giuliano de Medici, composte da messer Angelo da Montepulciano ; et insieme la festa di Orpheo et altre gentilezze molto dilectevole. *Stampate in Venetia per mi Manfrino Bono da Monferrato del* M.CCCCC.IIII *a di* XII *de marzo,* in-8.

Un exemplaire de cette édit. est décrit dans le catalogue de Costabili, n° 4958 ; un autre en *mar. r.* 32 fr. Libri, en 1847.

— Cose vulgare del celeberrimo meser

Angelo Policiano novamente impresse. — *Finiscono le stanze della giostra di Medici, composte da messer Angelo da monte pulciano, et insieme la festa di Orpheo et altre gentilezze molto dilectevole. Stampate in Venetia, per maestro Manfredo di Bonello de monteferrato,* 1505, *a di* X *del mese de Octobro,* pet. in-8. (*Bibliotheca grenvilliana,* pp. 562-63.)

— Le medesime stanze. — *Firenze, per Gian Stephano di Carlo de Pavia a' estanza di ser Piero Pacini de Pescia,* 1513, pet. in-4. fig. sur bois.

Édition recherchée : 12 sh. Pinelli, et jusqu'à 5 liv. 5 sh. bel exempl. en *mar.* Hibbert.

— Le medesime, *Venezia, Zorzi di Rusconi,* 1513, in-8.

Vend. 10 sh. Pinelli.

— Cose *vulgare del celeberrimo misser Angelo Polliciano nouamente impresse.* — *In Venetia, per Marchio Sessa et Pietro de Rauani bersano compagni. Nel* M. D. XVI. *adi* x *Nouembrio,* pet. in-8. (Molini, *Operette,* p. 160).

— LE MEDESIME stanze con l' Orfeo. *In Firenze, Bernardo Phil. di Giunta,* 1518, in-8. de 35 ff. 6 à 8 fr.

Vend. 1 liv. 11 sh. Hibbert.
Réimprimé à Bologne, *per Hieron. di Benedetti,* 1520, in-8.

— STANZE, per la giostra di Giul. de Medici, e la fabola di Orpheo. *Venet.,* Nic. Zoppino, 1521 et 1524, overo *Venet., Giac. de Lecca,* 1526, pet. in-8.

Trois éditions peu communes, ainsi que celle de Venise, 1518, in-8. Vend. 13 sh. *m. r.* Heber. — Dans celle de Venise, *Nic. d' Aristotile detto Zoppino,* 1537, in-8., sont ajoutés l'épitaphe du Politien, et un sonnet par Jacq. de Pellenegra.

— STANZE di messer Angelo Politiano, etc. *Vinegia, in casa de' figliuoli di Aldo,* 1541, in-8.

Petit volume rare de 32 ff. en tout : 40 fr. *mar. r.* Chardin ; 14 fr. 50 c. Reina ; 2 liv. 2 sh. Hibbert ; 1 liv. 8 sh. Heber ; 17 sh. Libri.
L'édition de Venise, 1544, in-8., est une copie de la précédente de 1541.

— LE MEDESIME. *Firenze, Bartol. Sermartelli,* 1568 (réimpr. en 1577), pet. in-8. 3 à 4 fr.

Cette édition, qui reproduit le texte de celle des Alde, est accompagnée d'une épître dédicatoire de l'imprimeur à Bernardo de Nicolò de' Medici, morceau inséré depuis dans l'édition de Comino, faite en 1765.

— LE MEDESIME stanze, ridotte alla loro vera lezione, ed accresciute d'una canzone e di varie notizie. *Padova, Gius. Comino,* 1728, gr. in-8. 4 à 6 fr., et plus en papier supérieur.

Édition citée par l'Académie de La Crusca.

— LE MEDESIME. *Padova, Comino,* 1751, in-8. 4 à 5 fr.

Ni l'édition de 1728, ni celle-ci, ne sont bonnes ; mais la dernière est augmentée de la vie de Politien par Serassi, et de variantes tirées de l'édit. de *Florence,* 1513 (l'éditeur dit 1510'), in-4. On en a tiré 200 ex. sur Gr. Pap., dit *du Soleil* ; 100 sur pap. de Rome ; 25 sur pap. bleu, et un seul sur VÉLIN.
La meilleure édition de cet ouvrage, donnée par les *Comino,* est celle de *Padoue,* 1765, in-8., augmentée de l'*Orfeo,* et soignée par l'abbé Serassi. Les exemplaires en Gr. Pap. ou en pap. fin portent les armoiries du comte Paganino Antonio Sala, à qui le livre est dédié.

— LE MEDESIME. *Bergamo, Lancellotti,* 1747, in-4.

Édition donnée par P.-Ant. Serassi, qui y a joint une vie du poëte, et la *Ninfa tiberina*, petit poëme de Fr.-Mar. Molza : 3 à 4 fr., et plus en Gr. Pap. Le même éditeur a fait imprimer chez Lancellotti, vers 1750, un recueil des autres poésies de Politien, lequel recueil n'a été ni terminé, ni publié. C'est un volume fort rare, contenant 100 ff. chiffrés, avec un simple faux titre, et où sont réunies diverses poésies alors en partie inédites. A la fin se trouve la *Giostra*, en 48 pp. (Gamba.)

— LE STANZE di Angelo Poliziano, di nuovo pubblicate. *Parma, nel regal palazzo (Bodoni)*, 1792, in-4.

Cette édition, quoique tirée à 162 exemplaires seulement, dont 12 sur pap. vél., n'est pas chère : 6 à 10 fr. On indique des exemplaires imprimés sur VÉLIN.

Bodoni a donné aussi, sous la date de 1792, une édition gr. in-8. des mêmes poésies, laquelle n'a été mise au jour qu'en 1797; il en a été tiré deux exempl. sur soie, et un sur VÉLIN.

— LE MEDESIME. *Pisa*, 1806, in-fol.

Belle édition tirée à 250 exemplaires; elle est à bas prix, même en pap. vél. Il y a un exemplaire imprimé sur VÉLIN.

On a fait deux autres belles édit. de ces stances, l'une à *Firenze, stamperia granducale*, 1794, in-4.; l'autre à *Brescia, Nic. Bettoni*, 1806, in-4.

— RIME, con illustrazioni di Vin. Nannucci e di Luigi Ciampolini. *Firenze, Nic. Carli*, 1814, 2 vol. pet. in-8. portrait. [14483]

Cette édition, dont il se trouve des exemplaires en pap. vél., est peu estimée. On en cite une autre de Florence, 1816, 2 vol. in-16, avec des poésies inédites qui forment le 2e volume.

— OPERE volgari di Ang. Poliziano contenenti le elegantissime stanze, alcune rime, e l'Orfeo, colle illustrazioni del P. Affò. *Venezia, Vitarelli*, 1819, 2 part. en 1 vol. in-16, portr. 4 fr.

Édition réputée très-correcte.

— RIME. *Firenze, Giacomo Moro*, 1822, in-8. pap. vél. 5 fr.

— LE MEDESIME, prima edizione corretta e ridotta a buona lezione. *Milano, Silvestri*, 1825, in-8. portr.

Bonne édition. Il en a été tiré 12 exempl. sur pap. vél., 2 sur pap. bleu de Parme, et un sur VÉLIN. — Le même texte s'est publié en même temps dans le format in-16, pour la collection des classiques de Silvestri.

Gamba rapporte une citation où il est question d'une autre édition excellente de ces poésies, faite à Rome, *nella stamperia Caetani*, en 1804, et qui offre quelques variantes qui n'ont pas été recueillies dans la précédente.

— L'Orfeo. *Siena, per Simone di Nicolò, e Gio. di Alixandro librai, el dì di carnavale che fu a dì 9 dì Febraio*, 1512, in-8. [16623]

Édition rare, citée par Gamba. Elle renferme quelques octaves de plus que les éditions modernes, jusqu'en 1806, mais qui font aussi partie de celle de Florence, *per Bernardo Zucchetta, a petitione di Francesco di Iacopo vocato el Conte*, s. d., in-8.

— L'ORFEO, favola. *Padova, Comino*, 1749, in-8. 2 à 3 fr., et plus en Gr. Pap.

Opuscule de 24 pp., dont il y a eu deux édit. faites par Comino, pendant cette même année. L'une n'a de signat. que la lettre A, l'autre est signée A et B. C'est de cette dernière qu'il y a des exemplaires sur pap. bleu (vend. 9 fr. 50 c. Mac-Carthy), et un seul sur VÉLIN.

Dans la préface de l'édition de l'Orfeo, *Venezia, Gio. Vitto*, 1776, in-4., donnée par Irenée Affò, d'après plusieurs manuscrits, l'éditeur a prouvé que cette pièce est la première composition dramatique régulière qu'ait produite la langue italienne.

Nous citerons encore : *Venti stanze del Poliziano, tolte da un codice riccardiano*, Lugo, Melandri, 1826, in-8. — Epistolæ, 18729.

POLITICAL Songs. Voy. l'article WRIGHT.

POLITIQUE du clergé. Voy. PLAINTE des protestans.

POLITIQUE du médecin de Machiavel, ou le chemin de la fortune ouvert aux médecins (par de La Mettrie). *Amsterd.*, 1746, in-12. 3 à 4 fr. [6513]

POLITIQUE (le) du temps; ouvrage qui traite de la puissance, authorité, et du pouvoir des princes; des divers gouvernemens, jusqu'où l'on doit supporter la tyrannie, etc. *Imprimé en* 1650 (ou autre édition *jouxte la copie impr. en* 1650), pet. in-12 de 250 pp. 4 à 6 fr. [3998]

Cet ouvrage, qu'on a mal à propos attribué à Fr. Davesne, est la reproduction d'un pamphlet anonyme publié pour la première fois en 1574, et qui avait déjà été réimprimé dans les *Mémoires sur l'estat de la France* (Meidelbourg, 1578), tome III, p. 44 et suiv. En donnant l'édit. de 1650, l'éditeur a ajouté sur le titre, après Le Politique, les mots : *du temps*. Ce qui a pu faire attribuer *Le Politique du temps*, c'est qu'il est effectivement l'auteur d'un opuscule in-4., dont le titre, *De la Puissance qu'ont les rois sur les peuples, et du pouvoir des peuples sur les rois*, 1650, a quelque rapport avec celui du *Politique*, quoiqu'il n'y ait d'ailleurs rien de commun entre les deux ouvrages, écrits à soixante-quinze ans de distance l'un de l'autre. Un exempl. du *Politique*, pet. in-12 en *mar. r.*, a été vendu 18 fr. 50 c. Nodier.

POLITO (*Ambr.-Catar.-Lancelotto*). Rimedio a la pestilente dottrina di Bern. Ochino. *Roma*, 1544, in-8. [2140]

Petit volume rare. Vend. 18 fr. *mar. r.* Gaignat, et 5 fr. Mac-Carthy. Ochin a publié, en 1546, une réponse à cet ouvrage, de format in-8. Voy. OCHINO.

POLLINUS. Flora veronensis quam in prodromum floræ italicæ septentrionalis exhibet Cyrus Pollinus. *Verona, soc. typogr.*, 1822-24, 3 vol. in-8. fig. 24 fr. [5105]

On a du même auteur : *Elementi di botanica*, Verona, 1810-11, 2 vol. in-8., et d'autres ouvrages italiens sur la botanique et l'agriculture.

POLLIO. Opera della Diua & Seraphica Catharina da Siena. In rima. In Stramotti Capituli. Sonetti. Epistole, & Sextine. D. C. S. (in fine, recto) : *Impressa in Siena : p dōna Antonina de Maestro Enrigh da Cologna & Andrea Piasentino : acuratissimi impssori. nel año della nra sal'* MDV (1505), gr. in-8. ou pet. in-4. de 8 ff. prélim. non chiffr., et 98 ff. chiffrés. [14642]

Ce livre rare n'est point, comme semble l'indiquer son titre, un ouvrage de sainte Catherine de Sienne, mais c'est un poëme ascétique (en trois livres) composé en l'honneur de cette sainte, par un poëte qui se nomme *Ioanni Pollio Pollastrino Aretino*, au commencement de la table. En voici la description d'après l'exemplaire de la Bibliothèque impériale. Ce volume est imprimé en lettres rondes, et il a des signatures dont l'imprimeur a donné le registre au bas de la dernière page du poëme. Les 8 ff. prélim. renferment : 1° un frontispice gravé sur bois, où, au bas d'un titre impr. en rouge et dispos: en cinq lignes, la sainte est représentée en oraison devant un crucifix (au haut de la planche se lit le vers : *Stygmata passa fuit dictu mirabile xpī*, et au bas : *Diue caterine insignia*); 2° derrière le frontispice, deux dialogues en acrostiche, par Pollio; 3° la table des trois livres, suivie d'un avis sur les deux signes (le soleil et la lune) employés plusieurs fois à la marge pour distinguer la fiction poétique des doutes théologiques; 4° douze stances de six vers et une de trois. Jos. Van Praet cite un exemplaire de ce petit volume imprimé sur VÉLIN, lequel se conserve dans la Biblioth. royale de Stuttgart.

— Opera noua della vita et morte della Diua et Seraphica S. Catarīa da Siēa. coposta p. lo excellētissimo et famosissimo Poeta miser Io Pollio Aretino. in rima, in stramotti. capituli, ecc. (à la fin) : *Stampato in Venetia per Zorzi da Rusconi milanese, a instanza de Nicolò Zopino nel* M. CCCCC. XI. *Adi* XIII *Febraryo*, in-4. de 4 et XXXIX ff. à 2 col. sign. a—k, frontispice entouré d'ornements, et fig. sur bois; à la fin un f. blanc après le 39e.

Réimpression de l'édition précédente, et non moins rare (Jos. Molini, *Operette*, p. 315).

POLLUX (*Julius*). Vocabularium, græce. *Venetiis, apud Aldum*, 1502, in-fol. [10686]

Première édition, peu correcte : elle contient deux index de 4 ff. chacun, un titre, 104 ff. ou 408 col., plus un f. pour le registre et la date. Vend. 40 fr. 50 c. Larcher; 96 fr. *mar. viol.* Mac-Carthy; 12 sh. Heber; 1 liv. 4 sh. *mar. r.* Butler.

— Pollucis vocabularium, gr. *Florentiæ, apud Bernardum Juntam*, 1520, in-fol. de 7 ff., 342 col. et 1 f. pour la souscription.

Cette édition, assez belle, est une simple réimpression de la précédente.

Dans le second catalogue de Boutourlin, Florence, 1831, ce livre est indiqué sous la date de Florence, *per heredes Philippi Iuntæ*, 1521, in-fol. et avec cette note : *Édition inconnue à Bandini et à Renouard*. Or il s'agissait là d'un exempl. de l'édition de 1520, qui se trouvait relié avec le *Stephanus de urbibus*, portant effectivement pour date *Florentiæ per heredes Philippi Iuntæ*, M. D. XXI. Voilà un exemple des découvertes de M. Audin. Les deux ouvrages réunis n'ont été vendus que 8 fr.

— Onomasticum, gr. et lat., post Seberi editionem denuo emendatum, supple-

tum et illustratum. Præter Seberi notas acced. commentarius G. Jungermanni, itemque alius Jo. Kühnii. Omnia contulerunt ac in ordinem redegerunt, varias lectiones cod. falckenburgiani, tum et suas notas adjecerunt editionemque curaverunt Jo. Henr. Lederlinus et Tiberius Hemsterhuis. *Amstelod., Wetsten.*, 1706, 2 vol. pet. in-fol.

Édition la plus belle et peut-être encore la meilleure que l'on ait de ce lexique : 36 à 40 fr. — Les exemplaires en Gr. Pap. sont assez rares : 80 fr. *mar. r.* de Cotte; 106 fr. Caillard; 6 liv. 8 sh. 6 d. Sykes.

— JULII Pollucis Onomasticon (græce), cum annotationibus interpretum : curavit Guil. Dindorfius. *Lipsiæ, in bibliop. kühniano*, 1824, 5 vol. in-8, avec une planche. 40 à 50 fr., au lieu de 24 thl.

Les deux premiers volumes de cette édition renferment le texte, et le troisième contient les index. Les notes occupent les tomes IV et V. Ce dernier vol. est en 2 part. et se termine par les deux lettres de Bentley à Hemsterhuis (pag. 1930 et suiv.), suivies des notes d'Heringa, de celles de Porson et des conjectures de l'éditeur. L'impression est des plus médiocres.

— JULII Pollucis Onomasticon, gr., ex recensione Imm. Bekkeri. *Berolini, Nicolai*, 1846, in-8. 10 fr.

— Anonymi scriptoris (Julii Pollucis) historia sacra, ab orbe condito ad Valentinianum et Valentem, e veteri codice græco descripta : J.-B. Bianconi latine vertit, nonnulla adnotavit. *Bononiæ*, 1779, in-fol. 10 à 12 fr. [21349]

Édition faite d'après un manuscrit incomplet, et qui ne porte pas le nom de l'auteur : elle se réunit à la Byzantine (voy. ce mot).

— Jul. Pollucis Historia physica, seu chronicon ab origine mundi usque ad Valentis tempora, nunc primum græce et latine editum, cum lectionibus variis et notis ab Ignatio Hardt. *Monachii*, 1792, in-8. 5 fr., et plus en pap fin.

C'est sur un manuscrit de Munich, plus complet que celui de Bologne, qu'a été faite cette édition.

POLMAN (J.). Le Chancre, ou couvre-sein féminin ; ensemble le voile, ou couvre-chef féminin ; par J. P. *Douay, Ger. Patté*, 1635, pet. in-8. [1350]

Ce volume, assez rare, n'a rien de remarquable que la singularité de son titre. 3 ff. prélim. précèdent le texte, dont les pages sont cotées de 7 à 181, et suivies d'un f. pour les approbations, où l'auteur est nommé en toutes lettres : 10 à 15 fr. Vend. 18 fr. La Valliere; 23 fr. *mar. r.* d'Hangard.

POLNOE sobranie outchenych poutéchestvi po Rossii. Collection complète des voyages scientifiques entrepris en Russie, publiée par l'Académie des sciences. *Saint-Pétersb.*, 1818-25, 7 vol. in-8°. [20389]

Cette collection contient : 1° la Description du Kamtchatka, par Kracheninnikoff; 2° les Mémoires de Lepekhine, et 3° les Mémoires de Falk.

POLO (*Marco*). Voy. MARCO.

POLO (*Gaspard* Gil). Diana enamorada, cinco libros que prosiguen los siete de

J. Montemayor. *Valencia, Juan Mey*, 1564, pet. in-8. [17577]

Édition très-rare de cet ouvrage plus estimé que celui auquel il fait suite; il a été réimpr. sous le titre de *Primera parte de Diana enamorada*, Anvers, biuda de Stelsio, 1567, in-16, et aussi à *Anvers, Gil. Stelsio*, 1574, pet. in-12, ff. chiffr., sign. A–K.

— La Diana. *Çaragoça, Juan Millan*, 1577, pet. in-8.

Édition rare, portée au prix excessif de 4 liv. 4 sh. par Salvá. — On en indique une autre de *Lerida*, in-8., sous la même date, et il y en a une de Pampelune, 1578, au sujet de laquelle voyez notre article MONTEMAYOR.

L'édition de *Paris, Rob. Estevan*, 1611, pet. in-12, est plus jolie que celle de *Bruxelles*, 1613, même format, vend. 19 sh. *mar. citr.* Heber. Il y en a une autre de *Londres, Woodward*, 1739, in-12.

— LA DIANA enamorada cinco libros que proseguen los siete de Jorge de Montemayor. *Madrid, Sancha*, 1778, in-8. 6 à 9 fr.

— LA MISMA, con notas al canto del Turia (por Cerda y Rico). *Madrid, Sancha*, 1802, in-8. fig.

Bonne réimpression de l'édition précédente, et également bien imprimée: 6 à 9 fr. — Pour la traduction latine, voy. BARTHIUS.

POLO de Medina (*Salvador-Jacinto*). Voy. MEDINA.

POLONCEAU (*Camille*). Voy. PERDONNET (*Aug.*).

— Système des ponts, 8842.

POLUS. Reginaldi Poli cardinalis Britanni ad Henricū octavum Britanniæ regem, pro ecclesiasticæ unitatis defensione libri quatuor. (in fol. ultimo recto): *Excussum Romæ apud Antonium Bladum Asulanum* (absque anno, circa 1536), in-fol. lettres rondes. [1831]

Cet ouvrage est devenu rare, parce que l'auteur en a supprimé les exemplaires autant qu'il a pu le faire. C'est un volume de CXXXXVI ff. chiffr., non compris le titre. Le dernier f., mal coté CXXXVI, contient au verso de longs errata. L'exempl. de Reina a été vend. 35 fr. (2e catal., n° 1152, où l'on rapporte qu'un autre exempl. a été porté à 25 liv. sterl. vente Guilford, 2e part., n° 1159). Cependant deux exemplaires de ce même livre se trouvaient dans la *Biblioth. heber.*, II, n° 4975, et V, 3701. Ils ont été payés, l'un 1 liv., et l'autre 2 liv. 16 sh.; autre, 2 liv. 3 sh. Butler. — On signale deux exempl. de ce livre en Gr. Pap.: celui de la *Biblioth. Grenville*, et celui que M. Henri Huth a payé 64 liv. à la vente Crawford. L'édition de Strasbourg, *per G. Rihelium*, 1555, in-fol., a été donnée par P. Ptergerius qui y a ajouté plusieurs morceaux de Luther, de Flaccius Illyricus, de Melanchthon, de Brentius et de Calvin.

— Reginaldi Poli cardinalis et aliorum ad ipsum epistolæ; accedunt plurimæ diatribæ card. Quirini, vita Reg. Poli, etc. *Brixiæ*, 1744-57, 5 vol. in-4. 25 à 30 fr. [18747]

Le 5e volume, publié par Ant. Guelphe, manque quelquefois.

— De Concilio liber Reginaldi Poli cardinalis. *Romæ*, M. D. LXII, *apud Paulum Manutium, Aldi F.*, pet. in-4.

Ce volume, le premier imprimé à Rome par Paul Manuce, se compose de 64 ff. précédés de huit autres dont le dernier est blanc. Au feuillet 69 commence l'opuscule du même auteur intitulé: *De Baptismo Constantini magni*. Il existe deux éditions romaines de ce livre sous la même date, l'une avec 10 lignes (et non 10 pages) d'errata après le mot *finis* (au 64e f.), et l'autre sans cet errata, les fautes du texte étant corrigées. Le *Liber de concilio* est ordinairement joint à la *Reformatio* ci-dessous.

— Reformatio Angliæ ex decretis Reginaldi Poli cardinalis, sedis apostolicæ legati, anno M. D. LVI. *Romæ*, 1562, *apud Paulum Manutium, Aldi F.*, in-4. [21507]

Cette pièce, qui est devenue rare, n'a que 28 ff., y compris celui qui porte l'ancre. Vend. 53 fr. MacCarthy; 2 liv. 10 sh. Williams; 19 sh. Butler (avec le traité *De Concilio*). — Réimprimé *Dilingæ, S. Mayer*, 1562, in-8., et à Venise, chez Ziletti, 1562, in-8., avec le traité *De Concilio*. Cette dernière édit., 15 sh. Butler.

— THE REFORM of the church in England, translated by the rev. H. Raikes, from the original printed at Rome in 1562. *Chester*, 1839, in-4. Privately printed.

— DISCORSO di Pace di Mons. Reginaldo Polo Cardinale legato a Carlo V, imperatore, et Henrico II, Re di Francia, in-4., sign. A—D par 4. Le 16e f. est blanc.

Sans date, mais impr. à Rome par Ant. Blado, en 1555.

— Reginaldi Poli... ad Carolum V... et ad-Henricum II... de Pace, Jacobo Pholio interprete. *Romæ, apud Ant. Bladum*, 1555, in-4. de 12 ff., sign. A—C.

Le *Discorso di pace* a été réimprimé en 22 ff. in-4. à la suite du *Discorso intorno alle cose della guerra*, nell' Academia Veneliana, M. D. LVIII, in-4. Voyez vol. II, col. 737, où, par erreur, nous avons donné aux deux discours seulement 4 ff. prél. dont 1 blanc et 22 ff. chiffrés, tandis que le premier seul a 4 ff. prélim., 24 ff. mal chiffrés jusqu'à 28, et le second effectivement 22 ff.

— TESTAMENTUM vere christianum pium ac prudentissimum reverendiss... Domini Reginaldi S. Mariæ in Cosmedin S. R. E. Presbyteri Cardinalis, archiepisc. cantuariensis totius Angliæ primatis et apostolicæ sedis legati Anno dñi 1559 (*absque loci indicatione*), in-4.

— THE SEDITIOUS and blasphemous oration of cardinal Pole, both against God and his country, which he directed to the Emperour in his book intytuled: The Defence of the ecclesiastical vnity, mouing the Emperour therein to seke the destruction of England and all those whiche had professed the Gospele; translated into English by Fabyane Wythers. *London, by Owen Rogers* (1560), in-16, 2 liv. 12 sh. Bindley; 5 liv. 7 sh. 6 d. Sykes.

— Voy. dans notre 5e vol. l'article VITA Reginaldi Poli.

POLUS (*Matth.*). Synopsis criticorum, aliorumque S. Scripturæ interpretum. *Londini*, 1669-80, 5 tom. en 9 vol. gr. in-fol., à bas prix. [567]

On préfère à cette édition celle d'*Utrecht*, 1684, 5 vol. in-fol., parce qu'elle contient quelques augmentations, et que d'ailleurs son format est moins incommode: cette dern. vend. 45 fr. Quatremère, et quelquefois plus cher.

Les éditions de *Francfort*, 1694, avec une préface qui a eu le suffrage du P. Lelong, et celle de 1709-1712, aussi en 5 vol., ont moins de valeur; cependant celle-ci est augmentée de remarques sur les livres que les protestants regardent comme apocryphes.

POLYÆNUS. Stratagematum libri VIII, Isaac. Casaubonus græce nunc primum edidit, emendavit et notis illustravit : adjecta est Justi Vulteji latina versio. *Lugduni, apud Jo. Tornæsium*, 1589, pet. in-12 de 8 ff., 754 pp. et 15 ff. d'index. [8562]

Première édition, mais faite d'après un mauvais manuscrit.

— Strategematum libri octo, græce et latine, J. Vulteio interprete ; Pancr. Maasvicius recensuit, Is. Casauboni, necnon suas, notas adjecit. *Lugd. - Batav.*, 1690, in-8.

Bonne édition, dont il y a des exempl. avec la date de 1691 : 7 à 10 fr.; vend. 20 fr. *mar.* Caillard.
— POLYÆNI Strategematum libri octo, gr. et lat., recens. et indicem adjecit S. Mursinna. *Berolini*, 1756, in-12. 2 à 3 fr. et plus en pap. fin.
— IIDEM libri, gr. (edente D. Coray). *Parisiis, Eberhart*, 1809, in-8. 9 fr.
— LES RUSES de guerre de Polyen, trad. du grec en françois, avec des notes (par D. Guy-Alex. Lobineau) ; les Stratagèmes de Frontin (trad. par d'Ablancourt). *Paris*, 1743, 2 vol. in-12, ou 1770, 3 vol. pet. in-12. — L'édition de 1743 a été publiée par le P. Desmolets.
— POLYÆNUS's Stratagems of war ; translated by R. Shepherd. *London*, 1793, in-4.
— POLYÆNI Strategicon libri octo. Recensuit, auctiores edidit, indicibus instruxit Ed. Woelfflin. *Lipsiæ, Teubner*, 1860, in-8. de lxxxij et 360 pp. 6 fr. — Pap. vél. 8 fr.

POLYBIUS. Polybii Lycortæ historiarum libri V, opera Vincentii Obsopœi in lucem editi, græce. Iidem lat. Nic. Perotto interprete. *Hagenox, per Johan. Secerium*, 1530, pet. in-fol. [22888]

Première édition de ces cinq livres : elle est rare, mais peu recherchée, parce qu'elle n'est pas complète. Pour le 6ᵉ livre, édition de 1529, voyez ci-dessous.

— Ejusdem, Historiarum libri qui supersunt, gr. et lat., Isa. Casaubonus emendavit, lat. vertit et commentariis illustravit : Æneæ tactici comment. de toleranda obsidione. *Parisiis, Drouard*, 1609, in-fol.

Édition estimée : 15 à 20 fr.; vend. 57 fr. *mar. r.* F. Didot; et en Gr. Pap. dont les exempl. sont rares et très-recherchés, quoique les feuillets en soient ordinairement tachés de roux, 299 fr. *mar. r.* Soubise, et 608 fr. F. Didot; 649 fr. Caillard; 260 fr. Coulon; 196 fr. Labédoyère.
Dans une partie des exemplaires de cette édition, on a substitué au frontispice ordinaire un nouveau titre portant : *Typis wechelianis*, 1609 seu 1619.
Isaac Casaubon est mort sans avoir publié le commentaire qu'annonçait par anticipation le frontispice de son édition de Polybe; et tout ce qui a paru de ce travail est un petit volume intitulé : *Is. Casauboni ad Polybii librum primum commentarii...* Paris., Ant. Stephanus, 1617, in-8.

— Historiarum libri qui supersunt, gr. et lat., interprete Is. Casaubono : Jac. Gronovius recensuit, ac varior. et suas notas adjecit : accedit Æneæ vetustissimi tactici commentariolus de toleranda obsidione. *Amstelod., Jansson a Waesberge*, 1670, 3 vol. in-8.

Édition de l'ancienne collection *Variorum* : 24 à 30 fr.; vend. 101 fr. bel exempl. *m. r. doubl. de mar.* La Valliere, et 365 fr. Parison ; autre en *mar. r.* par Padeloup, 125 fr. Solar.
— POLYBII Historiarum libri, gr. et lat., ex recens. Jac. Gronovii, cum notis varior.; præfationem et glossarium polybianum adjecit Jo.-Aug. Ernesti. *Lipsiæ*, 1763-64, 3 vol. in-8.
Bonne réimpression de l'édition de 1670, augmentée d'un glossaire; Æneas le tacticien en fait partie : 24 à 30 fr.

— Historiarum quidquid superest, gr. et lat., recensuit, digessit et adnotationibus doctor. virorum suisque illustravit, lat. Casauboni versionem reformavit Jo. Schweighæuser. *Lipsiæ*, 1789-95, 8 tom. en 9 vol. in-8.

Cette éditio 1, regardée comme la meilleure de cet auteur, a coûté 120 fr.; un peu plus cher en pap. fin; et en pap. de Hollande, 240 fr. Il faut y joindre *Æneas tacticus*, impr. en 1818 (voyez ÆNEAS). Les 10 vol. pap. de Hollande et rel. en *mar.* 300 fr. Labédoyère ; 171 fr. Quatremère.
— HISTORIÆ, græce ; ad fidem optimorum librorum edidit Schæfer. *Lipsiæ*, 1816, 4 vol. in-18. 10 fr.; — pap. fin, 15 fr.
— POLYBII Historiarum quidquid superest : recensuit, digessit, emendatiore interpretatione, varietate lectionis, indicibus illustravit Joh. Schweighæuser ; editio nova. *Oxonii, excudebat W. Baxter, impensis Whittaker, Lond., etc.*, 1823, 4 vol. in-8.
A ces 4 vol. se joint l'article suivant :
LEXICON POLYBIANUM, ab Is. et Merico Casaubonis olim adumbratum, inde ab Jo.-Aug. Ernesti elaboratum, nunc ab Joanne Schweighæusero. *Oxonii, excudebat Whittaker, etc.*, 1822, in-8.
— Les 5 vol. 40 à 45 fr.

— Polybii Historiarum reliquiæ, gr. et lat. cum indicibus. Editio altera. *Parisiis, F. Didot*, 1859, gr. in-8. 20 fr.

En 1839 MM. Didot avaient donné une édit. de Polybe, 1 vol. gr. in-8. en 2 part., y compris l'Appien.
— POLYBII quæ supersunt, gr., ex recognitione Imm. Bekkeri. *Berolini, Reimer*, 1844, 2 vol. in-8. 21 fr.

— Liber ex Polybii historiis excerptus de militia Romanorum et castrorum metatione inventu rarissimus. a Iano Lascare in latinum translatus, ipso etiam græco libro, ut omnia conferri possint, adiuncto. (in fine) : *Joannes Antonius de Sabio excudebat Venetiis.* MDXXVIIII. *kalendis martiis*, in-4. de 24 ff. dont les 12 dern. pour le texte grec.

Première édition du texte grec de ce fragment du 6ᵉ livre de Polybe. Elle a précédé d'une année la publication du texte des cinq premiers livres. Quoique ce soit un opuscule assez rare, il s'en trouvait quatre exempl. dans la bibliothèque de Rich. Heber, 1ʳᵉ part., nᵒˢ 5505-8. Vend. de 1 sh. à 2 sh. 6 d. chacun. — Réimprimé à *Paris, J. Tiletanus*, 1539, in-4., et ensuite en grec et en latin, par Jac. Chouet (Genève), 1596, in-4. de 40 pp.

Polwhele. Cornwall, 27136. — History of Devonshire, 27153.

— DE MILITIA romana libellus (gr. et lat.), versione lat., commentatione perpetua et iconib. illustratus, necnon indice locupletatus studio et opera J.-G. Poeschelii. *Norimbergæ, Fetsecker,* 1731, in-8., avec 13 pl.

— POLYBII historiarum excerpta vaticana in titulo de sententiis (gr.), recensuit Jac. Geel; accedit Ang. Maii annotatio. *Lugd.-Batav., Luchtmans,* 1829, in-8. de XVII et 167 pp. 6 fr.

— Historiarum libri superstites, e græco in lat. sermonem conversi per Nic. Perottum. *Romæ, Conr. Suueynheym et Arnoldus Pannartz,* 1473, in-fol.

Première édition de cette version; les exemplaires en sont très-rares : vend. 700 fr. *m. r.* La Valliere ; 1380 fr. (bel exemplaire, avec les lettres initiales peintes) Brienne-Laire ; 842 fr. (exemplaire magnifiquement relié) F. Didot ; 230 fr. *non rogné,* Boutourlin ; 6 liv. 10 sh. *mar. bl.* Heber.
Ce volume contient en tout 154 ff. impr. et un bl. Les 2 premiers renferment la préface intitulée : *Nicolai Perotti in Polybii historiarū libros prohemiū incipit feliciter ad Nicolaum V pontificem maximū.* Le texte commence au 3ᵉ f. par ces mots: *Nicolai Perotti historiarū Polybii liber incipit foeliciter;* l'ouvrage finit au recto du dern. f. par la souscription de six vers : *Aspicis illustris, etc.,* suivie de la date :

. M . CCCC . LXXIII .
Die iouis ultima decembris.

— Histoire de Polybe, trad. du grec par Vincent Thuillier, avec les commentaires du chevalier Folard. *Paris,* 1727-30, 6 vol. in-4. fig.

Ouvrage estimé : 30 à 36 fr.; — Gr. Pap. 60 à 72 fr. Vend. 81 fr. *mar. bl.* Patu de Mello, et 160 fr. en 1838.
Les éditions d'*Amsterdam,* 1753 et 1774, 7 vol. in-4. fig., contiennent un supplément que l'on ajoute quelquefois à l'édit. de Paris : 30 à 40 fr. Il existe un abrégé des commentaires de Folard sur Polybe (par de Chabot), *Paris,* 1754, 3 vol. in-4. fig.
— DEUX restes du sixiesme livre de Polybe, avec un extrait touchant l'assiete du camp des Romains, etc., trad. en françois par Loys Meygret. *Paris, Marnef,* ou *Iean Longis* et *Vincent Sertenas,* 1545, in-8.
Un exemplaire impr. sur VÉLIN, avec une carte qui donne le dessin d'un camp des Romains : 120 fr. Mac-Carthy.
Louis Maigret ou Meygret avait déjà donné *Les cinq premiers livres des histoires escrites par Polybe, traduitz en françois,* Paris, Denis Janot, 1542, in-fol. — Les mêmes, *de rechef revuz, corrigez et renduz plus entiers par lui sur l'exemplaire grec,* Lyon, J. de Tournes, 1558, in-fol.
— TRADUCTION d'un fragment du XVIIIᵉ livre de Polybe, trouvé dans le monastère de Sainte-Laure, au mont Athos, par M. le comte d'Antraigues. *Londres,* 1806, in-8.

— Polibio storico greco de' fatti de' Romani, tradotto per Lodov. Domenichi. *Venetia, Giolito,* 1564, in-4. 6 à 10 fr.

Édition de la *Collana.*
La réimpression de *Vérone,* 1741, 2 vol. in-4., vaut de 10 à 15 fr.
Il y a une autre traduction italienne de Polybe, *Rome,* 1792, 2 vol. in-4.
— POLIBIO da Magalopoli, tradotto dal greco. *Roma,* 1810-11, 5 vol. in-8.
— LE STORIE di Polibio, volgarizzate sul testo greco di Schweighæuser e corredate di note dal dottore J. Kohen. *Milano,* 1824-28, in-8., tom. I à IV. 30 fr. — in-4. 60 fr.

— Historia de Polybio, traducida del griego

por D. Ant. Ruy Bamba. *Madrid, impr. real,* 1789, 3 vol. pet. in-4. 24 fr.

— The general history of Polybius, translated from the greek by the rev. James Hampton ; 5ᵗʰ edit. *Oxford* et *London, Whittaker,* 1823, 2 vol. in-8. 1 liv.

Traduction estimée. La 1ʳᵉ édition est de *Lond.,* 1756-61, 2 vol. in-4.; la 2ᵉ de 1761, 4 vol. in-8.; la 3ᵉ de 1772, 2 vol. in-4., et la 4ᵉ de 1809, en 3 vol. in-8., et aussi *London,* 1812, 1 vol. gr. in-8.

— Polybii, Diodori siculi, Nic. Damasceni, etc., excerpta ex collectaneis Const. Augusti Porphyrogenetæ, H. Valesius nunc prim. græce edidit, latine vertit notisque illustravit. *Parisiis, Dupuis,* 1634, in-4. 6 à 9 fr. [22877]

Vend. en Gr. Pap. 24 fr. Caillard ; 50 fr. *mar. r.* Larcher.
— POLYBII et Appiani historiarum excerpta vaticana ex collectaneis Constantini Porphyrogeniti inventa atque edita ab Ang. Maio, recognita a Jo.-Fred. Lucht (græce). *Altonæ,* 1830, in-8. de XX et 100 pp., plus 1 f. d'errata. 4 fr.
— HISTORIARUM excerpta gnomica. In palimpsesto Vaticano LXXIII Ang. Maii curis resignatio retractavit Theod. Heyse. *Berolini, Reimer,* 1846, in-4. 6 fr.

POLYCARPOWZ. Dictionarium trilingue, hoc est dictionum slavonicarum, græcarum et latinarum thesaurus, ex variis antiquis ac recentioribus libris collectus et juxta slavonicum alphabetum in ordinem dispositus. (*absque loci indicatione*), 1752, in-4. [11402]

Vend. 1 liv. 8 sh. Heber.

POLYCARPUS (S.). Voy. IGNATIUS (S.).

POLYCRONYCON (the), conteynyng the berynges and dedes of many tymes, in eyght books, etc. *Imprinted by William Caxton...,* 1482, in-fol. goth. [21281]

Cette chronique, célèbre en Angleterre, fut d'abord compilée en latin par *Ranulph Hygden,* bénédictin du monastère de St-Werberg, qui mourut vers l'an 1360; *Jean de Trévise* la traduisit en anglais dans l'année 1387, et c'est cette traduction que *Caxton* retoucha, en y ajoutant un 8ᵉ livre, ou continuation, depuis 1357 jusqu'en 1460. Selon Dibdin (*Bibliotheca spencer.,* IV, 262), ce livre précieux doit avoir 20 ff. prélimin., sign. A—C, dont le 1ᵉʳ est blanc, et ccccxxviij (ou 438) ff. de texte, sign. 1 à 55, y compris 2 ff. bl. Vend. 94 liv. 10 sh. White Knights.
C'est d'après cette édition qu'a été faite celle de *Westminster,* par *Wynkyn de Worde,* 1495, in-fol., bien imprimée : 18 liv. 5 sh. à la vente de Daly, à Dublin, en 1792, et 21 liv. avec le 1ᵉʳ f. manuscrit, à Londres, en 1813.
Il y a aussi une édit. in-fol. impr. *in Southwerke, by Peter Treveris,* 1527, vend. 3 liv. 16 sh. Steevens, et 8 liv. 8 sh. à Londres, en 1813.

POLYGLOT of foreign proverbs. Voy. BOHN.

Polyglot lexicon, 10594.

POLYMACHIE (la) des marmitons, en laquelle est amplement descrit l'ordre que le Pape veult tenir en l'armée qui veult mettre sus, pour l'élévement de sa marmite, auec le nombre des capitaines et soldats qui veult armer pour mestre en campagne. M. D. LXII, pet. in-8. de 7 ff. en lettres rondes. [13971]

Satire en vers, rare et recherchée ; 24 fr. La Vallière ; 18 fr. le B. d'Heiss.

L'édition de *Lyon*, *J. Saugrain*, 1563, in-8., 15 fr. *m. citr.* Chardin ; 40 fr. m. v. en 1815.

Une réimpression de cette pièce a été faite à *Besançon*, 1806, in-8. de 16 pp.; mais elle n'a été tirée qu'à 27 exemplaires (20 fr. Labédoyère), dont 2 sur VÉLIN.

POMAR. Extraits d'aucuns registres et autres enseignemens trouvés en la trésorerie de Poligny et ailleurs, touchant les rois et princes et autres saints personnages issus de la tres noble et tres ancienne maison de Bourgogne, par Gabriel Pomar, hispaniol. *Genève,* MDXXXV. in-8. goth. [24567]

Livre rare, que le Nouveau Le Long cite deux fois, sous les n⁰ˢ 35869 et 38382.

Gabriel Pomar était établi libraire à Genève dès 1522, il y exerçait l'imprimerie en 1535, au moment de la révolution qui y eut lieu cette année ; mais comme il n'imprimait que des livres catholiques, il se vit forcé de quitter cette ville, et il se retira à Annecy, ainsi que le prouvent trois lettres de lui en date des mois de mars et de juillet 1536, et dans lesquelles il repousse l'accusation d'avoir imprimé un pamphlet intitulé : *Désolation de la cité* (voir les *Études sur la typographie genevoise*, par M. Gaullieur, pp. 90 et 93).

POMARDI (*Sim.*). Viaggio nella Grecia, fatto negli anni 1804-6. *Roma*, 1820, 2 vol. in-8. fig. [20446]

Cet ouvrage renferme un grand nombre de gravures lesquelles, quoique fort inférieures à celles de M. Edw. Dodwell (voy. ce nom), dont l'auteur a été le compagnon de voyage, donnent une idée suffisante des lieux qu'elles représentent : 30 fr. Langlès, et sous le nom de Ponsardi, 15 fr. 50 c. Walckenaer.

POMERAN da Cittadela. Triomphi de Troïlo Pomeran da Cittadela composti sopra li terrochi in laude delle famose gentil donne di Vinegia. *Vinegia*, *per Ant. Nicolini da Sabio*, 1534, pet. in-4. de 12 ff. fig. en bois sur les deux titres. [14942]

Pièce rare : 62 fr. Riva; 2 liv. 7 sh. Libri, en 1859.

POMEY (*P.-Fr.*). Pantheum mythicum, seu fabulosa deorum historia. *Ultraj.*, 1697 vel 1701, pet. in-8. fig. 4 à 6 fr. [22546]

Cet ouvrage a été réimprimé plusieurs fois, mais la première édition est la meilleure pour les gravures. Il a été trad. en français par Thenard, *Paris*, 1715 et 1732, in-12.

POMMERAYE. Histoire de l'abbaye roy. de Saint-Ouen de Rouen, divisée en cinq livres... le tout recueilly par un religieux benedictin (François Pommeraye). *Rouen*, *Rich. Lallemant*, 1662, in-fol. avec plans et fig. au nombre de 7. [21435]

Ouvrage recherché, contenant 9 ff. prél. avec titres gravé et imprimé ; plus l'*Histoire de l'abbaye de la très-sainte Trinité depuis de Ste-Catherine du Mont de Rouen*, 100 pp., et l'*Histoire de l'abbaye de St-Amand de Rouen*, 104 pp. Il y a des exemplaires dont le titre porte *Paris*, *Sim. Piget*, 1663 et 1664.

34 fr. Delasize; 18 fr. Monmerqué; 23 fr. 50 c. Pressac ; 31 fr. Fr. Michel.

L'*Histoire des archesques de Rouen*, par le même auteur, *Rouen*, *Laur. Maurry*, 1667, in-fol. avec le portrait de Fr. de Harlay de Chanvalon, archevêque de Rouen (vend. 13 fr. Delasize, et 13 fr. 50 c. Fr. Michel) et son *Histoire de l'Église cathédrale de Rouen*, 1686, in-4. [21433] sont estimées.

On a encore du même auteur :

La VIE et miracles de St Romain, archevesque de Rouen, avec un discours de l'ancienne procession du corps saint faite tous les ans, en l'église de Saint-Godard. *Rouen*, *Jean Le Boullanger*, 1652, in-4. de 7 ff. prélim., 90 pp. et une planche.

— CONCILIA rothomag. Voy. BESSIN (*Guil.*).

POMMEREUL (*François-René-Jean* de). Oisiveté, par le général Pommereul, préfet de l'Indre-et-Loire. *Tours*, *imprim. de Billault jeune*, an XII, in-8. de IV et 328 pp., plus 1 f. sur lequel est un errata. [19167]

La pagination est fautive ; après la page 120 on trouve les pages 5 à 54, ensuite la page 171.

— Souvenir de mon administration des préfectures d'Indre-et-Loire et du Nord. *Lille*, *imprim. de Marlier*, 1807, in-8. de 444 pp.

Nous citons ces deux volumes, parce qu'ils n'ont été tirés qu'à 50 exempl. chacun ; mais l'auteur a donné plusieurs autres ouvrages que, après M. Beuchot, M. Quérard a fait connaître. — Voy. MARTIAL, et aussi les n⁰ˢ 8754 et 25878 de notre table méthodique.

POMOLOGICAL magazine ; or, figures and descriptions of the most important varieties of fruit cultivated in Great-Britain. *London*, 1828-30, 3 vol. gr. in-8., avec 152 pl. color. 6 liv. 6 sh. [4992]

POMONA austriaca, ou arbres fruitiers d'Autriche, représentés d'après nature. *Vienne*, 1797, 2 vol. gr. in-fol., avec 200 pl. color. [4989]

Vend. 60 fr. en 1808, et 65 fr. en 1836, quoique le prix en ait été beaucoup plus élevé.

Cet ouvrage, qui est de J. Krafft, avait d'abord paru en allemand, dans les années 1790-96, aussi en 2 vol. in-fol. — Lettres, 18848.

POMPA exequiarum catholici Hispania-

---

rum regis Ferdinandi aui materni illustrissimi Hispaniarum regis Caroli, ar-
chiducis Austriæ, ducis Burgundiæ, etc.,
accedit epitaphium Ferdinandi Hispaniarum regis catholici, inclyti, victoris
ac semper triumphatoris. (in fine) :
*Bruxellæ ex ædibus præfecti maris
anno dñi millesimo, quingentesimo
decimo sexto, septimo calendas Apriles*, in-4. [26036]

— EXEQUIÆ Illustriss. Juliani Medices Ducis Nemurtii
Ro. militiæ imperatoris subitario carmine celebratæ
(M. DXV. xix mensis Martii). *Typis Junt.* (*Floren-
tiæ*), in-4. [25542]

— POMPE funebre du tres-chrestien, tres-
puissant et tres-victorieux prince, Henry
le Grand, roy de France et de Navarre,
faicte à Paris et à Saint-Denys, les 29
et 30 iours du mois de Juin, et le 1 de
Juillet 1610. Recueillie par C. M. J. D.
M. L. D. D. M. *A Lyon, par Claude
Morillon, libraire et imprimeur de
Madame la duchesse de Montpensier,*
M. DC. X, in-8. de 32 pp. chiffrées. [23638]

Un exempl. en mar. r. 22 fr. Coste.

Réimprimé à *Rouen, par R. Du Petit Val*, 1610,
in-8. Pour les autres pièces relatives aux funérailles
d'Henri IV, consultez le nouveau catalogue des
livres de la Bibliothèque impériale, *Histoire de
France*, tome 1er, pp. 415 et suiv.

— POMPE funebre de Charles III, duc de
Lorraine et de Bar. *Nancy*, vers 1611,
gr. in-fol. obl. [24897]

Le livre précieux que nous indiquons sous ce titre
factice se compose de 58 pl. gravées à l'eau-forte
par Fréd. Brentel, sur les dessins de Claude de La
Ruelle et Jean La Hire ; les gravures forment
deux séries, l'une composée de dix grandes planches, l'autre de 48 pl. moins grandes, précédées
d'un titre et d'un avertissement en latin et en français. Voici un extrait du titre :

— POMPA funebris... Pourtraict du conuoy fait en
pompe funebre à Nancy capitale de Lorraine, au
trãsport du feu serenissime Prince Charles III...
ledit convoi figuré en 48 tables... *Nanceii cum
privilegio... Claudius de la Ruelle inuentor...
Fredericus Brentel fecit. Herman de Loye excudit.*

La première des dix grandes tables occupe 4 feuillets
sous ce titre :

Dix grandes tables contenantes les pourtraictz
des cérémonies, honneurs et pompes funebres faitz
au corps de feu serenissime prince Charles 3 du nom...
a ses obsèques & funerailles tant en aucunes cham-
bres et sales de l'Hostel ducal qu'ez Eglises de S.
Georges & de S. Francois à Nancy, depuis le 14e may
1608 qu'il décéda jusques au 19e Juillet suivant jour
de son enterrement. Ce qui est suite de la pompe funebre du convoy faict aussi lors au transport dudit
corps ausdites Eglises, et figuré en 48 tables dont
Claude de La Ruelle... est inventeur, ensêble desdites dix grandes tables... Plus est adioustéà chascune
desdites dix grandes tables, une description en deux
langues, latine et françoise de ce qui y est pourtraict.

A la première de ces tables appartient un frontispice
gravé, où l'on a figuré, sous le titre de *Munera a
Deo optimo maximo Lotharingiæ et Barri ducatibus elargita*, quinze petits sujets allégoriques.
Mathieu Merian, à qui on a quelquefois attribué la
gravure de ces planches, n'a mis son nom qu'au bas
de la première des 48 petites planches ; mais cet ar-

tiste a gravé une suite de douze planches représentant *l'ordre tenu au marcher parmy la ville de
Nancy, à l'entrée en icelle du serenissime Prince
Henri II du nom, 64e duc de Lorraine, le xx
april 1610, et qui est accompagnée d'une autre suite
de 4 pl. comme son altesse le duc Henry second...
va à l'Eglise... Fridericus Brentel fecit. Herman
de Loye excudit Nancei in Maio 1611.* Ces deux
suites sont jointes à la précédente dans quelques
exemplaires seulement. On y trouve quelquefois
réuni un beau plan en relief de *La Ville de Nancy,
pourtraicte au vif comme elle est cette année 1611,*
en 4 feuilles. Nous devons une partie de ces détails
à l'obligeance de feu Justin Lamoureux, de Nancy,
avantageusement connu par de bons travaux biographiques et bibliographiques. (Ce savant a publié
une *Notice historique et littéraire sur la vie et les
écrits du comte François de Neufchâteau*, Paris,
Techener, 1843, in-8. de IV et 74 (72) pp. Morceau
curieux tiré à 100 exemplaires seulement.) De son
côté, M. Beaupré a donné une description plus détaillée de ces mêmes suites dans ses *Recherches sur
l'imprimerie en Lorraine*, pp. 260 et suiv., et
nous en avons fait usage.

M. Graesse a placé cet ouvrage dans son Trésor à
l'article *Brentel*, et sous le titre de *Ceremonien
des Leichenbegängnisses Carl III und der Hul-
digung Heinrich II, Herzöge von Lothringen, zu
Nancy im J.* 1608, 10 und 11, en citant Weigel,
Kunstcatal. n° 17032, où est décrit un exemplaire
gr. in-fol. obl. en IV parties, contenant 10, 48, 12
et 4 pl.

Nous ne devons pas oublier de dire que le texte qui
accompagne les dix grandes tables est en grande
partie la reproduction d'un volume sans figures
publié sous ce titre :

DISCOURS des cérémonies, honneurs et pompe
funebre faites à l'enterrement du très hault...
Prince Charles 3 du nom... par Claude de la Ruelle,
secrétaire des commendements de feuë son Altesse...
A Cler-lieu lez Nancy, par Jean Savine, 1609,
pet. in-8. de 8 ff. prélim. y compris le frontispice
gravé, un f. bl., 202 pp. et 3 ff. non chiffrés. Les
pp. 167 et 168 sont répétées.

M. Beaupré cite à la suite de sa description de la
Pompe funèbre de Charles III trois opuscules consacrés à la mémoire de ce prince :

1° DERNIERS et mémorables propoz tenuz par
S. A. Charles III à Messeigneurs les Princes ses
enfants au lict de la mort. Le tout escrit par un
soldat de la compagnie de Nancy. *A Nancy par
Blaise André, imprimeur*, 1608, in-12.

2° LUCTUS juventutis academiæ Mussipontanæ in
funere Sereniss. Caroli III... patriæ et litterarum
parentis... *Mussiponti, apud Melchiorem Bernardum*, 1608, in-12.

3° CHANT ROYAL et poëme funèbre sur le trépas
de très haut et très puissant Prince Charles III...
par Gabriel Demongeot, docteur. *A Nancy, par
Blaise André*, 1608, in-12.

Pour d'autres pompes funèbres, voyez l'article
OBSÈQUES.

POMPADOUR (*Jeanne-Ant.* Poisson,
Mse de). Suite de 63 estampes (et le frontisp.), gravées par Mme de Pompadour,
d'après les pierres grav. de M. Guay.
Pet. in-fol. [29592]

Il ne fut tiré, du vivant de Mme de Pompadour, qu'un
petit nombre d'épreuves de cette suite, pour faire
des présents ; et comme pour le motif les exemplaires en étaient rares, les amateurs les recher-
chaient beaucoup : 175 fr., avec six autres pièces,
La Vallière ; 60 fr. mar. r. Saint-Céran ; mais,
en 1782, on fit un nouveau tirage de ces planches,
de format gr. in-4., en joignant à une partie des
exemplaires 14 pp. de discours et 6 autres planches
d'après Boucher ; alors l'ouvrage, étant devenu
commun, tomba de prix. Vend. en mar. r. 20 fr.

Trudaine, et 8 fr. 25 c. Chateaugiron. Quelques personnes néanmoins recherchent encore la première édition, qui, au surplus, n'a point d'avantage sur la seconde. — Lettres, 18844.

POMPE funèbre. Voy. POMPA.

POMPEI illustrated. Voy. COCKBURN.

POMPEIUS. Commentum artis Donati : ejusdem in librum Donati de barbarismis et metaplasmis commentariolum : accessit ars grammatica Servii : quos libros omnes nunc primum edidit Friedr. Lindemann. *Lipsiæ, Vogel*, 1821, in-8. 12 fr. — Pap. vél. 18 fr. [10780]

POMPEIUS Festus de verborum significatione. — *Mediolani (per Ant. Zarot), Tertio Nonas Augustas, Millessimo Quadringentessimo Septuagessimo Primo...* pet. in-fol. ou gr. in-4., lettres rondes, 29 ligues par page. [10775]
Première édition fort rare. Vend. 195 fr. Gaignat; 254 fr. La Valliere; 94 fr. Boutourlin.
Le volume commence sans aucun intitulé, de cette manière :

(A) VGVSTVS LOCVS SANCTVS ab aui...

Il finit au verso du 79e et dernier f. par la souscription :

Mediolani Tertio Nonas Augustas...

Il y a un 80e f. tout blanc. Les caractères sont les mêmes que ceux du *Liber Serapionis*, impr. par Ant. Zarot, en 1473.

— Pompeius Festus. *Venetiis, Jo. de Colonia*, 1474, in-4. à 29 ligp. par page.
Réimpression de l'édit. de 1471, en lettr. rondes, sans chiffres ni récl., mais avec des signat. de a—l (l'f étant répété f f). Le premier f. est tout blanc ; le second, sign. az, commence par ces mots du texte (la prem. ligne en capitales) :

a vgvstvs locvs san ctvs ab auium gesta...

L'ouvrage finit au 9e f. verso de la signature k, par cette souscription :

Festi Pópci liber p optime emēdat' explet' ē: ac̄pēs' Iohānis de Colonia necnon Iohānis māthē de Gher rezē q una fidelit' degūt t̄pssioni dedit' Anno a natali christiano. M.cccc.lxxiiij die xxiiij decēbris.

Le dernier f. de ce même cah. est tout blanc, et il est suivi de 6 ff. sign. l, où se trouve l'explication de certains mots commençant par les lettres I et M. Dans ce Pomponius Festus, de même que dans le Varron sans date, la place des mots grecs est restée en blanc. Quelquefois à la suite du Festus se trouve reliée une édition de Varron, sans lieu ni date, imprimée avec les mêmes caract. et ayant également 29 ligp. par page. Les ff. n'en sont pas chiffrés, mais ils ont des signat. de a—k. On y trouve en tête 10 ff. séparés, contenant la table alphabétique des mots expliqués par Varron, précédée d'une lettre de Pomponius à Platina, laquelle a 19 ligp. Après ces dix ff. liminaires, le premier livre *De Lingua latina* commence par le titre suivant, en capitales :

M. T. Varronis de lingva latīa.

Ce premier ouvrage finit au 5e f. verso de la signat. f.; le 6e f. du même cahier est blanc des deux côtés. Le second ouvrage (*De Analogia*) com-

mence au f. 8., et il finit au 7e f. verso de la signat. k par la souscription; le 8e f. de ce dernier cahier est tout blanc. Le P. Festus seul 24 flor. Crevenna, et avec le Varron, 10 liv. 10 sh. Pinelli.

— Pompei Festi de interpretatione lingue latine. — *Finis Pompei Festi quē Pomponius correxit. vale qui legeris...* H. G. gr. in-4. de 83 ff. à 32 lignes par page.
Édition précieuse, imprimée avec les caractères dont Georges Laver s'est servi pour l'*Eutrope*, impr. à Rome en 1471 ; elle commence et finit comme ci-dessus. Un exemplaire avec plusieurs ff. piqués par les vers, 4 liv. Libri, en 1859.

— Pompeii Festi collectanea priscorum verborum. — *a Johāne Reynardt de Enyngen Constantieñ. Impressa Rome... A.D.M.CCCC.LXXV. Calend' uero octobr̄., pet. in-fol. de 84 ff. non chiffr., à 33 ligp. par page.
Édition presque aussi rare que les précédentes. Vend. 86 fr. m. r. La Valliere; 91 fr. m. citr. Mac-Carthy ; 70 fr. en 1822.
Les autres éditions de cet auteur, faites dans le xve siècle, ont peu de valeur.

— De verborum significatione fragmentum, ex veteri exemplari bibliothecæ farnesianæ descriptum, cum notis. *Romæ, G. Ferrarius*, 1581, in-8. 4 à 6 fr.
Édition assez estimée : 12 fr. m. r. Soubise.

— Pompeius Festus et M. Verrius Flaccus de verborum significatione, cum interpretatione et notis Andr. Dacerii, ad usum Delphini. *Parisiis*, 1681, in-4. 12 à 18 fr.
Bonne édition pour la collection *ad usum Delphini* : 37 fr. m. r. Daguesseau ; 42 fr. m. r. F. Didot.
La réimpression d'*Amsterdam*, 1699 (nouv. titre 1700), in-4., à laquelle on a ajouté les notes de plusieurs savants, est recherchée : 10 à 12 fr.

— S. P. Festi de verborum significatione quæ supersunt, cum Pauli epitome emendata et annotata a Car. Odofredo Mullero. *Lipsiæ, Weidman*, 1839, in-4. de XLIV et 443 pp. 20 fr.

— SEXTUS POMPEIUS FESTUS, de la Signification des mots, traduit pour la première fois en français, par M. A. Savagner. *Paris, Panckoucke*, 1826, in-8. en 2 parties.

POMPILIUS (*Paulus*). Pavli Pompilii liber I. Annæi Senecæ vita. (in fine) : *Impressum Romæ, per Eucharium Silber alias Franck :* M CCCC LXXXX. *die vero Martis* XVI, *mensis Februarii*, pet. in-4. de 25 ff. en petits caract. rom.
Il y a une édition de cette vie de Sénèque, in-4. goth. de 17 ff. à 36 lig. par page, sans date et sans lieu d'impression.

— Syllabæ Pauli Pompilii grammatici romani. — *Impressum Romæ a magistro
Euchario Sylber,* M CCCC LXXXVIII,
mense julio, in-4. de 77 ff. en caract.
rom.

— Voy. VERRIUS Flaccus.

POMPONATIUS Petrus. Tractatus de in-
tentione et remissione formarum, de
immortalitate animæ, apologiæ libri III,
et alia. *Venetiis, hæredes Oct. Scotii,*
1525, in-fol. goth. de 139 ff. [3444]

Vend. 24 fr. *m. bl.* Gaignat, et 9 fr. La Valliere.

Ce recueil contient des ouvrages qui ne se trouvent
pas dans le vol. in-8. donné par Guillaume Grata-
rol, sous le titre de *P. Pomponatii opera...* Basileæ,
1567 : mais ce dernier volume renferme plusieurs
traités qui ne font pas partie du premier. L'ouvrage
le plus célèbre de Pomponace est son traité *De
Immortalitate animæ,* imprimé d'abord à Bologne,
per Justinianum Rubericusem, 1516, in-fol., édition à laquelle il faut réunir :

1° *P. Pomponatii apologia pro suo tractatu de
immortalitate animæ,* ibid., 1518, in-fol.

2° *Aug. Niphii de immortalitate·animæ libellus,*
Venet., 1518, in-fol.

3° *P. Pomponatii defensorium, sives responsiones
ad Aug. Niphium,* Bononiæ, 1519, in-fol.

Le traité *De Immortalitate* a été réimpr. plusieurs
fois en France, dans le XVII° et le XVIII° siècle, soit
de format pet. in-8., soit en in-12, savoir : trois fois
sans date, et une autre fois sous la fausse date
de 1534 ; mais aucune de ces éditions ne conserve
de valeur. Celle de *Tubingue, Cotta,* 1791, in-8., a
été revue sur trois éditions, par Ch.-G. Bardili,
qui toutefois n'a pas consulté les éditions de 1516
et 1525 ci-dessus.

POMPONIUS MELA. Cosmographia. *Mediolani,* 1471, pet. in-4. [19560]

Première édition de ce géographe ; elle est impr. avec
les caract. de Zarot ; vend. 48 fr. Gaignat ; 163 fr.
La Valliere ; 85 fr. Brienne-Laire.

Le volume a 59 ff., dont les pages entières portent
22 lignes ; et il commence sans aucun titre par cette
première ligne du texte : ORBIS SITVM DICERE ag...
On lit au verso du dern. f. la souscription suivante :

*Mediolani septimo kalendas octobres Mil-
lessimo quadringentessimo septuagessimo
PRIMO.*

Un exempl. imprimé sur VÉLIN faisait partie de la
collection du comte d'Elcy.

— Pomponius Mela. *Venetiis, xv Nouembris. M. cccc. lxxvii,* pet. in-4. de 59 ff.
non chiffrés, à 22 lign. par page, lettres
rondes, sign. *a—h.*

Cette édition, peu commune, a été faite sur la précédente, de 1471. Il s'en trouve des exemplaires où
l'on a omis la dernière ligne, qui indique le lieu de
l'impression et la date, et qui doit accompagner la
souscription finale ainsi conçue : *Pomponii Mellæ
Cosmographiæ liber I explicit.*

C'est un de ces exempl. non datés qui est décrit dans
la *Biblioth. spencer.,* II, 285, où l'on suppose à
tort que l'édition a été imprimée vers 1474. C'est
aussi sans fondement qu'Ernesti et Tzschucke ont
donné ce même livre comme étant l'édition princeps de Mela. Vend. 39 fr. en janvier 1829 ; 7 sh.
Heber.

— De situ orbis libri tres. *Venetiis, per
Fr. Renner de Hailbrun,* 1478, in-4. de

48 ff. non chiffrés, 26 lign. par page,
sign. a—f.

Vend. 10 fr. Gaignat ; 35 fr. La Valliere ; 25 fr. *mar.
br.* Riva, et quelquefois moins.

— De situ orbis libri tres. *Venetiis, per
Bernardum Pictorem et Erhardum
Ratdolt de Augusta.....* 1478, in-4. de
48 ff. non chiffrés, 26 lign. par page.

Édition faite sur la précédente ; vend. 24 fr. La Valliere ; 16 sh. Pinelli ; 5 fr. Boutourlin et Riva.

— Pomponii melle una cũ prisciani ex dionysio de orbis situ interpretatione. *Venet., Erh. Ratdolt,* 15 cal. *Aug.,* 1482,
in-4. goth. de 48 ff. à 31 lign. avec des
sign. de A—F.

Vend. 15 sh. Hibbert.

Cette édition renferme le *Dionysius de situ orbis,*
commençant au verso du 30° f. Ce dernier traité a
été imprimé séparément par Ratdolt, en 1478, et il
se joint à l'édition de Pomponius Mela que cet imprimeur a donnée sous la même date. Le premier f.
de l'édit. de 1482 est une carte gravée sur bois.

— Pomponii melle cosmographi || de situ
orbis liber primus. (à la fin) : *Impressum est hoc opusculum in ciuitate
valentie per Lambertum palmart ale-
manũ. xriij. die mensis marcij. Laus
Deo. Anno* M.CCCC.lxxxii, in-4. de 48 ff.,
sign. a—f, à 27 lign. par page.

Un exemplaire de cette édition rare est porté à
320 réaux dans *le Boletin bibliogr. español,* 1861,
p. 69.

— Cosmographia. (in fine) : *Opus præcla-
rissimum Pomponii Melæ Cosmogra-
phi cum introductionibus et aliis tan-
topere necessariis per Franciscum
Nunnis de Yerva medicinæ professo-
rem elaboratis, explicit feliciter. Impressum vero Salmanticæ... anno domini* M.CCCCXCVIII. *Sole Tauripunctum
gradiente primum,* in-4. fig. sur bois.

Édition très-rare et qui n'est pas sans mérite : elle
commence par une introduction d'*Ælius Antonius
Nebrissensis.*

On connaît plusieurs autres éditions de Pomponius
Mela, sans date, impr. dans le XV° siècle, mais
d'une valeur très-médiocre.

— Pomponius Mela cosmographus de situ
orbis... Hermolai Barbari fideliter emendatus. *Impressus (Venetiis) per Albertinum de Lisona vercellensem, anno
dom.* 1502, *die* 14 *mai,* in-4. de xxiiij ff.
chiffrés.

Édition en caractères romains, dédiée par Barbaro à
Alexandre VI (Molini, *Operette,* p. 315).

— Pomponius Mela ; Iulius Solinus ; itinerarium Antonini Aug. ; Vibius Sequester ; P. Victor de regionibus Romæ,
Dionysius Afer de situ orbis, Prisciano
interprete, *Venetiis, in ædibus Aldi et
Andreæ soc.,* 1518, in-8. 6 à 12 fr.

Édition peu commune, composée de 233 ff. chiffr.,
suivis de 3 autres, dont le 1er et le 3e pour la sous-

cription et l'ancre, et le 2ᵉ tout blanc. Vend. 35 fr. *mar. r.* Caillard; 13 sh. et 16 sh. Heber; 1 liv. Butler. et en *mar. vert* par Padeloup 1 liv. 15 sh. Libri. Un exemplaire imprimé sur VÉLIN se conserve à Florence, dans la bibliothèque Magl'abecchi.

Cette collection a été réimprimée à Florence par les héritiers de Ph Junte, 1519, in-8. 6 à 8 fr.

— POMPONIUS Mela, Julius Solinus, Itinerarium Antonini Aug.; Vibius Sequester; P. Victor de regionibus urbis Romæ; Dionysius Afer de situ orbis Prirsciano (sic) interprete. (*Tusculani*), *Alexander Paganinus,* 1521, in-32.

Simple réimpression de l'édition aldine, mais rare comme tous les livres que Paganino a donnés avec les mêmes caractères, qui sont très - menus et presque illisibles. 24 fr. 50 c. *mar. r.* Renouard ; 29 fr. Riva; 14 sh. Libri.

— POMPONIUS Mela, de situ orbis lib. III, necnon Julii Solini polyhistoris et Æthici Cosmographia, cum notis. *Lugd.-Bat., Hier. de Vogel,* 1646, pet. in-12. 3 à 5 fr.

Jolie édition, dans le genre des Elsevier.

— DE SITU ORBIS lib. III, ad omnium Angliæ et Hiberniæ codic. mss. fidem summa cura recogniti et collati a Joan. Reynolds. *Iscæ-Dumnoniorum,* 1711, in-4. 5 à 6 fr.

Cette édition, imprimée à *Exeter*, est assez belle, et ne se trouve pas facilement ; elle est ornée de 27 cartes.

Une réimpression de l'édition précédente, ornée des mêmes planches, a été faite à Londres, en 1719, in-4.; et elle a encore reparu à *Londres*, en 1739 : on la paye de 5 à 6 fr.

— IDEM Pomponii Mela, cum notis integris varior.; accedunt Petri-Joan. Nunnesii et Jac. Perizonii adnotationes, curante Abr. Gronovio. *Lugd.-Batavor., Luchtmans,* 1748, 1 tom. en 2 vol. in-8.

Bonne édition pour la collection *Variorum* : 9 à 12 fr.; vend. 49 fr. *mar. r.* F. Didot.

On a ajouté à cette édit. les notes de P.-J. Nunes et de Jac. Perizonius, ainsi que de nouvelles notes de Gronovius, mais on en a retranché les trois opuscules suivants qui sont dans celle de 1722, savoir : *Julii Honorii excerpta; Æthici Cosmographia; Ravennatis anonymi Geographiæ lib. V.* — L'édition de 1722, in-8., 5 à 6 fr.

La réimpression, *Lugd.-Batavor.,* 1782, in-8., est moins belle que l'édition de 1748 : 9 à 10 fr.

— IDEM Pomponius Mela, ex recens Abr. Gronovii. *Glasguæ,* excud. *Rob. et Andr. Foulis,* 1752, in-8. 2 à 3 fr.

— IDEM, ad codd. mss. fidem recognitus et collatus opera et stud. Joan. Reynoldii. *Etonæ,* 1761, 1775 et 1814, in-4., avec 27 cartes. 6 à 8 fr.

Réimpressions de l'édition de 1711.

— De situ orbis libri III, ad plurimos codd. mss., etc., recensiti, cum notis, vel integris vel selectis variorum , collectis præterea et appositis doctor. virorum animadv.,additis suis a C.-H.Tzschuckio. *Lipsiæ, W. Vogel,* 1807, 3 tom. en 7 vol. in-8. 30 à 40 fr. (au lieu de 20 thl.), et plus en pap. vél.

Cette édition est trop inutilement volumineuse pour qu'elle puisse conserver du prix. Une autre, *in usum scholarum*, avec un abrégé du grand commentaire de Tzschuck, a été donnée par A. Weichert, à Leipzig, 1816, in-8. 5 fr.

POMPONIUS MELA, trad. en français, le texte vis-à-vis la traduction, avec des notes par C.-P. Fradin. *Poitiers* et *Paris, an* XII (1804) ou (nouv. titre), *Paris,* 1827, 3 vol. in-8. 12 fr.

LA GÉOGRAPHIE de Pomponius Mela, traduite par Louis Baudet, *Paris, Panckoucke,* 1843, in-8. Réuni à la traduction de Publius Victor, à celle de

la Cosmographie d'Ethicus et de Vibius Sequester, par le même traducteur.

PONCE. La Clara Diana, por Barth. Ponce. *Çaragoça, Lor. Robles,* 1599, pet. in-8. 6 à 9 fr. [17579]

Ce gros volume ne renferme que la première partie de cet ouvrage, la seule publiée : c'est une Diane chrétienne faite en l'honneur de la Vierge Marie. Antonio en cite une édition de Saragosse, 1581, in-8., et nous en trouvons une d'*Epila,* 1580, in-8., dans la *Biblioth. Sora,* f. 103.

PONCE (*Pelipe*). Admirables cosas de la excelsa S. Catherina reyna de Egypto. *Valencia,* 1585, pet. in-8. [15180]

Poëme peu commun : vend. 11 sh. Heber.

PONCE (*Nicolas*). Description des bains de Titus, ou collection des peintures trouvées dans les ruines des thermes de cet empereur, gravées sous la direction de M. Ponce (avec les explications par le Dʳ Felice). *Paris,* 1783, gr. in-fol., avec 60 pl. [29498]

ARABESQUES antiques des bains de Livie et de la ville Adrienne, avec les plafonds de la ville Madame, peints d'après les dessins de Raphaël, et gravés (en 15 planches) par les soins de M. Ponce. *Paris,* 1789, gr. in-fol. [29499]

Ces deux ouvrages sont ordinairement vendus ensemble de 30 à 40 fr., et avec pl. color., de 80 à 100 fr. L'édition de *Paris,* 1805, est moins chère.

— Recueil de vues des lieux principaux de la colonie française de Saint-Domingue, gravées par les soins de M. Ponce, accompagnées des cartes et plans de la même colonie, gravés par les soins de M. Phelipeau. *Paris,* 1791, gr. in-fol. 18 à 24 fr. [28625]

Ce recueil de 31 pl. a coûté 56 fr.; il était destiné à faire suite aux *Loix et constitutions des colonies françoises de l'Amérique sous le vent, par M. Moreau de Saint-Méry,* Paris, 1784, 6 vol. in-4.; mais il paraît convenir plus particulièrement à l'ouvrage du même auteur, intitulé : *Description topographique, physique, civile, etc., de la partie françoise de l'île Saint-Domingue,* Philadelphie et Paris, 1797-98, 2 vol. in-4.

— Les illustres Français, ou tableaux historiques des grands hommes de la France, dans tous les genres de célébrité jusqu'en 1792, par M. Ponce. *Paris, Ponce,* 1790-1816, in-fol., avec 56 pl. d'après les dessins de Marillier. [30475]

Ouvrage médiocre, publié en 9 livraisons, et au prix de 100 fr.; il se donne pour moins de 30 fr. Ajoutons pourtant qu'en juin 1861 on a vendu 1265 fr. un exemplaire de ce livre contenant, outre les gravures, leurs eaux-fortes et les 56 dessins originaux de Marillier pour ces gravures, onze dessins inédits du même artiste, une grande feuille sur laquelle se trouvait dessiné cinquante-cinq fois le portrait de Voltaire, et de plus quelques gravures ajoutées. Ce même exemplaire avait été payé 230 fr. seulement à la vente Renouard, en 1854.

Pomponne (*Arnauld,* marquis de). Ses Mémoires, 23814.

Poncelet (l'abbé). Froment, 5427.

PONCELIN de la Roche-Tilhac (*Jean-Charles*). Chefs-d'œuvre de l'antiquité sur les beaux-arts, tirés des principaux cabinets de l'Europe, grav. en taille-douce par B. Picart. *Paris, Lamy,* 1784, 2 vol. in-fol. [29595]

Ce sont les pl. des Pierres gravées de Stosch, avec un nouveau texte qui n'est nullement estimé : 18 à 24 fr. — Voyez Stosch.

PONCET (*Maurice*). Remontrance à la noblesse de France, de l'utilité et repos que le roy apporte à son peuple, et de l'instruction qu'il doibt avoir pour le bien gouverner, par F. Maurice Poncet. *Paris, Mich. Sonnius,* 1572, in-8. de 4 ff. prélim. et 51 ff. chiffrés. [23518]

L'auteur de cet opuscule devait être le frère ou tout au moins le parent de Simon Poncet, comme lui natif de Melun. Il était curé de St-Pierre-des-Arcis, à Paris. On a de lui plusieurs écrits sur des matières théologiques, et dont Du Verdier nous a conservé les titres.

PONCET (*Simon*). Regrets sur la France composez par Simon Poncet Melunois... ensemble un colloque chrestien, composé par luy-mesme. *Paris, Mamert Patisson,* 1589, pet. in-8. de 4 ff. prélim. et 39 ff. chiffrés, avec un portr. grav. par Th. de Leu. [13856]

Ces regrets se composent de XLVIII sonnets qui ne sont pas sans mérite. 37 fr. 50 c. de Soleinne. Ils ont été l'objet d'une notice de M. J.-Mar. Guichard, insérée dans le Bulletin du Bibliophile, 4e série, pp. 27 et suivantes.

PONCET (le chevalier). Voyez France-Turquie.

PONCINO dalla Torre. Le piacevole, e ridicolose facetie; nelle quali si leggono diverse burle da lui astutamente fatte, di non poca dilettatione e trastullo a' lettori. Date in luce ad instanza di M. Thomaso Vachello, libraro in Cremona. *Cremona, appresso Cristoforo Draconi,* 1581, pet. in-8. 8 à 12 fr. [17900]

Édition non citée par Gamba. Le titre de celle de Crémone, chez le même *Draconi,* 1585, pet. in-8. (de 8 ff. non chiffrés, dont 2 bl., 86 ff. chiffrés, et 2 bl. à la fin), porte *di novo ristampate con l' aggiunta d' alcun' altre, che nella prima impressione mancavano ;* ce qui est répété sur le titre de la réimpression de Venise, *Salicato,* 1609, in-8. L'ouvrage a été encore réimpr. à Venise, en 1611, 1618, 1627 et 1636, in-8. 4 à 5 fr. L'édit. de 1585, en *mar. r.,* 16 fr. Libri.

PONCIO (*Pietro*). Ragionamento di musica. Voy. Pontio.

PONCIUS. Rhetorica Poncij || Copia latinitatis || Epistole Bruti τ Cratis || De arte notariatus. (au verso du 22e f.) : Explicit modus dictandi || magistri Poncij τc. · Anno dñi M. cccc. lxxxvi. (au recto du dernier ff.) : *Finit tractatulus de arte notariatus* (*absque nota*), in-4. goth. de 60 ff. à 36 lig. par page. [12054]

PONCIUS (*Joannes*). D. Richardi Bellingi vindiciæ eversæ ; per Fr.-Jo. Poncium, etc. Ea occasione exponitur, quibus potissimum viis Hibernia a parlamentariis subacta est. Alia etiam ejusdem D. Bellingi epistola refellitur. Et denique Corssopitanus contra duas ipsius gallicas epistolas, et authorem libri gallici, l'Innocence et verité defendue, confirmatur. *Parisiis, apud Fr. Piot,* 1653, pet. in-8. [21526]

Réponse à un ouvrage attribué à Rich. Belling, et qui avait paru sous le titre de :

Vindiciarum catholicorum Hiberniæ , authore Philopatro Irenæo ad Alitophilum libri duo. *Parisiis , apud viduam I. Camusat ,* 1650, pet. in-12. Voyez la col. 458 de notre 3e volume, où est indiquée la réplique de Belling à cette réponse sous le titre : *Annotationes in R. P. F. Joannis Poncii opus ;* Parisiis, apud Nic. Pelé, 1654, pet. in-8.

Ces trois pièces, qui nous intéressent peu, sont rares, et on les recherche beaucoup en Angleterre, où elles ont même une assez grande valeur. Nous en faisons mention ici, parce qu'elles ont été imprim. à Paris, et que, par hasard, elles peuvent s'y trouver, ainsi que l'ouvrage suivant, également rare :

Scotus Hiberniæ restitutus , autore R. P. Fr.-Joan. Poncio Hiberno Corcagiensi. *Paris., sumptibus D. Bechet et L. Bilaine,* 1660, in-8.

Écrit dont l'objet de prouver que le célèbre théologien Jean Duns (voy. Scotus) n'était ni Anglais in Écossais, mais bien Irlandais.

POND (*John*). Astronomical observations made at the royal observatory at Greenwich, in the years 1811-24. *London, T. Bensley,* 1815-25, 5 vol. in-fol. — In the years 1825-35, *ibid.,* 11 vol. in-fol. — Index, 1811-32, in-fol. [8332]

Les deux dernières parties du vol. de 1835 sont de G. Biddel Airy, à qui sont dues les suites que voici :

Astronomical observations, 1836-1847, 12 vol. gr. in-4. à 2 liv. 10 sh., — et sous le titre d'*Astronomical, magnetical and metereological Observations,* 1848-57, 9 vol. gr. in-4. à 2 liv. 10 sh. — Appendix to the Observations of 1836, 1837, 1842 and 1847, 4 part. in-4. à 8 sh.

Reduction of the observations of planets, 1750-1830, by G.-B. Airy, Lond., 1845, in-4. 2 liv. 10 sh. — Reductions of observations of the moon, from 1750-1830. *Ibid.,* 1850, 2 vol. in-4. 5 liv.

PONS (*Jacques*). Sommaire traitté des melons, contenant la nature et l'usage d'iceux, avec les commodités et incommodités qui en reviennent. *Lyon, Jean de Tournes,* 1583, in-8. de 39 pp. [5519]

Petit traité peu commun, quoiqu'il ait été réimpr. à Lyon, chez Rigaud, 1586, in-16, et sous le titre de *Traité des melons* (texte retouché par Jacq. Spon), *Lyon, Cellier*, 1680, in-12 de 51 pp., plus la préface. L'exemplaire de l'édition de 1583, impr. sur VÉLIN, et qui avait été présenté au roi Henri III, s'est vendu 90 fr. en octobre 1810. Il est à la Bibliothèque impériale. Le titre porte le nom de l'auteur en toutes lettres, mais il y a des exemplaires sur papier qui n'ont que les initiales I. P.

PONT (*Gratian* du). Voy. CONTROVERSES, et DUPONT.

PONTAIMERY. Voy. PONT-AYMERIE.

PONT-ALAIS (*Jean du*). Voy. LOUANGE des femmes.

PONTANUS (*Ludov.*). Singvlaria dŏmini Lodo. pontani de urbe.... — *Expliciŭt singularia famosissimi utriusq̃ iuris Monarce d̃ni Ļudouici Pontani de Roma.* M. CCCC. L̃xxi. impressŭ..... *Hoc Vindelinus condidit artis opus*, in-fol. de 52 ff. à 2 col. de 50 lign., sans chiffres, signat. ni récl. [2551]

Ouvrage de droit civil et canonique dont il existe plusieurs éditions. Celle-ci est la plus ancienne avec date.

— Singularia. (au verso du dernier f.): *Impress' Venetiis impensis Iohañis de Colonia sociiq̃z eius Iohannis Manthen de Gherretzem* MCCCCLXXV, gr. in-fol. de 45 ff. à 2 col. de 50 lignes, caract. rom.

Hain (n°⁵ 13262-13278) décrit plusieurs édit. de ces *Singularia*, impr. sans lieu ni date, qui sont peut-être antérieures à celle-ci. Dans l'édit. de *Venise, per Andream de Bonetis de Papia*, 1485, in-fol. de 53 ff. à 2 col. de 75 lign., et dans plusieurs autres d'une date postérieure, les *Singularia de* Matth. Mattaselanus sont réunis à ceux de Louis Pontanus.

— Ludovicus Pontanus de Roma. Singularia in causis criminalibus. — Pii secundi opuscula. (*absque loci typographi et anni indicatione*), pet. in-fol. de 59 ff. en caract. goth., sans chiffres, récl. ni signat.

Édition ancienne, qui est bien décrite dans les *Principia typographica* de M. Sotheby, I, pp. 181 et suiv., et dans l'*Archéologie typographique* de M. Aug. Bernard, p. 17. Ce volume se divise en deux parties, la première de 44 ff. (dont le 1ᵉʳ est blanc) à 26 lign. sur les pages pleines, est d'un caractère plus gros que celui de la seconde, laquelle a

34 lign. par page pleine. Les deux premiers ff. sont occupés par une préface et un prologue. La première ligne est ainsi conçue :

Prefatio in singlāribus domini ludouici de roma.

Le *Pontanus de Roma* finit au verso du 38ᵉ f. ; il est suivi de vers d'*Æneas Sylvius* sur cet auteur, et d'autres morceaux, jusqu'au recto du 44ᵉ f., où se lit le mot *Explicit*. Au verso de ce même f. commence l'emploi du plus petit caractère, dans *De Mulieribus Parvis*, du même écrivain, morceau suivi de sa *Descriptio amoris* et d'autres poésies auxquelles succèdent des extraits en prose des saints pères. Un morceau tiré de saint Jérôme termine le volume, qui finit au recto du f. 59ᵉ, par le mot *Explicit*.

M. Sotheby a donné, dans la planche XLII du premier vol. de son bel ouvrage, le fac-simile des deux sortes de caractères employés dans le volume ici décrit ; le plus gros, qui, pour la forme, se rapproche beaucoup de celui de la Bible à 42 lign., attribuée à Gutenberg, est plus particulièrement conforme à celui d'un *Donat*, dont M. Aug. Bernard a donné un fac-simile sur la pl. IV (caractères) de son *Origine de l'imprimerie*, première partie. Le plus petit des deux caractères diffère plus du premier pour la grosseur que pour la forme. L'un et l'autre sont attribués par M. Sotheby aux Hollandais ; toutefois M. Bernard ne croit pas le livre antérieur à l'année 1480 : il paraît que le dernier opuscule a été imprimé séparément avec les mêmes caractères, car on en cite plusieurs exemplaires détachés du premier.

PONTANUS. Joannis Joviani Pontani ad Robertum Sanseverinum..... in libros obedientiæ prohemium incipit feliciter. — *Joannis Joviani Pontani de obedientia opus finit feliciter impressum Neapoli per Mathiam Moravum....* M. CCCC. LXXXX, in-4. de 101 ff., signat. a—n. [3980]

Un magnifique exempl. sur VÉLIN, avec l'intitulé du premier f. et la souscription tirés en or, a été vendu 600 fr. Brienne-Laire.

Les exemplaires sur papier se trouvent ordinairement rel. avec l'ouvrage intitulé :

JOANNIS Joviani Pontani de fortitudine... liber primus qui est de fortitudine bellica et heroica. = Liber secundus de fortitudine domestica. — *Impressum Neapoli per Mathiam Moravum....* anno... M. CCCC. LXXXX, in-4. de 100 ff., y compris les 20 derniers qui suivent la souscription, et qui contiennent *Libellus de principe*. Vend. (les 2 vol.) 14 fr. La Valliere ; 29 fr. Brienne-Laire.

Un exempl. du traité *De Fortitudine, etc.*, impr. sur VÉLIN, se conserve à Vienne, dans la Bibliothèque impériale.

— De aspiratione. — *Impressŭ Neapoli Anno* .MCCCC. LXXXI, *viii Ianuarii (per Math. Moravum)*, pet. in-fol. de 52 ff. dont le premier et le dernier sont blancs.

On remarque des caractères grecs dans cette édition rare : ce sont les premiers qu'ait employés l'imprimeur Moravus. 4 liv. 15 sh. Sykes, et quelquefois moins ; 29 et 30 fr. Libri.

— Dialogus qui Charon inscribitur (*Neapoli, Moravus*, 1491), in-4. de 41 ff. à 25 lign. par page, sign. a—e. [18618]

Cette partie, qui appartient aux *Opuscula* de Pontanus (voy. le second catal. des livres impr. sur VÉLIN, II, p. 239), est ordinairement suivie du *Dialogus qui Antonius inscribitur, impressus per Mathiam Moravum, anno* M. CCCC. LXXXXI, *ultima die Ianuarii*, in-4. de 65 ff., sign. f—niiii.

Ponsan (*Guill.* de). Histoire de l'Académie des jeux floraux, 30304.

Ponsard (*François*). Théâtre, 16540.

Ponson (*A.-T.*). Exploitation des mines de houille, 4704.

Pont (*P.*). Priviléges et hypothèques, 2841.

Pontanus (*Geor. - Bartholdus*). Scanderbergus, 27917.

Pontanus (*J.-J.*). Historia Gelriæ, 25206.

Pontanus (*J.-Is.*). Itinerarium Galliænarbon., 23114. — De Reni populis, 26332. — Res danicæ, 27588. Vita Christiani III, 27600. — Vita Friderici II, 27607.

L'exemplaire impr. sur VÉLIN, qui a été acquis au prix de 399 fr. chez Mac-Carthy, se conserve à la Bibliothèque impériale.

— De prudentia libri V; de magnanimitate libri II ; de immanitate liber ; de fortuna libri III. *Neapoli, per Sigism. Mayer,* 1512, 3 tom. en 1 vol. in-fol. [3816]

— De rebus cœlestibus lib. XIV, curavit diligenter P. Summontius, etc. *Neapoli, Sigism. Mayer,* 1512, in-fol. [8221]

Un exemplaire de ces deux volumes sur VÉLIN, 820 fr. m. r. Brienne, en 1792.

— Pontani commentationes super centum sententiis Ptolomæi (*Neapoli*) *ex offic. Sigismundi Mayer,* 1512, in-fol. de 80 ff.

Ce volume, qui forme le 5ᵉ tome des œuvres de Pontanus, dans l'ordre que leur donne Jos. Van Praet (Catal. des livres impr. sur VÉLIN, IV, 323-27), faisait partie de l'exemplaire sur VÉLIN acquis chez Brienne pour la Bibliothèque du roi. Ainsi la collection de Pontanus, impr. à Naples, de 1505-1512, doit se composer de 9 part., savoir : 1° *Parthenopei libri duo : de amore conjugali tres, etc.,* mense septembri 1505, 148 ff.; 2° *Actius de numeris poeticis, etc.,* mense octobri, 1507, 72 ff. C'est le vol. qu'on a quelquefois désigné sous le titre d'*Opera soluta oratione scripta* (le dialogue intitulé *Actius* a été réimpr. en 1509); 3° *De bello neapolitano et de sermone*, mense maio 1509, 56 ff.; 4° *De sermone et de bello neapolitano,* mense aug. 1509, 56 ff. (ne contient que le traité *De sermone*); 5° *Commentationes super centum sententiis Ptolomæi*; 6° *De prudentia lib. V. De magnanimitate lib. II ,* 92 ff.; 7° *De immanitate,* 1512, 16 ff.; 8° *De fortuna,* 1512, 42 ff.; 9° *De rebus cœlestibus,* 1512, 182 ff.

— De bello italico et de sermone. *Neapoli in officina Sigismundi Mayer artificis diligentissimi: mense maio* M. D. VIII, *atque omnia quidem ex archetypis : assistente P. Summontio,* in-fol. [25743]

Première édition : 37 fr. Libri. Le même imprimeur en a donné une seconde au mois d'août 1509, également in-fol. Vend. 18 fr. 2ᵉ vente Quatremère. L'Histoire de la guerre de Naples a été traduite en italien, d'abord par un anonyme, sous ce titre :

Historia della guerra fatta da Ferdinando I, re di Napoli, contro Giovanni duca d'Ag.o libri VI di J.-J. Pontano ; *Venetia, Tramezzino,* 1524, et aussi 1544, in-8.;

ensuite par Giacomo Mauro, sous le titre d'*Historia della guerra di Napoli*; Napoli, Cacchi, 1590, in-4.

— Opera : Vrania, sive de stellis lib. V, meteororum lib. I, de hortis Hesperidum lib. II; Lepidina sive postorales (*sic*) pompæ septem , etc. *Venetiis in ædib. Aldi,* 1505, 2 tom. en 1 vol. in-8. de 241 ff. non chiffrés. 6 à 12 fr. [12763]

Premier volume des poésies de Pontanus. En 1513 les Alde en ont donné une seconde édition (en 256 ff., y compris l'ancre), augmentée de 27 pp. de vers (à partir du f. 234) et plus correcte; et en 1533, une troisième copiée sur la seconde (248 ff.). Un exemplaire de l'édition de 1513, impr. sur VÉLIN, et imparfait de 2 ff. : 250 fr. Mac-Carthy.

— Amorum lib. II; de amore conjugali III ; tumulorum II ; lyrici I : Eridanorum II,

etc.; Calpurnii eclogæ VII ; Aur. Nemesiani eclogæ IV; explicatio locorum omnium abstrusorum Pontani , authore P. Summontio. *Venetiis, in ædibus Aldi,* etc., 1518, in-8. [12764]

Cette seconde partie des poésies de Pontanus est plus rare que la première, parce que les Alde n'en ont donné qu'une seule édit. On y compte 172 ff., y compris le 144ᵉ tout blanc et les deux derniers pour la souscription et l'ancre. Les ff. du cah. m, qui devaient être cotés 89 à 96, sont mal chiffrés, mais il n'y a pas de lacune. Vend. 26 fr. mar. r. L'Héritier, et 10 sh. Butler. Un exemplaire en Gr. Pap. 10 liv. 15 sh. Heber; 6 liv. 16 sh. 6 d. Butler. On a de ces deux volumes, éditions de 1513 et 1518, une contrefaçon sans date, avec feuillets chiffr., qui a probablement été imprimée à *Venise,* par *Gregorio de Gregori.* Vend. 10 sh. Butler. Les 2 vol. de 1518 et 1533, en mar. vert, 37 fr. Riva.

— Urania; meteororum lib. I; de hortis Hesperidum lib. II; ejusdem pompæ septem; amorum lib. II ; de amore conjugali lib. III; tumulorum lib. II, etc. *Florentiæ, ex officina Phil. de Giunta,* 1514, 2 vol. in-8. de 188 et 196 ff.

Édition peu commune, mais un peu moins complète que la précédente : 10 fr. Renouard. Il en a été tiré des exemplaires sur VÉLIN.

— Opera. *Venetiis, per Joan. Rubeum et Bernardinum Vercellenses,* 1512, in-fol.

L'exemplaire de Grolier est conservé dans la collection de Th. Grenville.

— Opera Ioannis Ioviani Pontani, de fortitudine, de principe, etc. *Lugduni, expensis Barth. Troth.,* 1514, in-8.

Ce volume, peu commun, se joint à la collection aldine : 13 sh. Heber; 1 liv. 1 sh. m. v. Butler.

— Opera omnia soluta oratione composita. ? *Venetiis, in æd. Aldi et Andreæ soceri,* 1518-19, 3 vol. pet. in-4. [18964]

Bonne édition , et dont on trouve difficilement les trois volumes réunis et bien conservés. Le premier a 4 ff. prélimin., 327 ff., dont le 96ᵉ est bl. et le dernier est coté 326, plus un f. bl. à la fin. Le second (*De aspiratione, etc.*), 318 ff. dont le 48ᵉ est bl. (il faut vo.r si le 64ᵉ n'est point mutilé). Le troisième (*Centum Ptolemæi sententiæ, etc.*), 301 ff. et 19 ff. non chiffrés, qui contiennent les tab.es, les errata, etc. Vend., bel exemplaire en mar. r., 52 fr. Caillard; 2 liv. 18 sh. Heber, et quelquefois beaucoup moins cher.

— Opera omnia soluta oratione composita. *Florentiæ, per hæredes Ph. Juntæ,* 1520, 6 tom. en 3 vol. in-8.

Édition peu commune. — On fait peu de cas de celle de *Bâle,* 1538 et 1540, en 3 vol. pet. in-4.

PONTAULT (*Séb.* de). Voy. BEAULIEU.

PONT-AYMERIE ou Pontaimery (*Alex.* de), seigneur de Focheran. Paradoxe apologique (*sic*), où il est fidèlement

<hr>

Pontarlier (Champion de). Trésor du chrétien, 1577.

Pontas (*Jean*). Cas de conscience, 1324.

démonstré que la femme est beaucoup plus parfaite que l'homme en toute action de vertu. *Paris, Abel l'Angelier,* 1594, in-12. 12 à 18 fr. [18055]

Livre singulier qui a été réimpr. à *Paris, Hubert Velut,* 1596, pet. in-8. de 152 pp. ; — aussi à Lyon, chez *Mich. Beublin,* 1598, in-12.

C'est, nous le croyons, cet ouvrage et non celui du chevalier de L'Escale (voy. L'ESCALE) qu'Antony Gibson a traduit en anglais sous le titre suivant :

A WOMAN's Woorth defended against all the Men in the world, proving them to be more perfect, excellent and absolute in all virtuous actions than any man of what qualitie soever; written by one that has heard much, seene much, but knowes a great deal more. *London, J. Wolfe,* 1599, in-16. Petit volume vendu 1 liv. 16 sh. Reed ; 6 liv. 16 sh. 6 d. Bindley.

Pontaymerie est auteur de plusieurs ouvrages en vers, dont le principal a pour titre : *La cite du Montelimar, ou les trois prinses d'icelle, composées et rédigées en sept livres par A. de Pontaymeri, seigneur de Focheran* (sans lieu d'impression) M. D. XCI, pet. in-4. de 252 pp. [13859] ; mais tout cela est du dernier médiocre ; ce qui toutefois n'a pas empêché un homme d'esprit d'y consacrer un article spécial assez piquant, mais où il a omis le *Paradoxe apologétique* dont nous venons de citer trois éditions (voir le Bulletin de Techener, 3ᵉ série, p. 9 à 19). Ce Paradoxe a cependant été encore réimpr. dans les Œuvres du sieur de Focheran à la suite de cinq autres ouvrages, savoir : *Hymne au Roy; L'Académie ou institution de la noblesse; De la parfaite vaillance; L'Image du Grand Capitaine ; Discours d'estat sur la blessure du roy ;* à Paris, chez Jean Richer, 1599 (cité aussi sous la date de 1609), pet. in-12.

On avait déjà imprimé séparément :

L'HYMNE du sacre du très-chrestien et très-victorieux prince Henry IIII, roy de France et de Navarre, par Alexandre de Pont-Aymery, seigneur de Focheran; *à Tours chez Jamet Mettayer,* 1594, in-4. de 20 pp..

LE LIVRE de la parfaite vaillance... *Paris, Lucas Briel,* sans date, mais avec un privilége daté de 1596.

LE ROY triomphant, où sont contenues les merveilles du tres illustre et invincible Henry IIII, roy de France et de Navarre. *Lyon, Thibaud Ancelin,* 1594, in-4. de 120 pp., avec un portr. d'Henri IV, gravé sur bois.

A cet ouvrage se trouve quelquefois joint *Le Pillier d'estât, dedié au roy par E. D. B. Lyon, Th. Ancelin,* 1594, in-4. avec le même portrait.

Le Roy triomphant a été reproduit à *Cambray, chez Philippe des Bordes,* 1594, gr. in-8. de 146 pp., avec le portrait d'Henri IV au verso du titre. Edition rare, dont un exempl. en mar. *vert* est porté à 60 fr. dans le catal. de L. Potier, 1860, n° 1288.

— DISCOURS d'estat sur la blessure du Roy. *Paris, C. de Montr'œil et J. Richer,* 1594 (aussi 1595), in-8.

— DISCOURS d'estat, où la necessité et les moyens de faire la guerre mesme sont richement exposés. *Paris, Jamet Mettayer et P. L'Huillier,* 1595, in-8. — Réimpr. à Lyon, sous la même date.

Deux pièces en prose.

PONTE (*Petri* de) ceci brugensis Opera poetica. *Parisiis,* 1507, in-4. [13066]

Le volume annoncé sous le titre ci-dessus dans le catal. de Bonnier, n° 973, et vendu 7 fr. (et 10 fr. Courtois), est un recueil de neuf opuscules de P. de Ponte, dont le premier, intitulé *Genovefeum,* a été impr. à Paris, en 1512, et le dernier : *De Sunamitis querimonia,* porte pour date : *Parrhisius, Joh. Gourmont,* 1507. Le tout est bien décrit dans le catalogue de Courtois, n° 1351 bis.

Le recueil cité ne renfermait pas l'opuscule suivant, qui, certainement, n'est pas un des moins rares de la classe des parémiographes :

IN TE IESU spes mea recumbit. Petri de ponte ceci brugensis paremiarum gallico et latino sermone contextarum secunda editio quibus multa annotata non iniucunda adiecit. *Venales reperiuntur in vico sancti Iacobi sub signo diui Martini* (avec la devise et le nom de Denis Roce). Absque anno, pet. in-4. de 14 ff., lettres rondes (commencement du XVIᵉ siècle). 16 fr. Duplessis.

PONTHUS. Le noble roy Ponthus. (*sans lieu ni date*), pet. in-fol. goth. de 69 ff. à longues lignes au nombre de 31 dans les pages entières, sans chiffres, réclames ni signat. [17051]

Edition excessivement rare. Dans l'exemplaire ici décrit, le premier f., que nous ne comptons pas, porte le titre manuscrit ci-dessus; il remplace un f. tout blanc. Au second f. commence la table des chapitres, qui occupe trois pages, et renvoie aux feuillets depuis le 1ᵉʳ (qui est le 3ᵉ de l'exemplaire) jusqu'au 68ᵉ, et commence ainsi :

Cy cōmencent les rubrices de ce present liure intitule le rom ‖ mant du noble roy ponthus filz du roy de galice et la belle si ‖ doine fille du roy de bretaigne.

Le texte commence au verso du second feuillet (non compris le titre) et finit à la 29ᵉ ligne du dernier f. recto, par les mots *Explicit ponthus.* Le verso est blanc. Il y aurait 70 ff. en tout, y compris le premier tout blanc.

Les caractères de cette édition sont les mêmes que ceux de la Melusine, du Fier-à-bras, et du Livre des SS. Anges, impr. à Genève, en 1478, ce qui peut la faire regarder comme la première du *Ponthus.* L'exemplaire que nous venons de décrire se trouvait relié avec la *Cronique et hystotre d'Apollin, roy de Tyr,* édit. de Genève, L. Garbin (voir la col. 351 de notre 1ᵉʳ volume, article APOLLONIUS de Tyr). Les deux romans ont été vendus ensemble 1765 fr. L.-Philippe (n° 1311) du catalogue; ils avaient été acquis à la vente de Dufay, en 1725, au prix de 20 fr. 50 c., pour le comte de Toulouse.

— Ponthus et la belle | sidoine. *Lyon, Guil. le roy.* (*sans date*), in-fol. goth. [17051]

Edition non moins rare que la précédente. Elle est impr. à longues lignes, au nombre de 31 sur les pages, avec des signat. de *a–l* par cah. de 8 ff. non chiffrés, avec fig. sur bois. Le dernier feuillet du cah. *l* manquait dans l'exempl. qui nous a été communiqué; peut-être présente-t-il une souscription. Les caractères sont ceux du Boèce impr. à Lyon vers 1480.

Au verso du titre se voit une gravure sur bois, surmontée de ce second intitulé, en gros caractères :

Cy cōmēce vne excellēte histoire laql le fait mōlt a noter du tresuaillāt roy ponthus filz du roy de galice z de la belle sidoine fille du roi de bretaigne

Le second f., sign. a2, commence par 4 lignes impr. avec le même gros caract., et dont voici la première et le commencement de la seconde :

C ompter vous vueil vne no- ble histoire

Le dernier f. du cah. *l,* que n'avait pas l'exemplaire décrit dans la quatrième édition du Manuel, porte la souscription suivante : *Cy finist le liure et this-*

toire du noble roy põthus fils ¶ du roy de galice et de la belle sidoine fille du roy de bretaigne imprime a Lyon par maistre Guillaume le roy. Il se trouvait dans l'exemplaire vend 1501 fr. d'Essling, et que possède M. Yémeniz. Cette édition de Guil. Leroy doit avoir paru vers 1480.

— Ponthus et la belle Sidoyne. (à la fin) : *Cy finist le tres excellent romant du noble chevaleureux roy Ponthus, et de la tres belle Sidoyne fille du roi de bretaigne imprime par maistre Caspar Ortuin a Lyon* (vers 1500), in-fol. goth. de 71 ff. à longues lignes, au nombre de 36 dans les pages entières, avec des figures sur bois grossièrement faites.

Autre édition très-rare, avec des signatures, mais sans chiffres de pages. Les cinq mots du titre sont en 2 lign. en petits caractères; à la page suivante est une estampe; au-dessus de laquelle se lit un autre titre commençant ainsi : *Ci commence une excellente histoire laquelle fait moult a noter du tres vaillant roy Ponthus.......* Voici les premiers mots du texte : *Conter vous venit une noble hystoire ou on pourroit y prendre beaucoup de biens.* L'exemplaire de La Valliere, qui n'a été vendu que 12 fr. 80 c., était sale et raccommodé en plusieurs endroits.

— Sensuyt le liure de Ponthus filz du roy de Galice...... nouuellement imprime a Paris .xii cay. (au verso du dernier f.): *Imprime nouuellemēt a Paris pour Jean trepperel imprimeur et libraire...* pet. in-4. goth. de 58 ff. à 2 col., sign. *a—m*, avec fig. sur bois (*à l'Arsenal*).

—Ponthus et Sidoyne. (au dernier f. verso) : *Cy finist lhistoire du noble roy Ponthus filz du roy de galice. Et de la belle Sidoyne fille du roy de bretaigne. Imprime a paris par Michel le noir libraire iure de luniuersite demourant en la grant rue Saint Jacques* (vers 1520), pet. in-4. goth. de 58 ff. à longues lignes, fig. sur bois.

Vend. 10 fr. 50 c. La Valliere; 4 liv. 4 sh. Hibbert.
Une édition de *Paris, Alain Lotrian*, sans date, in-4. goth., également de 58 ff., se conserve dans la Bibliothèque royale de Stuttgart.

— Le même livre de Ponthus...... *Paris, Nic. Crestien* (vers 1550), in-4. goth. (*Bibliothèque impériale*).

— Lhystoire de Ponthus filz du roy de Galice et de la belle Sidoyne fille du roy de Bretaigne, et comment ung cheualier chrestien saulva Ponthus et ces VIII compaignons sur la mer. *Paris, pour Jean Bonfons* (sans date), in-4. goth. en 14 cah., sign. a—n, fig. sur bois.

Cette édition, qui ne valait pas 10 fr. autrefois, a été vend. 18 liv. Heber; 240 fr. *mar. bl.* d'Essling.

— The history of the moost excellent..... knyght kynge Ponthus of Galyce and lytell Brytayne. *London, by Wynkyn of Worde,* 1511, in-4. goth., signatures A—Q VIII, fig. sur bois.

Sur cette édition précieuse, voir *Typogr. antiquities,* édition de Dibdin, II, 161.

— A HISTORY of the noble deeds... of the knight Ponthus, son of the king of Gallicia, and of the beautiful Sidonia, queen from Britannia. *London,* 1548, in-4. goth., fig. sur bois. Très-rare.

— Ponthus und Sidonia. (à la fin) : *Gedruckt und volendet ist diss püchlin genant Pontus in der keiserlichē stat Augspurg. Am montage nach sant Bartholomeus tage des heyligenzwelffpoten. Nach cristi unsers lieben herren gepurt. M. cccc. vn im lxxxv iare,* in-fol. de 91 ff. non chiffr., 31 à 33 lign. par page, avec fig. sur bois.

Première édition de cette traduction allemande de notre roman de Ponthus. Selon Hain, qui l'a décrite sous le n° 13288 de son *Repertorium,* en voici la première ligne :

(*H*) *Ie hebt sich an ein historj. daraus vnd da-*

— HISTORI von dem edelen Kunigs sün ausz Galicia genant Pontius, auch von der Sydonia, etc. *Augspurg, Hans Schönsperger,* 1491, in-fol. fig. sur bois.

Édition portée dans le catal. de Kloss, n° 4277.

— DAS BUCH vnd lobliche histori von dem edlen Künigs sun auss Galicia genant Pontus. Auch von der schenen Sodonia künigin auss-pritania, welche histori gar lustig vnd gar kurtzweylig zu hören ist. *Augspurg, Hans Schönsperger,* 1498, in-fol. de 69 ff. à 39 lignes par page, avec 51 fig. sur bois; 145 flor. Butsch.

Ebert (17756) cite cette édition très-rare, et donne aussi le titre de celles de *Strasb., Mart. Flach,* 1509, et *Sigism. Bun,* 1539 (17 flor. Butsch), l'une et l'autre in-fol. avec fig. sur bois ; de celle de 1548, in-fol. fig., sans nom de ville (vend. 1 liv. 14 sh. Heber, à Londres, et 79 fr. 50 c. le même, à Paris ; 205 fr. *mar. bl.* Bertin) ; 2 liv. 8 sh. sans reliure de luxe, Libri, en 1859 ; et enfin d'un traduction *in sassischer Sprake,* impr. à Hambourg, en 1601, in-8. fig. en bois.

PONTHUS de Thyard. Voy. THYARD.

PONTI. Voy. PONTUS.

PONTICUS Virunius (*Ludovicus*). Loca ignorata hactenus in Ibin Ovidii, in officiis Ciceronis, in Virgilio, in Tibullo τ loca aliop̣. Pontici syluæ.... (à la fin): *Impressum Isauri* (sic) *in ædibus Hierony. Soncini.* M. D. XIII. *quinto idus maii,* in-4. de 16 ff. non chiffr., avec signatures. [12764]

Cet opuscule fort rare est en caract. ronds, mais avec un titre en gros caract. gothiques. Sous ce titre peu intelligible pour qui n'a pas l'ouvrage sous les yeux, sont réunies deux silves et quelques autres poésies de *Ponticus Virunius*, le tout précédé d'une épître en prose de l'auteur, datée *Isauri* (Pisauri) 1513 *Cal. Apryllis,* et adressée à Rambert Malatesta, prince *Sejani.* La première silve porte ce sommaire : *Pontici Virunii sylva hospitalicia subitaria ad D. Rambertū Malatestā;* la seconde est adressée *ad D. Io. Pog.*

Quoique cette pièce rare soit dans le catal. de la Bibliothèque impériale, Y, 1894, Panzer n'en a pas parlé.

Le P. Dominique-Marie Federici a donné, dans ses *Memorie trevigiane* (pp. 155 à 181), une notice étendue et fort curieuse sur notre *Pontico Virunio,* où sont corrigées les erreurs et réparées les omissions d'Apostolo Zeno. Là se trouve un catal.

de vingt-deux ouvrages, tant en prose qu'en vers, imprimés ou Inédits, de ce savant trévisien, qui a exercé la typographie à Reggio dès l'année 1501, ensuite à Ferrare, en 1509.

— Pontici Virunii historiæ britannicæ libri sex. — *Ex Rhegio ligustico Ponticus Virunius impensa et torcularibus suis,* MDVIII, *vi cal. apryllis,* in-4. [26843]

Les bibliographes n'ont point connu cette édition, qui est la première de cet opuscule. L'exempl. vend. 40 fr. en janvier 1829, n'a que 18 ff., et il commence au feuillet *Bij,* après quoi se lit une épître dédicatoire *Ad ill. principem Rambertum Malatestam,* laquelle occupe 6 ff. Le texte commence au f. *Dj,* et se termine au recto du f. *Fiij* par la souscription. rapportée ci-dessus. Cette souscription est aussi celle du *Dialogus ad Rambertum Malatestam* que cite Fabricius (*Biblioth. mediæ lat.,* édit. de Mansi, VI, p. 6), ce qui nous fait croire que ce *Dialogus* pourrait bien occuper le cah. *A* et le f. *Bi,* qui paraissent manquer à l'exemplaire de l'*Historia britannica* que nous venons de décrire. L'exemplaire de ce volume, porté à 2 liv. 3 sh. dans la *Biblioth. heber.,* n° 5520, y est annoncé sous le titre suivant : *In hoc Pontici volumine hæc inter alia continentur : Rubicon ubi sit. — De Cyrilli vocabulario. — De grammaticis. — Quo nomine Cæsar gladium suum vocaret.—Historiæ britannicæ libri sex.* Ce dernier ouvrage a été réimpr. sous cet autre titre : .

PONTICI Virunnii viri doctissimi britannicæ historiæ libri VI. magna et fide et diligentia conscripti. Præfixa est ejusdem Pontici dedicatoria epistola, ad modum dialogi scripta, in qua plus quam quadraginta optimorum authorum locos... restituit. — *Augustæ - Vindelicorum in officina Alexandri Weyssenhorn,* 1534, pet. in-8., qui se réunit à l'édition de Gildas, donnée en même temps.

L'opuscule de *Ponticus Virunius* a encore été réimpr. avec *Catalogus regum Britanniæ per Davidem Pouelum,* Londini, 1585, édition à laquelle est ordinairement joint *Giraldi itinerarium Cambriæ,* avec les notes du même David Pouel.

PONTIFICALIS liber. (in fine) : Explicit Potificalis liber, magna diligentia... dñi Augustini Patricii de Picolominib'... ac dñi Johannis Burkardi... correctus et emendatus. *Impressus Rome opera... Stephani Plannck. Anno* MCCCCLXXXV, *die vero xx mensis decembris,* in-fol. de 300 ff. à 2 col. de 34 lign. [700]

Vend. 28 fr. bel exemplaire, Boutourlin.

Un exemplaire imprimé sur VÉLIN se conserve dans la bibliothèque de la ville de Rouen (Van Praët, 2e catal., IV, p. 140).

— Réimprimé à Rome par le même Estienne Plannck, en 1487, *die* XVI *Augusti,* in-fol. goth. à 2 col., contenant 4 ff. prélim., a été vend. 150 fr. à Paris, en juin 1830. Le quatrième volume ajouté à cette édition, et qui peut servir de supplément à toutes les autres, se vendait séparément 3 écus.

— LIBER PONTIFICALIS... (in fine) : *Impressus Collibus Vallis Trompiæ per Mafeum de Fracazines,* M CCCCC III, *die* XI *Augusti,* in-fol., impr. en rouge et noir.

— PONTIFICALE noviter impressum ppulchrisqз characteribus diligetissime annotatum M. CCCCC XI, die vero VIII, mensis Maii. (in fine) : Pontificalis liber... cum solennibus totius anni benedictionibus, etc., *nunquam antea sed noviter per Joannem molin, alias de Cambray expensis Ludovici Martini impressis feliciter explicit,* M. CCCCCXI... *Venundantur Lugduni in vico mercuriali vel in vico thomassini sub intersignio nominis Jesus,* in-fol. en rouge et noir.

Un bel exemplaire en *v. br. à compart.,* ayant appartenu à François Ier, et précédemment à l'abbé de Joy, 900 fr. Solar; autrement, ce livre a peu de valeur.

— PONTIFICALE secundum ritum sacrosanctæ romanæ ecclesiæ, cum multis additionibus. *Venetiis, L.-A. de Giunta,* 1520, in-fol. demi-goth.

Impr. en rouge et noir, avec musique notée et de nombreuses gravures sur bois, ce qui se trouve également dans l'édit. sortie des mêmes presses, en 1544, in-fol.

— Pontificale romanum, Clementis VIII jussu editum. *Romæ, apud Jac. Lunam,* 1595, 2 vol. in-fol. fig.

Vend. 46 fr. bel exempl. *m. r.* La Valliere. L'édit. de *Venise, Junta,* 1582, in-fol., a été vend. en *m. v.* 12 fr. Soubise, et 24 fr. Lamy.

— IDEM, Urbani VIII auctoritate recognitum. *Romæ,* 1663, in-fol. fig.

L'édition de *Rome,* 1726, in-fol., est également bonne.

— PONTIFICALE romanum. *Parisiis,* 1664, 3 tom. en 1 vol. in-fol. fig.

Bonne édition : 40 à 60 fr.

Toutes ces anciennes éditions du *Pontificale romanum,* à partir de celle de 1520, sont recherchées à cause des gravures qui les décorent. Il s'en trouve des exemplaires revêtus de reliures richement dorées.

— IDEM. *Coloniæ-Agripp. ab Egmond,* 1682, in-12. 8 à 10 fr.

L'édition de *Paris,* même format, 5 à 6 fr. — d'*Anvers,* 1707, in-12. 6 à 9 fr. — Celles de *Bruxelles,* 1713 et 1735, 3 part. in-8. fig., d'après le texte du card. Annib. Albani, sont bonnes aussi. 9 à 12 fr.

— Pontificale romanum, summorum pontificum jussu editum, a Benedicto XIV recognitum. *Excudit Urbini,* ann. 1818-19, *Vincentius Guerrinius,* 4 part. en 2 vol. gr. in-fol.

Belle édition avec des vignettes représentant les cérémonies. Elle coûtait 12 écus (90 fr.) à Rome. Un exemplaire relié en *mar.* a été vend. 150 fr. à Paris, en juin 1830. Le quatrième volume ajouté à cette édition, et qui peut servir de supplément à toutes les autres, se vendait séparément 3 écus.

Il a paru à Rome une réimpression in-12 de ce Pontifical, entièrement conforme à la précédente, et qui ne coûte qu'un écu (5 fr. 50 c.).

— Voy. CATALANI.

PONTIO. Ragionamento di musica del R. D. Pietro Pontio ove si tratta de' passagi, delle consonanzie, e dissonanzie buone, e non buone, e del modo di far mottetti, messe, salmi, ed altre composizioni, ed alcuni avvertimenti per il contrapuntista, e compositore, ed altre cose pertinenti alla musica. *Parma, Viotto,* 1588, in-4. [10155]

Vend. 20 fr. Reina, même prix Riva et G. Gaspari. — On a du même auteur : *Dialogo ove si tratta della theorica e prattica di musica;* Parma, 1589 ou 1595, in-4. qui n'est guère qu'un extrait des écrits de Zarlino. [10156]

PONTIS (*Louis* de). Mémoires du sieur de Pontis, contenant plusieurs circonstances des guerres et du gouvernement sous les règnes des roys Henri IV, Louis XIII et Louis XIV. *Amsterdam, Abr. Wolf-*

gang, 1678, 2 vol. pet. in-12. 12 à 20 fr. [23674]

Jolie édition, qui n'est cependant qu'une contrefaçon de celle de *Paris, Guill. Despres*, sous la même date, 2 vol. in-12. Elle appartient à la collection elsevirienne. — Ces mémoires, recueillis des conversations de L. de Pontis, par MM. de Port-Royal, ont été rédigés avec beaucoup d'agrément par P. Thomas du Fossé. Il en a été fait plusieurs éditions.

PONTOPPIDAN (*Erich*). The natural history of Norway, translated from the danish original. *London*, 1755, 2 tom. en 1 vol. in-fol. fig. [6528]

Vend. 36 fr. L'Héritier; 39 fr. Thierry, et moins depuis. Il y a des exemplaires en pap. de Hollande.

Le texte original danois a été impr. à *Copenhague*, 1752-53, en 2 vol. in-4. fig., et la traduction allemande par J.-A. Scheibe, dans la même ville, 1753-54, 2 vol. in-8., ou à *Flensbourg*, 1769, 2 vol. in-8.

— Glossarium norvagicum, germanicum et latinum. *Bergen*, 1749, in-8. [11293]

Vend. 12 fr. 50 c. Renouard, en 1805.

— Marmora danica selectiora sive inscriptiones quotquot per Daniam supersunt. *Hauniæ*, 1739-41, 2 vol. in-fol. [27573]

— Den Danske Atlas ; eller kongeriger Dannemark, etc. *Kiöbenh.*, 1763-81, 7 tom. en 8 vol. in-4., avec cartes et fig. [27559]

A partir du 4ᵉ volume, cet ouvrage a été continué par Hans de Hofman : 14 flor. 75 c. Meerman.

Nous citerons encore les *Annales ecclesiæ danicæ diplomatici* du même auteur, *Copenh.*, 1741-52, 4 vol. in-4., en danois. [21528]

— Gesta et vestigia Danorum extra Daniam, præcipue in oriente, Italia, Hispania, Gallia, Anglia, Scotia, Hibernia, Belgia, Germania et Sclavonia ; maximam partem ipsis scriptorum non exotericorum, minus quam domesticorum, verbis adumbrata (autore Er. Pontoppidano). *Lipsiæ*, 1740, 3 vol. pet. in-4. 12 à 18 fr. [27566]

Vend. en pap. de Holl., 20 fr. Boulard.

PONTOUX (*Claude* de). Gelodacrye amoureuse, contenant plusieurs aubades, chansons gaillardes, pavanes, bransles, sŏnets, stances, madrigales, chapitres, odes, et autres especes de poésie lyrique. *Paris, par Nic. Bonfons*, 1579, in-16 de 74 ff., y compris le titre et la table. [14313]

C'est d'après une édition de *Paris, Nic. Bonfons*, 1576, in-16, que Goujet a décrit ce livre singulier et rare, dans le 12ᵉ volume de sa *Biblioth. françoise;* mais nous avons eu sous les yeux une édition de 1579, que son titre ne présente pas comme une réimpression. C'est un livre rare et même précieux, ainsi que l'édition de *Lyon, Benoist Rigaud*, 1596, in-16 de 96 ff., sur le titre de laquelle on lit, après les mots *autres espèces de poésie lyrique*, ceux-ci : *et nouvelle, fort plaisante et recreative, tant à la lecture qu'au chant vocal ou or-*

ganique pour l'esbatement des dames, et non encore veue par ci-devant.

— Les œuvres de Cl. de Pontoux, gentilhomme chalonnois, dont l'idée n'a este par cy-devant imprimée. *Lyon, Benoist Rigaud*, 1579, in-16 de 347 pp. [13807]

Recueil décrit par Niceron.

— Voyez FIGURES du N. Testament. — SERMONI funebri.

PONTS-BRETONS (les). 1624 (*sans nom de ville*), pet. in-8. [13971]

Cette pièce en vers et les deux suivantes, également en vers, sont des satires violentes contre plusieurs personnes de la cour de Louis XIII.

LE PASSE partout des Ponts-Bretons, composé et augmenté par Robert le Diable, 1624, pet. in-8.

LE PASSE partout des Ponts-Bretons, corrigé et augmenté de toutes les plus belles pièces, 1624, pet. in-12.

Toutes les trois sont portées dans le second vol. du catal. de La Valliere, de 1783, p. 306, articles 41, 42 et 43. La première, en *mar. vert*, par Trautz, 50 fr. Solar, et la troisième, en *mar. r.*, 60 fr. Ch. Nodier.

Nous trouvons, à la page déjà citée du catalogue de La Valliere, *Le tout en tout des bons Bretons*, 1624, pet. in-8., qui a probablement quelques rapports avec les Ponts-Bretons.

Une autre pièce, *Le Pont-Breton des Procureurs, dedié aux clercs du Palais*, M. DC. XXIV, en prose, a été reproduite dans les *Variétés* de M. Ed. Fournier, VI, pp. 253-277.

PONTUS (*Antonius*). Romitypion, ubi mirabilia omnia urbis Romæ et nova et vetera describuntur. *Romæ, A. Bladus*, 1524, pet. in-4. [25573]

Vend. 18 sh. Heber.

Nous n'avons pas eu occasion de vérifier en quoi ce livre diffère d'un autre portant à peu près le même titre, et dont nous avons parlé, col. 135 de notre 1ᵉʳ vol., article ALBERTINIS (*Fr.* de).

PONZ (D. *Anton.*). Viage de España, en que se da noticia de las cosas mas appreciables, y dignas de saberse que hay en ella. *Madrid, viuda de Ibarra*, 1787-94, 18 vol. pet. in-8. fjg. [25956]

Ouvrage curieux, mais qui a beaucoup vieilli : 50 à 60 fr. L'édition de *Madrid*, 1776, 12 vol. pet. in-8., moins complète que celle-ci, a peu de valeur. Il avait paru, dès l'année 1772, un premier vol. de ce voyage, sous le nom de *Antonio de la Puente*.

Le même auteur a publié un voyage hors de l'Espagne (*fuera de España*), Madrid, 1785, 2 vol. pet. in-8., réimpr. en 1791, également en 2 vol. Les 20 vol. 65 fr. 2ᵉ catal. Quatremère.

POPE (*Alex.*). Works, with notes and illustrations by himself and others : to which are added a new life of the author, an estimate of his poetical character and writings, and occasional remarks by Will. Roscoe. *London, Longman*, 1824, 10 vol. gr. in-8. [19342]

Une des meilleures éditions des œuvres de ce poëte célèbre : elle a coûté 6 liv., mais aujourd'hui elle

---

Ponza di San Martino (*L.*). Architettura, 9724.

se donne à moins. Celle de Londres, 1846, 8 vol. in-8., en est la reproduction. 4 liv. Quoique aucune édition des œuvres de Pope ne sorte de la classe des livres ordinaires, nous devons en indiquer ici les principales, sans y comprendre celles qui ont paru du vivant de l'auteur, et qui sont moins complètes que les autres.

1° Avec le commentaire et les notes du Dʳ Warburton, *Lond.*, 1751 (aussi 1757 et 1770), 9 vol. in-8., avec fig. Elle a été souvent réimpr., tant en in-8. qu'en in-12. On y réunit l'Homère de Pope, en 11 vol. in-8. De 4 à 6 fr. par volume.

2° Avec la vie de Pope, par Owen Ruffhead. *Lond.*, 1769, 5 vol. in-4., avec portrait. 50 à 60 fr. On y réunit le volume de supplément, publié par W. Lisle Bowles, en 1807, in-4. avec portr. ; aussi la traduction d'Homère, édition de 1715-25, en 11 vol. in-4.

3° Avec les notes et illustrations de Jos. Warton et autres. *Lond.*, 1797, 9 vol. in-8. 5 à 6 fr. par volume. On y réunit le supplément de Bowles, in-8., et l'Homère, édition de Wakefield, en 11 ou en 9 volumes in-8. Le Pope de Warton a été réimpr. à Londres, en 1822, 9 vol. in-8.

4° Avec plusieurs lettres originales, les notes des différents commentateurs, de nouvelles observations et un mémoire sur la vie de l'auteur, par Will. Lisle Bowles. *London*, 1806, 10 vol. in-8. Edition médiocre, dont le 10ᵉ vol. renferme les pièces inédites. Les exemplaires en Gr. Pap. sont beaucoup plus beaux que le pap. ordinaire et se payent de 5 à 6 liv. A ces 10 vol., sont quelquefois réunis les 9 tomes de l'Homère, édition de Wakefield. Les 19 volumes, 120 à 150 fr.

— POETICAL works. *Glasgow, Foulis*, 1785, 3 vol. in-fol.

Assez belle édition, mais aujourd'hui sans valeur.

— POETICAL works. *London, printed by Bensley*, 1804, 6 tom. en 3 vol. pet. in-8.

Cette édition, bien imprimée et ornée de figures, a été publiée par Duroveray, lequel a aussi donné, en 1805, une édition de l'Homère de Pope, 12 tom. en 6 vol. pet. in-8. Les œuvres poétiques ont coûté 3 liv. — En pap. royal, 6 liv., et en très Gr. Pap., 12 liv.

— POETICAL works, with life of the author by A. Dyce. *London, Pickering*, 1835 (aussi 1851), 3 vol. in-12. 15 sh.

— POETICAL works, edited with the life of the author by the rev. George Croly. *London, Valpy*, 1835, 4 vol. in-12, avec 2 grav. à chaque vol.

— POETICAL works and translations, edited by the rev. H.-F. Cary, with a biographical notice of the author. *London*, 1849 (aussi 1859), gr. in-8. 9 sh.

— POETICAL works of Pope, with extracts from his co. respondence, and memoir by Robert Carruthers. *London, Ingram and Cooke*, 1853, 4 vol. pet. in-8., fig. sur bois. — New edition revised and enlarged. *London, Bohn*, 1857, 2 vol. pet. in-8., fig. sur bois.

— OEuvres complètes de Pope, trad. en franç. (par divers); nouv. édit. (publiée par l'abbé de La Porte), augmentée du texte anglais mis à côté des meilleures pièces. *Paris, Duchesne*, 1779, 8 vol. in-8. fig. 16 à 20 fr.

Il y a des exemplaires en pap. de Holl. : vend. en mar. 80 fr. Morel-Vindé ; 77 fr. Duriez.

On fait peu de cas de l'édition de *Paris*, 1796, 8 vol. in-8. dont il y a du pap. vél. ; et celles en 7 ou en 8 vol. in-12 n'ont qu'un prix très-ordinaire.

Il a été publié à *Paris*, chez *Louis*, en 1800, des *OEuvres choisies de Pope*, en 3 vol. gr. in-18.

— Essay on man. *London, Wittingham*, 1819, imper. in-4. [15817]

Belle édition, tirée à 200 exemplaires et décorée du portrait de Pope, d'après Jervas, et de quatre gravures d'après Uwins, par Ch. Heath et autres ; elle a coûté 4 liv., 4 sh. Vend. 24 fr. Boulle. Un exempl. impr. sur VÉLIN est porté sous le nᵒ 881 du catalogue de Watson Taylor, imprimé en 1823.

La première édition de ces épîtres a paru sans nom d'auteur, sous ce titre : *Four epistles to lord Bolingbroke*, London, J. Wilford, 1732-34, in-fol.

— ESSAI sur l'homme, poëme philosophique en cinq langues, savoir : en anglois, latin, italien, françois et allemand. *Strasbourg, Kœnig*, 1772, in-8. 4 à 5 fr.

La préface de cette édition est du savant J. Schweighäuser.

— AUTRE édition dans les cinq mêmes langues. *Parma, della reale stamperia* (1801), gr. in-4. 10 à 12 fr.

La traduction française est celle de M. Silhouette, laquelle a été impr. plusieurs fois séparément, soit en in-4., soit en in-12; et la version italienne est d'Ant. Phil. Adami.

— TRADUCTION de l'Essai sur l'homme de Pope en vers français, précédée d'un discours, et suivie de notes, avec le texte anglais, par M. de Fontanes. *Paris, Lenormant*, 1821, ou seconde édit., 1822, in-8. 5 fr.

Cette traduction avait déjà paru en 1783, mais, avant d'en donner une nouvelle édition, l'auteur l'a retouchée avec beaucoup de soin, et a fait aussi des changements dans le discours préliminaire, pour supprimer quelques morceaux philosophiques qui ne s'accordaient point avec ses nouvelles doctrines.

— ESSAI sur l'homme de Pope, mis en vers français par J. Delille, avec le texte anglais en regard : suivi de notes, de variantes et de la prière universelle, par M. de Lally-Tollendal. *Paris, Michaud*, 1821, in-8. et gr. in-18.

Quoique la première de ces deux traductions soit moins brillante que la seconde, on la préfère généralement comme plus exacte et plus achevée.

— ENSAJO sobre o homem de Alex. Pope, traduzido verso por verso por Fr. Bento Maria Targini, Baraõ de Saõ Lourenço. *London, Wittingham*, 1819, 3 vol. in-4. fig.

Version accompagnée du texte anglais et de notes en huit langues. Les figures sont les mêmes que celles de l'édition anglaise (de 1819) citée ci-dessus. Le prix, qui était de 6 liv. 6 sh., est réduit à 1 liv. 1 sh. Vend. 24 fr. 50 c. Nicolie.

ENSAIO sobre a critica de Alex. Pope, traduz. em Portuguez de lo conde de Aguiar. *Rio de Janeiro*, 1810, pet. in-4. fig.

Un commentaire est joint à cette traduction.

— Rape of the lock, an heroi-comical poem. *London, printed by Bensley*, 1798, in-8. pap. vél. fig. de Bartolozzi. 6 à 9 fr. [15816]

Jolie édition dont il y a des exempl. en Gr. Pap. et même plusieurs exempl. sur VÉLIN.

HELOISA to Abelard by Pope. — Épître amoureuse d'Héloïse à Abeilard, traduction libre de l'anglais de Pope, par Colardeau. — La même épître, trad. en allemand par Aug. Bürger. — La même, traduite en prose allemande. *Zurich, Orell, etc.*, 1803-4, 4 part. en 1 vol. gr. in-4. pap. vél., avec 4 gravures. 12 à 15 fr.

Il y a des exemplaires dont les gravures ont la lettre au simple trait. Ces gravures ont été exécutées à Londres, en 1802.

— THE DUNCIAD variorum, with the prolegomena of Scriblerus. *London, printed for A. Dod*, 1729, in-4. de 118 pp., plus Index CIX-CXXIV, avec un frontispice gravé.

Première édition de ce poëme qu'ait avouée l'auteur. La plus ancienne de toutes est celle de Dublin, 1728, in-12.

— THE DUNCIAD, in four books, according to the

complete copy found in the year 1742, with prolegomena of Scriblerus and notices variorum : to
which are added several notes, now first published ;
the Hyper-Critics of Aristarchus and his dissertation on the hero of the poems. *London, printed
for M. Cooper*, 1743, in-4. de XXXVI et 235 pp.

Le 4º livre ajouté à cette 'édition a paru pour la première fois séparément sous le titre de *The new
Dunciad; as it was fund in* 1741, *with the illustrations of Scriblerus;* London, T. Cooper, 1742,
in-4. de 39 pp.

La nouvelle édition du Manuel de Lowndes, donnée
par H. Bohn, contient (pp. 1913-1923) des détails
bibliographiques étendus et fort curieux sur les différentes éditions soit des œuvres complètes, soit
des ouvrages séparés de Pope, et sur les écrits qui
se rapportent à ce poëte.

POPE-BLOUNT (*Thomas*). Censura cele-
briorum authorum. *Lond.*, 1690, in-fol.
8 à 12 fr. [18218]

Les éditions de *Genève*, 1694 ou 1710, in-4., moins
belles que celle de Londres, n'ont point de prix.

POPHAM (*Edv.*). Selecta poemata Anglorum latina, sparsim edita, hactenus collecta. *Bathoniæ*, 1774-75, 3 vol. in-12.
10 à 15 fr. [13080]

POPP. Les trois âges de l'architecture gothique, son origine, sa théorie, démon-
trés et représentés par des exemples
choisis à Ratisbonne, rédigé par Just
Popp et Théod. Buleau. *Paris, Bance
aîné*, 1840, gr. in-fol., avec 50 pl. 50 fr.
[9735]

PÖPPIG. Voy. POEPPIG, et ajoutez :
ILLUSTRIRTE Naturgeschichte des Thierreichs.
Anatomie, Physiologie und Geschichte der Säugethiere, der Vögel, der Lurche, der Fische und der
wirbellosen Thiere. 2te verm. Ausgabe, mit 4100 in
den Text gedr. Abbildungen (Holzschnitte). 50 fr.
Leipzig, Weber, 1851, 4 part. en 2 vol. in-fol.
[5606]

Publié en 34 livraisons.

POPPIUS (*Menso*). Septem Cyclopeïdon
libri, originem, ingenium, institutionem,
leges et regnum fatale bisnati Cyclopis,
jucundo satyrici generis figmento re-
præsentantes, olim in gratiam Interim
cœpti, nunc heroico carmine elaborati,
recensque editi per Mensonem Poppium
Eurothalassium, alias Osterzeensem.
Anno 1555. (in pagina 167) : *Impressum
in campis Elysiis, a cive Utopiensi, calendis græcis, mensis Januarii, anno*
1555, in-8. de 168 ff. en tout. [12765]

Ouvrage en vers contre l'Église romaine, publié sous
un nom supposé, avec une fausse indication de
ville. — Vend. 6 sh. Heber.

POPPO (*E.-F.*). Observationes. Voyez
THUCYDIDES.

Poplimont (*Ch.*). La Noblesse belge, 28893.
Popma (*Aus.*). De Differentiis verborum, 10828.
Popol Vuh. Livres sacrés de l'antiquité américaine,
2266.
Poquet (*A.-E.*). Hist. de Château-Thierry, 24503.
Poquet de Livonière. Coutumes d'Anjou, 2639.

PORCACCHI (*Tho.*). Funerali antichi di
diversi popoli et nationi, descritti in dialogo, con le fig. in rame di Girol. Porro.
Venetia, 1574, gr. in-4. [28979]

Ouvrage recherché à cause des 24 gravures dont il est
orné : 39 fr. Riva; 21 fr., en 1859. Le bel exemplaire Gr. Pap. *m. r.* vendu 35 fr. La Valliere serait
plus cher aujourd'hui. On fait peu de cas de l'édition de 1591, in-fol.

— Le Attioni d'Arrigo terzo, re di Francia,
et quarto di Polonia, descritte in dialogo ; nel quale si raccontano molte cose
della sua fanciulezza, l'antrata sua al
regno di Polonia, la partita, et le pompe
con le quali e stato ricevuto in Vinetia
(da Th. Porcacchi). *Vinetia, G. Ange-
lieri*, 1574, in-4. de 46 ff. [23537]

25 fr. *m. r.* Coste.

Voici les titres de plusieurs autres relations italiennes
qui se rapportent au même événement :

SUCCESSI del viaggio d'Henrico III, christianissimo Re di Francia e di Polonia, dalla sua partita
di Craccovia fino all' arrivo in Turino, descritti da
Nicolo Luc Angelli da Bevagna. *Vinetia, Gabr. Giolito da Ferrari*, 1574, in-4. [23537 ou 27837]

LE FESTE e trionfi fatti dalla serenis. signoria
di Venetia nella felice venuta di Henrico III.... descritti da Rocco Benedetti. *Roma*, 1574, in-8. de 16 ff.
en tout.

LA GRAN SOLENNITE, le eccessive pompe et spese,
gli sopperbissimi apparati, feste, et allegrezze de-
mostrate da i principi, baroni, signori nobili e
popoli tutti de la Polonia nella coronatione, fatta del
sereniss. et valoroso Henrico di Valois (da Martiale
Avanzo). *Venetia*, 1574, in-8. de 6 ff. 24 fr. Eugène
Piot.

ENTRATA del christianiss. re Henrico III, di Francia et di Polonia, nella citta di Mantoua. *Venetia,
Fr. Patriani*, 1574, in-4. de 4 ff. 24 fr. même vente.

LE FESTE et trionfi fatti nella citta di Padoa nella
feliciss., venuta et passagio di Henrici III, christianissimo re di Francia et Polonia. *Stampato in Padoa et ristampato in Venetia*, 1574, in-4. de 4 ff.
38 fr. même vente.

I GRANT TRIONFI fatti nella citta di Treviso nella
venuta del christ. re di Francia et di Polonia Henrico terzo. *Venetia*, 1574, in-4. de 4 ff. 40 fr. ibid.

La Biblioth. impér. a payé 320 fr. à la même vente
(nº 320 du catalogue) un Recueil d'opuscules relatifs à l'entrée d'Henri III à Venise, à son retour
de Pologne. Ce recueil in-4. *rel. en mar. r.* par
Trautz-Bauzonnet, contenait les pièces suivantes :

1º *L'Historia della publica e famosa entrata
in Vinegia del... re di Francia et Polonia, con la
descrittione particolare della pompa e del numero et variete delli bregantini, palaschermi...
composto per Marsilio della Croce;* Vinegia,
1574, 31 pp.; 2º *Il gloriosissimo apparato fatto
dalla... republica Venetiana per la venuta, per la
dimora et la partenza del Christ. Enrico III*,
composto per *Manzini bolognese*, Venetie, Gracioso Pachacino, 1574, 10 ff.; 3º *Le feste et trionfi
fatti dalla seren. signoria di Venetia nella felice
venuta di Henrico III*, descritti da *Rocco Benedetti*, Venetia, 1574, 14 pp. (Pour une édit. de Rome,
in-8., voir ci-dessus.) 4º *Caroli Paschali cuneatis
ad Henricum III Oratio*, Venetiis, And. Muschius,
1574, 10 ff.; 5º *Tragedia del S. Cl. Cornelio
Frangipani, al christian. et invit. Henrico III,
recitata nella sala del gran consilio di Venetia;*
Venetia, Dom. Farri, 1574, 8 ff.; 6º *Capitolo nel
qual, la santissima religio catholica è introdotta
a favellar col' christ. Henrico III... composto da
Andrea Menechini*, Venetia, 1574, 12 ff.; 7º *Al
magno Henrico III... (canzone) di M. Malombra,*

Venitia, 1574, 4 ff.; 8° *Canzone del gravatio Rocchegiano al christ. re Henrico III*, Venetia, Bindoni, 1574, 4 ff.; 9° *Canzone al christ. et invit. Henrico III, di Nadal Zambone*, Ventia, 1574; 10° *La Corona d'Arrigo III*,... *d'Ascanio Persio*, Venetia, 1574, 4 ff.

PORCHÈRES (*François* d'Arbaud sieur de). La Magdelaine pénitente, et le Rosaire de la Saincte Vierge. *Paris, du Bray*, 1627, in-12. [14097]

L'auteur de ce poëme était un des amis de Malherbe, qui lui légua par son testament la moitié de sa bibliothèque, mais non pas son talent poétique, ce qui ne l'empêcha pas d'être nommé membre de l'Académie française en 1654. Sa Magdelaine pénitente devait être déjà rare du temps de Goujet, car ce bibliographe n'avait pu la rencontrer, et il croyait même qu'elle n'avait jamais été imprimée. Cependant elle est portée dans le catal. de La Valliere par Nyon, n° 15748, et c'est probablement après l'avoir lue dans cette édit. que Racan en a fait un si bel éloge dans les dix vers que rapporte Goujet. On a encore du sieur de Porchères : *Paraphrase des pseaumes graduels*, en vers, *Paris, Aug. Courbé*, 1633, pet. in-8. Son frère, Jean d'Arbaud de Porchères, a mis en vers les *Psaumes de la pénitence*, Grenoble, Nicolas, 1651, in-12; réimpr. à Marseille, en 1684, selon Goujet, qui, dans sa *Biblioth. franç.*, XVI, pp. 166 et suiv., a donné une notice sur les deux frères d'Arbaud et sur Honorat Laugier de Porchères, autre poëte dont les vers se trouvent dans des recueils impr. depuis la fin du XVIᵉ siècle jusqu'en 1625. On doit à ce dernier, plus âgé que les deux autres, les vers d'un *ballet sur la naissance de M. de Vendosme*, Paris, 1594.

Cet article aurait dû être placé à la colonne 376 de notre premier volume, où se trouve indiquée une édition des Rimes d'Arbaud Porchères, impr. en 1855.

PORCHETI de Salvaticis victoria adversus impios hebraeos, in qua ex sacris literis, tum ex dictis Talmud, ac cabalistarum et aliorum omnium authorum, quos Hebraei recipiunt, monstratur veritas catholicae fidei; ex recognitione R. P. Aug. Justiniani. — *Impressit Guillermus Desplains..... impensis Egidii Gourmontii et Francisci Regnault commorantium Parrhisiis anno* 1520, 2 *idus Julii*, in-fol. goth. [1816]

Vend. 34 fr. bel exemplaire *m. r.* Lauraguais, et 6 fr. Mac-Carthy; 20 fr. Quatremère. L'exemplaire imprimé sur VÉLIN, que possède la Bibliothèque impériale, avait été vendu successivement 20 fr. Colbert; 25 fr. d'Estrées.

PORCIUS (*Hieronymus*). Commentarius de creatione, coronatione... Alexandri VI ad Ferdinandum et Helisabeth. Hispaniarum et Granatae reges augustos. (in fine) : *Impressum Rome p̄ Euchariū Silber alias Franck... Anno* M. CCCC. xciij, *die vero Iovis* XVIII. *mensis Septēbris*, in-8. de 118 ff. en caract. rom. [21642]

Livre rare.

PORCIUS. Pugna Porcorum per P. Porcium poetam [Joan. Leonem Placentium]. M. D. XXX. pet. in-8. de 8 ff. [13067]

Édition en lettres italiques, qui doit avoir été impri-

mée à Cologne ou dans la Belgique. Le frontispice est entouré d'un assez joli cartouche gravé sur bois, analogue à l'ouvrage ; chaque mot de ce petit poëme commence par la lettre P.

— Editio alia. — *Simon Coquus antuerpianʒ excudebat anno* XXX, *mense Augusto*, pet. in-8. de 8 ff.

Édition en caractères romains, tout aussi rare que la précédente, mais qui contient de plus deux petites pièces intitulées : Ad lectorem Jacobus Deschamps, lesquelles occupent le recto du 8ᵉ feuillet. Vend. 10 fr. 50 c. (avec *Ecloga de calvis*, 1547) Mac-Carthy.

— Pugna porcorum. *Antuerpiae, Simon Coquus,* 1533, in-8.

16 fr. m. r. Méon ; 7 fr. Morel-Vindé.

L'édition de *Paris, Bonnemere*, 1539, celle de 1542, sans lieu d'impression ; de *Bâle*, 1546 ou 1547, toutes les quatre in-8. de 8 ff. seulement, ont encore quelque valeur. Il y en a une de *Louvain*, 1546, in-8., à laquelle se trouve jointe l'*Ecloga de calvis*, de Hugbaldus. — Voy. ACROSTICHIA.

M. Ulysse Capitaine a fait imprimer à Liége, chez J.-G. Carmanne, en 1855, une édition du *Pugna Porcorum*, in-8., tirée à 45 exemplaires numérotés; et il y a joint une notice sur ce petit poëme et sur son auteur, Jean-Léon Placentius. L'éditeur énumère dix-sept éditions séparées de cet opuscule. — Voy. PLACENTIUS. Cette facétie a été reproduite dans les *Nugae venales.*

PORÉE (*Jonas*). Voy. TRAITÉ des anciennes cérémonies.

PORPHYRIUS. Porphyrii isagoge. Aristotelis praedicamentorum lib. I ; ejusdem. Periherminias liber I ; priora resolutoria, etc., graece. *Florentiae, per haeredes Ph. Juntae,* 1521, in-4. de 151 ff. 10 à 12 fr. [3404]

Vend. 19 fr. 50 c. Heber.

— ARISTOTELIS Organum, et Porphyrii Isagoge, graece. *Lovanii, apud Theodoricum Martinum Alostensem.* M. D. XXIII, *mense maio,* in-8.

— ISAGOGE, cum Aristotelis praedicamentis et libro de interpretatione (gr.), cura Joan. Olivarii. *Paris., Wechelius,* 1538, in-4.

Vend. 7 sh. Pinelli.

— Isagoge, latine. *Ingolstadii,* 1492, in-fol.

Cette édition rare, citée par plusieurs bibliographes comme le premier livre imprimé à *Ingolstadt*, n'est, selon Panzer, que la 4ᵉ impression faite dans cette ville.

— In hoc corpore hec volumina continentur in primis Porphirii Ysagoge cum commentario Boecii. Aristotelis predicamenta cum ejusdem Boecii commentariis. Gilberti Porretani sex principia et magni Alberti commentum, etc. In-fol. goth. de 224 ff. à 2 col. de 44 lignes.

Édition du XVᵉ siècle, sans chiffr., récl. ni signatures. C'est probablement la même que celle dont un exemplaire en *m. r.* est marqué 71 fr. dans le catalogue de La Vallière.

— In Aristotelis categorias expositio (gr.). *Parisiis, Jac. Bogardus,* 1543, in-4.

Vend. 6 sh. Heber.

La version latine de ce traité par J.-B. Feliciani, impr. d'abord à Venise, en 1546, in-fol., a été réimpr. à Paris, chez Vascosan, en 1548, in-8.

— Voyez ARISTOTELIS Opera.

— Porphyrii de non necandis ad epulandum animantibus lib. IIII; ejusdem selectæ, brevesque sententiæ ducentes ad intelligentiam rerum, quæ mente noscuntur. Michaelis Ephesii scholia in IIII libros Aristotelis de partibus animantium (græce, edente P. Victorio). — *Florentiæ, in officina Bern. Juntæ,* 1548, in-fol. [3403]

Première édition, peu commune. Elle contient 129 pp., y compris le frontispice, et a de plus à la fin 4 ff. qui renferment un avis, des notes et la souscription. 8 flor. Rover; 15 fr. Bosquillon.

— Porphyrius de vita Pithagoræ; ejusdem sententiæ ad intelligibilia ducentes ; de antro nympharum. Luc. Holstenius lat. vertit, dissertationem de vita et scriptis Porphyrii et ad vitam Pithagoræ observationes adjecit. *Romæ, typis vaticanis,* 1630, in-8. 5 à 6 fr.

Édition fort estimée et qui se trouve difficilement. Elle a été reproduite dans un volume impr. à Cambridge, en 1655 (voir ci-dessous). La Vie de Pythagore par Porphyre, qu'il ne faut pas confondre avec celle qu'a donnée Jamblichus (voy. JAMBLICHUS), a paru pour la première fois sous le nom de *Malchus,* par les soins et avec les notes de Conr. Rittershusius, *Alstorfii,* 1610, in-8.

— DE ABSTINENTIA ab animalibus necandis libri IV; liber de vita Pithagoræ, et sententiæ ad intelligibilia ducentes ; de Antro nympharum, gr. et lat., ex versione et cum dissert. Luc. Holstenii. *Cantabrigiæ, Morden,* 1655, pet. in-8.

Cette édition se trouve ordinairement à la suite de l'*Epictetus,* impr. à Cambridge, en 1655.

— OPUSCULA, gr. recensuit A. Nauck. *Lipsiæ, Teubner,* 1860, in-16. 2 fr.

— DE L'ABSTINENCE pythagorique, trad. du grec, avec la Vie d'Alexandre Sévère, trad. du latin de Spartian, par de Maussac. *Paris,* 1622, in-8. 3 à 4 fr.

— TRAITÉ touchant l'abstinence de la chair des animaux, avec la vie de Plotin, etc. (trad.) par de Burigny. *Paris,* 1747, in-12. 3 fr.

— Homericarum quæstionum liber : et de nympharum antro in Odyssea opusculum (græce) : Leonis decimi Pont. Max. beneficio e tenebris erutum impressumque. *Romæ, in Gymnasio mediceo ad Caballinum montem,* M. D. XVIII, pet. in-4. de. 44 ff. sign. α—ζ. [12315 ou 22529]

Première édition : 17 fr. La Valliere; 5 liv. 2 sh. 6 d. Sykes, et 13 sh. Heber.

Réimprimé en 1521 et en 1539, avec *Didymus in Homerum* (voy. HOMERUS).

— De Antro nympharum, gr., cum latina Luc. Holstenii versione : græca restituit, versionem Gesneri et animadvers. suas adjecit R. M. van Goens. *Trajecti-ad-*

Rhenum, 1765, in-4. — De Abstinentia ab esu animal. lib. IV, gr., cum notis integris P. Victorii et Joan. Valentini, et interpret. lat. Jo.-Bern. Feliciani : editionem curavit et suas itemque J.-J. Reiskii notas adjecit Jac. de Rhoer. *Trajecti-ad-Rhenum,* 1767, in-4.

Bonne édition de ces deux ouvrages que l'on trouve ordinairement réunis : 16 à 21 fr.; vend. en m. r. 31 fr. Caillard.

Chaque partie séparément : 8 à 9 fr.

La même édition des deux ouvrages a reparu en un seul volume, sous un titre collectif, ayant pour adresse et pour date : *Lugd.-Batav.,* 1792.

— PORPHYRII philosophi opus ineditum ad Marcellam conjugem, græce, cum latina editoris interpretatione et notis : accedit I. Eusebii Pamphilii præfatio et specimen totius chronici inediti : II. Philonis Judæi operum octo ineditorum notio. Additur græcus tractatus Gemisti de virtute, edente Angelo Maio. *Mediolani,* 1816, in-8. 5 à 7 fr., et plus en Gr. Pap. in-4.

— PORPHYRII de philosophia ex oraculis haurienda librorum reliquiæ, gr. edente G. Wolf. *Berolini,* 1856, in-8. 6 fr.

SELECT works of Porphyry, translated from the greek by Th. Taylor, with an appendix explaining the allegory of the wanderings of Ulysses by the translator. *London,* 1823, in-8. 10 sh. 6 d.; — Gr. Pap. 1 liv.

— LIBER prædicabilium. Voy. PREDICABILIA.

PORPHYRIUS. Publilii Optatiani Porphyrii panegyricus dictus Constantino Augusto, ex codice manuscripto Pauli Velseri. *Augustæ-Vindelicor.,* 1595, in-fol. [12557]

Petit poëme latin en acrostiches très-compliqués : c'est vraisemblablement le plus ancien monument qui nous reste de ces sortes de jeux d'esprit; P. Pithou le publia pour la première fois dans ses *Epigrammata et poemmatia vetera,* Parisiis, 1590, in-12. Il est ici accompagné d'un commentaire qui se trouve aussi dans les œuvres de Velser, *Nuremb.,* 1682, in-fol., mais augmenté par Christ. Daumius d'un spicilége critique dans lequel on compare l'édit. de Velser avec celle de P. Pithou. Voy. sur ce *Porphyrius,* Fabricius, *Biblioth. med. lat.,* édition de Mansi, tome V, page 169.

PORPHYROGENNETA (*Constantinus*). Voy. BYZANTINA, n° 27.

PORRENO (*Balth.*). Voyez RECUEIL des actions.

PORRI (el P. *Alessio*). Vaso di verità nel quale si contengono dodeci resolutioni vere, e dodeci importanti dubbj, fatti intorno all' origine, nascita, vita, opere e morte dell' antichristo. *Venetia, Dusinelli,* 1597, in-4. de 68 ff., avec 13 fig. gravées sur cuivre. [1261]

Vend. 12 fr. mar. v. La Valliere, et quelquefois plus cher.

PORRU. Dizionario univarsali sardu-italianu, compilan da Viesentu Porru. *Casteddu,* 1832, pet. in-fol. [11139]

Ce dictionnaire du dialecte sarde est rare en France : 71 fr. 50 c. mar. r. en 1840; 60 fr. Libri, en 1847.

On a du même auteur :

SAGGIO di gramatica sul dialetto sardo meridionale. *Cagliari, nella reale stamperia*, 1811, pet. in-4. : vend. 61 fr. Libri, en 1847; et seulement 19 sh. en 1859.

PORSII (*J.-J.*) omnium horarum Opsonia. Voyez ANTHOLOGIA.

PORSON (*Richard*). Letters to archdeacon Travis, in answer to his defence of the three heavenly witnesses, I. John v. 7th. *London*, 1790, in-8. de xxxi et 406 pp. 12 sh. [600]

Vend. en Gr. Pap. 1 liv. 1 sh. Williams. Gibbon regardait cet ouvrage comme le morceau de critique le plus achevé qui eût paru depuis Bentley.

Il faut joindre à ce volume l'article suivant :

A VINDICATION of the literary character of the late professor Porson, from the animadversions of the rev. Th. Burgess in various publications on I. John v. 7. by Crito cantabrigiensis. *Cambridge, Deighton*, 1827, in-8. 11 sh.

L'écrit de Th. Burgess, auquel répond le pseudonyme de Cambridge, a pour titre :

A VINDICATION of I. John v. 7. from the objections of M. Griesbach; the 2d edition. *London*, 1826, in-8.

— ADVERSARIA : notæ et emendationes in poetas græcos, quas ex schedis manuscriptis Porsoni apud collegium SS. Trinitatis Cantabrigiæ repositis deprompserunt et ordinarunt, necnon indicibus instruxerunt Jacobus Henr. Monk, Car. Jac. Blomfield. *Cantabrigiæ, sumptibus collegii SS. Trinitatis*, 1812, in-8. 8 à 10 fr. [18282]

Cette édition est imprimée avec un caractère grec gravé tout exprès, et d'après des modèles d'écriture laissés par Porson lui-même. Il y a quelques exemplaires sur papier impérial, qui sont de la plus grande beauté.

L'ouvrage a été réimprimé à *Leipzig*, 1815, in-8., avec une préface de Schæfer, et un appendice de Fr. Jacobs : 9 fr.

— TRACTS and miscellaneous criticism of the late Rich. Porson, collected and arranged by Th. Kidd. *Lond.*, 1815, in-8. 6 à 9 fr., et plus en Gr. Pap. [18283]

— NOTÆ in Aristophanem, quibus Plutum comœdiam, partim ex ejusdem recensione, partim e manuscriptis emendatam, et variis lectionibus instructam præmisit et collationum appendicem adjecit Pet.-Paul. Dobree. *Cantabrigiæ et Londini, Murray*, 1820, in-8. 10 à 12 fr.; — Gr. Pap. impér. 24 fr. [16084]

Le *London Catalogue* de 1831 indique *Porsoni opera philologica et critica, cura Blomfield et Kidd*, Lond., Bohn, 5 vol. in-8. 2 liv. 15 sh.; mais c'est là un titre factice donné par le libraire à la réunion des ouvrages de Porson, qui ont paru séparément.

— ANNOTATA ad Pausaniam. Voyez PLATO (Lectiones platonicæ).

THE LIFE of Richard Porson, by the rev. J.-S. Watson. *London, Longman*, 1860, in-8.

PORTA (*Jo.-Bapt.*). De humana physiognomonia lib. IV. *Vici-Acquensi, apud Jos. Cacchium*, 1586, in-fol. fig. [6991]

Bonne édition de cet ouvrage singulier : elle contient un assez grand nombre de figures en taille-douce : vend. 20 fr. Baron ; 13 fr. Lamy.

L'édition de *Naples*, 1602 (à la fin 1601) in-fol., quoique augmentée, tant dans le texte que dans les

planches, est un peu moins chère, et l'on ne fait que fort peu de cas de celles de *Francfort* et de *Hanau*, in-8., avec de mauvaises gravures sur bois.

Le traité *De humana physiognomonia* a été réimprimé (en 4 livres) à Rouen, Jo. Berthelin, 1650, in-8., avec les six livres *De Physiognomonia cælesti* du même auteur, déjà impr. à Naples, en 1603, in-4., et à Leyde, en 1645, pet. in-12. Deux autres ouvrages de Porta, savoir : *Magia naturalis* et *Phytognomonica*, ont aussi été réimprimés à Rouen, en 1650, in-8. Ce dernier traité avait d'abord paru à Naples, en 1583, 1588, 1589, in-fol., etc.

— LA PHYSIONOMIE humaine, trad. en françois par Rault. *Rouen, Berthelin*, 1655, ou 2e édit., 1660, pet. in-8., fig.

Cette traduction, après avoir été retouchée, a paru de nouveau sous ce titre :

LE PHYSIONOMISTE, ou l'observateur de l'homme..., traduction libre de l'italien. *Paris, Chaumerot*, 1808, in-8., avec une figure.

Le même traité a été traduit en italien, d'abord d'après l'édition en 4 livres, par Giovanni di Rosa, *Napoli*, 1598, in-fol., avec de nombreuses figures ; ensuite, en 6 livres : *dall' istesso autore accresciuta de figure, et di luoghi necessarij*, Napoli, Carlino et Vitale, 1610, in-fol., et réimprimé souvent depuis, tant en in-4. qu'en in-8., augmenté des différents traités de physiognomonie de Palemon, Adamantius, Ingegneri, et autres. Aucune de ces éditions n'a beaucoup de valeur.

— Magiæ naturalis sive de miraculis rerum naturalium libri XX. *Neapoli, Salvianus*, 1589, in-fol. [4375]

Édition complète : 8 à 12 fr.

Celle de *Naples*, 1558, in-fol., est rare (25 fr. Libri, en 1857), mais elle ne contient que 4 livres, ainsi que celles d'*Anvers, Plantin*, 1560, 1561, in-8., et 1567, etc., in-16.

Parmi les nombreuses éditions en 20 livres, nous citerons celles de *Leyde* (Lugd.-Batav.), *Vogel*, 1644, 1651, et Amstelod., *Eliseus Weyerstraten*, 1664, pet. in-12, assez jolies. 3 à 4 fr.

La Magie naturelle (en 4 livres) a été traduite en français par un anonyme, *Lyon, Jean Martin*, 1565, pet. in-8., réimprimée à *Poictiers*, 1567 ; à *Paris*, 1570 et 1584 ; à *Lyon, Ch. Pesnot*, 1571, in-16, et plusieurs fois à Rouen. — Aussi, *avec l'introduction à la belle magie par Lazare Meyssonier, et divers secrets de Toussaint Bourgeois et d'Est. Telam*, Lyon, V. de Cœursilly, 1650, in-12, réimpr. en 1688.

— Villæ libri XII; domus, sylva, cultus et insitio, pomarium, olivetum, vinea, etc. *Francof.*, 1592, in-4. [6302]

Vend. 9 fr. L'Héritier.

— Ars reminiscendi. *Neapoli, per Jo.-B. Subtilem*, 1602, in-4. [9035]

Un des ouvrages les plus rares de l'auteur.

— I tre libri de' spiritali, di Giovambatt. della Porta. *Napoli*, 1606, in-4. fig. sur bois. [8141]

On trouve à la page 75 de cet opuscule une figure représentant la machine inventée par Porta pour élever l'eau à l'aide de la force élastique de la vapeur, figure dont Fr. Arago a donné un fac-similé dans son Histoire des machines à vapeur.

— De furtivis litterarum notis. *Neapoli, J.-B. Subtilis*, 1602, pet. in-fol. [9060]

La première édition, en 4 livres, est de Naples, 1563, in-4. Celle de Strasbourg, 1606, in-8., avec des augmentations, a pour titre : *De occultis litterarum notis*.

Porta (*Carlo*) e Tom. Grossie. Poesie in dialetto milanese, 15024.

Porta (*Dom.-Rossio* de). Reformatio ecclesiarum ræticarum, 22430.

— Comedie di Gio.-Bat. della Porta. *Napoli, Genaro Muzio,* 1726, 4 vol. in-12. 10 à 12 fr. [16708]

Réimpression des 14 comédies de Porta, dont les éditions originales ont paru séparément à Venise et à Naples, de 1596 à 1618, in-12. Il faut y joindre les trois pièces suivantes du même auteur, savoir : *Penelope, tragi-commedia,* Napoli, Mateo Cancer, 1591; *Ulisse, trag.,* Napoli, 1614 ; *il Giorgio,* Napoli, 1611, in-12. Ces dernières sont rares.

PORTA Ferrari (*Carlo-Antonio*). Il Canto fermo ecclesiastico spiegato a' seminaristi di Ferrara. *Modena,* 1732, in-4. [10191]

13 fr. G. Gaspari, en 1862.

PORTE (La). Voyez LAPORTE.

PORTEFEUILLE (le) de l'architecte. Châteaux, maisons de campagne, villas, chalets, habitations rurales, parcs et jardins, grilles d'entourage, balcons, monuments funéraires, bassins d'agrément, fontaines, etc., reproduits par la gravure et la chromolithographie d'après les plus beaux types modernes construits en Allemagne. *Paris, A. Morel,* 1855 et ann. suiv., gr. in-4. [9960]

Il paraît en juin 1859, 40 liv. de 6 pl. chacune. Prix de la livraison, 4 fr. 50 c.

PORTE-FEUILLE des enfans (ou Bilderbuch für Kinder); mélange intéressant d'animaux, plantes, fruits, minéraux, costumes, antiquités, publié par G. Bertuch, etc., avec des explications en français, allemand, anglais et italien. *Weimar,* 1790-1843, 12 vol. gr. in-4. avec figures noires et enluminées. [3907]

Cet ouvrage a eu un grand succès en Allemagne. Il s'est publié par cahiers de 5 pl. au prix de 2 fr. 25 c. chacun. Chaque vol. en contient 20, à l'exception du dernier qui n'en a que 16. Le texte n'était d'abord qu'en allemand et en français; mais, à partir du 61e cah., il est de plus en anglais et en italien. On a donné une édition du même livre, avec un texte en latin et en allemand, et une table des matières ; ce qui forme 24 vol. dont les 12 premiers ont un texte de Ch.-Phil. Funke. M. Graesse cite encore une édition des premiers vol. en latin, en hongrois, en allemand et en français, sous ce titre : *Novus orbis pictus;* Viennæ, Bauer, 1810-15, 12 vol. in-4., avec pl. enluminées.

PORTE-FEUILLE d'un jeune homme de 23 ans (le vicomte de Wall). *Paris, Didot l'aîné,* 1788, in-8. pap. vél. [19190]

Ouvrage tiré à petit nombre d'exemplaires pour faire des présents : vend. 10 fr. 60 c. Courtois ; 12 fr. *m. v.* Chateaugiron.

PORTER (*Robert Kerr*). Travelling sketches in Russia and Sweden, made during a residence in those countries in the years 1805-1808. *London,* 1809, gr. in-4., avec 41 pl. 20 à 24 fr. [20366]

— Travels in Georgia, Persia, ancient Babylonia, during the years 1817, 18, 19 and 20. *London, Longman,* 1821, 2 vol. gr. in-4., avec cartes et fig. en partie color. 4 liv. 4 sh. [20489]

Voyage curieux à cause des monuments antiques qu'il fait connaître. Vend. 185 fr. Langlès.

PORTER (*Franciscus*). Compendium annalium ecclesiasticorum regni Hiberniæ, exhibens brevem illius descriptionem et succinctam historiam. *Romæ, typis N.-A. Tinassii,* 1690, in-4. [21522]

Rare et recherché en Angleterre : vendu 3 liv. 10 sh. Bindley ; 8 liv., 5 liv. et 7 liv. 5 sh. (trois exemplaires) Heber.

L'ouvrage suivant du même auteur est encore plus rare que celui-ci, sans qu'il soit aussi cher :

SYSTEMA decretorum dogmaticorum ab initio nascentis ecclesiæ per Summos Pontifices, concilia generalia, et particularia hucusque editorum. Juxta septemdecim sæculorum ordinem distributum : in quo insuper recensentur præcipui cujuslibet sæculi errores, adversus impugnatores orthodoxi. Item recursus, et appellationes hactenus ad apostolicam sedem habitæ ; cum notis historicis et copiosis indicibus. *Aventionæ, ex typogr. Fr.-Seb. Offray,* 1693, in-fol.

PORTERIUS Nivernates (*Joan.*). Pantægle, tragœdia. — Athamantis furor, tragœdia. — Trennes, trag. — Arsinoe trag. et Momus derisus seu Hebes connubium ; diverbium tragicomicum. *Cœnomanis, apud Franc. Olivier, et apud Viduam Fr. Olivier,* 1619, 1621 et 1624, 6 part. en 1 vol. in-8. [16173]

Ce recueil ne se trouve pas facilement. 5 fr. de Soleinne ; 30 fr. Fr. Michel.

PORTHAISE (le R. P. F. J.). Sermons (cinq) ès quels est traicté tant de la simulée conversion du roy de Navarre, que du droict de l'absolution ecclesiastique, et autres matieres propres a ce temps, declarées en la quatriesme page. *Paris, Guill. Bichon,* 1594, in-8. [23623]

Ce volume rare est très-recherché, lorsque les 5 sermons, qu'on doit plutôt appeler *libelles,* s'y trouvent réunis ; les deux derniers manquent quelquefois. Il y a 2 ff. prélim., 100 pp., contenant deux sermons, ensuite 120 pp. pour les trois autres sermons, avec un titre particulier, sous la même date, et ainsi conçu : *Sermons sur la simulée conversion du roy de Navarre, prononcés en l'église catedrale de*

Poictiers : vend. 51 fr. La Vallicre ; 64 fr. *m. r. tab.* Mac-Carthy ; 80 fr. *m. v.* Labédoyère ; 95 fr. Coste ; 105 fr. *mar. b.* Renouard ; 305 fr. Solar.

Jean Porthaise, après avoir été un des plus fougueux ligueurs, se réconcilia avec Henri IV à qui il dédia son livre intitulé :

PARASCÈVE générale de l'exact examen de l'institution de l'Eucharistie, contre la particulière interpretation des religionnaires de nostre temps. *Poictiers, Jean Blanchet*, 1602, in-12 [1837]. Il était alors Théologal de l'église de Poictiers.

Ce théologien a écrit et publié plusieurs ouvrages de controverse. Voici les deux plus anciens :

LA CHRESTIENNE déclaration de l'Église et de l'euchariste en forme de responce au livre nommé : La cheute et ruine de l'Eglise romaine, avec une succincte doctrine du service de Dieu en icelle, ensemble deux responces à certaines objections contre la confession et eucharistie... par F. J. Porthæsius, C. postulé l'an 1566, prédicateur en l'insigne église de S. Martin de Tours. *Anvers, Eman. Phil. Tornæsius* (aussi *Chr. Plantin*), 1567, in-8.

DE VERBO Domini : hoc facite, pro œcumenico concilio Tridentino, adversus sophistica nebulas Matthi Flacii Illyrici. *Antuerpiæ, Emm. Phil. Tornæsius,* 1567 (aussi 1585), pet. in-8.

Parmi les divers ouvrages de Porthaise dont Paquot donne le catalogue dans le tome IX de ses *Mémoires*, nous remarquons l'article suivant :

DE LA VRAIE et faulce astrologie contre les abuseurs de nostre siècle. *Poictiers, Fr. Le Page,* 1578 (aussi 1579), pet. in-8.

Le dernier de tous a pour titre : *Traicté de l'image et de l'idole;* Poictiers, 1608, in-12.

PORTI (*Camillo* da). Laude de le belle donne perusine. *Perosia,* 1526, pet. in-8. [14941]

Vend. 6 sh. 6 d. *mar. v.* Heber, VI, n° 2745.

—Voyez PORTUS.

PORTILLO. Catechismo ó esposicion de la doctrina cristiana, compuesto por el padre Don Pedro-Joseph Portillo. *Madrid,* 1769, pet. in-8.

Un exemplaire imprimé sur VÉLIN et rel. en *mar. r.* a été vendu 60 fr. en mars 1859.

PORTIO ou Porzio, en lat. Portius (*Sim.*). De rerum naturalium principiis libri II. *Neapoli,* 1553, in-4. 5 à 6 fr. [3559]

L'édition de 1598, in-8., est peu recherchée.

— DE COLORIBUS libellus a Sim. Portio latinitate donatus et commentariis illustratus, una cum ejusdem præfatione, quæ coloris naturam declarat. *Florentiæ, Laurent. Torrentinus,* 1548, in-4. de 197 ff. chiffrés et 2 non chiffrés, fig.

Il y a des exemplaires où le verso du dernier f. d'errata est en blanc ; dans d'autres cette page est remplie de corrections nouvelles.

— DE HUMANA mente disputatio. *Florentiæ, Laur. Torrentinus,* 1551, in-4. [3618]

— AN HOMO bonus vel malus volens fiat. *Florentiæ,* 1551, in-4. [3619]

SE L'HUOMO diventa buono o cattivo volontariamente, disputa di M. Simone Portio napolet., trad. in volgare per Gelli. *Fiorenza, Lorenzo Torrentino,* 1551, in-8.

Un exemplaire *non rogné* 21 fr. Riva.

— DE DOLORE liber. *Florentiæ,* 1551, in-4. [3620]

— DE COLORIBUS oculorum liber. *Florentiæ,* 1550, in-4. de 57 pp. et un f. blanc.

Portheüs (Beilby). Works, 2034.
Portilla (*Mig.* de). Historia de Compluto, 26135.

On trouve quelquefois ces quatre derniers traités réunis en un seul volume, qui vaut alors de 6 à 10 fr. : vend. 18 fr. *mar. r.* Lauraguais.

— DISPUTA del Simone Portio, sopra quella fanciulla della Magna, la quale visse due anni o più senza mangiare, e senza bere. Tradotta in lingua fiorentina da Giovambattista Gelli. *In Firenze (senz'anno),* pet. in-8. 9 fr. *mar. bl.* La Vallicre.

Pièce de 52 pp. sans lieu d'impression ni date, mais qui doit avoir été impr. à Florence par Torrentino vers 1551, comme le texte original dont le titre suit :

DE PUELLA germanica, quæ fere biennium vixerat sine cibo, potuque, Simonis Portii neapolitani dissertatio. *Florentiæ,* 1551, *apud Laur. Torrentinum,* in-4. de 16 pp.

Ces deux pièces sont devenues rares : en voici une autre qui ne l'est pas moins.

DE PUELLA quæ sine cibo et potu vitam transigit, brevis narratio, teste et authore Gerardo Bucoldiano, physico regio. *Paris., Rob. Stephanus,* 1542, pet. in-8. de 8 ff. [7034]

PORTIO (*Camillo*). La congiura de' baroni del regno di Napoli, contra il re Ferdinando primo. *Roma (Paolo Manutio),* 1565, in-4. de 4 ff. prélim., 83 ff. chiffr., 3 ff. de table et 1 f. blanc. [25744]

Volume rare qui fait partie de la collection aldine. M. Renouard en indique un exemplaire en Gr. Pap., comme aussi une réimpression calquée sur l'original, mais que l'on peut reconnaître à ce que les deux chiffres de la première ligne de la dern. page sont 73 au lieu de 75. Vend. 16 fr. Lamy ; 2 liv. 3 sh. Sykes ; 10 sh. 6 d. Butler. La contrefaçon, 5 sh. Butler.

— LA CONGIURA de' Baroni del regno di Napoli , contra il re Ferdinando I, di Cam. Porzio : La vita di Nicolo Capponi di Bern. Segni, e la vita di Ant. Giacomini di Jacopo Nardi. *Milano, Silvestri,* 1827, gr. in-16. 4 fr.

Le premier de ces trois ouvrages a été réimprimé séparément à Naples, 1724, in-8.; ensuite à Lucques, chez Bertini, 1816, in-8., et à Pise, chez Capuro, 1818, in-8., et enfin à Milan, 1827, in-24. Il en existe une traduction française anonyme sous ce titre :

HISTOIRE des troubles advenus au royaume de Naples, sous le règne de Ferdinand I, depuis 1480 jusqu'en 1487. *Paris, Cramoisy,* 1627, in-8.

PORTIUS (*Sim.*). Dictionarium latinum, græco-barbarum et litterale. *Lutetiæ-Parisiorum,* 1635, in-4. 8 à 10 fr. [10876]

Vend. jusqu'à 27 fr. Clavier.

On a du même Simon Portius : *Grammatica linguæ græcæ vulgaris,* Parisiis, 1638, in-8. Réimpr. dans le Glossaire grec de Du Cange.

PORTLAND (Bentink, earl of). Journal of the extraordinary Embassy of the earl of Portland in France (in 1698), edited by the rev. Dr. G.-D.-J. Schottel, with the life of the earl and illustrations by Ch. Rochussen; printed for the London Exhibition. *The Hague, printed by R. Fuhn,* 1851, in-fol. de VIII et 54 pp. [27013]

Ce livre magnifique donne le texte français de cette relation impr. sur le manuscrit original. On prétend qu'il n'en a été tiré que vingt-cinq exemplaires, dont un rel. en velours blanc, avec les armes de Bentink, a été vendu 31 fr. à Paris en 1860.

PORTLOCK (*Nathaniel*). Voyage round the world, but more particularly to the north-west coast of America, performed in 1785-88. *London*, 1789, gr. in-4., avec 20 pl. 10 à 12 fr. [19861]

Vend. 36 fr., avec les fig. color., L'Héritier.
Une autre relation du même voyage a été rédigée par Dixon.

PORTO (*Luigi* da). Rime et prosa dedicate al rev. card. Bembo. *Venetia, Fr. Marcolini*, 1539, in-8. de 40 ff., dont un pour la marque de l'imprimeur et un autre tout blanc. [14513]

Volume d'une grande rareté et dont fait partie la nouvelle ci-dessous, mais avec des altérations dans le texte. Vend. 5 liv. 5 sh. Pinelli; 4 liv. 6 sh. Borromeo; 1 liv. 13 sh. Heber.
Ce recueil a été réimpr. avec la vie de l'auteur, à *Vicence*, 1731, pet. in-4. 6 à 9 fr., et plus en Gr. Pap.

— Hystoria nouellamente ritrouata di due nobili amanti : con la loro pietosa morte interuenuta gia nella citta de Verona, nel tempo del signor Bartholomeo dalla Scala. *Venezia, per Benedetto de Bendoni* (senz' anno), in-8. de 32 ff., sign. A—D. [17467]

Cette édition, très-rare, est regardée comme la première de cette nouvelle si touchante des amours des deux amants (Roméo et Juliette); elle a un frontispice rouge et noir, qui ne porte pas le nom de l'auteur : vend. 15 fr. Borromeo, et moins depuis.

— Nouella nouamente ritrouata... *Stampato in Venetia per Benedetto de Bendoni*, 1535, *a di x giugnio*, pet. in-8.

Cette édition, qui n'est guère moins rare que la précédente, ne porte pas non plus le nom de l'auteur ; vend. 7 liv. Borromeo ; 2 liv. Heber.

— L'infelice amore de i due fedelissimi amanti... *Vinegia, Giov. Griffio*, 1553, pet. in-8. de 29 ff., dont un pour la marque de l'imprimeur.

Même texte que celui des deux édit. de Bendoni : 5 liv. 15 sh. 6 d. Sykes ; 1 liv. 19 sh. Heber.
Cette nouvelle a été réimprimée sous la date de *Lugano* (*Venezia, Patese*), 1795, in-8., et aussi 1° *Milano , Società tipogr.*, 1804, in-8. (c'est un tirage à part extrait de la *Raccolta di novelle, ecc.;* il en existe un exempl. sur VÉLIN); — 2° sous le titre d'*Istoria novellamente ritrovata di due nobili amanti, ecc.*, London, Shakspeare press, pet. in-4. de 32 ff. (édition imprimée à petit nombre aux frais de W. Holwell Carr, et présentée au *Roxburghe Club*). Vend. 1 liv. 10 sh. Sykes ; 2 liv. 10 sh. Dent ; — 3° *Milano*, 1819, in-8. Il en a été tiré sept exemplaires sur VÉLIN, lesquels sont décorés de huit miniatures exécutées par J.-B. Gigola, artiste distingué. Le prix de chaque exemplaire était de cent sequins.
La nouvelle des Deux amants est de l'invention de Masuccio (voyez ce nom); L. Porto se l'est appropriée, et ensuite le Bandel. C'est d'après ce dernier que Boaistuau l'a donnée en français, et Painter en anglais (dans son *Palace of Pleasure*). En 1562, Arth. Brooke a publié *The tragicall hystory of Romeus and Juliet;* ce qui a fourni à Shakspeare le sujet de sa belle tragédie; il est fort singulier qu'en 1594 Girolamo della Corte ait donné cette fable pour un fait historique.

— Historia di due nobili amanti, ecc., edizione XVII, colle varianti fra le due primitive stampe venete : aggiuntavi la novella di Matteo Bandello su lo stesso argomento, il poemetto di Clizia Veronese, ed altre antiche poesie; col corredo d'illustrazioni storiche e bibliografiche, per cura di Alessandro Torri, e con sei tavole in rame. *Pisa, fratelli Nistri e comp.*, 1831, in-8. fig.

La meilleure édition que l'on ait encore donnée de cette nouvelle célèbre. Outre les exemplaires ordinaires en . pap. vél., il y a dix exemplaires *in carta papale*, et douze sur des pap. de couleur, tirés de France. Il faut joindre à ce volume l'ouvrage intitulé :
SULLA PIETOSA morte di Giulia Cappelletti e Romeo Montecchi, lettere critiche di Filippo Scolari, aggiuntovi un poemetto inedito in ottava rima di Teresa Albarelli Vordoni, con altre poesie di varj autori. *Livorno, Masi*, 1831, in-8.
Dans les *Lettere storiche di Luigi da Porto dall' anno 1509 al 1512, Venezia, typogr. d'Alvisopoli*, 1832, in-8., publiées par Bart. Gamba, il se trouve deux historiettes du même *da Porto*, l'une au f. 201, et l'autre au f. 212.
ROMEO ET JULIETTE, nouvelle de Luigi da Porto, traduite en français, et suivie des quelques scènes traduites de la Juliette de Shakspeare, par M. E. J. Delecluze, *Paris, Sautelet*, 1827, in-18.
Il a été publié à Padoue, en 1830, une brochure in-8. intitulée : *Notizie intorno alla vita ed agli scritti di Luigi da Porto*, par Jacq. Milan.

PORTOLANO. Questa e vna opera necessaria a tutti li nauigäti chi vano in diuerse parte del mondo per laqual tutti se amaistrano a cognoscere starie fundi colfi vale porti corsi dacque e maree cominciando de la cita de cadex (*sic*) in spagna dretamente fina nel porto de la schuse passando p icanali fra laixola de ingelterra... (au verso de l'avant-dernier f.) : *Finito lo libro chiamado portolano composto per vno zentilomo veniciano... impresso... in la citade de Venexia per Bernardino rizo da nouaria stampador 1490 adi 6 nouembrio*, pet. in-4. goth. [19732]

Le plus ancien *Portulan*, imprimé, que nous connaissions. Sansovino l'attribue à Louis da Mosto, plus connu sous le nom de *Ca da Mosto*, et qui nous a laissé la relation de ses voyages (voy. VESPUCCI). Dans le catal. d'Hanrott on donne cet ouvrage à un certain *Coppo*. Ce vol. rare se compose de deux parties, avec des sign. de *a—fiij* et A—Eij (46 et 36 ff.) ; le prem. f. de chaque partie est blanc, ainsi que l'indique le registre placé sur le dernier. Vend. 4 liv. 18 sh. *mar. r.* Hanrott.

Réimprimé sous ce titre :

ALOISE CADAMOSTO, il Portolano del mare, nel quale si dichiara minutamente del sito di tutti i porti, quali sono da Venesca in Levante et in Ponente. *Venetia*, 1806, in-4. 9 fr.
Le *Portolano delli lochi maritimi & isole del mar mediterraneo & fora del stretto di Zibelterra da Ponente*, Venetia, per Agostino Bindoni, 1528, in-8. fig. sur bois, n'est guère qu'un court extrait de l'ouvrage précédent.

— LE PORTULANT contenant la description tant des mers du Ponent depuis le destroict de Gibetar (*sic*) iusques à la Chiuse en Flandres, que de la mer Méditerranée, ou du Levant, faict en vieux langage italien et nouuellement traduict en francoys. *Imprimé à Aix en Provence par Pierre Roux*, M D LXXVIII, pet. in-fol.

PORTRAICT (le) et images des plus excellens capitaines et illustres, tant grecs que romains, le tout faict au naturel suivant plusieurs medales, avec bref sommaire de leurs vies, extraict de Plutarque. *Paris*, 1603, in-4.

Cinquante portraits gravés sur bois, de la grandeur des pages et dans des encadrements qui varient à chaque portrait. Ils ont dû servir pour plusieurs éditions des hommes illustres, trad. par Amyot.

PORTRAIT de la coquette. Voy. COQUETTE vengée.

PORTRAITS de la cour de France. *Cologne, chez les héritiers de Pierre Marteau (Hollande)*, 1702, pet. in-12 de 81 pp. 6 à 9 fr. [23873]

A la fin de cet opuscule se trouvent une chanson, un madrigal et une réponse. — Voy. NOUVEAUX caractères, et au mot POURTRAICTS.

PORTRAITS des grands hommes, femmes illustres et sujets mémorables de France. *Paris, Blin*, 1786-91, in-4. [30474]

Cet ouvrage, assez mal exécuté, a paru en 48 ou 50 livraisons, qui coûtaient 8 fr. chacune, mais qui ne conservent pas le quart de ce prix.

PORTRAITS des hommes illustres du Dannemark. Voy. HOFMAN (*Tycho*).

PORTRAITS des plus belles dames de Montpellier. Voy. ROSSET.

PORTRAITS (ensuivent les), poids et prix des espèces d'or et d'argent, tant de France qu'estrangeres, auxquelles le roy donne cours par le présent édit (du 25 juin 1636), in-4. de 51 pp. [24110]

Un exemplaire impr. sur VÉLIN a été vend. 79 fr. Lair.

PORTUGALIÆ monumenta historica a sæculo VIII post Christum usque ad XV, jussu Academiæ scientiarum olissiponensis edita. *Olissipone*, 1858, in-fol.

Collection en cours de publication. Elle forme deux séries : 1° *Scriptores;* 2° *Leges et consuetudines.*

PORTUS (*Fr.*). Voy. DUPORT.

PORTUS (*Æmilius*). Dictionarium ionicum græco-latinum, quod indicem in omnes Herodoti libros continet. *Francofurti*, 1603, in-8. [10717]

— DICTIONARIUM doricum græco-latinum, quod Theocriti, Moschi, Bionis et Simmiæ Rhodii variorum opusculorum interpretationem continet. *Francofurti*, 1603, in-8. [10718]

Ces deux lexiques assez recherchés se trouvent ordinairement réunis en un même volume : 10 à 15 fr. Vend. jusqu'à 47 fr. Larcher, et 22 fr. Clavier. Le *Dictionarium ionicum* a été réimpr. à *Oxford*, en 1815, in-8. 12 fr., et aussi sous ce titre :

DICTIONARIUM ionicum græco-latinum : editio nova, cui subjicitur appendix tractatus quosdam complectens de dialectis ionicis. *Londini*, *Priestley*, 1823, in-8. 12 sh.

Réimpr. à *Leipzig*, *Fleischer*, 1825, in-8. 10 fr. Le *Dictionarium ionicum* se trouve réimpr. avec le Théocrite, etc., édition de 1829, gr. in-8. — Voy. THEOCRITUS.

— Pindaricum Lexicon. *Hanoviæ*, 1606, in-8. [12367]

Ouvrage recherché, et dont les exemplaires sont rares : 12 à 15 fr. Vend. 23 fr. Villoison; 19 fr. Clavier.

PORZIO (*Cam.*). Voy. PORTIO.

POSERN-KLETT (*Karl-Fr.* von). Sachsens Münzen im Mittelalter. Ier Theil : Münzstätten und Münzen der Städte und geistlichen Stifter. *Leipzig, Vogel,* 1846, in-4. 46 pl. lith. 42 fr. [29892]

POSIDONIUS. Posidonii Rhodii reliquiæ doctrinæ. Collegit atque illustravit Janus Bake ; accedit D. Wyttenbachii annotatio. *Lugd.-Batav., Haak,* 1810, in-8. 6 fr. [3408]

Il y a des exemplaires en papier de Hollande.

POSSART (*P.-A.*). Fedor (titre persan), oder Lehrbuch der persischen Sprache, nebst vergleichend. Berücksicht. der mit dem Persischen verwandten Sprachen, namentl. des Sanskrit und des Slavischen, und einem Anh. von Uebersetzungsstücken. *Leipzig, Schumann,* 1830, in-8. 9 fr. [11654]

POSSEVIN (*J.-B.*). Les dialogues d'honneur de messire Jean-Baptiste Possevin, ès quels est amplement discouru et resolu de tous les points d'honneur, entre toutes personnes, mis en françois par Claude Grujet. *Paris, Est. Groulleau, ou Jean Longis,* 1557, in-4. [3803]

Le texte italien de cet ouvrage a paru sous ce titre : DIALOGO dell' honore di Giovanni Possevini, nel quale si tratta à pieno del duello, in luce dato dell' Antonio Possevini. *Vinegia, Gabr. Giolito & Fratelli,* 1553, in-4. Le même libraire en a donné deux autres édit. en 1556 et en 1559. A cette dernière est joint un *trattato di M. Antonio Possevini, nel quale s'insegna a conoscer ogni querela alla pace,* traité qui avait déjà paru séparément chez le même libraire, en 1558, in-4. Les deux ouvrages ont été réimpr. ensemble à Venise, chez Giolito, en 1564, en 1566, et encore depuis, ce qui témoigne de leur succès. Il faut réunir à l'ouvrage de J.-P. Possevin l'article suivant qui est de son frère : DUE DISCORSI di M. Ant. Possevino : l'uno in difesa di Gio.-Batt. suo fratello, dove si discorre intorno all' honore, e dal duello ; l'altro in difesa di Gio.-Batt. Giraldi, dove si trattano alcune cose per iscriver Tragedie. *Roma,* 1556, in-8. Haym qualifie ce livre de *rarissimo.*

POSSEVINUS (*Ant.*). Possevini Moscovia,

Portuguezes in Africa, Asia, etc., 27952.
Portulano de la America setentrionale, 19772.

TOME IV.

Posseliier, dit Gomard. Théorie de l'escrime, 10314.

27

seu de rebus moscovicis et acta in conventu legatorum regis Poloniæ anno 1581. *Vilnæ*, 1586, pet. in-8. [27729]

Première édition de cette relation curieuse, qui est encore recherchée, surtout en Russie. L'ouvrage a été réimpr. à Anvers, chez Chr. Plantin, en 1587, in-8., sous ce titre :

ANT. POSSEVINI Moscovia, ubi ipsius legatio in Moscoviam ex parte papæ Gregorii XIII, et pax ipso mediatore inter Moscoviam et Poloniam inita anno 1582 recensentur.

Et encore sous le titre de

MOSCOVIA... et alia opera de statu hujus sæculi adversus catholicæ ecclesiæ hostes, nunc primum in unum volumen collecta, et ab ipso₂ auctore emendata et aucta. *Coloniæ*, 1587, in-fol.

Niceron a donné, dans ses Mémoires, tome XXII, p. 229, la liste des pièces ajoutées dans cette édition, au nombre desquelles se trouve celle-ci :

POSSEVINI Epistola ad Stephanum I, Poloniæ regem, adversus quemdam Volanum hæreticum lituanum ; ejusdem Possevini scriptum adversus Moscoviæ duci traditum. *Ingolstadiæ*, 1583, pet. in-8.

Les ouvrages contenus dans l'in-fol. de 1587 sont aussi dans l'édit. de *Cologne*, *in officina birckmannica*, 1595, in-fol., laquelle contient de plus : *Mart. Broniovii de Biezdzfedea Tartariæ, Transylvaniæ, ac Moldaviæ descriptio ; item G. Werneri de admirandis Hungariæ aquis hypomnematium.*

La Moscovia de Possevin, *Lugd.-Batav., Elsevir.*, 1630, in-24, fait partie de la collection dite les Petites républiques.

Citons encore :

COMMENTARII di Moscovia e della pace seguita..... tradotti dal latino d' Ant. Possevino da Giov.-Batt. Possevino. *Mantova, Osanna*, 1596, in-4.

Édition meilleure que celles de Ferrare, 1589 et 1592, pet. in-8., désavouées par l'auteur.

Le savant jésuite Antoine Possevin a joui, dans son temps, d'une grande réputation, ainsi qu'on le peut voir dans sa Vie écrite par le P. J. d'Origny, *Paris*, 1712, in-12. [30742] Il a composé un certain nombre d'ouvrages, parmi lesquels, indépendamment de ceux dont nous venons de parler, on distingue sa *Bibliotheca selecta* et son *Apparatus sacer*, deux compilations souvent citées (voir les nᵒˢ 31324 et 31688 de notre table).

— Bellum monferatense, 25321.

POSSOT (*Denis*). Tres ample et abondante description du voyaige de la terre saincte, dernierement commence lan de grace mil cinq cens trente deux..... commencant ledict voyaige depuis la ville de Nogens sur Sene jusqua la saincte cite de Hierusalem..... le tout premierement escrit par Denis Possot, et continue par Charles Philippe, seigneur de Champarmoy. *Paris, Regnault Chaudiere*, 1536, in-4. goth. fig. sur bois, sign. *A—Piiij.* [20539]

Volume fort rare, vend. 90 fr. Regnauld-Bretel. Nous en avons vu un exempl. impr. sur VÉLIN. — Cette édit. est portée à 3 sous seulement dans le catal. des livres impr. chez Sim. de Colines et Regn. Chaudière, lequel catal. a été publié par Claude Chaudière, en 1548, in-8., et réimprimé dans les *Annales typogr.* de Maittaire, III, p. 173.

Dans la *Bibliothèque des voyages*, tome IV, p. 403,

Possinus (*Petr.*). Catena Patrum, 478 et 481.—Vita Ignatii Azevedii, 21914.

Denis Possot est nommé *Gassot*, ce qui prouve qu'on l'a confondu avec *Jacq. Gassot*, auteur d'un voyage de Venise à Constantinople dont nous avons parlé, dans notre 2ᵉ vol., col. 1499. Nous-même, à la col. 488, du même vol., avons, par erreur, renvoyé de *Cuchermoy* à POSSOT ; c'est sous le mot *Champarmoy* qu'aurait dû être placé ce renvoi.

POST (*P.*). Ouvrages d'architecture, ordonnés par lui. *Leyde*, 1715, gr. in-fol. 10 à 15 fr. [9956]

Cinquante-sept planches très-médiocres.

POSTELLUS (*Guil.*). Alcorani seu legis Mahometi et evangelistarum concordiæ liber. *Parisiis, Gromorsus*, 1543, in-8. de 123 pp. [2149]

Vend. 6 fr. Gaignat et La Valliere ; 7 fr. Mac-Carthy ; 15 fr. *mar. bl.* Renouard.

— Compositio omnium dissidiorum circa æternam veritatem aut verisimilitudinem versantium, quæ, etc., orta sunt et vigent... scriptore Elia Pandocheo (Guill. Postello). *Basileæ* (circa 1547), in-8. de 143 pp., le titre compris. [2154]

Vend. 19 fr. *m. citr.* La Valliere ; 12 fr. Duquesnoy.

— Liber de causis, seu de principiis et originibus naturæ utriusque. *Parisiis, Seb. Nivellus*, 1552, in-16. [2152]

Ce petit volume de 36 ff. est probablement le même que celui qui est indiqué sous un autre titre, dans la *Bibliogr. instr.*, nᵒ 806. Vend. 8 fr. Gaignat et Detune ; 20 fr. *m. bl.* Mac-Carthy.

— Abrahami patriarchæ liber Jezirah, sive formationis mundi, etc., vertebat ex hebræis et commentariis illustrabat 1551, ad Babylonis ruinam et corrupti mundi finem Guil. Postellus restitutus. *Parisiis, væneunt... in scholiis Italorum.* — Restitutio rerum omniū conditarum, per manum Eliæ profetæ terribilis, interprete ex hebræis eodem. *Parisiis*, 1552, in-16 de 60 ff. [2158]

Ces trois ouvrages doivent se trouver réunis dans le même volume : le dernier a 31 pp. Vend. 13 fr. La Valliere ; 13 fr. *m. bl.* Detune ; 19 fr. Mac-Carthy ; 5 fr. Nodier.

— Les très merveilleuses victoires des femmes du nouveau-monde, et comment elles doivent à tout le monde par raison commander, et mesme à ceux qui auront la monarchie du monde vieil, par Guill. Postel. *Paris, Gueulard et Warencore*, 1553, in-16 de 81 ff., lettres rondes, 22 lignes par page. [2162]

Édition originale en grosses lettres, dans laquelle la *Doctrine du siècle doré* ne se trouve pas. L'ouvrage est connu sous le nom de *La mère Jeanne*, et c'est un des plus rares de Postel. Vend. bel exempl. en *mar. à compart.*, 220 fr. Gaignat ; 144 fr. La Valliere ; 36 fr. Nodier, et 30 fr. en 1839.

— Les mêmes. *Paris, Jehan Ruelle*, 1553, in-16.

Cette édition, imprimée en petits caractères, renferme ordinairement la *Doctrine du siècle doré* ; le tout consiste en 67 ff. Vend. 140 fr. *mar. r.* Gaignat; 78 fr. Mac-Carthy; 200 fr. (exemplaire du C. d'Hoym, avec *Les merveilles des Indes, et la description de la Terre-Sainte*, relié dans le même vol.) Gaignat; 90 fr. Belin; 97 fr. 50 c., même exemplaire, L'Héritier; 305 fr. De Bure, et 327 fr. Solar.

On a de cet ouvrage deux réimpressions modernes : l'une de format pet. in-12, dont le titre porte : *Sur l'imprimé à Paris*, 1553; vend. 8 fr. *m. bl.* Lamy. L'autre, imprimée à *Rouen*, vers 1750, dans le même format, sous la même date et à peu près du même caractère que l'édit. originale.

— **La doctrine du siècle doré et de l'évangélik règne de Jésus roy des roys.** *Paris, Jehan Ruelle*, 1553, in-16 de 16 ff. [2163]

Ce petit ouvrage est ordinairement placé à la suite du livre précédent ; mais il se trouve aussi quelquefois séparément, et alors il sert à compléter l'édition des *Merveilleuses victoires*, impr. en grosses lettres. Vend. 20 fr. La Vallière, et le même prix Nodier. Les exemplaires vendus séparément ont sur le frontispice un fleuron et le nom de l'imprimeur, qui ne se trouvent pas aux autres.

— **Sibyllinorum versuum, Virgilio in quarta bucolicorum versuum ecloga transcriptorum, ecphrasis, commentarii instar.** *Parisiis, e typ. Gueullartii*, 1553, in-4. de 6 ff. [2164]

Le P. Desbillons décrit cet opuscule (pp. 60-72 de ses *Eclaircissements sur Postel*), et prétend qu'il est encore plus difficile à trouver que la *Vergine venetiana* du même auteur; cependant il n'a été vendu que 11 fr. (avec d'autres pièces de Postel réunies dans le même volume) Chardin.

— **Le prime nove del altro mondo, cioe, l' admirabile historia..... intitulata, la Vergine venetiana.** (*Venetia*), *appresso dell' autore* 1555, in-8. de 39 ff., sign. *A—K*. [2166]

Volume de la plus grande rareté : 901 fr. *mar. v.* Gaignat, avec l'article suivant. Le même exempl. a été retiré à 400 fr., et offert à 500 fr. Mac-Carthy; on l'a vendu depuis 11 liv. Hibbert, et 300 fr. Nodier.

— **Il libro della divina ordinatione, dove si tratta delle cose miracolose, le quali sono state e sino al fine hanno da essere in Venetia, etc.** *Padoua, per Gracioso Perchacino*, 1556, in-8. de 28 ff., sign. *A—G*. [2168]

Volume presque aussi rare que le précédent.

— **Linguarum duodecim characteribus differentium alphabetum ; introductio, ac legendi modus longe facillimus.** *Parisiis, D. Lescuier*, 1538, in-4. de 38 ff. [11482]

— **De originibus, seu de hebraicæ linguæ et gentis antiquitate liber (deque variarum linguarum affinitate).** *Paris., Lescuier*, 1538, in-4. de 30 ff., ou 57 pp. et le titre. [11494]

A ces deux ouvrages, l'un et l'autre imprimés par P. Vidoue, est ordinairement réuni l'article suivant :

GRAMMATICA arabica. *Parisiis, Gromorsus* (circa ann. 1538), in-4. de 44 pp. [11583]

Postel n'étant pas satisfait de la grammaire arabe qu'il

avait insérée dans son *Alphabetum XII linguarum*, fit imprimer celle-ci, et eut soin qu'on la commençât par la signat. D, afin que ceux qui voudraient la placer dans le premir ouvrage, l'y missent après la signature C. Ces trois opuscules n'ont de valeur que lorsqu'ils sont réunis : 9 à 12 fr.

— **De originibus, seu de varia et potissimum orbi latino ad hanc diem incognita aut inconsiderata historia.** *Basileæ, Oporinus*, 1553, in-8. de 135 pp. 4 à 6 fr. [22677]

— **L'histoire mémorable des expéditions depuys le déluge, faictes par les Gauloys ou Frācoys... l'apologie de la Gaule contre les malévoles escripvains qui d'icelle ont mal ou négligemmēt escript, etc.** *Paris, Sebast. Nivelle*, 1552, in-16, contenant 4 ff. prélim., fol. 5 à 91, et ensuite 4 autres ff. [23188]

Volume rare et recherché. Le 56e f. est tout blanc, et avec le 57e commence l'*Apologie*, formant la seconde partie : 46 fr. *mar. citr.* Gaignat; 35 fr. *m. r.* Méon; 38 fr. Nodier ; 59 fr. Coste; 49 fr. Solar, et beaucoup moins cher quand la deuxième partie manque.

— **Les raisons de la monarchie, et quelz moyens sont necessaires pour y paruenir, là ou sont compris les très-admirables priuiléges et droicts, tant diuins, celestes, comme humains de la gent gallicque et des princes par icelle esleuz et approuuez.** *Imprimé à Paris, le 15e jour de may*, 1551, pet. in-8. de 48 pp. [24044]

Vend. 12 fr. *mar. r.* Gaignat; 27 fr. Nodier en 1829. L'exempl. en *mar. r. doublé de mar. bl.*, vendu 18 fr. 50 c. Mac-Carthy, portait cette souscription finale : *Imprimé a Tours, le quinziesme iour de may mil cinq cens cinquante et ung*, et se trouvait relié avec un opuscule de Mélanchthon, intitulé *De l'Office des princes*, 1561 (voy. MELANCHTHON).

— **La loy salique, livret de la première humaine vérité, là où sont en brief les origines et autoritez de la loy gallique, nommée salique, pour monstrer à quel poinct faudra nécessairement en la gallique république venir : et que de la dicte république sortira ung monarche temporel.** *Paris, Seb. Nivelle, ou en la rue sainct Jacques aux Cicognes*, 1552, in-16 de 47 ff. [24047]

Volume rare et recherché : vend. 73 fr. *m. bl.* La Vallière, en 1767; 78 fr. *m. r.* Gaignat; 99 fr. Mac-Carthy; 32 fr. Nodier; 1 liv. 8 sh. Heber; avec l'*Histoire mémorable* ci-dessus, les 2 vol. rel. en un, *v. f.*, armes du comte d'Hoym, 111 fr. Renouard; en *mar. bl. doublé de mar. r.* par Bauzonnet, 100 fr. Solar, et avec *Les raisons de la monarchie*, édition de Tours, les 2 vol. *mar. r. doubl. de mar. bl.*, 7 liv. à Londres, en 1835.

Il y a une autre édition en plus petits caractères, *Paris, veuve de Buffet*, 1553, in-16, qui n'a que 35 ff., suivis de 3 ff. de table, et 2 autres ff. où se voient deux petites gravures sur bois. Cette dernière est peut-être plus rare encore que celle de 1552. Vend. 72 fr. Mac-Carthy.

L'édition de *Paris, Lamy*, 1780, in-18, est commune, mais il y a des exemplaires sur VÉLIN qui sont recherchés. Vend. 48 fr. d'Hangard; 26 fr. Mac-Carthy; 42 fr. Thierry; 2 liv. 1 sh. Libri, en 1859.

Le P. Niceron, cité par le P. Desbillons, indique une édition de *Lyon*, 1559, in-16 de 77 pp., sous le titre de *La première vérité humaine, etc.*

— De Etruriæ regionis, quæ prima in orbe europeo habitata est, originibus, institutis, etc., commentatio. *Florentiæ, Torrentinus*, 1551, in-4. de 151 pp. et 4 ff. de table. [25489]

Vend. 8 fr. La Valliere; 18 fr. *m. r.* Mac-Carthy.

— De la république des Turcs, & là où l'occasion s'offrera, des meurs & loys de tous Muhamedistes. *Poitiers, Enguilbert de Marnef*, 1560, 3 part. en 1 vol. in-4. 9 à 12 fr. [27868]

Vend. 19 fr. *m. bl.* La Valliere.

La première partie, sous le titre ci-dessus, a 4 ff. prél. et 127 pp.; la seconde, intitulée : *Histoire et considération de l'origine, loy, et coustumes des Tartares, Persiens, Arabes, Turcs, etc.*, 57 pp., et la troisième (*La tierce partie des orientales histoires...*), 4 ff. prélim. et 90 pp.

— AUTRE édition, avec une table bien ample. *Poitiers, Eng. de Marnef, sans date*, 3 part. en 1 vol. pet. in-4. La 1re part. a 4 ff. prélim. et 137 pp.; la 2e, 56 pp.; la 3e, 4 ff. et 80 pp. (la dernière cotée 88), et la table, 23 pp.; en *mar. br.*, 33 fr. Solar.

— Des histoires orientales et principalement des Turkes ou Turchikes et Schitiques ou Tartaresques et aultres qui en sont descendues : oeuvre pour la tierce fois augmenté, et diuisé en trois parties. *Paris, Hier. de Marnef*, 1575, in-16.

Nouvelle édition de l'ouvrage précédent, avec un titre différent et une autre épître dédicatoire. Elle a 22 ff. préliminaires, contenant 1° le titre; 2° Epistre de Postel à Hercule Françoys de Valloys, datée de Paris, à Saint-Martin, 30 mars 1575; 3° Instruction des mots de la langue turquesque; 4° l'Oraison dominicale en langue turquesque; texte, pp. 1 à 374; ensuite 45 ff. pour la table des matières et l'errata. Un f. portant au verso une imitation de la marque de Gryphe (de Lyon), avec cette légende : *Virtute duce crescit fortuna*, et un f. tout bl. Vend. 13 fr. Gaignat; 6 fr. La Valliere; en *mar. r.* 30 fr. Solar. Le catalogue de Lauraguais, n° 720, indique une édition des *Histoires orientales*, de format petit in-8., et sous la même date que l'in-16. Nous n'avons pas eu occasion d'examiner ces deux sortes d'exemplaires, mais le titre ci-dessus nous fait voir qu'il doit y avoir en trois éditions, y compris l'in-4.

— Des merveilles du monde, et principalement des admirables choses des Indes et du Nouveau-Monde.....; et y est aussi montré le lieu du paradis terrestre. 1553, in-16 de 96 ff. [27945]

Ce petit volume se trouve très-difficilement. Voy. ci-dessus *Les très merveilleuses victoires.*

— De magistratibus Atheniensium liber. *Parisiis, apud Mich. Vascosan*, 1541, in-4. de 6 ff. prélim., 63 ff. de texte et 1 f. de table. [29142]

Cet ouvrage, quoique peu estimé, a été souvent réimprimé : 3 à 4 fr.

Un exemplaire de l'édition de *Venise, de Sabio*, 1541, in-8., imprimé sur pap. bleu, vend. 11 flor. Crevenna; 30 fr. De Bure.

— De Fœnicum litteris, seu de prisco latinæ et græcæ linguæ charactere, ejusque antiquissima origine et usu commentatiuncula. *Parisiis, Vivant Gaultherot, seu Martin Juvenis*, 1552, pet. in-8. [30163]

Vend. 5 fr. *m. r.* Méon; 17 fr. Nodier, et 1 liv. Libri. Ce petit volume a 20 ff. prélim., 31 ff. de texte, et 2 pl. pliées.

— De linguæ phœnicis, sive hebraicæ, excellentia, et de necessario illius et arabicæ penes latinos usu, præfatio, etc. *Viennæ-Austriæ, opera Mich. Cimmermanni*, 1554, in-4.

Indiqué par le P. Desbillons.

Les ouvrages de Postel étaient beaucoup plus recherchés autrefois qu'ils ne le sont maintenant; cependant, comme il est convenable de compléter l'article de cet auteur, nous allons encore indiquer les ouvrages suivants, qui ont fort peu de valeur ordinairement :

DE RATIONIBUS Spiritus sancti lib. II. *Parisiis, Excudebat P. Gromorsus*, 1543, in-8. de 53 ff. [21150]

11 fr. *mar. bl.* Renouard.

SACRARUM apodixeon, seu Euclidis christiani, lib. II. *Parisiis, excudebat ipsi authori P. Gromorsus*, 1543, pet. in-8. de 56 ff. [21151]

15 fr. *mar. bl.* Renouard.

LES PREMIERS élémens d'Euclide chrétien, pour raison de la divine et éternelle vérité démonstrer (en vers). *Paris, Martin le Jeune*, 1579, pet. in-8. Dans le catalogue de la Bibliothèque impériale, D 2, n° 2836, l'auteur est nommé Guil. Postel, dit Florisperge.

DE ORBIS terræ concordia libri IV. (*Basileæ, circa ann.* 1544), in-fol de 7 et 447 pp.; la dernière est cotée 427. [2152]

Vend. 24 fr. *m. bl.* Gaignat; 15 fr. Mac-Carthy, mais ordinairement de 6 à 8 fr.

L'édition de *Paris., Gromorsus* (1543), in-8. ne contient, selon De Bure, que le premier livre de l'ouvrage : 15 fr. Mac-Carthy.

DE NATIVITATE mediatoris ultima, nunc futura, etc., opus. (*Basileæ, circa* 1547), in-4. de 187 pp. 12 fr. *ibid.* [2153]

CLAVIS absconditorum a constitutione mundi. (*Basileæ*, 1547), in-16 de 52 ff. 12 fr. *ibid.* [2155]

L'édition d'*Amsterdam*, 1646, pet. in-12, contient des augmentations; elle a été donnée par Frankeberg (en latin *Fran. de Monte*).

CANDELABRI typici in Mosis tabernaculo jussu divino expressi interpretatio. *Venetiis*, 1548, in-8. [2156]

EVERSIO falsorum Aristotelis dogmatum, auctore D. Justino martyre, Guil. Postello interprete. *Paris., Sebast. Nivellius*, 1552, in-16 de 84 ff. chiffrés (les ff. 81 à 84 cotés par erreur 73 à 76). [2159]

VINCULUM mundi compendio expositum, in quo basis earum rationum exponitur. *Prostant exemplaria sub ciconiis, in via Jacobæa*, 1552, in-4. [2160]

Pièce de 8 ff. très-rare et peu connue.

DE UNIVERSITATE liber, in quo astronomiæ doctrinævc cœlestis compendium, terræ aptatum, exponitur. *Parisiis, Martinus Juvenis*, 1564, in-4. [2161]

Vend. 15 fr. Mac-Carthy.

En deux parties de 77 et 43 pp., plus un feuillet pour la marque de l'imprimeur.

La première édition de 1552, in-4., ne contient que la première partie de l'ouvrage, lequel a été réimpr. à Leyde, en 1635, in-24.

Sɪɢɴᴏʀᴜᴍ cœlestium vera configuratio, etc. *Parisiis,* 1553, in-4., avec 4 planches gravées sur bois ; 30 fr. Mac-Carthy. [2165]

Dᴇ ᴘᴇʀᴇɢʀɪɴᴀ stella, quæ superiore anno (1572) primum apparere cœpit, Corn. Gemmæ et Guil. Postelli judicia. (*absque nota*), in-4. (Ebert, nᵒ 17868).

Eᴘɪsᴛᴏʟᴀ ad C. Schwenckfeldium, cum præfatione M.-Matth. Flacci Illyrici. *Jenæ, Christ. Rhodius,* 1556, pet. in-8. [2167]

Cette pièce, composée de 7 ff. seulement, est fort rare ; mais elle se trouve réimprimée dans les *Observationes selectæ ad rem litterariam spectantes,* Halæ-Magd., 1700, in-8., tome I, pp. 358-68.

Dɪᴠɪɴᴀᴛɪᴏɴɪs sive divinæ summæque veritatis discussio.... *Parisiis,* 1571, in-16 de 32 ff. et un tableau en turc et en latin. [2169]

Cᴏsᴍᴏɢʀᴀᴘʜɪᴄᴀ disciplinæ compendium , cum synopsi rerum in toto orbe gestarum. *Basileæ,* 1561, in-4. de 10 et 79 pp. [19523]

Réimpr. à Leyde, en 1636, in-24.

Sʏʀɪᴀ descriptio. *Paris., Hier. Gourmontius,* 1540, in-8. (catal. Mac-Carthy, nᵒ 5008).

— Description de la Terre-Sainte. Voyez Mɪʀᴇ et au mot Cᴏɴᴄᴏʀᴅᴀɴᴄᴇ.

— Protevangelion. Voy. Bɪʙʟɪᴀɴᴅᴇʀ.

Pour une Réponse aux rêveries de Guillaume Postel, voy. Aɴᴛᴏɪɴᴇ (*Math.*).

POSTELS (*Alexander*), et Fr. Ruprecht. Illustrationes algarum in itinere circa orbem jussu imperatoris Nicolai I atque auspiciis navarchi Frederici Lütke, annis 1826, 27, 28 et 29 celoce Seviniavin exsecuto in oceano pacifico, imprimis septentrionali ad littora rossica asiaticoamericana collectarum. *Petropoli, typ. Eduard Pratz,* 1840, in-fol. max. [5379]

Ce beau livre contient 41 pl. dont une non cotée, avec un texte en lat. et en russe. A Leipzig, Voss le vendait 35 thl., et avec pl. color., 85 thl.

POSTHUMUS. Guidi Posthumi Silvestris Pisaurensis Elegiarum libri duo. *Bononiæ, per Hieron. de Benedictis,* 1524, *calend. Jul.,* in-4. de 104 ff. chiffrés, caract. ronds. [12766]

Indépendamment des deux livres d'élégies adressés à Léon X, qu'indique le titre ci-dessus, le recueil en renferme cinq autres, savoir : deux adressés au cardinal Jules de Médicis, trois à Isabelle d'Este, marquise de Mantoue.

POSTILLA scholastica super Apocalypsim et super Cantica canticorum.—*Explicit Postilla*..... *impssa Spire, anno* ʟxxɪ (1471), in-4. de 15 ff. à 32 lign. par page. [499]

Premier livre imprimé à *Spire,* mais sans nom d'imprimeur : il est en caractères ronds, à l'exception de la lettre V qui est gothique. Ces caract. n'ont aucune conformité avec ceux de P. Drach, qui imprimait dans la même ville, en 1477.

POSTILLES (les) et exposition des epistres et evangilles domiicales auecques celles des festes sollènelles ensemble aussy celle des cinq festes de la glorieuse et tres sacree vierge Marie et aussi la passion de nostre saulueur et redempteur Jesus-Christ, translatees de latin en francois, a la veritie du texte des quatre euangelistes, et selon les concordāces des gloses et expositiōs de tous les saincts et excellents docteurs de nostre mere saincte eglise (par Pierre Desrey). — *Imprimees a Troye par Guillaume le Rouge*..... *et furēt achevees le penultieme iour de mars mil cccc quatre vingts et xii,* pet. in-fol. goth. de 233 ff. non chiffr., à 2 col. [494]

Cette édition fort rare est la seconde production connue des presses troyennes : elle a un frontispice où se voit une salutation évangélique gravée sur bois, et au-dessous le titre entouré d'arabesques, avec les mots *Guillaume le Rouge imprimeur,* entrelacés. Le même Guillaume le Rouge avait déjà imprimé à Chablys, en 1489, les Expositions des Evangiles de Maurice de Sully (voy. Exᴘᴏsɪᴛɪᴏɴ).

— Les postilles ᴢ expositions des epistres ᴢ euangilles dominicales auec celles des festes sollēnelles ensēble (comme ci-dessus) (au recto du dernier f., 2ᵉ col. à la fin d'une ballade) : *Cy finissēt les postilles... imprimees a Paris par Jehan Mourand demourāt a la rue saint iaques. le xxvii. iour de may. mil cccc. xcvii. pour jehan petit Et durand gerlier...* in-fol. goth. à 2 col., sign. a—y et A—G, avec fig. sur bois.

Autre édition rare.

— Les Postilles et exposition des epistres et euāgilles dominicales auec celles des festes solēnelles (comme ci-dessus) translatees de latin en francoys a la verite du texte des quatre Euangelistes, etc. — *Cy finissent les postilles... Imprimees a Paris (pour Ant. Verard) vers 1500),* in-fol. goth. de 200 ff. à 2 col. de 48 lignes.

Un exemplaire impr. sur ᴠᴇʟɪɴ. 151 fr. Mac-Carthy.

— Les mêmes Postilles et expositions des epistres et euangiles dominicalles, etc. — *Ci finist ce present liure acheue le premier iour de juing lan mil cinq cens et quinze pour Thomas Laisne libraire demourāt a Rouen,* in-4. goth. à 2 col. contenant 200 ff. chiffr., et 4 ff. de table avec quelques figures sur bois.

— Sensuyuent les Postilles et expositions des Epistres et Euangiles dominicalles, etc. — *A la louange de Dieu a este imprime ce present liure pour sire Enguilbert de Marnef demourant a l'enseigne du Pellican, le premier iour de Decembre mil cinq cens vingt et neuf,* in-4. goth. fig. sur bois.

— Sensuyvent les Postilles et expositions des epistres et evangiles dñicalles, avec celles des festes qui sont solempnelles de tout l'an, etc. *On les rend a Lyon,* aupres de Nostre Dame de Confort, cheulx Olivier Arnoullet, 1530, pet. in-4. goth. avec de petites fig. sur bois.

POSTILLES (les grandes). Voy. LYRA.

POSTILLON (le), depesche du Comte de Bucquoy, pour chercher le Palatin Roy de Boheme. Ensemble l'In-Exitu, et le Catechisme du Palatin. M. DC. XXI. s. l. (Lyon), in-8., 14 pp. chiffr. et 1 f. blanc. [26493]

Pièce traduite du flamand (ou plutôt de l'allemand) en français par L. S. D. D. D. B.
La chanson commence :

> Je suis le grand Postillon, ·
> Qui en botte ∮ esperon,
> Est depesché de Bucquoy,
> Pour chercher le nouveau Roy,
> Qui vaincu s'en est enfuy
> De Boheme, sans faire bruit.
> Dictes, n'avez vous pas veu
> Le Palatin qui est perdu?

Il y a une autre édition sous ce titre :

> La depesche du postillon, faicte, par le comte de Bucquoy, pour chercher le Palatin iadis roy de Boheme. M. D. C. XXI. (sans lieu), in-8., 8 pages.

L'original allemand a pour titre : Post Bott. 1621. C'est une feuille volante in-fol.

Pièces relatives au même prince Palatin.

RECIT veritable sur la defaicte de l'armee du Palatin en Boeme, et prinse de Prague, ville capitale du Royaume. Rapporté de mot à mot des lettres latines escrites en l'armée du duc de Baviere. Avec quelques advis de la Moldavie, Valachie, Transsilvanie & Palatinat du Rhin. A Lyon, Par Claude Cayne au grand Harenc. M. DC XX. in-8., 15 pp. chiffrées.

ORDRE des solennitez et ceremonies observees au Couronnement et Sacre de Friderich I. de ce nom, Roi de Boheme, &c. Tiré partie des coustumes anciennes dudit Royaume, partie d'un concordat Nouveau. Traduit du Latin, en laquelle langue les ceremonies ont esté faites, selon que mot à mot est representé ci apres. A Geneve. Par Jude l'Abbé. M. DC. XIX. in-8., 22 pages chiffrées et 1 f. blanc.

DECLARATION de Friderich, par la grace de Dieu, Roi de Boheme, Comte Palatin du Rhin, & Electeur, &c. Touchant les causes, qui l'ont meu à accepter la Couronne de Boheme, et le gouvernement des Provinces annexees. Traduite de l'Original Allemand imprimé à Prague. A Geneve. Par Jude l'Abbé. M. DC. XIX. in-8. 24 pp. chiffrées.

DISCOURS fait à Messieurs les Estats et Directeurs de la Couronne de Boheme, sur l'election d'un nouveau Roi. Là où sont contenues les principales raisons pour lesquelles le Serenissime, Treshaut, et Tres-Puissant Prince Friderich, Comte Palatin du Rhin, Duc de Bavieres, Electeur du S. Empire Romain, etc., doit estre esleu et couronné Roy de Boheme et des Provinces incorporees, etc. Par un grand Seigneur de ces pays-là. A Geneve. Par Jude l'Abbé. M. DC. XIX. in-8., 8 pp. chiffrées.

POSTOURALO de Nadal. Toulouso, Arn. Coulumiez (s. d.), pet. in-12 de 19 pp.

Opuscule rare que nous trouvons, sous ce titre, et porté à 30 fr. dans le Catal. de Pressac.

POT (Gabr.). Apophthegmes. Voy. ERASMUS.

POT aux roses (le). Voy. JOURDAIN.

POT aux roses découvert, ou le rabais des filles d'amour. Paris, 1615, pet. in-8. [18013]

Cette facétie a été réimpr. plusieurs fois. D'abord sous ce titre : La Blanque des filles d'amour, dialogue où la courtizane Myrthale ∮ sa mère Philire devisent du rabais de leur mestier, ∮ de la misère du temps, Paris, Nic. Alexandre, 1615, pet. in-8. de 14 pp. grosses lettres; ensuite sous celui de Pot aux roses descouvert, en forme de dialogue, où la courtizane Jacqueline, ∮ sa mère Cardine, devisent du rabais..., dans un opuscule de 14 ff., pet. in-8. ayant pour titre : La Chasse des dames d'amour, avec la reformation des filles de ce temps, Paris, Vᵉ du Carroy, 1625. Et encore sous le même titre dans l'opuscule portant cet intitulé : Le Mécontentement arrivé aux dames d'amour; suivant la cour, Paris, veufue du Carroy, 1625, pet. in-8. de 15 pp. Il est à remarquer que ces deux opuscules contiennent l'un et l'autre absolument la même chose, et commencent également par une facétie qui avait déjà été imprimée séparément à Paris, chez Nic. Alexandre (en 1615, pet. in-8. de 8 pp. en grosses lettres), sous ce titre : Le contenu de l'assemblee des dames de la confrairie du grand habitavit. Peut-être ne sont-ce pas là les seules métamorphoses qu'aient subies ces pièces singulières et si fort recherchées des bibliomanes. — Voy. tome I, col. 965.

POTEL (J.-J.), professeur de dessin. La Bretagne et ses monuments, album de 50 vues dessinées et lithogr. par les premiers artistes; publié par Potel. Nantes, Prosper Sebir (s. d., mais 1844), in-fol. Planches sur pap. de Chine, avec un texte et un frontispice. [24433]

POTENZANO. Voy. RIME di diversi autori.

POTHIER (Rob.-Jos.). Traités sur différentes matières de droit civil. Paris, 1773-74, ou 1781, 4 vol. in-4. — OEuvres posthumes. Paris, 1777-78, 3 vol. in-4. [2768] — Coutume d'Orléans. Paris, 1772, in-4. [2679]

Voilà bien la meilleure des anciennes éditions des œuvres de ce grand jurisconsulte ; mais les nombreuses réimpressions modernes que nous allons indiquer, en ont fait tomber le prix à 40 ou 50 fr. Ces réimpressions sont de 1817-20 (chez Baucé), 13 vol. in-8., y compris la table, — de 1820-24 (chez Langlois), 20 vol. in-8., publ. par M. Siffrein, y compris la table par Pinel de Grandchamp, — de 1821-25, par Ed. Berville (chez Thomine), 25 vol. in-8. 50 fr. — de 1825 (chez Béchet), 11 vol. in-8., y compris la table, publ. sous la direction de M. Dupin, 50 fr. — de 1826-27, aussi 1830, 2 part. gr. in-8. de VIII, 1881 et VII pp. à 2 col., en très-petits caractères, avec une table de concordance, par MM. Rogron et Firbach, 20 fr.; enfin :

OEUVRES complètes de Pothier, contenant tous ses traités sur le droit français, annotées et mises en corrélation avec le code civil et les autres dispositions de la législation actuelle, par M. Bugnet. Paris, Cosse, 1845-48, 10 vol. in-8. 80 fr.

Les différents ouvrages de Pothier existent aussi en 28 volumes in-12, qui se sont vendus séparément,

---

Postlethwayt. Dictionary, 4152.

Potain. Ouvrages de menuiserie, 10073.
Poterat (le marquis). Théorie du navire, 8462.
Potet (le baron du). Magnétisme animal, 4319.

savoir : Traité des obligations, 1768 et 1774, 2 vol.
[2775] ; — du contrat de vente, 1768, 1772 et 1781,
2 vol. [2785] ; — du contrat de constitution de
rente, 1768, 1 vol. [2787] ; — du contrat de louage,
avec le supplément, 1766-69, 1774, 2 vol. [2786] ; —
des contrats de bienfaisance, 1770 et 1776, 3 vol.
in-12 [2784] ; du contrat de mariage, 1768 et 1771,
2 vol. ; — de la *communauté*, 1768 et 1774, 2 vol. ;
— du douaire, 1770 et 1776, 1 vol. ; — du droit
d'habitation, 1771 et 1776, 1 vol. ; — du domaine de
propriété, 1772, 1 vol. ; — du droit de possession,
1776, 1 vol. [2772] ; — Coutume d'Orléans, 1776,
2 vol. ; — Traité des fiefs, 1776, 2 vol. ; — de la
garde noble et bourgeoise, 1776, 1 vol. ; — des successions, 1777, 1 vol. ; — des propres et donations
testamentaires, 1777, 1 vol. ; — des donations entre
vifs, 1778, 1 vol. ; — de la procédure civile, 1777
et 1786, 2 vol.

—Pandectæ justinianeæ. V. JUSTINIANUS.

POTIER de Morais. Discours des divertissemens, inclinations, et perfections
royales. *Paris, imprim. des nouveaux
caractères inventés par P. Moreau*,
1644, pet. in-8. [3994]

Un exemplaire imprimé sur VÉLIN, mais incomplet
d'un f., 28 fr., Supplément du catalogue du duc de
Plaisance, et 53 fr. Hebbelynck.

POTOCKI (*Jean*). Voyage dans l'empire
de Maroc fait en l'année 1791, suivi du
voyage de Hafez, récit oriental. *Varsovie, Dufour*, 1792, in-8. [20843]

Ce voyage est peu commun en France : vend 40 fr.
mar. v. Klaproth.

— Voyage dans quelques parties de la
Basse-Saxe, pour la recherche des antiquités slaves ou vendes, fait en 1794.
Hambourg, impr. de Schniebes, 1795,
in-4. de 104 pp., avec 31 pl. au bistre.
[20292]

Vend. 25 fr. Rætzel.

— Mémoire sur un nouveau périple du
Pont-Euxin, ainsi que sur la plus ancienne histoire des peuples du Taurus,
du Caucase et de la Scythie. *Vienne,
Schmidt*, 1796, pet. in-4.

Vend. 21 fr. Langlès ; 19 fr. Klaproth ; 15 fr. 50 c.
Chaumette ; 27 fr. 50 c. de Sacy ; et un exemplaire
impr. sur VÉLIN, 155 fr. Mac-Carthy.
Ce mémoire est reproduit dans l'ouvrage suivant :
   VOYAGE dans les steps d'Astrakhan. Histoire primitive des peuples qui ont habité anciennement ces
contrées. Nouveau périple du Pont-Euxin, par le
comte Jean Potocki, ouvrage publié et accompagné
de notes par M. Klaproth. *Paris, Merlin*, 1830,
2 vol. in-8. fig. 15 fr. [20591]
Vend. en pap. vél. fig. color., 22 fr. Klaproth.

— Principes de chronologie pour les temps
antérieurs aux olympiades. *Saint-Pétersb., Alex. Pluchart*, 1810, gr. in-4.,
de 2 ff., 84 pp. et 1 f. pour les errata,
les tables, etc., pap. vél. [21229]

Tiré à petit nombre d'exempl. : vend. 50 fr. *m. r.*

Potin de la Mairie (*N.-R.*). Histoire de Gournay,
24353.
Potier ou **Potiers de Courcy** (*P.*). Voy. Courcy,
et dans le Dictionnaire, au mot COMBAT.

Langlès ; 22 fr. 50 c. Klaproth. Le prix n'était que
de 7 fr.

   DYNASTIES du second livre de Manethon, par le
comte J. Potocki. *Florence, Guill. Piatti*, 1803,
in-8. de 125 pp. et la table. [21230]
Vend. 6 fr. Langlès ; 13 fr. Klaproth.
M. Quérard, article Potocki, cite : *Chronologie des
deux premiers livres de Manethon*, St-Pétersb.,
Drechsler, 1805, in-4.

— ESSAI sur l'histoire universelle, et Recherches sur
la Sarmatie. *Varsovie, à l'imprimerie libre*, 1789
(et aussi sans date), 2 part. en 1 vol. pet. in-4.
[27801]

Ouvrage rare, comme le sont presque tous ceux de
l'auteur : vend. 48 fr. en 1824 ; 2 liv. 4 sh. Heber,
et sous le titre ci-dessus, 37 fr. de Sacy ; sous celui
de *Recherches sur la Sarmatie*, 41 fr. Klaproth.
On en cite une édit. de *Breslau*, 1789, in-4., mais
nous ne l'avons pas vue.

— Fragmens historiques et géographi-
ques sur la Scythie, la Sarmatie, et les
Slaves, recueillis et commentés par J.
Potocki. *Brunswick*, 1796, 4 vol. in-4.
Le 4e vol. est un supplément. [27743]

Tiré à un petit nombre d'exempl. pour faire des présents : vend. 80 fr. Caillard ; 136 fr. Langlès ; 4 liv.
14 sh. 6 d. Heber ; sans le supplément, 2 liv. 14 sh.
le même ; les 4 vol. 240 fr. Klaproth.

— Histoire primitive des peuples de Russie, avec une exposition complète de
toutes notions locales, nationales et tra-
ditionnelles nécessaires à l'intelligence
du IVe livre d'Hérodote. *Saint-Pétersbourg, imprim. de l'Académie*, 1802,
pet. in-4. pap. vél. [27744]

Ce mince volume s'est vendu jusqu'à 85 fr. chez Langlès, parce qu'il passe pour n'avoir été tiré qu'à
cent exemplaires.
L'auteur a donné depuis, et comme suite de cet ouvrage :
   HISTOIRE ancienne du gouvernement de Cher-
son. *Saint-Pétersbourg*, 1804, in-4. — HISTOIRE
ancienne du gouvernement de Podolie. *Saint-Pétersbourg, de l'imprim. de F. Drechsler*, 1805,
in-4. de 34 pp. d'introduction et 15 pp. de texte. —
HISTOIRE ancienne du gouvernement de Wolhy-
nie, etc. *Ibid.*, 1805, in-4.
Nous n'avons pas eu occasion de vérifier si le volume
annoncé sous le titre d'*Histoire ancienne des provinces de l'empire de Russie*, Saint-Pétersb., 1805,
in-4., est différent des opuscules ci-dessus.
On a annoncé du prince Jean Potocki :
   VOYAGE en Turquie et en Égypte (en 1784). *Varsovie et Paris, Royez*, 1788, in-18 (anonyme).
   CHRONIQUES, mémoires et recherches pour servir à l'histoire de tous les peuples slaves, comprenant la fin du IXe siècle de notre ère. *Varsovie*,
1793, in-4.
   ATLAS archéologique de la Russie européenne,
seconde édition, 1810, in-fol., renfermant six cartes
seulement.

— MANUSCRIT trouvé à Saragosse (par le comte Jean
Potocki). In-4. de 158 pp. cotées par le bas.
Roman qui paraît avoir été impr. en Hollande ou en
Pologne, vers 1810. Selon Barbier, *Anonymes*, IV,
p. 69, nº 2289, il n'en a été tiré que *cent exem-
plaires*. Celui que nous avons vu n'avait pas de
frontispice, et le dernier feuillet y était manuscrit.
A la page 9 du 4e volume de son Dictionnaire des
anonymes, nº 22066, Barbier donne le titre suivant :
   AVADORO, histoire espagnole, par M. L. C. P.
(M. le comte Jean Potocki). *Paris*, 1813, 4 vol.
in-12, et ajoute en note : *Episode d'un manuscrit*

considérable du même auteur (voy. MANUSCRIT). Or, ce manuscrit considérable, dont on a pu extraire 4 vol. in-12, ne saurait être le livre auquel on renvoie. Il n'est pas question de ce roman dans la notice sur le comte Jean Potocki, qui se trouve dans le 77ᵉ vol. de la *Biogr. univers.*; mais il y est dit que ce seigneur a composé un roman espagnol, intitulé *Les Gibets de Losermanos*, qui peut être considéré comme une des productions les plus fantastiques de la littérature moderne, et qui dépasse en hardiesse.et en excentricité tout ce que l'on a écrit depuis quelques années.

POTOCKI (le comte *Stanislas*).

Ebert, nᵒˢ 17883 et 84, cite deux ouvrages de ce sénateur polonais, savoir : *Traité de l'éloquence et du style*, Varsovie, 1815, 6 vol. in-8.; et *De l'Art chez les anciens, ou le Winkelmann polonais*, Varsovie, 1815, 4 vol. in-8., tous les deux écrits en polonais. Le dernier n'est pas une simple traduction de Winkelmann.

POT-POURRI (le) de Ville-d'Avray (chansons et pieces fugitives, par Jacob Nic. Moreau). *Paris, Didot jeune,* 1781, in-18. [14063]

Imprimé aux dépens de l'auteur et pour ses seuls amis : vend. 18 fr. *mar r.* Bailly, et 5 fr. Chateaugiron.

POTT (*A.-F.*). Die Personennamen, insbesondere die Familiennamen und ihre Entstehungsarten; auch unter Berücksichtigung der Ortsnamen. *Leipzig, Brockhaus,* 1862 et 1863, in-8. 5 thl. [21324]

La table qui a été publiée en dernier lieu se vend séparément 1 thl.
— Etymologische Forschungen, 10533. — Die Zigeuner in Europa und Asien, 27943. — Die Ungleichheit der menschlichen Racen, 11467.

POTTER (*Jo.*). Archæologia græca, sive veter. Græcorum, præcipue vero Atheniensium, ritus civiles, religiosi, etc., explicati. *Lugd.-Batav.*, 1702, in-fol. 12 à 15 fr., et plus cher en Gr. Pap. [29132]

Ce volume est une partie du tome XII du *Thesaurus antiquit. græcar.* de Gronovius, publiée avec un titre particulier. Il a été réimprimé à Venise, 1734, en 2 vol. in-4. L'ouvrage anglais, très-estimé, dont il est la traduction, a paru sous le titre suivant :
ARCHÆOLOGIA græca, or the antiquities of Greece. *Oxford*, 1699, 2 vol. in-8.
On l'a souvent réimprimé, soit à Oxford, soit à Londres, en 2 vol. in-8. Les dernières éditions, *Edimb.*, 1813, 1824, etc., aussi en 2 vol. in-8., ont été revues et corrigées par G. Dunbar : 24 fr.

POTTIER (*A.*). Voy. BENOIST (*Fel.*).

POTTINGER (*Henry*). Travels in Beloo-

chistan and Sinde ; accompanied by a geographical and historical account of those countries, with a map. *London*, 1816, gr. in-4. 15 à 20 fr. [20627]

J.-B. Eyriès a donné une traduction française de ce voyage curieux. *Paris, Gide*, 1818, 2 vol. in-8. fig. 14 fr.

POUCHKINE (*Alexandre*). Sotchinéniia. OEuvres (poésies, drames, nouvelles, etc.), précédées de la biographie de l'auteur, par N. Annenkoff. *Saint-Pétersb., impr. militaire*, 1855-57, 7 vol. in-8. avec portr. et dessins. [19328]

— OEuvres choisies, 15925. — Faux Pierre III, 27776.

POUGET (*Fr.-Amatus*). Institutiones catholicæ in modum catecheseos, ex gallico in latinum conversæ. *Parisiis,*1725, 2 vol. in-fol. 24 à 30 fr. [1384]

Bonne édition, dont on recherche surtout les exemplaires dans lesquels sont conservées, à la fin des volumes, les feuilles qui ont été remplacées par des cartons dans le courant de l'ouvrage.
L'édition de *Nismes*, 1765, 6 vol. in-4., vaut de 24 à 30 fr. Celle de *Venise*, en 2 vol. in-fol., est beaucoup moins chère. Il y en a une d'*Avignon, Seguin*, 1837, en 12 vol. in-8.
CATÉCHISME de Montpellier, édition revue et augmentée par G.-L. Berger de Charancy. *Toulouse*, 1748, 3 vol. in-12. 9 fr. [1385]
L'édition originale de cet ouvrage, *Paris*, 1702, in-4., ou 5 vol. in-12, assez rare, est encore recherchée à cause des changements qui ont été faits dans toutes celles qui ont suivi.

POUGET (*N.*). Traité des pierres précieuses, et de la manière de les employer en parure. *Paris, Tilliard,* 1762-64, 2 part. en 1 vol. in-4., avec 79 et 80 pl. 12 à 15 fr. — Figur. color., 18 à 24 fr. [4782]

La seconde partie a pour titre : *Nouveau recueil de parures de joailleries.*
— DICTIONNAIRE des chiffres et des lettres ornées, à l'usage des artistes. *Paris*, 1767, in-4. fig. 10 à 12 fr. [9182]

POUILLÉ général contenant les bénéfices de l'archevesché de Paris. *Paris, Gervais Alliot,* 1648, in-4.

Depuis quelque temps on recherche les Pouillés des différents diocèses de France. Celui-ci a été vendu 19 fr. en 1861. A la même vente se trouvaient plusieurs autres parties du Pouillé général, savoir : *Les benefices de l'archevesché de Reims et des diocèses de Châlon, Senlis, Soissons, Noyon, Laon, Beauvais, Boulogne et Arras*, Paris, Alliot, 1648, in-4., vend. 26 fr.; — 2ᵒ ceux de *l'archevesché de*

Pott (*D.-J.*). Sylloge, 609.
Pott (*Percival*). OEuvres, 7476.
Potter (*L.-Jos.-Ant.* de). Esprit de l'Église, 21401. — Scipion Ricci, 21477. — Conciles, 21688.
Potter (*Jos.*). Ancient ecclesiastical architecture, 10005.
Pottevin de La Croix. Expédition milit. d'Edward III et du prince Noir, 26896.
Potthast (*Aug.*). Bibliotheca historica medii ævi, 31759.

Pouchet (*Félix-Archimède*). Botanique, 4827. — Solanées, 5456. — Zoologie classique, 5573. — Hétérogénie, 6929. — Ovulation spontanée, 6933. — Histoire des sciences naturelles au moyen âge, 30223.
Pougens (*Ch.* de). Trésor des origines, 11004. — Archéologie française, 11021. — Mémoires et souvenirs, 30653.
Pouget (*Louis*). Assurances, 2878. — Droit et obligations des commissionnaires, 2878. — Droit maritime, 2955.

Rouen, et des diocèses d'Avranche, Bayeux, Coutance, Evreux, Lisieux et Seez; — 3° ceux de l'archevesché de Tours, des diocèses d'Angers, Dol, Kymper-Corentin, le Mans, Nantes, Rennes, S.-Brieux, S.-Malo, S.-Pol-de-Léon, Tréguier et Vannes; — 4° ceux de l'archevesché de Lyon et des diocèses d'Autun, Challon sur Saône, Langres et Macon.

POUILLY (*J.-S.* Lévesque de). Voyez LÉVESQUE.

POUJOULAT (*Baptistin*). Voy. MICHAUD.

— Voyage, 19979. — Histoire des papes, 21612. — Hist. de S. Augustin, 22109. — Hist. de Jérusalem, 22739. — Histoire de Constantinople, 27892. — Etudes africaines, 28349. — Le cardinal Maury, 30650.

POULET ou Poullet (*Pierard*), Tierrachois. Charite, tragédie (en 5 actes et en vers). *Orléans, Fabian Hotot*, 1595, pet. in-8. [16348]

16 fr. 50 c. de Soleinne.

— Clorinde, ou le sort des amans, pastoralle en 5 actes. *Paris, Ant. du Breuil*, 1598, in-12.

Deux pièces devenues rares.

— Traité des tombes et sépultures des défunts. *Paris, Léonard*, 1612, pet. in-8. 5 à 8 fr. [28980]

POULLAIN (*Henri*). Traité des monnoyes. *Paris*, 1709, in-12. 3 à 4 fr. [4134]

La première édition de ce traité a paru en 1617. Celle de 1709, publiée par les soins de M. Le Verrier, est augmentée de diverses pièces qui lui donnent de l'intérêt.

POULLAIN (cabinet de). Voy. BASAN.

POUMEROL (*Fr.*). Voy. EZANVILLE.

POUQUEVILLE. Voyage dans la Grèce, comprenant la description ancienne et moderne de l'Epire, de l'Illyrie grecque, de la Macédoine cisaxienne; d'une partie de la Triballie, de la Thessalie, de l'Acarnanie, de l'Etolie ancienne, etc., de la Locride hespérienne, de la Doride et du Péloponèse, avec la vie d'Ali-Pacha, les événements de sa guerre en 1820, et des considérations sur l'archéologie, la numismatique, les mœurs, les arts, l'industrie et le commerce des habitants de ces provinces, par F.-C.-H.-L. Pouque-

ville. *Paris, F. Didot*, 1820-21, 5 vol. in-8. fig. et cartes. [20447]

Ouvrage, sinon le meilleur, du moins le plus complet que l'on eût publié jusqu'alors sur la Grèce moderne. Il y en a une seconde édition, revue, corrigée et augmentée, *Paris, Firm. Didot*, 1826-27, 6 vol. in-8. de lxxviij et 3112 pp. en tout, avec cartes, vues et figures : 25 fr., et plus en pap. vélin. Elle est beaucoup plus complète que la première, et on y a remplacé par une excellente carte de M. Lapie celle de Barbié du Bocage, vicieuse dans sa projection; mais, d'un autre côté, on en a retranché le morceau sur *Ali-Pacha*, qui a été reporté dans l'*Histoire de la régénération de la Grèce*, du même auteur, et l'histoire d'Epire, par Nepota Duk, en grec et en français, morceau qui occupait 155 pp. dans le 5e vol., lequel s'est vendu séparément 9 fr.

HISTOIRE de la régénération de la Grèce, comprenant le précis des événements depuis 1740 jusqu'en 1824, par F.-C.-H.-L. Pouqueville. *Paris, F. Didot*, 1824, ou (seconde édit.) 1825, 4 vol. in-8., cartes et portr. 20 fr. [27934]

POURCHOT (*Edme*). Voyez à l'article BULÆUS.

POUROUCHA Parikcha, traité de morale, en bengali. *Serampour*, 1815, gr. in-8. [3782]

Vend. 45 fr. Langlès.

POURMENADE (la) du Pré aux Clercs. (*sans lieu*), 1622, pet. in-8.

26 fr. mar. v. Solar.

POURQUOY (le) d'amour. Voyez LEONIQUE.

POURTRAICTS divers. *Lion, par Ian de Tournes*, 1557, pet. in-8., contenant 63 pièces, y compris le titre. [9569]

Recueil de gravures sur bois dans le genre de celles du Petit-Bernard, et sans texte. Ces planches représentent des portraits, des fabriques, des animaux, des scènes diverses, des sujets mythologiques et des dessins d'architecture: en 59 pl. mar. bl. 50 fr. Coste; complet, 95 fr. mar. bl. de Bure; et sous le titre factice d'*Epreuves choisies de bons maîtres*, 1556, mar. bl., 57 fr. Nodier; et 62 pièces sans titre, 60 fr. en 1861.

POURTRAICTS de la cour pour le présent : c'est-à-dire du roy, des princes et de (*sic*) ministres d'estat et autres. *Cologne* (*Hollande*), 1667, pet. in-12 de 103 pp. [23786]

Il y en a une autre édition sous ce titre :
LES PORTRAITS de la cour, c'est-à-dire du Roy, des princes, des ministres d'Estat et autres. *Cologne*, 1668, pet. in-12 de 91 pp. Elle paraît avoir été imprimée en France.
Une nouvelle édition de ces portraits (écrits au point de vue historique et politique) vient d'être publiée dans les Archives du Bibliophile de M. Claudin, nos 15 et suiv., par Ed. de Barthélemy, qui y a joint une introduction et des notes. On en a tiré à part soixante exemplaires sur papier vergé.
— Voy. DIVERS portraits.

POVRTRES et figures du somptueux ordre (entrée d'Henri II). Voy. l'art. ENTRÉES.

POUSSIN (*Nicolò*). Vita di Maria Vergine, data in luce da Bonav. Minossi. *Roma,* 1774, in-fol. 22 pl. [9458]

Vend. 12 fr. Lamy.
— Lettres, 9240.

POUTECHESTVIIA rousskich lioudei po sviatoï zemlé. Voyages de gens russes en terre sainte. *St-Pétersb., Sakharoff,* 1839, 2 vol. in-8. [20575]

A la tête de son recueil, qui devait se continuer, l'éditeur Sakharoff, a placé le plus ancien voyage de ce genre, celui de l'igoumène Daniel.

POYVREAULT. Les douze devotes contemplations, prerogatives, excellences et graces du nom de Jesus. *Paris, Pour Jehan sainct Denis* (vers 1525), in-8. goth. [1655]

Le prologue nous apprend que l'auteur est maître Symon Poyvreault, chanoine de Nevers, après la mort duquel son frère publia l'ouvrage.

POZZO (*Paris et Pierre*). Voy. Puteus.

POZZO (*Modesta*). Voy. Fonte.

POZZOLI (*Girolamo*). Dizionario d' ogni mitologia e antichità incominciato da Girolamo Pozzoli, sulle traccie del dizionario di Noel, Millin, Laporte, Dupuis, Rabaud Saint Etienne, ecc., continuato ed ampliato da Felice Romani, ed Ant. Petracchi. *Milano,* 1809-27, 8 vol. in-8. fig. color., y compris 2 vol. de supplément. [22542]

Compilation publiée en *cent douze cahiers,* à 2 fr. chacun. — Une édition du même ouvrage, in-8., impr. à 2 col. et sans grav., a paru à Livourne, en 1824 et années suivantes.

PRABOD'H Chandro' daya, or the moon of intellect : an allegorical drama ; and Atma Bod'h, or the knowledge of spirit, translated from the sanscrit and pracrit, by J. Taylor. *London, Longman,* 1812, in-8. 3 sh. 6 d. [16928]

Vend. 15 fr. Langlès.

PRABODHA Chandro-daya Krisna Misri comœdia, sanscr. et lat., edidit H. Brockhaus. *Lips.,* 1835, gr. in-8. (fasciculus prior continens textum sanscritum).

PRACTICA Cancellariae Aplicae. Prouin-

ciale oĩum ecclesiar‖ruȝ exēplatũ a libro cãzellarie ‖ apostolice. (au recto du f. 143) : Finit practica Cancellarie aplice inuenta inter fracmenta ‖ quedã composita per R. p. d. Hieronymũ pau Cathalanũ ‖ canonicũ Barcinoneñ... cura R. p. d. Frãcisci de bor‖gia canonici Ualentiñ... Im‖pressa Rome per magistros Ioannē de Besicken ɀ Si‖gismũdũ de Marchsaȝ ac diligētissime emēdata per... Anthoniũ Arnaldum pla... Anno ‖ salutis xp̄iane, M. cccc. xciij... in-4. goth. de 143 ff. à 36 et 37 lign. par page avec des notes marginales. [3212]

PRACTICA von paris. (*sans lieu d'impression*). in-4. de 8 ff. à 22 lign. par page, avec des fig. astronomiques sur bois.

Nous citons ce vieux calendrier allemand à cause du mot *Paris* que présente son titre. Le second f. contient une fig. à côté de laquelle on lit : *Seyt das got der* ‖ *almächtig allē dĩ* ‖ *gen ir wcsen geit* ‖ *...* ensuite ce passage : *So hab ich* ‖ *hie nach gesezct des iares lauff vnd seinē* ‖ *einflus. Als man zelt.* M. cccc LXXXvij. *jar.* ‖ etc., et au verso du 8⁰ f., ligne 24 : *barmherczikeyt gottes. Amen.* (Hain, n⁰ 13314.)

PRACTIQUE. Voy. Pratique.

PRADEL (*Abr.*). Voy. Du Pradel.

PRADES (*Jean* Royer de). Le Trophée d'armes heraldiques, ou la science du blason, avec des figures en taille-douce, et les armoiries de plusieurs familles qui n'ont point esté encore imprimées ; seconde édition, reveue, corrigée et de beaucoup augmentée par l'autheur. *Paris,* 1655, in-4. [28802]

Cet ouvrage, que d'autres plus récents et meilleurs ont fait oublier, a eu quatre édit. La première est de 1650, in-4. On trouve à la page 47 une description des armes de J.-C., qui n'a pas été reproduite dans les autres. La troisième est de 1659 et la quatrième de 1672.

PRADI (*Hieron.* et *Johan.* Villalpandi) explanationes in Ezechielem ; explanationes et apparatus urbis ac templi Hierosolymitani commentariis et imaginibus illustratus. *Romæ,* 1596-1604, 3 vol. in-fol. fig. 24 à 30 fr. [460]

Ouvrage savant et enrichi de belles planches.

PRADO (*Andres*). Farsa llamada Cornelia. *Medina,* 1537 (in-4. goth.).

Moratin, Catalogue des pièces antérieures à Lope de Vega.

PRADO (*Juan* de). Viage... que hizo a Marruecos. Voy. tome III, col. 1532, art. Matias de San Francisco, et ajoutez l'édition de Madrid *por Fr. Garcia,* 1643, in-4.

PRADON(*Nic.*). Ses OEuvres. *Suivant la copie impr. à Paris, Amsterdam, chez Ant. Schelte*, 1695, pet. in-12. [16472]

Sous ce titre, Ant. Schelte a réuni six pièces de Pradon, impr. séparément de 1679 à 1688, et portant le *Quærendo*, marque du libraire Wolfgang, dont il a été le successeur. La 6e pièce, le *Regulus* de 1688, n'est pas dans tous les exemplaires. Dans celui qui a été vendu 41 fr. Nodier, et 43 fr. Pixerécourt, une de ces pièces, *Pyrame et Thisbé*, était de 1674, au contraire, de 1695 dans l'exemplaire en *mar*. vend. 30 fr. Bertin. — Ce recueil n'a de prix que parce qu'il se joint à la collection elsevirienne ; l'édition de *Paris*, 1744, 2 vol. in-12, est sans valeur, et pourtant elle contient, de plus que celle de Schelte, une septième pièce, *Scipion l'Africain*, tragédie imprimée pour la première fois à Paris, en 1697.

Cinq pièces de Pradon, *édition originale*, impr. à Paris, de format in-12, et *rel. en mar.*, sont portées sous les nos 1773 à 1776 du catal. de M. Ch. Giraud, savoir : 1° *Pirame et Thisbé*, 1674 (19 fr.) ; 2° *Phèdre et Hippolyte*, 1677 (27 fr. 50 c.) ; 3° *la Troade*, 1679 (12 fr. 50 c.) ; 4° *Statire*, 1680 (13 fr. 50 c.) ; 5° *Regulus*, 1688 (25 fr.). Il faut ajouter que la reliure doit compter pour beaucoup dans ces prix.

PRÆADAMITÆ. Voy. LA PEYRERE.

PRÆCEPTA grammatica atque specimina linguæ philosophicæ sive universalis. *Berolini*, 1772, in-4. 5 à 6 fr. [10540]

PRÆCES piæ. Voy. HORÆ.

PRÆCLARA dicta philosophorum. Voyez ARSENIUS.

PRÆCLARA. Preclara Frācorū facinora variaq; ipsorum certamina, pluribus in locis ta; contra orthodoxe fidei, q; ipsius gallice gentis hostes non impigre gesta. quicquid item digni memoratu in ipso christianissimo francie populo potuit contingere : ab anno domini millesimo ducentesimo : ad annum eiusdē domini millesimum, cccxi. quo templarii e medio tolluntur. ab illustrissimo inquam principe montis fortis comite dum viveret christi athleta fortissimo ac rei bellice peritissimo, accuratissime recollecta : hoc historiali nusq; tamen viso clauditur epithomate. (*absque nota*), in-8. de 56 ff. non chiffr., sign. A—G. (titre en caract. goth. et impr. en rouge et noir, texte en lettr. rondes, 29 lign. à la page). [23340]

Cette histoire, connue sous le nom de Chronique de Simon de Montfort, est attribuée à Pierre V, évêque de Lodève en 1312 ; elle a été réimpr. sous le nom de Guill. de Puy-Laurens, dans l'appendice à l'Histoire des comtes de Toulouse, par Guill. de Catel (*Toulouse*, 1623, in-fol.) ; dans le tome V de la collection d'André Duchesne, et dans le XIXe de celle de D. Bouquet. L'édition in-8. dont nous venons de donner le titre a dû paraître dans le commencement du XVIe siècle : 6 sh. Heber ; 13 fr. en 1841 : 31 fr. mar. r. Coste.

Pradt (*Dominique* Dufour de). Quatre concordats, 3237. — Colonies, 4186. — Révolution d'Espagne, 26098.

— LHISTOIRE des guerres faictes en plusieurs lieux de la Frāce, tant en la Guiēne et Languedoc, contre les heretiques, que ailleurs contre certains ennemis de la coronne, et de la cōquete de la Terre Saincte ; et de tout ce qui est advenu en France digne de memoire, depuis l'an 1200 jusqu'à l'an 1311, auquel tous les Templiers furent destruictz ; nouuellement mise en langue françoise par Iean Fornier. *Tolose, Iacques Colomiez*, 1562, pet. in-4.

PRÆDICABILIA. Liber prædicabilium. (in fine) : *In Alosto oppido comitatus Flandriæ per Iohannem de Westphalia Paderbornensem cum socio suo Theodorico Mantini*. M. CCCC. LXXIIII. *maii die sexto*, in-8. ou pet. in-4. [3405]

Livre fort rare, que cite Maittaire, et d'après lui plusieurs bibliographes : il contient les cinq prédicaments ou catégories de Porphyre, trad. en latin. Les deux associés qui les ont imprimés à Alost ont été un peu plus tard s'établir séparément, le premier à Louvain, et le second à Anvers. Cet article eût été mieux placé sous le mot LIBER.

PRÆSAGITIO (Felix). De invictissimo Gallorum domino, Francisco, duce Engolismeni et incomparabili sorore ejusdem Margareta, uxore laudatissima principis Alenconis. *Parisiis*, 1512, in-4.

Titre donné dans la *Biblioth. de la France*, édit. de Fontette, II, n° 17485.

PRÆTORIUS (*Abdias*). De poesi Græcorum libri octo : quibus accessit et alius de generalissimis poeseos considerationibus libellus. *Witebergæ (excud. Joan. Crato)*, 1571, pet. in-8. de 8 ff. prél., 412 pp. et 1 f. pour la souscript. [12248]

Ouvrage devenu rare et qui est encore recherché : 2 liv. 1 sh. Drury, sans avoir cette valeur. La première édition, *Basileæ, Jo. Oporinus*, 1561, pet. in-8. de 188 pp. et 6 ff. d'index, ne contient que 4 livres, et est autrement distribuée que la seconde. On a du même auteur : *Commentariolus de phrasibus ebræis, ad intelligentiam scripturarum*, Witebergæ, excud. Joan. Lufft, 1561, pet. in-8.

PRÆTORIUS (*Mich.*). Syntagma musicum in IV tomos distributum ; tom. I (absque loco, seu) *Wittebergæ*, 1614 ; tom. II et III, *Wolfenb.*, 1619 ; tom. IV (Theatrum instrumentorum), *Wolfenb.*, 1620. Ensemble 4 tom. en 2 vol. in-4. fig. [10156]

Cet ouvrage a de l'importance, et il est très-difficile d'en réunir les quatre parties (Ebert, 17899). Elles sont décrites dans la Biographie des musiciens de M. Fetis.

PRÆTORIUS (*Matth.*). Orbis gothicus, id est historica narratio omnium fere gothici nominis populorum. *Typis monasterii Olivensis, ordinis cisterc., imprimebat Jo.-Jac. Textor*, 1688-89, 4 part. en 1 vol. in-fol. [23003]

Ouvrage curieux et assez recherché ; les exemplaires en sont rares : 48 fr. Le Marié ; 11 flor. Crevenna ; 20 fr. Librairie De Bure.

— Mars gothicus, exhibens veterum Gothorum militiam, potentiam, etc. *Typis monast. Olivensis*, 1691, in-fol. [23004]

Cet ouvrage doit être joint au précédent pour le compléter, mais il se trouve plus difficilement encore.

PRÆTORIUS (*J.-C.*). Voy. Tobago.

PRAGMATICA sanctio Caroli VII, Francorum regis, sive Decreta basilensia et bituricensia, quam pragmaticam vocant. (*absque nota*), pet. in-4. de 35 ff. [3235]

Cette édition, la plus ancienne que nous connaissions de la *Pragmatica sanctio*, n'a été citée ni par Panzer ni par Hain : elle est impr. en caractères romains, à longues lignes, au nombre de 27 sur les pages complètes, sans chiffres, sans réclames ni signatures. C'est, selon nous, une production sortie des presses parisiennes de Gering et de ses associés, vers 1472. Le volume n'a pas de titre, et celui que nous avons donné ci-dessus est factice. La première page commence par cette ligne :

    (C) AROL VS dei gracia franco-

Le recto du dernier feuillet ne contient que huit lignes ; les trois dernières sont disposées ainsi :

    Explicit pragmatica sanctio
      Deo gratias
      Amen.

Un exemplaire rel. en mar. 100 fr. Catal. de Potier, libraire, 1856, 1re partie.
Après cette édition vient celle de Paris, 1484, *die vero* 28 *mensis aprilis*, pet. in-4. de 40 ff. à 25 lig. par page, impr. avec les caractères de Cæsaris, laquelle est portée dans le catal. de Crevenna, II, n° 1359. La souscription est au recto du 37e f., et le dernier f. est blanc.

— Eadem, glossata per Cosmom Guymier. —*Finiunt decreta basilensia et bituricensia..... glossata per Cosmum Guymier in utroque jure licentiatum et Parisii impressum per Iohannem Bonhomme librarium parisiensem Anno domini* 1486, in-4. (Panzer, II, p. 286, n° 115).

Ces ordonnances ont été souvent réimprimées avec la glose de Cosme Guymier. Hain (n° 4530) en cite une édit. de *Lyon* (*Lugduni impssa Anno dñi M. cccc. lxxxviij*), in-4. à 2 col., car. goth. gros et petits, sans nom d'imprimeur, mais avec les deux lettres I. G. L'exemplaire en *mar. r.* vend. 10 fr. seulement Daguesseau , est aujourd'hui dans le cabinet de M. Yéméniz. Il existe trois autres édit. de Lyon, 1° *per Johan. de vingle*, 1497, *die vero septima aprilis*, in-4. goth. dont le dernier f. porte la marque de J. de Vingle (*Biblioth. impér.* L d 7 +8), 2° *per Jacobum Malliete*, 1497, in-4., 3° de 1499, in-8.

— Pragmatica sanctio vna cũ repertorio ĩgeniose secundũ alphabeticũ ordinẽ cõpilatio ad glosarũ materias facilius inueniendas. (à la fin) : Finiunt decreta Basiliensia necnõ Bituricensia que Pragmatica sanctio intitulant... *impressaqʒ Parisius per Philippum pigouchet, impensis Iohannis parui bibliopole Parisiensis...* M. ccccc iij *die vero p͠ma Aprilis ante pascha*. In-8. goth. de 205 ff. chiffr. plus 1 f. bl. et l'Index qui a des signat. A—B par 8 ff., C par 10 et D par 4.

A la suite du titre se trouve la marque de Jean Alexandre. Au verso du dernier feuillet se voit celle de Philippe Pigouchet que nous avons donnée réduite t. II, col. 382.

— Pragmatica sanctio. (in fine) : *Finiunt decreta Basiliensia necnõ Bituricẽsia :*

que *Pragmatica sanctio intitulantur : glossata subtilit. per magistrũ Cosmã Guymier... Parisius per mg͠rm Andreã bocard : impensis Johannis parui et Guillermi Eustachii.* M. ccccc vij. die IX Augusti, in-8.

Ce vol. renferme 205 ff., plus 43 ff. contenant trois tables , avec une seconde souscription datée : *xviij Augusti* 1507. L'exempl. sur vélin qui, suivant Van Praet, t. II, p. 45, serait à la Bibliothèque impériale, ne figure pas dans le nouveau catalogue de cet établissement , où l'on trouve porté l'article suivant, également sur vélin :

    Guillelmi de Monserrat..... perutile cometũ sup pragmatica sãctione quiqʒ partes continẽs. — *arte impressoria... Johannis de Prato alme universitatis parisiensis librarii jurati millesimo quingentesimo primo* (1501), in-4. de 3 et 51 ff.

Aux éditions de la *Pragmatica sanctio* déjà décrites ajoutons celle dont la souscription porte : *Impressa Parisius per Joannem barbier impensis Johannis Parui... Anno M. ccccxiiij, xiiij Kal. Junuarij ;* c'est un in-4. goth. à ccv ff. de texte dont le dernier est mal coté xii ; plus la table impr. séparément à la date de décembre 1514. Plusieurs des éditions qui ont paru depuis cette dernière, et entre autres celle de Lyon (*impressa sumptibus Antonii Vincentii apud Mathiam Bonhome*), 1537, 2 tom. en 1 vol. in-8., renferment de plus le concordat réglé entre Léon X et François Ier (voy. Concordata).

Pour les autres édit., consultez le Catal. de la Bibl. du roi, Jurispr., I, p. 66, et nouveau catal., Histoire de France, t. V, pp. 444-445.

PRAGMATIQUE (la) sanction, en francoys, avec Guillermʒ Paraldi de la pluralite des benefices. — *Imprime a Paris, par Gaspard Philippe pour Martin Alixandre et ses consorts*, 1508, pet. in-4. goth.

Divisé en deux parties : la première de LXXXviij ff. y compris le titre (le texte y est entouré d'un abrégé de la glose); la seconde de xlvj ff., suivis d'un f.

contenant la table et la souscription, et d'un dernier f. portant la marque de Martin Alexandre, donnée par M. Silvestre, n° 362 : vend. 30 fr. 50 c. Revoil, et 20 fr. *mar. r.* Coste. Gaspard Philippe a souvent employé la marque ci-dessus.

La Bibliothèque impériale possède un exemplaire sur VÉLIN d'une autre édition in-4. du même livre, qui contient un nombre égal de feuillets, mais dont le titre n'annonce pas la 2e partie, bien qu'elle soit comprise dans le volume, lequel ne porte ni date, ni lieu d'impression.

— LA PRAGMATIQUE sanction en fran ¶ cois auec Guillermus ¶ paraldi de la pluralite des benefices. Au recto du dernier f. : *Cy fine la pragmaticque sanction... imprime par Michel le noir. libraire iure de luniuersite de Paris. Demourât en la rue Sainct Iacques. le xxvi iour de nouembre. Mil cinq cens z treize*, 2 tom. en 1 vol. pet. in-4: goth. de lxx et xxxiii ff. chiffrés, plus un pour la fin de la table et la souscription, avec la marque de Le Noir au verso. Derrière le titre est une grande vignette sur bois.

Il existe une édition de cette traduction imprimée à Paris par Phil. Pigouchet, pour Jean Petit, en 1510, in-4. goth.

On aussi *La Pragmatique sanction*, en français, *Paris, Vincent Sertenas*, 1561, in-8.

Pour une réfutation de cette Pragmatique sanction, voy. HÉLIAS.

PRAISE (the) of musike. Voy. CASE (*J.*).

PRANDI (*P.-D. Girolamo*). Dissertazione intorno al sublime. *Parma, nella reale tipogr.* (*Bodoni*), 1793, in-4. [12078]

Édition tirée à 125 exemplaires : bas prix.

PRASILDO. La Hystoria di Prasildo et de Tisbia (*sans date et sans nom de ville*), in-4. goth. avec une vignette sur bois.

Opuscule en vers, lequel reproduit, avec quelques variantes, un épisode de l'*Orlando innamorato*. 1 liv. Libri, en 1859.

PRASPERGIUS. Clarissima plane atque choralis musice interpretatio domini Balthasser Praspergii, meseburgii, cum certissimis regulis atque exemplorum annotacionibus et figuris multum splendidis in alma Basileorum uniuersitate exercitata. *Basileæ, per Michaelem Furter*, M. D. IIII, in-4. goth. avec musique notée. [10189]

Panzer, après avoir placé ce livre à l'année 1500, dans son premier volume, le décrit sous la date de 1504, à la p. 178 de son 6e tome. L'ouvrage est sous celle de 1501 dans le catalogue de Gaetano Gaspari, n° 184, où il est porté à 20 fr.

PRATIÇĀKHYA (le) du Rig-Véda, texte sanscrit, publié pour la première fois sur un manuscrit de la Bibliothèque impériale, traduit en français avec un commentaire perpétuel et une étude sur la grammaire védique, par M. Ad. Régnier. *Paris, imprim. impér.*, 1859, 3 vol. in-8. [2249] — Voy. l'art. VEDA.

PRATILLI. Della via Appia riconosciuta e

descritta da Roma a Brindisi, lib. IV (da Fr.-Mar. Pratilli). *Napoli*, 1745, in-fol. fig. 10 à 15 fr. [29213]

Travail important et rempli d'érudition, contre lequel cependant Erasme Gesualdo écrivit des *Osservazioni critiche*, impr. à Naples, en 1752, in-4. A cette critique beaucoup trop vive, Pratilli, sous le nom d'un moine du Mont-Cassin (*Monaco Cassinese*), répondit par une lettre, en date du 9 février 1753, in-4.; ce qui attira une réplique (*Risposta*) de Gesualdo, en date de *Benevento*, 11 sept. 1753, in-4. Ces trois pièces doivent être jointes à l'ouvrage qui leur a donné naissance.

PRATIQUE (la) de faire toutes confitures, condiments, distillations d'eaux odoriferantes et plusieurs autres receptes très-utiles, auec la proprieté du vinaigre. *Lyon, Ben. Rigaud et Jean Saugrain*, 1558, in-16 de 206 pp. [7075 ou 10297]

Petit livre rare : 80 fr. *mar. v.* Coste, et quelquefois beaucoup moins.

PRATIQUE. Practique, ou pronostication a tousiours durant : côme a ung deuot ħomme fut reuele en l'an mil CCXVI, nouuellemêt trâslatee de latin en francoys, et au vray calculee par ung renomme recteur, tant en theologie que medecine, docteur, premier chantre de la chapelle du royal clerge, et doyen de Saint-Martin de Peaulgres. *Imprime a Lyon par la veufue de feu Claude Nourry, dict le Prince, l'an mil cccc xxxiiii*, pet. in-4. goth. de 8 ff. dont le dernier tout blanc. [9009]

50 fr. *v. f.* Cailhava.

PRATO (*Dom.* da). Voy. BRUNELLESCHI.

PRATUS. Pratum Claudii Prati, continens Anthologiam epistolarum, orationum, sententiarum, apophthegmatum, ænigmatum, epitaphiorum et carminum, quæ nunquam hactenus in lucem prodierant : ex diversis authoribus non levis censuræ viris recens et accurate congestam libris quatuor. *Parisiis, Joan. Libert*, 1614, in-8. [19397]

20 fr. Coste, et quelquefois moins.

PRAXIMOLOGIE (la) ou brefve description (en vers) des faits plus mémorables et de la mort de Monseigneur le très-illustre duc de Ioyeuse, pair et admiral de France, gouverneur et lieutenant général pour sa majesté au pays de Normandie, ensemble son tombeau (en vers), par I. D. V. *Paris, D. Périer*, 1588. — Les Regrets et Souspirs lamentables de la France sur le trespas de très-haut et très-valeureux seigneur Monseigneur le duc de Ioyeuse..., plus l'ordre tenu au

---

Prarond (*Ern.*). L'Arrondissement d'Abbeville, et le canton de Rue, 24243.

Prat (*H.*). Études historiques et littéraires, 23022.

Pratt (*J.-H.*). Principles of mechanical philosophy, 8081.

Pravaz (*Ch.-G.*). Luxations du fémur, 7515.

convoy et obsèques d'iceluy..., avec l'épitaphe du dict seigneur (en vers). *Paris, Hub. Velu,* 1588, pet. in-8. [13972]

Deux opuscules portés dans le catalogue du libraire Claudin, sept. 1856, n°⁵ 3 et 4.

PRAY (*Georgii*) Annales veteres Hunnorum, Avarum et Hungarorum ab anno a C. N. 210 ad ann. 997 deducti ; partes tres. *Vindobonæ,* 1761, in-fol. [26517]

— Dissertationes historico-criticæ (decem) in Annales veteres Hunnorum, Avarum et Hungarorum. *Vindobonæ,* 1775, in-fol. [26518]

— Annales regum Hungariæ ab anno Christi 997 usque ad ann. 1564 deducti. *Vindobonæ,* 1764-70, 5 vol. in-fol. [26519]

Ces trois articles doivent être réunis, mais ils se trouvent difficilement en France, où ils reviendraient à plus de 200 fr.
On a encore de Georges Pray : *Historia regum Hungariæ, cum notitiis præviis ad cognoscendum veterem regni statum pertinentibus,* Budæ, 1801, 3 vol. in-8., et différents ouvrages relatifs au même pays. [26520]

PRAYER. Voy. BOOK of common prayers, et au mot PRIMER.

PRECATIO horarii (arabice). *Fani, Greg. Gregorio,* 12 sept. 1514, pet. in-8. de 120 ff. non chiffrés, à 12 lign. par page, avec encadrement. [679]

Premier livre imprimé avec des caractères arabes (Schnurrer, *Biblioth. arab.,* p. 231, et surtout *Bibliothèque de M. Silvestre de Sacy,* I, n° 1351, et p. 411, où un exempl. est porté à 201 fr.).
Un autre exemplaire annoncé sous le titre d'*Horologium breve, seu preces nocturnæ et diurnæ Græcorum, e græco sermone in arabicum translatum,* n'a été vendu que 60 fr., troisième vente Quatremère, et 5 liv. 15 sh. Libri, en 1859.

PRECES S. Niersis clajensis sedecim linguis, armenice literalis, armenice vulgaris, græce literalis, græce vulgaris, latine, italice, gallice, hispanice, germanice, anglice, hollandice, illyrice, serviane, hungarice, turcice et tartarice armeniacis characteribus. *Venetiis, in insula S. Lazari,* 1818, in-18, pap. vél. 6 à 9 fr. [683]

Il y a une 4ᵉ édition de ces prières, in-12, à la date de 1837, et également imprimée dans le couvent de Saint-Lazare, à Venise : elle réunit 24 langues, mais elle diffère de l'édition de 1823, ainsi que l'annonce la préface où l'éditeur s'exprime de cette manière : *Novam iterum editionem suscepimus... tribus tamen omissis versionibus, videlicet tum græca vulgari tum armenica, atque serviana; quarum loco Suionum, Æthiopum, Sinarumque linguam suis characteribus exhibemus.* Dans cette dernière édition il y a a S. *Nersetis,* et pas *Niersis.*

PRECHAC (de). L'Héroïne mousquetaire. *Amsterdam, chez Jacques le Jeune,* 1677-78, 4 part. en 1 vol. pet. in-12. [17191]

Jolie édition, à la Sphère, 20 fr. *m. citr.* Nodier;

11 fr. *vél.* Pixerécourt. L'édition de 1680, *m bl.* 5 fr. Sensier.

— La noble vénitienne, ou le jeu de la bassette. *Suivant la copie de Paris, chez Barbin* (Hollande), 1679, pet. in-12. [17192]

Vend. 18 fr. 50 c. Renouard, en 1829, et 8 fr. *m. bl.* Nodier.
Dans le catal. de La Valliere-Nyon, n° 8291, on attribue au même auteur l'*Illustre Parisienne,* suivant la copie, 1679, 2 part. en 1 vol. pet. in-12. Ouvrage réimpr. dans les œuvres de Mᵐᵉ de Villedieu, et qui, ainsi que les deux précédents, est dans le catalogue de Dan. Elsevier.

PRÉCIS de la vie de Bonnard. Voy. GARAT.

PREDESPOYR. Sensuyt le p̄despoyr de lamãt auec le hazard damour. Et une ballade ioyeuse des tauerniers qui brouillẽt le vin : Et aussi y a la despence que lon peult faire chascun iour selon son reuenu de toute ãnee. (*sans lieu ni date*), pet. in-8. goth. de 8 ff. [13557]

Pièce rare : 40 fr. 50 c. en mars 1816.

PREFACES to the first editions of the greek and roman classics and of the sacred scriptures. Collected and edited by Beriah Botfield. *London, H.-G. Bohn,* 1861, in-4. 5 liv. [31627]

PREFONTAINE (*César-François* Oudin Sʳ de). Les Aventures tragi-comiques du chevalier de la Gaillardise où dans le récit facétieux de sa vie et de ses infortunes, il divertit agréablement les esprits mélancoliques, *Paris, Cardin Besongne,* 1662, pet. in-8. de 8 ff. et 335 pp. [17179]

Ce volume avait d'abord paru, en 1660, sous le titre de l'*Orphelin infortuné, ou le portrait du bon père, histoire comique et véritable de ce temps,* par le sieur D. P. F. ; mais, n'ayant été alors que fort peu remarqué, on le fit reparaître sous un titre plus piquant, et on y mit une nouvelle dédicace. Toutefois, M. P. L., dans une note curieuse qu'il a fournie au Bulletin du Bibliophile (1858, n° 436), à l'occasion d'un exemplaire de ce roman, qui y est porté à 34 fr., dit ce livre très-amusant, très-comique et très-utile pour l'histoire de la langue.

PREM SAGUR, or the history of Hindoo deity Sree Krishu, contained in the tenth chapter of Shree Bubaguvut of Vyasudevu, translated into Hinduvee from the Bry B, hasha, of Chutooch Hooj Mirr, by Shree Lulloo Lal Kub. *Calcutta,* 1810, gr. in-4. de 250 pp. 2 liv. [13013]

Prechtl (*J.-J.*). Technolog. Encyclopädie, 10211.
Précis de l'abolition de l'esclavage, 4187.
Predari (*F.*). Origine e vicende dei Zingari... 27942. — Bibliografia milanese, 31770.
Predigten, 1900.
Prégnon (l'abbé). Histoire de Sedan, 24919.
Preindel (*Jos.* de). Grammaire turque, 11687.

Dans son *Histoire de la littérature Hindoui et Hindoustani*, p. 307 (article Lallu), M. Garcin de Tassy donne une notice sur ce livre, qu'il intitule *Le premier Sâgar*. Outre l'édit. de 1810, dont nous rapportons ici le titre d'après Ebert, 17908, notre savant indianiste en cite une de 1825, et une autre de 1831, également in-4. Cette dernière est jolie, mais fautive.

— THE PREM SAGAR, or the ocean of love, being a history of Krishna, according to the tenth chapter of the Bhagavat, of Vysadev, by Lallu Lal; a new, edition, with a vocabulary, by E.-B. Eastwick. *Hertford*, 1851, in-4. 36 fr.

— THE SAME, literary translated from the Hindi into English by E.-B. Eastwick. *Hertford*, 1851, in-4. 15 fr.

PREMARE. Notitia linguæ sinicæ, auctore P. Premare. *Malaccæ, cura et sumptibus collegii anglo-sinici*, 1831, gr. in-4. de 262 pp. et 28 pp. d'index. [11862]

Vend. 39 et 45 fr. Klaproth; 34 fr. Chaumette; 24 fr. de Sacy.

Cet ouvrage, composé à la Chine, en 1728, était resté jusqu'alors inédit. M. Abel Rémusat en a donné l'analyse dans le *Journal des Savans*, sept. 1831, et J.-G. Brigman une traduction anglaise qui a été impr. à Canton, en 1847, in-8.

PREMIER (le) acte du synode nocturne des Tribades, Lemanes, Unelmanes, Propetides, à la ruine des biens, vie et honneur de Calianthe. (*sans lieu d'impression*), 1608, pet. in-8. de 85 pp. y compris le 2e f. qui est tout blanc. Chaque page a 33 lign. [18012]

Ouvrage d'un genre très-singulier, passablement écrit pour le temps, et où l'auteur a prodigué une érudition immense dont il aurait pu faire un meilleur emploi. C'est un livre fort rare et à peine connu. L'épître au lecteur est signée *Polupragme*, mot grec qui probablement a là une signification figurée. Dans son dictionnaire (II, p. 160) Prosper Marchand attribue cet opuscule à Guil. Reboul, mais par simple conjecture.

En 1852, deux bibliophiles ont fait faire en Angleterre une réimpression de ce petit livre, in-8., de 12 et 116 pp. dont il n'y a eu que soixante exemplaires tirés pour le commerce. Le faux titre porte : *Bibliothèque bibliophilo-facétieuse, éditée par les frères Gebeodé* (c'est-à-dire Gustave Brunet et Octave Delepierre); première publication, 5 fr. Duplessis.

L'éditeur Jules Gay a donné à Paris, en 1862, une nouvelle édition de ce livret, format pet. in-12, tirée à 100 exempl. numérotés, plus 2 sur PEAU VÉLIN.

PREMIER livre de la muse folâtre. Voyez MUSE. — de l'histoire. de la navigation. Voy. PRIMA pars.

PREMIER volume, contenant quarante tableaux ou histoires diverses qui sont mémorables, touchant les guerres, massacres et troubles advenus en France, en ces dernières années. Voy. TORTOREL (*Jean*).

PREMIERE (la) lecon des matines ordinaires du grand abbe des conardz de Rouen, souuerain monareque de lordre : côtre la respôse faicte par ung corneur a

lapologie dudict abbe (1537), in-4. goth. de 4 ff. [13558]

Pièce en vers, fort rare, dont le titre porte une vignette en bois représentant un cornard. Elle est impr. en gros caractère. Au verso du 4e f. se lisent les vers suivants :

Au moys doctobre ainsi q̃ chascũ scait
Jour dix et neuf Mil cinq cẽtz trẽte sept
Le Chancellier par mort changea de place
Prions q̃ dieu luy doint son seau de grace.
Cest de limpression de
Cardin hamilton (ou humillon).
Cũ privilegio abbatis.

Vend. 20 fr. (exemplaire restauré dans les marges) en 1840.

Réimprimé à *Paris, chez Panckoucke*, en 1848, pet. in-12 de 12 pp., par les soins de J. Chenu, et tiré seulement à 18 exemplaires dont deux sur PEAU-VÉLIN, ainsi que les deux pièces suivantes :

APPOLOGIE faicte par le grant abbe des conardz, voy. APPOLOGIE.

LES TREVES de Marot et Sagon, voy. PLUSIEURS traictés.

PRENDEVILLE (*James*). Photographic facsimiles of the antique gems formerly possessed by the late prince Poniatowski, accompanied by a description and poetical illustration of each subject, carefully selected from classical authors, together with an essay on ancient gems and gem engravings by James Prendeville, assisted by Dr Magnin; photographied by L. Collis. *London, Longman*, 1857-58, 2 séries, in-4. [29603]

Chaque série de ce bel ouvrage a coûté 10 liv. 10 sh., la seconde se compose de 148 pp. et de 228 photographies.

PRENNER (*Ant.-Jos.* de). Theatrum artis pictoriæ, quo tabulæ depictæ quæ in cæsarea vindobonensi pinacotheca servantur, leviore cælatura exhibentur. *Viennæ-Austriæ*, 1728-33, 4 parties in-fol., 160 pièces. [9418]

Ouvrage d'une exécution fort médiocre : vendu 26 fr. Méon. — Voy. STAMPART.

PRENNER (*Georg-Gasp.* de). Voyez ZUCCARI.

PRENOSTICATION de maistre Albert songecreux bisscain. (*sans date*), in-4. goth. de 4 ff. à 2 col. de 36 à 46 lignes. [13562]

Almanach facétieux, en vers de 8 syllabes, sur le titre duquel est une gravure en bois représentant un fou. L'exemplaire de La Valliere portait cette note manuscrite, d'une main fort ancienne : *Proclamatum mense decemb.*, 1527. Cet exempl. qui, quoique rel. en *mar. r.*, n'avait été vendu que 2 fr. chez La Valliere, a été porté à 3 liv. 2 sh. à la vente Heber; en *mar. v.* par Bauzonnet, 47 fr. Arm. Bertin; ensuite il a été payé 280 fr. à la vente Solar, par M. Double. Rabelais a cité cette pièce (sous un titre latin) dans son Catalogue de la Biblioth. de St-Victor, et Henri Estienne dans l'*Apologie pour Hérodote*, ch. 39, art. 10. D'un autre côté, Du Verdier (II, 339) en a parlé à l'article Préel, lequel Préel, selon La Monnoye, serait le même que Me Albert Songecreux, ce qui reste encore à prouver.

— LA MÊME PRENOSTICATION... réimpression fac-simile d'après l'exemplaire unique de la bibliothèque de M. L. Double. *Paris, imprimerie de L. Martinet,* in-4.

Exact fac-simile exécuté d'après le procédé de M. Adam Pilinski, et tiré à 100 exemplaires sur papier ordinaire, plus 4 sur papier ancien; il est accompagné d'une intéressante préface, en 6 pp., signée P. L. Jacob, bibliophile, 30 décembre 1861.
— Voy. PRONOSTICATION.

PRESA (la) de Nigroponte fac||ta per vno fiorentino. *(sans lieu ni date),* pet. in-4. [14660]

Opuscule *in ottava rima,* composé de 12 feuillets, impr. en jolis caractères ronds, 16 vers à la page, sans chiffr., récl. ni signat. En tête du premier feuillet se lit le titre ci-dessus en petites capitales, et impr. en rouge. Le seul exemplaire connu, celui de la Palatina de Florence, porte une note manuscrite qui nous apprend que ce petit poëme a été ' impr. à Florence vers 1471, par Bernardo Cennini, avec les mêmes caractères que ceux du Servius in Virgilium, et qu'il est de Jacopo da Prato. Cette attribution est exacte et celle de la date de 1471 ne l'est pas moins, car l'auteur dit dans son poëme : *il luglio quattro settanta passato* en parlant de la prise de Négrepont. Il paraît, ajoute Colomb de Batines, qui nous fournit le fond de cette note, que le poëme de Jacopo da Prato fut très-populaire dans son temps, car j'en ai vu huit ou dix réimpressions faites à Florence et à Pistoie au XVIe et au XVIIe siècle.

La prise de Négrepont a encore donné lieu à un poëme *in terza rima,* écrit en dialecte vénitien. C'est un pet. in-4. de 4 ff. seulement, dont le dernier est blanc, les trois autres en caractères ronds, à 22 vers par page. En tête du premier se lit le titre suivant impr. en petites capitales : *Questo. sel. pianto. de. Negroponte.* Colomb de Batines, qui a décrit aussi ce dernier opuscule d'après l'exemplaire de la Palatina de Florence le seul connu, le supposait sorti des presses de Venise de 1470 à 1475.

PRESA (la) et lamento di Roma, & le gran crudeltade fatte drento, con el credo che ha fatto li Romani : con un sonetto et un successo di Pasquino e Marforio. *Nuovamente stampato in Venetia, per Vavassore detto Guandagnino (senz'anno),* in-4. de 4 ff. avec un bois sur le titre représentant des cavaliers combattants. [14676]

Petites pièces de vers composées à l'occasion du sac de Rome en 1527. La *Presa* est en octave, et le *Credo* en tercets : 60 fr. Costabili; 1 liv. 10 sh. Libri, en 1859.

PRÉSAGES de la décadence des empires, où sont mêlées plusieurs observations curieuses touchant la religion et les affaires du temps. *Mekelbourg, Makelchauw,* 1688, in-12. [3953]

Cet ouvrage est rare; M. Barbier, *Diction. des anonymes,* l'attribue au ministre Jurieu, et dit que c'est une des meilleures productions de l'auteur. Vend. 25 fr. Courtois, sans avoir cette valeur.

PRESCOTT *(Will.-Hickling).* Biographical and critical miscellanies. *New-York,* 1845, ou nouvelle édition, 1855, in-8. 12 sh. [28688]

— HISTORY of the reign of Ferdinand and Isabella the catholic. *New-York,* 1839, 3 vol. in-8., portr.; aussi 3 vol. pet. in-8. 10 sh. [26035]
— HISTORY of the conquest of Mexico with the life of the conqueror Hernando Cortes, and a view of

the ancient mexican civilization. *New-York,* 1843, 3 vol. in-8.; aussi 1850, 2 vol. in-8., portr. 17 sh.
— 3 vol. pet. in-8. 10 sh. [28598]

Traduit en français par Amédée Pichot, *Paris, F. Didot,* 1846, 3 vol. in-8.

— HISTORY of the conquest of Peru, with a preliminary view of the civilization of the Yncas. *New-York,* 1847, 2 vol. in-8. [28688]

— History of the reign of Philip II, of Spain. *New-York* and *Boston,* 1855-58, 3 vol. in-8. 18 sh. [26069]

L'auteur préparait le 4e vol. de cette histoire lorsque la mort le surprit le 28 janvier 1859.

Il y a une édition de chacun de ces ouvrages en 1 vol. in-12.

M. Prescott a donné une édition de l'Histoire de l'empereur Charles V, de Robertson, *with an account of the emperor's life after his abdication.* Boston, 1856 (aussi 1857), 3 vol. in-8.

On a encore de lui : *Tobacco and its adulterations, a complete history and description,* 1858, in-8.

Une édition de toutes les œuvres de Prescott, traduite en français, et dans le format in-8., est actuellement sous presse à Bruxelles.

PRESENT (the) state of Peru, comprehending its geography, topography, natural history, etc. (by Jos. Skinner), with 20 engravings. *London,* 1805, in-4. fig. color. 12 à 15 fr. [21120]

Cet ouvrage a été trad. en français par P.-Fr. Henry, sous le titre de *Voyage au Pérou fait dans les années 1789-91, par les PP. Man. Sobreviela et Narcisso Girbaly Barcelo, publ. à Londres d'après l'original espagnol,* Paris, 1809, 2 vol. in-8. et atlas in-4.

PRÉSENTATION (la) de mes seigneurs les Enfans de France, faicte par tres haulte princesse, madame Alienor, royne de France, avec l'accomplissement de la paix et proufitz de mariage. Avec privilége *(sans lieu d'impression),* pet. in-8. goth. de 4 ff. à 30 lign. par page avec une figure sur bois au titre. [13558]

Cet opuscule ne porte point de nom d'auteur, mais La Croix du Maine nous apprend qu'il est de Nicolas Hauville. On y trouve, après plusieurs pièces en vers, un morceau de prose intitulé : *La Confédération du mariage.* Réimpr. dans le 5e vol. du Recueil de M. de Montaiglon.

PRESL *(C.-B.).* Symbolæ botanicæ, sive icones et descriptiones plantarum novarum vel minus cognitarum. *Pragæ, Calve,* 1832-58, in-fol. [5033] \

Annoncé à 130 fr. dans le catalogue de Klincksieck, septembre 1858.
— Voy. HAENKE.

PRÉSOMPTIONS (les) des femmes. *Rouen, Abraham Cousturier,* pet. in-8. de 8 ff. fig. sur bois. [13972]

Édition originale de cette pièce en vers, laquelle n'est autre chose que la *Rubriche* (sic) commençant *de presomptionibus,* morceau qui termine la première partie des Droits nouveaux de Guil. Coquillart (voy. ce nom). Cette pièce est réimprimée dans le 3e vol. du Recueil de M. Montaiglon. Il y en existait déjà une réimpression fac-simile faite à Paris chez Pinard, en 1830, qui n'a été tirée qu'à 42 exemplaires, dont 32 sur pap. de Hollande, 4 sur pap. de

Chine rose, 4 sur pap. de Chine jaune-paille, et 2 sur VÉLIN.

Présomptions signifie ici conjectures. D'après l'extérieur des femmes, leur air, leur habillement, l'auteur présume leur conduite cachée; et il entre dans des détails grossièrement obscènes.

PRESTEL (*Mar.-Cath.* et *J.-Théod.*). Recueil d'estampes, d'après les dessins du cabinet de Praun. *Nuremberg*, 1776-1778, gr. in-fol. [9447]

Recueil de 48 pièces d'une belle exécution : il y a des exemplaires datés de 1780. 36 à 48 fr.

On a aussi une collection de 30 dessins du cabinet de Jér.-Joach. Schmitt, gravée par Prestel. *Vienne*, 1779, in-fol. et une autre collection de dessins, tirés de divers cabinets, 36 pl. in-fol.

PRESTES (*Antonio*). Primeira parte dos autos, e comedias portuguezas. *Lisboa, Lobato*, 1687, in-4. [16811]

Publié par Ant. Lopez, et contenant 7 autos. Nous donnons la date de 1687 d'après le *Summario da Biblioth. lusit.*, mais Ebert, n° 17911, écrit 1587.

PRESTRE Jehan, décrit ci-dessus, col. 645, et aussi à l'article NOUVELLES de Prestre Jehan. Voy. encore JOANNES presbyter.

PRESTRES (Sensuit des) ung beau liure. Voy. LIVRE.

PRÉTIEUSE ou Précieuse (la), ou le mystère de la Ruelle, dédiée à telle qui n'y pense pas (par Mich. de Pure). *Paris, Guil. de Luyne*, et *P. Lamy*, 1656-58, 4 vol. pet. in-8., front. gravé. [17176 ou 18410]

Ouvrage médiocre, mais qui peut servir à faire connaître les habitudes de certaines sociétés de Paris, dont plusieurs membres, bien connus alors, sont désignés par l'auteur sous des noms supposés. Les quatre volumes se trouvent difficilement réunis. Il en existe des exemplaires sous la date de 1660. Vendu 13 fr. 50 c. Méon; 80 fr. exemplaire *très-rogné*, en 1853; 145 fr. *v. tr. d.* Bertin.

Le nom de Gélasir donné dans quelques catalogues comme celui sous lequel s'est caché l'abbé de Pure, est au contraire le nom du principal personnage qui figure dans l'ouvrage.

PRÊTRE (le) châtré, ou le papisme au dernier soupir, où l'on fait voir par l'Ecriture, par la raison... la nécessité d'établir une loi pour la mutilation des ecclésiastiques papistes dans la Grande-Bretagne, trad. de l'anglois. *La Haye. Jean Zwart*, 1747, in-8. de 34 pp. [2123]

Vend., en *m. r. tab.*, 10 fr. Méon; 15 fr. Nodier; 20 fr. *non rogné*, Labédoyère.

PRETTY (*Edw.*). A practical essay on flower painting, exemplified in a series of twentyfour plates, containing instruction in the neutral tint or indian ink. *London, Fuller*, imper. in-4. 1 liv. 10 sh. [9277]

PRÉVARICATIONS du père de la C......

Prêtres démasqués, 2306.

Preuss (*J.-D.-E.*). Friedrich der Grosse, 26677.

TOME IV.

---

confesseur du roy, au préjudice des droits et des intérêts de sa majesté. (*Hollande*, sans date), pet. in-12 de 90 pp. [23845]

Ouvrage en prose et en vers, contre Fr. de Harlay, archevêque de Paris, et le P. La Chaise. Il finit par ces deux lignes :

     que ces deux hommes
     sont des fr...ns (fripons)

Vend. 6 fr. Bignon.

Il existe une autre édition sous la date de *Cologne, Pierre Wommer*, 1685, pet. in-12 de 69 pp., et à la suite de laquelle se trouve quelquefois un libelle intitulé :

     LETTRE du Père de La Chaise... au P. Peters. *Imprimé sous la presse, chez l'imprimeur qui l'a imprimé*, 1688, *qui est l'an de tromperie*, pet. in-12 de 64 pp. [23846]

PREVOST (*Anthoine*). Lamant deconforte, cherchant confort parmy le monde, contenant le mal et le bien des femmes, avec plusieurs preceptz et documenz contre lamour, faict et compile par Anthoine Preuost, escolier de la ville de Vaulreas au conte de Venisse, etudiant en la tres florissante uniuersite d'Auignon. On les vend a Lyon chez Jehan Lambany... et chez Laurens Hylaire. (à la fin) : *Imprime nouuellement a Lyon par Jehan Lambany... (sans date)*, in-8. goth. de 54 feuillets non chiffrés, signat. a—m par 4 et n par 6. [13376]

Pièce rare, écrite en vers : vend. 2 liv. Lang; 3 liv. 12 sh. Heber; 100 fr. *mar. r.* Coste. Du Verdier en cite une édit. de *Lyon, Barnabé Chaussard*, également sans date et in-8. L'*Amant deconforté* a été réimprimé avec d'autres pièces, sous le titre de *Regrets d'amour;* voy. REGRETS (les).

PREVOST (*Estienne*). Petit traicte, extrait par Monsieur maistre Estienne Prevost, official de Chartres, contenant description de plusieurs matieres et hystoires dignes de memoire; touchant le noble Royaulme de France, les contez et villes de Calais et Guines; la duche de Milan : et les terres de l'eglise romaine. *Chartres, S. Picquot*, 1558, pet. in-8. [23309]

Opuscule rare, porté dans le catal. de la *Biblioth. impér.*, Histoire de France, 1, p. 244, n° 67. Ni La Croix du Maine ni Du Verdier n'ont parlé de maistre Estienne Prevost.

PREVOST (*Jean*). Subtiles et plaisantes inventions, contenant plusieurs jeux de récréation et traits de soupplesse, par le discours desquels les impostures des

---

Prevost (*J.*). Plantes qui croissent en Béarn, etc., 5076.

Prévost (*J.*). Inventions, 7848.

Prévost (*Isaac-Benedict*). Philosophie, 3641. — Calorique, 4277 et 79. — Carie du blé, 6353. — Vie de G.-L. Lesage, 30788.

Prevost de Vernois (le général). De la Fortification depuis Vauban, 8661.

bateleurs sont découvertes. *Lyon, Ant. Bastide,* 1584, pet. in-8. [10475]

Nous ne sommes pas certain que cet auteur soit une autre personne que Jean Prevost sieur de Gontier, dont il a été question à l'article GONTIER.

PRÉVOST (*Jean*). Ses Tragédies et autres œuvres poétiques. *Poictiers, Thoreau,* 1614, pet. in-12. [16393]

Ce volume se compose de trois parties, savoir : les *tragédies et autres œuvres,* 6 ff. prélim. et 61 ff. chiffrés ; les *secondes œuvres poétiques et tragédies,* sous la date de 1613, contenant 4 ff. prélim. et 72 ff. chiffrés ; l'*Apotheose du tres-chrestien roy de France et de Navarre Henry IIII,* sous la même date, contenant 58 ff. non chiffrés. Les exemplaires de ce recueil, sous la date de 1618, n'ont été réimprimé que les ff. préliminaires.

Un exemplaire en 3 part., sous les dates de 1613 et 1614, et rel. en *mar. bl.* par Trautz, 104 fr. Veinant, et précédemment, en condition ordinaire, 15 fr. 50 c. Labey ; 16 fr. 50 c. de Soleinne.

PRÉVOST d'Exiles(*Antoine-Fr.*). OEuvres choisies. *Paris,* 1783-85, 39 vol. in-8., fig. 80 à 100 fr. [19103]

On réunit ordinairement à cette collection des œuvres de Prévost, les *OEuvres choisies de Le Sage,* 15 vol. in-8., et alors les 54 vol. se vendent de 120 à 150 fr., selon la condition ; et en pap. de Hollande, très-rare, de 300 à 500 fr. On a tiré sur ce papier 25 exemplaires des œuvres de Prévost, et 50 de celles de Le Sage.

Les œuvres de ces deux auteurs ont été réimpr. à *Paris,* chez *Leblanc,* 1811-16, 55 vol. in-8. fig., et l'on en a tiré des exemplaires en pap. vél. — Voy. LE SAGE.

— Histoire du chevalier des Grieux et de Manon Lescaut (anonyme). *Amsterdam* (Paris), *aux depens de la Compagnie,* 1753, 2 vol. pet. in-12, fig.

Assez belle édition, dont les exemplaires en Gr. Pap. fort sont très-recherchés, surtout quand ils se trouvent rel. en *mar.* et bien conservés. 27 fr. 50 c. en *veau simple,* Parison ; en *mar. r.* par Padeloup, 107 fr. Pixérécourt ; 120 fr. *mar. citr.* par Duru, Duplessis.

La première édition de ce charmant roman a paru en 1731, comme 7ᵉ volume ou suite des *Mémoires d'un homme de qualité qui s'est retiré du monde,* par le même auteur, *Amsterd., la compagnie des libraires,* pet. in-12. On l'a réimpr. sous le même titre, en 1733, et aussi en 1738, 2 tom. en 1 vol. in-12, ce qui complète la première édition des Mémoires d'un homme de qualité, *Paris, Gabr. Martin,* 1728, et sous la date d'*Amsterdam,* 1731, 6 vol. in-12 ; un exemplaire du vol. de suite, impr. en 1733, 40 fr. *mar. r.* Solar.

L'édition de 1756, 2 tom. en 1 vol. pet. in-12, est moins belle que celle de 1753, laquelle a été revue par l'auteur.

— Histoire de Manon Lescaut et du chevalier des Grieux. *Paris, Bleuet (imprim. de Didot l'aîné),* 1797, 2 vol. in-18, fig. 4 à 5 fr. — Pap. vél. 6 à 10 fr. — Gr. Pap. vél. 24 à 36 fr. [17289]

Un exempl. en Gr. Pap. fig. avant la lettre et eaux-fortes, rel. en *mar. v.* par Duru, 152 fr. Solar, et exemplaire imprimé sur VÉLIN, fig. coloriées, 220 fr. Chardin.

— HISTOIRE de Manon Lescaut et du chevalier des Grieux. *Paris, Werdet,* 1827, in-8., avec une gravure. 4 fr. — Pap. vél. cavalier, 7 fr.

Le même Werdet a publié, en 1825, une jolie édition

de ce roman, en 2 vol. gr. in-32, pap. vél. ; ornée de vignettes, fleurons et titres gravés, 4 fr. ; — fig. avant la lettre et eaux-fortes sur pap. de Chine, 12 fr. — L'édition de *Paris, Ménard et Desenne,* 1818, in-18 et in-12, pap. ord. et pap. vél., est décorée de vignettes d'après Desenne.

— LE MÊME roman, édition illustrée par Tony Johannot, précédée d'une notice historique sur l'auteur, par Jules Janin. *Paris,* 1842, gr. in-8. 10 fr.

Citons encore deux autres romans de l'abbé Prévost, qui ont eu un certain succès, et que l'on a réimprimés plusieurs fois.

L'HISTOIRE de M. Cleveland. *Paris, Fr. Didot et Jacques Guerin,* 1731-38-40, 8 part. in-12.

LE DOYEN de Killerine. *Paris, les mêmes libraires,* 1735-39, 6 part. in-12.

— Histoire de Guillaume le Conquérant, 26890. — de Marguerite d'Anjou, 26900.

— Histoire générale des voyages, ou nouvelle collection de toutes les relations de voyages qui ont été publiées jusqu'à présent, par l'abbé Prévost (avec la continuation par de Querlon et de Surgy). *Paris,* 1746-89, 20 vol. in-4. fig. 50 à 60 fr. [19786]

Cette collection, quoique faite à la hâte et sans beaucoup de méthode, n'est certainement pas sans mérite ; on peut même dire qu'elle est bien préférable à l'abrégé qu'en a donné La Harpe ; cependant elle est aussi peu recherchée que ce dernier ouvrage, et le prix en est aujourd'hui très-médiocre, même pour le Gr. Pap., quoiqu'un exemplaire rel. en *mar. citr.* par Derome ait encore été vend. 345 fr. Labédoyère. Le 20ᵉ volume, qui manque souvent, se trouve difficilement.

L'édition en 80 vol. in-12 fig. n'est pas plus chère.

Celle de *La Haye,* 1747-80, 25 vol. in-4., contient des augmentations considérables, et, entre autres, l'histoire des possessions hollandaises dans l'Asie, qui forme le 17ᵉ vol. Il faut y ajouter le 20ᵉ vol. de l'édition de Paris.

Les premiers volumes de l'Histoire générale des voyages sont la traduction d'un ouvrage anglais rédigé par un nommé Green, et dont il n'a paru que 4 vol in-4. sous le titre suivant :

A NEW GENERAL COLLECTION of voyages and travels : consisting of the most esteemed relations which have been hitherto published in any language..... *London, Th. Astley,* 1745-47.

La nouvelle histoire des voyages commencée par M. Walckenaer (voyez ce nom) en est restée au 21ᵉ volume.

PRÉVOST. Collection de fleurs et de fruits, dessinés d'après nature, avec un discours sur l'usage de cette collection dans les arts, etc., par Gault de Saint-Germain. *Paris, an* XIII (1805), gr. in-fol., 48 pl. [4955]

Cet ouvrage, bien exécuté, a paru en 12 livrais. au prix de 12 fr. chaque livrais. en noir, et 24 fr. en couleur. Ces prix sont réduits de beaucoup.

PREVOSTEAU (*Jacq.*). Voy. II, col. 1001.

PRIAPE, opera en musique. *Imprimé l'an* 1694, pet. in-12. [16545]

Pièce rare, dont le titre indique assez le genre. Vend. 11 fr. Lair ; 15 fr. Librairie De Bure.

PRIAPEIA, sive divers. poetarum in Pria-

Prezziner (*G.*). Storia del pubblico studio di Firenze, 30256.

pum lusus, illustr. commentariis Gasp.
Schoppii, etc., adjunctæ sunt Heraclii et
aliorum epistolæ de propudiosa Cleopa-
træ libidine. *Francof.*, cɪɔ ɪɔ vɪ, in-12.
3 à 4 fr. [12476]

On trouve ordinairement dans le même volume : *Catulli casta carmina selecta a Raph. Eglino Ico-
nio, cum vindiciis catullianis*, Francofurti, 1606,
in-12.

— Priapeia, cum comment. Gasp. Sciop-
pii, etc., acced. Jos. Scaligeri in Priapeia
comment. ac Frid. Lindenbruch in eadem notæ. *Patavii (Amstelodami)*,
1664, pet. in-8.

Édition estimée, mais moins rare que celle de 1606 :
6 à 9 fr.; vend. 25 fr. *br.* Caillard, et 13 fr. Chateaugiron. — Les *Priapeia* se trouvent aussi dans
le tome Iᵉʳ des *Verisimilia* de Scioppius, *Amst.*,
1662-64, pet. in-8. : ils y occupent 175 pp., et ont
un titre particulier daté de Padoue, 1664. Ils ont
encore été imprimés sous la même date, à la suite
du Pétrone de *Leipzig*, 1731, pet. in-8. : vend. 13 fr.
Caillard.

— Voy. Dɪvᴇʀsoʀuм poetarum lusus. —
Pᴇᴛʀoɴɪus.

— Erotopœgnion, sive Priapeia veterum
et recentiorum (edente Fr. Noel). *Lutetiæ-Parisior., Patris*, 1798, pet. in-8.
fig. 4 à 5 fr. [12486]

Il y a des exempl. en papier vél. : vend. en *mar.*
11 fr. Chateaugiron ; 18 fr. Nodier, en 1830.

Malgré cette publication érotique, et malgré le goût
particulier qu'il avait pour ces sortes de livres, lesquels figurent en si grand nombre dans le catalogue
de sa bibliothèque (impr. à Paris, en 1841), Noël a
été *conseiller de l'Université et inspecteur général des études*, sous le gouvernement de Napoléon Iᵉʳ.

Oʀɪɢɪɴᴇ des puces et autres pièces du même
genre ; traduites des Priapeia et d'autre poëtes grecs
et latins (par Mercier de Compiègne). *Paris*, 1793,
in-18. 2 à 3 fr.

Un exemplaire en pap. vél. et relié en *mar. citr.*,
31 fr. 55 c. Chateaugiron.

L'*Origine des puces* avait déjà paru en 1749, sous la
rubrique de *Londres*, in-16, texte gravé : vend.
5 fr. Méon. — Elle a été réimprimée en 1761, pet.
in-12.

PRIBEVO. Della origine et successi de gli
Slavi oratione di M. Vincenzo Pribevo
dalmatino da Lesena, gia recitata da lui
nella medesima città, e hora tradotta
dalla lingua latina nell' italiana da Bel-
lisario Malaspalli da Spalato. *Venetiis*,
1595, *presso Aldo*, in-4. de 8 ff. et
79 pp. [26546]

Vend. 1 liv. *non rogné*, et 3 sh. exemplaire ordinaire,
Butler ; 25 fr. de Bearzi ; 11 fr. Costabili.

PRICÆUS (*Johannes*). In Plinii epistolas.
(*absque nota*), in-8. [18685]

Livre très-rare : vend. 1 liv. 17 sh. Askew, dans le
catalogue duquel on trouve (nᵒ 2747) la note suivante : *De hoc libro rarissimo vide Fabricii Bibliothecam latinam*, vol. 1, p. 612. Venetiis, 1728.
— *Joh. Pricæi in epistolas Plinii quas jam ad
prælum paraverat, notas necdum vidisse lucem
dolendum est.* Il paraît que l'édition n'a pas été
achevée.

PRICE (*Ric.*). Observations on reversio-
nary payments; or schemes for provi-
ding annuities for widows and for
persons in old age... The whole newly
arranged and enlarged by the addition
of algebrical and other notes, etc., by
W. Morgan. *London*, 1812, 2 vol. in-8.
24 fr. [8063]

Ouvrage estimé, dont il y a plusieurs éditions : celle-
ci est la plus complète.

PRICE (the major *David*). Chronological
retrospect, or memoirs of the principal
events of mahommedan history, from
the death of the arabian legislator, to
the accession of the emperor Akbar and
the establishment of the mogul empire
in Hindustaun, from original persian
authorities. *London, Boot*, 1811-12-21,
3 vol. gr. in-4. (le 3ᵉ en 2 part.). [27981]

Vend. 140 fr. (*cuir de Russie*) Langlès ; *broché*, 25 fr.
Klaproth, et rel. 20 fr. de Sacy.

— Essay towards the history of Arabia, antecedent
to the birth of Mahommed, arranged from the Ta-
rikh Tebry, and other authentic sources. *Lond.*,
Hunter, 1824, in-4. 10 à 12 fr. [27997]

PRICE (*Ed.*). Norway, views of wild scenery, and journal. *London*, 1834, in-4.,
avec 21 pl. gravées par D. Lucas. 1 liv.
10 sh. [27610]

Réimpr. sous ce titre : *Norway and its scenery,
comprising the journal of Ed. Price, with considerable additions, and a Road-book for tourist*,
by *Th. Forster*; London, Bohn, 1853, avec 21 pl.

PRICE (*Will.*). A new grammar of the
hindoostanee language, to which are added familiar phrases and dialogues in
the proper character. *London, Kingsbury*, 1827, in-4. de 2 ff. et 96 pp.
[11772]

— A Gʀᴀммᴀʀ of the three principal oriental languages, hindoostanee, persian, and arabic, on a
plan entirely new, and perfectly easy; to which is
added a set of persian dialogues, composed by
Mirza Mohammed Saulih, accompanied with an
english translation, by W. Price. *London, Kingsbury*, 1823, pet. in-4. 10 à 15 fr. [11760]

Ouvrage peu estimé.

— Voy. Hɪɴᴅᴇᴇ Selections.

— Eʟᴇмᴇɴᴛs of the sanskrit language, or an easy
guide to the indian tongues, by Will. Price. *London, Parbury*, 1828, in-4. de 3 ff. prélim. et 63 pp.
[11744]

— Journal of the british embassy to Persia :
embellished with numerous views taken
in India and Persia : also dissertation
upon the antiquities of Persepolis. *London, Kingsbury*, 1825, 2 part. in-4. obl.
fig. très-médiocres. 1 liv. 1 sh. [20621]

Il y a une seconde édition, *London, Thorpe*, etc.,
1823, 2 part. en 1 vol. in-4. obl., texte à 2 col.

PRICHARD (*James* Cowles). An Analysis
of the egyptian mythology; designed to
illustrate the origin of paganism, and

the intellectual history of mankind in the first ages : to which is subjoined a critical examination of the remains of egyptian chronology. *London, Arch,* 1819, très-gr. in-8. fig. color.; et second edition, *with Schlegel essay translated of the german,* 1838, 5 vol. gr. in-8. 4 liv. 2 sh. [22620]

— Researches into the physical history of mankind. *London,* 1837-47, 5 vol. in-8. fig. 4 liv. 2 sh. [5653]

La première édition de cet important ouvrage est de *Londres,* 1815, en 1 vol. in-8. ; la seconde, de 1826, en 2 vol. in-8. La dernière, en 5 vol., est ainsi composée : 1er vol., *Analogy of races,* 4e édit., 1841 ; 2e vol., *African races,* 3e édit., 1837 ; 3e vol., *European races,* 3e édit., 1841 ; 4e vol., *Asiatic nations,* 3e édit., 1841 ; 5e vol., *Oceanic and american races,* 1re édit., 1847. Plusieurs de ces vol. ont été réimpr. sans aucun changement et sans date.

— Natural history of man, comprising inquiries into the modifying influence of physical and moral agencies on the different tribes of the human family. *London, Baillière,* 1841 (aussi 1843), gr. in-8. avec 36 pl. color., 4 pl. illustratives sur acier et 30 gravures sur bois. — Autre édit., 1848, gr. in-8. fig. color. 5 édit. augmentée par E. Norris, 1855, 2 vol. gr. in-8. avec 52 pl. color. et des gravures sur bois. 1 liv. 18 sh.

L'ouvrage a été trad. en français par le Dr Roulin, *Paris, J.-B. Baillière,* 1843, 2 vol. in-8., avec 40 pl. et des vignettes. 20 fr.

— THE EASTERN origin of the celtic nations proved by a comparison of their dialects with the sanscrit, greek, latin and teutonic languages, by J. Cowles Prichard and R. G. Latham. *Oxford,* 1857, in-8. 20 fr. [23166]

— DISEASES of the nervous system. *London, Underwood,* 1832, in-8.

— TREATISE on the insanity. *London, Houlston,* 1843, in-8.

PRICKE (*Robert*). The Ornaments of architecture containing compartments, shields, mantlings, foldiage, festones, monuments for tombs; alphabets of large letters, plain and enrich'd, with the order of making them; with some new designes for carving and painting of eminent coaches : useful for painters, carvers, stone-cutters, plaisterers. Collected out of the works of several eminent masters and set forth by Robert Pricke. *London, R. Pricke,* 1674, in-fol., contenant 50 pl. [10043]

Vendu 2 liv. 5 sh. à Londres, en juin 1860.

PRIDEAUX (*Humphrey*). The Old and New Testament connected in the history of the Jews and neighbouring nations; from the declension of the kingdom of

Israel and Judah to the time of Christ. *London,* 1749, 4 vol. in-8. [22730]

Dixième édition, réputée la meilleure de cet excellent ouvrage : 2 liv. 2 sh.; vend. 3 liv. 16 sh. *mar.* Williams (la première est de 1716). — Réimprimée à *Londres, Baynes,* 1808, et à *Oxford, Clarendon press,* 1820, 4 vol. in-8., 1 liv. 16 sh.; aussi en 1838, et en 1857, et à *Londres,* 1858, 2 vol. in-8. 15 sh.

On y réunit :

SACRED and profane history, from the creation of the world to the declension of the kingdoms of Judah and Israel, by S. Shuckford, 1810, 2 vol. in-8. (voy. SHUCKFORD), et *Connection of sacred and profane history, etc., by Mich. Russell,* 1827-37, 3 vol. in-8.

— HISTOIRE des Juifs et des peuples voisins, depuis la décadence des royaumes d'Israël et de Juda jusqu'à la mort de J.-C., trad. de l'anglais. *Amsterdam,* 1728, 6 vol. in-12, fig. 12 à 18 fr.

Bonne édition de cette traduction. — Réimpr. à *Amsterd.,* 1744, 2 vol. in-4. 8 à 12.fr. Les autres éditions in-12 ont peu de valeur; nous citerons cependant encore celle de *Paris,* 1742, 6 vol. in-12, fig., dont les exempl. en Gr. Pap. sont assez recherchés.

— Vie de Mahomet, 28001.

— Voyez MARMORA oxoniensia.

PRIÈRES du matin et du soir, pour tous les jours de la semaine.(*Paris*), pet. in-4. fig. de Coypel.

Ce livre est connu sous le titre de Prières de Philippe V. Un bel exemplaire rel. en *mar. r.* à compart., par Capé, 290 fr. vente de M. de Pins Montbrun, à Toulouse, en 1861.

PRIESTLEY (*Joseph*). Theological and miscellaneous Works. *London,* 1824, 26 vol. in-8. [2008]

Cette collection, qui ne renferme point les ouvrages scientifiques de l'auteur, n'a été tirée qu'à 250 exemplaires, au prix de 10 sh. 6 d. par volume. Lowndes donne le catalogue des différentes productions de Priestley, et il en indique un recueil (*Lond.,* 1769-1807), 52 vol. in-8. et 4 vol. in-12, vend. 19 liv. 10 sh. Hollis. Dans le dernier vol. du Manuel (4259, 4270, 4303, 4347, 4422) nous ferons mention des écrits de ce fécond auteur qui se rapportent à la physique, et qui sont fort peu recherchés maintenant.

PRIESTLEY. Historical account of the navigable rivers, canals and railways of Great-Britain. *London, Longman,* 1830, in-4. de 776 pp., avec une carte en 6 feuilles. [26764]

Cet ouvrage sert d'explication à la carte de la navigation intérieure de l'Angleterre, dressée par Nichols, Priestley, etc.

PRIEUR (*Claude*). Dialogue de la lycanthropie, ou transformation d'hommes en loups-garoux et si telle se peut faire... par Fr. Claude Prieur, natif de La Val au Maine. *Louvain, J. Maes,* 1596, pet. in-8. de 72 pp. [8915]

Vend. 12 fr. Chardin; 26 fr. Coste.

PRIEZAC Sr de Sauguës (*Salomon* de). L'histoire des éléphants. *Paris, de Sercy,*

Price (*Th.*). History of New-England, 28572.
Price (*J.*). Hereford, 27196. — Leominster, 27197.

Prieto y Sotelo (*A.-F.*). Derecho de España, 2985.

1650, pet. in-12 , avec le frontispice gravé. 6 à 9 fr. [5710]

Volume recherché et peu commun : il a 7 ff. prélim., 198 pp. de texte, 9 ff. pour la table, etc.

PRIGNANUS. Voy. PAGANELLUS.

PRILESZKY (*Jo.-Bat.*). Voy. FROELICH.

PRIMA (la) navigatione per l'oceano, etc. Voy. VESPUCCI.

PRIMA pars descriptionis itineris navalis in Indiam orientalem earumque rerum quæ navibus batavis occurrerunt ; auctore G. M. A. W. L. *Amstelodami, ex officina Corn. Nicolaii*, 1598, in-fol. de 51 ff. chiffrés, et 1 f. contenant des médailles. [20031]

A la suite de cette partie se trouve ordinairement le *Diarium nauticum* de Girard le Ver (voy. VERA), publié chez le même Corn. Nicolas, en 1598, in-fol. de 43 ff. avec fig. Ces deux morceaux ont été réimprimés dans la troisième partie des Petits voyages, publiés par les frères de Bry (voy. BRY), et à laquelle il est bon de réunir les éditions originales que nous indiquons.

— Premier livre de l'histoire de la navigation aux Indes orientales par les Hollandois, etc., par G. M. A. W. L. *Amsterd., Corn. Nicolas*, 1598 ou 1609, 53 ff., plus 1 f. où sont des médailles. — Second livre, journal ou comptoire, contenant le vrai discours et narration historique du voyage fait par les huict navires d'Amsterdam , etc. *Amsterd., C. Nicolas... pour Bonav. Dacivelle, libraire à Calais*, 1601 ou 1609, titre et 21 ff. chiffrés. — Appendice. Vocabulaire des mots javans ou malayts. *Amsterdam ,* 1601 ou 1609, 7 ff., ensemble 3 parties en 1 vol. in-fol. fig.

25 et 35 fr. deux exempl. Walckenaer.

On trouve quelquefois, avec ces trois opuscules, les ouvrages suivants réunis dans le même volume.

1° VRAYE description de trois voyages de mer très admirables... par Girard le Ver. *Amsterd.*, 1598, in-fol., avec fig. (réimpr. en 1600 et 1609).

2° DESCRIPTION du pénible voyage fait autour de l'univers, ou globe terrestre, par Olivier du Nort, avec quatre navires, le 2 juillet 1598, etc., translatée de flamand en françois. *Amst., Corn. Claesz*, 1602, in-fol. de 62 pp., avec fig. (réimpr. en 1610).

3° DESCRIPTION et récit historial du riche royaume d'or de Gunea. *Amsterd. , impr. chez Corn. Claesz*, M. VIC. V (1605), in-fol. de 2 ff. préliminaires, 99 pp. et 4 autres ff. Il y a une édition de 1602.

Vendu ainsi complet, 28 fr. 50 c. de Fleurieu ; 62 fr. Boulard, et quelquefois moins.

Le texte hollandais du premier livre de la navigation aux Indes orientales par les Hollandais a d'abord paru à *Amsterdam*, chez *Cornelis Claesz*, en 1598, in-4.; et celui du second livre, dans la même langue, à *Middleburgh, bey Bavent Langenes*, en 1601, in-4. obl. avec l'appendice. Nous ne croyons pas que ce second livre ait été traduit en latin

---

Priezac (de). Vie de sainte Catherine de Sienne, 22136.

comme le premier. Une description de ces différentes relations se trouve dans le Mémoire de Camus, sur la Collection des grands et petits voyages, pp. 200 à 205.

— Voy. LINSCHOTEN.

PRIMALEON. Libro segundo de Palmerin que trata delos grandes fechos de Primaleon y polendos sus fijos : y assi mismo delos de dõ Duardos principe de ynglaterra. Cõlos dʼ otros buenos caualleros de su corte y delos que a ella vinieron. Nueuamente emendado ι impresso.:.—*Fue trasladado este segundo libro de Palmerin llamado Primaleõ : ι assi mesmo el primero llamado Palmerin de griego en nuestro lenguaje castellano ι corregido y emẽdado enla muy noble cibdad de Ciudarrodrigo por Frãcisco vazquez vezino de la dicha cibdad. Fue impresso en... Seuilla, por Juan varela de salamãca. Acabose a primero de Otubre año dʼl nascimiento de n̄ro Redemptor Jesuxp̄o de mill ι q̄uientos ι xxiiij. Años* (1524), in-fol. goth. à deux col. fig. sur bois. CCXXXIX ff. en tout. [17531]

Édition très-rare, et regardée comme la première de ce roman célèbre. (Il y en a un exemplaire à la Bibliothèque impériale.) Cependant une édit. de 1516, sous le titre de *Primaleon, fijo de Palmerin*, est indiquée par Antonio, et d'après lui par Salvá (*Repertorio americano*, t. IV, p. 40).

Par une de ces fictions en usage alors parmi les romanciers, le titre de différentes édit. de ce roman annonce que l'ouvrage est traduit du grec.

— Libro segũdo de Palmerin que tracta de los grandes fechos de Primaleon y Polendos sus fijos... Nueuamente emendado ι impresso en Toledo.:. *Impresso en... Toledo por Xp̄oual frances ι Francisco de alpharo impressores. Acosta y despẽsa de Cosme damian mercader de libros. Acabose a veynte dias de Febrero. Año... de mil ι quinientos ι veynte y ocho Años* (1528), in-fol. goth. à 2 col. de ccxxxvi ff. en tout.

Autre édition fort rare.

— Primaleon. Los tres libros del muy esforçado cauallero Primaleon et Polendos su hermano hijos del emperador Palmerin de Oliua. — *Acabose de imprimir en la inclita ciudad del senado Veneciano, oy primero dia de Hebrero del presente año de mil y quinientos et trenta quatro... y fue impresso por M. Juan Antonio de Nicolini de Sabio a las espesas de M. Zuan Batista Pedrecan mercader de libros , in-fol.*

Belle édition, imprimée à longues lignes, en caractères ronds, avec des fig. sur bois un peu moins mal gravées que dans les éditions faites en Espagne. Il y a 8 ff. préliminaires contenant le titre impr. en rouge, avec une gravure ; l'*Introduction del primero li-*

bro de *Primaleon fecha por el delicado en este dechado de cauallleros corrigendolo en Venecia*, les tables des trois livres, et le prologue. Le texte occupe CCLXII ff. chiffrés, au recto du dernier desquels on lit : *Fue transladado y traduzido este libro de Primaleon de Griego en nuestro romãce castellano en la muy noble et imperial ciudad de Toledo, año del... mil et quinientos et ueynte y ocho años.* Ce qui fait croire que la présente édition a été faite sur celle de 1528. Au verso de ce même feuillet est un avis du correcteur, sur la différence qui existe dans la valeur des lettres espagnoles comparées aux mêmes lettres dans l'italien. Cet avis continue sur le feuillet suivant, lequel contient de plus le registre, la souscription et cette note du correcteur : *Estos tres libros como arriba vos diximos fueron corregidos y emendados de las letras que tras trocadas eran por el uicario del ualle de cabecuela, Francisco delicado natural de la peña de Martos.* Vend. 11 liv. Hibbert; 5 liv. 2 sh. 6 d. et 4 liv. Heber; et un bel exempl. en *mar. bl.* 33 liv. Libri, en 1859; il avait été payé 41 liv. à la vente du colonel Stanley.

M. de Gayangos fait mention d'une édit. de ce roman impr. à Lisbonne, *en casa de Manuel Joan, en este año de* M D LXVI, in-fol. goth. de 242 ff. à 2 col.

— Primaleon : Libro secundo de Palmerin. *Lisboa, en casa de Simon Lopez*, 1598, in-fol.

Machado, qui suppose mal à propos que cette édition est en portugais, attribue l'ouvrage à Fr. Moraes, traducteur du *Palmerin d'Inglaterra* (voy. PALMERIN), et cette opinion erronée est adoptée par le nouvel éditeur portugais de ce dernier roman, lequel cite une édition du Primaleon de *Bilvan*, par *Matheus Marcs*, 1585, in-fol. Celle de 1598 a été vendue 9 fr. Gaignat; 2 liv. Hibbert.

— Histoire de Primaleon de Grèce continuant celle de Palmerin d'Olive..... naguère tirée tant de l'italien comme de l'espagnol, et mise en nostre vulgaire, par François de Vernassal. *Paris, Estienne Groulleau*, 1550, in-fol. de 10 ff. prélim. et CLXXIII ff. chiffr., lettres rondes, fig. sur bois. [17065]

Cette édition (vendue 12 fr. La Valliere, et 16 fr. en juillet 1830 ; 3 liv. 18 sh. *mar. citr.* Heber, et 112 fr. Giraud), ne renferme que le premier livre de ce roman, livre qui a été réimprimé à *Paris, Galliot du Pré*, et à *Orléans, pour Pierre Trepperel*, 1572, pet. in-8. de XII et 313 ff. (à la fin: *Jmpr. a Paris, par Fleury Prevost*), et à *Lyon, Rigaud*, 1580, 1600 et 1618, in-16 de 10 ff. prélimin., 404 pp. et 9 ff. — Le second livre, sous le titre d'*Histoire et poursuite de Primaleon de Grèce*... trad. d'espagnol en francoys, par *Guillaume Landré d'Orléans*, a été impr. *Paris, Jean Parent*, 1577, pet. in-8. de 256 ff., plus 4 pour la table (en 55 chapitres), ou *Anvers, Heyndricx*, 1577, in-8., même nombre de feuillets. Il y en a une autre traduction par Gabr. Chappuys, *Lyon, J. Beraud*, 1577, pet. in-8., divisée en 38 chapitres seulement. Cette dernière a été réimprimée à *Lyon, Rigaud*, 1588 et 1612, in-16 de 442 pp. et 2 ff, sous ce titre : *Le second livre de Primaleon de Grèce, auquel les faits héroïques et merveilleuses amours d'iceluy sont proprement dépeintes et naivement exprimées par une histoire autant belle, profitable et exemplaire comme elle est plaisante et aggréable.* — Le troisième livre.... (*auquel les faits héroïques, mariages et merveilleuses amours d'iceluy sont tant bien déduites et exprimées que le lecteur, outre le profit, n'en peut recueillir si non plaisir et contentement, traduit de l'espagnol en francoys*), a été impr. à *Lyon, J. Beraud*, 1579, pet. in-8. de 12 ff. prélimin. et 347 pp., et réimpr. dans la même ville,

chez Rigaud, en 1587 et en 1609, in-16 de 426 pp. et 5 ff. de table. Il est anonyme ainsi que le quatrième livre, mais Gabr. Chappuys passe pour en être le traducteur. — Le quatrième livre... (*auquel les faicts héroïques et merveilleuses amours du prince Darinel de Grèce et celles de la belle Richarde de Paris sont proprement dépeintes*), doit être une traduction de l'italien : il a paru à *Lyon, chez Rigaud*, 1583, pet. in-8., et *par les héritiers de Ben. Rigaud*, 1597, in-16 de 595 pp. et 6 ff. de table.

On trouve difficilement les quatre parties réunies, surtout dans le format in-8., et avec la double traduction du deuxième livre. 60 à 80 fr. Vend (édit. de Paris et Lyon, 1572-79, in-8., exempl. du C. d'Hoym, en *mar. v.*) 60 fr. d'Hangard; 5 liv. 5 sh. Heber; 245 fr. d'Essling.

Les éditions de *Lyon, Rigaud*, en 4 vol., in-16 de différentes dates, ont aussi de la valeur.

— Primaleone (il), nel quale si narra a pieno l'historia de' suoi valorosi fatti, e di Polendo suo fratello, tradotto dalla lingua spagnuola nella nostra buona italiana. *Venezia, Girolamo Giglio e compagni*, 1559, 3 part. en 1 vol. pet. in-8.

Cette édition contient trois livres. Il y en a une de Venise, *Mich. Tramezzino*, 1548, in-8., et aussi une de Venise, même librairie, 1556. On réunit à cette dernière, ainsi qu'à celles de 1559, le vol. intitulé :

LA QUARTA PARTE del libro di Primaleone nuovamente ritrovata & aggiunta, ecc. (et portant à la fin) : *Il fine del primo libro del Principe Darineo de Grecia che va aggiunto al terzo libro & ultimo dello Imperador Primaleone.....* Venetia, per Michele Tramezzino, 1560, pet. in-8.

Les trois premiers livres ont été réimpr. *Venetia, Comin da Trino di Monferrato*, 1563, et aussi à Venise, *sans nom d'imprimeur*, 1579. Les quatre livres ont reparu ensemble, à Venise, *presso Cornelio Arrivabene*, en 1584 ; *per Giov.-Bat. Bonfadio*, en 1597 ; et *per il Spineda*, 1608, pet. in-8.

Pour les autres romans de la série italienne dont celui-ci est la seconde partie, voyez PALMERINO D'Oliva.

— THE FAMOUS and renowned history of Primaleon of Greece, sonne to the great and mighty prince Palmerin d'Oliva, etc., translated out of french and italian by A. M. C. (Antony Munday). *London*, 1619, 3 part. en 1 vol. in-4.

1 liv. 18 sh. Reed ; 11 liv. Utterson.

Le premier livre de cette version avait déjà paru, *London, Cuthbert Burby*, 1595, in-4. 4 liv. 6 sh.

PRIMASIUS. Briefve et fructueuse exposition sur les epistres sainct Paul aux Romains et Hebreux, par Primasius, iadis disciple de sainct Augustin, translatées de latin en langue vulgaire francoyse, par Jehan de Gaigny. *Imprimé a Paris par Est. Roffet dit le faucheur, relieur du roy*, 1540, pet. in-8. de 251 ff. chiffr. [495]

31 fr. *mar. br.* Veinant.

C'est Jean Gaigny qui a publié pour la première fois le texte latin de ce commentaire, à Lyon, *apud Seb. Gryphium*, 1537, in-8. Il y en a une autre édition, *Parisiis, apud Jo. Roigny*, 1543, pet. in-8.

Citons encore :

PRIMASII Afri, episcopi Uticensis super Apocalyptsim libri quinque jam primum typis excusi, *Parisiis, Vivantius Gaulterot*, ou *Joan. Foucherius*, 1544, in-8.

PRIMATICE (*Fr.*). La Galerie du château de Fontainebleau, représentant les travaux d'Ulysse, dessinés par Primatice, peints par Nicolo del Abate, gravés à l'eau-forte par Théodore van Thulden, avec l'explication morale à chaque sujet (*Paris*), pet. in-fol. obl. 58 pièces. 18 à 24 fr. [9312]

La première édition de ces planches qui a paru en 1633, chez F. l.. D. Ciartus, est dédiée à M. de Liancourt.

Il y a des exemplaires avec un titre latin.

On a d'Alexandre Betou, dessinateur et graveur à l'eau-forte, quatre-vingt-treize estampes qu'il exécuta avec aussi peu de science que de goût, d'après les peintures du Primatice de la galerie d'Henri II et de la galerie d'Ulysse, au palais de Fontainebleau.

M. Robert Dumesnil, dont nous transcrivons ici le jugement sur cet artiste, a décrit toutes ces pièces dans son *Peintre graveur*, VIII, pp. 224-248, où il les a divisées en cinq séries, savoir : 1° *La galerie des peintures qui sont dans la salle du bal, à Fontainebleau*, 15 pièces; 2° Morceaux d'après les petits tableaux de la même galerie, suite de 52 estampes, contenant les tableaux des embrasures des croisées; 3° *Trophées d'armes*, 8 pièces; 4° autres *Trophées d'armes*, 8 pièces; 5° *Trophées d'instruments de musique, d'outils, etc.*, 10 pièces. Plusieurs de ces estampes portent la date de 1647.

Un autre graveur français, Antoine Garnier, a exécuté une suite de 15 petites estampes d'après les peintures de Saint-Martin de Boulogne, dit le Primatice, qui se voyaient dans la chapelle du château de Fleury, près Fontainebleau. La première de ces pièces, servant de frontispice, contient une épitre' de A. Garnier à M. Henry d'Argouge, seigneur de Fleury, sous la date de 1646, et portant pour adresse : *Se vend chez l'auteur à Fontainebleau*, mots auxquels, dans un second tirage de la planche, ont été substitués ceux-ci : *A Paris chez Anthoine de Fer marchant de tailles doulces et enlumineur de cartes géographiques*.

PRIMAUDAY (*Pierre de* La). Voyez LA PRIMAUDAY.

PRIMAVERA. Voy. PEREZ (Ariaz), et à l'article SILVA.

PRIMER or Prymer.

On trouve sous ces mots, dans la nouvelle édit. du Manuel de Lowndes, pp. 1967 et suiv., un ample catalogue des anciens livres de prières en latin et en anglais, et notamment de ceux qui sont à l'usage de Salisbury. Plusieurs de ces derniers ont été imprimés à Paris, par Phil. Pigouchet, par Fr. Regnault, ou par Thielman Kerver, et sont décorés de ces charmantes bordures, de ces jolies vignettes qu'on remarque dans les heures latines publiées par ces trois imprimeurs, ce qui leur donne un prix qu'augmente encore leur rareté. Un plus grand nombre de ces livres de liturgie anglaise sont sortis des presses rouennaises de Le Marchant, de Nic. Le Roux, de Jean Prat, qui imprimait pour Robert, Florent et Jean Valentin.

La plus ancienne de ces éditions est celle que cite Lowndes sous ce titre : *The Prymer of Salysbury use*, Paris, 1490, in-64, *with the fifteen Oo's and other prayers in english*, avec de bonnes gravures sur bois. Il s'en trouve un exemplaire en la possession de M. George Offor. Viennent ensuite les édit. impr. par Fr. Regnault en 1527, 1528 et 1531.

Cette dernière est portée dans la *Biblioth. grenvill.* p. 574, où on en donne ainsi le titre :

This Prayer of Salusbury use is set out a long wout ony serchyng with many and goodly pyctures in the kalender, in the matyn of our lady,

in the houres of the cross, in the VII psalmes and in the dyryge. And newly enprynted at Parys; Parisiis, per Fr. Regnault.

C'est un pet. in-8. sans date, mais dont l'Almanach, qui est au verso du titre, commence à l'année 1531. Quoiqu'il soit imprimé sur VÉLIN, ce précieux exemplaire n'a été payé que 80 fr. à la vente Mac-Carthy; mais il serait vendu beaucoup plus cher aujourd'hui, puisque l'édit. de Rouen, *impensis Roberti Valentini*, 1555, in-8. sur papier, avec gravures par Jean Mallart, a atteint le prix de 15 liv. vente Gardner, en 1854; il est vrai qu'il était annoncé comme *Queen Mary Book*. — Voir la Notice sur les anciens livres d'Heures, à la fin de notre 5e vol.

PRIMERA parte de la Baxada de los Españoles de Francia en Normandia. Voy. ANTUNEZ (*Emmanuel*).

PRIMI-AMMONIO. Voy. SAN-MAIOLI.

PRIMISSER (*Aloyse*). Der Stammbaum des Hauses Habsburg-Oesterreich, etc., c-à-d., La maison d'Habsburg : recueil de portraits des princes et princesses de cette maison, depuis Rodolphe Ier jusqu'à Philippe le Bel, d'après les tableaux originaux faits par ordre de l'empereur Maximilien Ier, avec une explication par M. Aloyse Primisser. *Vienne*, 1822, in-fol. [26427]

Ouvrage publié en 22 cah., et qui renferme 66 pl. lithogr., avec un texte. Il y a des exempl. avec des planches coloriées.

PRIMORDIA Corcyræ. Voy. QUIRINI.

PRINCE (*John*). The Worthies of Devon : a work wherein the lives and fortunes of the most famous persons natives of that most noble province, from before the Norman conquest down to the present age, are memorized in an alphabetical order; a new edition, with additions. *London*, 1810, gr. in-4. fig. 2 liv. 2 sh., et plus en Gr. Pap. [27154]

La première édition d'*Exeter*, 1701, in-fol., est devenue rare et se vend. encore 3 liv. et plus.

PRINCE des Sots. Recueil de pièces du procès entre le Prince des Sots et les maîtres et commédiens de l'hôtel de Bourgogne, in-8. [16190]

Ce recueil est curieux pour l'histoire du théâtre français, et les pièces qui le composent se trouvent difficilement. Ce fut en 1603 que commença ce singulier procès, où figure en première ligne le sieur *Angoulevent*, autrement nommé *Nicolas Joubert*, *Prince des Sots*, dans l'arrêt du Parlement de Paris, rendu en sa faveur le 19 juillet 1608. Ce procès donna lieu à la publication des pièces suivantes :

1° LA SENTENCE de M. le Prévost de Paris, donnée contre Angoulevent, pour faire son entrée de Prince des Sots, avec ses héraulx, supposts et officiers. *Paris, David Le Clerc*, 1605, pet. in-8, de 6 pp.

Il faut placer ici une pièce intitulée : *Sentence prononcée contre le sieur Angoulevent, par laquelle on voit comment se fait apprehender le dit Angoulevent au corps*. Paris, 1607, pet. in-8.

Primerosius (*Jac.*). De mulierum morbis, 7610.

2° La Deffence du Prince des Sots (avec 4 vers) aux lecteurs : *lisant ce peu de pages...* pet. in-8. de 19 pp. 5 fr. de Soleinne.

3° Arrest du royaume de la Basoche, donné au profit du sieur Dangoulevent, valet de chambre du roi, Prince des Sots..... 1607, pet. in-8. de 8 pp.

4° Plaidoyé sur la principauté des Sots, avec l'arrest de la cour intervenu sur iceluy. *Paris, C. David,* 1608, pet. in-8. de 34 pp. Vend. 62 fr. 50 c. Nodier, en 1830, et seulement 13 fr. 50 c. Le Prévost, en 1857.

5° Legal testamentaire du Prince des Sots, à M. C. d'Acreigne Tullois, advocat au Parlement. 8 pp.

6° Plaidoyé pour la deffence du Prince des Sots. *Paris, Nicolas Rousset,* 1617, pet in-8. de 16 pp. Ces six pièces, avec une autre datée de 1631, ont été vend. ensemble 19 fr. 95 c. La Valliere. Il en existe sans doute plusieurs autres relatives à la même affaire. (Consultez l'*Hist. du théât. franç.* par les frères Parfaict, III, pp. 250 et suiv.)

PRINCE (le) assis sur une chaise dangereuse, ou le roy T. C. (très-chrétien) se confiant à un jesuite confesseur qui le trompe. *Cologne (Holl.), F. Wommer,* 1689, in-12. [23847]

Pièces satiriques, en prose et en vers, contre le P. de La Chaise, et Fr. de Harlay, archevêque de Paris.

PRINCESSE Agathonice (la), ou les differens caracteres de l'Amour, histoire du temps. *Paris, Guil. de Luines,* 1693, pet. in-12. [17206]

Ce roman n'a rien qui le recommande, et cependant un exempl. rel. en *mar. r.* à riche compart. par Padeloup, et ayant appartenu au comte de Toulouse, a été vendu 25 fr. Pixerécourt, et revendu 153 fr. Solar; il est vrai que le même exemplaire n'avait été payé que 3 fr. à la vente Méon, encore était-il réuni à *la Fausse Clélie,* édit. de 1680, rel. en *mar. bl.*

PRINCIPAUX monumens et vues pittoresques de Paris et ses environs. *Paris, imprimerie de F. Didot, se vend chez Vallardi,* 1830, gr. in-4. [24153]

Recueil bien exécuté, qui se compose de 16 pl. en 4 livraisons : 20 fr.; — Pap. de Chine, avant la lettre 40 fr. Il devait y avoir 32 pl.

PRINCIPAUX tableaux du Musée royal à La Haye, gravés au trait, avec leur description, dédiés à la reine. *La Haye, imprim. du gouvernement,* 1826 et ann. suiv., gr. in-8. [9423]

Publié par parties, comprenant chacune 25 tableaux, avec un texte français.

PRINCIPES (les) et la doctrine de Rome, sur le sujet de l'excommunication et de la déposition des rois, trad. de l'anglois de l'ouvrage de l'évêque de Lincoln (Th.

Barlow) en françois. *Londres,* 1679, in-8. 3 à 6 fr. [3231]

PRINCIPIA linguæ wendicæ, quam aliqui wandalicam vocant (auctore Jac. Ticiuo). *Pragæ,* 1679, in-12 de 78 pp. [11374]

Une réimpression de cet ouvrage, sous la même date, a été faite à Prague, par Schönfeld, de 1781 à 1783.

Nous citerons encore : *Prima principia linguæ bohemicæ,* Pragæ, typis Universitatis (circa 1679), in-12, ouvrage dont il y a également une réimpression faite à Prague, de 1781 à 1783.

PRINCIPUM et illustr. virorum epistolæ ex præcipuis scriptoribus antiq. et recentior. collectæ (ab Hieron. Donzellino). *Amstelodami, apud Lud. Elzevirium,* 1644, pet. in-12. 3 à 6 fr. [18698]

PRINSE (la). Voy. Prise.

PRINSEP (*Henry-Th.*). A narrative of the political and military transactions of British India, under the administration of the marquess of Hastings, 1813 to 1818, *London, Murray,* 1820, gr. in-4., cartes, plans et fig. 2 liv. [28166]

Vend. bel exemplaire *rel. en cuir de Russie,* 99 fr. Langlès.

Il y a une seconde édit., augmentée, sous ce titre :
The History of the principal transactions in British India, during the administration of the marquess of Hastings. *Lond., Kingsbury,* 1825, 2 vol. in-8. avec fig. 1 liv. 1 sh.

PRINTEMPS de poesie chanté par les vrais amantz de magnificence. *Rouen, Robert et Jehan du Gort,* 1547.

Le catalogue des livres légués par M. Douce à la Bibliothèque Bodléienne donne le titre de ce livre que nous ne connaissons pas autrement.

PRINTEMPS des chansons. Voy. Joyeux bouquet.

PRIOR (*Matthew*). Poetical works, with explanatory notes and memoirs of the author. *London,* 1779, 2 vol. in-8. 12 à 15 fr. [15811]

Bonne édition.

— Poetical works, with memoir by John Mitford. *London, Pickering,* 1835, in-12.

PRIOUX (*Stanislas*). Monographie de l'ancienne abbaye royale Saint-Yved de Braine, avec la description des tombes royales et seigneuriales renfermées dans cette église, par Stanislas Prioux. Ou-

---

vrage orné de vingt-sept planches dont
douze sur acier, six en chromolithographie et neuf en lithographie tirées en
bistre. *Paris, Victor Didron et Cau-
drilier*, 1859, in-fol. de 104 pp. plus
4 p. de titres. L'introduction occupe les
pp. 1 à 3; la 4e p. est bl.; le texte commence à la p. 5 et finit à la p. 100; les
pp. 101 à 104 contiennent la table et l'explication des planches. 40 fr. [21424]

Livre bien exécuté, et qui a beaucoup d'intérêt pour
l'histoire du Soissonnais.
— Histoire de Braine, 24208.

PRISCIANUS. Prisciani volumen de octo
partibus orationis : de constructione :
de duodecim carminibus: de accentibus;
de numeris, ponderibus et mensuris.
(*Venetiis, per Vindelium de Spira*),
anno Domini 1470, in-fol. de 286 ff.
non chiffr., caract. ronds, 41 lign. à la
page. [10778]

Première édition avec date : 123 fr. *m. r.* Gaignat;
6 liv. 6 sh. Pinelli; 10 liv. 10 sh. Roxburghe.
Un exemplaire imprimé sur VÉLIN, et décoré de let-
tres initiales peintes, 51 liv. 9 sh. Pinelli ; 2200 fr.
Mac-Carthy (Biblioth. impériale).
Le vol. commence par ces deux lignes en capitales :

> *Jvliano consvli ac patricio Pri-*
> *scianvs salvtem.*

la souscription porte : *Volumen Prisciani....*

> FINIT.
> *Anno Domini*
> M. CCCC. LXX.

après quoi viennent 37 autres ff., les 14 derniers
desquels contiennent : *Prisciani interpretatio ex
Dionysio de orbis situ;* le tout finissant en recto, à
la 31e ligne, par le mot *finis*, en capitales.

— Opera grammatica. In-fol.

Édition sans lieu ni date, et sans chiffres, récl. ni
signat. Elle est semblable à la précédente pour l'intitulé, le nombre de lignes des pages (41) et pour
la souscription (verso du 256e f.), à la date près;
mais elle est impr. avec les caract. d'Ulric Han, et
non point avec ceux de Vindelin de Spire, comme
l'ont dit plusieurs bibliographes. L'exemplaire de la
Biblioth. impériale a 286 ff. ; mais, selon la *Biblioth.
spencer.*, III, 581, celui de lord Spencer en aurait
289, y compris le 171e et l'avant-dernier, qui sont
tout blancs. Le verso du dern. f. présente un registre des cah. en 4 col. Vend. 30 flor. Crevenna;
150 flor. Meerman; 2 liv. 18 sh. Heber.
Il existe une autre édition de Priscien, imprimée également sans lieu ni date, de format in-fol., contenant 283 ff., en lettres rondes, sans chiffr. ni récl.,
à longues lignes, au nombre de 41 sur les pages
entières. La première commence par ces deux lignes
en capitales:

> *Jvliano consvli ac patricio*
> *Priscianvs salvtem.*

Les derniers vers de l'*Interpretatio ex Dionysio*
finissent au recto du dern. f., qui n'a que 33 lign.,
par le mot FINIS. Les caractères sont ceux d'un
imprimeur jusqu'ici inconnu, qui a produit, à Milan, en 1475, un *Servius in Virgilium*. Dans ces
deux éditions on remarque, à l'extrémité inférieure
des ff., des signatures poussées à la main, et non
imprimées en même temps que le texte; elles doivent avoir disparu, pour peu que le relieur ait rogné les marges. Vend. 10 liv. 10 sh. Heber. Nous
avons vu autrefois, à la Biblioth. impériale, un

exemplaire de cette édition, sans date, dans lequel,
afin de le faire passer pour l'édition de 1470, on
avait ajouté, au recto du 263e f. et à l'aide de caract.
d'imprimerie différents de ceux du livre, ces deux
lignes :

> *Anno. Domini.*
> M. cccc. lxx.

Trompé nous-même par cette date factice, nous
avons donné, dans les trois premières éditions du
Manuel, la description de la présente édition pour
celle de l'édition véritablement de 1470.

— Opera grammatica omnia, cum Rufino
de metris et Dionysio de situ orbis a
Prisciano latine reddito. 1472, in-fol.

Cette édition paraît avoir été imprimée sur la précédente de 1470, et avec les mêmes caractères. Elle
commence aussi par l'intitulé suivant, imprimé en
capitales :

> *Jvliano consvli ac patricio Pri-*
> *scianvs salvtem.*

la souscription :

> *Volumen prisciani de octo partibus orationis...*
> *Anno domini*
> M. CCCC. LXXII.

est placée au verso du 251e f. On trouve ensuite :
*De preexercitamentis rhetorice ex Hermogene
translatis*, ff. 252-258; *Ruffinus de metris comicis*, ff. 259-265; le 266e f. bl. ; *Omnia nomina quibus latina utitur eloquentia*, ff. 267-272; *Prisciani
interpretatio ex Dionysio de orbis situ*, ff. 273-286.
Ce dern. f. est terminé au recto, qui n'a que 29 lignes, par le mot FINIS. Les passages grecs, laissés
en blanc dans l'édition de 1470, sont remplis dans
celle-ci et dans les suivantes avec les caractères
propres à cette langue. Vend. 2 liv. 5 sh. Pinelli ;
7 liv. 12 sh. 6 d. Heber.

— Opera grammatica omnia. *Impr. Venetiis, impensis Marci de Comitibus
sociique ejus Girardi Alexandrini*,
1476, in-fol. de 349 ff. non chiffr., à
35 lign. par page, sign. a—y et aa—rr.

Vend. 40 fr. Gaignat; 2 liv. 15 sh. Pinelli; 20 flor.
Crevenna; 57 flor. Meerman, et 2 liv. 16 sh. Heber;
25 fr. Boutourlin.
Il existe une autre édition in-fol., impr. à Venise,
dans le même temps que celle-ci; elle a deux souscriptions : la première, placée à la fin du traité *De
mensuris et ponderibus* (237e f. recto), est ainsi
conçue :

> *Anno Domini :* M. CCCC. LXXV.

La seconde termine le volume de cette manière :

> *Impressum Venetiis impensis Johannis de Co-*
> *lonia sociique ejus Johannis Manthem de Ghe-*
> *retzem anno Domini* M. CCCC. LXXVI.

Il y a en tout 272 ff. non chiffrés (dont le 1er et le
252e tout bl.), à 41 lignes par page, sign. a—y
et a—gg. Vend. 24 fr. Chardin ; 3 liv. 19 sh. et
1 liv. 14 sh. Heber.
Parmi les autres anciennes éditions de ce grammairien, on distingue encore celles de Venise, 1481,
in-fol. en caract. romains; une autre, impr. dans
la même ville, *per Hannibalem Foxium*, 1485,
x cal. octobris, in-fol. de 261 ff., car. rom.; autre
encore de Venise, G. Arrivabene, *pridie non. Dec.*,
1488, in-fol., avec le commentaire de J. Aigre sur
les 16 prem. livres : elle a été réimpr. à Venise, en
1492 et en 1495, in-fol. — Celle de Venise, *Bonetus
Locatellus*, 9 cal. Mart. 1496, in-fol., avec les
commentaires de J. Aigre et de D. Caietan (elle a
été plusieurs fois réimprimée) ; et enfin la belle
édition de *Milan, Alex. Minutianus*, 8 cal. nov.
1503, in-fol., sans commentaire. Vend. 25 fr. *mar. r.*
La Valliere, et moins depuis.

— Prisciani de octo partibus orationis lib. XVI, etc. Rufini de metris comicis et numeris oratoriis commentarium perutile. Hæc omnia primum judicio Nic. Bucinensis castigata, ab Ant. Francino iterum recognita. *Florentiæ, per heredes Philippi Juntæ*, 1525, pet. in-4. de 12 et 320 ff.

Les exemplaires datés de 1554, *apud hæredes Bernardi Juntæ*, sont de cette même édition, dont on a réimpr. le titre et plusieurs ff. pour en changer la date : 0 à 9 fr. Quelques bibliographes ont cité *Libri duo postremi Prisciani de syntaxi, castigati a Nic. Angelio Bucienci*, impr. à Florence, par les héritiers de Ph. Junta, en 1529, in-4.

— Prisciani libri omnes. Rufini item de metris comicis, et oratoriis numeris, etc. *Venetiis, in ædibus Aldi et Andreæ Asulani*, 1527, pet. in-4. de 14 ff. prélim., 299 ff. pour le texte, plus 1 f. blanc et deux autres pour l'errata et la souscription.

Vend. 11 fr. *mar. r.* Belin; 20 flor. Meerman; 40 fr. *mar. v.* en 1825; 6 sh. Butler.

— PRISCIANI, cæsariensis grammatici, Opera minora, edidit Fr. Lindemannus : accessit G. Hermanni epistola ad editorem. *Lugd.-Batavor., Luchtmans*, 1818, in-8. 10 fr.

— PRISCIANI, cæsariensis grammatici, Opera : ad vetustissimorum codicum nunc primum collatorum fidem recensuit, emaculavit, lectionum varietatem notavit et indices adjecit A. Krehl. *Lipsiæ, Weidmann*, 1819-20, 2 vol. in-8. 15 à 18 fr. — Pap. collé, 18 à 21 fr.

Le savant philologue Schneider a jugé sévèrement cette édition, qui, bien que faite avec trop de précipitation, présente de bonnes corrections.

— Prisciani, cæsariensis grammaticorum facile principis περὶ συντάξεω; hoc est de constructione libri. græcanica scriptura ..... (in fine) : *Habes en candide lector Prisciani duo de Constructione volumina : græcis literis : id quod in Germania nunquam antea contigit : pro necessitate expressa Erphordie per Lupambulum* (Wolfgangum) *Ganimedem : alias Schenck. 7. Idus Septembres. anno a natali Christiani* M. D. I. τέλος, in-4.

Livre très-rare; le premier, en Allemagne, dans lequel il ait été fait un usage suivi des caract. grecs. (Panzer, IV, 493.)

PRISCIANI grammatici de laude imperatoris Anastasii et de ponderibus et mensuris carmina : alterum nunc primum, alterum plenius edidit et illustravit Steph.-L. Endlicher. *Vindobonæ, Schalbach*, 1828, in-8. 6 fr. — Pap. vél. 8 fr.

PRISCIANUS archiater (*Theodorus*). Ad Thimotheum fratrem, Phænomenon Euporiston liber I : Logicus liber II : Gynæcea ad Salvinam liber III. Opus nunc prim. editum (per Sigism. Gelenium). *Basileæ, in officina frobeniana*, 1532, in-4. [6596]

Cette édition, faite d'après quatre manuscrits, est moins complète que celle de Strasb., J. Schottus, 1532, in-fol., publiée sous le titre de *Octaviani*

Horatiani rerum medicar. lib. IV. C'est aussi sous le nom d'*Octavius Horatianus* que l'ouvrage est réimprimé dans l'*Experimentarius medicinæ*, Argentor., 1544, in-fol.; mais on le trouve complet et sous le nom de *Theodorus Priscianus* dans les *Medici antiqui* d'Alde, 1547 (voy. MEDICI).

THEODORI Prisciani quæ extant, novum textum constituit, lectiones discrepantes adjecit J.-Mich. Bernhold. (*absque nota, sed Ansbaci, Gassert*, 1791), in-8.

Tome premier, le seul publié.

PRISE de Grenade. La tres celebrable digne de memoire et victorieuse prise de la cite de Grenade en 1492. (*sans lieu ni nom d'imprimeur*), in-4. goth. [26216]

(Biblioth. impériale, dans le Recueil des pièces impr. à Lodeac, Y, n° 4418.)

— Prise (la) du Royaume de Naples. — *Cy fine la prise conqueste de Naples* (sans lieu ni date), pet. in-4. goth. de 2 ff. [23430]

Cette pièce contient : 1° une lettre de Louis XII, datée de Lyon, le 8 août 1501, par laquelle il fait part au Parlement de Paris de la prise de Naples; 2° les réjouissances que l'on fit à cette occasion; 3° Louange en manière de chanson; 4° la Complainte de Constantinople à Rome.

LA PRINSE de Cremone et de lartillerie auecques lanuoy des estandars a Saint-Denys, et aussi la reduction de la cyte de Bresse. (*sans lieu ni date*), in-4. goth. de 2 ff. non chiffrés. [23436]

Pièce qui se rapporte à l'année 1509.

PRINSE de Genes et la fuyte des Espagnolz. (*sans lieu ni date*, vers 1528), pet. in-8. de 4 ff. [23451]

LA PRINSE du prince et duc de Melphe, faicte par monsieur de Lautret, auec plusieurs villes et chasteaulx. — Escript a Verse par le tout vostre cousin et amy Jehan de Goullefrac. (*sans lieu*), 1528, pet. in-8. goth. de 4 ff. [23451]

LA PRINSE et assault de Pauie faicte par monsieur de L'austrect, lieutenant general du Roy nostre sire dela les mons auecques la fuyte des Espagnols. (à la fin) : *Imprime par conge de iustice. Lan de grace mil cinq cens vingt sept*, in-8. goth. de 4 ff. non chiffrés. [23451]

LA PRINSE de Pavie par M. d'Anguin, accompagné du duc Durbin z plusieurs capitaines envoyez par le Pape. (*sans lieu*, 1544), pet. in-8. de 4 ff. à 25 lign. par page, caract. goth. [23465]

Pièce en prose, à la suite de laquelle se trouve une ballade; elle a été réimprimée à *Toulouse*, en 1544, in-4. (voyez l'article DISCOURS de la bataille de Cerizolles), et tout récemment dans le 2e vol. du Recueil de M. de Montaiglon.

Cette pièce paraît avoir été écrite d'après une fausse nouvelle.

PRINSE (la) et deffaicte des Angloys par les Bretons deuant la ville de Barfleu (Harfleur), près la Hogue, au pays de Cöstentin duché de Normandie. *Nouuellement imprime a Paris, Mil cinq cens quarante trois*, in-8. goth. de 4 ff. non chiffrés. [23465]

Pièce fort rare, dont le Nouveau Lelong, n° 17594, cite une édit. in-4. goth. A la fin de l'in-8. se trouve : *Chanson nouuelle faicte et composee de la prinse des Angloys qui furent amenez à Ardres*, etc. Réimprimé dans le VIIIe vol. du Recueil de M. de Montaiglon, d'après une édition dont le titre ne porte pas *au pays de Cöstentin*.

— Voy. GRANDE et merveilleuse prinse.

PRINSE (la) de la ville et chasteau de Guynes, faicte par les francoys le XX iour de Ianuier

M. D. LVII. *Rouen*, *F. Valentin et R. Petit* (*sans date*), pet. in-8.

PRINSE (Brief discours de la) de la ville de Thionville, mise en l'obeissance du roy, par le seigneur de Guise.... *Paris, impr. par Rob. Estienne*, 1558, pet. in-8. — Le même : *On les vend a Rouen par Robert Dugort. — Imprime par Iehan Le Prest*, 1558, pet. in-8.

Ces pièces, ainsi que plusieurs autres qui se rapportent aux mêmes événements, sont inscrites dans le nouveau catal. de la *Biblioth. impér.*, Histoire de France, I, pp. 244 et suiv. Voir aussi notre article FAUQUEL.

PRINSE (la) de Lyon par les fideles au nom du roy, le dernier d'auril 1562. *Lyon, mai 1562*, pet. in-8. [24603]

L'édition originale de cet opuscule est fort rare, ainsi que la pièce suivante, relative aux mêmes faits :

HISTOIRE des triomphes de l'église lyonnoise, auec la prinse de Monbrison. *Lyon*, 1562, pet. in-8. de 8 ff. non chiffrés.

La première de ces deux pièces a été réimprimée dans le troisième vol. des Mémoires de Condé, édit. in-4., et dans les *Archives curieuses*, 1re série, IV, p. 174. L'une et l'autre ont aussi été reproduites sous ce titre :

PRINSE de Lyon et de Montbrison, par les Protestans, en 1562. *Lyon, impr. de J.-M. Barret*, 1831, in-8. publié par A. P.

PRINSE (la) de la ville de Sainct-Lo, par M. de Matignon, ... le jeudi dixiesme iour de juin 1574; auec les noms, et le nombre de ceux qui sont demourez à l'assault, tant morts que blessez. *Paris, Mich. Buffet*, 1574, pet. in-8. de 16 ff.

Réimpr. à *Lyon*, *G. Martin*, 1574, in-8., et avec un changement dans le titre : *Troyes, Claude Garnier* (sans date), in-8. de 8 ff.

PRINSE (la) de la ville et chasteau de Gournay en Normandie, par Mgr. le duc de Mayenne, auec les noms des prisonniers. *Paris, Hubert Velu*, 1589, pet. in-8. de 8 ff. ; — aussi *Lyon, J. Patrasson*, 1589, in-8. de 14 pp.

PRINSE (la) de la ville et du chasteau du Pont-Audemer, au pays de Normandie, le 22e iour du mois de novembre 1589, par Mgr le duc d'Aumale. *Paris, Didier Millot*, 1589, pet. in-8.

PRINSE (la) du comte de Montgommery, dedans le chasteau de Donfron, par M. de Matignon, le jeudi XXVII de may 1574. *Paris, Nic. Dumont*, 1574, in-8. — Réimpr. à *Lyon, Mich. Jove*, 1574, in-8. de 16 ff. ; à *Bordeaux, P. de Ladime*, 1574, et à *Troyes, Veufue N. Luce*, in-8.

LA PRINSE et rendition de la ville d'Eu... par Mgr le duc de Mayenne. *Paris, H. Velu*, 1589, in-8., et sous le titre de *Discours veritable de la prinse et reddition de la ville d'Eu*, Paris, A. Du Brueil, iouxte la copie de H. Velu, 1589.

PRINSE et deffaicte de Guillery. Voy. HISTOIRE de la vie.

PRISON (la) d'Amours. Voy. SAN PEDRO.

PRISSE (*E.*). Oriental album. Characters, costumes and modes of life in the valley of the Nile, illustrated from designs taken on the spot. *London*, 1848, in-fol.

Cet album, annoncé à 115 fr. dans le catal. d'Asher, pour 1858, semble devoir être la même chose que les Monuments égyptiens, de M. Prisse d'Avennes, qui font suite à ceux de Champollion jeune (voyez ce nom).

— Fac-simile d'un papyrus égyptien, 30202.

— HISTOIRE de l'art égyptien d'après les monuments, depuis les temps les plus reculés jusqu'à la domination romaine, par Prisse d'Avennes ; ouvrage publié sous les auspices de M. Fould, ministre d'État. *Paris, Gide*, 1858, gr. in-fol. [29083 ou 29232]

Cet ouvrage devait avoir 40 livraisons, au prix de 20 fr. chacune, mais jusqu'ici (septembre 1862) il n'en a paru que 5, bien qu'un prospectus daté du 10 janvier 1858 en ait annoncé 6 en vente, et qu'un Catalogue de M. Weigel de Leipzig daté de 1860 porte ce livre comme complet en 2 vol. contenant 160 pl. chromolithogr. avec un vol. de texte.

PRITZEL (*G.-A.*). Thesaurus literariæ botanicæ omnium gentium inde a rerum botanicarum initiis ad nostra usque tempora, quindecim millia operum recensens, curavit G.-A. Pritzel. *Lipsiæ, Brockhaus*, 1851, in-4. de 5 ff. prél. et 547 pp. à 2 col. 56 fr. ;— pap. vél. 84 fr. [31719]

Excellent ouvrage, publié en sept livraisons, dont la première a paru en 1847. L'auteur se propose de le compléter par un supplément. On peut y joindre un opuscule intitulé :

ADDITAMENTA ad G.-A. Pritzelii Thesaurum literaturæ botanicæ ; collegit et composuit Ern. Amandus Zuchold. *Halis*, 1853, *typis ploetzianis*, in-8. de 59 pp.

PRIULI (*Alvise*). Rime. *Venezia*, 1533, in-4. 6 fr. Floncel. [14522]

PRIVILÉGE des enfans sans soucy. Voyez JOYEUSETEZ.

PRIVILEGES (les) du cocuage. *Cologne*, 1644, pet. in-12. [18103]

L'édition de *Cologne*, 1698, pet. in-12, a été vend. 7 fr. Mazoyer. — Celle de *Cologne*, 1708 (point 1608), in-12, 5 fr. 50 c. Coulon. — Celle dont le titre porte : *Vicon Cornichon*, 1722, in-12, 13 fr. 50 c. *m. citr.* Morel-Vindé; 6 fr. Coulon. Autre : *Malaise, J. Cornichon* (1722), pet. in-12, 18 fr. *mar. r. non rogné*, Nodier.

PRIVILEGES, franchises et libertés du Vicomté de Turenne. Voy. l'art. COUTUMES, paragraphe LXVII.

PRIVILÉGES, franchises et libertez donnees par le Roy aux Bourgeois, manans et habitans de la ville de Peronne. *A Paris, rue de la Juifuerie, à l'image de sainct Pierre*, MDXXXVI, in-4. [24235]

Opuscule rare.

PRIVILÉGES, franchises et libertez des bourgeois et habitans de la ville et fauxbourg de Montargis le Franc. *Paris, Chevalier*, 1608, pet. in-8. [24201]

Porté à 48 fr. dans le catal. de Tross, 1861, n° IX, art. 2072.

PRIVILEGIA civitatis Valentiæ. Voy. AUREUM opus.

PRIVILEGIA et indulgentie fratrum minorum et predicatorum. Hoc opus diligentissime deportatum fuit de curia romana per rev. doctorem sacre theologie magistrum reginaldum Groveti ordinis minorum. *Impressum Tresis cum*

Pritchard (*André*). Microscopic illustrations, 4346. — History of infusoria, 6178.

Priviléges de la ville de Bourges, 24489.

*summa cura et diligentia p. p. ceptum
ejus, Anno dñice Incarnationis* MCCCC
XCVI, pet. in-8. goth. de 52 ff. sans
chiffr. ni récl. ; au recto et au verso du
premier f. une vignette représentant
deux cordeliers.

M. Corrard de Breban (*Recherches sur l'établissement
de l'imprimerie à Troyes*) a décrit (d'après l'exemplaire de la biblioth. Sainte-Geneviève) ce livre,dont
il attribue l'impression à Guillaume Le Rouge, à
Troyes.

PRIVILEGIA, gratiæ, favores, immuni-
tates, exemptiones et indulta canonicorum regularium S. Salvatoris ordinis S.
Augustini cum a plurimis pontificibus,
tum vero a Julio secundo ante concessa,
nunc etiam recens a Paulo tertio confir-
mata et rinnovata. (*Romæ*, 1549), in-4.

Un exemplaire imprimé sur VÉLIN, ayant appartenu
au pape Paul III, dont il porte les armes, a été
vendu 2 liv. 10 sh. Libri, en 1859, et porté depuis
à 150 fr. dans le *Bulletin du Bibliophile*, 1861,
n° 171.

PRIVILEGIA ordinis cisterciensis. Voyez
JOANNES abbas.

PRIVILEGIUM Poloniæ. Voy. LASKO (*J.*
de).

PRO divo Carolo, eius nominis quinto, in
satisfactionem quidem sine talione eorum quæ in illum scripta, ac pleraque
etiam in vulgum ædita fuere apologetici
libri duo, nuper ex Hispaniis allati. *Moguntiæ, in ædibus Joannis Schoeffer*,
1527, pet. in-4. [26054]

Cette pièce rare doit être réunie à celles qui, à la
même époque, ont été publiées pour ou contre
Charles-Quint. 80 fr. en *mar. r.*, *riche dorure*,
Borluut.

PROBA Falconia. Voy. FALCONIA.

PROBLESMES moraulx, espagnols, traduits en francois par Paul Lentulus.
*Suivant la copie imprimée à Berne,
par Jean Le Preux, imprimeur des
très-puissants seigneurs de Berne*,
1724, in-24. [17964]

Les noms d'auteur et d'imprimeur de ce livre singulier sont évidemment supposés. 6 fr. première vente
Duplessis; 18 fr. Baudelocque.

PROBUS(*Æmil.*). Voy. CORNELIUS NEPOS.

PROBUS. Valerii Probi de litteris antiquis
opusculum. — *Anno salutis* MCDLXXXVI
(1486), *Boninus de Boninis,* pet. in-4.
de 18 ff. [10756]

Édition la plus ancienne que l'on connaisse de cet
opuscule. Elle a probablement été imprimée à Brescia, où Boninus de Boninis se trouvait en 1486,
après avoir exercé quelque temps à Venise, et ensuite à Vérone. Vend. 15 fr. 50 c. Reina.

— Valerii probi grãmatici de interpretandis romanorum litteris opusculum feliciter incipit. Romanorũ ciuiũ noïa pno-
mina ac cognomina, eorumꝗ magistra-

tuum. Alie abreuiature ex valerio probo
excepte (*sic*), etc., etc. *Venetiis, per
Joannem de Tridino, alias Tacuinum,
anno domini* M. CCCCIC. VIIII (1499) *die
xx aprilis*, in-4. de 20 ff., sign. *a—e.*

Opuscule publié par J. Bonardus. Vendu 32 fr. en janvier 1825, et moins depuis. Il en existe plusieurs
autres éditions non moins rares, mais d'une médiocre valeur, au sujet desquelles on peut consulter
Ebert, n°s 17965 et suiv. Elles ont toutes été effacées par celle dont le titre suit :
LIBELLUS de interpretandis Romanor. literis,
civiumque Romanor. nominibus, pronominibus ac
cognominibus, etc., quem ex vetustissimis mss.
codd. plus partem dimidiam auxit, emendavit et notis illustravit H. Ernstius. *Soræ, Crusius,* 1647,
in-4. de 4 ff. et 168 pp.

— Valerii Probi grammatici instituta artium. Maximi Victorini de quantitate
syllabarum ; Donati prima ars ; Servius
ad Albinum de naturis ultimarum ; Sergius in artem Donati primam ; Attilius
Fortunatianus de metris Horatianis ; Do-
natiani generis ejusdem fragmentum ;
item Cæsii Bassii (ars de metris) ; Terentianus Maurus (de litteris, syllabis et
metris) ; Beda (de metrica ratione). Editore H.-Joh. Parrhasio. *Mediolani per
Joannem Angelum Scinzenzeler*.......
1504, in-fol. de 108 ff., avec des signat.
de A—O.

Recueil rare de cette édition, vend. 30 fr. Chardin.
Les mêmes auteurs se trouvent réunis à beaucoup
d'autres du même genre dans la collection de Putschius (voyez PUTSCHIUS) et dans celle de Lindemann (voyez GRAMMATICI).

— Instituta artium Probique catholica.
Corn. Fronto de nominum verborum-
que differentiis : Phocas de flatili nota
atque de aspiratione, ab Aulo Jano Parrhasio nuper inventa ac nunc primum
edita. *Veicentiæ* (sic), *Henr. et J. Maria fratres*, 12 *Febr.*, 1509, pet. in-fol.
de 4 et 40 ff. sign. *a—g.*

La note précédente s'applique également au présent
article.

— Valerii Probi grammatici de interpretandis Romanorum litteris opusculum,
cum aliis quibusdam scitu dignissimis.
(sur le titre la marque des trois frères
Enguilbert, Jean et Geofroy de Marnef,
désignés par les initiales de leurs pré-
noms, mais pas de date), in-8. de
12 feuilles.

Ce petit recueil a une épître dédicatoire commençant
ainsi : *Godofredus Torinus Bituricus ornatissi-
mos Philibertum Babolum et Joannem Alemanum
juniorem, cives bituricos... salutat*, et finissant
par la date : *Parrhisiis apud collegium Plessiacum
6 Id. Maias* 1510. Tory a intercalé dans ce livre
plusieurs pièces de vers latins, dont une intitulée
*Dialogus per Godofredum Torinum, in quo urbs
Biturica, sub loquente persona, describitur*, est
rapportée aux pages 6 à 8 du *Geofroy Tory* de
M. Aug. Bernard, où ce bibliographe fait remarquer
qu'on trouve dans une des pièces de ce recueil
quelques petites figures gravées sur métal.

— IN VIRGILII Bucolica et Georgica commentarius, voy. l'article VIRGILIUS.

PROCÉDURE curieuse de l'inquisition de Portugal contre les Francs-Maçons pour découvrir leur secret, avec les interrogations et réponses, par un frère maçon sorti de l'inquisition. *Dans la Vallée de Josaphat, l'an de la fondation du temple de Salomon*, 2803 (*Holl.*, 1745), pet. in-8. [21684]

Livre curieux et assez rare : vend. 4 fr. Méon ; 36 fr. *m. r.* Mac-Carthy, et (avec *Le Tonneau jeté*, La Haye, 1745) 20 fr. en 1841.

PROCÉDURE faicte contre Jean Chastel, pour le parricide par luy attenté sur la personne du roy Henry. Arrests donnez contre le parricide et contre les Jésuites. *Paris, Mettayer*, 1595, in-8. de 45 pp. 4 à 6 fr. [23629]

Vend. 15 fr. *m. r.* de Boissy.
— AUTRE édition avec l'Histoire prodigieuse du détestable parricide attenté contre ledict roy, par Pierre Barriere a la suscitation desdicts jésuites. *Iouxte la coppie imprimée a Paris chez Iamet Mettayer et P. L'Huillier*, 1595, pet. in-8.

PROCÉDURE (la) faite contre les filles de joye, a la requeste des bourgeois de Paris, et le jugement sur ce intervenu. 1619, in-8. de 13 pp. en ital. [13972]

Pièce en vers à laquelle on est quelquefois jointe une autre en prose, sous ce titre :
LES REGRETS des filles de joye de Paris sur le sujet de leur banissement. *Paris, Vᵉ du Carroy*, s. d., pet. in-8. de 7 pp.

PROCEEDINGS of the philological Society for 1843-53. *London*, 1843-54, 6 vol. in-8. [18379]

Collection de mémoires linguistiques, impr. à petit nombre pour les membres de la Société, qui l'ont payée chacun 12 liv. 12 sh.
PROCEEDINGS of the Academy of natural sciences of Philadelphia, 1842 to 1856. *Philadelphia*, 8 vol. in-8. avec pl. — New Series, 1857-59, 2 vol. in-8.
A côté de cette collection nous plaçons celle dont le titre suit :
JOURNAL of the Academy of natural sciences of Philadelphia, 1817-1842, 8 vol. in-8. — New Series, 1847-56, 4 vol. in-4.
PROCEEDINGS of the Boston Society of natural history, 1841-54, in-8., vol. I à V.

PROCEEDINGS of the association for promoting the discovery of the interior parts of Africa. *London, Nicoll*, 1810, 2 vol. in-8., avec cartes. [20853]

Vend. 16 fr. Langlès.
La première partie de cet ouvrage a paru à Londres, chez Cadell, 1790 (et 1791 in-8.), et le 2ᵉ vol., en 2 parties in-4., en 1797 et 1802. L'édition de 1810 a reçu des augmentations.

PROCÈS de Belial. Voy. THERAMO.

PROCÈS de condamnation et de réhabilitation de Jeanne d'Arc dite la Pucelle,

publiés pour la première fois d'après les manuscrits de la Bibliothèque royale, suivis de documents histor., et accompagnés de notes et d'éclaircissements, par Jules Quicherat. *Paris, J. Renouard*, 1841-49, 5 vol. gr. in-8. 45 fr. [23403]

Publication importante et qui fait honneur à son éditeur.
APERÇUS nouveaux sur l'histoire de Jeanne d'Arc, par J. Quicherat. *Paris, Renouard*, 1850, in-8. de 176 pp.

PROCÈS (le) de Grandval, fait aux enfers, sur la déposition des trois Parques et sur le rapport de Belphégor. *Dans le monde, à l'enseigne de la Vérité*, 1693, in-12, 4 à 6 fr. [18417]

PROCÈS (le) des danses. *La Rochelle*, 1646, in-8. 5 à 6 fr. [1359]

PROCES (le) des femmes et des puces compose (arrangé) par un frere mineur Pelerin retournant deshirlandes ou il apprint la vraye recette pour prendre et faire mourir les puces ; laquelle sera declaree cy apres a la deffinition du dit proces. (*sans lieu ni date*), pet. in-8. goth. de 4 ff. [13559]

Pièce de vers en quatrains, avec la recette en prose. Elle faisait partie d'un recueil de dix-huit pièces, plus singulières les unes que les autres, recueil qui n'est porté qu'à 36 fr. dans le catal. du B. de H (eiss), n° 279, mais dont on donnerait aujourd'hui 300 fr. et plus.

PROCÈS des trois frères. Voy. BEROALDE.

PROCÈS du P. Henri Garnet, provincial de jésuistes en Angleterre, exécuté à mort le 28 de mars 1606, tourné mot à mot de l'anglais, etc., plus le bannissement des moines..... hors du royaume de la Grande-Bretagne. (*sans lieu d'impression*), 1607, pet. in-8. Rare. [21912]

La relation du Procès a d'abord paru en anglais et aussi en latin, à Londres, 1606, in-4. On cite une édit. de la traduction sous la date de 1606.

PROCÈS, examen, confessions et négations du meschant et exécrable parricide François Ravaillac, sur la mort de Henry-le-Grand, et ce qui l'a fait entreprendre ce malheureux acte. *Paris*, 1610, pet. in-8. 6 à 9 fr. [23640]

Il y a une édit., *jouxte la copie imprimée à Paris, chez Jean Richer*, 1611, pet. in-8. de 63 pp.; vend. 14 fr. *mar. r.* La Vallière; 18 fr. Méon; 22 fr. Coste.
PROCÈS du très-méchant et détestable parricide Fr. Ravaillac, natif d'Angoulesme, publié pour la première fois par P... D... (Deschamps). *Paris, Aug. Aubry*, 1858, pet. in-8. de 144 pp. et la table, avec le portrait de Ravaillac.
Jolie édition tirée à 400 exemplaires, dont 370 sur pap. vergé, 12 sur pap. de couleur, 10 sur pap. vélin, 6 sur pap. de Chine, et 2 sur peau-vélin. Le Procès est suivi de notes, de la copie d'un placard, d'un discours en vers et d'une liste des principaux ouvrages et pamphlets publiés en 1610 et ann. suivantes, à l'occasion de la mort de Henri IV. C'est

---

Procès de George, 2909.

le 15ᵉ vol. du *Trésor des pièces rares*, publié chez Aug. Aubry.

PROCÈS (le) que a faict misericorde contre iustice, pour la redemptiŏ humaine, lequel nous demonstre le vray mistere de lanũciation de nostre Seigneur Jhesucrist (à 24 personnages). Pet. in-4. goth. de 43 ff. sign. *a—f,* à 28 vers par page. [16227]

Pièce d'une grande rareté ; vend. 62 fr. *mar. bl.* (avec un feuillet refait à la plume) La Valliere.

PROCÈS-VERBAL fait au père J. Testefort, dominicain, qui fut trouvé couché rue du Cimetière-Saint-André, avec la R. M. Brevilliers, religieuse, le 4 novembre 1627. In-8. [2734]

Vend. 21 fr. La Valliere.

PROCESSION (la) de Soissons deuote et memorable faicte à la louange de Dieu, pour la deliurauce (*sic*) de Nosseigneurs les Enfans de France. *On les vend a Paris, a lenseigne du Pot cassé rue Sainct Jacqs, a lescu de Basle et en la Halle de Beausse a la même enseigne du Pot casse, deuant leglise de la glorieuse madalaine, Auec privilege pour deux ans.* (à la fin) : *Ce present liure fut acheue dimprimer le* XXIX *iour Daoust* M. D. XXX. *et est a vendre a Paris par Maistre Geofroy Tory de Bourges*, pet. in-4. de 20 ff. encadrés, lettres rondes, sign. Aij—Cij. [23456]

Cet opuscule fort rare a un titre avec entourage d'arabesques gravées en bois, au monogramme de la croix de Lorraine, et au-dessous de la marque du libraire sont quatre vers latins, lesquels paraissent être de sa composition comme les six qui terminent cette relation, et qui sont intitulés : *Torinus Biturigicus ad Galliam.* Il y a au verso de ce titre une préface commençant ainsi : *Geofroy tory de Bourges aux deuotz amateurs dhonneste lecture dit et donne un humble salut,* et datée de Paris, 25 août 1530. Au commencement du f. A, on lit : *Lordre de la grande procession faicte a Soissons par Reuerend père en Dieu monseigneur Iehan Oliuier Abbé de Saint Mard dudit Soyssons conseiller du Roy nostre Sire. Et Cronicqueur de France | Le dimèche dernier iour de Iuillet Lan de grace | Mil cinq cens et trente. Pour remercier nostre seigneur de la deliurãce de nosseigneurs les enfants de France.* (Communiqué par M. Paul Lacroix, conservateur de la bibliothèque de l'Arsenal.)

PROCESSION. Cy sensuit la procession du roy de Frãce nostre sire quil a fait par deuotiŏ a limage de nostre dame de souffrance auec le present quil luy a fait. Pet. in-8. goth. de 4 ff. [13560]

La date de l'événement qui a donné lieu à cette pièce se trouve dans ces vers :

au mois de tuing. v. iour
Lan mil cinq cens vingt z huit
aulcuns maraulx ont pris le iour
A eulx en aller toute nuict
Auant paris pour faire ennuy.

et les noms de l'auteur, *Jean Petit,* se lisent par acrostiche dans les dix derniers vers de l'opuscule.

PROCESSIONALE co┌pletum per totum anni circulum : ad usum celebris ecclesie Eboracensis, de novo correctum et emendatum cũ collectis Impẽsis honesti viri Joannis Gachet librarii Eboraci commorantis M CCCCC XXX. (au verso du dernier f.) : *Finit processionale ad usum Eboracẽ noviter Impressum expẽsis honesti viri Johannis Gachet,* pet. in-8. goth., sign. A—M. par huit, texte impr. en rouge et noir, avec les notes de musique en noir sur des portées rouges. [757]

Ce Processional du diocèse d'York est un livre fort rare qui a été payé 86 liv. sterl. à la vente du Dʳ Bandinel faite chez Sotheby, à Londres, en 1861. La nouvelle édit. du Manuel de Lowndes, qui nous fournit ce renseignement, donne, pp. 1976-77, la notice des différentes éditions du *Processionale ad usum sarum,* en commençant par celle de *Rouen, Morin,* 1508, in-4. Parmi les autres nous remarquons, à cause de leurs prix élevés, celle de *Paris, Franç. Regnault,* 1530, in-4., vendu 23 liv. en juillet 1859 ; une autre sortie, des presses de Kyngston et Sutton, en 1555-56, in-4., payée 20 liv. 10 sh. en avril 1857. Les éditions de Rouen, 1517, in-4. ; de Paris, *per Wolfgangum Hopylum, impensis Francisci Byrckman,* 1519, in-8., etc., sont encore des livres susceptibles de prix élevés. — Processionale, 720.

PROCESSO e confessione del squaquarante carneuale. — *Impresso in Bologna p Alexãdro Lippo.* MDXVI. *de Zenaro,* in-4. de 4 ff. à 2 col. avec titre en goth. et vignette sur bois au-dessous.

La Confession est en vers et le *Processo* en prose (Biblioth. palat. de Florence).

Nous trouvons sous le nᵒ 527 du catal. Libri, 1859, le titre suivant :

TRAGICOMEDIA di Squaquadrante Carneval et de Madonna Quaresma. *Brescia, per Giacomo Turlino,* s. d., in-12, avec un bois. Pièce écrite en dialecte de Brescia ; il s'y trouve plusieurs passages en vers macaroniques.

PROCESSO de cartas de amores, que entre dos amantes passaron ; con una carta del author para vn amigo suyo pidiendole consuelo y vna quexa y auiso de vn caballero (llamado Luzindaro), contra amor y vna dama, assimismo en este libro otras exellentissimas cartas (de Blasco de Garay) que allende de su dulce y pulido estilo, estan escriptas en reffranes traydos a proposito, y al cabo se hallara vn dialogo (de Castillejo) muy sabroso que habla de las mugeres : todo con diligentia nueuamente corregido (por Alonso de Ulloa). *Venetia, in casa de Gabr. Giolito de Ferrariis y sus hermanos,* 1553, pet. in-8. de 120 ff. en lettres italiques. [18007]

Livre rare, dans lequel le *dialogo* de Castillejo n'a point éprouvé les mutilations que présentent toutes les éditions de ce poète. Salvá l'estime 2 liv. 12 sh. 6 d., et un .exempl. en *mar. citr.* a été vendu 43 fr. Nodier ; un autre s'était donné pour 7 fr. Gohier, et un exemplaire portant un titre un peu différent, et à la date de 1551 a été offert pour 45 fr. dans un des Catalogues de la librairie Tross.

Le *Processo de cartas* avait déjà été impr à Tolède, en 1548, in-4. Voy. SEGURA (*Juan* de).

PROCESSUS et inquisitio principum Neapolitanorum, qui contra Ferdinandum regem conjurarunt. *Neapoli*, 1488, in-fol. de 65 ff. à 36 lign. [25743]

Cet ouvrage curieux est décrit dans la *Biblioth. spencer.*, VII, n° 152. C'est une traduction ital. sous un titre latin ; mais Orlandi, p. 129, en indique une édition de 1487, en français, laquelle, si elle existe réellement, peut être regardée comme un morceau des plus précieux. Hain, n° 13383, décrit l'édition du texte italien, ainsi qu'un autre ouvrage du même genre, intitulé : *Processo contra de messer Antonello de Petruciis, etc.*, et portant cette souscription : *Neapoli fideliter impressus per germanos fidelissimos die xiiii. Iulii.* MCCCCLXXXVII.; ce dernier est un in-fol. de 57 ff.

PROCESSUS juris joco-serius, in quo continentur, 1° Bart. a Saxoferrato processus Sathanæ contra D. Virginem, coram judice Jesu ; 2° Jac. de Ancharano processus Luciferi contra Jesum cum commentariis Jac. Ayrer ; 3° Martialis averni aresta amorum. *Hanoviæ*, 1611, in-8. [17912]

Ce volume rare a 964 pp. de texte, précédées de 8 ff. préliminaires, et suivies d'un index en 22 ff. : 10 à 12 fr. Vend. 33 fr. bel exempl. m. v. en 1829.

C'est mal à propos que l'éditeur de ce recueil prétend qu'il publie pour la première fois, en latin, le *Processus Luciferi*, puisque l'ouvrage avait été imprimé dès l'année 1472, et peut-être même avant.

— Voy. l'article THERAMO ; voy. aussi BARTHOLUS.

Jacq. Ayrer avait déjà donné le même procès, en allemand, sous ce titre :

HISTORISCHER Processus Juris in welchem sich Lucifer über Jesum darumb, dass er ihm die Hellen zerstöhrt... beklaget. *Franckfurt*, 1600 (1601), in-fol. Imitation de l'ouvrage de Theramo.

PROCEZ et amples examinations sur la vie de Caresme-prenant, avec les sentences, mandement, etc., donnez et publiez contre lui de l'ordonnance et commissions du seigneur Caresme, traduit de l'italien. *Paris*, 1605, pet. in-8. [17831]

Cette édition originale est fort rare ; mais il y a une réimpression sous la même date, et qui est ordinairement accompagnée des pièces suivantes aussi réimprimées : *Traicte de mariage entre Julian Peoger*, Lyon, 1611. — *La copie d'un bail et ferme faicte par une jeune dame...* Paris, 1609. — *La raison pourquoy les femmes ne portent barbe au menton*, Paris, 1601. — *La source du gros fessier des nourrices... avec la complainte de monsieur le cul contre les inventeurs des vertugalles*, Rouen. — *La source et origine des c... sauvaiges...*, Lyon, 1610. — *La grande et veritable prognostication des c... sauvaiges.....* — *Sermon joyeux d'un depucelleur de nourrices*, in-8.

Ces huit pièces ainsi réunies sont recherchées à cause de la singularité de leurs titres : vend. en mar. 24 fr. Le Febvre et Méon, et jusqu'à 39 fr. Bonnier. Les quatre dernières pièces se sont vendues ensemble de 10 à 12 fr., et quelquefois même plus cher. Ces quatre mêmes pièces ont été réimpr. il y a une trentaine d'années, et comme il restait encore un certain nombre de réimpressions des quatre premières, on a formé du tout trente exem-

plaires numérotés à la presse, lesquels contiennent en outre la réimpression du *Dict des pays ioyeux* (voyez DIT), et une table des neuf pièces. Ces exemplaires se payent de 20 à 25 fr. dans les ventes, 38 fr. *mar. r.* Veinant.

— Voy. CARESME prenant.

Il existe une édit. de *Procez et amples examinations, etc.*, avec cette adresse : *Se vend rue sainct Iacques, à l'enseigne Sainct Nicolas*, 1609, pet. in-8. de 16 pp. (vend. 60 fr. *mar. v.* Veinant), de laquelle il a été fait une réimpression à Paris, chez Crapelet, en 1830, pet. in-8. de 24 pp., tirée à petit nombre.

Nous avons vu une édition de la même pièce, sous la date de 1612 ; une autre : *Prins sur la copie imprim. a Paris, et depuis impr. à Lyon*, 1618, pet. in-8. de 16 pp., 22 fr. *mar. bl.* Coste. Il en existe peut-être encore d'autres.

PROCEZ....... entre les Sauatiers. Voyez JOYEUSETEZ.

PROCLUS (S.), archiepiscopus Constant. Analecta, inter quæ orationes XXI, epistolæ, etc., primum gr. et lat. edita, reddita, commentariisque illustrata studio Vincentii Riccardi. *Romæ, hær. Barth. Zannetti*, 1630, in-4. 10 à 12 fr. [937]

Volume peu commun. Une partie des opuscules qu'il renferme avaient déjà été publiés à Leyde, en 1617, in-4. Le texte grec de ces mêmes ouvrages se trouve dans le tome IX de Gallandi, *Biblioth. Patrum.*

S. P. PROCLI, archiepiscopi constantinopolitani, Opera omnia ; accedunt Severiani, Gabalitani episcopi, Theophili Alexandrini, Palladii Helenopolitani, Philostorgii, S. Attici, S. Flaviani, S. Marci eremitæ, B. Marci Diadochi, Marci diaconi, scripta quæ supersunt. *Petit-Montrouge, Migne*, gr. in-8. 10 fr.

Tome LXV de la Patrologie grecque.

PROCLUS. Procli philosophi platonici Opera, e codd. mss. biblioth. reg. parisiensis nunc primum edidit, lectionis varietate et commentariis illustravit Victor Cousin. *Parisiis, Levrault (typis Eberharti)*, 1820-27, 6 vol. in-8. 48 fr. [3416]

Ces six volumes sont loin de renfermer tous les ouvrages connus de Proclus ; ils contiennent seulement : 1° une version latine, à défaut du texte grec, de trois livres intitulés : *De providentia et fato, De decem dubitationibus circa providentiam, De subsistentia malorum*, livres dont le premier seul avait paru en latin ; 2° une partie considérable du commentaire grec sur le premier Alcibiade ; 3° sept livres du comment. sur le Parménide, avec un supplément au 7°, par Damascius ; le tout précédé d'une préface générale de l'éditeur.

— Initia philosophiæ ac theologiæ ex Platonicis fontibus ducta, sive Procli Diadochi et Olympiodori in Platonis Alcibiadem commentarii : ex codd. mss. nunc primum græce edidit, itemque ejusdem Procli institutionem theologicam integriorem emendatioremque adjecit Frid. Creuzer. *Francof.-ad-Mœn.,*

Prochaska (*G.*). Disquisitio anatomica, 6883.

Brönner, 1820-25, 4 vol. in-8. 30 fr.—
Pap. vél. 45 fr.

Le titre ci-dessus ne fait connaître que le contenu
des trois premiers volumes de cette collection. Le
4ᵉ tome renferme : *Nicolai Methonensis refutatio
theologicæ institutionis a Proclo'platonico compositæ : ex codd. mss. nunc primum edidit (gr.
et lat.) annotationemque subjecit J.-T. Vömel.*
On peut regarder comme le 5ᵉ vol. de la même
collection celui dont nous donnons le titre à l'article DAMASCIUS philosophus.

— Procli in Platonis theologiam libri VI,
gr., per Æmyl. Portum ex gr. facti latini;
accessit Marini libellus de vita Procli,
etc. *Hamburgi*, 1618, in-fol. de 18 ff. et
526 pp. 10 à 12 fr. [3361]

Il y a des exemplaires en pap. fort.

A TRANSLATION of the six books of Proclus, on
the theology of Plato, to which a seventh book is
added..... also a translation of Proclus's elements
of theology, by Th. Taylor. *London*, 1815, 2 vol.
in-4.

Édition tirée à 250 exempl. seulement : 24 à 36 fr.

THE COMMENTARIES of Proclus on the Timæus
of Plato, in five books ; translated from the greek
by Th. Taylor. *London*, 1820, 2 vol. in-4. 24 à
36 fr.

Traduction faite sur le texte grec joint au Platon de
l'édition de Bâle, 1534.

— Commentarius in Parmenidem : emendatius edidit Godf. Stallbaum. *Lipsiæ,
Wöller*, 1840, in-8. 8 fr. [3361]

— Ex Procli scholiis in Cratylum Platonis
excerpta e codicibus edidit Jo.-Fr. Boissonade. *Lipsiæ, Weigel*, 1820, pet. in-8.
2 fr. 50 c.

Se joint à l'édition de Platon publiée chez Weigel.
Voy. PLATO.

— In Cl. Ptolemæi quadripartitum enar-
rator ignoti nominis, quem tamen Pro-
clum fuisse quidam existimant; item
Porphyrii introductio in Ptolemæi opus
de effectibus astrorum (gr. et lat.) : præterea Hermetis de revolutionibus nativi-
tatum lib. II. (lat.), incerto interprete.
Basileæ, ex officina petriana, 1559,
in-fol. de 12 ff. et 279 pp. [8206]

Vend. 7 flor. 75 c. *mar. bl.* Meerman.

Une édition de la *Paraphrasis in quatuor Ptolemei
libros*, en grec, avec une préface de Ph. Melanchthon, a été impr. à Bâle, chez Oporin (1554), in-8.
de 255 pp.

— Paraphrasis in Ptolemæi libros IV de
siderum affectionibus, gr. et lat., a Leone
Allatio e græco in lat. versa. *Lugd.-Bat.,
Elzevir.*, 1635, in-8. 4 à 6 fr.

Il y a des exemplaires de cette même édition dont le
titre porte : *Lugd.-Batav., Fr. Moyardus*, et où
les quatre prem. ff. se trouvent réimprimés.

— In primum Euclidis elementor. librum
commentarior. libri IV a Fr. Barocio,
cunctis mendis expurgatis, scholiis et
figuris, quæ in græco codice omnes desiderabantur, aucti, primum jam romanæ
linguæ venustate donati et nunc recens

editi. *Patavii, Perchacinus*, 1560,
in-fol. [7775]

Le texte grec de cet ouvrage avait déjà été publié,
mais d'une manière fort incomplète et très-incorrectement, avec l'Euclide, édition de Bâle, 1533,
in-fol. La version latine de Barocci a été faite d'a-
près des manuscrits plus complets : 10 à 12 fr.
(21 fr. Labey). Nous citerons comme analogue à
cet ouvrage : *Petri Fabiani Aurivillii emendationes et supplementa commentariorum Procli
in lib. I elementor. Euclidis, pars prima*, Upsaliæ. 1806, in-4. Ajoutons que dans son *Conspectus
musei oxon. literarii* (Oxon., 1792, in-8.), pp.
31-44, Th. Burgess a donné des corrections tirées
de deux anciens manuscrits grecs de ce traité de
Proclus.

PROCLUS'S philosophical and mathematical commentaries on the first book of Euclid's elements,
and his life of Marinus, translated from the greek,
with a preliminary dissertation on the Platonic
doctrine of ideas, etc., by Th. Taylor. *London*,
1788-89 (aussi 1792), 2 vol. in-4. 20 à 24 fr.

— Procli sphæra atque astror. cœlestium
ratio, natura et motus (Jos. Zieglerus de
solidæ sphæræ constructione ; Proclus
Diadocus de sphæra, gr. et lat.; Hemi-
cyclium Berosii; Aratus cum comment.
Theonis, gr.; Planisphærium Ptolemæi
et Jordani). *Basileæ, Valderus*, 1536,
in-4. [8199]

Collection assez rare, mais d'un prix médiocre.

— SPHÆRA, gr. et lat. *Paris., apud Joan. Lodoicum
Tiletanum*, 1543, in-4. (Maittaire, Index, 183).

— SPHÆRA, gr., cum annotatiunculis, ex publicis
Jac. Tusani prælectionibus excerptis. *Parisiis*,
apud Mart. Juvenem, 1557, in-4.

— DE SPHÆRA liber : Cleomedis de mundo sive cir-
cularis inspectionis meteororum lib. II : Arati
phænomena : Dionysii Aphri descriptio orbis habi-
tabilis, omnia gr. et lat., adjectis etiam annotationibus (cura M. Hopperi). *Antuerp., J. Loens*,
1553, pet. in-8. de 4 ff. et 476 pp.

Ce recueil a paru d'abord à Bâle, en 1547, in-8., et y
a été réimprimé avec des augmentations, en 1561,
in-8. La traduction est de Th. Linacer, et les notes
appartiennent à Erasme-Osw. Schreckhenfuchs.

— SPHÆRA; Ptolemæi de hypothesibus planetarum
liber, nunc primum in lucem editus; cui accessit
ejusdem Ptolemæi canon regnorum; gr. restituit,
lat. reddidit et figuris illustr. Joh. Bainbridge.
Lond., G. Jones, 1620, in-4. de 4 ff. 35 et 51 pp.

Édition recherchée : 11 fr. Langlès.

— LA SPHÈRE de Procle, traduite de grec en françois par Elie Vinet. *Poitiers, Enguibert de Marnef*, 1544, in-8.

Réimpr. à Paris, en 1573.

— LA SFERA di Proclo Liceo, tradotta da Egnazio
Danti, con le annotazioni, e con l'uso della Sfera
del medesimo Danti. *Fiorenza, Giunti*, 1573, in-4.
de 4 ff., 55 et 33 pp., plus un f. pour la date.

— Hypotyposis astronomicarum positio-
num (græce). *Basileæ, J. Valderus*,
1540, in-4.

Un exemplaire avec des notes mss. de Meibomius,
8 flor. 50 c. Meerman. — Voy. PTOLEMÆUS.

— Compendiaria de motu disputatio (gr.
edidit Sim. Grynæus). *Basileæ, Bebel
et Ysingrin*, 1531, in-8. de 47 pp.

Opuscule rare, ainsi que le précédent. — Réimpr.
avec la version latine de Just. Velsius, *Basileæ,
Jo. Hervagius*, 1545, in-8.

— Compendiaria de motu disputatio, posteriores quinque Aristotelis de ausculta-

tione naturali libros mira brevitate complectens, græce. *Paris., apud Jac. Bogardum,* 1542, in-4. [4201]

PROCOPIUS. Procopii cæsariensis anecdota, sive historia arcana, græce : recognovit, emendavit, lacunas supplevit,
interpretationem lat. Nic. Alemanni,
ejusdemque, Cl. Maltreti, P. Reinhardi,
J. Toupii et aliorum annotationes crit. et
histor. suasque animadversiones adjecit
J.-C. Orellius : accedunt descriptiones
pestis et famis Constantinop. et in aliis
orbis rom. partibus sævientium, ex ejusdem Procopii libris de bellis excerptæ.
Lipsiæ, Hartmann, 1827, in-8., avec
4 pl. lithogr. 12 fr. — Pap. fin, 15 fr.
[22965]

La première édition des *Anecdota* de Procope, en gr.
et en lat., a été imprimée à Lyon, en 1623, in-fol.,
par les soins de Nic. Alemannus; et la première
édition des *Historiæ* du même Procope, à Augsbourg, 1607, in-fol., sous la direction de D. Hoeschelius. Ces deux ouvrages font partie de la
Byzantine (voy. BYZANTINA, art. 2).

— ANEKΔOTA, ou histoire secrète de Justinien, par le senateur Procope de Ce-
sarée, traduite par M. Isambert. *Paris,
impr. de F. Didot,* 1856, in-8. de lvj
et 967 pp. avec 3 pl. et 2 cartes : 18 fr.

Le texte grec de Procope, divisé en 2 parties, sert de
preuve à l'appui du livre intitulé :
HISTOIRE de Justinien, en deux parties, par
M. Isambert. *Paris, impr. de F. Didot,* 1856,
in-8. de civ et 756 pp. avec 3 pl. et 2 cartes. 12 fr.
— PROCOPIUS de bello Gothorum (Christophoro Persona interprete). *Impressum Romæ per Joannem Besicken alemanum, impensa Jacobi Maz-
zochii Rommanæ academiæ bibliopolæ,* M. DVI. die
XX mensis Junii, in-fol.
— PROCOPIUS de bello persico. — *Impressum Romæ
per Eucharium Silber al's Franck; castigatum
per Andream Mucium;* M DIX, *nonis Martiis,*
in-fol.
Ces deux volumes qui doivent être réunis sont peu
communs, mais ils n'ont qu'une médiocre valeur.
— HISTOIRE des guerres faictes par l'empereur Justinien contre les Vandales et les Goths; par Procope
(et Agathias), mise en françois par Mart. Fumée
sieur de Genillé, avec annotations. *Paris, Mich.
Sonnius,* 1587, in-fol.

PROCOPIUS. Procopii Gazæi, christiani
rhetoris et hermeneutæ Opera quæ reperiri potuerunt omnia, huc usque variorum curis Jacobi nempe Gesneri, Joan.
Curterii, Fr. Combefisii, Joannis Iriartii,
J.-B. Anssii Villoisonis, card. Ang.
Maii, nonnisi frustatim edita, ingenti
labore nunc in unum corpus adunata
et quam fieri potuit diligentissime recensita et emendata ; accurante J.-P. Migne.
Parisiis, Migne, 1860, 2 vol. gr. in-8.
à 2 col.

La version lat. a été publiée séparément en 1861.

Procope-Couteau. Art de faire des garçons, 6953.
Proctor (R.). Journey, 21125.

TOME IV.

PRODINUS (*Ant.*). Descriptio regni Hiberniæ, Sanctorum insulæ, et de prima origine miseriarum et motuum in Anglia,
Scotia et Hibernia, regnante Carolo
primo, per R. P. F. Antonium Prodinum
hibernum lectorem jubilatum. *Romæ,*
1721, in-4. de 3 et 59 ff. [27417]

Livre recherché en Angleterre, mais fort difficile à
trouver. Dans l'approbation, l'auteur est nommé
Brondin. Vend. 11 liv. mar. bl. Hanrott ; 7 liv.
Heber.

PRODROMUS (*Theodorus*). Voy. GALEO-
MYOMACHIA, et THEODORUS.

PROÈME sur l'histoire des François. Voy.
GREVIN.

PROGNE, tragœdia, nunc primum edita.
In Academia veneta, 1558, in-4. de
23 ff. impr. et 1 bl. (les premiers inexactement chiffrés et les 11 dern. cotés 17 à
27), plus 6 ff. prélim. [16159]

Édition rare : 25 fr. Reina ; 19 sh. Butler; 25 fr. 50 c.
de Soleinne; 32 fr. Riva ; 1 liv. Libri, en 1859.
Giovanni Ricci, dans la préface qu'il a mise à la tête
de cette pièce, paraît tenté de la regarder comme
une production de l'antiquité; au moins lui sem-
ble-t-elle *antiquis quæ maxime laudantur, certe
parem.* Cependant on a découvert, depuis la publication de cette tragédie, que l'auteur était *Gregorio
Corrario,* neveu du pape Grégoire XII. Zeno (sur
Fontanini, tome I, pp. 473-74), en nous faisant
connaître cette particularité, nous apprend encore
que *Domenico Domenichi* a publié à Florence,
chez les Giunti, en 1561, in-8., une pièce italienne
intitulée *Progne,* qui n'est guère qu'une traduction
de l'ouvrage latin de *Corrario,* que le plagiaire
n'eut pas la bonne foi de citer. La *Progne* latine
a été réimprimée à *Rome, chez Mascardi,* 1638,
in-4.; et malgré cette réimpression, l'ouvrage était
encore assez peu connu à la fin du dernier siècle,
pour que Ger.-Nic. Heerkens, en le faisant reparaître sous le titre de *Terens,* ait voulu le faire
passer pour une pièce inédite qu'il venait de découvrir, et qu'il attribuait à Lucius Varius, poète
tragique du siècle d'Auguste; mais cette imposture
ne put échapper à la sagacité de l'abbé Morelli, savant
bibliothécaire de Saint-Marc à Venise, et elle donna
lieu à un article très-curieux des Mélanges de
Chardon de La Rochette, intitulé : *Anecdote littéraire sur Heerkens.*

PROGNOSTICATION: Voyez GRANDE
prognostication, et aux mots PRENOS-
TICATION et PRONOSTICATION.

PROLIANI (*Christiani*) astrologia seu
opusculum de totius orbis divisione, de
sphæra, de planetarum theorica, de di-
stantiis orbium a centro terræ. — *Finis
hujus opusculi Parthenope (Neapoli)
impssum : anno salutis* 1477, *octaua
kalendas septēbrias,* in-4. de 44 ff. non
chiffrés. [8218]

Première édition : 48 fr. mar. r. La Vallière. On
trouve en tête du volume 2 ff. qui contiennent la
dédicace et 14 vers, et à la fin, après la souscription,

Produzioni naturali del museo Ginanni, 6259.
Prokesch-Osten (Ritter Ant. von). Kleine Schriften, 19319.— Inedita meiner Sammlung...Münzen,
29747.

9 ff. pour la table des fêtes mobiles et plusieurs autres tables; il y a un registre au recto du dernier f., et au bas le nom de l'imprimeur *Henricus Alding*.

PROLOGUE de lentree du Roy a Rouen. Voy. Entrée.

PROLOGUE faict par un messager savoyard sur le rencontre de troys nymphes prisonnières par trois mores, faict en rime savoyarde, avec la plainte de la quatriesme Nymphe de l'emprisonnement de ses sœurs. M. D. CXVI, pet. in-8. de 14 pp. en vers. [14414]

Pièce rare, vend. 55 fr. Mac-Carthy; 30 fr. Le Duc; 40 fr. Librairie De Bure, et seulement 48 fr. avec sept autres pièces tout aussi rares, La Valliere. Elle n'appartient point au théâtre, quoique, dans plusieurs catal., on l'ait placée parmi les ouvrages dramatiques.

PROLOGUES non tant superlifiques que drolatiques nouuellement mis en vue. *Paris, J. Millot,* 1609, in-12. [16562]

Recueil différent de l'article suivant et qui ne contient que seize prologues : il est ordinairement relié avec les *Discours facétieux,* publ. la même année et chez le même libraire (voy. Discours facétieux).—Réimprimé à *Rouen* (1610), pet. in-12 ; 12 sh. Hanrott, et aussi en 1618, pet. in-12 de 2 ff. et 108 pp.

PROLOGUES tant serieux que facétieux, avec plusieurs galimatias par le sieur D. L. (Deslauriers). *Paris, J. Millot* (sans date), in-12.

Ce volume renferme 33 prologues. Le dernier est le *Prologue du cul;* à la fin se lit un privilège daté de 1610, où est nommé ce Deslauriers, que l'on sait être l'auteur des *Fantaisies de Bruscambille* (voy. ce nom). Vend. 20 fr. *mar. bl.* Morel-Vindé ; en *mar. v.* 63 fr. Veinant.

Une édition de 1614, sous le même titre, 14 fr. *mar. v.* Courtois. Il y en a une autre de *Rouen,* 1618 (la date porte M. C. XVIII), pet. in-12 de 2 ff. et 78 pp. — Une autre, *Rouen* (sans date), pet. in-12, 18 sh. Heber.

PROMENADE de Versailles. V. Scudery (Mlle de).

PROMENADES, ou itinéraire des jardins d'Ermenonville (par R. de Girardin). *Paris,* 1788, gr. in-8. fig. 10 à 12 fr. [9950]

PROMENADES, ou itinéraire des jardins de Chantilly, orné d'un plan et de 20 estampes. *Paris,* 1791, gr. in-8. 9 à 12 fr., et plus en pap. vél. [9951]

PROMENADES printanières de A. L. T. M. C. (Adrien le Tartier, médecin champenois). *Paris, Guill. Chaudiere,* 1586, in-16 de 12 et 198 ff. [7416]

16 fr. Libri, en 1859.

Promis (*Domenico*). Monete del Piemonte..., 25309. — Sigilli de' principi di Savoia, 25309.

Promontorio (*N.*). Miracles de la Vierge de Lorette, voy. Tursellinus.

PROMPTORIUS Parvulorum, sive Clericorum. Medula grammatice. *Impr. per Rich. Pynson..., anno dni* M CCCC *nonagesimo nono, decima* v. *die mensis maii,* in-fol. goth. à 2 col., sign. a—t. [10899]

Cet ouvrage, attribué à un frère prêcheur nommé Richard Fraunces, est le premier dictionnaire anglais et latin qui ait paru : c'est un livre fort rare, dont un exemplaire a été porté à 38 liv. 17 sh. à la vente Inglis. Un autre, 16 liv. en 1855 (voy. *Ædes althorp.,* II, 241, n° 1235). Il en existe une édition impr. *per egregium Julianum notarium impressorem commorantê extra temple barre sub intersignio sanctorum trium regum,* 1508, in-4., peut-être encore plus rare que celle de 1499 (*Biblioth. grenvil.,* p. 576). — Et aussi des éditions abrégées sorties des presses de Winkyn de Worde, *sans date,* et en 1516, in-4. de 70 ff., réimpr. en 1522 et en 1528, même format. Une édition de ce *Promptorium, with notes and illustrations, by Albert Way* (1843-53), pet. in-4., vol. I et II, a été imprimée pour la *Camden Society.* Le 3e vol. qui doit compléter l'ouvrage n'avait pas encore paru en 1861.

PROMPTUARIUM iconum insigniorum a sæculo numine, subjectis eorum vitis per compendium, ex probatissimis auctoribus desumtis. *Lugduni, Gulielmus Rovillius,* 1553, 2 part. en 1 vol. in-4. [30392]

On trouve dans cet ouvrage des portraits en médaillons gravés sur bois, et assez bien exécutés pour que M. Dibdin ait jugé à propos d'en donner des fac-simile dans son *Bibliogr. Decameron,* tome I, pp. 277 et 278. Toutefois ces portraits n'ont aucune authenticité. L'édition de 1578 et celle de 1581, in-4., que leurs titres annoncent, l'une et l'autre, comme *editio secunda,* sont augmentées de plusieurs portraits. Ces mêmes planches ont aussi paru avec un texte italien, à Lyon, en 1553, en 1577-78, en 1581-82, in-4., et enfin avec un texte français, dans la même ville, en 1553 et en 1577, in-4.

PROMPTUARIUM latinæ linguæ: les mots francoys selon l'ordre des lettres, ainsi qu'il les fault escrire, tournez en latin. *Anvers, Chr. Plantin,* 1564, 2 tom. en 1 vol. pet. in-8. [10883]

Jolie édition de ce petit vocabulaire latin-français et français-latin. 26 fr. Veinant.

PRONOSTICATIO Anni presentis lxxvii. Voy. Laet (*Joan.*).

PRONOSTICATIO latina. Voy. Lichtenberger (*J.*).

PRONOSTICATION de maistre Albert songecreux. Voy. Prenostication.

PRONOSTICATION des C... saulvaiges, auec la maniere de les appriuoiser (vers 1530), pet. in-8. goth. de 4 ff. [13563]

Édition originale fort rare : 44 fr. 50 c. Heber. — Voy. Grande et véritable pronostication...

PRONOSTICATION (la) des hommes et des femmes de leurs natiuites et in-

Pronis (*Carlo*). Antica città di Terni, 25669.

fluence selon les XII signes de lan &c. (*sans nom de ville ni date*), in-8. goth. de 8-ff. [9026]

Traité d'astrologie judiciaire en prose, sans nom d'auteur.

PROGNOSTICATION (la) des prognostications, non-seulement de ceste presente annee M. D. XXXVII, mais aussi de toutes celles qui sont passees ; composee par maistre Sarcomoros, natif de Tartarie, et secrétaire du… roy de Cathai, serf des vertus. *Paris, en la rue Sainct Jacques, en la boutique de Jehan Morin*, 1537, pet. in-8. de 8 ff. [13404]

Vend. 24 fr. *mar. r.* en 1833.
Pièce en vers, qui fait ordinairement partie des recueils relatifs à Cl. Marot (voyez PLUSIEURS traictez) : c'est l'ouvrage de Bonaventure Desperriers : et on l'a réimprimé dans les œuvres de ce poëte (voy. DESPERRIERS).

— LA GRANDE PROGNOSTICATION des laboureurs durant a tout iamais, faicte ᴈ composee par les anciens par usage de scavoir moult utile et proffitable. *Nouuellement imprimee a Paris* (suivent 14 vers), pet. in-4. goth. [6334]
Pièce de 4 ff. non chiffrés, avec une fig. en bois sur le titre et une autre à la fin. Elle est du commencement du XVIe siècle.

— PROGNOSTICATION des laboureulx a toujours durant, faicte et composee par les anciens pour usaige de scavoir. *Lyon, maison de feu Barnabe Chaussard*, 1542, pet. in-8. goth. [6334]
Opuscule de 8 ff. Vend. 15 fr. 50 c. Librairie De Bure.

— PROGNOSTICATION, calendrier perpetuel, au quelles sont compris les reuolutions uniuerseles et particulieres, au quelle sont declaire les annes fertiles de pays, de guerre, de maladies et les festes solemnelles : des ans preteritz, present et futurs. *Imprime a en la renommee ville d'Anuers, a la Commerstrate, dedans la Cammerparte au Pied d'or, par Mollins, tailleur des figures et imprimeur iuré.* L'an 1565, pet. in-4. de 8 pp. en lettres rondes, avec des fig. astrologiques sur le titre.

PROGNOSTICATION du ciecle (*sic*) advenir, contenant troys petits traitez : le premier cõment la mort entra premierement au monde ; le second des ames des trespassez, et de la difference des Paradis ; le tiers de la derniere tribulation et de la resurrection du corps, ᴈ q̃ le tẽps du jugement et le jour, nul hõme ne le sait. (au verso du dernier f.) : *Jmprime a Lyon ꝑ Oliuier Arnollet… et fut acheue dimprimer le xvi. de apuril mil. cccc. ᴈ xxxiij.* pet. in-8. goth. de lix ff. chiffrés, y compris le titre, et 4 ff. non chiffrés, pour la table. [1245]

Le titre est en rouge et noir, et on y lit au verso : *Benoist Gillebault. A tres religieuse dame Jehane Massee abbesse de Sainte Claire de prouins.* Vend. 5 fr. Méon. Du Verdier cite une édition de 1550. Une autre de Lyon, 1510, pet. in-12, est portée sous le no 266 du catal. de Duquesnoy (Paris, De Bure, 1803) ; mais cette date nous paraît fort douteuse.

— PROGNOSTICATION generalle pour quatre cens quatre-vingt-dix-neuf ans, calculee sur Paris et autres lieux de même longitude. *Imprime nouuellement a Paris, mille cinq cens soixante et un,*

pet. in-8. de 8 ff. à 24 lig. par page, avec une vignette en bos sur le titre. [13972]
Pièce en vers. réimpr. dans le 4e vol. du Recueil de M. de Montaiglon.

PRONOSTICATION (la) nouuelle pour lan M. CCCC. quatre vingz ᴈ xij, in-4. goth. de 8 ff. [9024]

On voit sur le titre de cette édition la marque et le chiffre de Jean Trepperel. A la suite des predictions pour le mois de décembre (qui est le dernier) se lisent une soixantaine de vers.
Le recueil no 4282 du catal. Dufay, où se trouvait cette pièce, en renfermait une autre imprimée à Lyon, sous le titre suivant :
· LE LUNAIRE, translaté de latin en françois ; fait et calcule au climat de Lyon selon la traditiue d'un calendrier de Jean de Montroy, in-4. goth.

PRONOSTICATION nouuelle

Plus approuuee que iamais
il ne s'en fist pieca de telle
C'est poᴵ trois ioᴵˢ apres iamais.
Pronostication moderne
du temps futur qui aduiendra
de maistre tubal holoferne
pour quelque annee quon vouldra.

(*sans lieu ni date*, vers 1520), pet. in-8. goth. de 8 ff. non chiffr. [13565]

Pièce en vers de 8 syllabes. Vend. 1 liv. 11 sh. 6 d. *mar. bl.* Lang. — Il y en a une autre édition pet. in-8. goth. de 8 ff. à 27 lignes par page, dont le 4e vers est imprimé sans abréviations. Nous avons eu sous les yeux un exemplaire dont le premier mot est ainsi : *Prenostication.*

— PRONOSTICATION nouuelle pour l'an Mil v. cens et xI. calculee au vray midy de la noble cite de Metz. (*sans lieu ni date*), in-8. goth. de 8 ff.
Il est probable que cet opuscule a été impr. à Metz (Teissier, p. 25).

— LA GRANT Prenostication perpetuelle composée par les anciens, à congnoistre quant il sera bonne saison ou cherté de vivres, guerre, et aussi pestilence. — Cy fine la prenostication des anciens laboureurs… (*sans lieu ni date*), in-8. goth. de 4 ff. à 33 lig. par page.

Ce doit être la même chose que la *Prognostication des laboureurs* (voir ci-dessus). C'est d'après cette édition en 4 ff. que cette pièce en vers et en prose a été réimpr. dans le 2e vol. du Recueil de M. de Montaiglon.

PRONOSTICATION ou signification et manifestation des influences des veritables cours celestes : composee par le tres excellent mestre Joannes Carionis bretilraymensis, par la grace du noble seigneur et marchgraue de Brandeburch, et calculee sur 12 années. Parlant de tous pays et estaz comme verrez cy apres en ceste prognostication, nouuellement traduyte dallement en francoys. *Datum Berlin, le samedi apres Catarina, anno* 1528, in-4. goth. [9024]

Cet opuscule rare est porté dans le catal. Cigongne, no 296.

PRONOSTICATIONE in vulgare rara et più non odita, laquale expone e dichiara alcuni influxi del celo, e la inclinatione de cette constellatione, cioe de la coniunctione grande e de la eclipse… *Mi-*

luno, Scinzenzeler, 1523, pet. in-4. goth. [9025]

Livre orné de 45 gravures sur bois. 37 fr. *mar. r.* Bearzi.

Pour d'anciennes pronostications écrites en anglais, consultez Lowndes, 2ᵉ édit., pp. 1979-80, et pour des prophéties, dans la même langue, les pp. 1981-82.

PRONOSTICO e profecia de le cose debeno succedere giiralmente, maxime de le guere comentiale per magni potentati contra Venetiani, adi xx de Zenaro M. v. x. (1510), in-4. de 8 ff. avec une fig. allégorique sur le titre.

Cet opuscule doit avoir été impr. à l'époque même de sa composition. Au verso du titre commence une épitre *ad Iulium Ligurum Pont. Max.*, et à la quatrième page les prophéties en vers, lesquelles sont suivies de petites pièces qui célèbrent différents souverains et cardinaux. La pièce relative aux Vénitiens est fort satirique (16 fr. catal. Costabili, 2761); 8 sh. Libri.

·PROGNOSTICON. Opusculum repertorii prognosticon in mutationes aeris tam via astrologica quam metheorica, vti sapientes experientia comperientes voluerunt perquam utilissime ordinatum incipit sidere felici et primo prohemium. — Hippocratis libellus de medicorum astrologia a Petro de Abano in latinum traductus (in fine) : *Impressus est arte et diligentia Erhardi Ratdolt de Augusta. Anno... 1485. Venetiis,* in-4. goth. de 49 ff. avec lettr. initiales grav. sur bois. [4286 ou 9020]

PRONTI (*Domenico*). Nuova raccolta di 100 vedutine antiche della città di Roma e sue vicinanze, incise a bullino da Dom. Pronti. *Roma*, 1795, 2 part. in-4. [29414]

Ce recueil, assez bien exécuté, contient 100 pl. dans la première partie, et 60 dans la seconde ; probablement il a été continué. Vend. en 170 pl. 20 fr. Hallé.

PRONY (*Gasp.-Clair-Fr.-Marie* Riche de). Nouvelle architecture hydraulique, contenant l'art d'élever l'eau au moyen de différentes machines, etc. *Paris, Firm. Didot,* 1790-96, 2 vol. in-4. fig. 60 fr. [8154]

RECHERCHES physico-mathématiques sur la théorie des eaux courantes. *Paris, imprim. impériale, an* XII (1804), in-4. 15 fr. [8139]

— Description hydrographique et historique des marais pontins....... analyse raisonnée des principaux projets proposés pour leur dessèchement, histoire critique des travaux exécutés d'après ces projets, etc., état actuel (au mois de septembre 1811), projets ultérieurs..... opérations de jaugeage, nivellement, etc., faites pendant les années 1811 et 1812, par M. de Prony. *Paris, F. Di-*

dot, 1823, in-4. et atl. in-fol. de 39 pl. 40 fr. [25609]

⁀ RECUEIL de cinq tables pour faciliter et abréger les calculs des formules relatives au mouvement des eaux dans les canaux découverts et les tuyaux de conduite, par M. de Prony. *Paris, imprim. royale,* 1825, in-4. fig. [8140]

— Mécanique, 8073-74.

PROPERTIUS (*Sex.-Aurel.*). Elegiarum lib. IV. (*absque nota*), in-4. [12529]

Édition très-précieuse, imprimée sans chiffres, récl. ni signat., avec les caractères de Th. Ferrand, imprimeur de *Brescia,* vers 1473. Le vol. consiste en 9 cah. de 8 ff. et un de 10 ff., ensemble 82 ff., dont les pages entières portent 25 lignes ; la première page commence par ces trois lignes en lettres capitales :

> *Monobiblos Propertii Aurelii navte ad Tullvm (C) ynthia prima svis mi-*

la dernière page, qui a 27 lignes, finit ainsi :

> *Quoius honoratis ossa uehāt' aqs.* FINIS.

L'abbé Boni a fait mention d'une édition de Tibulle, imprimée avec les mêmes caractères que ceux de Properce, et qui sont également ceux de l'*Acerba* (voy. la col. 1712 de notre 1ᵉʳ volume).

— Sexti. Aurelii. Propertii. navtæ. Vmbri. incipit liber. ælegiarꝗ uel monobiblos ad Tullum. (in fine) : *Sexti. Propertii. Navte : Avrelii. poete. inlvstrissimi : liber explicit. sub. anno. Domini* M. CCCC. LXXII. *mensis. Febrvarii,* pet. in-4. de 74 ff., sans chiffres, récl. ni signat., à 28 lign. par page entière.

Belle édition, dans laquelle une partie de l'intitulé et la souscription ci-dessus sont imprimées en lettres capitales : vend. 9 liv. Pinelli. — L'exemplaire du pape Pie VI, décrit par Van Praet, à la page 406 de son catalogue in-fol., renferme, à la suite du Properce, un Tibulle en 36 ff., au verso du dernier desquels se lit un petit éloge de Catulle, en 9 lignes, dont les deux dernières sont ainsi :

> *cat epythaphum cius* .FINIS.

Le premier f. commence de cette manière :

> ALBII TIBVLLI EQVIT. Ro. POEtæꝗs clarissimi liber Aelegiaꝗ. Primus icipint.

— Elegiarum libri. Ant. Volscus recognovit. *Romæ, Euchar. Silber, ante id. Januar.,* 1482, pet. in-4. de 94 ff., à 22 lig. par page.

Vend. 1 liv. 3 sh. Heber; 20 fr. Boutourlin.

— Elegiarum libri, cum commentario Ph. Beroaldi. *Bononiæ, Bened. Hectoris et Plato de Benedictis,* 1487, in-fol. de 136 ff. (dont le premier blanc), avec des signat. de *a—s.*

Il existe une édition de Properce, avec un commentaire de Calderin, impr. à Brescia, en 1486, laquelle se trouve ordinairement reliée à la suite du Catulle et du Tibulle sortis des mêmes presses, en 1485 et 1486. — Voyez CATULLUS.

— Propertii elegiarum libri IV, accedunt notæ, et terni indices (edente J. Broukhusio). *Amstelod.,* 1702, pet. in-4.

Édition assez recherchée par rapport aux notes ; 5 à

6 fr.; — Gr. Pap. 12 à 15 fr.; vend. 40 fr. *mar. r.*
F. Didot.

L'édition de 1727, *secundis curis*, publiée par Vla-
ming, même lieu et même format, se vend le
même prix, tant en grand qu'en petit papier. Elle
contient de nouvelles corrections.

— Idem Propertius, et in eum Passeratii
comment. contracti, J. Broukhusii notæ
selectæ, J.-A. Vulpii animadversiones
perpetuæ. *Patavii, Cominus*, 1755,
2 vol. gr. in-4.

Édition très-estimée, et que l'on ne trouve pas communément : 40 à 60 fr. — Les exempl. en Gr. Pap.
sont rares et chers. — Voy. CATULLUS.

— IDEM, varietate lectionis et adnot. illustratus a
Frid.-Goth. Barthio. *Lipsiæ*, 1777, in-8. 4 fr. —
Pap. fin : 6 fr.

Édition assez estimée.

— IDEM, cum commentario perpet. Pet. Burmanni
secundi et multis doctorum notis ineditis; opus
Burmanni morte interruptum Laur. Santenius absolvit. *Traj.-ad-Rhen.*, 1780, in-4. 15 à 18 fr.

Bonne édition: vend. en Gr. Pap. 46 fr. Lamy; 53 fr.
cuir de Russie, Caillard ; 55 fr. Larcher.

— IDEM, recensuit, illustravit Chr.-Th. Kuinoel. *Lipsiæ*, 1805, 2 vol. in-8. 18 fr.

Édition recommandable, tant pour le texte que pour
le commentaire. Il y en a quelques exemplaires en
papier vélin : vend. 7 liv. 15 sh. Drury; 11 liv.
5 sh. Hibbert.

— PROPERTII carmina, emendavit et annotavit Carolus Lachmannus. *Lipsiæ*, 1816 (et *Berolini*, 1829),
in-8. 8 fr.

— PROPERTII Opera omnia, ex editione Ch.-Th. Kui-
noelis, cum notis et interpretatione in usum Delphini, notis varior., recensu editionum, et indice
locupletissimo. *Londini, Valpy*, 1822, 2 vol. in-8.

Formant la fin du n° 45 et le n° 46 de la collection
de Valpy.

— CARMINA, ex Chr.-Theoph. Kuinoel recensione :
C.-Corn. Galli seu Maximiani Etrusci elegiarum
libellus, curante Amar. *Paris.*, *Lefevre (typis
P. Didot)*, 1821, gr. in-32, pap. vélin. 2 fr.

— CARMINA quæ exstant, recensuit et illustravit C.-T.
Kuinoel. *Augustæ-Taurinorum, Pomba*, 1822,
2 vol. in-8.

— ELEGIARUM libri quatuor, cum nova textus recensione argumentisque et commentario novo,
quibus accedunt imitationes et index verborum locupletissimus. *Parisiis, Lemaire (e typogr. J.
Didot)*, 1833, in-8. 5 à 6 fr.

142e volume de la *Bibliotheca classica latina* (voyez
I, 349).

— PROPERTII elegiarum libri quatuor. Codicibus
partim denuo collatis, partim nunc primum ex-
cussis recensuit, librorum mss... discrepantias integras addidit, quæstionum Propertianarum libris
tribus et commentariis illustravit Guil.-Ad.-B.
Hertzberg. *Halis, Lippert et Schmidt*, 1843-45,
4 part. in-8. 24 fr.

— PROPERTIUS, with english notes, preface and index by F.-W. Paley. *Cambridge*, in-8. 10 sh. 6 d.
Lowndes ne donne pas la date de cette édition.

Nous citerons encore les éditions allemandes données
par Jacob, *Leipzig*, 1827; par Paldamus, *Halle*,
1827, et comme traductions allemandes celles de
Strombeck, *Braunschweig*, 1822, de J.-H. Voss,
ibid., 1830 et celle de Hertzberg, *Stuttgart*, 1838,
4 part. in-8.

— ÉLÉGIES de Properce, trad. dans toute leur intégrité, avec des notes, par Delongchamps. *Paris*,
1802, 2 vol. in-8. fig. 10 fr. — Papier vélin, 20 fr.

— ÉLÉGIES de Properce, trad. en vers français, par
P. Denne-Baron. *Paris, Ladvocat*, 1825, gr. in-18.
3 fr.

Un exemplaire de la première édition de cette tra-

duction, *Paris*, 1813, in-18, avec les quatre dessins originaux de Desenne, s'est vendu 100 fr.
en 1823.

— ÉLÉGIES de Properce, trad. de C.-L. Mollevaut
(avec le texte); seconde édition, corrigée et augmentée. *Paris, A. Bertrand*, 1821, gr. in-18.

— ÉLÉGIES de Properce, traduction nouvelle, par
J. Genouille (lat.-franç.). *Paris, Panckoucke*,
1834, in-8.

On peut encore citer Properce, seule traduction complète en vers français, par J.-P.-Ch. de Saint-
Amand. *Bourges* et *Paris, L. Janet*, 1819, in-8.,
avec le texte.

— THE ELEGIES of Propertius, the Satyricon of Petronius Arbiter and the Kisses of Johannes Secundus; literally translated, and accompanied with
poetical versions from various sources : to which
are added the Love epistles of Aristænetus translated
by R. Brinsley Sheridan and Mr. Halhed; edited by
Walter K. Kelly. *London, Bohn*, 1854, pet. in-8.

— Voy. CATULLUS.

PROPHETÆ majores in dialectico linguæ
ægyptiacæ mephitica seu coptica; edidit
cum versione latina Henr. Tattam.
Oxonii, 1852, 2 vol. in-8. 24 fr. [106]

Le même éditeur avait déjà donné les *Prophetæ minores*, dans le dialecte égyptien, avec une version
latine, *Oxonii*, 1836, in-8. 10 fr.

PROPHETÆ priores, scilicet Josua; Ju-
dices, libri Samuelis ac regum, cum
commentario Kimchii (hebraice). —
*Fuit itaque libri hujus complementum
anno* MMMMM XLVI. *a creatione mundi
(Christi* 1485), *die* VI *mensis Marche-
van, hic Soncini, etc.*, in-fol. de 166 ff.
[395]

Première édit. de cet ouvrage, en hébreu : vend.
30 flor. Crevenna.

J.-B. de Rossi, *Annal. typogr.*, décrit une édition de
Leiria, 1494, in-fol., qui n'est pas moins rare que
celle de 1485.

PROPHETÆ posteriores, scilicet Isaias,
Jeremias, Ezechiel, et XII minores, cum
commentario Kimchii, hebraice. (*Soncini, circa annum* 1485), pet. in-fol.
de 292 ff. [396]

Édition semblable à la précédente, pour le format,
le caractère et le papier : vend. 51 flor. Crevenna.
Les deux articles, 32 fr. seulement, Reina.

PROPHETÆ veteres pseudepigraphi, partim ex abyssinico vel hebræo sermone
lat. versi : edidit A.-T.-G. Froerer. *Stuttgartiæ*, 1840, in-8. 9 fr. [245]

PROPHETIA Caroli Imperatoris || con al-
tre Prophetie de diuersi santi huomini.
(au verso du premier f.) : Prophetia stam-
pata nel mille quatro cento || nonantaotto :
che tratta de le cose passate & che deb-
beno venire. (ensuite) : Prophetia de
sancto Seuero. (*absque loco*), in-4. goth.
de 4 ff. à 2 col. de 47 lign. avec une gravure sur bois au premier et une autre
au dernier (Hain, n° 13411).

PROPHÉTIE de Daniel, sainte et admirable, interprétée du règne et de la mort

du chef des hérétiques qui se prétend roy de Navarre, et veut envahir la couronne de France. *Tholose, Jacques Coulombier*, 1591, pet. in-4. de 179 pp. [23615]

Pièce rare, dont l'épître dédicatoire est signée le Paranymphe : vend. 25 fr. *mar. r. riches compart.* en 1819.

PROPHÉTIE (la) des petits enfants : tout est à Dieu. *Imprime pour Quancien Bruyere, libraire marchant, demeurant à Gien sur Loyre*, 1562, pet in-8. [1925]

Pièce rare, vend. en *mar. viol.* 41 fr. Nodier et 35 fr. 50 c. Baudelocque.

PROPHETIES merveilleuses advenues à l'endroit de Henry de Valois jadis roy de France. *Paris*, 1589, pet. in-8. de 24 pp. [23588]

Cette pièce rare se trouve quelquefois reliée avec d'autres de la même époque.

PROPHETIES de Merlin. Voy. MERLIN.

PROPOS (les) fabuleux moralizez, extraits de plusieurs auteurs tant grecz que latins, non moins utiles à lesprit que recreatifz a toutes gens. Nouuellement imprimez. *Lyon, Benoist Rigaud et Jean Saugrain*, 1556, in-16 de 158 pp., sign. A–K. [16942]

Vend. 19 sh. *mar. r.* Heber ; 30 fr. Renouard ; 50 fr. *mar. bl.* Duplessis, et 75 fr. en 1861.

Le traducteur de ces fables est Guillaume Haudent, curé normand. Nous avons déjà indiqué (I, col. 95) une édition de ce recueil, lequel pourrait bien être le même que celui que nous décrivons à l'article VALLA (*Laurent*). Les sujets des fables qui y sont contenues ont tous été traités sous d'autres titres, par La Fontaine. Notre exemplaire renferme un autre ouvrage intitulé :

INSTRUCTION tres bonne et tres utile faite par quatrains, concernant le profit et utilité d'un chacun en tous estats, plus non esté aioustez plusieurs dits moraux et belles sentences non encore imprimez. *Lyon, par Benoist Rigaud*, 1556, pet. in-12.

Cette seconde partie se trouve quelquefois séparément, et rien ne prouve qu'elle doive être nécessairement réunie à la première.

— *Propos* latins et françois, elegans et sententieux, desquels on use communément en tous discours et deuis. *Lyon, par Benoist Rigaud*, 1561, in-16. [18452]

78 fr. *mar. br.* Catal. de J. Techener, 3871.

PROPOSITIO facta p oratores S. D. N. Inno. pape VIII corã xp̃i || anissimo dño Carolo viij frãcoɍ rege : τ eius cõsilio proponēte || Reuereñ patre dño Leonello ēpo Traguriẽse vno ex eisdẽ orato || ribus : *Parisius, palacio regio : Die. xx. lanuarij.* M. CCCC. lxxxviii. (au verso du dern. f.) : *Finis (absque nota)*, in-4. goth. de 9 ff. à 33 lig. par page. [23422]

Cet opuscule paraît avoir été impr. à Rome par Etienne Planck, l'année même où la proposition fut faite.

PROPRIETE (la) des herbes et plantes communes qui sert pour le corps humain, et la maniere pour les cognoistre et appliquer ; selon leur naturel et les lieux où elles croissent : ensemble le naturel de plusieurs sortes de pillulles, huile et baume, et autres medecines necessaires pour toutes personnes. *Paris, Jean Bonfons (s. d.)*, in-16. [5530 ou 7678]

Vendu 17 fr. en 1860.

PROSCENIUM vitæ humanæ. Voyez BRY (*Théod.* de).

PROPRIÉTÉ des tortues, escargotz, etc. Voy. DAIGUE.

PROSA cleri parisiensis ad ducem de Mena, post cædem regis Henrici III. *Lutetiæ, apud Sebast. Nivellium,* 1589, pet. in-8. [23589]

Opuscule très-rare, composé de 6 cah. sign. A-F. Le texte latin, consistant en 24 strophes de six vers, est imprimé en italique ; les feuillets ne sont paginés qu'au recto, 3, 5, 7, 9, 11. La traduction française, en autant de strophes de 12 vers de six syllabes, est imprimée en romain d'un œil plus fin que l'italique et sur du papier un peu différent ; les pages en sont régulièrement cotées de 13 à 21 ; elle commence par ce sommaire : *Prose du clerge de Paris adressee au duc de Mayne apres le meurtre du roy Henri III ; traduite en francois par M. Pierre Pighenot, cure de S. Nicolas des Champs.* L'exempl. vend. 361 fr. chez Sépher a été acquis par la Biblioth. du roi ; un autre exemplaire, payé beaucoup moins cher, fait partie de la collection cédée à la biblioth. de la ville de Rouen par M. Leber.

Les éditeurs du Nouveau Le Long, n° 19094, ne se sont point abusés sur cette prétendue prose du clergé de Paris, laquelle n'est effectivement qu'une satire, et une satire aussi virulente que cynique des excès de certains héros de la Ligue ; particulièrement dirigée contre Catherine de Lorraine, duchesse de Montpensier. Consultez à ce sujet l'*Analecta-Biblion*, II, pp. 83 et suiv.

La réimpression de ce petit volume, qui a été faite en in-8., à *Paris, par Didot l'aîné* (en 1786), sous l'ancienne date, n'est point très-chère : 11 fr. 50 c. Hérisson. Il en a été tiré 50 exempl. sur papier, et six sur VÉLIN. Un de ces derniers 72 fr. Mac-Carthy ; 47 fr. Chardin. Une autre réimpression, accompagnée de notes, fait partie du second volume du Recueil de M. de Montaiglon.

PROSE antiche di Dante, Petrarca, e Boccaccio, e di molti altri nobili e virtuosi ingegni nuovamente raccolte. *Fiorenza, appresso il Doni,* 1547, in-4. fig. sur bois. 20 à 30 fr. [16433]

Volume de 78 pp. chiffrées et non chiffrées, peu commun : 40 fr. Quatremère ; 1 liv. 4 sh. Libri.

Les morceaux réunis dans ce volume, à la fantaisie de Ant.-Fr. Doni qui en fut l'éditeur, n'appartiennent pas aux auteurs nommés sur le titre.

PROSE fiorentine raccolte dallo Smarrito (Carlo Dati), e da altri Accademici della Crusca. *Firenze,* 1716-45, 17 vol. in-8. 40 à 50 fr. [16934]

Proposition pour la réunion, 2132.

Recueil estimé, dont les six premiers volumes ont été réimprimés. La réimpression des tom. IV et V, datée de 1731 et 1738, contient quelques augmentations et des corrections ; mais elle est moins belle que l'édition originale de 1720 et 1722. On trouve des exempl. dont tous les vol. sont datés de 1760 : c'est toujours la même édition que celle-ci, au sujet de laquelle il faut consulter Gamba, *Serie*, 4ᵉ édition, nᵒ 779.

PROSE e versi per onorare la memoria di Livia Doria Caraffa, principessa del S. A. imp. e della Rocella, di alcuni rinomati autori. *Impresso nella reale stamperia di Parma, l'anno 1784*, gr. in-4. fig. [14999]

Ce volume, magnifiquement exécuté, a été tiré à un petit nombre d'exemplaires pour être distribué en présents. Vend. 60 fr. Belin, et seulement 18 fr. *mar. cilr.* Caillard ; 31 fr. *mar. bl.* Mac-Carthy, et 2 liv. Heber ; 20 fr. 50 c. *mar. r.* De Bure. En 1793, Bodoni a fait une seconde édition de ce livre, fort augmentée, tant dans le texte que dans les vignettes qui lui servent d'ornements ; mais il paraît que cette édition presque tout entière est restée dans les magasins de l'imprimerie ducale, n'ayant point été retirée par celui qui l'avait commandée. Il s'en est vendu un exempl. 13 fr. 50 c. en 1817; un autre, 9 fr. 50 c. Boutourlin.

PROSPER aquitanus (S.). Opera omnia emendata, secundum ord. temporum disposita et chronico integro ejusdem locupletata (cura Luc.-Urb. Mangeant : accedit S. Prosperi vita, studio et labore Joan. Le Brun Des Marettes). *Parisiis, Guil. Desprez*, 1711, in-fol. [1057]

Bonne édition : 24 à 36 fr. Réimpr. *cum S. Asteri homiliis, cura Aug. Savioli*, Venetiis, 1744, 2 tom. en 1 vol. in-fol.; et *Bassani*, 1782, 2 vol. in-4.

— **Prosperi aquitani et Honorati massiliensis Opera, notis observationibusque illustrata a Jo. Salinas. *Romæ, Ant. de Rubeis*, 1732, gr. in-8.**

Édition d'une partie seulement des ouvrages de S. Prosper, revus sur plusieurs manuscrits du Vatican. Mansi en fait connaître le contenu dans son édit. de *Fabricii Biblioth. mediæ et infimæ latinitatis*, VI, 17. — Vend. 12 fr. en 1842.
Dans l'article Prosper d'Aquitaine de la *Biograph. univers.*, XXXVI, 145, on a cité comme une des meilleures éditions des œuvres de ce saint, celle de 1752, donnée par Foggini ; édition dont la *Biblioth. sacrée*, 246, fait même un vol. in-fol. Or, Foggini n'a donné que les écrits de S. Prosper *de Gratia*, lesquels font partie du 3ᵉ volume de la collection des écrits des SS. Pères latins sur les matières de la grâce, publiée effectivement à Rome par ce savant prélat, en 1754 et ann. suiv., et qui forme au moins 7 vol. pet. in-8. (Ebert en cite une édition de 1778, en 7 vol. in-12.) C'est d'après la collection de Foggini que l'abbé Lequeux a donné à Paris, en 1760, *S. Prosperi de Gratia Dei opera*, in-12, et en 1762, la traduction française des mêmes traités.

— **Incipit liber Prosperi (Epigrammata de virtutibus et vitiis). — *Finito libro sit laus z gloria xpo. Deo gracias. (absque nota)*, in-4. de 31 ff. non chiffrés, à 24 lign. par page.**

Édition en caractères romains, à l'exception de la lettre *d* qui est de forme gothique. Le Dʳ Dibdin, *Bibliogr. tour*, III, 293, l'attribue à Hans Glem, dont on a des éditions de 1472 à 1473.

— **Prosper Aquitanus. De vita contemplativa et humana (cum commentario). *Taurini* (absque typogr. nomine et anno), in-4. goth. de 40 ff., sign. a—e.**

Ce livre n'est autre chose que les *Epigrammata* de S. Prosper, desquelles il existe une édition in-4. de 22 ff. signat. *a—d*, en caract. goth., sans lieu ni date, et plusieurs autres avec date, et notamment une de Milan, *per Jacobum Rubeum Gallicum*, 1481, in-4., vend. 1 liv. 15 sh. Heber.

— **Sentences spirituelles recueillies des œuvres de sainct Augustin, par Prosper Aquitain, evesque de Riez, et par luy mises en vers latins. Reduites en quatrains françois, par Thomas Iardin, vicaire de Beaujeu. Avec autres sentences extraites des œuvres de S. Hyrenée, martyr, archevesque de Lyon, et de Tertullian, prestre de Carthage. *Lyon, par Benoist Rigaud*, 1584, pet. in-8. de 67 pp.**

Ce recueil de quatrains moraux et religieux est sans contredit un livret rare ; nous sommes cependant surpris qu'un exempl. en *mar. vert* ait été porté à 83 fr. à la vente Cailhava.

— **Sainct Prosper aquitanique, evesque de Rheiges, de la vie contemplative en trois livres, et du sieur arbitre en une epistre, plus un traicté de François Sonnius, touchant la vie éternelle, avec une briefve reigle de l'apprenty spirituel, de Loys Blosius, le tout rendu en françois par Jean Bouillon, senonois, curé de Jaune. *Paris, Seb. Nivelle*, 1577, pet. in-8.**

— **Poëme contre les ingrats, 1058. — Vocation des Gentils, 1059. — Sur la grâce de Dieu, 1060.**

PROTEOUS (the) of nobleness. Voy. l'art. Knightly tale.

PROTESTATIO christianissimi regis Gallorum, habita et exhibita præstantissimæ reginæ Angliæ, per ordinarium Christianissimi regis, ad Angliæ reginam legatum. Responsum ad protestationem, quam orator regis Gallorum, nomine sui principis, serenissimæ Angliæ reginæ obtulit xx. die Aprilis A. D. 1560, *Londini, apud Reginaldum Wolfium*, 1560, in-4. [23481]

Ces deux pièces politiques sont peu communes. La première est de 6 ff. et la seconde de 20 ff. La traduction française de cette dernière a été impr. à Londres par Jugge, en cette même année 1560, et depuis réimpr. dans le 3ᵉ volume de l'*Harleian Miscellany*.

PROTEVANGELION. Voy. BiblIander.

PROTHOCOLLE (le) ou formulaire, stille et art des notaires royaulx, tabellions, greffiers, sergens et autres personnes publicques et praticiens des cours layes, mesmement des notaires du Chastellet de Paris, pour apprendre a rediger par escript tous contracts, instrumens, etc. Auec le guidon des notaires et secretaires.... Auquel a este de nouuel adiouste la maniere de faire toutes demandes, requestes..... nouuellement imprime a Paris, M.D.xli. *On les vend a Paris, en la grand salle du Palais.....par Charles Langelier*, pet. in-8. goth. de clij ff. chiffrés. [2805]

Prosser (*G.-F.*). Hampshire, 27178.

—AUTRES éditions de ce Protocolle, *Paris, Galliot du Pré*, 1550, in-8. (Bibl. impér. F. 5731). — *Paris*, 1553, in-16, 15 fr. 50 c. Bergeret.

PROUCES de Carmentran (lou) comedie nouvello et galanto, per servir de divertissamen eiz esprits curieoux et galans. *Paris*, 1700, in-12. [16596]

Pièce en vers gascons, vend. 15 fr. Laire ; 25 fr. Librairie De Bure.
L'édition de *Venasque, chez Crasseux*, sans date, in-12 de 24 pp. 8 fr. 75 c. *cuir de Russie*, de Soleinne; une autre, *sans lieu ni date*, in-18 de 22 ff., a été donnée pour 1 fr. même vente. — On trouve dans le *Jardin deys musos provensalos* (voy. BRUEYS), une comédie à quatre personnages intitulée : *Ordonnansons de Caramantran*. — Pour le *Testament de Carmentran*, voy. ABUNDANCE.

PROUESSES de Duguesclin , d'Hercule, de Huon de Bordeaux, etc. Voy. DuGUESCLIN, HERCULE, HUON, etc.

PROUFIT (le) quon a douyr messe. (au bas du dernier f.) : *Lyon, Barnabe Chaussard* (sans date), pet. in-8. goth. de 7 ff. [13566]

Morceau en vers, vend. 15 fr. Librairie De Bure ; 25 fr. mar. bl. Coste.

PROUMENOIR de Michel de Montaigne. Voy. GOURNAY (Jars de).

PROUT (*Samuel*). Relics of antiquity : or remains of ancient sculpture in Great Britain, with descriptive sketches. *London, Clarke*, 1812, in-4. fig. 1 liv. — Pap. impér., 2 liv. 2 sh. [9688].

— Facsimiles of sketches made in Flanders and Germany, drawn on stone by himself. *London*, 1833, gr. in-fol. 50 pl. 2 liv. 2 sh. [9484]

— Sketches in France, Switzerland and Italy, executed on stone, and tinted by the artist. *Lond.*, 1839, gr. in-fol. 30 planches lithogr. tintées. 2 liv. 2 sh. [9485]

— Hints on light and shadow, compositions, etc., as applicable to landscap painting. *London*, 1838, très-gr. in-4. 20 pl. 1 liv. 1 sh., aussi 1848, in-4. avec 22 pl.

On a du même artiste :
RUDIMENTS of landscape, in progressive studies, drawn and etched in imitation of chalk. *London*, 1813, in-4. obl. 64 pl. dont 16 color. 2 liv. [9273]
ILLUSTRATIONS of the Rhine, drawn from nature. 1853, in-fol. contenant 30 lithogr. 2 liv. 2 sh. — L'édit. de 1824 n'a que 25 pl.
SKETCHES at home and abroad. Hints on the acquirement of freedom execution and breadth of effect in landscape painting, to which are added simple instructions on the use and application of colour. 1844, gr. in-4., 48 pl. sur pap. de Chine, 2 liv. 2 sh.

Proud (*Rob.*). History of Pennsylvania, 28578.
Proudhon (*J.-B.-Victor*). Domaine public, 2843.
— de propriété, 2844. — Droits d'usage, 2845.
Prout (*W.*). Chemistry, 4371.

VIEWS of cities and scenery in Italy, France and Switzerland, from drawings by S. Prout and J.-D. Harding, with description of the plates in english and french, by Th. Roscoe. *London, Fisher* (sans date), 2 vol. in-4. avec 92 pl.

PROUT (*J.-Skenner*). Castles and abbeys of Monmouthshire. *London*, 1838, gr. in-fol. [27259]

Vingt-six belles lithographies, avec un texte explicatif. 2 liv. 2 sh.

PROVANCHERES ou Provenchieres (*Siméon* de), médecin du roi. Histoire de l'innappetence d'un enfant de Vauprofonde, près Sens, de son desistement de boire et manger quatre ans onze mois, et de sa mort ; quatrième édition, augmentée par l'auteur d'un quatrième discours. *Sens, G. Niverd*, 1616, pet. in-8. de 45 ff. [7036]

Édition la plus complète de cet ouvrage. Il faut y joindre : *Cinquième discours apologétique pour les causes surnaturelles de l'inappetence de l'enfant de Vauprofonde*, par le même, *Sens*, 1617, in-8. de 33 ff. Vendu ainsi complet, 6 fr. mar. r. Méon ; 3 fr. 80 c. v. f. Chateaugiron.
La première édition de *Sens*, 1612, pet. in-8., a pour titre *Discours sur l'inappetence...* Le phénomène qui en fait le sujet ne durait encore que depuis dix-huit mois. A l'époque de la seconde édition, augmentée d'un 2e discours, *Sens*, 1615, sous le même titre que la première, ce phénomène se soutenait depuis trois ans et huit mois. La troisième édition, sous la même date que la deuxième, est augmentée d'un 4e discours.
Une autre relation plus rare que la précédente a pour titre :
HISTOIRE d'un jeune enfant natif à Valprofonde, âgé de 9 à 10 ans, lequel n'a bu ni mangé depuis l'Ascension (jusqu'en octobre 1611), et ne laisse pourtant de parler et de cheminer, par Montsainet. *Paris*, 1612, in-8. (catal. Falconet, 7070, où on lit Montsainct).
Le chirurgien Th. Mont-Sainct, auteur de cet opuscule, ayant eu l'occasion de faire l'ouverture du corps du jeune enfant de Valprofonde, après sa mort, en a donné l'exacte description anatomique sous le titre suivant :
HISTOIRE véritable non moins rare que merveilleuse d'un enfant qui a vécu en santé, allant et venant, sans boire ni manger, avaler ou sucer quoi que ce soit, l'espace de cinq ans. *Sens, Viverdon*, 1616, in-8. de 38 pp., morceau curieux et rare. C'est celui auquel a répondu Provenchières ou Provanchères dans son 5e discours.
A l'article HISTOIRE admirable d'une fille, nous rapportons les titres de plusieurs ouvrages relatifs à des phénomènes analogues à celui-ci. — Nous citerons encore :
LE PRODIGIEUX enfant pétrifié de la ville de Sens, avec une légère et brève question problématique des causes naturelles de l'induration d'icelui, trad. du lat. en franç. par Siméon de Provancheres, *Sens, Savine*, 1582, in-8. — Voy. ROUSSET (*Fr.*).
Provenchières a traduit en français la Chirurgie de Jean Fernel et celle de Jacq. Hollier. Voy. FERNEL.

PROVERBES. Prouerbes cõmuns. (au dernier f. verso) : *Cy finiet les prouerbes cõmuns : qui sont en nombre sept cens quatre vingtz et deux*, pet. in-4. goth. de 17 ff. à longues lignes au nombre de 28 par page. [13567]

Recueil par ordre alphabétique formé par J. de la Véprie, prieur de Clairvaux. C'est sans fondement

que l'édition citée est attribuée à Vérard dans le
catal. Hibbert, où un exemplaire rel. en *mar.* est
porté à 5 liv. 7 sh. 6 d. Le même opuscule a été
vendu depuis 3 liv. chez Heber, et 174 fr. *mar. r.*
Solar; il n'avait été acheté que 3 fr. 5 c. chez La
Vallière.

— Les Prouerbes cõmuns. (*sans lieu ni
date*), in-4. goth. de 17 ff. non chiffrés,
sign. a par 8, b par 6, et c par 5, non
compris 1 f. bl.

Cette édition, impr. à Paris, vers la fin du XVe siècle,
commence par le titre ci-dessus, dont la première
grande lettre (L) est historiée. Chaque page pleine
du texte porte 24 lignes; le verso du dernier f. n'a
que 10 vers suivis de ces deux lignes :

*Cy finissent les prouerbes communs qui ‖ sont
en nombre enuiron sept cens quatre vingt*

Édition non moins rare et peut-être plus ancienne
que la précédente. Un exemplaire relié en *mar. bl.*
mais dans lequel le 3e f. du cah. *b* manquait, 57 fr.
Libri, en 1857; il se retrouve sous le nº 2154 du
catal. du même bibliophile, impr. en 1859, où il
est annoncé comme ayant 18 ff. et est porté à 12 liv.

— Cy comencent les prouerbes communs
selon lordre de l'a. b. c. (à la fin) : *Cy
finissent les prouerbes communs qui
sont en nombre envirõ vii cens lxxx*,
très-pet. in-4. goth. de 16 ff. dont le
dernier blanc. Sur le titre la marque et
les noms de Pierre Mareschal et Barnabé Chaussard, imprimeurs à Lyon
vers 1500 (Duplessis, *Bibliogr. des proverbes*, p. 117).

— Les prouerbes communs : — *Cy finissent les prouerbes communs qui sont
en nombre enuiron sept cens quatre-
vingtz*, pet. in-4. goth.

Cette édition n'a que 12 ff.; elle paraît avoir été imprimée à Paris, dans le commencement du XVIe siècle : vend. avec deux autres pièces, 61 fr. Le Duc;
et seule, 330 fr. *m. bl.* Crozet. — Réimpr. en 1838
dans la collection de poésies, in-16, publiée chez
Silvestre (6e livraison), et aussi avec la version lat.
de J. Gilles de Noyers, soit sous le titre de *Proverbia communia*, soit sous celui de *Proverbia
popularia*, ou de *Proverbia gallicana* (voyez
Nuceriensis), et dans le Livre des proverbes (voy.
Livre).

PROVERBES dorés. Voyez Cent nouv.
proverbes.

PROVERBES notables et belles sentences
de plusieurs bons autheurs, tant anciens
que modernes, desquels le latin précède
le françois par ordre alphabétique. *Paris, Pierre Menier*, 1602, in-16. [18459]

44 fr. *m. v.* De Buré l'aîné. — Voy. Ditz et sentences.

PROUERBIA cõmunia ‖ metrice cõscripta
ṣm hunc ordinẽ. q3 primo pona ‖ tur
theutonicũ deinde latinũ que st | legen-
tiũ qu‖stui suauia ac in hoĩm colloquijs
cõia 3 mttũ iocosũ. (au verso du dernier
f.) : *Finiuntur prouerbia cõmunia* (sine
nota), in-4. goth. de 22 ff. à 40 lig.
(Hain, nº 13429).

PROVERBIA (Incipiunt | seriosa in theu-

tonice prima. Deinde in latino sibi invicem consonantia judicio colligentis
pulcherrima ac in hominum colloquiis
communia. (*sine nota*), pet. in-4.

Le baron de Reiffenberg a décrit deux édit. de ces
proverbes flamands impr. à la fin du XVe siècle sous
le titre ci-dessus, l'une en 26 ff. sign. A—Cv.; l'autre en 25 ff. à 36 lign. par page, sign. A—C.v.
(*Bulletin de l'Académie roy. de Bruxelles*, tom.
VI, nº 2, et dans l'*Annuaire de la Biblioth. roy.*,
1re année, pp. 189-92). Puis, parlant de nouveau de
ces deux édit. dans le Bibliophile belge, tome IV,
p. 294, il a ajouté qu'il les croyait exécutées dans
les Pays-Bas. Hain (*Repertorium*, nº 13430) cite :
*Proverbia seriosa theutonice et latine, Busco-
ducæ, per Ger. Leempt de Novimagio*, 1487, in-4.

PROVERBIA cum commentario Rabbi
Immanuel, hebraice. — (*Sine loci et
anni indicatione, sed Neapoli edita per
Chaiim, filium Isaaci Levitæ Germani,
anno* CCLXVII *sexti millenarii* (1487),
*in urbe Neapoli, per manus Samuelis
filii Salomonis, etc.*), pet. in-fol. de
252 ff. [399]

J.-B. de Rossi, qu'il faut toujours citer quand il s'agit
d'anciennes éditions hébraïques, a décrit dans ses
Annales une édition des Proverbes, sans lieu d'impression, mais de *Leiria*, 1492, in-fol., et une
autre édition in-fol. sans lieu ni date, qu'il croit
sortie des presses de *Lisbonne*, vers 1492.

— Voyez au mot Job.

PROVERBII. Incominzano li proverbii de
lo schiavo de Baro; e l'a-b-c disposto; e
sonetti morali. (*senza luogo ed anno*),
in-4. de 4 ff. à 2 col., caract. goth., avec
une fig. au-dessous du titre. [14961]

Cet opuscule, impr. vers l'année 1500, se trouve bien
décrit sous le nº 1491 du Catal. Libri de 1847, où un
exempl. rel. en *mar. r.* est porté à 80 fr. Les
proverbes en vers qu'il contient ont été réimpr.
dans le recueil intitulé : El Savio romano (voy.
Savio).

PROVERBII, sentenziosi detti, e modi di
parlare, che oggi nella comun lingua
d'Italia si usano. *Roma, Blado*, 1536,
in-8. [18481]

— Proverbj, sentensiosi detti et modi di
parlare che oggidi nella commun lingua
si usano. *Roma in campo de Fiore per
Antonio d'Asola* (senz'anno), pet. in-8.

Cette édition n'est pas moins rare que celle de 1536,
et peut même être plus ancienne, Ant. d'Asola
ayant exercé dès l'année 1520. Elle est portée à
2 liv. 2 sh. dans le Catal. de Payne (1830), nº 6817.
— Voy. Opera quale...

PROVERBS english, french, dutch, italian and spanish, all englished and al-
phetically arranged by N. R. gent. *London*, 1659, in-12. [18510]

Vend. 12 sh. Hibbert. 1 liv. 1 sh. en 1853.

Proyanskl. Voy. Troianski.
Proyart (l'abbé). Œuvres, 19154.—Vie du dauphin,
père de Louis XV, 23811. — Vie du dauphin, père
de Louis XVI, 23903. — Louis XVI et ses vertus,
23926. — Louis XVI détrôné, 23927. — Vie de Stanislas, 27849.

PRUDENTIUS. Opera aurelii clemētis prudētii. (*absque nota*), pet. in-4. goth. de 166 ff., signature A—D, seconde signature. [12580]

Édition imprimée vers 1492, avec les caractères de Rich. Paffroed, à Deventer. Les pages entières ont 31 lignes, et le volume commence par un f. séparé, qui ne contient que l'intitulé ci-dessus. On lit au verso du dernier f., après les quatre derniers vers, une souscription commençant par ces mots : *Aurelii Clementis Prudentii opera*. Vend. 82 fr. La Serna ; 176 fr. *m. r.* Larcher.

On conserve à la Bibliothèque impériale un exempl. de cette édition, avec lequel se trouve relié un poème du Mantuan, intitulé : *Carmina de btâ virgine Maria quæ τ parthenice dicuntur*. Cet opuscule est imprimé avec les mêmes caract. que le Prudence, et il se compose de 50 ff., y compris le titre. La souscription placée au recto du dernier f. est ainsi conçue : *Dauentrie impressum Jn platea episcopi Anno domini* M. CCCC. XCij. *Decima Februarij*. Ensuite se trouve une partie de 12 ff., qui a pour titre : *Fratris Baptiste mātuani ad lodouicū fuscararium parthenices cōmendatio*. C'est probablement d'après un semblable exemplaire, dont la date se sera trouvée défigurée par une faute d'impression, dans quelque catalogue, que plusieurs bibliographes ont cité une édition de Prudence, de *Deventer*, 1472, qui n'existe pas.

— **Prudentius. Prosper. Ioannes Damascenus. Cosmus hierosolymitanus. Marcus episcopus Taluontis. Theophanes.** In-8.

Copie faite à *Lyon*, d'une partie du recueil des *Poetæ christiani*, impr. chez *Alde Manuce*, en 1501-2. Vend. 15 fr. bel exempl. *mar. bl. tab.* Renouard ; 3 fr. Duriez ; 1 liv. 6 sh. (première rel.) Heber ; 8 sh. 6 d. *mar.* le même ; 3 sh. Butler ; 22 fr. Riva. — Voyez POETÆ christiani.

L'édition de Venise, Aldus, 1518, in-8., annoncée dans le *Catalogo della biblioteca Foscarini* (Venez., 1800, in-8.), n° 1070, comme inconnue aux bibliographes, n'était autre chose qu'un exemplaire de l'édition sans date, ci-dessus, à la fin duquel on avait ajouté un f. portant cette souscription : *Venetiis, in Ædibvs Aldi, et Andreæ soceri, mense Ianuario*. M. D. XVIII, et au bas l'ancre alpine (Renouard, *Ann. des Alde*, 3° édition, p. 498). Vend. 3 sh. 6 d. Butler.

— **Opera, iterum commentariis Ant. Ælii Nebrissensis illustrata.** *Lucronii, Arn. Guil. de Brocario*, 1512, in-4.

Édition que recommande son excellent commentaire, et qui se trouve très-difficilement. Le même commentaire fait partie des d'Anvers, 1537 et 1546, in-8. — L'édition d'Anvers, Christ. Plantin, 1564, in-8., a été revue sur dix mss. par Théod. Pulman et Vict. Giselin. Ce dernier y a joint un commentaire.

— **Opera, noviter ad mss. fidem recensita, purgata,** notisque et indice illustrata a Jo. Weitzio : accesserunt omnium doctorum virorum notæ, scholia atque observat. cum glossis vett. *Hanoviæ,* 1613, in-8. 5 à 6 fr.

— **Quæ extant, Nic. Heinsius recensuit et** animadversiones adjecit. = Nic. Heinsii in Prudentium adnotata. *Amstelodami, apud Dan. Elzevirium,* 1667, 2 tom. en 1 vol. pet. in-12.

Jolie édition, assez recherchée. Il faut regarder si la partie qui comprend les notes se trouve dans le volume : 8 à 12 fr. ; 26 fr. *mar. v.* Riva; et des exemplaires *non rogné* 60 fr. Caillard ; 86 fr. F. Didot ; 45 fr., Labédoyère ; 86 fr. De Bure ; 81 fr. Giraud ; 78 fr. Solar.

— **Opera, interpretationě et notis illustr.** Steph. Chamillart, ad usum Delphini. *Parisiis, Vidua Cl. Thiboust,* 1687, in-4.

Ce volume est un des plus rares de la collection *ad usum Delphini* : il commence par 12 ff. de pièces préliminaires, après quoi suit le texte, qui occupe 687 pp., et un *Index vocabulorum* compris dans les cahiers Ssss—Mmmmm : vend. 6 liv. *mar.* Drury ; 120 fr. en 1823 ; 80 fr. Lienard ; 60 fr. Duriez ; 40 fr. et 55 fr. 50 c. en 1839.

— OPERA quæ extant, cum notis Nic. Heinsii et variorum, edente M.-D. Muller. *Coloniæ,* 1701, pet. in-8. 3 à 5 fr.

— OPERA quæ extant, ex recens. et cum notis Christ. Cellarii. *Halæ-Magdeburgi,* 1703 ou 1739, in-8. Vend. 17 fr. Villoison, et quelquefois de 5 à 6 fr.

— OPERA omnia, nunc primum cum codd. vaticanis collata, præfatione, variant. lection. ac notis aucta et illustr. *Parmæ, ex reg. typogr.* (*Bodoni*), 1788, 2 vol. gr. in-4.

Cette édition, dédiée par l'éditeur Jos. Teoli au chevalier d'Azara, est fort belle, mais elle a peu de mérite littéraire : vend. 15 fr. Coulon ; 21 fr. Boutourlin, et en *mar. r.* 31 fr. Larcher, et 23 fr. Giraud.

Il a été tiré quatre exemplaires sur pap. vélin.

— CARMINA, recognita et correcta, glossis Esonis magistri et variant. lectionibus aucta et illustrata a Fausto Arevalo. *Romæ, Fulgonus,* 1789, 2 vol. in-4. Bonne édition, qui fait partie de la collection des anciens poëtes chrétiens : 24 à 30 fr.

— CARMINA recensuit et explicavit Theod. Obbarius. *Tubingæ,* 1845, in-8. 5 fr.

— PRUDENTII quæ extant carmina, ad vatic. aliorumque codd. et optimarum editionum fidem recensuit, lectionum varietate illustravit, notis explicavit Alb. Dressel. *Lipsiæ, Mendelssohn,* 1860, in-8. de LXIII et 538 pp.

— **Liber hymnorť prudēcij.** (au verso du dern. f.) : Aurelij clemētis Pru‖dentij cathemarimon finit. ‖ *Impressum Uienne per* ‖ *Iohannem Winterburg.* (absque anno), in-4. goth. de 34 ff.

Édition de la fin du XVe siècle, décrite par Hain, n° 13436. Ce ne doit pas être la même que celle à laquelle, dans la *Biblioth. spencer.*, t. II, p. 292, on ne donne que 28 ff. à 23 lign. par page, sign. A—D.

— CATHEMERINON ; traduit et annoté par l'abbé A. Bayle, avec une étude sur Prudence. *Paris, A. Bray,* 1860, in-8. de VIII et 312 pp.

— **Prudentius de conflictu virtutum, et** vitiorum heroicus. (in fine) : *Explicit Prudentius diligentissime emendatus: atque per capita et argumenta distinctus. Lugduni impressus* (absque anno), pet. in-4. de 24 ff. non chiffrés, caract. demi-goth.

Édition rare, décrite par M. Gazzera dans ses *Osservazioni bibliografiche.....* impr. à Turin, en 1823 (voyez PETRARCA, ci-dessus, col. 566), et d'après lui dans les *Lettres lyonnaises*, impr. en 1826. Elle est sans chiffres, récl. ni registre, mais avec des signat., et chaque page entière porte 21 vers. Sur le titre se lisent les noms des deux imprimeurs *Pierre Mareschal* et *Barnabé Chaussard*, avec leur monogramme.

— Aurelii Prudentii Cathemerinon : hoc
est : Diurnarum rerum opus varium, et
cum linguæ elegantia, tum sententiarum
gravitate, frequenti lectione dignissi-
mum. Cuius singulis odis singulas harmonias quatuor vocum, nusquam antea
impressas, Hieronymus Vietor calcogra-
phus, singulari diligentia emendatas, in
studiosorum communem utilitatem adiecit : componente aliquando eas, Domino Wolfgango Graefinger Pannone,
sacerdote musices peritissimo ; cum
Rudolfi Agricolæ Rheti, ad reuerendum
Dominum Sebastianum Sperantium.....
præfatione. *Viennæ-Austriæ, anno*
1515, in-4.

Livre curieux à cause de la musique imprimée qu'il
contient. Il doit être fort rare, puisque Panzer et
M. Schmid n'en ont parlé que sur le témoignage
de Denis. Jérome Vietor, qui l'a imprimé, exerçait
déjà à Vienne en 1510, soit en son seul nom, soit
de société avec Jean Singrenius ou Singreiner, car
les deux noms se trouvent dans la souscription
d'une édition des Œuvres de Claudien, in-4., sous
la date de M D X. *pridie Nonas Octobris*, et aussi
dans beaucoup d'autres livres décrits par Panzer.
Singrenius est seul nommé dans la souscription
d'un opuscule de *Ben. Chelidonius*, impr. en 1515,
et dont nous avons déjà fait mention.
L'article suivant est porté à 1 liv. 1 sh. sous le n° 394
du catalogue de la partie réservée de la collection
Libri, 1862 :
> FABER (*Nic.*). Melodiæ prudentianæ et Virgilianæ
> magna ex parte nuper natæ. *Lipsiæ*, 1533, pet.
> in-8.

PRYCE (*Will.*). Mineralogia cornubiensis,
a treatise on minerals, mines and mi-
ning, to which is added an explanation
of the terms and idioms of miners. *London*, 1778, in-fol. fig. 30 à 40 fr. [4733]

— Archæologia Cornu-Britannica ; or an
essay to preserve the ancient cornish
language ; containing the rudiment of
that dialect in a cornish grammar and
cornish english vocabulary. *Sherborne*,
1790, in-4. 15 sh. [11349]

PRYNNE (*William*). An exact chronological vindication and historical de-
monstration of our British, Roman,
Saxon, Danish, Norman, English kings,
supreme ecclesiastical jurisdiction, in,
and over all spiritual, or religious affairs,
causes, persons, as well as temporal
within their realms... *London, by Th.
Ratcliff*, 1666, 67, et 1668 ou 1670,
3 vol. in-fol. [27045]

Prudhomme (*L.*). Crimes de la révolution, 23947.
Prud'homme (*J.*). Le Chasseur rustique, 10435.
Pruss (le D^r). Rapport sur la peste, 7204.
Prutz (*Rob.*). Ludwig Holberg, 30974.
Prutz (*R.-P.-L.*). Gedichte, 15606. — Geschichte
des deutschen Theaters, 16814. — Dramatische
Werke, 16838. — Geschichte des deutschen Jour-
nalismus, 31872.
Pruys Vander Hoeven (*C.*). De arte medica, 7099.

Cet ouvrage, connu en Angleterre sous le titre de
Prynne's Records, est devenu fort rare, parce que
toute l'édition du premier volume, à l'exception de
70 exemplaires, a péri dans l'incendie de Londres,
en 1666, ainsi qu'une partie des exemplaires du second ; aussi les trois volumes réunis se sont-ils
vendus 117 liv. 12 sh. Sykes et revendus 155 liv.
chez le duc de Sussex ; autre exempl. rel. en *mar.
bl.* avec les 3 frontispices, 126 liv. Dent, et amen-
cés en Gr. Pap. 76 liv. 13 sh. Grafton ; 152 liv. 5 sh.
Willett ; 140 liv. à Stowe, et revendu 100 liv. Gardner. Les deux derniers volumes, et surtout le troisième, ne sont pas chers. Un quatrième volume a
été impr., au moins jusqu'à la p. 400, mais l'édition
ne s'est pas conservée, et l'on n'en connaît qu'un
seul exemplaire, lequel, lors de la dispersion de la
bibliothèque de Stowe, en 1849, a été vendu 535 liv.,
et se trouve aujourd'hui dans la bibliothèque de
Lincoln's Inn. Une notice détaillée sur ce livre précieux se trouve dans *Oldy's British Librarian*,
pp. 11-21, et a été réimpr. dans *Savage's Librarian*, I, pp. 211-215, 270-273 ; II, pp. 29-34. Lowndes en donne aussi la descript. et indique en même
temps les nombreux ouvrages de Prynne. Les
14 tables annoncées par Prynne au verso de la
p. 1307 de son 3e volume, n'ont encore été vues
dans aucun exemplaire.

— ANTIQUÆ constitutiones regni Angliæ, sub regibus
Joanne, Henrico III et Edoardo I, circa jurisdictio-
nem et potestatem ecclesiasticam. *Londini*, 1672,
in-fol.
Vend. 13 fr. Soubise, et plus cher en Angleterre.
Ce volume, qui se trouve quelquefois séparément,
forme le 3e tome du grand ouvrage, ci-dessus, de
Prynne ; on en a seulement changé le titre, et l'on y
a ajouté un court avis au lecteur, en latin.

— INDEX to the History of king John, king Henry III, and king Edward I, by W. Prynne, 1670,
*London, printed for T. Payne, at the Mews
Gate*, 1775, in-fol. en dix ff.; tiré à très-petit nombre,
et dont on ne connaît même que 2 exemplaires.

— HISTRIO-MASTRIX. The Players Scourge, or Actors tragœdie. Wherein it is largely evidenced by
divers arguments, etc., that popular stage playes
(the very pompes of the Divell which we renounce
in baptisme, if we believe the Fathers) are sinfull,
heatenish, lewde, ungodly spectacles, and most
pernicious corruptions ; condemned in all ages, as
intollerable mischiefes to churches, to republickes,
to the manners, mindes and soules of men, etc.
London, for Sparke, 1633, 2 part. en 1 vol. in-4.
[1362]
Il est dit que pour avoir publié cet ouvrage l'auteur
fut condamné, par la Chambre étoilée, à une amende
de 5000 liv., à la dégradation et au pilori. Ce volume
se paye de 2 à 3 liv. en Angleterre, et même il a été
vendu jusqu'à 5 liv. 10 sh. Crawford. On peut y réunir un opuscule de 8 pages in-4, intitulé : *Mr William Prynn his Defence of Stage-Plays, or re-
tractation of a former book of his called Histrio-
Mastrix, London*, 1649, in-4., et le désaveu que
Prynne a fait de ce dernier écrit, dans une feuille
publiée par lui. Il a été fait, de la *Défence*, une réimpression *fac-simile*, tirée à 100 exemplaires.
Pour les autres ouvrages de Will. Prynne, consultez
Lowndes, 2e édit., pp. 1987-89.

PRZEZDZIECKI. Wzory szturi srednio-
wiecznéj, etc. Monuments du moyen âge
et de la renaissance, dans l'ancienne Pologne, depuis les temps les plus reculés
jusqu'à la fin du XVIIe siècle, publiés
par Alex. Przezdziecki et Ed. Rastawiecki. *Warsovie, et à Paris, chez Aug.
Fontaine*, 1853-58, 2 vol. gr. in-4. avec
96 pl. lithogr. et rehaussées en or. [27808]
Ouvrage publié par séries de 24 livraisons chacune,
au prix de 100 fr. porté ensuite à 120 fr. Les deux

premières séries sont complètes, et il a paru 4 cah. de la troisième. Chaque cahier renferme deux peintures miniatures, avec une ou deux feuilles de texte, en polonais et en français.

PSALMANAZAR. Memoirs of *** commonly known by the name of George Psalmanazar. *London,* 1765, in-8., avec un portrait. [30916]

Mémoires curieux d'un écrivain dont on ignore le véritable nom, mais qui s'est rendu célèbre par un roman géographique publié en anglais sous ce titre :

AN HISTORICAL and geographical description of Formosa. *London,* 1704 or 1705, in-8. 6 à 9 fr.

Et traduit sous celui-ci :

DESCRIPTION de l'isle Formosa,... dressée sur les mémoires latins de Geor. Psalmaanazar, natif de cette isle ; avec une ample relation de ses voyages... par le sʳ N. F. D. B. R. *Amsterdam,* 1705, ou 1708 ou 1712, pet. in-8. ou in-12. 3 à 4 fr.

A quoi on peut joindre :

1° ECLAIRCISSEMENT sur ce que l'auteur de la description de l'isle Formosa dit de sa conversion, par Isaac d'Amalvi. *La Haye,* 1706, in-8.

2° AN INQUIRY into the objections against G. Psalmanazar of Sluice ; with his answer to M. d'Amalvy of Sluice. *London,* in-8.

3° DIALOGUE between a Japonese and Formosan. *London,* 1707, in-8.

PSALMODIA sacra cum litaniis et aliis precationibus singulis hebdomadæ diebus accommodata (a C. Goppelzieder). *Monachii,* 1597, in-12.

Un exemplaire imprimé sur VÉLIN, et dans son ancienne reliure, 7 liv. Libri, en 1859.

PSALMORUM codex. V. ci-après, col. 935.

Psautiers polyglottes.

PSALTERIUM hebræum, græcum, arabicum et chaldæum, cum tribus latinis interpretat. et glossis, studio Aug. Justiniani. *Impressit miro ingenio Petrus-Paulus Porrus, Genuæ in ædibus Nicolai Justiniani Pauli,* 1516, gr. in-4. [113]

Vend. 10 flor. Meerman ; 1 liv. 2 sh. Heber ; 21 fr. Boutourlin ; 30 fr. de Sacy ; 55 fr. Bearzi ; 41 fr. Quatremère.

Cette édition, remarquable parce qu'elle est la première polyglotte imprimée avec les caract. propres à chaque langue, ne l'est pas moins par la singularité du commentaire de Justiniani. Celui-ci a trouvé le moyen de faire entrer une vie assez étendue de Christophe Colomb dans une note sur le psaume *Cœli enarrant.* Malgré cela le volume n'est pas très-cher, et il est assez commun pour un livre aussi ancien ; il est vrai qu'on en a tiré 2000 exemplaires, ainsi que nous l'apprend Justiniani lui-même (*Annali della Rep. de Genova,* p. 224), lequel ajoute qu'il y a eu 50 exempl. impr. sur VÉLIN ; un de ces dern. a été vend. rel. 192 fr. La Vallière ; 267 fr. Mac-Carthy. L'inspection d'un exemplaire de ce livre *non coupé* nous a convaincu qu'il est de format in-4., et non pas in-fol., ainsi qu'on pourrait le croire à la première vue.

Ce Psautier n'est pas, comme l'ont dit plusieurs bibliographes, le premier livre où se trouvent des caractères arabes, puisque les *Horæ canonicæ,* qui parurent à *Fano,* en 1514, sont impr. en cette langue. — Voyez PRECATIO.

PSALTERIUM in quatuor linguis, hebræa,

---

græca, chaldæa (potius æthiopica) et latina. *Coloniæ, opera Joan. Potkenii et Joan. Soteris, anno* M. D. XVIII, pet. in-fol. [114]

Édition beaucoup plus rare que celle de *Gênes.* Vend. 4 liv. 4 sh. Pinelli ; un exemplaire dans sa première reliure *en mar. olive avec de riches dorures à la Grolier,* 15 liv. Libri, en 1859 ; d'autres ont été quelquefois donnés pour 15 et 18 fr. — PSALTERIUM quintuplex, voyez ci-après col. 933.

Psautiers en hébreu.   •

PSALTERIUM hebraicum, sine punctis. (*absque loci et anni indicatione, sed circa ann.* 1477), in-12. [115]

Édition extraordinairement rare, composée de 63 ff. dont les pages entières portent 19 lign. J.-B. de Rossi, qui en possédait un exemplaire impr. sur VÉLIN, l'a décrite, ainsi qu'une autre à peu près semblable et du même temps (*Annales hebr. typogr.,* pp. 128 et 129).

— Idem, cum commentario Kimchii. — (*sine loco*) *per magistrum Joseph et filium ejus Chaiim Mordachai, et Ezechiam Montro, die xx mensis Elul, anno min. supp.* 237 (1477), pet. in-fol. [397]

Ce volume, l'une des premières productions de l'imprimerie en caract. hébreux, est fort rare. Il consiste en 153 ff., dont les 67 premiers n'ont point de signatures ; les pages entières du texte portent 40 lignes. Vend. 152 flor. Crevenna.

— Idem, cum commentario Dav. Kimchii, hebraice. *Neapoli, editum a Josepho filio Rabbi Jacobi, Germano,* 247 (1487), pet. in-fol. de 118 ff., dont le dernier est blanc.

— Voy. au mot JOB.

Il y a aussi une édition du Psautier, en hébreu, imprimée à *Naples,* en 1490, pet. in-4. de 123 ff. ; — une autre de *Bresse,* 1493, in-12 de 164 ff., et plusieurs autres du même temps ; mais comme ce sont là des objets beaucoup plus rares que recherchés, nous ne les décrirons pas.

— Psalmi, Proverbia, Job, Daniel, cum commentariis R. Salomonis Jarchi hæbraice. *Thessaloniæ, an.* 5275, *Christi* M. D. XV. *absoluta in domo don Jehudæ Chedalix... Impressus per manum typographi Josephi Metatron,* in-fol.

Premier livre imprimé à Thessalonique (Panzer, VIII, p. 30).

— Psalmi hebraici mendis quamplurimis expurgati (a C.-F. Houbigant). *Lugd.-Batav.,* 1748, in-18.

Petite édition assez rare, que le P. Houbigant imprima lui-même à *Avilly,* près de Chantilly, et qu'il publia comme un spécimen des corrections qu'il proposait de faire dans le texte sacré. Ce volume a 209 pp., avec un avis (*Typographus lectori*) en 2 pp., et à la fin un errata de 25 pp.

Le P. Houbigant a aussi imprimé : *Proverbia, Ecclesiastes, Job,* 1763, pet. in-12 de 301 pp. Après le latin vient le texte en hébreu, mais dont il n'y a eu d'imprimé que 28 pp. contenant les quatre premiers chapitres des Proverbes et quatre lignes du chapitre XI. — Pour bien connaître ces deux ouvrages et les autres productions du même auteur, consultez la notice de M. Adry, dans le *Magasin encyclop.*, ann. 1806, tome III, p. 123.

Psautiers en différentes langues, rangées par ordre alphabétique.

PSALTERIUM et canticum canticorum et alia cantica biblica, ÆTHIOPICE; et syllabarium seu de legendi ratione. (in fine cantici Simeonis) : *Impressum est opusculum hoc… Romæ, per Marcellum Silber, alias Franck : et finitum die ultima Junii, anno salutis* M. D. XIII, in-4. [142]

Premier livre imprimé avec des caract. éthiopiens; il a 108 ff. en tout. Le premier, qui tient lieu de frontispice, porte au recto une gravure sur bois tirée en rouge, représentant le roi David, et au verso un avertissement de J. Potken, en latin. Le texte éthiopien commence avec le 2e f., et se termine au cantique de Siméon, par une souscription datée *die ultima junii* 1513, après quoi se trouve une partie de 8 ff., dont 2 pour l'*Alphabetũ seu potius syllabariũ lraꝗ chaldear.*, terminé par une seconde souscription, en date du x sept. de la même année. Vend. 19 fr. Langlès; 2 liv. 10 sh. *mar.* Williams; 7 flor. Meerman; 19 sh. Heber; 16 fr. Boutourlin.

— Psalterium, æthiopice et lat. (ex vers. Joan.-Henr. Michaelis), accedunt æthiopice tantum hymni et orationes aliquot, canticum canticorum ; cura Jobi Ludolfi. *Francofurti-ad-Mœnum,* 1701, in-4. 6 à 9 fr.

Vend. 29 fr. de Sacy.
Il y a des exempl. qui ne contiennent pas la version latine, et dont le titre est en éthiopien.

— Psalterium, æthiopice. *Lond., Clarke,* 1815, in-8.

Vend. 10 fr. Rémusat.

— Psalmi, ARABICE et latine, a Gabr. Sionita et Victorio Scialac, maronitis. *Romæ, ex typogr. savariana,* 1614, in-4. [133]

Peu commun : 6 à 8 fr.
Plusieurs exemplaires de cette édition ont un nouveau titre daté de 1619.

— PSALMI, arabice, editi ab Athanasio patriarcha antiocheno. *Alepi, sumptibus Athanasii Antiocheni patriarchæ,* 1706, in-4.

— LIBER Psalmorum; præmissis Psalmorum argumentis, additis locis parallelis e Veteri et Novo Testamento; una cum decem præceptis et oratione dominica, arabice; in usum christianorum jugo turcico subjectorum. *Londini, sumptibus societatis de propaganda cognitione Christi apud exteros, per Sal. Negri,* 1725, in-8.

Édition dont presque tous les exemplaires ont été envoyés en Orient; le livre ne s'est cependant vendu que 5 fr. Langlès. Il en existe des exempl. en Gr. Pap.

— PSALMI, arabice. *In monasterio S. Johannis-Bapt., in monte Kesroan (montis Libani diœcescos Berytensys), excudente Abdalla ben Zachar,* in-8.

Vend. 3 flor. Crevenna.
Le Psautier en arabe a été imprimé sept fois de format pet. in-4. ou in-8., dans ce monastère, savoir : en 1735, en 1739, en 1753, en 1764, en 1770, en 1780 et en 1797. L'édition de 1735 a été vend.

jusqu'à 60 fr. Langlès, mais seulement 15 fr. 50 c. de Sacy. Voir le catalogue de ce célèbre orientaliste (I, p. 413) où M. Merlin a donné une note curieuse sur l'établissement de la typographie arabe dans le monastère de Saint-Jean-Baptiste.

— Liber psalmorum Davidis CL, una cum 10 canticis, arabice. *Prima editio facta in urbe Buccuresch, anno Christi* 1747, pet. in-4.

Schnurrer cite une autre édition du même livre faite à Buccarest, en 1751, in-8.

— Psalmi, cum commentario, arabice. *Viennæ, in typographia Jos. Kurzbök, expensis dom. Anthimi patriarchæ hierosolymitani, curam edendi ac corrigendi gessit Parthenius Constantinus,* 1792, in-fol. de 483 pp. sans les préliminaires.

La Société biblique anglaise a donné un Psautier arabe, *Lond.,* 1829, gr. in-18.

— Les Psaumes de David et l'Eucologe ARMÉNIEN, avec l'ordre ou le régulateur de l'office divin selon le rit de l'église d'Arménie. *Marseille,* 1673, in-4. [133]

Ce Psautier se trouve ordinairement joint à un bréviaire arménien dont M. Bory a traduit ainsi le titre :

LIVRE Bréviaire contenant les prières publiques de l'église d'Arménie, composé par le saint patriarche Isaac, le Vertabet Mesrob, Kiud et Jean Mantagoni.

Imprimé dans l'imprimerie de saint Edchmiadzin et du saint guerrier Serge de Houchi, sous le patriarcat du catholicos Jacob et sous le règne du très-pieux, très-chrestien et très-puissant Louis roi de France. Par les soins et avec les corrections du docteur Oscan, Vertabet et Archevêque, né à Erivan — avec les frais et dépense du même Oscan et du prêtre Thadée, d'Erivan.

A Marseille, l'an de J.-C. 1673, le 25 juin, et de l'ère arménienne 1122. In-4. de 15 et 408 pp.; orné de huit gravures de Cundier, et contenant, indépendamment du Bréviaire, un Psautier et un Rituel.

Ce livre, ainsi que plusieurs autres, en arménien, a été exécuté dans l'imprimerie arménienne établie à Marseille par l'évêque Uscan, en 1670, et qui fut ensuite dirigée par Salomon de Léon et Matthieu de Venante, jusqu'en 1684, époque à laquelle elle cessa ses travaux. Un peu plus tard cet établissement fut de nouveau transporté à Amsterdam, où il avait existé précédemment, et avait produit une Bible arménienne en 1666 (voy. BIBLIA dans ce Manuel). M. Ant. Henricy a donné un catalogue des productions de l'imprimerie arménienne de Marseille (voy. *Notice sur l'origine de l'imprimerie en Provence,* pp. 33-39). Et depuis M. Bory a parlé de cette même imprimerie aux pp. 98, et 156 et suiv. de ses *Origines de l'imprimerie à Marseille.*

— Los Psalmes de David metuts in rima BERNESA, per Arnaud de Salette. *a Ortes, per Louis Rabier, imprimeur deu Rey,* 1583, pet. in-8. de 280 ff. non chiffrés; y compris le titre, signatures Aij—Mmiij.

Cette traduction béarnaise des Psaumes est rare et recherchée. On y trouve des notes de musique, et à partir de la p. 211 divers morceaux également en béarnais, savoir : *Los commandemens de Diu, lo Cantiq. de Simeon; Pregaria per dise dabau lo*

repese; Pregaria per disc apres lo repese; la
Forma de las pregares ecclesiastiguas... lo Cate-
chisme; la Maneyra d' interrogan los enfans...
los Comendemens de Diu; Ante petit catechisme,
feyt per Theodore de Beze; l'Exercici deu Pay
de familia, e de toutz sons domesticz.

— Psalter, BÖHMISCH. *Prague,* 1487, in-4.
de 100 ff. non chiffrés. [131]

Une autre traduction, en bohémien, a été impr. à
Pilsen, en 1499, in-8. de 157 ff. (Ebert, 18097, et
Hain, nᵒˢ 13529-30).

— Psalterio in lengua CASTELLANA. (*sans*
lieu ni date), in-4. goth.

Édition donnée par Ferdinand Talavero, évêque de
Grenade, et qui paraît avoir été imprimée à Séville,
vers 1500. Elle n'a point de signat., mais les ff.
sont chiffrés au-dessous du texte. On y trouve les
litanies des saints, et entre autres de S. François et
de S. Dominique. L'édition de Lisbonne, 1529, in-4.
est aussi fort rare (Ebert, 18139).

— Libri de psalms en CATALANO. En nom
de Nostre Senyor e de la humil verge
Maria mare sua Comença lo psaltiri tret
de la blibia (*sic*) de stampa : la qll es
estada emprętada en la ciutat de Valencia : e fon corregida vista e regoneguda
p lo reuerend mestre Jacm Borrell mestre en sacra theologia del orde de pri-
cadors e inquisidor en lo regne de Valencia e daltres segons en aqlla se conte.
(*sans lieu ni date*), pet. in-4. goth. à
2 col. 108 ff. non chiffrés, sans compter
plusieurs f. bl. au commencement et
un autre à la fin.

Ce Psautier est, comme l'annonce le sommaire ci-
dessus, qui lui tient lieu de titre, un extrait de la
grande Bible de Valence dont nous avons parlé I,
col. 897. On pense qu'il a été imprimé en Espagne,
et probablement à Valence, vers le milieu du
XVIᵉ siècle. Sur le recto du dernier feuillet se lit
cette souscription en quatre lignes : *Acabo lo libre*
de psalms : o altraħet dit psaltiri∥En lo qual ha
cent e sinquanto psalms : E dos milia∥e sis cēts
e sis versos. loqual en lo hebreu se appella∥
Dauid. O altrament se diu soliloqui del sanct
spirit (d'après l'exemplaire conservé à la bibliothèque Mazarine, et la description qu'en a donnée
M. J.-M. Guardia dans la *Revue de l'instruction*
publique, 1860, pp. 49-50).

— Espeio Fiel de Vidas, que contiene los
Psalmos de David, en verso; obra devota, util, y deleytable compuesta por
Daniel Israel Lopezheguna. *London,*
5480 (1720), in-4. avec 2 pl. et des sonnets à la louange de cette traduction,
en acrostiches anglais-espagnols.

— Psalmos de David : traducido del he-
brayco y illustrado con una inteligencia
que facilita la perfeccion de la lectura.
Estampado en Amsterdam, Ao 5493
(1733), *en casa de Ishac Leaõ Templo,*
in-18 de 368 pp. [125]

Un exemplaire sur VÉLIN, 22 flor. Crevenna; 30 fr.
Mac-Carthy.

— Los Salmos traducidos nuevamente al
castellano, en verso y prosa, conforme

al sentido literal y á la doctrina de los
santos Padres, con notas sacadas de los
mejores intérpretes, y algunas diserta-
ciones, por el doctor D. Thomas Gonzales Carvajal. *Valencia, Montfort,* 1819,
5 vol. in-8. — Los libros poéticos de la
Santa Biblia, tomo VI, que contiene varios cánticos del Antiguo y Nuevo Testamento como apéndice á los Salmos,
con un indice de estos, y los Trenos ó
Lamentaciones de Jeremias. *Valencia,*
Monfort, 1827, in-8. 50 fr.

Les Espagnols ont en grande estime cette traduction
des Psaumes, laquelle a été réimpr. à Paris, en
1835, de format in-18 et in-32.

— Psalterium, COPTICE, ad codd. fidem
recensuit, lectionis varietatem, et Psalmos apocryphos sahidica dialecto con-
scriptos, ac primum a Woidio editos,
adjecit Jul.-Ludov. Ideler. *Berolini,*
Ferd. Dümmler, 1837, in-8.

— Psalterium copto-arabicum, edidit Raphael Tuki. *Romæ, typ. congr. de pro-*
paganda fide (1744 seu 1752), in-4.
de 502 pp. à 2 col. [141]

Édition exécutée en rouge et noir. Outre le Psautier
elle contient *Canticum Mosis* et autres pièces décrites dans la *Biblioth. Silv. de Sacy*, nᵒ 691.
Vend. 7 fr. Anquetil; 12 fr. Langlès; 25 fr. 50 c. de
Sacy. Le titre est ordinairement en arabe, mais
dans quelques exempl. il est en italien.
La Société biblique anglaise a donné un Psautier en
copte et en arabe, *Lond.*, 1826, in-4. 7 sh. 8 d.

PSALTERIUM in dialectum copticæ linguæ memphiticam translatum, ad fidem
cod. edidit notisque instruxit M. G.
Schwartze. *Lipsiæ,* 1843, in-4.

Vendu 17 fr. Quatremère.

— Psaltir (en DALMATE). *Cetigne, impr.*
par Macario, 1495, in-4. [133]

L'imprimeur dalmate Macario, auquel est dû ce Psautier, avait déjà imprimé dans la même ville, en
1494, un in-fol. de 270 pp. ayant pour titre *Okoih*
iliti osmoglasnik; en 1495, il donna encore
Mohtvenik ils Enchologion, et en 1512, l'*Evang-*
jelie.

— Liber Psalmorum ex originali textu in
linguam DAMULICAM versus opera et
studio Benj. Schultze. *Tranquebariæ,*
1724, in-8. [137]

Vend. 4 flor. 75 c. Meerman.

Il y a une autre édition (de 1747), in-8., sans titre
latin et sans préface; et aussi une édition avec des
notes de Ph. de Melho, *Colombo,* 1755, in-8., titre
hollandais. 4 fr. 50 c. Meerman.

— The Psalms in ENGLISH. The fraythful
sayings of David in the seven penyten-
cyall Psalmes devyded in seven sermons,
by John Fisher, bishop of Rochester.
London by R. Pynson, 1505, aussi
London, by Wynken de Worde, 1508,
in-4. [128]

Deux éditions rares, ainsi que celle de 1509. Un

exemplaire impr. sur VÉLIN est dans la bibliothèque publique de Cambridge.

— The Psalter of David, in englishe, purely and faithfully translated after the texte of Feline [Martin Bucer]... *Emprynted to Argentine, in the yeare of our lorde 1530, the 16 daye of january by me Francis Foye*, in-16 de 235 ff. non compris la table.

La première des nombreuses traductions du Psautier en anglais que cite Lowndes, 2ᵉ édit. pp. 1992 à 2005. La seconde est celle de George Joye, impr. à Anvers, *by Martyne Emperour*, 1534, in-16.

— TIE PSALTER, or Boke of the Psalmes, whereunto is added the letany and certayne other devout prayers set forth with the kinges most gracious lycense. *Anno Domini* M. DXLVIII. *mensis Julii at London by me Roger Car for Anthoni Smyth*, in-8. 35 liv. 14 sh. Thorpe, en 1848.

— THE PSALTER, or Psalmes of David after the translation of the Great Bible printed as it shall be song in churches. *London, by Richard Grafton*, 1548, in-4.

Traduction de l'archevêque Cranmer. Elle a été souvent réimprimée et en différents formats. L'édition de Londres, *by W. Seres*, en 1565, in-16, a été portée à 20 liv. 10 sh. vente du duc de Sussex.

— ALL SUCH PSALMES of David as Thomas Sternehold... didde in his life time draw into english metre. *Newly emprinted by Edward Whitchurche* (*London*), 1549, in-12.

Première édition des Psaumes de Sternehold et Hopkins réunis. Elle contient 37 psaumes de celui-là et 7 de celui-ci. Le même imprimeur avait déjà donné vers 1548 une édit. in-16 de 16 psaumes de Sternehold, sans date, 5 liv. 15 sh. Bentley.

— ONE AND FIFTIE Psalmes of David in english metre... with the form of prayers, etc. Used in the englishe congregation at Geneva, and John Calvin's catechism. *Geneva, John Crespin*, 1556, in-16. 8 liv. 12 sh. Heber.

— The whole Psalter translated into english metre (by Matthew Parker, archbishop of Canterbury), which contayneth an hundreth and fifty Psalmes. The first Quinquagene... *London, by me John Daye* (vers 1560), in-4.

Livre fort rare, vend. 17 liv. 17 sh. Bindley; 11 liv. 11 sh. Sykes; 40 liv. 10 sh. B.-H. Bright, en 1854.

— The Psalmes in metre, faithfully translated for the use, edification, and comfort of the saints in public and private, especially in New England, 1640, in-4. de 300 pp.

Lowndes, 2ᵉ édition, p. 1999, dit que ce livre (vulgairement connu sous le nom de *The Bay Psalm-Book*) est excessivement rare, et que s'il s'en présentait un exemplaire dans une vente, en Amérique, il produirait de 4 à 600 dollars. Quoiqu'on ne trouve, dans ce volume, ni nom de ville ni nom d'imprimeur, Thomas, dans son *History of printing in America*, affirme qu'il a été impr. à Cambridge (Etats-Unis), par Steven Daye. Pourtant M. O'Callaghan (voyez ce nom) cite comme premier livre imprimé dans cette colonie un Nouveau Testament en langue indienne, imprimé à Cambridge, by Sam. Green et Marmaduke Johnson, et il ne fait pas mention du Psautier de 1640.

Ajoutons que Thomas et Lowndes décrivent une seconde édition de ce même Psautier sous le titre suivant :

THE WHOLE book of Psalms, faithfully translated

into english metre, whereunto is prefixed a discourse declaring not only the lawfulness, but also the necessity of the heavenly ordinance of singing scripture Psalms in the church of God. *Imprinted at Cambridge in New England by Stephen Day*, 1647, in-12 contenant 8 ff. prélim. pour le titre et la préface, les psaumes ff. 1 à 274, et sur la dernière page un avis sur la manière de chanter, et les tons.

Citons encore :

— THE PSALMS, hymns and spiritual songs of the Old and New Testament faithfully translated into english metre for the use... in New-England, Cambridge. *Printed for Hazekiah Usher, of Boston* (U. S.), sans date, mais vers 1660, in-12 de 100 pp. y compris le titre, dont un exemplaire auquel manquent les trois derniers ff. a été payé 10 liv. 15 sh., vente Puttick, en mars 1861.

— The whole book of Psalms in meter ; according to the art of shortwriting ; by Jeremiah Rich, author and teacher of the said art. *London, printed and are sold by Samuel Botley teacher of the said art (without year)*, Th. Cross *sculpsit*, in-32, ou peut-être in-48.

Petit livre gravé, composé de 6 ff. prélim. y compris un portrait, et de 108 pp. à 2 col., cotées 1 à 216. Il est ordinairement joint au Nouveau Testament en anglais, en caract. tachygraphiques, et également gravé. Les deux ouvrages réunis n'ont été vendus que 6 fr. de Cotte; mais le Psautier seul rel. en *mar*. 11 flor. Meerman; 28 fr. en mars 1829 ; et le Nouveau Testament, même rel. 11 flor. 50 c. chez le même Meerman.

— THE WHOLE Psalmes in four parts which may be song to all musical instruments, set forth for the increases of vertue and abolishing of other vaine and trifling ballades. *London, by John Day*, 1563, in-4. ou plutôt in-8. obl. 15 liv. Perry; 21 liv. 10 sh. Sotheby, en juin 1856.

— THE PSALMES of David in metere with the forme of Prayers, etc. *Edinburgh, by Robert Lekprevick*, 1564, in-12.

C'est la plus ancienne édition du Psautier à l'usage de l'église d'Ecosse qu'ait connue Cotton. Lowndes en cite plusieurs autres qui ont été portées à des prix assez élevés à la vente Pickering et ailleurs.

— THE PSALTER in ANGLO-SAXON and early english. *London*, 1843-44, in-8. vol. I et II, à 15 sh. chacun.

Pour le Psautier latin-anglo-saxon, voy. ci-après, col. 930.

HOLLAND's Psalmists of Great Britain ; Records biographical and literary of one hundred and fifty authors who have rendered the whole or part of the Books of Psalms into english verses. *London*, 1843, 2 vol. in-8.

— PSAUTIER FRANÇAIS. Meditacions sur les sept Pseaulmes penitenciaulx. (*sans lieu ni date*), in-fol. goth.

Édition fort rare, qui paraît avoir été imprimée par Caxton, dans les Pays-Bas, avant 1474, avec le même caractère que celui des deux éditions des Cent histoires de Troye, de Raoul Le Fevre, l'une en anglais, l'autre en français, et que celui de la première édition du *The Game of chess*. Elle se compose de 33 ff. précédés d'un prologue commençant ainsi : *L.A vraye penitance est comme aucune eschielle*, etc. Le seul exemplaire connu se conserve au *British Museum* (Lowndes, 2ᵉ édit., p. 1991).

— Cy commence le psaultyer translate de latin en francoys. (au verso du dernier f.): *Cy finist le psautier en francoys*. (*sans lieu ni date*), in-fol. goth. de 74 ff. à 2 col. de 30 lign. par page, sign. A–K. [121]

Le cah. A n'a que 7 ff. imprimés, dont le premier coté
Aıı porte le titre ci-dessus avec une vignette sur
bois. Les cahiers B à F ont 8 ff. chacun, G en a 9,
II 5, I 8 et K 5. Vendu en *mar. r.* 26 fr. Thierry.

Ce Psautier nous paraît être un fragment du prem.
volume de la *Bible historiée*, édition de Verard.
Voyez COMESTOR; aussi au mot ECCLÉSIASTIQUE, et
dans notre tome III, col. 1256, article LYRA (*Nic.
de*).

— Ici commence le Psaultier de David
contenant cent et cinquante Pseaulmes,
avecq leurs titres leallement translate
de latin en franchois. — *Finit le pseaultier de David. Deo gratias. Impressum Parrhisiis Anno dñi* 1513, *mensis
Julii die penultima. Per Thomam Kees
Wesaliensem et moram trahentem
post Carmelitas in domo rubea. Et venundantur in civitate tornacensi,* in-8.

Panzer, VIII, p. 8, n° 667, a rapporté, d'après Gesner, le titre de ce livre rare que nous n'avons jamais vu.

Pour un Psautier en lat. et en franç. impr. pour
Ant. Verard, voy. ci-après, parmi les Psautiers en
latin.

Pour le Psaultier nostre dame, selon saint icrosme,
voy. t. LI, col. 160, l'article HIERONYMUS.

— Les choses contenues en ce present
livre : une espistre comment on doit
prier Dieu ; le Psautier de David, etc.
*A Paris, au logis de Simon de Coli-
nes,* 1523, 17 *fevrier,* pet. in-8. goth.,
sign. A et *a—s,* ff. non chiffrés.

— Les Psalmes de David. translatez d'E-
brieu en françois. M D XXXVII. (à la fin
de la p. 213) : Fin du livre des Psalmes,
translaté et reveu par Belisem de Belimakon. *Imprimé à Genève,* pet. in-12.

Imprimé en lettres rondes et probablement par Jehan Gérard. La traduction est celle d'Olivetan un
peu retouchée. A cette édition rare peut être joint
le volume suivant qui ne l'est pas moins :

LES LIVRES de Salomon, les Proverbes, l' ̃ccle-
siaste, le Cantique des cantiques, translaté d'Ebrieu
en françois. M. DXXXVII. (à la fin) : Translatez et
reveu, par Belisem de Belimakon. *Imprimé à Genève, par Jehan Gérard, imprimeur,* pet. in-12
en lettres rondes.

Belisam de Belimakon est le pseudonyme de Robert
Olivetan.

— Psalmes du royal prophete David, trad.
en francoys. *Lyon, Estienne Dolet,*
1542, in-24.

Vend. 18 fr. 50 c. Heber.

— Paraphrase, c'est adire claire et brieu-
fue interpretation sur les Psalmes de
Dauid, Item, autre interpretation para-
phrastique sur l'ecclesiaste de Salomon.
Le tout faict par Campësis. *Lyon, chés
Estienne Dolet,* 1542, in-16.

Ce volume a 446 pp. plus un f. avec la marque de
Dolet, qui est aussi sur le titre. Une épître au lecteur, signée Est. Dolet, occupe les pages 3 à 8. Un
exemplaire en *mar. bl.* a été payé 40 fr. Veinant,
en 1860.

Nous n'avons pas eu occasion de vérifier si cette édition in-16 est la même que l'in-24 ci-dessus, sous

un autre titre. La paraphrase française est une
traduction de la .paraphrase latine de Jean Campensis, vulgairement Van den Campen, laquelle
parut pour la première fois sous ce titre :

PSALMORUM omnium juxta hebraicam veritatem
paraphrastica interpretatio, auctore Joanne Cam-
pensi. *Antuerpiæ, apud Martinum Cæsarem,
anno* M. D. XXXII, in-12.

L'ouvrage latin a été réimpr. à Lyon, chez Gryphius, en 1533, in-16, et souvent depuis, avec la
paraphrase de l'Ecclésiaste de Salomon du même
auteur. La traduction française qu'Etienne Dolet a
imprimée et qu'on lui a attribuée peut-être sans
fondement, avait déjà paru sous le titre suivant :

PARAPHRASE, c'est à dire, claire translation faicte
jouxte la sentence, non pas jouxte la lettre, sur
tous les Psalmes, selon la verité hebraïque... 1534,
in-16 (Biblioth. impériale, A, 371).

Voici le titre d'une autre édition non moins rare que
les deux précédentes :

PARAPHRASE sur les Pseaulmes par le tres savant M. Jean Campensis ; Sainct Athanase sur le
livre des Pseaulmes. Linterprétation paraphrasti-
que sur Lecclesiaste du saige Salomon par le susdit M. Jean Campensis ; Oraisons pour le temps
daffliction. *Anvers, par Jehan Steelsius,* 1543,
in-24 ou in-32. Un exemplaire, dans sa première
reliure flamande en *mar.,* 18 sh. Libri, en 1859.

— Le livre des Pseaumes de David, traduit en françois, par l'ordonnance de
S. Majesté de la Grande-Bretaigne. *Londres. Jehan Bill,* 1616, in-4.

Cette traduction, peu connue en France, est portée
dans l'ancien catalogue imprimé de la Bibliothèque du roi, 1er vol., à la suite du n° 375.

— Les CL. Pseaumes de David, et X cantiques insérés en l'office de l'église, traduits en vers françois avec le texte latin
à la marge, par Michel de Marillac, secrétaire d'État, surintendant des finances. *Paris, Edme Martin,* 1625, in-8.

Le nom de Marillac doit faire rechercher cette traduction, qui a été réimprimée à Paris, en 1630,
in-8.

— Les cent cinquante Psalmes du royal
prophete David. *Paris, Jean Ruelle*
(sans date), in-16 avec fig. sur bois.

C'est la traduction en vers français par Jean Poictevin, dont nous avons déjà parlé (III, col. 1463) à
l'article Marot. On y joint celle des cinquante-deux
psaumes, par ce dernier, également impr. chez Jean
Ruelle, sans date.

— Les cent cinquante Psalmes de David
mis en musique par Pierre Santerre.
Poictiers, Nicolas Logrois, 1557 (in-4.
allongé).

— Voy. GOUDIMEL.

— Libri Psalmorum, versio antiqua e cod.
ms. in Bibliotheca bodleiana conser-
vata, una cum versione metrica aliisque
monumentis pervetustis, nunc primum
descripsit et edidit Franciscus Michel.
Oxonii, e typographeo academico,
1860, gr. in-8.

Ce beau volume, publié par M. Francisque Michel, contient une version des Psaumes écrite en prose dans
l'idiome parlé en Normandie à l'époque de Guillaume le Conquérant, version tirée d'un manuscrit
légué à la Bodléiane, par M. Francis Douce. L'édi-

teur y a joint les variantes que lui ont fournies deux autres manuscrits et une traduction en vers du même psautier, d'après un manuscrit du XIIIe siècle appartenant à la Bibliothèque impériale. Cette version en vers est accompagnée de celle de divers cantiques et d'un dialogue entre la miséricorde, la justice, la paix et la vérité sur le salut de l'homme, petit ouvrage composé au commencement du XIIe siècle, par Etienne Langton, archevêque de Canterbury. Le volume est terminé par le fragment d'un sermon en provençal, extrait d'un manuscrit de l'an 1135. Tout cela est précédé d'une introduction latine de l'éditeur, et suivi d'une liste de ses principaux ouvrages.

— Psalmæ y Brenhinol Brophwyd Dafydh, gwedi i cynghanedhu newn mesuran cymreig. Gann Gapten William Middleton. *Simon Stafford a Th. Salisbury Llunden*, 1603 (à la fin 1595), in-4.

Ce Psautier, traduit en vers galois, est fort rare. 3 liv. 16 sh. Heber; 2 liv. 12 sh. Pickering.

— Psaumes de David, virats en rythme GASCON, per Pey de Garros, laytorez dedicatz a la sera maiesta de la regina de Nauarra. *Tholose, Jacq. Colomiez*, 1565, in-8. [122]

Édition rare. Vend. 39 fr. Mac-Carthy; 65 fr. *mar. v.* Nodier.

— Psalterium GEORGIANUM. *Tiflis* (absque anno), in-4. [135]

Imprimé en caractères ecclésiastiques.
Une autre édition, sans lieu d'impression, 1711, in-4., est en caract. cursifs nommés *Mkedruli* (Ebert, 18108 et 18109).

— Psalterium, GRÆCE et latine, ex recensione Joannis (Crastoni) placentini. *Mediolani*, 1481, pet. in-fol. [118]

Édition précieuse, impr. à 2 col. de 29 et 30 lig. Vend. 216 fr. La Vallière; 11 liv. 5 sh. Pinelli; 130 fr. d'Ourches; 49 flor. (piqué) Meerman; 9 liv. *mar. bl.* Dent, et 6 liv. 11 sh. Heber; 156 fr. Bearzi; 170 fr. *mar. r.* Giraud; 400 fr. (*non rogné*) Boutourlin.
Le volume commence en verso par l'épître dédicatoire : *Joannes Placentinus... Ludovico Donato*, en 2 ff.; le texte suit et contient 180 ff. sous les signat. A—ZIII. Dans quelques exempl. la souscription est ainsi conçue : *Impressum Mediolani, anno M. cccc. LXXXI. die XX Septembris*. Dans d'autres il y a, après Mediolani, *impensa Bonaccursi Pisani*.
Harwood (*View of the classics*, préface) rapporte au sujet de ce livre l'anecdote suivante, que les personnes qui s'occupent de l'histoire des livres rares ne jugeront peut-être pas sans quelque intérêt. L'exempl. du Psautier de 1481, qui se trouvait à la vente de Maittaire, faite à Londres, en 1748, fut mis dans un lot qu'acheta le libraire Wilcox. Celui-ci le porta dans le premier catal. qu'il publia après cette vente, et l'apprécia seulement à 5 sh.; mais n'ayant pu le placer à ce prix, il le réannonça dans un nouveau catalogue, et le réduisit à 4 sh.; alors un M. Jakson, en ayant fait acquisition pour cette modique somme, le céda plus tard au Dr Askew pour 5 guinées, et le même exemplaire fut ensuite porté à 16 guinées à la vente du docteur.

— Psalmorum liber, cum canticis quibusdam, græce. *Venetiis, per Alexandrum ex Candace, urbe Crete*, 1486, pet. in-4., à 27 lign. par page.

Livre très-rare, dont l'impression commence au prem. f. recto (marqué aii) par ces mots tirés en rouge : ὁδὸ προφήτυ καὶ Βασιλέως μέλος. On lit au recto du dernier f. une souscription en grec, indiquant le nom de l'imprimeur, avec le lieu et la date de l'impression. Ce volume est composé de 136 ff. en tout, divisés en 17 cah. de 8 ff. chacun, sous les signat. aij—ιζ; le 1er f. est tout blanc.

Vend. 240 fr. *mar. r.* Gaignat; 200 fr. Soubise; 156 fr. Bearzi.

— ΨΑΛΤΗΡΙΟΝ (Psalterium græcum, cura Justini Decadyi). *Venetiis, Aldus Manutius* (absque anni nota, sed ante annum 1500 excusum), in-4. de 150 ff., sign. a—v.

Édition rare, imprim. en rouge et noir, chez Alde Manuce, vers 1498. Vend. 2 liv. 12 sh. 6 d. Pinelli; 198 fr. *mar. bl.* d'Ourches; 80 fr. Chardin; 30 flor. Meerman; 8 liv. 8 sh. Sykes: 5 liv. 5 sh. Hibbert; 4 liv. Heber; 6 liv. 6 sh. Renouard, à Londres; 50 fr. Bearzi, et 51 fr. Libri, en 1857.
La première ligne du feuillet de signature ti a été oubliée; mais dans plusieurs exemplaires une main ancienne a réparé cette omission. Il faut croire que cette lacune fut aperçue pendant le tirage, car on voit des exemplaires qui ont les trois premières lignes de ce feuillet recomposées en plus petits caractères, pour regagner la place de celle qui manquait (Renouard, 3e édition, p. 260).

— Idem, græce, edente Demetrio Zeno. *Venetiis, per Steph. de Sabio*, 1524, in-4.

Édition peu commune: 1 liv. 1 sh. Pinelli.
— PSALTERIUM græcum, edidit Jo. Leontonicus. *Argentorati, Wolfgang. Cephalæus*, 1524, in-32, titre grec.
Petite édition fort rare, mais d'un prix médiocre.

— Psalterium græcum, e codice ms. alexandrino, qui Londini, in bibliotheca Musei britannici asservatur, typis ad similitudinem ipsius codicis scripturæ fideliter descriptum, cura et labore Henrici Herveii Baber. *Londini, ex prelo Ricardi Taylor*, 1812, gr. in-fol.

Vendu 30 fr. de Sacy.
Belle édition que l'on peut réunir au Nouveau Testament grec, impr. à Lond., en 1786, d'après le manuscrit d'Alexandrie (voyez *Testamentum novum*). On en a tiré 16 exemplaires sur VÉLIN, dans un format gr. in-4. Un de ces derniers a été vend. 9 liv. 9 sh. Dent.

— Liber Psalmorum, GROENLANDICE. *Copenhague*, 1801, in-12. [130]

Vend. 26 fr. Rætzel.

— Die Duytsche Souter (le Psautier de David en HOLLANDAIS). *Delf, in Hollant* (*Iac. Iacobsz v. d. Meer*), 1480, 12 febr., in-8. goth. [127]

Vend. 11 flor. Crevenna.
Première édition du Psautier en hollandais; il faut la joindre à la Bible en cette langue, que nous avons indiquée, tome I, col. 900.

— Psalms INDIAN and english. The Massachuset Psalter; or the Psalms of David, with the Gospel of St John. Indian and inglish (translated by the rev. Experience Mayhew of Martha Vineyard). *Boston, N. É. printed by B. Green and*

J. Pinter, for the company of the propagation of the gospel in New England, 1709, in-8.

Ce volume doit être bien rare, puisque M. O'Callaghan (*Editions of holy Scriptures printed in America previous to 1860*; Albany, 1861, gr. in-8.) n'en décrit que la partie de 101 pp., contenant *the Gospel.*

— Vulgatæ Psalmorum editionis, in locis obscurioribus aliarum versionum ac interpretationum claritate interpolatæ, ILLYRICA metaphrasis, sive Saltjer slovinki spjevan po D. Ignaziu Gjorgi. *Venetiis, Zane*, 1729, in-4. de 12 ff. prélim., xx et Dx pp., et 1 f. d'errata. [132]

Cette traduction, publiée par Ign. Giorgi, est en vers. Il avait déjà paru à Venise, en 1630, un Psautier en illyrien, in-4.

— Psalterium Davidis in linguam INDOSTANICAM translatum a Benj. Schultzio : edidit et præfatus est J.-H. Callenberg. *Halæ*, 1747, in-8.

Cité par Ebert, 18142.

— ISLANDICUM. Davids Psaltare. *Hoolum,* 1675, in-8. [129]

— El Psalterio de David in lingua volgare (ITALIANA) (da Malermi). *Venetia, nel M. CCCC. LXXVI, adi x de ottobre,* in-fol. [124]

Vend. 42 fr. *mar. r.* Gaignat; 18 sh. Pinelli.

— I Sacri Psalmi di David, tradotti dall'ebraica verità e con nuovo commento dichiarati per Antonio Brucioli. *Venezia, Aurelio Pincio,* 1534, in-4. de 4 et CCLXXIII f. et 1 pour l'errata. 8 fr. (Molini, *Operette*).

— I Psalmi di David, tradotti dalla lingua hebrea nella italiana. *Parigi, P. l'Huillier,* 1573, in-32.

Il y a des exempl. de ce petit volume impr. sur VÉLIN.

— Voy. PERLES d'élite.

— I Salmi di David, tradotti dalla lingua hebrea nella italiana, diuisi in cinque parti, di nuouo ricorretti et emendati. Per commandamento de la Reina madre del Re. M. D. LXXXIII (1583), pet. in-8.

L'exemplaire sur VÉLIN vend. 37 fr. Soubise, et 39 fr. 50 c. Mac-Carthy, pour la Biblioth. impér.

— Il Salterio ebraico, versificato dal commendatore G.-B. Co. Gazola, sulla italianizzazione dell' abate Gius. Venturi, col testo e note. *Verona, dalla tipogr. Mainardi,* 1816, gr. in-4.

Assez belle édition, qui présente sur quatre col. le texte hébreu, la version italienne en prose, la traduction en vers, et les notes : 15 fr. Il y a des exempl. en pap. vél. 24 fr.

— Sette psalmi penitentiali dichiarati p maestro paulo fiorětino predicatore.

(senza alcuna data), in-8. de 45 ff. à 22 et 23 lign. sur les pages entières.

Édition imprimée vers 1477, avec les mêmes caractères que le Psautier latin sorti des presses de Christophe Valdarfer, à Milan, en 1477. La première ligne est ainsi :

(V)JCTORJA. *in titulo Da*

Au verso du dern. f. se lit la souscription dont nous avons fait le titre ci-dessus. Elle est disposée en quatre lignes et suivie du mot FJNJS. D'après l'exempl. sur VÉLIN de la *Biblioth. impér.*

— PSALTERIO per putti principianti, con la Doctrina christiana aggiunta. *Bologna,* 1575, in-4.

Un exempl. sur VÉLIN, 4 liv. Sykes.

PSALTERIUM LATINUM. (*absque nota*), in-fol. de 68 ff. à 31 lign. par page. [120]

Cette édition est imprimée avec les mêmes caractères que le *Mammotrectus* sorti des presses du chanoine Helyam Helye, alias de Llouffen, à Beromunster en Argovie, en 1470, et peut-être est-elle antérieure à cette date (voy. MAMMOTRECTUS). La première ligne commence ainsi : (b)*eatus vir qui non* en lettres majuscules gothiques. Biblioth. impériale. (Gaullieur, *Etudes sur la typographie de Genève.*)

— Psalterium latinum. (*absque nota*), in-fol. goth. de 86 ff. à 26 lign. par page.

Édition très-ancienne, sans chiffres, réclames ni signatures, imprimée en caractères de missel, sans initiales ni lettres capitales typographiques; toutes ont été peintes. Le texte commence par ces lignes : *Beatus vir qui nõ abiit in cõ ‖ silio impiori et in via pecca ‖*

et finit ainsi :

(credi)*dcrit : salus esse non poterit ‖ (G)loria patri.*

Vendu 230 fr. Bearzi, n° 28.

— (P) salmi regis Dauid numero C. L.— *Gabriel P. (Petri), impressit uenetiis* (circa 1474), pet. in-8. de 122 ff. à 22 lignes par page. [119]

Un exempl. sur VÉLIN, 2 liv. 2 sh. Pinelli; 15 fr Mac-Carthy.

— S. S. Psalterium (latinum) ad honorem et gloriam omnipotentis Dei ordinatum. *Neapoli,* 1476, *die v mensis Julii, per Henricum Alding et Peregrinum Bermentlo,* in-8. ou pet. in-4.

Édition très-rare, vend. 90 fr. Soubise. Celle que le même H. Alding imprima à *Messine,* en 1478, in-4., n'est pas plus commune. — La seconde édition, de *Naples,* 1478, 20 nov., in-4. de 120 ff., imprimée avec les caractères de Math. Moravus, est rare aussi (*Biblioth. spencer.,* VII, n° 154).

— Psalterium. *Impressum apud Westmonasterium per me wynandū de worde. Anno dñi M cccc lxxxxix, die xx Maii,* pet. in-8. goth., sign. A—S par 8, avec un calendrier en 12 ff. pour les années 1502 à 1504.

— Psalterium Davidis. (*Lovanii*), *Joannes di Westfalia* (absque anno), in-24, goth.

15 fr. en *mar. v.* Mac-Carthy.

— Psalterium latinum. *Paris., apud Simonem Colinæum*, 1524, in-12.

Un exemplaire sur VÉLIN, *Ædes althorp.*, I, 97. C'est un volume séparé de la Bible, imprimé par Sim. de Colines.

—Psalterium Davidis (et libri sapientiales), ad exemplar vaticanum anni 1592. *Lugduni (Bat.), apud Joh. et Dan. Elsevirios,* 1653, pet. in-12.

Jolie édition, dont les beaux exempl. ne sont pas communs : 9 à 15 fr. Vend. 27 fr. (exemplaire *m. viol. doublé de m. citr. l. r.*) La Valliere ; 76 fr. *chagr. n.* Caillard ; 35 fr. *mar.* De Bure ; 48 fr. *m. bl.*, exemplaire du C. d'Hoym (139 millim.), en 1811 ; aujourd'hui, on le payerait au moins 500 fr.

— Psalterium (latine) quincuplex, videlicet : gallicum, romanum, hebraicum, vetus, conciliatum cum commentariis a 'Jacobo Fabro. *Parisiis, typis H. Stephani,* 1509 seu 1513, pet. in-fol. [120]

Ces deux éditions ont la même valeur : 8 à 12 fr.; en *m. r.* 30 fr. La Valliere.
On connaît deux exemplaires de l'une et de l'autre sur VÉLIN. Vend., édition de 1509, 400 fr. Mac-Carthy, et celle de 1513, 272 fr. La Valliere ; 301 fr. Mac-Carthy, pour la Biblioth. du roi.

— Quincuplum Psalterium gallicum, romanum, hebraicum, vetus, conciliatum. Petri de pratis commendatitium huius operis carmen (distica novem). — *In fine : Huic operi extrema manus apposita est die quinta decima mensis maii Anno* 1515. *Arte et industria M. Petri Oliuier, impressoris, ere et expensis Michaelis Angier universitatis cadomensis librarii et ligatoris bene meriti in parochia sancti Petri iuxta pontem degentis,* in-fol.

Cette troisième édition du Psautier de Lefevre d'Estaples, plus rare que les deux premières, est annoncée dans la *Biblioth. sacra* du P. Lelong, et dans la *Biblioth. Bulleti.*, p. 2, comme imprimée à Caen, par P. Olivier; mais cet imprimeur exerçait à Rouen.

—Psalterium nuper translatum ex hebræo, chaldæo et græco, per Sanctum Pagninum... cum commentariis Hebræorum per eumdem translatis et scholiis ejusdem cum orthodoxa atq; catholica expositione. (*absque loco et anno, ante ann.* 1520), in-fol. [454]

Ce Psautier semble n'avoir pas été fini, car l'interprétation qu'il contient ne va pas au delà du 28e psaume; il consiste en CLXXXVI ff. chiffrés, suivis de six autres ff., parmi lesquels se trouve une épître dédicatoire au pape Léon X. Feu Van Praet conjecturait que ce volume appartenait aux presses lyonnaises (d'autres le disent impr. à Rome); il était d'ailleurs persuadé que l'édit. avait été presque entièrement détruite. Un exempl. sur VÉLIN, 14 liv. 14 sh. Pinelli ; 306 fr. Mac-Carthy. Un exemplaire sur pap. se conserve à Rome, dans la bibliothèque de la Casanate.

— Psalterium dauiticum materna lingua expositum (latin et français). *Opera et impensis Antonii Verard Bibliopolæ*

Universit. Parisiensis. (absque anno), in-8. goth.

Le latin est imprimé en noir, et le français en rouge (catal. de Crevenna, in-8., tome Ier, n° 132). Malgré sa rareté, l'exemplaire cité n'a été vendu que 2 flor. 25 c., réuni au Nouveau Testament latin-franç. de René Benoist, *Paris,* 1566, 2 vol. in-12.

— Psalterium Davidis latino-saxonicum vetus a Jo. Spelmanno editum. *Londini, R. Badger,* 1640, in-4. de 182 ff. non chiffrés. [128]

Vend. 17 fr. de Tersan, et 18 sh. en Angleterre.

— Libri Psalmorum versio antiqua latina ; cum paraphrasi anglo-saxonica, partim soluta oratione, partim metrice composita ; nunc primum e codice ms. in Biblioth. reg. parisiensi adservato descripsit et edidit Benj. Thorpe. *Oxonii, e typ. clarend.,* 1835, in-8. de VIII et 446 pp., avec un fac-simile du manuscrit. 1 liv.

— Psalterium latine et germanice, cum glossis. (*absque nota sed Argentorati,* circa 1477), in-fol. de 403 ff. à 36 lign. par page, sans chiffres, récl. ni signat.

Cette édition, fort rare, appartient à un imprimeur qui s'est distingué par la forme singulière des S qu'il a employés. Au commencement du vol. se trouve une introduction, en 2 ff., dont la première ligne est ainsi conçue : *De cōmendatione libri psalterij et utilitate legendi et.* Le texte finit au recto du dern. f.; le verso est blanc. Décrit par Ebert, n° 18110, d'après l'exempl. de la biblioth. de Dresde. Le même bibliographe donne, sous les nos 18111 à 18121 de son Dictionnaire, les titres de plusieurs anciennes édit. du Psautier en allemand. Voici la plus ancienne qui porte une date :
— PSALTERIUM cum apparatu vulgari familiariter appresso. Lateinisch psalter mit dē teutschen nutzlichē dabei gedruckt. (au verso du 122e f.) : *Auguste impressum per Erhardum raldoit.... finit Anno domini* M. cccc. ycuij (1494)... in-4. composé de 12 ff. non chiffrés, de 110 ff. chiffrés, suivis d'un f. pour la marque de l'imprimeur.
Texte latin, avec la version allemande en marge, et en caractère plus petit que celui de ce texte.
PSALTERIUM cum apparatu vulgari firmiter oppresso (sic). Lateynisch Psalter mit dem teutschen dar bey getruckt. *Metis impressum per Casp. Hochffeder,* 1513, in-4. goth., avec un bois sur le titre. 36 fr. catal. Tross, 1860, n° 1607.

— Eximii prophetarum antistitis Davidis regia oracula, per Franciscum Bonadum, ad psalmorum seriem centum quinquaginta, numeris poeticis exarata. *Parisiis, Ch. Wechel,* 1531, in-8.

Cette paraphrase n'a sans doute ni plus ni moins de mérite que beaucoup d'autres que nous ne citons point ; mais il convient d'indiquer ici cette édition, dont un exemplaire sur VÉLIN a été vendu 2 liv. 15 sh. Heber.

— Gabrielis Brebia commentaria in psalmos. — *Impressum Mediolani nonis quintilibus* M. CCCC. LXXVII, *etc.,* pet. in-4. goth. [453]

Édition imprimée avec des caractères employés par Christ. Valdarfer, dès l'année 1474. Elle a 340 ff. non chiffrés, à 30 lign. par page. La souscript. se lit au verso du 20ᵉ f. prélimin. Le texte ne commence qu'au recto du 21ᵉ f. Vend. 26 fr. Gaignat; 64 fr. La Valliere; 36 fr. Brienne-Laire. L'exempl. imprimé sur VÉLIN, indiqué dans le catalogue de M. Ayala (Vienne, 1806), appartient maintenant à la Bibliothèque impériale de Paris.

— S. Brunonis episcopi herbipolensis Psalterium latinum, cum expositionibus patrum antiquorum ab eodem collectis. (*Eustadii, Michael Reyser*, circa 1478), in-fol. goth. de 278 ff. à 2 col.

Exemplaire sur VÉLIN, Bibliothèque impériale.

Un exemplaire sur papier, et que nous croyons être de la même édition que celle-ci, est porté à 140 fr. dans le 9ᵉ numéro d'un catalogue d'Edw. Tross, Paris, 1861, article 2073; on l'annonce comme le premier livre imprimé à Wurzbourg, par George Reyser (vers 1475), en ajoutant que si quelques bibliographes l'ont attribué aux presses de Michel Reiser, imprimeur à Eichstadt, c'est l'analogie des noms qui a fait commettre cette erreur. On y donne au volume 280 ff. en tout, dont le dernier est blanc; les huit premiers ff. contenant : *Corrigendi emendandique psalterii prologus Beati Brunonis*. Le texte est en caractères de missel, et les commentaires en petits caractères goth. L'impression est en rouge et noir.

— Psalterium Davidis secundum Biblia sacra, continens virtutes et proprietates eorum Psalmorum, pro salute corporis et animæ obtinenda, etc. *Taurini, apud Nic. de Benedictis*, 1517, in-8. [453]

Ce volume est annoncé comme excessivement rare dans la *Bibliogr.* de De Bure; mais de Marolles, *Manuel bibliogr.*, croit que ce n'est autre chose qu'une réimpression du Psautier latin (avec un intitulé et des rubriques en ital.), impr. à *Venise*, par *Sessa*, en 1514, in-8.; ouvrage dont il cite aussi une édition de *Turin*, 1512, in-4., et des réimpressions de *Venise*, 1536, 1539 et 1547, in-8. Si l'observation est fondée, quoiqu'elle ne puisse pas détruire la rareté de l'édition rapportée par De Bure, elle en doit au moins diminuer beaucoup le mérite aux yeux des curieux.

— Les Pseaulmes de David, Proverbes de Salomon, l'Ecclesiaste, le Cantique des cantiques, le livre de Sapience et l'Ecclesiastique; traduit de l'Ebreu en latin et en françois, par Louis Budé. *Lyon, Guil. Rouille*, 1558, in-16.

La traduction des *Pseaumes de David*, par Loys Budé, avait déjà été imprimée séparément, à Genève, chez Jean Crespin, en 1551, in-8.

— Psalmes de David, en latin et en françois, traduits au plus près de leur sens propre et naturel, par Gabriel Dupuiherbault de l'ordre de Font-Evrault; seconde édition. *Paris, Jehan de Roigny*, 1565, in-8.

Psautiers latins adaptés à différentes liturgies.

— Psalmorum codex. *Moguntiæ, per Joh. Fust et Petr. Schoeffer*, 1457, in-fol., imprimé sur VÉLIN. [740]

Premier livre imprimé avec date certaine, car les lettres d'indulgences de Nicolas V, impr. en 1454 et 1455 (voy. NICOLAI V litteræ), ne peuvent guère être considérées comme un livre. Les exemplaires du Psautier de 1457 sont tellement rares, qu'à peine

en connaît-on sept ou huit, dont deux seulement sont tout à fait complets. Aucun de ces exempl. n'est même parfaitement conforme à l'autre, soit pour le contenu, soit pour le nombre de ff. et la distribution des lignes, soit enfin pour l'orthographe des mots, ou pour la souscript. Les exemplaires les plus complets, tels que celui de la Bibliothèque impériale de Vienne, se composent de 175 ff. Les 136 premiers contiennent, dans un ordre différent de celui de la Bible, les psaumes, accompagnés d'antiennes, de prières et de collectes. Au verso du 136ᵉ f. est le cantique de Siméon, suivi, jusqu'au recto du 137ᵉ, d'autres collectes et prières. Au verso de ce feuillet commencent les litanies des saints, qui sont aussi suivies de prières et de collectes jusqu'au recto du 143ᵉ, dont le verso est ordinairement blanc. On trouve ensuite une partie de 11 ff. qui renferment les vigiles de l'office des morts, avec 3 nocturnes. Ces vigiles finissent au recto du 154ᵉ f., dont le verso est également resté en blanc. Enfin, une partie de 21 ff. contenant des hymnes et les offices de quelques saints, avec les complies et les laudes, termine le volume. Le premier f. de tous porte au recto 19 lign., dont la première (*Dñicis diebꝫ post festũ trinitatis. Jñuitatorium*) et la troisième sont en rouge. Au verso du dernier f. se lit la souscription suivante, en sept lignes, imprimée en rouge, et dont l'initiale P est en bois :

Pñs *fpalmoꝛ* (sic) *codex . venuſtate capitalíữ decoⷬ' ‖ Rubricationibꝫ fufficienter diſtinctꝰ, ‖ Adinuẽtione articõsa impñendi ac caracterizandi ‖ Abſque calami vlla exaracõne ſic effigiatus. Et ad euſe ‖ biam dei induſtrie est ꝫummatus , per Joh'em fuſt ‖ Ciuẽ magũtinũ . Et Petrữ Schoffer de Gernszheim ‖ Anno dñi Millesiõ. cccc . lvij . Jn vigl'ia Affũpcõis.*

D'autres exemplaires n'ont que 143 ff., et c'est sur le 143ᵉ f. verso que se trouve la souscription, toujours avec la faute *fpalmorum* pour *psalmorum*. Ce volume est exécuté en lettres de formes, de deux sortes de grandeur, à longues lignes, au nombre de 20 dans la plupart des pages entières (il y en a de 22 lign.), sans chiffres, réclames ni signatures, avec 306 grandes initiales en bois, dont les mêmes sont souvent répétées, et qui sont tirées tantôt en rouge avec des ornements en bleu, tantôt en bleu avec des ornements en rouge.

Le plus bel exemplaire connu est celui de la Bibliothèque impériale de Vienne, qui n'a jamais été mis à l'usage d'une église. Il porte 41 centimètres de hauteur. Après cet exemplaire on citait comme ayant aussi 175 ff., mais sans écusson au bas de la souscription, celui que possédait en 1789 la bibliothèque de l'archevêque électeur de Mayence, et qui a disparu en 1793, sans qu'on ait pu savoir où il a passé. Au rapport de Wurdtwein (*Bibliotheca moguntina*), il s'y trouvait joint un calendrier manuscrit en 6 ff.

L'exemplaire acquis au prix de 12,000 fr. à la vente Mac-Carthy, pour la bibliothèque alors royale de Paris, est le même qu'a possédé et décrit Gros de Boze. Il avait été donné pour 1340 fr. à la vente Gaignat. Il ne contient que 169 ff., parce que, dans le nombre des 32 ff. qui doivent suivre le 143ᵉ il manque les 6 ff. 24 à 29. Ses marges ont malheureusement été fort rognées, en sorte qu'il n'a plus que 352 millimètres de hauteur, sur 250 de largeur. Un exemplaire préférable au précédent, puisqu'il n'y manque que le 34ᵉ f., a été découvert il y a quelques années, dans la bibliothèque du collège de Eichstadt, par M. J. Hass, libraire à Elwangen, qui l'a procuré à la Bibliothèque royale de Stuttgart, en échange d'un exemplaire des *Acta sanctorum*, en 52 vol., en se bornant pour sa commission à une modique somme de 120 flor. Depuis, cette bibliothèque a cédé ce précieux incunable à la bibliothèque de Berlin, au prix de 7000 flor. (environ 15,000 fr.). D'après la description qu'on donne de ce même exemplaire dans le *Serapeum*, publié à Leipzig, par T.-G. Weigel, ann. 1844, nᵒˢ IX et suiv., il se compose de 175 ff., dont un coupé, défalcation faite de celui qui manque, et il a de plus 7 ff. manuscrits au commencement, et 9 autres ff. manuscrits à la fin. Pour plus de renseignements sur ce Psautier, nous renvoyons au catalogue in-fol. de Jos. Van Praet, où sont rapportés les premiers mots de chaque page, et aux nºˢ du *Serapeum* déjà cité, où l'on a donné les premiers et les derniers mots des mêmes pages, ce qui est d'une grande utilité pour collationner le volume dont il s'agit.

Sans nous étendre davantage sur ce précieux monument de la typographie, au sujet duquel on peut consulter Heineken (*Idée d'une collection d'estampes*, pp. 262-73), et surtout le Catalogue des livres imprim. sur VÉLIN, par Van Praet, gr. in-8., tome 1ᵉʳ, ajoutons seulement que plusieurs bibliographes ont pensé que cette édition avait été imprimée avec des caractères de bois, ce qui, au premier coup d'œil, n'est pas sans vraisemblance.

— **Idem Psalmorum codex.** (*Moguntiæ*) *per Joh'em fust ciuē magūtinū, et Petrū Schoifher de gerns'heym..... Anno.... Millesimo cccc . lix . xxix . die . mensis Augusti*, in-fol. de 136 ff. impr. sur VÉLIN.

Cette édition, quoiqu'un peu moins rare que la précédente, est cependant encore très-précieuse. Les exemplaires ne sont pas non plus tous semblables pour la souscription : vend. bel exemplaire, 2500 fr. Brienne-Laire ; 3350 fr. Mac-Carthy ; le même exemplaire, 136 liv. 10 sh. Sykes ; 90 liv. 6 sh. Hibbert (acheté pour M. le baron de Westreenen de Tiellandt, à La Haye) ; un autre, 63 liv. (sans doute à cause de quelque imperfection) Willett.

On trouve dans le catalogue du libraire Edwards, de Londres, pour 1796, l'indication d'une édit. du Psautier, in-fol., de 158 ff. correspondant en partie, page pour page, avec celui de 1459. Cette édition finit avec le *Canticum Ysaie*; mais le verso du dernier f. est tout blanc, et conséquemment on ne trouve aucune souscription. Le caractère du texte est le même que dans l'édition de 1459 ; mais les rubriques et les paroles du chant sont semblables à celles de l'édition de 1457.

— **Psalmorum codex.** — ... *in nobili ciuitate Mogūtina.......p Petrū Schoffer de Gerns'heym est cōsūmatus. Anno dñi* M . cccc . xc . *ultima die mens' Augusti,* in-fol.

Troisième édit. du Psautier de Mayence, plus rare, peut-être, mais moins précieuse que les deux précédentes, avec lesquelles elle est conforme pour les caractères. La Biblioth. impériale en possède un exempl. impr. sur VÉLIN, qui renferme 181 ff. ; le plain-chant y est imprimé. Panzer ne fait mention que de 155 ff., parce qu'il aura eu sous les yeux un exemplaire imparfait.

— **Psalmorum codex.** — *in nobili urbe maguntina, Per Petrū Schoffer de Gernzheim. Anno domini millesimo quingentesimo secundo. Jn vigilia sancti Thome,* in-fol. goth. de 175 ff.

Cette édition, aussi très-rare, est imprimée en rouge et en noir, avec des caractères semblables à ceux de l'édition de 1457. Le plain-chant n'y est pas noté, et l'on n'a pas fait usage dans ce volume de ces belles majuscules gravées en bois, que les amateurs admirent tant dans les éditions précédentes. Ajoutons que les ff. de ce volume sont chiffrés jusqu'au 136ᵉ, qui est marqué cxxxvij, et que les chiffres des ff. sautent de 124 à 126, sans qu'il manque rien pour cela : vend. 315 fr. La Vallière dans le Catal. duquel le livre est exactement décrit.

— **Incipit Psalteriū seām vsum romanū.** (au recto du dernier f.) : *Impressum in nobili urbe in Maguntīn hujus artis || impsorie inuētrice prima : per Iohannē Schoffer. Anno salutis.* M CCCC || XV *kalend || Marē ,* in-fol. de 2 ff. non chiffrés, 119 et 20 ff. chiffrés, caractères de missel.

Édition dans laquelle se retrouve une partie des initiales ornées et des caractères de celles de 1457. Les lignes impr. en rouge pour recevoir la musique écrite à la main paraissent être restées vides dans l'exemplaire porté sous le nº 6 du catalogue d'une vente faite par Tross, à Paris, en novembre 1856, et qui a été payé 200 fr. Les deux premiers ff. contiennent : *tabula psalmorum*, et le second, *tabula hymnorum*. Le *Psalterium* commence au 3ᵉ f., et l'*Hymnarius* au 141ᵉ.

— **Psalterium ordinis S. Benedicti de observantia Burffeldensis.** — *Impressum Mogūtie p Joannē Schöffer ,* 1516, in-fol.

Volume de 177 ff., y compris le frontispice et le feuillet qui termine l'ouvrage, et sur lequel se trouve la souscription ; le plain-chant y est imprimé. Les caractères nous semblent être les mêmes que dans l'édit. de 1457 : vend. 50 fr. F. Didot. Un exemplaire imprimé sur VÉLIN se conserve à la Bibliothèque impériale.

— **Psalterium latinum.** (*absque nota*), in-fol. goth.

Édition imprimée avec les caractères de Pfister, à Bamberg. Elle a 29 lign. par page, sans chiffres, récl. ni signat. La première ligne du premier feuillet est ainsi : *Eatus vir qui non abiit in cōsilio.* Le symbole de saint Athanase occupe le dernier f., au recto duquel il se termine par cette ligne : *uns esse non poterit. Finit fœliciter.*

— **Psalterium latinum.** (*absque nota*), in-fol. goth. de 144 ff. chiffrés, à 20 lign. par page.

Première ligne du premier f. recto : *Beatus vir qui nō abijt.* (Ebert, 18158.)

Pour d'autres Psautiers latins à l'usage de l'Église, voy. Hain, nºˢ 13459 et suiv.

— **Psalterium romanum.** (*circa* 1473 *impressum*), in-24, goth. de 205 ff.

Petit livre impr. sans chiffres, récl. ni signat., à longues lignes, au nombre de 17 sur les pages entières. Le premier f. recto commence de cette manière :

Pš. Dauid
EATVS UJR

Le Psautier finit au recto du 172ᵉ f. Le *Commune sanctorum* occupe les 33 derniers, et se termine en recto par ces lignes :

· colimus. eius apud te patrocinia sentiamus. Per.

Sur VÉLIN, à la Bibliothèque impériale.

— **Psalterium.** — *Impssum et consūmatū est hoc psalteriū in alma vniuersitate coloniensi : p me cōradū de homborch...* (circa 1476), pet. in-fol. goth. de 125 ff., à 23 lign. sur les pages.

Sur VÉLIN, *ibidem.*

— **Psalterium cum hymnis.** — *p Aluisiū natū . d. Gasparis ā Siliprādis de* *mātua Anno M.cccc.Lxxviij die xxviij Aprilis. Uenetiis: Laus deo*, pet. in-4. de 115 ff. à 27 lign. sur les pages.

La Bibliothèque impériale conserve un exemplaire (sur VÉLIN) de cette édition peu connue.

— Incipit psalterium s'ʒ consue | tudinem curie romane. (*absque nota*), in-8. de 483 ff. à 2 col. de 29 lignes.

Édition en caractères romains qui paraît avoir été impr. à Venise vers 1480. Les sept prem. ff. renferment un calendrier. Le 8ᵉ commence par les mots du titre ci-dessus. L'ouvrage finit à la 26ᵉ ligne du dernier f. verso de cette manière :

       xp̄m dūm nr̄m. ꝓ Amen.

Un exemplaire sur VÉLIN, enrichi d'ornements en or et en couleur, a été acheté 100 fr. chez M. de Mac-Carthy pour la Bibliothèque du roi.

— Psalterium romanum. *Venetiis, Jenson, 1478*, in-fol.

Un exemplaire imprimé sur VÉLIN, mais imparfait, 21 fr. Mac-Carthy ; déjà décrit (I, col. 1241) sous le titre de BREVIARIUM romanum.

— Psalterium lat. *Bartholomeus Ghotan, Magdeburgi, 1481*, in-fol. goth. à 25 lignes par page.

Panzer n'a point cité cette édition rare qui est dans la Bibliothèque royale de Dresde. C'est le plus ancien livre qui ait paru avec le nom de Magdebourg, mais il a été imprimé à Lubeck.

— Psalterium, latine. — *Impressum Mediolani per Leonardum Pachel et Ulderiçum Scinzenzeller, 1486*, in-fol. goth.

Imprimé en rouge et en noir, avec le plain-chant noté en caractères mobiles : 105 fr. Bearzi.

— Psalterium secundum consuetudinem curiæ romanæ. (*absque nota*), 2 vol. in-8. goth.

Un exemplaire impr. sur VÉLIN, 38 fr. mar. r, La Valliere.

— Psalterium davidicum : cum aliquot canticis ecclesiasticis. litaniꝗ, hymni ecclesiastici : omnia diligenter disposita (sequuntur suffragia sanctorum et sanctarum ; item alia quamplurima devote dicenda). *Parisiis, apud Gōmareum Stephanum, in vico Belouaco, ad insigne hominis sylvestri, 1555*, in-16.

Petit livre fort peu connu, et qui probablement aura été imprimé pour l'usage du connétable de Montmorency et celui de sa maison ; le titre est entouré d'une bordure présentant avec la devise ΛΠΛΑΝΩΣ les armes et le chiffre d'Anne de Montmorency, et l'épée de connétable. L'exemplaire que nous décrivons contient : 1° 16 ff. prélim. occupés par un Calendrier de 1552 à 1573, et l'on voit au verso du 16ᵉ f. une vignette représentant un guerrier à genoux devant un temple surmonté d'un ange ; 2° Psaumes et litanies, 165 ff. chiffrés, 2 ff. pour la table ; 3° *Hymni totius anni*, ff. cotés 1 à 82. Il y a lacune de 70 à 79 (c'est-à-dire que de 69 on arrive à 80) ; 4° *Suffragia*, 36 ff.

Ni La Caille, ni Maittaire, ni même Lottin n'ont fait mention de ce *Gommare Estienne*, lequel était peut-être le gendre d'un des membres de la célèbre famille des Estienne. L'enseigne de l'*Homme sau-*

vage adoptée par lui avait été celle de Regnault Chaudiere, mort ou peut-être seulement retiré en 1551.

Un exemplaire de ce petit livre dont la reliure en maroquin noir à compart. porte les armes d'Anne de Montmorency et les initiales A. M., a été payé 250 fr. à la vente Parison.

Dans son Index, I, 165, Maittaire donne le titre de deux Psautiers latins, impr. à Paris, en 1553, le premier *apud Carolam Guillard, viduam Claudii Chevallonii et Guilielmum Desboys*, in-8.; le second *apud Carolum Stephanum*, in-12; il n'en avait pas parlé dans le corps de ses *Annales*. Renouard a omis l'édition de Charles Estienne.

— Psalterium Davidis juxta translationem veterem, alicubi tamen emendatam et declaratam et accuratius distinctam juxta Ebraicam veritatem, additis etiam singulor. psalmorum brevibus argumentis (cum præfatione P. Eberi). — Psalmi sive cantica ex sacris literis, in ecclesia cantari solita, cum hymnis et collectis sive orationibus piis (*Witteb., Laur. Schwenck*), 1565, 2 tom. en 1 vol. gr. in-fol. goth., avec fig. sur bois et musique notée.

Belle édition dont il se conserve un exemplaire sur VÉLIN dans la Bibliothèque royale de Dresde. La partie du Psautier a 8 ff. prélimin., 213 ff. chiffrés, et 3 ff. non chiffrés ; celle des cantiques, 101 ff. chiffrés et 2 non chiffrés. On remarque au frontispice de la première partie une belle et grande planche en bois représentant Maximilien II, et dans les cantiques seize autres belles planches en bois : celle du f. 69, verso, porte le monogramme II B, avec la date 1550 (Ebert, 18175).

— Liber Psalmorum, cum aliquot canticis et hymnis ecclesiasticis. *Parisiis, Jamet Mettayer, 1587*, in-12.

Vend. sur VÉLIN, 48 fr. *mar. bl.* La Valliere.

L'édition de *Paris, Guill. Chaudiere*, 1582, pet. in-8., exempl. en *mar.*, avec la devise et les armes d'Henri III, 159 fr. Parison.

Jamet Mettayer, imprimeur du roi Henri III, a exécuté différents livres liturgiques à l'usage de ce prince, et entre autres :

     LE PSEAUTIER de David, contenant CL Pseaumes ; avec les cantiques, en latin, ausquels les accens requis pour bien prononcer, sont observez, à l'usage et par le commendement d'Henry III, roy de France. *Paris, Jamet Mettayer*, 1587, in-4., gros caract., en rouge et noir.

Édition faite pour l'usage de la cour de Henri III, ainsi que les Heures ci-dessous. Un exemplaire du Psautier, sous la date de 1586, et revêtu d'une reliure en veau brun ayant sur ses plats tous les emblèmes de la mort, 130 fr. Solar.

     HEURES de Nostre Dame en latin, à l'usage de Rome, selon la reformation de Pie V, pour la congregation royale des Penitens de l'Annonciation de Nostre-Dame, etablie par Henry III, roy de France. *Paris, Jamet Mettayer*, 1583, in-4.

     L'OFFICE de la Vierge Marie en latin, à l'usage de l'église catholique, apostolique et romaine, avec les vigiles, pseaumes, graduels, pénitentiaux, hymnes et plusieurs prières et oraisons, disposées par le commandement et pour l'usage du roy Henry III. *Paris, Jamet Mettayer*, 1586, in-4.

     LE BRÉVIAIRE NOTRE DAME, auquel tout le Pseautier est distribué par les sept jours de la sepmaine. *Paris*, 1587, pet. in-8. impr. en noir et rouge, avec de jolies vignettes gravées sur cuivre. Il s'en trouve des exemplaires reliés en *mar. v.*, avec les armes et la devise d'Henri III, *Spes mea Deus*. — Voy. BREVIARIUM.

— Pseaultier (le) distribué selon l'ordre des heures canoniales, pour être récité chaque semaine. *Cologne, Lavitte,* 1684, in-8.

Livre de peu de valeur en lui-même, mais dont un exemplaire richement décoré de 7 belles miniatures sur VÉLIN, et relié en *mar. viol. à compart., avec fermoirs d'or, portant les armes de Villeroy,* a été vendu 400 fr. La Valliere.

— Psalterium ad usum ecclesiæ argentinensis. *Impensis Joannis Reynard, alias Grunynger (Argentorati), anno.* 1489, 2 vol. in-8.

Vend. sur VÉLIN, 37 fr. Lauraguais.

— Incipit psalteriũ cũ breuiario sed'ʒ vsũ īsignis eccl'ie edučsis. — *Hoc opus... impêsa Guillermi seigneret mercatoris librarii. pisi' (Parisius) ĩ hāc publicā forma ʒ redactũ extitit, ʒ finitũ. xxii meñsis Maii. Anno salutis Millesimo quadringentesimo octuagesimo nono* (1489), pet. in-4. goth. de 10, lxxj, Clix, CCxxxi ff., plus 1 f. portant la marque de P. le Rouge, imprimeur. (Voy. tome I, col. 1233.)

Ce Psautier d'Autun est impr. à 2 col. de 32 lign. Il commence par 10 ff. prélimin. contenant la table, le calendrier et une figure sur bois. — Un exemplaire sur VÉLIN est à la Bibliothèque impériale.

— Psalteriũ secundũ usũ Lexouieñ. *Venale habetur apud Guillermũ du Val, in põteaudomari cõmorañ.* (1538), pet. in-fol. goth. à 2 col. avec rubriques en rouge, plain-chant et lettres ornées.

Ce volume rare contient en tout 128 ff., savoir 14 ff. non chiffrés pour le titre et le calendrier; 88 ff. pour le texte du psautier, et 26 ff. non chiffrés pour les hymnes. Il y a sur le titre de la 1ʳᵉ partie une vignette sur bois représentant David et Bethsabée au bain, et au verso du dernier f. de la 3ᵉ partie un autre bois représentant le sacrifice de la messe. La souscription suivante se lit au verso du LXXXVIIIᵉ f. du Psautier : *Finis psalterii, seam usum Lexo. cum cantu et notta ad verum exemplar nuper impressi sumptibus honesti viri Guillermi du Val. in pontoaudomaro moram tenentis. Anno domini* M. CCCC. XXXIJ, *die vero xij. mensis nouembris.* Ce qui prouve que le livre se vendait à Pont-Audemer, mais non pas qu'il ait été impr. dans cette ville (Frère, *Manuel du bibliographe normand,* II, page 425).

—Psalteriũ ad vsum Parisiensem cum Jnuitatoriis antiphonisqʒ oñibus perpulchre ʒ emēdate notatis. — *Psalterij opus.... fine sumpsit opa ʒ impēsis* M. *Udalrici gering. ʒ Magistri Berchtoldi Renbolt sociorum Parisijs cõmorantiũ..... Quinto Jdus Decembres. Anno Christi* M. CCCC. *xciiij,* pet. in-4. goth. à 30 lignes par page.

Ce volume commence par 14 ff. prélimin. pour le titre, le calendrier et la table; suivent 155 ff., puis les hymnes ff. I-XXXVIj, et 30 ff. non chiffrés dont le recto du dernier offre la souscription rapportée ci-dessus. Vient ensuite le *Commune sanctorum* en 44 ff., ayant à la fin une seconde souscription impr. en rouge, et datée : *xviij. Januarii* de la même année. Ces feuillets sont suivis de douze autres au verso du dernier desquels se voit l'une des marques de *Berchtold Renboldt* (voyez ci-dessous).— Sur VÉLIN, à la Bibliothèque impériale.

On cite une autre édition du *Psalterium Davidis, de Paris, per Petrum Levet,* 1488, pet. in-4.

— Psalterium secundum ritum ac consuetudinem chori ecclesiæ Olemucensis. (in fine) : 1. 4. 9. 9. *Impressum Brunæ* (absque typographi nomine), in-fol. goth. à 2 col. en rouge et noir; à la fin la figure d'un ange tenant en main l'écu de Moravie.

— Psalterium romanum ad usum Cleri basilicæ vaticanæ ad vetustissima exemplaria recognitum. *Romæ, ex typographia vaticana,* 1593, in-8., avec un titre gravé.

On place dans la collection aldine ce volume impr. au Vatican, sous la direction d'Alde le jeune, et qui est d'ailleurs d'une grande rareté : 18 liv. 10 sh. Renouard, à Londres, et 5 liv. 5 sh. Butler.

-- Officium, sive collectio Psalmorum et præcum. *Impressum Ferrariæ p magistľ Laurentium de rubeis de Venetiis anno domini* 1492, *die* 15 *kal. novembris,* in-8. à 2 col., car. goth. en rouge et noir, feuillets non chiffrés.

Ce volume a 12 ff. prélim. dont les quatre premiers contiennent la préface : *Frater Baptista Panetius Carmel. Ferrar. lectori,* suivie des priviléges accordés par Innocent VIII et Alexandre VI au duc Hercule, et les huit autres ff. un calendrier. Le texte commençant *Incipit nova editio Breviarii...* a des sign. a—p, aa—gg et A—E ; les cahiers sont *quaderni*, excepté p qui a 6 ff., et gg et E qui en ont chacun quatre.

Un exemplaire impr. sur VÉLIN, 400 fr. Costabili.

— Tomus primus (secundus et tertius) Psalmorum selectorum a præstantissimis musicis in Harmonias quatuor aut quinque vocum redactorum. Tenor. *Norimbergæ apud Johan. Petreium, anno salutis* M. D. XXXVIII (M. D. XXXIX et M. D. XLII), 3 vol. pet. in-4. obl. [vers 10192]

Ces trois livres de musique sont fort bien imprimés : le premier contient 36 morceaux, le second 37 et le troisième 40. M. Schmid en donne ainsi le registre des cahiers : Premier volume, *Discantus*, AA—QQ. *Tenor*, a—q. *Altus*, aa—qq. *Bassus*, A—Q. — Second volume, AA—PP, a—p, aa—qq, A—P. — Troisième volume, AA—QQ, a—r, aa—pp, A—O.

Avant de publier ces Psaumes, l'imprimeur Joh. Petreius avait donné en 1538 plusieurs livres de musique que M. Schmid a décrits aux pp. 184 et 185 de son Petrucci.

— Nouum beate marie virgis (*sic*) psalterium de dulcissimis noue legis mirabilib[1] : dini amoris refertis nouit ad tci oteritô; ofectû (opus ab Hermanno Nitzschewitz..... anno 1489 confectum, Imperatori Frid. ex Lunenborch delatum et anno 1492... cesareo sumptu ad imprimendum commissum *nunc et in Zzenna cistirciensis ordīs deuoto claustro... non sine modico sumptu impressum*), in-4. fig. sur bois. [744 ou 1673]

Ce volume est divisé en deux parties, dont la première, composée de 26 ff., renferme, outre le frontispice (où sont représentés l'empereur Frédéric III et Maximilien Ier debout, avec Alphonse, duc de Saxe, et d'autres personnages à genoux), un prologue dont nous avons tiré la souscription ci-dessus, et l'apologie du Psautier. La seconde de 90 ff., avec 138 fig., contient : *Psalterium seu Rosarium triplex, nempe gaudiosum, dolorosum et gloriosum.* A la fin est ajouté : *Epilogus cum copia litterarum Alexandri Episcopi Fortiviensis a latere in partibus germaniæ de confirmatione et approbatione fraternitatis psalterii Virginis Mariæ, Coloniæ*, 1476, après quoi se trouve le registre des signat. de A—C. A—H, et HH—I. Ce livre, imprimé à Zinna ou Tzenna, monastère de l'ordre de Cîteaux, dans le duché de Magdebourg (à la fin du XVe siècle ou au commencement du XVIe), est d'une rareté extrême ; mais ce qui le rend surtout remarquable, c'est l'excessive absurdité des gravures qu'il renferme, gravures faites cependant *cæsareo sumptu*. Voy. Panzer, IX, 306, et Hain, nº 11891. Ce dernier, qui paraît avoir eu le livre sous les yeux, diffère du premier dans l'indication des signatures, lesquelles, selon lui, seraient de A—C et de A—L.

Un exemplaire de ce volume curieux est porté à 12 thl. dans un ancien catalogue du libraire Weigel, à Leipzig, mais il est probable qu'on le payerait plus cher aujourd'hui.

Suite des Psautiers en différentes langues.

— Psalterium in ling. MALAICA et belgica, per Jo. van Hasel et justum Heurnium. *Amstel. jussu director. Indiæ societatis*, 1652, in-4. [140]

Édition rare en France. — Il y a d'autres éditions

du Psautier malais, impr. à *Amsterd.*, 1687 et 1730, in-4.

— Psautier, en language ORISSA. *Serampore (sans date)*, in-8. 15 sh. [139]

D'autres livres de la Bible, trad. dans la même langue sont indiqués dans notre Ier vol., col. 916-917, article BIBLIA.

— Les Psaumes, en PERSAN. *Calcutta*, 1811 ou 1816, gr. in-8. [136]

Vend. 36 fr. Langlès ; 7 fr. Kieffer. — Impr. aussi à Londres, de format in-12, et in-8. pour la Société biblique. 2 sh. 3 d.

— Ils Psalms d' ilg soinc prophet a reg David, suenter las melodias franzosas cun IV vuschs de cantar per ædificar la baselgia da Deus. Messi giu enten vers RUMOŇSCHS DE LA LIGIA GRISCHA, trass Johann Grass... ad ussa la secunda gada stampei sin custs da Peter Walser..... *a Cuera*, 1790, in-12.

Vend. 53 fr. de Sacy, sans avoir autant de valeur.

— The book of Psalms in Lowland SCOTCH, from the authorised english version ; by Henry Scott Riddell. *London, Robson, Levey and Franklyn*, 1857, in-8. de 9 feuilles et.1/4.

Édition exécutée aux frais du prince L.-Lucien Bonaparte et tirée à 250 exempl. dont un seul en papier épais. — Pour une traduction de l'Évangile de S. Matthieu dans le même dialecte, voy. l'article ÉVANGILE.

Pour le Psautier à l'usage de l'Église d'Ecosse, voyez ci-dessus. col. 926.

— Psalmi Davidis lingua SYRIACA nunc primum editi a Th. Erpenio, qui et versionem latinam adjecit. *Lugd.-Bat., typogr. erpeniana*, 1625, in-4. 5 à 7 fr. [116]

Vend. 15 fr. de Sacy.

Le même, avec des notes philolog. et critiques de J.-A. Dathe, *Halæ*, 1768, in-8. 5 à 6 fr.

— Psalmi secundum editionem LXX interpretum, quos ex codice syro-estranghelo bibliothecæ ambrosianæ syriace imprimendos curavit, notisque criticis illustravit Cajetanus Bugatus. *Mediolani, Pirola*, 1820, in-4.

Cette édition a été donnée par le Dr Cighera, qui y a joint une notice sur la vie de Bugati, savant, mort avant d'avoir pu publier son travail (*Revue encyclop.*, X, p. 405). Vend. 27 fr. de Sacy.

La notice a été tirée à part sous ce titre :

DE VITA et scriptis Caietani Bugati commentarius additus præfationis loco ejusdem versioni Psalmorum ex syro-estranghelo nunc primum in lucem prodeunti... ab A. Cighera. *Mediolani, Jac. Pirola*, 1820, in-4.

La Société biblique anglaise a fait imprimer un Psautier en syriaque, in-12.

— Psalmi, syriace et arabice. *De claustro qui est in valle Kuzala in monte Libano, perfecit magister Paschalis Eli et humilis Joseph filius Amimah ex*

Caram Sadde, 1610, petit in-fol. de 260 pp.

Voyez, au sujet de cette édit. très-rare, Schnurrer, *Bibl. arabica,* p. 351.

— Les Psaumes en TURC NOGAI, trad. par les missionnaires écossais. *Astrakhan,* 1818, in-8. [134]

Vend. 15 fr. Rémusat; 6 fr. 50 c. Kieffer.

Le même, en langue tartare, 11 fr. 50 c. St-Martin.

LES PSAUMES, en dialecte TURC D'OREMBOURG, traduits par les missionnaires anglais. *Astrakhan,* 1820, in-8.

Vend. 17 fr. 50 c. Rémusat.

Une édition du Psautier en langue turque, mais en caract. grecs, Venise, 1810, in-4., donnée par le moine Seraphim : 21 fr. de Sacy.

PSAULTIER Des villains Nouuellement Jmprime a Paris. *(sans date),* pet. in-8. goth. de 8 ff., avec une gravure sur bois sur le premier f. [13567]

Cette pièce n'est point d'Alain Chartier, comme on l'a dit dans le catalogue de La Vallière, n° 2895, article 4 : pour en être convaincu il suffit de lire les quatre vers suivants qui sont au commencement de l'ouvrage :

Des nobles gens iai vu le breuiaire que fist iadis en sõ têps maistre alaĩ et pour ce fail mest prĩs talẽt d' faire selon mon sens le psaultier des villains.

— Voy. SEPT psaumes.

PSELLUS. Sapientissimi Pselli introductio in sex philosophie modos. Ejusdem compendium quinq̃ vocum et decẽ prædicamentoꝛ philosophie. Blemmidæ de quinq̃ vocibus, cur sint hæc solum neq̃ plures aut pauciores. Georgii Pachymerii, de sex philosophie diffinitionibus, et de quinq̃ vocibus, et decem predicamentis. *(absque nota),* pet. in-8. de IV et 30 ff. non chiffrés. [3417]

Cette édition, toute grecque, a été imprimée à Venise, par Etienne de Sabio, pour faire suite au traité in *quatuor mathematicas disciplinas,* impr. par le même Sabio, en 1532. L'exemplaire ici décrit n'a ni date, ni lieu d'impression. Les quatre ff. prélim. renferment le frontispice portant un titre grec, avec la traduction latine ci-dessus, précédée de ces mots : *Jacobi Foscareni translatio horum in latinam vocem ;* toutefois ce texte grec doit avoir été impr. à Venise, en 1532, en même temps que la version latine, opuscule in-8. de 24 ff. sign. a—f, qui porte ce titre : *Psellii introductio in Philosophiæ modos, a Iacobo Foscareno D. Michaelis filio e græco in latinum versa, Venetiis,* M.D.XXXII, et au recto du dernier f. cette souscription : *Venetiis, per Stephanum et fratres de Sabio.* MDXXXII. *mense Nouemb.* Ajoutons que le 4e f. du cahier C. est tout blanc. Un exemplaire du texte et de la version réunis en 1 vol. *mar. r.* 36 fr. Riva.

Voici le titre exact d'un autre traité de Psellus sorti des mêmes presses :

SAPIENTISSIMI PSELLI opus dilucidum in quattuor mathematicas disciplinas, arithmeticam, musicam, geometriam et astronomiam. Numerorum hic contractior explicatio, elaboratum musices

compendium. Compendiũ rursus geometrie rationũ, astronomie coactio perspicua. *Venetiis,* 1532 *(per Stephanum de Sabio),* pet. in-8. de 56 ff. sign. a—ξ, y compris une épître d'Arsenius, en grec, et une autre de Contarenus, en latin. Le nom de l'imprimeur se lit dans la souscription grecque qui termine le volume.

Réimprimé sous le même titre, *Parisiis, excudebat Jacobus Bogardus,* 1545, très-pet. in-8. ou in-16 de 76 pp.

— Pselli introductio in Philosophiæ modos a Jacobo Foscareno D. Michaelis filio e græco in latinum versa. *Paris.* *(impensis Emondæ Tusanæ viduæ Conradi Neobarii),* 1541, 2 tom. en 1 vol. pet. in-8.

Jolie édit. que n'a pas citée Maittaire. La première partie contenant le texte grec, a 31 ff., au recto du dernier desquels se lit la souscription impr. également en grec, ainsi que le titre (le 32e f. est bl.) : la version latine, qui forme la 2e part., occupe 26 ff., y compris le titre latin ci-dessus.

— Pselli philosophi sapientissimi in Physicen Aristotelis commentarii (latine) Ioanne Baptista Camotio philosopho interprete. *Venetiis, apud Federicum Turresanum,* 1554, in-fol. de six et 81 ff. plus 1 f. blanc à la fin.

Ce mince volume appartient à la collection aldine.
1 liv. 11 sh. *non rogné,* Libri, en 1859.

— Synopsis organi Aristotelici, græco-latina nunc primum edita ab Elia Ehingero. *(Augustæ-Vindelicorum),* et *typographia Z. Lehmanni,* 1597, in-8. de 11 ff., 352 pp. et 1 f. d'index. 3 à 4 fr.

— Perspicuus liber de quatuor mathematicis scientiis, gr. et lat., G. Xylandro interprete ; cum nonnullis ejusdem annotationibus, etc. *Basileæ,* 1556, in-8. 3 à 5 fr. [7788]

— Arithmetices compendium, græce. *Parisiis, Ch. Wechelus,* 1538. — Nicomachi Gerasini arithmeticæ libri II, nunc primum typis excusi, græce. *ibid.,* 1538, in-4.

Ces deux ouvrages sont ordinairement réunis dans le même volume ; quoique peu communs, ils n'ont pas une grande valeur. Le prem. a 14 pp. et 1 f.; le second, 77 pp.

—ARITHMETICES compendium, gr. et lat. *Paris., apud Joan. Lodoic. Tiletanum,* 1545, pet. in-8.

— De operatione dæmonum dialogus, Gilb. Gaulminus primus græce edidit et notis illustravit. *Lutet.-Parisior.,* 1615, in-8. 3 à 4 fr. [8884]

Réimpr. à Kiel *(Kiloni),* en 1688, in-12. La version latine est celle de P. Morellus, laquelle avait déjà été impr. séparément à Paris, 1577, in-8., chez Chaudière, qui en 1573 avait publié : *Traité de l'énergie ou opérations des diables..... trad. du grec de Psellus, par Pierre Moreau touranio,* pet. in-8. Ce P. Moreau est le même que le *Petrus Morellus turonesis,* nommé ainsi en latin, dans la version latine dont nous venons de parler.

— Michael Psellus de operatione dæmonum (græce), cum notis Gaulmini, curante Jo.-Fr. Boissonade : accedunt inedita opuscula Pselli. *Norimb., Campe*, 1838, in-8. de xxviii et 348 pp. 2 thl.

— Synopsis legum versibus jambis et politicis, nunc primum græce edita, lat. interpretatione et notis illustrata, opera et studio Fr. Bouqueti. *Paris., Camusat*, 1632, pet. in-8. de 8 ff. et 136 pp. [12419]

Réimpr. avec la version latine corrigée et des notes de Corn. Sibenius dans le *Nov. Thesaurus juris* de Meerman, I, pp. 37 et suivantes.

— SYNOPSIS legum, versibus iambis et politicis, græce et latine, cum selectis observat. Corn. Sibenii, edidit Lud.-Henr. Teucherus. *Lipsiæ*, 1789 ou 1796, in-8. 3 fr.

— De lapidum virtutibus, græce et latine, cum notis Phil.-Jac. Maussaci et Jo.-Steph. Bernard. *Lugd.-Batav.*, 1745, in-8. 3 à 5 fr. [6589]

PTHOLOMEO senese. Voy. TOLOMEO.

PTOLEMÆI Eordæi (Lagi) Aristobuli Cassandrensis et Charetis Mytilenæi reliquiæ; edidit Jan.-Ger. Hulleman. *Trajecti-ad-Rhen., Van Dorp*, 1844, in-8. 7 fr. [22813]

Fragments d'historiens grecs.

PTOLEMÆI Hephæstionis novar. historiarum ad variam eruditionem pertinentium excerpta e Photio edidit, lectionis varietate instruxit et commentar. illustravit Jos.-Imm.-Gisl. Roulez; præfatus est Frid. Creuzerus. *Aquisgrani, Mayer*, 1834, in-8. 1 thl. [18149]

PTOLOMÆUS. Claudii Ptolemæi magnæ constructionis lib. XIII. Theonis alexandrini in eosdem commentar. libri XI, græce (edidit Sim. Grynæus). *Basileæ, apud Jo. Walderum*, 1538, 2 tom. en 1 vol. [8204]

Première édition, belle et assez rare : 18 à 30 fr.; vend. 42 fr. bel exemplaire de De Thou, *m. v.* de Lalande; 60 fr. d'Ourches; et *non rogné* 3 liv. Libri, en 1859.
La première partie a 8 ff. prélimin. et 327 pp.; la seconde, 4 ff. prélimin., 425 pp. et un f. pour la marque de l'imprimeur.
Le commentaire de Théon, quoique annoncé sur le titre, n'est pas dans tous les exemplaires de ce livre; cependant il doit nécessairement en faire partie.
Un exempl. sur VÉLIN, et rel. en 2 vol., se conserve à la Bibliothèque impériale.

— Ptolemæi omnia quæ extant opera, præter geographiam (lat.), summa cura et diligentia castigata ab Erasmo-Osualdo Schreckhenfuchsii et ab eodem Isagogica in Almagestum præfatione, et fidelissimis in priores libros annotationibus illustrata. *Basileæ, H. Petri*, 1551, infol. de 4 ff. et 447 pp.

Édition très-estimée des astronomes, et que l'on préfère, avec raison, à celle de 1541. A la p. 333 com-

mence *Procli hypotyposes astronomicæ*. Vend. 49 fr. de Lalande; 15 fr. 50 c. Labey. — Pour compléter les œuvres de Ptolémée, en latin, on réunit à ce volume la version latine de la Géographie, imprimée par le même H. Petri, en 1552, in-fol.

— Hoc in libro nunquam ante typis æneis in lucem edita hæc insunt (hoc græce expressum). Claudii Ptolemæi libri quatuor compositi Syro fratri; ejusdem fructus librorum suorum, sive centum dicta ad eundem Syrum; traductio in linguam latinam librorum Ptolemæi duum priorum, et ex aliis præcipuorum aliquot librorum, Joachimi Camerarii; conversio centum dictorum in latinum Jov. Pontani; annotatiunculæ ejusdem Joachimi ad libros priores duos judiciorum Ptol. Mathæi Guarimberti opusculum de radiis et aspectibus planetarum; aphorismi astrologici Ludovici de Regiis. *Apud Joan. Petreium, Norimbergæ*, 1535, in-4. 8 à 12 fr.

Ce volume rare renferme 6 et 59 ff. pour le texte grec, 4 ff. non chiffrés, 84 ff. chiffrés et 24 non chiffrés, pour la version latine.

— De prædicationibus astronomicis, cui titulum fecerunt Quadripartitum, gr. et lat., libri IV, Phil. Melanchthone interprete : ejusdem fructus libror. suorum, seu centum dicta ex conversione Jov. Pontani. *Basileæ, Jo. Oporinus*, 1553, in-8.

Ce recueil réunit au texte grec de Ptolémée la version latine de Melanchthon; il se compose de 269 pp. pour la version latine, et de 8 ff. et 229 pp. pour le texte grec, lequel avait d'abord paru avec un titre séparé, en 1545, selon la *Biblioth. pinell.*, n° 1984. Le même catalogue annonce, sous le n° 1986, une édition du *Quadripartitum*, gr. et lat., *ex versione Antonii Gogavæ*, Lovanii, 1548, in-4., qui est peu connue. — Pour l'édition de 1559, voyez PROCLUS.

— Liber quatuor tractatuum (Quadripartitum) et centiloquium, cum centiloquio Haly. *Venetiis, Erh. Ratdolt*, 15 *Jan.*, 1484, pet. in-4. goth. à 2 col. de 42 lign., sign. *a—h.*

Traduction latine faite d'après l'arabe : 8 sh. Pinelli.

— Mathematicæ constructionis liber primus, gr. et lat. editus : additæ explicationes aliquot locorum ab Erasmo Reinholt. *Wittebergæ, J. Lufft*, 1549, in-8. de 8 ff. prélim., 123 ff. chiffr., plus 1 f. d'errata, et 1 f. pour la table.

Livre peu commun : 5 à 6 fr.

— Claudii Ptolemæi liber de analemmate, a Federico Commandino Vrbinate instauratus, et commentariis illustratus, qui nunc primum ejus opera e tenebris in lucem prodit. Ejusdem Fed. Commandini liber de Horologiorum descriptione. *Romæ*, 1562, *apud Paulum Manutium Aldi F.*, in-4. de iv ff. prélimin., 93 ff. de texte et 3 de table et errata.

Vend. 3 flor. 50 c. Meerman; 21 fr. *mar.* Labey; 4 sh. Butler. — M. Renouard cite un exempl. en Gr. Pap.

— Composition mathématique de Cl. Ptolémée, traduite pour la première fois du grec en français sur les manuscrits de la Bibliothèque impériale par M. Halma (avec le texte grec), et suivie des notes de M. Delambre. *Paris, H. Grand*, 1813-16, 2 vol. in-4. fig.

Il a été tiré 35 exempl. en pap. vél. ordin., 5 exemplaires en très Gr. Pap. vél., et 5 exempl. en très Gr. Pap. fin.

Ces deux volumes forment le commencement de la collection des anciens astronomes grecs, traduite par l'abbé Halma; collection fort peu estimée des hellénistes, et qui n'a pas eu de succès; ce qui ne nous dispensera cependant pas d'en donner le détail ci-après. Au premier volume doit être réuni un cahier de 60 pp., contenant des *Notes, corrections et éclaircissements* sur ce même volume, par M. Delambre, et trois cartons. En publiant le second volume on a mis au premier un nouveau titre à la date de 1816.

TABLE chronologique des règnes, prolongée jusqu'à la prise de Constantinople par les Turcs; apparition des étoiles fixes de Cl. Ptolémée, Théon, etc., et introduction de Geminus aux Phénomènes célestes (en grec); traduites pour la première fois du grec en français; suivies de recherches historiques sur les observations astronomiques des anciens, trad. de l'allemand de M. Ideler; précédées d'un discours préliminaire et de deux dissertations sur la réduction des années et des mois des anciens à la forme actuelle des nôtres. *Paris, Bobée*, 1819, in-4.

HYPOTHÈSES et époques des planètes de Cl. Ptolémée et hypotyposes de Proclus Diadochus, trad. du grec en français, suivies de trois mémoires traduits de l'allemand de M. Ideler, sur les connaissances astronomiques des Chaldéens sur le cycle de Méton et sur l'ère persique. *Paris, Merlin*, 1820, in-4. fig.

Ce volume fait suite à la *Composition mathématique* de Cl. Ptolémée et à la Table chronologique précédemment publiée par Halma. Les sept articles suivants se rapportent à la même collection.

COMMENTAIRE de Théon d'Alexandrie sur le premier livre de la composition mathématique de Ptolémée, traduit pour la première fois du grec en français, sur les mss. de la Bibliothèque du roi: tome premier contenant la première partie de la trigonométrie sphérique d'Hipparque et de Ptolémée. *Paris, Merlin*, 1821, in-4.

COMMENTAIRE sur le second livre...... tome II, contenant la dernière partie des développemens de la trigonométrie sphérique... *Paris, Merlin*, 1822, in-4., avec 5 pl.

LES PHÉNOMÈNES d'Aratus de Soles, et de Germanicus, avec les scolies de Théon, etc. *Paris*, 1821, in-4.

COMMENTAIRE de Théon d'Alexandrie sur les tables manuelles astronomiques de Ptolémée, jusqu'à présent inédites, traduites pour la première fois du grec en français, sur les mss. de la Bibliothèque du roi. Première partie, contenant les prolégomènes de Ptolémée, le commentaire de Théon et les tables préliminaires; précédées d'un mémoire trad. de l'allemand de M. Ideler sur l'année de la mort d'Alexandre le Grand. *Paris, Merlin*, 1822, in-4. de xx et 188 pp.

TABLES manuelles astronomiques de Ptolémée et de Théon.... seconde partie contenant les ascensions dans la sphère oblique, les mouvemens du soleil, de la lune et des planètes, etc. *Paris, Bobée*, 1823, in-4.

Le faux titre porte : *Suite du commentaire de Théon sur les tables manuelles astronomiques, etc.*

TABLES manuelles, etc., 3e partie, comprenant les latitudes des planètes, leurs stations, leurs phases, leur lever et leur coucher, et leurs digressions; suivies de la construction des éphémérides ou almanachs des Grecs, et des scolies d'Isaac Argyre. *Paris, imprimerie d'Eberhart*, 1825, in-4.

TABLE pascale du moine Isaac Argyre, faisant suite à celles de Ptolémée et de Théon; traduite pour la première fois du grec en français. *Paris, imprimerie d'Eberhart*, 1825, in-4.

Chacun des trois premiers volumes de cette collection se vendait originairement 50 fr., et les autres 25 fr., mais maintenant ils sont tous à très-bas prix dans les ventes.

— L'ÉTAT des étoiles fixes au second siècle, par Ptolémée, comparé à celles de la position des mêmes étoiles en 1786, avec le texte grec et la traduct. franç. par l'abbé Montignot. *Strasbourg*, 1787, in-4. [8205]

— Tractatus de judicandi facultate et animi principatu, etc. (græce), ex regia bibliotheca primum edidit, latine reddidit, et commentariis illustravit Ism. Bullialdus. *Parisiis, Seb. Mabre Cramoisy*, 1663 (nouv. titre, 1681), in-4. 6 à 8 fr. [3549]

— Harmonicorum libri III, gr. et lat., ex recensione, versione, et cum notis Jo. Wallis. *Oxonii, e Theatro sheld.*, 1682, in-4. 12 à 15 fr. [10100]

Vend. 16 fr. De Lalande; 15 fr. Clavier; 22 fr. Reina.

— De Geographia libri octo (græce), summa cum vigilantia excusi (dicat Erasmus Theobaldo Fetichio medico). *Basileæ* (*Hier. Frobenius et Nic. Episcopius*), *anno* 1533, in-4. de 4 ff., 542 pp. et la marque de l'imprimeur. [19542]

Première édit. assez rare. Vend. 9 fr. 50 c. Langlès; 5 flor. Meerman; 25 fr. Walckenaer.

On trouve quelquefois dans le même vol.: *Arriani et Hannonis Periplus, etc.*, en grec, imprimé en même temps. Les deux ouvrages ensemble, 83 fr. Walckenaer, mais moins ordinairement.

— Claudii Ptolemæi alexandrini philosophi cum primis eruditi, de Geographia libri octo, summa cum vigilantia excusi (gr., cum præfatione Des. Erasmi). *Parisiis, apud Chr. Wechelum*, 1546, in-4. de 4 ff. prélim. et 435 pp.

Belle édition, mais simple réimpression de celle de Bâle, 1533. Maittaire a dû la connaître, puisqu'elle est portée par anticipation dans un catal. de Chr. Wechel, daté de 1544, qu'il a lui-même fait réimprimer dans le 2e volume de ses *Annal. typogr.*, p. 431; néanmoins il n'en a pas parlé. Malgré sa rareté ce volume n'a été vendu que 9 fr. chez La Vallière et chez Soubise. Quoique, dans le titre qu'en a donné Wechel, on lise les notes *Indice amplissimo ditata nunc primum*, il est certain que le livre n'a point d'index.

— Iidem libri, gr. et lat., recogniti et emendati, cum tabulis geographicis ad mentem auctoris restitutis, per Gerardum Mercatorem. *Jodocus Hondius excudit sibi et Corn. Nicolai, in cujus officina prostant, Francofurti*, seu *Amstelod.*, 1605, gr. in-fol., cum 28 tab.

12 fr. Quatremère, et rel. en *mar. r.* 45 fr. Walckenaer.

— Theatri geographiæ veteris tomus prior, in quo Cl. Ptolemæi geographiæ lib. VIII, gr. et lat. ; græca ad codices palatinos collata, aucta et emendata sunt, latina infinitis locis correcta opera P. Bertii.— (Tomus posterior) Tabularum ptolemaicarum delineatio... ex Ptolemæi geographicis libris Agathodæmon delineavit orbem habitabilem, has vero tabulas descripsit Gerard. Mercator. Recensuit, correxit, auxitque P. Bertius, etc. *Amstelæd., ex officina Hondij*, 1618, 3 tom. en 1 vol. gr. in-fol. fig.

Recueil précieux, dont les exemplaires, recherchés et peu communs, sont pour la plupart tachés de roux. Le texte de Ptolémée y est peu correct : 80 à 90 fr. Vend. avec les cartes enluminées, 105 fr. de Limare ; 100 fr. pap. fin, de Cotte ; 100 fr. *m. r.* Caillard ; 121 fr. en 1819 ; 161 fr. *m. r.* Labey, et 121 fr. Giraud ; 82 fr. *veau f.* Walckenaer.

Description du volume. La première partie, contenant le texte grec avec le latin, sur deux col., occupe 253 pp. y compris un faux titre ; elle est précédée d'un titre général en forme de faux titre, d'un titre particulier gravé, d'une dédicace à Louis XIII (laquelle a sur le verso le portrait de P. Bertius), et d'une préface en 5 ff. La seconde partie, précédée de son titre, renferme 27 grandes cartes avec leur explication, savoir : une carte générale, 10 cartes pour l'Europe, 4 pour l'Afrique (plus, dans une partie des exemplaires, *Appendix III tabulæ africanæ*), et 12 pour l'Asie ; on trouve ensuite *Mercatoris annotationes*, 28 pp., y compris un faux titre au verso duquel se voit le portrait de Mercator ; puis un index, 20 ff. sign. AA—DD2, après quoi se trouve quelquefois un frontispice gravé, daté de 1619. Au f. DD3 commencent les *Itineraria duo Antonini*, pièce de 46 pp. non compris le premier f. ; viennent ensuite : *Tabula itineraria ex Peutingerorum bibliotheca*, 8 cartes sur 4 feuilles (plus une carte séparée : *Scheda prior*), avec l'explication de ces cartes, en 20 pp. ; puis *Abrahami Ortelii geographiæ veteris tabulæ aliquot*, partie séparée, sous les signat. QQ—KKK, contenant 14 cartes avec le texte. Enfin le livre est terminé par un f. qui présente au recto un avis *Ad lectorem* et des errata, et au verso la souscription : *Lugduni Batavorum, excudebat typis suis Isaacus Elzevirius*, 1618. Il est bien rare que les exemplaires se trouvent parfaitement conformes à la description ci-dessus : cependant nous pouvons assurer que nous avons vu tout ce que nous indiquons ici.

— Geographiæ libri octo, gr. et lat., ad codd. mss. fidem edidit Frid.-Guil. Wilberg socio adjuncto Car.-Henr.-Frid. Grashofio. *Essendiæ, Baedeker,* 1832, gr. in-4.

Édition publiée par cahiers, contenant chacun un des huit livres de ce géographe, au prix de 1 thl. 4 gr. Il n'en a rien paru depuis le 6e cah., donné en 1843.

— Cl. Ptolemæi Geographia, gr. edidit C.-Fr.-A. Nobbe. *Lipsiæ, Tauchnitz*, 1843-45, 3 part. in-18. Édition stéréotype, 7 fr.

— Cosmographia, latine reddita a Jac. Angelo. *Ab Hermano Levilapide coloniensi, Vicentiæ accuratissime impressa....* M. CCCC. LXXV, *Idi. sept.*, in-fol.

Première édition, moins recherchée que les suivantes, parce qu'elle ne renferme point de cartes. Elle commence par cet intitulé :

Le volume, composé de 144 ff., dont le premier est blanc (39 lignes par page), a des signat. marquées de cette manière : aa 2—bb 4, a 2—h 5 et A 2—G5.

Vend. 1 liv. 18 sh. Pinelli ; 70 fr. Brienne-Laire ; 260 La Serna ; 100 flor. Meerman ; 36 fr., piqué de vers, Walckenaer.

— Cosmographia (latine, cum emend. Gemisti philosophi a Dom. Calderino collatis). — *Claudii Ptolemæi.... geographiam Arnoldus Buckinck e Germania Rome tabulis æneis in picturis formatam impressit... anno* M. CCCC. LXXVIII, VI *idus octobris*, in-fol.

Livre précieux et très-rare, qui doit renfermer 27 cartes géographiques gravées sur métal, savoir : 1 carte générale, 10 pour l'Europe, 4 pour l'Afrique, et 12 pour l'Asie. Ces cartes, les plus anciennes en ce genre que l'on connaisse, sont encore les plus belles qui aient été gravées pour ce géographe dans aucune édit., sans même en excepter celles de Mercator. Les lettres y sont frappées par des poinçons et à coup de marteau, ainsi que le pratiquent les orfèvres quand ils marquent l'argenterie. Dibdin a donné le fac-simile d'une de ces cartes dans la *Biblioth. spencer.*, IV, p. 538. Le poême géographique de Berlinghieri, impr. à Florence vers 1480, contient également des cartes gravées sur cuivre.

Le corps du volume se compose de 69 ff. à 2 col. de 50 lign., plus d'un f. blanc. Le prem. f., dont le recto est blanc, présente, au verso, une épitre dédicatoire au pape Sixte IV. Le texte commence au feuillet suivant, et il se termine au verso du dernier par une souscription impr. en capitales et formant 15 lign. ; sur la 2e col. du même f. est le registre. Vend. (avec 16 cartes seulement) 242 fr. La Valliere, et complet, 120 flor. Crevenna ; 360 fr. en 1818 ; 19 liv. 19 sh. Hibbert ; 210 fr. Boutourlin ; 975 fr. Walckenaer ; 34 liv. 10 sh., avec quelques feuillets raccommodés, Libri, en 1859.

Les vingt-sept cartes de l'édition de Rome, ci-dessus, avec un titre manuscrit daté de 1480, 250 fr. *mar.* Walckenaer.

— Cosmographia, latine reddita, a Jacobo Angelo, cum castigationibus Hieron. Manfredi et Petri Boni, etc. — *Hic finit cosmografia Ptolemei. Impressa opa Dominici de lapis civis bononiensis, anno* M. CCCC. LXII, *mense Junii* XXIII, *Bononie*, in-fol.

Édition très-rare, que sa date problématique a rendue célèbre : vend. 400 fr. *m. citr.* Gaignat ; 351 fr. La Valliere ; 400 fr. *m. r. dent.* F. Didot ; 416 fr. Mac-Carthy ; 360 fr. Walckenaer.

Les bibliographes, qui sont à peu près tous d'accord entre eux pour regarder la date de cette édition comme fausse, le sont peu sur la manière dont il faut la lire : les uns pensent qu'il y a seulement un X d'oublié, d'autres qu'il y a deux XX de moins ; d'autres enfin disent que la faute dans la date vient d'un I mis au lieu d'un L, qui aurait fait M. CCCC. LXI (1491).

Le volume commence par cet intitulé, formant 3 lign. en capitales : *Beatissimo Patri Alexandro quinto Pont. Max. Angelus*. Il contient d'abord 58 ff. impr. à 2 col. de 57 lign., sous les signat. A. B. C. D, a. b. c. E ; la souscription et le registre sont placés au bas du 58e f. recto. On trouve ensuite 26 grandes cartes en taille-douce, suivies d'un f. imprimé qui renferme la table des cartes ; il y a de plus un premier et un dernier feuillet tout blancs. Gamba a publié des observations, en italien, sur cette édition, *Bassano*, 1796, in-4.

— Cosmographia latine reddita a Jac. Angelo, curam mapparum gerente Nicolao Donis Germano.—*Anno* M. CCCCLXXXII. *Augusti vero Kalendas* XVII. *Impressum Ulmæ per Leonardum Hol...* gr. in-fol., 69 ff. à 2 col. de 44 lign., sign. *a—h*, non compris les cartes gravées sur bois.

Le premier feuillet renferme une épitre de Donis au pape Paul II, commençant à la première col. du f. recto par cette ligne en capitales :

beatissimo patri Paulo se

Le texte vient ensuite et se termine au verso du 69e f., 1re col., par l'indication suivante des cartes : *Hinc sequuntur tabulæ;* ces cartes sont au nombre de 32, dont chacune occupe l'intérieur d'une feuille entière, avec l'explication impr. sur la partie extérieure de la première moitié de ladite feuille. Au haut de la première carte, qui présente la mappemonde, se lisent les mots : *Insculptum est per Johannem Schnitzer de Armszheim.* La 2e col. du verso du feuillet impr. qui dépend de la dernière carte est terminée par une souscription formant douze lignes ou bouts de lignes en capitales. Il se trouve de plus au commencement du volume, dans quelques exemplaires, un *Registrum alphabeticum*, partie de 29 ff., y compris le premier, sur lequel il n'y a d'imprimé qu'une portion du verso, commençant par les mots : *Nota ad inveniendum;* et à la fin un traité de Nic. Donis *De locis ac mirabilibus mundi*, en 17 ff., dont le premier imprimé seulement au verso, commence de cette manière : *Incipit registrum...* Ces 46 ff. sont à 2 col. de 57 lign. en plus petits caractères que le texte, et n'auront probablement été publiés qu'après la mise en vente d'une grande partie des exemplaires : au reste, il ne faut pas croire qu'ils soient tirés de l'édition de 1486, puisque dans cette dernière les deux mêmes opuscules occupent un plus grand nombre de pages que dans celle-ci.

On connaît au moins une douzaine d'exemplaires de l'édition de 1482, impr. sur VÉLIN. Celui de la bibliothèque Rhediger, à Breslau, a cela de particulier, qu'il y manque les trois dernières lignes de la souscription, où sont le lieu de l'impression et le nom de l'imprimeur, et qu'on a écrit au-dessous de la dernière ligne le mot *Romæ*, ce qui a donné lieu à l'annonce d'une édition de Rome, 1482, non existante. Des exemplaires sur VÉLIN ont été vendus 400 fr. Gaignat ; 800 fr. Mac-Carthy, et en Angleterre, 25 liv. Drury ; 30 liv. 9 sh. Sykes ; 31 liv. Hibbert. — Un exemplaire sur pap., mais avec les 46 ff. ajoutés et les cartes colorées, 100 flor. Meerman; sans ces 46 ff., 62 fr. La Vallière. Un bel exempl. rel. en *mar. r.*, et avec les initiales peintes, 185 fr. Walckenaer, 5 liv. 2 sh. 6 d. Libri, en 1859.

— Eadem. — (in fine): *Impressum Ulmæ opera et expensis Justi de Albano de Venetiis per provisorem suum Johannem Reger*, *anno* M. CCCC. LXXXVI. *kalend. Augusti*, in-fol.

Cette édit. de 1486 n'est pas tout à fait semblable à celle de 1482, quoiqu'elle renferme les mêmes cartes et que le texte y soit également à 2 col. de 44 lign.; on y compte 204 ff. en tout, savoir : 42, sign. A—E pour la table des noms des lieux, précédée d'un avertissement (*Nota ad inveniendum igitur regiones*), 74, signal. *a—i* pour le texte, à la fin duquel on lit : *Hinc sequuntur tabulæ*, 64 pour les 32 cartes ; enfin 24 ff. sign. *a— c*, renfermant le traité *De locis ac mirabilibus mundi*, qui commence par une table et se termine en recto, 2e col., par une souscription imprimée en six lignes, en

capitales. Vend. 3 liv. 15 sh. Pinelli, et quelquefois de 20 à 30 fr.

Un exemplaire imprimé sur VÉLIN se conserve dans la bibliothèque Magliabecchi, à Florence.

— Ptolemæi Cosmographia, latine. — *Hoc opus.... impressum fuit et completum Rome anno....* M. CCCC. LXXXX.... *arte ac impensis Petri de Turre,* in-fol.

Cette édit. renferme 119 ff. (dont 4 blancs) à 2 col. de 53 lign., sous les signat. A—E, a—h et *a—c;* elle commence aussi par le *Registrum alphabeticum* qui occupe 34 ff., et elle finit par le traité *De locis ac mirabilibus mundi*, consistant en 21 ff. On y trouve de plus les 27 cartes géographiques qui ont servi à l'édition de 1478 : vend. 48 fr. m. r. La Vallière; 60 fr. Walckenaer ; 2 liv. 5 sh. Libri.

Les mêmes planches augmentées de 10 autres, moins bien gravées, se retrouvent encore dans l'édition suivante.

— Geographia, latine reddita, correcta a Marco Beneventano et Joanne Costa. *Romæ, Evangelista Tosinus,* 1508, gr. in-fol.

Un exemplaire en *mar. r.*, avec les cartes géographiques coloriées 48 fr. La Vallière; 62 fr. Chardin; sous la date de 1507, 41 fr. Walckenaer ; sous celle de 1508, et avec les 14 feuillets ajoutés, 101 fr. Walckenaer, et quelquefois moins.

Il existe deux sortes d'exemplaires de cette édit.: les uns avec le titre daté de 1507, et qui ne renferment que 33 cartes; les autres avec le premier feuillet réimprimé sous la date de 1508, et auxquels on a ajouté 14 ff. contenant *Marci Beneventani orbis nova descriptio*, avec une seconde épître de Tosinus au card. Guibé, et de plus une carte générale du monde, par Jo. Ruysh, artiste allemand : cette carte est la première qui ait donné une idée de l'Amérique (Catalogue des cartes géographiques du prince Labanoff, nos 18 et 19). Pour le surplus, tous les exemplaires sont semblables, et ont à la fin du texte la souscription datée du *viii. septêbre M. D. VII.* Ils doivent renfermer 35 ff. contenant le titre, l'épître dédicatoire du libraire Tosinus et la table des lieux ; le texte, ff. 36 à 107, suivis d'un f. blanc (le tout avec des sign. de A—O); les 14 ff. dont il a été question ci-dessus ; 33 ou 34 cartes, gravées sur cuivre, et desquelles 27 sont les mêmes que dans les éditions de Rome, 1478 et 1490 ; enfin 20 ff. sign. Aa—Cc, renfermant un traité *De tribus orbis partibus*. La Bibliothèque impériale possède un exemplaire à la date de 1508, et dont les cartes, au nombre de 34, sont imprimées sur VÉLIN.

— Liber geographiæ, cum tabulis et universali figura, et una additione locorum quæ a recentioribus reperta sunt, diligenti cura emendatus et impressus (cum annotationibus Bern. Sylvani Eboliensis). *Venetiis, per Jac.-Petr. de Leucho,* 1511, in-fol.

Édition impr. en noir et rouge, sur 2 col. de 60 lign. en lettres rondes. Elle a 61 ff. de texte dont 4 prélim., plus 30 ff. contenant les cartes géogr. gravées sur bois (Ebert compte 62 ff. de texte, sign. A—I). Vend. 16 fr. 50 c. Boutourlin ; 24 fr., taché, Walckenaer.

Un exemplaire imprimé sur VÉLIN, 770 fr. *m. r.* Brienne, en 1792; un autre, 381 fr. La Serna; 400 fr. *mar. bl.* d'Ourches; un troisième, également sur VÉLIN, mais ayant sur papier une partie de la carte de l'Europe et les feuillets qui précèdent la feuille C 3, 1t, n'a été vendu que 5 liv. Libri.

— Geographie opus novissima traductione

, e Grecorum archetypis castigatissime pressum. *Argentinæ, J. Schott,* 12 *Mart.* 1513, in-fol.

C'est encore la traduction de Jac. Angelus, mais corrigée avec le secours d'un manuscrit grec. Le volume a 60 ff. chiffrés, 14 non chiffrés, 46 cartes gravées sur bois, et 15 ff. pour le traité *De locis mundi.* M. Beaupré a parlé de cette édition à la p. 83 de ses *Recherches sur l'imprimerie lorraine,* pour faire remarquer qu'on y trouve deux cartes gravées aux frais de René II, duc de Lorraine, mort en 1508, et probablement avant cette date. La première est la carte hydrographique dressée, dit-on, par Christophe Colomb, et l'autre, une carte de Lorraine (la 20e pl. du supplément), la plus ancienne que l'on connaisse de ce duché. La Géographie de Ptolémée a été réimpr. par le même J. Scott ou Schott, en 1520, in-fol., avec 47 cartes (édit. vendue 45 fr. Walckenaer); et dans la même ville, par J. Grieninger, 1522, par les soins de Laur. Phrisius, in-fol., avec 49 cartes (cette dernière 17 fr. même vente, et 60 fr. catal. de Tross, 1862). Ebert fait observer qu'il se trouve déjà dans cette édition, à la 3e carte d'Afrique, le passage concernant la Palestine, qu'on a depuis reproché à Servet.

— Geographicæ enarrationis libri VIII, Bilib. Pirckheymero interprete : Annotationes Joan. de Regiomonte in errores commissos a Jac. Angelo in translatione sua. *Argentoragi* (sic), *J. Grieninger,* 1525, in-fol. de 82 ff. chiffrés et 14 non chiffrés, avec 50 cartes gravées sur bois.

J. Huttichius passe pour avoir dirigé cette édition, d'après laquelle Mich. Servet a donné la sienne : 40 fr. Walckenaer.

— Geographicæ enarrationis libri VIII, ex Bilibaldi Pirckheymeri tralatione, sed ad græca et prisca exemplaria a Mich. Villanovano (Serveto) jam primum recogniti, cum ejusdem scholiis. *Lugduni, ex offic. Melchioris et Gasp. Trechsel,* 1535, in-fol. 30 à 40 fr.

Édition assez rare, et célèbre à cause du nom de son éditeur. Elle est divisée en 3 part. dont la première contient 149 pp. et 1 f. de souscription ; la seconde (l'*Index*), 38 ff. signat. A—F ; la troisième, 50 cartes gravées sur bois. 80 fr. *mar. bl.* Walckenaer.

— Ptolemæi libri VIII de geographia e græco denuo deducti, nominibus græcis e regione oppositis... Jo. Noviomagi (Jo. Bronchorsi) opera. *Coloniæ excudebat Joannes Ruremundanus,* M. D. XL, in-8. de 4 ff. prélim., 388 pp. et 49 ff. pour l'Index. 7 fr. 75 c. Walckenaer.

— Iidem geographicæ enarrationis libri VIII, a Mich. Villanovano (Serveto) secundo recogniti. *Lugduni, Hug. a Porta,* 1541, in-fol. fig.

Cette seconde édition du Ptolémée de Servet renferme des augmentations, mais, d'un autre côté, on en a retranché plusieurs passages ; en sorte qu'elle ne rend pas la première inutile.

La première partie contient aussi 149 pp. ; mais la seconde a 48 ff., signat. a—h ; la troisième part. comprend les mêmes 50 cartes ; avec des corrections. De beaux exemplaires de ces deux édit. se sont vendus autrefois de 50 à 100 fr., et même un exemplaire de la seconde, en *m. r.* et avec les cartes color., a été payé 165 fr. Mac-Carthy. Un exem-

plaire en *v. f.* s'est vendu 60 fr. Walckenaer; un un autre, 36 fr. Quatremère; un autre, dans son ancienne rel. en *mar. brun,* avec un médaillon représentant un aigle volant au sommet d'un rocher entouré des mots *Procul este,* 20 liv. 10 sh. Libri.

— Ptolemæi Planisphærium, Jordani Planispherium. Federici Commandini in Ptolemæi planisphærium commentarius, in quo universa scenographices ratio quambrevissime traditur, ac demonstrationibus confirmatur. *Venetiis, Aldus,* 1558, 2 part. en 1 vol. pet. in-4. de 4 ff. prélim., 38 et 28 ff. y compris l'ancre et la première partie et le titre de la seconde.

15 fr. en 1806 ; 19 fr. 50 c. Walckenaer, et 4 sh. seulement Butler.

— TRAITÉ de Géographie de Claude Ptolémée, d'Alexandrie, traduit pour la première fois du grec en français sur le manuscrit de la Bibliothèque du roi, par l'abbé Halma. *Paris, impr. d'Eberhart,* 1828, in-4., avec 1 planche.

Cette édition, imprimée à 2 col., l'une en grec et l'autre en français, ne contient que le premier livre, mais comme elle est très-défectueuse, on n'a pas à regretter qu'elle n'ait pas été terminée.

Il existe trois traductions italiennes de la Géographie de Ptolémée. La première, par P.-Andr. Mattiole, *Venise,* 1548, in-8. fig. ; la seconde, par Jérôme Ruscelli, *Venise,* 1561 et 1564, in-4. (et *nuovamente amplificata* da G. Rosaccio, *Venet.,* 1599, in-4., 15 fr. 50 c. Walckenaer) ; la troisième, par Léonard Cernoti, *Venise,* 1598, in-fol. avec cartes ; mais ni les unes ni les autres ne sont chères : 6 à 9 fr.

— TRAICTÉ des comettes... extraict de Ptholomée et autres. Voy. TRAICTÉ.

PUBLICATION (la) de la treue faicte et accordee entre tres haulx... princes Henry roy de France second de ce nom, Charles empereur Ve de ce nom et Philippes son fils, roy Dangleterre. Publie a Paris, le xvje iour de feburier 1555, et aussi lordre qui a este tenu tant de la publication que de la procession faicte le lendemain. *Imprime nouuellement a Paris, par J. Dallier et Gilles Corrozet* (sans date), pet. in-8. goth. de 4 feuillets. [23475]

Opuscule rare. 70 fr. en avril 1862.

PUBLICIUS (*Jacobus*). Oratoriæ artis epitomata : Ars Tulliano more epistolandi : Ars memoriæ. *Venetiis, Erh. Ratdolt, pridie cal. Dec.,* 1482, in-4. goth. de 68 ff., à 31 lign. par page, sign. A—E et *a—d,* avec fig. sur bois (le premier f. et le dernier sont blancs). [12052]

Livre curieux, surtout à cause du troisième ouvrage, qui est un traité de mnémonique, accompagné de figures gravées sur bois, dont on trouve des fac-simile (d'après l'édition de 1485) dans la *Biblioth. spencer.,* tome III, pp. 475 et suiv. Vend. 3 liv.

Pubitsch (*Fr.*). Series rerum slavo-bohemic., 26650.
Public works of the United States, 8849.

19 sh. Sykes; 76 fr. *mar.* Cailhava; 25 fr. Bearzi; 50 fr. Quatremère.

Il existe une seconde édition de ces trois traités, Venise, par Erh.Ratdolt, 1485, *pridie calen. februarii*, in-4. de 66 ff. sign. A—H, lettres rondes, avec les mêmes planches. Vend. 2 liv. 2 sh. Sykes; 17 sh. Hibbert; 18 sh. Heber; 26 fr. Boutourlin; 30 fr. Riva; — une édition d'Augsbourg, par Erhard Ratdolt, 1490, in-4. de 67 ff. 32 flor. 30 kr. Butsch. On en cite une autre de 1498, par le même imprimeur.

— Voyez **ARS** memorativa.

PUCCI (*Ant.*). Le bellezze di Firenze, capitolo. *Firenze, apud S. Jac. de Ripolis,* 1482, in-4. [14703]

Cette édition est fort rare, mais l'ouvrage a été réimprimé dans plusieurs recueils.

— La Reyna Doriente. (in fine) : *Finita la reyna doriente a di 2 Guiugno* MCCCC° LXXXIII. *in firenze,* in-4. en caract. rom., sign. a. b. c. quaderni, à 4 octaves par page (Molini, *Operette,* p. 114, d'après un exempl. dont le premier feuillet manquait). [14703]

Poëme en quatre chants, contenant 194 stances. L'auteur se nomme à la fin du premier chant. Pour bien connaître l'ouvrage, il faut consulter les *Opuscoli di autori sicil.,* XX, pp. 222 et 243.

— La reina Doriente. (*absque nota, circa* 1485), in-4.

— La Regina d'Oriente. *Firenze,* 1628, in-4. de 10 ff. à 2 col.

Un exemplaire de cette édition, rel. en *mar. r.,* et auquel se trouvaient joints 6 feuillets d'une édition du même poëme, qu'on supposait avoir été impr. à Florence au milieu du XVI° siècle, est porté à 160 fr. dans le catalogue Libri, 1847, n° 1105, où l'annonce de ce livre est accompagnée d'une note étendue et fort curieuse.

— Historia della regina d'Oriente, dove si tratta di molti apparecchi, trionfi, e feste tra valorosi cavalieri. *Bologna, Pisarri* (senz' anno), in-12.

Édition de la fin du XVII° siècle, vend. en *m. r.* 69 fr. Libri, sans avoir cette valeur.

— Centiloquio e poesia. *Firenze, Cambiagi,* 1772, 4 vol. in-8. [14470]

Ces quatre volumes forment les tom. III, IV, V et VI des *Delizie degli eruditi toscani;* mais il en a été tiré à part un petit nombre d'exemplaires. L'édition a été faite par les soins du P. Ildefonso di S. Luigi, qui y a joint une notice sur l'auteur par Dom.-Mar. Manni. Pucci est un des premiers qui ont introduit le genre burlesque dans la poésie italienne : son *Centiloquio* est la chronique de J. Villani mise en vers.

PUCCIARINI (*Clem.*). Brandigi del capitano Clemente Pucciarini Arétino, poema, che continua la materia dell' Ariosto di nuovo ristampato con le annotazioni e figure. *Venezia, Gio.-Antonio Rampazetto,* 1602, in-4. fig. [14794]

Seconde édition de ce poëme; elle contient vingt chants, tandis que la prem. de Venise, 1596, in-4., n'en a que seize. Vend. 1 liv. 5 sh. Hibbert.

PUCE (la) de madame des Roches, qui est un recueil de divers poëmes grecs, lat. et franç. composés par plusieurs doctes personnages, aux grands jours tenus à Poitiers, en 1579. *Paris, Ab. l'Angelier,* 1581, ou 1583, in-4. [13825]

L'édition de 1581 a 4 ff. prélimin. et 94 ff. chiffrés (le dernier coté 91) : vend. 16 fr. Labey; en *mar. vert,* par Thouvenin, 126 fr. Solar; en *mar. r.* par Trautz, 202 fr. même vente, où l'édit. de 1583, en *v. f.* par Bauzonnet, a été payée 100 fr. — Cette dernière a le même nombre de ff., et entre les ff. 60 et 61, un second titre, daté de 1581, et annonçant *Divers poëmes :* 21 fr. Monmerqué.

PUCKLE (*James*). The Club, a dialogue between a father and son. *London, Johnson,* 1817, gr. in-8., avec fig. sur bois par Thurston. [15808]

Réimpression d'un ouvrage dont la première édition date de 1711. Il en a été tiré 200 exempl. avec les fig. sur pap. de Chine, 1 liv. 1 sh.; 18 sur pap. de Chine blanc, et 7 sur pap. de Chine jaune, avec bordures; enfin 7 exempl. impér. in-8. sur soie, avec bordures dorées. Un de ces derniers : 3 liv. 10 sh. Hibbert.

PUECH ou **Puch** (*Louis*). Le Panégyrique de la Sainte-Vierge, par le sieur Pvch. *Grenoble, André Galle,* 1666, in-4. de 14 ff. et 60 pp. [14108]

Ce volume est le plus considérable des quatre opuscules poétiques de Puech que nous fait connaître M. Crozet de Marseille dans une notice curieuse qu'il a publiée sous ce titre : *Mélanges d'histoire naturelle. Recherches sur les fossiles littéraires de la vieille Provence, par Gheratos, le bouquiniste.* Aix, typographie A. Makaire, 1861 (in-8. de 39 pp., tiré à 72 exemplaires numérotés). Goujet n'a pas parlé de ce poëte, né à Aix en 1624, et mort le 15 juin 1686, et nous ne trouvons aucun de ses ouvrages dans la seconde partie du catalogue de La Vallière, où pourtant sont indiquées des poésies françaises relatives à la sainte Vierge, qui ne doivent être guère moins rares que le *Panégyrique* dont il s'agit. Nous avons eu occasion de parler dans ce Manuel de plusieurs des ouvrages de ce genre que possède la bibliothèque de l'Arsenal [voy. nos articles BOCAGE (*Ad.*); COUDRAY (*Gervais*) ; LE DIGNE (*N.*) ; SAGON]. — En voici quatre autres qui sont également portés dans le catalogue de La Vallière, IV, p. 170, et qui méritent bien autant d'être cités que celui de L. Puech, postérieur de plusieurs années :

1° LE BOCAGE sacré de la Vierge Marie, mère de Dieu, par Helye Garel. *Nancy, Garnich,* 1618, in-8. (voy. notre article GAREL).

2° LE DEVOT amant de la Sainte Vierge, par Antoine Girauld. *Avignon, Piot,* 1635, in-8.

3° PORTRAIT des saintes vertus de la Vierge, contemplées par Isabelle-Claire-Eugénie, infante d'Espagne, dressées par J. Terrier de Vesoul. *Pin, Vernier,* 1635, in-4. fig.

4° DÉVOTES conceptions, ou pensées sur les emblèmes, prophéties, figures et paroles de la sainte écriture, qui se rapportent à la Vierge Marie, par Nic. Deleville, célestin. *Louain, Cœnestein,* 1659, in-8.

Pour en finir avec L. Puech, il nous reste à décrire

Puccini (*Th.*). Memorie di Antonello degli Antonj, 31043.

Puchmayer (*A.-J.*). Grammatik und Wörterbuch der Zigeuner-Sprache, 11471.

trois opuscules poétiques de lui, lesquels, selon M. Crozet, qui nous les indique, sont si rares qu'on en connaît à peine deux ou trois exemplaires. En voici les titres :

LA MAGDELEINE *dans le desert de la Ste-Baume, par le sieur Puch, prieur de La Tour.* Aix, chez Nezmos, 1661, in-8. de 16 pp., plus le titre et un f. sans n°.

POÉSIE *chrestienne, par M. Puch, prieur de Beuons.* Grenoble, chez Pierre Fremon (s. d.), in-8. de 16 pp.

LUCRÈCE *mourante à son mari Collatin, harangue poétique dédiée à mademoiselle de Villefranche Monbrun.* Grenoble, André Galle, 1663, in-8. de 8 ff. et 16 pp.

M. Crozet parle encore à la fin de sa notice de quatre petites pièces de L. Puech, qui font partie de la collection de M. Gariel de Grenoble, et dont il donne les titres, pages 37 et 38 de cet opuscule, auquel nous renvoyons le lecteur qui serait curieux de les connaître. C'est par déférence pour M. Crozet, notre honorable correspondant, que nous nous sommes arrêté si longtemps sur un versificateur qui méritait si peu notre attention; mais nous sommes bien déterminé à n'admettre que le moins possible dans nos colonnes les curiosités purement locales qui ne se recommandent pas par quelque particularité piquante, ou qui n'auraient pas acquis dans les ventes une haute valeur pécuniaire. Agir autrement, ce serait sortir du plan que nous nous sommes tracé, et multiplier à l'infini nos volumes, sans pourtant pouvoir remplacer entièrement les ouvrages de bibliographie qui, ne traitant que d'une seule classe de livres, doivent être aussi complets que cela est possible.

PUECKLER-MUSKAU (*Hermann,* Fürst von). Andeutungen über Landschaftsgärtnerei, verbunden mit der Beschreibung ihrer praktischen Anwendung in Muskau. *Stuttgart, Hallberger,* 1834, in-8. de 232 pp. et atlas gr. in-fol. avec 40 vues color. et 5 plans, sign. A—D. [9836]

Ce livre a coûté 80 thl., et avec les fig. en noir, 30 thl. seulement.

PUENTE (*Juan* de la). Primera parte del Jardin de amadores, en el qual se contienen mejores, y mas modernos romances que hasta oy se han sacado, recopilados por Juan de la Puente, y añadidos en esta ultima impression muchos romances nuevos nunca impressos. *Çaragoça, Juan de Larumbe,* 1611, pet. in-12 allongé, de 94 ff., plus 2 ff. de table. [15083]

Une autre édit. de Saragosse, 1644, in-12 allongé, même nombre de feuillets, se conserve à la Bibliothèque impér. de Vienne.

Il est vraisemblable que ce livre est une nouvelle édition du *Jardin de amadores* de Lorenzo de Ayala dont Antonio cite une édition de Valence, 1588, in-16.

PUENTE (*Jos. Martinez* de la). Compendio de las historias de los descubrimientos, conquistas y guerras de la India oriental, y sus islas. *Madrid,* 1681, pet. in-4. [28151]

Livre rare : vend. 1 liv. 5 sh. Heber; 29 fr. 50 c. 2ᵉ catal. Quatremère.

PUENTE (P. *Ant.* de la). Viage de España. Voyez PONZ.

PUFFENDORFF (*Sam.*). De Jure naturæ et gentium libri octo, cum comment. J.-N. Hertii et Jo. Barbeyracii : acced. Eris Scandica, e recensione G. Mascovii. *Lipsiæ,* 1744, et *Francofurti,* 1759, 2 vol. in-4. 12 à 15 fr. [2352]

L'édition d'*Amsterdam,* 1715, in-4., avec les notes d'Hertius, a moins de valeur.

— Le Droit de la nature et des gens, trad. du latin par J. Barbeyrac, avec des notes. *Amsterdam,* 1720 et 1734, 2 vol. in-4. 12 à 18 fr., et plus en Gr. Pap.

Édition préférée à celle qui porte l'indication de *Londres,* 1740, 3 vol. in-4., quoique cette dernière se vende à peu près le même prix.

— De officio hominis et civis secundum legem naturalem libri II, cum notis J. Barbeyracii et Leibnitii. *Francofurti,* 1753, pet. in-8. 4 à 6 fr. [2353]

Bon abrégé de l'ouvrage précédent.

— IIDEM, cum notis variorum. *Lugd.-Batav.,* 1769, 2 vol. in-8. 10 à 12 fr.

La traduction française par Barbeyrac est sous ce titre : *Les Devoirs de l'homme et du citoyen,* Amst., 1756 (réimpr. à Paris, 1822), 2 vol. in-12.

— Introduction à l'histoire moderne, générale et politique de l'univers, commencée par Sam. Puffendorff, augmentée par Bruzen de La Martinière, et continuée jusqu'en 1750 par de Grace. *Paris,* 1753-59, 8 vol. in-4. cartes. [21295]

Cet ouvrage, dont la suite ne vaut pas le commencement, est peu recherché maintenant, et se donne à bas prix, même lorsqu'il est en Gr. Pap. ou en Gr. Pap. de Hollande; cependant un exempl. en papier de Holl., enrichi des dessins originaux d'Eisen pour les vignettes de ces huit volumes, a été vend. 400 fr. mar. r. Blondel d'Azincourt, en 1808.

Voici l'indication de plusieurs autres ouvrages du même auteur que nous ne devons pas omettre, malgré l'extrême médiocrité de leur prix : 1° *De rebus gestis Friderici Wilhelmi magni electoris Brandenb. libri XIX,* Berol., 1695, seu Berol. et Lips., 1733, 2 part. in-fol. — 2° *De rebus gestis Friderici III, electoris Brandenb. libri III* (edidit Ewald. F. de Hertzberg), Berol., 1784, in-fol. [26671] — 3° *Commentar. de rebus suecicis lib. XVII,* Ultrajecti, 1686, seu Francofurti, 1705, in-fol. — 4° *De rebus gestis a Carolo Gustavo, Succiæ rege, lib. VII,* Norimbergæ, 1696 (aussi 1729), 2 vol. in-fol., et trad. en français, *Nuremb.,* 1697, 2 vol. in-fol. [27679]

PUGH (*Edward*). Cambria depicta, being a tour through North-Walles, illustrated with 71 picturesque views coloured from nature. *London, Williams,* 1816, gr. in-4. 20 à 24 fr., et plus en Gr. Pap. [27369]

PUGHE (*W.-O.*). Voy. OWEN.

PUGIN (*Augustus*). Specimens of gothic architecture, selected from various ancient edifices in England : consisting of plans, elevations, sections and parts at large calculated to exemplify the various styles and the practical construction of this class of admired architecture, accompanied by historical and descriptive accounts (by J.-W. Wilson). *London, Taylor*, 1821-23, 2 vol. in-4., avec 60 et 56 pl. [9981]

Ouvrage utile aux architectes, et curieux pour les antiquaires. Les planches dont il est enrichi ont été exécutées par Turrel, Lekeux, et autres graveurs distingués : 3 liv. 3 sh. (vend. 110 fr. Hurtault). — Gr. Pap., 6 liv. 6 sh. Il a été reproduit chez Natali, en 1846, en 2 vol. in-4. au prix de 3 liv. 13 sh. 6 d.

—Specimen of gothic architecture consisting of doors, windows, buttresses, pinnacles, etc., with the measurement, selected from ancient building at Oxford, by A. Pugin and F. Mackenzie. *London*, 1820, in-4. contenant 61 pl. 1 liv. 1 sh.

— Examples of gothic architecture, selected from various ancient edifices in England... accompanied by historical and descriptive accounts, by E.-J. Willson. *London*, 1823 (aussi 1831), 2 vol. in-4. 150 pl. [9982]

On réunit à ces deux vol. une continuation par T.-L. Walker. *Lond.*, 1836-38, in-4., contenant 76 pl. Les 3 vol. ont coûté 12 liv. 12 sh., et en pap. impér., épreuves sur pap. de Chine, 25 liv. 4 sh. ; mais les trois vol. (sous la date de 1850), contenant 224 pl. par Lekeux, sont portés à 4 ou 5 liv. dans les catalogues des libraires anglais.

— Types d'architecture gothique empruntés aux édifices les plus remarquables, construits en Angleterre pendant les XIIe, XIIIe, XIVe, XVe et XVIe siècles, représentés.... par A.-W. Pougin, trad. de l'anglais par L. Delobel, la partie graphique revue par Godefroid Ume. *Liége*, 1853, 3 vol. gr. in-4., contenant 225 pl. avec 300 pp. de texte. 120 fr. [9981]

— Gothic ornaments, selected from various ancient buildings in England and France during the years 1828-30, exhibiting numerous specimens of every description of constructive detail from the eleventh to the sixteenth century ; by Aug. Pugin, drawn by J.-D. Harding. *London*, 1831, in-4., avec 91 pl. lithogr. Publié à 3 liv. 10 sh. Gr. pap., planch. sur papier de Chine, à 6 liv. 6 sh. — Nouv. édit., *Lond.*, H. Bohn, 1854, gr. in-4 avec 91 pl., 2 liv. 5 sh.

—Ornamental timber gables, from existing examples in England and France in the sixteenth century... with descriptive letter press by J. Wilson. *London*, 1831, in-4., avec 30 pl. lithogr.

Ces deux ouvrages se vendaient primitivement, l'un 3 liv. 10 sh., et l'autre 1 liv. 1 sh., et le double en Gr. Pap. avec fig. sur papier de Chine ; mais ils ont été reproduits l'un et l'autre chez H.-G. Bohn, en 1854, au prix de 3 liv. les deux.

— A Series of views in Islington and Pentonville from original drawings, made in the year 1818, by A. Pugin, with description by Edw. Wedlake Brayley. *London*, 1819, gr. in-4., avec 32 planches. 15 à 20 fr., et plus avec les premières épreuves sur pap. de Chine.

— Paris and its environs, displayed in a series of two hundred picturesque views, from original drawings taken under the direction of A. Pugin ; the engravings executed under the superintendence of Charles Heath, with topographical and historical descriptions by L.-T. Wentouillac. *London, Jennings*, 1829 à 1831, 2 vol. pet. in-4. 2 liv. 2 sh.; — avec fig. india proofs, 3 liv. 2 sh.; — imper. in-4., india proofs (avant la lettre), 5 liv. 5 sh. [24153]

— Antiquités architecturales de la Normandie, trad. de l'anglais par Leroy. *Liége*, 1855, gr. in-4., contenant 78 pl. avec texte. 40 fr. [9944]

Pour l'édition originale, voy. Britton. — Tour from Paris to sea, voy. Sauvan.

— Pugin (*Aug.* Welby). Details of ancient timber house of the XVe and XVIe centuries selected from those existing at Rouen, Caen, Beauvais, Gisors, Abbeville, Strasbourg, etc., drawn on the spot and etched by A. Pugin. *London, Ackermann*, 1836, in-4., 22 pl. 12 sh.

— Gothic furniture in the style of the XVe century. *London, Ackermann*, 1835, in-4. 25 pl 1 liv. 1 sh.

— Desings for gold and silver ornaments, in the style of the 15 th. and 16 th. centuries. *London, Ackermann*, 1836, in-4., 28 pl. 12 sh.

— Desings for iron and brass works, in the style of the 15 th. and 16 th. centuries. *London, Ackermann*, in-4. 27 pl. 12 sh.

Ces quatre ouvrages de M. A.-W. Pugin se réunissent en un seul volume, sous le titre de *Gothic ornaments*, 1850.

— Present state of ecclesiastical architecture in England. *London*, 1843, in-8., avec 38 grav. 8 sh. 6 d.

— Contracts : or a parallel between the noble edifices of the middle ages and corresponding buildings of the present day. *London*, 1830, ou seconde édit., 1841, in-4. fig. 1 liv. 10 sh.

— True principles of pointed or christian architecture, with apology for the revival of christian architecture. *London*, 1853, 2 tom. en 1 vol. in-4., contenant 9 pl. et 78 vignettes sur bois. 12 sh. 6 d.

Il y a une première édition de Londres, 1842, in-4., avec 9 pl. et des vignettes dans le texte, et aussi une première édition de l'*Apology*, de 1843, in-4.

— Les vrais principes de l'architecture ogivale ou chrétienne, avec des remarques sur leur renaissance au temps actuel, remanié et développé d'après le texte anglais de A.-W. Pugin, par T.-H. King, et trad. en français par P. Lebrocquy. *Bruges et Bruxelles*, 1850, gr. in-4., orné de 71 gr. pl. et de nombreuses vignettes dans le texte. [9736]

— Glossary of ecclesiastical ornament and costume illustrated from ancient authorities and examples by Augustus-Welby Pugin. *London, H.-G. Bohn*, 1844 (aussi 1846), gr. in-4. [10051]

Ouvrage contenant soixante-dix pl. imprimées en or et en couleur, non compris une cinquantaine de vignettes sur bois, et les extraits de différents auteurs, rédigés par le rev. B. Smith. 5 liv. 5 sh.

— Floriated ornaments designed by Welby Pugin. *London*, 1849, gr. in-4., avec 70 pl. impr. en or et en couleur. 100 fr. [10051]

— New works on floriated ornament. *London*, 1854, gr. in-4., contenant 30 pl. peintes en or et en couleurs. 2 liv. 10 sh.

— Treatise on chancel screens and rood lofts. *London, Dolman*, 1848, in-4., fig. 15 sh.

— History of the restored church of St. Mary, Wymeswold. *London*, 1850, in-4., pl. 18 sh.

Recollections of A.-Welby Pugin, and his father, Augustus Pugin, with notices of their works, by Benjamin Ferey, with an appendix by E. Sheridan Purcell. *London*, 1861, in-8., portraits and illustrations. 1 liv. 1 sh.

PUGNA porcorum. Voy. Porcius.

PUISSANT (*Louis*). Traité de topographie, d'arpentage et de nivellement; seconde édition, augmentée. *Paris, Ve Courcier*, 1820, in-4. fig. 20 fr. [8008]

— Traité de géodésie, ou exposition des méthodes astronomiques et trigonométriques, appliquées soit à la mesure de la terre, soit à la confection du canevas des cartes et des plans par L. Puissant; 3ᵉ édition, considérablement augmentée. *Paris, Bachelier*, 1842, 2 vol. in-4. fig. 40 fr. [8007]

La seconde édition est de 1819; l'auteur y a ajouté un supplément en 1827. La *Description géométrique de la France*, en 3 vol. in-4. [19569], qui forme les tomes VI, VII et VII bis du *Mémorial du Dépôt de la Guerre* (voy. MÉMORIAL), est de L. Puissant; les ouvrages suivants sont également de lui :
— Propositions de géométrie, 7951. — Trigonométrie, 8007.

PUJADES (*Geronimo*). Crónica universal del principado de Cataluña, escrita a principios del siglo XVII. *Barcelona, imprenta de José Torner*, 1829-32, 5 vol. en 8 part. in-4. 115 fr. [26184]

Vendu 70 fr. 2ᵉ catal. Quatremère.
L'édit. de Barcelone, 1609, in-fol., texte catalan, est fort rare : 1 liv. 12 sh. et 2 liv. 12 sh. *mar.* Heber; 2 liv. 8 sh. Libri, en 1859. Dans la dernière, la seconde et la troisième partie sont publiées pour la première fois.

PULCI (*Antonia*). Rapresentatione de S. Francesco per Mona Antonia dona di Bernardo Pulci. — *Finis*, pet. in-4., signat. n—p, à 27 lignes par page. [16619]

Cette pièce est ordinairement reliée avec les ouvrages suivants du même auteur :
La rapresentatione di Sancta Domitilla,...... composta per Antonia dona di B. Pulci l' año M. CCCC. LXXXIII, signat. a—c. — *La rapresentatione di Barlaam e Iosafat*, signat. d—f. — *La rapresentatione di Sancta Guglielma*, signat. g—i. Cette dernière, 2 liv. Heber.
On trouve encore dans le même recueil cinq autres pièces sans nom d'auteur, savoir:
La rapresentatione di Joseph figliuolo di Jacob, sign. k — m. — *La rapresentatione della reina Hester*, sign. q—t. — *La rapresentatione della natiuita di Christo*, sign. u—x. — *La rapresentatione di S. Antonio della barba romito*, sign. y—&. — *La rapresentatione di S. Francesco come converti tre ladroni et feciosi frati*, sign. aa—bb.
Toutes ces pièces paraissent avoir été imprimées à Florence, chez Fr. Bonaccorsi, vers 1490. Comme elles sont très-rares, les personnes qui les recherchent y mettent un prix assez élevé : il y en a eu même plusieurs de vendues de 5 à 6 liv. chacune chez Roscoe. — *La Rapresentatione di S. Guglielma* a été réimpr. à Florence en 1554, en 1588, et aussi sans date, de format in-4. — Celle de *S. Francesco*, également sans date, in-4.
La *Rapresentatione divota di Barlaam et Iosaphat*, in-4., fig. en bois, édition sans indication de lieu et sans date, mais impr. vers 1490. Vend. 2 liv. Heber.
— Voy. RAPPRESENTATIONE.

PULCI (*Bern.*). La passione di Nostro Signor Gesu Christo con la sua risurrezione e scesa al limbo : e la vendetta che fece Tito Vespasiano contro i Giudei. — *Impresso nel alma ι inclita cità di Bologniaper me Ugo di ruge-*

rii... neli ãni..... 1.4.89. Adi. x. de Marzo, etc., in-4. [14630]

Première édition, avec date, qui réunisse ces trois petits poëmes attribués à B. Pulci. Elle commence sans intitulé, et finit par une souscript. de 22 lig., dont voici les premiers mots : *Finisse la passione del nostro signore.*

— De passione Domini (in rima toscana) alla divota in Christo suora Anna Lena de Tanini..... *Firenze, per Fr. Bonacursio, a di 3 de novembre*, 1490, in-4. de 40 ff. à 27 lign. par page, sign. a—e.

Il y a aussi une édition in-4., sans date, imprimée dans le XVᵉ siècle, en caractères ronds, avec des signat. de a—f par huit, et à la fin ces mots : FLORENTIE IMPRESSUM. Vend. 8 liv. Roscoe.

— La vendetta di Nostro Signore Jesu Christo facta da Tito e Vespasiano. *Firenze*, 1491, in-4.

— La passione del nostro signore iesu xp̄o.
— La resurrectione (*sic*) di Giesu Christo.
— La vendetta di Christo. (*absque nota*), 3 part. en 1 vol. in-4.

Édition peu connue, imprimée en caractères ronds, à quatre stances par page. Chaque partie a un titre impr. en rouge; la première est de 36 ff., signat. a—e; la seconde de 32 ff., signat. a—d, et la troisième de 24 ff., signat. a—c. (L'auteur n'est point nommé.) Catal. Boutourlin, édition de Florence, nº 767. Vend. 60 fr.
Un exemplaire de cette même édition, ou du moins d'une édition ayant le même nombre de feuillets que celle-ci, est décrit dans la *Biblioth. grenvil.*, 583, où l'on fait remarquer que les dates du 14 et du 24 *Febbraio* 1483, que portent les deux dernières pièces, sont celles de leur composition, et non pas la date de l'impression.

— La passione del nostro signore Iesu Christo. (*senz' anno*), in-4. de 20 ff. à 2 col., avec quelques fig. sur bois.

Édition en lettres rondes, qui paraît avoir été imprimée à Florence, à la fin du XVᵉ siècle. Elle était chez La Valliere, nº 3710 du catal. en 3 vol.

— Bucolica. Voy. l'article VIRGILIUS.

PULCI (*Luca*). Ciriffo Calvaneo, con alcune poesie liriche. — *impressum Venetiis per Magistrum Andream de Papia Calabrensem* MCCCCLXXVIIII (1479), *idibus Decembris*, in-4. [14818]

Gamba, *Serie*, 3ᵉ édit., p. 165, a cité cette édition, qui, si elle existait, serait la première de ce poëme, mais M. Audin (*Bibliografia delle edizione del Ciriffo*) en a révoqué la date en doute, sous prétexte qu'on ne connaît pas d'édition imprimée par André de Papia avant 1485, et Gamba n'a plus fait mention de cette édition douteuse dans la dernière édition de sa *Serie*.

— Cyriffo Calvaneo composto per Lvca de Pulci ad petitione del magnifico Lorenzo de Medici. *Firenze, Antonio Miscomini, circa* 1490), in-4.

Édition en caract. ronds, à trois octaves par page. Les ff. n'en sont pas chiffrés, mais ils ont des signat. de a—o. (les cah. sont de 8 ff. chacun). Le texte commence par le sommaire ci-dessus, imprim. en 4 lignes, dont la première est ainsi : CIRIFFO CAL-

VANEO COMPO; et il finit au verso du dern. f., sans aucune souscription, par ce vers :

Et cosi decto fe chiamare ilboia

On n'y trouve pas les 29 stances qui ont été ajoutées plus tard par Louis Pulci, frère de l'auteur, et qui font partie de l'édition suivante. Dans celle-ci le poëme est divisé en 5 parties.

— Cyriffo Calvaneo composto per Lvca de Pvlci ad petitione del magnifico Lorenzo de Medici. *(senza nota)*, in-4. de 32 ff. non chiffr. à 2 col., avec des fig. sur bois et des signat. de A—F.

Ce livre rare a indubitablement été imprimé avec les mêmes caract. ronds que l'édit. du *Morgante* de Venise, 1494, par *Manfredo di Bonello*. Il commence par le titre ci-dessus, et le second f. recto ne contient que la première stance, entourée d'une jolie bordure gravée en bois, semblable à celle qu'on remarque dans le Morgante de 1494. L'ouvrage se termine au f. correspondant à Fi par ces mots : FINITO CIRIFO CON LAGIVNTA (M. Melzi). C'est probablement cette même édition qui a été vend. 12 liv. 12 sh. Heatcote, comme n'étant citée par aucun bibliographe.

— Cyriffo Calvaneo.,... per Luca Pulci et parte per Luigi suo fratello à petitione del magnifico Lorenzo de Medici. — *Impresso in Eirenze* (sic) *per ser Antonio tubini & Andrea da Pistoia. Adi. 22. Doctobre .1509. Ad instantia di Francesco cartolaio chiamato el Conte,* in-4., fig. sur bois.

Autre édition fort rare, impr. à 2 col., en caract. rom., non chiffr., sign. *a*—*f* par 8 ff., excepté *c* qui en a 6, et *f* seulement 4. A partir de la 138ᵉ strophe, l'imprimeur y a répété cinq octaves qui se trouvaient déjà plus haut.

— Cyriffo Caluaneo, nouamente stampato con la gionta. — *Impressum Romę Per Iacobum Mazochium Anno Domini.* M. D. XIIII. *Die. xxviii. Ḿĕsis Septembris,* in-4. à 2 col., caract. ronds, avec des signat. de A — R par 8.

Un exemplaire rel. en *mar. r.* par Bedford, 5 liv. Libri, en 1859.

Cette édition, d'une exécution médiocre et peu correcte, renferme quatre livres, dont les trois derniers sont de Bernard Giambullari. On y lit une épître dédicatoire de poëte à *Lorenzo dei Medici*, duc d'Urbin, laquelle ne permet point de douter que ce ne soit l'édition originale des trois nouveaux livres. Ces trois livres sont aussi dans l'édition de Venise, *per Alexandrum de Bindonis*, 1518, in-4. à 2 col., lettr. rondes, sign. A—S, avec petites fig. sur bois, édition dont un exemplaire incomplet était chez le duc de La Valliere; mais ils ne se trouvent point dans celle de Milan, décrite à l'article suivant.

— Ciriffo Caluaneo, et il Povero adueduto composto... ad petitione del magnifico Lorenzo de Medici. — *Impresso in Milano per Ioanne Angelo Scinzēzeler nel Anno... M. D.XVIII. adi. xxij. de Luio,* in-4. de 38 ff. à 2 col., sign. A—E, avec fig. sur bois.

Édition, sinon la meilleure, au moins une des plus rares de ce poëme.

— Ciriffo Calvaneo nvovamente stampato

et ricorrecto. — *Impresso in Firenze adi xxix. di Marzo.* M. D. XXII. *p Bartholomeo zanetti Brixiano a petitione di Bernardo Pacini da Pescia,* in-8. avec fig. sur bois.

Même contenu que dans l'édition de Milan, 1518.

— Ciriffo Calvaneo et il povero adveduto composto per Luca Pulci, et parte per Luigi suo fratello. *Venet., Paulo Danza,* 1534, in-4. *(Bibliothèque impériale.)*

— Libro intitolato Ciriffo Calvaneo, et il Povero aveduto..... composto il primo libro per Luca Pulci, il resto p Bernardo Giambulari. *In Vinegia. Nelle case de Pietro de Niccolini da Sabbio,* 1535, in-4. de 139 ff., avec fig. sur bois, plus un f. blanc à la fin.

Édition assez rare, faite sur celle de Rome, 1514, décrite ci-dessus : 24 à 36 fr. Vend. 3 liv. 6 sh. Roscoe.

— Il Ciriffo Calvaneo, con la Giostra del magnifico Lorenzo di Medici ; insieme con le epistole composte dal medesimo Pulci (in versi). *Fiorenza, nella stamp. de' Giunti,* 1572, in-4.

Cette édition que cite l'Académie de La Crusca, ne contient de la précédente que le premier livre, divisé en sept chants; mais elle a de plus ce qu'indique le titre : on y trouve 122 pp., précédées de 2 ff. prélimin. et suivies d'un f. pour le registre. Vend. 16 fr. *mar. bl.* Gaignat; 1 liv. 7 sh. Pinelli; 18 sh. Hibbert; 15 fr. Boutourlin; 36 fr. *mar. r.* Libri, en 1847.

Il y a des exemplaires de cette édition de 1572, avec les deux premiers et les deux derniers ff. réimprimés, et sous ce titre : *Il poema heroico di Luca Pulci...* Fiorenza, appresso i Giunti, M. DC. XVIII.

— CIRIFFO Calvaneo..... restituto alla sua antica lezione con osservazioni bibliografico-letterarie di S. L. G. E. Audin. *Firenze, tipografia arcivescovile,* 1834, in-8.

Cette édition contient seulement le poëme de Luca Pulci, avec les 29 stances ajoutées par son frère. Il en a été tiré plusieurs exemplaires sur des papiers de couleur, et deux sur VÉLIN ; un de ces derniers 30 fr. Costabili.

— La Giostra di Lorenzo de Medici, messa in rima da Luigi Pulci, anno M. CCCC. LXVII, pet. in-4. de 18 ff. sign. *a b c,* lettres rondes ; 36 et 40 lign. par page. [14664]

Édition sans lieu ni date, mais probablement de la fin du XVᵉ siècle. L'ouvrage y est faussement attribué à Louis Pulci, puisqu'il est de Lucas, son frère. Vend. 5 liv. 15 sh. Roscoe.

— La giostra di Lorenzo Demedici Messa in rima Daluigi Depulci Anno M CCCC LXVII. (in fine) : *Impressum Florentie A. D. M. CCCC. LXXXI. Die XVIII, men. Martii.* Amen, in-4. en caract. rom. sign. a—d, à 7 octaves par page (Molini, *Operette,* p. 114).

Ce petit poëme a été réimpr. à Florence, *per Bernardo di Philippo Giunti,* 1518, pet. in-8. *(Biblioth. grenvil.,* p. 583), et aussi à la suite du *Ciriffo Calvaneo,* en 1572.

— Epistole al magnifico Lorenzo de Medici. — *Impressum Florentie per me Antonium Bartolomei Miscomini, A. D. M.* CCCC. LXXXI. *die prima Februarii.....* pet. in-4. de 52 ff. à 24 lignes par page, sign. a—g II. [14644]

Édition très-rare, contenant 18 épîtres en vers, à l'instar des Héroïdes d'Ovide. 180 fr. Costabili.

— Le medesime epistole (XVIII, in terze rime). *Fiorenza, per Francesco Bonaccorsi e Antonio venetiano,* M. CCCC. LXXXVIII. *a di xxviij di Febrario,* in-4. de 42 ff., dont le dernier est blanc; sign. a—f.

Vend. 1 liv. 12 sh. 6 d. Pinelli; 6 liv. Roscoe, et, annoncé sous la date de 1478, 1 liv. 12 sh. Heber; 83 fr. *mar. vert* Libri.

Réimpr. à Venise, *per Thomaso di Piasi,* 1492, in-4.

— Pistole di Luca de Pulci al magnifico Lorenzo de Medici. (*senz' anno*), pet. in-4. de 38 ff., sans chiffres ni récl., à 33 lign. par page.

Édition en lettres rondes, qui paraît avoir été impr. à Florence, vers 1490; il y a une gravure sur bois sur le titre. Vend. 10 fr. 95 c. La Valliere; 35 fr. *mar. vert* Libri. Hain décrit une édition de ces épîtres, également sans lieu ni date, in-4. de 45 ff., en lettr. rondes.

Une autre édition (de Florence), *a petitione di ser Piero Pacini* (sans date, mais vers 1510), in-4., signat. a—e, à 30 lignes par page, 1 liv. 13 sh. Heber. Une troisième, imprim. à Florence, *a petitione di Piero Pacini,* 1513, pet. in-4., a encore été vendue, exemplaire en *m. bl.,* 5 liv. Roscoe; 1 liv. 1 sh. Heber.

Nous citerons aussi les éditions de Venise, 1502, in-4., ou 1505, in-8.; — de Sienne, 1512, in-8., — et celle de Florence, *Bernardo di Philippi di Giunta,* 1518, portée dans le catal. Capponi.

— La Beca. *Italia (Parma),* 1802, in-8.

Ces stances avaient déjà été imprimées avec les *Canzoni a ballo de Medici,* 1568, et dans d'autres recueils. L'édit. de 1802 est ordinairement réunie aux *Poesie rusticali* de la même date, mais il en a été tiré des exemplaires à part.

Gamba cite une édition de *La Beca,* seule, faite (vers 1825) à Venise, in-8., sans date, et tirée à petit nombre, savoir : seize exempl. en pap. vél. d'Italie, six en pap. vélin de France, un en pap. du Japon, et deux sur VÉLIN.

PULCI (*Luigi*). Il Driadeo composto in rima octava per Lucio Pulcro. — *Finit hoc opus, Florentiæ, die tertia aprilis* M.CCCC.LXXVIIII, *finis,* in-4. [14699]

Première édition de ce poëme pastoral : vend. 72 fr. *mar. r.* Gaignat; 34 fr. de Boisset; 199 fr. Mac-Carthy; et sans les 2 premiers ff., 2 liv. Heber. Elle a quelquefois été mal annoncée sous la date de 1469. En tête du vol. sont 2 ff. séparés imprim. seulement, l'un au verso, et l'autre au recto, contenant un prologue. Le texte occupe 56 ff., signat. A—Giiij, à 32 lign. par page.

Ce poëme est de Louis Pulci, quoique dans cette édition il porte le nom de Lucio Pulcro.

— Il Driadeo compilato per Luigi Pulci. — *Impressum Florentie, per me Antonium Bartolomei Miscomini.* A. D.

M. CCCC. LXXXI. *Die. primo februarii,* in-4. de 63 ff. non chiffrés, sign. a—h, à 30 lign. par page, caract. romains.

Ce livre commence par le prologue adressé à *Laurentio* (de Medici). Le texte finit au verso de l'avant-dernier f., et le dernier f. contient une pièce de 19 vers ital., suivie de la souscript. Vend. 31 fr. 50 c. *mar. r.* La Valliere.

— Il Driadeo. *Firenze, apud S. Jac. de Ripoli,* 1483, in-4.

Édition incertaine.

— Il Driadeo. *Firenze, Antoni de Francescho, a di 14 di Luglio,* 1487, in-4.

Volume de 67 ff., signat. a—i, à 28 lign. par page. Vend. 28 fr. (bel exemplaire *mar. bl.,* avec des notes mss. de Jac. Corbinelli) La Valliere.

— Il Driadeo de Luigi Pulci. *Firenze, Fr. di Dino di Iacopo fiorētino,* 22 *Agosto* 1489, in-4.

Vend. 50 fr. Boutourlin.

— Il Driadeo d' amore di Luca Pulci. *Venet., Maximus de Butricis,* 18 *Junii,* 1491, in-4.

Deux éditions citées par Panzer, et qui ne sont pas moins rares que celles que nous avons indiquées ci-dessus.

— Driadeo damore. (*senza alcuna nota*), pet. in-4., à 2 col. de 36 lign., caract. demi-goth., sign. a et b par huit et c et d par six.

Édition de la fin du XVe siècle, décrite pour la première fois dans le catal. Libri, 1859, où un exempl., rel. en *mar. citr.* par Bedford, est porté à 7 liv. 17 sh. La dernière page ne contient que quatre lignes, ainsi conçues : *Qui finisce il Driadeo compilato per Luca pulci al Manifico.* FINIS.

On a de ce poëme plusieurs autres éditions qui ont encore de la valeur. Un exemplaire de l'édition in-4., de 26 ff. non chiffrés, imprimée vers 1500, *a petitione di ser Pietro Pacini,* a été vend. 4 liv. 14 sh. 6 d. Pinelli; 57 fr. *mar. r.* Libri, en 1857, et 2 liv. 15 sh., en 1859.

Il y a une autre édition in-4., sans date, signat. A—II, à 30 lign. par page; elle commence par l'épître en prose de l'auteur à Laurent de Médicis, et elle est terminée, à la 14e ligne du dernier f., par le mot *Finis.* Vend. *mar. r.* 1 liv. Heber.

Une édition d'*Il Driadeo,* in-4. de 28 ff., à 2 col., caract. demi-goth., sign. a—d, avec une gravure sur bois au-dessus du titre, sans lieu ni date, mais qui peut avoir été impr. à Florence vers 1500 (la dernière page ne contient que ces mots : *Qui finisce il Driadeo, compilato per Luca pulci. Al magnifico.* FINIS.), s'est vendue 60 fr. *mar. r.* Libri; 55 fr. *non rel.* Costabili.

A la même vente Libri, l'édit. de Florence, *Lor. Petri,* s. d., in-4., avec une vignette sur bois au-dessus du titre (en *mar. r.*), a été payée 28 fr. 50 c.

L'édition de Florence, *Giov.-Stef. di Carlo da Pavia,* 1519, in-4., est citée par Ebert, n° 18314.

Dans celle de Florence, *per Lorenzo Petri,* 1546, in-4., vend. 7 sh. 6 d. Heber, l'ouvrage est imprimé sous le nom de Luca Pulci.

— Il Morgante. — *Per Luca Venetiano...* M. CCCC. lxxxi, in-fol. [14756]

Première édit. de ce poëme ; elle ne porte point le nom de l'auteur et elle ne contient que 23 chants. Le volume, impr. à deux colonnes, a des signat.

A—T, par cah. de 6 ff., à l'exception de A et B qui en ont 8, et de T qui n'en a que 5. Il commence au verso du prem. f. par cette ligne :

principio era il uerbo apresso adio

et finit au recto du 5e f. du cahier T, par une souscription terminée ainsi : *E questo fu stampato ǀ Per Luca Venetiano stampatore ǀ Che sopra gli altri e degno dhonore ǀ* M. CCCC. lxxxi. *Adi 26. del mese de februario.* On lit au verso : *Registro del libro chiamato Morgante.*

Cette même édition a été mal indiquée par quelques bibliographes (et notamment par Hain, 4517), sous ce titre supposé : *Li fatti di Carlo Magno, ecc.*
— Voyez REALI di Franza.

— **Morgante maggiore.** *Firenze, Francisco di Dino,* 1482, gr. in-4. à 2 col. de 32 lign., caract. ronds, sans chiffr., mais avec des signat. de *a—z,* & et *aa—ff.*

Cette édition, qui n'est bien connue que depuis quelques années, est la même que celle dont un exemplaire imparfait dans les derniers ff., et paraissant être sans date, se trouve porté dans la *Biblioth. pinell.,* IV, no 2001, et n'a été vendu que 16 sh. en 1789. C'est un livre fort précieux, qui a, sur l'édition de 1481, l'avantage de renfermer 28 chants au lieu de 23, et d'offrir de bonnes variantes. M. Audin, de Florence, en a donné une description détaillée dans ses *Osservazioni bibliografico-letterarie intorno ad una edizione sconosciuta del Morgante Maggiore, etc.,* impr. à Florence, en 1831, in-8. de 2 ff. et 20 pp.

Le texte commence, sans aucun préambule, au recto du f. signé *a,* par ce vers :

i Nprincipio era il uerbo aȹsso adio

Le dernier f., blanc au verso, contient le *Salve regina;* au recto, 1re col. et à la 2e col., la souscription suivante, que nous rendons ligne pour ligne :

FINITO illibro appellato Morgante Maggiore facto come e decto al princi piò da Luigi depulci ad petizione della excellentissima mona Lucrezia di Piero di Cosimo demedici gittato informa p me Francesco di Dino di Iacopo di Riga letto cartolaio gionine fiorětino. Imȹs so nella cipta di Firẽze Adi septe di Feb io aȹsso almunister difaligno. nel An no MCCCCLXXXII. Ritracto dal lo originale uero ǵ riueduto ǵ correcto dalproprio auctore che iddio felicemen te conserui ǵ dia piacere a chi legge cõ salute della anima ǵ delcorpo. Amen.

Les mots *come e decto al principio* semblent indiquer une sorte de préface qui n'est ni dans cette édition, ni dans aucune autre du même poëme, faite dans le XVe siècle; et si le premier cah. du présent vol. n'a que 7 ff., il est à remarquer que le premier de ces ff. est coté *a* et non point *a*2. Les autres cahiers doivent tous avoir 8 ff., à l'exception du dernier, *ff,* qui n'en a que 5, et peut-être un 6e tout blanc, ou contenant le registre des cahiers : ce qui fait pour le volume entier 236 ff. imprimés. Chaque colonne entière présente quatre octaves. L'exemplaire décrit fait partie de la collection que l'honorable Th. Grenville a léguée au *British Museum.*

— **Il Morgante maggiore di Luigi Pulci.** *Venezia, per Bartolomeo de Zanis, de Portesio,* 1488, in-4.

— **Morgante maggiore di Luigi Pulci.** — *Finito il libro appellato Morgãte maggiore facto come e decto al principio*

da Luigi de pulci..... Impresso in Venesia per Matheo di codeca da Parma dellãno.... MCCCCXXXXVIIII (sic) *.adi.* XVI. *Aprile. Ritracto dallo originale uero ǵ riueduto ǵ correcto dal proprio auctore...,* pet. in-4. à 2 col., caract. ronds, avec des signatures.

M. Melzi possédait un exemplaire de cette édition peu connue. La date en est fautive; au lieu de 1449 il faut lire 1489, en supposant une L en place du premier chiffre X. On pourrait lire en 1499 en ajoutant L avant le premier X; mais on sait que l'imprimeur Matteo Codeca n'a exercé que de 1482 à 1495. Dans cette édition, comme dans la précédente et dans celles qui suivent, le poëme est porté à 28 chants. Il y a de plus la traduction du *Salve regina,* en trois octaves.

— **Morgante maggiore di Luigi Pulci.** — *Finito il libro..... Impresso in Venetia per Manfredo di bonello de Monferato da Streuo.dellanno...* M.ccccIxxxxiiii. *adi ultimo Octobrio. Ritracto dallo originale uero.....* in-4. à 2 col., caract. ronds, fig. sur bois, sign. a—&, par 8 et ꝗ de 12 ff.

Nous citerons d'après Panzer, qui cite lui-même l'abbé Morelli, une édition du *Morgante,* de Venise, par *Manfredo di Borsello,* 1493, in-4. Si cette date est exacte, le nom de l'imprimeur ne l'est pas; car, dans l'édition de 1494, que possédait M. Melzi, il y a bien *Bonello,* et l'on ne connaît pas d'imprimeur du nom de Borsello.

— **Morgante Maggiore.** — *Impresso in Firẽze nel anno* M. CCCCC. *adi. xxii. di Gẽnaio. ad petitione ǵ instantia di Ser Piero Pacini da Pescia,* in-4. à 2 col., signatures a—& et A—E, impr. en lettres rondes.

Édition ornée de jolies gravures sur bois dans le meilleur goût florentin. Il s'en trouve un exempl. à Vienne, dans la Bibliothèque impériale.

— **Morgante maggiore nuouamente stampato e ricorrepto.** *(senz' anno),* pet. in-4. à 2 col, en lettres rondes, sans chiffres ni récl., avec fig. grav. sur bois.

Édition sans lieu ni date, imprimée vers le commencement du XVIe siècle. Le titre, qui est rouge et noir, porte une gravure sur bois. Il y a cinq stances dans chaque colonne entière. A la fin se trouve une pièce de vers intitulée : *Confessio Aloisii di Pulci. M. V.,* laquelle occupe les deux derniers ff. Vend. 9 fr. La Vallière, et vaut beaucoup plus maintenant.

L'exemplaire décrit provenait de la bibliothèque de Jakson; c'est, par conséquent, le même dont parle M. Melzi (2e édit.), sous le no 474.

— **Lo stesso, corretto per Nicolo Massetti.** *Venezia, per Zuan Battista Sessa milanese,* 1502, in-8., caract. demi-goth.

Édition très-rare citée par le Quadrio. *Il Massetti,* dit M. Melzi, p. 207, *fu piuttosto corruttore che correttore del poema.*

— **Morgante Maggiore. Qualle tracta de la morte de Orlando con tutti i Paladini tradicto da gayno. & de Amore cosse** bellissime... nouamente Impresso Correctissimo. — *Impresso Uenetia per Manfrino Bono de Môteferrato adi xx. del Mese de mazo. del* M.CCCCC. VII, in-8. à 2 col., fig. sur bois.

Avec les corrections du Massetti : vend. 1 liv. 13 sh. Heber.

— Lo stesso Morgante Maggiore (come sopra). — *Finito il libro..... Impresso in Venetia per Alexandro de Bindonis del lago magiore. Nel año...* M. D. XV. *adi .x. Mar.,* in-4. à 2 col. en petits caractères ronds, avec fig. sur bois et un frontispice historié.

A la fin de cette édition rare se trouve le *Salve regina* et la *Confessione dell' autore.* Le texte est celui du Massetti (Melzi, n° 479, et *Biblioth. grenvil.,* p. 584).

— Morgante maggiore Composto per Luigi Pulci Fiorentino. Et aggionto per lui in molte parte..... Ritratto Nouamête dal uero originale del proprio Auctore per quello gia riueduto : Et Diligentemente Correcto Nel M.cccc.xvij. (in fine) : *Finito el libro..... Impresso ne la inclita citta di Milano per Zanotto da Castelliono : ad istātia di Miser Io. Iacomo z Fratelli de Legnano. Nel.* M. cccc: *xviij. adi . xxvij. de Febraro,* in-4. à 2 col. et six stances par col., caract. demi-goth., sign. *a—u,* avec fig. sur bois.

Édition peu correcte, et dans laquelle plusieurs stances sont transposées, ainsi que le fait remarquer M. Melzi (n° 480). Le poëme y occupe 321 pp. non chiffr. Il est suivi du *Salve regina* et de la souscription ci-dessus. Les deux dates que nous avons rapportées prouvent que les éditions de 1517 et 1518, citées par quelques bibliographes, n'en forment effectivement qu'une seule.
Un exemplaire imparfait de 2 ff., vend. 6 fr. *m. r.* La Valliere ; et complet 40 fr., Supplément du catal. du duc de Plaisance, en 1824.

— Morgante maggiore, quale tratta della morte de Orlando con tutti li paladini : ..... nouamente impresso et corretto. (in fine) : *Finito il libro..... Impresso in Vinegia Nelle case di Guilielmo da Fontaneto di Monteferrato. Nel anno ...* M. D. XXI. *adi .xx. di Iulio,* in-4. à 2 col. de 5 octaves chacune, caract. ronds, sign. A—BB, avec fig. sur bois (Melzi, 481).

— Lo stesso. *Venetia, Aless. de Bindoni,* 1522, pet. in-8. à 2 col. caract. goth. fig. sur bois.

Édition vend. 57 fr., catal. du 29 mars 1829 ; 140 fr. *mar. r.* Libri, en 1847.
L'édition de Venise, *per Francesco Bindoni* (et point *Biondi*) et *Mapheo Pasyni,* 1525, in-8., a été vend. 6 liv. Libri, en 1859, à cause de sa rareté. Elle est portée dans le Catal. Capponi, 314, ainsi qu'une autre, in-4., en lettres ital., sans nom de lieu ni d'imprimeur, ni date. Cette dernière est peut-être la même que celle qui a été vendue 9 fr. La Valliere, n° 3632.

— Lo stesso. *Venezia, Bindoni,* 1530, pet. in-8.

Vend. 7 sh. Heber.

— Lo stesso. *Vinegia., Nicolò d' Aristotile detto Zoppino,* 1531, in-8. (*Biblioth. de l'Arsenal*).

— Morgante maggiore : quale tratta de la morte de Orlando, con tutti li paladini. *Vinegia, per Gio.-Ant. et fratelli da Sabio,* 1532, in-4. à 2 col., lettr. rond., petites vignettes sur bois.

Vend. 17 fr. Floncel ; 31 fr. *mar. bl.* La Valliere ; 3 liv. 8 sh. (première rel. en vélin) Libri.
— LO STESSO. *Vinegia, Gulielmo da Fontaneto,* 1534, in-8. fig. caract. goth.
Vend. 7 fr. 95 c. La Valliere ; 97 fr. en *mar.* Barrois, et 5 liv. 15 sh. Libri, en 1859.
— LO STESSO. *Vinegia,* 1535, in-8. à 2 col., lettres italiques (*Bibliothèque impériale*).
— LO STESSO Morgante... — *Impresso in Venetia, per Domenego Zio, e Fratelli Veneti, ne l'anno...* M. D. XXXIX, in-4. à 2 col., sign. A—Z et AA—BB, fig. sur bois (Melzi, n° 490).
— LO STESSO. *Vinegia, per Agostino Bindoni,* 1541, in-8. fig. (Melzi, n° 491).

Ces différentes éditions n'ont guère d'autre mérite que leur rareté : ce qui suffit néanmoins pour leur donner de la valeur, et pour leur faire trouver place ici.

— Il Morgante corretto per Lod. Domenichi, con la Dichiaratione de i vocaboli, & luoghi difficili ; insieme con gli argomenti, ecc. *Vinetia, Girolamo Scotto,* 1545, in-4. de 202 ff. à 2 col. y compris 2 ff. prélimin. et la table, fig. sur bois.

Édition recherchée et rare, sans être cependant la meilleure de ce poëme, ainsi que plusieurs bibliographes l'ont prétendu : 40 fr. Gaignat ; 16 fr. Floncel ; 28 fr. *mar. r.* La Valliere ; 24 fr. *mar. bl.* en 1802 ; 1 liv. 16 sh. et 6 liv. 10 sh. *mar. bl.* Heber ; 75 fr. *mar. r.* Libri, en 1847.

— Lo stesso, revisto et corretto, e cavato dal suo primo originale, con la dichiaratione di tutti i vocaboli, proverbii e luoghi difficili che in esso libro si contengono. *Venetia, Comin da Trino di Monferrato,* 1546 (in fine 1545), in-4. fig. sur bois.

Cette édition, indiquée comme bonne par l'Académie de La Crusca, est, de toutes les anciennes impressions de ce poëme, celle que l'on recherche le plus ; d'ailleurs les exemplaires en sont rares : 28 flor. Crevenna ; 60 fr. David ; 7 liv. 10 sh. Roscoe ; 5 liv. 2 sh. 6 d. Hibbert.
Le volume a CXCIX ff. chiffrés, précédés de 4 ff. liminaires, et suivis d'un f. pour la souscription. Les explications des mots difficiles sont de Jean Pulci, neveu de l'auteur.
Nous citerons encore l'édition de Venise, *Bartolomeo detto l'Imperadore,* 1549, in-8. goth. 6 fr. La Valliere ; 90 fr. Libri, en 1857 ; et celle de Venise, *Girolamo Scotto,* 1550, in-8.
— LO STESSO, corretto, con la dichiaratione di tutti i vocaboli oscuri. *Venetia, Comin da Trino,* 1550, in-4.

Édition presque aussi recherchée que la précédente (de 1546), dont elle est la copie. Dans quelques exempl. le titre est daté de 1551, mais la souscription porte 1550 : vend. 24 fr. David ; 2 liv. 2 sh. Hibbert ; en *mar. r.* 2 liv. 18 sh. Libri, en 1859.

— LO STESSO, nuovamente corretto e ristampato. *Fiorenze, Barth. Sermartelli,* 1574, in-4. de 8 ff., 390 pp. et 1 f. pour l'errata.

Édition assez belle et devenue rare, mais offrant un texte altéré : vend. en *m. r.* 1 liv. 13 sh. Heber ; 25 fr. Riva. — Celle de 1606, in-4., par le même imprimeur, et que cite l'Académie de La Crusca, est une réimpression page pour page de la précédente. 21 fr. Boutourlin.

— LO STESSO. *Firenze (Napoli),* 1732, in-4. portr.

On regarde cette édition comme la meilleure de toutes : vend. 15 fr. Maucune, et en *m. r.* 24 fr. Renouard, en 1805.

Parmi les édit. modernes du Morgante il faut distinguer celles de *Paris, Prault,* 1768, 3 vol. pet. in-12. — *Londra* (Livourne), 1778, 3 vol. in-12.— *Venezia, Zatta,* 1784, 3 vol. pet. in-8. — *Milano* (Classici), 1806, 3 vol. in-8. — *Milano* (Classici), 1828, 4 vol. in-32. — Avec les notes philologiques de Pietro Sermolii, et un index, *Firenze,* 2 vol. in-16.

— Libro de Morgante minore e Margute de la sua compagnia. — *Finis. impresso in Cremona per Cessaro parmesano* (circa 1492), in-4. de 30 ff., caractères demi-goth., avec signat. *(Bibliothèque impériale.)* [14757]

Cet opuscule renferme 245 stances extraites du Morgante, savoir : la 1re stance du 1er chant, les stances 112 et suivantes du 18e chant jusqu'à la fin, et 155 stances du 19e chant. Le prem. f. recto présente, outre les deux mots du titre impr. en caract. goth., une vignette en bois représentant les deux personnages nommés. Au verso commence le poëme, lequel se termine par cette ligne : *Finito il Margute picolo.* Le P. Audiffredi, dans son *Specimen edit. italic.,* p. 305, attribue cette édition aux presses florentines, vers 1480 ; d'autres pensent, au contraire, qu'elle a été imprimée à Rome, par Jean Besicken, à la fin du XVe siècle (Melzi, no 501).

— Morgante Margvtte. *(senza luogo, stampatore ed anno),* pet. in-4. de 16 ff. à 2 col. non chiffrés, sign. *a* et *b.*

— Il fioretto di Morgante e Margutte picolino infino alla morte di Margutte..... novamente corretto, et aggiontovi stantie quindici in fine : Quali manchavano negli altri impressi. — *Stampato in Venetia* 1523 : 3. *Gennaro,* in-8. goth. de 32 ff. non chiffrés, sign. A—D, fig. sur bois.

— MORGANTE piccolo. *Stampato ad istanza di maestro Francesco di Giovanni Benvenuto,* 1535, in-4.

— MARGUTTINO dove si contiene il fioretto di Morgante maggiore..... *In Brescia, per Lodovico Britannico,* 1547, in-8. fig. sur bois.

Réimpr. à Florence, chez Jo.-Th. Manci, 1612, in-4. fig.; dans la même ville, chez Fr. Onofri, 1638, in-8.; et à Florence et Pistoie, in-4. de 4 ff., avec une gravure en bois au frontispice, vers 1680.

Pour un autre extrait du *Morgante maggiore,* voy. ROTTA di Roncisvalle.

Afin de compléter ce qui a rapport à ce roman en vers *(Il Morgante),* nous citerons un petit poëme en octaves, dont on ne connaît que le premier chant publié sous ce titre : *Vita del solazzevole Buracchio figliuolo di Margutte e di Tanunago suo Compagno Composto da mi Giovambattista Dragoncino da Fano* , M . D . XLVII, in-8., lettres rondes (Melzi, no 508).

— Sensuyt lhystoire de Morgant le geant. — *Cy finist lhistoire de Morgant nouuellement imprimee a Paris pour Jehan petit, Regnault chaudiere et Michel le noir libraires... Et fut acheue dimprimer le quinziesme iour de may mil cinq cens dix neuf, cum privilegio,* pet. in-fol. goth. de CVIII ff. chiffrés, à 2 col. de 44 lign., avec fig. sur bois.

Édition fort rare, et la plus ancienne que nous connaissons de cette traduction ou imitation de ce poëme célèbre du Pulci. Dans l'exempl. décrit, et qui a été vendu 160 fr. Revoil, il manque le titre et peut-être un autre f. préliminaire.

L'édition de *Paris, Nic. Chrestien,* sans date, pet. in-4. goth. à 2 col., est postérieure à celle de 1519, et peut-être même à l'édition suivante.

— Sensuyt histoire de Morgant le geant, lequel avec ses freres persecutoient toujours les chrestiens et serviteurs de Dieu. Mais finablement furent ces deux freres occis par le conte Roland. Et le tiers fut crestien qui depuis ayda moult a augmenter la saincte foy catholicq. *Nouuellement imprimee a Paris, par Alain Lotrian* (vers 1536), in-4. goth.

Cette édition est imprimée à longues lignes, et elle commence par l'intitulé, suivi d'une table des chapitres en 3 ff. A la fin du dernier chapitre on lit que cette traduction en prose a été achevée le dernier jour d'août 1517. Vend. jusqu'à 16 liv. Heber, et en *mar. r.* 375 fr. d'Essling ; 400 fr. Solar.

— Histoire de Morgant le geant. *Paris, par Jean Bonfons* (sans date), in-4. goth. fig. sur bois.

Autre édition. *Paris, Nicolas Bonfons,* 1584, in-4. à 2 col. fig. sur bois. 100 fr. *mar. r.* d'Essling. Réimpr. à *Lyon, Chastelard,* 1619, in-4. de 3 ff. et 218 pp. fig. sur bois. Les éditions de *Troyes, Nic. Oudot,* 1618 ou 1625, in-4. fig., ne sont pas chères.

— Historia del valiente y esforzado gigante cuyo nombre es Morgante, y Roldan, y Reynaldos. *Valencia, Duran de Salvaniach,* 1533. = Libro segudo de Morgante. *Ibid.,* 1535, 2 tom. en 1 vol. in-fol. goth.

Traduction du poëme italien de L. Pulci, par un anonyme que l'on sait être Jeronymo Oliverio. Antonio en cite une autre édition de Séville, *Juan Canalla,* 1550, in-fol. goth.

La première partie de l'édition de 1533, vol. in-fol. de 146 ff., dont 4 prélimin., porte pour titre : *Libro del esforçado Morgante y de Roldan y Reynaldos hasta agora nuca impresso en esta lengua ;* et l'on voit par la souscription que ce livre a été impr. à Valence, *por Francisco Diaz Romano,* le 16e jour de septembre 1533 : 8 liv. 8 sh. Heber, VI, 2615, et *Biblioth. grenvil.,* p. 585.

— Confessio Aloysii de Pulcis ad M. V. *(senza data),* in-4. de 7 ff. à 24 lign. par page, en caract. ronds.

Une autre édition de la *Confessio,* in-4. de 4 ff. à

2 col., a été vendue 17 fr. 50 c. La Valliere. Il y en a une une 6 ff. sign. A, à 30 lignes par page, dans la *Biblioth. grenvil.*

— **La medesima.** — *Fece stampare Maestro Francesco di Giouanni Benuenuto : sta dal căto de Biscari. Adi xxiij. di Decembre* M. D. XVIII, in-4. de 4 ff., avec une gravure sur bois au frontispice.

Gamba, qui cite ces deux éditions, nous fait aussi connaître la pièce suivante du même auteur, impr. probablement au commencement du XVIᵉ siècle.
RESPECTI d' amore, zoe Strambotti. (*senza data*), in-4. de 4 ff. à 2 col., caract. demi-goth., avec une gravure sur bois à la première page. 3 liv: 3 sh. *mar. r.* par Duru, Libri, en 1859.

— **Frottola.** — *Finita la Froctola di Luigi Pulci : stăpata ad istătia di m. F. di G. B.*, 1527, in-4. de 4 ff.

Cette édition contient, indépendamment des deux *frottole*, deux *capitoli* et le sonnet de l'*Altissimo*. Au frontispice se voit une gravure sur bois, qui a été copiée dans une autre édition in-4. de 4 ff. sign. A et Aij, sans date.

— **Frottola di diversi autori fiorentini, cosa piacevole e ridicola, con due capitoli e un sonetto d' amore dell' Altissimo poeta fiorentino.** (*senza luogo ed anno*), in-4. de 4 ff. à 2 col., avec 1 grav. sur bois au recto du premier f.

Cette édition sans date, qui paraît avoir été imprimée à Florence, est peut-être plus ancienne que celle de 1527. Elle se distingue par trois points (.·.) placés à la suite d'un grand nombre de vers. Le nom de L. Pulci n'est pas sur le titre, mais il se trouve en tête de la seconde *frottola*. Vend. 100 fr. *mar. bl.* Libri, en 1847, et 5 liv. en 1859.

— **Frottola di diuersi autori fiorentini, cosa piacevole o ridicola, cou due capitoli e un sonetto d' amore dell' Altissimo poeta fiorentino. Nuovamente ristampata.** (in fine) : *In Firenze per Zanobi Bisticci.....* 1600, in-4. de 4 ff.

Outre cette édition qui est rare, et qui a été vend. 11 fr. 25 c. chez Soranzo, Gamba en décrit une du même format et également à 2 col. Il cite aussi, d'après Poggiali, une édition de Florence, sept. 1556, in-4.

— **Strambotti (in ottava rima) et Fioreti nobilissimi d'amore in ciascadun verso e canto al suo proposito, novamente trovati et composti per el nobile homo Alvise Pulci fiorentino.** *Vinegia, Gio.-Andr. Vavassore detto Guadagnino* (*senz' anno*), in-4. de 4 ff. avec une fig. sur bois.

Pièce rare, vendue (avec l'*Assedio di Pavia*, voy. ASSEDIO) 109 fr. *m. r.* Libri, en 1847.
— STRAMBOTTI & fioretti nobilissimi d'amore in ciaschadun verso e canto al suo proposito nouamente trouati & composti per el nobel homo Aluise Pulci fiorentino (*senza luogo ed anno*), pet. in-4. de 4 ff. à 2 col., avec une fig. sur bois au titre.
Autre édition rare, et peut-être plus ancienne que la précédente (La Valliere, 3549, art. 8).
— LA BECA, voy. MEDICI (*Lor. de'*).

— **Novella.** — *Stampata in Fiorenza*

per il Doni Adi xvi del mese di Febraio, l' anno MDXLVII (1547), in-8. [17425]

Cette édition fort rare était dans la collection de Poggiali, lequel a inséré cette nouvelle sous le nom de Pulci, dans les *Novelle di alcuni fiorentini*, publ. par lui en 1795. Il est à remarquer que le Doni, dans sa *Seconda libreria*, Venezia, 1551, in-12, s'attribue cette même nouvelle (Gamba, 54, ou édit. de Molini, 74).
A l'exempl. de l'édition de 1547, que nous citons, est réuni un autre opuscule, intitulé : *Stanze in lode della donna brutta.* Les deux pièces ont la même vignette sur le frontispice et la même date à la fin.

— **Tractato del prete cole monache.** (*Paris, imprim. de Crapelet*), 1840, très-petit in-4. de 8 ff., caract. goth., avec une vignette sur bois au titre.

Nouvelle en vers, composée de 42 octaves et précédée d'une épître de l'auteur à Mateo Franco. On doit à M. Etienne Audin la publication de ce morceau peu gaillard, et qui était resté inédit jusqu'à nos jours. Il n'en a été tiré que 50 exemplaires. Il est fort douteux qu'il soit véritablement de L. Pulci.

— Voy. FRANCO.

PULCRO (*Luc.*). Voy. PULCI (*Luigi*).

PULGAR (*Hernando* del). Los claros varones de España : fecho por Hernando del Pulgar. — *Fue emprimido en... Sevilla por Stanislao polono, acabose a* XXIIII. *dias de abril de Mill e* D. *años* (1500), in-4. goth. de 92 ff. [30504]

Première et très-rare édition de cet ouvrage curieux. Mendez, le premier bibliographe qui l'ait connue, rapporte qu'elle a été terminée le 22ᵉ jour de mai ; cependant c'est la date du 24 avril que porte l'exemplaire vendu 6 liv. Heber, I, nᵒ 5770.

— **Los claros varones de España, y las treynta y dos cartas.** *Alcala de Henares, Miguel de Guia*, 1524, pet. in-4. goth., sign. a—g par 8 ; le dern f. est tout blanc.

Autre édition rare : vend. en *mar. citr.* 2 liv. 19 sh. Heber. Nic. Antonio n'en fait pas mention, mais il cite celles de *Zamora*, 1543, et de *Valladolid*, 1545, in-4. Cette dernière, 17 sh. Heber.
Réimpr. à *Anvers*, 1632, in-8., et sous le titre de *Claros varones de Castilla, y letras*, Madrid, 1789, pet. in-8. — Les lettres de Pulgar ont aussi été imprimées à la suite de celles de Pierre Martyre, en 1670 (voy. ANGLERIUS). On en cite une première édition, sans lieu ni date, in-4., contenant seulement 14 lettres, sous le titre de *Coplas de Mingo Revulgo glosadas por Fernando del Pulgar & otras sus cartas.*

— **Chronica de los muy altos y esclarecidos reyes catholicos don Fernando y doña Ysabel... compuesta por el maestro Antonio de Nebrixa.** *Valladolid, en casa de Sebastian Martinez, año de* 1565, in-fol. de 2 ff. prélim., 313 ff. de texte, et 5 ff. de table. [26031]

Pulgar (*P.-Fr.* de). Teatro de las iglesias catedrales de España, 21489.

Édition en lettres rondes : ce que je fais remarquer parce que celle de 1567 est en caract. goth.

— Chronica de los muy altos y esclarecidos reyes catholicos don Hernando y doña Ysabel... compuesta que fue en romance por Hernando del Pulgar... vista por don Hernando de Aragon, arçobispo de Çaragoça..... con una sumaria adicion de las otras conquistas. *Çaragoça, en casa de Miguel de Suelues alias Capilla*, 1567, gr. in-fol. goth. fig. sur bois.

Même ouvrage que le précédent, mais sous le nom de son premier auteur et avec des augmentations. Le vol. a 6 ff. prélim., CCXLVIII ff. de texte, et 4 ff. pour la table. Au second feuillet des pièces liminaires commence : *Breve y compendiosa adicion hecha por maestro Valles a la chronica delos..... reyes don Hernando y doña Ysabel, que fue por Hernando del Pulgar recopilada : y compuesta en latin por Antonio de Nebrissa : y agora en romance traduzida por su nieto.* Ces derniers mots expliquent la cause qui a fait donner la première édition sous le nom de *Nebrissa*. Au recto du f. CCIIII commence le supplément de *Valles*, divisé en 36 chapitres. Le corps de l'ouvrage est en 134 chapitres, comme dans l'édition de 1565. Vend. 18 sh. Heber.

— Crónica de los señores reyes católicos don Fernando y doña Isabel de Castilla y de Aragon, escrita por su cronista Hernando del Pulgar, contexada con antiguos manuscritos y aumentada de varias ilustraciones y enmiendas. *Valencia, Benito Monfort*, 1789, in-fol.

Belle édition : 15 à 18 fr.
Bosquejo histórico de la vida de Hernan Perez del Pulgar, por D. Martinez de la Rosa; con una obra rarissima del mismo intitulada : *Breve parte de las hazañas del excelente nombrado Gran Capitan. Madrid*, 1834, gr. in-8. portr. 9 fr. [30776]
L'opuscule très-rare dont il est question dans ce titre a été impr. à Séville, en 1527, in-fol.
— Voyez l'article CHRONICA (à la col. 1885 de notre 1er vol.).

PUNGENTINI (*Fibbia*). V. ATTABALIPPA.

PUNGILEONI (il P. *Luigi*). Memorie istoriche di Antonio Allegri detto il Correggio. *Parma*, 1817-21, 3 vol. gr. in-8. 18 fr. [31056]
Elogio istorico di Giovanni Santi, pittore e poeta, padre del gran Raffaello. *Urbino, Guerrini*, 1822, in-8. 2 fr. [30148]

PUNITION de Dieu arrivée à Londres en Angleterre. Du grand nombre des morts en 24 heures, et marquez d'une main sur le corps, qui remplit de crainte et tremblement les royaumes d'Escosse et d'Angleterre. *Saint-Omer*, 1626, in-12.

Opuscule singulier et rare.

PUNT. Funérailles de Guillaume-Charles-

Pullus (*Rob.*). Sententiarum libri, 1174.
Pultney (*R.*). History of botany in England, 5169.
— View of Linneus' writing, 30979.

Henri, prince d'Orange, en hollandois et en françois, avec 41 pl. grav. par Punt. *La Haye*, 1755, in-fol. [25176]

Vend. 21 fr. Lamy.

PURBACHIUS. Theoricæ novæ planetarum Georgii ‖ Pvrbachii astronomi celebratissimi ‖ de sole ‖ etc. (*absque loci et anni indicatione*), in-fol. de 20 ff. à 45 lig. par page, sans chiffres, récl. ni signat. [8256]

Belle édition, en caract. rom. avec des lettres initiales fleuronnées et des fig. sur bois. Elle commence par le sommaire ci-dessus impr. en capitales, et finit après la 38e lig. du 20e f. verso, par le mot FINIS. Ce serait, selon Panzer, II, 232, la première production des presses établies à Nuremberg, vers 1471, par Jean Müller, dit Regiomontanus, avec le secours de Bernhard Walther.
La *Theorica* de Purbach a été maintes fois réimpr. soit avec des commentaires, soit avec d'autres ouvrages astronomiques, voy. SACRO BOSCHO (*Joan. de*) et FINE (*Oronce*). Les Tables de Panzer en indiquent les principales éditions. Voyez aussi notre article BRUDZEWO (de).

— OPUS algorithmi jucundissimi magistri Georgii Puerbachii, cum exemplis ac cubicis extractione. *Martinus Herbipolensis (Lipsiæ)*, 1507, in-4. goth. de 8 ff. [7865]
Panzer n'indique pas cette édition, dont un exempl. est porté à 20 fr. dans le catalogue Libri, de 1857, mais il en cite plusieurs autres impr. à Leipzig et à Vienne de 1510 à 1521, et deux plus anciennes, l'une avec cette souscription : *Impressum Vienne per Joannem Winterburg*, in-4. goth. de 6 ff. sans date; l'autre à la fin de laquelle on lit : *Explicitum est hoc, opus, Anno Christi domini*, 1492.
Citons encore le *Quadratum geometricum* de ce savant, impr. à Tubingue par Th. Anselme, en 1514, réimpr. à Nuremberg par Jean Stuchs, 1516, in-fol.

PURCELL (*Henry*). Orpheus britannicus ; a collection of the choicest songs for one, two, and three voices, together with such symphonies as were by him designed for any of them, and a thorough bass to each song. *London*, 1706-11, 2 vol. in-fol. [10198]

Seconde édition d'une collection fort estimée en Angleterre. La première partie a 286 pp., et la seconde 204, avec 2 portr. de Purcell. 1 liv. 16 sh. Nassau. Une troisième édition a paru en 1720. Pour les autres productions de ce célèbre compositeur, consultez la Biographie de M. Fétis, et Lowndes, nouv. édition, p. 2010.

PURCHAS (*Sam.*). Haklvytus posthumus, or Pvrchas his Pilgrimes; contayning a history of the world, in sea voyages and lande travells, by Englishmen and others. *London, printed by Will. Stansby, for Fetherstone*, 1625-26, 5 vol. in-fol., avec cartes et fig. [19818]

Collection fort recherchée et dont on trouve difficilement des exemplaires complets et bien conservés. Voici la description qu'en donne Lowndes : Vol. I, titre gravé contenant un portr. de l'auteur; titre impr., dédicace au prince Charles, 2 pp. *to the reader*, 3 ff. table du contenu, 11 ff. liste des cartes, 1 f. le prem. livre, 186 pp. table, 4 ff., 3e, 4e et 5e livre, 748 pp. (les pp. 469 à 478 et 643-44 sont passées), et table 12 ff. Aux pp. 578-79 doit se trouver une carte du Mogol. — Vol. II. Titre, dédicace à G. duc de Buckingham, 1 f.; livres NI à X, formant les pp. 749-1860 (les pp. 1269-70 sont doubles); table alphabétiq., 20 ff. — Vol. III. Titre, dédicace à J., évêque de Lincoln, 2 ff. table du contenu de la 2e part., 9 ff. liste des cartes, 1 f. Livres I à V, 1140 pp. (les pp. 219-22 sont répétées, et les pp. 1007-8 manquent), index alphabét. des cinq livres, 34 ff.; à la p. 400, une carte de la Chine, à la p. 472, une carte du Groënland, et à la p. 852, une carte du nord de l'Amérique. — Vol. IV. Titre, dédicace à George, archev. de Cantorbéry, 2 ff. Livres VI à X, ou pp. 1141 à 1973; table alphabét. de la 4e part., 20 ff.; à la p. 1692 une carte de la Virginie, et à la p. 1872 une carte de la Nouvelle-Ecosse. — Vol. V. *Purchas his Pilgrimage*, 1626. Titre, dédicace au roi Charles, 2 pp., à George, archev. de Cantorbéry, 4 pp., *to the reader*, 4 pp., table du contenu, 9 ff., catal. des auteurs, 4 ff., les noms des mss., 2 pp.; le corps du texte, 1047 pp. (les pp. 241-42 et 635-36 sont doubles), table alphabétiq., 18 ff., à la p. 436 une carte de la Chine. En général, la pagination de ces 5 vol. est très-irrégulière.

Vend. 50 fr. Courtouvaux; 100 fr. Fleurieu; 142 fr. La Serna; 161 fr. *incomplet*, Langlès; en Angleterre, de 20 à 25 liv., et même de beaux exemplaires en *mar.* ou *cuir de Russie*; 33 liv. 12 sh. Dent; 38 liv. 17 sh. Hanrott: 30 liv. 10 sh. Heber.

Le volume intitulé *Purchas his Pilgrimage* qui forme le 5e tome de cet important ouvrage, avait déjà été impr. en 1613 et en 1617, mais il faut choisir la 4e édit. de 1626.

PURDY (*John*). The oriental navigator, or directions for sailing to, from, and upon the coasts of the east Indies, China, Australia, etc. *London, Whitte*, 1816, in-4. [19757]

Vend. 27 fr. 50 c. Langlès.

Lowndes cite l'ouvrage suivant du même auteur :

TABLES of the positions of latitudes and longitudes, intended as a companion to the oriental navigator. *London*, 1816, in-4.

PURE (*Mich.* de). Voy. PRÉCIEUSES (les). — Vie de Gassion, 23725.

PURGATOIRE (le) damours, auec trois belles ballades de Fortune. (au verso du 18e f.) : *Cy finist le purgatoire... imprime a Paris nouuellement* (vers 1530), pet. in-8. goth. de 20 ff. non chiffrés. [13568]

Petit livre rare dont les deux derniers feuillets renferment les trois ballades annoncées sur le titre. Vend. 8 fr. *mar. bl.* La Valliere; 3 liv. 6 sh. Heber.

PURGATOIRE des mauuais maris. (*sans lieu ni date*), pet. in-4. goth. de 15 ff. non chiffrés, à 28 lign. par page. [18042]

Édition imprimée avec les caractères de Colard Mansion, à Bruges, vers 1480, sans signat., récl, ni initiales. Elle n'a pas de titre particulier, mais le texte y commence au recto du premier feuillet par ce sommaire en trois lignes :

Cy commence le prologue du purgatoire des mauuais maris a la loenge des honnestes dames et damoiselles.

Le recto du dern. f. ne contient que 19 lignes, y compris celles-ci :

Cy fine le purgatoire des mauuais maris.

C'est sans fondement que La Croix Du Maine a attribué à Guill. Coquillart cet opuscule d'un anonyme. Le seul exemplaire que l'on connaisse de l'édition

ici décrite a été légué par M. Van Praet à la Bibliothèque impériale. C'est le même qui a été donné pour 6 fr. à la vente du chevalier Lambert : il vaut au moins 500 fr. aujourd'hui.

— Le purgatoire des mauuais Marys, auec lenfer des mauuaises Fêmes, Et le purgatoire des ioueurs de Dez et de Cartes, τ de to' autres ieux. (*Paris*, vers 1530), in-16 de 24 ff., caract. goth.

La première pièce de ce petit volume est une reproduction de la précédente, avec quelques changements. Au verso du dernier f. se trouve le monogramme de Guillaume Nyverd, libraire. — Du Verdier cite, sous le même titre, une édition de *Lyon, par Barnabe Chaussard* (sans date), in-16, qui pourrait bien être plus ancienne que celle de Paris.

PURGATOIRE (le) Sainct Patrice. (*sans lieu ni date*), in-4. goth. de 14 ff. [22243]

Cette édition, dont le titre porte la marque de Jean Trepperel, imprimeur à Paris, nous paraît être plus ancienne que les édit. in-8. Elle a été vend. seulement 8 fr. *m. r.* La Valliere, mais elle vaut aujourd'hui plus de 200 fr.

— Le purgatoire Saïct Patrice. (au recto de l'avant-dernier f.) : *Cy fine le liure..... Nouuellement imprime a Paris en la rue neufue nostre dame a lēseigne de l'escu de frāce* (sans date), pet. in-8. goth. de 16 ff. à 27 lign. par page, sign. A et B.

Autre édition rare impr. par J. Trepperel second, ou peut-être par Alain Lotrian, qui a aussi demeuré à l'*Escu de France*. Ce titre porte une assez bonne gravure sur bois représentant le diable et saint Patrice. Le dernier feuillet présente, au recto, une adoration des mages, et au verso l'écu de France.

— Le même opuscule, avec cette souscription : *Cy fine le liure... imprime a Paris par Jēhā Bŏfŏs... a lenseigne Sainct Nicolas* (vers 1548), pet. in-8. goth. de 16 ff., dont le dernier contient aussi deux grav. sur bois.

Vend. 9 fr. 50 c. *mar. r.* La Valliere; 26 fr. Lair; 2 liv. 19 sh. Heber, et 150 fr. Veinant.

— LI PURGATOIRE di Saint Patrice, légende du XIIIe siècle, publié d'après un manuscrit de la bibliothèque de Reims, par Prosper Tarbé. 1842, in-12 de 48 pp.

La source de cette légende est un roman mystique latin composé par Henri *Salteriensis*, Bernardin, Irlandais du XIIe siècle, et impr. dans le *Florilegium insulæ sanctorum Hibernia*, Paris, 1624, in-fol. (voy. MESSINGHAM), et ailleurs. Consultez Fabricius, *Biblioth. mediæ latinitatis*, édition de Manci, III, 227.

— Voy. VOYAGE DU PUYS, et l'article WRIGHT.

PURGATORIUM divi Patricii; incipit. Ad illustrem Eberhardum ducem in wirtenberg et decke Comitem Montispelegardi carmen de purgatorio diui Patricii. (au verso du dernier f.) : *Impressum Memmingen* (circa 1496), in-4. goth. de 6 ff.

Purgold (*L.*). Observationes criticæ, 16047.

PVRLILIARVM comes (*Jacobus*). De liberorum educatione. (fol. 16, recto) : De generosa liberorum educatione libellus fauste finit. *Impressum Tarvisii per Gerardum de Flandria,* M. CCCC. XCII, *die* XI *septembris,* pet. in-4. [3883]

Opuscule de 18 ff., dont les deux derniers contiennent *Francisci Nigri epistola ad lectorem*. Federici en cite une édit. de 1498, par le même imprimeur, auquel on doit aussi :

JACOBI Comitis Purliliarum de administratione Reipublicæ venetæ domi forisque, in-4. de 14 ff., sans date ni lieu d'impression.

— OPUS Jacobi comitis Purliliarum epistolarum familiarium. (*absque nota*), circa 1490, pet. in-fol. de 102 ff. chiffrés, précédés d'un f. blanc et d'un f. non chiffré.

Un exemplaire impr. sur VÉLIN, dont les 16 prem. ff. étaient sur papier, n'est porté qu'à 96 fr. dans le catal. de Tross, 1862, n° V, article 764, parce qu'il était piqué et trop rogné.

— JACOBI COMITIS PURLILIARUM, de re militari libri II. jam recens editi. *Argentorati,* M. D. XXVII. (à la fin) : *Argentorati, Johannes Cnoblochus excudebat,* M. D. XXVII, in-8. [8581]

Réimprimé à Venise, *in ædibus Joan. Tacuini di Tridino,* M. D. XXX, pet. in-4., et traduit en anglais sous le titre de *The Preceptes of warre, translated by Peter Betham,* 1544, *London, by Edwarde Whytchurche,* in-8. de 100 ff.

PURQUEDDU. Il Tesoro della Sardegna ne' bachi e gelsi, poema sardo e italiano di Antonio Purqueddu accademico del collegio cagliaritano. *Cagliari (nella stamp. reg. di Buonav. Porro*), 1779, pet. in-8. avec un frontispice gravé et 3 fig. [15043]

Poëme en trois chants. La Biblioth. impériale en possède un exemplaire impr. sur VÉLIN.

PURSH (*Frederik*). Flora Americæ septentrionalis : or, a systematic arrangement and description of the plants of north America. *London, White,* 1814, 2 vol. in-8., avec supplément, addenda et 24 pl., 15 à 18 fr., et plus avec fig. color. [5276]

Réimpr. sous le titre de *Systematic description of north american plants, etc.;* New-Haven, Howe, 1820, 2 vol. in-8., avec 24 pl.

PUSCHMANN (*Ad.*). Gründlicher Bericht der deutschen Reimen oder Rithmen, auch der alten deutschen Singekunst des Meistergesangs vnd deren Melodyen, sowol auch der deutschen Kirchengesenge, wie sie sämptlich zu erkennen, zu erlernen vnd zu vnterscheiden sint : in drey Tractat gestellet, 1569. (*zu ende*): *Frankf. a. d. O.* 1596, in-8. [15431]

Ouvrage intéressant et devenu rare. Il existe aussi sous ce titre : *Gründl. Bericht des deutschen Meistergesanges.* Görl., 1574, in-4. (Ebert, n° 18355).

Purves (*G.*). Population, 4072.

Pusch (*G.-G.*). Geognostische Beschreibung von Polen, 4615.

PUSCULUS. Vbertini Pusculi Brixieñ duo libri Symonidos. De iudęorum perfidia quo modo ihesum xp̄m crucifixerunt; Divos Ricardù parisiensem, symonĕ tridentinũ afflixere martyrio, supliciacꝗ dedere. (in fine) : *Imp̄sum in Augusta vindelicorũꝑ magistrũ Johannem Otmar... Anno* MD. xi. iij. 7d' *April.,* in-4. de 36 ff. non chiffr., dont 6 prél., les autres sign. a—e. [12766]

Poëme en deux livres, orné de plusieurs fig. sur bois assez singulières. Il est fort peu connu : 32 fr. en 1859.

PUTANISME. Voy. PUTTANISMO.

PUTANA. Voy. PUTTANA.

PUTEANUS (*Erycius*). Bruma : chimonopægnium, de laudibus hiemis, potissimum apud Belgas ; accedunt And. Valerii notæ, etc. *Monaci, ex typogr. Bergianis,* 1619, pet. in-8. ou in-12, fig. de Raph. Sadeler. [13068]

Vend. 16 fr. mar. bl. Méon, et 36 fr. Solar ; 18 fr. 50 c. vél. en 1843 ; 1 liv. 17 sh. mar. r. Heber.

— OVI Encomium. *Monaci,* 1627, pet. in-12, fig.

— Comus, ou banquet dissolu des Cimériens, traduit du latin d'Erycius Puteanus, par Nicol. Pelloquin. *Paris,* 1613, in-12. 5 à 6 fr. [17936]

Vend. 16 fr. mar. bl. A. Martin.

L'original en latin, imprimé à *Louvain,* 1611, ou à *Oxford, G. Turner,* 1634, pet. in-12, est moins cher. A cette dernière édition se trouve quelquefois réuni : *Erycii Puteani historiæ insubricæ libri VI, qui irruptiones Barbarorum in Italiam continent, rerum ab origine gentis ad Othonem epitome.*

— Orationes, 12174. — Epistolæ, 18772.

PUTEO (*Paris* de). Incipit solennis et vtilissimus libellus de re militari, vbi est tota materia duelli, seu singularis certaminis, nouiter compilatus per..... Paridem de Pvtheo.... (in fine) : *Deo gratias* AMEN. (*absque anno*), in-fol. de VII et 181 ff. à 36 lign. par page, avec un registre. [8574 ou mieux 28745]

Ancienne édition, sans chiffres, récl. ni signat., impr. avec les plus anciens caractères rom. de Riessinger, à Naples. Les 6 prem. ff. contiennent la table, et le 7e, une épître adressée à C. Sfortia. Cette édition du texte latin du traité de Paris de Puteo est décrite par Panzer, IV, p. 382, d'après Giustiniani, et par Hain, n° 13615. Nous ne sommes pas certain que ce soit celle qui est portée à 20 fr. dans l'*Index librorum* (de Brienne), par Laire, I, p. 175, laquelle commence par une épître de l'auteur *ad Constantium Sfortiam de Aragonia,* et se termine au recto du dern. f., qui n'a que 13 lignes, sans aucune souscription. Le registre des cah. y occupe le verso du même f. Un autre exempl., en 181 ff., est sommairement décrit dans la *Biblioth. spencer.,* VII, n° 278.

— SOLENNIS et utilis tractatus de re militari, ubi tota materia duelli et singularis certaminis noviter compilatus per.... Paridem de Puteo; in quo et tracta-

Puseley (*D.*). Australia, etc., 28330.

tur de nobilitate. — Additus est de eadem materia tractatus J. de Lignano et dñi Bartholomei Cepole de imperatore eligendo. (in fine) : *Impressum Mediolani apud Alexandrum Minutianum, impènsis Joannis Jacobi et fratrum de Legnano, Anno domini* M. CCCCC. VIII, *die* xxiȷ *Februarii*, gr. in-fol.

— Libro de re militari. *(Neapoli)*, *Sixtus Riessinger* (absque anno), in-fol. de 138 ff. à 36 lign. par page.

Édition imprimée en lettres rondes, avec les sommaires des chapitres en lettres goth., sans chiffres, récl. ni signat. On lit en tête du 1er f. ce sommaire en trois lignes : *Incomenza lo prologo allo libro de re militari in materno | còposto per lo generoso messer paris de puteo doctore de lege | Lege* (sic) *feliciter;* et au verso de l'avant-dern. f., à la fin du texte, les deux noms *Sixtus Riessinger*, en lettres goth. Le dern. f. contient le registre. Cette descript. est celle de l'exempl. en *mar. r.*, vendu, quoique piqué de vers, 133 fr. 19 s. La Vallière. L'exemplaire de cette même version italienne de l'édition de Riessinger, qui est décrit dans la *Biblioth. spencer.*, VII, n° 123, paraît différer beaucoup de celui de La Vallière; il a 181 ff. à 36 lign. par page, et il porte le même titre latin (*Incipit sollènis ḡ vtilissimus libellus de re militari...*) que l'édition du texte latin décrite ci-dessus; mais il est à craindre qu'il n'y ait là quelque quiproquo de Dibdin.

Ce même traité de Paris de Puteo a paru sous le titre suivant :

DUELLO libro de Re, imperatori, principi, signori, gentilhomini, et de tucti armigeri, et continente disfide, concordie, pace, cosi accadenti et judicji, con ragioni, exempli et authoritate de poeti, historiographi, philosophi, legisti, canonisti, et ecclesiastici ; opera dignissima de tucti spiriti gentili ; con grandissima diligentia correcto et emendato. (in fine) : *Impressum Neapoli, a le spèze de Joanne Scoppa et con sua volunta. De Antonio Freza de Corinaldo, anno Dñi* M. D. XVIII, *a di* xxvij. *del mese de novembre*, in-4.

Réimprimé : *Venetia, per Marchio Sessa*, 1525, et aussi *per Aurelio Pincio*, 1530, pet. in-8.

— Libro llamado batalla de dos, que trata de batallas particulares, de reyes, emperadores, principes, y de todo estado de caualleros, y ḡ hombres de guerra, en el qual se contiene el modo del desafio, y gaje de batalla, y concordar paz ; tra-duzido de lengua toscana en nuestro vulgar castellano. *Sevilla, Dominico de Robertis*, 1544, pet. in-fol. goth.

Traduction anonyme, que Salvá estime 5 liv. 5 sh. Vend. 50 fr. Gohier.

— De sindicatu omnium officialium et de ludo. *(Neapoli)*, *per fidelissimos Germanos*, 1485, gr. in-fol. à 2 col., caract. goth. [3213]

Fr. Tuppo, qui est l'éditeur de cet ouvrage, le qualifie d'*Opus... profecto laudabile et sublime*, dans sa dédicace à Ant. Mecenas. Le premier traité est terminé au recto par une souscription en 24 lignes ; ensuite se trouve *Tractatus aureus in materia ludi*, 6 ff. ; le registre du vol. occupe le dernier. Il existe une édition plus ancienne du même livre, avec le nom de *Sixtus Riessinger* à la fin du traité *De Ludo*, dont la date de la composition est du 4 octobre 1472 ; c'est un in-fol. vendu seulement 10 fr. Brienne-Laire.

Réimprimé : *Papie per Christoforũ de canibus... anno* 1493, *die xiȷ octubris*, in-fol. goth. de 139 ff. à 2 col., avec des améliorations dans le texte.

Le traité *De Ludo*, qui fait partie de l'édition de Naples, ci-dessus, a été imprimé à part, sous ce titre : *Incipit tractus* (sic) *aureus ĩ materia ludi còpositus p clarissi‖mum U. J. doctorè Paridẽ de Puteo nouiter casti | gatus post primaȝ còpilationem ẽ correctus.* (à la fin) : *Finis vtilis tractatus de ludo.* ‖ *ad breue còpediuȝ reductus* (sine nota), in-fol. goth. de 4 ff. à 2 col. de 72 lign.

PUTEO (*Michaelis* de). Benedictiana sive constitutiones Benedicti XII papæ ad monachos nigros iu pristinam lucem redacta per Michaelem de Puteo... ordinis Benedicti monachum. — *Per Joannem de Prato ac Jacobum le Messier in vico olearum sub intersignio sancti Sebastiani prope collegium clun. eorumque expensis nec non Egidii de Gourmont impressa, per eosque pro modico ære communicanda, summaque cura ac diligentia... exarata. Anno... millesimo quingentesimo decimo septimo. Venundantur Parrhisiis ab Egidio de Gourmont...*, in-4. [21742]

Ces anciennes constitutions de l'ordre de Saint-Benoît sont peu communes.

PUTEUS (*Petrus*). Perspectiva pictorum et architectorum (ital. et lat.). *Romæ*, 1693-1700, 2 vol. in-fol. fig. 24 à 30 fr. [8427]

Édition la plus belle de cet ouvrage médiocre de P. Pozzo (en latin Puteus). Celles de 1702, 1717, 1741 ou 1764, même lieu et même format, ont à peu près autant de valeur que la précédente. Il y a 102 pl. dans le premier volume, et 118 dans le second, non compris les frontispices. — Il faut voir si la 100e pl. du tome Ier se trouve dans l'exemplaire que l'on veut acheter. Il a paru à Augsbourg, en 1719, une édition de la première partie de cet ouvrage, de format pet. in-fol., donnant le texte latin avec une traduction allemande, et les planches, copies réduites par Jean Boxbarth, sur celles des éditions romaines.

PUTHERBEUS. Voy. PUYHERBAUT.

PUTIO (*Vincentio*). Opera nova intitulata Plebana, ove se contengono acchademice lettere, strambotti, canzone, sestine, sonetti et capituli. *Perosia*, 1525, in-8. [14506]

Vend. 11 sh. Heber.

PUTSCHIUS. Grammaticæ latinæ auctores antiqui Charisius, Diomedes, Priscianus, Probus, Magno, P. Diaconus, Phocas, Asper Donatus, Servius, Sergius, Cledonius, Victorinus, Augustinus, Consentius, Alcuinus, Eutyches, Fronto, Vel. Longus, Caper, Scaurus, Agroetius, Cassiodorus, Beda, Terentianus, Victorinus, Plotinus, Cæsius, Bassus, Fortunatianus, Rufinus, Censorinus, Macrobius, Incerti. Quorum aliquot nunquam antehac editi, reliqui ex Codd.

Putignani (*J.-D.*). De redivivo sanguine D. Januarii, 22363.

MSS. ita augentur et emendantur ut nunc primum prodire videantur opera et studio Heliæ Putschii. *Hanoviæ, typis wechelianis,* 1605, 1 tom. en 2 vol. in-4. [10769]

Collection recherchée et qui se trouve très-difficilement : 70 à 80 fr. Vend. jusqu'à 158 fr. bel exempl. *v. f.* Clavier.

La presque totalité des exemplaires de ce livre a été imprimée sur de fort mauvais papier ; mais il existe quelques exempl. en pap. plus blanc et plus fort que les autres ; ces derniers sont très-rares. Vend. 104 fr. *vél.* F. Didot ; 7 liv. *mar. r.* Williams ; 5 liv. Heber ; 122 fr. *vél.* Renouard.

La première partie commence par 8 ff. prélim., y compris le titre et la dédicace ; le texte est chiffré par colonnes de 1-1358. La 2e partie contient les colonnes 1363-2808, non compris un faux titre qui compte pour 4 col. Le vol. est terminé par la table des auteurs cités et par l'index, contenant ensemble 39 ff., sign. YYYY2—CCCCC5.

Cette collection ne contient presque aucun des auteurs compris dans celle dont voici l'intitulé :

AUCTORES latinæ linguæ in unum redacti corpus : adjectis notis Dionysii Gothofredi, in-4. Voy. AUCTORES.

PUTTANA errante. = La Zaffetta. (*Venetia,* 1531), in-8. [15012]

Petit ouvrage très-rare, bien digne de l'Arétin, par les obscénités dont il est rempli, mais qui lui a été faussement attribué. *Lorenzo Veniero,* noble vénitien, en est le véritable auteur. Il le publia pour se venger d'une courtisane de Venise, appelée *Angela,* qu'il désigne sous le nom injurieux de *Zaffetta,* c'est-à-dire, en langage vénitien, fille d'un *shire.* Dans le premier poëme il décrit la vie de cette femme ; dans le second, la vengeance aussi brutale que cruelle qu'il prit des torts qu'elle avait à son égard. Le volume, imprimé en assez gros caract. romain, ne porte aucune indication ni date, et n'a d'autre intitulé que ces mots *La Puttana errante* au verso du prem. f. ; suivent un avis au lecteur et deux sonnets, dont l'un est adressé par Lorenzo Veniero à l'Arétin, qui donne beaucoup d'éloges à l'ouvrage, le tout d'un style assorti au sujet. Au 4e f., sign. Aiiij, commence le poëme de *La Puttana errante,* de 185 octaves, finissant au 2e f. de la signat. E. Sur le 3e f. de la même signat. on lit au verso cet intitulé : *La Zaffetta,* et au f. suivant commence ce second poëme, de 114 octaves, qui finit au 6e f. de la signature G, dont les 7e et 8e ff. sont blancs.

Dans le recueil des lettres écrites à l'Arétin, impr. à Venise, 1551-52, en 2 vol. in-8., il s'en trouve une (tome 1, p. 104) d'un certain *Bernardo Aretio,* datée de Turin, le 17 octobre 1531, où il dit : *Ho veduto di nuovo una Puttana errante condota insino qui a Torino; ah la bella festa che gli fanno queste madonne intorno!* Cette lettre prouve que l'ouvrage de Veniero a été publié en 1531 ; mais l'édition que nous annonçons est-elle l'originale ? C'est ce que nous ne pouvons assurer bien positivement, quoique la forme du caractère et certaines abréviations accusent à peu près cette date ; et voici les raisons qui nous portent à douter. Apost. Zeno, qui a fait mention de ce livre dans ses lettres (édit. de 1751, tome II, p. 296), où il dit que Veniero le publia en 1531, sous la direction de l'Arétin, ajoute qu'il en a vu un seul exemplaire, mais sans frontispice, ce qui fait qu'il ne peut donner avec certitude le titre du premier poëme. A l'égard du second, il l'intitule : *Il Trent-uno* ; il dit d'ailleurs que l'édition est dédiée à l'Arétin. Or, dans notre édition, le second poëme est intitulé *La Zaffetta* ; il n'y a point de dédicace à l'Arétin, à moins qu'on ne veuille regarder comme tel le sonnet dont nous avons parlé ; d'où il suit que l'édition vue par Apost.

Zeno est différente. Au surplus, le nouvel éditeur de la *Bibliot. ital.* de Nic.-Fr. Haym, en cite une impr. à *Venise,* en 1538, et peut-être est-ce celle qui a passé sous les yeux de Zeno, dans laquelle on aura jugé à propos de changer l'intitulé du second poëme. (Magné de Marolles.)

Ces notes, que nous croyons devoir conserver ici, ne sont point parfaitement exactes, ainsi que l'a prouvé M. L.-J. Hubault, membre de l'Académie de Marseille, dans un opuscule ayant pour titre : *Dissertation littéraire et bibliographique sur deux petits poëmes satiriques italiens, composés dans le* XVIe *siècle* ; Marseille, typ. et lith. Barlatier-Feusat et Demonchy, 1854, in-8. de 40 pages. A la page 33 de cette dissertation, l'auteur résume ainsi *les erreurs de Magné de Marolles* : « 1° Le surnom de Zaffetta, donné à Angela, ne l'est pas par injure ; 2° l'auteur ne décrit pas sa vie, mais seulement quelques aventures supposées ; 3° Apostolo Zeno ne dit pas qu'il y ait une dédicace à l'Arétin séparément du texte, mais seulement que l'édition est dédiée à l'Arétin ; et par là il a voulu probablement entendre l'invocation de l'Arétin comprise dans les stances 3 et 5 de la *Puttana errante* ; 4° il n'y a point de sonnet de Lorenzo Veniero à l'Arétin, mais bien un sonnet de l'Arétin à Lorenzo Veniero, ce qui est fort différent ; 5° il admet une édition de 1531, et cite en preuve une phrase d'une lettre d'Arétin, qu'il applique ; 6° s'attachant à des raisons vaines et sans valeur, il a méconnu celles qui démontrent clairement que l'édition vue par Apostolo Zeno serait une troisième, antérieure à celle de la B. I. (*Biblioth. impériale*) ». Il résulte de l'argumentation de M. Hubault que ces deux poëmes auraient d'abord paru séparément ; le premier, au plus tôt en 1538 (Zeno, dans sa *Vita de P. Aretino,* en cite une édition impr. *in Venezia, per Venturino Ruffinello, ad istanzia a'Ippolito, Ferrarese,* 1538, in-8.) ; et le second, composé de 114 stances non numérotées, en 1541. La première édition de la *Puttana* ne contiendrait que 138 stances, en 3 chants, tandis que d'autres, en 4 chants, ont 185 stances. Les éditions qui donnent les deux poëmes sous une seule série de signatures, seraient moins anciennes que les autres. Le passage de la lettre de *Bernardo Aretio,* rapporté par Marolles, et, avant lui, par Bern. de La Monnoye et par d'autres bibliographes, s'appliquerait, non pas au poëme de Veniero, mais à une courtisane célèbre en 1531, époque à laquelle *Angela Zaffetta* n'aurait guère eu plus de sept ans.

Nous avons vu un exemplaire de la *Puttana,* en 32 ff., et de *la Zaffetta,* en 32 pp., auquel était jointe *la Cazzaria,* en vers, opuscule du même genre que les deux autres, et contenant seulement 8 pp. Les trois pièces ainsi réunies ont été vend. 48 fr. en 1805. — Pour *la Cazzaria* en prose, voyez CAZZARIA.

Peut-être les deux éditions dont nous venons de parler, et que nous avons vues en 1805, sont-elles les mêmes que celles que M. Hubault décrit, p. 17, d'après un exemplaire conservé à la Biblioth. impér. de Paris, savoir : *La Puttana errante di Maf. Ven.,* pet. in-8. de 32 ff., sign. A—E, dont le titre est entouré d'une vignette sur bois. Au-dessus du titre un portrait gravé sur bois, sous lequel on lit : *Maf. Ven.* — Au verso, un avis de l'auteur ; *A i lettori* ; le 3e f. est blanc ; au 4e feuillet, sign. A 4, commence le poëme qui finit au verso du f. E 3. — Le f. E 4 présente au recto le sonnet de *Pasquino alli lettori,* et au verso un autre sonnet de *il Diuin Pietro Aretino all' Autore.* Le texte est impr. en lettres rondes, et contient 185 stances numérotées, à raison de trois par page. Le second poëme est composé de 16 ff., sign. A et B, en lettres cursives. Le premier recto porte *La Zaffetta di Maf. Ven.* (avec entourage de vignettes gravées sur bois) ; au verso se voit également un portrait gravé sur bois, et au bas : *Maf. Ven.* Le texte commence au recto du 2e f., et se termine au milieu du 16e recto.

— Voy. POESIE da fuoco.

PUTTANISMO moderno (il), con il novissimo parlatorio delle monache (satira comica di Baltas. Sultanini). *Londra (Geneva)*, 1669, pet. in-12. 6 à 9 fr. [18428]

Ouvrage tout à fait différent de l'article suivant. L'édition sans lieu ni date, dont le titre de la seconde pièce porte : *Nuovamente ristampato in questo anno 1677*, a le même prix à peu près.

PUTTANISMO (il) romano : o vero conclave generale delle puttane della corte; per l'elettione del nuovo pontefice, 1668, pet. in-12 de 130 pp. [18427]

Cet écrit satirique, attribué à Gregorio Leti, a certainement été imprimé en Hollande, mais il est fort douteux qu'il sorte des presses elseviriennes. Il y en a au moins deux éditions sous la même date : l'une est assez belle, vend. 9 fr. en 1818 ; 12 fr. Chateaugiron ; 25 fr. *non rogné*, Labédoyère ; l'autre est fort médiocre. On en cite aussi une de 240 pages.

— Le Putanisme de Rome, ou le conclave général des putains de cette cour, pour l'élection d'un nouveau pontife, traduction libre de l'italien. *Cologne, à la Sphère* (sans date), pet. in-12 de 4 ff. prélim. et 132 pp. de texte.

Jolie édition elsevirienne : 12 fr. Motteley ; 15 fr. Bignon ; 24 fr. 50 c. *mar. r.*, en 1840 ; 192 fr. Gancia, et en *v. f.* par Derome, 152 fr. Solar.

— Le même, nouvelle édition augmentée d'un entretien intitulé le Nouveau parloir des nonains. *Cologne (Hollande)*, 1669, pet. in-12 de 6 ff. prélim. et 255 pp.

Édition moins connue que la précédente et que celle qui suit. Le *Nouveau parloir des nonains*, satire violente contre les moines et les religieuses, ne se trouve que dans celle de 1669, dont un bel exemplaire rel. en *mar. citr.* par Trautz a été payé 205 fr. à la dernière vente Veinant.

— Le putanisme, ou la confrerie des putains de Rome, assemblées en conclave, pour l'élection d'un nouveau pape, avec un dialogue de Pasquin et Marforio sur le même sujet; satyre comique de Baltaz. Sultanini, trad. de l'italien. *Cologne*, 1670, pet. in-12 de vi ff. prélim. et 144 pp. de texte.

Cette édition de la traduction contient, de plus que le texte original, une épître dédicatoire *à Mesdames les femmes d'honneur, et aux nonains qui sont filles de bien*, qui n'est pas dans les autres éditions. Celle-ci est médiocre et ne paraît pas elsevirienne : vend. cependant 15 fr. *m. v.* Méon ; 25 fr. *m. r.* en 1817 ; 34 fr. Bérard ; 60 fr. *m. viol.* Sebastiani.

PUTTENHAM (*George*). The Arte of english poesie ; contriued into three bookes : the first of poets and poesie, the second of proportion, the third of ornament. *London, by Richard Field*, 1589, in-4. [15701]

Volume rare et recherché, contenant 3 ff. prél. pour le titre et l'épître dédicatoire; texte, pp. 1 à 92, et 101 à 258, la table des trois livres et *The names of your figures cricular* en 4 pp. Il y a des exemplaires dans lesquels se trouve, parmi les pièces prélim.,

un portrait sur bois de la reine Elizabeth, et après la page 84 un carton en quatre feuillets. Tel était l'exemplaire vendu 11 liv. 11 sh. Jadis; d'autres ont été payés plus ou moins cher dans des ventes faites à Londres.
— THE SAME, edited with life and notes by Haslewood, *London, Triphook*, 1811, in-4., avec le portrait d'Elisabeth. Réimpression tirée à 200 exemplaires seulement, 1 liv. 1 sh.

PUTTRICH (*L.*). Denkmale der Baukunst des Mittelalters in Sachsen, bearbeitet und herausgegeben von L. Puttrich, unter besonderer Mitwirkung von G.-W. Geyser. *Leipzig, Friedlein*, 1846-50, 4 vol. in-4. 240 fr. [vers 9736]

On joint à cet ouvrage un 5e vol. intitulé : *Entwickelung der Baukunst*, par Zestermann, *Leipz.*, 1852, in-4. Les 5 vol. ont 240 pp. avec fig. sur pap. de Chine : 320 fr., mais ce prix ne se soutient pas.

PUY (le) du souverain amour tenu par la Deesse Pallas auec l'ordre du nuptial banquet faict a l'honneur dung des siens enfans, mis en ordre par celui qui porte en son nom tourné, Le vrai perdu, ou vrai prelude (Pierre Duval). *De l'imprimerie de Jehan Petit. On les vent à Rouen, chez Nicolas de Burges* (1543), pet. in-8. de 40 ff., lettres rondes. [13401]

Réunion de pièces de poésies composées par différents auteurs, pour concourir à des prix fictifs qu'aurait fondés la déesse Pallas sur le sujet du *Souverain amour*, à l'imitation des prix établis réellement par les Puys ou Palinods de Rouen et de Caen, sur la Conception de la Vierge. Les auteurs de ces pièces sont : Jehan Couppel, Guil. Durand, Marie et Madeleine Du Val, Jean Fere, P. Gaultier, Cl. Herbert, Geoffroi et Jean Le Prevost, J. Spallart, Catherine Vetier, etc. C'est un livret assez rare : 6 fr. La Valliere ; 7 fr. le B. d'Heiss ; 10 fr. Le Duc ; 2 liv. Heber, et 49 fr. *m. r. doubl. de mar.* en 1841 ; 100 fr. Nodier.

PUY de la conception. V. APPROBACION, et au mot PALINODS.

PUY-HERBAUT (*Gabriel* du), religieux de Fontevrault. L'art et maniere de parvenir à vraie tranquillité d'esprit principalement par la voie du Saint-Sacrement. *Paris, Jean de Roigny*, 1549, in-16. [1691]

C'est là le plus ancien ouvrage français de ce fécond écrivain dont La Croix du Maine et surtout Du Verdier ont indiqué les nombreux écrits. Le plus considérable a pour titre :
EXPOSITIONS et exhortations sur les leçons, epistres et evangiles de caresme. *Paris, J. de Roigny*, 1564, in-8. [1482]
Il est divisé en huit tomes, et le 8e tome en 3 part. C'est l'histoire de la passion exposée. L'article suivant a été omis par nos deux bibliothécaires :
LA FOY du frere Gabriel du Puy-Herbault, religieux de Haulte Bruyere, enuoyee à une Dame d'Orleans, et response à icelle. *Orleans, Louys Rabier*, 1569, pet. in-8. (Catal. de La Valliere, par Nyon, I, n° 1374).

— Vies des Saints. Voy. LIPOMANUS.

Du Puy-Herbault est nommé *Putherbeus* sur le titre

Putterus (*J.-St.*). Institutiones, 3023.

de ses ouvrages écrits en latin. En voici un qui doit
être cité :

GABRIELIS PUTHERBEI Turonici professione Fon-
tebraldæi, Theotimus, sive de tollendis et expur-
gandis malis libris, iis præcipue quos vix incolumi
fide ac pietate plerique legere queant, libri tres.
Parisiis, apud Joannem Roigny, 1549, pet. in-8.
[30034]

Au livre II, pages 180 et 181 de cet ouvrage, l'auteur
a lancé une violente invective contre l'auteur du
Pantagruel. C'est pour s'en venger que Rabelais a
parlé dans son quatrième livre (chapitre XXXII)
des *enraigez Putherbes.*

PUYSÉGUR (*Jacques* de Chastenet, Mis
de). Art de la guerre, par principes et
par règles, mis au jour par le fils de
l'auteur. *Paris, Jombert*, 1748, 2 tom.
en 1 vol. in-fol. fig. 12 à 15 fr. [8592]

L'édition de *La Haye*, 1749, in-fol., et celle en 2 vol.
in-4., sont encore moins chères que celle de Paris.

— Voy. PILOTE, et pour deux autres *Chastenet*, les
n°s 4316 et 23749 de notre table.

PYBRAC. Voy. PIBRAC.

PYE (*Charles*). Correct and complete representation of all the provincial copper
coins, tokens of trade, and cards of address on copper, which were circulated
as such between the years 1787 to 1801.
London, 1801, aussi 1802, in-4., avec
52 (ou même 55 pl.). 1 liv. 10 sh.
[27076]

La première édition, in-8., *Birmingham*, 1795, n'a
que 33 pl.; la seconde (même format) en a 36 et un
index.

PYLADE (*Jo.-Fr.* Buccardus). Pyladæ
Carmen scholasticum. *Impressum Brixiæ per Jacobum Britannicum, xi
kal. sept.* MIID (1498), in-4. de 37 ff. en
quatre cahiers. [12767]

Troisième édition de cette grammaire latine en vers,
accompagnée de notes en prose; le texte est en
lettres rondes, et les notes sont en petits caractères
goth. Il existe des éditions sous le titre de *Regula
grammaticarum institutionum*, d'autres sous
celui de *Grammatica ;* c'est ce dernier titre que
porte l'édition impr. à Venise, *per Iacob. de
Leuco, impensis Ioannis Baptistæ de Sessa, xxii.
Octobris.* M.CCCCXCV, in-4. de 50 ff.

— Vocabularium. *Impressum Brixiæ per
Jacobum Britannicum, Idib. sept.*
MIID. in-4. de 33 ff.

Opuscule imprimé avec les mêmes caractères que le
Carmen scholasticum ci-dessus. L'exemplaire que
nous avons vu était relié à la suite de *Pylade
Genealogia*, édition sans lieu ni date, décrite ci-
après, article 3.

— Annotationes in Alexandrum de Villa
Dei. *Brixiæ, per Jacobum Britannicum, die xxi. Maii*, MD., in-4. de 28 ff.
(24 seulement selon M. Lecci) à 35 lign.
par page.

Ces éditions sont les plus anciennes que nous connaissions des différens ouvrages écrits en vers
lat. à l'usage des jeunes étudiants, par Pylade,
poëte fort médiocre. Ces mêmes ouvrages, qui ne
conservent guère qu'un intérêt de curiosité, ont
été réimprimés à Venise, au commencement du
XVIe siècle, in-4., savoir :

1° *Grammatica.* (sans lieu ni date), sign. *a—g*,
caractères ronds. Cette édition, à laquelle est ajouté
le *Carmen scholasticum* de Pylade, paraît être sortie des mêmes presses qu'une autre édition de ce
dernier poëme, in-4. sign. A—E, à la fin de laquelle
on lit : *impressum Venetiis per Ioannem rubeum
vercellensem. x kal. sept.* M. D. VIII.

2° *Vocabularium*, même lieu et même imprimeur,
Idib., sept. M. D. VIII.

3° *Genealogia (deorum lib. V, versu elegiaco
scripta)* de 30 ff. non chiffrés, à 28 lign. par page
(*sans lieu ni date*).

4° *In Alexandrum de Villa Dei annotationes.* Impressum Venetiis, die xxi Junii. M. cccc. viii, de
28 ff. non chiffrés, mêmes caractères.

Ces quatre articles sont à la bibliothèque Mazarine,
n° 10107 : ils ont été aussi réimpr. à Milan dans
l'ordre suivant :

In Alexandrum de Villa Dei annotationes. Mediolani, Petrus Martyr de Montegatiis, 1506, in-4. de
24 ff. sign. *a—d.* — *Carmen scholasticum.* Ibid.,
Jo. Mar. de Ferrariis, 1507, in-4. de 28 ff. non
chiffrés, sign. *a—c.* — *Genealogia et Vocabularium.* Ibid., 1507, in-4. — *Le Vocabularium*,
seul, ibid., *per Joan. Angel. Scinzenzeler*, 1510,
in-4. de 44 ff. signat. a—f.

Vend. (les quatre opuscules) 60 fr. Courtois; et le
même exemplaire, 6 sh. Heber, à Lond.; sans la
Genealogia, 11 fr. Heber, à Paris.

Une édition du *Vocabularium, Daventriæ, ex officina
Alberti*, 1516, in-4., est qualifiée de *libellus rarissimus* dans le catal. biblioth. Bosch., p. 126.

PYNE (*W.-H.*). The History of the royal
residences of Windsor castle, St. James
palace, Buckingham house, and Carlton
house. *London, Wetton*, 1817-20, 3 vol.
très-gr. in-4. [27113]

Ouvrage orné de 100 pl. color. Il a été publié au prix
de 25 liv. 4 sh. et de 37 liv. 16 sh. pour le format
in-fol. Un exemplaire relié par Lewis, 30 liv. 12 sh.
Dent. — Le papier ordinaire se donne maintenant
pour 5 ou 6 liv.

— Microcosm. Voy. GRAY.

PYNE'S Lake Scenery of England. *London*, 1853, gr. in-fol. [26763]

25 grandes planches, d'après des peintures à l'huile
d'une belle exécution, avec leur description, publiées à 6 liv. 5 sh., prix réduit à 2 liv. 15 sh., et
coloriées d'après les originaux, montées sur papier
fort, publiées à 25 liv. 4 sh. et prix réduit à 7 liv.
10 sh. (Catalogue de Willis and Sotheran, 1862,
p. 433).

PYRAMIDES (duæ), una nova de perpe-
trato, altera vetus, inversa, de attentato
parricidio Ignatianæ sectæ in Henrico IV,
rege christianissimo ; una cum aliis ejus-
modi argumenti, diversorum poetarum
poematiis placituris, quibus cordi est
christianissimus incorruptus. Omnia in
gratiam monachorum ignatianorum qui
se Jesuitas indigitant edita. *Lutetiæ-*

Parisiorum (1610), pet. in-4. de 24 pp. [23636]

Recueil de pièces en vers contre les Jésuites, au sujet des assassinats de Henri III et Henri IV. Outre l'édition que nous venons de décrire, et qui a été vend. seulement 2 fr. 45 c. chez La Vallière, il y en a une autre dont le titre est peu différent et porte cette fausse adresse : *Apud romanum papam,* 1610 ; elle a été payée autrefois de 30 à 40 fr.

PYRARD de Laval (*Franç.*). Voyage contenant sa navigation aux Indes orientales, Maldives, Moluques et Brésil, depuis 1601 jusqu'à 1611. *Paris,* 1615 et 1616, 2 part. en 1 vol. in-8. 5 à 6 fr. [20036]

Relation intéressante et qui passe pour fort exacte. Si l'on s'en rapporte à une note que le savant Huet a faite sur son exemplaire de ce livre (qui est maintenant à la Bibliothèque impériale de Paris), le véritable auteur de l'ouvrage est Pierre Bergeron, qui l'écrivit d'après les récits de Pyrard. Cependant l'abbé Péraud l'attribue à Jérôme Bignon (voy. *Vie de Jér. Bignon,* Paris, 1750, page 88). L'édition de *Paris, Louis Billaine,* 1679, in-4., est préférable à celles-ci, par rapport aux divers traités et relation curieuse, et aux observations géographiques de Ch. Duval, qui s'y trouvent, et à la carte dont elle est augmentée ; mais on en a retranché le petit dictionnaire de la langue des Maldives, qui fait partie de l'édition de *Paris,* 1619, 2 part. in-8. L'édition in-4., qui se paye ordinairement de 8 à 12 fr., a été vend. jusqu'à 29 fr. Langlès, 12 sh. Heber.

Il avait d'abord paru un *Discours du voyage des François aux Indes orientales, par François Pyrard,* Paris, 1611, pet. in-8. de 372 pp., ouvrage qui commence comme le précédent, mais auquel on a donné bien moins de développement.

PYRGALLI Hyldesiani (*Henningi*) Lusus de ebrietatis et crapulæ exterminio, de animorum sempiternitate, de vite emendatione, de Salvatoris ortu, de vernali temperie et ocii fuga, de castis vatibus observandis in amusos, ode sapphica in D. Martini Thuronum præsulis decus ; Epigrammata item et quædam alia (editore Jo. Fabro de Werdea). *Absolutum in famosa Lipsiensium academia... per Valentinum Schuman anno salutis Millesimo quingentesimo quinto decimo,* XVI. *Kal. janua.* Τέλος, in-4. [1342]

PYRRHUS (*Didacus*). De illustribus familiis quæ hodie Rhacusæ extant anno CIƆ IƆ XXCII KAL... IAN. ad amplissimum Senatum Rhacusanum Didacus Pyrrhus. (*Venetiis, Aldus,* 1582), in-4. de 16 pp. [12768]

Cet ouvrage de D. Pyrrhus est en vers latins ; une préface en prose d'Alde le jeune le précède. C'est une pièce fort rare et dont un exempl. rel. en *mar. v.* a atteint le prix de 21 liv. 10 sh. à la vente Butler, si toutefois le chiffre que j'en ai est exact.

PYRRHUS Anglebermeus (*Joan.*). Voy. ANGLEBERMEUS.

PYRRYE (*Charles*). The praise and dispraise of women. and a fruitfull dialogue uppon the sentence « Know before thou knitte. » *London, by Will. How* (1568), in-16. goth. de 64 pp. [15754]

Ce petit volume a été vendu 15 liv. 15 sh., 8 liv. 18 sh. 6 d. Roxburghe ; 9 liv. 9 sh. Hibbert ; 5 liv. 7 sh. 6 d. Heber.

PYTHAGORAS. Pythagoræ aurea carmina, græce, cum comment. Stephani Nigri. *Parisiis, Guill. Morelius,* 1555, in-8. 3 à 4 fr. [12362]

Les Vers dorés de Pythagore ont paru pour la première fois à la suite de la Grammaire de Lascaris, édition aldine, impr. vers 1494. Ils se trouvent aussi dans plusieurs autres recueils.

— Pythagoræ ac Phocylidis carmina, gr. lat., cum indice duplici ; editio secunda, quæ præter Jo. Camerarii hypomnemata græca ac notas priores variantem quoque lectionem e tribus mss. codd. ac uberiorem in carmina Pythagoræ commentarium exhibet, studio et opera Wolfg. Seberi. *Lipsiæ,* 1622, in-8.

Peu commun, mais à bas prix.

— PYTHAGORÆ carmina, gr. et lat. (ex vers. Vitl Amerbachii) adjectis vocum, quæ ibidem occurrunt, analysi grammatica, imitationibus græcolatinis, etc., cura Chr. Knauthii. *Dresdæ,* 1720, in-8. 3 fr.

— EADEM, gr. et lat. cum notis variorum, edidit J.-Ad. Schier. *Lipsiæ,* 1750, in-8.

— LES VERS DORÉS de Pythagore, expliqués et traduits pour la première fois en vers eumolpiques français, etc., par Fabre d'Olivet, *Paris,* 1813, in-8.

— Political fragments of ancient Pythagorians [Archytas, Charondas, Zaleucus and others] and also ethical fragments of Hierocles translated by Th. Taylor. *Chiswick,* 1822, in-8. 6 sh.

— PYTHAGORÆ ludus. (Commence ainsi) : Ludus Pytagore ‖ (q) ui recreandi causa ludo in pitagoreo se exercere vol ‖ uerint primum sibi querant questionem aliquam... (à la fin) : *Finis operis* 1482, *die* 21 *Augusti.* 2c. *Laus Deo.* in-4. de 10 ff. chiffrés.

Opuscule rare impr. avec les caract. goth. de Matth. Cerdo de Windischgretz, à Padoue (*Panzer,* II, p. 373).

— Voyez GNOMICI, HIEROCLES, et NEANDER.

Pythius (*J.*). Responsio, 2182.

Q

QIMAHI. Voyez KIMCHI.

QUAD (*Matth.*). Fascicvlvs geographicvs complectens præcipvarvm totivs orbis regionum tabulas circiter centum ; vna cum earundem enarrationibus. Ex quibus totivs mundi sitvs vniuersaliter ac particulariter congnosci potest... In ordinem hunc compendiosum redactus, per Matthiam Qùadum sculptorem. *Coln am Rein bey Iohan Buxemacher*, MDCVIII, in-fol. de 8 ff. et 86 cartes grav. sur cuivre, avec texte et titre gravé. [19638]

Ce vieil atlas est porté à 5 thl. dans la *Bibliothèque américaine*, en vente chez Brockhaus de Leipzig en 1861. Matth. Quad avait déjà donné un *Enchiridion geographicum*, en allemand, dont la seconde édition est de Cologne, 1604, in-4. de 427 pp., avec 5 cartes grav. sur cuivre.

QUADRAGESIMAL (le) spirituel, cest assauoir la salade, les feubues frites, les poys passez, la puree, la lamproye, le saffren, les orèges, la violette de mars, les pruneaulx, les figues, les amades, le miel, le paï, les eschauldez, le vin blanc τ rouge, lypocras, les iuitez au disner, les cuisiniers, les seruiteurs a table, les chambrieres seruans de blãches nappes, seruiettes pots, τ vaisselles, les graces apͤs disner, le luc ou harpe, la dragee, pasques flories, τ les grandes pasques. Puis enfin le double des lettres du sainct esprit enuoyees aulx dames de Paris, veufues, ieunes religieuses, filles τ pucelles, touchãt les voyages de pasques, cest assauoir sainct sauleuer, argëtuel, nostre dame des vertus, τ montmartre. — *Cy finist ce present liure... Imprime a Paris p̃ la veufue michel le Noir* (vers 1521), pet. in-4. goth. de 28 ff. non chiffr., sign. A—G. [1694]

Ouvrage fort singulier, ainsi que le prouve le titre ci-dessus copié tout au long. C'est un traité ascétique et moral, dont chaque chapitre est précédé de quatre vers qui en indiquent le sujet. *Le double des lettres du saint esprit* commence même par un morceau de 104 vers de 10 syllabes ; au frontispice se voit une vignette sur bois, et au verso du même f. une plus grande planche. Il y a une 3ᵉ pl. au verso du dernier f., dont le recto est tout blanc. Ce dernier f. manquait à l'exemplaire *m. r.* vendu 24 fr. Gaignat ; 18 fr. La Valliere. Un autre exemplaire s'est vendu 90 fr. Duriez.

Nous avons vu une édition du même ouvrage, pet. in-4. de 26 ff. avec fig., intitulé : *Sensuit le Quadragesimal spirituel, qui traicte de toutes sortes de viandes qui sont necessaires pour user en karesme, avec les seruans et seruantes qui seruent à table, et puis le jeu de la harpe pour yssue de table....* (à la fin): *Cy finist ce present liure..... impr. a Paris par Jehan iãnot.* Vend. 16 fr. mar. r. Molini, en 1813.

Du Verdier cite une édition de *Paris, Jean Sainct-Denys*, 1521, in-4., sous le premier titre.

— Le Quadragesimal spirituel, ou caresme allégorié, pour enseigner le simple peuple a deuement et salutairement jeûner et voyager, reueu et corrigé par deux venerables docteurs en la faculté de théologie. *Paris, Jean Bonfons*, 1565, in-8. de 35 ff.

Vend. 12 fr. La Valliere.

QUADRAGESIMALE nouum editum ac predicatum a quodam fratre minore de obseruantia in inclita ciuitate Basiliẽ. de filio prodigo et de angeli ipsius ammonitatione salubri per sermones diuisum. *Impressum Basileæ per Michaelem Furter, Anno...* MCCCCXCV, pet. in-8. goth. de 228 ff. à 2 col. avec fig. sur bois, et 7 ff. d'index.

Vendu 20 fr. second catalogue Quatremère. Hain, nᵒ 13628, donne à ce volume 231 ff. en tout. En 1497, le même imprimeur a donné une seconde édit. de ce Quadragesimale, également in-8., et de 231 ff. à 2 col. avec fig. sur bois.

QUADRERIA medicea (ou tableaux de la galerie de Médicis, gravés d'après les dessins de Fr. Petrucci, par Mogalli, Picchianti, Lorenzini, Gregori, etc.). (*Firenze*), 5 vol. in-fol. max. [9384]

Ce recueil médiocre contient 500 pièces : vendu 260 fr. La Valliere ; 271 fr. Brienne, en 1792. Les deux premiers volumes sont les plus importants ; ils ont été gravés de 1733 à 1771. Ce sont les seuls qui, selon le catal. de Firmian, volume des estampes, page 88, aient le titre de *Quadreria ;* ils contiennent 94 et 93 estampes. Le 3ᵉ vol. est d'*Est. de la Bella*, et a 98 pièces ; le 4ᵉ, de *Callot*, contient 105 pièces, le 5ᵉ, de différents maîtres, renferme 110 pièces.

QUADRILLE de Marie Stuart, ij mars 1829 (*Paris*), gr. in-fol. [10389]

Ce quadrille a été exécuté dans un bal donné par madame la duchesse de Berry : il est ici représenté en 28 lithographies dessinées par Eug. Lami, et color. avec soin. L'ouvrage n'a pas été mis dans le commerce. Vend. 235 fr. en 1841.

Qoudhat Mehemmed Medjm eddin-Khân (le gadhy al). Les Festavi, 5129.

Quadri (*G.-B.*). Malattie degli occhi, 7530.
Quadri (*A.*). Statist. delle provincie Venete, 25439.

QUADRINS historiques de la Bible (par Claude Paradin), in-8. [338]

Voici quelques renseignements sur les différentes éditions de ce recueil curieux de jolies gravures sur bois, publiées à Lyon, chez Jean de Tournes, et généralement attribuées à Bernard Salomon dit *le Petit Bernard*. De Tournes fit d'abord paraître La Genèse, 1553, en 50 pl., avec 5 ff. prélim. contenant le titre (*Quadrins historiques de la Bible*), l'épître de Paradin à Jeanne de La Rochefoucault, un sonnet et un avis de l'imprimeur ; en tout 44 ff. sign. A – F2 ; ensuite ce libraire donna les *Quadrins historiques de l'Exode*, 1553, pet. in-8., et dans le même temps ceux des autres parties de l'Ancien Testament, 125 pièces en 64 ff. Il y a une édition de ces deux fragments réunis sous ce titre :

QUADRINS historiques de la Bible, reueuz et augmentez d'un grand nombre de figures. *A Lion par Ian de Tournes*, M. D. LV., pet. in-8. de 124 ff. non chiffrés, dont le dernier est blanc. Sur les feuillets 6 à 122 sont 231 gravures. Déjà de Tournes avait donné, en 1553, les mêmes figures, avec un texte espagnol, sous le titre de *Quadernos ystoricos de la Biblia* (aussi avec un texte anglais, voyez ci-après) ; et en 1554, avec un titre italien, et des vers en cette langue, par Damiano Maraffi. Dans la même année 1554, il publia ce livre en allemand sous le titre suivant : *Wol gerissnen vnd geschnidten figuren ausz der Bibel*, pet. in-8. de 78 ff., avec 148 figures (une édit. de Lyon, *durch Hans Tornesius*, 1564, in-8., *mar. v.* 23 fr. Coste). Il le donna ensuite avec un texte flamand, en 1557, et enfin avec un texte latin, en 1558 (v. BORLUYT). Pour compléter les figures de la Bible, le même libraire fit paraître en 1554 les *Figures du Nouveau Testament*, avec des sixains français de Ch. Fontaine, contenant 51 ff., dont 2 pour l'avertissement, et 15 pour les 26 pl. de l'Apocalypse, qui sont sans aucun texte. Ces vignettes du Nouveau Testament, d'un dessin plus correct et d'une composition encore mieux entendue que celles du Vieux Testament, avaient déjà paru dans une traduction française du *Nouveau Testament de N.-S. Jésus-Christ*, Lyon, Jean de Tournes, M. D. Liij, in-16, lettres rondes (42 fr. 50 c. *mar. n.* en 1843), et aussi dans un volume ayant pour titre :

FIGURE del Nuovo Testamento, illustrate da versi vulgari italiani. *In Lione, per Giovanni de Tournes*, M. D. LIIII, pet. in-8. de 52 ff. non chiffrés, 'y compris le titre sign. Aa—G3, avec 96 vignettes sur bois.

Les vers italiens sont de Damiano Maraffi, lequel a signé la dédicace de ce volume a... *Madama Margherita di Francia, duchessa di Berri* ; au verso du 52ᵉ f. *fatti nella stampa*.

Ces mêmes pl. ont été aussi employées dans un autre in-16 intitulé : *Il Nuovo ed eterno Testamento di Giesu Christo*, in Lione, per Giov. de Tournes e Guillelmo Gazeio, 1556 (vend. 40 fr. m. citr. en 1843). Nous les trouvons encore sous ce titre : *Figure del Nuovo Testamento illustrate da versi vulgari italiani, da Damiano Maraffi*. Lione, Giov. di Tornes, 1577, in-8. (catal. La Valliere par Nyon, nᵒ 16508).

On rencontre des exemplaires des *Figures du Nouveau Testament*, suite des Quadrins, sous les dates de 1556, 1558 et 1559 (nous en avons même vu un de 1579). Ce second recueil se trouve ordinairement réuni au premier, lequel a reparu : *revu et augmenté d'un grand nombre de figures*, en 1558 (contenant 123 ff., dont 5 prélim., avec 232 fig. et autant de quatrains par Cl. Paradin), et sous le même titre en 1560, et enfin en 1583. Le second recueil a aussi paru en 1555 et 1557, avec des explications en italien, et en 1557, avec des explications en flamand. Il est probable qu'il en existe également en espagnol et en allemand.

Les exemplaires des deux recueils français, édition originale, 1553-54, sont fort recherchés, et on les

trouve difficilement en bon état ; ils valent de 80 fr. à 100 fr.; vend. même, rel. en *mar. n.* par Bauzonnet, mais sans le Nouveau Testament, 160 fr. Crozet. Un exemplaire sous les dates de 1555 et 1556, 50 fr. Labédoyère, et 59 fr. Coste ; un autre, à la date de 1558 et 1559, auquel étaient jointes vingt-quatre petites gravures sur bois, tirées sans texte, et qui paraissent être de la main du Petit Bernard [ces pièces, que précède une page blanche entourée d'un encadrement avec ces mots imprimés au milieu : *Lion, J. de Tournes*, 1556, sont une partie de celles du recueil intitulé : *Pourtraits divers* (voy. POURTRAITS!), a été vendu 43 fr. Duriez. Ces planches bibliques, que l'on voit figurer dans la Bible latine, in-fol., publ. par J. de Tournes, en 1556, et qui ont fourni de si nombreuses épreuves, se sont long-temps conservées dans la famille des de Tournes, et elles ont servi en dernier lieu à une édition portant le titre suivant :

FIGURES HISTORIQUES du Vieux et Nouveau Testament avec quadrains en latin et en françois. *Genève, de Tournes*, 1680, pet. in-8., contenant 257 pl. pour l'Ancien Testament, et 101 pl. pour le Nouveau.

Un bel exemplaire relié en *m. bl.* a été vend. 76 fr. en 1843, mais 5 ans plus tôt il n'aurait pas valu 20 fr.

— Quadrins historiques de la Bible, tant du Vieil que du Nouveau Testament. *Paris, Foucher*, 1558, pet. in-8. fig.

Ce livre contient probablement une copie des planches lyonnaises dont nous venons de parler.

Il existe aussi un volume intitulé : *Figures du Nouveau Testament* (avec les sixains de Ch. Fontaine), *Paris, de l'imprimerie de Hier. de Marnef et Guill. Cavellat*, sans date, pet. in-8. de 52 ff., contenant 96 fig. sur bois tout à fait semblables à celles de Lyon.

— The true and lyuely historyke Pvrtreatures of the woll Bible (with the arguments of eache figure, translated into english metre by Peter Derendel). *Lyons, by Jean of Tournes,* 1553, pet. in-8.

104 ff., avec les gravures sur bois de Bernard Salomon (voy. ci-dessus). Au bas de chaque figure se lit un quatrain, écrit dans un jargon anglais grossier et presque inintelligible. Vend. 6 liv. 6 sh. Bindley ; 5 liv. 6 sh. White Knights ; 1 liv. 2 sh. Heber ; 3 liv. 10 sh. avec le Nouveau Testament, édition de 1554, en français, Hibbert.

Pour d'autres planches du même genre, voy. FIGURES de la Bible, et GUEROULT.

QUADRIO (*Francesco-Suverio*). Storia e ragione d'ogni poesia. *Bologna, Pisarri, e Milano, Agnelli*, 1739-52, 5 tom. en 7 vol. in-4. [12224]

Ouvrage estimé, et devenu peu commun. Vend. 77 fr. Floncel ; 45 fr. Villoison ; 40 fr. Millin ; 49 fr. Reina.

— Rezia Valtellina, 25342.

QUADRUUIUM Ecclesiæ. Voy. HUGO de Slestat.

QUADRUPÈDES, en 80 planches, représentant trois cents espèces et variétés ; avec la nomenclature dans la plupart des langues connues. *Neuwied*, 1795, in-fol. fig. color. [5673]

Ce volume a coûté 50 fr., mais il est maintenant à très-bas prix, surtout quand les planches ne sont pas coloriées.

QUAIN (*Jones*). Series of anatomical plates in lithography, with references and physiological comments by J. Quain, and Erasmus Wilson. *London*, 1842, 2 vol. gr. in-fol. 8 liv. — Coloriés, 14 liv. [6705]

Cinq parties qui se vendaient séparément, savoir : *Bones and ligaments, Muscles, Nerves, Vessels, Viscera.*

— ELEMENTS of descriptive and practical anatomy ; sixtht edition edited by Will. Sharpey and G.-V. Ellis. *London*, 1856, 3 vol. in-8. fig., 1 liv. 11 sh. 6 d. [6601]

La première édition en un seul volume est de 1828.

QUAIN (*Richard*). The Anatomy of the arteries of the human body, with its applications to pathology and operative surgery, in lithographic drawings by Joseph Maclise, with practical commentary by Richard Quain. *London*, 1844, in-fol. impérial contenant 100 pl. color. avec la description in-8. Publié à 13 liv. et réduit à 6 liv. [6788]

QUARENGHI, architetto dell' imperatore di Russia. Fabriche e disegni di Giacomo Quarenghi, illustrate dal cav. Giulio suo figlio. *Milano, Tosi*, 1821, in-fol. atlant., avec 59 pl. et un portrait. [9910]

Vend. 16 fr. 50 c. et 25 fr. Reina.

QUARESMIUS (*Fr.*). Elucidatio Terræ Sanctæ historica, theologica et moralis, in qua pleraque ad veterem et præsentem ejusdem terræ statum spectantia accurate explicantur, auctore Fr. Quaresmio, olim Terræ Sanctæ præsule, ac commissario apostolico. *Antuerpiæ, ex officina plantiniana*, 1639, 2 vol. in-fol. [28026]

Cet ouvrage, rempli de détails curieux sur la Terre-Sainte, est rare et fort recherché. 60 fr. en 1857 ; 58 fr. de Martainville.

QUARIN (*Jos.*). De curandis febribus et inflammationibus commentatio. *Viennæ*, 1781, in-8. 5 à 6 fr. [7168]

Trad. en franç., avec des notes par J.-B. Emmonot. *Paris*, 1800, 2 vol. in-8.

QUARLES (*Francis*). Argalus and Parthenia, a poem, in three books ; the last edition corrected, amended and illustrated by 30 figures relating to the history. *London, by W.-W. for Humphrey Moseley*, 1656, in-4., avec un portr. par Cross. [15778]

Quatrième édition de ce poëme : la première est de 1621, in-4. Il y en a d'autres de 1677 et de 1684, in-8., de 1687, de 1708 et 1726, in-12 avec fig., qui n'ont qu'un prix médiocre.

— Emblems divine and morale, with anniversaries upon his Paranete. *London*, 1635, pet. in-8. de 332 pp. [18615]

Quantin (*Maximilien*). Cartulaire général de l'Yonne, 24532. — Dictionnaire topographique du département de l'Yonne, 24332.

Première édit. d'un ouvrage qui a été souvent réimpr. soit séparément soit avec une autre production du même auteur, publiée pour la première fois sous ce titre : *Hieroglyphiks of the life of man*. London, 1638, pet. in-8 Les deux volumes sont ornés du portrait de l'auteur et de plusieurs pl. gravées par Marshall et Simpson. Un exemplaire du premier, à la fin duquel se trouvait un poëme latin de Benlowes, en 10 ff., opusc. rare, a été vendu 3 liv. 7 sh. Hibbert, et 2 liv. 9 sh. Heber ; et en mar. 7 liv. 12 s. Crawford, et 6 liv. Gardner. Un exemplaire des deux volumes, avec les *Divine poems* du même auteur, édit. datée de 1632, 13 liv. 13 sh. Harward, en décembre 1858. Les *Emblems* et les *Hieroglyphics* sont réunis dans l'édition de Lond. for M. *Gillyflower*, 1696, pet. in-8. avec de nouv. pl., et dans presque toutes les éditions qui ont été faites depuis. Celle de Londres, 1718, pet. in-8., est ornée d'une centaine de gravures par Van Houe, et celle de Lond., 1855, in-8. carré, de nombreuses vignettes sur bois. Il ne faut pas oublier l'édit. des *Emblems* de Fr. Quarles. *London*, Nisbett, 1860, in-8. carré, illustrée par C. Bennett et Harry Rogers, et qui se vend 1 liv. Il est à remarquer que la plupart de ces *Emblems* sont des copies de ceux d'Hermann Hugo (voy. HUGO), lequel les avait lui-même en partie empruntés au livre d'Alciat. Pour les nombreuses éditions des *Emblems* de Quarles et pour les autres ouvrages de ce poëte moraliste, consultez le Manuel de Lowndes, nouv. édit., pp. 2020-22, qui donne aussi le catalogue des ouvrages de John Quarles, dont l'article suit :

QUARLES (*John*). Fons lacrymarum, or a fountain of tears : from whence doth flow Englands complaint, Jeremiah's lamentations, and an elegy upon the son of valor, sir Charles Lucas. *London, by J. Macock, for Nathaniel Brooks*, 1648 (aussi 1649), pet. in-8. de 144 pp., avec un portrait par Marshall, et un frontispice. [15779]

— REGALE lectum miseriæ, or a kingly bed of misery : with an elegie upon the martyrdome of Charles, late king of England, of blessed memory : and another upon the right honorable the lord Capel, with a curse against the enemies of peace, and the author's fare-well to England. *London*, 1649, pet. in-8.

Seconde édition, laquelle renferme deux gravures relatives à Charles Ier qui ne sont pas dans la première de 1648. On la paye environ 1 liv. en Angleterre, ainsi que la *Fons lacrymarum*.

— THE HISTORY of the most vile Dimagoras, interwoven with the history of Amoronzo and Celania. *London*, 1658, pet. in-8., avec portr. par Faithorne et un frontisp. 4 liv. Bindley ; 3 liv. 15 sh. Heber.

QUARTENAIRE (ou Quaternaire) Sainct Thomas (le), aultrement dict les quatre choses Sainct Thomas. (*sans lieu ni date*), pet. in-8. goth. [1234]

Ce livret singulier et rare n'a que 15 ff. en tout ; vend. 5 fr. La Valliere ; 34 fr. 50 c. en mars 1815 ; 2 liv. 15 sh. Heber. — C'est le même ouvrage que le *Livre appelle les quatre choses*, impr. à Lyon, vers 1496 (voy. LIVRE appelle), et probablement aussi la même chose que les *Enseignements Saint Thomas* (sans lieu ni date), in-4. goth. (vend. 5 fr. catal. de La Valliere, en 3 vol., n° 544). Le texte latin a été imprimé sous ce titre :

LIBER quatuor causarum Thomæ de Aquino. *Impressum Lugduni per Ch. Nourry*, 1512, in-16 goth. fig. sur bois.

QUARTERLY Review. Voy. dans la Notice des Journaux.

QUAST (*Alex.-Fd.* von). Die alt-christlichen Bauwerke von Ravenna, vom fünften bis zum neunten Jahrhundert historisch geordnet und durch Abbildungen erläutert. *Berlin, Reimer,* 1842, in-fol. 10 pl. 24 fr. [9736]

— DAS ERECHTHEION zu Athen, nebst mehren noch nicht bekannt gemachten Bruchstücken der Baukunst dieser Stadt und des übrigen Griechenlands. *Potsdam, Riegel,* 1843, gr. in-fol., 42 pl., 32 fr. [29369]

QUATRE Choses. Voyez LIVRE appelé Quatre choses.

QUATRE fils Aymon (les). Le Roman des quatre fils Aymon, princes des Ardennes. *Reims, imprimerie Dubois,* 1861, pet. in-8. de XXIV et 137 pp. 8 fr. — Pap. de couleur, 10 fr.

18e volume de la collection des poëtes de Champagne antérieurs au XVIe siècle.

— Les quatre filz Aymon. (*sans lieu ni date*), gr. in-fol. goth. de 226 ff., non compris le titre. [17034]

Édition précieuse, imprimée à longues lignes au nombre de 32 sur les pages qui sont entières, sans chiffres ni récl., mais avec des signatures en deux séries, de *a–riij* et Ai–Niiij. Les caractères sont ceux de l'*Abusé en court* et du *Doctrinal de Pierre Michault*, annoncés sous les nos 2824 et 2825 du catal. de La Valliere (dans ce Manuel, I, col. 23, et III, col. 1699); ils appartiennent à l'imprimerie lyonnaise, vers l'année 1480.

L'exemplaire du duc de La Valliere (rel. en *mar. r.*, vendu 118 fr., puis revendu 60 flor. Crevenna; 32 liv. 11 sh. Roxburghe; 30 liv. 10 sh. Heber, et 996 fr. d'Essling) est annoncé dans le catal. en 3 vol. de ce célèbre amateur, nº 4036, sous le titre d'*Histoire du noble et vaillant chevalier Regnault de Montauban*, et de la même manière dans le catal. Morel-Vindé, nº 1924, où ce livre, quoique ayant un f. refait à la plume, est coté à 200 fr. L'exemplaire avait été acheté 54 fr. chez Méon; il a été revendu 9 liv. 8 sh. chez Heber, et 256 fr. salle Silvestre, en 1837. Le motif qu'on a eu de donner ce titre à ces exemplaires, c'est qu'il y manquait le premier f., contenant probablement le frontispice, et que pour le suppléer on s'en est tenu à la souscription suivante, impr. en 2 lignes au verso du dernier f. : *Cy finist listoire du noble et vaillant chevallier regnault de montauban: Deo gracias.*

L'exemplaire de La Valliere commence au f. aij, où se trouve une gravure sur bois offrant quatre sujets, et au-dessous les explications impr. en rouge et en petits caractères : 1° *Comment le duc aymon presenta ses quatre filz au roy charlemaigne por les faire chevaliers;* 2° *Comment berthelot donna ung soufflet a regnault en jouant aux eschez;* 3° *Commēt regnault uccist berthelot nepueu du roy charlemaigne dung eschequier dor;* 4° *Cōmēt les quatre filz aymon se cōbactirēt au paluis a paris apres la mort de berthelot;* vient ensuite la table des chapitres. Le texte commence au 6e f. par ces mots : *Veritablement nous trouvons es faictz du bon roy charlemaigne....*

— Les quatre filz aymon. (à la fin) : *Cy finist lhystoire du noble z vaillant chevalier regnault de montauban. Jmprime a lyon le .xx. iour du moys*

Quatre dialogues. Voyez Dangeau.

dapuril lan mil quatre cens nonante trois, pet. in-fol. goth. de 132 ff. non chiffr., à longues lignes, fig. sur bois.

Édition précieuse. L'exemplaire qui se trouvait à la vente La Valliere était taché d'eau et avait le 22e f. manuscrit. Il ne fut vendu que 20 fr. Ce même exemplaire est porté à 1000 fr. dans le catalogue Solar, et réduit à 750 fr. dans le catal. Tross, 1861, nº VII, art. 1381. Au commencement du vol. sont 3 ff. prélim., savoir : le titre avec une figure qui représente les quatre fils, et la table des chapitres.

— Les quatre filz Aymon. — *Cy finist lystoire du preux et vaillant chevalier | Regnault de montauban. Jmprime a Lyon par | maistre Jehan de vingle demourant en la dicte vil | le de lyon le cincquiesme de may Lan mil quatre | cens nonante z cinq,* in-fol. goth. de 133 ff., avec fig. sur bois, et la marque suivante.

Édition fort rare, ainsi qu'une autre de *Lyon, Jehan de Vingle, lan mil quatre cens nonante sept, Le quatrieme iour de nouembre*, in-fol. goth. également de 133 ff., laquelle a été décrite par Panzer.

— Les quatre filz aymon. — *Cy finist listoire du preux z vaillant chevalier. Regnault de mōtauban. Imprime a Paris Par. Maistre Thomas Duguernier demourant en la rue de la Harpe a lenseigne du petit cheual blāc. Lan. mil cinq cens et six. Le xi. iour de Juillet,* in-fol. de 124 ff. à 2 col. caract. goth. fig. sur bois, sign. a—x.

Édition rare que possède la bibliothèque Mazarine. Le titre et le prologue forment 3 ff. préliminaires, compris dans le nombre de 124 ff.

— Les quatre filz Aymon. — *Imprime a*

Paris, pour maistre Thomas Duguer-
nier, demeurant en la rue de la Harpe,
a lenseigne Sainct-Yves, lan mil cinq
cens et viii, le viję iour de septembre,
pet. in-fol. goth. à 2 col. de 124 ff.,
comme ci-dessus.

Un exemplaire dans lequel manquaient les trois prem.
ff. 25 fr. Louis-Philippe.

— Les quatre filz Aymon. *Paris, veufue*
de Mich. Le Noir, 1521, in-4. goth. fig.

— Histoire singuliere et fort recreative,
contenant les faitz et gestes des quatre
filz Aymon et de leur cousin Maugis, lequel fut pape de Rome, semblablement
la chronique du cheualier Mabrian, roy
de Jerusalem. *Paris, Denys Jeannot,*
in-4. goth.

L'édition de *Paris, Galliot du Pré,* 1525, pet. in-fol.
goth., a été vendue 20 fr. Gaignat. Aujourd'hui on
la payerait peut-être de 300 à 500 fr.
Celle de *Paris, Alain Lotrian,* sans date, in-4. goth.
fig. : 5 fr. d'Ileiss; 108 fr. Thierry.

— Les quatre filz Aymon. On les vend a
Lyon en la maison de Claude Nourry
dict le Prince; pres nostre dame de
Confort. (au recto du dern. f.) : *Cy fi-*
nist lhystoire du preux et vaillant
cheualier Regnault de Montauban.
Jmprime a Lyon sur le rosne par
Claude Nourry dict le Prince, Lan de
grace .Mil cccc. xxxi, pet. in-fol. ou
gr. in-4. goth. de 114 ff. non chiffr.,
sign. A—P, à longues lignes.

Le texte commence au verso du frontispice et finit au
recto du 8ᵉ f. du cahier p, par la souscription ci-
dessus. Les pontuseaux du pâpier sont placés horizontalement, ce qui indique un gr. in-4. plutôt
qu'un in-fol.; vendu 30 liv. 10 sh. Heber; 800 fr.
non relié, prince d'Essling.
L'édition de Paris, *Alain Silvain* (ou plutôt *Lotrian*),
sans date, in-4. goth., portée à 5 liv. 15 sh. dans le
catal. Utterson, nᵒ 218, ne doit pas être autre chose
que l'édit. du *Mabrian* qui est annoncée dans le
catalogue d'A. Cigongne, nᵒ 1823, sous ce titre :
Sᴇɴsᴜʏᴛ l'histoire fort recreative, conten. le reste
des faits gestes des quatre filz Aymon, Regnault,
Alard, Guichard, et le petit Richard, et leur cousin
Maugist, lequel fut pape de Romme. Semblablement
la cronique et hystoire du chevaleureux et redoute
prince Mabrian roy de Hierusalem et de Inde ma-
jour filz de Yvon de Hierusalem. *On le vend a*
Paris en la rue Neufue Nostre Dame a lenseigne
de lescu de France, par Alain Lotrian, in-4. goth.;
édition à ajouter à celles que nous avons décrites
dans notre 3ᵉ vol., col. 1264-65.

— Les Quatre filz Aymon. On les vend a
Lyon a lenseigne de la Sphere, chez
Gilles et Jacques Huguetan freres. (à la
fin) : Cy finist lhistoire du preux et vaillant Regnault de Montauban, *imprime*
a Lyon cheux Gilles et Jacques Hu-
guetan freres, 1539, in-4. goth. de
120 ff. non chiffr., sign. A—P par huit,
avec fig. sur bois.

Édition d'une exécution fort médiocre. Le dernier f.
ne contient autre chose que l'enseigne de la Sphère.
425 fr. *mar.* De Bure l'aîné.

—Sensuyt le livre des quatre filz Aymon...
— Cy fine lhistoire du preux et vail-
lant cheualier Regnault de Montauban.
Nouuellement imprimee a Paris par
Nicolas Chrestien (sans date, vers 1550),
in-4. goth.

Un exemplaire en demi-rel. et fatigué : 130 fr. 2ᵉ catal.
Quatremère.

— Les quatre filz Aymon. *Paris, pour*
la vefue Jean Bonfons (sans date), pet.
in-4. goth. à longues lignes.

15 liv. 15 sh., exempl. de Colbert, Heber ; autre rel.
en *mar. r.* 299 fr. d'Essling, et revendu 100 fr. en
novembre 1848.

— Autre édition. *Paris, par Nicolas*
Bonfons (sans date), pet. in-4. goth. à
longues lign., sign. a—x.

60 fr. *mar. r.,* mais avec les 6 prem. ff. raccommodés,
d'Essling ; 50 fr. Giraud, et 12 liv. 12 sh. Libri, en
1850.

— Autre édition. *Paris, Nic. Bonfons*
(sans date), pet. in-4. à 2 col., en lettres
rondes.

122 fr. *mar. r. dent.* d'Essling.

— La belle et plaisante histoire des quatre
filz Aymon. *Anvers,* 1561, in-4. fig. sur
bois.

Vend. 65 fr. Bulletin de Techener, 2ᵉ série, 131.

—Les quatre filz Aymon, duc dardenne...
contenant vingt-huict chapitres. *Lou-*
vain, de l'imprimerie de Jean Bogard
(vers 1590), pet. in-4. de 102 ff. et la
table, à 2 col., avec fig. sur bois.

Vend. 17 fr. 50 c., exemplaire défectueux, en juillet
1833. Le même imprimeur a donné, en 1588, une
édition de la *Conqueste de Charlemaigne.*
L'édition de *Lyon, Fr. Arnoullet,* 1573, in-4. et celle
de *Lyon, Rigaud,* 1583, in-4., valent de 20 à 30 fr.
Il y en a aussi une de *Troyes,* 1625, in-4., et une
de *Rouen Vᵉ de Louis Costé* (vers 1620), in-4.,
lesquelles sont à bas prix, ainsi que les nombreuses
réimpressions qui se sont faites de ce roman célèbre, depuis le commencement du xviiᵉ siècle jusqu'à présent. — Pour la suite des quatre filz Aymon,
voy. Mᴀʙʀɪᴀɴ.
— Lᴇ Mᴀʀɪᴀɢᴇ des quatre filz Aymon. V. Mᴀʀɪᴀɢᴇ.

— The four sonnes of Aymon. (*printed by*
Caxton), in-fol. sign. A—Z et a—mv.

Édition tellement rare, qu'un exempl. où il manque
14 ff. est donné comme *unique* dans les *Ædes*
althorp., II, nᵒ 1295. — Celle de Londres, par
Wynkyn de Worde, 1504, dont il est fait mention
dans la souscript. de celle de 1554, existe effectivement de format in-fol. goth., et à la date *of* 8ᵗʰ
day of may.

— The right, plaisant, and goodly historie
of the foure sonnes of Aimon. *London,*
Will. Copland, 1554, in-fol. goth.
gravures sur bois.

Édition très-rare. Vend. 55 liv. Roxburghe.

— Eyn schön lustig Geschicht wie Keyser
Carle der gross, vier gebrüder, Hertzog
Aymons Söhn sechzehen jar laugk be-
krieget, etc. Auss französischer Sprach
in Teutsch transferiert. *Siemmern,*

Jheron. Rodler, 1535, in-fol. de 168 ff. non chiffr., avec fig. sur bois

Très-rare. 21 th. 1/2, vente Eckermann, en 1855; 130 fr. *mar. r.* Bearzi.

QUATRE institutions fidèles pour les simples et les rudes. La première : l'homme fidèle visitant ; la seconde, l'homme fidèle cathéchisant ; la tierce, l'homme fidèle instruisant à l'Evangile ; la quarte, l'homme fidèle psalmodiant. (*sans lieu ni date*), pet. in-8. goth. de 46 ff. [1380]

20 fr. *v. f. tr. d.* Bergeret.

QUATRE traictez utiles. Voy. GORGOLE de Corne.

QUATRE voyes spirituelles (cy commencent) pour aller a Dieu. Cest assavoir la voye purgative ; la voye illuminative ; la voye unitive ; et la voye superlative. *On les v.nt a Paris en la rue Sainct Jacques, a lenseigne de lhomme saulvaige* (vers 1520), pet. in-4. goth., sign. A—Piiii [1557]

Le titre singulier de ce livre peu connu nous le fait indiquer ici d'après le Bulletin du Bibliophile, 1857, p. 294, où il est porté à 28 fr.

QUATREMÈRE DE QUINCY (*Ant.-Chrysostome*). Le Jupiter Olympien, ou l'art de la sculpture antique considéré sous un nouveau point de vue ; ouvrage qui comprend un essai sur la sculpture polychrôme, l'analyse explicative de la toreutique, et l'histoire de la statuaire en or et en ivoire chez les Grecs et les Romains ; avec la restitution des principaux monumens de cet art. *Paris, impr. de Didot l'aîné*, 1815, gr. in-fol. fig. [29514]

Ouvrage curieux et d'une exécution magnifique. Il en a été tiré 150 exempl. en pap. ordinaire : 200 fr. (125 fr. Busche; 147 fr. *mar.* Et. Quatremère), et 10 en pap. vél. 400 fr.

— RECUEIL de dissertations sur différents sujets d'antiquités. *Paris, impr. roy.*, 1819, gr. in-4. fig. pap. vél., 36 fr. [28970]

Tirage particulier, à 50 exemplaires, de six dissertations comprises dans les nouveaux Mémoires de l'Académie des inscriptions.

— DICTIONNAIRE historique d'architecture, contenant, dans son p an, les notions historiques, descriptives, archéologiques, biographiques, théoriques, didactiques et pratiques de cet art. *Paris, Adr. Leclere*, 1833, 2 vol. in-4. [9697]

C'est une nouvelle édit. refondue et fort améliorée du Dictionnaire d'architecture, en 3 vol. in-4., qui fait partie de l'Encyclopédie méthodique. Elle est devenue rare : 87 fr. Busche.

— MONUMENS et ouvrages d'art antiques, restitués, d'après les descriptions des écrivains grecs et latins, et accompagnés de descriptions archéologiques. *Paris, Jules Renouard*, 1829, 2 vol. gr. in-4. pap. vél., avec 13 planches, 50 fr. [29271]

Cet ouvrage contient : dans le 1er vol. *Restitution des deux frontons du Parthénon, à Athènes, — de la Minerve en or et en ivoire de Phidias, — du tombeau de Porsenna ; dans le 2e vol. Restitution du char funéraire d'Alexandre, — conjecturale du Demos de Parrhasius, — du bûcher d'Héphestion.*

— HISTOIRE de la vie et des ouvrages des plus célèbres architectes, du XIe siècle jusqu'à la fin du XVIIIe, accompagnée des plus remarquables édifices de chacun d'eux. *Paris, J. Renouard*, 1830 ; 2 vol. gr. in-8., avec 47 pl. 30 fr. [31109]

Il y a vingt exemplaires en Gr. Pap. vél. 50 fr.

— HISTOIRE de la vie et des ouvrages de Raphaël, ornée d'un portrait ; deuxième édition, revue et augmentée. *Paris, Adr. Leclere*, 1833, in-8. 10 fr. — Troisième édition, avec un appendice. *Ibid.*, 1835, in-8. 9 fr. [31031]

Cette biographie a été traduite en italien (d'après l'édit. de 1824), avec des notes par Fr. Longhena, *Milan, Sanzogno*, 1829, gr. in-8., avec 23 pl. 20 fr. — In-4. 40 fr.

APPENDIX à l'ouvrage ci-dessus, par le baron Boucher Desnoyers. *Paris, Didot*, 1853, in-8.

— CANOVA et ses ouvrages, ou mémoires histor. sur la vie et les travaux de ce célèbre artiste. *Paris, Adr. Leclere*, 1834, gr. in-8., avec un portrait et un fac-similé. 10 fr. [31060]

— RECUEIL de notices historiques, lues dans les séances publiques de l'Académie roy. des beaux-arts. *Paris, Adr. Leclere*, 1834, gr. in-8. 10 fr.

— HISTOIRE de la vie et des ouvrages de Michel-Ange Buonarroti. *Paris, Firmin Didot*, 1835, gr. in-8. portr. et fac-simile. 9 fr.

Les ouvrages de Quatremère de Quincy sont fort recherchés, aussi ceux dont l'édition est épuisée se payent-ils plus cher que dans leur nouveauté. On a encore de ce savant :

— Considérations sur les arts, 9107. — De l'Imitation, 9153. — Sur l'Idéal, 9154. — Architecture égypt., 9694. — Lettres à Canova, 29537.

QUATREMÈRE (*Étienne-Marc*). Recherches critiques et historiques sur la langue et la littérature d'Égypte. *Paris, impr. impér.*, 1808, gr. in-8. 12 fr. ; — pap. vél., 24 fr. [11927]

Le même auteur a donné des *Mémoires géographiques et historiques sur l'Egypte..... recueillis et extraits des manuscrits coptes, arabes, etc.,* Paris, 1811, 2 vol. in-8., et des *Observations sur quelques points de la géographie de l'Egypte,* Paris, 1812, in-8. [28361-62] — Voir aussi les Mélanges, sous le n° 18342 de notre table, et les articles MAKRISI, MEIDANI et RASCHID-ELDIN. — Vie d'Abd Allah Ben Zobaïr, 30991.

L'article suivant ne paraîtra pas déplacé ici :

— BIBLIOTHEQUE Quatremère. Catalogue d'une collection de livres précieux et importants provenant pour la plupart de la Bibliothèque de feu M. Etienne Quatremère, de l'Institut, rédigé par M. Ch. Halm. *Paris, A. Franck*, 1858 et 1859, 4 part. in-8.

Ce savant orientaliste a laissé en mourant une bibliothèque de près de trente mille volumes, fort riche dans les littératures orientale, grecque et latine, y compris la science biblique, et très-bien fournie dans la plupart des autres classes. Les livres y étaient en général assez bien conditionnés ; mais quoique M. Quatremère eût une sorte de passion pour ce qu'il appelait les *beaux livres*, comme il lui manquait le goût naturel qui fait distinguer au premier coup d'œil le beau du médiocre, et que d'ailleurs il apportait beaucoup de parcimonie dans ses acquisitions, sa collection contenait fort peu de ces exemplaires de choix que se disputent les véritables connaisseurs.

On sait que le roi de Bavière, séduit par la grande réputation dont jouissait cette collection, l'acquit en totalité, à un prix que nous croyons supérieur à sa

---

Quatremère Disjonval. Aranéalogie, 5919.

véritable valeur ; et que, après avoir extrait de cette masse de livres les manuscrits et les imprimés qui convenaient à la bibliothèque de Munich, il fit vendre tous les autres, et même *les plus beaux*, à Paris, en 1858 et 1859, après la publication des quatre catalogues dont nous venons de rapporter le titre. Ces catalogues, quoique rédigés par un savant, laissent beaucoup à désirer dans le classement des livres, et d'ailleurs on ne leur a pas donné assez de publicité pour les faire connaître, à temps, aux amateurs qui auraient pu concourir au succès de la vente. Il en est résulté que beaucoup d'articles n'ont été que fort médiocrement vendus, et qu'en définitive on a retiré 25 p. 100 de moins que si la vente eût été dirigée par un libraire expérimenté, comme nous en avons plusieurs à Paris. Ajoutons que dans ces mêmes catalogues se trouvent portés un certain nombre de livres doubles de la bibliothèque de Munich.

QUATRO elegantissime egloghe rusticali, da diversi autori. *Venezia, Paolo Colombani*, 1760, in-4. fig. [14932]

Un exempl. imprimé sur VÉLIN, 99 fr. Mac-Carthy.

QUATRO (i) poeti italiani : Dante, Petrarca, Ariosto, Tasso, con una scelta di poesie italiane, dal 1200 sino a' nostri tempi, da Buttura. *Parigi, Lefevre e Baudry (tipogr.· di Guil. Didot)*, 1832, trè·-gr. in-8. à 2 col., pap. vél. 20 fr. [14446]

Cette édition est mieux imprimée que le *Parnaso classico italiano*, publié précédemment à Florence et à Padoue (voy. PARNASO), et elle est ornée des portraits des quatre poëtes réunis en un groupe, grav. par Hopwood.

— I Quattro poete italiani, coi migliori comenti antichi e moderni, e con l'ornamenti di 12 incisioni. *Firenze, Passigli*, 1838, 2 vol. gr. in-8. ensemble de 1552 pp.·

Bonne édition qui coûtait 67 fr. Les notes qui s'y trouvent sont, pour Dante, celles de Lombardi et d'autres, tirées de l'édit. de Ciardetti, 1830; pour Pétrarque, celles de Leopardi; pour l'Arioste, celles de Barotti, etc., et pour le Tasse, celles de Gherardini.

QUATROCIENTAS (las). Voy. ESCOBAR (*Luis* de).

QUATUOR Evangelia. Voy. EVANGELIA.

QUATUOR nouissimorũ liber, de morte videlicet, penis inferni, iuditio et celesti gloria, quę plericɡ cordiale compellant... (in fine) : *Explicit liber quatuor novissimorum* (absque nota), in-4. de 72 ff. à longues lignes, au nombre de 24 sur les pages, sans chiffr., récl. ni signat: [1244]

Édition imprimée à Paris avec les caractères de J. Stoll et P. Cæsaris, en 1474. Le dernier f. contient la table des titres des chapitres. Un exemplaire rel. en *mar. r.* 33 fr. 50 c. en octobre 1825. Celui de La Vallière, étant piqué de vers, ne s'est vendu que 6 fr.

La plus ancienne édition, avec date, que l'on connaisse de ce traité anonyme est celle de Cologne, Pierre de Olpe, 1477, in-fol. Un grand nombre d'autres éditions ont paru dans le XVe siècle, mais elles n'ont pas de valeur. Consultez l'Index de Panzer et Hain, au mot *Cordiale*, où cependant

n'est pas citée l'édit. de Genève (*Gebannis*), pet. in-4. goth. sans date, avec chiffres et signatures, décrite par Gaullieur (*Typographie genevoise*, pp. 51-52), qui attribue l'ouvrage à Denis de Leeuvis, né à Ryckel (voy. RIKEL).

— DE QUATUOR NOVISSIMIS, ou les quatre choses dernieres auxquelles la nature humaine doit toujours penser (trad. du latin en vers et en prose par Thomas le Roy). *Audenarde (Arnaud l'Empereur)*, in-4. goth. fig.

Ce livre très-rare est une traduction du *Cordiale quatuor novissimorum*. Il n'a été vendu que 5 fr. chez le duc de La Vallière, n° 590, parce que le premier feuillet manquait à l'exemplaire.

Le volume dont il s'agit a 152 ff. à longues lignes, au nombre de 30 sur les pages entières. Il y a au commencement 1 f. blanc et 4 ff. qui contiennent le titre, le prologue du translateur, la table des chapitres et la fig. de la mort, au recto du 2e f. Le prologue commence ainsi : *Semper aliquid boni facito ut dyabolus te occupatum inueniat Saint Jeromme desirant le salu de ung cescun...* Les figures sur bois représentent les quatre fins de l'homme. A la fin se trouve un acrostiche en 11 vers, qui donne le nom de *Thomas le Roy*, puis on lit :

*Pryez por limpresseur de ce liure tresexcellent
A audenarde impresse por instruire toute gent*

Ce qui est suivi de la marque de l'imprimeur, gravée sur bois et tirée en noir (voy. ci-dessous). Cet imprimeur est certainement *Arnould l'Empereur* (de Keyser, en flamand), lequel a donné *Hermanni de Petra sermones*, in-fol. dont la souscription porte : *Pressum Aldenardi per me Arnoldum Cæsaris meusque sodales dominice incarnationis supra Mm CCCCm año. LXXX°.* Or, comme cet *Arnould*, qui exerçait dès 1480 à Oudenarde, alla s'établir à Gand, au plus tard en 1483, le livre qui fait l'objet de la présente notice ne saurait être postérieur à cette dernière date.

— Sy commence la premiere partie des quatre derrenieres choses qui sont a aduenir. (à la fin) : *Explicit liber de quatuor novissimis*. (sans lieu ni date), in-fol. de 71 ff.

Ce livre paraît être une des anciennes éditions imprimées par Caxton dans les Pays-Bas, avant 1474. Les caractères ressemblent à ceux de la version anglaise du Cordial par le comte Rivers (voy. ci-dessous) ; aussi à ceux de la seconde édition de *The Game of the chess*, et de la première édition des contes de Canterbury de Chaucer, également impr. par Caxton. On suppose qu'il renferme la traduction française du livre *De quatuor novissimis*, faite par Jean Mielot, chanoine de St-Pierre de Lille, et secrétaire de Philippe, duc de Bourgogne, auquel le traducteur dédia son manuscrit en 1453. L'ouvrage est divisé en quatre parties, chaque partie est précédée par un prologue, traite d'un des quatre *novissima*, et se divise en trois plus petites parties. L'exemplaire de ce livre précieux, que possède le Musée britannique, passe pour être unique. Voir les pp. 412 à 424 du XXXI° vol. de l'*Archeologia*, citée par Lowndes, 2° édit., p. 523.

— Cy commence le liure des quatre ‖ dernieres choses qui sont a adue‖nir a ung chascun. (à la fin) : Ci finist la derniere partie de ce present liure appelle cordial : lequel traicte des quatre choses qui sont a aduenir dont la frequente memoire preserue du peche. (*sans lieu ni date*), in-4. goth. de 56 ff. à longues lignes, au nombre de 34 à la page, sign. aii à giiii.

Cette édition est décrite dans les *Archives du Bibliophile* de M. Claudin, n° 7, août 1858, n° 1588, où on l'annonce au prix de 140 fr., en faisant observer que les caractères et le papier du livre sont ceux qu'employait Jean de Westphalie, à Louvain, vers 1480. Le prem. f. paraît être resté blanc. Au f. aii commence le texte, précédé du sommaire en gros caractères et en trois lignes dont nous avons composé la première partie du titre ci-dessus ; en voici les cinq premières lignes : (*L*)*eclesiaste en son premier chapitre en aduertissãt ‖ les poures pecheurs dit les parolles ɋ ensuiuent ‖ Reticn en ta memoire ; souuèt te recorde ces qua ‖ tre dernieres choses qui te sont a aduenir et les‖ quelles tu ne peulx fuir ni euiter ; tu ne pecheras iames*. Et l'imprimeur a laissé au commencement des quatre premières de ces lignes un blanc pour y peindre la lettre L initiale qui devait précéder le mot *ecclesiaste*.

Cet ouvrage paraît différer de celui que nous décrivons à l'article LIVRE appelé des quatre choses.

Du Verdier, article BIGOT, cite un *Traité des quatre novissime*, traduit en rime françoise par ce frère célestin, sans dire si cette version a été imprimée ; mais il nous fait connaître plus particulièrement une traduction en prose du même livre par F. Jean de Cartheny, vol. in-16 impr. à *Anvers*, en 1573, et dont il y a une édition de *Paris, Nic. Bonfons*, 1588, in-16, sous ce titre : *Livre des quatre fins dernières de l'homme, à savoir, de la mort, du jugement dernier... plus la querelle et dispute de l'âme damnée avec son corps, mis en forme de dialogue*. Cette dernière pièce est en vers. — Réimpr. à *Douay, J. Bogard*, 1590 (et aussi 1600), in-16.

— De quatuor novissimis. El qual libro llaman muchos Cordial. —*Emprentado en la ciudad de çaragoça de Aragon : por industria e costa de Paulo hurus, alemã de Constãcia a Vij. de mayo. año*. M. CCCC. XCiiij, in-4. goth.

Cette traduction espagnole est de Fr. Fernando de Talavera. (Graesse, *Trésor*, II, p. 263.)

— Die vier uterste ofte die leste Dingen die ons aanstande ende toecomende sijn. *Voleijndet ter Goude, int jaer ons*

heren 1477, *op den sesten dach in Augusto*, in-4.

Cette édition, que Hain a décrite, a probablement été imprimée par Gheraert Leeu. Le même imprimeur en a donné deux autres dans le même format : 1° à *Gouda*, 1482 ; 2° à *Anvers*, 1488, XVI avril, in-4.

— QUATUOR novissima. Die viere uterste. (à la fin) : Dis boeck is volmaect en gheprant *Tantwerpen by mi.Matthium goes. Int iaer ons heren*. m. CCCC. ende LXXXiij *op den heylighen iij coninghen auont in ianuario*, in-4. goth. de 64 ff. à 24 lignes par page.

Cette traduction flamande a été reproduite : 1° à *Delft* (*Jac. Jacobsz v. d. Mier*, 1485, *op xxv ten dach van Merce*, in-4. goth. de 58 ff. à 27 lig., avec fig. sur bois ; 2° dans la même ville, par *H. Eckert de Hombergh*, 1488, in-4. de 54 ff. à 28 lign. avec fig. sur bois, et encore à Zwoll (Pierre de Os), 1491, in-4. de 52 ff. à 28 lign. avec fig. sur bois.

M. Graesse qui, dans son *Trésor*, cite ces différentes éditions, décrit une traduction en bas saxon sous ce titre :

DE VEER utersten. (à la fin) : *Gedrucket Hamborch dorch meyster Hans Borchard*, 1510, *des dinxte daghes na sunte Katherinen daghe*, in-8. de 84 ff. non chiffrés, avec fig. sur bois.

— The book named Cordyale, or Memorare novissima : which treateth of the foure last things. (*printed by Caxton*), in-fol. [1244]

Édition sans chiffres, récl. ni signat., et qui, selon la *Biblioth. spencer.*, tome IV, page 225, a 76 ff. non chiffrés et porte 29 lignes sur les pages entières ; elle n'est point datée, mais deux passages qui se lisent au verso de chacun des deux derniers ff. font connaître que lord Ryviers, auteur de cette traduction, l'a remise à Caxton pour l'imprimer en 1478, et que celui-ci en a achevé l'impression le 24 mars, la 19° année du règne d'Edwards IV, c'est-à-dire en 1480. Vend. 127 liv. 1 sh. Alchorne, en 1813 ; 94 liv. 10 sh. Townley, et avec 5 ff. encadrés, 45 liv. Knight, en 1847.

Cet ouvrage est la traduction du *Cordiale quatuor novissimorum*, dont nous venons de parler.

QUEBEDO ou Quevedo e Castello-branco (*Vasco* Mouzinho de). Alfonso Africano, poema heroico da presa d'Arzitta et Tanger. *Lisboa, Alvarez*, 1611, pet. in-8. [15361]

Vend. 7 fr. 25 De Bure.

Réimpr. à *Lisbonne*, 1786, in-8.

On a du même :

DISCURSO sobre a vida e morte de S. Izabe rainha de Portugal, e outras varias rimas. *Lisboa, Manoel de Lira*, 1569, in-4.

QUELAIN (*Fr.*). Θανατογράφια, id est mortis descriptio, per Franciscum Quelain cœnomanum, religioss. iuxta ac doctiss. Carthusianæ domus a Bono Fonte priorem. *Gandavi, apud Gerardum Salenson*, 1554, pet. in-8. de 8 ff., signat. aij—biij, avec une vignette sur bois au verso du titre. [12911]

Opuscule en vers latins ayant au verso du titre une fig. sur bois qui représente une scène de la Danse de la mort. Cette pièce rare a été vendue 15 fr. 50 c. de Soleinne, et en *mar. viol. doublé de mar. r.* jusqu'à 130 fr. Borluut de Noortdonck, à Gand, en 1858.

Quekett (*A.*). Treatise on the microscope, 6723.

QUELLEN (Muhammedanische). V. Dorn (*Bernh.*).

QUÉNARD. Portraits (200) des personnages célèbres de la révolution (grav. par Fr. Bonneville) avec tableau historique et notices, par P. Quénard. *Paris*, 1796-1802, 4 vol. pet. in-4. [23946]

Ouvrage d'une exécution très-médiocre. Le prix, qui était de 100 fr., ne se soutient pas.

QUENOLLE spirituelle (la). Voy. Lacu.

QUENTIN. Loreloge de deuotion cõposé en francoys par maistre Jean Quentin docteur en theologie penitécier de Paris. *M. E. Jehannot* (*Paris*, vers 1500), pet. in-4. goth. de 93 ff. à 29 lign. par page, fig. sur bois. [1553]

Deux exemplaires sur vélin à la Bibliothèque impér.; un troisième dans celle de l'Arsenal. — L'ouvrage a été réimpr. à Paris, par *Jean Trepperel* et par *Pierre Sergent*, deux éditions sans date, in-4. goth., avec fig. sur bois.

— Examen de conscience pour soy cõgnoistre a bien se confesser. Cõposé par Maistre Jehan Quentin penitencier de Paris. (*sans lieu ni date*, mais vers 1500), pet. in-8. de 8. ff. à 26 lign. par page, caract. goth. [1322]

Un exempl. impr. sur vélin, 119 fr. 95 c. Chardin. Une autre édition, impr. par Gaspard Philippe, sans date, in-8. goth. de 7 ff., est portée dans le catal. Cigongne, n° 75.

— La manière de bien viure deuotemẽt p̃ chascũ iour (par Jehan Quentin), pet. in-4. goth. de 6 ff.

Le premier feuillet contient le titre ci-dessus, au verso duquel est une gravure sur bois. L'auteur est nommé au second feuillet.

Ces deux opuscules sont reproduits à la fin d'une édition des *Heures à l'usage de Paris*, impr. en 1507, et dont la souscription est ainsi conçue : *Les presentes heures a lusaige de Paris sont tout au long auec les suffrages des saincts et sainctes accoustumees de dire, les heures de la conception Nostre-Dame, la maniere de bien viure et bien mourir et l'examen de conscience, faict et composé par feu maistre Jehan Quentin... et plusieurs belles oraisons de Nostre Dame, imprimez a Paris, pour Jacques Ferrebouc, demourant sur petit pont, a lenseigne du croissant dore, deuant lhostel Dieu. Et furent acheuez le* VIII *octobre lan mil cinq cent sept.* On remarque dans ce livre des oraisons de *Nostre Dame*, en vers français dont plusieurs passages sont rapportés dans le *Bulletin du Bouquiniste*, 4e année, 15 déc. 1859.

— The Maner to lyve well, deuoutly and salutarely, every day, for all persones of meane state, translated out of frenche into englyshe by Robert Copland. *London*, 1540, in-4. fig. sur bois. Un exemplaire imprimé sur vélin se conserve au British Museum.

Quénot (*J.-P.*). Statistique du département de la Charente, 24623.

Quensted (*Fr.-Aug.*). Der Jura, 4629. — Das Flötzgebirge Würtembergs, 4629. — Handbuch der Petrefaktenkunde, 4792. — Die Petrefakten Deutschlands, 4807. — Die Mastadonsaurier, 5685.

QUER (D. *Jos.*). Flora española, ò historia de las plantas que se crian en España. *Madrid, J. Ibarra*, 1762-4, 4 vol. in-4. fig. — Continuacion de la Flora española, ordenada, suplida, y publicada por Casim. Gomez de Ortega. *Madrid*, 1784, 2 vol. gr. in-4. fig. [5090]

Vend. 44 fr. L'Héritier; 105 fr. Pappenheim; 66 fr. Boutourlin. — Les 2 prem. vol. ont 28 pl.; il y en a 79 dans le 3e, et 66 dans le 4e; les 2 vol. du supplément contiennent 23 planches.

QUÉRARD (*J.-M.*). La France littéraire, ou dictionnaire bibliographique des savants, historiens et gens de lettres qui ont écrit en français, plus particulièrement pendant les XVIIIe et XIXe siècles. *Paris, Firm. Didot*, 1827-42, 10 vol. in-8. 120 fr., et plus en Gr. Pap. collé. [31651]

Ouvrage indispensable à toutes les personnes qui se livrent à l'étude de l'histoire littéraire de la France, et même à toutes celles qui s'occupent des livres, soit comme bibliophiles soit comme libraires. C'est un vaste répertoire, bien supérieur, selon nous, aux dictionnaires qui avaient déjà paru sous le même titre que celui-ci. En le rédigeant l'auteur a fait preuve d'un amour de la bibliographie bien louable, et d'un courage dont il est juste de lui tenir grand compte. Néanmoins quelques critiques lui ont fait le reproche d'avoir surchargé ses pages d'une multitude de titres d'ouvrages qu'on n'a nul besoin de connaître : reproche injuste, sans aucun doute, puisque, d'après le plan de son livre, M. Quérard était dans la dure nécessité d'indiquer tout ce que la presse française a mis au jour depuis le commencement du XVIIIe siècle. Au reste, voici la réponse que M. Quérard, lui-même, a faite à cette observation mal fondée (voir la p. 498 du 10e vol. de la *France littéraire*) : « Les critiques, chagrins, malades, dont nous venons de parler, ne s'apercevraient point, si nous ne prenions la peine de le leur indiquer, que notre livre n'est point un *Manuel du libraire et de l'amateur de livres*, mais bien une *Statistique de la France intellectuelle depuis* 1700. »

— La Littérature française contemporaine (XIXe siècle, 1827-1849), continuation de la France littéraire, par M. Quérard. *Paris, Daguin, et Delaroque aîné*, 1840-57, 6 tom. en 12 part. in-8. 96 fr.

Le premier volume de cette suite publié en 1840, et les 288 premières pages du second ont été rédigés par M. Quérard; mais à partir de ce point jusqu'au tome III inclusivement, c'est-à-dire des syllabes Bon à Gau, l'ouvrage a été continué par MM. Louandre et Bourquelot. Les trois derniers volumes sont de M. Bourquelot, sauf la collaboration de M. Alfred Maury, depuis la p. 369 du 4e vol. jusqu'à la p. 496 du 5e. La rédaction et l'impression de la *Littérature contemporaine* ont, comme on le voit, duré pendant 17 années. C'est assez dire que le livre est déjà fort arriéré, puisque les premiers vol. ne vont que jusqu'en 1840 et que les autres ont laissé successivement bien des lacunes à remplir. Les erreurs et omissions qu'on a pu remarquer dans les derniers volumes de cette continuation font regretter que M. Quérard ne les ait pas rédigés lui-même. Nous regrettons beaucoup aussi que la *France littéraire* n'ait pas eu tout le succès qu'elle méritait, et qu'après trente années de publication il en reste encore chez le libraire un trop grand nombre d'exemplaires pour que l'auteur en puisse donner une nouvelle édition complétée et continuée jusqu'à ce jour, et surtout débarrassée d'accessoires qui ont fait un peu trop multiplier les volumes de la première.

— Omissions et bévues de la Littérature française

contemporaine, ou correctif (du tome II, deuxième partie de cet ouvrage, BON-CHR). *Paris, chez l'auteur*, in-8. de XVI et 34 pp. Véritable diatribe.
— LA FRANCE littéraire... par J.-M. Quérard. Tom. XI et XII : Corrections, — Additions, —Auteurs pseudonymes et anonymes dévoilés. *Paris, l'éditeur*, 1854-57 et 1859-62, 2 vol. in-8. à 2 col. 48 fr.
Voilà le dernier titre donné à cet ouvrage qui portait d'abord celui-ci : *La France littéraire : les écrivains pseudonymes et autres mystificateurs de la littérature française pendant les quatre derniers siècles, restitués à leurs véritables noms.* Dès l'année 1845, M. Quérard avait commencé à faire paraître un *Dictionnaire des auteurs déguisés de la littérature française au XIXe siècle*, qu'il n'a pas continué ; ensuite il a donné le *Dictionnaire des ouvrages polyonymes et anonymes de la littérature française*, dont il n'a paru que 240 pp. en trois livraisons, contenant seulement les syllabes A—ALMANACH.
Les lettres A – K qui forment ordinairement la moitié dans tous les Dictionnaires, sont contenues dans les 203 premières pages du tome onzième (ou premier supplément) de celui-ci qui en a 703. Le douzième volume se compose de trois livraisons dont la dernière doit paraître à la fin de 1862.

— Supercheries littéraires dévoilées, galerie des auteurs apocryphes, supposés, déguisés, plagiaires, et des éditeurs infidèles de la littérature française pendant les quatre derniers siècles. *Paris, chez l'éditeur,* 1845-53, 5 vol. in-8. 100 fr. [31597]
Ouvrage curieux, quoique dans ses révélations indiscrètes il se trouve bien des choses hasardées et des critiques plus malveillantes que justes, ce qui pourtant n'a pas nui au succès de l'ouvrage, dont les premiers volumes tirés à 500 exemplaires sont entièrement lettrés ont été épuisés. Le 5e volume, en grande partie occupé par la table, n'a été complété qu'en septembre 1860, et, selon les annonces de l'auteur, il n'en a été tiré que 250 exemplaires.
— LE QUÉRARD : Archives littéraires, de biographie et de bibliographie française (1855-56). Complément de la France littéraire , 2 vol. in-8. 20 fr.
Troisième ouvrage périodique de ce genre que, de son propre aveu, l'auteur s'est vu forcé d'interrompre, faute d'un nombre suffisant d'abonnés. Dans ce dernier, à côté de quelques bons articles, se trouvent beaucoup de choses dépourvues d'un véritable intérêt, et aussi des assertions assez singulières ; par exemple, on y lit que depuis la mort des Van l'raet, des Barbier, des Peignot et des Renouard il n'y a plus de bibliographes en France, et qu'il ne nous reste que des *faiseurs de Manuel*. Or, nous aimons à le reconnaître , jamais peut-être la bibliographie n'a été cultivée chez nous avec tant d'ardeur et de succès que de nos jours. Bien peu de personnes, il est vrai, embrassent, dans toutes ses parties, l'étude de cette science ardue, et en font leur unique occupation , mais un certain nombre de savants et de bibliophiles lettrés ont écrit, sur les bibliothèques rares qu'ils affectionnent le plus et qu'ils connaissent à fond, d'excellentes monographies bibliographiques qui contribueront efficacement au progrès de la connaissance raisonnée des livres. Quant à l'auteur du *Manuel du libraire*, il avoue franchement que, ne se connaissant pas de titres littéraires aussi *brillants* que ceux dont s'enorgueillit l'auteur des *Supercheries*, il accepte volontiers la modeste qualification de *faiseur de Manuel*, sous laquelle il est désigné, et qui jusqu'ici lui a porté bonheur, laissant au savant M. Quérard celle de *chef de la bibliographie française* qu'il s'est bénévolement donnée, sans avoir remarqué que si la pénurie de bibliographes était chez nous aussi grande qu'il le suppose, il se trouverait être placé dans la position d'un *colonel sans régiment.*

— RETOUCHES au nouveau Dictionnaire des ouvrages anonymes et pseudonymes de M. E. de Manne, par l'auteur des Supercheries littéraires dévoilées. *Paris, chez l'auteur*, 1862, in-8. de 8 et 46 pp. à 2 col., 4 fr. C'est une critique de la seconde édition de l'ouvrage de MM. de Manne, père et fils, publ. à Lyon, en 1861, in-8. (pour la première édition, voy. la col. 649 de notre 1er vol.).

QUERCETANUS. Voy. DUCHESNE.

QUERCU (*Simo Brabantinus* de). Opusculum Musices perquam brevissimum : De gregoriana et figurativa atque contrapuncto simplici percommode tractans : omnibus cantu oblectantibus utile ac necessarium : per Simonem Brabantinum de Quercu cantorem ducum mediolanensium confectum. Quem sacra Castalio delectat Musica phœbo, etc. (in fine) : *Impressum Vienne in officina honesti et providi viri Joannis Witterburg. 12 kal. Junii. ab anno virginalis partus* 1509, in-4. [10125]
Édition fort rare de cet ouvrage curieux qui a été réimpr. à Nuremberg, en 1513, in-4., et deux fois à Landshut, par Jean Weyssenburger, en 1516 et en 1518, in-4. Panzer cite ces trois réimpressions (VII, 454, et IX, 479), mais il n'a pas connu celle d'Ulm dont M. Schmid a parlé (p. 209) sans en donner la date. L'imprimeur Jean Winterburger a exercé à Vienne de 1492 à 1519, et il s'est distingué par ses livres de liturgie et surtout, depuis 1509, par des Antiphonaires , in-fol., avec le plain-chant noté à l'usage du chœur de l'église de Passaw (Schmid , p. 206 et suiv.).

QUERELA ad Gassendum de parum christianis provincialium suorum ritibus minimumque sanis eorumdem moribus, ex occasione ludicrorum quæ Aquis-Sextiis in solemnitate corporis Christi ridicule celebrantur. (*absque loco*), 1645, in-4. [22366]
Cette lettre curieuse est de Laurent Mesmes, qui s'était fait connaître sous le nom de Mathurin Neuré. Le *Conservateur* en a donné une analyse détaillée dans son vol. de juillet 1757; un exemplaire relié en parch. 35 fr. Salmon. Le P. Lelong et Barbier en citent une édition in-12.

QUERELLE arrivée entre le Sr Tabarin. Voyez TABARIN.

QUERNI (*Camilli*), monopolitani archipoetæ, De bello neapolitano libri duo, carmine heroico compositi ad Carolum VI (pro V) Imperatorem. (in fine) : *Impressum Neapoli cura et diligentia Joannis Hagenovensis, germani, et Mathiæ de Cansis Bionensis, Anno... M. D. XXIX, mense octobri,* in-fol. [12768]

QUEROLUS, antiqua comœdia nunquam antehac edita, quæ in vetusto codice manuscripto Plauti Aulularia inscribitur, nunc primum a Petro Daniele luce donata et notis illustrata. *Parisiis, ex officina Rob. Stephani (secundi)*, 1564, in-8. 6 à 8 fr. [16111]

Édition peu commune d'une pièce dont l'auteur est inconnu, mais que quelques savants attribuent à *Rutilius Numatianus* (voir sur le *Querolus* une bonne notice de M. Magnin, *Revue des Deux-Mondes*, XX, 15 juin 1835). Cette comédie a été réimprimée avec une version en vers élégiaques et des améliorations dans le texte ; *ex typographia H. Commelini*, 1595, in-8. Elle fait aussi partie de l'édition de Plaute d'*Ang. Comino*, 1764, 2 vol. in-8. — Voy. PLAUTI comœdiæ, et VITALIS Blesensis.
— QUEROLUS, sive Aululuria, incerti auctoris comœdia togata : recensuit et illustravit S.-C. Klinkhamer. *Amstelodami*, 1830, in-8. 9 fr.

QUERQUETO (de). Nicolai de querqueto liber ‖ auctoritatū (cū expla‖natione dictionū in ‖ eisdem contenta‖rum) recêter ‖ cōpilatus. Venalis sub diuo Johanne ‖ euāgelista vici fori lutosi erga ‖ beatam Mariam. (in fine) : *Finit presens libellus anno ‖ dominice incarnationis millesimo quingētesimo. XII. ‖ XXIIII. vero iullii Jmpressus sumptibus honesti viri ‖ Anthonii verard bibliopole alme uniuersitatis Pa‖risieñ.*, pet. in-8. goth., feuillets non chiffr., sign. a—r par 8. [18448]

Recueil par ordre alphabétique de sentences morales, tirées soit des poètes, des orateurs et des philosophes anciens, soit des théologiens du moyen âge, avec une explication littérale et morale des mots, beaucoup plus longue que le texte. Ce livre a peu d'intérêt en lui-même, mais il est fort rare, et c'est peut-être le seul ouvrage latin qu'ait publié Ant. Verard, et c'est, nous le croyons, une de ses dernières publications. L'auteur qui, sur le titre de sa compilation, s'est nommé *Nicolaus de Querqueto*, en latinisant son nom, est le même que Nicolas de La Chesnaye, de qui l'on a un livre intitulé : *La Nef de Santé* (voy. NEF), où son nom paraît dans un acrostiche, comme dans le présent *Liber auctoritatum*. A ce dernier ouvrage se trouve une pièce de vingt vers latins intitulée : *Ejusdem Nicolai de querceto utriusque juris professoris... lectoribus carmen exortatiū*. La réunion des lettres initiales de chaque vers donne ég lement en acrostiche : *Nicolaus de La Chesnaye*.

QUESTION de amor de dos enamorados ; al uno era muerta su amiga ; el otro sirve sin esperança de galardon. Disputan qual de los dos sufre mayor pena. — *Fenece el libro llamado question de amor: emprimo se en la insigne ciudad de Valencia por Diego de Gumiel impressor,* 1513, in-fol. goth. [18004]

La plus ancienne édition connue de ce dialogue, entre Vasquiran et Flamineo, lequel se termine par les mots : *Hecha en Ferrara a xvii de Abril año 1512*. — Vend. (rel. en *mar. oliv,* par Lewis) 4 liv. 14 sh. 6 d. Heber, IX, 2736.
M. Wolf nous apprend que la bibliothèque de Vienne conserve une édit. de la *Question de amor*, in-fol. goth. sans date, laquelle se trouve rel. avec le *Cancionero general*, édition de Tolède, 1527, et paraît avoir été exécutée avec les caractères qui ont servi à l'impression de ce recueil.

Quesnel (le P.). Nouveau Testament, 165. — Histoire d'Ant. Arnauld, 30608.

— Question de amor, agora nuevamente impressa con algunas cosas añadidas. *Zamora*, 1539, in-fol.

Quoiqu'elle soit fort rare, cette édition n'a été vend. que 5 sh. Heber.

— Question de amor... *Impresso en Villa de Medina*, 1545, pet. in-4.

Autre édition rare, vend. 4 fr. chez Picart, en 1780.

— Question de amor, de dos enamorados, al uno era muerta su amiga : el otro sirve sin esperança de galardon. Disputan qual de los dos sufre mayor pena. Asi mismo se ha añadido a esta obra treze questiones del Philocolo de Juan Boccaccio. *Venetia, Gabr. Giolito de Ferrariis,* 1553, pet. in-8.

Vend. 8 fr. *m. r.* Mac-Carthy ; 1 liv. 4 sh. Salvá.

Selon Alonso Ulloa, à qui est due l'édition de ce livre, la prose des *Treze questiones* a pour traducteur Diego Lopez de Ayala, et les vers sont de Diego de Salazar. — La *Question de amor* a été réimprimée plusieurs fois avec la *Carcel de amor* (voy. SAN PEDRO). Elle a paru trad. en français, sous le titre de *Debat des deux gentilzhommes* (voy. DEBAT).

QUESTION notable décidée, s'il est rien de meilleur ou pire que la langue. (*sans lieu d'impression*), 1617, pet. in-8. [17944]

Vend. 12 fr. Chardin.

QUESTION royale et sa décision (par J. du Verger de Hauranne, abbé de Saint-Cyran). *Paris, du Bray,* 1609, pet. in-12 de 57 ff. titre compris. [3997]

Ce livre a fait du bruit dans le temps ; mais il est peu recherché maintenant : 40 fr. *m. bl.* Gaignat ; et ordinairement 4 à 6 fr. — La réimpression faite sous la même date, vers 1740, est plus belle que l'édition originale.

QUESTIONAIRE des Cirurgiens et Barbiers, auec le formulaire du petit guydon en cirurgie, veu τ corrige, τ les lunettes des Cirurgiens de nouueau adioustez. (au recto du cah. C. de la seconde partie) : *Imprime nouuellement a Paris par Pierre Sergent demourant en la rue neufue notre dame a lenseigne sainct Nicolas en lan mil cinq cens xxx viii,* 3 part. en 1 vol. pet. in-8. goth., feuillets non chiffrés. [7468]

Ce livre rare se compose de trois parties : la première, sous le titre ci-dessus, a été attribuée à A—Hiiii ; on l'attribue à Champier. La seconde est le *formulaire des aydes, des apostemes et pustulles....* sign. A—Ciiii ; le recto du dern. f. porte la souscript., et le verso la marque de l'imprimeur avec les lettres I. D. Le troisième, qui a dû se vendre séparément, a pour titre :

LE MYROUEL des Appothicaires τ pharmacopoles.... item les lunettes des Cyrurgiens et Barbiers composé par Symphorien Campese.... *On les vend a Paris en la rue neuve nostre dame a lenseigne sainct Nicolas* (s. d.), in-8. go.h. sign. A—F. Le dernier cah. n'a que 4 ff. Le tout 15 fr. Coste.

Pour une autre édit. de la trois. part., voy. CHAMPIER (*Symph.*).

QUESTIONS diuerses et responses d'icel-les diuisées en trois liures, sauoir questions d'amour, naturelles, morales et po-litiques, nouuellement traduites du tus-can en francoys. *Lyon, Gabr. Cotier,* 1558. (à la fin) : *Imprimé à Lyon, par Iean d'Ogerolles,* in-8. de 268 pp. et le privilége. [17942]

Édition rare, 29 fr. Veinant.

— Les mêmes questions. *Lyon, V* Gabr. Cotier,* 1570. (à la fin) : *Imprimé à Lyon, par Iean Marcorelle,* 1570, in-16 de 489 pp. y compris 4 ff. prélim.

Vend. 8 fr. m. *viol.* LaVallière, et dans sa prem. rel. en parchemin, 42 fr. en 1860. Quoiqu'il ne soit pas très-piquant, ce recueil a eu un certain nombre d'éditions. Citons celles de *Lyon, Ben. Rigaud,* 1583, et aussi 1596, pet. in-12, de *Rouen, Claude le Villain,* 1610 ou 1617, et *Jacq. Caillové,* sans date, et aussi 1635, in-16. Ces dernières contiennent quelques augmentations à la fin. — Pour le texte italien, voy. LANDO (*Hort.*).

QUESTIONS énigmatiques, récréatives, et propres pour deuiner et y passer le tems aux veillées des longues nuicts, avec les responses subtiles et autres propos joyeux. *Lyon, Ben. Rigaud,* 1568, pet. in-8. de 29 pages en tout. [13973]

Ouvrage en prose et en vers, à la suite duquel (p. 25) se trouve *Contentement d'un vieux laboureur, sous le nom de sire Mathieu Breon,* également en vers. La devise et probablement aussi l'anagramme de l'auteur des Questions est : *Tard ennuié de voir.* Une édition de *Paris,* 1674, in-8., avec le *Blason des fleurs,* est portée dans le catal. de La Vallière, en 3 vol., n° 3913, art. 118.

— QUESTIONS et demandes recreatiues pour resiouyr les esprits melancoliques, propres pour deuiner et y passer le temps honnestement, auec ses responses. *Paris, Ant. Houic,* 1573, pet. in-8. de 20 ff.

Les 22 premières pp. de ce petit vol. contiennent la même chose que l'opuscule précédent, mais sans le Contentement d'un vieux laboureur ; à la p. 22 commencent *Plusieurs questions enigmatiques,* presque toutes en vers, et à la p. 32 les *Demandes gentilles et responses non asiniques,* en prose ; ensuite se trouvent deux dictons, en vers.

200 fr. *mar. r.* par Duru. Bulletin de J. Techener, 1860, p. 1769, n° 607.

— QUESTIONS et demandes recreatiues pour resiouyr les esprits melancoliques, propres pour deuiner et y passer le temps honnestement, auec les responses, etc. *Paris, pour Jean de l'Astre,* 1576, in-16.

Vend. 50 fr. Morel-Vindé, avec *Bonne reponse à tous propos* (voy. BONNE).

Ce doit être le même ouvrage que le précédent.

QUESTIONS, proverbes et enseignemens profitables à un chacun. *Paris, Fr. Du-chesne, et Ant. Rousset,* 1599, in-12 de 40 ff. y compris le dernier bl. Au 37ᵉ f. commence le blason des cheveux, en 74 vers. [18462]

QUESTIONS que fit Adrien, empereur, à un enfant. (*sans lieu ni date*), in-4. goth. de 12 ff. non chiffr., à 21 lign. par page entière. [1379]

Édition imprimée avec les mêmes caractères que le *Lucidaire* in-4., en 28 ff., sorti des presses lyon-

naises, vers 1480. On y remarque les diphthongues *de pe qu po* en une seule lettre chacune. Le titre est ainsi conçu :

S
ēsuiuēt les q̄tiōs q̄ fit adriē ēpereur a un ēfāt nōme apidus le q̄l cō me ce dit estoit plain du saint esperit.

cel enfant fut baille a ung euesque pour gouuerner et celui euesque cōgnoissāt le sens et la sciē-ce du dit enfāt le bailla pour gouuerner au patriarche de iherusalē

On lit au verso du dern. f. : *Cy finissent les questions | que fit lempereur adrian au ieu | ne enfant nomme apidus.*

Cet opuscule existe aussi en langue espagnole, sous ce titre :

LAS PREGUNTAS que el emperador Adriano hizó al infante Epitus, 1540. — *El qual se emprimio en Burgos en casa de Juan de Junta,* 1540, in-4. de 12 ff. (*Biblioth. heber.,* IX, p. 161).

— Voy. ENFANT saige.

QUETIF (*Jacques*). Scriptores ordinis prædicatorum, recensiti, notisque historicis et criticis illustrati. Opus inchoavit Jac. Quetif, absolvit Jac. Echard. *Parisiis, Ballard,* 1719-21, 2 vol. in-fol. [31615]

Excellent recueil de notices biographiques et biblio-graphiques, important surtout pour l'histoire litt-tér. des XIIIᵉ, XIVᵉ et XVᵉ siècles : vend. 30 fr. 50 c. Daunou ; 39 fr. Libri, en 1857. A la fin du second vo-lume, après la p. 1000, il doit se trouver un dernier supplément (*supplementum novissimum*) qui a une pagination à part, de 1 à 8, mais qui manque dans une grande partie des exemplaires.

— Vie de sainte Aure, 22112.

QUEVEDO Villegas (D. *Franç.*). Obras. *Madrid, D. Joachim Ibarra,* 1772, 6 vol. in-4. fig. [19269]

Assez belle édition : 36 à 48 fr.

— Las mismas obras. *Madrid, Sancha,* 1790-94, 11 vol. in-8. fig.

Édit. la meilleure jusqu'alors des œuvres de Quevedo : 50 à 60 fr. — Les anciennes éditions de la même collection, en 3, en 4 ou en 5 vol. in-4., ont peu de valeur.

— Obras de Fr. Quevedo Villegas. *Madrid, Rivadeneyra,* 1852, 3 vol. gr. in-8., à 2 col. 45 fr.

Cette édition est précédée d'une préface et de la vie de l'auteur, par D. Aureliano Fernandez Guerra y Orbe. Le texte, divisé en trois sections, est accompagné de notes historiques et biographiques.

— Obras escogidas. *Madrid,* 1800, 4 part. en 2 vol. in-8. 12 fr.

L'édition de ces œuvres choisies dont le titre porte *Amberes,* 1757, a été imprim. à Paris, chez *Guérin et de la Tour,* en 2 vol. in-8., et elle est fort belle.

— OBRAS jocosas y poesias escogidas. *Madrid,* 1796, 6 vol. pet. in-12, portr. et vignettes. 18 fr.

Réimpr. à Lyon, en 1821, 4 vol. in-18.

— OBRAS selectas en prosa y verso, serias y jocosas, recogidas y ordenadas, por D.-E. de Ochoa. *Paris, Baudry,* 1840 (aussi 1842, et sous le titre d'*Obras escogidas,* 1860), in-8. portr. 10 fr.

Quetelet (*Lamb.-Adol.-Jacq.*). Correspondance ma-thématique et physique, 7846. — Annales de l'Ob-servatoire de Bruxelles, 8327.

— Les OEuvres de Quevedo, nouvelle traduction de l'espagnol en françois par Ra-
clots. *Brusselles*, 1698 et 1699 (réimpr.
en 1700 et en 1718), 2 vol. in-12, fig.
6 à 8 fr.

Un exemplaire en *mar. r.* 15 fr. 50 c. Méon ; 34 fr.
Chateaugiron ; 45 fr. Labédoyère, et le même
exemplaire, 75 fr. en 1843.

— El Parnasso español y musas castellanas; corrigidas y enmendadas de nuevo
en esta impression por Amuso Cultifra-
gio. *Madrid, Pablo de Val*, 1660,
in-4. [15288]

Cette édition, ainsi que celles de 1650 et 1659, ne renferme que les six premières *musas ;* les trois dern.
ont paru à Madrid, en 1670 , in-4. Le tout a été
réimpr. à Barcelone, 1702-3, et aussi à Madrid, 1724
ou 1729, en 2 vol. in-4. fig.

— L'Aventurier Buscon, histoire facétieuse, composée en espagnol, par Fr.
Quevedo, et trad. en françois (par le
sieur de la Geneste), ensemble les lettres
du chevalier de l'espargne. *Paris, Ma-
lassis (Bruxelles, Fr. Foppens)*, 1668,
pet. in-12. 4 à 6 fr. [17624]

Imprimé d'abord à *Paris*, 1644, in-8., et réimprimé à
Francfort, Von Sand, 1671, pet. in-12. Le texte
original a été publié à Barcelone, 1627, in-8.

— LES SEPT visions, augmentées de l'Enfer reformé,
trad. de l'espagnol, par le Sr de la Geneste. *Paris
(Bruxelles, Fr. Foppens)*, 1667, pet. in-12. 4 à
6 fr.

Ces deux petits volumes (édit. de 1667 et 1668) se
réunissent à la collection des Elsevier.

— HISTOIRE de D. Pablo de Ségovie, surnommé
l'Aventurier Buscon, trad. et annotée par A. Ger-
mond de Lavigne; précédée d'une lettre de M. Ch.
Nodier. *Paris, Ch. Warée*, 1842, in-8. fig.

— THE WORKS of Fr. Quevedo, translated from
the spanish. *Edinburgh*, 1798, 3 vol. pet. in-8.
avec des frontispices.

Les traductions anglaises des différents ouvrages de
Quevedo avaient d'abord paru séparément à Londres dans le XVIIe siècle, et en partie réimprimés
dans le XVIIIe siècle.

— Voy. TORRE (*Fr.* de La).

QUICHERAT (*Julien*, dit *Jules*). Voyez
PROCÈS de Jeanne d'Arc.

QUICK (*John*). Synodicon in Gallia reformata, or the acts, decisions, decrees
and canons of those famous national
councils of the reformed churches in
France, being 1° a most faithful and impartial history of the rise, growth, perfection and decay of the reformation in
that kingdom, with the fatal catastro-
phe upon the Revocation of the edict of
Nantz in the year 1685 ; 2° the confession of faith and discipline of those
churches, etc.... The whole collected
and composed out of original manuscript acts of these renowned synods.
London, 1692, 2 vol. in-fol. avec le
portr. de l'auteur et un frontisp. gravé.
[22440]

Ouvrage peu connu en France, mais préférable pour
son exactitude à celui d'Aymon dont nous donnons
le titre sous le n° 22440 de notre table méthodique.
Cependant Lowndes ne l'estime que 1 liv. 11 sh.
G d. M. Athanase Coquerel a donné une bonne
notice sur ces deux in-fol. dans son ouvrage intitulé : *Projet de discipline pour l'Eglise réformée
de France, avec une introduction historique et
des notes*, Paris, Joel Cherbuliez, 1861, in-8.

QUIGNET. Voy. TESTAMENT de.

QUILLET (*Cl.*). Callipædia ; seu de pul-
chræ prolis habendæ ratione, poema di-
dacticon : accedit Scæv. Sammarthani
pædotrophia, seu de puerorum educatione poema. *Londini, Bowyer*, 1708,
pet. in-8. [12911]

Bonne édition, dont le texte a été rétabli sur celui de
l'édition de 1655 ; une partie des exempl. ont un
premier titre daté de 1709 : 3 à 4 fr.; vend. 46 fr.
Gr. Pap. *mar. citr.* Caillard, et le même exempl.,
9 fr. Chateaugiron.

Celle de *Leyde*, 1655, in-4., sous le nom de *Caluid.
Letus*, et celle de *Paris*, 1656, in-8., sont à bas
prix. Cependant la première, quoique moins complète d'ailleurs que celle de 1656, présente différentes variantes, et notamment p. 50, 6 vers contre
le cardinal Mazarin, qui ont été remplacés, dans
l'édition in-8., par 13 vers à la louange du même
cardinal. C'est sur l'édition de 1708 qu'a été faite
celle de *Paris*, Joly (Leipzig, Th. Fritsch), 1709,
pet. in-8.

— La Callipédie, poëme latin de Cl. Quillet, avec la traduction en françois (par
Monhenault d'Egly). *Paris, Durand*,
1749, pet. in-8. 3 à 4 fr.

Vend. en Gr. Pap. de Holl., 16 fr. 50 c. de Cotte
37 fr. 50 c. *mar. r.* Caillard, et 47 fr. en 1841.
La traduction en vers français de ce poëme (par
Lancelin de Laval, avec le texte latin), *Paris,
Bastien*, 1774, in-8., est à bas prix. — Il y a encore
une traduction de la *Callipédie*, par J.-M. Caillau,
Bordeaux, Pinard, an VII (1799), in-12, dont il
existe des exempl. en papier vélin.

QUILLIAN (*Michel*), sieur de La Tousche, breton. La derniere semaine ou
consommation du monde ; reveu et augmenté par l'autheur. *Rouen, Thomas
Doré*, ou *le Villain*, 1597, in-12. [13858]

Poëme divisé en sept journées, à l'imitation de la
Semaine de Du Bartas. Viollet le Duc en a cité des
vers à la page 365 de son catalogue, mais son exemplaire n'a été payé que 5 fr. 50 c. Un autre en *mar.
r.*, mal annoncé sous la date de 1577, a été vendu
40 fr. Solar.
Dans la première édition de ce poëme, *Paris, François
Huby*, 1596, in-12 de 115 ff., plus 6 ff. prélim., le titre
porte : *M. Q. sieur de la Tousche*, ce qui, par une
double faute d'impression , est rendu par *Mich.
Quillau, sieur de la Bousche*, sous le n° 14120 du
quatrième volume du catalogue de La Valliere, par
Nyon.

QUIMCHI (Moses). Voy. KIMCHI.

Quicherat (*Louis*). Thesaurus poeticus linguæ latinæ, 10865. — Dictionnaire latin-français, 10887.
— français-latin, 11038.

Quillet (*Fed.*). Le Arte italiani in Ispagna, 31068. —
Peintres espagnols, 31068.

QUIN dubliniensis (*G.*). Sertum poeticum, in honorem Jacobi sexti. *Edinburgi, excudebat Rob. Waldegrave,* 1600, in-4. [12237]

Ce volume, fort rare, renferme des poésies en latin, en italien, en français et en anglais : vendu 4 liv. MM. Sykes ; 3 liv. 1 sh. Heber.
— THE MEMORIE of Bernard Stuart, lord d'Aubigni, renewed, whereunto are added Wishes presented to the Prince at his creation. *London,* 1619, in-4. de 38 ff. [15776]

Vend. 4 liv. 6 sh. Hibbert ; 3 liv. 3 sh. Heber.

QUINAULT (*Philippe*). Théâtre. *Suivant la copie de Paris (Amsterd., Wolfgang),* 1663, 2 vol. pet. in-12. [16465]

Cette édition ne contient que les douze premières pièces de Quinault, au nombre desquelles ne sont ni ses opéras, ni sa Mère coquette ; cependant les amateurs des éditions elseviriennes la recherchent beaucoup. Vend. 29 fr. bel exempl. en 1813 ; 21 fr. Thierry ; jusqu'à 64 fr. Bérard ; avec les opéras, sous la date de 1697 (les 4 vol.), 48 fr. Sensier, et avec quatre autres pièces de Quinault imprim. de la même manière, savoir : *Astrate,* 1665, *la Mère coquette,* 1666, *Bellérophon,* 1671 et 1688, et *Pausanias,* 1697 : 39 fr. en 1818.
Les quatorze opéras du même poète se trouvent dans les trois premiers volumes du *Recueil des operas : suivant la copie de Paris, à Amsterd.,* chez *Abrah. Wolfgang,* 1684 et 1690, lesquels peuvent servir à compléter le théâtre imprimé en 1663.
Un recueil de 16 pièces de Quinault, sous la date de 1697 (mais renfermant 8 pièces impr. par les Elsevier, de 1662 à 1671), 34 fr. Bérard, et *non rogné* 100 fr. Riva.
Les éditions complètes du même auteur (avec une notice sur sa vie, par Germ. Boffrand, et non Boscheron), *Paris,* 1739, 5 vol. in-12, fig., ou 1778, 5 vol. in-12, n'ont qu'un prix ordinaire.

— OEuvres choisies de Quinault, précédées d'une nouvelle notice sur sa vie et ses ouvrages. *Paris, Crapelet,* 1824, 2 vol. in-8. portrait.

Il a été tiré 40 exemplaires en Gr. Pap. vélin., avec le portrait sur pap. de Chine, et aussi 4 exempl. sur jésus vélin ; un de ces derniers 122 fr. Bérard ; 50 fr. Labédoyère.
On trouve dans cette édition, ainsi que dans celle de Paris, *P. Didot l'aîné,* 1811, 2 vol. in-18 (de laquelle il existe deux exemplaires imprimés sur VÉLIN), *Sceaulx,* poëme, resté longtemps inédit, et dont le manuscrit original sur VÉLIN, orné de 3 dessins de Lebrun et de Séb. Leclerc. et relié en *mar. r.* aux armes de Colbert, se trouvait dans le cabinet de J.-J. De Bure l'aîné, à la vente duquel il a été porté à 1300 fr. M. Crapelet a fait tirer à part, et sur VÉLIN, deux exemplaires de ce petit poëme, in-8. de 32 pp., y compris les notes. Un de ces exemplaires 23 fr. De Bure.

QUINCARNON (de). La fondation et les antiquités de la basilique collégiale, canoniale et curiale de Saint-Paul de Lyon, très auguste et digne de profonde vénération par son fondateur, par son sacre et par son patron, très renommée par diverses remarques très singulières qui y parurent sous nos prédécesseurs, et très florissante ou par la noble naissance, ou par les lumières et vertus, ou par la doctrine de ses chanoines et officiants, avec quatre ou cinq pieces ascétiques ou détachées que je prends la liberté d'y joindre ; par le sieur de Quincarnon, escuyer... *aux dépens de l'autheur (Lyon, sans date),* in-12. [21451]

Édition dont il ne subsiste plus qu'un petit nombre d'exemplaires ; elle a 111 pp. plus 4 pp. pour les *omissions rétablics,* et 5 pp. pour l'*Epistre a Messieurs les... chamarier et chanoines... de Saint-Paul de Lyon.* Le portrait de ce saint occupe la 4e page. La marque typographique qui se voit sur le titre est un chardon, avec cette devise : *Dulce et amarum.*

— Les Antiquitez et la fondation de la métropole des Gaules ou de l'église de Lyon et de ses chapelles, avec les épitaphes que le temps y a religieusement conservées, par le sieur de Quincarnon. *Lyon, chez Mathieu Liberal, imprimeur,* 1673, pet. in-12 de 118 pp. [21451]

Ce petit volume est encore plus rare que le précédent, puisqu'on n'en peut citer que trois ou quatre exemplaires, dont même deux ont les quatre dernières pages copiées à la main.
M. J.-B. Monfalcon a donné à Lyon, en 1846, une nouvelle édition de chacun de ces deux ouvrages, de format gr. in-12, mais tirée seulement à 25 exemplaires sur pap. de Bristol pour la collection des Bibliophiles lyonnais. Le premier de ces volumes est sorti des presses de L. Perrin ; le second, de celles de Nigon.

QUINCEY (*Th.* de). Selections, grave and gay, from writings published and unpublished of Thomas de Quincey, revised and arranged by himself. *London,* 1853-60, 14 vol., portr., 5 liv. 5 sh. [19373]

L'édition des œuvres de de Quincey, publiée par MM. Ticknor and Fields, *Boston,* 1853-55, en 20 vol. pet. in-8., est beaucoup plus complète que celle-ci, mais elle ne présente pas la dernière révision de l'auteur. Le nouveau Manuel de Lowndes, pp. 2026-27, donne le détail du contenu de chaque volume des deux éditions, et l'indication des numéros des Revues anglaises dans lesquelles a d'abord été publiée une grande partie des écrits de l'auteur. Celui qui a pour titre : *Confessions of an English Opium-Eater* a paru pour la première fois, en 1821, dans le *London Magazine,* et séparément, *London, Taylor and Hessey,* 1822, in-12. L'édition d'*Edinburgh, Hogg,* 1856, in-12, *revised by the author, and greatly enlarged,* est au moins la septième.

QUINCY (*Ch.* Sevin, Mis de). Histoire militaire du règne de Louis le Grand, avec les plans nécessaires et un traité particulier de pratiques et de maximes de l'art militaire. *Paris, Mariette,* 1726, 7 tom. en 8 vol. in-4. fig. 40 à 50 fr. et plus en Gr. Pap. [23733]

Cet ouvrage est recherché des militaires, et ne se trouve pas facilement.

QUINNUS (*Galter.*). Voy. CORONA virtutum.

QUIÑONES (D. *Juan* de). Discurso contra los gitanos. *Madrid, Juan Gonçalez,* 1631, in-4. de 2 et 23 ff. [4082]

Ouvrage rare et singulier : vend. 18 fr. Le Marié; 24 fr. *m. r.* La Valliere; 8 sh. Hibbert.

— EL MONTE Vesuvio, nora la montaña de Soma. *Madrid, J. Gonçalez,* 1632, in-4. de 2 ff. prélim., 56 ff. de texte et 14 ff. non chiffrés, avec la fig. du mont Vésuve. [4633]

Vend. 12 fr. La Valliere ; 16 fr. Camus de Limare.

— TRATADO de las langostas, en que se tratan cosas de provecho y curiosidad. *Madrid,* 1620, in-4. de 116 ff. [5911]

On trouve dans cet ouvrage des oraisons pour conjurer les sauterelles : 12 fr. *mar. v.* Saint-Céran, en 1791.

— DISCURSO de la campana de Villilla. *Madrid,* 1625, in-4. [26195]

Volume de 36 ff., plus rare que recherché ; il contient l'histoire de la cloche miraculeuse de Villilla, qui, selon l'auteur, sonne d'elle-même toutes les fois que la religion est menacée de quelque danger.

— EXPLICACION de unas monedas de oro de emperadores romanos, que se han hallado en el puerto de Guadarrama. *Madrid,* 1620, in-4. [29880]

Vend. 40 fr. Gaignat; 20 fr. d'Ennery; 6 fr. MacCarthy. Ce volume a 93 ff., non compris 4 ff. préliminaires et celui de la souscription.

QUIÑONES de Benavente (*Luis*). Ioco seria ; Burla veras, etc., en doze entremeses representados, y veinte y quatro contados. *Valladolid, Juan Ant. de Lago,* 1653, pet. in-8. (*Bibliothèque Crofts.*) [15283]

QUINQUE illustrium poetarum, Antonii Panormitæ ; Ramusii ; Pacifici Maximi ; J. Jov. Pontani ; Joan. Secundi, lusus in Venerem partim ex codicibus manuscriptis nunc primum editi. *Parisiis, prostat ad Pistrinum in vico suavi* (*chez Molini, rue Mignon*), 1791, in-8. de VIII et 242 pp. plus 1 f. d'errata. [12614]

Ce volume est devenu assez rare : 6 à 9 fr. Il en a été tiré six exemplaires sur pap. vélin, et aussi quelques-uns sur pap. de Hollande ; un de ces derniers s'est vendu 19 fr. *mar. r.* Méon ; 40 fr. *mar. bl.,* avec quelques vignettes ajoutées, Renouard.

On croit presque généralement que Mercier, abbé de Saint-Léger, a été l'éditeur de ces poésies érotiques; cependant, d'après une note que Chardon de La Rochette a écrite sur le f. de garde de son exemplaire, l'éditeur serait l'abbé Bandini de Florence ; mais cette note, nous le croyons bien, Chardon ne l'a écrite que par condescendance pour l'abbé de Saint-Léger, son ami.

QUINQUE linguarum vocabulista. Voy. VOCABULISTA.

QUINSONAS (*E.* de). Matériaux pour servir à l'histoire de Marguerite d'Autriche, duchesse de Savoie, régente des Pays-Bas, par le comte E. de Quinsonas. *Paris* (*impr. de L. Perrin à Lyon*), 1860, 3 vol. in-8. avec portr. fac-simile, plans et cartes. 60 fr. [25012]

QUINTANA (D. *Francisco* de). Historia de Hipolito y Aminta. *Madrid, Luis Sanchez,* 1627, pet. in-4. [17605]

Nouvelle intéressante et bien écrite, réimprimée à Séville, *por Andres Grande,* 1635, pet. in-4., à *Madrid,* 1729, in-4., et dans la même ville, 1807, 2 vol. pet. in-8. fig.

—Voy. CUEVAS (*Fr.* de las).

QUINTANA (D. *Manuel-José*). Obras completas. *Madrid, Rivadeneyra,* 1852, gr. in-8. à 2 col. 15 fr.

Cette édition contient tous les ouvrages en prose et en vers de l'auteur, déjà publiés ou inédits, y compris son introduction historique pour la collection des *Poesias selectas castellanas.* Les ouvrages déjà publiés séparément sont :

POESIAS de Quintana, inclusas las patrióticas, y las tragedias El duque de Viseo y El Pelayo. *Madrid, imprenta nacional,* 1821, 2 vol. pet. in-8. [15316]

Les éditions de 1802 et 1813, pet. in-8., sont moins complètes.

POESIAS ; quarta edicion, aumendada y corregida. *Burdeos,* 1825, in-8.

— VIDAS de Españoles celebres. *Madrid,* 1807-30-33, 3 vol. in-8. 18 fr. [30769]

Bonnes biographies de neuf personnages, savoir : *El Cid Campeador ; Guzman el bueno ; Róger de Lauria ; El principe de Viana ; El gran Capitan ; Vasco Nuñez de Balboa ; Fr. Pizarro ; D. Alvaro de Luna,* et *Bart. de las Casas.* — Réimpr. à Paris, chez Baudry, 1845, en un seul vol. in-8.

— Poesías selectas castellanas, desde el tiempo de Juan de Mena hasta nuestros dias, recogidas y ordenadas por Manuel-Josef Quintana. *Madrid,* 1807, 3 vol. in-8. 12 à 15 fr. [15057]

Collection fort estimée. Elle a été réimprimée à Perpignan, 1818, en 4 vol. in-16, sous le titre de *Tesoro del Parnaso español, etc.,* et encore sous celui de *Poesias selectas castellanas,* Madrid, 1830, 4 vol. pet. in-8. 24 fr. — Pap. fin, 28 fr. ; édition augmentée d'un vol. pour les poètes modernes, et d'observations sur les anciens : on y réunit deux autres vol. pet. in-8., imprimés à *Madrid,* en 1833, et contenant : *Musa épica, ó collecion de los mejores trozos de nuestros poemas heroicos, recogidos por M.-J. Quintana.* Les 4 vol. de la collection de Quintana ont été réimprimés en un seul volume, *Paris, Baudry,* 1838, in-8., à 2 col. 10 fr.

TESORO de los poemas españoles épicos, sagrados y burlescos, que contiene : la Araucana, de D. Alonso de Ercilla ; la colleccion titulada la Musa épica, de M.-J. Quintana : la Mosquea, de J. Villaviciosa, etc., precedido de una introduccion en que se da una noticia de todos los poemas españoles, por D. Eugenio de Ochoa. *Paris, Baudry,* 1840, in-8. 10 fr. [15058]

Suite du *Tesoro del Parnaso* ci-dessus.

QUINTANILLA y Mendoza (*Pedro* de). Archetypo de virtudes. Espeio de Prela-

Quinet (*Ed.*). Sur les épopées françaises, 13174. — Œuvres complètes, 19189. — Allemagne et Italie, 26398.

Quinta (*Dom.* dos Reis de). Obras, 15394.
Quintana (*Ger.*). Madrid, 26130.

dos el venerable padre,' y siervo de Dios Fr. Francisco Ximenez de Cisneros. *Palermo, por Nic. Bua,* 1653, in-fol. avec un portrait. [26043]

Ouvrage assez rare : 15 à 20 fr. Vend. 35 fr. 50 c. *mar. bl.* Sampayo.

QUINTIANUS Stoa. Voy. STOA.

QUINTIL. La nouvelle manière de faire son profit des lettres ; traduitte du latin en vers françois par J. Quintil du Tronssay en Poictou ; ensemble le poëte courtisan. *Poictiers,* 1559, in-8. [13759]

Le premier de ces deux opuscules est la traduction d'une épître d'Adr. Turnèbe publiée sous ce titre : DE NOVA captandæ utilitatis e litteris ratione epistola metrice scripta ad Leoquernum. *Parisiis, vidua P. Attaignant,* 1559, in-8.

Biblioth. impér. Y, 2775 et 4580.

Une autre traduction en vers français de la même épître fait partie des œuvres de Joach. Du Bellay.

QUINTIL-HORATIAN (le). V. FONTAINE (*Charles*).

QUINTILIANUS (*Mar.-Fabius*). Institutionum oratoriarum lib. XII (ex recens. Joan.-Antonii Campani). *Romæ,* 1470, in-fol. [12040]

Première édition de ce rhéteur ; elle est imprimée avec les caractères de Philippe de Lignamine. Vend. 807fr. Gaignat; 750 fr. La Valliere; 800 fr. de Limare; 405 flor. Crevenna; 18 liv. 18 sh. *mar. bl.* Dent; sans les 4 ff. liminaires, 180 fr. F. Didot, et 41 fr. en mauvais état Boutourlin.

Le volume commence par 4 ff. qui contiennent la préface de Campanus et la table des rubriques. On lit au recto du 277e f. du texte la souscript. dont voici un fragment : *Absolutus Rome in via pape prope sanctum Marcum, anno salutis* M. CCCC. LXX, *die uero tertia mensis Augusti.* Quelquefois les 4 ff. du commencement sont à la fin. Les pages entières portent 35 lignes.

M. Dibdin , *Bibliomania* , p. 424, cite un exemplaire sur VÉLIN de cette édit., conservé dans la biblioth. du duc de Marlborough, à Blenheim.

— Institutiones oratoriæ (ex recognitione Johannis Andreæ, episcopi aleriensis). *Romæ, Conradus Sweynheym et Arnoldus Pannartz* (1470), in-fol.

Édition plus rare encore que la précédente. Vend. 15 liv. (8 ff. mss.) Pinelli.

En tête du volume sont 4 ff. séparés, qui contiennent l'épître de l'évêque d'Aleria à Paul II, datée de 1470; la préface de Campanus et la table des rubriques. Le texte commence au 5e f., et finit au verso du 238e par la souscript. de 8 vers : *Aspicis illustris lector, etc.*, laquelle n'est point suivie de la date. On compte 38 lignes sur les pages.

— Institutionum oratoriarum lib. XII, ab Omnibono Leoniceno emendati. —*Quintilianvm...... Nicolavs Ienson gallicvs, viventibvs posterisqve miro impressit artificio. Annis* M.CCCCLXXI, *mense maii die.* XXI., in-fol. de 211 ff. à 39 lignes par page, plus 1 f. bl.

Édition belle et rare. Les trois prem. ff. contiennent *Tabula Quintiliani* et *Epistola Omniboni Leoniceni.* Il est à remarquer que les passages grecs qui sont répandus dans le texte, et que l'on a imprimés

dans les deux éditions précédentes, ne se trouvent pas dans celle-ci. Vend. 10 liv. 10 sh. Askew ; 40 fl. *m. r.* Crevenna ; 60 fr. F. Didot ; 3 liv. 3 sh. Heber ; avec ornements et initiales peints, 10 liv. 10 sh. Libri, en 1862, et un exemplaire auquel la *Tabula Quintiliani* manquait, 80 fr. Costabili. L'exemplaire impr. sur VÉLIN, vend. 491 fr. Gaignat et 500 fr. La Valliere, a été revendu 1515 fr. Mac-Carthy ; 71 liv. 8 sh. Hibbert.

— Institutiones oratoriæ. *Mediolani, Ant. Zarothus,* 1476, 5 *id. Jun.*, in-fol.

Édition rare et assez belle ; elle consiste en 206 ff. à 41 lign. par page, et elle a des sign. a—z et &, ?, ꝯ. Les passages grecs ne s'y trouvent pas. Vend. 85 fr. *mar. r.* La Valliere ; 20 flor. *mar. r.* Crevenna; 53 fr. en 1829; 2 liv. 5 sh. Heber ; 49 fr. en janvier 1859.

Il y a encore de cet ouvrage une ancienne édition in-fol. de 201 ff., en lett. rondes (sans date), ayant des signat. a ii—D. du second alphabet, et 39 lign. par page. On y trouve, comme à l'édit. de Jenson, de 1471, 3 ff. prélim. qui renferment la table, suivie de l'épître d'*Omnibonus Leonicenus.* Vend. *m. r.* 10 flor. Crevenna ; 32 fr. Brienne-Laire.

Plusieurs bibliogr. ont cité une édition de Quintilien, imprimée à Paris, 1471, par les trois imprimeurs établis en Sorbonne ; mais l'existence n'en est pas constatée.

— Declamationes. Oratoriarum institutionum libri XII (recogniti per And. Ponticum). *Tarvisii, Dion. Bononiensis ac Peregrinus,* 22 octobr. 1482, in-fol. de 190 ff. à 49 lign. par page, avec signat.

Les déclamations finissent au recto du 53e f. par le mot FINIS, et comme la souscription et le registre sont placés au verso du 190e et dernier f., lorsque cette première partie (*Declamationes*) est séparée de la seconde, elle paraît être sans date.

— Quintilianus cum commento. *Venetiis, Locatellus,* 16 cal. *Sextil.* MCCCCLXCIII (1493), in-fol. de 206 ff. non chiffr. (le dern. tout bl.), avec signat.

Ce sont les *Institutiones oratoriæ*, avec les notes et les corrections de Raph. Regius. Le même traité a été impr. à Venise, *per Peregrinum de Pasqualibus,* 18 *Aug.* 1494, in-fol. de 248 ff. (le dern. bl.), sign. a—K, avec les commentaires de Laurent Valla et de Pomponius (Lætus) sur les deux prem. livres, et ceux de Regius et de Sulpitius sur les autres ; toutefois ces éditions postérieures à l'année 1480 n'ont pas conservé de valeur.

— Quintilianus (Institutiones). —*Impressum fuit hoc opus anno Domini* M.CCCCCX. *septimo kalen. Julij,* in-8.

Édition faite à *Lyon*, en lettres italiques, avec une fleur de lis rouge sur le frontispice : 4 ff. prélim. et 373 ff. non chiffrés, sign. a—zzv, composent le volume. Vend. 24 fr. d'Ourches, et jusqu'à 8 liv. 6 sh. Renouard; à Londres, et 1 liv. 10 sh. Butler.

Deux choses sont à remarquer dans cette édition : d'abord l'emploi qu'on y a fait de caractères grecs ; ensuite une courte préf. de Geofroy Tory (nommé là *Torinus*), datée de Paris ; ce qui avait fait croire à Panzer que le volume ici décrit avait été imprimé dans cette ville.

Il y a aussi une édit. de 1518, in-8., copiée sur celle-ci, mais qui n'est ni belle ni correcte.

— Quintilianus. (Institutiones oratoriæ, edente Andr. Naugerio). *Venetiis, in æd. Aldi et Andreæ soceri,* 1514, pet. in-4. 10 à 15 fr.

Vend. 19 sh. *mar. bl.* Heber ; 14 sh. Butler.

Volume de 230 ff. chiffr., précédés de 3 ff. non chiffr. et d'un f. blanc. On en connaît trois exemplaires sur *pap. bleu*, dont un a été vendu 100 fr. *mar. r.* de Cotte ; 435 fr. Bergeret, et 22 liv. Libri, en 1859, et 12 liv. en 1862.

La seconde édition aldine de 1522, in-4., dont la souscription de la fin est datée de 1521, contient, comme celle de 1514, 4 et 230 ff.; mais le 4ᵉ f. prél., au lieu d'être blanc, renferme la trad. des passages grecs qui se trouvent dans le texte de Quintilien. Vend. 18 fr. d'Ourches; 31 fr. *mar. bl.* Chardin ; 8 sh. 6 d. Butler ; 10 fr. Costabili.

— M. F. Quintilianus. *Florentiæ, Philip. Junta,* 1515, in-8. de IV ff. prél., 269 ff. chiffr., et 1 f. pour le lis.

Édition plus rare que les deux des Alde, et cependant de peu de valeur.

— Institutionum oratoriarum libri XII; declamationum liber : additæ sunt P. Mosellani et Jo. Camerarii annotationes, et Ant. Pini comment. *Parisiis, Mich. Vascosan,* 1538, in-fol., avec la marque suivante au verso du dernier feuillet.

Belle édition, ainsi que celle de 1549, in-fol., sortie des mêmes presses et augmentée des déclamations de Sénèque. Vascosan a fait paraître, en 1542, une édition in-4. du texte des *Institutiones*, et dans la même année Rob. Estienne en a donné une autre, qui reproduit, avec quelques variantes, le texte de l'édition de Paris, Sim. *Colinæus,* 1541, in-4. A cette dern. doivent être réunies les *Declamationes,* impr. par de Colines, en 1542. Ces différentes édit., qui font tant d'honneur à la typographie parisienne, n'ont pas conservé de valeur, à moins que d'anciennes reliures en *mar.* ne les recommandent aux curieux et ne les fassent porter à 24 fr., comme à la vente Heber.

— INSTITUTIONUM oratoriarum lib. XII, et Declamationes, cum notis var. (edentibus Corn. Schrevelio

TOME IV.

et Fed. Gronovio). *Lugduni-Batav.,* 1665, 2 vol. in-8. 10 à 15 fr.

Édition assez recherchée.

— DE INSTITUTIONE oratoria lib. XII, ex trib. codd. mss. et octo impressis emendavit, ac lectiones variant. adjecit Edm. Gibson, accedunt emendationum specimen, etc. *Oxonii, e Theatro sheld.,* 1693, in-4. 5 à 6 fr.

Vend. en Gr. Pap. 50 fr. 60 c. Mac-Carthy.

Cette édition est belle et assez estimée ; elle a été réimpr. avec les notes de Turnèbe, *Londini,* 1714, in-8. 5 à 6 fr.

— DE INSTITUTIONE oratoria lib. XII, et Declamationes, ex recens. Ulr. Obrechti. *Argentorati,* 1698, 2 vol. in-4. 6 à 9 fr., et plus cher en pap. fin.

— De Institutione oratoria lib. XII, et Declamationes XIX majores et CXLV minores, et Calpurnii Flacci Declamationes; cum notis et animadv. virorum doctorum, curante Petro Burmanno. *Lugd.-Bat., Joan de Vivie,* 1720, 2 tom. en 3 vol. in-4.

Cette édition, dont les exempl. sont assez communs, mérite d'être recherchée, parce qu'elle renferme tout ce que les précédentes offrent de mieux, tant en préface qu'en notes et en variantes ; ce n'est cependant pas le meilleur ouvrage de Burmann. Il faut y joindre l'opuscule intitulé : *P. Burmanni epistola ad Cl. Capperonnerium, de nova ejus Quintiliani de institutione oratoria editione,* Leidæ, 1726, in-4. et 24 à 30 fr. Ainsi complet en Gr. Pap. 84 fr. *cuir de Russie,* Lamy ; 100 fr. Caillard et F. Didot ; 6 liv. 6 sh. *cuir de Russie,* Sykes ; en *v. f.* 36 fr. Giraud.

— De Institutione oratoria lib. XII ; totum textum recognovit, emendavit, selectas varior. interpretum notas recensuit, explanavit, castigavit ; notas adjunxit Claud. Capperonnerius. *Parisiis, Coustelier,* 1725, in-fol.

Édition assez estimée, mais qui ne dispense point de celle de Burmann : 10 à 12 fr.; — Gr. Pap., 15 à 18 fr. — Vend. 43 fr. en *mar. r.* de Cotte ; 24 fr. *v. f.* Caillard.

— DE INSTITUTIONE oratoria lib. XII, ad usum schol. accommodati et brevibus notis illustrati a Carolo Rollin. *Parisiis,* 1741, 2 vol. in-12. 5 à 6 fr.

La première édition est de 1715 ; il y en a d'autres de 1754, 1774, etc.

— DE INSTITUTIONE oratoria lib. XII, recogniti et emendati per P. Burmannum, cum H. Dodwelli annalibus quintilianeis et indice : accedit Dialogus de oratoribus (stud. Vulpiorum fratrum). *Patavii, Cominus,* 1736, 2 vol. in-8. 6 à 10 fr.

Assez bonne édition. Un exemplaire sur *papier bleu,* 2 liv. 16 sh. 6 d. Pinelli ; 24 fr. Mac-Carthy.

— De Institutione oratoria lib. XII, ex recens. Jo.-Math. Gesneri. *Gottingæ,* 1738, pet in-4.

Édition généralement estimée : 12 à 18 fr. — Il y a des exemplaires en Gr. Pap. qui ne sont pas communs. Il a paru à Oxford, *typis clarend.,* en 1805, une bonne réimpr. du Quintilien de Gesner, 2 vol. in-8, avec un index étendu : 20 à 24 fr.

— Iidem libri ; recensuit et annotatione explanavit G.-L. Spalding (editionem absolvit Phil. Buttmann). *Lipsiæ,* 1798-1829, 5 vol. in-8.

Cette édit. a été avantageusement reçue des savants. Pap. fin, 40 fr., et plus en pap. vél. On y ajoute

33

comme 6ᵉ volume *E. Bonnelli lexicon et indices.* Lipsiæ, 1834, in-8. de plus de 1000 pp. 12 fr.

— DE INSTITUTIONE oratoria libri XII, curante Jac. Ingram. *Oxonii*, 1809, in-8. 6 sh., et plus en Gr. Pap.

— DE INSTITUTIONE oratoria ; ad codices parisinos recensuit cum integris commentariis Geor.-Lud. Spalding, quibus novas lectiones et notas adjecit Johan.-Jos. Dussault. *Paris., Lemaire (typis P. Didot)*, 1821-23, t. I à IV. = M.-F. Quintiliani Declamationes majores et minores ; item Calpurnii Flacci ex recensione burmanniana, cui novas lectiones et notas adjecit Joan.-Jos. Dussault, 1823 et 1824, tom. V et VI. = M.-F. Quintilianus et Calpurnius Flaccus : de quorum operibus judicia testimoniaque omnia, item annales quintilianeos. Editiones recensuit et tres indices absolutissimos emendavit, auxit N.-E. Lemaire, vol. septimum et ultimum. 1825, en tout 7 vol. in-8. 28 à 35 liv.

— DE INSTITUTIONE oratoria lib. XII, ex recens. G.-L. Spaldingii, et Declamationes majores et minores ; item Calpurn. Flaccus, ex recensione P. Burmanni. *Augustæ-Taurinorum, Pomba*, 182., 7 vol. in-8. Édition de la collection des classiques lat. de Pomba.

— DE INSTITUTIONE oratoria lib. XII, juxta editionem Jo.-Matt. Gesneri. *Londini, Rodwel et Martin*, 1822, 2 vol. in-18. 8 à 10 fr.

De la collection dédiée au Régent et imprimée par les soins de J. Carey.

— INSTITUTIONIS oratoriæ libri XII. Ad fidem codd. mss. recensuit Cav. Timoth. Zumpt ; adjecta est variet. scriptur. Spaldingianæ et brev. annot. crit. *Lipsiæ, Vogel*, 1831, in-8. 2 thl.

— Quintilien, de l'Institution de l'orateur, trad. par l'abbé Gedoyn (édition publiée par de Wailly). *Paris, Barbou*, 1770, 4 vol. in-12.

Bonne édition en ce format : 8 à 10 fr., et plus en pap. fin. — Celle de 1752, 4 vol. in-12, bien imprimée, a la même valeur à peu près. La première a paru en 1718, en 1 vol. in-4.

Dans l'édit. de *Barbou*, 1803, 4 vol. in-12, les lacunes que Gedoyn avait laissées ont été remplies d'après un mémoire manuscrit de Cl. Capperonnier, par M. Adry. C'est sur cette dernière qu'ont été faites celles de *Paris, Volland*, 1810, 6 vol. in-8., et de Lyon, 1812, 6 vol. in-12 ; l'une et l'autre avec le texte latin.

— Institution oratoire de Quintilien, traduction nouvelle (avec le texte), par C.-V. Ouizille. *Paris, Panckoucke*, 1829-35, 6 vol. in-8. 42 fr.

Bonne traduction, fruit d'un travail long et consciencieux.

— L' Institutioni oratorie, trad. da Oratio Toscanella. *Venetia, Giolito*, 1566, 67, 68 et 84, in-4.

Les quatre dates se rapportent à une seule édit. dont le titre a été plusieurs fois renouvelé.

— Instituciones oratorias, traducidas al castellano y anotadas. *Madrid*, 1799, 2 vol. pet. in-4.

L'Institution oratoire a été traduite en allemand par H.-Ph.-C. Henke, avec des notes de Gottl.-Bened. von Schirac et de Jul. Billerbeck, *Helmst.*, 1775-77, en 3 vol. pet. in-8. — En anglais, par Will. Guthrie, *Lond.*, 1756 (réimpr. en 1805), 2 vol. in-8. ; et d'après le texte de Rollin, par J. Pastall, *Lond.*, 1774, 2 vol. in-8., et aussi sous ce titre :

INSTITUTES of oratory, or education of an orator, literally translated, with notes by J. Selby Watson. *London, Bohn*, 1856, 2 vol. pet. in-8.

— Dialogus de causis corruptæ eloquentiæ. Voy. TACITUS.

— Declamationes tres. — *He̜ tres declamationes Quintiliani impresse sunt Rome per magistrum Johannem Schurener de Bopardia. Domitius Calderinus veroneñ emendauit.... Anno.....* M. CCCC. LXXV, *Die uero lune penultima mensis octobris*, pet. in-fol. de 24 ff. non chiffr., à 35 lign. par page. [12139]

Édition très-rare. D'après la description qu'en donne Van Praet, dans son Catalogue in-fol., cet opuscule aurait 25 ff., y compris le premier, au verso duquel se lit une épître de Domitius Calderinus.

— Declamationes (XIX). *Venet. per Lucam Venetum*, M. CCCC. LXXXI, *iiii non. Augusti*, in-fol. de 122 ff., sign. *a—t*.

Vend. 20 fr. F. Didot.

— Eædem a Georgio Alexandr. recognitæ. — *Lucas Venetus....... ite̜ diligenter ĩpressit Venetiis anno.......* M. CCCC. LXXXII. *Nonis iuniis*, pet. in-fol. de 88 ff., dont le dernier est blanc.

Vend. 2 liv. 2 sh. Pinelli ; 11 flor. *mar. r.* Rover ; 15 fr. rel. en veau. Solar.

L'édition de Parme, *Aug. Vgoletus*, 1494, in-fol. de 88 ff. (dont les deux premiers non chiffrés, pour le titre et l'*Elenchus declamationum*) renferme CXXXVI déclamations. Vend. 13 fr. *v. f.* Gaignat, et 1 liv. 11 sh. Libri, 1850 ; 36 fr. *mar. viol.*, armes du comte d'Hoym, La Vallière, et revendu 199 fr. Solar.

— QUINTILIANI declamationes, quæ supersunt CXLV ; Calpurnii Flacci excerptæ X ; rhetorum minorum LI, nunc primum editæ ; dialogus de oratoribus sive de causis corruptæ eloquentiæ. Ex biblioth. P. Pithoei. *Lutetiæ, apud Mamertum Patissonium*, 1580, in-8.

Édition peu commune ; elle mériterait d'être plus recherchée qu'elle ne l'est. L'exemplaire en Gr. Pap. annoncé comme *unique* dans le catal. Renouard ne s'est vendu que 3 fr.

Les dix-neuf grandes déclamations de Quintilien ont été trad. en français par Bernard Du Teil, *Paris, Loyson*, 1658, in-4.

QUINTIN (*Jean*). Estat de la cour du Grand Turc. Voy. GEUFFROY (*Ant.*).

QUINTUS Calaber. Quinti calabri derelictorum ab Homero libri quatuordecim. (Tryphiodori excidium Trojæ et Coluthi raptus Helenæ, græce). *Venetiis, in ædib. Aldi*, circa 1505), in-8. [12412]

Première édition, très-rare ; elle consiste en 172 ff. non chiffrés, dont 152 pour le Quintus, y compris le titre, 12 pour le Tryphiodorus, et 8 pour le Coluthus. Vend. 40 fr. Larcher ; 80 fr. Mac-Carthy ; 50 fr. *m. r.* Chardin ; 36 fr. Bourtourlin ; 26 fr. Costabili, et un bel exemplaire, *lettres initiales peintes, ancienne rel. en mar.*, 7 liv. 10 sh. Heber, et 19 sh. *m. r.*, exemplaire médiocre, même vente. L'exemplaire de de Thou : 27 fr. Soubise, et 10 liv. 10 sh. Renouard, à Londres.

On connaît trois ou quatre exemplaires de cette édit. imprimés sur VÉLIN : celui de Mac-Carthy, étant fort rogné, n'a été vendu que 500 fr.

— Quinti Calabri paralipomena, id est derelicta ab Homero, XIV libris comprehensa : latine olim reddita ét correcta a Laur. Rhodomano : nunc accessit epitome gemina, tum Homeri et Cointi tum universa (*sic*) historiæ Trojanæ : Itemque Dionis Chrysostomi oratio de Ilio non capto, auctore et interprete eodem (omnia gr. et lat.). *Hanoviæ, typis wechel.*, 1604, in-8.

Cette édition n'est ni belle ni correcte, cependant elle mérite d'être conservée, à cause des différentes choses qui s'y trouvent réunies, savoir : 16 ff. prélimin., 709 pp. pour le texte grec et la version latine, 38 ff. *Index, emendationes et notæ*; 283 pp. Τρωικα et *Dio Chrysostomus*, plus 1 f. pour la marque de l'imprimeur. A tout cela on ajoute encore :

IN. Q. CALABRI seu Cointi Smyrnæi paralipomenων libros XIV Cl. Dausqueji adnotamenta : item in Tryphiodorum et Coluthum. *Francof., in offic. aubriana*, 1614, in-8. de 8 ff. et 309 pp.

C'est augmentée de cette dernière partie que l'édition dont nous parlons a reparu à *Francfort*, en 1614, sous le titre suivant : Troja expugnata seu supplementum Homeri..... auctore Quinto Calabro, græce, interprete L. Rhodomanno, cum Cl. Dausqueji adnotamentis, etc. Le tout réuni forme alors un volume de plus de 1400 pp.

— Prætermissorum ab Homero lib. XIV, græce, cum vers. lat. et integris emendationibus Laur. Rhodomanni ; et adnotamentis selectis Cl. Dusqueji ; curante Jo.-Corn. de Pauw, qui suas emendationes addidit. *Lugd.-Bat., Joan. Van Abcoude*, 1734, in-8.

Bonne édition pour la collect. *Variorum* : 10 à 12 fr.; vend. 21 fr. *mar.* Labédoyère.

— QUINTI Smyrnæi posthomericorum libri XIV, ad librorum mss. fidem recensiti, restituti et suppleti a Th.-Ch..Tychsen, accesser. observationes Chr.-G. Heynii. *Argentorati*, 1807, in-8.

Ce volume coûte 5 fr., et est cher en pap. vélin. Il devait être suivi d'un second tome qui aurait renfermé les notes ; mais l'entreprise a été abandonnée.

— QUINTI Smyrnæi posthomericorum libri XIV. Recensuit, prolegomenis et adnotatione critica instruxit Arminius Koechly. *Lipsiæ, Weidmann*, 1850, in-8. avec une pl. in-4. 8 fr.

OBSERVATIONES criticæ et grammaticæ in Quinti Smyrnæi posthomerica, scripsit Francisc. Spitzner. *Lipsiæ, Weidmann*, 1839, in-8. de XII et 343 pp. 2 thl.

— LA GUERRE de Troie, poëme en 14 chants, par Quintus de Smyrne, trad. par Tourlet. *Paris, an VIII* (1800), 2 vol. in-8. 8 à 10 fr.

— QUINTO Calabro Smirneo. Paralipomeni d'Omero, trasportati in versi italiani da Teresa Bandettini Landucci. *Modena*, 1815, 2 vol in-8., avec un portrait gravé par Rasaspina.

— I PARALIPOMENI d'Omero, volgarizzamento inedito di Bernardino Baldi. *Firenze, Ciardetti*, 1828, 2 vol. in-8.

Il y a des exemplaires en Gr. Pap. vél.

— SELECT translations from the greek of Quintus Smyrnæus, by the rev. Alex. Dyce. *Oxford*, 1821, in-12.

QUINTUS Curtius. Voy. CURTIUS.

QUINZE (les) grands et meruicilleux signes, nouuellement descendus du ciel, au pays Dangleterre, moult terribles et diuers a ouir raconter. Item plus là let-

tre descorniflerie, laquelle porte grans privileges a plusieurs gens. (*sans lieu ni date*), pet. in-8. goth. [13568]

Opuscule en vers, attribué par Du Verdier à Jean d'Abundance, qui l'aurait fait imprimer à Lyon, sans date, sous le nom de maître Tyburce, demeurant à la ville de Papetourte.

Il se trouvait chez le duc de La Vallière (Catal. en 3 vol.. n° 2975, art. 7) une édition de cette pièce, sous le titre suivant :

LES QUIZE signes descendus en Angleterre. Auec la lettre descorniflerie, pet. in-8. goth. de 4 ff.

Dans cette facétie la première pièce se compose de 140 vers de 8 syllabes, et la seconde est en prose. Cette dernière a été réimprimée récemment (voy. LETTRE de corniflerie).

QUINZE ioyes de mariage, in-fol. [18099]

Édition sans lieu ni date, mais que nous croyons impr. à Lyon, de 1480 à 1490. Elle est exécutée à 2 col., dont ce les qui sont entières portent 26 lign. en caract. goth.; les feuillets, au nombre de 50 (y compris le premier et le dernier resté en blanc), ne sont pas chiffrés, et on les a divisés en 6 cahiers, sous les signatures aij à f iiij ; les 5 premiers ont 8 ff. chacun, et le 6e 10. L'ouvrage commence par la préface, de la manière suivante :

(P)   Luseurs ont tra uaille a amones ter.....

et il se termine au milieu de la 2e col. du 49e f. recto par ces trois lignes :

Cy finist ce present liure qui est dit les quin ze ioyes de mariage

(Bibliothèque impér. de Paris.)

— Les XV joyes de Mariage. (*sans lieu ni date*), in-4. goth. de 46 ff. à longues lignes, sign. A—F.

Édition de la fin du XVe siècle, laquelle reproduit le texte de l'original in-fol. ci-dessus, avec ses lacunes et quelques fautes de plus. Elle est décrite dans la préface de l'édition de M. Jannet. C'est, à ce qu'il paraît, autre chose que l'édition pet. in-4. goth. de 47 ff. à longues lignes, au nombre de 25 sur les pages entières, sans chiffres ni réclames (et également sans lieu d'impression), dont le duc de La Vallière avait un exemplaire sans titre, commençant au f. aij et finissant au recto par le mot *Explicit*. Cet exemplaire n'a été vendu que 6 fr.

— Les quinze ioyes de mariage. (au recto du dern. f.) : *Imprime a Paris par Jehan Treperel demourant sus le pont nostre dame a lymage saint laurent*, in-4. goth. de 36 ff., sign. a—Eiii, à 31 lign. par page, avec fig. sur bois.

Cette édition précieuse par sa rareté doit être de l'an 1499 au plus tard, car J. Treperel cessa d'habiter le pont Notre-Dame à la fin de cette même année. Malheureusement elle est fort mauvaise, car, indépendamment du style qui a été maladroitement retouché, elle offre des lacunes considérables, dont une, dans la quinzième joie, équivaut à dix pages de l'édition de M. Jannet. Malgré cela un exemplaire rel. en *mar. r. et doublé de mar. bl.* a été vendu 650 fr. Berlin.

Nous avons remarqué à la fin de cette édition de J. Treperel une grande planche représentant un personnage portant un berceau d'enfant, et une femme tenant un balai, planche que cet imprimeur a reproduite au verso du titre de son édition du

Doctrinal des nouveaux mariés, et aussi derrière le titre de la *Complainte du nouveau marié*.

— Les Quinze ioyes de mariage, *imprimees a Paris*, VI f. (*sans date*), pet. in-8. goth. de 48 ff., sign. A—F.

Cette petite édition, qui n'est pas moins rare que la précédente, reproduit le texte de celle de Trepperel avec quelques additions sans importance.

— Les quinze ioyes de mariage. — *Imprime a Lyon par Claude Nourry alias le Prince*, MDXX, in-4. goth.

Édition fort rare, qui est portée dans la *Biblioth. crofts.*, n° 4813.

Du Verdier cite, de cette facétie, une édit. de *Lyon, Olivier Arnoullet*, in-4. goth., sans date, qui n'est pas moins rare que les précédentes.

— Les quinze joyes de mariage, extraictes d'un vieil exemplaire escrit à la main, passez sont quatre cens ans. *Paris*, 1595, in-12.

C'est à François de Rosset qu'est due cette édition devenue rare. Certes, le manuscrit dont il s'est servi ne pouvait pas avoir l'ancienneté qu'il lui attribuait, puisque l'ouvrage ne date que du milieu du XVᵉ siècle, mais il paraît qu'il était fort bon, car, malgré les changements de style que cet éditeur a cru devoir faire, son texte est, au jugement de M. Jannet, le meilleur de tous ceux qui ont paru avant 1853. Le prologue, pourtant, y est entièrement défiguré.

Le texte des *Quinze joies*, donné par Rosset, a été réimprimé à *Lyon, P. Rigaud*, 1607, pet. in-8.; à *Rouen, Raph. du Petit-Val*, 1596 et 1606, in-12.

L'édition de 1596, rel. en *mar.* par Bedford, a été vendue 2 liv. 9 sh. Libri, en 1859, et l'on a porté à 55 fr. celle de 1606 à la vente Nodier; mais ni l'une ni l'autre n'a réellement une aussi haute valeur.

— LES QUINZE JOYES de mariage, ou la nasse, dans laquelle sont détenus plusieurs personnages de nostre temps, mises en lumière par Fr. de Rosset. *Paris, Rolet Boutonné*, 1620, in-12 de 12 ff. et 248 pp. 6 à 9 fr.

— Les quinze joyes de mariage, ouvrage très ancien (mis en lumière par Fr. de Rosset), auquel on a joint le blason des fausses amours, etc. (en vers, par Guill. Alexis); le tout enrichi de remarques (par Le Duchat). *La Haye, De Royissart*, 1726 ou 1734, in-12. 5 à 8 fr.

Vend. 12 fr. *m. r.* Chénier; 19 fr. *m. v.* Pixerécourt, et 50 fr. Nodier.

— Les quinze joies de mariage. *Paris, Techener (impr. à Chartres et à Paris)*, 1837, 2 part. in-16, fig. sur bois.

Édition faite sur celle de Treperel, et ornée de jolies gravures sur bois. On y a joint un *Avant-Propos*, les variantes d'un manuscrit de Rouen, daté de 1464, celle de l'édition de Le Duchat, et un glossaire. Il n'a été tiré de cette édition que 126 exemplaires, savoir : 100 en pap. façon de Hollande, 16 sur pap. vél., 6 sur pap. de Chine de différentes couleurs, et 4 sur VÉLIN. C'est une suite de la collection des Facéties publiées par le même libraire (voy. JOYEUSETEZ).

M. Pottier, bibliothécaire de Rouen, à qui est due cette édition des *Quinze joyes*, s'est servi d'un manuscrit à la fin duquel est un acrostiche énigmatique en huit vers, où cet éditeur a trouvé le nom de La Sale (Antoine), auteur bien connu du *Petit*

Jehan de Saintré, et qui, selon l'opinion de feu Genin, le serait aussi du *Pathelin*; mais plus tard M. Paul Lacroix, en rapprochant l'acrostiche du manuscrit de Rouen d'un autre acrostiche qui se trouve placé à la fin de la pièce de vers intitulée *Grant jubillé de Milan* (voir, dans ce Manuel, II, col. 1708, au mot GRANT), a cru reconnaître que ces deux morceaux étaient d'un même auteur, lequel, selon lui, se serait nommé *Le Monde*, comme semblent le prouver les premières lettres des sept derniers vers de la pièce citée. Pourtant cette ingénieuse conjecture, émise par son auteur dans le *Bulletin du bouquiniste* du 1ᵉʳ janvier 1859, a été contestée dans le n° 55 du même Bulletin par un anonyme qui a signé E. T. (de Brest) un petit article fort peu concluant.

— Les quinze joyes de mariage; nouvelle édition conforme au manuscrit de la bibliothèque publique de Rouen ; avec les variantes des anciennes éditions, une notice bibliographique et des notes. *Paris, Jannet*, 1853, in-16.

Édition la meilleure et la plus complète que nous ayons de cette ingénieuse facétie. Il en a été tiré des exemplaires en pap. fort, et plusieurs sur pap. de Chine, et deux sur VÉLIN. Un de ces derniers, rel. en *m. r.* par Trautz, 180 fr. Veinant.

— The fyftene joyes of marvage. *London, Wynken of Worde*, 1509, in-4. de 141 ff. non compris le titre.

Traduction en vers anglais de l'ouvrage précédent ; elle est extraordinairement rare.

QUINZE marques approuvées pour connoitre les faux C... d'avec les légitimes, à la requeste des chercheurs de Midi, courrière de la foire Saint-Germain. 1620, pet. in-8. [18018]

Pièce rare, portée dans le catal. de La Vallière, en 3 vol., sous le n° 3913, article 92.

QUINZE SIGNES. Voy. QUINZE GRANDS.

QUIPPES for vpstart new fangled 'gentlewomen. *London, by Richard Ihones*, 1595, in-4. goth. de 14 pp. avec 'une gravure sur bois. [15761]

Cet opuscule en vers a eu pour auteur Étienne Gosson, ministre au Great Wigborowe, dans le comté d'Essex; c'est un tissu de plaisanteries grossières sur les modes en usage sous le règne de la reine Elizabeth. La réimpression qui en avait été faite pour la *Percy Society*, a été retirée de la circulation à cause de la vulgarité de l'ouvrage. Une autre réimpression, in-8., purgée des expressions grossières, et accompagnée d'un choix de sentences tiré du Sermon de Gosson intitulé *The Trumpet of warre*, a été produite au *Great Totham, Essex*, par la presse particulière de M. Clarke, en 1847, in-8.

QUIQUER. Dictionnaire et colloques françois et breton, traduits du françois en breton par Quiquer de Roscoff : livre necessaire tant aux françois que bretons, se frequentans, et qui n'ont l'intelligêce des deux langues. *Morlaix, de l'imprimerie de George Allienne*, 1626, in-16. [11204]

Édition la plus ancienne et la plus belle que nous connaissions de ce Dictionnaire. Elle a 279 pp. chiffrées, 39 pp. non chiffrées, plus 69 pp., y compris le privilége. — Celle de *Morlaix, chez G. Alliene,* 1633, in-16, mar. v. 35 fr. Solar.

L'édition de *Morlaix, Nicolas du Brayet,* 1640, in-24, sign. a—p, feuillets non chiffrés, est augmentée de *Discours et compliments ordinaires,* qui occupent les 15 dernières pages, mais on en a retranché l'avis de l'imprimeur et le privilége. Nous trouvons dans le catalogue de Lancelot, nos 5909, 4793 et 4794, trois autres éditions, savoir: de *Morlaix,* 1632, in-8. obl.;.de *Saint-Brieuc,* par *Guil. Doublet,* 1652, in-16; de *Quimper-Corentin, Malas,* 1679, in-12.

Nous avons vu une édit. de *Vennes, veuve Jean Borde,* 1688, pet. in-8. de 148 pp., assez mal imprimée et qui ne contient pas les additions de l'édition de 1640, quoique le titre l'annonce comme *corrigée et augmentée.* Il y a aussi deux éditions de *Quimper,* 1671 et 1722, in-12, et probablement plusieurs autres.

QUIQUERANUS Bello-Jocanus (*Petr.*). De laudibus Provinciæ libri tres, et de adventu Annibalis in adversam ripam Arelatensis agri, hexametri centum. *Parisiis, Lamb. Dodu,* 1551, pet. in-fol. [24781]

Ouvrage curieux et dont une édition de *Lyon,* 1565, pet. in-fol. est portée dans le catal. Belvisi, *Paris,* 1847, n° 723. On l'a réimpr. à *Lyon,* chez Reynaud, en 1614, pet. in-8., et en même temps il a été donné en français par François Niny de Claret, archid. d'Arles, sous ce titre : *La Provence louée par feu Pierre Quiqueran, distinguée en trois livres.* Lyon, Rob. Reynaud, 1614, pet. in-8. Vend. (avec le texte latin) 10 fr. Boulard; 11 fr. Huzard.

Cette traduction existe sous le titre suivant :

LA NOUVELLE agriculture, ou instruction générale pour ensemencer toutes sortes d'arbres fruitiers, avec l'usage et propriété d'iceux, ensemble la vertu d'un nombre de fleurs et le moyen de les conserver, avec divers traités des couleurs et du naturel des animaux, par Pierre de Quiqueran, de Beau-Jeu. *Tournon, Rob. de Reignaud,* 1616, pet. in-8. 22 fr. de Jussieu.

L'édition de 1616 est bien certaine, mais celle d'*Arles,* 1613, sous le même titre qu'indique le nouveau Lelong, est beaucoup moins connue. Le bibliographe que nous venons de nommer cite une édition de *Tournon, Reynaud,* 1614, in-8., laquelle, à ce qu'il paraît, porte le même titre que celle de Lyon, et pourrait bien n'en différer que par le lieu d'impression indiqué sur le frontispice.

QUIR. Terra australis incognita, or a new southerne discoverie, containing a fifth part of the world, lately found out by Ferdinand de Quir, a spanish captaine; neuer before published. Translated by W. B. *London,* 1617, in-4. de 16 ff., sign. A—D. Fort rare. [21146]

Le voyageur nommé dans ce titre de Quir, est Pierre Fernandez de Quiros, dont la relation en latin se trouve impr. avec celle d'H. Hudson, *Amstel.,* 1612, in-4. (voy. HUDSON), et aussi par extrait dans le 13e vol. de la collection dite des Grands Voyages, publiée par les frères Mérian. (Voy. BRY). Nous trouvons dans la *Biblioth. grenvil.,* p. 590, une édition in-8. de la version anglaise, *printed in the year 1617; and now re-printed, London* (sans date). Le même catal. nous fait connaître l'édition originale du texte du *Memorial* de Quiros, en 2 ff. in-fol., sans indication de lieu et sans date, opuscule rare parce qu'il a été supprimé par ordre de Philippe III.

—Copie de la lettre présentée au roi d'Espagne, par le capitaine P. Ferdinand de

Quir, sur la découverte de la cinquième partie du monde appelée la Terre Australe, incognue, et des grandes richesses, et fertilité d'icelle. *Paris,* 1617, pet. in-8. [21146]

Vendu 8 fr. Eyriès.

QUIRINI (*Ang.-Mar.*), card. Primordia Corcyræ, editio altera auctior. *Brixiæ,* 1738, in-4. 6 à 8 fr. [25862]

Vend. en Gr. Pap. 17 fr. Larcher.

Il faut joindre à cet ouvrage :

ALEX. SYM. MAZOCHII de antiquis Corcyræ nominibus schediasma. *Neapoli,* 1742, in-4. [25863]

La première édition des *Primordia, Lycii,* 1725, in-4. n'a pas de valeur.

— Specimen variæ literaturæ, quæ in urbe Brixia ejusque ditione paulo post typographiæ incunabula florebat, scilicet vergente ad finem sec. xv. usque ad medietatem sec. xvi. *Brixiæ, Rizzardi,* 1739, 2 tom. en 1 vol. gr. in-4. 10 à 15 fr. [30101]

Ouvrage fort curieux quoique incomplet, et très-inférieur à ceux de Mazzuchelli et de Tiraboschi.

— Epistolæ, quotquot latino sermone edidit; eas omnes collegit et digessit Nic. Coleti. *Venetiis,* 1756, in-fol. [18802]

Une partie de ces lettres avaient d'abord paru sous le titre de *Decas* (I—X) *epistolarum* (*Romæ* seu *Brixiæ,* 1742-54), 10 part. in-4., recueil rare, ainsi que la *Raccolta di lettere italiane,* du même prélat (*Brescia,* 1746-54), en 3 vol. gr. in-4.

Ce savant cardinal a écrit lui-même les mémoires de sa vie; ils ont été publiés sous ce titre :

COMMENTARII de rebus pertinentibus ad card. Quirinum, partes I et II. *Brixiæ,* 1749 (seu 1750 et 1754), 2 vol. in-8. — *F. Sanvitalis continuatio,* partes I et II, 1761, in-8. [30757]

— LIBER de optimorum scriptorum editionibus, quæ Romæ primum prodierunt post divinum typographiæ inventum, cum adnotationibus et diatriba præliminari Jo.-G. Schelhornii. *Lindaugiæ,* 1761, in-4. 5 à 6 fr. [31270]

Ouvrage curieux dans lequel se trouvent les préfaces des premiers livres impr. à Rome; il avait d'abord paru à la suite du livre intitulé : *Pauli II, Pont. Max. vita,* Romæ, 1740, in-4. [21620]; mais on préfère la dernière édition, par rapport aux augmentations.

QUIRINUS RIVINUS. Voy. RIVINUS.

QUIROS (*Juan* de). Christopathia, poema (en octavas rimas). *Toledo, Juan Ferrer,* 1552, pet. in-4., avec des signat. de A—Hiiij, et un long errata à la fin. [15128]

Très-difficile à trouver.

QUIROS (*P.-F.* de). Voy. QUIR.

QUIROS (Don *Francisco Bernardo* de). Obras compuestas de graciosas aventuras, de diez entremeses, con otros versos, y una comedia burlesca. *Madrid,* 1656, pet. in-4. [15284]

Vend. 15 fr. Rodriguez; 8 sh. Heber.

Quitard (*P.-M.*). Dictionn. des proverbes, 18473.

QUIUI e descripto, quello ha exequire lo oratore del Pontifice in la sua legatione da esser exposta, in el concilio, ouer dieta de Norembergo cominciata del anno 1522 et compita l' anno sequente. Quivi anchora li e la instructione del Pont. data a esso oratore legato, insieme con la resposta, etc. Gravammi anchora iniquissimi de la natione germanica numero cento, ui si trouano, quali no voleno piu sopportare dal Pont. Rom. et da soi (nominati) spirituali, posti in scritto, et mandati da signori layci, ecc., al summo Pontifice, ecc., in-4. [22417]

Cette traduction, dont les exemplaires sont fort rares, a dû être imprimée peu de temps après l'édition originale latine de *Nuremberg*, 1523, que nous avons indiquée au mot Legatio.
Vend. 3 liv. Pinelli; 15 fr. Reina.

QUOATQUEVERAN. Voy. Auffret.

QUODLIBETICA decisio perpulchra et deuota de septem doloribus christifere Virginis Marie ac communi et saluberrima confraternitate desuper instituta. *Impressum Antuerpie per me Theodoricum Martini* (1494), in-4. goth. fig. sur bois. [1220]

Un exemplaire impr. sur vélin et relié en *mar.*, avec riche dorure, par Cloos, 335 fr. Borluut.

R

R (*J.*). Voy. Discours de la comète.

RABANUS seu Hrabanus Maurus (*Magnentius*). Opera omnia, collecta primum industria Jac. Pamelii, nunc vero in lucem emissa cura Ant. de Henin ac studio et opera G. Colvenerii. *Coloniæ-Agrippinæ*, 1627, 6 tom. en 3 vol. in-fol. 30 à 36 fr. [1102]

Quoiqu'elle soit assez rare, cette collection n'a pas un prix élevé.

— Opus de universo mundo. *Anno a partu virginis salutifero, 1473, 27 mensis junii* (absque loco), in-fol.

Cité par Panzer, d'après Denis.

— Opus de universo, seu de sermonum proprietate et mystica rerum significatione libri XXII. (*absque nota*, sed *Argentor., Joan. Mentelin*, circa 1472-75), in-fol. de 167 ff. à 2 col. de 56 lignes, caract. romains.

Cette édit. commence au prem. f. recto par *Epistola Rabani ad Ludovicum regem inuictissimum*, et se termine au verso du dernier f., sans aucune souscription. Vend. 30 flor. Meerman.

— De laudibus sancte crucis opus; eruditione versu prosaque mirificum. — *Phorcheim in ædib. Thomæ Anshelmi, Martio mense* M. D. III, pet. in-fol. [12587]

Édition remarquable à cause de la singulière disposition typographique d'une partie du texte, mais qui n'est ni fort rare, ni d'un grand prix : 12 à 18 fr. — Vend. cependant 30 fr. Borluut.

RABAUT de Saint-Estienne (*J.-P.*). Almanach histor. de la révolution française. *Paris*, 1792, in-18. fig. [23940]

Cet ouvrage, écrit dans le sens de la révolution de 1789, a eu beaucoup de succès et est encore assez recherché : 3 à 4 fr., et plus en pap. vél.; vend. exemplaire sur vélin, 50 fr. Lamy; et avec les six dessins de Moreau et dix-neuf autres dessins, 150 fr. Renouard ; et un exemplaire de l'édition in-24, pareillement sur vélin, 34 fr. en 1841.

Le même ouvrage, réimprimé sous le titre de *Précis historique de l'Assemblée constituante*, Paris, Treuttel, 1807. in-18. fig., forme le premier tome du *Précis de la Révolution*, en 6 vol. in-18, fig., dont les 5 derniers sont de Lacretelle jeune, et comprennent l'*Assemblée législative*, 1 vol. ; la *Convention*, 2 vol.; et aussi le *Directoire*, 2 vol.

Une édition des œuvres de Rabaut, précédée d'une notice sur sa vie par Collin de Plancy, a été impr. à Paris, en 1826, en 2 vol in-8. On a aussi une édition des mêmes ouvrages, avec une notice par le comte Boissy d'Anglas. *Paris, Kleffer*, 1820-26, en 6 vol. in-18. — Lettre à Bailly, 22827.

RABEL (*Jean*). Sibyllarum duodecim oracula.... les oracles des douze sibylles extraicts d'un liure antique, mis en vers latins par Jean Dorat, poete et interprete du roy et en vers francois par Claude Binet, auec les figures des dites sibylles pourtraictes au vif et tirees des vieux exemplaires par Iean Rabel. *Paris, Iean Rabel*, 1586, pet. in-fol. de 19 ff. [22615]

Ce livre est orné de 12 pl. représentant les douze sibylles, qui sont précédées du portrait de Louise de Lorraine, femme d'Henri III, et suivies d'une estampe représentant la Vierge et l'enfant Jésus. Les premières épreuves sont avant la lettre et avant les chiffres. Dans le second tirage les inscriptions et les chiffres ont été placés comme au hasard, en sorte que ni les appellations ni les chiffres ne répondent à la description ou à l'ordre du livre. Voyez le *Peintre grav. franç.*, VIII. p. 120 et aussi p. 124 où est décrite une suite de vingt-deux petites estampes représentant les divinités du paganisme, gra-

---

Rabanis (*Jos.-Fir.*). Les Mérovingiens d'Aquitaine, 24676.

Rabbe (*Alph.*). Biographie des contemporains, 30468.
Rabbi (*Cost.*). Sinonimi, 11110.
Rabbinowicz (*J.-Al.*). Grammaire hébraïque, 11518.

vées par J. Rabel. Cet artiste, peintre et graveur au burin, excellait surtout dans le portrait. Il est auteur des *Antiquitez et singularitez de Paris*, *livre second*, Paris, Nic. Bonfons, 1588, pet. in-8. fig. sur bois, ouvrage qui complète les *Antiquitez de Paris*, 1586 (voy. CORROZET), mais qu'on rencontre quelquefois séparément.

RABEL (*Daniel*). XII figures de modes dessinées et gravées par Daniel Rabel (vers 1630), gr. in-4. [9619]

Ce recueil de costumes du temps de Louis XIII n'a pour titre que dix vers encadr. dans un cartouche gravé. Voici les quatre premiers de ces vers :

> *Voici comment on s'accommode*
> *Tant a la ville qu'a la court :*
> *Les mignonnes du temps qui court*
> *N'ont d'autre soin qu'être à la mode.*

Vendu 205 fr. Solar.

RABELAIS (*François*).

I. *Premier essai du Gargantua.*

Les grandes et ‖ inestimables Cronicq̃s : du grant τ enor‖me geant Gargantua : Contenant sa genealogie, ‖ La grãdeur τ force de son corps. Aussi les merueil‖-leux faictz darmes quil fist pour le Roy Artus, cõ‖me verrez cy apres. Imprime nouuellemẽt. 1532. (au verso du dernier f.) : *Cy finissent les cronicques... Nouuellement Imprimees A Lyon*, 1532, pet. in-4. [17122]

Seize ff. non chiffrés, imprimés à longues lignes, au nombre de 30 sur les pages entières, caract. goth., sign. A–D. Sur le titre est une vignette en bois, représentant un portefaix ayant sur des crochets un énorme grelot qu'on a pu prendre pour un globe terrestre.

Cette chronique, qu'il faut bien se garder de confondre avec le Gargantua formant le premier livre des œuvres de Rabelais, a certainement paru avant le *Pantagruel*, dans le prologue duquel elle est deux fois mentionnée. C'est un conte facétieux inspiré par une tradition populaire fort répandue alors parmi le peuple, et dont il existe plusieurs versions plus ou moins développées. Celle-ci ne peut guère être attribuée qu'à Rabelais lui-même, qui l'aura composée, en se jouant, à la demande de quelque libraire. Le succès qu'elle obtint donna naissance au Pantagruel, et par suite aux différents livres de cet inimitable Gargantua, si supérieur au premier, lequel, néanmoins, est resté dans le domaine de la Bibliothèque bleue et s'y est perpétué au moyen de changements successifs et de retranchements qui l'ont réduit à quelques feuillets, où l'on ne retrouve guère que des passages altérés de l'ouvrage primitif. Malgré le grand nombre d'éditions qui existent de cette première facétie rabelaisienne, on en ignorait l'origine, lorsqu'un hasard est venu nous la révéler, en nous faisant connaître l'édition de 1532, décrite ci-dessus, et dont l'exemplaire (où manquait le 3e feuillet), qui faisait partie de la librairie des frères De Bure, a été vendu 262 fr., avec la Pantagrueline Prognostication, in-4., en janvier 1835, et depuis 700 fr. d'Essling. C'est d'après cet exemplaire précieux, acquis alors pour la B.blioth. roy., que nous avons publié l'opuscule intitulé :

NOTICE sur deux anciens romans intitulés les Chroniques de Gargantua, où l'on examine les rapports qui existent entre ces deux ouvrages et le Gargantua de Rabelais... *Paris, Silvestre*, Décembre 1834, in-8. de 28 pp.

Indépendamment des exemplaires ordinaires de cet opuscule, il en a été tiré 60 en Gr. Pap. (en 39 pp.); ce sont les seuls où se trouvent *les drôleries* extraites des *Chroniques admirables de Gargantua*. Il y a 50 exemplaires en pap. vél., 6 sur pap. de Hollande, 3 sur pap. de Chine, et 1 sur VÉLIN.

— Le grant roy de Gargantua ‖ Les grãdes cronicques‖du grant τ enorme geant Gargantua contenant ‖ sa genealogie, La grandeur et force de son corps ‖ Aussi les faictz darmes q̃l fist pour le roy Artus ‖ cõme verrez cy apres. Imprime nouuellement. (au verso du dernier feuillet) : *Cy finissent les Cronicques... Nouuellement imprimees A Lyon* (sans date), in-4. goth. de 12 ff. à 34 lignes par page, sign. A–C.

Le seul exemplaire que l'on connaisse de cette édition est aujourd'hui à la Bibliothèque impériale. Il a été acquis au prix de 1825 fr., plus 5 p. 100, à la vente Renouard, en 1834.

Le titre de cet opuscule est renfermé dans un cadre grossièrement historié, et l'on y voit représenté Grant-Gosier et Galemelle sur la jument; la première ligne est au-dessus de la bordure. Le texte commence au verso du titre par cette ligne du sommaire : *Comment au temps du bon Roy Artus*. Il finit avec la 34e ligne de l'avant-dernier f. verso par le mot FINIS. Le dernier f. contient la table des sommaires, avec cette souscription :

Cy finissent les Cronicques du grant τ puis‖sant geant Gargãtua, contenã sa genealogie ‖ La grandeur τ force de son corps. Aussi les mer‖ueilleux faictz darmes q̃l fist pour le noble Roy ‖ Artus, tant contre les Gos et Magos, que a ‖ lencontre du roy Dirlande τ Zelende. Auecques ‖ les merueilles de Merlin. Nouuellemẽt Impri ‖ mees A Lyon.

Après avoir conféré ensemble les deux éditions in-4. de ce premier Gargantua, il nous a paru que celle de 1532 devait être l'original : elle a 16 ff. et l'autre n'en a que 12; or, il est reconnu que quand à cette époque on réimprimait un livre de ce genre, on cherchait presque toujours à en réduire le nombre des pages pour diminuer les frais de papier. La seconde reproduit exactement la première, sauf quelques substitutions de lettres qui sont des fautes d'impression, et la suppression de plusieurs mots, qui ne pouvaient pas entrer dans la ligne, ou que le nouvel éditeur aura jugés inutiles. Du reste, aucun des passages ajoutés à l'édition de 1553 ne se trouve dans l'édition in-4. en 12 ff., laquelle aura paru un peu avant celle de 1532, et avant celle de 1553.

— CHRONIQUES du grant et puissant Geant Gargantua. *Nouuellement imprimees a Lyon*, 1533, pet. in-8. (ou in-16) goth., format allongé, de 23 ff. chiffrés et un non chiffré contenant la table des chapitres.

Ce livret n'est qu'une réimpression du précédent, et c'est à tort qu'Ebert en le décrivant, sous le n° 18512 de son Dictionnaire, d'après l'exemplaire de la Bibliothèque royale de Dresde (lequel est sans frontispice), l'a donné pour une édition du premier livre de Rabelais. C'est, toutefois, un petit volume aussi précieux que rare. Nous n'en connaissons pas le véritable titre ; car celui que nous venons de donner est tiré de la souscription finale de l'édition. L'exemplaire décrit commence au f. 2, de cette manière : *Les chronicq̃s du grãt roy gargãtua.* La fin du texte diffère de celle de l'édition de 1532. En voici les dernières phrases : *Gargãtua vesquit cinq cẽs et ung an, et eut de grosses guerres, desquelles ie me tays pour le present. Et eut ung filz de Badebec son espouse lequel a faict autant de vaillances que Gargantua. Et le pourrez veoir par la vraye Chronique laq̃lle est une petite partie imprimee. Et q̃lque iour que messieurs de sainct Victor vouldront on prendra la coppie de la reste des faictz de Gargantua, et de son filz Pantagruel.* On voit que cette fin doit avoir été ajoutée au texte de 1532, après la publication du premier livre du Pantagruel, et qu'elle ne peut guère être d'un autre que Rabelais. Le dernier f. contient la table des chapitres (au nombre de onze), et à la fin de cette table se lit la souscription : *Cy finissent les chroniques, etc.* (comme dans l'édition de 1532, sans autres différences que dans les abréviations), souscription terminée par la date 1533, en chiffres arabes. Il est à remarquer que cet opuscule est imprimé avec les mêmes caractères que le Pantagruel, édition de Fr. Juste, 1533, avec lequel est relié l'exemplaire de Dresde.

M. Gottl. Regis a fait réimpr. en entier le texte de la présente édition des Chroniques de Gargantua dans les prélim. du 2e vol. de sa traduction de Rabelais ; il a joint à ce texte français la traduction allemande, et de plus y a ajouté notre Notice sur les deux Gargantua (voir ci-après, col. 1064). Mais depuis la découverte de ces anciennes éditions, il en a paru trois nouvelles à Paris. La première, impr. chez Crapelet en 1845, in-16 goth., a été donnée par M. Silvestre d'après le texte original de 1532, complété avec le secours de l'édition in-4. en 12 ff. La seconde, qui réunit au texte de 1532 les variantes de l'édition de 1533, se trouve à la suite de nos *Recherches sur les éditions originales de Rabelais*, vol. in-8. impr. en 1852 (voir ci-dessous, col. 1070). La troisième (*Paris, typogr. de Panckoucke*, 1853, pet. in-12), due aux soins de M. J. Chenu, présente un texte formé sur celui que nous avons donné, mais sans variantes. Cette édition elsevirienne a été tirée à 100 exemplaires, non compris 4 exemplaires sur papier de Chine, 4 en papier rose, et 2 sur VÉLIN.

II. *Imitations du premier Gargantua.*

LE VROY gargantua notablement omelye || la creation de ses pere || z mere par loperation de merlin Auecques les merueilles di || celuy / la destructiō des geans z aultres choses singulie || res des enfaces. dudict gargātua / le tout || bien reueu corrige et mis au long Sce || lon la pure verite de lantique hy-|| stoire Esquelles pourrez voir || Plusieurs choses || Incredibles. ||

Au-dessous de ce titre une vignette gravée sur bois représente plusieurs chevaliers qui en terrassent un autre, et la devise : *Adulterium causas* (sic) *homicidium.* 16 feuillets impr. en pet. car. goth., 35 et 36 lig. par page, signatures a—d 3 (a ij et a iij manquent). Ce petit in-4. commence ainsi , au verso du titre :

Pour le cōmencement de ceste vraye cronique vous deuez scauoir cōme tesmoigne lescripture de plusieurs , Cronicqueurs dont nous en laisserons aulchuns cōe Gaguin andre maistre Jehā le maire z autres sēblables lesquelz se seruēt riē a ppos qūat a ceste psente histoire. Mais prandrōs Isaye le triste Tristā le liōnoys / Huon de bordeaulx Papot le goïfre marīl gros pied gingolfe raguouget tysouart de la canarie Lācelot du lac Et to' les cheualiers de la table rōde z aultres sēbables dont en y assez pour approuuer la verite de ceste psente histoire cōme verrez plus a plain.

¶Comment au temps du bon roy artus estoit vng tresexpert nigromencien qu'on apelloit Merlin.

Tous bons cheualiers z gētilz hōmes vous deuez scauoir ā au temps du bon roy artus il estoit vn grāt philosophe ā estoit expert en la nigromēce plr que hōe du mōde de leql iamais ne cessa de secourir lestat de noblesse dōt li merita p ces fais estre appelle price des nigromāciēns Et fut nomme Merlin engēdre sans perehumal car sa mere estoit nonnain z cōceupt dūg esprit fantastique q. la nuyt la vint illudez et en ceste illusion naturelle fut produict aultre semēce d'ailleurs z cōceupt ladicte nōnaī lēfant ā fut nomē merlī. Etc.

Et il finit au verso de d iij.

Merlin fist vne nue qui les aporta du premier vol iusques es montaignes dentre Sauoye , z les Allemaignes z la print enuie de pisser a gargātua q. pissa troys moys tous entiers six ious (sic) traize heures trois quarts et deux minutes / et la engendra .le fluue du rosne / et plus de cinq cēts nauires et bapteaulx pour la peuplez / et la pissa si tresroydement que onques puis ne cessa le rosne de courir comme vng carreau d'arbaleste / de la merlin transporta gargantua en fairye ou estoit la le roy artur ou ilz viuent encore Et font grant chere Au chasteau dauallon. Et sur ce point ie mesueille pour boire.

¶Sensuyt la table de ceste presente histoire
Et cronique de gargantua.

Cette table finit à la ligne 23 du dernier feuillet non chiffré (recto) ; le verso est blanc. — On verra par ces passages que le texte de ce précieux petit volume est tout autre que celui des éditions connues. Notre exemplaire est, autant que nous sachions, unique.

Cette description est extraite du XVIIe catalogue de Edwin Tross, publié en 1855, où l'exemplaire décrit est annoncé sous le n° 4497. Cet exemplaire, qui a été vendu 800 fr. à un amateur dont nous ignorons le nom, est malheureusement imparfait de 2 feuillets. Il offre une seconde rédaction de cette facétie, augmentée d'un quart au moins, et portée de dix-huit chapitres à vingt-trois. Ces augmentations et les changements faits dans le texte primitif ont un cachet tout à fait rabelaisien que ne présentent pas les additions faites dans les *Chroniques admirables* ci-dessous, qui, selon nous, n'ont dû paraître qu'après la première édition du Pantagruel, puisqu'elles en reproduisent plusieurs chapitres. Il est à remarquer qu'on ne connaît jusqu'ici qu'un seul exemplaire de chacune des quatre éditions du premier Gargantua que nous venons de décrire, et que même, l'exemplaire in-4. en 12 ff. est le seul complet.

— LES CRONIQUES || admirables du puissant Roy Gargantua, en || semble comme il eut à femme la fille du roy de || Utopie nōmee Badebec, de laquelle il eut ung || filz nomme Pantagruel lequel fut roy des dipsodes z Amanrottes (sic, au lieu d'Amaurottes), Et commēt il mist a || fin ung grant gean nomme Gallimassue. || (*sans lieu ni date*), pet. in-8. goth. [17123]

Ce livre, dont le titre semble indiquer la réunion du Gargantua et du Pantagruel en un seul volume, n'est, à vrai dire, qu'une nouvelle rédaction amplifiée des *Grandes et inestimables chroniques de Gargantua*, impr. à Lyon en 1532, mais faite après la troisième édit. in-4. (voyez ci-dessus). L'ouvrage est divisé en 41 chapitres, non compris le Prologue capital, impr. en 24 lignes au verso du titre. Dans le texte il est aussi question du roi Artus, de Merlin, et même d'Hercule et de Jason, qu'on y rattache à l'histoire de Gargantua. *L'histoire de Galimassu*, en huit chapitres, vient après celle de Gargantua, à laquelle se lie au moyen de quelques mots ajoutés ou changés. L'auteur dit dans le prologue : «... iay bien voulu prēdre la peine de trāslater ceste psente hystoire de grec en latin et de latin en bon francoys... » ce qui, comme on peut bien le penser, est une pure fiction. Il est évident pour nous que cette chronique a été composée à l'imitation de la première, dont le succès aura engagé quelque libraire à en faire faire une du même genre. Le petit volume a en tout 68 ff. à 27 lignes par page, sous les signat. A—I ; le frontispice porte une gravure sur bois, et le dernier f. ne contient autre chose que deux gravures. L'édition existait certainement en 1534, car, sur une des gardes de l'exemplaire que possède la Bibliothèque impériale se lit la note suivante d'une écriture contemporaine : *ageté a Paris lan mil cinq cens trente quatre*. Nous en avons parlé plus amplement p. 40 de nos *Recherches* déjà citées.

LA VIE admirable du puissant Gargantua , ensemble la natiuite de son filz Pantagruel. Dominateur des Alterez. Auec les faictz merueilleux du disciple dudit Pantagruel. Ensemble une lettre patête, de nouueau adioustee. Le tout veu et recorrige de nouueau. 1546. *On les vend a Paris en la rue Neuue nostre Dame, a l'Enseigne Sainct Nicolas* (chez Jean Bonfons), pet. in-8., lettres rondes, à 24 lignes par page, ff. non chiffrés.

La première pièce de ce volume rare (*La vie admirable*) est une réimpression des *Chroniques admirables* ci-dessus, avec quelques changements, plusieurs suppressions et diverses additions. Elle finit au recto du 75e f. (Kııı), non pas comme dans l'édit. des Chroniques admirables, par les sept vers (*Grands et petits lisez bien*), suivis de 15 lignes de prose, mais de cette manière : *ie vous eusse dit plus auāt des faictz de Gargantua, mais suffise vous quāt a present, et ne laissez a boire.* Au verso de ce même 75e f. se lit le titre suivant : *Les royages et nauigations que fist Panurge : disciple de Pantagruel aux isles incogneues et estranges : de plusieurs choses merueilleuses et difficiles a croire, quil dit auoir veues ; dont il fait narration en ce present volume et plusieurs aultres ioyeusetez : pour inciter les lecteurs et auditeurs a rire.* Cette seconde partie occupe 49 ff. non chiffrés, sous les signal. Kıv–Qıı. On y trouve, après les mots : *fin des nauigations de Panurge*, une dernière pièce commençant ainsi : *Cy apres ensuit une lettre patente, faisant mention de plusieurs sortes de poissons de la mer, et de plusieurs sortes d'herbes et d'Espiceries : dōnee a la Rochelle le premier iour de mars. Mil cinq cēs quarante cinq.* Ce morceau finit par ces vers :

> *Jmprime ioyeusement assis*
> *En Lan mil cinq cents quarante six*
> *Te, pour, nir, ioyeus ete*
> *Autant en Yuer, cōme en Este*
> *Pour resiouyr tous bons compaignons*
> *Tant gorriers soient ioyeux ou mignons.* Fin.

Ce livre curieux est plus amplement décrit dans l'introduction du 2e volume du Rabelais allemand de M. Regis, p. cxlv et suiv., et dans les *Etudes bibliographiques sur Rabelais*, de M. Gust. Brunet, pp. 28 et suiv.

LA GRANDE et merueilleuse vie du tres puissant et redoutte roy Gargantua, translatee de grec en latin et de latin en francoys. (*sans lieu ni date*), pet. in-8. goth. de 5 ff.

Imitation très-abrégée de l'ouvrage ci-dessus.

LES CHRONIQUES du roi Gargantua, cousin du très redouté Galimassuë, et qui fut son père et sa mère, avec les merveilles de Merlin, translaté de grec en latin et de latin en françois. *Troyes, Jean Oudot*, sans date, in-16 de 32 ff., y compris la table.

Même fond que le petit ouvrage précédent ou plutôt que les Chroniques in-4., dont on a supprimé les quatre derniers chapitres et retouché le style. Il y en a une édition de *Grenoble, Gasp. Cabanel*, 1730, in-12 de 36 pp.; une de *Rouen, Ve Oursel* (avec un privilége en date du 30 avril 1735), in-12, de 24 pp., et beaucoup d'autres plus ou moins anciennes, qui appartiennent à la *Bibliothèque bleue*; elles n'ont point de valeur.

LE TRES ÉLOQUENT Pandarnassus, fils du vaillant Galimassue, qui fut transporté en Faerie par Oberon, lequel y lit de belles vaillances, puis fut amené a Paris par son pere Galimassue, là où il tint conclusions publiques, et du triomphe qui lui fut fait après ses disputations. *Lyon, Oliuier Arnoullet*, in-8. [17132]

Cette facétie paraît être aussi une imitation de l'un des contes ci-dessus. Elle est devenue si rare, que sans Du Verdier (au mot *Pandarnassus*) nous n'en aurions aucune connaissance.

LA VIE du fameux Gargantua, le plus terrible géant qui ait jamais paru sur la terre; traduction nouvelle, dressée sur un ancien manuscrit qui s'est trouvé dans la bibliotèque (*sic*) du grand Mogol. *A Troyes, et se vendent à Paris, chez*

Jean Musier, marchand libraire, rue du Petit-Pont (sans date), pet. in-8. de 63 pp.

Cette rapsodie, divisée en 23 chapitres, est un ouvrage tout différent du Gargantua adopté dans la Bibliothèque bleue. L'auteur anonyme qui l'a composée, vers la fin du xvııe siècle, donne avis dans sa préface que si le public s'accommode de cette première partie, on travaillera à la traduction des autres. Toutefois, il n'a probablement parù que celle-ci, laquelle a été réimprimée à Troyes, *chez Garnier*, de format in-12, avec privilége en date, soit du 12 juillet 1728, soit du 15 juin 1738.

III. *Éditions du second Gargantua et du premier livre de Pantagruel, imprimées séparément.*

— Gargantva. ‖ ΑΓΑΘΗ ΤΥΧΗ. ‖ La vie ‖ inestima‖ble dv grand ‖ Gargantua, pere de ‖ Pantagruel, iadis cō‖posee par L'abs·tra‖cteur de quïte essēce ‖ liure plein de ‖ pantagruelisme. ‖ M. D. XXXV. ‖ *On les vend a Lyon, chés ‖ Frācoys Juste deuāt nostre ‖ Dame de Confort,* in-24 allongé, caract. goth. [17125]

Cette édition, précieuse et fort rare, est jusqu'ici la plus ancienne, qui ait date certaine, que nous connaissions de ce premier livre de Rabelais (Biblioth. impériale). Elle se compose de 102 ff. non chiffrés, à 33 lign. par page, signal. A – N. Le titre, renfermé dans une bordure gravée sur bois, est tiré en rouge et noir, et présente un mélange de caractères, romain, italique et gothique ; au bas se voit le chiffre de Fr. Juste ; chiffre encore répété, mais en plus grand, au recto du dernier f. (voy. ci-dessous), où l'on ne compte que 5 lignes ; suivies du mot *Finis*. Au verso du titre sont les dix vers aux lecteurs :

Amis lecteurs qui ce liure lisez, . . .

Le texte contient 56 chapitres précédés du prologue. Le Duchat s'en est servi utilement pour établir celui qu'il a donné dans son édition de Rabelais. Vend. avec le second livre, de 1534, et la Prognostication, de 1535, 99 fr. salle Silvestre, en 1825, et 140 fr. seconde vente De Bure. Ce même exempl. a été depuis soigneusement nettoyé et rel. en *mar*. par Bauzonnet.

Comme la première édition du Pantagruel a paru de format in-4., il est probable que le Gargantua aura aussi été donné dans le même format ; mais c'est là une simple conjecture, que rien n'est venu encore confirmer ; nous sommes bien convaincu d'ailleurs que le premier livre du Pantagruel a été composé avant le Gargantua, qui se place à la tête des œuvres de Rabelais.

Nous avons donné, à la suite de nos *Recherches sur les éditions de Rabelais*, une notice sur une édition du Gargantua, in-24 allongé, qui nous a paru plus ancienne de quelques mois que celle de 1535 ci-dessus; mais comme l'exemplaire qui nous a été communiqué s'est trouvé incomplet du premier et du huitième feuillet, nous n'avons pas pu en rapporter le titre. Ce petit volume, en le supposant complet, doit avoir 100 feuillets non chiffrés, à 33 lig. par page, en caract. goth., sign. A--N, par cah. de 8 ff., excepté le dernier qui n'en a que quatre. Le verso du dernier f. porte 31 lig. et au bas le mot FINIS. Les caractères gothiques et une partie des lettres fleuronnées employés pour l'édition ici décrite, ont servi pour celle qu'a donnée Fr. Juste en 1535, mais dans cette dernière, on peut le remarquer, ils sont moins bien venus au tirage que dans l'autre. Quant au texte, celui de l'exemplaire sans titre présente un certain nombre de passages remarquables que l'auteur n'a pas reproduits dans l'édition de 1535, à laquelle il a fait d'ailleurs quelques additions.

L'exemplaire du Gargantua dont nous venons de parler était joint au Pantagruel, édit. de Lyon, Fr. Juste, 1534; ces deux petits volumes, malgré l'imperfection du premier, ont été acquis au prix de 2000 fr. par un bibliophile, et vendus depuis à M. Solar, qui a retiré 1020 fr. du premier (acquis par la Bibliothèque impér.), et 910 fr. du second.

— LA VIE ‖ inestimable ‖ du grand Gargantua ‖ pere de Pātagruel, ‖ iadis cōposée par ‖ L'abstracteur ‖ de quinte ‖ essen ‖ ce ‖ Liure plein de pantagruelisme (ceci en abr.) M. D. XXXVII. ‖ On les vend a Lyon chez Frau ‖ coys Juste, deuant nostre ‖ Dame de Confort, in-16 goth. de 119 ff. chiffrés, y compris le titre impr. en grande partie en lettres rondes; le verso du dernier f. est tout blanc.

Cette édition reproduit textuellement le texte de 1535 en cinquante-six chapitres, avec quelques fautes de plus et quelques variantes dans l'orthographe de certains mots. 180 fr. mar. v. Cailhava; 400 fr. Salmon, et 420 fr. Solar, pour la Biblioth. impériale. Elle n'avait été payée que 3 fr. à la vente de Mad. de Pompadour.

— Pantagruel. ‖ Les horribles et espouëta‖bles faictz et prouesses du tresrenôme‖ Pantagruel Roy des Dipsodes ‖ filz du grand geāt Gargan‖tua, Cōposez nou-uelle‖ment par maistre ‖ Alcofrybas ‖ Nasier. — *On les vend a Lyon en la maison ‖ de Claude Nourry, dict le Prince ‖ pres nostre dame de Confort*, pet. in-4. de 64 ff. à 29 lign. par page, caractères goth., sign. A—Q. [17126]

Le titre de ce volume est imprimé en rouge et en noir, dans une bordure formée de deux grandes colonnes. Au milieu se voit une petite vignette sur bois, en trois compartiments, dont deux offrent le buste d'un personnage, peut-être Gargantua et Pantagruel. Au recto du deuxième feuillet commence le *Prologue de l'auteur*; le verso du dernier f. a seulement 26 lign., et au bas le mot *finis*. Les cahiers n'ont que 4 ff. chacun, mais les pontuseaux du papier y sont perpendiculaires comme dans l'in-8., et il se peut que ce livre soit un in-8. tiré sur du papier de grande dimension, et la feuille faisant pour deux.

Voilà très-probablement la plus ancienne édition que l'on ait du Pantagruel. Nous croyons pouvoir en fixer la date à l'année 1532, qui est celle où doit avoir paru la *Pantagrueline prognostication*, pour l'an 1533, dont nous parlerons ci-après. Le texte est divisé en 23 chapitres (ou plutôt en 24, parce que le 9ᵉ est répété), sans compter le prologue. En voici la dernière phrase : *Bō soir messieurs, ‖ pardonate my, τ ne pèsez pas tāt a mes faultes q̃ vous ne ‖ pèsez biē cs vostres. ‖ Finis.*

Cette édition, in-4., du Pantagruel, qu'aucun bibliographe n'avait cité avant nous, s'est trouvée dans le premier catalogue de la Librairie des frères De Bure, et a été vend. 60 fr. en janvier 1835, quoiqu'il manquât 2 ff. dans l'exemplaire, lequel a été,

depuis, acquis au prix de 660 fr. à la vente du prince d'Essling, pour la Bibliothèque impériale.

— PANTAGRUEL ‖ les horribles et espouëtables ‖ faictz et prouesses du tres renō ‖ me Pātagruel roy des Di ‖ psodes filz du grant ‖ geant Gargātua ‖ Cōposez nouuel ‖ lemēt par mai ‖ sire Alcofry ‖ bas Nasier. *On les vend au palais a ‖ Paris en la gallerie par ou ‖ on va a la chancellerie*, pet. in-8. goth. de 104 ff. non chiffrés, à 23 lign. par page, sign. A.—N. titre rouge et noir dans une bordure gravée sur bois.

Copie de l'in-4. impr. à Lyon, mais faite avec si peu de soin, qu'indépendamment des fautes nombreuses et assez grossières qui s'y sont glissées, il y manque des mots et jusqu'à des phrases entières, et que, de plus, quelques phrases, quelques expressions nouvelles y ont été substituées à celles de l'auteur. L'adresse portée sur le titre est celle du libraire Jean Longis, et les caractères sont les mêmes que ceux des *Mots dores* imprimés pour ce libraire en 1530, et depuis en 1533, par Denis Janot. Cette dernière date pourrait bien être aussi celle de ce Pantagruel, qui a été imprimé avant que la seconde édition lyonnaise, revue par l'auteur, fût parvenue à Paris. Vend. en *mar.* 160 fr. Nodier; 300 fr. d'Essling; 142 fr. A. Martin, en 1847, et 605 fr. (exemplaire de Nodier) Salmon; et 2220 fr., exempl. de A. Martin, rel. en *mar.* r. (par Trautz) Solar.

— PANTAGRUEL ‖ Les horribles et espouen ‖ tables faictz et prouesses ‖ du tres renomme Pan ‖ tagruel roy des Di ‖ psodes, filz du grāt ‖ geant Gargan ‖ tua, Composez ‖ nouuellement ‖ par maistre ‖ alcofrybas ‖ Nasier. *(sans lieu ni date)*, pet. in-8. goth. de 104 ff. non chiffrés, à 23 lig. par page, sign. A—N, titre rouge et noir (Bibliothèque impériale).

Vendu 34 fr. Lair, et 1 liv. Hibbert.

Édition imprimée avec des caractères semblables à ceux de la précédente, qu'elle reproduit page pour page et ligne pour ligne, excepté au verso du septième feuillet et au recto du huitième feuillet du cahier M., à cause d'une ligne supprimée au commencement de la première de ces deux pages, ce qui fait que la seconde, où se termine le chapitre XXI coté XX, a une ligne de moins que dans l'édition dite de J. Longis.

Ces deux éditions sans date ont aussi 24 chapitres chacune, quoique le dernier soit coté 23 par suite de la répétition du chiffre neuf dans la première et du chiffre onze dans la seconde. Dans l'une comme dans l'autre c'est le nombre dix qui est répété dans la table.

La Bibliothèque impériale de Vienne conserve une édition du Pantagruel, in-8. de 104 ff., en caract. goth. et sans date, laquelle paraît être conforme à celle que nous venons de décrire, si ce n'est que le titre porte cette adresse : *On les vend a Paris au bout du pōt aux meusniers a lenseigne sainct Loys*, qui n'est pas dans la nôtre. L'exemplaire de M. Grenville a aussi 104 ff., mais sans l'adresse ci-dessus.

Il est à remarquer que, dans ces premières édit. in-8., la fin du 23ᵉ chapitre, qui est le 33ᵉ dans l'édition de 1542, sans nom de ville, et le 34ᵉ dans les éditions modernes, est beaucoup plus court et se termine autrement que dans ces mêmes éditions. Une autre chose à observer, c'est que la seconde phrase du 1ᵉʳ chapitre de celle-ci se lit ainsi : « *Car je vois que tous bons historiographes ainsi ont traicte leurs chronicques, non seulement des Grecs, des Arabes et des Ethnicques, mais aussi des aucteurs de la saincte escripture, comme monseigneur sainct Luc, mesmement, et sainct Mathieu,* » tandis que l'édition de Dolet présente une leçon toute différente, où ne figurent plus les noms des deux évangélistes; ce qui a été suivi dans presque toutes les autres éditions antérieures à celles de Le Duchat. Ce commentateur paraît croire que la seconde des éditions in-8. que nous venons de décrire doit être de l'an 1529, au plus tard ; et, pour assigner une date aussi ancienne à ce livre, le critique se fonde sur un passage de l'épître aux lecteurs, du *Champ fleury* (ouvrage de Geo-froy Tory, impr. à Paris, en 1529, pet. in-fol.), passage dans lequel, selon lui, Tory, en parlant de ceux qu'il nomme les *Escumeurs de latin*, a l'air de se moquer de l'*Escolier limousin* introduit par Rabelais dans le 6e chapitre de son second livre. Quoique cette *épître aux lecteurs* ne fasse nullement mention de l'écolier limousin, il est certain que le jargon mis dans la bouche de l'*Escumeur de latin* est presque, mot pour mot, la même chose que la réponse faite par l'écolier à Pantagruel, quand ce dernier lui demande : « *a quoy passez vous le temps, vous aultres messieurs estudians audict Paris.* » Mais suit-il de là que Tory ait nécessairement emprunté au Pantagruel ce singulier jargon ? Nullement, et on peut même supposer le contraire ; car il est tout naturel de croire que Tory, s'élevant avec force, dans l'épître citée, contre les corrupteurs de la langue française, au premier rang desquels il met les *Escumeurs de latin*, aura imaginé un exemple de leur baragouin, comme il l'a fait plus bas à l'occasion des forgeurs de mots, dont il dit : « Pensez qu'ilz ont vne grande grace quant ilz disent apres boyre, *quiz ont le cerueau tout encornimatibule, et emburelicoque dñg tas de mirilifiques et triquedondaines, dung tas de gringuenauldes, et guylleroches qui les fatrouillêt incessammêt.* » Ce dernier passage, certes, est bien dans le genre de Rabelais, et néanmoins Le Duchat n'en conteste pas l'invention à notre Tory, qui, faisons-le remarquer en passant, a toujours eu grand soin de citer dans son livre les auteurs dont il empruntait des morceaux, tandis qu'au contraire le joyeux maître François ne s'est fait nul scrupule de butiner chez les anciens et même chez ses contemporains, sans jamais rapporter leur nom. Une chose certaine, c'est que Rabelais et Tory ont voulu, l'un et l'autre, tourner en ridicule un jargon qui était en vogue de leur temps ; mais il ne faudrait rien moins que la découverte d'une édition du Pantagruel datée de 1528 ou 1529, pour décider la question de priorité en faveur du premier. Nous nous sommes arrêté à ces dates, parce qu'elles ont été beaucoup trop négligées par les divers commentateurs qui ont cherché à dévoiler les allégories sous lesquelles on suppose, peut-être bien gratuitement, que Rabelais a couvert la partie historique de son roman, et que de là sont venues toutes les interprétations absurdes qu'on peut leur reprocher. Consultez d'ailleurs Le Duchat sur Rabelais, édit. in-4., tome I, page 259, note 16.

— Pantagruel. Jesus Maria. Les horribles et espouuentables faictz et prouesses du tres renomme Pantagruel, roy des Dipsodes. Fiiz du grãt geant Gargantua, côpose nouuellement par maistre Alcofrybas Nasier. Augmête ι corrige fraichement, par maistre Jehan Lunel, docteur en théologie. MDXXXIII. *On les rend a Lyon, en la maison de Francoys Juste, demourant deuant nostre dame de Confort*, in-24 goth. format allongé, de 95 ff. chiffrés, et 7 ff. non chiffrés (ou seulement 6 ff., selon Regis).

Ce titre est imprimé dans une bordure gravée sur bois et au bas duquel sont deux génies qui soutiennent un écu où se voit le chiffre de Fr. Juste, et la même bordure a servi pour l'édition de 1534 ci-dessous. L'édition de 1533, qui est fort rare, se conserve à la biblioth. de Dresde. C'est sans fondement qu'Ebert, n° 18513, l'a donnée comme la première de ce second livre, puisque les mots *corrige fraichement* prouvent le contraire. Dans le catalogue du comte d'Hoym, n° 2569, où cette même édition

est appréciée à 7 liv. 1 sou seulement, on a imprimé *Jehan Luriel*, au lieu de *Lunel* que porte le titre.
Cette édition lyonnaise de 1533 reproduit le texte de la première de Cl. Nourry, in-4., sans changement dans le système grammatical ; mais elle présente quelques augmentations et modifications peu importantes, dont un très-petit nombre seulement a passé dans l'édition de 1534.

— Pantagruel ‖ Les horribles et es‖pouentables faitz et ‖ prouesses du tres re‖nôme Pantagruel ‖ Roy des Dipsodes ‖ filz du grant geant ‖ Gargantua : Côpo‖ses nouuellement p ‖ maistre Alcofribas ‖ Nasier ‖ M. D. XXX. iii (*sans nom de ville*), pet. in-8. goth. de 84 pp. non chiffr., à 27 et 28 lign. par page, sign. A—Lii.

Ce volume a un titre imprimé en noir et en rouge, dans une bordure au haut de laquelle figure le Pélican de Marnef, et où l'on remarque, à droite et à gauche, les monogrammes I."M. et E.ᴰM., qui sont évidemment ceux de Jean et Enguilbert de Marnef, libraires à Poitiers. Au verso de ce titre commence le prologue de l'auteur. Le texte se termine au recto de l'avant-dernier feuillet. Le verso de ce même feuillet et le suivant sont occupés par la table des chapitres, à la fin de laquelle se voit encore le Pélican ; ainsi tout porte à croire que l'édition a été imprimée à Poitiers. Elle finit par ces mots : *Cy finent les horribles et espouen‖ tables faictz τ proesses du tres rend‖ me Pantagruel roy des Dipsodes‖ filz du grant geant Gargantua‖ Nouuellement imprime.* Cette édition de Poitiers a été faite sur l'in-8. de Paris, chez Longis, de laquelle elle reproduit presque toutes les lacunes, les mots ajoutés et une grande partie des fautes ; seulement il paraît que dans le courant de l'impression l'éditeur a eu communication de l'édition de Cl. Nourry, et qu'il s'en est utilement aidé pour corriger, dans fes dernières feuilles, quelques fautes et pour remplir quelques lacunes de la contrefaçon parisienne. Cette même édition poitevine présente aussi quelques corrections arbitraires qui ne sont pas toujours fort heureuses ; mais ce qui la caractérise particulièrement, ce sont des additions assez considérables faites dans le premier et surtout dans le second chapitre, lesquelles ne se retrouvent, que nous sachions, dans aucune autre. Nous les avons reproduites dans nos *Recherches*, imprimées en 1852.

Le seul exemplaire complet que nous connaissions de cette précieuse édition, impr. à Poitiers, réunit au Pantagruel la *Pantagrueline prognosticatiô certaine veritable τ infalible pour lan mil D. XXXIII...* pet. in-8. de 8 ff., sortie, nous le supposons, d'une presse parisienne. Après avoir été donné pour 3 fr. à la vente du duc de La Valliere, en 1784, il a été payé 165 fr. à celle du maréchal Macdonald, en février 1841, par A. Bertin, qui l'a fait revêtir d'une reliure en *mar.* richement dorée. Après la mort de cet amateur, ce même exemplaire a été porté à 1800 fr., plus 5 p. 100, pour le compte de la Bibliothèque impériale, laquelle possédait déjà l'exemplaire incomplet qui a donné lieu à la *Notice* de M. Gustave Brunet *Sur une édition inconnue du Pantagruel et sur le texte primitif de Rabelais.* Paris, 1844, in-8. de 36 pp., tirée à 100 exemplaires.

— Pantagrvel ‖ ΑΓΑΘΗ ΤΥΧΗ ‖ Les Horri‖bles faictz ‖ & prouesses espouë‖ta-bles de Pan‖tagrvel ‖ roy des Dipsodes, ‖ composes par M. ‖ Alcofribas ‖ abstracteur de quin‖te essence. M. D. XXXIIII, in-24 allongé.

Le titre de ce petit volume est imprimé en rouge et noir, et dans la même bordure qui a servi pour celui du Gargantua de 1535, à l'adresse de Fr. Juste.

Il est donc certain que le même libraire a vendu les deux volumes, quoiqu'il n'ait pas mis son nom au dernier. Celui-ci a 91 ff. chiffr. jusqu'à 88. Au verso du 90e f. commence la table, indiquant le prologue et les 29 chapitres que renferme cette édition précieuse. A la fin du volume se trouve la *Pantagrucline prognostication.... pour lan* M. D. XXXV, formant 8 ff. séparés, sign. a, y compris le tire.

Le texte de cette édition de 1534 est divisé en 29 chapitres ; il a subi de grandes modifications et a aussi reçu de nombreuses augmentations, qui, presque toutes, ont passé dans les éditions plus récentes ; mais on y a conservé des passages et des mots réputés irréligieux qui manquent dans l'édition de 1537 (ou 1538) et dans toutes les autres, y compris même celle de Dolet. Parmi les passages ajoutés à l'édition de 1534, et que reproduit l'édition de 1537, il en est un que Rabelais a cru devoir supprimer dans celle de 1542 : c'est celui que nous avons rapporté à la page 67 de nos *Recherches.*

On a vu que dans le titre du Pantagruel, in-4. ci-dessus, l'auteur a pris le nom d'*Alcofribas Nasier,* qui est l'anagramme de François Rabelais, mais cette anagramme ne se retrouve plus dans le seul mot *Alcofribas* que portent les titres de l'édition de 1534, où Rabelais s'est donné la qualification d'*Abstracteur de quinte essence,* qu'il a prise aussi dans le Gargantua de 1535, sans s'y désigner autrement.

— LES HORRIBLES faits et prouesses espouuantables de Pantagruel, roi des Dipsodes, composés par maistre Alcofribas, abstracteur de Quintessence, plus la grande prognostication pantagrueline, nouuellement composée, imprimée en 1534, in-12, en caract. goth.

Cette édition est portée dans le catalogue Gaignat, n° 2156, et y est cotée 5 liv. 10 sous, également avec le n° 2155. Peut-être est-ce le même exemplaire que celui qui est coté 1 liv. 16 sous dans le catal. de Gluc de Saint-Port, n° 1270, et que nous croyons être de l'édition de Juste. Pourtant, dans celle de Juste, le titre de la 2e partie n'est pas *La grande prognostication pantagrueline,* mais *Pantagrueline prognostication ;* au reste, De Bure le jeune avait, on le sait, la mauvaise habitude de dénaturer les titres qu'il donnait, de manière à les rendre méconnaissables.

IV. *Éditions où sont réunis les deux premiers livres et les Navigations.*

Gargantua. M. D. XXXVII, in-16 de 128 ff. chiffrés (56 chapitres et le prologue).

Édition en lettres rondes, et ornée de jolies gravures sur bois. Elle paraît avoir été imprimée à Paris par Denys Janot, ainsi que le volume suivant qu'il faut y réunir :

PANTAGRUEL. M. D. XXXVIII, in-16. de 109 ff., dont les 3 derniers, non chiffrés, contiennent la fin du texte et la table (32 chapitres).

Après le 109e f. se trouve : *Pâtagruéline prognostication..... pour Lan* M. D. XXXVIII, pièce de 10 ff., avec fig. sur bois, qui fait partie nécessaire du vol., puisqu'elle continue la signature o, suivie du cahier p. Au verso du dernier f. de cette Pronostication se voit la gravure sur bois que nous avons donnée tome III, col. 1450, mais légèrement modifiée.

Le Gargantua de 1537, en lettres rondes, a probablement été fait sur l'édition de Lyon de la même année. Quant au *Pantagruel,* dont le texte est divisé en trente-deux chapitres, nous avons lieu de croire qu'il a également été imprimé sur une édition lyonnaise de 1537, dans laquelle cette division avait déjà été adoptée. Toutefois nous n'avons jamais rencontré cette édition lyonnaise du Pantagruel sous la date de 1537, mais nous avons eu sous les yeux deux exemplaires de la jolie édition

de Pantagruel dont nous donnons ici le titre, l'un sous la date de M. D. XXXVII, et l'autre sous celle de M. D. XXXVIII. Or, après les avoir examinés attentivement, nous avons reconnu qu'ils étaient l'un et l'autre de la même édition, et qu'il n'y avait de changé que le chiffre de la date, c'est-à-dire un I ajouté au VII.

Un exemplaire des deux volumes (Gargantua et Pantagruel), sous la date de 1537, avec la Prognostication pour l'an 1538, et rel. en *mar. vert doublé de mar. r.,* a été vendu 205 fr. A. Martin ; 505 fr. Salmon ; 520 fr. Solar, pour la Biblioth. impériale. Un autre, beaucoup plus grand de marges, ayant le Pantagruel daté de 1538, et pour troisième volume *Le disciple de Pantagruel,* daté de M. D. XXXVIII, in-16 de 48 ff. chiffrés, avec fig. sur bois (impr. avec les mêmes caractères que les deux autres volumes, et portant sur le même titre la même vignette : Pantagruel, ou Panurge tenant une bouteille à la main, qui se voit au frontispice du Pantagruel), s'est vendu 120 fr. seconde vente Heber, à Paris. L'exemplaire avait 3 ff. avariés, mais qui ont été depuis restaurés avec beaucoup d'adresse. Ces trois volumes, ainsi réunis, sont de la plus grande rareté, car nous ne connaissons qu'un seul exemplaire du troisième.

— La vie tres horrificque du grand Gargantua, pere de Pantagruel, iadis côposee par M. Alcofribas abstracteur de quintessence. Liure plein de Pantagruelisme. M. D. XLII. On les vend a Lyon, chez Francoys Juste. (à la fin) : *Imprimé a Lyon par Frãcoys Juste,* in-16 goth. de 155 ff., plus 1 f. blanc, fig. sur bois, le titre en lettres rondes et en gothique (en 58 chapitres). (Bibliothèque impér.)

— Pantagruel, Roy des Dipsodes, restitue a son naturel, auec ses faictz & prouesses espouentables : côposez par feu M. Alcofribas abstracteur de quinte essence. M. D. XLII. *On les vend a Lyon, chez François Juste,* in-16 goth. de 147 ff., titre en lettres rondes excepté les deux lignes de l'adresse (34 chapitres suivis de la Pronostication, commençant au f. 135. Il n'y a pas de table).

Ces deux parties doivent être réunies, mais elles se trouvent très-difficilement. La première a été vendue 4 fr. 60 c., et la seconde 3 fr. 25 c. La Valliere ; 1 liv. 7 sh. Heber. Les deux reliées ensemble en *mar. citr.,* 36 fr. d'Ourches ; 42 fr. Duriez, et en *mar. r. doublé de mar. citr.* par Trautz, 695 fr. Solar.

— La plaisante et ioyeuse histoyre du grant Gargantua, prochainement reueue et de beaucoup augmentée par lautheur. — Pantagruel, roy des Dipsodes, restitue en son naturel.... plus, les merueilleuses 'nauigations du disciple de Pantagruel, dict Panurge. *Lyon, Estienne Dolet,* 1542, 2 vol. in-16, fig. sur bois.

Dolet a suivi, dans son édition, celle de 1537 pour le Gargantua, et celle de 1538 pour le Pantagruel et pour le Disciple de Pantagruel ; il les a fidèlement reproduites à l'orthographe près, et il n'a donné aucune des nombreuses augmentations introduites dans les deux autres éditions publiées sous la même date que la sienne ; il a donc eu tort de mettre sur son titre : *reueue et beaucoup augmentee par l'autheur.* Le seul avantage que présente son édition, c'est d'être imprimée en lettres rondes, et de conserver dans le Gargantua les passages supprimés dans celle de 1538, ce qu'elle ne fait pas pour le Pantagruel; elle n'est d'ailleurs pas plus correcte que celle de la Juste, 1542, car si l'on n'y trouve pas toutes les fautes de cette dernière, elle en présente d'autres qui lui sont particulières. La première partie a 282 pp., plus un feuillet pour la souscription et la marque de Dolet. La seconde se compose de 350 pp., non compris un dernier feuillet, au verso duquel se voit la marque du libraire. *Le voyage et navigation que fist Panurge, disciple de Pantagruel, aux Isles incongnues* commence à la p. 253. Au recto du frontispice du Gargantua se lit le titre ordinaire de ce roman : *La vie tres inestimable du grand gargantua pere de Pantagruel...* Le recto du dernier feuillet (après la p. 282) porte : *Cest ocuure fut imprimé l'an de grace Mil cinq cents quarante deux, a Lyon chez Estienne Dolet demeurant pour lors en la Rue Merciere a l'enseigne de la Douloucre d'or;* et le verso, avec la devise : *Scabro doto,* puis au bas : DOLET, et de plus, ces mots : *Preserue moy, o Seigneur, des calumnies des hommes.*

Dans la seconde partie (Pantagruel), après la p. 350, doit se trouver un feuillet au verso duquel figure la Dolole; mais ce dernier feuillet, nécessaire pour compléter le cahier, manque dans plusieurs exemplaires. 35 fr. Mac-Carthy; 330 fr. *mar. v.* de Coislin; 440 fr. Giraud; 800 fr. Solar, et un très-bel exemplaire en *mar. r. doublé de mar. bl.,* riche dorure, jusqu'à 2150 fr. même vente.

— Grāds Anna‖les ou croniques‖Tres ueritables‖des Gestes merueilleux du grand‖ Gargantua z Pantagruel ‖ son filz. Roy des Dipso‖des, enchronicquez, par ‖ feu maistre Alco‖fribas : abstra ‖ cteur de quin‖te essen‖ce. 1542, 2 part. en 1 vol. pet. in-8. goth. de 120 et 104 ff. non chiffr., sign. A—P et A—N; le dernier f. de la prem. partie est tout blanc. (Biblioth. impér.)

La seconde partie a pour titre : *Pantagruel, Roy des Dipsodes restitue a son naturel, auec ses faictz z promesses espouentables : composez par feu M. Alcofribas abstracteur de quinte essence.* Quoique cette édition, sans nom de ville ni d'imprimeur, ait été faite sur celle de Juste, même date, elle ne donne pas la Pantagrueline prognostication, qui, dans celle-là, occupe les feuillets 136 à 147 de la seconde partie. Ce qu'elle offre de remarquable, c'est un avis de l'imprimeur, véritable invective contre Dolet, que nous avons reproduite dans nos *Recherches* déjà citées, mais qui ne se trouve dans aucune autre édition de Rabelais, si ce n'est peut-être, comme le prétend Le Duchat, dans celle de Lyon, chez P. de Tours, 1543, en 2 part. in-16, en caract. goth., copie de celle de Juste, et à laquelle serait ajouté *Le Disciple de Pantagruel.* L'orthographe est à peu près la même dans les deux éditions de 1542; nous avons trouvé dans l'une comme dans l'autre des fautes qui ne sont ni dans celles de 1535 et 1537, ni même dans celle de Dolet. Le Pantagruel y est divisé en trente-quatre chapitres, mais dans les sommaires des chapitres le chiffre 21 est répété ainsi que le chiffre 32; il n'y a pas de chiffre 29; au dernier chapitre, XXXIII est mis pour XXXIV.

LA VIE tres horrifique du grād Gargātua pere de Pantagruel, iadis composée par M Alcofribas abstracteur de quinte essence; liure plein de Pantagruelisme. *A Lyon, par P. de Tours (sans date),* in-16, lettres rondes, fig. sur bois. (Biblioth. impér.) Ce sont les deux premiers livres d'après le texte de l'édition de Juste, 1542. Le premier livre occupe les pages 1 à 232, suivies de 3 ff. de table et d'un feuillet blanc. Le titre du deuxième livre est à la page 233,

et e texte suit jusqu'à la page 464, y compris la *Prognostication;* il y a de plus 3 ff. pour la table de ce deuxième livre et de la Prognostication.

Le Pantagruel paraît être divisé en 33 chap., parce que le chiffre XXIIII est répété aussi bien dans le texte que dans la table. Après le prologue se lit un *Dizain nouuellement composé à la louange du ioyeux esprit de l'auteur,* commençant : *Cinq cens dixains mille virlais,* morceau qui a été réimprimé dans l'édition de 1553 et dans beaucoup d'autres. Pour le *tiers* et le *quart* livres qui se réunissent à cette édition, voyez ci-dessous l'article *Tiers livre.*

V. *Éditions du troisième et du quatrième livre (second et troisième du Pantagruel) imprimés séparément ou réunis aux deux premiers.*

— Tiers liure des faictz, et dictz heroïques du noble Pantagruel, cõposez par M. Franç. Rabelais, docteur en medicine et calloïer des Isles Hieres. *A Paris, par Chrestien Wechel, a lescu de Basle,* 1546, pet. in-8. en lettres ital. (Biblioth. impér.)

Le privilége, en date du 19 septembre 1545, qui accompagne cette édition (laquelle est portée sous la date de 1545 dans le Catalogue des livres censurés, en 1551), a pu faire soupçonner qu'il devait exister une édition de ce troisième livre antérieure à celle-ci; mais jusqu'à ce jour cette conjecture n'a pas été confirmée, en sorte que le volume ci-dessus, imprimé par Wechel, conserve toute son importance. Il a 4 ff. prélim., 355 pp. de texte et 4 pp. pour la table. Le titre porte ce singulier avis qui a été reproduit dans plusieurs autres éd.itions, et notamment dans celle qu'a donnée Fezendat en 1552: *L'auteur susdict supplie les lecteurs beneuoles soy reseruer a rire au soixante et dix huytiesme liure.* Quoique le texte paraisse être divisé en 47 chapitres, il n'en a réellement que 46, parce qu'il y a une lacune du chiffre XXVI au chiffre XXVIII, ce qui a été répété dans toutes les éditions de ce premier texte, et même dans celle des quatre premiers livres sous la date de 1553. Un exemplaire en *mar.* 299 fr. Bertin, et 740 fr. Solar.

LE TIERS LIURE des faicts et dictz héroiques du bon Pantagruel, composé par M. Franc. Rabelais, docteur en medecine, reueu et corrige par l'autheur. *Lyon* (sans nom d'imprimeur), 1546, pet. in-8. de 4 ff. prélim., 237 pp. et 3 ff. pour la table; lettres rondes.

Une des premières réimpressions qui ait paru de l'édition précédente. Il en existe une autre de *Toulouse, Jacques Fornier,* 1546, in-16, que nous n'avons pas vue.

LE TIERS ‖ liure des faictz ‖ et dictz Heroiques du no ‖ ble Pantagruel, cõposez par M. Franç. Ra ‖ belais, Docteur en ‖ Medicine et Cal ‖ loïer des Isles ‖ Hieres. Reueu & corrigé diligemment depuis ‖ les autres impressions Auec priuilége du Roy ‖ pour six ans ‖ *A Lyon, lan* M. D. XLVII, in-16 de 297 pp. et 3 ff. pour la table et le privilége du 29 septembre 1545; lettres rondes, 520 fr. *mar. citr.,* par Trautz, vente Solar pour la Biblioth. impér.

Cette édition a probablement été imprimée par Pierre de Tours, quoiqu'elle ne porte pas son nom. Ce nom figure sur le titre d'une autre édition du *Tiers livre,* sans date, imprimée à Lyon. Cette dernière, aussi en lettres rondes, est un in-16 de 256 pp. chiffr. y compris le titre qui est dans une bordure. Nous en avons vu à la Biblioth. impér. un exemplaire dans lequel se trouvaient 3 ff. de table (sign. R.) qui manquaient dans un autre. Cette édition sans date est quelquefois jointe aux deux premiers livres et au quatrième également sans date, impr. par le même Pierre de Tours, le tout en un seul volume. Un exemplaire composé ainsi et rel. en *mar. r.* 240 fr. Giraud.

Avec celle de Lyon 1547 dont nous venons de parler, se trouve aussi quelquefois le *Quart livre*, Lyon, 1548, in-16 de 54 ff. non chiffr. qui ne contient que onze chapitres. Les quatre livres rel. en 2 vol. *mar. r. dent.* 700 fr. Solar pour la Biblioth. impér.

Une seconde édition originale du *Tiers livre*, dont nous ne saurions fixer bien exactement la date, a paru avant 1552 ; elle contient quelques augmentations , et comme les chapitres XL et XLV y sont coupés en deux, elle a quarante-huit chapitres, dont le dernier est coté XLIX, à cause de la lacune du chiffre XXVII°. C'est ce texte que présente la jolie édition de 1556, in-16, sans lieu d'impression, et toutes les édit. faites en Hollande au XVII° siècle.

— La plaisante et ioyeuse histoyre du grand Geant Gargantua. prochainement reueue, et de beaucoup augmentee par l'autheur mesme. *Valence, Claude La Ville,* 1547, in-16 de 245 pp. avec fig. sur bois. — Second livre de Pãtagruel.... *Valence, Claude La Ville,* 1547, in-16 de 303 pp. lettres rondes, avec fig. sur bois (contient , pp. 205-221, *la Pantagrueline prognostication*, et pp. 222-303, *le Voyage et navigation que fist Panurge*....., selon l'édition de Dolet de 1542).

— TIERS liure Des faiclz, et Dictz Heroiques du noble Pantagruel, composés par M. Franç. Rabelais, docteur en Medecine et Calloier des Isles Ilieres. nouuellemēt imprime, reueue et corrige & de nouueau Istoric. *A Valence , par Cl. La Ville,* 1547, in-16 de 272 pp. (Biblioth. impér.)

Cette édition des trois premiers livres de Rabelais est ordinairement reliée en un seul volume ; elle est en lettres rondes, assez jolie et sur bon papier ; mais, pour les deux premiers livres, *la Prognostication* et *le Disciple de Pantagruel*, ce n'est qu'une simple copie de celle de Dolet, 1542. On y a également conservé plusieurs morceaux retranchés dans celle de Juste (même date), sans toutefois y introduire les augmentations faites dans cette dernière. C'est aussi le même titre pour le Gargantua, et la même formule dans la souscription de la première partie ; seulement au nom de Dolet est substitué celui de *Claude de la Ville demeurant pour lors en la grant rue tirant a la place des clercs auprès l'enseigne du Dauphin*. Dans le titre du Pantagruel on lit : *M. Franc. Rabelais, docteur en medecine, et calloier des isles d'Hieres*, ce qui remplace *feu M. Alcofribas...* mots qui, pourtant, se lisent encore à la fin de cette même seconde partie. Pour la troisième partie, ce doit être la reproduction de l'édit. de Lyon, 1546 ou 1547, en quarante-six chapitres (le dernier coté XLVII). Les vignettes, assez singulières, diffèrent de celles de l'édition de Dolet ; il y en a une au commencement de chaque livre qui représente l'auteur, à genoux, offrant son roman à un personnage assis : au-dessus on lit : *Franc. Rabel*, dans un petit cartouche ; mais, chose à remarquer, le cartouche est resté vide dans la même vignette placée en tête du prologue des *Navigations de Panurge*, ce qui semble indiquer que cette facétie n'est pas de Rabelais.

Ces trois volumes ont été réimpr. sous le même titre, la même date, et dans le même format, vers la fin du XVI° siècle, ou au commencement du XVII°. Dans cette contrefaçon, en très-mauvais papier, les figures sont un peu plus nettes que dans l'original. Le prem. volume y est également en 245 pp.; mais on y remarque à la 7° ligne du titre le mot *autheur* pour *autheur*. Le second volume a 320 pp. au lieu de 303, et le troisième, 349 au lieu de 272. Ce dernier volume contient, outre le 3° livre, un texte du prologue et des onze premiers chapitres

du 4°, qui présente quelques différences avec les éditions complètes du même livre. Vend. 30 fr. Duriez ; 18 sh. 6 d. Hibbert.

— Le tiers livre des faicts et dicts heroiques du bon Pantagruel : composé par M. Fran. Rabelais docteur en medicine. Reueu et corrigé par l'Autheur sus la censure antique. *A Paris de l'imprimerie de Michel Fezandat*, 1552, pet. in-8. de 170 ff. et une table en 3 ff. (Biblioth. impér.)

Belle édition et la meilleure de toutes. C'est la dernière de ce livre que Rabelais ait revue ; elle a cinquante-deux chapitres, parce que les chapitres XXVI, XXXIII, XXXV et XLIX, mal cotés de l'édition en quarante-huit chapitres, sont coupés en deux ; elle présente de plus des augmentations importantes, et notamment dans les chapitres X, XV et XXV. Le privilége est daté du 6 août 1550.

L'édition du même livre, *Imprime a Lyon, par Maistre Iehan Chabin , sur la copie imprimee a Paris*, 1552. in-16 de 170 ff. et 3 ff. de table, dont le titre porte aussi *reuu par l'autheur sur la censure antique*, doit avoir été faite sur celle de Fezandat. (Biblioth. impér.)

— Le quart liure des faicts et dicts Heroiques du bon Pantagruel. Composé par M. François Rabelais docteur en Medicine. *A Paris, de l'imprimerie de Michel Fezandat*, 1552, in-8. de 19 ff. non chiffr., 144, 4 non chiffr. pour la table et 9 ff. pour la *Briesue declaration* qui manque dans beaucoup d'exemplaires. (Biblioth. impér.)

Le titre porte cette marque :

Il a paru, dans l'année 1552, deux éditions de ce *Quart livre*, en 67 chapitres et avec un nouveau prologue (l'une et l'autre portant le nom de l'imprimeur Fezandat). L'une de format in-8. et qui est celle dont nous venons de rapporter le titre ; il en a été vendu un exemplaire en *mar. vert doublé de mar.* 240 fr. chez Bertin ; et 395 fr. Solar ; autre exemplaire, rel. par Trautz, avec le 3° livre, sous la même date, 405 fr. Solar. L'autre, in-16 de 23 ff. non chiffr., 182 et 5 ff. non chiffr. dont un blanc, aussi en lettres rondes. Toutes les deux ayant l'*achevé d'im-primer* à la date du 28 janvier 1552, une *éptître* de l'auteur *à monseigneur Odet, cardinal de Chatillon*, sous cette même date, et un privilége du roi en date du 6 août 1550. (Biblioth. impér.) Mais cette édition in-16 nous paraît être une contrefaçon de l'in-8. dont le contrefacteur a reproduit sur son titre, de la manière la plus inexacte et la plus grossière, le sujet de la gravure du fi ontispice ; ajoutons que dans cette contrefaçon comme dans l'édition originale le prologue commence par une faute. (*Au lecteurs benevoles.*)

Il est à remarquer qu'il existe deux tirages différents du prologue de l'édition in-8., l'un avec ce passage : « *N'est-il pas escrit et pratiqué par les anciennes coustumes de ce tant noble, tant florissant, tant riche et triumphant royaume de France,* » et un peu plus loin : « *le bon Andre Tiraqueau, conseiller du roy Henri second ;* » l'autre où l'on a supprimé le mot *triumphant* devant *royaume de France* et fait précéder le nom du roi des épithètes *grand, victorieux* et *triumphant*. A la page 102 de nos *Recherches*, nous avons expliqué la cause de ces changements qui n'ont pu avoir été faits qu'après le mois d'avril.

Les réimpressions de ce *quart livre* ont reproduit indifféremment l'une ou l'autre de ces versions, selon que les éditeurs faisaient usage d'un exemplaire du premier ou du second tirage. Il est à regretter que Fezandat, après avoir donné cette belle édition in-8. du *tiers* et du *quart livre*, n'ait pas réimprimé les deux premiers livres pour les joindre à ceux-ci qui sont justement recherchés. Pourtant l'exemplaire en 2 vol. *mar. citr.* aux armes du comte d'Hoym n'a été porté qu'à 15 fr. à la vente de cet amateur ; à 8 fr. chez La Valliere ; à 39 fr. chez Mirabeau ; à 15 fr. chez Bonnier ; et à 108 fr. chez Duriez. Aujourd'hui on ne l'aurait peut-être pas pour 1000 fr.

La *Briesuc declaration d'aulcunes dictions plus obscures contenues en dict livre*, morceau de 9 ff. qui se trouve dans quelques exemplaires de l'édition de Fezandat, in-8., fait partie de celle de *Lyon*, *Baltasar Aleman*, 1552, très-pet. in-8., en lettres rondes, laquelle se compose de 22 ff. prél., de 165 ff. chiffrés de 2 à 166, et 15 ff. non chiffrés, sign. A2—Bnn, pour la table et la *Briesue declaration*. Cette dernière pièce est aussi dans une édition in-8. de 1553, sans lieu d'impression, dont le titre porte : *nouuellement reueu et corrigée par le dict autheur pour la deuxieme edition*. Cette édition de 1553 a 17 ff. prél., 294 pp. et 12 ff. pour la table et la *Briesue declaration* est probablement la réimpression de l'édition de 1552, sans lieu d'impression, mais qui paraît avoir été impr. par Fezandat : 100 fr. *mar.* en 1846 ; 142 fr. *mar. v. d. de mar.* Bertin ; 205 fr. Salmon.

On a vu que la *Briève déclaration* se trouvait déjà dans les éditions de 1552 ; elle peut donc bien être de Rabelais qui a vécu jusqu'en avril 1553.

VI. *Autres éditions du même quart livre.*

1° Revu et corrigée pour la seconde édition. (*sans lieu*), 1552, in-12 ou 16 ff. prélim., 375 pp. de texte et 3 ff. pour la table (*Bibliothèque grenvil.*, p. 590).

2° 1552. (à la fin : *A Rouen par Robert Valentin, libraire*), in-16, feuillets non chiffrés, sign. A—S. On y remarque l'absence de caractères grecs : 119 fr. *mar. r.* Giraud ; 150 fr. Solar pour la Biblioth. impér. — 1553, in-16. (*sans nom de ville*) 17 ff. prélim., 294 pp., 17 ff. pour la table et la Briesue declaration. (Biblioth. impér.)

Ces petites éditions du 4° livre peuvent servir à compléter celle des trois premiers impr. à Valence, en 1547, où se trouvent déjà onze chapitres et un prologue du 4° livre que l'on a aussi imprimé séparément, comme on le verra ci-dessous. Cette première leçon de onze chapitres diffère beaucoup de celle que présente l'édition de 1552, et c'est ce

qui a engagé les nouveaux éditeurs de Rabelais à en donner les variantes.

3° LE QUART ‖ livre des faictz ‖ & dictz heroiques du ‖ noble Panta ‖ gruel. ‖ Composé par M. Francois Ra ‖ belais Docteur en Medici ‖ ne et Calloier des ‖ Isles Ilieres. *A Lyon* ‖ *Lan mil cinq cens quarante ʒ huit*, in-16 carré de 54 ff. non chiffrés, sign. A—F par 8 ff. et G par 6 avec fig. sur bois, 21 lign. par page ; en lettres rondes. (Biblioth. impér.)

Cette édition, sans nom d'imprimeur, plus belle que celle qui porte celui de Pierre de Tours, et, comme il ne s'y trouve pas de table, il est à croire qu'elle l'a précédée. L'une et l'autre doivent être sorties du même atelier, puisqu'elles contiennent en partie les mêmes vignettes sur bois, qui y sont placées différemment. La seconde de ces éditions a pour titre :

4° QUART ‖ LIVRE des ‖ faictz et ‖ dictz heroiques ‖ du noble Pan ‖ tagruel. *A Lyon par Pierre de Tours* (sans date), in-16 de 100 pp. chiffrées y compris le titre qui est dans une bordure, plus à la fin un 101° f. pour la table ; fig. sur bois ; impr. en gros caractères romains, à 23 lig. par page. Les pages 99 et 100 sont mal cotées 69 et 70.

— Le cinquiesme et dernier liure des faicts et dicts heroïques du bon Pantagruel, composé par M. François Rabelais, Docteur en Medecine, Auquel est contenu la visitation de l'Oracle de la diue Bacbuc, et le mot de la Bouteille pour lequel auoir est entrepris tout ce long voyage. *Nouuellement mis en lumière.* M. D. LXIIII, in-16, lettr. rondes.

Les feuillets du texte sont cotés de 2 à 113, non compris le frontispice, mais les chiffres sautent de 16 à 33. Il y a de plus cinq feuillets pour le titre. L'épigramme : Rabelais est-il mort... signée *Nature quite* (anagramme de Jean Turquet), se lit au verso du dernier. (Biblioth. impér.)

On a payé 450 fr. à la vente Solar (n° 2121) un exemplaire de cette même édition de 1564, rel. en *mar. citr.* par Trautz, mais mal annoncé dans le Catalogue sous la date de MDLXII.

Ce cinquième livre, publié onze ans après la mort de l'auteur, est partagé en 47 chapitres, mais celui des *Apedeftes* y manque, ainsi que dans la réimpression faite en 1565. Avant que l'ouvrage fût mis au jour sous le titre qu'il porte, il en avait paru un fragment sous celui-ci :

L'ISLE SONNANTE, par maistre François Rabelais, qui n'a point encore este imprimée ne mise en lumiere : en laquelle est continuée la nauigation faicte par Pantagruel, Panurge et aultres officiers. *Imprimé nouuellement* M. D. LXII, pet. in-8. de 32 ff.

Ce morceau, devenu fort rare, renferme seulement seize chapitres, y compris celui de l'*Isle des Apedeftes*, qui est le dernier. Ce premier texte, quoique fort incorrect , ne doit pas être négligé, parce qu'il peut offrir dans quelques passages la véritable pensée de l'auteur.

La réimpression qui a été faite du cinquième livre à *Lyon*, *par Ian Martin*, en 1565, in-16 (Biblioth. impér.), porte le même titre que l'édit. de 1564, et la suit page pour page, avec les mêmes fautes dans la pagination ; seulement la table n'y occupe que trois feuillets, parce qu'elle est imprimée en plus petits caractères. Ceux du texte, les capitales exceptées, semblent être les mêmes dans les deux éditions. 76 fr. *mar. viol.* A. Martin, en 1847.

Dans une autre édition in-8. du même livre, qui est à la Biblioth. impér. et dont le titre porte *Imprimé l'an* M. D. LXV., se voit une image sur bois de la Bouteille, représentant l'*épilenie*, ce qui est remarquable parce que cette figure n'a pas été mise dans les œuvres de Rabelais, que nous sachions, avant l'édit. de Jean Martin, 1567, puisque celles de 1558, où elle se trouve aussi, sont bien postérieures à la date qu'elles portent.

Ces trois éditions, de 1564 et 1565, et celle de *Lyon*, par *Jean Martin*, 1567, in-16 de 160 pp. en tout, sont les seules de ce cinquième livre, imprimé séparément, que nous connaissions. Cette dernière est en quarante-huit chapitres, dont celui des Apedeftes forme le septième ; elle contient, de plus que les précédentes, *la Prognostication*, *l'epistre du Limosin*, *le dizain pour indiquer*, *la cresme philosophale*, et *le distique Vita Lyæ sitis*... La figure de la bouteille est à la page 141, devant le chapitre XLVI.

VII. *Éditions sous le titre d'OEuvres.*

— Les OEuures de M. Francois Rabelais, docteur en medicine, contenans la vie, faicts et dicts Heroiques de Gargantua èt de son filz Panurge : auec la Prognostication Pantagrueline. M. D. LIII. (*Paris*), in-16. (Biblioth. impér.)

Volume de 932 pp., plus 10 ff. pour la table des chapitres, à la fin de laquelle est un registre des cahiers. Cette édition, sur le frontispice de laquelle le nom de Panurge a été substitué à celui de Pantagruel, est la première qui ait paru sous un titre collectif. Ce n'est, quant aux deux prem. livres, qu'une réimpr. médiocrement correcte de l'édition de Juste, 1542, et pour le troisième la reproduction d'une des premières éditions de 1546 ou 1547, en quarante-six chapitres dont le dernier est coté XLVII, parce que le chiffre XXVII a été passé.

— Les OEuures de M. François Rabelais... 1556. (*sans lieu d'impression*), in-16 de 740 pp. non compris la table ni la brieve declaration qui occupent 14 ff. à la fin. (Bibliothèque impér.)

Jolie édition en lettres rondes. On y a suivi, pour le troisième livre, un texte en 48 chapitres, le dernier coté 49. Il y manque donc, comme dans les deux précédentes, tout ce que contiennent de plus les éditions du même livre en cinquante-deux chapitres. 61 fr. *mar.* Nodier; 100 fr. *mar. v.* Duplessis, même prix Salmon; en *mar. bl. doublé de mar.* par Bauzonnet, 390 fr. Solar.

— AUTRES éditions des quatre premiers livres réunis. *Troyes*, *par Loys qui ne se meurt point*, 1556, 2 vol. in-16 de 415 et 547, plus 11 ff. pour la table. Elle est en lettres rondes, assez jolie et très-peu commune ; le titre est le même que dans celle de 1553. La première partie contient le Gargantua et le premier livre de Pantagruel ; la seconde, le troisième et le quatrième livre (ce dernier en 67 chapitres), et la *Prognostication*, qui commence à la page 532. Il est à remarquer que dans la première partie, le 2ᵉ livre commence à la p. 221 par un titre sous la date de 1546, qui était probablement celle de l'édition qui a servi de copie pour celle-ci, mais que nous ne connaissons pas. 185 fr. *mar. r.* Nodier, et moins cher depuis.

— Les OEuures de Mᵉ François Rabelais... contenant cinq liures... plus la Prognostication pantagrueline, auec l'oracle de la Diue Bacbuc, et le mot de la bouteille. Augmenté des Nauigatiŏns & Isle sonante, l'Isle des Apedeíres (*sic*); la Cresme Philosophale, auec vne epistre Limosine, et deux autres Epistres à deux Vieilles de differentes mœurs ; Le tout par Mᵉ François Rabelais. *Lyon*, *Iean Martin*, 1558, in-8. (Bibl. Stᵉ-Genev.)

61 fr. *mar. r.* Coste.

Nous plaçons ici cette édition à cause de la date qu'elle porte ; mais, après l'avoir bien examinée, nous sommes convaincu qu'elle est moins ancienne, et même nous présumons qu'elle pourrait bien être du commencement du XVIIᵉ siècle, parce qu'elle présente les mêmes substitutions de mots qu'on remarque pour la première fois dans l'édition de 1596, par *Pierre Estiard*, et ensuite dans celle de 1600, par *Jean Martin*, et surtout parce que l'orthographe se rapproche bien plus de celle dont on faisait usage alors que de l'orthographe usitée au milieu du XVIᵉ siècle.

— LES ŒUVRES de Mᵉ François Rabelais... A *Lyon*, pap (sic) *Iean Martin*, 1558, pet. in-12. (Biblioth. impér.)

Le titre est le même que celui de l'édition de même date, pet. in-8. Nous y trouvons encore la faute consacrée *Apedefres* au lieu d'*Apedeftes*. Cette édition, qui nous paraît avoir une fausse date, est peut-être un peu plus ancienne que l'in-8, et le papier en est moins mauvais. On y compte le même nombre de pages que dans d'autres éditions de Jean Martin de 1588, de 1600, de 1608 ou sans date, savoir ; pour les deux premiers livres, 347 pp. avec 7 pp. de la table ; pour les livres III et IV, 469 et 9 pp. ; pour le Vᵉ, 166 pp., plus 16 ff. non chiffrés qui contiennent la table et plusieurs pièces annoncées sur le titre. Le nom de *Jean Martin*, qui se lit sur le titre d'un certain nombre d'éditions de ce roman, ne prouve nullement qu'elles aient été imprimées toutes par ce libraire lyonnais. On se sera servi de ce nom comme on l'a fait plus tard de celui de *Pierre Marteau à Cologne*, pour faciliter la circulation d'éditions qui n'auraient pas pu être admises en certains pays sous le nom de leur véritable imprimeur. Nous mettrons donc bien avant ces deux éditions sous la date de 1558, celle de 1559, sans nom de ville ni d'imprimeur, in-16 de 418 et 533 pp. non compris la table des chapitres. Pour la beauté de l'impression elle n'est pas inférieure aux deux éditions de 1556, et elle donne le troisième livre complet. Un bel exemplaire en *mar. r.* 225 fr. Giraud.

L'édition de *Lyon*, 1564, in-16, sans nom d'imprimeur, est fort lisible ; les textes grecs y sont imprimés avec les caractères propres à cette langue, avantage que ne présentent pas les éditions au nom de *Jean Martin*. Pour le titre et pour le nombre de pages, c'est la même chose que dans l'édition de 1559. Nous avons eu sous les yeux un exemplaire de ces quatre livres, sous la date de 1564, auquel était réuni le cinquième, édition de 1564 décrite ci-dessus.

Les autres éditions des Œuvres de Rabelais faites pendant la seconde moitié du XVIᵉ siècle, qui réunissent aux cinq livres quelques morceaux accessoires, peuvent être réparties en trois classes, savoir : 1º les éditions données sous le nom de *Jean Martin*, à *Lyon*; 2º celles de *Lyon*, par *Pierre Estiard*; 3º celle d'*Anvers*, par *François Nierg*.

VIII. *Autres éditions de J. Martin.*

La première des éditions au nom de *Jean Martin*, qu'ait indiquée De l'Aulnaye au commencement du 3ᵉ vol. de son Rabelais, in-8. est de 1565, in-16; nous n'en avons vu que le 5ᵉ livre, décrit ci-dessus.

LES ŒUVRES de Maistre François Rabelais, docteur en medecine, contenant cinq liures de la vie, faits et dits heroiques de Gargantua et de son fils Pantagruel. Plus la Prognostication Pantagrueline, auec l'oracle de la diue Bacbuc, et le mot de la Bouteille. De nouueau veu et augmente de ce qui sensuit outre les autres impressions, les nauigations, et isle sonnante, l'isle des Apedefres (*sic*), la cresme philosophale, auec vne epistre limosine, le tout par M. François Rabelais. *A Lyon*, par *Jean Martin*, 1567, in-16.

Le titre est, à peu de chose près, le même que donnent toutes les éditions avec le nom de Jean Martin, excepté celle de 1509. Dans l'édition de 1584 et dans celles qui ont suivi cette dernière, il y a après une épistre limosine, *et deux autres epistres à deux vieilles de differentes mœurs*. On a ajouté sur le titre de 1600, *derniere edition de nouueau reuue et corrigée*, formule banale que rien ne justifie dans ce livre.

L'édition de 1567, en caractères très-menus, est augmentée de différentes pièces qui sont reproduites dans celle de 1569. Les quatre premiers livres forment deux parties, l'une de 320 pp. suivies de 4 ff. pour la table, l'autre de 408 pp. avec 4 ff. pour la table; le 5e livre occupe 160 pp. en tout. 40 fr. mar. r. Duplessis.

Voici le titre de l'édition de 1569, in-16, dont un exempl. en *mar. bl. d. de mar. r.* a été vendu 50 fr. Nodier.

LES ŒVVRES de maistre François Rabelais, docteur en medecine, contenant cinq liures de la vie, faicts et dicts heroiques de Gargantua et de son fils Pantagruel, et augmentez de l'isle des Apedeptes, de la cresme philosophale, et d'une epistre limosine : outre la nauigation en l'isle sonnante, la visitation de l'oracle de la diue Bacbuc, et le mot de la bouteille , la pronostication pantagrueline. A Lion , par *Jean Martin*, 1569.

— LES ŒVVRES de M. Francois Rabelais (comme dans l'édit. de 1567, ci-dessus). Augmenté de ce qui s'ensuit. Les Nauigations & Isle Sonante. L'Isle des Apedefres (*sic*), La Cresme Philosophale , auec Vne Epistre Limosine, & deux autres Epistres à deux Vieilles de differentes mœurs. Le tout par M. François Rabelais. *A Lyon par Jean Martin*, 1584, in-16 de 402 pp. et 5 ff. de table; 576 pp. et 6 ff. de table; 210 pp. et 19 ff. dont 2 pour la table.

Ce titre est pris sur l'exemplaire de la Biblioth. impér. ancien catal. Y². 835. D'après le nombre des pages qui diffère complètement de l'édit. sous la même date décrite ci-dessous il y aurait deux éditions portant *A Lyon par Jean Martin*, 1584. Celle-ci contient les *Epistres à deux vieilles femmes*, mais le titre n'en est pas modifié. Les mots : *Calvin, imposteurs de geneve*, manquent également à la fin de chap. XXXII du IVe livre.

L'autre édition de 1584, in-16 de 32 pages prélim., 388 et 404 pp. de texte, est en fort jolis caractères et préférable, sous ce rapport, aux éditions publiées plus tard, dans le format pet. in-12, sous le même nom de J. Martin. Nous avons indiqué, à la page 120 de nos *Recherches*, ce qu'elle a de plus ou de moins que les autres réimpressions faites sous le même nom, c'est-à-dire celles de 1586, in-16, de 1588, 1593, 1596, 1599, 1600, 1608, ou sans date, pet. in-12. Les éditions de 1588, 1600 (*mar. r.* 24 fr. Bergeret.) et 1608, et l'édit. sans date ont le même nombre de pages que l'édit. in-12 sous la fausse date de 1588, décrite ci-dessus. Celle de 1599, au contraire, n'a que 322 pp. et 4 ff.; 435 et 9 pp. 154 pp. et 9 ff. Dans celle de 1599, pet. in-12, les feuillets ne sont chiffrés que d'un seul côté; le 2e livre finit au 170e f., suivi de 4 ff. de table; le 3e livre commence au cah. P. avec une nouvelle pagination; le 4e finit au f. 231 recto, suivi de 9 pp. de table. Le 5e livre, dont le titre est au f. Mj, finit au f. 84 d'une nouvelle série de chiffres.

L'édition d'*Anvers, par François Nierg*, 1579, in-16 (Biblioth. impér. avec notes mans. de Jamet le jeune), est, nous le supposons, une copie de celle de 1573, in-16, donnée également sous le nom de Fr. Nierg : elle porte exactement le même titre que l'édit. de 1567, par J. Martin , mais pour le 5e livre elle reproduit l'édition de 1565; voilà pourquoi il y manque le chapitre des Apedeptes et les pièces ajoutées dans l'édit. de 1567. C'est un volume de 1150 pp., non compris un feuillet pour la bouteille et 13 ff. pour la table. Il finit au 5e feuillet du cahier Eee. Nous doutons que ces édit., sous le nom de Nierg , aient été impr. à Genève, par

H. Estienne, comme l'ont prétendu plusieurs bibliographes. Consultez, à ce sujet, la p. 123 de nos *Recherches*.

IX. *Éditions de Lyon , Pierre Estiard, in-16.*

Elles sont au nombre de quatre, et sous le même titre, à peu près, que celle de Lyon par J. Martin, 1567, ci-dessus.

1° 1571; — 2° 1573, en 3 part. contenant 402 pp. et 5 ff.; 576 pp. avec 6 ff.; 210 pp. avec 17 ff. et un 18e f. sur lequel est un fleuron : en *mar. r.* 80 fr. Veinant, et quelquefois de 9 à 12 fr. — 3° 1574, aussi en 3 part., même contenu que ci-dessus, excepté qu'il y a un feuillet de plus dans la 2e part., après la page 576, et que la 3e part. n'a que 209 pp. chiffrées, suivies de 15 autres qui ne le sont pas. Le dernier f. est le septième du cahier FFF. (Biblioth. impér.) ; — 4° sous ce titre :

LES ŒVVRES de Me François Rabelais... contenant la vie, faicts et dits heroiques de Gargantua et de son fils Pantagruel, plus la Pronostication pantagrueline. (*sans lieu d'impression ni nom de libraire*), M. D. XCVI, in-16 de 800 pp., y compris la pronostication, plus 15 ff. non chiffrés pour la *breue declaration* et la table, signatures ee et ff.

L'exemplaire de cette édition, rel. en *mar. r. doublé de mar.*, vendu 80 fr. Coste (et en *mar. rouge* 69 fr. Giraud), contenait le cinquième livre, sous ce titre :

LE CINQUIESME et dernier liure des faits et dits heroiques du bon Pantagruel, auquel il est contenu ce qui suit.... *Lyon, par Pierre Estiart*, MIL. CID. XCVI, de 193 pp., impr. en lettres ital. et 5 ff. pour la table.

Parmi les éditions des œuvres de Rabelais, faites au commencement du XVIIe siècle, nous trouvons d'abord celles d'*Anvers, Jean Fuet*, 1602 et 1605, pet. in-12, assez mauvaises sous tous les rapports; ensuite celle de *Troyes, par Loys qui ne se meurt pas*, 1613, pet. in-12, laquelle, pour les quatre premiers livres, doit être une réimpression de celle de 1556, avec le même nom supposé de libraire, nom qui pourrait bien cacher celui de *Loys Vivant*. 30 fr. mar. r. Solar.

A l'égard de l'édition de 1626, sans nom de ville ni d'imprimeur, in-8. de 1106 pp. avec 11 ff. pour la table , et en gros caractères , il faut croire qu'ainsi que dans celle de Nierg, on y a suivi le texte de 1565; car il y manque et le chapitre des Apedeptes, et les diverses pièces accessoires qu'indique faussement le titre. 24 fr. *mar. r.* Nodier.

X. *Éditions imprimées depuis le commencement du* XVIIe *siècle. — Traductions.*

— ŒEuvres..... augmentées de la vie de l'auteur et de quelques remarques sur sa vie et sur l'histoire. Avec l'explication de tous les mots difficiles. (*Amsterdam, L. et D. Elsevier*), 1663, 2 vol. pet. in-12 (à la Sphère).

Voilà sans doute une édition fort jolie, mais malheureusement c'est là son seul mérite, car elle fourmille de fautes d'impression, le troisième livre n'y est pas entier, et les courts éclaircissements qu'on a ajoutés au texte sont remplis de traits d'ignorance, ainsi que l'a prouvé Bernier, dans son *Véritable Rabelais reformé*, impr. à Paris, en 1697, in-12. Malgré cela c'est un livre fort recherché et dont les beaux exemplaires sont rares : 50 à 80 fr. De très-beaux exempl. rel. en *mar.* ont été vend. 75 fr. Gouttard ; 120 fr. (132 millim. *m. r.* par Derome) Desjoberts; 190 fr. (135 m.llim.) sale Silvestre, en 1825 ; et (même mesure) 240 fr. *mar. bl.* Renouard; 210 fr. *mar. bl.* Bertin; et 145 fr. Giraud; en *mar. v. dent.* armes du comte d'Hoym,

. 330 fr. Nodier; et en *mar. v. doublé de mar. r.*, reliure anc. datée de août 1695, 310 fr. Solar. Il y a quelques années, M. Renouard avait un exemplaire un peu plus grand que ces derniers, et qu'il disait être en pap. fort. Un semblable est porté à 13 liv. 13 sh. dans un catal. du libraire Thorpe (*London*, 1835).

L'édition de 1666, aussi en 2 vol. pet. in-12, copiée page pour page et même ligne pour ligne sur celle de 1663, a été imprimée avec les mêmes caractères déjà un peu fatigués, mais le papier en est moins beau. Les titres y sont ordinairement tirés en noir, excepté dans quelques exemplaires, où le titre du premier volume est en rouge, comme dans l'édition précédente : 9 à 15 fr. Vend. jusqu'à 35 fr. (bel exemplaire *mar. viol.*) Motteley.

L'édition de 1675, en 2 vol. pet. in-12, également imprimée en Hollande, est trop médiocre pour qu'elle puisse être attribuée à D. Elsevier. On y a ajouté une clef qui occupe un seul feuillet.

— Les OEuvres de M. François Rabelais. (même titre qu'à l'édit. de 1663). M. D. LIX (pour 1669), 2 vol. gr. in-12, titres en rouge et en noir.

Jolie édition, imprimée avec des caractères elseviriens, mais que nous croyons sortie des presses d'un imprimeur de Bruxelles. C'est bien certainement une copie de celle de 1663, dont elle reproduit le texte page pour page et presque toujours ligne pour ligne. Par suite d'une faute typographique, le frontispice du premier volume porte la date M.D.LIX, tandis que sur celui du second volume se lit la date M. D. LXIX, qui doit être la véritable, puisqu'il se trouve des exemplaires dans lesquels l'erreur a été rectifiée, et dont les deux titres sont de 1669. — Le premier volume a 12 ff. prélim., 488 pp. et 5 ff. pour la table. Les pages 215 et 216 sont répétées de même que dans l'édit. de 1663. Le second volume contient 459 pp., la table occupe 7 pp., et la *Clef du Rabelais*, laquelle ne se trouve ni dans l'édit. de 1663, ni dans les réimpressions qui en ont été faites en 1666, en 1675 et en 1691, est renfermée en 2 pp.

Il existe une, ou peut-être même deux éditions de Rabelais en 2 vol. gr. in-12, sous la date d'*Amsterdam, Adrien Moetjens*, 1659, ou avec des titres portant : *Bruxelles, Henri Fricx*, 1659; et cette même date répétée au faux titre du second volume. Or cette édition, sous deux titres différents, et de laquelle fait partie l'*Alphabet de l'auteur françois* (tiré de l'édit. de 1663), ne nous a paru imprimée ni en Hollande ni à Bruxelles ; nous ne la croyons pas aussi ancienne que la date qu'elle porte : ce serait, selon nous, une contrefaçon rouennaise de l'édition grand in-12 que nous venons de décrire, et dont on aura reproduit la fausse date du premier volume, qu'on aura naturellement répétée au second.

— Les OEuvres de Rabelais, avec des remarques historiques et critiques (de Jac. Le Duchat et Bern. de La Monnoye). *Amst., Henri Bordesius*, 1711, 5 vol. pet. in-8. fig. 20 à 25 fr.

Édition correcte, assez belle, et certainement la meilleure qui eût paru jusqu'alors du facétieux roman de Rabelais. Le Duchat en a conféré le texte sur un grand nombre d'éditions ; mais comme il n'a pas eu toujours les meilleures à sa disposition, les variantes qu'il a données ne sont ni aussi complètes, ni aussi bien choisies qu'on pourrait le désirer. Quant au commentaire, bien qu'il ne soit pas toujours satisfaisant, il renferme pourtant un certain nombre de bonnes notes. — Les exempl. en Gr. Pap. sont rares et recherchés : 40 à 60 fr. Vend., exempl. du C. d'Hoym, en *mar. r.*, 102 fr. La Vallière; 165 fr. F. Didot, et serait beaucoup plus cher aujourd'hui. Un autre exemplaire en *mar. r.*, mais bien moins beau, 160 fr. Nodier. — L'édition de 1725, en 5 vol. in-12, faite à Rouen, n'est qu'une contrefaçon fort

médiocre de la précédente. — La réimpression, augmentée de quelques remarques nouvelles (par Gueulette et Jamet l'aîné), 1732 (*Paris, impr. chez Pierre Prault*), 6 tom. en 5 vol. pet. in-8. fig., est en plus gros caract. que celle de 1711, mais elle est loin d'être aussi correcte : 12 à 18 fr. — Gr. Pap., 30 à 40 fr. ; en *mar. r.* 8 liv. 12 sh. Libri, en 1859.

On peut ajouter à ces trois éditions les *Lettres de Rabelais*, écrites pendant son voyage d'Italie, mises en lumière avec des observations histor. par MM. de Sainte-Marthe... édition augmentée de plusieurs remarques. *Bruxelles, Fr. Foppens*, 1710, pet. in-8.

— Les mêmes OEuvres, avec des remarques histor. et crit. de Le Duchat; nouvelle édition ornée de fig. de B. Picart, etc., augmentée de quantité de nouvelles remarques de Le Duchat, de celles de l'édit. angloise des œuvres de Rabelais, de ses lettres, et de plusieurs pièces curieuses et intéressantes. *Amsterdam, Jean-Fréd. Bernard*, 1741, 3 vol. pet. in-4.

Si cette édition est moins correcte que celle de 1711, par compensation elle est plus belle et plus complète. D'ailleurs les gravures dont elle est ornée lui donnent du prix : 60 à 72 fr. Vend. en *m. r.* 100 fr. Clos, et quelquefois plus cher. Les exemplaires en Gr. Pap. sont rares et fort recherchés : 479 fr. *mar. r.* rel. anglaise, Méon; 525 fr. *mar. viol.* Caillard ; 661 fr. (bel exempl. *m. r.*, rel. par Derome père) F. Didot; revend. 711 fr. (746 fr. Labédoyère); 565 fr. *m. r.*, exemplaire de Girardot de Préfond, Mac-Carthy; revend. 575 fr. (604 fr.) en 1838; autre, 23 liv. 12 sh. 6 d. *mar. citr.*, exempl. de Lamoignon, Dent ; 273 fr. (*rel. en v. f.*) en 1825; un autre, 379 fr. Pixerécourt, et revendu 574 fr. Giraud; un exempl. *broché*, 1005 fr. de Cotte.

— LES MÊMES œuvres. *Londres* (*Paris, Bastien*), 1782, 2 vol. in-8. 8 à 10 fr., et plus en pap. de Holl. — Tiré in-4., bas prix.

— LES MÊMES œuvres, suivies des remarques publiées en anglais par Le Motteux, et trad. en franç. par C. D. M. (de Missy). *Paris, Bastien, an VI* (1798), 3 vol. in-8., avec 70 fig.

Cette édition a été tirée sur 8 papiers différents, savoir : 1° pap. ordinaire, 15 à 18 fr. — 2° in-8. gr. raisin, 18 à 21 fr. — 3° in-8. Gr. Pap. vél., 21 à 27 fr. — 4° in-4. pap. fin. — 5° in-4. pap. vél. — 6° pet. in-fol. en 2 vol. — 7° in-fol. écu vél. — 8° in-fol. carré vél. Rien n'est moins gracieux que les exemplaires tirés in-fol., parce que la justification des pages est trop petite pour la grandeur du papier.

Les figures de cette édition ont été reproduites avec un texte de M. Francisque Michel, sous ce titre : *Rabelais analysé, ou explication des 76 figures gravées pour ses œuvres*, Paris, Barba, 1830, in-8. Dès l'année 1829, le libraire J.-N. Barba avait fait paraître une partie de ces mêmes planches sous cet autre titre : *Galerie rabelaisienne, ou Rabelais mis à la portée de tout le monde*, par L. J. G. C....n (Catalan dentiste) ; mais au lieu de 8 livraisons que devait fournir la première publication, il n'en a paru que trois, contenant 32 planches et 9 feuilles de texte.

— OEUVRES. *Paris, Théod. Desoer*, 1820, 3 vol. in-18, fig. sur bois.

Édition assez jolie, mais peu lisible et qui laisse à désirer pour la correction. Les deux premiers volumes renferment le texte, et le troisième un avertissement de l'éditeur (M. de L'Aulnaye), une liste des éditions, une table des matières, un glossaire, les *Erotica verba, etc.* Elle coûtait 18 fr. — Pap. coquille vél. 24 fr. — Pap. vél. superfin, 36 fr. — Il a été tiré six exemplaires, dont chaque feuille est de couleur différente.

— Les mêmes. *Paris, Louis Janet (impr. de Jules Didot)*, 1823, 3 vol. in-8.

Édition faite avec soin, mais dans laquelle on a adopté une orthographe arbitrairement vieillie qui n'est exactement celle d'aucune des éditions originales. Le troisième volume, de 672 pp., reproduit le même travail que l'édition de Desoer, mais augmenté par M. de L'Aulnaye, avec un *Rabelæsiana* assez étendu. Ce dernier volume qui, jusqu'à un certain point, peut tenir lieu de commentaire, est sans doute fort curieux ; mais l'usage en serait beaucoup plus commode si les différentes tables et les glossaires qui le composent étaient refondus en une seule table des matières, et en un seul glossaire, dont il faudrait écarter ce qui est tout à fait étranger à Rabelais. Une vie de celui-ci manque dans cette édition comme dans la précédente : 21 fr. — Pap. fin d'Annonay, 30 fr. — Gr. pap. vél. 48 à 60 fr. en *mar. r.*, fig. ajoutées, 80 fr. Nodier.

— OEuvres de Rabelais, édition Variorum, augmentée de pièces inédites, des Songes drolatiques de Pantagruel, ouvrage posthume, avec le texte *(lisez :* l'explication) en regard ; des Remarques de Le Duchat, de Bernier, de Le Motteux, de l'abbé de Marsy, de Voltaire, de Ginguené, etc. ; et d'un Nouveau commentaire historique et philologique, par Esmangart et Eloi Johanneau. *Paris, Dalibon (de l'imprimerie de Jules Didot l'aîné)*, 1823 (à 1826), 9 vol. in-8. fig.

Belle édition, ornée de dix vignettes et de deux portraits de Rabelais, d'après les dessins de Devéria, plus, des 120 fig. grotesques des *Songes drolatiques*, gravées sur bois par Thompson, et d'une carte du Chinonais, laquelle ne se trouve pas dans tous les exemplaires. Les 9 vol. ont coûté 110 fr. ; — carré vél. 220 fr. ; — Gr. raisin vél. fig. avant la lettre, 330 fr., et plus cher avec les eaux-fortes (prix réduits ensuite de moitié).

L'exemplaire tiré sur papier de Chine fort, avec les 12 dessins originaux de Devéria, n'a été vendu que 600 fr. en janvier 1830, et 505 fr. en 1839.

Un autre exemplaire sur papier de Chine, 161 fr. Pixerécourt.

Cette édition, déjà trop volumineuse, n'est pas entièrement achevée ; elle devait avoir dix volumes, et dans les derniers se seraient trouvées les pièces suivantes, savoir : la lettre de Rabelais au baillif des baillifs, les suppliques latines au pape, pour être absous de ses apostasies, le bref d'absolution du pape, une pièce inédite en vers latins, les tables chronologiques des principaux personnages et des événements des trois règnes sous lesquels Rabelais a vécu, la notice raisonnée sur diverses éditions de ses œuvres, le fac-simile de son écriture, les différentes clefs ; probablement aussi une vie de l'auteur et surtout une bonne table générale, accessoire indispensable dans un livre de ce genre. Malheureusement rien de tout cela n'a paru, et l'on sait d'ailleurs qu'E. Johanneau a cessé de donner ses soins à l'édition à partir de la neuvième feuille du tome VIII ; voilà pourquoi il ne se trouve guère dans ce volume-là d'autres notes que celles de Le Duchat, tandis que dans les premiers volumes les notes nouvelles sont multipliées avec une telle profusion que, d'une centaine de vers qui composent le 2ᵉ chapitre du Gargantua, intitulé : *Fanfreluches antidotées*, on est parvenu à faire un cahier de 48 pp. Ces notes sont de deux sortes : historiques et philologiques : dans les premières, que, d'après l'avis placé au premier volume, nous attribuons à Esmangart, on s'est attaché à expli-

quer tous les passages de Rabelais qu'on suppose se rapporter à des événements contemporains, à dévoiler les personnages qui sont introduits dans le roman sous des noms supposés ; enfin on a eu la prétention de ne rien laisser sans une explication bonne ou mauvaise. Par malheur un examen attentif de ce travail nous a démontré qu'il n'est pas plus satisfaisant que ceux de Bernier, de Le Motteux et de l'abbé de Marsy. Il présente des explications erronées et contradictoires, dont E. Johanneau lui-même paraît avoir reconnu, un peu tard à la vérité, toute l'absurdité, et qu'il relève même indirectement dans quelques-unes de ses notes des tom. III et IV. La partie philologique appartient particulièrement à ce dernier éditeur ; sans être exempte d'erreurs et de prolixité, et quoiqu'elle contienne nombre de remarques tout à fait inutiles, elle est meilleure que le commentaire historique ; elle a d'ailleurs l'avantage de reproduire presque en entier le travail estimé de Le Duchat, avec des additions et des rectifications qui en augmentent l'intérêt. C'est à ce titre particulièrement que cette édition tiendra sa place dans les bibliothèques en attendant qu'une autre mieux faite, et par conséquent moins volumineuse, vienne la remplacer. Ajoutons que c'est la première qui ait reproduit bien exactement le texte du troisième livre, d'après l'édition de Fezandat, 1552. Celle de M. de L'Aulnaye, préférable à celle de Johanneau sous plus d'un rapport, ne saurait cependant en tenir lieu ; parce qu'elle n'a pas de commentaire.

— LES OEUVRES de Rabelais, édition augmentée d'un glossaire et de remarques historiques et philologiques de tous les commentateurs. *Bruxelles, Tancé*, 1830, 6 vol. in-18 avec 22 vignettes par Thomson. 18 fr.

— LES OEUVRES de Rabelais. *Paris, Ledentu*, 1835, gr. in-8. à 2 col. portr. 6 fr. Troisième édition donnée par de l'Aulnaye où l'*avertissement* de l'édition de 1825 a été remplacé par une notice de 3 pp. sur Rabelais.

— OEUVRES de F. Rabelais, nouvelle édition augmentée de plusieurs extraits des chroniques admirables du puissant roi Gargantua, ainsi que d'un grand nombre de variantes et de deux chapitres inédits du cinquième livre, d'après un manuscrit de la Bibliothèque du roi, et accompagné de notes explicatives, par L. Jacob, bibliophile. *Paris, Charpentier*, 1840 (réimpr. en 1842, en 1845 et depuis), gr. in-18. 3 fr.

L'éditeur de ce volume, M. Paul Lacroix, avait déjà donné une édition de Rabelais, accompagnée de notes explicatives du texte, et précédée d'une notice, *Paris, Pinard*, 1825-27, 5 vol. in-32. Celle qu'il a publiée en un seul volume est plus complète et offre, dans le Vᵉ livre, des variantes importantes recueillies par l'éditeur dans un manuscrit de la fin du XVIᵉ siècle, conservé à la Bibliothèque impériale ; malheureusement l'exiguïté des caractères qu'on a employés en rend la lecture fatigante.

— OEUVRES de François Rabelais contenant la vie de Gargantua et celle de Pantagruel augmentées de plusieurs fragments et de deux chapitres de 5ᵉ livre restitués d'après un manuscrit de la bibliothèque impériale. Précédées d'une notice historique sur la vie et les ouvrages de Rabelais augmentée de nouveaux documents par P. L. Jacob bibliophile. Nouv. édit. revue sur les meilleurs textes et particulièrement sur les travaux de J. Le Duchat et de S. de L'Aulnaye, éclaircie quant à l'orthographe et à la ponctuation, et accompagnée de notes succinctes et d'un glossaire, par Louis Barré. Illustrations par Gustave Doré. *Paris, J. Bry aîné*, 1854, gr. in-8. à 2 col.

— OEUVRES de Rabelais collationnées pour la première fois sur les éditions originales, accompagnées de notes nouvelles, et ramenées à une orthographe qui facilite la lecture bien que choisie exclusivement dans les anciens textes, par MM. Burgaud des Marets et Rathery. *Paris, Firmin Didot*, etc. 1857-58, 2 vol. gr. in-18. 8 fr.

Édition très-recommandable, dont les notes témoignent de l'érudition philologique de leurs auteurs, et surtout de leur connaissance des patois de la France, chose si nécessaire pour bien comprendre Rabelais.

— Les mêmes œuvres, seule édition conforme aux derniers textes revus par l'auteur, avec les variantes de toutes les éditions originales, des notes et un glossaire. *Paris, P. Jannet*, 1858, in-16.

Édition rédigée par M. P. Jannet, et d'après le système que nous avons émis dans nos nouvelles Recherches sur les éditions de Rabelais. Malheureusement le premier volume est jusqu'ici le seul qui ait paru.

La même. Nouvelle édition, revue sur les meilleurs textes.... éclaircie quant à la ponctuation, accompagnée de notes succinctes et d'un glossaire par Louis Barré. *Paris, Garnier frères*, 1860, grand in-18. D'après l'édition donnée par M. P. Lacroix.

— Le Rabelais moderne, ou ses œuvres mises à la portée de la plupart des lecteurs (par l'abbé de Marsy). *Amst.* (*Paris*), 1752, 8 vol. pet. in-12. 12 fr.
Ce Rabelais, en style moderne, n'a pas eu de succès, et à peine en recherche-t-on les exempl. en papier de Hollande : 24 à 30 fr. Vend. 60 fr. *mar. v.* Bertrand.

———

-— The Works of Rabelais translated into english, with notes by Th. Urchard, Le Motteux, and J. Ozell. *London*, 1807, 4 vol. pet. in-8. fig. 30 fr., et plus en Gr. Pap.

Cette traduction, que les Anglais regardent comme un modèle en ce genre, a paru pour la première fois à Londres, 1653, 2 vol. in-8., mais sans les notes qui ont été ajoutées dans l'édit. de *Lond.*, 1736, en 5 vol. in-12 (réimprimée en 1750, avec une nouvelle suite de gravures), et dans celles de 1784 et de 1844, en 4 vol. in-12. Ces notes se trouvent aussi dans l'édition de 1784 en 4 vol. in-12. Les éditions de *Lond.*, *Bohn*, 1849 (et aussi 1853), 2 vol. pet. in-8. portr. contiennent des notes de John Wilkes, extraites d'un exempl. du texte annoté de sa main.
Il y a une nouvelle édit. de la traduction de Rabelais par Th. Urchard ou Urquhart, avec une introduction et une vie de l'auteur du Gargantua, par Théodore Martin. *London*, 1838, in-4., avec un frontispice par C.-K. Sharpe. Tiré à 100 exempl. seulement, 3 liv. 3 sh.
Le Gargantua allemand de Jean Fischart, dit Mentzer, est plutôt une imitation qu'une véritable traduction du premier livre de Rabelais; toutefois il a eu beaucoup de succès. Ebert en cite une première édition de 1552, in-8. avec fig. sur bois, sur le titre de laquelle on lit : *Getruckt zur Grenesing im Gännserich;* mais cette date est suspecte, et l'on suppose qu'il faut 1582 au lieu de 1552. Alors la première édition serait celle de 1575 (sans lieu d'impression), in-8. avec fig. sur bois, laquelle porte le titre suivant: *Affenteurliche vnd Vngeheurliche Geschichtschrift Vom Leben, rhaten vnd Thaten der for langen weilen vollenwol-beschraiten Helden vnd Herrn Grandgusier, Gargantoa vnd Pantagruel, Königen vn Vtopien vnd Nienenreich. Etwan von M. Fr. Rabelais Französisch entworfen : Nun aber vberschrecklich lustig auf den Teutschen Meridian visirt, vnd vngefährlich obenhin, wie man den Grindigen lausst, verbirt, durch Huldrich Elloposcleron Reznem* (Menzer). Le corps du volume a des signatures A—ee. L'ouvrage a été réimprimé sous un titre différent, et sous cette date: *Gedruckt zur Grenflug im Gännserich*, 1594, in-8. de 288 ff. chiffrés, fig. sur bois, et aussi en 1596, 1600, 1605 et

1617, sans compter les éditions de 1577, 1582 et 1590, aussi in-8., qu'indique Ebert. Nous citerons encore:

Gargantua und Pantagruel, umgearbeitet nach Rabelais und Fischart von Dr Eckstein (Ch. Lävin. F. Sander). *Hamburg*, 1785-87, 5 vol. pet. in-8.

Meister Franz Rabelais des Arzeney Doctoren Gargantua und Pantagruel, aus dem Französischen verdeutscht, mit Einleitung und Anmerkungen, den Varianten des zweiten Buchs von 1533, auch einem noch unbekannten Gargantua, herausgegeben durch Gottlob Regis. *Leipzig*, 1832-41, 2 tom. en 3 vol. in-8. 13 thl. 22 gr.
Le premier vol. contient la traduction allemande. Le deuxième vol., 1re et 2e part., a ccxxxi pp. (*Einleitung*), et plus de 1500 pp. (*Anmerkungen*).
Le travail de M. Regis est fort curieux, mais bien des gens le trouveraient beaucoup trop diffus.
Une traduction hollandaise des œuvres de Rabelais par Claudio Gallitalo a été impr. à *Amsterd., J. ten hoorn*, 1682, en 2 vol. in-8.

XI. *Prognostication, lettres et opuscules écrits par Rabelais, ou qui lui sont attribués.*

Pantagrueline prognosticatiõ certaine veritable τ ĩfalible pour lä mil D. xxxiii. nouuellemẽt composee au profit z aduisemẽt de gẽs estourdis et musars de nature p̄ maistre Alcofribas architriclin dudict Pantagruel. (*sans lieu d'impression*), in-4. de 4 ff. en petits caractères goth. (Biblioth. impér. à la suite du Gargantua impr. en 1532.)

Édition originale de cette Prognostication. Elle a dû paraître, sinon en même temps que le Pantagruel, du moins fort peu de temps après, c'est-à-dire à la fin de l'année 1532. La première page offre, outre le titre ci-dessus, une vignette sur bois, où sont représentés deux hommes, dont un avec un bonnet surmonté de deux cornes. Au bas se lisent quatre lignes de texte : *De nôbre dor non dicitur.* Le verso du 4e f. ne contient que 19 lign., plus le mot *finis*, et plus bas une vignette où figure un écusson soutenu par deux enfants.
La plus ancienne édition que nous ayons vue de cette Prognostication, après l'in-4. ci-dessus, est un in-8. de 8 ff., en caractères gothiques à 24 lign. par page, dont voici le titre :

Pantagrueline ‖ pnosticatiõ certaine veritable et infalible ‖ pour lan mil D. XXXIII. nouuellement cõ ‖ posce au proffit et aduisemẽt de gẽs estour ‖ dis et musars de nature par maistre Alco ‖ fribas architriclin dudict Pantagruel. Il y a après ces lignes une vignette représentant un homme, la plume à la main, assis auprès d'un pupitre, et au bas:

De nombre dor non dicitur.

Cette édition, que nous avons trouvée reliée avec le Pantagruel impr. à Poitiers en 1533, nous a paru être sortie des presses parisiennes ; le texte (*Au lizeur beniuole salut et paix en Jesuschrist*) y commence au verso du titre, et se termine en recto après la dix-neuvième ligne du dernier f. par le mot *finis*; le verso du même feuillet est resté en blanc. La Prognostication y a six chapitres, comme à la première édition, mais avec quelques augmentations dans les premiers, et plusieurs modifications grammaticales. Celle de *Lyon, Juste*, 1534, est augmentée de quatre chapitres pour les quatre saisons de l'année. L'édition de 1537 (aussi 1538, celles de Dolet 1542, et de Valence 1547, reproduisent le texte de 1534, avec cette phrase ajoutée à la fin : *O o poultailles faictes vos nids tant hault ?* Cet almanach a été réimprimé à la suite du second livre de Rabelais, dans la plupart des éditions anciennes de cette partie, toutefois en y changeant le chiffre de l'année pour l'adapter à l'époque de la publication du livre, de manière que dans le Pantagruel de 1534 la Prognostication est pour 1535, et dans celui de 1537, elle est pour l'année 1538, et ainsi de suite. Pourtant le titre de l'édition de Lyon, Fr. Juste, 1542, porte pour l'*an perpetuel*, et non pas le chiffre particulier d'une année. Cette édition de 1542 contient plusieurs additions qui ont passé dans les éditions plus récentes.

Rabelais, indépendamment de cette Prognostication, a réellement composé plusieurs Almanachs qui ont été impr. chez Juste en 1533, en 1535 et depuis, Ant. Leroy, dans sa vie de Rabelais, restée manuscrite, en a donné non-seulement le titre, mais encore des extraicts assez étendus, qui ont été reproduits par Niceron (XXXII, 376-77), par de L'Aulnaye (édit. in-8., III, 2) et plus au long par M. Paul Lacroix, à la fin du Rabelais, édition de Charpentier, gr. in-18. Plus tard, en mai 1853, M. Guillemot, libraire, a trouvé, dans la couverture d'un livre impr. en 1542, les feuillets 1 et 4 des feuilles A et B d'un *Almanach pour lan MDxlj, calculé sur le meridien de la noble cité de Lyon a leleuation du pole par xlv degrez xv minutes en latitude z xxvj en longitude par Maistre Francoys Rabelais* (sans lieu ni date), in-16. Ce précieux fragment a été acquis par la Bibliothèque impériale. On a attribué également à Rabelais un *Almanach pour l'année 1546, item la declaration que signifie le soleil parmy les signes de la natifuité des enfans;* imprimé à Lyon deuant Nostre-Dame de Confort (pour cette déclaration voyez GUILLERMIN). Ce sont là des curiosités devenues presque introuvables, auxquelles le nom de l'auteur donne une certaine importance, et même une assez haute valeur pécuniaire.

— Les Epistres de François Rabelais..., escrites pendant son voyage d'Italie, nouvellement mises en lumière, avec des observations historiques (par Messieurs de Sainte-Marthe) et l'abrégé de sa vie. *Paris, Ch. de Sercy*, 1651, pet. in-8.

Première édition de ces lettres: elle est un peu moins complète que la réimpression de *Bruxelles, F. Foppens,* 1710, pet. in-8. (voir ci-dessus, col. 1060), laquelle pourtant ne contient pas toutes les lettres qui se trouvent dans les dernières édit. des œuvres de Rabelais données par M. Paul Lacroix, et par MM. Burgaud des Marets et Rathery.

— La Sciomachie & festins, faits à Rome, au palais de mon seigneur reuerendissime cardinal du Bellay, pour l'heureuse naissance de mon seigneur d'Orléans; le tout extraict d'vne copie des lettres escrites à mon seigneur le reuerendissime. cardinal de Guise, par M. François Rabelais, docteur en médecine. *A Lyon, par Sébastien Gryphius,* M. D. XLIX, pet. in-8. de 31 pp. chiffrées. (Biblioth. impér.) [23465]

Pièce fort rare, vend. 3 fr. La Vallière: 92 fr. (exemplaire rogné jusqu'à la lettre) première vente Nodier, et 42 fr. 50 c. en 1839; 76 fr. Coste; 80 fr. Salmon. Elle a été réimprimée dans le 2e vol. de l'édit. de De L'Aulnaye, dans le 8e de celle de Esmangart, dans le 2e de l'édit. de 1857, etc.

— Stratagêmes, c'est-à-dire, Prouesses, et ruses de guerres du preux et très célèbre Chevalier Langey, au commencement de la tierce guerre Cesariane; traduit du latin de Fr. Rabelais, par Claude

Massuau. *Lyon, Sebastien Gryphius,* 1542, in-8. [à côté de 8582]

Du Verdier est le seul bibliographe qui parle de ce livre devenu introuvable, mais il en donne le titre d'une manière si positive qu'il n'est guère permis de douter de son existence. Ce chevalier de Langey est probablement Guillaume du Bellay, à la maison duquel Cl. Massuau était attaché. Rabelais nomme ce dernier dans le 27e chapitre du 4e livre de son Pantagruel. (Pour les *Instructions sur le faict de guerre,* attribuées à Guil. du Bellay, voy. notre tome III, col. 445-46.)

— ANTIQUÆ Romæ topographia. Voy. MARLIANUS.

— LUCII Cuspidii testamentum. Voy. CUSPIDIUS.

XII. *Ouvrages attribués à Rabelais.*

— Les Songes drolatiqves de Pantagrvel, ou sont contenues plusieurs figures de l'inuention de maistre François Rabelais: & derniere œuvre d'iceluy, pour la recreation des bons esprits. *A Paris, par Richard Breton,* M. D. LXV, pet. in-8. [17128]

Ce petit volume, fort difficile à trouver complet, a des signat. de A-G par 8. La signature G est double; mais dans l'exemplaire de la Biblioth. impér., de même que dans celui qui provient de Girardot de Préfond, ce dernier cah. n'a que sept feuillets, ce qui réduit le nombre des planches à 118 au lieu de 120 que contiennent les exemplaires complets. Ces planches grotesques gravées sur bois sont imprimées des deux côtés des feuillets, et sans texte. Les trois premiers feuillets sont occupés par le titre et par l'épitre *Au lecteur salut.* Rabelais, dont ce livre porte le nom, n'y a eu aucune part, mais ses ouvrages en ont donné l'idée. Vend. 100 fr. Goutard; 150 fr. bel exemplaire (de Girardot de Préfond) Mac-Carthy, et 411 fr. Nodier; un autre, *mar. r. dent.* par Trautz, 775 fr. Solar. Une reproduction sur bois par Thomson des 120 pl. de cette édition forme le tome IX de l'édit. donnée par Eloi Johanneau (ci-dessus col. 1061). Dans le catalogue de Lamy, n° 3775, se trouvent *Les songes drolatiqves de Pantagruel de l'invention de maistre François Rabelais,* in-fol.; recueil de 122 dessins à la plume, qu'on a voulu faire passer pour l'original du livre précédent. C'est d'après ce manuscrit que le libraire Salior a publié, vers l'année 1797, une nouvelle édition des *Songes drolatiques,* de laquelle nous avons vu seulement 60 pl. gravées par C. N. Malapeau, pet. in-4. La suite, à ce que l'on prétend, a été terminée, mais non publiée. Dans notre 3e vol., col. 3, article HABERT, nous citons un ouvrage intitulé *Le Songe de Pantagruel,* mais tout à fait différent de celui-ci.

Nous remarquons, dans la *Biblioth. heber.,* VIII, n° 2429, le titre suivant : *Wunderseltzame denen Gargantoisch und Pantagruelischen, etc.* Augsp., 1612, in-4. 16 pl. de caricatures. Vend. 1 liv. 1 sh. Ajoutons que dans son Dictionnaire, n° 18542, Ebert décrit, à l'article *Rabellina tabella... traducta a Rabellino,* un pet. in-4. de 48 ff. portant la date de 1534, quoique la marque du papier prouve qu'il n'a pas dû être impr. avant l'année 1750. C'est un livre de magie écrit en allemand, dont le titre, plein de non-sens, commence ainsi : *Trinum perfectum magiæ albæ et nigræ. Das sind Vier Bücher darinn die wahre Magische, Astrologische, Geometrische und Cchymische* (sic) *Weissheit... Pour le Pandarnassus,* voy. ci-dessus, col. 1041.

— Le Disciple de Pantagruel. M. D. XXXVIII (et au verso du titre) Le Voyage & Navigation que fist Panurge, disciple de Pantagruel, aux isles incongnues &

estrãges ; & de plusieurs choses merueilleuses difficiles à croyre qu'il dict auoir veues, dont il faict Narration en ce present volume ; & plusieurs aultres Ioyeusetez pour inciter les Lecteurs & auditeurs à Rire, in-16 de 48 ff. chiffrés, fig. sur bois, lettres rondes (voy. ci-dessus, col. 1048).

— AUTRE édition sous le même titre. (à la fin) : *Imprimé a Paris par Denys Ianot, libraire et imprimeur, a l'enseigne Sainct Jehan Baptiste.* (sans date, mais de 1540 environ), in-16 de 48 ff. non chiffrés, fig. sur bois, lettres rondes. (En 31 chapitres, le 30e est en vers.)

Nous ne pouvons nous dispenser de parler ici de cette plate facétie qui ne saurait être de Rabelais, bien qu'elle ait paru à la suite du Pantagruel, éditions de 1537 et 1538, et aussi (sous le titre de *Merveilleuses navigations de Panurge*) dans les éditions du même livre, de *Lyon, Dolet*, 1542, et de Valence, 1547. Il est difficile de savoir si ce pastiche rabelaisien est originaire de Lyon, ou s'il a été mis au jour à Paris pour la première fois. A la vérité Du Verdier, article *Bringuenarilles*, en cite une édition de *Lyon, par Olivier Arnoullet*, sans date, sous le titre de *Voyage du compaignon de la bouteille*, mais nous n'en avons pas vu de plus ancienne que celle de 1538 ci-dessus, laquelle, ainsi que nous l'avons dit, a été reproduite avec les même caractères et sous le même titre, mais non sans quelques variantes, à *Paris par Denys Ianot*, sans date. Cette même facétie a reparu sous les différents titres suivants :

— La Navigation de Panurge disciple de Pantagruel es isles incogneues et estranges. Reueu de nouueau oultre les aultres impressions, 1543. *On les vend a Lyon en la rue merciere, par Pierre de Tours*, in-16 de 48 ff. non chiffrés, sign. aai jusqu'à FF 5. caract. goth.

Un exempl. rel. *en mar. citr.* par Trautz, 400 fr. Solar.

Cette partie a été imprimée pour faire suite au Pantagruel, édition de *P. de Tours*, sous la même date ; elle peut aussi être réunie à celle de Lyon, *Fr. Juste*, 1542. C'est ainsi que se trouve complété l'exemplaire du Pantagruel conservé à la bibliothèque de l'Arsenal. Dans celui des deux premiers livres (édit. de Juste, 1542) que possède la Bibliothèque impériale, c'est l'édition de Denis Janot qui a été ajoutée.

BRINGUENARILLES covsin germain de Fessepinte. On les vend à Rouen aux boutiques de Robert et Jehan Dugort frères, 1544. (à la fin) : *Imprime a Rouen, par Jean le prest*, in-16 de 48 ff., avec figures sur bois.

Édition non moins rare que les précédentes. Le nom de Bringuenarilles y est substitué à celui de Panurge. Vend. 170 fr. *m. v.* Crozet ; 220 fr. Nodier, et 210 fr. Baudelocque.

LA NAVIGATION du compaignon à la bouteille. *Rouen, R. et J. Dugort*, 1545 (réimpr. en 1547, Biblioth. impér.), in-16 de 48 ff. fig. sur bois. Un joli exemplaire de l'édit. de 1545, rel. en *mar.* et *doublé de m.* par Bauzonnet, est porté à 220 fr. dans le Bulletin de Techener, 2e série, n° 1523, et a été vendu 520 fr. Solar.

LE VOYAGE et navigation des isles incogneues contenant choses merueilleuses et fort difficiles à croire, toutes fois ioyeuses et recreatiues. *Lyon, par Ben. Rigaud et Ian Saugrain*, 1556. (à la fin) : *impr. a Lyon par Iaques Faure*, in-16. (Biblioth. impér.)

Cette édition est aussi en 31 chapitres, mais le texte

diffère beaucoup de l'édition de Denis Janot, et ne se termine pas de même. Elle n'a point de figures.

LE VOYAGE et navigation que fit Panurge disciple de Pantagruel aux isles incongnues et estranges, et de plusieurs choses merveilleuses, difficiles a croire qu'il dict avoir veuës : dont il faict narration en ce present volume, et plusieurs autres joyeusetez pour inciter les lecteurs et auditeurs a rire. (à la fin) : *Orleans, par Eloy Gibier*, 1571, in-16 de 91 pp.

LA NAVIGATION du compaignon à la bouteille ; avec le discours des ars et sciences de maistre Hambrelin (en vers). *Paris, Cl. Micard*, 1576, in-16 de 48 ff. non chiffrés, fig. sur bois. (Biblioth. impér.)

Le discours de Hambrelin, qui occupe les sept derniers feuillets, n'est ni dans les éditions précédentes, ni dans celle qui suit.

LE VOYAGE et navigation des isles et terres heureuses, fortunees et incognuës ; par Bringuenarille Cousin germain de fesse Pinte. Contenant choses merueilleuses & difficiles. De nouveau reueu corrigé et augmenté par H. D. C. *A Rouen, chez Nic. Lescuyer*, 1578, in-16 de 88 pp., plus, sur un f. séparé, *Au lecteur* (huitain). (Biblioth. impér.)

Cette édition a deux chapitres de plus que celle de Rouen, 1545. Il s'en trouve une de *Paris, Nic. Bonfons*, 1574, pet. in-12, sous le même titre dans la *Biblioth. baluz.*, n° 10500.

— LA NAVIGATION du compaignon à la bouteille. *Lyon, par Jean Josseran*, 1595, in-16, fig. sur bois, sign. A—F v,

Un exemplaire dans lequel il manquait une partie du f. B 2. 12 fr. en décembre 1861.

NAVIGATION du compagnon à la bouteille, avec les prouesses du merveilleux géant Bringuenarille. *Troye, Ve de Nicolas Oudot* (sans date), in-16 de 40 ff. *en v. f.* 40 fr. Nodier.

«Ces six (il y en a douze) articles, dit M. de L'Aulnaye dans sa Notice des éditions de Rabelais, désignent un seul et même ouvrage ; ensemble une exacte observation des merueilles par luy veuës tant en l'vn que l'autre monde. *A La Rochelle, par Michel Gaillard. Auec Priuilege.* (sans date), in-12 de 291 pp. et la table. Biblioth. impér. [17131]

Nous citerons encore l'édition de *Lyon, jouxte la copie impr. à La Rochelle*, 1615, in-16 ; et une autre édition avec quelques différences dans le titre : *Lyon, iouxte la coppie imprimée à la Rochelle*, 1616, in-16 de 390 pp., sans les pièces liminaires ni la table (Biblioth. impér.) : 16 fr. Bignon ; 9 fr. De Bure.

Ce livre, devenu assez rare, est, au jugement de d'Artigny (Mémoires, I, 439), une satire contre la réformation, remplie de mauvais quolibets, de plaisanteries grossières, d'obscénités dégoûtantes et de profanations de l'Écriture sainte. On en ignore l'auteur, que Falconet soupçonnait cependant être Guill. Reboul, dont il est parlé à la page 116 de l'édition de Lyon, 1616.

SUITE du nouveau Panurge, livre second. *A La Rochelle, par Mich. Gaillard* (sans date), pet. in-12 de 12 ff. prélimin., et 305 pp. Cette suite est

production qui puisse enfanter l'esprit humain. » Ce jugement n'empêche pas que des bibliophiles ne payent fort cher les exemplaires des anciennes éditions de ce petit livre qui nous sont parvenus bien conservés.

XIII. *Ouvrages faits à l'imitation de Rabelais, ou qui se rapportent à sa personne et à ses écrits.*

LE NOUVEAU PANURGE, auec sa navigation en l'Isle Imaginaire, son rajeunissement en icelle, et le voyage que feit son esprit en l'autre monde pendant le rajeunissement de son corps ; ensemble une exacte obseruation des merueilles par luy veuës tant en l'vn que l'autre monde. *A La Rochelle, par Michel Gaillard. Auec Priuilege.* (sans date), in-12 de 291 pp. et la table. Biblioth. impér. [17131]

beaucoup plus rare que la première partie, laquelle a été réimprimée sous ce titre :

NOUVELLES recreatives, plaisantes, curieuses et admirables, d'un renommé vieil homme nommé Panurge, et du voyage que fist son âme en l'autre monde pendant le rajeunissement de son corps ; comprins toutes les curiositez et merveilles par luy veuës, tant en ce monde qu'en l'autre. *A Toulouze, par Bienfaisant, Chasse diables*, 1616, in-16.

Un exemplaire de cette édition en *mar. orange doublé de mar. bl.* par Trautz, 300 fr. Solar ; un autre en *mar. r.*, et également rel. par Trautz, 140 fr. Bulletin de Techener, 1853, n° 1227.

RABELAIS ressuscité, recitant les faits et compartimens admirables du tres valeureux Grandgosier, roi de Place vuide, traduict du grec-affricain en françois par Thibaut le Nattier, clerc au lieu de Burges en Bassigny [N. de Horry]. *Rouen, Jean Petit*, 1611, in-12. [17130]

— AUTRE édition, *Paris, du Breuil*, 1614, in-12 de 87 ff. (selon Niceron). — Autre de 1615, in-12 (catal. de la Serna Santander, n° 3289).

Ouvrage misérable, divisé en 22 chapitres. C'est bien à tort que Barbier (n° 19382 de son *Dictionn. des anonymes*), a prétendu que c'était le même que *la Navigation du compaignon à la bouteille*.

D'autres imitations du Gargantua sont indiquées dans les *Essais philologiques sur Rabelais*, par M. Brunet de Bordeaux, *Paris, Techener*, 1841, in-8. de VI et 88 pp.

— Rabelais (le) réformé par les ministres et nommément par Pier. Du Moulin, ministre de Charenton, pour réponse aux bouffonneries insérées en son livre de la vocation des Pasteurs. *Brusselles, Christ. Girard*, 1619, in-8. [18409]

Cet ouvrage anonyme est du fameux P. Garasse, jésuite. Les personnes qui en jugeraient d'après les premiers mots du titre pourraient croire que c'est un texte de Rabelais épuré en ce qu'il a de trop libre, soit dans le fond des choses, soit dans les expressions ; tandis que c'est simplement une satire contre plusieurs ministres, et surtout contre Du Moulin, que l'auteur accuse d'être l'imitateur de Rabelais. Quoique ce soit un livre des plus ennuyeux, il a été réimprimé *à Bruxelles*, en 1620, in-8. ; *à Lyon*, 1620, in-12, et *à Toul, chez Martel*, en 1621, in-8. Le traité de P. Du Moulin qui y a donné lieu avait paru *à Sedan, chez Jean Jannon*, en 1618, in-8.

Le livre du P. Garasse nous en rappelle un autre qui doit être aussi contre les calvinistes ; et dont voici le titre :

LES RENCONTRES et imaginations de Rabelais, contre le moulin et les molinets de Charenton. *Paris, jouxte la copie impr. à Bruxelles, par Christophe Girard*, 1620, in-8.

(Catal. la Valliere, Recueil, n° 4373, article 185, à la p. 723 du 2° vol.)

Citons encore l'ouvrage suivant véritablement relatif à Rabelais et dont Jean Bernier, médecin de Blois, sous le nom du sieur de Saint-Honoré, est l'auteur :

JUGEMENT et nouvelles observations sur les œuvres grecques, latines, toscanes et françoises de M° François Rabelais, ou le *Véritable Rabelais réformé*, avec la carte du Chinonois pour l'intelligence du roman de cet auteur. *Paris, Laur. d'Houry*, 1697, in-12.

Il y en a une première édition sous un titre un peu différent du précédent :

JUGEMENT et observation sur la vie et les œuvres de Maître François Rabelais, ou le véritable Rabelais réformé, etc. *Paris, Laur. d'Houry*, 1694, in-12.

DISSERTATION sur Rabelais, par M. Basnage, en 1667, avec les notes du R. P. Niceron, barnabite. *Leide, Jean et Herm. Verbeck*, 1748, pet. in-12 de 100 pp.

NOTICE historique, bibliographique et critique, sur François Rabelais, par M. H. Kühnholtz. *Montpellier, Jean Martel*, 1727, in-12.

DE L'AUTORITÉ de Rabelais dans la révolution présente, ou institutions royales, politiques et ecclésiastiques tirées de Gargantua et de Pantagruel (par Ginguené). *Paris, Gattey*, 1791, in-8.

DES MATÉRIAUX dont Rabelais s'est servi pour la composition de son ouvrage, par Ch. Nodier. *Paris, Techener*, 1835, in-8. de 14 ff. (à l'occasion de la Notice sur le premier Gargantua que nous avons donnée à la fin de 1834).

RABELAIS et l'architecture de la renaissance, restitution de l'abbaye de Thélème, par Ch. Lenormant, avec deux planches. *Paris, Crozet*, 1840, in-8. de 35 pp.

FRANÇOIS Rabelais (notice), par M. Delécluse. *Paris, Fournier*, 1841, in-8. de 78 pp.

EXTRAITS et analyse critique du roman de Gargantua et de Pantagruel, par Ch. Laterrade. *Bordeaux, Faye*, 1843, in-8. de 60 pp.

RECHERCHES bibliographiques et critiques sur les éditions originales des cinq livres du roman satirique de Rabelais, et sur les différences de texte qui se font remarquer particulièrement dans le premier livre du Pantagruel et du Gargantua ; on y a joint une revue critique des éditions collectives du même roman, et de plus le texte original des Grandes et inestimables chroniques de Gargantua, complété pour la première fois d'après l'édition de 1533 ; par Jacq.-Ch. Brunet. *Paris, L. Potier*, 1852, in-8., 5 fr. — Gr. pap. vergé, 7 fr. — Gr. pap. vélin, 12 fr.

Édition imprimée à 300 exemplaires.

L'Académie des inscriptions et belles-lettres a bien voulu accueillir avec distinction ce travail bibliographique qui lui a paru curieux, et mériter une *mention très-honorable*.

CATALOGUE de la bibliothèque de l'abbaye de Saint-Victor, au XVI° siècle, rédigé par François Rabelais, commenté par le bibliophile Jacob (Paul Lacroix), suivi d'un essai sur les bibliothèques imaginaires, par Gustave Brunet. *Paris, Techener*, 1862, in-8., 7 fr. 50 c., et plus en grand pap.

On trouve dans ce volume, à la suite d'une fort bonne notice sur la bibliothèque de Saint-Victor, des recherches savantes et des conjectures ingénieuses sur les livres que Rabelais a indiqués dans son catalogue fantastique de cette bibliothèque. L'*Essai* de M. G. Brunet est un morceau curieux dont il a été tiré des exemplaires à part.

M. Graesse donne, à la p. 589 du 2° vol. de son *Trésor*, le titre suivant d'un ouvrage de Jean Fischart (traducteur de Rabelais), qu'il dit être la paraphrase du catalogue de l'abbaye de Saint-Victor dans le Pantagruel :

CATALOGUS catalogorum perpetuo durabilis. Das ist Ein Ewigwerende, Gordianischer, Pergamenischer vnd Tirraninonischer Bibliotheken gleichwichtige vnd richtige verzeichnusz vnd registratur Aller... getruckter vnd vngetruckter Bücher vnd Schrifften... Vormals nie auszkomen, sondern vor den Sinnarmen vnd Buchschreibreichen, an starkē Ketten biszher verwart gelegen. Newlich aber durch Artwisum von Fischmentzweiler, erditricht, abgelöst vnd an Tag gebracht... *Getruckt zu Nienendorff, bei Nirgenshein, im Mentzergrund*, M. D. CX, in-8. de 33 ff. porté à 20 thl. 1/3 dans un catalogue de Heyse, et à 25 fr. dans un de ceux d'Asher.

RABELLI. Mascarades monastiques et religieuses de toutes les nations du globe, représentées en figures coloriées, avec l'historique de chaque ordre, et l'origine de ces pieuses folies, par Giac.-Carlo Rabelli. *Paris, an* 11 (1793), in-8., avec 26 pl. color. [21721]

Vend. 11 fr. en 1839, et, la même année, 30 fr. Pixe-récourt.

Premier et unique volume publié de cet ouvrage qui devait en avoir cinq ou six : il a coûté 10 fr., et en Pap. vél. 24 fr. Dans une des notes de sa préface, Rabelli dit que le citoyen Bar, auteur des Costumes religieux, in-fol. (voy. BAR), lui a permis de tirer de ce livre tout ce qu'il jugerait à propos de pren-dre pour composer celui-ci, dans lequel il traite en badinant un sujet que Bar avait traité sérieuse-ment. Malgré cette déclaration, il résulte pour nous, de l'ensemble de cette préface, que *Giacobo-Carlo Rabelli* et J.-Ch. Bar ne font qu'une seule personne, et que Rabelli est l'anagramme italia-nisée de ce dernier nom. Bar, en publiant un livre écrit tout à fait en style de 1793, et si fort en dés-accord avec celui de l'in-fol. qu'il avait déjà mis au jour sur le même sujet, aura cherché à donner le change au lecteur. Ainsi, selon nous, *Rabelli* est le masque sous lequel se sera caché Bar, qui ne se nommait pas *Rabelli de Bar*, comme on l'a dit dans la dernière *France littéraire.*

RABISCH dra academiglia dor compa Za-vargua, nabad dra vall d'Bregn. *Milano, Gio.-Battesta Bidelli,* 1627, in-12.

Recueil presque entièrement inconnu de poésies écrites en langue de Bregno par le célèbre peintre Paolo Lomazzo, auteur du Traité de la peinture. Il y a au commencement des compositions en grec, en latin, en espagnol, en italien , en français, en dialecte génois, en argot, et en latin macaronique. A la fin se trouve un vocabulaire nécessaire pour l'intelli-gence de ces poésies (porté à 5 liv. 5 sh. dans le *catalogue de la partie réservée des livres de M. Libri,* 1862, n° 192).

RABUTIN (*François* de). Commentaires des dernières guerres en la Gaule Bel-gique, entre Henri II, Charles V et Phi-lippe II. *Paris, Chesneau* ou *La Noue,* 1574, in-8. 10 à 12 fr. [23477]

Vend. jusqu'à 36 fr. (bel exempl. *m. v.*) Gouttard et 33 fr. Labédoyère.

Cette édition contient onze livres. La première, *Pa-ris, Mich. Vascosan,* 1555, in-4., qui est fort belle, n'en renferme que six, et s'arrête en 1554. On y réunit la continuation jusqu'en 1558, *Paris, Vas-cosan,* 1559, in-8., dont il a été tiré des exemplai-res en grand papier. Nous ignorons s'il a paru réellement deux éditions des onze livres en 1574, mais on en trouve des exemplaires sous cette date, avec le nom du libraire *Marc Loquéneux.*

RABUTIN (*Roger* de). Voy. BUSSY.

RACAN (*Honorat* de Bueil Sr de). Ses OEuvres. *Paris, Ant.-Urbain Couste-lier,* 1724, 2 vol. in-12. [14018]

Ces deux volumes, qui font suite à la Collection des poëtes français publiés par Coustelier, se trouvent difficilement : 12 à 18 fr.; vend. *brochés,* 33 fr. Labédoyère.

Sur les fautes et les omissions de cette édition de Racan, voyez le *Mercure,* sept. 1724, et Niceron, XXIV, p. 169.

Rabener (*G.-W.*). Schriften, 15542. — Satires, 15543.
Rabuni-Beauregard. Tableau de l'Auvergne, 24656.
Rabutaux. De la Prostitution en Europe, 21329.

— ŒUVRES complètes de Racan, nouvelle édition, revue et annotée par M. Tenant de Latour, avec une notice biographique et littéraire par M. Antoine de Latour. *Paris, P. Jannet,* 1857, 2 vol. in-16. 10 fr.

Bonne édition, plus complète que celle de 1724.

Les Bergeries de Racan ont paru pour la première fois à *Paris, chez Toussaint Du Bray,* en 1625, pet. in-8. Elles ont été réimprimées à *Saint-Gervais* (Genève), pour *F. et J. Kofs,* en 1626, in-8., et ensuite à *Paris, pour Toussaint Du Bray,* en 1628, en 1630 et en 1632, même format. — La sixième édition, corrigée et augmentée, *Paris, Jean Guinard,* 1635, pet. in-8., a été reproduite à *Lyon chez Nic. Gay* ou *chez P. Bailly,* également en 1635, pet. in-8. 6 à 9 fr. et 34 fr. *mar. r.* Ch. Giraud. — L'édition de *Paris, Nic. Leclerc,* 1698, in-12, 6 fr. 50 c. même vente.

— DERNIÈRES œuvres et poésies chrétiennes d'Ho-norat du Beueil, seig. de Racan, tirées des pseaumes, et quelques cantiques du Vieux et du Nouveau Testament. *Paris, P. Lamy,* 1660, in-8. 6 à 9 fr. 38 fr. *mar. bl.* Giraud.

Édition plus complète que celle qui a pour titre :

ODES suivant le sujet est pris des Pseau-mes de David, et qui sont accommodées au temps présent. *Paris, J. Dubray,* 1651, in-8. — Réimpr., *Bruxelles, L. Vimont,* 1652, pet. in-8.

RACCOLTA d' autori italiani antichi e moderni che trattano del moto dell' ac-que ; edizione quarta, arrichita di molte cose inedite e d'alcuni schiarimenti. *Bo-logna, Marsigli,* 1820-45, 17 vol. in-4. fig. 300 fr. [8120]

Collection importante publiée par M. Francesco Car-dinali. Les dix premiers volumes sont une réimpres-sion de l'ancienne collection en 9 vol., sauf le re-tranchement de quelques pièces qui n'ont pas été écrites originairement en italien, et l'addition de quelques autres; ils contiennent les traités et les mémoires des auteurs suivants : Albizi, Bacialli, Barattieri, Borelli, Boscovich, Buteone, Cassini, Castelli, Chiesa, D'Adda et Barberini, Ferroni, Frisi, Galileo, Gamberini, Grandi, Guglielmini, Montanari, Narducci, Perelli, Poleni, Rappini, Riviera, Sper-nazzati, Temanza, Torricelli, Viviani, Ximenes, Zanotti, Zendrini.

La *Nuova Raccolta* contient, dans ses six premiers volumes, les ouvrages de Bernareggi, Bonali, Borgnis, Brunacci, Bruschetti, Carrara, Ferrari, Focacci, Fossombroni, Lecchi, Lorgna, Magis-trini, Manetti, Marsigli, Masetti, Mengotti, Morri, Paoli, Parea, Querini, Tadini, Zuliani; et dans le VIe vol., publié en 1845, les opuscules del Padre Corsini, de Prony, Humboldt, Tadini, Fossom-broni, Manetti, Libri, Guasti.

La première édition de ce bon recueil fut publiée à Florence, 1723, en 3 vol. in-4. La seconde, beau-coup plus complète et enrichie de notes, parut en-suite dans la même ville, de 1765 à 1774, en 9 vol. in-4. Un recueil du même genre, impr. à Parme, et dû aux soins du P. Ximenès, mais un peu diffé-rent de celui-ci, compte pour la troisième édition (voy. NUOVA raccolta).

RACCOLTA degli antichi monumenti esis-tenti nella città di Pesto. *Roma, Fran-zetti* (senz' anno), in-4. obl. fig. [29378]

Recueil médiocre, vend. 30 fr. Morel-Vindé, et quel-quefois beaucoup moins.

— RACCOLTA degli atti delle reunioni delle scienziati italiani, 30326.

RACCOLTA degli autori del ben parlare per secolari e religiosi, opere diverse. *Venetia, nella Salicata,* 1643, 19 vol. pet. in-4. [11073]

Il est difficile de trouver ce recueil bien complet, et encore plus de le collationner si l'on n'a pas sous les yeux le volume qui porte le titre ci-dessus, et dans lequel est placé, après les deux premiers feuillets, un index du contenu de tous les volumes. L'ouvrage est divisé en cinq parties : 1° *Della favella nobile d'Italia*, 6 vol.; 2° *Intorno al barbarismo e solecismo, tropi, figure, et altre virtù e vizii del parlare*, 1 vol., contenant 50 petits traités; 3° *Intorno agli stili et eloquenze*, 5 vol.; 4° *Intorno alla rettorica*, 6 vol.; 5° *Intorno alla eloquenza ecclesiastica*, 1 vol. Apostolo Zeno rapporte que l'imprimeur Salicato, après avoir changé les frontispices des quatre dernières parties de ce recueil de grammairiens et de rhéteurs, les a fait reparaître comme un livre différent des *Autori del ben parlare*, et les a réduites à 8 volumes, sous le titre suivant :

OPERUM græcorum, latinorum et italorum rhetorum tomi octo. *Venetiis, in Salicata*, 1644.

Pour plus de détails, consultez la *Serie* de Gamba, 4e édition, n° 2758.

RACCOLTA dei più celebri poemi eroicomici italiani, con cenni biografici sugli autori. *Firenze, Parenti*, 1841, 3 vol. gr. in-8. à 2 col. 45 fr.

Les poëmes contenus dans ces trois volumes sont : *Il Morgante*, de Pulci; *L'Orlando*, de Berni; *Il Malmantile*, de Lippi; *L'Orlandino*, de Folengo; *Il Poeta di Teatro*, de Pananti; *Lo Scherno degli Dei*, de Bracciolini; *L'Eneide travestita*, de Lalli; *La Franceide e la Muscheide*; *La Presa di Samminiato*, de Neri; *Avino Avolio Ottone e Berlinghieri*, de Pieverdi; *Bertoldo, Bertoldino e Caccasenno, il Tarrachione*, de Corsini; *Il Catorico d'Anghiari*, de Nomi; *Il Ricciardetto*, de Fortenguerì; *La Secchia rapita*, de Tassoni, et *La Fiesoleide*, de Peri.

RACCOLTA delle diverse vestiture delle provincie del regno di Napoli. *Napoli, dalla litogr. diretta da Cuciniello e Bianchi* (senz' anno), gr. in-8. [9637]

Contenant environ 100 pièces coloriées.

RACCOLTA delle migliori fabbriche, monumenti, ville, antichità di Milano e suoi dintorni. *Milano, Cavaletti*, 1820-25, gr. in-4. fig. au trait. [9900]

Publié en 20 cahiers, à 4 fr. chacun.

RACCOLTA delle più celebri pitture esistenti nella città di Siena, disegnate ed incise da valenti artisti, con illustrazioni. *Firenze*, 1825, gr. in-fol. 80 fr., et plus sur pap. vélin anglais. [9306]

Bel ouvrage composé de 25 pl., avec un feuillet de texte pour chacune, plus d'un frontispice et d'un feuillet de *Notizie generali*. On a publié dans ce volume les fresques de Raphaël et du Pinturecchio, qui représentent les actions de la vie du pape Pie II.

RACCOLTA di alcune facciate di palazzi, e cortili de' più riguardevoli di Bologna. *Bologna, Lelio della Volpe* (senz'anno), in-fol. obl. [9888]

Annoncé comme très-rare dans le catal. d'Hurtault, n° 512, et vendu 46 fr.

RACCOLTA di apologhi scritti nel secolo XVIII. *Milano, tipogr. de' classici ital.*, 1827, in-8. portr. d'Aurelio de' Giorgi Bartola. 6 fr. [14918]

RACCOLTA di commedie scritte nel secolo XVIII. *Milano, tipogr. de' classici ital.*, 1827, 2 vol. in-8. portr. de Gigli. 13 fr. [16612]

— Raccolta di favoleggiatori, 14917. — Raccolta di cronistici lombardi, 25367. — Raccolta di documenti... della revoluzione di Venezia, 25471.

RACCOLTA di lettere. Voyez BOTTARI.

RACCOLTA di melodrammi serj scritti nel secolo XVIII. *Milano, tipogr. de' classici ital.*, 1822, 2 vol. in-8. portr. de Zeno. 11 fr. [16614]

— RACCOLTA di melodrammi giocosi scritti nel secolo XVIII. *Milano, tipogr. de' classici ital.*, 1826, in-8. portr. de Casti. 9 fr. [16615]

Ce dernier recueil est un choix fait par le docteur Gio. Gherardini, lequel a joint au précédent une lettre sur l'histoire du mélodrame sérieux.

RACCOLTA di novellieri italiani. *Firenze, Borghi e comp.*, 1833-34, 3 part. in-8. à 2 col., avec vignettes. 50 fr. [17392]

Les trois parties de cette jolie édition contiennent toutes les nouvelles comprises dans la collection imprimée à Livourne, en 26 vol. in-8. (voy. NOVELLIERO) ainsi que dans celle de Milan, en 26 vol. in-16, et de plus les *Hecatommiti* de Giraldi, ouvrage dont il a été tiré des exemplaires à part. Au reste, cette réimpression du Giraldi ne reproduit ni le *Capitolo* de la première édition, ni la table des matières, ni même les dédicaces de chacune des décades. — Ce recueil forme le cinquième volume de la *Biblioteca portatile del viaggiatore*, publiée par Borghi.

— RACCOLTA di Novelle, dall' origine della lingua sin al 1700. *Milano*, 1804-1810, 3 vol. in-8. [17401]

RACCOLTA di opere scelte di Tiziano. Voyez TITIANO.

RACCOLTA di operette filosofiche e filologiche. *Milano, tipogr. de' classici ital.*, 1832, 2 vol. in-8. 12 fr. [19443]

RACCOLTA d'opuscoli scientifici e filologici (per D. Angiolò-Maria Calogierà). *Venez.*, 1728-54, 51 vol. in-12, dont 1 de table, fig.

— Nuova raccolta di opuscoli scientifici, ecc. (continuata da D. Fortunato Mandelli, camaldolese). *Venezia*, 1755-87, 42 vol. in-12. [19439]

Le P. Mandelli a été le rédacteur de ce nouveau recueil à partir du 15e vol. Il est à remarquer que dans le 17e vol. et les suiv. chaque dissertation a sa pagination séparée.

Les 92 vol. *br.*, 142 fr. Villoison; en 93 vol. *vél.* 210 fr. Libri, en 1857.

Le P. Angiolò Calogierà a eu une grande part aux ouvrages périodiques suivants :

NOVELLE della Repubblica letteraria, anno 1729 all' anno 1735. *Venezia, Albrizi*, in-4.

MEMORIE per servir alla storia litteraria. *Venez.*, 1753-58, 12 vol. in-8. — Nove Memorie, *ibid.*, 1759-61, 6 vol. in-8.

LA MINERVA o sia Nuovo Giornale de' letterati d'Italia. *Venezia*, 1762-67, 14 vol. in-12. Le P. Jac. Rebellini, qui avait déjà eu part à ce journal comme collaborateur, l'a continué seul depuis le mois d'août 1765.

Voir, sur ces différents ouvrages, Melzi, *Dizion. di opere anonime*, vol. II, p. 249.

RACCOLTA di opuscoli scientifici e letterarj degli autori ital. (da Inn. Liruti, ed altri). *Ferrara*, 1779-96, 25 vol. in-4. [19440]

Vend. 75 fr. *br.* Villoison.

RACCOLTA di pitture etrusche tratte dagli antichi vasi esistenti nella biblioteca vaticana, ed in altri musei d'Italia. *Roma*, 1806, 3 vol. in-fol. fig. [29621]

Nous donnons ce titre d'après un catalogue italien, mais nous n'avons pas vu le livre, qui est peut-être une nouvelle édition du recueil de Passeri (voy. PASSERII Picturæ), lequel a aussi paru sous le titre suivant :
     SERIE di trecento tavole in rame rappresentanti pitture di vasi degli antichi etruschi tratti della biblioteca vaticana e da altri musei d' Italia. *Roma*, 1787, 3 vol. in-fol., sans texte. Vend. 40 fr. Morel.

RACCOLTA di poemi didascalici del secolo XVIII. *Milano, tipogr. de' classici ital.*, 1828, in-8. 4 fr. 50 c. [14844]

RACCOLTA di poesie liriche. *Milano, tipogr. de' classici*, 1832, in-8. [14973]

RACCOLTA di poesie satiriche scritte nel secolo XVIII. *Milano, tipogr. de' classici ital.*, 1827, in-8. portr. de Gius. Zanoja. 6 fr. [14957]

RACCOLTA di poemi georgici (di Luigi Alamanni; Luigi Transillo; Bartol. Lorenzi; Girol. Baruffaldi; Gianbat. Spolverini; Giov. Rucellai, Zaccaria Betti). *Lucca, Bonsignori*, 1785, 2 vol. pet. in-12. 5 à 6 fr. [14862]

Recueil bien imprimé.

RACCOLTA di quadri. Voyez TABLEAUX qui sont à Florence.

RACCOLTA di rime antiche toscane dal sec. XIII al XV. *Palermo, Gius. Assenzio*, 1817, 4 vol. pet. in-8. 24 fr. [14440]

Cette collection, imprimée en lettres italiques et sur bon papier, renferme non-seulement des poésies déjà publiées, mais aussi des morceaux inédits.

RACCOLTA di sessanta più belle vestiture che si costumano nelle provincie del regno di Napoli. *In Napoli*, 1793, pet. in-fol. fig. color. [9635]

Ouvrage assez mal exécuté: vend. 73 fr. salle Silvestre, en 1810.

RACCOLTA di statue antiche esistenti nei musei, palazzi e ville di Roma, con una indicazione antiquaria tanto di esse quanto di altri monumenti. *Roma*, 1804, 2 vol. in-8. (134 fig.). 18 à 20 fr. [29550]

RACCOLTA di tragedie scritte nel sec. XVIII. *Milano, tipogr. de' classici ital.*, 1825, 2 vol. in-8. 12 fr. [16610]

RACCOLTA di tutte le vedute rappresentanti l' eruzioni del monte Vesuvio fin oggi accadute. *Napoli, Nic. Gervais*, 1805, in-fol. obl. [4639]

Ce recueil contient 25 pl. d'une exécution médiocre. Vend. 18 fr. en 1811. — Il y a des exemplaires sous le titre de *Recueil de toutes les vues qui existent dans le cabinet du duc de La Tour...*

RACCOLTA di tutti più rinomati scrittori dell' istoria generale del regno di Napoli (compilazione di Gio. Gravier). *Napoli*, 1769-72, 25 vol. in-4. [25708]

Vend. 80 fr. *br.* en 1807, quoique le prix en dût être plus considérable.

RACCOLTA di 320 vedute della città di Roma et di alcuni luoghi suburbani, incise in 80 rami. *In Roma, Franzetti (a spese di Edwards di Londra)*, pet. in-4. obl. 12 à 15 fr. [25592]

Recueil médiocrement exécuté, mais dont un exemplaire, tiré sur VÉLIN, a été vendu 151 fr. en avril 1811.

RACCOLTA di varj epigrammi. Voy. ANTHOLOGIA gr.

RACCOLTA di varie croniche, diarj, ed altri opusculi cosi italiani, come latini appartenenti alla storia del regno di Napoli. *Napoli*, 1780-82, 5 vol. in-4. 60 fr. Libri. [25709]

RACCOLTA di varii poemi latini, greci e volgari fatti da diversi bellissimi ingegni nella felice vittoria riportata da Christiani, contra Turchi, 7 d'Ottobre 1571 ; con la relatione di tutto il successo di Famagosta. *Venetia, per Sebastiano Ventura*, 1572, in-8.

Plusieurs des morceaux réunis dans ce recueil sont dans les patois bolonais, vénitien, gréco-italien, milanais, etc. 16 sh. Libri, en 1859. — Pour un autre recueil du même genre, publ. par Louis Groto, également en 1572, voyez ci-dessus, col. 572, à la fin de l'article PETRARCA.

RACCONTO della vittoria ottenuta presso a Parabiago l'anno M CCC XXX IX adi XXI Febraro. (in fine) : *Ne la inclita cita de Milano per magistro Philippo de Mantegazza dicto el Cassano nel anno del Signor adi xv de Febraro* M CCCC LXXXIIII, in-4. [25285] .

Relation d'une victoire remportée par Robert de Villani, commandant les troupes du marquis de Ferrare et du comte de Savoie. Elle est décrite par Saxius, *Biblioth. scriptorum mediolanensium*, I, p. DXCIV. C'est par suite d'une faute d'impression que Hain, n° 13671, donne à l'action dont il s'agit la date de 1489.

RACINE (*Jean*). OEuvres de Racine. *Paris, Jean Ribou*, ou *Cl. Barbin*, 1676, 2 vol. in-12, fig. grav. par Fr. Chauveau et Séb. Le Clerc d'après Ch. Lebrun. [16473]

Première édition collective des neuf pièces de Racine représentées jusqu'alors. Le premier vol. a 4 ff.

Rachel (*Jo.*). Satirische Gedichte, 15525.
Racine (*Bonav.*). Abrégé de l'histoire ecclésiastique, 21373.

prélim. et 364 pp.; le second 5 ff. et 324 pp. Elle a été achevée d'imprimer en décembre 1675 , et c'est cette dernière date que portait l'exempl. vendu 23 fr. de Soleinne, avec l'édition originale de *Phèdre*, 1677, ayant un faux titre seulement, et en *mar. rouge*, par Lortic, 140 fr. Gancia.

L'exemplaire (sous la date de 1676), rel. en *mar. r.*, vendu 360 fr. Ch. Giraud, était complété par une ancienne édit. de *Phèdre* et par l'*Esther* de 1689, et l'*Athalie* de 1691.

— Les mêmes OEuvres. *Paris, Denys Thierry*, 1679, 2 vol. in-12, fig.

Cette édition renferme les mêmes pièces que la précédente, avec *Phèdre* sous la date de 1677. Un exempl., rel. en *mar. r.* par Capé, 280 fr. Gancia, ce qui est un prix excessif.

— OEuvres. *Suivant la copie imprimée à Paris (Amsterdam, Wolfgang)*, 1678, 2 vol. pet. in-12, fig.

Très-jolie édition, qui n'est cependant (pour les dix premières pièces y compris *Phèdre*) qu'une copie peu correcte de celle de Paris, 1676, faite sous les yeux de l'auteur : elle est très-recherchée par les amateurs d'éditions elseviriennes, qui la payent cher, surtout quand on y a réuni *Esther* et *Athalie*, sorties des mêmes presses, en 1689 et 1691. Vend 60 fr. Caillard; 100 fr. 50 c. en 1823; 150 fr. en 1826; 99 fr. Sensier; 120 fr. Bérard; même prix de Soleinne; 127 fr. *mar. r.* Giraud; 175 fr. *mar. bl.* Solar.

L'édition de Wolfgang, en 2 vol. pet. in-12, dont les titres portent la date de 1682, renferme un certain nombre de pièces de l'édition de 1678, et d'autres de 1683, mais également bien impr. Vend. 80 fr. *m. bl.* Jourdan; 101 fr. Chardin; 60 fr. Bérard; et 120 fr. de Soleinne. — Il y a des exemplaires dont les titres portent : *Amsterdam, chez les héritiers d'Ant. Schelte*, 1700 ; vend. 20 fr. A. Martin ; 18 fr. Mazoyer. Un exempl. sous la date d'*Amst.*, *Wolfgang*, 1690, n'a été vendu que 8 fr. Duriez.

— OEuvres de Racine. *Sur l'imprimé à Paris, chez Cl. Barbin*, 1680, 2 vol. in-12.

Cette édition, impr. dans quelque ville de province, renferme l'*Esther* qui n'a paru qu'en 1689 ; elle ne saurait donc être aussi ancienne que la date qu'elle porte. Elle aura été faite sur celle de 1687, pour les dix premières pièces, et on l'aura antidatée. Toutefois, comme elle est rare, un exempl. en *mar. r.* rel. par Trautz, a été payé 120 fr. vente Giraud.

L'édition de *Paris, Cl. Barbin ou P. Trabouillet, ou Denys Thierry*, 1687, 2 vol. in-12, fig., ne renferme ni *Esther* ni *Athalie*, mais on y trouve le discours prononcé à la réception de Th. Corneille, et l'Idylle sur la paix. Le premier vol. a 4 ff. et 372 pp.; le second 6 ff., 434 pp., plus 2 ff. non chiffrés. 40 fr. de Soleinne; en *mar. bl. doublé de mar. bl.*; 170 fr. Ch. Giraud; 275 fr. Solar, et un autre exempl. *mar. r.* doublé de mar. v. 305 fr. même vente. Un exemplaire, en *mar. r.* aux armes du comte d'Hoym, avec l'*Esther* et l'*Athalie* de 1689 et 1691, 42 fr. F. Didot, et 294 fr. en 1838.

L'édition de *Paris, Denys Thierry, Cl. Barbin ou P. Trabouillet*, 1697, 2 vol. in-12, figures ; la dernière, publiée du vivant de l'auteur, contient de plus que la précédente *Esther, Athalie* et quatre cantiques. Tome I, 5 ff. prélim., y compris le front. gravé portant : *Tragédies de Racine*, 468 pp.; tome II, 5 ff. prélim. y compris le frontispice gravé, texte 516 pp.

115 fr. *mar. r.* rel. de *Boyet*, de Soleinne ; 72 fr. *mar. r.* de Niedrée, Bertin ; 150 fr. *m. r.* de Duru, Ch. Giraud.

L'édition de *Paris*, 1702, 2 vol. in-12, est une copie fidèle de celle de 1699.

— LES OEUVRES de Racine, nouvelle édition augmentée de diverses pièces (et de la vie de l'auteur). *Amsterdam, J.-F. Bernard*, 1722, 2 vol. in-12, fig. 6 à 9 fr.

A la fin de cette édition se trouvent deux lettres critiques à M. de L., touchant les tragédies de Racine , et *Apollon charlatan*, satire attribuée à Barbier d'Aucourt. Un exempl. en *mar. r.* par Derome, 36 fr. de Soleinne.

— LES OEUVRES de J. Racine. *Paris, Société des libraires*, 1741, 2 vol. in-12, fig. Prix ordinaire.

On recherche encore les exemplaires de cette jolie édit., qui sont en Gr. Pap. et bien rel. en *mar.*; vend. 50 fr. *mar. viol.* La Vallière.

— Les mêmes OEuvres, édition augmentée de pièces et de remarques (par d'Olivet, Desfontaines, Racine fils, etc.). *Amsterd., J.-Fréd. Bernard*, 1743, ou (nouveau titre, *Amsterd., Arkstée*), 1750, 3 vol. in-12, figures grav. par Tanjé, d'après les dessins de L.-F. Du Bourg.

Parmi les nombreuses éditions de ce théâtre, en 2 ou en 3 vol. in-12, qui ont été imprimées, soit à Paris, soit en Hollande, dans le courant du XVIIIe siècle, celle-ci (réimpr. à Amsterd., en 1763) est la seule qui se fasse remarquer par un travail de quelque importance, et qui ait continué à être recherchée : 9 à 15 fr. Un bel exempl. en *mar. r.*, rel. par Derome, a été successivement vendu 40 fr. Lefèvre, 100 fr. d'Ourches; 120 fr. Duriez; 130 fr. Pixerécourt; un autre en *mar. r.* 60 fr. Giraud; et en *mar. bl. non rogné* 135 fr. Bertin; en *mar. r.* 99 fr. Labédoyère, en 1862.

Citons encore l'édition de *Paris, David l'aîné*, 1750, 3 vol. in-12, dont il a été tiré des exempl. en pap. de Hollande.

— Les mêmes OEuvres. *Paris, la Société des libraires*, 1760, 3 vol. gr. in-4. fig. 24 à 30 fr.

Première édition de Racine, publiée en France, avec une certaine apparence de luxe. Il en a été tiré deux exempl. sur pap. de Hollande, dont un rel. en *mar. r.* par Padeloup, 250 fr. Renouard. Celle de *Londres, Tonson*, 1723, 2 vol. in-12, fig., donnée par Coste, était alors la plus belle qu'on eût à placer dans une bibliothèque. Elle ne vaut pas 8 fr. maintenant.

— Les mêmes OEuvres, avec des commentaires par Luneau de Boisjermain. *Paris, Cellot*, 1768, 7 vol. in-8., fig. de Gravelot. 20 à 30 fr.

Le commentaire de Luneau (fait en société avec Blin de Sainmore) est des plus médiocres, mais l'édition est assez belle, et elle a été recherchée tant qu'on n'en a pas eu de meilleure. Aujourd'hui il n'y a plus que des exemplaires en pap. de Hollande, bien rel. en *mar.*, qui conservent de la valeur. Vend. 144 fr. *mar. bl.* Caillard, et 78 fr. Coulon ; 148 fr. *mar. bl.* par Bozerian, fig. de Le Barbier ajoutées, 2e vente Quatremère; 191 fr. Duriez ; 130 fr. d'Ourches; 497 fr. Labédoyère; et revendu 572 fr. de Soleinne.

Le commentaire de Luneau a été réimpr. séparément à Paris, en 1768, 3 vol. in-12, et avec les OEuvres de Racine, en 1796, 7 vol. in-8. fig., édition très-médiocre.

— Les OEuvres de J. Racine, édition imprimée pour l'éducation du Dauphin. *Paris, impr. de Fr.-Ambr. Didot l'aîné*, 1783, 3 vol. gr. in-4. pap. vélin.

Quoique tirée à 200 exemplaires seulement, cette

édition, qui s'est vendue jadis 200 fr. et plus, ne vaut guère que 60 fr. aujourd'hui, à moins qu'elle ne soit rel. en *mar.* par Derome : 71 fr. *mar. v.* 2ᵉ vente Quatremère, et quelquefois plus cher. — Quant aux deux autres édit. du même poëte, données en 1784, par Didot l'aîné, en 5 vol. in-18 et en 3 vol. in-8., et (surtout la première, devenue rare) elles sont assez recherchées : l'in-18 vaut de 50 à 80 fr., l'in-8. de 36 à 60 fr. De cette dernière il a été tiré huit exemplaires sur VÉLIN : vend. rel. en *mar.* 601 fr. en 1789 ; 229 fr. Galitzin, en 1825 ; 160 fr. Duriez ; 240 fr. *mar. r.* Renouard ; 505 fr. Solar.

— Les mêmes OEuvres. *Paris, Deterville, de l'impr. de Didot jeune,* 1796, 4 vol. gr. in-8. pap. vélin, fig. de Le Barbier. 20 à 25 fr., et moins en pap. ordinaire.

Il y a des exemplaires en très Gr. Pap. vélin, et un exempl. impr. sur VÉLIN, dans lequel on a mis les dessins originaux. Ce dernier a été vendu 1600 fr. Duriez, et 16 liv. 16 sh. Hanrott.

— Les mêmes. *Paris, stéréotype de P. Didot l'aîné, an* VII (1799), 5 vol. in-18.

Il a été tiré plusieurs exemplaires en gr. in-18 sur VÉLIN : 120 fr. en 1841 ; 151 fr. Renouard.

— Les mêmes OEuvres. *Paris, de l'impr. de P. Didot l'aîné, an* IX (1801-5), 3 vol. gr. in-fol.

Sans contredit, cette édition est un des livres les plus magnifiques que la typographie d'aucun pays eut encore produits ; d'ailleurs les 57 grav. dont elle est enrichie ont été exécutées par les premiers artistes de Paris, d'après les dessins de Gérard, Girodet, Chaudet, Taunay, Moitte, Prud'hon, etc. Il n'a été tiré que 250 exempl., dont 100 avant la lettre. La souscription était de 1200 fr. pour les exemplaires ordinaires, et de 1800 fr. pour les épreuves avant la lettre ; mais comme les grands livres de luxe sont peu recherchés maintenant, des prix aussi élevés n'ont pas pu se soutenir : vend. 361 fr. *mar. r. tab.* en 1838 ; 325 fr. Pixerécourt ; en demi-mar. 255 fr. Sebastiani ; en *mar. rouge doublé de mar. vert* par Capé, 1050 fr. Solar, et *demi-mar.* 285 fr. Labédoyère, en 1862 ; avec la lettre, et en *mar. r.* par Hardy, 705 fr. en 1861.

Le seul exemplaire que l'on ait tiré du texte sur VÉLIN, se trouve à la Bibliothèque impériale ; quant aux dessins originaux, ils ont été dispersés.

— LES MÊMES, avec des variantes, publiées par M. Petitot. *Paris, Herhan,* 1807, 4 vol. in-8. fig.

Le premier tirage de cette édition stéréotype est assez beau, et l'on en distingue encore les exemplaires en pap. vélin, dans lesquels sont insérées les grav. d'après Moreau, publiées par A.-A. Renouard.

— OEuvres complètes, avec le commentaire de La Harpe (édition dirigée par M. Germ. Garnier, qui y a joint ses notes et ses observations). *Paris, Agasse,* 1807, 7 vol. in-8.

Ce commentaire, ouvrage posthume de La Harpe, est plus estimé que celui de Geoffroy ; cependant il faut avouer que la critique des notes de Luneau y occupe beaucoup trop de place : l'édition est malheureusement impr. sur mauvais papier. Un nouveau tirage des gravures très-médiocres, dont que faites sur les dessins de Moreau, y ont été ajoutés en 1816. Il a été tiré 25 exemplaires de ces sept volumes sur pap. vélin, et dans lesquels sont placées les fig. de Moreau avant la lettre (50 à 60 fr.). Ces dernières figures, au nombre de 13, et qu'il ne faut pas confondre avec celles qui font maintenant partie de l'édit., ont été publiées par A.-A. Renouard ; elles se vendaient séparément 12 fr., avant la lettre 30 fr. (les dessins originaux de cette suite ont été payés

634 fr. à la vente Renouard) ; les autres avaient d'abord servi à une édition en 4 vol. in-8., faite en 1811, par Remond et Ménard.

— Les OEuvres de J. Racine, avec des commentaires par J.-L. Geoffroy. *Paris, Lenormant,* 1808, 7 vol. in-8. fig. 30 à 40 fr. — Pap. vél. 50 à 60 fr.

On placera toujours au nombre des principales éditions de ce grand poëte celle qu'a donnée Geoffroy, dont le commentaire, quoique diffus, n'est pas sans mérite. Cependant d'autres édit., plus complètes et d'un usage plus commode, en ont beaucoup réduit le prix : vend. (bel exempl. en pap. vél. *mar. bl.* fig. de Moreau avant la lettre) 106 fr. Labédoyère.

— Théâtre complet de J. Racine. *Parme, de l'imprimerie de Bodoni,* 1813, 3 vol. gr. in-fol. pap. vél.

Bodoni étant mort avant d'avoir pu achever cette édition magnifique, ce fut sa veuve qui la fit terminer. Il en a été vendu un exempl. 136 fr. salle Silvestre, en mars 1820 ; un autre, 34 fr. Boutourlin.

— Les mêmes OEuvres. *Paris, P. Didot,* 1813, 5 vol. in-8.

Édition appartenant à une collection des *Classiques français.* Les exempl. en pap. vél. en sont fort beaux, mais pourtant d'un prix ordinaire.

— THÉÂTRE complet de J. Racine, orné de 57 gravures d'après les compositions de Girodet, Gérard, Chaudet, Prud'hon, etc. *Paris, P. Didot,* 1816, 3 vol. in-8. 18 à 20 fr. ; — Gr. Pap., épreuves avant la lettre, 30 à 36 fr.

Le mérite des gravures de cette édition ne répond point à celui des dessins : les 57 pl. se vendaient séparément 57 fr.

— OEUVRES complètes. *Paris, Ménard et Desenne,* 1819, 8 vol. in-18.

Édition que recommandent treize jolies vignettes gravées par Girardet, d'après les dessins de Desenne. Il y en a des exempl. en pap. vél. et de format in-12, pap. ordinaire et pap. vél. Ces derniers renferment les vignettes avant la lettre. Il a été tiré à part des épreuves de ces vignettes avant la lettre, et des *eaux-fortes* sur pap. de Chine, in-8.

— OEuvres complètes, avec les notes (choisies) de tous les commentateurs, par L.-Aimé Martin. *Paris, Lefèvre (imprim. de P. Didot),* 1820, 6 vol. in-8. fig. d'après les compositions de Gérard, Girodet et Prud'hon. 24 à 30 fr.

Édition imprimée sur fort beau pap. Il y a des exempl. en Gr. Pap. vél., fig. avant la lettre : 50 à 60 fr., et plus cher avec les *eaux-fortes,* et surtout avec une belle reliure en maroquin.

Une seconde édition, publiée chez le même libraire et sortie des mêmes presses, a paru en 1822, également en 6 vol. in-8., avec les mêmes gravures : le texte y est augmenté, dans le 4ᵉ vol., de plus de 120 pages, contenant diverses traductions faites par Racine. La partie des *Fragments historiques* y a été rétablie et complétée d'après le manuscrit original de l'auteur déposé à la Biblioth. impériale. 24 à 30 fr. Les exempl. en Gr. Pap. vél. contiennent des épreuves avant la lettre, réservées lors du premier tirage. 15 fr. *mar. r.* 2ᵉ vente Quatremère.

L'édition de *Paris, Dupont,* 1824, 6 vol. in-8., avec de nouvelles notes et des études sur Racine, par M. Aignan, reproduit en grande partie le travail de M. A. Martin, et voilà sans doute pourquoi celui-ci l'a comptée pour la troisième de celles qu'il a publiées.

— OEuvres complètes, avec les notes de tous les commentateurs, par M. L.-Aimé

Martín ; 4ᵉ édition, revue, corrigée et augmentée des études de Racine sur l'Odyssée d'Homère et sur les Olympiques de Pindare. *Paris, Lefèvre (impr. de J. Didot)*, 1825, 7 vol. gr. in-8., portr. pap. vél. 48 à 60 fr. — Gr. Pap. jésus vél. 120 à 150 fr.

Belle édition de la collection de Classiques français. Il est à regretter que le papier n'ait pas conservé sa blancheur primitive, et qu'il se soit sensiblement altéré. C'est là un défaut grave, et que partagent malheureusement presque tous les papiers vélins employés pendant une vingtaine d'années à l'impression de nos plus belles éditions.

— OEuvres complètes de J. Racine, avec les notes de tous les commentateurs; cinquième édition publiée par L.-Aimé Martin, avec des additions nouvelles. *Paris, chez Lefèvre et chez Furne*, 1844, 6 vol. in-8., pap. cavalier vélin, fig. 36 fr.

La plus complète des cinq éditions de Racine données par Aimé-Martin. On a joint à une partie des exemplaires un septième volume contenant la *Musique d'Esther, d'Athalie, et des cantiques spirituels par Moreau, maistre de musique de Louis XIV*, en 168 pp., plus 4 ff. pour les titres et l'avis de l'éditeur.

Citons encore pour mémoire les éditions ci-après :

OEuvres poétiques. *Paris, Lefèvre (imprim. de J. Didot)*, 1824, 4 vol. in-32, pap. vél. portr. 6 fr.

OEuvres dramatiques. *Paris, L. De Bure (imprimerie de F. Didot)*, 1824, 4 vol. gr. in-32, pap. vél. 8 fr.

OEuvres complètes revues avec soin sur toutes les éditions de ce poëte, avec des notes extraites des meilleurs commentateurs, par R. Auguis. *Paris, Fortic*, 1825-26, gr. in-8. à 2 col. pap. vél. portr. 8 fr.

LES MÊMES, nouvelle édition, collationnée sur les meilleurs textes. *Paris, Furne*, 1829, gr. in-8. à 2 col. 8 fr.

LES MÊMES, précédées de mémoires sur la vie de Racine. *Paris, Lefèvre*, 1833 ou 1835 (nouv. tirage, chez Firm. Didot), très-gr. in-8. 11 fr.

LES MÊMES, précédées d'une notice par L.-S. Auger. *Paris, Lefèvre*, 1838, 2 vol. gr. in-12. 6 fr.

Éditions originales des pièces de Racine.

LA THÉBAYDE, ou les frères ennemis, tragédie (anonyme). *Paris, Gabr. Quinet*, ou *Cl. Barbin*, 1664, in-12 de 4 ff. et 70 pp. non compris le privilége portant l'achevé pour la première fois le 30 octobre 1664. Il n'est pas dans tous les exemplaires. *Rel. en mar.* 44 fr. (sans le privilége) Bertin, *et veau br.* (avec le privilége), 26 fr. 50 c. le même ; *mar. d. de mar.* (avec le privilége) 112 fr. Ch. Giraud.

ALEXANDRE LE GRAND, tragédie (anonyme). *Paris, P. Trabouillet*, 1666, in-12 de 12 ff. et 84 pp. Le privilége est du 30 décembre 1665, et l'achevé d'imprimer du 13 janvier 1686.

L'exemplaire vendu 39 fr. 50 c. Bertin n'avait pas la dédicace au roi annoncée dans le catal. de Soleinne ; par ce motif les feuillets prélim. n'y étaient qu'au nombre de 8. Un autre exempl. 39 fr. 50 c. Walckenaer.

La seconde édition, *Paris, P. Trabouillet*, 1672, in-12. 23 fr. 50 c. *mar. r.* Ch. Giraud.

L'Alexandre a été traduit en anglais par Ozell, *Lond.*, 1714, in-8.

ANDROMAQUE, tragédie. *Paris, Théodor Girard*, ou *Cl. Barbin*, 1668, in-12 de 6 ff. prélim., 91 pp. et

1 f. non chiffré. Le privilége accordé à Jean Racine, *prieur de l'Epinay*, est du 28 décembre 1667.

69 fr. *mar. bl.* Bertin, 136 fr. *mar. v.* Ch. Giraud.

Louis Riccoboni a donné une traduction italienne de cette pièce. *Paris, Lamesle*, 1725, in-8.

LES PLAIDEURS, comédie. *Paris, Cl. Barbin*, ou *Gabr. Quinet*, 1669, in-12 de 4 ff. et 88 pp. Privilége accordé à Cl. Barbin, en date du 5 décembre 1668.

116 fr. *mar. bl.* Bertin ; 210 fr. *mar. bl. d. de mar.* Ch. Giraud.

Cette pièce a été trad. en anglais par Ozell, *Lond.*, 1715, in-8.

BRITANNICUS, tragédie. *Paris, Cl. Barbin*, 1670, in-12 de 7 ff. et 80 pp. Le privilége est du 7 janvier 1670.

35 fr. 50 c. Walckenaer ; 60 fr. *mar. bl.* Bertin ; *mar. bl. d. de mar.* 150 fr. Ch. Giraud ; 29 fr. 50 c. *v. br.*, Parison.

Traduit en espagnol, par Juan Frigueras sous le nom de Saturio Iguren, *Madrid*, 1752, in-8. — En anglais par Ozell, *London*, 1714, in-8.

BÉRÉNICE, tragédie. *Paris, Cl. Barbin*, 1671, in-12 de 10 ff. et 88 pp. Privilége et achevé d'imprimer du 24 janvier 1671.

30 fr. Walckenaer ; 60 fr. *mar. bl.* Bertin ; et 120 fr. Giraud.

BAJAZET, tragédie, par M. Racine. *Se vend pour l'auteur*, à Paris, chez Pierre Le Monnier, 1672, in-12 de 4 ff. et 99 pp., privilége du 15 février 1672, et achevé d'imprimer du 20 du même mois.

22 fr. Walckenaer ; 69 fr. *mar bl.* Bertin.

MITHRIDATE, tragédie, par M. Racine. *Paris, Cl. Barbin*, 1673, in-12 de vi et 72 pp., privilége du 2 mars, achevé d'imprimer du 16.

30 fr. Walckenaer ; 60 fr. *mar. r.* Bertin ; 119 fr. *mar. r.* Giraud ; 61 fr. *v. f.* Busche.

Traduit en italien, par J.-B. Richeri, *Genova*, 1740, in-8. — En allemand, par J.-J. Witter, *Strasb.*, 1735, in-8.

IPHIGÉNIE, tragédie, par M. Racine. *Paris, Cl. Barbin*, 1675, in-12 de 6 ff. et 72 pp. Privilége du 28 février 1675, accordé au sieur Racine, trésorier de France.

36 fr. Walckenaer ; 93 fr. *mar. bl.* Bertin ; 159 fr. *mar. r.* Ch. Giraud.

Cette pièce a été traduite en espagnol par un anonyme qui a signé A. L. P. de V. E. (*Madrid*). *En la imprenta real de la Gazeta*, 1768, in-8.

PHÈDRE et Hippolyte, tragédie par M. Racine. *Paris, Cl. Barbin* ou *Jean Ribou*, 1677, in-12 de 5 ff. et 74 pp. Privilége accordé au sieur Racine, trésorier de France en la généralité de Moulins, le 11 février 1677, achevé d'imprimer du 15 mai.

9 fr. *mar. bl.* de Soleinne et 30 fr. Walckenaer ; avec la figure gr. par Séb. Leclerc d'après Lebrun, 76 fr. *mar. bl.* Bertin ; 122 fr. *mar. r.* Ch. Giraud.

Traduite en italien par Cronasto P. A. (sans lieu ni date), in-8. ; — en vers allemands, par Schiller, avec le texte français en regard, *Tübingen*, 1805, in-16 ; et en prose allemande, par J.-Chr. Bröstedt, ainsi que Mithridate, Iphigénie et Bajazet. *Leipz.*, 1756, in-8. — en hollandais par F. Ryk, *Amsterdam*, 1683, in-8.

ESTHER, tragédie tirée de l'Écriture sainte. *Paris, Denys Thierry* ou *Cl. Barbin*, 1689, in-12 de 7 ff. et 86 pp., fig. de Séb. Leclerc. Privilége accordé aux dames de Saint-Louis, en date du 3 février 1689.

8 fr. de Soleinne ; 35 fr. *mar. bl.* anc. rel. Walckenaer ; deux exempl. en *mar. r.* et en *veau* 31 fr. et 125 fr. Ch. Giraud ; en *mar. orange*, 40 fr. Solar ; avec *Athalie*, édit. de 1692, les deux pièces, en *mar. r.*, avec les insignes de Longepierre, 790 fr. Solar.

LA MÊME tragédie, *Paris, Denys Thierry*, 1689, in-4. de 6 ff. et 83 pp., fig. gr. par Seb. Leclerc d'après Le Brun. 10 fr. de Soleinne.

Il faut réunir à ce volume les Chœurs de la tragédie d'Esther, avec la musique composée par J.-B. Moreau. *Paris, Denys Thierry*, 1689, in-4. fig. 19 fr. 50 c. de Soleinne.

Esther, tragédie tirée de l'Escriture sainte par Mons. Racine ; seconde édition. *A Neufchatel, imprimé par Jean Pistorius*, 1689, in-8.

Édition rare à laquelle a été ajoutée une préface curieuse qui contient des allusions aux persécutions que les protestants éprouvaient alors en France. M. Gaullieur a rapporté un passage de cette préface à la p. 20 de ses *Études sur l'histoire littéraire de la Suisse française*, impr. à Genève en 1856, in-8.

Esther, tragédie tirée de l'Écriture sainte. *Suivant la copie imprimée à Paris (Amsterdam, Abraham Wolfgang)*, 1689, pet. in-12, frontispice gravé.—Athalie, tragédie tirée de l'Ecriture sainte. *Suivant la copie imprimée à Paris (Amsterdam, Abr. Wolfgang)*, 1691, pet. in-12, front. gravé.

Les deux pièces non rel. 41 fr. G. Gaspari, en 1862.

Esther a été trad. en allemand par J.-Chr. Brüstedt, *Lüneb.*, 1745, in-8., — et en langue hébraïque rhythmée par J.-J. Rapport, *Vienne*, 1827.

Athalie, tragédie, tirée de l'Écriture sainte. *Paris, Denys Thierry*, 1691, in-4. de 6 ff. et 87 pp. avec fig. gravée par J. Mariette, d'après J.-B. Corneille.

25 fr. *mar. r.* de Soleinne; 1 liv. Libri, et à la même vente un exemplaire avec des corrections et de additions manuscr. de l'auteur, annoncées comme autographes, 4 liv. 19 sh. ; autres exemplaires avec Esther et les chœurs de la tragédie d'Esther, par Moreau, 1689, in-4., 3 part. en 1 vol. *mar. r.*, 79 fr. Bertin ; avec Esther, 2 tom. en 1 vol. *mar. bl.* 130 fr. Ch. Giraud.

Athalie... *Paris, Denys Thierry ou Cl. Barbin*, 1692, in-12 de 7 ff. et 114 pp. fig. de Séb. Leclerc. Privilège, en date du 11 décembre 1690, accordé au sieur Racine, *gentilhomme ordinaire de Sa Majesté ;* l'achevé d'imprimer pour la première fois le 3 mars 1691, doit se rapporter à l'édition in-4.

30 fr. Walckenaer ; 60 fr. *mar. bl.* Bertin, et deux exemplaires, l'un *mar. v.* 51 fr., l'autre *mar. r. d. de mar. v.* 125 fr. Ch. Giraud.

L'Athalie de Racine a été traduite en hébreu sous le titre de *Gesa Isai*, par Meir Letteris. *Vienne, Ant. de Schmid*, 1835, in-8. (Catalogue de Silv. de Sacy, n° 3660).

Elle l'a été en italien par Paolo Rolli, *Roma, Pagliarini*, 1754, in-8. ; et en espagnol par Eugenio de Llaguno y Amirola, *Madrid, Ramirez*, 1754, in-8.

Il existe deux traductions anglaises de la même pièce : l'une, par J.-C. Knight, *London*, 1822, in-8. ; l'autre, par Ch. Rondolph, *London*, 1829, in-8.

— Lettres inédites de Jean et de Louis Racine, précédées de la vie de Jean Racine et d'une notice sur Louis Racine, etc., par leur petit-fils, l'abbé Adrien de La Roque. *Paris, L. Hachette,* 1862, in-8. de 463 pp. 7 fr. 50 c.

Études inédites de Racine sur la littérature, la morale et l'histoire, publiées par le marquis de la Rochefoucauld - Liancourt. *Paris, Amyot*, 1856, in-8. 4 fr. Études sur l'*Iliade*, Sophocle et Euripide. — Etudes sur *Athalie*. — Etudes de jeunesse. — Etudes sur l'histoire de France et sur le règne de Louis XIV. — Correspondances.

RACINE (*Louis*). La Religion, poëme. — La Grâce, poëme. *Paris*, 1742, 2 part. en 1 vol. gr. in-8. 4 à 5 fr. [14127]

Belle édition. Le titre ne porte pas le nom de l'auteur dans tous les exemplaires.

Les Œuvres de L. Racine ont été imprim. à *Paris*,

1747 (et *Amsterd.*, 1750) ; 6 vol. pet. in-12 ; et de nouveau à *Paris*, 1808, 6 vol. in-8. [19098] Cette dernière édition est beaucoup plus complète que la première, et la traduction du Paradis perdu en fait partie : 18 fr. — Pap. vél. 30 fr.

On a une assez jolie édition des poésies de L. Racine, *Paris, Masson fils (imprim. de F. Didot)*, 1823, in-8. pap. vél., avec 3 vignettes, 5 fr. — et une du poëme intitulé La Religion, *Paris, L. De Bure*, 1824, gr. in-32, pap. vél.

— Correspondance littéraire de Louis Racine avec René Chevaye, de Nantes, de 1743-1757, précédée d'une notice sur chacun d'eux, et accompagnée de notes et d'extraits, par M. Dugast-Matifeux. *Nantes, et Paris, L. Potier*, 1858, in-8.

— Memoires sur Jean Racine, 30611.

RACZYNSKI (le comte *Edward*). Dziennik podrózy do Turcyi odbytey w roku 1814. *W. Wroclawik, Grass i Barth,* 1821, gr. in-fol. fig. [20412]

Cette édition du Journal du voyage en Turquie fait en 1814, par le comte Ed. Raczynski, est l'ouvrage le plus magnifique qui ait encore paru en Pologne. Le volume se compose de 51 ff. de texte, en polonais, accompagné de 82 pl., la plupart de grande dimension, et d'un grand nombre de vignettes d'après les dessins faits sur les lieux par M. Fuhrman, et gravées par les artistes les plus distingués de Berlin, Dresde, Prague, Venise, Paris et Rome. La carte de la plaine de Troye est dessinée par le comte lui-même, qui a généreusement abandonné le produit de la vente de son ouvrage à la maison des pauvres de Posen et aux hôpitaux de Varsovie. (*Journal de la littér. étrangère*, 1822, p. 148.)

— Malerische Reise in einigen Provinzen des osmanischen Reichs : aus dem polnischen übersetzt von F.-H. von der Hagen ; mit 80 Kupfern und vielen Vignetten. *Breslau*, 1824, gr. in-fol.

Cette traduction a été annoncée à Leipzig, chez Fleischer, au prix de 72 thl. (290 fr.), mais le prix en est réduit de moitié. Il y en a une petite édition en un volume in-8., avec 2 cartes et 2 lithographies, faite en 1825.

— Le Médaillier de Pologne, ou collection de médailles ayant rapport à l'histoire de ce pays, depuis les plus anciennes jusqu'à celles qui ont été frappées sous le règne du roi Jean III (1515 à 1696), trad. du polonais par M***. *Breslau, Friedländer*, 1838-43, ou *Berlin*, 1841-45, 3 vol. in-4. fig. 66 fr. [27858]

Texte en polonais et en français, 256 pl.
— Codex diplomaticus Lithuaniæ, 27815.

RACZYNSKI (le comte *Athanase*). Histoire de l'art moderne en Allemagne, par le comte Athanase Raczynski. Dusseldorf et les pays du Rhin. Excursions, etc. *Paris, Jules Renouard*, 1836-41, 3 vol. in-4. fig., avec atlas in-fol. [9110]

Le prem. volume a coûté 100 fr., le second, 120 fr. et le troisième, 80 fr., et plus avec les pl. sur pap. de Chine. Dans le 2e volume se trouve la relation d'une excursion en Italie, et dans le 3e, une excursion en

---

Racle (*V.-A.*). Traité de diagnostic, 7155.

Hollande, Belgique, Angleterre, Suisse, Pologne, Russie, Suède, Danemark, Etats-Unis.

— Lés arts en Portugal, 31018.

RADDIUS (*Jos.*). Plantarum brasiliensium nova genera et species novæ vel minus cognitæ, collegit et descripsit Jos. Raddius (Pars prima. Filices). *Florentiæ, Pezzati*, 1825, in-fol. [5300]

Mauvaises planches lithographiées, cotées de 1 à 84, non compris les nos répétés; le texte a 101 pp. — — Vend. 16 fr. Rœtzel.

RADEMAKER (*Abr.*). Kabinet van Nederlandsche Outheden en Gezichten, door Abr. Rademaker. *Amsterdam, Barents*, 1725, 2 vol. in-4. [24952]

300 planches assez belles et gravées avec esprit ; on y a joint un texte fort court. Les premières épreuves des mêmes planches furent d'abord publiées sans date et sans aucun texte, en 2 vol. gr. in-4., avec deux titres gravés ; et c'est là l'édition la plus recherchée. Les planches de Rademaker ont encore reparu à *Amsterd.*, en 1731, 2 tom. en 1 vol. in-4., avec un titre en hollande. Vend. 40 fr. Morel-Vindé. Il y en a aussi une édition avec une description par Math. Brouerius van Nidek et Is. Le Long, *Amsterd.*, *Barents*, 1727-33, 6 part. in-4., texte en hollandais, en français et en angl., 24 fr.; et enfin une dernière édition, revue et augmentée par J.-H. Reisig et A.-B. Strabbe, *Amsterdam*, *Holtrop*, 1792-1804, en 8 vol. gr. in-8., avec 301 pl., texte holland.

On ajoute comme 3e volume, à la première édition, un recueil de 92 pl. du même genre, grav. par van Liender. Les 3 vol. m. r., 52 fr. 50 c. salle Silvestre, en 1808. — Nous parlons, au mot VERHEERLIJKT, d'un recueil qui renferme aussi des planches de Rademaker.

— L'ARCADIE hollandoise, ou maisons de plaisance, etc., de l'Amstel, dessinées et gravées par Abr. Rademaker. *Amsterdam*, 1730, in-fol., contenant 100 pl.

— SOIXANTE et dix-sept vues d'Alcmar, Delft et Dordregt, gravées par L. Schenk, d'après Abr. Rademaker. *Amsterdam*, 1736, in-fol.

Deux recueils portés dans la *Biblioth. hulthem.*, nos 28820-22.

— ARCADIE hollandaise ou collection choisie de 600 vues pittoresques d'antiquités, ruines, châteaux, etc., gravées par Rademaker, Pr. de Winter, etc. *Amsterdam*, 1807, 2 vol. in-fol. 12 thal. Graesse.

RADERUS (*Matt.*). Bavaria sancta. *Monaci*, 1615-27, 3 vol. in-fol., avec 60, 44 et 20 pl. de Raph. Sadeler. [21498]

— Bavaria pia. *Monaci*, 1628, in-fol., avec 16 pl. de Sadeler. [21499]

Ouvrages recherchés, seulement à cause des grav. dont ils sont ornés : 30 à 45 fr. les 4 vol., et plus cher autrefois.

L'édition de Munich, 1704, aussi en 4 vol., renferme des épreuves inférieures.

RADES y Andrada (*Fr.* de). Chronica de las tres ordenes y cauallerias de Sanctiago, Calatrava y Alcantara. *Toledo, J. de Ayala*, 1572, pet. in-fol. [22008]

Rare, mais d'un prix médiocre : vend. 9 fr. La Valliere ; 1 liv. 5 sh. bel exemplaire, Heber.

— CATALOGO de las obligaciones que los cavalleros, comendadores, priores y otros religiosos de la orden y cavalleria de Calatrava tienen en razon de su abito y profession. *Toledo*, 1571, in-8.

RADHAKANTA Deva (Râjâ Çri). Cabdakalpadruma, ou l'Arbre des morts, Dictionnaire sanscrit (*Calcutta* ou *Serampour*, 1819-51), 7 vol. gr. in-4. [11754]

Ouvrage écrit tout en sanscrit, caractères bengali. Il a été impr. aux frais de l'auteur, et il ne devait pas être mis dans le commerce ; il n'en est donc parvenu que très-peu d'exemplaires en Europe. Celui d'Eug. Burnouf a été vendu 850 fr., quoiqu'il ne contint pas le 7e vol., lequel coûte seul 95 fr. Un exemplaire complet est porté à 25 liv. dans le catal. des libraires Williams et Norgate. *Lond.*, 1859.

RADICALIS attestatio fidei orthodoxæ, etc., contra Judæos, Gentiles et infideles cæteros. *Nurembergæ, Freder. Creussner*, 1477, in-fol. goth. de 86 ff. non chiffrés. [1812]

Vend. 100 fr. *mar. bl.* La Valliere, sans avoir conservé cette valeur.

RADICATI (*Albert* Passeran, comte de). Recueil de pièces curieuses sur les matières les plus intéressantes. *Londres* et *Roterdam*, 1736, in-8. [2299]

Ce recueil, jadis assez recherché, se donne maintenant pour 5 ou 6 fr., quoiqu'il ait été vendu jusqu'à 36 fr. Gouttard. Il y en a quelques exemplaires en Gr. Pap.

On attribue au même auteur deux opuscules pseudonymes, savoir : *Sermon prêché dans la grande assemblée des Quakers de Londres, par le fameux frère E. Ellwall, dit l'Inspiré, trad. de l'anglais.* Londres (Hollande), aux dépens de la compagnie, 1737, pet. in-8 de 47 pp.; et *La Religion muhammédane comparée à la payenne, par Ali-Ebn Omar Moslem... traduite de l'arabe*, Londres (Holl.), 1737, pet. in-8., commençant à la page 49 et faisant suite au précédent. Ces deux écrits fort impies ne font pas partie du *Recueil de pièces curieuses*, comme l'avait dit M. Barbier (*Dictionn. des anonymes*, no 16989), qui s'est rectifié dans sa table, article *Passeran.*

RADINUS. Fr. Thomæ Radini Todischi (seu Thodisci) ord. Præd., Calypsychia, sive de pulchritudine animæ. (à la fin) : *Mediolani typis æneis excussum per Gotardum Ponticum septimo Eidus octubr.* (sic), M. D XI, *cui luci. D. Dionysius theologorum princeps et faustissimus Juppiter* (sic) *aspirabunt*, in-4.

— SIDERALIS Abyssus Thomæ Radini. *Luteciæ impr. opera Thomæ Kees impensis Edmondi Fabri*, M D XIIII, pet. in-4.

Deux ouvrages peu communs. Le second, qui a été composé en l'honneur de saint Thomas d'Aquin, renferme nombre de fig. sur bois.

RADJATARANGINI. Histoire des rois de Kachmir, traduite et commentée par

---

M. A. Troyer, et publiée aux frais de la Société asiatique. *Paris, Imprim. roy., se trouve chez Mme Dondey-Dupré,* 1840-42, 3 vol. in-8. 42 fr. [18201]

Le texte sanscrit est imprimé dans le prem. vol.; il avait déjà paru sous le titre suivant :

THE RAJA TARANGINI, a history of Cashmir, consisting of four separate compilations, viz I. The Raja Tarangini, by Kalhana Pandita, 1148, A. D. II. The Rajavali, by Jona Raja, 1402, A. D. III. Continuation of the same, by sri Vara Pandita, A. D. 1477. IV. The Rajavali Pataka, by Prajva Bhatta, brought up to the conquest of the Valley by the emperor Akber. *Calcutta,* 1835, in-4.

RADL. Vues pittoresques des environs de Francfort-sur-le-Mein, dessinées par M. Radl, et gravées par des artistes distingués de Dresde. *Francfort, Wilmans,* gr. in-fol. obl. [26661]

Ce recueil devait être composé de 40 planches de 22 pouces de large sur 16 pouces de haut, au prix de 10 flor. chacune. Les 10 prem. pl. sont décrites dans le *Journal de la littérature étrang.,* 1820, p. 277.

RADULPHUS (*Ricardus*), archiepiscopus Armacanus. Summa in quæstionibus Armenorum et Græcorum de religione et fide christiana ; emendata a Joh. Sudoris ; cum aliquibus ejusdem de Christi dominio. *Paris., Joannes Parvus,* 1512, in-fol. [1824]

Cet ouvrage, écrit vers le milieu du XIVe siècle par un archevêque irlandais, est assez rare, et il se vendait autrefois 20 fr. et plus; mais il n'est pas recherché maintenant, si ce n'est peut-être en Angleterre, où l'on paye encore assez cher la controverse du même auteur aux ordres mendiants, publiée d'abord à Paris, en 1490, in-fol.; puis par Jean Trechsel (à Lyon), en 1496, in-fol. de 28 ff. à 2 col.; et enfin avec des augmentations sous le titre suivant :

RICHARDI archiepiscopi Armachani Hyberniæ primatis defensorium curatorum, adversus eos qui privilegiatos se dicunt, habitum Avenione coram Papa Innocentio VI, etc., anno Christi 1357, nunc recens excusum juxta vetus exemplar, et ex fide cod. ms. Bibliothecæ S. Victoris, majori ex parte auctum, ac diligentissime castigatum : accessit et brevis præfatio apologetica. *Paris,* 1638, in-12.

RADZIVILUS (*Nicolaus Christophorus,* princeps). Jerosolymitana peregrinatio, ex polonico sermone in latinum translata a Th. Tretero, nunc varia aucta et correctius in lucem edita. *Antuerpiæ, ex offic. plantin.,* 1614, in-fol. [20554]

Vend. 34 fr. Langlès ; 20 fr. Thierry, et quelquefois moins.

La première édition de cet ouvrage, peut-être plus rare encore que celle-ci, a été publiée sous le titre suivant:

HIEROSOLYMITANA peregrinatio Nic.-Chr. Radzivili, epistolis compræhensa, ex idiomate polonico in latinam linguam translata, nunc primum edita, Th. Tretero interprete. *Brunsbergæ,* 1601, pet. in-fol.

Radonvilliers (*Cl.-F.* Lisarde de). Manière d'apprendre les langues, 10543.
Radouay (Le). Navigation, 8496.

Vend. en *m. r.* 19 sh. Hibbert.

Le texte polonais a paru à Cracovie, en 1617, in-4., après la traduction allemande, impr. à Mayence, en 1603, in-4.

RAFALOVITCH (*A.*). Poutechestvïe po nijenemou Egipton. Voyage dans la Basse-Egypte et dans les contrées intérieures du Delta. *St-Pétersb., Treu,* 1850, 2 vol. in-8. [20810]

RAFFLES (*Thomas* Stamford). The History of Java. *London, Black,* 1817, 2 vol. gr. in-4., avec cartes et fig. [28218]

Ouvrage important, 63 fr. 50 c. Klaproth ; 34 fr. Walckenaer; En très-grand papier, bel exemplaire rel. en *cuir de Russie,* 253 fr. Langlès, et moins depuis.

Il y a une seconde édition, *London, Murray,* 1830, 2 vol. in-8. 1 liv. 5 sh. On y peut joindre 96 pl. et une carte. qui se vendent 1 liv. 10 sh.

C'est à Stamford Raffles qu'est due la publication de l'ouvrage suivant :

THE MISSION (of M. Crawfurd) to Siam, and to Hué, the capital of Cochin China, in the years 1821 and 1822, from the journal of the late George Finlayson, with a memoir of the author, by sir Th. Stamford Raffles. *Lond., Murray,* 1826, in-8. 15 sh. [20722]

Une relation plus détaillée de cette mission a paru en 1828. Voy. CRAWFURD.

DESCRIPTION géographique, historique et commerciale de Java et des autres îles de l'Archipel indien ; par MM. Th. Stamford Raffles et John Crawfurd, contenant des détails sur les mœurs, les arts, les langues, les religions et les usages des habitants de cette cinquième partie du monde; traduite de l'anglais par M. Marchal. *Bruxelles, Tarlier,* 1824-25, in-4., avec gravures et cartes coloriées.

Le traducteur, en refondant dans ce volume les deux ouvrages de Raffles et Crawfurd, en a élagué beaucoup de détails qu'il a jugés inutiles, mais que plus d'un lecteur pourra regretter. Ce livre a été publié en 12 livraisons, au prix de 60 fr., et ensuite proposé pour 20 fr.

— Memoirs of the life and public services of sir Th. Stamford Raffles, particularly in the government of Java, 1811-16, and of Bencoolen and its dependencies, in 1817-24, by his widow. *London, Murray,* 1830, in-4. portrait, carte et pl. 1 liv. 5 sh. [30954]

Réimpr. en 1835, in-8., en 2 vol. : 18 sh.

Ouvrage intéressant. En voici d'autres du même auteur, ou publiés par lui :

SUBSTANCE of a minute on the introduction of an improved systeme of internal management, and the establishment of a land rental on the Island of Java. *London,* 1814, gr. in-4. de 293 pp.

Livre imprimé pour l'auteur, et qui n'a pas été mis dans le commerce : 18 sh. Catal. Bohn.

MALAY annals : translated from the malay language, by D. John Leyden, with an introduction

Raelamb (*Cl.*). Observationes juris, 3117.
Raepsaet (*J.-J.*). Analyse des droits des Belges, 24959. — Œuvres, 24959.
Raffenel (*C.-D.*). Histoire des Grecs modernes, 27933. — Evénements, 27935.
Raffenel (*Anné-J.-B.*). Voyage dans l'Afrique occidentale, 20869. — Nouveau voyage, 20869.

by Th. Stamford Raffles. *London, Longman,* 1821, in-8. 10 sh. [28209]
MALAYAN miscellanies (collected and chiefly written by Th. Stamford Raffles). *Bencoolen,* 1820-22, 2 vol. in-8. [28208]
Ce livre rare est dans le catal. de Marsden, mais ne se trouve pas dans celui de Langlès.

RAFN. Inscription runique du Pirée, interprétée par C.-C. Rafn, et publiée par la Société royale des antiquaires du Nord. *Copenhague, de l'imprim. de Thècle,* 1856, in-8. fig. [29970]
Bien imprimé et sur papier vélin.
La Société royale des antiquaires du Nord publie annuellement ses mémoires ; elle les a donnés d'abord en partie en français, mais depuis quelques années ils sont écrits en danois. Le 30e vol. in-8. est de 1855.
— Voy. ANTIQUITATES americanæ ; et ANTIQUITÉS russes.
— Découvertes de l'Amérique, 28470 ; — Americas Arctiske landes, 28470 ; — Antiquités de l'Orient, 30007.

RAGIONAMENTO sopra del Asino. *(sans lieu ni date),* pet. in-4. de 4 ff. non chiffrés et 106 pp., caract. ital. [17940]
Ouvrage satirique qui paraît avoir été impr. à Venise dans le XVIe siècle. Le frontispice ne porte que le titre ci-dessus entouré d'un cadre. Au verso se trouve un sonnet de *Ser Cinciglione*; le feuillet suivant contient une figure sur bois représentant la tête d'un âne, dans un encadrement orné, et au verso un sonnet de *Niccolò Franco* à *G.-Bat. Pino.* Les deux feuillets suivants contiennent une lettre intulée : *A li signori Asini Gnelo Asinone asinità perpetua;* les pages 1, 2, 3 contiennent une lettre de *Ser Cinciglione ai lettori,* suivie d'un *Argomento.* Le texte commence à la page 4 par ce sommaire : *Ragionamento del padre Arculano sopra dell' Asino.* A la fin de l'ouvrage, page 106, se lit cette singulière souscription : *Nel paradiso de gli Asini, l'anno de la primera asinesca nel rovescio del mese asinissimo,* suivie d'une déclaration de l'éditeur attestant qu'il a obtenu un privilége de dix ans. (Molini, *Operette,* p. 318.)

RAGNINA. Piesni Raslike Dinka Ragnine, Ulastelina Dubro Vackoga. *Fiorenza, appresso i figli di Lorenzo Torrentino,* 1563, in-4. [15908]
Poésies en langue sclavonne illyrique, par Dom. Ragnina, noble Ragusien. Elles sont fort rares (*Biblioth. grenvil.,* p. 592).

RAGOT. Voy. GRANT regret.

RAGUAGLIO della sentenza e morte del re d'Inghilterra Carlo Stuardi, seguita in Londra li 9 febraro 1649. *Modena, B. Soliani,* 1649, in-4. de 4 ff. [26950]
20 fr. Riva.

RAIMBERT. La Chevalerie Ogier de danemarche, par Raimbert de Paris, publ. pour la première fois d'après le ms. de Marmoutier et le ms. 2729 de la Bibliothèque impér. *Paris, Techener (impr. de Pecquereau),* 1842, in-4. [13196]
Ce poëme du XIIe siècle, composé de 13055 vers de dix syllabes, a été publié par M. Barrois (ancien député de Lille), d'après les ms. de Marmoutier, et collationné par M. P. Chabaille, sur le ms. 2729 de la Biblioth. impér. L'édition in-4. n'a été tirée qu'à 99 exempl., avec 2 fac-simile sur parchemin ; mais il en a paru en même temps une autre de format in-12, en 2 vol., formant les tom. VIII et IX des *Romans des douze pairs de France,* publ. chez Techener : les 2 vol. 16 fr. — Pap. vél. 32 fr. — Voy. OGIER le Danois.

RAIMONDI (*Eugenio*). Delle Caccie di Eugenio Raimondi libri quattro, aggiuntov'in questa nuova impressione il quinto libro della Villa. — *In Napoli, per Lazaro Scoriggio,* 1626, in-4. fig. 10 à 12 fr. [10419]
Ouvrage assez recherché : l'édition que nous annonçons est plus complète que celle de *Brescia,* 1621, pet. in-8., sous le titre de *Le Caccie delle fiere armate e disarmate :* 19 fr. Riva ; 37 fr. mar. citr. Borluut. Il y a des exempl. de cette même édition de 1626, dont le verso du dernier feuillet, qui doit contenir l'approbation et la souscription est entièrement blanc : 37 fr. non rogné, en 1859. Il y a aussi des différences dans la dédicace. Nous avons vu une autre édition in-4., sans date sur le titre, mais dont l'épître dédicatoire de l'auteur est datée de *Venise,* 1630 : 27 fr. *non rogné* Riva.

— Delle Caccie di Eug. Raimondi, compendiate dal dot. Fr. Bardi, ornate di (XII) figure in rame da F. Valleggio. *(sans lieu ni date),* in-4. obl.
Vend. 10 fr. m. r. de Limare, et plus cher depuis. — L'édit. de *Catane,* 1675, in-4. obl., a la même valeur.
L'ouvrage de Raimondi a été réimpr. en dern. lieu à *Venise,* 1785, pet. in-8. fig., d'après l'édition de 1621.

RAINERIUS de Pisis. Voy. PISIS.

RAINSFORD (*Marc*). An historical account of the black empire of Hayti. *London,* 1805, gr. in-4. fig. 12 à 15 fr. [28631]
On trouve dans cet ouvrage des détails sur la révolution de Saint-Domingue.

RAISON de l'architecture. Voy. SAGREDO.

RAISONNABLE (M.). Voyez HARANGUES burlesques.

RAISONS (les) naturelles et morales de toutes choses qui tombent ordinaire-

---

ment ès devis familiers. *Lyon, Ben. Rigaud,* 1586, in-16 de 95 ff. [17938]

Livre peu commun. Vend. 21 fr. 50 c. en 1843 ; 12 fr. 50 c. Coste.

RAISONS (les) pour lesquelles Henry de Bourbon, soy-disant roi de Navarre, ne peult et ne doit être reçeu, approuvé, ne recogneu roy de France. *Paris, Rob. Nivelle,* 1591, in-8. de 38 pp. et 1 f. pour le privilége. [23614]

Vend. 9 fr. La Valliere.

RAIUS. Voy. RAY.

RALEGH ou Raleigh (sir *Walter*). The Works (History of the world, poems, letters and miscellaneous pieces), now first collected ; to which are prefixed the lives of the author by Oldys and Birch. *Oxford, at the clarendon press,* 1829, 8 vol. in-8. 2 liv. 12 sh. [19332]

— HISTORY of the world, with the life of the author by Will. Oldys, and his trial. *London,* 1736, 2 vol. in-fol., avec le portr. de Ralegh par Vertue. 24 à 36 fr. [22694]

Cette histoire est la principale production de ce célèbre navigateur et homme d'État. La première édition a paru à Londres, en 1614, in-fol., mais, avant l'édition qui fait partie du recueil ci-dessus, on regarde comme la meilleure celle de 1736, qui est la onzième. Lowndes, p. 2039, en cite une d'*Edinburgh,* 1820, en 6 vol. in-8., qui renferme le *Voyage of discovery to Guiana,* d'après l'édition de 1596 ci-dessous, et aussi les *Considerations on the voyage.*

— MISCELLANEOUS works of Walter Raleigh ; to which is prefixed a new account of his life by Th. Birch. *London,* 1751, 2 vol. in-8. portr.

Cette collection de mélanges a été faite avec peu de soin, mais celle qu'on a donnée dans les œuvres de W. Raleigh, en 8 vol. in-8., quoique plus complète, manque également de recherches critiques et de renseignements littéraires.

— THE DISCOVERIE of the large, rich and beautiful empire of Guiana, with a relation of the great and golden city of Manoa, and of the provinces of Emeria, Arromaia, Amapaia, etc., performed in the year 1595. *London, Robinson,* 1596, in-4. de 8 ff. prélim. et 112 pp. [21109]

Cette relation est rare et s'est vend. 1 liv. 2 sh. Sykes; 3 liv. Jadis.

Pour la traduction latine, voy. SCHMIDEL.

— POEMS of Walter Raleigh, now first collected with biographic. and critic. introduction, by E. Brydges. *Kent, Lee Priory,* 1813, in-4.

Pour les éditions originales des écrits de Walter Raleigh et pour les pièces qui se rapportent à ce célèbre personnage, consultez Lowndes, 2e édit. pp. 2039-41.

RALLUS. Voyez CABACIUS.

RALPH (*James*). History of England during the reigns of K. William III, Q. Anne and K. George I.; with an introductory review of the reigns of Charles II, and James II; by a lover of truth and liberty. *London,* 1744-46, 2 vol. in-fol. [27011]

Quoique écrite dans le sens des torys, cette histoire a obtenu le suffrage de C.-J. Fox. On croit que l'auteur a été aidé dans la composition de cet ouvrage anonyme par lord Melcombe, son protecteur : 2 à 3 liv.

RAM Comul Sen. Dictionary in English and Bengalee. *Serampore,* 1834, 2 vol. in-4. 60 fr. [11817]

RAM RAZ. Essay on the architecture of the Hindu, by Ram Raz, native juge and magistrate at Bengalore. *London,* 1834, gr. in-4. avec 18 pl. 24 fr. [10034]

RAMAS de poésies vieilles et nouvelles, où l'on a joint en vers historiques l'expedition du Prince d'Oranges en Angleterre. *Cologne, Pierre Marteau,* 1689, pet. in-12. [13988]

Ce recueil peu commun est porté dans le catal. de La Valliere par Nyon, n° 16134. Le même catalogue indique sous le n° 16135 un autre recueil, dont voici le titre :

RECUEIL de diverses pièces de poésies sur les principaux événements des dernières campagnes du prince d'Oranges, par B. D. M. D. D. P. D. B. *Bourg, Jos. Ravoux,* 1693, in-12.

RAMASOUMI. Biographical sketches of Dekan poets... by Cavelly Ventaka Ramasoumi. *Calcutta,* 1829, in-8. [30992]

Recueil de mémoires sur la vie de plusieurs poëtes distingués, tant anciens que modernes, qui ont fleuri dans différentes provinces de la péninsule indienne, et qui ont écrit en langue hindoustani. (*Journal de la littér. étrang.,* 1830, p. 145.)

RAMASSIS. (Recueil de traités de morale, et de lettres, par le vicomte J.-Fr. de La Rochefoucauld, mort en 1788. *Sens, P.-H.-Tarbé),* 1783-85, 3 vol. in-12. [19123]

Les deux premiers volumes de ce recueil renferment 17 opuscules impr. séparément avec des paginations particulières, et dont aucun n'a été tiré à plus de cinquante exemplaires. Le 3e vol. n'a qu'une seule pagination. L'exempl. décrit dans le *Diction. des anonymes,* tome III, n° 15274, n'était ni tout à fait complet, ni rangé dans son véritable ordre. Voici la description de celui que nous avons sous les yeux, et qui est non compl. de Holl. Tome I, 4 ff. prélim., savoir : un faux titre, un titre entouré d'une vignette, une épître dédicatoire à Mme de ***, une préface en 5 lign., 11 morceaux séparés, et à la fin, sur un f. non chiffré, une table qui indique le nombre des pages de chaque [morceau. — Tome II, faux titre, titre daté de 1784, six morceaux séparés, suivis d'un f. de table, comme ci-dessus. — Tome III, faux titre et titre, *De l'Education,* 212 pp., plus 2 ff. pour la table des 27 chapitres de ce traité.

La pièce que M. Barbier indique comme la dernière, sous ce titre : *A ma nièce, qui copiait une Madame de Saint-Mathieu* (dans plusieurs exemplaires il y a *Saint-Luc*), est, dans notre exemplaire, la dernière du premier volume, conformément à la table ; mais dans une autre exemplaire, dont la table a été réimprimée, ce même volume est terminé par un morceau de 40 pp., intitulé : *Lettres 51e et 52e,* morceau qui est à la fin du 2e vol. dans le nôtre : 70 fr. *mar. r.* Veinant. Guilbert de Pixerécourt n'avait pu se procurer que le premier volume des *Ramassis ;* mais, voulant en relever l'importance, il n'a pas craint d'avancer, dans une note de son catalogue (n° 180), qu'il n'y en avait jamais eu d'autres.

_____

Ram (*M.* de). Documents relatifs aux troubles du pays de Liége, 25120.

Ramasecana, or a Vocabulary of peculiar language used by the Thugs, 11957.

RAMAYANA. Voy. VALMEEKI.

RAMAZZINI (*Bernardi*) Opera omnia, medica et physiologica ; accessit vita authoris a Barth. Ramazzino, nepote, editio quinta. *Londini*, 1742, 2 vol. in-4. fig. 8 à 10 fr. [6632]

Les quatre premières édit. ont paru à Genève, 1716 et 1717, et à Londres, 1718 et 1739, in-4. Il y en a une de Leipzig, 1828, 2 vol. in-8., donnée par Just. Radius, faisant partie de la collection : *Scriptorum classic. de praxi opera.*

L'*Essai sur les maladies des artisans, par Ramazzini*, a été trad. en français par de Fourcroy, *Paris*, 1777, in-12.

RAMBAUD (*Honorat*). La déclaration des abus que l'on commet en écrivant, et le moyen de les éviter, et représenter naïvement les paroles, ce que jamais homme n'a fait. *Lyon, J. de Tournes*, 1578, pet. in-8. de 351 pp. [10983]

Ouvrage singulier dont les exemplaires se trouvent difficilement. On y a fait usage de caract. nouveaux imaginés par l'auteur, et fondus tout exprès : 7 fr. 50 c. Labey ; 34 fr. Coste ; 31 fr. Borluut ; 78 fr. Solar.

RAMBECK ou **Ranbeck** (*Ægid.*). Calendarium annuale Benedictinum, per menses et dies sancti ejusdem ordinis inscriptum. *Augustæ-Vindelicorum, S. Utschneider,* 1675-77, 4 vol. in-4. [21739]

Cet ouvrage, peu connu en France, contient des notes biograph. sur 365 saints ou savants de l'ordre de S. Benoît, avec autant de portraits gravés par Kilian. Il en existe des exempl. avec un texte allemand. (71 fr. Catal. de M. Perret, 1860, n° 908, et ensuite 120 fr. Catal. de Tross, 1862.)

RAMBERTI (*Bened.*). Voy LIBRI tre...

RAMBERVEILLER ou **Ramberviller** (*Alphonse* de). Les devots elancemens du Poëte chrestien. *Pont-à-Mousson, par Melchior Bernard, imprimeur*, 1603, pet. in-8. de 295 pp. en tout, avec 22 pl. gravées par Th. de Leu, et J. de Wert. [13913]

Ces poésies ascétiques ont été présentées à Henri IV, à la recommandation duquel l'auteur fut nommé lieutenant général au bailliage de l'évêché de Metz (pour le manuscrit présenté à Henri IV, voir le catal. Gaignat et celui de La Valliere). M. Viollet Le Duc dit , de cet ouvrage, que les vers n'en sont pas plus mauvais que tant d'autres, et que les gravures, faites d'après les enluminures de Ramberveiller, pourraient faire supposer qu'il était plus habile dessinateur que bon écrivain. Le privilége du duc de Lorraine, donné en extrait à la fin de ce volume, constate l'existence d'une édition fautive et incorrecte, antérieure à celle-ci. C'est probablement celle de *Paris, Pacard*, 1600, in-12, fig., que nous trouvons portée dans le catalogue d'une vente, faite à Paris, par le libraire Bohaire, en mars et avril 1819. M. Beaupré qui, dans ses Recherches sur l'imprimerie en Lorraine, a donné un excellent article au sujet de l'édit. de Pont-à-Mousson, décrit, à la page 516 de son ouvrage, une édition des *Devots élancemens*, sous la

date de 160X (*sic*), à *Toul, par François du Bois, imprimeur du Roy*... pet. in-8. de 108 pp. de texte, précédées de 19 pp. limin., y compris le titre gravé qui est le même que celui de l'édition de 1603, dont on a changé le dernier chiffre de la date. Cette édit. de 1610 reproduit les 21 autres pl. de celle de Pont-à-Mousson, mais elle est d'ailleurs moins complète que cette dernière. On n'y trouve pas *Les Larmes publiques sur le trepas de... Philippe Emmanuel de Lorraine, duc de Mercœur*, mort en 1602, morceau dont Goujet (*Biblioth. franç.*, XVI, 371) cite une édition de *Pont-à-Mousson*, 1602, in-4., avec le *Polemarque, ou Pierre Guerriere, dont ce prince usoit, et le narré de la pompe funebre faite à ses obseques à Nancy.* Le catalogue de La Valliere par Nyon indique une autre édit. des *Devots élancemens*, Paris, Perier, 1610, in-12, fig., et il en existe une autre de *Paris, Abraham Pacard*, 1617, in-12, fig. Vend. en mar. v. 20 fr. Nodier, et en v. 16 fr. 50 c. Monmerqué.

M. Beaupré décrit aussi deux autres ouvrages d'Alph. de Ramberviller, plus rares encore que le précédent, et dont voici les titres :

LES ACTES admirables et prospérité en adversité et en gloire du bien-heureux Martyr Sainct Livier gentilhomme d'Austrasie ; avec les stances de son hymne et la vérification des miracles fais en la fontaine dudict Martyr , voisine de l'Abbaye de Salival près Vic , en l'année 1623 ; Histoire non moins agréable qu'utile aux personnes de noblesse, extraicte des archives , cartulaires et manuscrits anciens, par Alph. de Ramberviller, escuyer..... *A Vic, par Claude Felix, imprimeur*, 1624, pet. in-8. en 2 part., pag. 4 à 100 et de 3 à 75. [2214]

Il existe une petite gravure de Callot au bas de laquelle on lit : *Sanctus Livarius patritius metensis eques fortiss. martirium pro Christi fide subiit circa annum salutis* 490. Cette pièce pourrait bien avoir été faite pour décorer le volume que nous décrivons. N'oublions pas de citer un livret de quelques pages seulement intitulé : *La vie et legende de monsieur sainct Livier martyr, gentilhomme d'Austrasie ; avec les chansons spirituelles faites à la louange dudit Sainct Martyr. Ensemble la chanson de monsieur Sainct Nicolas et de ses miracles*, à Vic, par Claude Felix, imprimeur (*s. d.*), pet. in-8. Cet abrégé, fait à l'usage des pèlerins, est encore plus rare que le vol. daté de 1624.

Paul Ferray, dont nous parlons à l'article FERRAY, a écrit sous le voile de l'anonyme des *Remarques d'histoire sur le Discours de la vie et de la mort de Saint Livier, et le recit de ses miracles nouvellement publié*, 1624, in-12.

— DISCOURS de ce qui s'est passé en l'armée des Chrestiens en Hongrie contre le Turc, en la presante année 1600, par Alphonse de Ramberviller, docteur en droictz. *Paris de l'imprimerie de P. Chevallier*, pet. in-8. de 16 pages.

RAMBLER (the). Voy. JOHNSON.

RAMBOUX (*J.-A.*). Beiträge zur Kunstgeschichte des Mittelalters. 125 Blätter in lithograph. Tondrücken, nach Malereien, besonders altitalienischer Meister, und kunstgeschichtliche Oertlichkeiten. *Köln*, 1860, in-fol. Pap. ordin. 25 thl., Gr. pap. 40 thl. [9186]

— Umrisse zur Veranschaulichung altchristlicher Kunst in Italien, vom Jahre 1200-1600. Nach Durchzeichnungen mit Erläuterungen des Herausgebers. *Cöln*, 1854-58, gr. in-fol. [9291]

Divisé en cinq parties publiées en 50 livraisons contenant 300 pl. avec texte allemand et français. Cet ouvrage , dont le prix était de 120 thl., est offert

---

Ramatuelle (*Audib.*). Tactique navale, 8521.

à, 75 thl., en 1861, dans le catalogue d'Heberle, n° LIX. M. Didron l'aîné l'a annoncé sous ce titre : *Cours de dessin chrétien, fac-similé des vieilles peintures d'Italie du XII° siècle.*

RAM COMULSEN. Voy. JOHNSON.

RAMDHUN SEN. Dictionary in persian and english. *Calcutta, at the Baptist mission press, 1829*, gr. in-8. de 2 ff. et 226 pp. [11669]

RAMÉE (*Daniel*). Histoire générale de l'architecture. Avec 523 gr. s. b. *Paris, Amyot*, 1862, 2 vol. in-8. 36 fr. [9692]
— Manuel de l'Histoire de l'Architecture, 9692.
— Voy. CHAPUY.

RAMELLI (*Agostino*). Le diverse ed artificiose machine. *Parigi, in casa dell'autore*, 1588, in-fol. [8168]

Cet ouvrage, écrit en italien et en français, est rare et recherché : il se compose de 338 ff. chiffrés, y compris les figures. Le volume se termine par la fig. 195 qui est double, et imprimée au recto du f. chiffré 338, dont le verso est blanc, sans aucune indication de fin et sans table : 36 fr. Riva ; 40 fr. Libri ; en mar. r. par Derome, 3 liv. 10 sh., en 1859 ; en mar. bl. 64 fr. Patu de Mello ; en Gr. Pap., 512 fr. Mac-Carthy. Il en existe une traduction allemande, impr. à Leipzig, 1620, in-fol. fig.

RAMI (*Jonæ*) Homerus gothicus ex collatis Odyssea et Edda Islandorum ; sive dissertatio qua Ulyssem et Ouitinum unum eundemque esse ostenditur. *Hafniæ*, 1716, pet. in-8. [12342]
Dissertation peu commune : 6 flor. 10 c. Meerman.

RAMIREZ de Carrion (*Manuel*). Maravillas de naturaleza, en que se contienen dos mil secretos de cosas naturales. *Montilla*, 1629, pet. in-4. [4374]
Rare et assez curieux : 12 sh. 6 d. m. r. Heber.

RAMIS seu Ramos de Pareja (*Bartholomæus*). Tractatus de Musica. *Salamanticæ.*
Panzer rapporte le titre ci-dessus d'après Caballero, p. 82, sans indiquer la date ni le format du livre. L'ouvrage aura paru probablement avant 1482, date qu'on donne à un écrit du même auteur contre le système de Gui d'Arezzo. — Voy. BURTIUS.

RAMLER (*K.-W.*). Poetische Werke, Oden und vermischte Gedichte (herausg. von L.-F.-Gtth. von Gökingk). *Berlin, Sander*, 1800, 2 vol. in-4. fig. pap. vél. [15562]
Belle édition : vend. 20 fr. Chateaugiron. Il a paru en même temps une édition en 2 vol. in-8. fig. 12 fr., et plus en papier vélin.
Les poésies de Ramler ont été réimpr., *Berlin*, 1825, 2 part. in-12.

Rameau (*J.-B.*). Traité de l'harmonie, 10165. — Code de musique, 10166.
Ramigy (*Remacle Triele de*). Impiété calviniene. 22428.
Ramirez de Prado (*Laur.*). Pentecontarchus, 18196.
Ramis (*J.*). Inscripciones romanas, 30001.
Ram-Kissen San. Vocabulary, 11820.

On a une traduction française de quelques-unes des poésies lyriques de Ramler (par Cacault), *Berlin*, 1777, in-8.
— FABELLESE. *Leipzig, Weidmann*, 1783-90, 3 part. in-8. — Fabeln und Erzähl. aus verschiedenen Dichtern. *Berlin, Maurer*, 1797, in-8. 20 fr. [15561]

RAMMOHUN Roy. Voy. l'article VEDA.

RAMNUSIO. Voy. RAMUSIO.

RAMON de la Sagra (*D.*). Histoire physique, politique de l'île de Cuba, trad. en français par M. Sabin Berthelot. *Paris, Arthus Bertrand*, 1838 et ann. suiv., texte gr. in-8. et pl. in-fol. [28642]

Ce grand ouvrage devait être composé d'environ 90 livraisons. Prix de chacune, texte et figures, 12 fr. ; il s'est publié soit avec le texte espagnol, soit avec la traduction française.

On vendait séparément les parties suivantes qui sont entièrement terminées :

1° HISTOIRE physique et politique, 2 vol. gr. in-8. accompagnés de 20 tableaux et d'un atlas in-fol. de 11 pl. et 2 cartes, 80 fr. L'abrégé de cette partie a été impr. en 1844, en 2 vol. in-8., 15 fr. — 2° MAMMIFÈRES de l'île de Cuba, par M. Ramon de la Sagra, et Ornithologie de la même île, par M. Alcide d'Orbigny, 1 vol. gr. in-8. et atlas de 41 pl. in-4. en couleur, 150 fr. — 3° FORAMINIFÈRES, gr. in-8. et atlas de 12 pl. en couleur, 50 fr. — 4° BOTANIQUE : plantes cellulaires, par M. Camille Montagne, gr. in-8. et atlas de 20 pl. in-fol. en couleur, 80 fr. — 5° BOTANIQUE : plantes vasculaires, par M. A. Richard, 2 vol. gr. in-8. et atlas de 103 pl., 240 fr. — 6° REPTILES, par MM. Cocteau et Bibron, gr. in-8. et atlas de 31 pl. in-fol. en couleur, 120 fr. — 7° MOLLUSQUES, par M. d'Orbigny, 2 vol. gr. in-8. et atlas de 29 pl. en couleur, 110 fr. — 8° POISSONS, par M. Guichenot, gr. in-8. et 5 grandes pl. en couleur, 25 fr. — 9° INSECTES, par M. Guérin-Méneville, en cours de publication.

— HISTORIA física, economica, politica, intelectual y moral de la isla de Cuba. Nueva edicion, considerablemente aumentada. Relacion del último viage del autor. *Paris, L. Hachette*, 1861, gr. in-8. de 255 pp.
L'ouvrage complet doit former 18 vol. gr. in-8. et 2 vol. in-fol. de pl., et coûter 200 fr.

— CUBA en 1860, ó sea cuadro de sus adelantos en la poblacion, la agricultura, el comercio y las rentas públicas : Supplementa a la prima parte de la Historia política y natural de la isla de Cuba. *Paris, Hachette*, 1862, in-fol. de 282 pp.
— Voyage en Hollande, 20270.

RAMONEAU. La suite tres plaisante des masquarades venues de l'autre monde par le capitaine Ramoneau, enuoyée à tous ses amis. (*sans lieu*), 1619, pet. in-8. avec un front. gravé. [17848]
60 fr. mar. citr. Solar.
LES PLAISANTES Ephémerides et pronostications très certaines pour six années. Enuoyées par le cappitaine Ramoneau de l'autre monde à ses amys. *A Jifla, par Jean Beguin* (Lyon), 1619, pet. in-8. de 15 pp. chiffrées.

RAMPALLE (*N. de*). La Belinde, tragicomedie (en 5 actes et en vers), ou parmy le meslange agreable de diverses

Rammelman Elsevier (*W.-J.-C.*). Sur la famille des Elseviers, en hollandais, 31253.
Ramond. Voyage, 20131.

varietez, deux princesses arrivent au comble de leurs desirs. *Lyon, Pierre Drobet*, 1630, pet. in-8. de 6 ff. et 108 pp. [16430]

— Dorothée ou la victorieuse martire de l'amour, tragedie de Rampalle. *Lyon, Michel Durand*, 1658, pet. in-8. de 99 pp.

Ces deux pièces sont peu communes. Elles ont été vend., la première 20 fr. et la seconde 30 fr. de Soleinne; il est vrai que les mêmes exemplaires n'ont obtenu que 3 fr. 20 c. et 1 fr. à la vente Baudelocque.

Ce mauvais poète, que Boileau a accolé à La Menardière, est auteur de *Six idylles*, impr. à *Paris, pour P. Rocolet*, 1647 et 1648, in-4. (40 fr. *mar. r.* Solar), et aussi d'un petit poëme intitulé :

L'HERMAPHRODITE, où l'événement d'une fable est décrit avec tous les ornements de la poésie; imité du Prety. *Paris, P. Rocolet*, 1639, in-4. Sa *Satire contre la Poste*, en stances, se trouve à la page 212 du 4e volume du Recueil publié par de Sercy (voy. RECUEIL).

Il a écrit en prose : *L'Erreur combatuë, discours académique, où il est prouvé que le monde ne va point de mal en pis;* Paris, Aug. Courbé, 1641, pet. in-8.

RAMPEGOLIS (*Ant.* de). Voy. AMPIGO-LIUS.

RAMPOLDI (*Gio-Batt.*). Annali musulmani dal 578 al 1453 dall' era volgare. *Milano*, 1822-26, 12 vol. in-8. — Vita di Maometto. *Milano*, 1822, in-8. 48 à 60 fr. [27891]

RAMSAY (*Ch.-Al.*). Tachéographie, ou art d'écrire aussi vite qu'on parle, trad. du latin en franç., par A. D: G. (avec le texte lat.). *Paris, chez l'auteur*, 1681, in-12. 3 à 5 fr. [9070]

Réimpr. à *Paris*, en 1688, et sous le titre de *Nouvelle méthode*, ou l'art d'écrire, 1690 et 1692, in-12, en latin, sous celui de *Tachigraphia*, Francof., 1681, pet. in-8.

RAMSAY (*Mich.-And.*). Les Voyages de Cyrus, avec un discours sur la mythologie. *Paris, Quillau*, 1727, 2 vol. pet. in-8. 5 à 6 fr. [17218]

Un exemplaire sur VÉLIN, partagé en 3 vol., 80 fr. *m. r.* Gaignat; 148 fr. La Valliere; 101 fr. Mac-Carthy.

— LES MÊMES Voyages de Cyrus, etc., et une lettre de Fréret sur la chronologie de cet ouvrage. *Lond., Bettenham*, 1730, gr. in-4. 5 à 6 fr.

Vend. 25 fr. *m. r. l. r.* La Valliere.

Édition très-améliorée et par conséquent préférable à la première; c'est cependant sur celle-là qu'a été faite la réimpression de l'ouvrage publié en 1806.

— Histoire du vicomte de Turenne. *Paris*, 1735, 2 vol. gr. in-4. fig. [23790]

Ouvrage peu estimé : 10 à 15 fr. Il y en a une édit. en 4 vol. in-12, dont le prix est encore moins élevé.

RAMSAY (*Allan*). Poems, a new edition. corrected and enlarged; with a glossary: to which are prefixed a life of the author (by G. Chalmers) and remarks (by lord Woodhouselee). *London*, 1800, 2 vol. in-8. 18 à 20 fr. [15823]

Ces poésies écossaises ont été réunies pour la première fois dans l'édition d'Edimbourg, 1721-28, en 2 vol. in-4.; on les a réimprim. dans la même ville, en 1827-29, 2 vol. in-8, portr.

— The gentle Shepherd, a scots pastoral comedy ; with a glossary. *Glasgow*, 1788, in-4., avec fig. de David Allan.

Charmante pastorale, publiée pour la première fois à Edimbourg, en 1725, et depuis réimpr. maintes fois, notamment à Edimbourg, 1808, 2 vol. in-8. avec fig. 15 à 20 fr. Elle a été trad. en anglais, par Corn. Vanderstop, *London*, 1777, par W. Ward, 1785, et par Margaret Turner, 1790, in-8.

La *Collection of scots proverbs*, d'Allan Ramsay, *Edinburgh*, 1737, in-12, a été souvent réimprimée.

RAMUS (*Pierre*), vulgairement de La Ramée. P. Rami institutionum dialecticarum libri tres. *Parisiis, Joan. Roigny*, 1547, in-8. [3519]

Cette logique marque dans l'histoire de l'enseignement à cause du procès et de la condamnation qui en a été la suite; c'est d'ailleurs le premier ouvrage de l'auteur, et en même temps celui de ses écrits qui a été le plus souvent réimprimé. La première édition : *Parisiis, Jac. Boigardus, mense septembri*, 1543, in-8., est devenue fort rare. C'est celle à laquelle se rapporte la réponse de Govea, dont voici le titre :

ANTONII GOVEANI pro Aristotele defensio adversus Petri Rami calumnias. *Parisiis, Sim. Colinæus*, 1543, in-8.

M. Van Praet a fait mention d'un exempl. de l'édition de 1547, ci-dessus, imprimée sur VÉLIN. Parmi les autres éditions du même traité, nous citerons celle de Paris, Andr. Wechel, 1556, in-8., *cum prælectionibus Audomari Talæi* (réimpr. à Francfort, en 1583, in-8., avec des corrections de Jean Piscator) ; une autre sous ce titre :

P. RAMI dialecticæ libri duo, scholiis G. Tempelli illustrati : quibus accessit, eodem authore, de Porphyrianis prædicabilibus disputatio : item epistolæ de P. Rami dialectica, contra Johan. Piscatoris defensionem. *Cantabrigiæ*, 1584, in-4. de 344 pp., dédié à Philip Sidney, par G. Temple (Lowndes, p. 1536).

— P. RAMI dialecticæ libri : defensio ejusdem dialecticæ, authore Feder. Beurhusio, *Londini*, 1589, in-8.; et avec Ph. Melanchthonis dialecticæ libri IV, *Francofurti*, 1591, in-8., — cum commentariis Geor. Dounami, *Londini*, *Jo. Redmayne*, 1669, in-8.

Lowndes, p. 645, article *Digby* (Everard), donne le titre suivant, que nous croyons devoir placer ici :

DE DUPLICI methodo libri duo unicam P. Rami methodum refutantes. *Londini*, 1580, in-8.

— LA DIALECTIQUE de Pierre de La Ramée, dernière edition augmentee d'un petit traicte de l'exercice pratique, non-seulement de la logique, mais des autres arts et sciences. *Paris, Guil. Auvray*, 1576, pet. in-8. de 4 ff. prélim. et 70 ff., le dernier coté 57, plus une table de la Dialectique.

Édition peu commune : 49 fr. *mar. bl.* Coste, et 57 fr. Solar. La première édition de cette traduction est de *Paris, André Wechel,* 1555, in-4. 23 fr. demi-rel. Chavin de Malan.

— ANIMADVERSIONES in dialecticam Aristotelis, libri XX. *Parisiis, apud Matth. David,* 1548, *seu apud And. Wechel.,* 1556, in-8. [3514]

La première édition de cet ouvrage de P. Ramus a paru en 1543, comme la *Dialectica* du même auteur, et a été également condamnée. Réimprimée à Lyon, en 1545, in-8.

— Liber de moribus veterum Gallorum. *Parisiis, Andr. Wechelus,* 1559, pet. in-8. [23204]

Livre curieux et bien écrit, auquel ordinairement se trouve joint le *Liber de militia C.-Jul. Cæsaris,* du même auteur, également imprimé en 1559. Vend. (les deux articles) 10 fr. Labey. Réimpr. à *Paris, André Wechel,* 1562; à *Bâle,* 1572; avec une préface de Th. Freigius, et aussi à Francfort, chez Wechel, en 1584, in-8., et trad. en franç. par Michel de Castelnau, sous le titre de *Traité des façons et coustumes des anciens Gauloys,* Paris, And. Wechel, 1559, pet. in-8. de 100 ff. 18 fr. Coste; 34 fr. Solar (réimpr. *Paris, du Val,* 1581, in-8.).

— Grammatica græca quatenus a latina differt. *Parisiis, Andr. Wechel,* 1560 (aussi 1562), pet. in-8.

Réimprimé plusieurs fois avec des augmentations.

L'édition de 1562, avec *P. Rami liber de syntaxi græca, præcipue quatenus a latina differt,* même date, 18 fr. 50 c. mar. r. Giraud.

— Gramere. *Paris, de l'imprim. d'André Wechel,* 1562, pet. in-8. de 126 pp. et 1 f. d'errata. [10943]

Première édition de la grammaire de Pierre de La Ramée, qui ne s'y est point nommé; elle est moins complète que les deux édit. suivantes, mais elle est imprimée selon l'orthographe bizarre que l'auteur avait voulu introduire, et qu'il a en partie abandonnée depuis. Cette singularité donne du prix à ce petit volume, devenu d'ailleurs fort rare. 50 fr. mar. r. Giraud ; 62 fr. Solar.

— Grammaire de Pierre de La Ramée, lecteur du roy. à la reyne mère. *Paris, de l'impr. d'André Wechel,* 1572, pet. in-8. de 9 ff. prélimin., 1 f. blanc et 211 pp.

Vend. (avec *P. Rami Grammatica latina,* ibid., 1572, et *Grammatica græca,* 1567) 25 fr. Labey; seule, et en *mar. r.,* 40 fr. Giraud; même prix Veinant; 58 fr. Solar.

— Grammaire du même. Reueue et enrichie en plusieurs endroits. *Paris, Denys Duval,* 1587, pet. in-8. de 223 pp.

Vend. 6 fr. 50 c. de Tersan; 7 fr. Labey; 40 fr. *mar. r.* Veinant.
La traduct. latine de la Grammaire de La Ramée, par Pantalon Thévenin, a été imprim. à *Francfort,* en 1583, in-8.

— P. Rami libri duo de veris sonis literarum et syllabarum, e scholis grammaticis, primi ab authore recogniti et locupletati. *Parisiis, apud Andream Wechelum,* 1564, pet. in-8. [10811]

Cet opuscule se trouvait relié avec la Grammaire française, édition de 1562, dans l'exemplaire vend. 62 fr. Coste. Il est quelquefois à la suite de la troisième édition de l'ouvrage de Ramus, intitulé : *Grammaticæ latinæ libri quatuor,* Paris., And.

Wechel, 1560, in-8. [10811], duquel Niceron cite une édition d'*Avignon,* 1559, in-8., et dont il en existe plusieurs autres. Nous n'avons pas vérifié si c'est le même ouvrage que les *Scholæ grammaticæ,* impr. chez And. Wechel, en 1559, in-8.

— Scholarum mathematicarum libri XXXI. *Basileæ, apud Euseb. Episcopium,* 1569, in-4. — Iidem a Lazario Schonero recogniti et editi. *Francof.-ad-Mœnum, Marnius,* 1599, in-4. [7801]

Le *Proœmium mathematicum* du même auteur, imprimé à Paris, en 1567, forme les trois premiers livres de l'ouvrage ci-dessus.

— PETRI Rami professoris regii et Audomari Talæi collectanea, præfationes, epistolæ, orationes. *Parisiis, apud Dionysium Wallensem,* 1577, in-8. [18176]

Réunion de divers opuscules qui avaient déjà paru séparément et dont les éditions originales se trouvent difficilement. L'édition du même recueil, imprimée à Marpurg, en 1599, renferme de plus que celle-ci : *P. Rami vita per Joan. Thomam Freigium, cum testamento ejusdem Rami, Basilea ; pro Aristotele adversus Jacobum Shecium comparatio Joh. Penæ et Frid. Reisneri orationes.*

Les quatre opuscules suivants doivent trouver leur place ici :

HARANGUE de Pierre de La Ramée, touchant ce qu'ont faict les deputez de l'uniuersite de Paris enuers le roy mise de latin en françois. *Paris, chez André Wechel,* 1557, in-8. [30248]

Le texte latin de cette harangue (*De legatione oratio*), a paru chez le même And. Wechel, en 1557.

ADVERTISSEMENT sur la reformation de l'Uniuersite, au roy. *Paris,* 1562, in-8.

LETTRE patente du roy, touchant l'institution de ses lecteurs, en l'Uniuersité de Paris, auec la preface de Pierre de La Ramee sur le proœme de mathematiques, à la royne mere du roy. *Paris, André Wechel,* 1567, in-8.

LA REMONTRANCE de Pierre de La Ramée, faicte au conseil priué, en la chambre du roy, au Louure, le 18 janvier 1568 touchant la profession royale en mathematique. *Paris, André Wechel,* 1568, in-8.

RAMUS (Pierre de La Ramée). Sa vie, ses écrits et ses opinions; par Charles Waddington. *Paris, Meyrueis,* 1855, in-8. 6 fr. [30584]

Cette biographie est terminée par un catalogue des écrits de Ramus.

RAMUS (*Christ.*). Catalogus numorum veterum græcorum et latinorum musæi regis Daniæ; disposuit, descripsit et tab. æneis illustravit Christ. Ramus. *Hafniæ,* 1816, 2 tom. en 3 vol. gr. in-4. fig. [29758]

Vend. 25 fr. Mionnet; 15 fr. 50 c. première vente Quatremère.

RAMUSIO (*Giov.-Bat.*). Terza editione delle navigationi e viaggi raccolti già da Gio.-Bat. Ramusio. *Venezia, Giunti,* 3 vol. in-fol. [19811]

Collection recherchée et dont les exemplaires complets sont rares. Il faut choisir les éditions les plus complètes, car chaque volume a été imprimé plusieurs fois, savoir : Tome I, en 1550, 1554 (sur le titre *secunda edizione*), 1563 (sur le titre *terza edizione*), 1588, 1606, 1613. (M. Cicognara a cru remarquer que les édit. de 1588 et 1606 ne différaient que par le titre. — Tome II, en 1559, 64, 74, 83, 1606, 1613. Les édit. antérieures à 1583 ne sont pas complètes. (Celles de 1588 et 1606 paraissent n'en être qu'une seule, au titre près.) — Tome III, 1556 (et avec changement de titre) 1565, autre édit. 1606,

1613. Les deux dernières sont les seules complètes. On prend ordinairement de préférence à toute autre celle de 1565, mais il y faut joindre une partie qui ne se trouve que dans les deux dernières, aux pp. 380 à 430 et qui contient *Viaggio di M. Cesare de' Fredrici nell' India orientale, etc.* On a vendu (éditions de 1550-1583 et 1606) 3 vol. 89 fr. Walckenaer; (édit. de 1563, 1571 et 1565) 120 fr. de Sacy; 105 fr. en novembre 1857; exempl. en *mar. citr.* 120 fr. Gaignat; 144 fr. en *mar. r.* La Vallière.

Il nous reste à faire observer, au sujet du tome Ier, que dans la prem. édit., *Venez., Giunti*, 1550, in-fol., il manque plusieurs relations qui sont dans toutes les autres. Celle de 1588 a 4 ff. prélim., 34 ff. pour l'index, et 394 ff. de texte, comme l'édition de 1563, où se trouvent 3 cart. grav. sur cuivre.

On ne connaît pas d'édition du 2e vol. antérieure à celle de 1559; ce qui est remarquable, parce que la première édition du 3e vol. est de 1556. Ce second volume est moins complet dans l'édit. de 1559 que dans celle de 1574; mais celle de 1583 (reproduite en 1606, sans autre changement que la date et la réimpression de 2 feuillets) présente de nouvelles augmentations : elle a 18 ff. prélim., 10 ff. pour l'index, 256 et 90 ff. chiffr. pour le texte. Quant au 3e vol., les édit. de 1556 et 1565 renferment les mêmes pièces. L'édition de 1556 a 6 ff. prélim., 34 ff. pour l'index, 453 pp. pour le texte, un pl. en bois et 2 cartes cotées 455 et 456. Celle de 1606, qui, comme nous l'avons déjà dit, est la plus complète, a 6 ff. prélim., 36 ff. pour l'index, et 430 pp. de texte.

B. Gamba a donné, dans la dernière édition de sa *Serie*, n° 2751, la liste de toutes les relations comprises dans les éditions les plus complètes des trois volumes de Ramusio.

Une nouvelle édition de cette collection dirigée par Louis Pezzana, s'imprimait à Venise, en 1835, in-4. à 2 col. C'est probablement celle dont nous connaissons une partie sous le titre suivant :

Il VIAGGIO di Giovan Leone e le navigazioni di Alvise da Ca da Mosto, di Pietro di Cintra, di Annone, di un pilote portoghese e di Vasco Gama ; nuova edizione riveduta sopra quella de' Giunti, in molti luoghi emendata, ed arrichita di sei notizie che il viaggiatore, i navigatori ed il raccoglitore ragguardano. *Venezia*, 1837, in-4. 10 fr.

— Voy. LÉON (*Jean*).

RAMUSIUS ou Ramnusius (*Paulus*). Historia de bello constantinopolitano, et imperatoribus Comnenis per Gallos et Venetos restitutis, ab anno 1199 ad annum 1207; editio altera. *Venetiis, per M.-Ant. Brogiolum*, 1634, in-fol. [22989]

Le fond de cet ouvrage est une paraphrase de l'Histoire de Villehardouin, dont P. Ramnusio (fils de J.-B. Ramusio) a eu à sa disposition un ms. ancien apporté de Bruxelles à Venise par François Contarini. L'auteur a écrit avant la publication du texte français, laquelle n'eut lieu qu'en 1584; et ce qui le prouve, c'est que la dédicace de Paul Ramnusio est datée de 1573; toutefois l'existence d'une édition de cette paraphrase latine sous cette dernière date est un fait fort douteux, quoiqu'il soit rapporté dans le *Biogr. univers.*, XLIX, 21, où l'on confond d'ailleurs le texte original avec la paraphrase. Celle-ci ne parut qu'après la mort de l'auteur, et fut imprimée à Venise par les héritiers de Domenico Nicolini, en 1609, in-fol.; et comme, vingt-cinq ans plus tard, il restait encore un certain nombre d'exemplaires de ce volume, on la fit reparaître sous un nouveau frontispice, daté de 1634 et à l'adresse du libraire *Marc-Ant. Brogiolo*, non sans y avoir ajouté une nouvelle épitre dédicatoire, adressée au cardinal duc de Richelieu et signée *Jacopo Gaffarello*, ainsi qu'un avertissement où sont indiqués les auteurs dont Ramnusio

s'est servi (voir *Apostolo Zeno* sur *Fontanini*, édition de 1753, II, 219 et 220, à la note).

Avant que ce texte latin fût mis au jour, Jérôme Ramnusio ou Rannusio, fils de l'auteur, en avait déjà donné une traduction italienne sous le titre suivant :

DELLA GUERRA di Constantinopoli per la restituzione degl' imperatori Comneni fatta da signori veneziani e francesi l' anno 1204, libri sei di Paolo Rannusio volgarizzati da Girolamo Rannusio suo figliolo. *Venezia, per Dom. Nicolini*, 1604, in-4.

C'est probablement cette édition qui est citée dans le Nouveau Le Long, n° 16636, sous la date de 1584 et sous un titre latin. Haym en indique une autre de 1628, in-4. — Il est à remarquer que le nom des trois Ramusio se trouve écrit de trois manières différentes sur les titres de leurs ouvrages.

RANBECK (*Ægidius*) ou Rambeck. Voy. RAMBECK.

RANCONNET (*Aimar*). Voy. NICOT.

RANDOLPH (*Th.*). Voyez CORNELIANUM dolium.

RANG (*Paul-Charles-Alex.-Léonard*). Histoire naturelle des mollusques ptéropodes : monographie comprenant la description de toutes les espèces de ce groupe de mollusques, par Rang et Souleyet. *Paris, J.-B. Baillière*, 1852, gr. in-4. avec 15 pl. color. 25 fr., in-fol. 40 fr. [6156]

— HISTOIRE natur. des aplysiens. Voy. FÉRUSSAC, et le n° 10530 de notre table.

Parmi les autres ouvrages de M. Rang, nous remarquons celui qui a pour titre : .

DOCUMENTS pour servir à l'histoire des céphalopodes cryptodibranches. *Paris*, 1827, in-8. de 80 pp. avec 16 pl. color.

RANGABÉ. Antiquités helléniques, ou répertoire d'inscriptions et autres antiquités découvertes depuis l'affranchissement de la Grèce, par M. A.-B. Rangabé, professeur de l'université d'Athènes. *Athènes, typogr. roy.*, 1842-55, 2 vol. gr. in-4. pap. vél. 85 fr. [29970]

Ouvrage important, enrichi de planches et de cartes, et de fac-simile des inscriptions. Le premier volume a 416 pp. et 11 pl. Le second VIII et 1098 pp. et 2 pl.

RANGOUZE ou Rangouse (le sieur de). Lettres aux grands de l'estat. *Paris, de l'imprimerie des nouveaux caractères de P. Moreau*, 1644, pet. in-8. [18823]

On a du sieur de Rangouze plusieurs recueils de lettres qu'il adressait aux grands personnages du royaume pour en obtenir quelque gratification; ils sont plus ou moins complets selon la date qu'ils portent et selon leur destination, ce qui fait que leur contenu varie à l'infini. Le plus ancien que nous ayons vu est à la date de 1644; il contenait le titre et une épitre à la reine mère avec son portrait, plusieurs autres lettres dont les pages ne

---

Ranalli (*Ferd.*). Uomini illustri romani, 20679. — Storia delle belle arti in Italia, 9105.

Rancé (*Le Bouthellier* de). Vie monastique, 1752. — Relation, 21797.

Randall (*Henry*). Life of Th. Jefferson, 28547.

Rango (*M.-C.-T.*). De Capillamentis, 29016.

sont pas chiffrées, et enfin les *Lettres missives*, en 298 pp., même caractère que les *Lettres héroïques*. Il y a des exemplaires des *Lettres missives* sous la date de 1648.

Un exemplaire des *Lettres héroïques* à la date de 1645, in-8. *v. f. aux armes d'Anne d'Autriche*, 9 fr. 25 c. Monmerqué; un autre, sous la date de 1646, est porté dans le catal. de Secousse, et un autre encore, sous celle de 1647, in-8., *mar. r.* aux armes de Marguerite de Lorraine, femme de Gaston, frère de Louis XIV, a été vendu 20 fr. Giraud.

Nous trouvons dans le catalogue de Bellanger, *Belles-Lettres*, p. 353, n° 2630 :

LA FRONDE victorieuse aux pieds du roy, VII° partie des Lettres héroïques du sieur de Rangouz. *Paris*, 1651, in-8.

Et dans celui de Secousse, n° 3105 :

LA FRANCE à l'épreuve, septième partie des lettres historiques du sieur de Rangouze, *Paris*, 1651, in-12 (ou pet. in-8.).

Selon Tallemant des Réaux, anc. édit. (CXCIV° historiette), Rangouze aurait donné à son dernier volume le titre de *Temple de la gloire*.

Bayle, dans son article Rangouze, rapporte ce que Costar, mademoiselle Scudéry et Sorel ont dit de cet épistolaire spéculateur.

LETTRES panégyriques aux héros de la France, par le sieur de Rangouze. *Paris, impr. aux dépens de l'auteur*, 1647, in-8. portr. de Louis XIV enfant.

Un exemplaire en *v. f. aux armes de Louis XIV*, 16 fr. Monmerqué.

Première partie d'un recueil qui en a quelquefois six, savoir :

Lettres aux héros, 1647. — *Lettres panégyriques aux princes et prélats de l'Eglise*, 1648 (aussi 1653). — *Lettres panégyriques au chevalier ***. — Lettres panégyriques aux ministres d'Etat, ambassadeurs, etc.*, 1648 (aussi 1650); — *au chancelier de France, aux présidents aux mortier, conseiller d'Etat, etc.*; — *aux plus grandes reines du monde, aux princesses du sang de France et autres princesses et illustres dames des autres cours de l'Europe*, 1650.

Nous avons vu deux sortes d'exemplaires de ces lettres panégyriques. L'un en plus grand format que les *Lettres héroïques*, et en caractères romains ; il contenait seulement trois parties, ayant chacune une pagination particulière. Dans la première, après le titre , se trouvait une épître au cardinal Mazarin , sur un f. séparé ; et dans la seconde, également après le titre, une épître au chancelier Seguier, sur un f. séparé; toutes les trois renfermaient des portraits. L'autre exemplaire , comme celui de M. Leber (n° 4439 de son catalogue), sous ce titre : *Lettres panégyriques au roy, aux princes du sang, ducs et pairs et officiers de la couronne; par le sieur de Rangouze*. Paris, aux depens de l'auteur, logé au cloistre Saint-Honoré, 1652, in-8. Il se compose d'autant de pièces séparées, sans chiffres ni signatures , ni réclames, qu'il contient de lettres ou épîtres portant un nom différent. Le privilége est sous la date de 1648, et l'achevé d'imprimer sous celle de janvier 1650. C'est cette dernière date que porte l'exemplaire en *mar. r.* vend. 30 fr. 50 c. Baudelocque, et un autre en cinq parties rel. en 1 vol. *mar. r.* vend. 5 fr. Giraud.

Un exemplaire en six parties, sous la date de 1656, en 1 vol. *mar.* 16 fr. Monmerqué.

RECUEIL de harangues qui ont été faites à la reine de Suède. *Paris, imprimé aux dépens de l'auteur*, 1656, in-8. ff. non chiffrés.

Rangouze est probablement l'auteur d'une partie des harangues réunies dans ce volume, mais les autres ne sont pas de lui.

RANKE (*Leop.*). Die römischen Päpste, ihre Kirche und ihr Staat. *Berlin*, 1834-36 (réimpr. depuis), 3 vol. in-8. [21641]

Trad. en français par J.-B. Haiber, sous le titre d'*Histoire de la papauté pendant le XVI° et le XVII° siècle*, précédée d'une introduction par M. Alex. de Saint-Cheron. *Paris*, 1839, 4 vol. in-8., — ou deuxième édition considérablement augmentée d'après la deuxième édition allemande. *Paris, Sagnier*, 1848, 3 vol. in-8. 20 fr.

— Französische Geschichte, vornehmlich im 16. und 17. Jahrhundert. *Stuttgart, Cotta*, 1852-61, 5 vol. in-8. 60 fr. [23342]

Cette histoire a été traduite en français par J.-Jacq. Porchat. *Paris, Klincksieck*, 1854, in-8.

— DEUTSCHE Geschichte im Zeitalter der Reformation. *Berlin, Duncker und Humbolt*, 1843-47, 6 vol. in-8. 70 fr. [26437]

La troisième édition de cet ouvrage, *Berlin*, 1852, 5 vol. in-8., ne reproduit pas le 6° vol. de la première, contenant les documents.

— ENGLISCHE Geschichte. *Berlin*, 3 vol. in-8., tom. I à III, le dernier en 1861, les 3 vol. 44 fr.

— Histoire des Osmanlis, 26046.

RANKEN (*Alexander*). History of France, civil and military, ecclesiastical, literary, commercial, from the time of its conquest by Clovis, A. D. 486 to 1715. *London, Cadell*, 1801-20, 9 vol. in-8. 2 liv. 10 sh. [23266]

Ouvrage composé sur le même plan que l'histoire d'Angleterre du D' Henry : 2 liv. 5 sh. Drury.

RANKING (*John*). Historical researches on the wars and sports of the Mongols and Romans ; in which elephants and wild beasts were employed : and the agreement of history with the remains of such animals found in Europe and Siberia. *London, Longman*, 1826, in-4. de XVI à 516 pp., avec une carte et 10 pl. 1 liv. [5714]

— HISTORICAL researches on the conquest of Peru, Mexico, Bogota, Natchez and Talomeco, in the 13th century by the Mongols, accompanied with elephants : and the local agreement of history and tradition, with the remains of elephants and mastodontes found in the new world. *London, Longman*, 1827, in-8., 12 sh. [5715]

RANKINS (*Will.*). A Mirrovr of Monsters; wherein is plainety described the manifold vices and spotted enormities that are caused by the infectious sight of playes with the description of the subtile slights of Sathan, making them his instruments. *London , by I. C. (Iohn Charlewood) for T. H. (Thomas Hacket)*, 1587, in-4. de 24 ff. non.compris le titre [1361]

Opuscule rare, 10 liv. Gordonston; 15 liv. 10 sh Jolley.

RANTSCH (*J.*). Historia Bulgarum, Corbatorum et Serviorum. *Vindob.*, 1794-95, 4 vol. in-8. [27923]

Ranlett (*W.-A.*). The Architect, 9819.
Rantri (*J. de*). Siége de Valenciennes, 24941.

RAO di Alessano (*Cesare*). Il sollazzevol convito, nel qual si contengono molti leggiadri motti et piacevoli ragionamenti. *Pavia, Bartoli,* 1561 (o 1562), in-8. [17468]

Dans ce livre se trouve racontée l'histoire de Stratonice, qui avait déjà fourni le sujet d'une nouvelle à Leonardo Bruni Aretino, et à d'autres anciens auteurs.

— L'argute e facete lettere di Ces. Rao, ristampe, corrette ed ampliate. *Pavia, Girol. Bartoli,* 1573, pet. in-8.

Ces lettres ont été souvent réimprimées. Dans l'édition de Venise, *Spineda,* 1610, et probablement aussi dans d'autres, se trouvent plusieurs morceaux facétieux, et notamment à la page 86, *La lode del Pasino.*

LETTRES facétieuses et subtiles de Ces. Rao, trad. en françois par Gabr. Chappuys. *Lyon, Iean Stratius,* ou *Ant. Tardif,* 1584, in-16 de 410 pp. et 2 ff. de table. 3 à 5 fr. [18879]

Réimpr. à *Rouen, Cl. le Villain,* 1609, pet. in-12.

RAOUL de Cambrai. Voy. ROMAN de.

RAOUL. Messire Gauvain ou la vengeance de Raguidel, poëme de la Table ronde, par le Trouvère Raoul, publié et précédé d'une introduction par Ch. Hippeau. *Caen, imprim. de Laporte, Paris, librairie A. Aubry,* 1862, in-8. de XXXIV et 222 pp. [13217]

Tiré à 300 exemplaires sur pap. vélin, 6 fr.; et à 50 sur pap. vergé, 8 fr.

RAOUL de Ferrières. Les Chansons de messire Raoul de Ferrières, très-ancien poëte normand, impr. pour la première fois aux frais de M.-G.-S. Trébutien, du Cingalais. *Caen, F. Poisson,* 1846, in-32 de 24 pp. [14255]

Tiré à 120 exempl., 2 fr.; Gr. Pap. impr. en rouge et noir, 8 fr.

RAOUL de Coucy. Voy. COUCY, et aussi MÉMOIRES historiques.

RAOUL du Mont-Vert. Voy. MONT-VERT.

RAOUL Le Fevre. Voy. LE FEVRE.

RAOUL-ROCHETTE (*Désiré-Raoul* Rochette, dit). Histoire critique de l'établissement des colonies grecques, ouvrage couronné par l'Institut en 1813. *Paris, Treuttel et Würtz,* 1815, 4 vol. in-8. 30 à 36 fr., et plus en Pap. vél. [22868]

L'édition est épuisée.

— Antiquités grecques du Bosphore Cimmérien, publiées par M. Raoul-Rochette. *Paris, F. Didot,* 1822, .in-8. fig. 12 fr. [29781]

On peut réunir à cet ouvrage la critique suivante :
REMARQUES sur un ouvrage intitulé : Antiquités grecques du Bosphore Cimmérien. *Saint-Pétersb.,* 1823, in-8. de 148 pp., par M. Köhler.

Raoul (*Max.*). Histoire du Mont-Saint-Michel, 24387.
Raoul (*E.*). Plantes de la Nouvelle-Zélande, 5305.

— CHOIX de médailles antiques d'Olbiopolis ou Olbia, faisant partie du cabinet de M. de Blaramberg, à Odessa, accompagnées d'une notice sur Olbia (avec des notes de M. Raoul-Rochette). *Paris, imprim. de F. Didot,* 1822, gr. in-8., avec 21 pl. [29889]

M. Raoul-Rochette a aussi publié une *Notice sur quelques objets d'antiquité découverts en Tauride,* par M. de Blaramberg, 1822, gr. in-8. de 32 pp.

Ces deux opuscules sont ordinairement reliés avec l'article précédent.

— Monumens inédits d'antiquité figurée, grecque, étrusque et romaine, recueillis pendant un voyage en Italie et en Sicile, dans les années 1826 et 1827, par M. Raoul-Rochette. *Paris, chez l'auteur, chez Treuttel et Würtz, etc.,* 1833, et ann. suiv., in-fol. max. [29273]

Le prospectus de ce recueil promettait 200 pl. en 12 livrais., mais il n'a paru que le premier volume en six livrais., avec 80 pl., dont plusieurs doubles, lequel coûtait 100 fr., et avec les fig. sur pap. de Chine, 200 fr., donné pour 58 fr. à la vente de l'auteur.

— Choix de peintures de Pompéi, la plupart de sujets historiques, publiées avec l'explication et une introduction sur l'histoire de la peinture chez les Grecs et les Romains, par Raoul-Rochette. *Paris, Imprim. royale,* 1844, gr. in-fol. fig. [29346]

Ce recueil, commencé en 1828, a été publié en sept cah. de 4 pl. color. au prix de 30 fr. chacun ; mais il n'a été payé que 110 fr. à la vente de l'auteur. La première partie a paru séparément sous ce titre :

MAISON du poëte tragique à Pompéi, publiée avec ses peintures et ses mosaïques fidèlement reproduites et un texte explicatif, par Raoul-Rochette et J. Bouchet. *Paris, chez les auteurs,* gr. in-fol. avec 22 pl. color. 66 fr. Raoul-Rochette.

— Peintures antiques inédites, précédées de recherches sur l'emploi de la peinture dans la décoration des édifices sacrés et publics chez les Grecs et chez les Romains, par M. Raoul-Rochette. *Paris, Imprim. royale,* 1836, in-4., avec 15 pl. 20 fr. [29489]

Cet ouvrage a donné lieu à l'écrit suivant :

LETTRES d'un antiquaire à un artiste sur l'emploi de la peinture historique murale dans la décoration des temples et des autres édifices publics ou particuliers chez les Grecs et chez les Romains. Ouvrage pouvant servir de suite et de supplément à tous ceux qui traitent de l'histoire de l'art dans l'antiquité, par M. Letronne. *Paris, Heideloff,* 1836, in-8. — Appendice. *Paris (J. Labitte),* 1837, in-8., 7 fr. [29490]

Autres ouvrages de Raoul-Rochette.

LETTRES archéologiques sur la peinture des Grecs ; ouvrage destiné à servir de supplément aux peintures antiques du même auteur. *Paris, Brockhaus,* 1840, in-8. fig. [29491] — Première partie : 7 fr. 50 c.

LETTRES sur la Suisse, écrites en 1819, 20 et 21 ; seconde édition, soigneusement revue et corrigée, ornée de gravures d'après König, etc. *Paris, Neveu* (impr. de Rignoux), 1823, 2 vol. in-8., avec 35 fig. 12 fr. — Fig. color., 20 fr. — Pap. vél., 30 fr. — Pap. vél., fig. doubles, 36 fr. [20251]

Une troisième édition de ces lettres, en 6 vol. in-18, fig., fait partie de la collection géographique décrite au mot BRETON.

— AUTRES lettres sur la Suisse , écrites en 1824 et 1825. *Paris, Froment*, 1826, in-8. 6 fr.

Il a paru en 1828 une quatrième édition des premières lettres sur la Suisse, en 2 vol. in-8. fig., à laquelle se réunit le vol. ci-dessus. Les 3 vol. coûtaient 25 fr.

— Voyez LOREY.

HISTOIRE de la révolution helvétique de 1797 à 1803. *Paris, Nepveu*, 1823, in-8., avec une carte. 6 fr. [25916]

Il faut joindre à cette histoire :

OBSERVATIONS sur l'histoire de la révolution helvétique, de M. Raoul-Rochette, par Ch. Monnard. *Paris, Delaunay*, 1824, in-8. de 51 pp.

— Voyez VILLENEUVE.

COURS d'archéologie. *Paris*, 1828, in-8.

DE LA PEINTURE sur mur chez les anciens. *Paris*, 1833, in-4.

LETTRES à M. le duc de Luynes sur les graveurs des monnaies grecques. *Paris*, 1831, in-4. avec 3 planches.

MÉMOIRE sur les antiquités chrétiennes des catacombes. *Paris, Impr. roy.*, 1838, in-4. avec 10 pl.

MÉMOIRES de numismatique et d'antiquité. *Paris, Impr. roy.*, 1840, in-4. fig.

LETTRE à M. Schorn : Supplément au catalogue des artistes de l'antiquité grecque et romaine. *Paris*, 1845, in-8. [29836]

MÉMOIRES d'archéologie comparée, asiatique grecque et étrusque. *Paris, Impr. nation.*, 1848, in-4 avec 9 pl.

— VILLA PISA. Voy. BOUCHET.

CATALOGUE des livres composant la bibliothèque de M. Raoul-Rochette. *Paris, Techener*, 1855, in-8., 3363 articles.

RAOUZET al Safaï Nasiri. *Téhéran*, 1266-1272 *de l'hégire* (1850-57), in-fol. en lithographie. [28069]

Histoire universelle de la Perse publiée par ordre du roi de ce pays et par les soins de Riza-Kouli, directeur de l'Ecole polytechnique de Téhéran : elle se compose de 12 vol. contenant d'abord le texte entier des 6 vol. de l'Histoire universelle de Mirkhond, célèbre sous le titre de *Raouzet al Safa*, puis le 7e vol. qui y est ordinairement joint, mais qui ne paraît pas être de lui, et l'appendice géographique : ensuite se place un 6e et un 7e vol. répétés contenant l'Histoire de Timour et de ses successeurs ; enfin l'ouvrage se termine par 3 vol. de Riza-Kouli, qui donne l'histoire des dynasties postérieures jusqu'à nos jours. Le Ier vol. a 242 pp., le IIe 292 pp., le IIIe 170 pp., le IVe 197 pp., le VIe 266 pp., le VIIe, 102 pp., et l'Appendice 52 pp. Les volumes suivants ne portent pas de pagination, et ils sont d'un format un peu plus petit que les premiers. L'ouvrage n'est pas encore terminé (d'après M. J. Mohl, *Journal asiatique*, juillet 1858).

RAPHAEL (*M.-J.*). Sensuyt la vie de monseigneur saint Aulzias de Sabran côtedarian glorieux confesseur et vierge, Extraicte par reuerend M. J. Raphael de lordre de saint Dominique du pays de Prouence. (au dernier f.) : *A la louenge et hôneur de dieu... a este imprime la vie et legende de monseigneur saint Aulzias de Sabran, conte da-*

rian, Et de ma dame saincte dauphine son epouse et vierge. Laquelle vie traicte de plusieurs miracles quilz ont faitz durant quilz estoiët viuäs sur terre, ɀ apres leur mort. Auec plusieurs merueilles qui sont aduenues par le monde durant quilz viuoient. Et a este imprime a la requeste de honorable seigneur Pierre de Sabran escuier seigneur de beaudiner, du pays de prouence, lequel se dit estre de la lignye du dit saint conte Aulzias de Sabran. Imprime a paris par Jean trepperel, imprimeur et libraire, demourant en la rue neufue nostre dame, a lenseigne de lescu de Frãce, pet. in-4. goth. à 2 col., avec une gravure sur bois au titre. [22110]

Cette légende est dédiée à Louis XII ; et, par conséquent, l'édit. ne doit pas être postérieure à l'année 1514. Vend. 1 liv. 11 sh. Heber ; 37 fr. 50 c. *mar. r.* en 1841.

La vie de la benoiste Dauphine du Puy-Michel comtesse d'Arian faite par maistre Pierre Eberhard inquisiteur de la foy, fait partie de ce volume rare.

Le P. Est. Binet a écrit une autre légende de ces deux chastes époux, sous ce titre :

LA VIE et les vertus de S. Elzear de Sabran et de la comtesse Dauphine, vierges et mariez ; 4e édition. *Paris*, 1625, in-12. [22111]

RAPHAEL Sanzio d'Urbin. — Parerga atque ornamenta ex Raphaelis Sanctii prototypis, a Nannio in Vaticani palatii xystis expressa ; edidit J.-Jac. de Rubeis, delineavit Sanctus Bartolus. In-fol. 43 pièces. [9296]

Vend. 13 fr. La Valliere.

— Leonis X , admirandæ virtutis imagines... a Raphaele urbinatis expressæ in auleis vaticanis : P. S. Bartolus delineavit, J.-J. de Rubeis incidit. *Romæ* (absque anno), in-fol. obl., 14 pièces. [9297]

— Sacræ historiæ acta a Raphaele urbin. in Vaticanis xystis ad picturæ miraculum expressa. a Nic. Chapron, Gallo, et a se delineata et incisa. *Romæ*, 1649, in-fol. obl.

Ce recueil doit contenir 52 pièces , plus le buste de Raphaël servant de frontispice, et un titre accompagné d'une dédicace. On a constaté quatre états de ces planches : 1° avec l'inscription du cippe du frontispice finissant ainsi : *ille ego sum Raphael.*, et le repli du bas de l'écriteau de la dédicace, sous l'adresse *Lutetiæ-Parisiorum, apud Petrum Mariette...*, ajouté plus tard ; 2° avec les mots *cum privilegio regis* au bas de l'écriteau de la dédicace ; 3° avec l'adresse de Mariette ajoutée, comme il a été dit ci-dessus ; 4° épreuves retouchées et ne conservant de l'adresse que les mots *Lutetiæ-Parisiorum.*

Un exempl. des premières épreuves, 60 fr. Saint-Yves ; autrement 15 à 24 fr.

Un exempl. sur VÉLIN, mais probablement imparfait ou d'un mauvais tirage, 80 fr. Mirabeau.

Ces trois articles publiés à Rome sont quelquefois ré-

Rapet (*M.*). Manuel de morale, etc., 3706.
Raphaël de Jésus. Castrioto lusitano, 28664.

unis en un seul volume, où se trouvent aussi cinq planches gravées à Rome, en 1655, par J.-J. de Rossi, sous le titre de *Tapezzerie del Papa.*

Il a paru plus tard un recueil de 21 ff. in-fol. obl., intitulé : *Les célèbres tapisseries de Raphaël d'Urbin, connues sous le nom d'Arazzi, qui sont au Vatican,* gravées par L. Sommereau, *Rome,* 1780.

— CARTONENSIA , or an historical an critical account of the tapestries in the palace of the Vatican, copied from the designs of Raphael of Urbino, with notes and illustrations by the rev. W. Gunn. *London,* 1831, in-8.

— COLLECTION de peintures des loges du Vatican, peintes par Raphaël, et gravées par Chapron. (*Paris*), in-4. obl., 54 pl. 10 à 15 fr.

— COLLECTION des 52 fresques du Vatican, connues sous le nom de Loges de Raphaël, représentant les principaux sujets de la Bible, dessinées et lithographiées par MM. Barathier, Barinacou, Bazin, Bouillon, Chretien, et autres, sous la direction de M. Hippolyte de Courval. *Paris*, 1825, in-fol. gr. jésus vélin.

Publié en 13 livrais. de 4 pl. chacune. 130 fr. — Epreuves sur pap. de Chine, 200 fr.; et ensuite en un vol., sous le titre de *Tableaux de la sainte Bible, ou Loges de Raphaël, etc., avec les textes extraits des livres sacrés.* L'ouvrage est aujourd'hui à très-bas prix, car il ne consiste qu'en lithogr. médiocres faites sur les gravures de Chapron.

Les gravures de Nic. Chapron ne rendent pas très-exactement les belles compositions de Raphael, cependant elles sont encore meilleures que celles qui avaient paru avant les siennes, savoir :

1º HISTORIA del Testamento vecchio, depinta in Roma nel Vaticano da Rafaello di Urbino, et intagliate in rame da S. Badalocchi (sisto Rosa) e Gio. Lanfranchi. *Roma, appresso Giov. Orlandi,* 1607, in-8. obl. un titre et 51 pl. 15 à 20 fr.

La seconde édition de cette suite contient de plus, après le titre, trois feuillets avec une longue dédicace datée du 1er janvier 1607. La troisième porte la date du 5 août 1608 ; la quatrième offre cette adresse: *Excudit Mich. Colyn. Amstelodami,* Aº 1614 ; enfin la 5e porte : *Excudit Visschér, anno* 1638. On y a ajouté 3 pl. relatives à la création, avec le texte correspondant de la Bible.

2º HISTORIA... Al Mto illº Sig. D. *Giuseppe Bernagi Giov. Orlandi.* — BALDASS. ALOISI Bon. fecit. — *Si stampe in Roma appresso Gio Orlandi,* 1813, in-8. obl., titre et 50 feuilles, avec un texte tiré de la Bible.

3º LES 52 SUJETS gravés par Orazio Borgiani, de différentes dimensions, in-4. allongé et in-8. H. B. 1615. 2e édit. *Gio Jacomo Rossiformis Romæ alla Pace.*

4º LA SACRA Genesi figurata da Rafaele d'Urbino, intagliata da Francisco Villamena... *Roma, appresso gli heredi del do Villamena,* 1626, vingt feuilles et un titre ; les quatre premières et les quatre du N. Testament sont hexagones : les trois dernières pl. représentent des ornements accessoires. Villamena avait dessein de donner 64 feuilles.

Seconde édit. *in Roma, appresso Gio.-Batt. de Rossi,* 1626. — 3e édit. *Roma, presso Carlo Losi,* 1773 ?

— Imagines V. ac N. Testamenti, a Raphaele Sanctio urbinato in Vaticani palatii xystis expressæ, Jo.-Jac. de Rubeis cura delineatæ et incisæ. *Romæ* (1674), in-fol. obl. [9295].

Recueil de 55 pièces, y compris le frontispice et la dédicace : 25 à 36 fr.

La première feuille offre le portrait de la reine Christine de Suède, la seconde celui de Raphaël. Les 36 premiers sujets sont gravés par Fantetti, les autres par P. Aquila.

— Loggie di Rafaele nel Vaticano. (*Roma*), 1772-77, 3 part. en 1 vol. in-fol. max. [9301].

Ces trois suites, qui renferment les arabesques, les stucs et les plafonds du Vatican, gravés par Volpato et autres, d'après les dessins de Camporeni, se composent de 43 pièces, y compris les 3 titres et la vue perspective des loges. On y joint huit grandes pièces grav. d'après Raphaël, par Volpato, savoir : *l'Ecole d'Athènes, le Parnasse, l'Assemblée théologique, l'Héliodore, l'Attila, l'Incendie, la Délivrance de S. Pierre,* et *le miracle de la messe.* Cette réunion ajoute beaucoup à la valeur du recueil. 150 à 200 fr., sans les huit tableaux.

Il y a des exemplaires précieux dont toutes les pl. sont coloriées avec soin : 800 à 1000 fr., et plus cher autrefois.

Nous empruntons au catalogue des estampes de V. Denon, par Duchesne, nº 616, la description suivante de cette grande suite :

Première partie : un frontispice représentant une vue générale de la galerie, dans le haut de laquelle est écrit : *Loggie di Rafaele nel Vaticano ;* une vue générale et un plan de la galerie en 3 planches ; les deux portes de la galerie cotées A et B, et les arabesques des 14 travées, en 2 planches chacune.

Seconda parte delle Loggie di Rafaele nel Vaticano, che contiene XIII volte e i loro respettivi quadri, publicata in Roma l'anno M DCC LXXVI. Cette partie contient les 13 voûtes, chacune en 2 feuilles.

Terza ed ultima parte delle Loggie di Rafaele nel Vaticano, che contiene il compimento degli ornati, e de' bassi-rilievi antichi esistenti nelle Loggie medesime, publicata a Roma l' anno M DCC LXXVII. Cette partie contient les 12 embrasements, en 2 feuilles chacun.

Citons encore :

THE GALLERY of Raphael, called his Bible, being 52 prints after pictures painted by Raphael and his disciples, engraved in the Academy of arts at Glascow. 1770, in-fol. obl.

LA COLLEZIONE intera dei 52 quadri... disegnate da Pietro Bartolozzi et intagliata da secondo Bianchi.

PITTURE perystili Vaticani (avec une dédicace au pape Pie VI par Montagnani). *Venit Romæ apud Paulum Montagnani,* 1790, 53 feuilles, in-4. obl., avec encadrement. — Nouvelle édit., 1795.

Ces planches ont été gravées d'après les dessins de Louigi Agricola par L. Cunego, Gio. Petrini, Girol. Carattoni, G. Morghen, Mochetti, Pozzi, Cochini, Bossi, etc.

LES LOGES du Vatican peintes par Raphaël, 52 sujets avec le texte explicatif de la Bible. *Paris, chez David graveur, et chez Treuttel et Würtz,* 1808, in-4.

— LES MÊMES 52 sujets, gravés par Carlo Lasinio d'après les dessins de Luca Comparini, in-4. obl.

— LES MÊMES, gravés par Alex. Mochetti et Jacopo Rossi, à *Rome, chez Agapio Franzetti,* in-4. obl.

— LES MÊMES gravés au trait avec un texte explicatif en italien, sous le huitième volume d'*il Vaticano descritto da Pistolesi* (voy. PISTOLESI).

— Les Loges de Raphaël. Collection complète des 52 tableaux peints à fresque qui ornent les voûtes du Vatican et représentent des sujets de la Bible, dessinés à l'aquarelle et gravés en taille-douce par J.-C. de Meulemeester, terminés sous la direction de M. L. Calamatta, et accompagnés d'un texte par le baron de Reiffenberg. *Bruxelles*, 1845-53, gr. in-fol., contenant 52 feuilles et 52 planches.

300 fr.; sur pap. de Chine 420 fr. Réannoncé à Paris chez Plon, en 1859, aux prix ci-dessus, inférieurs à ceux du premier éditeur, mais encore trop élevés pour pouvoir se soutenir.

ÉTUDE sur les Loges de Raphaël, par le baron de Reiffenberg, d'après les aquarelles ci-dessus. *Bruxelles*, 1844, in-4.

— I FRESCHI delle loggie Vaticane inventati da Raffaele Sanzio. Illustrati per cura di Agost. Valentini, *Roma*, 1855, in-fol.

— SCRIPTURE prints from the frescoes of Raphael in the Vatican from drawings by M.-R. Consoni, under the direction of L. Gruner. *London, Hulston*, 1859, in-fol. Six parties de 6 pl. chacune, au prix de 9 sh. par partie.

L. Gruner avait déjà publié : *The Frescoes of the villa Magliana*, London, 1845, 5 pl. in-fol. — *The Mosaics in the cupola of the Chigriana chapel at Rome, described by A. Grifi*; London, 1850, in-4. 10 pl. 1 liv. 11 sh. F. — *The Caryatides from the stanza dell' Eliodoro in the Vatican*; London, 1852, in-fol.

— Architettura ed ornati della Loggia del Vaticano, opera del celebre Raffaele Sanzio da Urbino. *Venezia*, 1783, gr. in-fol.

28 pl. in-fol. dont deux réunies forment un des 14 piliers de cette loge. 40 fr.

— Raphaelis Planetarium, Romæ elaboratum, delineatum et in æs incisum a Nic. Dorigny. *Romæ*, 1695, in-fol. 16 pièces. [9294]

Vend. 25 fr. 50 c. Saint-Yves.

— Picturæ, ex aula et conclavibus palatii Vaticani, a D. de Rossi in ære expressæ. *Romæ*, 1713, in-fol. max. [9298]

Dix-neuf morceaux, y compris le titre. Le 3e sujet, représentant la bataille de Constantin, est en 4 feuilles : 36 à 48 fr.; vend. 83 fr. Soubise.

Les exempl. datés de 1722 sont moins chers.

— Psyches et Amoris nuptiæ ac fabula a Raphaele Sanctio, Romæ, in farnesianis hortis trans Tyberim expressa, a Nic. Dorigny delineata et incisa, a Jo.-P. Bellorio notis illustrata. *Romæ*, 1693, in-fol. max. 12 pièces. [9300]

Vendu 24 fr. Mérigot.
Un exemplaire colorié, mais sans le frontispice : 220 fr. Hubert.
Ce qui est beaucoup plus précieux que ces douze planches de Dorigny, c'est l'Histoire de Psyché, d'après Raphaël, suite de 32 pl. in-fol. obl., gravée par les élèves ou au moins les contemporains de Marc-Antoine, et que l'on a même attribuée à ce grand artiste. Dans l'exemplaire décrit par Cicognara, sous le n° 3450 de son catalogue, les pl. 4, 7 et 13 portent la marque d'*Agostino Romano*; et l'on sait que quand les pl. 3, 5 et 6 sont de premières épreuves, elles doivent porter la marque de *Beatricius* : cette marque ne se trouve plus dans les épreuves avec les noms de *Salamanca* ou de *Villamena* au bas de chaque pl. — Voyez APULEIUS à la fin de l'article.

— LES AMOURS de Psyché d'après Raphaël, 36 grav. sur acier par .Reveil, avec une nouvelle hist. de Psyché par M. Lemoll Phalary (en franc. et en angl.). *Paris*, 1832, in-8.
On réunit à ce volume :
LES AMOURS des dieux, d'après Titian, Annibal Carrache et Jules Romain, 18 grav. à l'eau-forte sur acier par Reveil, avec des notes par Duchesne aîné. *Paris*, 1833, in-8.

— Teste scelte di personnagi illustri in lettere ed in armi, dipinte nel Vaticano da Raffaello d'Urbino. *Roma*, 1756-63, 6 part. en 3 vol. in-fol. atlant. [9302]

Vend. 45 fr. catalogue Mérigot.

Ces planches, gravées par Paolo Fidanza, seraient au nombre de 216, selon le catalogue que nous citons; cependant Cicognara n'en indique que 144, seul nombre que contienne aussi l'édition en 2 vol. in-fol., publiée à Rome, en 1785, sous un titre français, et qui a été vendue 33 fr. Morel-Vindé.

— Le LII teste della scuola d' Atene dipinta da Raffaello da Urbino, disegnate da Mengs, et incise da Dom. Cunego. *Roma*, 1785, in-fol. [9303]

— Suite d'études calquées et dessinées d'après cinq tableaux de Raphaël ; accompagnées de gravures de ces tableaux et de notices historiques et critiques composées par M. T.-B. Emeric David. *Paris, Bonnemaison (impr. de P. Didot l'aîné)*, 1818 et 1820-22, in-fol. atl.

Publié en six livrais. de 4 pl., avec texte. Prix de chacune, 24 fr. — Avant la lettre, 40 fr., et moins cher maintenant.

— Les Vierges de Raphaël. *Paris, Furne et Perrotin*, 1855, gr. in-fol. [9306]

Suite de douze Vierges gravées au burin sur acier par MM. Pelé, Levy, Metzmacher, accompagnées d'un essai sur la vie et les ouvrages de Raphaël, de notices explicatives sur chaque tableau, par M. Ch. Peisse, et du portrait du peintre, gravé par M. Panier. Prix de chaque pl., 7 fr. 50 c. — Sur pap. de Chine, 10 fr. — Avant la lettre sur pap. de Chine tiré à cent-vingt exemplaires, 40 fr. Le Mariage de la Vierge, à cause de sa grande dimension, se payait le double de ces prix.

— Choix de dessins de Raphaël qui font partie de la collection Wicar, à Lille, reproduits en fac-simile par MM. Wacquez et Leroy, gravés par les soins de M. H. d'Albert, duc de Luynes. *Paris*, 1858, gr. in-fol. 20 pl. avec texte. 60 fr.

— Studio del disegno ricavato dell' estremità delle figure del celebre quadro della Trasfigurazione di Raffaello, delineato dal sig. Cavalier Vincenzo Camuccini, inciso da Giovanni Folo. *Roma*, 1808, in-fol. [9306]

31 planches exécutées avec le plus grand soin (*Cicognara*, 359).

— AN ANALYSIS of the picture of the Transfiguration of Raffaello Sanzio d'Urbino, translated from the spanish of Benito Pardo di Figueroa in french by Croz Magnan, and from the french into english by M.-J. Goubaud. *London*, 1817, colombier in-fol. 19 pl., dont 17 exécutées à la manière du crayon. [9505]

Ce volume coûtait 6 liv. 6 sh. — *Proofs*, 8 liv. 8 sh., mais il ne conserve pas ce prix (34 fr. 50 c. Nicole). Il y a des exemplaires avec les doubles épreuves sur papier de Chine.

— OPERE architettoniche di Raffaello Sanzio, misurate ed illustrate dall' architetto Carlo Pontani. *Firenze*, 1840, in-fol. en 12 cah. de 2 à 3 pl. 78 fr.

— SCHOOL of Raphael, or the student's Guide to

expression in historical painting, illustrated by examples, engraved by Duchange and others, under the inspection of Nic. Dorigny, from his own drawings, after the most celebrated heads in the cartoons of Hampton Court, etc., described by B. Ralph. *London, Boydell*, 1782, in-fol., 61 pl. 1 liv. 11 sh. 6 d.

— THE SEVEN cartoons at Hampton Court, engraved by Thomas Holloway. (*London*), gr. in-fol.

Belle suite de gravures. Holloway, mort en 1826, n'en a gravé que les 5 premières planches; les autres l'ont été par ses deux neveux Webb et Slonn. Le prix de souscription était de 3 liv. 3 sh. pour chaque planche, et a été ensuite élevé à 5 liv. 5 sh. et même à 10 liv. 10 sh. Aujourd'hui, les 7 planches, épreuves de souscription, se vendent de 14 à 20 liv. Les mêmes planches, dans leur premier état, mais d'un second tirage, 5 liv. 5 sh., et snr pap. de Chine 10 liv. 10 sh. Les épreuves d'un tirage récent se vendent 3 liv. 13 sh. 6 d. chez Day et Haghe.

— ESSAYS after the cartoons of Windsor, drawn by J. Russen, and engraved by Antony Cardon. *London*, 1798-1801, gr. in-fol. 15 pl. en 3 cahiers.

— THE BOOK of Raphael's cartoons, with descriptive letterpress by R. Cattermole, illustrated by seven steel plates engraved by A.-W. Warren, and a portr. of Raphael after his own design by J. Mollison. *London*, 1845, in-8. 7 sh.; — Gr. Pap. 12 sh.

Il a été tiré quelques exemplaires, in-fol., épreuves avant la lettre sur papier de Chine. L'œuvre est reproduite dans le volume intitulé : *The live and works of Michael Angelo and Raphael, by R. Duppa and Quatremère de Quincy*; London, Bohn, 1861, pet. in-8. avec 15 pl. 5 sh.

— GLI ORNATI del coro della chiesa di S. Pietro dei monaci Cassinese in Perugia sopra i disegni di Raffaele Santi da Urbino. *Roma*, 1845, in-fol. avec 50 pl. sur cuivre. 48 fr.

— Lawrence collection. A series of fac-similes of original drawings, by Raffaello da Urbino, selected from the machtless collection formed by sir Th. Lawrence. *London, Woodburn*, 1841, in-fol. 30 pl. 50 à 60 fr.

— Disegni di Raffaello e d'altri maestri esistenti nelle galleria di Firenze, Venezia e Vienna, riprodotti in fotografia dall' fratelli Alinari. *Firenze, Bardi*, 1858, gr. in-4. [9454]

Collection divisée en trois séries, savoir : *Prima serie : Galleria di Firenze*, 50 morceaux, 300 fr.; *Seconda serie : Accademia I. e R. a Venezia*, 80 morceaux, 480 fr.; *Terza serie : Galleria dell' Arciduca a Vienna*, 90 morceaux, 540 fr. Le tout décrit et porté à 352 thal. dans le 29e *Kunstcatalog* de Rudolf Weigel, 1860, n° 21885, pp. 42 et suiv. Une quatrième série, composée de 140 pl. et publiée en 1859, contient sous les nos 98 à 131 d'autres dessins de Raphael.

— OEuvres de Raphael, en 8 vol. in-4. Voy. notre 3e vol., col. 814, article LANDON. — Voy. aussi les articles DUPPA; PASSAVANT; QUATREMÈRE de Quincy; VASARI.

RAPHAEL Placentinus. Armeniados libri X ; Scœnæ IV ; Polystichorum liber I. Epigrammatum libri III. (autore Raphaele Placentino, monacho Justineo, ordinis Casinatis S. Benedicti). *Cremonæ, per Franc. Ricardum de Luere*, 1518, *die* 16 *martii*, in-8. [12769]

Recueil rare et peu connu ; il s'en trouvait pourtant

deux exemplaires chez Heber; et ils ont été vend., l'un 17 sh. et l'autre 7 sh. seulement.

RAPIN (*Nicolas*). Ses OEuvres latines et françoises. *Paris, Olivier de Varennes* ou *Pierre Chevalier*, 1610, in-4. 12 à 18 fr. [19015]

Les poésies de Rapin, et surtout ses épigrammes latines, ne sont pas sans mérite. Un exemplaire rel. en *mar.* aux armes de Thou, 1 liv. 17 sh. Heber; autre en *mar. r.* 32 fr. Nodier, *mar. v.* 100 fr. Solar.

Les *Vers mesurez*, de Nic. Rapin, forment une partie séparée de VIII et 55 pp. sous la même date.

LES PLAISIRS du gentilhomme champêtre par Nic. Rapin, précédés d'une notice biographique par Benj. Fillon. *Paris, Techener*, 1853, pet. in-12, tiré à 100 exempl., dont quelques-uns sur pap. de Hollande, et sur des pap. de couleur. — Pour l'édit. de Paris, 1583, voy. l'article PIBRAC.

RAPIN (*René*). Carmina. *Parisiis, Barbou*, 1723, 3 vol. in-12. 9 fr. [12912]

— Christus patiens, carmen heroicum (edente Mich. Maittaire). *Londini, Tonson*, 1713, in-12. 3 fr. [12914]

Imprimé d'abord à *Paris, Cramoisy*, 1674, in-8.

— Rapini hortorum lib. IV, et disputatio de cultura hortensi. *Paris., e typ. reg.*, 1665, in-4. 5 à 8 fr. [12913]

Belle édition ; en *mar. r.* par Capé, 36 fr. en 1860.

— Hortorum libri IIII. *Lugduni-Batav., ex officina Arnoldi Doude*, 1668 et 1672, pet. in-12.

Deux édit. assez jolies pour qu'on ait pu les attribuer aux Elsevier. 3 à 4 fr. — En pap. fort 10 fr. Renouard.

— Hortorum libri IV, et cultura hortensis (edente G. Brotier). *Parisiis, Barbou*, 1780, in-12. 4 à 5 fr., et plus en pap. fin.

LES JARDINS, poëme en 4 chants, traduction libre par Gazon-Dourxigné, *Paris*, 1773, in-12.

LES MÊMES, traduction nouv., avec le texte par MM. V*** (Voyron) et G*** (Gabiot). *Amst.* (*Paris*), 1782 (nouv. titre, 1803), in-8.

Nous citerons encore :

OEUVRES diverses de P. Rapin, nouv. édition, augmentée du poëme des Jardins. *La Haye*, 1725, 3 vol. in-12.

RAPIN de Thoyras (*Paul*). Histoire d'Angleterre (avec la continuation de Dav. Durand et Dupard) ; nouvelle édition (revue par de Saint-Marc), augmentée des notes de Tindal, de l'abrégé des actes publics d'Angleterre de Th. Rymer et des mémoires pour les 20 premières années du règne de George II. *La Haye (Paris)*, 1749, 16 vol. in-4. [26856]

Édition la plus complète de cette histoire, qui, après avoir eu quelque réputation, a fini par ne trouver que fort peu de lecteurs : 30 à 36 fr., et plus cher en Gr. Pap.

Raphellus (*Geor.*). In sacram Scripturam, 581.

Celle de *La Haye*, 1724-36, 13 vol. in-4., à laquelle on joint les *Remarques de N. Tindal, avec un abrégé des actes publics d'Angleterre de Th. Rymer*, La Haye, 1733, 2 vol. in-4., était recherchée autrefois ; mais elle est aujourd'hui encore moins chère que la précédente. On trouve cependant un exemplaire en Gr. Pap. *m. citr.* marqué 209 fr. sur le catal. de La Valliere.

Il paraît que les Anglais font beaucoup plus de cas que nous de cette histoire ; car la traduction qu'en a donnée N. Tindal a été réimprimée plusieurs fois. Nous citerons l'édit. de *Londres*, 1732, et celle de 1743, en 2 vol. in-fol., auxquels on ajoute la continuation de Tindal, en 3 autres volumes in-fol., impr. de 1744 à 1747 (ou avec le 1er vol. daté de 1751). Ces 5 vol. étant ornés de portraits, de cartes, de figures de monuments et de médailles, conservent une certaine valeur en Angleterre : 6 à 9 liv. Les exempl. en Gr. Pap. (*fine writing paper*), enrichis des portraits par Vertue et Houbraken, se vendent de 40 à 60 liv., et quelquefois plus.

Harrison a donné une nouvelle édition de cette histoire, en anglais, *Lond.*, 1784, 5 vol. in-fol. Il y en a aussi quatre édit. in-8. avec la continuation, 1° *London*, 1726-28 ; 2° 1745-47, en 13 vol. ; 3° 1751, 21 vol. ; 4° 1757-59, 21 vol. Cette dernière est la meilleure.

On trouve quelquefois les gravures de l'édit. in-fol. des rois d'Angleterre réunies sous le titre suivant : THE HEADS of the kings of England, proper for M. Rapin's history translated by N. Tindal, collected, drawn and engraved by G. Vertue, *Lond.*, 1736, in-fol.

Ce volume renferme 42 portraits gravés par G. Vertue, 12 par Houbraken, aussi 22 monuments, 22 planches de médailles, 5 de sceaux, et 10 de médailles de la reine Anne.

Les *Acta regia*, ou extraits des actes de Rymer, donnés par Rapin, ont aussi été trad. en anglais (par Etienne Whatley), *London*, 1726-27 ou 1731, en 4 vol. in-8., et London, 1732, in-fol.

RAPONI (*Mar.-Ing.*). Recueil de pierres antiques gravées, concernant l'histoire, la mythologie, etc., avec leurs descriptions. *Rome*, 1786, gr. in-fol. avec 88 pl. tirées au bistre. [29582]

Gravures médiocres : vend. 26 fr. Millin ; 58 fr. Raoul-Rochette ; 31 fr. Léon Leclerc.

RAPPEL (du) des Juifs (par Isaac de La Peyrère). 1643, in-8. [2183]

Vend. jusqu'à 18 fr. *mar. r.* La Valliere ; 14 fr. 50 c. Labédoyère ; mais ordinairement 3 à 4 fr.

RAPPORT fait des pucellages. V. REVEIL du chat.

RAPPRESENTAZIONI (il primo libro di), e feste di diversi santi e sante del Testamento vecchio e nuovo, composte da diversi autori, nuovamente ricorette. *Firenze, Giunti*, 1555. = Il secundo libro di feste, e rappresentazioni, ecc. *Firenze*,

1560. = Il terzo libro di feste, ecc. *Firenze*, 1578, 3 vol. in-4. [16603]

Recueil rare et assez précieux.

Il existe un grand nombre d'anciennes pièces italiennes composées sur des sujets de dévotion, et que l'on appelle *Rappresentazioni sacre;* si l'on désire les connaître, on pourra consulter Haym, I, pp. 273-79, et la *Biblioteca pinelliana*, IV, pp. 374-96. — Cent de ces pièces réunies en 2 volumes in-4. ont été payées 5 liv. 15 sh. Pinelli ; et un autre recueil en 2 vol. in-4., composé de 129 pièces, 8 liv. 8 sh. le même. De semblables recueils seraient beaucoup plus chers aujourd'hui ; toutefois le volume in-4., contenant 25 pièces sans date, mais impr. vers 1500, qui avait été porté à 32 liv. 6 sh. à la vente Roscoe, n'a plus été vendu que 9 liv. chez Heber.

On a payé 17 liv. à la vente de ce dernier amateur un autre recueil de *Rappresentazioni sacre*, contenant environ 120 pièces réunies en 2 vol. in-4. et provenant de la collection de Towneley.

Pour faire connaître à quels prix on porte maintenant celles de ces mêmes pièces qui se trouvent séparément, nous allons indiquer une partie de celles qui ont paru aux deux ventes Libri faites en 1847 et en 1859 (voir le catal. de 1847, n° 1824 et suiv., et celui de 1859, n°s 2232 et suiv.) :

— RAPRESENTATIONE di sancto Eustachio. (*absque nota*), in-4. [16621]

Cette pièce en vers, imprimée au commencement du XVIe siècle, n'occupe que 6 ff. à 2 col. de 40 lign., en caract. rom. On y remarque quatre figures gravées sur bois, dont deux sur le frontispice, au verso duquel commence le texte. 15 fr. Libri.

— AUTRE édition. *Firenze, appresso alla Badia, nel 1562, ad instantia di Pagal Rigio*, in-4., fig. sur bois. 2 liv. 10 sh. Libri en 1859.

— RAPRESENTATIONE di Abel e di Caino. *Firenze*, 1554, in-4. de 4 ff., fig. sur bois. 37 fr. *mar. r.* Libri en 1847 ; 2 liv. 13 sh. en 1859.

— di Abraam e di Sarra sua moglie. *Stampata in Siena* (XVIe siècle), pet. in-4. fig. sur bois.

Allaci indique une édit. de cette pièce sous la date de Florence, 1556, in-4., mais il ne fait pas mention de celle-ci qui a été vend. 1 liv. 18 sh. Libri.

— LA DEVOTISSIMA rappresentatione di santa Barba (in ottava rima). *Firenze*, 1554, in-4. de 6 ff., fig. sur bois. 49 fr. — Autre, *stampata in Siena*, vers 1560, in-4. 14 sh. en 1859.

— di S. Theodora, vergine et martire (in ottava rima). *Firenze*, 1554, in-4. de 8 ff., fig. sur bois. 37 fr., 2 liv. 16 sh. en 1859. — Autre édit., *in Siena* (circa 1550), in-4. 2 liv. 19 sh. en 1859.

— di S. Lazaro riccho e di Lazaro povero. *Firenze*, 1554, in-4. de 4 ff. à 2 col. 35 fr. — Autre édit., *Ronciglione*, 1613, pet. in-4., fig. 15 sh. en 1859.

— d'uno miraculo di tre pellegrini che andavo a S. Iacopo di Galitia. *Firenze*, 1555, in-4. de 6 ff., fig. 29 fr. 50 c. — Autre édit., *Ronciglione*, 1613, pet. in-4. *non rogné*, 3 liv. en 1859.

— di due pellegrini che andavano a San Iacopo di Galitia (*Firenze*, circa 1550), in-4. fig. 1 liv. en 1859.

— di Rosana. *Firenze*, 1557, in-4. de 16 ff., 9 fig. sur bois, 35 fr.; 2 liv. 10 sh. en 1859.

— LA RAPRESENTATIONE e festa di Stella. *Firenze*, 1558, in-4. de 10 ff., fig. 29 fr.

— della regina Hester. *Firenze*, 1558, in-4. de 8 ff. à 2 col. 29 fr.

— di Santa Agnesa, vergine e martire di Iesu Christo. *Firenze*, 1558, in-4. de 8 ff., fig. 29 fr. — Autre; *nuovamente data in luce, per Michelangelo Bonis. Orvieta*, 1608, pet. in-4. 1 liv. 12 sh. en 1859.

— di S. Orsola, vergine et martire. *Firenze, appresso alla Badia*, 1561, in-4. de 8 ff., fig. 29 fr.; 3 liv. 9 sh. en 1859. — Autre édit., *Orvieto*, 1608, pet. in-4., fig. 1 liv. 3 sh.

Rapon (*T.*). Méthode fumigatoire, 7391.

Rapour (*A.*). Histoire de la médecine homéopathique, 7157.

Rapp (*K.-M.*). Versuch einer Physiologie der Sprache. — Grundriss der Grammatik des indisch-europäischen Sprachstammes, 10553. — Vergleichende Grammatik, 10575.

Rapport sur les beaux-arts, par J. Lebreton. *Paris*, 1810, in-4, p. 1 à 240, *non terminé*.

— RAPPRESENTATIONE del Agnolo Raffaelo, et di Tobia. *Firenze*, 1562, in-4. de 12 ff., fig. 26 fr.

— et Festa di Agnolo hebreo (in ottava rima). *Firenze*, 1554, in-4. 3 liv. 1 sh. en 1859.

— di Constantino imperadore, di santo Silvestro papa, et di santa Helena imperatrice. *Firenze, appresso alla Babia* (sic), 1562, in-4. de 16 ff., fig. 28 fr., et 2 liv. 10 sh. en 1859.

— LA MÊME. *Stampata in Siena* (XVIe siècle), pet. in-4. de 14 ff. à 2 col. 2 liv. 17 sh. en 1859.

— LA FESTA di Biagio contadino. *Firenze et Pistoia,. P.-A. Fortunati* (*senz' anno*), in-4. de 4 ff. à 2 col. 30 fr. Diablerie composée au XVIe siècle et impr. au XVIIe.

— LA FESTA di santa Eufroxina. (*senza luogo ed anno*), in-4. de 10 ff. à 2 col. (commencement du XVIe siècle). 36 fr.

— di Santa Christina vergine et martire (in ottava rima). *Firenze, Zanobi Bisticci*, 1603, pet. in-4., fig. 1 liv. 10 sh., *ibid.*

— del Nostro Signore Jesu Christo quando disputo nel Tempio (in ottava rima). *Firenze*, 1559, in-4., fig. 3 liv., *ibid.*

— di San Francisco quando converti que tre ladroni, che poi si fecine Frati (in ottava rima). *Firenze, G. Balini*, 1585, pet. in-4. fig. 1 liv. 17 sh., *ibid.* Pièce différente de celle qu'Antonia de Pulci a composée sur le même sujet.

— RAPREZENTATIONE di santa Caterina da Siena sposa di Giesu Christo (in ottava rima). *Stampata in Siena* (senz' anno), in-4., avec la fig. de la sainte sur le titre. 1 liv. 16 sh. Libri, en 1859.

— LA STESSA nuovamente ristampata. *Firenze*, 1558, in-4.

— LA STESSA di nuovo ricoretta et aggiuntoui nel fine il suo martirio. *Siena*, 1606, in-4., avec la fig. 15 sh. Libri, en 1859.

— di santa Cecilia vergine et martire (in ottava rima). *Stampata in Siena* (vers 1560), pet. in-4., avec 2 bois. 2 liv. 4 sh., *ibid.*

— LA DIVOTISSIMA Rappresentatione della serafica vergine et sposa di Cristo santa Chiara d'Assisi, raccolta dal R. P. bacceliere fra Ludovico Nuti d'Assisi Min. Con. di san Francesco. *In Siena, alla Loggia del Papa* (vers 1580), pet. in-4. 14 sh., *ibid.*

— e festa de Josef figliuolo di Jacob (in ottava rima). *Firenze, per Stefan. Fantucci* (senz' anno), in-4., fig. sur bois, *non rogné*, 2 liv. 10 sh., *ibid.*

· — AUTRE édit. nuovamente data in luce per Girolimo Filoni. *Perugia*, 1613, in-4., fig. 19 sh., *ibid.*

— RAPPRESENTATIONE de Judith hebrea (*senz' alcuna nota*, circa 1560), pet. in-4., fig. 19 sh., *ibid.*

— Autre édit., *Firenze, presso alla Badia*, 1568, in-4., fig. 19 sh., *ibid.*

— di S. Margherita vergine et martire. *Firenze*, 1557, in-4., avec fig. sur bois, 2 liv. 2 sh., *ibid.*

— et festa di Ottauiano Imperadore. *Siena, alla Loggia del Papa* (senz' anno), pet. in-4., fig. 16 sh., *ibid.*

— Voy. STANZE della festa di Otaviano.

— RAPPRESENTATIONE del Re superbo. *Ronciglione*, 1613, pet. in-4., fig. 15 sh., *ibid.*

Pour d'autres rappresentazioni, voy. BECLARI, MEDICI, PULCI.

RAPRESENTATIONE et festa di Carnasciale et della Quaresima. *Stampata in Fiorenza*, 1568, in-4. de 7 ff. à 2 col. lettres rondes, avec fig. sur bois au dernier feuillet. [16687]

Cette pièce rare est portée dans le catal. de La Valliere, 3549, art. 5, où elle est suivie de deux autres facéties du même genre et dont voici les titres :

IL TRANSITO del tanto lascivo et desiato carnovale, col tollerabile, et observante Testamento lassato al ardita, et sfrenata gioventute. — *In Fiorenze presso al Badia*, l'anno 1569, in-4. de 4 ff. à 2 col. lettres rondes, fig., en ottava rima.

CARNEVALADA dal Carota-Fachi, 1605. *In Verona, Angelo Tamo*, in-4, de 6 ff. à long. lignes.

RAPSODIE, billevesées, etc. Voy. SOTISIER.

RARES expériences sur l'esprit minéral, pour la préparation et transmutation des corps métalliques (par du Respour). *Paris*, 1668, in-8. 3 à 5 fr. [8981]

Vend. 16 fr. Baron.

RASCHE (*Joh.-Christ.*). Lexicon universæ rei nummariæ veterum et præcipue Græcorum ac Romanorum, cum observationibus. Præfatus est Chr.-G. Heyne. *Lipsiæ*, 1785-1805, 7 tom. en 14 vol. gr. in-8., y compris 3 part. de supplément. 150 fr. — Pap. fin, 180 fr. [29683]

Trésor d'érudition numismatique. La 2e partie du tome VII ou 3e partie du supplément ne va que jusqu'à la fin de la lettre I, d'où l'on peut conjecturer qu'il aurait fallu encore deux volumes pour terminer entièrement l'ouvrage : 115 fr. 1re vente Quatremère.

RASCHID-ELDIN. Histoire des Mongols de la Perse, écrite en persan par Raschid-eldin; publiée, traduite en français, accompagnée de notes et d'un mémoire sur la vie de l'auteur, par M. Quatremère (Etienne). *Paris, impr. roy.*, 1836, pet. in-fol. de clxxv et 450 pp., tome Ier coûtât 90 fr. [28077]

Un des monuments historiques de l'Orient musulman les plus importants, et auquel l'excellent travail du savant éditeur ajoute un nouvel intérêt. L'édition est imprimée avec un grand luxe, et les titres et les pages sont entourés d'arabesques. Plusieurs exemplaires ont été imprimés en or et en couleur avec une richesse d'ornements qui rivalise avec les plus beaux mss. orientaux. Il est fort à regretter que le savant éditeur en soit resté au premier volume.

RASGOS del Ocio, en diferentes bayles, entremeses, y loas, de diversos autores. *Madrid, Joseph Fernandez de Buendia*, 1661, in-8. de 4 ff. et 263 pp. [16755]

Recueil de petites pièces dont on trouve les titres et les noms des auteurs dans le catal. de M. de Soleinne, 4856, où le vol. est porté à 21 fr.

RASHLEIGH. Specimens of british minerals selected from the cabinet of Philip Rashleigh, esq., with general descriptions of each article. *London, White*, 1797-1802, 2 part. en 1 vol. in-4. fig. color. 2 liv. [4732]

La première part. a 2 pp. d'introduction, 56 pp. de texte et 35 pl. La deuxième part. 2 pp. d'observations, 23 pp. de descript., 20 pl., et *Section of the Stream-work at Poth*, avec une grav. color. 1 liv. 15 sh. Hibbert, et moins depuis.

RASIBUS (le), ou le procez fait à la barbe

RÔs Mâlâ, 28201.

des capucins, par un moine défroqué. *Cologne, P. Garanciere (Hollande),* 1680, pet. in-12. 6 à 9 fr. [17948]

Vend. 25 fr. *mar. r.* Nodier, et 15 fr. en 1839.

Il y a sous cette même date une édition dont le titre porte : *Cologne, Pasquin ressuscité.* C'est un pet. in-12 de 5 ff. et 110 pp. Vend. 9 fr. en 1818.

Réimpr. en 1686, en 1718 et 1734, pet. in-12.

RASILIA. La conuersione de Sancta Maria Magdalena : E la uita de Lazaro e de Martha : in octaua rima hystoriata : coposta pel dignissimo poeta maestro Marcho Rasilia de Foligno, opera noua et deuotissima. — *Venetia, per Gregorio de Rusconi... Nel* M. D. XVII. *adi* 1 *Septébrio,* pet. in-8. fig. sur bois.

Vendu 24 fr. Gancia.

L'exemplaire de M. Yéméniz porte une date de 1518.

RASK (*Rasmus-Kristian*). A Grammar of the anglo-saxon tongue, with a praxis, by Erasmus Rask ; a new edition enlarged and improved by the author, translated from the danish, by B. Thorpe. *Copenhagen,* 1830, *printed by Mœller,* in-8. de LX (4) et 224 pp., et une pl. 9 fr. [11306]

Le travail original de Rask a paru sous ce titre : *Angelsaksisk Sprogloere tilligemed en kort Laescbog,* Stockholm, 1817, in-8.

— FRISISK Sprogloere efter samme Plan som den islandske og angelsaksiske. *Kjöpenhavn,* 1825, in-8. [11294]

Traduit en hollandais par Hettema, *te Leeuwarden,* 1832, in-8., et en allemand par F.-J. Buss, *Freiburg,* 1834, in-8.

— Vergleichungstafeln, 10553. — Zend-Sprache, 11642.

— Voy. BIÖRN et EDDA.

     VEILEDNING til det Islandske eller gamle Nordiske Sprog, *Kjöpenhavn,* 1811, in-8., lequel a été traduit en suédois, *Stockholm,* 1818, et en anglais par Will. Dasent, *Francfort,* 1844, in-8.

RASMUSSEN (D. *Janus* Lassen). Historia præcipuorum Arabum regnorum, rerumque ab iis gestarum ante Islamismum, e codicibus mss. arabicis bibliothecæ hauniensis collegit, vertit et animadversiones addidit Lassen Rasmussen. *Hauniæ, Schultz,* 1817, pet. in-4. de VI et 146 pp. 12 fr. [27996]

ADDITAMENTA ad historiam Arabum ante Islamismum, excerpta ex Ibn Nöbatah, Nàveirio atque Ibn Koteibah, arabice edidit et latine vertit D. Janus Lassen Rasmussen. *Hauniæ, typis schultzianis,* 1821, pet. in-4. de 82 pp. pour l'arabe, et 76 pp. pour la traduct. 14 fr.

— ANNALES Islamismi, sive tabulæ synchronistico-chronologicæ chalifarum et regum orientis et occidentis, accedente historia Turcarum, Karamanorum, Selguikidarum Asiæ minoris, Akkuvinli, et Karakunvinli, Ghaderitarum, Ramadhanitarum, Derbenditarum, Sufiorum Persiæ, Uzbeci et Jeschbechi Chan. E codd. mss. arabicis Biblioth. reg. Hauniensis composuit, latine vertit, edidit D. Janus Lassen Rasmussen. *Hauniæ, Schultz,* 1825, in-4. de X et 134 pp. 10 fr. [28010]

RASOIR (le) des rasez. Recueil auquel

est traité amplement de la tonsure et rasure du pape et de ses papelards. 1562, pet. in-8. 12 à 18 fr. [2091]

Cette pièce rare occupe 55 pp. Le verso de la 55e page et les 2 ff. qui la suivent contiennent *Breve et vray declaration de ce que denotent la rasure et tonsure des prestres,* morceau en vers qu'accompagnent trois dizains, intitulés : *Déploration des cardinaux..... pour leur mere la messe.*

Vend. 36 fr. avec deux autres pièces, *mar. r.* La Valliere; et avec *Sac et pièces pour le pape de Rome,* 1561, 80 fr. *m. r.,* en juin 1819. — Voy. SAC.

RASPE (*Rud.-Eric*). Catalogue raisonné d'une collection générale de pierres gravées antiques et modernes, tirée des plus beaux cabinets de l'Europe, moulées par J. Tassie, mis en ordre par Raspe, en anglais et en français, avec 57 pl. *Londres,* 1791, 2 vol. in-4. [29604]

Le prix de ce recueil était de 42 fr., et de 54 fr. en Gr. Pap.

On a du même auteur une dissertation curieuse sous ce titre :

     A CRITICAL essay on oil painting; proving that the art of painting in oil was known before the pretended discovery of John and Hubert Van Eyck; to which are added, Theophilus de arte pingendi, Eraclius de artibus Romanorum, and a review of Farinator's Lumen animæ. *Lond.,* 1781, in-4.

RASTELL (*J.*). Voy. PASTYME of people.

RASYR (de). Le Paradis terrestre, ou la vraie felicité humaine, traité chrestienement moral, propre à gens de toute sorte d'humeurs, d'estat, condition et religion, dedié a l'infante d'Espagne, par Gilles de Rasyr, chanoine de St-Paul de Liége, *Christian Owerx,* 1633, pet. in-4. de 9 ff. et 245 pp. avec un joli front. gravé par Martin Baes. [3713]

Ce livre bizarre est composé de prose et de vers, de facéties et de pensées dévotes, de singularités et de graves sentences. M. Arthur Dinaux en a donné l'analyse dans le *Bibliophile belge,* VI, pp. 394-398.

RATHERII, episcopi veronensis, Opera nunc primum collecta, pluribus in locis emendata et ineditis aucta : præfatione generali, vita auctoris, admonitionibus notisque illustrata; curantibus Petro et Hieronymo fratribus Balleriniis. *Veronæ, e typogr. Marci Moroni,* 1765, in-fol. 15 à 20 fr. [1097]

Bonne édition de ce théologien du xe siècle au sujet duquel M. Aug. Scheler a donné un article curieux dans le *Bibliophile belge* (2e série, vol. III), où il fait connaître l'ouvrage suivant de M. Albert Vogel.

Rasori (*G.*). Opere, 6657. — Opuscoli di medicina, 7148. — Teoria della flogose, 7189.

Raspail (*F.-V.*). Chimie organique, 4404. — Physiologie végétale, 4840. — Histoire natur. de la santé, 6535.

Rastall. History of Southwell, 27279.

Rastawiecki (*Ed.*). Dictionn. des peintres polonais, 31089.

RATHERIUS von Verona und das zehnte Jahrhundert, 1er Theil : Die Geschichte Rathers und seiner Zeit. — 2er Theil : von den Quellen der Geschichte Rathers. *Iena, Mauke,* 1854, 2 vol. in-8. de XX, 435 pp., et VIII, 238 pp.

RATHGEBER (*Georg.*). Annalen der Niederländischen Malerei, Formschneideund Kupferstecherkunst, von den Brüdern van Eyck bis zu Peter Rubens Abreise nach Italien (1400-1600). *Gotha,* 1839 (aussi 1843) et 1844, 3 vol. in-fol. 58 fr. [31084]

RATIO atque institutio studiorum (Societ. Jesu) per sex patres ad id iussu R. P. præpositi generalis deputatos conscripta. *Romæ, in collegio Societatis Jesu,* 1586, in-8. [3273]

Volume très-rare, et qui a été vend. 660 fr. Gaignat; 151 fr. La Vallière; 150 fr. Mac-Carthy; 6 liv. 19 sh. Hanrott. Il contient 330 pp. de texte, précédées de 2 ff. pour le titre et l'avis au lecteur, et suivies de 2 autres ff. qui renferment l'errata, le registre et la souscription : *Excudebat Franciscus Zanettus,* M. D. LXXXVI.

RATIONALIS reminiscentia per græca rerum signa (quæ vulgo vocabula dicuntur) depicta, linguæ græcæ et qualicumque græcæ loquelæ accommodata. *Lugd.-Batavor.,* 1709, in-4. obl. [10645]

Ce livre est un vocabulaire grec-latin collé sur des feuillets blancs en regard de figures gravées par Adr. Schoonebeck, qui donnent l'explication des mots par des rébus et des compositions bizarres. L'exemplaire annoncé avec cette note dans le catal. de M. Libri, en 1857, y est porté à 80 fr. Son titre était manuscrit. Un autre est annoncé dans le catal. d'Anisson, sous ce titre : *Modus discendi vocabula græca per figuras,* in-4., obl., sans date, et marqué 6650 livres en assignats (32 fr.).

RATIONARIUM evangelistarum. Voyez ABS memorandi.

RATZEBURG (*Jul.-Theodor-Christian*). Die Forst-Insecten... Les Insectes des forêts, ou représentation et description des insectes connus dans les forêts de Prusse (en allemand). *Berlin,* 1837-40, 3 vol. in-4. avec 38 pl. color. [5989]

— Die Ichneumonen der Forst-Insecten, in forstlicher und entomologischer Beziehung, etc. *Berlin,* 1844-48-52, 3 part. in-4. fig. 38 fr.

— Les hylophthières, 6020.

RAUCH (*Joan.-Franc.*). Disputatio medico-diætetica, de aere et esculentis ; necnon de potu. *Viennæ-Austriæ,* 1622-24, in-4. [7040]

Dans cet ouvrage l'auteur conseille d'interdire aux moines l'usage du vin et du chocolat, afin d'éviter le scandale qui peut naître de l'habitude de ces substances trop échauffantes. Le ridicule de ce singulier conseil a, dit-on, fait supprimer le livre, et de là est venue sa rareté.

RAUCH (*Adr.*). Rerum austriacarum Scriptores, qui lucem publicam hactenus non viderunt, et alia monumenta diplomatica nondum edita. *Vindob., Stabel,* 1793-94, 3 vol. in-4. 9 thl. [26466]

RAULIN (*Joan.*). Religiosissimi viri fratris Joannis Raulin Epistolarum, gravissimis sententiis, utilioribus consiliis, ac eruditione non minima refertissimarum, illustrium virorum titulis splendicantium, opus eximium. *Lutetiæ-Parisiorum, Antonius Ausurdus,* 1521, pet. in-4. [18732]

Un exempl. impr. sur VÉLIN et rel. en *mar.* 229 fr. De Bure ; autrement ce livre, malgré sa rareté, n'a pas plus de valeur que les sermons et les autres ouvrages latins du même auteur, qui sont indiqués dans les *Annales typogr.* de Panzer, XI, Index, pp. 77-78.

RAULIN (*Hippolyte*). Panegyre orthodoxe misterieux et profetique sur l'antiquité, dignité, noblesse et splendeur des fleurs de lys. Ensemble des bénédictions et prérogatives surcelestes et sureminentes des très chrestiens et très invincibles roys de la monarchie françoise sur tous ceux de la terre. Enrichy de plusieurs belles pièces de l'histoire ; par R. P. Hippolyte Raulin, minime. *Paris, François Iacquin,* 1626, in-8., frontisp. gravé, 6 à 9 fr. [24007]

RAUSEO (M. Orbini). Voy. ORBINI.

RAUWOLFF. Beschreibung der Reyss Leonhardi Rauwolffen, so in die Morgenländer, fürnemlich Syriam, Judæam,

Rau (*K.-H.*). Politische Œconomie, 4065.
Rauch (*F.-A.*). Nature végétale, 4850.
Raucourt de Charleville. L'Art de faire de bons mortiers, 9844.
Raulin (*J.-Fac.*). Ecclesia malabarica, 21558.
Raulin (*V.*). Description physique de l'Île de Crète, 27940.
Raumer (*Fr.-L.-G.* von). Geschichte Europa's, 23063. — Geschichte der Hohenstaufen, 26410. — England, 26771. — Die vereinigten Staaten von Nord-Amerika, 28526.
Raumer (*Karl-J.* von). Geschichte der Pädagogik, 30261.
Raupach (*E.*). Dramatische Werke, 16836.
Rauter. Droit criminel, 2882.
Rauthmell (*Rich.*). Antiquitates bremetonacenses, 27239.

Rathery (*E.-J.-B.*). Histoire des états généraux, 24053.
Rathgeber (*G.*). Archäologische Schriften, 28970. — Annalen, 31084.
Rathmann (*H.*). Magdeburg, 26687.
Ratier (*F.-S.*). Pharmacopée, 7665.
Ratisbonne (*M.-Th.*). Histoire de saint Bernard, 21784.
Ratti (*N.*). Famiglia Sforza, 25379.
Rattkay de Nagy (*Gr.*). Memoria regum Dalmatiæ, 26551.
Rau et Haenel de Cronenthal. Guerre des alliés, 8778.

Arabiam, Moesopotamiam, Babyloniam, Assyriam, Armeniam, etc. *Frankfurt am Mayn, bey Christoph Raben,* 1582, 3 part. en 1 vol. in-4. [20471]

Relation intéressante et qui peut encore être consultée avec fruit. Selon Struve-Meusel, I, 2e part., p. 83, dans des exemplaires datés de 1583 se trouve de plus une 4e partie, contenant les fig. de 42 plantes exotiques, décrites dans les trois premières parties. Cette dernière porte pour date : *Gedruckt zu Laugingen durch Leonhart Reinmichel*, 1583. Vend. 31 fr. en 1856.
Une traduction anglaise de la relation de Rauwolff, par Nic. Staphorst, fait partie de la collection de voyages publiée par J. Ray, à Londres, en 1693, in-8.

RAVALIERE (L'Évêque de La). Voyez THIBAULT, roi de Navarre.

RAVELLY (*Jean*), médecin stipendié de la ville. Traité de la maladie de la rage. *Metz, Jean Collignon,* 1696, pet. in-12. [7325]

Ouvrage recherché, mais peu commun. 26 fr., vente Tross, en 1860.

RAVENCROFT (*Th.*). A briefe discovrse of the true (but neglected) vse of charact' ring the degrees of their perfection, imperfection and diminution, in measurable musicke, against the common pratise and custome of these times. Examples whereof are exprest in the harmony of 4 voyces concerning the pleasures of 5 vsuall recreations. 1 hunting; 2 hawking; 3 daucing; 4 drinking; 5 enamouring; by Thomas Rauencroft, bachelar of musicke. *London, by Edw. Allde,* 1614, in-4. [10150]

Traité théorique curieux contenant des chants d'un intérêt particulier. 3 liv. 15 sh. Bright.
Ravencroft a composé plusieurs recueils de musique dont Lowndes, p. 2053, donne les titres.

RAVENNE (*Petrus*). Voy. PETRUS.

RAVERTY (*H.-G.*). A Grammar of the Pukhto, Pustho, or language of the Afghans, in which the rules are illustrated by examples from the best writers, both poetical and prose ; together with translations from the articles of war, etc., and remarks on the language, literature and descent of the Afghans. Part. I. *Calcutta,* 1856, in-8. de 176 pp. — Part. II, *ibid.,* 1856, in-4. pp. 153-373. [11680]

— A Dictionary of the Pukhto Pustho, or language of the Afghans. *London,* 1859, in-4. 84 sh.

— The Gulshan i Hoh, being selections

prose and poetical, by H.-G. Raverty. *London, Longman,* 1860, in-4. 42 sh. [19479]

RAVESTAIN (le seigneur de). Voy. PHILIPPE duc de Clève.

RAVOISIER (*A.*). Exploration de l'Algérie ; Beaux-Arts. Voy. EXPLORATION.

RAY (*Joan.*). Jo. Raii Historia plantarum, species hactenus editas, aliasque insuper multas noviter inventas et descriptas complectens. *Londini,* 1686-1704, 3 vol. in-fol. [4909]

Cet ouvrage a été longtemps très-estimé, et il mérite de conserver une place dans les bibliothèques des botanistes ; cependant il est maintenant à bas prix : 18 à 30 fr. ; — et en Gr. Pap., dont les exemplaires sont rares, vend. 170 fr. Mac-Carthy.
Il se trouve des exemplaires du premier vol. datés de 1693. Le 3e vol. manque assez souvent.
Les autres ouvrages d'histoire naturelle de ce célèbre naturaliste sont indiqués dans notre table méthodique, sous les nos 4854, 5170, 5729 et 5957.
En voici d'un autre genre qui sont du même auteur :
THE WISDOM of God manifested in the works of the creation. *London,* 1759, in-8. 5 à 6 fr. [1802]
Douzième édition de cet ouvrage célèbre (la première est de 1691), qui a été traduit en français sous le titre suivant : *L'Existence et la sagesse de Dieu manifestée dans les œuvres de la création,* Utrecht, 1714, pet. in-8.
THREE physico-theological discourses, concerning : the primitive chaos, and the creation of the world ; the general deluge ; the dissolution of the world and future conflagration.......... the 4th edition. *London,* 1732, in-8. 5 à 6 fr. [4242]
COMPLETE collection of english proverbs, also the most celebrated proverbs of the Scoth, Italian, French, etc., with annotations and explications. *London,* 1768, in-8. [18511]
Ces proverbes ont eu un grand nombre d'éditions, depuis celle de Cambridge, 1670, in-12, qui est la plus ancienne ; mais celle que nous citons est réputée la meilleure : 9 à 12 fr. Il y en a une nouvelle de *Londres,* 1813, in-8., donnée par J. Belfour, et une autre de *Londres,* 1817, in-12, faite sur celle de 1768.
HAND-BOOK of proverbs, comprising an entire republication of Ray's proverbs, and large additions. *London,* 1855, pet. in-8. 5 sh.
COLLECTION of curious travels and voyages. *London,* 1705, in-8. 6 à 8 fr. [19821]
Impr. d'abord en 1693, pet. in-8., et réimpr. plusieurs fois.
TRAVELS through the Low Countries, Germany, Italy and France, to wich is added an account of the travels of Fr. Willughby, through great part of

---

Ravaisson (*Félix*). Essai sur la métaphysique d'Aristote, 3536.
Ravaton. Chirurgie d'armée, 7577.
Raveneau (*Jacq.*). Traité des inscriptions en faux, 2805.
Ravenel (*H.-W.*). Fungi of Carolina, 5375.

Ravichio de Peretsdorff. Pyrotechnie militaire, 8712. — Batailles de la guerre de Sept-Ans, 8740.
Ravichio et Nancy. Traité des batteries, 8697.
Ravignan (le P. de). Conférences, 1481. — Clément XIII et Clément XIV, 21660.
Ravignat (*E.*). Le Jura pittoresque, 24578.
Ravinet (*Th.*). Ponts et chaussées, 2941. — Dictionnaire hydrographique, 23148.
Ravisius Textor. Epistolæ, 18733. — Opera, 30398.
Rawlinson (*R.*). Cathedral church of Rochester, 27212.
Rawlinson (*H.-C.*). The persian cuneiform inscription... — Babylonic and assyrian inscriptions, 30009.

Spain ; and a collection of travels into the earsten countries; the second edition. *London*, 1738, 2 vol. in-8. [20062]

Vend. 10 fr. L'Héritier ; 16 sh. Ilibbert.

La première édition a paru en 1673, sous le titre d'*Observations made in a journey through part of the Low Countries, etc.*

RAYER (*P.*). Traité théorique et pratique des maladies de la peau, par P. Rayer ; deuxième édition, entièrement refondue. *Paris, J.-B. Baillière*, 1835, 3 vol. in-8. et atlas de 26 pl. gr. in-4. 88 fr. [7239]

Le texte se vendait séparément 23 fr. Les 26 pl. gravées et coloriées avec soin présentent en 400 fig. les différentes maladies de la peau et leurs variétés. L'atlas qui les renferme se vendait aussi séparément 70 fr.

Cet ouvrage a paru aussi en anglais. *London*, 1835, in-8. de 1300 pp. avec un atlas in-4.

— Traité des maladies des reins et des altérations de la sécrétion urinaire, étudiées en elles-mêmes et dans leurs rapports avec les maladies des uretères, de la vessie, de la prostate, etc. *Paris, J.-B. Baillière*, 1839-41, 3 vol. in-8. 24 fr. [7760]

A cet ouvrage se joint un atlas gr. in-fol., contenant, indépendamment de 94 pp. de texte, 60 pl. color., d'une exécution parfaite. 192 fr.

— De la morve et du farcin, 7743.

RAYMOND Breton (le P.). Voy. BRETON.

RAYMONDO da Capua. Vita miracolosa della seraphica S. Catherina da Siena, composta in latino dal beato Padre Frate Raymondo da Capoua già Maestro generale del ordine de Predicatori. Et tradotta in lingua vulgare dal reuerendo Padre Frate Ambrosio Catherino da Siena del medesimo ordine : con agiunte dilcune cose pertinẽti. al psète stato della chiesa notabili e utili ad ogni fedel Christiano : nouamente in questa seconda impressione agiota, corretta e emendata dal prefato Frate Ambrosio e hystoriata con le sue figure. Co. una cãzone bellissima ĩ laude della Sca, cõposta p Messer Fortunato de Vecchi cittadino senese et alcun altre p altri suo deuoti. (in fine) : *Stãpata nella magnifica citta di Siena p Simone di Niccolo, ad instantia di Iacomo Antonio Cataneo Libraro senese. Adi 1 di Setembre, nelli ani.....* 1524, in-4. de 6 ff. prél., 115 ff. chiffrés, et 5 ff. pour la table et l'errata, caract. ronds, avec nombre de fig. sur bois. [22131]

Seconde édition, assez jolie. La première est de Sienne, par *Michelangelo da Bartolommeo F. adi x di maggio*, 1524, in-4. de 112 ff. sans autre figure que celle de la sainte, imprimée sur le frontispice, et une autre petite qui est répétée à la fin de cha-

que livre. Panzer n'a pas fait mention de ces deux éditions, et Haym n'a cité qu'une réimpression, de Venise, *Al segno della Speranza*, 1562, in-8. (Molini, *Operette*, p. 155 et p. 318).

RAYMUNDUS (*Joan.-Bapt.*). Liber Tasriphi, id est, liber conjugationis ; compositio est Senis Alemami, in qua traditur compendiosa notitia conjugationum verbi arabici, cum duplici versione latina. *Romæ, typis medicæis*, 1610, in-4. 6 à 9 fr. [11616]

— Rudimenta grammatices persicæ. (*absque nota, sed Romæ*, 1614), in-4. [11643]

Première grammaire persane imprimée. Elle a été faite pour l'usage des missionnaires; mais elle était si peu connue en Europe, même du temps de Louis de Dieu, que celui-ci crut être le premier qui eût publié un ouvrage de ce genre (Jenisch *De Fatis linguar. orient.*, p. 96).

RAYNAL (*Guill.-Thomas*). Histoire philosophique et politique des établissemens et du commerce des Européens dans les deux Indes. *Genève, Pellet*, 1780, 5 vol. in-4., dont un pour les cartes. — Autre édit. publiée en même temps, en 10 vol. in-8. et atlas in-4. [27962]

L'*Histoire philosophique*, à laquelle on sait que Diderot a eu une grande part, est un livre aujourd'hui passé de mode, parce que les déclamations philosophiques qui y abondent sont restées sans objet, et que les documents commerciaux présentés par l'auteur sont trop arriérés pour être de quelque utilité. Voilà pourquoi le prix des deux éditions citées est maintenant fort médiocre, même pour les exemplaires en papier fin. Voici, relativement à ce livre, une anecdote dont le fond se trouve consigné dans une brochure intitulée : *Lettre de M. Panckoucke à MM. les président et électeurs, de* 1791, p. 16.

L'abbé Raynal, avant de faire imprimer son ouvrage à Genève, en fit faire à Paris, chez Stoupe, une édition particulière, dont on ne tira que trois exemplaires ; de ces trois exemplaires il en laissa un à l'imprimeur, garda le second, et envoya le troisième à Pellet, pour lui servir de copie : par ce moyen il put exécuter facilement sur l'imprimé toutes les corrections et augmentations que ses amis lui suggérèrent ; ce qui aurait été fort incommode s'il eût fallu recevoir de Genève autant d'épreuves que des changements multipliés en auraient nécessité.

L'édition de *Paris, A. Coste*, 1820, 12 vol. in-8. et atlas, a été corrigée d'après les mss. de l'auteur; les deux derniers vol. renferment un *Etat des colonies et du commerce des Européens dans les deux Indes, depuis* 1783 *jusqu'en* 1821, par M. Peuchet (avec une notice sur Raynal par M. Jay). Il faut y joindre l'article suivant :

HISTOIRE philosophique et politique des établissements et du commerce des Européens dans l'Afrique septentrionale, ouvrage posthume de G.-T. Raynal; augmenté d'un aperçu de l'état actuel de ces établissements... par M. Peuchet. *Paris, Coste*, 1826, 2 vol. in-8., avec une carte d'Afrique.

Ces 14 vol. n'ont qu'un prix fort ordinaire; il en a été tiré des exemplaires en pap. vélin.

La traduction anglaise faite par J.-O. Justamond;

Raymond (*D.*). Maladies, 7156.
Raymond (*J.-B.*). Carte des Alpes, 19678.

Raynal (*J.*). Histoire de Toulouse, 24735.
Raynal (*L.*). Histoire du Berry, 24485.

d'après l'édition de 1780, a été impr. à *Londres*, 1783, en 8 vol. in-8., et réimprimée plusieurs fois soit en 8, soit en 6 vol. in 8.

RAYNALDUS (*Odor.*). Voy. BARONIUS.

RAYNAUD (*Theoph.*). Opera omnia. *Lugduni*, 1665, et *seq. ann.*, 19 tom. qui se relient en 9, en 10 ou en 12 vol. in-fol. [1198]

Cette collection se trouve difficilement complète. Vend. 76 fr. en 1842, et plus cher depuis. On y ajoute comme 20ᵉ vol. un recueil d'opuscules du même auteur, intitulé : *Apopompeus*, impr. à *Lyon*, en 1669, sous la date de *Cracovie*.

Parmi les 92 ouvrages, plus ou moins singuliers, dont se composent les œuvres de ce célèbre jésuite, et qui, pour la plupart, ont d'abord paru séparément, nous citerons les sept articles suivants que la singularité de leur sujet recommande à l'attention des lecteurs :

EROTEMATA de malis ac bonis libris deque justa aut injusta eorundem confixione. *Lugduni*, 1653, in-4.

DISSERTATIO de sobria alterius sexus frequentatione per sacros et religiosos homines, in ædificata narratione deliriorum, queis Puella Veneta Guil. Postellum sæculo superiore infatuavit. *Lugduni*, 1653, in-8.

C'est de cet ouvrage qu'est extrait l'opuscule intitulé :

CENSURE du symbole des apôtres, pour montrer qu'on peut tout condamner quand on veut..... (*sans lieu d'impression*), 1717, in-12 de 30 pp., traduit et publié avec des notes par un Janséniste.

DE INCORRUPTIONE cadaverum, occasione mortui fœminei corporis, post aliquot sæcula incorrupti, nuper refossi Carpentoracti, Judicium. *Avenione*, *Bramereau*, 1645. in-8.

DE ORTU infantium contra naturam, per sectionem cæsaream tractatio. *Lugduni*, 1637, in-8.

EUNUCHI nati, facti, mystici ex sacra et humana litteratura illustrati. *Divione*, 1655, in-4.

Publié sous le nom de Jean Heribert.

TRACTATUS de pileo, cæterisque capitis tegminibus tam sacris quam profanis. *Lugd.*, 1655, in-4., sous le nom d'*Anselmus Solerius de Maridal*.

Réimprimé à *Amsterdam*, 1671, pet. in-12, mais avec la suppression d'une partie des passages cités.

DE STIGMATISMO sacro et profano, divino, humano, dæmoniaco, tractatio. *Gratianopoli*, 1647, in-8.

RAYNAUDUS (*Joannes*). Tractatus nobilitatis. (au verso du dernier f.) : *Explicit perutilis et compendiosus tractatus nobibilitatis* (sic) *parisius impressus. Anno domini* M. CCCC° LXXVII° *xxviii augusti*, in-4. goth. [2797]

Ce traité occupe 29 ff. sous les signat. E, F, G ; il doit donc être précédé d'un autre ouvrage qui remplirait les ff. compris sous les signat. A B, C, D (Panzer, IV, p. 397). Celui-ci commence par cette ligne :

(*H*) *Vmani generis potencia ab inicio crea*

L'ouvrage lui-même ne commence qu'à la quatrième ligne du recto du 3ᵉ f., de cette mai. ière :

(i) N noie igitur sancte et indivi due trinitatis facio et pono pesentem tractatum i obilitatis ego iohanes raynaudi legum doctor inter ceteros minimus, etc.

Ce J. Raynaud est probablement le même que *J. Raygnaudus juris cesarei et pontificii doctor*, dont on a *Comprehensorium feudale*, imprimé à Lyon par Ant. du Ry, en 1516, in-4.

Raynard. Pathologie vétérinaire, 7713.

RAYNOUARD (*Fr.-Just-Marie*). Choix des poésies originales des Troubadours. *Paris, Firm. Didot*, 1816-17-19-20-21, 6 vol. gr. in-8. [10905]

Publication d'une haute importance, et qui a été accueillie avec empressement dans toute l'Europe. L'édition est épuisée, et les exemplaires, dont le prix était originairement de 54 fr., se payent maintenant 150 fr. et plus. Le pap. vélin, qui coûtait 120 fr., se vend de 200 à 250 fr.

Le premier volume renferme la *Grammaire de la langue romane* avant l'an 1000, et la *Grammaire des Troubadours*, dont il a été tiré des exempl. à part. Dans le second se trouvent : *Fragment d'un poëme en vers romans sur Boëce, imprimé en entier pour la première fois d'après le manuscrit du XIᵉ siècle, qui se trouvait à l'abbaye de Fleury, avec des notes, une traduction interlinéaire, et un fac-simile* (séparément, 5 à 6 fr.), et *Des Troubadours et des cours d'amour* (séparément, 5 à 6 fr.), etc. Le 5ᵉ volume contient les biographies des Troubadours, et un appendice à leurs poésies publiées dans les volumes précédents. Le 6ᵉ se compose d'une *Grammaire comparée des langues de l'Europe latine dans leurs rapports avec la langue des Troubadours*; il a paru séparément sous ce titre, 9 fr.; — pap. vél. 18 fr.

— Lexique roman, ou Dictionnaire de la langue des Troubadours, comparée avec les autres langues de l'Europe latine, précédé de nouvelles recherches historiques et philologiques, d'un résumé de la grammaire romane, d'un nouveau choix des poésies originales des Troubadours, et d'extraits de poëmes divers. *Paris, Silvestre*, 1836-44, 6 vol. gr. in-8. 48 fr. — Pap. vél., 72 fr.

Raynouard avait d'abord intitulé son ouvrage : *Nouveau choix des poésies originales des Troubadours, etc.*; et c'est sous ce titre qu'a paru (du vivant de l'auteur) la première livraison contenant le premier volume du Lexique roman ; mais comme, sur six volumes qui composent cette collection, le Lexique, à lui seul, en occupe cinq, les éditeurs ont jugé qu'il était plus convenable de donner à l'ouvrage entier le titre ci-dessus. Les six volumes contiennent : Tome I, Recherches sur l'utilité de la langue, pour établir les étymologies des langues néolatines ; Grammaire abrégée, avec de nouvelles observations ; Analyses et extraits de divers romans provençaux, avec traduction en français ; Nouveau choix des poésies originales des Troubadours, la plupart avec semblables traductions. — Tomes II à V, une introduction sur la langue romane rustique, et le Lexique roman (complet) offrant les mots groupés par racines, par familles, par analogie, de manière qu'un mot principal est en tête de chacun de ceux qui en dépendent ou qui s'y rapportent ; chaque mot, chaque acception offre des exemples tirés des Troubadours ou des auteurs qui ont écrit dans leur langue, avec la traduction française, quelquefois avec des exemples tirés des autres langues néolatines, et toujours avec l'indication des mots correspondants qui existent dans ces langues. Le Lexique est suivi de l'indication et de l'appréciation des ouvrages, soit manuscrits, soit imprimés, d'où les citations sont tirées. Le VIᵉ vol. contient un dictionnaire par ordre alphabétique, où le mot roman est traduit en français, avec le renvoi au mot sous lequel il est placé dans le Lexique, et la page du volume, de manière à n'avoir recours à ce Lexique qu'autant qu'il serait nécessaire de connaître les exemples et les détails qu'il offre.

A partir de la 2ᵉ livraison, le Lexique roman a été

publié par M. Just Paquet (légataire des ouvrages inédits de Raynouard)', avec le concours de MM. Pellissier, Dessalles et Chabaille.

Voici un ouvrage qui, au jugement de Raynouard lui-même (*Journal des Savants*, juin 1828), est d'une vraie importance pour la langue et la poésie des Troubadours :

DIE POESIE der Troubadoure, etc. La Poésie des Troubadours, d'après des ouvrages imprimés et des manuscrits, par Fréd. Diez, professeur à l'Université de Bonn. *Zwickau, Schumann*, 1827, in-8. En allemand. [13152]

— INFLUENCE de la langue romane ·rustique sur les langues de l'Europe latine, par Raynouard· *Paris, imprim. de Crapelet*, 1835, in-8. de 96 pp. en tout.

— CATON d'Utique, tragédie en 3 actes et en vers. *Paris, Didot jeune*, an II, in-8. de 42 pp.

Nous ne citons ici cette pièce fort médiocre que parce qu'elle n'a été tirée qu'à très-petit nombre. En voici deux autres du même auteur qui sont beaucoup meilleures, la première surtout :

LES TEMPLIERS, tragédie, précédée du précis historique sur les Templiers. *Paris, Michaud*, an XIII (1805), in-8. avec fig.

— AUTRE édition où la pièce est suivie de l'extrait de la tragédie espagnole des Templiers, par Pérez de Montalban. *Paris, Mame frères*, 1815, in-8., portr.

LES ÉTATS de Blois, tragédie, précédée d'une notice histor. sur le duc de Guise. *Paris, Mame frères*, 1814, in-8.

— Monuments histor. des Templiers, 21998. — Droit municipal, 24073.

RAYSSIGUIER (de). Son Théâtre, formé de la réunion de 6 tragi-comédies. *Paris*, 1630-36, in-8. [16409]

Vend. 12 fr. Delaleu ; 11 fr. de Soleinne.

Ces six pièces sont : L'Aminte du Tasse, accommodée au théâtre françnis. *Paris, Courbé*, 1632. — Tragicomédie pastorale, où les amours d'Astrée et de Céladon sont meslées à celles de Diane, de Silvandre et de Pâris, avec les inconstances d'Hilas. *Paris, Nic. Bessin*, 1630 (aussi *Pierre David*, 1632). — La Bourgeoise, ou la promenade de Saint-Cloud, trag.-com. *Ibid.*, P. Billaine, 1633. — Palinice, Circéine et Florice, trag.-com. tirée de l'Astrée d'Honoré d'Urfé. *Ibid.*, *Ant. de Sommaville*, 1634. — Les Thuilleries, trag.-com. *Ibid.*, 1636. — Alidor et Oronte, trag.-com. *Ibid.*, *Touss. Quinet*, 1636. La première édition de cette dernière pièce porte pour titre : *La Célidée sous le nom de Calirie, ou de la générosité d'amour*, et la date de 1635.

RAZZI (F. *Seraphino*). La storia di Raugia. *Lucca, Vinc. Busdraghi*, 1595, in-4. [26559]

Ce volume peu commun a 2 ff. prélim. et 184 pp., la dernière pour le registre et la date. Les livres II et III sont précédés chacun de 2 ff. non chiffrés contenant les préfaces. Après la page 184 doit se trouver : *Descriptio ascriviensis urbis*, morceau en vers latins, occupant 6 ff. non chiffrés, signat. B6.

RÉAL (*Gasp.* de). La Science du gouver-

nement. *Aix-la-Chapelle* (*Paris*, 1761-64), 8 vol. in-4. 18 à 24 fr. [3946]

— Voy. SAINT-RÉAL.

REALI di Franza. *Mutinæ, Petrus Maufer*, 1491, in-fol. goth. à 2 col., signat. *a — u*. [17372]

Première édition de ce célèbre roman : elle a été vend. 168 fr. La Vallière, en 1767, et seulement 40 fr. Gaignat ; mais comme elle est fort rare, le prix en serait plus élevé maintenant. Le premier cahier se compose d'un f. tout blanc et de 7 ff. pour la table. Au 9ᵉ f. commence le texte, dont la première page est ornée d'une bordure gravée sur bois, où l'on remarque trois portraits, desquels le fac-simile a été donné dans la *Biblioth. spencer.*, IV, p. 168, et sur le frontispice de la 2ᵉ édition de la *Bibliografia dei romanzi, ecc.* Sur la même page de l'édition décrite sur un intitulé imprimé en rouge, et formant 14 lignes et demie, dont voici le commencement : *Qui se cōmenza la hystoria e Real di fran|za...* Au verso du 7ᵉ f. du cah. *u* (le 8ᵉ f. est tout blanc) se trouve le registre des cahiers et la souscription suivante : *Impressum Mutine anno salutis Mccccccxxxxi. pridie idus Octobris per... Petrū maufer gallicū opera et impensa... Pauli mundatoris mutinensis...*

— Gli stessi Reali di Franza. *Venetia*, 1499, in-fol. à 2 col.

Édition en lettres rondes, en tête de laquelle se trouvent six ff. prél. pour le titre et la table des chapitres. Le texte commence aussi par le sommaire : *Qui se cōmenza la hystoria e Real di Fràza...* On lit au dernier f. : *Opera impressa in Venetia Per Christophalo de ‖ Pensis da Mandello nel anno de nostro signore ‖ M CCCC LXXXXVIIII. Adi xxvii de Marzo.* Il y a en tout 100 ff. (sign. A—g) dont le dernier est blanc. Vend. 50 fr. La Vallière, et annoncé sous la date de 1498, 7 liv. Hibbert ; et rel. en mar. bl. par Bauzonnet, 320 fr. Libri en 1847, et 16 liv. 10 sh. vente du même, en 1859. M. Melzi indique une édition de Florence, 1496 in-fol., mais sur un ouï-dire.

— Real de Franza, cum figure nouamente stampato. (in fine) : *Stampata in Venelia del* MCCCCCXI. *Adi primo de octobrio*, in-fol. à 2 col., lettres rondes.

En *mar. r.*, mais avec 4 ff. restaurés, 325 fr. Libri, en 1847.

Sur le titre, qui est en caract. goth., se voit une gravure sur bois représentant Charlemagne entouré de ses paladins. La table, composée de 5 ff., commence au f. Aij. Le texte suit sous les signat. *a—r*. M. Melzi, qui décrit cette édition, en cite aussi une de Venise, 1515, in-8.

— Libro chiamato Reali di Fràza : nel quale si cōtiene la generatione di tutti li Re : Duchi : Principi : z Baroni di Fràza : z de li Paladini : cō le battaglie da loro fatte. Nuouamente hystoriato.... *Stampato in Venetia, per Frācesco di Alexandro Bindoni : z Mapheo Pasini cōpagni*, 1532. *adi* 14 *di Decembrio*, in-4. goth. à 2 col. fig., 8 ff. prélim. pour le titre et la table, 131 ff. chiffrés pour le texte.

— Reali di Franza ne liquali si contiene la generatione..... comēzando da Cōstantino imperatore fino ad Orlando conte Danglante. *Venetia, Fr. Bindoni e M.*

Razilly (de). Voyages d'Afrique, 20840.
Razon de juicio, 26225.
Razoumowsky (*G.* de). Histoire du Jorat, 4500.
Razzi (*Silv.*). Comedie, etc., 16685. — Vita di Matilda, 25275.
Re (*Fil.*). Agricoltura, 6293. — Dizionario de' libri d'agricoltura, 31716.
Re (*Lorenzo*). Seneca e Socrate, erme bicipite, 29556.
Read (*T.-B.*). Poems, 15883.

Pasini, 1537, pet. in-8. demi-goth. fig. sur bois.

Vendu 2 liv. avec un *Marco Polo,* de 1533, Hebert; seul, 1 liv., et en *mar.* anc. reliure ital. 2 liv. 5 sh. Libri, en 1859.

Une édition de Venise, *per Marchio Sessa,* 1537, in-4., est dans le Catal. de la Biblioth. impér. L'ouvrage a été réimpr. à Venise, 1551, 1556, 1582, 1590, 1596, 1604, et plusieurs fois depuis, in-8.

Dans l'édition de *Salò, Antonio Comincioli,* 1647, in-8., fig. sur bois, le titre porte : *in questa nuova impressione purgati diligentemente da infiniti errori si della stampa, come della lingua, e ridotti alla vera lettione, et intelligenza de' tempi.* Ce que l'on a copié-dans l'édit. de *Venise, Prodotti,* 1694, in-8., fig. sur bois, laquelle est cependant fort médiocre.

— Reali di Francia neli quali si contiene la generazione de gli imperatori, ecc... con la bellissima istoria di Buovo di Antona. *Venezia, tipogr. di Alvisopoli,* 1821, in-8. 4 fr.

Édition donnée par M. B. Gamba, et la meilleure que l'on ait encore de cet ancien roman. Il y a des exemplaires en pap. vél. (10 fr. en 1829), et aussi 2 en pap. anglais.— Pour une imitation de ce roman, voyez ALTISSIMO.

RÉAUMUR (*René-Ant.* Ferchault de). Mémoires pour servir à l'histoire des insectes. *Paris, Imprim. roy.,* 1734-42, 6 vol. in-4. fig. [5958]

Cet ouvrage, riche en faits curieux et de la plus grande exactitude, n'est pas terminé; l'auteur avait encore à traiter des grillons et des sauterelles, et de la classe si étendue des coléoptères; ce qui aurait formé plusieurs autres volumes. Ceux que nous avons n'en seront pas moins toujours consultés avec fruit pour les parties dont ils traitent; et si l'ouvrage n'est pas plus cher dans le commerce, c'est qu'il y est trop commun pour un livre qui ne dispense pas d'en avoir d'autres plus complets et mieux appropriés à l'état actuel de la science. Il y a deux éditions sous la même date. La première se reconnaît à la forme des caract. et à la beauté des épreuves des gravures, lesquelles sont toutes tirées sur un papier fort et assez grand pour dépasser de toute la grandeur de la planche les marges des volumes. Les anciens exemplaires valent de 48 à 60 fr.; la réimpression est moins chère.

L'édition d'*Amsterdam,* 1737-48, 6 tom. en 12 vol. in-12, fig., n'est pas belle : 20 à 30 fr. On la trouve difficilement.

On peut ajouter aux différentes éditions de ce livre une *Concordance systématique servant de table des matières, par J.-N. Vallot,* Paris, 1802, in-4.

— L'Art de faire éclore les poulets, 6431. — L'Art de convertir le fer forgé en acier, 10228.

REAY. Narratio de Josepho, e sacro codice desumpta, textum ad analysin revocavit, notisque philologicis instruxit Steph. Reay. *Oxonii,* 1822, in-12. 5 sh. [291]

REBECQUE (le sieur D. C. de). Abrégé de politique. *Cologne, P. du Marteau (Hollande, à la Sphère),* 1686, pet. in-12. 4 à 6 fr. [3925]

Selon une note de Ch. Nodier, ce livre est un des premiers où se lise (pp. 30 et 31) une théorie assez nette du gouvernement représentatif : à cela nous ajouterons que l'auteur était probablement un des ancêtres du célèbre Benjamin Constant de Rebecque

que nous avons vu défendre avec tant de chaleur les mêmes théories (voy. CONSTANT). Un exempl. *non rogné,* 27 fr. première vente de Ch. Nodier, en 1827.

REBELLO (*Amador*). Capitulos tirados das cartas que vieram este anno 1588 dos padres da companhia de Jesus que andam nos partes da India, China, Japoa e reino de Angola. *Lisboa, A. Ribeyro,* 1558, in-8. [21583]

COMPENDIO · de algunas cartas que vieram da India o anno 1597. *Lisboa,* 1598, in-8.

Deux pièces citées dans la *Biblioth. asiat.* de M. Ternaux, nos 598 et 733.

REBELO, et Rabelo (*Gaspar Pirez* de). Novelas exemplares. *Liboa,* 1650, pet. in-8. [17663] ·

Réimprimé à Lisbonne en 1670, en 1684, en 1700 et en 1722, pet. in-8.

— Infortunios tragicos de Constante Florinda. *Lisboa,* 1625, pet. in-8., sous le nom de *Rabelo.* [17664]

Première partie d'un ouvrage estimé; la seconde partie a été impr. à *Lisbonne,* en 1630 et en 1633, in-8., et les deux ensemble ont paru à *Lisbonne,* 1684, in-8. Il y a plusieurs édit. de la 1re partie.

REBHUN (*Paulus*). Ein Hochzeitspil auff die Hochzeit zu Cana Galileæ gestellet | dem Gottgeordenten Ehestand zu ehren | vnd allen gottfurchtigen Eheleuten | Gesellen | und Junckfrawen zu trost | vnd vnterricht. Durch Paulum Rebhun, 1538. *Gedrucket in der churfurstlichen Stadt Zwickaw, durch Wolfgang Meyerpeck,* M. D. XXXVIIJ. pet. in-8., signat. A—G, vignette sur le titre.

Cette pièce est portée à 36 fr. dans le catalogue de Soleinne, no 4972 (titre inexactement transcrit), où il est dit qu'elle donne sous le nom de Judée le tableau des mœurs de l'Allemagne.

REBOLLEDO señor de Irian (D. *Bernard.* de). Ocios, silva militar y politica, y silva sagra o rimas sagras. *Madrid,* 1778, 3 tom. en 4 vol. in-8. 20 à 24 fr. [15272]

Ces divers ouvrages ont paru d'abord séparément vers le milieu du XVIIe siècle.

Nous citerons particulièrement :

OCIOS del conde D. Bernardino de Rebolledo, seño de Irian, tomo primero de su obras poeticas que da a luz el licenciado Ysidro Flores de Lauiada, *em Amberes, en la officina plantiniana,* 1660, in-4. de 58 pp. prélim. et 674 pp. de texte, avec le portr. de l'auteur et celui de Sophie-Amélie, reine de Danemark. Ce dernier portr. se trouvait déjà dans les *Silvas danicas* du même poète, impr. à Copenhague, par Pedro Morsingio, 1655, in-4. de VI et 174 pp.

IDILIO sacro..... *Em Amberes,* 1660, in-4. de 306 pp., avec le portr. de Marie-Anne d'Autriche, à laquelle le livre est dédié.

LA CONSTANCIA victoriosa, egloga sagra. *Coloniæ-Agripp., Ant. Kinchio,* 1655, in-4. de 2 ff., 174 pp.

Rebello da Costa (*Ag.*). Descript. do Porto, 26323.
Rebold (*Emm.*). Histoire de la franc-maçonnerie, 22495.

et un errata, volume dédié à Christine de Suède, et avec le portrait de cette reine.

REBOUL (*Guillaume*). Les Salmonées du sieur Reboul, contre le ministre de Nismes et ceux du Languedoc. *Lyon, Jacq. Roussin*, 1597, pet. in-12. [1839]

Ouvrage de controverse, aujourd'hui sans intérêt, et qui a néanmoins été payé 32 fr. à la vente de Psaume, en 1829, et 10 fr. 50 c. en avril 1862, parce qu'il était annoncé comme contenant plusieurs chapitres en patois languedocien; ce qui n'est nullement exact. Les Salmonées ont été réimpr. à *Arras, chez Guill. de La Rivière*, en 1600, in-12. Un autre ouvrage du même auteur, qui effectivement contient des passages plus ou moins étendus en patois, c'est celui qui a pour titre : *Les actes du synode de la sainte réformation, tenu par Montpellier, le* 15 mai 1598, Montpellier, *chez le Libertin, imprimeur de la sainte réformation,* 1599, pet. in-8., et aussi 1600, in-12 [1841], satire contre les protestants. 6 à 9 fr.

Guillaume Reboul est le même qui a publié plusieurs ouvrages ou tout à fait anonymes, ou sous les initiales I. D. C. Ces initiales sont celles que porte le livre intitulé : *La cabale des réformez, tirée nouvellement du Puits de Démocrite*, Montpellier, chez le Libertin, imprimeur de la Sainte Réformation, 1597, pet. in-8. On y joint l'*Apologie de Reboul sur la cabale des réformés*, 1597, pet. in-8. — Réimpr. en 1598, en 1599 et en 1600. [1840] Voir le Diction. de Prosper Marchand, article *Reboul*, où on attribue encore à ce pamphlétaire : *L'Anti-Huguenot*, 1590 (Nouv. Lelong, 19732), *Le Premier acte du synode nocturne* (voy. PREMIER acte), et pour *le nouveau Panurge* ci-dessus, col. 1068.

— LES FORTUNES et vertus de Henry le Grand, comparées à celles d'Alexandre le Grand, par le sieur Reboul. *Paris, Jean Houzé*, 1604, in-12.

Citons encore :

LES PLAIDOYEZ de Reboul en la chambre mipartie de Castres, contre les ministres. *Lyon, J. Bertrand*, 1604, pet. in-8.

REBOURS (le) de Matheolus. (au recto du dernier f.) : *Cy finist le resolu en mariage nouuellement imprime a Paris, par Michel le noir Libraire demourät en la rue Sainct Jacques le unziesme iour de may. Lan mil cinq cens et dix huyt*, in-4. goth. de 60 ff. a longues lignes, sign. *aj—liij*, avec gravures sur bois au recto et au verso du premier f. [13266]

Ouvrage singulier, en faveur du mariage; il est attribué à Jean Le Febvre de Therouane, traducteur du livre de Matheolus (voyez ce mot). Le prologue, qui a 94 vers, commence ainsi :

> *De femmes sõmes tous venus*
> *Autant les gros q̃ les menus*
> *Pourquoy celluy qui en dit blasme*
> *Doit estre repute infame.*

Vend. 88 fr. Mac-Carthy; 50 fr. 50 c. Le Duc; 5 liv. et 9 liv. Heber.
Il a été fait, il y a quelques années, une reproduction fac-simile, tirée à très-petit nombre.

— Sensuyt le Rebours de Matheolus. — *Imprime nouuellement a Lyon, par Oliuier Arnoullet, demourät aupres Nostre Dame de Confort* (sans date), in-4. goth. de 26 ff. à 2 col., signat. A—E par 4 et F par 6.

91 fr. mar. v. Coste.

Réimprimé sous ce titre : *Le livre du résolu en mariage*, avec un prologue tout différent, et qui contient 266 vers au lieu de 94. — Voyez LIVRE du résolu.

REBUDÉ. Voyez DE BURE.

RECENTIORES poetæ lat. et gr. selecti V (scilicet, Huetii, Fragueri, Boivin, Massiæi et Monetæ carmina), curis Jos. Oliveti collecti ac editi. *Lugduni-Batavorum*, 1743, in-8. [12823]

Même édition que celle de 1740 (qui avait paru sous le titre de *Poetarum ex Academia gallica, etc. carmina*); on y a mis un nouveau titre, et ajouté quelques pièces au commencement : 3 à 4 fr. — Gr. Pap. 10 à 15 fr.; vend. 22 fr. vél. d'Ourches; 50 fr. mar. bl. Caillard.

L'édition de *Paris*, 1738, in-12, est moins complète que celle-ci quant aux poésies; mais on y trouve de plus que dans cette dernière trois dissertations de l'abbé Fraguier.

RECEPTION (la) faicte en la ville et cite de Rouen du corps de feu tres reuerend pere en dieu et seigneur Monseigneur Georges damboyse, legat du saint siege apostolique, Et archeuesque de Rouen. *On les vent en la rue Notre Dame, pres Saint Maclou* (*à Rouen, vers* 1510), pet. in-4. goth. de 4 ff. [24338]

Manuel de M. Frere, 436.

RECHAC (de). Les estranges évenemens du voyage du serenissime prince Zaga-Christ d'Ethiopie, issu de la lignée de David et de Salomon, fils de l'empereur Jacob, appellé communement le Preste-Jan, avec la defaite de l'empereur Jacob, et la fuite de ses deux enfans Cosme et Zaga-Christ, par le sieur D. R. ou de Rechac. *Paris, Louis Sevestre*, 1635, pet. in-4. [28420]

Ce livre peut avoir sa place parmi les romans. Il en a paru dans la même année deux éditions, l'une in-4. (21 fr. Erdeven, en 1858), avec une épître dédicatoire signée des lettres initiales de l'auteur pseudonyme; l'autre in-8., ayant au bas de la même épître le nom de sieur de *Rechac*, sous lequel s'est caché Jean de Sainte-Marie, jacobin réformé. Le prétendu prince éthiopien était un imposteur, au sujet duquel Barbier a écrit une note curieuse dans son Dictionnaire des anonymes, n° 6030.

RECHBERG (le comte de). Voy. DEPPING, et PEUPLES de la Russie.

RECHERCHE et découverte du cruel et barbare assassinat du dernier comte d'Essex, traduit de l'anglais. (*sans lieu d'impression*), 1684, pet. in-8. de 147 pp. [26997]

Vend. 18 fr. mar. r. Nodier, en 1830.

RECHERCHES de l'antiquité de la ville et bailliage de Château-Landon, servant de deffense contre les officiers du bailliage de Nemours, reduites en forme de Factum. *Paris, Charpentier*, 1662, in-8, [24201]

Volume peu commun, et qui a été quelquefois payé de 10 à 12 fr.

RECHERCHES de la noblesse de Champagne. Voy. Caumartin.

RECHERCHES historiques sur les cartes à jouer. Voy. Bullet.

RECHERCHES sur les costumes et sur les théâtres de toutes les nations, tant anciennes que modernes, avec 56 estampes en couleur (par Jean-Ch. le Vacher de Charnois). *Paris, an* xi (1802), 2 vol. in-4., avec le portrait de l'auteur. 30 à 36 fr. [16023]

L'auteur de ces recherches, publiées d'abord en 1790, a coopéré à un ouvrage périodique intitulé : *Costumes et annales des grands théâtres de Paris*, 1786-89, 7 vol. in-8., pl. color.; les trois premières années ont chacune 48 numéros, et la quatrième 33 seulement.

RECHERCHES sur l'origine, l'esprit, et les progrès des arts dans la Grèce (par Pierre-Fr. Hugues, dit d'Hancarville). *Londres, Appleyard*, 1785, 3 vol. gr. in-4. fig. [29272]

Ouvrage d'un homme savant, mais qui avait des idées singulières. Le livre est resté incomplet, parce que l'auteur, piqué des critiques qui furent faites des deux premiers volumes, ne l'a pas continué. Le 3e vol. est un supplément en réponse aux censures. Les 3 vol. ne valent maintenant pas plus de 36 à 45 fr.; mais des exemplaires, rel. en *mar.* ou en *cuir de Russie*, ont été vendus anciennement de 120 à 200 fr.

RECHTĒWEG (Den) aus zu faren von Liszbona gen Kallakuth Võ meyl zu meyl, Auch wie der kunig von Portigal yetz newlich vil galeen vñ naben wider zu

Rechenbergius (*A.*). Historia rei nummariæ, 29661.
Recherches historiques sur Auxerre, 24535.
Recherches historiques sur l'arrondissement de Langres, 24515.
Recherches pour servir à l'histoire du droit français. Voyez Grosley.
Recherches sur la nécessité de s'assurer de la vérité. Voyez Saint-Hyacinthe.
Recherches sur les carrousels, 28727.
Recherches sur les Egyptiens. Voyez Pauw.
Recherches sur les finances. Voyez Forbonnais.
Recherches sur l'ordre teutonique, 21994.
Recherches sur l'origine des idées, etc. Voyez Hutcheson.

ersuchen und bezwingen newe land unnd jnsellen durch Kallakuth in Indien zuffaren. Durch sein haubtman also bestelt als hernach getruckt stet gar von seltzamen dingen. (*sans lieu d'impression et sans date*), in-4. goth. de 4 ff., avec une gravure en bois sur le titre et répétée sur le dernier feuillet. [19904]

Ce petit itinéraire de Lisbonne à Calicut est un opuscule dont M. Libri a suffisamment fait ressortir l'importance et la rareté dans le catal. de ses livres réservés (1862), n° 2. Là ce savant établit fort bien que cette pièce a été impr. à Nuremberg en 1505. Au verso du titre se voit une mappemonde dressée d'après Ptolémée et *avec toutes les nouvelles terres et îles dernièrement découvertes*. L'exempl. décrit a été vendu 10 liv. 10 sh.

RECHTSSTREIT zwischen tod vnnd Menschen. (*absque nota*, sed *Bamberg, Pfister*, circa 1461), pet. in-fol. goth. avec cinq fig. sur bois. [1247]

Ce livre précieux ne porte point de titre. Heineken (*Idée d'une collection d'estampes*, p. 276) lui a donné celui d'*Allégorie sur la mort*; mais l'ouvrage est un recueil de plaintes des chrétiens contre la mort et de réponses de la mort aux accusations dirigées contre elle, dans la même forme à peu près que le Belial de Jac. de Theramo (voy. ce nom). Le texte est divisé en trente-quatre chapitres, avec des sommaires imprimés. La lettre initiale de chaque chapitre a été faite à la main, et écrite en rouge : cependant le premier chapitre n'a ni sommaire ni numéro. Le volume se compose de 24 ff. en tout, dont le 1er et le 4e sont blancs au recto, et portent au verso une grande planche gravée sur bois. Il est sans chiffres, récl. ni signat., et l'on y compte 28 lign. dans les pages qui sont entières. La première ligne (2e f. recto) est ainsi conçue : (G) *rymiger abtilger aller leut. schedlicher echt' vñ.* L'ouvrage se termine sans aucune souscription au verso du 24e f. à la 25e lign., que voici : *mit innkieit sprechen amen.* Les cinq grandes planches occupent chacune la page entière, aux 1er et 4e ff. verso, aux 10e et 18e ff. recto et au 22e f. verso. Les caractères sont les mêmes que ceux des Fables de Boner, imprimées en 1461. Consultez la *Notice d'un livre impr. à Bamberg*, par Camus, pp. 4 et suiv., et Ebert, n. 18704. Ce dernier décrit une autre édition du même ouvrage, pet. in-fol. goth. de 22 ff. à 28 lign. par page, mais sans figures, et qu'il attribue également aux presses de Bamberg (vers 1462). Cette seconde édition commence au recto du premier feuillet par un sommaire en sept lignes, dont voici les premiers mots : *An dem buchlein ist beschriben ein krig wañ einer dem sein libes weib gestorben ist schildtet den todt...* Il existe une 3e édition du même ouvrage, datée de lxxiiij (1474) à la fin, et attribuée à Cr. Fyner, impr. à Esslingen. C'est un in-4. à 28 lignes par page, sans signat., récl. ni chiffres de pages, avec trois fig. sur bois. Il se termine à la 21e ligne du 24e f. verso par le mot *Amen*, accompagné de la date ci-dessus (Ebert, 18706).

RÉCIT memorable des glorieuses victoires obtenues sur les Turcs, au Mois d'Aoust dernier de la presente annee Mil six cens et dix, par le Serenissime grand duc de Toscane, Cosme de Medicis. Traduit d'Italien en François. *A Lyon, par Gounin Joly et Guichard Pailly*, m. cdx, in-8, de 14 pages chiffrées, et 1 f. blanc.

RÉCIT touchant la comedie iouée par les

iesuites et leurs Disciples, en la ville de Lyon, au moys d'Aoust, l'an 1607. *A Londres. Imprimé selon la coppie imprimée en France*, 1607, pet. in-4. de 5 pp. [16374]

Ouvrage imprimé en France, et probablement à Lyon, car il porte sur le titre la fleur de lis des de Junte, petit modèle avec la devise : *In domino confido*, qui était celle de Jacques de Junte.

Le catalogue de Solcinne, V, n° 471, donne une note curieuse sur cette représentation qui eut des suites funestes. La pièce et la traduction anglaise in-4. y sont portées à 34 fr. 50 c. Depuis, un exemplaire en *mar. r.* par Trautz a été vendu 115 fr. Solar.

Il se trouve dans la bibliothèque de Zurich deux édit. in-8. de ce *Récit*, l'une et l'autre de 8 pp. chiffrées. La première sous cette date : *Imprime l'an* M. DCVII, la seconde avec la date exprimée ainsi : *l'an* CIↃ IↃ CVII.

Il existe une traduction anglaise du même récit sous ce titre :

THE IESUITES comedie. Acted at Lyons in France, the seauenth and eight dayes of August last past 1607 (*sic*). To the great amazement of the Actors themselues and the whole Auditorie. *London, Imprinted by E. Allde and are to be sold by Arthur Iohnson*... 1607, pet. in-4. goth. de 7 pp. y compris le titre qui a une grav. sur bois.

Le récit ci-dessus a été réfuté dans la pièce dont le titre suit :

CONVICTION veritable du Récit fabuleux, divulgué touchant la representation exhibée en face de toute la ville de Lyon, au college de la compagnie de Jésus, le 7 d'aout de la presente année 1607 (par André de Gaule). *Lyon, Abraham Cloquemin*, 1607, pet. in-8.

M. Léon Boitel a donné à Lyon, en 1837, une réimpression du *Récit* et de la *Conviction*, in-8. de 32 pp. sous une seule pagination. Il n'en a été tiré, dit-on, que 25 exempl. 3 fr. 75 c. de Soleinne.

RECIT veritable de l'execution faicte du capitaine Carrefour, general des voleurs de France, rompu tout vif à Dijon par arrêt du Parlement de Bourgogne, le 21 décembre 1622, auec un sommaire de son extraction, vols, assassinats, et des plus signalées actions de sa vie. *Lyon, Claude Armand dit Alphonse*, 1623, in-8. [2733]

Opuscule de 16 pp. sur la dernière desquelles se voit le portrait de Carrefour, gravé sur bois. 35 fr. *mar. r.* Coste.

RECIT veritable du grand temple et clocher de la cité de Londres en Angleterre, nomé Saint Paull, ruiné et destruit par la foudre du tonnerre. *A Lyon, par Jean Saugrain*, 1561, pet. in-8 de 8 ff. non chiffrés. [27106]

Opuscule traduit de l'anglais. Il y a quelques vers à la fin.

RECOLLECTA de tots los privilegîs, provisions, pragmatiques e ordinacions de la vila de Perpenya. *Barcelona*, 1510, in-fol. [3000]

L'exemplaire de ce livre précieux porté dans le catal.

de la Bibliothèque du roi, F. 3708 (vol. non publié), est relié avec l'ouvrage intitulé :

STILI curie domini vicarii Rossilionis et Vallispirii. *Barcelona, Johan Rosembach, Alemany*, 1510, in-fol.

La marque typographique de Juan Rosembach est donnée par Mendez, à la p. 121 de sa *Typographia española*. Cet imprimeur, qui a exercé à Barcelone dès l'année 1494, a imprimé à Perpignan, en 1500, un *Breviarium secundum consuetudinem ecclesiæ Elnensis* (Perpignan), in-8. que nous avons décrit dans notre 1er vol., col. 1234.

RECOLLECTORIUM ex gestis Romanorum. Voy. GESTA Romanorum.

RÉCOMPENSE (la) du tyran de la France, et porte-bannière d'Angleterre, Henry de Valois, envers le cardinal et le duc de Guyse, pour leurs bons services, avec le loyer que ledit Tyran, parjure, peut espérer et attendre pour ses faicts inhumains. *Paris, Michel Jouin*, 1589, in-8. [23581]

Pièce rare, qui se trouve ordinairement reliée avec d'autres du même genre.

RÉCOMPENSE (la) qu'a reçue Henry de Valois, d'avoir cru et hanté son ami Despernon. = Le testament de Henry de Valois, recommandé à son ami Despernon, avec un coq-à-l'asne, 1589. = Discours véritable des derniers propos de Henry de Valois à J. Despernon, 1589, etc., in-8.

Vend., avec la pièce précédente, 43 fr. Le Marié ; 77 fr. *mar. r.* le baron d'Heiss.

RECOPILACION de leyes de los reynos de las Indias. *Madrid*, 1754 ou 1774, 4 vol. in-fol. [3143]

Deux éditions qu'a remplacées celle de *Madrid*, 1841, 4 vol. in-fol. qui se vendait 72 fr., mais que l'on donne pour 45 fr.

RECOPILACION. Novissima Recopilacion de las leyes de España, dividida en XII libros, en que se reforma la recopilacion publicada por D. Felipe II, en año de 1567, reimpresa ultimamente en el de 1775 : y se incorporan las pragmáticas, cedulas, decretos... y otras providencias no recopiladas, y expedidas hasta el de 1804; con un supplemento, que contiene las reales disposiciones, y otras providencias expedidas en los dos años de 1805 y 1806, y algunas de las anteriores no incorporadas en este código : mandada formar por el señor don Carlos IV. Nueva edicion. *Paris, Rosa*, 1832, 4 vol. in-4. [2992]

Édition faite sur celle de *Madrid*, 1805-29, en 6 vol. in-fol. (Vend. 126 fr. Sampayo), à laquelle il faut joindre :

JUDICIO CRITICO de la novissima Recopilacion, por Martinez Marina. *Madrid*, 1820, pet. in-4.

Une autre édition a été publiée par Vincent Salvá. *Paris*, 1845, en 5 vol. gr. in-8.

RECORDE (*Robert*). The Ground of artes, teaching the woorke and practice of arith-metike, moch necessary for all states of men. After a more easyer and exacter forte then any lyke hath hytherto ben set forth, with dyuers newe additions. *London, Reynold Wolfe*, 1543, octo-ber, pet. in-8 goth. [7870]

Ouvrage dont le succès s'est soutenu pendant plus d'un siècle en Angleterre. Il a été réimprimé dans le même format à Londres, en 1549 et en 1571; en-suite, avec les augmentations de J. Dee et de Mellis, en 1590 ; publié par Rob. Norton, en 1618; par N. C., en 1623 ; par Rob. Hartwell, en 1646. On a encore du même auteur :

THE WHETSTONE *of Witte, which is the seconde parte of Arithmeticke*, London, by John Kingston, 1557, in-4. — *The Pathway to knowledge, con-taining the first principles of Geometrie*, London, 1556, in-4. — *The Castle of knowledge, contai-ning the explication of the sphere, both celestical and material*, London, Reyn. Wolfe, 1556, petit in-fol. goth.

RECORDS, Public.

A l'article *Domesday Book* (col. 801-2, de notre 2ᵉ vol.) nous avons parlé de la collection dont font partie ces anciens documents. Cette collection est publiée par une commission sous la direction du *Master of the Rolls*, et aux frais du gouvernement anglais, qui consacre annuellement une somme de 12,000 liv. sterl. à l'impression de ces nombreux documents. Le libraire auquel la vente en est confiée a mis au jour, à la fin de l'année 1860, la *List of works published by the late Record and State Paper commissioners, or under the direc-tion of the right hon. the Master of the Rolls, which may be had of Messrs. Longman and Co.* en 11 pp. gr. in-8. De son côté, le nouvel édi-teur du Manuel de Lowndes donne aux pages 2059 et suiv. de son livre un catalogue de ce qui com-pose la même collection et de ce qui peut y être annexé, en se bornant pourtant à indiquer par de simples renvois ceux de ces documents qui ont un article spécial dans le courant de son Manuel, aux mots *Calendarium, Cooper, Cotton, Domes-day*, etc. Mais comme tous ces articles réunis for-meraient un ensemble trop étendu pour pouvoir être reproduits ici, nous nous bornerons à renvoyer nos lecteurs aux deux sources que nous venons d'indiquer, nous réservant toutefois de placer dans nos additions aux mots *Chronicles of Great Bri-tain* la collection que publie sous ce titre collectif la commission des Records.

L'article suivant ne paraîtra pas déplacé ici :

AN ACCOUNT of the most important Records of Great Britain, and the publications of the Record commissioners together with other miscellaneous, historical and antiquarian information, compiled from various printed books and manuscripts, by Charles Purton Cooper. *London*, 1832, 2 vol. in-8.

RECREATION (la), devis et mignardise amoureuse, contenant plusieurs blasons, menues pensées, vergez et ventes, et de-mandes de l'amant à l'amye, et autres propos amoureux. *Paris, pour la vefue Jean Bonfons.* (sans date), in-16 de 3 et 72 ff. [13643]

Petit recueil de pièces en prose et en vers, devenu rare ; il est assez recherché. 6 fr. 35 c., exemplaire médiocre, La Valliere; 1 liv. 5 sh. Heber; 71 fr. mar. Crozet.

LA RECRÉATION ou mignardises et devis d'amours, avec le pourquoy, demandes, reponses, et les ven-tes, le tout composé au plaisir et contentement de tous vrays amans. *Lyon, par Benoist Rigaud*, 1583, in-16. en mar. r. 60 fr. catal. de Techener, nᵒ 9010.

Ce doit être le même ouvrage que le précédent.

Réimprimé de nouveau et à peu près sous le même titre. *Paris, P. Menier*, 1596, pet. in-12, fig. sur bois. Vend. bel exemplaire *mar. bl.* 3 liv. 16 sh. Heber.

Et sous le titre suivant :

LES RÉCRÉATIONS, devis et mignardises, deman-des et reponces que les amoureux font en l'amour, avec le blason des herbes et fleurs pour faire les bouquets, sonnets et dizains fort convenables à ces devis, fait au contentement et plaisir de tous vrais amis. *Lyon, Fr. Didier*, 1592, in-16.

Vend. 18 sh., exemplaire médiocre, Heber ; 41 fr. Solar.

— AUTRE édition. *Paris, Menier*, 1614, in-16. (Cata-logue de La Valliere, par Nyon, 9468).

RÉCRÉATION (la) et passe temps des tristes, traitant des choses plaisantes et récréatives touchant l'amour et les da-mes, pour réjouir les mélancoliques. *Pa-ris*, 1573, in-16. [13642]

Recueil d'épigrammes gaillardes attribuées par quel-ques personnes à Guill. des Autels. L'édition que nous indiquons devrait être à la biblioth. de l'Ar-senal, selon le catal. manuscrit des livres facétieux de cette bibliothèque, qu'a rédigé Caron, éditeur d'un recueil de facéties ; mais nous ne l'y avons pas retrouvée. — Une édition de *Lyon*, sans date, in-16, est citée par Goujet; une autre de *Rouen, Abr. Le Cousturier*, 1595, in-16, est dans le catal. de La Valliere-Nyon, 15429.

J. Gay, libraire à Paris, vient de faire paraître (août 1862) une réimpression de ce petit livre, format pet. in-12, d'après les éditions de 1573 et 1595, et augmenté d'un avant-propos. Cette réimpression, tirée à 115 exemplaires, coûte 15 fr.

— Voy. BOUTEHORS d'oisiveté.

RÉCRÉATION historique sur divers sujets agréables. *La Haye*, 1744, in-12. 3 à 5 fr. [19423]

RECREATION mathematique composée de plusieurs problemes plaisants et fa-cetieux, en faict d'arithmeticque, geo-metrie, mechanicque, opticque et autres parties de ces belles sciences. *Au Pont-à-Mousson, par Jean Appier Han-zelet...*, 1626, pet. in-8. de 8 ff. limin., 144 pp. et 5 pl. gravées sur cuivre. [7849]

Cet ouvrage, dont le P. dom Calmet a cité une pre-mière édition de *Pont-à-Mousson*, 1624, a eu un succès qui s'est prolongé jusqu'à la publication du livre d'Ozanam sur le même sujet. Quoique l'épître dédicatoire soit signée *Van Etten*, on sait que ces *Récréations* sont du P. Leurechon, jésuite lorrain. Elles ont été réimpr. à Rouen, chez Ch. Osmon, en 1629, in-8., sous ce titre : *Recreations mathe-matiques...* 1ʳᵉ et 2ᵉ part.; la 3ᵉ contient un recueil de *plusieurs gentilles et recreatives inventions de feux d'artifice, etc.*, et plusieurs fois depuis avec des augmentations dues à Denis Henrion et à Cl. Mydorge, deux mathématiciens distingués, qui publièrent d'abord, chacun de son côté, leurs observations sur le livre du P. Leurechon, le pre-mier sous ce titre :

NOTES sur les recreations mathematiques, et la

Récréations historiques. Voyez Dreux du Radier.

fin de divers problèmes servant à l'intelligence des choses difficiles et obscures. *Paris*, 1027, pet. in-8.
Et l'autre, sous celui-ci :

    EXAMEN du livre des recreations mathematiques. *Paris*, *Robinot*, 1629, in-8.
Une des dernières éditions a pour titre : *Recreations mathematiques avec l'examen de ces problèmes en arithmetique, premierement reuu par D. Henrion et M. Mydorge, et tout nouvellement corrigé et augmenté ; cinquième édition.* Paris , Cardin Besongne, 1659 (aussi 1661), in-8. Il y en a une autre de *Lyon, Deville*, 1680, in-8.

RÉCRÉATIONS (les) des capucins, ou description historique de la vie que mènent les capucins pendant leurs récréations. *La Haye, la compagnie,* 1738 et 1744, pet. in-12. [17215]

Ce roman, dont le titre indique assez le genre, a été quelquefois vendu 12 fr. et plus : c'est beaucoup pour un ouvrage aussi mauvais. En voici un autre qui ne se recommande pas davantage aux gens de goût ; mais que les bibliomanes trouvent probablement fort piquant, puisqu'ils y mettent un haut prix.

    VIE voluptueuse des capucins et des nonnes, tirée de la confession d'un frère de cet ordre, augmentée d'un poëme héroï-comique sur leurs barbes. *Cologne, P. le Sincère,* 1775, in-12.
Vendu jusqu'à 28 fr. 5 c. Nodier, en 1830.

RECRÉATIONS d'esprit aux amateurs de chaste poesie ; derniere edition augmentee de beaucoup, comme se voira par la table. *Arras chez Robert Maudhuy,* 1602, in-12. [13645]

Un recueil du même genre que celui-ci avait déjà été donné par le libraire Maudhuy sous ce titre : *Meslange de divers cantiques et chansons spirituelles, contenant divers beaux enseignemens et recreations morales, le tout tiré des poëtes modernes de ce temps.* Arras, 1601, in-12 (catal. d'Arm. Cigongne, nᵒˢ 1315 et 1316).

RECREATIONS (les) françoises, ou recueil de contes a rire, pour servir de divertissement aux melancoliques, et de joyeux entretien dans les cours, les cercles, les ruelles. *Paris, Vefue Edme Pepingué,* 1658, pet. in-8. 10 à 12 fr. [17352]

Un exemplaire en *mar. citr.*, par Duru, 57 fr. Veinant.
— LES MÊMES. *Lyon, A. Olyer,* 1662, 2 tom. en 1 vol. in-8., titre gravé. 10 à 12 fr., en *mar. citr.* 51 fr. Veinant.
— LES RECREATIONS françoises ou Requeil (*sic*) de contes a rire, pour servir de divertissement aux melancholiques, et de joyeux entretiens dans les cours, les cercles et les ruelles. *Utopie* (à la Sphere), 1681, 2 tom. en 1 vol. in-12 de 327 et 267 pp., frontispice gravé. 15 à 20 fr. — 60 fr. *m. r.* Duplessis. [17352]
Pour l'édition de Rouen, 1665, voy. ci-dessus, col. 116, à l'article NOUVEAUX contes à rire.

RECREATIONS in natural history, or popular sketches of british quadrupeds, embellished with seventy-four engravings. *London, Sherwood,* 1819, in-8. 1 liv. 1 sh. — Roy. pap. 2 liv. 2 sh. [5678]

RECRÉATIONS littérales et mysterieuses

pour le divertissement des savants par E. T. ecclésiastique dauphinois. *Lyon, Ant. Valançat,* 1646, pet. in-8. [18307]
Nouveau Spon, p. 171.

RECUEIL (le premier, le second, etc.) contenant les choses plus mémorables advenues sous la ligue (par Sim. Goulart). 1590-99, 6 vol. pet. in-8. 15 à 24 fr. [23495]

Ce recueil curieux, mais assez commun, a été réimprimé dans le même format, en 1602, et en dernier lieu sous ce titre ;
    MÉMOIRES de la ligue, contenant les événemens les plus remarquables de 1576-98, édition revue et augmentée (par l'abbé Goujet). *Amst.* (*Paris*), 1758, 6 vol. in-4. 18 à 30 fr., et plus cher en Gr. Pap. [23496]
La première édition de 1587, en 2 vol. in-8., connue sous le nom de *Petits mémoires de la ligue*, est la plus rare de toutes ; en voici le titre :
    PREMIER volume du recueil contenant les choses mémorables advenues sous la ligue, qui s'est faicte et élevée contre la religion reformée, pour l'abolir, 1587, pet. in-8. de 798 pp., dont 16 ff. prélim. — Le second recueil, contenant l'histoire des choses les plus mémorables..... auec une exhortation notable aux rois et estats chrestiens adiouste a la fin. *Jmprime nouuellement.* M. D. LXXXIX, pet. in-8. de 15 ff. prélim., 1015 pp. de texte, et 2 ff. d'errata. Après le titre se lit un avertissement *A tous vrais chrétiens*, daté du 16 mai 1589, sign. D. II. B. C. — Vend. en *m. r.* 18 fr. 50 c. La Valliere ; 24 fr. Thierry.

RECUEIL contenant les proses et hymnes des Heures de Carcassonne, en vers patois et avec les mêmes airs en latin ; des proses et hymnes nouvelles en vers dans les deux langues, et les psaumes les plus usités traduits en patois et en vers, pouvant être chantés sur les huit tons du plain-chant à volonté ; par un ecclésiastique du diocèse de Carcassonne. *A Carcassonne, chez B.-V. Gardel Teissie, imprimeur de Mgr l'Evêque* (s. d.). in-12. [14384]
Catalogue Cigongne, nᵒ 1338.

RECUEIL d'airs serieux. Voy. BOURSET (de) dans les additions.

RECUEIL daucunes lettres ҫ escriptures. par lesquelles se comprend la verite des choses passees entre la mageste de lempereur Charles cinquiesme. Et Francois Roy de France premier de ce nom. Et dont par icelles se peult tesmoigner iustiffier ҫ clerement cognoistre que le dict roy de Frāce est seul occasion de la guerre presentement meue, au grant regret ҫ desplaisir de sa dicte mageste..... (au verso du titre) : *Jmprime en la ville dāuers le. xxviii iour de iuing. Lan*

Recreative Review, 18382.
Recueil A — Z, 19424.
Recueil d'aucuns hommes illustres de la Comp. de Jésus, 21900.

M. cccc.xxxvi. par la vefue de Martin Lempereur, in-4. goth. de 72 ff. non chiffr., sign. A—S par 4. [26055]

Ce manifeste de Charles-Quint est une pièce rare et curieuse. Vend. 3 liv. 16 sh. *m. bl.* Lang; 27 fr. Coste; 80 fr. Borluut; en *mar. vert doublé de mar. citr.* 131 fr. Solar; et en *mar. vert* 101 fr. même vente.

— Voy. EXEMPLAIRE et .response.

RECUEIL de cantiques en provençal. Voy. SABOLY.

RECUEIL de cent estampes. Voyez LE HAY.

RECUEIL de chansons auquel sont pour la plus part comprises les chansons de guerres. *Paris, Montreuil,* 1579, in-16. [14275]

RECUEIL de chansons, branles, gaillardes voltes, courantes, pavanes romanesques, et autre espèce de poésie, propres pour la récréation des cœurs mélancholiques, par les biens disant poètes de notre temps. *Paris, Montrœil,* 1576 et 1579, 2 part. in-16. [14273]

Le titre de ce recueil paraît avoir beaucoup de rapport avec celui de la *Gelodacrye de Cl. de Pontoux* (voy. PONTOUX).

RECUEIL de choses notables qui ont esté faites a Bayonne, a l'entreuüe du Roy tres chrestien Charles neufieme de ce nom et la Royne sa tres honoree mere, auec la royne catholique, sa sœur. *Paris, de l'imprim. de Mich. Vascosan,* 1566, in-4. fig. sur bois. [24705]

Vascosan a imprimé, également en 1566, une édition in-8. de cette même pièce. Voyez notre tome II, col. 1001, article ENTRÉE.

RECUEIL curieux des chansons nouvelles de ce temps. *Paris, Veuve de J. Promé* (sans date, mais vers 1660), pet. in-12. 6 à 9 fr. [14295]

En *mar. bl.* 50 fr. Veinant.

RECUEIL (Nouveau) de chansons et airs de cour pour se divertir agréablement. *Paris, Veuve Promé,* 1660, pet. in-12. 6 à 9 fr. [14293]

En *mar. bl.* 70 fr. Veinant.

RECUEIL de chansonnettes de differents autheurs, a deux parties. *Paris, Christophe Ballard,* 1675-87, 13 part. en 1 vol. in-8.; chaque partie a sa date particulière. Catalogue Cigongne, n° 1223.

RECUEIL de costumes français. V. BEAUNIER (*Fr.*).

RECUEIL de différentes choses (ouvrage connu sous le titre de Mémoires du marquis de Lassay, commençant vers l'an

1663, et finissant au mois d'octobre 1726). 2 vol. in-4. [23829]

Édition originale, dont les exempl. complets sont très-rares, parce qu'il n'en a été tiré qu'un petit nombre. Vend. en *m. r.* 40 fr. Pompadour; 130 fr. de Cotte; 107 fr. A. Martin.

Indépendamment des 2 vol., le prem. en 371 pp. et le second en 262 pp., il existe une 3° partie de 96 pp., sous ce titre : *Voicy des choses qui me sont encore venues dans l'esprit depuis celles qui ont déjà été imprimées.* Cette partie va jusqu'au 15 janvier 1738. L'auteur était alors dans sa 86° année. — Vend. ainsi complet, 73 fr. 50 c. salle Silvestre, en mars 1833. — Dans un autre exemplaire, appartenant à la Bibliothèque impériale, se trouvent 16 ff. supplémentaires qui paraissent être des cartons qu'on aurait enlevé du corps de l'ouvrage. L'exempl. vend. 80 fr. Pixérécourt renfermait, outre les 96 pp. de supplément, des passages écrits à la main par l'auteur.

L'édition de *Lausanne* (*Paris*), 1756, 4 vol. in-12, dont il y a des exempl. tirés de format in-4., est commune et à bas prix. Elle a été donnée par l'abbé Pérau.

RECUEIL de diverses histoires. V. DISCOURS des Pays.

RECUEIL de diverses oraisons funèbres, harangues, discours et autres pièces d'éloquence des plus célèbres auteurs du temps. *Lille, Jean Henri,* 1695, 4 vol. pet. in-12. [11189]

Ce Recueil reproduit, avec des discours bien connus, un certain nombre de morceaux qu'on aurait de la peine à trouver séparément; malgré cela on conçoit difficilement que l'exemplaire relié en *mar. r.* qui se trouvait à la vente Parison ait pu être porté à 250 fr.

La première édition de cette collection a été imprimée à *Lille* en 1689, en 2 vol. pet. in-12; on y a ajouté un 3° vol. en 1691. Il se trouve des exemplaires des trois vol. sous cette dernière date, soit à l'adresse de *J. Henri à Lille,* soit à celle de *Foppens à Bruxelles.* Une édition plus complète que les précédentes est celle de *Lille,* 1712, 5 vol. in-12, avec un 6° vol. ajouté depuis. Les 6 vol. n'ont été vendus que 2 fr. 50 c. Morel-Vindé; ils sont portés à 30 fr. sous le n° 8380 du catal. Techener, publié en 1858.

RECUEIL de diverses pièces curieuses pour servir à l'histoire. *Cologne, Jean du Castel* (*Hollande*), 1664, pet. in-12. 3 à 5 fr. [23078]

Il y a deux éditions sous la même date, l'une de 296 pp., l'autre de 297 pp. Cette dernière est la plus belle des deux, mais elle appartient aux presses de Fr. Foppens. Vend. en *mar.* 12 fr. Desjoberts; 17 fr. Sensier. Il en existe des exempl. en pap. fort. Un autre recueil, qui s'annexe également à la collection elsevirienne, porte le titre suivant :

RECUEIL historique contenant diverses pièces curieuses de ce temps. *Cologne, Christophe Van Dyck* (Hollande), 1666, pet. in-12 de 2 ff. et 350 pages. 3 à 5 fr. [23079]

De deux éditions qui ont paru sous la même date, celle-ci est la plus belle. Vend. en *mar.* 10 fr. Desjoberts; 14 fr. Bérard. — On lit au bas du titre de la seconde : *sur l'imprimé à Cologne.*

RECUEIL de diverses pièces comiques,

gaillardes et amoureuses. *Suivant la copie imprimée à Paris chez Jean-Bapt. Loyson (Bruxelles)*, 1671, pet. in-12 de 2 ff. et 286 pp. 20 à 30 fr. [17872]

73 fr. *mar. cibr.* Bertin ; 148 fr. Solar ; 101 fr. cuir de Russie, en 1861.

Le fleuron du titre de ce volume est le même que celui du *Parnasse satyrique,* édit. de 1660, qu'on attribue aux Elsevier. Cependant l'édition est annoncée comme de Bruxelles, dans le catal. de Dan. Elsevier, de 1674. Ce recueil contient *Les amans trompez, Le praticien amoureux, Le poète extravagant, L'assemblée des filoux et des filles de joye, L'assemblée des maistres d'hotel le jour de la my-caresme, Le cavatier grotesque, L'apothicaire empoisonné.* — Une édit. de 1672 est portée dans le catalogue de Bérard.

M. Pieters a décrit, à la p. 473 de la 2ᵉ édit. de ses *Annales,* une édition de ce Recueil, sous le même titre et à la date de 1671. C'est un pet. in-12 de 2 ff. prél. et 318 pp., et par conséquent une édition différente de la nôtre : c'est ce dont il ne s'est pas aperçu en écrivant : *Brunet se trompe quand il dit que le titre porte le même fleuron que le Parnasse satyrique.*

RECUEIL de diverses pièces de théâtre par divers auteurs ; lesquelles n'ont jamais paru que séparément et qui étoient devenues rares. *La Haye, Adrian Moetjens,* 1709, pet. in-12.

Premier volume d'un recueil qui ne paraît pas avoir été continué. Le contenu en est indiqué dans le catal. de Soleinne, II, 1483 (16 fr. 50 c. *mar. r.*). Le même volume a reparu avec un nouveau titre et sans indication de tome, à *La Haye, chez Jean Swart,* en 1716.

RECUEIL de diverses pièces faites à l'antien langage de Grenoble, par les plus beaux esprits de ce temps-là. *Grenoble, Phil. Charvys,* 1662, pet. in-8. de 74 pages. [14411]

Volume difficile à trouver. Il renferme quatre petits poëmes attribués à Laurent de Briançon. Vend. en *mar. r.* 21 fr. Courtois ; 22 fr. Chateaugiron ; 70 fr. *mar. v.* Nodier ; 52 fr. non rel. en 1802.

RECUEIL de diverses pièces faictes par plusieurs personnes illustres (au nombre desquelles Saint-Evremont). *La Haye, Jean et Daniel Steucker,* 1669, pet. in-12. [19417]

C'est à tort qu'on a attribué à Dan. Elsevier d'Amsterdam l'impression de ce recueil difficile à trouver complet. Indépendamment de la première partie, qui a 120 pp. et le titre, il y en a une seconde de 44 pp., intitulée : *Observations sur Salluste et Tacite* , et même , l'exemplaire (rel. en *mar.*) vend. 7 fr. 95 c. chez Ch. Nodier, en 1827, contenait une 3ᵉ partie de 57 pp., qui a pour titre : *Pièces diverses; les festes de Versailles,* 1668. Un exemplaire également complet n'a été porté qu'à 3 fr. 5 c. à la vente Bérard.

RECUEIL de diverses pièces servant à l'histoire de Henry III. *Cologne, Pierre du Marteau (Hollande),* 1663, 2 tom. en 1 vol. pet. in-12. 6 à 9 fr. [23546]

Ce recueil, qui se joint à la collection des Elsevier, contient : *Le journal de Henry III, Le divorce satyrique, L'Alcandre ou les amours de Henry le Grand, La confession de Sancy,* en tout 456 pp.;

plus : *Discours merveilleux de la vie, etc., de Catherine de Médicis,* suivant la copie imprimée à La Haye, 1663, partie de 156 pp.

Barbier (*Anonymes,* n° 15404) cite une édition in-4. du recueil ci-dessus , dans laquelle l'Alcandre porte pour titre : *Histoire des amours du roi Henri IV,* écrite par la princesse de Conty, et présente les noms réels au lieu des noms masqués.

L'édition du même recueil, à la date de 1666, et qui contient 474 pp., pet. in-12, renferme de plus que celle-ci : *Apologie pour le roy Henry le Grand, par la duchesse de Rohan,* pp. 457 à 474. Le *Discours merveilleux, etc.,* pièce séparée, datée de 1663, n'en fait pas toujours partie. Un exemplaire *non rogné,* 30 fr. 50 c. Labédoyère.

Il y a une autre édition sous la date de 1666; elle a 600 pp. en tout. Le *Discours merveilleux,* avec un titre particulier à la date de 1666, en occupe les pages 457 à 600, et l'*Apologie* les pages 275 à 290.

Nous connaissons deux éditions plus anciennes de ce volume, également attribuées aux presses des Elsevier et sous la rubrique de *Cologne.* L'une, de 1660, contient 474 pp., et renferment les mêmes pièces que celle de 1663, à l'exception du *Discours merveilleux;* l'autre, de 1662, en 461 pp. On y a joint le *Discours merveilleux,* édition de *La Haye, Ulacq,* 1660, de 180 pp. — Enfin le même recueil, augmenté des notes de Jacq. Le Duchat sur la Confession de Sancy, et de nouvelles additions, a été réimpr. sous la date de Cologne, 1693 et·1699, en 2 vol. in-12.

RECUEIL de diverses poésies, du feu sieur de Sponde. Voy. Recueil de quelques poésies.

RECUEIL de diverses poésies des plus célèbres autheurs de ce temps, contenant : La belle gueuse, La belle aveugle, La muette ingrate, etc. *A Leyde, chez Jean Sambix,* 1652 et 1653, 2 part. pet. in-12. [13985]

Recueil véritablement imprimé chez les Elsevier, et qui est fort rare. La première partie a 81 pp. et la 2ᵉ 153 ; celle-ci contient la *suite du Temple de la mort, etc.,* et porte l'indication de tome II. Vend. 60 fr. 2 vol. d'inégale hauteur, Renouard, en 1829 ; 100 fr. *mar. r.* Bérard ; 3 liv. 19 sh. et 6 liv. *m. r.* Hanrott.

C'est la réimpression du Recueil publié *à Paris, chez Louis Chamhoudry (de l'imprimerie de Sébastien Martin),* en 1652 et 1653, en 2 part., pet. in-12. de 4 ff., 74 et 60 pp. : 2ᵉ part. 166 pp. (37 fr. *mar. bl.* Cailhava, à cause d'une note captieuse), et réimpr. pour le même libraire en 1654, pet. in-12, revu, corrigé; aussi en 1657, 2 part. en 1 vol. in-12 de 156 et 179 pp.; et enfin, *Paris, Est. Loyson,* 1661, in-12. Ces dernières éditions sont plus complètes que la première et que la réimpression elsévirienne.

Il a paru chez le libraire L. Chamhoudry, à Paris, en 1658, un autre recueil intitulé :

LES MUSES illustres de MM. Malherbe, Théophile, l'Estoile, Tristan, Baudoin, Colletet, Ogier, Marcassus, La Mesnardière, Carneau , L'Affemas, Boisleau (Gilles), Linières, Maynard le fils, et plusieurs autres autheurs de ce temps, in-12. François Colletet, fils de Guillaume, qui en a été l'éditeur, et qui ne s'y est pas oublié, l'a divisé en Muses sérieuse, bachique, amoureuse et burlesque.

RECUEIL de diverses poésies du sieur D***.; imprimé par l'auteur. *Londres,* 1731, in-8. pap. de Holl.

Recueil de· contes, épigrammes très-cyniques et dizains, écrits dans un langage barbare et bizarre. Cette note, que nous fournit un catalogue anonyme, nous rappelle les *OEuvres diverses du sieur D****

Paris (Amsterd.), 1713, in-8. porté dans le catal. de La Vallicre, par Nyon, n° 13315, et qui contient : *Satyrcs, Epîtres, l'Art d'aimer, imité d'Ovide, en six chants; le Remède d'amour, traduit d'Ovide; Fables et contes.* Ces mêmes œuvres ont été réimprimées, en 1714, avec le *Recueil de poésies choisies* du sieur de B... (Blainville), voir III, col. 992.

— Voyez ci-après RECUEIL de quelques poésies.

RECUEIL de faits et dits mémorables. Voy. FAICTS et dits.

RECUEIL de farces, moralités, sermons joyeux, etc. *Paris, Techener,* 1831 (et 1837), 4 vol. pet. in-8. [16270]

Ce Recueil inédit est donné d'après un manuscrit de la Bibliothèque impér. provenant de La Vallière, n° 3304 du catal. en 3 vol., et contenant 74 pièces dont les titres sont rapportés dans la table du t. Ier de cette édition publiée par MM. Francisque Michel et Le Roux de Lincy. L'édition a été tirée à *soixante et seize exemplaires*, savoir : 56 en pap. vergé, dit de Hollande (85 fr. Hérisson ; 101 fr. Veinant) ; 10 Gr. Pap. de Holl., 10 Gr. Pap. vél. ; plus 2 exemplaires sur VÉLIN; un de ces derniers, 800 fr. en 1841.

RECUEIL de farces, soties et moralités du XVe siecle réunies pour la première fois et publiées avec des notices par P. L. Jacob bibliophile. *Paris, Ad. Delahays,* 1859, gr. in-18. 4 fr.

RECUEIL de la diuersite des habits qui sont de present en usaige tant es pays d'Europe, Asie, Affrique et illes sauuaiges, le tout fait apres le naturel. *Paris, de l'jmprimerie de Richard Breton,* 1562, pet. in-8. [9601]

Ce petit volume, imprimé en cursive française, est un livre curieux et devenu assez rare. Il se compose de 3 ff. prélim. et de 61 ff. qui contiennent chacun 2 jolies fig. sur bois, à l'exception du dernier, qui n'a de figure qu'au recto. Au bas de chaque planche se lisent 4 vers français. Parmi les pièces préliminaires, on remarque la dédicace de l'auteur, *François Descerpz*, au prince Henry de Bourbon (ou de Navarre). Vend. 12 fr. *mar. viol.* La Vallière; 3 liv. 10 sh. White Knights. Il y a une 2e édit. de 1564, vend. 2 liv. 15 sh. *ibid.*; 94 fr. Crozet; et une autre de 1567, même format, vend. 49 fr. *mar. br.* en 1843; 120 fr. *v. f.* Solar; 150 *mar. r.* par Duru, Veinant.

RECUEIL de lettres de deux amants. *Paris (imprim. de P. Didot l'ainé), an IX* (1801), 9 vol. in-18, pap. vél. [17248]

Tiré à douze exemplaires, dont un a été vendu 119 fr. chez P. Didot, en 1823 ; et 82 fr. Librairie De Bure, et un autre 50 fr. Labédoyère. Quelques personnes attribuent ces lettres au célèbre Carnot, membre du Comité de salut public pendant la Terreur de 1793 et 1794, et à une dame poëte ; mais leur conjecture nous paraît être dénuée de fondement. Les six premiers volumes de ces mêmes lettres ont été réimpr. sous le titre de : *Lettres secrètes et amoureuses de deux personnages de nos jours;* Paris, Poupelin, 1817, 4 vol. in-18.

RECUEIL de lettres, actes et pièces plus

---

signalées du progrès en besongne faict en la ville d'Arras et ailleurs, pour parvenir à une bonne paix et reconciliation avec sa majesté catholique, par les Estats d'Artois, et députez d'autres provinces. *Douay, Jean Bogard,* 1579, pet. in-8. de 62 ff. [25025]

Un exemplaire en *mar. bl.* 40 fr. en avril 1862.
Pièce rare, ainsi que celle dont voici le titre, et qui est la suite naturelle de la première :

LES TRAICTÉS faits à Cologne pour parvenir à une réconciliation générale du Pays-Bas avec sa M. C. *Douay, Jean Bogard,* 1579, pet. in-8.

Ce traité a été publié en flamand, à Leyde, chez Silvius, en 1580, et à Anvers, chez Plantin, en 1580, in-8. — Aussi en latin, à Lyon, chez André Schut, 1580, in-4. Ajoutons ici l'indication d'un ouvrage analogue au précédent :

RECUEIL de la negociation de la paix de Coulogne, entre S. M. le roy catholique, et l'archiduc Mathias et les Estatz du Païs-Bas. *Anvers, Plantin,* 1580, pet. in-8.

Cette paix de Cologne, comme on peut le voir par les deux pièces suivantes, n'eut pas l'approbation des protestants.

PROTESTATION des fideles en la ville d'Anvers dediez à la confession d'Augsbourg, sur les articles de la pacification du Pays-Bas faite à Coulogne, 1579.

SOMMAIRE declaration des griefs dangers et calamitez esquelles pourroyent tomber les habitans du Pays-Bas si on reçoit les conditions de la paix de Cou!ogne; et deffense du magistrat d'Utrecht de ne distribuer entre le peuple les ditz articles. *Leyden,* 1579, in-4.

Citons encore un opuscule rare qui se rapporte à la pacification des Pays-Bas :

VRAYE narration de ce qui est traicté avec ceux de Malines, tant par escript que verbalement de la part de l'archiduc Mathias, gouverneur général du Pays-Bas; ensemble de ceux de la ville d'Anvers, etc. *Anvers, Plantin,* 1580, in-8.

RECUEIL de lettres qui peuvent servir à l'histoire, et diverses poésies. *Rouen, aux depens de l'auteur, par Laur. Maury,* 1667, pet. in-8.

L'auteur de ce recueil est Alexandre Campion, qui n'en a fait tirer qu'un petit nombre d'exemplaires. 18 fr. Leprevost, en décembre 1857.

RECUEIL de livrets singuliers. Voyez tome I, col. 1594, article CARON.

RECUEIL de marbres antiques et modernes qui se trouvent dans la galerie du roi de Pologne, à Dresde, en 1733 (gravés sous la direction de B. Le Plat). *Dresde, Ve Stossel,* in-fol. max. [29530]

Vol. peu commun, contenant 230 pièces : vend. 77 fr. de Cotte; 278 fr. Caillard, avec le portrait du roi; 71 fr. De Bure.

RECUEIL de médailles. Voy. PELLERIN.

RECUEIL de Noëls au patois de Vesoul et de son bailliage. *Vesoul, Mareschal,* 1741, pet. in-12. [14407]

Recueil de documents sur l'expédition de Constantine, 8795. — sur l'histoire de Lorraine, 24888.
Recueil de lettres, 23746.

Recueil de lois sur l'instruction publique, 2624.
Recueil de médecine vétérinaire, 7709.
Recueil de mémoires concernant l'économie rurale, 6311.
Recueil de mém. sur la maison de Bourbon, 24015.

Édition annoncée comme très-rare et tout à fait inconnue, dans le catalogue de Ch. Nodier (1830), où elle est portée à 41 fr., et sous le titre suivant :

RECUEIL de Noëls nouveaux en françois et en patois. *Besançon, Daclin* (sans date), pet. in-12.

Notez que ce livre, tout à fait inconnu en 1830, avait été acheté 17 fr. 50 c. à la vente de M. de Chateaugiron, en 1827.

— Recueil de noëls anciens au patois de Besançon, par Fr. Gauthier. *Besançon, 1773,* 2 tom. en 1 vol. pet. in-12. [14408]

Vend. 13 fr. 10 c. Courtois.

On trouve dans le premier catalogue de La Vallière, n° 2967, l'annonce suivante :

NOELS nouveaux et anciens en patois de Besançon, et autres petites poésies dans le même patois. *Besançon, Fr. Gauthier,* 1717, 1750 et 1751, 4 vol. in-12.

RECUEIL de nouveaux Crotesses, ou Miroir universel du Monde, représenté par figures. *Paris, Guerard,* in-fol. [9599]

Vend. 37 fr. Méon.

RECUEIL de nouvelles poésies galantes, critiques, latines et françoises. *Londres. (Genève), cette présente année* (vers 1740), 2 vol. in-12. [12239]

Recueil dont le faux titre porte Recueil de poésies gaillardes, ce qui caractérise assez bien ce livre. 28 fr. 50 c. Pixerécourt; 25 fr. Sebastiani; 31 fr. *mar. r.* Nodier, et 98 fr. Solar.

RECUEIL de pièces choisies, rassemblées par les soins du Cosmopolite (avec une épître dédicatoire et une préface attribuée à Moncrif). *Anconne, Vriel B....t, à l'enseigne de la liberté,* 1735, in-4. [14231]

Ce recueil, composé des pièces les plus libres et les plus impies que l'on connût alors, a, dit-on, été formé par un duc d'Aiguillon, et imprimé sous ses yeux, à *Verret,* en Touraine. Il n'a été tiré qu'à un très-petit nombre d'exemplaires, ce qui l'a rendu fort rare. Le volume contient 434 pp., précédées de 9 pp. pour le frontispice, la dédicace et la préface, et suivies de 9 autres pages pour la table. Parmi les pièces inédites qu'il contient, la plus importante et la plus étendue est la *Traduction des noels bourguignons de La Monnoye,* dont P.-S. Caron avait commencé une réimpression (voy. CARON). On y trouve aussi des poésies italiennes, telles que les *Dubii amorosi,* la *Corona di cazzi,* qui est la même chose que les 20 sonnets de l'Arétin, et le *Capitolo del forno.* Vend. (en *m. r.* avec 4 dessins coloriés) 351 fr. Belin; 300 fr. Méon; 580 fr. en 1814; 525 fr. en 1829; 400 fr. Labédoyère, et un exempl. médiocre, 215 fr. Bignon; 265 fr. *v. f.* Pixerécourt; 200 fr. *mar. v.* (exempl. acheté 326 fr. Duriez), en 1839; autre rel. en v. 175 fr. Labey.

RECUEIL de pièces choisies, tant en prose qu'en vers, rassemblées en deux volumes (par Bern. de La Monnoye). *La Haye, Van-Lom, etc.,* 1714, 2 vol. pet. in-8. 10 à 12 fr. [19420]

Le premier volume de ce recueil contient : I. *Voyage de Bachaumont et Chapelle.* — II. *Lettre de Racine*

Recueil de pièces intéressantes, 23728.
Recueil de pièces concernant le S. nombril, 22350.

à *l'auteur des Hérésies imaginaires.* — III. *Poésies du chevalier d'Aceilly.* — IV. *Avis à Ménage sur son églogue intitulée Christine.* — V. *Commencement de Lucrèce, en vers, par Hesnault.* — VI. *La satire des satires, par Boursault.* Le second : I. *Poème de la Madelène, par Pierre de S. Louis.* — II. *Le Louis d'or, par Isarn.* — III. *Relation des campagnes de Rocroi et de Fribourg.* — IV. *Les ‖ Visionnaires, de Desmarets.*

Un exempl. en *mar. r.* 80 fr. de Soleinne.

Les pièces comprises sous les n°s I et III du tome premier, et IV du tome second, ont été réimprimées sous le titre de *Recueil de pièces galantes,* Trévoux, 1750, in-12.

RECUEIL de pièces curieuses et nouvelles, tant en prose qu'en vers (de différens auteurs modernes). *La Haye, Adr. Moetjens,* 1694-1701, 5 tom. en 10 vol. pet. in-12. [19420]

Chaque tome de ce recueil curieux et rare est composé de six parties, qui se relient en 2 vol.; on y trouve nombre de pièces de différents auteurs dont les œuvres n'ont pas été recueillies séparément. Vend. 40 fr. Librairie De Bure; 44 fr. Monmerqué. La sixième partie du 5e tome, ou la 30e du recueil, manque dans beaucoup d'exemplaires.

RECUEIL de pièces diverses. *Philadelphie,* 1783, pet. in-8. de 172 pages, pap. vél. [14074]

Ce volume, dont nous avons un exemplaire sous les yeux, contient des poésies diverses, la plupart érotiques et même un peu libres; c'est cependant l'ouvrage d'un prélat, d'ailleurs fort respectable, Jean-de-Dieu-Raymond Boisgelin de Cucé, mort archevêque de Tours et cardinal, de qui nous avons déjà indiqué une traduction des *Héroïdes d'Ovide.* Il a été imprimé à *Paris,* chez *Pierres,* et tiré à un si petit nombre d'exemplaires, qu'il y a peu de livres modernes aussi rares que celui-ci. En voici la description : faux titre et titre, 2 ff., une pièce de 10 pp. commençant par ce vers :

Trois sœurs entouroient mon berceau,

surmonté d'une jolie vignette gravée par Gaucher en 1783, d'après un dessin de Ch. Monnet (ce morceau n'est pas dans tous les exemplaires). Texte pp. 1 à 168; *Emma,* suivie d'une *Anecdote chinoise,* morceau en prose, de 16 pp.; le *Temple de Gnide,* en vers, 83 pp.

Il ne faut pas oublier un autre ouvrage de M. Boisgelin, beaucoup plus digne que le précédent d'un prince de l'Eglise, et la voici :

LE PSALMISTE, traduction des psaumes en vers françois, précédée d'un discours sur la poésie sacrée. *Londres, Dulau,* 1799, pet. in-8.

L'auteur le composa et le publia pour venir au secours de quelques familles d'émigrés; mais en 1798 il en avait donné une première édition in-12 tirée à petit nombre.

RECUEIL de pièces de poésies détachées, à l'usage de quelques amis habitant la campagne. *Imprimé par madame Montmorency Albert-Luynes, à Dampierre, an* VIII (1800), 2 part. pet. in-4. [19428]

Ainsi que son titre le fait assez connaître, ce recueil n'a été imprimé que pour les amis de l'éditeur, et conséquemment il est fort rare dans le commerce. La première partie, composée de VIII et 180 pages, contient des poésies de différents auteurs, au nombre desquels on distingue Jacq. Delille, Parny, de Fontanes, Boisjolin, etc. La seconde partie, de 140 pp., impr. en 1802, renferme les *Lettres de*

madame Suard à son mari, sur son voyage de Ferney, suivies de quelques autres insérées dans le Journal de Paris ; enfin, le recueil est terminé par une pièce séparée, de 37 pp., en prose, et impr. en 1803, laquelle a pour titre : *Relation de la fin qu'a faict Henri, II du nom, duc de Montmorency, le 30 octobre, à Tolose, l'an 1632.* Dans ce second volume se trouve de plus *la Chanteloupee, ou la Guerre des puces contre madame la duchesse de Choiseul,* poëme en trois chants par l'abbé Barthélemy.
A ce même recueil peuvent être annexés deux opuscules intitulés :

> HISTOIRE de la vie et de la mort tragique de Vittoria Accorumbona, duchesse de Bracciano, par J.-F. A. O. (Jean-Félicissime Adry, oratorien). *Imprimée (à Dampierre)* par J.-E.-J. M. A. L., 1800, in-4., 80 pages.

> LA VIE DE MARIE DE HAUTEFORT, duchesse de Schomberg, dame d'atour de la reine Anne d'Autriche, par une de ses amies ; ouvrage imprimé pour la première fois...., avec une préface et des notes par J.-F. A. (Jean-Félicissime Adry). *Dampierre, an* VIII (1800), in-4. de 77 pages.

Ces deux morceaux ont été réimprimés à *Paris,* en 1807, in-12.
Voici deux autres ouvrages sortis de la presse de madame de Montmorency, et également tirés à un petit nombre d'exemplaires :

> MÉDITATIONS pour la Semaine sainte, par ****, auxquelles on a joint le portrait de Jésus-Christ, à l'usage de madame C.-F.-M. Choiseul-Serent. *Imprim. par G.-E.-J. Montmorency-Laval, Luynes, sa tante, à Dampierre, an* X (1801), in-4.

> AN ACCOUNT of the life of Jon. Swift : trad. interlinéaire à laquelle est ajoutée une traduct. franç. très-exacte, placée en forme de notes ; with the death of Mrs Stella, taken from the works of Swift, with Letters from the same.... trad. de même, et imprim. par madame Montmorency Albert-Luynes. *(Dampierre),* 1800, in-4., 501 pp. *(Très-rare).* — Voy. DEFOE.

RECUEIL de pièces en prose, les plus agréables de ce temps, composées par divers autheurs. *Paris, Ch. de Sercy,* 1659-62, 4 vol. in-12, 15 à 20 fr. [19416]

C'est le recueil impr. à Orléans, 1660-61, 4 vol. in-12, lequel contient des pièces assez piquantes. De Sercy, qui en avait déjà donné le premier vol. en 1658, fit imprimer les autres en 1662.
Niceron, XXXI, p. 403, dit de ce *Recueil de pièces,* édit. de 1658, que le premier volume est presque tout (du choix) de Sorel, qui n'a eu aucune part aux quatre suivants, ce qui donnerait 5 vol. au Recueil. Sorel avait déjà fait paraître une partie de ces pièces dans le recueil intitulé :

> NOUVEAU recueil des pièces les plus agréables de ce temps, ensuite des jeux de l'inconnu et de la Maison des jeux. *Paris, Nic. de Sercy,* 1644, in-8.

Pour le recueil de poésies publiées par le même libraire, voy. POÉSIES choisies.

RECUEIL de pièces en vers et en prose imprimées à Rouen vers la fin du XVIe siècle et au commencement du XVIIe, de format pet. in-8.

Plusieurs libraires, et notamment *Nicolas Lescuyer, près le grand portail de Nostre dame; Louis Costé,* et *Pierre Mullot, marchand libraire, rue Escuyere au nom de Jesus,* ont fait paraître successivement la réimpression d'un certain nombre de facéties en prose ou en vers, qu'ils vendaient ou séparément ou en recueil, au gré des acheteurs. Nicolas Lescuyer avait l'habitude de placer sur le titre de chaque pièce qu'il faisait imprimer un numéro d'ordre pour en faciliter la réunion. Nous avons vu une de ces pièces *(Les tenebres de ma-*

riage) portant le n° 24, ce qui suppose l'existence de recueils composés de vingt-quatre pièces, au moins. Pourtant nous n'en avons pas vu d'aussi complets. Celui qui est porté sous le n° 234 du catalogue choisi de livres anciens (de M. Leprevost), et qui a été vendu 250 fr., à Paris, en décembre 1857, n'en renfermait que neuf (dont une en prose) savoir : Dialogue plaisant et recreatif entremeslé de plusieurs discours plaisants et facetieux, en forme de coq-à-l'asne, 4 ff. — Les demandes d'amour et les reponses, 8 ff. (en prose). — Le blason des fleurs, 8 ff. — Sermon joyeux de Friponniers et Friponnieres, 4 ff. — Sermon joyeux de Saint-Velu, n° 19, 4 ff. — Le debat du vin et de l'eau, 4 ff. — Les ventes d'amour, 4 ff. — Sermon joyeux de la patience des femmes obstinées contre leurs maris, 4 ff. — Les tenebres de mariage, n° 24, 8 ff. — Les pièces qui portent le nom de Nicolas Lescuyer sont moins mal imprimées que les autres, et le titre de chacune est entouré d'une bordure grav. sur bois. Le libraire Louis Coste employait les lettres de l'alphabet pour indiquer l'ordre des opuscules qu'il mettait en vente. Nous décrivons un de ses recueils à l'article VRAYE medecine qui guarit de tous maux.
Les pièces mises au jour par Pierre Mullot ne portent ni chiffre ni lettre pour indiquer l'ordre. Elles sont d'ailleurs mal imprimées et sur fort mauvais papier. Nous ignorons combien il en existe. Voici celles qui composaient le recueil porté sous le n° 233 du catal. des livres choisis de M. Leprevost, décembre 1857, et qu'on a payé 181 fr. :

Discours d'un fiancé qui emprunta un pain sur la fournée... 4 ff. — Sermon joyeux des friponniers et friponnieres, 4 ff. — Discours joyeux de la patience des femmes... 4 ff. — La complainte du temps passé par le commun du temps present, 4 ff. — Les presomptions des femmes, 8 ff. — Les regrets et complaintes des trop tard mariés, 8 ff. — Les tenebres de mariage, 6 ff. — Le miroir des moines mondains (sans titre), 4 ff. — Le caquet des bonnes chambrieres, 8 ff. — Le banquet des chambrieres fait aux etuves du jeudy gras et le reste en suivant. — Chambriere à louer à tout faire, 8 ff. — Varlet à louer à tout faire, 8 ff. — Il y avait de plus 3 ff. d'un Sermon joyeux du ramoneur, sans titre.
Abraham Cousturier, autre libraire de Rouen, a émis, à peu près dans le même temps que les trois confrères que nous venons de nommer, un grand nombre d'opuscules très-populaires alors.

RECEUIL *(sic)* de pièces héroïques et historiques, pour servir d'ornement à l'histoire de Louis XIV, dédié à MM. Racine et Boileau. *Impr. par Jean de Montespant, demeurant à Gizors, à l'enseigne de l'édit de Nantes (Hollande),* 1693, in-fol. fig. [23855]

On peut mettre au nombre des livres très-rares ce volume, sous le nom duquel se compose de 13 estampes satiriques contre Louis XIV, estampes dont plusieurs ont des explications en vers français et hollandais : vend. 150 fr. le B. d'Heiss ; 100 fr. Morel-Vindé ; 5 liv. 12 sh. 9 d. à Londres, en 1835.
L'abbé de Saint-Léger, dans une note insérée par Barbier, sous le n° 15512 de son Dictionnaire, donne quatorze estampes à ce recueil, et ajoute qu'elles ont eu pour auteur et graveur François Ignace de Puerchemeck, lequel, pour ce méfait, aurait été arrêté, emprisonné, et peut-être bien, même, mis à mort. Un exemplaire du même recueil, porté à 31 estampes, par l'addition de plusieurs morceaux qui se rapportent à des événements de la fin du même règne, mais d'une date postérieure à celle du titre, est décrit dans le catal. de P.-M. Cotteret, évêque de Beauvais, *Paris, Garnot,* 1842. Il a été vendu 100 fr.

RECUEIL de pièces intéressantes, pour

servir à l'histoire de France. 12 vol. in-12. [23492]

Cette collection est ainsi annoncée dans le catal. de M. Pâris de Meyzieu, où un exemplaire sur VÉLIN est marqué 192 fr. Le même exempl., en 10 vol. seulement (les deux derniers manquant), a été vendu 105 fr. Mac-Carthy. Ce n'est pas autre chose que les *Mémoires de Condé, ou Recueil pour servir à l'histoire de France.....* Londres, chez Claude de Bosse (Rouen), 1740, 6 vol. in-12.

RECUEIL de pierres gravées antiques (par Mich.-Ph. Levesque de Gravelle). *Paris, Mariette,* 1732-37, 2 tom. en 1 vol. in-4., avec 101 et 104 pl. (nous avons trouvé de plus dans un exempl. une dernière pl. sans numéro). 10 à 12 fr. [29591]

Vend. 19 fr. *mar. r.* de Cotte.

— Voyez OGLE.

RECUEIL de plusieurs farces, tant anciennes que modernes, lesquelles ont esté mises en meilleur ordre et langage qu'auparavant. *Paris, Nicolas Rousset,* 1612, in-12 de 144 pp. [16271]

Volume rare et fort recherché : vend. 124 fr. *m. w.* La Valliere ; 84 fr. *mar. r.* d'Heiss ; 417 fr. de Soleinne. — Pour la réimpression, voyez CARON.
Une copie ms. sur VÉLIN, 52 fr. Méon ; 130 fr. Morel-Vindé.

RECUEIL de plusieurs inscriptions pour les statues du roi Charles VII et de la Pucelle d'Orléans, qui sont élevées..... sur le pont de la ville d'Orléans, dès l'an 1458, et des diverses poésies faites à la louange de la mesme Pucelle, de ses frères et leur posterité (par Charles du Lys). *Paris, de l'impr. d'Edme Martin,* 1628, in-4. [23405]

Recueil rare et curieux, plus complet dans cette édition que dans celle de 1613, également in-4. Vend. 40 fr. Boulard ; 68 fr. Revoil ; 160 fr. *veau br.* armes de Richelieu, Leprevost, en 1857.
Ce volume contient 4 ff. prélim., où sont compris le frontispice et deux gravures en taille-douce par L. Gaultier, datées de 1612 et 1613. Le texte est composé : 1° de 98 pp. chiffrées finissant au feuillet signé N ; 2° autres poésies, pp. 105 (f. O) à 124, où finissent les annotations qui commencent à la p. 119 ; 3° *Traitté sommaire tant du nom et des armes que de la naissance et parenté de la pucelle d'Orléans et de ses frères... fait en octobre* 1612 et *reueu en* 1628, morceau de 52 pp. — La lacune qui existe entre les pp. 98 et 105, c'est-à-dire la suppression des trois derniers feuillets du cah. N, se fait remarquer dans tous les exemplaires de ce livre qui ont passé sous nos yeux ; cependant on nous a dit qu'il existe à Orléans un exemplaire sans lacune.
Avant la publication de ce recueil, il avait déjà paru un morceau intitulé :
DISCOURS sommaire, tant du nom et des armes que de la naissance et parenté de la Pucelle d'Orléans, 1612, pet. in-8. Vend. 27 fr. Revoil.

RECUEIL de plusieurs personnes qui ont constamment enduré la mort pour le nom du Seigneur, depuis J. Wicleff jusques au temps present : auec vne troisieme partie contenant autres excellés

personnages puis n'agueres executés, pour vne même confession du nom de Dieu. (*Genève*), *par Jean Crespin,* 1556, in-16 de 8 ff. prélimin., 952 pp. et 4 ff. de table. [22406]

Vend. 12 fr. *mar. r.* La Valliere.
Ce livre forme le fond d'un ouvrage qui a été successivement augmenté, soit par son premier auteur, soit par Sim. Goulard, et qui a fini par remplir 2 volumes in-fol. — Voyez l'article CRESPIN (*Jean*).
La troisième part. de l'édit. de 1556, commençant à la p. 817, contient l'*Histoire mémorable de ceux de Mirandol et Cabrieres, appelez Vaudois.*

RECUEIL de plusieurs petites poésies joyeuses pour récréer le lisant. 1580, in-16.

Ce recueil, annoncé sous ce titre dans le catalogue de La Valliere, par Nyon, n° 15427, n'est qu'un opuscule de 4 ff., et sans date, relié avec une édition du *Recueil de vraye poésie françoise* (ci-après, col. 1159), in-16 de 43 ff., impr. en italique, et sans frontispice.

RECUEIL de plusieurs pièces, servant à l'histoire moderne (de Henri IV et Louis XIII). *Cologne, P. Marteau (Hollande),* 1663, pet. in-12 de 2 ff. et 524 pp. 4 à 6 fr. [23667]

RECUEIL de plusieurs pièces burlesques et divertissantes sur divers sujets, par L. M. C. *La Haye, chez Jean Strick,* 1686, in-12.

16 fr. 50 c. Gancia.

RECUEIL de plusieurs sermons récréatifs. *Cologne, Pierre le Grand,* 1704, pet. in-12. 10 à 12 fr. [17872]

Ce recueil contient : *Sermon en faveur des cocus ; Sermon en l'honneur de Bacchus ; Sermon du curé de Colignac ; Sermon du R. P. Protoplaste ; Sermon du P. Ange ; Sermon d'un cordelier à des voleurs.* 40 fr. *mar. r.* petit catalogue de M. Tripier.

RECUEIL de plusieurs titres, mémoires et antiquités de la châtellenie de Marcoussy. V. ANASTASE de Marcoussy (l').

RECUEIL de plusieurs traités de la sainte Cene de N. S. J. C. composés par diuers auteurs (Bertram prestre, J. Calvin, Hulrich Zuingle, etc.). 1566, in-8. [1934]

Déjà cité, I, col. 822, à l'article BERTRAM.

RECUEIL de plusieurs traitez de mathématique de l'Académie royale des sciences. *Paris, Imprim. roy.,* 1676, in-fol. max. fig. [7811]

Ce recueil, qu'on ajoute quelquefois à la collection d'estampes du cabinet du roi, est composé de six pièces imprimées séparément, et dont la dernière n'a paru qu'en 1677 ; la principale est *Résolution des quatre principaux problèmes d'architecture, par Blondel.* Prix médiocre.

RECUEIL de poësies de divers autheurs, contenant : La métamorphose des yeux de Philis changez en astre... la Belle Gueuse... la Vieille Amoureuse, etc. *Paris*, 1670, in-12.

26 fr. v. f. tr. d. Solar.

RECUEIL de poésies françoises des xvᵉ et xvıᵉ siècles, morales, facétieuses, historiques, réunies et annotées par M. Anatole de Montaiglon. *Paris, P. Jannet*, 1855-58, 8 vol. in-16. 40 fr., et plus en pap. fort. [13170]

Ce Recueil, fait avec beaucoup de soin, donne la réimpression exacte de pièces plus rares les unes que les autres, et dont les éditions originales ont quelquefois été payées de 200 à 1000 fr. chacune. Les variantes et les notes que l'éditeur a ajoutées aux pièces qu'il a reproduites donnent beaucoup de prix à ces éditions.

RECUEIL de poëtes gascons, contenant : las obros de P. Goudelin ; Les folies de le Sage de Montpellier ; L'embarras de la fieiro de Beaucaire, par Michel de Nismes. *Amsterdam, Dan. Pain*, 1700, 2 vol. pet. in-8. 12 à 18 fr. [14373]

Ce recueil ne se trouve pas facilement : au commencement de chacune des trois parties qui le composent doit se trouver une gravure.

RECUEIL de pouesios de la muso-Moundino. *Imprimados aquesto annado* 1671, pet. in-12 de 48 pp. et le titre. [14396]

Ce recueil renferme 21 pièces de Gautier, un des meilleurs poëtes toulousains, mais aussi des plus licencieux. 46 fr. mar. r. Nodier.

RECUEIL de proverbes provençaux. Nouvelle édition, revue, corrigée et augmentée. *Aix, René Adibert*, 1736, in-8. de 52 pp. [18475]

Opuscule peu commun.

RECUEIL de quelques articles tirés de différens ouvrages périodiques (par Devaines, mort conseiller d'État). *An vıı* (1799), in-4. de 220 pp. [18330]

Volume tiré à 14 exempl. seulement (*Dictionnaire des anonymes*, n° 15547). Vend. 60 fr. 60 c. Aimé Martin ; 11 fr. Pixerécourt.

RECUEIL de quelques pièces curieuses servant à l'éclaircissement de l'histoire de la vie de la reyne Christine, ensemble plusieurs voyages qu'elle a faits. *Cologne, P. Marteau (Hollande, à la Sphère)*, 1668, pet. in-12 de 166 pp., non compris le titre. [27673]

Vend. 6 fr. Sensier ; 12 fr. Bérard ; usqu'à 110 fr. mar. viol. non rogné, Nodier, et 42 . Chalabre.
A ce volume doit être joint :
  LETTRES de la Reyne de Suède et de quelques autres personnes, pet. in-12 de 72 pp., y compris deux faux titres sans date.
La première de ces deux pièces a été réimprimée plus tard sous la date de 1668, et réunie (ainsi que les *Lettres*) à l'*Histoire de la vie de la Reyne Christine de Suède, à Stockholm, chez Jean Pleyn de Courage*, 77 (1677), pet. in-12d e 212 pp., non compris le titre ni le portrait de Christine.
L'édition du Recueil de pièces, *Cologne, P. du Mar-*

teau, 1669, pet. in-12, a 216 pp., mais elle est mal imprimée, et ne contient rien de plus que la précédente. Vend. 6 fr. 75 c. Bérard.

RECUEIL de quelques pièces curieuses tant en prose qu'en vers, dont on peut voir les titres à la page suivante. *Cologne, Pierre Marteau*, 1670, pet. in-12 de 60 pp.

Ce petit recueil contient, entre autres pièces, *Requeste des dames de la cour sur le luxe des bourgeoises de Paris ; la Reponse aux dits griefs ; le Plaisir des plaisirs*, etc., un exemplaire en v. f. tr. d. par Trautz, 37 fr. Solar ; un autre en mar. r. 41 fr. Gancia.

RECUEIL de quelques pièces nouvelles et galantes en vers et en prose. *Cologne, Pierre Marteau (Hollande)*, 1667. 2 tom. en 1 vol. pet. in-12 de 180 et 232 pp., non compris les 4 ff. prélim. de la 2ᵉ part. 8 à 12 fr. [16416]

Vend. en mar. 12 fr. 60 c. Duriez ; 14 fr. Nodier ; 45 fr. non rogné, Pixerécourt.
La première partie de ce recueil avait déjà été imprimée en 1663, également sous l'indication de *Cologne, chez Pierre du Marteau* ; l'édition de 1663, la plus jolie des trois, a 182 pp. non compris 8 ff. prélim. (1 liv. 7 sh. mar. r. par Derome, Libri, en 1859). — Celle de 1664 a 8 pages de moins, bien qu'elle renferme les mêmes pièces. C'est dans cette première partie que se trouve le Voyage de Chapelle et Bachaumont.

RECUEIL de quelques pièces nouvelles et galantes tant en proses (*sic*) qu'en vers. *Utrecht, Antoine Schouten*, 1699, pet. in-12 de 65 pp. [19419]

Malgré la conformité des deux titres, ce recueil, qui est rare et assez curieux, n'a de commun avec l'édition de Cologne, ci-dessus, que le Voyage de Chapelle et Bachaumont.

RECUEIL de quelques poésies tant de feu sieur de Sponde que d'autres non encore imprimées. *Rouen, Raphael du Petit Val*, 1597-99 et 1600, 4 part. de 95 pp. chacune, et qui sont réunies en 1 vol. pet. in-12. [13645]

Réimprimé sous le titre de *Recueil de diverses poésies des plus excellens autheurs de ce temps, recueillies par Raphael du Petit Val, à Rouen, de l'imprimerie de Raph. du Petit-Val*, 1599 et 1600, 4 part., et sous celui de *Diverses poésies des sieurs de Sponde, Du Perron, Bertaud, Porcheres*, etc. *Rouen, Raph. du Petit Val*, 1604, pet. in-12. Un exemplaire de l'édition de 1599, en parchemin, a été vendu 72 fr. Leprevost, en 1857, mais ce recueil n'a pas toujours autant de valeur.
  DIVERSES poésies nouvelles données à R. D. P. Val par ses amis, reveues, corrigées et augmentées de nouveau. *Rouen, Raph. du Petit Val*, 1606, pet. in-12.
Opuscule de 47 pp., qui probablement a été donné pour servir de supplément au recueil précédent.
Raphaël du Petit Val a encore publié :
  LE TEMPLE D'APOLLON, ou nouveau recueil des plus excellents vers de ce temps. *Rouen*, 1611, 2 vol. pet. in-12. — Le 2ᵉ vol. renferme quatre parties de 94 pp. chacune.
— LE CABINET des Muses, 1619. Voy. CABINET.

RECUEIL de quelques vers. Voy. LABORDE (*J.-B.* de).

RECUEIL de receptes choisies. Voy. Fou-QUET (Mme).

RECUEIL de romans historiques (publiés par Lenglet du Fresnoy). *Lond.* (*Paris*), 1746-47, 8 vol. pet. in-12. 12 à 15 fr. [17194]

. Livre bien imprimé.

RECUEIL de sculptures antiques grec-ques et romaines. (*Nancy*), 1754, pet. in-fol. 10 à 15 fr. [29521]

Volume composé de 62 pl., non compris le litre ni la table; le tout d'après les dessins de L.-S.-A. Adam. Il y a des exempl. qui ont un nouveau titre ainsi conçu : *Collection de sculptures antiques, grec-ques et romaines, trouvées à Rome, dans les ruines du palais de Néron et Marius*, Paris, 1755.

RECUEIL d'estampes d'après les plus beaux tableaux, etc., qui sont en France dans le cabinet du roi, etc. (connu sous le nom de cabinet de Crozat), avec une description historique (par P.-J. Ma-riette). *Paris*, 1729-42, 2 vol. in-fol. max. contenant 182 morceaux, dont 42 sans numéros. [9379]

Première édition, qui a d'abord paru sans l'explica-tion : 200 à 250 fr.; vend. 227 fr. *mar. r.* Caillard; 300 fr. Rosny, et 250 fr. en 1856. — Il y a des exemplaires en très Gr. Pap., d'une forme allongée : vend. 275 fr. Clos.
La seconde édition, datée de 1763, est moins recher-chée que la première; cependant plusieurs gravures sur bois y ont été remplacées par des estampes en taille-douce : 100 à 120 fr.

RECUEIL de 285 estampes, gravées à l'eau-forte par les plus habiles artistes du tems, d'après les dessins des grands maîtres, que possédoit autrefois M. Ja-bach, et qui sont au cabinet du roi. (*sans date*), in-fol. obl. [9445]

Vend. 48 fr. Mariette.
Ce recueil, formé de la réunion des planches qu'avait fait graver M. Jabach, a d'abord paru en 5 cahiers de 49 estampes chacun, suivis d'un 6e, composé de 51 estampes. Les épreuves distribuées du vivant de Jabach sont sans numéros et sans lettres.

RECUEIL de XL estampes, gravées en bois, représentant les guerres civiles de France, de 1559-70. Gr. in-4.

Le recueil qu'on a plusieurs fois annoncé sous ce titre est le même que celui que nous décrivons à l'article TORTOREL (*Jean*), où nous parlerons des copies qui ont été faites de ces planches et de plu-sieurs autres recueils de planches du même genre.

RECUEIL d'estampes de la galerie de Dresde. Voyez GALERIE.

RECUEIL de sceaux du moyen âge, dits sceaux gothiques (publié par l'abbé Boullemier, aux frais du marquis de Mi-gieu). *Paris, Boudet*, 1779, in-4. [30214]

Vend. 45 fr. Revoil; 18 fr. Leprevost.

RECUEIL de tous les plus beaux airs ba-chiques, avec les noms des autheurs du chant et des paroles. *Paris, Guil. de Luyne*, 1671, in-12. 6 à 9 fr.

— Voyez POÉSIE facécieuse et RECUEIL des plus beaux vers.

RECUEIL (brief) de toutes chroniques. Voyez GASSAR.

RECUEIL de tout soulas et plaisir, pour resiouir et passer temps aux amoureux, comme épistres, rondeaux, balades, épi-grammes, dixains, huitains, nouuelle-ment composé. *Paris, Jean Bonfons*, 1552, pet. in-8. fig. sur bois. [13635]

Le Recueil de tout soulas reproduit une partie des pièces des *Fleurs de joyeuseté* (voy. FLEURS) et aussi du *Petit traicté contenant en soy la fleur de toutes joyeusetez* (voy. PETIT traicté). Seule-ment plusieurs rondeaux et un recueil d'épigram-mes de Marot, Saint-Gelais et autres y sont ajoutés. On y retrouve l'envoi de *L'acteur à son amy Es-tienne Dusseulx*, mais avec le premier vers ainsi changé :

Amy Dusseulx ce Luc t'enuoye.

On remarque, au commencement du recueil des épi-grammes, une pièce intitulée : *De la situation de Chastres près Montlehery*. L'édition de 1552 a été vend. 7 liv. Stanley ; 5 liv. 5 sh. Heber.

— Recueil de tout soulas et plaisir, et pa-rangon de Poësie, comme epistres, etc. *Paris, pour Iean Bonfons*, 1563, pet. in-8. de 96 ff. fig. sur bois, lettr. rondes.

Nous avons vu cette édition de 1563, qui est rare et recherchée, mais pas celle de 1561, portée précé-demment dans le Manuel. 1 liv. 17 sh. Heber ; 60 fr. *mar. r.* Bignon. — Voyez JOYEUSETÉS.

RECUEIL de toutes les chansons nouvel-les. Voy. RECUEIL des plus belles chan-sons.

RECUEIL de toutes les vues.... du cabinet du duc de La Tour. Voyez RACCOLTA.

RECUEIL de trois cents chansons fran-çoises, parfaitement choisies, sur toutes sortes de sujets. *Londres, Smidt*, 1737, in-8. 5 à 6 fr. [14295]

Vend. en *m. citr.* 16 fr. Labedoyère; 20 fr. en 1843.

RECUEIL de vers latins et vulgaires de plusieurs poètes françoys composés sur le trespas de feu M. le Dauphin (Fran-çois de Valois, fils de François Ier). *Lyon, Fr. Juste*, 1536, in-8. [13589]

Recueil rare.

RECUEIL de voyages au nord (publ. par J.-Fréd. Bernard). *Amsterdam*, 1731-38, 10 vol. in-12. fig. 20 à 30 fr. [19831]

Les quatre premiers vol. de cette collection avaient déjà paru en 1715, mais l'édition de 1731 a été cor-rigée et mise dans un meilleur ordre.

Recueil de tables astronomiques, 8338.
Recueil de testaments politiques, 3073.

Recueil de titres concernant la Bretagne, 24454.
Recueil de titres de la maison d'Estouteville, 28882.

RECUEIL de voyages aux Indes (en hollandais). Voyez GOTTFRIED.

RECUEIL de voyages et de mémoires, publié par la Société de géographie. *Paris, Arthus Bertrand,* 1824, 1825, 1828 et 1839, 7 vol. in-4. fig. [19829]

Le premier volume renferme le *Voyage de Marco Polo* (voy. ce nom), 15 fr. — Le second, en deux parties : *Relation du Ghanat et des coutumes de ses habitants,* trad. de *l'arabe par M. Jaubert,* 10 fr. = *Mémoire de M. de Hammer sur la Perse,* trad. par *M. de Merçiat,* suivi de *Recherches sur les antiquités des États-Unis de l'Amérique septentrionale, par M. Warden,* 8 fr. — Le troisième : *Géographie de l'Europe, par M. Bruguière,* 20 fr. — Le quatrième, 1839 (868 pp.), contient six relations de voyageurs anciens, dont celle de Guill. de Rubruck et celle de Jean du Plan de Carpin, ont été tirées à part, et vend. séparément. — Le cinquième et le sixième, la *Géographie d'Edrisi,* trad. par *M. Jaubert* (voyez EDRISI).— Le septième volume, 1re partie : *Grammaire et Dictionnaire abrégé de la langue berbère, revus par M. Amédée Jaubert.*

RECUEIL de vraye poésie françoyse, prinse de plusieurs poëtes les plus excellentz de ce regne. *Paris, de l'imprim. de Denys Ianot,* 1544, pet. in-8. de 56 ff., avec fig. sur bois, lettres italiques. [13630]

Recueil rare de cette édition : vend. 4 liv. 6 sh. *mar. r.* Heber; 60 fr. *non relié,* Libri-Carucci. Il en existe une autre de *Lyon, Jean Temporal,* 1550, in-16, et une troisième de *Paris, Vᵉ de Franç. Regnault,* 1555, in-16. Vend. 4 fr. chez Méon, et 19 sh. Heber, et plus cher depuis. Nous avons remarqué dans cette dernière plusieurs pièces singulières, particulièrement celle du feuillet E vij.

RECUEIL (le) des actes et dépesches faictes aux hauts iours de conardie, tenus à Rouen depuis la dernière sepmaine de Ianuier iusques au mardigras suyuant penultieme iour de Feburier mil cinq cenz quarante, auec le triumphe de la monstre et ostétation de magnifique & très-glorieux abbé des conardz, monarche de Conardie. *Imprimé au dict lieu de Rouen, auec priuilege de iustice, & defense à tous aultres imprimeur & libraire en imprimer ne vêdre aultres que ceux cy, cachetés auec la porte crosse de l'abbé, sur peine de la confiscation diceulx...,* pet. in-4. [13569 ou 17819]

Pièce fort rare, en prose et en vers, composée de 19 ff., imprim. en lettres rondes. Au 2ᵉ f. se lit une reponse à la requeste pour le privilège, morceau en vers, daté du 18 janvier 1541.

Vend. 84 fr. *mar. r.* La Valliere.

La pièce suivante est non moins rare que la précédente, à laquelle elle fait suite.

LES ARRESTZ doñez par le court puis deux ans en ca, sur les requestes presentees a icelle par nostre resueur en decime Pere le souuerain Abbe des Conards. Auec les exploytz d'iceulx arretz, & les ordonnances faictes par le gros conseil du dict Seigneur. *Imprime auec priuilege,* 1544, in-4. de 12 ff. Au verso du 12ᵉ est une gravure sur bois

représentant un homme donnant du cor (Frère, Manuel, I, p. 262).

Nous croyons que ces deux plaquettes ont été en partie reproduites dans le recueil intitulé *les Triomphes de l'abbaye des Conards* (voy. TRIOMPHES).

RECUEIL des actions et parolles mémorables de Philippe second, roy d'Espagne, surnommé le prudent, trad. de l'espagnol. *Cologne, Pierre Marteau (Hollande),* 1671, pet. in-12 de 4 ff. prélim. et 340 pp. de texte. [26070]

Vend. 12 fr. *mar. r.* Bérard; 10 fr. 50 c. *m. citr.* Sensier; 22 fr. *non rogné,* Renouard, en 1829, et 34 fr. 95 c. en mars de la même année.

L'original espagnol, sous le titre de *Los dichos y hechos de Phelipe II... par Balthazar Porreno,* a paru à Séville, chez *Pedro Gomez de Pastrana,* en 1639, in-8.; il a été réimpr. à *Bruxelles, chez Fr. Foppens,* 1666, pet. in-12, édition qui, comme la traduction ci-dessus, se réunit à la collection des Elsevier.

RECUEIL des chansons amoureuses de ce temps, tant pastorelles que musicales, propres pour danser et jouer sur toutes sortes d'instrumens ; augmenté de plusieurs airs de cour non encor veus ny imprimez. *Paris, Pierre-des-Hayes* (sans date), pet. in-12 de 120 pp., y compris la table. [24289]

Première partie d'un recueil qui, dans l'exemplaire de la Bibliothèque impériale et dans celui du catal. Cigongne, nº 1213, en contient quatre, publ. par le même libraire, et qui ont chacune 120 pp., y compris leur table. Voici les titres des trois dernières :

LE TRESOR des chansons nouvelles, ensemble plusieurs airs de cour nouveaux *(sans date).*

L'ESLITE des chansons les plus belles du temps present tirées de divers autheurs, tant anciens que modernes, dediée aux enfans de Bacchus. 1631.

LE CABINET des chansons plaisantes et recreatifues, dédiées aux esprits curieux et amateurs de bien chanter et bien boire au cabaret. 1631.

RECUEIL de plusieurs chansons, tant musicales que rurales, anciennes et modernes : augmenté de chansons nouvelles qu'on chante à présent. *Lyon, Ambr. du Rosne,* 1567, pet. in-12 de 94 ff. chiffr. et 3 non chiffrés. [14268]

Ce sont des chansons sacrées et profanes, sérieuses et joyeuses. Il y en a deux de Jac. de Moysson : les autres sont anonymes (Ebert, d'après l'exempl. de Wolfenbüttel).

RECUEIL des chansons, tant musicales que rurales, anciennes et modernes : plus adlousté, et augmenté de plusieurs chansons nouuelles. *Paris, pour la vefue Jean Bonfons,* 1572, in-16. de 115 pp.

C'est probablement le même recueil que le précédent. Une partie des chansons qui le composent se retrouvent dans le *Sommaire de tous les recueils de chansons,* imprimé depuis par Nicolas Bonfons. Voyez SOMMAIRE.

Le Duchat, sur Rabelais, liv. II, chap. XVI, note 2, p. 281 du 1er vol. de l'édition in-4., parle d'un *recueil de chansons,* impr. à Anvers, en 1576, et d'un autre, impr. à *Louvain, chez Pierre Phalèse,* dès l'an 1554. Ce sont des livres fort rares, et du même genre que ceux que nous citons à l'article CHANSONS à quatre parties (col. 1785 de notre 1er vol.). En voici d'autres qui sont un peu plus connus :

RECUEIL (petit) de chansons nouuelles tant de l'amour que de la guerre, contenans la pluspart des heureuses victoires obtenues en Auuergne et ailleurs. *Lyon* (*Ben. Rigaud*), 1577, pet. in-12 de 47 ff. chiffrés et 1 f. non chiffré (Biblioth. de Wolfenbüttel).

RECUEIL des chansons, bransles, gaillardes, voltes, courantes, pavannes, romanesques et autres espèces de poésies propres pour la récréation des cœurs mélancoliques. *Paris, Moustrœil*, 1579, in-16.

RECUEIL (le premier) de toutes les chansons nouvelles, tant amoureuses, rustiques, que musicales. *Troyes, de Ruau*, 1590, in-16.

RECUEIL de plusieurs belles chansons nouvelles et modernes, 1593, in-24.

Ces deux recueils sont à la bibliothèque de l'Arsenal.
— Voy. SAINT-AMOUR.

RECUEIL de chansons amoureuses de divers poëtes françois, non encore imprimées. *Paris, Nic. Bonfons*, 1597, in-16 de 86 pp. et 2 ff. pour la table.

L'exemplaire en *mar. citr.* vend. 180 fr. Veinant, contenait de plus :

CHANSONS nouvelles, ou airs de Jean Planson et autres musiciens, in-16 de 24 ff. en plus petits caractères que ceux du recueil ci-dessus et sans titre.

Le même recueil n'avait été vendu que 6 fr. Méon et 13 fr. 05 c. Morel de Vindé.

RECUEIL de chansons nouvelles fort plaisantes et récréatives pour le temps présent. *Paris, Jean Pronné*, sans date (après 1600), petit in-12. (1er catal. La Vallière, n° 3147.)

RECUEIL des plus belles chansons des comédiens français. Voy. col. 1166, RECUEIL des plus beaux airs.

RECUEIL de plusieurs excelentes chansons qu'on chante à present : traittans partie de la guerre, partie de la Saincte-Union, selon les occurrences de ce temps, composees sur diuers chants fort recreatifs, dedié à tout le peuple catholique. *Paris, Nic. Bonfons*, 1590, in-16 de 48 ff. y compris la table. [14279]

Ce petit recueil de chansons historiques dans le sens de la Ligue, est curieux et fort rare. 250 fr. *mar. bl.* Veinant. M. Leroux de Lincy a donné dans le 2e volume de son *Recueil de chants historiques*, p. 610 et suiv., le titre et le commencement de chacune des 21 chansons qui le composent.
— Voy. LIVRE des chansons, RECUEIL des plus belles chansons, etc.

RECUEIL des choses aduenues en Anvers, touchant le fait de la religion, en l'an 1576, pet. in-8. de 47 ff. non chiffr. [25068]

Pièce fort rare impr. à l'époque de l'événement qui y est relaté. Vend. 52 et 41 florins (2 exempl.) Verdussen, en 1776.

RECUEIL des choses mémorables aduenues en France sous le règne de Henri II, François II, Charles IX, Henri III et Henri IV, depuis l'an 1547 jusqu'au commencement de l'an 1597; troisième édition, contenant infinies merveilles de notre siècle. *A Hesdin*, 1603, in-8. de 794 pp. sans les pièces limin. [23472]

Cet ouvrage est généralement attribué à Jean de Serres, écrivain protestant, à qui l'on a reproché d'être trop passionné. L'édition paraît avoir été imprimée à Genève. Vend. 33 fr. *mar. r. dent.* Char-din, sans avoir toujours cette valeur. La première édition de 1595 (*sans lieu ni date*), in-8., n'a que 324 ff. sans les pièces limin. et sans la table. La seconde, de *Dordrecht*, 1598, est augmentée d'une continuation pour le règne de Henri IV, jusqu'en 1597. Il y en a une autre de 1599, in-8., sans lieu d'impression. Consultez sur ce livre *Dav. Clément* IX, 413.

On attribue également à Jean de Serres : *Mémoire de la troisième guerre civile*. Voyez MÉMOIRES de l'estat de la France, sous Charles IX.

RECUEIL des choses mémorables faites et passées pour le faict de la religion et estat de ce royaume, depuis la mort du roy Henry II, jusques au commencement des troubles. 1565, et *Strasbourg, Pierre Estiard*, 1566, 3 vol. pet. in-8. [23431]

Ce recueil, connu sous le nom de *Petits mémoires de Condé*, est rare; mais comme il se trouve refondu dans l'édition des *Mém. de Condé*, en 6 vol. in-4. (voy. CONDÉ), il n'est pas bien recherché : 12 à 18 fr. Cependant un exemplaire rel. en *mar. v.*, et auquel étaient réunis deux autres volumes, a été vend. 78 fr. La Vallière. En voici la description : Tome 1er, daté de 1565 (sans nom de ville ni d'imprimeur), 5 ff. prélim. (quelquefois 13) et 883 pp. (il y en a une édition en 908 pp.) — Tome II, de janvier 1560 jusqu'en 1563. *Strasbourg, par Pierre Estiard*, 1566, 10 ff. prélim. et 781 pp.—Tome III, jusqu'en 1565. *Ibid.*, 1566, 5 ff. prélim. et 973 pp.

Volumes ajoutés :

SOMMAIRE recueil des choses mémorables que le seigneur Prince de Condé a protestées et faictes pour la gloire de Dieu, repos et utilité du royaume de France, contre les auteurs des troubles advenues depuis l'an mil cinq cens soixante jusqu'à présent. *Imprimé nouvellement*, 1564, in-16 de 576 pp.

RECUEIL de toutes les choses mémorables advenues, tant de par le roy, que par monsieur le prince de Condé, gentilshommes et autres de sa compagnie, depuis le vingt-huitiesme d'octobre mil cinq cens soixante-sept jusqu'à présent, avec le discours des guerres civiles de Flandres, 1568; ensemble la mort des sieurs comtes d'Aiguemont et de Horne, et autres gentilshommes et marchans. *Anvers*, M. D. LXVIII, pet. in-8. de 215 pp., ensuite 4 ff. contenant le *Discours des guerres civiles, etc.*

Le même volume (de l'exemplaire de La Vallière) contenait de plus :

MÉMOIRES de la IIIe guerre civile et des derniers troubles de France sous Charles IX. Le I. liure est depuis la paix de DLXVIII jusques à la mort de monsieur le prince de Condé. Le II. depuis la mort d'iceluy jusqu'à la bataille de Mongontour. Le III. de ce qui s'est faict après en diuers lieux. M. D. LXX, 8 ff. prélim. et 156 pp.

L'édition du même recueil, imprimée en 1566, en 3 vol. in-16, sous le titre d'*Histoire de notre temps, etc.*, est encore plus rare que la précédente.
— Voy. RECUEIL de pièces intéressantes.

A ces deux éditions des *Petits mémoires de Condé* doit être réuni l'article suivant :

HISTOIRE de nostre temps, contenant un recueil de choses mémorables passées et publiées pour le faict de la religion et estat de France, depuis l'édict de pacification, du 23e jour de mars 1568, jusques au jour présent (août 1570). *Imprime nouvellement*, M. D. LXX, pet. in-8. de 28 ff. prélim., 808 pp. de texte, et 4 ff. pour la table des matières.

Un recueil de dix-sept pièces, relatives au prince de Condé, et imprimé à *Orléans* et à *Paris*, en 1562 et 1563, de format in-4., est porté dans le cat. de La Vallière, en 3 vol., n° 5105, où l'on n'a décrit que onze de ces pièces. Il a été vendu 36 fr.

RECUEIL des comédies et ballets repré-

sentés sur le théâtre des petits apparte-
temens, pendant les hivers de 1747-50
(trente-neuf pièces). (*Paris*), 1750 *et
ann. suiv.*, 6 vol. in-8. [16505]

Vendu, exempl. sur VÉLIN, 82 fr. *m. r. dent. tab.* La
Valliere, et 203 fr. Mac-Carthy. Un autre exem-
plaire, 48 fr. d'Heiss, 160 fr. Thierry, et 148 fr. de
Soleinne.

RECUEIL des divers propos que dit et
teint feu tres illustre prince, messire
Françoy de Lorraine, duc de Guyse,
prononcez par luy, deuant son trepas, à
madame la ducesse sa femme... *Paris,
Jacques Kerver,* 1563, pet. in-8. de
29 pp. — Aussi *Troyes, Fr. Trumeau,*
1563, pet. in-8. [23509]

Cet ouvrage est de Lancelot de Carles, évêque de
Riez (voy. CARLES). Il a été traduit en latin sous
le titre suivant :

LANCILOTI CARLEI regiensis episcopi de Francisci
Lotharingii Guisii ducis postremis dictis et factis,
ad regem epistola, ex gallico sermone in latinum
conversa per Joannem Veterem. *Verduni, apud
Nic. Bacnetium,* 1565, pet. in-8. de 24 ff. non
chiffrés.

Quelques passages de la première édition du texte
français des *Divers propos* ayant blessé la duchesse
de Guise, l'auteur les adoucit dans une nouvelle
édition qu'il publia à Paris dans la même année,
sous ce nouveau titre :

RELATION de la blessure et de la mort du duc de
Guyse, et Lettres de l'evesque de Riez au roy, contenant les actions et propos de M. de Guyse, depuis sa blessure jusqu'à son trepas. — Voir la Bibl.
de la France, du P. Lelong, n° 32290.

Nous croyons devoir indiquer ici plusieurs pièces qui
se rapportent à la mort de François de Guyse.

1° COPIE de la lettre que monseigneur le cardinal
de Lorraine a envoyée à Mad. de Guyse, sa belle
sœur, sur le trepas de feu son frere François de
Lorraine... ensemble quelques petits œuvres moraux (en vers) sur le temps present. *Paris, Cl.
Blihart,* 1563, pet. in-8.

2° L'ORDRE des cérémonies et pompes funebres,
tenus en la ville de Paris, pour la reception du
corps de feu... prince François de Lorraine, duc de
Guyse, lequel trespassa le vingt-quatrieme jour de
feurier mil cinq cent soixante et deux, au camp
devant Orleans. *Paris, Guil. de Niverd* (s. d.), in-8.
de 32 pp. non chiffrées.

3° L'ORDRE de la pompe funebre faicte et reception et conuoy du corps de... monsieur de Guyse,
passant par la ville de Paris. *Paris, Gilles Corrozet et J. Dallier,* 1562, in-8. de 22 pp. non chiffrées.

4° SERMON funebre, proclamé par frere Jacques
Le Hongre, en l'eglise cathedrale de Nostre-Dame
de Paris, le xx mars 1562 aux obseques et enterrement du cueur de feu... Francois de Lorraine, duc
de Guyse. *Paris, Gilles Corrozet et J. Dallier,*
1563, in-8. de 36 pp. cité par le P. Lelong sous le
titre de *Vie et trepas de Francois de Guyse,* Paris,
1563, in-8.

5° SERMON funebre faict à Nancy aux obseques
de feu Monsieur Francois de Lorraine, duc de
Guise, par Bernard Dominici. *Lyon, Ambr. Du
Rosne,* 1563, pet. in-8. de 28 ff. dont un bl., sign.
A—G. 15 fr. *m. r.* Coste.

Le P. Lelong n'a pas fait mention de cette édition,
mais il en a indiqué une autre de *Reims, Foigny,*
1563, in-8. Le titre qu'il en a donné contient de
plus ces mots : *Auec la Harangue de tres noble
et tres vertueuse dame, Madame... Marie de
Stuard, reine d'Ecosse, douairiere de France,
faite en l'assemblée des Estats de son royaume
tenus au mois de may dernier passé.*

6° ORAISON funebre du même François de Lorraine, faite à Rome par Julius Pogianus, en latin et
en francois. *Reims, de Foigny,* 1563, in-16.

7° LE SAINT et pitoyable discours comme ce
bon prince, François de Lorraine, duc de Guyse,
se disposa à receuoir le saint-sacrement de l'autel
et extrême-onction, et des regrets et complaintes
que firent les capitaines et soudars après qu'il fut
decedé. *Troyes, Franç. Trumeau,* 1563, pet. in-8.
goth.

Cette pièce rare a été réimpr. dans les Mémoires de
Condé.

RECUEIL des diuerses histoires, touchant
les situations de toutes regions et pays
contenus ès trois parties du monde,
auec les particulieres mœurs, loix et ceremonies de toutes nations et peuples y
habitant, traduit de latin en françois.
Paris, Galiot du Pré, 1539, in-8.
[21328]

Une édition de *Paris, Guill. Le Bret,* 1543, in-16, a
été vendue 8 fr. Veinant.

RECUEIL des effigies des roys de France,
auec un brief sommaire des genealogies,
faits et gestes d'iceux. *Lyon, Roullant
de Neufchatel* (vers 1567), in-4. de 3 ff.
prél., 62 ff. chiffrés, plus 1 f. contenant
un *Sonnet au roy Charles neufiesme.*
[23236]

Ce livre a des portraits, des figures et des encadrements gr. sur bois qui le font rechercher. Rel. en
mar. olive, par Bauzonnet, 56 fr. Coste, et en
mar. r. 80 fr. Leber. Voir le n° 384 du 4° vol. du
catal. de cet amateur.

Un ouvrage sous le même titre, mais sous la date de
Paris, F. Desprez, 1567, aussi in-4., est porté dans
le Catal. de la Biblioth. impér. (*Hist. de France,*
tome I, p. 79, 2° col. n° 6).

RECUEIL des escritures, manifestes et articles accordés par S. A. S. de Savoye,
pour resoudre et conclure la paix, traduit mot à mot de son propre original,
d'italien, espagnol et latin en françois.
Chambery, P. Du Four, 1615, in-4.

— RECUEIL des manifestes et articles accordez par le
ser. duc de Savoye pour la resolution de la paix,
traduit d'italien et d'espagnol en francois, par Est.
Molar, gentilhomme savoysien. *Chambery,* 1615,
in-8. [25308]

Ces deux pièces, peu communes, ont été vendues,
l'une 20 fr. et l'autre 30 fr. en avril 1862.

RECUEIL des excellents et libres discours
sur l'estat présent de la France (de 1585
à 1606). *Imprimé nouvellement* (sans
lieu d'impression), 1606, pet. in-12.
[23633]

Réimpression de 11 pièces favorables à la cause de
Henri III et de Henri IV, lesquelles avaient d'abord
paru séparément, et sont aujourd'hui plus ou moins
rares. Ce sont d'abord les *Quatre excellens discours
sur l'estat present de la France,* 1595, in-12, décrits dans le catal. de La Valliere-Nyon, 22423. Le
premier de ces *discours* avait paru séparément en
1588, in-8. et en 1589, in-16 (La Valliere-Nyon,
22421-22).

Aux Libres discours sont ajoutées les pièces suivantes :
Apologie de M° André Maillart, 1588 ; *Le Fran-
cophile,* et *La Fulminante pour Henri IV contre
Charles V,* 1606 *La Maladie de la France; copie*

d'une lettre au roi, par un gentilhomme françois sur un bruit qui court que S. M. veut aller assieger Sedan. 1600, etc.

RECUEIL des exemples de la malice des femmes et des malheurs venus à leur occasion, ensemble les exécrables cruautés exercées par icelles. *Lyon,* 1596, pet. in-8. [18080]

Vend. 11 fr. Chardin.

RECUEIL des histoires romaines. Voy. tome III, col. 1111, à la fin de l'article LIVIUS.

RECUEIL des histoires troyennes. Voyez LE FEVRE (*Raoul*).

RECUEIL des historiens des croisades, publié par les soins de l'Académie des inscriptions et belles-lettres, tome I et II. Assises de Jérusalem (voyez au mot ASSISES), par M. le comte Beugnot. *Paris, Impr. royale,* 1841-42, 2 vol. in-fol. 72 fr. Tome III ou Ier des Historiens occidentaux, 1844, 2 part. 55 fr.; tome II, 1859, in-fol. 30 fr. [23043]

RECUEIL des lois de l'Assemblée nationale. Voy. DÉCRETS.

RECUEIL des masquarades et jeu de prix à la course du Sarazin, faits ce karesmeprenant, en la presence de Sa Majesté à Paris (en vers et en prose). *Paris, Guillaume Marette,* 1607, in-8. de 55 pp. [10384]

Cette pièce rare faisait partie d'un recueil décrit sous le n° 3252 du catal. de Soleinne et qui a été vendu 51 fr.

RECUEIL des meilleurs contes. Voyez CONTES.

RECUEIL des pièces de l'Hermitage. Voy. THÉATRE de l'Hermitage.

RECUEIL des pièces les plus curieuses qui ont été faites pendant le règne du connétable de Luyne. (*Paris*), 1628 ou 1632, in-8. de 600 pp. 5 à 8 fr. [23688]

Ce recueil avait déjà été imprimé en 1622 et en 1625, mais la 3ᵉ édition de 1628 est *augmentée des pièces les plus rares de ce temps.* On y trouve, à la page 528, le quatrain contre les jésuites, attribué à l'évêque de Luçon, depuis card. de Richelieu, et à la page 581, le Mot à l'oreille ; deux pièces qui sont aussi dans l'édition de 1632.

RECUEIL des plaisantes et facetieuses nouelles recueillies de plusieurs auteurs, reueues et corrigées de nouueau : auec plusieurs autres nouuelles non par cy deuant imprimées. *On les vend en Anuers, chez Gerard Spelman,* 1555, in-16. [17333]

Livre fort rare, renfermant 108 nouvelles. Il se compose de 357 pp., y compris 3 ff. prélim. Il y a de plus une table qui manquait dans l'exemplaire fort médiocre vend. 10 fr. 20 c. La Vallière. Ce doit être une nouvelle édition des *Facetieux devis.* Voy. LA MOTTE-ROULLANT.

RECUEIL des plaisants devis... Voy. ci-après, col. 1170, RECUEIL faict au vray.

RECUEIL des pièces du temps, ou divertissement curieux pour chasser la mélancolie et faire passer le temps agréablement, contenant vingt pièces burlesques et facétieuses. *La Haye, J. Strik,* 1685, pet. in-12 de 156 pp. [17872]

Vend. 6 fr. 60 c. Méon ; 18 fr. m. v. en 1814 ; 21 fr. m. r. Nodier, en 1830.

RECUEIL des pièces relatives à la procédure et au jugement de Soleyman El-Hhaleby, assassin du général Kléber ; en français, en turk et en arabe. *Au Kaire, de l'Imprimerie nationale, an* VIII, pet. in-4. 9 fr. [28383]

RECUEIL des plus anciennes chansons de l'escalade. (*sans lieu ni date*), pet. in-8. de 33 pp. [14416]

Ce recueil, qui est d'une impression moderne, contient trois chansons en langue savoyarde, et trois en langue française. La première de ces chansons a été composée fort peu de temps après la tentative que le duc de Savoie fit, le 12 décembre 1602, pour surprendre Genève ; et, selon l'éditeur du présent recueil, elle est considérée comme le morceau le plus purement écrit en langue romance savoyarde qui nous ait été conservé.

Il existe une édition des mêmes chansons sous le titre suivant :

LES CHANSONS de l'escalade faite par le Savoyard contre les murs de la ville de Genève, le 12 décembre 1602. *Amsterdam, Nic. Chevalier,* 1702, in-12, fig. (La Vallière-Nyon, 16143).

L'édition originale a dû paraître vers 1603.

RECUEIL des plus beaux airs accompagnés de Chansons à Dancer, Ballets, Chansons folatres, & Bachanales, autrement dites Vaudevire, non encores Imprimes. Auxquelles Chansons l'on a mis la musique de leur chant, afin que chacun les puisse chanter & dancer le tout à une seule voix. *Caen, chez Iaques Mangeant,* 1615, 3 part. en 1 vol. pet. in-12. [14288]

Ce volume est fort recherché, et il se trouve rarement complet. La première partie n'a que 48 ff. en tout ; la seconde, aussi sous la date de 1615, a 60 ff. et la troisième 96. Cette dernière, qui n'est point datée, porte pour titre : *Recueil des plus belles chansons des comédiens françois et recueil de chansons bachanales,* Caen, I. Mangeant (*sans date*).

Vend. complet 75 fr. Bignon ; 301 fr. mar. r. Bourdillon ; les deux premières parties, 12 fr. Le Duc, et 40 fr. Librairie De Bure ; 190 fr. mar. r. Duplessis ; 230 fr. Solar. — La troisième seule, 2 liv. 10 sh. mar. r. Heber.

Les deux premières parties ont un *Avis au lecteur,* signé Jacq. Mangeant. Voy. AIRS nouveaux et BELLONE.

L'édition des *Chansons des comédiens,* Caen, 1626, pet. in-8., portée dans le catal. Barré (et vend. 54 fr. m. r. Nodier), n'a que 80 pp., et ne contient que les 39 prem. ff. de l'édition sans date, en 96 ff., dont un bel exempl. en mar. v. a été vendu 108 fr. Nodier.

RECUEIL (nouveau) des plus beaux airs des Opera, et autres chansons nouvelles ; quatrième édition. *Paris, Ant. Raflé*, 1696, 2 vol. pet. in-12. [14293]

Ce recueil se compose de 12 parties successivement publiées ; la plupart des chansons qu'il renferme sont en français, quelques-unes en patois gascon, d'autres en latin, en espagnol, en flamand-hollandais, en anglais et en écossais. La première édition, impr. en 1690, est moins complète que celle-ci, dont un bel exemplaire rel. en *mar. bl.* par Trautz a été payé 160 fr. à la seconde vente Veinant, ce qui, selon nous, est un prix excessif.

— Recueil (nouveau) des plus beaux vers de ce temps. *Paris, Toussaint du Bray*, 1609, pet. in-8. de 16 et 136 pp. 12 à 18 fr. [13645]

20 fr. Duplessis ; 42 fr. *mar. r.* Gancia.

Réimprimé à *Lyon, chez Barthelemy Ancelin*, 1615, in-12.

Le libraire Touss. Du Bray a encore publié :

     RECUEIL des plus beaux vers des meilleurs poëtes françois, 1627 (aussi 1630), pet. in-8.

Réimprimé avec des augmentations, sous le titre de *Recueil des plus beaux vers de MM. de Malherbe, de Racan, Menard, Bois-Robert, Monfuron, Lingendes, Touvant, Motin, de l'Estoille, et autres divers auteurs des plus fameux esprits de la cour.* Paris, Picore-Mattayer, 1638, pet. in-8.

Pour un autre recueil du même genre que celui-ci, voy. DÉLICES de la poésie françoise.

RECUEIL (nouveau) des plus belles poésies. Voy. POÉSIES choisies.

RECUEIL des plus beaux vers qui ont été mis en chant, avec le nom des autheurs, tant des airs que des paroles. *Paris, Ch. de Sercy*, 1661, 3 part. in-12. [14293]

Parmi les noms cités dans ce recueil, on remarque celui de Molière, et aussi un M. de Mollière, qui figure également comme musicien à côté de Lambert et de Baptiste (Lully). 30 fr. Monmerqué ; en 1 vol. *mar. citr.* 1 liv. 7 sh. Libri, en 1859.

Le troisième volume est, nous le supposons, celui qui a pour titre : *Recueil de tous les plus beaux airs bachiques* (voy. ci-dessus, col. 1158).

L'éditeur signe B. D. B. ; Gabr. Martin le nomme M. de Bacilly.

RECUEIL des plus belles chansons de ce temps, mises en trois parties, dont la première contient les chansons musicales et d'amours ; la seconde et tierce parties contiennent les chansons rustiques et de la guerre, auec la deploration de Venus. *Lyon, par Iean d'Ogerolles*, 1559, in-16. [14267]

Petit livre fort rare : 133 fr. à Paris, en janvier 1851.

Ce doit être une réimpression d'un autre livre, non moins rare que celui-ci, et qui a pour titre :

     RECUEIL de toutes les chansons nouvelles, rustiques, musicales, comme aussi de ceulx qui sont dans la deploration de Venus. *Lyon, George Poncet*, 1555, in-16.

— RECUEIL des plus belles chansons de ce temps, tant musicales que rurales, anciennes et modernes. *Orléans, par Eloy Gibier*, 157 , in-16 de 80 ff., y compris la table.

Ce livret rare doit être une réimpression du recueil impr. à *Lyon*, en 1559 ci-dessus. Dans l'édition d'Orléans, le dernier chiffre de la date a été omis. Vend. en *mar. bl.* 90 fr. Nodier.

Une autre édition, portant le même titre et sous la date de 1580, in-16. 3 fr. Méon, et 62 fr. en *mar. bl.* en 1841. — Voyez col. 1160 , RECUEIL de plusieurs chansons.

— Recueil des plus belles chansons et airs de cour nouvellement imprimés. *Paris, Ve Oudot*, 1724, in-12.

Recueil de petits cahiers publiés sous diverses dates : 43 fr. G. Duplessis. — Un autre recueil sous le même titre collectif, mais à la date de *Paris, Ve Nic. Oudot*, 1726, in-12, 23 fr. 50 c., même vente. D'autres recueils, composés également de petits cahiers, sous diverses dates, sont portés sous les nos 488, 489, 491 et 494 du catalogue de G. Duplessis, aux prix de 15 à 28 fr. chacun.

RECUEIL des plus belles et excellentes chansons. Voy. CHARDAVOINE.

RECUEIL des plus belles pièces des poëtes françois, depuis Villon jusqu'à Benserade (choisies par Fontenelle), avec la vie de chaque poète. *Paris, Cl. Barbin*, 1692, 5 vol. pet. in-12, 15 à 20 fr. [13169]

Un exemplaire en *mar. r.* 79 fr. Solar.

Livre connu sous le titre de *Recueil de Barbin*, parce que les notices qui en font partie passent pour être l'ouvrage de Fr. Barbin, fils du libraire. Cependant, sur le titre de la réimpression du même recueil, *Amsterd., G. Gallet*, 1692, également en 5 vol. pet. in-12, ces notices sont attribuées à l'auteur des *Mémoires et Voyages d'Espagne* (que l'on sait être Mad. d'Aulnoy). Ajoutons qu'un exemplaire de l'édit. d'*Amsterdam*, non rogné et rel. en *mar. r.* par Trautz-Bauzonnet, a été vendu 253 fr. Veinant, en 1860, bien qu'un exemplaire ordinaire ne puisse guère être estimé au-dessus de 20 ou 25 fr.

— Le même, avec des augmentations. *Paris, Dessain et Saillant*, 1752, 6 vol. pet. in-12.

Il y a des exemplaires en Gr. Pap. de Hollande, qui sont rares et assez recherchés ; vend. 48 fr. *v. f. tr. d.*, en 1813, et moins depuis.

RECUEIL des plus excellents ballets de ce temps. *Paris, Toussaint Du Bray*, 1612, in-8. de 4 ff. prélim., 201 pp. et 3 ff. non chiffr. [10387]

Volume curieux et assez rare, bien décrit dans le catal. de Soleinne, no 3254, où il est porté à 27 fr. Vend. depuis 50 fr. Bertin.

RECUEIL des plus excellens vers satyriques. Voy. CABINET satyrique.

RECUEIL des propheties et reuelations tant anciennes que modernes. *Paris, Gilles Robinot*, 1563, in-16. [9018]

20 fr. *v. br.* Thesaurus de Tross, 1592.

— RECUEIL des prophéties et révélations tant anciennes que modernes, contenant un sommaire des révélations de saincte Brigide, saint Cyrille et plusieurs saincts et religieux personnages. *Troyes, par Pierre Du Ruau* (vers 1620), pet. in-8.

RECUEIL des prophéties et songes prophétiques concernant les temps présents et servant pour un éclaircissement de la prophétie de Nostradamus, le tout recueilli par un docteur en médecine réfugie à Amsterdam (J. Massard). *Amsterdam*, 1691, 4 part. en 1 vol. pet. in-12.

Ce recueil est formé de la réunion en un seul volume, sous un nouveau titre, de quatre pièces qui avaient d'abord été publiées séparément, savoir : 1° *Harmonies des prophéties anciennes et modernes.... sur les souffrances de l'Eglise*, Cologne, P. Marteau, 1686 ; — 2° *Explications de quelques songes prophétiques qu'il a plu à Dieu d'envoyer à quelques dames réfugiées, par J. Massard*, Amsterd., 1691 ; — 3° *Remarques curieuses sur plusieurs songes, etc.*, 1690 ; — 4° *Brièves remarques sur le songe de la reine d'Angleterre et celui de madame La Valliere*, 1691. Pour ces deux dernières pièces, voy. REMARQUES curieuses. Le recueil entier, 40 fr. *vélin*. Salmon.

Le Bulletin de M. Techener, 1860, pages 999 et suiv., donne une note curieuse sur l'auteur de ce recueil et sur plusieurs de ses autres écrits.

RECUEIL des principaux tiltres concernant l'acquisition de la propriété des masures et place où a este bastie la maison (appellée vulgairement l'Hostel de Bourgogne) sise en cette ville de Paris ès rues de Mauconseil et Neufve Saint-Francois, faicte par le doyen, maistres et gouverneurs de la confrérie de la Passion et Resurrection de N. S. Jesus-Christ... le 30 aoust 1548... pour eux et leurs successeurs... à l'encontre des convices et calomnies theatrales... des soydisant comediens du roy, accusans tres faussement les dits doyen, maistres et gouverneurs et confreres, d'estre usurpateurs d'iceluy Hostel de Bourgogne. *Paris*, 1634, in-4. [16190]

Ce recueil se rapporte également à l'histoire de Paris et à celle du Théâtre-Français. 27 fr. Leprevost, en décembre 1857.

RECUEIL des statuts, ordonnances, reiglements, antiquités, prérogatives et préeminences du royaume de la Bazoche, ensemble, plusieurs arrets donnez pour l'establissement et conservation de sa juridiction ; nouvelle édition, augmentee de plusieurs arrets et mise en meilleur ordre, le tout adressé a M. Boyvinet, cydevant chancelier en icelle. *Paris, Cardin Besongne*, 1654, in-8. de 122 pp. [2623]

Petit recueil singulier : 17 fr. *mar. r.* en 1802 ; 29 fr. de Soleinne ; 24 fr. Coste, et 15 fr. (sous la date de 1655) Hérisson. Impr. d'abord sous la date de *Paris, Bonjean*, 1644, in-8.

RECUEIL (le) des triomphes et magnificences qui ont esté faictes au logis de Monseigneur le duc d'Orléans, frere du roy, estant à Fontainebleau au festin qu'il feit le lundy gras dernierement XIIII° iour de feburier. *Imprimé à Troyes chez François Trumeau (sans date)*, pet. in-8. goth. de 20 ff. [10384]

Cette pièce, où se trouvent des vers composés par Ronsard, doit être de l'année 1564, dans laquelle le lundi gras tombait le 14 février. Elle est rare.

RECUEIL des voyages qui ont servi à l'établissement et aux progrès de la compagnie des Indes orientales, formée dans les provinces-unies des Pays-Bas (rédigé par R.-A. Constantin de Renneville). *Amsterdam*, 1725, 6 vol. in-12, fig. 18 à 24 fr. [20659]

Dans cette édition conforme, pour les cinq prem. volumes, à celle de 1716, est ajouté le *Voyage de Gauthier Schouten*, formant le 6° vol. et qu'on partage en 2 tom. Celle d'*Amsterd.*, 1754, 6 tom. en 12 vol. in-12, nous paraît être la même que la précédente, avec des titres nouveaux.

Il y a une première édition d'*Amsterdam*, 1702 ou 1710, 5 vol. pet. in-8. fig., à laquelle il faut joindre le Voyage de Schouten, impr. en 1708 et en 1724. On fait peu de cas de l'édition de *Rouen*, 1725, 12 vol. in-12, y compris le Voyage de Schouten.

RECUEIL (nouveau) d'idées pour la décoration des jardins. Voyez MAGASIN d'idées.

RECUEIL et eslite de plusieurs belles chansons. Voy. WALCOURT (de).

RECVEIL faict au vray de la chevavchée de lasne faicte en la ville de Lyon, et commencée le premier iour du moys de septembre mil cinq cent soixante-six, avec tout l'ordre tenu en icelle. *Lyon, Guil. Testefort*. (sans date), in-8. de 40 pp. [17821]

Cette facétie allégorique en prose et en vers, est fort rare : vend. 19 fr. *mar. r.* Méon ; 33 fr. La Mesangère ; 99 fr. *mar. r.* de Soleinne.

La réimpression qui en a été faite à Lyon, *impr. de Barret*, 1829, in-8. de 3 feuilles et demie (le dernier feuillet blanc), n'a été tirée qu'à cent exemplaires, et ne se vend pas. L'avis des éditeurs, daté de Lyon, le 1er avril 1829, est signé B. D. P., lettres initiales des trois éditeurs, MM. Breghot du Lut, Duplessis et Péricaud, lesquels ont ajouté des notes à la fin de l'opuscule.

— Recueil de la chevauchée, faicte en la ville de Lyon le dix-sept novembre 1578, avec tout l'ordre tenu en icelle. *Lyon, par les Trois Supposts*, pet. in-8. de 24 pp. en tout.

Cette édition originale est fort rare. (Vend. 90 fr. Bignon ; 84 fr. *mar. r.* Nodier ; 220 fr. Baudelocque) ; mais l'ouvrage a été réimprimé comme le précédent à Lyon, *impr. de Barret*, 1829, in-8. de 32 pp., par les soins des mêmes éditeurs, et également tiré à cent exemplaires. La même pièce se trouve aussi réimprimée dans le second volume de la *Collection des dissertations, etc.*, publ. chez Dentu. — Voy. NOIROT.

A la p. 11 de ce livret singulier, commence la *Farce des trois Supposts de l'Imprimerie* dont il est question dans la *Biblioth. du théâtre françois*. I, 219. — Nous citerons encore les suivantes, qui se rapportent aux *Supposts de l'Imprimerie*, et qui ne sont pas moins rares que la précédente :

LES PLAISANTS DEVIS des suppots du seigneur de la Coquille, recités publiquement le 21 février 1580, *Lyon*, in-8. (catal. de La Valliere par Nyon, n° 15452).

Les pièces ci-après font suite à celle-ci, savoir :

1° LES PLAISANS devis des suppots du seigneur de la Coquille, recites publiquement le deuxieme may, l'an mil cinq cents huictante un. 8 pp.

<hr />

Recueil d'observations astronomiques, 8323.
Recueil du clergé, 3250

2° LES PLAISANS devis des suppots du seigneur de la Coquille, extraits la plus part des act. de A. Z., recitez publiquement le dixneufiesme de febvrier, l'an mil cinq cents huictante quatre. 8 pp.

3° LES PLAISANS devis en forme de coq-à-l'asne, recitez par les suppots du seigneur de la Coquille, en l'an 1589. 16 pp.

4° AUTRES... recitez le huictiesme mars 1593. 8 pp.

5° AUTRES... recitez le dimanche 6 mars 1594. Lyon, par le seigneur de · la Coquille, in-8. de 12 pp. 140 fr. Solar, mar. r.

Un exemplaire de ces différentes pièces, copie figurée sur VÉLIN, a été acheté 50 fr. à la vente de Soleinne, et figure sous le n° 12105 de la collection lyonnaise de M. Coste. D'après le catal. de Soleinne, n° 809 la dernière de ces pièces qui, dans l'imprimé (catal. des manuscrits de Villenave, 1850, n° 1161), a 12 pp. (peut-être 12 ff.), en aurait 27 dans la copie manuscrite.

COLLOQUE des trois suppots du seigneur de la Coquille : où le char triomphant de Mgr. le Daufin (depuis Louis XIII) est représenté par plusieurs personnages, figures, emblèmes et énigmes. Lyon, par les Supposts de l'Imprimerie, 1610, pet. in-8. de 43 pp., sign. A–E.

Cette dernière pièce est de Louis Garon, écrivain Lyonnais, dont nous citons d'autres ouvrages (voy. GARON) et sur lequel M. Péricaud a donné une notice curieuse dans ses Variétés histor. et littér. Lyon, 1836, in-8., pp. 81 et suiv. Elle a été vendue 51 fr. de Soleinne.

RECUEIL des plaisans devis récites par les suppots du seigneur de la Coquille. Lyon, Scheuring, imprimerie de Perrin, 1857, 8 part. en 1 vol. pet. in-8., 9 fr.

Jolie réimpression des différents pièces ci-dessus. Elle a été faite par les soins de M. J.-B. Monfalcon, et il en a été tiré quatre exemplaires sur VÉLIN, dont un est porté à 140 fr. dans le catalogue de la librairie Tross, 1862. (Autre édit., Lyon, 1862), pet. in-8.

RECUEIL general des caquets de l'accouchée; ou discours facecieux, où se voit les mœurs, actions, & façons de faire des grands & petits de ce siècle : le tout discouru par Dames, Damoiselles, Bourgeoises, & autres ; et mis par ordre en viij apresdisnées, qu'elles ont faict leurs assemblées, par un Secretaire qui a le tout ouy & escrit. Auec un discours du releuement de l'Accouchée. Imprime au temps de ne se plus fascher (Paris), 1623, pet. in-8. [17857]

Ouvrage singulier, assez piquant, où se trouvent des allusions aux affaires, et des détails très-propres à faire connaître les mœurs de la classe moyenne de la société à l'époque où il parut. Il en a été fait nombre d'éditions, mais celle de 1623 est la plus recherchée de toutes : elle a 200 pp. précédées de 4 ff. qui contiennent un frontispice gravé, un titre impr., un avis au lecteur et des vers de l'auteur anonyme. Vend. 38 fr. mar. v. By, et jusqu'à 180 fr. (très-bel exempl.) Duriez ; 191 fr. Pixerécourt (avec une pièce en vers intitulée Les anti tablettes, en 16 pp. y compris le titre, mais qui n'a pas de rapport aux Caquets) ; un exempl. moins beau ne s'est payé que 45 fr. chez Duriez.

l a paru, en 1624, deux réimpressions de ce vol. pet. in-8., qui n'ont guère moins de valeur que l'édition précédente : l'une contient 3 ff. prélimin. et 198 pp., et peut-être un frontispice gravé, qui ne se trouvait pas dans l'exemplaire porté dans le catal. Canazar, n° 767 ; l'autre de 180 pp., non compris les ff. prélimin. ni le frontispice gravé. C'est de cette dernière qu'un bel exempl. rel. en mar. r. dent., et auquel on avait ajouté une grande

planche représentant la chambre de l'accouchée, a été vendu 56 fr. Méon et 43 fr. By.

M. Hubaud, de l'Académie de Marseille, nous a fait connaître une troisième réimpression : Imprimé au temps de ne se plus fâcher. M. DC. XXIIII, pet. in-8. ayant 184 pp. de texte, précédées de 4 ff. limin., contenant un frontispice gravé représentant la chambre de l'acccouchée, un titre imprimé, un avis au lecteur curieux et des vers de l'autheur. Peut-être est-ce l'édition de 1625, avec le millésime de l'année précédente, édition citée à la p. xxx de celle de 1855. C'est le texte de cette édit. de 1625 qu'a reproduit la réimpression faite à Metz, en 1847, en petit in-8. carré, tirée à soixante-seize exemplaires seulement, dont deux sur VÉLIN. L'éditeur y a joint une notice signée des initiales L. ll. F.

Citons encore les éditions de Poitiers, par Abr. Mounin, 1630, pet. in-8. — de Troyes, Claude Briden ou Nic. Oudot, 1630, pet. in-8. de 94 ff. non chiffrés et 2 ff. prélimin. (sous le titre de Recueil général des quaquets (sic), vend. 17 fr. 50 c. en 1841); — de Troyes, Denis Clément (sans date), pet. in-8. de 95 ff. non chiffrés, sign. a—m; — de Troyes, Nic. Oudot (sans date), pet. in-8. de 2 et 72 ff. non chiffrés. Elles ont toutes quelque valeur lorsqu'elles sont bien conservées. 10 à 20 fr.

Les huit pièces dont se compose ce recueil avaient d'abord paru séparément, en 1622, dans l'ordre suivant : 1° Le caquet de l'accouchée, 24 pp. ; 2° La seconde apresdisner, 32 pp.; 3° La troisieme apres disner, 32 pp. ; 4° La reponse aux trois caquets, 16 pp. (c'est la 6ᵉ journée dans les éditions collectives) ; 5° La derniere et certaine journée du caquet, 24 pp. (c'est la 4ᵉ dans les édit. collectives) ; 6° Passe partout du caquet des caquets, 32 pp. ; 7° Le dernier apres disner, et aussi sous ce titre : Les dernieres paroles, ou le dernier adieu de l'accouchée, 32 pp. ; Relevement de l'accouchée, 16 pp. On y ajoute plusieurs autres pièces plus ou moins analogues à celles-ci, et particulièrement L'anti caquet de l'accouchée, 1622, pièce de 22 pp. (et aussi en 14 pp.) qui a été réimpr. la même année, sous le titre de Suite des actions du temps, et sous celui de Commentaires de César, en 14 pp. seulement. — Les actions du temps, 1622, in-8. de 16 pp., tel est le titre de la pièce à laquelle celle-ci fait suite. — La réponse des dames et bourgeoises de Paris au caquet..., par mademoiselle E. D. M., Paris, chez l'imprimeur de la ville, 1622, de 16 pp. (même pièce que la 6ᵉ journée, édit. de 1623, mais avec des différences). — La sentence par corps obtenue par plusieurs femmes de Paris contre L'auteur des caquets..., Paris, chez le baron de l'artichaud..., 1622. — Les caquets des femmes du fauxbourg Mont-Martre; auec la reponce des filles du Fauxbeurg (sic) Sainct-Marceau, Paris, Guill. Grattelard, rue des Poyreaux, vis-à-vis de la citrouille, à l'enseigne des trois navets, 1622, de 15 pp. — Les Essais de Mathurine (sans date), 16 pp. Ces différentes pièces se trouvent quelquefois réunies en un seul volume ; le prix en varie selon que le recueil est plus ou moins complet. Vend. (en 15 pièces) 36 fr. La Valliere, et 103 fr. Pixerécourt ; en 18 pièces, 191 fr. Mac-Carthy, et 296 fr. (311 fr.) Labédoyère.

— Les Caquets de l'accouchée; nouvelle édition, revue sur les pièces originales et annotée par M. Edouard Fournier, avec une introduction par M. Le Roux de Lincy. Paris, Pierre Jannet, 1855, in-16. 5 fr.

Édition la meilleure que nous ayons de cette ingénieuse facétie. On y a suivi le texte des pièces originales, en y joignant les principales variantes de l'édition collective de 1623, et en ajoutant aux huit pièces principales l'Anti-caquet, les Essais de Mathurine, et la Sentence par corps. L'introduction, qui occupe les pp. v à XXXII, est suivie d'un appendice composé de plusieurs pièces en prose et en vers, p. xxx à xlvii. Une bonne table analytique termine le volume.

RECUEIL général des chansons du capitaine Savoyard (Pilipoar dit *Philippe*), par luy seul chantées dans Paris. *Paris, Jean Promé*, 1645, in-12. [14315]

Voici un autre recueil qui paraît faire suite au précédent:

Recueil nouveau de chansons du Savoyard par luy seul chantées dans Paris. *Paris, la veuve J. Promé*, 1656, in-12 de 132 pp. y compris la table.

Réimprimé à Paris, chez la même veuve Promé, 1661 (aussi 1665), pet. in-12 de 128 pp. et 2 ff. de table, et probablement encore sous d'autres dates. 95 fr., *mar. r.*, Veinant, sans avoir cette valeur.

Ces chansons populaires, qu'on ne rencontre que fort rarement aujourd'hui, sont tout à fait dans le genre de Gaultier Garguille, et elles n'ont pas eu moins de vogue que ces dernières. Il vient d'en paraître une nouvelle édition à Paris (chez J. Gay, 1862), faite sur celle de 1665, et augmentée d'un avant-propos, par M. A. Percheron; c'est un vol. petit in-12 tiré à cent exemplaires numérotés. 10 fr.

— Voir l'article ORGIE.

RECUEIL général des pièces concernant le procèz entre la demoiselle Cadiere, de la ville de Toulon, et le père Girard, jésuite, recteur du séminaire royal de ladite ville. (*Aix, Jos. David*), 1731, 2 vol. in-fol. [2736]

Il faut réunir à ces deux volumes différentes pièces imprimées séparément, de format in-fol., et principalement: 1° *Extrait des registres du parlement d'Aix*; 2° *Motifs des juges du parlement de Provence qui ont été d'avis de condamner le P. Girard*, pièces dont il y a une 3° édit. de 1733, in-fol.; 3° *Lettres écrites d'Aix... pour servir de réponse aux Motifs... par M. de M.* (Ant. Barrigue de Montvallon). Toutefois, ce recueil n'a guère de prix que quand il renferme les planches gravées à l'eau-forte qui ont été publiées en Hollande sous le titre suivant:

Histoire du père J.-B. Girard, jésuite, et de la demoiselle Marie-Catherine Cadiere; divisée en 32 planches, contenant les faits principaux mentionné (*sic*) au procès...

Vend. avec ces 32 pl. 30 fr. Morel-Vindé, 90 fr. Bergeret, et avec les mêmes planches coloriées, 120 fr. Baudelocque. Le même recueil a été reproduit *sur l'imprimé à Aix, par David*, 1731, 5 vol. in-12, et aussi à La Haye, 1731, 8 vol. in-12, y compris le *Nouveau Tarquin*, comédie allégorique (voy. NOUVEAU TARQUIN).

RECUEIL général de questions traitées ès conférences du bureau d'adresse, sur toutes sortes de matières, par les plus beaux esprits de ce temps; 2° édition, corrigée et augmentée. *Paris, L. Chamhoudry*, 1656 et ann. suiv., 5 vol. in-8. [19415]

Recueil de dissertations sur des sujets singuliers et curieux. Il a été commencé en 1633 et continué jusqu'en 1642, sous la direction de Théophraste Renaudot, lequel a eu pour principaux collaborateurs ses deux fils, Isaac et Eusèbe. La prem. édition contenant IV centuries jusqu'en 1641, a été impr. à Paris, en 1638 et ann. suiv., en 4 vol. in-4., auxquels

Recueil général des opéras, 16543. — de proverbes, 16570. — des estats, 24059.

se réunit un 5° vol. impr. à Paris, chez *Guill. Loyson*, en 1655. Cette même année a paru, chez *Jean Promé*, le prem. vol. d'une édition in-8, dont le 5° tome est de 1660. C'est cette édition de 1655, qui est portée sous le n° 2575 du catal. de M. Leber, où on a eu soin de rapporter les titres des questions les plus piquantes qui sont traitées dans ces cinq gros volumes. — L'édition de 1655 n'a été vend. que 1 fr. 20 c. chez Barré, en 1744; mais celle de 1656 est portée à 20 fr. dans la catalogue Baron (1788). Une édit. de *Lyon, Ant. Valencol*, 1666, 7 vol. in-12, est dans le catal. de La Vallière, en 2 vol., n° 3772. La note de M. Leber contribuera probablement à tirer de l'oubli ce recueil devenu assez rare.

RECUEIL nouveau des plus belles chansons et airs de cour de ce temps... sur la paix et le mariage du roy et de la reyne et leur entrée à Paris, pour resjoyr les mélancoliques. *Paris, V° Promé* (vers 1660), pet. in-12 fig. sur le titre. [14293]

65 fr., *mar. vert*, Veinant.

RECUPERO (*Giuseppe*). Storia naturale e generale dell' Etna. *Catania*, 1815, 2 vol. in-4. fig. 30 fr. [4643]

REDDITION (la) de Carentan, faicte le lundy xxiij de juing, par Mgr de Matignon, lieutenant général, pour le roy en la Basse-Normandie, auec les articles de la capitulation; le tout subiugué et mis en l'obéissance du Roy par le dict Seigneur pour tous endroicts de la même prouince. *Rouen, Martin le Mesgissier*, 1574, pet. in-8. de 12 ff. [24356]

Imprimé aussi à *Paris, Michel Buffet*, 1574; — au *Mans, Hierosme Olivier*, 1574; — à *Lyon, G. Martin*, 1574, pet. in-8.

REDDITION de la ville d'Amiens à S. M., le 25 septembre 1597. *Lyon, Th. Ancelin*, 1597, in-8. de 21 pp. [22441]

La prise et la reprise d'Amiens en 1597, sont des événements qui ont donné lieu à la publication de plusieurs petits écrits indiqués dans la Bibliothèque de la France, n°° 19691 — 98, et suppl. 19694, où pourtant ne se trouve pas celui-ci (vend. 16 fr., Coste). Voir le catal. rédigé pour la vente de M. Coste de Lyon, n°° 2104 à 2109.

REDI (*Franc.*). Tutte le sue opere accresciute; e migliorate in questa nuova edizione. *Napoli*, 1741-42, 6 vol. in-4. fig. 15 à 24 fr. [6211]

Il y a une édition de *Venise*, 1742-45, 7 vol. pet. in-4. fig., et plusieurs autres réimpressions de *Venise ou de Naples*, qui ne méritent pas une mention particulière. — Celle de *Venise, Gabr. Hertz*, 1712, 9 vol. in-4., est celle que cite le Vocabulaire de La Crusca.

L'édition de *Milan*, 1809-11; 9 vol. in-8. fig., fait partie de la collection des classiques italiens.

Les ouvrages de cet auteur avaient déjà paru séparément sous les titres suivants: *Osservazioni intorno alle vipere*, *Firenze*, 1664 ou 1686, in-4.

Recueil périodique d'observations de médecine, 7445-46.

Recueil précieux de la maçonnerie, 22508.

Reden (le baron F. de). Empire britannique, 26768.

Redhouse (*W.*). Grammaire de la langue ottomane, 11695.

— *Lettere sopra alcune opposizioni fatte alle osservazioni intorno alle vipere,* 1670 ou 1685, in-4. — *Esperienze intorno a diverse cose naturali e particolarmente a quelle che ci son portate dall' Indie,* Firenze, 1671 ou 1686, in-4. : un exempl. en Gr. Pap. *mar. citr.* 1 liv. 1 sh. Libri. — *Esperienze intorno alla generazione degl' insetti,* Firenze, 1668, ou 5ᵉ édition, 1688, in-4. fig. — *Osservazioni intorno agli animali viventi,* Firenze, 1684, in-4. fig. — *Lettera sopra l'invenzione degli occhiali,* Firenze, 1678 ou 1690, in-4. — *Lettere familiari,* Firenze, 1724-27, 2 vol. in-4. — 2ᵉ édit., *ibid.,* 1779, 3 vol. in-4., le 3ᵉ vol. est daté de 1795. [18885] — *Lettere (per la prima volta date a luce da D. Moreni),* Firenze, 1825, in-8.
Une partie des ouvrages de Redi ont été traduits en latin, et impr. de format pet. in-12, sous ce titre : *Fr. Redi opuscula (naturalem historiam spectantia),* Lugd.-Batav., 1729, 3 vol.

— Poesie toscane. *Firenze, Ciardetti,* 1822, in-8. pap. vél. 5 fr. [14576]
Il y a des exempl. avec un titre en rouge et noir.

— Bacco in Toscana, ditirambo con annotazioni. *Firenze, Matini,* 1685, in-4. [14991]
Bonne édition de ce célèbre dithyrambe ; le texte y occupe 46 pp. et les notes 264 : 5 à 6 fr. Il s'en trouve des exemplaires en Gr. Pap. L'édition de *Florence,* 1691, quoique également bonne, vaut quelque chose de moins.

— Bacco in Toscana. *Pisa, Capurro,* 1820, in-fol.
Édition de luxe. Un exemplaire impr. sur VÉLIN se trouvait dans la biblioth. du comte Boutourlin ; il est porté seulement à 8 fr. dans la première partie du catal. de ce comte russe, édit. de Paris, nº 1294.

— Sonetti del sign. Franc. Redi aretino. *Firenze, Ant. Bigonei,* 1702, in-fol. fig. 5 à 6 fr. [14990]
Vend. 19 fr. *mar. viol. tab. dent.* de Boisset.
Réimpr. *Firenze, G. Manni,* 1703, in-12.

REDI, Soldani, Salvator Rosa e Menzini : ditirambici e satirici. *Venezia, Zatta,* 1789, in-12, fig.
Un exemplaire impr. sur VÉLIN, 72 fr. Mac-Carthy.

REDON (*Gilles* de). La musique angelique toute nouuelle de salue regina. (à la fin) : *Cy finit la musiq̃ angeliq̃ toute nouuelle de Salue Regina faicte z composee a Paris : par ung frere mineur et cordelier nomme Frere Gilles de Redon, docteur en Theologie* (de 1530-40), pet. in-4. goth. de 10 ff., avec une fig. sur bois au titre. [13396]
Pièce en vers de 8 syllabes.

REDOUET (*Math.* du). Le nouveau monde. Voyez VESPUTIO.

REDOUTÉ (*Pierre-Jos.*). Les Liliacées (décrites par M. de Candolle, pour les tomes I à IV ; F. de la Roche, pour les tomes V à VII, et par A. Raffeneau-Delile, pour le tome VIII). *Paris, l'auteur, an* VIII, 1802-16, 8 vol. gr. in-fol. pap. vél. fig. color. [5430]
Cet ouvrage, un des plus beaux que nous ayons en

ce genre, a paru en 80 livraisons de 6 planches, à 40 fr. chaque livraison. (Vend. complet 411 fr. Rosny ; 570 fr. de Jussieu ; 325 fr. de Martainville). On en a tiré 20 exemplaires sur papier colombier, avec quelque différence dans le texte, et avec les pl. retouchées au pinceau par l'auteur : prix, 80 fr. par livraison. Il a aussi été tiré sur VÉLIN un exemplaire auquel ont été joints les dessins originaux. On a dit que ce livre précieux avait été acquis au prix de 84,000 fr. par l'impératrice Joséphine.

— CHOIX des quarante plus belles fleurs tirées du grand ouvrage des Liliacées peintes par P.-J. Redouté, pour servir de modèle aux personnes qui se livrent au dessin ou à la peinture des fleurs. *Paris, Bossange père* (1824), gr. in-fol. 100 fr.
Publié en dix livraisons.

CHOIX des plus belles fleurs prises dans différentes familles du règne végétal, de quelques branches des plus beaux fruits (groupées quelquefois, et souvent animées par des insectes et des papillons). *Paris, Panckoucke,* 1827-32, gr. in-4. pap. vél. [4961]
Très-bel ouvrage publié en 36 livr. de 4 pl. Chaque livr. 12 fr. — gr.i n-fol. 24 fr. — En 1833 on y a ajouté un texte rédigé par Ant. Guillemin. Un exemplaire complet, in-fol., 140 fr. Louis-Philippe ; 116 fr. Busche.

— COLLECTION de jolies petites fleurs choisies parmi les plus gracieuses productions de ce genre... D'après les dessins de P.-J. Redouté. *Paris, Emile Lecomte,* 1835, in-4., contenant 48 pl. 60 fr.

— Les Roses, peintes par P.-J. Redouté, décrites et classées selon leur ordre naturel par Cl.-Ant. Thory. *Paris, l'auteur.* (impr. de Firm. Didot), 1817-24, 3 vol. gr. in-4. [5503]
Ouvrage de la plus grande beauté, et qui a mis le comble à la réputation du peintre. Il s'est publié en 30 liv. de 6 pl. chacune, au prix de 600 fr. (200 à 250 fr. ;— gr. in-fol., 1200 fr. (365 fr. Pixérécourt). Il existe 5 exemplaires de cette édition tirés sur du pap. de couleur, ornés de deux suites de figures, l'une en noir et tirée sur le même pap. que le texte, l'autre coloriée, et sur pap. vél. blanc ; 352 fr. salle Silvestre, en 1841. Il y a aussi des exemplaires avec le texte traduit en anglais.
Les 170 dessins originaux peints sur VÉLIN se trouvent annoncés dans le catalogue de la biblioth. de Rosny.

— Les mêmes. *Paris, Panckoucke,* 1824-26, 3 vol. gr. in-8. avec 160 fig. en couleur, publiées en 40 livr., au prix de 140 fr. réduit à 42 fr.

— Les mêmes, 3ᵉ édition, publiée sous la direction de M. Pirolle. *Paris, Dufart,* 1828-30, 3 vol. gr. in-8., avec 180 pl. en couleur. Prix réduit à 60 fr.
Édition faite avec plus de soin que la seconde, et qui renferme des augmentations.
Cl.-Ant. Thory, auteur du texte du grand ouvrage sur les roses, a donné aussi :
PRODROME de la monographie des espèces et variétés connues du genre Rosier, divisées selon leur ordre naturel, avec la synonymie, les noms vulgaires, une table synoptique et deux planches. *Paris, Dufart* (imprim. de Didot l'aîné), 1820, in-12. 6 fr.
— CHOIX de soixante roses. *Paris, l'auteur,* 1836, in-4. 60 à 75 fr.
Publié en 15 livr. et avec une introduction signée *Jules Janin.*
LE BOUQUET royal, œuvre posthume de P.-J. Redouté. *Paris,* 1843, in-fol., contenant seulement 4 pl. (*Rosæ*), une préface et le portr. de Redouté.

— BOTANIQUE de J.-J. Rousseau. Voyez ROUSSEAU. Plantes grasses, etc. Voyez CANDOLLE (de).

REDTENBACHER (*Ludwig*). Fauna austriaca. — Die Käfer. — Nach der analytischen Methode bearbeitet. *Wien, Gerold*, 1857, gr. in-8. 24 fr. [8164]

REDUCTION (la) du Havre de Grace, par le roi Charles neufiesme de ce nom. *Rouen* (*Martin le Megissier*), 1563, pet. in-4. de 8 pp.

REED (*Is.*). Voy. SELECT collection.

REES. The new Cyclopædia ; or universal dictionary of arts, sciences, and literature, formed upon a more enlarged plan of arrangement than the dictionary of Chambers ; comprehending the various articles of that work, with additions and improvements, by Abraham Rees. *London*, 1802 et 1819-21, 45 vol. gr. in-4. fig. [31859]

L'Encyclopédie de Rees est la meilleure et la plus étendue des anciennes Encyclopédies anglaises (voy. ENCYCLOPÉDIE). Elle se compose de 85 part., y compris le supplément et les tables, et on la relie en 45 vol. Chaque partie a coûté 20 sh., et en Gr. Pap., 36 sh. ; mais le prix en a été considérablement réduit.

REESENDE. Voy. RESENDE.

REEVE (*Lovell*). Conchologia systematica, or complete system of conchology, in which the lepades and conchiferous mollusca are described and classified according to their natural organisation and habits. *London*, 1842, 2 vol. in-4. 8 liv. [6114]

Ouvrage orné de 300 pl. coloriées, les mêmes que celles des *Genera of recent and fossil shells* de J. Sowerby (ci-après). Il a été publié en 12 livr.

— Conchologia iconica, or figures and descriptions of the shells of molluscous animals, with critical remarks on their synonyms, affinities, and circumstances of habitalion. *London, Reeve*, 1856, 20 part. pet. in-4. [6127]

Ces 20 parties renferment 192 pl. donnant 1535 fig. color. L'ouvrage se vend aussi par monographies séparées dont le catalogue du libraire Reeve donne la nomenclature par ordre alphabétique.

REEVE (*Will.*). Dictionary english and carnataca. *Madras, printed at the college press*, 1824, 2 part. in-4. de LXI et 1204 pp. 3 liv. 3 sh. [11807]

— Dictionary carnataca and english.

Redtenbacher (*F.*). Theorie der Wasserräder, 8163.
Reech (*M.*-*F.*). Effets dynamiques de la chaleur, 8105. — Mémoire sur les machines à vapeur, 8508.
Reedtz (M. de). Répertoire, 2388.
Rees (*W.*-*F.*). Cambro-british saints, 22073. — On the welsh saints founders of churches in Wales, 22073.
Reeves (*J.*). English law, 3037.

Madras, printed at the government press, 1832, in-4. de VIII et 1468 pp.

RÉFLEXIONS curieuses. Voy. SPINOSA. — sur la miséricorde de Dieu. Voy. LA VALLIERE. — philosoph. sur l'origine des langues. Voy. MAUPERTUIS. — sur les moyens dont les plus grands princes se sont servis pour gouverner. Voy. NAUDÉ. — sur les sentimens agréables. Voy. LEVESQUE de Pouilly. — sur quelques parties d'un livre intitulé : De l'Esprit des lois. Voy. DUPIN.

REFORMACION des bayrischen Lanndrecht nach Cristi unsers Hailmachers Geburde im fünftzehenhundert unnd achtzehendin Jar aufgericht. *München*, 1518, in-fol. 204 ff. en rouge et noir. [3035]

Un exemplaire imprimé sur VÉLIN, 199 fr. 2ᵉ vente Quatremère ; 4 liv. Libri, en 1859. A cette dernière vente se trouvaient les deux ouvrages suivants sur les anciennes coutumes de Bavière, également impr. sur VÉLIN.

DAS BUECH der gemeinen landpot, landsordnüng, sitzung und Gebreüch des Fürstennthümbs in Obern und Nidern Bairn im fünftzehnhündert und sechtzehendem Jar aufgericht. *München*, 1520, in-fol. goth. rouge et noir, avec gravures sur bois. 4 liv. 15 sh. — Van Praet a décrit une édit. du même livre impr. sur VÉLIN, sous la date de 1516.

GERICHTZORDNUNG im Fürstenthümb Obern- und Nidern Bayrn. Anno 1520, aufgericht. *München*, 1520, in-fol. 5 liv.

REFORMATION. La reformation des dames de paris faicte par les dames de Lyon. (à la fin) : *Cy fine la reformation des dames de Paris faicte par les Lyonnoises* (sans lieu ni date), pet. in-8. goth. de 4 ff. [13570]

Pièce en vers de dix syllabes. Il en a été fait une autre édition plus complète sous ce titre :

LA RÉFORMATION : sur les dames de Paris, faicte par les Lyonnoises. Reponse ℯ replique des dames de Paris, contre celles de Lyon. (à la fin) : *A Paris, par Guillaume Nyuerd, imprimeur*, in-8. goth. de 8 ff.

La *Réformation* est en 20 strophes de 8 vers, et la *Réponse* en 12. Il y a au commencement une fig. sur bois, et à la fin une autre fig. qui représente le bon Pasteur. — Voy. REPLIQUE.

REFORMATION (la) des tavernes ℯ cabarets ; destruction de gormandise, en forme de dialogue.

Qui en vouldra si se transporte
Deuant le palays la grand porte

(à la fin) : *A Paris, par Guillaume Nyuerd, imprimeur* (de 1520 à 1530), pet. in-8. goth. de 4 ff. à 28 lign.. [13571]

99 fr. *mar. r.* de Soleinne, et 93 Baudelocque. Réimprimé dans le 2ᵉ vol. du Recueil de M. de Montaiglon.

REFORMATORIŨ vite morũcɡ ℯ honestatis clericorum saluberrimũ cum fra-

---

Réflexions sur le gouvernement des femmes, 3954.

terna quadǎ resipiscědi a viciis exhorta-
tione τ ad penitentie portǔ explicandi
admonitiŏe : cǔ expressione quorundǎ
signoᵱ ruine τ tribulationis ecclesie. (fol.
99 recto) : *Explicit feliciter Reformatorium vite... In urbe Basilea ᵱ Mi-
chaelě Furter impressorem salubriter
ᵱsumatǔ. Anno incarnatiŏis dǹice.
M. cccc .xliiij. in Kathedra Petri,* in-8.
goth. de 125 ff. [1751]

Ouvrage rare, dont l'auteur est Jac. Philippi, curé de
Saint-Pierre de Bâle. L'erreur dans la date de l'impression (xliiij pour xciiij, c'est-à-dire 1444 au lieu
de 1494) en a fait un objet de curiosité. Au 102ᵉ f.
commence un petit traité intitulé : *Saluberrimǔ et
perutile cōpēdius de reformatiōe canonissarum
mōialiuᶾ et monachorum.*

REFRANES de la lengua castellana. *Barcelona, Roca,* 1815, petit in-8. 5 fr.
[18493]

Extrait du *Dictionnaire de l'Académie espagnole.*
— Voy. NUÑES.

REFRANES famosissimos y prouechosos
glosados. (in fine) : *Fue imprimido este
presente tratado en la... cibdad de
Burgos, por Fadrique aleman de Basilea. Acauose a xxv. dias del mes de
otubre año de mil y quinientos y quinze
años,* pet. in-4. goth. de 12 ff. à 2 col.
[18492]

Un bel exemplaire en *mar. r.* 111 fr. Nodier.

Ce petit volume est probablement une réimpression
de l'édit. de Burgos, 1509, in-4., portée dans la
Bibl. heber., VI , n° 3016, et la même chose que
le recueil de Burgos, 1524, que nous allons décrire. M. Duplessis a fait réimprimer ce curieux
recueil de proverbes dans l'Appendice de sa Bibliographie des proverbes. — Voy. DUPLESSIS (Gratet).

— Refranes glosados y proverbios. *Burgos, por Alonzo de Melgar,* 1524,
pet. in-4. goth. de 16 ff. titre gravé sur
bois.

Cette édition faisait partie du recueil annoncé sous le
n° 2248 du catalogue Gaignat, et d'un autre recueil, n° 198 du 2ᵉ vol. de la *Biblioth. meerman.,*
p. 59. Seul et non rel. 119 fr. salle Silvestre, en
1858. — Il y a une édit. de 1541 sous le même titre
que celle-ci.

Une édition in-4. goth. de 16 ff., sans lieu ni date, est
indiquée dans la Bibliogr. des proverbes, p. 293.

REFRANES glosados, En los quales qualquier que con diligencia los quisiere leer
hallara proverbios : y maravillosas sentencias : y generalmente a todos muy
provechosos. 1541 (*sans lieu d'impression*), in-4. goth. de 16 ff.

En prose et en vers (*Biblioth. grenvil.,* 617).

REFRANES y auisos por via de consejos
hechos por uno de Morella, endreçados
a unos amigos suyos casados. *Valencia,* 1551, in-8. [18494]

Ce livret, peu commun, faisait partie d'un recueil de
cinq opuscules du même genre : vend. 2 liv. 3 sh.
Heber, VI, 2024.

REFRIGERIO (*Gio.-Battista*). Triumpho
(in terza rima) del refrigerio gia secretario de lo Inuictissimo signore Roberto
composto in Venetia a di . xviii . de
octobre. M. CCCC. LXXXVII. Canzon
sextina ne la quale antedixe la morte de
lo Ill. signor Roberto composta in Venetia a di xx de Iuio M. CCCC. LXXXVII.
Canzon sextina de la morte de lo excelso
signore Roberto composta in Rouereto
a di xvi de septembre M. CCCC. LXXXVII.
(*senz' alcuna nota*), pet. in-4.

Cet opuscule doit avoir été imprimé en 1488 au plus
tard. 1 liv. Libri, en 1859.

REFUGE (du). Voy. DU REFUGE.

REGALI sepolcri. Voy. DANIELE (*Fr.*).

RÉGEMORTES. Description du nouveau
pont de pierre construit sur la rivière
d'Allier, à Moulins. (*Paris*), 1771, gr.
in-fol. fig. 15 à 18 fr. [8839]

Vend. 28 fr. Trudaine.

REGENFUSS (*Fr.-Michel*). Choix de coquillages et de crustacées, peints d'après
nature, gravés en taille-douce et illumi-
nés de leurs vraies couleurs (avec des
explications en français et en allemand).
Copenhague, 1758, in-fol. max. fig. coloriées. [6154]

Ouvrage en tête duquel doit se trouver le portrait du
roi Frédéric V, tiré en *bleu ;* les 12 autres planches
qui décorent ce volume sont peintes avec la plus
grande perfection. Outre les pl., ce livre doit contenir un titre en allemand et en français, 1 f. pour
le privilège, 4 ff. pour l'épître dédicatoire dans les
deux langues, 1 f. pour un avertissement, 14 pp.,
Anzeige, 22 pp. pour l'introduction, par J.-And.
Cramer, et lxxxvii pp. pour l'explication des pl.
(par Ch.-Guill. Kratzenstein , P. Ascanius et L.
Spengler.) Un autre texte, composé par des savants
danois, avait d'abord été imprimé, mais il fut supprimé par ordre du roi, et remplacé par celui qui
fait aujourd'hui partie de l'ouvrage. Ce texte primitif, qui est fort rare, contenait deux frontispices
grav.; l'un exprimé en allemand, l'autre en français
(*Recueil de coquillages, de limaçons, etc.*); un
titre imprimé, un faux titre, un f. pour le privilège,
un autre pour la dédicace gravée, 28 et LIII pp.
d'explication (Ebert, n° 18756, d'après l'exemplaire
de Dresde). On a gravé 12 pl. destinées à un
2ᵉ vol., pour lequel O.-F. Müller avait préparé un
texte, mais elles n'ont pas été publiées. Vend.
270 fr. *m. r.* La Vallière ; et avec le portrait tiré en
rouge, ce qui désigne un exemplaire de présent,
180 fr. Caillard ; 150 fr. d'Ourches; 100 fr. en 1830;
61 fr. et 68 fr. Huzard.

REGESTA pontificum romanorum, ab
condita ecclesia ad annum post Chr. n.
1198. Edidit Phil. Jaffé. *Berolini, Weit
et Co.* 1851, in-4. de xxiii et 951 pp.
50 fr. [21613]

REGESTÆ Boicorum. Voy. LANG.

Rega (*H.-Jos.*). De Sympathia, 6886.
Regesta diplomatica historiæ danicæ, 27605.
Regenbogen (*J.-H.*). Commentatio, 23060.
Reggia de' Volsci, 25020.

REGGIO. Pugna Pugnorum sive Venetiarum pugillatus, auctore Ant. Reggio. *Venetiis*, 1844, in-8. [13142]

Opuscule macaronique tiré à petit nombre, 6 fr. Riva.
— Un exemplaire imprimé sur *vélin*, accompagné de 2 feuillets de variantes que n'ont pas les autres, 18 fr. le même.

REGGIUS (*Honorius*). De statu ecclesiæ britannicæ hodierno liber commentarius, una cum appendice eorum, quæ in synodo glasguensi contra episcopos decreta sunt. *Dantisci*, 1647, in-4. 15 à 20 fr. [22487]

30 fr. à Paris, en 1859.

REGIME cõtre la pestilẽce faict z cõpose par messieurs les medicins de la cite de Balle en Allemaigne | laqͤlle depuis dix aus en ca a regne en ladicte cite. — (au recto du dernier f.): ¶ *Cy finist le regime contre la peste. Jmprime a Lyon sur le Rosne | par Claude Nourry | alias le Prince | demourãt au dict lieu pres nostre dame de cõfort*, in-4. de 6 ff. caract. goth. avec un bois sur le titre.

On lit au verso du dernier feuillet une ballade que M. A. Péricaud l'ainé a reproduite à la page 57 de ses *Notes et documents pour servir à l'histoire de Lyon*, partie impr. de 1860-61.
Pour un opuscule latin qui paraît être la source de celui-ci, voy. KAMITUS. — Pour un autre en français, voy. FORESTIER (*Th.*).

REGIME de santé. Voyez VILLANOVA (*Arn.* de).

REGIMEN rusticorum. Incipit libellus de regimine rusticorum, qui etiam ‖ valde vtilis est curatis. capellanis. drossatis. scultetis ‖ ac aliis officiariis eisdem in vtroqͤ statu presidẽtib'. (*absque nota*), in-4. goth. de 60 ff. à 30 lign. par page. [3032]

Cette édition, impr. avant 1480, doit être la plus ancienne de ce traité, qui a été fort répandu en Allemagne au XVᵉ siècle. Le texte y est terminé à la 13ᵉ ligne du dernier f. verso par le mot *Amen*. Hain la décrit ainsi qu'une autre, in-4. goth. de 56 ff. à 29 lignes par page, impr. avec les caractères d'*Arn. Therhœrnen*, à Cologne, et qu'une troisième, in-4. à 27 lignes par page, caractères d'*Henri Quentell*, imprimeur à Cologne.

REGIMEN sanitatis zu teutsch das buch von der ordnũg der gesuntheyt. *Nürnberg, F. Crewssner* (sans année), in-fol. de 31 ff. [7009]

Édition, sinon la première, du moins une des plus anciennes de cet ouvrage de diététique composé pour le comte Rodolphe de Hohenburg, et qu'il ne faut pas confondre avec la *Schola salernitana*, livre qui a souvent paru sous le même titre que celui-ci. La première édition ne contient que trois parties; mais celle d'*Augsb.*, *Bänler*, 1472, in-fol., en renferme quatre. Il se conserve dans la bibliothèque de Wolfenbüttel une édition de cet ouvrage, in-fol., de 36 ff., à 28 lignes par page entière, sans

lieu ni date, mais impr. vers 1472. Les éditions d'une date postérieure ne sont pas précieuses. Hain les décrit sous les nᵒˢ 13734 et suiv. de son *Repertorium*, à la suite d'un autre *Regimen sanitatis, rhythmice latin. et germ.*, opuscule dont il existe plusieurs éditions anciennes sans date, in-4. de 8 ff., et une de Leipzig, par Melchior Lotter, 1499, in-4. de 10 ff.

REGINA Antea. Lebattaglie che fece la Regina Anthea per vendetta de suo Padre contra Re Carlo & li Paladini, cõ Falabachio & Catabriga suoi Giganti, cose bellissime. — *Finita la guerra di Parigi fatta da Anthea Regina di Babillona. Stampata in Bressa per Damiano Turlino. Nelli anni...* M. D. XLIX. *Adi.* II. *de Aprile*, in-4. à 2 col. fig. sur bois, lettres rondes. [14755]

Édition rare, citée par M. Melzi, p. 217.
La première édition de ce poëme romanesque a paru sous le titre de *Falabacchio e Chattabriga giganti* (voy. FALABACCHIO).

— La Regina Antea... *Piacenza, appresso Giovanni Bazacchi*, 1599, in-8.

Assez belle édition : vend. 1 liv. *m. v.* Hibbert.

— La Regina Anthea, la quale per vendetta del suo padre andò contra Re Carlo, e tutti li Paladini. *Venet.*, 1627, in-8. fig. sur bois.

Vend. 1 liv. *m. v.* Hibbert. — Réimpr. à Trévise, chez Righettini, 1672, in-8.

REGINALDI filiæ (*Bathusæ*, anglice Reynolds) Musa Virginea græco-latino-gallica. *Londini*, 1616, in-4. [12238]

Ce livre est rare, même en Angleterre, et il est presque inconnu en France : il n'a cependant été vend. que 2 sh. 6 d. Heber, VII, nᵒ 5133.

REGINONIS Monachi Prumiensis Annales non tam de Augustorum vitis quam aliorum Germanorum gestis et docte et compendiose disserentes ante sexingentos fere annos editi. (Nuncupavit Sebastianus de Rotenhan, eques auratus, qui opus hoc chronicorum e pulveribus eruit, in fineque quædam ad Reginonis propriorem agnitionem facientia adjecit, imperatori Carolo V.) (in fine) : *Moguntiæ in ædibus Joannis Schoeffer, mense augusto anno* MDXXI, pet. in-fol. [26401]

Ce volume a été donné pour 4 fr. à la vente de La Vallière, mais il est plus cher en Allemagne.

REGIO (*P.*). Siracusa pescatoria del signor Paolo Regio. *Napoli, Gio. de Boy*, 1559, in-8. de 91 ff. chiffrés, plus 5 ff. sans numération. [17437]

Ce livre, fort peu connu, est écrit en prose et en vers : il contient un certain nombre de petites nouvelles qui ont échappé aux bibliographes spéciaux des *Novellieri*. 120 fr. *m. r.* Libri, en 1847.

REGIOMONTANUS. Voy. MONTEREGIO (*Johannes* de).

REGISTRE criminel du Chatelet de Paris du 6 septembre 1389 au 18 mai 1392, publié pour la première fois par la Société des bibliophiles françois. *Paris,* 1861-62, 2 vol. gr. in-8. [2811]

Il a été tiré 30 exemplaires sur papier de Hollande, in-4. pour les membres de la Société.

REGISTRE (le) des ans passés depuis la création du monde jusqu'à l'année présente 1532. *Paris, Ant. Couteau, pour Galliot du Pré,* 2 part. en 1 vol. pet. in-4. fig. sur bois. [21286]

Le titre courant de ce vol. porte : *Chronica chronicarum* (voy. CHRONICA). Vend. 20 fr. Thierry et Bignon. La première partie a 66 ff., non compris 3 ff. prélimin., et la seconde renferme 80 ff.

REGIUS (*Lud.*). Voy. LE ROI.

REGLA christiana breue pa ordenar la vida y tp̃o d̃l xp̃iano q̃ se q̃ere saluar y tener su alma dispuesta : pa q̃ Iesus xp̃o more in ella. Impressa por mandado del reuerendissimo señor dõ fray Iuan Gumarraga primer obispo de Mexico... (à la fin) : *A gloria y loor de la sctissima trinidad y dela sacritissima z iꝫaculata virgē sancta Maria fenece y acaba esta doctrina de los profic̃iētes | q̃ trata d̃ la regla y vida xp̃iāna : cõ la forma de la oració mētal : y aparejo d̃ bien morir. Fue impressa en la grande y muy leal ciudad de Mexico por mandado d̃l reuer̃edissimo señor dõ fray Iuã gumarraga p̃ onor obp̃o d̃ Mexico..... Acabose d̃ imprimir ē fin d̃l mes d̃ enero : d̃l año de mil y quiniẽtos y quarenta y siete anos* (1547), pet. in-4. goth. de 116 ff. sans chiffres ni réclames. [1607]

Au haut du titre de ce livre, on lit : *Quicūq; hāc regulā secuti fuerīt : pax sup̃ illos z misericordia dei.* Paul' ad gal. VI cap. (au musée national de Mexico).
Pour la *Doctrina breve* de l'évêque ÇUMARRAGA, voy. ce nom.

REGLE (la) constitutiõs || professions et aultres doctrines pour les || filles penitentes : dictes filles repen||ties vtiles z proufitables pour tous ceulx || qui les liront et considereront. Et qui en vouldra auoir : *on en trouuera au* || *pellican, en la grant rue sainct Iaques pres sainct yues* (sans date), in-4. goth. de 22 ff. non chiffrés, sign. a—d. [3278]

Sur le titre une vignette sur bois représentant *les Filles repenties devant la sainte Vierge.*
Au verso du f. b., à la suite d'un *Oremus,* il est question des règlements faits et à faire par monseigneur Jehan, évêque de Paris, l'an 1497. Mais l'édition ne doit pas avoir paru avant le commencement du

XVI° siècle. Elle est sortie des presses des *De Marnef.*

Parmi les conditions d'admission, nous remarquons celle-ci (au verso du 6° f.) : *Item que nulle ne sera receue en vostre monastere sinon quelle eust peche actuellement du peche de la chair, et auant quelle soit receue sera par aucunes de vous a ce commises et deputees visitec...* Le texte commence : *Jehā par la permission diuine euesque de Paris.* On lit au verso du dernier f. *Cy finissent les reigles et constitutions des filles dites les repenties.* (Cabinet de M. Taillandier, conseiller à la Cour de cassation.)

RÈGLE des marchands. Sensuit la reigle des mar | chans nouuellement transla | tee de latin eu fràncoys. — *Cy finist la Regle des marchans Imprimee a Prouins. par Guillaume Tauernier A la requeste de Jaquette lebee. veufue de feu Jehan Herault. Le premier iour Doctobre. lan. Mil. CCCC quatre vingtz et seze,* in-4. goth. de 52 ff., sign. a—g, les sign. a—d, de 8 ff., f et g, de 6 ff. [1756]

Traduction de la *Summa confessionum Joannis Lectoris,* ou Le Liseur, auteur qui, selon Du Verdier, aurait lui-même traduit son ouvrage. L'édition que nous citons est fort rare ; c'est en même temps le plus ancien livre, avec date, qui ait été imprimé à Provins. Toutefois, le même imprimeur en a fait paraître d'autres sans date, et qui ne sont peut-être pas moins anciens (voyez dans notre second volume, col. 551, article *Débat du vin et de l'eau*).

REGLE. Reigle de vivre d'ung chascun chrestien selon la pure doctrine de Dieu et de Notre Sauveur Jesus-Christ. *Lyon, de l'imprimerie de Robert Granjon,* 1562, in-8. [1735, et si c'est un écrit calviniste vers 1934]

Livre impr. en caractères de civilité : il est ordinairement accompagné d'une seconde partie, impr. avec les mêmes caractères, sous la même date, et ayant pour titre : *Forme et manière de vivre des chrestiens en tous estats, selon la pure ordonnance de Dieu.*
50 fr. mar. r. catal. de la librairie de L. Potier, 1856, n° 300.

RÈGLEMENT de la Compagnie royale de l'Arbalète, et de l'Arquebuse de Paris, arreté en leur hôtel le 2 mars 1763. *Paris, Lamesle,* 1763, in-8.

Un exempl. en mar. r., et avec les armes de la Compagnie, 56 fr. Veinant.

REGNARD (*Jean-Fr.*). Ses OEuvres, avec des avertissemens et des remarques sur chaque pièce, par M. G. (Garnier). *Paris, de l'imprimerie de Monsieur,* 1789 et 1790, 6 vol. in-8. fig. de Moreau. 24 à 36 fr. [16483]

Première édition complète de cet excellent poëte comique. Les tomes V et VI contiennent les pièces que Regnard a composées pour le théâtre Italien ; mais comme ils ont été tirés à moins grand nombre que les autres, on trouve souvent les quatre

---

Registres de l'hôtel de ville de Paris, 24173.
Registrum honoris de Richemont, 27363.
Regius (*Urb.*). Opera, 1913.

Regli (*Fr.*). Dizionario biografico dei più celebri poeti ed artisti melodrammatici, 30663.

premiers vol. séparément. Il n'a, dit-on, été tiré que deux exemplaires des tomes I à IV sur pap. vél., et un seul des tomes V et VI.

Les mêmes œuvres ont été réimprimées, *Paris, Lefebvre et Hautecœur*, en 1810 et en 1820, 6 vol. in-8., avec les mêmes fig., enpap. ordinaire et en pap. vél. On préfère l'édition ci-dessus. Celle de *Paris, Maradan*, 1790, 4 vol. gr. in-8., fig. de Borel et Monsiau, est inférieure aux trois précédentes, et pour l'impression et pour les gravures; on n'y a pas joint le *Théâtre italien.* Il en existe un exemplaire sur VÉLIN, avec les figures peintes et les dessins.

Nous citerons encore une autre édition avec les avertissements de Garnier, *Paris, Lequien, de l'impr. de P. Didot*, 1820 (nouv. titre, *Paris, Sautelet*, 1826), 6 vol. in-8., avec un portrait, 15 fr., laquelle a été collationnée sur les édit. originales, et augmentée d'un grand nombre de variantes.

— LES ŒUVRES de Regnard. *Paris, P. Didot l'aîné*, 1820, 4 vol. in-8.

De la collection des meilleurs ouvrages de la langue française. Les exemplaires en pap. vél. sont fort beaux : 15 à 20 fr.

— OEuvres complètes, nouvelle édition avec des variantes et des notes. *Paris, Brière (imprim. de Crapelet)*, 1822, 6 vol. in-8.

Sur les formes qui ont servi à cette édition, il a d'abord été tiré 80 exemplaires en Gr. Pap. vélin, et à l'adresse de *Crapelet* (48 à 60 fr.), et de plus 20 exemplaires en gr. raisin fin pour mise en train. On a ensuite procédé au tirage du papier ordinaire, lequel porte l'adresse de *Brière.* Cette même édit. a reparu en 1826, avec de nouv. titres aux noms des *frères Baudouin* et de *Brière.*

Un exemplaire en Gr. Pap. vélin et *illustré* de plusieurs suites de dessins (dont 13 de Desenne) et de vignettes a été payé 1300 fr. à la vente de M. de Labedoyère, en 1862 (voir le n° 1293 de son catalogue, où sont indiquées toutes les figures ajoutées dans les 6 vol.).

En 1828, P. Dufart, libraire à Paris, a publié une collection de treize vignettes pour les œuvres de Regnard, grav. d'après les dessins de Desenne, in-8. qui se vendait 20 fr. — Lettres grises sur pap. de Chine, 36 fr. — Avant la lettre, et eaux-fortes sur pap. de Chine, 84 fr.

OEUVRES de Regnard (avec une notice sur sa vie et ses ouvrages, par M. Pannelier). *Paris, L. De Bure (imprim. de F. Didot)*, 1825, 4 vol. gr. in-32., portr. pap. vél. 8 fr.

— OEUVRES complètes de Regnard, avec une notice et de nombreuses notes critiques, historiques et littéraires de feu Beuchot, des recherches sur les époques de la naissance et de la mort de Regnard, par Beffara; précédées d'un essai sur le talent de Regnard et sur le talent comique en général, avec un tableau des formes comiques et dramatiques et une bibliographie complète des ouvrages concernant le rire et le comique, par M. Alfred Michiels. *Paris, A. Delahays*, 1854, 2 vol. in-8. avec 13 grav. d'après Desenne. 12 fr. et 6 fr. en 1862.

Parmi les anciennes éditions de Regnard, on doit distinguer, comme fort bien imprimée, celle de *Paris, les libraires associés*, 1750, 4 vol. pet. in-12, où pourtant ne se trouvent pas les pièces du théâtre Italien. Celle de *Paris, Vᵉ Ribou*, 1731, 5 vol. in-12, est encore moins complète, mais c'est la première qui ait été faite avec quelque soin.

L'édition de *Bruxelles, les frères T'Serstevens*, 1711, 2 vol. in-12, fig. de Beterham, impr. en caractères elseviriens, contient à la fin une pièce notariée en date du 27 décembre 1698, dans laquelle Regnard déclare les ouvrages dont il est véritablement l'auteur; chose d'autant plus nécessaire alors, que les priviléges accordés pour ses quatre premières pièces sont au nom du sieur P..., et ceux des deux

suivantes au nom du sieur D... 12 fr. *mar. r.* de Soleinne.

Une autre édition des œuvres de Regnard, impr. en caractères elseviriens, est celle de *La Haye, Adrian Moetjens*, 1729, en 2 vol. pet. in-12. En *mar. r.* 50 fr. Giraud, et 46 fr. Solar, sans avoir cette valeur.

Éditions originales des principales pièces de Regnard, d'après le catal. de Soleinne, n° 1538, où ces pièces, au nombre de treize, et toutes de format in-12, ne sont portées qu'à 12 fr.

ATTENDEZ-MOI sous l'orme. *Paris, Th. Guillain*, 1694.

Réimpr. sous le nom de Palaprat, à *La Haye, chez Jacob Van Ellinkhuisen*, 1694, pet. in-12.

LA SÉRÉNADE. *Paris, Th. Guillain*, 1695.

LE BOURGEOIS de Falaise. *Ibid., idem*, 1694. (Réimpr. sous le titre du *Bal.*)

LE JOUEUR. *Ibid., idem*, 1697.

LE DISTRAIT. *Paris, P. Ribou*, 1698. Vend. 14 fr. 50 c. Giraud.

DÉMOCRITE. *Ibid., idem*, 1700.

LE RETOUR imprévu. *Ibid., idem*, 1700.

LES FOLIES amoureuses, par M. R... *Ibid., idem*, 1704 (date exprimée ainsi : M. DC. XCCIV), 22 fr. *m. r.* Giraud.

LES MÉNECHMES, par M. Regnard. *Ibid., idem*, 1706.

LE LÉGATAIRE universel. *Ibid., idem*, 1708, en *mar. r.* 22 fr. Giraud.

LA CRITIQUE du Légataire universel. *Ibid., idem*, 1708.

Ces différentes pièces ont été réunies dans l'édit. des *OEuvres de Regnard*, Paris, P. Ribou, M. DCC. V. XIV (sic), en 2 vol. in-12. Vend. 10 fr. Giraud, et annoncé sous la date de 1708, en 2 vol. *mar. bl.*, par Niédrée, 170 fr., prix excessif, Solar.

REGNAUT (*Anthoine*). Discours du voyage d'outre-mer au sainct sepulcre de Jerusalem et autres lieux de la Terre Saincte par Anthoine Regnaut. auec plusieurs traictez dont le catalogue est à la page 265. *Imprime à Lyon aux depens de l'autheur*, 1573, in-4. avec fig. sur bois et cartes. [20544]

Volume recherché et qui se trouve difficile ment. finit ordinairement à la page 263, non compris 4 ff. prélim. ; mais dans une partie de ces exemplaires se trouve de plus un morceau coté 264 à 289, sous ce titre : *Ordonnances des empereurs, roys et princes de France; qui ont esté souverains et chefz de l'ordre des chevaliers et voyagers du Saint-Sepulcre de nostre redempteur Iesu-Christ en Jerusalem outre mer; Imprimées à Paris, par Nicolas Chemin, pour Anthoine Regnault* (sic), 1573. Les exemplaires auxquels cette pièce n'est pas jointe ne doivent pas avoir les mots *avec plusieurs traictez...* sur le titre. De beaux exempl. rel. en *mar. r.* ont été vend. 79 fr. Cailhava, et 81 fr. Coste; 90 fr. Solar ; mais d'autres moins beaux, on sait le Supplément, 20 fr. Morel-Vindé; 23 fr. Eyriès; 49 fr. Erdeven.

REGNAULT. La Botanique mise à la portée de tout le monde, ou collection des plantes d'usage dans la médecine, dans les alimens et dans les arts. *Paris*, 1774, 3 vol. in-fol. max. fig. color. [4918 ou 5538]

Cet ouvrage, fort arriéré, contient ordinairement

Regnault (le P. *N.*). Entretiens, 4360.
Regnault (*Melch.*). Ancien Soissons, 24215.

467 planches, et quelquefois jusqu'à 475 planches, avec autant de feuillets d'explication : 100 à 120 fr.; il était plus cher anciennement. Les exempl. incomplets n'ont pas de valeur, parce qu'il est fort difficile de les compléter.

— LES ÉCARTS de la nature, ou recueil des principales monstruosités que la nature produit dans le genre animal, peintes d'après nature, gravées et mises au jour par les sieur et dame Regnault. *Paris*, 1775, in-fol. fig. color. 12 à 15 fr. [6956]

Ouvrage non terminé : il se compose de 42 pl., dont les 40 premières ont été publiées de nouveau en 1808, avec une explication de M. Moreau de la Sarthe, sous le titre de *Description des principales monstruosités dans l'homme et dans les animaux.*

REGNAULT (*Guillaume*). V. TRAGÉDIE d'Octavie.

REGNAULT (*Gilbert*). Voy. LEGENDE de Claude de Domp Guyse.

REGNAULT de Montauban, l'un des quatre fils Aymon. Voy. QUATRE fils ; RENALDOS, et aussi CONQUESTE de l'empire de Trébisonde.

REGNIER, seigneur de Guerchy (*Jehan*). Ses fortunes et adversités. *Paris, Jean de La Garde*, 1526, in-8. goth., fig. sur bois. [13257]

Ces poésies de J. Régnier ont été composées en 1431. Il ne paraît pas qu'elles aient été imprimées avant 1526, ni depuis ; elles sont fort rares. Vend. 5 liv. 19 sh. White Knights.

REGNIER (*Louis*), sieur de La Planche. Voy. FAITZ et dictz memorables ; HISTOIRE de l'état de la France, et LISLE (*Fr.* de).

REGNIER (*Mathurin*). Les premières œuvres ou satyres de Regnier. *Paris, Toussainct du Bray*, 1608, in-4. [13614]

Première édit. de ce poëte. Quoiqu'elle ne contienne que le Discours au roi et dix satires, savoir les neuf premières et la douzième, elle conserve quelque prix, non-seulement à cause de sa rareté, mais parce qu'elle présente la véritable leçon de plusieurs passages qui ont été plus ou moins altérésdans la plupart des autres.

Les trois éditions suivantes, imprimées avant la mort de l'auteur, arrivée en octobre 1613, ont reçu des augmentations, et elles ont été utilement consultées par Brossette pour l'édit. qu'il a donnée en 1729, et qui est la plus complète qui eût paru jusqu'alors.

Ces trois édit., pet. in-8., sont de *Paris, Toussaint du Bray*, 1609, 1612, 1613 ; cette dernière a 4 ff.

Regnault (*A.*). Histoire du conseil d'État, 24084.

Regnault (*Elias-Georges-Soulange-Oliva*). Histoire de huit ans, et du gouvernement provisoire, 23999.

Regnault (*Henr.-V.*). Cours de physique, 4234. — Cours de chimie, 4404. — Expériences sur les machines à vapeur, 8119.

Regnault (*J.-Jos.*). Manuel des aspirants au grade d'ingénieur, 8804.

Regnault-Delalande (*F.-L.*). Catalogue de Saint-Yves, 9554. — Autres catalogues, 9555-56.

Regnier (*Jos.*). L'orgue, 10208.

Regnier-Desmarais (*Fr.-Ser.*). Grammaire, 10950.

prélim. et 93 pp. 35 fr. *mar. r.* Giraud, et 34 fr. Solar.

Viennent ensuite celles de *Paris, Lefèvre*, 1614, pet. in-8. ; *Rouen, Jean du Bosc*, 1614, in-8. 20 fr. Solar ; *Lyon, Claude Chaland*, 1617, in-12 ; *Paris, Pierre Billaine*, 1619, pet. in-12. 9 fr. 50 c. Giraud.

— Les Satyres et autres œuvres folastres du sieur Regnier ; dernière édition augmentée de plusieurs pièces de pareille estoffe, tant des sieurs de Sigognes, Motin, Touvant et Berthelot qu'autres des plus beaux esprits de ce temps. *Paris, Sam. Thiboust*, 1616, in-8.

C'est probablement ce recueil qui a donné l'idée du Cabinet satyrique impr. pour la première fois en 1617 (voy. CABINET). Le recueil des satires dont on vient de lire le titre, a été réimprimé, d'après l'édition de 1616, à *Rouen, Vᵉ Du Bosc*, 1621, in-8. (vend. en *mar. r.* 40 fr. Giraud) ; dans la même ville, *chez Jacq. Besongnes*, 1625, in-8. (35 fr. 50 c. *mar. r.* même vente) ; et aussi en 1626, in-8. (33 fr. *mar. r.* même vente) ; à *Paris, Nicolas de La Coste*, 1635, in-8., où l'on ne retrouve qu'une partie des pièces ajoutées aux quatre éditions précédentes ; enfin, à *Paris, chez Nicolas et Jean de La Coste*, 1641, in-8.

— Les Satyres et autres œuvres. *Selon la copie imprimée à Paris (Leyde, Elsevier)*, 1642, pet. in-12. 18 à 24 fr.

Jolie édition, moins complète, mais plus rare que celle de 1652. L'éditeur y a fait quelques bonnes corrections, mais, par malheur, il a souvent altéré le texte en substituant des tournures et des expressions modernes à celles de l'auteur. Peut-être n'a-t-il fait que suivre en cela l'édition de Paris, 1641, ci-dessus.

Vend. 26 fr. *m. r.* Caillard ; 30 fr. *m. v.* Duriez, et jusqu'à 50 fr. *m. r.* en 1828.

— Les mêmes, augmentées de diverses pièces cy-devant non imprimées. *Leiden J. et D. Elsevier*, 1652, pet. in-12.

Cette édition est très-recherchée, et il est difficile d'en trouver de beaux exemplaires : 30 à 40 fr. Vend. 61 fr. *m. r.* F. Didot ; 120 fr. *m. bl.*, d'Ourches ; et le même exempl. 48 fr. Sensier, et 36 fr. en 1829. Un exempl. *broché*, 3 liv. 13 sh. 6 d. Williams ; 200 fr. de Chalabre, et 223 fr. Pixérécourt ; un autre en *mar. citr.* grandes marges, 150 fr. Bertin.

Malgré le haut prix que les bibliophiles attachent à cette édition, elle est, il faut bien le reconnaître, moins complète et moins exacte que celles qui ont paru depuis 1729. La dix-neuvième satire qui y a été imprimée pour la première fois est reproduite dans les éditions de *Paris, Guill. de Luynes*, ou *Louis Chamboudry* ou *Edm. Pepingué*, 1655 ; et *Paris, Legras*, 1661, ou *Guill. de Luynes* ou *Louis Billaine*, 1667, in-12 (jolie édition imprimée à Rouen par Louis Maurry). Autre édition, *Amsterdam, Est. Roger*, 1710, in-12.

— Les mêmes, accompagnées de remarques historiques (de Cl. Brossette) ; nouvelle édition considérablement augmentée (par Lenglet Du Fresnoy). *Londres, Tonson*, 1733, gr. in-4.

Cette édition assez belle, et dont les pages sont entourées de cadres rouges, a contre elle l'incommodité du format : 6 à 10 fr. ; — Gr. Pap. pet. in-fol. 12 à 15 fr. Vend. 21 fr. *m. citr.* de Cotte, et 50 fr. *mar. r.* Labédoyère ; 38 fr. *mar. r.* Giraud ; autre en *mar.* larges dentelles, par Purgold, 104 fr. Labédoyère, 1862.

Dans l'édition de Brossette, Londres, 1729, in-4., dans celle-ci et dans toutes celles qui ont été données d'après la sienne, les satires sont réduites à seize, parce que la 16e, dans les anciennes éditions, est devenue la seconde épître dans les nouvelles; que la 17e est devenue la 1re des élégies, et la 19e la 3e des épîtres. Celle qui est placée la 18e dans les anciennes éditions est la 16e dans les nouvelles.

L'édition de *Londres* (*Paris*), 1746 (ou avec un nouveau titre daté de 1750), 2 vol. pet. in-12, est assez jolie; elle a été faite sur celle de 1729, in-4., et de *Londres* (*Paris*), 1730, in-8., avec le commentaire de Brossette.

— ŒUVRES complètes, nouvelle édition avec le commentaire de Brossette publié en 1729. *Paris, Lequien* (*imprimerie de Didot l'aîné*), 1822, in-8. 4 fr.; — Gr. Pap. vél. 12 fr.

— ŒUVRES de Regnier, avec les commentaires revus, corrigés et augmentés; précédées de l'histoire de la satire en France, pour servir de discours préliminaire, par M. Viollet Le Duc. *Paris, Desoer*, 1822, in-18. 2 fr.; — pap. vél. 4 fr.

Desoer a fait paraître en même temps deux édit. de ce livre : celle-ci, et une autre de format grand in-8., qui se vendait ou séparément, ou réunie aux œuvres de Boileau (voy. BOILEAU).

L'édition de *Paris, P. Jannet*, in-16, est la réimpr. de celle de Viollet Le Duc, revue de nouveau par ce dernier.

ŒUVRES complètes de Regnier, avec le commentaire de Brossette, des notes littéraires, un index des mots vieillis ou hors d'usage et une étude biographique et littéraire, par Prosper Poitevin. *Paris, Ad. Delahays*, 1860, in-16. 4 fr.

— ŒUVRES de Regnier, augmentées de trente-deux pièces, avec des notes et une introduction, par Ed. de Barthélemy. *Paris, Aug. Aubry*, 1862, in-12 de 408 pp. 3 fr. 50 c.

REGNIER (*Aug.*). Habitations des personnages les plus célèbres de la France, depuis 1790 jusqu'à nos jours, dessinées d'après nature par A. Regnier, et lithographiées par Champin. *Paris, les auteurs*, 1832 et ann. suiv., in-fol. [9926]

100 vues publiées en 16 livraisons, et au prix de 96 fr.

REGNIER (*Jacq.-Aug.-Adolphe*). Etude sur l'idiome des Védas et les origines de la langue sanscrite. *Paris, typogr. de Ch. Lahure*, 1855, in-4. de XVI et 205 pp. pl. 1 f. non chiffré contenant la transcription des lettres sanscr. en lettres latines. [11736]

Première partie, la seule publiée. Il n'en a été tiré que cent exemplaires, que l'auteur s'est réservés pour les distribuer à des amis à des savants. Le peu d'exemplaires qui ont passé dans le commerce y ont été portés à 35 fr. chacun. — Voy. PRATIÇÂKHYA.

— Formation des mots dans la langue grecque, 10005.
— Recherches sur les langues germaniques, 11212.

REGRETS, complaintes et confusion de Jean Valette, dit Nogaret, et par la grace d'Henry de Valois, duc d'Epernon, grand amiral de France, bourgeois d'Angolesme sur son despartement de la court, de nouveau mis en lumiere, par vn des valets du premier tournebroche de la cuisine du dit Espernon. *Angolesme, pour l'aucteur*, 1589, pet. in-8. de 16 ff.

Ce pamphlet est la même chose que *La Grande diablerie de J. Valette* dont nous avons parlé tome II, col. 665. Il y au verso du dernier feuillet un portrait sur bois, avec ces lignes : *C'est ycy le portraict d'Espernon ‖ Qui jamais, ne fut ny beau ny bon*. Un bel exemplaire rel. en mar. *rouge* par Trautz. 105 fr. Solar.

REGRETS (les) de l'Armee Françoise pres Challons, sur la mort lamentable & inesperee de ce grand Roy, leur chef accoustumé, & tres-inuincible Monarque Henry IIII. Roy de France & de Nauarre. (*s. l. ni d.*, 1610), in-8. 24 pages chiffrées. [23641]

REGRETS facétieux. Voy. SERMONI.

REGRETZ (les) Auec la chanson De Messire Charles de Bourbon. Pet. in-8. goth. de 4 ff., dont le premier ne contient que le titre. [13574]

Les *Regretz* se composent de 53 vers de 10 syllabes. La chanson qui se rapporte à la prise de Gênes (en 1508) a 39 vers de différentes mesures.

REGRETZ (les) damours faitz par vng Amant dict le Desconforte, contenant le mal & le bien des femmes, auec plusieurs enseignementz donnez audit desconforte, contre folle amour; ausquelz est adioute le dard de jalousie : ensemble lhistoire de lamour parfaicte de Guisgardus & Sigismonde par laquelle est congneu la fin damour estre souuent variable. le tout fort ioyeulx & recreatif. *franc et loyal*, 1538. (à la fin) : *Fin des Regretz d'amours nouuellement imprimez a Paris, par Alain Lotrian*, in-8. de 80 ff., lettres rondes, avec fig. sur bois. [13573]

Petit volume fort rare, vend. 15 fr. 5 c. m. r. La Vallière, et il vaut beaucoup plus.

Les *Regrets d'amour* sont d'Anthoine Prevost, qui les a fait paraître sous le titre de *Lamant desconforte* (voy. PREVOST). L'exemplaire de l'édit. de 1538, porté sous le n° 635 du catalogue d'A. Cigongne, y est annoncé sans nom de ville, mais peut-être y manque-t-il la souscription finale.

REGRETZ (les) de messire Barthelemy daluiëne. Et la chancon de la defence des Veniciens. *Cy finist la chanson de la defence des Venitiens, imprime nouuellement* (sans lieu ni date), in-8. goth. de 8 ff. fig. sur bois des deux côtés du titre et du dernier feuillet. [13574]

Morceau anonyme, en vers, écrit à l'occasion de la bataille d'Agnadel gagnée par Louis XII, le 14 mai 1509, date qui indique celle de l'ouvrage. M. de Montaiglon a fait réimprimer ce morceau dans le 1er vol. de son Recueil.

REGRETZ (les) de picardie. (*sans lieu ni date*), pet. in-8. goth. de 4 ff. avec un bois sur le titre.

Pièce en vers de 10 syllabes.

REGRETZ (les) de Picardie z de Tournay a xxix coupletz, pet. in-8. goth. de 8 ff. [13572]

Pièce rare dont le dernier couplet est daté de l'an 1522; le 8e f. est occupé par deux grandes gravures sur bois; le frontispice porte la marque de l'*Ecu de France* (*Jean Treperel*, à Paris). — Cette édition est peut-être la même que celle qui a été vendue 30 fr. 50 c. en 1816.

REGRETZ (les) du cardinal de L. avec la responce. (*sans lieu ni date*), pet. in-8. de 4 ff. [13973]

Pièce en vers sur la mort du cardinal Charles de Lorraine, arrivée en 1574. Vend. en *mar.* 30 fr. Nodier, et 21 fr. Coste.

REGRETZ (les) du loyal amoureux. (*sans lieu ni date*), pet. in-4. goth. de 6 ff. [13575]

Cet opuscule est orné, au commencement et à la fin, d'une gravure sur bois. Après les *Regretz* se trouve une *Ballade pour les gens de court*, en 28 vers de 8 syllabes.

REGRETS et complaintes des gosiers alterez, pour la desolation du pauure monde qui n'a croix. *Nouuellement imprimee a Paris*, pet. in-8. de 16 pp. avec un bois sur le titre. [13575]

Pièce en vers de huit syllabes, par octaves, et qui paraît être du milieu du XVIᵉ siècle. Un exemplaire en *mar. bl.* par Bauzonnet, 200 fr. Veinant. M. de Montaran l'a fait réimprimer à Paris, chez Guiraudet, vers 1830, sous la fausse date de 1575, et M. Ed. Fournier l'a reproduite, dans le 8ᵉ vol. de ses Variétés, d'après cette réimpression.

— Les mêmes Regrets..... *Rennes, Iean Durand, iouxte la copie imprimee chez Anthoine Huet*, 1624, pet. in-8.

Réimpression présentant des additions et quelques retranchements. 46 fr. *mar. r.* Veinant.

REGRETZ et complaintes du roy Alphonce darragon a son partement de Naples. (*sans lieu ni date*), in-4. goth. de 4 ff. [13574]

Opuscule en vers dont un exemplaire est conservé dans le Recueil de pièces la plupart relatives à l'expédition de Charles VIII en Italie, qui appartient à la bibliothèque de Nantes. Voyez au mot ENTRÉE, et à l'article NOUVELLES admirables. Le même recueil contient une autre pièce en vers, qui a pour titre :

LOUENGE de la victoire du tres crestien roy de France, obtenue en la conqueste de la ville et cyte de Napples ; auec les regrets et lamentations du roy Alphonse. (*sans lieu ni date*), in-4. goth. de 6 ff. non chiffrés, sign. a, 30 vers à la page.

Un exemplaire des *Regretz d'Alphonce* annoncé petit in-8., parce que les marges latérales étaient fort rognées, 69 fr. Leprevost, en décembre 1857.

REGRETS et tristes lamentations. Voyez DEMORENNE (*Cl.*).

REGUART (*A.* Sañez). Diccionario histórico de los artes de la pesca nacional. *Madrid, Ibarra,* 1791-95, 8 vol. gr. in-4., avec beaucoup de fig. [10469]

Cet ouvrage a coûté 450 rs. (120 fr.). Salvá ne a annoncé un exempl. Gr. Pap. en 3 vol. in-fol., au prix de 7 liv. sterl.

REGUERA. Coleccion de poesías en dialecto asturiano. Comprende las mas selectas de don Antonio Gonzalez Reguera, don Francisco Bernaldo de Quiros y Be-

navides, don Antonio Balvidares, don Bruno Fernandez y doña Josefa de Jovellanos, con otras varias de autores desconocidos. *Oviedo, imprenta de D. Benito Gonzalez y compañia,* 1839, pet. in-8. de IX et 280 pp. 6 fr. [15335]

Le dialecte asturien est, de tous ceux qu'on parle en Espagne, celui qui conserve le plus de traces de la langue latino-romane, qui était en usage dans la Péninsule lors de l'invasion des Arabes.

REGULA S. Augustini. V. AUGUSTINUS.

REGULA beatissimi patris Benedicti e latino in gallicum sermonē per..... Guidonem Juvenalem traducta. *Uenales extant Parisiis in pellicano vici sancti Jacobi* (1500), in-4. goth. de lxii ff., plus 3 ff. pour la table. [3257 ou 21743]

On lit à la fin de ce volume qu'il a été *Jmprime a Paris par Geoffroy de Marnef libraire, le viiᵉ iour de Septembre mil cinq cens.* Un exemplaire sur VÉLIN est à la Bibliothèque impériale.

On trouve quelquefois, avec cette règle de saint Benoît, celle *des Religieuses que composa saint Hierosme en sa vieillesse, ad Eustochium,.... nouuellement translatee du latin en françoys, par dom Guy Juuenal.* Imprimée à Paris par Geoffroy de Marnef (sans date), in-4. goth., feuillets non chiffrés, sign. a—i. Commençant par le prologue dans l'exemplaire décrit, auquel peut-être il manque le titre. Il existe une édit. de la traduction française de la Règle de S. Benoît, par Guy Juvénal, ou vulgairement *Guy Jouuennaux, Paris, Geoff. de Marnef,* 1501, in-16 goth. avec le titre en latin. — Une autre de *Paris, Mich. Le Noir,* 1502, in-8., est indiquée par Panzer, X, p. 1.

Panzer, IV, p. 365, cite, d'après Caballero : *Regula S. Benedicti, in cœnobio Montis Serrati per Johannem Luschner, die 2 Junii,* 1499, sans en indiquer le format.

REGULA, calendarium, constitutiones, et ordinarium canonicorum regularium congregationis S. Salvatoris, ordinis S. Augustini. *Romæ, Bladus,* 1549, in-4. [3265]

Un bel exemplaire sur VÉLIN, 11 liv. Butler.

— Regula et constitutiones canonicorum regularium congregationis S. Salvatoris ordinis Sancti Augustini. *Romæ, apud P. Bladum,* 1592, in-4.

Un bel exemplaire sur VÉLIN, 12 liv. Hibbert, et 6 liv. 5 sh. Butler.

REGULA fratrum ordinis minimorum, sancti Francisci de Paula ejusdem institutoris et fundatoris (*in palestra Nygeoniana,* 1528), in-16 goth., portr. de saint François de Paule, sur bois. [3264]

Petit volume divisé en cinq parties qui ont chacune une pagination séparée : 1° *Regula,* 12 ff. ; 2° *Correctorium,* 28 ff. ; 3° *Cerimonie,* 20 ff. ; 4° *Privilegia,* 24 ff. ; 5° *Mare magnum,* 12 ff. Au feuillet 25 de la seconde partie se lit cette souscription : *Explicit correctorium sēm ordīs minorē. seū Frācisci de Paula, solerti cura frĭs Huginis de Varena in palestra Nygeoniana impressum. Anno 1528.* Le couvent des minimes, vulgairement appelé *Bonshommes,* où a été imprimé ce livre, était situé à Nygeon, ancien village près Paris, qui occupait alors sur les bords de la Seine une partie de l'emplacement où est actuellement Passy. L'exemplaire imprimé sur VÉLIN qui est décrit (comme ci-dessus) dans le catal. de M. A. S*** T.(André Salmon, Tourangeau), Paris, Potier, 1857, in-8., n° 928, a été vendu 100 fr.

On trouve, sous le n° 928 du même catalogue, l'annonce d'une autre édition plus complète de ces Règles, laquelle a pour titre :

LIBER vitæ fratrum ordinis minimorum sancti Francisci de Paula. Sequuntur ea que in ipso continentur. In primis Regula fratrum minimorum. Regula sororum ejusdem ordinis. Regula utriusque sexus fidelium. Correctorium, Cerimonie. Privilegia. Mare magnum. Et canonizatio ejusdem sancti Francisci de Paula, prefati ordinis institutoris. M. CCCCC. XXXIII, XIX decembr. in-16 goth., impr. en rouge et en noir. Le recto du 184e f. porte : Penes conventum Nostre Domine totius gracie vulgariter de Nigion prope Parisios consummatum seu impressum. Anno Dñi millesimo quingentesimo tricesimo quinto, die vero mensis novembris xxv.

Quoique cette seconde édition ait été donnée pour 2 fr., nous avons cru devoir en constater ici l'existence.

Nous ne devons pas oublier de faire mention d'une édition de cette REGULA tertii ordinis S. Francisci, cum cæremoniis ad induendum fratres et sorores : cum privilegiis. Papiæ, per Jacobum de Burgofranco. M. D. VI, in-8.

— Voy. SPECULUM vitæ beati Francisci.

REGULA vitæ eremiticæ. impressa sunt hæc omnia in monasterio Fontis boni qo. sacra camaldulensis Eremi hospitium dicitur at ab ea per unius milarij spatium distat camaldulensiũ eremita et iussione et impensis. *Arte et industria Bartholomei de Zanetiis brixiensis anno dñice incarnationis* MDXX, *absoluta die* xiiij *Augusti,* in-4. [3262]

Sur ce livre imprimé au monastère de *Fontisboni, et* sur d'autres imprimés au même lieu, voy. Molini (*Operette*), p. 135, n° 90.

REGULÆ... cancellariæ Sixti quarti papæ. Voy. SIXTUS IV.

REGULE emendate correcteque Hafnye de figuratis constructionibus grammaticis, ex diuersis passibus sacre scripture ac poetarum. *Hafniæ, per Godefr. de Chemen,* 1493, in-4. [10795]

Cet opuscule, qui fait partie du Recueil, X, 574, porté dans le catal. de la Bibl. du roi, Belles-Lettres, 1, n° 37, serait le plus ancien livre connu qui ait été impr. à Copenhague. Il est cité par Panzer, I, 446.

REGULÆ grammatices, versibus latinis expositæ, cum concordantiis ex Prisciano desumptis. *Moguntiæ* (1468), in-fol. goth. [10785]

Tel est le titre sous lequel on fait connaître dans le catal. de Gaignat, n° 1398, ce livre rarissime, qui n'a d'autre intitulé que les deux vers suivants :

O pῂis eternis fons deriuate scatebris.
Fontis ab internis nũc rutila tenebris.

Le volume est divisé en 2 parties : la première, de 17 ff. à 44 lignes par page (suivis d'un f. bl.), contient le texte, en vers, avec des renvois soit en marge, soit au bas des 11 premières pages, et est terminée par une souscription de six distiques, indiquant d'une manière énigmatique le lieu de l'impression et la date : la 2e partie, de 27 ff. à 2 col.

(26 ff. dans l'exempl. de lord Spencer), contient un commentaire terminé par la souscription ,

Omnĩpotĕ͠ quecᷧ scien͠t cũcta fauĕ͠ti
N͠Fo sũmo pio g͠ñcipio. amen.

Ce volume curieux présente trois sortes de caractères, savoir : dans le texte de la prem. partie, celui de la Bible de 1462 ; dans les notes ou renvois, celui du *Cicero de officiis,* de 1465-66, et dans la seconde partie, celui qui a été employé plus tard dans les *Décrétales du pape Grégoire,* édition de 1478.

Vend. 400 fr. *mar. r.* Gaignat; 1121 fr. Brienne-Laire; retiré à 1015 fr. et offert à 1200 fr. Mac-Carthy.

— Voy. GRAMMATICÆ methodus.

REGULÆ ordinum S. Benedicti, S. Basilii, S. Augustini, S. Francisci, collectæ et ordinatæ per Jo.-Fr. Brixianum monachum congr. S. Justinæ ord. S. B. de observantia. *Venetiis, Ant. de Giunta,* 1500, in-4. goth. à 2 col., avec fig. sur bois. [3257]

Sous un titre collectif commençant ainsi : *Habes isto volumine lector... quatuor... regulas,* ce vol. renferme : *Regula S. Benedicti,* clxxviij ff., y compris le titre indiqué et la préface: *Regula S. Basilii,* 36 ff.; *Regulæ S. Augustini,* 6 ff. ; *Regula minorum S. Francisci,* 8 ff., et *Quedam pulchra de laude religionis,* 8 ff.; au recto du dernier f. de cette pièce, et après la table du contenu se lit la souscription : *Absoluta ÿ o Uenetiis... Cura ℂ impensis nobilis viri Luℂ Antonii de Giunta Florẽtini. Arte ℂ solertiingenio magistri Joannis de Spira. Anno... M. cccc. Idibus Aprilis.* Suivent 4 ff. contenant la table des chapitres et le registre. Un exemplaire impr. sur VÉLIN se conserve à la Biboth. impériale.

REGULÆ Societatis Jesu. *Romæ, in collegio ejusdem Societatis,* 1580, in-8. de 2 ff. prélim., 234 pp. et 1 f. d'errata. [3272]

Première édition, rare. Vend. 49 fr. *m. r.* La Vallière; 25 fr. Mac-Carthy.

Une édition de Venise, 1580, in-8. divisée en 7 part., ayant chacune un titre particulier et une pagination nouvelle, est portée dans le second catal. de Crévenna, n° 7694.

Ces règles ont été très-souvent réimprimées, et même il en a été fait au moins trois éditions différentes sous la date de *Rome,* 1582. De ces trois éditions, la première (pet. in-8.) a 230 pp., y compris le titre, et de plus 2 ff. qui contiennent l'index et l'errata. Un bel exempl. rel. en *mar. à compart.* a été successivement vendu 130 fr. Gaignat; 30 fr. Mac-Carthy ; 6 liv. 14 sh. 6 d. Hanrott, à cause de la reliure. Les deux autres éditions de 1582, l'une petit in-12 de 89 pp., et l'autre petit in-8. de 72 pp., ont peu de valeur, et il en est de même de celles d'une date plus récente.

REGUM francorum imagines. V. EPITOME.

REHBINDER (*F.* von). V. NACHRICHTEN.

REI accipitrariæ scriptores. Voy. SCRIPTORES.

REI agrariæ auctores legesque variæ, cura Wil. Goesii, una cum Nic. Rigaltii no-

Rehkopf (*J.-Fr.*). Vitæ patriarcharum alexandrinorum, 21548.

Rehm (*F.*). Geschichte des Mittelalters, 23035.

tis, observationibus, necnon glossario. *Amstelodami,* 1674, pet. in-4. fig. 10 à 12 fr. [6298]

Bonne édition de ce recueil. Dans les exemplaires en Gr. Pap., qui sont très-rares, les feuilles sont ordinairement tachées de roux. Vend. 54 fr. *m. v.* F. Didot ; 56 fr. Larcher; 43 fr. De Bure.

Andr. Turnèbe avait déjà donné, en 1554, une édit. in-4. d'une partie des auteurs compris dans le vol. publié par Goes; après Turnèbe, le savant Nic. Rigault publia les *Auctores finium regundorum.* Paris, Libert, 1614, in-4.; mais ces deux éditions ont été effacées par celle de 1674.

On a donné une édition des mêmes auteurs sous le titre de :

GROMATICI VETERES. Die Schriften der römischen Feldmesser, herausgegeben und erläutert von F. Blume, K. Lachmann und A. Rudorff. *Berlin, G. Reimer,* 1848-52, in-8., 2 vol. avec pl. lithogr. 30 fr.

REI agrariæ scriptorum nobilium Reliquiæ : accessit legum Romanorum agrariarum delectus... edidit C. Giraud. *Parisiis,* 1843, in-8. [6298]

REICHENBACH (*H.-G.-Lud.*). Iconographia botanica seu plantæ criticæ. Icones plantarum rariorum et minus rite cognitarum, indigenarum exoticarumque ; sive Iconographia et supplementum, imprimis ad opera Willdenovi, Schkuhrii, Personii, Romeri et Schultesii : delineatæ et cum commentario succincto editæ. *Lipsiæ, Hofmeister,* 1823-32, in-4. fig. 10 centuries, texte lat. et allem. 66 thl.; avec fig. color. 133 thl. [4948]

— Icones floræ germanicæ et helveticæ, simul pedemontanæ, istriacæ, dalmaticæ, hungaricæ, transsylvanicæ, borussicæ, holsasticæ, belgicæ, hollandicæ, ergo mediæ europeæ, exhibens nuperrime detectis novitiis additis, collectionem compendiosam imaginum characteristicarum omnium generum atque specierum, quas in sua Flora germanica excursoria recensuit auctor. *Lipsiæ, Fried. Hofmeister,* 1834-58, 18 part. in-4. [5135]

Cet ouvrage fait suite au précédent ; en voici la division :
. *Agrostographia* (réimpr. en 1850), 121 pl. — II. 1837-38, *Tetradynamæ*, 102 pl. — III. 1839, *Papaveraceæ*, 106 pl. — IV. 1840, *Ranunculaceæ*, etc., 82 pl. — V. 1842, *Rutaceæ*, etc., 103 pl. — VI. 1843, *Caryophylaceæ*, etc., 124 pl. — VII. *Isoëteæ*, 72 pl. — VIII. 1846, *Cyperoideæ*, 126 pl. — IX. 1847, *Typhaceæ*, etc., 100 pl. — X. 1848, *Veratreæ*, etc., 102 pl. — XI. 1849, *Coniferæ*, etc., 100 pl. — XII. 1850, *Amentaceæ*, etc., 111 pl.

Reibell. Voy. Sganzin.
Reibisch (*F.* von). Der Rittersaal, 28720.
Reicha (*Ant.*). Cours de composition , 10180. — Traité de mélodie , 10181. — Haute composition , 10182. — Art du compositeur dramat., 10183.
Reichard (*R.-A.-O.*). Guide des voyageurs en Europe, 23015.
Reichelt (*J.*). De Amuletis, 22610.

— XIII et XIV. 1850, *Orchideæ*, 1851, ensemble 170 pl. — XV. 1853, *Cynarocephalæ*, 160 pl. — XVI. 1854, *Corymbiferæ*, 150 pl. — XVII. 1855, *Gentianaceæ*, etc., 150 pl. — XVIII. 1856-58, *Labiatæ*, 150 pl. — Le tome XIX devait contenir : *Cichoriaceæ*, *Campanulaceæ*, *Ambrosiaceæ et Cucurbitaceæ*, et le XXᵉ *Personatæ et Solanaceæ.* Chaque livraison de 10 pl. coûte, en noir, 25 ngr., et color. 1 thl. 15 ngr. (3 fr. 25 c. et 6 fr.).

Le même auteur avait déjà donné :
FLORA *germanica excusoria*, Lipsiæ, Cnobloch, 1830-32, in-12 de XLVIII et 878 pp. avec 2 pl. et *Floræ germanicæ clavis synonymica,* Ibid., 1833, in-12. — Il a donné aussi *Der deutsche Botaniker*, Dresdæ et Lipsiæ, Arnold, 1841 et 1842 (aussi 1844), 2 vol. in-8.

— DEUTSCHLANDS Flora, mit höchst naturgetreuen charakteristischen Abbildungen aller ihrer Pflanzenarten , und mit Analysen. *Leipzig*, 1837-1856, gr. in-8.

Le catal. de J.-B. Baillière, pour 1855, annonçait cet ouvrage en deux séries : la première, 9 vol. avec 892 pl. demi-color., 190 fr.; la seconde, 5 vol. avec 687 pl., 144 fr.

Ce doit être la même que les *Icones* ci-dessus, sous un titre allemand.

— Flora exotica. Die Prachtpflanzen des Auslandes, in naturgetreuen Abbildungen herausgegeben von einer Gesellschaft von Gartenfreunden in Brüssel, mit erläuterndem Text und Anleitung zur Kultur von H.-G.-Ludwig Reichenbach. *Leipzig, Hofmeister,* 1820-36, 5 vol. in-fol., avec 360 pl. color. 120 thl. [4967]

C'est par erreur que le tome V est coté VI.

On a encore de ce même botaniste :
ICONOGRAPHIA botanica exotica, sive hortus botanicus, imagines plantarum imprimis extra Europam imprimis colligens, cum commentario succincto editus. *Lipsiæ, Hofmeister,* 1827-30, 3 vol. in-4. fig., texte lat. et allem. [4949]

Recueil qui a été, pour l'Allemagne, ce que le *Botanical magazine* était pour l'Angleterre. En 1831 il en paraissait 25 cah. ou 250 pl.

— ILLUSTRATIO specierum generis Aconiti, additis atque Delphinii quibusdam omnium specierum iconibus illustrata , cum versione germanica. *Berolini, Hofmeister,* et *Lipsiæ, Vogel,* 1823-27, gr. in-fol. fig. color. 48 fr. [5472]

Publié en 12 cah. de 6 pl. Le même auteur avait déjà donné , en 1820 et 1821, *Monographia generis Aconiti,* in-fol. de 100 pages, avec 19 pl. qui coûtait 11 thl. 12 gr.

REICHENBACH (*H.-Gust.*), filius. Xenia Orchidacea. Beiträge zur Kenntniss der Orchideen. *Leipzig, Brockhaus,* 1854-56, 8 cah. in-4. 80 pl. 85 fr. [5442]

M. Reichenbach, le fils, a eu part aux *Icones* et à la *Flora germanica* de son père.

REID (*Thomas*). Essays on the powers of the human mind, to wich is prefixed an account of the life and writings of the author. *Edinburgh,* 1819, 3 vol. in-8. 1 liv. [3634]

Reid (*W.* Hamilton). Hanover, 26711.
Reid (*Th.*). Bibliotheca scoto-celtica, 31676.
Reid (*Th.*). Voyages , 21174.
Reid (*Will.*). Law of storms, 4295.

Imprimé d'abord à Edimbourg, 1785-88, en 2 vol. in-4.

— THE SAME, with an analysis of Aristotle's Logic, notes and questions by Wright, 1843, in-8. 8 sh.

— Inquiry into the human mind on the principle of common sense. *Edinburgh*, 1819, in-8. 8 sh. [3635]

Ces deux ouvrages classiques dans l'école écossaise sont souvent réimprimés. La première édition de celui-ci est de 1764.

— The Works of Th. Reid, now fully collected, with selections from his unpublished letters, preface, notes, and supplementary dissertations by Will. Hamilton, and life by Dugald Stewart. *Edinburgh* and *London*, 1852, gr. in-8. 18 sh.

— ŒUVRES complètes de Th. Reid, publiées par M. Th. Jouffroy, avec des fragments de M. Royer-Collard et une introduction de l'éditeur. *Paris*, *Sautelet*, 1828 et ann. suiv., 6 vol. in-8. 42 fr.

Le tome Iᵉʳ n'a paru qu'en 1836.

— PHILOSOPHIE de Th. Reid, extraite de ses ouvrages, avec une vie de l'auteur et un essai sur la philosophie écossaise, par l'abbé P.-H. Mabire. *Paris*, *Périsse frères*, 1844, 2 vol. in-12.

REIFFENBERG (baron *Fréd.-Ferd.-Thomas* de). Histoire de l'ordre de la toison d'or, depuis son origine jusqu'à la cessation des chapitres généraux, tirée des archives de cet ordre et des ouvrages qui en ont traité. *Bruxelles, imprimerie normale*, 1830, gr. in-4. avec 10 pl. 40 fr. [28759]

Quoique imprimé en 1830, cet ouvrage n'a paru qu'en 1831. — Vend. 35 fr. Borluut.

Le baron de Reiffenberg, qui réunissait beaucoup d'esprit à une érudition plus variée que profonde, a écrit un grand nombre d'ouvrages, de mémoires, de dissertations, de notices et d'articles de journaux, que M. Quérard porte à clxxxvij. Voir à ce sujet la notice très-détaillée qu'il a consacrée à cet auteur fécond dans le 12ᵉ volume de sa *France littéraire*, pp. 57-76 (voir aussi les *Supercheries littéraires*, IV, p. 56-81). Pour nous, après avoir cité ici le seul ouvrage de ce célèbre Belge qu'on puisse placer parmi les livres précieux, nous renverrons, pour plusieurs autres qui ont de l'intérêt, à notre article COLLECTION des chroniques belges, au mot MOUSKE, et aussi à notre table, où nous indiquons ses Archives philologiques et histor., 24983; ses Solennités usitées en Belgique, 24662; son Résumé de l'histoire des Pays-Bas, 24980; sa *Vita Justi Lipsii*, 30860; son Annuaire de la Bibliothèque roy. de Bruxelles, 31146 ou 31384; son Bulletin du Bibliophile belge, nᵒ 31164, et enfin ses Notices sur l'estampe au millésime de 1414, sous le nᵒ 9508. Ajoutons que les tomes IV et V de ses *Monuments pour servir à l'histoire des provinces de Namur* (partie de la *Collection des chroniques*, et portée sous le nᵒ 25055 de notre table), contiennent : *Le Chevalier au Cigne* et *Godefroid de Bouillon*, deux poëmes publiés alors pour la première fois.

Reidanus (*Ever.*). Belgarum annales, 24974.
Reiff (*C.-J.*). Dictionnaire en quatre langues, 10594. — Grammaire française-russe, 11418. — Dictionnaire russe, 11422.
Reiffenstuel (*Anacl.*). Jus canonicum, 3181.

REIGLE. Voy. REGLE.

REIMERS (*Henri* de). History of the russian embassy to Constantinopole. *London*, 1804, 3 vol. in-4. fig. [20413]

L'édition originale en allemand, sous le titre de *Reise der russisch-kaiserlichen ausserordentlichen Gesandtschaft an die Othomann. Pforte im Iahr* 1793, a été imprimée à *Pétersbourg*, 1803, 3 vol. in-4. avec gravures. Vend. 30 fr. Langlès. Nous indiquons la traduction anglaise d'après un catalogue imprimé à Londres, mais nous ne l'avons pas vue et Lowndes n'en fait pas mention.

On trouve une relation de cette ambassade à la suite du Voyage en Crimée, trad. de l'allemand par Lamare. *Paris*, 1802, in-8.

REIMES (de). Roman de la Manekine; par Philippe de Reimes, trouvère du XIIIᵉ siècle; publié par Francisque Michel. *Paris*, *de l'imprimerie de Maulde*, 1840, in-4. [13212]

Volume de plus de 600 pp., imprimé pour le *Bannatyne Club*, à Edimbourg, et envoyé en Ecosse. Voir l'*Histoire littéraire de la France*, XXII, p. 864.

REINAGLE (*P.*). Voy. SPORTSMAN's Cabinet.

REINAUD (*Jos.-Toussaint*). Description des monumens musulmans du cabinet de M. le duc de Blacas, ou recueil de pierres gravées arabes, persanes et turques, de médailles, vases, coupes, miroirs, etc., *Paris*, *Dondey-Dupré (impr. royale)*, 1828, 2 vol. in-8. fig. 18 fr. — Pap. vél. 30 fr. [29320]

On a imprimé pour cet ouvrage des nouveaux titres ainsi conçus : *Monumens arabes, persans et turcs, du cabinet de M. de Blacas et d'autres cabinets, considérés et décrits d'après leurs rapports avec les croyances, les mœurs et l'histoire des nations musulmanes.*

— Du feu grégeois, 8703. — Mémoire sur le royaume de la Mésène, etc., 19586. — Voyages faits par les Arabes, 20657. — Invasion des Sarras, 23038. — Fragments arabes et persans, 28094. — Mémoires sur l'Inde, 28094. — Voir aussi l'Hist. des Croisades, par MICHAUD.

— Géographie d'ABULFEDA. Voy. ce nom.

REINECCIUS (*Reinerus*). Historia Julia, sive syntagma heroicum : cujus pars prima continet Monarchiam primam, hoc est Chaldeorum et Assyriorum imperium, item regna LIII. implicatam dynastiam unam, tyrannides duas; quæ singula eiusdem Monarchiæ tempore floruerunt. Pars secunda comprehendens Monarchiam secundam, quæ cen-

Reimar (*H.-S.*). Instinct, 3626. — Vita Fabricii, 30831.
Reimer (*N.-T.*). Cubi duplicatio, 7970.
Reimmann (*J.-Frid.*). Historia atheismi, 2286. — Idea, 30035. — Historia litteraria Babyloniorum, 30036.
Rein (*Jo.*). Samlede Digte, 15680.
Reina (*Pl.*). Messina, 25847.
Reinbeck (*G.*). Dramatische Werke, 16834.

setur regnis Medorum et Persarum ; comprehendens distincte et singulatim reliqua eiusdem temporis imperia, id est regna XVI, dynastiam unam, tyrannides XIX, respublicas XIV. Pars tertia , qua exponitur Monarchia tertia , id est regnum macedonicum, et alia partim macedonicæ originis, partim solo tempore respondentia, in universum XXXIX. exponuntur insuper tetrarchia vna, tyrannides XIII, respubl. VI, etc. *Helmæstadii, typis Jacobi Lucii,* 1594-97, 3 vol. in-fol. [22690]

Ouvrage fort savant, qu'on ne consulte plus guère, mais qui tiendra toujours une place distinguée dans les grandes bibliothèques. Les exemplaires en sont rares : 60 à 80 fr. Vend. en *m. r.* 168 fr. La Valliere ; 151 fr. Barthélemy ; 81 fr. *peau de truie,* Larcher ; 4 liv. 14 sh. Heber.

Il faut voir si, à la fin de chaque volume, se trouve la partie contenant les tables généalogiques imprimées. Ces tables forment, dans le premier volume, 97 pp., suivies de 10 ff. d'index et de 2 ff. d'errata ; dans le 2e volume, 59 pp., suivies de 10 ff. pour l'index et l'errata ; dans le 3e vol., 70 pp., suivies de 10 ff. d'index.

Dans l'*Historia Julia* se trouve refondu en grande partie un autre ouvrage que l'auteur avait déjà publié sous le titre suivant :

SYNTAGMA de familiis quæ in monarchiis tribus prioribus rerum politæ sunt, etc. *Basileæ,* 1574-80, 4 vol. in-fol.

Ce *Syntagma* comprend divers opuscules de Reineccius, impr. d'abord séparément de format in-8. Il est convenable de le réunir à l'*Historia Julia,* à cause des différences notables qui présentent les deux ouvrages.

— Annalium de gestis Caroli Magni imper. lib. V, opus auctoris incerti, etc., studio et opera Reineri Reineccii. *Helmstadii,* 1594, in-4. 10 à 12 fr. [23351]

— Chronicon hierosolymitanum, id est de bello sacro historia. *Helmstadii,* 1584, 2 part. in-4. 10 à 15 fr. [23051]

Dans la 2e partie de cette histoire se trouve ordinairement : *Haythoni historia orientalis et P. Marci Pauli itinerarium,* 1585.

Struve a décrit, sous le titre de *Scriptores rerum germanicarum,* un recueil de 8 pièces historiques, publiées séparément par R. Reineccius, à Francfort, chez Wechel, de 1577 à 1581, in-fol. Les exemplaires complets en sont rares. [26354]

REINECKE Fuchs. Voy. RENART ou Renard.

REINEKE (*M.*). Hidrografitcheskoe opisanie sévernavo béréga Rossii. Description hydrographique de la côte septentrionale de la Russie (faite en 1833). *St-Pétersbourg, impr. de la marine,* 1843-1850, 2 vol. in-4. [27733]

REINESIUS (*Th.*). Syntagma inscriptionum antiquarum , cum primis Romæ

veteris, quarum omissa est recensio in Gruteri opere, cum comment. *Lipsiæ,* 1682, in-fol. fig. 12 à 15 fr. [29918]

Volume imprimé peu correctement, ainsi qu'on peut le voir dans le *Sylloge espistolar.* de Burmann, V, 331. Le 4e volume des *Acta Soc. lat. Jenenæ,* pp. 132 et suiv., renferme des *Emendationes inscriptionum reinesianarum ex mss. bibliothecæ strozzianæ.*

On a du même savant : *Variarum lectionum libri III,* Altenb., 1640, in-4., volume auquel il faut joindre : *Defensio variar. lect. Th. Reinesii contra iniquam censuram poetæ L.* (*Lipsiensis, id est And. Rivini*), Rostochii, 1653, in-4. [18209 et 18210]; et aussi quatre recueils de lettres lat. impr. de format in-4., en 1660, 1667 et 1670, ainsi qu'un cinquième recueil, impr. à Iéna, en 1700, in-12 [18783-84] et enfin :

OBSERVATIONES in Suidam : enotavit, digessit, notisque suis adspersis edidit Ch.-G. Müller. *Lipsiæ, Vogel,* 1819, in-8. 2 thl. [10692]

REINOLDUS (*Joan*). Historia græcarum et latinar. litterarum ; accedit Herodotus de vita Homeri, græce, maxima cura collatus cum cod. bibliothecæ bodleianæ. *Etonæ,* 1752, in-4. [30164]

Volume tiré à 250 exemplaires : 6 à 9 fr.

REINOSO (*Alonso* Nuñez de). Historia de los amores de Clareo y Florisea, y de los trabajos de Ysea : con otras obras en verso, parte al estilo español, y parte al italiano : agora nueuamente sacada a a luz. *In Venecia, por Gabr. Giolito,* 1552, 2 tom. en 1 vol. pet. in-8. de 200 et 135 pp., lettres ital. [17573]

Ce livre rare est divisé en deux parties : la première en prose, et la seconde en vers, sous ce titre : *Libro segundo de las obras en coplas castellanas y versos al estilo italiano.* L'auteur n'est pas nommé sur le frontispice, mais il a signé l'épître dédicatoire. Le style de ce roman est un mélange d'espagnol et d'italien.

— La plaisante histoire des amours de Florisée et de Claréo, et aussi de la peu fortunée Yséa, trad. du castillan en françois par Jacq. Vincent. *Paris, Jacq. Kerver,* 1554, in-8.

Traduction de la première partie du livre ci-dessus. Elle n'est guère moins rare que l'original.

REINWARDT (*C.-G.-C.*). Reis naar het Oostelijk Gedeelte van den Indischen Archipel in het Jaar 1821. *Amsterdam,* 1858, gr. in-8. 20 fr. [20742]

REISCH (*Georgius*). Margarita philosophica, totius philosophiæ rationalis et moralis principia duodecim libris dialogice complectens. *Friburgi, Joannes Schotus,* 1503, in-4. [3441]

Ce livre est une sorte d'encyclopédie qui a été souvent réimprimée. L'édition de 1503 est fort bien exécutée, tant pour la partie typographique que

---

Reinegg (*J.*). Description historique du Caucase, 28049.

Reinganum (*H.*). Die alte Megaris, 22869.
Reinhard (*F.-V.*). Predigten, 1904.
Reinhold. Noctes pelasgicæ, 10675.

pour les figures gravées sur bois qui s'y trouvent en assez grand nombre, et qui sont tirées avec le texte, à l'exception de deux tables dans la partie qui traite de la musique. L'auteur était prieur d'une chartreuse auprès de Fribourg. Un exemplaire sous la date de 1504, et rel. en *mar. vert*, 40 fr. Cailhava.

On trouve aussi des figures sur bois assez remarquables dans les éditions de *Strasbourg*, *Grüninger*, 1504, 1508, 1512 et 1515, in-4. (Ces dernières sous le titre de *Margarita nova*.) Les éditions de *Bâle*, 1535 (18 fr. Libri, en 1857) et 1583, in-4., contiennent des augmentations d'Oronce Finé qui ont passé dans la traduction italienne de la *Margarita*, par G.-P. Gallucci, *Venezia*, *Barozzi*, 1599, in-4., fig. sur bois.

Panzer (*Annales typogr.*) et Hain (*Repertorium*) décrivent une édit. in-4. de la *Margarita philosophica*, sans lieu ni date d'impression, dans laquelle l'ouvrage est daté *ex Heidelberga III. Kal. Januarii* MCCCCLXXXXVI, et ils supposent que ce peut être là la date de l'impression.

REISE der österreichischen Fregatte Novara um die Erde, in den Jahren 1857, 58, 59, unter den Befehlen des Commodore B. von Wüllerstorf-Urbaix. *Wien*, *Gerold's Sohn*, 1861 et années suiv., in-8. et in-4. [19896]

Parties publiées : *Beschreibender Theil*, vol. I-III, *Medizinischer Theil*, vol. I.

REISENBUCH. Voyez REYSENBUCH.

REISET (*Fréd.*) et Fréd. Villot. Collection de dessins originaux de grands maîtres gravés en fac-simile par Alphonse Leroy. Voy. LEROY (*Alphonse*).

REISIG (*C.*). Voyez I, col. 457, à la fin de l'article ARISTOPHANES.

REISKE (*Joan-Jac.*). Animadversiones ad græcos authores, quibus Diodorus siculus, ambo Diones, Lysias, Plutarchus, etc., pertractantur. *Lipsiæ*, 1757-66, 5 vol. in-8. [18258]

Le 5ᵉ volume se trouve difficilement, parce qu'une partie de l'édit. a été détruite dans un incendie. Il n'est cependant pas possible d'assigner une grande valeur à cette collection qui n'a été portée qu'à 8 fr. à la vente Clavier, quoiqu'elle ait été vendue autrefois de 30 à 40 fr.

— *Primæ lineæ historiæ regum arabic.* 27998. — Lebens beschreibung, 30834.

— Voyez ORATORUM græcorum monumenta.

REISSEISEN (*F.-Danielis*). De fabrica pulmonum commentatio, a regia Academia scientiarum berolinensi præmio ornata ; germanice, cum latina vers. Fr.-Car. Hecker. *Berolini*, *Rücker*, 1822, gr. in-fol., cum VI tab. color. [6817]

Ouvrage d'un grand intérêt, et orné de planches magnifiques : 60 fr. Un exemplaire avec les pl. retouchées au pinceau, 70 fr. Béclard.

REITTER. Mortilogus F. Conradi Reitterii nordlingensis prioris monasterii Cœsa-

riensis. — *Finit feliciter per Erhardum Oglin et Georgiŭ Nadler augusteñ* IIII. *ydus februarii. Anno millesimo quingentesimo octavo*, in-4. de 34 ff. avec 10 gravures sur bois. [13012]

Ce volume, peu commun, se compose d'odes et d'épitaphes. Il est remarquable et par les vignettes sur bois qui le décorent, et par quelques singularités dans le texte. La première ode est une invocation à la sainte Vierge pour être préservé de *morbo gallico*, etc. Au verso du frontispice se lit une épigramme *ad librum Conradi Reirery* (sic). Voir sur ce livre le *Bulletin du Bibliophile*, 1861, page 491.

Vend. en *mar. viol.* 281 fr. Cailhava ; et 135 fr. en 1847 ; 117 fr. demi-rel., 2ᵉ vente Quatremère.

REITZIUS (*Joan.-Frid.*). De ambiguis, mediis et contrariis, sive de significatione verborum ac phrasium ambigua. *Trajecti-ad-Rhenum*, 1736, in-8. 6 à 9 fr. [10828]

Réimprimé en 1752, avec *Apologia et supplem. ad Ambigua*, in-8.

REJON de Silva (*Diego Ant.*). La Pintura, poema didáctico en tres cantos. *Segovia*, 1786, gr. in-4. ou pet. in-4. fig. 8 fr. [15302]

REJOUISSANCE (la) du traicté de la paix en France. *Paris*, *Oliuier de Harsy*, 1559, pet. in-8. de 10 ff. [13974]

Petit poëme de circonstance, en trois cent cinquante-sept vers. 20 fr. non relié, Bulletin de M. Techener, 1860, n° 501.

RELAÇAÕ verdadeira dos trabalhos que ho gouernador don Fernando de Souto et certos fidalgos portugueses passarão no descobrimento da provincia da Frodida (*sic*). Agora noeuamente feita per hũ fidalgo d'Elvas. *Evora em casa de Andree de Burgos*, 1556, pet. in-8. goth. [28553]

Le texte original de cette intéressante relation est fort rare (8 liv. 8 sh. Heber) ; mais il a été trad. en français sous le titre suivant :

HISTOIRE de la conquête de la Floride, par les Espagnols, sous Ferdinand de Soto, trad. du portugais, par M. D. C. (de Citri La Guette). *Paris*, *Denis Thierry*, 1685, in-12.

La traduction anglaise de cette même relation, *London*, 1686, in-8., est accompagnée de deux voyages de l'empereur de la Chine en Tartarie, et des découvertes des Espagnols en Californie.

RELACION đl espãtable terremoto q̃ agora nueuamente ha acontecido en la cibdad đ Guatimala : es cosa de grãde admiracion y de grãde exemplo para q̃ todos nos emendemos đ nuestros pecados y estemos apresciuidos para quãdo Dios fuere seruido de nos llamar. (à la fin) : *Fue impressa en la grã ciudad đ Mexico en casa de Iuã Cromberger año đ mill y quiniẽtos y quarẽta y uno* (1541), pet. in-4. de 4 ff. [28677]

Cette relation a été réimprimée en Espagne, sans lieu ni date, également en 4 ff. in-4., caractères gothi-

---

Reisen eines Russen, 20599.
Reisiglus (*C.*). Commentationes in Sophoclis Œdipum, 16063.

O

ques. L'édition de 1541 est un morceau fort rare, qui a précédé de trois années la *Doctrine breve* de Jean Çumarraga, sortie des mêmes presses en 1544 (voir à la col. 441 de notre second volume), et aussi la *Doctrina christiana* de Pedro de Cordova, pet. in-4. goth. de 30 ff., sans chiffres, réclames, ni signatures, à longues lignes, au nombre de 34 par page entière (ci-dessus, col. 464).Ce n'est pourtant pas la plus ancienne impression faite à Mexico : il avait déjà paru, en 1540, un *Manuel de Adultos*, pet. in-4., dont M. Gonzalez Yera de Madrid possède les quatre derniers feuillets où on lit cette souscription : *Imprimiose este Manual de Adultos en la grã ciudad d Mexico por mãdado d los Reuerẽdissimos Señores Obispos d la nueua España y a sus expẽsas : en casa de Iuã Cromberger. Año dl nacimiẽto d nuestro Señor Iesu Christo d mill y quiniẽtos y quarẽta. A xxu dias dl mes d Deziẽbre;* et au recto de l'avant-dernier feuillet ces deux lignes : *Se pauc; pnosse cup; uenerãde sacerdos : || Vt patizari quilibet Indus habet.*

Nous devons ces curieux renseignements à l'obligeance de M. Garciá Yaarzbaluta, qui nous a adressé de Mexico la liste et la description des éditions imprimées dans cette ville pendant le xvie siècle. Cette notice, en date du 25 juillet dernier, nous est parvenue trop tard pour que nous ayons pu en faire usage dans les premiers volumes de ce Manuel, mais nous nous proposons d'insérer dans nos Additions une grande partie de ce qu'elle contient, et, dès à présent, nous pouvons en extraire les articles REGLA (voy. ce mot) et *Dialogos de Luis Vivez*.

RELACION del viage hecho por las goletas Sutil y Mejicana, en el año de 1792, para reconocer el estrecho de Juan de Fuca, con una introduccion (por D. Dionisio Galiano y D. Cayetano Valdès). *Madrid, impr. real,* 1802, in-4. et atl. pet. in-fol. 18 à 24 fr. [21140]

Vend. 42 fr. de Fleurieu.

RELACION del último viage al estrecho de Magallanes de la fragata de S. M. ° Santa Maria de la Cabeza en los años de 1785 y 86. *Madrid, Ibarra,* 1788, in-4. fig. [21140]

APPENDICE a la Relacion del viage al estrecho Magallanes que contiene él de los paquebotes Santa Casilda y Santa Eulalia para completar el reconocimiento del estrecho en los años de 1788 y 1789. *Madrid,* 1793, pet. in-4. Les 2 vol. 15 à 20 fr.

RELAND (*Hadr.*). Dissertationes miscellaneæ; scilicet : de paradiso, de mari Rubro, etc. *Trajecti-ad-Rhenum,* 1706-1707, 3 tom. en 1 vol. in-8. [625]

Ces trois parties, que l'on trouve difficilement réunies, ont quelquefois un titre daté de 1713 : 6 à 9 fr.

— De religione mohammedica libri duo. *Trajecti-ad-Rhen.,* 1717, in-8. 3 à 5 fr. [2237]

Cet ouvrage estimé parut d'abord en 1705, mais l'édition que nous citons contient des augmentations nombreuses ; il y en a une traduction française intitulée :

LA RELIGION des Mahométans, exposée par leurs propres docteurs, tirée du latin de Reland (par David Durand). *La Haye,* 1721, in-12, fig. 4 à 6 fr.

— Palæstina ex monumentis veter. illus-

trata. *Trajecti-Batavorum,* 1714, 2 vol. pet. in-4. [22738]

Ouvrage très-estimé : 12 à 18 fr. ; — Gr. Pap. 18 à 24 fr.

— RELANDI Antiquitates sacræ veterum Hebræorum, breviter delineatæ. *Traj.-Batav.,* 1712 seu 1717, pet. in-8. 2 à 3 fr. [29071]

L'édition de 1741, in-4., est plus chère que les précédentes ; celle de Halle, 1769, in-8., donnée par G.-J.-L. Vogel, est augmentée des notes d'Ugolin et de Ravianus.

On a encore du même auteur : *De spoliis templi hierosolimitani liber ,* Traj. - ad - Rhenum, 1716 (réimpr. en 1775, avec des augmentations), in-8. fig. [624] — *Dissertationes de nummis veter. Hebræorum,* bid., 1709, pet. in-8. [29761] : et plusieurs ouvrages estimés qui , cependant, n'ont qu'un prix ordinaire. Citons encore :

PETRI RELANDI fasti consulares, ad illustrationem codicis justinianei et theodosiani secundum rationes temporum digesti, cum appendice Hadr. Relandi, *Traj.-Batavorum,* 1715, in-8. [2911]

— Poemata, 13069.

RELATIO fidelis agonis quem pro religione catholica gloriose subierunt aliquot e Societate Jesu sacerdotes in ultima Angliæ persecutione sub annum 1678. *Pragæ,* 1683, in-4. [22306]

Volume recherché à cause des portraits qui s'y trouvent, et notamment de celui du P. Henry Ireland, morceau rare : vend. 4 liv. Hibbert, 2 liv. 3 sh. Heber.

RELATIO sepulturæ magno Orientis apostolo S. Francisco Xaverio erectæ in insula Sansiano, anno sæculari M. DCC. (scripta per Gasp. Castner), pet. in-4. de 31 ff. [21709]

Livre imprimé en Chine, mais en caractères européens. Le 31e f. offre au recto : *Iconographia sepulturæ S. Francisci Xaverii,* et au verso la carte de l'île Sancian, en chinois Kang-Chuen. Vend. 26 flor. Meerman ; 31 fr. Rémusat, et moins depuis.

— Voyez BREVIS relatio.

RELATION de divers voyages curieux. Voyez THÉVENOT.

RELATION de la cour de Savoye ou les amours de Madame royale. *Paris (Hollande),* 1667, pet. in-12 de 33 pp. [17307]

Pièce satirique, assez rare.

RELATION de l'établissement de la compagnie françoise pour le commerce des Indes orientales, dédiée au roi. *A Amstredan* (sic), *de l'imprimerie et aux dépens de Simon Moinet, le long du canal de Laurier, dans le cul de sac du Potier,* 1666, pet. in-12 de 132 pp. dont les 10 premières ne sont pas chiffr. [4174]

Relation de ce qui s'est passé en Espagne , 26083.
Relation de la campagne d'Irlande, 27525.
Relation de la cour de Rome, 21658.
Relation de la Louisiane, 28562.
Relation de la vie et de la mort de quelques religieux de la Trappe, 21797.

DISCOURS d'un fidèle sujet du roy, touchant l'establissement d'une compagnie françoise pour le commerce des Indes orientales, adressée à tous les François. *A Paris*, 1665, pet. in-12 de 60 pp.

Ces deux opuscules, qui se trouvent réunis en un volume, sont rares, et les seuls, avec les noms de ce correcteur des Elsevier, qui peuvent se joindre à la collection elsevierienne (Pieters, XXXVIII, et p. 361). Voy. cependant, pour un volume impr. en 1663 par Moinet, notre article SAINT-AMANT.

Le *Discours* et la *Relation* ci-dessus sont de François Charpentier, et ont été imprimés pour la première fois à Paris, en 1666, in-4.

RELATION de l'isle de Bornéo. Voyez FONTENELLE.

RELATION de l'isle imaginaire, et l'histoire de la princesse de Paphlagonie (par la duchesse de Montpensier). *Imprimée en* 1659, in-8. [17177]

Édition originale, laquelle, selon le *Segraisiana*, aurait été imprimée à Bordeaux, par les soins de Segrais, et tirée à une centaine d'exemplaires seulement. Son prix, qui était naguère assez médiocre (8 fr. Chateaugiron, 26 fr. *mar. citr.* Nodier, 12 fr. Monmerqué), s'est successivement élevé : 51 fr. *mar. citr.* Giraud, et jusqu'à 160 fr. De Bure.

Il en existe une autre : sur l'imprimé de 1659, pet. in-12. Celle de *Paris*, Renouard, 1805, in-12, pap. vél., avec un portrait, est jolie, et il en a été tiré plusieurs exemplaires sur VÉLIN (59 fr. portr. ajoutés, Renouard) et sur des papiers de couleur.

RELATION de l'Islande (par Is. de la Peyrere). *Paris*, 1663, in-8. fig. 4 à 6 fr. [27704]

RELATION des assemblées faites à Versailles dans le grand appartement du Roy pendant le carnaval de l'an 1683, et divertissements que Sa Majesté y a ordonnés. *Paris, P. Cottard*, 1683, in-12. [23805]

Il y a dans ce volume un avant-propos curieux, et c'est ce qui a fait porter à 50 fr., à la vente Solar, un exemplaire rel. en *mar. r.* par Niedrée.

RELATION des campagnes de Rocroi et de Fribourg en 1643 et 1644 (par Henri de Bessé ou Besset de La Chapelle-Milon). *Paris, Fr. Clousier*, 1673, pet. in-12. [23764]

Édition originale de cette relation estimée. 25 fr. 50 c. Walckenaer.

Réimpr. dans le Recueil de pièces pour servir à l'histoire de M. le Prince. *Paris*, 1693, 2 vol. in-12, dans le Recueil de la Monnoye et dans la petite collection publiée par Ch. Nodier, chez M. Delangle, alors libraire.

RELATION des missions de la Nouvelle-France, par l'évêque de Québec. *Paris, R. Pepie*, 1688, in-8. [21589]

Vendu 25 fr. 50 c. Walckenaer.

ÉTAT présent de l'Eglise et de la colonie françoise dans la Nouvelle-France, par l'évêque de Québec. *Paris*, 1688, in-8. 17 fr. Fr. Michel.

Pour la collection des Relations des missions de la

Relation de l'expédition de Carthagène, 23806.
Relation de l'expédition de Chine, en 1860, 8796.
Relation des différends arrivés en Espagne, 26085.

Nouv.-France, voy. LEJEUNE (le P. Paul), et MARQUETTE (Jean).

RELATION des troubles arrivez dans la cour de Portugal en l'année 1667, et en l'année 1668, où l'on voit la renonciation d'Alfonse VI à la couronne ; la dissolution de son mariage avec la princesse Marie-Françoise-Isabelle de Savoye ; le mariage de la même princesse avec le prince D. Pedro, régent de ce royaume, etc. (par Blouin de la Piquetierre). *Amsterdam, suivant la copie (à la Sphère)*, 1674, pet. in-12. [26312]

15 fr. v. f. tr. d. De Bure ; 35 fr., *mar. r.* par Duru, Solar.

RELATION du grand ballet du roy, dancé en la salle du Louvre le 12 Février 1619, sur l'advenue de Tancrede en la forest enchantée; faict par le commandement expres de Sa Majesté, avec figure. *Paris, Jean Sara*, 1619, in-8. de 46 pp. 10 à 12 fr. [10386]

L'auteur de ce ballet du roy est un sieur de Grammont qui en a signé la dédicace. Il en a écrit la relation d'après le programme de M. de Porchères. L'ouvrage a été réimpr. *à Lyon, chez Jean Lautret*, 1619, in-8. de 32 pp. Quoique les titres de ces deux éditions portent avec figure, cette planche ne s'est trouvée dans aucun exemplaire, et il faut croire qu'elle n'existe pas, et que par ce mot figure il faut entendre figure de danse.

L'édition de Lyon est portée 45 fr. dans le Bulletin du Bibliophile, 1861, p. 571, n° 217, où se lit une note bonne à consulter.

RELATION du Groenland (par Is. de La Peyrère). *Paris, Courbé*, 1647, in-8. fig. 4 à 6 fr. [27722]

Vend. 19 fr. m. r. La Valliere ; 9 fr. v. f. Caillard. — Réimpr. dans le premier vol. du Recueil de voyages au nord.

RELATION du service solennel fait à Rome dans l'Eglise royale.et nationale de S. Louis pour monseigneur Louis Dauphin de France le vendredi 18 septembre 1711. *Rome*, 1713, in-fol. [23811]

Cette relation est décorée de neuf planches, y compris le portr. et le frontispice, lesquelles ont été gravées par Jérôme Trezzo.

RELATION du Siège de Vienne fait par les Turcs, avec des figures de Romain de Hooghe. *Bruxelles*, 1684, in-4. 15 à 20 fr. [26475]

RELATION du voyage de Brême. Voyez CLÉMENT.

RELATION d'un gentilhomme arrivé de Jérusalem, dans laquelle on apprend où est le malheureux qui donna le soufflet à Jésus-Christ, et la pénitence qu'il y fait. *Turin (fin du XVI° siècle)*, pet. in-8.

Pièce singulière, portée dans le catalogue de Méon, sous le n° 4051.

RELATION d'un voyage fait à Madrid, en

1789 et 90 (par Mlle de Pons, à l'âge de seize ans). *Paris, impr. de Monsieur*, 1791, in-18 de 68 pp. [20145]

On assure que cet opuscule n'a été tiré qu'à douze exempl. : vendu 13 fr. salle Silvestre, en 1812.

RELATION historique de la découverte de l'Isle de Madère, traduite du portugais. *Paris, Cl. Barbin*, 1671, in-12. [28443]

Le texte original de cette relation est de François Alcaforado qui fut témoin de la découverte de l'île de Madère, faite en 1421 ; il a été publié en portugais par D. François Manoel, ainsi que l'atteste, dans sa préface, le traducteur français, qui dit avoir fait son travail sur ce texte imprimé, dont pourtant on ne connaît aucune édition, mais qui se trouve peut-être dans quelque recueil. Le traducteur, qui ne s'est pas nommé, pourrait bien être le même que celui des Lettres portugaises de Mariana Alcaforado, publiées en 1674, chez Cl. Barbin. Sa relation ne se trouve plus facilement. On en cite une traduction anglaise impr. à Londres, en 1675, in-4.

RELATION historique de l'amour de l'empereur de Maroc pour M^e la princesse de Conti, par le comte D.... *Cologne, P. Marteau (Holl.)*, 1700 ou 1707, pet. in-12 de 139 pp. 6 à 9 fr. [17296]

Vend. 11 fr. 50 c. *m. r.* Méon ; 12 fr. Chénier ; 22 fr. 50 c. et 10 fr. *non rogné*, Labédoyère ; et 18 fr. 50 c. Renouard.

RELATION nouvelle et exacte d'un voyage de la Terre-Saincte, ou description de l'état présent des lieux où se sont passées les principales actions de la vie de Jésus-Christ. *Paris, Ant. Dezallier*, 1688, in-12. 6 à 10 fr. [20561]

Barbier attribue cette relation à Pierre de La Vergne de Tressan, prieur de Saint-Germain, protestant converti.

RELATION of sixtene martyrs glorified in england in twelve monethes : with a declaration, that english catholiques suffer for the catholique religion and that the seminarie priests agree with the Jesuites, by T. W. *Printed at Doway by the widow of James Boscard*, 1601, pet. in-8. [22303]

Édition fort rare : 1 liv. 11 sh. Heber.

RELATION véritable des hauts faits d'armes des maréchaux de France, Chastillon et Brezé, et la conqueste du Brabant es mois de juillet 1635. Le songe du Flamand où est inséré un petit discours de la furie françoise et de la retraitte espagnolle, avec le catalogue d'anciens livres nouveaux, etc., le tout fort plaisant et recreatif. *On les vend à Paris sur le Pont-neuf.* (sans date), in-4. de 23 pp. [23717]

Pièce que son titre présente comme assez curieuse. Elle est d'ailleurs fort peu commune.

RELATION veritable de Madagascar, etc. Voy. CAUCHE (*Fr.*).

RELATION véritable et remarquable du grand voyage du Pape en paradis et en enfer, suivie de la translation du clergé aux enfers. *Paris, impr. de Fiévée, rue Serpente*, 1791, in-18. [18423]

Ce pamphlet a été attribué à Fiévée lui-même, dont le nom figure dans le titre ci-dessus en qualité d'imprimeur. Vend. 40 fr. en mars 1830, et 15 fr. en 1839. Réimpr. avec des différences, sous le titre de *Relation véritable... par l'abbé Feller, suivie de la translation... par le cardinal de Montmorency, ou la Révolution infernale*, Paris, Fiévée, rue Serpente (*sans date*), in-32 de 29 pp. Un exemplaire de cette réimpression, impr. sur VÉLIN, 47 fr. Nodier ; 20 fr. en 1839. La 1re édit. est in-8.

RELATIONS du royaume de Candavia envoyées à madame la comtesse de ***. *Imprimées à Jovial, chez Staket le Goguenard, rue des Fièvres chaudes à l'enseigne des rêves, se trouve à Paris, chez Jacques Josses* (commencement du XVIIIe siècle), in-12 de 46 pp. et le titre. [17875]

Cette facétie se trouve difficilement. 49 fr. *mar. r.* Nodier.

RELATIONS politiques de la France et de l'Espagne avec l'Écosse au XVIe siècle. Papiers d'Etat, pièces et documents inédits ou peu connus publiés par Alexandre Teulet, archiviste ; nouvelle édition. *Paris, J. Renouard*, 1862. In-8., tom. I à IV, *Correspondance franç.* (1515-1603); tome V, *Correspondances espagnoles* (1562-1588). [24114 ou 27431]

— Pour l'édit. in-4., voy. TEULET.

RELATOR (las Notas del). — *Esta obra fue empressa por maestre Johan de Francour, en la villa de Valladolid a quatro dias del mes de Julio, año del nascimiento de nuestro Salvador Jhesu Christo de mill e quatrocientos e noventa e tres años* (1493), in-fol. goth. de 92 ff. chiffrés. [2998]

Ce volume est la plus ancienne impression faite à Valladolid que cite Mendez (*Typographia española*, p. 330). L'ouvrage qu'il contient est un formulaire d'actes publics fait par Fernando Diaz de Toledo, *relator*, *refrendario*, *secretario y del consejo del rey D. Juan II*, personnage bien connu à cette époque sous le nom de *Relator*, à cause de la charge qu'il exerçait avec une grande habileté. Selon la note que donne Mendez à l'endroit cité, le même formulaire aurait déjà été imprimé à Burgos, en 1490, *por Fadrique Aleman de Basilea*.

RELAZIONI (le) degli Ambasciatori Veneti al Senato nel secolo XVI raccolte e pubblicate da Eugenio Alberi. *Firenze*, 1839-59. 12 vol. in-8. [23466]

La collection est divisée en trois séries : 1re, des Rapports (ou *Relazioni*) des Etats européens, l'Italie non comprise, 6 vol. (dont 4 déjà publiés); 2e, des Rapports des différents Etats italiens, 5 vol.; 3e, des Rapports de l'Empire ottoman, 3 vol. Le 15e vol. sera tout entier consacré à des Index, qui formeront par eux-mêmes un véritable répertoire historique du XVIe siècle. L'éditeur promettait la publication des trois derniers vol. dans le courant de l'année 1860.

Les quelques *Relations des Ambassadeurs vénitiens sur les affaires de France au XVI° siècle, recueillies et traduites par M. N. Tommaseo*, Paris, Imprimerie royale, 1838, 2 vol. in-4., se trouvent à leur place dans la susdite collection de M. Alberi, qui en a augmenté le nombre de toutes celles qui étaient restées inconnues au précédent éditeur.

RELIGIO universalis et naturalis ; disquisitio philosophica ex exemplis omnium nationum et rationibus variis consolidata. *Parisiis, Renouard,* 1818, in-12. [2281]

« Ce petit ouvrage, dit M. Renouard, à la p. 198 du « tome I⁰ʳ de son catalogue, a pour auteur un « Ecossois ; et le manuscrit d'où l'a tiré son éditeur, » Ecossois lui-même, est de la fin du XVII° siècle. » Il paraît qu'on n'a pas voulu le rendre bien commun, puisqu'on n'en a tiré que 110 exempl. in-12, 10 en Gr. Pap. format in-8., et 6 sur VÉLIN, du même format. Un de ces derniers, 18 fr. seulement Renouard.

RELIGION catholique (de la) et foy chrétienne des roys de France ; œuvre par lequel est montrée la dévotion des dits roys, etc., et la punition par eux faite des hérétiques et des rebelles. *Paris, P. Luillier,* 1572, in-8. [23526]

Vend. 11 fr. Méon ; 9 fr. 50 c. Morel-Vindé.

RELIGION des Gaulois. Voy. MARTIN.

RELIQUIÆ juris ecclesiastici antiquissimæ. Syriace primus edidit A.-P. Lagarde. *Lipsiæ, Teubner,* 1856, in-8. 16 fr. Le même ouvrage en grec, par le même éditeur, 1856, in-8. 7 fr. [3161]

RELIQUIÆ poetarum elegiacorum. Voy. au mot ΣΩΖΟΜΕΝΑ.

RELIQUIÆ sacræ. Voy. ROUTH.

REMACLE-TRIEL. La vive image de l'impiété calvinienne, auquel se voyent à descouvert les vices abominables de Calvin, avec un abrégé des barbares cruautés, persécutions estranges, et perfidies insignes des hérétiques de ce temps ; en parallele avec celles de Cayn et ses complices, par Remacle-Triel de Ramigny. *Turin, Erambourg,* 1622, pet. in-8. [22428]

Volume peu commun. Il aurait dû être placé au mot RAMIGNY.

REMACLUS Florenatis. V. PALAMEDES.

REMAK (*Rob.*). Untersuchungen über die Entwickelungder Wirbelthiere. 1. Theil : Ueber die Entwickelung des Hühnchens im Ei. *Berlin, Reimer,* 1850-51-55. 3 livr. in-fol., 16 pl. lith. 64 fr. [5581]

REMARQUES critiques sur le Dictionnaire de Bayle (par Jolly). *Paris et Dijon,* 1748 ou 1752, 2 tom. en 1 vol. in-fol. 8 à 12 fr. [30372]

Cet ouvrage savant doit être consulté par les personnes qui veulent lire avec fruit le Dictionnaire de Bayle.

REMARQUES curieuses sur plusieurs songes de quelques personnes de qualité, et spécialement de Louis XIV, de la reine réfugiée d'Angleterre, et de Mᵐᵉ de La Valliere. Brieves remarques sur le songe de la reine réfugiée d'Angleterre et sur celui de Mᵐᵉ la duchesse de La Valliere. *Amsterdam, Jacques Le Jeune,* 1690-91, 2 tom. en 1 vol. pet. in-12. [23851]

Pamphlet rare, vend. 24 fr. le baron d'Heiss ; 47 fr. 50 c. *mar. v.* Nodier ; 51 fr. Pixerécourt, et quelquefois beaucoup moins cher.

Il a été reproduit en 1691, avec deux autres, sous le titre de *Recueil des prophéties.* Voyez ci-dessus, col. 1168.

REMBRANDT. L'OEuvre de Rembrandt reproduit par la photographie, décrit et commenté par Ch. Blanc. *Paris, Gide et J. Baudry,* 1855-58, in-fol. [9356]

Collection de cent gravures de ce maitre, choisies parmi les plus belles et les plus rares, et accompagnée d'un texte explicatif. Elle est divisée en deux séries qui ont paru chacune en 10 livr. Chaque livr. coûte 20 fr. Voir aussi la col. 962 de notre I⁰ʳ vol., art. BLANC (*Charles*).

REMEDE convenable pour si bien vivre en ce monde que nous puissions acquerir le royaulme des cieulx. *Paris, Jean Petit* (sans date), in-4. goth. [1735]

Bibl. impér., D. 7128, dans un recueil d'ouvrages ascétiques impr. à Paris, vers 1500.

REMEDE (le) de lame. *Paris, Jehan Sainct Denys* (vers 1530), pet. in-8. goth. de 36 ff. [1629]

REMEDE tres utile contre la Peste. Laquelle court a p̃sent en plusieurs lieux. Speciallement par tout. Nouuellement extraict de plusieurs experiences. Pour le salut de la chose publicque. (*sans lieu ni date*), pet. in-8. goth. de 4 ff., avec une fig. sur bois sur le titre. [13576]

Vingt stances de 8 vers de 10 syllabes, qui doivent avoir paru de 1520 à 1530.

REMEDES (les) et medecine tres utiles et proufitables pour guarir tous cheuaulx et bestes cheualines de quelque maladie que ce soit, et sont bien approuuees. (*sans lieu ni date,* commencement du XVI° siècle), in-4. goth. avec une grande gravure sur bois. [7735]

29 fr. Gancia.

— Voy. MEDECINE des chevaulx.

REMEMBRANCE. Cy cõmẽce la remẽbrãce de la mort. Pet. in-4. goth. de 3 ff. [13577]

Seize strophes de 8 vers de 8 syllabes. Au verso du

Relhan (*R.*). Flora cantabrigiensis, 5188.
Religio naturalis. Voy. Hooke.
Religion méditée. Voy. Jard.
Remach (*B.-B.*). Enfants trouvés, 4089.
Remarques sur le Dictionn. de l'Académie, 11008.

dernier feuillet se lisent les deux vers suivants en 4 lignes, impr. en grosses lettres de forme :

> *BJĕ doit auoir || Le cueur doulăt*
> *Qui doit mourir || Et ne scet quant.*

Ces gros caractères paraissent être les mêmes que P. Mareschal et Barnabé Chaussard ont employés à Lyon, à la fin du XVe siècle. L'opuscule a été réimpr. dans le deuxième volume du Recueil publié par M. de Montaiglon.

REMEMBRANCE. La || remembrance du || mauvais riche. — *Cy finist la remembrance du mauvais riche.* Pet. in-4. goth. de 4 ff. [13577]

Pièce de onze dizains, dont voici le premier et le dernier vers :

> *Entre vous qui par cy passez*
> *Et te doint vraye repentance.*

La lettre L fleuronnée occupe, avec les trois lignes du titre, toute la première page. On suppose que l'édit. citée a été impr. à Lyon, vers 1500. Vend. en *mar.* 121 fr. Cailhava.

REMERCIEMENT (le) des beurrieres de Paris au sieur de Courbouzon Montgommery. (*sans lieu*), M. D. X, pet. in-8. de 31 pp. chiffr.

Autre édition, à *Niort* (Genève), même date, in-8. de 22 pp. chiffr., et un f. blanc.

REMERCIMENTS à M. Myron, lieutenant-civil et cy-deuant Preuost des marchands, par le peuple de Paris, auec quelques poesies. *Paris, Adrien Beys,* 1606, pet. in-8. [24153]

Opuscule intéressant pour l'histoire de Paris.

REMESAL (*Antonio* de). Historia de la provincia de S. Vicente de Chyapa y Guatemala de la orden de Sancto Domingo escriuense juntamente los principios de las demas prouincias y lo secular de la gouernacion de Guatemala. *Madrid,* 1619, pet. in-fol. [28674]

Vend. 28 fr. (le titre manquant) Rœtzel ; 26 fr. Chaumette ; titre refait, 52 fr. en novembre 1857.
Le même ouvrage existe sous ce titre :
HISTORIA GENERAL de las Indias ocidentales, y particular de la governacion de Chiapa y Guatemala. *Madrid,* 1620, pet. in-fol., avec la date de 1619 à la fin. 50 fr. Walckenaer.

REMI de Beauvais (*F.*), capucin. La Magdeleine. *Tournay, Ch. Martin,* 1617, pet. in-8. de 746 pp. fig. [14097]

Poëme singulier dont les exemplaires sont rares : vend. en *mar.* r. 30 fr. Méon ; 63 fr. *mar. bl.* F. Didot ; 28 fr. vél. Renouard ; 26 fr. *v. f.* Borluut.
Paquot (XI, 370) pense qu'il ne faut pas distinguer Remi de Beauvais du P. Remi Rythove, dont Aubert Le Mire parle dans ses *Scriptores sæculi* XVII (p. 331 de l'édit. de Fabricius), et qu'il dit avoir composé *Vita, conversio et mors S. Mariæ Magdalenæ.* Ce biographe liégeois ajoute qu'on peut regarder le poëme du P. Remi comme le chef-d'œuvre du mauvais goût qui régnait au commencement du XVIIe siècle. Sans doute ce bon capucin flamand manquait de goût, mais non certainement d'imagination, ni même d'une certaine verve : c'est ce que prouvent les passages de son poëme qu'a rapportés M. Viollet Le Duc aux pages 383-390 de sa *Bibliothèque poétique.* A la vérité, le style de Remi de Beauvais a plus de rapport avec celui des mystères écrits

à la fin du XVe siècle, qu'avec celui des bons écrivains de son temps ; mais tout incorrect, tout bizarre qu'il peut être, on y rencontre pourtant de loin en loin des passages qui décèlent le poëte, et que ne désavoueraient pas les plus célèbres romantiques de nos jours. C'est assez pour que son poëme mérite d'être conservé.

REMI ou Remy. Voyez DISCOURS des choses.

REMIGIO [di cognome Nannini]. *Rime, Venezia, Fr. Bindoni e Maffeo Pasini,* 1547, in-8. [14527]

Sur cet ouvrage et sur d'autres du même religieux, voir le catal. Capponi, p. 320.

REMON de Thrasmiera (*Johan*). Triumpho Raymundino coronation en que las antiguedades de la ciudad Salamanca se celebran caualleros mayorados muchos generosos y claros varones armas īsignias historias y blasones se describen. — *Aqui fenesce el tractadico triũpho Raimundino llamado q̃ al magnifico señor Licentiado Capta dirigo el bachiller Thrasmiera,* in-4. goth. à 2 col. [15111]

Opuscule de 12 ff. imprimé sans lieu ni date (vers 1520), avec les armes d'Aragon sur le titre. C'est un petit poëme fort peu connu. Nic. Antonio ne le cite qu'en manuscrit, mais l'imprimé est à la Bibliothèque impér. dans un recueil de pièces du même genre.

REMOND de Montmort. Voy. MONTMORT.

REMONDI (*Bart.*). Voy. de ZACYNTHI.

REMONTRANCE à la Reyne mère. Voy. MARLORAT.

REMONTRANCE à Messieurs de la cour de Parlemēt sur le parricide commis en la personne du Roy Henry le Grand. M. DC. X., in-8. de 28 pp. chiffrées, et 2 ff. blancs. [23641]

Il existe au moins deux autres éditions de cette Remontrance, sous la date de 1610, et sans lieu d'impression, et que l'on croit imprimées à Genève, l'une à 40 pages chiffrées, et l'autre en 23 pages seulement.

REMONSTRANCE au peuple de France pour tous estats. *Mil cinq cens soixante et trois,* pet. in-8. de 16 ff., caract. gothique. [13674]

Pièce en grands vers, impr. à Troyes, à en juger par le fleuron du frontispice, dans lequel se lit le mot *Trecis.*

REMONTRANCE aux princes du sang, touchant les affaires de nostre temps. *Imprimé nouuellement,* 1561, pet. in-8. de 8 ff. non chiffr. [23504]

Pièce à la fin de laquelle se trouvent trois sonnets au

Reminiscenze pittoresche di Firenze, 9214.
Remond (*Victor-Urbain*). Stratégie et Tactique 8615.
Remond de Saint-Albine. Le Comédien, 16201.
Remondini (*Gianstef.*). Nolana eccles. storia, 21489

Roy, et un huictain au peuple de Paris. Elle est quelquefois réunie aux deux opuscules suivants :

EXHORTATION aux princes et seigneurs du conseil priué du Roy, pour obuier aux seditions qui occultement semblent nous menacer pour le faict de la Religion. M. D. LXI (*sans lieu d'impression*), pet. in-8, de 47 ff. chiffrés. Souscrit S. P. P. faciebat. [23504]

·La même pièce existe sous ce titre :

EXHORTATION et remontrance· aux princes du sang, et seigneurs du priue conseil du Roy, pour obuier aux seditions qui occultement semblent menacer les fideles pour faict de la Religion. Œuure concluant qu'il est expedient et necessaire pour la gloire de Dieu, illustration du Royaume, et repos public, auoir en France une eglise pour les fideles. 1561, pet. in-8.

Traduit en latin sous celui-ci : *Ad regis Galliæ consiliarios exhortatio.* 1561, pet. in-8.

SUPPLICATION et Remontrances adressées au Roy de Nauarre, & autres princes du sang de France, pour la deliurance du Roy et du royaume. M. D. LXI, pet. in-8, de 62 pp. chiffrées et 1 f. blanc. [23504]

Il y a de cette pièce une première édition, *Acheuce d'imprimer l'an de grace* 1560, in-4.

REMONTRANCE aux trois estats. Voy. LE BRERON.

REMONTRANCE charitable aux dames et damoyselles de France sur leurs ornemens dissolus, pour les induire à laisser l'habit du paganisme, et prendre celuy de la femme pudique et chrestienne, avec une élégie de la France se complaignant de la dissolution des dictes damoyselles ; par F. A. E. M. (frère Ant. Estienne mineur) ; pour la quatriesme édition. *Paris, Seb. Niuelle,* 1585, pet. in-8. de 35 ff., plus 1 f. pour le privilége daté du 5 nov. 1570. [1349]

30 fr. *mar. citr.* Veinant.

D'après la date du privilége, la première édition de ce petit ouvrage doit être de 1570 ou 1571 ; nous en connaissons une de 1577, in-8. de 37 ff., y compris le privilége. Dans celle de 1585, et peut-être aussi dans les autres, se trouve, vers la fin, un *Sonnet de l'auteur au lecteur,* signé *F. Estienne,* et voilà sans doute ce qui a fait attribuer la *Remontrance charitable* à François Estienne, imprimeur, qu'on a bien à tort confondu avec le frère mineur, son homonyme. 8 à 12 fr. L'édition de 1577 a même été vendue jusqu'à 36 fr. Chalabre.

REMONSTRANCES chrestiennes et salutaires aux François qui se sont devoyés de la vraie religion et polluez à superstitions et idolâtrie de la papauté, etc., 1586, in-8. [1937]

REMONTRANCES. Les remöstrăces faictes au feu roy Loys unziesme de ce nom que Dieu absoille contenant les priuileiges de leglise gallicane. Les doleances, plainctes, pertes, euacuation des pecunes du royaulme, depopulation de gens, Ruyne des edifices, Perturbation du· seruice diuin : et autres dommaiges, et incöueniens qui se pourroient ensuiuir de soy despartir des sainctz decretz et Pragmatique xanction. Et que le roy

nostre sire en obseruant les dictz sainctz decretz τ cöstitution : de sainctz concilles et faisant editz τ ordönances cöformes a yceulx decretz pour y celles empescher le cours de toutes reseruacions ne peult estre argue de desobeissance ou scropule de cöscience. — (au verso du dernier f.) : *Expliciunt les remöstrăces de la pragmatique faictes par la court,* pet. in-4. goth. de 14 ff. à longues lignes, au nombre de 32 ou 33 par page, avec les armes de France sur le premier f. [23416]

Pièce imprimée vers l'an 1490, et qui est fort rare.

— En ce traictie sont cötenues ‖ les remonstrances faictes ‖ au feu roy Loys unziesme..... *(sans lieu ni date),* in-4. goth. de 12 ff. non chiffrés, à 38 lign. par page, sign. a—c.

Autre édition rare, mais que nous croyons un peu moins ancienne que la précédente. Le titre est dans un encadrement historié, et au verso il y a une vignette sur bois. 53 fr. *m. bl.* Coste.

Cette remontrance a été reproduite dans le recueil intitulé :

REMONSTRANCES faictes au roy Loys unziesme sur les privileges de l'eglise gallicane, et les plainctifs doleances du peuple ; plus l'institution des cheualiers de l'ordre (de St-Michel) avec la forme et ordre de l'assemblée des trois estatz tenus à Tours sous Charles VIII. *Paris, Vinc. Sertenas* ou *Jean Dallier,* 1560 (aussi 1561), pet. in-8. 10 à 15 fr.

Ces deux dates se rapportent à une seule édition, composée de 144 ff., y compris la table et un f. blanc, et à laquelle se trouvent ordinairement réunies les deux pièces suivantes, sous la date de 1561 :

HARANGUE faite au nom de l'université de Paris, devant le roi Charles VI (par J. Gerson), 48 ff.

LA PRAGMATIQUE sanction, contenant les décrets du concile national de l'église gallicane, assemblé en la ville de Bourges, au règne du roy Charles VII, de 59 ff. y compris la table.

Les trois part. en 1 vol. *mar. vert,* 15 fr. Coste. La première seule, sous la date de 1560, et en *mar. r.* 45 fr. Eug. P..., en 1862.

REMONSTRANCES faictes au roy de France, par les deputez des trois États du duché de Bourgoigne, sur l'edict de pacification des troubles du royaume de France ; par lesquelles appert clairement que deux differentes religions ne se peuuent comporter en mesme republique : mesmement sous vn monarque chrestien, sans la ruyne de subjectz de quelque religion qu'ils soient, et sans la ruyne du prince qui les tollere. Reueu, corrigé et amplifié sur meilleur ·exemplaire, auec annotation et citation de passages en marge. *En Anuers par Guillaume Silvius, imprimeur du roy,* M. D. LXIIII, in-8. de 65 ff. [23511]

Seconde édition de cet écrit donnée par l'auteur (Jean Régat). La première a été impr. à Anvers, par le même Silvius, en 1563, in-4. Ces deux éditions sont portées dans le Catal. de la Bibliothèque impér.;

Histoire de France, I, p. 261, ainsi qu'une autre d'*Enuers, F. Helman,* 1563, in-8.

REMONSTRANCES treshumbles à la Royne Mere Regente en France. Pour la conservation de l'Estat, pendant la minorité du Roy son fils. *A Lyon, par Jean Jullieron.* M. DC X., iu-8. 30 pp. chiffr. et 1 f. blanc. [23677]

REMONTRANCES très humbles au Roy de France et de Pologne, Henri IIIᵉ, par un sien fidèle officier et subject, sur les désordres et misères de ce royaume, causes d'icelles, et moyens d'y pourvoir à la gloire de Dieu et repos universel de cet estat (attribué à Nic. Rolland), 1588. *(sans nom de ville),* pet. in-8. [23564]

Il y a au moins deux éditions sous la même date; l'uné en gros caractères, et l'autre en petits. 7 fr. 5 c. Méon.

REMONTRANCES (les) faictes par lempereur a tous les estats de son Empire : estant au siege imperial en sa ville de Brucelles. *Imprime en Enuers... par moy Thierry Lambert, le xx iour de feurier mil cinq cens cinquante cinq auant Pasques,* pet. in-4. goth. [26060]

Pièce de 4 ff. seulement, mais curieuse par les détails qu'elle donne sur la séance dans laquelle Charles-Quint résigna à Philippe II, son fils, la souveraineté des Pays-Bas. 100 fr. mar. r. 3ᵉ part. du catal. de la Librairie Potier, nᵒ 4786, et revendu 205 fr. Solar.

REMPNOUX. Les Amours de Colin et d'Alyson inventées et composées par F. R. (Rempnoux) de Chabanois. *Paris, 1641,* in-4. de 24 pp. [16586]

Comédie en cinq actes, en vers poitevins. 7 fr. 25 c. de Soleinne, nᵒ 3969, où sont rapportés 12 vers fort bizarres de cette pièce. Un autre exemplaire 36 fr. Pressac.

RÉMUSAT (*Jean-Pierre-Abel*). Essai sur la langue et la littérature chinoises, avec 5 planches contenant des textes chinois accompagnés de traductions, de remarques et d'un commentaire littéraire et grammatical. *Paris, Treuttel et Würtz,* 1811, in-8. 6 fr. [11857]

L'auteur avait à peine vingt-trois ans lorsqu'il publia cet ouvrage rempli de notions curieuses. Plus tard il donna :

PLAN d'un dictionnaire chinois..... *Paris, Pillet,* 1814, in-8. de 88 pp.

MÉMOIRE sur les livres chinois de la Bibliothèque du roi... *Paris,* 1818, in-8. de 60 pp.

— Recherches sur les langues tartares, ou Mémoires sur différens points de la grammaire et de la littérature des Mandchous, des Mongols, des Ouigours et des Thibe-

tains. *Paris, Imprim. roy.,* 1820, in-4. 25 fr. — Pap. vél., 50 fr. [11879]

Tome Iᵉʳ, le seul publié.

—Élémens de la grammaire chinoise, ou principes généraux du kou-wen ou style antique, et du kouan-hoa, c'est-à-dire de la langue commune généralement usitée dans l'empire chinois. *Paris, Treuttel et Würtz (Imprim. roy.),* 1822, gr. in-8. 20 fr. — In-4. pap. vél. 40 fr. [11870]

C'est à J.-P.-Abel Rémusat que Guill. de Humboldt a adressé sa *Lettre sur la nature des formes grammaticales en général, et sur le génie de la langue chinoise en particulier.* Paris, Dondey-Dupré, 1827, in-8.

Une nouvelle édition de cette grammaire a été publiée conformément à celle de l'Imprimerie royale et augmentée d'une table des principales phonétiques chinoises, par L. Léon de Rosny. *Paris, Maisonneuve,* 1858, in-8. 10 fr.

— Mémoires sur les relations politiques des princes chrétiens et particulièrement des rois de France, avec les empereurs mongols, suivi du recueil des lettres et pièces diplomatiques des princes tartares, et accompagnés de pl. qui contiennent la copie figurée de deux lettres adressées par les rois mongols de Perse à Philippe le Bel. *Paris, Imprim. royale,* 1822 et 1824, in-4. avec 7 pl. 24 fr. [28268]

Ces mémoires ont été publiés en deux parties. Dans un examen critique de cet ouvrage, écrit en allemand (sous le titre de *Philologisch-kritische Zugabe,* St-Pétersbourg, 1825, in-8.), M. Isaac Schmidt a relevé plusieurs erreurs échappées au savant français, et donné une nouvelle traduction des anciens monuments décrits par ce dernier.

— MÉLANGES asiatiques, ou choix de morceaux critiques et de mémoires relatifs aux religions, aux sciences, aux coutumes, à l'histoire et à la géographie des nations orientales. *Paris, Dondey-Dupré,* 1825 et 1826, 2 vol. in-8. fig. — Nouveaux mélanges asiatiques, ou recueil de morceaux de critique, etc. *Paris, Dondey-Dupré,* 1829, 2 vol. in-8. fig. Les 4 vol. 28 fr. [27985]

— MÉLANGES posthumes d'histoire et de littérature orientale (publ. par M. Félix Lajard). *Paris, Impr. roy.,* 1843, in-8.

Abel Rémusat a traduit du chinois plusieurs ouvrages dont le principal est L'INVARIABLE MILIEU. Voyez TSU-SSÉ; voy. aussi CHI-FA-HIAN.

— Iu-Kiao-li, 17787. — Hist. de la ville de Khotan, 28306. — Livres chinois, 31375.

REMY (*Jean* de). Le Miroir de l'homme, en rime. *Paris,* 1493.

Du Verdier nous a conservé le titre de cet ouvrage dont il n'indique pas le format, et que nous n'avons pas vu.

REMY (*Nic.*). Discours des choses advenues en Lorraine, depuis le decez du duc Nicolas (en 1473) jusqu'à celui du duc René... *Av Pont-à-Movsson, par Melchior Bernard, imprimeur,* 1605, pet. in-4. [24897]

Remusat (*Ch.-Fr.-Marie* de). Essai de philosophie, 3504. — Bacon, 3457. — Politique libérale, 3975. — Critiques et études littér., 18344. — Saint Anselme, 21705. — L'Angleterre au XVIIIᵉ siècle, 26765. — Abailard, 30575.

Remy (*Jules*). Voyage au pays des Mormons, 21037.

4 ff. prélim. pour le titre encadré d'une gravure, le portrait de René II, la dédicace au prince Maximilien, signée Nicolas Remy. Texte paginé de 1 à 196, et suivi d'un f. pour l'errata.

Première édition de cette intéressante relation. 10 fr. Saint-Mauris, et quelquefois plus cher.

La seconde édition, *à Espinal, par Pierre Hovion, imprimeur*, 1617, pet. in-4. a 4 ff. prélim., et le texte y est paginé de 1 à 158. L'exécution typographique en est fort médiocre, et le titre, gravé ainsi que le portrait, sont de mauvaises copies des planches de l'édition originale. Vendu cependant 22 fr. Méon, et en *mar. n. aux armes de Louis XIII*, 62 fr. Pixerécourt.

— AUTRE édition, *à Espinal, par Pierre Hovion, imprimeur*, 1626, pet. in-8. de 2 ff. prélim., et 171 pp. de texte.

Cette troisième édition, dont le verso du titre présente un portrait de René II, gravé sur bois, est inférieure aux deux autres; mais si celles-là sont rares, celle-ci est presque introuvable, selon M. Beaupré (*Imprimerie lorraine*, pages 234, 313, 376, 239, 378), qu'il faut consulter sur les trois éditions de ce Discours et sur les autres ouvrages de Nic. Remy, parmi lesquels nous remarquons le suivant :

NICOLAII REMIGII... Dæmonolatriæ libri tres; ex judiciis capitalibus nongentorum plus hominum, qui sortilegii crimen intra annos quindecim in Lotharingia capite luerunt... *Lugduni, in officina Vincentii*, 1595, in-4. de 12 ff. prélim., titre compris, et 394 pp.

Réimprimé sous le même titre à *Cologne, chez Henri Falkenburg*, en 1596, pet. in-4., et dans la même année à Francfort, chez Palthenius, pet. in-12.

RENA (*Cosimo Della*). Della Serie de gli antichi duchi e marchesi di Toscana, con altre notizie... parte prima, raccolta da Cosimo Della Rena. *Firenze, i Successori di Nic. Cocchini*, 1690, in-fol.

Cette édition a peu de valeur depuis que l'ouvrage a été réimpr. avec *i supplementi d'istorie toscane* (par I. Camici). *Firenze*, 1764-84, 20 part. en 6 vol. in-4. [25527 ou 28904]

SERIE de duchi e marchesi di Toscana di C. Della Rena, seconda parte con le annotazioni d'I. C. (Camici). *Firenze*, 1764-84, 23 part. en 5 vol. in-4.

Ces deux suites in-4. sont indiquées comme ci-dessus dans le catal. de M. Libri, 1857, n°ˢ 5047-48, où elles portées à 125 fr.

RENALDINI (*Panfilo di*). Innamoramento di Ruggeretto (figliuolo di Ruggero Re di Bulgaria, con ogni riuscimento di tutte le magnanime sue imprese, e con i generosi fatti di Orlando, di Rinaldo, e d'altri Paladini) ; per M. Panfilo di Rinaldini di Siruolo anconitano. *Vinegia, al segno del diamante*, 1554, in-4. de 240 ff. à 2 col., caract. italiques, fig. sur bois. [14792]

Poëme en 46 chants et en octaves. Il y a des exemplaires dont le titre porte le nom du libraire *Gioanantonio dalla carta*, avec la même date ; d'autres, avec le même nom, portent la date de 1555. Tous ont à la fin le nom de l'imprimeur : *Comin da Trino di Monferrato*. Un exempl. daté de 1555, vend. 14 sh. Hibbert.

RENALDO. Voy. RINALDO.

RENALDINUS (*Carolus*). Ars analytica mathematum in tres partes distributa. *Florentiæ, Cocchini*, 1665, 3 vol. in-fol. [7912]

Montucla, qui, dans son 2ᵉ vol. (p. 167 de la seconde édit.), cite une édition de ce grand ouvrage datée de Bologne et Padoue, 1662, 1667 et 1682, reproche à l'auteur de s'en être tenu à la forme de l'algèbre de Viète, ce qui, selon lui, fait que ses écrits en ce genre sont aujourd'hui comme non avenus. Malgré ce jugement défavorable, l'édit. de Florence ci-dessus a été vend. 48 fr. Libri-Carucci (et avec le *Commercium epistolicum et ad artem analyticam paralipomena*, 1682, 80 fr. Libri, en 1857). L'édition de Venise, Hertz, 1684, en 3 vol. in-fol. 25 fr. 50 c. Labey.

La *Naturalis philosophia* du même auteur, *Patavii*, 1696, 3 tom. en 4 vol. in-fol., fig., est portée à 58 fr. dans le catal. Libri, de 1857, où l'est à 20 fr. L'ouvrage suivant :

C. RENALDINI opus mathematicum in quo utraque algebra demonstrationibus illustratur. *Bononiæ*, 1655, in-4.

RENALDOS ou Reynaldos. Libro dl noble y esforçado cauall'o Renaldos de montaluã ; y de las grãdes phezas y estraños hechos en armas q̃ el y Roldã y todos los doze pare paladines hizieron. —*Fue empremido el presente libro en la ymperial ciudad de Toledo : por Juan de villaquiran, Acabosse a doze dias del mes de Octubre. Año de nuestro saluador Jesu cristo de mil τ quiniẽtos τ veynte τ tres años.* (1523), gr. in-fol. à 2 col. goth. [17513]

Édition fort rare et la plus ancienne que l'on connaisse de ce livre. Elle se compose de CCXXVIII ff., y compris le frontispice imprimé en rouge et orné d'une gravure sur bois. Le premier livre finit au recto du f. CXIX, et le second commence au verso du même feuillet. Au feuillet III se lit le sommaire suivant, placé avant le texte : *A qui comiença los dos libros del muy noble y esforçado cauallero don Renaldos de montaluan, llamados en lẽgua toscana el enamoramiento del emperador Carlos magno... traduzido por Luys domingūs.*

— Libro del noble y esforcado e inuencible cauallero Renaldos de montaval y de las grandes proezas y estranos hechos en armas qu el y Roldan y todos los doze paros paladines hizieron. *Impresso en Salamanca*, 1526, in-fol. goth.

Cette édition se trouve dans la bibliothèque de la *Sapienza*, à Rome, et, selon le catalogue de cette bibliothèque, elle aurait 231 ff. M. de Gayangos ne lui donne que 226 ff., plus 2 ff. prélim.

— LIBRO del noble y esforçado cauallero Renaldos de Montaluan, y de las grandes proezas, y muy altos y estraños hechos que en armas hizo. — A qui fenesce el tercero y postrero libro del famoso y esforçado cauallero don Renaldos de Montaluan Emperador de Trapezonda. *Fue impresso en ....* *Sevilla en casa de Juan Cromberger...*, 1545, in-fol. goth., fig. sur bois (*Biblioth. grenvil.*, 1, p. 840).

Antonio (II, 395) cite parmi les ouvrages anonymes une édition de ce roman, *Séville, Jac. Cromberger*, 1525, in-fol. Quant à celle de *Séville*, 1535, in-fol., rapportée dans la bibliothèque des romans de Lenglet-Dufresnoy, sous le titre d'*El ennamoramiento del emperador Carlos...* Il est à présumer que c'est la même que celle de 1525. Pour l'original italien de cet ouvrage, voy. CARLOMAGNO (*Innamoramento di*), et RINALDO.

Renaldis (*Gir. de'*). Della Pittura friuliana, 31042.

— Reynaldos. Libro primero dĺ noble y esforçado cauallero Reynaldos de Montaluã, y de sus grãdes proezas y echos. — *Impresso en Burgos enel barrio de San Pedro, por Pedro de Santillana... año de mil y quinientos y sessenta y quatro años.* — Libro segundo... *fue impresso... en... Burgos cabeça de Castilla, Por Pedro de Santillana... a diez y siete dias del mes de mayo. año de* M. D. LX. IIIj. 2 tom. en 1 vol. in-fol. goth. à 2 col. de CXIIII et CII (114 et 102) ff.

Vend. 24 fr. Daguesseau.

Derrière le titre commence la généalogie des maisons de Clarmonte y de Mongrano ; au f. III se lit ce sommaire :

A qui comiëça el libro primero del muy noble y esforçado cauallero dõ Renaldos de Mõtaluan (comme ci-dessus).

Ce second titre se rapporte parfaitement avec celui que donne Antonio de l'édition de 1525.

— Libro primero del cavallero don Renaldos de Montalvan (llamado en lengua toscana el enamoramiento del emperador Carlos magno, traduzido por Luys Domingues. *Alcala de Henares, en casa de Seb. Martinez,* 1563. Libro segundo de Don Renaldos. *Alcala, Seb. Martinez,* 1564. — La Trapesonda que es tercero libro de D. Renaldos. *Alcala de Henares, en casa de Andres de Angulo,* 1563, in-fol. goth. à 2 col.

La première partie a 107 ff. (y compris le frontispice), la 2e 101 ff., et la 3e 96 ff. Les feuillets sont chiffrés en chiffres rom. dans les deux premiers livres, et en chiffres goth. dans le dernier. Un exempl., où manquait le titre de la première partie, 27 fr. Rætzel.

La 3e partie, qui sert à compléter l'édition de Burgos ci-dessus, a pour titre :

TERCERO libro de don Renaldos. La Trapesonda que es tercero libro de don Renaldos trata como por sus cavallerias alcanço a ser emperador de Trapesonda y de la penitencia y fin de su vida. Agora nuevamente con licencia impresso. Año 1562. On lit à la fin : *Fue empresso en la Florentissima universidad de Alcala de Henares en casa de Andres de Angulo. Año de mil y quiniëtos y sessenta y tres años* (1563), in-fol. goth. (*Biblioth. grenvil.,* p. 608).

— Libro de D. Reynaldos de Moltalvan, y de sus grandes proezas y hechos (traduzido por Luys Dominguez). — *Impresso en Perpiñan en casa de Sanson Arbus, impressor de libros. Año de mil y quinientos y ochenta y cinco Años* (1585), 3 part. in-fol. goth.

Autre édit. rare. Le premier livre a 114 ff., le second 101 ff., et le troisième 120 ff. (*Biblioth. grenvil.,* p. 608).

Antonio, article *Ludovicus Dominguez* (II, p. 32), cite une autre édition de Perpignan, chez *Sanson Arbus,* 1589, in-fol.

— La trapesonda que es tercero libro de dõ Renaldos : y trata como por sus caual-

lerias alcãço a ser emperador de trapesonda : y de la penitëcia e fin de su vida. — *Fue impresso enla nobilissima ciudad de Seuilla : en casa de Juan Cromberger impressor de libros. Acabose a xxv. dias del mes de mayo. Año de ... mil z quinientos y treynta y tres años* (1533), in-fol. goth. à 2 col. flg. sur bois, CXVI ff., y compris le titre impr. en rouge. [17514]

Édition non moins rare que celle des deux premières parties, de 1528. Elles sont l'une et l'autre à la biblioth. Mazarine. Ebert ne les a point connues. Cet ouvrage est probablement la traduction de la *Trabisonda,* poëme italien dont nous parlons à l'article TROMBA.

LA TRAPESONDA que es tercero libro de dõ Renaldos, y trato como per sus cauallerias alcanço a ser imperador de trapesonda : y de la penitëcia z fin de su vida. *Sevilla, Dom. de Robertis,* 25 Junio 1543, in-fol. goth. de 116 ff. à 2 col., avec fig. sur bois.

Ebert, n° 18788, d'après l'exempl. de Wolfenbüttel.

LA TRAPESONDA, que es tercero libro de Don Renaldos, y trata como per sus cauallerias alcanço a ser Emperador de Trapesonda, y de la penitencia y fin de su vida, agora nueuamente impresso a. M. D. L. viij. — *Aqui fenece el tercero y postrimero libro del famoso y esforçado cauallero don Renaldos.... fue impresso en... Toledo en casa de Juan Ferrer. acabose a ocho dias del mes de may. año de.... mil y quinientos y cincuenta y ocho años* (1558), in-fol. goth. à 2 col., xcvj ff. chiffrés, dont les derniers le sont inexactement.

— A qui comiëça el quatro libro del esforçado cavall'o reynaldos de mõtaluan q̃ trata de los grandes hechos del inuëcible cauall'o Baldo. y las graciosas burlas de Cingar. Sacado de las obras dĺ Mano Palagrio en nr̃o comũ Castellano. *Sevilla, Dom. de Robertis,* 18 Noviembre, 1542, in-fol. goth. à 2 col. [17515]

Cette quatrième partie du *Renaldos* est encore plus rare que les trois premières. Elle a 6 ff. prélim. et 192 ff. chiffrés. Les pièces prélim. sont d'abord : *Prologo sobre la poesia de Merlino cocayo poeta ;* ensuite : *Prohemio del maestro Juan Aquario sobre la poesia de Merlino cocayo ;* enfin : *Genealogia del rey Ludouico Pio* (Ebert, 18789, d'après l'exemplaire de Wolfenbüttel).

RENARD (*Louis*). Poissons, écrevisses et crabes..... que l'on trouve autour des isles Moluques et sur les côtes des Terres australes, peints d'après nature ; ouvrage..... divisé en deux tomes, dont le premier a été copié sur les originaux de Baltazar Coyett ; le second tome a été formé sur les recueils d'Adrien Vander Stell ; donné au public par L. Renard,

Renan (*Jos.-Ernest*). Averroès, 3312. — Origine du langage et langues sémitiques, 10532. — Études d'histoire religieuse, 21343.

Renand (*Paul*). Christianisme et paganisme, 22575.

Renard (*F.-A.*). Architecture décimale, 9740.

Renard (*Bruno J.-B. Christian*). Monographie de Notre-Dame de Tournay, 9954.

Renard (le général *Bruno-J.-B.-Joseph*). Histoire politique et militaire de la Belgique, 24957.

et augmenté d'une préface par Arnout Vosmaer. *Amsterdam, Reinier*, 1754, 2 part. en 1 vol. in-fol., avec 42 et 57 pl. coloriées. [5882]

Les planches enluminées de cet ouvrage nous paraissent aujourd'hui très-médiocres, parce qu'on a fait beaucoup mieux depuis; elles étaient néanmoins fort remarquables à l'époque de leur première publication, en 1718. On n'en tira d'abord qu'une centaine d'exemplaires, qui parurent sans date, et dont les enluminures étaient assez soignées. Plus tard on en fit une seconde édition, à laquelle fut ajoutée une préface de Vosmaer. Ce nouveau tirage a paru soit également sans date, ce qui a pu le faire confondre avec le premier, soit sous la date de 1754, et toujours avec la préface où se trouve une citation du Mercure de France, sept. 1749. Ce sont probablement des exempl. de premier tirage qui ont été vendus 90 fr. Gaignat; 125 fr. de Limare; quant au second, il ne vaut pas maintenant plus de 30 ou 36 fr. (40 fr. 50 c. *mar. r.* en 1836; 27 fr. 50 c. en *veau*, Huzard). Voici la description qu'Ebert donne de l'exemplaire sans date et sans préface de la Biblioth. roy. de Dresde : *Première part.* Faux titre portant : *Histoire naturelle des plus rares curiositez de la mer des Indez;* un grand titre, 1 f. pour la dédicace; avertissement et témoignage, 1 f.; déclaration, 1 f.; 43 pl. sign. a—uu. — *Seconde partie.* Un faux-titre: 57 pl. sign. A—Kkk, et 2 ff. pour la table alphabétique des noms.

RENARD de Samson. Voyez HISTOIRE de Bileam.

RENARD (Le Roman du).

I. *Le Renard en latin.*

— Reinardus Vulpes, carmen epicum seculis XI et XIII conscriptum; editio princeps, curante F.-J. Mone. *Stuttgartiæ, Cotta*, 1832, in-8. de 360 pp. et aussi sous le titre de *Reinhart Fuchs.* [13013]

— REINARDUS vulpes: emendavit et annotavit Guill. Knorr. *Eutin, Völckers*, 1860, in-8. de X et 62 pp.

J.-H. BORMANS notæ in Reinardum Vulpem ex editione F.-J. Mone. *Gandavi*, 1836 et 1837, in-8. fasciculi I—III. 3 gr.

Il est fort douteux que ce poëme latin soit aussi ancien que le XIe siècle; néanmoins c'est une publication curieuse, et que nous croyons devoir placer à la tête de notre article Renard, en laissant toutefois aux philologues le soin d'examiner le rapport plus ou moins direct que ce texte latin peut avoir avec l'ouvrage ci-dessus. Voici, au surplus, un fait incontestable, c'est que la fable du Renard et d'Ysengrin était déjà connue en Provence au commencement du XIIIe siècle, car un troubadour de cette époque, Richard de Tarascon, y a fait allusion dans une pièce citée et rapportée par M. Raynouard, dans le 5e vol. de ses Troubadours, p. 436 : bien plus, on a remarqué une semblable allusion dans des vers que Richard Cœur-de-Lion adressait au Dauphin d'Auvergne, vers l'année 1171. On trouvera des renseignements curieux au sujet de la fable du Renard, dans le *Reinhart Fuchs* de M. Jacob Grimm, impr. à Berlin, en 1834 (voir ci-dessous). D'autres sources relatives au même sujet sont indiquées dans le *Biogr. univ.*, LVII, suppl., article BAUMANN (*Nicolas*).

RAYNARDUS Vulpes. Poema ante annum 1280, a quodam Baldwino e lingua teutonica translatum : ex unico adhuc superstite exemplo quod circa annum 1473, Ultrajecti per Nic. Ketelaer et Ger. de Leempt impressum in bibliotheca publica Daventriensi adservatur, recudi curavit M.-F.-A.-G.

Campbell. *Hagæ-Comitis, apud M. Nijhoff*, 1859, in-8. de VIII et 60 pages.

Ce poëme se compose de 925 distiques. L'exemplaire de l'édition originale conservé à Deventer est relié avec le *Speculum stultorum* de Nigellus Wirecker, impr. à Utrecht vers 1473 par les deux imprimeurs nommés dans le titre ci-dessus; voyez notre article VIGELLUS.

— Opus poeticum de admirabili fallacia et astutia vulpeculæ Reinikes, libros IV nunc primum ex idiomate german. latinitate donatos complectens. Auctore Hartmanno Schoppero. *Francof.-ad-Mœn., Petr. Fabritius*, 1567, pet. in-8. de 12 ff. prélimin. (dont 1 bl.), 284 et 1 f., avec fig. sur bois.

Traduction libre en vers latins du Renard, d'après le texte haut allemand. C'est un livre très-remarquable par les gravures sur bois dont il est orné, gravures qui sont dues à deux artistes célèbres, *Jost Amman* et *Virg. Solis.* L'édition de 1567 a été vend. 8 fr. 50 c. La Valliere; 20 fr. Morel-Vindé, et plus cher depuis. — Il y en a une autre sous le même titre, *Francof.-ad-Mœn., Bassæus*, 1574 (et 1575 à la fin), in-12 de 10 ff. prélim., 506 pp. et 10 ff., plus belle que la première.

Les mêmes planches ont servi aux édit. de *Francof., Bassæus*, 1579, in-12 de 10 ff. prélim., 496 pp. et 10 ff., sous le titre de *Speculum vitæ aulicæ*, et de *Francof., Bassæus*, 1584, in-12 de 10 ff., 465 pp. et 9 ff. (le dernier blanc). — Même lieu et même libraire, 1595, in-12 de 10, 465 et 8 ff. Cette dernière est la moins belle, ou, pour parler plus exactement, la plus mauvaise. Enfin il a paru à Francfort, chez Bassæus, en 1588, une édition pet. in-8., sous ce titre: *Technæ aulicæ. Ex apologo astustissimæ vulpeculæ, etc., Welttauff unnd Hofleben*, laquelle ne contient que les planches ci-dessus, avec une courte explication en vers latins et allemands; 31 fr. *mar. r.* Bearzi.

II. *Le Renard en français.*

— Le Roman du Renart, publié d'après les manuscrits de la Bibliothèque du roi des XIIIe, XIVe et XVe siècles, par M. D.-M. Méon. *Paris, Treuttel et Würtz (impr. de Crapelet)*, 1826, 4 vol. in-8., avec 4 vign. d'après Desenne. 20 à 24 fr. [13216]

Ce roman, ou plutôt ce recueil de contes en vers, qui date du XIIIe siècle, et dont la presse multiplia les traductions ou imitations en différentes langues dès la fin du XVe siècle, n'avait pas encore été publié en original. Il appartenait à l'éditeur du roman de la Rose et des Fabliaux de remplir cette lacune, et il s'est acquitté de cette tâche avec tout le soin dont il était capable. L'édition donnée par Méon renferme : 1° le *Roman du Renart* ou l'ancien *Renart*, divisé en trente-deux branches; la première est l'ouvrage de Pierre de Saint-Cloud, nommé aussi *Perrost de Saint-Clost*, poëte qui vivait au commencement du XIIIe siècle, et les autres ont été composées par Richard de Lison et par plusieurs anonymes; 2° une pièce intitulée *le Couronnement du Renart*, attribuée à Marie de France (voyez ce nom); 3° *Renart le Nouvel*, composé par Jacquemars Gielée, de Lille en Flandre, vers la fin du XIIIe siècle; poëme divisé en deux parties, et dans lequel se trouvent quelques vers des anciennes chansons de nos trouvères, avec le chant noté. (La traduction en prose française que Jean Tenessax a faite de cet ouvrage a été publiée dans le commencement du XVIe siècle (voy.

ci-dessous), mais l'original était resté inédit) ; 4° un glossaire des mots hors d'usage, placé à la fin de chaque volume.

Il a été tiré des exemplaires en Grand-raisin vélin, fig. avant la lettre, 108 fr. — En Grand-raisin de Hollande, fig. avant la lettre, 120 fr. Un exempl. en Gr. Pap. de Hollande d'une qualité supérieure, avec les épreuves avant la lettre et les eaux-fortes, s'est trouvé à la vente de Méon, faite en 1829. Le premier volume de cet exempl. était augmenté (à la p. 239) d'une branche manuscrite qui n'avait pas encore été imprimée, mais que depuis, M. Chabaille a publiée dans un vol. intitulé : *Roman du Renart. Supplément, variantes et corrections.* Paris, Silvestre, 1835, in-8. 10 fr. — Gr. Pap. vél., 25 fr. — Gr. Pap. de Holl., 30 fr.

— Le liure de maistre regnard et de dame Hersant sa femme, liure plaisant et facetieux contenāt maintz propos et subtilz passages couuers ꝫ cellez pour monstrer les conditions et meurs de plusieurs etatz et offices. comme sera declare cy apres. on les vend en la grant rue sainct Jacques a lenseigne de la Rose blanche courōnee. (au verso du dernier f.) : *Cy fine le liure de maistre Regnard ꝫ de dame Hersant. Imprime nouuellement a Paris par Philippe le noir libraire, ꝫ lung des deux relieurs de liures iureꝫ de luniuersite de Paris demourant en la grāt rue sainct Jacques a lenseigne de la Rose blanche couronnee. xiij.* ᵉ. pet. in-4. goth. goth. de 58 ff. à longues lignes, y compris 4 ff. prélim. [17814]

Cette édition est la même que celle que Prosper Marchand annonce comme étant sans nom d'imprimeur, parce qu'il n'en a pas examiné la souscription. Paquot (IV, 367) donne à ce livre la date de 1487, et cette date est répétée dans le *Dictionnaire des anonymes*, n° 16311. On sait cependant que Phil. Le Noir n'a rien publié avant l'année 1521.

Le volume qui nous occupe commence ainsi : *Au temps que toutes choses rendent leur onneurs côme arbres et herbes les quelles reuerdissent et donnent fleurs a odeurs assouuables aux creatures humaines et plaisantes a veoir.* Je Jehan Tenessax *comme pensif et melencolieux me transportay en ung lieu nomme Champ diuers.*

On cite une édition de Mich. Le Noir, 1516, in-4., et une autre de *Lyon, Oliv. Arnoullet,* 1528, in-4., mais nous ne les avons pas vues.

— Le docteur en malice, maistre Regnard demonstrant les ruses & cautelles quil use enuers les personnes. Histoire plaisante & recreatiue & non moins fructueuses. *On les vend a Rouen au portail des libraires aux boutiques de Robert & Iehan Dugort Freres,* 1550, in-16 de 96 ff., fig. sur bois, en lettres rondes.

C'est le même ouvrage que le *Liure de maistre regnara ;* mais on en a supprimé le nom de l'auteur, qui se trouvait dans le prologue : 9 fr. 50 c. La Valliere. Un bel exempl. en *m. r.* 57 fr. Nodier ; 73 fr. Duplessis.

— Le docteur en malice (comme ci-dessus). *Imprime a Paris par Nicolas Buffet,* 1551. (au dernier f.) : *Cy fine ce present liure intitule le docteur en*

malice nouuellemēt imprime a Paris par Nicolas Buffet, in-16 de 96 ff. en lettres rondes.

Cette édition n'a point de figures, et le nom de l'auteur ne s'y trouve pas : 10 fr. *mar. r.* La Valliere; 9 liv. 5 sh. Heber.

LE RENARD, ou le procès des bêtes, *Bruxelles, et Paris, Desaint,* 1739, in-8. fig.

C'est, à ce qu'il paraît, une traduction ou imitation du Renard allemand, lequel a aussi été traduit en hollandais (voy. ci-dessous).

Le même ouvrage a été réimprimé sous ce titre :

LES INTRIGUES du cabinet des rats, apologue national destiné à l'instruction de la jeunesse et à l'amusement des vieillards, ouvrage traduit de l'allemand en françois. *Paris, Leroi,* 1788, in-8., avec 22 pl.

Et sous celui-ci :

LE RENARD, ou le procès des animaux ; nouvelle édition, remise en meilleur ordre et considérablement augmentée, par M. S. B. (Boulard). *Paris, Boulard*, an XI (1803), in-18, avec 22 fig. — La Bibliothèque impériale en a acquis un exemplaire imprimé sur VÉLIN.

LES AVENTURES de maître Renart et d'Ysengrin son compère, mises en nouveau langage, racontées dans un nouvel ordre, et suivies de nouvelles recherches sur le roman du Renart, par A. Paulin Paris. *Paris, Techener,* 1861, in-12. 4 fr.

LE ROMAN du Renard, mis en vers d'après les textes originaux, précédé d'une introduction et d'une bibliographie, par Ch. Potvin. *Bruxelles, Lacroix et Cⁱᵉ,* 1860, in-8. de 279 p.

LES ROMANS du Renard, examinés, analysés et comparés d'après les textes manuscrits les plus anciens, les publications latines, flamandes, allemandes et françaises, précédés de renseignements généraux, et accompagnés de notes et d'éclaircissements philologiques et littéraires, par M. A. Rothe. *Paris, Techener,* 1845, in-8. 6 fr.

III. *Le Renard en bas saxon.*

— Reynke de vos. (à la fin) : *Anno dñi* MCCCXC VIII (1498). *Lübeck,* in-4. goth. fig. sur bois. [15488]

Édition si rare, qu'on n'en connaît jusqu'ici qu'un seul exemplaire, celui de la biblioth. de Wolfenbüttel. C'est la première qui ait paru de cette imitation en vers bas saxons de notre *vieux* Renard. Le volume se compose de 242 ff., avec des signatures *a–z* et A–R, à 22 lign. sur les pages qui sont entières. Les initiales sont grav. sur bois. Sur le premn. f. recto se lit le titre ci-dessus, surmonté d'une couronne, et au verso se voit une grande pl. sur bois représentant l'auteur écrivant, avec les deux vers suivants au-dessous :

O vulpis adulacio. nu in der werlde blycket
Sic hoîm ē racio. ghelik dē vosse gheschicket.

La préface de Henri von Alkmar commence au recto du 2ᵉ f. par cette ligne : *Eyne vorrede ouer dyt boek.* Pour plus de détails consultez Ebert, n° 18834. D'après le titre de l'édit. de 1752 (voir la col. 1226) cette édit. de 1498 serait en haut allemand.

Quoique notre ancien Roman du Renard fasse le fond de cet ouvrage, il est certain que l'auteur saxon se l'est approprié par un nouveau travail, et qu'il a ainsi rendu populaires en Allemagne des contes ingénieux qui ont été trop négligés dans le pays où ils ont pris naissance. La version en bas saxon publiée par Alkmar (et que l'on a quelquefois attribuée à Nic. Baumann. lequel est seulement l'éditeur de l'édition de 1522) fut bientôt retouchée par une autre main, et ensuite rendue en haut allemand par plusieurs auteurs. Un livre aussi célèbre que celui-ci tient une place trop importante dans l'histoire littéraire du moyen âge, pour que nous omettions les différentes traductions qui en ont été faites ; et c'est ce qui nous a déterminé à donner les détails suivants, pour lesquels Ebert nous a été d'un grand secours.

— UAN REYNEKEN dem vosse vnde dessulften mennichuoldygher lyst myt anghehengedeṁ sedelikeṁ synne. vnde veler guden lere Eyn höuesch kortwylich lesent. (à la fin) : *Impressum Rostochij. anno M. cccc. xvij*, in-4. fig. sur bois.

170 ff. (le dern. bl.), 28 lignes par page, avec une série de signat. interrompues, et tantôt en petite lettre, tantôt en grosse lettre, a–T ; les signat. z–D manquent. L'imprimeur ne s'est pas nommé. Ebert, qui décrit cette édition (d'après l'exemplaire de la bibliothèque de Dresde, le seul connu), en indique trois faites à Rostock, par *L. Dietz*, en 1522, 1539 et 1543, in-4., avec des fig. sur bois. Celle de 1522 a été faite par les soins de Nic. Baumann.

— REYNKE Voss de olde , nyge gedrucket , mit sidlickem vorstande vnd schonen figuren, erluchtet vnde vorbetert. (Rostock) , *Gedruckt by Lodowich Dietz* , 1549, pet. in-4., 272 ff. chiffrés et 8 ff. de table, avec fig. sur bois.

Il se trouve des exemplaires de cette édition, datés de 1548. Les figures diffèrent de celles de l'édit. de 1517 ci-dessus. Vend. 30 flor. Meerman ; 5 liv. 5 sh. Hibbert ; 3 liv. 10 sh. Heber ; 65 fr. Libri, en 1857. On en cite une autre de Rostock, 1553, in-4. Il y en a aussi une faite dans la même ville, par *St Möllemaṅ*, 1592, in-4. de 273 ff. chiff., avec des fig. sur bois. Elle est moins belle que celle de 1549, dont elle diffère d'ailleurs beaucoup, tant dans le langage que dans l'orthographe.

— VAN REINEKEN Vosse dem Olden , syner mennichuoldig lyst vnd behendicheyt, etc. *Francf. am Main, bey Cyriaco Jacobo*, 20 *März* 1550, pet. in-4. avec fig. sur bois.

Le texte de cette édition diffère beaucoup de celui de 1498.

— REINEKE der Voss. Dat ys : Ein schön vnde nutte Gedichte, vull Wyssheit, guder Leren vnde lustiger Exempele. *Hamb.*, *Frobenius*, 1606, in-8. de 6 ff. prélimin., 261 ff. chiffr. et 1 non chiffré, avec fig. sur bois.

Comme la date de 1604 a été conservée à la fin de ce volume, il est à croire que l'édition est celle de 1604, avec un nouveau titre.

La réimpression faite à Hambourg, chez Dosen , en 1660, in-8. fig. sur bois, a le même nombre de feuillets.

— REINEKE Vos mit dem Koker. *Wolfenbüttel*, *Freytag*, 1711, in-4. de 10 ff. prélim. et 380 pp., plus un frontispice gravé.

Il y a des exempl. en Gr. Pap. collé, format pet. in-fol.

Réimpression médiocrement correcte du texte de 1498, duquel, depuis l'édition donnée par Baumann, on s'était entièrement écarté. Fréd.-Aug. Hackmann, à qui l'on doit celle-ci, y a joint une partie intitulée *Koker*, recueil de proverbes et de moralités en vers, rangé par ordre alphabétique, qu'il donne comme une ancienne production, mais qui est vraisemblablement nouveau, et peut-être son propre ouvrage.

— REINEKE de Voss mit eener Verklearing der olden Sassischen Worde. *Eutin*, *Struve*, 1798, in-8.

Edition donnée par Gabr.-God. Bredow.

— HINREK FAN ALKMER : Reineke de Fos ; upt nye utgegeven unde forklared dorg K. F. A. Scheller. *Brunswyk*, 1825 et 1835, in-8., 1 thl. 8 gr.

L'édition du *Reinhart Fuchs*, publiée par F.-J. Mone, *Stuttgart* , 1832, in-8., n'est autre chose que le texte latin (ci-dessus, col. 1221).

Casp.-F. Renner, sous le nom de Fr.-H. Sparre, a donné, en 1732, *Hennynk de Han*, continuation du Reineke, en vers, dans le dialecte bas-saxon, et l'a présentée comme un poëme composé en 1516. Il existe de ce pastiche une édition avec une traduction libre sous le titre suivant :

HENNINK der Hahn, frey übers. nach dem altdeutschen Orig. von N. Meyer. *Bremen*, 1814, in-8.; vol. orné de 12 pl. de Menken.

C. Rommel a aussi traduit ce poëme en haut allemand, Hannover, 1847, in-16.

IV. *Le Renard en haut allemand.*

REINICKEN Fuchs. Das ander teyl des buchs Schimpff vnd Ernst. *Francf. am Main, Cyr. Jacobus*, 1544, in-fol. de IV et 115 ff.

Cette faible traduction est l'ouvrage de Melch. Beuther, mais le livre dont elle forme la 2e partie est de J. Pauli (voy. ce nom). L'édition de 1544 a reparu avec un nouveau titre daté de 1545, et a été réimpr. à Francfort, en 1556, en 1562, in-fol. et en 1571, 1574, 1579, 1587, 1590, 1593, 1597, 1602, 1608 et 1617, in-8., Rostock, 1663, et Hamb., 1666, in-8.

— REINEKE Fuchs... Auff das Neue mit allerhand jetziger Zeit üblichen Reim-Arten... ausgezieret : Mit etzlichen hundert Verssen bereichet (sic), mit unterschiedlichen Sitten und Lehr-Sätzen verbessert. Rostock, Wilde, 1650, in-8. de 421 pp. et 9 ff., avec de mauvaises gravures sur bois.

Nouvelle traduction rimée. Elle a été réimprimée en 1662, in-8.

— DER LISTIGE Reineke Fuchs. Zuvor niemals also gedruckt. (*sans lieu ni date*), in-8. de 318 pp. avec fig. sur bois.

Ouvrage en prose, destiné au peuple. Il y en a une autre édition, également sans lieu ni date, in-8. de 351 pp., avec fig. sur bois, et aussi plusieurs réimpressions faites au XVIIIe siècle.

— REINECKE der Fuchs, nach der Ausgabe von 1498 ins Hochdeutsche übersetzt und mit einer Abhandl. von dem Urheber, wahrem Alter und grossem Werthe dieses Gedichts versehen von J.-Casp. Gottsched. *Leipz. und Amst.*, *Breitkopf*, 1752, gr. in-4. avec pet. in-fol., 10 thl. T. O. Weigel en 1858.

Édition recherchée à cause des 57 gravures d'Alb. von Ewerdingen (et quelques-unes de Fokke) gravures qui, cependant, sont plus exactes, sous le rapport de l'histoire naturelle, que conformes aux sujets des fables contenues dans l'ouvrage. Les dessins originaux de ce livre se trouvaient à la vente de White Knights, en 1819, et y ont été achetés 85 liv. 1 sh. par M. Hibbert.

— REINEKE Voss, nach der lübecker Ausgabe vom Jahre 1498. *Breslau*, *Grass*, 1834, in-8. 1 thl. 8 gr., publ. par H. Hoffmann von Fallersleben.

— REINHART Fuchs, herausgeg. von Jacob Grimm. *Berlin*, 1834, in-8. 14 fr.

Bonne édition de cette ancienne rédaction tudesque. Le savant éditeur y a fait réimpr. un petit poëme en grec moderne (l'Ane, le Loup et le Renard), composé de 540 vers politiques.

SENDSCHREIBEN von Jacob Grimm an Karl Lachmann über Reinhart Fuchs. *Leipzig*, *Weidmann*, 1840, in-8. 20 gr.

On trouve dans ce volume quelques fragments de l'ancien texte allemand du roman du Renart, par Henrich Conr. Glichsäre, poëte du XIIe siècle, texte qui ne s'est pas conservé en entier, et dont nous ne possédons qu'une sorte de refonte entreprise par un anonyme, quelque temps après la mort de l'auteur.

Une imitation libre du même ouvrage, sous le titre de *Ritter Reinike von Waldburg*, a paru à Dresde, en 1791.

Nous citerons encore :

REINEKE FUCHS in 12 Gesängen, von J. Wolfg. von Göthe. *Berlin*, *Unger*, 1794, in-8., aussi *Leipzig*, *Brockhaus*, 1822, et *Tübingen*, *Cotta*, 1832, in-8. et dans les œuvres de l'auteur.

— REINEKE Fuchs von W. von Goethe, mit Zeichnungen von W. von Kaulbach, gest. von R. Rahn und A.-S. Schleich. *Stuttgart und Tübingen*, *Cotta* (aussi *München*), 1846, in-fol. 257 pp. de texte, avec 37 pl. grav. au burin, et plusieurs gravures sur bois.

Belle édition qui a coûté 36 fr. et avec fig. sur papier de Chine 54 fr.

Les dessins de Kaulbach ont été reproduits sur bois par J. Schnorr et gravés par Algaier et Siegle, pour une édition gr. in-8., publiée par les mêmes éditeurs en 1857, prix : 8 fr. Ces gravures sur bois se retrouvent dans la traduction française de M. Ed. Grenier, *Paris, Hetzel et Jamar*, 1861, gr. in-8. 10 fr. et dans la traduction anglaise de Th. Arnold, voy. col. 1229.

— LE RENARD, par Goethe, trad. par Edm. Grenier. *Paris, Michel Lévy*, 1858, in-18.

— REINEKE FUCHS. Ein Volksbuch. Aus den plattdeutschen Reimen in hochdeutsche Prosa aufs neue getreu übergetragen. *Tübingen, Osiander*, 1817, in-8. oblong, avec figures.

— REINEKE DER FUCHS von Dietrich Wilh. Soltau, in 4 Büchern und 12 Gesängen. *Braunschweig, Vieweg*, 1823, gr. in-8.

Bonne traduction, impr. d'abord à Berlin, en 1803, in-8., et réimpr. à Lunebourg, en 1830, in-8.

— REINEKE FUCHS, in 50 rad. bll. von J.-H. Ramberg. *Hannover, Hahn*, 1826, in-fol. obl. 6 thl.

V. Le Renard en hollandais ou flamand, en danois, etc.

— Die Hystorie van Reynaert die Vos. (à la fin) : *Hier eyndet die hystorie van reynaert die vos : ende is gheprent ter goude in hollant by mi gheraert leeu den seuentienden dach in augusto. Int iaer* M. CCCC. eñ LXXIX, in-4. goth. de 3 ff. non chiffr. et 110 ff., sign. a—o.

Cette rédaction hollandaise, divisée en 43 chapitres, est en prose et mêlée de vers. L'édition citée est un livre de la plus grande rareté, au sujet duquel Meerman a donné quelques détails dans le 3ᵉ index de ses *Origines typogr.*, II, p. 291, 2ᵉ col.; voir aussi *Biblioth. grenvil.*, 601.

— Die Historie van Reynaert de Vos. *Delf in Hollant* (sans nom d'imprimeur), 4 juin 1485, in-4. goth. de 114 ff.

Réimpression de l'édition précédente. L. Suhl en a donné une nouvelle à Lubeck et Leipzig, 1783, in-8.

— REINAERT de Vos, episch fabeldicht van de twaelfde en dertiende eeuw met aenmerkingen en ophelderingen, van J.-F. Willems. *Gand*, 1850, gr. in-8.

Réimpression améliorée de l'édition que M. Willems avait déjà donnée de ce poëme, à Gand, en 1836, in-8. Il y a une nouv. édition, de Gand, 1854, in-4. avec 14 lithogr.

— VAN DEN VOS Reinaerde, uitgegeven en toegelicht door W.-J.-A. Jonckbloet. *Te Groningen*, 1856, in-8. de CLIV et 180 pp.

Cette édition du Renard flamand contient une savante introduction de l'éditeur sur l'auteur primitif de ce poëme et sur les sources où il a puisé. Ce travail a donné lieu à une *Etude sur le poëme Van den Vos Reinaerde*, par A. Willems, *Gand*, 1857, in-8. de 38 pp.

— LE ROMAN du Renard, traduit pour la première fois d'après un texte flamand du XIIᵉ siècle, édité par J.-F. Willems; augmenté d'une analyse de ce qu'ont écrit Legrand d'Aussy, Raynouard et autres, au sujet du Roman du Renard, par M. Oct. Delepierre. *Bruxelles*, 1838, in-8. [15608]

Nous n'avons pas eu occasion de vérifier si la traduction en prose flamande ou hollandaise du Renard, impr. à Delft, en 1603, in-8., et à Anvers, en 1614, in-4., est la même que celle que donnent les éditions de 1479 et 1485.

Il existe un abrégé du même ouvrage en hollandais, impr. à Amsterdam, 1710 (réimpr. en 1736), in-8. de 48 ff., avec fig. sur bois.

—Reynaert de vos. Een seer ghenouchlicke, ende vermakelicke Historie : in Franchoyse ende neder Duytsch. Reynier le renard. Histoire tres ioyeuse & recreative, en françois et bas alleman. *T' Antwerpen, by Christoffel Plantin..... In tiaer* M. D. LXVI, pet. in-8. de 80 ff. à 2 col. fig. sur bois, y compris le titre, le privilége, la dédicace, la table des chapitres et celle des personnages.

Cette édition est très-rare, et quoiqu'elle n'ait été vendue que 9 fr. chez La Vallière, elle vaut bien davantage. L'épître dédicatoire est intitulée : *Joannes Florianus suo M. Claudio Ierythonio.*

Ce livre a aussi paru sous le titre d'*Histoire plaisante de Reynier Deschamps seign. de malperdu* ..... Anvers, par Praëler, 1581, in-12 de 112 pp.

L'*Histoire plaisante* a été réimpr. à *Anvers, chez Praëler*, 1625 , in-16, et dans la même année, à *Lyon, chez Rigaud*, in-16.

— En Raeffue Bog som kaldes paa Tyske Reinicke Foss..... nu nylige fordanskit aff Hermen Weigere. *Lybeck, Richolff*, 1555, in-4. de 291 ff. chiffr., non compris le titre ni le f. de souscription, avec fig. sur bois.

Traduction en vers danois, très-rare, de cette édition. Elle a été réimpr. à *Copenhague, chez P. Hake*, 1656, in-4. fig. sur bois.

Nous citerons aussi une traduction suédoise du même ouvrage, faite d'après la version latine de Schopper, et impr. à *Stockholm*, en 1621, in-8.

VI. Le Renard en anglais.

— The hystorye of Reynart the Foxe... — ...... whiche was in dutche, and by me Willm Caxton translated in to... englyssh in thabbey of westmestre. fynysshed the vj day of Juyn.... M.CCCC. lxxxj., in-fol. de 83 ff.

Cette édition est une des plus rares qui soient sorties des presses de Caxton ; le D. Dibbin (*Library companion*, 583) l'estime 200 guinées ; et effectivement un exemplaire, avec un f. refait, a été porté à 184 liv. 16 sh. à la vente d'Inglis : il est vraisemblable que la traduction qu'elle contient a été faite sur la version flamande du même ouvrage impr. en 1479.

L'histoire du *Reynard*, en anglais, a été réimprimée plusieurs fois depuis, mais avec des altérations considérables.

Lowndes cite une édition de *Lond., Rich. Pynson*, in-fol., qui était chez M. Douce ; et aussi :

THE BOOKE of Raynarde the Foxe. *London, by Thomas Goualtier*, 1550, in-8. (British Museum). N'oublions pas l'édition suivante :

THE MOST delectable history of Reynard the Fox ; newly corrected and purged from all grossness in phrase and matter... to which may now be added a second part of the said history : as also the Shifts of Reynardine the son of Reynard the Fox. *Lond., Edw. Brewster*, 1684, 3 tom. en 1 vol. pet. in-4. goth. fig. sur bois.

Les trois parties dont elle se compose ont été imprimées séparément, savoir : la 1ʳᵉ en 1667, en 1694 et 1701 : la 2ᵉ en 1673 et 1681, et *The Shifs of Reynardine*, en 1684, date qu'on a mise aussi au titre de la 1re partie. L'ouvrage complet se vend de 2 liv. à 2 liv. 10 sh. en Angleterre.

REYNARD the Fox after the german version of Goethe translated, into english verse, with a bibliographical and literary introduction by Th.-James Arnold; with illustrations by Jos. Wolf. *London, Will. Pickering,* 1853, gr. in-8., avec 12 grav. 10 sh. 6 d.

— THE SAME.... with illustrations from the designs of Wilhelm von Kaulbach. *London, Trübner,* 1860, gr. in-8. de IV ff. et 227 pp.

Belle édition ornée de jolies vignettes, 16 sh.

RENART découvert (le). *A Mons en Henaut, chez Rutger Velpius, imprimeur juré,* 1586, in-4. de 16 ff. sign. A—D.

Pamphlet contre Guillaume d'Orange, dit le Taciturne.

RENAUD (*Nicolas*). Les chastes amours : ensemble les chansons d'amour de N. Renaud, gentilhome provençal. *Paris, Th. Brumen,* 1565, in-4. avec le portr. de Renaud et de Lucrèce sa maîtresse. [13762]

40 fr. *mar. r.* Nodier, et un exemplaire non relié, mais très-grand de marges, 162 fr. en 1861.

Ces poésies, n'ayant pas été réimpr., sont devenues rares; et c'est probablement là leur principal mérite : elles portent le nom de Renaud que Du Verdier écrit Renault, et Lacroix du Maine Regnaud. Ce dernier bibliographe donne à notre poëte : *Ode de la paix, au roi Charles, et autres poésies,* Lyon, Ben. Rigaud, 1563, in-8., et le même écrivain est, selon toute apparence, l'auteur de la pièce suivante :

DISCOURS véritable des guerres et troubles advenus en Provence, l'an 1562, envoyé au comte de Tende, par N. R. P. *Lyon,* 1564, pet. in-8.

Réimpr. dans le tome III des Mémoires de Condé, édition in-4.

RENAUDOT (*Eus.*). Liturgiarum orientalium collectio. *Parisiis, Coignard,* 1715-16, 2 vol. in-4. [668]

Vend. 26 fr. Boutourlin; 69 fr. *exemplaire de Soubise,* de Sacy (il avait coûté 15 fr.); autre in *mar. noir,* 36 fr. 2e vente Quatremère.

Une nouvelle édition de ces liturgies a été annoncée à Francfort-sur-le-Mein, chez Baer, en 1847, aussi en 2 vol. in-4. au prix de 56 fr.

— Historia patriarcharum alexandrinorum a D. Marco usque ad finem sæculi XIII. *Paris., Fournier,* 1713, in-4. 10 à 15 fr. [21547]

Deux ouvrages importants pour l'histoire ecclésiastique de l'Orient et de la nation copte. Il faut y joindre la *Défense de l'auteur contre un écrit intitulé Défense de la mémoire de M. Ludolf,* Paris, Coignard, 1717, in-12. La Défense de Ludolf, impr. dans le tome IX du *Journal littéraire de La Haye,* est de La Croze, qui répondit à la Défense de Renaudot dans les tom. X et XI de *L'Europe savante.*

— ANCIENNES relations des Indes et de la Chine, de deux voyageurs mahométans qui y allèrent dans le IXe siècle, trad. de l'arabe; avec des remarques (par Eus. Renaudot). *Paris,* 1718, in-8. 6 à 9 fr. [20657]

Le texte arabe de ces deux relations a été impr. (sur le manuscrit de la Biblioth. impér.), à l'imprimerie impériale, vers 1810, en 1 vol. in-18, par les soins de Langlès qui se proposait d'en donner la traduc-

tion; mais l'édition n'a pas été rendue publique. Le titre est impr. dans un cartouche d'ornements orientaux tiré en rouge. Vend. 4 fr. 85 c. De Bure (4e catal., articles omis, n° 26). Selon *Saint-Martin* (*Biogr. univers.,* XXXVII), en publiant son livre, l'abbé Renaudot ignorait que l'original arabe qu'il avait traduit n'était qu'un fragment du célèbre ouvrage de Masoudy, intitulé : *Morodj-eddheheb.*

— PERPÉTUITÉ de la foi, voy. NICOLE (*Cl.*).

RENAULD de Beaujeu. Le Bel inconnu, ou Giglain, fils de messire Gauvain et de la fée aux blanches mains, poëme de la Table ronde, par Renauld de Beaujeu, poëte du XIIIe siècle, publié d'après le manuscrit unique de Londres, avec une introduction et un glossaire par C. Hippeau. *Paris, A. Aubry,* 1860, pet. in-8. [13217]

Volume tiré à 300 exempl. sur pap. vél., 6 fr., et à 50 sur pap. vergé, 8 fr.

RENAUT. Lai d'Ignaurès, en vers du XIIe siècle, par Renaut; suivi des lais de Melion et du Trot, en vers du XIIIe siècle; publiés pour la première fois, d'après deux manuscrits uniques, par L.-J.-N. Monmerqué et Francisque Michel. *Paris, Silvestre,* 1832, in-8. de 83 pp., avec 2 fac-simile. 9 fr. [13192]

Tiré à 150 exempl. numérotés, savoir : 125 en pap. vél., 15 en pap. de Hollande, 9 sur pap. de Chine, et un sur VÉLIN.

RENAZZI (*Filipo Maria*). Storia dell'università degli studj di Roma, detta comunemente la Sapienza, che contiene anche un saggio storico della letteratura romana dal principio del secolo XIII sino al declinare del secolo XVIII. *Roma,* 1803-6, 4 vol. in-4. 24 fr. [30258]

Vend. 1 liv. 15 sh. Heber; 38 fr. Libri.

RENCIFO. Voy. RENGIFO.

RENCONTRE. Sensuyt la rencôtre et decôfiture des hennoyers faicte entre sainct Pol et Betune et a la journee de fin faicte par nos gês mis a fin et moult fort anoyez. avec la summatiô darras ; et se chante sur le chant : helas ie lay perdue celle q̃ jaymois tãt. *On les vend a paris en la rue neufue nostre dame a lenseigne de lescu de france* (J. Treperel), pet. in-8. goth. de 8 ff. [13578]

Pièce rare, qui paraît être de l'an 1522, environ. Les deux derniers ff. présentent quatre gravures sur bois, dont la dernière (voyez ci-dessous) est l'escu de France, marque de J. Trepperel, de sa veuve, et employée aussi par Alain Lotrian, successeur de la veuve de J. Trepperel ou Treperel.

Renauldin (*Léop.-Jos.*). Sur les médecins numismates, 30548.

Renazzi (*M.*). Antichi vice domini del patriarchio lateranese, etc., 21674.

Renchi (*Dom.-Math.* de la Daugie de). Apologie de Guillaume, 26891.

Renci (*Spinello*). Storia di Montepulcino, 25569.

RENCONTRES a tous propos, par prouerbes et huictains francois tant anciens
que modernes, 1554. *De l'imprimerie
de Estienne Groulleau, libraire........*
2 part. en 1 vol. in-16 obl., lettres rondes, pages encadrées et fig. sur bois.
[18457]

L'exemplaire de ce livre vendu 8 fr. La Valliere
paraît être formé de deux éditions; car on y lit à
la fin du 1er livre : *nouuellement imprimé à Paris
par Estienne Groulleau imprimeur et libraire...;*
tandis que le 2e livre porte la date de 1542 (*sic*) et
à la fin : *nouuellement imprimé à Paris par Denys
Ianot libraire et imprimeur demourant en la
rue neufue nostre Dame pres Saincte Geneuiefue
des Ardens.* Pour expliquer cela, il faut savoir que
Groulleau a été le successeur de Denis Janot, et
qu'il a dû trouver dans le fonds de celui-ci des
exemplaires de l'édition de 1542, auxquels il aura
mis un nouveau titre, soit qu'il réimprimat, soit le premier livre tout entier, soit seulement le titre et le
feuillet de souscription.

RENDELLA (*Prosp.*). Tractatus de vinea,
vindemia et vino. *Venetiis, Juntæ,*
1629, in-fol. 8 à 12 fr. [7054]

RENÉ d'Anjou. OEuvres complètes du roi
René, avec une biographie et des notices par le comte de Quatrebarbes. *Angers et Paris,* 1845-46, 4 vol. gr. in-4.
48 fr. [19056]

Édition ornée de nombreux dessins et ornements
d'après les tableaux et manuscrits originaux par
Hawke. Une partie des exemplaires des deux premiers volumes, sous la date de 1851, portent le
titre d'*OEuvres choisies du roi René.* Les deux
derniers volumes ont été tirés à moins grand nombre que les autres, et pour les seuls souscripteurs.

Rendu (*Eug.*). Éducation populaire, 3897.
Rendu (*Victor*). Ampélographie française, 6371.

Plusieurs ouvrages anonymes qui font partie de
ces quatre volumes sont portés au premier mot de
leur titre dans ce Manuel. Voy. ABUSÉ en court;
CONQUESTE de la Doucemercy ; PAS d'armes de la
bergère.   •

— Les tournois du roi René, d'après les
manuscrits et les dessins originaux
de la Bibliothèque royale, publiés par
MM. Champollion-Figeac, pour le texte
et les notes explicatives; L.-J.-J. Dubois, pour les dessins et les planches coloriées. *Paris, Motte, lithographe éditeur, F. Didot, etc.,* 1826-27, in-fol.
max. jésus vél. 300 fr. [28734]

Ce magnifique volume est orné de 20 pl. color. et
d'un frontispice; on l'a publié en 4 livraisons.
Vend. 150 fr. Dacier.

Il existe une suite de 15 pièces des *Tournois du
roi René*, grav. en Italie, vers 1620, d'après les
peintures originales, et par les soins de Fabri de
Peiresc.

RENGIFO (*Juan Diaz*). Arte poetica española, con una fertilissima sylva de
consonantes comunes, propios, esdruxu-
los y reflexos, y un divino estimulo de
amor de dios : aumentada esta impresion
con dos tratados, une de avisos y reglas,
otro de asonantes, con un compendio de
toda el arte poetica, y casi cinco mil
consonantes. *Barcelona* (sans date, mais
de 1758, ou daté de) 1759, pet. in-4. 6
à 9 fr. [15048]

La première édition de cet art poétique, *Salamanque*, 1592, in-4., a été vendue 1 liv. 11 sh. 6 d.
m. r. Heber. Il y en a une autre de Madrid, 1605
et 1606, in-4. (sous le nom de *Rencifo*); enfin une
de 1644, in-4.

RENIER (*E.-A.*). Osservazioni posthume
di zoologia adriatica del professore Stefano Andrea Renier. *Venezia, G. Cec-
chini,* 1847, gr. in-fol. avec 26 pl. color. 80 fr. [5617]

Ouvrage publié au nom de l'Institut des sciences et
arts de Venise, par les soins du professeur G. Me-
neghini.

RENIER (*Charles-Alphonse-Léon*). Inscriptions romaines de l'Algérie, recueillies et publiées par M. L. Renier. *Paris,
Gide et J. Baudry,* 1855, 2 vol. gr. in-4.
[30009]

Publié par livraisons, au prix de 6 fr. 40 c. chacune.
Il en paraît quatorze.

— Mélanges d'épigraphie. *Paris, F. Didot,* 1854, gr. in-8. avec une pl. 10 fr.
[29954]

— Itinéraire romain de la Gaule, 23114.

Renée (*Amédée*). Les Nièces de Mazarin, 23802. —
Madame de Montmorency, 23802. — Les Princes
militaires de la maison de France, 24090. — La
Grande Italienne, 25275.
Renesse-Breidbach (le comte de). Amusements
numismatiques, 25084. — Numismatique de Liége,
25121.

RENIERI da Colle (*Ant.*). Voy. Tolomei.

RENNELL (*James*). Memoir of a map of Hindoostan, or the Mogul empire, to wich is added an appendix containing an account of the Ganges and Burrampooter rivers; 3ᵈ edit. with a second supplementary map. *London, Nicol*, 1793, in-4. 20 à 24 fr. [28095]

Vend. 49 fr. Langlès.

Les édit. de 1783 et 1788 sont beaucoup moins complètes que la troisième ; mais le supplément contenant : *Memoir of map of peninsula of India*, impr. en 1793, en 51 pp., avec la carte, s'est vendu séparément.

Cet ouvrage a été traduit en français par Boucheseiche, sous le titre de *Description de l'Indostan*, Paris, 1800, 3 vol. in-8. et atlas in-4. 12 à 15 fr. ; — Gr. Pap. vél. 24 à 30 fr.

— Bengal atlas, containing maps or the theatre of war and commerce on that side of Indostan. *London*, 1781, in-fol.

Vend. avec le mémoire précédent (édition de 1788) 57 fr. Anquetil, et moins depuis.

— The geographical system of Herodotus, examined and explained by a comparison with those of other ancient authors and with modern geography. *London, Bulmer*, 1800, gr. in-4. avec cartes. 20 à 30 fr. [19578]

— The same, a new edition, printed from the author's revised copy. *London, Rivington*, 1830, 2 vol. in-8. avec la carte originale, 18 à 21 fr.

L'édition in-4. était devenue rare, et se vendait de 6 à 7 guinées avant cette réimpression, qui a été donnée par madame Rood, fille de l'auteur.

— Illustration (chiefly geographical) of the history of the expedition of the younger Cyrus, and the retreat of the ten thousand Greeks with an appendix containing an enquiry into the best method of improving the geography of the Anabasis, etc. *London, Nicol*, 1816, in-4. et atlas. [22806]

Vend. 29 fr Langlès ; 21 fr. Walckenaer.

— A Treatise on the comparative geography of western Asia. *London, Rivington*, 1831, 2 vol. in-8. 1 liv. 1 sh., et avec un atlas de cartes, 2 liv. 10 sh. [19585]

— An Investigation of the currents of the Atlantic Ocean, and of those which prevail between the Indian Ocean and the Atlantic. *London, Rivington*, 1832, in-4., avec un atlas. 2 liv. 2 sh. [19762]

Ces différents ouvrages de Rennell sont fort recherchés. Les deux derniers ont paru après la mort de l'auteur.

RENNEVILLE (*Constantin* de). L'Inquisition françoise, ou histoire de la Bastille. *Amsterdam*, 1724, 5 vol. in-12, fig. 15 à 24 fr. [24159]

Vend. 34 fr. m. r. en 1807, et 53 fr. dos de m. Pixerécourt.

La première édition de cet ouvrage (qu'on a mal à propos attribué à Gatien de Courtilz) est d'*Amsterdam, Est. Roger*, 1715, in-12 (10 fr. Bibliophile Jacob). Celle de 1724 est augmentée d'un grand nombre d'anecdotes fort suspectes. Le 5ᵉ volume renferme l'*Histoire de l'Inquisition de Goa*, par Dellon, impr. en 1719.

RENNIE (*John*). Work on the theory, formation, and construction of british and foreign harbours, docks and naval arsenals. *London, J. Weale*, 1854, gr. in-fol. [8810]

Ce magnifique ouvrage, impr. sur colombier, est enrichi de 123 pl. Il a été publié en 20 part., plus un supplément. Le prix de l'exemplaire relié était de 16 liv., et plus avec les planches sur pap. de Chine.

— An historical, practical and theorical account of Breakwater and Plymouth sound. *London*, 1848, gr. in-fol. avec 25 pl. et un portr. 4 liv. 10 sh.

RENO (*Jacobus* de). Tractatus in laudem musicæ artis et de ejus utilitatibus. *Antuerpiæ, per Gerardum Leeu*, 1491, pet. in-8. [10077]

Cet ancien traité sur la musique est rare et peu connu.

RENONCEMENT damours (le). — *Cy finist ce present traictie du renoncement damours. Nouuellement imprime a paris Par iehan Janot imprimeur et libraire demourant a lymage Sainct Jehan Baptiste, en la rue neufue nostre dame*, in-4. goth. de 16 ff. à 2 col. [13465]

Cet opuscule faisait partie du n° 3312 du catal. de La Vallière, en 3 vol. L'exemplaire décrit n'avait point de titre, et il paraissait y manquer le premier f. C'est le même ouvrage dont une autre édition a paru sous le titre de *Depart et renôcement damours* (voyez Départ). L'anagramme de l'anonyme à qui l'on doit cet écrit en vers est *Plus que toutes*.

RENOUARD (*Ant.-Aug.*). Annales de l'imprimerie des Alde, ou histoire des trois Manuce et de leurs éditions ; 2ᵉ édition. *Paris, Renouard (de l'imprim. de Paul Renouard)*, 1825, 3 vol. in-8., avec portraits et fac-simile. Il y a des exemplaires en Gr. Pap. vél. [31262]

La prem. édition de cet excellent ouvrage publiée en 1803, en 2 vol. in-8., et accompagnée d'un supplément daté de 1812, a été entièrement effacée par celle de 1825, de laquelle il existe trois exempl. impr. sur Vélin, dont un a été payé 159 fr. à la vente de l'auteur, et 246 fr. Riva.

— Les mêmes, troisième édition. *Paris, Jules Renouard (de l'imprim. de Paul Renouard)*, 1834, in-8. à 2 col. 15 fr.

Cette troisième édition (tirée à 350 exempl. seulement) a reçu de nouvelles améliorations qui la rendent préférable à la seconde, surtout pour la *notice de la famille des Junte*, morceau placé à la fin du volume. Il a été tiré 32 exemplaires de format in-4., dont quelques-uns en pap. vél. (en *mar. bl.*, par Bauzonnet, avec le portr. de l'auteur, 115 fr. Solar), et un seul sur VÉLIN qui a été vendu 245 fr. Renouard. Il faut joindre à cette édition un supplément de 8 pp. et un parallèle d'Alde l'Ancien et d'Henri Estienne, en 15 pp., deux opuscules impr. en 1838. Il est aussi convenable d'y réunir *Lettere di Paolo Manuzio, copiate sugli autografi esistenti nella Bibliotheca ambrosiana*, Parigi, presso Giulio Renouard, 1834, in-8., vol. dont il a été tiré des exempl. en Gr. Pap. vél., et qui peut faire suite également aux 3 vol. de la 2ᵉ édition des Annales. C'est un recueil de lettres familières qui abonde en détails curieux sur la vie privée de Paul Manuce.

Un exemplaire de la *Notice* des Junte, tiré à part sur VÉLIN, 105 fr. Solar.

— Annales de l'imprimerie des Estienne, ou histoire de la famille des Estienne et de ses éditions, par Ant.-Aug. Renouard; 2ᵉ édition. *Paris, Jules Renouard (de l'imprimerie de Paul Renouard)*, 1843, in-8. à 2 col. 12 fr. [31238]

Cette seconde édition est meilleure que la première, publiée en 1837-38 dans les deux formats in-4. et in-8.; pourtant l'ouvrage est encore loin de valoir les Annales des Alde du même auteur. C'est surtout le catal. des éditions qui laisse à désirer, car, bien que beaucoup plus complet et plus exact que celui qu'a donné Maittaire, il pourrait être facilement augmenté et souvent rectifié. Parmi les notices qui forment la 2ᵉ partie, celle d'Henri Estienne se fait remarquer par des détails neufs et d'un véritable intérêt. Un des 16 exempl. tirés in-4. sur pap. vél., avec la dédicace au roi Louis-Philippe, impr. en or, et rel. en *mar. r.* 130 fr. Louis-Philippe; un autre, *broché* 40 fr. Renouard, et en *mar. bl.*, par Bauzonnet, 98 fr. Solar. Le seul exemplaire qui ait été imprimé sur VÉLIN, a été payé 280 fr. à la vente de l'auteur; il était rel. en *mar. bl.* On peut joindre à cet ouvrage l'opuscule intitulé :

LES ESTIENNE et les types grecs de François Iᵉʳ, complément des Annales stéphaniennes, renfermant l'histoire complète des types royaux, enrichi d'un spécimen de ces caractères, et suivi d'une notice historique sur les premières impressions grecques, par Aug. Bernard. *Paris, Edwin Tross*, 1856, in-8.

— Catalogue de la bibliothèque d'un amateur, avec des notes bibliographiques, critiques et littéraires. *Paris, Antoine-Augustin Renouard*, 1819, 4 vol. in-8. 24 à 30 fr.; — Gr. Pap. vél. tiré à 60 exemplaires, 48 à 60 fr. [31481]

Des titres de livres presque toujours copiés exactement, quelques renseignements bibliographiques neufs ou peu connus, un grand nombre de notes, souvent curieuses, sur des sujets d'érudition, de morale et de fantaisie, voilà en substance ce que renferme le catalogue de M. Renouard. C'est un livre fort supérieur, sans doute, à la plupart de ceux du même genre, et très-remarquable par sa belle exécution typographique; mais peut-être s'aperçoit-on trop en le lisant que l'auteur a voulu prouver qu'il savait faire toute autre chose que de la bibliographie. Lorsque parut ce catalogue, la bibliothèque de M. Renouard offrait déjà la collection particulière la plus curieuse qui fût en France, et depuis elle s'était encore enrichie d'un certain nombre d'objets d'une haute importance, qui en portait la valeur à 500,000 fr. et plus. Malheureusement l'ensemble en a été détruit par les ventes partielles qu'a fait faire successivement M. R. d'une très-grande partie de ses livres, en commençant par sa collection aldine qui fut vendue très-avantageusement à Londres, en 1828.

— CATALOGUE d'une précieuse collection de livres, manuscrits, autographes, dessins et gravures, composant actuellement la bibliothèque de M. A.-A. R. *Paris, Jules Renouard*, 1853, in-8.

M. Renouard, dans la 88ᵉ année de son âge, a publié lui-même ce catalogue de ce qui lui restait des livres de son ancienne bibliothèque. Après sa mort, arrivée peu de mois après cette publication, sa précieuse collection fut vendue à Paris (à la fin de 1854), sous la direction de M. Potier, libraire, après la publication d'une nouvelle édition du catalogue ci-dessus, avec quelques rectifications et quelques additions. Il faut joindre à ce catalogue les prix imprimés de la vente, laquelle a produit 203,600 fr., non compris les lettres autographes, dont le catalogue, rédigé par M. Laverdet, a paru en 1855, et forme 90 pp. in-8. M. Renouard a fait faire à Paris, en 1804, une première vente d'une partie de ses livres, après en avoir publié le catalogue, en 1 vol. in-8.; et une seconde en 1821, avec un certain nombre d'articles provenant de la bibliothèque de Baroud, dont il avait fait l'acquisition; enfin, une troisième en 1825, avec des livres achetés de M. A. Martin. Après avoir acquis la bibliothèque de Baroud, en 1821, il fit imprimer quelques exemplaires d'un *Petit supplément au catalogue d'une bibliothèque*, cahier in-12 de 12 pp., donnant l'indication de plusieurs articles précieux, qu'il n'a pas conservés.

La *Note sur Laurent Coster, à l'occasion d'un ancien livre imprimé dans les Pays-Bas*, morceau qui avait déjà paru dans le Catalogue d'un amateur (II, pp. 152 et suiv.), et qui, en 1818, avait été tiré à part, in-8. (deux exempl. sur VÉLIN), a été réimpr. avec des augmentations en 1838, in-8. et in-4. de 16 pp., pour être placée à la fin de la 2ᵉ part. des Annales des Estienne.

RENOULT ou Renoud *(J.-B.)*. Les Aventures de la Madona et de François d'Assise, écrites d'un style récréatif. *Amsterdam*, 1701, pet. in-8. fig. 3 à 5 fr. [21830]

Cet ouvrage, qui se réunit à l'*Alcoran des Cordeliers* (voy. ALCORAN), a été l'objet d'une critique à laquelle l'auteur répondit par un écrit intitulé *Le Protestant scrupuleux*, Amsterdam, 1701, pet. in-8. — Les éditions de 1707 et 1745, in-12, ont le même prix que celle de 1701.

— La Corruption de l'Église romaine prédite par l'Ecriture. *La Haye*, 1703, in-8. 3 à 5 fr.

RENOUVIER *(Jules-Maurice-Barth.)*. Des Types et des manières des maîtres graveurs, pour servir à l'histoire de la gravure en Italie, en Allemagne, dans les Pays-Bas et en France, aux xvᵉ, xviᵉ et xviiᵉ siècles. *Montpellier, imprimerie de Boehm*, 1853-56, in-4., quatre cahiers extraits des *Mémoires de la Société de Montpellier*. [9513]

— Histoire de l'origine et des progrès de la gravure dans les Pays-Bas et en Allemagne jusqu'à la fin du xvᵉ siècle.

Bruxelles, Hayez, 1860, in-8. de 317 pp. avec une planche de monogrammes. [9511]

Tiré à 200 exemplaires seulement.

— IEHAN de Paris, varlet de chambre et peintre ordinaire des rois Charles VIII et Louis XII, par J. Renouvier, précédé d'une notice biographique sur la vie et les ouvrages, et de la bibliographie complète des œuvres de M. Renouvier, par Georges Duplessis. *Paris, A. Aubry* (impr. par Perrin), 1861, in-8 avec grav. sur bois et des dessins dans le texte. 5 fr.

Tiré à 200 exemplaires papier teinté, plus 10 sur pap. vergé de Hollande, et 4 sur PEAU VÉLIN.

— Gravures en bois dans les livres de Vérard, 9510.
— Des Maîtres de pierre, etc., 9692. — Monuments du bas Languedoc, 24725.

RENUSSON (*Phil.*). Ses OEuvres, augmentées par Serieux. *Paris,* 1780, in-fol. 12 à 15 fr. [2765]

L'édition de 1769, même format, vaut quelque chose de moins que celle-ci.

RENVALL (*G*). Suomalainen Sana-kirja. Lexicon linguæ finnicæ, cum interpretatione duplici copiosiore latina, breviore germanica. *Aboæ,* 1826, 2 part. en 1 vol. in-4. de 716 pp. [11379]

Annoncé au prix de 8 thl. dans le catalogue de Leipzig, mars 1828, et à 1 liv. 19 sh. dans celui de Trübner, en 1857.

RENVERSEMENT de la morale chrétienne par les désordres du monachisme, en hollandois et en françois. (*Hollande, vers la fin du* XVIIe *siècle*), in-4. [2125]

Ce volume, peu commun, est divisé en 2 parties, contenant ensemble 51 pl., y compris celle qui précède le frontispice : ce sont des figures très-grotesques, grav. en manière noire : 36 à 48 fr.; vend. 140 fr. *m. v. dent.* Caillard; 60 fr. *m. r.* Chateaugiron; 87 fr. Labédoyère; et 98 fr. *mar. bl.* d'Ourches; 62 fr. demi-rel. Borluut.

Il y a une autre édition de ce livre singulier, beaucoup plus moderne et moins belle que la première. Les planches y sont en même nombre, mais mal gravées, et n'ont pas l'originalité piquante des *manières noires;* elles représentent d'ailleurs les personnages en pied, et ne portent pas de quatrains, tandis que dans les autres ces personnages sont en buste et ont chacun un quatrain satirique. Dans la nouvelle édition, qui paraît avoir été faite en Suisse, le texte, également en français et en hollandais, consiste en 20 pp. pour la préface, et en 111 pp. d'explications, y compris celles des 25 dernières planches : le titre porte *première partie,* mais il n'y en a pas de seconde.

REPARATIONES librorum totius naturalis philosophiæ secundum precessum Albertistarum et Thomatistarum. (au recto du dernier f.) : *Finiunt... Reparationes... diligentissime correcte ac per prouidum vi̇r̄ Ulricum tzell* (sic) *alme ciuitatis Coloniensis impresso-*

rem exarate Anno... Millesimo quadringentesimo nonagesimo quarto, decima quinta mensis nouembris, in-4. goth. de 158 ff. à 44 lig. par page. [5587]

Cette production à presses d'Ulric Zell est remplie d'abréviations que nous n'avons pas reproduites dans le titre ci-dessus.

RÉPERTOIRE des artistes, ou recueil de différentes compositions d'architecture, etc., par différens auteurs (donné par Jombert). *Paris,* 1764, 2 vol. pet. in-fol. 686 pl. 400 à 500 fr. [9840]

Recueil d'anciennes planches très-médiocres, mais que cependant on recherche beaucoup maintenant.

RÉPERTOIRE du théâtre français, ou recueil de tragédies et comédies restées au théâtre depuis Rotrou, avec des notices, etc., par M. Petitot (et M. Fiévée); nouvelle édit. augmentée des chefs-d'œuvre de Beaumarchais, Collin-d'Harleville, Ducis et Lefèvre (comprenant cent vingt-trois pièces). *Paris, Foucault,* 1817-19, 25 vol. in-8. fig. 75 à 80 fr. — Pap. vél. 90 à 120 fr. [16413]

Recueil de pièces du second ordre, pour faire suite aux théâtres de Corneille, Racine, Voltaire, Regnard et Crébillon. On a fait servir pour cette édition les gravures très-médiocres et presque entièrement usées de celle [de *Paris,* imprim. de P. Didot l'aîné, 1803-5, en 23 vol., dont il y a des exemplaires en pap. vél., et qui doit être préférée à la seconde, surtout lorsque les 4 vol. de supplém. qui la complètent y sont joints : ces derniers volumes coûtaient 32 fr. — Pap. vél., 64 fr.

RÉPERTOIRE du théâtre françois du troisième ordre, faisant suite aux deux éditions du Répertoire publiées en 1803 et en 1817, avec un discours préliminaire, par M. Petitot. *Paris, Foucault,* 1819-20, 8 vol. in-8. Chaque vol. se vendait à 6 fr. et en pap. vél., 12 fr.

On a publié à *Paris,* en 1813, un *Répertoire général du théâtre français,* en 51 vol. in-12, réunissant les pièces du 1er et du 2e ordre; il y en a des exemplaires en pap. vélin. — Il existe une belle collection du même genre, intitulée : *Théâtre du premier et du second ordre;* c'est une édition stéréotype d'Herhan, en 67 vol. in-18, dont il y a du papier vélin. Le 1er ordre, contenant Corneille, Molière, Racine, Regnard, Voltaire et Crébillon, forme 27 vol. : on en a fait un tirage in-12, en 1818 et 1819. A ces 67 vol. doivent être réunis les trois recueils ci-après : *Suite du répertoire..., avec un choix des pièces de plusieurs autres théâtres, arrangées et mises en ordre par M. Lepeintre,* Paris, Ve Dabo, 1822, 81 vol. in-18 et in-12. — *Fin du Répertoire,* 1824-25, 45 vol. in-18 et in-12. — *Chefs-d'œuvre du répertoire des mélodrames,* 1824, 20 vol. in-18 et in-12. [16414]

Ces cinq séries (en 213 vol.) forment la collection de pièces de théâtre la plus nombreuse que nous ayons, et comprend, dans la *Suite* et la *Fin du Répertoire,* un choix d'opéras, d'opéras-comiques, de vaude-villes et de petites pièces des Variétés. Malheureusement ces deux dernières sections laissent beaucoup à désirer, et pour le choix des pièces, et pour la correction du texte, et enfin pour le tirage et le papier. Aussi l'ouvrage entier se trouve-t-il à très-bas prix.

RÉPERTOIRE du théâtre français. *Paris, Gui-*

Renucci (*Fr. Ottav.*). Storia di Corsica, 25881.
Renzi (*Salvatore* de). Storia della medicina italiana, 6502. — Collectio salernitana, 25776.
Renzi (*Aug.-Mar.*). Dictionnaire italien-français, 11106.

Répertoire du Journal du Palais, 2905.
Repertorio das leis, 3008.

bert et Ladrange (impr. *de Didot l'aîné*), 1821-25, 68 vol. in-18. [16412]

Cette collection, qui se divise en *premier ordre*, 28 vol., et en *second ordre*, 40 vol., est beaucoup plus belle que l'édition stéréotype en 67 vol. Les pièces du 2ᵉ ordre y sont distribuées par auteur, et non point par genre. 68 fr., et plus en papier vélin.

RÉPERTOIRE du théâtre français, avec des commentaires par Voltaire, L. Racine, La Harpe, etc. Edition classée dans un nouvel ordre, ornée de 12 portraits, et précédée de notices développées sur les auteurs et les acteurs célèbres. *Paris, imprim. de Fournier*, 1826-29, 4 vol. gr. in-8. à 2 col. pap. vél. [16417]

Collection assez bien exécutée, mais qui n'a point été entièrement achevée. Les auteurs du premier ordre occupent les deux premiers vol., et ceux du second ordre les deux autres. — L'édit. du *Répertoire du théâtre français*, Paris, Baudouin frères, 1827-28, in-32, pap. vél., format allongé, devait avoir 20 vol., mais il n'en a paru que 18. Elle est bien exécutée.

REPERTORIUM bibliographicum ; or some account of the most celebrated british libraries. *London, William Clarke*, 1819, gr. in-8. de xLVIII et 673 pp., avec fig. 12 à 15 fr. [31153]

Cet ouvrage de M. Will. Clarke fait connaître les principales richesses littéraires des bibliothèques publiques et des cabinets particuliers de l'Angleterre. La table placée à la fin du volume est surtout fort curieuse, parce qu'elle fait voir combien d'exemplaires du même livre étaient alors conservés dans ce pays si riche en curiosités bibliographiques. Il y a des exemplaires en très Gr. Pap., avec les fig. sur pap. de Chine. Vend. 4 liv. 8 sh. Dent; 2 sh. Hibbert.

On trouve quelquefois avec ce volume les opuscules suivants : *Dialogue in the Shades*, 4 ff. — *Rare doings at Roxburgh-Hall*, 4 ff. — *Diary of Roger Payne*, avec l'esquisse d'un monument à ériger à la mémoire de ce célèbre relieur, par le *Bibliomanical club*.

REPERTORY of the arts and manufactures. *London*, 1794 and foll. years, in-8. fig. [10220]

Ce recueil périodique, que son importance nous détermine à placer ici, se compose de trois séries. La première, publ. de 1794 à 1802, forme 16 vol., plus un vol. d'index qui comprend aussi les 8 prem. vol. de la 2ᵉ série; la seconde, de 1802 jusqu'en juin 1825, inclusivement, est de 46 vol., non compris les tables. Ces deux séries portent le titre ci-dessus. La troisième, intitulée : *The Repertory of patent invention*, commencée en juillet 1825, a été continuée jusqu'en 1855, forme 26 vol.

— Voyez ANTIQUARIAN repertory.

REPEUS franches (les). Voy. VILLON.

REPLIQUE (la) des bourgoys de Mezieres, faicte contre le conte de Nansot et son armee. Jtē cōme les bourgoys de Mezieres ont dōne louenge au noble roy de frāce, et aux bons capitaines et protecteurs de la dicte ville de Mezieres. Item une belle ballade. Item une chanson

nouuelle sur le chăt *Il nest chăce qui ne retourne.* (sans lieu ni date), pet. in-8. goth. de 4 ff. [13579]

Pièce en vers, qui se rapporte à un événement de l'an 1521.

REPLIQUE (sensuit la) faicte par les dames de Paris contre celles de Lyon sur le Rosne. *On les vend a Paris au Palays a la galerie comme on va a la Chancelerie*, in-8. goth. de 4 ff. [13580]

Pièce très-aigre contre les Lyonnaises. — Voyez RÉFORMATION, et RESCRIPTION.

RÉPONSE à l'abbé des conards. Voyez RECUEIL.

RÉPONSE à plusieurs injures et railleries contre Montaigne. Voy. III, col. 1842, à la fin de l'article MONTAIGNE.

RESPONSE au liure inscrit : Pour la majorite du roy Francois second ; ensemble ledit Livre. *A Amboise*, M. D. LX, pet. in-8. de 61 pp. chiffr. et 1 feuillet bl. [23504]

A la page 51 commence le livre de Jean Du Tillet, évêque de Saint-Brieuc, lequel avait déjà été publié séparément sous ce titre : *Pour la majorité du Roy tres chrestien contre les escrits des rebelles*, Paris, Guil. Morel, 1560, in-4., et sous cet autre titre : *Pour l'entiere majorité du Roy très chrestien, contre le legitime conseil malicieusement inuenté par les rebelles*, Paris, Guil. Morel, 1560, in-4.

RESPONSE aux remonstrances faictes à l'empereur par aulcun de ses subjectz sur la restitution du royaulme de Navarre et duché de Milan. *Paris, Nic. Lheritier* (impr. par Estienne Caueiller, vers 1543), pet. in-8. de 28 ff. non chiffr. sign. a—g. [23464]

5 fr. Coste et 51 fr. *mar. r.* Solar.

RESPONCE de la tressacree maieste Imperiale tousiours auguste Charles cinquiesme par la diuine clemence, roy des Allemaignes, des Espaignes... sur le cartel du deffiement et combact du roy de France presente par le roy Darmes Guienne a la M. I., envoyee par Bourgoigne, roy Darmes de la dicte M. Imperialle le xx viiii de juing en Lan milcincq cens xxviii. (à la fin) : *Imprime Lan mil cincq cens vingt z neuf le xxvii dauril*, pet. in-8. goth. [23454]

Pièce rare composée de 26 ff. (non pas 30), sign. *a* et *b* par 8, *c* par 4 et *d* par 6. Sur le titre se voit un nom de Jésus. Vendu 100 fr. de Bearzi.

Pour la pièce qui a provoqué cette réponse, voy. DEFFIANCHE. — Voy. aussi au mot CONCLUSION.

REPONSE des catholiques François, de la ville de Marseille, à l'advis de leurs voisins heretiques et politiques, antichrestiens atheisez. (*sans lieu ni date*), in-4. de 12 ff.

Cette pièce, dont il se conserve un exemplaire aux

Archives de l'empire, doit avoir été imprimée à Marseille par Pierre Mascaron, et, selon les conjectures très-vraisemblables de M. Bory, en décembre 1595. M. Capefigue en a inséré quelques passages dans son *Histoire de la Réforme, de la Ligue, etc.*, tome VII, page 563, mais avec une inexactitude qu'on ne saurait trop blâmer. Quant à l'*Advis*, auquel répond l'opuscule marseillais dont nous venons de donner le titre, il est présumable qu'il a été imprimé dans la ville d'Aix, mais on n'en connaît pas d'exemplaires.

RESPONCE (la) du peuple anglois à leur roy Edouard sur certains articles touchant la religion chrestienne. *Paris,* 1550, pet. in-8. [26924]

Cette pièce rare s'est trouvée dans une vente faite à Paris, le 18 mars 1844, maison Silvestre.

RESPONCE du puissant et tres inuict Empereur Charles le V. roy d'Espaigne, etc., sur les lettres du roy de France aux princes Electeurs : et aussi sur lappologie, ou contradiction du mesme Roy : a lencontre le tractat faict entre luy et lempereur a Madrile en Espaigne. *Imprime en la ville d'Anuers par moy Guillaume Vorsterman, lan* 1527, pet. in-8. goth. [23453]

99 fr. mar. r. par Duru, Solar.

RESPONCE et complainte au grand Coësre. Voy. III, col. 511 au mot JARGON.

REPORT (a true) of the gainefull, prosperous and speedie voiage to Jaua in the East Indies, performed by a fleete of eight ships of Amsterdam, which set forth from Texell in Holland, the first of Maie, 1598. Whereof foure returned againe the 19 of July anno 1599, in lesse than 15 moneths, the other foure went forward from Jaua for the Moluccas. *London, by P. S. for W. Aspley* (vers 1600), in-4. goth. [20733]

Cette relation est rare (4 liv. Hibbert; 4 liv. 14 sh., 6 sh. North); mais elle a été réimprimée dans le 5e vol. de la dernière édit. de la collection de voyages publiée par Hakluyt.

REPORTORIO ‖ de los tiẽpos (*sic* sur le premier f., ensuite au commencement du second) : *Reportorio de los tiempos ordena* ‖ *do por addiciones en el lunario : fecho por Andres* ‖ di li ciudadano de Caragoca. Dirigido al muy ma‖nifico ɀ muy virtuoso hidalgo ɀ señor don pedro ‖ torero. (au recto du dernier f.) : Señor muy virtuoso huuiendo arriba complido ‖ con su merced : enlas cosas q̃ dan algun complimien ‖ to ala obra presente. lo qual non solo era prouechoso ‖ mas muy necessario. No era razon que en tan no‖ble ɀ esclarecida ciudad se imprimiesse cosa que en ‖ otro lugar se hallasse viciosa. Porendo por obra ɀ ‖ estudio del honrado Paulo hurus aleman de Con‖stancia : a seydo otra vez agora

nueuamente con di‖ligencia corredo ɀ emendado el lunario. Porque ‖ sin recelo de topar con algũ ingenio maliuolo : vaya desembueltamẽte por todo. E porque como reza va‖lerio : no hay ningũa humildad tan perqueña : que no‖sea algun porquito tocada de dulcedũbre de gloria : ‖ lo hizo el imprimir a sus costas en aq̃sta real ɀ mag‖nifica ciudad de Çaragoca. Fue acabada a x dias d'l ‖ mes de junio : del año Mil. cccc. xcv, pet. in-4. goth. de 72 ff. sign. a—i par 8, excepté *c* qui est par 10 et *e* par 6. [8380]

Édition de la plus grande rareté et que n'ont citée ni Antonio ni Mendez. Nous la décrivons ici d'après l'exemplaire (le seul connu) dont M. Edw. Tross, libraire, a fait dernièrement l'heureuse découverte et qu'il a eu la complaisance de nous communiquer (voir le n° IX de son catalogue de 1861, où cet article est porté à 480 fr.).

Ce livre précieux est une nouvelle édition revue et augmentée du *Lunario* et du *Sommario* de Bernard de Granollachs, ouvrage dont Antonio, *Bibl. nova*, I, p. 225, rapporte le titre en espagnol, d'après une édition où cette table est donnée pour les années M. CCCC LXXXVIII à MD. L. A la col. 1705 de notre 2e volume, nous avons décrit une édition de ce *Summario* en italien commençant à l'année 1489, et nous avons fait remarquer qu'il en existait d'autres en latin qui commençaient à l'année 1485.

L'édition espagnole de 1495, qui fait l'objet du présent article, est fort bien imprimée et sur un excellent papier; de plus, elle est décorée d'un grand nombre de gravures sur bois insérées dans le texte, et représentant les attributs des saisons et des mois, les signes du zodiaque, etc. La marque de l'imprimeur, qui est placée au bas du dernier f. recto, diffère, dans ses ornements, de celle que Mendez a donnée à la p. 149 de sa *Typographia española*.

REPOS (le) de conscience. (au recto du dernier f.) : Cy finist le repos de conscience. Impri‖me a paris par gillet couteau (*sans date*, mais de 1510 à 1520), pet. in-4. goth. de 134 ff. non chiffrés, sign. *a* par 8 et *b*—*y*, par 6, à longues lignes. [1700]

Ouvrage composé de 50 chapitres précédés d'une table et d'un prologue commençant ainsi : *Cy apres sensuyt ung petit traictie extrait d'autres volumes, lesquelz ont este faiz et composes sur les saictes euãgiles parlant du nonuel* (sic, *pour nouuel*) *testamẽt...* Chaque chapitre commence par les mots *O cueur deuot...* Ce volume est orné d'un assez grand nombre de figures sur bois, variées, passablement exécutées, et dont la plus remarquable est celle du 49e chapitre, *les horribles paines d'enfer*. Le titre est en une seule ligne qui paraît être gravée sur bois. Le verso du dernier f. offre une figure allégorique représentant un cœur attaché à la croix, et entouré des instruments de la passion. On lit au bas de cette figure : *G. Couteau*.

La bibliothèque de la ville de Moulins possède un exemplaire de ce livre rare auquel il manque les huit premiers feuillets. M. Conny, bibliothécaire de cette ville, m'en avait communiqué la description avant que j'eusse pu prendre moi-même cette

Reports of experiments on the strenght... of metal for cannon, 10233.

de l'exemplaire complet conservé depuis longtemps à la Bibliothèque impériale, mais dont j'ignorais alors l'existence.

REPOS de plus grand travail. Voyez DES AUTELZ.

REPOSITORY of arts, literature, commerce, fashions, etc. (first series). *London, Ackermann,* 1809-1815, 14 vol. gr. in-8., avec environ 500 pl. color. — Seconde série, 1816-23, 14 vol. gr. in-8., avec environ 500 pl. [31872]

Ouvrage périodique, dont la troisième série se publie depuis 1824, à raison de 2 vol. par an, ou un cah. par mois, au prix de 4 sh. chacun.

REPRÉSENTATION des fêtes données par la ville de Strasbourg. Voy. II, col. 1239, article FÊTES publiques, et ajoutez qu'un exemplaire rel. en *mar. r. dent.* par Padeloup le jeune, a été vendu 63 fr. Solar.

REPRÉSENTATION des marbres, gravés et mis en couleurs d'après nature, avec les explications en holl., allem., angl., franç. et lat. *Amsterdam, J.-C. Sepp,* 1766, ou 1776, gr. in-4. fig. color. [4767]

Vend. 69 fr. Saint-Céran ; 42 fr. 50 c. *mar. r.* Duquesnoy ; 56 fr. 50 c. Renouard, en 1804.

Il n'a paru de cet ouvrage que 98 pl., avec l'explication jusqu'au n° 75. Ces planches sont les mêmes que celles des marbres de *Wirsing,* impr. à *Nuremberg,* en 1775 et ann. suiv., avec un texte allemand et latin par Schmiedel, sous le titre d'*Abbildungen der Marmorarten...,* etc. — Voyez WIRSING.

REPTON (*H. Humphry* and *F.-A.*). Observations on the theory and practice of landscape gardening, including some remarks on grecian and gothic architecture. *London,* 1803, gr. in-4. 25 à 35 fr. [9825]

Orné de 40 pl. en partie coloriées.

— FRAGMENTS on the theory and practice of landscape gardening, and architecture, a connected with rural scenery. *London,* 1816, gr. in-4., avec 52 pl. color. 30 à 40 fr. [9829]

Suite de l'ouvrage précédent.

— LANDSCAPE gardening and landscape architecture, edited with numerous additions by Loudon. *London,* 1840, in-8., fig., 12 sh.

Le même auteur avait déjà publié :

SKETCHES and hints on landscape gardening. *London,* 1794, in-4. oblong, avec 16 pl. color. 20 à 24 fr. [9827]

DESIGNS for the pavilion at Brighton, by H. Repton, with the assistance of his sons John-Adey Repton and G.-S. Repton. *London,* 1808, in-fol. impérial. [10013]

Contenant 14 pl. color., avec un frontispice, *dedication and prefatory observations,* 12 pp. et texte descriptif, 41 pp. : 20 à 24 fr.

RÉPUBLIQUE des Hébreux. V. CUNEUS.

Reposati (*R.*). Della zecca di Gubbio, etc., 25664.
Republican court, or American Society..., 28540.

REQUENO y Vives (*Vinc.*). Saggi sul ristabilimento dell' anticha arte de' greci e romani pittori ; ediz. 2ª. *Parma, tip. reg.,* 1787, 2 vol. in-8. fig. 8 à 10 fr., et plus en Gr. Pap. [9221]

La première édition, *Venise,* 1784, est beaucoup moins complète que la seconde, à laquelle il faut réunir un *Appendice,* imprimé à Rome en 1806. La lettre du chevalier Lorgna *sulla cera punica adoperata nei colori,* impr. séparément à Bologne, en 1785, a été réimprimée à la suite de l'appendice de Requeno.

On a du même auteur :

PRINCIPI, progressi, perfezione, perdita e ristabilimento dell' antica arte di parlare da lungi in guerra, ec. *Torino,* 1790, in-8.

SAGGIO sul ristabilimento dell' arte armonica de' greci e romani cantori. *Parma,* 1798, 2 vol. in-8. 2 fr. [10083]

SCOPERTA della chironomia, o sia dell' arte di gestire con le mani. *Parma,* 1797, in-8. 3 fr.

OSSERVAZIONI sulla chirografia osia antica arte di stampare a mano. *Roma, de Romanis,* 1810, in-8. de 106 pp. — Un exemplaire impr. sur VÉLIN, 15 fr. Librairie De Bure.

REQUÊTE (la) des maris ombrageux, courtbatus, boucquineux, farouches, trop tristes, pensifs et désolés. Item plusieurs sortes de ballades en divers langages, chant royal et autres différentes rimes, dirigées aux messieurs et mainteneurs de la gaie science de rhétorique de Thoulouse, au mois de mai, auquel par lesdits sieurs s'adjugent les fleurs d'or et d'argent aux mieux disant. *Thoulouse, Gaston Recoleyne,* 1533, in-8.

Livre très-rare, cité (au mot REQUÊTE) par Du Verdier.

REQUÊTE des dames de Toulouse. Voyez LIBRE blanc.

REQUESTE présentée au roy par la royne Loyse douairiere de France, pour avoir justice du très cruel et barbare assassinat commis en la personne du feu roi Henry troisiesme de tres bonne et louable memoire, avec le renvoi de la dite requeste faite par Sa Majeste à la court de parlement, avec les arrests de la court de parlement de Tours et Chaalons et forme de querimonie pour publier suyvant iceulx. *Chaalons, par Claude Guyot,* 1590, pet. in-8. de 23 pp. [23606]

Un exemplaire de cette pièce, rel. en *mar. bl.,* n'a été vendu que 3 fr. 60 c. mar. bl. La Valliere, mais il vaudrait davantage aujourd'hui.

REQUESTE (la) presentée au Roy par les deputez des Eglises esparses parmi le royaume de France, qui desirent viure selon la pureté de l'Evangile de nostre seigneur Jesus christ : auec la confession de leur foy. M. D. LXI. (*sans lieu, mais à Lyon*), pet. in-8. de 91 ff. chiffr. [23504]

Déjà on avait fait paraître séparément *La Requeste presentée au Roy, le* IX *juin* M. D. LXI ; *la se-*

conde *Requeste présentée au Roy le* XVII *juin même année.* — *La troisieme Requeste,* M. D. XLI. — *La Supplication & Requeste quatrieme;* quatre pièces de 4 ff. chacune, lesquelles avaient été précédées de deux autres : 1° *Deux requestes de la part des fidèles de France qui desirent uiure selon la reformation de l'Euangile, données pour presenter au conseil tenu à Fontainebleau, au mois daoust* 1560, pet. in-8. sans lieu ni date ; 2° *Juste complainte des fideles de France contre leurs aduersaires papistes : faux crimes dont on les charge.* A quoi on peut encore ajouter : *Remontrance à tous Estats par laquelle est en brief demontré la foy & innocence des vrays chrestiens ; les abus ausquels sont detenus leurs ennemis et persecuteurs : Et le iugement que Dieu en fera.* Paris, 1561, pet. in-8. de 32 pp. chiffrées.

RERESBY (sir *John*). The Travels and memoirs of John Reresby. *London, Jeffery,* 1813 (aussi 1821), gr. in-8. avec 40 pl. [26980]

Mémoires curieux sur ce qui s'est passé depuis la restauration du trône en Angleterre jusqu'à la révolution. 1 liv. 1 sh. Vend. en Grand Pap. *mar. r.* 2 liv. 6 sh. Hibbert. — La première édition, Londres, 1734, in-8. est à bas prix.

RERUM a Carolo V. Cæsare Augusto in Africa bello gestarum commentarii, elegantissimis iconibus ad historiam accommodis illustrati (Corn. Sceppero collectore). *Antuerpiæ, apud Joan. Bellerum anno* M. D. LV., pet. in-8. de 9 ff. non chiffr., y compris le titre, texte ff. 2—183, plus 8 ff. non chiffr. dont le dernier est bl., avec 3 grav. sur bois. [26060]

Ce recueil renferme diverses pièces qui sont indiquées au verso du titre, et qui, pour la plupart, avaient déjà été impr. séparément, savoir : 1° COMMENTARIUM seu potius Diarium expeditionis Tunicæ.... Anno M. D. XXX, susceptæ a Joanne Etrobio (Beroto). *Lovanii, excudebat Jacobus Batius,* 1547, pet. in-8. de 70 ff. dont le dernier est blanc. 2° JOAN. CHRISTOPHORI Calveti Stellæ de Aphrodisio expugnato, quod vulgo Aphricum vocant commentarius. *Antuerpiæ, apud Martinum Nutium,* M. D. LI, pet. in-8. de 54 et 6 ff. en tout, avec une pl. 3° *Expeditio in Africam ad Argieram, per Nic. Villagagnonem.* Voy. VILLEGAGNON.

RERUM anglicarum Scriptores. Voy. SAVILIUS.

RERUM anglicarum Scriptores veteres (editoribus Joan. Fell. et Will. Fulman). *Oxonii, e Theatro sheld.,* 1684, in-fol. [26820]

Il n'a paru que le premier volume de cette collection. Voy. GALE.

RERUM britannicarum, id est, Angliæ, Scotiæ, vicinarumque insularum ac regionum Scriptores vetustiores ac præcipui : Galfredi monumetensis, cognomento Arturi, de origine et gestis rerum Britanniæ lib. XII. Pontici Virunii britannicæ historiæ lib. VI. Gildæ sapientis, de excidio et conquestu Britanniæ

epistolæ. Bedæ historiæ ecclesiasticæ gentis Anglorum libri V. Gul. Neubricensis de rebus anglicis lib. V. Joa. Froissardi historiarum epitome. *Heidelbergæ, Commelinus,* 1587, in-fol. [26817]

La plus ancienne collection d'historiens anglais que l'on ait publiée. Les exemplaires sont difficiles à trouver, et on les estime de 3 à 5 liv. en Angleterre. Il s'en trouve avec un titre daté de *Lyon.* — RERUM britannicarum medii ævi Scriptores. Voy. dans nos additions, article CHRONICLES and memorials of Great Britain.

RERUM italicarum Scriptores ab anno M. ad ann. M. D. C. ex florentinar. bibliothecarum codicibus (collegit Jos.-Mar. Tartinius). *Florentiæ,* 1748-70, 2 vol. in-fol. 36 à 48 fr. [25247]

Deux volumes à réunir au recueil de MURATORI.

RERUM moscovitarum Scriptores varii, unum in corpus congesti, quibus et gentis historia continentur, et regionum accurata descriptio cum indice absolutissimo. *Francofurti, Wechel,* 1600, in-fol. [27755]

Recueil recherché et peu commun : 40 à 50 fr. dans les nouveaux catalogues des libraires allemands.

RESCHEL (*Th.*). Dictionarium latino-bohemicum. *Olmucii, J. Guntherus,* 1560, in-4. — Dictionarium bohemico-lat. *Ibid.,* 1562, in-4. [11448]

Indiqué par Ebert, 18962.

RESCRIPCION (la) des femmes de Paris aux femmes de Lyon, avec la reponce. (*sans lieu ni date*), pet. in-4. de 4 ff., caract. goth.

Pièce en vers. Vend. 23 fr. en 1824, et 61 fr. Nugent, en 1831. Voy. REPLIQUE.

RESEARCHES (asiatic). Voy. ASIATIC.

RESENDE (*Garcia* de). Cancioneiro geral : Cum preuilegio. — *Acabousse de empremyr o cançyoneyro geerall....... Foy ordenado z emēdado por Garcia de Reesende....... Comēçouse em almeyrym z acabouse na muyto nobre z sempre leall çidade de Lixboa. Per Hermā de cāpos alemā bōbardeyro del rey nosso senhor z empremjdor. A os xxviij. dias de setēbro da era de nosso senhor Jesu cristo demil z quynhent' z xvi anos,* in-fol. goth. à 3 et à 2 col. [15338]

Ce Cancioneiro contient les poésies d'un grand nombre d'écrivains portugais de la fin du XVe siècle. Parmi ces pièces il s'en trouve en langue espagnole, mais composées par des Portugais. C'est un livre fort rare, dont voici la description : 4 ff. prélimin. contenant le titre, la table, la préface et

Resbecq (*Alph.-Ch.-Theod.* de Fontaine de). Voyage littéraire sur les quais de Paris, 21364.
Beschlus (*Jo.*). Ecclesia sabionensis, 21497-98.
Rescossier. Mort de l'abbé Langlade, 22453.

une grande planche gravée sur bois (armes de Portugal) au verso du 4ᵉ f. — Texte f. 1 à ccxxvii (chiffrés), plus 1 f. au recto duquel se trouve la souscription rapportée en partie ci-dessus, et au verso une grande pl. gravée sur bois (armoiries différentes des premières).

Nous avons dû à l'obligeance de MM. Salvá père et fils, libraires espagnols alors établis à Paris, la .communication de ce précieux Cancioneiro, et depuis, nous avons trouvé un second exemplaire du même livre dans la riche bibliothèque de M. Henri Ternaux-Compans.

— Cancionero geral. Altportugiesische Liedersammlung des Edeln Garcia de Resende, neu herausgegeben von Dr E.-H.-V. Kaussler. *Stuttgart, gedruckt auf Kosten des litterarischen Vereins*, 1846-50, 3 vol. gr. in-8.

Édition publiée par la Société des bibliophiles de Stuttgart. 23 fr. Fr. Michel et 60 fr. Librairie Tross.

— Livro das obras de Garcia de Reesende que tracta da vida and grandissimas virtudes and bondades, magnanimo es forço, excelentes costumes et muy claros feitos do..... principe el rey D. Joam ho segundo deste nome... Vay mais acrescentado novamente a este livro huna miscellanea e trovas do mesmo auctor et huna variedade de historias, costumes, casos et cousas que em su tempo accontesceram. *Evora, And. de Burgos*, 1554, in-fol. goth. [26284]

Édition rare d'un ouvrage important. 20 fr. La Serna; 2 liv. 15 sh., et 1 liv. 1 sh. Heber; 19 fr. Sampayo. Le vol. a 6 ff. prélimin., 134 et 23 ff. chiffrés, plus 4 ff. de table. Réimpr. sous le titre de *Chronica...* à Lisbonne, *J. Rodriguez*, en 1596, en 1607 (19 sh. Heber) et en 1622 (14 fr. 50 c. Sampayo), in-fol., et aussi en 1752, même format.

RESENDIUS (*Angelus-Andreas*). Epitome rerum gestarum in India a Lusitanis, anno superiori; juxta exemplum epistolæ, quam Nonius Cugna, dux Indiæ max. designatus, ad regem misit ex urbe Cananorio IIII Idus Octobris, anno 1530. *Lovanii, apud Servatium Zassenum, mense Julio* 1531, in-4. [28151]

·Opuscule assez rare.

RESENDIUS lusitanus (*L.-Andr.*). Epistolæ III, carmine; item epistola, prosa oratione, pro colonia Pacensi ad Joan. Vasæum. *Olisiponæ, J. Blavius*, 1561, in-4. [12957]

Edition originale. 7 fr. 50 c. La Serna.

— Libri IV de antiquitatibus Lusitaniæ, a L.-A. Resendio olim inchoati et a Jac. Menoetio de Vasconcello recogniti atque absoluti : acced. liber quintus de antiquitate municipii Eborensis ab eodem Vasconcello. *Eboræ, Mart. Burgensis*, 1593, pet. in-fol. de 26 ff. prélimin., 259 et 46 pp. [26253]

Vendu 17 flor. 50 c. Meerman.

— Iidem libri V, cum aliis opusculis, ver-

sibus, et soluta oratione ab eodem J. Mendes de Vasconcellos, Mich. Cabbedio, et Ant. Cabbedio elaboratis : quæ omnia collegit, et emendavit D. Gondisalvus Mendes de Vasconcellos. *Romæ, Basa*, 1597, in-8.

Édition plus complète et non moins rare que la précédente. C'est d'après celle-ci qu'a été faite celle de *Cologne*, 1600, in-8. Vend. 6 fr. La Serna; 3 flor. 50 c. Meerman. Les *Poemata, epistolæ historicæ, et orationes* de Resende, ont aussi été réimpr. à Cologne, en 1613, in-8.

— Ejusdem de antiquitatibus Lusitaniæ, cæteraque historica quæ extant opera. *Conimbricæ*, 1790, 2 vol. pet. in-8.

— Historia da antiguidade da cidade de Evora. *Evora, Burgos*, 1576, in-8. [26324]

Cité par l'Académie de Lisbonne, ainsi que la *Vida do infante D. Duarte* (Lisboa, 1782, in-8.) du même auteur. Le premier ouvrage a été réimpr. dans *Colleccaõ de varias antiguedades de Evora... feita por Bento José de Sousa Farinha*. Lisboa, 1781, in-8.

RESENIUS (*Jo.*). Inscriptiones hafnienses, lat., dan. et germanice, colligente P.-Jo. Resenio. *Hafniæ*, 1668, in-4. 12 fr. Libri en 1857. [27572]

— Voy. Edda.

RESOLUCION damours. (*sans lieu ni date*), in-4. goth. de 8 ff. [13531]

Pièce licencieuse, imprimée à Paris vers la fin du XVe siècle, avec les caractères de P. Le Caron. Elle commence par ces vers :

Combien que lindignation
De dieu no' soit biè fort doubteuse.

RÉSOLUTION claire et facile sur la question tant de fois faite de la prise des armes par les inférieurs, où il est monstré qu'il est permis aux princes èt peuple inferieur de s'armer pour s'opposer à la cruauté et felonie du prince supérieur. *Basle, héritiers de J. Oporin*, 1575, in-16 de 103 pages et l'errata. [3999]

Volume rare : 9 fr. m. v. le B. d'Heiss; 11 fr. Patu de Mello; 17 fr. Nodier. Il a été réimprimé à *Reims, chez Jean Mouchard*, 1577, in-16. Voy. Vive description.

RESOLUTION (la) de ny trop tost ny trop tard marie. (*sans lieu ni date*), pet. in-8. goth. de 8 ff. [13581]

Pièce en vers avec 5 vignettes en bois, la première au frontispice, les quatre autres au recto et au verso de chacun des deux derniers feuillets. (Recueil de M. de Montaiglon, III, p. 129.)

RESPIT (le) de la mort. Voy. Le Febvre (*Jean*).

RESPONCE. Voy. Reponce ou Reponse.

RESTAURANT (le) des constipés de cerveau freschement apporté des Isles d'Yamboles, où le monde s'ennuie de trop vivre ; par le ridicule secret. *Jouxte la copie imprimée à Paris, par Pierre Latus, tout au commandement des Droles.* (sans date, vers 1620), pet. in-8. de 16 pp. [17856]

Facétie dont le titre fait le principal mérite. 159 fr., avec deux opuscules du même genre, Veinant, en 1860 (voy. CENT drogues) ; et 10 fr. seulement (avec le Caquet des Poissonnieres) Monmerqué.

RESURRECTION (la) de nostre seigneur ihesuchrist. Par personnages. Comment il saparut a ses apostres et a plusieurs aultres et comment il monta es cieulx le iour de sõ ascencion. Nouuellement imprime a Paris. (au verso de l'avant-dernier f.) : Cy finist le mistere de la resurrection..... *imprime a Paris par la veufue de feu Jehan trepperel et Jehannot imprimeur et libraire iure en luniversite de paris. Demourant. en la rue neufue nostre dame a lenseigne de lescu de France.* (sans date), in-4. goth. de li ff. chiffrés et 1 non chiffré pour la table, à 2 col. [16217]

Édition moins ancienne que celle de Jehan Treppelet (pour Trepperel), également sans date, que nous avons décrite à l'article MYSTÈRE de la Passion ; édit. du même Jehan Trepperel (voy. MYSTÈRE). 24 fr. La Vallière ; 100 fr. Lair.

— Sensuit la Resurrection de nostre seigneur Jesuchrist (comme ci-dessus). nouuellement imprime a Paris. xj. (au verso de l'avant-dernier f.) : Cy fine le mistere de la resurrection de nostre seigneur ... Jesuchrist *nouuellemēt imprime a paris par Alain Lotrian. Demourant en la rue.neufue nostre Dame a lenseigne de lescu de France* (sans date), in-4. goth. de li ff. chiffrés et 1 f. non chiffré pour la table et la grande marque de Lotrian, sign. A—M.

Cette édition paraît avoir été faite sur la précédente. Elle a été mal annoncée sous la date de 1512 dans la *Bibliogr. instruct.*, n° 3202, puisque Lotrian n'a pas exercé avant 1530 ou même 1531. Le chiffre xj, indicateur du nombre des cahiers, qui est sur le titre, et qui, en n'y regardant pas de près, paraît xij, a été la cause de cette erreur.

Il y a une autre édition de ce mystère, in-4. goth. à 2 col., portant également dans sa souscription le nom et l'adresse d'Alain Lotrian, et ayant aussi 52 ff., y compris la table. Elle diffère de la précédente d'abord dans le titre, où avant le chiffre xj se trouve le nom et l'adresse de Lotrian, ensuite dans la réclame *Resur.* qui est au bas du premier f. de chaque cahier, à partir de B. Dans la première édition décrite, cette réclame est suivie d'un point qui n'est pas dans l'autre. C'est de cette dernière qu'un exemplaire encadré dans des cartou-

ches in-fol. et rel. en *mar. bl. doublé de mar. r.* a été vendu 74 fr. Gaignat ; 111 fr. de Soleinne.

Il existe deux mystères différents sous le titre de *Resurrection*, et qui tous les deux passent pour être de Jehan Michel. Celui que nous venons de citer est anonyme, et il se trouve imprimé, dès l'année 1507, avec le mystère de la Conception et celui de la Passion, édition in-fol. (voy. MYSTÈRE) ; mais l'autre porte le nom de l'auteur (voy. MICHEL).

RESVERIES. Voy. REVERIES.

RETABLO dla vida de Christo. V. PADILLA (*Juan* de).

RETIF de la Bretonne (*Nicolas-Edme*).

Nous nous dispenserons de donner ici la nomenclature des nombreux romans de cet écrivain excentrique, quoique plusieurs d'entre eux soient devenus rares, et que d'autres, comme par exemple le *Paysan, la Paysanne pervertis* (n° 17243 et 17244 de notre table), se placent encore dans les grandes bibliothèques, et même les deux romans, formant ensemble 8 parties avec les fig., ont été vendus 80 fr. et 153 fr. Solar ; mais, pour suppléer à cette omission volontaire, nous renverrons le lecteur à une curieuse monographie ayant pour titre :

RETIF de la Bretonne, sa vie, ses amours, documents inédits, ses malheurs, sa vieillesse et sa mort... catalogue complet de ses ouvrages, par Ch. Monselet. *Paris, Alvarès,* 1854 (ou avec un nouveau titre, *Paris, A. Aubry,* 1858), in-16. de 212 pp. avec un portrait et un fac-simile, 6 fr. [30649]

Il en a été tiré des exemplaires sur pap. vélin, à 9 fr. ; sur pap. de Hollande, 12 fr. ; sur pap. de Chine et sur pap. rose, 15 fr.

L'article Retif de la Bretonne, qui occupe les pages 170 à 192 du tome XII de la *France littéraire*, de M. Quérard, peut être consulté ainsi utilement que le catal. Solar, n° 1976, où est décrite une collection des ouvrages de Retif, qui ont été vendus séparément, mais dont l'ensemble a produit 1236 fr. 50 c. Les articles qui ont obtenu des prix remarquables sont : *Les Contemporaines,* en 42 vol. in-12, 122 fr. — *Les Nuits de Paris,* avec la 16° et dernière, vol. qui est fort rare, 122 fr. — *Eugénie Saxancourt,* 3 vol. in-12, 40 fr. — *Le Palais-Royal,* Londres (Paris), 1792, 3 vol. in-12, 51 fr. (et 100 fr. dernière vente Labédoyère).

— Voy. TABLEAU de la bonne compagnie.

RETORICA delle monache, arte di loro inganni, norma di simplicie e specchio d'imprudenti. (*senza luogo*), 1672, pet. in-12. [21725]

Satire assez rare. 10 fr. Gaignat.

— Voy. ci-dessous RETTORICA.

RETOUR de Jacques II à Paris, comédie. *Cologne, Pierre Marteau,* 1696, pet. in-12 de 105 pp., y compris le titre en rouge et noir. [16581]

Pièce en un acte, en prose, 15 fr. La Vallière ; 12 fr. 50 c. *mar. r.* Lair ; et *non rogné,* même prix, Bruyères de Chalabre ; 9 fr. 75 c. de Soleinne.

RETOUR (le) des pièces choisies, ou bigarrures curieuses. *Emmerick* (*Rotterdam*), 1687-88, 2 .part. en 1 vol. pet. in-12. [19418]

Restaut (*P.*). Grammaire, 10953.
Reste (*Bernard* de). Histoire des pêches, 10461.
Restrepo (*J.-M.*). Revolucion de Colombia, 28680.

Retau du Fresne. Histoire de Cherbourg, 24389.

Recueil rare, dont la publication est attribuée à Bayle. Vend. 21 fr. d'Hangard; 15 fr. Morel-Vindé.

La seconde partie, qui ne se trouve pas dans tous les exemplaires, a reparu sous le titre de *Recueil des pièces choisies et errantes*, La Haye, 1701, pet. in-12, mais sans l'avertissement.

RETRATOS de los Españoles ilustres con un epitome de su vidas. *Madrid, imprenta real,* 1791 et ann. suiv., gr. in-fol. [30505]

Collection de 108 portraits des Espagnols les plus célèbres dans les lettres, les sciences, les arts et dans les armes, gravés par les meilleurs artistes de cette nation, et d'après les originaux. Elle a été publiée en 18 cahiers, au prix de 60 réaux (16 fr.) chacun.

RETRATOS e elogios dos varões e donas que illustraram a nacão portugueza. *Lisboa,* 1817, in-4. [30507]

Nous avons vu de cet ouvrage 18 cah. de 4 portraits chacun, avec des notices biographiques, et de plus un cahier d'introduction.

RETTORICA (la) delle puttane, composta conforme alli precetti di Cipriano. *Villafranca (Holl.),* 1673, pet. in-12. 6 à 9 fr. [18037]

Jolie édition de cet ouvrage singulier; elle fait ordinairement partie du recueil intitulé : *Opere scelte di Ferrante Pallavicino* (voy. PALLAVICINO).

L'édition in-12, dont le titre porte : *Cambray,* 1644, et les autres réimpressions étant mal exécutées, ont peu de valeur.

RETZ (*Jean-Fr.-Paul* de Gondy, card. de). Ses Mémoires, contenant ce qui s'est passé de remarquable en France, pendant les premières années du règne de Louis XIV. *Amsterdam, J.-Fréd. Bernard,* 1731, 4 vol. pet. in-8. [23773]

Il faut joindre à ces quatre volumes les trois suivants :

MÉMOIRES de Gui-Joly, *Amsterdam, Bernard,* 1738-39, 2 vol. pet. in-8. [23774]

MÉMOIRES de madame la duchesse de Nemours. *Amsterdam, Bernard,* 1738, pet. in-8. [23775]

Jolie édition qui a été longtemps la plus recherchée de ces mémoires intéressants; on en trouve difficilement de beaux exemplaires : 30 à 36 fr. Vend. exempl. rel. en *m. r.,* 120 fr. La Valliere; 157 fr. St-Mauris, en 1840; et quelquefois plus cher dans la même condition. Nous avons remarqué que l'édition des Mémoires de Joly, impr. en 1738, était très-incorrecte.

Avant la publication de cette édition, celle d'*Amsterdam,* 1718, 7 vol. pet. in-8., avait une valeur qu'elle a perdue.

Les éditions de *Genève* (*Paris*), 1751, 7 vol. pet. in-12, ou 1777, 6 vol. in-12, quoique assez bonnes, n'ont qu'un prix ordinaire.

— LES MÊMES mémoires de Retz, de Joly et de Mme de Nemours. *Paris, Ledoux,* 1817, 6 vol. in-8. 18 à 24 fr.

Il y a des exemplaires en papier vélin qui sont assez beaux. 30 à 36 fr.

On a fait en même temps un tirage en 6 vol. in-12.

L'ouvrage a encore été réimprimé dans le format in-8., en 1820 et en 1828.

La première édition des Mémoires de Retz a paru à *Nancy,* en 1717, en 3 vol. in-12. On y remarque

des lacunes nombreuses, qui n'ont été remplies dans aucune des éditions antérieures à 1836.

— Mémoires du cardinal de Retz, édition collationnée sur les manuscrits authentiques de la Bibliothèque royale (avec les fragments restitués), augmentés de lettres inédites et de fac-simile (publié avec une notice, par M. Geruzez). *Paris, Heuguet,* 1842, 2 vol. gr. in-18. 6 fr.

— Mémoires du cardinal de Retz adressés à M. de Caumartin, suivis des instructions inédites de Mazarin, relatives aux frondeurs; nouvelle édition revue et collationnée sur le manuscrit original, avec une introduction, des notes, des éclaircissements, tirés des Mazarinades, et d'un index, par Aimé Champollion-Figeac. *Paris, Charpentier,* 1859, 4 vol. gr. in-18. 14 fr.

En 1836, on avait déjà fait usage des manuscrits de la Bibliothèque (alors royale) pour rétablir le texte de l'édition des mêmes Mémoires, qui forme le premier volume de la troisième série de la collection publiée par MM. Michaud et Poujoulat (voy. COLLECTION).

Les lacunes que présentent les anciennes éditions des Mémoires de Retz sont de deux sortes : les unes proviennent de ratures faites à un certain nombre de passages du manuscrit et qui le rendent illisibles à ces endroits-là; les autres, plus considérables, sont occasionnées par le manque de plusieurs feuillets arrachés à dessein du manuscrit. Celles-là n'ont pas pu être remplies.

— La Conjuration du comte Louis de Fiesque. *Paris, Cl. Barbin,* 1665, in-12. [25339]

Édition originale d'un morceau historique très-remarquable par le style. Le cardinal de Retz, qui l'écrivit à l'âge de dix-huit ans, ne le fit paraître que beaucoup plus tard, et sans y mettre son nom. 6 à 9 fr. Vend. 17 fr. Monmerqué; 35 fr. *mar. r.* Giraud. La réimpression en pet. in-12, dont le titre porte : *A Cologne,* 1665, avec la Sphère, a été exécutée avec des caractères elseviriens, ce qui lui donne un certain prix : 10 à 15 fr. ; 37 fr. *mar. r.* Giraud et 53 fr. Solar.

Ce morceau se trouve placé dans différentes éditions des Mémoires du cardinal de Retz. L'auteur, en l'écrivant, a suivi de très-près le récit d'un historien italien, Aug. Mascardi, qui a donné *la Congiura del conte Gio.-Luigi de' Fieschi,* imprimée d'abord à Venise et aussi sous la rubrique d'Anvers, en 1629, in-4.; à Milan également en 1629, in-8., et mieux à Bologne, en 1636, in-4., *con aggiunta d'alcune oppositioni e difesa della detta congiura* (réimpr. à Venise en 1637, et à Palerme, 1646, in-4., aussi à Rome, 1647, in-24, et à Turin, *s. d.,* in-12). — Traduit en français par le sieur de Fontenay Sainte-Geneviève, *à Paris,* 1639, in-8.

RETZA (*Franciscus* de). Comestorium vitiorum. — *Hic codex egregius... finit feliciter. Nuremberge,* τc. LXX°. (1470, *per Joan. Sensenschmidt) patronarum formarumque concordia et proporcione impressus,* gr. in-fol. goth. à 2 col. de 49 lignes. [1332]

Premier livre imprimé à *Nuremberg,* avec date; il est composé de 286 ff., et commence, sans aucun intitulé, par ces mots : (*V*)*Oluntas siue superbia*

Rettberg (*R.* von). Chronologische Tabelle der Maler, 31020.

assimilatur pluribus rebus. La souscription est au verso du 281ᵉ f., après quoi se trouve un *index* de 5 ff. Vend. en *mar.* 11 liv. Sykes; 100 flor. Meerman; 1 liv. 9 sh. Heber; 115 fr. *mar. r.* Borluut.
On connaît trois exemplaires de ce volume imprimés sur VÉLIN. Celui de M. Mac-Carthy a été acheté 810 fr. pour la Bibliothèque impériale.

— Historia conceptionis beatæ Mariæ. Voy. HISTORIA beatæ Virginis.

RETZII (*Ant.-Jo.*) Observationes botanicæ, sex fasciculis comprehensæ. *Lipsiæ*, 1779-91, in-fol., cum 19 fig. color. [5000]

Vend. 36 fr. L'Héritier; et avec les pl. en noir, 20 fr. Ventenat.

— Flora scandinavica, 5193. — Genera insectorum, 5931.

REUBER (*Just.*). Scriptorum veterum qui Cæsarum et imperatorum germanicorum res per aliquot sæcula gestas litteris mandarunt, tomus unus, a Justo Reubero olim editus, nunc recognitus et luculentis accessionibus auctus, curante G.-Chr. Joannis. *Francofurti-ad-Mœn.*, 1726, in-fol. [26363]

Bonne édition, augmentée de la vie de Reuber, de notes et de variantes. Vend. 8 flor. 75 c. Meerman. La même collection avait déjà été impr. à Francfort, 1583, in-fol., et à Hanau, en 1619, in-fol.

REUCHLIN (*Johannes*), Capnio dictus. De arte cabalistica libri III, Leoni X dicati. *Hagenox, Th. Anshelmus*, 1517, in-fol. 10 à 15 fr. [8861]

Ouvrage non terminé : un bel exemplaire en *m. r.* 32 fr. Morel-Vindé.
Réimprimé *Hagenox, apud Johannem Secerium*, 1530, in-fol.

— Ad Alexandrum sextum Pōtificem Maximum pro Philippo Bauariæ duce Palatino Rheni, Sacri Romani Imperii electore Joannis Reuchlin phorcensis Legũ doctoris oratio. VII. Idus sextiles. Anno. M. IID. Romæ. (in fine) : *Venetiis, calend. Septemb.* M. IID. *in ædibus Aldi Manutii*, in-4. [12155]

Cette pièce, une des plus rares qu'aient impr. les Alde, n'est portée qu'à 18 sh. sur le catal. d'Askew ; mais aujourd'hui elle vaudrait dix et peut-être vingt fois ce prix. C'est un cahier de 12 ff. en caractères ronds, sans autre titre que le sommaire ci-dessus.

— De rudimentis hebraicis libri III. *Phorcæ, in ædibus Th. Anshelmi*, 1506, pet. in-fol. de 314 ff. [11505]

23 fr. 3ᵉ vente Quatremère.

— De accentibus et orthographia linguæ hebraicæ. *Hagenox, Anshelmus*, 1518, gr. in-4. [11506]

— Joannis Reuchlin scenica progymnasmata, hoc est, ludicra præexercitamenta, ex recens. Joan. Richartzhusen. (*Ba-*

sileæ, Jo. Bergman de Olpe), 1498, in-4. de 11 ff., en lettres rondes, y compris le titre, plus 1 f. bl. [16124]

Cette comédie, la première qui ait été composée à l'usage de la jeunesse allemande, est une faible imitation de notre Pathelin ; elle est divisée en cinq petits actes, et chaque acte est terminé par un chœur et par une ligne de musique imprimée, ayant 4 lignes de portée. A la fin de la souscript. on lit : 1498. *Nihil sine causa.* Olpe. Panzer (XI, p. 83) en cite des éditions de Strasbourg, Jean Grüninger, 1497 et 1498, in-4., et un grand nombre d'autres imprimées au commencement du XVIᵉ siècle. Celle que nous venons de décrire est rare ; cependant elle n'a été vendue que 6 fr. La Valliere, parce que l'exemplaire était piqué de vers. Un autre exemplaire, 18 fr. de Soleinne.
L'édition de *Phorcæ*, 1509, in-4., 10 fr. 50 c. Courtois. Une autre de *Münster, m. d. ix*, in-4. de 12 ff. avec des notes de la main de Melanchthon, 22 fr. de Soleinne. Celle de *Tübingen*, 1512, in-4. de 79 et 5 ff., avec un commentaire de Jacq. Spiegel, 10 fr. même vente.

— Sergius vel capitis caput, cum commentario Georgii Simler. *Phorce, in ædibus Thom. Anshelmi anno* M. D. VII, *mense Aprili*, pet. in-4. de lxxxvij. ff., non compris le titre, plus à la fin 5 ff. contenant une épître de l'auteur, la souscription et l'index. [16125]

Première édition d'une pièce qui a été presque aussi souvent réimprimée que la précédente : l'une et l'autre ont été données en un seul vol., sous le titre de *Comœdiæ duæ...* Coloniæ, excudebat Jo. Gymnicus, 1537, pet. in-8. de 24 ff. 7 fr. 75 c. de Soleinne.

— Comœdiæ duæ ; scenica progymnasmata, hoc est Ludicra præexercitamenta, et Sergius, vel capitis caput. *Antuerpiæ, excudebat Joannes Crinitus*, 1544, in-4. de 20 ff.

Un bel exemplaire en *cuir de Russie*; 30 fr. de Soleinne ; 19 fr. Baudelocque.

REUMONT (*Alfr.* von). Beiträge zur italienischen Geschichte. *Berlin, Decker*, 1853-55-57. 6 vol. in-8. 60 fr. [25256]

— Tavole cronologiche della storia fiorentina, 25498.

REUSCH. Capita Deorum et illustrium hominum, necnon hieroglyphica, abraxea et amuleta quædam, in gemmis incisa, quæ collegit Jo.-Mart. ab Ebermayer ; enarravit, observationibusque illustravit Erhardus Reusch. *Francofurti*, 1721, in-fol., avec 17 pl. [29605]

Ouvrage peu estimé. Vend. 12 fr. d'Ennery, et jusqu'à 64 fr. bel exemplaire *m. viol.* de Cotte. Un exempl. imprimé sur VÉLIN se trouve dans la Bibliothèque de Wolfenbüttel.
Il y a des exemplaires qui, outre les 17 pl. indiquées, renferment quatre autres suites de pl. publiées par le même éditeur en 1722, savoir : *Imperatorum*

*a Julio Cæsare ad Carolum VI. in gemmis se-
ries,* 9 ff. — *Imagines pontific. Romanor.*, 8 ff. —
— *Effigies regum Francor. a Pharamundo usque
ad Ludovicum XV, in gemmis incisæ,* 6 ff. — *Icones ducum Venetor. in gemmis cælatæ,* 7 ff.

— Voy. BAIERUS (*Jo.-Jac.*).

REUSNER (*Nic.*). Hodoeporicorum, sive
itinerum totius fere orbis, libri VII. *Basileæ, Perna,* 1580, pet. in-8. [12616]

Recueil intéressant et rare de relations anciennes et
nouvelles de voyages, écrites en vers latins. L'é-
dition portant le titre d'*Itinerarium totius orbis,*
Basileæ, Waldkirch, 1592, est la même que celle-
ci, à laquelle est ajouté un supplément de 82 pp.
Pour un autre recueil du même genre que celui-ci,
voy. CHYTRÆUS (*Math.*).

— Emblemata Nic. Reusneri, partim ethica
partim physica, partim vero historica,
cum symbolis et inscriptionibus clarorum virorum, quibus emblematum sacrorum liber unus superadditus, etc.,
ex recens. Jeremiæ Reusneri. *Francof.,
Feyrabendius,* 1581, aussi 1586, pet.
in-4. [18567]

Figures sur bois assez bien gravées. 41 fr. rel. en
vélin, en 1862.
Un exemplaire sous la date de 1584 et rel. en *mar.
r.* 50 fr. Veinant.

— Icones, sive imagines virorum literis illustrium quorum fide et doctrina, religionis et bonarum litterarum studia,
nostra patrumque memoria, in Germania præsertim, in integrum sunt restituta : additis eorund. elogiis diversorum
auctorum, recensente Nic. Reusnero.
Argentorati, B. Jobinus, 1587, pet.
in-8. [30527]

Ce vol. renferme 100 portr. gravés sur bois, et très-
nettement, par Tob. Stimmer. Vend. 35 fr. 75 c.,
exemplaire de De Thou, Courtois; autre en *mar.
r.,* 65 fr. Veinant.
Ce livre existe sous le titre de *Contrafacturbuch,*
sous la même date. Les éditions de Strasbourg,
1590, et Francfort, 1620, in-8. sont inférieures à
celle-ci.

— ICONES, sive imagines vivæ, literis clar. virorum
Italiæ, Græciæ, Germaniæ, Galliæ, Angliæ, Ungariæ,
ex typis Valdkirchianis in lucem productæ, cum
elogiis variis, per Nic. Reusnerum. *Basileæ,* 1589,
pet. in-8. fig. sur bois.
Le corps du volume renferme 82 portraits pour les
éloges de P. Jove. Il y a de plus un supplément intitulé *Icones aliquot claror. virorum,* 1589, lequel
ne contient que 8 portr. 9 fr. Courtois ; et sous
la date de 1590, 3 parties en 1 vol., *mar. r.* 42 fr.
Veinant.

REUSS. Repertorium commentationum a
Societatibus literariis editarum secundum disciplinarum ordinem digessit J.-
D. Reuss. *Göttingæ, apud Henr. Dieterich,* 1801-21, 16 vol. in-4. [30285]

Voici le détail du contenu de chaque volume et la
date de leur publication :

1. Historia naturalis, Zoologia, 1801.
2. Botanica ; Mineralogia, 1802.
3. Chemia et res metallica, 1803.
4. Physica, 1805.
5. Astronomia, 1804.
6. Œconomia, 1806.
7. Mathesis, Mechanica, Hydrostatica, Hydraulica,
   Hydrotechnia, Aerostatica, Pneumatica, Techno-
   logia, Architectura civilis, Scientia navalis, Scientia militaris, 1808.
8. Historia ; Subsidia historica (Geographia, Chronologia, Monumenta veterum populorum, Inscriptiones, Numi et res numaria, Ars diplomatica, Heraldica) ; Historia universalis ; Historia
   generis humani ; Historia mythica; Historia specialis Asiæ, Africæ, Americæ, Europæ ; Historia
   ecclesiastica ; Historia literaria, 1810.
9. Philologia ; Linguæ, scriptores græci, scriptores
   latini, literæ elegantiores, Poesis, Rhetorica, Ars
   antiqua, Pictura, Musica, 1810.
10. Sciencia et ars medica et chirurgica, Propæ-
    deutica, Anatomia et Physiologia, Hygieine,
    Pathologia seu Nosologia generalis, Semiotica,
    1813.
11. Materia medica ; Pharmacia, 1816.
12 à 15. Therapia generalis et specialis, partes I—IV,
    et Operationes chirurgicæ, Medicina forensis,
    regalis et politica, 1817-20, 4 vol.
16. Ars obstetricia. Ars veterinaria, 1821.
Les 16 volumes coûtaient 46 thl. 16 gr.

REUSS (*Aug.-Emil*). Die Versteinerun-
gen der böhmischen Kreideformation.
Mit Abbildungen der neuen oder weni-
ger bekannten Arten, gezeichnet von
Jos. Rubesch. *Stuttgart, Schweitzerbart,* 1845-46, 2 part., gr. in-4., 51 pl.
lith. 50 fr. [vers 4609 ou 4807]

— DIE FOSSILEN Polyparien des Wiener Tertiär-
beckens. Ein monographischer Versuch. *Wien,
Braumüller,* 1847, grand in-4., 11 pl. lith., 16 fr.
[vers 4807]

REUVENS (*Gasp.-Jac.-Christ.*). Lettres
à M. Letronne, sur les papyrus bilin-
gues et grecs, et sur quelques autres monumens gréco-égyptiens du Musée d'antiquités de Leyde. *Leyde, Luchtmans,*
1830, in-4. et atlas in-fol. 30 fr. [30206]

Vend. 15 fr. St-Martin.
On a du même auteur :

COLLECTANEA litteraria, sive conjecturæ in At-
tium, Diomedem, Lucilium, Lydium, alios, passim
mss. librorum ope factæ, et maximam partem ad
Romanorum rem scenicam pertinentes. *Lugd.-Ba-
tav.*, 1815, in-8. 5 fr. [18289]
PERICULUM animadversionum archæologicarum
ad cippos punicos Humbertianos. *Lugd.-Batav.*,
Luchtmans, 1822, in-4. [29957]
Reuvens a laissé une excellente bibliothèque, dont le
catalogue, rédigé par C. Leemans, a paru à Leyde,
en 1838, in-8.

REVAI (*J.-N.*). Grammatica hungarica,
ad genuinam patrii sermonis indolem
fideliter exacta affiniumque linguarum
adminiculis locupletius illustrata. *Pes-
tini, Trattner,* 1803, 2 vol. in-8. 25 fr.
[11456]

RÊVE (le) singulier, ou la nation comme
il n'y en a point, par M. de B. (le mar-

Reuss (*Ed.-Guil.-Ern.*). Histoire de la théologie
chrétienne, 21354.
Reuss (*Fr.-Ambr.*). Lexicon mineralog., 4676.

quis Charles-Helion de Barbançois-Villegongis). *Paris*, 1808, in-8. [3969]

Tome premier et unique ; tiré à 25 exemplaires, selon Barbier.

RÉVEIL (le) de Chyndonax, prince des Vacies, Druydes celtiques, dijonois (par Jean Guénébauld). *Dijon*, 1621 (*ou avec un frontispice daté de Paris*, 1623), pet. in-4. [22649]

Cet ouvrage est assez curieux, mais on ne recherche que les exemplaires où se trouve la planche qui représente le tombeau et l'urne : 6 à 10 fr.; vendu 15 fr. 50 c. *mar. r.* Lair.

RÉVEIL (le) dv chat qui dort, par la cognoissance de la perte du pucelage de la plus part des Chābrieres de Paris ; auec le moyen de le r'accoutrer, suiuāt le rapport des plus signalees Matrones, tant bearnoises que françoises appellées a cest effect : auec les noms des vtencilles (*sic*) par elles trouués dans leurs bas guichets : mis en lumiere, en faueur des bons compagnons a marier. *Paris, jouxte la copie imprimée par Pierre le Roux*, 1616, pet. in-8. de 16 pp. [18016]

Pièce singulière, terminée par deux morceaux en vers. Elle a été réimprimée sous le titre de *Rapport fait des pucellages estropiez...*, 1617. Les deux éditions sont fort rares, et surtout la première.

RÉVEIL-MATIN (le) des esprits mélancoliques, ou remède préservatif contre les tristes. *Rouen, Gruel*, 1664, pet. -in-12. [17870]

Ce recueil diffère de celui qui a pour titre *Le facetieux reveil-matin* (voy. FACÉTIEUX) : mais il contient en grande partie les mêmes pièces que le *Nouveau recueil des pièces comiques et facétieuses*, Cologne, Gaillard (*sans date*), in-12. Ce dernier avait déjà été imprimé à *Paris, chez Loyson*, 1661, in-12 (voy. BONTEMPS); et il a reparu plus tard sous ce nouveau titre :
LE FACÉTIEUX, drolifique et comique réveil-matin des esprits mélancoliques. *Vaudemont, Jean Tapage*, 1715, pet. in-12.
Ce méchant livret, qui ne vaut pas 6 fr., a été vendu 29 fr. *mar. v.*, en 1840.

RÉVÉREND, aumônier. Les dits notables de M. Philippe de France, duc d'Anjou, frère unique du roi. *Paris, André Soubron*, 1655, pet. in-8. 7 ff. prélim., 86 pp. et 1 f. contenant un quatrain. [18560]

On connaît au moins cinq exemplaires de ce petit volume imprimé sur VÉLIN, avec le frontispice enluminé, et ayant chacun une dédicace particulière.

La Bibliothèque impér. possède trois de ces exemplaires, savoir : 1° celui du cardinal Mazarin ; 2° celui de la reine de Suède; 3° celui de la reine de Pologne, acheté 48 fr. La Vallière. Un autre exemplaire a été vendu 41 fr. Gaignat ; 50 fr. MacCarthy; même prix Chardin. L'exemplaire dédié à Alphonse, infant de Portugal, dont les armes sont brodées en or sur la couverture, qui est en satin cramoisi : 130 fr. St-Céran ; 168 fr. Duquesnoy; 100 fr. Chardin.

REVERIES. Les resveries de la Royne. (*Paris*), M. DC. XX, pet. in-8. de 14 pp. chiffrées et 1 f. blanc.

Pièce en vers qui se trouve quelquefois réunie à d'autres pièces in-8., également en vers, et sous la même date, savoir : *Les contre veritez de la cour auec le dragon à trois testes*. Lyon, (F. Yvrard), de 8 ff. non chiffrés. — *Le monstre à cent têtes, ou reponse de la Fortune à l'Enuie, pour repartie et contrepointe au monstre à trois têtes.* — *Les jeux de la cour.* — *Les trois harpies.* — *L'auant courier du Guidon françois, auec les Qu'as-tu veu de la cour*, 16 pp. chiffrées. La première de ces deux pièces est en vers; la seconde, en prose, est une réponse à celle qui a pour titre : *Le Guidon françois : ensemble Radamante armée de vengeance*, 1620.

REVES. Voy. SERVET.

REVETT (*Nic.*). Voy. STUART.

REVICZKY. Voy. BIBLIOTHECA.

REVIEW. The monthly Review. Pour ce journal et pour toutes les autres revues anglaises, voy. la Notice des Journaux, à la fin de notre sixième volume.

REVUE (la) des trouppes d'amour, à Madame D. S. P. D. D. A. L. R. *Cologne, Pierre Michel (à la Sphère)*, 1668, pet. in-12 de 54 pp. 6 à 9 fr. [18003]

Pièce peu commune que l'auteur a signée des lettres A. D. L. B. 22 fr., *mar. r.* par Trautz; 20 fr. Solar.
REVUE des Deux-Mondes et autres revues françaises, voy. l'article *Journaux* à la fin du 6e vol. de ce Manuel.

— Voy. COPLAS glosadas.

REY (*Étienne*). Monumens anciens et gothiques de Vienne en France, dessinés et publiés par E. Rey, suivis d'un texte histor. et analytique par E. Vietty. *Paris, Treuttel et Würtz (impr. de F. Didot)*, 1821-31, gr. in-fol. avec 72 pl.

Reveillé-Parise (*J.-H.*). Études de l'homme, 6870. — Physiologie des hommes livrés aux travaux de l'esprit, 7025. — Guide des rhumatisants, 7021. — Traité de la vieillesse, 7229.
Revel (*Ch.*). Usages de Bresse, 2653.
Rever (*F.*). Ruines du Vieil-Evreux, 24324.
Reverchon (*H.*). Anatomie du cheval, 7732.
Reverend (*D.*). Mémoires de Betlem-Niclos, 26541.

Reveroni Saint-Cyr. Statique de la guerre, 8619. — Perfectionnement des beaux-arts, 9158.
Revest (du). Histoire de Bayle, 30617.
Revius (*Jo.*). Daventria illustrata, 25207.
Révolution des Provinces-Unies, 25161.
Revue archéologique, 28972.
Revue des romans, 31755.
Revue médicale, 7446.
Revue rétrospective, 19432 et 2399.
Revue rétrospective normande, 24295.
Rey (*A.*). Maréchalerie vétérinaire, 7726.
Rey (*J.*). Sur l'étain, 4419.
Rey (*Jos.*). Institutions judiciaires, 3081.
Rey (*Jean*). Histoire du drapeau, etc., 24096. — Histoire des châles, 10257. — Origine de la boussole, 30244.

200 fr. — Colombier vélin, 300 fr. Ces prix ont été fort réduits. [24860]

Publié en 18 liv., le texte a paru avec les deux dernières. 38 fr. Raoul Rochette.

REY (*M.-E.-Guillaume*). Voyage dans le Haouran et aux bords de la mer Morte, pendant les années 1857 et 1858. *Paris, Arth. Bertrand*, 1860, gr. in-8. et atlas de 28 pl. [20578]

Le vol. de texte coûte 9 fr., et l'atlas en 6 livraisons se vendra 75 fr.

REY de Artieda (Micer *Andres*). Discursos, epistolas y epigramas de Artemidoro. *Çaragoça, Angelo Tauanno*, 1605, pet. in-4. [15215]

Un des bons poëtes espagnols selon Salvá. Nic. Antonio cite *Los Amantes*, trag. *Valence*, 1581, in-8., par le même auteur.

REYBAUD (*Marie-Roch-Louis*). La Syrie, l'Egypte, etc. Voy. TAYLOR (le baron).

Des nombreux ouvrages de cet écrivain, nous ne citons dans notre table que les *Etudes sur la réformation*, 4066, et les deux *Jérôme Paturot*, 17270 ; mais M. Quérard a fait connaître toutes ses productions dans le tome XII de la *France littéraire*, pages 246-253, où il donne des détails sur l'*Histoire scientifique et militaire de l'expédition française en Egypte*, ouvrage dont nous avons parlé sommairement à la col. 209 de notre 3ᵉ vol.

REYES (*Matias* de los). Para algunos. *Madrid, Sanchez*, 1640, in-4. [19266]

Recueil de pièces mêlées, parmi lesquelles il se trouve une comédie. L'auteur lui a donné le titre modeste de *Para algunos* pour l'opposer au *Para todos*, de J. Perez de Montalvan, qui venait de paraître (voy. MONTALVAN). Los Reyes avait déjà donné *El Curial del Parnaso*, Madrid, 1624, pet. in-8. : ouvrage qui, selon Salvá, renferme plusieurs nouvelles ingénieuses et bien écrites.

REYHER (*Sam.*). Voy. THURINGIA sacra.

REYMUNDO ou Raymundo. Vsz Raymũdo und andern büchern, etc. (Préceptes tirés de Raymundus et d'autres sur la manière de tenir une maison, etc. En allemand.) (*sans lieu ni date, mais vers* 1470), in-4. goth. de 7 ff. à 22 lignes par page. [3853]

Petit livre populaire imprimé d'une façon très-irrégulière, avec d'assez gros caractères très-rudes, et qui paraissent remonter aux premiers temps de l'imprimerie. L'opuscule finit avec la 7ᵉ ligne au verso du 7ᵉ f. Le premier feuillet, dont le recto est blanc, contient au verso une mauvaise gravure sur bois en trois compartiments, et qui occupe toute la page. Le texte contient des préceptes en forme de sentences dialoguées, et dont plusieurs ont été traduites par M. Libri dans la note qui accompagne le nᵒ 547 du catalogue de la partie réservée de sa collection (1862), où cet opuscule est porté à 3 liv. 3 sh.

REYMUNDO de Grecia. (*sans nom de ville ni d'imprimeur*), 1524, in-fol. goth. de 1 f. prélimin. et LXXXVIII ff.

Reyman. Atlas d'Allemagne, 19683.

chiffr., à 2 col. de 45 lign., sign. a—l. [17533]

Roman fort rare dont l'auteur anonyme est le même que celui du roman du roi Floriseo, lequel est encore moins connu que celui-ci, puisque aucun bibliographe, que je sache, n'en a parlé. Nous voyons par le prologue du *Reymundo* que l'auteur a tiré ce livre de la langue italienne et l'a mis en castillan pour la récréation des habitants de Salamanque, ville où l'ouvrage a probablement été imprimé. L'exempl. de ce volume précieux, qui a été payé 219 fr. à la vente de De Bure l'aîné, n'a point de frontispice. Le premier feuillet contient un prologue imprimé à longues lignes, commençant par ce sommaire en quatre lignes :

Prologo sobre la hystoria del esforçado τ muy vitorioso cauallero Reymundo de Grecia. El qual por su grande esfuerço τ valeroso coraçon fue elegido por emperador de Constantinopla.

Le texte commence ainsi, au 2ᵉ f. recto, coté I. *Dicho es enel segũdo libro de la hystoria dĕl rey Floriseo.*

Au bas de la 2ᵉ colonne du 88ᵉ f. recto se lit cette souscription : *Deo grãs. Acabose a x de Julio de M. D. xxiiij.* et ensuite le registre : *todos son q̃dernos.*

Si nous ne pouvons constater l'existence du *Floriseo* que par le passage ci-dessus, du moins connaissons-nous d'une manière plus certaine le roman de *Florindo hijo de Floriseo* (voy. FLORINDO), qui paraît être une suite des deux autres.

REYNA (*Martin* de). Dechado de la vida humana, moralmĕte sacado del juego del Axedrez. traducido agora de nuevo por el licenciado Reyna. *Valladolid, Francisco Fernandez & Cordua. M. D. xljx* (1549), pet. in-4. goth. [3740]

Le traducteur, qui se nomme Martin de Reyna dans l'épître dédicatoire, dit qu'il possède un manuscrit de cet ouvrage en latin, qu'il le croit traduit du grec, et que l'auteur avait pour nom *Xerses o filometor*, que quiere decir *amador & sciencia e justicia.*

REYNA di Oriente. Voy. PUCCI.

REYNALDOS. Voy. RENALDOS.

REYNARD (*Ovide*). Ornements des anciens maîtres des xvᵉ, xv1ᵉ, xv11ᵉ et xv111ᵉ siècles, recueillis par Ovide Reynard, et gravés sous la direction des meilleurs artistes. *Paris, Hauser*, 1845, 2 vol. in-fol. contenant 222 pl. sur pap. de Chine. [10043]

Ouvrage bien exécuté, mais qui n'a pas été continué. Il en a paru trente-six livr. de 6 pl. chacune, et offrant des ornements d'orfévrerie, des décorations, etc. 98 fr. Busche.

On a du même artiste :

ALBUM alphabétique de 500 lettres ornées. *Paris, Chavant, s. d.*, in-fol.

48 pl. lithogr. imprimées en diverses couleurs.

ALPHABET grec composé et dessiné par Ovide Reynard. *Paris, Chavant*, in-4.

25 lithographies imprim. en diverses couleurs, plus le frontispice.

REYNAUD (*Léonce*). Traité d'architec-

Reynaud. Mathématiques, 7770. — Arithmétique, 7877. — Algèbre, 7886. — Statique, 8092.

Reynaud (*Jean*). Terre et ciel, 2284.— Vie de Merlin de Thionville, 23669.

ture, contenant des notions générales sur les principes de la construction et sur l'histoire de l'art. *Paris, Carilian-Gœury,* 1850, et *Victor Dalmont*, 1858, 2 vol. in-4., avec 2 atlas, l'un de 56 pl. et l'autre de 86 pl. et VI pp. de table. [9724]

Il y a une seconde édit. du tome premier, 1860, in-4. de 628 pp. avec 86 pl. qui coûte 70 fr.

REYNIER le renard. Voy. ci-dessus, col. 1228, article RENARD.

REYNOLDS (*Josua*). Works, to which is prefixed an account of his life and writings by Edm. Malone. *London, Cadell,* 1797, 2 part. in-4. 1 liv. 1 sh., et plus en Gr. Pap. [9256]

Les Œuvres de cet artiste ont été réimprimées à *Londres,* en 1798, en 1801, en 1805, 3 vol. in-8., et en 1824, 3 vol. in-12 : 20 à 24 fr., et traduites en français par Jansen, *Paris,* 1806, 2 vol. in-8. Le même traducteur avait déjà publié les discours de Reynolds, qui forment la plus grande partie de ses œuvres, *Paris,* 1788, 2 vol. in-8.

— The literary works, published by J. Farrington. *London,* 1819, 3 vol. in-8.

Réimpr., *Lond., Cadell,* 1835, 2 vol. pet. in-8. 16 sh.
— DISCOURSES on painting, by Jos. Reynolds, with explanatory notes. *London,* 1842, in-4.
Édition illustrée par J. Burnet, avec 12 gravures au bistre d'après d'anciens maîtres. Un exemplaire en Gr. Pap. fig. sur pap. de Chine, 1 liv. 5 sh. Catal. Willis. Le prix était de 4 liv. 4 sh.

— The Works of sir Joshua Reynolds, engraved by Sam. Will. Reynolds, containing 300 Portraits of eminent persons during the reign of George III, and 130 historical and fancy subjects. *London, Jennings,* 1820-36, 4 vol. in-fol. [9367]

Publié en 60 livrais. Prix de chacune, 1 liv. 5 sh. — *Proofs* sur papier de France, 2 liv. 2 sh. — *Proofs* sur papier de Chine, 2 liv. 10 sh. 6 d. (complet, 33 liv. Catal. Bohn).
Des exemplaires en 3 vol. in-fol. sous la date de 1833, ont été annoncés au prix de 10 liv. 10 sh. au lieu de 39 liv.
　　MEMOIRS of the life of Jos. Reynolds, by James Northcote. *London,* 1813, in-4., avec un supplément publié en 1815. — Réimpr., *Lond.,* 1818, 2 vol. in-8. [31091]

REYNOSA (*Pedro* de). Voyez ESPEJO de cavallerias.

REYNST. Signorum veterum icones, per D. Gerardum Reynst collectæ, tabulis æneis incisæ. *Amstelod., Nic. Vischer* (sans date), in-fol. [29563]

Ce recueil, composé de 110 pl., peut être regardé

comme le 2e vol. du cabinet de Reynst. — Voy. au mot VARIARUM, etc.

REYRAC (l'abbé *François-Phil.* de Laurens de Rayrac ou). Hymne au soleil. *Paris, imprim. royale,* 1783, in-8. pap. vél. 3 à 4 fr. [17114]

Cette édition n'est rare qu'en papier vélin. Nous en citerons une autre d'*Orléans, Couret de Villeneuve,* 1779, in-18, dont un exemplaire impr. sur VÉLIN a été vendu 51 fr. Mac-Carthy. Celle de *Paris,* 1783, in-8., contient, indépendamment de l'*Hymne,* plusieurs morceaux du même genre. On ne sait trop à quelle classe appartient cet ouvrage en prose; il est cependant d'usage de le mettre dans la poésie. Nous le plaçons dans la même série que le Télémaque.
On a encore de l'abbé de Reyrac : *Poésies tirées des saintes Ecritures, dédiées à Madame la Dauphine,* Paris, Delalain, 1770, in-8., avec un portrait de la Dauphine (Marie-Antoinette), et dont un exempl. rel. en *mar. r.* par Derome a été payé 78 fr. à la vente Solar, quoique sans cette reliure on l'eût vendu moins de 4 fr.

REYS (*Ant.* Dos). Corpus illustr. poetarum lusitanorum qui lat. scripserunt, in lucem editum ab Ant. Dos Reys, nonnullisque poetarum vitis auctum ab Em. Monteiro. *Lisbonæ,* 1745-48, 8 vol. in-4. [12955]

Collection peu commune et assez recherchée : 60 à 72 fr.; vend. en Gr. Pap. 61 flor. Crevenna ; 4 liv. 14 sh. 6 d. Heber.
Les auteurs dont les poésies se trouvent dans cette collection sont : Tome I. Pedro Sanches, Henrique Caiado, Manuel da Costa, Diogo Mendes de Vasconcellos, Miguel de Cabedo et Ant. de Cabedo; — II. João de Mello de Sousa (déjà publié à Lyon en 1615); — III. Diogo de Pavia d'Andrade ; — IV. Lopo de Ferrão (déjà impr. à Lisbonne en 1579) et Franc. de Barcellos (publié à Coimbre en 1533) ; — V. D. Fr. Thomé de Taria et Ant. Figueira Durão; — VI. Franc. de Sancto Agostinho de Macedo ; — VII. Suite de Macedo, Jorge Coelho et Ant. de Gouvêa ; — VIII. Ant. dos Reys. Ce dernier volume est rarement réuni aux autres.

REYSENBUCH (Bewährtes), oder Beschreibung des heiligen Landes. *Nürnberg und Frankf. am Main, Sigism. Feyerabend,* 1609, 2 part. en 1 vol. in-fol. [20521]

Cette collection renferme vingt et une relations, soit écrites en allemand, soit trad. en cette langue, depuis celle de l'abbé Rupert de Bergues, faite en 1095, jusqu'à celle de Jean Schwallarts, sous la date de 1586. La première édition, publiée à Francfort, chez Jean Feyerabend, en 1584, in-fol. (sous le titre de *Reyssbuch dess heyligen Lands*), ne contenait que dix-huit relations : 15 fr. Éyriès, et quelquefois plus cher.

REZABAL y Ugarte (*Jos.* de). Biblioteca de los escritores que han sido individuos de los seis colegios Mayores : con varios indices. *Madrid, Sancha,* 1805, in-4. [30771]

Cet ouvrage donne des détails sur nombre d'auteurs espagnols que Nic. Antonio n'a pas connus : 18 fr. — Vend. 21 fr. 50 c. Rœtzel.

REZÉ (*B.* de). Les Œuvres cavalières, ou pièces galantes et curieuses par M. B. D. R. *Cologne, Pierre du Marteau,* 1671, pet. in-12. [14038]

Reyneau (le P. *Ch.-R.*). Calcul, 7824. — Analyse démontrée, 7825.
Reynerus (*Cl.*). Apostolatus Benedictinorum in Anglia, 21770.
Reynier (*L.*). L'Égypte sous les Romains, 22758.
Reynold de Chauvancy (*Ch.* de). Code des signaux, 8526.
Reynolds (*J.-N.*). Voyage, 19894.
Reynolds (*Edw.*). Works, 1969.

Recueil impr. avec des caractères elsev. L'auteur se nomme à la page 33 : 20 fr. Walckenaer.

Un sieur de Valdavit a fait imprimer à *Rouen*, *chez Laur. Maurry*, en 1664, des *Poésies cavalières*, in-12.

REZZONICO (*Ant.-Jos.* Comes a Turre). Voy: TORRE.

RGYA tch'er rol pa, ou Développement des jeux, contenant l'histoire du Bouddha Çakya-Mouni ; traduit sur la version tibétaine du Bkah Hgyour, et revu sur l'original sanscrit, par Ph.-Éd. Foucaux. *Paris, imprimerie roy.*, 1847-48, 2 vol. in-4. [22672]

Le premier vol. donne le texte tibétan, et le second la traduction française. 40 fr.

RHASIS (*George*). Vocabulaire français-turc. *St-Pétersbourg, de l'imprim. de l'Académie impér. des sciences*, 1828-29, 2 tom. en 1 vol. in-4. [11701]

Fort bien exécuté.

RHAU (*Geor.*). Enchiridion Vtriusque Musicæ practicæ a Georgio Rhauo ex variis musicorum libris congestum. (in fine) : *Wittebergæ. Anno* xxx, pet. in-8. avec musique notée. [10136]

Il y a des exemplaires dont le titre porte : *Enchiridion Musicæ mensuralis Anno* xxx. M. Graesse en parle comme d'une seconde édition entièrement conforme à la première. Panzer cite une édition de Wittemberg, 1532, in-8., sous le premier titre.

VENCESLAI Philomatis de Novo Domo musicorum libri quatuor , compendioso carmine elucubrati. *Vitebergæ, apud Georgium Rhau*, 1534, pet. in-8. musique imprimée.

RHÆSUS. Voyez RHESE.

RHAZES, de variolis et morbillis, arabice et latine, cura J. Channing, cum aliis nonnullis ejusdem argumenti. *Londini, Bowyer*, 1766, in-8. 8 à 10 fr. [8600]

Une traduction française du traité de la petite vérole de Rhasès se trouve à la suite de l'*Histoire de la petite vérole, par Paulet*, Paris, 1768, 2 vol. in-12.

— TRAITÉ de la peste, écrit en syrien par Rasès, trad. en grec par Trallian, et du grec en françois par Séb. Colin ; avec un traité du régime de vivre par ledit Colin. *Poictiers, De Marnef*, 1566, pet. in-8.

— Opera exquisitoria, per Gerardum Toletanum, And. Vesalium, Albanum Torinum latinitate donata ac jam prim. ad vetustum cod. collata et restaurata. *Basileæ, P. Petri*, 1544, in-fol. [8599]

Quoique préférable à de plus anciennes (voir Hain, nos 13890 et suiv.), cette édition n'a que très-peu de valeur. Celle de *Venise*, 1500, in-fol., portée à 48 fr. dans le catal. de Baron, ne vaut pas 18 fr. maintenant.

RHEEDE (van). Voy. VAN RHEEDE.

RHEGINUS Prumiensis. Annales, non tam de Augustorum vitis, quam aliorum Germanorum gestis et docte et copiose disserentes (edente Seb. de Rotenhan). *Moguntiæ, J. Scheffer*, 1521, in-fol. [26380]

Édition très-rare, la première de cette chronique, dont il se trouve un meilleur texte au commencement du premier vol. de *Pistorii scriptores rerum germanic. edente Struvio.*

RHEMNIUS. Q. Palæmonis Rhemnii ars grammatica secunda. Ars Aspri junioris grammatici. Ælii Donati editio prima. Donati de octo partibus orationis editio secunda. Donatus de barbarismo. Servius et Sergius in secundam Donati editionem. *Fani, Hier. Soncinus, nonis sept.*, 1503, in-4. de 45 ff. sign. a—k. [10783]

Les différents opuscules que réunit ce volume rare ont été plusieurs fois réimprimés dans d'autres collections de grammairiens.

RHENANI (*Beati*) rerum germanicarum libri tres ; adjecta est in calce epistola ad Philippum Puchaimerum de locis Plinii per St. Aquaeum attactis, ubi mendæ quædam ejusdem autoris emaculantur, antehac non a quoquam animadversæ. *Basileæ, in officina Frobeniana per Hieron. Frobenium, Joan. Hervagium, et Nicol. Episcopium*, M.D.XXXI, *mense martio*, in-fol. [26380]

Un exemplaire rel. en veau avec les noms, les ornements et la devise de Jean Grolier, 30 liv. Libri, en 1859, prix qui, tout élevé qu'il paraît être, est trop inférieur à ceux qu'ont obtenus, à la même vente, d'autres livres provenant de Grolier, pour ne pas faire supposer un exemplaire nouvellement restauré, comme l'étaient plusieurs autres volumes exposés à la même vente. Ce livre, en condition ordinaire, n'a que très-peu de valeur.

RHESE. Cambro-brytannicæ, cymræcæve linguæ institutiones et rudimenta, a Joanne Dav. Rhæso, monensi cambrobrytanno conscripta, ad intelligenda Biblia nuper in cambro-brytannicum versa ; cum exacta carmina cymræca condendi ratione. *Londini, Th. Orwinus*, 1592, in-fol. [11302]

Livre curieux, rare et assez précieux. Lowndes l'estime 2 liv. 2 sh.; vend. (avec les *Antiquæ linguæ britan. de Davies*) 3 liv. 1 sh. Heber.

RHETICUS (*Joan.-Joachimus*, vulgo). Canon doctrinæ triangulorum nunc primum a Geor. Joach. Rhetico editus. *Lipsiæ*, 1551, in-4. de 12 ff.

Cet opuscule, qui a précédé de 45 ans la publication du grand ouvrage de l'auteur sous le même titre, est fort rare. 87 fr. Libri, en 1857.

— Opus palatinum de triangulis, a Geor.-
Joachimo Rhetico cœptum, Lucius-Va-
lent. Otho consummavit. *Neostadii*,
1596, in-fol. [8022]

Vend. 36 fr. De Lalande ; 60 fr. Delambre ; 33 fr.
Labey.
Cet ouvrage se compose des parties suivantes :
1° 8 ff. prélimin., y compris un titre général gravé
en taille-douce. — 2° *De fabrica canonis doctrinæ
triangulorum*, 104 pp. — 3° *De triangulis globi,*
cum angulo recto, 140 pp. — 4° *De triangulis
globi sine angulo*, 341 pp. et 1 f. portant la souscription datée de 1596. — 5° *Meteoroscopium numerorum prim.*, 121 pp. et 1 f. d'errata. —
6° *Magnus canon doctrinæ triangulor.*, 554 pp.
— 7° *Tertia series magni canonis*, 181 pp. (tel
était l'exemplaire vendu chez Labey). Le *Magnus
canon* est la partie la plus importante de ce recueil.
Il s'en trouve des exemplaires qui ont été publiés
séparément sous le titre suivant :
   G.-J. RHETICI magnus canon doctrinæ triangulorum, etc., recens emendatus a Barth. Pitisco; addita est perspicua commonefactio de fabrica et usu
magni canonis doctrinæ triangulorum Rhetici. *In
bibliopoleio harnischiano*, in-fol.
Le traité de *Pitiscus*, intitulé *Brevis commonefactio*,
qui doit faire partie de ce dernier vol., est un petit
cahier, fort rare, de 19 pp., dont le titre porte
pour date : *Neostadii*, 1607 ; il manque dans plusieurs exemplaires, et ne se trouvait pas dans celui
de De Lalande. Voy. *Catalogue de la biblioth. du
Conseil d'Etat*, n° 2782, et *Bibliogr. astronomique de De Lalande*, p. 129.

— Thesaurus mathematicus, sive canon sinuum ad radium 100000,00000,00000 et
ad dena quæque scrupula secunda qua-
drantis, etc., a Georg.-Joach. Rhetico
jam olim supputatus, et nunc in lucem
editus a Barth. Pitisco. *Francofurti,
Nic. Hoffmannus*, cIɔ Iɔ. XIII. (1613),
in-fol. [8024]

Ces tables de sinus, les plus complètes qu'il y ait,
sont très-rares : vend. 48 fr. Soubise, et jusqu'à
210 fr. Delambre.
Nous n'avons pas donné le titre de ce livre en entier,
mais la description suivante le complétera. 4 ff.
préliminaires et 271 pp. : *Sinus primi et postremi
gradus ad singula scrupula secunda*, 61 pp., plus
1 f. blanc. — *Principia sinuum*, pp. 1 à 10. —
Sinus decimorum, tricesimorum, etc., pp. 11 à
15 (d'après l'exemplaire vendu 36 fr. Labey).
— EPHEMERIS ex fundamentis Copernici. *Lipsiæ*,
1550, in-4.
Ces éphémérides pour l'année 1551 sont très-rares. Il
y a dans la préface des détails sur la vie de Co-
— DE LIBRIS revolutionum Nic. Copernici narratio
pernic.
(voir II, col. 257).

RHETORES græci, scilicet : Aphthonii
sophistæ progymnasmata ; Hermogenis
ars rhetorica ; Aristotelis rhetoricorum
ad Theodecten libri tres ; ejusdem rhetorice ad Alexandrum ; ejusdem ars
poetica, etc., græce. *Venetiis, in ædibus Aldi*, 1508-9, 2 vol. pet. in-fol.
[12007]

Collection très-importante et fort recherchée : elle est
très-difficile à trouver complète et bien conservée.
Vend. 261 fr. *m. r.* La Vallière ; 205 flor. (magnifique exemplaire) Bover; 650 fr. *m. r.* Larcher;
605 fr. Mac-Carthy; 17 liv. Sykes; 33 liv. 10 sh.
(bel exempl.) *m. r.* Heber; autre 12 liv. 5 sh.
même vente; 11 liv. 11 sh. Butler.

Le tome Ier contient 8 ff. non chiffrés (savoir : le
titre avec la préface au verso, 6 ff. de table, et une
épitre grecque de Démétrius Ducas), 734 pp. chiffrées; à la fin un f. sur lequel sont la souscription
et le registre. Le tome II, dont l'intitulé commence
ainsi : *In Aphthonii Progymnasmata commentarii innominati autoris, etc.*, renferme 14 ff. non
chiffrés, 417 pp. chiffrées, et à la fin un f. blanc,
ayant au verso l'ancre aldine. Ce second volume
est beaucoup plus rare que le premier ; et, parmi
les opuscules qu'il contient, plusieurs n'avaient
pas encore été réimprimés avant 1832; il a été
vendu séparément 120 fr. Soubise; 8 liv. 8 sh. Heber; le prem. tome est moins cher. — Voy. GEORGII
Trapezuntii rhetorica.

— Rhetores græci, ex codd. florentinis,
mediolanensibus, neapolitanis, parisien-
sibus, romanis, venetis, taurinensibus,
emendatiores et auctiores edidit, suis
aliorumque annotationibus instruxit, indices locupletissimos adjecit Christianus
Walz. *Stuttgartiæ, Cotta*, 1832-36,
9 vol. in-8.

Édition plus complète que la précédente, mais mal
imprimée et sur mauvais papier; elle a d'abord
coûté 34 thl. — Pap. fin, 45 thl. 16 gr.; mais ces
prix ont été réduits des deux tiers.
Voici le catalogue des auteurs contenus dans chaque
volume :
Volume I. 1. Hermogenis progymnasmata. — 2. Aphthonii progymnasmata. — 3. Matthæi Camariotæ
epitome Aphthonii progymnasmatum. — 4. Anonymi epitome Aphthonii progymnasmatum. —
5. Theonis progymnasmata. — 6. Scholia in Theo-
nem. — 7. Nicolai progymnasmata. — 8. Nicephori
Basilacæ progymnasmata. — 9. Adriani exercitationes. — 10. Severi narrationes et ethopoeiæ. —
11. Georgii Pachymeris progymnasmata. — 12. Ano
nymi progymnasmata. 1832.
II. 13. Scholia aldina in Aphthonium. — 14. Doxopatri prolegomena rhetoricæ. — 15. Doxopatri homiliæ in Aphthonium. — 16. Anonymi scholia in
Aphthonium. 1835.
III. 17. Hermogenis rhetorica. — 18. Rufi rhetorica.
19. Anonymorum epitomæ. — 20. Josephi Rhacen-
dytæ epitome. — 21. Anonymus de quatuor partibus orationis. — 22. Anonymus de octo partibus
orationis. — 23. Anonymi epitome. — 24. Anonymi
epitome. — 25. Joannis Tzetzæ epitome. — 26. Psellus de rhetorica. — 27. Anonymus de figuris apud
Hermogenem. — 28. Castor Rhodius de metris rhetoricis. — 29. Anonymi expositio rhetoricæ. 1834.
IV. 30. Syriani Sopatri et Marcellini scholia ad Hermogenis status. 1833.
V. 31. Sopatri scholia ad Hermogenis status. —
32. Maximi Planudæ scholia ad Hermogenis rheto-
ricam. — 33. Maximus de antithesibus indissolubi-
libus. — 34. Anonymus de statibus. — 35. Michael
Psellus de compositione partium orationis. —
36. Ejusdem synopsis idearum. — 37. Prolegomena
rhetoricæ. 1833.
VI. 38. Doxopatri prolegomena rhetoricæ. — 39. Anonymi proleg. rhet. — 40. Troili sophistæ prolegomena rhetoricæ. — 41. Joa. Siceliotæ commentarius ad Hermogenis ideas. — 42. Georgii Diacretæ
commentarius ad Hermogenem de inventione. —
43. Georgii Plethonis epitome rhetoricæ. — 44. Matthæi Camariotæ epitome rhetoricæ. 1834.
VII. Part. 1 et 2. 45. Anonymi prolegomena ad Hermog. status. — 46. Alia prolegomena ad Hermog.
status. — 47. Alia prolegomena ad Hermog. status.
— 48. Prolegomena ad Hermog. de inventione. —
49. Expositio Hermogenis de inventione. — 50. Observationes ad Hermogenem de inventione. —
51. Capita primi idearum libri. — 52. Syriani prolegomena ad ideas. — 53. Commentarius ad Hermogenem de statibus, de inventione et de ideis. —

54. Gregorii Corinthii commentarius ad Hermog. de methodo gravitatis. 1833 et 1834.

VIII. 55. Sopatri tractatio caussarum. — 56. Cyrus de differentia statuum. — 57. Anonymi problemata rhetorica. — 58. Alexander de figuris. — 59. Phœbammon de figuris. — 60. Tiberius de figuris. — 61. Herodianus de figuris. — 62. Polybius sardianus de schematismo. — 63. Anonymus de figuris. — 64. Zonæus de figuris. — 65. Anonymus de synecdoche. — 66. Anonymus de figuris. — 67. Anonymus de figuris. — 68. Anonymus de tropis poeticis. — 69. Tryphon de tropis. — 70. Gregorius Corinthius de tropis. — 71. Anonymus de tropis. — 72. Cocondrius de tropis. — 73. Georgius chœroboscus de tropis. 1835.

IX. 74. Demetrius de elocutione. — 75. Menander de genere demonstrativo. — 76. Alexander de materiis rhetoricis. — 77. Aristides de oratione civili et simplice. — 78. Apsinis rhetorica. — 79. Longinus de inventione. — 80. Minucianus de argumentis. 1836.

Le volume suivant peut servir de supplément à cette grande collection :

> JOHANNIS GLYCÆ opus de vera syntaxeos ratione, supplementum Walziani corporis rhetorum græcorum : tribus e codd. monacensibus edidit atque recensuit, prolegomena, varias lectiones, emendationes, explicationes et indices adjecit Albertus Jahnius. *Bernæ, Jenni,* 1849, in-8. 3 fr. [12007]

M. Walz avait d'abord donné un spécimen de son travail sur les rhéteurs grecs sous ce titre :

> EPISTOLA critica ad J.-F. Boissonade, qua novæ rhetorum græcorum editionis a se curandæ specimen proponit Chr. Walz. *Stuttgartiæ,* 1831, in-12.

RHETORES selecti, videlicet, Demetrius Phalereus, Tiberius rhetor, Anonymus sophista, Severus Alexandrinus, gr. et lat. ; Demetrium emendavit, reliquos edidit, omnes notis illustr. Th. Gale. *Oxonii, e Theatro sheldon.,* 1676, pet. in-8. 8 à 12 fr. [12009]

Vend. en Gr. Pap. m. r. 24 fr. Lolliée ; 54 fr. v. br. Caillard ; 80 fr. *peau de truie,* F. Didot.

— **Iidem rhetores** selecti, gr. et lat., iterum edidit varietatemque editionis aldinæ adjecit Jo.-Frid. Fischerus. *Lipsiæ,* 1773, in-8. 5 à 6 fr.

L'édition d'Oxford est très-fautive, mais celle-ci l'est encore davantage.

RHETORES latini (antiqui) : Rutilius Lupus ; Aquila Romanus ; Julius Rufinianus ; Curius Fortunatianus, etc. : omnia ex codd. mss. emendata vel auctiora, ex Bibl. Fr. Pithœi. *Parisiis, Drouart,* 1599, in-4. 6 à 8 fr. [12032]

Vend. en *mar. r.* (exemplaire de De Thou) 20 fr. Le Seigneur.

Une première collection des Rhéteurs latins a été imprimée à Bâle, chez Froben, en 1521, in-4., et réimprimée à Paris, chez Badius Ascensius, en 1528, in-4.

RHETORES latini (antiqui); recognovit, emendavit et notis auxit Claud. Capperonnerius. *Argentorati, Bauer,* 1756, in-4. 8 à 10 fr.

Vend. en Gr. Pap. 38 fr. de Cotte.

RHETORICA en lengua castellana en la qual se pone muy en breve lo necessario para saber bien hablar y escriver y conoscer qui en habla y escrive bien. *Alcala de Henares, en casa Joan de Brocar,* 1541, in-4. goth. [12079]

A la tête de cet ouvrage anonyme d'un religieux hiéronymite se lit une épître de Jean-Pierre de Tolède, lequel en fait un grand éloge (*Antonio,* II, p. 335). Dans la seconde partie se trouve une méthode pour former un recueil dit *Adversaria.* L'insatiable bibliophile Richard Heber ne possédait pas moins de quatre exemplaires de ce livre rare : vend. rel. en *mar.* 1 liv. 1 sh., et les autres exemplaires, 7, 9 et 15 sh.

RHETORUM orationes. Voy. ORATIONES.

RHINGHIER. Cinquante jeux divers et d'honnête entretien, industrieusement inventés par messire Innocent Rhinghier, et faits françoys par Hubert-Philippe de Villiers (savoir : les jeux de l'amant et de l'amante, de l'amour, des anges, de la beauté, etc.). *Lyon, Ch. Pesnot,* 1555, in-4. de 4 ff. prélimin., 306 pp. et 1 f. au verso duquel est un fleuron. 12 à 18 fr. [10474]

Beaux exemplaires en *mar.* 16 fr. La Vallière ; 25 fr. Lair ; 40 fr. Bignon ; 50 fr. *mar. r.* par Derome, Giraud.

Le texte original en italien, imprimé à *Bologne,* 1551, in-4., sous le titre de *Cento giuochi liberali et d'ingegno,* et réimpr. à *Venise,* en 1553, s'est donné plusieurs fois pour moins de 12 fr. Il contient cependant cinquante jeux qui n'ont pas été trad. en français. Un exempl. relié en vélin, avec la signature de Mich. Montaigne, 89 fr. Parison.

— **Dialogue de la vie et de la mort,** composé en toscan par Innocent Rhinghier, traduit en françois par Jehan Louveau ; seconde édition. *Lyon, de l'imprim. de Robert Granjon,* 1558, in-8., sign. *a—l* par 8 et *m* en 2 ff. [6876]

Imprimé en lettres cursives, appelées dans le privilége *lettre françoise d'art de main,* parce qu'elle imite l'écriture. Un bel exempl. dans son ancienne reliure, *mar. v. à compart.* 60 fr. Coste.
La première édition a été imprimée avec les mêmes caractères de Granjon, en 1557, pet. in-8. de 80 ff. non chiffrés, sign. A-K. On en a payé un bel exemplaire rel. en *mar. r.* par Trautz, 101 fr. Veinant en 1860. — Le texte italien des *Dialoghi della vita et morte* avait déjà paru à Bologne, en 1550, pet. in-4. ou in-8.

RHODES (*Alexander* de). Dictionarium annamiticum (seu tunquinense), lusitanum et latinum. *Romæ, typis congreg. de propag. fide,* 1651, in-4. 10 à 15 fr. [11843]

Cet ouvrage est, pour le fond, du P. Antoine Barbosa ; le P. Alex. de Rhodes n'en a été que l'éditeur.
Vend. 29 fr. Klaproth.
On réunit à ce volume un Catéchisme en latin et en langue de tunquin, *Roma,* 1651, in-4. : vend. 9 fr. 50 c. Klaproth.

— **Tunchinensis historiæ libri II.** *Lugduni,* 1652, in-4. 8 à 10 fr. [28239]

Cet ouvrage a été traduit en français par Henri Albi,

Rhode (*J.-G.*). Heilige Sage des Zendvolks, 22031. — Ueber religiöse Bildung der Hindus, 22669.

Lyon, 1652, in-4. Il avait d'abord paru en italien, sous ce titre :

RELATIONE de' felici successi della fede predicata da' i padri della C. di G. nel regno di Tunchino. *Roma, Luna*, 1650, in-4. Vend. 11 fr. Langlès.

— Histoire de la vie et de la glorieuse mort de cinq pères de la compagnie de Jésus, qui ont souffert dans le Japon, avec trois séculiers, par le P. Alex. de Rhodes. *Douay, Serrurier*, 1654, pet. in-8. [22313]

Cette édition a été vendue 16 fr. *mar. n.* Duriez. C'est à ce qu'il paraît une réimpression de celle de Paris, 1653.
Nous citerons encore les ouvrages suivants du P. Alexandre :
RELATION des progrès de la foy au royaume de la Cochinchine. *Paris, Cramoisy*, 1652, pet. in-8. [21580] — Partie de l'ouvrage italien ci-dessus.
LA GLORIEUSE mort d'André, catéchiste de la Cochinchine. *Ibid.*, 1653, pet. in-8.
VOYAGE en la Chine et autres royaumes d'Orient, avec retour par la Perse et l'Arménie. *Ibid.*, 1666 (et 1688), in-4. [20476]

RHODES (*E.*). Peak scenery, or excursions in Derbyshire, made chiefly for the purpose of picturesque observation. *London, Rodwell*, 1818-23, 2 vol. in-4. [27147]

Ouvrage orné de 29 jolies gravures exécutées par W.-B. et G. Cooke, etc., d'après les dessins de F. Chantrey. Il a été publié en 4 livraisons, qui ont coûté ensemble 4 liv. 16 sh. —Pap. roy. 6 liv. 16 sh. Pap. impér. prem. épreuves sur pap. de Chine, 12 liv. (prix réduits à moitié).

— Yorkshire scenery ; engraved by G. Cooke, and other eminent artists, from drawings by W. Cowen, etc., etc. *Lond., Longman*, 1826, gr. in-8. 18 sh. ; — pet. in-4. 1 liv. 4 sh. [27338]

RHODIGINUS (*Ludov.-Cœlius*). Lectionum antiquarum libri sexdecim. *Venet., in ædibus Aldi*, 1516, in-fol. [18166]

Volume de 862 pp., précédés de 40 ff. non chiffr., et suivies de 3 ff., dont le premier porte l'ancre. On trouve sur le premier f. un avis en capitales, tiré en rouge, qui commence par ces mots : *Sicvti antiqvarvm lectionvm, etc.* Vend. 1 liv. Drury, et quelquefois de 8 à 12 fr. L'édition est dédiée au célèbre bibliophile J. Grolier, et il en est de même de celle de Bâle, Jo. Froben, 1518, in-fol., copie de la précédente. Une autre, divisée en 30 livres, avec une préface de Cam. Richer, a été imprimée à Bâle, en 1566, in-fol., et réimpr. à Genève, en 1620, et aussi à Francf. et Leipzig, 1666, in-fol. ; mais, selon A. Renouard, elle n'est pas plus complète que la première.

RHODION (*Euchar.*). De partu hominis, et quæ circa ipsum accidunt, libellus. *Francofurti*, 1532 seu 1537, pet. in-8. fig. 5 à 6 fr. [6940 ou 7585]

Cet ouvrage de Rhodion (en allemand Roeslin) a été d'un fréquent usage pendant une grande partie du XVIe siècle. L'auteur l'écrivit d'abord en allemand, et le fit paraître pour la première fois à Augsbourg, en 1522, in-4. Le texte latin a été réimprimé à Paris, en 1535, à Venise, en 1536, pet. in-8. ; ensuite à Francfort, en 1545, 1551, 1554, 1556 et 1563, n-8. fig.
— DES DIVERS travaulx et enfantemens des femmes

et par quel moyen on peut subvenir aux accidens qui peuvent echoir devant et apres iceulx, compose en latin par Euchaire Rodion (*sic*) et depuis tourne en francois. *Paris, Jean Foucher*, 1536, pet. in-8. goth. de 87 ff., avec fig. sur bois.

Édition rare, dont le titre n'indique pas le traducteur : vend. 17 fr. 50 c. *mar. r.* Librairie De Bure ; et 40 fr. Veinant, en 1860.

Une autre édition, à peu près sous le même titre, portant ces mots : *tournez en langue françoise par Paul Bienassis*, a été impr. à Rouen, sans date, pet. in-12, fig. Vend. avec le texte latin, édition de 1532, 20 fr. By.

Cette même traduction a aussi été impr. à *Paris, Foucher*, 1563, et à *Paris, Bonfons*, 1577 ou 1586, in-16. Éditions qui portent le même titre que celle de Rouen.

RHODOMMANUS (*Laur.*). Poesis christiana : Palæstinæ seu historiæ sacræ libri IX (gr. et lat.). *Francofurti, heredes And. Wecheli*, 1589, in-4. 5 à 6 fr. [12438]

— Voyez NEANDER.

RHOLANDELLO (*Fr.*). Voy. EXAMINATIONES.

RHONÆUS. Idea reformandi Antichristi, sive succinctæ tractationes sed solidæ demonstrationes, de primordiis, incrementis, et summo fastigio Anti-Christi ejusque subsistentia, blasphema doctrina et malitiose impia vita, deque subsequenti denique ruina. Tomus I. editus studio et opera Eryci Rhonæi, neopatrens. (*Gessen*) *Vænet. in officina libraria Joannis Caroli Vnckelii bibliopolæ, anno* 1623, 3 tom. en 1 vol. in-4. [2113]

Nous avions négligé jusqu'ici de parler de ce volumineux ouvrage, dirigé contre l'Eglise catholique et son chef spirituel, quoique Freytag lui ait consacré un assez long article dans ses *Analecta litter.*, p. 771-74 ; mais le trouvant décrit de nouveau et porté à 125 fr. dans le *Bulletin du Bibliophile* de M. Techener, mars 1857, p. 156 et suiv., nous ne pouvons nous dispenser d'en faire mention, et de dire, d'après Freytag, que l'auteur, caché sous le nom de *Erycus Rhonæus*, est Henri Orœus, pasteur de l'Eglise luthérienne d'Hanau. Le premier tome de son recueil a 14 ff. et 432 pp. ; le second, 12 ff. et 308 pp., et le troisième, 11 ff. et 322 pp. Un frontispice, encadré de vignettes gravées sur cuivre, se trouve en tête de chaque tome.

RHYTHMO (de) Græcorum liber singularis (a Guil. Cleaver). *Oxonii*, 1789, in-8. 6 à 9 fr. [12250]

RIANO (*Pedro* de). Romance del conde Alarcos. Voy. ROMANCE.

RIBADENEYRA (P. *Pedro*). Flos sanctorum, o libro de las vidas de los santos. *Madrid, Sanchez*, 1599-1601, 2 vol. in-fol. [22016]

Rhoer (*J.* de). De Templis Romanorum, 22646.
Ria (de). Palais de 64 fenêtres, 10508.
Riambourg (*J.-Bap.-Cl.* de). Œuvres philosoph., 3500.

Ouvrage célèbre, et qui a été souvent réimprimé. Une des dernières éditions est celle de *Madrid*, 1790, 3 vol. in-fol. Parmi les traductions françaises qui ont été faites des *Fleurs des vies des saints*, on distingue celle des PP. Gaultier et Bonnet, *Paris*, 1641, et aussi *Lyon*, 1666, 2 vol. in-fol., fig.

— LES VIES des saints et fêtes de toute l'année, par le R. P. Ribadeneira, traduction française revue et augmentée des fêtes nouvelles, des vies des saints et bienheureux nouveaux, par l'abbé E. Daras, T. V. *Arras et Paris*, L. *Vivès*, 1855-57, 12 vol. in-8., 48 fr. Réannoncé comme 2ᵉ édition corrigée et augmentée d'une table des matières, *Paris*, L. *Vivès*, 1858, 12 vol. in-8., 60 fr.; ou, 3ᵉ édition corrigée et augmentée d'une table des matières à l'usage des prédicateurs par Timoleon Vassel de Fauteneau en 112 pp.; *Paris*, L. *Vives*, 1862, 13 vol. in-8, 65 fr.

— Vida del P. Ignacio de Loyola, y de los padres Diego Laynez, v Francisco de Borja. *Madrid, Madrigal,* 1594, in-fol. [21892]

La Vie de S. Ignace du P. Ribadeneyra est moins estimée que celle qu'a donnée le P. Maffei; aussi Mich. d'Esne de Bétencourt a traduit en français cette dernière, *Douay*, J. *Bogard*, 1594, pet. in-8., de préférence à celle du jésuite espagnol; néanmoins il a traduit plus tard la *Vie du P. Jacq. Lainez*, Douay, Balth. Bellère, pet. in-8., et la *Vie du P. François de Borja*, ibid., 1596 et 1603, pet. in-8. (deux ouvrages de Ribadeneyra). — Nous citerons encore comme rare : *Vita Ignatii Loyolæ, libris V comprehensa, auctore P. Ribadeneira*, Neapoli, 1572, pet. in-8.; et aussi : *Vita beati Patris Ignatii Loyolæ, religionis Soc. Jesu fundatoris, ad vivum expressa ex ea quam P. Petrus Ribadeneyra olim scripsit*, Lutetiæ, 1612, in-4. obl., fig.; 23 fr. Renouard. N'oublions pas : *Las Obras del P. Pedro Ribadeneyra*, Madrid, Sanchez, 1605, 3 vol. in-fol.

— Bibliotheca scriptorum Societatis Jesu, opus inchoatum a P. Ribadeneira, anno 1602, continuatum a Phil. Alegambe usque ad ann. 1642; recognitum et productum ad ann. 1675, a Nath. Sotvello. *Romæ, de Lazaris Varesius*, 1676, in-fol. [31622]

Peu commun et assez recherché : vend. 25 fr. 50 c. salle Silvestre, en 1842; 32 fr. m. r. Labey; 29 fr. 2ᵉ vente Quatremère. — Il faut joindre à cet ouvrage :

BIBLIOTHECÆ scriptorum Societatis Jesu supplementa, auctore P. Caballero. *Romæ, Bourlie,* 1814 et 1816, in-4. de 307 et 128 pp. 15 fr. 5 c. Barbier. Ce livre est avantageusement remplacé par la *Bibliothèque des écrivains de la Compagnie de Jésus, ou Notices bibliographiques sur tous les ouvrages publiés par les membres de cette Compagnie, etc.*, par *Aug. et Alex. de Backer, de la même Compagnie*; Liége, Grandmon-Donder, 1853 et ann. suiv., gr. in-8. dont il paraissait 7 vol. en 1862, au prix de 9 fr. chacun. Cette dernière Bibliothèque pourrait encore être améliorée dans sa partie bibliographique.

— Historia eclesiástica del cismo del reino de Inglaterra. *Madrid*, 1786, in-4. 6 fr. [22472]

Imprimé pour la première fois à *Valence*, en 1588, et réimprimé la même année à *Anvers*, chez Plantin, in-8.

RIBADENEYRA (fray *Marcello* de). Historia de las islas del archipiélago y reynos de la Gran China, Tartaria, Cuchin-china, Malaca, Sian, Camboxa y Jappon, y de los religiosos descalços, de la orden de San Francisco, de la provincia de San Gregorio de las Philippinas. *Barcelona, Gabr. Graells*, 1601, pet. in-4. [28291]

Vend. 23 fr. de Fleurieu; 29 fr. Klaproth; 26 fr. 2ᵉ vente Quatremère.

RIBAS (P. *Andres-Perez* de). Historia de los triumfos de nuestra santa fe, entre gentes las mas barbares y fieras del Nuevo Orbe ; conseguidos por los soldados de la milicia de la compañia de Jesus, en las missiones de la Nueva España, refierense asi mismo las costumbres y supersticiones que usavan estas gentes, etc. *Madrid,* 1645, in-fol. [21590]

Cet ouvrage se rapporte principalement à la province de Cinaloa : vend. 22 fr. Gohier; 1 liv. 15 sh. Heber ; 24 fr. 50 c. Chaumette.

— CARTA de la muerte, y virtudes del P. Juan de Ledesma, que murio en Mexico el año 1636. *Mexico*, 1636, in-4. Cité par Antonio à l'article de notre auteur.

RIBAUT (*Jean*). Histoire mémorable du dernier voyage aux Indes, lieu appelé la Floride, fait par le capitaine Jean Ribaut. *Lyon, Jean Saugrain*, 1566, pet. in-8. de 56 pp. [21040]

Livre fort rare. L'auteur l'adresse à un de ses amis par une lettre datée de Dieppe, du 22 mai 1566, signée N. Le Challeux : ainsi ce doit être une réimpression de l'ouvrage dont nous avons parlé à l'article LECHALLEUX. — L'édit. de *Lyon* a été vendue 2 liv. 15 sh. Lang. — Il existe une traduction anglaise de cette relation, *London*, H. *Denham, for Tho. Hacket* (1566), pet. in-8. sign. A—D. par huit. — Pour une autre relation du même voyage, voyez LAUDONNIÈRE. — Nous citerons encore :

THE WHOLE and true discoverye of terra Florida, written in frenche by capt. Ribauld, and nowe newly set forthe in englische the XXX, of may 1563. *London, by Rouland Hall for Thomas Hacket*, in-16, de 23 ff., sign. —C7.

Traduction d'une autre relation que la précédente. L'original français doit être antérieur au 30 ma 1563, mais nous ne l'avons jamais vu.

RIBEIRO (*Ant.*). Bucolica de dez eglogas pastoris. *Lisboa*, 1586, in-8. [15353]

Ce poëte portugais, peu connu parmi nous, est, à ce qu'il paraît, différent d'Ant. Riheiro Chiado, autre poëte contemporain du premier, et dont les ouvrages ont été réimprimés à Lisbonne, en 1783, in-8. [15354]

RIBERA, marques de Tarifa (*Fadrique-*

Ribas (*P.-Diaz* de). Cordova, 26236.
Ribaud de La Chapelle. Dissertations sur l'origine des Francs, 23322.
Ribault. Décorations intérieures, 10055.
Ribbeck (*K.-G.*). Predigten, 1905.
Ribeira Chiado (*Ant.*). Obras, 15354.
Ribeiro (*J.-P.*). Jurisprud. de Portugal, 3004. — Indice de legislaç. portug., 3007. — Dissertações chronolog., 26271.

Henriquez). El viage que hizo a Jerusalem desde XXIV. de noviembre de MDXVIII. que salió de su villa de Bornos hasta XX. de Octubre de M. D. XX. que entró en Sevilla. *Lisboa, 1580, in-4.* [20540]

On trouve dans ce volume la description du même voyage, en vers héroïques, par Juan de la Enzine, qui fut le compagnon du marquis de Tarifa. — Voyez ENCINA.

— Este el libro es de el viage que hize F.-E. Rivera a Jerusalem, de todas las cosas que en el me pasaron desde que sali de mi casa de Bornos, miercoles 24 de noviembre de 1518 hasta 20 de Otubre de 1520 que entre en Sevilla, yo don Fadrique Enriquez de Rivera, marques de Tarifa. *Sevilla, 1606, in-4.*

Cette édition contient aussi le poëme de Encina. Vend. bel exempl. *mar. bl.* 2 liv. 9 sh. Heber, et 14 fr. 50 c. exempl. médiocre, Rœtzel.

Réimpr. dans la collection de Barcia, à Madrid, en 1733.

RIBERA (*Juan* de). Nueve Romances. (*sans lieu d'impression*), 1605, in-4. [15070]

Notre savant homonyme de Bordeaux, dans une notice curieuse sur les *Cancioneros de Romances*, qu'il a fournie au *Bulletin du Bibliophile* (XIIᵉ série, p. 845 et suiv.), a cité ce volume rare que nous ne connaissons pas, mais dont M. Wolf a fait usage pour l'édition de la *Primavera* donnée par lui en 1856 (voyez PRIMAVERA).

RIBERA(*Anastasio-Pantaleon*de). Obras poéticas ilustradas por D. Joseph Pellicer de Tovar, con la fabula de Ecco, por L. Tamayo Salazar. *Madrid, Fr. Martinez,* 1631 ou 1634, pet. in-8. [15255]

Réimpr. à *Saragosse, Dormer,* 1640, pet. in-8., et à *Madrid,* 1648, pet. in-12. L'édition de 1634, 6 fr. 20 c. Rodriguez; celle de 1640, 10 fr. Gohier.

RIBERA (*Jos.* de). Voy. RIVERA.

RIBEYRO (*Bern.*). Hystoria de Menina e Moca, por Bernaldim Ribeyro, agora de novo estampada e con summa diligencia emendada eassi algũas eglogas suas..... *En Ferrara,* 1554, pet. in-8. [17659]

« Ce Roman est (dit Simonde de Sismondi, *Littérature du midi*) le plus ancien ouvrage en prose portugaise dans lequel on ait cherché à relever ce langage et à lui faire exprimer des sentiments passionnés; mais ce n'est qu'un fragment, et l'auteur, qui a voulu y cacher ses propres aventures, s'est étudié à le rendre obscur. » Ribeyro vivait sous le règne du grand Emmanuel, de 1495 à 1521.

L'édition de 1554, dont nous venons de donner le titre, est fort rare, et il en a été vendu un bel exemplaire rel. en *mar. viol.* 80 fr. 50 c. en décembre 1822; 3 liv. 1 sh. *mar. r.* Hanrott; mais

elle en fait supposer une plus ancienne, qui n'est citée par aucun bibliographe : ni l'auteur du *Summario*, ni Antonio, n'ont même connu celle-ci. Le premier en indique une d'*Evora,* 1557, in-8.

— Historia de Menia e Moca, de nuo estampada...... e assi algũas eglogas suas. *Em Lisboa por Franc. Grafeo, a 20 de marco de* 1559, pet. in-8. de CLXXI ff. chiffrés, y compris le titre.

Édition rare que cite l'Académie de Lisbonne; il s'y trouve, comme dans celle de 1554, une longue églogue de Christoval Falçam, appelé *Christfal,* contemporain de Ribeyro; cette dernière pièce commence au verso du f. cxxxij et se termine au verso du f. cxxxxii; le surplus du volume est rempli par des poésies du même Falçam. Au verso du dernier f. se voit la marque et le nom de l'imprimeur, *Arnold Birckman.* Vend. 30 fr. De Bure. L'ouvrage a été réimprimé à *Evora,* 1578, à *Lisbonne,* chez *Crasbeeck,* 1645, et dans la même ville, 1785, pet. in-8. A la fin de cette dernière édition se trouvent cinq églogues, une romance, etc.: ainsi ce volume contient une bonne partie de ce qui nous reste de poésie portugaise avant le règne de Jean III. Selon le *Sommario,* les églogues de *Egestio, Dalio* et *Laureno* de Ribeyra, ont été impr. avec les *Rimas de Estevaõ Rodriguez,* à Florence, en 1623, in-8.

Ce que nous avons dit du contenu de l'édition de 1785 peut, à ce qu'il paraît, s'appliquer aussi à celle de 1554, qui a passé sous nos yeux, mais dont nous avons négligé de prendre la description.

RICARD (*Jean-Mar.*). Traité des donations entre vifs et testamentaires, avec les coutumes d'Amiens et de Senlis, commentées par le même, le traité de la révocation des donations par M*** et les nouvelles additions aux traités de Ricard, par Michel Duchemin. *Paris,* 1754, 2 vol. in-fol. 18 à 24 fr. [2780]

La dernière et la meilleure édition des œuvres de Ricard est celle de *Riom* et *Clermont-Ferrand,* 1783, 2 vol. in-fol., à laquelle sont jointes les remarques et les notes de Bergier, avocat. On la trouve difficilement, parce qu'une partie des exempl. ont été détruits pendant la révolution. Vend. 80 fr. en 1828.

— Coutume de Senlis, 2694.

RICARD (*Dominique*). La Sphère, poëme en VIII chants. *Paris, Leclère,* 1796, in-8. [14142]

Il a été tiré sur VÉLIN un exemplaire de ce livre, partagé en 3 vol. 50 fr. Chardin.

RICARD de Montferrand. Voy. MONTFERRAND.

RICAUD (*J.*). V. DISCOURS du Massacre.

RICAUD de Tiregale (*Pierre*). Médailles sur les principaux événemens de l'empire de Russie, depuis le règne de Pierre

Ribes (*F.*). Anatomie patholog., 6738. — Mémoires, 7438. — Hygiène thérapeutique, 7013.

Ribeyro. Histoire de Ceylan, 28210.

Ribeyro (*J.-Pinto*). Obras varias, 19278.

Ribier (*Guill.*). Lettres et mémoires, 24115.

Riblère (*M.*). Hist. de l'imprimerie dans l'Yonne, 31245.

Ricard (*S.*). Traité du Commerce, 4160.

Ricard (*J.-J.*). Magnétisme, 4310.

Ricardo (*D.*). Political economy, 4045. — Œuvres complètes, 4045.

le Grand jusqu'à celui de Catherine II. *Potsdam*, 1772, in-fol. fig. [27784]

10 fr. La Serna; 24 fr. Millin, et quelquefois moins.

RICAULT (*Paul*). Histoire de l'état présent de l'empire ottoman, trad. de l'anglois par Briot. *Paris, Seb. Mabre-Cramoisy*, 1670, gr. in-4. fig. de Séb. Le Clerc. 8 à 10 fr. [27871]

Vend. 28 fr., bel exemplaire, *mar. r.* La Valliere; 18 fr. *mar. bl.* F. Didot; et 22 fr. De Bure.
Réimprimé à Paris, 1670, in-12, avec les mêmes fig. Sur le titre du texte de l'original anglais, impr. à Londres, en 1668 et en 1670, in-fol., et en 1686, in-8., l'auteur de cet ouvrage, alors fort curieux, est nommé *Rycaut*.

— Histoire de l'état présent de l'empire Ottoman... traduit de l'anglois de M. Ricaut..... par M. Briot. *Jouxte la copie Amsterdam, Abrah. Wolfgank*, 1672, pet. in-12. fig.

On place, sans fondement, dans la collection elsevirienne deux éditions de cette histoire, *Amsterdam, Wolfgank*, 1670 et 1671, in-12, chacune de 498 pp., y compris les pièces limin. (sans compter 3 ff. de table); mais nous devons dire que l'édition de 1672 est augmentée d'une 2e partie, contenant : *Ambassade de Gaultier de Leslie à la Porte Ottomane*, et qui a 222 pp., plus les tables. Cette édition de 1672 étant impr. en plus gros caractères que les deux autres, a dans la première partie 726 pp., non compris les feuillets préliminaires. On y réunit ordinairement une autre pièce intitulée : *Journal de M. Colier, résident à la Porte pour messieurs les Estats généraux des Provinces-Unies* (sans lieu d'impression), 1672, de 96 pp., non compris 4 ff. prél., avec la Sphère sur le titre. Les trois ouvrages ci-dessus se trouvent réunis dans l'édition de *Cologne, Pierre du Marteau*, 1676, 3 tom. en 1 vol. pet. in-12, avec la Sphère sur le titre de la dernière partie. Aucune de ces quatre éditions n'est chère, mais la 3e (de 1672) nous paraît mériter la préférence. La traduction française du même ouvrage, par Bespier, *Rouen*, 1677, 2 vol. in-12, est préférée par beaucoup de personnes à celle de Briot, à cause des remarques qui l'accompagnent.
— Voy. KNOLLES.
— Eglise grecque, 21540. — Histoire de trois empereurs turcs, 27901.

RICCARDI. Galleria riccardiana, dipinta da Luca Giordano, pubblicata dal march. Franc. Riccardi-Vernaccia. *Firenze, Piatti*, 1822, in-fol. 24 à 30 fr. [9401]

Ces planches ont été gravées par Lasinio fils, sur les dessins de V. Gozzini, et sous la direction de P. Bonvenuti.

RICCATI (*Jacobo*). Le sue Opere. *Lucca*, 1761-75, 4 vol. in-4. 18 à 24 fr. [7834]

Vend. 30 fr. 50 c. Labey.

RICCATI (*Vincentii*) de usu motus tractorii in constructione æquationum differentialium commentar. *Bononiæ*, 1752, in-4. 12 à 15 fr. [7910]

22 et 25 fr. (deux exemplaires) Libri, en 1857.

— Institutiones analyticæ a Vinc. Riccato

et Hieron. Saladino collectæ. *Bononiæ*, 1765, 3 vol. gr. in-4. fig. [7916)

Vend. 20 fr. De Lalande; 30 fr. Labey; 70 fr. Libri, en 1857.
Réimprimé à *Milan*, 1775, en 3 vol. in-4. fig. Cette dernière édition coûtait 45 fr. en Italie.
— OPUSCULA ad res physicas et mathematicas pertinentia. *Luccæ*, 1757-72, 2 vol. in-4., fig. 12 à 15 fr. [7835]

RICCHI. Comedia di Agostino Ricchi, intitolata I Tre tiranni. *Vinegia, Bern. de Vitali*, 1533, pet. in-4., sign. a—qij. [16646]

Vend. 9 fr. Reina; en *mar. citr.* 40 fr. 50 c. de Soleinne, et 23 fr. 50 c. Baudelocque; en *mar. bl.* 15 fr. Libri; et un exemplaire tiré sur *pap. bleu* 47 fr. Nodier, en 1844.
Cette pièce a été jouée en présence de Charles-Quint, du Pape et du duc de Florence (voir le catal. de de Soleinne, IV, n° 4126, et celui de M. Libri (1847, n° 1898).

RICCHO (*A.*). Opera di Ant. Riccho napolitano, intitulata Fior di Delia. *Venetiis, Manfredo Bono da Monteferrato da Sustreco*, 1507, *al di xv del mese di marzo*, pet. in-8. de 68 ff. non chiffr., sign. A—P.

Première édition de ce recueil curieux, à la fin duquel se trouvent, sous le titre de *Farze*, deux pièces dramatiques peu connues : elle est en caractères ronds, et le titre en rouge. Vend. 71 fr. *mar. r.* Libri, en 1847.

— Opera de Aut. Riccho neapolitano, intitulata Fior de Delia, stampata nouamente. Sonetti, Capitoli, Epistole, Disperata, Egloga, Barzellete, Stramotti e farse. — *Impressum Venetiis per maestro Manfredo Bona da Monteferrato da Sustreco del* M. D. VIII. *Adi vu, del mese de Marzo*, pet. in-8. de 60 ff. non chiffr., sign. A—P., avec fig. sur bois. [14503]

Édition en caractères romains et avec un titre en rouge. Celle de Milan, 1518, pet. in-8. de 60 ff. non chiffrés, aussi en lettres rondes et sous le même titre que celle de 1508, porte la souscription suivante : *Impresso in Milano p Rocho τ fratello da Valle ad jnstantia de Miser Nicolo da Gorgonzala, nel anno... M. cccc. xvuj. Adi xvi de octobre*. Vend. 9 fr. La Valliere. — Il en existe une autre de Venise, Sessa, 1520, in-8.

RICCIO (*Giud. Gennaro*). Le Monete delle antiche famiglie di Roma, fino allo imperatore Augusto inclusivamente, co' suoi zecchieri, dette monete consolari, disposte per ordine alfabetico, ecc. *Napoli, Stamperia del Fibreno*, 1843, in-4. de VIII et 288 pp., plus 1 f. d'errata, et 72 pl. lithogr. 25 fr. [29805]

Seconde édition de cet ouvrage. La première, de Naples, 1836, in-4., est moins complète. La dernière a obtenu le prix de numismatique décerné tous les ans par l'Académie des inscriptions et belles-lettres.

Riccati (*Giord.*). Saggio sopra le leggi del contrapunto, 10149.

Ricci (*Ant.*). Le Arti et li artisti della Marca d'Ancona, 30017.

Le même prix a également été donné à une petite monographie de ce savant numismate, ayant pour titre :

LE MONETE attribuite alla zecca dell' antica città di Luceria, con un cenno della remota sua origine e grandezza. *Napoli*, 1846, in-fol. de 28 pp. avec 5 pl. Raoul Rochette en a rendu compte dans le *Journal des Savants,* août 1847. L'auteur a publié depuis :

REPERTORIO delle monete di città antiche. *Napoli,* 1852, in-4.

CATALOGO di antiche medaglie consolari e di famiglie romane. *Napoli*, 1855, in-fol. avec 6 pl. [29885]

RICCIO (*Michel*). Voy. RITIUS.

RICCIOLI. Il Vecchio geloso, comedia di Riccioli. *Viterbo, Girolamo Discepolo,* 1605, pet. in-12 de 192 pp., plus le titre et 2 ff. prélim. [16706]

Comédie des plus facétieuses, dans laquelle un des personnages se fait donner le *Catalogo di tutte le puttane del bordello con il lor prezzo.* L'exempl. porté dans le catal. de Soleinne, n° 4608, s'étant trouvé taché et imparfait, n'a été vendu que 3 fr. 75 c. — On cite une autre édition de Venise, 1606.

RICCIOLI (*Jo.-Bapt.*). Almagestum novum, astronomiam veterem novamque complectens. *Bononiæ, Benatius,* 1651, 2 vol. in-fol. fig. [8265]

Trésor d'érudition astronomique : vend. 38 fr. de Lalande ; 12 fr. Delambre.

— ASTRONOMIÆ reformatæ tomi II. *Bononiæ, Lenatius,* 1665, 2 tom. en 1 vol. in-fol. [8266]

Cet ouvrage important est plus rare que le précédent, auquel il fait suite : vend. 60 fr. De Lalande, 30 fr. Labey ; 79 fr. avec l'*Almagestum,* Anquetil, et quelquefois moins cher.

— GEOGRAPHIÆ et hydrographiæ reformatæ libri XII. *Bononiæ,* 1661, in-fol. 10 à 12 fr. [19608]

La réimpression faite à Venise, 1672, in-fol., a été vendue 12 fr. De Lalande..

— CHRONOLOGIA reformata et ad certas conclusiones redacta. *Bononiæ,* 1669, 3 tom. en 1 vol. in-fol. [21209]

Ouvrage assez estimé : 18 fr. De Lalande, et beaucoup moins cher depuis.

RICCIUS (*Barth.*). Bartholomei Riccii de imitatione libri tres... *Venetiis, apud Aldi filios,* 1541 et 1545, in-8. de 88 ff. [12054]

Deux éditions différentes qui n'ont pas une grande valeur. Un exemplaire de la seconde a cependant été vendu 120 fr., et revendu 71 fr. Libri, parce qu'il était en Gr. Pap. eu mar. r. par Bauzonnet. Le même traité a été réimprimé à Paris, chez Bern. Turrisan, *in Aldina Bibliotheca,* 1557, pet. in-12 de 103 ff. et un blanc.

Parmi les autres ouvrages du même auteur on distingue encore *Epistolarum familiarium libri VIII,* Bononiæ, 1560, in-8., et *Epistolarum alterius voluminis libri IV;* Ferrariæ, apud Valentem Panizzam, 1562, in-8. [18749]

Ce dernier recueil, exemplaire de dédicace à Alphonse d'Este, en Gr. Pap., dans une ancienne reliure en *mar.,* mais ayant le dos refait, 2 liv. 15 sh. Libri ; un autre exemplaire de dédicace au cardinal Louis d'Este, sur *pap. bleu,* dans son ancienne rel. en *mar. olive,* 2 liv. 19 sh. même vente ; autrement ces lettres ont peu de valeur.

RICCIUS (*Barth.*). Vita Jesu-Christi, ex verbis evangeliorum in ipsismet concin-

nata. *Romæ, Zanettus,* 1607, gr. in-8. [306]

Ouvrage orné de 160 pl. assez mal gravées : vend. 8 fr. By, et plus cher depuis.

— Triumphus Jesu Christi crucifixi. *Antuerpiæ,* 1608, in-8. fig. d'Adr. Collaert. 15 à 20 fr. [22038]

Les figures, au nombre de 70, sont imprim. au recto de chaque feuillet ; elles représentent les martyrs de chaque mois, qui ont été crucifiés comme Jésus-Christ. Vend. 19 fr. *mar. r.* La Vallière ; 45 fr. première vente Duplessis, et revendu 26 fr. Baudelocque.

RICCIUS (*Aug.-Mar.*). Dissertationes homericæ ; acced. ejusdem orationes pro solemni instauratione studiorum. *Florentiæ,* 1740-41, 3 part. in-4. 12 à 15 fr. [12331]

RICCIUS (*P. Matth.*). Voy. TRIGAULT.

RICCOBONI (*Louis*). Histoire du théâtre italien depuis la décadence de la comédie latine, avec un catalogue des tragédies et comédies italiennes imprimées depuis l'an 1500 jusqu'en 1660, et une dissertation sur la tragédie moderne. *Paris, Pierre Delormel,* 1728, gr. in-8. [16600]

Ce volume est orné d'un frontispice gravé et de 18 pl. gravées par Joullain, d'après Watteau, représentant les divers costumes de caractère des acteurs du théâtre italien. 10 fr. de Soleinne, 24 fr. en 1862, et quelquefois moins.

— Réformation du théâtre, 16199. — Observations sur Molière, 16451.

RICCOBONI (*Marie* Laboras de Mézières). OEuvres complètes. *Paris, Foucault,* 1818, 6 vol. in-8. fig. 24 fr. et plus en pap. vél. [17234]

Cette édition est plus belle que celles de *Paris,* 1786 ou 1790, 8 vol. in-8. fig. — Le même recueil a été réimprimé à *Paris,* en 1809, 14 vol. in-18, pap. vél.

— LETTERE di miladi Catesby a miladi Campley, sua amica, tradotte dal francese per la signora presidente di Gourgue. *Cosmopoli (Parigi, nella stamp. di L.-Fr. Delatour),* 1769, in-8.

Édition tirée à 12 exemplaires et distribuée en présents : 7 fr. 50 c. Delatour.

— Nouveau théâtre anglais, 16868.

RICCOBONUS (*Antonius*). Paraphrasis in Rhetoricam Aristotelis, interjectisrerum difficiliorum explicatione et collata ipsius Riccoboni multis in locis conversione cum Maioragii, Sigonii, Victorii, Mureti conversionibus : ad editionem hanc accesserunt librorum primi secundique M.-A. Mureti summæ breviores. *Lond., Bothe,* 1822, in-8. 7 sh. [12016]

Réimpression d'un ouvrage qui date de la fin du XVIe siècle, et qui avait déjà été reproduit à Oxford, en 1819, in-8.

RICCORD (Flota kapitan). Zapiski o pla-

Riccobaldi (*Gius.-Mar.*). Dissertazione, 25492.

vanii k Japons'kim beregam. Mémoires d'un voyage aux côtes japonaises, en 1812 et 1813, et sur les relations que l'on a eues à cette occasion avec les Japonais. *St-Pétersb., Gretsch*, 1851, in-8. [20768]

Il y a une première édition de 1816, in-4., sortie des presses de la marine, à St-Pétersbourg.

RICETTARIO fiorentino. *Firenze, eredi di Bern. Giunti*, 1567, in-fol. 8 à 12 fr. [7667]

Belle édition de la Pharmacopée composée par le collége des médecins de Florence, et qui est citée comme texte de langue dans le Vocabulaire de La Crusca. L'ouvrage a été réimprimé à Florence, en 1573 (à la fin 1574), 1623, 1670 et 1696, in-fol.; et chacune de ces éditions, dont le prix est à peu près le même, contient des augmentations.

La première édition est un in-fol. à 2 col. en caractères romains portant ce titre en lettres capitales : *Nuovo Receptario composto dal ‖ famosissimo chollegio degli ‖ eximii doctori della ar ‖ te et medicina della inclita cip‖ta di Firenze* (et à la fin): *Impresso Nella inclyta Compagnia del Dragho adi.* XXI *di Gênho* MCCCC. LXXXXVIII. *Ad instantia delli signori Chonsoli della uniuersita degli speciali.* Elle a quelquefois été annoncée sous la date de 1490. L'édition de *Florence, Torrentino*, 1550, in-fol., n'est guère moins rare que la première, mais elle fourmille de fautes.

RICH (*Jer.*). Psautier en caract. cursifs. Voy. PSALTERIUM (col. 929 du présent volume).

RICH (*C.-J.*). Narrative of a residence in Koordistan, and on the site of the ancient Nineveh, with journal of a voyage down the Tigris to Bagdad, and an account of a visit to Sherauz and Persepolis. *London*, 1836, 2 vol. in-8. fig. 12 à 15 fr. [20491]

— NARRATIVE of a journey to the site of Babylon, in 1811, by Rich, with a new edition of his two mémoirs on the ruins of Babylon, and a narrative of a journey to Persepolis. *London*, 1839, in-8. fig. 9 à 12 fr. [20490]

Les deux mémoires sur les ruines de Babylone, compris dans le volume ci-dessus, avaient d'abord été imprimés à Londres en 1815-16, et réimprimés en 1818, in-8., avec fig. Il en existe une traduction française sous ce titre :

VOYAGE aux ruines de Babylone, trad. de l'anglais, avec des notes, par M. J. Raymond. *Paris*, 1818, in-8. fig.

RICH (*O.*). Bibliotheca americana nova, a catalogue of books relating to America, in various lenguages, including voyages to the Pacific and round the world, and collections of voyages and travels, printed since the year 1700 ; compiled principally from the works themselves, by O. Rich. *London, Rich* (1835)-1846, 2 vol. in-8. [31786]

Le premier de ces deux volumes forme 517 pp., y compris un suppl. impr. en 1841 qui occupe les pages 425 à 517. Il n'en a été tiré que 250 exempl., dont 150 pour l'Amérique et 100 pour l'Europe, en sorte qu'il se trouve difficilement. Le second volume a 412 pp., plus 16 et 8 pp. Il donne la liste des livres imprimés jusqu'en 1844 ; il faut y joindre :

PART. I. Of Rich and sons' Catalogue for 1848, containing near two thousand books, relating principally to America, now in sale at n° 12 Red Lion Square, in-8.

O. Rich avait p"blié précédemment : *Catalogue of books relating principally to America, arranged under the years in which they were printed, from* 1500 *to* 17 00. London, 1832, in-8. de 129 pp.

RICH (*Anthory*). Illustrated companion to the latin di ;tionary and greek lexicon. *London, Lo.gman*, 1849, gr. in-8. 21 sh. [29128]

DICTIONNAIRE des antiquités romaines et grecques accompagné de 2,000 grav. d'après l'antique représentant tous les objets de divers usages d'art et d'industrie des Grecs et des Romains. Trad. de l'anglais sous la direction de M. Chéruel. *Paris, Firmin Didot*, 1859, pet. in-8. 10 fr.

RICHA (*Giuseppe*). Notizie istoriche delle chiese fiorentine, divise nei suoi quartieri. *Firenze*, 1754-62, 10 vol. in-4. fig. [21478]

Vend. 55 fr. Floncel; 30 fr. Millin; 46 fr. Hurtault; 27 fr. Boutourlin.

RICHARD (le pèlerin). La Chanson d'Antioche, composée au commencement du XIIe siècle, par le pèlerin Richard, renouvelée sous le règne de Philippe Auguste, par Graindor de Douay, publiée pour la première fois par Paulin Paris. *Paris, Techener*, 1848, 2 vol. pet. in-8. 16 fr. [13195]

La Chanson d'Antioche est la partie la plus ancienne et la seule réellement historique de cette réunion de poëmes qui forme la légende du Chevalier au Cygne, dont M. de Reiffenberg a publié la première branche en 1846. Voyez sur ces poésies l'*Histoire littér. de la France*, XXII, pp. 357, 391 et 402.

RICHARD le Pèlerin. — La Chanson d'Antioche composée au XIIe siècle, publiée par M. Paulin Paris ; traduite par la marquise de Sainte-Aulaire. *Paris, Didier*, 1862, gr. in-18 de XVII et 452 pp.

RICHARD (*Jean*). Lestrille du seigneur des Discords ; par Jean Richard Dijonnois. *En Anvers, par Jean Colin*, 1589, in-8. de 62 pp. [13856]

Vend. 40 fr. salle Silvestre, en 1843.

Satire en vers contre le seigneur des Accords (Etienne Tabourot), qui, dans un de ses écrits, avait maltraité l'auteur. A la fin se trouvent plusieurs épigrammes en grec et en latin. Ce petit volume est rare, et même Papillon n'en a pas parlé dans sa Bibliothèque des auteurs de Bourgogne, où il cite plusieurs autres ouvrages de J. Richard, et notamment l'article suivant :

Richard (*R.*). Parallèle du cardinal de Ximenès et du cardinal de Richelieu, 23707. — Vie du P. Joseph, 23709-10. — du cardinal de Richelieu et du cardinal de Mazarin, 23765.
Richard (l'abbé). Description de l'Italie, 25214.
Richard (*J.-P.*). Sermons, 1477.

Riccy (*G.-A.*). Dell' antico pago Limonio, 25611. — Memorie della città di Alba-Longa, 25612.
Ricerche critiche sull' agostaro di Federigo II, 25297.

JOAN. RICHARDI antiquitatum divionensium, et de statuis Divione repertis in collegio Godraniorum, liber; ad Joan. Patouilletum... *Parisiis, Linocerius,* 1585, in-8. de 96 pp.

RICHARD of Cirencester. The Description of Britain, translated from Richard of Cirencester : with the original treatise De situ Britanniæ; and a commentary on the Itinerary. *London, Withe,* 1809, in-8. [26723]

Bonne édition donnée par M. H. Hatcher, de Salisbury : 8 à 10 fr., et plus en Gr. Pap.

RICHARD of Devizes', Chronicle of the deeds of king Richard I, and Richard of Cirencester's Description of Britain, translated and edited by Dr. Giles. *London,* 1841, in-8.

RICHARD (*Ch.-Louis*). Bibliothèque sacrée ou Dictionnaire universel historique, dogmatique, canonique, géographique et chronologique des sciences ecclésiastiques, par les PP. Richard et Giraud, dominicains; réimprimée avec des additions et corrections, par une société d'ecclésiastiques. *Paris, Méquignon fils aîné,* 1822-27, 29 vol. in-8. 150 fr. [1149]

Édition d'un usage plus commode que celle de Paris, 1760, en 6 vol. in-fol.
L'*Analyse des conciles* par le même auteur, *Paris,* 1772-77, 5 vol. in-4., est assez recherchée : 30 à 40 fr. [777]

RICHARD de Romany. Voy. DRACHIER.

RICHARD de Sainte-Anne. Voy. SAINTE-ANNE.

RICHARD (*L.-C.*). Commentatio botanica de coniferis et cycladeis, characteres genericos singulorum utriusque familiæ et figuris analyticis eximie ab autore ipso ad naturam delineatis ornatos complectens. Opus posthumum ab Achille Richard filio perfectum et in lucem editum. *Stuttgardiæ, sumptibus J.-G. Cottæ, ex typographia Pauli Renouard parisini,* 1826, gr. in-4. de 212 pp., avec 30 pl. (texte en lat. et en franç.). 36 fr., et plus en pap. vél. [5515]

Voir sur cet ouvrage le *Journal des Savants,* 1827.

RICHARD (*Achille*). Tentamen Floræ Abyssiniæ, seu enumeratio plantarum hucusque in plerisque Abyssiniæ provinciis detectarum. *Paris., Arth. Bertrand* (1838-43), 2 vol. in-8. et atlas in-fol. de 102 pl. [5253]

Cette Flore a coûté 270 fr. — 150 fr. de Jussieu.

Richard (*W.*). History of Lynn, 27267.
Richard (*T.*). Législation des mines, 2937. — Etudes, 4763.
Richard. Hist. des diocèses de Besançon et de Saint-Claude, 21462.
Richard (*Th.*). Aide-mémoire des ingénieurs, 8800.
Richard du Cantal. Dictionnaire d'agriculture, 6291.

— FLORÆ Senegambiæ tentamen. Voy. GUILLEMIN (*J.-A.*).
— Histoire naturelle médicale, 4466. — Eléments de botanique, 4826. — Botanique médicale, 5548.

— Voy. RICHARDUS.

RICHARD sans peur. Sensuyt le Ro‖mãt de richart ‖ filz de Robert ‖ le diable qui fut Duc de ‖ Normendie. (*sans lieu ni date*), pet. in-4. de 12 ff. sign. a—c, à 37 lignes par page. [13582]

Poëme peu connu, dont la Bibliothèque impériale possède un bel exemplaire. Le titre porte une fig. sur bois représentant Robert à cheval; et au verso commence le poëme, de cette manière :

B. Onnes gẽs q̃ a uez ouy ð mãĩt
histoire
Sa moy escouter voules mettre memoire
Je vous en diray vne q̃ est et belle z voire

Le verso du dernier f. ne contient que 11 vers, et les mots *Amen.* FINIS.

L'ouvrage paraît avoir été écrit avant le XVe siècle, mais l'édition est du commencement du XVIe. — Réimpr. dans la collection in-16 de M. Silvestre (voy. COLLECTION).

RICHARD sans peur. Sensuit le rõmant de Richart sans paour duc de normãdie, leq̃l fut filz de Robert le dyable et fut p̃ sa prudence roy Dangleterre lequel fist plusieurs nobles cõquestes et vaillãces Imprime nouuellement a Paris. (à la fin) : *Imprime a Paris par Alain lotrian et Denis ianot Imprimeurs et libraires demourãs en la rue neufue nostre Dame a lenseigne de lescu de France.* (sans date), in-4. goth. de 24 ff. longues lignes, sign. A—E; sur le titre la fig. de Richard à cheval. [17100]

Édition la plus ancienne que nous connaissions de ce roman célèbre ; elle n'est cependant pas antérieure à 1530.

On lit à la fin du prologue (verso du premier feuillet) : *Lequel a este nouuellement translate de vieille rime en prose,* et au dernier feuillet au-dessus de la souscription : *Je Gilles corrozet et simple translateur de ceste hystoire prie a tous lecteurs quilz veuillent supporter les faultes qui y seront trouuees, car il eut este impossible de le translater nettement pour le lengaige corrompu dont il etoit plain.* L'exemplaire, vendu seulement 15 fr. chez Méon, se payerait vingt ou trente fois plus cher aujourd'hui.

— Histoire de Richard sans peur... *nouuellement imprime a Paris par Simon Caluarin rue Saint Jacques*(sans date), in-4. goth. à longues lignes.

L'exemplaire de cette édition qui n'avait été vendu que 14 fr. chez Lauraguais, en 1770, a été payé jusqu'à 21 liv. 10 sh. (*mar. r.* rel. de Lewis) chez R. Heber, et 260 fr. chez le prince d'Essling.

— Histoire dv Redovte Prince Richard sans Pevr, duc de Normandie : lequel fut filz de Robert surnommé le Diable, et par sa proësse et prudence Roy d'Angleterre. *Paris, par Nicolas et Pierre*

Bonfons, etc. (sans date), pet. in-4. de 20 ff. à 2 col., caract. rom., sign. A—E, fig. sur bois.

Édition de la fin du XVIe siècle. Il est probable qu'il en existe une plus ancienne, publiée chez Jean Bonfons. Celle que nous venons de décrire se trouve quelquefois reliée avec l'*Histoire de Robert le diable*, donnée par les deux mêmes libraires.

— **La même.** *Lyon, Barth. Ancelin,* 1601, in-8. lettres rondes. 23 fr. d'Essling.

Nous nous dispenserons d'indiquer les éditions de ce roman qui ont été imprimées à Troyes, et qui appartiennent à la Bibliothèque bleue.

RICHARD cure du Lyon. Voy. RYCHARD.

RICHARDOT (*François* de). Le Sermon funèbre fait devant le roy, par messire François Richardot, evesque de Nicopole, et suffragant d'Arras ; aux obseques de l'empereur Charles cinquiesme, célébrées à Bruxelles en la grande église de Ste Gudule... = Autre sermon fait devant le roy, par icelluy Richardot aux obseques de la royne Marie douairière de Hongrie, Bohême, etc. Encores, un autre sermon fait par le susdit Richardot deuant le duc de Savoye, aux obseques de la royne Marie d'Angleterre. *Anvers, Christophe Plantin,* 1559, pet. in-fol. [12187]

Opuscule fort rare contenant trois sermons qui occupent ensemble 26 feuillets, non compris le titre.

— Les deux sermons francois et latin faicts par M. le reverendissime evesque d'Arras messire Franchois Richardot, et par luy prononciés à Douay à la solennité celebrée au dict lieu pour le commencement de la nouvelle université. *A Cambray, par Nicolas Lombard imprimeur, An M. D. lxij,* in-4. de 24 ff., lettres ital.

Cette édition est fort rare, mais le sermon latin qu'elle renferme a été réimprimé dans le recueil intitulé :

REV. et eloquentissimi viri D. Franc. Richardoti Atrebatensium episcopi orationes, edente Franc. Schotto. *Duaci, Car. Boscard,* 1608, in-4. de 4 et 96 pp. [12170]

Dans ce recueil se trouvent trois discours, dont le premier avait déjà paru sous le titre suivant :

ORATIO habita in sessione octava sacrosancti concilii œcumenici Tridentini per rev. D. Franc. Richardotum. *Duaci, Jac. Boscard,* 1563, in-4. de 6 ff. non chiffrés.

A ces trois discours est jointe l'oraison funèbre de l'auteur, par Th. Stapleton, prononcée à Douai, au mois d'août 1574.

— Quatre sermons du sacrement de l'autel et un des images. *Louvain,* 1567, in-8.

Catalogue de Muette de Cambray, n° 1523.

Ainsi qu'on l'a fait remarquer dans la *Bibliographie douaisienne* (p. 4), les sermons de Fr. Richardot sont dignes de la réputation de cet évêque, qui passait avec raison pour un des hommes les plus savants et les plus éclairés de son temps. On y trouve des beautés très-remarquables dans un orateur. C'est donc leur valeur réelle, encore plus que leur grande rareté, qui nous a déterminé à les indiquer ici avec plus de détail qu'on ne l'avait fait encore.

— DEUX ORAISONS funebres faictes en la ville de Bruxelles en la chappelle du palais en présence de monseigneur le duc d'Alve, les IIII et V jours de janvier M. D. LXIX. aux exeques des royne et prince d'Espagne. *Anvers, de l'imprim. de Christ. Plantin,* 1569, pet. in-8. de 130 pp.

L'oraison funèbre d'Elisabeth de France, reine d'Espagne, a été réimprimée à *Lyon,* en 1569, pet. in-8.

— SERMON faict en l'église cathédrale d'Anvers, en présence du duc d'Alve, le XXIIe jour de la publication des pardons de leurs sainte et majesté royale catholique. *Anvers, Christ. Plantin,* 1570, pet. in-8. de 35 pp., plus un feuillet pour le privilége. [1443]

Autre opuscule rare, comme le sont également les ouvrages suivants du même prélat :

INSTRUCTION par maniere de formulaire pour les pasteurs et curés de la province de Cambray, sur les matières controverses (*sic*) entre les ecclesiastiques et les sectaires. *Arras et Douay, Louis de Winde,* 1567, pet. in-8.

DISCOURS tenu entre messire Francoys Richardot, évesque d'Arras, et ung prisonnier au lieu de Douay, sur aulcuns principaux poinctz de la religion, recueilly et mis au net par ledict sieur évesque. *Louvain, Jean Bogard,* 1568, in-8. (Le catal. Major donne à ce livre la date de 1567.)

Ni la Croix du Maine, ni Du Verdier n'ont connu les ouvrages ci-dessus ; mais ce dernier (et après lui M. Weiss) en a cité plusieurs autres de notre Fr. Richardot, savoir :

LES COLLECTES des dimanches et principales festes de l'église, mises en prose et en rime françoise... *Douay, Loys de Winde,* 1572, in-8.

SIX SERMONS sur l'explication de l'Oraison dominicale, et quatre sur l'incarnation de J.-C. *Anvers,* 1572 et 1573, pet. in-8.

— LA REIGLE et guide des curez, vicaires et tous recteurs des églises parochiales, en ce qui appartient au devoir de leur charge, et plusieurs choses concernantes leur office, et principalement touchant l'administration des sacrements, par François Richardot, évêque d'Arras. *Paris, Nic. Chesneau,* 1564, in-8.

Selon La Croix du Maine, ce dernier ouvrage avait déjà été imprimé à Anvers, chez Plantin, en 1564, in-8. Il a été réimpr. depuis à *Bourdeaux, chez Sim. Millanges,* en 1574, pet. in-8.

Dans une note sur l'article Fr. Richardot, de La Croix du Maine, l'éditeur de ce bibliographe cite une oraison funèbre de Henri II, roi de France, prononcée à Gand par l'évêque d'Arras.

RICHARDS (*Thomas*). Antiquæ linguæ britannicæ thesaurus ; being a british or welsh-english dictionary : to which is prefixed a compendious welsh grammar. *Bristol,* 1753 and 1759, in-8. 10 à 12 fr. [11353]

RICHARDSON (*Samuel*). Works, with a sketch of his life and writings by E. Mangin. *London, Miller,* 1811, 19 vol. pet. in-8. 75 à 90 fr.

Richardot (le colonel). Mémoires sur l'armée française en Egypte, 8764.

Richardson. Traité de la peinture, 9247.

On a fait une édition des mêmes œuvres en 19 vol. gr. in-8.

— PAMELA, or the virtue rewarded. *London*, 1742 or 1771, 4 vol. in-8. 15 à 20 fr. [17724]

Les éditions en 4 volumes in-12 valent 10 ou 12 fr. Celles de *Londres*, 1796, gr. in-8. en petits caractères, se vendent de 5 à 6 fr.

La traduction française abrégée de ce roman, par l'abbé Prévost, est en 4 vol. in-12.

— HISTORY of sir Ch. Grandison. *London*, 1754. 6 vol. in-8. or 1770, 7 vol. in-8. 24 à 30 fr. [17726]

Les éditions en 7 volumes in-12 : 18 à 24 fr. Celle de *Londres*, 1796, grand in-8. fig., petits caract. : 5 à 6 fr.

L'abbé Prévost a donné de ce roman une traduction française abrégée, en 4 vol. in-12.

— HISTORY of miss Clarissa Harlowe. *London*, 1751, 7 vol. in-8. or 1774, 8 vol. in-8. 30 à 40 fr. [17725]

Il y a plusieurs éditions de cet excellent roman en 8 vol. in-12, qui valent de 24 à 30 fr. — Celle en 2 vol. in-8., petits caractères, est mal imprimée : 10 à 12 fr.

— CLARISSE Harlowe, trad. de l'anglais par Letourneur, avec les fig. de Chodowiecki. *Genève*, 1785, 10 vol. in-8.

Traduction entière : 30 à 40 fr. — Pap. de Hollande, 50 à 60 fr. : vendu en *mar. r. tab. dent.*, 183 fr. Mérigot.

Les autres éditions de cette traduction en 14 vol. pet. in-12 ou in-18, n'ont qu'un prix ordinaire.

On recherche moins la traduction de l'abbé Prévost, en 7 vol. in-12 ou en 11 vol. in-18, parce qu'elle est fort abrégée.

— CLARISSE Harlowe; par M. Jules Janin, précédée d'un essai sur la vie et les ouvrages de l'auteur de Clarisse Harlowe, Samuel Richardson. *Paris, Amyot*, 1846, 2 vol. in-12. 7 fr.

Autre abrégé que recommande le nom de son rédacteur.

— CORRESPONDENCE of S. Richardson with his friends, and account of his life by mistriss Barbault. *London*, 1804, 6 vol. pet. in-8. fig., 24 à 30 fr. [18915]

Ces lettres du célèbre auteur de Clarisse étaient restées inédites.

RICHARDSON (*John*). Dissertation on the languages, literature and manners of eastern nations. *Oxford*, 1778, in-8. 6 à 9 fr. [11477]

Cette dissertation a paru d'abord à la suite du Dictionnaire persan, arabe et anglais du même auteur, en 1777 ; ensuite elle a été réimprimée dans les autres édit. de ce Dictionnaire, avec la 2ᵉ part. dont est augmentée l'édition séparée que nous citons.

— Grammar of the arabic language, in which the rules are illustrated by authorities from the best writers. *London*, 1810, in-4. 15 sh. [11597]

Les éditions antérieures à celle-ci conservent encore quelque valeur.

— Dictionary persian, arabic and english, arabic and persian; new edition with numerous additions and improvements by Ch. Wilkins. *London*, 1806-10, 2 vol. gr. in-4. 120 fr., et plus en pap. impér. [11665]

Seconde édition de ce savant et utile Dictionnaire,

un des meilleurs que l'on ait eus pendant longtemps pour les langues persane et arabe. La première, imprimée à Oxford, *at Clarendon press*, 1777-80, en 2 vol. in-fol., est moins chère que celle-ci, 37 fr. de Sacy ; 33 fr. 3ᵉ vente de Quatremère. Les exemplaires datés de 1800 appartiennent à l'édition de 1777, pour laquelle on a seulement réimprimé quelques feuilles qui manquaient dans le premier volume.

La troisième édition, *new considerably enlarged by Francis Johnson*, London, Parbury, etc., 1829, gr. in-4. en un seul volume, coûtait 9 liv. 9 sh. (156 fr. de Sacy ; 73 fr. Quatremère); elle a fait tomber sensiblement le prix des deux précédentes. — Voy. HOPKINS.

RICHARDSON (*Jonathan*). Works, intended as a supplement to Walpole's anecdotes of painters, published by Jos. Reynolds. *London*, 1792, in-4. fig. 15 à 20 fr. [31092]

RICHARDSON (*George*). Iconology; or a collection of emblematical figures, moral and instructive, containing four hundred and twenty four remarkable subjects... with explanations from classical authorities. *London*, 1777-79, 4 tom. en 2 vol. gr. in-4. 30 à 40 fr. [9177]

RICHARDSON (*George*). Nouveaux dessins d'architecture, ou plans, élévations et coupes de divers bâtimens, compris en XLIV planches. *Londres*, 1792, in-fol. 20 à 24 fr. [9990]

— COLLECTION of chimney-pieces, ornamented in the style of the etruscan, greek, and roman architecture, with descriptions in english and french. *London*, 1781, in-fol. with 36 pl. 15 à 20 fr. [10053]

— The NEW Vitruvius britannicus, or plans and elevations of modern buildings public and private, erected in Great Britain by the most celebrated architects. *London, Bulmer*, 1802, in-fol. avec 72 pl. [9992]

Vend. 30 fr. Hurtault.

Le même ouvrage, avec des descriptions en anglais et en français. *Londres*, 1808-10, 2 vol. gr. in-fol., avec 142 pl. 4 liv. Catalogue Bohn.

On a du même Richardson: *A Treatise of the five orders of architecture*, London, 1787, in-fol. avec 22 pl.

RICHARDSON (*John*). Fauna boreali-americana, or the Zoology of the northern parts of british America, containing descriptions of the objects of natural history collected on the late northern land expeditions, under command of capt. John Franklin; by John Richardson, assisted by W. Swainson, and the rev. W. Kirby, illustrated with numerous plates. Part I. containing the quadrupeds. *London, J. Murray*, 1829, in-4., avec 28 pl. de Th. Landseer, 1 liv. 11 sh. 6 d. [5640]

La deuxième partie a pour titre :

ZOOLOGY of North America. Part II. containing the birds, with fifty coloured engravings, drawn on stone, by W. Swainson, and numerous woodcuts. *London, Murray*, 1831, in-4. 1 liv. 4 sh.
La 3ᵉ partie (*the fishs*) a paru en 1836, et la 4ᵉ partie (*the insects*) en 1837, gr. in-4. Prix : 1 liv. 4 sh. et 1 liv. 7 sh. — Voy. KIRBY.

— Zoology of capt. Beechey's voyage, compiled by J. Richardson, N.-A. Wigors, G.-T. Lay, E.-T. Bennett, etc. *London, H.-G. Bohn*, 1839, in-4. avec 47 pl. color. 5 liv. 5 sh. [5641]

— ZOOLOGY of the voyage of the Herald, under the command of capt. Kellett, during the years 1845-51, by sir J. Richardson; edited by profess. Edw. Forbes. *London, Reeve*, 1852, gr. in-4., fig.
Publié en 3 part. : 1° *Fossil Mammals*, 15 doubles pl., 21 sh. — 2° *Fossil Mammals*, 10 pl., 10 sh. 6 d. — 3° *Reptiles and Fishes* , 10 pl., 10 sh. 6 d.
La Botanique qui dépend du même voyage est du Dʳ Berthold Seemann. On l'a publiée aussi par cah. gr. in-4. de 20 pl. au prix de 10 sh. chacun.

— Zoology of the voyage of the Samarang; Fishes, 5641.

RICHARDSON (*Charles*). New dictionary of the english language containing explanations with etymology, and illustrated by cotations from the best authorities. *London, Pickering*, 1844 (aussi 1853), 2 vol. in-4. [11331]

Ce Dictionnaire ne renferme que les mots considérés comme étant purement anglais, lesquels sont distribués par racine. Les citations y sont nombreuses et par ordre chronologique. 3 liv. 10 sh. — Le même Dictionnaire abrégé, *Londres*, 1855, in-8. 18 sh. — Ch. Richardson est l'auteur d'un examen critique du Dictionnaire anglais de Sam. Johnson, morceau qui fait partie de son *Illustration of english philology*, Lond., 1815, in-4. [18381]

RICHARDSON (*C.-J.*). Architectural remains of the reigns of queen Elizabeth and king James I, from accurate drawings and measurement taken from existing specimens. *London*, 1840, gr. in-fol. [9985]

Trente-deux belles lithographies : 2 liv.
On a du même artiste :
OBSERVATIONS on the architecture of England, during the reigns of Elizabeth and James I. 1837, gr. in-4., avec 57 pl. 1 liv. 10 sh. [9984]
STUDIES from old english mansion, with their fourniture, gold and silver plate, etc. *London*, 1841-48, gr. in-fol. Quatre séries contenant ensemble 140 lithographies teintées, ou en partie coloriées. Le prix qui était de 14 liv. 14 sh. a été réduit à 6 liv. 6 sh.
STUDIES of ornamental design. *London*, 1851, gr. in-fol. Vingt lithographies en partie coloriées, 2 liv. 2 sh.

RICHARDSON. Monastic ruins of Yorkshire, with description by archid. Churton. *York*, 1843-52, gr. in-fol. pl. lith. teintées. [10006]

Publié en 8 parties, 6 liv. 10 sh.

RICHARDSON (*A.*). Newcastle Reprints of rare tracts, and imprints of ancient mss., etc., edited with notes by M.-A. Richardson. *Newcastle upon Tyne* , 1844, etc., 7 vol. in-8. [19458]

Cette collection, due aux presses de M.-A. Richardson, n'a été tirée qu'à cent exemplaires. Elle est portée à 7 liv. 7 sh. sous le n° 9887 du catal. Willis et Sotheran, 1862.

RICHARDUS. D. Richardi a sancto Laurentio qui ante quadringentos annos floruit de laudibus B. Mariæ Virginis libri XII, mira pietate ac eruditione referti : accesserunt simili argumenti S. Anselmi cantuariensis archiepiscopi oratio ad B. Virginem sive meditatio de laude meritorum ejusdem, omnia ex mss. nunc primum edita ; unacum B. Hildephonsi archiep. toletani libris duobus de perpetuo virginitate ac parturatione B. Mariæ et sermonibus de eadem ; item D. Amedei episc. Lausaniæ de Maria virginea matre homiliis octo recognita. *Duaci, typis Jo. Bogard*, 1625, in-4. de 8 ff., 7 pp. et 1615 col. [1218]

Recueil peu commun.

RICHARDUS archiepiscopus Armach. Voy. RADULPHUS.

RICHARDUS a Sancto Victore. Opera, accurate castigata et emendata, cum vita ipsius antehac usquam edita. *Rothomagi, Berthelin*, 1650, in-fol. 15 à 20 fr. [1129]

Édition préférée à celle de Cologne, 1621, in-4., laquelle a été précédée par une édition de Paris, *Jean Petit*, 1518, 2 tom. in-fol. goth., dont la Bibliothèque impériale possède un exemplaire imprimé sur VÉLIN, ainsi que de l'article suivant :
DE SUPER divina trinitate theologicum opus hexade librorum distinctum et capitum XV decadibus : adjunctus est commentarius. 1510 (*Parisiis*) *ex officina Henr. Stephani*, pet. in-4. de 200 ff. chiffrés et 6 ff. non chiffrés.
Un exemplaire impr. sur VÉLIN, 80 fr. La Vallière; 118 fr. Mac-Carthy.

RICHARDUS Dunelmensis. Philobiblon. Voy. BURI.

RICHARDUS Judex venusius. Libellus Richardi judicis Venusii tractans de matrimonio duorum senum videlicet Paulini et Polle Fulcone meditatore tribulationibus et diffortuniis multis fatigato eorundem nihilominus sponsalia ut promiserat perficiente. (*absque nota*), pet. in-4. goth. de 20 ff., à 37 lign. par page, sign. *a—d*. [12770]

Roman en vers élégiaques, présenté à l'empereur Frédéric Iᵉʳ. On le trouve déjà joint au *Compendium moralium* d'*Hieremias Judex*, sous le titre de *Liber de pertractione nuptiarum* dans un manuscrit de l'an 1300.

— Richardus de nuptiis (Paulini et Pollæ senum), cum Guilhelmi Ramesei Sagiensis commentario familiari. (*absque nota*), in-4. goth. sign. A—H, ff. non chiffr. (*Biblioth. Mazarine*, n° 10599.)

Au verso du titre se lit une lettre de Guill. Ramaseus de Seez à Pierre Bontet, maître ès arts, dans laquelle il dit qu'un libraire de Lyon, *inter alios divitiis virtutibusque non minimus,* l'a prié de faire un commentaire sur le poëme de Richard : il lui dédie ce commentaire en qualité d'ami. Cette lettre est datée *in nostro Gymnasiolo Lugdunensi Bombardano ad tertium kalendas Junias anno· salutis nostræ quingentesimo nono supra millesimum* (1509), ce qui prouve que l'édition a été faite à Lyon ; et comme au verso du dernier f. du volume (6e de la sign. II.) on voit la marque de Simon Vincent (voyez ci-dessous), il faut en conclure que c'est ce libraire qui vendait ce livre, dont les caractères sont d'ailleurs les mêmes que ceux de l'*Elegia Henrici de adversitate Fortunæ,* impr. avec le Commentaire du même Ramaseus, en 1513, *impensis Simonis Vincentii.* (Note extraite des Notices de Mercier de Saint-Léger sur les poëtes latins du moyen âge.)

Au recto du premier f. de l'*Elegia de Henrici adversitate* (citée ci-dessus) se trouve la marque que nous donnons ci-dessous, marque attribuée à *Johannes de Platea* par Roth-Scholtz (*Insignia bibliopolarum et typographorum,* sectio XXVI, n° 307).

Il est probable que cette édit. in-4. du *De nuptiis* est antérieure à une édition in-8. de 40 ff., où se trouve aussi la lettre datée de Lyon, 1509. On conserve à la Biblioth. impériale (fonds de Falconet, n° 12656) une autre édition du même livre, pet. in-8. de 32 ff. non chiffrés, dont le titre porte : *castigatusqs denuo et in plerisqs locis (ut cernere erit) auctus :* on y a réimprimé la date *ex nostro gymnasiolo lugdun...* (1509), et sur la dernière

page se trouve la marque ci-dessous et le nom de Symon Vincent. L'abbé de Saint-Léger cite aussi, d'après un catalogue, une autre édition de ce petit poëme, impr. à Lyon, *apud Petrum Mareschal et Barnabe Chaussard,* in-8., sans date. (Sur ces différentes éditions, consultez les *Lettres lyonnaises,* pp. 57, 65 et 87, de M. Breghot du Lut.) — Enfin nous trouvons dans la *Biblioth. crofts.,* n° 2521, *Richardi Judicis de sponsalibus Paulini et Polle cõmœdia.* Parisiis (*absque nota*), in-4.

— Tractatus Ricardi de sancto victore qui dicit beniamin minor. *Impressus parisius Anno dñi mille° cccc°. lxxxix, die vero xxiii mensis iulii,* in-4. goth. de 41 ff. à 37 lign. par page.

Les deux premiers feuillets contiennent la table des chapitres. Le texte commence au 3e feuillet. Le titre que nous venons de donner est extrait de la souscription.

RICHEA (*Dodo*). Voy. AICHER (*Otto*).

RICHEBOURG (*Jac.* de). Ultima verba factaque et ultimæ voluntates morientium philosophorum, virorum et fœminarum illustrium, necnon imperatorum, regum, etc., plurimis a scriptoribus descripta, et variis e linguis in latinam linguam translata. *Amstelodami,* 1721, 2 vol. in-fol. [31837]

Compilation curieuse et cependant peu connue.

RICHEBOURG (*A.*). Trésor de l'art. Voy. GAUTIER (*Théoph.*).

RICHECOURT tragé-comédie, representée par les pensionnaires des Rr. Peres Benedictins de Saint-Nicolas, 1628. *Imprimé à Saint-Nicolas, par Iacob François, à l'Echequin à la grandrue,* M. DC. XXVIII, pet. in-8. de 76 pp. titre compris, signat. A—Eiiii, plus 2 ff. bl. [16406]

Cette pièce rare est sans nom d'auteur, mais M. Beaupré, qui en a donné l'analyse dans ses *Recherches*

Riche et Silvestre. Rapports de la Société philomatique, 30299.

sur l'imprimerie en Lorraine, pp. 390 et suiv., dit qu'elle lui paraît être de D. Gody, bénédictin de S. Vanne (voy. GODY). Vend. 38 fr. de Soleinne.

La même pièce a été réimprimée à *Saint-Nicolas-du-Port, typographie de Pierre Trenel*, 1860, in-8., réimpression représentant page pour page et ligne pour ligne l'édition originale. Il n'en a été tiré que 101 exemplaires, tous sur papier vergé et avec un fac-simile du titre de 1628. M. Beaupré, à qui on en est redevable, n'en a mis aucun exemplaire dans le commerce.

RICHELET (*Pierre*). Dictionnaire de la langue françoise ancienne et moderne, augmenté (par P. Aubert, ensuite par Cl.-P. Goujet). *Lyon,* 1759 ou 1763, 3 vol. in-fol. [11010]

Dernière édition d'un dictionnaire dont le succès s'est soutenu pendant plus d'un siècle. La première a été exécutée dans l'imprimerie du château de Dullier, au pays de Vaud, sous ce titre :

DICTIONNAIRE françois, contenant les mots et les choses, plusieurs nouvelles remarques sur la langue françoise, etc... *Genève, Jean Herman Wiederhold*, 1680, 2 vol. in-4.

La première partie a 480 pp., plus 10 feuillets non chiffrés, et la seconde 560 pp. suivies de 88 pages contenant des remarques auxquelles fait suite un f. d'*errata*. Quelques exemplaires de cette 2ᵉ partie portent la date de 1679.

Dans sa nouveauté, ce livre a été prohibé en France à cause des obscénités et des traits satiriques qu'il contient ; mais, comme l'a démontré M. Gaullieur (*Typogr. genevoise*, p. 216), il est de toute fausseté que cette prohibition ait eu les suites funestes rapportées par Goujet et par Papillon. C'est cependant cette anecdote répétée complaisamment dans le catal. de M. Libri (en 1847), nᵒ 37, qui a fait porter à 218 fr. l'exemplaire en *mar. r.* appartenant à ce savant spéculateur. Il est vrai que d'autres exemplaires plus ou moins beaux n'ont plus été vendus que 25 fr. Monmerqué ; 21 fr. Walckenaer ; 30 fr. Solar.

Cependant il est reconnu que l'édition de *Genève*, 1710 (et probablement celle de 1693, in-4.), ainsi que la réimpression d'*Amsterdam*, avec le nom de *Jean Elsevier*, 1706, in-fol.), présente maints traits satiriques qui ne se trouvent pas dans celle de 1680. Voir à ce sujet un article fort piquant de M. le vicomte de Guillon, inséré dans le *Bulletin* de M. Techener, XIIᵉ série, novembre et décembre 1855, pp. 471 et suiv. — L'édition d'*Amsterdam, chez Jean Elsevier*, 1712, considérablement augmentée, est en 2 gros vol. in-fol. divisés en quatre parties. Celle de *Paris*, 1728, 3 vol. in-fol., est augmentée d'une bibliothèque des auteurs cités dans l'ouvrage par l'abbé Laur.-Josse Leclerc. Quelques personnes recherchent encore l'édition d'*Amsterdam*, 1732, 2 vol. in-4., très-remarquable par sa belle exécution typographique.

La dernière édition de l'abrégé du grand Dictionnaire de Richelet, entièrement refondu par Gattel, est celle de *Paris, Chamerot*, 1840, 2 vol. in-8. [11011]

— La versification françoise où il est parlé de l'histoire de la poésie françoise, des poëtes françois anciens et modernes, de l'origine de la rime, et de la manière de bien faire et de bien tourner les vers : avec des exemples des poëtes qui les ont bien ou mal tournez. *Paris, Est. Loyson*, 1677, in-12. [13160]

Cet ouvrage, qui a paru pour la première fois sous la date de 1671, est encore recherché, surtout quand il renferme la partie historique qui manque dans un grand nombre d'exemplaires : 4 fr. Viollet Le Duc ; 30 fr. *v. tr. d.* Giraud.

— Dictionnaire de rime, 13165. — Lettres, 18809.

RICHELET. Voy. BARO (du) mors.

RICHELIEU (*Jean-Armand* Du Plessis, cardinal de). Les principaux poincts de la foy catholique defendus contre l'escrit adressé au roy par les quatre ministres de Charenton. *Paris, de l'imprimerie royale du Louvre*, 1642, in-fol., titre gravé par Cl. Mellan. [1760]

Imprimé d'abord à *Paris, chez Séb. Cramoisy*, en 1629, in-4.

— Instruction du chrestien. *Paris, impr. roy.*, 1642, in-fol. [1760]

Ce livre, qui avait déjà eu plusieurs éditions avant celle-ci, a été souvent réimprimé sous différents titres, et traduit dans plusieurs langues. Il l'a été en basque par Silvain Pouvreau, *Paris, Jean Roger*, 1656, pet. in-8. (*Biblioth. impér.*). — En arabe, par le R. P. Juste de Beauvais, capucin, *Lutetiæ-Parisiorum, Soc. typogr. librorum officii eccles.*, 1640, in-4. de 6 ff. prélim. en français et en latin, et 415 pp. pour le texte, y compris 4 pp. pour l'approbation en françois. Vend. 75 fr. Silvestre de Sacy, nᵒ 1255.

— TRAITTÉ qui contient la méthode la plus facile et la plus asseurée pour convertir ceux qui se sont separez de l'Eglise. *Paris, Séb. Cramoisy*, 1651, in-fol., avec un portrait de Richelieu gravé par Cl. Mellan. [1760]

Réimprimé chez le même Cramoisy, en 1657, in-4. 32 fr. Solar.

Nous ne citons ces trois ouvrages qu'à cause du nom de leur auteur ; pourtant les trois belles éditions in-fol. indiquées ci-dessus, dont il se rencontre quelquefois des exemplaires rel. en *mar.* soit aux armes du roi, soit aux armes du cardinal, après avoir été données autrefois par 3 fr. par volume, sont aujourd'hui des objets de curiosité qui se vendent assez cher, ainsi qu'on a pu le remarquer à la vente de M. Ch. Giraud, où le premier article, en *v. br. aux armes du cardinal*, a été payé 99 fr. (autre exemplaire en *mar. citr. mêmes armes*, 121 fr. Solar). — Le second en *mar. r. aux armes de France*, 96 fr. — Le troisième, dans la même condition, 132 fr.; en *mar. v.*, par Capé, 80 fr. et 61 fr. Solar.

— HARANGUE prononcée en la salle du Petit Bourbon, le 23 février 1615, à la clôture des états tenus à Paris, par messire Armand Du Plessis de Richelieu, évêque de Luçon. *Paris, Séb. Cramoisy*, 1615, in-8. [23683]

Ce fut cette harangue, terminée par un éloge de la reine-mère, qui ouvrit à l'orateur le chemin de la fortune. 17 fr. 60 c. Coste.

— Lettres, instructions diplomatiques et papiers d'Estat, recueillis et publiés par M. Avenel. *Paris, F. Didot*, 1853 et ann. suiv., in-4.

Ce recueil aura 7 vol.; il en paraissait déjà 4 en 1861.
— Testament, 3974.

Les Mémoires du cardinal de Richelieu ont été impr. dans les deux dernières collections des Mémoires sur l'histoire de France, publ. par Petitot, et sous le nom de Michaud. — Voy. aussi nos articles AUBERY ; HISTOIRE du ministère, et JOURNAL.

Richelet (*Ch.-J.*). Voyage pittoresque, 20116.

Richelieu (le duc de). Mémoires, 23908.

RICHEMONT Banchereau (de), advocat en Parlement. Les Passions esgarées, ou le Roman du temps, tragi-comédie. *Paris, Cl. Collet,* 1632, in-8. de 8 ff. et 145 pp. [16418]

Un exemplaire de cette pièce, rel. en *mar. viol.,* a été vendu 30 fr. 50 c. de Soleinne, et 15 fr. 50 c. Baudelocque; mais un autre exemplaire, auquel était jointe l'*Espérance glorieuse,* tragi-comédie du même auteur, également impr. à Paris en 1632, in-8., n'a été payé que 7 fr. à la vente de Soleinne. Il est vrai qu'un 3ᵉ exemplaire des *Passions éga-rées,* rel. en *veau,* a été porté à 21 fr. à la même vente (2ᵉ supplément, nᵒ 157), grâce à une citation de vers très-érotiques.

RICHEOMME (*Louis*). Catéchisme royal, dédié à monseigneur le Dauphin en la cérémonie de son baptesme. *Lyon, Jean Pillehotte,* 1607, in-12 de 9 ff. prélim. y compris le frontispice, 216 pp. et 2 ff. pour le privilége et l'errata.

Ce petit volume se recommande par les jolies grav. en taille-douce dont il est décoré. Une de ces plan-ches, gravée par Fordzeris, et placée au commen-cement du livre, représente le roi Henri IV, sa femme Marie de Médicis, et le jeune Dauphin, leur fils. Vend. 18 fr. Revoil ; 12 fr. 50 c. Coste.

— Le Pantheon huguenot decouvert et ruiné, contre l'auteur de l'Idolatrie pa-pistique, par Louis Richeome, de la Compagnie de Jesus. *Lyon, Pierre Ri-gaud,* 1610, et aussi *Cambray, J. de La Rivière,* même date, pet. in-8. [1842]

L'édition de Lyon, rel. en *mar. r.* 29 fr. Gancia.
— REFUTATION de Du Plessis Mornay. Voy. MORNAY.

RICHER. Histoire de son tems. Texte re-produit d'après l'édition originale don-née par G.-H. Pertz, avec traduction françoise, notice et commentaire, par J. Guadet. *Paris, Renouard,* 1844, 2 vol. gr. in-8. 18 fr. [23037]

— RICHERI Historiarum quatuor libri. Histoire de Richer en quatre livres, publiée par l'Académie impériale de Reims, avec traduction, notes, carte géographique et fac-simile du manuscrit de Richer, par M. A.-M. Poinsignon. *Reims, Regnier,* 1855, in-8.

Richer, moine de Reims, écrivain du Xᵉ siècle, ne doit pas être confondu avec Richer de Senones, auteur du XIIIᵉ siècle, dont l'article suit celui-ci.

RICHER, moine de Senones. Sa Chroni-que : traduction française du seizième siècle, sur un texte plus complet que tous ceux connus jusqu'ici, publié pour la première fois, avec des éclaircissemens

historiques, par Jean Cayon. *Nancy, Cayon-Liébault (impr. à Saint-Nico-las-du-Port),* 1843, in-4. de 248 pp. [23041]

Imprimé à 100 exempl., savoir : 15 en Gr. Pap. vélin, 15 sur grand raisin vergé, et 70 sur carré.

RICHER. Des coustumes et manieres de vivre des Turcs, faict premierement en latin par Christophle Richer, et depuis par iceluy trad. en langue françoise. *Paris, Rob. Estienne,* 1540, *au mois de janvier* (vieux style), pet. in-4. de 29 pages. [27866]

Traduction du second des cinq livres de l'ouvrage du même auteur, intitulé : *De rebus Turcarum... libri V,* et impr. par Rob. Estienne, à Paris, en mars avant Pâques de 1540, pet. in-4. 11 fr. 50 c. Lan-glès. Quoiqu'elle ne reproduise qu'une partie du texte latin, elle est plus recherchée que l'original. Du Verdier, édition in-4., II, p. 471, cite l'ouvrage suivant qu'il donne comme une traduction de celui de Christ. Richer :

LES CONQUESTES, origine et empire des Turcs, depuis le commencement jusques en l'an 1540..., plus y sont ajoutées toutes les guerres des Turcs depuis 1540 jusqu'en 1551. *Paris, Nicolas Chres-tien,* 1553, in-8. Livre rare que nous n'avons pas vu.

RICHER (*Jean*). Voy. CRY de joye.

RICHER, Mercure françois. Voy. CHRO-NOLOGIE.

RICHER (*Ed.*). Voyage pittoresque dans le département de la Loire-Inférieure. *Nantes, Mellinet-Malassis,* 1820-23, in-4. 12 à 20 fr. [20117]

Cet ouvrage devait avoir 4 vol., mais il n'en a paru que 3 contenant sept lettres publiées séparément, et un *Précis de l'histoire de Bretagne,* servant d'introduction au voyage ; morceau qui forme six livraisons, y compris la table.

Le *Voyage à Clisson,* qui fait partie du 1ᵉʳ de ces volumes, a été imprimé plusieurs fois séparément ; la 7ᵉ édit. est de 1834, in-8.

RICHERI. Universa civilis et criminalis jurisprudentia, juxta seriem institutio-num ex naturali et romano jure de-prompta, et ad usum fori perpetuo ac-commodata, auctore Thoma Mauritio Richeri ; editio tertia, omni qua licuit cura atque labore indefesso, a quam plurimis, in notis præcipue, mendis fal-sisque allegationibus repurgata et cor-recta. *Lodi, Orcesi,* 1827 et ann. seq., 13 vol. in-4. [2972]

Les huit premiers volumes de ce grand ouvrage ont été annoncés dans le *Journal des Savans,* 1829, p. 252.

RICHTER (*Otto-Friedrich* von). Wall-fahrten im Morgenlande, etc. (Son voyage

---

Richelmi (*P.*). Climat de Nice, 25316.
Richelot (*Henri-A.-J.-Fr.*). Principes du droit civil français, 2812.
Richer (*Ed.*). Syndicat, 21416.
Richer (*H.*). Vie de Mécénas, 30441.
Richer (*Fr.*). Causes célèbres, 2725. — De la Mort civile, 2771.
Richer (*Adr.*). Vies des célèbres marins, 30461. — Théâtre du monde, 31829.
Richer de Belleval (*P.*). Opuscule, 5313.

Richerand (*Ant.*). Erreurs, 6511. — Physiologie, 6852. — Histoire des progrès de la chirurgie, 7448. — Nosographie, 7484.
Richet (*A.*). Traité d'anatomie, 6726.
Richmond (Leigh). Fathers of english church, 1960.
Richter (*Aug.-Gottl.*). Hernies, 7549.

en Orient, extrait de ses journaux et de ses lettres, par J.-Ph.-Gust. Ewers, en allemand). *Berlin, Reimer*, 1822, in-8., avec 16 pl. in-fol. obl. 8 thl. [19972]

Intéressant sous les rapports géographique, géologique et archéologique.

RICHTER *(Jean-Paul-Frédéric)*. Sämmtliche Werke, herausgegeben von Er. Forster. *Berlin, Reimer*, 1840-42 , 33 vol. pet. in-8. ou in-4. pap. vélin, 120 fr. [17695]

Cette édition est bien préférable à celle de *Paris, Tetot*, 1837 (nouv. titre 1842 et 1843), en 4 vol. gr. in-8. à 2 col. Pour le détail des ouvrages de ce célèbre écrivain, consultez la *Biographie universelle* (supplément), tome LXXIX, pp. 95-111. L'édition de la traduction française de ses œuvres complètes, commencée à Paris en 1834, avec le nom de M. Philarète Chasles, n'a pas été continuée ; il n'en a paru que 4 vol. in-8.

— Ausgewählte Werke. *Berlin*, 1847-49, 16 vol. in-12. 32 fr.

— POÉTIQUE ou introduction à l'esthétique, trad. de l'allemand, précédée d'un essai sur Jean-Paul et sa poétique, suivie de notes et de commentaires par Alexandre Büchner et Léon Dumont. *Paris , Durand*, 1862, 2 vol. in-8. [12228]

— Griechische und lateinische Inschriften, 29934.

RICHTER *(F.)*. Pamiatniki drevniavo rousskavo zodtchestva. Monuments de l'ancienne architecture russe, dessinés sur place et publiés par l'école d'architecture, à Moscou, sous la direction de l'éditeur. Texte par Doubenski et Zabéline. *Moscou , Gothier* , 1851-56, 5 cahiers in-fol. [10025]

Les planches, qui donnent tous les détails architectoniques, sont d'un fini rare.

RICHY *(Jules)*. Discours véritable. Voyez LETTRE contenant...

RICOLDUS florentinus. Improbatio Alcorani. (in fine) : Explicit libellus intitulatus contra legem sarracenorum editus a fratre Ricoldo florentino de ordine predicatorum sacre theologie professore. *Impressus Hispali per Stanislaum Polonum anno. m. d.* (1500), *xx die marcii*, in-fol. [1845]

·Cette édition a été publiée par Antoine de la Peña, prieur provincial de l'ordre des prédicateurs en Espagne (Mendez, p. 215-16). Nous ignorons si la version qu'elle contient est la même que celle de Barthélemy Picernus de Monte Arduo, dont il sera fait mention ci-dessous.

— Ricoldi ordinis prædicatorum contra sectam Mahumeticam , non indignus scitu libellus : cujusdam diu captivi Turcorum provinciæ septem castrensis de vita et moribus eorundem. *Paris., in officina Henrici Stephani , anno* MDVIIII (1509) *quarto Cal. Dec.*, pet. in-4. de 62 ff. [1845]

La Bibliothèque impériale conserve trois exemplaires de ce livre impr. sur VÉLIN. Le troisième avait été vendu 76 fr. La Valliere; 46 fr. Mac-Carthy.

Dans une seconde édition de ce traité, impr. par le même H. Estienne, à la date du 16 avril 1511, in-4., est ajouté : *De vita et moribus Iudæorum Victoris de Carden libellus.*

Citons encore :

Turchicæ spurcitiæ et perfidiæ suggillatio et confutatio, duobus libellis... conclusa; Quorum prior (per quendam christianum captivum... editus) fœdissimos mores et turpissima instituta eorum aperit et confutat; posterior Alcoranum improbat, confutat, explodit, est autem Richardi (seu potius Ricoldi). *Vænundantur a fratribus de Marnef* (absque loci et anni nota, sed *Parisiis excud. Jod. Badius*, 1514), in-4. Édition portée dans le catal. de la biblioth. de Nantes, n° 3756, où il est dit qu'elle a été imprimée pour Jean Le Maire de Belges.

Le traité *Contra sectam Mahumeticam* de Ricold de Montecroix, religieux dominicain de la fin du XIII° siècle, qui occupe le premier rang dans le recueil ci-dessus, a été écrit en latin par son auteur, et ensuite trad. en grec par Demetrius Cydonius. C'est sur cette version (imprimée, nous le croyons, pour la première fois en 1543, dans le recueil de Théod. Bibliander, voy. notre article MAHOMET) que fut faite la version latine dont Panzer rapporte ainsi le titre d'après le 3° f. de son exemplaire, dans lequel le véritable titre manque :

RICHARDI (sic pro Ricoldi) *ex ordine fratrum : qui apud latinos predicatores appellantur. Confutatio legis tam Sarrhacenis a maledicto Mahometo, translata ex Romana lingua in grecam per Demetrium Cydonium : deinde per Bartholomeum picernum de Monte arduo e greco in latinum conversa.* (in fine) : *Impressum Rome per Ioannem Besicken expensis Stephani Guillerti de Lotharingia.... Anno millesimo quingentesimo sexto die vero xxviii mensis maii*, in-4., et dans le recueil ci-dessus, donné par Jacques Lefebvre. Le texte original latin de Ricold, publié plus tard d'après un manuscrit de Venise, par Marc-Ant. Serafino, porte le titre suivant :

PROPUGNACULUM fidei... adversum mendacia et deliramenta Saracenorum Alcorani, etc., *Venet.*, 1609, in-4. de 63 pp.

Mais ce qui est plus curieux que ce traité, c'est la relation des voyages qu'a faits l'auteur dans plusieurs parties de l'Asie, et dont on possède un manuscrit une traduction française, écrite en 1351, par frère Jean d'Ypres, moine de Saint-Bertin ; sur quoi on peut consulter l'article curieux sur le frère Ricold, qu'Abel Rémusat a donné dans la *Biographie universelle.*

RICORD *(Philippe)*. Traité complet des maladies vénériennes, clinique iconographique de l'hôpital des Vénériens ; recueil d'observations, suivies de considérations pratiques sur les maladies qui ont été traitées dans cet hôpital. *Paris, Juste Rouvier*, 1851, gr. in-4. avec des planches en couleur. [7276]

Ce bel ouvrage, commencé en 1842, n'a été terminé qu'en 1851. Il se compose de 22 livraisons, au prix de 6 fr. chacune.

RICRAFT (*Josiah*). The peculiar characters of the oriental languages, and sundry others, exactly delineated, for the benefit of all such as are studious in the languages and the choice rarities thereof, and for the advancement of language learning in these latter days. *London* (1640), in-4., avec le portrait de l'auteur par Faithorne. [11476]

Il faut que cet ouvrage soit fort rare, puisqu'il en a été payé un exemplaire jusqu'à 19 liv. 19 sh. à la vente Bindley. Le portrait est sans doute pour beaucoup dans ce prix.

— A Survey of Englands champions, and truths faithful patriots; with the lively portraitures of the several commanders. *London*, 1647, in-8. [26964]

Édition originale, aussi précieuse que rare ; elle contient le portrait de Ricraft par Faithorne, et ceux de 21 personnages, dont l'ouvrage renferme les vies ; vend. 9 liv. 18 sh. Dent, et jusqu'à 25 et même 33 liv. avant la réimpression. Cette dernière est de *Londres*, 1818, in-8. (10 sh.). Vend. en Gr. Pap., in-4., 2 liv. 12 sh. chez Nassau, où l'original a encore été payé 25 liv. 14 sh. 6 d.
L'exemplaire décrit dans la *Biblioth. grenvill.*, 606, y est porté sous ce titre :

The civill warres of England briefly related from his majesties first setting up his Standard 1641, to the present personall hopefull Treaty. With the lively effigies and eulogies of the chief commanders, who like starres in their courses have fought against the Romish Sicera or the great Scarlet Whore, with whom the Kings of Earth have committed Fornication, Rev. 17, 2 collected by J. Leycester. London, 1647.

Il a été fait une nouvelle réimpression de ce livre sous le titre de *Survey of Englande Champions*, et sous la date de 1647, au prix de 5 sh. et plus en Gr. Pap.

RIDDELL. Picturesque views of the principal mountains of the world..... designed and painted by Rob.-Andr. Riddell, to which are added a geographical and physical account of mountains, their mineral composition, etc., by Jos. Wilson. *London*, 1807, 3 vol. gr. in-4. [4621]

Cet ouvrage est orné de plusieurs figures, et d'une grande planche qui représente les principales montagnes du monde. Il a coûté 12 liv. 12 sh., et avec fig. color. 21 liv., mais on le trouve maintenant à bien meilleur marché.

RIDINGER (*Joh.-Elias*). Fürstenlust... Parfaite et exacte représentation des divertissemens des grands seigneurs, ou parfaite description des chasses de toutes sortes de bêtes. Première partie. *Augsbourg*, 1729, in-fol. obl., 36 pl., avec le titre et les explications en allemand et en français [10413]

Vend. 15 fr. 50 c. Saint-Martin ; 20 fr. Huzard, et

Riddle. Navigation, 8506.

les pl. avant les n°s, 71 fr. Perret, en 1860, avec fig. color.; 48 fr. Camus de Limare.

— Contemplatio ferarum bestiarum ingeniosissimis carminibus domini Bartholdi-Henrici Brockes illustrata, Joh.-Elias Ridinger inventor, sculpsit et excud. *Augustæ-Vindelicorum*, 1736, in-fol. obl. 41 pl., avec explications en allemand. [5688]

Vend. (avec l'article précédent) 80 fr. mar. r. de Limare; 48 fr. 50 c. Morel-Vindé; 13 fr. Huzard.

— Gründliche Beschreibung und Vorstellungen der wilden Thiere...; *c'est-à-dire*, Description et représentation des bêtes sauvages. 1733 et aussi 1738, très-gr. in-fol. contenant 8 belles estampes en hauteur, d'une fort grande dimension, et 2 feuilles de texte en allemand.

— Vorstellung der wundersamsten...; *c'est-à-dire*, Représentation des cerfs les plus remarquables et des autres animaux particulièrement destinés à être chassés par les grands seigneurs. *Augsburg*, 1768, in-fol. [5691]

Ce recueil doit contenir 100 planches. Les éditions antérieures sont moins complètes, mais elles renferment de meilleures épreuves; nous en avons vu une qui contenait seulement 70 pl. publiées de 1740 à 1756, sans titre. 15 fr. Huzard.

Voici encore l'indication de quelques suites de gravures du même artiste, relatives à la chasse :

1° *Abbildung der jagdbaren Thiere*; c'est-à-dire, *Représentation de divers animaux dont on fait la chasse*, Augsbourg, 1740, in-fol., 23 pièces en hauteur, avec un titre et une feuille de texte en allemand. 16 fr. 50 c. Huzard.

2° *Nach der Natur...*; c'est-à-dire, *Représentation d'après nature des différentes manières de prendre vivants ou morts toutes les espèces de gibier...* Augsb., 1750, in-fol. obl., 28 pièces en travers; en 16 pl. 12 fr. Huzard.

3° *Parforce-Jagd*, 1756, gr. in-fol. obl., 16 pièces en largeur.

4° *Chasse au cerf et chasse au sanglier*, 2 très-grandes pièces. La chasse du cerf, *Augsb.*, 1750, in-fol. obl., 16 pièces en 4 cah. 16 fr. 50 c. Huzard.

5° *Chasseurs au tir et au vol*, 11 pièces en hauteur, gravées par M.-E. Ridinger fils. 7 fr. Huzard.

— Description du cheval selon ses poils principaux, et leurs diverses divisions (en allemand et en français), in-4. [5699]

Ouvrage estimé pour l'exactitude des dessins, et qu'on ne trouve pas facilement complet ; il doit renfermer 50 gravures coloriées avec soin, non compris le frontispice gravé, au bas duquel sont ces mots : *Verfertiget von Joh.-Elias Ridinger, seel. Aug.-Vindel.* Il n'y a point de titre imprimé : vend. 101 fr. La Vallière; 36 fr. mar. v. Petit; 40 fr. Huzard.

— Türkischer Pferdsaufputz... herausgeben von Joh.-El. Ridinger. *In Augspurg*, 1752, in-fol. obl.

36 planches avec un frontispice imprimé.

— L'Art de monter à cheval ; en tailles-douces inventées et dessinées par J.-Elie

Ridinger. *Aux dépens de Jérémie Wolff, Augsbourg*, 1722, in-fol. [10343]
Ce recueil, fort bien exécuté, contient 22 pl. et un frontispice gravé. Les explications placées au bas des planches sont en français et en allemand : vend. 17 fr. de Limare ; 20 fr. Huzard.

— Le nouveau manége, représentant l'homme de cheval parfait dans tous ses exercices, inventé et exposé en 26 pl., expliquées en franç., en allemand et en latin. *Augsbourg*, 1734-76, 2 part. gr. in-fol. [10343]
La première partie de cette belle suite renferme 18 pièces en hauteur et 2 en largeur : ces 2 dernières par Mart.-Elie Ridinger fils. 30 fr. 50 c. Huzard.

— Représentation et description de toutes les leçons des chevaux de manége et de campagne, dans quelle occasion on s'en puisse servir (en allemand et en français). *Herausgegeben von Joh.-Elias Ridinger.... Augspurg*, 1760, gr. in-4., avec 46 pl. [10344]
On trouve ordinairement dans le même volume : *Remarques du carrousel*, texte allemand et franç., par J.-El. Ridinger, *Augsbourg*, 1761, gr. in-4., avec 16 planches. Les deux ouvrages sont bien exécutés. 46 fr. Huzard.

— Entwurf einiger Thiere; *c'est-à-dire*, Essai de dessins de quelques animaux, savoir : les chiens. *Augsbourg*, 1738-40, 5 part. en 1 vol. in-fol., 90 pl. et 5 ff. de texte. — Les chevaux, les mulets, les ânes. 1754-55, 2 part. in-fol., 36 pl. et 5 ff. de texte. [5689]
Recueil bien exécuté, mais qui se trouve rarement complet. Un exemplaire en 144 pl. est porté à 8 thl. dans le Catal. de Weigel, n° 14410.

— Représentation des animaux selon leur grande variété et leurs belles couleurs, suivant des dessins originaux, publiés par Martin-Elie et Jean-Jacques Ridinger (avec l'explication en allemand et en français. *Imprimé à Augsbourg*, vers 1768), 2 vol. gr. in-fol. [5691]
On trouve difficilement ce livre, dont les planches sont belles. Le premier vol. est orné de 64 pl., y compris le portrait de J.-El. Ridinger, à qui l'on doit les dessins de cet ouvrage. Ce portrait sert de frontispice, et l'intitulé que nous avons donné ci-dessus se lit au haut de la prem. page du texte. Le second vol. contient 65 pl., y compris le frontispice. Toutes ces planches sont soigneusement coloriées. (150 fr. Catal. Tross, 1863.) — Pour les autres ouvrages de cet artiste consultez : *Ridinger's Leben und Wirken, von G.-A.-W. Thienemann ; Leipzig*, 1856, in-8. 15 fr. — in-4. 21 fr.

RIDOLFI (*L.-Ant.*). Aretefila, dialogo, nel quale da una parte sono quelle ragioni allegate, lequali affermano lo amore di corporal bellezza potere ancora per la via dell' udire pervenire al quore, ecc. *Lione, Gul. Rovillio*, 1562, in-4. [17993]

Ridley (*James.*). Contes des génies, 17730.

Cet ouvrage, dont l'auteur est nommé dans la dédicace, contient des nouvelles et un extrait du roman de la *Belle Maguelonne* (Cat. *Libri*, n° 2507, et errata, p. XL) : 15 fr. en *mar. r.*, en 1847.

RIDOLFI (*Carlo*). Le Maraviglie dell' arte, ovvero le vite degli illustri pittori veneti e dello stato. *Venetia, Sgava*, 1648, 2 vol. in-4. fig. 24 à 30 fr. [31042]
Ouvrage estimé et assez rare ; 40 fr. Riva. La seconde édition, *Padova, Cartallier*, 1835, 2 vol. in-8., portr., a des corrections et des notes par Jos. Vedova : 20 fr. Le troisième vol., promis à la fin du second, et qui devait contenir des additions et un index, n'a pas été publié.

— Vita di G. Robusti et di P. Caliari, 31063.

RIEDEL. Tabulæ regni animalis omnes VI classes animalium comprehendentes, Gottlieb-Fried. Riedel invenit, del. et sculpsit (circa 1750), gr. in-fol. [5597]
Cette collection, qui se divise en 2 séries, l'une de 23 pl. et l'autre de 24, renferme 756 petits sujets ; elle n'a ni texte ni frontispice. Pour qu'elle fût complète, il faudrait 4 autres séries qui probablement n'ont pas paru.

RIEDEL (*Ad.-Fr.*). Codex diplomaticus Brandenburgensis. Sammlung der Urkunden, Chroniken und sonstigen Quellenschriften für die Geschichte der Mark Brandenburg und ihrer Regenten, von Ad.-Fr. Riedel. *Berlin, Reimer*, 1838-41, in-4. Première série, vol. I à XII. — Seconde série, *ibid.*, 1844-48, vol. I—V. Le tout coûtait 76 thl. [26632]

RIEMER (*Joan*). Bella mulierum. *Weissenfalsæ*, 1676, in-4. 6 à 8 fr. [18071]

RIEPENHAUSEN (*F.* et *I.*). Peintures de Polygnote à Delphes, dessinées et gravées d'après la description de Pausanias. *Rome, de Romanis*, 1827-29, in-fol. obl. de 38 pièces.

RIERA (*Dom.*). Voyez RUPE (*Alanus* de).

RIEUSSET. La Populace émüe, comédie (4 actes en vers) par le sieur Mathieu Rieusset. *Gironne, Gabriel Bro* (sans date, mais 1714), in-8. de 3 ff. et 160 pp. [16485]
Le catal. de M. de Soleinne, 1660, contient une note curieuse sur cette pièce rare : vend. 17 fr. 50 c.

RIFAUD (*J.-J.*). Voyage en Égypte, en Nubie et lieux circonvoisins, depuis 1805 jusqu'en 1827 ; publié par J.-J. Rifaud.

Paris, chez l'auteur, 1830, in-fol. [20803]

Selon les annonces, cet ouvrage devait former·5 vol. in-8. de texte, avec 3 vol. in-fol. de 100 pl. chacun au prix de 500 fr. en tout, mais il n'en a paru que 25 livr. de 5 pl. au prix de 8 fr. chacune.

M. Rifaud a publié aussi un *Tableau de l'Égypte et de la Nubie et des lieux circonvoisins, ou itinéraire à l'usage des voyageurs qui visitent ces contrées.* Paris, Treuttel et Würtz, 1830, in-8., avec une carte. 8 fr. [20804]

RIGA-VEDA. Voy. l'article VEDA.

RIGALTIUS (*Nic.*). Voy. SCRIPTORES rei accipitrariæ.

RIGAUD (*Eudes*). Registrum visitationum archiepiscopi rothomagensis. Journal des visites pastorales d'Eude Rigaud, archevêque de Rouen, 1248-1269, publié pour la première fois d'après le manuscrit de la Bibliothèque nationale, par Th. Bonnin. (*impr. de C.-F. Canu à Evreux*) *Rouen, Aug. Le Brument,* 1852, in-4. de VII et 860 pp. [21435]

Volume divisé en 3 part., y compris les appendix et index ; il contient un fac-simile du manuscrit et une gravure du sceau de Rigaud. Il en a été tiré 250 exempl. en pap. ordinaire, 36 fr.; — 50 papier vergé d'Angoulême, 50 fr.; — et 15 seulement sur pap. vergé extra, grand format.

RIGAUD (*David*). Recueil des œuvres poétiques du sieur David Rigaud, marchant (mercier) de la ville de Crest en Dauphiné, avec le poëme de la Cigale, autant merveilleux en ses conceptions qu'en sa suite. *Lyon, Claude La Rivière,* 1653, pet. in-8. de 275 pp. plus 6 ff. prélimin. [14024]

Les bibliophiles dauphinois recherchent encore ce recueil de vers médiocres, qui se trouve difficilement. 50 fr. *mar. r.* Nodier.

RIGAUD de l'Isle, de Crest en Dauphiné. Mémoire, ou Manuel sur l'éducation des vers à soie. *Grenoble, Grabit,* 1768, in-8.

Ce volume est porté à 34 fr. dans un catalogue de livres vendus en avril 1861, par M. Potier ; il avait été donné pour moins de 2 fr. à la vente de J.-B. Huzard.

RIGAUD (*Jean*). Recueil choisi des plus belles vues des palais, châteaux, maisons de plaisance, etc., de Paris et ses environs. *Paris, Basan,* in-fol. obl. [9919]

Vend. 36 fr. Hubert, et 80 fr. exemplaire color. et relié en *v. fil.* Le Febvre ; avec le nouveau titre de 1752, 40 fr. Monmerqué; en 121 pl., 161 fr. St-Mauris.

RIGGS (*S.-R.*). Grammar and Dictionary of the Dakota language, collected by the members of the Dakota mission, edited by the rev. S. R. Riggs, under the patronage of the historical Society of Minnesota. *Washington, and New-York, Craighead.* June, 1852, in-4. de XII et 412 pp. 40 fr. [11963]

Cet ouvrage forme le 4ᵉ volume des publications de la *Smithsonian Institution,* recueil dont le premier volume a paru en 1848 et le onzième en 1860. Vend. 13 fr. 50 c. Quatremère.

RIGHELLO Mantovano (*Francesco*). Il Pedante impazzito, comedia nova di F. R. M. *Bracciano, il Fei,* 1629, pet. in-12 de 186 pp.

— La Serva astuta, comedia. *Roma, Pietro Salvioni,* 1630, in-12 de 196 pp. [16713]

Deux pièces en dialectes vénitien et bergamasque, lesquelles, malgré leur rareté, n'ont été vend. ensemble que 7 fr. 75 c. de Soleinne.

RIGHETTI (*Pietro*). Descrizione del Campidoglio. *Roma,* 1833-36, 2 tom. en 4 vol. gr. in-fol. fig. [9870]

Cet ouvrage a paru en 50 cah. de 8 pl. au trait. Chaque cah., avec texte, coûtait 6 fr.

RIGOGOLI. Voy. SALVIATI.

RIGVEDA Sanhita. Voy. VEDA.

RIKEL. Speculum cõuersionis peccatoჳ magistri Dyonisii de Leuuuis alias Rikel ordinis cartusiensis. — *Impressum Alosti, in Flandria, anno.* Mᵒ. CCCCᵒ LXXIII, in-4. goth. de 27 ff. à 33 lign. par page. [1307]

Ce volume, très-rare, est précieux comme première impression connue, avec date, faite dans la Belgique. On croit que l'imprimeur est Théodoric-Martin d'Alost. Vend. 50 fr. La Serna.
— LA SCIENCE du salut, traduite de Denis le Chartreux, par Paul Dumont. *Douay, Jean Bogard,* 1591. — Le Bref chemin de la vertu, trad. du même. *Ibid.,* 1591, 2 part. in-12.
— Voy. QUATUOR novissimorum liber.

— Dionysii [Rikel], carthusiani, contra Alcoranum et sectam machometicam lib. V, etc. *Coloniæ,* 1533, in-8. 4 à 5 fr. [1846]

Peu commun : 8 fr. *mar. r.* Mérigot.

— Este es un compendio breve que tracta de la manera de como se han de hacer las processiones, compuesto por Dionisio Richel, cartuxano, que esta en latin en la primera parte de sus preciosos opusculos... romancada para comun utilidas.
— *Mexico en casa de Juan Cromberger, Año de* M. D. xliiij, in-4. de 12 ff.

Imprimé par ordre et aux frais de Jean Çumaraga, premier évêque de Mexico.
— Voy. PEDRO de Cordova.

Rigaltius (*Nic.*). Vita S. Romani, 22266. — Vita P. Puteani, 30598.
Rigaud (*P.-A.* et *Cyr.*). Poésies patouesas, 14387.
Rigault (*H.*). Œuvres complètes, 17187.
Righi (*Bartol.*). Annali di Faenza, 25646.

Riis (*H.-N.*). Akwapim-dialects der Odschi-sprake, 11957. — Grammat. outline and vocabulary of the Oji-language, 11957.

RIME antiche ossia Poesie liriche italiane de' secoli XIII, XIV et XV scelte ed illustrate da L. Selliers di Moravilla. *Vienna*, 1845, in-4. [14440]

Publication privée. Catalogue Libri, 1861, 6233.

RIME antiche. Voy. ALLATIUS.

RIME da diversi autori composte, sive satyræ sotadicæ diversorum authorum compositæ. (*absque nota*), pet. in-8. de 23 ff. [15016]

Petit livre rare qui me paraît appartenir aux presses hollandaises de la fin du XVIIe siècle. Le texte italien y est accompagné de la traduction en vers lat. Un exemplaire, à la fin duquel se trouvaient cinq lignes présumées de la main de Voltaire, 60 fr. Nodier, n° 444 ; un autre, *mar. r*, 25 fr. De Bure.

RIME de gli academici Gelati di Bologna. *Bologna, gli heredi di Rossi*, 1597, in-12, fig. [14444]

Les figures de ce livre sont attribuées à un des Carrache : 22 fr. *non rogné*, Riva.

RIME della Accademia de gli Accessi di Palermo. *Palermo, per Gio.-Matteo Mayda*, 1571, pet. in-8. [14444]

Biblioth. crofts., n° 3895.

RIME di diversi autori Bresciani, raccolte da Girolamo Ruscelli, tra le quali sono le rime della signora Ver. Gambara, et di Pietro Barignano. *Venetia, per Plinio Pietra Santo*, 1554, in-8. [14444]

Un exemplaire, *non rogné*, 25 fr. Riva.

RIME diverse di molti eccellentissimi autori, nuovamente raccolte de Lod. Domenichi, libro primo. *Venetia, G. Giolito*, 1545, ovvero 1546 e 49, in-8. [14443]

RIME di diversi nobili uomini, libro secundo. *Venet., Giolito*, 1547 ovvero 1548, in-8.

LIBRO TERZO delle rime di diversi autori (raccolte da Lod. Domenichi). *Venet., Giolito*, 1550, in-8.

Ces 3 livres forment le commencement d'une collection de 9 vol., dont nous allons indiquer la suite ; cependant on les trouve quelquefois séparément : 18 à 24 fr.

RIME di diversi autori (raccolte da Ercole Bottrigaro), libro quarto. *Bologna*, 1551, in-8.

RIME di diversi illustri Napolitani, etc., nuovamente raccolte (da Lod. Dolce), libro quinto. *Venet., Giolito*, 1555, in-8.

Giolito avait d'abord publié ce volume en 1552, avec le titre de *Libro terzo*.

IL SESTO LIBRO delle rime di diversi eccellenti autori (raccolte da Arrivabene), con un discorso di Girol. Ruscelli. *Venet., Bonelli*, 1553, in-8.

RIME di diversi signori napolitani, ecc., nuovamente raccolte da Lod. Dolce, libro settimo. *Venet., Giolito*, 1556, in-8.; très-rare.

I FIORI delle rime di poeti illustri, raccolte ed ordinate da Girol. Ruscelli. *Venet.*, 1558 ovvero 1559, in-8.

Huitième volume de ce recueil; vendu séparément 13 fr. *mar. bl.* Gaignat. Dans le Catalogue Capponi, p. 322, est indiqué un 8e vol. recueilli par Christophe Zabata, *Genova*, 1579 et 1582, en 2 part.

RIME di diversi autori eccellentissimi (raccolte da Giov. Offredi), libro nono. *Cremona, pel Conti*, 1560, in-8.

Ce recueil, ainsi complet en 9 vol., est très-difficile à trouver. Vend. 3 liv. 3 sh. (avec quelques volumes doubles) Pinelli; en 8 vol. 1 liv. 18 sh. Heber.

— Rime diverse di molti eccellenti autori (Ariosto, etc.). *Venetia ad instantia di Alberto di Gratia detto il Thoscano* (circa 1540), avec le portr. d'Arioste sur le titre. 15 sh. Libri.

RIME di diversi eccellenti autori, raccolte dai libri da noi altre volte impressi. *Vinegia, Gabr. Giolito*, 1553, pet. in-12.

Vendu 10 fr., Librairie de De Bure. — L'édition de 1556, pet. in-12, 10 fr. *mar.*, la même.

RIME diverse in lingua genovese. *Pavia, per gli heredi di Gieron. Bartoli*, 1595, pet. in-8. [15031]

Seconde édition des *Rime Zeneixe* en dialecte génois ; elle a une dédicace signée Orero. 2 liv. 9 sh. Libri, en 1859.

— LE STESSE, con nuova Giunta di alcune hora date in luce, con un canto dell' Ariosto in genovese, e la Strazzosa. *Genova, B. Calzetta ed A. de Barberi*, 1612, pet. in-8.

Réimpression de l'édition précédente de 1595, sans autre addition que celle des *Rime di Todaro Conchetta*, à la fin. La dédicace est signée Ascanio Barberi. 13 sh. Libri.

RIME di diversi antichi autori toscani. Voy. SONETTI.

RIME di diversi ed eccellentissimi autori in lingua siciliana, con le risposte di Fr. Potenzano. *Napoli, Salviani, etc.*, 1582, in-12. 6 à 9 fr. [15036]

RIME (le) di diversi nobili poeti toscani, raccolte da Dion. Atanagi. *Venet., Lodov. Avanzo*, 1565, 2 vol. pet. in-8. [14444]

Recueil estimé : 12 à 15 fr.

RIME di diversi nobilissimi et eccellentissimi autori in morte della signora Irene delle signore di Spilimbergo : alle quali si sono aggiunti versi latini di diversi egregii poeti in morte della medesima signora. *Venetia, D. et G.-B. Guerra*, 1561, pet. in-8.

Dans ce recueil, publié par D. Atanagi, on remarque, parmi les pièces italiennes, trois sonnets de Torquato Tasso, et parmi les pièces latines, une du Titien. 1 liv. 10 sh. relié en *mar.*, Libri en 1859.

RIME et ottave del Socio Peretano d'un Vecchio innamorato. *Ad instantia del Socio Peretano* (sans lieu ni date, mais vers 1540), pet. in-4. avec une vignette sur bois. 14 sh. Libri, en 1859.

Riley (*J.*). Loss of the american brig Commerce, 20860.

Rillet et Barthez. Maladies des enfants, 7622.

Rimbaud (*M.*). Législation maritime, 2955.

Rimbault (*E.-F.*). Bibliotheca madrigaliena, 31754.

RIME e prose del buon secolo della lingua tratte da manoscritti e in parte inedite (pubbl. da mons. Talcsfore Bini). *Lucca, 1852*, in-8. 9 fr. [19437]

Le même éditeur a publié :
Esposizione di Salmi di Rinieri de' Rinaldeschi, testo di lingua inedito. *Lucca*, 1853, in-8., 9 fr.

RIME scelte da diversi autori. *Vinegia, Gabr. Giolito*, 1564-65, 2 vol. pet. in-8. 12 à 15 fr. [14444]

Vend. 1 liv. 2 sh. *mar. r.* Heber.
Il y a aussi des éditions de ce recueil datées de 1586-88 et 1587-90.

RIME scelte de' poeti ferraresi antichi e moderni. *Ferrara*, 1613, pet. in-8. [14444]

15 fr. 50 c. Libri en 1847.

RIMEDIO per curare la vanità feminile, composto di tre ingredienti ; da un sacerdote regolare. *Roma*, 1680, in-12. [1354]

Vend. 8 fr. 12 sous Floncel.

RINALDO, etc. (*senz' anno*), in-fol. [14761]

« Poëme chevaleresque découvert par feu M. le comte de Boutourlin, et sur lequel tous ses soins et ses recherches, continués pendant plusieurs années, n'ont pu lui procurer de renseignements satisfaisants. Son Ex. conservait ce volume comme le plus précieux de sa collection, et le montrait comme une véritable curiosité littéraire et bibliographique, jusqu'alors tout à fait inconnue. » Il a été vendu 1355 fr. à Paris, en 1840, et acheté pour M. Th. Grenville. Voir son catalogue, p. 606, où on rapporte le passage d'une lettre de M. Panizzi, établissant que pour le fond de l'histoire ce poëme est la même chose que celui qui a été imprimé sous le nom de Dino à Milan, en 1521 (voir notre tome II, col. 711) ; qu'il est différent dans le nombre des chants, et dans les accessoires comme dans le style.
Le volume est imprimé à deux colonnes, en caractères ronds, sans chiffres, signatures ni réclames, et consiste en 139 ff. — Le poëme (*in ottava rima*) est divisé en 58 chants, et ne porte aucun titre ou numération quelconque. Le premier chant commence comme ci-après, au recto du 2e feuillet.

[B]
Enigno ṗre re del vniuerso
ch si uera pace et ẙa cŏcordia
chi ate tŏna nŏ e mai somersa
che lo receui sensa discordia
ricciume si chio aduerso aduerso
patre santo pieno di misericordia
chi possa demonstrare ad tucta gente
del pro renaldo et dogni suo parente

Le premier feuillet, dont le recto est blanc, contient au verso la dédicace, en dix octaves, imprimée à deux colonnes, commençant ainsi :

O excellente mio signior priato
che site de iusticia uero maistro
et dal Re don ferdinando site amato
como se mostra per omne mio registro

Le dernier chant se termine au verso du fol. 139 par cette stance :

Facta ǫlla uendicta ritornassi
Carlo efradeli eilaltra baronia
Sempre Xp̄o benigno uol laudarsi
et lasua madre vergine Maria

Rinaldi (*Ott.*). Memorie della città di Capua, 25770.

---

gratia rendo aǫsti versi sparsi
che manno facta hauer gran cortesia
et mille gratie aciaschun che ma intesa
labella storia rimata edistesa

La même page renferme le registre des cahiers, qui indique 17 *quaterni* et un *terno*, et donne le premier mot de chaque feuille. Toutes les pages, excepté la dernière, contiennent dix stances ; le commencement des chants n'est distingué que par une petite échancrure pour l'initiale du premier vers (comme ci-dessus). Le texte est entièrement dépourvu de ponctuation, et les *i*, au lieu de point, ont un accent aigu. L'orthographe ne laisse aucun doute sur la patrie de l'auteur ; et la dédicace prouve que le poëme a dû être écrit vers le milieu du xve siècle. L'exécution typographique, la qualité et les marques du papier nous portent à croire que ce volume a été imprimé à Naples, et qu'il est une des premières productions des presses de Riessinger. (Extrait du catalogue du comte de Boutourlin, édition de Florence, n° 774.)

La bibliothèque impériale et royale du Palais, à Florence, possède un manuscrit de ce même poëme, sur papier, de l'année 1460 environ, mais qui ne porte point de titre, car le texte commence tout au haut de la première page, sans qu'on ait laissé aucun espace pour l'écrire. Il se trouvait, à la fin du livre, cinq vers qui auraient probablement donné quelque éclaircissement sur l'ouvrage : ils ont malheureusement été effacés. Le titre qui se lit sur le dos du vol. porte : *Prodezze de' Paladini di Francia.*

Le volume in-fol. que nous venons de décrire contient le même poëme, qui a été réimprimé plusieurs fois depuis la fin du xve siècle sous le titre d'*Innamoramento di Rinaldo*, avec des changements et des augmentations plus ou moins considérables (voir ci-dessous). Ce même poëme est attribué à Girolamo Forti de Teramo, mort en 1489, lequel paraît l'avoir tiré d'un ancien roman en vers français, ainsi qu'il l'avoue lui-même dans la cinquième stance du premier chant (édition de 1553), où il dit :

io u'ho tradotto il libro a tŏdo a tŏdo
come hauer potereti fermo inditio
de Sigimberto Gallico giocondo
che gia lo scrisse in la lingua francesca
e la mia penna in toscano il rinfresca

— L'Innamoramento di Rinaldo da Monte Albano. *In Venetia per Manfredo da Monferrato*, 1494, in-4. [14762]

Édition très-rare : vendu 3 liv. 13 sh. Pinelli.

— Inamoramento de Rinaldo di Monte Albano e diverse ferocissime bataglie le ǫle fece lardito e francho Paladino e come occise Mabrino di Leuate e moltissimi forti pagani... *Vinegia, stamp. per Joanne Tachuino*, 1517, in-4. fig. sur bois.

Porté à 300 fr. avec le *Leandro di Durante Gualdo*, sous la même date, XIXe catal. de Tross, n° 2532.

— Inamoramento de Rinaldo di Monte Albano. Nel quale se tratta diverse battaglie. Et come occise Mambrino et molti altri famosissimi pagani. Et come combatette con Orlando e con gli altri paladini ; et come hebbe Guidon selvaggio et come treno Baiardo ; et della sua morte et miracoli, 1533. — *Finisse lo inamoramento de Rinaldo di Monte Albano. Nuovamente stampati in Ve-*

netia per Aloise Torti. Nel anno del Signore 1533, in-4. sign. A—Z, par huit, fig. sur bois.

Autre édition fort rare : vend. 4 liv. 5 sh. Hibbert.

Le poëme porté dans cette édition à 75 chants est le même qui parut d'abord en 58 chants, et de format in-fol. (voy. ci-dessus), et aussi le même que dans l'édition de 1521, in-4., en 74 chants, dont nous avons parlé à l'article Dino, mais que la *Biblioth. grenvil.* décrit plus exactement sous le titre suivant :

TUTTE le opere del inamoramento de Rinaldo da monte albano Poema elegantissimo novamente Istoriato ; Composto per Miser Dino Poeta Florentino ingeniosissimo. — *Finito le bataglie del inamoramento de Rinaldo. Impresso in Milano per Rocho et Fratello da Valle ad Instantia de Misser Nicolo da Gorgonzola, Nel* MCCCCCXXI. *adi vi. de Agosto,* in-4. sign. A—T. (tutti sono quaderni eccetto T. che è quinterno). Le registre est suivi de la marque de l'imprimeur.

Il est singulier que le nom de Dino ne se retrouve pas sur le titre des autres éditions de ce poëme.

— Innamoramento di Rinaldo di Monte albano, nel quale si tratta diverse bataglie. Et come occise Mambrino & molti altri famosissimi pagani; & come combattite con Orlando & con gli altri paladini & come hebbi Guidon Siluaggio & come troue Baiardo & de la sua morte & miracoli liquali fece & fa il suo corpo. *Nuouamente stampato in Venetia per Aluise de Torte nel anno del signore* MDXXXVIj. *del mese di marzo a di xxiii,* in-8. à 2 col., caract. goth.

Édition très-incorrecte et qui présente plusieurs transpositions de stances. Il y a à la tête de chaque chant une petite vignette sur bois fort mauvaise, et sur le dernier feuillet un grand bois qui n'est pas meilleur. Les feuillets de ce volume sont numérotés de IX à CLXX (nous avons lu CLXXIII), avec beaucoup de fautes d'impression. Les huit premiers ne le sont pas. M. Libri dit, dans son dernier catalogue, n° 291, que le feuillet CLXXXII est coté par erreur CLIX. Son exemplaire a été vendu 2 liv.

— Rinaldo inamorato, nel qual si contiene il suo nascimento, e tutte le Battaglie che lui fece. *Venet.,* 1540, in-8. fig. sur bois.

Vend. 1 liv. 1 sh. Hibbert.

— Inamoramento de Rinaldo di Mont' albano ; nel qual si contiene tutte l' aspre battaglie, ch' egli fece contra gli pagani, si come occise il Re Mambrino, e molti altri gran Signori, e capitani ; τ come conquisto per sua virtu molte Citta, Castelli, e Ville, della Pagania : del nascimento de Guidon Seluagio suo figliuolo ; come conquisto Baiardo quel buon cauallo : τ come fu morto nella Citta di Cologna isconosciuto. Nouamente tutto reformato, corretto, historiato, e stampato. — *Finito le battaglie de lo Inamoramento de Rinaldo stampate in Venetia, per Bartholomeo detto l' Imperatore del* M. D. LIII. *Adi.* 20. *Decemb.,* in-8. goth. de 181 ff. chiffrés à

2 col. de 40 lign., sign. A—Z (par huit), fig. sur bois. (Melzi.)

Une édition de *Venise,* 1547, par le même imprimeur, in-8., caract. goth. fig., avec plusieurs f. endommagés, 1 liv. Libri.

Ce poëme a encore été réimprimé à *Venise,* 1575, in-8. fig.; dans la même ville, *per Lucio Spineda,* 1615, in-8. fig. sur bois, et aussi *per Ghirardo Imberti,* en 1625 et en 1640, in-8. Cette dernière édit. vend. 17 sh. Hibbert; 14 sh. Heber.

RINALDO. Inamoramento de Rinaldo de Monte Albano. *Stampato in Turino per me magistro Francisco de Silua Anno.* Mccccciii. *a di. xxi. Agosto,* in-4., avec des signat. de a—f, caract. ronds. (*Biblioth. ambrosienne.*)

Poëme en six chants, différent du précédent, bien que sur le même sujet.

RINALDO appassionato in cui si cõtiene Battaglie d' armi e d'amore. Cõ diligẽtia reuisto et corretto : et alla sua ĩtegrita ridotto. — *Impresso in Vinegia per Nicolo d' Aristotile di Ferrara detto Zoppino nel Anno.* M. D. XXVIII. *del Mese di Decembre,* in-8. fig. sur bois, caract. ronds, sign. A—F. [14765]

— Rinaldo appassionato di Battaglie & d'Amore. — *Finito il Libro di Rinaldo appassionato : Composto per Hectore di Lionello di Francesco Baldouinetti, ciptadin Fiorẽtino. Stampato in Fiorenza : per Michelagnolo di Bart. di F. Adi. xi d' Octobre.* 1533, in-4. à 2 col. sign. a—e, lettres rondes, fig.

Ces deux éditions sont très-rares, et la seconde est la seule, que je sache, où soit nommé l'auteur, peu connu, de ce poëme. Vend. 4 liv. mar. r. Heber.

— Rinaldo appassionato, novamente stampato e corretto con la giunta. *Vinegia, Gio.-Andrea Vavassore detto Guadagnino,* 1538, in-8.

28 fr. mar. r. Libri, en 1847.

Dans cette édition est ajoutée une 5e partie ou 5e chant du poëme, en stances de huit vers, lequel fait également partie de l'édition suivante, et probablement aussi de celles qui sont venues après cette dernière.

— Rinaldo appassionato nel quale si contiene battaglie d'arme e d'amore. *Firenze, F. Tosi alle scalee di Badia* (sans date, mais du XVIe siècle), pet. in-8. 12 sh. Libri, en 1859.

— LO STESSO, *Milano, appresso Valerio da Meda,* circa, 1540, pet. in-8, 10 sh., même vente.

— LO STESSO, con la gionta ristampato. *Venetia, per Agostino de' Bindoni,* 1554, in-8.

Réimpr. à Venise, en 1560, pet. in-8.

— LO ETESSO. nuovamente ristampato con l'aggiunta. *Siena,* 1576, pet in-8. de 48 ff. en lettres rondes. Vend. 15 fr. La Vallière.

Nous citerons encore les éditions suivantes de ce petit poëme, savoir : *Perugia, Pietroiacomo Petrucci,* 1578, in-8.; *Venezia,* 1586, pet. in-8. ; *Milano Valerio da Meda,* senz' anno, in-8. (du XVIe siècle) ; *Firenze, Antonio Padovani,* in-8. (de la même époque, et sans date) ; *Trevigi*, 1613, in-8. ; *Firenze*, 1628, in-8 : *Lucca Francesco Marescandoli*, senz' anno, in-12 allongé ; *Bologna, per Costantino Pisarri sotto le scuole all' Insegna di S. Michele*, senz' anno, in-12 ; *Venetia, et Bassano, Gio.-Ant. Remondini*, senz' anno, pet. in-8. fig. (de la fin du XVII° siècle), vend. 16 sh. *m. v.* Hibbert ; enfin *Lucca*, 1797, et *Colle*, 1829, in-8.

RINCE. Le liure τ forest de messire ‖ Bernardin Rince Millanoys : docteur en medecine ‖ contenant τ explicant briefuement lap ‖ pareil : Les jeux : τ le festin | de la Bastille. On les vend au cloz Bruneau ‖ a lenseigne des deux Boulles. cum priuilegio amplissimo. (au recto du dernier f.): *Imprime a Paris, en la maison de‖JehanGourmont. Lan mil cinq‖ cens τ Dix huyct*, in-4. goth. de 10 ff. signatures A. et B. [24171]

Opuscule composé à l'occasion d'une fête donnée sous François 1er. en réjouissance du mariage projeté du fils aîné de ce monarque avec Marie, fille aînée de Henri VIII. Sur le second f. se lit une épître de l'auteur au chancelier Du Prat, en date du 23 décembre 1518. Vend. 2 fr. Méon ; 70 fr. Librairie De Bure ; 52 fr. de Soleinne. — L'exemplaire porté dans la *Biblioth. heber.*, VI, n° 794, était accompagné de deux autres opuscules relatifs aux fêtes du *Camp du drap d'or*, et d'un troisième intitulé : *Oraison à la louenge du mariage de M. le Daupihn et de Marie fille du roy d'Angleterre*, 1518. Ce recueil a été vendu 6 liv. 6 sh.

L'ouvrage français de B. Rince a été réimprimé en 4 ff. in-4. goth., édition qui porte à la fin la marque de Jehan Richard (de Rouen). Il n'est pas indiqué dans la Bibliothèque historique de la France, où l'on cite pourtant, sous le n° 26585, une pièce in-4., intitulée :

BERNARDI Rincil, mediolanensis... epitalamion in nuptiis Francisci, Galliarum delphini, et Mariæ, Britannorum regis filiæ. Vænit in ædibus J. Gormontii ad insigne geminarum cipparum. (in fine) : *In parrhysio gymnasio in officina libraria Joannis Gormontii impressa die decimo decembris* MDXVIII, in-4. de 12 ff. non chiffrés, lettres rondes, sign. A—C.

15 fr. Bearzi, et en *mar.* v. par Trautz, 100 fr. (*Bulletin du Bibliophile*, 1861, n° 175, annoncé inexactement sous la date de 1513).

La pièce suivante doit être réunie à celle-ci :

SYLVA Bernardi Rincii... adparatum, ludos, convivium, breviter dilucideque explicans. Vænit in ædibus Joannis Gormontii. (in fine) : *Impressum Parrhysiis decimo ca. januariis, anni* MDXVIII, in-4. de 8 ff. non chiffrés, sign. A—B.

Cette dernière, en *mar. r.*, 1 liv. 11 sh. Libri, en 1859.

On réunit à ces deux opuscules une autre pièce latine intitulée :

Oratio Richardi Pacei in pace nuperrime composta in federe percusso inter Angliæ regem et Fracorum regem, in æde divi Pauli Londini habita. Parisiis, 1518, in-4. de 8 ff. sign. A et B. Voy. PACEE.

RINCON. Arte mexicana (*sic*), compuesta por el Padre Antonio del Rincon de la compañia de Jesus. *Mexico*, *Pedro Balli*, 1595, pet. in-8. [11971]

Ce volume rare se compose de 104 ff., sign. A—N, et

Rinck (*W.-F.*). Die Religion der Hellenen, 22637.

ainsi répartis : 6 ff. prélim. ; Grammaire, 78 ff. numérotés, précédés de 2 ff. qui ne le sont pas ; Vocabulaire, 18 ff.

L'exemplaire, vendu 5 liv. chez Heber, VI, n° 2249, était rel. avec un *Vocabulario manual de las lenguas castellana y mexicana, compuesto por Pedro de Arenas*, impr. à Mexico, en 1611.

RING (*Maximilien* de). Vues pittoresques des vieux châteaux de l'Allemagne : le grand-duché de Bade , avec un ·texte histor. et descriptif. *Paris, Engelmann*, 1829, gr. in-fol. [9961]

Il devait y avoir 14 livrais. de 4 pl. lithogr., avec texte. Prix de chacune, 10 fr. — Pap. de Chine, 15 fr.

—Les Tombes celtiques de l'Alsace. *Strasbourg*, 1861 , gr. in-fol. avec 14 pl. chromo-lithogr. 25 fr. [28980]

— Etablissements romains du Rhin et du Danube, 26348. — Histoire des peuples Opiques, 22875.

RINGER-Kunst. Voy. AUERSWALD (*Fab.* von).

RINGHIERI. Voy. RHINGHIER.

RINGMAN (*Math.*). Voy. PHILESIUS.

RINUCCINI (*Filipo* di Cino). Ricordi storici del 1282 al 1460 colla continuazione di Alamanno e Neri suoi figli fino al 1506, seguiti da altri monumenti di storia patria estratti dai codici originali, et preceduti dalla storia genealogica della loro famiglia e dalla descrizione della cappella gentilizia in S. Croce, con documenti ed illustrazione per cura ed opera di G. Aiazzi. *Firenze, dalla stamperia Piatti*, 1840, in-4. contenant X pp. prélim., texte pp. 1 à 328 et I à CCIV, avec 6 pl. [25507]

Cet ouvrage, qui renferme de curieuses notices historiques, artistiques et littéraires, relatives à la Toscane, n'a pas été mis dans le commerce. Les planches représentent les fresques de la chapelle et le tableau de l'autel peints par T. Gaddi, la vue architectonique de la même chapelle, et les armoiries de la famille Rinuccini, grav. au trait par P. Lasinio sur les dessins de G. Gozzini.

RINUCCINI (*Ottavio*). La Dafne, rappresentazione in versi. *Firenze, Marescotti*, 1600, in-4. de 12 ff. [16706]

Cette pièce, citée dans le Vocabulaire de La Crusca, est rare de cette édition ; mais elle a été réimpr., avec l'*Euridice* et l'*Ariana* du même auteur, sous le titre de *Drammi musicali* (voyez ci-dessous).

Nous ne devons pas oublier de citer une autre édit. de la même pièce, avec la musique de *Marco da Gagliano*, notée, *Firenze*, 1608, in-fol., et en même temps celle de *Firenze, stampa di Borgognissante*, 1810, in-4., donnée par L. Clasio, qui y a joint une lettre curieuse et des variantes.

La Daphné, représentée chez Jacques Corsi en 1594, fut d'abord mise en musique par Jules Caccini, en

Ringwald (*B.*). Lautere Wahrheit, 15517.
Rinuccini (*G.-B.*), arcivescovo di Fermo. Sua Nunziatura in Irlanda, 21519

1311   RIO — RIPA   1312

société avec Jacques Peri ; mais, selon M. Fétis, la partition n'en fut pas publiée.

L'Euridice, opéra du même Rinuccini, a plusieurs fois été mise en musique, et d'abord par Jacques Peri, sous ce titre : *Le Musiche sopre l'Euridice... rappresentate nello sponsalizio della christianissima Maria Medici regina di Francia e di Navarra*, Firenze, 1600, in-fol., et la même année, par Jules Caccini, sous cet autre titre : *L'Euridice composta in musica in stile rappresentativo*, Firenze appresso Giorgio Marescotti, 1600, in-fol. de 52 pp. avec une épître dédicatoire datée du 20 décembre 1600. On a payé 7 liv. 10 sh. à la vente Libri, en 1859, un exemplaire de la composition de Jacques Peri sur *Euridice*, qui se trouvait relié avec *le Nuove musiche di Giulio Caccini detto Romano*, Firenze, appresso i Marescotti, 1601 (1602 à la fin), in-fol de 40 pp.

Les *Nuove musiche* de Caccini ont été réimpr. à Venise, en 1607 et en 1615, in-fol. — Voy. CACCINI dans nos additions.

— **La Favola d'Aragne.** *Firenze, Carli*, 1810, in-4.

Un exemplaire en papier vert, avec le frontispice et l'intitulé de la dédicace impr. en or, vend. 6 fr. Boutourlin.

— **[Drammi musicali, ora per la prima volta insieme raccolti (da Gaetano Poggiali).** *Livorno, Masi*, 1802, in-8.

Il en a été tiré un exemplaire sur VÉLIN, et un autre en pap. violet (*carta paonazza*).

RIO (D. *Andrès Manuel* del). Elementos de orictognosia, ó del conocimiento de los fósiles, dispuestos segun los principios de A.-G. Werner, para el uso del real seminario de minería de Mexico. *Mexico*, 1795-1805, 2 vol. pet. in-4. fig. [4693]

Ouvrage rare en France. A la fin du second vol. se trouve : *Introduccion a la pasigrafia geologica del señor baron de Humboldt*.

RIOLAN (*Joannes*). De monstro nato Lutetiæ, anno Domini 1605, disputatio philosophica. *Parisiis*, 1605, in-8., avec la figure de l'enfant. 3 à 4 fr. [6960]

— GIGANTOLOGIE, ou discours sur la grandeur des géants, où il est démontré que de toute ancienneté les plus grands hommes et géants n'ont été plus hauts que ceux de ce temps (par J. Riolan). *Paris, Adrian Perier*, 1618, pet. in-8. de 8 ff. prélimin. et 128 pp. 5 à 6 fr. [6978]

Vend. 11 fr. By.

RESPONSE à un discours apologétique, touchant la vérité des géants. *Paris, Jean Petit-Pas*, 1615, pet. in-8. de 36 pp. 3 à 4 fr. [6977]

— Voy. au mot GIGANTOMACHIE, et HABICOT. Voyez aussi IMPOSTURE découverte.

— DISCOURS sur les hermaphrodites, où il est démontré, contre l'opinion commune, qu'il n'y en a point de vrays (par J. Riolan). *Paris*, 1614, in-8. [6945]

Il est bon de joindre à ce volume : *Réponse au discours fait par Riolan, contre l'Histoire de l'Her-*

maphrodite *de Rouen, par J. Duval.* Rouen (*sans date*), in-8. [6946]

— CURIEUSES recherches sur les escholes en médecine de Paris et de Montpellier, nécessaires d'etre sçeues, pour la conservation de la vie (par J. Riolan). *Paris, Gasp. Meturas*, 1651, in-8. [30249]

Ouvrage peu commun : 26 fr. mar. r. Ch. Giraud, sans avoir réellement cette valeur.

LES ŒUVRES anatomiques de M° Jean Riolan... revues et augmentées d'une cinquième partie, le tout rangé, corrigé, divisé, noté et mis en françois par Pierre Constant. *Paris, D. Moreau*, 1628-29, 2 vol. in-4.

L'édition complète du texte latin des Opera anatomica de J. Riolan a été impr. à Paris, en 1650, in-fol. [6662]

RIOTE (la) du monde. Le Roi d'Angleterre et le Jongleur d'Ely (treizième siècle), publié d'après deux manuscrits, l'un de la Bibliothèque royale, l'autre du Musée britannique. *Paris, Silvestre (impr. de F. Didot)*, 1834, in-8. de 56 pp. en tout. 6 fr. [13209]

Tiré à 100 exemplaires, dont 10 sur pap. de Holl. et 2 sur pap. de couleur.

RIOW (*Steph.*). Grecian orders of architecture, delineated and explained from the antiquities of Athens, also Parallels of the orders of Palladio, Scamozzi and Vignola, to which are added remarks concerning public and private edifices. *London*, 1768, in-fol. fig. 18 à 24 fr. [29366]

RIPA (*Bonvicini* de), ordinis fratrum humiliorum, vita scholastica. — *Mediolani, per Dominicum de Vespolate et Jacobum de Marliano*, MCCCCLXXIX, *die xxvij Januarii*, in-4. de 20 ff., y compris le dernier qui est tout blanc.

Première édition de ce poëme en vers élégiaques, laquelle ne contient point le récit en prose de quelques miracles, qu'on a ajouté dans plusieurs autres éditions, telles que celles de Paris, 1497 ; de Venise, *Melchior Sessa*, 1507, in-4. de 20 ff., et autres. Panzer (voir la table du 5° volume, au mot *Bonvicinus*) n'a pas connu l'édition de 1479, mais il cite celles de Milan, 1490 ; de Parme, 1495 ; de Venise, 1496 ; et enfin une édition de Turin, sans date, in-4. de 16 ff. en caractères goth., qui peut bien être aussi de la fin du XV° siècle.

— Vita scholastica. *Impressum Parisius pro Alexandro Alyate de Mediolano commorante ante collegiũ Navarre. Anno dómini* M. CCCC. LXXXXVII, *die xiiii Marcii*, in-4. de 18 ff. non chiffr., mais avec sign. (avec le chiffre d'Alex. Aliate, imprimé en encre rouge sur le titre, et une gravure sur bois au verso de ce titre).

Cette édition a été impr. par Guy Marchand, et il s'en trouve un exempl. à la Biblioth. impér., qui porte la marque (voy. ci-dessous) et le nom de cet imprimeur, en place du nom d'Alyati. On y lit la souscription suivante : *Explicit vita scholastica impressa Parisiis in Campo Gaillardo a magistro Guidone Mercatore Anno dñi M cccc lxxxxvii die xiiii Marcii.*

Rio (*A.-F.*). De l'Art chrétien, 9174. — Hist. de l'esprit humain, 22717. — Leonardo da Vinci e la sua scuola, 31047.

Rio (*Giov.-Batt.*). Orittologia euganea, 4801.

L'auteur de ce poëme est nommé, au 2e feuillet de notre édition, *Frater Bonuicinus de Ripa mediolanensis*. Il a été professeur à Milan, de 1488 à 1491; et après cette dernière année il n'est plus fait mention de lui.

RIPA (*Cesare*). Iconologia, accresciuta d' annotazioni e di fatti da Cesare Orlandi. *Perugia,* 1764-67, 5 vol. in-4. fig. 20 à 30 fr. [18607]

Les anciennes éditions de cet ouvrage ont fort peu de valeur; cependant celle de *Siena, Eredi Fiorini,* 1613, in-4., fig. sur bois, a été revue et augmentée par l'auteur.

     ICONOLOGIE, ou la science des emblêmes, devises, etc., trad. de César Ripa, par J. Baudoin. *Amsterd.,* 1698, 2 vol. pet. in-8. fig. 5 à 8 fr.

L'édition de *Paris,* 1644, in-fol., avec les fig. de Jacques de Brie, est à bas prix.

RIPA (de Sancto Nazario, dicto de). Voy. SANCTO Nazario.

RIPAMONTII historia patriæ. V. CALCHI.

RISÉES (les) de Pasquin, ou l'histoire de ce qui s'est passé à Rome entre le Pape et la France, dans l'ambassade de M. de Créqui; avec autres entretiens curieux touchant les plus secrètes affaires de plu-

---

Ripamonti (*J.*). De Peste quæ fuit Mediolani, 25383.

Ripault (*Louis-Madeleine*). Marc-Aurèle, 22960.

Ripoll (*F.-Th.*). Bullarium prædicatorum, 21814.

Riquet de Bonrepos (*P.*). Canal de Languedoc 8825.

Riquet, comte de Caraman. Anet, 24270.

Risbeck. Voyage en Allemagne, 20277.

Risco (*M.*). Historia de Leon, 26138.

Risdon of Winscot (*Tristr.*). The County of Devon, 27151.

sieurs cours de l'Europe. *Cologne (Hollande),* 1674, pet. in-12. [21660]

93 pp. pour la première pièce, et 284 pp. pour les *Entretiens,* plus une page qui donne la clef de cette dernière pièce, laquelle avait d'abord été publiée séparément sous le titre suivant:

     LES ENTRETIENS familiers des animaux parlans, où sont découverts les plus importants secrets de l'Europe dans la conjecture de ce temps, avec une clef qui donne l'intelligence de tout. *Amsterdam, Herman de Wit,* 1672.

Le vol. de 1674, 12 fr. Mazoyer; 6 fr. 60 c. *mar. r.* Renouard; la partie de 1672, 4 fr. 10 c. Bérard; et un exemplaire de cette même partie, dont le titre porte: *Bruxelles, J. Le Petit,* 1672, 22 fr. *m. r.* par Derome, Nodier.

RISSO (*A.*) et Poiteau. Histoire naturelle des Orangers. *Paris, Audot,* 1818-20, gr. in-4. de 280 pp. avec 109 pl. 45 fr., avec fig. color. 216 fr. [5478]

Publié en 19 livraisons. Il y a des exemplaires grand in-fol. pap. vél. avec fig. color. 450 fr. — Vend. 127 fr. en 1836.

— Histoire naturelle des principales productions de l'Europe méridionale et principalement de celles des environs de Nice et des Alpes maritimes, par A. Risso. *Paris et Strasbourg, Levrault,* 1826-27, 5 vol. in-8. fig. 67 fr. 50 c.; — Pap. vél. fig. color. 135 fr. [4486]

— Flore de Nice, 5099. — Ichthyologie du département des Alpes-Maritimes, 5875. — Crustacés de la mer de Nice, 5912.

RITIUS ou Riccio (*Michel*). Livre en françois, contenant ceux ausquels on doit par raison refuser de bailler estat de Gendarme, les peines imposees de droit pour les fautes qui se commettent en la guerre et gendarmerie par iceux gendarmes, et les privileges octroyez ausdits gendarmes; par Michel Riz, appele l'advocat de Naples. *Paris, Gaspard Philippe,* 1505, in-8. goth. [8602]

Ce livre fort rare est cité par La Croix du Maine à l'article *Michel Ris;* nous en donnons le titre d'après la *Biblioth. bultelliana,* nº 2137. L'auteur, Napolitain de naissance, mais conseiller du roi de France sous Louis XII, l'a composé à Blois en 1505. Il a donné dans le même temps plusieurs ouvrages latins qui ont été réunis sous le titre suivant:

     MICHAELIS RITII Neapolitani de regibus Francorum lib. III. De regibus Hispaniæ lib. III. De regibus Hierosolymorum lib. I. De regibus Neapolis et Siciliæ lib. IIII. De regibus Ungariæ. — *Basileæ, apud Joan. Frobenium, mense julio, anno* M. D. XVII, in-4. [23022]

Cette édition doit avoir été faite d'après celle de *Paris, Ascensius,* 1507, in-4. que cite Panzer sous le titre de *De Regibus christianis.* Les différents ouvrages qui la composent avaient déjà été imprimés séparément à Rome en 1505, in-4., et le *De Regibus napolitanis,* à Milan, par J. de Castelliono, 1506, in-8.

Le *De Regibus Francorum* a été inséré dans le recueil de *Freherus,* et les autres parties dans divers recueils des historiens des pays auxquels elles se rapportent; enfin les mêmes ouvrages ont été réimprimés en corps, à Bâle, in *officina frobeniana,* 1534 (à la fin 1535), in-8.; à Tubingue, 1630, in-8., et aussi à Naples, *Longhus,* 1645, in-4.

Il existe un discours latin du même auteur, sous ce titre :

AD PONT. MAX. JULIUM secundum in obedientia illi prestita pro Christianissimo rege Francorum Hierusalem. & Sicilie duce Mediolani Ludovico huius nominis XII. per Michaelem Ritium Neapolitanum jurisconsultum ex maximo consiliis ipsius regis et in supremo senatu Parisiensi senatorem. Unum ex oratoribus eiusdem regis. (*absque nota*), in-4. de 4 ff. à 28 lign. par page, caract. rom. d'Eucharius Silber. [23431] (Biblioth. impér., X, 2580.) Hain (13919) ajoute à ce titre, après *regis : Reliqua ex sententia christianissimi Regis cum* ‖ *tibi placuerit Prestátissimi hii oratores explicabãt* ‖ DIXI (sic).

Il ne faut pas confondre Michel Riccio (Ritius) avec Michel du Rit, avocat à Orléans, du temps de la Ligue, nommé aussi Ritius sur le titre de l'*Optimus gallus* (voy. DU RIT).

RITRATTI ed elogi de' Liguri illustri. *Genoa, Ponthenier*, 1827, in-fol. [30496]

Il paraissait, en 1827, quatorze livraisons de cet ouvrage, qui devait en avoir cinquante. Chaque livraison de 5 portraits avec texte coûtait 10 fr. (*Journ. de la littérature étrang.*, 1828, p. 5.)

RITMES et refrains tournésiens, poésies couronnées par le puy d'escole de rhétorique de Tournay (1477-91), extraites d'un manuscrit de la bibliothèque publique de Tournay. *Mons*, 1837, in-8. de xx et 159 pp. 10 fr. [13583]

Tiré à 100 exempl. pour la Société des bibliophiles de Belgique. — Voy. au mot SOCIÉTÉ.

RITSON. A select collection of english songs, with their original airs; and an historical essay on the origin and progress of national song by Jos. Ritson; the second edition, with additional songs and occasional notes by Th. Park. *Lond., Rivington*, 1813, 3 vol. pet. in-8. 30 à 36 fr. [15712]

Édition ornée de gravures sur bois. L'ouvrage avait d'abord paru à *Londres*, 1783, 3 vol. in-8. 21 à 24 fr.

— Ancient engleish metrical romancées. *London, Nicol*, 1802, 3 vol. pet. in-8. 30 à 36 fr. [15708]

Dans ce recueil se trouvent quelques passages d'une traduction française du roman d'Hildebrand, en 2760 vers, écrite vers le milieu du XIIᵉ siècle par un trouvère anglo-normand. Avant de mettre ces 3 vol. en vente, l'éditeur y fit placer un certain nombre de cartons, pour faire disparaître plusieurs passages d'une tendance irréligieuse. Très-peu d'exemplaires sont restés dans leur intégrité primitive. Celui de R. Heber a été vendu 5 liv.

Voici le catalogue des autres ouvrages de ce savant philologue et critique anglais :

ANCIENT songs, from the time of king Henry the third to the revolution. *London*, 1790, in-8. 10 à 12 fr. [15711]

Réimpr. en 1829, en 2 vol. in-8., d'après un exemplaire de l'édition de 1790, corrigé et fort amélioré par l'auteur, mais sans les six vignettes de Stothard, dont est décorée cette première édition. 1 liv. 4 sn.

PIECES of ancient popular poetry : from authentic manuscripts and old printed copies. *London*, 1791, in-8. Réimpr. en 1833, et depuis. [15713]

ENGLISH anthology. *London*, 1793-94, 3 vol. in-8. 18 à 21 fr.

SCOTISH songs. *London*, 1794, 2 vol. in-12. [15893]

ROBIN HOOD : a collection of all the ancient poems, songs and ballads, now extant, relative to that celebrated english outlaw. *Lond.*, 1795, 2 vol. in-8. [15710]

Réimpr. à Londres, en 1832, 2 vol. pet. in-8. avec des corrections et des augmentations. 1 liv. 1 sh.

ROBIN HOOD : a lyttel geste of Robin Hood, with other ancient and modern ballads and songs relating to this yeoman, his history from inedited documents, and a memoire of Ritson, edited by J.-M. Gutch. *London, Longman*, 1847, 2 vol. pet. in-8., avec le portrait de Ritson, et de nombreux bois par Fairholt. 2 liv. 2 sh. et réduit à 1 liv. 1 sh.

POEMS on interesting events in the reign of king Edward III, written in the year 1352 by Laurence Minot. *London*, 1795, in-8.

Réimprimé en 1825.

OBSERVATIONS on the three first volumes of the history of english poetry (of Warton), in a familiar letter to the author. *London*, 1782, in-4. [15699]

Critique amère, à laquelle le rév. Th. Russel a répondu, sous la signature A. S., dans le *Gentleman's magazine*, déc. 1782.

NORTHERN garlands : the Bishopric garland, or the Durham minstrel; the Yorkshire garland, the Northumberland garland, or Newcastle Nightingale ; the north country chorister, an unparalleled variety of excellent songs. Edited by the late Jos. Ritson. *London*, 1810, in-8. 10 sh. [15714]

Ce volume réunit trois recueils déjà publiés séparément. Il en a été tiré de exempl. sur pap. fin. 1 liv. 9 sh. *mar.* Sykes.

THE CALEDONIAN muse : a chronological selection of scotish poetry from the earliest times. *London*, 1821, in-8. 15 sh. [15885]

Ouvrage déjà imprimé en 1785.

BIBLIOGRAPHIA poetica : a catalogue of english poets of the twelfth, thirteenth, fourteenth, fifteenth and sixteenth centurys, with a short account of their works. *London*, 1802, pet. in-8. 10 sh. [31753]

On trouve dans la *Censura literaria* de Brydges des corrections et des additions pour cet ouvrage.

THE LIFE of king Arthur : from ancient historians and authentic documents. *London, Payne*, 1825, pet. in-8. 10 sh. [26879]

MEMOIRS of the Celts or Gauls (with an appendix, in which will be found a dictionary of celtic words, and a bibliotheca celtica). *London, Payne*, 1827, pet. in-8. 12 sh. [23166]

ANNALS of the Caledonians, Picts, and Scots, and of Strathclyde, Cumberland, Galloway and Murray. *Edinburgh*, 1828, 2 vol. pet. in-8. [27408]

FAIRY Tales, now first collected ; to which are prefixed two dissertations : I. on Pigmies; II. on Fairies; by the late Jos. Ritson ; edited from the original ms. by his nephew. *London*, 1831, pet. in-8. 9 sh. [17710]

LETTERS of Jos. Ritson, edited by his nephew Joseph Frank, with his life by sir Harris Nicolas. *London*, 1833, 2 vol. pet. in-8. 18 sh. [18923]

Une collection des ouvrages de Ritson, en 30 vol. *mar.* 25 liv. Bohn, 1841 ; une autre en 28 vol. rel. en veau, 18 liv. 18 sh. Catal. Willis et Sotheran, 1862.

RITTER (*Karl*). Die Erdkunde im Verhältniss zur Natur und zur Geschichte des Menschen, oder allgemeine vergleichende Geographie, als sichere Grundlage des Studiums und Unterrichts in

---

Ritt (*G.*). Problèmes, 7887 et 7997.

Ritter (*F.-A.*). Die Klosterkirche auf dem Petersberge, 9967.

Ritschelius (*Fr.*). Corpus inscriptionum, 29918.

physikalischen und historischen Wissenschaften, etc. *Berlin*, 1830-58, 20 vol. in-8. [19624]

Ce grand ouvrage est divisé en 5 livres, savoir : I. *Afrika* (vol. I, épuisé) ; — II. (vol. II à VI), *Ost-Asien*, 1832-36, 5 vol. 90 fr. ; — III. (vol. VII à XI), *West-Asien*, 1837-44 ; 5 vol., 80 fr. ; — III. 2ᵉ série (vol. XII à XVII), *West-Asien*, 1846-52, 6 vol., 102 fr. ; — IV. (vol. XVIII et XIX), *Syrien*, 1854-55, 2 vol., 33 fr.; — IV. (vol. XX), *Asien*, 1858, tome Iᵉʳ, 17 fr. Il a été tiré des exemplaires de tous ces volumes sur pap. fin, qui coûtent un cinquième de plus que les autres. On a joint à l'ouvrage deux volumes de tables, publiées par J.-L. Ideler et G.-H. Müller ; *Berlin*, 1841-49, 2 vol. in-8., 17 fr. La partie qui traite de l'Afrique est aujourd'hui fort arriérée ; elle a été traduite en français sous le titre de *Géographie générale comparée de l'Afrique*, par E. Buret et Ed. Desoer ; *Paris*, 1836, 3 vol. in-8.

RITTER (*Heinrich*). Geschichte der Philosophie. *Hamburg*, 1837-53, 12 vol. in-8. 145 fr. [3308]

On réunit à ces 12 vol. : *Versuch zur Verständigung über die neueste deutsche Philosophie, seit Kant*. Braunschweig, 1853, 2 vol. in-8., 2ᵉ édition. Les quatre premiers volumes, consacrés à la Philosophie ancienne, sont à la seconde édition. Ils ont été traduits en français par C.-J. Tissot, *Paris*, Ladrange, 1835-37, 4 vol. in-8.

— HISTOIRE de la philosophie chrétienne, précédée d'un mot sur la relation de la croyance avec la science, par J. Trullard. *Paris*, 1843-44, 2 vol. in-8.

— HISTOIRE de la philosophie moderne (depuis Descartes), traduction française, précédée d'une introduction, par Challemel-Lacour. *Paris*, Ladrange, 1861, 3 vol. in-8. [3321]

— Historia philosophiæ græco-romanæ ex fontium locis contexta, locos collegerunt, disposuerunt, notis auxerunt R. Ritter, et L. Peller. *Hamburgi*, 1838, in-8. de X et 609 pp. — Editio secunda. Recognovit et auxit L. Peller. *Gothæ*, 1857, in-8. [3312]

RITTER (der) von Stauffenberg, ein altdeutsches Gedicht, herausg. nach der Handschr. d. öffentl. Biblioth. zu Strassburg, nebst Bemerkk. zur Gesch. der Literatur und Archäolog. des Mittelalters von Ch. Maur. Engelhardt. *Strassb., Treuttel*, 1822, in-8., avec 26 lithogr. 6 fr. [15466]

L'éditeur de cet ancien poëme l'attribue à Hartmann d'Owe (autrement von der Aue), qui vivait en 1200, ou à H. de Lauffenberg, auteur d'une traduction du *Speculum humanæ salvationis* (*Revue Encycl.*, XVIII, p. 427).

. RITTER von Turm. Voy. LA TOUR (le chevalier).

RITTERSHUSIUS (*Nic.*). Genealogiæ imperat. regum, ducum, comitum, præcipuorumque aliorum procerum orbis christiani, deductæ ab anno christi 1400 ad annum 1664; editio tertia. *Tubingæ, Reisius*, 1664, in-fol. — (Jab. W. Imhofii) Spicilegii Partes 1 et 2. *Ibid.*, 1683-85, 2 vol. — Brevis exegesis historica genealogiarum imperator., etc.

Ibid., 1674. — Tabulæ genealog. illustrium aliquot familiarum. *Ibid.*, 1668, in-fol. [28832]

Cette collection, qui se relie en 4 ou en 5 vol., est assez estimée, et on la trouve difficilement : 150 fr. m. bl. Gaignat, et beaucoup moins cher depuis.

RITTNER (*H.*). Dresde avec ses édifices et les plus beaux environs, publ. par Rittner. *Dresde, Gartner* (sans date), in-4. obl. [26646]

Ce volume renferme 24 jolies vues avec un texte en allemand et en français. Vend. 60 fr. Hurtault. Ersch en indique une édition de *Dresde, Meinold* (1808), in-fol. obl., avec 18 pl. (10 thl.). Celle-ci doit être plus récente.

RITU (de) et moribus Indiæ. V. JOANNES Presbyter.

RITUALE monasticum, secundum consuetudinem monachorum et monalium ord. S. Benedicti, congregat. Vallisumbrose ; studio D. Val. de Rainerijs. *Florentiæ, ex typogr. Zenobii Pignonii*, 1629, in-fol. [749]

Un exemplaire impr. sur VÉLIN, 80 fr. Boutourlin.

RIVALLIUS. Aymari Rivallii allobrogis ivris consvlti ac oratoris libri de historia ivris civilis et pontificii. *Venundantur Valentia in biblioteca Ludouici Oliuelli bibliopole vniuersitatis Valeñ. iurati*, pet. in-4. de 129 ff. chiffr. et 19 ff. non chiffr., dont 1 blanc, sign. a—r et A—B. [2422]

Édition rare. Dans un privilége, en français (daté de 1515), qui est imprimé au verso du titre, *Loys Oliuelli* est qualifié de *libraire demourant en nostre ville de Valence*. Au f. rii, on lit huit vers *in laudem Ludovici Oliuelli: cuius & cura: & ære excussus liber est*. Nous donnons ici la marque de ce libraire, telle qu'elle se voit sur le titre du volume décrit :

LVDOVICVS · OLIVELLI ·

· SPES AGRI ·   · ALIT COLAS ·

L'*Historia juris civilis*, qui est un commentaire sur la loi des XII Tables, a été réimprimée à Mayence, par Jean Schœffer, en 1527, in-8., et plusieurs fois depuis.

— Aymar Rivallii, de Allobrogibus libri novem, ex autographo codice Bibliothecæ regis editi, cura et sumptibus Aelfredi de Terrebasse. *Lugduni, Ludov. Perrin typ.*, 1844, in-8. 6 fr. [24842]

— DESCRIPTION du Dauphiné, de la Savoie, du comtat Venaissin, etc., au XVIe siècle, extrait du premier livre de l'Hist. des Allobroges..., trad. sur le texte publié par M. de Terrebasse, par M. Ant. Macé. *Grenoble*, 1852, in-12.

RIVAUDEAU (*André* de). Ses Œuvres; Aman, tragédie sainte, tirée du septième chapitre d'Esther. Outre deux livres du mesme autheur, le premier, contenant les complaintes, le second les diuerses poésies. *Poitiers, Nicolas Logeroys*, 1566, in-4. de VIII ff. et 170 pp., dont les six dernières ne sont pas chiffrées. [13765]

La tragédie qui fait partie de ce volume rare est en cinq actes et en vers, avec des chœurs. Le style en est passable pour le temps.

— LES ŒUVRES poétiques d'André de Rivaudeau, gentilhomme du Bas-Poitou; nouvelle édition publiée et annotée par C. Mourain de Sourdeval (avec un glossaire). *Paris, A. Aubry*, 1859, pet. in-8.

Jolie édition tirée à 300 exemplaires, savoir : 264 sur papier vergé, 6 fr.; 24 sur pap. vélin, et 12 sur pap. chamois.

— DOCTRINE d'Epictète. Voy. EPICTETUS.

RIVAULT de Flurance (*David*). Les Élémens de l'artillerie, concernant tant la premiere invention et théorie que la pratique du canon. *Paris, Adrien Beys*, 1605, pet. in-8. de 192 pp. avec fig. [8678]

Cet ouvrage présente quelques observations curieuses sur les effets de la vapeur de l'eau : 12 fr. Libri-Carucci. L'auteur en a donné une seconde édition *augmentée de l'invention, description et démonstration d'une nouvelle artillerie qui ne se charge que d'air et d'eau pure, et a néanmoins une force incroyable; plus d'une nouvelle façon de poudre de canon très-violente, qui se fait d'or, par un excellent et rare artifice, non communiqué jusqu'à présent;* Paris, Adrien Beys, 1608, pet. in-8, de 202 pp. pour les trois premiers livres, et 79 pp. pour les additions. 18 fr. Libri, en 1857.

Niceron, XXXVII, pag. 317 et suiv., a fait connaître les différents écrits de ce savant précepteur de Louis XIII, auquel nous devons une édition d'Archimède (voyez ce nom). Dans ce catalogue, nous avons remarqué les deux ouvrages suivants :

— LES ESTATS esquels il est discouru du Prince, de la Noblesse et du Tiers-Estat, conformément à nostre temps, au grand Henri, roi de France, par

D. D. R. de Flourance. *Lyon, Ben. Rigaud*, 1596, pet. in-8. de 392 pp. [24055]

L'ART d'embellir, tiré du sens de ce sacré paradoxe : la sagesse de la personne embellit la face; étendu en toute sorte de beauté, et ès moyens de faire que le corps retire en effet son embellissement des belles qualités de l'âme. *Paris, Julien Bertault*, 1608, in-12 de 233 ff. [3812]

Au commencement de ce volume se trouve un sonnet de Malherbe à la louange de l'auteur.

On sait que Rivault a publié le *Dessein d'une Académie* (Paris, Pierre Le Court, 1612), pièce in-8. de 16 ff., et aussi la *Leçon faite en la première ouverture de l'Académie royale au Louvre, le 6 de mars* 1612, *par le sieur de Flurance Rivault* (Paris, Pierre Le Court, 1612), in-8. de 26 pp. Commencement d'exécution d'un projet qui n'eut pas de suite.

RIVE (*Jean-Jos.*). Essai sur l'art de vérifier l'âge des miniatures peintes dans les manuscrits depuis le XIVe siècle jusqu'au XVIIe, 26 tableaux peints et rehaussés d'or, in-fol. [9437]

L'abbé Rive n'a pas publié l'explication qui devait accompagner ces tableaux copiés dans les plus beaux mss. du duc de La Valliere; le *Prospectus* de l'ouvrage *proposé par souscription par l'abbé Rive...* (Paris, Didot l'aîné), 1782, in-12 de 70 pag. pap. fin, est tout ce qu'on a impr. à ce sujet. Les 26 tableaux ont été vend. 360 fr. Trudaine; 100 fr. Lamy; 115 fr. en 1839; 100 fr. Leber. Il y en a un du XIVe siècle, vingt du XVe, six du XVIe et un seul du XVIIe. Il a été tiré sur VÉLIN trois exempl. de ces planches. Celui de M. Paris, contenant 30 fig., avec un texte explicatif en manuscrit, s'est vendu 56 liv. 14 sh. à Londres, en 1790.

— Etrennes aux joueurs de cartes. Eclaircissements historiques et critiques sur l'invention des cartes à jouer. *Paris, (imprim. de Didot l'aîné)*, 1780, in-12 de 48 pp. [30235]

Dissertation intéressante extraite de la notice que le même auteur a donnée sur le roman d'Artus : 3 à 6 fr. — Il y a 100 exemplaires tirés sur papier gr. in-8. : 8 à 10 fr. On a aussi tiré quatre exemplaires in-8. sur VÉLIN : vend. 79 fr. de Limare; 92 fr. mar. bl. dent. tab. Méon; 60 fr. Thierry, et relié par Lewis, 171 fr. Chateaugiron.

Ces éclaircissements ont été réimprimés à la suite de l'ouvrage anglais de M. Singer sur le même sujet (voy. SINGER).

— Notices historiques et critiques sur deux manuscrits de la bibliothèque du duc de La Valliere, dont l'un a pour titre : Guirlande de Julie, et l'autre : Recueil de fleurs et insectes, peints par Dan. Rabel. *Paris, Didot l'aîné*, 1779.

— Notice de deux autres manuscrits de la même bibliothèque; l'un a pour titre : le Roman d'Artus; l'autre, le Roman de Partenay. *Paris*, 1779, gr. in-4. [31378]

Vend. 13 fr. Camus de Limare; 16 fr. Thierry.

La première de ces notices n'a été tirée qu'à 100 exemplaires, et la seconde à un plus petit nombre encore. Dans sa Chronique, l'abbé Rive rapporte qu'il y a deux exemplaires de la première tirés sur pap. in-fol. On ajoute quelquefois à ces pièces : *Notice d'un manuscrit de la bibliothèque du duc de La Valliere, contenant les poésies de Guillaume de Machau*, par le même, gr. in-4.,

---

Rivard (*Fr.*). Trigonométrie, 7995. — Sphère, 8363.
Rivarel (*P.*). Vie de S. Remy, 22258.
Rivarès (*Fréd.*). Chansons et airs populaires de Béarn, 14391.
Rivarol (*A.-C.*). Universalité, 10916. — Discours, 10917. — Œuvres, 19144.
Rivas (*Angel* de Saavedra, duc de). Insurrection de Naples, 25749.

27 pages qui se trouvent dans le 4e vol. de l'*Essai sur la musique de La Borde*, mais dont on a tiré séparément 24 exemplaires sur pap. de Holl., à la suite desquels on a mis la lettre de l'abbé Rive à M. de La Borde, sur la formule : *Nos Dei gratia,* 8 pag. tirées séparément à 50 exemplaires sur pap. de Hollande.

— NOTICES sur le traité manuscrit de Galeotto Martio, intitulé : *De excellentibus;* Paris, 1785, in-8. de 16 pages.

Opuscule dont on a tiré 100 exemplaires, et de plus un sur VÉLIN de format in-4.

Cette notice, qui devait être suivie de plusieurs autres dans le même genre, porte le titre suivant : *Diverses notices calligraphiques et typographiques...* Vendu 6 fr. Dincourt d'Hangard.

— NOTICE d'un manuscrit de la Bibliothèque de La Vallière, cité au tome II de son catalogue, sous le n° 2768 (le Roman de fortune, ou les cinq livres de la philosophie de Boece, mis en rime par un Jacobin de Poligny), par feu l'abbé Rive. *Marseille, Achard,* in-4. de 18 pages.

— CHRONIQUE littéraire des ouvrages imprimés et manuscrits de l'abbé Rive ; des secours dans les lettres que cet abbé a fournis à tant de littérateurs françois, etc. *Eleutheropolis (Aix), de l'imprim. des Anti-Copet, etc. l'an 2ond du nouveau siècle françois* (1791), in-8. [30643]

Ouvrage singulier que l'on ne trouve pas facilement ; les notes, pp. 225-34, suivies d'un errata, manquent dans plusieurs exempl., ainsi que l'addition pour la note 10 de la p. 232, 4 pp., et l'autre addition pour la même note, 8 pp. : 8 à 10 fr. Il y a des exempl. en pap. fort : 13 fr. Chateaugiron.

— La Chasse aux bibliographes et antiquaires mal advisés, par un des élèves que M. l'abbé Rive a laissés dans Paris (l'abbé Rive lui-même). *Londres (Aix),* 1789, 2 vol. in-8. 12 à 15 fr. [31361]

Satire violente contre plusieurs bibliographes plus habiles, et surtout plus estimables que l'abbé Rive. Celui-ci, en relevant leurs erreurs ou leurs prétendues erreurs, en a souvent commis de fort graves. Un avis placé à la page 52 de la préface, porte qu'il n'y a eu de cet ouvrage que 300 exemplaires d'imprimés, dont 50 ont le 1er vol. en papier de Hollande, et le 2e en pap. fort : 36 fr. Thierry ; 52 fr. Mac-Carthy, et 14 fr. seulement Renouard.

— Histoire critique de la pyramide de Caius Cestius, avec une dissertation sur le sacerdoce des VII Virs Epulons. *Paris, Didot l'aîné,* 1787, in-fol., avec 7 pl.

Cet ouvrage, qui forme le 3e vol. de la seconde édition des peintures de *Sante Bartoli* (voyez BARTOLI), se trouve quelquefois séparément. Vendu, exemplaire sur VÉLIN, 95 fr. Lamy.

On a encore de l'abbé Rive plusieurs autres écrits assez difficiles à trouver, savoir :

Eloge à l'allemande de la préface de l'abbé Maury sur les sermons de Bossuet, 1773, in-8. — *Lettres violettes, noires, etc.* (contre l'abbé de Crouseilhes, MM. de Boisgelin et de Bausset) ; *Dieujopolis* (Nîmes), 1789, in-8.—*Lettres purpuracées... écrites contre les consuls d'Aix* (Nîmes), 1789, in-8. — *Lettre vraiment philosophique à l'évêque de Clermont.....* Nomopolis (Aix), 1790, in-8. — *La ligue monachale anti-éleemosynaire.* Charitopolis, 1790, in-8., — etc.

Tous ces pamphlets n'ont été tirés qu'à un petit nombre d'exemplaires.

RIVERA (*Jos.* de). Livre de portraiture, recueilly des œuvres de Jos. de Rivera,

dit l'Espagnolet, et grav. à l'eau-forte par L. Ferdinand. *Paris,* 1650, in-fol. [9332]

Vend. 18 fr. 50 c. Boutourlin, et vaut davantage.

RIVERA. Diario y derrotero de lo caminado, visto y observado en el discurso de la visita general de precidios situados en las provincias ynternas de Nueva España que executo D. Pedro Rivera, haviendo transitado por los reinos del Nuovo Toledo, Nueva Galicia, Nueva Vizcaya, Nuevo Mexico, Nueva Estremadura, Nuevas Philipinas y Nuevo Leon, y las provincias de Sonora, Ostimuri, Sinaloa, y Guasteca. *Guathemala,* 1736, in-fol. [21070]

Vend. 35 fr. Rætzel.

RIVERA (*F.-E.*). Voy. RIBERA.

RIVERII (*Lazari*) Opera medica. *Genevæ,* 1737, seu *Lugduni,* 1738, in-fol. 8 à 12 fr. [6629]

RIVERIN (*P.*). Voy. à la fin de l'article JOHANNES Chrysostomus.

RIVERO (*Mariano Ed.* de) y Juan Diego de Tschudi, Antigüedades Peruanas. *Viena, Gerold,* 1851, in-4. de 342 pp., avec atlas de 60 pl. lithochrom., in-fol. obl. 150 fr. [28678]

RIVET (*André*). Sermon sur la nativité et la résurrection de Jésus-Christ, par André Rivet. *Leiden, en l'imprimerie des Elzeviers,* 1625, in-24. [1898]

— Exhortations à la repentance et recognoissance : faites au sujet du siége et de la reddition de Maestricht, l'onzième et XXIV Aoust, en l'Eglise françoise de La Haye. Item, à perseverance en la profession de la verité de Christ ; par André Rivet, D. et prof. en théol. et ministre de la parole de Dieu. *A Leyde, de l'imprimerie des Elzevirs* (sic), 1632, in-24 de 288 pp. en tout.

— Instruction préparatoire à la saincte cene, avec cinq prédications convenables à la matière, par André Rivet...... *A Leyde, de l'imprimerie des Elseviers, l'an* 1634, in-24 de 288 pp. en tout.

Ces trois volumes sont très-peu communs.

L'ouvrage suivant du même auteur mérite d'y être réuni.

INSTRUCTION chrestienne touchant les spectacles publics, des comédies et tragédies, où est décidée la question, s'ilz doibvent estre permis par le magistrat et si les enfants de Dieu y peuvent assister en bonne conscience, avec le jugement de l'antiquité sur le mesme subject. *La Haye, Theodore Le Maire,* 1639, pet. in-12 de 6 ff. et 132 pp. 8 fr. de Soleinne ; 35 fr. *v. f. aux armes de de Thou,* de Coislin.

André Rivet est l'auteur d'un assez grand nombre

d'ouvrages de théologie, écrits soit en latin, soit en français, qui ont eu du succès, et dont plusieurs sont sortis des presses des Elsevier de Leyde, dans les formats in-4. et in-8. Les plus anciens ont paru à Saumur, au commencement du XVIIe siècle. La plupart des écrits de ce ministre protestant se trouvent réunis sous le titre d'*Opera theologica*; Rotterodami, Arnoldus, 1651-60, en 3 vol. in-fol. [1894]

Parmi ses ouvrages français nous remarquons celui qui a pour titre :

LA BONNE VIEILLESSE *représentée en une lettre latine d'André Rivet à Guillaume Rivet, son frère, sieur de Champvernon, et par luy traduite en françois; avec les dernières heures du dit Ant. Rivet;* Utrecht, Jean Waesbergue, 1652, in-8., et aussi : *Divers traitez de piété sur quelques occasions du temps présent;* Leyde, Livius, 1637, in-12.

RIVET (*Dom*). Voy. HISTOIRE littéraire de France.

— Nécrologe de Port-Royal, 21948.

RIVEY (*P. de La*). Voy. LARIVEY.

RIVILL a Bonet y Paeyo (*D.-Jos.* de). Desvias de la naturaleza o tratado de el cricen de los monstros. *Lima, en la emprenta real*, 1695, in-4., fig. [6249]

Livre rare hors du pays où il a été imprimé. 120 fr. mar. r. Solar.

RIVINUS (*August.-Quirin.*). Introductio generalis in rem herbariam. *Lipsiæ*, 1690-1699, 3 part. in-fol., fig. [4855]

Ouvrage assez estimé, et dont les exemplaires sont peu communs. La première partie contient *Instructio generalis*, 39 pp., et la préface ; *Ordo plantarum...* 22 pp., un index et 126 pl. — La seconde : *Ordo...* 20 pp., un index et 119 pl. — La troisième : *Ordo...* 28 pp., une préface, un index et 140 pl. De plus on a ajouté, dans quelques exemplaires, un certain nombre de planch. supplémentaires : vend. 130 fr. Camus de Limare ; 71 fr. L'Héritier ; 50 fr. Pappenheim, et 28 fr. de Jussieu.
L'*Introductio generalis* a été réimpr. avec une réponse aux Objections de J.-J. Dillenius, à *Leipzig*, 1720, in-12 de 157 pp. et la préface.

RAVINUS (*Ant.*). Florilegium. Voy. ANTHOLOGIA.

RIVO (*Petrus* de). Opus magistri Petri de Rivo.... responsivum ad epistolam apologeticam Pauli de Middelburgo de anno die et feria dominice passionis. — *Impressum in alma universitate lovaniensi per me lodovicum de Ravescot* (1488), pet. in-fol. goth. de 45 ff., plus 4 ff. pour le prologue, avec 4 gravures sur bois. [21245]

Cette réponse à Paul de Magdebourg (voy. IV, col. 451, article PAULUS) a de l'intérêt pour les personnes qui s'occupent de la science du comput ecclésiastique. On trouve dans le prologue le calendrier de

P. de Rivo, celui des Egyptiens selon le vénérable Beda, en rapport avec le calendrier romain sur une autre colonne. C'est ce fragment que Hain, dans son *Repertorium*, n° 42563, donne comme un ouvrage séparé.

RIVOLA (*Fanc.*). Grammaticæ armenæ libri IV. *Mediolani, typis collegii Ambrosani*, 1624, in-4. 6 à 9 fr. [11707]

Réimpr. à *Paris*, en 1634, in-4. 5 à 8 fr.

— Dictionarium armeno-latinum. *Mediol., typis collegii Ambros.*, 1621, in-fol. 15 à 18 fr. [11713]

Il y a aussi de ce Dictionnaire, peu estimé, une édition faite à *Paris*, 1633, in-4. 10 à 12 fr. Vend. 20 fr. de Tersan.

RIVUS. Libellus a magistro Petro de Riuo editus, quomodo omnia in meliorem sunt partem interpretanda. De Susanna hystoria. De moribus mense m̄gri Enghelberti. De Pane dyalogus, editus a m̄gro Enghelberto, collocutores : Pañis, Pistor, Esor. De vacca quam luto circumlitam possessor velut ignotam et alienam venundedit m̄gri Regneri de Wael. De tribus qui Auseris avidi in foveam cediderunt m̄gri Regneri de Wael. De Barta et marito ejus per studentem Parisiensem subtiliter deceptis.— *Libellus impressus Leydis per me Johannem Seueri Anno d̄ñi*. M. CCCCC. IX. *vicesima die martii*, in-4. goth. de 22 ff. non chiffrés, mais avec signat. de A—E. [13070]

Ce petit recueil contient sept pièces en vers, dont les trois dernières sont des contes assez plaisants. C'est un livre rare que Panzer n'a qu'imparfaitement indiqué. Au verso du dern. f. on voit un écusson qui paraît être celui de la ville de Leyde : deux fleurs de lis et une clef, avec un lierre pour support, portant un étendard sur lequel est écrite cette sentence : *Dieu soit loué de tout* (Bibliothèque Mazarine, n° 10599).

RIZ (*Mich.*). Voy. RITIUS.

RIZA Kouli. Voy. l'article RAOUZET....

RIZO (*Juan Pablo Martyr*). Historia tragica de la vida del duque de Biron, con su comedia a la fin. *Barcelona, por Gabr. Nogues*, 1635, in-8. [23633]

Nous citons ici ce livre peu connu parce qu'il se rapporte à notre histoire, ainsi que la *Muerte del rey de Francia Henrique IV*, par le même auteur, *Madrid*, 1625, in-8., tirée des histoires de P. Mathieu. — Antonio indique les autres ouvrages de Rizo.

RIZZI Zannoni. Voy. ZANNONI.

ROBBIG (*Just.-Reinh.*). Codex criticus, hoc est Robbigaliorum libri XII. *Lemgoviæ, Coccæus*, 1610, et *Hagæ-Schaumburg., Reineking*, 1619, 2 vol. in-4.

Rivière (*A.*). Géologie, 4586.
Rivière (*A.*). Hist. des biens communaux en France, 24073.
Rivière (l'abbé). Éloge des Normands, 30482.
Rivoire (*Maur.*). Cathédrale d'Amiens, 21422.
Rivoire (*Hector*). Statistique du Gard, 24749.

Rivot (*L.-E.*). Traitement des minerais, 4758.
Rizo (*J.-P.-M.*). Historia de Cuenca, 26137.
Roa (*M.* de). Ejica, 26197. — Cordoba, 26237.

Il y a des exemplaires de ces deux volumes portant un nouveau titre ainsi conçu : *Lexicon novum tractatum continens, de rebus criticis,* Rintelii, Wagner, 1622, in-4. [18200]

ROBECK (*Joan.*). De morte voluntaria philosophorum et bonorum virorum, etiam Judæorum et Christianorum; præfatus est Funccius. *Rintelii,* 1736, in-4. [3836]

Réimprimé, *Marburgi,* 1753, in-4. 4 à 6 fr.

ROBELIN (*Jean*). La Thébaïde, tragédie. *Pont-à-Mousson, chez Martin Marchant,* 1584, pet. in-8. de 60 ff. non chiffr. [16320]

Pièce en cinq actes et en vers, avec des arguments en prose. Elle est tellement rare que M. de Soleinne n'avait pu s'en procurer qu'une copie manuscrite, laquelle a été vendue 15 fr. 50 c.

ROBERT of Gloucester. The Life and martyrdom of Thomas Becket, archbishop of Canterbury, from the series of lives and legends now proved to have been composed by Robert of Gloucester, edited by W. Henry Blak. *London,* 1845, in-8. [22279]

Imprimé pour la *Percy Society.*
Pour la Chronique métrique du même auteur, voyez le n° 18 de l'article HEARNE (*Th.*).

ROBERT Grosseteste. Voy. ROBERTUS lincoln. episcopus.

ROBERT. Le trésor de l'âme (extrait des Saintes-Ecritures, et la plus grande partie trad. de latin en françois). *Imprime a paris par anthoine verad* (sic), *libraire, demourãt sur le pont nostre dame,* in-fol. goth. à 2 col. de 35 lign. [1551]

Ce livre, auquel le nom de Verard donne du prix, n'a cependant une haute valeur que lorsque l'exemplaire est impr. sur VÉLIN, avec miniatures, comme ceux qui ont été vendus 100 fr. *mar. r.* Gaignat; 162 fr. La Vallière; 204 fr. Mac-Carthy; et jusqu'à 3000 fr. Solar.
Le volume se compose de lxxxj ff. chiffrés, précédés de 6 ff. pour le titre et la table; à la fin se voit la marque de Verard sur un f. séparé (voy. cette marque dans nos notices sur les *Heures gothiques*).

ROBERT (*Gabriel*). Le Violier des Muses. *Poictiers, Charles Pignon,* 1612, in-12 de 5 ff. prélim. et 68 ff. de texte. [13923]

Ce volume est rare comme beaucoup d'autres recueils imprimés à la même époque, et qui ne valent ni plus ni moins que celui-ci. Nous n'en parlons que parce qu'on nous l'a signalé comme n'étant indiqué nulle part. Il est pourtant porté sous le n° 13104 du catal. de La Vallière par Nyon, tome IV.

ROBERT (*Nicolas*), *Abraham* Bosse et *Louis* de Chastillon. Recueil de plan-tes, dessinées et gravées par ordre du roi (Louis XIV). 319 pl. en 3 vol. in-fol. max. [4930]

Recueil parfaitement exécuté, et dont on recherche encore un peu les anciennes épreuves. L'ouvrage parut d'abord sans explication; mais M. Anisson a fait imprimer, vers 1780, un frontispice, avec des éclaircissements sur ce recueil et une table des 319 pl., le tout formant 20 ff. Les anciennes épreuves, qui se payaient autrefois de 300 à 400 fr., se donnent maintenant pour moins de 100 fr. — Vend. 52 fr. en 1836. Les 320 pl., épreuves courantes, y compris le frontispice gravé, atteignent à peine une cinquantaine de francs dans les ventes.

— Recueil d'oyseaux les plus rares, tirez de la menagerie royale. Desinez (*sic*) et gravez par N. Robert. *Paris, G. Audran,* 1676, in-fol. obl., 24 pl. [5791]

On a du même artiste : *Divers oiseaux desinez d'après le naturel, etc.* Paris, Van Merle, 1673, gr. in-fol. — *Divers oyseaux dessignées et gravées* (sic) *d'après le naturel,* Paris, F. Poilly, in-fol., 31 planch.

ROBERT (*Dominique*). L'Etat de la Provence, concernant ce qu'il y a de plus remarquable dans la police, dans la justice, dans l'Eglise et dans la noblesse de cette province, par l'abbé R. D. B. (Dominique Robert de Briançon). *Paris, Clousier ou Auboin,* 1693, 3 vol. in-12. 36 à 48 fr. [24797]

Ouvrage rare et recherché (65 fr. de Martainville). Il parut d'abord à la fin de 1692; mais, d'après les réclamations de quelques familles, l'auteur fit faire plusieurs cartons, et changea le titre de son livre, qui fut ainsi conçu : *L'Etat et la noblesse de Provence, où l'on voit ce qu'il y a de plus remarquable... seconde édition.* Or, dans cette prétendue seconde édition, il n'y a de réimprimé que le titre et l'épître dédicatoire, dans laquelle on annonce des changements et des observations qui n'existent pas dans le livre. Il a été fait une contrefaçon de ces 3 vol. reproduisant le titre et l'épître dédicatoire de la première édition avec une similitude typographique parfaite, et aussi les fautes et jusqu'aux errata qui les corrigent. On peut la distinguer de l'édition originale par l'en-tête de chaque page qui est en italique au lieu d'être en petites capitales, par les caractères et la pagination des errata et de la table, par l'introduction dans le 3e vol., aux additions, d'une notice sur la famille *Bianchi* ou Le Blanc, et enfin à la gravure des armoiries beaucoup plus grossière que dans la bonne édition. (*D'après des renseignements communiqués par M. le marquis de Boisgelin, résidant à Aix.*)
Les deux ouvrages suivants, du même Domin. Robert, se trouvent difficilement.
HISTOIRE généalogique de la maison de Simiane. *Lyon, Canier,* 1680, in-12. [28869]
HISTOIRE généalogique de la maison de Vintimille. *Villefranche, Jean Bavoux,* 1681, in-4. [28869]

ROBERT (*C.*). Études numismatiques sur une partie du nord-est de la France. *Metz, imprimerie de Nouvian,* 1852, in-4. de 251 pp. avec 18 pl. [24865]

Robelot. Réformation de Luther, 22425.
Robert (*J.*). Historia S. Huberti, 22196.
Robert (*D. Gérard*). Son ournal, 21424.
Robert (*Cypr.*). Philosophie de l'art, 9135. — Le Monde slave, 27913.

Robert (l'abbé). Histoire de S. Thomas Becket, 22281.
Robert (du Var). Histoire de la classe ouvrière, 21329.

— Monnaies des évêques de Toul, 24879. — Numismatique de Cambray, 24925.

ROBERT de Vaugondy. Atlas universel,
ou recueil de cartes géographiques, dessinées sur les observations les plus exactes. *Paris,* 1757, gr. in-fol. [19641]

Cet atlas a été longtemps très-estimé, mais comme il
est fort en arrière des connaissances géographiques
actuelles, on le recherche peu ; il est composé de
108 cartes, y compris les 5 cartes des routes de
poste. Les anciens exemplaires se payent de 25 à
30 fr., et plus en Gr. Pap. — Les nouveaux exempl.
sont augmentés de 9 cartes, mais ils ne renferment
que des épreuves très-faibles. L'atlas portatif du
même géographe, in-4. oblong, est composé de
54 cartes.

— Essai sur l'histoire de la géographie, 19509.

ROBERT-DUMESNIL (*A.-P.-F.*). Le
Peintre-Graveur français, ou catalogue
raisonné des estampes gravées par les
peintres et dessinateurs de l'école française ; ouvrage faisant suite au Peintre-
Graveur de M. Bartsch. *Paris, Gabriel
Warée,* etc., 1835-50, 8 vol. in-8. 48 fr.
[9523]

Ouvrage rédigé avec une grande exactitude, mais qui
malheureusement est loin d'être complet. Il est à
regretter que l'auteur ne se soit pas borné à décrire les œuvres des maîtres les plus remarquables
et les plus recherchés, et qu'il ait consacré une
partie de ses pages à des œuvres sans valeur.

LE PEINTRE-GRAVEUR français continué, ou catalogue raisonné des estampes gravées par les peintres et les dessinateurs de l'école française nés
dans le XVIIIe siècle, ouvrage faisant suite au
Peintre-Graveur français de M. Robert-Dumesnil, par Prosper de Baudicour. *Paris, Ve Bouchard-Huzard,* in-8., tome Ier, de VIII et 312 pp.,
et t. II, de VIII et 328 pp. plus 4 pp. d'errata. 12 fr.

— Voy. HELLER, PASSAVANT.
— Catal. des estampes de Robert-Dumesnil, 9556.

ROBERT(*A.-C.-M.*). Fables inédites.Voy.
tome III, en bas de la col. 755.

ROBERT (*Phil.*). Voy. à la fin de l'article
LYSIAS.

ROBERT LE DIABLE. Miracle de Nostre
Dame, de Robert le dyable, filz du duc
de Normandie... publié pour la première
fois, d'après un ms. du XIVe siècle, par
plusieurs membres de la Société des antiquaires de Normandie. *Rouen, imprimé par Hardy, pour Ed. Frère,*
1836, in-8., avec un fac-simile. 6 fr.
[16224]

On remarque, au commencement de ce volume, une
notice historique sur Robert le Diable, par M. Ach.
Deville, et à la suite du Mystère un extrait du Roman de Robert le Diable, en vers. L'édition a été
tirée à 303 exemplaires en tout, savoir : en in-8.
ordinaire, 125 sur coquille, 125 sur carré d'Angoulême, 3 sur coquille de couleur ; in-8. Gr. Pap.,
40 sur jésus vélin, et 10 sur jésus de Hollande.

Robert le jeune. Mégalanthropologie, 6955.
Robert (*W.*). Law of wills, 3077.

ROBERT LE DIABLE. Le Roman de
Robert le Diable, en vers, du XIIIe siècle, publié pour la première fois d'après
les mss. de la Bibliothèque du roi par
G.-S. Trébutien. *Paris, Silvestre,* 1837,
pet. in-4. goth. fig. sur bois. [13208]

Édition tirée à 130 exemplaires, savoir : 104 sur pap.
collé, 16 sur pap. de Hollande, 6 sur pap. de Chine
et 4 sur VÉLIN. Dans son article *Jaques de La Hogue,* La Croix du Maine attribue à ce poëte une
Vie de *Robert le Diable,* en vers, qui est restée en
manuscrit (voy. LA HOGUE).

M. Guil.-Stanislas Trébutien, éditeur de ce poëme, en
a publié un autre sous ce titre :

LA MORT du roy Sweyne en vers du XIVe siècle,
publiée pour la première fois d'après le manuscrit
de la bibliothèque d'Avranches, par l'éditeur du
roman de Robert le Diable. *Caen, Poisson et fils,*
1846, in-16. goth. de VIII et 24 pp. (tiré à 120
exemplaires).

— Voy. FERRIÈRE.

ROBERT LE DIABLE. La Vie du terrible Robert le dyable. (au verso de l'a-
vant-dernier f.) : *Cy finist la vie de
Robert le dyable. Imprimee a Lyon
par Pierre Mareschal z Bernabe Chaussard le vij iour du moys de may. Lan
mil quatre cens quatre vingtz z seze,*
pet. in-4. goth. de 26 ff., sign. a—d, à
longues lignes, au nombre de 32 sur les
pp. pleines. [17099]

Édition la plus ancienne que nous connaissons de
ce roman en prose. Sur le titre se voit une gravure en bois qui est répétée au verso. Le dernier
feuillet ne contient que la marque des deux imprimeurs, avec leur nom en légende (déjà reproduite
dans ce Manuel, II, col. 244). Dans l'exemplaire qui
appartient à la Bibliothèque impériale, il manque
2 ff. du cahier *b.*

— La vie du terrible robert le dyable. (à
la fin, en recto) : *Cy finist la vie de
Robert le dyable Imprimee a Paris par
Maistre Nicole de la barre demourãt
en la rue de la harpe devant Lescu de
France. Le vingt deuxiesme iour du
moys de auril lan mil quatre cens
quatre vingtz dix sept,* pet. in-4.
goth. de 26 ff. non chiffrés, à longues
lignes.

Avec la figure de Robert le Diable, sur et derrière le
titre. Au verso du dernier feuillet se voit la marque de l'imprimeur, et au bas : *Imprime a Paris
par Maistre Nicole de la barre* (comme ci-dessus). Nous donnerons une des marques de cet imprimeur à l'article SALVE *regina en françois.* Voy.
SALVE. — Vend. 14 fr. La Valliere, mais vaut au
moins 500 fr. maintenant.

— La vie de robert le diable. (au dernier f.
recto) : *Cy finist la merueilleuse vie
de Robert le diable,* pet. in-4. goth. de
24 ff. non chiffrés, à longues lignes,
titre encadré.

Au verso du dernier feuillet se trouve la marque de
Jehan Herouf, libraire qui exerçait à Paris vers
1525 (voyez ci-dessous). Vendu 12 fr. La Valliere ;
6 liv. 10 sh. White-Knights ; 21 liv. 10 sh. *mar. r.*
Heber ; 500 fr. prince d'Essling.

— La terrible et merueilleuse vie de Robert le Dyable IIII C. (à la fin) : *Imprimee nouuellement a Paris par Denis Ianot libraire demourant en la rue du marchepallu deuāt la rue neufue nostre dame, a lenseigne de la corne de cerf* (sans date, mais vers 1530), pet. in-4. goth. de 20 ff. à 2 col., sign. A—D.

Le titre ci-dessus est accompagné d'une planche en bois, qui représente Robert, et l'on voit au verso du dernier feuillet la devise du libraire Denys Ianot : *Tout par amour, amour partout, partout amour. En tout bien* (Biblioth. de l'Arsenal). Nous avons donné la marque de Denys Janot à la col. 1857 de notre tome Ier.

Une édition de Paris, *par Claude Blihart, demourant en la rue de la Juifrie a lenseigne de lescu de France* (sans date, vers 1550), in-4. goth. de 20 ff. sign. a—d, 2 liv. 15 sh. m. v. Hibbert; et 17 liv. 10 sh. Heber, et un autre exempl. médiocre, 3 liv. 15 sh.; même vente, en *mar. v. dent. d. de mar*. 390 fr. d'Essling et 305 fr. Giraud; autre en *m. v.* 230 fr. Lechevalier, en 1857.

— La terrible et merueilleuse vie de Robert le diable. — *Nouuellement impr. a Paris par Nicolas Bonfons.* (sans date), pet. in-4. goth. de 20 ff. à 2 col. sign. A—D.

Édition imprimée vers l'année 1560, et dans laquelle le style a été retouché : elle se donnait jadis pour moins de 6 fr. — Vend. 301 fr. Revoil; 225 fr. *mar. bl.* Bertin.

— Histoire de la terrible et merueilleuse vie, faits et gestes de Robert, surnommé le Diable, fils du duc Hubert de Normandie; lequel après auoir exercé et commis plusieurs maux et malefices, se conuertit et endura plusieurs aduersitez. (*sans lieu ni date*), in-4. de 20 ff. à 2 col.

Édition de la fin du xvie siècle, citée dans le Manuel de M. Frère, II, p. 476. Nous présumons qu'elle a été imprimée à Paris pour un des Bonfons.

Robert le Diable fait partie de la Biblioth. bleue, et il a souvent été réimpr. à Troyes, à Rouen, à Caen et en d'autres villes, dans les formats in-8. et in-12.

— A qui comiença la espantosa y admirable vida de Roberto el diablo assi al principio llamado : hijo del duque đ Normādia. El q̃l despues por su sācta vida fue llamado hōbre đ dios. — *Fue impresso el presente tratado en... Alcala de henares en casa đ Miguel đ Eguia acabose a viij dias del mes Enero de mil y quiniento y treynta* (1530), in-4. goth. de 20 ff. sign. a—ciiij.

Dans l'exemplaire de cet opuscule, fort rare, que nous avons vu à la bibliothèque Mazarine, il manque le frontispice qui doit faire partie des 20 ff. Le titre ci-dessus est pris au commencement du texte.

— La hystoria de la espantosa y maravillosa vida de Roberto el diablo. — *Impresso en Sevilla, en la calle della Sierpe en casa de Fernando Maldonado*, MDLXXXII, in-4. de 16 ff. en caract. goth.

Vend. 1 liv. 16 sh.

— La Historia de la espantosa y maravillosa vida de Roberto el diablo. *Sevilla, Fernando de Lara*, 1604, pet. in-4. de 16 ff.

A l'article *Philippus Camus*, Nic. Antonio cite une édition de ce roman faite à *Jaen*, en 1628; et il en existe une autre de *Salamanque, Ant. Ramirez*, 1627, in-4. de 20 ff.

— Robert the Deuyll. *Enprynted by W. de Worde (no year)*, in-4., signatures A—Eiij.

Lowndes indique deux exemplaires de cette édition fort rare, qui a été impr. vers 1520.

— The famous, true and historical life of Robert, second Duke of Normandy, surnamed Robin the Divell. *London, J. Busbie*, 1591, in-4.

Vend. 19 liv. Roxburghe, et 14 liv. White Knights. — Réimpr. en 1596 et en 1599, in-4.

— Robert the Deuyll. *London*, 1798, in-8. de 58 pp., avec 14 gravures.

Il y a des exemplaires avec les planches coloriées, et d'autres de format in-4.

ROBERTS. Dosparth Byrr Aryrhann gyntaf i ramadey cymraeg le cair lavero bynciau anhepcor.... (An analysis of welsh grammar, containing many points necessary to be known by all who wish to speak or write welsh correctly, by Dr Griffith Roberts). *Aorchfygoyma, a goronir fry*, 1567, pet. in-8. [11350]

Cette grammaire galoise est tellement rare que l'exemplaire vendu 21 liv. chez Heber a longtemps

---

Roberts (*Jos.*). Oriental illustrations, 632.

passé pour être unique; pourtant on en connaît plusieurs autres. Celui de M. Th. Grenville a 8 ff. prélimin., 92 pp. et une pl. pliée contenant l'alphabet. Il existe une seconde partie qui traite des étymologies et dont on connaît un exemplaire en 120 pp., mais incomplet à la fin.

ROBERTS (*Peter*). Voy. TYSILIO.

ROBERTS (*Dav.*). Picturesque sketches in Spain, taken during the years 1832-33. *London*, 1837, très-gr. in-fol. 26 lithogr. 2 liv. 16 sh. — Pl. color. 6 liv. 6 sh. [25952]

— PICTURESQUE views in Spain and Marocco, comprising Grenada, Andalusia, Castile, Seville, Valencia, Gibraltar, Tangiers, Tetuan, Marocco, etc. *Lond.*, 1835-38, 4 part. in-fol.
Quatre-vingt-quatre gravures sur acier. 2 liv. 2 sh., et en pap. de Chine, 3 liv. 3 sh.

— Views in the holy land, Syria, Egypt, Nubia, Arabia, etc., with historical descriptions by the rev. Dr. Croly, and W. Brockedon. *London*, 1842 (et de nouveau 1847), 4 vol. gr. in-fol. [28026]

125 belles lithographies et autant de vignettes.
Ce bel ouvrage a coûté originairement 25 liv., et avec les planches color., à l'imitation des dessins, 48 liv. et même plus; mais il est moins cher aujourd'hui, car un exempl. color. n'est porté qu'à 30 liv. dans un catalogue de Quaritch, de Londres, pour 1862, quoiqu'il soit de ceux qui ont été anciennement coloriés, et qu'on reconnaît à leur supériorité d'exécution et aux vignettes qui sont sur des feuilles séparées, tandis que dans les nouveaux exemplaires elles sont impr. dans le texte.
On annonce une édition en 6 vol. gr. in-8. sous la date de 1856, au prix de 6 liv., et réduit à 4 liv.
Une partie des lithographies des premiers volumes a été reproduite sous le titre suivant:
LA TERRE SAINTE, vues et monuments recueillis par David Roberts, avec une description historique. *Bruxelles*, *Société des beaux-arts*, 1843, gr. in-fol. avec 60 pl. [28026]

ROBERTSON (*Guil.*). Thesaurus linguæ sanctæ, sive concordantiale lexicon hebræo-latino-biblicum. *Londini*, 1680, in-4. [11534]

Ouvrage assez estimé, dont les exemplaires sont peu communs : 10 à 15 fr.
Le *Thesaurus linguæ græcæ* du même auteur, *Cantabrigiæ*, 1676, in-4., est de peu d'usage maintenant. [10707]

ROBERTSON (*James*). Clavis Pentateuchi : sive analysis omnium vocum hebraicarum suo ordine in Pentateucho Moseos occurentium, una cum versione latina et anglica ; notis criticis et philologicis adjectis ; edidit Joseph. Kinghorn, qui notas suas et ultimas auctoris doctissimi animadversiones adjecit. *Londini*, *Priestley*, 1825, in-8. 1 liv. 8 sh. [584]

Robertson (*G.-A.*). Notes on Africa, 20878.
Robertson (*John*). Elements of navigation, 8497.
Robertson (*T.*). Dictionnaire idéolog. de la langue française, 11027. — Cours de langue anglaise, 11322.
Robertson (*J.-P.* et *W.-P.*). Letters on Paraguay, 28706.

Édition tirée à 500 exemplaires. — La première est d'*Edimbourg*, 1770, in-8.
On a du même auteur *Grammatica linguæ hebrææ*, Edimburgi, 1758 (réimpr. en 1783), in-8.

ROBERTSON (*Will.*). Works, with a life of the author. *Oxford*, *Parker*, 1825, 8 vol. in-8. 60 à 80 fr.

Une des meilleures éditions des œuvres de ce célèbre historien. Elle est ornée du portrait de l'auteur, et de ceux de Jacques VI, Marie Stuart, Charles V et Christophe Colomb, par Worthington. Il en a été tiré 50 exempl. en Gr. Pap., dont le prix était de 8 liv. 8 sh. Il y a aussi une édition de *Lond.*, *Cadell*, 1827, 8 vol. in-8., avec la vie de l'auteur, par Dugald Stewart, ou 1851, 6 vol. in-8., 1 liv. 10 sh.

— Works. *London*, *Robinson*, 1831 (aussi 1833 et 1852), gr. in-8. à 2 col. 15 sh.

Assez belle édition, renfermant, en un seul vol., tous les ouvrages de Robertson, avec une notice sur sa vie et ses écrits. L'édition de *Paris*, *Baudry*, 1828, 3 vol. gr. in-8., contient aussi les quatre ouvrages de l'auteur.
Ces Histoires ont paru primitivement dans l'ordre suivant :
1° THE HISTORY of Scotland, during the reigns of the queen Mary and of king James VI. *London*, 1759, *or* the sixth edition, 1771, 2 vol. in-4. Souvent réimpr. de format in-8. — La dix-septième édition, en 3 vol. in-8., avec les corrections, les additions et la vie de l'auteur, par Dugald Stewart, est de 1806. [27429]
2° HISTORY of the reign of the emperor Charles V, with a wiew of the progress of the society in Europe.... *London*, 1769, 3 vol. in-4. — Réimprimé plusieurs fois, soit in-4., soit en 3 vol., in-8. [26051]
— THE HISTORY of the reign of Charles V, by W. Robertson, with an account of the emperor's life after his abdication, with important additions and new Index, by Prescott. *London*, 1857, 2 vol. in-8. 1 liv. — 2 vol. pet. in-8. 10 sh.
3° THE HISTORY of America, *Lond.*, 1777, 2 vol. in-4. Réimpr. aussi plusieurs fois dans les formats in-8. et in-12. Les livres IXe et Xe n'ont paru qu'en 1788. [28490]
4° AN HISTORICAL DISQUISITION concerning the knowledge which the ancients had of India, and the progress of trade with that country prior to the discovery of the passage to it by the cape of Good-Hope ; with an appendix. *Lond.*, 1790, in-4.; seconde édition, avec additions et corrections de l'auteur, 1791, in-8. carte. [28089]

— OEuvres complètes de W. Robertson, traduites de l'anglais par MM. Suard, Morellet et Campenon ; précédées d'un essai sur la vie de Robertson, par M. Campenon. *Paris*, *Janet et Cotelle*, 1829, 12 vol. in-8., avec cartes, 48 à 60 fr., et plus en pap. vél., 100 fr.

Les libraires Janet et Cotelle ont réuni sous ce titre collectif les dernières éditions des différents ouvrages de Robertson, déjà publiés par eux, savoir :
HISTOIRE DE CHARLES-QUINT, trad. par Suard, 1822, 4 vol. in-8. — HISTOIRE DE L'AMÉRIQUE, trad. par Suard et Morellet, accompagnée de notes par M. de La Roquette, 1828, 4 vol. in-8., avec 4 cartes géographiques et une table chronologique des Mexicains. — HISTOIRE D'ÉCOSSE, traduction nouvelle, par M. Campenon, 1821, 3 vol. in-8. — RECHERCHES

Robertson (*Will.*). Collection of Stoves. - Designs for gardens, etc., 6488.

HISTORIQUES sur la connaissance que les anciens avaient de l'Inde, 1821, in-8. 5 fr.

Les mêmes œuvres complètes, trad. en français, avec une notice par Buchon, *Paris*, 1843, 2 vol. grand in-8., font partie du *Panthéon littéraire*.

La traduction de l'histoire de Charles V, par Suard, *Paris*, 1771, 2 vol. in-4. ou 6 vol. in-12, et celle de l'histoire de l'Amérique, par le même, 1778, 2 vol. in-4., ou 1780, 4 vol. in-12, sont à bas prix. Les 9e et 10e livres de ce dernier ouvrage ont été trad. par Morellet, et publiés séparément en 1798, in-12.

ROBERTSON (*Abraham*). Sectionum co- nicarum libri septem : accedit tractatus de sectionibus conicis, et de scriptori- bus qui earum doctrinam tradiderunt. *Oxonii*, 1792, in-4. 1 liv. 1 sh. [7979]

Ouvrage en usage à Oxford, ainsi que les deux sui- vants du même auteur : *Geometrical treatise on conic sections*, 1802, in-8. — *Elements of conic sections*, 1825, in-8.

ROBERTSON (*Archibald*). Topographi- cal survey of the great road from Lon- don to Bath and Bristol, with historical and descriptive account of the country, etc. *London*, 1792, 2 vol. gr. in-8., avec 65 pl. et 11 cartes. [27115]

Livre assez bien exécuté. Vend. en *mar. v.* 49 fr. en 1824 ; 1 liv. 14 sh. Dent. Il y a des exemplaires tirés de format in-4.

ROBERTUS. Roberti anglici de astrolabio canones. (*absque nota*), in-4. [8365]

Volume peu connu, composé de 42 ff. non chiffrés, en caractères goth., sans signatures ni réclames. Le premier f. contient une dédicace d'(*U*)*Lyxes Lanciarinus Phanensis Honofrio Fulginati, etc.* En tête du second est une pièce de vers, ensuite le titre suivant : *Roberti Anglici viri Astrologia prestan|tissime de Astrolabio Canones Incipiunt.* La première partie de l'ouvrage se termine au verso du 26e f., avec le mot FINIS. La 2e, conte- nant 16 autres ff., commence ainsi : (*Q*)*Uanuis de Astrolabii compositiõe tam...* Cette dernière partie renferme la description des figures nécessaires pour l'intelligence et l'usage de l'astrolabe, lesquelles figures devaient être exécutées à la plume dans des espaces de différentes grandeurs, laissés *ad hoc.* Vermiglioli (*Biblioth. Perug.*, p. 170) donne l'édit. comme étant sortie des presses de Pérouse (vers 1480), mais il n'en décrit que la première partie. Les deux, 10 fr. Boutourlin, et vaudraient beaucoup plus maintenant.

ROBERTUS lincolnensis episcopus (seu Grosseteste vel Grosthede). Testamen- tum duodecim patriarcharum filiorum Jacob, e græco in latinum versum. Ju- liani Pomerii, contra Judæos, libri tres. *Haganoæ, per Johan. Sacerium*, 1532, in-8. feuillets non chiffr., sign. A—Q. par 8, et R. par 4. [255]

Édition peu commune : vend. 18 fr. *m. r.* Gaignat ; 7 fr. Mac-Carthy ; 29 fr. *mar. bl.* Renouard. Fabri- cius a inséré le premier ouvrage dans son *Codex apocryphus.*

— TESTAMENTA duodecim Patriarcharum filiorum Jacob, e græco in latinum versa Roberto Linco-

niensi episcopo interprete. (*absque nota*), in-4. de 24 ff., le titre entouré d'ornements en bois.

Cette édition est probablement antérieure à celle de 1532. — 31 fr. 2e vente Quatremère.

Le Testament des douze patriarches enfans de Jacob, Paris, 1555, in-16, est la traduction d'une partie de l'ouvrage précédent.

Nous citerons encore :

LES DOUZE TESTAMENS des Patriarches, traduits de l'hébreu en grec, et du grec en latin, par Ro- bert, évêque de Lincoln, et du latin en françois, avec une dissertation, des arguments et des notes, par Fr. Macé, curé de Sainte-Opportune. *Paris*, *De Nully*, 1713, in-12.

On trouve dans le second vol. de la *Biblioth. crit.* de Rich. Simon, p. 224 et suiv., une dissertation sur ces livres apocryphes.

— Here begyneth a Treatyse of Husban- dry which Meyster Groshede sõtyme Bysshop of Lyncoln made and translated it out of Frensshe into Englysshe, whi- che techeth all maner of men to gouerne theyr Londes Tenementes, and deme- nes ordynatly.... (à la fin) : *Here en- deth the boke of Husbandry, and of plantynge and graffynge of Trees and Vynes* (no date or printer mentioned)', in-4. goth. de 12 ff.

Cet opuscule fort rare paraît être sorti des presses de Wynkyn de Worde (Ames, édit. de Dibdin, II, p. 342).

— The Castle of lowe, now first printed from an inedit MS. by J.-O. Halliwell, Brixton Hill, for private circulation only, 1849, in-4. Tiré à 100 exempl. (Lown- des, 2e édit. p. 950.)

— Commentaria Roberti linconiensis ar- chiepiscopi in libros posteriorum Aristo- telis, cum textu seriatim inserto. Scrip- tuȝ Gualterij Burlei super eosdẽ. libros posteriorum. (in fine) : Expliciunt con- clusiones..... *Impresse Venetiis sump- tibus Domini Octauiani Scoti... Mil- lesimo quadringentesimo nonagesimo quarto* (1494), *Quarto idus nouẽbris, per Bonetuȝ Locatelluȝ*, in-fol. goth. de 35 ff. à 2 col. de 74 lign.

Réimprimé *Venetiis, per Otinum papiensem anno domini* M CCCCLXXXXVII, in-fol. goth. de 38 ff. à 2 col. de 72 lig., et aussi *Venetiis*, 1499, *per Bo- netum Locatellum*, in-fol.

L'imprimeur *Simo papiensis*, dit *Bevilaqua* a fait paraître à Venise, en 1498 : *Summa super VIII libros physicorum Aristotelis*, in-fol.

ROBERTUS Monachus. Historia de itinere contra Turchos et de expugnatione ur- bis Jherusalem per cruciatos. (*absque nota*), in-4. [23044]

Édition originale de cet ancien historien de la pre- mière croisade. Ce n'est point, comme on l'a dit par erreur dans la *Bibliographie des croisades* (édit. de 1822, I, p. 33), un des premiers ouvrages impr. à Paris, car les caractères sont ceux de Therhoernen, imprimeur de Cologne. Le vol. se compose de 126 ff. à longues lignes, au nombre de 27 dans les pages entières, sans signat., récl. ni chiffres de pages. Il commence sans aucun intitulé

Robertus (*Gaudentius*). Miscellanea physico-mathe- mat., 4357.

par ces mots : (*H*)*oc exemplar epistole quarto*, et il finit au recto du dernier f. de cette manière : *Explicit hystoria de itinere ptra turchos.* L'édition n'est peut-être pas postérieure aux années 1470-72. Vend. 10 liv. 10 sh. Hanrott ; 8 liv. 8 sh. Bright, en 1854.

L'ouvrage a été réimprimé avec d'autres pièces (savoir : *Car. Verardus, de expugnatione regni Granatæ ; Chr. Colom, de prima insularum in mari Indico sitarum lustratione ; de legatione regis Æthiopiæ ad Clementem VIII, etc.*) sous le titre de *Bellum christianorum principum contra Saracenos anno,* 1088 *pro terra sancta gestum*, Basileæ, H. Petri, 1533, in-fol. 5 à 20 fr. (vend. 31 fr. 50 c. Boutourlin), et plus correctement dans le premier volume des *Gesta Dei per Francos*, publ. par Jacq. Bongars, à Hanau, en 1611, in-fol. ; mais le meilleur texte est celui qui fait partie des *Scriptores rerum german.* de Reuber, édition de 1726 (voyez REUBER) ; il est d'ailleurs accompagné des notes du savant Barthius. Cependant l'édition originale ci-dessus renferme une lettre de l'empereur de Constantinople adressée aux églises, morceau curieux, lequel, avec l'argument qui le précède, occupe 3 ff. entiers.

HISTORIA di Roberto Monaco della guerra fatta da' principi christiani contra Saracini per l'acquisto di terra santa, tradotta per M.-Franc. Baldelli. *Fiorenza (Lorenzo Torrentino),* 1552, in-8. de 272 pp. chiffrées.

Édition qu'Haym dit être rarissime : vend. 17 fr. en mars 1825 ; 2 fr. Boutourlin.

On doit à M. Sébast. Ciampi une autre traduction italienne de cette histoire, impr. à Florence, chez Léonard Ciardetti, en 1825, in-8. de 396 pp., sous le titre de *La guerra per li principi cristiani guerreggiata contra i Saracini.*

ROBERTUS de Litio. Voy. CARACCIOLUS.

ROBERTVAL (*Gilles* Personne de). Voy. ARISTARCHUS.

ROBILLARD Péronville. Musée français, ou collection complète des tableaux, statues et bas-reliefs qui composent la collection nationale, avec l'explication des sujets, et des discours sur la peinture, la sculpture et la gravure (par S.-C. Croze Magnan, Visconti et Eméric David), publié par Robillard Péronville et Pierre Laurent. *Paris,* 1803-1811, 4 vol. in-fol. max. [9370]

Magnifique collection, qui a paru en 80 livraisons de 4 pl. : prix, 48 fr. par livrais., et 96 fr. pour les épreuves avant la lettre. Les 4 volumes, qui forment la première série de l'ouvrage, renferment ensemble 344 pl., y compris les portraits répandus comme supplément dans différentes livraisons. Il y a quelques exemplaires des frontispices impr. en or. Cette prem. série du Musée français se paye ordinairement de 1000 à 1200 fr. dans les ventes : vend., épreuves avant la lettre, 3100 fr. Sensier ; 3680 fr. *m. r.* en mars 1829 ; 2560 fr. Labédoyère ; 2100 fr. en 1838, et avec le *Musée royal*, également avant la lettre, 3200 fr. Borluut.

Les mêmes 6 vol., exemplaire de souscription, mais *avec la lettre*, 1560 fr. en 1861.

MUSÉE français : recueil des plus beaux tableaux,

statues, et bas-reliefs qui existaient au Louvre, avant 1815, avec la description des sujets, et des discours historiques sur la peinture, la sculpture et la gravure, par M. Duchesne aîné. *Paris, Galignani (de l'impr. de J. Didot*, 1829 et 1830), 4 vol. in-fol. max. pap. vél. 400 à 500 fr.

Nouveau tirage des planches de l'ouvrage précédent ; les sujets y sont classés par école, et chaque école est divisée par maître. Quant au texte, c'est un abrégé de celui qui fait partie de l'édit. originale : seulement on y a joint une traduction anglaise. Ce livre s'est publié en 25 livraisons, au prix de 50 fr. chacune ; et cette réduction de prix a contribué à faire tomber celui de la première édition, laquelle cependant sera toujours préférée à celle-ci.

— Le Musée royal publié par Henri Laurent (avec des descriptions, par MM. Visconti, Guizot et le comte de Clarac). *Paris,* 1816-22, 2 vol. in-fol. max.

Cette collection, qui renferme 161 gravures, forme la seconde série du *Musée français ;* mais elle a été conduite avec plus de soin encore que l'ouvrage auquel elle fait suite, et l'on y compte plusieurs morceaux supérieurs d'Audouin, de Richomme, de Massard, de Girardet, de Forster, et autres habiles graveurs français ou étrangers. Elle a paru en 40 livraisons de 4 planches chacune, au prix de 48 fr., et avant la lettre, 96 fr., prix qui sont maintenant réduits de plus de moitié. Vend. (avant la lettre) 1600 fr. en 1829, et 1100 fr. Leber. Comme la première série, celle-ci se divise en quatre sections : *Tableaux d'histoire ; tableaux de genre et portraits ; paysages ; statues antiques.*

ROBIN (*Pascal*), sieur du Faux ou du Fauz. Brief discours sur l'excellence, grandeur et antiquité du pays d'Anjou et des princes qui y ont commandé et en sont sortis ; avec la généalogie de la maison de Brie entrée dans celle des sires de Serrant. *Paris, Th. Richard,* 1582, pet. in-8. [24411]

La Croix du Maine présente cet opuscule comme le préliminaire d'un grand ouvrage de l'auteur sur le même sujet, et qui n'a pas vu le jour. Il donne, ainsi que Du Verdier (article Paschal), une longue liste des écrits du sieur du Faux, parmi lesquels nous remarquons plusieurs élégies et monodies sur le trépas de différents personnages des maisons de Cossé et de Lorraine, impr. en 1563, 1564 et 1569.

ROBIN (*J.*). Voy. VALLET.

ROBIN avocat (maistre *Robert*). Plaidoyer, avec l'ampliation du plaidoyer de Sim. Houdry, sur la question de savoir : si un enfant qu'on prétendoit avoir été monstre avoit été capable de recueillir la succession de son père, etc. *Paris,* 1620, in-8. [2739]

Vend. 24 fr. Filheul, mais ordinairement de 6 à 9 fr.

ROBIN HOOD, a merry jest of Robin Hood, and of his life, with a newe play for the be plaied in May-Gemes. *Prin-*

---

ted for Edward White (*London*, 1594), in-4.

' Édition fort rare de cette pièce. 20 liv. 10 sh. rel. en mar. par Lewis, *Biblioth. heber.*, part. IV, n° 410. Pour la vie de Robin Hood, voy. l'article RITSON.

ROBINET. Voy. DICTIONNAIRE universel des sciences morales.

ROBINSON (*R.*). The rewarde of Wickedenesse discoursing the sundrye monstruous abuses of wicked and vngodlye worldelinges : in such sort set downe and written as the same haue beene dyversely practised in the persones of Popes, Harlots, Proude Princes, Tyrauntes, romish Byshoppes, and others. With a liuely description of their seuerall falles... Newly compiled by Richard Robinson seruaunt in housholde to the right honorable Earle of Shrowsbury, a dreame most pitiful and to be dreaded. *Imprinted at London in Pawles churche Yarde, by Williamson*, 1573, in-4. goth. de 64 ff., sign. A—Q.

Pièce en vers fort rare que Francis Douce supposait avoir été faite d'après l'ouvrage français intitulé : *La Devise des armes des chevaliers de la table ronde* (voir la col. 661 de notre 2e vol.). Quoique le titre de cet in-4. porte la date de 1573, l'avis au lecteur est daté du 19 mai 1576. Vend. 5 liv. 2 sh. 6 d. Heber, dans le catalogue duquel (part. IV, n° 2412 et 2413) se trouvaient les deux ouvrages suivants du même poëte :

THE AUNCIENT ORDER, societie and unitie laudable of prince Arthure and his knightly armory of the Round table, with the threefold assertion frendly in favour, and furtherance of English Archery at this day, translated and collected by R. R. *Imprinted by John Wolfe dwelling in Distaffe lane neere the signe of the castle.* (*London*), 1583, in-4. goth. de 43 ff. avec fig. sur bois. 5 liv. 15 sh.

— A GOLDEN MIRROUR conteining certaine Pithie and figurative visions prognosticating good fortune to England and all true English subjectes, with an over throwe to the enemies. Whereto be adjoyned · certaine pretie poemes written of the names of sundry both noble and worshipfull, dedicated to the Earl Shrewsbury. *London, printed by Roger Ward, for John Proctor*, 1589, in-4. goth. rel. en *mar.* par Lewis, 7 liv. 17 sh.

La *Biblioth. grenvil.*, p. 611, donne le titre suivant : CERTAIN selected Histories for christian recreations with their severall moralisations. Brought into english verse, and are to be song with severall notes : composed by Richard Robinson citizen of London. *Imprinted at London by Henry Kirkham, and are to be solde at the little North dore of S. Paules*, in-16 , avec une dédicace datée de 1576. Exemplaire contenant 20 ff., mais dont la fin manque.

ROBINSON (*Rob.*). Indices tres vocum fere omnium quæ occurrunt, 1° in Dio-

nysio Longino ; 2° in Eunapio ; 3° in Hieroclis commentario in Pythagoræ aurea carmina. *Oxonii, typis clarend.*, 1772, in-8. 6 à 8 fr. [12022]

ROBINSON (*W.*). An attempt to elucidate the principles of malayan orthography. *Fort Marlborough*, 1823, pet. in-4. [11894]

Le même auteur a donné une traduction malaise des Evangiles de saint Jean, *Bencoolen*, 1823, in-8.

ROBINSON (*P.-F.*). Rural architecture ; or a series of designs for ornamental cottages, lodges, dairies, boat-houses, etc., accompanied by ground plans and geometrical elevations. *London, Carpenter*, 1823, in-4., fig. 2 liv. 2 sh. [9816]

Une nouvelle édition, augmentée, et sous la date de 1837 contenant 48 pl. est portée à 2 liv. 5 sh. dans le gros catal. de Bohn. On a du même artiste : *A Series of designs for ornamental villas*, Lond., de 1824 à 1827, in-4. ou nouvelle édition, Lond., 1836, in-4., avec 90 pl., comme dans le recueil précédent : 2 liv. 5 sh. *Ornamental cottages* , 1837, gr. in-4. 96 pl. *Desings for farm buildings...* 1837, in-4. de VII , et 46 pp. avec 56 pl. 3e édit. *Village architecture being series of picturesque designs*, 1837, gr. in-4. 40 pl. Le catalogue que nous venons de citer et celui de Willis, décrivent plusieurs autres productions du même architecte, à prix réduits.

ROBLES (*Franciscus*). Copia accentuum omnium fere dictionum difficilium, tam linguæ latinæ quam etiam hebraicæ, nonnullarumque quoque græcarum, præcipue tamen super Bibliam, Breviarium, Martyrologium, etc. *Compluti, in ædibus Mich. d'Eguia*, 1533, pet. in-8. [10841]

Première édition de cet ouvrage. Elle n'a été connue ni d'Antonio, ni de Panzer ; mais on la trouve portée dans la *Biblioth. heber.*, n° 2957 (9 sh. *m. bl.*), à côté d'une autre édition annoncée sous le titre suivant :

RATIO accentuum omnium fere dictionum difficilium, tam linguæ latinæ quam hebraicæ, nonnullarumque græcarum. *Toleti*, 1552, in-8. (Vend. en mar. bl. 12 sh.)

Antonio ne cite qu'une édition de Tolède, 1572, in-8., et le titre qu'il en donne est le même que le précédent jusqu'au mot *græcarum*, après lequel il ajoute : *sed præcipue earum, quæ per sacras literas sparguntur , cum quibusdam orthographiæ regulis; cum additionibus Joannis de Robles.*

ROBLES (*Joan* de). La vida, excelencia y milagros de la gloriosa Santa Anna, muy devota y contemplativa, copilada por el bachiller Joan de Robles. *En Burgos, en caza de Philippe de Junta, año de* M. DLXVII, in-4. goth. [22102]

Cette édition est rare, mais, selon Antonio, il en existe une plus ancienne, *Salamanca*, 1522, in-4.

ROBLES (*Eugenio* de). Breve suma y relacion del modo del rezo y missa del officio santo gotico mosarabe, conforme a la regla del glorioso san Isidoro... que en la capilla de Corpus Christi de Toledo se conserva. *Toledo*, 1603, in-4. [739]

Petit volume de 23 ff., dont les exempl. sont devenus fort rares. Vend. 150 fr. Gaignat; 12 fr. seulement Mac-Carthy, et 25 fr. Nodier.

— Compendio de la vida y hazañas del cardinal Ximenes de Cisneros, y del officio y missa mozarabe. *Toledo, por Pedro Rodriguez*, 1604, in-4. [26042]

Ouvrage assez curieux. Vend. en *m. r.* 24 fr. La Valliere; 15 fr. Saint-Céran; 26 fr. Mac-Carthy; 15 sh. Heber

ROBLES (*Isidro* de). Varios prodigios de amor en onze novelas exemplares, nuevas, nunca vistas ni impressas: añadidos y enmendados tres casos prodigiosos, compuestas por diferentes autores, los mejores ingenios de España. *Madrid, Agost. Fernandez*, 1709, pet. in-4. 10 à 12 fr. [17655]

Les cinq premières nouvelles en vers et en prose qui font partie de ce recueil, offrent cela de singulier qu'on a exclu de chacune d'elles une des cinq voyelles, sans laisser trop apercevoir la gêne où cela a dû mettre l'auteur; ce qui est une preuve de la grande richesse de la langue espagnole. La première édition de ce recueil, sous le titre de *Varios effectos de amor*, Madrid, Jos. Fern. de Buendia, 1666, in-4., est moins complète que celle de 1709. Cette dernière a été reproduite à *Madrid*, 1719, et à *Barcelone*, 1709 et 1760, pet. in-4.

ROBORTELLUS (*Franc.*). Opuscula, videlicet: de historica facultate disputatio; laconici seu sudationis explicatio; de nominibus Romanorum, de rhetorica facultate; explicatio in Catulli epitalamium; annotationum in varia tam Græcorum quam Latinorum loca libri duo; ode græca; explanationes in primum Æneidos librum ex interpretationibus Fr. Robortelli, collectæ a Io.-Bapt. Busgardo. *Florentiæ*, 1548, *apud Laur. Torrentinum*, in-8. de 354 pp. 6 à 8 fr. [18175]

Les *Variorum locorum annotationes*, qui font partie de ce savant recueil, avaient déjà été impr. séparément, *Venetiis, Jo.-Bapt. a Burgo-francho*, 1543, in-8. (8 sh. 6 d. Heber), et réimprimées à Paris, chez Nic. Boucher, 1544, in-8.
— Voy. Æschyles; Aristoteles de arte poetica, et le n° 18176 de notre table.

ROBSON (*G.-F.*). The Scenery of the Grampian Mountains, illustrated by 40 etchings, with a map and explanatory descriptions. *London*, 1819, in-fol., pl. color. 2 liv. 2 sh.

— Picturesque views of the english cities, engraved by eminent artists from drawings by G.-F. Robson;

Robley Dunglison. Human physiology, 6857.
Robolini (*G.*). Storia di Pavia, 25390.
Robson (*J.*). Hudson's bay, 20998.

published by J. Britton. *London*, 1828, pet. in-4. de 32 pl. 2 liv. — gr. in-4. prem. épreuves, 4 liv. [26752]

Vend. 33 fr. 30 c. salle Silvestre, en 1833. Un exempl. en très Gr. Pap. avec les fig. (*proofs*) sur pap. de Chine, rel. en *mar.* par Lewis, 15 liv. 15 sh. Hibbert; 5 liv. 5 sh. Bohn.

— Voy. Britton.

ROBY (*John*). Traditions of Lancashire. *London, Longman*, 1829 (réimpr. en 1830), 2 vol. pet. in-8. fig. — Second series, dedicated to lord Stanley. *Lond., Longman*, 1831, 2 vol. pet. in-8. [27231]

Ces deux séries sont ornées de pl. gravées par Finden, d'après les dessins de Pickering, et de vignettes en bois par Williams, etc., d'après Frank Howard. Prix de chacune, 2 liv. 2 sh. — Roy. in-8., *proofs on India paper*, 3 liv. 3 sh. — Roy. in-8., *proofs and etchings*, 4 liv. 4 sh. Les exemplaires en Grand Papier sont devenus rares.

ROC. Voy. Duroc.

ROCA (el conde de). Voy. Vera.

ROCABERTI (*Diego* de). Epitome historico en diez romances. *Barcelona, por Sebastian de Cormellos*, 1628, pet. in-8.

Abrégé de l'histoire universelle, en vers de huit syllabes, dédiée à Lope de Vega.

ROCCA (*Vicente*). Hystoria en laqual se trata de la origen y guerras que han tenido los Turcos, desde su comienço hasta nuestros tiempos, con muy notables successos que con diuersas gentes y naciones les han acontescido; y de las costunbres y vida dellos. Recopilada por Vicente Rocca. *Valencia*, 1556 (à la fin 1555), pet. in-fol. goth. [27899]

Vend. 60 fr. exempl. *mar. r.* Gohier.

ROCCA (*Ang.*). Opera omnia. *Romæ*, 1719, 2 vol. in-fol., fig. [690]

La *Bibliotheca vaticana*, impr. à Rome, en 1591, in-4., fait partie de cette collection des œuvres d'Ange Rocca, laquelle a reparu sous le titre suivant: *Thesaurus pontificiarum sacrarumque antiquitatum necnon rituum, etc.* Romæ, 1745. Sous ce dernier titre, 18 fr. Librairie De Bure.

ROCCABERTI (*Jo.-Th.* de). Bibliotheca pontificia maxima, in qua autores melioris notæ, qui hactenus pro S. Romana sede scripserunt, fere omnes continentur. *Romæ, Buagni*, 1695-99, 21 vol. in-fol. [3218]

Une de ces grandes collections qui ne se trouvent plus guère que dans les bibliothèques publiques. Le 21e vol. est un index général.

ROCCHEGGIANI. Raccolta di cento (170) tavole rappresentanti i costumi religiosi, civili e militari degli antichi Egiziani, Etrusci, Greci e Romani, tratti dagli antichi monumenti, designate ed incise in rame da Lorenzo Roccheggiani. *Roma*,

Rocca (della). Abeilles, 6443.

Raffaelli, 1804, 2 vol. in-fol. oblong. [29008]

Les artistes font beaucoup de cas de cet ouvrage. Vend. 50 fr. Millin.

ROCCHETTA. Peregrinatione di Terra Santa e d'altre provincie di don Aquilante Rocchetta, nella quale si descrive quella di Christo. *In Palermo, per Alfonzo de Isola*, 1639, in-4., avec fig. en taille-douce. [20559]

Ce volume, peu commun, a dix ff. préliminaires, y compris un frontispice gravé et le portrait de Rocchetta, 517 pp. de texte, un f. séparé, plus la table.

ROCCO ou Rocho de' Ariminesi. Voy. ARIMINESI.

ROCH le Baillif. Voy. LE BAILLIF.

ROCHA (el doctor *Andres*). Tratado unico y singular del origen de los Indios occidentales del Peru, Mexico, Santa-Fe y Chile. *Lima*, 1681, in-4. [28464 ou 28589]

Vend. 15 fr. Chaumette.

ROCHA Pitta (*Sebast.* de). Historia de America portugueza, desde o anno de 1500 ate a o de 1724. *Lisboa*, 1730, in-fol. [28656]

Ouvrage estimé, et qui est devenu rare : vendu 30 fr. Pâris de Meyzieu ; 63 fr. Sampayo.

ROCHEFOUCAULD (de La). Voy. LAROCHEFOUCAULD, et au mot RAMASSIS.

ROCHEGUDE (de). Voy. PARNASSE.

ROCHERII (*Guido* de Monte). V. MONTE Rocherii.

ROCHEFORT (le P. de). Voy. HISTOIRE naturelle.

— Relation de Tabago, 21081.

ROCHEFORT (Mme la comtesse de), (depuis duchesse de Nivernois). Opuscules de divers genres. *Paris, de l'imprim. de Didot l'aîné*, 1784, in-18. [19129]

Volume dont il n'y a eu que 50 exemplaires d'impr. ; 115 fr. exempl. relié en *moire rose, dent.* et enrichi d'une pièce inédite du duc de Nivernois, Bailly ; mais seulement 40 fr. *mar.* en 1819 ; 13 fr. 50 c. Chateaugiron ; 7 fr. 50 c. Pixerécourt ; 11 fr. Baudelocque.

ROCHELOISE (la), tragédie, où se voit

les heureux succez et glorieuses victoires du roy très chestien Louys XIII, depuis l'avénement de sa majesté à la couronne de France, jusques à présent, par P.-M. *Troyes, Jean Jacquard, jouxte la copie imprimée à Rouen*, 1629, pet. in-8. de 22 pp. [16407]

Pièce peu connue (en quatre actes, en vers) ; elle est portée à 15 fr. 50 c. dans le catalogue de M. de Soleinne, n° 1038, où après les lettres P. M., initiales de l'auteur, on a mis en parenthèse *Pierre Matthieu*, ce qui nous paraît fort hasardé.

ROCHES (*Magdeleine* Neveu et *Catherine* des). Leurs OEuvres poétiques ; 2e édition, augmentée de la tragi-comédie de Tobie. *Paris, Abel l'Angelier*, 1579, in-4. de 11 ff. et 192 pp. 15 à 18 fr. [13824]

La première édition, *ibid.*, 1578, in-4., est moins complète que celle-ci.

— Les secondes OEuvres de mesdames des Roches, mère et fille. *Poitiers, Nic. Courtoys*, 1583, in-4. de 87 ff. 12 à 18 fr.

Les mêmes premières et secondes œuvres ont été réimpr. à *Rouen, Rob. Feron*, ou *Nic. Hamilton*, ou *Adrian Mourot*, 1604, 2 vol. pet. in-12. de 191 pages et 72 ff., avec des augmentations, et avec la Puce (voy. PUCE). 25 fr. 50 c. Hebbelynck.

LES MISSIVES de mesdames Des Roches, mère et fille, avec le ravissement de Proserpine prins du lat. de Clodian (*sic*), et autres imitations et mélanges poétiques. *Paris, Abel l'Angelier*, 1586, in-4.

— Voy. GUERSENS.

ROCHESTER (*John* Wilmot, earl of). Poems on several occasions, written by a late Person of honour. *London, printed for a Thorncome*, 1685, in-8. de 128 pp. [15807]

Volume très-rare, porté à 5 liv. 5 sh. dans la *Bibliotheca poetica* de Longman. Lowndes en cite deux éditions sous la rubrique d'*Anvers*, l'une de 1680, l'autre sans date, in-8. (cette dernière 10 sh. Heber). L'une et l'autre renferment des ouvrages remplis d'obscénités, et faussement attribués à Rochester.

Dans la *Bibliotheca uffenbachiana*, III, p. 750, se trouve indiquée et appréciée à 20 flor. une pièce intitulée : *Sodom, a play, by the earl of Rochester*, pièce très-obscène, impr. à Londres en 1684, sous l'indication d'Anvers (voir à ce sujet le Dict. de Prosp. Marchand, I, 164). Les véritables poésies de Rochester ont été impr. à Londres, en 1709 et en 1713, in-12, et plusieurs fois réimpr. depuis, tant séparément que dans des recueils ; il s'y trouve aussi des passages assez libres.

ROCHETTE (*J.*). Voy. THEVENEAU (*Nic.*).

ROCHETTE. Voy. RAOUL-ROCHETTE.

ROCKSTAHL. Musée de Tzarskoe-Salo. Voy. GILLE.

Rocco (*Nic.*). Dell' Uso e autorità delle leggi nel regno d idue Sicilie, 2979.

Rocha Mello (Monteiro da). Astronomie, 8252.

Rochard (*J.*). Chirurgie navale, 7581.

Rochas (*Adolphe*). Biographie du Dauphiné, 30751.

Roche (*Germ.*). Arrêts du conseil, 2917.

Roche (*L.-C.*) et L.-J. Sanson. Pathologie, 7088.

Roche (*Regina-Maria*). Les Enfants de l'abbaye, 17744. — Visites nocturnes, 17745.

Roche (La). Voy. Laroche.

Rochechouart (le général comte). Histoire de sa maison, 28886.

Rochet (*L.*). Manuel de la langue chinoise, 11870.

Rochet d'Héricourt. Voyage sur les côtes de la mer Rouge, 20588.

Rochon (*Al.*). Voyage, 20012.

Rochon de Chabannes (*M.-A.-Jac.*). Théâtre, 16526.

Rochoux. Apoplexie, 7287.

ROCOCIOLUS (*Franciscus*). Gallia furens ad Carolum VIII. Gall. regem. (in fine) : *Edita anno Domini* MCCCCLXXXXIIII. *sexto decimo Kal. Octobris (Mutinæ)*, in-4. [23422]

Pièce citée par Panzer, d'après Tiraboschi.

ROCOLES (*Jean-Bapt.* de). Les Imposteurs insignes, ou histoires de plusieurs hommes de néant qui ont usurpé la qualité d'empereur, roy et princes. *Amsterdam, Wolfgang,* 1683, ou *P. Mortier,* 1696, in-12, fig. 6 à 9 fr. [31831]

Vend. en *mar.* 15 fr. Delaleu ; 21 fr. *mar. v.,* en 1817 ; en *mar. r.* 22 fr. Nodier.

— LES MÊMES, augmentés en cette dernière édition. *Bruxelles,* 1728, 2 vol. pet. in-8. fig. 7 à 9 fr.

Vend. 19 fr. *mar. r.* Detune.

— LA FORTUNE marastre de plusieurs princes et grands seigneurs de toutes les nations depuis deux siècles. *Leyde, Mouqué,* 1683, ou *Jean Prins,* 1684, pet. in-12, fig. 5 à 6 fr. [31832]

21 fr. 50 c. *mar. r.* Caillard ; 16 fr. Labédoyère.

— VIENNE deux fois assiégée par les Turcs en 1529 et en 1683 et heureusement délivrée, avec des réflexions historiques sur la maison de Hapsbourg, ou d'Autriche. *Leyde,* 1684, pet. in-12, fig. [26476]

Peu commun : 4 à 6 fr. — Malgré leur peu de mérite, ces compilations de J.-B. de Rocoles sont assez recherchées. — Ziska, 22466.

ROCQUEZ (*Robert* Le). Voy. LE ROCQUES.

RODE (*A.*). Auswahl antiker Gemählde, etc. ; *c'est-à-dire,* Choix de tableaux antiques tirés du grand ouvrage du comte de Caylus, et accompagné d'un texte critique et explicatif. *Weimar,* 1805, 3 part. gr. in-fol., fig. 30 th. — Voy. BARTOLI.

RODERICUS Sancius de Arevalo. Roderici episcopi zamorensis speculum vitæ humanæ, cum epistola ad Paulum II, in qua auctoris hujus libri vita et ejusque studia recoluntur. *Romæ, in domo Petri de Maximo,* 1468, pet. in-fol. [3849]

Première édit. très-rare, qui commence sans aucun intitulé par cette ligne de l'épître à Paul II : (*S*)*Anctissimo ac clemetissimo in christo.* C'est un volume de 150 ff. en tout (à 33 lign. par page), dont les 9 premiers contiennent l'épître et la préface de l'auteur à Paul II, avec la table des chapitres. On lit à la fin du texte une souscription de dix vers commençant ainsi : *Edidit hoc lingue....* Après quoi vient la table des matières contenue en 4 ff. Vend. 400 fr. La Valliere ; 395 fr. La Serna ; 312 fr. *mar. r. dent.,* mais avec quelques feuillets raccommodés, Mac-Carthy ; 260 fr. Barrois, en 1856 ; 156 fr. Borluut ; 190 fr. Costabili.

— Speculum vitæ humanæ. (*absque nota*), in-4. goth.

Édition composée de 203 ff. à 27 lign. par page, sans chiffres, récl. ni signatures, caractères d'Ulric Zell, vers 1468 ou 1470. Vend. rel. en *mar.* 1 liv. 11 sh. Heber, I, 7397, et 1 liv. 1 sh. VI, 3050.

Rocquancourt (*J.*). Cours d'art militaire, 8596.

— Idem opus. *A Ginthero Zainer.... Augustensi.... deditus : anno milesimo quadringentesimo septuagesimo primo,* in-fol. goth. de 128 ff. à 35 lign. par page.

Cette édition commence par l'épître dédicatoire, et finit par 3 ff. de table alphabétique. Vend. 72 fr. *mar. r.* La Valliere ; 2 liv. 12 sh. Pinelli ; 34 fr. d'Ourches ; 25 fr. Boutourlin.

— Speculum vitæ humanæ. (*absque loco et anno*), in-fol., caract. rom., 34 lign. par page, sans chiffres, récl. ni signat.

C'est à Christophe Beyam qu'est due cette édition très-rare, qu'il a probablement imprimée (à Savigliano) avant son association avec Jean Glim, c'est-à-dire vers 1472. Les deux imprimeurs ont donné ensemble une édition du *Manipulus curatorum* (voy. de MONTE ROCHERII) ; et antérieurement à leur association, J. Glim avait publié une édition de Boèce et une édition des Héroïdes d'Ovide (voy. BOETIUS et OVIDIUS). La présente édition du *Speculum* commence par 3 ff. de table, suivis de l'épître de l'auteur au pape Paul II, laquelle occupe le 4e et le 5e f. ; ensuite vient une préface formant trois pages et demie, puis les sommaires des chapitres des différents livres de l'ouvrage, occupant 9 pp. Le texte commence au recto du 12e f. et continue jusqu'au recto du 134e f., où il se termine par une souscription de 8 vers, dont voici les deux derniers :

Hoc beyamus opus pressit Christoforus altum.
Immensis titulis estat origo sua.
     DEO GRATIAS .'.

Ce volume paraît être un in-fol., cependant les vergeures du papier sont placées horizontalement dans les premiers et les derniers cahiers.

Hain, n° 13934, décrit une édition du *Speculum,* in-fol. de 106 ff. à 41 lign. par page, sans chiffres, récl. ni sign., qu'il croit impr. avec les caractères de George Laver, à Rome.

— Idem opus. *— Finit.... a Helya Helye alias de Louffen canonico ecclesie ville Beronensis in pago Ergowie site...,* 1472, in-fol. de 109 ff. à 41 lig. par page.

Vend. 80 fr. *mar. r.* La Valliere ; 37 fr. *mar. r.* d'Ourches, et 14 fr. Chardin.

Une autre édit., impr. pareillement à *Munster,* par le même imprimeur, en 1473, in-fol. goth., est très-conforme à la précédente, pour les 43 premiers feuillets, et la souscription, dans laquelle il n'y a que la date de changée : 80 fr. *mar. r.* La Valliere ; 1 liv. 1 sh. Heber.

Voici encore cinq éditions de ce livre qui peuvent avoir quelque valeur :

1° In-fol., 1473, *Romæ in domo Joh.-Philippi de Lignamine.* Vend. 13 sh. Pinelli ; 25 fr. *mar. r.* Mac-Carthy.

2° Autre du même format, contenant 116 ff. à 2 col. de 33 lign., caract. goth. de Pierre de Cæsaris et Jean Stol, vers 1473, et finissant en recto par six vers, dont voici le premier :

Edidit hoc lingue clarissima norma latine !

Vend. 46 fr. *m. r.* La Valliere ; 25 fr. *rel. en bois,* le baron d'Heiss, et annoncée *typis Udalr. Gering,* 1 liv. 12 sh. *mar. r.* Heber.

3° Autre, mêmes caractères, vers 1474, mais de format in-4. et contenant 163 ff. à longues lign., au nombre de 30 sur les pages. Au recto du dernier feuillet se lisent les six vers indiqués ci-dessus, et au verso du même feuillet commence une table qui occupe les 7 ff. suivants. 50 fr. *m. r.* La Valliere.

4° — *Parisiis, per Mart. Crantz, Udalricum Ge-*
ring, et Mich. Friburger, 1475, in-fol. de 138 ff.
à 32 lign. par page. 31 fr. *mar. bl.* La Vallière;
20 ff. Mac-Carthy; 15 fr. Chardin.

5° — *Côpletum et finitū in civitate Luduni* (sic) *su-*
pra rhodanum per magistrum Guillermuȝ regis
dicte vile Luduni habitatoris, in domo honora-
bilis viri Bartholomei burii burgensis dicti Lu-
dini die septima mensis Januarii anno domini
M.cccc.Lxxiniii (1477), per. in-fol. de 109 ff.
sans chiffr.. récl. ni sign., 37 lign. par page. 40 fr.
mar. r. Gaignat.

L'exemplaire de cette édition, qui a été vendu 92 fr.
Coste, n'avait pas de titre; il commence avec le prologue et par un sommaire en 9 lignes : *Ad sanc-*
tissimum et B. patrem et dd. Paulum II P. M.
liber incipit.....

— Speculū humane vite. (in fine, verso) :
Finit felicit liber excellentissimus spe-
culuȝ hūane vite nūcupatus impssus
Bisuncij Anno dñi Milesimo CCCCL-
xxxviij, in-4. goth., sign. a—yiiij.

Ce livre, impr. à Besançon, est une des éditions les
plus rares, sinon des plus précieuses, du *Speculum.*
Il se compose de 179 ff. non chiffrés, à longues
lignes, au nombre de 39 sur les pages. Le premier
feuillet ne contient que les trois mots du titre ci-
dessus, impr. en grosses lettres. Vend. 24 fr. La
Vallière; 15 fr. Librairie De Bure.

L'abbé de Saint-Léger, Suppl. de Marchand, p. 101,
et le P. Laire, dans sa Dissertation sur l'origine de
l'imprimerie en Franche-Comté, p. 38, parlent de
plusieurs petits traités sortis de la même presse, et
impr. soit pour être réunis au *Speculum humane*
vite ci-dessus, soit pour être vendus séparément,
savoir : 1° *Speculum artis bene moriendi,* en
22 ff.; 2° *Opusculum de horis canonicis dicendis*
sive cantandis, en 7 ff.; 3° *Opusculum quod Spe-*
culum aureum animæ peccatricis inscribitur,
32 ff.; 4° *Speculum conversionis peccatorum*
Dyonisii de Levvis, alias Richel, Cartusiani, de
28 ff., y compris celui où se lit la souscription :
Finit liber felicit. speculum Cversionis pctoȝ
impss' Bisuntii anno Domini M.cccc. Lxxxviij.
Il y a des exemplaires sans date. Celui qui est porté
dans l'*Index librorum*, du P. Laire, tome II,
p. 116, réunissait sous un même titre le *Speculum*
humane vite, les articles 1, 3 et 4 ci-dessus, et le
Speculum sacerdotum.

Quant aux autres éditions latines de ce *Speculum*
imprimées dans le xv° siècle, elles ont si peu de
prix, que nous croyons inutile de les rapporter ici.

— Cy commence le liure intitule le miroir
de vie humaine fait par rodorique his-
paignol euesque de Zamorésis Ouquel
toute creature humaine mortelle en quelque estat que elle soit establie ou en office
spirituel ou temporel pourra veoir de
chascun art et maniere de viure les pros-
peritez et aduersitez et les enseignemens
de droictement viure Lequel liure a este
translate de latin en francois par frere
iuliē docteur en theologie du couuent des
freres sainct augustin a lion sur le rosne
En lan mil cccc lxxvij. (au recto du dern.
f., 2° col., en 8 lign.) : *Cy finist ce pre-*
sēt liure intitule le miroir de la vie hu-
maine impsse a lyon sur le rosne p
bartholomieu buyer citoien dudit lyon
le huytiesme iour du moys de iuillet lã
mil quatre cens septante et sept DJEU

SOJT LOE, in-fol. goth. de 141 ff. à 2 col.
de 29 lign., sans chiffres, sign. *a—v.*

Première édition de cette traduction; elle est fort
rare. Le premier f. recto, 1re col., commence par
le sommaire ci-dessus, imprimé en 18 lign.; suivent
la dédicace de l'auteur, celle du traducteur, et la
table des chapitres; il y a un f. bl. à la fin de la
première partie, entre le f. 77 et le 78°. — Vend.
en m. r. 84 fr. Gaignat; 55 fr. La Vallière, et serait
beaucoup plus cher aujourd'hui.

— Le Miroir de la vie humaine. (au verso
du dernier f. de table) : *Jcy est finye*
une briefue table selon lordre de a b
c..... Jmprime par Nicolas phillippi
et Marc reinhardi de strasbourc lan
mil quatre cens τ octante τ deux le.
xx. iour daust, in-fol. goth. de 146 ff.
non chiffrés, à longues lignes, au nombre de 33 sur les pages, sign. a²—t³, avec
beaucoup de fig. sur bois.

Cette traduction n'est pas la même que celle qui a
été imprimée en 1477; mais elle est plus précieuse,
à cause des gravures qui y sont jointes. Le vol.
commence au f. a² de cette manière : *a thonneur*
de dieu de la glorieuse vierge marie et de toute
la court celestielle de paradis τ a la utilite d'
toute la union des catholiqs cristiens jcy com-
māce le lyure intitule le myroue de la vie hu-
maine... et fust compile par ung docteur et eues-
que nōme Rodeuaque de la nation despagne. Il y
a ensuite une table des chapitres. Le texte commence au 7° feuillet.

De Bure, parlant de cette édition dans sa *Bibliogr.*
instruct., n° 1333, l'a mal à propos annoncée
comme impr. à Paris, puisqu'elle est sans nom de
ville, et que les deux imprimeurs qui y sont nommés étaient certainement établis à Lyon, où ils im-
primaient, en 1479, les sermons de Rob. de Litio.
L'éditeur de la Croix du Maine, dans sa longue
note sur *Pierre Sarget,* la cite comme imprimée
à Strasbourg; mais le titre ci-dessus fait connaître
la cause de cette erreur.

— Espejo de la vida humana, en que dice
de todos los hombres de qualquier estado
ù officio espiritual ò temporal veran las
prosperidades y adversiades de qualquier
estado y vida, y los preceptos de bien
vivir. *Impreso en Zaragoza año de*
1481 (in-fol.).

Mendez (*Typogr. españ.,* p. 130) qui rapporte ce
titre d'après un inventaire manuscrit, doute de
l'exactitude de la date, et présume qu'il doit s'agir
là de l'édit. de Saragosse, 1491.

— Das buch genandt der spiegel mensch-
lichs lebens (übers. von H. Steinhöwell).
(*sans lieu ni date,* mais impr. à *Augsb.,*
par Gunther Zainer, vers 1475), in-
fol. goth. de x et 164 ff., à 35 et 36 lignes par page, fig. sur bois.

Cette traduction a été réimpr. à *Augsbourg,* par *Hans*
Bämler, en 1479, in-fol. goth., avec 55 fig. sur
bois; et dans la même ville, par *Peter Berger,*
en 1488, in-fol., aussi avec fig. sur bois.

— Roderici Santii (de Arevalo) Incipit
compendiosa historia hispanica..... *Ego*
Udalricus Gallus sine calamo aut pen-
nis eundem librum impressi, pet. in-
fol. ou gr. in-4. [25975]

Édition rare, imprimée vers 1470, et qui, selon Van Praet, second Catal., III, p. 89, contient 185 ff. (à 33 lignes par page), y compris les 16 premiers qui renferment une table des chapitres et des matières, plus une dédicace commençant par un sommaire imprimé en rouge, dont est extrait le titre ci-dessus. La souscription est au recto du dernier f., où finit la 4e partie. La *Biblioth. grenvil.* donne au même vol. 184 ff., dont 13 pour la table générale. Vend. 40 fr. *mar. bl.* Gaignat.

— Incipit Epistola lugubris et mesta simul et consolatorii de infelice expugnatione ac miserabili irrupcione et invasione insulæ Nigropontis. (*absque nota*), in-fol. goth. de 10 ff. à 2 col. de 37 lign. [27941]

Édition imprimée avec les caractères d'Ulric Zell, vers 1473, probablement la première qui ait été faite de cet opuscule : 1 liv. 7 sh. *m. bl.* Heber. Hain, n° 13956, en cite une in-fol. goth. sans lieu ni date qu'il attribue à Pierre Schœffer, à Mayence.

RODERICUS a Castro. Voyez CASTRO.

RODES Castain (*P.* de). Stances contenant l'histoire de la defaite des troupes du sieur d'Ondredieu, au lieu du Buisson en Gevaudan, et reddition de la place et montagne de Greze, par lui saisie. *Au Puy, André*, 1617, pet. in-8. [13937]

Opuscule en vers porté dans le catal. de La Valliere, par Nyon, IV, n° 15152.

RODION. Voyez RHODION.

RODLER. Voy. II, col. 913, article DURER.

RODOLPHUS seu Rudolphus Orlandinus. Voy. ORLANDINUS.

RODOMONTADE (la) de Pierre Baillony, discours sur une lettre escripte par ledit Baillony, contenant la trahison malheureuse conspirée par le dit Baillony et ses complices contre la ville de Lyon, avec la coppie de la dicte lettre : ensemble le proces verbal de la recognoissance d'icelle. *Lyon, par Jean Pillehotte*, 1589, pet. in-8. de 28 pp. [24603]

Pièce rare. Elle a été réimpr. sous ce titre :
TRAHISON conspirée par Pierre Baillony sieur de Saillans et ses complices contre la ville de Lyon ; avec la coppie d'une lettre escrite au sieur de la Guiche, laquelle a esté decouverte le III may 1589. *Jouxte la copie imprimée à Lyon et à Paris, chez Denis Binet*, 1589, pet. in-8. de 24 pp.

RODOMUNTADAS castellanas, recopiladas de los commentarios de los muy espantosos, terribles et invincibles capitanes, Matamoros, Crocodillo y Rajabroqueles (en espagnol et en français, *sans lieu d'impression*), 1607, in-12.

— Rodomontades espagnoles, recueillies de divers auteurs, et notamment du capitaine Bonbardon (par Jac. Gautier). *Rouen, Caillové*, 1612, ou 1623 ou 1637, in-12. 6 à 9 fr. [17909]

A l'exemplaire de l'édit. de 1623, vend. 19 fr. chez Courtois, était joint un second ouvrage intitulé : *Emblèmes sur les actions, perfections et mœurs du seigneur espagnol, trad. du castillan en françois*, Meidelbourg, 1623. L'édition de *Rouen, Cl. Villain*, 1637, 2 part. en 1 vol. pet. in-12, en espagnol et en français, renferme aussi les Emblèmes.

RODON (de). Voy. DERODON.

RODOSLOVNAÏA kniga kniasiéi i dvorian rossiskich, etc. Livre généalogique des princes et gentilshommes russes. *Moscou, impr. de l'université*, 1787, 2 vol. in-8. [28948]

Première édition du *Livre de velours* (autrement le Livre de la noblesse russe, rédigé sous le règne du tzar Fédor Alexéievitch); elle a été publiée, avec ses suppléments successifs, par les soins de l'historiographe Müller, et elle est aujourd'hui assez rare.

RODRIGO. Comedia hecha por Juan de Rodrigo Alonso, en la qual en metro se declara la hystoria de Santa Sussaña, 1551, in-4. [16765]

Cette pièce est portée dans le Catalogue de la Biblioth. impér., n° 6313.

RODRIGUEZ (*Lucas*). Romancero historiado cõ mucha variedad de glossas y sonetos, y al fin una floresta, pastoril, y cartas pastoriles : Hecho y. recopilado por Lucas Rodriguez. *En Alcala, en casa de. Hernan Ramirez, impressor y mercader de libros, Año* 1581, pet. in-8. de 8 ff. prélim. et 281 ff. chiffrés, avec fig. sur bois. [15080]

Édition rare : 306 fr. *cuir de Russie*, Riva. Le privilége est de 1579, et fait supposer une première édition sous cette même date.
Un exemplaire sur la date de *Alcala de Henares, en casa de Querino Gerardo*, 1582, in-12, fig. sur bois, et relié en *mar. v.*, a été vendu 7 liv. 10 sh. Hanrott. — Nous trouvons dans la *Biblioth. hispan. nova* d'Antonio, II, 17, article Lucas Rodriguez, *Conceptos de divina poesia*; Alcala, Juan Iñiguez de Lequerica, 1599, in-8.

RODRIGUEZ. Arte da lingoa da iapam, composta pello Padre Ioão Rodriguez Portuguez da cõpanhia de Iesu, dividida em tres livros. *Em Nangasaqui no collegio de Iapão da companhia de Iesu ann.* 1604, in-4. [11848]

Livre très-rare, impr. sur papier du Japon. Il a cinq ff. prélimin., y compris le titre daté de 1604 ; ensuite se trouve le texte, dont les ff. sont chiffrés jusqu'à 239. La table commence au verso de ce dernier f., et continue sur le recto du f. suivant, au bas duquel se lit la permission pour imprimer, datée de *Nangasaqui*, 1608, date qui ne s'accorde pas avec celle du titre. Le f. 81 n'est pas coté, et il est immédiatement suivi du f. 84, sans qu'il y ait pour cela de lacune. Vend. 640 fr. Langlès ; 8 liv. 12 sh. Heber, et revendu près de 600 fr., à Paris, en 1836.

Rodler (*M.-A.*). Questions, 2621.
Rodlère (*A.*) et P. Pont. Du Contrat de mariage, 2852.
Rodolphus a Corduba. Catena SS. Patrum, 450.

Rodoni (*G.*). Trenta novelle, 17495.
Rodriguez (*Bern.*). Catalogo, 31737.

—Arte breve da lingoa japoa, tirada da arte grande de mesmo lingoa, para os que começam a aprender os primeiros principios della, pello Padre Joam Rodriguez. *Em Amacao*, 1620, in-4.

Cet abrégé est tout aussi rare que le grand ouvrage ci-dessus, dont il est tiré.

— ELÉMENS de la grammaire japonaise, par le Père Rodriguez, traduits du portugais sur le manuscrit de la Biblioth. du roi, et soigneusement collationnés avec la grammaire publiée par le même auteur à Nangasaki, en 1604; par M. C. Landresse, précédés d'une exposition des syllabaires japonais, et de deux planches contenant les signes de ces syllabaires, par M. Abel Rémusat : ouvrage publié par la Société asiatique. *Paris, Dondey-Dupré*, 1825, in-8. de XX et 142 pp. = Supplément... ou remarques additionnelles tirées de la grammaire composée en espagnol par le P. Oyanguren, et trad. par M. C. Landresse, précédées d'une notice comparative des grammaires japonaises des PP. Rodriguez et Oyanguren, par le baron G. de Humboldt; *Ibid.*, 1826, in-8. 10 fr.

— Voy. VOCABULARIO.

RODRIGUEZ (*Rodrigo*). Pleytos de libros y sentencias del juez. *Tortosa*, 1664, pet. in-8. [18364]

Édition originale d'un ouvrage qui fut sévèrement prohibé par l'Inquisition. La réimpression qu'on en a faite contient de plus : *Pleito de pleitos, fundado en aquel proverbio español, que dice : Quien hace un cesto, harà ciento;* Trevisio, Baptista de Rosis (*sin año*). = *Pleito entre ladrones y dueñas, con los hermanos. Que ocasionó un papel intitulado : Su oro al Cesar.* Salvá les estime chacune 2 liv. 2 sh., comme étant également rares.

RODRIGUEZ (*Alphonse*). Pratique de la perfection chrétienne, trad. de l'espagnol par Regnier dès Marais. *Paris*, 1686 ou 1688, 3 vol. in-4. 20 à 24 fr. [1614]

Les éditions en 4 vol. in-8. et en 6 vol. in-12 ont à peu près le même prix. Il y en a une de *Versailles*, 1813, et une autre de *Lyon*, 1821, en 4 vol. in-8. Le texte original espagnol a été imprimé pour la première fois à Séville, en 1614 et 1615, in-4.

RODRIGUEZ (el P. *Man.* de). El Marañon y las Amazonas, historia de los descubrimientos, entradas y reduccion de naciones en las dilatadas montañas y moyrores rios de la America. *Madrid, Gonzal. de Reyes*, 1684, in-fol. [28708]

Ouvrage estimé, et dont les exemplaires sont rares. On y a réimprimé presque en entier le *Descubrimiento del gran rio de las Amazonas*, de Christ. de Acuña (voyez ce nom); vend. 35 fr., et 51 fr. Rœtzel; 66 fr. 4e vente Quatremère.

RODRIGUEZ. Biblioteca universal de la polygraphia española, compuesta por don Christoval Rodriguez, y que publica D. Blas Ant. Massare y Ferriz. *Madrid, Ant. Marin*, 1738, in-fol. fig. 30 à 40 fr. [30215]

Cet ouvrage, dont les exemplaires sont peu communs en France, est précieux, à cause des modèles d'anciennes écritures qu'il contient; les Bénédictins, auteurs du *Nouveau traité de diplomatique*, le citent avec éloge.

RODRIGUEZ (*Fr.-Josef*). Bibliotheca va-

lentina : aora continuada, y aumentada con el prologo y originales del mismo autor : juntase la continuacion hecha por el P. I. Ignacio Savalls. *Valencia, Jos.-Th. Lucas*, 1747, pet. in-fol. [30772]

Peu commun : vend. 24 fr. Gohier. — Voy. XIMENO.

RODRIGUEZ (*Manuel*). Retratos de los reyes de España desde Atanarico hasta D. Carlos III,..... con il sumario de la vida de cada rey. *Madrid, J. Ibarra*, 1782-90, 3 tom. en 4 vol. pet. in-4., avec portr. [26002]

Les *Retratos de los reyes de Aragon desde Inigo Arista hasta D. Fernando el catolico*, par le même auteur, *Madrid*, 1794-97, 2 vol. pet. in-4., forment les tomes V et VI de l'ouvrage précédent, et contiennent également les portraits des souverains. Les 6 parties se donnent à bas prix.

RODRIGUEZ de Castro (*Jos.*). V. CASTRO.

RODRIGUEZ Florian (*Joan*). V. FLORIAN.

ROEBUCK (*Thom.*). Boorhani Qatiu, a dictionary of the persian language, explained in persian, alfabetically arranged according to the system of european lexicons : comprising the whole of the words, phrases and metaphors, in the Furhungi Juhangeeree, the Mujmuool Foors of Soorooree, the Soormue Sooluemanee, and the Suhah ool Udwiyu, together with many words and terms, from the puhluvee, durce, zhund o pazhund, greek, syriac, arabic, turkish and other languages, with a short grammar prefixed, by Moohummud Hoosuen Ibni Khuluf Oot-Tubreezee, poetically styled Boorhan, to which is added an appendix, consisting of the Moolhugat of the Boorhani Qatiu, the Khatimu or appendix to the Furhungi Juhangeeree, together with a collection of words, phrases, metaphors, and proper names, extracted from the Buhari Ujum and various other authorities, the whole arranged with persian notes, by Roebuck. *Calcutta, Pereira*, 1818, gr. in-4. ou pet. in-fol. [11663]

Cet ouvrage a coûté 7 liv. 7 sh. Vend. 200 fr. Langlès; 121 fr. Klaproth; 116 fr. de Sacy, et 16 fr. 50 c. seulement Léon Leclerc.

— A Collection of proverbs and proverbial phrases in the persian and hindoustanee language; compiled and translated, chiefly by the late Th. Roebuck. *Calcutta*, 1824, 2 tom. en 1 vol. gr. in-8. [11660]

Ce travail important et fort utile a été publié par le savant indianiste Wilson : vend. 50 fr. 50 c. Klaproth, et moins depuis.

— THE ANNALS of the college of fort William, from the period of its fondation, by Richard, Mis Welles-

Rodt (*Emm.* von). Die Feldzüge Karls des Kühnen, 24988.

ley, compiled from official records, arranged and published by Th. Roebuck. *Calcutta, Pereira,* 1819, gr. in-8. de liij et 590 pp., plus un appendice en 81 pp., daté de 1818. 1 liv. 1 sh. [30280]
— THE HINDOOSTANEE interpreter, containing the rudiments of grammar; an extensive vocabulary; and a useful collection of dialogues, etc., by Th. Roebuck; second edit. revised and corrected by Will. Carmichael-Smyth. *Paris and London,* 1841, in-8. [11774]
— HINDOOSTANEE philology. Voy. GILCHRIST. — The Khirud Ufroz. Voy. UBOOL.

ROEDERER (*Jo.-Georg.*). Icones uteri humani observationibus illustratæ. *Gœttingæ,* 1759, in-fol. 15 à 18 fr. [6818]
Vend. 21 fr. Hallé.

ROEDERER (le comte *Pierre-Louis*). Opuscules (anonyme). *Paris, de l'imprimerie du Journal de Paris, an* X–XI, 3 vol. in-8. [19178]
Ce recueil, dont on n'a tiré que cinquante exemplaires, est presque entièrement composé d'articles que P.-L. Rœderer a fait insérer dans le *Journal de Paris,* depuis l'an VII jusqu'à l'an XII; on y a mis quelques articles de M. de Boufflers. L'*Éloge historique de M. de Montesquiou (Anne-Pierre),* par Rœderer, imprimé en l'an VII, forme une partie de 57 pp. à la fin du 1er vol. On trouve à la fin du 3e un opuscule séparé de 84 pp., intitulé : *Observations morales et politiques sur les journaux détracteurs du* XVIIIe *siècle :* 63 fr. mar. r. Chateaugiron ; 30 fr. Labédoyère. Ce recueil du comte Rœderer nous rappelle un ouvrage anonyme de madame Rœderer, ayant pour titre :
CONSEILS d'une mère à ses filles, 1789, *Paris,* imprim. de Rœderer, an IV, in-12, et dont il n'a été tiré, dit-on, que 50 exempl. Vend. 20 fr. 50 c. Pixerécourt.

— Mémoires pour servir à l'histoire de la société polie en France. *Paris,* 1835, in-8.
Ouvrage tiré à petit nombre et distribué en cadeau par l'auteur à ses amis et aux personnes qui lui en ont fait la demande. 33 fr. 50 c. de Sacy; 29 fr. Walckenaer; 30 fr. en 1856.

— Œuvres du comte P.-L. Rœderer... publiées par son fils, le baron A.-M. Rœderer, tant sur les manuscrits de l'auteur que sur les éditions de ses ouvrages déjà publiés, avec les corrections et les changements qu'il a faits postérieurement. *Paris, imprimerie de F. Didot,* 1853-59, 8 vol. gr. in-8. à 2 col. [19187]
Cette édition n'a pas été mise en vente; elle n'est destinée qu'à la famille et aux anciens amis de l'auteur.
— Comédies historiques, 16568. — Louis XII et François 1er, 28427.

ROEDERER (le baron *Ant.-Marie*). Comédies, proverbes, parades (anonymes). (*Dinan-sur-Meuse*) 1824-26, 3 vol. in-8. [16569]
Édition tirée à 100 exemplaires destinés aux amis de l'auteur. Sur cinq pièces que renferme le 3e vo-

lume, quatre sont du comte P.-L. Roederer. Un exempl. en veau, tr. dorée, 52 fr. 50 c. de Soleinne.
— La Famille Rœderer, 30641.

RŒDING (*Joh.-Heinrich*). Allgemeines Wörterbuch der Marine in allen europäischen Seesprachen ; *c'est-à-dire,* Dictionnaire universel de marine, en allem., hollandais, danois, suédois, anglais, français, italien, espagnol et portugais. *Hambourg,* 1794-98, 4 vol. in-4., dont un de 115 pl. 40 à 46 fr. [8451]

ROEMER (*Joan.-Jac.*). Genera insectorum Linnæi et Fabricii, illustrata iconibus. *Vitoduri-Helvet.,* 1789, in-4., avec 37 pl. color. 15 à 18 fr. [5942]
Il y a des exempl. dont les figures sont en noir.
Les 32 premières planches de cet ouvrage sont les mêmes que celles qui se trouvent dans l'*Abrégé de l'histoire des insectes,* par Sulzer, 1776, in-4.
— SYSTEMA vegetabilium. Voy. LINNÆUS.

ROESEL (*Aug.-Joh.*). Monatlich herausgegebene Insectenbelustigungen; *c'est-à-dire,* Livraisons de chaque mois d'amusements des insectes. *Nürnberg, Fleischman,* 1746-61, 5 vol. pet. in-4. fig. color. [5960]
Dans sa nouveauté, cet ouvrage a eu du succès, mais depuis il a beaucoup vieilli, et aujourd'hui on en recherche à peine les exemplaires anciennement enluminés ; vend. 100 fr. Petit; 60 fr. d'Ourches.
Le premier vol. renferme 78 pl. entières, desquelles plusieurs contiennent 2 numéros, ce qui forme en tout 121 numéros et le frontispice (il a été réimprimé avec des augmentations, mais sans date). — Le second, 76 pl. entières (ou 94 numéros). — Le troisième, 101 numéros sur 93 pl. — Le quatrième (par Kleeman), 40 pl. numérotées.
Le cinquième vol. de cet ouvrage est la première partie du *Supplément* par *Christ.-Fréd.-Ch. Kleemann,* qui n'a pas été achevé tout de suite; tous les exemplaires que nous avons vus n'allaient que jusqu'à p. 376 du texte, avec au numéro 44 des planches, et étaient sans frontispice. Au surplus, ce supplément a été réimpr. avec une continuation de Ch. Schwartz, en 1792-93, 2 vol. in-4., avec 48 et 24 pl., sous le titre de *Beitrag zur Natur- und Insectengeschichte.* Cette réimpression coûtait 14 th. 8 gr. Il est bon de la réunir aux 5 vol. ci-dessus, ainsi que deux cahiers intitulés : Ch. *Schwartz, Nomenclator über Rösel und Kleeman,* Nürnb., Raspe, 1793-1810.
Vend. en 7 vol. mar. 250 fr. Chardin; en 6 vol. mar. bl. 101 fr. Librairie De Bure. L'édit. d'*Harlem,* avec texte hollandais par Kleeman, 4 tom. en 8 vol. in-4., et un 9e vol. contenant la partie du texte de Roesel que Kleeman n'a pas traduite, 63 fr. Borluut.

— Historia naturalis ranarum nostratium, cum præfatione Alb. von Haller (germanice et latine). *Nürnberg,* 1758, gr. in-fol., avec 24 fig. doubles en noir et en couleur, et le frontispice. [5832]
Vend. 69 fr. mar. v. dent. Caillard, et 42 fr. 50 c. en 1836 ; 30 fr. Huzard.

Rœderus (*J.-P.*). Norimberga, 26627.
Roederus (*L.*). De scholastica Romanorum institutione, 29208.

Roemer (*K.-Fr.*). Die Kreidebildungen von Texas, 4617. — Das rheinische Uebergangsgebirge, 4807.
Roemer (*F.-Ad.*). Die Algen Deutschlands, 5378.
Roenickius (*J.-Th.*). Carmina selectiora, 12960.
Roergas de Serviez (*Jac.*). Hommes illustres de Languedoc, 30487.

ROESSING (*Ch.-Gottl.*). Les Roses dessinées et enluminées d'après nature, par le docteur Roessing (et la suite par Waitz), avec une courte description botanique (en allemand), et traduite en françois par M. de Lahitte. *Leipzig, au Comptoir d'industrie* (1800-1820), in-4. fig. color. [5501]

Cet ouvrage, qui a paru aussi sous le titre d'*Histoire naturelle des roses*, devait être composé de 20 livraisons, mais il n'en a été publié que 12, contenant les figures de 60 roses. Chaque livrais. coûtait 2 thl.

ROFFREDUS. Voy. ODOFREDUS.

ROGER Bontemps en belle humeur, donnant aux tristes et aux affligés le moyen de chasser leurs ennuis, et aux joyeux le secret de vivre toujours contens. *Cologne, P. Marteau (Hollande)*, 1670, ou 1708, ou 1731, ou 1734, pet. in-12. [17871]

Recueil de contes et de bons mots tirés de plusieurs autres livres du même genre, comme, par exemple, le *Facétieux Réveil-Matin* (voy. FACÉTIEUX). Il y a une édition dont le titre porte : *Imprimé cette année*. Celle de 1670, qui de toutes est la plus jolie et la plus recherchée , a été vendue 80 fr. *mar.* Crozet; 122 fr. Duplessis; 85 fr. Borluut; 170 fr., *mar.* par Bauzonnet, Veinant , et 140 fr. *mar. r.* Solar; elle a 4 ff. prélimin., y compris le frontispice gravé et le titre impr., et 496 pp. L'édition d'*Amsterdam* (Rouen), 1776, 2 tom. en 1 vol., est, dit-on, plus complète que les précédentes : on a cru faire merveille en imprimant sur le titre *par M. de Roquelaure*, ce qui se lit encore sur celui de l'édit. de *Paris*, 1797, en 3 part. in-18.

ROGER de Collerye. Voy. COLLERYE.

ROGER (*Samuel*). Poetical Works. *Lond.*, 1835, 2 vol. in-8., avec des gravures d'après Stothard et Turner. [15873]

L'édition de 1834, in-8. et in-4., est ornée de vignettes, grav. par Finden et Goodall, d'après Turner et Stothard.
Ce poëte se réimprime fréquemment. Son principal ouvrage est intitulé : *The Pleasures of memory*, impr. d'abord en 1792, in-4., et réimpr. plus de vingt fois depuis. L'édition de *Londres*, 1801, in-12, sortie des presses de Bensley, et ornée de vignettes grav. par Heath, d'après Stothard, est une des plus jolies.

— Italy and poems. *London, Jennings*, 1830 et 1834, 2 vol. in-8. 4 liv. 4 sh.

Ces deux vol. sont ornés de 128 pl., d'après les dessins

de Stothard et Turner, qui se vendaient séparément. L'édition de 1854 et 1859, 2 vol. in-8. avec les mêmes planches, est moins chère que la précédente.

ROGERS (*Woode*). Cruising voyage round the world, in the years 1708-11. *London,* 1712 (réimpr. en 1718 et en 1726), in-8. fig. 6 à 10 fr. [19842]

Le voyage de Woode Rogers autour du monde a été traduit en français, avec quelques pièces curieuses touchant la rivière des Amazones, trad. de l'espagnol par de Gomberville. *Amsterdam*, 1716, 2 vol., ou 1723, 3 vol. in-12, fig.

ROGERS (*Charles*). Collection of prints in imitation of drawings : to which are anexed lives of their authors, with explanatory and critical notes. *London,* 1778, 2 vol. gr. in-fol. fig. [9452]

Collection de 112 pl. exécutées par des artistes distingués. Il s'en trouve des exemplaires sous la date de 1750. 4 à 5 liv. en Angleterre; 113 fr. Thibaudeau.

ROGISSART (le sieur de). Les Délices de l'Italie, ou description exacte de ce pays. *Leyde, P. Vander Aa,* 1706, 3 vol. pet. in-8. fig. 8 à 10 fr. [25213]

Vend. jusqu'à 35 fr. *m. r.* La Valliere. L'édition de *Paris*, 1707, 4 vol. in-12, a été augmentée par H*** (Havard), mais Jean de La Faye en a fait une critique sévère dans l'édit. qui a paru à *Leyde*, 1709, en 6 part. in-12.

ROHAN (Henri II, duc de). Son Voyage faict en l'an 1600, en Italie, Allemaigne, Pays-Bas-Unis, Angleterre et Escosse. *Amsterdam, Louis Elzevier,* 1646, pet. in-12 de 246 pp. y compris le titre. 5 à 9 fr. [20052]

Vendu 13 fr. *mar. v.* Duriez; 15 fr. 50 c. *mar. bl.* Sensier. — Réimpr. avec les Mémoires, édition de 1661.

— Mémoires du duc de Rohan, sur les choses advenues en France, depuis la mort de Henry le Grand jusqu'à la paix faite avec les reformez au mois de juin 1629; seconde édition, augmentée d'un quatrième livre et de divers discours politiques du même auteur, cy devant non imprimez. (*Hollande*), 1646, 3 part. en 1 vol. pet. in-12. [23691]

Cette seconde édition est celle qui se joint de préférence aux autres à la collection des Elsevier : 9 à 12 fr.; vend. jusqu'à 30 fr. *m. r.* Caillard; 20 fr. Motteley ; 15 fr. Bignon, et 44 fr. Pixerécourt.
Outre les Mémoires, qui ont 4 ff. prélim. et 466 pp. de texte (ou 496 pp. dans une autre édition, sous la même date), on doit trouver dans ce volume les

Discours politiques du duc de Rohan, faits en divers temps sur les affaires qui se passoient ; cy devant non imprimés, en 146 pp., et *Véritable discours de ce qui s'est passé en l'assemblée politique des Eglises réformées, tenue à Saumur... l'an 1611, servant de supplément aux Mémoires du duc de Rohan*, 1646, en 135 pp. Ces deux dernières pièces se trouvent quelquefois séparément. Il y en a une seconde édit. sous la même date (1646), mais qui n'a que 135 et 126 pp.

La première édition de ces Mémoires donnée en Hollande (*à la Sphère*), est datée de 1644, et a 2 part. pet. in-12, dont la première est de 229 pp., non compris le titre, et la seconde, en 135 pp., avec un faux titre, renferme le *Véritable discours*, etc. Elle appartient aussi à la collection des Elsevier. Ce fut Sam. Sorbière qui publia pour la première fois les Mémoires du duc de Rohan, en 1644, in-8.; mais il paraît que son édition a été supprimée. L'édition in-12, de 1646, a été faite sur l'in-4, sous la même date.

L'édition dont le titre porte : *A Paris, sur l'imprimé à Leyde, chez L. Elzevier*, 1661, 2 vol. pet. in-12, est plus complète que celle de 1646; car le 2ᵉ vol. contient le Voyage fait en 1600 : elle vaut de 6 à 9 fr.; vend. 30 fr. *m. v.* Motteley; 20 fr. (date 1671) Duriez. Celle d'*Amsterdam* (*Paris*), 1756, 2 vol. in-12, est précédée d'une préface de l'abbé Goujet, et contient de nouvelles augmentations.

— Histoire de Henry, duc de Rohan (par Antoine Fauvelet du Toc). *Suivant la copie imprimée à Paris* (*Amsterdam, Elsevier*), 1667, pet. in-12 de 12 ff. et 191 pp. 3 à 5 fr. [23692]

Vend. 14 fr. 50 c. Desjoberts; 10 fr. *m. bl.* Sensier.— L'édition de *Paris* est de 1666; celle de Hollande a reparu sous le titre d'*Histoire secrète de H. de Rohan*, Cologne, P. Marteau, 1697.

— Le Parfait capitaine, autrement l'abrégé des guerres de la Gaule des Commentaires de César (par le duc de Rohan); dernière édition. *Jouxte la copie imprimée à Paris en* 1638, pet. in-12 de 8 ff. prél. y compris le titre, et 260 pp. dont la dernière est cotée 224. [8567]

Les Elsevier de Leyde, à qui est due cette édition, en ont donné une autre en 1639, laquelle a aussi 260 pp. pour le corps du vol., mais seulement 5 ff. prélim. Ils y ont joint le traité de l'*Interest des princes*, en 104 pp., morceau que les mêmes imprimeurs ont donné séparément, sous ce titre :

DE L'INTEREST des princes et Estats de la Chrestienté. A Monsieur le cardinal de Richelieu. Dernière édition (*à la Sphère*). *Jouxte la copie imprimée à Paris*, 1639, pet. in-12 de 199 pp. et 2 pages de table. La préface (de Silhon), qui ne se trouve pas dans l'édition en 104 pp., occupe dans celle-ci les pp. 7 à 103.

L'édition du *Parfait capitaine*, sous la date de 1641, et également sortie des presses elseviriennes, a 5 ff. prél., 260 pp. et 192 pp. pour l'*Interest des princes*.

— LE PARFAIT capitaine..., augmenté d'un traicté De l'Interest des princes et Estats de la Chrestienté. Avec une préface à Monsieur le card. Richelieu (par de Silhon). (*Hollande*), 1648, 2 tom. en 1 vol. pet. in-12 de 5 ff. prélim., 250 pp. et 192 pp.

Seule édition elsevirienne de cet ouvrage qu'ait citée M. Bérard, à la vente duquel elle a été payée 11 fr. (et jusqu'à 21 fr. 50 c. *mar. bl.* Mazoyer); elle ne nous paraît pas préférable à celle de 1641, *jouxte la copie imprim. à Paris*, pet. in-12, qui est tout aussi complète.

— DISCURSOS militares escritos por el duque de Roan, traducidos por el maestro de campo Don Francisco Deca. *En Amberes, en la emprenta Plantiniana*, 1652, in-4.

Citons encore : *Mémoires et lettres de H. de Rohan sur la guerre de la Valteline*, Genève (Paris), 1758, 3 vol. in-12, publ. pour la première fois par le baron de Zur-Lauben.

ROHDE (*Ulr.-Andr.*). De veterum poetarum sapientia gnomica, Hebræorum in primis, et Græcorum. *Hauniæ*, 1800, pet. in-8. 5 à 6 fr. [18433]

ROI (*Jac. Le*). Voy. LE ROY.

ROIG (*Jaume*). Libre de cõsells ; fet per lo magnifich mestre Jaume Roig, los quals sõ molt profitosos, y saludables axi peral regiment y orde d̃ bẽ viure, come pera augmẽtar la d̃euocio a la puritat y cõcepcio della sacratissima verge Maria. — *Fonch stampat lo present libre en la insigne ciutat d̃ Ualẽcia per Frãcisco diaz Romano al studi general a. xxx. d̃ Juny Any. M. D. xxxj*, pet. in-4. goth. [15326]

Première édition d'un des poëtes limousins (de Valence) les plus distingués du xvᵉ siècle. Elle est fort rare, et Salvá la porte à 7 liv. 7 sh. dans son catalogue. Il en existe une réimpression de *Valence*, 1532, in-4. goth., citée par Antonio, et d'autres de *Valence*, 1561 et 1562, pet. in-4.; aussi de *Barcelone*, 1561 (voyez ci-dessous). Il y en aurait alors trois éditions sous cette dernière date, y compris celle qui fait partie d'un recueil précieux des principales compositions des poëtes limousins du xvᵉ siècle, espèce de *Cancionero Valenciano*, dont Salvá donne le titre suivant, sous le nº 2539 de son catalogue :

LIBRE de les dones mes verament dit de conseils profitosos y saludables... Ara nouament corregit y esmenat de moltes faltes, y de nou affegit la disputa, o proces de viudas y donzelles : fet per los magnifichs mossen Jaume Siurana generos, y mestre Lloys Joan Valenti, doctor en medicina, ab vna sentencia del honorable y discret Andreu Marti Pineda Notari. *Valencia, Joan de Arcos*, 1561. — Lo proces de les olives y somni de Joan Joan, ordenat principalment per lo reuerent mossen Bernat Fenollar, y lo discret en Joan Moreno Notari, E apres per lo magnifich mossen Jaume Gaçull caualler a oltres amplificat. Es obra vtil y molt graciosa ara nouament corregit, y affegit la Brama dels pagesos, o vocables bandejats escrita per mossen Gaçull al dit mossen Fenollar. *Valencia*, 1561, pet. in-8.

L'exemplaire vendu 63 flor. Meerman et 5 liv. Heber, contient *Libre de les dones*, 130 ff. chiffrés, à 2 col. — *Lo procs, o disputa de viudes y donzelles*, 19 ff. non chiffrés (l'édition qui faisait partie d'un autre exempl. du même recueil, vendu 2 liv. Heber, VI, 2962, est différente de celle-ci). — *Lo proces de les Oliues...* 2 ff. prél. et 40 ff. chiffrés. — *Lo somni de Joan Joan, ordenat per lo magnifich mosser Iaume Gaçull caualler natural de Valence*, 1561, 60 ff., sign. A.—H.

Caballero, pp. 65 et 67, et Mendez, p. 88, citent :

LO PROCES de los Olives, e disputa dels Jovens y

Robart (*F.*). Fabrication de la bière, 4443.

Rohde (*Lev.-Joergen*). Système des signaux, 8524.

Röhling (*J.-C.*). Deutschlands Flora, 5134.

Rohn (*J.-C.*). Böhmisches Wörterbuch, 11449.

Rohr (*J.-P.-B.* de). Coton, 6381.

Rohrbacher (l'abbé). Histoire de l'Église catholique, 21381.

dels Vells, su autor mossen Bernardo Fenollar. *Valence, por Lope de la Roca, Aleman,* 1497, in-4. [16327]

Lo SOMNI de Joan Joan, dialecto valentino; su autor Jacobo Gazull. *Valence, por Lope de la Roca,* 1497, in-4.

Éditions très-rares.

— Libre de cösells fet per lo magnifich mestre Iaume Roig, los quals son molt profitosas y saludables, axi pera regiment y orde de ben viure, cö pera augmentar la deuocio ala puritat y concepcio dela sacratissima verge Maria. *Stampat en Barcelona, per Jaume Cortey,* 1561, pet. in-8.

Volume rare, impr. à 2 col. Le texte de Roig finit au verso du f. cxlix, ensuite *Comença lo proces, o disputa de viudes y donzelles, ordenat per mossen Jaume Siurana Generos: y mestre Luys Ioan Valenti doctor en medicina, ab una sentencia ordenada per lo honorable y discret Andreu Marti Pineda notari,* partie de 19 ff. et dépendance nécessaire du volume.

— Lo libre de les dones, e de concells donats per mosen J. Roig a son nebot; taula a nova llum Carlos Ros. *Valencia, J. Garcia,* 1735, pet. in-4.

Cette édition est peu correcte, l'éditeur n'ayant pu en collationner le texte sur les précédentes; cependant comme elle est devenue rare, le prix en est assez élevé : 37 fr. 65 c. Gohier ; 2 liv. Libri, en 1859, et quelquefois moins.

ROILLARD (*Louis*)..... Coustumes du Nyvernoys. Voy. II, col. 375, article COUSTUMES, et aussi col. 1844 et 1845 du même volume.

ROILLET (*Claude*). Philanire (femme d'Hippolyte) tragédie françoise (en cinq actes et en vers) du latin de Cl. Roillet (par lui-même). *Paris, Th. Richard,* 1563, in-4. de 43 ff., sign. *a—l.* [16162 ou 16289]

9 fr. 25 c. de Soleinne, et vaut davantage.

Réimprimé sous le titre de *Philanire femme d'Hippolyte,* Paris, Nic. Bonfons, 1577, pet. in-8. de 44 ff., dont un pour l'argument.

L'original latin de cette pièce fait partie du recueil intitulé : *Cl. Roilleti, varia poemata,* Parisiis, G. Julianus, 1556, pet. in-12 (vend. 6 fr. 95 c. m. r. Courtois ; 31 fr. 50 c. de Soleinne). Ce recueil renferme trois autres tragédies latines, savoir : *Petrus, Aman, Catharina.*

ROIRK ou Roork (*Donatus*). Voy. DEMPSTERUS.

ROJAS (*D.*). Problemas en filosofia moral de Diego de Rojas, nuevamente corregidos, y traduzidos en lengua francesa, y juntamente publicados por Pablo Lentalo. — Problêmes de philosophie morale, etc. *Berne, Jean Le Preux,* 1612, pet. in-12. [17978]

25 fr. mar. r. Duplessis.

ROJAS (*Fernand* de). Voy. CELESTINA.

ROJAS (*Aug.* de), et *Fr.* de ROJAS. Voy. ROXAS.

ROLAND. Voy. CHANSON de...

ROLAND, Sʳ de Belebat (*Jac.*). Aglossostomographie, ou description d'une bouche sans langue, laquelle parle et faict naturellement toutes ses autres fonctions. *Saumur, Cl. Girard,* 1630, pet. in-8. de 12 ff. et 79 pp. 6 à 9 fr. [6905]

— Orchitomologie, ou discours de l'amputation des testicules. *Saumur,* 1615, in-12. 5 à 9 fr. [7557]

ROLANDINUS (*Rudolphus*). Voy. ORLANDINUS.

ROLEA divisi in beacot de peces, ou l'universeou poetevinea fat per dialoge (récueillis par J. Fleuriau). *Poeters, pre Ion Fleurea,* 1660, pet. in-12. [14361]

Volume ordinairement joint à *La Gente poetevin'rie.* — Voy. GENTE.

ROLEWINCK. Voy. FASCICULUS temporum.

ROLLAND (*John*). Ane treatise callit the court of Venvs, deuidit into four buikis, newlie compylit be Johne Rolland in Dalkeith. *Edinburgh, be Iohne Ros,* 1575, pet. in-4. de 64 ff., plus le titre, un prologue en 5 ff., et 1 f. pour la souscription. [15904]

Poëte écossais du XVIᵉ siècle, duquel on a encore :

THE SEVIN seages, translatit out of prois into scottis meter, be Johne Rolland in Dalkeith with ane Moralitie after euerie doctouris tale. *Edinburg, by Johne Ros for Henri Charteris,* 1578, pet. in-4. goth.

Deux éditions très-rares, même en Écosse. Le second article a été vendu 27 liv. Heber.

ROLLAND (*Marion*). Le Cadet d'Apollon, né, nourry et élevé sur les remparts de la fameuse citadelle de Metz, pendant la contagion de l'année passée 1625, endoctriné des meilleurs préceptes des plus excellens médecins et plus experts chirurgiens pour s'opposer à la furie de la plus cruelle maladie du genre humain, qui est la peste ; présenté à Messieurs de la ville de Metz, par maistre Marion Rolland, leur très-affectionné concitoyen, chirurgien stipendié du Roy de la ditte

---

---

ville, très-utile pour se préserver de la peste, ou pour s'en guérir, en étant atteint. *Imprimé à Vic par Claude Félix, imprimeur de monseigneur l'évêque*, 1626, in-12 de 170 pp. [7196]

Nous citons ce livre à cause de la singularité de son titre, et parce qu'il est du petit nombre de ceux qui ont été impr. à Vic à cette époque. Il ne doit pas être commun.

ROLLAND de Marcé. Voy. MARCÉ.

ROLLENHAGEN (*Gabr.*). Froschmeuse-ler, in dreyen Büchern von Marx Hupfinsholz von Mäuseloch, der jungen Frösche Vorsinger und Calmäuser. *Magdeburg, And. Gehne*, 1595, in-8. [15518]

Première édition de ce petit poëme anonyme. Elle a reparu en 1596. Ebert en cite d'autres de Magdebourg, 1600, 1608, sans date (mai 1609), etc., in-8., avec des fig. sur bois. Il y en a aussi de *Francfort*, 1683 et 1730, in-8.; de *Tübingen*, 1819, pet. in-8.
Enfin nous citerons :
FROSCHMAEUSELER, im Auszuge bearbeitet von C. Lappe. *Stralsund*, 1816, in-8. — von Roderich Benedix, *Wesel*, 1841, in-8. — Der neue Froschmäuseler, ein Heldengedicht. *Cöln*, 1796, in-8.

— Vier Bücher Wunderbarlicher biss daher vnerhörter, vnd vngleublicher Indianischer Reysen..., verteutschet durch Gabr. Rollenhagen. *Magdeburg, J. Bötcher*, 1603, in-4.

Autre ouvrage anonyme dont il a paru deux éditions sous cette même date. La première a 296 pp., et la seconde 327 pp. — Il a été réimprimé à *Magdeb.*, en 1605, en 1614 et en 1619, in-4.; aussi à *Francf.*, 1717, in-12.

— Nucleus emblematum selectissimorum... studio singulari undique conquisitus..., venustis inventionibus auctus, additis carminibus, illustratus a Gabr. Rollenhagio. *Coloniæ, ex museo cælatorio Crisp. Passæi*, 1611-13, 2 tom. en 1 vol. in-4. fig. [18582]

Volume recherché à cause des jolies figures qui le composent : 18 fr. de Soubise. Un bel exemplaire *m. r.* 30 fr. Méon ; 29 fr. Monmerqué, et 4 liv. *m. bl.* Hanrott.
L'édition d'Harlem, 1615, in-4., 2 liv. 3 sh. Heber.
La seconde partie se trouve quelquefois séparément ; elle a pour titre :
SELECTORUM emblematum centuria secunda, Gabr. Rollenhagii. *Ultrajecti, ex offic. Crisp. Passæi, apud Jo. Janson*, 1613. On lit au verso du feuillet 3 : *La seconde centurie des emblèmes du Sr... paraphrastiquement mise en ryme francoyse par T. D. L. S. D. O.*

— Les Emblêmes de maistre Gabriel Rollenhague, mis en vers françois par un professeur de langue françoise à Colongue. *Coloniæ, Servatius Erffens*, 1611, in-4. fig.

Première centurie. Vend. 7 fr. 50 c. Baron, et serait plus cher maintenant.

ROLLET (*Augustin*). Mémoire sur la meu-nerie, la boulangerie et la conservation des grains et des farines, contenant une description complète des procédés, machines et appareils appliqués jusqu'à nos jours... précédé de considérations sur le commerce des blés en Europe. *Paris, Carilian-Gœury*, 1847, in-4. avec 15 pl. et un tableau, plus un atlas in-fol. de 62 pl. 90 fr. et ensuite 56 fr. [6351]

ROLLIN (*Charles*). De la Manière d'enseigner et étudier les belles-lettres par rapport à l'esprit et au cœur. *Paris, Vᵉ Estienne*, 1740, 2 vol. in-4. 10 à 12 fr.; — Gr. Pap., 15 à 20 fr. [18123]

— Histoire ancienne des Égyptiens, des Carthaginois, des Assyriens, des Babyloniens, etc. *Paris, Vᵉ Estienne*, 1740, 6 vol. in-4., fig. 24 à 36 fr.; — Gr. Pap., 36 à 48 fr. [22697]

— Histoire romaine, depuis la fondation de Rome jusqu'à la bataille d'Actium, continuée par Crévier. *Paris*, 1752, 8 vol. in-4., avec cartes. 40 à 48 fr.;— Gr. Pap., 50 à 80 fr. [22919]

Ces 16 vol. sont ordinairement accompagnés de l'Histoire des empereurs, par Crévier, 6 vol. in-4., dont il n'y a pas d'exemplaires en Gr. Pap. Vend. (les 16 vol.), en Gr. Pap. v. f. fil., 350 fr. Patu de Mello, et beaucoup moins cher depuis.
Les anciennes éditions de ces trois ouvrages de Rollin, savoir : *Traité des études*, 4 vol.; — *Histoire ancienne*, 13 tom. en 14 vol.; — *Histoire romaine*, 16 vol., imprimées de format in-12, sont plus recherchées que les nouvelles, parce qu'elles sont beaucoup mieux exécutées; mais elles n'ont qu'un prix ordinaire de 1 fr. 50 c. à 3 fr., selon le degré de conservation de la reliure.

— OEuvres complètes, nouvelle édition, accompagnée d'observations et d'éclaircissemens historiques par M. Letronne. *Paris, Firm. Didot*, 1821-25, 30 vol. in-8. et un atlas in-4. publ. en 1827, 120 fr., et plus en pap. vélin. [19096]

La meilleure édition moderne des œuvres de Rollin : elle contient l'*Histoire ancienne*, 12 vol.; l'*Histoire romaine*, 13 vol.; le *Traité des études*, 4 vol., et les *OEuvres diverses*, 1 vol. On y ajoute : *Histoire des empereurs, par Crévier*, publiée par le même imprimeur, en 1825, 9 vol. in-8.
— OEUVRES complètes de Rollin, nouvelle édition accompagnée de notes sur les principales époques de l'histoire ancienne et de l'histoire romaine, par M. F. Guizot. *Paris, Lequien (imprim. de Didot l'aîné)*, 1821-27, 30 vol. in-8. 75 à 90 fr., et plus en pap. vél.
L'atlas de l'édition précédente sert également pour celle-ci.
Citons encore les *OEuvres de Rollin, Paris, Bastien*, 1807-10, 60 vol. in-8. et atlas in-4., édit. médiocre qui contient l'Histoire des empereurs par Crévier.
— Autre édit., *Paris, Ledoux et Tenré*, 1818, 18 vol. in-8. et atlas in-4. (impression négligée).
On réunit à ces 18 vol. l'*Histoire des empereurs, par Crévier*, 6 vol. impr. en 1819, et l'*Histoire*

Rolle (*P.-N.*). Culte de Bacchus, 22503.
Rolle. Algèbre, 7878.

Rolli (*P.*). Canzonette, 14595. — Poetici componi-menti, 14596.

du Bas-Empire, par *Le Beau*, 13 vol. in-8. Ces deux éditions se donnent à bas prix, et même quand les exemplaires sont en pap. vél. — Œuvres de Rollin avec des notes et éclaircissements par E. Berès. *Paris, L. Hachette*, etc., 1840, 7 vol. gr. in-8. à 2 col., avec un atlas par A.-H. Dufour, et un album par A. Lenoir, formant ensemble 89 pl., plus le portrait de Rollin. 70 fr.

— Histoire ancienne, trad. en arménien par les fr. George et Edouard Hurmuz. *Venise*, 1825-29, 6 vol. in-4. fig.

— Histoire romaine, trad. en arménien par le P. V. Aschérian. *Venise*, 1816-17, 6 vol. in-4.

Une traduction italienne des ouvrages de Rollin, faite d'après l'édit. de Letronne, a paru à Florence, chez Galletti, 1828-32, en 40 vol. in-8., et aussi à Livourne, chez Galletti, 1835-40, en 44 vol. in-12.

La correspondance de Rollin avec le roi de Prusse a été publiée en allemand et en français par J.-F. Froriep, à *Gotha*, 1781, in-8.

— Opuscules, 19096.

ROLLOS (*Petrus*). Vita Corneliana emblematibus in æs artificiose incisa, novo veritatum genere pulchre distincta, et in favorem studiosorum sempiternum edita a Petro Rollo chalcographo (*absque nota*), in-4. obl. [18591]

Suite de petites estampes, n'ayant pour texte que quelques vers latins et allemands au bas de chaque figure. ⸱

Il y en a une autre édition sous ce titre :

Vita Corneliana, sive Cytherea studiosorum, selectissimis distichis latinis et germanicis rhythmis simul ac æneis variorum amorum figuris jucundissima, rursus in favorem amatorum omnium perpetuum edita per Petr. Rollos, æris incisorem, 1639, in-4. obl. (Bibl. impér.)

L'exemplaire vendu 25 fr. Baudelocque était relié avec une autre suite du même genre, et également gravée par Rollos, portant pour titre :

Euterpæ Soboles, hoc est, emblemata varia, eleganti locorum mistura variata distichis jucundis enornata...

ROLLWAGEN von Schimpff vnd Ernst, ein kurtzweilig vnd lustig Buch, auffs neuw zusammengezogen vnd in ein Ordnung gebracht. *Francf.*, 1573, in-fol. [15516]

G. Wickram est l'auteur de cet ouvrage qui avait déjà été impr. à Augsbourg, en 1555, in-8., et en 1557, et qui a été réimpr. à *Francf.-sur-le-Mein*, chez *Bassæus*, 1597, in-8., et à *Magdebourg*, et à *Mulhausen*, sans date, in-8.

ROMAIN (*Nicolas*). La Salmée, pastorelle comique, ou fable bocagere, sur la naissance du filz premier-né du prince de Vaudemont, Franç. de Lorraine. *Pont-à-Mousson, Melchior Bernard*, 1602, pet. in-8. de 140 pp. en tout. [16360]

20 fr. de Soleinne ; 55 fr. *mar. bl.* Hebbelynck.

— Maurice, tragœdie, dédiée au prince de Vaudemont, François de Lorraine, par Nicolas Romain, docteur ès droictz...

Au Pont-à-Mousson, par *Melchior Bernard*, 1606, pet. in-12 de 12 ff. prélim. et texte paginé de 1 à 119. [16361]

Ces deux pièces sont peu communes, mais la seconde doit être la plus rare, puisque M. de Soleinne n'en possédait qu'une copie manuscrite. M. Beaupré a donné des notices sur toutes les deux dans ses *Nouvelles recherches de bibliographie lorraine* (chapitre III, p. 5 et p. 25 et suiv.).

ROMAIN de Hooge. Voy. Hooge.

ROMAN. Li Romans de Bauduin de Sebourc, troisième roy de Jherusalem, poëme du xive siècle, publié pour la première fois d'après les manuscrits de la Bibliothèque royale (par M.-L. Boca). *Valenciennes, impr. d'Henry*, 1841, 2 vol. gr. in-8. 28 fr., et moins depuis. [13230]

Il a été tiré 13 exemplaires de ces deux volumes en papier vél. fort, dit de Bristol.

ROMAN de Dolopatos. Voy. Sept sages de Rome.

ROMAN. Li Romans de Berte aus grans piés, précédé d'une dissertation sur les romans des douze pairs ; par M. Paulin Paris. *Paris, Techener*, 1832, gr. in-12, avec deux fac-simile. 9 fr. [13194]

Tiré à 200 exemplaires, papier façon de Hollande ; plus à 20 sur papier vélin fort. Ces derniers, 16 fr. — Il y a des exemplaires dont le titre porte : *publié pour la première fois, et précédé d'une lettre à M. de Monmerqué sur les Romans*...

On peut joindre à ce volume l'*Examen critique* qu'en a fait M. Francisque Michel, opuscule de 24 pp. in-12 tiré à 50 exemplaires, et qui avait d'abord paru dans le *Cabinet de lecture* du 9 juin 1832. — Le Roman de Berte a été réimpr. en 1836.

ROMAN. Li Romans de Garin le Loherain, publié pour la première fois, et précédé de l'examen du système de M. Fauriel sur les romans carlovingiens, par M. P. Paris. *Paris, Techener (imprim. de F. Didot)*, 1833-35, 2 vol. in-12, vignettes et fac-simile. [13195]

Second roman des douze pairs de France, publié par M. Paulin Paris, 16 fr. — Pap. vél., tiré à 20 exemplaires, 32 fr.

La Mort de Garin le Loherain, poëme du xiie siècle, publié pour la première fois, d'après douze manuscrits, par M. Edelestand du Méril. *Paris, Franck*, 1845, in-12, 6 fr. ; — pap. de Holl. 15 fr. [13195]

Suite des deux vol. précédents.

ROMAN de la Rose. Voy. Lorris (*Guil.* de).

ROMAN d'Eustache le Moine, pirate fameux du treizième siècle. Publié pour la première fois, d'après un manuscrit e la Bibliothèque royale, par Francisque Michel. *Paris, Silvestre (imprim. de F. Didot)*, 1834, gr. in-8., avec une pl.

---

et un fac-simile. 15 fr. — Pap. de Hollande, 20 fr. [13204]

Tiré à 110 exemplaires, dont 15 sur pap. de Hollande et 3 sur pap. de couleur.

ROMAN. Li Romans de Parise la duchesse, publié pour la première fois d'après le manuscrit unique de la Bibliothèque royale ; par G.-F. de Martonne. *Paris, Techener,* 1836, in-12. 8 fr. [13196]

Tome IV des Romans des douze pairs de France.

ROMAN. Romant de Prudence. *Imprimé à Lyon par M. G. le Roy* (vers 1483), in-fol. goth. [3811]

Édition annoncée sous ce titre dans la *Biblioth. heber.,* I, n° 6184. (3 liv. 8 sh.) C'est l'ouvrage que nous avons déjà indiqué, tome Ier, à l'article CHAPE-LET de vertu.

— De Melibee et Prudence. Voy. BOETIUS.

ROMAN (li) de Raoul de Cambrai et de Bernier, publié pour la première fois d'après le manuscrit unique de la Bibliothèque du roi, par Edward Le Glay. *Paris,* 1840, in-12. [13212]

Sur ces chants de geste du XIIIe siècle, composés d'environ sept mille cinq cents vers, consultez l'*Histoire littér. de la France,* XXII, p. 708-27, où sont indiquées quelques corrections à faire dans l'édition ci-dessus.

ROMAN de Richard sans peur. Voy. RI-CHARD.

ROMAN. Le romant des chevaliers de la Thrace. *Paris, Gesselin,* 1605, in-8.

Relation en prose, mêlée de pièces de vers, d'un tournoi qui eut lieu sous Henri IV, dans la salle de Bourbon. 12 à 18 fr. — En *mar. r.* 40 fr. Giraud.

ROMAN des trois fils de roi. Voy. LIVRE des trois fils.

ROMAN du duc Guillaume. Voy. GUIL-LAUME.

ROMAN du Renard. Voy. RENARD.

ROMAN fait et composé... Voy. LANCELOT du Lac ; et pour le roman anglais du roi Arthur, voy. MALORY.

ROMANÆ vetustatis fragmenta. Voyez PEUTINGER.

ROMANCERO general, en que se contienen todos las romances que andan impressos en las nueve partes de romanceros, aora nuevamente impresso, añadido y emendado. *Medina del Campo,* 1602, in-4.

Le bel exempl. de ce volume rare, acheté 63 liv. Stanley, a été revendu 18 liv. 10 sh. Heber.

— Romancero general, en que se contienen todos los romances que andan impressos, aora nuevamente añadido y emendado (par Pedro de Flores). *Madrid, Juan de la Cuesta,* 1604, pet. in-4. [15069]

L'édition précédente n'a que neuf parties ; celle-ci en renferme seize. Vend. 72 fr. *mar. r.* Le Marié ; 5 liv. Hanrott ; 401 fr. bel exempl. Nodier, et un autre jusqu'à 895 fr. De Bure. L'édition de *Madrid, Juan de la Cuesta,* 1614, pet. in-4., sous le même titre, paraît être une réimpression pure et simple de celle de 1604 ; et elle a également 4 ff. préliminaires, 499 ff. de texte et 7 ff. de table. Vend. 352 fr. Gohier ; 11 liv. 11 sh. Hibbert ; 8 liv. et 11 liv. Heber, et un bel exempl. rel. en vélin 630 fr. Eugène P. en 1862.

Ces deux éditions renferment les neuf parties de la *Flor de varios romances nuevas,* recueillies par Fr. Enriquez, lesquelles avaient d'abord été impr. séparément de format pet. in-8. à la fin du XVIe siècle (voy. ENRIQUEZ) ; et on y a ajouté plusieurs autres parties ; mais ces collections ne donnent que des imitations composées dans les dernières années du XVIe siècle et au commencement du XVIIe, aucune des romances vraiment populaires et anciennes n'y ont été recueillies (consultez à ce sujet un article curieux de M. Gust. Brunet, *Bulletin du Bibliophile* de M. Techener, XIIe série, p. 850).

— Segunda parte del romancero general, y flor de diversa poësia, recopilados por Miguel de Madrigal. *Valladolid, Luis Sanchez,* 1605, pet. in-4. de IV et 224 ff. [15070]

Vend. 100 fr. (exemplaire ayant 9 ff. réimprimés) Gohier ; autre 10 liv. Heber.

Cette seconde partie est fort rare, parce qu'elle n'a été imprimée qu'une seule fois. Elle se joint également aux deux éditions de la première de 1604 et 1614 ; et il est présumable qu'elle fut donnée originairement pour servir de suite à la première partie de *Las flores de poetas illustres* de P. Espinosa, également impr. à Valladolid, en 1605 (voy. ESPINOSA), et qui n'a pas d'autre seconde partie connue. Les 2 part., bel exemplaire rel. en *vél.,* 19 liv. Heber.

ROMANCERO general, o coleccion de Romances castellanos anteriores al siglo XVIII, recogidos, ordenados, clasificados y anotados por don Agustin Duran. *Madrid, imprenta de la publicidad, a cargo de D. M. Rivadeneyra,* 1849-51, 2 vol. très-gr. in-8. à 2 col. 30 fr.

Collection faite avec soin, qui renferme 1901 pièces ou romances, avec des préliminaires et quelques pièces accessoires d'un certain intérêt. On trouve dans le tome Ier, p. 18 et suiv., un *Catalogo de pliegos sueltos impresos en el siglo XVI°.*

Le même libraire a mis au jour en 1855 :

ROMANCERO y cancionero sagrados, gr. in-8. à 2 col., contenant plus de mille compositions de différents auteurs. 15 fr.

Les trois vol. remplacent avantageusement les différentes publications faites par Ag. Duran, sous les titres ci-dessous :

ROMANCERO de romances moriscos, compuesto de todos los de esta clase, que contiene el Romancero general impreso en 1614 ; por D. Agustin Duran. *Madrid, Amarita,* 1828, pet. in-8. 7 fr.

ROMANCERO de romances doctrinales, amatorios, festivos, jocosos, satiricos y burlescos, sacados de varias colecciones generales, y de las obras de diversos poetas de los siglos XV, XVI y XVII, por D. Agustin Duran. *Madrid, Amarita,* 1829, pet. in-8. 7 fr.

ROMANCERO de romances caballerescos e historicos anteriores al siglo XVIII, que contiene los de amor, los de la Tabla redonda, los de Carlo Magno y los doce Pares, los de Bernardo del Carpio, del Cid Campeador, de los Infantes de Lara, etc., orde-

nado y recopilado por D. Agustin Duran. *Madrid,
imprenta de D. Eusebio Aguado*, 1832, 2 part.
pet. in-8. 12 fr.

Ces deux volumes joints aux deux articles ci-dessus,
et à un troisième dont nous allons donner le titre,
forment la *Coleccion de romances castellanos
anteriores al siglo XVIII*, publiée par D. Agustin
Duran, de 1828-32, en 5 vol. in-8. 35 fr. [15074]

CANCIONERO Y ROMANCERO de coplas y canciones
de arte menor, letras, letrillas, romances cortos
y glosas, sagados por D. Ag. Duran. *Madrid*, 1829,
in-8. 7 fr.

Les 5 vol. ci-dessus ont été réimpr. en un seul sous
le titre de *Tesoro de romanceros y cancioneros
español*, Paris, Baudry, 1838, in-8. à 2 col. 10 fr.

ROMANCERO general, ou Recueil de chants populaires de l'Espagne; romances historiques cheva-
leresques et moresques, traduction complète, avec
une introduction et des notes, par M. Damas-Hi-
nard. *Paris, Charpentier*, 1844, 2 vol. gr. in-18.

ROMANCERO e historia del rey de España Don
Rodrigo, postrero de los Godos, en lenguage antiquo, recopilado por Abel Hugo. *Paris, Boucher
et Pélicier*, 1821, in-12. 2 fr. [15081]

ROMANCES historiques, trad. de l'espagnol par
Abel Hugo. *Paris, Pélicier*, 1822, in-12 de 302 pp.
3 fr.

Choix fait dans le recueil ci-dessus, publié par M.
Hugo. Il est précédé d'un discours sur la poésie
historique chantée.

ROMANCERO hystoriado. Voy. RODRI-
GUEZ *(Lucas)*.

ROMANCERO (le) françois. Histoire de
quelques anciens trouvères, et choix de
leurs chansons : le tout nouvellement
recueilli par M. Paulin Paris. *Paris,
Techener,* 1833, pet. in-8. de x et 203 pp.
8 fr. — Pap. vél. tiré à petit nombre,
16 fr. [14255]

Malgré son titre, ce recueil est d'un tout autre genre
que les *Romanceros* espagnols.

En décrivant, dans son catalogue des manuscrits de
la Biblioth. impér. (VI, p. 40 et suiv.), un manuscrit dans lequel sont renfermées des chansons
légères des XIIᵉ et XIIIᵉ siècles, M. P. Paris a donné
la liste complète de toutes les pièces du même
genre conservées à la Bibliothèque alors royale, en
ayant soin de rapporter le premier vers de chacune
d'elles, et d'indiquer les manuscrits qui les contiennent, les noms des auteurs, et le nombre des
couplets dans chaque manuscrit. C'est un travail
précieux dont il est juste de lui tenir grand compte.

ROMANCES; Silva de romances viejos,
publicada por Jac. Grimm. *Vienna de
Austria, Mayer,* 1815, in-12. [15072]

Contenant 69 romances.

SAMMLUNG der besten alten spanischen historischen, ritter- und maurischen Romanzen. *Alten-
burg und Leipzig, Brockhaus,* 1817, in-12. 6 fr. —
Publié par G.-B. Depping.

— Coleccion de los mas celebres romances
antiguos españoles, historicos y caballerescos, publicada por G.-B. Depping,
y ahora considerablemente enmendada
por un Español refugiado. *Londres,
M. Calero,* 1825, 2 vol. in-16. 10 sh.
[15075]

L'éditeur a corrigé avec beaucoup de soin, dans cette
édition, le texte de M. Depping, lequel, selon
M. Salvá, présentait à peine une ligne sans faute ;
mais sur 300 romances que contient l'édition origi-

nale, il n'en a reproduit que 224, et il a supprimé
toutes les romances mauresques, qui ont ensuite
été imprimées à part.

ROMANCERO castellano, o colleccion de antiguos
Romances populares de los Españoles, publicada
con una introduccion y notas, por G.-B. Depping;
nueva edicion, con las notas de don Antonio Alcala-
Galiano. *Leipsigue, F.-A. Brockhaus,* 1844, 2 vol.
gr. in-18. — Tomo tercero, que contiene la « Rosa
de Romances, ó Romances sacados de las Rosas »
de Juan Timoneda, por G.-B. Depping, ordenados
y anotados por Fernando José Wolf. *Leips., Brockhaus,* 1846, gr. in-18. 18 fr.

ROMANCES varios de diversos autores,
nuevamente recogidos por Ant. Diez.
Zaragoça, la viuda de Mig. de Luna,
1663, in-12 allongé. [15086]

Imprimé d'abord à *Madrid; Pablo de Val,* 1655,
in-12, et aussi *Sevilla, Nicolas Rodriguez,* 1655,
in-12. Cette dernière édition, 1 liv. 10 sh. *m. r.*
Heber ; même prix Libri, en 1859.

— Romances varios de diversos autores,
añadidos y emendados en esta ultima
impression. *Madrid,* 1664, in-12.

Réimpression mal exécutée du recueil précédent, lequel renferme 110 *romances* et *letrillas*, dont 46
de Quevedo : parmi les autres à peine s'en trouve-
t-il une douzaine de remarquables.

ROMANCES varios de differentes authores
nuevamente impressos por un curioso.
*En Amsterdam, Ishaq. Coen Faro.
Anno* 1688, in-8.

Ce volume renferme 72 romances, précédées d'une
petite comédie facétieuse et d'autres pièces en
vers. Il est porté 3 liv. 8 sh. sous le nº 494 du catalogue de la partie réservée de la collection Libri,
dont la vente s'est faite en juillet 1862.

ROMANCES de Germania (d'Argot), de
varios autores, con el vocabulario para
declaracion de sus terminos y lengua,
compuesto por J. Hidalgo. *Zaragoça,
J. de Larumbe,* 1624, pet. in-12 allongé,
sign. A—I., feuillets non chiffr. [15077]

La première édition de ces romances, *Barcelona,
Seb. Cormellas,* 1609, in-12, est encore plus rare
que celle-ci. Celle de Saragosse *(Caragoça),* 1644,
pet. in-12. 2 liv. 2 sh. *mar. itr.* Heber. On en
cite aussi une de 1654.

ROMANCES de Germania, de varios autores, con
el vocabulario para declaracion de sus terminos y
lengua, por Juan Hidalgo. Va añadido el discurso
de la expulsion de los gitanos que escribió Don
Sancho de Moncada, y los romances de la Germania
escritos por Quevedo. *Madrid, Sancha,* 1777, pet.
in-8. 6 fr.; — Gr. Pap., 10 fr.

Pour d'autres recueils de Romances, voy. ESCOBAR,
ESPINOSA, FLORESTA, MONCAYO, METGE, PEREZ
(Pedro Arias), RODRIGUEZ *(Lucas),* SILVA.

Il se trouve un recueil d'anciennes romances espagnoles, dans les tom. XVII et XVIII de la collection de FERNANDEZ, ainsi que dans plusieurs
recueils intitulés CANCIONERO ; voyez encore FUEN-
TES, PADILLA, PUENTE, WOLF *(Fred.-Jos.)*.

Romances séparées.

ROMANCE del conde Alarcos *z* de la infanta Solisa,
fecho por Pedro de Riano. Otro romance de Amadis : *ğ quexo* : Despues que el esforçado, in-4., 4 ff.
goth. à 2 col., avec une fig.

Opuscule fort rare impr. vers 1520 ; il est ordinairement réuni à d'autres du même genre, tels que

les pièces suivantes, qui sont également imprimées à 2 col., et de 4 ff. chacune, avec fig. sur bois. Il en a été fait plusieurs éditions.

ROMANCE nueuamēte hecho por Andres Ortiz en q̃ se tratan los amores de Florieso : y de la reyna de bohemia. In-4. goth.

A QUI comiençan .III. romances glosados, y este primero dize. cativaron me los Moros. y otro ala bella mal maridada. y otro cominado por mis males, con un Villancio. In-4. goth.

ROMANCE d'l moro calaynos de como reqria de amores a la infanta Sibilla : y ella le d' mando en arras tres cabeças de los doze pares. In-4. goth.

CARTAS y coplas para reqrir nuevos amores. In-4. goth. Cette dernière est en prose et en vers.

ROMANCE de Amadis y Oriana y otro del rey Malsin, con otro de infante Gayferos et otros que dise : en Jaen esta el buen rey, con otros dos romances. (sans lieu ni date), pet. in-4. goth., fig. sur bois.

Opuscule impr. vers le milieu du XVIe siècle. Un exempl. en mar. bistre, qui a été payé 81 fr. à la vente Nodier, était relié avec une autre pièce espagnole intitulée : JUYZIO hallado y trobado para emienda de nuestras vidas de las cosas que en nuestros dias han de acontecer sacado por los cursos del cielo y planetas et esperiencias dies las cosas que cadadia veemos. (sans lieu ni date), pet. in-4.

ROMANCE del conde Dirlos : y de las grandes venturas que huvo. Nuevamente añanidas ciertas cosas que hasta a qui no fueron puestas. (sans lieu ni date), in-4. goth. de 12 ff. à 2 col.

Édition imprimée avec les caractères de Coci, à Saragosse, dans le commencement du XVIe siècle. Il en existe probablement plusieurs autres. Celle-ci fait partie d'un recueil de Romans ou Romances espagnols en prose et en vers, in-4. goth., qui est décrit aux pp. 616 et 617, 2e volume de la Biblioth. grenvil. et où nous remarquons les opuscules suivants :

SIQUENSE dos Romances por muy gentil estilo. El primero de los doze pares de francia. El segundo del conde Guarinos almirante de la mar, y trata como lo cautivaron moros. Romance del conde Guarinos almirante della mar. (sans lieu ni date), in-4. goth. de 4 ff.

A QUI comiençan onze maneras de romances con sus villancetes. (sans lieu ni date), in-4. goth. de 4 ff.

DESPUES que los griegos destruyron a Troya. (sans lieu ni date), in-4. goth. de 4 ff.

ROMANCE de don Gayferos que trata como saco a su esposa que estava en tierra de moros. (sans lieu ni date), in-4. goth. de 4 ff.

Trois édit. différentes.

A QUI comiença dos romances del conde Grimaltos y de su hijo Montesinos. (s. l. ni d.), in-4. goth. de 6 ff.

ROMANCE de un desafio que se hizo en Paris de dos cavalleros principales de la tabla rotonda, los quales son Montesinos y Olyveros. 4 ff.

A QUI comiença un romance de conde Claros de Montalvan. 4 ff.

ROMANCE nuevamente imprimido del infante Turian y della infanta Floreta. 4 ff.

A QUI se contienen tres romances. El primero es el que dize : De Antiquera salio el moro. Y el otro Riberas de Duero arriba : y el otro el que dize : Abenamar, Abenamar, moro de la moreria : Los quales han sido agora de nuevo corregidos y emendados. 2 ff.

A QUI se contienen dos romances glosados y tres canciones. Este primero es della bella mal maridada. Y otro de cativaronme los moros : Y una cancion que dize Salgan las palabras mias : y otra, las tristes lagrimas mias : Y otra, si en las tierras do nasci ; todas glosadas. 4 ff.

On rencontre de temps en temps, soit dans des recueils, soit séparément, un certain nombre de ces romances espagnoles, impr. en caractères goth. dans le XVIe siècle, et qui, en général, n'ont guère que 4 ff. chacune. Il s'en est trouvé plusieurs à une vente faite à Paris, en octobre 1836, sous le nom de Van Berghen ; elles ont été payées de 21 à 39 fr. pièce, et peut-être seraient-elles plus chères aujourd'hui.

Un recueil composé d'une douzaine d'anciennes pièces espagnoles de ce genre a été vend. 7 liv. 5 sh. Heber, IX, 2265. — Un autre recueil, in-4., contenant 59 opuscules écrits également en espagnol, 45 liv. Heber, VI, 2818.

Le recueil du même genre que possède la bibliothèque de l'Université de Prague a été soigneusement décrit par M. Ferd. Wolf, dans un volume ayant pour titre :

UEBER eine Sammlung spanischer Romanzen in fliegenden Blättern auf der Universitäts-Bibliothek zu Prag ; nebst einem Anhang über die beiden für die ältesten geltenden Ausgaben des Cancionero de Romances. Wien, Braumüller, 1850, gr. in-8. de 190 pp.

Il se trouve aussi quelquefois des recueils de romances historiques, complaintes, chansons populaires, et autres pièces du même genre, imprimées en Espagne dans le XVIIIe siècle, et même dans le commencement du XIXe, de format in-4. et avec de mauvaises vignettes sur bois. Ces recueils, qui n'ont pas plus de valeur en Espagne que n'en aurait chez nous la réunion de quelques centaines de ces chansons populaires que les colporteurs vendent dans les foires et dans les marchés, ont quelquefois été portés à des prix assez élevés. Nous trouvons dans un catalogue de Ch. Nodier, n° 455, un recueil de 89 de ces pièces réunies en un seul volume, payé 239 fr., et sous le n° 456 du même catal., vingt pièces en patois catalan, adjugées au prix de 135 fr. 5 c. Il est vrai qu'un autre recueil de romances histor., imprimé à Madrid vers le milieu du dernier siècle, n'a été vendu que 1 liv. chez Hibbert ; un autre, composé de plus de 300 pièces in-4., 60 fr. 50 c. Sampayo.

ROMANCES of Guy of Warwick. Voy. GUY.

ROMANELLI (Domen). Antica topografia istorica del regno di Napoli. Napoli, stamp. reale, 1815-18, 2 vol. in-4. avec cartes et fig. 30 fr. [25701]

Ouvrage interrompu à la mort de l'auteur, lequel a aussi donné : Napoli antica e moderna, Napoli, 1815, 3 vol. in-12, fig.

ROMANELLO (Giov.-Ant.). Ritmi volgari.—Impressi in Verona por Zuanne Alvise e Alberto fratelli (circa 1470), in-4. [14977]

Vend. 1 liv. 16 sh. Pinelli.

Cette édition rare, contenant 23 sonnets, commence au verso du premier f. par cet intitulé en lettres capitales : Rhythmorum. vulgarium. clarissimi. et. famosissimi. viri. Johannis. Antonii. cvi Romanello. cognomen. est : Bonis. Avibus. incipit. Le dernier f. renferme d'un côté un sonnet intitulé : Dialogo amoroso ; de l'autre un semblable sonnet avec la souscription.

Les sonnets de Romanello ont été réimpr. d'après cette édit., à la suite de la Bella mano de Conti, Vérone, 1753, in-4.

ROMANI brixiensis (Jacobi) pro patria... congratulatio. — Impressum per magistrum Florentium de Argentina. M. CCCC. LXXII. die vero. xx. mensis Marcii, pet. in-4. de 13 ff. [12772]

Édition en lettres rondes, sans chiffres, récl. ni signat., à 23 lignes par page. C'est un opuscule rare, dont la Bibliothèque impériale conserve cependant deux exemplaires qui portent tous les deux, au commencement du prem. f., le sommaire suivant, en capitales, mais impr. en rouge dans l'un et en noir dans l'autre :

> *Iacobi. romani. vtrivsqve.*
> *ivris. doc. ac. eqvitis brixi*
> *ensis : pro. patria. ad illvs*
> *trissimvm. Nicolavm. tro*
> *nvm. dvcem. venetvm. con*
> *gratvlatio. ? ?*

Ce qui donne de l'importance à ce livret, c'est qu'il présente le nom d'un imprimeur peu connu, de qui l'on a un Tibulle et un Darcs Phrygien, in-4., sans date et sans nom, mais exécutés avec les mêmes caractères que le discours de Jac. Romanus. On ignore le nom de la ville où exerçait cet imprimeur; mais certainement il résidait en Italie. Vend. 5 sh. Pinelli; 22 fr. 50 c. Boutourlin.

ROMANI (l'abate *Giovanni*). Opere sopra la lingua italiana. *Milano, Silvestri*, 1825-27, 8 vol. in-8. 30 à 40 fr. [11091]

Recueil contenant : *Teorica de' sinonimi italiani*, 1825, 1 vol. — *Dizionario generale de' sinonimi italiani*, 1825, 6 part. en 3 vol. — *Osservazioni sopra varie voci del Vocabolario della Crusca*, 1826, 1 vol. — *Teorica della lingua ital.*, 1826, 2 vol. — *Opuscoli scelti sulla lingua italiana*, 1827, in-8.

ROMANIS (de). Le antiche camere esquiline, dette communemente Terme di Tito, disegnate e spieg. dal sig. Ant. de Romanis. *Roma*, 1822, in-fol., fig. 25 fr. [29500]

Cet ouvrage, orné de 10 pl., a pour objet les parties des bains de Titus découvertes de 1811 à 1814. Il en a été tiré des exempl. en Gr. Pap.

ROMANS (*Bern.*). Concise natural history of east and west Florida... *New-York*, *R. Aitken*, 1776, pet. in-8., fig. [4557]

Rare en France.

ROMANS grecs. Voy. COLLECTION de.

ROMANUS (*Jacobus*). Voy. JACOBUS.

ROMBERCH. Congestorium artificiose memorie V. P. F. Joannis Romberch de Kyrspe; omnes de memoria perceptiones aggregatim complectens. *Venetiis*, *per Melchior. Sessam*, 1533, pet. in-8. [9033]

Peu commun, sans être d'un grand prix.

— Voy. BROCARD.

ROME amoureuse, ou la doctrine des dames et des courtisanes romaines, traduit de l'italien en françois. *Amsterd., Jo-*

nus Peterlin, 1690, in-12, 8 à 12 fr. [17207]

Vend. 24 fr. mar. r. Gouttard ; 41 fr. Renouard.

ROME ridicule. Voy. SAINT-AMAND.

ROMEI (*Annibal*). La Sepmaine, ou sept journées du conte Hannibal Romei, gentilhomme ferrarois, auxquelles entre dames et cheualiers discourans, se traite... (de la beaute, de l'amour humain, de l'honneur, de l'iniquité du duel, de la noblesse, des richesses, de la precedence des armes et des lettres), avec la reponse sur toutes les difficultés qui se peuuent proposer en semblable matiere, trad. d'italien en francois par le sieur Du Pré, gentilhomme normand. *Paris, Gilles Robinot, ou Nicolas Bonfons*, 1595, pet. in-8. [17964]

Le texte italien de ce recueil de questions intéressantes a paru d'abord sous le titre de *Discorsi delle conte Annibal Romei*,... à Venise, chez Fr. Zilette, en 1585, in-4. Cette première édition est divisée en cinq journées ; mais celle de Ferrare, chez Vittorio Baldini, 1586, in-4. en a sept, et il en est de même des éditions de Pavie, chez Andrea Viani, 1591, et de Venise, chez Pietro Miloco, 1619, in-8. La traduction française ci-dessus se trouve difficilement.

ROMERO de Cepeda (*Joachimo*). Obras en verso. *Sevilla, Andres Pesciona*, 1582, in-4. de 146 ff. chiffrés, y compris le titre. [15153]

Vend. 2 liv. 19 sh. (rich. rel. en mar.) Heber.
Le contenu de ce volume est décrit dans le *Bulletin du Bibliophile belge*, vol. XVI, p. 21.

— La antigua memorable y sangrienta destruycion de Troya : Recopilada de diuersos autores : Repartida en diez narraciones y veinte cantos. *Toledo, Pedro Lopez de Haro*, 1583, pet. in-8. de 150 ff. chiffrés. [15154]

Deux ouvrages rares, cités par Antonio, I, 626.

ROMIEU (*Marie* de). Ses premières œuvres poétiques : contenant un brief discours, que l'excellence de la femme surpasse celle de l'homme, non moins recreatif que plein de beaux exemples (et autres poésies). *Paris, Lucas Breyer*, 1581, pet. in-12. [13841]

Vend. 8 fr. Labey, et rel. en mar. br. 80 fr. Solar.
Ce recueil a été publié par Jacques de Romieu, frère de l'auteur, et duquel on a des *Meslanges de Poesies, où sont comprises les louanges du pays de Vivarais*; Lyon, Ben. Rigaud, 1584, pet. in-8. [13842]
C'est à Marie de Romieu que La Croix du Maine attri-

Romanin (*S.*). Storia documentata di Venezia, 25466.
Romanis (*M.* de). Catal. Garampii, 31518.
Romano (*A.-L.* de). Coup d'œil, 27795.
Romano (*G.-B.*). Congiura contro Messina, 25848.
Rome (la) des Papes, 21617.
Rome in the 19th century, 25583.
Romé de l'Isle. Catalogue, 6253.—Métrologie, 29060.

Romegialli (*Gius.*). Storia de la Valtellina, 25342.
Romei (*F.*). Flore, 5087.
Romelot (*J.-L.*). Église de Bourges, 21447.
Romey (*Ch.*). Histoire d'Espagne, 25999.
Romey (*Ch.*) et Alf. Jacobs. La Russie, 27736.
Romeyn Brodhead (*John*). Hist. of the State of New-York, 28577.

bue l'*Instruction pour les jeunes dames*, imprimée à Lyon chez Jean Dieppi, en 1573, à Paris, en 1597, et depuis, sous le titre de *Messagère d'amour*, en 1612. Voy. au mot MESSAGÈRE, et à la fin de l'article DIALOGO dove si ragiona... Les poésies de cette dame ne sont pas sans mérite, et elles se font encore lire avec un certain charme.

ROMME (*Ch.*). L'Art de la marine. *La Rochelle*, 1787, in-4., fig. 24 fr. [8463]

On a du même auteur :

DICTIONNAIRE de la marine française. *Paris*, 1813, in-8. 9 fr. [8454]

DICTIONNAIRE de la marine anglaise. *Paris*, 1804, 2 vol. in-8. 10 fr. [8455]

TABLEAUX des vents, des marées, etc. *Paris*, 1806, 2 vol. in-8. [8513]

ROMOALDUS Scotus. Voy. SCOTUS.

RONALDS (*Hugh*). Pyrus Malus brentfordiensis : a concise description of selected apples : to which are added, appropriate lists for the different situations in which apple-trees are usually planted. *London*, *Longman*, 1831, in-4. de 91 pp. et 42 pl. 2 liv. 2 sh.; — avec les fig. color. 3 liv. 5 sh. [4993]

RONCAGLIA (*G.*). Innamoramento di Pantaleone et Almena : composto per Gio. Roncaglia. *Siena*, 1525, in-8. [14705]

Petit roman en *ottava rima* fort peu connu. 36 fr. *m. r.* Libri en 1847.

RONCAGLIA (*Marcello*). Comedia nova composta per Marcello Roncaglia da Sarteno, intitolata Pieta d'amore. (*senza luogo ed anno*), pet. in-8. de 12 ff. lettres rondes. [16654]

Pièce rare, qui probablement a été imprimée avant le milieu du XVIe siècle. On en connaît une édit. de Sienne, 1548. L'édition de cette date, 5 fr. 75 c. de Soleinne, et en *mar. r.* 30 fr. Libri.

— Scannico, comedia della Speranza... nella quale si contiena como due fratelli pastori erano innamorati di due sorelle ninfe... *Fiorenza*, 1573, in-8. de 15 ff.

4 fr. non relié de Soleinne.

Cette pièce avait déjà été impr. en 1543 et en 1559, et il en existe une 4e édit. de 1581.

— Comedia delli Inganni de Servitori, dilettevole, ridicula e bella. *Siena, Fr. di Simione*, 1542, in-8. de 22 ff.

Un des personnages de cette petite pièce parle le bergamasque et un autre le fachino. On a du même auteur plusieurs autres comédies qu'indique Haym, édit. de 1771, p. 290.

RONCALLI (*Th.*). Vetustiora latinorum scriptorum chronica, ad. mss. codd. emendata et cum castigatioribus collata notisque illustrata a Th. Roncallio : præmisso Eusebii chronico e græco verso.

Patavii et Venetiis, 1787, 2 vol. in-4. 15 à 20 fr. [21201]

Vend. 25 fr. 50 c. librairie De Bure.

RONCISVAL, mis en lumière par J.-Louis Bourdillon. *Dijon, et Paris, Techener*, 1841, in-8. 6 fr. [13184]

Texte établi arbitrairement d'après les leçons comparées de plusieurs manuscrits de cet ancien poëme. L'éditeur en avait déjà donné la traduction française sous le titre de *Poëme de Ronceveaux*, Dijon, 1840, in-12. — Voyez CHANSON de Roland.

— SUPPLÉMENT au poëme de Roncevaux, mis en lumière par J.-L. Bourdillon. Corrections et additions, variantes et texte négligé. Souvenir de Roland. *Paris, Tilliard*, 1847, in-16 de 48 pp. en tout. Il a paru depuis un nouveau supplément : *Autorités, rapprochements, remarques philosophiques*, par le même, 1851.

— DISSERTATION sur le roman de Ronceveaux, par H. Monin, élève de l'Ecole normale. *Paris, impr. royale*, 1832, in-8. Morceau curieux.

RONDEAUX nouueaux damour, au nombre de cent et trois. *Lyon, Jehan Lambany* (sans date), in-16 goth. [13584]

Édition citée dans le catalogue de Lyon, Belles-Lettres, n° 3928. Le frontispice est entouré d'un cadre gravé sur bois, et l'ouvrage est terminé par une vignette représentant un paladin et sa dame.

Ce recueil a aussi été imprimé sous les deux titres suivants :

1° RONDEAULX nouueaulx jusques au nombre de cent troys contenant plusieurs menus ppos q̃ ont euz nagueres ensẽble deux vrays amãs..., Auec plusieurs aultres adjoustez a la fin... *On les vend a Paris en la rue neufue nostre dame a lenseigne de sainct Nicolas*, pet. in-8. goth. 3 liv. 15 sh. Heber, et en *mar. r.* par Trautz, 8 liv. Libri en 1859; 299 fr. Solar.

2° LA FLEUR et triumphe de cent et cinq Rondeaulx contenans la constance & inconstance de deux Amãs, composez par aucun Gẽtil Homme, presentez et dediez au Tres chrestien Roy de Frãce a qui Dieu dõne tres bõne vie & sante pspere. Et aiouste .xiij. Rondeaulx differens. Auec xxv Balades differentes cõposees par maistre Iehan Bouchet... *Imprimes a Lyon M. D. XL. on les vend a Lyon en la rue Merciere a la boutique de Iehan Mousnier pres du Maillet dargent*, pet. in-12 goth. de 48 ff., titre en lettres rondes. Vend. 1 liv. 13 sh. Lang ; 2 liv. 17 sh. *m. citr.* Heber, et 30 fr. Nodier.

Le même recueil fait partie d'un livre qui a pour titre :

RONDEAUX en nombre trois cens cinquante, singuliers et a tous propos. *Paris, Galliot du Pre*, 1527, in-8. goth., où il occupe depuis le fol. lxx verso jusqu'au dernier feuillet coté cxij. (voy. tome II, col. 1753, article GRINGORE).

Il existe une édition de ce dernier recueil, *Paris, Pierre Sergent* (sans date), in-16 goth. de 106 ff., non compris la table qui est après le frontispice.

RONDELET (*Gul.*). Libri de piscibus marinis, in quibus veræ piscium effigies expressæ sunt (et universæ aquatilium historiæ pars altera). *Lugduni, apud Matthiam Bonhomme*, 1554-55, 2 part. en 1 vol. in-fol., fig. 8 à 12 fr.;—Gr. Pap., 15 à 20 fr. [5860]

Vend. 24 fr. Saint-Céran ; 20 fr. en 1836.

— Histoire entière des poissons, composée premièrement en latin, maintenant traduite en françois (par Laurent Joubert). *Lyon, Macé Bonhomme*, 1558, 2 tom. en 1 vol. in-fol., fig.

Cette traduction est un peu plus recherchée que l'original latin ; l'un et l'autre portent sur le titre la marque que nous donnons ci-dessous, et sont remarquables par la belle exécution des gravures sur bois : 10 à 12 fr. ; vend. 27 fr. 50 c. *m. r.* Patu de Mello ; 35 fr. *mar. à compart.* Caillard , et 30 fr. en 1839.

Le premier vol. a 6 ff. prélim., 181 pp., plus 5 ff. pour la table et la souscription ; le second, 2 ff. prélim., 418 pp. et 7 ff. pour la table.

RONDELET (*Jean*). Traité théorique et pratique de l'art de bâtir; nouvelle édition revue par l'auteur, et divisée en dix livres. *Paris, Firmin Didot*, 5 vol. gr. in-4., avec atlas in-fol. de 210 pl. 125 fr. [9776]

La première édition de cet ouvrage capital a été publiée à Paris de 1802 à 1817 en 4 vol. in-4. Celle-ci, qui est la dixième et porte la date de 1861, contient le résultat de tous les progrès les plus récents de l'art de bâtir, en France et à l'étranger, est plus complète. Il faut y ajouter le *Supplément*, par M. Blouet, *Paris , F. Didot*, tirage de 1860, 2 vol. in-4. avec un atlas in-fol. de 100 pl. 60 fr.

RONDIN. Secrets inestimables pour la conservation du corps humain. Ensemble plusieurs traicts de gentilesse, ieux de cartes et autres beaux secrets, composez par le sieur Rondin. *Paris,* 1629, pet. in-8. [7681]

Cet opuscule , rel. avec le *Combat de Cyrano de Bergerac*, édit. de 1704, 30 fr. Nodier.

RONSARD (*Pierre de*). Les OEuvres de P. de Ronsard gentilhomme Vandomois, rédigées en six tomes... *Paris, Gabriel Buon,* 1567, 6 tom. en 4 vol. in-4. [13817]

Voici la description de ces six tomes : I. 124 et 89 ff. chiffrés, contenant *les Amours*, en 2 parties, la première commentée par Marc-Ant. Muret, la seconde par R. Belleau. — II. *Les Odes*, 6 ff. prélim. et texte coté de 9 à 244. — III. *Les poëmes*, 188 ff. y compris l'*Abrégé de l'art poëtique françois*, commençant au verso du 175e f. Plus tard, on y a ajouté le *sixiesme* et le *septiesme livre des poëmes*, Paris, Jean Dallier, 1569, 2 part. in-4., l'une de 60 ff., dont le dernier ne contient qu'un fleuron, et l'autre de 36 ff., le dernier desquels porte : *Achevé d'imprimer le premier jour d'aoust par Fleury Prevost, imprimeur pour Jean Dallier,* 1569. — IV. *Les Hymnes*, 149 ff., plus le privilége. — V. *Les Elégies*, 196 ff. — VI. *Discours des misères de ce temps*, etc., 74 ff.

Avant de donner cette édition in-4. Ronsard avait déjà fait paraitre chez Gabr. Buon, en 1560, quatre volumes in-16 de ses poésies, sous le titre d'*OEuvres*, contenant ses Amours en 2 livres, et ses Odes en 5 livres; ses Poëmes en 5 livres, et ses Hymnes en 2 livres. Ces 4 vol. sont devenus rares et ils méritent d'être recherchés parce qu'ils conservent le texte primitif. Les six volumes in-4. que nous venons de décrire reproduisent tous les ouvrages que l'auteur avait composés jusqu'alors, et qui, pour la plupart, avaient été imprimés plusieurs fois séparément. Mais dans ce nouveau recueil le poëte .fit à ses vers de nombreuses corrections, lesquelles à la vérité ne sont pas toujours des améliorations; il y refit même entièrement plusieurs morceaux et en supprima quelques autres. De tous ces changements il résulte que pour bien connaître sa première manière , il faut avoir recours aux éditions originales de chaque pièce, devenues fort rares et par cette raison d'un prix assez élevé. Dans les premières éditions de ses œuvres, Ronsard réunit sous le titre collectif de *Poëmes* un grand nombre de pièces que par la suite il classa sous des titres particuliers , savoir sous ceux d'*Eglogues, Elégies, Mascarades, Gaytez* , etc., en réduisant à deux livres les sept des éditions primitives.

A cette édition in-4. et à celles de *Paris, Buon,* 1571 (aussi 1572 et 1573), en 6 vol. in-16, doivent être joints les *quatre premiers livres de la Franciade*, publiés en 1572, in-4., et en 1573, in-16. Ce dernier poëme forme le septième volume de l'édition de *Paris, Buon,* 1578, en 7 vol. in-16 avec des vignettes sur bois. Dans ces différentes éditions de Ronsard et dans presque toutes celles qui ont paru depuis, il n'y a, on doit le remarquer, que le premier volume qui porte le titre d'*OEuvres*. Or, comme tous les volumes se sont vendus séparément, et à plus ou moins grand nombre, il y en a qui ont été réimprimés plus souvent les uns que les autres ; voilà pourquoi les exemplaires des anciennes éditions in-16 que l'on rencontre n'ont pas tous les volumes sous une date uniforme. Au reste, ces anciennes éditions qui ne représentent pas les textes originaux et qui sont d'ailleurs moins complètes que celles qui ont paru au commencement du XVIIe siècle, n'ont ni importance ni grande valeur, à l'exception de l'in-4. en 6 vol. qui est encore recherchée : 61 fr. *v. br.* Monmerqué, et 150 fr. Salmon; et en *mar. v.* avec le sixième et le septième livre des

---

Rondet (*L.-S.*). Verba Christi, 156.
Rondinelli (*G.*). Arezzo, 25557.

Rondot (*Natalis*). Vert de Chine, 4455.

poésies de Ronsard, édition de 1569, jusqu'à 266 fr. Giraud.

La dernière édition des œuvres de Ronsard, qui ait été *revue, corrigée et augmentée par l'autheur*, est celle de *Paris, Gabr. Buon*, 1584, in-fol. de 6 ff. prélim., 919 pp. et 6 ff. pour la table (40 fr. v. f. tr. d. Salmon). Le poëte en a retranché un certain nombre de pièces que l'habit ecclésiastique dont il était revêtu et les circonstances politiques où l'on se trouvait alors ne lui permettaient plus d'avouer. Ces pièces, la plupart écrites dans sa première jeunesse, ont été rétablies à la fin de l'édition de 1609, in-fol., et aussi imprimées à part pour compléter les éditions in-16, ou pet. in-12, où elles manquaient. Le texte de celle de 1584, divisé en sept parties, comme dans l'édition de 1578, présente de nouvelles corrections dans les pièces déjà imprimées en 1567, et un plus grand nombre dans celles qui avaient paru séparément depuis. Nous avons remarqué au septième tome, à la fin de la *suite du Discours sur les misères de ce temps*, que l'auteur avait fait de grands changements au texte primitif, et qu'il en avait même supprimé 16 vers, qui, dans l'édition de 1562, aussi bien que dans celle de 1567, se lisent après celui-ci :

De son sceptre royal ont predite la perte.

Cette suppression, commandée par la prudence en un temps de guerre civile, a dû commencer vers 1572. Elle a été faite également dans toutes les éditions postérieures à celle de 1584.

Après la mort de Ronsard, arrivée en 1585, Jean Galland, son ami, fit paraître à *Paris, chez Gabr. Buon*, en 1587, de concert avec Cl. Binet, une édition des œuvres de ce poëte, 10 tomes en 5 vol. in-12, dédiée au roi Henri III, et à laquelle sont joints *le Discours de la vie de P. de Ronsard, par Cl. Binet, plus les vers composés par le dict Ronsard, peu avant sa mort, ensemble son tombeau recueilli de plusieurs excellents personnages*, d'après le recueil imprimé pour Gabr. Buon, en 1586, in-4. C'est, nous devons le croire, d'après l'édition de 1587 qu'a été faite celle de *Lyon, Thom. Soubron*, 1592, en 5 vol. pet. in-12, dont nous n'avons vu que des volumes séparés; cependant, selon M. Blanchemain, elle contiendrait un certain nombre de pièces de plus que celle de Buon.

Celle de *Paris, veue de Gabriel Buon* (impr. par Léger De Las), 1597; une autre, publiée *chez Nic. Buon* (impr. par P. Vitrey), en 1604, et une troisième publiée chez le même libraire, en 1610, en 10 part. qui se relient en 5 vol. pet. in-12, sont augmentées du commentaire de Nic. Richelet sur les sonnets et sur les odes.

L'édition de *Paris, Nic. Buon* ou *Barth. Macé*, 1609, in-fol., est en 2 part. (il en a été tiré des exempl. en très-grand papier). La première partie a 7 ff. prélim. y compris le frontispice gravé par L. Gaultier, où Ronsard est qualifié de *prince des poëtes françois*, et 577 pp. La seconde contient les pages 578 à 1215, plus 6 ff. pour la table et l'ode pindarique de Cl. Garnier; après quoi se trouve le *Recueil des sonnets, odes, hymnes, élégies, fragments et autres pièces retranchées aux éditions précédentes, avec quelques autres non imprimées cy-devant*, partie de 132 pp. plus 2 ff. pour la table. Cette édition est divisée en 10 livres, dont le dernier renferme la vie de Ronsard, par Cl. Binet; son oraison funèbre, par Davy; l'églogue de Cl. Garnier et le Tombeau. Elle contient aussi le commentaire de Richelet sur les sonnets et sur les odes. Un exemplaire en très-grand papier rel. en mar. v. avec les armes de Thou, 695 fr. Renouard, et 861 fr. Solar; un autre en m. citr. 150 fr. Gancia.

Réimpr. *Paris, Nic. Buon*, 1609, 10 tom. pet. in-12, avec la réduction du frontispice gravé de l'édit. in-fol. et des portraits gravés de l'édit. de 1617.
— Un exemplaire de ces 10 vol., accompagné du *Recueil des pièces retranchées*, partie de 360 pp. et 4 ff. de table, le tout relié en 6 vol., vél., 80 fr., bel exemplaire, en 1862.

L'édition de *Paris, Nic. Buon*, 1617, 11 part. en 5 vol. pet. in-12, renferme, comme la précédente, le *Recueil des pièces retranchées* (avec des augmentations notables), ce qui forme la 11e partie, contenant 425 pp. plus 7 autres pour la table, et enfin l'abrégé de l'*Art poétique*, en 12 ff. Ce recueil avait déjà été imprimé en 1610, dans le même format, et vendu séparément. Cette édition de 1617 est augmentée de commentaires de Nic. Richelet sur la seconde partie du deuxième livre des Amours, et sur une partie des hymnes; elle est d'ailleurs moins jolie que la précédente. On y a signalé trois sonnets qu'on ne retrouve pas dans l'édition ci-dessous.

— OEuvres de Pierre Ronsard... prince des poëtes françois, revues et augmentées, et illustrées de commentaires. *Paris, Nicolas Buon*, 1623, 1 tom. en 2 vol. in-fol. de 6 ff. prélim., y compris le frontisp. gravé et le portr. de Richelet, 874 pp. pour la 1re part. et les pp. 877 à 1728 pour la seconde, plus 6 ff. pour la table. 40 à 50 fr.

Cette belle édition est la plus complète que l'on eût alors, car elle renferme, indépendamment de presque tout ce que contiennent les précédentes, plusieurs morceaux en prose qui y avaient été omis, des remarques de P. de Marcassus sur quelques pièces accessoires du second livre des Amours, sur la Franciade, sur le Bocage royal, sur les Élégies, les Eglogues et les Poëmes, et encore des remarques sur le Discours des misères de notre temps, et sur d'autres pièces analogues à ce Discours, par Cl. Garnier. Elle a été donnée par Phil. Galland, dit Gallandus, principal du collége de Boncourt, qui a conservé l'épître dédicatoire au roi (Henri III), écrite par J. Galland, pour l'édition de 1587. N'oublions pas les portraits qui décorent cette édition; ils sont au nombre de dix, y compris le portrait de Nic. Richelet, gravé par Piquet, savoir, pour le premier volume, ceux de Henri II, de Charles IX, de Henri III, de François, duc d'Anjou, de Henri, duc de Guyse; pour le 2e vol., ceux d'Anne, duc de Joyeuse, de Marie Stuart, de François II, de J.-L. de Nogaret, duc d'Epernon, et de Catherine de Médicis, tous gravés par Th. de Leu. Il y a des exemplaires de ces deux volumes en Grand Papier. Celui d'Arm. Bertin, qui était rel. en mar. r. par Kœhler, a été vendu 275 fr.

Nous n'avons plus à citer qu'une seule édition des œuvres du poëte vendômois, celle de *Paris*, 1629 et 1630, 11 part. en 5 vol. pet. in-12, dont les titres portent les noms soit du libraire *Nic. Buon*, soit ceux de *Math. Henault* et *Samuel Thiboust*. Les caractères en sont fatigués et le papier est médiocre. Ce n'est pas, comme on pourrait le croire, une réimpression complète de l'in-fol. de 1623 : on y a omis le commentaire de Nic. Richelet sur les Hymnes, et toutes les remarques de Marcassus et de Cl. Garnier, ce qui est fort peu regrettable; car, il faut le reconnaître, rien n'est plus insipide que ces longs et inutiles commentaires, tout hérissés de citations grecques et latines. Mais une omission plus importante, selon nous, est celle qu'on y a faite de deux préfaces curieuses extraites des premières éditions de notre poëte et conservées dans l'in-fol. de 1623. Au moment où parut sa dernière édition, Ronsard n'était déjà plus guère le *prince des poëtes françois* que sur le titre de ses œuvres; une autre célébrité poétique d'un meilleur aloi venait de s'élever, et, par une coïncidence aussi singulière que remarquable, la même année a vu paraître et la dernière édition des œuvres de notre poëte (antérieure à 1858) et la première de celles de Malherbe. Ce dernier, mort depuis deux années seulement, s'était déjà acquis par ses vers une renommée qui devait bientôt éclipser (pendant long-temps) celle de Ronsard. En effet, son petit recueil ne tarda pas à remplacer dans presque toutes les bibliothèques la trop volumineuse collection de l'auteur de la Franciade, dans laquelle des myriades de vers presque illisibles empêchaient d'apercevoir les morceaux véritablement beaux qui s'y trouvaient cachés. Depuis lors, les éditions de Malherbe se multiplièrent à l'infini, tandis qu'on se garda bien de réimprimer Ronsard. Celui-ci semblait même être tout à fait oublié, lorsque, au bout de deux siècles, quelques novateurs, se proclamant ses disciples, firent revivre son nom et appelèrent l'attention des gens de lettres sur des vers que bien des gens condamnaient encore, sans avoir pris la peine de les lire. L'examen impartial qu'en firent alors quelques bons critiques prouva que si Ronsard, à qui malheureusement ont manqué et l'invention et le goût, ne méritait pas d'occuper sur le Parnasse français le rang élevé que lui assignaient ses nouveaux disciples, le génie poétique dont il avait fait preuve dans plusieurs morceaux fort remarquables le rendait digne d'y conserver une place distinguée. Mais pour bien connaître le véritable génie de ce poëte trop fécond, ce sont ses premières productions qu'il faut particulièrement étudier, et pour bien faire les avoir avant les nombreux changements que présentent presque toutes les réimpressions qu'il en a fait faire. On trouve, en effet, dans les ouvrages de sa jeunesse plus de naturel, plus de souplesse et d'originalité que dans ceux qu'il a composés plus tard, car il n'y avait pas encore porté jusqu'à l'absurde l'usage des inversions et des formes imitées des Grecs et des Latins, ni celui des mots empruntés de leur langue. Ces premiers ouvrages, et en général les premières éditions de tout ce qu'il a écrit, sont devenus fort rares, et c'est ce qui nous a engagé à en donner ici une notice, sinon tout à fait complète, du moins suffisamment étendue. C'est avec la seconde de ces éditions primitives qu'a été faite celle dont voici le titre :

— ŒUVRES complètes de P. de Ronsard. Nouvelle édition publiée sur les textes les plus anciens avec les variantes et des notes par M. Prosper Blanchemain. *Paris, P. Jannet*, 1858, in-16, vol. I à III, et *Paris, Pagnerre*, 1860, vol. IV, publ. en février 1861.

Si cette édition doit être achevée, et il est fort à désirer qu'elle le soit, elle aura 8 vol. Ce serait alors la plus complète et la meilleure que l'on aurait de Ronsard, si l'éditeur ne néglige rien pour la rendre aussi parfaite que possible. Avant de la donner, M. Blanchemain avait mis au jour un volume intitulé :

ŒUVRES inédites de P. de Ronsard, gentilhomme vandômois, recueillies et publiées par Prosper Blanchemain. *Paris, Aug. Aubry*, 1855, pet. in-8. avec un portr. de Ronsard, *ses armoiries et sa signature*. Ce volume contient 4 ff. prélim., *Préface et notice bibliographique*, 14 pp., *P. Ronsard, par Guil. Colletet*, d'après le manuscrit de la bibliothèque du Louvre, pp. 15 à 124; ensuite, le reste du volume contient les vers inédits, les vers tirés de divers recueils, les vers supprimés dans la Franciade, les vers attribués à Ronsard et les œuvres en prose. Il en a été tiré 200 exempl., savoir : 180 sur pap. vergé, 10 fr.; 10 sur pap. de couleur; 4 sur pap. de Chine; 6 sur pap. vélin. Il en existe aussi un certain nombre d'exemplaires de format in-fol.

Editions primitives des poésies de Ronsard publiées séparément.

HYMNE de France composé par Pierre de Ronsart Vandomois. *Paris, de l'impr. de Mich. Vascosan*, 1549, in-8. de 8 ff. non chiffrés, en italique : 10 fr. Eug. P., en 1862. — Réimpr. sous le titre d'*Hinne de France* dans le recueil intitulé *Le Bocage*, édit. de 1554.

ODE de la Paix. *Paris, Guil. Cavellat*, 1550, pet. in-8. de 12 ff. non chiffrés, sign. A—C, en italique. Dans le *Tombeau de Marguerite de Valois*, recueil

impr. à Paris en 1551 (voy. MARGUERITE), se trouvent deux odes et un hymne de Ronsard, auxquels il a fait depuis de grands changements.

· EPITHALAME d'Antoine de Bourbon et de Janne de Navarre. *Paris, imprim. de Mich. Vascosan*, 1549, pet. in-8. de 4 ff.

Vendu, avec l'épithalame latine du même prince et deux autres opuscules, 28 fr. Monmerqué; 50 fr. Salmon.

Cette pièce forme la deuxième ode du quatrième livre dans les différentes éditions des œuvres de l'auteur, mais avec des variantes qu'on remarque déjà dans l'édit. in-4. des œuvres imprimée en 1567.

AVANT-ENTRÉE du roy très chrestien (Henri II) à Paris. *Paris, Gilles Corrozet*, 1549, in-4. Pièce de 132 vers.

Ronsard l'avait écartée de plusieurs éditions de ses œuvres, mais elle a été rétablie, ainsi que l'*Hymne à la France*, dans le *Recueil des œuvres retranchées*, en 1609 et depuis.

LES QUATRE premiers livres des Odes de P. de Ronsard Vandomois, ensemble son Bocage. *Paris, Guil. Cavellat*, 1550, pet. in-8. de 10 et 170 ff., plus 2 ff. d'errata, avec un privilége donné à Fontainebleau le 10e jour de janvier 1549.

La préface, qui est en tête de cette première édition des Odes de Ronsard, n'a pas été reproduite dans les autres éditions, si ce n'est beaucoup plus tard, dans les *OEuvres retranchées*.

La partie intitulée *Le Bocage* ne contient pas les mêmes pièces que celles qui composent le recueil donné sous le même titre par Ronsard en 1554; il est suivi d'une brève exposition de quelques passages du premier livre des Odes, par J. M. P., et d'un sonnet adressé à Ronsard par Baïf, de deux autres sonnets par R. V. de La Guissotière, et par A. de La Fare, enfin d'une ode latine par Dorat. Vend. en *mar.* avec l'*Hymne de France* et l'*Ode à la paix*, 57 fr. Nodier et 126 fr. Salmon. Avec l'hymne seulement, 70 fr. Bertin.

Avant de publier ce recueil, Ronsard avait déjà fait paraître séparément plusieurs pièces, savoir :

LE CINQUIÈME (livre) des odes de P. de Ronsard, augmenté; ensemble la Harangue que fit monseigneur le duc de Guyse aux soudars de Metz le jour qu'il pensoit avoir l'assault, traduite en partie de Tyrtée, poëte grec, et dédiée à monseigneur le reverendissime cardinal de Lorraine, son frère. *Paris, veuve Maurice de La Porte*, 1553, pet. in-8. de 180 pp.

Ce cinquième livre avait déjà paru en 1552 dans le recueil des *Amours* (voy. ci-dessous); mais cette édition est augmentée de la Harangue du duc de Guise, réimprimée depuis dans le livre des poëmes de l'auteur; elle avait d'abord été imprimée séparément en 6 ff. 15 flor. Butsch.

Les quatre premiers livres des Odes ont été réimprimés à *Paris, chez la veufue Maurice de La Porte*, 1555, in-8. de 4 ff. prélim. et 132 ff., avec le portr. de Ronsard, gr. sur bois.

LES AMOVRS de P. de Ronsard Vandomoys, ensemble le cinquiesme (livre) de ses Odes. *Paris, veufue Maurice de La Porte*, 1552, pet. in-8. de 239 pp., avec portr. sur bois de l'auteur et de sa Cassandre.

Volume rare à la suite duquel doit se trouver une partie de 32 ff., sign. A—D, contenant les airs notés des chansons comprises dans le recueil, lesquels sont de P. Certon, A. Muret, E. Goudimel, de Jannequin, etc. Les *Bacchanales ou le folatrissime voyage d'Hercueil..... fait l'an* 1549, sont placés ici à la suite des Odes; elles sont également dans l'édit. de ce 5e livre, impr. en 1553, dont nous venons de parler. On les a réimpr. ensuite dans le livre de Gayté, qui fait partie des œuvres de Ronsard. Le volume des *Amours* ainsi complet, et rel. en *mar.* a été vendu 63 fr. Nodier, et plus tard jusqu'à 156 fr. Salmon.

LES AMOVRS... nouuellement augmentées par lui

et commentées par Marc-Antoine de Muret ; plus quelques odes de l'auteur non encore imprimées. *Paris, veuve Maurice de La Porte,* 1553, pet. in-8. de 8 ff. prélim., 282 pp. et 1 f. d'errata.

12 flor. 15 kr. Butsch.

Il faut joindre à ce volume : *Continuation et Nouvelle continuation des Amours,* Paris, Vinc. Sertenas, 1555 (10 fr. en 1862) et 1556, 2 part. in-8. (la deuxième de 24 ff. non chiffrés) ou *Continuation des Amours,* Paris, pour Vinc. Certenas (*sic*), 1557, in-8. de 176 pp.

Dans cette édition des *Amours,* impr. en 1553, se trouve le sonnet que Mellin de Saint-Gelais adressa à Ronsard après leur réconciliation. Ce morceau a été réimprimé parmi les pièces préliminaires des dernières éditions des œuvres de Ronsard, et sous le titre inexact de *Sonnet à Clément Marot* dans les œuvres de Mellin de Saint-Gelais, édit. de 1719, page 228.

Une partie des pièces comprises dans le recueil des Amours de Ronsard ont été réimprimées dans les œuvres de ce poëte sous le titre de *Premier et second livre des sonnets pour Hélène.*

LES AMOVRS..... nouuellement augmentées par luy ; avec les continuations desdits Amours et quelques odes de l'auteur, non encore imprimées : plus du *Bocage* et des *Meslanges* dudit P. de Ronsard. *Rouen, par Nic. Le Rous,* 1557, 3 part. en 1 vol. pet. in-8.

La première partie a 4 ff. prélim., 70 ff. de texte et 2 ff. pour la table. La deuxième partie, intitulée *Continuation première et seconde des Amours...* 80 ff. La troisième partie sans titre, et renfermant *Le Bocage* et les *Meslanges,* 108 ff. 58 fr. Solar. Il y a des exempl. avec des airs notés.

LIVRET de Folastries, a Ianot Parisien. Plus quelques epigrammes grecz : & des Dithyrambes chantés au Bouc de E. Jodelle, poëte tragicq. (avec cette épigraphe tirée de Catulle) :

> *Nam castum esse decet pium poëtam*
> *Ipsum, versiculos nihil necesse est.*

A Paris, chez la veufue Maurice de la porte, 1553, pet. in-8.

Volume de 69 pp. suivies d'un f. ayant au recto l'extrait du privilège daté du 19 d'auril 1553, après Pasques, et au verso l'achevé d'imprimer le vingtiesme iour d'auril 1553. La traduction de quelques (quinze) epigrammes grecz, à Marc-Antoine de Muret, commence à la page 58. Ces épigrammes sont suivies de deux sonnets très-libres.

Cette première édition est extrêmement rare. L'exemplaire payé 88 fr. à la vente Chalabre, le seul qui ait été offert en vente depuis longtemps, était revêtu d'une jolie reliure ancienne à plats dorés, mais il y manquait les pages 68 et 69.

LIVRET de folastries (comme ci-dessus). Reueu & augmenté en ceste edition. (*sans lieu d'impression*), 1584, pet. in-12 de 71 pp., dont les deux dernières ne sont pas chiffrées, lettres italiques.

Édition un peu moins belle que la précédente, qu'elle reproduit page pour page jusqu'à la 69e, après quoi se trouvent une *odelette* et un *sonnet* (de Ronsard) qu'on y a ajoutés. On n'y a pas inséré l'extrait du privilège du Parlement de Paris qui se lit dans la première, et qu'on est surpris de trouver dans un livre comme celui-ci. Un exemplaire de cette seconde édition a été payé 55 fr. à la vente Milon, en 1841 ; un autre rel. en *mar. bl. et doublé de mar. citr.* 310 fr. Solar.

LE LIVRET de Folastries a Ianot Parisien, recueil de poésies de Ronsard... *Paris, Jules Gay,* 1862, pet. in-12 de xx pp. prélim., 58 pp. et 2 ff.

Réimpression textuelle faite sur l'édition de 1553, et augmentée de plusieurs pièces ajoutées dans l'édition de 1584, ou dans les Gayetez de Ronsard. Il n'en a été tiré que 100 exempl., tous sur papier de Hollande, 8 fr.; plus 2 sur PEAU VÉLIN. L'Avant-propos de cette édition est un morceau curieux.

Le Livret des folastries est presque entièrement

l'ouvrage de Pierre Ronsard, quoiqu'il n'y ait pas mis son nom. C'est donc à tort que, sur l'autorité de Goujet (*Biblioth. franç.,* XII, p. 27), nous l'avions attribué à Ambroise de La Porte, frère aîné de Maurice de La Porte, auteur des *Epithètes françoises,* et fils du libraire Maurice de La Porte, dont la ·veuve a imprimé les *Folastries.* Il est à remarquer que, après la mort de Maurice de La Porte arrivée en 1555, l'épître que Ronsard lui avait adressée à la page 7 de son *Bocage,* édit. de 1554, a été reproduite dans les *Gayetez* du même poëte, sous ce titre : *Les plaisirs rustiques à Maurice de La Porte.* Ce livre des *Gayetez* renferme sept des huit *folastries* du Livret, ainsi que les *Dithyrambes au bouc de Jodelle,* pièce que Cl. Binet, dans sa vie de Ronsard, attribue à Bertrand Berger, poëte dithyrambique. On y retrouve les diverses épigrammes traduites du grec, mais on n'y a fait entrer ni la troisième folastrerie commençant par ce vers :

> *En cependant que la jeunesse,*

pièce fort libre, ni les dernières épigrammes du *Livret,* qui ne le sont pas moins.

Peut-être les pièces de ce petit recueil, qui ont été rejetées par Ronsard, sont-elles effectivement d'Ambroise de La Porte, que dans une de ses *Gaytés,* imprimées en 1554, le poëte Olivier de Magny remercie de lui avoir envoyé un exemplaire du *Livret.* Les vers d'Olivier de Magny sont, nous le croyons, la source de l'erreur de Goujet. Les huit folastries de Ronsard se retrouvent sous le titre de *Gaillardises* dans le recueil des *Muses gaillardes,* donné par le libraire Ant. Du Breuil, à Paris, en 1609, également avec privilège du roi. Ajoutons que la troisième folastrie a été réimpr. sous le titre de *la Folastrie de P. de Ronsard à Catin des Bas-souhaits,* dans les Amours feintes de Lais et Lamia... édit. de Paris, Du Breuil, 1601, in-12 (voy. à l'article ARETIN). Le libraire Du Breuil qui, à ce qu'il paraît, fourrait partout ces vers graveleux de Ronsard, les avait déjà imprimés à la suite de *La Courtisane bordeloise,* de I. de La Roche (voy. la col. 812 de notre 3e volume).

LE BOCAGE de P. de Ronsard Vandomoys. *Paris, veuve Maurice de La Porte,* 1554, pet. in-8. de 4 ff. prélim. et 56 ff. chiffrés. Première édition, achevée d'imprimer le 27e iour de novembre, 1554. 10 fr. en 1862.

LE BOCAGE... dedié à P. de Paschal, du bas país de Languedoc. *Paris, Veuve Maurice de La Porte,* 1555, in-8. de 4 ff. prélim. et de 56 ff. chiffr., portrait.

Le privilège du roi, en date du 4 janvier 1553, qui occupe 2 pp. dans les prélim., est un morceau remarquable par les éloges qu'on y fait des bonnes lettres, et particulièrement des vers de Ronsard. La pièce adressée à Pierre de Paschal, imprimée à la p. 22 de ce volume, a été réimpr. avec quelques changements adressés à Remy Belleau, dont le nom est substitué à celui de Paschal, dans les Œuvres de Ronsard, édit. de 1623, in-fol., p. 921. Ajoutons que les pièces de ce recueil ne sont pas les mêmes que celles du *Bocage* imprimé à la suite des Odes, édit. de 1550, et qu'elles diffèrent également de celles du *Bocage royal,* qui fait partie de la collection des œuvres de Ronsard, où les pièces du Recueil de 1555 sont disséminées dans différentes sections.

LES HYMNES de P. de Ronsard à tres illustre... Odet cardinal de Chastillon. *Paris, André Wechel,* 1555, in-4. de 199 pp., dont les trois dernières ne sont pas chiffrées. 22 flor. Butsch.

On nous signale une édition, sous la même date, qui n'a que 103 pp. en tout, et cela nous fait présumer que l'exemplaire en 199 pp. pourrait bien contenir les deux livres, qui effectivement ont chacun un même nombre de pages à peu près.

SECOND LIVRE des hymnes... à tres illustre rincesse Marguerite de France, seur unique du Roy et duchesse de Berry. *Paris, André Wechel,* 1556, in-4. de 4 ff. prélim. et 103 pp.

Dans les Œuvres de Ronsard, c'est le second livre des Hymnes qui est dédié au card. de Chastillon. Le premier l'est à Marguerite, duchesse de Savoie.

HYMNE de Bacus... auec la version latine de Jean Dorat. *Paris, And. Wechel,* 1555, in-4. de 16 ff., sign. aa—dd. Il existe des exempl. de ces trois vol. d'Hymnes en Gr. Pap.

L'*Hinne* (sic) avait déjà paru dans les *Meslanges* de Ronsard, avec un titre daté de 1555, mais achevé d'imprimer le 22 novembre 1554.

Nic. Richelet a commenté plusieurs hymnes de Ronsard, et son commentaire se trouve dans les dernières édit. des œuvres de ce poëte; de plus, il a fait imprimer séparément à Paris, chez Nic. Buon, de format in-8., plusieurs desdits hymnes avec son commentaire, savoir : l'*Hymne de l'éternité*, 1611; l'*Hymne de l'Herculechrestien*, et l'*Hymne des estoiles*, 1617; l'*Hymne des daimons*, 1618 (77 pages); l'*Hymne des pères de famille*, 1618, en 21 pp. Indépendamment de son commentaire sur l'*Hymne de la philosophie*, il en existe un de Pantaleon Thevenin. Celui de ce dernier a été impr. à *Paris, par Jean Febvrier,* 1582, in-4. Panthaleon Thevenin a aussi donné un commentaire sur la première Semaine de Du Bartas, en 1584, et des Sonnets, impr. à Nancy par la Vefue de Jean Janson, 1581, in-4. de 26 ff.

LES MESLANGES... dédiés à Ian Brinon. *Paris, en la boutique de Gilles Corrozet,* 1555 (achevé d'imprimer le 22 iour de Nouëmbre 1554), pet. in-8. de 52 ff. chiffrés, avec un errata au verso du dernier. 35 fr. Eug. P. en 1862.

La seconde édition, *Paris, Gilles Corrozet,* 1555, in-8., a 56 ff. Il faut joindre à l'une et à l'autre *Le second livre des Meslanges,* Paris, Vinc. Sertenas, 1559, in-8. de 60 ff.

Ces deux livres, joints au Bocage, édit. de 1554, en mar. bl. 75 fr. Salmon.

EXHORTATION au camp du roy pour bien combattre le jour de la bataille. *Paris, And. Wechel,* 1558, in-4. de 6 ff.

Pièce de 124 vers, à la fin de laquelle se trouve le nom de Ronsard. Elle a été trad. en vers lat. par J. Dorat (Auratus). *Paris, Wechel,* 1558, in-4. de 4 ff.

EXHORTATION pour la paix. *Paris, And. Wechel,* 1558, in-4. de 6 ff.

Cette pièce, d'environ 200 vers, a été trad. en vers lat. par Fr. Thory. *Paris, Wechel,* 1558, in-4. de 8 ff.

LA PAIX, au roy. *Paris, And. Wechel,* 1559, in-4. de 12 ff. 10 fr. en 1859.

Au huitième feuillet commence *La Bienuenue de Monseigneur le Connestable, au... cardinal de Chastillon, son nepueu,* et au 11e f. : *Ennoy des cheualiers aux dames, au tournay* (sic) *de monseign. le duc de Lorreine* (sic).

CHANT de liesse, Au roy. *Paris, And. Wechel,* 1559, in-4., pièce de 165 vers, réimprimée parmi les poëmes, dans le *Recueil de pièces retranchées.*

DISCOURS à... Monseigneur le duc de Savoye. Chant pastoral à Madame Marguerite duchesse de Savoye, plus XXIIII inscriptions en faveur de quelques grands seigneurs, lesquelles deuoyent servir en la comedie qu'on esperoit representer en la maison de Guise par le commandement de Monseigneur le... cardinal de Lorraine. *Paris, imprimerie de Rob. Estienne,* 1559, in-4. de 18 ff. non chiffrés, sign. A—E. 10 fr. 50 c. en 1859.

CHANT pastoral sur les nopces de Monseigneur Charles duc de Lorraine et de Madame Claude, fille II du roy. *Paris, And. Wechel,* 1559, in-4. de 20 pp. chiffrées.

L'HYMNE de tres illustre prince Charles cardinal de Lorraine... *Paris, And. Wechel,* 1559, in-4. de 16 ff. chiffrés. — Suyte de l'Hymne... *Paris,*

impr. de Robert Estienne, 1559, in-4. de 5 ff. non chiffrés. La suite est encore plus rare que l'Hymne. A. Renouard n'en fait pas mention dans ses Annales des Estienne. 20 fr. 50 c. en janvier 1859.

ELEGIE sur les troubles d'Amboise, 1560 ; à G. des Autelz, gentilhomme charrolois. *Paris, Gabr. Buon,* 1562 et aussi 1563, in-4. de 6 ff., en ital.

INSTITUTION pour l'adolescence du roy tres chrestien Charles neufviesme de ce nom... *Paris, Gabr. Buon,* 1562, ou 1563, ou 1564, in-4. de 6 ff., y compris le privilége.

Trois éditions différentes (celle de 1563, 8 fr. Gancia) ; il y en a une autre de Lyon, 1563, in-8. de 6 ff.

DISCOURS des miseres de ce temps. A la Royne mère du Roy. *Paris, Gabr. Buon,* 1562 (aussi 1563), in-4. de 6 ff. — Continuation du Discours des miseres de ce temps... *Paris, Gabr. Buon,* 1562, in-4. de 10 ff.

La continuation seule, 7 flor. Butsch.

Réimpr. sans la suite, à Paris, en 1563, in-4., et à Lyon, 1563, in-8. de 6 ff. Ces éditions originales renferment un certain nombre de vers que ne donne pas la collection des œuvres, imprimées en 1584 et depuis. Dans ces discours en vers, l'auteur retrace avec une énergique éloquence les maux que les calvinistes occasionnèrent à la France, sous la minorité de Charles IX ; ce qui lui attira de la part des partisans de la réforme de violentes réponses dont nous allons donner les titres :

REPONSE (trois réponses) aux calomnies contenues au discours et suyte du discours sur les miseres de ce temps, faits par messire Pierre Ronsard, jadis poete, et maintenant prebstre. La première par A. Zamariel (Ant. de La Roche-Chandieu). Les deux autres par B. de Mont-Dieu (nom supposé de Jac. Grévin), où est aussi contenue la metamorphose dudict Ronsard en Prebstre. *(Orléans),* 1563, in-4. de 30 ff.

Réimprimé à *Lyon* (sans nom de libraire), 1563, in-8. de 24 ff. non chiffrés, sign. A—F.

SECONDE REPONSE de F. de La Baronie (Florent Chrestien) à messire Pierre Ronsard, Prebstre Gentilhomme Vendomois, Evesque futur : plus le Temple de Ronsard, où la legende de sa vie est briefvement décrite. *(Orléans),* 1563, in-4. de 36 ff. non chiffrés, lettres ital.

Pièce en vers attribuée à Jacq. Grévin.

LA MÊME, *nouvellement imprimée,* 1564, in-8. de 29 ff. non chiffrés, sign. a–g.

REMONSTRANCE à la Royne mere du Roy sur le Discours de P. Ronsard, des miseres du temps, nouuellement mis en lumiere. *Lyon, Francois Leclerc,* 1563, pet. in-8. de 30 ff. non chiffrés. Lettres ital. (en vers).

REPONCE de P. de Ronsard aux injures et calomnies de je ne scay quels predicans et ministres de Genève sur son Discours et continuation des miseres de ce temps. *Paris, Gabr. Buon,* 1563, in-4. de 26 ff. — La même ; *Avignon, P. Roux,* 1563, in-8. de 26 ff. non chiffrés, sign. a–f.

REPLIQUE sur la reponse faite par P. de Ronsard... à ce qui luy avoit esté repondu sur les calomnies de ses Discours touchant les miseres de ce temps, par D. M. Lescaldin. *(sans lieu),* 1563, in-4. de 28 ff.

APOLOGIE et deffense d'un homme chrestien pour imposer silence aux sotes reprehensions de M. P. Ronsard, soy-disant non seulement poëte, mais aussi maistre des poetastres, par laquelle l'aucteur repond à vne epistre secretement mise au deuant du recueil de ses nouuelles poësies (par Florent Chrestien). 1564, in-4., sign. A—Diii.

Réponse en prose à l'*epistre au lecteur,* également en prose, de Ronsard, par laquelle l'autheur répond à ses calomniateurs.

PALINODIES de Pierre Ronsard sur ses Discours des miseres de ce temps. *Nouvellement imprimé,* 1563, pet. in-8. de 11 ff. en vers.

Le Temple de Ronsard, où la legende de sa vie est briéuement descrite. *Nouuellement imprimé (Genève)*, 1563, pet. in-8. de 7 ff.
Pièce satirique dans laquelle Ronsard est accusé d'avoir les plus mauvaises mœurs : elle est fort rare. 61 fr. vente faite par M. L. Potier en avril 1861, n° 283.
Le Discours des misères de ce temps a été traduit en anglais sous ce titre :
A Discours *of the present troobles in Fraunce, and miseries of this tyme, compiled by Peter Ronsard... Translated into English by Thomas Jency, gentilman.* Printed at Antwerpe, 1568, in-4. Livre très-rare, à la fin duquel se trouve *Elegia Danielis Rogerii Albimontii Angli, de perturbata Christiani orbis republica, Anno* 1568. Vend. 1 liv. 10 sh. Heber.

———

Remontrance au peuple de France..... *Paris, Gabr. Buon*, 1564, in-4. de 16 ff. — sous la date de 1563. 5 flor. 6 kr. Butsch.
Déclamation en vers contre les huguenots. Elle a été réimpr. à *Paris, chez G. Buon*, en 1572, in-4., et la même année à *Lyon*, in-8.; aussi dans les différentes édit. des œuvres de l'auteur, à la suite du *Discours des misères*, et des deux autres discours en vers adressés par Ronsard, l'un à Guil. Des Autels, et l'autre à Louis Des Masures. Dans la dernière édit. in-fol. des œuvres de Ronsard, ces quatre pièces sont accompagnées d'un *Eclaircissement des choses les plus difficiles, par Cl. Garnier*.
La Promesse, par Pierre de Ronsard Vandosmoy, à la Royne. 1563, in-4. 6 ff. — Sous la date de 1564, 8 fr. en 1859.
Elegies, mascarades et bergerie. *Paris, Gabr. Buon*, 1565, in-4. de 4 et 87 ff.
Abrégé de l'art poétique françois. *Paris, Gabr. Buon*, 1565, in-4. Réimpr. à *Rouen, Gaultier*, 1565, in-8.; et sous le titre d'*Art poétique françois, Paris, Guil. Linocier*, 1585, in-16; aussi en *Avignon, par Jac. Barro*, 1586, in-16, et depuis dans les œuvres de l'auteur.
Le Proces... à tres illustre prince Charles, cardinal de Lorraine. *(sans lieu d'impression)*, 1565, in-4. 7 ff.
Un exemplaire de l'édition de Lyon, 1569, in-8., *non rogné*, est porté à 19 flor. 30 kr. dans le catal. Butsch, 1858, n° 169.
Les Nues ou Nouvelles de Pierre de Ronsard Vandosmois, à la Royne. *(sans lieu d'impression)*, 1565, in-4. de 12 pp.
Cette pièce se trouve dans l'édit. des œuvres de Ronsard, impr. en 1623, p. 1279, où il est dit qu'elle *n'a pas été imprimée durant la vie de l'auteur*; ce qui prouve que l'édition de 1565 était dès lors fort rare.
La Fourmy de P. de Ronsard à R. Belleau, et le papillon de R. Belleau à P. de Ronsard; mis en latin par P.- Est. Tabourot, avec quelques épigrammes latines dédiées à G. le Genevois, doyen en l'église de Langres. *Paris, Thibaud Bessault*, 1565, in-8.
Petit recueil rare.
Epitaphe sur le tombeau de... Anne, duc de Mont-Morency, pair et connetable de France, par J. Dorat, poëte grec et latin du roy, P. de Ronsard et autres doctes personnages en diverses langues. *Paris, Ph.-G. de Roville*, 1567, in-4. de 32 ff. 13 fr. Salmon; 14 fr. 50 c. en 1859.
Réimprimée à *Lyon, Fr. Didier*, 1568, pet. in-8.
L'épitaphe composée par Ronsard, et qui est d'environ 250 vers, a été imprimée séparément à Paris, 1568, in-4.
Les Quatre premier Livre (sic) de la Franciade, au Roy tres chrestien Charles neufieme de ce nom. *Paris, Gabr. Buon*, 1572, in-4. de 14 ff. prélim. et 230 pp. avec le portr. de Ronsard et celui de Charles IX dans les pièces liminaires.

Ce poëme, commencé à la sollicitation du roi Henri II dès l'année 1551, longtemps interrompu et enfin repris par ordre de Charles IX, n'a jamais été terminé, ce qui, à la vérité, est peu regrettable. « L'auteur, dit Cl. Binet dans sa vie de Ronsard, en avoit dressé le dessin par argumens de quatorze livres que j'ai veus, qu'il désiroit continuer jusqu'à 24, à l'imitation d'Homère. L'édition originale de 1572 contient une epistre au lecteur commençant : *Encore que l'histoire en beaucoup de sorte...* morceau de 9 pages qui n'est pas dans les autres édit., où il a été remplacé par une longue *préface sur la Franciade, touchant le poëme héroïque*. Il est à remarquer que ni l'épître ni la préface n'ont été réimpr. dans l'édition des œuvres donnée par l'auteur en 1584, où le texte de la Franciade présente de nombreuses corrections. »
Autre édition, revue et corrigée de nouveau, *Paris, Gabr. Buon*, 1573, de 8 et 103 ff. avec portrait sur bois.
Les Quatre premiers livres de la Franciade, au roy Charles neufiesme de ce nom, revue et corrigée de nouveau. *A Turin, par Jean François Pico* (sans date), in-16 de 205 pp. Indépendamment de cette édition sans date, Pico en a donné une à *Turin*, en 1574, en 1 vol. in-16, qui se termine au verso du f. 204. Elles sont l'une et l'autre rares en France. Un exempl. de la première, rel. en *mar. citr.*, est porté à 35 fr. sous le n° 639 des *Archives du Bibliophile* de M. Claudin; la seconde est indiquée sous le n° 640 des mêmes *Archives*, n° 4 de 1858 et catal. Libri, 1859, 2356, où un exemplaire en *mar. citr.* est porté à 1 liv. 8 sh.
M. Prosper Blanchemain a fait réimprimer dans son édition des *Œuvres inédites* de notre poëte les nombreux passages de la première édition de la Franciade que l'auteur n'avait pas conservés dans la seconde.
Jacques Guillaut ou Guillot, chanoine de l'église de Bourges, a donné une suite de la Franciade, savoir le *cinquième livre*, impr. à *Paris* en 1606, et le *sixième*, à *Bourges, par Maurice Levez*, 1615, in-8. de 43 ff. sign. a—liii. Ce dernier est si rare que A.-A. Barbier, qui cite le 5° dans son *Examen des Dictionnaires histor.*, p. 414, art. *Guillot*, dit que le 6° n'a pas été imprimé. Pourtant ce bibliographe aurait pu voir à l'Arsenal l'exemplaire porté dans le catal. de La Vallière par Nyon, n° 15794.
Livre de la Franciade, à la suite de celle de Ronsard, par Cl. Garnier, parisien. *(sans lieu)*, 1604, in-8. (Bibl. impér.).
Il existe une pièce intitulée : *Avertissement du médecin de Monseigneur le Cardinal de Guise à P. Ronsard touchant sa Franciade*. Lyon, Ben. Rigaud, 1568 (ou 1578), in-8.
Citons encore à cause du titre : *La Franciade de Pierre De Laudun, sieur d'Aigaliers*. Paris, Ant. Du Breueil, 1604, in-12 (voy. De Laudun), et *La Franciade, ou histoire générale des roys de France, depuis Pharamond jusqu'à Louys-le-Juste, par Geuffrin;* Paris, de Sommaville, 1623, in-8.

Le Tombeau du feu roy tres chrestien Charles IX, prince tres debonnaire, tres vertueux et tres éloquent, par P. de Ronsard, aumosnier ordinaire de sa majesté, et autres excellents poetes de ce temps (Amadis Jamyn et R. Garnier). *Paris, de l'imprimerie de Federic Morel*, 1574, in-4. de 8 ff.
Réimprimé à *Lyon, Benoist Rigaud*, 1574, in-8. de 8 ff., et aussi à *Poictiers, de l'imprimerie d'Emé Mesnier et Ant. Delacourt, suivant la copie impr. à Paris*, 1574, pet. in-4. de 8 ff. dont le dernier porte un fleuron. La pièce de Ronsard a été réimprimée avec des changements dans l'édition de ses œuvres de 1584, et dans les autres.
Les Estoilles, à M. de Pibrac, et deux responses à deux élégies envoyées par le feu roy Charles à Ronsard; outre une ode à Phœbus, pour la santé du dit seigneur Roy; puis un discours au Roy

Henry troisiesme à son arrivée en France, par P. de Ronsard. *Paris, Gabr. Buon,* 1575, in-4.

Opuscule de 18 ff. non chiffrés, y compris la traduction du latin en vers français du Discours de la Nymphe de France (de J. Dorat), par Ronsard, et du discours de la Nymphe angevine, par Amadis Jamyn. Ces deux pièces avaient déjà été impr. séparément, vers 1574, in-4.

LE TOMBEAU de très illustre princesse Marguerite de France, duchesse de Savoye : Ensemble celuy de très auguste et très saincte mémoire, François premier de ce nom, et de messieurs ses enfans, par P. de Ronsard, gentilhomme Vandomois. *Paris, Gabriel Buon,* 1575, in-4.

Cette pièce, dans laquelle, à côté de vers fort médiocres, se font remarquer de véritables beautés poétiques, finit ainsi dans l'édition originale :

« Tu ne liras pourtant ces vers que je t'enuoye
Sans t'esmouuoir, Pibrac, et peult estre pleurer,
Quand tu verras des grands l'estat si peu durer,
*Vn vent, vn songe, vn rien, et que toute fortune
Soit de riche ou de pauure à chacun est commune.* »

Mais dans la dernière édition donnée par l'auteur, et dans celles qui l'ont suivie, les deux derniers vers sont refaits de cette manière :

« Vn vent, vn songe, vn rien : *et que la parque brune
Sans espargner personne*, à chacun est commune. »

L'auteur, selon son habitude, a fait dans la même pièce d'autres changements, plus ou moins heureux, qui ont passé dans les dernières éditions, où l'on a omis une note marginale qu'il eût été bon de conserver ; elle se rapporte au troisième vers de la pièce :

Ocymore, dyspotme, oligochronien.

et elle est ainsi conçue :

« Ces motz grecs seront trouuez fort nouueaux : mais d'autant que nostre langage ne pouuoit exprimer ma conception, j'ay esté forcé d'en vser qui signifient une vie de petite durée. Filosofie et Mathematique ont este aussi estranges au commencement ; mais l'vsage les a par traict de temps adoulcis, et rendus nostres. »

A la suite du *Tombeau,* qui occupe 10 ff. y compris le titre, est placé un morceau satirique en 4 ff., intitulé : *Estreines au roy Henry III. envoyees a sa maieste au moy de decembre.*

Ces *Estreines* ont été réimpr., sans titre et sans date, dans la section des œuvres de Ronsard, portant le nom de *Bocage royal.* Cette réimpression présente non-seulement des changements de la même nature que ceux dont nous venons de parler, mais encore on y a supprimé huit vers satiriques contre les modes efféminées qui s'étaient introduites dans le costume des hommes dès l'année 1575, et qu'adoptèrent plus tard Henri III et ses mignons. Comme ces vers, fort remarquables, ne se trouvent que dans l'édition originale ci-dessus, nous les reproduisons ici :

Si quelque dameret se farde ou se déguise,
S'il porte vne putain, au lieu d'une chemise,
Atifé, gaudronné, au colet empoizé,
La cappe retroussée, et le cheueil frizé.
Si plus je voye porter ces larges verdugades,
Ces cheueux empruntez d'un page ou d'un garson :
Si plus des estrangers quelcun suit la façon : •
Qu'il craigne ma fureur. . . . .

PANÉGYRIQUE de la Renommée... par Ronsard. *Paris, Gabr. Buon,* 1579, in-4. de 9 ff.

LES DERNIERS VERS de P. de Ronsard... prince des poëtes françois. *Paris, Gabr. Buon,* 1586, in-4. de 8 ff., dont le dernier tout blanc, 8 fr. 50 c. en 1859.

Cet opuscule contient, indépendamment des vers de Ronsard, une épitre en prose de Cl. Binet à *la noble et vertueuse compagnie qui a honoré les obsèques de M. Ronsard, prince des poëtes fran-*

çois, in-4. Les derniers vers de Ronsard font aussi partie du recueil publié par Cl. Binet, sous ce titre :

DISCOURS de la vie de P. de Ronsard... avec une églogue prononcée en ses obscèques, par Cl. Binet, plus les vers composés par le dict Ronsard peu avant sa mort, ensemble son tombeau... *Paris, Gabr. Buon,* 1586, in-4. de 128 pp. (28 fr. Salmon). Nous en avons déjà fait mention en parlant de l'édition des œuvres de Ronsard impr. en 1587.

— CRITTONII lavdatio fvnebris, habita in exeqviis Petri Ronsardi apvd Becodianos, cvi præponvntvr ejusdem Ronsardi carmina partim à moriente, partim à langvente dictata. *Lutetiæ, D'avvel,* 1586, in-4. de 30 pages. Sept pièces de vers composées par Ronsard, quelques jours avant de mourir, font partie de cet opuscule.

On trouve à la suite des *Destinées de la France,* par Cl. Binet, *Paris, Janet Mettayer,* 1594, in-4., un fragment du *Poëme de la loy,* par P. Ronsard. Le poëme dont il s'agit devait être adressé au roi de Navarre, depuis roi de France. Ce fragment a été imprimé dans le *Recueil des pièces retranchées,* où se trouve aussi un fragment de *Plutus,* comédie d'Aristophane, mise en vers par Ronsard, vers 1556.

Œuvres choisies.

ŒUVRES choisies de P. Ronsard, avec des notes explicatives du texte et une notice biographique, par Paul-L. Jacob, bibliophile. *Paris, Deloye,* 1840, gr. in-18.

Le second vol. du *Tableau historique de la poésie française au XVIᵉ siècle,* par M. de Sainte-Beuve, *Paris,* 1828 (réannoncé en 1838), in-8., contient un choix des poésies de Ronsard.

CHOIX de poésies de P. de Ronsard, précédé de sa vie et accompagné de notes explicatives, par A. Noël. *Paris, Firmin Didot frères,* 1862, 2 vol. gr. in-18 de 1020 pp. 8 fr.

ÉTUDES sur Ronsard. Ronsard considéré comme imitateur d'Homère et de Pindare ; thèse de E. Gandar. *Metz, Blanc,* et *Paris,* 1854, in-8.

Poésies de Ronsard mises en musique.

PREMIER (et second) livre des amours de P. de Ronsard, mis en musique à IIII part. par Anthoine du Bertrand, natif de Fontange, en Auvergne. *Paris, par Adrian Le Roy et Rob. Ballard,* 1578, in-4. oblong.

La partie *tenor* de ces deux livres a 32 et 24 ff.

La partie *superius* des trois livres, sous la même date, a été vendue 71 fr. Libri, en 1857.

SONNETZ de P. de Ronsard, mis en musique à 5, 6 et 7 parties, par Phil. de Monte, maistre de la chapelle de l'empereur. *Paris, Adr. Le Roy et Rob. Ballard,* 1575, in-4. obl. de 20 ff. chiffrés, et 1 f. pour la marque des imprimeurs ; c'est la partie du *tenor.*

On a aussi :

SONNETZ du même, mis en musique par Ph. de Monte. *Superius* également impr. chez *Le Roy et Ballard,* en 1576, in-4. obl. de 18 ff.

SONETZ du même, mis en musique à IIII part., par G. Boni, de Saint-Flour, en Auvergne. Premier et second livres. *Paris, Le Roy et Ballard,* 1576 et 1579, 2 part. in-4. obl. de 24 ff. chacune. C'est la partie du *tenor ;* celle du *superius* a le même nombre de feuillets.

Indépendamment des recueils décrits ci-dessus, dont les paroles sont toutes de Ronsard, il en existe plusieurs autres également publiés chez Adr. Le Roy et Rob. Ballard, en 1572 et ann. suiv., où, à côté du nom de ce poëte, figurent ceux de Ph. Des Portes, de Baïf, etc. Nous en avons parlé (I, col. 1786-87) au mot *Chansons,* ainsi que des *Mélanges de chan-*

sons (*Paris*, 1572), avec une préface de Ronsard, de laquelle Du Verdier a donné un extrait dans sa *Biblioth.*, III, p. 82, mais qui n'a pas été réimpr. dans les œuvres de l'auteur. Nous citerons encore ici un petit volume qui a pour titre :

> BASSUS. Air mis en musique à quatre parties par Fabre Caietain, sur les poésies de P. de Ronsard et autres excellents poëtes, premier livre. *Paris*, 1578, *par Adr. Le Roy et Rob. Ballard*, pet. in-8. obl. Le second livre d'airs, chansons, villanelles napolitaines et espagnoles, mis en musique à quatre parties par le même, 1578. Les deux parties n'ont ensemble que 39 pp.

RONSSEUS (*Balduinus*). Venatio medica continens remedia ad omnes, a capite ad calcem usque, morbos. *Lugd.-Batav.*, 1589, pet. in-8. [13071]

Vend. 7 fr. *mar. r.* Courtois.
Ce poëme, dont les exemplaires ne se trouvent que difficilement, a été réimprimé dans les *Opuscula medica* de l'auteur, *Lugd.-Bat.*, 1618, pet. in-8.

ROO (*Gerard.* de). Annales rerum ab austriacis Habspurgicæ gentis principibus a Rudolpho I usque ad Carolum V gestarum. *Œniponti, Agricola*, 1592, in-fol. [26416]

On a prétendu que ce volume n'a été tiré qu'à 100 exemplaires ; mais c'est là une de ces assertions fausses, dont certains ouvrages de bibliographie ne nous offrent que trop d'exemples. Vend. 1 liv. 3 sh. (exemplaire orné du portrait de Ferdinand, archiduc d'Autriche, et d'une carte color.) Libri, en 1859 ; 20 flor. Meerman. Ces Annales ont été réimpr. à Halle, en 1709, in-4., et aussi trad. en allemand, *Augsb.*, 1621, in-fol.

ROORDA van Eysinga (*P.*). Nederduitsch en Maleisch Woordenboek, etc., *c'est-à-dire*, Dictionnaire hollandais-malai, et malai-hollandais. *Batavia*, 1824 et 1825 (et nouveau titre, *Batavia et La Haye, Van Clef*, 1826), 2 vol. in-8. [11899]

Vendu, sous la première date, 29 fr. 50 c., et, sous la seconde, 40 fr. Rémusat. Réimpr., en 1841, in-8.
— Javaansch-Nederduitsch Woordenbuch, voy. Gehrick, 11906. — Javaansche Wetten, 28219.

ROOTH (*Dav.*). Voyez BRIGIDA ; et aussi PHILADELPHUS.

ROPER (*Guil.*). Vita Th. Mori : e codicibus vetustis descripsit, notas subjecit, ediditque Th. Hearnius. (*Oxonii*), 1716, in-8. [30887]

Cette édit., qui fait partie de la collection d'Hearn, n'a été tirée qu'à 100 exempl. en pap. ordin., et à 48 exempl. en Gr. Pap. Elle se paye de 3 à 5 liv. en Angleterre, et en Gr. Pap., de 15 à 20 liv. ; mais l'ouvrage a été réimpr. à Londres, 1729, in-8., par les soins de J. Lewis ; en réimpr. en 1731, in-8., avec le portrait de More par Burghers, et enfin, avec un appendice de lettres, *Chiswick, Whittingham*, 1817 (aussi 1822), pet. in-8., avec portr., édition donnée par S.-W. Singer, et dont il a été tiré 25 exempl. en Gr. Pap.

Rooke (*Henry*). Travels to Arabia..., 20584.
Roosmalen (*A.* de). L'Orateur, 12067.
Ropallgero (*Did.*). Istoria de' Goti antichi, 23005.
Ropartz (*M.-S.*). Guingamp, 24471.
Roper (*R.-S.-D.*). Laws of legacies, 3078.

ROQUE (de La). Voy. LA ROQUE (de).

ROQUEFORT (*Jean-Bapt.-Bonav.* de). Glossaire de la langue romane. *Paris, Warée*, 1808, 2 vol. in-8. 30 fr. — Pap. fin, 35 fr., et plus en Pap. vélin. — Supplément. *Paris, Chasseriau*, 1820, in-8. 7 fr. — Pap. vélin, 14 fr. [10908]

L'édition de ce glossaire est épuisée, et ne se trouve plus facilement. On en fait usage en attendant un ouvrage meilleur et plus complet.

DICTIONNAIRE étymologique de la langue française, où les mots sont classés par famille, contenant les mots du Dictionnaire de l'Académie française, avec les principaux termes d'art, de sciences et de métiers, par le même de Roquefort ; précédé d'une dissertation sur l'étymologie, par J.-J. Champollion-Figeac. *Paris, Gœury et Decourchant*, 1829, 2 vol. gr. in-8. 16 fr., et plus cher en pap. vél., avec titre en rouge. [10931]

L'*État de la poésie française dans les XII*e *et XIII*e *siècles*, ouvrage de Roquefort qui a remporté le prix proposé par l'Institut en 1810, a été imprimé à Paris, en 1814 (nouveau titre, 1821), in-8. ; aux derniers exemplaires est ajoutée une *Dissertation sur la chanson chez tous les peuples*, pp. 481 à 496. [13145] C'est le même auteur qui a écrit le texte de l'ouvrage suivant :

VUES pittoresques et perspectives des salles du Musée des monumens français et des principaux ouvrages de sculpture, d'architecture et de peinture sur verre, qu'elles renferment, grav. en 20 estampes, par MM. Lavallée et Réville, d'après les dessins de M. Vauzelle. *Paris, impr. de P. Didot*, 1818-21, in-fol. max., publié en 5 livrais. 40 à 50 fr. [9680]
— Voy. MARIE de France.

ROQUES (*Jos.*). Plantes usuelles indigènes et exotiques d'après nature, avec la description de leurs caractères distinctifs et de leurs propriétés médicales. *Paris*, 1807-8, 2 vol. in-4., avec 72 et 61 pl. color. [4923]

Cet ouvrage, dont les figures sont très-médiocres, a été reproduit en 1809, aussi en 2 vol. in-4., avec 144 pl. en pap. ordin. et en pap. vélin. Il est maintenant à très-bas prix. L'auteur a donné depuis : *Nouveau traité des plantes usuelles*, Paris, 1837, 4 vol. in-8.

— PHYTOGRAPHIE médicale, ornée de figures coloriées de grandeur naturelle, où l'on expose l'histoire des poisons tirés du règne végétal, et les moyens de remédier à leurs effets délétères, avec des observations sur la propriété et les usages des plantes exotiques. *Paris, l'auteur, et Ch. Gosselin*, 1821-25, 2 vol. gr. in-4., avec 180 fig. color. [5547]

Publié en 36 livraisons, au prix de 8 fr. chacune, et en pap. vélin jésus, grandeur pet. in-fol. 30 fr., ensuite donné à beaucoup meilleur marché.
Une nouvelle édition entièrement refondue, *Paris et Lyon, Cormon*, 1834-35, 3 vol. in-8. et atlas de 150 pl. color., a été annoncée à 60 fr.

— HISTOIRE des champignons comestibles et vénéneux. *Paris, Hocquart*, 1832 (ou 2e édit., augmentée, 1841), in-8., avec 24 pl. color. 18 fr., et plus en pap. vél. [5368]
Publié en six livraisons.

RORARIUS (*Hieronymus*). Quod animalia

Roquefeuil (*Cam.* de). Voyage, 19875.
Roquete (*J.-J.*) et Fonseca. Dictionnaire portugais-français, etc., 11186.

bruta sæpe ratiọne utantur melius homine, libri II, quos recensuit, dissertatione de anima brutorum, adnotationibus auxit Geor. H. Ribovius. *Helmstadii*, 1728, in-8. [3621]

Édition la plus complète : 4 à 6 fr.; celles de *Paris*,
1648, in-8., et d'*Amsterd.*, 1654 ou 1666, in-12,
ont moins de valeur.

RORDORFF (*J.-H.*). XL Emblemata mis-
cella nova. Das ist X L Underschiedliche
ausserlesene Newradirte Kunststück
durch Chr. Murern von Zürych inven-
tirct, und mit eygener Handt zum Truck
in Kupffer gerissen... mit Reimén er-
kläret durch J.-H. Rordorffen. *Zürych*,
1622, in-4, titre et 40 eaux-fortes.

Édition originale. 36 fr. Perret, en 1860.

RORGUES (*Marci* de), cœnobii du Bois-
Dallonne commendatarii, vicariique generalis R. P. Germani de Ganay, episcopi et comitis cathurcensis, oratio ad
celebrem et inclitam universitatem ca-
thurcensem; ejusdem altera oratio in tri-
buendis insigniis doctoralib. domino Fa-
biano de Salva, cumque Petri Boulemati,
Claudii et Petri de Maleval, fratrum lug-
dunensium, Joannis de Narbona et aliorum epistolis. *Tholosæ, apud Joannem
Fabri*, 1509, pet. in-4. goth. de 32 ff.,
avec une fig. sur bois. [12158]

Le titre de cet opuscule rare est donné par Du Verdier
(édit. in-4., IV, p. 165), et moins exactement dans
le catal. de M. Francisque Michel, n° 616.

ROS (*Carlos*). Diccionario valenciano-
castellano. *Valencia*, 1764, pet. in-8.
[11669]

Ce dictionnaire est assez rare : 10 à 15 fr. Il y en a
une première édition sous le titre de *Breve diccionario*, Valencia, 1739, pet. in-8.

— Tratat de adages y refranys valencians
y pratica pera escriure ab perfeccio la
lengua valenciana. *Valencia*, 1788, in-8.

— Rondalla de Rondalles, a imitacio del
Cuento de Cuentos de don Francisco de
Quevedo, y de la Historia de Historias
de don Diego de Torres, composta per
un curios apassionat a la llengua llemo-
sina ; y treta a llum per Carlos Ros.
En Valencia, Benet Montfort, 1776,
pet. in-8.

Cet ouvrage est une espèce de centon d'idiotismes
et de lieux communs populaires, propres au dialecte limousin. Les exemplaires, on peut bien le
croire, en sont plus rares en France que dans la
province de Valence ; voilà pourquoi celui de Ch. Nodier a été vendu 31 fr. 50 c. Il était relié en *m. v.*,
et on l'avait annoncé comme *rarissime*.

ROSA (*Salvator*). Has eludendi otii Carolo Rubeo singularis amicitiæ pignus
D. D. D. (*absque anno*), pet. in-fol.

Rosa (*Mich.*). Delle Porpore, 29011.

Cet œuvre se compose en tout de 36 ff., dont les
16 premiers contiennent 62 fig. de soldats, les trois
suivants, 6 figures de dieux marins, et les 17 autres, de grandes compositions.

— Salvator Rosa invenit. Recueil de 60 fig.
(*Paris, Poilly*), in-4. [9458]

Vend. 16 fr. Méon.

— Varia et concinnata delineamenta. *Romæ*, 1780, in-fol. [9458]

85 sujets gravés par Ch. Antonini : vend. 31 fr. Boutourlin.

— Satire di Salv. Rosa. *Amsterd., Bernard*, 1719, pet. in-8. 3 à 4 fr. [14956]

Vend. 12 fr. *mar. r.* Randon de Boisset.
La première édition de ces satires est un in-12 de
160 pp. et un f., assez mal imprimée, et dont le
titre porte cette fausse indication : *Amsterdam,
Severo Protomastix*, mais pas de date : elle a
paru vers 1664.

— LE MEDESIME, colle note d'Anton.-Mar. Salvini.
Amsterd., 1770, in-8. 3 à 4 fr.

— LE MEDESIME. *Londra*, 1791, in-8. 4 à 5 fr.

Édition assez belle, ainsi que celle de *Lond.*, 1824,
in-8., portr., qui n'a été tirée qu'à 240 exempl. Ces
satires ont aussi été réimprimées avec celles de
Menzini : *Londra (Livorno)*, 1787-88, 2 tom. en
1 vol. in-12, et plusieurs fois encore. L'édition de
Florence, Tofani, 1831, in-8., avec des notes de
Salvini et autres, est une des plus belles.

ROSACCIO (*Gioseppe*). Viaggio di Venetia a Constantinopoli per mare e per
terra, e insieme quello di terra santa.
Venetia, 1598, in-4. obl., carte et fig.
31 fr. Erdeven, n° 1343. [19939]

ROSÆUS (*Alex.*). Virgilii evangelisantis
Christiados lib. XIII. *Roterod.*, 1653,
pet. in-12. 3 à 5 fr. [13112]

Imprimé d'abord à Londres, en 1634, in-12. Il y a aussi
une édition de *Zurich*, 1664, pet. in-12.

— Virgilius triumphans, cum psycomachia
virgiliana. *Roterodami*, 1661, pet. in-12.
3 à 5 fr. [13113]

Ces deux volumes sont peu communs.

ROSARIO della gloriosa Vergine Maria
(per el religioso Padre F. Alberto da
Castello). *Venetia, Marchio Sessa &
Piero di Rauani*, 1522, pet. in-8. demi-
goth., avec de nombreuses gravures sur
bois. [1679]

Un exemplaire dans sa première rel. 2 liv. Libri, en
1859. A la même vente (n° 2360), se trouvait un
exemplaire de ce *Rosario*, sans lieu ni date, in-8.,
avec des bordures et des grav. sur bois, édition
supposée de Venise, 1521 ; il n'a été vendu que
5 sh., parce.qu'il y manquait le f. 152.

— ROSARIO della gloriosa Vergine Maria. *Venetia*,
1524, pet. in-8. fig. sur bois. [1679]

36 fr. Revoil, sans avoir réellement cette valeur.

— ROSARIO de la gloriosa virgine Maria. *Venet.,
Vittor. della Serena*, 1541, in-8. goth. de 252 ff.
chiffr. et 3 ff. non chiffr. 10 à 15 fr.

Orné de gravures sur bois assez remarquables, qui
font aussi partie de l'édition de Venise, 1548, pet.
in-8. (vend. 15 fr. 50 c. Heber), et de plusieurs
autres.

ROSARIO (Siguese el) figurativo de l'alma cristiana, que contiene cinquenta articulos de la vida e passion de nostro redemptor Jesu x͞p͞o. *Imprimiose en la villa de Enueres por Guillermo Vosstermann*, M. DXXXVI, in-16. [321]

Petit livre orné de 56 fig. sur bois.

ROSARIUM. Rosariũ bt͞e Marie v'gʒ. (au verso du dernier f.) : Istud Marie rosarium Antwerpie impressum est. *Anno Domini M. cccc. lxxxvij.* in-16 goth. de 40 ff. non chiffrés, signat. a—e, avec 57 vignettes sur bois.

Ce petit livre a été réimpr. à Anvers, en 1489, in-16. On en cite aussi une édition de Séville (*Hispali*), 1491, in-4.

— Rosarium, sive Psalterium beatæ virginis. *Antuerpiæ*, 1604, pet. in-12. 10 à 12 fr.

Volume orné de 33 pl. gravées par J. Collaert, d'après Martin de Vos. Un exempl. rel. en *mar. r. doublé de mar.* par Duru, *avec dorure à petits fers*, par Marius Michel, 171 fr. Solar.

ROSARIUM Virginis Marie. — *Impressum brugis per me Heynricum de Valle anno d͞ñi M. cccc. tertia decima die mensis martii*, pet. in-8. goth. de 24 ff. [1678]

Petit volume fort rare, orné de vingt-trois figures grav. sur cuivre, et placées au verso de chaque feuillet. Les trois mots du titre ci-dessus sont pris dans l'avertissement qui se lit au verso du prem. f., et qui commence ainsi : *Um secundum sanctos doctores.*

Avant la publication de ce livre il existait déjà un *Speculum Rosariorum Jehsu et Mariæ*, Antuerp., Gerard Leeu, 1489, pet. in-8. (catal. de Servais, n° 850) ; et aussi *Corona mystica beate marie virginis*, 1492 (voy. CORONA) ; mais le *Rosarium* de 1503 est le plus ancien livre connu, avec des figures, en taille-douce, qui ait été impr. dans la Belgique, et en même temps la seule édition qui porte le nom de Henri de Valle, ou *van den Dale* (*Notice sur Colard Mansion*, pp. 12 et 95).

ROSARIUM mysticum animæ fidelis. *Antuerpiæ apud Martinum Cæsarem*, 1533, pet. in-8.

Livre orné de 56 gravures sur bois, par Jan Walter Van Assen, *mar. r.* du pr. catal. Borluut, n° 136, où l'ouvrage est placé sous le nom de Thomas a Kempis.

— Voyez ORTULUS rosarum.

ROSARIUS (*Sim.*). Voy. ANTITHESIS.

ROSASCO (*Girolamo*). Della lingua toscana dialoghi sette. *Torino*, 1777, in-4. et aussi 2 vol. in-8. 6 fr. [11088]

Réimpr. *Milano, Silvestri*, 1824, 2 vol. gr. in-16.

—Rimario toscano di voci piane, sdrucciole e tronche. *Pisa*, 1819, in-4. 10 fr. [14432]

Réimpression de l'édition de *Padoue, Manfrè*, 1763, in-4.

ROSASPINA. Pinacoteca della pontificia

Accademia delle belle arti in Bologna, disegnata ed incisa da Fr. Rosaspina, *Bologna*, 1820-30, gr. in-fol. [9403]

Vend. 79 fr. Boutourlin, en 1841.

Publié en 12 livraisons de 6 pl. chacune, avec un texte en italien et en français. Prix de la livrais., 16 fr.; épreuves avant la lettre, 32 fr.

ROSCOE. Monandrian plants of the order Scitamineæ, chiefly drawn from living specimens at the botanic Garden at Liverpool ; arranged according to the system of Linnæus, with descriptions and observations. *Liverpool, G. Smith*, 1828, très-gr. in-fol. [5441]

Cet ouvrage renferme 112 belles planches color. : il n'en a été tiré qu'un très-petit nombre d'exemplaires pour les souscripteurs, et les pierres en ont été détruites après le tirage. Le prix de souscription était de 15 liv. 15 sh. ; mais il est réduit à 6 liv. 6 sh. dans le catal. de Willis et Sotheran, de 1862.

ROSCOE (*Will.*). Life of Lorenzo de' Medici. *Liverpool*, 1795, or *London*, 1797, 2 vol. gr. in-4. fig. 20 à 24 fr. [25538]

Cet excellent ouvrage a été réimprimé à *Londres*, 1800, 3 vol. in-8. — 1827, 2 vol. in-8. — 1846, en un seul vol. in-8. — et traduit en français par Fr. Thurot, *Paris*, 1798, 2 vol. in-8. On a retranché d'une partie des exempl. de cette traduction la lettre du traducteur *au cit. Lecouteulx*, parce qu'elle est remplie d'idées républicaines, qu'on pouvait émettre en l'an VII, mais qui n'avaient déjà plus cours en l'an VIII.

— ILLUSTRATIONS, historical and critical, of the life of Lorenzo de' Medici, called the magnificent; with an appendix of original and other documents. *London, Cadell*, 1822, in-4. 12 à 15 fr. [25539]

Ce volume se joint à la Vie de Laurent de Médicis. Les deux ouvrages ont été traduits en italien : le premier par Gaetano Marchesini, *seconda edizione con aggiunte*, Pisa, 1816, 4 vol. in-8. portrait ; le second (les *Illustrations*) par V. P., *Firenze*, 1823, 2 vol. in-8. portrait.

—The Life and pontificate of Leo the tenth. *Liverpool*, 1805, 4 vol. gr. in-4. fig. [21649]

Belle édition : 30 à 40 fr., et plus en Gr. Pap.

— The same; the second edition, corrected. *London*, 1806, 6 vol. in-8. 36 à 42 fr.

Réimprimé à *Londres*, 1827, 4 vol. in-8. 24 à 30 fr.

— LA VIE et le pontificat de Léon X, traduit de l'anglais par M. Henry ; seconde édition, corrigée. *Paris*, 1813, 4 vol. in-8. fig. 16 à 18 fr., et plus en pap. vél.

VITA e pontificato di Leone X, di G. Roscoe, tradotta e corredata di annotazioni e di alcuni documenti inediti da L. Bossi. *Milano*, 1816-17, 12 vol. in-8. 30 fr.

Cette traduction est recherchée à cause des notes et des augmentations qu'elle contient.

ROSCOE (Mrs Edward). Floral illustrations of the seasons, consisting of the most beautiful, hardy and rare herba-

Roscher (*Guil.*). Économie polit., 4058.
Roscoe. Life of William the Conqueror, 26890.
Roscoe (*H.*). Life of W. Roscoe, 30957.

ceous plants, cultivated in the flower garden. *London, Roldwin*, 1831, in-4., avec 55 pl. color. 2 liv. 2 sh. [4971]

ROSE. Inscriptiones græcæ vetustissimæ. Collegit, et observationes tum aliorum tum suas adjecit Hugo Jacobus Rose. *Cantabrigiæ, et Londini, Murray*, 1825, gr. in-8. 1 liv. 1 sh. [29933]

ROSE. Voy. LIBER de justa, etc.

RÖSEL. Voy. ROESEL.

ROSELLI (*Alessandro*). Salus italica (*senza nota*), in-4. de 12 ff., en caract. romains.

Opuscule poétique à la louange de la maison de Médicis, impr. au commencement du XVIe siècle. Au verso du premier f. *Bartholomeus ad lectorem ;* au verso du 2e la dédicace d'Alexandre Rossi à Léon X ; à la fin de la pièce, une énigme en 2 vers. Molini (*Operette*), n° 324.

ROSELLI ou Rosselli. Opera nova chiamata Epulario, quale tracta il modo de cucinare ogni carne, ucelli, pesci d' ogni sorte. Et fare sapori, torte, pastelli, al modo de tutte le provincie, composta per maestro Giovanne de Rosselli. *In Venetia, per Agostino Zanni da Portese,* 1516, pet. in-8., avec une fig. sur bois au titre. [10282]

Édition rare, et la plus ancienne que l'on connaisse de cet ouvrage d'autant plus curieux pour nous qu'il est d'un Français. Un exemplaire en *mar. r.* rel. par Capé, est porté à 70 fr. dans le nouveau catal. de L. Potier, 1860, n° 742.

— OPERA nova chiamata Epulario, quale tracta il modo di cucinare ogni carne, uccelli, pesci d' ogni sorte, far sapori, torte, pastelli cõposte p maestro Giouãne, Uosselli frãcese. (au recto du dernier f.) : *Stampato in Venetia, per Nic. Zopino et Vincenzo compagni, Nel* M.D.XVII. *a di xx de Agosto,* pet. in-8. goth. à 2 col., contenant 45 ff., y compris la table. [10282]

Autre édition rare. 34 fr. *non rel.* Libri-Carucci.

Une édition pet. in-4. du même livre et sous la même date d'année, porte cette souscription : *In Uenetia per industria e spesa di Nicolo Zopino et Uincenzo compagni in la chasa de Maistro Jacomo Penci da Lecho impressore acuratissimo. Nel* M.D.XVII. *adi.* III *del Mese de Aprile* (Molini, p. 161). Haym ne cite que celle de Venise, Nic. Zoppino, 1518.

— OPERA nova chiamata Epulario. *Venetia, per Nic. Zoppino et Vincenzo compagni, in la casa di Alexandro de Bindoni,* 1521, pet. in-8.

Édition non moins rare que la précédente.

Ce même ouvrage a été réimprimé à Venise, en 1536, en 1579, etc., pet. in-8.

ROSELLINI. Monumenti dell' Egitto e de la Nubia , disegnati dalla spedizione scientifico-letteraria toscana in Egitto, distributi in ordine di materie, inter-

pretati ed illustrati dal dottore Ippolito Rosellini. *Pisa, Nic. Capurro,* 1833-44, 9 vol. in-8. et 3 vol. de pl. in-fol. atlant. [28355]

Ouvrage publié en 40 livraisons au prix de 20 fr. chacune. Les planches reproduisent les mêmes dessins que celle des *Monuments de l'Egypte* de Champollion le jeune ; mais le texte a été écrit tout exprès pour cette publication italienne.

L'ouvrage est distribué de la manière suivante : première partie : *Monumenti storici*, tom. I, II, III, en 2 part., et IV. —Seconde partie : *Monumenti civili,* tom. I, II, III. — Troisième partie : *Monumenti del culto,* 1 seul vol. — Atlas, tom. I : *Monumenti storici,* pl. 1 à 173 (ce n° est répété cinq fois). Tom. II : *Monumenti civili,* pl. 1 à 135. Tom. III : *Monumenti del culto,* pl. 1 à 86. Les derniers volumes du texte et des planches ont été achevés et publiés par Bardelli, Migliarini, et autres.

— Elementa linguæ ægyptiacæ, 11935.

ROSELLIS (*Antonius* de). Tractatus de potestate imperatoris; ac pape : et an apud papam sit potestas vtriusque gladii. Et de materia conciliorum : qui appellatur monarchia. Editus per... dominum Antonium de Rosellis de aretio. (in fine) : *Impensis et arte Hermanni Lichtenstein coloniensis impressum anno salutis millesimo quadringentesimo octuagesimo septimo. Non. calen. Iulii Venetiis,* in-fol. goth. de 111 ff. chiffr., 1 f. bl. et 2 ff. non chiffr., à 2 col. [3220]

Pour une édit. de ce traité, impr. à Venise, en 1483; et pour les autres ouvrages du même jurisconsulte, consultez Hain, nos 13973 et suiv. Une édit. de Pavie, 1517, in-fol., est décrite par Panzer, VII, p. 498.

ROSEN (*Frid.*). Radices sanskritæ. *Berolini, Dumler,* 1827, in-8. 10 fr. [11753]

ROSENBERG (*J.* Wynne, comtesse de). Voyez WYNNE.

ROSENMÜLLER (*Ern.* - *Frid.* - *Car.*). Scholia in Vetus Testamentum. *Lipsiæ, Barth,* 1788-1835, part. XI, en 23 vol. in-8. [429]

Ce grand ouvrage contient : Pars I, *Genesis et Exodus*, 1788 (réimpr. en 1795) ; II, *Leviticus, Numeri, Deuteronomium,* 1798 ; III, tom. 1 à 3, *Jesaiæ Vaticinia,* 1811-19 ; IV, tom. 1 à 3, *Psalmi,* 1800-4 ; V, tom. 1 et 2, *Jobus,* 1806 ; VI, tom. 1 et 2, *Ezechiel,* 1808; VII, tom. 1 à 4, *Prophetæ minores,* 1812-16; VIII, tom. 1 et 2, *Jeremias,* 1825; IX, tom. 1 et 2, *Salomon,* 1828-30 ; X, *Daniel,* 1831 ; XI, vol. 1, *Josua,* 1832-35. Les 23 volumes ont coûté environ 150 fr.

— SCHOLIA in Vetus Testamentum, in compendium redacta : auctor recognovit novisque observationibus auxit. *Lipsiæ,* 1827-36, in-8., vol. I-VI, jusqu'au petits prophètes.

Le 6e volume a été donné par Jo.-Chr.-Sigism. Le-

---

chner. — Prix des 6 vol., 12 thl. — Pap. vél.,
18 thl.

Les *Scholia in Novum Testamentum*, 5 vol. in-8.,
ouvrage parvenu à sa 6ᵉ édition (*Norimb.*, 1815-
30), sont de Jean-George Rosenmüller, auteur de
l'*Historia interpretationis librorum* (550) qu'il
ne faut pas confondre avec son fils, objet du présent article. [504]

— INSTITUTIONES et fundamenta linguæ arabicæ :
accedunt sententiæ et narrationes arabicæ, una
cum glossario arabico.-lat. *Lipsiæ, Barth*, 1818, gr.
in-8. 18 fr. [11610]

— ANALECTA arabica, edidit, latine vertit et notis
illustravit E.-Fr.-C. Rosenmüller. *Lipsiæ, Barth*,
1825-28, 3 part. in-4. [19475]

La première partie de 44 et 23 pp. porte le titre suivant : *Institutiones juris Mohammedani circa
bellum contra eos qui ab Islamo sunt alieni, e
duobus Al-Codurii codicibus nunc primum arabice edidit, latine vertit, glossarium adjecit R.*
— La seconde, de 55 et 49 pp., contient : *Zohairi
carmen Ali-moallakah appellatum, cum scholiis
Zuzenii integris et Nachasi selectis e codicibus
manuscriptis arabice edidit, latine vertit R.* —
La troisième partie renferme 56 pp. et 27 pp. de
texte arabe.

— DAS ALTE und neue Morgenland. Voy. l'article
BURDER.

— Handbuch, 532 et 604. — Commentationes, 610.

ROSENMÜLLER (*J.-C.*). Icones chirur-
gico-anatomicæ, germanice et latine.
Weimar, 1805-11, 3 part. gr. in-fol.
[7635]

Cet ouvrage se compose de 68 pl., et il a coûté 43 thl.
— color., 78 thl., mais il est moins cher aujour-
d'hui.

— Oculi humani descriptio, 6831.

ROSENVINGE (*J.-L.-A.* Kolderup). Le-
ges regis Canuti. Voy. CANUT.

— Samling af gamle danske Love, 3108.

ROSEO de Fabriano (*Mambrino*). Lo as-
sedio τ jmpresa di Firenze, con tutte le
cose successe : jncominciando dal laudabile accordo del summo Pontifice &
de la Cesarea Maesta, et tutti li ordini,
et battaglie seguite. — *In Peroscia per
Girolamo Cartolai alli III. die di Decembre* M.D.XXX, pet. in-4. de 2 et 47 ff.
à 2 col., sign. A—H. [14676]

Ouvrage en vers, devenu rare. L'auteur n'est pas
nommé sur le titre, mais il a mis son nom à l'é-
pître dédicat. à *Malatesta Baglione*. L'exempl. de
ce livre, que possède la Biblioth. impériale, a les
8 premiers ff. imprimés sur VÉLIN.

— Lo Assedio et impresa di Firenze, con
tutte le cose successe : incominciado dal
laudabile accordo del summo Pontifice
et la Cesarea Maesta, et tutti le ordini a
battaglie seguite. *Venegia, Fr. di Aless.
Bindoni et Maph. Pisani*, 1531, in-8.
de 48 ff. à 2 col., car. demi-goth.

Autre édition rare. 120 fr. *mar. olive* Libri, en 1847.

ROSETI (*Francisci*) Veronensis Mavris.
(in fine) : *Ioanes Tacuinus de Tridino
cum senatus Veneti decreto Venetiis
excudebat* M.D.XXXII. in-4. de 60 ff.
chiffr., lettres rondes, avec une vignette
sur bois au frontispice. [12772]

Poëme latin en trois chants, à la louange de Ste. Ursule
et de S. Eucer ; il est dédié à Henri VIII, roi d'Angleterre (Molini, *Operette*, p. 205, nᵒ 382).

ROSETTI (*Blasius*). Libellus de rudimen-
tis musices. *Veronæ*, 1529, in-4. [10130]

Biblioth. Pinell., I, 341.

ROSETTI. Plictho de larte de tentori che
insegna tenger panni, telle, banbasi et
sede (et corami), si per larte magiore
come per la comune. — *Composto per
Gioanventura Rosetti..... In Venetia,
per Franc. Rampazetto*, 1540, in-4.
fig. sur bois. [4446]

Cet ancien traité de la teinture des étoffes est curieux
et rare. 55 fr. Libri en 1847; 25 fr. le même en
1855, et 19 sh. en 1859.

ROSIER (*Jean*). Poëmes françois conte-
nans plusieurs épithalames, épigrammes, épitaphes, élégies, comédies et autres discours plains de moralité et de
piété ; divisé en quatre livres, par Jean
Rosier, prestre, pasteur d'Esplechin, au
diocèse de Tournay. *Douay, Pierre
Auroy*, 1616, pet. in-8. de VII ff. et
327 pp. [13878]

Ce Recueil est annoncé sous la date de 1596, dans la
Bibliogr. douais., nᵒ 499 ; mais ce doit être par
suite d'une erreur, car tous les exemplaires que
nous avons vus sont de 1616, et même il s'y trouve
plusieurs morceaux sous cette date. La pièce intitulée *Isaac*, qui en fait partie, est prise tout entière
dans l'ancien mystère d'*Abraham sacrifiant*, représenté en 1539, ainsi qu'on l'a fait remarquer
dans le catal. de M. de Soleinne, nᵒ 990, où un
exempl. des *Poëmes françois* de Rosier est porté à
21 fr.

Jean Rosier a écrit en latin, *Pia poemata*, Tornaci,
Martinus, 1611, pet. in-8. et *Roselum poeticum*,
Duaci, P. Auroius, 1616, pet. in-8., volume dans
lequel se trouve *Jo. Volcardi opuscula quædam
poetica.*

ROSIER (le) des chansons nouvelles, tant
de l'amour que de la guerre, contenant
la pluspart des heureuses victoires obtenues en Auuergne et ailleurs. *Lyon, Ben.
Rigaud*, 1580, in-16 de 64 ff. y compris
la table. [14277]

Livret fort rare.

ROSIER historique. Voy. ROSIER.

ROSIER (*James*). A true Relation of the
most prosperous voyage made this present yeere 1605, by captain George Way-
mouth, in the discovery of the land of
Virginia, where he discouered 60 miles
up a most excellent riuer. Written by
James Rosier, a gentleman employed in
the voyage. *Londini, impensis Georg.
Bishop*, 1605, in-4. goth. de 20 ff., sign.
A—E. [21042]

Opuscule fort rare. 9 liv. 9 sh. Inglis.

ROSIÈRES (*Fr.* de). Stemmata Lotharin-
giæ et Barri ducum tomi VII, ab Ante-
nore Trojano ad Caroli III, ducis tem-

pora. *Paris., Chaudiere*, 1580, in-fol.
[24889]

Cet ouvrage, écrit par un chaud partisan des Guise, contient bien des faits apocryphes, ainsi qu'on le prouve dans l'*Académie des inscript. et belles-lettres*, XXXIV, p. 173, sur le témoignage de J.-A. de Thou.

ROSIÈRES (*Jean* de). De la Maladie et mort de monseigneur et très illustre prince Charles, cardinal de Lorraine..... *Au Pont-à-Mousson, par Melch. Bernard*, 1608, pet. in-8. de 40 ff. non chiffrés. [24897]

J. de Rosières avait déjà fait imprimer, chez le même Melch. Bernard, en 1606, un in-12 de 80 pp. ayant pour titre :

NOTABLES observations sur le mariage de Mgr Henry, prince de Lorraine, duc de Bar, avec Madame Marguerite de Gonzague, princesse de Mantoue (Beaupré, p. 247, et ses *Nouv. recherches*, p. 31).

ROSIÈRES de Chaudeney (le sieur de). Les Roses de l'amour celeste, fleuries au verger des meditations de sainct Augustin. *S.-Mihiel, Francois Du Bois,* 1619, pet. in-8. de 20 ff. prélim. et 141 ff. chiffr. [13930]

Ouvrage en vers, orné de jolies vignettes en taille-douce. 17 fr. 50 c. en 1843 ; 25 fr. Coste.

ROSIERS (de). Nehri, chef des Haytiens, tragédie en 3 actes et en vers par son Excellence monsieur le comte de Rosiers. *Sans-Souci, de l'imprimerie roy.*, 1819, *an* XVI *de l'indépendance d'Hayti,* in-8. pap. vél. [16569]

Cette pièce, imprimée au Cap, Île de Saint-Domingue, est qualifiée de très-rare dans la catal. Cigongne, n° 1711.

ROSIGLIA da Fulgino (*Marco*). Opera (cioè sonetti, capitoli, egloghe, strambotti, e due prediche d' amore) nuovamente corretta, con addizione. *Venezia, per Nic. Zoppino e Vincenzo compagni,* 1521, pet. in-8., lettres ital. [14504]

Édition rare d'un poète peu connu, lequel est nommé dans ses ouvrages, tantôt *Rosiglia*, tantôt *Rosiglio* ou *Rosilia*, ou simplement *Marco de Fulgino*, et en latin.*Marcus Rosilio*. — L'édition de Venise, 1515, pet. in-8. en lettres rondes, est un peu moins complète que celle de 1521, ainsi qu'on peut le voir dans le *Catalogue Capponi*, p. 327. Haym (*Biblioth. ital.*, édition de 1771, p. 237) dit que la *Predica di amore*, ouvrage fort licencieux, a été réimprimée séparément à Florence, en 1556, in-8.

ROSIMOND (*J.-B.* Dumenil dit). Recueil de ses pièces de théâtre, in-12. [16459]

Ces pièces, au nombre de sept, sont ;

1° Le Duel fantastique, ou les valets rivaux, comédie, *Grenoble, P. Fremont*, 1668 ; 2° Le Nouveau festin de Pierre, ou l'athée foudroyé, trag.-coméd., *Paris, Pierre Bienfait*, ou *Fr. Clouzier*, 1670 (une édit. de *Paris, Est. Loyson*, 1665, sans le mot *nouveau*, est portée dans le catal. de Soleinne, second suppl., p. 247, mais peut-être s'agissait-il là de la pièce de Dorimond, sous le même titre) ; 3° La Dupe amoureuse, comédie, 1671 ; 4° Les Trompeurs trompez, ou les femmes victorieuses, 1671 ; 5° Le

Qui-pro-quo, ou le valet étourdy, 1673 ; 6° L'Avocat sans étude, 2° édit., 1676, pièce jouée en 1670 sous le titre de *Savetier avocat ;* elle a été impr. sous ce titre, avec le nom du sieur Scipion, comédien du roi, à *La Haye, chez Adr. Moetjens*, en 1683, et sous le titre de *L'Avocat sans pratique*, jouxte la copie impr. à Paris, 1702 ; 7° Le Volontaire, comédie, *Paris, P. Promé*, 1678. Les sept pièces, 10 fr. Méon ; 15 fr. de Soleinne ; Le Nouveau festin de Pierre, édit. de 1670, rel. en *mar. r.*, a été vendu seul 23 fr. 50 c. Ch. Giraud.

On a fait paraître sous le nom de M. de Rosimont, comédien du roi pour le comique, la pièce suivante qui serait, dit-on, de Brécourt :

LA NOCE de village, comédie, avec plusieurs lettres d'amour, chansons et airs nouveaux qui se chante et danse (*sic*) dans les banquets et noces de village. *Poris, V° Ant. Raffié*, 1705, 2 part. in-8. de 32 pp. chacune. La seconde a pour titre : *Chansons nouvelles et gaillardes, pour chanter et danser dans les banquets et compagnies de village et pour les gens de métiers.*

ROSINI (*Joan.*) Antiquitatum romanarum corpus absolutissimum, cum notis Th. Dempsteri : accedunt P. Manutii de legibus et de senatu libri II, etc. *Amstelod.*, 1743, in-4. fig. [29164]

Bonne édition donnée par J.-Gr. Reitz : 10 à 15 fr. Celle d'*Utrecht*, 1701, in-4., est moins chère : 6 à 10 fr. La plus ancienne est celle de *Bâle*, 1583, in-fol.

ROSINI (*Carlo*). Voy. vol. III, col. 111, article HERCULANENSIUM voluminum quæ supersunt, auquel, pour le compléter, il faut ajouter ce qui suit :

Les trois premiers tomes de ces *Volumina* contiennent : *Philodemus de musica; Epicurus de natura libri II et Philodemus de vitiis et virtutibus oppositis et de rerum subjectis et objectis.* On trouve dans le IV° vol. (de 1832) *Polystratus de injusto contemptu et Philodemus de rhetorica,* avec 44 pl. Dans le vol. V, 1re part. (de 1835) *Philodemus de Rhetorica , et Philodemus Sermonum de vita et moribus compendiaria ratione excerptorum et Zenonis libris qui est de dicendi libertate ,* avec 62 pl.; dans le vol. V, part II (de 1843) la suite, avec 95 pl. Dans le tome VI (de 1839) *Philodemus de Deorum vivendi ratione et Metrodorus de sensionibus*, avec 45 pl., tome VII (nous n'en connaissons pas le contenu). Dans le tome VIII (de 1844) *Philodemus de eo quod juxta Homerum est bonum populo et De philosophia,* avec 57 pl.; dans le tome IX (de 1848) *Philodemus de morte ,* avec 27 pl. Dans le tome X, *Philodemus de gratia et Epicurus de gratia*, avec 30 pl. Dans le tome XI (de 1855) *Philodemi de rhetorica lib. I V,* part. 1re, avec 88 pl.

ROSINI (*Giovanni*). Opere. *Pisa, Capurro*, 1835-53, 11 vol. in-8. 45 fr. : — pap. vél. 60 fr. [19261]

Contenu de cette collection : I. *Tre Commedie in versi, il Gil Blas, il Parasito e l'Avaro di Moliere.* — II. *Tre Commedie in prosa, il Torquato Tasso, le Conseguenze impreviste d'un duello; e la Zia e i Nipoti.* — III. *Elogi della Fabbroni, di Vaccà, Pindemonte, Fruttani, ecc.* — IV. *Della necessità di scrivere nella propia Lingua; nuove Lettere sulla Lingua italiana; risposta al Carmignani, e lettera al M. Azzolino.* — V. *Saggi su Guicciardini, Canova, Dante e Pignotti.* — VI. *Rime varie.* — VII. *Saggio sugli amori di*

Rosini (*Celsus* de). Lycæum lateranense, 31621.

Torquato Tasso; tre lettere al Sacchi; risposta e replica al sig. G. Capponi, ecc. — VIII. *Nuove Rime d'un vecchio Poeta.* — IX. *Miscellanee in versi e prosa.* — X e XI. *Nuove Rime e Prose.*

Romans de Giov. Rosini.

— LA MONACA di Monza, storia del secolo XVII. *Pisa,* 1829, 3 vol. in-8. [17389]
La 8e édition de ce roman est de *Paris, Baudry,* 1830, 2 vol. in-12. 9 fr. C'est sur cette dernière que M. Jean Cohen a fait la traduction française intitulée : *La Religieuse de Monza, épisode du* XVIIe *siècle, faisant suite aux Fiancés de Manzoni,* Paris, Fournier jeune, 1830, 5 vol. in-12.
Le texte original a été réimprimé sous le titre de *La Signora di Monza,* Milano, Manini, 1840, in-8., belle édition sur pap. vél., avec corrections et additions de l'auteur, et de nombreuses figures. 20 fr.
LUISA Strozzi, storia del secolo XVI. *Pisa,* 1833, 4 vol. in-8. avec 14 fig. 30 fr.; — pap. vél. 36 fr. C'est, des trois romans de l'auteur, celui qui a eu le plus de succès en Italie.
IL CONTE Ugolino della Gherardesca e i Ghibellini di Piza, romanzo storico..*Milano,* 1843, 3 vol. in-8. fig. 10 fr.

— Storia della pittura italiana, esposta coi monumenti da Giov. Rosini. *Pisa, presso Niccolò Capurro,* 1839-1854. Texte 7 vol. in-8. avec 368 pl., plus 5 vol. in-fol. atlant. contenant 254 pl. gravées au trait, ensemble 613 fr., et en papier distingué, le double. [9223]

Ce grand ouvrage est divisé ainsi : *Epoca I. Dai Greci a Massaccio;* Tomo I, pp. I-VII : 1-264 con 12 rami. 11 fr. 30 c.; Tomo II, pp. 1-302 con 38 rami. 21 fr. 70 c. — *Epoca II. Da F. Lippi a Raffaello ;* Tomo III, pp. 1-302 con 47 rami. 25 fr. 30 c.; Tomo IV, pp. 1-342 con 79 rami. 38 fr. 10 c. — *Epoca III. Da G. Romano al Baroccio ;* Tomo V, pp. 1-376 con 77 rami. 37 fr. 30 c. — *Epoca IV. Dai Caracci all' Appiani ;* Tomo VI, pp. 1-302 con 65 rami. 32 fr. 50 c.; Tomo VII, pp. 1-252 e Indice I-LXVIII, con 41 rami. 22 fr. 90 c.; Supplemento al Tomo VII, pp. 1-88 con 9 rami. 5 fr. 90 c.
Planches : Epoca I. *Monumenti Greci. Exullet del Secolo* XI, *tav.* A-E, e *Monumenti del Sec.* XIII, XIV, XV, *tav.* I-XXXVI. 69 fr. 25 c. — Epoca II. *Monumenti del Sec.* XV, XVI, *tav.* XXXVII-CVIII. 117 fr. 75 c. — Epoca III. *Monumenti del Sec.* XVI, *tav.* CIX-CLXIV, 91 fr. 75 c. — Epoca IV. *Monumenti del Sec.* XVII, XVIII, *tav.* CLXV-CXCIV, 49 fr. 75 c. — *Supplemento. tav.* CXCV-CCXVIII. 39 fr. 75 c. — *Secondo Suppl. tav.* CCXIX-CCXLVIII. 49 fr. 75 c.
— LA STESSA, seconda edizione, coi rami ridotti. Pisa 1848-54, tomi VII, con 485 *rami tav.,* in-8. Division et prix. *Epoca prima :* Tomo I, pp. 1-212 e 36 rami. 18 fr. 40 c.; Tomo II, p. 1-208 e 54 rami. 25 fr. 60 c. — *Epoca seconda :* Tomo III, pp. 1-220 e 83 rami. 37 fr. 20 c.; Tomo IV, p. 1-280 e 98 rami. 43 fr. 20 c. — *Epoca terza :* Tomo V, p. 1-294 e 102 rami. 44 fr. 80 c. — *Epoca quarta :* Tomo VI, pp. 1-234 e 75 rami. 34 fr.; Tomo VII, unitovi un Supplemento, pp. 1-196 e 37 rami e *l'Indice,* pp. I-LXIV. 18 fr. 80 c. — Le tout 222 fr.

ROSMINI roveretano (*Carlo*). Storia di Milano. *Milano, Pogliani,* 1820-21, 4 vol. gr. in-4. avec 60 grav. 60 fr.; — Pap. superfin, 90 fr. — Pap. vélin dit sous-impérial, 120 fr. [25373]

Roskovany (*Aug.* de). Monumenta catholica, 3225.

Cet ouvrage ne va que jusqu'en 1535, et il contient, dit-on, beaucoup d'erreurs. Les explications des gravures sont du Dr Jean Labus. — L'auteur a laissé en manuscrit la suite de cette histoire jusqu'à l'année 1740.

— Dell' Istoria intorno alle militari imprese e alla vita di Gian-Jacopo Trivulzio, detto il magno, libri XV. *Milano,* 1815, 2 vol. gr. in-4. fig. 18 à 24 fr. [25383]

Nous indiquons dans notre table méthodique plusieurs ouvrages du même auteur, et entre autres *Vita e disciplina di Guarino veronese,* Brescia, 1805, 3 vol. gr. in-8. [30715] Le marquis Trivulzio possède un exemplaire de ce dernier article imprimé sur VÉLIN.
— Vita di Ovidio, 30446. — di Seneca, 30448. — Vittorino da Feltre, 30713. — Vita de Filelfo, 30717.

ROSMITAL. Commentarius brevis et jucundus itineris atque peregrinationis pietatis et religionis causa susceptæ, ante centum annos bohemice conscriptus a Leone Libero, barone de Rosmital, et nunc primum in latinam linguam translatus et editus (a Stanislao Pawlowski a Pawlowicz). (*Olomuti*), *Fed. Millichtaler,* 1577, in-16. [20527]

Cette relation d'un voyage exécuté dans les années 1465 et 1466 est fort rare. Nous la trouvons indiquée dans le catalogue des Biblioth. du département de la marine, n° 12195.

ROSNIVINEN de Piré. V. POGONOLOGIE.

ROSS (the captain *John*). Voyage of discovery, made in the ships Isabella and Alexander, for the purpose of exploring Baffin's bay, and inquiring into the probability of a north-west passage. *London, Murray,* 1819, gr. in-4. fig. 20 à 24 fr. [20964]

Vend. 60 fr. Langlès.
Réimprimé à *Lond.,* 1819, en 2 vol. in-8. 12 à 15 fr.
On a une traduction française de cette relation, sous le titre de *Voyage vers le pôle arctique, etc.* (par A.-J.-B. Defauconpret), *Paris,* 1819, in-8.
A cette première relation doivent être réunis les opuscules suivants :
REMARKS on the account of the late voyage of discovery to Baffin's bay, published by captain J. Ross, by captain Edw. Sabine. *London, Booth,* 1819, gr. in-8.
AN EXPLANATION on capt. Sabine's remarks on the late voyage... by capt. J. Ross. *London, Murray,* 1819, gr. in-8.

— Narrative of a second Voyage in search of a north-west passage and a journal of a residence in the arctic regions during the years 1829-33, by sir John Ross. *London, Murray,* 1835, gr. in-4. fig. 20 à 24 fr., et plus en Gr. Pap. [20973]

Rosnel (*P.* de). Mercure indien, 4743.
Rosny (*Jos.*). Histoire d'Autun, 24560.
Rosny (*Lucien* de). Histoire de Lille, 24936. — L'Épervier d'or, 28738.
Ross (*Al.*). Religions du monde, 21337.
Ross (*J.*). Navigation by steam-engine, 8508.

Réimprimé à Paris, pour Baudry, 1835, in-8. 6 fr. et trad. en français par M. Defauconpret, *Paris*, *Barthès*, et *Bellizard*, 1835, 2 vol. in-8. 18 fr.

— An Appendix to a narrative of a second voyage in search of a north-west passage, containing scientific observations and tables : with an account of the Boothians, etc. *Lond.*, 1836, in-4. fig. color.

On a encore de ce navigateur : *Treatise on navigation by steam engine*, London, 1828, in-4. fig.

ROSS (*James* Clarcke). A Voyage of discovery and research, in the Southern and antarctic regions, during the years 1839-43, by captain sir James Clarcke Ross. *London, J. Murray*, 1847, 2 vol. in-8. fig. et cartes. 24 fr. [21192]

ROSS. Inscriptiones græcæ ineditæ. Edidit L. Ross. *Athenæ et Berolini*, 1840-45, 3 fasc. gr. in-4. 22 fr. 50. [29936]

ROSSÆUS (*Guil.*). Guilielmi Rossæi opus elegans, doctum, festivum, pium, quo pulcherrime retegit ac refellit insanas Lutheri calumnias : quibus invictissimum Angliæ, Galliæque regem Henricum ejus nominis octavum, fidei defensorem, haud literis minus quam regno clarum, scurra turpissimus insectatur : excusum denuo diligentissime, digestumque in capita, adjunctis indicibus opera viri doctissimi Joannis Carcelii. *Londini (apud Richardum Pynsonum)*, 1523, in-4. [1830]

Cette pièce se trouve quelquefois jointe à l'*Assertio* d'Henri VIII (voy. la col. 100 de notre 3ᵉ vol.).

ROSSANT (*André* de). Remontrance au peuple de Flandres, de se tenir sous la puissance et authorité de Monsieur, fils et frere de Roy, duc de Brabant, marquis du Sainct Empire, duc d'Anjou, etc., tiree d'un admirable et fatal anagramme du nom de son Altesse, qui est, Fransoys de Valloys. anagramme : O Flandres soys à luy. Dedié à son Altesse par André de Rossant, Lyonnois. *Paris, Pierre Chevillot*, 1582, pet. in-4. de 16 pp. [13867]

Opuscule en vers. Le même poëte a écrit également en vers :

La Louange du chien. *Paris, Pierre Ramier*, 1590, in-8.

L'heureux et fatal anagramme du nom de Henry de Bourbon IIII, roy de France, etc., avec un chant panegyrique et consolatif à toute la France, tiré du même anagramme. *Paris, Denis du Pré*, 1594, pet. in-8.

Morceau dans lequel l'auteur de l'*Histoire memorable* ci-dessous chante la palinodie.

Le Tombeau et éloge du duc de Joyeuse, accompagné de plainctes et regrets de la France et des heureux anagrammes, latin et françois, du nom d'icelui. *Paris, Mich. de Roigny*, 1587, pet. in-8. de 8 ff. dont un blanc. 18 fr. m. r. Coste.

Le Tombeau et discours de la vie et mort honorable de Edme de Hautefort. *Paris, P. Mercier*, 1589, in-8. de 16 pp.

Le Tombeau de... messire François de Roncerolles, seigneur de Meneville.. ensemble la louange des magnanimes guerriers. *Paris, Pierre Des-Hayes*, 1589, in-8. de 17 pp.

On attribue à de Rossant un pamphlet intitulé : *Syllogismes en quatrains sur l'élection du roi;* Lyon, Pillehotte, 1593, in-8. de 11 ff., dans lequel il émet le vœu que Henri de Bourbon périsse comme a péri Henri de Valois.

— Histoire mémorable récitant la vie de Henry de Valois, et la louange de frère Jacques Clément, comprise en 55 quatrains fort catholiques, etc. *Paris, Mercier*, 1589, in-8. de 16 pp. [23586]

Pièce rare : vend., avec d'autres du même genre, 18 fr. Méon, et quelquefois plus cher.

— Voy. Mœurs, humeur, etc.

ROSSEL (de). Voy. D'Entrecasteaux.

ROSSELLI (*Giov.*). Voy. Roselli.

ROSSELLII (*R. P. F. Cosmæ*) Thesaurus artificiosæ memoriæ, concionatoribus, philosophis, medicis, juristis, oratoribus, cæterisque bonarum litteratum amatoribus. *Venetiis, apud A. Paduanium bibliopolam florentinum*, 1579, in-4. fig. sur bois. [9034]

15 sh. Libri, en 1859.

ROSSET (*Fr.*). Hysterotomatokie. Voyez Rousset.

ROSSET (*Franc.* de) (et *Louis* Douet). L'admirable histoire du chevalier du soleil, traduite de l'espagnol (de Ortuñez de Calahorra). *Paris, Thiboust*, 1620-26, 8 vol. in-8. [17061]

Vend. 42 fr. mar. bl. Mérigot; 48 fr. Lamy; 50 fr. en 1839; 85 fr. d'Essling.

Les exemplaires qui sont complétés par les deux premiers volumes réimprimés en 1643, ont la même valeur que les autres, pourvu qu'ils soient d'ailleurs reliés uniformément.

On a de cet ouvrage et du *Roman des romans*, un abrégé attribué sans fondement au comte de Tressan, *Paris*, 1780, 2 vol. in-12, mais qui est du marquis de Paulmy et de Contant d'Orville.

— Voy. Ortuñez de Calahorra.

— Le roman des chevaliers de la Gloire, contenant plusieurs hautes et fameuses aventures des princes et des chevaliers qui parurent aux courses faites à la Place royale pour la fête des alliances de France et d'Espagne, avec la description de leurs entrées, équipages, habits, machines, devises, armes et blasons de leurs maisons... *Paris, Vᵉ Bertault*, 1612 (aussi *Fr. Huby*, 1613), in-4. 10 à 12 fr. [10387 ou 28737]

On voit par le développement de ce titre que cet ouvrage n'est pas un roman, et qu'il se rattache à l'histoire; toutefois il n'est pas fort cher (31 fr. mar. r. Solar). Il a reparu sous ce titre :

L'Histoire du Palais de la Félicité; contenant les aventures des chevaliers qui parurent aux courses faites à la place Royale, pour la feste des alliances de la France et de l'Espagne. *Paris, Fr. Huby*, 1616, in-4. de 94, 76 et 65 ff. 5 fr. de Soleinne.

La relation officielle de cette fête a été donnée sous le titre suivant :

LE CAMP de la place Royale, ou relation de ce qui s'y est passé les 5e, 6e et 7e jour d'avril 1612, pour la publication des mariages du Roi et de Madame, avec l'infante et le prince d'Espagne. Le tout recueilli par le commandement de Sa Majesté (par H. Laugier). *Paris, J. Laquehay,* 1612, in-4.; aussi *Paris, J. Micard,* ou *Toussaint Du Bray,* 1612, in-8.

— Lettres amoureuses et morales des beaux esprits de ce temps,'enrichies de plusieurs rares discours et belles harangues sur divers sujets ; troisième édition revue et augmentée par F. de R. (de Rosset). *Paris, Veuve l'Angelier,* 1616, pet. in-12. [18809]

Ce recueil renferme des lettres de Du Perron, de Desportes, de Bertaut, de Ménage, etc., et divers morceaux de l'éditeur. 6 à 9 fr.

— Les histoires tragiques de notre temps, où sont contenues les morts funestes et lamentables de plusieurs personnes ; édition augmentée des histoires des dames de Ganges, de Brinvilliers, etc. *Lyon, Benoist Vignieu,* 1621 (ou plutôt 1721), in-8. 6 à 9 fr. [31826]

La première édition de ces histoires, sous le titre d'*Histoires mémorables et tragiques,* est de Paris, 1619, in-8. (aussi *Rouen, Nic. Le Prevost,* 1619, in-12); l'ouvrage a été réimprimé avec des augmentations successives, à Paris , en 1623, à Lyon, en 1653, à *Rouen, Corneille Pitresson,* 1632, in-8. de 704 pp., en 1654, en 1665 et en 1700; mais cette dernière édition et celle de 1721 sont les plus complètes.

— Voy. QUINZE ioyes.

ROSSET (de). Les Portraits des plus belles dames de la ville de Montpellier et d'une vieille demoiselle, où leurs personnes, leurs mœurs, esprits, complexions et inclinations sont au vif et naturellement dépeintes. *Paris, Michel l'Amour, imprimeur du roi, rue des Marais-du-Temple, à l'enseigne de Saint-Luc,* 1660, pet. in-4. [24766]

Ce livret, très-rare et fort peu connu, se compose d'un titre, d'une épître dédicatoire, et d'un texte dont les pages sont chiffrées de 1 à 48, mais où il manque les pages 13 et 14, 41 et 42, soit par la faute des imprimeurs, soit qu'elles aient été supprimées au moment de la publication. Le lieu de l'impression et le nom de l'imprimeur sont évidemment supposés, car il n'a jamais existé à Paris d'imprimeur du roi nommé *Michel L'Amour ;* et de plus, selon nous, il est très-probable que le nom de Rosset, qui se lit au bas de l'épître dédicatoire adressée à *messire George de Geraud de Duranti, etc.,* est un masque sous lequel a voulu se cacher l'auteur de ce pamphlet. Un exemplaire rel. en *mar. r.* a été vendu 20 fr. chez Bonnier, en l'an VIII (1800), et un autre, si ce n'est le même, 22 fr. à Montpellier, en 1841. Ce dernier a été acquis par M. Louis Médard, mort depuis, et qui a légué sa belle bibliothèque à la ville de Lunel, sa patrie. Nous tirons une partie des détails ci-dessus d'une Notice curieuse sur ces portraits, par M. Paulin Blanc, conservateur de la bibliothèque de Montpellier, notice imprimée dans cette ville en 1841, in-8. de 22 pp. en tout. L'opinion de M. Blanc est

que l'opuscule ici décrit a été imprimé à Montpellier, chez *Jean Pech,* et que c'est un ouvrage posthume du même François de Rosset, dont l'article précède celui-ci.

ROSSET (*Pierre* Fulcrand de). L'Agriculture, poëme. *Paris, imprimerie roy.,* 1774-82, 2 part. en 1 vol. in-4. [14132]

L'édition de 1777, in-12, ne renferme pas le supplément.

Poëme médiocre, orné de belles gravures, 8 à 12 fr., et moins encore quand le supplément ne s'y trouve pas. Il y a des exempl. en pap. de Hollande. Un de ces derniers, rel. en 2 vol. m. r., 40 fr. Renouard.

Une note curieuse du Catalogue d'un amateur (M. Renouard, t. III, p. 38), nous apprend qu'avant de paraître ce poëme avait été revu et corrigé par Gresset et par Bertin, le ministre. Les pièces manuscrites de Gresset, de l'auteur et de Bertin, qui constatent cette révision, ont été vendues 200 fr Renouard.

Le poëme de Rosset a été réimprimé sous le titre de *L'Agriculture ou les Géorgiques françaises,* Lausanne, 1800, in-12.

ROSSETTI (*Gio.-Batt.*). Dello scalco e gli ordini di una casa da Principe e i modi di servirlo cosi in banchetti come in tavole ordinarie. *Ferrara, D. Mammarello,* 1584, in-4. [10282]

15 sh. Libri, en 1859.

ROSSETUS (*Petrus*). De mirabili cultu hostie ab equo suppliciter culte, et de Judeo ad Christianam pietatẽ monitis divi Anthonii paduani minorite converso. *Venundantur Parrisius in vico divi Jacobi in edibus Joannis Meraussei ex regione Sti Benedicti sub intersignio pullorum gallinaceorum.* (absque anno), in-4. de 8 ff., caract. ronds. [12916]

Petit poëme en vers héroïques, dédié à Marcial Masurier, professeur de théologie. Un miracle attribué à saint Antoine de Padoue en est le sujet. L'édition que nous citons paraît être du commencement du XVIe siècle, mais il en avait déjà paru une autre, comme nous l'apprend l'auteur lui-même, qui, dans l'épître dédicatoire, dit que son poëme *nuper editum fuit atque librariorum incuria depravatum.* Dans une autre édition in-4. de 10 ff. sign. a—c, donnée par le même libraire, il se trouve à la suite du poëme plusieurs pièces de vers en l'honneur de saint François : une de ces pièces porte la date de 1515, qui peut être aussi celle de l'impression de l'opuscule.

— P. Rosseti, Poetæ Laureati, Paulus. *(Parisiis) sub prælo Ascensiano ad xv. Calendas Aprilis.* M. D. XXII, in-4. de 76 ff. dont le dernier est tout bl.; caract. ronds. [12917]

Poëme en six livres sur l'apôtre saint Paul, adressé au chancelier Ant. Duprat. Il a été réimprimé à Paris, avec des scolies de Badius, *sub prælo ascensiano,* en 1527, *Calendis Aug.,* in-8. de 92 ff. chiffrés. Panzer n'a point connu cette seconde édition. Il en existe une troisième intitulée : *Paulus denuo in lucem editus et enucleatius explicatus a P.-*

Rossetti (*Gabr.*). Sullo spirito antipapale, 23035. —
Il Mistero dell' amor platonico del medio evo, 23035.

Hub. Sussannœo. Paris., Nic. Buffet, 1537, in-8. de 108 ff.

— Laurentius, Stephanis, Panegyris, de Puero Judæo. *Parisiis, ad signum Pellicani (Engilb. de Marnef),* 1517, in-4. [12915]

Quatre petits poëmes réunis. Le premier avait d'abord paru séparément, à Paris, chez Badius, en 1515, in-4.; ensuite avec le second, sous ce titre : PETRI Rosseti Laurentius ad Nicolaum Puteanum... de S. Stephani martyrio ad Maximilianum Sphortiam carmen. *Parisiis, in œdibus Ascensianis ad Idus Martias* MDXV, in-4.

Le *Panegyris* est probablement la même chose que le *Pratum,* publié chez Badius, sans date, in-4., lequel est un éloge en vers héroïques du chancelier Duprat. Quant au quatrième poëme, le Catalogue de La Vallière par Nyon, IV, nº 12610, l'indique sous ce titre : PETRUS Rossetus (Gruatus) de Puero Judæo ad sacramentum altaris profecto, et a patre vitreario in fornacem adacto. *Parisiis, Joannes Gormontius,* circa 1520, in-4.

— Christus, lib. III; 2ª editio. *Parisiis, Sim. Colinæus,* 1543, in-8. de 56 ff., 4 à 6 fr. [12918]

La première édition donnée par Hubert Sussanæus, de Soissons, après la mort de l'auteur, *Parisiis, Sim. Colinæus,* 1534, in-8. de 51 ff., a été vend. 13 fr. *m. r.* Courtois, avec le *Paulus,* édition de 1537, in-8.

ROSSETUS veronensis (*Blasius*). Compendium musicæ. *Veronæ,* 1529, in-4. [10137]

Quoiqu'il soit fort rare, ce traité n'a été vendu que 10 sh. 6 d. chez Pinelli; 1 sh. 6 d. Heber.

ROSSI (*J.-V.*). Voy. ERYTHRÆI Eudemia.

ROSSI (*Matt.-Greg.*). Il nuovo splendore delle fabriche in prospettiva di Roma moderna, copiate delle stampe intagliate da Gio-Bat. Falda. *Roma,* 1686, in-fol. obl. [25589]

En 134 pièces : 27 fr. La Vallière.

ROSSI (*Dom.* de). Studio d' architettura civile sopra gli ornamenti di porte e finestre, etc. *Roma,* 1702-11, 2 vol. gr. in-fol. fig. 20 à 24 fr. [9865]

Vend. 34 fr. Lamy; sous la date de 1721, 10 fr. Hurtault.

— Romanæ magnitudinis monumenta, quæ illam urbem velut redivivam exhibent, a Dom. de Rubeis. *Romæ,* 1699, in-fol. obl. 10 à 15 fr. [9854]

Ce sont 138 pl. qui avaient déjà paru dans d'autres ouvrages : 21 fr. Hurtault.

Rosshirt (*Conr.-Fr.*). Das gemeine deutsche Civilrecht, 3028.

. Rossi (*Quirico*). Lezioni sacre, 1501.

Rossi (*Ottav.*). Memorie bresciane, 25402.

Rossi (*P.*). Droit constitutionnel, 2404. — Droit pénal, 2883. — Economie politique, 4057.

Rossi (*Giacomo*). I Negri della Nigrizia..., 28427.

Rossi (*G.-B.* de). Le primi raccolte d'antiche iscrizioni, 29914. — Inscriptiones christianæ, 29996.

Rosseeuw-Saint-Hilaire. Histoire d'Espagne, 25999.

— Raccolta di statue antiche e moderne, colle sposizioni di Paulo-Aless. Maffei. *Roma,* 1704, 3 tom. en 1 vol. gr. in-fol. [29549]

Recueil dont les anciennes épreuves sont très-recherchées; il doit contenir 163 pl., non compris les frontispices; le texte manque quelquefois : 36 à 50 fr.

La seconde édition, de 1742, conserve le titre gravé, daté de 1704; mais on trouve à la fin du texte la souscription : *in Roma,* 1742, *nella stamperia di Ant. de' Rossi.*

— Gemme antiche figurate, colle sposizioni di Paulo-Aless. Maffei. *Roma,* 1707-1709, 4 vol. in-4. fig. [29577]

Ce recueil renferme 410 pl., parmi lesquelles se trouvent celles de l'ouvrage d'Agostini (voy. AGOSTINI), retouchées et inutilement surchargées. Il est fort peu estimé pour les figures, mais le texte n'est pas sans mérite. Vend. 42 fr. d'Ennery, et moins cher depuis.

ROSSI (*Giov.-Jacopo*) ou en lat. Jo.-Jac. de Rubeis. Insignium Romæ templorum prospectus exteriores interioresque, a celebrior. architectis inventi, suis cum plantis ac mensuris editi a Jo.-Jac. de Rubeis. *Romæ,* 1684 seu 1693, in-fol. 10 à 15 fr. [9858]

L'édition de 1684 renferme 73 pl. sans texte.

— Insigniores statuarum urbis Romæ icones, libri duo, cum 140 tabulis æneis. *Romæ* (absque anno), in-fol. [29546]

Une collection de LXIX statues antiques avait déjà été publiée par J.-J. de Rossi (Rubeus), à Rome, en 1641, in-fol. obl.

— Nuovi disegni dell' architetture e piante de' palazzi di Roma de' più celebri architetti, disegnati et intagliati da Batt. Falda, dati in luce da Giac. de Rossi. *Roma* (senz' anno), in-fol. obl.

Ce recueil, vend. 28 fr. chez Hurtault, paraît avoir beaucoup de rapport avec *Il nuovo splendore* indiqué ci-dessus à l'article Rossi (*Matt.-Greg.*).

— Il nuovo teatro delle fabriche e edificii in prospettiva di Roma moderna, disegnate da G.-B. Falda, dati in luce da Gio.-Giac. Rossi. *Roma,* 1699, in-fol. [9855]

Ouvrage divisé en cinq livres, dont le premier contient 35 pl.; le 2ᵉ, 17 pl.; le 3ᵉ, 38 pl., le 4ᵉ, 32 pl. et le 5ᵉ, gravé sous la direction de Giov.-Dom. Campiglia, publié en 1739, en 30 pl. Une édit. de Rome, 1665, in-4. obl., 10 fr. Hurtault.

— DISEGNI di varj altari e capelle nelle chiese di Roma. *Roma* (1713), gr. in-fol. 50 fr. [9881]

— RACCOLTA di vasi diversi e di varie targhe formate da antichi artefici. *Roma,* 1713, in-fol. 51 pl. [29619]

— Voyez FALDA, RAPHAEL. — VILLA Pamphilia.

ROSSI (*Lor.-Filip.* de). Camere sepolcrali de' liberti e liberte di Livia Augusta, e de' altri Cesari, disegn. da P.-L. Ghezzi, date in luce da L. de Rossi. *Roma,* 1731, in-fol. 15 à 20 fr. [29436]

40 pl. avec une épître dédicatoire, une préface et un index.

ROSSI (*Johan.-Bern.* de). Variæ lectiones Veteris Testamenti (hebraici), ex im-

mensa mss. editorumque codicum con-
gerie haustæ, et ad samarit. textum, etc.,
examinatæ. *Parmæ, ex regio typographeo,* 1784-98, 5 vol. in-4. [16]

Cet ouvrage a coûté 60 fr. (48 fr. 50 c. Boutourlin).
Le 5ᵉ vol. est un supplément.

— Annales hebræo-typographici sec. xv :
et ab anno 1501 ad annum 1540. *Parmæ,
ex reg. typogr.,* 1795-99, 2 part. in-4.
15 fr. [31225]

La dissertation du même auteur, *De hebraicæ typographiæ origine, etc.,* Parmæ, 1766, in-4., est à
bas prix. [31225]

L'opuscule de J.-B. de Rossi, intitulé *Annali ebreo-
tipografici di Cremona,* Parma, 1808, in-8., doit
être réuni aux *Annales,* ci-dessus.

— Manuscripti codices hebraici bibliothecæ
J.-Bern. de Rossi, accurate ab eodem
descripti et illustrati. *Parmæ,* 1803-5,
3 vol. in-8. 15 fr. [31396]

On trouve un supplément à ce catalogue, dans l'ouvrage du même auteur intitulé : *Libri stampati di
letteratura sacra hebraica ed orientale della biblioteca del D. G.-B. de Rossi,* Parma, 1812,
in-8. [31683] Les manuscrits et les imprimés qui
formaient la collection précieuse de ce savant hébraïsant, ont été acquis pour la ville de Parme.

— Dizionario storico degli autori ebrei e delle loro
opere. *Parma, nella reale stamp,,* 1802, 2 vol.
in-8. 12 fr. [31682]

— Bibliotheca judaica anti-christiana. *Parmæ,*
1800, in-8. 4 fr. [31684]

— Dizionario storico degli autori arabi più celebri
e delle principali loro opere. *Parma,* 1807, in-8.
6 fr. [31685]

— Della Lingua propria di Cristo e degli Ebrei naz-
zionali della Palestina, da' tempi de' Maccabei, hebr.
et lat. *Parma, della stamp. reg.,* 1772, in-4. 6 fr.
[646]

— Vana aspettazione degli Ebrei... 1817.

De Rossi a publié des *Memorie storiche su i suoi
studj e letter. produzioni,* 1809, in-8., qui sup-
pléeront amplement à la brièveté du présent article.

ROSSI *(Giuseppe).* Collezione di vedute
e monumenti di Pisa, incise da Ang.
Capiardi. *Firenze, Calamandrei,* 1823,
in-fol. [25561]

ROSSI *(Gio.-Gherardo de).* Commedie.
Prato, Giachetti, 1826, 4 vol. in-8.
20 fr. [16740]

— Novelle. *Venezia, tipografia d'Alvisopoli,* 1824, gr. in-8. de 200 pp. [17505]

Quatorze nouvelles impr. par les soins de M. Gamba,
qui en a fait tirer seulement 100 exempl. en pap.
ordinaire, 3 en pap. anglais, et six sur pap. vélin.

Deux nouvelles de de Rossi, *Il Noce di Benevento* et
Gli Eremiti camaldolesi, ont paru séparément à
Venise, 1818 et 1822, in-8.; la première tirée à
6 exemplaires sur vélin (56 fr. Gancia) et 24 sur
papier anglais ; la seconde, à 2 exemplaires sur
vélin et 50 sur divers papiers.

D'autres ouvrages du même auteur, tant en vers
qu'en prose, forment une collection en 3 vol. in-8.,
impr. à Florence en 1818.

— Voyez Scherzi.

ROSSIGNOLS (les) spirituels, liguez en
duo dont les meilleurs accords, nomme-
ment le bas, releuent du seigneur Pierre
Philippe, organiste de ses Altèzes séré-
nissimes. *A Valenciennes, de l'imprimerie de Iean Veruliet, à la Bible d'or,*
1616, pet. in-12 de 251 pp. chiffr., plus
6 pp. de musique, et 7 pour la table,
suivie de vers et de l'approbation.

La seconde édition de ce livre singulier a paru sous
le titre suivant :

Les Rossignols spirituels, liguez en duo : dont
les meilleurs accords, nommément le bas, relèvent
du Sʳ Pierre-Philippes, organiste, regaillardis au
primevère de l'an 1621. *Valenciennes, de l'impr.
de J. Veruliet,* 1621, pet. in-12 de 257 pp., y compris 2 ff. prélim., plus 3 ff. à la fin, avec musique
gravée sur bois. [14346]

Vend. 7 fr. *mar. viol.* Méon ; 8 fr. Morel-Vindé, et
depuis rel. en *mar.* par Trautz, 62 fr. Veinant ;
59 fr. Solar.

Cette réimpression a été faite page pour page sur la
première édition, mais la pagination y va jusqu'au
chiffre 257, et il y a en outre 7 pp. non cotées.

ROSSII (*Ignatii*) Etymologiæ ægyptiacæ. *Romæ,* 1808, gr. in-4. 15 à 20 fr.
[11940]

L'ouvrage de M. de Rossi contient un bien plus grand
nombre de mots que le *Lexicon ægyptiaco-lati-
num* de Lacroze, auquel il peut servir de supplément (voyez Lacroze).

— Commentationes laertianæ. *Romæ,* 1788, gr. in-8.
Excellent morceau que nous aurions dû placer à
l'article Diogenes Laertius.

ROSSINI *(Luigi).* L'Antichità romane, divise in cento tavole, disegnate ed incise
da L. Rossini. *Roma,* 1820-23, in-fol.
max. sans texte. 60 à 72 fr. [29421]

— Raccolta di cinquanta principali vedute di antichità, tratte degli scavi fatti in Roma in questi
ultimi tempi. *Roma,* 1818, in-fol. obl.

— Le Antichità dei contorni di Roma, ossia
le più rinomate città del Lazio. *Roma,
Poggioli,* 1826, in-fol., avec 73 pl.
[29421]

44 fr. Raoul Rochette.

— I sette colli di Roma antica e moderna.
Roma, 1828-29, in-fol., max. 30 pl.

— Gli archi trionfali, onorarii e funebri
degli antichi Romani, sparsi per tutta
l' Italia, disegnati, misurati, restaurati,
incisi, e brevemente descritti ed illustrati, da Luigi Rossini, opera archi-
tettonica, pittorica e figurativa. *Roma,
tipogr. Monaldini,* 1836, gr. in-fol.,
contenant 73 pl. 80 à 100 fr. [29477]

Les ouvrages suivants de cet artiste sont annoncés
dans le catal. de Barthès et Lowell, *Lond.,* 1857,
nᵒˢ 14994 et suiv. :

Rossignol *(J.-P.).* Vita scholastica, 12920. — Trois
dissertations, 18389.

Rossignol *(Cl.).* La Bourgogne pendant la période
monarchique, 24526. — Libertés de la Bourgogne
d'après les jetons de ses Etats, 24528. — Histoire de
Beaune, 24550.

LE Antichita di Pompei delineate sulle scoperte. *Roma*, 1830, in-fol. atl. 75 pl. 120 fr.

LE Porte antiche e moderne del recinto di Roma, con le mure, prospetti e piante geometriche. *Roma*, 1829, in-fol. 35 pl. 60 fr.

Scenografia degli interni delle più belle chiese e basiliche di Roma disegnate da L. Rossini, 1843, in-fol. 43 pl. 48 fr.

I Monumenti più interessanti di Roma, del decimo secolo sino al secolo decimottavo, veduti in prospettiva. Gr. in-fol. contenant 58 pl. 42 fr.

Viaggio pittoresco da Roma a Napoli, colle principali vedute di ambedue le città, delle campagne e de i paesi frapposti. In-fol. contenant 80 pl. obl. 60 fr.

ROSSIUS (*Petrus*). Fauna etrusca, sistens insecta quæ in provinciis, florentina et pisana præsertim, collegit Petr. Rossius. *Liburni*, 1790, 2 vol. in-4., avec 10 pl. color. 20 à 24 fr. [5979]

On a publié une réimpression de cet ouvrage augmentée de notes par Illiger, *Helmstadti*, 1807, 2 vol. in-8. fig.

— Mantissa insectorum, exhibens species nuper in Etruria collectas, adjectis Faunæ etruscæ illustrationibus et emendationibus. *Pisis,* 1792-94, 2 part. in-4., avec 8 pl. color. [5980]

Ces deux ouvrages coûtaient ensemble 54 fr.

ROSSMÄSSLER. Iconographie der Land- und Süsswasser-Mollusken ; mit vorzüglicher Berücksichtigung der europäischen noch nicht abgebildeten Arten; von Prof. E.-A. Rossmässler. *Dresden*, 1835, 2 vol. très-gr. in-8. avec 60 lithographies. 40 fr.; color. 60 fr. [6128]

— Neue Folge. *Leipzig, Costenoble*, 1854-56, gr. in-8.

Troisième vol. de l'ouvrage précédent. Il en a paru 4 cah. 24 fr.; — color. 42 fr.

ROSSO (*Giulio* Raviglio). I successi d'Inghilterra dopo la morte di Odoardo VI fino alla giunta in quel regno del sereniss. Don Filippo d'Austria, principe di Spagna, scritti volgarmente da G. Raviglio Rosso, et una Oratione di M.-A. Lollio nel ritorno di detto regno all' ubidienza della sede Apost. *Ferrara, Rossi,* 1560, pet. in-4. [26926]

Volume peu commun et que recherchent les Anglais : vend. 3 liv. 10 sh. Sykes; 1 liv. 16 sh. Hibbert; 16 sh. Heber; 1 liv. 1 sh. Libri, en 1859.

Dans sa préface, l'auteur proteste contre l'édition de cette relation qui avait paru à Venise en 1558, sans son nom et sans sa participation. Cette édition subreptice est celle qui a pour titre :

Historia delle cose nel regno d'Inghilterra, in materia del duca di Notomberlan dopo la morte di Odoardo VI. — *Nell' Academia Venetiana*, M. D. LVIII, in-8. de 60 ff. cotés, y compris 4 ff. prélim., dont un blanc.

Quoique cette édition ait été tirée à 1100 exemplaires,

elle est peu commune ; et comme elle fait partie de la collection aldine, on l'a quelquefois payée de 3 à 5 liv. en Angleterre. Aujourd'hui elle est moins chère (1 liv. 3 sh. Libri, en 1859). Elle a une préface de Luca Contille, à qui, pour cette raison, l'ouvrage même a été mal à propos attribué. Le texte de 1560 a été réimprimé à Ferrare, en 1591, pet. in-4.

ROSSOW (*Helène* de), ou Roswitha. Voy. Hrosvite.

ROSTAGNO. Voy. Villa.

ROSTGAARD (*Frid*.). Voy. Delitiæ poetarum danorum.

ROSTINIO. Trattato di mal francese, nel quale si discorre di ducento e trentaquattro sorti di esso male, e à quanti modi si può prendere, e causare, e guarrire, e evidentemente si mostra chi ha il gallico male, e chi nò, con segni certissimi e pronostici, per Pietro Rostinio raccolto, e tradotto da quanti han scritto di mal francese, e massime dal brassavola, e di più molte che vi sono di nuovo aggiunte. *Venetia, Lod. Avanzi,* 1556, pet. in-8. [7268]

15 fr. Libri-Carucci.

Réimpr. à Venise, Lod. Avanzi, 1559, et aussi à Vicence, en 1623, in-8., et peut-être plusieurs autres fois.

ROSTRENEN (Fr. *Grégoire* de). Grammaire françoise-celtique, et françoise-bretonne. *Rennes*, 1738, in-8. 5 à 6 fr. [11200]

— Dictionnaire françois-celtique ou françois-breton. *Rennes, J. Vatar,* 1732, in-4. 20 à 24 fr. [11206]

Vend. 24 fr. Anquetil; 30 fr. 50 c. Crozet.

Le Fr. Grégoire, auteur de ces deux ouvrages, est généralement connu sous le nom de Rostrenen, lieu de sa naissance. Une édition de ce dictionnaire, revue et corrigée par Benj. Jolivet, a été imprimée à Guingamp, 1834, en 2 volumes in-8.; mais elle est fort mal exécutée, et le papier en est détestable.

ROSVITH ou Roswitha. Voy. Hrosvite.

ROSWEYDUS (*Herib*.). Vitæ patrum, sive historiæ heremiticæ libri X, ex variis auctoribus in unum congestis et notationibus, ac onomastico indicibusque illustratis; editio secunda auctior. *Antuerpiæ, Moretus,* 1628, in-fol. 15 à 20 fr. [22051]

Bonne édition.

ROTA ou Rotta (*Joh*.). Vita, costumi e statura de Sofi, re di Persia et di Media et de molti altri regni e paesi, e de la descriptione di paesi e vita e costumi de'

Rossius Holsatus (*Lud*.). Inscript. græcæ, 29937.
Rosso (*F.* del). Diritto privato romano, 2552.
Rosso (*G.* del). L'Osservatore fiorentino, 25545.

Rostan (*L.*). Hygiène, 7012. — Diagnostic, 7142. — Ramollissement du cerveau, 7292.
Rostondo (*Ch.* de). Histoire de S. Laurent de l'Escurial, 26133.
Rota (*G.-B.*). Origine di Bergamo, 25400.

populi con molte altre cose piacevole. (*senza alcuna nota*), pet. in-8. goth. [28077]

Ce livre, qui paraît avoir été imprimé vers 1520, est annoncé comme très-rare dans la *Biblioth. heber.*, I, n° 5978, mais n'y est porté qu'à 9 sh. — M. Ternaux (*Biblioth. asiatique*, n° 83) en cite une édit. de 1508, in-4., sous le nom de *Rotta*, et aussi (sous le n° 110) une traduction allemande, impr. en 1515, in-4., sans lieu d'impression. Le texte italien (*sans date*) et la version allemande sont décrits dans la *Biblioth. grenvil.*, p. 622.

ROTA (*Bernardino*). Sonetti in morte della signora Portia Capece sua moglie. *Napoli, Mattio Cancer*, 1560, pet. in-4.

Dans l'épître dédicatoire de Scip. Ammirato, adressée à Annib. Caro, et qui est placée au commencement de ce livre, il est dit que le volume a été tiré à *cent exemplaires* seulement. 8 fr. en janvier 1829.

— Sonetti, canzoni, rime & egloghe pescatorie, di nuovo ristampate. *In Vinegia, Giolito de Ferrari*, 1567, 3 parties en 1 vol. pet. in-8.

Édition donnée par Dionigi Atanagi (20 fr. en mars 1825); elle renferme nombre de pièces que l'auteur n'a pas admises dans celle de Naples, *Gius. Cachij*, 1572, pet. in-4., publiée par lui, en 2 part. (la première, intitulée *Rime*, a 8 ff. prélimin., 72 ff. et 8 autres ff.; la seconde *Egloghe*, n'a que 48 ff.), et où il a ajouté d'autres morceaux non encore publiés. Cette dernière, 12 fr. 50 c. en janvier 1829; 7 fr. 50 c. Boutourlin.

— Poesie di Bernardino Rota, con le annotazioni di Scipione Ammirato. *Napoli*, 1726, 2 vol. gr. in-8. 10 à 12 fr. [14551] Édition la plus complète.

ROTH-SCHOLTZIUS (*Frid.*). Thesaurus symbolorum ac emblematum, id est insignia blibliopolarum et typographorum; accedit Geor.-And. Vinholdi programma de quibusdam notis et insignibus bibliopolarum et typographorum. *Norimbergæ et Altorfii*, 1730, in-fol. [31313]

Vend. 21 fr. 50 c. Lamy; 40 fr. en 1811; 31 fr. 50 c. en 1843.

Première partie, de 52 planches, y compris le portrait de l'auteur, avec 64 ff. de préliminaires.

M. Weigel, de Leipzig, nous a appris que ces marques typographiques avaient été extraites en grande partie d'une collection formée par le médecin Jean-Jacques Bayer, mort en 1735; quoiqu'elles paraissent n'être qu'au nombre de 508, il y en a effectivement 513, parce que la section 2a est mal numérotée. La section L finit par ces mots : *Partis primæ finis*. On y joint un Index impr. en 1765. La première édition, aujourd'hui fort rare, a paru sous le titre d'*Insignia bibliopolarum et typographorum*, etc., *Norimbergæ et Altdorfii*, 1728, in-fol. Elle diffère de la seconde et dernière, non-seulement par le titre, mais encore parce que les avant-propos y manquent, ainsi que les noms des

graveurs pour les dix premières sections et pour la seizième. Cet ouvrage, qui n'a pas été terminé, est rare; le suivant l'est encore davantage.

— Icones bibliopolarum et typographorum de republica litteraria bene meritorum, ab incunabulis typographiæ ad nostra usque tempora. *Norimbergæ et Altorfii*, 1726-42, 3 part. in-fol.

Chacune des deux premières parties contient 50 portraits. La troisième, qui est la plus rare, n'en renferme que 30.

Un exemplaire des deux ouvrages ci-dessus, sans la troisième partie du second, mais avec beaucoup de marques typographiques ajoutées, 200 fr. Renouard.

Heinsius, *Allgemeines Bücher-Lexikon*, t. III, indique encore les ouvrages suivants du même auteur : 1° *Icones conciliarior. omn. norimbergens.*, 1723, in-fol.; 2° *Icones eruditorum academiæ Altdorf.*, 1721, in-fol.; 3° *Icones omnium ordinum eruditione opt. meritorum*, 1725-28, 5 part. in-fol., etc.

ROTHELIN (d'Orléans de). Voy. OBSERVATIONS.

ROTROU (*Jean*). Ses Œuvres (avec des notices histor. et littéraires par M. Viollet Le Duc). *Paris, Desoer* (*imprim. de Fain*), 1820-22, 5 vol. in-8. 20 à 30 fr. — Pap. vél., 30 à 40 fr. [16430]

Un exemplaire en Gr. Pap. vélin, *demi-mar.* 76 fr. de Soleinne.

On n'a point réimprimé dans cette édition l'*Amarillis* qui est presque identiquement la même pièce que la *Célimène*, mais on y a inséré l'*Illustre amazone*, qui n'avait pas encore été imprimée. Il n'est pas certain, néanmoins, que cette pièce soit de l'auteur du *Venceslas*, car le manuscrit dont on a fait usage a une dédicace, non signée, adressée à M. Fouquet, *surintendant*, et Rotrou était mort avant que Fouquet eût ce titre :

M. Raynouard a consacré à l'analyse des œuvres de ce poëte trois articles curieux insérés dans le *Journal des Savants* (ann. 1821, 1822 et 1823), et qui peuvent servir à remplir avantageusement une des nombreuses lacunes du *Cours de littérature* de La Harpe.

Nous conservons ici le catalogue des éditions originales des 36 pièces de Rotrou, lesquelles sont très-difficiles à réunir : L'*Hypocondriaque*, 1631, in-8.; — La *Bague de l'oubly*, 1635, in-8.; — *Diane*, comédie, 1635, in-8. Dans quelques exemplaires on trouve à la suite de cette pièce, p. 129 à 135 : *Autres œuvres du mesme auteur*, où l'on remarque l'*Elegie* de Rotrou à *M. Corneille*. — *Cléagenor et Doristée*, 1634, in-8. Un avis du libraire *A. de Sommaville*, placé en tête de cette tragicomédie, est ainsi conçu : *Cette pièce me fut mise en main naguère par un inconnu qui achète des livres à moy : il m'assura d'abord qu'elle méritoit bien d'être imprimée et ne voulut jamais nommer son autheur*. Dans une autre édition, *Paris, Toussaint Quinet*, 1635, le titre porte : *Doristée, tragi-comédie du sieur de Rotrou*. L'avis du libraire a été supprimé, et les corrections indiquées dans la première exécutées dans celle-ci. — *Célimène*, 1636, in-4.; — L'*Heureuse Constance*, 1636, in-4.; — *Hercule mourant*, 1636, in-4. (réimpr. en 1661, in-12); — *Les Ménechmes*, 1636, in-4.; — *Les Occasions perdues*, 1635 et aussi 1636, in-4., et 1648, in-12; — L'*Heureux Naufrage*, 1637, in-4.; — *Céliane*, 1637, in-4.; — La *Pèlerine amoureuse*, 1637, in-4.; — Le *Filandre*, 1637, in-4.; — *Agezilan de Colchos*, 1637, in-4.; — L'*Innocente Infidélité*, 1637, in-4.; — La *Clorinde*, 1637, in-4.; — *Les Deux Pucelles*, 1639, in-12, ou *Lyon*, 1653, in-8.; — *Amélie*, 1638, in-4; — *Les Sosies*, 1638,

---

Rotermund (*H.-W.*). Das gelehrte Hannover, 30807. — Lexikon, 30808.

Roth (*A.-G.*). Catalecta botanica, 5003.—Novæ plantarum species, 5222.

Roth (*D' E.*). Geschichte unserer abendländischen Philosophie, 3325.

Roth (*J.*). Der Vesuv, 4640.

in-4. (cette édition a été reproduite en 1650, sous le titre de la *Naissance d'Hercule, ou Amphitrion représenté par les machines*, mais sans autre changement : — *La Belle Alphrede*, 1639, in-4. ; — *Crisante*, 1640, in-4. ; — *Les Captifs, ou les Esclaves*, 1640, in-4. ; — *Laure persécutée*, 1639, in-4. ; — *Antigone*, 1639, in-12 et 1640, in-4. ; — *Iphygénie*, 1641, in-4. ; — *Clarice, ou l'Amour constant*, 1643, in-4. ; — *Bélisaire*, 1644, in-4. ; — *Célie, ou le Vice-roi de Naples*, 1646, in-4. ; — *La Sœur*, 1647, in-4., ou sous le titre de *La Sœur généreuse*, Paris, 1647, in-12; — *Le Véritable S. Genest*, 1648, in-4.; — *D. Bernard de Cabrère*, 1648, in-4. ; — *Venceslas*, 1648, in-4. ; — *Cosroès*, 1649, in-4.; — *D. Lope de Cardone*, 1652, in-4.; — *Amaryllis*, pastoral , *Paris*, *Ant. de Sommaville*, *et Aug. Courbé*, 1653 , in-4. C'est la *Célimene* de Rotrou (1636) accommodée , sous ce nouveau titre, par Tristan.— *Florimonde*, 1655, in-4. Indépendamment de ces 36 pièces de Rotrou, il existe un opuscule fort rare intitulé : *Dessein du poème de la grande pièce des machines de la naissance d'Hercule, dernier ouvrage de M. de Rotrou*, Paris, 1649, in-4. de 12 pp. (vend. séparément, 18 fr. de Soleinne, et 12 fr. 50 c. Baudelocque) ; et enfin des *OEuvres poétiques*, 1631, in-8., qui n'ont pas été réimpr. dans l'édition des *OEuvres*, en 5 vol. in-8.
Les éditions originales des pièces de Rotrou ont toutes été imprimées à Paris , et elles se vendaient chez *Toussaint Quinet*, ou chez *Ant. de Sommaville*, dont les noms figurent séparément sur les titres.

Les 36 pièces rel. en 8 vol. in-4. ont été données pour 51 fr. à la vente de Soleinne, et *non rel.* pour 70 fr. à celle d'Arm. Bertin. Elles étaient plus chères avant la réimpression. Ajoutons que 24 pièces de Rotrou, *rel. en demi-mar. par Capé*, ont été vend. 130 fr. Giraud ; et 8 pièces seulement, également en *demi-mar.*, 55 fr. Solar.

VENCESLAS, tragi-comédie de M. de Rotrou. *Suivant la copie imprimée à Paris*, 1648, pet. in-12 de 81 pp. en tout, avec la Sphère.

COSROÈS, tragédie du même. *A La Haye*, 1649, pet. in-12 de 69 pp. à la Sphère. 26 fr. *mar. r.* Solar.

Deux jolies éditions véritablement impr. par les Elsevier de Leyde, qui en ont donné une seconde du *Venceslas*, en 1649.

AMARILLIS, pastorale de M. Rotrou. *Jouxte la copie imprimée à Paris, chez Ant. de Sommaville*, 1654, pet. in-12 de 72 pp., avec la Sphère.

On a pu attribuer aux Elsevier cette jolie édition, laquelle, selon Motteley, serait sortie des presses de Fr. Foppens, à Bruxelles.

ROTTA (*Ant.*). Intabolatura de Lauto, di recercari, motetti, balli, madrigali, canzon francese (43) libro primo. *Venet.*, 1546, in-8. obl. [14995]

Les deux parties suivantes, également impr. en 1546, font suite à ce recueil.

LIBRO 2. del divino Francesco de Milano et dell'eccellente Petro Paulo Borrono da Milano. (47 morceaux). — LIBRO 3. del Jo. Maria da Crema (51 morceaux).

ROTTA (*G.*). Voy. ROTA.

ROTTA (la) di Babilonia, quando Morgante e Orlando e Rinaldo presono la città di Babilonia. (*senza nota*), in-4. de 8 ff. à 2 col., caract. ronds. [14758]

Pièce impr. au XVIe siècle, contenant 136 strophes de

huit vers. Il y a une gravure sur bois au milieu de la première page, au-dessous du titre.

— Questa e la Rotta di Babilonia, quando Morgante e Orlando e Rinaldo presono la città di Babilonia. (*senza nota*), pet. in-4. de 4 ff. à 2 col. caract. goth. (Catal. de La Valliere en 3 vol., n° 3718, art. 3).

— Rotta di Babilonia, etc. *Firenze, Batista Pagolini*, 1582, in-4. de 8 ff. à 2 col.—*Firenze, Zanobi Bisticci*, 1605, in-4.

On cite deux autres éditions in-4. du même opuscule, faites à Florence, mais sans date : l'une *dalle Scalee di Badia* (XVIe siècle) ; l'autre *per Pier' Antonio Fortunati* (XVIIe siècle).

ROTTA. La Rotta di Parma. *Impresso per Justiniano da Ribera*, in-4. de 4 ff. à 2 col. [14668]

Petit poëme composé à l'occasion du combat de Taro, et impr. vers 1495 (*Biblioth. grenv.*, p. 621).

ROTTA (la) di Roncisvalle, dove mori Orlando con tvtti li Paladini. *Nuouamente stampata & ricorretta.* (senza nota), in-4. de 20 ff. à 2 col., caract. ronds, avec fig. sur bois. [14759]

Ce petit poëme se termine par le vers :

& l'anima spirò del casto petto,

suivi des mots *il fine*. Ce n'est pas autre chose que le 26e chant et partie du 27e (jusqu'à la 153e stance inclusivement) du *Morgante maggiore* du Pulci. L'édition que nous venons de citer, et qui a des signat. de A—C. ij, est une production du XVIe siècle ; mais il en existe peut-être une plus ancienne. 26 fr. *mar. v.* Libri.

— LA ROTTA di Roncisvalle... *In Firenze alle scalee di Badia* (senz' anno), in-4. de 20 ff. à 2 col., lettres rondes, avec fig. sur bois.
— ROTTA di Roncisvalle, doue mori Orlando con tutti li Paladini. Nuouamente ristampata et ricorretta. (in fine) : *Stampato in Firenze appresso Giovanni Baleni*, 1590, in-4. fig.

Ces deux éditions sont dans la bibliothèque du palais de Florence. L'ouvrage a été réimpr. *Siena, alla loggia del Papa*, 1607, in-8., avec un changement dans le premier vers.

G. Melzi cite une édit. du même opuscule : *Venetia, presso Gio.-Batt. Bonfadino*, 1619, in-8., caract. ronds, pp. non chiffr. Le même fragment a été réimpr., *Venetia*, 1626, in-8.; *Trevigi, Girol. Righettini*, 1652, in-8., fig.; *Bologna, Const. Pisarri*, 1706, in-12, et aussi à *Lucques*, 1788, in-8., à *Rome*, en 1801, et en 1811, in-12. Une édition de *Padoue* et *Bassano*, *per G.-Ant. Remondini*, sans date, pet. in-8. fig. sur bois, 16 sh. *mar. v.* Libbert.

ROTTA. La rotta di Serezana & di Serezanello. (*senz' alcuna data*), in-4. de 4 ff. à 2 col. de 40 lign., caract. romains.

Petit poëme en stances de huit vers, imprimé vers 1500. Au recto du premier feuillet le titre ci-dessus, une vignette sur bois et deux octaves. Le verso du 4e f. a 8 octaves, et les autres pages en ont 10.

ROTTA e morte de Re Agramante datagli da Carlo Magno sotto Parigi, nel quale si narrano le gran prodezze di Ruggiero e la morte di tanti gran signori

Pagani, cavato del conte Matteo Maria Boiardo. *In Viterbo*, *per Bernardino Diotalevi*, 1645, in-12.

C'est un petit poëme en quatre chants, tiré du premier chant du second livre de la suite de Boiardo, composée par Agostini (Melzi, p. 97).

ROTTA (la) e presa fatta a Bresa per li Francesi. — Finis M. CCCCC. XII. (*senza luogo*), in-4. de 2 ff. à 2 col. [14671]

Pièce in ottava rima. Vend. en *mar. r.* 45 fr. Libri, en 1847 ; 41 fr. Coste.

ROTTECK (*Karl* von). Allgemeine Geschichte vom Anfange der histor. Kenntniss bis auf unsere Zeiten. *Freyburg, Herder,* 1839, 9 part. in-8. 24 th. [21317]

Quatorzième édition de cet ouvrage estimé. Il y en a une dix-neuvième, continuée par Fr. Steger, *Braunschweig, Westerman,* 1855, en 10 vol. gr. in-16. La première a paru de 1813 à 1824. Une traduction française de cette histoire, par Sim. Gunzer, *Carlsruhe*, in-8., a été annoncée en 1833.

L'ouvrage de Ch.-H. Hermes, intitulé *Geschichte der letzten 25 Jahre,* forme le supplément de celui de Rotteck ; il y a une 6ᵉ édition, 1853, en 3 vol. in-8.

ROTTIERS (le colonel). Description des monumens de Rhodes, dédiée à S. M. le roi des Pays-Bas. *Bruxelles, veuve Colinez*, 1828 (et 1830), in-4., avec le portrait de l'auteur, et 75 pl. lithogr. in-fol. obl. pap. vél. [28024]

Ouvrage curieux et dont les planches sont fort belles. Il a paru en 15 livrais., au prix de 11 fr. chacune, et en pap. *extra vélin*, avec les fresques coloriées 13 fr.

— Itinéraire de Tiflis à Constantinople, 20515.

ROTTLER. A Dictionary of the tamil and english languages, by rev. J.-P. Rottler, missionary. *Madras,* 1839-41, 2 vol. in-4. en 2 part. chacun : tome Iᵉʳ, IV, 300 ; IV, 410, et X pp. ; tome IIᵉ, IV, 456 ; VI et 248 pp. [11801]

Ce Dictionnaire est porté à 4 liv. 8 sh. dans le catal. du libraire Trübner, à Londres, 1860.
L'édition de Madras, 1834-39, en 3 vol. in-4. 50 fr. Burnouf.

ROTULI magni Scaccarii Normaniæ de anno ab incarnat. Domini MCLXXXIIII, Willielmo filio Radulfi Senescalco, quæ extant, 1830 (*Londini*), in-fol.

Un exemplaire imprimé sur VÉLIN est porté dans la *Biblioth. grenvil.*, p. 622. — Voyez ANCIENT laws et DOMESDAY book.

ROTWELSCHE - GRAMMATIC. Voyez GRAMMATICA.

ROUALDEZ. Discours des choses mémorables advenues à Cahors et au pays de Quercy, en l'an 1428, extrait des annales consulaires dudit Cahors ; avec annotations de François de Roualdez. *Cahors, Rousseau,* 1586, in-8. [24713]

Opuscule fort rare.

Rou (*J.*). Mémoires et opuscules, 23804.

ROUCHER (*J.-A.*). Les Mois, poème en 12 chants. *Paris,* 1779, 2 vol. gr. in-4. fig. 12 à 15 fr. [14133]

28 fr. *mar. r.* Quatremère.
Le même poëme, 4 vol. pet. in-12. 8 fr.
Ces deux éditions présentent deux lacunes qui ont été en partie remplies dans les éditions de *Paris, Brissot-Thivars*, 1826, 1 vol. in-18, et *Paris*, 1827, 2 vol. in-32.

ROUGE (Le). Voy. LEROUGE.

ROUGÉ (*Emmanuel* de). Rituel funéraire des anciens Egyptiens, texte complet en écriture hiératique, publié d'après les papyrus du musée du Louvre, et précédé d'une introduction à l'étude du Rituel par le vicomte Emmanuel de Rougé. *Paris, Benj. Duprat,* 1861, in-fol.

Cet ouvrage sera complet en cinq livraisons. Prix de chacune, 25 fr.; la 2ᵉ a paru fin 1861.
— Étude sur une stele égyptienne, 29123. — Notice sommaire, 29314.

ROUILLARD. Voy. ROULLIARD.

ROUILLÉ. Voy. CATROU.

ROUILLE (*Guil.* Le). Voy. LE ROUILLE.

ROUILLON-PETIT. Campagnes mémorables des Français, en Egypte, en Italie, en Hollande, en Allemagne, en Prusse, en Pologne, en Espagne, en Russie, en Saxe, etc., ou histoire complète de toutes les opérations militaires de la France, depuis l'époque de l'expédition d'Egypte, jusqu'à celle du traité de paix du 20 novembre 1815. *Paris, Bance aîné (de l'imprim. de Didot jeune),* 1817, 2 vol. gr. in-fol. pap. vél. [8749]

Quarante gravures au burin d'après C. Vernet et Swebach, et 100 portraits des généraux qui se sont le plus illustrés. Le texte est de M. Rouillon-Petit. Le prix de ce livre était de 400 fr., et de 50 fr. de plus avec les 25 sujets de batailles gravés d'après Carle Vernet, pour les campagnes d'Italie, publiées par Auber. Le tout ensemble est quelquefois donné pour un cinquième de ces prix.
Une nouvelle édition de cet ouvrage a paru sous le titre suivant :

     CAMPAGNES des Français en Italie, en gypte, Hollande, en Allemagne, en Prusse, en Pologne, en Espagne, en Russie, etc., depuis l'an IV (1796), jusqu'au traité de paix du 20 novembre 1815, par

---

Rouard (*E.*). Bibliothèque d'Aix, 31145.

Rouault (*Laur.*). Abrégé de la vie des évesques de Coutances, etc., 21442.

Roubaud (*Pierre-Jos.-André*). Synonymes, 10989. — Histoire de l'Asie, 27944.

Roubaud (*Félix-Alex.*). De l'Impuissance et la stérilité..., 6937. — Théophraste Renaudot, 31872.

Roubo. Art du menuisier, 10072.

Rouchier (l'abbé). Histoire du Vivarais, 4666.

Roucquet. Lettres pour expliquer les estampes d'Hogarth, 9545.

Roudh-el-Kartas. Histoire des souverains du Maghreb, 28397.

Rougeblef (*Eugène*). Histoire de la Franche-Comté ancienne et nouvelle, 24564.

Rougier de La Bergerie (*J.-B.*). Histoire de l'agriculture, 6286.

Auber et Rouillon ; nouvelle édition publiée sous les auspices d'une Société des gens de lettres. *Paris, Bance*, 1835, 4 vol. in-8., et atlas in-fol. sur demi-colombier, contenant 54 batailles, le portrait de Napoléon, et 100 portraits des généraux célèbres. Avec les planches tirées sur papier de Chine, et encadrement en blanc, cette édition coûtait 96 fr. ; avec les planches sur papier blanc et encadrement en papier de couleur, 104 fr.

ROUILON (*Ch.* de). Voy. ROVILLON.

ROULERIUS (*Anton.*). Stuarta, tragœdia, sive cædes Mariæ Scotiæ reginæ in Anglia perpetrata, exhibita ludis remigialibus a juventute gymnasii Marciannensis. *Duaci, Jac. Boscard*, 1593, in-4. [16165]

Pièce rare, qui occupe 8 et 31 ff.

ROULEZ. Choix de vases peints du musée de Leide, publiés et commentés par J. Roulez. *Gand, imprim. de van Doorselaere*, 1854, in-fol. de VIII et 92 pp., avec 20 pl. lith. color., 50 fr. [29636]

ROULLET. Notice historique des événements qui se sont passés dans l'administration de l'Opéra, la nuit du 13 février 1820. *Paris, imprimerie de P. Didot*, 1820, in-8. [23999]

Cette relation de l'assassinat de M. le duc de Berry, par Louvel, passe pour être de Roullet, libraire-colporteur au théâtre de l'Opéra ; elle est si mal rédigée et si mal écrite que le gouvernement en a fait retirer et détruire tous les exempl.qui n'avaient pas encore été vendus au moment de la saisie, ce qui a rendu cette brochure assez rare, et en a fait porter les exemplaires à 12 fr. et plus. Celui de la vente Solar, qui était rel. en *mar. noir* par Trautz, a même été payé 55 fr. — Depuis cette notice a été réimpr. à *Paris, Poullet-Malassis*, 1862, in-8.

ROULLIARD ou Rouillard (*Sébast.*). Job ou histoire de la patience de Job, traduite de la sacrée Bible, en vers françois, et divisée en quatre livres, par Sebastien Rouillard. *Paris, Nicolas et Pierre Bonfons*, 1599, pet. in-8. [13897]

Volume peu commun annoncé sous la date de 1699 et porté à 60 fr. *Bulletin du Bibliophile*, 1859, n°42.

— Capitulaire auquel est traicte qu'un homme nay sans testicules apparens, & qui a neantmoins toutes les autres marques de virilité, est capable des œuures du mariage. Dernière édition reueuë et augmentée. *Paris, François Jacquin*, 1600, in-8. de 139 pp., plus 2 ff. non chiffrés, contenant 7 vers lat. et un fleuron. [3205]

Il y a deux éditions différentes sous la même date. Celle-ci est la seconde et la plus complète.

— Le même, dernière édition reueuë et augmentée de quelques autres opuscules du mesme autheur. *Paris, Claude Morel*, 1603, in-8. de 160 pp.

Roujoux (*Prudence-Guil.* baron de). Les Rois et les ducs de Bretagne, 24449.

Les pièces ajoutées à cette édition sont, outre une consultation de la Faculté de Montpellier : 1° *Synoptique ou démonstration sommaire des principaux moyens du procès d'entre M. G.-C. appellant, etc.*, 72 pp. ; 2° *Le Divorce pour Philippes de Denneval, etc.*, partie de 42 pp. ; 3° *Brachyloque ou abrégé du procès de Jean comte de Cruege*, partie de 49 pp. Tel était l'exempl. vend. 18 fr. chez La Vallière ; 7 fr. Méon.

L'édition de *Paris, Fr. Jacquin*, 1604, pet. in-8. de 140 pp., en petits caractères, porte le même titre que celle de 1603, mais nous n'y avons pas trouvé les pièces accessoires ci-dessus. Vend. 14 fr. Heber.

— La magnifique doxologie du festu. *Paris, J. Millot*, 1610, in-8. de 151 pp. 3 à 5 fr. [17953]

Il y a deux éditions sous même date.

— Les Gymnopodes, ou de la nudité des pieds (des cordeliers), disputée de part et d'autre. *Paris*, 1624, in-4. [17950]

Ce traité a fort peu d'intérêt maintenant : 4 à 6 fr. — Gr. Pap., vend. 22 fr. v. d. s. tr. Méon ; 10 fr. mar. Librairie De Bure.

— Le lumbifrage de Nicodême Aubier, scribe, soi-disant le 5e évangéliste, et noble de quatre races. *Eleutheres, année embolismale*, pet. in-8. de 50 ff. [18408]

De tous les ouvrages de Roulliard, celui-ci est le plus rare et le plus recherché : 33 fr. Le Marié ; 20 fr. m. v. Méon ; 10 fr. d'Ourches.

En voici d'autres qui ne sont guère plus communs :

HISTOIRE de Melun, contenant plusieurs raretés notables et non découvertes en l'histoire générale de France, plus la vie de Bouchard, comte de Melun, sous Hugues Capet, trad. du latin, etc. *Paris*, 1628, in-4. [24198]

Vend. 8 fr. 50 c. Librairie De Bure.

LI-HUNS en Sang-Ters, ou discours de l'antiquité, priviléges et prérogatives du monastère de Li-Huns ou Li-Hons en Sang-Ters, situé près de Roye en Picardie... *Paris, Iean Barbote*, 1626, in-4. de 152 pp. [21754]

Vend. 12 fr. mar. r. La Vallière ; 9 fr. d. r. Hérisson ; 40 fr. Solar, et, avec la pièce suivante, 15 fr. Librairie De Bure.

LA FÈRE, ou Chartre de la paix, ou concordat passé et octroyé aux majeurs, jurés et hommes de La Fère, par Enguerrand de Coucy, l'an 1207, contenant les droicts et priviléges de la commune et citoyens du dit lieu. Pour M⁰ Laurent Belin, à présent maiere (*sic*) et iurez ses collègues ; en lat. et en franç., mis en lumière par S. Rouilliard. *Paris, imprimerie de Iean Barbote*, 1627, in-4. [24232]

Deux ouvrages curieux.

PARTHENIE, ou histoire de la très-auguste église de Chartres, dédiée par les vieux Druides en l'honneur de la vierge qui enfanterait, avec ce qui s'est passé de plus mémorable au fait de la seigneurie de ladite église, ville et pays chartrain. *Paris, Thierry*, 1609, pet. in-8. [21428]

Vend. 8 fr. Hérisson.

L'Histoire de l'église de Chartres qu'a donnée Vincent Sablon, auteur d'une traduction en vers du grand poëme du Tasse, n'est guère qu'un abrégé de la *Parthenie* de Rouillard. Elle a paru pour la première fois à *Chartres, chez Boquet*, en 1671, in-12, et a été plusieurs fois réimprimée dans la même ville. Les dernières éditions sont celles de 1808, in-12, et de 1835, in-18.

LA SAINTE MÈRE, ou vie de Saincte Isabel de France, sœur de S. Louis, fondatrice de l'abbaye de Long-Champ, par Seb. Rouilliard. *Paris, Taupinart*, 1619, pet. in-8. [21931] 7 fr. Monmerqué.

L'ouvrage suivant est préféré à celui-ci.

LA VIE NEUTRE des filles dévotes qui font estat de n'être ni mariées ni religieuses, ou la vie de Sainte Isabelle de France, par Nic. Caussin. *Paris, Sonnius*, 1644, in-12, ou *Paris, De Bray*, 1647, in-8.

— Le grand aulmonier, 24075.

— AGROCARIS. Voy. ci-dessus, col. 628, article PIBRAC.

ROUMIANTZOFF. Sobranïe gossoudarst-vennych gramot. Collection des actes d'Etat qui se conservent dans les anciennes archives des affaires étrangères, publiée par le chancelier de l'empire comte N. Roumiantzoff. *Moscou, Vsévo-lojeski et Sélivanofski*, 1813-1827, 4 vol. in-fol. 30 roub. [27759]

Ces documents se rapportent à l'époque de 1300-1600. Un 5ᵉ vol. est resté inachevé.

ROURK (*Donatus*). Voy. DEMPSTER.

ROUSIER (le) des dames. V. DESMARIUS de Masan.

ROUSPEAU (*Yves*). La foy catholique des peres anciens, contenue au symbole de sainct Athanase, iadis euesque d'Alexandrie, nouuellement traduit en rime francoise et reduit en forme de cantique par Yves Rouspeau, ministre de la parole de Dieu en leglise de Pons, plus y sont ajoutés... *La Rochelle, par P. Haultin*, 1579, pet. in-8. [13805]

— Quatrains spirituelz de l'honneste amour, nouuellement mis en lumiere, par le même. *Paris, Guillaume Auuray*, 1584, in-12.

34 fr. v. f. tr. d. Solar.
Réimprimé, avec les stances des louanges du saint mariage opposées à celles de Philippe Des Portes. *A Pons, par Thomas Porteau*, 1593, pet. in-4.

-- Sonetz de l'honneste amour, nouuellement mis au jour par Yves Rouspeau, saintongeois. *A Pons, par Thomas Portau*, 1594, pet. in-8. de 88 ff., sign. * et a—k.

Poésies fort peu connues. Après le 16ᵉ feuillet non chiffré commencent les *Sonetz chrestiens de l'amour divin*, ff. chiffrés de 9 à 24, et suivis de 56 ff. non chiffrés. Il y a un *sonet contre les mauvais evesques*, et un autre sur la *Reforme de l'Eglise*.

— Stances de l'honneste amour, sur la defence du S. Mariage contre les fausses accusations et calomnies de Philippe Des Portes, nouuellement mises en lumiere par Yves Rouspeau. *A Pons, par Thomas Portau*, 1596, pet. in-8. de 16 ff. non chiffr. sign. a et b.

A l'article Cauliac (Guy de) nous avons cité un petit

livre de médecine impr. à *Pons, par Th. Portau*, en 1591.

Les poésies de Rouspeau avoient déjà été imprimées à la suite des cantiques du sieur de Maison-Fleur. *Paris, Guillemot*, 1584, et aussi *Paris, Auvray*, 1586, pet. in-12.

ROUSSAT (*Richard*), medecin, chanoine de Langres. Livre de l'estat et mutation des temps, prouvant, par authoritez de l'escripture saincte et par raisons astrologales, la fin du monde estre prochaine (anonyme). *Lyon, Guillaume Rouille*, 1550, pet. in-8. [9012]

Ce livre rare a cela de particulier qu'à la page 162 se lit un passage qui semble annoncer d'une manière positive les mémorables événements de 1789 (*mil sept cent octante et neuf*) et ceux de 1814. Un exemplaire en *mar.* est porté à 120 fr. dans le catal. de M. Potier, 1856, nº 877.

Description de ce volume : 13 ff. prélim. contenant le titre, le privilége, une épître latine de l'auteur au lecteur, une pièce de vers latins, l'épître dédicatoire et la préface de l'auteur ; texte 79 ff. paginés de 27 à 180, et suivi de 2 ff. présentant des figures cabalistiques.

La Croix Du Maine et Du Verdier citent cet ouvrage, mais ils n'ont pas parlé de l'article suivant qui est du même auteur; seulement le premier de ces deux bibliographes dit : « J'ai vu plusieurs Almanachs et Prognostications, imprimés sous le nom dudit Richard Roussat, pour l'an 1548, 1549 et 1552, mais je ne sais si c'est le susdit chanoine de Langres qui en est l'auteur. »

— Des élémens et principes d'astronomie, avec les universels jugemens d'icelle ; item, un traité des élections de chose à faire, ou désirée à faire ; davantage plusieurs chapitres servants à l'astronomie et principalement aux nativités..... le tout de nouveau mis en lumiere par Richard Roussat, chanoine et médecin de Langres. *Paris, Nic. Chrestien*, 1552, in-8. de 8 et 62 ff. [8223]

Ouvrage rare. Vendu 15 fr. Lambert ; 12 fr. La Valliere.

ROUSSEAU (*Remy*). Les Ruses de guerre. Voy. II, col. 1409, article FRONTINUS.

ROUSSEAU (*Jean-Baptiste*). OEuvres diverses du sieur R**. *Soleur, Ursus Heuberger*, 1712, in-12 de XXVIII ff. prélim., 318 pp. et 2 ff. pour la table.

Édition originale de ce premier recueil. 15 fr. Ch. Giraud. Il en existe une autre sous la même date et dans le même format, laquelle n'a que XXIV et 331 pp., mais contient quelques pièces de plus que la première ; 12 fr. 50 c. Giraud. Une autre, sous le titre d'*OEuvres du sieur Rousseau, contenant ses poésies*, Rotterdam, Fritsch et Böhm, 1712, 2 vol. in-12, renferme, au dire des éditeurs, 125 pièces de plus que celle de Soleure ; elle a été payée 29 fr. Ch. Giraud ; et à la même vente les *OEuvres choisies du sieur Rousseau*, Rotterdam, Fritsch et Böhm, 1714, in-12, avec un titre gravé et des fig. de B. Picart, ont été portées à 20 fr. 50 c. L'édition est augmentée de quelques pièces, mais pour le reste elle reproduit la précédente moins le théâtre. Ces anciennes éditions de J.-B. Rousseau sont ordinairement à très-bas prix.

— Ses OEuvres, nouvelle édition, augmentée (par l'abbé Séguy). *Bruxelles (Paris, Didot),* 1743, 3 vol. gr. in-4. [14048]

Cette belle édition ne contient pas les épigrammes libres : 15 à 24 fr. Vend. en *mar.* 54 fr. Caillard ; 41 fr. Chateaugiron ; 62 fr. Giraud ; 50 fr. Quatremère.

Celle de *Londres,* 1723, 2 vol. in-4., est à très-bas prix, quoiqu'elle renferme quelques épigrammes qui ne sont pas dans la précédente, non plus que dans la réimpression (*Paris,* 1743), en 4 vol. in-12. Cette dernière n'a quelque valeur que lorsqu'elle est en Gr. Pap. : 15 à 20 fr. Vend. rel. en *m. bl.* 31 fr. Barthélemy ; 98 fr. *mar. r.* d'Ourches.

L'édition de *Londres* (*Paris*), 1757, 5 vol. pet. in-12, renferme les épigrammes libres, et on doit y trouver les fameux couplets attribués à J.-B. Rousseau, gravés à l'imitation de l'écriture ; elle est assez jolie, mais elle n'a qu'un prix ordinaire. On fait peu de cas de celle de *Paris, an* IV (1795), 5 vol. pet. in-12, dont il n'y a que les exempl. en pap. vél. qui soient un peu recherchés. Nous en dirons autant de l'édition de *Paris,* 1796, 4 vol. in-18. fig.

— OEuvres de J.-B. Rousseau, nouvelle édition, avec un commentaire histor. et littér., précédé d'un nouvel essai sur la vie et les écrits de l'auteur (par M. Amar-Durivier). *Paris, Lefèvre, de l'imprim. de Crapelet,* 1820, 5 vol. in-8. avec un portr. 25 à 30 fr.;—Gr. Pap. vél. 50 à 60 fr.

Vend. 140 fr. *mar.* Labédoyère ; 64 fr. 50 c. Crapelet.
C'est la meilleure édition que nous ayons de ce poëte. Les épigrammes libres, qui doivent se trouver dans le 2e vol., pp. 376 et suiv., ne sont pas dans tous les exemplaires.

— Odes, cantates, épîtres et poésies diverses, édition imprimée pour l'éducation du Dauphin. *Paris, imprim. de Fr.-Ambr. Didot l'aîné,* 1790, gr. in-4. pap. vél.

Tiré à 250 exemplaires : 18 à 24 fr. M. Mac-Carthy en avait un exempl. impr. sur VÉLIN, qui a été offert à 900 fr., et fut enfin vendu 350 fr. en 1860.

— OEuvres choisies : odes, cantates, épîtres et poésies diverses de J.-B. Rousseau, suivies de sa correspondance inédite avec l'abbé d'Olivet. *Paris, P. Didot l'aîné,* 1818, 2 vol. in-8. Pap. fin, 6 fr. — Pap. vél. 10 fr.

Il a paru à *Paris, chez Buisson,* en 1808, une édit. des *OEuvres choisies de J.-B. Rousseau,* en 1 vol. in-8., avec des notes du poëte Le Brun.

— OEuvres poétiques, avec un commentaire par M. Amar. *Paris, Lefèvre (imprim. de Didot aîné),* 1824, 2 vol. gr. in-8. pap. caval. vélin, portr. 10 fr.
— Pap. gr. Jésus vélin, 36 à 42 fr.

Édition de la collection des classiques français.

— LES MÊMES, avec une notice et des notes par M. Auger. *Paris, Lefèvre (imprim. de Didot aîné),* 1823, 2 vol. gr. in-32, pap. vél. portr., 4 fr.; — sur jésus vél., 8 fr.

— LES MÊMES OEuvres poétiques. *Paris, L. De Bure (impr. de F. Didot),* 1824, 2 vol. gr. in-32, portr. pap. vél. 5 fr.

— OEuvres choisies : odes, cantates, épîtres et poésies diverses. *Paris (imprim. de J. Didot), chez Janet et Cotelle,* 1824, in-8., portr. 3 fr. — Pap. d'Annonay, 5 fr.; — Gr. raisin vél., portr. avant la lettre, 12 fr.

Le *Portefeuille de J.-B. Rousseau,* Amsterd., 1751, 2 vol. in-12, renferme l'*Hypocondre,* comédie en 5 actes et en vers, attribuée à J.-B. Rousseau.

— LETTRES de M. Rousseau sur différens sujets de littérature (publ. avec des notes par Louis Racine). *Genève (Paris),* 1749-50, 5 volumes pet. in-12. [18840]

ROUSSEAU (*Jean-Jacques*). OEuvres complètes (publiées par Du Peyrou). *Genève,* 1782-90, 17 vol. in-4. [19116]

Cette édition de *Genève* a été faite d'après la copie préparée en partie par l'auteur lui-même, et elle présente dans plusieurs ouvrages des additions remarquables. On y a ajouté, par forme de supplément, les ouvrages posthumes de l'auteur, et différents morceaux curieux relatifs à sa personne et à ses principales productions. Il s'est fait simultanément trois éditions conformes entre elles pour le contenu : 1° Celle-ci, en 17 vol. in-4., à laquelle se joignent de jolies gravures d'après Moreau (faites originairement pour une édition de *Bruxelles,* 1774, en 12 vol. in-4.) : 40 à 50 fr., et moins quand les gravures n'en font pas partie. Les exemplaires en Gr. Pap. ne sont pas beaucoup plus chers. 2° En 30 vol. in-8. ou en 35 vol., y compris le dernier suppl. ment en 5 vol., publié à *Neufchâtel,* en 1790. 3° En 33 vol. in-12, bas prix.

Lorsque parurent ces trois éditions, elles étaient les meilleures que l'on eût des œuvres de J.-J. Rousseau ; mais elles ont été effacées depuis par des éditions plus belles et plus complètes; et c'est ce qui en a réduit le prix à très-peu de chose. A l'égard des manuscrits inédits de J.-J. Rousseau, qui ont été déposés dans la bibliothèque de Neufchâtel, après la mort de Du Peyrou, il faut consulter les *Études sur la littérature de la Suisse française,* p. 298, à la note.

— Les mêmes OEuvres, classées par ordre de matières, avec des notes (par Sébast. Mercier, l'abbé Brizard et de L'Aulnay). *Paris, Poinçot,* 1788-93, 39 tom. en 38 vol. in-8. fig.

Quoiqu'elle soit mal exécutée et très-incorrecte, cette édition est à distinguer de toutes celles qui l'ont précédée, parce qu'on y trouve les *Consolations des misères de ma vie,* avec les airs notés; différentes pièces relatives à J.-J. Rousseau ; et que les lettres sur la botanique sont augmentées d'une continuation trad. de l'anglais de Martyn, et de pl. color. Il y a des exempl. en pap. vél., tant in-8. qu'in-4., mais aujourd'hui à très-bas prix.

— Les mêmes OEuvres de J.-J. Rousseau. *Paris, de l'imprimerie de Didot jeune,* 1793-1800, 18 vol. très-gr. in-4. fig. pap. vél.

Édition peu recherchée, parce qu'elle n'est pas assez belle pour un livre de luxe, et que la grandeur de son format en rend l'usage tout à fait incommode. Chaque volume a coûté originairement 60 fr. et 72 fr., avec fig. avant la lettre; mais aujourd'hui l'ouvrage entier vaut à peine 120 fr., à moins que l'exemplaire ne soit bien relié.

On a tiré 4 ou 6 exemplaires sur très Gr. Pap. colombier, dont un a été vendu 1200 fr. Bailly, et 449 fr. en 1818; un autre, *mar. r. dent. tab.,* avec les *eaux-fortes,* 2660 fr. Scherer, 500 fr. Labédoyère, et revendu 1200 fr. en 1861.

—Les mêmes. *Paris, Bozerian (de l'impr.*

de Didot l'aîné), 1796-1801, 25 vol. gr. in-18, pap. vél.

Il n'en a été tiré qu'une centaine d'exemplaires de cette édition. 40 à 60 fr. On y joint quelquefois 64 pl. grav. par Dupréel, d'après Moreau, et dont les premières épreuves sont avant les cadres.

Il y a deux exemplaires du texte sur papier plus beau et un peu plus grand que dans le reste de l'édition, et un seul exemplaire sur VÉLIN, lequel ayant été mis en vente en 1841, n'a pas trouvé d'acquéreur au prix de 550 fr.

— Les mêmes. *Paris, de l'imprimerie de Didot l'aîné*, 1801, 20 vol. gr. in-12, pap. vél.

Édition faite en même temps que la précédente et avec les mêmes caractères, qui sont trop petits pour le format. Ces deux éditions de 1801 ont été regardées pendant quelque temps comme les meilleures de cet auteur, et même elles ont servi de base aux quatre réimpressions publiées de 1817 à 1819 ; elles ne méritaient cependant pas cet honneur ; car au lieu d'y suivre exactement le texte de *Genève*, comme leurs prédécesseurs l'avaient sagement fait, les nouveaux éditeurs (Naigeon, Bancarl, et spécialement Fayolle), trop confiants dans les manuscrits de Rousseau qui se conservent à la biblioth. de la Chambre des députés, ont adopté, comme bonnes, nombre de phrases qui avaient évidemment été rejetées par l'auteur lui-même. Ce sont particulièrement l'Emile et les Confessions qui ont souffert de ces corrections maladroites, ainsi qu'on peut le voir dans les avertissements de l'édition donnée par Petitain.

— Les mêmes, avec des notes historiques (par Petitain). *Paris, Lefèvre (de l'imprim. de Crapelet)*, 1819-20, 22 vol. in-8., fig. d'après Desenne et autres. 66 à 88 fr.

Il y a une soixantaine d'exemplaires en Gr. Pap. vél. fig. avant la lettre, dont le prix était de 350 fr.

Édition bien imprimée, et qui offre un bon texte basé en grande partie sur celui de Genève, et purgé des prétendues améliorations de l'édit. de 1801. La correspondance y est augmentée d'un certain nombre de lettres inédites ; mais on n'y trouve ni la *Correspondance originale et inédite de J.-J. Rousseau avec madame Latour de Franqueville, et M. Du Peyrou* (Paris, 1803, 2 vol. in-8.), ni les *Lettres originales de J.-J. Rousseau à madame ***, à madame de Luxembourg, à M. de Malesherbes, etc.*, publiées par *Ch. Pougens* (Paris, 1798, gr. in-18, avec un fac-simile de l'écriture de l'auteur). Parmi les additions dont Petitain a enrichi son édition, on distingue un *Appendice aux Confessions de J.-J. Rousseau*, et plusieurs autres opuscules de l'éditeur ; un *Vocabulaire des mots, expressions et locutions remarquables* employées par J.-J. ; une *Table générale et analytique des matières :* la *Notice des principaux écrits relatifs à la personne et aux ouvrages de J.-J.*, par A.-A. Barbier ; enfin, le 22e vol. réunit un choix de ce qui a été écrit de plus remarquable pour ou contre l'auteur d'Emile. Malgré ces additions, le travail de Petitain a été sévèrement et assez justement critiqué par A. Beuchot dans la première édition de la *Biographie univers.*, XXXIII, p. 502.

— Les mêmes OEuvres. *Paris, Lequien (imprim. de P. Didot)*, 1820-23, 21 vol. in-8. 36 à 48 fr.

Publiée, ou sans figures, ou avec les 19 fig. de l'édition ci-dessus (donnée par Lefèvre). Le 21e vol. contient le supplément à la correspondance, les tables, et la notice des principaux écrits relatifs à J.-J. Rousseau, par M. Barbier. Il a été tiré des exemplaires en pap. vélin, avec les figures avant la lettre.

Une autre édition des œuvres de J.-J. Rousseau, en 20 vol. in-8., aussi complète que la précédente, a paru chez Lequien père, et chez Werdet et Lequien fils, de 1823 à 1826. Il y a des exemplaires en pap. ordinaire et en pap. d'Annonay, avec les 19 figures de Desenne et autres, ou avec 60 figures d'après Moreau.

— OEuvres complètes, classées dans un nouvel ordre, avec des notes historiques et des éclaircissemens (par V.-D. Musset-Pathay). *Paris, P. Dupont*, 1823-26, 23 vol. in-8., y compris la table générale qui forme le 23e vol. 42 à 50 fr.

Il faut réunir à cette édition :

OEUVRES INÉDITES de J.-J. Rousseau, suivies d'un supplément à l'histoire de sa vie et de ses ouvrages, par V.-D. Musset-Pathay. *Paris, P. Dupont*, 1825 (nouveau titre, 1833), 2 vol. in-8., dont le 2e renferme plusieurs morceaux étendus de M. Eymar, relatifs à J.-J.

HISTOIRE de la vie et des ouvrages de J.-J. Rousseau, par Musset-Pathay, 2e (3e) édition. *Paris, P. Dupont*, 1827, in-8.

Il existe des exemplaires de ces 26 vol. en pap. vélin. Les trois derniers ont été tirés sur pap. caval. vél., et peuvent se joindre à l'édition en 27 vol. dont nous allons parler.

La 2e édition de l'*Histoire de J.-J. Rousseau*, augmentée de lettres inédites de Mme d'Houdetot, est de *Paris* (chez *Brière*), 1822, en 2 vol. in-8.

On ajoute encore à cette même édition la collection des 65 pl. composant la botanique de J.-J. Rousseau grav. et color. d'après les dessins de Redouté, gr. in-4. 50 fr. — Pap. gr. in-fol. 100 fr.

Il existe aussi un recueil de *Planches lithographiées pour servir à l'intelligence des lettres élémentaires sur la botanique de J.-J. Rousseau*, par *P. Oudard*, in-8. contenant 60 pl. color. publiées en 10 livraisons.

— OEuvres complètes, avec des éclaircissemens et des notes historiques par P.-R. Auguis. *Paris, Dalibon (impr. de Jules Didot)*, 1824-28, 27 vol. in-8. pap. vél. caval. 75 à 90 fr.

Le travail de l'éditeur, on peut bien le croire, s'est borné à un plagiat continuel des notes des autres éditions. Celle-ci se distingue par la beauté des caractères. Il a été tiré 10 exempl. en pap. de Hollande ainsi que plusieurs en Gr. Pap. jésus vélin. On adapte à ce livre une suite de 40 vign. et 2 portr. (J.-J. et Mme de Warens) gravés par MM. Forster, Logier, Muller, etc., d'après les dessins de Devéria ; suite publiée en 9 livrais., d'abord au prix de 72 fr., et sur pap. de Chine, 90 fr., ensuite réduite à 25 et à 32 fr. Il existe des épreuves de ces mêmes vignettes, *avant la lettre*, tirées in-8., in-4., et même in-fol., soit en pap. blanc, soit en pap. de Chine. On a aussi tiré quelques épreuves des eaux-fortes.

Les formes de cette édition en 27 vol. ont servi pour le tirage d'une autre édition (sous la date de 1825 et ann. suivantes), en 26 vol. in-8., pap. carré, où l'on a omis la partition du *Devin du village*, formant le 16e volume de la précédente. Une partie des exemplaires de ce second tirage porte le nom de *H. Féret*, seul, et les autres ceux de *H. Feret et Baudouin*. Les premiers volumes n'ont porté primitivement que le nom de *Dalibon*. Les trois libraires que nous venons de nommer se sont partagé les exemplaires d'une autre édition de J.-J. Rousseau, impr. chez *Doyen*, en 1825 et ann. suiv., en 25 vol. in-8., et qui s'est vendue, ou sans figures, ou avec les 42 pl. ci-dessus.

A cette notice des principales édit. de J.-J. Rousseau nous allons joindre le catal. de plusieurs autres réimpressions moins importantes de la même collection :

1° *De l'imprimerie de la Société littéraire et typogr.* (à Kehl), 1783-89, 34 vol. gr. in-18. Bien imprimée, mais incomplète et très-incorrecte.

2° *Paris, les libraires associés*, 1793, 37 vol. gr. in-18, fig. d'après Marillier.

3° *Ibid., A. Belin*, 1817, 8 vol. in-8., avec 14 pl. de musique et un fac-simile. La plus complète qui eût paru jusqu'alors. Villenave et Depping en ont été les éditeurs.

4° *Ibid., Lefèvre et Déterville*, 1817-18, 18 vol. in-8., avec un portrait, 20 fig. et des planches de musique. Il y a des exempl. en pap. vélin.

5° *Ibid., Ledoux et Tenré*, 1818-19, 20 vol. gr. in-18, avec 20 vignettes d'après Moreau.

6° *Ibid., V° Perroneau, etc.*, 1818-20, 20 vol. in-12 fig., avec des suppléments, des notices et des notes, par Musset-Pathay. On y ajoute les lettres de J.-J. Rousseau et de Mme La Tour de Franqueville, de Du Peyrou, 2 volumes.

7° *Ibid., Thomine et Fortic*, 1822-25, 25 vol. gr. in-18., avec 63 figures d'après Moreau.

8° *Ibid., Th. Desoer*, 1822 et ann. suiv., 21 vol. in-18, avec 20 vignettes. Le 21° vol. contient, avec la table des matières, un commentaire littéraire et grammatical par Aignan. Assez jolie édition, dont il a été tiré des exemplaires sur pap. coquille, et d'autres sur pap. vélin. Il y en a avec de nouv. titres, à la date de 1826, et au nom du libraire Emler.

9° *Ibid., Baudouin frères*, 1825-30, 25 vol. in-8. Edit. dirigée par Léon Thiessé. Comme elle est stéréotype, les clichés ont servi à plusieurs tirages au nom de Baudouin, ensuite avec celui de Pourrat.

10° *Ibid., Verdière, etc.*, 1825 (nouveau titre, 1826), en un seul vol. gr. in-8. à 2 col. pap. vél. 15 à 20 fr.

11° *Ibid., Furne*, 1835, 4 vol. gr. in-8. à 2 col. fig. 40 fr.

La plupart des éditions ci-dessus se trouvent aujourd'hui à très-bas prix.

— Du Contrat social, ou principes du droit politique. *Paris, de l'imprim. de Didot jeune*, 1795, gr. in-4. pap. vél. [3940]

Édition de luxe, mais peu recherchée : 4 à 6 fr. — In-fol. tiré à 5 ou 6 exempl. : vend. 30 fr. en 1811 ; 4 fr. Chateaugiron. Nous avons vu un exemplaire in-fol. imprimé sur VÉLIN.

— La Botanique de J.-J. Rousseau, ornée de 65 planches en couleurs, d'après les peintures de J. Redouté. *Paris, Garnery*, 1805, gr. in-4. pap. vél. [4918]

Ouvrage publié en 11 livrais. ; il a coûté 200 fr., et gr. in-fol., 330 fr. ; mais on le trouve pour le quart de ces prix. On le joint à l'édition de Rousseau gr. in-4.

— Julie, ou la nouvelle Héloïse. *Paris, imprim. de J. Didot*, 1825, 3 vol. in-8.

Ces trois vol. forment les tomes LXXIII à LXXV et derniers de la *Collection des meilleurs ouvrages de la langue française*, dont il a été tiré des exemplaires sur pap. ordin., sur pap. fin, sur pap. vélin, et deux sur VÉLIN.

La première édition de la Nouvelle Héloïse a paru sous ce titre :

LETTRES de deux amants, habitants d'une petite ville au pied des Alpes, recueillies et publiées par J.-J. Rousseau. *Amsterdam, Marc Michel Rey*, 1761, 6 vol. in-12, fig. de Gravelot.

C'est celle dont l'auteur a corrigé lui-même les épreuves : il s'en est fait dans la même année une autre à

Paris, pour le libraire Duchesne, aussi en 6 vol. in-12, auxquels on adaptait les titres de l'édit. de Hollande ; mais l'ouvrage y a subi d'assez nombreux retranchements: On y a joint également, en 1761, une préface dialoguée sous le titre d'*Entretien sur les romans entre l'éditeur de Julie et un homme de lettres*, in-12 de 91 pp., et *Recueil d'estampes et explication de leurs sujets*, in-12 de 47 pp. Une partie des exemplaires de ces deux premières éditions porte le titre de *Julie, ou la Nouvelle Héloïse*, qui a été définitivement adopté. Un exempl. de l'édit. originale, rel. en *v. f. tr. d.* 70 fr. De Bure aîné.

— JULIE, ou la Nouvelle Héloïse. *Paris, impr. de F. Didot*, 1806, 4 vol. gr. in-18.

Un exemplaire imprimé sur VÉLIN, 188 fr. Eug. P., en 1862.

— JULIE, ou la Nouvelle Héloïse, par J.-J. Rousseau, vignettes par Tony Johannot, Wattier, etc. *Paris, Barbier*, 1844, 2 vol. in-8. 20 fr.

— Emile, ou de l'éducation. *Amsterdam, Marc-Mich. Rey*, 1762, 4 vol. in-12. [3888]

Première édition. L'ouvrage a paru en même temps à Amsterdam, en 4 vol. in-12, et à Paris, sous la rubrique de *La Haye*, en 4 vol. in-8. fig. 110 fr. *mar. br.* en 1861, et quelquefois moins.

— Dictionnaire de musique, 10105.

— CORRESPONDANCE inédite de J.-J. Rousseau avec Marc-Michel Rey, publiée sur les originaux, par M. L. Bosscha. *Paris, F. Didot*, 1858, in-8., avec 2 fac-simile. 5 fr.

Cette correspondance a paru la même année à *Amsterdam*, avec 2 fac-simile.

— ŒUVRES et correspondance inédites de J.-J. Rousseau, publiées par M. G. Streckeisen-Moultou. *Paris, Mich. Lévy*, 1861, in-8. de xx et 484 pp. 7 fr.

Ces deux correspondances peuvent être réunies aux différentes éditions des œuvres du philosophe de Genève.

ROUSSEAU (*L.-F.-Emm.*). Anatomie comparée du système dentaire chez l'homme et chez les principaux animaux ; nouvelle édition augmentée. *Paris*, 1839, gr. in-8., avec 31 pl. 20 fr., et plus avec fig. color. [6770]

La première édition est de 1827.

ROUSSEAU (*Sam.*). A Dictionary of mohamedan law, Bengal-revenue terms, shanscrit, hindoo, and other words, used in the East-Indies, with full explanations... *London, Sewell*, 1802, in-12. 6 à 9 fr. [11757]

— THE BOOK of knowledge, or grammar of the persian language. *London*, 1805, in-4. 6 à 9 fr. [11653]

— A VOCABULARY of the persian language, persian and english, and english and persian. *London, Asperm*, 1802, in-8, 6 fr. [11667]

— THE FLOWERS of persian literature, containing extracts from the most celebrated authors, in prose and verse ; with a translation into english... to which is prefixed an essay on the language and literature of Persia. *London, Sewell*, 1801, in-4. 10 à 12 fr. [19476]

Rousseaud de Lacombe (Du). Arrêts, 2712. — Recueil, 2770.

Roussel (l'abbé). Histoire de Verdun, 24878.

Roussel. Cartes des Pyrénées, 19668.

Roussel de Latour. Assertions, 1377.

ROUSSELET (le P. *George-Estienne*). Le Lys sacré iustifiant le bon-heur de la piété par divers parangons du Lys avec les vertus et les miracles du roy S. Louys et des autres monarques de France. D'où ceux qui parlent en public pourront tirer des exemples, des devises et des propos remarquables sur chaque vertu des roys de France, pour l'ornement de leurs discours : outre plusieurs dessins qui se prendront des éloges du Lys, amplement deduicts en divers endroits de ce livre. *Lyon*, 1631, in-4. [24007]

Livre plus rare que recherché.

ROUSSET (*Fr.*). Traité nouveau de l'hysterotomatokie, ou enfantement cæsarien, qui est extraction de l'enfant par incision latérale du ventre et de la matrice de la femme grosse, ne pouvant autrement accoucher; et sans préjudicier à la vie de l'un et de l'autre, ni empescher la fecondité naturelle par après. *Paris, Denis Du Val*, 1581, in-8. 6 à 9 fr. [7606]

Vend. 15 fr. 50 c. By.

— Hysterotomatokia Fr. Rosseti, a Gasp. Bauhino latine reddita. *Basileæ*, 1582 et 1588, in-8.

Éditions non moins rares que l'original français.
Il y a une autre édition sous ce titre :

EXACTIO fœtus vivi ex matre viva sine alterutrius vitæ periculo, et absque fecunditatis ablatione, a Fr. Rosseto gallice conscripta, et latine reddita a Gasp. Bauhino. *Francofurti*, 1601, in-8.
— USTEROTOMATOKIAS, id est cæsarei partus assertio historiologica : item fœtus lapidei vigeoctennalis causæ. ⇒ Dialogus apologeticus pro cæsareo partu (carmina). *Parisiis*, 1590, in-8. 4 à 6 fr.
— EXERCITATIO medica assertionis novæ veri usus anastomoseos cardiacarum fœtus ex utero materno, etc. *Parisiis*, 1603, in-8.
— BREVIS apologia pro partu cæsareo, in dicacis cujusdam ex pulvere pædagogico chirurguli theatralem invectivam. *Parisiis*, 1598, in-8.
Dans cette attaque aux adversaires de l'opération césarienne Rousset ayant fait allusion à un chirurgien de Paris, nommé Jacques Marchand, celui-ci y répondit dans un *Declamationes in apologiam Francisci Rosseti*. Parisiis, 1598, in-8.
— FR. ROSSETTI Scleropalæcyematis sive Lithopœdii senonensis, id est, Fœtus lapidei vice octennalis causæ, hoc est carmina in fœtum quemdam lapideum qui per viginti octo annos in matris utero retentus est : accedit ejusdem authoris dialogus pro partu cæsareo. *Parisiis, Duvallius*, 1590, pet. in-8.
— Voyez PROVANCHERES.

ROUSSET. Grizoulet, lou joloux otrapat, et los omours de Floridor et Olimpo, de Rosilas et d'Omelito, et de Grizoulet et lo Morgui, coumedio (en 5 actes et en vers). *Sorlat, Coulombet*, 1694, pet. in-8. [16594]

— Lo Disputò de Bacus et de Priapus, compousado per lou Sr Rousset. *Sorlat, Coulombet*, 1694, pet. in-8. [16595]

Ces deux pièces, en patois de Sarlat, sont rares (La Vallière-Nyon). [18254] La première a été réimpr. à *Sarlat, chez Jean-Bapt. Robin*, en 1751, in-8. de 87 pp. 10 fr. de Soleinne, et aussi dans le volume intitulé :
ŒUVRES de Pierre Rousset; nouvelle édition, revue, corrigée et augmentée de pièces inédites, publiées par J.-B. L. (Lascoux). *Sarlat, Ant. Dauriac*, 1839, in-8. de VIII et 107 pp.
Cette édition contient un avertissement curieux, mais ne donne que la fin de la seconde pièce ci-dessus.

ROUSSET. Corps diplomatique, et Histoire du prince Eugène. Voy. DUMONT.

ROUSSEVILLE (de). Voy. NOBILIAIRE de Picardie.

ROUTH. Reliquiæ sacræ, sive auctorum fere jam perditorum secundi tertiique sæculi fragmenta, quæ supersunt : accedunt epistolæ synodicæ et canonicæ Nicæano concilio antiquiores. Ad codices mss. recensuit, notisque illustravit Mart.-Jos. Routh. *Oxonii*, 1814-18 (aussi 1846), 4 vol. in-8. 30 à 40 fr. [838]

Le 5e vol., qui a paru en 1848, coûte 12 fr.

— Scriptorum ecclesiasticorum opuscula quædam, recensuit, notasque suas addidit M.-J. Routh. *Oxonii, typ. clarend.*, 1832, 2 vol. in-8. 12 fr. [839]

Une nouvelle édit., augmentée, a paru à *Oxford*, 1840, en 2 vol. in-8. 18 sh.

ROUTIER (le) de la mer iusques au fleuue de jourdain. nouuellement imprime a Rouen. (à la fin) : *Cy finissent les iugemens de la mer, des nefs, des maistres, des marinniers, de marchãs z de tout leur estre auecques le Routier. Imprime a Rouen par Jacques le Forestier demourant audict lieu deuant Nostre dame a lenseigne de la fleur de lis*, pet. in-8. goth. de 29 ff. [19733]

Petit livre très-rare, impr. dans le commencement du XVIe siècle. C'est probablement un des plus anciens traités de ce genre aient paru en français.

ROUX (*Polydore*). Ornithologie proven-

Roussel (*Pierre-Jos.-Alex.*). Annales du crime, 2729.
Rousselet (le P. *Claude-Fr.*). Église de Brou, 24451.
Rousselon. Chiens de chasse, 10429.
Rousselot (*Xav.*). Philosophie dans le moyen âge, 3312.
Rousset (*J.*). Recueil, 2377. — Vers de mer, 6163. — Mémoires de Pierre le Grand, 27769.
Rousset (*Gust.*). Code de la presse, 2886.

Rousset (*Camille*). Histoire de Louvois, 23796.
Roussier (l'abbé). Mémoire sur la musique des anciens, 10082.
Roussin (*A.*) et Fréd. Moreau. Dictionnaire des communes de la Franche-Comté, 24564.
Routh (le P.). Manière d'inhumer, 28984.
Roux (*Jos.*). Vie de sainte Agnès, 22090.
Roux aîné. Fermes modèles, 9808. — Charpente de la cathédrale de Messine, 10064.

çale, ou description, avec figures coloriées de tous les oiseaux qui habitent constamment la Provence, ou qui n'y sont que de passage ; suivie d'un abrégé des chasses, de quelques instructions de taxidermie, et d'une table des noms vulgaires. *Marseille, l'auteur, et Paris, Levrault*, 1825 et ann. suiv., gr. in-4. [5750]

Cette Ornithologie devait se composer d'environ 800 pl. avec un texte en 2 vol. Il n'en a paru que 50 livrais. de 8 pl., au prix de 8 fr. chacune.
— Crustacées, 5913.

ROUX (Le). Voy. Le Roux.

ROUXEL. Voy. Ruxelius.

ROUYER (*Eugène*). L'art architectural en France depuis François Ier jusqu'à Louis XIV. Motifs de décoration intérieure et extérieure dessinés d'après des modèles exécutés et inédits des principales époques de la renaissance. *Paris, Noblet*, 1860 et ann. suiv., gr. in-4. [10042]

Tome 1er, contenant 100 pl. sur acier, avec un texte et une table. 80 fr. Il y en aura un second, qui se composera également de 100 pl. en 50 livr., au prix de 1 fr. 50 c. chacune.

ROUZEAU (*Simon* du). L'Hercule Gvespin ov l'Himne dv vin d'Orleans. *Orleans, par Satvrnin Hotot*, 1605, pet. in-8. [13904]

Édition originale de ce petit poëme médiocre composé par Rouzeau ou du Rouzeau. Elle est devenue rare, et on l'estimait de 40 à 50 fr. à Orléans, avant la réimpression accompagnée de notes et d'une notice biographique que vient de publier M. H. Herluison, libraire-éditeur à Orléans. Cette réimpression, pet. in-8. de XVII et 55 pp., dont il n'y a eu que 100 exempl. de tirés, sort des presses de L. Perrin, à Lyon ; c'est assez dire qu'elle est fort bien exécutée. Le même opuscule avait déjà été reproduit dans un recueil in-4. mis au jour en 1646 par Fr. Le Maire (voy. Le Maire).

ROUZET de Folmont (*Jac.-Mar.*). Voy. Explication.

ROVENZA (Libro chiamato Dama). Voy. au mot Libro.

ROVERE (de La). Voy. La Rovere.

ROVILLON (*Charles* de). Le premier livre des odes de Charles de Rovillon. *Anvers, de l'imprimerie de Christophle Plantin*, 1560, pet. in-8. de 4 ff. prélim., 57 ff. de texte et 1 f. pour l'errata, caractères de civilité. [13759]

Ces poésies, qui se trouvent fort rarement, ne sont dénuées ni de naïveté ni de grâce ; elles sont dédiées à *très noble et vertueuse dame Madame Marie de Montmorency, comtesse de La Lain, et Madame Eléonore de Montmorency, dame de Buignicout*. Du Verdier a donné le nom des personnes auxquelles sont adressées les odes contenues dans ce recueil, et Viollet Le Duc a rapporté un sonnet qui le termine : son exemplaire ne s'est vendu que 9 fr. 25 c., mais il valait davantage. On remarque aux premières pages de ce volume un sonnet de Christophe Plantin lui-même. Ce Charles Rovillon, et non Rouillon, comme l'a écrit Viollet Le Duc, est le même que, sur le témoignage de Paquot, nous avons nommé *Rouillon*, à la col. 607 de notre 2e vol., art. Des Autelz.

ROWLANDS (*Samuel*). Voy. II, col. 1832, article Guy de Warwich.

ROWLANDSON. Miseries of human life, designed and etched by Rowlandson, and published in 1808, for R. Ackermann. *London*, in-4. [9494]

Recueil de 50 caricatures en couleurs, qui s'adaptent à un ouvrage fort original, intitulé aussi : *Miseries of human life*, publié sous le nom de *Beresfort*, et dont Théod. Bertin a donné une traduction française à *Paris*, 1809, 2 vol. in-8. Depuis, deux Français, inspirés par la lecture de l'ouvrage anglais, ont publié : *Petites misères de la vie humaine par Old Nick et J.-J. Grandville*, Paris, Fournier, 1841, in-8.
C'est à Rowlandson que sont dus les dessins grotesques qui figurent dans les facéties publiées sous le nom du Dr Syntaxe (voy. ce nom).

ROWLEY (*Th.*). Voy. Chatterton.

ROXAS ou Rojas (*Agustin* de). El Viage entretenido. *Madrid, Alonso Gomez*, 1583, pet. in-8. [16774]

Roxas était un comédien célèbre : son ouvrage, écrit en vers et en prose, est curieux pour l'histoire du théâtre espagnol. L'édition de 1583 que nous indiquons ici, d'après Antonio, est plus que douteuse, puisqu'on fait naître l'auteur en 1577; mais il n'en est pas de même de celle de 1603, pet. in-8. de 32 ff. prélim. et 749 pp. chiffr.; édition dont le titre porte : *con una exposicion de los nombres historicos y poeticos, que no van declarados* (11 sh. Heber).
Réimpr. depuis à *Lérida*, 1611 (ou nouv. titre, 1615) ; – à *Madrid*, 1614, et aussi en 1786, pet. in-8. 4 à 5 fr. ; – enfin à *Madrid*, 1793, pet. in-8.

— El buen republico, por Rojas Villandrado. *Salamanca*, 1611, pet. in-4.

Ouvrage plus rare que le précédent, ayant été défendu par l'Inquisition. Salvá l'estime 1 liv. 11 sh. 6 d.

ROXAS Alarcon. Voy. Alarcon.

ROXAS ou Rojas Zorilla (D. *Francisco* de). Comedias famosas. *Madrid, Lor. Garcia de la Iglesia*, 1680, etc., 2 tom. en 1 vol. in-4. [16794]

Poëte distingué par ses pièces d'intrigue, au nombre de 24 au moins.

— Comedias escogidas de D. Francisco de Rojas Zorilla, ordenadas en coleccion

---

por D. Ramon de Mesonero Romanos. *Madrid, imprenta de M. Rivadeneyra,* 1861, gr. in-8. de xxiv et 604 pp. 16 fr.

Tome LIV de la *Biblioteca de autores españoles.*

ROXBURGH. Flora indica, or descriptions of indian plants, by the late Will. Roxburgh, edited by W. Carey; to which are added descriptions of plants more recently discovered by Nathaniel Wallich. *Serampore, mission press,* 1820-24, 2 vol. gr. in-8. [5223]

Édition non terminée. Langlès n'en avait que le premier volume.

— Flora indica, or descriptions of Indian plants, edition enlarged. *Serampore, printed for W. Thacker, Calcutta, and for Parbury, etc. London,* 1832, 3 vol. gr. in-8. 3 liv.

Il faut joindre à ces trois volumes : THE CRYPTOGA-MOUS plants of Dr. Roxburgh, forming the fourth and last part of Flora indica (published from Dr. Roxburgh's Mss.) *(sans lieu ni date)*, in-8. de 58 et 2 pp. (Extrait du *Calcutta Journal*.)

— Plants of the coast of Coromandel, selected from drawings and descriptions presented to the East India company. *London, printed by W. Bulmer for George Nicol,* 1795-1829, 3 vol. in-fol. atlant. avec 300 pl. color. [5224]

Magnifique ouvrage, publié sous la direction du célèbre Joseph Banks. Le premier volume a 6 et 67 pp., avec 100 pl. ; le second 55 pp. et les pl. 101 à 200 ; le troisième renferme 98 pp. de texte et les pl. 201 à 300. — Le prix des 3 vol., qui était de 63 liv., est réduit à 20 liv. dans le gros catal. de Bohn, impr. en 1844. Un exempl. avec les pl. coloriées et les pl. doubles en noir, 28 liv. 7 sh. Hibbert. Les exempl. non coloriés ont peu de valeur.

ROY (*Will.*). Rede me and be nott wrothe || for I saye not thynge but trothe. (*sans lieu ni date*), in-16 goth. de 72 pp., sign. a—i par 8. [15750]

Première édition de cette virulente satire en vers contre le cardinal Wolsey et le clergé de l'Eglise romaine. Il y en a une seconde édition imprimée à *Wesell, by Henry Nicholson*, 1546, in-16 de 124 pp., laquelle, annoncée sous le titre de *the Buryinge of the masse*, a été payée 11 liv. 11 sh. à la vente de Roxburghe ; mais dans cette réimpression on a .tellement adouci les personnalités et les allusions, qu'une partie de l'esprit et du mordant de l'ouvrage en a disparu. Il est dit, dans la préface de cette seconde édition, que Wolsey a fait acheter et détruire les exemplaires de la première, ce qui les a rendus fort rares, et en a fait porter le prix jusqu'à 12 liv. et plus, avant la reproduction fac-simile qui a été imprimée à *Whittingham*, en 1845, pet. in-8., et dont il a été tiré deux exemplaires sur VÉLIN. L'auteur de ces vers a contribué à la traduction anglaise du Nouveau Testament, imprimée en 1526 (*Biblioth. grenv.*, p. 622), et Lowndes, 2ᵉ édit., part. VIII, p. 2142.

Roy (*Pierre*). Statuts et priviléges des orfévres, 2021.

Roy (*J.*). Cardinaux françois, 21670.

Roy-Pierrefitte (l'abbé). Hist. de la ville de Bellac, 24650.

Lowndes (part. VI, 1508, au mot MASS) donne le titre de cet ouvrage et aussi ceux de plusieurs autres écrits anglais pour ou contre la messe, impr. vers le milieu du xviᵉ siècle, et parmi lesquels nous remarquons le suivant :

THE RESURRECTION of the Masse : with the wonderful vertues of the same, neuely set forth vnto the great hartes ease, joye, and comforte of all the catholykes, by Hughe Hilarie. *Strasburgh in Elsas*, 1554, in-16 goth. de 21 ff., sign. A –Cv.,M. Th. Grenville ne connaissait d'autre exemplaire de cet opuscule en vers que celui qu'il avait payé 9 liv. 15 sh. à la vente Bright.

ROY (*Will.*). The military antiquities of the Romans in north Britain, and particularly their ancient system of castrametation, illustrated from vestiges of the camps of Agricola, existing there, etc. *London, Bulmer*, 1793, gr. in-fol. fig. [26785]

Ce volume, qui s'est vendu 130 fr. Renouard, en 1804, se donne aujourd'hui pour moins de 40 fr.

ROY (Le). Voy. LE ROY.

ROY (le) et la foy d'Angleterre combatus. *A Couloigne* (sans date, mais *Genève*, 1610), pet. in-8. de 99 pp. chiffrées. (Bibliothèque de Zurich.)

ROY (le) mal conseillé, dialogue entre un Franchois flateur de son roy et quelque messager passant Bourguignon. *A Liége, l'an* 1635, pet. in-4. de 24 pp. [23689]

Le *Bulletin du Bibliophile belge*, tome XVI, p. 40 et suiv., donne un extrait étendu de ce pamphlet curieux et difficile à trouver.

ROY (le) prédestiné par l'esprit de Louis XIV, roi de France, avec plusieurs lettres concernant l'accouchement de la reine et les affaires d'Angleterre. *Cologne, Pierre Marteau* (Holl., *à la Sphère,* vers 1688), pet. in-12. [23844]

Pamphlet devenu rare : 14 fr. mar. Mac-Carthy.

ROYAL BOOK, or Book for a King, translated of French into English by Wil. Caxton (1484), in-fol. goth., ff. non chiffrés, mais sign. a—v par 8, excepté la dernière qui est par 6. Le premier f. du cah. a est blanc. [1285 ou 1735]

Cette traduction a probablement été faite sur un texte français manuscrit, car nous n'en connaissons pas d'imprimé. Il y a au commencement du volume un sommaire ainsi conçu : *The Royal Book, or Book for a King, in which ben comprised the X Commandments, the XII Articles of Faith, the VII deadly sins. Petitions of the Paternoster, the VII gifts of the Holy Ghost, the VII Virtues, VII, etc.;* ensuite la table des rubriques au nombre de 161, et à la fin une souscription dont nous donnons ici quelques passages : *This book was compiled and made at the request of Kings Philip* (le Bel) *of France. In the year of the incarnation of our lord* M.CC.LXXIX, *and translated or reduced out of French into English by me William Caxton, at the request of a worshipful merchant and mercer of London.... which book is called in the Frenche le livre Royall... which translation or reducing out of French into English, was achieved, finished, and accomplished the XIII day of september, and in the second .*

year of reign of King Richard the Third. Cette date, qui indique l'année 1484, doit être approximativement celle de l'impression du livre, lequel a été réimprimé par Wynkyn de Worde, *at London in fletestrete at the sygne of the sonne, etc.,* M. CCCCC. VIJ, in-4. goth.

ROYAUMONT. Histoires du V. et du N. Testament, représentées avec des fig. et par des explications tirées des SS. PP. *Paris, Pierre le Petit,* 1670, gr. in-4. de 6 ff. prélim. et 546 pp., y compris l'abrégé de chronologie sainte qui commence à la page 531. [280]

Cet ouvrage, qui depuis près de deux siècles jouit d'un succès soutenu, a été attribué à L.-Is. Le Maître de Sacy; mais il est plutôt de Nic. Fontaine. Nous venons d'en décrire la première édition, dont les beaux exemplaires sont rares et recherchés. On y trouve deux grav. de Sébast. Le Clerc (la première, *Vocation d'Abraham,* p. 21; la seconde, *Pénitence des Ninivites,* p. 331), qui ne sont pas dans la plupart des autres éditions : 60 à 80 fr. Vend. beaux exempl. en *mar. r. doub. de mar. l. r.* 112 fr. de Cotte; 144 fr. en 1813; 210 fr. Labédoyère; 650 fr. De Bure; l'exemplaire de Colbert en *mar. r.* mais fatigué, 386 fr. Renouard; en *mar. r. doublé de mar.,* par Trautz, 510 fr. Bergeret; et avec les ff. 61, 145 et 217 non cartonnés, 148 fr. *mar. viol. l. r.* La Valliere.

On doit trouver, entre les pp. 296 et 297, 4 ff. cotés CCXCIX–CCCVI, qui manquent quelquefois. L'Ancien Testament finit avec la feuille *yy*, p. 358, suivie d'un frontispice pour le Nouveau Testament, dont le texte commence à la feuille Aaa ij, p. 371, sans qu'il y ait de lacune. Ces deux remarques peuvent faire reconnaître les exemplaires qui n'auraient de la première édition que le frontisp. Nous ferons encore remarquer que, dans une grande partie des exempl. de l'édition de 1670, la pl. de la p. 217 est la même que celle de la p. 35.

Les autres éditions in-4. faites à Paris, depuis 1671 jusqu'en 1770, quoique moins recherchées, ont encore de la valeur : 30 à 40 fr. selon qu'elles sont plus ou moins anciennes et plus ou moins bien conditionnées.— Celle de Lyon, 1798, in-4. fig. sur bois, est moins chère.

Il a été publié à *Paris, chez Blaise,* en 1811 et en 1815, deux éditions de Royaumont, gr. in-4., pour la première desquelles on a fait servir les grav. de la Bible de Demarne. — Voy. FIGURES.

— Histoires du V. et du N. Testament. *Jouxte la copie impr. à Paris (Amst.),* 1680, pet. in-8. fig.

Jolie édition, dont les beaux exemplaires sont assez précieux : 15 à 24 fr.; 70 fr. en *mar. r.* Veinant. Il s'en trouve plusieurs avec un frontispice gravé, portant : *Amsterdam, chez H. Wetstein.*

Les réimpressions de 1686, et de *Bruxelles,* 1691 ou 1698, 1703, 1727 et 1747, pet. in-8., ont encore de la valeur : 10 à 15 fr. Vend. la première 25 fr. *mar. viol. tab.* Saint-Martin; la seconde 25 fr. *m. r. doublé de mar.* La Valliere, et serait beaucoup plus cher aujourd'hui.

Dans l'édition, *suivant la copie impr. chez P. Le Petit,* 1712, in-fol., les planches sont en partie gravées par Folkema.

— Les mêmes histoires du V. et du N. Testament. *Paris,* 1723, in-fol. fig.

Édition encore assez recherchée; cependant les figures y sont moins belles que dans les premières éditions in-4. : 24 à 30 fr. Vend. 38 fr. *m. r.* Detienne.

Les frères Mame ont fait paraître à *Paris,* en 1812, une édition du même ouvrage, gr. in-8., avec 267 gravures imprimées en même temps que le texte,

au moyen d'un procédé alors nouveau : 5 fr.;—pap. vél., 10 fr.

— THE HISTORY of the Old and New Testament extracted out of sacred Scripture and writings of the fathers, the whole illustrated with two and hundred and forty sculptures and five scriptural maps... translated from the sieur de Royaumont by several hands, supervised and recommanded by D. Horneck, etc. The second edition corrected and enlarged. *London, printed for R. Blome, etc.,* 1701, 2 tom. en 1 vol. in-fol.

Volume remarquable par les gravures qu'il contient. Nous en avons vu un exemplaire en Gr. Pap. fort, revêtu d'une riche rel. en *mar. v.* avec dorure à petits fers et en mosaïques.

ROYE (*Guy* de). Le Doctrinal de sapience. *(sans lieu ni date),* in-fol. goth. de 123 ff. chiffrés au pinceau, à 2 col. de 29 lign. sign. *bi—nv* (au lieu de *uv*). *(Biblioth. impér.)* [3695]

Traduction d'un texte latin composé en 1388. L'édition ici décrite a été exécutée par un imprimeur inconnu, et est peut-être antérieure à celle de 1478. Les trois premiers ff., qui contiennent le prologue et la table, n'ont point de signat. La première colonne recto commence ainsi :

C E present li / ure en fran- / çois est de tres / grand prouf / fit et edificati / on et est exa

La première lettre C est une tourneure faite au pinceau. La table indique par des chiffres imprimés le numéro des feuillets, que l'on a eu soin de coter au pinceau. Le texte commence au 4ᵉ f. recto, première colonne, par ces deux lignes, dont la première lettre est également faite au pinceau :

C e qui est en ce pe / tit liure doibuët

et il se termine à la 2ᵉ col. du dern. f. verso par cette ligne :

fin in secula seculorū Amen

après quoi se lit *Explicit. Deo grãs,* en rouge et au pinceau.

— Le liure de sapience (trad. du latin de Guy de Roye, archevêque de Sens, par un religieux de Cluny, pour les simples prestres qui n'entendent ni le latin, ni les escritures). *Imprime a Geneue,* M. CCCC. LXXVIII, *le 9ᵉ jour d'octobre,* in-fol. goth. à longues lignes, au nombre de 31 par page.

Autre édition fort rare, sans chiffres, réclames ni signatures. Elle doit avoir 96 ff. y compris 3 ff. prél. sans signat. contenant le sommaire général et la table des chapitres. Voici le contenu des deux premières lignes, et le commencement de la troisième :

(C) E present liure en francoys est de tres- / grand prouffit et edificacion, et est ex- / amine.....

Cette table se termine à la septième ligne du 3ᵉ f. recto par le renvoi au f. lxxxxii; le verso est blanc. Le texte commence au recto du 4ᵉ f. par cette ligne :

(C) E qui est en ce petit liure doibuent ensaigner

Au verso du dernier f. après la 4ᵉ ligne : *seculo- / rum. Amen,* se lit la souscription suivante en trois

Roye (*Fr.* de). Vita Berengari, 22389.

lignes : *Cy finist le liure de sapience imprime a geneue Lan*‖*mil quatre cens. lxxviii. le neufiesme iour du moix* ‖ *doctobre.* Cette souscription a été reproduite d'une manière assez grossière par Gaullieur dans ses *Etudes*, pl. l, n° 2. La Bibliothèque impériale possède un exemplaire de cette édition incomplet des 41 premiers feuillets, et un autre exemplaire en *mar. br.* par Bauzonnet provenant de la vente Solar, n° 468, et payé 650 fr. Dans ce second exemplaire, la souscription porte *emprime* au lieu de *imprime*. Les caractères sont les mêmes que ceux de la Melusine, impr. à Genève en 1478, par Adam Steinschaber ou Steynschawer; ce sont aussi ceux du *Fier a bras*, du *Livre des SS. Anges*, etc., sortis des presses de Genève.

— Le doctrinal de sapience. (au verso du dernier f.) : *Cy finist le doctrinal de sapience imprime a promentour par* ‖ *Maistre Loys guerbin. Lan de grace Mil cccc. lxxxij. le* ‖ *ij iour daoust. Deo gracias. Amen,* in-fol. goth. de 94 ff. à long. lign., au nombre de 31 sur les pages pleines, sign. aij—miiij. (*Biblioth. impér.*)

Édition imprimée avec des caractères qui ne ressemblent pas à ceux de l'édition de Genève, 1478. Gaullieur en rapporte la souscription en fac-simile, pl. I, n° 5 de ses *Etudes*, et sous le n° 6 le C majuscule où se trouve représenté l'archevêque de Sens. La lettre initiale qui est au second feuillet présente celles de Louis Guerbin ; nous la donnons ici :

Les deux premiers feuillets de cette même édition contiennent le prologue et la table, mais peut-être faut-il un titre. Voici le commencement du feuillet aij : *Ce psent liure en frācois est de tres grāt prouffit ꝛ edificaciõ, et est examine et esprouue a paris p plusieurs maistres en diuitē ꝛ la fait transcripre reuerend pere en dieu mõseigneur guy de roye... arceuesque de sens....* Ce Louis Guerbin, qui exerçait encore l'imprimerie à Genève en 1487 (voyez VOCABULAIRE latin-françois), doit être la même personne que Louis Cruse, de qui l'on a une édition du *Tractatulus de arte predicandi* de saint Thomas d'Aquin, de l'an 1481, à la fin de laquelle se lit une souscription terminée ainsi : *In civitate Gebonnensi impressus*, *per M. Ludouicum Cruse alias Garbini.* Promentour, où nous le trouvons en 1482, était alors un bourg considérable (canton de Vaud, auprès de Nyon). Aujourd'hui ce n'est plus qu'un simple hameau, comme l'a fait observer M. Péricaud dans sa Bibliographie lyonnaise du XVe siècle.
La bibliothèque publique de Lyon possède un exemplaire de ce *Doctrina de sapience*, pet. in-fol.

goth. de 93 ff. à longues lign., au nombre de 31 sur les pages pleines, avec des signat. à partir du f. 8, c'est-à-dire depuis bij jusqu'à m.iiij. la date ne s'y trouve pas ; mais il manque probablement à ce livre le dernier feuillet, où elle devait être. Les lettres majuscules sont les mêmes que celles du *Manipulus curatorum*, sorti des presses d'Adam Steynschawer, à Genève, en 1480, in-4. (voyez MONTE-ROCHERII). Au reste, il y a tant de rapports entre la description qu'on a donnée de cette édition et celle de l'édition de 1482, ci-dessus, que nous sommes fort tenté de croire qu'il s'agit là d'un seul et même livre.

— Le Doctrinal de sapience. *Lyon, Guil. le Roy,* 1485, in-fol. goth. de 81 ff. à longues lignes, au nombre de 36 sur les pages pleines, sign. a—kv.

Sur le premier feuillet recto est ce titre : *Le doctrinal de sapience,* et au verso une grande pl. en bois représentant un calvaire. Le deuxième feuillet commence par le prologue, et le 81e et dernier feuillet, dont le verso est blanc, offre au recto Jésus-Christ sortant du tombeau, grande planche en bois. La souscription finale est ainsi conçue : *Cy finist le doctrinal de sapience Jmprime a lyon par maistre guillaume le roy Lan de grace mil CCCC lxxx et v. le ix. iour du moys de feurier.*
Vend. 33 fr. *mar. r.* La Valliere, pour la Biblioth. du roi.

— Le doctrinal de sapience. (au verso du dernier f.) : *Cy finist le doctrinal de sapience tresutile a toute* | *persõne pour le salut de son ame. Jmprime en lan de* | *grace mil. CCCC. lxxx viii . le. vii. iour daoust,* pet. in-fol. goth. de 61 ff. non chiffrés, à 38 lignes par page, sign. a—h par huit, excepté h qui n'a que 5 ff. (*Biblioth. impér.*)

Édition non moins rare que les précédentes et en caractères moins gros. On y retrouve les deux lettres capitales de l'édition de 1482 au nom de Louis Guerbin. L'exemplaire en *mar. r.* par Duru, 290 fr. Solar, n° 469, où l'omission d'un chiffre, le v, constitue une édition de 1483, qui n'existe pas.
On cite une édition de cet ouvrage faite à *Paris, chez Pierre Levet,* 1488, in-4.

— Le doctrinal ‖ de sapience ‖ tres utile. (à la fin) : *Cy finit le... jmprime a Geneue lan de grace mil ccccxciij le viij iour de nouembre,* in-fol. goth., 42 ligues à la page. (*Biblioth. impér.*)

Le L du titre est dans le genre des grandes capitales de Vérard. On y voit un fou et une femme. Le montant de l'L coupe une fleur de lys. Au verso, un calvaire.
C'est cette édition que Laire, *Index*, tome II, p. 185, a donnée mal à propos comme une version de l'ouvrage de Guy de Mont Rocher (de *Monte Rocherii*), en quoi il a été suivi par Panzer, *Annal. typogr.*, t. I, p. 441, et par Hain, au mot *Guido.*

— Le doctrinal de sapience. (au bas du dernier f. recto) : *Cy finist le doctrinal de sapience tres utile a toute personne pour le salut de son ame. Imprime a lyon par Claude daygne. Lan mille , CCCC, lxxxxvij, le xvij, iour de mars,* in-fol. goth. de 48 ff. à long. lignes, au nombre de 42 sur les pages, sign. a—hiij, avec un calvaire au verso du titre. (*Biblioth. impér.*)

C'est probablement par erreur que le *Nouveau Spon* indique, p. 178, une édition du même jour, avec la date de 1496.

— Le doctrinal de sapience ‖ qui contiët les troys estatz ‖ du monde, in-4. goth. de 101 ff., y compris le titre.

On lit au bas du feuillet 99 de cette édition : *Cy finist... imprime a Paris par Michel Lenoir demeurant sur le pont sainct Michel a lenseigne* sainct Jehan leuangeliste [l'an] *mil quattre cens quattre vingtz et xxu le xxxe iour de mars.* Le titre est suivi de la marque de Michel Lenoir, que nous avons donnée réduite, t. I, col. 1093 ; mais dans l'exemplaire de la Bibliothèque impériale elle est *sens dessus dessous.* Cet ouvrage est le plus ancien livre français connu, avec date, où se trouve le nom de Le Noir ; car le *Chevalier délibéré* annoncé sous l'année 1489, et avec le nom de ce libraire, n'est pas avéré.

— Doctrinal de sapience tres utile a toute personne pour le salut de son ame. (à la fin) : *Imprime a Lyon par Claude Dayne,* 1498, le 10e iour d'avril, in-4. goth. de 94 ff. à longues lignes, sign. A—M, par cah. de 8, excepté M qui n'a que 6 ff.

(Nouveau Spon, p. 178, d'après l'exemplaire appartenant alors à M. Cailhava.)

— Le Doctrinal de ‖ sapience aul-‖trement nomme ‖ la Doctrine des simples gens ‖ Contenant familieres instructions τ enseignemens de la foy ‖ Chrestienne τ Catholique. Auec la maniere de bien viure en tous ‖ les Estatz du monde. ‖ Liure tres utille τ necessaire pour tous bons Chrestiens desirans‖congnoistre leur salut. xviii ‖ Ca. *A Paris, chez Simon Caluarin, rue sainct Iacques a lenseigne de la Rose blanche couronnee.* (sans date), in-4. goth. 77 ff., grav. en bois sur le titre. (*Biblioth. impér.*)

— Le Doctrinal de sapience qui cötient les trois estatz du monde. Nouuellement imprime a Rouen... (au bas du dernier f. recto) : *Imprime à Rouen par Guillaume Gaullemier demourant audit lieu pour Michel Angier libraire demourant a Caen. Et pour Jehan mace libraire demourät a Renes pres Sainct Sauueur* (sans date), pet. in-4. goth. de 72 ff. à 2 col. de 38 lign. avec la marque de J. Macé au titre et au verso du dernier feuillet.

Vendu 80 fr. *mar: r.* Salmon, en 1857, et le même exemplaire 25 liv. 10 sh. (prix excessif) Libri, en 1859.

Citons encore : *Le doctrinal de Sapience qui contient les troys estaz du monde.* (à la fin) : *Imprime a Paris p la veufue feu iehan trepperel τ Jehan iehannot libraire τ imprimeur* (vers 1520), in-4. goth. de lxxxiii ff. chiffrés, plus un f. à la fin où se voit une gravure et la marque de Trepperel. 41 fr. *mar. r.* Nodier.

L'édition de *Paris, Alain Lotrian,* sans date, in-4. goth., a le même nombre de feuillets que la précédente. 35 fr. *mar. r.* St-Mauris, en 1840.

Il y en a aussi une de *Paris, pour Jean Bonfons,*

sans date, in-4. goth. de lxxiij ff. chiffrés, avec la grande marque de Bonfons au verso du dernier.

La classe des facéties renferme des livres qui offrent moins de traits plaisants que celui-ci. On peut s'en convaincre par l'extrait qu'a donné Prosper Marchand du *Doctrinal de sapience,* dans son *Dictionn. histor.,* t. II, pp. 162 et 163.

— Lo Doctrinal de sapiensa, en lo lenguatge de Tholosa. *Tholosa, Grant Johan,* 1504, in-4.

Livre très-rare (*Biblioth. bultelliana,* n° 759). Comme Grant Jean était bien certainement imprimeur et libraire à Toulouse, il ne saurait y avoir de doute sur le lieu de l'impression de ce précieux volume, et personne ne l'attribuera aux presses de *Tolosa,* en Espagne, comme on l'a fait pour l'Imitation de J.-C. en français, impr. par Henry Mayer en 1488.

— The Doctrinal of Sapyence....... translated out of Frensshe in to Englysshe by wyllyam Caxton, at Westmestre. — *Fynyshed the vij day of May the yere of our lord* m. cccc. lxxx ix. *Caxton me fieri fecit,* in-fol., sign. A—L.

Édition très-rare, décrite par M. Dibdin, *Typogr. antiquities,* I, pp. 266 et suiv. : vend., avec 2 ff. refaits à la plume, 78 liv. 15 sh. à Londres, en mai 1813. Il y en a un exemplaire imprimé sur vélin dans la bibliothèque du Musée britannique ; et c'est la seule édition de Caxton, imprimée sur vélin, que l'on connaisse.

Il existe une traduction hollandaise de ce Doctrinal sous le titre de *Summe le roy of des conincs summe...* par Jan van Brederoede, *Delf in Hollant.* 24 apr. 1478, in-4. goth. de 200 ff. (21 flor. Meerman ; 41 fr. Perret, en 1860). Réimpr. à *Harlem,* 1484, in-4. goth.

— Le Doctrinal de la foy catholique auquel est cötenu le manipule des curez. compose par... guy de roye... arceuesque (*sic*) de sens. lequel a este fait transcripre et coppier par... Jehan de mötagu... euesque de chartres... lan de grace mil. cccc. quatre vingtz et quinze. — *Cy fine le doctrinal de la foy catholique imprime a paris par Pierre le caron demourant en la rue de la iuyfrie a lenseigne de la rose...,* pet. in-4. goth. de 18 ff.

Le titre ci-dessus prouve que l'on a eu tort de donner cet opuscule de 18 ff. pour une édition du *Doctrinal de sapience,* ouvrage beaucoup plus étendu.

ROYE (*Franc.* de). De missis dominicis, eorum officio et potestate. *Andegavi, Avril,* 1672, in-4. 6 à 8 fr. [24065]

Ce traité tient à l'ancienne jurisprudence française, sous le rapport historique ; néanmoins il a été plusieurs fois placé dans la liturgie par des rédacteurs de catalogues qui l'ont pris pour un recueil de *Messes des Dimanches ;* et bien que cette étrange bévue ait été signalée dans vingt ouvrages de bibliographie, elle s'est reproduite en l'an de grâce 1833, sous le n° 56 du catal. de M. Dacier, et plus tard dans le catalogue de M. Abrial. L'ouvrage de Fr. de Roye a été réimprimé dans l'édition des Capitulaires de Baluze, faite à Venise en 1772 (voy. BALUZE), et séparément sous ce titre :

DE MISSIS dominicis... recensuit, duplicem indicem, novamque huic editioni præfationem adjecit

D. Jos. Wendelinus. *Lipsiæ, J. Schuster*, 1744, in-8.

ROYER (*Colin*). La nouuelle dvn reue-rend pere en Dieu et bon prelat de notre mere sainte eglise, demorant en Aui-gnon, et le moyen comme il ressussita de mort à vie ; avec le deschiffrement de ses tendres amourettes : faite et compo-see par notable et scientifique personne, maistre Colin Royer. *Troyes, de l'im-primerie de maistre Nicole Paris*, 1546, pet. in-4. de 22 ff. [2082]

Cette satire est fort rare, et il paraît que le nom de l'auteur est supposé ; on l'a attribuée à Jean de Luxembourg, parce que cet ecclésiastique a fait imprimer plusieurs livres dans son abbaye de l'Arrivour, par *Nicole Paris* ; mais, comme Mer-cier, abbé de Saint-Léger, l'a fort bien fait remar-quer dans une des nombreuses notes manuscrites qui enrichissent son exemplaire de La Croix du Maine, il est peu vraisemblable que Jean de Luxem-bourg soit auteur d'une pareille satire ; d'ailleurs la marque de l'imprimeur qui se voit à la fin du livre est de *Jean Girard de Genève*, qui l'a mise à plusieurs ouvrages de Viret. D'après cela, il pa-raît très-probable que Girard, de Genève, a pris le nom de Nic. Paris, de Troyes, pour dérouter le lecteur ; et il ne serait pas impossible que Pierre Viret lui-même fût l'auteur de l'ouvrage.

À la suite de cette satire il s'en trouve quelquefois une autre intitulée : *La Vie et les actes trium-phans d'une tres illustre damoiselle, nommée Catherine de Bas-Souhaits*, sous le nom de Jean de la Roche, baron de Florigny, et sous la fausse indication de *Troyes, Nic. Paris*, 1546, laquelle satire a été réimpr. dans le format in-8., et aussi sous le titre : *La Courtisanne bordelaise*. Voy. notre 3ᵉ vol., col. 812, article LA ROCHE (de). Pour bien connaître ces deux pièces singulières, il faut lire une note curieuse de La Monnoye sur l'article Jean de La Roche, de La Croix du Maine, tome I, p. 583.

M. Gay, libraire à Paris, qui avait reproduit *La Vie et les actes de Catherine de Bas-Souhaits*, a aussi mis au jour, en 1862, une réimpression de *La Nou-velle d'un Reuerend pere en Dieu*, pet. in-12 de 44 pp., tirée à 115 exemplaires numérotés, plus 2 sur VÉLIN.

ROYER, sieur de la Blinière (*J. Le*). Ses OEuvres, savoir : le baston universel; l'art des arts et des sciences, ou des nouvel-les inventions ; le mouvement perpétuel hydraulique; la véritable cause des co-mètes, etc. *Imprimez à Avranches, et se vendent à Paris, chez de La Caille*, 1678, in-8. de 8 ff. prélim. et texte, pp. 3 à 364. [4356]

Volume rare, vendu 15 fr. La Vallière, et moins cher depuis. Il est ordinairement relié en vélin blanc ; et il se trouve sur la couverture des devises impri-mées en rouge, dont l'explication se lit dans les pièces liminaires; ce qui rend nécessaire de conser-ver cette reliure originale.

ROYLE (*J. Forbes*). Illustrations of the botany and other branches of the natu-ral history of the Himalayan Mountains,

and of the Flora of Cashmere. *London, H. Allen,* 1833-38 , gr. in-4., avec 100 pl. color. [5224]

Publié en 10 cahiers, au prix de 20 sh. chacun.

ROZIER (le) historial de France, conte-nant deux Roziers : Le p̃mier rozier con-tient plusieurs belles Rozes τ boutons de instructions et beaulx enseignemens pour Roys, Princes, Cheualiers, Cappitaines et gens de guerre Cõme ils se doiuent main-tenir, gouuerner τ conduyre pour me-ner ostz et bataille cõtre leurs ennemys tant par mer que par terre. Le secõd Rozier Autremẽt Croniques abregees contient plusieurs belles rozes τ boutõs extraictz et yssus de la maison de Frãce et de Angleterre tant en ligne directe que collateralle. Pareillemẽt Dallemai-gne, Espaigne, Escoce, Sicille, Flandres et autres tant des royaulmes chrestiens q̃ des infideles. — *Cy fine le Rozier... nouuellement imprime a Paris , le xxviᵉ iour de Feurier Lan mil cinq cens et xxii. auant Pasques*, in-fol. goth. de 2 et ccxiiii ff. à 2 col. de 45 lign. fig. sur bois. [23232]

Sur les trois exemplaires impr. sur VÉLIN, que l'on connaît de ce livre et dont les figures sont enlumi-nées, la Biblioth. impériale en possède deux, y com-pris celui qui a été successivement vendu 120 fr. Bellanger ; 100 fr. De Selle ; 196 fr. Gaignat; 550 fr. La Vallière. Le troisième s'est vendu 24 liv. 3 sh. chez Paris; 240 fr. (et ensuite 400 fr.) Mac-Carthy : 17 liv. 17 sh. Hibbert. Un exemplaire sur papier, et rel. en *mar. bl.* 165 fr. Berlin ; un autre, en *mar. r.*, 250 fr. Solar.

Il y a des exemplaires de cette même édition dont le bas du frontispice porte : *Se vend a Paris en rue sainct Jacques a lenscigne sainct Claude* (chez *François Regnault*), et la souscription à le chiffre *xxiii* au lieu de *xxii* (1522).

Selon plusieurs bibliographes, l'auteur du Rozier his-torial, qui ne s'est pas nommé directement, aurait placé son anagramme dans les quatre derniers vers de la pièce qui se lit au bas de la figure imprimée au 2ᵉ f. de son livre, où il est représenté offrant son ouvrage au roi. Ces quatre vers sont ainsi con-çus :

> *De par lhumble et obeyssant subiect*
> *Dont le nom est en reproche ny siet*
> *Car qui appoint les lettres en assiet*
> *Trouuer le peult sil ne faut a son gect.*

Or dans les mots *en reproche ny siet*, La Croix du Maine et Gabr. Naudé ont trouvé *Estienne Porchier*, tandis que d'autres y ont lu, mais moins exacte-ment, *Pierre Chenisot*. Toutefois il est fort dou-teux que le personnage ici désigné soit véritable-ment l'auteur du Rozier. Consultez, à ce sujet (et sur l'arrangement des éditions de 1522 et 1528) les *Manuscrits françois de la Bibliothèque du roi*, par M. Paulin Paris, tome IV, pp. 116 et suiv. *Le premier Rozier* avait déjà paru en 1521, sous le ti-

---

Royou (*J.-Cor.*). Histoire ancienne, 22697. — Hist. romaine, 22920. — des empereurs, 22957. — du Bas-Empire, 22974. — de France, 23264.

Rozet (*Cl.-Ant.*). Volcans d'Amérique, 4626. — Géo-logie, 4581. — Voyage dans la régence d'Alger, 20837.

Royer (Mˡˡᵉ *Clém.-Aug.*). Théorie de l'impôt, 4109.
Royer-Collard (*Alb.-Paul*) et Mourlon. Codes français, 2826.

tre : *Le Rozier des guerres par le eu roy Louys unziesme* (voy. Louis XI).

— Rozier ou Epithome historial de France, diuise en trois parties. En la premiere est traicte depuis la creation du monde iusques au roy Pharamon premier roy de France, contenāt les genealogies et descētes des Gaulloys ou Frācoys, Troyens, Latins, Allemans, Bretons, Anglois, Brebancōs, et autres iusques audit Pharamon. La seconde partie laquelle fut cōpilee a la requeste du feu roy Loys unziesme que dieu absoulle contiēt par maniere de cronique *τ* par annees distinctes les faitz et gestes des Francoys, Angloys, Escossoys, Espaignolz et autres dignes de memoire. La tierce partie contiēt le Rozier des guerres ou sont cōtenus plusieurs bōs enseignemēs. On les vend a Paris en la rue sainct Jaques a lenseigne de Lelephant. (à la fin de la 3ᵉ part. sur un f. séparé) : *Ce present liure.... nouuellement imprime a Paris. Pour Francois regnault libraire... Et fut acheue dimprimer le xxᵉ iour de Feurier lan mil cinq cens xxviii. auant Pasques,* in-fol. goth. à 2 col., avec fig. sur bois et la marque suivante.

FRANCOIS   REGNAVLT

Cette édition diffère de celle de 1522, et pour le contexture du titre, et par la division du volume. La première partie est de *xl* ff., y compris le titre en rouge et noir, orné d'une bordure gravée sur bois. La seconde de *clxxx* ff. La troisième de *ix* ff. seulement, suivie d'un feuillet non chiffré contenant la souscription ci-dessus.

ROZIER (*Franç.*). Cours complet d'agri-

culture, théorique, pratique, etc., ou dictionnaire universel d'agriculture, par une société d'agriculteurs. *Paris,* 1781-1805, 12 vol. in-4. fig., y compris le supplément. [6288]

L'édition de Lyon, dont les titres portent : *Paris, les libraires associés,* 1793, est moins bonne que celle de Paris.

Cet ouvrage, longtemps estimé, a perdu presque toute sa valeur depuis qu'il a été refondu dans le Dictionnaire intitulé : *Nouveau cours complet d'agriculture, rédigé sur le plan de celui de Rozier, par MM. Thouin, Parmentier, Tessier, Huzard,* etc., Paris, Déterville, 1809, 13 vol. in-8. fig. —*Nouvelle édition, corrigée et augmentée,* ibid., 1821-22, 16 vol. in-8. fig.

— Journal de physique. Voy. article Journaux, à la fin de notre table.

ROZIÈRES de Chaudenay (de). Voyez Rosières.

ROZIERS Beaulieu (de). Le Galimatias, tragi-comédie du sieur de Roziers Beaulieu, dédiée par l'auteur à ses amis. *Paris, Toussainct Quinet,* 1639, in-4. [16429]

Pièce singulière.

RUAULT (*Jean*). Preuves de l'histoire du royaume d'Yvetot ; avec un examen ou réfutation des instances et moyens de faux de l'autheur anonyme et autres écrivains modernes contre la mesme histoire. *Paris,* 1631, pet. in-4. [24356]

Opuscule de 88 pp. assez recherché et devenu peu commun : vend. 30 fr. en 1819 ; 20 fr. Le Prévost ; 31 fr. de Martinville.

RUBEIS (*Dom.* et *J.-J.* de). Voy. Rossi.

RUBENS (*Pierre-Paul*). Théorie de la figure humaine, considérée dans ses principes, traduite du latin, avec 44 pl. gravées par P. Aveline. *Paris,* 1773, gr. in-4. 12 à 18 fr. [9201]

Il doit y avoir à la suite de cet ouvrage une seconde partie intitulée *Principes de dessins,* avec 96 pl. et quelquefois 100.

— Palazzi di Genova, con le loro piante ed alzati, da P. Paolo Rubens delineati. *Anversa,* 1622, 2 part. in-fol. 139 pl. [9357 ou 9898]

Une première édition de la première partie, composée de 72 pl., a d'abord paru sous cette même date de 1622 ; on y a ensuite ajouté la 2ᵉ partie en 67 pl. Cette édition originale n'est pas bien chère : 20 à 25 fr. Les éditions d'Anvers, 1652, 1663 et 1708, ont encore moins de valeur.

Rozière (*T.-L.-Mar.-Eugène* de). Recueil de formules, 2601.—Tables des Mémoires de l'Académie des inscriptions. Voir t. I, col. 27.

Ruano (*Fr.*). Cordoba, 26238.

Ruar (*M.*). Epistolæ, 18704.

Rubeis (*J.-F.-M.*). Monumenta ecclesiæ aquileyensis, 21470.

Ruben (*M.-E.*). Catalogue de la bibliothèque de Limoges, 31456.

— La Gallerie du Palais du Luxembourg, peinte par Rubens, dessinée par les sieurs Nattier, et gravée par les plus illustres graveurs du temps. *Paris, Duchange,* 1710, in-fol. max. [9358]

Ce recueil, composé de 27 pièces, y compris les deux frontispices, l'explication gravée et trois portraits, est très-bien exécuté, et les bonnes épreuves (avant les chiffres sur les estampes) en sont rares ; vend. (bel exemplaire du C. d'Hoym) rel. en *m. r.* 361 fr. Saint-Céran ; en *veau,* aux armes de France, 85 fr. Borluut, et 100 fr. *anciennes épreuves,* Leber. Les épreuves médiocres ne valent pas plus de 36 à 45 fr.

— Galerie de Rubens, dite du Luxembourg, aujourd'hui palais du Sénat conservateur, dessinée et gravée sous la direction de M. Desève, avec le texte explicatif de M. Moithei, revu par R. Castel. *Paris,* 1808, gr. in-fol.

Cette suite, bien inférieure à la précédente, a paru en 13 livraisons, et a coûté : fig. noires, 104 fr. ; — fig. avant la lettre, 234 fr. ; — figures color., 208 fr. ; — épreuves en couleur et avant la lettre, 468 fr. Ces prix ont été ensuite considérablement réduits.

— Les Plafonds, ou les tableaux des galeries de l'église des jésuites d'Anvers, peints par Rubens, dessinés d'après les originaux par Jacob de Wit et grav. par J. Punt. *Amsterd.,* 1751, in-fol. en 46 pièces, 24 à 30 fr. [9358]

— Illustrium, philosophorum, oratorum, etc., icones, ex marmoribus antiq. delineatæ a P.-P. Rubens, sculptæ a Luca Vorsterman, P. Pontio et aliis. *(absque nota),* in-fol. [30408]

Douze fort belles pièces.

— OEuvres de P.-P. Rubens et A. Van Dyck, gravées par Schelt et Boetius a Bolswert, Luc Wosterman, Paul Pontius, etc., et publiées par Hodges. *Amsterd.,* 1804-8, gr. in-fol. [9359]

Ce recueil est composé de 96 pl., et des portraits de Rubens et de Van Dyck : il a coûté 720 fr. ; vendu en 25 livraisons, 100 flor. Meerman.

— L'OEuvre de Rubens, réuni et gravé au burin par les anciens maîtres flamands et reproduit par la photographie par B. Leba ; texte explicatif par E. Fétis. *Bruxelles, C. Muquardt,* 1858-60, 2 vol. in-fol. 200 fr.

Chaque volume contient 40 pl., avec un texte explicatif. Le premier renferme les sujets tirés de la Bible, et le second les vierges, saints, martyrs et allégories sacrées.

— Paysages et chasses de P.-P. Rubens, dessinés par F. Fourmois et J. van Severdonk, texte par E. Fétis. *Bruxelles, C. Muquardt,* in-fol. avec 36 pl. sur papier de Chine, 100 fr.

— ORIGINAL unpublished Papers illustrative of the life of sir Peter Rubens, as an artist and a diplomatist, preserved in H. M. State Paper Office ; with an appendix of documents respecting the Arundelian collection ; the earl of Somerset's collection, the great Mantuan collection, the duc of Buckingham, Gentileschi, etc., collected and edited by W.-Noël Sainsbury. *London,* 1859, in-8., avec les armes de Rubens. 24 fr. [31088]

— Lettres de Rubens, 31088.

RUBERTO de Nola. Voy. NOLA.

RUBEUS (*J.-B.*). In nomine Domini nostri..... Singulis Italiæ citrà et ultrà Pharum, reverendis magistris Provincialibus, Rectoribus,....... et fratribus beatissimæ Dei genetricis semperque Virginis Mariæ de monte Carmeli, eorum Prior generalis, et Pater, Frater Ioannes Baptista Rubeus Ravennas, transmittit, et indicit harum constitutionum compendium, et summam ultra antiquas constitutiones ordinis a sanctiss. Sorecto editas, pro eorum vita regulari....... *Venetiis, anno salutis* M. D. LXVIII, in-8. de 86 pp. chiffrées et un f. bl. [3266]

Ce volume, imprimé en lettres italiques, et sans aucune marque typographique, est certainement une production des presses aldines : de plus, il est d'une extrême rareté ; aussi, malgré son peu de valeur intrinsèque, a-t-il été vendu 5 liv. 5 sh. chez M. Butler, lequel, le regardant comme unique, l'avait payé 25 guinées.

RUBRUK. Relations des voyages de Guillaume de Rubruk, Bernard Lesage et Soevulf ; publ. en entier, pour la première fois, d'après les manuscrits de Cambridge, de Leyde et de Londres ; par Francisque Michel et Thomas Wright. *Paris, imprimerie de Bourgogne,* 1839, in-4. [20729]

Tirage à part et à 45 exemplaires seulement d'une partie du 4ᵉ vol. du *Recueil de voyages et mémoires de la Société de géographie* (voy. RECUEIL). — Voyez aussi l'article BERGERON.

RUBYS (*Claude* de). Histoire véritable de la ville de Lyon, contenant ce qui a esté omis par maistre Symphorien Champier, Paradin et autres, qui cy-devant ont escript sur ce suject ; ensemble ce en quoy ils se sont forvoyés de la vérité de l'histoire, et plusieurs autres choses notables concernant l'histoire..... de France ; avec un sommaire recueil de l'administration politique de la dicte ville, ensemble un petit discours de l'ancienne noblesse de la maison illustre de Medici de Florence ; le tout recueilly et ramené à l'ordre des temps, et à la vraye chronologie, par maistre Claude de Rubys. *Lyon, Bonav. Nugo,* 1604, in-fol. 18 à 24 fr. [24588]

— HISTOIRE de l'ancienne extraction, source et origine de la maison royale de France, par Cl. de Rubys. *Lyon,* 1613, in-8.

Rubeus (*H.*). Historia ravennata, 25649.

Rubin (Costa). Vocabulario brasileiro, 11993.

CONFÉRENCE des prérogatives d'ancienneté et de noblesse de la monarchie, roys, royaume et maison royale de France, avec toutes les autres monarchies, pays, royaumes et maisons royales qui sont en l'étendue de notre Europe, au très chrestien Louis XIII, par maistre Claude de Rubys. *Lyon*, 1614, in-8.

Ces deux volumes sont peu communs.

RUCELLAI (*Giov.*). Opere, ora per la prima volta in un volume raccolte. *Padova, Comino*, 1772, in-8. 3 à 5 fr. [14870]

— Le Api. (*Parma, Bodoni*, 1797), pet. in-4. [14869]

On a tiré sur VELIN un exempl. de cette édition, et deux sur soie. Ce poëme, très-estimé, parut pour la prem. fois in-8., sans lieu d'impression et sans nom d'imprimeur, mais avec une lettre de l'éditeur, *Palla Rucellai*, datée de Florence, de' 12 *Gennaio* 1539; après cette édition, qui semble appartenir aux presses des Junte de Florence, bien que quelques personnes la croient impr. à Rome, il en a paru deux autres à Venise, *Nicolini da Sabio*, en 1539 et 1541, pet. in-8. Le même poëme a été souvent réimpr. à la suite de la *Coltivazione d'Alamanni* (voy. ALAMANNI).

Pingeron a donné une traduction française du poëme des abeilles, *Paris*, 1770, pet. in-12; ou sous le titre de *Traité complet de l'éducation des abeilles* (titre changé), 1781, pet. in-12. Une autre traduction française de ce poëme par M. Crignon, est impr. avec la traduction des *Orangers*, poëme de Verschambez, et des *Vers à soie*, poëme de Vida, par le même Crignon, *Paris*, 1786, pet. in-12.

— La Rosmunda, tragedia. *Padova, Comino*, 1728, in-8. [16638]

Édition la plus estimée que l'on ait de cette tragédie. La première, ou du moins la plus ancienne connue, est de *Siena, Mich. Agnolo di Bartolomeo*, 1525, pet. in-8. Il y en a d'autres de *Venise, Nicolo Zoppino*, 1528 (aussi 1530), in-8.; de *Venise, al segno del Pozzo*, 1550, in-8., 12 sh. *mar. br.* Libri, 1859, ce qui n'est pas le prix de la reliure; de *Florence, Giunti*, 1568 et 1593, in-8.; et enfin une de *Londres*, 1779, in-4., avec une gravure de Bartolozzi.

RUCELLAI (*Bern.*). Voy. ORICELLARIUS.

RUCHAMER (*Jobsten*). Voy. à la fin de l'article VESPUCCI.

RUD (*Anselme*). La grant pronostication pour ceste presente annee 1502, composee par maistre Anselme Rud, natif de Palerme, grant orateur de nostre sainct pere le pape. — *Cy fine la prenostication* (sic) *de ceste presente annee mil cccc et deux* (sans lieu d'impression), in-4. goth. de 4 ff. fig. sur bois. [9024]

Vend. 17 fr. en 1861.

Ruchat (*Abr.*). Lettres de trois Pères apostoliques, 854. — Réformation de la Suisse, 22425. — Délices de la Suisse, 25893-94.

Ruck (*Gabr.*). Voy. Le Bret.

Rückert (*Heinr.*). Culturgeschichte des deutschen Volkes..., 26400. — Lehrbuch der Weltgeschichte, 26400.

Rückert (*Fried.*). Gedichte, 15604.

Ruckerus (*Jo.-Conr.*). Dissertatio, 2552.

RUD (*Th.*). Codicum manuscriptorum ecclesiæ dunelmensis catalogus classicus, descriptus a Thoma Rud, cum appendice (edidit Jac. Raine). *Dunelmæ, excudebat F. Humble, prostat venalis apud G. Andrews; venit etiam Londini apud Payne et Foss*, 1825, pet. in-fol. 1 liv. 5 sh. [31441]

RUDBECKIUS (*Olavus*). Atland eller Manheim. Atlantica, sive Manheim vera Japheti posterorum sedes ac patria, etc. *Upsalæ, excudit Henricus Curio*, 1675 et 1689, et *typis et impensis authoris anno* M. DC. XCVIII, 3 vol. pet. in-fol. et 1 vol. d'atlas. [27538]

Ouvrage précieux, contenant de savantes recherches sur les antiquités du Nord en général, et celles de la Suède en particulier. Les exempl. complets, même en 3 vol. (et l'atlas), sont excessivement rares; le 4e vol., dont nous parlerons plus bas, ne s'est encore trouvé en France que manuscrit; aussi ne l'avons-nous pas compris dans l'intitulé ci-dessus.

Vend. 763 fr. *mar. bl.* Gaignat; 751 fr. *mar. r.* Gouttard; 1351 fr. bel exempl. *mar. r.* ayant le tome 1er triple (c'est-à-dire, de 1675, de 1679 et sans date), La Vallière; 1000 fr. *mar. v.*, avec le 1er vol. double, de Limare; 360 fr. exemplaire où manquait une partie de 15 pp., salle Silvestre, en 1803; 900 fr. *m. viol. dent.* Caillard; 1195 fr. (sans l'index du tome III) Mac-Carthy; 84 liv. (avec l'index) Towneley, et revendu 59 liv. Hibbert; un exemplaire (*mar. r.*) avec le 4e vol. en manuscrit, mais sans les *Testimonia* du 3e vol., 1081 fr. salle Silvestre, en 1821.

Voici quelques détails sur cette importante collection. L'ouvrage est écrit en suédois, mais il est accompagné d'une traduction latine, que l'on attribue à André de Noordenhielm (pour le 1er vol.), et à Pierre Salan (pour les autres). Chacun des trois volumes a un titre particulier très-étendu; nous n'avons donné que le commencement de l'intitulé du premier volume.

On publia d'abord un volume de grand format in-fol. composé de cartes et de figures presque toutes gravées sur bois. Ces planches, dont la dernière est cotée 43, occupent 41 ff., y compris deux tables chronologiques qui suivent le no 43. La pl. V, qui devait contenir les fig. 12 et 13, ne se trouve dans aucun exemplaire, et elle n'est pas indiquée dans l'avis *Ad bibliopegos*, placé à la fin du premier volume, sous la date de 1679. Nous avons vu un exemplaire où l'on avait mis, après la pl. IV, un f. non coté, qui contenait les fig. 10 et 11 grav. sur bois, lesquelles sont ordinairement tirées avec la pl. IV. Nous ajouterons que la planche 93 doit être double : l'une, cotée *tab.* 25, fig. 92 A; l'autre, *tab.* 25, fig. 92 B. La planche en taille-douce servant de frontispice, représente Rudbeck expliquant un globe terrestre à plusieurs personnages; au bas se lisent les mots : *Et nos homines*, et dans un des coins de la planche : *Dionis. Pat-Brugge sculps. Upsalæ.*

Le 1er vol. du texte est, ainsi que les trois autres, d'un plus petit format que le volume précédent; on en connaît trois sortes d'exemplaires, les uns avec un titre sans date, les autres datés de 1675, et d'autres enfin avec la date de 1679; mais ils doivent être tous rapportés à une seule édition dont on a changé le titre; car, bien que les frontispices datés de 1679 portent : *Editio secunda multis in locis emendata et aucta : accedunt judicia vario-*

Rudawski (*L.-J.*). Historia Poloniæ, 27844.

rum doctorum, il est certain que les exempl. auxquels ils appartiennent sont absolument les mêmes que les autres; seulement on y a ajouté 7 ff. à la fin. Ce tome 1er doit renfermer, 1° 5 ff. préliminaires composés d'une gravure sur cuivre servant de frontispice, d'un titre imprimé, d'une dédicace et d'un avis au lecteur; 2° le texte, pp. 1-891; 3° 7 ff., dont les 5 premiers sont occupés par des *Testimonia*, ayant un intitulé particulier; le 6e contient un errata, et le 7e (adressé *Ad bibliopegos*) un détail des figures qui composent le volume de forme d'atlas (ces 7 derniers ff. manquent dans beaucoup d'exemplaires). Il n'y a dans ce premier vol. d'autre planche que celle du frontispice. Il existe une autre édition du 1er volume, en latin seulement, et dont le titre porte : *in romana antea ac scythica, nunc vero latina tantum lingua, in usum eorum, quorum apud exteros magna de rebus Suconiæ est sollicitudo, priore multo castigatior edita. Anno* 1696; elle a des signat. de A à Q4, par 4, et Rr par 2; de plus, le même frontispice gravé que dans l'édition de 1675, et 3 pp. prélim. La signat. Ee est mal cotée Ef. (*Biblioth. grenvill.*, p. 623.)

Le 2e vol. renferme, 1° 5 ff. contenant une figure en taille-douce servant de frontispice, un titre imprimé, et une dédicace en suédois et en latin; 2° 4 autres ff. en latin et en suédois, intitulés : *Reipubl. literariæ patribus civibusque universis S. P.*; 3° une partie de 38 pp., qui contient des *Testimonia*, où sont reproduits ceux du 1er vol. (cette partie se trouvait être de 43 pp. dans l'exemplaire de Camus de Limare; mais elle ne contenait rien de plus, parce qu'elle était imprimée en plus gros caractères que l'édition ordinaire); 4° le texte, pp. 1-672, cette dernière page est cotée par erreur 172; 5° un errata de 4 ff. et un index de 36 pp. pour les deux premiers tomes. Les figures de ce volume, au nombre de 48 (non compris le frontispice), sont imprimées sur le recto et le verso de 24 ff., dont les pages tiennent au texte pour l'ordre des chiffres. Nous ferons observer que ces 24 ff. (dans lesquels les pp. 350, 542 et 544 se trouvent répétées) sont quelquefois placés à la fin du volume. Selon Ebert, n° 19539, dans deux exemplaires de ce second tome, qu'il a vus à la biblioth. de Wolfenbüttel, se trouve, après les 38 pp. de *Testimonia*, une autre partie de 19 pp. intitulée: *Testimoniorum pars III*.

Le 3e volume contient, 1° 7 ff. prélim., savoir : le titre imprimé, dédicace en latin et en suédois, et une préface qui a pour sommaire : *Reipublicæ literariæ patribus civibusque universis S. P.*; 2° 15 pp. de *Testimonia*; 3° le texte, pp. 1-762; 4° un index de 55 pp. non chiffrées. Les figures de ce volume sont imprimées sur le recto et le verso de 24 ff. qui ne contiennent point de discours, et dont les pages font corps avec celles du texte; on fait observer que par erreur de chiffres la p. 250 est cotée 150, la p. 252 porte 176, la page 253 est chiffrée 169. Les autres figures de ce volume sont imprimées avec le discours.

Les *Testimonia*, ou Recueil des jugements que divers savants ont portés sur les deux premiers vol. de Rudbeck, ont été réimpr. à *Francfort*, 1692, in-fol., sous ce titre : *Judicia et testimonia illustrium atque clarissimorum virorum de celeberrimi suevnis Olavi Rudbeckii... Atlantica, etc.*

Ch.-Gustave de Varnholtz (mort le 28 mars 1785), conseiller aulique du roi de Suède, et l'un des plus savants bibliographes du Nord, avait composé, au sujet de cet ouvrage célèbre, un mémoire intéressant qu'il destinait à la Bibliothèque curieuse de D. Clément; mais ce mémoire étant resté inédit, le bibliothécaire du roi de Suède en procura une copie à M. Fortia de Piles, qui le fit imprimer dans le tome 1er de son *Voyage de deux Français au nord de l'Europe*, pp. 90-109, d'où nous allons emprunter ce qui regarde le tome IV de l'*Atlantica*. « Ce quatrième volume, que l'on annonce sous le titre d'*Olf Rudbecks Atlands eller Manheims ferde del : Olavi Rudbeckii Atlanticæ, seu Manheimii pars quarta* (Upsalæ, typis et impensis autoris, 1702), in-fol., 210 pp. Ce quatrième vol., dit l'auteur du mémoire, n'a point de titre particulier ; il fut mis sous presse en 1702, dans l'imprimerie de l'auteur; mais à peine la troisième feuille du second alphabet eut-elle été achevée d'imprimer (jusqu'à la page 210), que l'imprimerie et tout ce qui en dépendait fut consumé par le feu, dans un incendie qui réduisit en cendres une bonne partie de la ville d'Upsal, au mois de mai de l'année 1702. Non-seulement tous les exemplaires qui restaient du troisième volume (et l'on n'en avait distribué qu'un petit nombre) périrent dans cet incendie, mais aussi avec le manuscrit de l'auteur les feuilles nouvellement imprimées du quatrième volume dont on ne sauva, à ce que l'on prétend, qu'une dizaine d'exemplaires.» Ajoutons que les cinq exemplaires connus de ce précieux fragment se conservent, 1° à la Biblioth. royale de Stockholm; 2° à la bibliothèque de l'Académie des sciences de cette même ville; 3° dans la biblioth. de l'Université d'Upsal; 4° dans celle du comte de Brahe, à Skokloster; 5° dans celle de l'Université de Lund.

RUDBECKIUS filius (*Olav.*). Ichthyologiæ biblicæ pars prima, de ave Selav (cujus mentio fit numer., XI, 31). *Upsalæ*, 1705, pet. in-4. [618]

— Ichthyologiæ biblicæ pars altera de Borith fullonum, ex Jerem., 11, 22, et Malach. 111, 2. *Upsalæ*, 1722, pet. in-4.

On ne trouve que difficilement ces deux parties réunies.

— Campi Elysii liber primus ; graminum, juncorum, cyperorum, frumentorum, etc., figuras continens. *Upsalæ, Andr. Delen*, 1702, in-fol. de 224 pp. et 130 pl.

= Campi Elysii liber secundus, nomina et figuras bulbosarum plantarum continens, etc. *Upsalæ*, 1701, in-fol. [5411]

Ces deux volumes, composés de figures des plantes, gravées sur bois, ne sont que le commencement d'un recueil qui, à ce que l'on prétend, devait former douze volumes, mais dont il ne parut que ceux-ci. La première partie (de 224 pp.) est devenue tellement rare, qu'on a cru longtemps l'édition entièrement détruite. La seconde (de 239 pp. et 2 ff.) quoique moins rare, est peu commune : 35 flor. Crevenna.

— Reliquiæ rudbeckianæ, sive Camporum Elysiorum libri primi quæ supersunt. *Londini*, 1789, in-fol.

Ce volume contient 35 pl. du premier tome du *Campus Elysius*. Jac.-Edw. Smith les ayant trouvées dans le cabinet de Linné, dont il avait fait l'acquisition, s'empressa d'en faire jouir le public. Vend. 17 fr. L'Héritier.

— Specimen usus linguæ gothicæ in eruendis atque illustrandis obscurissimis quibusvis Sacræ Scripturæ locis : addita analogia linguæ gothicæ cum sinica, etc. *Upsalæ*, 1717. = Ejusdem thesauri linguarum Asiæ et Europæ harmonici prodromus. *Ibid.* (1716), in-4. [11274]

Ouvrages difficiles à trouver. Le premier a été vendu 24 fr. 60 c. de Tersan ; 8 flor. 25 c. Meerman.

— Nora Samolad, sive Laponia illustrata, et iter per Uplandiam, etc. (suecice et latine). *Upsalæ*, 1701, in-4. fig. [27695]

Ce volume, impr. aux frais de l'auteur, n'a que 79 pp. avec une préface, 2 pl. sur bois et une sur cuivre;

Il ne donne que l'*Iter per Uplandiam*. Le manuscrit de l'ouvrage entier, formant douze volumes, a péri dans l'incendie de la ville d'Upsal, en 1702.

Vend. 30 fr. Camus de Limare; 20 fr. L'Héritier; 14 flor. Meerman.

— Atlantica illustrata, sive illustrium, nobilium, principum atque regum insula, ubi et prisci Hesperidum horti. *Upsalis*, 1733, in-4.

RUDDIMANN (*Thom.*). Institutiones grammaticæ latinæ; curavit Godf. Stallbaum. *Lipsiæ, Hartmann*, 1823, 2 vol. in-8. 4 thl. — Pap. collé, 5 thl. 12 gr. [10818]

Cet ouvrage a paru pour la prem. fois à Édimbourg, de 1725 à 1731, en 2 vol. in-8. Il y en a une 15ᵉ édition publiée dans la même ville, en 1804. Celle de Leipzig est considérablement augmentée.

RUDGE (*Edw.*). Plantarum Guianæ rariorum icones et descriptiones, hactenus ineditæ. *Londini*, 1805, in-fol. 32 pp. et 50 pl. [5291]

L'ouvrage devait avoir un second volume, lequel n'a pas paru : 64 fr. Pappenheim; 1 liv. 10 sh. Hibbert.

RUDIMENTA grammatices. V. REGULÆ grammatices; et WOLSEY.

RUDIMENTA grammatices ad instituendos iuvenes non parum conducentia. — Τέλος. *Impressum Cameraci. Anno Domini* . M . CCCCC XVIII, in-4. de 6 ff. non chiffrés, caract. goth. [10803]

Opuscule fort rare, dans lequel on a fait usage de caractères grecs. C'est la plus ancienne production connue des presses de Cambrai, mais l'imprimeur ne s'y est pas nommé. M. Voisin, de Gand, a donné des détails intéressants sur cette rareté typographique (*Bulletin de Techener*, 3ᵉ série, p. 599 et suiv.).

RUDIMENTA linguæ coptæ, sive ægyptiacæ (a Raph. Tuki, episcopo arsenovensi, cum præfatione Joan.-Christ. Amaduzzii). *Romæ, typogr. congr. de propag. fide*, 1778, in-4. [11932]

Vend. 23 fr. Anquetil; 15 fr. Villoison.

RUDIMENTUM noviciorum. Epithoma partes in sex juxta mundi sex ætates divisum, prius alibi non receptum quod placuit rudimentum noviciorum intitulari. *Anno 1475, die 5 augusti in urbe Lubicana (per Lucam Brandis de Schafz)*, 2 vol. in-fol. goth. [21276]

Premier livre imprimé à Lubeck : selon Panzer, il se compose de 460 ff. à 2 col., avec fig. sur bois. Vend., rel. en 2 vol. mar. r., 144 fr. Gaignat; 60 fr. La Valliere; 2 liv. 5 sh. Heber; 151 fr. (avec un f. manuscrit) de Bearzi.

Cette grande compilation historique divisée en six époques s'arrête à l'année 1473. C'est sur l'autorité de Van Praet (*Livres impr. sur vélin de la bibl.*

du roi, V, p. 8) que nous avons attribué le *Rudimentum* à Jean de Colonne; mais il paraît que ce bibliographe a confondu la compilation anonyme impr. à Lubeck en 1475, avec *Marc historiarum*, ouvrage encore inédit, véritablement de Jean Colonne, comme l'a dit Echard (*Scriptores ord. prædicat.*, I, p. 419) et comme d'autres savants l'ont répété après lui. Les ff. CLXIV à CLXXXVIII de l'édit. de 1475 contiennent la relation du voyage de Brocard à la Terre-Sainte; mais aux mots *Ego frater Brocardus, ordinis Prædicatorum*, que portait le manuscrit, l'éditeur a substitué ceux-ci : *Ego Borchardus, professorum sacræ paginæ minimus*, ce qui a induit en erreur plusieurs bibliographes sur le véritable nom de l'auteur de ladite relation, et même a fait attribuer le *Rudimentum* à un Borchardus qui probablement ne l'a pas écrit. Néanmoins, de tous les textes imprimés que nous avons de la relation du dominicain Brocard, celui que donne le *Rudimentum* est encore, malgré d'innombrables fautes, le seul qui nous représente la relation originale. Les gravures sur bois, et surtout la carte de la Palestine, qui décorent ce gros livre, sont très-remarquables pour l'époque où elles parurent. Ebert, nᵒ 19548, cite un exemplaire imprimé sur VÉLIN, qui se conserve dans la bibliothèque de Rostock.

— Voy. MER des histoires.

RUDING (*Rogers*). Annals of the coinage of Great Britain and its depende cies, from the earliest period of authentic story to the close of the fiftieth year of George III; second edition. *London, Harding*, 1819, 5 vol. in-8., et atlas in-4. contenant 115 pl. 4 liv. 4 sh. [27067]

La première édition, *London*, 1817, en 4 vol. in-4. fig. coûtait 10 liv. 10 sh., et plus cher en Gr. Pap. Il faut y joindre un supplément publié en 1819, lequel contient les corrections et additions et cinq nouvelles planches.

— AUTRE édition, continuée jusqu'au règne de la reine Victoria. *London, Hearne*, 1840, 3 vol. in-4. avec 159 pl. 4 liv. 4 sh.

RUDOLPHI. Entozoorum sive verminum intestinalium historia naturalis, auctore Carolo Asmundo Rudolphi. *Amstelod.*, 1808-10 (seu *Parisiis*, et *Argentorati*, 1810), 2 tom. en 3 vol. in-8. fig. 24 à 30 fr. [6170]

Ouvrage estimé. On trouve au commencement du premier vol. une bibliographie des vers, intitulée : *Bibliotheca entozoologica*, en 172 pp., qui contient 629 articles, et qui n'est pas encore complète; qu'on juge, par ce seul objet, de ce que serait une bibliographie générale !

L'article suivant se réunit à celui-ci :

ICONES helminthum systema Rudolphi entozoologicum illustrantes, a J.-G. Bremser, *Vindobonæ, Schaumburg*, 1823-24, in-fol. avec 18 pl. color. Publié en 3 livrais. au prix de 22 thl. [6172]

— Entozoorum synopsis cui accedunt mantissa duplex et indices locupletissimi. *Berolini, Rücker*, 1819, in-8., avec 3 pl. 20 fr. [6171]

RUDOLPHUS I. Codex epistolaris Rudolphi I. Romanorum regis, locupletior ex

Rudder. History of Gloucestershire, 27172.
Rudge (*Th.*). Gloucester, 27173.
Rudiger (*Chr.-Fr.*). Specimen, 7965.

Rudloff (*F.-A.*). Mecklenburgische Gesch., 26654.
Rudolphus II. Epistolæ, 26438.

ms. bibl. Cæsar. Vindobon. editus et commentario illustratus opera Mart. Gerberti. *In Monasterio S. Blasii,* 1772, in-fol. 13 thl. [26414]

— Codex epistolaris Rudolphi, Romanorum regis, epistolas 233 anecdotas continens, ex cod. ms. biblioth. Trevirensis eruit... Fr. - Jos. Bodmann. *Lipsiæ, Weidmann,* 1805, in-8. fig. 1 thl. 20 gr. [26415]

RUDTORFFER (*F.-X.* von). Armamentarium chirurgicum. *Viennæ,* 1821, texte gravé, in-4., avec 30 pl. gr. in-fol. 48 thl. et ensuite moins. [7636]

RUE (La). Voy. LARUE.

RUEDA (*Lope* de). Las quatro comedias y dos coloquios pastoriles del excellente poeta y gracioso representante Lope de Rueda, dirigidas por Juan de Timoneda. *Valencia, por Joan Mey,* 1567, in-8. caract. goth. [16770]

Recueil fort rare, contenant les comédies intitulées : *Eufr sina, Armelina. Los engaños,* et *Medora,* et usieurs dialogues. Vend. 2 liv. 4 sh. Crofts; liv. Heber. Antonio cite une réimpression des ceux premières pièces, faite à Séville en 1576, in-8., sous le titre de *Las primeras dos elegantes y graciosas comedias...* Il cite aussi l'ouvrage suivant du même auteur :
REGISTRO de Representantes, et El Deleitoso, recopilado por Juan de Timoneda, 1567, in-8.

— Compendio llamado el Deleytoso, nel quel se contienen muchos passos graciosos del excellente poeta y gracioso representante Lope de Rueda, recopilados por Juan de Timoneda. *Logrono,* 1588, in-8. [16771]

Ce livre, très-rare, est porté sous le nom de Juan Timoneda dans la *Biblioth. heber.,* tome VIII, n° 2775, où il est coté 6 liv. 19 sh. Le même exemplaire était à vendre à Paris en 1840 pour 140 fr.

RUEFFIUS (*Jacobus*). De conceptu et generatione hominis, de matrice et ejus partibus, necnon de conditione infantis in utero et gravitarum cura et officio... libri sex. *Francofurti ad Mœn., apud Geor. Corvinum, impensis Sigism. Feyerabendii,* 1580, pet. in-4. fig. sur bois. [6916]

On a payé 50 fr., à la vente Veinant, un exemplaire fort ordinaire de ce volume, qui a été plusieurs fois donné pour moins de 12 fr.

RUELL (*Joannes*). Grammatica of singaleesche Taal-Kunst. *Amstelod.,* 1708, in-4. [11838]

Vend. 2 liv. 19 sh. Heber, I, 6115.

RUELLIUS (*Jo.*). De natura stirpium libri tres. *Parisiis, ex officina Sim. Colinæi,* 1536, in-fol. de vi ff. prélim., 884 pp. et 62 ff. pour la préface et la table des matières. [4890]

Quoique cette édition soit d'une exécution parfaite,

elle a fort peu de valeur : 5 fr. de Jussieu. La Bibliothèque impériale en possède un magnifique exemplaire impr. sur VÉLIN, avec les initiales peintes en or et en couleurs, et les armes de François 1er également peintes. L'ouvrage a été réimpr. à Bâle en 1537, en 1543 et en 1573, in-fol. avec des figures sur bois; aussi à Venise en 1538, en 2 vol. in-8.

RUES (des) et eglises d' Paris, auec la despèce qui si fait chacun iour. Le tour et lenclos de ladite ville. Auec lenclos du bois de Vincènes, et les epythaphes de la grosse tour dudit bois; qui la fonda, qui la parfist et acheua. Et auec ce la longueur, la largeur et la haulteur de la grant eglise d' Paris, auec le blason de ladite ville. Et aucũs des cris q̃ lon crie parmy la ville. (*sans lieu ni date*), pet. in-4. goth. [24153]

Opuscule curieux et rare, de 10 ff. seulement, ayant à la fin la marque de Pierre Le Caron : un P et un C enlacés au milieu d'une vignette, avec le mot *Framboys,* au-dessous (voir notre tome I, col. 967). L'édition paraît être de la fin du XVe siècle, et c'est la plus ancienne que nous connaissions de cet opuscule. Le blason est en vers. Vend. 81 fr. Morel-Vindé.

— Les rues et églises de Paris (comme ci-dessus), et aussi les crys joyeulx qui se cryent par chascun jour en icelle ville de Paris. (*sans lieu ni date*), in-4. goth. de 6 ff. sign. Aiij.

Édition un peu moins ancienne que la précédente, mais tout aussi rare. 167 fr., *mar. r.* par Duru, Solar.

C'est sur le texte de l'édition de P. Le Caron que M. A. Bonnardot a fait réimprimer ce curieux opuscule à la suite de ses *Etudes sur Gilles Corrozet,* Paris, 1848, in-8.

Il existe une édition des *Rues et Eglises de Paris, etc.* portant pour adresse : *On les vend a Paris sus maistre Guichard Soquand, deuant lhotel dieu,* pet. in-8. goth. de 12 ff. — On a aussi *les rues de Paris, impr. chez Nic. Buffet,* sans date, pet. in-8. goth. de 12 ff., que nous avons trouvé à la suite des *Cris de Paris, au nombre de cent sept,* pièce en vers imprimée à *Paris, Nic. Buffet,* 1549, pet. in-8. de 16 ff. lettres goth. — Ces mêmes pièces font partie de différents recueils qui nous sont parvenus. — Voy. CRIS de Paris et DESPENCE qui se fait à Paris.

RUETE (*L.-G.-Thd.*). Bildliche Darstellung der Krankheiten des menschlichen Auges. *Leipzig, Teubner,* 1854-58, 8 cah. in-fol., fig. color. 49 thl. [7537]

RUFF, Rüff ou Ruoff steinschnyder (*Jacob*). Ein nüw uñ lustig spyl von der erschaffung Adams und Heua | auch jrer beider faal in Paradysz. Gespilt von einer loblichen burgerschafft Zürych | vff den 9 vund 10 tag Iunij | iñ 50 Iar. Fast textlich | onet was die action zutragen: sampt den Concordantzen. Durch Jacobũ Ruff Steinschnyder Zürych. —
— *Getruckt zu Zürych, by Christoffel*

Ruet (*Julien* du). Commerce, 4148.

Froschouer im 1550 *jar*, pet.. in-8.
goth. sign. A—P5. [16819]

Mystère dramatique à 106 personnages. Un exemplaire
rel. en *mar. r.* 80 fr. Lair ; même prix de Soleinne
dans le catalogue duquel on a imprimé par erreur
Kuff. Nous rétablissons ici ce titre d'après l'ouvrage
de Gœdeke, t. I, p. 302, que nous citons à l'article
Sachs (*Hans*), et qui indique plusieurs autres productions de Jac. Ruff.

RUFFI (*Ant.* de). Histoire des comtes de
Provence, enrichie de plusieurs de leurs
portraits, de leurs sceaux et des monnoyes de leurs temps, qui n'avoient encore vu le jour. *Aix, Jean Roize*, 1655,
in-fol. 30 à 36 fr. [24793]

Volume rare dont toutes les planches, moins une, ont
été reproduites dans la *Chorographie* de H. Bouche
(voy. ce nom).

— Histoire de la ville de Marseille ; seconde édition, revue, corrigée et augmentée, par Ant. de Ruffi et par L.-
Ant. de Ruffi, le fils. *Marseille, H.
Martel*, 1696, 2 tom. en 1 vol. in-fol.
18 à 24 fr. [24817]

Ouvrage assez estimé, et dont les exemplaires ne
sont pas communs : Gr. Pap: *mar. r. l. r.* 41 fr.
La Vallière ; 40 fr. Giraud.

RUFFI (*Louis-Ant.*). Dissertations historiques et critiques sur l'origine des
comtes de Provence, de Venaissin, de
Forcalquier, et des vicomtes de Marseille. *Marseille, Vᵉ Brebion*, 1712,
in-4. [24794]

RUFFINI, aquileiensis presbyteri, Opuscula quædam, partim antehac nunquam
in lucem edita, emendata et castigata
studio et labore Renati Laur. de la Barre.
Parisiis, Mich. Sonnius, 1580, 2 tom.
en 1 vol. in-fol. 20 à 24 fr. [995]

Volume peu commun, auquel il faut réunir *Commentarius in LXXV psalmos Davidis* du même écrivain, publ. par Ant. de Albone, *Lugduni, G. Rovillius*, 1570, in-fol. Le vol. de 1580, en *mar. v.* aux
armes de De Thou, 105 fr. Solar.
Dom. Vallarsi a fait paraître, à Vérone, en 1745, le
premier vol. in-fol. d'une édition des œuvres complètes de Ruffin d'Aquilée, laquelle n'a pas été continuée.

RUFFUS Ephesius. De vesicæ renumque
morbis, de purgantibus medicamentis ;
de partibus corporis humani, libri ; So-
lani de utero et muliebri pudendo liber
(gr.). *Parisiis, Turnebus*, 1554, in-8.
[6570]

Première édition : elle est ordinairement réunie à
Aræteus (voy. ARÆTEUS).
— DE VESICÆ renumque morbis, de purgantibus
medicamentis ; de partibus corporis humani, nunc
iterum typis mandavit Guil. Clinch (gr. et lat.),

Ruffelet (*Chr.-M.*). Annales briochines, 24472.
Ruffhead (*Ow.*). Statutes, 3057.
Ruffini (*P.*). Equazioni, 7911-12.
Ruffino-Ruiz (*Casimir*). Historia mercantil uni-
versal, 4149.

(cum ejusdem dissertatione de auctore). *Londini*,
1726, in-4. 5 à 7 fr.
— OPUSCULA et fragmenta græca post editiones parisinam 1554, et londinensem 1726, novis accessionibus quadruplo auctiora ex codicibus mosquensi et
augustano edidit et notationes subjecit C.-F. Matthæi ; accesserunt diversæ lectiones ad Galeni libellum τίνας δεῖ καθαίρειν, necnon Dioclis Carystii
epistola ad Antigonum regem. *Mosquæ, typogr.
Universitatis*, 1806, in-8.
Édition incorrecte, et où l'on a retranché des descriptions anatomiques qui se trouvent dans les deux
précédentes.
— TRAITÉ sur le pouls, attribué à Rufus d'Ephèse,
publié pour la première fois en grec et en françois,
avec une introduction et des notes par C.-V. Daremberg. *Paris, Baillière*, 1846, in-8. de 48 pp.

RUFFUS (*Sextus*). De historia romana.
(*Neapoli, Sixtus Ruesinger*), pet. in-4.
[22886]

Édition fort rare, et probablement la première de cet
opuscule. Elle contient seulement 12 ff., dont les
pages entières ont 33 lignes. On lit au recto
du dernier f. ce qui suit :

Sexti Ruffi : viri consularis (sic) Valentiano
Augusto de historia : Ro : libellus finit :
SIXTVS.   RVESINGER.

L'exemplaire, vendu 80 fr. Brienne-Laire, était relié
avec le *Liber virorum illustrium*, sorti des mêmes
presses (voy. PLINIUS).
Voici l'indication de trois autres édit. anciennes de
ce livre, toutes trois in-4, et, comme la précédente,
sans chiffr., récl. ni signat.; la prem. n'a aussi que
12 ff. et contient 30 lign. par page ; les caract. sont
ceux de Schurener de Bopardia (impr. à Rome,
en 1474). Elle commence ainsi :
SEXTI RUFFI uiri consularis Valetiano (sic) angu-
sto de historia Ro. libellus incipit.
Vend. 25 fr. d'Ourches.
La seconde contient 15 ff. à 25 lign. par page, et commence par le même intitulé que la précédente, autrement disposé ; les caractères ressemblent à ceux
avec lesquels *Georges Sachsel* et *Barth. Golsch*
ont impr. l'Ammien Marcellin, en 1474. La troisième a seulement 22 lign. par page, et contient
20 ff., y compris le traité *De ædificatione Venetiarum*, qui commence au recto du 13ᵉ f. Les caractères paraissent être ceux de *Florentius de
Argentina*, à Venise, vers 1472.

— Sexti Ruffi consularis Valentiano Augusto de historia romana libellus. *Romæ,
per Eucharium Silber alias Franck*,
1491, pet. in-4. de 10 ff.

Cette édition est plus rare que chère, ce qui peut
s'appliquer également à celle de Rome, *per Stephanum Planck*, 1492, die 19 januarii, in-4.
— SEXTI RUFFI Breviarium historiæ romanæ, acced.
anonymi libellus vetustus locorum urbis et pro-
vinciarum ; edente Christ. Cellario. *Halæ*, 1698,
in-8. 3 à 4 fr.
—BREVIARIUM rerum gestar. populi Romani. Lectionum varietate adjecta recognovit Guil. Münnich.
= De Regionibus urbis Romæ libellum nunc primum separatum edidit et commentario instruxit
G. Münnich. *Hannov.*, 1815, 2 part. en 1 vol.
in-8. 2 fr.

— Voy. PLINII liber illustr. virorum.

RUFFUS (*Jordanus*), calabriensis. Hippiatria nunc primum edidit Hier. Molin.
Patavii, typis seminarii, 1818, gr.
in-8. [7694]

—Arte de cognoscere la natura d' cauael,

etc. laqual vulgarmente se chiama arte de mareschalchi translatata de latino di miser Zordan Russo in vulgare per frate gabriele bruno. *Impresso in Venetia, per maistro Piero Bergamasche* (1492), in-4. goth.

12 sh. Catal. Libri, 1859, n° 2380.

Il est fort douteux que cette édition de la traduction italienne du traité de Ruffus soit de 1487, comme le dit Panzer, d'après Denis.

LIBRO dell' arte de marascalchi per conoscere la natura de li cauaili et medicarli nelle loro infirmità, et l' arte di domarli, nouamente stampato. *Venetia, heredi di Giov. Padoano,* 1554, in-8. de 43 ff.

Dans cette édition l'ouvrage est divisé en 63 chapitres, et il se trouve à la fin le prologue du traducteur Gabr. Bruni, daté de Venise, le 17 décembre 1492.

—DELLE MASCALCIE del cavallo di Giordano Rusto (*sic*). *Bologna, appresso Giov. de' Rossi,* 1561, in-4.

Cette édition (de même que celle de Venise, *Rutilllio Borgominiero,* 1561, in-8.) a été faite sur un manuscrit très-fautif. Le texte y est divisé en 162 chapitres, et fort différent de celui de l'édit. suivante, de 1563, qui paraît être une réimpression de celle de 1554.

— LIBRO dell' arte de marascalchi (comme dans l'édition de 1554). *Venetia, Fr. de Leno,* 1563, in-8.

RUFO Guttierez (*Juan*), jurado de Cordoua. L'Austriada. *Madrid, en casa de Alonso Gomez,* 1584, pet. in-8. de près de 900 pp. [15192]

Poëme en 24 chants, composé au sujet de la bataille de Lépante. Il a été réimprimé à *Tolède,* en 1585, pet. in-8. (1 liv. 5 sh. Heber,) et à *Alcala,* en 1586, pet. in-8. Cervantes en parle avec beaucoup d'éloge dans le 6e chapitre du D. Quichotte.

— Las seyscientas apotegmas, y otras obras en verso. *Toledo, por Pedro Rodriguez,* 1596, pet. in-8. de 9 ff. prélim. en 270 ff. chiffrés. [15193]

Ouvrage en prose et en vers, vend. 7 sh. Heber; 11 fr. Rætzel. Antonio en cite une édition de *Tolède,* 1614, in-4.

RUGENDAS (*Maurice*). Voyage pittoresque dans le Brésil, trad. de l'allemand par M. de Golbéry. *Paris, Engelmann,* 1835, gr. in-fol. [21106]

Ouvrage composé de 100 pl. lithogr. et d'un texte explicatif, soit en allemand, soit en français, et publié en 20 livrais. : 240 fr. — Pap. de Chine, 300 fr., et beaucoup moins depuis.

RUGGIERI (*Ferd.*). Studio d' architettura civile, sopra gli ornamenti di porte e finestre, colle misure, piante, ecc., tratte da alcune fabbriche insigni di Firenze. *Firenze,* 1722-28, 3 vol. in-fol., fig. [9889]

25 fr. 50 c. Hurtault, et quelquefois plus.

— Scelta di architetture antiche e moderne della città di Firenze ; ediz. 2a, pubbli-

cata ed ampliata da Gius. Bouchard. *Firenze,* 1755-56, 4 vol. gr. in-fol., fig. 48 à 60 fr.

RUGGLE (*Geor.*). Ignoramus, comœdia, scriptore Georgio Ruggle, A. M. Aulæ Clarensis, apud Cantabrigienses, olim socio; nunc denuo in lucem edita cum notis historicis et criticis : quibus insuper præponitur vita auctoris, et subjicitur glossarium vocabula forensia dilucide exponens : accurante Johanne Hawkins. *Londini, Th. Payne et filius,* 1787, in-8. [16177]

Vendu 12 fr. de Soleinne ; 21 fr. en 1860.

Édition la meilleure de cette comédie satirique, où est montrée l'ignorance et la morgue des gens de loi en Angleterre, au commencement du XVIIe siècle. La première édition, *Londini, typis T. H.,* 1630, pet. in-12, fig., ne porte point le nom de l'auteur. Dans celle de Westminster, 1731, in-8., est ajouté : *Actus quintus ut habitus fuit ab alumnis regis Westmon.* 1713. Le titre de l'édition de Dublin, 1736, pet. in-8., porte *editio septima, locis sexcentis emendatior.* (4 fr. de Soleinne.)

RUGINO. El sexto libro del innamoramento di Orlando, nel qual si tracta le mirabili prodece che fece il giovene Rugino, figliolo de Rugier de Risa e di Bradamante sorella di Rinaldo da Montealbano intitolato Orlando furibondo. *Milano, per Io. Antonio de Castellione ad instantia di M. Matheo de Besotio,* 1544, in-4.

Vend. 4 liv. 8 sh. Heber.

Ce poëme, composé de 16 chants en stances de huit vers, est le même que celui qui avait déjà été imprimé comme 6e livre de l'*Orlando innamorato,* dans l'édition du Bojardo (de 1518, et celle de 1532), dont nous avons parlé (voy. BOJARDO).

— Rugino... (in fine): *Stampato nell' inclitta citta di Milano per Io.-Antonio da Borgo, che sta su l Corso de Porta Tosa,* in-4. à 2 col., caract. romains.

Cette édition sans date a été décrite par M. Melzi, p. 98 et suiv.; elle a des signat. de A—G par 8, mais les ff. n'en sont pas chiffrés. Au verso du titre se trouve : *Prohemio del Conte allo... Principe Ioan. Maria de Varana, ecc.;* et il paraît que ce *Conte* (de nom ou de qualité) est l'auteur du poëme.

RUHNKENIUS (*Dav.*). Scholia in Platonem, ex codicibus mss. primum collegit Dav. Ruhnkenius. *Lugd.-Batav.,* 1800, in-8. 6 fr., et plus en pap. de Holl. [3350]

— OPUSCULA varii argumenti, oratoria, historica, critica ; editio altera cum aliis partibus, tum epistolis auctior (curante J.-Th. Bergman). *Lugd.-Batav., S. et D. Luchtmans,* 1823, 2 vol. in-8. de lxvj et 1035 pp. 20 fr. [18268]

— ORATIONES, dissertationes et epistolæ : cum suis aliorumque annolationibus edidit F.-Th. Friedmann. *Brunswigæ, Lucius,* 1828, in-8. tom. I et II. 5 thl. — Pap. fin, 7 thl. [18269]

Ces deux volumes réunissent à tout ce que renferment les deux éditions de Leyde et de Londres,

1807, en un seul volume in-8., plusieurs articles qui n'avaient pas encore été rassemblés.

— ÉPISTOLÆ mutuæ duum virorum classicorum Davidis Ruhnkenii et Lud.-Casp. Valckenarii, nunc primum ex autographis editæ a Guil.-Leone Mahne. *Vlissingæ*, 1832, in-8. [18270]

— RUHNKENII Scholia in Suetonii vitas Cæsarum, edidit Jac. Geel. *Lugduni-Batav.*, Luchtmans, 1828, in-8. de 387 pp. 8 fr. [22898]

— ELOGIUM Tiberii Hemsterhusii, auctore Dav. Ruhnkenio : accedunt duæ Ric. Bentleii epistolæ ad Hemsterhusium : Vita Dav. Ruhnkenii auctore Dan. Wyttenbachio : cum præfatione et annotatione edidit Joan.-Theod. Bergman. *Lugd.-Batav. et Amstelod.*, 1824, in-8. 10 fr. [30868]

Une édition des deux mêmes éloges, avec celui de Meerman ajouté, et des notes de Fr. Lindemann, a paru à *Leipzig*, en 1822, in-8.

— DICTATA. Voy. TERENTII Comœdiæ (*Lond.*, 1820).

RUINART (Dom *Theod.*). Acta primorum martyrum sincera et selecta, notis et observationibus illustr.; editio 2ª emendàta et aucta. *Amstelodami, Wetsten.*, 1713, in-fol. 24 à 30 fr. [22028]

Cet ouvrage estimé a été réimprimé avec des augmentations à Vérone, 1731, in-fol., et sur l'édition de Vérone, à Augsb., 1802-3, en 3 vol. in-8. C'est d'après la première édition de Paris, 1689, in-4., que Drouet de Maupertuy a donné sa traduction française sous ce titre : *Les véritables actes des martyrs*, Paris, 1708, 2 vol. in-8., réimpr. depuis en 2 vol. in-12, et à Besançon, 1818, 2 vol. in-8.

— Mission de S. Maur, 21746. — Vie de Mabillon, 30619.

RUINES (les) de Balbec, autrement dite Héliopolis, dans la Cœlosyrie (par Rob. Wood et Dawkins). *Londres*, 1757, in-fol. max. [29359]

Ouvrage d'une exécution remarquable ; il renferme 46 pl. : 30 à 36 fr. Vend. 154 fr. *m. r.* Caillard, et 52 fr. 50 c. Chaumette.

RUINES (les) de Palmyre, autrement dite Tedmor au désert (par Rob. Wood, Borra et Dawkins). *Londres, A. Millar*, 1753, in-fol. max. fig. 30 à 36 fr. [29358]

Livre non moins bien exécuté que le précédent ; les pl. qu'il renferme sont au nombre de 57 : la première, très-grande estampe en largeur (*Vue générale des ruines de Palmyre*), manque à plusieurs exemplaires ou est déchirée, ce qui diminue de beaucoup la valeur du livre.

On trouve quelquefois les deux ouvrages reliés ensemble. Il y a des exemplaires de l'un et de l'autre dont le texte est en anglais.

Un exemplaire des *Ruines de Balbec* (avec texte anglais) en très Gr. Pap., annoncé comme très-rare sur ce papier, a été vendu 180 fr. *mar. r.* Caillard, et les deux ouvrages avec texte angl., 10 liv. 5 sh. Dent.

— LES MÊMES ruines de Palmyre. *Paris*, imprim. de F. Didot, 1819, in-4., avec 57 pl. — Autre édition, *Paris, Lugan*, 1829, in-4., fig. 18 fr.

Une édition des *Antiquities* de Balbec et de Palmyre, réunies en un seul volume impr. dans le même format que les *Antiquities of Athens*, de Stuart, a été annoncée en 1828, chez *William Pickering*, à Londres, au prix de 6 liv. 6 sh.

RUINES d'Athènes. Voy. RUINS ; — de Pæstum. Voy. MAJOR ; — de Rome. Voy. MÉRIGOT.

RUINI. Dell' infirmità del cavallo di Carlo Ruini.=Dell' anatomia, e dell' infirmità del cavallo, di Carlo Ruini. *In Bologna, presso gli heredi di Gio. Rossi*, 1598, 2 tom. en 1 vol. in-fol., fig. en bois. 10 à 12 fr. [7723]

Première et en même temps la plus belle édition d'un ouvrage estimé, qui a été réimprimé plusieurs fois. Nous avons eu sous les yeux les éditions de *Venise*, 1599, 1602, 1607 et 1618, 2 tom. en 1 vol. in-fol., fig. (Deux éditions différentes sous cette dernière date : l'une vend. 14 fr. et l'autre 5 fr. Huzard).

— La vraye connoissance du cheval, ses maladies et remèdes par I. I. D. E. M. (Jean Jourdain, docteur en médecine), avec l'anatomie de Ruyni, contenant 64 tables en taille-douce,..... *Paris*, 1647, in-fol.

Vend. 18 fr. Huzard.

Très-estimable pour l'époque à laquelle il parut, cet ouvrage est encore recherché par rapport aux gravures ; on trouve d'ailleurs dans ce livre la traduction d'une partie des anciens auteurs vétérinaires grecs, dont nous indiquons le recueil ci-après, au mot VETERINARIÆ. *Le parfait cavalier...* Paris, 1655, in-fol., et *Le grand mareschal*, Paris, 1667, in-fol., fig., ne sont autre chose que le présent ouvrage sous un nouvel intitulé.

RUINS of Athens, with remains and other valuable antiquities in Greece. *London, Sayer*, 1759, in-fol. atlant., fig. [29364]

Cet ouvrage, tiré en grande partie des Ruines de la Grèce de Le Roi, est bien moins important que celui de James Stuart sur le même sujet (voy. STUART). Vend. 34 fr. Larcher ; 40 fr. Mac-Carthy, et quelquefois moins.

RUIZ (el P. *Ant.*). Tesoro de la lengua Guarani, que se usa en el Perù, Paraguay, y Rio de La Plata. *Madrid, J. Sanchez*, 1639, in-4. [11988]

Livre devenu fort rare : 8 fr. Falconet ; 3 liv. 4 sh. Heber ; 101 fr. Rœtzel ; 60 fr. Chaumette.

— Vocabulario de la lengua Guarani, por el P. Ant. Ruiz, révisto y aumentado por otro Religioso. *En el Pueblo de S. Maria la mayor, el año de* 1722, in-4. [11989]

Il existe aussi un *Arte de la lengua Guarani (por el P. J. Ruiz)*, con los escolios y apendices del P. Paulo Restivo ; en el Pueblo de S. Maria la mayor, el año de el señor 1724, in-4. Vend. 220 fr. Chaumette.

— CONQUISTA espiritual hecha por los religiosos de la Compañia de Jesus, en las provincias del Paraguay, Parana, Uruguay, y Tape ; escrita por el padre Ant. Ruiz. *Madrid*, 1639, in-4. 20 fr. en 1857.

RUIZ (*Hippol.*) et *Josephi* PAVON Flora peruviana et chilensis ; sivè novorum generum plantarum peruvianarum et chilensium descriptiones et icones (lat. et hispan.). *Matriti, G. de Sancha*, 1794, 1798 et 1802, 3 vol. in-fol. 250 fr. [5294]

Rühs *F.*). Die Edda, 15656.

Ruiz de Leon (*Fr.*). Hernandia, 15298.

Ouvrage bien exécuté. Le premier vol. est intitulé :
. *Prodromus novorum generum, etc.*, et contient
37 pl. Les 3 vol. de la *Flora* renferment 325 pl.
chiffrées : 220 fr. Ventenat. — Il y a un petit
nombre d'exemplaires dont les pl. sont color. 601 fr.
Pappenheim.

Après la publication du 3ᵉ vol. de la *Flora peruviana*, qui finit à la classe *Octandria*, l'ouvrage
est resté interrompu, et le texte n'a pas été continué ; mais une grande partie des planches qui devaient entrer dans les tomes IV et V ont été gravées, et même elles ont été jointes à quelques
exemplaires des 3 vol. Celui de M. Delessert contient
les pl. 326 à 425, avec un titre et un index manuscrits. La dernière de ces planches appartient au
genre *Mespilus*. Cent soixante-seize pl. inédites
sont indiquées sous le nº 629 du *Catalogus bibliothecæ lambertinæ* ; dans ce nombre, 28 représentent différentes espèces de lauriers.

Le *Prodromus* a été réimprimé à *Rome*, 1797, gr.
in-4., fig., avec des augmentations : vend. 16 fr. de
Jussieu.

— SYSTEMA vegetabilium floræ peruvianæ et chilensis. *Matriti*, 1798, pet. in-4. de VI et 455 pp.,
tome Iᵉʳ, le seul publié.

— QUINOLOGIA, o tratado del arbol de la Quina o
Cascarilla, con su descripcion, y la de otras espe-
cies Quinos nuevamente descubiertas en el Peru
por Hipp. Ruiz. *Madrid, Marin*, 1792, in-4. de
103 pp., plus la préface et l'index. — Supplemento
a la Quinologia. *Madrid*, 1801, in-4. de 154 pp.,
la préface et 1 pl. [5295]

On peut joindre à ces deux parties l'opuscule suivant :

DEFENSA y demostracion del verdadero descubridor de las Quinas del reyno de Santa-Fé, con varias noticias utiles de este especifico, en contesta-
cion a la memoria de Don Fr.-Ant. Zea ; su autor el
mismo descubridor D. Sebastian-Josef Ruiz. *Madrid, Marin*, 1802, in-4. de 24 pp.

RUIZII Villegatis Burgensis (*Ferd.*) quæ
extant opera, Martini Alonensis decani
studio emendata, et a Bern.-And. Lama
iterum recognita. *Venetiis*, 1734, in-4.
6 à 9 fr. [12954]

RULHIÈRE (de). Ses OEuvres (avec une
notice sur sa vie et ses écrits par M. Auguis). *Paris, Ménard*, 1819, 6 vol. in-8.,
avec un portrait. 30 fr., et plus en pap.
vélin. [19134]

L'*Histoire de l'anarchie de Pologne*, ouvrage posthume de Rulhière, qui occupe 4 vol. dans cette
collection, a été publiée pour la première fois à
Paris, Desenne, 1807, en 4 vol. in-8. [27850], par
les soins de Daunou, qui fut chargé de revoir
le manuscrit et d'en supprimer les additions et
changements qu'y avait faits Ferrand.

— RÉVOLUTIONS de Pologne ; quatrième édition, revue
sur le texte et complétée par Christien Ostrowski.
Paris, Firm. Didot, etc., 1862, 3 vol. gr. in-18,
9 fr.

— Poésies, 14066. — Éclaircissements sur l'édit de
Nantes, 22446. — Histoire de Russie, 27778.

RULMAN. Plan des œuvres mêlées d'Anne
de Rulman, conseiller du roi, assesseur
criminel en la grande prévôté de Languedoc. *Nismes, Gillet*, 1630, in-4.

Ce magistrat a écrit de nombreux mémoires sur l'histoire ancienne et moderne de Languedoc en général, et sur celle de la ville de Nîmes en particu-

Rullié. Intérêt de l'argent, 1367.

lier ; le prospectus rapporté ci-dessus, lequel est
un opuscule curieux, les divise en dix parties dont
il donne le titre et le précis (Le Long, nº 37711).
Nous croyons que tous ces ouvrages sont restés
inédits, à l'exception d'un seul, qui a paru sous le
titre suivant :

HARANGUES prononcées aux entrées de plusieurs
princes et seigneurs avec quelques plaidoyers. *Paris*, 1612, in-8.

La réimpression de ces harangues et plaidoyers devait former la neuvième partie des œuvres de l'auteur, et la dixième partie aurait été consacrée à la
langue du pays. Nous trouvons sous le nº 1595 du
catal. de Cl. Lancelot, *Plan des œuvres mêlées
d'Anne de Rulman, sixième volume, Inventaire
particulier des épitaphes et inscriptions romaines qui ont été trouvées dans les mazures de
l'ancien Nismes*, aussi sous la date de 1630 ; mais
nous n'avons pas eu occasion de vérifier si ce morceau est de quelque étendue, ou si ce n'est qu'une
partie du Plan qui a donné lieu à cet article.

RUMPH ou Rumphius (*Georg.-Everh.*).
Herbarium amboinense (belgice et lat.),
nunc primum in lucem editum, et in lat.
sermonem versum cura et studio Joan.
Burmanni qui varia adjecit synonyma
suasque observationes. *Amstelod.*, 1741-
55, 7 vol. in-fol., fig. [5231]

Cet ouvrage, exécuté sur le même plan que l'*Hortus
malabaricus* de Rheede, tient encore sa place dans
la bibliothèque des botanistes : 60 à 72 fr.; vend.
120 fr. m. r. L'Héritier ; 84 fr. Pappenheim. — En
Gr. Pap., 75 à 90 fr.; vend. 200 fr. mar. r. Patu de
Mello.

Les exemplaires dont le tome Iᵉʳ est daté de 1750,
ne diffèrent des autres que par le frontispice. Voici
le nombre des planches de chaque vol.: tome Iᵉʳ
(frontispice gravé, portrait de Rumph et celui de
Burmann), 82 pl.; — tome II, 87 ; — tome III, 104 ;
— tome IV, 82 ; — tome V, 184 ; — tome VI, 90 ;
Auctuarium, 30 planches. Cette dernière partie se
trouve souvent reliée avec le tome VI. Il faut y
réunir : *Index alter… quem de novo recensuit,
auxit et emendavit J. Burmannus*, Lugd.-Batav.
et Amstel., 1769, in-fol. de 22 pp.

— Cabinet des raretés de l'île d'Amboine
(en hollandais). *Amsterd.*, 1705, in-fol.,
avec 60 fig. [5881]

Édition originale, préférable à la suivante, à cause
de la beauté des épreuves des fig. : 10 à 15 fr., et
plus cher en Gr. Pap. — Réimpr. en 1741.

Voici le titre d'un supplément à joindre à ce volume:
VERHANDELING der Zee-Horenkens en Zee-Ge-
wassen in en omtrent Amboina en de nabygele-
gene Eilanden, door Fr. Valentyn. *Amsterd., J.
van Keulen*, 1754, in-fol., avec un portrait et
18 planches.

THESAURUS imaginum piscium, testaceorum, co-
chlearum, conchyliorum, quorum maximam partem collegit Rumphius. *Lugd.-Batav.*, 1711, in-fol.

Cet ouvrage est le même que le précédent, trad. en
latin, et sous un autre titre : 10 à 15 fr.; vend. 24 fr.
mar. r. Patu de Mello.

L'édition de *La Haye*, 1739, est encore moins chère.

Le Cabinet des raretés d'Amboine a été donné en
allemand par Muller, avec des augmentations qui
sont de Chemnitz. *Vienne*, 1761, in-fol., fig.

RUNGE(*L.*). Der Glockenthurm des Doms zu Florenz, nebst Entwurf zur Westfaçade des Doms. *Berlin, Kittler,* 1853, gr. in-fol. fig. (et aussi 1856, avec texte allemand et français). 50 fr. [9893]

— Essai sur les constructions en briques en Italie. *Berlin, Heymann,* 1847-49, in-fol., 47 pl. lithogr. et 4 ff. de texte allem. et franç. — Nouvelle série. *Berlin, Ernst et Korn,* 1853 et aussi 1856, in-fol. de 24 pl., texte allem. et franç. [9868]

RUPE (Magister *Alanus* de), sponsus nouellus beatissime virginis, doctor sacre theologie deuotissimus ordinis fratrum predicatorum, de immēsa et ineffabili dignitate et vtilitate psalteri precelse ac intemerate semper virginis Marie. (in fine): Materia quedam breuis sed deuota de psalterio precelse ac intemerate semper virginis Marie *finit feliciter anno dn̄i* M˙ CCCC˙ XCVIII° *in vigilia annunciacionis... impressa (ac bene correcta) in christianissimo regno Swecie. impensis generose dn̄e Ingeborgh conthoralis (sociætori) strenui domini stenonis (sture senioris) quondam gubernatoris regni Swecie.* In-4. goth., sign. A—Z, aa—ff, avec lettres initiales gravées sur bois. [1673]

Édition sans nom de ville ni d'imprimeur, mais qui probablement est sortie des presses de Jean Fabri à Stockholm. Il y en a une autre de Lubeck par Geor. Richolff, 1506, in-4., et plusieurs autres. Dans notre IIIᵉ vol., col. 160, article HIERONYMUS, nous décrivons le *Psaultier notre dame selon saint Ierosme,* qui paraît être une traduction de l'ouvrage ci-dessus du P. Alain de La Roche (en latin *Alanus de Rupe*). On cite du même religieux : *Quodlibetum coloniense de fraternitate S. Rosarii B. Virginis Mariæ* ; Coloniæ, 1479, in-4., et plusieurs écrits sur le même sujet (voir la col. 943 du présent volume). Ses œuvres réunies ont été impr. à Fribourg en 1619, in-4., et à Naples en 1680.

Pour les traductions allemandes du même Psautier de la Vierge impr. dans le XVᵉ siècle, consultez Hain, nᵒˢ 14836-43.

Nous trouvons dans l'ancien Catalogue de la Bibliothèque du roi, b. 5958 , les deux articles suivants, dont nous croyons devoir rapporter ici le titre :

MARE MAGNUM exemplorum SS. Rosarii ex diversis auctoribus ac voluminibus congregatum a P. Dominico Riera : præmittitur opus aureum B. Alani de Rupe, de psalterio Christi ac B. Mariæ. *Majoricæ, Mich. Capo,* 1699, in-fol.

PSALTERIUM marianum præfiguratum, scriptum a P. Dominico Riera ; in quo B. Alani opus aureum ad formam concinatoriam reducitur. *Majoricæ, Mich. Capo,* 1700, in-fol.

RUPERTI abbatis Opera omnia, edita cura Greg. Tarissii. *Parisiis,* 1648, 2 vol. in-fol. 24 à 30 fr. [1111]

Simple réimpression de l'édit. de Mayence, 1631, aussi en 2 vol. in-fol. Celle de *Venise,* 1748-51, 4 vol.

Ruperti (*G.-F.-F.*). Handbuch der römischen Alterthümer, 29158.

in-fol., donnée par P. Canoni, contient des augmentations. 48 fr.

RUPESCISSA *(Joan.* de). La vertu et la propriété de la quinte essence de toutes choses, faict en latin par Joannes de Rupescissa, et mise en françois par Ant. Du Moulin. *Lyon, Jean de Tournes,* 1549, pet. in-8. de 155 pp. [8948]

19 fr. *mar r.* Veinant.

Réimprimé à *Lyon, chez Jean de Tournes,* 1581, in-16.

L'auteur, nommé ici de Rupescissa, est Jean de Roquetaillade, religieux franciscain du couvent d'Aurillac, vers le milieu du XIVᵉ siècle (voy. notre article ULSTADIUS). Le texte latin du traité dont nous venons de citer la traduction porte pour titre : *Opus de consideratione Quintæ essentiæ rerum omnium ;* il a été impr. à Bâle, en 1561, in-8., et plusieurs fois depuis, soit séparément, soit dans des recueils d'anciens alchimistes.

RÜPPELL (*Ed.*). Zoologischer Atlas zu Reisen im nördlichen Afrika, von der Senkenbergischen naturforschenden Gesellschaft. *Frankfurt a. M., Brönner,* 1826-31 , in-fol. avec fig. color. 30 thl. 6 gr. [5638]

118 planches lithogr. publiées en 20 livraisons.

— Neue Wirbelthiere zu der Fauna von Abyssinien gehörig, entdeckt und beschrieben von Ed. Rüppell. *Frankfurt a. M.,* 1835-40, gr. in-fol. fig. color. 30 thl.

Continuation de l'ouvrage précédent. 120 fr. Catal. Baillière, où l'on indique 91 pl.

— Reisen in Nubien, Kordofan und dem peträischen Arabien, vorzüglich in geographisch-statistischer Hinsicht. *Frankfurt a. M.,* 1829, gr. in-8., avec 12 pl. 5 thl. [20821]

— REISEN in Abyssinien. *Frankfurt a. M.,* 1838-40, 2 vol. gr. in-8. avec 10 pl. in-fol., 20821. 5 thl.

— Uebersicht der Vögel Nord-Ost-Afrika's, 5778.

RUSCA(*Ant.*). De Inferno et statu dæmonum ante mundi exitium libri V. *Mediolani, e typogr. ambros.,* 1621, in-4. [1256]

Ouvrage curieux : 6 à 9 fr., et plus cher autrefois; vend. 52 fr. *mar. r.* Mac-Carthy.

RUSCA (*tL.*). Recueil de dessins de différens bâtimens construits à Saint-Pétersbourg et dans l'intérieur de la Russie. *Paris et Saint-Pétersbourg,* 1810, 2 vol. in-fol. atlant. [10027]

Recueil de 181 pl. gravées au trait, avec les explications en français et en italien : 50 fr., et plus cher en papier de Hollande ou en papier vélin.

RUSCELLAI (*Giov.*). Voy. RUCELLI.

Ruphy (*J.-F.*). Dictionnaire français-arabe, 11633.
Rupp (*Jac.*). Numi Hungariæ, 26530.
Ruprecht (*F.-J.*). Symbolæ ad histor. plantarum russicarum, 5206. — Beiträge zur Pflanzenkunde des russischen Reiches, 5207.
Rurletti, etc. Thesaurus resolutionum..., 3217.

RUSCELLAI (*Orazio*). Saggio dei dialoghi filosofici. *Firenze, Magheri,* 1823, in-4. [18648]

Orazio Ruscellai, écrivain du XVIIᵉ siècle, a composé seize dialogues philosophiques cités par les académiciens de La Crusca, mais qui sont restés inédits, à l'exception de quatre que renferme le *Saggio* ci-dessus, dû aux soins du chanoine Dom. Moreni. Un imprimeur de Florence annonçait, en 1833, la publication prochaine d'un recueil des ouvrages d'Or. Ruscellai, en 12 vol. in-8. ; mais il n'a pas tenu sa promesse.

RUSCELLI (*Girolamo*). Le imprese illustri di Jeronimo Ruscelli, aggiuntovi nuovamente il quarto libro da Vincenzo Ruscelli. *Venezia, Fr. de Franceschi,* 1584, in-4. fig. 12 à 15 fr. [18604]

Édition la plus complète, et dont il y a des exemplaires en Gr. Pap. Les grav. sont nombreuses et assez bien exécutées.

Un exemplaire de l'édit. de Venise, *Fr. Rampazetto,* 1566, in-4. en Gr. Pap. et *dans son ancienne reliure ital. en vieux maroquin,* 2 liv. 8 sh. Libri, en 1859.

— I Fiori delle rime de' poeti illustri. Voy. RIME.

RUSCONI (*Gio.-Ant.*). Della architettura, secundo i precetti di Vitruvio libri dieci, con 160 figure. *Venezia, Giolito,* 1590, in-fol. [5749]

Édition estimée, à cause des belles gravures sur bois qui la décorent : vend. 16 fr. Reina; 11 fr. 50 c. Boutourlin.—On fait peu de cas de celle de *Venise,* 1660, in-fol.

RUSCONI (*Mauro*). Amours des salamandres aquatiques et développement du tétard de ces salamandres depuis l'œuf jusqu'à l'animal parfait. *Milan,* 1822, gr. in-4. fig. color. 24 fr. [5854]

Le même auteur avait déjà publié à Milan, en 1817, un ouvrage italien sur la *salamandre aquatique,* in-4., fig.

— Développement de la grenouille commune depuis le moment de sa naissance jusqu'à son état parfait. *Milan,* 1828, in-4. fig. color. 45 fr. [5834]

— Del Proteo anguino di Laurenti, monografia pubblicata da Pietro Configliacchi e Rusconi. *Pavia,* 1818, in-4. fig. 24 fr. [5835]

— Observations anatomiques sur la sirène, mise en parallèle avec le protée et le tétard de la salamandre aquatique. *Pavie,* 1837, in-4., avec 6 pl. 24 fr. [5822]

RUSÉ, ou Rusius (*Laurentius*). Liber marescalcie. (*absque nota*), in-4. goth. de 50 ff. [7721]

Cette première édition paraît avoir été imprimée à *Rome par Eucharius Silber,* vers 1490 (Ebert, 19616).

Il existe une autre édition ancienne du même ouvrage, in-4. goth. de XCIX ff. chiffrés, à 31 lign. par page, précédés d'un index en 4 ff. Sur le pre-

mier f. du texte se lit en sommaire : *Incipit liber Marescalcie cōpositus a Laurentio dicto Rusio familiari Reverendi patris dñi Neapoleonis sancti Adriani dyaconi Cardinal....* et à la fin : *Explicit liber Marescalcie Equorum compositus per Laurentium dictū rusium de urbe Marescalcum......* C'est probablement la même édition qui, dans le catal. Kloss, n° 3242, est désignée comme une production des presses de Pierre Drach, à Spire, de 1486 à 1489.

— HIPPIATRIA sive marescalia Laur. Rusii... in qua præter variorum morborum plurima, ac saluberrima remedia, quadraginta tres commodissinæ frenorum formæ excusæ sunt, ut nullum tam novo oris vitio laborantem equum invenias, cui non hinc occurrere possis. *Parisiis, Christ. Wechelus,* 1531, in-fol., fig.

Livre peu commun, quoiqu'il ait été réimprimé à *Paris, par Wechel,* en 1532, in-fol. Les deux édit. ont le même nombre de pages (8 et 143), mais elles sont réellement différentes.

— La mareschalerie de Laurens Ruse, translatee de latin en francoys... *Imprimee a Paris, par Chrestien Wechel,* 1533, in-fol. goth. de 4 et 64 ff., avec les figures des mors.

10 fr. Huzard, et quelquefois plus.

— La même, reimprimee et corrigee nouuellement : *on les vend à Paris, chez Chrestien Wechel,* 1541, in-fol. goth. de 4 et 64 ff. fig.

Cette édition n'est pas la même que la précédente, quoique la souscription placée à la fin du vol. soit aussi datée de 1533, comme dans la première, et que cela ait pu faire croire qu'il n'y avait que le titre de changé. L'édition de *Paris, Ch. Perier,* 1558, in-4., fig. sur bois. 1 liv. Libri. La même traduction, à laquelle est *ajouté un autre traicté de remedes, etc.,* a aussi été imprim. à *Paris, Ch. Perier,* en 1558, in-4. 1 liv. Libri ; de nouveau en 1563, ou *Paris, Guill. Auvray,* 1583, ou *André Perier,* 1610, in-4., avec figures. Ces éditions multipliées prouvent que l'ouvrage a été estimé.

RUSES d'amour, pour rendre ses favoris contens. *Villefranche (Holl.), Joli Le Franc,* 1679, pet. in-12. [18004]

Première partie d'un recueil qui devait en avoir trois, mais dont je ne sache pas que la suite ait paru. Vend. 5 fr. *mar. citr.* Méon; 19 fr. *m. v.* Nodier, et 29 fr. 50 c. Pixerécourt.

— Voy. SECRETTES ruses.

RUSES innocentes, dans lesquelles on voit comment on prend les oyseaux passagers et les non passagers ; et de plusieurs sortes de bêtes à quatre pieds, avec les plus beaux secrets de la pêche, etc., par F. F. F. R. D. G., dit le Solitaire inventif. *Paris, P. Lamy,* 1660, gr. in-4. fig. [10441]

Ouvrage recherché : 15 à 20 fr.

Il y a des exemplaires de cette même édition sur le titre desquels le nom de l'auteur se lit ainsi : *F. François Fortin, religieux de Grandmont.*

Les éditions de 1688 ou 1700, gr. in-4., sont également bonnes. Il existe aussi une édition : *Suivant la copie de Paris, Amsterdam, P. Brunel,* 1695, in-8., fig. La commodité de son format doit la faire rechercher, mais elle ne se trouve pas facilement.

RUSHWORTH (*John*). Historical collections of private matters of state, weighty matter in law, remarkable proceedings in five Parliaments, from 1618 to 1648 ; also the tryal of Thomas earl of Strafford upon an impeachment of high treason. *Lond.*, 1721, 8 vol. in-fol. [26946]

Bonne édition de cette collection : 8 liv. 15 sh. Edwards ; 6 liv. 8 sh. 6 d. Hibbert, et quelquefois moins ; — en Gr. Pap. 11 liv. Willett ; 8 liv. 15 sh. Sykes. La première édition des sept premiers volumes a été impr. à *Lond.*, de 1659 à 1701, et celle du procès de Strafford, en 1680 ; il existe jusqu'à trois éditions du premier volume de la collection, sous la date de 1659 ; il y en a aussi une datée de 1682. La dédicace à Richard Cromwell, qui doit se trouver dans celle de 1659, n'y est pas toujours. Rushworth est aussi favorable à la cause du Parlement que Nalson à celle du roi. C'est ce que l'on ne doit pas perdre de vue lorsque l'on consulte leurs deux recueils. Le dernier a pour titre :

AN IMPARTIAL collection of the great affairs of state, from the beginning of the Scotch rebellion in 1639 to the murder of K. Charles I. *London*, 1682-83, 2 vol. in-fol. [26947]

RUSKIN (*John*). Modern Painters. *London*, 1853-60, 5 vol. gr. in-8., avec 84 pl. sur acier et 216 vignettes sur bois. 8 liv.

— The Stones of Venise. *London*, 1853-58, 3 vol. gr. in-8., avec 53 pl. et de nombreuses vignettes sur bois. [25467]

— THE SEVEN lamps of architecture. *London*, 1855, gr. in-8., avec 14 pl. 1 liv. 5 sh.

— Giotto and his works in Padua, being an explanatory notice of the series of woodcuts executed for the Arundel Society after the frescoes in the Arena Chapel, by J. Ruskin. *London*, 1854, 2 part. in-8. [9293]

Cet ouvrage accompagne les 3e, 4e, 5e, 6e et 7e publications de l'*Arundel Society*, lesquelles sont : 1° un cah. in-fol. obl., 8 pl. gravées sur bois par Dalziel frères, d'après les fresques de Giotto, 1854 ; — 2° Pieta, dans la chapelle d'Arena, d'après Giotto, et S. Laurent, d'après Fiesole, 1853, 2 pl. gr. in-fol. grav. par Schäffer ; —3° les fresques de Giotto dans la même chapelle, dessinées par William, grav. sur bois par Dalziel frères, 1853 ; — autre cah. des fresques de Giotto, 1854, 8 pl. in-fol. obl.; — autre cahier de fresques, 1855, 4 pl.

RUSSEGGER (*Jos.*). Reisen in Europa, Asien und Afrika, mit besonderer Rücksicht auf die naturwissenschaftlichen Verhältnisse der betreffenden Länder, unternommen in den Jahren 1835-41. *Stuttgart, Schweitzerbart*, 1841-49, 15 part. gr. in-8., avec atlas gr. in-fol. 150 fr. [19932]

RUSSEL (*Rich.*). SS. Patrum apostolico-rum Barnabæ, Hermæ, Clementis, Ignatii, Polycarpi Opera genuina, græce et latine. *Londini, G. Russell*, 1746, 4 tom. en 2 vol. in-8. 12 à 15 fr. [845]

Vend. 31 fr. Gr. Pap. La Valliere, et jusqu'à 151 fr. mar. r. Mac-Carthy ; 6 liv. 15 sh. m. v. Williams.

RUSSELL (*Joh.*). Propositio clarissimi oratoris magistri Johannis Russell decretorum doctoris ac adtunc ambassiatoris xpanissimi regis Edwardi Dei gracia regis Anglie et Francie ad illustrissimū principem Karolum ducem Burgundie super susceptione ordinis garterii, etc., in-4. [26902]

Pièce de 4 ff. excessivement rare, contenant seulement cinq pages et demie d'impression et 22 lignes par page complète ; elle ne porte ni date, ni note d'imprimeur, mais on y reconnaît les caractères de Caxton. L'événement auquel se rapporte ce discours est du 4 février 1469, et il n'est pas impossible que ce soit là l'époque de l'impression de cet opuscule. Le seul exemplaire connu se conserve dans la biblioth. de lord Spencer (*Ædes althorp.*, II, p. 320) ; il a été payé 126 liv. à la vente de la biblioth. de White Knights, en 1819. — C'est à tort que M. Hallam [*Introduction to the literature of Europe*, tome I, chapitre III, sect. III, ou page 125 de l'édition de Paris) nous a reproché comme une omission presque inexcusable de n'avoir point parlé de cette plaquette, car nous l'avions déjà décrite dans notre 3e édition, tome III, p. 261.

RUSSELL (*Ric.*) de tabe glandulari, sive de usu aquæ marinæ, in morbis glandularum dissertatio. *Oxonii, e Th. sheld.*, 1750, in-8. fig. [7279]

Ouvrage rare et assez recherché : 8 à 10 fr.

— OEconomia naturæ in morbis acutis et chronicis glandularum. *Londini*, 1755, in-8. 6 à 8 fr. [7280]

Vend. avec le volume précédent, 22 fr. Petit ; 16 fr. Hallé.

RUSSELL (*Alex.*). Natural history of Aleppo, containing a description of the city, and the principal natural productions in its neighbourhood, together with an account of the climate, inhabitants and diseases, particularly of the plague ; 2d edition enlarged, and illustrated with notes by Patrick Russell. *Lond., Robinson*, 1794, 2 vol. in-4., with 16 pl. 30 à 36 fr. [4535]

Ouvrage très-important. Cette seconde édit., augmentée d'un tiers, est bien préférable à celle de 1756, en 1 vol. gr. in-4.

RUSSELL (*Patrick*). An Account of indian serpents, collected on the coast of Coromandel, with experiments and remarks on their several poisons. *London, Bulmer*, 1796, in-fol. avec 46 fig. dont 44 coloriées. [5846]

Il a paru un supplément à cet ouvrage, sous ce titre : A Continuation of an account of indian serpents, 1800-3, contenant également 46 pl. Les deux vol., 120 à 150 fr.

— Descriptions and figures of two hundred

Rush (*James*). Philosophy of the human voice, 6906.
Russel (*C.-W.*). The Life of card. Mezzofanti, 30764.
Russel (*G.*). Tour through Sicily, 20233.
Russel (*Will.* Hovard). My Diary in Indie, 20696.

fishes, collected at Vizagapatam, on the coast of Coromandel. *London*, 1803, 2 part. gr. in-fol. 3 liv. 3 sh. [5883]

RUSSELL (the rev. *Mich.*). The Connexion of sacred and profane history, from the death of Joshua until the decline of the kingdom of Israel and Judah. *London*, 1827-32, 3 vol. in-8. 42 sh. [22732]

Ce savant ouvrage est destiné à remplir la lacune laissée par Shuckford et Prideaux (voyez ces deux noms) dans l'histoire des Juifs.

RUSSELL or Russel (*John*). The Life of William lord Russel, with some account of the times in which he lived, by lord John Russell. *London, Longman,* 1819, in-4. 1 liv. 11 sh. 6 d. [26999]

Orné d'un portrait de Will. Russell par Fittler. Cet ouvrage a obtenu un grand succès, et il a été réimpr. à Londres en 1820 et en 1823, 2 vol. in-8., portr. 1 liv. 1 sh. On réunit à ces deux vol. : *Life of lady Russell, with her letters to her husband, from 1672 to 1682*, London, 1820, in-8. [27000]

An Essay on the history of the english government and constitution from the reign of Henry VII to the present time; second edition greatly enlarged. *London*, *Longman*, 1823, in-8. 10 sh. [27040]

Memoirs of the affairs of Europe, from the peace of Utrecht. *London*, *Murray*, 1824 and 1829, 2 vol. in-4. 2 liv., et plus en Gr. Pap. [23086]

Ouvrage non terminé.

On a du même auteur un ouvrage anonyme, intitulé : *Essays and sketches of life and character;* 2ᵈ édit., Lond., 1821, in-8.

RUSSELL (Dr *William*). History of ancient Europe from the earliest times to the subversion of the western empire. *London, Longman,* 1815, 3 vol. in-8. 2 liv. 2 sh. [23022]

La première édition est de 1793, 2 vol. in-8. Dans celle de 1815, l'ouvrage a été retouché par Ch. Coote.

— History of modern Europe, with an account of the decline and fall of the roman Empire and view of the progress of society. *London* , 1851 (aussi 1857), 4 vol. in-8. 2 liv. 8 sh. [23022]

Quoique cet ouvrage ne soit qu'une compilation assez médiocre, il a été souvent réimprimé, et avec des augmentations successives.

RUSSI (*Antonii*) Siculi Ennensis iuris pontificii doctoris τ musici singularis Thesaurus musices. (in fine, recto) : *Messane impressvm est presens opvscvlvm singvlare*, 1500, pet. in-4., lettres rondes. [10118]

Opuscule rare, composé de 8 ff. seulement, y compris le titre portant les mots : *Thesaurus musices*. Il y a de plus un f. obl., impr. d'un seul côté et plié, contenant *Pro monocordiis fabricandis regula*, avec la fig. qui s'y rapporte.

RUSSIAN gallery. Voy. Boydell.

RUSSO (*Zordan*). V. Ruffus (*Jordan.*).

RUSSOW (*Balthasar*). Cronica der provintz Lyfflandt darinne vermeldet werdt, wo dathsülvige Landt ersten gefunden, unde thom Christendome gebracht ys...

mit velen Historien vermehret dorch den Autoren sülvest. *Gedrücket to Bart, in der Förstlichen Drückerge dorch Andream Seitnern*, 1584, in-4. [27793]

Les deux premières éditions de cette chronique de Livonie ont paru à Rostock, en 1578, l'une en in-4. et l'autre en in-8., avec quelques additions , mais toutes deux en trois livres et finissant à l'année 1577. La troisième édition, imprimée en 1584, est augmentée d'un 4ᵉ livre, qui continue la narration de 1577 à 1583. C'est probablement le premier livre qui ait été imprimé à Bart ou Barth, en Poméranie, ville dans laquelle le duc Boguslaw avait établi une presse particulière dès l'année 1582. On croit que les quelques livres qui sont sortis de cette presse n'ont pas été mis en vente, mais que le duc les distribuait à ses amis. On ajoute même que plusieurs des souverains qui ont régné en Russie ont fait acheter et détruire un certain nombre des exemplaires de la Chronique de Rüssow, parce que l'auteur y a peint des couleurs les plus sombres la barbarie des Moscovites dans les guerres de Suède et de Pologne, et c'est à cette suppression qu'est attribuée la grande rareté de l'édition de 1584, dont un exemplaire est porté à 300 fr. dans le catal. d'Asher, 1845, nº 37, et un autre à 50 th. dans le nº XLVI de la *Bibliotheca slavica*, du libraire J.-A. Stargardt, *Berlin*, 1860.

RUSTICIEN de Pise. Voy. Meliadus.

RUSTICO Romano. Voy. Perleone.

RUSTO (*Giordano*). Voy. Ruffus.

RUSTOLF (*Joach.*). Voy. Elegidia.

RUTEBEUF. OEuvres complètes de Rutebeuf, trouvère du xiiiᵉ siècle, recueillies et mises au jour pour la première fois par Achille Jubinal. *Paris, Pannier,* 1838, 2 vol. in-8. 12 fr. [13211]

Il y a des exemplaires en papier de Hollande.

M. Jubinal a publié séparément *Le Miracle de Théophile*, par Rutebeuf, *Paris*, 1838, in-8.; et cette publication nous rappelle trois autres ouvrages sur le même sujet, savoir :

Légende de Théophile, texte grec, publiée pour la première fois par M. de Sinner. *Paris*, *Pannier*, 1838, in-8. (tirée séparément à 25 exemplaires).

Le Miracle de Théophile, mis en vers au commencement du xiiiᵉ siècle, par Gautier de Coinsy, publ. par Maillet. *Rennes*, 1838, in-8.

Theophilus, Gedicht. *Gent*, 1836, in-8.

RUTGERII Ouwens observationum libri III. *Franequeræ*, 1780, in-4. 6 à 9 fr. [18265]

RUTILIUS LUPUS. P. Rutilius et Aquila romanus, antiquissimi auctores. *Venetiis, Zopinus*, 1519, in-8. [12043]

Première édition de ces deux auteurs. Rutilius Lupus a été réimpr., d'après un meilleur manuscrit, dans les *Rhetores latini* que Beatus Rhenanus a publiés à Bâle, en 1521, in-4., et dans plusieurs autres éditions des mêmes *Rhetores*.

— De figuris sententiarum ac verbor. P. Rutilii Lupi libri II. Aquilæ Romani liber I : Julii Rufiniani de iis, quæ ab Aquila prætermissa erant, libellus : et præterea ejusdem libri II : Bedæ de schematibus et tropis sacrarum literarum liber I : Pet. Mosellani tabulæ de schematibus et tropis. *Venetiis, Joan. Ant. et fratres de Sabio*, 1533, pet. in-8. de 60 ff. chiffrés et 2 non chiffrés.

Édition rare, dont Ruhnkenius paraît n'avoir pas eu connaissance. Le même savant critique (dans la préface de son édition de Rutilius) a révoqué en doute l'existence d'une autre édit. de *Rutilius, Aquila et Jul. Rufinianus*, Argentorati, Wolg. Cephalæus, 1539, in-8. de 127 pp. et 4 ff. d'index, sur laquelle Ebert, n° 19632, donne des détails curieux, mais qui ne peuvent point trouver place ici.

— De Figuris sententiarum et elocutionis lib. II ; recensuit et annotat. adjecit D. Ruhnkenius ; accedunt Aquilæ Romani et Julii Rufiniani de eodem argumento libri. *Lugduni-Batavorum, S. et J. Luchtmans*, 1768, in-8. 6 à 7 fr.

— RUTILII Lupi de Figuris sententiarum et elocutionis libri duo ; recensuit et adnotationes adjecit Dav. Ruhnkenius : accedunt Aquilæ Romani et Julii Rufiniani de eodem argumento libri. Denuo edidit multisque accessionibus locupletavit Car.-Henr. Frotscher. *Lipsiæ, libr. hartmanniana*, 1831. Seu editio nova observationum appendice aucta, 1841, in-8. 6 fr.

RUTILIUS Numatianus Gallus (*Cl.*). Claudius Rutilius poeta priscus de laudibus urbis, Etruriæ et Italiæ. *Bononiæ, Hier. de Benedictis*, 1520, in-4. [12566]

Cette édition, donnée par J.-B. Pius, est la plus ancienne qui nous soit parvenue de cet ouvrage, connu sous le nom d'*Itinerarium* (36 fr. Riva, et 1 liv. Libri, en 1859) ; mais Gesner en a cité une qui aurait été publiée antérieurement à Naples, par P. Summontius, et dont il ne se trouve plus d'exemplaires.—L'édition de *Rome, Vinc. Accoltus*, 1582, pet. in-8., sous le titre d'*Itinerarium.... ab Jos. Castalione emendatum et annotationibus illustratum*, est rare et mérite d'être conservée. 3 à 4 fr.—Vend. même (exempl. *non rogné* et avec la signat. de J.-A. dé Thou) 30 fr. 50 c. Boulard.

— Itinerarium, cum notis variorum, ex museo Theod. Janssonii ab Almeloveen. *Amstelod.*, 1687, in-12, carte. 4 à 5 fr.

Un exemplaire en Gr. Pap. est annoncé dans le catal. de Longman, pour 1816.

— RUTILII Numatiani Itinerarium, cum selecta lectionis varietate atque integris notis J.-F. Grævii et Theod. Janssonii ab Almeloveen necnon Guill. Cortii notarum in Rutilium fragmento, cura J.-Sigism. Gruber, qui et suas addidit annotationes : accedunt J.-Ch. Kappii notitia literaria atque index locupletissimus. *Norimb., Bauer*, 1804, pet. in-8. 2 fr. 50 c.

— EJUSDEM de reditu suo libri duo. Recensuit et illustr. Aug.-Wilh. Zumptius, addita est Etruriæ oræ tabula. *Berolini, Dümmler*, 1840, in-8. 1 thl. 6 gr.

Une des meilleures éditions du texte de Rutilius Numatianus est celle qui fait partie des *Poetæ minores* de Wernsdorf, t. V, p. 1, pp. 77 et suiv.

— ITINÉRAIRE de Rutilius Claudius Numatianus, ou son retour de Rome dans les Gaules, poëme en deux livres, texte donné par Aug.-Wilh. Zumpt, et traduit en français avec commentaires, par F.-Z. Collombet. *Paris, Delalain*, 1842, in-8.

On avait déjà une traduction française de *Rutilius* dans le *Mélange de traductions de Le Franc de Pompignan*, Paris, 1779, in-8., volume qui a aussi paru sous le titre d'*OEuvres de Pompignan*, t. VI, Paris, 1784.

RUTILIUS (*Bernardinus*). Jurisconsultorum vitæ. *Romæ, apud Ant. Bladum*, 1536, *mense aprili*, in-8. [30538]

Cette édition est rare, et même il en a été vendu un exempl. (*non rogné*) 1 liv. 2 sh. Heber.

Réimprimé (*Lvgdvni : Joannes Barbovs* (sic) *excvdebat*), *apud Germanvm Rose*, 1538, in-8. Le titre de ce volume porte la marque suivante :

Les *Vitæ jurisconsultorum* ont été réimprimées plusieurs fois, notamment dans le recueil donné par J.-Ph. Franck, sous le titre de *Vitæ tripartitæ jurisconsultorum, a B. Rutilio, Jo. Bertrando et Guil. Gratio*, Halæ-Magd., 1718, in-4.

RUTLAND. J.-J. Manners, duke of Rutland. Journal of a trip to Paris, by the duke and duchess of Rutland, July 1814. *London*, 1814, in-4. de 30 pp. [20115]

— Journal of a short trip to Paris, during the summer of 1815. *London*, 1815, in-4. de 59 pp.

Ces deux minces volumes (que Martin cite sous les dates de 1824 et 1825) sont ornés de gravures d'après les dessins de la duchesse de Rutland, morte le 28 novembre 1825. Nous en parlons parce qu'ils n'ont été imprimés que pour les amis de l'auteur, lequel avait déjà publié, et pour le même usage , *Wales*, 1805, gr. in-8. (deux éditions ; l'une tirée à 25 exemplaires, l'autre, avec quelques changements, tirée à 100 exemplaires). Et aussi *Northern tour, Southern tour*, 1810, gr. in-8.

Le même duc a rendu publique une autre relation intitulée : *A Tour through part of Belgium and the rhenish provinces*. London, Rodwell and Martin, 1823, in-4. fig.

RUXELLIUS ou Rouxel. Joan Ruxellii, cadomensis, poemata ; hac secunda edi-

Rutt (*J.* Towill). Life of Jos. Priestley, 30937.
Rutzner (*J.-G.*). Die Reise des Prinzen Waldemar von Preussen nach Indien, 20696.

tione in meliorem ordinem digesta et aucta : Accesserunt ejusdem orationes quæ inveniri potuerunt. *Cadomi, Adamus Cavelier*, 1636, in-8. de 16 ff. prél. et 316 pp. [12920]

Cette édition, publiée par Ant. Halley, est plus complète que celle de *Rouen, Du Petitval (Parvivallius)*, 1600, 2 part. en 1 vol. in-8. de 112 et 107 pp. avec la table, et 8 ff. prélim. L'éditeur y a réuni trois discours latins de Rouxel sur le rétablissement de l'université de Caen, discours dont les deux premiers avaient déjà été impr. séparément à *Caen, chez Jacq. Lebas*, en 1583 et 1584, in-4. La traduction des *Lamentations de Jérémie*, en vers élégiaques, qui fait partie du recueil, avait paru dès l'année 1568, in-12. Quant à l'oraison funèbre de Rouxel, par de Cahaignes, qui termine le volume, elle a éprouvé des altérations que ne présente pas l'édition originale de la même pièce impr. en 1586. (Voy. CAHAGNESIUS.)

Le savant Huet, qui, dans ses *Origines de Caen*, a parlé avec éloge de Jean Rouxel, nous apprend que ce professeur d'éloquence a eu pour élève le poète François Malherbe, lequel, selon M. l'abbé de La Rue (*Essais historiques sur les Bardes*, etc., III, p. 353), aurait même, vers 1575, à l'âge de vingt ans, mis en vers français une épitaphe latine de Geneviève Rouxel, fille du professeur, composée par le docteur Cahaignes. Cette épitaphe ne se trouve pas, que nous sachions, dans les Œuvres de Malherbe.

RÜXNER (*Georg*). Anfang, vrsprung vnnd herkommen des Thurniers in Teutscher nation. *Siemern, S. Rodler*, 1530, in-fol. de 402 pp., plus la préface. [28740]

Première édition de cet ouvrage très-curieux, connu sous le nom de *Turnierbuch*. Ebert, sous le numéro 19557 de son Dictionnaire, cite les auteurs qui l'ont fait connaître : 47 fr. Borluut.

On retrouve en grande partie dans cette édit., impr. au château de Simmern, en 1530, les caractères déjà employés dans les deux éditions du *Tewrdannckh* de 1517 et 1519 (voy. ce mot); on y remarque aussi de nombreuses gravures sur bois dans le même genre que celles du roman en vers que nous venons de citer. L'édition de 1532, impr. au même château, in-fol. à 213 ff. non compris la préface ni les tables, et, chose à remarquer, les caractères ne sont pas les mêmes que ceux de la première édition.

— Georgii Ruxeneri Thurnier-Buch, von Anfang, Ursachen, Ursprung und Herkommen der Thurnier im Heiligen Römischen Reich teutscher Nation, wieviel öffentlicher Land-Turnier von Kayser Heinrich dem Ersten an, bis auf Kayser Maximilien, etc. *Franckfurt-am-Mayn, getruckt bey Georg Raben*, 1566, in-fol. fig. sur bois.

Dans cette édition se trouvent nombre de planches attribuées au célèbre Josse Amman et à Feyerabend. Vend. 80 fr. Soubise ; 1 liv. 17 sh. Heber; 50 fr. Borluut.

RUYLOPEZ de Sigura. Libro de la invencion liberal y arte del juego del axedrez. (à la fin) : *Alcala de Henares en casa de Andres de Angulo, año de* M. D. LXI, in-4. de 158 ff., dont 8 prélim. [10483]

Ouvrage rare : vend. 4 liv. m. r. Heber. C'est un traité du jeu des échecs dont on a une traduction ital., par G. Domenico Tars²a, *Venez., presso Cornelio Arrivabene*, 1584, in-4. 20 fr. Riva; 15 fr. Gancia. Et aussi une traduction française sous ce titre :

LE JEU des échecs, avec son invention, science et pratique, trad. d'espagnol en françois. *Paris*, 1609, in-4.

Réimpr. sous le titre de *Royal jeu des échecs*, Paris, Robinot, 1615, ou Paris, Gourault, 1636, in-8., et aussi sous le titre de *Royal et nouveau jeu des échecs*, Paris, Ant. de Rossé, 1674, in-12.

RUYR (*Jean*), charmesien. Recherches des sainctes antiqvitez de la Vosge, province de Lorraine, revueües, corrigees et augmentees. *Espinal, Ambroise*, 1633, pet. in-4., frontispice gravé. 10 à 15 fr. [24901]

Il y a des exemplaires de cette seconde édition, précédés d'un titre imprimé, sous la date de 1633, et portant sous le nom d'*Ambroise* celui de *Claude Cardinet*; d'autres, sans date, avec le seul nom de *Claude Cardinet, imprimeur de Son Altesse, à Epinal*; d'autres enfin sur lesquels on lit : A *Troyes, chez Jacques Febvre*. Un de ces derniers, 24 fr. en 1842. La première édition de cet ouvrage, impr. en 1626, à *S. Dié, par Jacques Marlier*, en 3 part. pet. in-4., est fort incorrecte et moins complète que celle-ci, mais elle est ornée de trois planches anonymes, grav. par Callot, qui ne se trouvent plus dans la seconde. Ces planches sont celle du frontispice, répété à chaque partie, le fleuron qui est à la tête de l'épître dédicatoire, et la figure placée à la tête de l'histoire de la chapelle de la Vierge aux trois épics. Ces planches sont bien gravées, mais les épreuves en sont mal venues (*Recherches* de M. Beaupré, pp. 374 et 430, et celles de M. Meaume, tome I, p. 139).

— LA VIE et histoire de saint Dié, évêque de Nevers, etc., traduite du latin. *Lyon, J. Oudot*, 1594, petit in-8. Petit volume rare.

— LES TRIOMPHES de Pétrarque. (Voy. ci-dessus, col. 502.)

RUYSCHIUS (*Frid.*). Opera anatomico-medico-chirurgica. *Amstelodami*, 1737, in-4. fig. [6837]

Vend. 45 fr. Baron; 20 fr. Hallé; même prix, Béclard. Cette collection est composée de 47 pièces impr. séparément, et avec des titres particuliers, dont l'indication se trouve dans l'*Elenchus* qui doit être au commencement du recueil. La 47° pièce, intitulée : *Appendix necessaria indicis locupletissimi operum...... Fred. Ruyschii*, 1725 seu 1743, de 12 pp., manque souvent, et n'est pas relatée dans l'*Elenchus*. Ces pièces sont ordinairement reliées en 2 ou en 3 volumes, quelquefois même en 4. Elles ont presque toutes été imprimées plusieurs fois, et quelques-unes avec des différences : ainsi, par exemple, les 10 pièces du *Thesaurus anatomicus*, prem. édition, 1701-15, sont en latin et en hollandais; et au contraire elles ne sont qu'en latin dans les réimpressions de 1724-39. Il n'y a qu'un seul titre général, et il est daté de 1737, quoique plusieurs pièces n'aient été imprimées qu'en 1744; nous ajouterons que le frontispice gravé porte 1720.

RUYZES de Fonteca. Voy. ALONSO.

RUZZANTE (*Agnolo* Beolco, detto il). Tutte le Opere del famosissimo Ruzzante (cioè, la Rodiana ; l'Anconitana ; la Piovana ; la Vaccaria ; la Moschetta ; la Fiorina ; comedie ; dialogi due, etc.). (*Venetia*), 1584, in-12. [16696]

Vend. 24 fr. *mar. bl.* Renouard; 14 fr. 50 c. *v. m.* de *Soleinne.*

L'édition de *Venise*, 1565, in-8., dont chaque partie a son titre particulier, est moins complète, 6 à 9 fr. ; celle de *Venise*, 1598, in-12, quoique complète, est peu recherchée, parce qu'on la dit incorrecte. Les pièces de cet auteur ont d'abord été publiées séparément, de 1548-56. Elles sont assez singulières, car chaque personnage y parle un dialecte différent, savoir : vénitien, bolonais, bergamasque, padouan rustique, toscan, etc.

○ Le catalogue de M. de Soleinne, n°s 4593 et suiv., donne la description des édit. originales de quatre de ces pièces, savoir :

> PIOVANA, comedia overo noella del Tasco. *Vinegia, Gabr. Giolito*, 1548, in-8. de 54 ff. en tout. 9 fr. 75 c. — *Ibid.*, 1552, in-8. de 54 ff. 6 fr.

> ANCONIANA, comedia... *Vinegia, Stephano di Aless.*, 1551, in-8. de 39 ff. 7 fr. 50 c.

> VACCARIA, comedia... *Ibid., id.*, 1551, in-8., sign. A–N. 6 fr.

> MOSCHETTA, comedia... *Ibid., id.*, 1551, in-8. 4 fr.

Un exemplaire de la *Moschetta*, ibid., idem., 1554, in-8. de 77 ff., rel. en *mar. r.* par Padeloup, et réuni à la *Vaccaria*, 1555, de 102 pp., et à la *Fiorina*, ibid., 1557, en 15 ff. 51 fr. de Soleinne.

La Moschetta, Venetia, 1551, pet. in-8., réunie au *Dialogo facetissimo*, Ibid., 1555, pet. in-8., vend. 41 fr. salle Silvestre, en 1842.

RYCHARD (*King*). Cure du Lyon. — *Imprented at London in the flestrete at the sygne of the sonne by Wynkyn de Worde, the yere of our lorde* M. CCCCC. and XXVIIj, in-4. goth. fig. sur bois. [15747]

Roman métrique dont Warton a donné un long extrait et qui depuis a été réimpr. en entier dans le 2e vol. du *Metrical Romances*, publ. par Weber.

L'édition de 1528 est un livre rare: (35 liv. 14 sh. Hibbert; 25 liv. 14 sh. 6 d. Heber). Celle de Londres, par le même Wynkyn de Worde, 1509, in-4., avec des sign. de A—Q, est décrite dans les *Ædes althorpianæ*, de Dibdin, tome 1, pp. 193-94. Elle est encore plus rare.

RYCKEL ab Oorbeeck (*Jos. Geldolphus a*). Vita S. Beggæ, ducissæ Brabantiæ Andetennensium, Begginarum et Beggardarum fundatricis : vetus, hactenus non edita ; et commentario illustrata, adjuncta est historia Beginasiorum Belgii auctore G. Ryckel... *Lovanii, typis Cœnestenii*, 1631, in-4. de 760 pp. avec gravures et portraits. [21974]

Livre recherché en Belgique, et qui n'est pas commun, non plus que les deux ouvrages suivants publiés par le même Ryckel.

> HODOEPORICUM marianum sive itinera sacra B. M. virginis in terris agentis : item Diurnale marianum, collectore J.-G. Geldolpho a Ryckel, 1634, in-8., fig.

> HISTORIA sanctæ Gertrudis notis et figuris æneis illustrata opera Geldolphi a Ryckel. *Bruxellis*, 1637, in-4. fig. [22184]

Pour d'autres vies de sainte Gertrude, voyez les n°s 22184 et 22185 de notre table.

RYD (*Valerii-Anselmi*) Catalogus annorum et principum sive monachorum mundi geminus, ab homine condito vsque in annum a nato christo millesimum quingentesimum et quadragesimum de-

ductus, plerisque in locis obscurioribus illustratus, etc. *Ex magnifica Helvetiorum urbe Berna*, 1540 (aussi 1550), in-fol. avec de nombreuses gravures sur bois. [21291]

Livre peu commun, dont un exemplaire de l'édition de 1550 a été payé 61 fr. 2e vente Quatremère, quoiqu'il en ait été donné quelquefois pour beaucoup moins.

RYMBEGLA. Voyez BJORNSEN.

RYMER (*Th.*). Fœdera conventiones, litteræ, etc., inter reges Angliæ et alios quosvis imperatores, reges,..... ab anno 1101 ad nostra usque tempora habita aut tractata. *Londini*, 1704-35, 20 vol. in-fol. [2385]

Édition originale de cette collection importante : elle est rare, parce qu'elle n'a été tirée qu'à 200 exemplaires. Toutefois en France on la recherche beaucoup moins qu'en Angleterre : 150 à 200 fr. (192 fr. Léon Leclerc) ; vend. 34 liv. 13 sh. Roxburghe. La réimpression de *Londres*, 1727-35, 20 vol. in-fol., qui passe pour plus correcte, a la même valeur à peu près. Les trois derniers volumes, publ. par Rob. Sanderson, sont les mêmes pour l'une et l'autre édit. Vend. 26 liv. Willett ; 17 liv. Sykes.

— Fœdera, conventiones, etc., editio tertia. *Hagæ-Comitum*, 1739-45, 20 tom. en 10 vol. in-fol.

Cette édit., quoique moins belle que les précédentes, est cependant la plus estimée, parce qu'on y trouve la traduction française des pièces écrites en anglais, une table des matières et quelques autres augmentations : 150 à 180 fr. Vend. 194 fr. en mars 1829 ; 250 fr. Gr. Pap. *mar. r.* de Cotte.

— Fœdera, conventiones, litteræ, et cujuscunque generis acta publica inter reges Angliæ et alios quosvis imperatores, reges, etc., ab ingressu Gulielmi I. in Angliam, A. D. 1066 ad nostra usque tempora habita aut tractata, accurantibus A. Clarke et F. Holbrooke. *Lond., typis Strahan, etc.*, 1816-40, in-fol., cum fac-simile.

Il n'a paru de cette belle édition que 3 vol. en 6 part. dont la dernière s'arrête à l'année 1377. Chaque volume a coûté 5 liv. 5 sh.

RYMON (*Emmanuel-Philibert* de). Traicté des Pays et comté de Charollois. *Paris, Richer*, 1619, pet. in-8. [24547]

Vend. 11 fr. Fontette.

De Rymon a également fait paraître chez le même libraire, en 1619, un traité de la *Jurisdiction royale* (principalement pour le Charolais), in-8.

RYMSDYK. Museum britannicum : or, a display in 32 plates, in antiquities and natural curiosities in the British Museum, after the original designs from nature, by John and Andrew Van Rymsdyk ; the second edition, revised and

---

corrected by P. Boyle. *London,* 1791, in-fol. 30 à 36 fr. [29309]

Édition préférable à celle de 1778; il y en a des exemplaires avec les planches color. Vend. tel et rel. en *mar.* 1 liv. 16 sh. le duc d'York. Sur les 32 planches annoncées, deux sont imprimées sur des pages de texte.

RYSSENII (*Leon.*) justa detestatio. Voyez BEVERLAND.

RYVIUS (*Th.*). Voyez PHILADELPHUS.

RZACZYNSKI (*Gabr.*). Historia naturalis curiosa regni Poloniæ, magni ducatus Lithuaniæ, annexarumque provincia-

rum, in tractatus xx, divisa, etc. *Sandomiriæ,* 1721, pet. in-4. de 456 pp. et l'index. [4531]

AUCTARIUM historiæ naturalis regni Poloniæ, etc., in puncta XII, opus posthumum P. Gabrielis Rzaczynski. (*Gedani,* 1742), in-4.

Ces deux volumes, dont le second est très-rare, doivent être réunis : vend. 30 fr. Petit; 27 fr. L'Héritier, et jusqu'à 80 fr. salle Silvestre, en 1808; 11 fr. (sans l'index de l'*Auctarium*) Librairie De Bure. Le premier volume seul ne vaut pas plus de 6 à 9 fr.

L'*Auctarium* se compose de 504 pp. de texte, précédées de 8 ff. non chiffrés pour le titre et les index. On trouve au bas de la page 504 la réclame *index*, et cependant les index sont, comme on voit, placés au commencement du volume.

Rytschkow (*P.*). Historie von Kassan, 28318. — Orenburgische Topographie, 28319.

Rzyeczewsky (*Leo*). Codex diplomaticus Poloniæ, 27815.

FIN DU QUATRIÈME VOLUME.

Marque de Richard Breton, libraire et imprimeur à Paris, de 1551 à 1567.

/

Ne voulant pas scinder la lettre S, qui n'aurait pu être placée en entier dans ce IV⁰ volume, nous l'avons réservée pour le V⁰, lequel contiendra, indépendamment des lettres S à Z, les additions et corrections que jusque alors nous aurons pu faire aux cinq volumes de notre Dictionnaire, la Notice des Heures imprimées en France à la fin du quinzième siècle et dans la première moitié du seizième, avec des gravures sur bois remarquables par leur belle exécution ou par quelques particularités. Cette Notice recevra de nombreuses et importantes augmentations, dues en grande partie à l'obligeance de M. Ambroise Didot, qui a bien voulu mettre à notre disposition la riche collection de ces sortes de livres qu'il a formée avec tant d'amour et à si grands frais. La première partie de notre cinquième volume, actuellement sous presse, sera mise en vente avant la fin du mois de juin 1863, et, vers la fin de la même année, paraîtra la première partie de notre *Table méthodique*, augmentée de 12,000 articles au moins. Enfin, dans le courant de l'année suivante, nous donnerons simultanément la dernière partie de notre Dictionnaire et la fin de la Table méthodique.

Paris. — Typographie de Firmin Didot frères, fils et Comp., rue Jacob, 56.

www.ingramcontent.com/pod-product-compliance
Lightning Source LLC
Chambersburg PA
CBHW060543280326
41932CB00011B/1385